电子信息技术叙词表

国家工业信息安全发展研究中心 主编

电子工业出版社
Publishing House of Electronics Industry
北京·BEIJING

未经许可，不得以任何方式复制或抄袭本书之部分或全部内容。
版权所有，侵权必究。

图书在版编目（CIP）数据

电子信息技术叙词表 / 国家工业信息安全发展研究中心主编. —北京：电子工业出版社，2021.1
ISBN 978-7-121-40328-6

Ⅰ. ①电… Ⅱ. ①国… Ⅲ. ①电子信息－叙词表 Ⅳ. ①G254.243

中国版本图书馆 CIP 数据核字（2020）第 264407 号

责任编辑：邓茗幻
印　　刷：北京虎彩文化传播有限公司
装　　订：北京虎彩文化传播有限公司
出版发行：电子工业出版社
　　　　　北京市海淀区万寿路 173 信箱　　邮编 100036
开　　本：880×1 230　1/16　印张：63.25　字数：2449 千字
版　　次：2021 年 1 月第 1 版
印　　次：2021 年 1 月第 1 次印刷
定　　价：980.00 元

凡所购买电子工业出版社图书有缺损问题，请向购买书店调换。若书店售缺，请与本社发行部联系，联系及邮购电话：(010) 88254888，88258888。
质量投诉请发邮件至 zlts@phei.com.cn，盗版侵权举报请发邮件至 dbqq@phei.com.cn。
本书咨询联系方式：(010) 88254614。

《电子信息技术叙词表》编委会

主　　任　　何小龙

副 主 任　　李　丽　　　　邱惠君

委　　员　　傅智杰　　　　肖安琪　　　　陈正坤　　　　李琳琳
　　　　　　郝建青

专家顾问　　焦　艺　　　　王　雁　　　　周峻松

执行编辑　　范增杰　　　　张洁雪　　　　陈　岩　　　　伍莹乐
　　　　　　冯　华

编审人员（以姓氏笔画为序）
　　　　　　王春梅　　　　王思檬　　　　王　恒　　　　韦　斌
　　　　　　冯开瑞　　　　李岚清　　　　郎宇洁　　　　贾　丹
　　　　　　晏晓峰　　　　徐红梅　　　　鲁　萍

技术支持　　王思檬

前　言

叙词表作为一种语义词典，是特定科学领域内的表达事物概念的词汇集合，是通过各种方式对词汇之间的各种词义关系进行显示的词汇系统。由于叙词表可以指明概念之间的语义关系，因此是信息检索、知识图谱建设、自然语言处理等方面的基础性工具。

国家工业信息安全发展研究中心的叙词表工作由来已久。第一版《电子技术叙词表》由原机械电子工业部电子科技情报研究所（国家工业信息安全发展研究中心的前身）于1988年出版，总收词量14,815个，其中正式叙词12,758个、非正式叙词2,057个；第二版（2003年修订），总收词量19,286个，其中正式叙词16,872个、非正式叙词2,414个。

为适应当前电子信息技术高速发展，各类新概念、新技术、新产品、新应用层出不穷的形势，国家工业信息安全发展研究中心于2019年启动了新版叙词表的编辑出版工作。新版叙词表更名为《电子信息技术叙词表》，以反映电子技术与信息技术高度融合发展的现状。

《电子信息技术叙词表》针对网络环境下知识组织与数据处理的需要，加大了收词量，总收词量27,752个，其中叙词14,635个、非叙词13,117个；入口率0.90，参照度3.05，其中属分参照度2.22、相关参照度0.83。

《电子信息技术叙词表》的编制过程，充分利用了计算机技术最新成果提高词表质量，例如，利用Protege进行词间关系的可视化编辑，利用定制工具进行词间关系校验、词族统计和导出，等等。因此，《电子信息技术叙词表》在体系结构、词汇术语、词间关系等方面，都得到了创新和改进。

在《电子信息技术叙词表》的编制过程中，为了更贴近现代人的检索习惯，体现更丰富的知识网格，在建立词间关系过程中采取了以下措施。一是使相近概念尽量建立等同关系。例如，将一些设备及其输出（产出效果）建立等同关系，将各种波长或者工作状态的激光和激光器建立等同关系（如飞秒激光器等同于飞秒激光）。二是对于交叉的学科和概念尽可能提供更多的属分关系。例如，对空情报雷达，既属于防空雷达，又属于侦察雷达。三是将一些易错字构成的语词作为入口词纳入。例如，音象作为音像的入口词、声纳作为声呐的入口词。

鉴于电子信息技术领域内各类知识的关系错综复杂，而且很多技术之间的概念变得模糊不清，例如，音频播放器以前更多是硬件设备，现在更多是软件；过去作为设备的处理机现在成为集成电路领域的处理器。因此，在这些处理这些问题时，编辑工作人员内部也存在分歧，加之编辑工作人员水平和时间所限,《电子信息技术叙词表》中存在错误和争论在所难免,有待于今后不断交流、完善和持续更新。

特别感谢中国工程院中国工程科技知识中心项目管理办公室对《电子信息技术叙词表》出版提供的大力支持,感谢北京理工大学计算机学院提供的软件和技术支持,最后也对参与词表编辑的所有工作人员表示感谢!

《电子信息技术叙词表》编委会

2020 年 9 月

目　　录

前言 V

编制说明 IX

汉语拼音字顺索引 XVII

族首词/领词索引 XXIII

正文 1

分类详表 963

编制说明

1 编制目的

《电子信息技术叙词表》是一部用于标引和检索电子信息技术领域信息资源的大型领域主题词表。在编制过程中，充分考虑了用户对网络信息组织和检索的需要，兼顾未来自然语言处理中机器学习和领域知识图谱构建的需要。

2 参照标准

《电子信息技术叙词表》在编制过程中，参照了《信息与文献 叙词表及与其他词表的互操作 第 1 部分：用于信息检索的叙词表》(GB/T 13190.1—2015)、《信息与文献 叙词表及与其他词表的互操作 第 2 部分：与其他词表的互操作》(GB/T 13190.2—2018) 等国家标准。

3 术语定义[1]

3.1 叙词表：一种受控词表或结构化词表。在该词表中，概念都由语词表示并加以组织，概念间的关系清晰明了。优选词还附加了同义词或准同义词作为入口词。

3.2 语词：用于标识概念的单词或词组。

3.3 优选词：叙词、主题词。在标引时，用于表达概念的语词。

3.4 非优选词：非正式叙词、非正式主题词。不赋给文献，但在叙词表或索引中能提供检索入口点的语词。

3.5 入口词：引导词。入口词是受控词表提供的，但不直接为元数据所用，而是用于引导用户至另一个可用作类别标签、主题标目或优选词的语词。叙词表中出现的入口词通常为非优选词。

3.6 上位词：一个比给定词具有更宽泛概念的优选词。

3.7 下位词：表达的概念比给定词的概念狭窄的优选词。

3.8 同义词：表示相同概念的两个或多个语词的其中一个。

3.9 准同义词：近义词。一般用法中含义通常不同的两个或多个语词，在特定受控词表中被当作同一概念标签时的任意一个语词。

3.10 分类表：概念和先组概念通过分类后组织而成的详细表。

3.11 类目[2]：分类表中用于区分或者细分的概念，或者一组相似或相关概念集合。

3.12 等级关系：当一个概念的范围完全被另一个概念的范围所覆盖时，这样一对概念间的关系。

3.13 等同关系：叙词表中表示相同或相近概念的两个语词之间的关系。

3.14 相关关系：具有较强的语义相关性，但不是等级相关的一对概念间的关系。

3.15 族首词：在叙词表中用来表示一个有下位概念，但无上位概念的优选词。

3.16 标识符：通常由字母、数字或两者组合构成，在确定的语境或资源中，特别是在计算机系统或网络中，用来指示一个概念或语词或其他实体的唯一标识的一套符号集。

---

1 除单独标注外，本部分术语定义依据国家标准《信息与文献 叙词表及与其他词表的互操作 第 1 部分：用于信息检索的叙词表》(GB/T 13190.1—2015)。
2 依据国家标准《信息与文献 叙词表及与其他词表的互操作 第 2 部分：与其他词表的互操作》(GB/T 13190.2—2018)。

标识符	参照体系	用途
Y	用项	用于指向优选词
D	代项	用于指向非优选词（入口词）
S	属项	用于指向上位词
·	分项	用于指向下位词，用"·"个数表示层级深度
Z	族项	用于指向族首词
L	领项	用于指向领词
C	参项	用于指向相关优选词

4 选词原则

4.1 备选词

4.1.1 备选词必须概念明确、一词一意，词形简练，不得选用概念容易混淆、词意不清的语词。

4.1.2 以反映当前电子信息技术领域现状和未来发展趋势的语词为主，适量收录一些目前不常用，但过去某个时期常用的语词。

示例：云计算

阴极射线管

寻呼机

激光视盘机

4.1.3 电子信息技术领域的新概念、新技术，具有较高的检索频率，则选用该语词作为备选词。

示例：区块链

4.1.4 某些不属于电子信息技术领域但是密切相关的语词，也可以作为备选词，但是一般不作为优选词。

示例：电子战

　　Y 电子对抗

4.1.5 带有错别字的语词一般不能选作优选词。但是，对于一些常用的写法，如果一些错误书写很常见，并能提供有用的检索入口，也可以被用作入口词。

示例：图象处理

　　Y 图像处理

或

声纳

　　Y 声呐

4.1.6 复合语词一般采用："名词+动词"，表达事物的某一方面（如过程、状态）；"名词+名词"，表达事物的组成或类型，或并列的事物（概念）；"动词（形容词）+名词"，表达事物的类型。如果复合语词的顺序调整后，含义发生改变，则作为两个语词。

4.2 优选词

4.2.1 当同一概念存在多个语词表达形式时，需要选定其中的一个为优选词，其他的则为非优选词。一般选用中文全称或者常用简称作为优选词。

示例：半导体分立器件

X

4.2.2 优选词应该采用最广泛接受的语词书写形式，同时应该符合公认的词典或术语表。

示例：存储器

　　D 贮存器

4.2.3 如果外文语词在汉语中没有通用的译名，或缩写形式被人们接受、比译名更通用，可以用其缩写形式或缩写与汉字结合、外文与汉字结合的形式作为优选词，同时应选择对应的其他书写形式作为入口词。

示例：MOS 集成电路

　　D 金属氧化物半导体集成电路

4.2.4 以外国人名冠首的语词，凡已有正式译名者，应使用正式译名为构词单元。

示例：傅里叶滤波

4.3 入口词

4.3.1 优选词的同义词、准同义词可以作为该词的入口词。部分优选词的反义词，当没有适当的等级关系且概念范畴相对较小时，也可作为该优选词的入口词。

示例：侦察雷达

　　D 情报雷达

4.3.2 优选词对应的不同中文译名或旧译名可以作为入口词。

示例：傅里叶滤波

　　D 傅立叶滤波

4.3.3 部分常用的、概念清晰的英语缩略语可以作为入口词。

示例：MOS 场效应晶体管

　　D MOSFET

4.3.4 优选词具有唯一一个下位词且该下位词只从属于该优选词时，为简化词表，可以将这个下位词作为优选词的入口词。

示例：Dewey 编码

　　• 扩展 Dewey 编码

则可以

扩展 Dewey 编码

Y Dewey 编码

4.3.5 表示两个相关概念的语词，如果用户检索时得到的结果差别不大，可选择其中一个更常用的语词作为优选词，而另一个语词作为入口词。但是，如果上述其中一个语词具有下位词，则不将另一个语词进行合并。

示例：液晶显示器

　　D 液晶显示

或

移动通信

　　D 移动通信技术

4.3.6 表示两个或两个以上相关概念的语词，如果随着技术的发展，相互之间的界限逐渐模糊或趋同，则选择目前较为常用的语词作为优选词，其他语词作为入口词。

示例：互联网

　　D 因特网

　　D 万维网

4.3.7 属于组配概念的语词，如果含义是优选词的一部分或者与之密切相关，使用其作为入口词。

示例：IC 设计
   Y 集成电路

5 分类表

本词表使用《中国图书馆分类法》（第五版）作为分类表，由于专业技术的交叉与渗透，主要涉及类目包括：无线电电子学、电信技术（TN），自动化技术、计算机技术（TP），电工技术（TM）；还有少量类目涉及：一般工业技术（TB），机械、仪表工业（TG），物理学（O4），晶体学（O7），综合性图书（Z）等。

6 分类原则

6.1 优选词应按照其表达概念的本质属性归入相应的类目；凡是能归入某下位类目的优选词，不归入其上位类目。

6.2 具有多重属性的优选词，可以分别归入几个不同的类目，以增加优选词的分类检索入口。多个分类号之间用空格分隔。

示例：加解密
   TN918.4 TP309 TP393.08

7 英文译名

7.1 仅针对优选词提供英文译名，非优选词不提供英文译名。

7.2 除特殊专有名词外，一般英文译名为单数名词或词组全称，全部写为小写字母。有多个英文译名的，选用最常用的、规范的英文语词作为英文译名。

示例：统计学习
   statistical learning

8 词间关系

8.1 等同关系

等同关系是自然语言中优选词与它相对应的非优选词之间的关系。标识符：Y、D。

等同关系是相互的。

示例：计算机
   D 电脑
  则
   电脑
   Y 计算机

8.2 等级关系

8.2.1 等级关系建立在这样一对概念之间，即一个概念的范围完全包含在另一个概念的范围内，它基于上位和下位的程度或层级，上位概念表示一个类或整体，下位概念指的是它的成员或部件。建立等级关系的目的是为信息检索提供族性检索。标识符：S、、Z、L。

8.2.2 等级关系一般包括属种关系、整体与部分等级关系、实例关系。

8.2.2.1 属种关系：种类、范畴与其成员、组成部分之间的联系。

示例：数据处理

　　S 信息处理

8.2.2.2　整体与部分等级关系：只涵盖有限的情况，即一个实体或系统的一部分唯一属于某一特定整体。

示例：车身电子稳定系统

　　S 汽车电子控制系统

8.2.2.3　实例关系：连接的是普通概念（如"事情"或"事件"的类）和这个类的通常专有名词表示的个别实例。

示例：Windows 操作系统

　　S 视窗操作系统

8.2.3　等级关系也是相互的，也就是说下位词 A 属于上位词 B，那么上位词 B 的下位词中必然包括下位词 A。

示例：数据处理

　　S 信息处理

则

信息处理

· 数据处理

8.2.4　一个下位词可以属于两个或两个以上的上位词，称为多属关系。多属的下位词可以在不同的上位词下重复出现。

示例：对空情报雷达

　　S 防空雷达

　　S 侦察雷达

8.2.5　族首词可以是某一学科专业内能形成独立专题，或某专题中主要研究对象、研究方法及设备仪器的类称词。族首词用 Z 表示，并用"*"加以特殊标记。

示例：软件*

· 中间件**

· 中文软件

· 共享软件……

8.2.6　领词：为简化超大词族，将其下位有属分关系的一组优选词聚合为具有一定规模的小型词族，该小型词族的最上位词即领词，用 L 表示。

8.2.6.1　领词对应的语词用"**"加以标记，全部显示下位的各层级优选。

8.2.6.2　在族首词的词族中只出现领词并用"**"加以标记，领词下位的各层级优选词均不显示。

8.2.6.3　领词词族一般不少于 20 个优选词。

8.2.6.4　一个优选词如果是某个领词的下位词，其从属关系只显示到该词对应的领词，而其最上位的族首词不出现。如果领词即上位词，则领词不出现。

示例：工具软件**

· 修改器

· 分析软件

·· 信号分析软件……

Z 软件

则

　　　　　　　信号分析软件
　　　　　　　S 分析软件
　　　　　　　L 工具软件**

8.2.7　当上位词只有一个下位词时，为简化词表，一般把这个下位词与其上位词合并，这个下位词作为非优选词。但是，当这个下位词还多属于其他上位词时，不做合并处理。

8.3　相关关系

8.3.1　相关关系指优选词之间除等级关系之外彼此关联的关系，用"C"表示。

8.3.2　相关关系主要是因果关系、应用关系、部分重合关系、对立关系、矛盾关系和事务的整体与部分关系等。

8.3.3　相关关系的显示是双向的。

8.3.4　一个优选词可以与一个或多个优选词建立相关参照。但是，一个优选词一般只与具有等级关系的两个或多个优选词中的一个建立相关关系。

　　　示例：计算机
　　　　　　　C 计算机软件
　　　　　　　C 计算机系统
　　　则
　　　　　　　计算机软件
　　　　　　　C 计算机

8.3.5　从计算机检索的角度，相关关系越丰富越好，但由于书本总页数的限制，仅列出密切相关的关系。

9　排序

9.1　本词表收录的所有语词，均按照其对应的汉语拼音顺序进行排序，汉语拼音字母相同，按照汉字声调排序；声调相同，按照首字汉字笔画从少到多排列。语词中的英文字符按照汉语拼音处理。

9.2　首字非汉字的语词，按拉丁字母、希腊字母、阿拉伯数字、罗马数字、英文字母的顺序列出，排在汉字的语词之前。

10　词族表示

10.1　非优选词

通过用代关系指出对应优选词。

10.2　优选词

给出对应的英文译名、中国图书馆分类号、非优选词、下位词、上位词、参照词、族首词[3]。

---

[3] 如果族首词与上位词相同，则不出现族首词"Z"标识符。

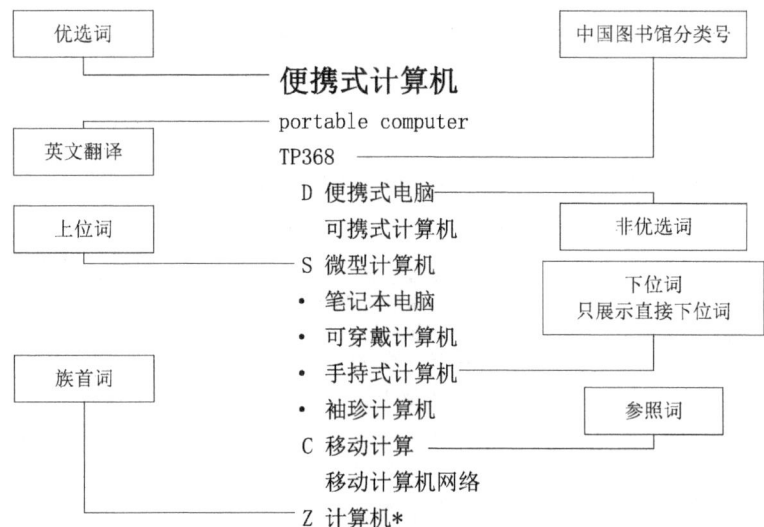

10.3 族首词

优选词后用"*"标记,给出对应的非优选词、英文译名、中国图书馆分类号、各层级下位词、参照词。

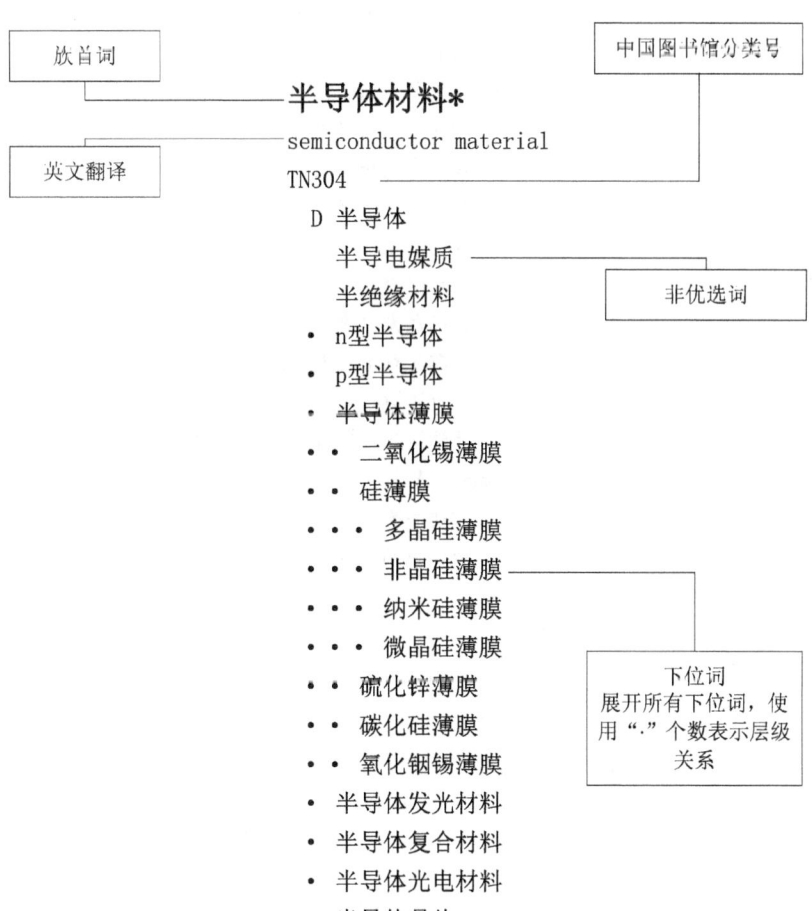

10.4 领词

优选词后面用"**"标记，给出对应的非优选词、英文译名、中国图书馆分类号、上位词、各层级下位词、参照词、族首词。

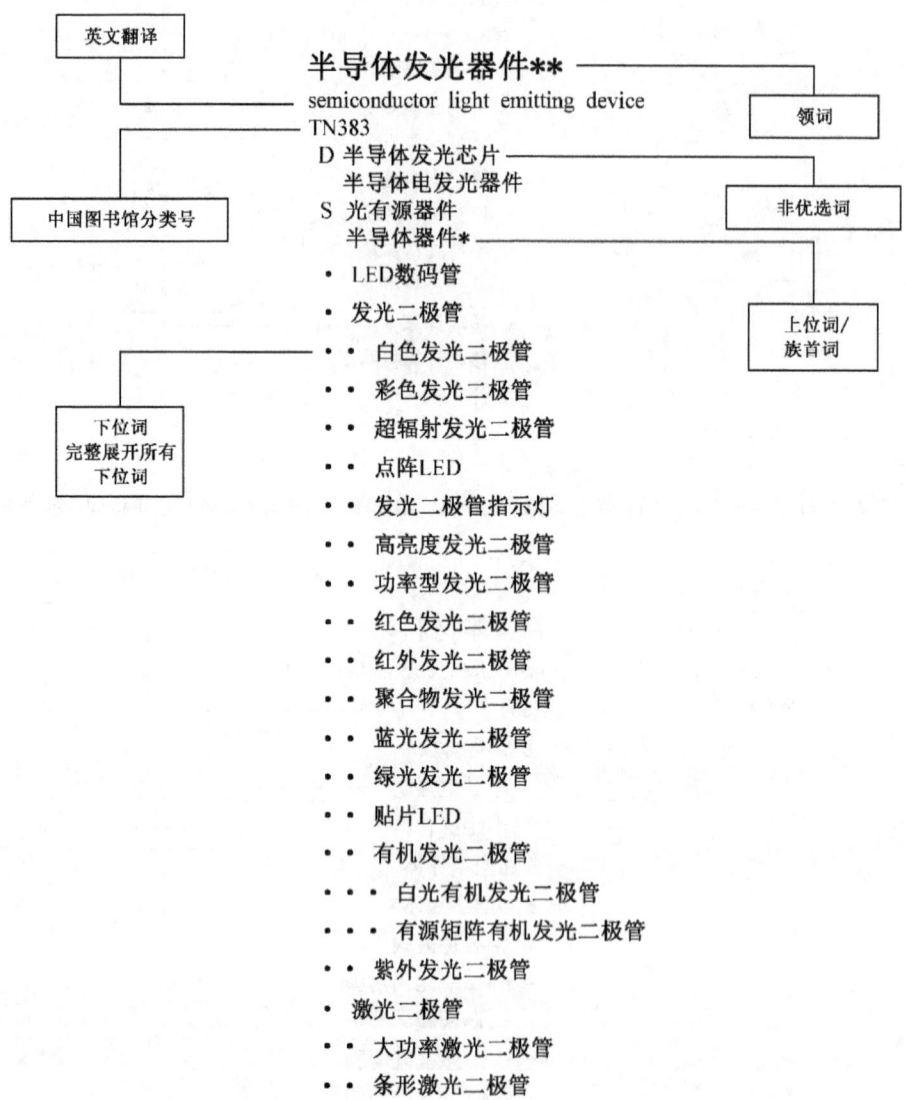

汉语拼音字顺索引

数字

1. 1
2. 1
3. 1
4. 1
5. 1
6. 2
7. 2
Ⅱ. 2
Ⅲ. 2

字母

A. 2
B. 6
C. 7
D. 12
E. 15
F. 17
G. 18
H. 20
I. 22
J. 28
K. 29
L. 29
M. 32
N. 37
O. 38
P. 39
Q. 41
R. 45
S. 47
T. 51
U. 52
V. 53
W. 56
X. 60
Y. 61
Z. 61

希腊字母

Δ 62
π 62
Σ 62

汉字

A

阿 62
安 62
岸 64
按 64
案 65
暗 65
奥 65

B

八 65
巴 65
白 65
百 66
拜 66
斑 66
搬 66
板 66
版 66
办 66
半 67
伴 77
包 77
薄 77
饱 79
宝 79
保 79
报 79
爆 80
北 80
贝 81
备 81
背 82
倍 82
被 83
本 83
崩 84
泵 84
逼 84
比 84
笔 85
闭 85
铋 85
壁 85
避 85
边 85
编 86
蝙 89
鞭 90
扁 90
变 90
便 91
遍 92
辨 92
标 92
表 93
并 95
病 97
拨 98
波 98
玻 102
播 102
泊 103
铂 103
箔 103
补 103
捕 103
不 103
布 104
步 105
部 105

C

擦 105
材 105
财 105
裁 105
采 105
彩 106
菜 108
蔡 108
参 108
残 108
操 108
槽 109
草 109
侧 109
测 109
策 112
层 112
叉 113
插 113
查 113
差 114
掺 116
产 117
长 117
常 118
场 118
超 119
车 125
沉 127
衬 127
称 127
成 127
承 128
城 128
乘 129
程 129
驰 130
迟 130
持 130
尺 130
冲 130
充 130
虫 131
重 131
抽 131
畴 131
初 132
储 132
处 132
触 132
穿 133
传 133
船 135
串 136
窗 139
垂 139
纯 140
词 140
瓷 140
磁 140
次 145
粗 145
猝 145
簇 145
篡 145
脆 145
存 145
错 148

D

达 148
打 148
大 149
代 151
带 152
戴 153
单 153
胆 159

XVII

弹......159	段......212	服......267	勾......304	横......349
蛋......159	断......212	氟......269	钩......304	红......349
氮......159	堆......212	浮......269	构......304	宏......355
档......159	队......212	符......270	估......305	虹......356
刀......159	对......212	幅......270	孤......305	洪......356
导......160	钝......215	辐......270	箍......305	后......356
倒......161	多......215	辅......270	古......305	厚......357
盗......162	惰......233	腐......271	骨......305	呼......357
道......162		付......271	钴......305	互......357
灯......162	**E**	负......271	固......305	护......359
登......162	扼......233	附......272	故......308	划......359
等......162	恶......233	复......272	关......308	滑......359
低......163	耳......233	副......274	管......310	划......359
滴......166	铒......233	赋......274	惯......310	化......359
狄......166	二......233	傅......274	灌......311	画......360
迪......166		富......274	光......311	话......360
敌......166	**F**	覆......274	广......334	还......361
涤......166	发......236		归......336	环......361
笛......166	阀......237	**G**	规......336	缓......362
底......166	法......237	改......275	硅......337	换......363
地......166	翻......237	盖......275	轨......339	黄......363
递......170	反......238	概......275	滚......339	灰......363
第......170	返......241	干......276	国......339	恢......363
碲......171	泛......241	甘......277	过......340	辉......363
点......171	范......241	感......277		回......363
碘......172	方......241	干......278	**H**	汇......364
电......172	防......242	刚......278	哈......341	会......364
钓......203	仿......243	港......278	海......341	绘......365
调......203	访......245	高......278	氦......342	浑......365
迭......203	放......246	告......288	函......342	混......365
叠......203	飞......248	格......289	汉......343	活......369
碟......204	非......248	隔......289	焊......343	火......369
蝶......204	费......254	个......289	行......344	伙......369
丁......204	分......254	各......291	航......344	钬......369
顶......204	粉......265	根......291	毫......345	或......369
定......204	风......265	跟......291	号......346	霍......369
动......205	封......266	耿......292	合......346	
抖......209	峰......266	工......292	和......347	**J**
独......209	蜂......266	弓......296	核......347	击......370
读......209	缝......266	公......296	盒......348	机......370
杜......210	否......267	功......300	赫......348	肌......374
度......210	肤......267	攻......302	黑......348	积......374
端......210	敷......267	共......303	恒......348	基......374
短......210	弗......267	供......304	桁......349	畸......377

激......377	椒......416	觉......440	兰......466	陆......487
奇......384	焦......416	决......440	拦......466	录......487
吉......384	角......416	绝......440	蓝......466	路......488
级......384	脚......417	军......441	劳......467	乱......490
极......384	校......417	均......442	雷......467	轮......490
即......385	教......417		镭......472	罗......490
棘......386	阶......418	**K**	类......472	逻......490
集......386	接......418	卡......443	冷......472	螺......492
几......389	节......422	开......443	厘......473	裸......492
脊......389	结......423	铠......445	离......473	铝......492
计......390	捷......424	看......445	里......475	履......493
记......402	截......424	康......445	理......475	率......493
继......402	解......424	抗......445	锂......475	绿......493
寄......402	介......425	科......445	力......476	氯......493
加......402	界......426	可......445	立......476	滤......493
伽......405	金......426	克......452	粒......477	
佳......405	紧......427	刻......452	连......477	**M**
家......405	进......428	客......452	联......478	码......495
镓......406	近......428	课......453	廉......479	蚂......496
甲......406	浸......429	氪......453	脸......479	脉......496
假......406	禁......429	坑......453	链......479	蛮......498
驾......406	经......429	空......453	两......480	曼......498
架......406	晶......429	孔......456	亮......480	慢......498
尖......406	精......431	控......456	量......480	盲......499
监......406	景......432	抠......458	聊......483	媒......500
兼......407	警......432	口......458	列......483	镁......500
检......407	径......432	叩......458	裂......483	门......500
减......408	净......432	扣......458	邻......483	蒙......501
剪......408	竞......432	库......458	临......483	锰......501
简......408	静......432	跨......458	磷......483	迷......501
碱......409	镜......433	块......459	灵......483	米......501
间......409	纠......434	快......459	菱......483	秘......501
建......409	救......434	会......460	零......483	密......501
舰......409	局......434	宽......460	领......484	蜜......505
渐......410	菊......435	矿......464	令......484	免......505
溅......410	矩......435	馈......464	浏......484	面......506
鉴......411	巨......436	扩......464	流......484	描......507
键......411	句......436		硫......486	瞄......507
江......411	拒......436	**L**	六......486	灭......507
僵......411	距......436	垃......465	龙......486	民......507
讲......411	锯......437	拉......465	笼......487	敏......507
降......412	聚......437	喇......466	漏......487	名......508
交......412	卷......439	来......466	卤......487	命......508
胶......416	角......439	莱......466	鲁......487	模......508

膜......513	抛......521	千......534	冗......552	剩......589
摩......513	泡......521	铅......534	柔......552	失......589
抹......513	炮......521	签......534	蠕......553	施......589
末......513	佩......521	前......534	入......553	湿......590
模......513	配......521	钳......536	软......554	十......590
木......513	喷......522	潜......536	锐......561	石......590
目......513	硼......522	欠......536	瑞......561	时......590
钼......514	膨......522	嵌......536	弱......561	识......594
N	碰......522	腔......538	**S**	实......594
	批......522	强......538		拾......599
纳......514	皮......522	桥......538	塞......561	蚀......599
耐......516	匹......522	切......539	三......562	矢......599
南......515	偏......523	窃......539	伞......569	示......600
挠......516	片......523	琴......539	散......569	市......600
脑......516	漂......524	轻......539	扫......570	势......600
内......516	票......524	氢......539	色......571	事......600
能......518	拼......524	倾......539	铯......572	试......601
铌......518	频......525	清......539	杀......572	视......601
逆......518	乒......527	情......539	砂......572	适......608
匿......518	平......527	穷......540	筛......572	室......608
鸟......518	评......529	球......540	删......572	收......608
镍......518	苹......529	区......540	栅......572	手......609
凝......518	屏......529	驱......541	闪......573	受......612
扭......518	瓶......530	取......541	扇......573	授......612
纽......518	追......530	去......541	商......574	瘦......613
钮......519	葡......530	权......541	熵......574	书......613
农......519	朴......530	全......541	上......574	梳......613
女......519	普......530	缺......545	舌......575	输......613
钕......519	谱......530	确......545	蛇......575	属......615
O		群......545	设......575	鼠......615
偶......519	**Q**	**R**	社......576	术......615
耦......519	七......530		射......576	束......615
	期......530	燃......545	涉......580	树......615
P	欺......530	染......545	摄......580	竖......616
	漆......530	扰......546	伸......581	数......616
爬......519	齐......531	绕......546	身......581	衰......647
拍......520	奇......531	热......546	砷......582	双......647
排......520	企......531	人......547	深......582	水......654
牌......520	启......531	认......550	神......583	税......657
派......520	起......532	任......551	审......584	顺......657
潘......520	气......532	日......551	甚......584	瞬......657
盘......520	汽......533	容......551	升......584	说......658
判......520	契......534	熔......552	生......584	丝......658
旁......520	器......534	融......552	声......588	私......658

思......658	铁......683	温......767	斜......808	颜......851
斯......658	停......684	文......768	谐......808	掩......851
四......658	通......684	纹......771	携......809	眼......851
伺......659	同......694	稳......771	写......809	演......852
搜......659	铜......697	涡......771	泄......809	验......852
速......660	统......698	握......771	心......809	赝......852
塑......660	桶......699	无......771	芯......809	阳......852
宿......661	偷......699	五......784	辛......811	洋......852
算......661	头......699	物......784	锌......811	氧......852
随......665	投......699	误......786	新......811	样......853
隧......666	透......700	雾......786	信......811	遥......853
损......667	凸......701		星......837	要......853
索......667	突......701	**X**	行......838	野......854
锁......667	图......701	吸......787	形......839	业......854
	涂......717	希......787	兴......839	页......854
T	推......717	析......787	性......839	夜......854
他......668	退......717	硒......787	修......840	液......854
塔......668	拖......717	稀......787	袖......840	一......855
胎......668	脱......717	锡......787	嗅......840	医......856
台......668	陀......718	洗......787	虚......840	依......857
太......668	椭......718	系......787	需......845	仪......857
态......669	拓......718	细......790	序......845	移......857
钛......669		隙......790	续......846	遗......862
贪......669	**W**	下......790	蓄......846	乙......863
弹......669	挖......719	先......790	旋......846	已......863
坦......669	蛙......719	纤......791	选......846	以......863
钽......669	瓦......719	氙......791	渲......847	钇......864
探......669	外......719	显......791	学......847	蚁......864
碳......670	弯......721	现......793	雪......847	亿......864
逃......670	完......721	限......794	血......848	异......864
陶......670	万......721	线......794	寻......848	抑......867
套......671	网......722	陷......797	巡......848	译......867
特......671	危......751	相......797	询......848	易......867
梯......673	威......751	向......800	循......848	意......867
锑......674	微......752	项......801	训......848	溢......867
提......674	桅......763	象......801		镱......867
题......674	唯......763	像......801	**Y**	因......867
体......674	惟......763	肖......802	压......848	阴......867
天......674	维......763	消......801	亚......850	荫......867
填......677	伪......763	削......802	氩......851	音......868
条......677	尾......764	小......803	烟......851	铟......871
调......678	卫......764	校......804	延......851	银......871
跳......682	位......767	效......805	言......851	引......871
贴......683	魏......767	协......805	研......851	隐......872

印......872	域......891	斩......904	蜘......914	转......936
英......874	阈......892	展......904	执......914	装......936
荧......874	元......892	栈......904	直......914	状......937
影......874	原......893	战......904	植......916	追......937
应......874	圆......893	掌......905	纸......916	锥......937
映......877	源......894	帐......905	指......917	准......937
硬......878	远......894	兆......905	制......918	桌......938
拥......878	乐......896	照......905	质......919	着......938
永......878	约......896	遮......905	智......919	姿......938
用......879	阅......896	折......905	置......924	资......938
优......880	越......896	锗......905	中......924	子......939
幽......880	云......896	褶......905	终......928	紫......940
由......880	陨......897	针......905	钟......929	自......941
邮......880	运......897	侦......906	仲......929	字......953
油......881		帧......906	众......929	综......954
游......881	**Z**	真......907	重......929	总......955
有......881	杂......898	诊......908	周......929	足......957
酉......885	灾......899	枕......908	啁......929	阻......957
右......885	载......899	阵......908	轴......929	组......957
迂......885	再......899	振......909	猪......929	最......960
余......886	在......900	蒸......908	逐......929	左......962
鱼......886	脏......901	整......909	主......929	作......962
与......886	藏......901	正......909	助......933	坐......962
宇......886	造......901	证......911	注......933	座......962
雨......886	噪......901	政......911	驻......934	
语......886	增......902	支......911	柱......934	
玉......890	闸......903	只......912	抓......934	
预......890	窄......903	知......912	专......934	

族首词/领词索引

MEMS 器件*.......... 33	导航*............. 160	电子设计*......... 197	光缆*............ 320
MOS 器件**.......... 35	导航系统*......... 161	电子束管**........ 198	光器件*.......... 322
Petri 网*........... 41	地面站*........... 168	电子数字计算机**.. 199	光通信**.......... 323
办公软件**......... 67	电波传播*......... 172	电子陶瓷*......... 199	光通信设备**...... 324
半导体材料*........ 68	电池*............. 173	电子系统*......... 199	光通信网络**...... 324
半导体衬底*........ 68	电磁波极化*....... 173	电子学*........... 200	光网络*.......... 325
半导体淀积工艺**... 69	电磁波散射*....... 173	电子战装备*....... 201	光无源器件**...... 325
半导体发光器件**... 70	电磁干扰*......... 174	电子组件*......... 202	光纤*............ 325
半导体分立器件**... 70	电磁屏蔽*......... 174	电阻器*........... 202	光纤激光器**...... 327
半导体封装**....... 71	电感器*........... 175	多路复用*......... 222	光纤器件**........ 328
半导体工艺*........ 71	电话设备**........ 176	多媒体*........... 223	光纤网络**........ 329
半导体工艺设备*.... 72	电力半导体器件**.. 178	多媒体网络*....... 225	光学跟踪*........ 331
半导体光电器件**... 72	电连接器*......... 179	恶意软件**........ 233	光学探测器**...... 332
半导体结*.......... 73	电路基板*......... 181	发射机*........... 237	广播*............ 334
半导体敏感器件**... 74	电路图*........... 181	泛在网*........... 241	广播电视网络*..... 334
半导体器件*........ 74	电路网络*......... 181	仿真*............. 243	核心网*.......... 347
备份*.............. 81	电容器*........... 183	放大器*........... 246	红外器件**........ 352
倍频器*............ 83	电视*............. 183	放电管*........... 247	红外应用*........ 355
编码*.............. 87	电视设备*......... 184	非易失性存储器**.. 253	红外装置*........ 355
编码器*............ 89	电线电缆*......... 186	分布式系统*....... 258	化合物半导体**.... 359
变换器*............ 90	电源*............. 188	分类器*........... 262	换能器*.......... 363
变压器*............ 91	电真空器件*....... 189	分频器*........... 262	混频器*.......... 369
表面贴装元器件*.... 94	电致发光*......... 190	服务器*........... 267	机器人*.......... 371
波束*............. 101	电子变压器**...... 190	负阻器件*......... 272	机器视觉*........ 371
操作系统**........ 108	电子标签*......... 190	干扰抑制*......... 276	机器学习*........ 371
操作系统内核*..... 109	电子材料*......... 191	跟踪*............. 291	基站*............ 377
测量传感器**...... 110	电子测量仪器*..... 191	工具软件**........ 293	激光*............ 377
测向*............. 112	电子电路*......... 192	功率放大器**...... 301	激光加工**........ 380
车联网*........... 125	电子对抗**........ 193	固体激光器**...... 307	激光器*.......... 381
传感器*........... 133	电子干扰设备**.... 195	固体微声器件**.... 308	激光应用*........ 383
磁存储器**........ 141	电子工艺*......... 195	管壳*............. 310	集成电路*........ 386
磁头*............. 144	电子管**.......... 195	光存储器**........ 312	计算*............ 390
存储卡**.......... 146	电子技术*......... 196	光放大器**........ 316	计算机*.......... 390
存储器*........... 146	电子模块*......... 196	光刻工艺**........ 319	计算机辅助技术*... 393

XXIII

计算机接口**	396	逻辑集成电路**	491	数据库*	624	网络攻击**	732
计算机网络*	398	滤波*	493	数据系统*	629	网络管理*	733
计算机系统*	399	滤波器*	495	数字电路**	634	网络互连设备**	734
计算机应用系统*	399	秘密共享*	501	数字签名*	639	网络技术*	735
计算机语言*	400	密码*	502	数字水印*	641	网络模型*	739
继电器*	402	密钥*	503	数字调制**	642	网络软件**	740
寄存器*	402	密钥管理**	504	数字证书*	647	网络设备*	740
加解密*	403	模型构建*	512	衰减器*	647	网络通信**	742
加密**	403	目标跟踪*	513	双极器件**	650	网络协议**	743
检波器*	407	能力成熟度模型*	518	算法*	661	网络应用*	746
交互*	412	耦合器*	519	锁模*	667	网站管理**	751
交换设备**	414	频率复用*	525	探测器*	669	微波管**	753
交织器*	416	气体激光器**	532	特征识别**	672	微波激射器*	753
接口*	418	汽车电子系统*	533	天线*	675	微波天线**	754
接收*	421	驱动电路**	541	调试*	680	微波元件*	755
接收设备*	421	全息术*	544	调谐器*	680	微处理器*	756
解码*	424	人工神经网络*	547	调制*	680	微特电机*	760
解调*	425	人工智能*	548	调制器*	682	微系统*	761
局域网**	434	人工智能应用*	548	通信*	684	卫星天线**	766
句柄*	436	容错*	551	通信编码**	686	文本处理**	768
聚类*	438	软件*	554	通信测试仪**	686	无线电台*	776
均衡器*	442	软件编程**	556	通信交换**	688	无线电信标*	777
卡尔曼滤波**	443	软件定义技术*	556	通信设备*	688	无线通信**	780
开关*	444	软件工程*	557	通信天线**	689	无线通信设备**	781
可穿戴设备*	448	三维技术*	565	通信网络*	689	无线通信网络**	781
可视化*	450	声跟踪*	586	通信协议*	691	无线网络*	782
控制器*	456	声呐*	587	通信终端**	692	物理传感器**	785
控制系统*	457	失真*	589	图像处理**	705	物联网**	786
宽带网**	462	视频*	602	推理*	717	系统设计*	789
扩频*	464	视频处理**	602	外部设备*	719	显示*	791
雷达*	467	视频设备*	605	外存储器**	720	显示设备*	792
雷达跟踪*	470	收发器*	608	网格*	722	现场总线**	794
离子管**	474	收音机*	609	网络*	724	协同技术*	806
链路*	479	手机卡*	610	网络安全*	724	谐振器*	808
量子器件*	482	数据*	616	网络安全管理**	725	芯片*	809
流媒体*	485	数据处理**	619	网络安全技术**	725	信道*	811
录音*	488	数据广播*	622	网络防御**	730	信号*	812
路由*	488	数据结构*	623	网络服务*	731	信号处理*	814

信号发生器**...... 815	信息处理*......... 824	信息隐藏**........ 836	支持向量机*...... 911
信号分析*......... 816	信息传输*......... 826	信息应用系统**.... 836	知识工程*......... 913
信号失真**........ 817	信息存储*......... 827	信息指纹*......... 836	指令集架构*...... 917
信号噪声*......... 817	信息对抗*......... 827	虚拟技术*......... 841	制导*............. 918
信令*............. 818	信息服务*......... 828	压电器件*......... 849	终端设备*......... 928
信息安全*......... 819	信息感知*......... 828	夜视*............. 854	转换器*........... 936
信息安全防护*..... 820	信息孤岛*......... 829	移动通信网络**.... 860	资源共享*......... 938
信息安全风险*..... 820	信息管理*......... 829	移动应用*......... 861	资源管理*......... 938
信息安全管理*..... 821	信息化*........... 829	移相器*........... 862	自动化*........... 942
信息安全技术*..... 821	信息基础设施*..... 830	音频处理**........ 868	自动化网络*...... 943
信息安全模型*..... 821	信息技术*......... 830	音视频编码**...... 870	自动机*........... 943
信息安全认证*..... 821	信息交换*......... 830	音视频处理*...... 871	自动控制*......... 944
信息安全体系*..... 822	信息平台*......... 832	印制电路板*...... 873	自动识别*......... 944
信息安全系统*..... 822	信息识别*......... 832	应用软件**........ 876	自适应*........... 947
信息编码**........ 822	信息挖掘**........ 834	语言信息处理**.... 887	总线*............. 955
信息采集*......... 823	信息网络*......... 834	语义网*........... 888	
信息产业标准*..... 823	信息系统*......... 834	元素半导体**...... 893	
信息抽取**........ 823	信息压缩**........ 835	振荡器*........... 908	

1-Wire 技术
　　Y 单总线网络

1-Wire 网络
　　Y 单总线网络

1-Wire 总线
　　Y 单总线

2DPSK
　　Y 二进制差分相移键控

2D 雷达
　　Y 二坐标雷达

2G 技术
　　Y 第二代移动通信

2G 网络
　　Y 第二代移动通信网络

2G 移动通信
　　Y 第二代移动通信

2G 移动通信网络
　　Y 第二代移动通信网络

2 型语言
　　Y 上下文无关语言

3D CAD
　　Y 三维计算机辅助设计

3DES
　　Y 三重数据加密标准

3D 测量
　　Y 三维测量

3D 打印
3D printing
TP391.7
　　D 三维打印
　　　　增材制造
　　S 三维技术*
　　C 3D 打印机

3D 打印机
3D printer
TP334.3
　　D 三维打印机
　　　　三维立体打印机
　　S 打印机
　　C 3D 打印
　　Z 外部设备*

3D 电视
3D television
TN949
　　D 三维电视
　　　　立体电视
　　　　立体电视系统
　　S 电视*
　　· 全息电视

3D 动画
　　Y 三维动画

3D 动画软件
　　Y 三维动画制作软件

3D 动画设计
　　Y 三维动画设计

3D 封装
　　Y 三维封装

3D 技术
　　Y 三维技术

3D 建模
　　Y 三维建模

3D 建模软件
　　Y 三维建模软件

3D 扫描
　　Y 三维扫描

3D 设计
　　Y 三维设计

3D 设计软件
　　Y 三维设计软件

3D 显示器
3D display
TN27　TN87
　　D 三维显示器
　　　　三维立体显示器
　　　　立体显示器
　　S 显示器
　　· 3D 眼镜
　　· 自由立体显示器
　　C 三维显示
　　Z 显示设备*

3D 芯片
　　Y 三维芯片

3D 眼镜
3D glasses
TN873　TN27
　　D 立体眼镜
　　S 3D 显示器
　　　　头戴式显示器
　　Z 可穿戴设备*

　　　　显示设备*

3D 重构
　　Y 三维重构

3D 重建
　　Y 三维重建

3G 技术
　　Y 第三代移动通信

3G 网络
　　Y 第三代移动通信网络

3G 移动通信
　　Y 第三代移动通信

3G 移动通信网络
　　Y 第三代移动通信网络

4G 技术
　　Y 第四代移动通信

4G 网络
　　Y 第四代移动通信网络

4G 移动通信
　　Y 第四代移动通信

4G 移动通信技术
　　Y 第四代移动通信

4G 移动通信网络
　　Y 第四代移动通信网络

4H-SiC
　　Y 碳化硅

4H 碳化硅
　　Y 碳化硅

4K 电视
　　Y 超高清电视

555 时基电路
　　Y 时基电路

5G 技术
　　Y 第五代移动通信

5G 网络
　　Y 第五代移动通信网络

5G 移动通信
　　Y 第五代移动通信

5G 移动通信技术
　　Y 第五代移动通信

5G 移动通信网络
　　Y 第五代移动通信网络

6LoWPAN 标准
IPv6 based low power wireless personal area network
TN915　TN92
　　D 基于 IPv6 的低功耗无线个域网标准
　　S 物联网标准
　　Z 信息产业标准*

6 类电缆
　　Y 六类线

6 类线
　　Y 六类线

6 类线缆
　　Y 六类线

7 号信令
　　Y 七号信令

7 号信令网
　　Y 七号信令网

Ⅱ-Ⅵ族化合物半导体
Ⅱ-Ⅵ compound semiconductor
TN304
　　D Ⅱ-Ⅵ族化合物半导体材料
　　S 二元化合物半导体
　　· 硫化锌
　　· 硫化镉
　　· 硒化锌
　　· 硒化镉
　　· 碲化汞
　　· 碲化锌
　　· 碲化镉
　　L 化合物半导体**

Ⅱ-Ⅵ族化合物半导体材料
　　Y Ⅱ-Ⅵ族化合物半导体

Ⅲ-Ⅴ族半导体
　　Y Ⅲ-Ⅴ族化合物半导体

Ⅲ-Ⅴ族半导体材料
　　Y Ⅲ-Ⅴ族化合物半导体

Ⅲ-Ⅴ族化合物半导体
Ⅲ-Ⅴ compound semiconductor
TN304
　　D Ⅲ-Ⅴ族化合物半导体材料
　　　Ⅲ-Ⅴ族半导体
　　　Ⅲ-Ⅴ族半导体材料
　　S 二元化合物半导体
　　· 磷化铟
　　· 磷化镓
　　· 砷化铟
　　· 砷化镓
　　· 锑化铟

　　· 锑化镓
　　L 化合物半导体**

Ⅲ-Ⅴ族化合物半导体材料
　　Y Ⅲ-Ⅴ族化合物半导体

Ⅲ族氮化物
Ⅲ family nitride
TN304
　　D Ⅲ族氮化物半导体
　　S 氮化物半导体
　　L 化合物半导体**

Ⅲ族氮化物半导体
　　Y Ⅲ族氮化物

A*算法
　　Y A 星算法

A/D 转换电路
　　Y 模数转换器

A/D 转换器
　　Y 模数转换器

AAA 服务器
AAA server
TP368
　　S 认证服务器
　　Z 服务器*

AAA 协议
Authentication, authorization, and Accounting protocol
TP31
　　D 认证授权计费协议
　　S 网络安全协议
　　L 网络协议**

AANN
　　Y 自联想神经网络

ABAC
　　Y 基于属性的访问控制

ABEL-HDL
　　Y ABEL 语言

ABEL 语言
advanced boolean equation language
TN40　TP312
　　D ABEL-HDL
　　S 硬件描述语言
　　C 可编程逻辑器件
　　Z 计算机语言*

AC/AC 变换器
　　Y 交流-交流变换器

AC/DC 变换器
　　Y 交流-直流变换器

AC/DC 转换器
　　Y 交流-直流变换器

AC-AC 变换器
　　Y 交流-交流变换器

Access 数据库
Access database
TP315　TP392
　　S 数据库*
　　C 办公软件

AC 电源
　　Y 交流电源

Ad Hoc
　　Y 自组织网络

Ad_Hoc 网络
　　Y 自组织网络

AdaBoosting 算法
　　Y Adaboost 算法

Adaboost 算法
adaptive boosting algorithm
TP301
　　D AdaBoosting 算法
　　S 提升算法
　　Z 算法*

Ada 语言
Ada language
TP312
　　D DOD1 语言
　　S 第四代语言
　　Z 计算机语言*

AdHoc
　　Y 自组织网络

Adhoc 按需距离矢量路由
　　Y 按需距离矢量路由协议

Adhoc 网
　　Y 自组织网络

Adhoc 网络
　　Y 自组织网络

ADPCM
　　Y 自适应差分脉冲编码调制

ADSLModem
　　Y ADSL 调制解调器

ADSL 接入网
ADSL access network
TN915
　D ADSL 网络
　S 接入网
　Z 通信网络*

ADSL 调制解调器
ADSL modem
TN919
　D ADSLModem
　S 调制解调器
　Z 通信设备*

ADSL 网络
　Y ADSL 接入网

ADS 仿真
advanced design system simulation
TP391.9
　D 先进设计系统仿真
　S 设计仿真
　C 射频电路
　　 微波电路
　Z 仿真*

AD 转换器
　Y 模数转换器

AD 转换芯片
　Y 模数转换器

AES 加密
advanced encryption standard encryption
TP309　TN918
　D 高级加密标准加密
　S 对称加密
　C AES 算法
　L 加密**

AES 加密算法
　Y AES 算法

AES 算法
advanced encryption standard algorithm
TP309　TN918
　D AES 加密算法
　　 高级加密标准算法
　　 高级加密算法
　S 对称加密算法
　C AES 加密
　Z 算法*

AEW 雷达
　Y 机载预警雷达

AGC 电路
　Y 自动增益控制电路

Agent 通信语言
agent communication language
TP312　TP18
　D 主体通信语言
　　 智能体通信语言
　S 通信语言
　Z 计算机语言*

AGPS
　Y 辅助全球定位系统

AHB 总线
advanced high performance bus
TN40
　D 高级高性能总线
　S 片上总线
　Z 总线*

AH 协议
　Y 认证头协议

AI
　Y 人工智能

AI+
　Y 人工智能应用

AIoT
　Y 人工智能物联网

AI 芯片
　Y 智能芯片

AI 应用
　Y 人工智能应用

ALC 电路
　Y 自动电平控制电路

AlGaAs
　Y 铝镓砷

AlGaInP
　Y 铝镓铟磷

AlGaN
　Y 铝镓氮

ALGOL 语言
　Y 算法语言

ALOHA 技术
　Y ALOHA 协议

ALOHA 协议
ALOHA protocol
TN911　TP393.0　TN915
　D ALOHA 技术
　S 数据链路层协议
　C 移动分组无线网

　L 网络协议**

AMBA 总线
advanced microcontroller bus architecture bus
TN40
　D 先进微控制器总线体系结构
　S 片上总线
　Z 总线*

AMLCD
　Y 有源矩阵液晶显示器

AMOLED
　Y 有源矩阵有机发光二极管

AMOLED 显示屏
　Y 有源矩阵有机发光显示器

AMOLED 显示器
　Y 有源矩阵有机发光显示器

AMQP
　Y 高级消息队列协议

AMR 传感器
　Y 各向异性磁阻传感器

AM 收音机
　Y 调幅收音机

ANN
　Y 人工神经网络

ANSYS 参数化设计语言
ANSYS parametric design language
TP312
　D APDL
　　 APDL 语言
　S 计算机语言*

Anycast 路由
　Y 选播路由

AODV
　Y 按需距离矢量路由协议

AODV 路由协议
　Y 按需距离矢量路由协议

AODV 协议
　Y 按需距离矢量路由协议

Apache 服务器
Apache server
TP368
　D 阿帕奇服务器
　S Web 服务器
　Z 服务器*

APCVD
　　Y 常压化学气相淀积

APDL
　　Y ANSYS 参数化设计语言

APDL 语言
　　Y ANSYS 参数化设计语言

API 接口
　　Y 应用程序接口

APON
　　Y ATM 无源光网络

AprioriTid 算法
　　Y Apriori 算法

Apriori 算法
Apriori algorithm
TP301　TN911
　　D AprioriTid 算法
　　S 频繁项集挖掘算法
　　Z 算法*

ARINC429 总线
ARINC429 bus
TP336
　　S 数据总线
　　Z 总线*

ARM 处理器
　　Y ARM 微处理器

ARM 单片机
　　Y ARM 微控制器

ARM 控制器
　　Y ARM 微控制器

ARM 微处理器
ARM microprocessor
TN43　TP33
　　D ARM 处理器
　　S 微处理器*
　　C ARM 微控制器
　　　ARM 芯片
　　　嵌入式控制器

ARM 微控制器
ARM controller
TP33
　　D ARM 单片机
　　　ARM 控制器
　　S 微控制器*
　　C ARM 微处理器
　　　ARM 芯片
　　Z 控制器*

ARM 芯片
ARM chip
TN43
　　S 芯片*
　　C ARM 微处理器
　　　ARM 微控制器

Arnold 变换
　　Y Arnold 置乱

Arnold 置乱
Arnold scrambling
TP393.08
　　D Arnold 变换
　　S 图像置乱
　　L 信息隐藏**

ARP 病毒
ARP virus
TP319
　　S 网络病毒
　　C ARP 欺骗
　　L 恶意软件**

ARP 毒化
　　Y ARP 欺骗

ARP 攻击
　　Y ARP 欺骗

ARP 欺骗
address resolution protocol spoofing
TP393.08
　　D ARP 攻击
　　　ARP 欺骗攻击
　　　ARP 毒化
　　S 地址欺骗
　　C ARP 病毒
　　　IP 地址解析
　　　地址解析协议
　　L 网络攻击**

ARP 欺骗攻击
　　Y ARP 欺骗

ARP 协议
　　Y 地址解析协议

ARQ 协议
　　Y 自动重传请求协议

ART 网络
adaptive resonance theory network
TN915　TP393.0
　　D 自适应共振理论网络
　　S 多层神经网络
　　　自适应神经网络
　　Z 人工神经网络*

AR 技术
　　Y 增强现实

AR 头盔
　　Y 虚拟现实头盔

AR 头显
　　Y 虚拟现实头戴式显示器

AR 眼镜
　　Y 虚拟现实眼镜

ASIC
　　Y 专用集成电路

ASIC 电路
　　Y 专用集成电路

ASIC 器件
　　Y 专用集成电路

ASIC 芯片
　　Y 专用集成电路

a-SiH
　　Y 氢化非晶硅

ASI 总线
　　Y ASi 总线

ASi 总线
actuator-sensor-interface bus
TP336　TP2
　　D ASI 总线
　　　执行器-传感器-接口总线
　　S 工业现场总线
　　L 现场总线**

ASON 网络
　　Y 自动交换光网络

ASP.NET
　　Y ASP 语言

ASP+
　　Y ASP 语言

Aspect 挖掘
　　Y 方面挖掘

ASP 编程
ASP programming
TP311
　　S 软件编程**
　　C ASP 木马
　　　ASP 程序
　　　ASP 语言

ASP 程序
ASP program
TP317
　S 软件*
　C ASP 编程
　　ASP 语言

ASP 技术
　Y ASP 语言

ASP 木马
ASP Trojan
TP318　TP309
　S 木马程序
　C ASP 编程
　　ASP 语言
　L 恶意软件**

ASP 语言
active server pages language
TP312
　D ASP+
　　ASP.NET
　　ASP 技术
　　动态服务器页面
　S 脚本语言
　C ASP 木马
　　ASP 程序
　　ASP 编程
　Z 计算机语言*

ATM PON
　Y ATM 无源光网络

ATM 多路复用器
　Y ATM 复用器

ATM 复接器
　Y ATM 复用器

ATM 复用器
ATM multiplexer
TN76　TN915
　D ATM 复接器
　　ATM 多路复用器
　S 复用器
　C ATM 交换机
　Z 通信设备*

ATM 交换
asynchronous transfer mode switching
TN915
　D 异步传输模式交换
　　异步转移模式交换
　S 通信交换**
　C 异步传输

ATM 交换机
ATM switch
TN915　TP393
　S 交换设备**
　C ATM 复用器
　　ATM 网络

ATM 交换网络
　Y ATM 网络

ATM 局域网
asynchronous transfer mode local area network
TN915　TP393
　D 异步传送模式局域网
　S ATM 网络
　L 宽带网**

ATM 网
　Y ATM 网络

ATM 网络
asynchronous transfer mode network
TN915
　D ATM 交换网络
　　ATM 网
　　ATM 网络技术
　　异步传输方式网
　　异步传输模式网
　　异步传送方式网
　　异步传递模式网
　　异步网
　　异步通信网
　S 交换网络
　　宽带网**
　• ATM 局域网
　• ATM 无源光网络
　• 无线 ATM 网络
　C ATM 交换机
　　异步传输
　　异步数据传输

ATM 网络技术
　Y ATM 网络

ATM 无源光网络
ATM passive optical network
TN929.1　TP393.0　TN915
　D APON
　　ATM PON
　　异步传输模式无源光网络
　　异步转移模式无源光网络
　S ATM 网络
　　无源光网络
　L 光通信网络**
　　宽带网**

Auto LISP
　Y AutoLISP

AutoCAD
autodesk computer aided design
TP319
　D AutoCAD 软件

　S 计算机辅助设计软件
　L 应用软件**

AutoCAD 软件
　Y AutoCAD

AutoLISP
AutoLISP language
TP312
　D Auto LISP
　　AutoLISP 语言
　S LISP 语言
　Z 计算机语言*

AutoLISP 语言
　Y AutoLISP

AutoML
　Y 自动学习

Avalon 总线
Avalon bus
TN40
　S 片上总线
　C 中央处理器
　Z 总线*

Avenue 语言
Avenue language
TP312
　S 计算机语言*

AVS 标准
standard of digital audio and video coding and decoding technology
TP391　TN941　TN912
　D 数字音视频编解码技术标准
　　数字音视频编解码标准
　S 音视频编码标准
　Z 信息产业标准*

AV 放大器
　Y AV 功率放大器

AV 功率放大器
AV power amplifier
TN72
　D AV 放大器
　　影音放大器
　S 功率放大器**

AV 器材
　Y 音视频设备

AV 设备
　Y 音视频设备

AWGN
　Y 加性高斯白噪声

AWGN 信道
    Y 加性高斯白噪声信道

A 类放大器
    Y 甲类功率放大器

A 类功率放大器
    Y 甲类功率放大器

A 算法
    Y A 星算法

A 心激光器
    Y 色心激光器

A 星算法
A-star algorithm
TP391
    D A*算法
       A 算法
    S 路径算法
    Z 算法*

B/S 架构
browser/server architecture
TP393　TP311
    D B/S 模型
       B/S 模式
       B/S 结构
       BS 架构
       浏览器/服务器架构
    S 网络模型*
    C 服务器

B/S 结构
    Y B/S 架构

B/S 模式
    Y B/S 架构

B/S 模型
    Y B/S 架构

B2B 电子商务
business to business electronic commerce
TP393
    S 电子商务
    Z 网络应用*

Backstepping 设计
    Y 反演设计

Backstepping 算法
    Y 反演算法

Bagging 算法
Bagging algorithm
TP301　TP181
    S 集成学习算法

    Z 算法*

BARITT 二极管
    Y 势越二极管

BASIC 程序
BASIC program
TP317
    S 语言程序
    · VB 程序
    C BASIC 语言
    Z 软件*

BASIC 语言
BASIC language
TP312
    S 高级语言
    · F-BASIC 语言
    · Qbasic 语言
    · VB 语言
    C BASIC 程序
    Z 计算机语言*

Bayesian 网络
    Y 贝叶斯网络

Bayesian 学习
    Y 贝叶斯学习

Bayesian 优化算法
    Y 贝叶斯优化算法

Bayes 分类器
    Y 贝叶斯分类器

Bayes 网
    Y 贝叶斯网络

BB 机
    Y 寻呼机

BCD 工艺
bipolar-CMOS-DMOS process
TN405
    D 双极-CMOS-DMOS 工艺
    S 集成电路工艺
    Z 半导体工艺*

BCD 码
binary coded decimal
TP31
    D 二-十进制编码
    S 二进制编码
    C 十进制计算机
    Z 编码*

BCH 编码
BCH coding
TN911
    S 纠错编码
    · RS 编码

    · 汉明编码
    Z 编码*

BD-ROM
    Y 蓝光光盘

Bell-La Padula 模型
    Y BLP 模型

BGA
    Y 球栅阵列封装

BGA 封装
    Y 球栅阵列封装

BGP
    Y 边界网关协议

BGP 路由
    Y 边界路由

BGP 协议
    Y 边界网关协议

BiCMOS
    Y BiCMOS 工艺

BiCMOS 工艺
bipolar CMOS process
TN305
    D BiCMOS
       双极 CMOS
       双极 CMOS 工艺
       双极互补 MOS 技术
       双极互补金属氧化物半导体
    S CMOS 工艺
       双极工艺
    C BiCMOS 器件
    Z 半导体工艺*

BiCMOS 器件
bipolar CMOS device
TN386
    D 双极 CMOS 器件
       双极互补金属氧化物半导体器件
    S CMOS 器件
    C BiCMOS 工艺
    L MOS 器件**

BiMOS
    Y BiMOS 工艺

BiMOS 工艺
bipolar MOS process
TN305
    D BiMOS
       双极 MOS 工艺
    S MOS 工艺
       双极工艺
    Z 半导体工艺*

BIM 技术
　　Y 建筑信息模型

BIOS
　　Y 基本输入输出系统

BISDN
　　Y 宽带综合业务数字网

B-ISDN
　　Y 宽带综合业务数字网

BitTorrent
　　Y 比特流协议

BitTorrent 协议
　　Y 比特流协议

BLP 模型
Bell-La Padula model
TP391.9
　　D Bell-La Padula 模型
　　S 访问控制模型
　　C 安全操作系统
　　　　强制访问控制
　　Z 网络模型*
　　　　信息安全模型*

BOA 服务器
BOA server
TP368
　　S Web 服务器
　　Z 服务器*

BOC 调制
　　Y 二进制偏移载波调制

Boosting 算法
　　Y 提升算法

Boost 变换器
　　Y 升压变换器

Booth 编码
Booth coding
TN911
　　S 二进制编码
　　Z 编码*

BPEL
　　Y 业务流程执行语言

BPNN
　　Y 反向传播神经网络

BPSK
　　Y 二进制相移键控

BPSK 调制
　　Y 二进制相移键控

BP 机
　　Y 寻呼机

BP 人工神经网络
　　Y 反向传播神经网络

BP 神经网络
　　Y 反向传播神经网络

BP 算法
　　Y 反向传播算法

BP 网络
　　Y 反向传播神经网络

Bragg 光纤
　　Y 布拉格光纤

BS 架构
　　Y B/S 架构

BTL 电路
　　Y 平衡桥式功率放大器

Buck 变换器
　　Y 降压变换器

B 类放大器
　　Y 乙类功率放大器

C#
　　Y C 语言

C/S 架构
client/server architecture
TP391　TP311
　　D C/S 模型
　　　　C/S 模式
　　　　C/S 结构
　　　　CS 架构
　　　　客户机/服务器架构
　　S 网络模型*
　　C 服务器

C/S 结构
　　Y C/S 架构

C/S 模式
　　Y C/S 架构

C/S 模型
　　Y C/S 架构

C++
　　Y C 语言

C3I
　　Y C3I 系统

C3I 技术
　　Y C3I 系统

C3I 系统
communication, command, control
and intelligence system
TN97　TP391
　　D C3I
　　　　C3I 技术
　　　　指挥控制通信与情报系统
　　　　指挥自动化技术系统
　　　　通信指挥控制与情报系统
　　S 指挥信息系统
　　C 信息对抗
　　　　指挥自动化网络
　　　　指挥通信
　　Z 信息系统*

C4I
　　Y C4ISR 系统

C4IS
　　Y C4ISR 系统

C4ISR
　　Y C4ISR 系统

C4ISR 系统
command, control, communications,
computers, intelligence,
surveillance and reconnaissance
system
TN97　TP391
　　D C4I
　　　　C4IS
　　　　C4ISR
　　　　C4I 系统
　　　　信息通信指挥攻击系统
　　　　指挥控制通信计算机情报及监视
与侦察系统
　　S 指挥信息系统
　　Z 信息系统*

C4I 系统
　　Y C4ISR 系统

CAAD
　　Y 计算机辅助建筑设计

CABAC
　　Y 基于上下文的自适应二进制算术
编码

Cache 存储器
　　Y 高速缓冲存储器

Cache 缓冲存贮器
　　Y 高速缓冲存储器

Cache 一致性协议
　　Y 一致性协议

CAD/CAE
　　Y CAD/CAE 集成

CAD/CAE 集成
CAD/CAE integration
TP391.7
　　D CAD/CAE
　　S 信息集成
　　Z 信息处理*

CAD/CAM
　　Y 计算机辅助设计与制造

CAD/CAM 集成
　　Y 计算机辅助设计与制造

CAD/CAM 系统
　　Y 计算机辅助设计与制造

CAD/CAPP/CAM
　　Y CAD/CAPP/CAM 集成

CAD/CAPP/CAM 集成
CAD/CAPP/CAM integration
TP391.7
　　D CAD/CAPP/CAM
　　S 信息集成
　　Z 信息处理*

CAD 绘图
　　Y 计算机辅助设计

CAD 建模
CAD modeling
TP391.7
　　S 软件建模
　　Z 模型构建*

CAD 软件
　　Y 计算机辅助设计软件

CAD 设计
　　Y 计算机辅助设计

CAD 系统
　　Y 计算机辅助设计软件

CAE
　　Y 计算机辅助工程

CAE 技术
　　Y 计算机辅助工程

CAE 软件
　　Y 计算机辅助工程软件

CAE 系统
　　Y 计算机辅助工程软件

CAIA
　　Y 计算机辅助分析

CAID
　　Y 计算机辅助工业设计

CAI 技术
　　Y 计算机辅助教学

CAI 软件
　　Y 计算机辅助教学软件

CAI 系统
　　Y 计算机辅助教学系统

CAM
　　Y 计算机辅助制造

CAM 软件
　　Y 计算机辅助制造软件

CAM 系统
　　Y 计算机辅助制造系统

CAN/LIN
　　Y CAN/LIN 总线

CAN/LIN 总线
CAN/LIN bus
TP336
　　D CAN/LIN
　　S 汽车总线
　　Z 总线*

CANbus
　　Y 控制器局域网总线

Canny 边缘检测
Canny boundary detection
TP391
　　S 边缘检测
　　L 图像处理**

CANopen 协议
　　Y CAN 协议

CAN 控制器
CAN controller
TP23
　　S 局域网控制器
　　C CAN 协议
　　　CAN 收发器
　　Z 网络设备*

CAN 收发器
CAN transceiver
TP393　TN915.05
　　S 收发器*
　　C CAN 协议
　　　CAN 控制器

CAN 通信
　　Y 控制器局域网

CAN 通信
CAN communication
TP393
　　S 网络通信**
　　C CAN 协议
　　　CAN 收发器

CAN 通信网络
　　Y 控制器局域网

CAN 网
　　Y 控制器局域网

CAN 网络
　　Y 控制器局域网

CAN 现场总线
　　Y 控制器局域网总线

CAN 协议
controller area network protocol
TN915.04　TP393
　　D CANopen 协议
　　　CAN 总线协议
　　　控制器局域网总线协议
　　S 现场总线协议
　　C CAN 控制器
　　　CAN 收发器
　　　CAN 通信
　　　控制器局域网
　　Z 通信协议*

CAN 总线
　　Y 控制器局域网总线

CAN 总线分析仪
CANbus analyzer
TM935
　　S 总线分析仪
　　C 控制器局域网总线
　　L 通信测试仪**

CAN 总线网络
　　Y 控制器局域网

CAN 总线协议
　　Y CAN 协议

CAPP
　　Y 计算机辅助工艺设计

CAPP 系统
　　Y 计算机辅助工艺设计

CART 算法
　　Y 分类和回归算法

CATT 三极管
　　Y 崩越晶体管

CATV
　　Y 有线电视

CATV 网
　　Y 有线电视网络

CATV 网络
　　Y 有线电视网络

CAVLC
　　Y 上下文自适应变长编码

CA 认证
　　Y 证书认证

CA 数字证书
　　Y CA 证书

CA 证书
CA certificate
TP393.08
　　D CA 数字证书
　　S 数字证书*

CBGA
　　Y 陶瓷焊球阵列封装

CBIR
　　Y 基于内容的图像检索

CBR 技术
　　Y 案例推理

CCD
　　Y 电荷耦合器件

CCD 传感器
　　Y CCD 图像传感器

CCD 技术
　　Y 电荷耦合器件

CCD 器件
　　Y 电荷耦合器件

CCD 驱动器
CCD driver
TN36
　　S 驱动电路**
　　C 电荷耦合器件

CCD 探测器
CCD detector
TN36
　　D 电荷耦合器件探测器
　　S 光电探测器

　　C 电荷耦合器件
　　L 光学探测器**

CCD 图像传感器
CCD image sensor
TP212
　　D CCD 传感器
　　　电荷耦合器件传感器
　　S 图像传感器
　　　电荷耦合器件
　　Z 传感器*
　　　半导体器件*

CCD 芯片
　　Y 电荷耦合器件

CCGA
　　Y 陶瓷焊柱阵列封装

CC-Link 现场总线
control & communication link bus
TP336　TP2
　　D CC-Link 总线
　　　控制与通信链路系统总线
　　S 工业现场总线
　　　开放式现场总线
　　L 现场总线**

CC-Link 总线
　　Y CC-Link 现场总线

CCTV
　　Y 闭路电视

CD-I
　　Y 交互式光盘

CDIP
　　Y 陶瓷双列直插式封装

CDMA 接收机
　　Y 码分多址接收机

CDMA 通信
　　Y 码分多址通信

CDMA 网络
code division multiple access network
TN92
　　D 码分多址网络
　　S 蜂窝网络
　　· WCDMA 网络
　　C UIM 卡
　　　码分多址通信
　　L 移动通信网络**

CDMA 系统
　　Y 码分多址通信

CD-R
　　Y CD-R 光盘

CD-ROM
　　Y 只读光盘

CD-ROM 光盘驱动器
　　Y 只读光盘驱动器

CD-ROM 光驱
　　Y 只读光盘驱动器

CD-ROM 驱动器
　　Y 只读光盘驱动器

CD-RW
　　Y CD-RW 光盘

CD-RW 光盘
compact disk-rewritable
TP333
　　D CD-RW
　　　可重复录写光盘
　　S 可重写光盘
　　L 光存储器**
　　　外存储器**

CD-R 光盘
compact disk-recordable
TP333
　　D CD-R
　　　一次性写入 CD
　　S 一次性写入光盘
　　L 光存储器**
　　　外存储器**

CdS
　　Y 硫化镉

CdSe
　　Y 硒化镉

CdZnTe
　　Y 碲锌镉

CdZnTe 探测器
　　Y 碲锌镉探测器

CEbus
　　Y 消费电子总线

CF 卡
CF card
TP333
　　S 闪存卡
　　L 存储卡**

CGI 程序
computer graphics interface program

TP317
　　D 计算机图形接口程序
　　S 软件*

CHILL 语言
CHILL language
TP312
　　S 高级语言
　　Z 计算机语言*

ChirpScaling 算法
　　Y CS 成像算法

Chirp 信号
　　Y 线性调频信号

Chord 协议
Chord protocol
TN915
　　S 点对点协议
　　L 网络协议**

Chrome OS
　　Y Chrome 操作系统

Chrome 操作系统
Chrome operating system
TP316
　　D Chrome OS
　　S 开源操作系统
　　L 操作系统**

Chua's 电路
　　Y 蔡氏电路

Chua 电路
　　Y 蔡氏电路

CIDR
　　Y 无类别域间路由

CIMS
　　Y 计算机集成制造

CIMS 技术
　　Y 计算机集成制造

CIM 系统
　　Y 计算机集成制造

CISC
　　Y 复杂指令集运算

CISC 指令集
　　Y 复杂指令集运算

Clipper 语言
Clipper language
TP312
　　S Dbase 语言

　　Z 计算机语言*

CL 语言
　　Y 控制语言

CMA 算法
　　Y 恒模算法

CMIP
　　Y 公共管理信息协议

CMIP 协议
　　Y 公共管理信息协议

CML 逻辑电路
　　Y 电流型逻辑电路

CMOS
　　Y CMOS 工艺

CMOS 电路
　　Y CMOS 集成电路

CMOS 电路设计
　　Y CMOS 集成电路

CMOS 读出电路
CMOS readout ciruit
TN43
　　S CMOS 集成电路
　　Z 集成电路*

CMOS 工艺
CMOS process
TN305
　　D CMOS
　　　CMOS 技术
　　　互补 MOS
　　　互补 MOS 工艺
　　　互补型金属氧化物半导体
　　　互补金属氧化物半导体
　　　互补金属氧化物半导体工艺
　　S MOS 工艺
　　　集成电路工艺
　　• BiCMOS 工艺
　　C CMOS 器件
　　Z 半导体工艺*

CMOS 混频器
CMOS mixer
TN773
　　S 有源混频器
　　Z 混频器*

CMOS 集成电路
CMOS integrated circuit
TN43
　　D CMOS 电路
　　　CMOS 电路设计
　　　互补 MOS 型集成电路
　　　互补 MOS 电路

　　　互补 MOS 集成电路
　　　互补金属氧化物半导体集成电路
　　S MOS 集成电路
　　• CMOS 读出电路
　　• CMOS 模拟电路
　　• CMOS 组合电路
　　• 电流型 CMOS 电路
　　• 纳米 CMOS 电路
　　Z 集成电路*

CMOS 技术
　　Y CMOS 工艺

CMOS 晶体管
CMOS transistor
TN32
　　D 互补金属氧化物半导体晶体管
　　S CMOS 器件
　　　MOS 晶体管
　　L MOS 器件**
　　　半导体分立器件**

CMOS 逻辑电路
CMOS logic circuit
TN43
　　D CMOS 门电路
　　　互补金属氧化物半导体逻辑电路
　　　互补金属氧化物半导体门电路
　　S MOS 逻辑电路
　　L 逻辑集成电路**

CMOS 门电路
　　Y CMOS 逻辑电路

CMOS 模拟电路
CMOS analog circuit
TN4
　　S CMOS 集成电路
　　Z 集成电路*

CMOS 器件
complementary metal-oxide-
semiconductor device
TN386
　　D CMOS 芯片
　　　互补金属氧化物半导体器件
　　S MOS 器件**
　　• BiCMOS 器件
　　• CMOS 晶体管
　　• 纳米 CMOS 器件
　　C CMOS 图像传感器
　　　CMOS 工艺

CMOS 摄像头
CMOS camera
TP334.2
　　S 摄像头
　　C CMOS 图像传感器
　　Z 外部设备*

CMOS 图像传感器
CMOS image sensor

TP212
　　S 图像传感器
　　C CMOS 器件
　　　CMOS 摄像头
　　Z 传感器*

CMOS 芯片
　　Y CMOS 器件

CMOS 运算放大器
CMOS operational amplifier
TN72
　　S 半导体放大器
　　　运算放大器
　　Z 半导体器件*
　　　放大器*

CMOS 组合电路
CMOS combinational circuit
TN43
　　S CMOS 集成电路
　　Z 集成电路*

CMP 设备
　　Y 化学机械抛光设备

CO_2 波导激光器
　　Y 波导二氧化碳激光器

CO_2 激光
　　Y 二氧化碳激光器

CO_2 激光器
　　Y 二氧化碳激光器

CoAP 协议
　　Y 受限应用协议

COB
　　Y 板上芯片技术

COBOL 语言
common business oriented language
TP312
　　D 通用商业语言
　　S 高级语言
　　Z 计算机语言*

CODEC 芯片
　　Y 编解码集成电路

COFDM
　　Y 编码正交频分复用

COGO 语言
　　Y 坐标几何语言

COMBO 光驱
　　Y 复合式光盘机

COMGIS
　　Y 组件式地理信息系统

Compact PCI 总线
　　Y CPCI 总线

COM 接口
　　Y 串行接口

Cookie 技术
Cookie technology
TP311　TP393.08
　　S 计算机网络技术
　　Z 网络技术*

COPS 协议
　　Y 通用开放策略服务协议

CORBA 标准
　　Y 公共对象请求代理体系标准

CORDIC
　　Y 坐标旋转数字计算机算法

Cordic 算法
　　Y 坐标旋转数字计算机算法

Costas 编码
Costas coding
TN911
　　S 信号编码
　　Z 编码*
　　　信号处理*

CO 激光器
　　Y 一氧化碳激光器

CPCI 总线
compact PCI bus
TP336
　　D Compact PCI 总线
　　　紧凑型 PCI
　　　紧凑型 PCI 总线
　　S PCI 总线
　　Z 总线*

CPFSK
　　Y 连续相位频移键控

CPFSK 调制
　　Y 连续相位频移键控

CPLD 技术
　　Y 复杂可编程逻辑器件

CPLD 可编程逻辑器件
　　Y 复杂可编程逻辑器件

CPLD 器件
　　Y 复杂可编程逻辑器件

CPLD 芯片
　　Y 复杂可编程逻辑器件

CPU
　　Y 中央处理器

CPU 缓存
CPU cache
TP333
　　S 缓冲存储器
　　· 多级缓存
　　· 高速缓冲存储器
　　· 数据缓存
　　· 先进先出存储器
　　· 指令缓存
　　Z 存储器*

CPU 卡
　　Y 智能卡

CPU 芯片
　　Y 中央处理器

CRC 算法
　　Y 校验算法

CRM 系统
　　Y 客户关系管理系统

CRT
　　Y 阴极射线管

CRT 显示
　　Y 阴极射线管显示器

CRT 显示器
　　Y 阴极射线管显示器

CSCW 系统
　　Y 协同工作

CSD 编码
　　Y 正则有符号数编码

CS 成像算法
chirp scaling imaging algorithm
TN911
　　D CS 算法
　　　ChirpScaling 算法
　　S 成像算法
　　C 合成孔径雷达
　　Z 算法*

CS 架构
　　Y C/S 架构

CS 算法
　　Y CS 成像算法

CTGAL 电路
　　Y 绝热逻辑电路

CTI
　　Y 计算机电话集成

CTI 技术
　　Y 计算机电话集成

CTL 逻辑电路
　　Y 互补晶体管逻辑电路

Cu 互连
　　Y 铜互连

CVD
　　Y 化学气相沉积

CVD 法
　　Y 化学气相沉积

CVD 技术
　　Y 化学气相沉积

CVD 设备
　　Y 化学气相淀积设备

CWDM
　　Y 稀疏波分复用

Cymbal 换能器
C compiler
TN712
　　S 压电换能器
　　Z 换能器*
　　　压电器件*

CZ-Si
　　Y 直拉硅单晶

C 编程
　　Y C 语言程序设计

C 编程语言
　　Y C 语言

C 编译器
C compiler
TP314
　　S 编译器
　　C C 语言程序
　　　C 语言程序设计
　　Z 软件*

C 程序
　　Y C 语言程序

C 程序设计
　　Y C 语言程序设计

C 均值聚类
C-means clustering
TP391
　　S 均值聚类
　　· 模糊 C 均值聚类
　　Z 聚类*

C 型滤波器
　　Y 切比雪夫滤波器

C 语言
C language
TP312
　　D C#
　　　C++
　　　C 编程语言
　　S 面向过程语言
　　· Handel-C 语言
　　· VC 语言
　　· 嵌入式 C 语言
　　C C 语言程序
　　Z 计算机语言*

C 语言编程
　　Y C 语言程序设计

C 语言程序
C language program
TP317
　　D C 程序
　　S 语言程序
　　C C 编译器
　　　C 语言
　　　C 语言程序设计
　　Z 软件*

C 语言程序设计
C language programming
TP311
　　D C 程序设计
　　　C 编程
　　　C 语言编程
　　S 高级语言程序设计
　　· VC 程序设计
　　C C 编译器
　　　C 语言程序
　　Z 软件工程*

D/A 转换电路
　　Y 数模转换器

D/A 转换器
　　Y 数模转换器

D/A 转换芯片
　　Y 数模转换器

DAC
　　Y 数模转换器

DA 算法
　　Y 分布式算法

Dbase 语言
Dbase language
TP312
　　S 高级语言
　　· Clipper 语言
　　Z 计算机语言*

DC/AC 变换器
　　Y 直流-交流变换器

DC/DC 变换器
　　Y 直流-直流变换器

DC/DC 转换器
　　Y 直流-直流变换器

D-Cache
　　Y 数据缓存

DC-DC 变换器
　　Y 直流-直流变换器

DCF 协议
　　Y 分布式协调功能协议

DCL 语言
　　Y 数据控制语言

DCSK
　　Y 差分混沌键控

DCT 编码
　　Y 离散余弦变换编码

DDE 技术
　　Y 动态数据交换

DDL
　　Y 数据定义语言

DDN
　　Y 数字数据网

DDN 网
　　Y 数字数据网

DDN 网络
　　Y 数字数据网

DDoS
　　Y 分布式拒绝服务攻击

DDoS 攻击
　　Y 分布式拒绝服务攻击

DDR SDRAM
　　Y 同步动态随机存储器

DDS 芯片
　　Y 直接数字频率合成芯片

DECT
　　Y 数字无绳通信

Delphi 编程
　　Y Delphi 程序设计

Delphi 编程语言
　　Y Delphi 语言

Delphi 程序设计
Delphi programming
TP311
　　D Delphi 开发
　　　Delphi 编程
　　S 高级语言程序设计
　　C Delphi 语言
　　Z 软件工程*

Delphi 程序设计语言
　　Y Delphi 语言

Delphi 开发
　　Y Delphi 程序设计

Delphi 语言
Delphi language
TP312
　　D Delphi 程序设计语言
　　　Delphi 编程语言
　　S 第四代语言
　　C Delphi 程序设计
　　Z 计算机语言*

DES
　　Y 数据加密标准

DES 加密
data encryption standard encryption
TN918　TP309
　　D 数据加密标准加密
　　S 对称加密
　　C DES 算法
　　　RSA 数字签名
　　L 加密**

DES 加密算法
　　Y DES 算法

DES 算法
data encryption standard algorithm
TN918　TP301　TP309
　　D DES 加密算法

　　　数据加密标准算法
　　S 对称加密算法
　　C DES 加密
　　　数据加密标准
　　　数据加密系统
　　Z 算法*

DeviceNet 通信协议
　　Y DeviceNet 协议

DeviceNet 现场总线
　　Y DeviceNet 总线

DeviceNet 协议
DeviceNet protocol
TP2
　　D DeviceNet 通信协议
　　S 现场总线协议
　　C DeviceNet 总线
　　Z 通信协议*

DeviceNet 总线
DeviceNet bus
TP2　TP336
　　D DeviceNet 现场总线
　　S 工业现场总线
　　C DeviceNet 协议
　　L 现场总线**

Dewey 编码
Dewey coding
TP31
　　D 扩展 Dewey 编码
　　S 编码*

DE 算法
　　Y 差分进化算法

DFBLD
　　Y 分布反馈半导体激光器

DFB 光纤激光器
　　Y 分布反馈光纤激光器

DFB 激光器
　　Y 分布反馈激光器

DGPS
　　Y 差分全球定位系统

DGPS 技术
　　Y 差分全球定位技术

DHCP
　　Y 动态主机配置协议

DHCP 服务
dynamic host configuration protocol service
TP393.07

　　D 动态主机配置协议服务
　　S 网络服务*
　　C 动态主机配置协议

DHCP 协议
　　Y 动态主机配置协议

DHTML
　　Y 超文本标记语言

DHTML 技术
　　Y 超文本标记语言

DHTML 语言
　　Y 超文本标记语言

DHT 网络
　　Y 分布式哈希表网络

DICOM
　　Y DICOM 标准

DICOM 标准
digital imageing and communications in medicine standard
TN919.8　TP391
　　D DICOM
　　　医学数字成像和通信标准
　　S 信息产业标准*

DiffServ
　　Y 区分服务模型

DiffServ 机制
　　Y 区分服务模型

DiffServ 模型
　　Y 区分服务模型

DiffServ 体系结构
　　Y 区分服务模型

Dijkstra 算法
　　Y 狄克斯特拉算法

DIMM
　　Y 双列直插式存储模块

DIP 封装
　　Y 双列直插式封装

DIRCM
　　Y 定向红外对抗

DirectFET
　　Y DirectFET 封装

DirectFET 封装
DirectFET package
TN05
　　D DirectFET
　　S 半导体封装**

DirectX 接口
DirectX interface
TP317
　　S 应用程序接口
　　L 计算机接口**

DLC 协议
　　Y 数据链路层协议

DLPI
　　Y 数据链路提供者接口

DMA 接口
direct memory access interface
TP334.7
　　D 直接存储器访问接口
　　S 存储接口
　　Z 接口*

DMB
　　Y 数字多媒体广播

DMC 算法
　　Y 动态矩阵预测控制

DMI 接口
　　Y 桌面管理接口

DML
　　Y 数据操纵语言

DMOS 集成电路
　　Y 双扩散 MOS 集成电路

DMS 半导体
　　Y 稀磁半导体

DMT 调制
　　Y 离散多音频调制

DMX
　　Y 数据存储器

DNA 计算
DNA computing
TP2　TP301
　　S 先进计算
　　C DNA 计算机
　　　图灵机
　　Z 计算*

DNA 计算机
DNA computer
TP387　TP301
　　S 生物计算机
　　C DNA 计算
　　Z 计算机*

DNA 芯片
　　Y 基因芯片

DNS 服务器
　　Y 域名服务器

DNS 劫持
　　Y DNS 欺骗

DNS 欺骗
domain name system spoofing
TP309
　　D DNS 劫持
　　　域名劫持
　　S 欺骗攻击
　　L 网络攻击**

DNS 协议
　　Y 域名服务协议

DOCSIS
　　Y 有线电缆数据服务接口规范

DOCSIS 标准
　　Y 有线电缆数据服务接口规范

DOD1 语言
　　Y Ada 语言

DOS
　　Y DOS 操作系统

DOS 操作系统
disk operating system
TP316
　　D DOS
　　　DOS 系统
　　　磁盘操作系统
　　S 桌面操作系统
　　L 操作系统**

DoS 攻击
　　Y 拒绝服务攻击

DOS 系统
　　Y DOS 操作系统

DPCM
　　Y 差分脉码调制

DPRAM
　　Y 双端口随机存储器

DPSSL
　　Y 二极管泵浦固体激光器

DQDB 网
　　Y 分布队列双总线网

DQPSK
　　Y 差分四相移相键控

DRAM
　　Y 动态随机存储器

DS/BPSK
　　Y 直接序列扩频/二进制相移键控

DS-BPSK
　　Y 直接序列扩频/二进制相移键控

DSDV
　　Y 目的序列距离矢量路由协议

DSDV 路由协议
　　Y 目的序列距离矢量路由协议

DSP 芯片
　　Y 数字信号处理器

DSRC
　　Y 专用短程通信

DSR 路由协议
　　Y 动态源路由协议

DSR 协议
　　Y 动态源路由协议

DSSS 信号
　　Y 直接序列扩频信号

DTD
　　Y 文档类型定义

DTE
　　Y 数据终端设备

DTMB
　　Y 数字电视地面广播标准

DTMB 标准
　　Y 数字电视地面广播标准

DTMF 收发器
dual tone multifrequency transceiver
TN7　TN8
　　S 收发器*
　　C 双音多频信号

DTMF 信号
　　Y 双音多频信号

DTN 网络
 Y 容迟容断网络

DTU
 Y 数据传输单元

DUV 光刻
 Y 深紫外光刻

DVB
 Y 数字视频广播

DVB-C 机顶盒
 Y 数字有线电视机顶盒

DVB-S 机顶盒
 Y 数字卫星机顶盒

DVB-T 机顶盒
 Y 数字地面机顶盒

DVB 标准
 Y 数字视频广播标准

DVD
 Y 数字多功能光盘

DVD-R
 Y DVD-R 光盘

DVD-RAM
 Y DVD 随机存储器

DVD-RW
 Y DVD-RW 光盘

DVD-RW 光盘
DVD-rewritable
TP333
 D DVD-RW
  可重写式 DVD
 S 可重写光盘
  数字多功能光盘
 L 光存储器**
  外存储器**

DVD-R 光盘
DVD-recordable
TP333
 D DVD-R
  一次写入式 DVD
 S 一次性写入光盘
  数字多功能光盘
 L 光存储器**
  外存储器**

DVD 播放机
DVD player
TN946
 D DVD 视盘机
  数字影碟机
 S 激光视盘机
 C 数字视频
 Z 视频设备*
  电视设备*

DVD 视盘机
 Y DVD 播放机

DVD 随机存储器
digital versatile disc-random access memory
TP333
 D DVD-RAM
 S 非易失性随机存储器
 L 非易失性存储器**

DVI 接口
digital video interface
TN948
 D DVI 输出接口
  数字视频接口
  数字视频端口
 S 显示接口
  视频接口
 C 数字视频信号
  数字视频编码
  数字视频设备
 Z 接口*

DVI 输出接口
 Y DVI 接口

DVMRP
 Y 距离矢量组播路由协议

DWDM
 Y 密集波分复用

D 触发器
delay flip-flop
TN79
 D D 型触发器
  延迟触发器
 S 触发器
 L 数字电路**

D 类放大器
 Y D 类功率放大器

D 类功放
 Y D 类功率放大器

D 类功率放大器
class D power amplifier
TN72
 D D 类功放
  D 类放大器
  丁类放大器
 S 音频功率放大器
 L 功率放大器**

D 型触发器
 Y D 触发器

E1 接口
E1 interface
TN915
 S 通信接口
 C 现场可编程门阵列
  脉冲编码调制
 Z 接口*

E2PROM
 Y 电可擦可编程只读存储器

E2PROM 存储器
 Y 电可擦可编程只读存储器

E2PROM 芯片
 Y 电可擦可编程只读存储器

EAP 协议
 Y 可扩展认证协议

EBMT
 Y 基于实例的机器翻译

ECCM
 Y 电子防御

ECC 算法
 Y 椭圆曲线加密算法

ECDSA
 Y 椭圆曲线数字签名算法

ECL 电路
 Y 发射极耦合逻辑电路

ECSL
 Y 外腔半导体激光器

EDA
 Y 电子设计自动化

EDA 仿真
EDA simulation
TN7 TP391
 S 电子仿真
  设计仿真
 C 电子设计自动化
  电子设计自动化软件
 Z 仿真*

EDA 工具
 Y 电子设计自动化软件

EDA 技术
 Y 电子设计自动化

EDA 软件
  Y 电子设计自动化软件

EDDL
  Y 电子设备描述语言

EDFA
  Y 掺铒光纤放大器

EDI 技术
  Y 电子数据交换

EEPROM
  Y 电可擦可编程只读存储器

EEPROM 存储器
  Y 电可擦可编程只读存储器

EEPROM 器件
  Y 电可擦可编程只读存储器

EEPROM 芯片
  Y 电可擦可编程只读存储器

EEROM
  Y 电可擦除只读存储器

Eiffel 语言
Eiffel language
TP312
  S 面向对象程序设计语言
  Z 计算机语言*

EIGRP
  Y 增强型网关内部路由协议

EISA 总线
extended industry standard architecture bus
TP336
  D 扩展工业标准体系结构总线
  S 系统总线
    输入输出总线
  Z 总线*

E-Learning
  Y 网络学习

ElGamal 公钥体制
ElGamal public key system
TP393.08 TN918
  S 公钥密码体制
  C ElGamal 签名
    密钥托管
  Z 信息安全体系*

ElGamal 签名
ElGamal signature
TP393.08 TP309
  D ElGamal 数字签名

    ElGamal 签名方案
  S 数字签名*
  C ElGamal 公钥体制

ElGamal 签名方案
  Y ElGamal 签名

ElGamal 数字签名
  Y ElGamal 签名

Email
  Y 电子邮件

E-mail
  Y 电子邮件

EMCCD
  Y 电子倍增电荷耦合器件

EMI
  Y 电磁干扰

EMI 电源滤波器
  Y 电源滤波器

EMI 滤波器
  Y 电磁干扰滤波器

EM 算法
  Y 期望最大化算法

EPC 网络
  Y 分组核心网

Epidemic 协议
  Y Gossip 协议

EPLD
  Y 可擦除可编辑逻辑器件

EPON
  Y 以太无源光网络

EPON 技术
  Y 以太无源光网络

EPP 并口
  Y 增强型并行接口

EPP 接口
  Y 增强型并行接口

EPP 协议
  Y 扩展供应协议

EPROM
  Y 电可编程只读存储器

Er3Yb3 共掺光纤
  Y 铒镱共掺光纤

Erlang
  Y Erlang 语言

Erlang 公式
  Y Erlang 语言

Erlang 语言
Erlang language
TP312
  D Erlang
    Erlang 公式
  S 并发语言
  Z 计算机语言*

ERP 系统
  Y 企业资源计划系统

ESD 保护电路
electro-static discharge protection circuit
TN710
  D 静电保护电路
  S 保护电路
  Z 电子电路*

ESP 协议
  Y 封装安全载荷协议

ETC 系统
  Y 电子收费系统

Ethernet 网
  Y 以太网

EUV 光刻
  Y 极紫外光刻

EXPRESS 信息建模语言
  Y EXPRESS 语言

EXPRESS 语言
EXPRESS language
TP312
  D EXPRESS 信息建模语言
  S 建模语言
  Z 计算机语言*

EZ-USB
EZ-universal serial bus
TP336
  S 通用串行总线
  Z 总线*

E 语言
  Y 易语言

FAMOS 晶体管
　　Y 浮动栅雪崩注入型 MOS 晶体管

Farady 调制器
　　Y 磁光调制器

FastICA 算法
　　Y 独立分量分析算法

FBASIC
　　Y F-BASIC 语言

F-BASIC 语言
F-BASIC language
TP312
　　D FBASIC
　　S BASIC 语言
　　Z 计算机语言*

FCM 聚类
　　Y 模糊 C 均值聚类

FCM 聚类算法
　　Y 模糊 C 均值聚类

FCM 算法
　　Y 模糊 C 均值聚类

FCSAN
　　Y 光纤通道存储区域网

FDDI
　　Y 光纤分布式数据接口

FDDI 网
　　Y 光纤分布式数据接口网络

FDDI 网络
　　Y 光纤分布式数据接口网络

FED 显示器
　　Y 电致发光显示器

FFT 处理器
　　Y 快速傅里叶变换处理器

FFT 算法
　　Y 快速傅里叶算法

FF 现场总线
foudation field bus
TP336　TP2
　　D FF 总线
　　　 基金会现场总线
　　S 工业现场总线
　　L 现场总线**

FF 总线
　　Y FF 现场总线

FHMA
　　Y 跳频多址通信

FHSS
　　Y 跳频

FIFO 存储器
　　Y 先进先出存储器

FIR 滤波
　　Y FIR 数字滤波器

FIR 滤波器
　　Y FIR 数字滤波器

FIR 数字滤波
　　Y FIR 数字滤波器

FIR 数字滤波器
finite impulse response digital filter
TN713
　　D FIR 数字滤波
　　　 FIR 滤波
　　　 FIR 滤波器
　　　 有限冲激响应数字滤波器
　　　 有限冲激响应滤波
　　　 非递归型数字滤波器
　　S 数字滤波器
　　Z 滤波器*

Fisher 判别
　　Y 线性判别分析

Fisher 判别法
　　Y 线性判别分析

Fisher 判别分析
　　Y 线性判别分析

Fisher 线性判别
　　Y 线性判别分析

FLASH 编程
FLASH programming
TP311
　　S 动画编程
　　C FLASH 软件
　　L 软件编程**

Flash 存储器
　　Y 闪速存储器

Flash 卡
　　Y 闪存卡

FLASH 软件
FLASH software
TP311
　　S 多媒体软件
　　C FLASH 编程
　　L 应用软件**

FLCD
　　Y 铁电液晶显示器

FlexRay 总线
FlexRay bus
TP336
　　S 汽车总线
　　Z 总线*

Flooding 攻击
　　Y 泛洪攻击

Floyd 算法
　　Y 弗洛伊德算法

Floyed 算法
　　Y 弗洛伊德算法

Fluent 软件
Fluent software
TP319
　　S 工程软件
　　L 应用软件**

FMCW 雷达
　　Y 调频连续波雷达

FM-DCSK
　　Y 调频差分混沌键控

FMIPv6
　　Y 快速移动 IPv6 协议

FM 收音机
　　Y 调频收音机

FM 天线
　　Y 调频天线

FM 调频收音机
　　Y 调频收音机

FOPA
　　Y 光纤参量放大器

FORTH 语言
　　Y 第四代语言

FORTRAN
　　Y FORTRAN 语言

FORTRAN 语言
FORTRAN language
TP312
　　D FORTRAN
　　　 HPF 语言

公式变换语言
　　　公式翻译程序语言
　　　公式翻译语言
　　　高性能 FORTRAN 语言
　　S 面向过程语言
　　Z 计算机语言*

FoxPro
　　Y FoxPro 数据库

FoxPro 数据库
FoxPro database
TP315　TP392
　　D FoxPro
　　S 数据库*
　　• VFP 数据库

FPAA
　　Y 现场可编程模拟阵列

FPCB
　　Y 挠性印制电路板

FPGA
　　Y 现场可编程门阵列

FPGA 仿真
FPGA simulation
TP391　TN4
　　S 硬件仿真
　　C 现场可编程门阵列
　　Z 仿真*

FPGA 设计
　　Y 现场可编程门阵列

FP-Growth 算法
　　Y 频繁模式增长算法

FPLD
　　Y 现场可编程逻辑器件

FP 激光器
　　Y 法布里-珀罗激光器

FRAM
　　Y 铁电存储器

Frontpage 软件
　　Y 网页制作工具

FS-IGBT
　　Y 场截止型绝缘栅双极晶体管

FSK
　　Y 频移键控

FSK 解调
　　Y 频移键控解调

FSK 调制
　　Y 频移键控

FSK 信号
　　Y 频移键控

FTP 传输
FTP transmission
TP393.09
　　S 网络传输
　　C FTP 服务
　　　文件传输协议
　　Z 信息传输*

FTP 服务
file transfer protocol service
TP393.09
　　S 远程服务
　　C FTP 传输
　　　文件传输协议
　　Z 网络服务*

FTP 服务器
file transfer protocol server
TP368
　　D 文件传输协议服务器
　　S 网络服务器
　　C 文件传输协议
　　Z 服务器*

FTP 协议
　　Y 文件传输协议

Fuzzy PID
　　Y 模糊 PID 控制

Fuzzy PID 复合控制
　　Y 模糊 PID 控制

Fuzzy PID 混合控制
　　Y 模糊 PID 控制

Fuzzy PID 混和控制
　　Y 模糊 PID 控制

Fuzzy PID 控制
　　Y 模糊 PID 控制

Fuzzy PID 算法
　　Y 模糊 PID 算法

Fuzzy 有限自动机
　　Y 模糊有限自动机

Fuzzy 自动机
　　Y 模糊自动机

FV 变换器
　　Y 频率电压转换器

FV 转换器
　　Y 频率电压转换器

F 心激光器
　　Y 色心激光器

G652 光纤
　　Y 单模光纤

G655 光纤
　　Y 单模光纤

Ga₂O₃
　　Y 氧化镓

GaAs
　　Y 砷化镓

GaAs FET
　　Y 砷化镓场效应晶体管

GaAs HBT
　　Y 砷化镓异质结双极晶体管

GaAs 材料
　　Y 砷化镓

GaAs 场效应管
　　Y 砷化镓场效应晶体管

GaAs 晶体
　　Y 砷化镓

Gabor 滤波
Gabor filtering
TN713
　　D 多通道 Gabor 滤波
　　S 滤波*

GaInP
　　Y 镓铟磷

Galileo 卫星导航系统
　　Y 伽利略卫星导航系统

GALILEO 系统
　　Y 伽利略卫星导航系统

GAL 器件
　　Y 通用阵列逻辑器件

GaN
　　Y 氮化镓

GaN HEMT
　　Y 氮化镓高电子迁移率晶体管

GaN 材料
　　Y 氮化镓

GaN 基材料
    Y 氮化镓

GaN 纳米线
GaN nanowire
TN304
    S 半导体纳米线
    C 氮化镓
    Z 半导体材料*

GaP
    Y 磷化镓

GaSb
    Y 锑化镓

GDI
    Y 图形设备接口

GDI 技术
    Y 图形设备接口

GDL 语言
    Y 几何描述语言

GDSS
    Y 群体决策支持系统

GEAR 协议
    Y 地理能量感知路由协议

GeO₂
    Y 二氧化锗

GeoVRML
    Y 地理虚拟建模语言

GEP 算法
    Y 基因表达式编程算法

GFP 协议
    Y 通用成帧规程

GGI
    Y 通用图形接口

GGNMOS
    Y 栅极接地 NMOS 晶体管

Ghost 备份
Ghost backup
TP318
    S 系统备份
    Z 备份*

Gigabit Ethernet
    Y 千兆以太网

Gigabit 网络
    Y 千兆以太网

Gigabit 以太网
    Y 千兆以太网

GII
    Y 全球信息基础设施

GIPOF
    Y 渐变型塑料光纤

GIS
    Y 地理信息系统

GIS 二次开发
    Y 地理信息系统

GIS 技术
    Y 地理信息系统

GIS 平台
    Y 地理信息系统

GIS 组件
    Y 组件式地理信息系统

GK 模糊聚类
GK fuzzy clustering
TP312
    S 模糊聚类
    Z 聚类*

GLONASS
    Y 格洛纳斯卫星导航系统

GML
    Y 地理标记语言

GMPLS
    Y 通用多协议标签交换

GMR 传感器
    Y 巨磁电阻传感器

GMR 磁头
giant magneto resistive head
TP334
    D 巨磁阻磁头
       特大磁电阻磁头
    S 磁头*

GMSK
    Y 高斯最小频移键控

GMSK 调制
    Y 高斯最小频移键控

GMTI
    Y 地面动目标显示

G-M 计数管
    Y 盖革计数管

GNSS
    Y 全球卫星导航系统

Gnutella 网络
    Y 无结构对等网络

Golang
    Y GO 语言

Golomb 编码
    Y 格伦布编码

Gossip 协议
Gossip protocol
TP393.1 TN919
    D Epidemic 协议
    S 流媒体协议
    Z 通信协议*

GO 语言
GO language
TP312
    D Golang
    S 计算机语言*

GPGPU
    Y 通用图形处理器

GPIB
    Y 通用接口总线

GPIB 接口
GPIB interface
TP334.7
    D 通用接口总线接口
    S 外部接口
       总线接口
    C 通用接口总线
    L 计算机接口**

GPIB 总线
    Y 通用接口总线

GPIF
    Y 通用可编程接口

GPON
    Y 吉比特无源光网络

GPON 技术
    Y 吉比特无源光网络

GPRS 通信
GPRS communication

TN929.5
　　D GPRS 通信技术
　　S 蜂窝移动通信
　　L 无线通信**

GPRS 通信技术
　　Y GPRS 通信

GPRS 网
　　Y GPRS 网络

GPRS 网络
GPRS network
TN929.5
　　D GPRS 系统
　　　 GPRS 网
　　S 移动通信网络**

GPRS 系统
　　Y GPRS 网络

GPS
　　Y 全球定位系统

GPSS
　　Y 通用系统仿真语言

GPSS 语言
　　Y 通用系统仿真语言

GPS 导航
GPS navigation
TN966
　　D 全球定位系统导航
　　S 卫星定位导航
　　C GPS 干扰
　　　 全球定位系统
　　　 捕获跟踪
　　Z 导航*

GPS 导航系统
　　Y 全球定位系统

GPS 干扰
GPS interference
TN972
　　D 全球定位系统干扰
　　S 导航干扰
　　C GPS 导航
　　　 全球定位系统
　　L 电子对抗**

GPS 技术
　　Y 全球定位系统

GPS 接收机
global positioning system receiver
TN965　TN85
　　D 全球定位系统接收机
　　S 卫星导航接收机

• GPS 软件接收机
　　C 全球定位系统
　　Z 接收设备*

GPS 软件接收机
GPS software receiver
TN85　TN965
　　D 软件 GPS 接收机
　　S GPS 接收机
　　　 软件接收机
　　C 载波跟踪环
　　Z 接收设备*

GPS 手持机
GPS handset
TN92
　　S 卫星终端
　　　 导航终端
　　　 手持移动终端
　　C GPS 天线
　　　 全球定位系统
　　L 通信终端**

GPS 天线
GPS antenna
TN82
　　S 导航天线
　　C GPS 手持机
　　　 全球定位系统
　　Z 天线*

GPS 系统
　　Y 全球定位系统

GPU
　　Y 图形处理器

Gray 编码
　　Y 格雷编码

GridFTP
　　Y 网格文件传输协议

GridFTP 协议
　　Y 网格文件传输协议

GRIP 语言
GRIP language
TP312
　　D UG/Open GRIP 语言
　　S 计算机语言*

Grover 量子搜索算法
　　Y 量子搜索算法

Grover 算法
　　Y 量子搜索算法

GSMBE
　　Y 气态源分子束外延

GSM 手机
GSM phone
TN925
　　D GSM 移动电话
　　S 手机
　　C GSM 网络
　　L 无线通信设备**

GSM 调制解调器
GSM modem
TN919
　　S 调制解调器
　　C GSM 网络
　　Z 通信设备*

GSM 网
　　Y GSM 网络

GSM 网络
GSM network
TN915　TN925
　　D GSM 移动通信网
　　　 GSM 系统
　　　 GSM 网
　　　 全球移动通信系统
　　S 蜂窝网络
　　• 双频网
　　C GSM 手机
　　　 GSM 调制解调器
　　L 移动通信网络**

GSM 系统
　　Y GSM 网络

GSM 移动电话
　　Y GSM 手机

GSM 移动通信网
　　Y GSM 网络

GTO
　　Y 可关断晶闸管

GTO 晶闸管
　　Y 可关断晶闸管

GTR
　　Y 电力晶体管

GUI
　　Y 图形用户接口

G 语言
　　Y 可视化语言

Hall 器件
　　Y 霍尔器件

Handel-C
　　Y Handel-C 语言

Handel-C 语言
Handel-C language
TP312
　　D Handel-C
　　S C 语言
　　C 专用集成电路
　　　现场可编程门阵列
　　Z 计算机语言*

Handle 标准
Handle standard
TP2　TN92
　　S 物联网标准
　　C 工业互联网
　　Z 信息产业标准*

Harris 交换机
Harris switch
TN915
　　S 交换设备**

Harris 角点检测
　　Y 角点检测

HART 通信协议
　　Y HART 协议

HART 协议
highway addressable remote transducer protocol
TP2
　　D HART 通信协议
　　　高速可寻址远程传感器通信协议
　　S 无线通信协议
　　C HART 总线
　　　现场总线网络
　　Z 通信协议*

HART 总线
HART bus
TP336　TP2
　　D 可寻址远程传感器高速通道
　　S 工业现场总线
　　C HART 协议
　　L 现场总线**

Hash 编码
　　Y 散列编码

Hash 算法
　　Y 散列算法

HBT
　　Y 异质结双极性晶体管

HCSEL
　　Y 水平腔面发射激光器

HD DVD
　　Y 高清光盘

HDB3
　　Y 三阶高密度双极性码

HDB3 编码
　　Y 三阶高密度双极性码

HDB3 码
　　Y 三阶高密度双极性码

HD-CD
　　Y 高密度光盘

HDD
　　Y 硬盘

HD-DVD
　　Y 高清光盘

HDLC 协议
　　Y 高级数据链路控制规程

HDMI
　　Y 高清晰度多媒体接口

HDMI 接口
　　Y 高清晰度多媒体接口

HEMT
　　Y 高电子迁移率晶体管

HeNe 激光管
　　Y 氦氖激光器

HeNe 激光器
　　Y 氦氖激光器

HFC
　　Y 光纤同轴电缆混合网

HFC 宽带网
HFC broadband network
TN94
　　D 宽带 HFC 网络
　　S 光纤同轴电缆混合网
　　　广电宽带网
　　L 光纤网络**
　　　宽带网**

HFC 双向网
　　Y 双向 HFC 网络

HFC 双向网络
　　Y 双向 HFC 网络

HFC 网
　　Y 光纤同轴电缆混合网

HFC 网络
　　Y 光纤同轴电缆混合网

HFET
　　Y 异质结场效应晶体管

HfO₂
　　Y 二氧化铪

HFSS 仿真
　　Y 高频结构仿真

HgCdTe
　　Y 碲镉汞

HgCdTo 探测器
　　Y 碲镉汞探测器

HgTe
　　Y 碲化汞

HID 设备
　　Y 人机接口设备

HIP 协议
　　Y 主机标识协议

HMIPv6
　　Y 层次移动 IPv6 协议

HMIPv6 协议
　　Y 层次移动 IPv6 协议

HMOS 电路
high performance MOS circuit
TN43
　　D 高性能金属氧化物半导体电路
　　S MOS 集成电路
　　Z 集成电路*

Honeypot
　　Y 蜜罐技术

Hopfield 神经网络
Hopfield neural network
TP183
　　D Hopfield 网络
　　　单层对称全反馈网络
　　　离散 Hopfield 网络
　　　离散霍普菲尔德网络
　　　霍普菲尔德网络
　　S 反馈神经网络
　　　递归神经网络
　　Z 人工神经网络*

Hopfield 网络
　　Y Hopfield 神经网络

HPF 语言
　　Y FORTRAN 语言

HPI 接口
　　Y 主机接口

HTL 电路
　　Y 高阈值逻辑电路

HTML
　　Y 超文本标记语言

HTML 画布元素
HTML canvas element
TP393.09　TP312
　　S 超文本标记语言
　　Z 计算机语言*

HTML 解析器
HTML parser
TP393.0
　　S 解析器
　　C 超文本标记语言
　　Z 软件*

HTML 语言
　　Y 超文本标记语言

HTTP
　　Y 超文本传输协议

HTTPS
　　Y 安全超文本传输协议

HTTPS 协议
　　Y 安全超文本传输协议

HTTP 服务器
HTTP server
TP368
　　D 超文本传输协议服务器
　　S 网络服务器
　　C 超文本传输协议
　　Z 服务器*

HTTP 缓存
　　Y Web 缓存

HTTP 隧道
HTTP tunnel
TP393
　　S 隧道技术
　　Z 网络技术*

HTTP 协议
　　Y 超文本传输协议

HUB
　　Y 集线器

HUD
　　Y 平视显示器

Huffman 编码
　　Y 哈夫曼编码

HVIC
　　Y 高压集成电路

I/O 端口
　　Y 输入输出接口

I/O 接口
　　Y 输入输出接口

I/O 控制器
input-output controller
TP334
　　D 输入输出控制器
　　S 输入输出设备
　　Z 外部设备*

I/O 口
　　Y 输入输出接口

I/O 自动机
　　Y 接口自动机

I/O 总线
　　Y 输入输出总线

I/Q 解调
in-phase/quadrature demodulation
TN763
　　D 同相正交解调
　　S 解调*

I2C 接口
inter-integrated circuit interface
TP334.7
　　D I2C 总线接口
　　S 串行接口
　　C I2C 总线
　　Z 接口*

I2C 总线
inter-integrated circuit bus
TP336
　　D IIC 总线
　　S 串行总线
　　· 虚拟 I2C 总线
　　C I2C 总线控制器
　　　 I2C 接口
　　Z 总线*

I2C 总线接口
　　Y I2C 接口

I2C 总线控制器
I2C bus controller
TP2　TP33
　　S 总线控制器
　　C I2C 总线
　　　 现场可编程门阵列
　　Z 控制器*

I2L 逻辑
　　Y 集成注入逻辑电路

I2S 总线
inter-IC sound bus
TP336
　　D IIS 总线
　　　 集成电路内置音频总线
　　S 数据总线
　　Z 总线*

IaaS
infrastructure as a service
TP393　TP311
　　D 基础设施即服务
　　S 云计算
　　Z 计算*

IA 服务器
　　Y PC 服务器

IC
　　Y 集成电路

I-Cache
　　Y 指令缓存

ICAD
　　Y 智能计算机辅助设计

ICAI
　　Y 智能计算机辅助教学

ICA 算法
　　Y 独立分量分析算法

ICCD
　　Y 增强电荷耦合器件

ICMP
　　Y Internet 控制报文协议

ICMP 协议
　　Y Internet 控制报文协议

ICP 刻蚀
　　Y 感应耦合等离子体刻蚀

ICT
　　Y 信息通信技术

ICT 技术
　　Y 信息通信技术

IC 插座
　　Y 集成电路插座

IC 封装
　　Y 集成电路封装

IC 工艺
    Y 集成电路工艺

IC 卡
integrated circuit card
TN4　TP333
    D IC 卡技术
       IC 卡管理系统
       IC 卡系统
       微电路卡
       微芯片卡
       芯片卡
       集成电路卡
    S 信息卡
    · TM 卡
    · 非接触式 IC 卡
    · 接触式 IC 卡
    · 逻辑加密卡
    · 智能卡
    C IC 卡读写器
       一卡通系统
    L 存储卡**

IC 卡读卡器
    Y IC 卡读写器

IC 卡读写机
    Y IC 卡读写器

IC 卡读写器
IC card read-write device
TP334.2
    D IC 卡终端
       IC 卡读写机
       IC 卡读写装置
       IC 卡读卡器
    S 读写设备
    C IC 卡
    Z 外部设备*

IC 卡读写装置
    Y IC 卡读写器

IC 卡管理系统
    Y IC 卡

IC 卡技术
    Y IC 卡

IC 卡系统
    Y IC 卡

IC 卡芯片
integrated circuit chip
TN43
    D 集成电路卡芯片
    S 芯片*
    C 集成电路

IC 卡终端
    Y IC 卡读写器

IC 器件
    Y 集成电路

IC 设计
    Y 集成电路

IC 芯片
    Y 芯片

IC 智能卡
    Y 智能卡

ID3 算法
ID3 algorithm
TP301
    D 迭代二叉树三代算法
    S 决策树算法
    Z 算法*

IDEA 算法
international data encryption algorithm
TP309
    D 国际数据加密算法
    S 对称加密算法
    Z 算法*

IDEN
    Y 集成数字增强型网络

IDE 接口
integrated drive electronics interface
TP334.7
    D 集成设备电路接口
    S 主板接口
    C IDE 硬盘
    L 计算机接口**

IDE 硬盘
IDE hard disk
TP333
    S 硬盘
    C IDE 接口
    L 外存储器**
       磁存储器**

IDL 接口
    Y 接口定义语言接口

IDL 语言
    Y 交互式数据语言

IDSS
    Y 智能决策支持系统

IEEE 标准
IEEE standard
TN01
    D 电气与电子工程师学会标准
    S 信息产业标准*

IGBT
    Y 绝缘栅双极晶体管

IGBT 技术
    Y 绝缘栅双极晶体管

IGBT 模块
IGBT module
TN32　TN386
    D 功率 IGBT 模块
       绝缘栅双极晶体管模块
    S 功率模块
    C IGBT 驱动电路
       绝缘栅双极晶体管
    Z 电子模块*

IGBT 驱动电路
IGBT driving circuit
TN710
    D 绝缘栅双极晶体管驱动电路
    S 驱动电路**
    C IGBT 模块

IGCT
    Y 集成门极换流晶闸管

IGES
    Y 初始图形交换规范

IGMP
    Y Internet 组管理协议

IGMP 协议
    Y Internet 组管理协议

IGP
    Y 内部网关协议

IGRP
    Y 内部网关路由协议

IGRS 标准
    Y 闪联标准

IIC 总线
    Y I2C 总线

IIL 逻辑电路
    Y 集成注入逻辑电路

IIOP
    Y 互联网内部对象请求代理协议

IIOP 协议
    Y 互联网内部对象请求代理协议

IIoT
　　Y 工业物联网

IIR 滤波
　　Y IIR 数字滤波器

IIR 滤波器
　　Y IIR 数字滤波器

IIR 数字滤波
　　Y IIR 数字滤波器

IIR 数字滤波器
infinite impulse response digital filter
TN713
　　D IIR 数字滤波
　　　 IIR 滤波
　　　 IIR 滤波器
　　　 无限冲激响应数字滤波器
　　　 递归型数字滤波器
　　S 数字滤波器
　　Z 滤波器*

IIS 总线
　　Y I2S 总线

IKE 协议
　　Y Internet 密钥交换协议

Imagine 流处理器
　　Y 流处理器

IMAP
　　Y IMAP 协议

IMAP 协议
internet mail access protocol
TN915.04
　　D IMAP
　　　 交互邮件访问协议
　　S 邮件协议
　　L 网络协议**

IMM 算法
　　Y 交互式多模型算法

IMPATT 二极管
　　Y 碰撞雪崩渡越时间二极管

IM 软件
　　Y 即时通信软件

INAP
　　Y 智能网应用协议

InAs
　　Y 砷化铟

InfiniBand
　　Y 无限带宽技术

InfiniBand 技术
　　Y 无限带宽技术

InGaAs
　　Y 铟镓砷

InN
　　Y 氮化铟

InP
　　Y 磷化铟

InP 衬底
　　Y 磷化铟衬底

InP 单晶
　　Y 磷化铟

InSb
　　Y 锑化铟

INTERBUS
　　Y INTERBUS 总线

INTERBUS 总线
interbus fieldbus
TP336　TP2
　　D INTERBUS
　　S 工业现场总线
　　L 现场总线**

internet 安全
　　Y 互联网安全

internet 服务
　　Y 互联网服务

internet 控制报文协议
internet control message protocol
TP393.0
　　D ICMP
　　　 ICMP 协议
　　　 控制报文协议
　　S 网络层协议
　　L 网络协议**

internet 密钥交换协议
internet key exchange protocol
TP393.08
　　D IKE 协议
　　　 因特网密钥交换
　　　 因特网密钥交换协议
　　S IPSec 协议
　　　 密钥交换协议
　　C 预共享密钥
　　　 预共享密钥认证
　　L 网络协议**

internet 网
　　Y 互联网

internet 网络
　　Y 互联网

internet 小型计算机系统接口协议
　　Y iSCSI 协议

internet 应用
　　Y 互联网应用

internet 组管理协议
internet group management protocol
TP393.0
　　D IGMP
　　　 IGMP 协议
　　S 组播协议
　　　 网络层协议
　　L 网络协议**

intranet 网
　　Y 内部网

iOS 操作系统
iOS operating system
TN92
　　D iOS 系统
　　S 智能手机操作系统
　　L 操作系统**

iOS 系统
　　Y iOS 操作系统

IoT
　　Y 物联网

IPSec VPN
　　Y IP 虚拟专用网

IPQAM
　　Y 边缘调制器

IPQAM 技术
　　Y 边缘调制器

IPSAN
　　Y IP 存储区域网

IPSec 协议
internet protocol security
TP393.4　TN915.04
　　D IP 安全协议
　　　 互联网安全协议
　　S 网络安全协议
　　· internet 密钥交换协议
　　· 安全超文本传输协议
　　· 安全外壳协议
　　· 封装安全载荷协议
　　· 认证头协议
　　C 互联网
　　L 网络协议**

IPTV
　　Y 网络电视

IPTV 机顶盒
　　Y 网络电视机顶盒

IPv4
　　Y IPv4 协议

IPv4 网络
IPv4 internet
TP393.6　TN915
　　S IP 网络
　　C IPv4 协议
　　Z 通信网络*

IPv4 协议
internet protocol version 4
TN92　TP393.0　TN915
　　D IPv4
　　S IP 协议
　　• 移动 IPv4 协议
　　C IPv4 网络
　　L 网络协议**

IPv6
　　Y IPv6 协议

IPv6 技术
　　Y IPv6 协议

IPv6 路由器
IPv6 router
TP393.4　TN915
　　S IP 路由器
　　C IPv6 协议
　　L 网络互连设备**

IPv6 网络
IPv6 internet
TP393　TN919　TN915
　　S IP 网络
　　C IPv6 协议
　　　地址自动配置
　　Z 通信网络*

IPv6 协议
internet protocol version 6
TP393.0　TN915
　　D IPv6
　　　IPv6 技术
　　S IP 协议
　　• 邻居发现协议
　　• 移动 IPv6 协议
　　C IPv6 网络
　　　IPv6 路由器
　　　接入路由器
　　　第二代互联网
　　　边界路由器
　　L 网络协议**

IP-VPN
　　Y IP 虚拟专用网

IPX 协议
　　Y 互联网数据包交换协议

IP 安全
IP security
TP393.08　TN918
　　D IP 网络安全
　　S 网络安全*
　　C IP 协议
　　　IP 安全策略

IP 安全策略
IP security policy
TP393.08
　　D IP 安全机制
　　S 网络安全策略
　　C IP 安全
　　Z 信息安全体系*

IP 安全机制
　　Y IP 安全策略

IP 安全协议
　　Y IPSec 协议

IP 包过滤
IP packet filtering
TP393.08
　　D IP 地址过滤
　　　IP 过滤
　　S 数据包过滤
　　L 网络安全技术**

IP 承载网
IP bearer network
TP393
　　S IP 网络
　　　承载网
　　Z 通信网络*

IP 城域网
IP metropolitan area network
TP393
　　S IP 网络
　　• 宽带 IP 城域网
　　Z 通信网络*

IP 传输
IP transmission
TP393　TN915
　　S IP 技术
　　C IP 传真
　　Z 网络技术*

IP 传真
IP faxing
TN915　TP393
　　S IP 技术

　　C IP 传输
　　Z 网络技术*

IP 存储
IP storage
TP393.07
　　D IP 网络存储
　　S 网络存储
　　C IP 交换
　　　IP 存储区域网
　　Z 信息存储*

IP 存储区域网
IP storage area network
TP393.07　TP333
　　D IPSAN
　　S 存储区域网络
　　C IP 存储
　　　iSCSI 协议
　　Z 计算机网络*

IP 盗用
　　Y IP 地址盗用

IP 地址盗用
address embezzlement
TP392
　　D IP 盗用
　　　地址盗用
　　S 信息窃取
　　C IP 地址欺骗
　　Z 信息安全风险*

IP 地址分配
IP address assignment
TP392
　　D 地址分配
　　　地址配置
　　S IP 地址管理
　　• 地址自动配置
　　C IP 协议
　　　应用层网关
　　Z 网络管理*

IP 地址管理
IP address management
TP393.07
　　S 网络资源管理
　　• IP 地址分配
　　• IP 地址解析
　　• 地址绑定
　　• 子网编址
　　• 子网划分
　　Z 网络管理*

IP 地址过滤
　　Y IP 包过滤

IP 地址解析
IP address resolution
TP392
　　D 地址解析

电子信息技术叙词表

　　S IP 地址管理
　　C ARP 欺骗
　　　中间人攻击
　　　信息名址
　　　地址解析协议
　　　网络地址转换
　　Z 网络管理*

IP 地址欺骗
IP address spoofing
TP393.08　TP309
　　D IP 伪装
　　　IP 伪装技术
　　　IP 欺骗
　　　IP 欺骗攻击
　　S 地址欺骗
　　C IP 地址盗用
　　L 网络攻击**

IP 电话
　　Y 网络电话

IP 电话机
IP telephone set
TN916
　　S 电话机
　　C VoIP 网关
　　　网络电话
　　L 电话设备**

IP 电话网
　　Y VoIP 网络

IP 电话网关
　　Y VoIP 网关

IP 电信网
IP telecommunication network
TP393
　　S IP 网络
　　Z 通信网络*

IP 多播
　　Y IP 组播

IP 多播技术
　　Y IP 组播

IP 多媒体子系统
IP multimedia subsystem
TP393　TN919
　　S 多媒体系统
　　Z 计算机应用系统*

IP 多址广播
　　Y IP 组播

IP 封装
　　Y 网络封装

IP 服务
IP service
TP39
　　S 网络服务*
　　C IP 协议
　　　IP 技术
　　　IP 网络

IP 骨干网
IP backbone network
TP393
　　S IP 网络
　　　互联网骨干网
　　Z 通信网络*

IP 广播
　　Y 网络广播

IP 过滤
　　Y IP 包过滤

IP 核
intellectual property core
TN40
　　D IP 核设计
　　　IP 硬核
　　　IP 芯核
　　　知识产权内核
　　　知识产权核

IP 核设计
　　Y IP 核

IP 核心网
IP core network
TN92
　　S IP 网络
　　　核心网*
　　Z 通信网络*

IP 回溯
　　Y IP 追踪

IP 机顶盒
　　Y 网络电视机顶盒

IP 技术
IP technology
TP393　TN915　TN911
　　D IP 网络技术
　　S 网络技术*
　　• IP 传输
　　• IP 传真
　　• IP 交换
　　• IP 路由查找
　　• 虚拟 IP 技术
　　C IP 服务
　　　IP 网络
　　　中继媒体网关
　　　电信业务网

IP 交换
IP switching
TN915
　　S IP 技术
　　　网络交换
　　C IP 存储
　　Z 网络技术*
　　　信息交换*

IP 接入网
IP access network
TP39
　　S IP 网络
　　　接入网
　　Z 通信网络*

IP 可视电话
IP videophone
TN916　TN94
　　D IP 视频电话
　　S 可视电话
　　　网络电话
　　C 网络视频会议
　　Z 通信*

IP 宽带网
　　Y 宽带 IP 网

IP 宽带网络
　　Y 宽带 IP 网

IP 路由
IP route
TN915　TP393
　　S 路由*
　　C IP 路由协议

IP 路由查找
IP routing lookup
TP393.1
　　S IP 技术
　　C IP 路由器
　　　核心路由器
　　Z 网络技术*

IP 路由器
IP router
TP393.4　TN915
　　S 路由器
　　• IPv6 路由器
　　C IP 路由协议
　　　IP 路由查找
　　L 网络互连设备**

IP 路由协议
IP routing protocol
TP393.0　TN915
　　S IP 协议
　　　路由协议
　　• 动态路由协议
　　• 内部网关协议
　　• 组播路由协议

C IP 网络
　　　IP 路由
　　　IP 路由器
　　L 网络协议**

IP 欺骗
　　Y IP 地址欺骗

IP 欺骗攻击
　　Y IP 地址欺骗

IP 软件电话
　　Y 软件电话

IP 视频电话
　　Y IP 可视电话

IP 视讯会议
　　Y 网络视频会议

IP 数据网
IP data network
TP393
　　S IP 网络
　　　数据通信网
　　Z 通信网络*

IP 隧道
IP tunnel
TP393.4
　　D IP 隧道技术
　　S 隧道技术
　　Z 网络技术*

IP 隧道技术
　　Y IP 隧道

IP 通信
IP communication
TN912
　　S 计算机网络通信
　　・IP 语音通信
　　C IP 网络
　　L 网络通信**

IP 通信网
　　Y IP 网络

IP 网
　　Y IP 网络

IP 网关
IP gateway
TN915
　　S 协议网关
　　・VoIP 网关
　　C 中继蜂窝网络
　　L 网络互连设备**

IP 网络
IP network
TP393
　　D IP 网
　　　IP 通信网
　　S 通信网络*
　　・IPv4 网络
　　・IPv6 网络
　　・IP 城域网
　　・IP 承载网
　　・IP 电信网
　　・IP 骨干网
　　・IP 核心网
　　・IP 接入网
　　・IP 数据网
　　・IP 虚拟专用网
　　・IP 语音网络
　　・IP 子网
　　・宽带 IP 网
　　・全 IP 网络
　　・卫星 IP 网络
　　・移动 IP 网络
　　C IP 技术
　　　IP 服务
　　　IP 路由协议
　　　IP 通信

IP 网络安全
　　Y IP 安全

IP 网络存储
　　Y IP 存储

IP 网络电话
　　Y 网络电话

IP 网络技术
　　Y IP 技术

IP 网络摄像机
　　Y 网络摄像机

IP 伪装
　　Y IP 地址欺骗

IP 伪装技术
　　Y IP 地址欺骗

IP 协议
internet protocol
TP393.0
　　D IP 协议栈
　　　互联网协议
　　　互联网络协议
　　　互联网规约
　　　网际协议
　　S 网络层协议
　　・IPv4 协议
　　・IPv6 协议
　　・IP 路由协议
　　・标签分发协议
　　・地址解析协议
　　・动态主机配置协议
　　・服务定位协议
　　・移动 IP 协议
　　C IP 地址分配
　　　IP 安全
　　　IP 服务
　　　网络地址转换
　　L 网络协议**

IP 协议栈
　　Y IP 协议

IP 芯核
　　Y IP 核

IP 虚拟专用网
IP virtual private network
TP393.1　TN915
　　D IPSec VPN
　　　IP-VPN
　　S IP 网络
　　　虚拟专用网络
　　Z 通信网络*
　　　计算机网络*

IP 以太网
IP Ethernet
TP393
　　S 以太网
　　L 局域网**

IP 硬核
　　Y IP 核

IP 语音
　　Y IP 语音通信

IP 语音技术
　　Y IP 语音通信

IP 语音通信
IP voice communication
TN916
　　D IP 语音
　　　IP 语音技术
　　　VoIP 通讯
　　S IP 通信
　　　语音通信
　　C IP 语音网络
　　　VoIP 协议
　　L 网络通信**

IP 语音网络
voice over internet protocol network
TN916
　　S IP 网络
　　C IP 语音通信
　　Z 通信网络*

IP 追踪
IP traceback
TP393.08

D IP 回溯
　　S 网络追踪
　　C 拒绝服务攻击
　　L 网络安全技术**

IP 子网
IP subnet
TP393
　　S IP 网络
　　Z 通信网络*

IP 组播
IP multicast
TN915　TN919　TP393.2
　　D IP 多址广播
　　　IP 多播
　　　IP 多播技术
　　　IP 组播技术
　　S 组播
　　C 视频传输
　　L 网络通信**

IP 组播技术
　　Y IP 组播

IR 探测器
　　Y 红外探测器

ISA
　　Y ISA 总线

ISAR
　　Y 逆合成孔径雷达

ISA 架构
　　Y 指令集架构

ISA 总线
industry standard architecture bus
TP336
　　D ISA
　　　工业标准结构总线
　　S 系统总线
　　　输入输出总线
　　Z 总线*

iSCSI 协议
internet small computer system interface protocol
TP393
　　D internet 小型计算机系统接口协议
　　S SCSI 协议
　　C IP 存储区域网
　　　网络存储
　　Z 通信协议*

ISDN
　　Y 综合业务数字网

ISIS 协议
　　Y 中间系统到中间系统协议

IS-IS 协议
　　Y 中间系统到中间系统协议

ispLSI 器件
　　Y 在系统可编程逻辑器件

ispPAC
　　Y 在系统可编程模拟电路

ispPLD
　　Y 在系统可编程逻辑器件

ISP-PLD
　　Y 在系统可编程逻辑器件

ITO 薄膜
　　Y 氧化铟锡薄膜

ITU 标准
ITU standard
TN915
　　S 通信行业标准
　　Z 信息产业标准*

IT 基础设施
　　Y 信息基础设施

IT 技术
　　Y 信息技术

IT 系统
　　Y 信息系统

I 型半导体
　　Y 本征半导体

J++
　　Y Java 语言

J2EE 标准
J2EE standard
TP311
　　S 软件标准
　　Z 信息产业标准*

JavaScript 语言
Java script language
TP312
　　S 脚本语言
　　C Java 语言
　　Z 计算机语言*

Java 本地接口
　　Y 本地接口

Java 编程
Java programming
TP312
　　S 高级语言程序设计
　　C Java 程序
　　Z 软件工程*

Java 编程语言
　　Y Java 语言

Java 程序
Java program
TP317
　　S 语言程序
　　C Java 编程
　　　Java 语言
　　Z 软件*

Java 程序设计语言
　　Y Java 语言

Java 服务器页面
　　Y JSP 技术

Java 命名和目录接口
Java naming and directory interface
TP31
　　D JNDI
　　S 软件接口
　　C Java 语言
　　L 计算机接口**

Java 消息服务
Java message service
TP312
　　S 消息服务
　　Z 信息服务*

Java 虚拟机
Java virtual machine
TP317
　　D JVM
　　S 虚拟机
　　L 工具软件**

Java 语言
Java language
TP312
　　D J++
　　　Java 程序设计语言
　　　Java 编程语言
　　S 面向对象程序设计语言
　　C JSP 技术
　　　JavaScript 语言
　　　Java 命名和目录接口
　　　Java 程序
　　　应用程序服务器
　　Z 计算机语言*

JDBC 接口
Java database connectivity
interface
TP311
　　S 应用程序接口
　　C 数据库应用程序
　　L 计算机接口**

JK 触发器
JK flip-flop
TN79
　　D 主从 JK 触发器
　　S 触发器
　　L 数字电路**

JNDI
　　Y Java 命名和目录接口

JPEG 编码
JPEG coding
TN91
　　S 图像编码
　　C JPEG 压缩
　　Z 编码*

JPEG 压缩
JPEG compression
TN91　TP37
　　S 图像压缩
　　C JPEG 编码
　　L 信息压缩**
　　　图像处理**

JSP 技术
Java server pages technology
TP393.09
　　D Java 服务器页面
　　S 动态网页技术
　　C Java 语言
　　Z 网络技术*

JTAG 接口
JTAG interface
TN4
　　D JTAG 口
　　S 测试接口
　　Z 接口*

JTAG 口
　　Y JTAG 接口

JVM
　　Y Java 虚拟机

Kalman 滤波
　　Y 卡尔曼滤波

Kalman 滤波算法
　　Y 卡尔曼滤波

Kalman 算法
　　Y 卡尔曼滤波

KarhunenLoeve 变换
　　Y KL 变换

KDD
　　Y 知识发现

KL 变换
Karhunen-Loeve transform
TN911
　　D KarhunenLoeve 变换
　　S 图像变换
　　L 图像处理**

K-means 聚类
　　Y K 均值聚类

K-means 算法
　　Y K 均值聚类算法

KNN 分类器
　　Y K-最近邻分类器

KNN 算法
　　Y K-最近邻算法

KQML
　　Y 知识查询操作语言

KQML 语言
　　Y 知识查询操作语言

KrF 激光
　　Y 氟化氪激光器

KrF 激光器
　　Y 氟化氪激光器

K 近邻分类器
　　Y K-最近邻分类器

K 近邻算法
　　Y K-最近邻算法

K 均值聚类
K-means clustering
TP391.3　TP301
　　D K-means 聚类
　　　K 均值聚类法
　　　K 平均聚类
　　S 均值聚类
　　C K 均值聚类算法
　　Z 聚类*

K 均值聚类法
　　Y K 均值聚类

K 均值聚类算法
K-means clustering algorithm
TP301　TP391　TN911
　　D K-means 算法
　　　K 均值算法
　　S 均值算法
　　　聚类算法
　　C K 均值聚类
　　　强化学习
　　Z 算法*

K 均值算法
　　Y K 均值聚类算法

K 平均聚类
　　Y K 均值聚类

K-最近邻分类器
K-nearest neighbor classifier
TP391
　　D KNN 分类器
　　　K 近邻分类器
　　　最近邻分类器
　　S 分类器*
　　• 最近邻模糊分类器
　　C K-最近邻算法

K 最近邻算法
　　Y K-最近邻算法

K-最近邻算法
K-nearest neighbor algorithm
TP301
　　D KNN 算法
　　　K-最近邻算法
　　　K 近邻算法
　　　最近邻算法
　　　近邻算法
　　　邻近算法
　　S 监督学习算法
　　C K-最近邻分类器
　　Z 算法*

L2TP
　　Y 第二层隧道协议

L2TP 协议
　　Y 第二层隧道协议

LAAS
　　Y 局域增强系统

LAN
　　Y 局域网

LAN 仿真
　　Y 局域网仿真

LAN 接口
　　Y 局域网接口

电子信息技术叙词表

LAN 网络
　Y 局域网

LCD 控制器
　Y 液晶显示控制器

LCD 屏
　Y 液晶显示器

LCD 驱动电路
　Y 液晶显示驱动器

LCD 驱动器
　Y 液晶显示驱动器

LCD 驱动芯片
　Y 液晶显示驱动器

LCD 图形显示器
　Y 图形液晶显示器

LCD 显示
　Y 液晶显示

LCS 算法
　Y 最长公共子序列算法

LC 带阻滤波器
LC bandstop filter
TN713
　S LC 滤波器
　　带阻滤波器
　Z 滤波器*

LC 滤波器
LC filter
TN713
　D 感容滤波器
　S 无源滤波器
　· LC 带阻滤波器
　C 感容网络
　Z 滤波器*

LC 网络
　Y 感容网络

LDAP
　Y 轻量级目录访问协议

LDAP 协议
　Y 轻量级目录访问协议

LDMOS
　Y 横向扩散 MOS 工艺

LDMOSFET
　Y 横向扩散 MOS 场效应晶体管

LDMOS 工艺
　Y 横向扩散 MOS 工艺

LDMOS 器件
　Y 横向扩散 MOS 器件

LDPC
　Y 低密度奇偶校验码

LDPC 编码
　Y 低密度奇偶校验码

LDPC 码
　Y 低密度奇偶校验码

LDP 协议
　Y 标签分发协议

LD 泵浦固体激光器
　Y 二极管泵浦固体激光器

LD 泵浦激光器
　Y 二极管泵浦固体激光器

LD 抽运固体激光器
　Y 二极管泵浦固体激光器

LEACH 路由协议
　Y 低功耗自适应集簇分层型协议

LEACH 算法
low energy adaptive clustering hierarchy
TP301　TN911
　D 低功耗自适应分簇算法
　S 分簇算法
　　自适应算法
　C 低功耗自适应集簇分层型协议
　　分层路由协议
　Z 算法*

LEACH 协议
　Y 低功耗自适应集簇分层型协议

LED
　Y 发光二极管

LED 材料
　Y 半导体发光材料

LED 大屏幕
　Y LED 大屏幕显示器

LED 大屏幕显示器
large screen LED display
TN873
　D LED 大屏幕
　S LED 显示器
　　大屏幕显示器
　Z 显示设备*

LED 点阵屏
　Y LED 点阵显示屏

LED 点阵显示
　Y LED 点阵显示屏

LED 点阵显示屏
LED dot matrix display screen
TN873
　D LED 点阵屏
　　LED 点阵显示
　S LED 显示屏
　Z 显示设备*

LED 电子显示屏
　Y LED 显示屏

LED 发光二极管
　Y 发光二极管

LED 封装
LED package
TN05
　S 半导体封装**

LED 光柱
　Y LED 光柱显示器

LED 光柱显示器
LED light column display
TN873
　D LED 光柱
　S LED 显示器
　　光柱显示器
　Z 显示设备*

LED 控制器
LED controller
TM57
　D LED 显示屏控制器
　S 显示控制器
　C LED 显示屏
　Z 控制器*

LED 屏幕
　Y LED 显示屏

LED 器件
　Y 发光二极管

LED 驱动电路
LED driving circuit
TN710　TN36
　D LED 驱动芯片
　S 驱动电路**
　· LED 驱动电源电路
　· LED 显示驱动器
　C LED 显示器
　　发光二极管

LED 驱动电源
LED driving power supply
TN86
　S 驱动电源

· 30 ·

C LED 驱动电源电路
Z 电源*

LED 驱动电源电路
LED driving power supply circuit
TN710
S LED 驱动电路
C LED 驱动电源
L 驱动电路**

LED 驱动芯片
Y LED 驱动电路

LED 数码管
LED nixie tube
TN383
D 发光二极管数码管
S 半导体发光器件**

LED 图文显示屏
LED graphic display screen
TN873
S LED 显示屏
图文显示屏
Z 显示设备*

LED 显示
LED display
TN27
D 发光二极管显示
S 显示*

LED 显示屏
LED display screen
TN87
D LED 屏幕
LED 电子显示屏
发光二极管显示屏
S 显示屏
• LED 点阵显示屏
• LED 图文显示屏
室外 LED 显示屏
C LED 控制器
LED 显示器
LED 显示驱动器
发光二极管
Z 显示设备*

LED 显示屏控制器
Y LED 控制器

LED 显示器
LED display device
TN873 TP334.1
D 发光二极管显示器
S 显示器
• LED 大屏幕显示器
• LED 光柱显示器
C LED 显示屏
LED 驱动电路
发光二极管
平板显示器

Z 显示设备*

LED 显示驱动电路
Y LED 显示驱动器

LED 显示驱动器
LED display driver
TN27 TN710
D LED 显示驱动电路
S LED 驱动电路
显示驱动器
C LED 显示屏
L 驱动电路**

LED 芯片
LED chip
TN492
D 发光二极管芯片
S 芯片*
C 发光二极管

LED 信号灯
Y 发光二极管指示灯

Levenberg-Marquardt 算法
Y LM 算法

LFMCW 雷达
Y 线性调频连续波雷达

LFM 信号
Y 线性调频信号

LFSR
Y 线性反馈移位寄存器

LIGA
Y LIGA 技术

LIGA 工艺
Y LIGA 技术

LIGA 技术
LIGA technology
TN405
D LIGA
LIGA 工艺
S X 射线光刻
• UV-LIGA 技术
L 光刻工艺**

Lingo 语言
Lingo language
TP312
S 脚本语言
Z 计算机语言*

Linux 操作系统
Linux operating system
TP316

D Linux 系统
S 开源操作系统
• 嵌入式 Linux 系统
C Linux 内核
Linux 服务器
L 操作系统**

Linux 服务器
Linux server
TP368
S 服务器*
C Linux 操作系统

Linux 路由器
Linux router
TP31
S 路由器
L 网络互连设备**

Linux 内核
Linux kernel
TP316
D Linux 微内核
S 操作系统内核*
C Linux 操作系统

Linux 微内核
Y Linux 内核

Linux 系统
Y Linux 操作系统

LIN 总线
LIN bus
TP336 TP2
D 局域互联网络总线
S 汽车总线
Z 总线*

LISP
Y LISP 语言

LISP 语言
list programming language
TP312
D LISP
表处理语言
S 函数式语言
高级语言
• AutoLISP
• Visual_LISP 语言
Z 计算机语言*

LMBP 算法
Levenberg-Marquardt
backpropagation algorithm
TP18
D LM-BP 算法
列文伯格-马夸尔特反向传播算法
S 反向传播算法
Z 算法*

LM-BP 算法
　Y LMBP 算法

LMS 自适应滤波
　Y 最小均方自适应滤波

LM 算法
Levenberg-Marquardt algorithm
TP31
　D Levenberg-Marquardt 算法
　　 列文伯格-马夸尔特算法
　S 最小二乘算法
　C 神经计算
　Z 算法*

LNA
　Y 低噪声放大器

LOGO 语言
LOGO language
TP312
　S 面向过程语言
　Z 计算机语言*

LonWorks 网络
local operating network
TP2
　D LON 网
　　 局部操作网络
　S 现场总线网络
　C LonWorks 总线
　Z 自动化网络*

LonWorks 现场总线
　Y LonWorks 总线

LonWorks 总线
local operating network bus
TP336　TP2
　D LON 总线
　　 LonWorks 现场总线
　S 工业现场总线
　C LonWorks 网络
　L 现场总线**

LON 网
　Y LonWorks 网络

LON 总线
　Y LonWorks 总线

Low-IF 接收机
　Y 低中频接收机

LPCVD
　Y 低压化学气相沉积

LPDA
　Y 对数周期偶极天线

LPMOCVD
　Y 低压金属有机化学气相沉积

LP-MOCVD
　Y 低压金属有机化学气相沉积

LQG 控制器
　Y 线性二次高斯控制器

LSB 算法
　Y 最低有效位算法

LSI
　Y 大规模集成电路

LSR
　Y 标签交换路由器

LSSVM
　Y 最小二乘支持向量机

LTCC
　Y 低温共烧陶瓷技术

LTCC 基板
　Y 低温共烧陶瓷基板

LTCC 集成基板
　Y 低温共烧陶瓷基板

LTCC 技术
　Y 低温共烧陶瓷技术

LTPS
　Y 低温多晶硅

LVDS
　Y 低电压差分信号

LXI 总线
LAN-based extensions for instrumentation
TP336
　D 局域网的仪器扩展总线
　S 测试总线
　Z 总线*

L 波段雷达
L-band rader
TN958
　S 雷达*

Mac OS
　Y Mac 操作系统

Mac 操作系统
Mac operating system
TP316
　D Mac OS
　　 苹果操作系统
　S 视窗操作系统
　L 操作系统**

MAC 层协议
　Y 媒体接入控制协议

MAC 地址欺骗
MAC address spoofing
TP393.07
　S 地址欺骗
　C 媒体接入控制协议
　L 网络攻击**

MAC 协议
　Y 媒体接入控制协议

Manchester 编码
　Y 曼彻斯特编码

MANET
　Y 自组织网络

MANET 网络
　Y 自组织网络

MAODV
　Y 按需距离矢量组播路由协议

MAPLE 语言
MAPLE language
TP312
　S 高级语言
　Z 计算机语言*

MarchingCubes 算法
　Y 移动立方体算法

MATLAB
　Y MATLAB 软件

MATLAB 仿真
MATLAB simulation
TP391.9
　D Matlab 仿真
　S 软件仿真
　C MATLAB 软件
　Z 仿真*

Matlab 仿真
　Y MATLAB 仿真

MATLAB 软件
MATLAB software
TP312
　D MATLAB
　S 仿真软件
　C MATLAB 仿真
　L 应用软件**

mBGA
　Y 微球形格栅阵列封装

mBGA 封装
　Y 微球形格栅阵列封装

MBOFDM
　Y 多带正交频分复用

McBSP
　Y 多通道缓冲串口

MCML
　Y 叠层多芯片组件

MCU
　Y 微控制器

MC 算法
　Y 移动立方体算法

MD5
　Y 消息摘要算法

MD5 算法
　Y 消息摘要算法

MD 录音
minidisk recording
TN912
　S 录音*

MEALY 状态机
MEALY state machine
TP301.1
　S 状态机
　Z 自动机*

MeanShift 算法
　Y 均值漂移算法

Memetic 算法
　Y 文化基因算法

MEMS
　Y 微机电系统

MEMS 传感器
MEMS sensor
TP212　TN69
　D 微机电系统传感器
　S MEMS 器件*
　　微型传感器
　· MEMS 加速度传感器
　· MEMS 角速度传感器
　Z 传感器*

MEMS 传声器
　Y MEMS 麦克风

MEMS 封装
MEMS packaging
TN05
　D 微机电系统封装
　S 封装工艺
　Z 电子工艺*

MEMS 加速度传感器
MEMS acceleration sensor
TN69
　D MEMS 加速度计
　　微机电系统加速度传感器
　S MEMS 传感器
　　加速度传感器
　L 物理传感器**

MEMS 加速度计
　Y MEMS 加速度传感器

MEMS 角速度传感器
MEMS angular velocity sensor
TN69
　D MEMS 陀螺仪
　　微机械陀螺仪
　　微机电系统角速度传感器
　S MEMS 传感器
　　角速度传感器
　L 物理传感器**

MEMS 开关
MEMS switch
TN92
　S 开关*
　· MEMS 膜开关
　· 射频 MEMS 开关
　C MEMS 器件
　　微机电系统

MEMS 麦克风
MEMS microphone
TN69
　D MEMS 传声器
　　微机电系统麦克风
　S MEMS 器件*

MEMS 模拟
MEMS simulation
TN92
　S 硬件仿真
　Z 仿真*

MEMS 膜开关
MEMS membrane switch
TN92
　S MEMS 开关
　Z 开关*

MEMS 器件*
micro-electro-mechanical system device
TN92　TN69
　D 微机电系统器件

　· MEMS 传感器
　·· MEMS 加速度传感器
　·· MEMS 角速度传感器
　· MEMS 麦克风
　· MEMS 谐振器
　· MEMS 执行器
　·· 数字微镜器件
　· 微驱动器
　··· 磁致伸缩驱动器
　··· 电热微驱动器
　··· 梳齿驱动器
　··· 微型电磁驱动器
　··· 压电陶瓷驱动器
　· 射频 MEMS 器件
　C MEMS 开关
　　微机电系统

MEMS 设计
　Y 微机电系统

MEMS 陀螺仪
　Y MEMS 角速度传感器

MEMS 谐振器
MEMS resonator
TN75
　D 微机械谐振器
　　微谐振器
　S MEMS 器件*
　　谐振器*

MEMS 执行器
MEMS actuator
TP212
　D 微机电系统执行器
　S MEMS 器件*
　· 数字微镜器件
　· 微驱动器

MESFET
　Y 金属半导体场效应晶体管

Mesh 网络
　Y 无线网状网

MES 系统
　Y 制造执行系统

MFSK
　Y 多进制频移键控

MFSK 调制
　Y 多进制频移键控

MGCP
　Y 媒体网关控制协议

MIC 总线
MIC bus
TP2　TP336
　S 工业现场总线

L 现场总线**

MIME
　　Y 多用途网际邮件扩充协议

MIMO-OFDM
　　Y 多输入多输出正交频分复用

MIMO-OFDM 系统
　　Y 多输入多输出正交频分复用

MIMO 雷达
　　Y 多输入多输出雷达

MIMO 系统
　　Y 多变量系统

MIMO 信道
　　Y 多输入多输出信道

miniSD 卡
　　Y SD 卡

MIPv4
　　Y 移动 IPv4 协议

MIPv6
　　Y 移动 IPv6 协议

MIS 器件
　　Y 金属绝缘体半导体器件

MIS 系统
　　Y 管理信息系统

MLCC
　　Y 多层陶瓷电容器

MMIC
　　Y 微波单片集成电路

MMSE 接收机
　　Y 最小均方误差接收机

MMUSIC 算法
　　Y 多重信号分类算法

MOCVD
　　Y 金属有机物化学气相淀积

MOCVD 法
　　Y 金属有机物化学气相淀积

MOCVD 工艺
　　Y 金属有机物化学气相淀积

MOCVD 技术
　　Y 金属有机物化学气相淀积

MOCVD 设备
metal organic chemical vapor deposition equipment
TN305
　　D 金属有机化合物化学气相淀积设备
　　S 化学气相淀积设备
　　C 金属有机物化学气相淀积
　　Z 半导体工艺设备*

MOCVD 生长
　　Y 金属有机物化学气相淀积

Modbus
　　Y Modbus 总线

Modbus 通信协议
　　Y Modbus 协议

Modbus 通讯协议
　　Y Modbus 协议

Modbus 协议
Modbus protocol
TP393.0　TN915.04
　　D Modbus 通信协议
　　　　Modbus 通讯协议
　　S 现场总线协议
　　C Modbus 总线
　　　　串行通信
　　Z 通信协议*

Modbus 总线
Modbus bus
TP2　TP336
　　D Modbus
　　S 工业现场总线
　　C Modbus 协议
　　L 现场总线**

Modelica 语言
Modelica language
TP312
　　S 建模语言
　　Z 计算机语言*

MOEMS
　　Y 微光机电系统

Monte Carlo 仿真
　　Y 蒙特卡罗仿真

Monte Carlo 算法
　　Y 蒙特卡罗算法

MOS
　　Y MOS 工艺

MOSFET
　　Y MOS 场效应晶体管

MOSFET 管
　　Y MOS 场效应晶体管

MOSFET 驱动电路
MOSFET driver
TN710　TN32
　　D MOSFET 驱动器
　　S 驱动电路**
　　C MOS 场效应晶体管
　　　　变换器

MOSFET 驱动器
　　Y MOSFET 驱动电路

MOSRAM
　　Y MOS 随机存取存储器

MOS 场效应管
　　Y MOS 场效应晶体管

MOS 场效应晶体管
metal-oxide-semiconductor field effect transistor
TN386
　　D MOSFET
　　　　MOSFET 管
　　　　MOS 场效应管
　　　　金属氧化物半导体场效应管
　　　　金属氧化物场效应晶体管
　　　　金属氧化物场效应管
　　S MOS 器件**
　　　　场效应晶体管
　　・N 沟道 MOS 场效应晶体管
　　・P 沟道 MOS 场效应晶体管
　　・槽栅 MOS 场效应晶体管
　　・垂直双扩散 MOS 场效应晶体管
　　・功率 MOS 场效应晶体管
　　・横向扩散 MOS 场效应晶体管
　　・绝缘体上硅 MOS 场效应晶体管
　　・双栅 MOS 场效应晶体管
　　C MOSFET 驱动电路

MOS 存储器
metal-oxide-semiconductor memory
TP333
　　D 金属氧化物半导体存储器
　　S 半导体存储器
　　Z 存储器*

MOS 电流模逻辑
　　Y MOS 电流模逻辑电路

MOS 电流模逻辑电路
MOS current mode logic circuit
TN43
　　D MOS 电流模逻辑
　　S MOS 逻辑电路
　　L 逻辑集成电路**

MOS 电路
　　Y MOS 集成电路

MOS 电阻电路
MOS resistance circuit
TN43
　　S MOS 集成电路
　　Z 集成电路*

MOS 读出电路
MOS readout circuit
TN43
　　S MOS 集成电路
　　Z 集成电路*

MOS 工艺
MOS process
TN305
　　D MOS
　　　　MOS 技术
　　　　金属氧化物半导体
　　　　金属氧化物半导体工艺
　　S 半导体氧化工艺
　　· BiMOS 工艺
　　· CMOS 工艺
　　· N 沟道 MOS 工艺
　　· V 型槽 MOS 工艺
　　· 垂直双扩散 MOS 工艺
　　· 横向扩散 MOS 工艺
　　C MOS 器件
　　　　MOS 集成电路
　　Z 半导体工艺*

MOS 功率器件
　　Y 功率 MOS 器件

MOS 管
　　Y MOS 晶体管

MOS 霍尔元件
MOS hall element
TN382
　　S 霍尔器件
　　Z 半导体器件*

MOS 集成电路
MOS integrated circuit
TN43
　　D MOS 电路
　　　　金属氧化物半导体集成电路
　　S 半导体集成电路
　　· CMOS 集成电路
　　· HMOS 电路
　　· MOS 电阻电路
　　· MOS 读出电路
　　· MOS 逻辑电路
　　· N 沟道 MOS 集成电路
　　· 硅栅 MOS 集成电路
　　· 双扩散 MOS 集成电路
　　C MOS 器件
　　　　MOS 工艺
　　Z 集成电路*

MOS 技术
　　Y MOS 工艺

MOS 晶体管
metal-oxide-semiconductor transistor
TN32　TN386
　　D MOS 管
　　　　金属氧化物半导体晶体管
　　　　金属氧化物晶体管
　　S MOS 器件**
　　　　晶体管
　　· CMOS 晶体管
　　· NMOS 晶体管
　　· 浮动栅雪崩注入型 MOS 晶体管
　　· 神经 MOS 晶体管

MOS 开关
MOS switch
TN386
　　D MOS 开关管
　　S MOS 器件**
　　　　半导体开关

MOS 开关管
　　Y MOS 开关

MOS 控制晶闸管
MOS controlled thyristor
TN34
　　D MOS 门控晶闸管
　　S 晶闸管
　　L 半导体分立器件**
　　　　电力半导体器件**

MOS 逻辑 IC
　　Y MOS 逻辑电路

MOS 逻辑电路
MOS logic circuit
TN43
　　D MOS 逻辑 IC
　　　　MOS 逻辑门
　　　　MOS 逻辑集成电路
　　　　金属氧化物半导体逻辑门电路
　　　　金属氧化物半导体逻辑集成电路
　　S MOS 集成电路
　　　　逻辑集成电路**
　　· CMOS 逻辑电路
　　· MOS 电流模逻辑电路

MOS 逻辑集成电路
　　Y MOS 逻辑电路

MOS 逻辑门
　　Y MOS 逻辑电路

MOS 门控晶闸管
　　Y MOS 控制晶闸管

MOS 器件**
metal-oxide-semiconductor device
TN386
　　D 金属氧化物半导体器件

　　S 半导体器件*
　　· CMOS 器件
　　· BiCMOS 器件
　　· CMOS 晶体管
　　· 纳米 CMOS 器件
　　· MOS 场效应晶体管
　　· N 沟道 MOS 场效应晶体管
　　· P 沟道 MOS 场效应晶体管
　　· · 槽栅 P 沟道 MOS 场效应晶体管
　　· 槽栅 MOS 场效应晶体管
　　· · 槽栅 P 沟道 MOS 场效应晶体管
　　· 垂直双扩散 MOS 场效应晶体管
　　· 功率 MOS 场效应晶体管
　　· 横向扩散 MOS 场效应晶体管
　　· 绝缘体上硅 MOS 场效应晶体管
　　· 双栅 MOS 场效应晶体管
　　· MOS 晶体管
　　· CMOS 晶体管
　　· NMOS 晶体管
　　· · 栅极接地 NMOS 晶体管
　　· 浮动栅雪崩注入型 MOS 晶体管
　　· 神经 MOS 晶体管
　　· MOS 开关
　　· PMOS 器件
　　· P 沟道 MOS 场效应晶体管
　　· · 槽栅 P 沟道 MOS 场效应晶体管
　　· 深亚微米 PMOS 器件
　　· 功率 MOS 器件
　　· 功率 MOS 场效应晶体管
　　· 横向扩散 MOS 器件
　　· 横向扩散 MOS 场效应晶体管
　　C MOS 工艺
　　　　MOS 集成电路

MOS 随机存取存储器
metal-oxide semiconductor random-access memory
TP333　TN43
　　D MOSRAM
　　　　金属氧化物半导体随机存取存储器
　　S 易失性存储器
　　Z 存储器*

MOVPE
　　Y 金属有机物气相外延

MP3 编码
MP3 encoding
TN912　TP37
　　D MPEG 第二层音频编码
　　S 音频编码
　　L 音视频编码**

MPCVD
　　Y 微波等离子体化学气相沉积

MPEG-4
　　Y MPEG-4 标准

MPEG-4 标准
MPEG-4 standard
TP391

D MPEG-4
S MPEG 标准
C 交互式多媒体
Z 信息产业标准*

MPEG-7
Y MPEG-7 标准

MPEG-7 标准
MPEG-7 standard
TP391
D MPEG-7
多媒体内容描述接口
S MPEG 标准
C 图像检索
描述定义语言
Z 信息产业标准*

MPEG 标准
moving picture experts group standard
TN91 TP391
D MPEG 系列标准
运动图像压缩编码标准
S 压缩编码标准
· MPEG-4 标准
· MPEG-7 标准
C MPEG 视频
图像压缩
视频编码
Z 信息产业标准*

MPEG 第三层音频编码
Y MP3 编码

MPEG 视频
MPEG video
TN941
D MPEG 压缩视频
S 数字视频
C MPEG 标准
Z 视频*

MPEG 系列标准
Y MPEG 标准

MPEG 压缩视频
Y MPEG 视频

MPI 并行程序设计
message passing interface parallel programming
TP334.7
S 并行程序设计
C MPI 并行计算
Z 软件工程*

MPI 并行计算
MPI parallel computing
TP391
S 并行计算

C MPI 并行程序设计
Z 计算*

MPI 网络
Y 多点接口网络

MPLS
Y 多协议标签交换

MPLS VPN
Y 多协议标记交换虚拟专用网

MPLSVPN
Y 多协议标记交换虚拟专用网

MPLS 技术
Y 多协议标签交换

MPLS 网
Y 多协议标签交换网络

MPLS 网络
Y 多协议标签交换网络

MPLS 组播
multi-protocol label switching multicast
TP393 TN91
S 组播
C 多协议标签交换
L 网络通信**

MPSK
Y 多进制相移键控

MPSK 信号
Y 多进制相移键控

MPU
Y 微处理器

MP 算法
Y 匹配追踪算法

MQAM
Y 多进制正交幅度调制

MQAM 调制
Y 多进制正交幅度调制

MQTT 协议
Y 消息队列遥测传输协议

MQW 激光器
Y 多量子阱激光器

MQ 编码器
multi-quantization encoder
TN76

D MQ 算术编码器
S 编码器*
C 图像压缩

MQ 算术编码
MQ arithmetic coding
TN911
S 算术编码
L 信息编码**

MQ 算术编码器
Y MQ 编码器

MRAM
Y 磁随机存储器

MR 图像分割
Y 医学图像分割

MSAN
Y 综合业务接入网

MSDP
Y 组播源发现协议

MSK 调制
Y 最小频移键控

MSM 光探测器
metal-semiconductor-metal photo detector
TN36 TN2
D 金属-半导体-金属光探测器
金属半导体金属光探测器
S 半导体探测器
Z 探测器*

Multisim 仿真
Multisim simulation
TP391.9
S 软件仿真
Z 仿真*

MUSIC 算法
Y 多重信号分类算法

MVB 总线
Y 多功能车辆总线

MVCGA
Y 多值编码遗传算法

MySQL 数据库
MySQL database
TP392 TP31
S SQL 数据库
Z 数据库*

M 心激光器
Y 色心激光器

M 型器件
  Y 正交场器件

Nakagami-m 衰落信道
  Y Nakagami 衰落信道

Nakagami 衰落信道
Nakagami fading channel
TN911
  D Nakagami-m 衰落信道
  S 衰落信道
  Z 信道*

NAND Flash
  Y NAND 闪存

NAND 闪存
NAND flash memory
TN43 TP333
  D NAND Flash
  S 闪速存储器
  L 非易失性存储器**

NAPT
  Y 端口地址转换

NativeXML 数据库
  Y XML 数据库

NAT-PT
  Y 网络地址转换-协议转换

NAT 穿透
  Y NAT 穿越

NAT 穿越
network address translation traversal
TP393
  D NAT 穿透
    穿越 NAT
  S 网络地址转换
  Z 网络技术*

NAT 技术
  Y 网络地址转换

NB-IoT
  Y 窄带物联网

NCPI
  Y 网络关键物理基础设施

NCP 协议
  Y 网络控制协议

Nd:GdVO₄ 激光器
  Y 掺钕钒酸钆激光器

Nd:YAG 固体激光器
  Y 掺钕钇铝石榴石激光器

Nd:YAG 激光器
  Y 掺钕钇铝石榴石激光器

Nd:YVO₄ 激光器
  Y 掺钕钒酸钇激光器

NDIS
  Y 网络驱动程序接口规范

NDP 协议
  Y 邻居发现协议

NEMS
  Y 纳机电系统

NFC
  Y 近场通信

NFC 技术
  Y 近场通信

NFC 支付
  Y 近场支付

NFV 技术
  Y 网络功能虚拟化

NLFSR
  Y 非线性反馈移位寄存器

NLOS 通信
  Y 非视距通信

NMOS
  Y N 沟道 MOS 工艺

NMOSFET
  Y N 沟道 MOS 场效应晶体管

NMOSIC
  Y N 沟道 MOS 集成电路

NMOS 工艺
  Y N 沟道 MOS 工艺

NMOS 管
  Y NMOS 晶体管

NMOS 晶体管
N-channel MOS transistor
TN32
  D NMOS 管
  S MOS 晶体管
  · 栅极接地 NMOS 晶体管
  L MOS 器件**
    半导体分立器件**

No7 号信令
  Y 七号信令

No7 信令
  Y 七号信令

NoSQL
  Y 非关系型数据库

NoSQL 数据库
  Y 非关系型数据库

NPN 晶体管
NPN transistor
TN32
  D NPN 型三极管
    NPN 型晶体管
  S 双极性晶体管
  L 半导体分立器件**
    双极器件**

NPN 型晶体管
  Y NPN 晶体管

NPN 型三极管
  Y NPN 晶体管

NPT-IGBT
  Y 非穿通型绝缘栅双极晶体管

NSGA-Ⅱ
  Y 非支配排序遗传算法

NSGA-Ⅱ算法
  Y 非支配排序遗传算法

NSGA 算法
  Y 非支配排序遗传算法

NTC 热敏电阻
  Y NTC 热敏电阻器

NTC 热敏电阻器
negative temperature coefficient thermistor
TM546
  D NTC 热敏电阻
    负温度系数热敏电阻
    负温度系数热敏电阻器
  S 热敏电阻器
  Z 电阻器*

NTP 协议
  Y 网络时间协议

NVRAM
  Y 非易失性随机存储器

N 沟道 MOSFET
  Y N 沟道 MOS 场效应晶体管

N 沟道 MOS 场效应晶体管
N-channel MOSFET
TN386
　　D NMOSFET
　　　 N 沟道 MOSFET
　　S MOS 场效应晶体管
　　C N 沟道 MOS 工艺
　　L MOS 器件**
　　　 半导体分立器件**

N 沟道 MOS 工艺
N-channel metal oxide semiconductor
TN304
　　D NMOS
　　　 NMOS 工艺
　　　 N 沟道金属氧化物半导体
　　S MOS 工艺
　　C N 沟道 MOS 场效应晶体管
　　　 N 沟道 MOS 集成电路
　　　 栅极接地 NMOS 晶体管
　　Z 半导体工艺*

N 沟道 MOS 集成电路
N-channel MOS integrated circuit
TN43
　　D NMOSIC
　　　 N 沟道金属氧化物半导体集成电路
　　S MOS 集成电路
　　C N 沟道 MOS 工艺
　　Z 集成电路*

N 沟道场效应晶体管
N-channel field effect transistor
TN386
　　S 场效应晶体管
　　L 半导体分立器件**

N 沟道金属氧化物半导体
　　Y N 沟道 MOS 工艺

N 沟道金属氧化物半导体集成电路
　　Y N 沟道 MOS 集成电路

N 型半导体
N-type semiconductor
TN304
　　S 半导体材料*

OADM
　　Y 光分插复用器

OA 系统
　　Y 办公自动化系统

OCCAM 语言
OCCAM language
TP312
　　S 高级语言
　　Z 计算机语言*

OCDM
　　Y 光码分复用

OCR
　　Y 光学字符识别

OCR 技术
　　Y 光学字符识别

OCR 识别
　　Y 光学字符识别

OCR 识别技术
　　Y 光学字符识别

OCSP
　　Y 在线证书状态协议

OCXO
　　Y 恒温控制晶体振荡器

ODBC 接口
ODBC interface
TP392
　　S 应用程序接口
　　L 计算机接口**

ODMRP
　　Y 按需组播路由协议

ODP 系统
　　Y 开放式目录搜索系统

OEIC
　　Y 光学集成电路

OFDM
　　Y 正交频分复用

OFDM 多载波技术
　　Y 正交频分复用

OFDM 技术
　　Y 正交频分复用

OFDM 调制
　　Y 正交频分复用

OFDM 调制技术
　　Y 正交频分复用

OGSI
　　Y 开放网格服务基础设施

OLED
　　Y 有机发光二极管

OLED 显示屏
　　Y 有机电致发光显示器

OLED 显示器
　　Y 有机电致发光显示器

OLSR
　　Y 最优链路状态路由协议

OLSR 协议
　　Y 最优链路状态路由协议

OLT
　　Y 光线路终端

OLT 终端
　　Y 光线路终端

ONU
　　Y 光网络单元

OODB
　　Y 面向对象数据库

OOK
　　Y 通断键控

OOP 语言
　　Y 面向对象程序设计语言

OPC 接口
OPC interface
TP2
　　S 控制接口
　　C 工控软件
　　Z 接口*

OpenGL 语言
OpenGL language
TP312
　　S 高级语言
　　Z 计算机语言*

OPNET 仿真
OPNET simulation
TP318
　　S 软件仿真
　　C OPNET 软件
　　Z 仿真*

OPNET 软件
OPNET software
TP317
　　S 网络仿真软件
　　C OPNET 仿真
　　L 应用软件**
　　　 网络软件**

OPS5 语言
　　Y OPS 语言

OPS83 语言
　　Y OPS 语言

OPS 语言
official production system language
TP312
　　D OPS5 语言
　　　 OPS83 语言
　　S 脚本语言
　　Z 计算机语言*

OQPSK
　　Y 偏移四相移相键控

Oracle 数据库
Oracle database
TP317
　　S 关系型数据库
　　Z 数据库*

OSIRM
　　Y 开放系统互连参考模型

OSIRM 参考模型
　　Y 开放系统互连参考模型

OSI 参考模型
　　Y 开放系统互连参考模型

OSI 互连参考模型第二层协议
　　Y 数据链路层协议

OSI 互连参考模型第七层协议
　　Y 应用层协议

OSI 互连参考模型第三层协议
　　Y 网络层协议

OSI 模型
　　Y 开放系统互连参考模型

OSI 七层模型
　　Y 开放系统互连参考模型

OSPF
　　Y 开放最短路径优先协议

OSPF 路由协议
　　Y 开放最短路径优先协议

OSPF 协议
　　Y 开放最短路径优先协议

OTDM
　　Y 光时分复用

OTDR
　　Y 光时域反射仪

OTFT
　　Y 有机薄膜晶体管

OTN
　　Y 光传送网

OVPN
　　Y 光虚拟专用网

OWL
　　Y Web 本体语言

OWL-S
　　Y Web 服务本体语言

OWL 语言
　　Y Web 本体语言

OXC
　　Y 光交叉连接器

P2P 存储
peer-to-peer storage
TP393.1
　　S 分布式存储
　　Z 信息存储*

P2P 对等网
　　Y 对等网络

P2P 覆盖网
　　Y 对等覆盖网络

P2P 覆盖网络
　　Y 对等覆盖网络

P2P 计算
　　Y 对等计算

P2P 流媒体
P2P streaming media
TP393.1　TN919
　　S 流媒体*
　　C 点对点协议

P2P 模型
　　Y 对等网络模型

P2P 内容分发
　　Y 内容分发

P2P 蠕虫
P2P worm
TP393.08
　　S 网络蠕虫
　　L 恶意软件**

P2P 软件
P2P software
TP393　TP318
　　S 网络软件**
　　C 对等网络

P2P 通信
　　Y 对等通信

P2P 网络
　　Y 对等网络

P2P 网络模型
　　Y 对等网络模型

P2P 系统
　　Y 对等网络

P2P 协议
　　Y 点对点协议

PaaS
platform as a service
TP393　TP311
　　D 平台即服务
　　S 云计算
　　Z 计算*

PageRank 算法
　　Y 网页排序算法

Parlay 网关
Parlay gateway
TP393.4
　　S 网关
　　L 网络互连设备**

PASCAL
　　Y PASCAL 语言

PASCAL 语言
PASCAL language
TP312
　　D PASCAL
　　S 高级语言
　　Z 计算机语言*

PBGA
　　Y 塑料球栅阵列封装

PBGA 封装
　　Y 塑料球栅阵列封装

PBNM
　　Y 策略网络管理

PbSrTiO$_3$
　　Y 钛酸锶铅

PC/104 总线
　　Y PC104 总线

PC104 总线
PC104 bus
TP27　TP336
　　D PC/104 总线

S PC 总线
　　　工业总线
　　Z 总线*

PCA 算法
　　Y 主成分分析算法

PCB
　　Y 印制电路板

PCB 板
　　Y 印制电路板

PCB 板图
　　Y 印刷电路板图

PCB 布线
PCB wiring
TN4
　　D 印制板布线
　　　电路板布线
　　S 布线工艺
　　Z 半导体工艺*

PCB 电路板
　　Y 印制电路板

PCB 基板
　　Y 印制电路基板

PCB 基板材料
　　Y 印制电路基板

PCB 技术
　　Y 印制电路板工艺

PCB 连接器
　　Y 印制电路板连接器

PCB 设计
　　Y 印制电路板

PCB 天线
　　Y 印刷天线

PCB 图
　　Y 印刷电路板图

PCIExpress
　　Y PCIE 总线

PCIExpress 总线
　　Y PCIE 总线

PCIE 总线
PCIE bus
TP336
　　D PCIExpress
　　　PCIExpress 总线
　　S PCI 总线
　　Z 总线*

PCIX
　　Y PCIX 总线

PCIX 总线
PCI-X bus
TP336
　　D PCIX
　　S PCI 总线
　　Z 总线*

PCI 接口
peripheral component interconnect interface
TP334.7
　　S 总线接口
　　C PCI 总线
　　Z 接口*

PCI 局部总线
　　Y PCI 总线

PCI 控制器
　　Y PCI 总线控制器

PCI 总线
peripheral component interconnect bus
TP336
　　D PCI 局部总线
　　　PCI 总线技术
　　　外围部件互连总线
　　S 局部总线
　　　系统总线
　　· CPCI 总线
　　· PCIE 总线
　　· PCIX 总线
　　C PCI 总线控制器
　　　PCI 接口
　　Z 总线*

PCI 总线技术
　　Y PCI 总线

PCI 总线控制器
PCI bus controller
TP2　TP334.7
　　D PCI 控制器
　　S 总线控制器
　　C PCI 总线
　　　现场可编程门阵列
　　Z 控制器*

PCL 语言
　　Y 打印机控制语言

PCM
　　Y 脉冲编码调制

PCM/DPSK
　　Y 脉冲编码调制/差分相移键控

PCMCIA 接口
personal computer memory card international association interface
TP334.7
　　S 外部接口
　　C 笔记本计算机
　　L 计算机接口**

PCM 编码
pulse code modulation coding
TN911
　　D 脉冲编码调制编码
　　S 信号编码
　　　调制编码
　　C 脉冲编码调制
　　　脉冲编码调制设备
　　Z 信号处理*
　　　编码*

PCM 编码器
　　Y 脉码调制编码器

PCM 设备
　　Y 脉冲编码调制设备

PC 电脑
　　Y 个人计算机

PC 电源
　　Y 计算机电源

PC 服务器
PC server
TP368
　　D IA 服务器
　　　英特尔架构服务器
　　S 服务器*

PC 工作站
　　Y 个人工作站

PC 机
　　Y 个人计算机

PC 机群
　　Y PC 集群系统

PC 计算机
　　Y 个人计算机

PC 兼容机
　　Y 个人计算机

PC 键盘
PC keyboard
TP334.2

S 键盘
C 个人计算机
Z 外部设备*

PC 接口
Y 微型计算机接口

PC 平台
Y 个人计算机

PC 集群系统
PC cluster system
TP338
D PC 机群
S 计算机集群
Z 计算机系统*

PC 摄像头
Y 计算机摄像头

PC 数控系统
PC numeric controlled system
TP33
S 计算机控制系统
Z 计算机应用系统*
　控制系统*

PC 微机
Y 个人计算机

PC 系统
Y 微型计算机

PC 总线
personal computer bus
TP336
D PC 总线技术
S 总线*
• PC104 总线
• VME 总线
C 微型计算机接口

PC 总线技术
Y PC 总线

PDA 设备
Y 掌上电脑

PDA 算法
Y 概率数据关联算法

PDA 终端
Y 掌上电脑

PDF417 二维条码
Y PDF417 条码

PDF417 码
Y PDF417 条码

PDF417 条码
PDF417 barcode
TP391　TN911
D PDF417 二维条码
　PDF417 码
　四一七条码
S 二维码
Z 编码*

PDP 电视
Y 等离子电视机

PDP 显示器
Y 等离子显示器

PECVD
Y 等离子体增强化学气相淀积

Peer-to-Peer
Y 对等网络

Perl 语言
Perl language
TP312
S 高级语言
Z 计算机语言*

PetriNet
Y Petri 网

Petri 网*
Petri net
TP301
D PetriNet
　Petri 网络
　佩特里网
　佩特里网论
　皮特里网
• 对象 Petri 网
• 赋时 Petri 网
• • 赋时着色 Petri 网
• 高级 Petri 网
• 随机高级 Petri 网
• 工作流 Petri 网
• 混合 Petri 网
• 经典 Petri 网
• 扩展 Petri 网
• 时间 Petri 网
• • 模糊时间 Petri 网
• 时间约束 Petri 网
• 时序 Petri 网
• 时延 Petri 网
• 随机 Petri 网
• • 广义随机 Petri 网
• • 流体随机 Petri 网
• • 随机高级 Petri 网
• 有色 Petri 网
• • 赋时着色 Petri 网
C Petri 网标记语言
　Petri 网语言
　仿真
　并行控制器

Petri 网标记语言
Petri net markup language
TP312
S 标记语言
C Petri 网
Z 计算机语言*

Petri 网络
Y Petri 网

Petri 网语言
Petri net language
TP312
S 计算机语言*
C Petri 网

PFC 电路
Y 功率因数校正电路

PGA 封装
Y 针栅阵列封装

PHEMT
Y 赝配高电子迁移率晶体管

PHP 编程语言
Y 超文本预处理器

PHP 技术
Y 超文本预处理器

PHP 语言
Y 超文本预处理器

PHS
Y 无线市话

PHS 网络
PHS network
TN915
D 小灵通网络
　无线市话网络
S 无线通信网络**
C 小灵通基站
　无线市话

PIC 单片机
Y PIC 微控制器

PIC 微处理器
Y PIC 微控制器

PIC 微控制器
PIC micro-controller
TP31
D PIC 单片机
　PIC 微处理器
S 微控制器
Z 控制器*

PID 控制器
    Y 比例积分微分控制器

PID 模糊控制
    Y 模糊 PID 控制

PIM-DM
    Y 密集模式独立组播协议

PIM-DM 协议
    Y 密集模式独立组播协议

PIMSM
    Y 稀疏模式独立组播协议

PIMSM 协议
    Y 稀疏模式独立组播协议

PIN 二极管
PIN diode
TN31
    S 半导体二极管
    • PIN 光电二极管
    C 微波电调衰减器
    L 半导体分立器件**

PIN 光电二极管
PIN photo diode
TN31
    S PIN 二极管
      光电二极管
    C PIN 光电探测器
    L 半导体光电器件**
      半导体分立器件**
      半导体敏感器件**

PIN 光电探测器
PIN photodetector
TN215 TN36
    D PIN 光探测器
    S 半导体光电探测器
    C PIN 光电二极管
    L 光学探测器**
      半导体光电器件**

PIN 光探测器
    Y PIN 光电探测器

PI 实时数据库
    Y PI 数据库

PI 数据库
plant information system database
TP392
    D PI 实时数据库
      工厂信息系统数据库
    S 企业数据库
    C 网络信息集成
    Z 数据库*

PKCS
    Y 公钥加密标准

PKCS 标准
    Y 公钥加密标准

PKI 公钥基础设施
    Y 公钥基础设施

PKI 技术
    Y 公钥基础设施

PKI 体系
    Y 公钥基础设施

PKI 系统
    Y 公钥基础设施

PLC
    Y 可编程逻辑控制器

PLC 编程
PLC programming
TP311
    D PLC 程序设计
      PLC 编程技术
    S 软件编程**
    C PLC 程序
      可编程逻辑控制器

PLC 编程技术
    Y PLC 编程

PLC 程序
PLC program
TP31
    S 工控软件
    • 梯形图程序
    C PLC 编程
    L 应用软件**

PLC 程序设计
    Y PLC 编程

PLC 网络
    Y 可编程逻辑控制器网络

PLD
    Y 可编程逻辑器件

PLD 技术
    Y 可编程逻辑器件

PLD 器件
    Y 可编程逻辑器件

PLD 芯片
    Y 可编程逻辑器件

PLMN
    Y 公众移动通信网

PLM 系统
    Y 产品生命周期管理系统

PMIS
    Y 项目管理信息系统

PMML
    Y 预言模型标记语言

PMOSFET
    Y P 沟道 MOS 场效应晶体管

PMOS 器件
p-channel MOS device
TN386
    S MOS 器件**
    • P 沟道 MOS 场效应晶体管
    • 深亚微米 PMOS 器件

PNP 晶体管
PNP transistor
TN32
    D PNP 型晶体管
    S 双极性晶体管
    L 半导体分立器件**
      双极器件**

PNP 型晶体管
    Y PNP 晶体管

PN 结
    Y P-N 结

P-N 结
PN junction
TN3
    D PN 结
    S 半导体结*

PN 结隔离
isolation with P-N junction
TN305
    S 隔离工艺
    Z 半导体工艺*

POF
    Y 塑料光纤

PON 技术
    Y 无源光网络

POP3
    Y POP3 协议

POP3 协议
POP3 protocol
TP393.0

· 42 ·

D POP3
S 邮局协议
C 简单邮件传输协议
L 网络协议**

POP 协议
  Y 邮局协议

POSIX
  Y 可移植操作系统接口

PowerBuilder 语言
PowerBuilder language
TP392
  S 第四代语言
  Z 计算机语言*

PPM 调制
  Y 脉冲位置调制

PPPoE
  Y 基于以太网的点对点协议

PPPoE 协议
  Y 基于以太网的点对点协议

PPP 协议
  Y 点对点协议

PPTP
  Y 点到点隧道协议

PPTP 协议
  Y 点到点隧道协议

PROFIBUS
  Y 过程现场总线

ProfibusDP
  Y PROFIBUS-DP 总线

PROFIBUS-DP
  Y PROFIBUS-DP 总线

PROFIBUS-DP/PA
  Y PROFIBUS-DP 总线

ProfiBusDP 网络
  Y 过程现场总线网络

PROFIBUS-DP 总线
process field bus-decentralized peripheral
TP336 TP2
  D PROFIBUS-DP
    PROFIBUS-DP/PA
    ProfibusDP
  S 过程现场总线
  L 现场总线**

PROFIBUS 网
  Y 过程现场总线网络

PROFIBUS 网络
  Y 过程现场总线网络

PROFIBUS 协议
process field bus protocol
TP393.0 TP27
  D 过程现场总线协议
  S 现场总线协议
  C 过程现场总线
    过程现场总线网络
  Z 通信协议*

PROFIBUS 总线
  Y 过程现场总线

Prolog
  Y Prolog 语言

Prolog 语言
programming in logic language
TP312
  D Prolog
    逻辑编程语言
  S 逻辑程序设计语言
    面向过程语言
  Z 计算机语言*

PROM
  Y 可编程只读存储器

PS/2 接口
PS2 interface
TP334.7
  D PS2
  S 主板接口
  L 计算机接口**

PS2
  Y PS/2 接口

PSD 器件
  Y 位置敏感探测器

PSK
  Y 相移键控

PSK 解调
  Y 相移键控解调

PSK 调制
  Y 相移键控

PSoC
  Y 可编程片上系统

PSO 算法
  Y 粒子群算法

PSO 优化算法
  Y 粒子群算法

PSpice 仿真
  Y 电路仿真

PSpice 软件
  Y 电路分析软件

PSTN
  Y 公共交换电话网

PSTN 网
  Y 公共交换电话网

PSTN 网络
  Y 公共交换电话网

PS 打印语言
  Y 打印语言

PTCR
  Y PTC 热敏电阻器

PTCR 材料
  Y PTC 材料

PTC 材料
PTC material
TM2
  D PTCR 材料
    正温度系数材料
    高分子 PTC 材料
  S 电子材料*
  C PTC 热敏电阻器

PTC 热敏电阻
  Y PTC 热敏电阻器

PTC 热敏电阻器
positive temperature coefficient thermistor
TM546
  D PTCR
    PTC 热敏电阻
    正温度系数热敏电阻器
  S 热敏电阻器
  C PTC 材料
  Z 电阻器*

PT-IGBT
  Y 穿通型绝缘栅双极晶体管

PTN 技术
  Y 分组传送网

Push 技术
  Y 信息推送

PVD
　　Y 物理气相淀积

PVLAN
　　Y 专用虚拟局域网

PWLAN
　　Y 公共无线局域网

PWM
　　Y 脉冲宽度调制

PWM 放大器
　　Y 脉宽调制放大器

PWM 控制器
　　Y 脉宽调制控制器

PWM 脉宽调制放大器
　　Y 脉宽调制放大器

PWM 模块
PWM module
TN495
　　D 脉宽调制模块
　　S 半导体模块
　　Z 电子模块*

PXI 总线
PCI extensions for
instrumentation bus
TP336
　　D 面向仪器系统的 PCI 扩展总线
　　S 局部总线
　　　测试总线
　　Z 总线*

Python 程序
Python program
TP317
　　S 语言程序
　　C Python 语言
　　Z 软件*

Python 语言
Python language
TP312
　　S 面向对象程序设计语言
　　C Python 程序
　　Z 计算机语言*

PZT 驱动器
　　Y 压电陶瓷驱动器

P 掺杂
　　Y P 型掺杂

P 沟道 MOS 场效应晶体管
P-channel MOS field effect
transistor

TN386
　　D PMOSFET
　　S MOS 场效应晶体管
　　　PMOS 器件
　　• 槽栅 P 沟道 MOS 场效应晶体管
　　L MOS 器件**
　　　半导体分立器件**

P 型半导体
P-type semiconductor
TN304
　　D P 型半导体材料
　　S 半导体材料*

P 型半导体材料
　　Y P 型半导体

P 型掺杂
P-type doping
TN305
　　D P 掺杂
　　S 半导体掺杂
　　Z 半导体工艺*

P 型显示器
　　Y 平面位置显示器

QAM
　　Y 正交幅度调制

QAM 解调
QAM demodulation
TN76
　　D 正交幅度调制解调
　　S 解调*
　　C 正交幅度调制

QAM 调制
　　Y 正交幅度调制

Qbasic 语言
Qbasic language
TP312
　　S BASIC 语言
　　Z 计算机语言*

QDPSK
　　Y 差分四相移相键控

QFP
　　Y 四方扁平封装

QoS 保证
　　Y QoS 技术

QoS 单播路由
QoS unicast routing
TP393.2　TN915
　　S QoS 路由
　　　单播路由
　　Z 路由*

QoS 多播路由
　　Y QoS 组播路由

QoS 技术
QoS technology
TP311
　　D QoS 保证
　　S 网络技术*
　　C QoS 组播
　　　QoS 路由
　　　通用开放策略服务协议

QoS 路由
QoS routing
TN915　TP393
　　D 服务质量路由
　　S 服务路由
　　• QoS 单播路由
　　• QoS 组播路由
　　C QoS 技术
　　　QoS 路由算法
　　Z 路由*

QoS 路由算法
QoS routing algorithm
TP301
　　D 服务质量路由算法
　　S 路由算法
　　C QoS 路由
　　Z 算法*

QoS 模型
　　Y 服务质量模型

QoS 信令
QoS signaling
TN911
　　S 信令*

QoS 组播
QoS multicast
TP393.2
　　S 组播
　　C QoS 技术
　　　QoS 组播路由
　　L 网络通信**

QoS 组播路由
QoS multicast routing
TN915　TP393.2
　　D QoS 多播路由
　　S QoS 路由
　　　组播路由
　　C QoS 组播
　　Z 路由*

QPSK
　　Y 四相移相键控

QPSK 解调
　　Y 四相移相键控解调

QPSK 调制
　　Y 四相移相键控

QPSO 算法
　　Y 量子粒子群算法

QR 码
　　Y 快速反应码

Q 开关材料
Q-switch material
TN244
　　S 光电材料
　　Z 电子材料*

Q 开关激光
　　Y 调 Q 激光

Q 信令
Q signaling
TN915
　　D Q 信令系统
　　S 信令*

Q 信令系统
　　Y Q 信令

RAID
　　Y 独立冗余磁盘阵列

RAID 技术
　　Y 独立冗余磁盘阵列

Rake 接收
　　Y Rake 接收机

Rake 接收机
Rake receiver
TN929.5
　　D Rake 接收
　　　　分离多径接收机
　　　　分离多径收信机
　　S 码分多址接收机
　　C 多径信道
　　Z 接收设备*

RAM
　　Y 随机存取存储器

RAM 存储器
　　Y 随机存取存储器

Rayleigh 衰落信道
　　Y 瑞利衰落信道

Rayleigh 信道
　　Y 瑞利衰落信道

RBAC
　　Y 基于角色的访问控制

RBAC 模型
　　Y 基于角色的访问控制

RBFNN
　　Y 径向基函数神经网络

RBF 神经网络
　　Y 径向基函数神经网络

RBF 网络
　　Y 径向基函数神经网络

RBPNN
　　Y 径向基概率神经网络

RBWO
　　Y 相对论返波管

RC4 加密算法
　　Y RC4 算法

RC4 算法
RC4 algorithm
TP301
　　D RC4 加密算法
　　S 加密算法
　　Z 算法*

RCE 光电探测器
　　Y 谐振腔增强型光电探测器

RC 电路
　　Y 阻容电路

RC 滤波器
　　Y 阻容滤波器

RC 网络
　　Y 阻容网络

RDBMS
　　Y 关系型数据库

RDF
　　Y 资源描述框架

RD 算法
　　Y 距离多普勒算法

RED 算法
　　Y 随机早期检测算法

Reed Solomon 编码
　　Y RS 编码

RF MEMS
　　Y 射频微机电系统

RF MEMS 器件
　　Y 射频 MEMS 器件

RFID
　　Y 射频识别

RFID 标签
　　Y 射频标签

RFID 标签天线
　　Y 标签天线

RFID 电子标签
　　Y 射频标签

RFID 读写器
　　Y 射频识别读写器

RFID 技术
　　Y 射频识别

RFID 系统
　　Y 射频识别

RFID 芯片
　　Y 标签芯片

RFID 中间件
RFID middleware
TP317
　　D 射频识别中间件
　　S 中间件
　　C 射频标签
　　　　射频识别
　　　　物联网
　　Z 软件*

RF-MEMS
　　Y 射频微机电系统

RFMEMS 开关
　　Y 射频 MEMS 开关

RF 电缆
　　Y 射频电缆

RF 电路
　　Y 射频电路

RF 功率放大器
　　Y 射频功率放大器

RF 混频器
　　Y 射频混频器

RF 集成电路
　　Y 射频集成电路

RF 接口
　　Y 射频接口

RF 连接器
　　Y 射频连接器

RF 收发器
　　Y 射频收发器

RF 衰减器
　　Y 射频衰减器

RF 同轴连接器
　　Y 射频同轴连接器

RF 信号
　　Y 射频信号

RICE 信道
　　Y 莱斯衰落信道

RICIAN 信道
　　Y 莱斯衰落信道

RIP 路由协议
　　Y 路由信息协议

RIP 协议
　　Y 路由信息协议

RISC
　　Y 精简指令集运算

RISC-V
　　Y 精简指令集运算

RISC 处理器
reduced instruction set processor
TN43　TP33
　　D RISC 微处理器
　　　　先进精简指令集处理器
　　　　精简指令集处理器
　　S 微处理器*
　　C 精简指令集运算

RISC 微处理器
　　Y RISC 处理器

RISC 指令集
　　Y 精简指令集运算

RLC 电路
RLC circuit
TN94　TN710
　　D 电阻电感电容电路
　　S 电子电路*
　　C RLC 滤波器

RLC 滤波器
RLC filter
TN713
　　D 电阻电感电容滤波器
　　S 无源滤波器
　　C RLC 电路
　　Z 滤波器*

RNN
　　Y 循环神经网络

ROADM
　　Y 可重构光分插复用器

ROI 编码
　　Y 感兴趣区域编码

ROM
　　Y 只读存储器

RPL 服务
　　Y 远程启动服务

RS232 接口
RS-232 interface
TP334.7
　　D RS-232 接口
　　S 串行接口
　　Z 接口*

RS-232 接口
　　Y RS232 接口

RS-485 串行总线
　　Y RS485 总线

RS485 总线
RS-485 bus
TP336
　　D RS-485 串行总线
　　　　RS-485 总线
　　S 串行总线
　　　　输入输出总线
　　Z 总线*

RS-485 总线
　　Y RS485 总线

RSA
　　Y RSA 算法

RSA 公钥
RSA public key
TN918　TP309　TP393.08
　　S 公钥
　　Z 密钥*

RSA 公钥密码
RSA public key cryptosystem
TP309　TN918

　　D RSA 密码
　　S 公钥密码
　　C RSA 数字签名
　　　　RSA 算法
　　Z 密码*

RSA 公钥密码体制
RSA public key cryptosystem
TN918　TP393.08　TP309
　　D RSA 体制
　　　　RSA 公钥体制
　　　　RSA 加密体制
　　　　RSA 密码体制
　　S 公钥密码体制
　　C RSA 数字签名
　　　　RSA 算法
　　　　公平交换协议
　　　　密码处理器
　　　　弱密钥
　　Z 信息安全体系*

RSA 公钥算法
　　Y RSA 算法

RSA 公钥体制
　　Y RSA 公钥密码体制

RSA 加密算法
　　Y RSA 算法

RSA 加密体制
　　Y RSA 公钥密码体制

RSA 密码
　　Y RSA 公钥密码

RSA 密码算法
　　Y RSA 算法

RSA 密码体制
　　Y RSA 公钥密码体制

RSA 签名
　　Y RSA 数字签名

RSA 数字签名
RSA digital signature
TP309　TN918
　　D RSA 签名
　　S 数字签名*
　　C DES 加密
　　　　RSA 公钥密码
　　　　RSA 公钥密码体制

RSA 算法
RSA algorithm
TN918　TP301
　　D RSA
　　　　RSA 公钥算法
　　　　RSA 加密算法
　　　　RSA 密码算法

· 46 ·

S 非对称加密算法
　　C RSA 公钥密码
　　　　RSA 公钥密码体制
　　　　加密密钥
　　　　密钥生成
　　　　弱密钥
　　Z 算法*

RSA 体制
　　Y RSA 公钥密码体制

RSS 技术
　　Y 简易信息聚合

RSVP
　　Y 资源预留协议

RSVP 协议
　　Y 资源预留协议

RS 编码
Reed Solomon code
TN911　TN918　TN94
　　D RS 信道编码
　　　　RS 纠错编码
　　　　Reed Solomon 编码
　　　　里德-所罗门编码
　　　　里所码
　　S BCH 编码
　　C RS 编码器
　　　　RS 译码器
　　Z 编码*

RS 编码器
Reed Solomon encoder
TN76
　　D 里德-所罗门编码器
　　S 编码器*
　　C RS 编码
　　　　RS 译码器

RS 触发器
reset/set flip-flop
TN79　TP33
　　D 复位置位触发器
　　　　置 0 置 1 触发器
　　S 触发器
　　L 数字电路**

RS 解码器
　　Y RS 译码器

RS 纠错编码
　　Y RS 编码

RS 信道编码
　　Y RS 编码

RS 译码器
Reed Solomon decoder
TP368　TN76
　　D RS 解码器
　　　　里德-所罗门译码器
　　S 译码电路
　　C RS 编码
　　　　RS 编码器
　　Z 电子电路*

RTCP
　　Y 实时传输控制协议

RTCP 协议
　　Y 实时传输控制协议

RTOS
　　Y 实时操作系统

RTO 工艺
　　Y 快速热氧化

RTP/RTCP
　　Y 实时传输协议/实时传输控制协议

RTP/RTCP 协议
　　Y 实时传输协议/实时传输控制协议

RTSP
　　Y 实时流协议

RTSP 协议
　　Y 实时流协议

R 型变压器
R type transformer
TM42
　　S 电源变压器
　　L 电子变压器**

SaaS
software as a service
TP311　TP393
　　D 软件即服务
　　S 云计算
　　Z 计算*

Samba 服务器
server message block server
TP317
　　D 信息服务块服务器
　　S 软件服务器
　　Z 服务器*

SAML
　　Y 安全声明标记语言

SAN 存储
SAN storage
TP333
　　S 网络存储
　　C 存储区域网络
　　Z 信息存储*

SAN 存储区域网
　　Y 存储区域网络

SAN 存储区域网络
　　Y 存储区域网络

SAN 网络
　　Y 存储区域网络

SAR
　　Y 合成孔径雷达

SAR 雷达
　　Y 合成孔径雷达

SAR 图像压缩
SAR image compression
TP391
　　S 图像压缩
　　C 合成孔径雷达
　　L 信息压缩**
　　　　图像处理**

SATA 接口
serial ATA interface
TP334.7
　　D 串行 ATA
　　　　串行 ATA 接口
　　　　串行高级技术附件
　　S 串行接口
　　　　主板接口
　　C SATA 硬盘
　　L 计算机接口**

SATA 硬盘
serial ATA hard drive
TP333
　　D 串行 ATA 硬盘
　　S 硬盘
　　C SATA 接口
　　L 外存储器**
　　　　磁存储器**

SATCOM
　　Y 卫星通信

SAW 滤波器
　　Y 声表面波滤波器

SAW 器件
　　Y 声表面波器件

SA 算法
　　Y 模拟退火算法

SCADA 软件
supervisory control and data acquisition software
TP318　TP27
　　D SCADA 系统

数据采集与监视控制系统
S 组态软件
L 应用软件**

SCADA 系统
Y SCADA 软件

Schmitt 触发器
Y 施密特触发器

Schnorr 签名
Schnorr signature
TN918　TP309
D Schnorr 签名方案
S 数字签名*
C 前向安全
　电子商务

Schnorr 签名方案
Y Schnorr 签名

Schottky 二极管
Y 肖特基二极管

Schottky 结
Y 肖特基结

SCPI 语言
Y 可编程仪器标准命令语言

Script 语言
Y 脚本语言

SCSI
Y SCSI 接口

SCSI 接口
small computer system interface
TP334.7
D SCSI
　小型计算机系统接口
S 主板接口
C SCSI 总线
L 计算机接口**

SCSI 设备
small computer system interface device
TP334
S 外部设备*
C SCSI 协议

SCSI 协议
small computer system interface protocol
TP334
D 小型计算机系统接口协议
S 接口协议
・iSCSI 协议
C SCSI 设备
　存储区域网络

Z 通信协议*

SCSI 总线
SCSI bus
TP336
S 输入输出总线
C SCSI 接口
Z 总线*

SCTP
Y 流控制传输协议

SCTP 协议
Y 流控制传输协议

SDH 传输设备
Y SDH 设备

SDH 传输网
Y 光同步传送网

SDH 传输网络
Y 光同步传送网

SDH 光传输设备
Y SDH 设备

SDH 环网
Y 光同步传送网

SDH 设备
SDH equipment
TN929.1
D SDH 传输设备
　SDH 光传输设备
S 光通信设备**

SDH 网
Y 光同步传送网

SDH 网络
Y 光同步传送网

SDI 接口
Y 数字分量串行接口

SDI 信号
serial digital interface signal
TN911
D 数字分量串行接口信号
S 视音频信号
C 数字分量串行接口
Z 信号*

SDL 语言
Y 规格描述语言

SDRAM
Y 同步动态随机存储器

SD 存储卡
Y SD 卡

SD 卡
SD card
TP333
D SD 存储卡
　miniSD 卡
　安全数码卡
S 闪存卡
L 存储卡**

SEC 摄像管
Y 二次电子电导摄像管

SED 显示器
Y 表面传导电子发射显示器

SERCOS 接口
SERCOS interface
TP2　TP334.7
D 串行实时通信协议接口
S 实时接口
　控制接口
C SERCOS 总线
Z 接口*

SERCOS 总线
SERCOS bus
TP2　TP336
D 串行实时通信协议总线
S 工业现场总线
C SERCOS 接口
L 现场总线**

SET 协议
Y 安全电子交易协议

SGML
Y 标准通用标记语言

SHLR
Y 智能归属位置寄存器

SiC
Y 碳化硅

SiC 薄膜
Y 碳化硅薄膜

SiC 单晶
Y 碳化硅单晶

SiC 纳米线
SiC nanowire
TN304.2
S 半导体纳米线
Z 半导体材料*

· 48 ·

SIFT
 Y 尺度不变特征变换

SiGe HBT
 Y 锗硅异质结双极晶体管

SiGe 材料
 Y 锗化硅

SiGe 异质结双极晶体管
 Y 锗硅异质结双极晶体管

Sigma-Delta 模数转换器
 Y $\Sigma-\Delta$ 模数转换器

Sigtran
 Y 信令传输协议

SIGTRAN 协议
 Y 信令传输协议

SIMOX
 Y 注氧隔离

SIMULINK 仿真
SIMULINK simulation
TP391.9
 S 软件仿真
 Z 仿真*

Simulink 建模
Simulink modeling
TP391.9
 S 软件建模
 Z 模型构建*

SIM 卡
SIM card
TN92
 S 手机卡*
 • STK 卡

SiON
 Y 氮氧化硅

SIP 代理服务器
 Y SIP 服务器

SIP 电话
session initiation protocol phone
TN916
 S 网络电话
 C SIP 服务器
 Z 通信*

SiP 封装
 Y 系统级封装

SIP 服务器
session initiation protocol server
TP393 TP368
 D SIP 代理服务器
  注册服务器
 S 代理服务器
  通信服务器
 C SIP 电话
  会话初始协议
 Z 服务器*

Si 薄膜
 Y 硅薄膜

Si 衬底
 Y 硅衬底

Si 光电探测器
 Y 硅光电探测器

Si 基激光器
 Y 硅基激光器

SLP 协议
 Y 服务定位协议

SMAC 协议
 Y 无线传感器网络 MAC 协议

S-MAC 协议
 Y 无线传感器网络 MAC 协议

SMBus 总线
 Y 系统管理总线

SMD LED
 Y 贴片 LED

SMD 器件
 Y 表面贴装元器件

SMIL
 Y 同步多媒体集成语言

SMIL 语言
 Y 同步多媒体集成语言

SMO 算法
 Y 序列最小优化算法

SMPDP
 Y 荫罩式等离子体显示器

SMPS
 Y 开关变换器

SMT
 Y 表面贴装技术

SMTP
 Y 简单邮件传输协议

SMTP 协议
 Y 简单邮件传输协议

SMT 表面贴装技术
 Y 表面贴装技术

SMT 电路板
 Y 表面贴装电路板

SMT 封装
 Y 表面贴装技术

SMT 工艺
 Y 表面贴装技术

SMT 技术
 Y 表面贴装技术

SMT 贴片
 Y 表面贴装技术

SMT 贴装
 Y 表面贴装技术

SMT 印刷电路板
 Y 表面贴装电路板

SMT 组装
 Y 表面贴装技术

SMT 组装工艺
 Y 表面贴装技术

SM 卡
SM card
TP333
 S 闪存卡
 L 存储卡**

SNMP
 Y 简单网络管理协议

SNMP 代理
simple network management protocol agent
TP393.07
 D 简单网络管理协议代理
 S 网络代理
 C 简单网络管理协议
 Z 网络服务*

SNMP 协议
 Y 简单网络管理协议

SnO$_2$ 薄膜
 Y 二氧化锡薄膜

SOAP
   Y 简单对象访问协议

SOAP 协议
   Y 简单对象访问协议

SoC
   Y 系统级芯片

Socket 编程
   Y 套接字编程

Socket 接口
   Y 套接口

Socket 通信
Socket communication
TP311
   S 通信*

SOCKS 服务器
SOCKS server
TP368
   S 代理服务器
   Z 服务器*

SoC 单片机
SoC single chip microcomputer
TP368
   S 单片微型计算机
   C 系统级芯片
   L 电子数字计算机**

SoC 技术
   Y 系统级芯片

SoC 设计
   Y 系统级芯片

SoC 芯片
   Y 系统级芯片

SoC 芯片设计
   Y 系统级芯片

SOFM 神经网络
   Y 自组织特征映射神经网络

SOHO 路由器
SOHO router
TP393
   D 小型办公路由器
   S 路由器
   L 网络互连设备**

SOI_MOSFET
   Y 绝缘体上硅 MOS 场效应晶体管

SOI 材料
   Y 绝缘体上硅

SOI 衬底
silicon-on-insulator substrate
TN303
   D SOI 基板
      绝缘体上硅衬底
   S 半导体衬底*
   C 绝缘体上硅

SOI 电路
   Y 绝缘体上硅电路

SOI 基板
   Y SOI 衬底

SOI 技术
   Y 绝缘体上硅

SOI 器件
   Y 绝缘衬底上硅器件

SOM 聚类
   Y 自组织映射聚类

SOM 算法
   Y 自组织映射算法

SONET
   Y 光同步传送网

SOPC
   Y 可编程片上系统

SOPC 技术
   Y 可编程片上系统

SOP 封装
   Y 小尺寸封装

SPAD
   Y 单光子雪崩二极管

SPI
   Y 串行外设接口

SPIHT 编码
   Y 多级树集合分裂编码

SPIHT 算法
   Y 多级树集合分裂编码

SPI 串行接口
   Y 串行外设接口

SPI 串行总线
   Y SPI 总线

SPI 接口
   Y 串行外设接口

SPI 通信
SPI communication
TP2
   D SPI 通讯
   S 通信*
   C 串行外设接口
      串行外设接口协议

SPI 通讯
   Y SPI 通信

SPI 协议
   Y 串行外设接口协议

SPI 总线
SPI bus
TP336
   D SPI 串行总线
      串行外设接口总线
   S 串行总线
   C 串行外设接口
   Z 总线*

SPL 滤波
   Y 样条函数滤波

SPRITE 探测器
   Y 碲镉汞探测器

SPWM
   Y 正弦脉宽调制

SQL
   Y 结构化查询语言

SQLServer
   Y SQLServer 数据库

SQLServer 数据库
SQLServer database
TP31 TP392
   D SQLServer
   S SQL 数据库
   C 黑盒追踪
   Z 数据库*

SQL 结构化查询语言
   Y 结构化查询语言

SQL 数据库
structured query language server database
TP392 TP31
   D 结构化查询语言数据库
   S 数据库*
   • MySQL 数据库
   • SQLServer 数据库
   C 非关系型数据库

SQL 语言
    Y 结构化查询语言

SQL 注入攻击
SQL injection attack
TP393.08
    D SQL 注入式攻击
    S 注入攻击
    L 网络攻击**

SQL 注入式攻击
    Y SQL 注入攻击

square 攻击
square attack
TP393.08 TP309
    S 密码攻击
    L 网络攻击**

SRAM
    Y 静态随机存储器

SSB
    Y 单边带调制

SSDA 算法
    Y 序贯相似性检测算法

SSDP
    Y 服务发现协议

SSH 协议
    Y 安全外壳协议

SSL VPN
    Y 安全套接层虚拟专用网

SSL/TLS
    Y 安全套接层/传输层安全协议

SSL/TLS 协议
    Y 安全套接层/传输层安全协议

SSLVPN
    Y 安全套接层虚拟专用网

SSL 协议
    Y 安全套接层协议

STD 总线
standard data bus
TP336 TP2
    D 标准数据总线
    S 工业总线
    Z 总线*

STEP 标准
    Y 产品模型数据交换标准

ST-FSK
    Y 空时频移键控

STK 卡
SIM tool kit
TP334
    S SIM 卡
    Z 手机卡*

STN-LCD
    Y 超扭曲向列型液晶显示器

STP 电缆
    Y 屏蔽双绞线

STP 协议
    Y 生成树协议

SVG 格式
    Y 可缩放矢量图形语言

SVM
    Y 支持向量机

SVM 算法
    Y 支持向量机算法

Sybase 数据库
Sybase database
TP392
    S 数据库*

Sybil 攻击
    Y 女巫攻击

TAPI
    Y 电话应用程序接口

TBAC
    Y 基于任务的访问控制

TBGA
    Y 载带型焊球阵列封装

TCAM
    Y 内容可寻址存储器

TCP/IP
    Y TCP/IP 协议

TCP/IP 传输协议
    Y TCP/IP 协议

TCP/IP 分层模型
TCP/IP layering model
TN915
    S 协议模型
    C TCP/IP 通信
    Z 网络模型*

TCP/IP 技术
    Y TCP/IP 协议

TCP/IP 通信
TCP/IP communication
TP334.7
    S 互联网通信
    C TCP/IP 分层模型
        TCP/IP 协议
        TCP/IP 网络
    L 网络通信**

TCP/IP 网络
TCP/IP network
TP393.6
    S 互联网
    C TCP/IP 协议
        TCP/IP 通信
    Z 计算机网络*

TCP/IP 网络协议
    Y TCP/IP 协议

TCP/IP 协议
transmission control protocol/
internet protocol
TP393
    D TCP/IP
        TCP/IP 传输协议
        TCP/IP 协议族
        TCP/IP 协议栈
        TCP/IP 协议簇
        TCP/IP 协议集
        TCP/IP 技术
        TCP/IP 网络协议
        传输控制协议/网际协议
    S 网络协议**
    · 传输控制协议
    C TCP/IP 网络
        TCP/IP 通信
        以太网

TCP/IP 协议簇
    Y TCP/IP 协议

TCP/IP 协议集
    Y TCP/IP 协议

TCP/IP 协议栈
    Y TCP/IP 协议

TCP/IP 协议族
    Y TCP/IP 协议

TCP 协议
    Y 传输控制协议

TDFA
    Y 掺铥光纤放大器

TDI CCD
　　Y 时间延时积分电荷耦合器件

TDS-OFDM
　　Y 时域同步正交频分复用

TEA_CO$_2$激光器
　　Y TEA 二氧化碳激光器

TEA 二氧化碳激光器
transversly excited atmospheric pressure carbon oxide laser
TN248
　　D TEA_CO$_2$激光器
　　　横向激励大气压二氧化碳激光器
　　S 二氧化碳激光器
　　L 气体激光器**

Telnet 协议
　　Y 远程登录协议

TFT LCD
　　Y 薄膜晶体管液晶显示器

TFT-LCD
　　Y 薄膜晶体管液晶显示器

TFTP 协议
　　Y 简单文件传输协议

TFT 液晶显示器
　　Y 薄膜晶体管液晶显示器

TF 卡
trans-flash card
TP333
　　S 闪存卡
　　L 存储卡**

TGIS
　　Y 时态地理信息系统

TIM 失真
　　Y 瞬态互调失真

TiO$_2$基压敏陶瓷
　　Y 二氧化钛压敏陶瓷

TiO$_2$压敏陶瓷
　　Y 二氧化钛压敏陶瓷

TLS 协议
　　Y 传输层安全协议

T-MPLS
　　Y 传送多协议标签交换

TM 卡
touch memory card

TP333
　　S IC 卡
　　L 存储卡**

Torus 网络
Torus network
TP301
　　S 网络*

TRBAC
　　Y 基于任务和角色的访问控制

TSOP
　　Y 薄型小尺寸封装

TSV 技术
　　Y 硅通孔技术

TTL
　　Y TTL 电路

TTL 电路
TTL circuit
TN791
　　D TTL
　　　TTL 逻辑电路
　　　晶体管晶体管逻辑
　　　晶体管晶体管逻辑电路
　　　晶体管晶体管逻辑门电路
　　S 饱和型逻辑电路
　　C 晶体管
　　L 逻辑集成电路**

TTL 逻辑电路
　　Y TTL 电路

TTS 技术
　　Y 文本语音转换

Turbo 编码
Turbo coding
TN918
　　D Turbo 码
　　S 信道编码
　　　纠错编码
　　L 通信编码**

Turbo 接收机
Turbo receiver
TN85
　　S 接收设备*

Turbo 码
　　Y Turbo 编码

Turing 机
　　Y 图灵机

TVS 管
　　Y 瞬态电压抑制二极管

TWT
　　Y 行波管

UART
　　Y 通用异步收发器

UART 串口
　　Y 通用异步串行接口

UART 接口
　　Y 通用异步串行接口

UDDI
　　Y 统一描述发现和集成服务

UDDI 技术
　　Y 统一描述发现和集成服务

UDDI 协议
　　Y 统一描述发现和集成服务

UDP
　　Y 用户数据报协议

UDP 协议
　　Y 用户数据报协议

UEFI
　　Y 统一可扩展固件接口

UG/Open GRIP 语言
　　Y GRIP 语言

UG 二次开发
　　Y 二次开发

UHDTV
　　Y 超高清电视

UHF RFID
　　Y 超高频射频识别

UHF 天线
　　Y 特高频天线

UHF 通信
　　Y 特高频通信

UHVCVD
　　Y 超高真空化学气相淀积

UID
　　Y 用户识别

UIM 卡
UIM card
TN929.1
　　D 用户识别模块
　　S 手机卡*

C CDMA 网络

UI 设计
　　Y 界面设计

ULSI
　　Y 甚大规模集成电路

Ultracode 条码
Ultracode barcode
TN91　TP311　TP391
　　S 手机二维码
　　Z 编码*

UMedia
　　Y 超媒体

UML 语言
　　Y 统一建模语言

Um 接口
　　Y 空中接口

Unicode 编码
Unicode encoding
TP391
　　S 字符编码
　　L 信息编码**

Unix
　　Y UNIX 操作系统

UNIX 操作系统
UNIX operating system
TP316
　　D Unix
　　　 Unix 系统
　　S 计算机操作系统
　　L 操作系统**

Unix 系统
　　Y UNIX 操作系统

unscented 卡尔曼滤波
　　Y 无迹卡尔曼滤波

UPC 条码
　　Y 通用产品代码

UPS
　　Y 不间断电源

UPS 不间断电源系统
　　Y 不间断电源

USB
　　Y 通用串行总线

USB 集线器
USB hub
TP393.4　TN915
　　S 集线器
　　C USB 控制器
　　L 网络互连设备**

USB 接口
universal serial bus interface
TP334.7
　　D 通用串行总线接口
　　　 通用串行接口
　　S 串行接口
　　　 总线接口
　　　 通用接口
　　C USB 协议
　　　 通用串行总线
　　Z 接口*

USB 接口芯片
USB interface chip
TN43
　　S 接口芯片
　　Z 芯片*

USB 控制器
universal serial bus controller
TP33
　　S 总线控制器
　　C USB 通信
　　　 USB 集线器
　　　 数据采集
　　　 闪存盘
　　Z 控制器*

USB 闪存
　　Y 闪存盘

USB 通信
USB communication
TP334.7
　　D USB 通讯
　　S 串行通信
　　C USB 协议
　　　 USB 控制器
　　　 闪存盘
　　Z 通信*

USB 通讯
　　Y USB 通信

USB 协议
universal serial bus protocol
TP393.0
　　D 通用串行总线协议
　　S 总线协议
　　　 通用协议
　　C USB 接口
　　　 USB 通信
　　Z 通信协议*

USB 主机控制器
USB host controller
TP334
　　S 主机控制器
　　Z 控制器*

USB 总线
　　Y 通用串行总线

USS 协议
　　Y 通用串行接口协议

UTP 线缆
　　Y 非屏蔽双绞线

UV-LIGA
　　Y UV-LIGA 技术

UV-LIGA 技术
ultraviolet LIGA technology
TN305
　　D UV-LIGA
　　　 紫外 LIGA 技术
　　S LIGA 技术
　　L 光刻工艺**

UWB SAR
　　Y 超宽带合成孔径雷达

UWB 穿墙雷达
　　Y 超宽带穿墙雷达

UWB 通信
　　Y 超宽带无线通信

UWB 信号
　　Y 超宽带信号

U-卡尔曼滤波
　　Y 无迹卡尔曼滤波

U 盘
　　Y 闪存盘

U 盘病毒
U disk virus
TP309
　　S 计算机病毒
　　L 恶意软件**

V5 接口
V5 interface
TN915
　　S 通信接口
　　C 接入网
　　　 接入设备
　　　 本地交换机
　　Z 接口*

VANET
　　Y 车载自组织网络

VBA 编程
programming of Visual Basic for applications
TP311
　　D VBA 程序设计
　　S 宏程序设计
　　C VBA 语言
　　Z 软件工程*

VBA 程序设计
　　Y VBA 编程

VBA 语言
VBA language
TP312
　　S VB 语言
　　C VBA 编程
　　Z 计算机语言*

VBR 编码
　　Y 可变比特率编码

VBR 视频
　　Y 变位率视频
　　　可变码率视频

VB 编程
　　Y VB 程序设计

VB 编程语言
　　Y VB 语言

VB 程序
Visual Basic program
TP317
　　D VB 软件
　　S BASIC 程序
　　C VB 程序设计
　　　VB 语言
　　Z 软件*

VB 程序设计
Visual Basic programming
TP311
　　D VB 编程
　　　Visual Basic 程序设计
　　　Visual Basic 编程
　　S 高级语言程序设计
　　C VB 程序
　　　VB 语言
　　Z 软件工程*

VB 程序设计语言
　　Y VB 语言

VB 高级语言
　　Y VB 语言

VB 脚本语言
VB script language
TP312
　　S VB 语言
　　　脚本语言
　　Z 计算机语言*

VB 软件
　　Y VB 程序

VB 语言
Visual Basic language
TP312
　　D VB 程序设计语言
　　　VB 编程语言
　　　VB 高级语言
　　　Visual Basic
　　　Visual Basic NET
　　　Visual Basic 程序设计语言
　　　Visual Basic 语言
　　　可视化 Basic 语言
　　S BASIC 语言
　　　可视化语言
　　· VBA 语言
　　· VB 脚本语言
　　C VB 程序
　　　VB 程序设计
　　Z 计算机语言*

VC++
　　Y VC 语言

VC++程序设计
　　Y VC 程序设计

VC++语言
　　Y VC 语言

VCD 播放机
　　Y VCD 影碟机

VCD 视盘机
　　Y VCD 影碟机

VCD 影碟机
VCD player
TN946
　　D VCD 播放机
　　　VCD 视盘机
　　S 激光视盘机
　　Z 视频设备*
　　　电视设备*

VCSEL
　　Y 垂直腔面发射激光器

VC 编程
　　Y VC 程序设计

VC 程序设计
Visual C language programming
TP311
　　D VC++程序设计
　　　VC 编程
　　S C 语言程序设计
　　Z 软件工程*

VC 语言
Visual C language
TP312
　　D VC++
　　　VC++语言
　　　Visual C++
　　　Visual C
　　S C 语言
　　　可视化语言
　　Z 计算机语言*

VDMOS
　　Y 垂直双扩散 MOS 工艺

VDMOSFET
　　Y 垂直双扩散 MOS 场效应晶体管

VDMOS 工艺
　　Y 垂直双扩散 MOS 工艺

VECSEL
　　Y 垂直外腔面发射激光器

Vericode 条码
Vericode barcode
TP391
　　D 矩阵符号码
　　S 二维码
　　Z 编码*

VFD
　　Y 真空荧光显示器

VFP 程序设计
Visual FoxPro programming
TP311
　　D Visual FoxPro 程序设计
　　S 高级语言程序设计
　　Z 软件工程*

VFP 数据库
VFP database
TP392
　　S FoxPro 数据库
　　Z 数据库*

VFP 语言
VisuaL FoxPro language
TP312
　　D Visual FoxPro
　　　Visual FoxPro 语言

S 可视化语言
Z 计算机语言*

VF 变换器
Y 电压频率转换器

VF 转换器
Y 电压频率转换器

VGA 接口
video graphics array interface
TN949　TP334.7
　D 视频图形阵列接口
　S 显示接口
　Z 接口*

VHDL 设计
VHDL design
TN401
　S 电子设计*
　C VHDL 语言

VHDL 语言
very-high-speed integrated circuit hardware description language
TP312
　D VHSIC 硬件描述语言
　　超高速硬件描述语言
　　超高速集成电路硬件描述语言
　　高速集成电路硬件描述语言
　　高速集成硬件描述语言
　S 硬件描述语言
　C VHDL 设计
　Z 计算机语言*

VHF-PECVD
Y 甚高频等离子体增强化学气相沉积

VHF 雷达
Y 超短波雷达

VHF 通信
Y 超短波通信

VHSIC
Y 超高速集成电路

VHSIC 硬件描述语言
Y VHDL 语言

Visual Basic
Y VB 语言

Visual Basic NET
Y VB 语言

Visual Basic 编程
Y VB 程序设计

Visual Basic 程序设计
Y VB 程序设计

Visual Basic 程序设计语言
Y VB 语言

Visual Basic 语言
Y VB 语言

Visual C++
Y VC 语言

Visual FoxPro
Y VFP 语言

Visual FoxPro 程序设计
Y VFP 程序设计

Visual FoxPro 语言
Y VFP 语言

Visual LISP
Y Visual_LISP 语言

Visual_LISP 语言
visual LISP language
TP312
　D Visual LISP
　S LISP 语言
　　可视化语言
　Z 计算机语言*

Visual C
Y VC 语言

Viterbi 解码器
Y 维特比译码器

Viterbi 算法
Y 维特比算法

Viterbi 译码器
Y 维特比译码器

Vivaldi 天线
Vivaldi antenna
TN82
　D 维瓦尔第天线
　S 微带缝隙天线
　　超宽带天线
　L 微波天线**

VLAN
Y 虚拟局域网

VLAN 技术
Y 虚拟局域网

VLC 编码
Y 变长编码

VLF 天线
Y 甚低频天线

VLSI
Y 超大规模集成电路

VLSI 设计
Y 超大规模集成电路

VLSI 芯片
Y 超大规模集成电路

VME 总线
Versa Module Eurocard bus
TP336
　S PC 总线
　Z 总线*

VMOS
Y V 型槽 MOS 工艺

VMOS 工艺
Y V 型槽 MOS 工艺

VoIP 电话
Y 网络电话

VoIP 通讯
Y IP 语音通信

VoIP 网关
VoIP gateway
TP393.4　TN915
　D IP 电话网关
　S IP 网关
　　电话网关
　C IP 电话机
　　信令协议
　　电话软件
　L 网络互连设备**

VoIP 网络
VoIP network
TN916
　D IP 电话网
　S 电话网
　C 会话边界控制器
　Z 通信网络*

VoIP 网络电话
Y 网络电话

VoIP 协议
VoIP protocol
TN915
　S 网络协议**
　C IP 语音通信

会话边界控制器
网络电话

VPN
　Y 虚拟专用网络

VPN 技术
　Y 虚拟专用网络

VPN 网关
VPN gateway
TP393.08
　D 虚拟专用网关
　S 网关
　C 虚拟专用网络
　L 网络互连设备**

VPN 网络
　Y 虚拟专用网络

VRGIS
　Y 虚拟现实地理信息系统

VRLA
　Y 阀控式密封铅酸蓄电池

VRML
　Y 虚拟现实建模语言

VRML 技术
　Y 虚拟现实建模语言

VRML 语言
　Y 虚拟现实建模语言

VRRP
　Y 虚拟路由冗余协议

VR 技术
　Y 虚拟现实

VR 头盔
　Y 虚拟现实头盔

VR 头显
　Y 虚拟现实头戴式显示器

VR 眼镜
　Y 虚拟现实眼镜

VSAT
　Y 甚小天线地球站

VSAT 天线
　Y 小口径天线

VSOP
　Y 超小型封装

VTL 逻辑电路
　Y 可变阈值逻辑电路

VxD
　Y 虚拟设备驱动程序

VXI 总线
VMEbus extensions for instrumentation bus
TP336
　S 测试总线
　Z 总线*

V 型槽 MOS 工艺
V-groove metal oxide semiconductor process
TN304
　D VMOS
　　VMOS 工艺
　S MOS 工艺
　Z 半导体工艺*

WAAS
　Y 广域增强系统

WAN
　Y 广域网

WAP 网关
WAP gateway
TN915
　S 无线网关
　C 无线应用协议
　L 网络互连设备**

WAP 协议
　Y 无线应用协议

WBAN
　Y 人体域网

WCDMA 网络
WCDMA network
TN92
　D 宽带码分多址网络
　S CDMA 网络
　　宽带网**

WDM
　Y 波分复用

WDMPON
　Y 波分复用无源光网络

WDM-PON
　Y 波分复用无源光网络

WDM 光网络
　Y 波分复用光网络

WDM 网络
　Y 波分复用网络

WDM 网状网
WDM mesh network
TN92　TN915
　S 波分复用网络
　Z 通信网络*

Web GIS
　Y 网络地理信息系统

Web Service
　Y Web 服务技术

Web Service 技术
　Y Web 服务技术

Web3D
　Y 网络三维技术

Web3D 技术
　Y 网络三维技术

WebGIS
　Y 网络地理信息系统

WebService
　Y Web 服务

WebServices
　Y Web 服务

WebServices 安全
　Y Web 服务安全

Web 安全
Web security
TP393.08
　S 网络安全*
　· Web 服务安全
　· Web 应用安全
　C Web 欺骗

Web 本体描述语言
　Y Web 本体语言

Web 本体语言
Web ontology language
TP393.09　TP312
　D OWL
　　OWL 语言
　　Web 本体描述语言
　　网络本体语言
　S 描述语言
　· Web 服务本体语言
　C 本体服务器
　　资源描述框架
　Z 计算机语言*

Web 标准
Web standard
TP393.0
　　S 网络标准
　　Z 信息产业标准*

Web 测试
Web testing
TP393.09
　　S Web 技术
　　Z 网络技术*

Web 程序
　　Y Web 软件

Web 程序设计
Web programming
TP311
　　S 软件设计
　　C Web 软件
　　Z 软件工程*

Web 地理信息系统
　　Y 网络地理信息系统

Web 电话
　　Y 网络电话

Web 发布
Web publishing
TP393.09
　　S Web 应用
　　　网络发布
　　Z 网络应用*

Web 访问信息挖掘
Web access information mining
TP392　TP391.3
　　S Web 挖掘
　　L 信息挖掘**

Web 服务
Web service
TP393.09
　　D WebService
　　　WebServices
　　S Web 应用
　　　互联网服务
　　• XMLWeb 服务
　　• 统一描述发现和集成服务
　　• 语义 Web 服务
　　C Web 服务安全
　　　Web 服务技术
　　　Web 网络管理
　　　Web 聚类
　　　基于属性的访问控制
　　Z 网络应用*
　　　网络服务*

Web 服务安全
Web service security

TP393.08
　　D WebServices 安全
　　S Web 安全
　　C Web 服务
　　　Web 服务技术
　　Z 网络安全*

Web 服务本体描述语言
　　Y Web 服务本体语言

Web 服务本体语言
Web ontology language for service
TP312
　　D OWL S
　　　Web 服务本体描述语言
　　S Web 本体语言
　　　网络服务描述语言
　　Z 计算机语言*

Web 服务编排描述语言
Web services choreography description language
TP312
　　S 网络服务描述语言
　　Z 计算机语言*

Web 服务定义语言
Web service definition language
TP312
　　D WSDL
　　　Web 服务描述语言
　　S 网络服务描述语言
　　Z 计算机语言*

Web 服务发现
Web service discovery
TP393.09
　　S Web 服务技术
　　C 服务匹配
　　　服务发现协议
　　Z 网络技术*

Web 服务合成
　　Y Web 服务组合

Web 服务技术
Web service technology
TP393.09
　　D Web Service
　　　Web Service 技术
　　S Web 技术
　　• Web 服务发现
　　• Web 服务组合
　　C Web 服务
　　　Web 服务安全
　　Z 网络技术*

Web 服务描述语言
　　Y Web 服务定义语言

Web 服务器
Web server
TP368
　　S 网络服务器
　　• Apache 服务器
　　• BOA 服务器
　　• WWW 服务器
　　• Web 服务器集群
　　• Web 应用服务器
　　• 分布式 Web 服务器
　　• 嵌入式 Web 服务器
　　Z 服务器*

Web 服务器集群
Web server cluster
TP368
　　D Web 集群服务器
　　　集群 Web 服务器
　　S Web 服务器
　　　服务器集群
　　Z 服务器*

Web 服务业务流程执行语言
　　Y 业务流程执行语言

Web 服务组合
Web services composition
TP393.09
　　D Web 服务合成
　　　Web 服务组装
　　　复合 Web 服务
　　　组合 Web 服务
　　S Web 服务技术
　　Z 网络技术*

Web 服务组装
　　Y Web 服务组合

Web 攻击
　　Y 网络攻击

Web 管理
　　Y Web 网络管理

Web 缓存
Web cache
TP333
　　D HTTP 缓存
　　　网页缓存
　　S 网络缓存
　　Z 信息存储*

Web 集成
Web integration
TP393.0
　　S Web 技术
　　Z 网络技术*

Web 集群服务器
　　Y Web 服务器集群

· 57 ·

Web 计算
Web computing
TP393.0
　S 网络计算
　C Web 技术
　　Web 软件
　Z 计算*

Web 技术
Web technology
TP393.0
　D Web 平台
　S 计算机网络技术
　・Web 测试
　・Web 服务技术
　・Web 集成
　・Web 预取
　C Web 计算
　　Web 软件
　Z 网络技术*

Web 交换机
Web switch
TP393.0
　S 网络交换机
　L 交换设备**

Web 结构挖掘
Web structure mining
TP393.09
　S Web 挖掘
　　网络结构挖掘
　L 信息挖掘**

Web 聚类
Web clustering
TP393.09
　S 聚类*
　・Web 文本聚类
　・Web 用户聚类
　C Web 服务

Web 浏览器
　Y 浏览器

Web 内容挖掘
Web content mining
TP393.09
　S Web 挖掘
　　网络内容挖掘
　L 信息挖掘**

Web 平台
　Y Web 技术

Web 欺骗
Web spoofing
TP393.08
　S 欺骗攻击
　C Web 安全
　L 网络攻击**

Web 日志挖掘
Web log mining
TP391
　S Web 挖掘
　　日志挖掘
　L 信息挖掘**

Web 软件
Web software
TP317
　D Web 程序
　S 网络软件**
　・Web 应用程序
　C Web 技术
　　Web 程序设计
　　Web 计算

Web 使用记录挖掘
　Y Web 使用挖掘

Web 使用模式挖掘
　Y Web 使用挖掘

Web 使用挖掘
Web usage mining
TP393
　D Web 使用模式挖掘
　　Web 使用记录挖掘
　　网络使用挖掘
　S Web 挖掘
　L 信息挖掘**

Web 数据
Web data
TP393.09
　S 网络数据
　C Web 数据仓库
　　Web 数据挖掘
　　Web 数据集成
　Z 数据*

Web 数据仓库
Web data warehouse
TP392
　S 数据仓库
　C Web 数据
　　Web 数据库
　　Web 数据集成
　Z 数据库*

Web 数据抽取
Web data extraction
TP393.09
　S Web 信息抽取
　　数据抽取
　C Web 数据集成
　L 信息抽取**

Web 数据集成
Web data integration
TP393.09
　S 数据集成

C Web 数据
　　Web 数据仓库
　　Web 数据库
　　Web 数据抽取
　　Web 数据挖掘
　Z 信息处理*

Web 数据库
Web database
TP392　TP31
　D Web 数据库系统
　S 网络数据库
　C Web 数据仓库
　　Web 数据挖掘
　　Web 数据集成
　　分页显示
　Z 数据库*

Web 数据库系统
　Y Web 数据库

Web 数据挖掘
Web data mining
TP393.09
　D 网络数据挖掘
　S Web 挖掘
　C Web 数据
　　Web 数据库
　　Web 数据集成
　L 信息挖掘**

Web 挖掘
Web mining
TP393.09
　D Web 信息挖掘
　S 网络挖掘
　・Web 访问信息挖掘
　・Web 结构挖掘
　・Web 内容挖掘
　・Web 日志挖掘
　・Web 使用挖掘
　・Web 数据挖掘
　・Web 文本挖掘
　L 信息挖掘**

Web 网络管理
Web network management
TP393.07
　D Web 管理
　　基于 Web 的网络管理
　S 网络管理*
　C Web 服务

Web 文本分类
Web text classification
TP391
　S 文本分类
　C Web 文本挖掘
　L 文本处理**

Web 文本聚类
Web text clustering

TP391.3
　　D Web 文档聚类
　　S Web 聚类
　　　文本聚类
　　C Web 文本挖掘
　　L 文本处理**

Web 文本挖掘
Web text mining
TP391
　　S Web 挖掘
　　　文本挖掘
　　　网络内容挖掘
　　C Web 文本分类
　　　Web 文本聚类
　　L 信息挖掘**
　　　文本处理**

Web 文档聚类
　　Y Web 文本聚类

Web 信息抽取
Web information extraction
TP393.09　TP391
　　D Web 信息提取
　　S 信息抽取**
　・Web 数据抽取
　・网页信息抽取
　　C Web 信息集成

Web 信息发布
Web publishing
TP391　TP393.09
　　S 信息发布
　　C Web 信息集成
　　　网络信息采集
　　Z 信息处理*

Web 信息集成
Web information integration
TP391　TP393.09
　　S 信息集成
　　C Web 信息发布
　　　Web 信息抽取
　　　网络信息采集
　　Z 信息处理*

Web 信息提取
　　Y Web 信息抽取

Web 信息挖掘
　　Y Web 挖掘

Web 信息系统
　　Y 网络信息系统

Web 页面聚类
　　Y 网页聚类

Web 应用
Web application

TP393.09
　　D Web 应用平台
　　　Web 应用系统
　　S 网络应用*
　・Web 发布
　・Web 服务
　　C Web 应用安全
　　　Web 应用程序

Web 应用安全
Web application security
TP393.08
　　S Web 安全
　　C Web 应用
　　Z 网络安全*

Web 应用程序
Web application software
TP317
　　S Web 软件
　　　网络应用程序
　　C Web 应用
　　　Web 应用开发
　　L 应用软件**
　　　网络软件**

Web 应用服务器
Web application server
TP368
　　S Web 服务器
　　　应用服务器
　　Z 服务器*

Web 应用开发
Web application development
TP311
　　S 软件开发
　　C Web 应用程序
　　Z 软件工程*

Web 应用平台
　　Y Web 应用

Web 应用系统
　　Y Web 应用

Web 用户聚类
Web user clustering
TP391.3
　　S Web 聚类
　　　用户聚类
　　Z 聚类*

Web 预取
Web pre-fetching
TP31
　　S Web 技术
　　Z 网络技术*

WEP 加密
　　Y 有线等效加密

WEP 协议
　　Y 有线等效加密协议

WfMS
　　Y 工作流管理系统

Wiener 滤波
　　Y 维纳滤波

Wi-Fi 技术
　　Y Wi-Fi 通信

Wi-Fi 通信
Wi-Fi communication
TN92
　　D Wi-Fi 技术
　　　Wi-Fi 无线通信
　　S 短距离无线通信
　　C Wi-Fi 网络
　　L 无线通信**

Wi-Fi 网络
Wi-Fi network
TN92
　　S 短距离无线通信网络
　　C Wi-Fi 通信
　　L 无线通信网络**

Wi-Fi 无线通信
　　Y Wi-Fi 通信

Wiki 技术
Wiki technology
TP393
　　D Wiki 系统
　　　维基技术
　　S 计算机网络技术
　　C 协作学习
　　　知识管理
　　Z 网络技术*

Wiki 系统
　　Y Wiki 技术

Wilkinson 功分器
　　Y 威尔金森功分器

Windows 编程
Windows programing
TP311
　　S 软件编程**

Windows 操作系统
Windows operating system
TP316
　　D Windows 系统
　　S 视窗操作系统
　　L 操作系统**

Windows 服务
Windows service
TP31
　　S 软件服务
　　Z 信息服务*

Windows 系统
　　Y Windows 操作系统

Wireless USB
　　Y 无线 USB

WISDN
　　Y 宽带综合业务数字网

Wishbone 总线
Wishbone bus
TN40
　　S 片上总线
　　Z 总线*

WLAN
　　Y 无线局域网

WLAN 技术
　　Y 无线局域网

WLFM 信号
　　Y 宽带线性调频信号

WMAN
　　Y 无线城域网

WPKI
　　Y 无线公钥基础设施

WSAN
　　Y 无线传感器和执行器网络

WSDL
　　Y Web 服务定义语言

WSN 路由协议
　　Y 无线传感器网络路由协议

WTLS 协议
　　Y 无线传输层安全协议

WUSB
　　Y 无线 USB

WWAN
　　Y 无线广域网

WWW 服务器
WWW server
TP368
　　S Web 服务器
　　Z 服务器*

X.509 公钥证书
　　Y X.509 证书

X.509 数字证书
　　Y X.509 证书

X.509 证书
X.509 certificate
TP393.08
　　D X.509 公钥证书
　　　 X.509 数字证书
　　S 密钥证书
　　C 无线公钥基础设施
　　Z 数字证书*

X86 处理器
X86 processor
TN43　TP33
　　D X86 架构处理器
　　S 微处理器*

X86 架构处理器
　　Y X86 处理器

XACML
　　Y 可扩展访问控制标记语言

XeCl 准分子激光器
　　Y 氯化氙激光器

XKMS
　　Y XML 密钥管理规范

XML
　　Y 可扩展标记语言

XML_Schema 语言
　　Y XML 架构定义语言

XMLWeb 服务
XMLWeb service
TP311　TP393.09
　　S Web 服务
　　C XML 数据
　　　 XML 数据库
　　　 可扩展标记语言
　　Z 网络应用*
　　　 网络服务*

XML 安全
　　Y 可扩展标记语言安全

XML 查询语言
XML query language
TP312
　　S 可扩展标记语言
　　Z 计算机语言*

XML 存储
XML storage
TP391
　　S 信息存储*
　　C XML 数据
　　　 可扩展标记语言

XML 过程定义语言
XML process definition language
TP312
　　D XPDL
　　S 可扩展标记语言
　　Z 计算机语言*

XML 加密
XML encryption
TP393.08
　　S 网络加密
　　C XML 签名
　　　 可扩展标记语言
　　L 加密**

XML 架构定义语言
XML schema definition language
TP312
　　D XML_Schema 语言
　　　 XSD 语言
　　S 可扩展标记语言
　　Z 计算机语言*

XML 解析器
XML parser
TP393.0
　　S 解析器
　　C 可扩展标记语言
　　Z 软件*

XML 路径语言
XML path language
TP312
　　S 可扩展标记语言
　　Z 计算机语言*

XML 密钥管理规范
XML key management specification
TP393
　　D XKMS
　　S 网络标准
　　Z 信息产业标准*

XML 签名
XML signature
TP309　TN918
　　D XML 数字签名
　　S 数字签名*
　　C XML 加密
　　　 XML 数据
　　　 可扩展标记语言安全

XML 数据
XML data
TP31
　　S 数据*
　　C XMLWeb 服务

XML 存储
    XML 数据库
    XML 签名

XML 数据库
extensible markup language
database
TP312
    D NativeXML 数据库
        可扩展标记语言数据库
        纯 XML 数据库
    S 网络数据库
    C XMLWeb 服务
        XML 数据
    Z 数据库*

XML 数字签名
    Y XML 签名

XML 语言
    Y 可扩展标记语言

XMPP
    Y 可扩展消息处理现场协议

XMPP 协议
    Y 可扩展消息处理现场协议

XPDL
    Y XML 过程定义语言

XSD 语言
    Y XML 架构定义语言

XYZ/E
    Y XYZ/E 语言

XYZ/E 语言
XYZ/E language family
TP312
    D XYZ/E
    S 时序逻辑语言
    Z 计算机语言*

X 波段导航雷达
X-band navigation radar
TN958
    S 导航雷达
    Z 雷达*

X 波段雷达
X-band radar
TN958
    S 雷达*

X 光激光
    Y X 射线激光器

X 光激光器
    Y X 射线激光器

X 射线二极管
X-ray diode
TN31
    S 半导体二极管
    C X 射线管
    L 半导体分立器件**

X 射线管
X-ray generator
TN14
    D X 线管
    S 电子束管**
    C X 射线二极管

X 射线光刻
X-ray lithography
TN305
    D X 射线曝光
    S 光刻工艺**
    · LIGA 技术
    C X 射线光刻机

X 射线光刻机
X-ray lithography machine
TN305
    D X 射线曝光机
    S 光刻设备
    C X 射线光刻
    Z 半导体工艺设备*

X 射线激光
    Y X 射线激光器

X 射线激光器
X-ray laser
TN248
    D X 光激光
        X 光激光器
        X 射线激光
    S 激光器*
    · 核激励 X 射线激光器
    · 软 X 射线激光器

X 射线曝光
    Y X 射线光刻

X 射线曝光机
    Y X 射线光刻机

X 射线图像增强器
    Y X 射线像增强器

X 射线像增强器
X-ray image intensifier
TN14
    D X 射线图像增强器
        X 射线影像增强器
        X 射线影像增强管
    S 像增强器
    L 电子束管**

X 射线影像增强管
    Y X 射线像增强器

X 射线影像增强器
    Y X 射线像增强器

X 线管
    Y X 射线管

YAG 激光器
    Y 钇铝石榴石激光器

YAG 器件
    Y 钇铝石榴石激光器

Yb:YAG 激光器
    Y 掺镱钇铝石榴石激光器

YIG 单选调谐接收机
YIG-tuned single-selected
receiver
TN85
    S 调谐接收机
    Z 接收设备*

YIG 双选调谐接收机
YIG-tuned dual-selected receiver
TN85
    S 调谐接收机
    Z 接收设备*

Y 型网络
    Y 星型网络

ZigBee 技术
    Y 紫蜂通信

ZigBee 网络
    Y 紫蜂网络

ZigBee 协议
    Y 紫蜂协议

ZnO 纳米线
    Y 氧化锌纳米线

ZnO 压敏电阻
    Y 氧化锌压敏电阻器

ZnS
    Y 硫化锌

ZnSe
    Y 硒化锌

ZnTe
    Y 碲化锌

Zn 扩散
  Y 锌扩散

ΔM
  Y 增量调制

π/4DQPSK
  Y π/4 差分四相移相键控

π/4-DQPSK
  Y π/4 差分四相移相键控

π/4-DQPSK 调制
  Y π/4 差分四相移相键控

π/4 差分四相移相键控
π/4 offset quadrature phase shift keying
TN76
  D π/4-DQPSK
    π/4-DQPSK 调制
    π/4DQPSK
    π/4 差分正交相移键控
  S 差分四相移相键控
  L 数字调制**

π/4 差分正交相移键控
  Y π/4 差分四相移相键控

Σ-Δ 模数转换器
sigma-delta analog-digital converter
TN792
  D Sigma-Delta 模数转换器
  S 模数转换器
  Z 转换器*
    集成电路*

阿基米德螺旋天线
Archimedean spiral antenna
TN82
  D 阿基米德平面螺旋天线
  S 平面螺旋天线
  Z 天线*

阿基米德平面螺旋天线
  Y 阿基米德螺旋天线

阿帕奇服务器
  Y Apache 服务器

安全编码
security encoding
TP309
  S 编码*
  C 安全信道

安全补丁
security patch
TP309 TP316 TP311
  D 漏洞补丁
  S 补丁程序
  Z 软件*

安全操作系统
security operation system
TP316
  D 可信操作系统
  S 操作系统**
  C BLP 模型
    安全策略模型

安全策略服务器
security policy server
TP368
  S 安全服务器
    策略服务器
  Z 服务器*

安全策略模型
security policy model
TP391.9
  S 信息安全模型*
  C 安全操作系统
    安全策略数据库

安全策略数据库
security policy database
TP392
  S 安全数据库
  C 安全策略模型
  Z 数据库*

安全超文本传输协议
secure hypertext transfer protocol secure
TP393.08
  D HTTPS
    HTTPS 协议
    超文本传输安全协议
  S IPSec 协议
    超文本传输协议
  L 网络协议**

安全处理器
security processor
TP33 TN43
  S 微处理器*
  C 安全数据库
    安全路由器

安全传输层协议
  Y 传输层安全协议

安全代理服务器
secure proxy server
TP368
  S 代理服务器
    安全服务器
  Z 服务器*

安全电子交易
  Y 安全电子交易协议

安全电子交易协议
secure electronic transaction protocol
TP393.08
  D SET 协议
    安全电子交易
  S 电子商务协议
  C 双重签名
    网上支付
  L 网络协议**

安全断言标记语言
  Y 安全声明标记语言

安全多播
  Y 安全组播

安全多方计算
secure multiparty computation
TP393.08 TP309
  D 多方保密计算
    多方安全计算
  S 保密计算
  C 不经意传输协议
  Z 计算*

安全访问控制
secure access control
TP309 TP393.08
  S 访问控制
  Z 网络技术*

安全服务器
security server
TP368
  S 服务器*
  • 安全策略服务器
  • 安全代理服务器
  • 密钥服务器

安全关联
safety association
TN915 TP393.08 TN92
  S 信息安全技术*
  C 安全关联数据库

安全关联数据库
security association database
TP392 TP31
  S 安全数据库
  C 安全关联
  Z 数据库*

安全加密
security encryption
TN918 TP309 TP393.08
  S 加密**

安全鉴别
security identification
TP309　TP393.08
　S 信息安全技术*
　• 报文鉴别
　C 鉴别协议

安全接口
security interface
TP334.7
　S 接口*

安全漏洞
security vulnerability
TP309
　S 信息安全风险*
　• 软件漏洞
　• 网络漏洞
　C 漏洞分析
　　漏洞检测

安全路由
secure routing
TP393.2　TN915
　S 路由*
　• 可信路由
　• 容错路由
　C 安全路由协议
　　安全路由器

安全路由器
secure router
TP393.4　TN915
　S 路由器
　C 安全处理器
　　安全路由
　L 网络互连设备**

安全路由协议
secure routing protocol
TN915
　S 路由协议
　C 安全路由
　　密码协议
　　密钥交换
　L 网络协议**

安全密钥
　Y 密钥

安全群组通信
secure group communication
TN91
　S 群组通信
　Z 通信*

安全认证机制
security authentication mechanism
TP31
　S 信息安全机制
　C 信息安全认证
　Z 信息安全体系*

安全认证协议
　Y 认证协议

安全日志服务器
　Y 日志服务器

安全软件
security software
TP31
　S 软件*
　• 补丁程序
　• 加密软件
　• 可信软件
　• 杀毒软件

安全散列算法
security hash algorithm
TP301
　S 加密算法
　　散列算法
　Z 算法*

安全扫描
security scanning
TP309
　D 安全扫描技术
　S 信息安全技术*
　• 网络安全扫描

安全扫描技术
　Y 安全扫描

安全声明标记语言
security assertion markup language
TP312
　D SAML
　　安全断言标记语言
　S 标记语言
　Z 计算机语言*

安全实时数据库
secure real-time database
TP392
　S 安全数据库
　　实时数据库
　Z 数据库*

安全数据库
security database
TP392
　S 数据库*
　• 安全策略数据库
　• 安全关联数据库
　• 安全实时数据库
　• 多级安全数据库
　• 加密数据库
　• 密文数据库
　C 安全处理器

安全数码卡
　Y SD 卡

安全算法
security algorithm
TN911　TP301
　S 算法*

安全态势感知
　Y 态势感知

安全套接层
　Y 安全套接层协议

安全套接层/传输层安全协议
secure sockets layer/transport layer security protocol
TN915
　D SSL/TLS
　　SSL/TLS 协议
　S 传输层安全协议
　　安全套接层协议
　L 网络协议**

安全套接层协议
secure sockets layer protocol
TN915.04
　D SSL 协议
　　安全套接字层协议
　　安全套接层
　S 网络安全协议
　• 安全套接层/传输层安全协议
　C 双重签名
　　安全套接层虚拟专用网
　L 网络协议**

安全套接层虚拟专用网
SSL virtual private network
TP393.1
　D SSL VPN
　　SSLVPN
　S 虚拟专用网络
　C 安全套接层协议
　Z 计算机网络*

安全套接字层协议
　Y 安全套接层协议

安全通信
　Y 保密通信

安全通讯
　Y 保密通信

安全外壳协议
security shell protocol
TP393.08　TN915
　D SSH 协议
　S IPSec 协议
　L 网络协议**

安全协处理器
security coprocessor
TP33　TN43
　　S 协处理器
　　· 密码协处理器
　　· 网络安全协处理器
　　C 安全信息系统
　　Z 微处理器*

安全协议
security protocol
TP393
　　S 通信协议*
　　· 不经意传输协议
　　· 非否认协议
　　· 鉴别协议
　　· 认证协议
　　· 网络安全协议
　　· 在线证书状态协议
　　C 信息安全
　　　 安全协议分析
　　　 安全验证
　　　 电子商务

安全协议分析
security protocol analysis
TP393　TN92　TN915
　　S 网络协议分析
　　　 网络安全分析
　　C 安全协议
　　L 网络安全技术**

安全芯片
security chip
TN43
　　D 信息安全芯片
　　S 芯片*

安全信道
secure channel
TN911
　　S 信道*
　　· 水印信道
　　· 隐蔽信道
　　C 安全编码

安全信息系统
security information system
TP391　TN915
　　S 信息系统*
　　C 安全协处理器

安全验证
safety verification
TP31
　　S 信息安全技术*
　　· 零知识证明
　　· 密码验证
　　C 信息安全认证
　　　 安全协议

安全域划分
security domain division
TP31
　　S 信息安全技术*

安全中间件
security middleware
TP317
　　S 中间件
　　C 信息安全技术
　　Z 软件*

安全组播
secure multicast
TP393.2
　　D 安全多播
　　S 组播
　　C 密钥管理
　　L 网络通信**

安装包
　　Y 安装程序

安装程序
installation program
TP31
　　D 安装包
　　　 安装文件
　　　 安装软件
　　S 系统软件
　　L 工具软件**

安装软件
　　Y 安装程序

安装文件
　　Y 安装程序

安卓操作系统
Android operating system
TN92
　　D 安卓手机操作系统
　　　 安卓系统
　　S 开源操作系统
　　　 智能手机操作系统
　　L 操作系统**

安卓手机操作系统
　　Y 安卓操作系统

安卓系统
　　Y 安卓操作系统

岸防雷达
　　Y 岸基雷达

岸基雷达
shore-based radar
TN958
　　D 岸用雷达
　　　 岸防雷达

海岸雷达
海岸雷达站
　　S 陆基雷达
　　· 岸基雷达链
　　· 海岸警戒雷达
　　C 岸用声呐
　　Z 雷达*

岸基雷达链
shore-based radar chain
TN958
　　S 岸基雷达
　　Z 雷达*

岸用雷达
　　Y 岸基雷达

岸用声呐
coast sonar
U666
　　D 海军声呐站
　　　 海岸声呐
　　S 声呐*
　　C 岸基雷达
　　　 海岸电台

按键开关
button switch
TM56
　　D 按钮
　　　 按钮开关
　　　 琴键开关
　　　 电钮
　　　 钮子开关
　　S 开关*

按钮
　　Y 按键开关

按钮开关
　　Y 按键开关

按需距离矢量路由
　　Y 按需距离矢量路由协议

按需距离矢量路由协议
Adhoc on-demand distance vector routing protocol
TP393.0　TN915
　　D AODV
　　　 AODV 协议
　　　 AODV 路由协议
　　　 Adhoc 按需距离矢量路由
　　　 按需距离矢量路由
　　　 无线自组网按需平面距离矢量路由协议
　　S 按需路由协议
　　　 无线路由协议
　　　 距离矢量路由协议
　　· 按需距离矢量组播路由协议
　　L 网络协议**

按需距离矢量组播路由协议
multicast Adhoc on-demand
distance vector routing protocol
TN915　TP393.0
　　D　MAODV
　　S　按需距离矢量路由协议
　　　　距离矢量组播路由协议
　　L　网络协议**

按需路由
on-demand routing
TN915
　　D　按需驱动路由
　　S　无线路由
　　C　按需路由协议
　　Z　路由*

按需路由协议
on-demand routing protocol
TN915　TN393.0
　　D　反应式路由协议
　　S　路由协议
　　·　按需距离矢量路由协议
　　·　按需组播路由协议
　　C　按需路由
　　L　网络协议**

按需驱动路由
　　Y　按需路由

按需组播路由协议
on-demand multicast routing
protocol
TN915　TN393.0
　　D　ODMRP
　　S　按需路由协议
　　　　组播路由协议
　　L　网络协议**

按字节编址存储器
　　Y　内存

案例推理
case-based reasoning
TP391
　　D　CBR技术
　　　　基于实例推理
　　　　基于案例推理
　　　　实例推理
　　　　案例推理技术
　　S　推理*
　　C　基于实例的机器翻译

案例推理技术
　　Y　案例推理

暗迹管
　　Y　黑迹管

暗网
　　Y　隐形网络

奥罗管
　　Y　绕射辐射振荡器

八波道式天线
　　Y　八木天线

八木式天线
　　Y　八木天线

八木天线
Yagi antenna
TN82
　　D　八木式天线
　　　　八波道式天线
　　　　准八木天线
　　　　引向天线
　　　　波渠天线
　　S　定向天线
　　Z　天线*

巴伦线圈
　　Y　匹配线圈

巴伦转换器
　　Y　平衡不平衡转换器

巴特沃思滤波
　　Y　巴特沃斯滤波器

巴特沃斯滤波
　　Y　巴特沃斯滤波器

巴特沃斯滤波器
Butterworth filter
TN713
　　D　巴特沃思滤波
　　　　巴特沃斯型滤波器
　　　　巴特沃斯滤波
　　　　最大平坦滤波器
　　S　微波滤波器
　　Z　滤波器*

巴特沃斯型滤波器
　　Y　巴特沃斯滤波器

白光LED
　　Y　白色发光二极管

白光OLED
　　Y　白光有机发光二极管

白光二极管
　　Y　白色发光二极管

白光发光二极管
　　Y　白色发光二极管

白光器件
white light device
TN36
　　S　半导体光电器件**
　　·　白光有机发光二极管
　　·　白色发光二极管

白光有机发光二极管
white organic light-emitting
diode
TN383
　　D　白光OLED
　　　　白色有机发光器件
　　　　白色有机电致发光器件
　　S　有机发光二极管
　　　　白光器件
　　L　半导体光电器件**
　　　　半导体发光器件**

白盒测试
white-box testing
TP311
　　D　结构测试
　　　　透明盒测试
　　　　逻辑驱动测试
　　S　软件测试
　　C　黑盒测试
　　Z　软件工程*

白化处理
whitening processing
TN911
　　D　预白化
　　　　预白化处理
　　S　信号处理*

白平衡仪
white balancer
TN94　TM93
　　S　光电测量设备
　　Z　电子测量仪器*

白色LED
　　Y　白色发光二极管

白色发光二极管
white light emitting diode
TN383
　　D　白光LED
　　　　白光二极管
　　　　白光发光二极管
　　　　白色LED
　　S　发光二极管
　　　　白光器件
　　L　半导体光电器件**
　　　　半导体发光器件**

白色有机电致发光
white organic electroluminescence
TN27
　　S　有机电致发光
　　Z　电致发光*

白色有机电致发光器件
　　Y 白光有机发光二极管

白色有机发光器件
　　Y 白光有机发光二极管

白噪声
white noise
TN911
　　S 信号噪声*
　　· 高斯白噪声
　　· 加性白噪声
　　C 白噪声发生器

白噪声发生器
white noise generator
TM935　TN912
　　S 信号发生器**
　　C 白噪声

百兆网
　　Y 快速以太网

百兆以太网
　　Y 快速以太网

拜访位置寄存器
　　Y 访问位置寄存器

拜占庭错误
　　Y 拜占庭容错

拜占庭容错
Byzantine fault tolerance
TP31
　　D 拜占庭错误
　　S 容错*

斑点噪声
　　Y 散斑噪声

斑纹噪声
　　Y 散斑噪声

搬运机器人
handling robot
TP242
　　S 特种机器人
　　　　移动机器人
　　Z 机器人*

搬运式电台
　　Y 移动电台

板级电路
board level circuit
TN710
　　D 板级电路模块
　　S 电子电路*

板级电路模块
　　Y 板级电路

板级支撑包
　　Y 板级支持包

板级支持包
board support package
TP316
　　D 板级支撑包
　　S 软件包
　　Z 软件*

板极调制
　　Y 屏极调制

板上芯片
　　Y 板上芯片技术

板上芯片技术
chip on board technology
TN405
　　D COB
　　　　板上芯片
　　　　板载芯片
　　　　板载芯片技术
　　S 芯片工艺
　　Z 半导体工艺*

板条激光器
slab laser
TN248
　　D 圆盘激光器
　　　　板状激光器
　　S 固体激光器**

板载芯片
　　Y 板上芯片技术

板载芯片技术
　　Y 板上芯片技术

板状激光器
　　Y 板条激光器

板状天线
panel antenna
TN82
　　S 基站天线
　　　　定向天线
　　L 通信天线**

版面分析
layout analysis
TP391
　　D 版面理解
　　　　版面结构分析
　　　　版面识别
　　S 信息处理*

版面结构分析
　　Y 版面分析

版面理解
　　Y 版面分析

版面识别
　　Y 版面分析

版图电路提取
layout circuit extraction
TN405
　　S 版图设计
　　Z 电子设计*

版图设计
layout design
TN405
　　D 布图设计
　　　　电路版图设计
　　S 电路设计
　　· 版图电路提取
　　· 版图压缩
　　· 版图自动生成
　　· 布线设计
　　C 电路版图
　　Z 电子设计*

版图压缩
layout compaction
TN405
　　S 版图设计
　　Z 电子设计*

版图自动生成
automatic layout generation
TN405
　　S 版图设计
　　Z 电子设计*

办公电脑
　　Y 商用计算机

办公管理软件
　　Y 办公软件

办公集成化软件
office integration software
TP391　TP317
　　D 办公组合软件
　　　　办公集成系统
　　　　办公集成软件
　　　　集成办公软件
　　S 办公软件**

办公集成软件
　　Y 办公集成化软件

办公集成系统
　　Y 办公集成化软件

办公计算机
　　Y 商用计算机

办公平台
　　Y 办公信息系统

办公软件∗∗
office software
TP317　TP391
　　D 办公信息处理软件
　　　　办公套件
　　　　办公室软件
　　　　办公应用组件
　　　　办公应用软件
　　　　办公管理软件
　　　　办公系列软件
　　　　办公系统软件
　　　　办公软件系统
　　S 软件∗
　　• 办公集成化软件
　　• 办公自动化软件
　　• 财务软件
　　• • 会计软件
　　• • 网络财务软件
　　• 电子表格软件
　　• • 报表系统
　　• 翻译软件
　　• 排版软件
　　• 统计软件
　　• 统计分析软件
　　• 图表工具
　　• 字处理软件
　　• • 文字编辑软件
　　• • 中文输入系统
　　• • • 造字程序
　　• • • 中文输入法
　　• • 自动分词系统
　　C Access 数据库
　　　　办公信息系统

办公软件系统
　　Y 办公软件

办公室软件
　　Y 办公软件

办公套件
　　Y 办公软件

办公系列软件
　　Y 办公软件

办公系统软件
　　Y 办公软件

办公信息处理软件
　　Y 办公软件

办公信息化系统
　　Y 办公信息系统

办公信息系统
office information system
TP317　TP391
　　D 办公信息化系统
　　　　办公平台
　　S 信息应用系统∗∗
　　C 办公软件

办公应用软件
　　Y 办公软件

办公应用组件
　　Y 办公软件

办公用计算机
　　Y 商用计算机

办公自动化
office automation
TP393
　　S 自动化∗
　　C 办公自动化系统
　　　　办公自动化软件
　　　　电子政务

办公自动化管理系统
　　Y 办公自动化系统

办公自动化软件
office automation software
TP317
　　S 办公软件∗∗
　　C 办公自动化
　　　　办公自动化系统

办公自动化系统
office automation system
TP391　TP317
　　D OA 系统
　　　　办公自动化信息系统
　　　　办公自动化应用系统
　　　　办公自动化管理系统
　　　　自动化办公系统
　　S 计算机应用系统∗
　　C 办公自动化
　　　　办公自动化软件

办公自动化信息系统
　　Y 办公自动化系统

办公自动化应用系统
　　Y 办公自动化系统

办公组合软件
　　Y 办公集成化软件

半被动式标签
　　Y 半有源标签

半边数据结构
half edge data structure
TP391
　　S 数据结构∗

半波偶极天线
half-wave dipole antenna
TN82
　　D 半波振子天线
　　S 偶极天线
　　　　半波天线
　　L 通信天线∗∗

半波天线
half-wave antenna
TN82
　　S 天线∗
　　• 半波偶极天线

半波振子天线
　　Y 半波偶极天线

半波整流电路
half-wave rectifier circuit
TM13　TN710
　　D 单相半波整流电路
　　S 整流电路
　　Z 电子电路∗

半磁半导体
semi-magnetic semiconductor
TN304
　　D 半磁性半导体
　　S 磁性半导体
　　Z 半导体材料∗

半磁性半导体
　　Y 半磁半导体

半脆弱数字水印
　　Y 半脆弱水印

半脆弱水印
semi-fragile watermark
TN918　TP393.08　TP309
　　D 半易损数字水印
　　　　半易损水印
　　　　半易碎水印
　　　　半脆弱数字水印
　　S 数字水印∗
　　C 内容认证
　　　　图像认证

半导瓷
　　Y 半导体陶瓷

半导电金刚石
　　Y 金刚石半导体

半导电媒质
　　Y 半导体材料

半导体
　　Y 半导体材料

半导体 IC
　　Y 半导体集成电路

半导体薄膜
Semiconductor thin film
TN304
　　D 半导体膜
　　　半导体薄膜材料
　　　薄膜半导体
　　S 半导体材料*
　　· 二氧化锡薄膜
　　· 硅薄膜
　　· 硫化锌薄膜
　　· 碳化硅薄膜
　　· 氧化铟锡薄膜
　　C 半导体薄膜器件
　　　半导体薄膜工艺

半导体薄膜材料
　　Y 半导体薄膜

半导体薄膜工艺
semiconductor thin film process
TN305
　　D 半导体薄膜技术
　　　薄膜工艺
　　S 半导体工艺*
　　C 半导体薄膜
　　　半导体薄膜器件

半导体薄膜技术
　　Y 半导体薄膜工艺

半导体薄膜器件
semiconductor thin film device
TN3
　　S 半导体器件*
　　C 半导体薄膜
　　　半导体薄膜工艺

半导体泵浦固体激光器
semiconductor pumped solid state laser
TN248
　　S 半导体激光器
　　L 固体激光器**

半导体玻璃
　　Y 玻璃半导体

半导体材料*
semiconductor material
TN304
　　D 半导体
　　　半导电媒质
　　　半绝缘材料
　　· N 型半导体
　　· P 型半导体
　　· 半导体薄膜
　　· · 二氧化锡薄膜
　　· · 硅薄膜
　　· · · 多晶硅薄膜

　　· · · 非晶硅薄膜
　　· · · 纳米硅薄膜
　　· · · 微晶硅薄膜
　　· · 硫化锌薄膜
　　· · 碳化硅薄膜
　　· · 氧化铟锡薄膜
　　· 半导体发光材料
　　· 半导体复合材料
　　· 半导体光电材料
　　· 半导体晶片
　　· · 硅片
　　· · · 大直径硅片
　　· · · 单晶硅片
　　· · · 抛光硅片
　　· · 外延片
　　· 半导体敏感材料
　　· · 半导体气敏材料
　　· · 光敏半导体材料
　　· · 声敏半导体材料
　　· · 湿敏半导体材料
　　· 半导体纳米材料
　　· · 半导体纳米微粒
　　· · 半导体纳米线
　　· · · GaN 纳米线
　　· · · SiC 纳米线
　　· · · 硅纳米线
　　· · · 氧化锌纳米线
　　· 半导体热电材料
　　· 半导体陶瓷
　　· · 光敏陶瓷
　　· · 气敏陶瓷
　　· · 热敏陶瓷
　　· · 湿敏陶瓷
　　· · 压敏陶瓷
　　· · · 二氧化钛压敏陶瓷
　　· · · 氧化锌压敏陶瓷
　　· 本征半导体
　　· 补偿半导体
　　· 掺杂半导体
　　· 超导半导体
　　· 超晶格半导体
　　· 磁性半导体
　　· · 半磁半导体
　　· · 磁敏半导体
　　· · 铁磁半导体
　　· · 稀磁半导体
　　· 低维半导体
　　· 非晶半导体
　　· 玻璃半导体
　　· 非晶硅
　　· · 氢化非晶硅
　　· 液态半导体
　　· 合金半导体
　　· 化合物半导体**
　　· 简并半导体
　　· 金刚石半导体
　　· 聚合物半导体
　　· 宽禁带半导体
　　· 铁电半导体
　　· 压电半导体
　　· 元素半导体**
　　· 窄禁带半导体
　　· 直接带隙半导体
　　C 半导体器件

　　　半导体工艺
　　　半导体探测器
　　　半导体收音机
　　　半导体模块
　　　四探针测试仪
　　　微电子材料

半导体材料掺杂
　　Y 半导体掺杂

半导体测试
semiconductor test
TN307
　　S 半导体工艺*
　　· 半导体封装测试
　　· 晶圆测试
　　· 四探针测试技术
　　C 半导体探测器
　　　半导体模块
　　　半导体测试设备

半导体测试设备
semiconductor test equipment
TN307
　　S 电子测量仪器*
　　· 半导体器件测试仪
　　· 飞针测试机
　　· 集成电路测试仪
　　· 四探针测试仪
　　· 掩模检查设备
　　C 半导体存储器
　　　半导体测试

半导体掺杂
semiconductor doping
TN305
　　D 半导体材料掺杂
　　S 半导体工艺*
　　· P 型掺杂
　　· 调制掺杂
　　· 气相掺杂
　　· 施主掺杂
　　· 线性掺杂
　　· 液相掺杂
　　· 自掺杂
　　C 掺杂剂
　　　掺杂半导体

半导体场效应管
　　Y 场效应晶体管

半导体场效应晶体管
　　Y 场效应晶体管

半导体衬底*
semiconductor substrate
TN303
　　D 半导体基片
　　　半导体衬底材料
　　　半绝缘体衬底
　　　衬底
　　　衬底半导体

- SOI 衬底
- 复合衬底
- 硅衬底
- 磷化铟衬底
- 柔性衬底
- 砷化镓衬底
- 碳化硅衬底
- 图形衬底
C 半导体工艺

半导体衬底材料
Y 半导体衬底

半导体传感器
semiconductor sensor
TP212.41
S 传感器*
- 半导体气体传感器
- 半导体温度传感器
- 半导体压力传感器

半导体磁头
semiconductor magnetic head
TP334
S 磁头*

半导体存储
Y 半导体存储器

半导体存储器
semiconductor memory
TP333 TN43
D 半导体存储
  半导体存储器件
  半导体存储系统
  半导体贮存器
  固体存储器
  固态存储
  固态存储器
S 存储器*
- MOS 存储器
- 单电子存储器
- 浮栅存储器
- 片上存储器
- 闪速存储器
- 双极存储器
C 半导体测试设备

半导体存储器件
Y 半导体存储器

半导体存储系统
Y 半导体存储器

半导体存贮器
Y 半导体存储器

半导体电发光器件
Y 半导体发光器件

半导体电路
Y 半导体集成电路

半导体电子器件
Y 半导体器件

半导体电子学
semiconductor electronics
TN301
D 固体电子学
S 电子学*

半导体淀积
Y 半导体淀积工艺

半导体淀积工艺**
semiconductor deposition process
TN305
D 半导体淀积
S 半导体工艺*
- 薄膜沉积技术
- 低温沉积
- 电共沉积
- 电子束沉积
- 激光沉积
- - 激光化学气相沉积
- - 脉冲激光沉积
- 离子束淀积
- 气相沉积
- - 等离子体沉积
- - 化学气相沉积
- - - 常压化学气相沉积
- - - 超高真空化学气相淀积
- - - 等离子体化学气相沉积
- - - - 等离子体增强化学气相淀积
- - - - - 甚高频等离子体增强化学气相沉积
- - - - 微波等离子体化学气相沉积
- - - 低压化学气相沉积
- - - 光化学气相沉积
- - - 激光化学气相沉积
- - - 金属有机物化学气相沉积
- - - - 低压金属有机化学气相沉积
- - - 热丝化学气相沉积
- - 物理气相淀积
- 氧沉淀
- 原子层沉积
- 真空淀积

半导体断路开关
semiconductor opening switch
TM56
S 半导体开关
Z 半导体器件*

半导体二极管
semiconductor diode
TN31
D 晶体二极管
S 半导体分立器件**
- PIN 二极管
- X 射线二极管
- 薄膜二极管
- 触发二极管
- 高压二极管
- 功率二极管
- 硅二极管
- 恒流二极管
- 混频二极管
- 阶跃恢复二极管
- 开关二极管
- 快恢复二极管
- 平面二极管
- 势越二极管
- 双向二极管
- 瞬态电压抑制二极管
- 隧道二极管
- 台面二极管
- 微波二极管
- 温敏二极管
- 稳压二极管
- 无箔二极管
- 肖特基二极管
- 续流二极管
- 雪崩二极管
- 异质结二极管
- 栅控二极管
- 整流二极管
- 阻尼二极管

半导体二极管激光器
Y 二极管激光器

半导体发光材料
semiconductor luminescent material
TN304
D LED 材料
S 半导体材料*
C 发光二极管

半导体发光二极管
Y 发光二极管

半导体发光器件**
semiconductor light emitting device
TN383
D 半导体发光芯片
  半导体电发光器件
S 光有源器件
  半导体器件*
- LED 数码管
- 发光二极管
- - 白色发光二极管
- - 彩色发光二极管
- - 超辐射发光二极管
- - 点阵 LED
- - 发光二极管指示灯
- - 高亮度发光二极管
- - 功率型发光二极管
- - 红色发光二极管
- - 红外发光二极管
- - 聚合物发光二极管
- - 蓝光发光二极管

- · · 绿光发光二极管
- · · 贴片 LED
- · 有机发光二极管
- · · 白光有机发光二极管
- · · 有源矩阵有机发光二极管
- · · 紫外发光二极管
- · 激光二极管
- · · 大功率激光二极管
- · · 条形激光二极管
- Z 光器件*

半导体发光芯片
  Y 半导体发光器件

半导体放大器
semiconductor amplifier
TN72
  S 半导体器件*
    放大器*
  · CMOS 运算放大器
  · 晶体管放大器

半导体放电管
semiconductor surge protector
TN3
  D 固体放电管
    固态放电管
  S 半导体分立器件**
    放电管*
  C 气体放电管

半导体分立器件**
semiconductor discrete device
TN3
  S 半导体器件*
  · 半导体二极管
  · · PIN 二极管
  · · · PIN 光电二极管
  · · X 射线二极管
  · · 薄膜二极管
  · · 触发二极管
  · · 高压二极管
  · · 功率二极管
  · · 硅二极管
  · · · 硅光电二极管
  · · · 硅雪崩二极管
  · · · 硅整流二极管
  · · 恒流二极管
  · · 混频二极管
  · · 阶跃恢复二极管
  · · 开关二极管
  · · 快恢复二极管
  · · 平面二极管
  · · 势越二极管
  · · 双向二极管
  · · 瞬态电压抑制二极管
  · · 隧道二极管
  · · · 谐振隧穿二极管
  · · 台面二极管
  · · 微波二极管
  · · · 变容二极管
  · · · 碰撞雪崩渡越时间二极管
  · · · 体效应二极管

- · · · 耿氏二极管
- · · 温敏二极管
- · · 稳压二极管
- · · 无箔二极管
- · · 肖特基二极管
- · · 续流二极管
- · · 雪崩二极管
- · · · 硅雪崩二极管
- · · · 碰撞雪崩渡越时间二极管
- · · 异质结二极管
- · · 栅控二极管
- · · 整流二极管
- · · · 硅整流二极管
- · · 阻尼二极管
- · 半导体放电管
- · 半导体整流器
- · · 二极管整流器
- · · 硅整流器
- · · 晶体管整流器
- · 晶体管
- · · MOS 晶体管
- · · · CMOS 晶体管
- · · · NMOS 晶体管
- · · · · 栅极接地 NMOS 晶体管
- · · · 浮动栅雪崩注入型 MOS 晶体管
- · · · 神经 MOS 晶体管
- · · 薄膜晶体管
- · · · 多晶硅薄膜晶体管
- · · · 非晶硅薄膜晶体管
- · · · 有机薄膜晶体管
- · · 崩越晶体管
- · · 场效应晶体管
- · · · MOS 场效应晶体管
- · · · · N 沟道 MOS 场效应晶体管
- · · · · P 沟道 MOS 场效应晶体管
- · · · · 槽栅 P 沟道 MOS 场效应晶体管
- · · · · 槽栅 MOS 场效应晶体管
- · · · · 槽栅 P 沟道 MOS 场效应晶体管
- · · · · 垂直双扩散 MOS 场效应晶体管
- · · · · 功率 MOS 场效应晶体管
- · · · · 横向扩散 MOS 场效应晶体管
- · · · · 绝缘体上硅 MOS 场效应晶体管
- · · · · 双栅 MOS 场效应晶体管
- · · · N 沟道场效应晶体管
- · · · 薄膜场效应晶体管
- · · · 调制掺杂场效应晶体管
- · · · 功率场效应晶体管
- · · · · 功率 MOS 场效应晶体管
- · · · 结型场效应晶体管
- · · · 静电感应晶体管
- · · · 隐栅管
- · · · 金属半导体场效应晶体管
- · · · 聚合物场效应晶体管
- · · · 绝缘栅场效应晶体管
- · · · 离子敏场效应晶体管
- · · · 砷化镓场效应晶体管
- · · · 铁电场效应晶体管
- · · · 微波场效应晶体管
- · · · 异质结场效应晶体管

- · · · 有机场效应晶体管
- · · 磁敏晶体管
- · · · 硅磁敏晶体管
- · · 达林顿晶体管
- · · 单电子晶体管
- · · 单结晶体管
- · · 电化学晶体管
- · · 多发射极晶体管
- · · 高电子迁移率晶体管
- · · · 氮化镓高电子迁移率晶体管
- · · · 赝配高电子迁移率晶体管
- · · 功率晶体管
- · · · 电力晶体管
- · · · 射频功率晶体管
- · · · 微波功率晶体管
- · · 硅晶体管
- · · · 硅双极晶体管
- · · 合金扩散晶体管
- · · 缓变基区晶体管
- · · 混合模式晶体管
- · · 寄生晶体管
- · · 静态感应晶体管
- · · 绝缘栅晶体管
- · · · 绝缘栅场效应晶体管
- · · · 绝缘栅双极晶体管
- · · · · 场截止型绝缘栅双极晶体管
- · · · · 穿通型绝缘栅双极晶体管
- · · · · 非穿通型绝缘栅双极晶体管
- · · · · 压接型绝缘栅双极晶体管
- · · 开关晶体管
- · · · 反向开关晶体管
- · · 扩散晶体管
- · · 联栅晶体管
- · · 双基区晶体管
- · · · 光电双基区晶体管
- · · 双极性晶体管
- · · · NPN 晶体管
- · · · PNP 晶体管
- · · · 硅双极晶体管
- · · · 横向双极晶体管
- · · · 绝缘栅双极晶体管
- · · · · 场截止型绝缘栅双极晶体管
- · · · · 穿通型绝缘栅双极晶体管
- · · · · 非穿通型绝缘栅双极晶体管
- · · · · 压接型绝缘栅双极晶体管
- · · · 双极结型晶体管
- · · · 异质结双极性晶体管
- · · · · 砷化镓异质结双极晶体管
- · · · · 锗硅异质结双极晶体管
- · · 台面晶体管
- · · 肖特基晶体管
- · · 谐振隧穿晶体管
- · · 雪崩晶体管
- · · 异质结晶体管
- · · · 双异质结晶体管
- · · · 异质结光电晶体管
- · · · 异质结双极性晶体管
- · · · · 砷化镓异质结双极晶体管
- · · · · 锗硅异质结双极晶体管
- · · 自旋晶体管
- · 晶闸管
- · · MOS 控制晶闸管
- · · 大功率晶闸管
- · · 单向晶闸管

- · · 非对称晶闸管
- · · 高频晶闸管
- · · 光控晶闸管
- · · 静电感应晶闸管
- · · 可关断晶闸管
- · · 快速晶闸管
- · · 门极换流晶闸管
- · · · 集成门极换流晶闸管
- · · 逆导晶闸管
- · · 三相晶闸管
- · · 双向晶闸管
- · · 温敏晶闸管

半导体封装**
semiconductor package
TN305
 D 半导体封装技术
 S 半导体工艺*
- · DirectFET 封装
- · LED 封装
- · 扁平封装
- · · 四方扁平封装
- · 高密度封装
- · 光电子封装
- · 硅通孔技术
- · 焊柱阵列封装
- · · 陶瓷焊柱阵列封装
- · 集成电路封装
- · 系统级封装
- · 芯片封装
- · · 单芯片封装
- · · 倒装芯片封装
- · · 多芯片封装
- · · 芯片级封装
- · 金属封装
- · 聚合物封装
- · 球栅阵列封装
- · · 金属球栅阵列封装
- · · 塑料球栅阵列封装
- · · 陶瓷球栅阵列封装
- · · 微球形格栅阵列封装
- · · 载带型焊球阵列封装
- · 三维封装
- · 双列直插式封装
- · · 陶瓷双列直插式封装
- · 塑料封装
- · 陶瓷封装
- · · 陶瓷焊球阵列封装
- · · 陶瓷焊柱阵列封装
- · · 陶瓷双列直插式封装
- · 微波封装
- · 微型封装
- · 小尺寸封装
- · · 薄型小尺寸封装
- · 超小型封装
- · 圆片级封装
- · 针栅阵列封装
 C 半导体封装设备

半导体封装测试
semiconductor assembly and test
TN307
 S 半导体测试

 Z 半导体工艺*

半导体封装技术
 Y 半导体封装

半导体封装设备
semiconductor package equipment
TN305
 D 封装设备
 S 半导体工艺设备*
 C 半导体封装
  封装材料

半导体复合材料
semiconductor composite material
TN304
 D 复合半导体材料
 S 半导体材料*

半导体工艺*
semiconductor process
TN305
 D 半导体制造工艺
  半导体加工
  半导体加工工艺
  半导体微细加工
  半导体技术
  半导体生产
  半导体生产工艺
- · 半导体薄膜工艺
- · 半导体测试
- · · 半导体封装测试
- · · 晶圆测试
- · · 四探针测试技术
- · 半导体掺杂
- · P 型掺杂
- · 调制掺杂
- · 气相掺杂
- · 施主掺杂
- · 线性掺杂
- · 液相掺杂
- · 自掺杂
- · 半导体淀积工艺**
- · 半导体封装**
- · 半导体扩散工艺
- · 固态源扩散
- · 硼扩散
- · 砷间隙扩散
- · 锌扩散
- · 杂质扩散
- · 半导体提纯工艺
- · 化学提纯工艺
- · 区域提纯工艺
- · 物理提纯工艺
- · 半导体吸杂工艺
- · 半导体氧化工艺
- · MOS 工艺
- · · BiMOS 工艺
- · · CMOS 工艺
- · · · BiCMOS 工艺
- · · N 沟道 MOS 工艺
- · · V 型槽 MOS 工艺
- · · · 垂直双扩散 MOS 工艺

- · · · 横向扩散 MOS 工艺
- · · 等离子体氧化
- · · 高压氧化
- · · 热氧化工艺
- · · · 快速热氧化
- · · 湿法氧化
- · 表面制备工艺
- · 电子束技术
- · · 电子束沉积
- · · 电子束光刻
- · · 电子束制版
- · 钝化
- · · 表面钝化
- · · 玻璃钝化
- · · 硫钝化
- · 隔离工艺
- · · PN 结隔离
- · · 介质隔离
- · · · 陶瓷隔离
- · · · 氧化隔离
- · · 深槽隔离
- · · 外延隔离
- · · 注氧隔离
- · 光刻工艺**
- · 划片
- · 集成电路工艺
- · · BCD 工艺
- · · CMOS 工艺
- · · · BiCMOS 工艺
- · 布线工艺
- · · PCB 布线
- · · 多层布线技术
- · · 铜布线工艺
- · 电路互连
- · · 层间互连
- · · 垂直互连
- · · 倒装互连
- · · 多层互连
- · · 高密度互连
- · · 片上互连
- · · 铜互连
- · · 芯片互连
- · 厚膜工艺
- · 芯片工艺
- · · 板上芯片技术
- · · 硅芯片技术
- · · 芯片键合
- · 制程技术
- · 键合工艺
- · 超声键合
- · · 超声引线键合
- · · 热超声键合
- · · · 热超声倒装键合
- · 倒装键合
- · · 热超声倒装键合
- · 低温键合
- · 共晶键合
- · 硅片键合
- · 静电键合
- · 热键合
- · 室温键合
- · 芯片键合
- · 阳极键合
- · 引线键合

- · · 超声引线键合
- · · 直接键合
- · 溅射
- · · 磁控溅射
- · · · 射频磁控溅射
- · · · 直流磁控溅射
- · · 粉末溅射
- · · 离子溅射
- · · 射频溅射
- · 结终端技术
- · 晶圆制造
- · 离子束工艺
- · 离子刻蚀
- · · 反应离子刻蚀
- · · 活性离子刻蚀
- · 离子束淀积
- · 离子束合成
- · 离子束外延
- · 离子束蒸发
- · 纳米工艺
- · · 纳米光刻
- · · · 纳米压印光刻
- · 三阱工艺
- · 蚀刻工艺
- · · 表面刻蚀
- · · 电子束刻蚀
- · · 干法刻蚀
- · · · 等离子体刻蚀
- · · · · 感应耦合等离子体刻蚀
- · · · 反应离子刻蚀
- · · · 溅射刻蚀
- · · 各向同性刻蚀
- · · 各向异性刻蚀
- · · 光刻蚀
- · · 硅刻蚀
- · · 化学蚀刻
- · · · 电化学刻蚀
- · · · 湿法刻蚀
- · · 离子刻蚀
- · · · 反应离子刻蚀
- · · · 活性离子刻蚀
- · · 深刻蚀
- · · 生物刻蚀
- · · 台面刻蚀
- · 双极工艺
- · · BiCMOS 工艺
- · · BiMOS 工艺
- · · 互补双极工艺
- · 体硅工艺
- · 外延生长
- · · 侧向外延
- · · 低温外延
- · · 分子束外延
- · · · 固源分子束外延
- · · · 气态源分子束外延
- · · 复相外延
- · · 固相外延
- · · 硅外延
- · · 横向外延生长
- · · 离子束外延
- · · 气相外延
- · · · 金属有机物气相外延
- · · · 氢化物气相外延
- · · 热壁外延

- · · 同质外延
- · · 选择外延生长
- · · 液相外延
- · · 异质外延生长
- · · 原子层外延
- · · · 电化学原子层外延
- · 亚微米工艺
- · · 深亚微米工艺
- · 注入工艺
- · · 离子注入工艺
- · · · 高能离子注入
- · · · 金属离子注入
- · · · 硼离子注入
- · · 质子注入
- · 自对准工艺
- · · 硅栅自对准工艺
- C 半导体器件
  半导体工艺设备
  半导体材料
  半导体衬底

半导体工艺设备*
semiconductor process equipment
TN305
  D 半导体制造设备
    半导体生产设备
    半导体设备
  · 半导体封装设备
  · 单晶炉
  · · 电子束单晶炉
  · · 高压单晶炉
  · · 直拉单晶炉
  · 电加热炉
  · 电子束加工设备
  · 电子束曝光机
  · · 电子束缩小投影曝光机
  · · 矢量扫描电子束曝光机
  · 电子束制版机
  · 灌胶机
  · 光刻设备
  · · X 射线光刻机
  · · 步进光刻机
  · · 电子束曝光机
  · · · 电子束缩小投影曝光机
  · · · 矢量扫描电子束曝光机
  · · 投影光刻机
  · · 紫外光刻机
  · 硅片台
  · 划片机
  · 化学机械抛光设备
  · 化学气相淀积设备
  · MOCVD 设备
  · 键合设备
  · · 倒装键合机
  · · 引线键合机
  · 溅射设备
  · · 射频溅射设备
  · 晶片机
  · 扩散炉
  · 离子镀膜设备
  · 离子注入机
  · · 大束流离子注入机
  · · 高能离子注入机
  · 切片机

- · · 刀刃切片机
- · · 激光切片机
- · · 内圆切片机
- · 蚀刻设备
- · · 等离子刻蚀机
- · · 离子蚀刻机
- · 外延设备
- · · 分子束外延炉
- · · 气相外延炉
- · 掩模复印机
- · 真空镀膜机
- · 坐标刻图机
- C 半导体工艺
  半导体探测器

半导体功率器件
  Y 电力半导体器件

半导体管特性测试仪
  Y 半导体器件测试仪

半导体光电材料
semiconductor photoelectric
material
TN304
  D 光电半导体
  S 半导体材料*
  C 光电材料
    半导体光电探测器

半导体光电二极管
  Y 光电二极管

半导体光电器件**
semiconductor photoelectric
device
TN36
  D 光电导器件
  S 光有源器件
    半导体器件*
  · 白光器件
  · · 白光有机发光二极管
  · · 白色发光二极管
  · 半导体光电探测器
  · · PIN 光电探测器
  · · 光磁电探测器件
  · · 光电二极管阵列探测器
  · · 硅光电探测器
  · · 纳米光电探测器
  · · 内调制光电探测器
  · · 谐振腔增强型光电探测器
  · · 雪崩光电探测器
  · 半导体光放大器
  · · 垂直腔半导体光放大器
  · · 量子点半导体光放大器
  · 光电二极管
  · · PIN 光电二极管
  · · 硅光电二极管
  · · 雪崩光电二极管
  · · · 单光子雪崩二极管
  · 光电晶体管
  · · 光电双基区晶体管

·· 异质结光电晶体管
· 光电耦合器
Z 光器件*

半导体光电探测器
semiconductor photodetector
TN36　TN215
　　S 光电探测器
　　　半导体光电器件**
　　　半导体探测器
　　· PIN 光电探测器
　　· 光磁电探测器件
　　· 光电二极管阵列探测器
　　· 硅光电探测器
　　· 纳米光电探测器
　　· 内调制光电探测器
　　· 谐振腔增强型光电探测器
　　· 雪崩光电探测器
　　C 半导体光电材料
　　L 光学探测器**
　　　半导体光电器件**

半导体光放大器
semiconductor optical amplifier
TN72　TN3
　　D 半导体光学放大器
　　　半导体激光放大器
　　S 光放大器**
　　　半导体光电器件**
　　· 垂直腔半导体光放大器
　　· 量子点半导体光放大器

半导体光刻
　　Y 光刻工艺

半导体光纤环形激光器
semiconductor fiber ring laser
TN248
　　S 光纤激光器**

半导体光学放大器
　　Y 半导体光放大器

半导体硅
　　Y 硅材料

半导体硅材料
　　Y 硅材料

半导体硅片
　　Y 硅片

半导体合金
　　Y 合金半导体

半导体化合物
　　Y 化合物半导体

半导体环形激光器
semiconductor ring laser
TN248
　　S 半导体激光器
　　L 固体激光器**

半导体基片
　　Y 半导体衬底

半导体激光
　　Y 半导体激光器

半导体激光电源
semiconductor laser power supply
TN86
　　S 激光电源
　　C 半导体激光器
　　Z 电源*

半导体激光二极管
　　Y 激光二极管

半导体激光放大器
　　Y 半导体光放大器

半导体激光雷达
semiconductor lidar
TN958
　　S 激光雷达
　　Z 雷达*

半导体激光器
semiconductor laser
TN248
　　D 半导体激光
　　　半导体激光器件
　　S 固体激光器**
　　· 半导体泵浦固体激光器
　　· 半导体环形激光器
　　· 半导体结激光器
　　· 单模半导体激光器
　　· 多段式半导体激光器
　　· 二极管激光器
　　· 法布里-珀罗激光器
　　· 分布反馈半导体激光器
　　· 高功率半导体激光器
　　· 高速半导体激光器
　　· 光雪崩激光器
　　· 可调谐半导体激光器
　　· 量子点激光器
　　· 量子阱激光器
　　· 脉冲半导体激光器
　　· 面发射激光器
　　· 砷化镓激光器
　　· 锁模半导体激光器
　　· 外腔半导体激光器
　　· 微腔半导体激光器
　　· 增益开关半导体激光器
　　· 注入式激光器
　　C 半导体激光电源
　　　激光划片
　　　激光医疗

半导体激光器件
　　Y 半导体激光器

半导体集成电路
semiconductor integrated circuit
TN43
　　D 半导体 IC
　　　半导体电路
　　　固体电路
　　　固态电路
　　　固态集成电路
　　S 集成电路*
　　· MOS 集成电路
　　· 单片集成电路
　　· 硅集成电路
　　· 绝缘体上硅电路
　　· 纳米集成电路

半导体集成光路
　　Y 光学集成电路

半导体技术
　　Y 半导体工艺

半导体加工
　　Y 半导体工艺

半导体加工工艺
　　Y 半导体工艺

半导体接收机
semiconductor receiver
TN85
　　S 接收设备*
　　C 半导体器件

半导体结*
semiconductor junction
TN303
　　· P-N 结
　　· 超浅结
　　· 超突变结
　　· 集电结
　　· 平面结
　　· 隧道结
　　·· 超导隧道结
　　·· 磁隧道结
　　· 同质结
　　· 肖特基结
　　· 异质结
　　· 单异质结
　　·· 双异质结
　　C 半导体结激光器
　　　结型探测器

半导体结激光器
semiconductor junction laser
TN248
　　D 半导体结型激光器
　　S 半导体激光器
　　· 同质结激光器
　　· 异质结激光器
　　C 半导体结
　　L 固体激光器**

半导体结型激光器
　　Y 半导体结激光器

半导体金刚石
　　Y 金刚石半导体

半导体晶片
semiconductor wafer
TN304
　　D 晶圆
　　　　晶圆片
　　　　晶片
　　　　晶片材料
　　S 半导体材料*
　　• 硅片
　　• 外延片

半导体晶体管
　　Y 晶体管

半导体聚合物
　　Y 聚合物半导体

半导体开关
semiconductor switches
TM56
　　S 半导体器件*
　　• MOS 开关
　　• 半导体断路开关
　　• 晶体管开关
　　• 射频 CMOS 开关

半导体开关二极管
　　Y 开关二极管

半导体扩散工艺
semiconductor diffusion process
TN305
　　D 扩散工艺
　　S 半导体工艺*
　　• 固态源扩散
　　• 硼扩散
　　• 砷间隙扩散
　　• 锌扩散
　　• 杂质扩散
　　C 扩散炉

半导体敏感材料
semiconductor sensitive material
TN304
　　S 半导体材料*
　　• 半导体气敏材料
　　• 光敏半导体材料
　　• 声敏半导体材料
　　• 湿敏半导体材料
　　C 半导体敏感器件

半导体敏感器件
semiconductor sensitive device
TN37
　　D 敏感器件

　　S 半导体器件*
　　• 磁敏器件
　　• 光敏器件
　　• • 光电二极管
　　• • PIN 光电二极管
　　• • • 硅光电二极管
　　• • • 雪崩光电二极管
　　• • • • 单光子雪崩二极管
　　• 光电晶体管
　　• • 光电双基区晶体管
　　• • 异质结光电晶体管
　　• 光控晶闸管
　　• 光敏电阻器
　　• • 红外光敏电阻器
　　• • 紫外光敏电阻器
　　• 注入光敏器件
　　• 力敏器件
　　• 扩散硅力敏器件
　　• 气敏器件
　　• 半导体气体传感器
　　• 热敏器件
　　• 半导体温度传感器
　　• • 热电阻传感器
　　• 温敏二极管
　　• 温敏晶闸管
　　• 色敏器件
　　• 湿敏器件
　　• 位置敏感探测器
　　• • 四象限探测器
　　C 半导体敏感材料

半导体模块
semiconductor module
TN303
　　S 电子模块*
　　• PWM 模块
　　• 功率模块
　　C 半导体材料
　　　　半导体测试

半导体膜
　　Y 半导体薄膜

半导体纳米材料
semiconductor nanomaterial
TN304
　　D 纳米半导体
　　　　纳米半导体材料
　　S 半导体材料*
　　• 半导体纳米微粒
　　• 半导体纳米线
　　C 纳米工艺

半导体纳米微粒
semiconductor nanoparticle
TN304
　　S 半导体纳米材料
　　Z 半导体材料*

半导体纳米线
semiconductor nanowire
TN304

　　D 纳米线
　　　　量子线
　　S 半导体纳米材料
　　• GaN 纳米线
　　• SiC 纳米线
　　• 硅纳米线
　　• 氧化锌纳米线
　　Z 半导体材料*

半导体气敏材料
semiconductor gas sensitive material
TN304
　　D 气敏半导体
　　S 半导体敏感材料
　　C 半导体气体传感器
　　Z 半导体材料*

半导体气敏传感器
　　Y 半导体气体传感器

半导体气敏元件
　　Y 气敏器件

半导体气体传感器
semiconductor gas sensor
TP212
　　D 半导体气敏传感器
　　S 半导体传感器
　　　　气体传感器
　　　　气敏器件
　　C 半导体气敏材料
　　L 半导体敏感器件**

半导体器件*
semiconductor device
TN3
　　D 半导体元件
　　　　半导体元器件
　　　　半导体电子器件
　　　　固体器件
　　　　固态器件
　　• MOS 器件**
　　• 半导体薄膜器件
　　• 半导体发光器件**
　　• 半导体放大器
　　• • CMOS 运算放大器
　　• • 晶体管放大器
　　• • • 晶体管功率放大器
　　• • • 微波晶体管放大器
　　• 半导体分立器件**
　　• 半导体光电器件**
　　• 半导体开关
　　• • MOS 开关
　　• • 半导体断路开关
　　• • 晶体管开关
　　• • 射频 CMOS 开关
　　• 半导体敏感器件**
　　• 半导体热电器件
　　• • 半导体温差发电器
　　• • 半导体制冷器
　　• 氮化镓器件

- · · 氮化镓高电子迁移率晶体管
- 电荷转移器件
- · 电荷注入器件
- · 电荷耦合器件
- · · CCD 图像传感器
- · · 电子倍增电荷耦合器件
- · · 红外电荷耦合器件
- · · 面阵电荷耦合器件
- · · 时间延时积分电荷耦合器件
- · · 线阵电荷耦合器件
- · · 增强电荷耦合器件
- 电力半导体器件**
- 固体微声器件**
- 硅器件
- · 硅二极管
- · · 硅光电二极管
- · · 硅雪崩二极管
- · · 硅整流二极管
- · 硅光电负阻器件
- · 硅晶体管
- · · 硅双极晶体管
- · 硅整流器
- · 绝缘衬底上硅器件
- · 扩散硅压力敏器件
- 霍尔器件
- · MOS 霍尔元件
- · 霍尔传感器
- · 霍尔发生器
- · 十字型霍尔元件
- 金属绝缘体半导体器件
- 砷化镓器件
- · 砷化镓场效应晶体管
- · 砷化镓微波单片集成电路
- · 砷化镓异质结双极晶体管
- 双极器件**
- 碳化硅器件
- 体效应器件
- · 单结晶体管
- · 耿氏器件
- · · 耿氏二极管
- · 体效应二极管
- · · 耿氏二极管
- 铁电器件
- · 集成铁电器件
- · 铁电场效应晶体管
- 微波半导体器件
- · 微波二极管
- · · 变容二极管
- · · 碰撞雪崩渡越时间二极管
- · · 体效应二极管
- · · · 耿氏二极管
- · 微波功率放大器
- · 微波晶体管
- · · 微波场效应晶体管
- · · 微波功率晶体管
- · 微波晶体管放大器
- 谐振隧穿器件
- · 谐振隧穿二极管
- · 谐振隧穿晶体管
- 亚微米器件
- · 深亚微米器件
- · · 深亚微米 PMOS 器件
- · · 深亚微米集成电路
- · 亚微米集成电路

- · · · 深亚微米集成电路
- C 半导体器件模拟
- 半导体器件测试仪
- 半导体工艺
- 半导体接收机
- 半导体材料
- 无触点继电器

半导体器件测试仪
semiconductor device tester
TN307
D 半导体管特性测试仪
S 半导体测试设备
· 晶体管测试仪
· 晶体管特性图示仪
C 半导体器件
半导体器件模拟
Z 电子测量仪器*

半导体器件模拟
semiconductor device simulation
TN3
S 硬件仿真
C 半导体器件
半导体器件测试仪
Z 仿真*

半导体热电材料
semiconductor thermoelectric material
TN304
D 半导体温差电材料
温差电材料
热电半导体材料
S 半导体材料*
热电材料
C 半导体热电器件
温差电组件
Z 电子材料*

半导体热电器件
semiconductor thermoelectric device
TN37
D 半导体温差电器件
温差电器件
热电元件
热电器件
S 半导体器件*
· 半导体温差发电器
· 半导体制冷器
C 半导体热电材料

半导体三极管
Y 晶体管

半导体设备
Y 半导体工艺设备

半导体生产
Y 半导体工艺

半导体生产工艺
Y 半导体工艺

半导体生产设备
Y 半导体工艺设备

半导体湿敏器件
Y 湿敏器件

半导体蚀刻
Y 蚀刻工艺

半导体收音机
semiconductor radio receiver
TN85
D 固体化收音机
晶体管收音机
S 收音机*
C 半导体材料

半导体探测器
semiconductor detector
TN953
S 探测器*
· MSM 光探测器
· 半导体光电探测器
· 结型探测器
C 半导体工艺设备
半导体材料
半导体测试

半导体陶瓷
semiconductive ceramics
TN304
D 半导瓷
陶瓷半导体
S 半导体材料*
电子陶瓷*
· 光敏陶瓷
· 气敏陶瓷
· 热敏陶瓷
· 湿敏陶瓷
· 压敏陶瓷
C 半导体陶瓷电容器

半导体陶瓷电容器
semiconductor ceramic capacitor
TM534
S 陶瓷电容器
C 半导体陶瓷
Z 电容器*

半导体提纯
Y 半导体提纯工艺

半导体提纯工艺
semiconductor purification
TN305
D 半导体提纯
S 半导体工艺*
· 化学提纯工艺

- 区域提纯工艺
- 物理提纯工艺

半导体微波器件
    Y 微波半导体器件

半导体微腔激光器
    Y 微腔半导体激光器

半导体微细加工
    Y 半导体工艺

半导体温差电材料
    Y 半导体热电材料

半导体温差电器件
    Y 半导体热电器件

半导体温差发电器
semiconductor thermoelectric generator
TN37
    S 半导体热电器件
    Z 半导体器件*

半导体温度传感器
semiconductor temperature sensor
TP212.11
    S 半导体传感器
      温度传感器
      热敏器件
- 热电阻传感器
    L 半导体敏感器件**
      物理传感器**

半导体吸杂工艺
semiconductor impurity absorption process
TN305
    D 吸杂
    S 半导体工艺*

半导体芯片
    Y 芯片

半导体雪崩光电二极管
    Y 雪崩光电二极管

半导体压力传感器
semiconductor pressure sensor
TP212
    S 半导体传感器
    Z 传感器*

半导体氧化工艺
semiconductor oxidation process
TN305
    D 氧化工艺
    S 半导体工艺*
- MOS工艺
- 等离子体氧化
- 高压氧化
- 热氧化工艺
- 湿法氧化

半导体元件
    Y 半导体器件

半导体元器件
    Y 半导体器件

半导体闸流管
    Y 晶闸管

半导体整流二极管
    Y 整流二极管

半导体整流器
semiconductor rectifier
TN35
    S 半导体分立器件**
- 二极管整流器
- 硅整流器
- 晶体管整流器

半导体制冷器
semiconductor thermoelectric cooler
TN37
    D 热电制冷器
    S 半导体热电器件
    Z 半导体器件*

半导体制造工艺
    Y 半导体工艺

半导体制造设备
    Y 半导体工艺设备

半加成法
semi-additive process
TN41
    S 加成法工艺
    Z 电子工艺*

半监督机器学习
    Y 半监督学习

半监督聚类
semi-supervised clustering
TP391.3
    S 聚类*
    C 半监督学习

半监督学习
semi-supervised learning
TP18
    D 半监督机器学习
    S 统计学习
    C 半监督学习算法
      半监督聚类
    Z 机器学习*

半监督学习算法
semi-supervised learning algorithm
TP181
    S 机器学习算法
- 标签传播算法
    C 半监督学习
    Z 算法*

半结构化数据
semi-structured data
TP391　TP31
    D 半结构数据
    S 数据*

半结构数据
    Y 半结构化数据

半绝缘材料
    Y 半导体材料

半绝缘多晶硅
semi-insulating polycrystalline silicon
TN304
    D 掺氧半绝缘多晶硅
    S 多晶硅
    L 元素半导体**

半绝缘砷化镓
    Y 砷化镓

半绝缘体衬底
    Y 半导体衬底

半实物仿真
hardware in the loop simulation
TP391.9
    D 半实物仿真技术
      半实物仿真系统
      半实物模拟
    S 仿真*

半实物仿真技术
    Y 半实物仿真

半实物仿真系统
    Y 半实物仿真

半实物模拟
    Y 半实物仿真

半双工
    Y 半双工通信

半双工传输
    Y 半双工通信

半双工对讲机
Half-duplex walkie-talkie

TN916
　　S 对讲机
　　C 半双工通信
　　Z 无线电台*

半双工通信
half-duplex communication
TN91
　　D 半双工
　　　半双工传输
　　　双向交替通信
　　S 双工通信
　　C 半双工对讲机
　　　单方通信
　　Z 通信*

半物理仿真
semi-physical simulation
TP15
　　S 物理仿真
　　Z 仿真*

半易碎水印
　　Y 半脆弱水印

半易损数字水印
　　Y 半脆弱水印

半易损水印
　　Y 半脆弱水印

半有源RFID标签
　　Y 半有源标签

半有源标签
semi-active label
TN99
　　D 半有源RFID标签
　　　半被动式标签
　　S 射频标签
　　Z 电子标签*

半锥形多模光纤
semi-conical multimode fiber
TN25
　　S 多模光纤
　　Z 光纤*

半自动跟踪
aided tracking
TN953
　　S 自动跟踪
　　Z 跟踪*

伴随干扰
　　Y 随行干扰

伴随网络
adjoint network
TN702
　　S 网络*

伴随运算放大器
adjoint operational amplifier
TN72
　　S 运算放大器
　　Z 放大器*

伴音处理电路
　　Y 伴音电路

伴音电路
audio circuit
TN710
　　D 伴音处理电路
　　S 音频电路
　　Z 电子电路*

包捕获
　　Y 数据包捕获

包层泵浦光纤激光器
cladding pumped fiber laser
TN248
　　S 光纤激光器**
　　C 包层光纤

包层光纤
cladding fiber
TN818
　　D 包层纤维
　　　包皮纤维
　　　套层纤维
　　S 光纤*
　　· 多包层光纤
　　· 双包层光纤
　　C 包层泵浦光纤激光器

包层纤维
　　Y 包层光纤

包丢失恢复
packet loss recovery
TN915
　　S 信息恢复
　　Z 信息处理*

包分类器
packet classifier
TP33
　　S 分类器*

包过滤
　　Y 数据包过滤

包过滤技术
　　Y 数据包过滤

包过滤路由器
packet filtering router
TN915
　　S 路由器
　　C 数据包过滤
　　L 网络互连设备**

包交换
　　Y 分组交换

包交换公用数据网
　　Y 分组交换网

包交换技术
　　Y 分组交换

包交换数据网
　　Y 分组交换网

包交换网
　　Y 分组交换网

包交换网络
　　Y 分组交换网

包络仿真
envelope simulation
TP391.9
　　S 仿真*

包络检波
　　Y 非相干解调

包络检波器
envelope detector
TN763
　　S 检波器*
　　C 非相干解调

包络滤波
envelope filtering
TN713
　　S 滤波*

包皮纤维
　　Y 包层光纤

薄膜IC
　　Y 薄膜集成电路

薄膜半导体
　　Y 半导体薄膜

薄膜场效应晶体管
thin film field effect transistor
TN386
　　S 场效应晶体管
　　L 半导体分立器件**

薄膜沉积技术
thin film deposition
TN305
　　S 半导体淀积工艺**

薄膜传感器
thin film sensor
TP212
　　S 传感器*
　　· 薄膜温度传感器
　　· 压电薄膜传感器

薄膜存储器
thin film memory
TP333
　　S 存储器*
　　C 磁膜存储器
　　　 铁电存储器

薄膜电感器
thin film inductor
TM55
　　S 电感器*
　　C 片式电感器

薄膜电路
thin film circuit
TN710
　　D 薄膜混合电路
　　S 混合电路
　　Z 电子电路*

薄膜电容器
　　Y 有机薄膜电容器

薄膜电致发光
thin film electroluminescence
TN27
　　D 电致发光薄膜
　　S 电致发光*
　　C 薄膜电致发光显示

薄膜电致发光显示
thin film electroluminescent display
TN27
　　S 电致发光显示
　　C 薄膜电致发光
　　Z 显示*

薄膜电子学
thin film electronics
TN01
　　S 电子学*

薄膜电阻
　　Y 薄膜电阻器

薄膜电阻器
thin film resistor
TM544
　　D 膜式电阻器
　　　 薄膜固定电阻器
　　　 薄膜电阻
　　S 非线绕电阻器
　　Z 电阻器*

薄膜二极管
thin film diode
TN31
　　S 半导体二极管
　　L 半导体分立器件**

薄膜工艺
　　Y 半导体薄膜工艺

薄膜固定电阻器
　　Y 薄膜电阻器

薄膜光电子学
thin film optoelectronics
TN25
　　S 光电子学
　　Z 电子学*

薄膜硅太阳能电池
　　Y 硅薄膜太阳能电池

薄膜环行器
thin film circulator
TN62
　　S 微波环行器
　　Z 微波元件*

薄膜混合电路
　　Y 薄膜电路

薄膜混合集成电路
　　Y 薄膜集成电路

薄膜基板
thin film substrate
TN40
　　S 电路基板*

薄膜激光器
　　Y 薄片激光器

薄膜集成电路
thin film integrated circuit
TN44
　　D 微膜集成电路
　　　 薄膜IC
　　　 薄膜混合集成电路
　　S 混合集成电路
　　Z 集成电路*

薄膜键盘
thin film keyboard
TP334.2
　　S 键盘
　　Z 外部设备*

薄膜晶体管
thin film transistor
TN32
　　D 薄膜三极管
　　　 S 晶体管
　　· 多晶硅薄膜晶体管
　　· 非晶硅薄膜晶体管
　　· 有机薄膜晶体管
　　L 半导体分立器件**

薄膜晶体管液晶显示
　　Y 薄膜晶体管液晶显示器

薄膜晶体管液晶显示器
thin film transistor liquid crystal display
TN27　TN87
　　D TFT LCD
　　　 TFT-LCD
　　　 TFT液晶显示器
　　　 薄膜晶体管液晶显示
　　S 液晶显示器
　　C 平板显示器
　　Z 显示设备*

薄膜绝缘体上硅
　　Y 绝缘体上硅

薄膜三极管
　　Y 薄膜晶体管

薄膜太阳能电池
thin film solar cell
TM914
　　S 太阳能电池
　　· 硅薄膜太阳能电池
　　· 有机薄膜太阳能电池
　　Z 电池*

薄膜微调电容器
thin film trimmer capacitor
TM531
　　S 微调电容器
　　Z 电容器*

薄膜温度传感器
thin film temperature sensor
TP212
　　S 温度传感器
　　　 薄膜传感器
　　L 物理传感器**

薄膜驻极体
thin film electret
TN6
　　S 驻极体
　　Z 电子材料*

薄片激光器
thin disc laser
TN248
　　D 薄膜激光器
　　S 激光器*

薄型小尺寸封装
thin small size package
TN05
　　D　TSOP
　　　　薄型小外形封装
　　S　小尺寸封装
　　L　半导体封装**

薄型小外形封装
　　Y　薄型小尺寸封装

饱和扼流圈
saturated choke
TM556
　　S　扼流圈
　　Z　电感器*

饱和逻辑电路
　　Y　饱和型逻辑电路

饱和失真
saturation distortion
TN911
　　S　非线性失真
　　C　放大器
　　　　晶体管
　　L　信号失真**

饱和型逻辑电路
saturated logic circuit
TN492
　　D　饱和型逻辑集成电路
　　　　饱和逻辑电路
　　S　逻辑集成电路**
　　·　TTL 电路
　　·　集成注入逻辑电路
　　·　阈值逻辑电路

饱和型逻辑集成电路
　　Y　饱和型逻辑电路

宝石激光器
gam laser
TN248
　　S　晶体激光器
　　·　红宝石激光器
　　·　绿宝石激光器
　　·　微宝石激光器
　　·　紫翠宝石激光器
　　·　钛宝石激光器
　　L　固体激光器**

保持继电器
latching relay
TM58
　　D　闭锁继电器
　　S　继电器*
　　·　磁保持继电器
　　·　自保持继电器

保持隐私
　　Y　隐私保护

保峰电路
keep peak circuit
TN710
　　D　峰值保持器
　　　　峰值保持电路
　　S　电子电路*

保护电路
protection circuit
TN710
　　S　电子电路*
　　·　ESD 保护电路
　　·　过流保护电路
　　·　过热保护电路
　　·　过压保护电路
　　·　过载保护电路

保护继电器
protection relay
TM58
　　S　继电器*
　　·　热过载继电器
　　·　数字式量度继电器

保密编码
security code
TN918
　　S　编码*
　　·　混沌编码
　　·　量子编码
　　·　水印编码

保密策略
　　Y　加密策略

保密传输
　　Y　隐秘传输

保密计算
privacy-preserving computation
TP309　TN918
　　S　计算*
　　·　安全多方计算
　　·　密码计算
　　C　涉密计算机

保密计算机
　　Y　涉密计算机

保密密钥
　　Y　密钥

保密数据传输
confidential data transportation
TN918
　　S　数据传输
　　C　保密通信
　　Z　信息传输*

保密通信
confidential communication
TN918
　　D　保密通讯
　　　　加密通信
　　　　安全通信
　　　　安全通讯
　　　　密码通信
　　　　密码通报
　　　　密语通信
　　　　机要通信
　　　　秘密通信
　　S　通信*
　　·　混沌通信
　　·　量子通信
　　·　匿名通信
　　·　数字保密通信
　　·　图像保密通信
　　·　隐蔽通信
　　·　语音保密通信
　　C　不经意传输协议
　　　　保密数据传输
　　　　信息安全传输
　　　　口令认证

保密通讯
　　Y　保密通信

保密终端
confidentiality terminal
TN918
　　S　终端设备*
　　C　涉密计算机

保偏光纤
polarization maintaining fiber
TN818
　　D　保偏光学纤维
　　　　偏振保持光纤
　　S　光纤*
　　·　掺铒保偏光纤
　　·　匹配型保偏光纤
　　C　保偏光纤耦合器

保偏光纤耦合器
polarization maintaining fiber coupler
TN25
　　S　光纤耦合器
　　C　保偏光纤
　　L　光无源器件**
　　　　光纤器件**

保偏光学纤维
　　Y　保偏光纤

保形天线
　　Y　共形天线

报表程序
　　Y　报表系统

电子信息技术叙词表

报表处理
    Y 表格处理

报表传输
report transmission
TP391
    S 信息传输*

报表打印程序
report printing program
TP318
    S 打印程序
    L 工具软件**

报表工具
    Y 报表系统

报表管理
report management
TP391
    S 信息内容管理
    Z 信息管理*

报表软件
    Y 报表系统

报表设计器
report designer
TP317
    S 设计器
    • 表单设计器
    • 数据报表设计器
    C 报表生成器
    L 工具软件**

报表生成器
report generator
TP311
    S 工具软件**
    C 报表设计器

报表系统
report system
TP317   TP318
    D 报表工具
       报表程序
       报表软件
    S 电子表格软件
    L 办公软件**

报警信息融合
alert fusion
TP391   TP393.08
    S 信息融合
    Z 信息处理*

报头压缩
header compression
TP391
    S 信息压缩**

报文捕获
packet capturing
TP393.08
    S 网络捕获
    C 报文抽样
    Z 网络技术*

报文抽样
packet sampling
TP393.07
    S 报文处理
    C 报文捕获
    Z 信息处理*

报文处理
message processing
TN917
    S 信息处理*
    • 报文抽样
    • 报文分类
    • 报文还原
    • 报文转发
    C 报文鉴别

报文传输
message transmission
TN917
    S 信息传输*
    C 报文丢失
       报文转发

报文丢失
message loss
TN918
    S 信息丢失
    C 报文传输
    Z 信息安全风险*

报文分类
packet classification
TN917
    S 报文处理
    Z 信息处理*

报文分组交换网络
    Y 报文交换网络

报文还原
message reverting
TN917
    S 报文处理
    Z 信息处理*

报文加密
    Y 消息加密

报文鉴别
authentication of message
TN918
    S 安全鉴别
    C 报文处理

    Z 信息安全技术*

报文交换网络
message switching network
TN915
    D 报文分组交换网络
    S 分组交换网
    Z 通信网络*

报文密钥
    Y 会话密钥

报文摘要
    Y 数字摘要

报文转发
message forwarding
TN91   TP393
    S 报文处理
    C 报文传输
    Z 信息处理*

爆裂噪声
burst noise
TN911
    D 玉米花噪声
    S 随机噪声
    Z 信号噪声*

北斗导航
    Y 北斗卫星导航

北斗导航接收机
Beidou navigation receiver
TN965   TN85
    D 北斗接收机
    S 卫星导航接收机
    C 北斗卫星导航
       北斗卫星导航系统
       北斗终端
    Z 接收设备*

北斗导航天线
    Y 北斗天线

北斗导航卫星系统
    Y 北斗卫星导航系统

北斗导航系统
    Y 北斗卫星导航系统

北斗接收机
    Y 北斗导航接收机

北斗天线
Beidou antenna
TN82
    D 北斗导航天线
    S 导航天线
    C 北斗终端
    Z 天线*

北斗卫星导航
Beidou satellite navigation
TN966
 D 北斗导航
 S 卫星定位导航
 C 北斗卫星导航系统
  北斗导航接收机
  北斗终端
 Z 导航*

北斗卫星导航定位系统
 Y 北斗卫星导航系统

北斗卫星导航系统
Beidou satellite navigation system
TN966
 D 北斗卫星定位系统
  北斗卫星导航定位系统
  北斗导航卫星系统
  北斗导航系统
 S 全球卫星导航系统
 C 北斗卫星导航
  北斗导航接收机
 Z 导航系统*

北斗卫星定位系统
 Y 北斗卫星导航系统

北斗终端
Beidou terminal
TN965
 S 卫星终端
  导航终端
 C 北斗卫星导航
  北斗天线
  北斗导航接收机
 Z 终端设备*

北桥芯片
north bridge
TN492
 S 芯片组
  计算机芯片
 Z 芯片*

贝叶斯分类方法
 Y 贝叶斯分类算法

贝叶斯分类模型
 Y 贝叶斯分类算法

贝叶斯分类器
Bayesian classifier
TP391
 D Bayes 分类器
 S 分类器*
 • 贝叶斯网络分类器
 • 简单贝叶斯分类器
 • 朴素贝叶斯分类器

贝叶斯分类算法
Bayesian classification algorithm
TP301.6
 D 贝叶斯分类方法
  贝叶斯分类模型
 S 分类算法
  贝叶斯算法
 • 朴素贝叶斯分类算法
 Z 算法*

贝叶斯滤波
Bayesian filtering
TN713
 S 滤波*

贝叶斯算法
Bayesian algorithm
TP301.6
 S 统计算法
 • 贝叶斯分类算法
 • 贝叶斯网络推理算法
 • 贝叶斯优化算法
 C 数据挖掘
 Z 算法*

贝叶斯推理
Bayesian inference
TP18
 S 推理*

贝叶斯网络
Bayesian network
TP301
 D Bayesian 网络
  Bayes 网
 S 概率网络
 • 动态贝叶斯网络
 • 模糊贝叶斯网络
 • 朴素贝叶斯网络
 C 信息融合
  数据挖掘
  网络故障诊断
  贝叶斯网络分类器
  贝叶斯网络结构学习
 Z 网络*

贝叶斯网络分类器
Bayesian network classifier
TP301
 S 贝叶斯分类器
 C 贝叶斯网络
 Z 分类器*

贝叶斯网络结构学习
Bayesian network structure learning
TP181 TP391
 D 贝叶斯网络结构学习算法
 S 贝叶斯学习
 C 贝叶斯网络
 Z 机器学习*

贝叶斯网络结构学习算法
 Y 贝叶斯网络结构学习

贝叶斯网络推理算法
Bayesian network reasoning algorithm
TP301.6
 S 贝叶斯算法
 Z 算法*

贝叶斯学习
Bayesian learning
TP181
 D Bayesian 学习
 S 机器学习*
 • 贝叶斯网络结构学习
 • 稀疏贝叶斯学习

贝叶斯优化算法
Bayesian optimization algorithm
TN911 TP301
 D Bayesian 优化算法
 S 优化算法
  贝叶斯算法
 Z 算法*

备份*
backup
TP309
 D 备份技术
  备份方案
  备份系统
 • 本地备份
 • 镜像备份
 • 冷备份
 • 逻辑备份
 • 热备份
 • • 双机热备份
 • 容灾备份
 • 冗余备份
 • 软件备份
 • 实时备份
 • 双机备份
 • • 双机热备份
 • 同步备份
 • 网络备份
 • 温备份
 • 物理备份
 • 系统备份
 • • Ghost 备份
 • • 分区备份
 • 信息备份
 • • 数据备份
 • • 文件备份
 • 应急备份
 • 灾难备份
 • 在线备份
 • 增量备份
 • 自动备份
 C 备份管理
  容错

备份程序
　　Y 备份软件

备份电源
　　Y 备用电源

备份方案
　　Y 备份

备份工具
　　Y 备份软件

备份工具软件
　　Y 备份软件

备份管理
backup management
TP315
　　S 计算机安全管理
　　C 备份
　　Z 信息安全管理*

备份恢复
backup recovery
TP391
　　S 灾难恢复
　　Z 信息安全技术*

备份技术
　　Y 备份

备份路由
backup routing
TP393.2　TN915
　　D 备用路由
　　　 备选路由
　　S 路由*
　　C 动态源路由
　　　 备份路由器

备份路由器
standby router
TP33
　　S 路由器
　　C 备份路由
　　L 网络互连设备**

备份软件
backup software
TP318
　　D 备份工具
　　　 备份工具软件
　　　 备份程序
　　S 工具软件**

备份数据库
backup database
TP392
　　D 备用数据库
　　S 数据库*

备份系统
　　Y 备份

备选路由
　　Y 备份路由

备用电源
stand-by power supply
TN86
　　D 代用电源
　　　 备份电源
　　S 电源*
　　· 后备式不间断电源
　　· 应急电源
　　· 自备电源

备用服务器
alternative server
TP368
　　S 服务器*
　　C 主服务器

备用路由
　　Y 备份路由

备用数据库
　　Y 备份数据库

背包公钥密码
knapsack public-key cryptosystem
TP309　TN918
　　S 公钥密码
　　Z 密码*

背包算法
knapsack algorithm
TP301
　　S 优化算法
　　Z 算法*

背负式电台
　　Y 便携式电台

背光键盘
backlit keyboard
TP334.2
　　S 键盘
　　Z 外部设备*

背景抽取
　　Y 背景提取

背景恢复
background recovery
TP391
　　S 信息恢复
　　Z 信息处理*

背景建模
background modeling
TP391.9　TN27
　　S 模型构建*

背景匹配
　　Y 景象匹配

背景提取
background extraction
TP391
　　D 背景抽取
　　S 图像提取
　　L 信息抽取**

背景杂波抑制
background clutter suppression
TN911
　　S 杂波抑制
　　Z 干扰抑制*

背景噪声
background noise
TN911
　　D 地震本底噪声
　　　 本底噪声
　　S 信号噪声*

背腔天线
cavity backed antenna
TN82
　　S 天线*

背散射
　　Y 后向散射

背投彩电
　　Y 背投影电视

背投电视
　　Y 背投影电视

背投影电视
back projection television
TN949
　　D 背投彩电
　　　 背投电视
　　S 投影电视
　　Z 电视设备*

背向散射
　　Y 后向散射

倍频材料
frequency doubling material
TM2
　　S 电子材料*

倍频电路
　　Y 倍频器

倍频放大电路
　　Y 倍频放大器

倍频放大器
multiplier amplifier
TN72
　　D 倍频放大电路
　　S 放大器*

倍频激光器
frequency-doubled laser
TN248
　　D 腔内倍频激光器
　　S 激光器*

倍频器*
frequency multiplier
TN771
　　D 倍频器电路
　　　 倍频电路
　　• 变容二极管倍频器
　　• 参量倍频器
　　• 电子管倍频器
　　• 阶跃二极管倍频器
　　• 晶体管倍频器
　　• 锁相倍频器
　　• 铁氧体倍频器
　　• 微波倍频器

倍频器电路
　　Y 倍频器

倍压电路
voltage multiplier
TN710
　　S 电子电路*

倍增管
　　Y 电子倍增器

倍增噪声
multiplicative noise
TN15
　　D 乘性噪声
　　S 信号噪声*

被乘数寄存器
multiplicand register
TP33
　　S 计算寄存器
　　Z 寄存器*

被动防护
　　Y 被动防御

被动防御
passive defense
TN973　TP393.08
　　D 被动防护
　　S 网络防御**

被动干扰
　　Y 无源干扰

被动跟踪
passive tracking
TN953　TN972
　　D 无源跟踪
　　　 被动目标跟踪
　　S 跟踪*
　　C 无源雷达

被动攻击
passive attack
TP393.08
　　S 网络攻击**
　　C 网络嗅探

被动雷达
　　Y 无源雷达

被动目标跟踪
　　Y 被动跟踪

被动认证
passive authentication
TP39
　　S 信息安全认证*

被动声呐目标识别
　　Y 声目标识别

被动式标签
　　Y 无源标签

被动锁模
passive mode locking
TN241
　　S 锁模*
　　C 被动锁模激光器

被动锁模光纤激光器
passive mode-locked fiber laser
TN248
　　S 被动锁模激光器
　　　 锁模光纤激光器
　　L 光纤激光器**

被动锁模激光器
passive mode-locked laser
TN248
　　S 锁模激光器
　　• 被动锁模光纤激光器
　　C 被动锁模
　　Z 激光器*

本底噪声
　　Y 背景噪声

本地备份
local backup
TN911
　　S 备份*

本地传输网
local transmission network
TN915
　　S 传输网
　　　 电信本地网
　　Z 通信网络*

本地磁盘
local disk
TP333
　　S 磁盘存储器
　　• 本地硬盘
　　L 外存储器**
　　　 磁存储器**

本地电话
　　Y 市内电话

本地电话网
local telephone network
TN915
　　D 市内电话网
　　　 市内电话通信网
　　　 市话网
　　　 市话通信网
　　S 电信本地网
　　　 电话网
　　C 市内电话
　　　 市内通信电缆
　　Z 通信网络*

本地服务器
local server
TP368
　　S 服务器*
　　• 本地文件服务器

本地交换机
local switch
TP393　TN915
　　S 交换设备**
　　C V5接口
　　　 接入网
　　　 综合业务数字网

本地接口
native interface
TP312
　　D Java本地接口
　　S 软件接口
　　L 计算机接口**

本地数据库
local database
TP392
　　S 数据库*

本地网
　　Y 本地网络

本地网络
local network
TN915　TP393.1
　　D 本地网
　　S 计算机网络*

本地文件服务器
local file server
TP368
　　S 文件服务器
　　　本地服务器
　　Z 服务器*

本地硬盘
local hard disk
TP333
　　S 本地磁盘
　　　硬盘
　　L 外存储器**
　　　磁存储器**

本地总线
　　Y 局部总线

本机振荡管
local oscillator tube
TN12
　　D 本振管
　　S 微波电子管
　　C 本机振荡器
　　L 微波管**

本机振荡器
local oscillator
TN752
　　D 本振
　　S 振荡器*
　　C 本振混频组件
　　　本机振荡管

本体表示
　　Y 本体工程

本体表示语言
　　Y 本体描述语言

本体抽取
　　Y 本体工程

本体存储
　　Y 本体工程

本体分类
　　Y 本体工程

本体服务器
ontology server
TP368
　　S 服务器*
　　C Web 本体语言

本体工程
ontology engineering
TP391
　　D 本体分类
　　　本体匹配
　　　本体存储
　　　本体抽取
　　　本体推理
　　　本体描述
　　　本体构建
　　　本体构造
　　　本体表示
　　　本体集成
　　S 计算机辅助工程
　　Z 计算机辅助技术*

本体构建
　　Y 本体工程

本体构造
　　Y 本体工程

本体集成
　　Y 本体工程

本体描述
　　Y 本体工程

本体描述语言
ontology description language
TP312
　　D 本体表示语言
　　S 描述语言
　　Z 计算机语言*

本体匹配
　　Y 本体工程

本体推理
　　Y 本体工程

本振
　　Y 本机振荡器

本振管
　　Y 本机振荡管

本振混频组件
local oscillator mixing assembly
TN77
　　S 电子组件*
　　C 本机振荡器

本征半导体
intrinsic semiconductor
TN304
　　D I 型半导体
　　S 半导体材料*
　　C 本征探测器

本征电致发光
intrinsic electroluminescence
TN20
　　S 电致发光*

本征探测器
intrinsic detector
TN953　TN215
　　D 非本征探测器
　　S 探测器*
　　C 本征半导体

崩越二极管
　　Y 碰撞雪崩渡越时间二极管

崩越晶体管
CATT triode
TN32
　　D CATT 三极管
　　　控制雪崩渡越时间三极管
　　S 晶体管
　　C 碰撞雪崩渡越时间二极管
　　L 半导体分立器件**

泵浦激光器
pumped laser
TN248
　　S 激光器*
　·　侧面泵浦激光器
　·　灯泵激光器
　·　端面泵浦激光器
　·　二极管泵浦固体激光器
　·　光泵亚毫米波激光
　·　核泵浦激光器
　·　太阳能泵浦激光器

逼近算法
approximation algorithm
TP301.6
　　S 算法*

比幅比相测向
amplitude-phase direction finding
TN971
　　D 瓦特森瓦特测向
　　S 无线电测向
　　Z 测向*

比较电路
　　Y 比较器

比较器
comparator circuit
TN710
　　D 比较器电路
　　　比较电路
　　S 电子电路*
　·　迟滞比较器
　·　窗口比较器
　·　电流比较器
　·　电压比较器
　·　动态比较器

- 高速比较器
- 关联比较器
- 模拟比较器
- 数字比较器
- 锁存比较器
- 相位比较器

比较器电路
Y 比较器

比例放大器
proportional amplifier
TN72
S 放大器*

比例公平算法
proportional fair algorithm
TP301.6
S 公平算法
Z 算法*

比例积分微分控制器
PID controller
TP272　TP273
D PID 控制器
S 控制器*
- 多变量 PID 控制器
- 神经网络 PID 控制器

比例鉴频器
ratio discriminator
TN763.2
S 鉴频器
Z 检波器*

比特流协议
bitstream protocol
TN915　TP393.0
D BitTorrent
　BitTorrent 协议
S 文件传输协议
C 内容分发
L 网络协议**

比相单脉冲雷达
phase comparison monopulse radar
TN958
D 干涉仪雷达
S 单脉冲雷达
Z 雷达*

笔记本电脑
Y 笔记本计算机

笔记本计算机
notebook computer
TP368
D 笔记本式电脑
　笔记本电脑
S 个人计算机
　便携式计算机

- 商用笔记本计算机
C PCMCIA 接口
　笔记本键盘
　笔记本鼠标
L 电子数字计算机**

笔记本键盘
notebook keyboard
TP334.2
S 键盘
C 笔记本计算机
Z 外部设备*

笔记本式电脑
Y 笔记本计算机

笔记本鼠标
notebook computer mouse
TP334.2
S 鼠标
C 笔记本计算机
Z 外部设备*

笔记本硬盘
notebook hard drive
TP333
S 硬盘
L 外存储器**
　磁存储器**

闭环传输
closed loop transmission
TN911
S 信息传输*

闭环跟踪
closed loop track
TN953
S 跟踪*
C 仿真

闭路电视
closed circuit television
TN948
D CCTV
S 电视*
C 闭路电视网络

闭路电视网络
closed circuit television network
TN94
S 电视网络
C 闭路电视
Z 广播电视网络*

闭锁继电器
Y 保持继电器

铋基掺铒光纤
bismuth-based erbium-doped fiber
TN25

S 掺铒光纤
Z 光纤*

壁面爬行机器人
Y 爬壁机器人

壁面移动机器人
Y 爬壁机器人

避碰雷达
Y 防撞雷达

避碰声呐
anticollision sonar
TN92　U666
D 避碰声纳
S 声呐*
C 防撞雷达

避碰声纳
Y 避碰声呐

边带噪声
sideband noise
TN911
S 无线电噪声
Z 信号噪声*

边发射激光器
edge emitting laser
TN248
S 激光器*

边际网
marginal net
TN92
D 边界网
S 网络*

边际站
marginal station
TN927
S 基站*

边界防护
border protection
TP393.08
S 网络防御**
C 边界跟踪

边界跟踪
edge tracking
TP391.4　TP2
D 边缘跟踪
S 跟踪*
C 特征提取
　边界防护
　边缘检测

边界链码
Y 链编码

边界路由
border routing
TN915　TP393.2
　　D　BGP 路由
　　S　路由*
　　C　星间链路
　　　　边界网关协议
　　　　边界路由器

边界路由器
border router
TN915
　　D　区域边界路由器
　　S　路由器
　　C　IPv6 协议
　　　　开放最短路径优先协议
　　　　边界路由
　　L　网络互连设备**

边界路由协议
　　Y　边界网关协议

边界扫描寄存器
boundary scan register
TP333
　　S　寄存器*

边界失真
boundary distortion
TN911
　　S　图像失真
　　Z　失真*

边界提取
　　Y　边缘提取

边界网
　　Y　边际网

边界网关协议
border gateway protocol
TN915.04
　　D　BGP
　　　　BGP 协议
　　　　边界路由协议
　　S　路由协议
　　C　多协议标签交换
　　　　策略冲突检测
　　　　虚拟专用网络
　　　　边界路由
　　L　网络协议**

边孔光纤
side hole fiber
TN25
　　S　光纤*

边射天线
　　Y　鱼骨形天线

边信道攻击
　　Y　侧信道攻击

边沿触发器
edge trigger
TN79　TP331
　　S　触发器
　　L　数字电路**

边沿滤波
edge filtering
TN713
　　S　滤波*

边缘分割
edge segmentation
TP391
　　S　图像分割
　　L　图像处理**

边缘服务器
edge server
TP368
　　S　服务器*
　　C　边缘计算

边缘跟踪
　　Y　边界跟踪

边缘计算
edge computing
TP301　TP2
　　S　网络计算
　　C　云计算
　　　　工业自动化
　　　　边缘服务器
　　　　雾计算
　　Z　计算*

边缘检测
boundary detection
TP391
　　D　图像边缘检测
　　S　图像检测
　　·　Canny 边缘检测
　　·　多尺度边缘检测
　　·　镜头边界检测
　　·　模糊边缘检测
　　C　轮廓跟踪
　　　　边界跟踪
　　　　边缘检测算法
　　　　链码跟踪
　　L　图像处理**

边缘检测算法
edge detection algorithm
TN911　TP301
　　S　图像算法
　　　　检测算法
　　C　边缘提取
　　　　边缘检测
　　Z　算法*

边缘路由器
edge router
TN915　TP393.4
　　D　标签边缘路由器
　　　　标记边缘路由器
　　S　路由器
　　C　多协议标签交换
　　　　核心路由器
　　L　网络互连设备**

边缘匹配
edge matching
TP391
　　S　图像匹配
　　L　图像处理**

边缘识别
edge recognition
TP391.4
　　S　图像识别
　　C　边缘提取
　　Z　信息识别*

边缘特征提取
　　Y　边缘提取

边缘提取
edge extraction
TP391
　　D　图像边缘提取
　　　　边界提取
　　　　边缘特征提取
　　S　图像提取
　　C　边缘检测算法
　　　　边缘识别
　　L　信息抽取**

边缘调制器
internet protocol quadrature amplitude modulation
TN76
　　D　IPQAM
　　　　IPQAM 技术
　　S　网络设备*
　　　　调制器*
　　C　光纤同轴电缆混合网
　　　　视频点播服务

边缘网络
edge network
TN915　TN92　TP393
　　S　网络*

边缘增强
edge enhancement
TN911
　　S　图像增强
　　L　图像处理**

编播网络
　　Y　制播网络

编程
　　Y 软件编程

编程规范
　　Y 软件标准

编程接口
program interface
TP311
　　S 软件接口
　　• 几何编程接口
　　• 通用可编程接口
　　• 外部编程接口
　　• 网络编程接口
　　C 编程口通信
　　L 计算机接口**

编程口通信
programming port communication
TP311
　　S 计算机通信
　　C 可编程网络
　　　 编程接口
　　Z 通信*

编程软件
programming software
TP317　TP311
　　D 程序开发软件
　　　 程序设计软件
　　S 软件*
　　• 编译器
　　• 菜单生成器
　　• 调试器
　　• 封装器
　　• 解释器
　　• 解析器
　　• 软件开发包

编程算法
　　Y 软件算法

编程调试器
　　Y 调试器

编程语言
　　Y 计算机语言

编队内支援干扰
　　Y 随行干扰

编队作战指挥系统
fleet battle commanding system
TN91　TP39
　　S 指挥信息系统
　　Z 信息系统*

编辑程序
　　Y 编辑软件

编辑工具
　　Y 编辑器

编辑机
video editing equipment
TN948
　　S 电视台设备
　　• 编辑控制器
　　• 非线性编辑设备
　　Z 电视设备*

编辑控制器
video editing controller
TN948
　　S 编辑机
　　Z 电视设备*

编辑器
editor
TP391　TP314　TP311
　　D 编辑工具
　　S 工具软件**
　　• 策略编辑器
　　• 地图编辑器
　　• 公式编辑器
　　• 可视化编辑器
　　• 网页编辑器
　　• 文本编辑器
　　• 元数据编辑器
　　• 在线编辑器
　　• 智能编辑器
　　• 注册表编辑器

编辑软件
editing software
TP317
　　D 编辑程序
　　S 应用软件**
　　• 视频编辑软件
　　• 文本编辑器
　　• 文字编辑软件
　　• 音频编辑软件
　　C 协同编辑

编解码 IC
　　Y 编解码集成电路

编解码标准
codec standard
TN91
　　S 信息标准
　　• 编码标准
　　C 编解码算法
　　　 编解码集成电路
　　Z 信息产业标准*

编解码集成电路
codec integrated circuit
TN492
　　D codec 芯片
　　　 编解码 IC
　　　 编解码芯片
　　S 专用集成电路
　　• 编码集成电路
　　• 解码集成电路
　　C 编解码标准
　　Z 集成电路*

编解码算法
codec algorithm
TN911
　　S 算法*
　　• 编码算法
　　• 解码算法
　　C 编解码标准

编解码芯片
　　Y 编解码集成电路

编码*
coding
TN911　TN918.3
　　D 编码技术
　　• Dewey 编码
　　• 安全编码
　　• 保密编码
　　• • 混沌编码
　　• 量子编码
　　• • 量子密集编码
　　• • 水印编码
　　• 变长编码
　　• • 可逆变长编码
　　• • 上下文自适应变长编码
　　• 变换编码
　　• • 离散余弦变换编码
　　• • 小波变换编码
　　• 变速编码
　　• 标准编码
　　• 并行编码
　　• 波长编码
　　• 参数编码
　　• 层次编码
　　• 差分编码
　　• • 差分空时编码
　　• • • 差分空时分组编码
　　• • 差分相位编码
　　• 常量编码
　　• 等长编码
　　• 电子编码
　　• 调制编码
　　• • PCM 编码
　　• • 自适应调制编码
　　• 动态编码
　　• 多级编码
　　• 二重结构编码
　　• 方向编码
　　• 防伪编码
　　• 非线性编码
　　• 分布式编码
　　• • 分布式空时编码
　　• • • 分布式空时分组码
　　• • 分布式视频编码
　　• • 分布式信源编码
　　• 分层编码
　　• • 分层空时编码

- 分段编码
- 分类编码
- 复合编码
- 感知编码
  - 感知音频编码
- 红外编码
- 混合编码
- 激光编码
  - 激光脉冲编码
- 级联编码
- 计算机编码
  - 二进制编码
    - BCD 码
    - Booth 编码
    - 浮点数编码
    - 格雷编码
    - 哈夫曼编码
  - 指令编码
- 交织编码
- 角度编码
- 节点编码
- 精细可扩展编码
- 纠错编码
  - BCH 编码
    - RS 编码
    - 汉明编码
  - Turbo 编码
  - 差错控制编码
  - 低密度奇偶校验码
  - 前向纠错编码
  - 实时纠错编码
- 纠删编码
- 局部编码
- 矩阵编码
- 均匀编码
- 可分级编码
  - 可分级视频编码
  - 质量可分级编码
- 空间编码
- 联合编码
  - 联合信源信道编码
- 链编码
- 量化编码
  - 矢量量化编码
- 零树编码
  - 对块零树编码
  - 零树小波编码
    - 嵌入式零树小波编码
  - 嵌入式零树编码
    - 嵌入式零树小波编码
- 轮廓编码
- 逻辑编码
- 脉冲编码
  - 激光脉冲编码
  - 自适应差分脉冲编码
- 曼彻斯特编码
- 密集编码
  - 量子密集编码
- 内插编码
- 内嵌编码
- 频率编码
- 频谱编码
- 频域编码
- 前缀编码

- 嵌入式编码
  - 嵌入式零树编码
    - 嵌入式零树小波编码
  - 嵌入式图像编码
- 容错编码
- 冗余编码
- 柔性编码
- 散列编码
- 时延编码
- 实时编码
  - 实时纠错编码
- 矢量编码
  - 矢量量化编码
- 树型编码
- 四叉树编码
- 数字编码
  - 数字视频编码
  - 数字图像编码
  - 数字信号编码
  - 数字压缩编码
- 随机编码
  - 随机网络编码
  - 随机相位编码
- 伪随机编码
- 特征编码
- 条形码
  - 二维码
    - PDF417 条码
    - Vericode 条码
    - 汉信码
    - 快速反应码
    - 手机二维码
    - Ultracode 条码
  - 防伪条码
  - 三维码
  - 商品条形码
  - 通用产品代码
  - 一维码
- 通信编码**
- 图像编码
  - JPEG 编码
  - 彩色图像编码
  - 顶点链编码
  - 多级树集合分裂编码
  - 分形编码
  - 感兴趣区域编码
  - 静止图像编码
  - 方块编码
  - 立体图像编码
  - 模型基编码
  - 嵌入式图像编码
  - 数字图像编码
  - 伪彩色编码
  - 纹理编码
  - 小波图像编码
  - 遥感图像编码
- 语义基编码
- 网格编码
  - 空时网格编码
- 网络编码
  - 分块编码
  - 随机网络编码
  - 线性网络编码
- 位平面编码

- 位置编码
- 无损编码
  - 哈夫曼编码
  - 行程编码
- 系统编码
- 线段编码
- 线路编码
- 线性编码
  - 线性网络编码
  - 线性预测编码
- 相位编码
  - 多相编码
  - 二相编码
  - 四相编码
  - 随机相位编码
  - 迂回相位编码
- 小波编码
  - 零树小波编码
    - 嵌入式零树小波编码
  - 小波变换编码
  - 小波视频编码
  - 小波图像编码
- 信号编码
  - Costas 编码
  - PCM 编码
  - 波形编码
  - 全电视信号编码
  - 三阶高密度双极性码
  - 数字信号编码
  - 正则有符号数编码
- 信息编码**
- 压缩编码
  - 格伦布编码
  - 数字压缩编码
  - 信源压缩编码
- 遥测编码
- 遥控编码
- 音视频编码**
- 预测编码
  - 线性预测编码
  - 帧间预测编码
  - 帧内预测编码
- 源编码
- 脏纸编码
- 正交编码
  - 正交空时分组编码
- 直接编码
- 直线编码
- 智能编码
  - 稀疏编码
  - 遗传编码
- 状态编码
- 自动编码
- 自适应编码
  - 上下文自适应变长编码
  - 自适应差分脉冲编码
  - 自适应调制编码
  - 自适应算术编码
    - 基于上下文的自适应二进制算术编码
- 总线编码
- 组合编码
- 最优编码

C 编码传输

编码器
　　编码标准
　　编码管
　　解码

编码 IC
　　Y 编码集成电路

编码标准
code standard
TN911
　　S 编解码标准
　　• 信源编码标准
　　• 压缩编码标准
　　• 音视频编码标准
　　• 语音编码标准
　　C 编码
　　　　编码传输
　　　　编码集成电路
　　Z 信息产业标准*

编码传输
code transmission
TN919
　　S 信息传输*
　　C 编码
　　　　编码器
　　　　编码标准

编码电路
　　Y 编码器

编码复用
code reuse
TN91
　　C 信道编码
　　　　广播电视网络

编码管
coding tube
TN14
　　S 电子束管**
　　C 编码
　　　　编码器

编码集成电路
coding IC
TN492
　　D 编码 IC
　　　　编码芯片
　　S 编解码集成电路
　　C 编码器
　　　　编码标准
　　Z 集成电路*

编码技术
　　Y 编码

编码器*
encoder
TN911　TN76
　　D 编码电路
　　　　编码设备
　　• MQ 编码器
　　• RS 编码器
　　• 差分预编码器
　　• 磁编码器
　　•　• 磁旋转编码器
　　• 单圈绝对式编码器
　　• 地址编码器
　　• 电视信号编码器
　　• 多圈编码器
　　• 方位编码器
　　• 光电编码器
　　•　• 复合式光电编码器
　　• 激光编码器
　　• 红外编码器
　　• 交织编码器
　　• 角度编码器
　　• 卷积码编码器
　　• 绝对式编码器
　　• 脉码调制编码器
　　• 平面编码器
　　• 扰码器
　　• 软件编码器
　　• 实时编码器
　　• 视频编码器
　　• 数字编码器
　　• 算术编码器
　　• 图像编码器
　　• 形状编码器
　　• 虚拟编码器
　　• 音频编码器
　　•　• 立体声编码器
　　•　• 语音编码器
　　• 优先编码器
　　• 增量式编码器
　　• 轴角编码器
　　• 转码器
　　• 子带编码器
　　• 自动编码器
　　• 字符编码器
　　• 阈值编码器
　　C 编码
　　　　编码传输
　　　　编码管
　　　　编码集成电路
　　　　译码电路

编码设备
　　Y 编码器

编码识别
coding identification
TP391.4
　　S 信息识别*

编码算法
coding algorithm
TN911
　　S 编解码算法
　　• 语音编码算法
　　• 预编码算法
　　Z 算法*

编码芯片
　　Y 编码集成电路

编码信号
coding signal
TN911
　　S 信号*
　　• 频率编码信号
　　• 相位编码信号
　　C 信号编码

编码压缩
coding compression
TN911
　　D 代码压缩
　　S 信息压缩**
　　C 压缩软件

编码优化
　　Y 代码优化

编码正交频分多路复用
　　Y 编码正交频分复用

编码正交频分复接
　　Y 编码正交频分复用

编码正交频分复用
coded orthogonal frequency division multiplexing
TN94　TN91
　　D COFDM
　　　　编码正交频分复接
　　　　编码正交频分多路复用
　　S 正交频分复用
　　Z 多路复用*

编译程序
　　Y 编译器

编译器
complier
TP314
　　D 编译程序
　　　　编译系统
　　　　编译软件
　　S 编程软件
　　• C 编译器
　　• 并行编译器
　　• 即时编译器
　　• 预编译器
　　Z 软件*

编译软件
　　Y 编译器

编译系统
　　Y 编译器

蝙蝠翼天线
　　Y 蝙蝠翼形天线

蝙蝠翼形天线
batwing antenna
TN82
　　D 蝙蝠翼天线
　　S 水平极化天线
　　　电视发射天线
　　Z 天线*

鞭天线
　　Y 鞭状天线

鞭形天线
　　Y 鞭状天线

鞭状天线
whip antenna
TN82
　　D 鞭天线
　　　鞭形天线
　　S 全向天线
　　Z 天线*

扁电缆
　　Y 扁平电缆

扁平电缆
flat cable
TM246
　　D 扁电缆
　　S 电气装备用电线电缆
　　Z 电线电缆*

扁平电视机
　　Y 平板电视机

扁平封装
flat package
TN305
　　S 半导体封装**
　　· 四方扁平封装

扁平管壳
flat tube shell
TN103
　　S 管壳*

扁平显像管
flat picture tube
TN14
　　S 显像管
　　L 电子束管**

变长编码
variable length coding
TN919
　　D VLC 编码
　　　不等长编码
　　　可变长度编码
　　　可变长编码
　　S 编码*
　　· 可逆变长编码

· 上下文自适应变长编码

变动长度编码
　　Y 行程编码

变换编码
transform coding
TP391　TN919
　　D 变换域编码
　　　转换编码
　　S 编码*
　　· 离散余弦变换编码
　　· 小波变换编码

变换电路
　　Y 变换器

变换器*
converter
TN62
　　D 变换器电路
　　　变换电路
　　· 波长变换器
　　· 　固定波长变换器
　　· 　全光波长转换器
　　· 电源变换器
　　· 反激式变换器
　　· 降压变换器
　　· 交流-交流变换器
　　· 交流-直流变换器
　　· 全桥变换器
　　· 升压变换器
　　· 正激式变换器
　　· 直流-交流变换器
　　· 直流-直流变换器
　　· · 双向直流变换器
　　· · 推挽式直流变换器
　　· 对数变换器
　　· 幅频变换器
　　· 高频变换器
　　· 功率变换器
　　· 开关功率变换器
　　· 交叉变换器
　　· 开关变换器
　　· 开关功率变换器
　　· 软开关变换器
　　· 脉冲变换器
　　· 射频变换器
　　· 时间-幅度变换器
　　· 视音频切换器
　　· 相位变换器
　　· 谐振变换器
　　· 　并联谐振变换器
　　· 　串联谐振变换器
　　· 多谐振变换器
　　· 信号变换器
　　· 准谐振变换器
　　· 自动切换器
　　C MOSFET 驱动电路

变换器电路
　　Y 变换器

变换算法
transform algorithm
TN911　TP301
　　S 算法*

变换域编码
　　Y 变换编码

变换域处理
transform domain processing
TN91
　　S 信号处理*

变极化天线
variable polarization antenna
TN82
　　S 极化天线
　　Z 天线*

变结构多模型算法
variable construction multimodel algorithm
TN911　TP301
　　S 多模型算法
　　Z 算法*

变频电源
AC power frequency converter
TN86
　　D 变频电源系统
　　S 交流电源
　　Z 电源*

变频电源系统
　　Y 变频电源

变频管
frequency conversion tube
TN11
　　D 混波管
　　　混频管
　　S 电子管**
　　C 混频器

变频调制
frequency conversion modulation
TN76
　　S 调制*

变容二极管
varactor diode
TN31
　　D 参量二极管
　　　变容管
　　　可变电容二极管
　　S 微波二极管
　　C 参量混频器
　　　变容二极管倍频器
　　　变容二极管振荡器
　　　变容二极管调频器
　　L 半导体分立器件**

变容二极管倍频器
varactor frequency multiplier
TN771
　　S 倍频器*
　　C 变容二极管

变容二极管调频器
varactor frequency regulator
TN761
　　S 调频器
　　C 变容二极管
　　Z 调制器*

变容二极管调频振荡器
varactor FM oscillator
TN752
　　S 变容二极管振荡器
　　Z 振荡器*

变容二极管调谐压控振荡器
　　Y 变容二极管压控振荡器

变容二极管压控振荡器
varactor voltage controlled oscillator
TN752
　　D 变容二极管调谐压控振荡器
　　S 变容二极管振荡器
　　Z 振荡器*

变容二极管振荡器
varactor oscillator
TN752
　　D 变容管振荡器
　　S 二极管振荡器
　　· 变容二极管调频振荡器
　　· 变容二极管压控振荡器
　　C 变容二极管
　　Z 振荡器*

变容管
　　Y 变容二极管

变容管振荡器
　　Y 变容二极管振荡器

变深度声呐
　　Y 变深声呐

变深声呐
variable depth sonar
TN971　U666
　　D 变深声纳
　　　 变深度声呐
　　S 舰艇声呐
　　Z 声呐*

变深声纳
　　Y 变深声呐

变送电路
conditional circuit
TP212
　　S 电子电路*

变速编码
variant rate coding
TN911
　　S 编码*

变维卡尔曼滤波
variable Kalman filtering
TN713
　　S 卡尔曼滤波**

变位率视频
variable bit-rate video
TN94
　　D VBR视频
　　S 数字视频
　　Z 视频*

变象管
　　Y 变像管

变像管
image convertor tube
TN14
　　D 光电图像变换管
　　　 光电图象变换管
　　　 变象管
　　S 像管
　　· 分幅变像管
　　· 红外变像管
　　· 扫描变像管
　　· 条纹变像管
　　L 电子束管**

变形病毒
　　Y 变种病毒

变形蔡氏电路
　　Y 蔡氏电路

变型病毒
　　Y 变种病毒

变压器*
transformer
TM4
　　· 电力变压器
　　· · 干式变压器
　　· · 油浸变压器
　　· 电子变压器**
　　· 调幅变压器
　　· 控制变压器
　　· 密封变压器
　　· 陶瓷变压器
　　· 仪表变压器
　　· · 电流互感器
　　· · 电压互感器

　　· 自耦变压器

变增益放大器
　　Y 可变增益放大器

变折射率光纤
variable index optical fiber
TN818
　　S 光纤
　　· 渐变折射率光纤
　　· 阶跃折射率光纤

变址寄存器
index register
TP333　TN43
　　S 地址寄存器
　　Z 寄存器*

变种病毒
variant virus
TP309
　　D 变型病毒
　　　 变形病毒
　　　 幽灵病毒
　　S 计算机病毒
　　L 恶意软件**

便笺存储器
　　Y 局部存储器

便携声呐
hand-held sonar
TN971　U666
　　D 便携声纳
　　　 便携式声呐
　　　 手提式声呐
　　　 手提式声纳
　　S 声呐*
　　C 便携式雷达

便携声纳
　　Y 便携声呐

便携式存储器
　　Y 移动存储设备

便携式打印机
portable printer
TP334.3
　　S 打印机
　　Z 外部设备*

便携式地面站
　　Y 便携式地球站

便携式地球站
portable ground station
TN927
　　D 便携式卫星地球站
　　　 便携式卫星通信地球站
　　　 便携式地面站

S 移动地球站
　　C 便携式接收机
　　　便携式雷达
　　Z 地面站*

便携式电话
　　Y 便携式电话机

便携式电话机
portable telephone set
TN916
　　D 便携式电话
　　S 电话机
　　L 电话设备**

便携式电脑
　　Y 便携式计算机

便携式电台
portable radio station
TN924
　　D 背负式电台
　　S 军用电台
　　　移动电台
　　C 便携式接收机
　　　微型发射机
　　Z 无线电台*

便携式发射机
　　Y 微型发射机

便携式计算机
portable computer
TP368
　　D 便携式电脑
　　　可携式计算机
　　S 微型计算机
　　· 笔记本计算机
　　· 可穿戴计算机
　　· 手持式计算机
　　· 袖珍计算机
　　C 移动计算
　　　移动计算机网络
　　L 电子数字计算机**

便携式键盘
portable keyboard
TP334.2
　　S 键盘
　　Z 外部设备*

便携式接收机
portable receiver
TN85
　　D 便携式收信机
　　S 接收设备*
　　C 便携式地球站
　　　便携式电台

便携式雷达
portable radar
TN958
　　D 轻便雷达
　　S 机动雷达
　　C 便携声呐
　　　便携式地球站
　　Z 雷达*

便携式摄像机
portable video recorder
TN946
　　D 携带式摄像机
　　S 摄像机
　　Z 电视设备*

便携式声呐
　　Y 便携声呐

便携式收信机
　　Y 便携式接收机

便携式收音机
portable radio receiver
TN87
　　S 收音机*

便携式卫星地球站
　　Y 便携式地球站

便携式卫星通信地球站
　　Y 便携式地球站

遍历算法
traversal algorithm
TP301
　　S 图论算法
　　Z 算法*

辨识技术
　　Y 信息识别

辨识算法
identification algorithm
TP3
　　S 算法*

辨识系统
　　Y 信息识别

标记边缘路由器
　　Y 边缘路由器

标记分发协议
　　Y 标签分发协议

标记分配协议
　　Y 标签分发协议

标记交换
　　Y 标签交换

标记交换路由器
　　Y 标签交换路由器

标记交换网络
label switched network
TN915　TP393
　　D 标签交换光网络
　　S 交换网络
　　C 标签交换
　　　标签交换路由器
　　Z 通信网络*

标记识别
mark recognition
TP391.4
　　S 信息识别*
　　C 标记提取

标记提取
mark extraction
TN91
　　S 特征提取
　　C 标记识别
　　L 信息抽取**

标记语言
markup language
TP312
　　D 置标语言
　　S 计算机语言*
　　· Petri 网标记语言
　　· 安全声明标记语言
　　· 标准通用标记语言
　　· 超文本标记语言
　　· 地理标记语言
　　· 可扩展标记语言
　　· 目录服务标记语言
　　· 数学标记语言
　　· 无线标记语言
　　· 预言模型标记语言

标量乘算法
scalar multiplication algorithm
TN918
　　S 算法*

标量量化
scalar quantization
TN911
　　S 信息量化
　　Z 信息处理*

标量网络分析仪
scalar network analyzer
TM934
　　S 网络分析仪
　　L 通信测试仪**

标签边缘路由器
　　Y 边缘路由器

标签传播算法
tag propagation algorithm
TP301.6
　　S 半监督学习算法
　　Z 算法*

标签打印机
label printer
TP334.3
　　S 打印机
　　Z 外部设备*

标签堆栈
label stack
TP31
　　S 堆栈
　　Z 存储器*

标签分发协议
label distribution protocol
TN915
　　D LDP 协议
　　　标签分配协议
　　　标记分发协议
　　　标记分配协议
　　S IP 协议
　　C 多协议标签交换
　　　标签交换路由器
　　L 网络协议**

标签分配协议
　　Y 标签分发协议

标签交换
label switching
TN915
　　D 标记交换
　　S 网络交换
　　• 多协议标签交换
　　C 标记交换网络
　　Z 信息交换*

标签交换光网络
　　Y 标记交换网络

标签交换路由器
label switching router
TP393.4　TN915
　　D LSR
　　　标记交换路由器
　　S 路由器
　　C 多协议标签交换
　　　标签分发协议
　　　标记交换网络
　　L 网络互连设备**

标签识别
tag identification
TP391
　　S 射频识别
　　C 标签天线
　　Z 自动识别*

标签天线
tag antenna
TN82
　　D RFID 标签天线
　　　射频识别标签天线
　　S 射频天线
　　C 标签芯片
　　　标签识别
　　Z 天线*

标签芯片
tag chip
TN43
　　D RFID 芯片
　　　射频识别芯片
　　　电子标签芯片
　　S 射频芯片
　　C 标签天线
　　Z 芯片*

标清电视
　　Y 标准清晰度电视

标清数字电视
　　Y 标准清晰度数字电视

标志寄存器
flag register
TP333
　　D 程序状态字寄存器
　　S 寄存器*

标准编码
standard coding
TN911
　　S 编码*

标准磁带
reference tape
TN87
　　D 参考磁带
　　S 磁带
　　L 磁存储器**

标准电源
standard power supply
TN86
　　D 参考电源
　　S 电源*

标准建模语言
　　Y 统一建模语言

标准键盘
standard keyboard
TP334.2
　　S 键盘
　　Z 外部设备*

标准接口
standard interface

TP334.7
　　S 接口*

标准清晰度电视
standard definition television
TN941
　　D 标清电视
　　S 电视*
　　• 标准清晰度数字电视

标准清晰度数字电视
digital standard definition television
TN941
　　D 标清数字电视
　　S 数字电视
　　　标准清晰度电视
　　Z 电视*

标准数据总线
　　Y STD 总线

标准天线
standard antenna
TN82
　　S 天线*

标准通用标记语言
standard generalized markup language
TP312
　　D SGML
　　　标准通用置标语言
　　S 标记语言
　　Z 计算机语言*

标准通用置标语言
　　Y 标准通用标记语言

标准遗传算法
standard genetic algorithm
TP301　TN911
　　S 遗传算法
　　Z 算法*

表层穿透雷达
surface penetrating radar
TN958
　　D 表面穿透雷达
　　　表面透射雷达
　　S 雷达*
　　C 探地雷达

表处理
　　Y 表格处理

表处理软件
　　Y 电子表格软件

表处理语言
　　Y LISP 语言

电子信息技术叙词表

表单处理
　　Y 表格处理

表单设计
form design
TP311
　　S 软件设计
　　C 表单设计器
　　Z 软件工程*

表单设计器
form designer
TP317
　　S 报表设计器
　　C 表单设计
　　L 工具软件**

表格处理
form processing
TP391
　　D 报表处理
　　　表单处理
　　　表处理
　　　表格数据处理
　　S 信息处理*
　　C 电子表格软件

表格处理软件
　　Y 电子表格软件

表格结构
table structure
TP311　TP303
　　S 数据结构*
　　C 表格识别

表格识别
table recognition
TP391.4
　　D 表格图像处理
　　S 信息识别*
　　C 表格结构

表格数据处理
　　Y 表格处理

表格图像处理
　　Y 表格识别

表面安装
　　Y 表面贴装技术

表面安装工艺
　　Y 表面贴装技术

表面安装技术
　　Y 表面贴装技术

表面安装器件
　　Y 表面贴装元器件

表面安装谐振器
　　Y 贴片谐振器

表面安装印制电路
　　Y 表面贴装电路板

表面安装印制电路板
　　Y 表面贴装电路板

表面场效应晶体管
　　Y 绝缘栅场效应晶体管

表面穿透雷达
　　Y 表层穿透雷达

表面传导电子发射显示器
surface-conduction electron-
emitter display
TN87
　　D SED 显示器
　　S 平板显示器
　　Z 显示设备*

表面钝化
surface passivation
TN305
　　D 表面钝化工艺
　　S 钝化
　　Z 半导体工艺*

表面钝化工艺
　　Y 表面钝化

表面发射激光器
　　Y 面发射激光器

表面封装
　　Y 表面贴装技术

表面封装技术
　　Y 表面贴装技术

表面刻蚀
surface etching
TN305
　　D 表面蚀刻
　　S 蚀刻工艺
　　Z 半导体工艺*

表面声波器件
　　Y 声表面波器件

表面蚀刻
　　Y 表面刻蚀

表面势垒二极管
　　Y 肖特基二极管

表面势垒晶体管
　　Y 肖特基晶体管

表面贴片技术
　　Y 表面贴装技术

表面贴装
　　Y 表面贴装技术

表面贴装电感器
　　Y 片式电感器

表面贴装电路板
surface mount printed circuit
board
TN41
　　D SMT 印刷电路板
　　　SMT 电路板
　　　表面安装印制电路
　　　表面安装印制电路板
　　S 印制电路板*
　　　表面贴装元器件*

表面贴装电容器
　　Y 片式电容器

表面贴装工艺
　　Y 表面贴装技术

表面贴装技术
surface mount technology
TN305
　　D SMT
　　　SMT 封装
　　　SMT 工艺
　　　SMT 技术
　　　SMT 组装
　　　SMT 组装工艺
　　　SMT 表面贴装技术
　　　SMT 贴片
　　　SMT 贴装
　　　表面安装
　　　表面安装工艺
　　　表面安装技术
　　　表面封装
　　　表面封装技术
　　　表面组装
　　　表面组装技术
　　　表面贴片技术
　　　表面贴装
　　　表面贴装工艺
　　　贴片工艺
　　　贴片技术
　　　贴装
　　　贴装工艺
　　　贴装技术
　　S 电子工艺*
　　C 表面贴装元器件

表面贴装元器件*
surface mount component and
device
TN6　TN3
　　D SMD 器件
　　　片式元器件

表面安装器件
· 表面贴装电路板
· 片式磁珠
· 片式电感器
· 片式电容器
· · 片式多层陶瓷电容器
· · 片式铝电解电容器
· 片式电阻器
· · 片式热敏电阻器
· · 片式压敏电阻器
· 贴片 LED
· 贴片谐振器
C 表面贴装技术

表面透射雷达
Y 表层穿透雷达

表面增强拉曼散射
surface enhanced Raman scattering
TN24
D 表面增强喇曼散射
S 受激拉曼散射
Z 电磁波散射*

表面增强喇曼散射
Y 表面增强拉曼散射

表面制备
Y 表面制备工艺

表面制备工艺
surface preparation technology
TN305
D 表面制备
S 半导体工艺*

表面组装
Y 表面贴装技术

表面组装技术
Y 表面贴装技术

表情识别
expression recognition
TP391.4
D 人脸表情识别
　　面部表情识别
S 人脸识别
C 情感计算
L 特征识别**

表情特征提取
Y 人脸特征提取

表驱动路由
table-driven routing
TN915　TP393.2
S 路由*

并串行转换器
serializer
TP33
D 串并行转换器
　　串并转换器
S 转换器*

并发程序
Y 并行程序

并发程序设计
Y 并行程序设计

并发处理
concurrent processing
TP391
S 信息处理*
C 并发控制协议
　　并行程序

并发服务器
concurrent server
TP368
S 服务器*
C 并发控制协议
　　并行程序

并发控制协议
concurrency control protocol
TP393.0
S 控制协议
C 并发处理
　　并发服务器
Z 通信协议*

并发软件
Y 并行程序

并发通信
Y 并行通信

并发语言
concurrent language
TP312
S 计算机语言*
· Erlang 语言

并行编程
Y 并行程序设计

并行编码
parallel coding
TN919
S 编码*

并行编译程序
Y 并行编译器

并行编译器
parallel compiler
TP314
D 并行化编译器
　　并行编译程序

S 编译器
C 并行信号处理
Z 软件*

并行查询优化
parallel query optimization
TP31
S 查询优化
C 并行程序
Z 信息处理*

并行程序
concurrent program
TP31
D 并发程序
　　并发软件
　　并行软件
S 软件*
C 并发处理
　　并发服务器
　　并行处理
　　并行查询优化
　　并行程序设计
　　并行计算

并行程序设计
parallel programming
TP311
D 并发程序设计
　　并行开发
　　并行性开发
　　并行编程
S 软件设计
· MPI 并行程序设计
C 并行信号处理
　　并行程序
Z 软件工程*

并行程序语言
Y 并行语言

并行处理
parallel processing
TP274　TP39
D 大规模并行处理
　　并行处理技术
　　并行处理系统
S 信息处理*
· 并行预处理
· 图像并行处理
C 并行处理器
　　并行挖掘
　　并行程序

并行处理机
Y 并行处理器

并行处理技术
Y 并行处理

并行处理器
parallel processor

TN43　TP33
　　D 并行处理机
　　S 微处理器＊
　　C 并行信号处理
　　　并行处理
　　　并行存储
　　　并行计算机

并行处理系统
　　Y 并行处理

并行传递
　　Y 并行传输

并行传输
parallel transmission
TN919　TN911
　　D 并行传送
　　　并行传递
　　S 信息传输＊
　　• 并行数据传输
　　C 并行通信

并行传送
　　Y 并行传输

并行存储
parallel storage
TP333
　　S 信息存储＊
　　C 并行处理器
　　　并行存储器
　　　并行数据库

并行存储器
parallel memory
TP333
　　D 并行存取存储器
　　S 存储器＊
　　C 并行存储

并行存取存储器
　　Y 并行存储器

并行打印机接口
parallel printer interface
TP334.7
　　D 并行打印口
　　S 并行接口
　　　打印机接口
　　L 计算机接口＊＊

并行打印口
　　Y 并行打印机接口

并行仿真
parallel simulation
TP391.9
　　D 并行模拟
　　S 仿真＊
　　• 并行离散事件仿真

　　C 模拟算法

并行服务器
parallel server
TP368
　　S 服务器＊
　　• 并行视频服务器

并行化编译器
　　Y 并行编译器

并行机
　　Y 并行计算机

并行计算
parallel computing
TP311　TP301
　　D 并行计算平台
　　　并行计算技术
　　S 先进计算
　　• MPI 并行计算
　　• 大规模并行计算
　　• 量子并行计算
　　• 网络并行计算
　　C 工作站机群
　　　并行程序
　　　并行算法
　　　并行计算机
　　　并行调试
　　Z 计算＊

并行计算机
parallel computer
TP33　TP368
　　D 并行机
　　　并行系统
　　　并行计算机系统
　　S 计算机＊
　　• 大规模并行计算机
　　C 并行处理器
　　　并行计算

并行计算机系统
　　Y 并行计算机

并行计算技术
　　Y 并行计算

并行计算平台
　　Y 并行计算

并行寄存器
parallel register
TP33
　　S 寄存器＊

并行接口
parallel interface
TP334.7
　　S 输入输出接口
　　• 并行打印机接口

　　• 增强型并行接口
　　C 并行总线
　　　并行接口电路
　　Z 接口＊

并行接口电路
parallel interface circuit
TN710
　　S 接口电路
　　C 并行接口
　　Z 电子电路＊

并行开发
　　Y 并行程序设计

并行控制器
parallel controller
TP33
　　S 控制器＊
　　C Petri 网

并行扩展卡尔曼滤波
parallel extended Kalman filtering
TN713
　　S 并行滤波
　　　扩展卡尔曼滤波
　　L 卡尔曼滤波＊＊

并行离散事件仿真
parallel discrete-event simulation
TP391.9
　　D 并行离散事件模拟
　　S 并行仿真
　　　离散事件仿真
　　Z 仿真＊

并行离散事件模拟
　　Y 并行离散事件仿真

并行滤波
parallel filtering
TN713
　　S 滤波＊
　　• 并行扩展卡尔曼滤波

并行模拟
　　Y 并行仿真

并行软件
　　Y 并行程序

并行实时数据库
parallel real-time database
TP392
　　S 实时数据库
　　　并行数据库
　　Z 数据库＊

并行视频服务器
parallel video server

• 96 •

TP368
　　S 并行服务器
　　　视频服务器
　　Z 服务器*

并行数据采集
parallel data acquisition
TP391
　　S 数据采集
　　C 并行数据传输
　　　并行数据库
　　Z 信息采集*

并行数据传输
parallel data transmission
TN919
　　S 并行传输
　　　数据传输
　　C 并行数据库
　　　并行数据采集
　　Z 信息传输*

并行数据库
parallel database
TP392
　　D 并行数据库系统
　　S 数据库*
　　• 并行实时数据库
　　C 并行存储
　　　并行数据传输
　　　并行数据采集

并行数据库系统
　　Y 并行数据库

并行算法
parallel algorithm
TP301
　　S 算法*
　　• 并行遗传算法
　　C 分布式算法
　　　并行计算

并行调试
parallel debugging
TP31
　　S 计算机调试
　　C 并行计算
　　Z 调试*

并行通信
parallel communicaiton
TN914　TN911
　　D 并发通信
　　　并口通信
　　　并行通讯
　　S 通信*
　　C 并行传输

并行通讯
　　Y 并行通信

并行挖掘
parallel mining
TP391.3　TP392
　　S 信息挖掘**
　　C 并行处理

并行网络
parallel network
TP2　TP3　TN91
　　S 网络*

并行系统
　　Y 并行计算机

并行信号处理
parallel signal processing
TN911
　　S 信号处理*
　　C 并行处理器
　　　并行程序设计
　　　并行编译器

并行性开发
　　Y 并行程序设计

并行虚拟机
parallel virtual machine
TP311
　　S 虚拟机
　　L 工具软件**

并行遗传算法
parallel genetic algorithm
TP31
　　S 并行算法
　　　遗传算法
　　• 粗粒度并行遗传算法
　　• 伪并行遗传算法
　　Z 算法*

并行语言
parallel language
TP312
　　D 并行程序语言
　　S 高级语言
　　• 数据并行语言
　　Z 计算机语言*

并行预处理
parallel preprocessing
TP391
　　S 并行处理
　　Z 信息处理*

并行支持向量机
parallel support vector machine
TP391
　　S 支持向量机*

并行总线
parallel bus

TP336
　　S 总线*
　　C 并行接口

并口收发器
parallel port transceiver
TN8　TN7
　　S 收发器*

并口通信
　　Y 并行通信

并联T型网络
　　Y 双T网络

并联电容器
shunt capacitor
TM531
　　D 移相电容器
　　S 电容器*

并联谐振变换器
parallel resonance converter
TN62
　　S 谐振变换器
　　Z 变换器*

并联谐振回路
　　Y 并联谐振器

并联谐振器
parallel resonator
TN75
　　D 并联谐振回路
　　S 谐振器*
　　C 并联谐振网络

并联谐振网络
parallel resonance network
TN711
　　S 电路网络*
　　C 并联谐振器

病毒查杀
virus checking and killing
TP393.08　TP309
　　D 杀毒
　　　杀毒技术
　　S 防病毒
　　Z 信息安全防护*

病毒程序
　　Y 计算机病毒

病毒处理
　　Y 防病毒

病毒防范
　　Y 防病毒

病毒防护
    Y 防病毒

病毒防护体系
    Y 防病毒

病毒防御
    Y 防病毒

病毒攻击
virus attack
TP393.08
    S 主动攻击
    • 木马攻击
    • 蠕虫攻击
    L 网络攻击**

病毒检测技术
    Y 计算机病毒检测

病毒进化遗传算法
virus evolutionary genetic algorithm
TP301
    S 遗传算法
    Z 算法*

病毒软件
    Y 计算机病毒

病毒扫描
    Y 计算机病毒检测

病毒预警
virus warning
TP309
    S 防病毒
    Z 信息安全防护*

拨号电路
dial-up circuit
TN916
    S 电子电路*

拨号服务器
    Y 拨号网络服务器

拨号器
dialer
TN916
    S 电话设备**

拨号网络
dial-up network
TP393.4 TN916
    S 通信网络*
    C 拨号网络服务器

拨号网络服务器
dial-up network server
TP368
    D 拨号服务器
    S 网络服务器
    C 拨号网络
    Z 服务器*

波长编码
wavelength coding
TP31
    S 编码*
    C 波长解调

波长变换器
wavelength converter
TN712
    D 波长转换器
    S 变换器*
    • 固定波长变换器
    • 全光波长转换器
    C 波长转换路由器

波长分插复用器
    Y 波分复用器

波长分割复用
    Y 波分复用

波长分配算法
wavelength assignment algorithm
TN915
    S 分配算法
    Z 算法*

波长复用
    Y 波分复用

波长光栅路由器
wavelength grating router
TP393.4 TN915
    S 波长路由器
    L 网络互连设备**

波长交换
wavelength switching
TN915
    S 光交换
    L 通信交换**

波长解调
wavelength demodulation
TN76
    D 波长解调技术
    S 解调*
    C 波长编码
       波长调制

波长解调技术
    Y 波长解调

波长路由
wavelength routing
TN911 TN92
    S 路由*
    C 波分复用
       波长路由光网络
       波长路由器

波长路由光网络
wavelength routing optical network
TN92
    S 光网络*
    C 波长路由
       波长路由器

波长路由器
wavelength router
TN911
    S 路由器
    • 波长光栅路由器
    • 波长转换路由器
    C 波长路由
       波长路由光网络
    L 网络互连设备**

波长调制
wavelength modulation
TN76
    S 调制*
    C 波长解调

波长转换路由器
wavelength conversion router
TN911 TP33
    S 波长路由器
    C 波长变换器
    L 网络互连设备**

波长转换器
    Y 波长变换器

波带交换
wave band switching
TN915
    S 光交换
    L 通信交换**

波导 CO_2 激光器
    Y 波导二氧化碳激光器

波导材料
waveguide material
TM2 TN81
    S 电子材料*
    C 波导激光器
       波导调节器

波导传播
waveguide propagation
TN011
    S 电波传播*
    • 地-电离层波导传播

波导传输
waveguide transmission
TN814
　　S 信息传输*
　　C 波导窗
　　　　波导耦合器

波导窗
waveguide window
TN81
　　S 波导元件
　　C 波导传输
　　Z 微波元件*

波导存储器
waveguide memory
TP333
　　S 存储器*
　　C 波导元件

波导定向耦合器
waveguide directional coupler
TN62　TN81
　　S 定向耦合器
　　　　波导耦合器
　　Z 耦合器*
　　　　微波元件*

波导二氧化碳激光器
carbon dioxide waveguide laser
TN248
　　D CO_2 波导激光器
　　　　波导 CO_2 激光器
　　S 二氧化碳激光器
　　　　波导式气体激光器
　　L 气体激光器**

波导放大器
　　Y 光波导放大器

波导缝隙天线
waveguide slot antenna
TN82
　　D 波导裂缝天线
　　　　裂缝波导天线
　　S 波导天线
　　　　缝隙天线
　　· 波导缝隙阵列天线
　　C 波导元件
　　L 微波天线**

波导缝隙天线阵
　　Y 波导缝隙阵列天线

波导缝隙阵列天线
waveguide slot array antenna
TN82
　　D 波导缝隙天线阵
　　　　波导缝隙阵天线
　　S 波导缝隙天线
　　　　缝隙阵列天线
　　L 微波天线**

波导缝隙阵天线
　　Y 波导缝隙阵列天线

波导辐射器
waveguide radiator
TN81
　　S 波导元件
　　Z 微波元件*

波导隔离器
waveguide isolator
TN81　TN62
　　S 微波隔离器
　　　　波导元件
　　Z 微波元件*

波导功分器
waveguide power divider
TN62
　　S 功率分配器
　　Z 微波元件*

波导环行器
waveguide circulator
TN62
　　D 波导结环行器
　　S 微波环行器
　　　　波导元件
　　Z 微波元件*

波导激光器
waveguide laser
TN248
　　S 激光器*
　　· 波导式气体激光器
　　· 环波导激光器
　　· 脊形波导激光器
　　· 平面波导激光器
　　C 波导材料

波导接头
waveguide joint
TN62　TN81
　　S 波导元件
　　Z 微波元件*

波导结环行器
　　Y 波导环行器

波导开关
waveguide switch
TN61
　　S 微波开关
　　　　波导元件
　　Z 微波元件*

波导裂缝天线
　　Y 波导缝隙天线

波导滤波器
waveguide filter
TN713
　　S 微波滤波器
　　Z 滤波器*

波导耦合器
waveguide coupler
TN62　TN81
　　D 耦合器波导
　　S 波导元件
　　　　耦合器*
　　· 波导定向耦合器
　　· 光波导耦合器
　　C 波导传输
　　Z 微波元件*

波导器件
　　Y 波导元件

波导式气体激光器
waveguide gas laser
TN248
　　S 气体激光器**
　　　　波导激光器
　　· 波导二氧化碳激光器

波导衰减器
waveguide attenuator
TN715
　　S 射频衰减器
　　Z 衰减器*

波导天线
waveguide antenna
TN82
　　S 天线*
　　· 波导缝隙天线

波导调节器
waveguide regulator
TN62　TN81
　　S 波导元件
　　C 波导材料
　　Z 微波元件*

波导弯头
waveguide bend
TN81　TN62
　　D 弯波导
　　S 波导元件
　　Z 微波元件*

波导旋转关节
waveguide rotary joint
TN81　TN63
　　D 旋转关节
　　S 波导元件
　　Z 微波元件*

波导元件
waveguide component
TN81　TN62

D 波导器件
　　S 微波元件*
　・波导窗
　・波导调节器
　・波导辐射器
　・波导隔离器
　・波导环行器
　・波导接头
　・波导开关
　・波导弯头
　・波导旋转关节
　・波导耦合器
　・矩形波导
　・圆波导
　C 波导存储器
　　波导组件
　　波导缝隙天线

波导组件
waveguide assembly
TN81
　S 微波组件
　C 波导元件
　Z 电子组件*

波道
　Y 信道

波段开关
band switch
TM56
　D 波段转换开关
　S 开关*

波段内激光
in-band laser
TN24
　D 波段内连续激光
　S 激光*

波段内连续激光
　Y 波段内激光

波段外激光
off-band laser
TN24
　S 激光*
　C 光电探测器

波段转换开关
　Y 波段开关

波分多路复用
　Y 波分复用

波分多路网络
　Y 波分复用网络

波分复接
　Y 波分复用

波分复用
wave division multiplexing
TN929.1
　D WDM
　　光波分复用
　　光波分复用技术
　　波分复接
　　波分复用技术
　　波分多路复用
　　波长分割复用
　　波长复用
　S 光复用
　・密集波分复用
　・稀疏波分复用
　C 光互联网
　　波分复用/解复用器
　　波长路由
　Z 多路复用*

波分复用/解复用器
wavelength division
multiplexer/demultiplexer
TN915　TN929.11
　S 复用/解复用器
　C 波分复用
　　波分复用器
　Z 通信设备*

波分复用光网络
wavelength division multiplexing
optical network
TN92
　D WDM 光网络
　S 光通信网络**
　　波分复用网络
　・波分复用无源光网络

波分复用技术
　Y 波分复用

波分复用器
wavelength division multiplexer
TN25　TN929.11
　D 光波分复用器
　　波长分插复用器
　S 光复用器
　　光无源器件**
　・密集波分复用器
　・稀疏波分复用器
　C 波分复用/解复用器
　　波分解复用器

波分复用网络
WDM network
TN92　TN915
　D WDM 网络
　　波分多路网络
　S 通信网络*
　・WDM 网状网
　・波分复用光网络

波分复用无源光网络
WDM passive optical network
TN929.1
　D WDM-PON
　　WDMPON
　S 无源光网络
　　波分复用光网络
　L 光通信网络**

波分交换
wavelength division exchange
TN915
　S 光交换
　L 通信交换**

波分解复用器
wavelength division demultiplexer
TN929.11
　S 解复用器
　C 波分复用器
　Z 通信设备*

波浪仿真
　Y 波浪模拟

波浪模拟
wave simulation
TP391.9
　D 波浪仿真
　　海浪仿真
　　海浪模拟
　S 仿真*

波门跟踪
wave gate tracking
TN95
　S 雷达跟踪*

波谱数据库
spectral database
TP392
　S 工程数据库
　Z 数据库*

波前处理
wavefront processing
TN911
　S 信号处理*
　C 波前传感器

波前传感器
wavefront sensor
TP212
　S 光学传感器
　C 波前处理
　L 物理传感器**

波渠天线
　Y 八木天线

波束*
beam
TN82　TN011
- 差波束
- 分裂波束
- 和差波束
- 雷达波束
- 扇形波束
- 天线波束
- • 点波束
- • 赋形波束
- • 宽波束
- • 天线波瓣
- • • 后瓣
- • • 旁瓣
- • • 栅瓣
- • • 主瓣
- • 余割平方波束
- 自适应波束
- C 波束形成

波束成形
　Y 波束形成

波束成形算法
　Y 波束形成

波束成型
　Y 波束形成

波束赋形
　Y 波束形成

波束赋形技术
　Y 波束形成

波束赋形算法
　Y 波束形成

波束控制器
beam controller
TN95　TN82
　S 控制器*
　C 波束形成

波束切换天线
switched beam antenna
TN82
　S 波束天线
　Z 天线*

波束天线
beam antenna
TN82
　S 天线*
- 波束切换天线
- 多波束天线
- 赋形波束天线
- 宽波束天线
- 双波束天线
- 窄波束天线

　C 波束形成

波束形成
beam forming
TN82
　D 波束形成算法
　　波束成型
　　波束成形
　　波束成形算法
　　波束赋形
　　波束赋形技术
　　波束赋形算法
　S 信号处理*
- 盲波束形成
- 数字波束形成
- 自适应波束形成
　C 波束
　　波束天线
　　波束控制器

波束形成算法
　Y 波束形成

波束形成网络
beam forming network
TN6　TN95　TN81
　S 网络*

波数域算法
wave number domain algorithm
TP301
　S 成像算法
　Z 算法*

波特率发生器
baud rate generator
TM935
　S 信号发生器**

波形比较
waveform comparison
TN911　TN27
　S 波形处理
　C 波形截取
　Z 信号处理*

波形编码
waveform coding
TN911
　S 信号编码
　C 波形发生器
　Z 编码*
　　信号处理*

波形产生
waveform generation
TN95
　S 波形处理
　Z 信号处理*

波形处理
waveform processing
TN91
　S 信号处理*
- 波形比较
- 波形产生
- 波形恢复
- 波形截取
- 波形输出
- 波形综合

波形存储
waveform storage
TN911　TP333
　D 波形存贮
　S 信息存储*
　C 波形存储器
　　波形数据库

波形存储器
waveform memory
TP333
　S 存储器*
　C 波形发生器
　　波形存储

波形存贮
　Y 波形存储

波形发生器
waveform generator
TM93
　S 信号发生器**
- 矩形波发生器
- 锯齿波发生器
- 任意波形发生器
- 三角波发生器
- 梳状波发生器
- 斜波发生器
　C 波形分析仪
　　波形存储器
　　波形编码

波形仿真
waveform simulation
TP391.9
　D 波形模拟
　S 仿真*
- 回波仿真
　C 波形显示

波形分析器
　Y 波形分析仪

波形分析仪
waveform analyzer
TM935
　D 波形分析器
　S 信号分析仪
　C 波形发生器
　　波形显示器
　Z 电子测量仪器*

波形跟踪
waveform tracking
TN7
　S 信号跟踪
　Z 信号处理*

波形恢复
waveform recovery
TN91
　S 波形处理
　Z 信号处理*

波形畸变
　Y 波形失真

波形截取
waveform interception
TN27
　S 波形处理
　C 图像截取
　　图像提取
　　数据捕获
　　波形比较
　Z 信号处理*

波形模拟
　Y 波形仿真

波形设计
wave shape design
TN914
　S 信号设计
　Z 电子设计*

波形失真
distortion of waveform
TN27
　D 波形畸变
　S 信号失真**
　C 介质天线

波形输出
waveform output
TN27　TM13
　S 波形处理
　C 波形显示
　Z 信号处理*

波形数据库
waveform database
TN97
　S 应用数据库
　C 波形存储
　Z 数据库*

波形显示
waveform display
TN27
　S 显示*
　C 波形仿真
　　波形显示器

波形输出

波形显示器
waveform display
TN87
　S 显示器
　C 波形分析仪
　　波形显示
　Z 显示设备*

波形重构
waveform reconstruction
TN911
　S 信号重构
　C 图像重建
　Z 信号处理*

波形综合
waveform synthesis
TN27
　S 波形处理
　Z 信号处理*

玻璃半导体
glass semiconductor
TN304
　D 半导体玻璃
　　玻璃半导体材料
　S 非晶半导体
　Z 半导体材料*

玻璃半导体材料
　Y 玻璃半导体

玻璃钝化
glass passivation
TN305
　S 钝化
　Z 半导体工艺*

玻璃放电管
glass discharge tube
TN13
　S 气体放电管
　L 离子管**

玻璃钢天线
FRP antenna
TN82
　S 天线*

玻璃管壳
glass tube shell
TN103
　S 管壳*

玻璃光纤
glass fiber
TN818
　S 光纤*

玻璃激光器
glass laser
TN248
　S 固体激光器**
　· 钕玻璃激光器
　· 铒玻璃激光器

玻璃膜电容器
glass film capacitor
TM534
　S 无机介质电容器
　Z 电容器*

玻璃陶瓷基板
glass ceramic substrate
TN7
　S 陶瓷基板
　Z 电路基板*

玻璃釉电容器
glass glaze capacitor
TM534
　S 无机介质电容器
　Z 电容器*

玻璃釉电阻
　Y 玻璃釉电阻器

玻璃釉电阻器
glass glaze resistor
TM544
　D 玻璃釉电阻
　　金属玻璃釉电阻器
　S 固定电阻器
　Z 电阻器*

播出服务器
broadcast server
TP368
　S 服务器*
　· 直播服务器
　C 播出工作站
　　服务器硬盘
　　硬盘服务器

播出工作站
on-air workstation
TN93
　S 专业工作站
　C 播出服务器
　Z 计算机*

播放工具
　Y 播放软件

播放器软件
　Y 播放软件

播放软件
player software
TP317

D 播控软件
　　　播放器软件
　　　播放工具
　　S 多媒体软件
　　• 视频播放器
　　• 音频播放器
　　L 应用软件**

播控软件
　　Y 播放软件

泊位引导系统
parking guidance system
TN966
　　D 自动泊车系统
　　S 导航系统*

铂电阻
　　Y 铂热电阻

铂电阻温度传感器
　　Y 热电阻传感器

铂热电阻
platinum thermistor
TM546
　　D 铂电阻
　　S 热敏电阻器
　　C 热电阻传感器
　　Z 电阻器*

箔条弹
　　Y 箔条干扰弹

箔条干扰
chaff jamming
TN972
　　D 箔条质心干扰
　　S 无源干扰
　　C 箔条干扰弹
　　　箔条投放器
　　L 电子对抗**

箔条干扰弹
chaff flare
TN972
　　D 箔条云
　　　箔条云团
　　　箔条干扰物
　　　箔条弹
　　S 干扰弹
　　C 箔条干扰
　　　箔条投放器
　　L 电子干扰设备**

箔条干扰物
　　Y 箔条干扰弹

箔条投放器
chaff dispenser
TN972

　　D 箔条投放装置
　　S 干扰投放器
　　C 箔条干扰
　　　箔条干扰弹
　　L 电子干扰设备**

箔条投放装置
　　Y 箔条投放器

箔条云
　　Y 箔条干扰弹

箔条云团
　　Y 箔条干扰弹

箔条质心干扰
　　Y 箔条干扰

补偿半导体
compensate semiconductor
TN304
　　D 互补半导体
　　S 半导体材料*

补偿电容器
compensated capacitor
TM531
　　S 电容器*
　　C 微调电容器

补偿滤波
compensated filtering
TN713
　　S 滤波*

补偿网络
compensating network
TN711
　　S 电路网络*

补丁包
　　Y 补丁程序

补丁程序
patch program
TP311　TP316
　　D 补丁包
　　　补丁软件
　　　软件补丁
　　S 安全软件
　　• 安全补丁
　　• 系统补丁
　　C 软件漏洞
　　Z 软件*

补丁软件
　　Y 补丁程序

补码键控
complementary code keying
TN76

　　S 键控调制
　　L 数字调制**

捕包
　　Y 数据包捕获

捕获跟踪
Capture and tracking
TN96　TN953　TN92
　　D 捕获与跟踪
　　S 信号跟踪
　　C GPS 导航
　　　跟踪雷达
　　Z 信号处理*

捕获算法
capture algorithm
TN911
　　S 算法*
　　C 数据捕获

捕获与跟踪
　　Y 捕获跟踪

不等长编码
　　Y 变长编码

不对称密钥密码体制
　　Y 公钥密码体制

不对称网络
asymmetric network
TP393　TN711　TN915
　　D 非对称网络
　　S 网络*

不规则数据
irregular data
TP392
　　S 数据*

不挥发存储器
　　Y 非易失性存储器

不间断电源
uninterruptible power supply
TN86
　　D UPS
　　　UPS 不间断电源系统
　　　不间断电源系统
　　S 电源*
　　• 后备式不间断电源
　　• 交流不间断电源
　　• 在线式不间断电源
　　• 直流不间断电源
　　• 智能不间断电源

不间断电源系统
　　Y 不间断电源

不经意传输
　　Y 不经意传输协议

不经意传输协议
oblivious transfer protocol
TN918
　　D 不经意传输
　　S 传输协议
　　　安全协议
　　C 保密通信
　　　安全多方计算
　　　隐藏证书
　　L 网络协议**

不可擦除存储器
　　Y 只读存储器

不可擦存储器
　　Y 只读存储器

不可否认签名
undeniable signature
TP393.08
　　S 数字签名*
　　C 非否认协议

不可否认协议
　　Y 非否认协议

不可见水印
invisible watermark
TP309
　　S 数字水印*

不可控整流电路
　　Y 可控整流电路

不可能差分攻击
　　Y 差分攻击

不可伪造性
unforgeability
TN918　TP309
　　C 代理签名
　　　盲签名
　　　私钥
　　　签密

不良信息过滤
objectionable information filtering
TP31
　　S 网络信息过滤
　　L 网络安全技术**

不敏卡尔曼滤波
unscented Kalman filtering
TN713
　　S 卡尔曼滤波**

不停车电子收费系统
　　Y 电子收费系统

不停车收费系统
　　Y 电子收费系统

不完备数据
　　Y 缺损数据

不完整数据
　　Y 缺损数据

不相干解调
　　Y 非相干解调

布局管理器
layout manager
TP311
　　S 软件管理器
　　C 布局算法
　　L 工具软件**

布局算法
layout algorithm
TP391
　　S 算法*
　　C 布局管理器

布拉格光纤
Bragg fiber
TN25
　　D Bragg 光纤
　　　布喇格光纤
　　S 光纤*

布拉格元接收机
　　Y 声光接收机

布喇格光纤
　　Y 布拉格光纤

布喇格器件
　　Y 声光器件

布喇格器件接收机
　　Y 声光接收机

布里渊放大器
Brillouin amplifier
TN72
　　S 光纤放大器
　　L 光放大器**
　　　光纤器件**

布里渊光时域反射计
　　Y 布里渊光时域反射仪

布里渊光时域反射技术
　　Y 布里渊光时域反射仪

布里渊光时域反射仪
Brillouin optical time-domain reflectometer
TN929.1　TM93
　　D 布里渊光时域反射技术
　　　布里渊光时域反射计
　　S 光时域反射仪
　　L 通信测试仪**

布图设计
　　Y 版图设计

布线标准
wiring rule
TP1　TN40
　　D 布线规则
　　S 信息产业标准*
　　C 布线工艺
　　　布线设计

布线工艺
wiring process
TN40
　　S 集成电路工艺
　　・ PCB 布线
　　・ 多层布线技术
　　・ 铜布线工艺
　　C 布线图
　　　布线标准
　　　布线设计
　　Z 半导体工艺*

布线规则
　　Y 布线标准

布线设计
wiring design
TN7
　　D 引线设计
　　S 版图设计
　　C 布线工艺
　　　布线标准
　　Z 电子设计*

布线算法
routing algorithm
TN40
　　S 算法*

布线图
wiring diagram
TN4
　　S 电路图*
　　・ 多层布线图形
　　・ 印刷电路板图
　　C 布线工艺

步行机器人
　　Y 多足机器人

步进程控放大器
stepper program controlled amplifier
TN72
　　S 程控放大器
　　Z 放大器*

步进电动机
stepping motor
TM35
　　D 微型步进电机
　　　步进式微电机
　　　步进电机
　　　脉冲电动机
　　S 控制电机
　　· 旋转步进电动机
　　· 直线步进电动机
　　C 步进电机控制器
　　Z 微特电机*

步进电机
　　Y 步进电动机

步进电机控制器
stepper motor controller
TM571　TP332.3
　　S 控制器*
　　C 步进电动机

步进电位器
　　Y 步进式电位器

步进跟踪
step by step tracking
TN966　TN971　TN953
　　S 跟踪*
　　C 三维成像

步进光刻机
stepper lithgraphy machine
TN305
　　S 光刻设备
　　Z 半导体工艺设备*

步进频率雷达
　　Y 频率步进雷达

步进式电位器
step potentiometer
TM547
　　D 步进电位器
　　S 电位器
　　Z 电阻器*

步进式衰减器
step attenuator
TN715
　　D 步进衰减器
　　S 可变衰减器
　　Z 衰减器*

步进式微电机
　　Y 步进电动机

步进衰减器
　　Y 步进式衰减器

步态识别
gait recognition
TP391.4
　　S 人体识别
　　C 形状匹配
　　L 特征识别**

部分耗尽 SOI
　　Y 部分耗尽绝缘体上硅

部分耗尽绝缘体上硅
partially depletes the silicon on insulator
TN304
　　D 部分耗尽 SOI
　　S 绝缘体上硅
　　L 元素半导体**

部分加密
partial encryption
TN918　TP309
　　S 加密**

部分盲签名
partially blind signature
TP393.08　TN918
　　S 盲签名
　　Z 数字签名*

部分频带干扰
　　Y 阻塞干扰

部分频率复用
fractional frequency reuse
TN92
　　D 部分频率复用技术
　　S 频率复用*
　　C 正交频分复用

部分频率复用技术
　　Y 部分频率复用

部分元等效电路
partial element equivalent circuit
TN710
　　S 等效电路
　　Z 电子电路*

部件编程
　　Y 基于组件开发

擦除头
magnetic erasing head
TP334
　　D 抹音磁头
　　　消磁头
　　　清除磁头
　　S 磁头*

材料识别
　　Y 材质识别

材质识别
material identification
TP212
　　D 材料识别
　　　材种识别
　　S 信息识别*

材种识别
　　Y 材质识别

财务管理信息化
　　Y 财务信息化

财务软件
financial software
TP317
　　S 办公软件**
　　· 会计软件
　　· 网络财务软件

财务信息化
financial informatization
TP391
　　D 会计信息化
　　　财务管理信息化
　　S 信息化*

裁剪算法
clipping algorithm
TP391　TP301
　　S 图形算法
　　Z 算法*

采集程序
　　Y 采集软件

采集电路
acquisition circuit
TN710
　　S 电子电路*

采集软件
acquisition software
TP391　TP318
　　D 采集程序
　　S 工具软件**

采样保持
sampling and holding
TN911　TP27
　　S 信号处理*
　　C 采样保持电路

采样保持电路
sampling and holding circuit
TN710
    D 取样保持电路
    S 采样电路
    C 采样保持
      采样保持放大器
    Z 电子电路*

采样保持放大器
sampling and holding amplifier
TN72
    S 放大器*
    C 采样保持电路

采样电路
sampling circuit
TN7
    D 取样电路
    S 电子电路*
    · 采样保持电路
    · 相关双采样电路

采样示波器
    Y 取样示波器

采样网格
sampling grid
TP39
    S 网格*

采样信号
sampling signal
TN911
    D 取样信号
    S 信号*
    · 非均匀采样信号

彩灯控制器
color lamp controller
TM92
    S 控制器*

彩电
    Y 彩色电视机

彩电接收机
    Y 彩色电视机

彩电开关电源
switched power supply for color TV set
TN86 TN94
    S 开关电源
    C 彩色电视机
    Z 电源*

彩管
    Y 彩色显像管

彩虹全息术
rainbow holography
TN24
    S 全息术*

彩喷打印机
    Y 彩色喷墨打印机

彩喷墨打印机
    Y 彩色喷墨打印机

彩色PDP
    Y 彩色等离子体显示器

彩色打印机
color printer
TP33
    S 打印机
    · 彩色多功能一体机
    · 彩色激光打印机
    · 彩色喷墨打印机
    Z 外部设备*

彩色等离子体显示
    Y 彩色等离子体显示器

彩色等离子体显示屏
    Y 彩色等离子体显示器

彩色等离子体显示器
color plasma display
TN873
    D 彩色PDP
      彩色等离子体显示
      彩色等离子体显示屏
      彩色等离子显示器
    S 彩色显示器
      等离子显示器
    Z 显示设备*

彩色等离子显示器
    Y 彩色等离子体显示器

彩色电视
    Y 彩色电视机

彩色电视机
color television set
TN948
    D 彩电
      彩电接收机
      彩色电视
      彩色电视接收机
    S 电视机
    C 彩电开关电源
      彩色图像处理
      彩色摄像机
    Z 电视设备*

彩色电视接收机
    Y 彩色电视机

彩色电视摄像机
    Y 彩色摄像机

彩色多功能一体机
color multifunction all-in-one machine
TP334.3
    D 彩色复印打印一体机
    S 多功能一体机
      彩色打印机
    Z 外部设备*

彩色发光二极管
color LED
TN383
    S 发光二极管
    L 半导体发光器件**

彩色复印打印一体机
    Y 彩色多功能一体机

彩色激光打印机
color laser printer
TP334.3
    S 彩色打印机
      激光打印机
    Z 外部设备*

彩色空间变换
color space transformation
TP391 TN919
    S 图像变换
    C 彩色图像处理
    L 图像处理**

彩色滤波
color filtering
TN713
    D 彩色形态滤波
    S 滤波*

彩色喷墨打印机
color inkjet printer
TP334.3
    D 彩喷墨打印机
      彩喷打印机
    S 喷墨打印机
      彩色打印机
    Z 外部设备*

彩色全电视信号
    Y 全电视信号

彩色扫描器
    Y 彩色扫描仪

彩色扫描仪
color scanner
TP334.2
    D 彩色扫描器
    S 扫描仪

Z 外部设备*

彩色摄像管
color camera tube
TN14
　　S 摄像管
　　C 彩色摄像机
　　L 电子束管**

彩色摄像机
color camera
TN946　TN948
　　D 单管彩色摄像机
　　　 单管彩色电视摄像机
　　　 彩色电视摄像机
　　S 摄像机
　　C 彩色摄像头
　　　 彩色摄像管
　　　 彩色电视机
　　　 彩色视频
　　Z 电视设备*

彩色摄像头
color cameras
TP334.2
　　S 摄像头
　　C 彩色摄像机
　　　 彩色视频
　　Z 外部设备*

彩色视频
color video
TP391　TN919
　　S 视频*
　　C 彩色摄像头
　　　 彩色摄像机

彩色数字水印
color digital watermark
TP37
　　S 数字水印*

彩色同步脉冲放大器
color synchronous pulse amplifier
TN72
　　S 脉冲放大器
　　Z 放大器*

彩色图象处理
　　Y 彩色图像处理

彩色图象分割
　　Y 彩色图像分割

彩色图像编码
color image coding
TN911
　　S 图像编码
　　C 彩色图像压缩
　　Z 编码*

彩色图像处理
color image processing
TP391　TN941
　　D 彩色图象处理
　　S 图像处理**
　　· 色彩校准
　　· 色度处理
　　C 彩色图像分割
　　　 彩色电视机
　　　 彩色空间变换

彩色图像分割
color image segmentation
TP391
　　D 彩色图象分割
　　S 图像分割
　　C 彩色图像处理
　　L 图像处理**

彩色图像加密
color image encryption
TN918
　　S 图像加密
　　L 加密**

彩色图像滤波
color image filtering
TN713
　　S 图像滤波
　　L 图像处理**

彩色图像压缩
color image compression
TN919　TP391
　　S 图像压缩
　　C 彩色图像编码
　　L 信息压缩**
　　　 图像处理**

彩色图像增强
color image enhancement
TP24　TP391
　　D 彩色增强
　　S 图像增强
　　L 图像处理**

彩色显示
color display
TN87　TP338　TN941
　　D 彩色显示技术
　　　 色彩显示
　　S 显示*
　　C 彩色显示器

彩色显示管
color display tube
TN14
　　D 多色显示管
　　S 彩色阴极射线管
　　　 显示管
　　C 彩色显像管
　　L 电子束管**

彩色显示技术
　　Y 彩色显示

彩色显示器
color display
TN873　TP334.1
　　S 显示器
　　· 彩色等离子体显示器
　　· 彩色液晶显示器
　　C 彩色显示
　　Z 显示设备*

彩色显象管
　　Y 彩色显像管

彩色显像管
color kinescope
TN14
　　D 彩管
　　　 彩色显象管
　　S 彩色阴极射线管
　　　 电视显像管
　　· 大屏幕彩色显像管
　　· 单枪三束彩色显像管
　　· 平面彩色显像管
　　C 彩色显示管
　　L 电子束管**

彩色校正
　　Y 色彩校准

彩色形态滤波
　　Y 彩色滤波

彩色夜视
color night vision
TN22
　　S 夜视*

彩色液晶屏
　　Y 彩色液晶显示器

彩色液晶显示
　　Y 彩色液晶显示器

彩色液晶显示屏
　　Y 彩色液晶显示器

彩色液晶显示器
color liquid crystal display
TP334.1
　　D 彩色液晶屏
　　　 彩色液晶显示
　　　 彩色液晶显示屏
　　S 彩色显示器
　　　 液晶显示器
　　Z 显示设备*

彩色阴极射线管
color cathode ray tube
TN14

电子信息技术叙词表

　　S 阴极射线管
　　• 彩色显示管
　　• 彩色显像管
　　L 电子束管**

彩色增强
　　Y 彩色图像增强

彩条信号
color bar signal
TN941
　　S 视频信号
　　C 彩条信号发生器
　　Z 信号*

彩条信号发生器
color bar signal generator
TN948
　　S 电视信号发生器
　　C 彩条信号
　　L 信号发生器**

菜单设计
menu design
TP311
　　S 软件设计
　　C 菜单生成器
　　Z 软件工程*

菜单生成器
menu generator
TP318
　　D 菜单生成系统
　　S 编程软件
　　C 菜单设计
　　Z 软件*

菜单生成系统
　　Y 菜单生成器

蔡氏电路
Chua's circuit
TN710
　　D Chua's 电路
　　　Chua 电路
　　　变形蔡氏电路
　　　蔡氏混沌电路
　　S 混沌电路
　　Z 电子电路*

蔡氏混沌电路
　　Y 蔡氏电路

参考磁带
　　Y 标准磁带

参考电源
　　Y 标准电源

参考二极管
　　Y 稳压二极管

参考信号
reference signal
TN911
　　S 信号*

参量倍频器
parameter frequency multiplier
TN771
　　S 倍频器*

参量二极管
　　Y 变容二极管

参量放大器
parametric amplifier
TN72
　　D 隧道放大器
　　S 放大器*
　　• 光学参量放大器
　　C 参量混频器

参量混频器
parametric mixer
TN773
　　S 无源混频器
　　C 参量放大器
　　　变容二极管
　　Z 混频器*

参数编码
parametric coding
TN912
　　S 编码*

参数标定
parameter calibration
TP391
　　S 信息标定
　　Z 信息处理*

参数测试仪
parameter tester
TM93
　　S 电子测量仪器*

参数化
parameterization
TP391
　　S 信息量化
　　• 特征参数化
　　• 图形参数化
　　• 重新参数化
　　C 参数化建模
　　　参数化设计
　　Z 信息处理*

参数化计算机辅助设计
　　Y 参数化设计

参数化建模
parametric modeling
TP311　TP391
　　D 参数模型
　　S 模型构建*
　　C 参数化
　　　参数化设计

参数化设计
parametric design
TP391.7
　　D 参数化计算机辅助设计
　　S 计算机辅助设计
　　C 参数化
　　　参数化建模
　　Z 计算机辅助技术*

参数模拟
parameter simulation
TP391.9
　　S 仿真*

参数模型
　　Y 参数化建模

参数提取
parameter extraction
TP391
　　S 信息抽取**

参数调制
parameter modulation
TN76
　　S 调制*
　　• 混沌参数调制

参数音频编码
parametric audio coding
TN911
　　S 音频编码
　　L 音视频编码**

残留边带调制
vestigial sideband modulation
TN76
　　S 调幅
　　Z 调制*

残缺数据
　　Y 缺损数据

残余调频
　　Y 剩余调频

操作数寄存器
　　Y 计算寄存器

操作系统**
operating system
TP316
　　D 操作系统平台
　　　操作系统软件
　　S 软件*

· 108 ·

- 安全操作系统
- 多任务操作系统
- • 实时多任务操作系统
- 多用户操作系统
- 分布式操作系统
- 分时操作系统
- 国产操作系统
- 机群操作系统
- 计算机操作系统
- • UNIX 操作系统
- • 虚拟操作系统
- • 桌面操作系统
- • • DOS 操作系统
- • • 视窗操作系统
- • • • Mac 操作系统
- • • • Windows 操作系统
- 节点操作系统
- 开源操作系统
- • Chrome 操作系统
- • Linux 操作系统
- • • 嵌入式 Linux 系统
- • 安卓操作系统
- 嵌入式操作系统
- • 嵌入式 Linux 系统
- • 嵌入式实时操作系统
- 实时操作系统
- • 嵌入式实时操作系统
- • 实时多任务操作系统
- 手机操作系统
- • 智能手机操作系统
- • • iOS 操作系统
- • • 安卓操作系统
- • • 塞班系统
- 网格操作系统
- 网络操作系统
- • 服务器操作系统
- • 物联网操作系统
- • 云操作系统
- 微内核操作系统
- 智能操作系统
- • 机器人操作系统
- • 智能手机操作系统
- • • iOS 操作系统
- • • 安卓操作系统
- • • 塞班系统
- 智能卡操作系统
- 中文操作系统
- C 中断处理
  - 基本输入输出系统
  - 操作系统内核
  - 操作系统安全
  - 操作系统指纹
  - 系统漏洞
  - 缓冲区溢出漏洞

操作系统安全
operating system security
TP309
  - S 软件安全
  - C 操作系统
    - 操作系统内核
    - 系统漏洞
    - 缓冲区溢出漏洞
  - Z 信息安全*

操作系统漏洞
  - Y 系统漏洞

操作系统内核*
operating system kernel
TP316
  - D 系统内核
  - • Linux 内核
  - • 微内核
  - C 操作系统
    - 操作系统安全

操作系统平台
  - Y 操作系统

操作系统软件
  - Y 操作系统

操作系统指纹
operation system fingerprint
TP391
  - S 计算机指纹
  - C 操作系统
  - Z 信息指纹*

槽栅 MOSFET
  - Y 槽栅 MOS 场效应晶体管

槽栅 MOS 场效应晶体管
slot gate MOS field effect transistor
TN386
  - D 槽栅 MOSFET
  - S MOS 场效应晶体管
  - • 槽栅 P 沟道 MOS 场效应晶体管
  - L MOS 器件**
    - 半导体分立器件**

槽栅 PMOSFET
  - Y 槽栅 P 沟道 MOS 场效应晶体管

槽栅 P 沟道 MOS 场效应晶体管
slot gate P-MOS field effect transistor
TN386
  - D 槽栅 PMOSFET
  - S P 沟道 MOS 场效应晶体管
    - 槽栅 MOS 场效应晶体管
  - L MOS 器件**
    - 半导体分立器件**

草图识别
sketch recognition
TP391.4
  - D 手绘草图识别
  - S 图纸识别
  - Z 信息识别*

侧面泵浦激光器
side pumped laser
TN248
  - D 侧面抽运激光器
  - S 固体激光器**
    - 泵浦激光器

侧面抽运激光器
  - Y 侧面泵浦激光器

侧扫描声呐
  - Y 侧视声呐

侧扫描声纳
  - Y 侧视声呐

侧视雷达
side-looking radar
TN958
  - D 旁视雷达
    - 机载侧视雷达
  - S 成像雷达
    - 机载雷达
  - • 合成孔径侧视雷达
  - • 相干机载侧视雷达
  - C 侧视声呐
    - 射频噪声干扰
    - 聚焦算法
  - Z 雷达*

侧视声呐
sidelooking sonar
TN92
  - D 侧扫描声呐
    - 侧扫描声纳
    - 旁视声呐
    - 旁视声纳
  - S 舰艇声呐
  - C 侧视雷达
  - Z 声呐*

侧向外延
lateral cpitaxial
TN305
  - S 外延生长
  - Z 半导体工艺*

侧信道攻击
side channel attack
TP393.08
  - D 边信道攻击
  - S 密码攻击
  - L 网络攻击**

测地雷达
  - Y 探地雷达

测风激光雷达
wind finding lidar
TN958
  - D 激光测风雷达
  - S 测风雷达
    - 激光雷达
  - Z 雷达*

测风雷达
wind finding radar
TN958
　　S 气象雷达
　　· 测风激光雷达
　　· 风廓线雷达
　　Z 雷达*

测辐射热计
bolometer
TN24
　　D 测辐射热仪
　　　测辐射热探测器
　　　辐射热计
　　S 红外装置*

测辐射热探测器
　　Y 测辐射热计

测辐射热仪
　　Y 测辐射热计

测高雷达
height finding radar
TN958
　　D 高度测量雷达
　　S 测量雷达
　　C 高度显示器
　　　高度表天线
　　Z 雷达*

测绘雷达
surveying and mapping radar
TN958
　　D 地形测绘雷达
　　S 测量雷达
　　Z 雷达*

测距传感器
ranging sensor
TP212
　　S 测量传感器**
　　· 超声波测距传感器
　　· 红外测距传感器
　　· 激光测距传感器
　　C 测距雷达

测距雷达
ranging radar
TN958
　　S 测量雷达
　　C 测距传感器
　　Z 雷达*

测控雷达
TT&C radar
TN958
　　D 航天测控雷达
　　S 雷达*
　　C 天基雷达
　　　测控天线
　　　测控网络

　　　航空导航

测控软件
measurement and control software
TP318
　　D 测控系统软件
　　S 专用软件
　　· 实时测控软件
　　C 测控数据
　　L 应用软件**

测控数据
measurement and control data
TP39
　　S 数据*
　　C 测控数据库
　　　测控软件

测控数据库
measurement and control database
TP392
　　S 工程数据库
　　C 测控数据
　　Z 数据库*

测控天线
antenna for telemetry track and command
TN82
　　S 天线*
　　C 测控总线
　　　测控雷达

测控网络
measurement and control network
TP27　TP393
　　D 测控网络系统
　　　网络化测控系统
　　S 控制网络
　　· 测量网络
　　· 工业测控网络
　　C 测控雷达
　　Z 自动化网络*

测控网络系统
　　Y 测控网络

测控系统软件
　　Y 测控软件

测控总线
measurement and control bus
TP2　TP336
　　S 总线*
　　C 测控天线

测力传感器
　　Y 力传感器

测量传感器**
measuring sensor

TP212
　　S 传感器*
　　· 测距传感器
　　· · 超声波测距传感器
　　· · 红外测距传感器
　　· · 激光测距传感器
　　· 称重传感器
　　· 力传感器
　　· · 多维力传感器
　　· · 力矩传感器
　　· · 六维力传感器
　　· · 扭矩传感器
　　· 压力传感器
　　· · 差压传感器
　　· · 电容式压力传感器
　　· · 光纤压力传感器
　　· · 硅压力传感器
　　· · 集成压力传感器
　　· · 气压传感器
　　· · 声表面波压力传感器
　　· · 微压传感器
　　· · 压阻式压力传感器
　　· 应力传感器
　　· 位移传感器
　　· · 电涡流位移传感器
　　· · 光纤位移传感器
　　· · 光栅传感器
　　· · 激光位移传感器
　　· · 角位移传感器
　　· · 容栅传感器
　　· 位置传感器
　　C 测量接收机

测量放大器
　　Y 仪表放大器

测量服务软件
　　Y 测量软件

测量接收机
measuring receiver
TN85
　　S 接收设备*
　　· 场强接收机
　　· 辐射计接收机
　　· 平衡调谐接收机
　　C 仪表放大器
　　　测量传感器
　　　测量雷达

测量雷达
instrumentation radar
TN958
　　D 测试雷达
　　S 雷达*
　　· 测高雷达
　　· 测绘雷达
　　· 测距雷达
　　· 测速雷达
　　C 测量接收机

测量软件
measuring software

TP318
　　D 测量服务软件
　　S 专用软件
　　C 计算机辅助测量
　　L 应用软件**

测量数据库
measurement database
TP392
　　S 工程数据库
　　Z 数据库*

测量网络
measurement network
TP27
　　S 测控网络
　　Z 自动化网络*

测量自动化
measurement automation
TN99
　　S 自动化*
　　C 测试自动化

测频接收机
frequency measurement receiver
TN85
　　S 接收设备*
　　• 晶体视频接收机
　　• 瞬时测频接收机
　　• 压缩接收机

测试程序
　　Y 测试软件

测试代码
　　Y 测试软件

测试电路
test circuit
TN710
　　S 电子电路*

测试工具
　　Y 测试软件

测试脚本
test script
TP311
　　S 脚本程序
　　C 测试软件
　　Z 软件*

测试接口
test interface
TM93　TP334.7
　　S 接口*
　　• JTAG 接口
　　C 测试信号
　　　　测试总线

测试控制器
test controller
TP23
　　S 控制器*

测试雷达
　　Y 测量雷达

测试例
　　Y 测试用例

测试软件
test software
TP311
　　D 性能测试工具
　　　　检查程序
　　　　测试代码
　　　　测试工具
　　　　测试程序
　　S 工具软件**
　　• 基准测试程序
　　• 检测程序
　　• 软件测试工具
　　• 验证程序
　　• 自动测试软件
　　C 测试脚本
　　　　测试语言
　　　　计算机辅助测试
　　　　软件测试

测试生成算法
test generation algorithm
TN40
　　S 生成算法
　　C 诊断软件
　　Z 算法*

测试实例
　　Y 测试用例

测试数据
test data
TP392
　　S 数据*
　　C 测试数据库

测试数据库
test database
TP392
　　S 工程数据库
　　C 测试数据
　　Z 数据库*

测试网络
test network
TM93　TP393
　　D 检测网络
　　S 网络*

测试信号
test signal

TN911　TN948
　　S 信号*
　　C 测试信号发生器
　　　　测试总线
　　　　测试接口
　　　　通信测试仪

测试信号发生器
test signal generator
TN94　TM935
　　S 信号发生器**
　　C 测试信号

测试用例
test case
TP311　TP306
　　D 测试例
　　　　测试实例
　　　　软件测试用例
　　C 软件测试

测试语言
test language
TP312
　　S 计算机语言*
　　C 测试软件

测试自动化
testing automation
TP11
　　S 自动化*
　　C 测量自动化
　　　　自动测试软件

测试总线
test bus
TP336
　　S 总线*
　　• LXI 总线
　　• PXI 总线
　　• VXI 总线
　　C 测试信号
　　　　测试接口

测速电机
　　Y 测速发电机

测速发电机
tachogenerator
TM35
　　D 测速电机
　　S 控制电机
　　• 交流测速发电机
　　• 直流测速发电机
　　Z 微特电机*

测速雷达
speed measuring radar
TN958
　　D 雷达测速仪
　　S 测量雷达
　　Z 雷达*

测向*
direction finding
TN965　TN971　TN953
　　D 方位测定技术
　　　 方向测量
　　　 测向技术
　　· 超分辨测向
　　· 干涉仪测向
　　· 光学测向
　　·· 红外测向
　　·· 激光测向
　　· 水下测向
　　· 瞬时测向
　　· 无线电测向
　　·· 比幅比相测向
　　·· 短波测向
　　·· 多普勒测向
　　·· 函数测向
　　·· 空间谱估计测向
　　·· 宽带信号测向
　　·· 雷达测向
　　·· 时差测向
　　·· 搜索法测向
　　·· 通信测向
　　·· 最小信号法测向
　　C 导航
　　　 测向天线
　　　 测向机
　　　 测向算法

测向机
direction finder
TN971
　　D 无线电测向机
　　S 电子侦察设备
　　· 测向接收机
　　· 单通道测向机
　　· 多普勒测向机
　　· 双通道测向机
　　C 测向
　　　 测向天线
　　Z 电子战装备*

测向技术
　　Y 测向

测向接收机
direction finding receiver
TN85
　　S 测向机
　　Z 电子战装备*

测向算法
direction finding algorithm
TN911　TN971　TN951
　　S 算法*
　　C 测向

测向天线
direction finding antenna
TN973　TN82
　　S 天线*

C 测向
　 测向机

测雨雷达
rainfall measuring radar
TN958
　　S 气象雷达
　　· 星载测雨雷达
　　Z 雷达*

测云雷达
cloud measuring radar
TN958
　　S 气象雷达
　　Z 雷达*

策略编辑器
policy editor
TP316
　　S 编辑器
　　· 系统策略编辑器
　　· 组策略编辑器
　　C 策略语言
　　L 工具软件**

策略冲突检测
policy conflict detection
TP393.08　TP393.07
　　S 网络异常检测
　　C 边界网关协议
　　L 网络安全技术**
　　　 网络防御**

策略代理
policy agent
TP39　TP311
　　S 网络代理
　　Z 网络服务*

策略服务器
policy server
TP368
　　D 策略管理服务器
　　S 服务器*
　　· 安全策略服务器
　　· 网络策略服务器
　　C 策略语言
　　　 策略路由

策略管理服务器
　　Y 策略服务器

策略控制器
policy controller
TP311　TP27
　　S 控制器*

策略路由
policy-based routing
TP393.03
　　D 策略性路由
　　　 策略路由技术
　　S 路由*
　　C 策略服务器

策略路由技术
　　Y 策略路由

策略描述语言
policy description language
TP312
　　S 描述语言
　　　 策略语言
　　Z 计算机语言*

策略网络管理
policy-based network management
TP393.07
　　D PBNM
　　　 基于策略的网络管理
　　　 基于策略网络管理
　　S 网络管理*
　　C 策略语言

策略性路由
　　Y 策略路由

策略语言
policy language
TP312
　　S 计算机语言*
　　· 策略描述语言
　　C 策略服务器
　　　 策略编辑器
　　　 策略网络管理

层次编码
hierarchical coding
TP311
　　S 编码*

层次抽象机
hierarchical abstract machine
TN915　TP301.1
　　S 抽象机
　　Z 自动机*

层次化建模
　　Y 层次建模

层次化聚类
　　Y 层次聚类

层次化软件设计
　　Y 层次设计

层次化设计
　　Y 层次设计

层次化网络
　　Y 分层网络

层次化移动 IPv6
　　Y 层次移动 IPv6 协议

层次建模
hierarchical modeling
TP391.9
　　D 层次化建模
　　S 模型构建*

层次聚类
hierarchical clustering
TP391
　　D 分层聚类
　　　 层次化聚类
　　　 层次式聚类
　　　 层次聚类算法
　　　 系统聚类
　　　 谱系聚类
　　S 聚类*
　　C 分层建模
　　　 层次聚类算法
　　　 数据挖掘

层次聚类算法
hierarchical clustering algorithm
TP391　TP181
　　D 凝聚层次聚类算法
　　S 聚类算法
　　C 层次聚类
　　Y 层次聚类
　　Z 算法*

层次路由
hierarchical routing
TN92
　　D 分层路由
　　S 无线路由
　　C 分层路由协议
　　Z 路由*

层次路由协议
　　Y 分层路由协议

层次设计
hiberarchy design
TP311
　　D 层次化设计
　　　 层次化软件设计
　　S 软件设计
　　Z 软件工程*

层次式聚类
　　Y 层次聚类

层次式网络
　　Y 分层网络

层次算法
hierarchical algorithm
TP301　TN911
　　S 算法*

层次网络
　　Y 分层网络

层次型分类器
hierarchical classifier
TP391.4
　　S 分类器*

层次型移动 IPv6
　　Y 层次移动 IPv6 协议

层次移动 IPv6
　　Y 层次移动 IPv6 协议

层次移动 IPv6 协议
hierarchical mobile IPv6
TN915　TP393.0　TN92
　　D HMIPv6
　　　 HMIPv6 协议
　　　 分层移动 IPv6
　　　 分级移动 IPv6
　　　 层次化移动 IPv6
　　　 层次型移动 IPv6
　　　 层次移动 IPv6
　　S 移动 IPv6 协议
　　L 网络协议**

层叠分类器
cascade classifier
TP39
　　S 分类器*

层间互连
Inter-layer interconnection
TN405
　　S 电路互连
　　Z 半导体工艺*

层绞式光缆
layer stranded fiber optical cable
TN81
　　S 光缆*

层压基板
laminated substrate
TN41
　　D 多层基板
　　　 多层布线基板
　　　 多层板
　　　 层压模板
　　S 电路基板*
　　· 积层多层板

层压模板
　　Y 层压基板

叉指换能器
Inter-digital transducer
TN712
　　D 交叉指型换能器
　　　 叉指型换能器

　　S 换能器*

叉指型换能器
　　Y 叉指换能器

插件
plug-in unit
TP311
　　D 插件开发
　　　 插件程序
　　　 插件设计
　　S 软件*
　　· 第三方插件
　　· 软插件

插件程序
　　Y 插件

插件开发
　　Y 插件

插件设计
　　Y 插件

插值计算
　　Y 插值算法

插值滤波
interpolation filtering
TN713
　　S 滤波*
　　C 插值算法

插值算法
interpolation algorithm
TP391　TN919
　　D 插值计算
　　S 数值算法
　　· 分形插值算法
　　· 内插算法
　　C 插值滤波
　　Z 算法*

查表程序
checking table program
TP311
　　S 专用软件
　　L 应用软件**

查询处理
inquiry processing
TP311　TP391
　　D 查询处理器
　　S 信息处理*
　　· 分布式查询处理
　　· 适应性查询处理
　　C 查询优化
　　　 查询算法

查询处理器
　　Y 查询处理

查询分析器
query analyzer
TN92
　　S 分析器
　　L 工具软件**

查询服务器
query server
TP368
　　S 功能服务器
　　Z 服务器*

查询接口
query interface
TP311
　　S 软件接口
　　C 查询语言
　　L 计算机接口**

查询路由
query routing
TN915
　　S 路由*

查询器
querier
TP311
　　D 查询软件
　　S 工具软件**

查询软件
　　Y 查询器

查询算法
query algorithm
TP31
　　S 算法*
　　C 查询处理

查询系统
　　Y 信息查询系统

查询优化
query optimization
TP311　TP392
　　D 查询优化器
　　　　查询优化算法
　　S 信息优化
　　· 并行查询优化
　　· 多查询优化
　　· 分布式查询优化
　　C 查询处理
　　Z 信息处理*

查询优化器
　　Y 查询优化

查询优化算法
　　Y 查询优化

查询语言
query language
TP392　TP312
　　S 数据库语言
　　· 结构化查询语言
　　C 查询接口
　　Z 计算机语言*

查找算法
lookup algorithm
TP391
　　S 算法*
　　· 路由查找算法

差波束
difference beam
TN95
　　S 波束*
　　C 单脉冲雷达
　　　　相控阵天线

差错跟踪
error tracking
TN91　TP391.4
　　S 跟踪*

差错恢复
　　Y 错误恢复

差错控制编码
error control coding
TN911
　　D 差错控制编码器
　　S 纠错编码
　　Z 编码*

差错控制编码器
　　Y 差错控制编码

差错掩盖
　　Y 错误隐藏

差错隐藏
　　Y 错误隐藏

差动放大电路
　　Y 差分放大器

差动放大器
　　Y 差分放大器

差动继电器
differential relay
TM58
　　S 继电器*

差分GPS
　　Y 差分全球定位系统

差分编码
differential coding
TN911
　　S 编码*
　　· 差分空时编码
　　· 差分相位编码
　　C 差分调制

差分低噪声放大器
differential low-noise amplifier
TN72
　　S 低噪声放大器
　　　　差分放大器
　　Z 放大器*

差分电路
differential circuit
TN7
　　S 电子电路*
　　C 差分信号
　　　　差分接收机
　　　　差分放大器

差分对调幅器
differential pair amplitude modulator
TN761
　　S 调幅器
　　Z 调制器*

差分放大电路
　　Y 差分放大器

差分放大器
differential amplifier
TN72
　　D 差分放大电路
　　　　差动放大器
　　　　差动放大电路
　　S 放大器*
　　· 差分低噪声放大器
　　· 全差分放大器
　　C 差分电路

差分攻击
differential attack
TN918　TP309
　　D 不可能差分攻击
　　S 选择明文攻击
　　L 网络攻击**

差分混沌键控
differential Chaos shift keying
TN76
　　D DCSK
　　S 混沌键控
　　· 调频差分混沌键控
　　L 数字调制**

差分鉴频
differential frequency discrimination

TN76
  S 鉴频
  Z 解调*

差分接收机
differential receiver
TN85
  S 接收设备*
  C 差分电路

差分解调
differential demodulation
TN76
  S 解调*
  • 差分相干解调
  • 频域差分解调
  • 延时差分解调
  C 差分调制

差分进化算法
differential evolution algorithm
TP301
  D DE算法
    差异演化算法
  S 进化算法
  Z 算法*

差分空时编码
differential space-time coding
TN911
  S 差分编码
    空时编码
  • 差分空时分组编码
  C 差分空时调制
  L 通信编码**

差分空时分组编码
differential space time block coding
TN911
  D 差分空时分组码
  S 差分空时编码
    空时分组编码
  L 通信编码**

差分空时分组码
  Y 差分空时分组编码

差分空时调制
differential space-time modulation
TN76
  S 差分调制
  • 差分酉空时调制
  C 差分空时编码
  Z 调制*

差分滤波
differential filtering
TN911 TN713
  S 滤波*
  • 中心差分滤波

差分脉冲编码调制
  Y 差分脉码调制

差分脉码调制
differential pulse code modulation
TN76
  D DPCM
    差分脉冲编码调制
  S 脉冲编码调制
  • 自适应差分脉冲编码调制
  Z 调制*

差分密码分析
differential cryptanalysis
TN918 TP309
  S 密码分析
  Z 信息安全技术*

差分能量水印
differential energy watermark
TP309
  S 数字水印*

差分全球定位系统
differential GPS
TN965
  D DGPS
    DGPS技术
    差分GPS
  S 全球定位系统
  C 差分吸收雷达
  Z 导航系统*

差分四相移相键控
differential quadrature phase shift keying
TN76
  D DQPSK
    QDPSK
    四相差分移相键控
    差分正交相移键控
  S 四相移相键控
    差分相移键控
  • π/4差分四相移相键控
  L 数字调制**

差分调制
differential modulation
TN76
  S 调制*
  • 差分空时调制
  C 差分编码
    差分解调

差分跳频
differential frequency hoping spread spectrum
TN918
  S 跳频
  C 维特比算法
  Z 扩频*

差分吸收激光雷达
differential absorption lidar
TN958
  S 差分吸收雷达
    激光雷达
  Z 雷达*

差分吸收雷达
differential absorption radar
TN958
  S 雷达*
  • 差分吸收激光雷达
  C 差分全球定位系统

差分相干解调
differential coherent demodulation
TN76
  S 差分解调
    相干解调
  Z 解调*

差分相位编码
differential phase encoding
TN911
  S 差分编码
  Z 编码*

差分相移键控
differential phase shift keying
TN76
  D 差分移相键控
  S 相移键控
  • 差分四相移相键控
  • 二进制差分相移键控
  • 脉冲编码调制/差分相移键控
  L 数字调制**

差分信号
differential signal
TN79
  S 信号*
  • 低电压差分信号
  • 最小化传输差分信号
  C 差分电路

差分移相键控
  Y 差分相移键控

差分酉空时调制
differential unitary space-time modulation
TN76
  S 差分空时调制
    酉空时调制
  Z 调制*

差分预编码器
differential precoder
TN92
  S 编码器*

差分运算放大器
　　Y 全差分运算放大器

差分正交相移键控
　　Y 差分四相移相键控

差模电源滤波器
differential mode power filter
TN713
　　S 电源滤波器
　　Z 滤波器*

差模信号
differential mode signal
TN72
　　S 信号*
　　C 差模噪声

差模噪声
differential mode noise
TN713
　　S 信号噪声*
　　C 差模信号

差拍噪声
beat noise
TN929.1
　　D 拍频噪声
　　S 信号噪声*

差压传感器
differential pressure sensor
TP212.1
　　S 压力传感器
　　L 测量传感器**
　　　 物理传感器**

差异演化算法
　　Y 差分进化算法

差转机
　　Y 电视差转机

掺Er3光纤
　　Y 掺铒光纤

掺Er光纤
　　Y 掺铒光纤

掺Yb3光纤
　　Y 掺镱光纤

掺Yb3光纤激光器
　　Y 掺镱光纤激光器

掺Yb3双包层光纤
　　Y 双包层掺镱光纤

掺Yb3双包层光纤激光器
　　Y 掺镱双包层光纤激光器

掺Yb光纤
　　Y 掺镱光纤

掺Yb光纤激光器
　　Y 掺镱光纤激光器

掺Yb双包层光纤
　　Y 双包层掺镱光纤

掺铥光纤放大器
thulium doped fiber amplifier
TN72
　　D TDFA
　　S 光纤放大器
　　C 掺铥光纤激光器
　　L 光放大器**
　　　 光纤器件**

掺铥光纤激光器
thulium doped fiber laser
TN248
　　S 光纤激光器**
　　C 掺铥光纤放大器

掺铒保偏光纤
erbium doped polarization maintaining fiber
TN252
　　S 保偏光纤
　　　 掺铒光纤
　　Z 光纤*

掺铒波导放大器
erbium doped waveguide amplifier
TN72
　　D 掺铒光波导放大器
　　　 掺铒玻璃波导放大器
　　S 光放大器**

掺铒玻璃波导放大器
　　Y 掺铒波导放大器

掺铒放大器
　　Y 掺铒光纤放大器

掺铒光波导放大器
　　Y 掺铒波导放大器

掺铒光纤
erbium doped fiber
TN25
　　D 掺Er3光纤
　　　 掺Er光纤
　　　 掺铒光学纤维
　　S 掺杂光纤
　　· 掺铒保偏光纤
　　· 铋基掺铒光纤
　　C 掺铒光纤放大器
　　　 掺铒光纤激光器
　　Z 光纤*

掺铒光纤放大器
erbium doped fiber amplifier
TN72
　　D EDFA
　　　 掺铒放大器
　　　 铒光纤放大器
　　S 光纤放大器
　　C 掺铒光纤
　　L 光放大器**
　　　 光纤器件**

掺铒光纤环形激光器
　　Y 掺铒光纤激光器

掺铒光纤激光器
erbium doped fiber laser
TN248
　　D 双环掺铒光纤激光器
　　　 掺铒光纤环形激光器
　　　 掺铒激光器
　　S 光纤激光器**
　　　 铒激光器
　　C 受激布里渊散射
　　　 掺铒光纤

掺铒光学纤维
　　Y 掺铒光纤

掺铒硅
　　Y 光致发光材料

掺铒激光器
　　Y 掺铒光纤激光器

掺钕钒酸钆激光器
Nd:GdVO₄ laser
TN248
　　D Nd:GdVO₄激光器
　　S 钕激光器
　　L 固体激光器**

掺钕钒酸钇激光器
Nd:YVO₄ laser
TN248
　　D Nd:YVO₄激光器
　　S 钕激光器
　　L 固体激光器**

掺钕光纤放大器
neodymium doped fiber amplifier
TN72
　　S 光纤放大器
　　L 光放大器**
　　　 光纤器件**

掺钕钇铝石榴石激光器
neodymium doped yttrium aluminum garnet laser
TN248
　　D Nd:YAG固体激光器
　　　 Nd:YAG激光器

S 钇铝石榴石激光器
　　　钕激光器
　　L 固体激光器**

掺钛宝石激光器
　　Y 钛宝石激光器

掺钛蓝宝石激光器
　　Y 钛宝石激光器

掺氧半绝缘多晶硅
　　Y 半绝缘多晶硅

掺镱光纤
ytterbium doped fiber
TN25
　　D 掺Yb3光纤
　　　掺Yb光纤
　　S 掺杂光纤
　　· 双包层掺镱光纤
　　C 掺镱光纤放大器
　　　掺镱光纤激光器
　　Z 光纤*

掺镱光纤放大器
ytterbium doped fiber amplifier
TN72
　　S 光纤放大器
　　C 微波隔离器
　　　掺镱光纤
　　L 光放大器**
　　　光纤器件**

掺镱光纤激光器
ytterbium doped fiber laser
TN248
　　D 掺Yb3光纤激光器
　　　掺Yb光纤激光器
　　　镱掺杂光纤激光器
　　S 光纤激光器**
　　· 掺镱双包层光纤激光器
　　C 掺镱光纤

掺镱双包层光纤
　　Y 双包层掺镱光纤

掺镱双包层光纤激光器
ytterbium doped double clad fiber laser
TN248
　　D 掺Yb3双包层光纤激光器
　　S 双包层光纤激光器
　　　掺镱光纤激光器
　　C 双包层掺镱光纤
　　L 光纤激光器**

掺镱钇铝石榴石激光器
Yb:YAG laser
TN248
　　D Yb:YAG激光器
　　S 钇铝石榴石激光器

　　L 固体激光器**

掺杂半导体
doped semiconductor
TN304
　　D 杂质半导体
　　S 半导体材料*
　　C 半导体掺杂
　　　掺杂剂

掺杂光纤
doped optical fiber
TN818
　　S 光纤*
　　· 掺铒光纤
　　· 掺镱光纤
　　· 铒镱共掺光纤
　　C 掺杂剂

掺杂剂
dopant
TM2
　　S 电子材料*
　　C 半导体掺杂
　　　掺杂光纤
　　　掺杂半导体

产品电子编码
　　Y 电子编码

产品模型数据交换标准
standard for the exchange of product model data
TP391
　　D STEP标准
　　　产品数据交换标准
　　S 数据交换标准
　　Z 信息产业标准*

产品生命周期管理系统
product life-cycle management system
TP311　TP391
　　D PLM系统
　　S 信息应用系统**

产品数据管理
product data management
TP391
　　D 产品信息管理
　　　产品数据管理技术
　　S 数据管理
　　· 分布式产品数据管理
　　C 产品数据交换
　　Z 信息管理*

产品数据管理技术
　　Y 产品数据管理

产品数据交换
product data exchange
TP391
　　S 数据交换
　　C 产品数据管理
　　Z 信息交换*

产品数据交换标准
　　Y 产品模型数据交换标准

产品数据库
product database
TP392
　　S 应用数据库
　　Z 数据库*

产品信息管理
　　Y 产品数据管理

长波传播
long-wave propagation
TN011
　　D 低频传播
　　　低频电波传播
　　S 电波传播*
　　C 长波电台

长波电台
long-wave radio station
TN924
　　D 对海超长波电台
　　　甚长波电台
　　　超长波电台
　　S 通信电台
　　C 甚低频接收机
　　　长波传播
　　Z 无线电台*

长波红外成像
　　Y 红外热成像

长波红外探测器
long-wavelength infrared detector
TN215　TN953
　　D 长波长红外探测器
　　S 红外光电探测器
　　L 光学探测器**
　　　红外器件**

长波雷达
long-wave radar
TN958
　　D 低频雷达
　　S 雷达*
　　· 米波雷达
　　C 长波天线

长波天线
long-wave antenna
TN82
　　D 低频天线
　　S 天线*
　　C 低频信号

长波雷达

长波长红外探测器
　　Y 长波红外探测器

长波长激光器
long-wavelength laser
TN248
　　S 激光器*

长话
　　Y 长途电话

长距离传输
　　Y 远程传输

长距离通信
　　Y 长途通信

长脉冲磁控管
　　Y 脉冲磁控管

长脉冲激光
long pulse laser
TN248
　　S 脉冲激光
　　Z 激光*

长期演进技术
　　Y 移动通信标准

长途传输
　　Y 远程传输

长途电话
long distance call
TN916
　　D 长话
　　S 固定电话
　　C 长途通信
　　Z 通信*

长途电话交换机
　　Y 长途交换机

长途交换机
toll exchange
TN916
　　D 长途电话交换机
　　S 自动电话交换机
　　L 交换设备**
　　　 电话设备**

长途通信
long distance communication
TN913
　　D 远程通信
　　　 远距离通信
　　　 长距离通信
　　S 通信*

C 长途电话

长途通信电缆
long distance communication cable
TM248
　　S 通信电缆
　　Z 电线电缆*

长线传输
　　Y 远程传输

常规雷达
conventional radar
TN958
　　S 雷达*

常规内存
conventional memory
TP333
　　S 内存
　　Z 存储器*

常量编码
constant coding
TP309
　　S 编码*

常模算法
　　Y 常数模算法

常数模算法
constant modulus algorithm
TP301　TN911
　　D 常模算法
　　S 算法*
　　C 信号处理

常压化学气相淀积
atmospheric pressure chemical vapor deposition
TN305
　　D APCVD
　　S 化学气相沉积
　　L 半导体淀积工艺**

常增益滤波
constant gain filtering
TN713
　　S 滤波*

常驻程序
　　Y 内存驻留程序

常驻内存程序
　　Y 内存驻留程序

场发射平板显示器
　　Y 电致发光显示器

场发射三极管
field emission triode
TN11
　　D 真空场发射三极管
　　S 真空三极管
　　L 电子管**

场发射显示
　　Y 电致发光显示

场发射显示器
　　Y 电致发光显示器

场发射显示器件
　　Y 电致发光显示器

场截止型绝缘栅双极晶体管
field stop-IGBT
TN32
　　D FS-IGBT
　　S 绝缘栅双极晶体管
　　L 半导体分立器件**
　　　 双极器件**
　　　 电力半导体器件**

场景仿真
scene simulation
TP391.9
　　D 场景模拟
　　S 景物模拟
　　• 红外场景仿真
　　C 场景交互
　　　 场景建模
　　Z 仿真*

场景建模
environment modeling
TP391.9
　　S 模型构建*
　　• 三维场景建模
　　C 场景仿真

场景交互
scene interaction
TP391
　　S 信息交互
　　C 场景仿真
　　Z 交互*

场景模拟
　　Y 场景仿真

场景数据库
scene database
TP392
　　S 应用数据库
　　Z 数据库*

场面监视雷达
surface surveillance radar
TN958

D 机场场面监视雷达
S 机场监视雷达
Z 雷达*

场强计
Y 场强仪

场强接收机
field intensity receiver
TN85
S 测量接收机
C 场强仪
Z 接收设备*

场强仪
field strength instrument
TM937
D 场强计
S 电子测量仪器*
C 场强接收机

场扫描电路
field sweep circuit
TN949
S 扫描电路
Z 电子电路*

场输出电路
field output circuit
TN710
S 输出电路
Z 电子电路*

场效应管
Y 场效应晶体管

场效应晶体管
field effect transistor
TN386
D 半导体场效应晶体管
半导体场效应管
单晶体管
单极型晶体管
单极晶体管
场效应管
S 晶体管
• MOS 场效应晶体管
• N 沟道场效应晶体管
• 薄膜场效应晶体管
• 调制掺杂场效应晶体管
• 功率场效应晶体管
• 结型场效应晶体管
• 金属半导体场效应晶体管
• 聚合物场效应晶体管
• 绝缘栅场效应晶体管
• 离子敏场效应晶体管
• 砷化镓场效应晶体管
• 铁电场效应晶体管
• 微波场效应晶体管
• 异质结场效应晶体管
• 有机场效应晶体管
L 半导体分立器件**

场致发光
Y 电致发光

场致发光显示器
Y 电致发光显示器

场致发射显示
Y 电致发光显示

场致发射显示板
Y 电致发光显示器

场致发射显示器件
Y 电致发光显示器

超薄键盘
ultrathin keyboard
TP334.2
S 键盘
Z 外部设备*

超标量处理机
Y 超标量处理器

超标量处理器
superscalar processor
TP33
D 超标量处理机
超标量微处理器
S 微处理器*

超标量微处理器
Y 超标量处理器

超长波传播
ultra-long wave propagation
TN011
D 甚低频传播
S 电波传播*
C 甚低频接收机
超低频通信

超长波电台
Y 长波电台

超长波通信
Y 超低频通信

超长距离传输
ultra long haul
TN929.1
S 远程传输
Z 信息传输*

超磁放大器
Y 磁放大器

超磁致伸缩换能器
Y 磁致伸缩换能器

超磁致伸缩驱动器
Y 磁致伸缩驱动器

超大规模集成电路
very large scale integrated circuit
TN47
D VLSI
VLSI 芯片
VLSI 设计
超大规模集成电路芯片
超大规模集成电路设计
超大集成电路
S 大规模集成电路
C 阵列处理器
Z 集成电路*

超大规模集成电路设计
Y 超大规模集成电路

超大规模集成电路芯片
Y 超大规模集成电路

超大集成电路
Y 超大规模集成电路

超大型计算机
Y 超级计算机

超导半导体
superconducting semiconductor
TN304
D 超导半导体材料
超导性半导体
S 半导体材料*
C 超导存储器
超导电缆
超导隧道结

超导半导体材料
Y 超导半导体

超导存储器
superconducting memory
TP333
D 超导存贮器
S 存储器*
C 超导半导体

超导存贮器
Y 超导存储器

超导电缆
superconductor cable
TM249
S 特种电缆
• 高温超导电缆
C 超导半导体
Z 电线电缆*

超导电子学
superconducting electronics
TN01
　　D 低温电子学
　　S 电子学*
　　C 超导计算机
　　　 超导隧道结

超导红外探测器
superconducting infrared detector
TN215　TN953
　　S 红外探测器
　　　 超导探测器
　　C 高温超导探测器
　　L 光学探测器**
　　　 红外器件**

超导计算机
superconducting computer
TP33
　　S 计算机*
　　C 超导探测器
　　　 超导电子学

超导结
　　Y 超导隧道结

超导量子干涉器
　　Y 超导量子干涉器件

超导量子干涉器件
superconducting quantum interference device
TN3
　　D 超导量子干涉器
　　S 量子器件*

超导滤波器
superconductor filter
TN713
　　D 高温超导滤波器
　　S 滤波器*

超导隧道结
superconducting tunnel junction
TN303
　　D 约瑟夫森结
　　　 约瑟夫逊结
　　　 超导结
　　S 隧道结
　　C 超导半导体
　　　 超导电子学
　　Z 半导体结*

超导探测器
superconducting detector
TN215　TN953
　　S 探测器*
　　· 超导红外探测器
　　· 高温超导探测器
　　C 超导计算机
　　　 超导谐振器

超导天线
superconducting antenna
TN82
　　S 天线*
　　C 圆极化

超导谐振器
superconducting resonator
TN75
　　S 谐振器*
　　C 超导探测器

超导性半导体
　　Y 超导半导体

超低副瓣天线
　　Y 低副瓣天线

超低频通信
ultra-low frequency communication
TN92
　　D 超长波通信
　　S 无线通信**
　　C 超低频信号
　　　 超长波传播

超低频信号
ultra-low frequency signal
TN911
　　S 信号*
　　C 超低频通信

超低频信号发生器
　　Y 低频信号发生器

超低温电缆
　　Y 低温电缆

超低噪声行波管
　　Y 低噪声行波管

超地平线雷达
　　Y 超视距雷达

超短波传播
　　Y 厘米波传播

超短波电台
ultra-short wave radio station
TN924
　　D 甚高频无线电台
　　　 甚高频电台
　　　 超短波无线电台
　　S 短波电台
　　C 厘米波传播
　　　 超短波发射机
　　　 超短波接收机
　　　 超短波通信
　　Z 无线电台*

超短波发射机
ultra-short wave transmitter
TN83
　　D 甚高频发信机
　　　 超短波发信机
　　S 无线电发射机
　　C 厘米波传播
　　　 超短波接收机
　　　 超短波电台
　　　 超短波通信
　　Z 发射机*

超短波发信机
　　Y 超短波发射机

超短波接收机
ultra-short wave receiver
TN85
　　S 无线电接收机
　　C 超短波发射机
　　　 超短波电台
　　　 超短波通信
　　Z 接收设备*

超短波雷达
ultra-short wave radar
TN958
　　D VHF雷达
　　　 甚高频雷达
　　S 雷达*

超短波天线
ultra-short wave antenna
TN82
　　D 甚高频天线
　　　 米波天线
　　S 短波天线
　　C 超短波通信
　　Z 天线*

超短波通信
ultra-short wave communication
TN925　TN911
　　D VHF通信
　　　 甚高频通信
　　S 短波通信
　　C 超短波发射机
　　　 超短波天线
　　　 超短波接收机
　　　 超短波电台
　　L 无线通信**

超短波无线电台
　　Y 超短波电台

超短超强激光
ultra-short ultra-intense laser
TN241
　　D 超强超短激光
　　　 超强超短激光器
　　　 超短脉冲强激光
　　　 超短超强激光器

超短超强激光脉冲
　　超短超强脉冲激光
　S　超强激光
　Z　激光*

超短超强激光脉冲
　Y　超短超强激光

超短超强激光器
　Y　超短超强激光

超短超强脉冲激光
　Y　超短超强激光

超短光脉冲
　Y　超短脉冲激光

超短激光
　Y　超短脉冲激光

超短激光脉冲
　Y　超短脉冲激光

超短脉冲激光
ultrashort pulse laser
TN248
　D　超快激光
　　　超快激光技术
　　　超短光脉冲
　　　超短激光
　　　超短激光脉冲
　　　超短脉冲激光器
　S　脉冲激光
　•　飞秒激光
　•　皮秒激光
　C　孤子激光器
　Z　激光*

超短脉冲激光器
　Y　超短脉冲激光

超短脉冲强激光
　Y　超短超强激光

超分辨测向
super-resolution direction finding
TN971
　D　高分辨测向
　　　高分辨率测向
　S　测向*

超分辨率复原
super-resolution restoration
TP391
　D　超分辨率图像复原
　　　超分辨率图像重建
　　　超分辨率重构
　S　图像复原
　L　图像处理**

超分辨率算法
　Y　超分辨率重建算法

超分辨率图像复原
　Y　超分辨率复原

超分辨率图像重建
　Y　超分辨率复原

超分辨率重构
　Y　超分辨率复原

超分辨率重建算法
super-resolution reconstruction algorithm
TN911　TP301　TN95
　D　超分辨率算法
　　　超分辨算法
　S　图像算法
　　　重建算法
　Z　算法*

超分辨算法
　Y　超分辨率重建算法

超辐射二极管
　Y　超辐射发光二极管

超辐射发光二极管
super luminescent diode
TN31　TN383
　D　超辐射二极管
　　　超辐射发光管
　　　超辐射激光二极管
　S　发光二极管
　L　半导体发光器件**

超辐射发光管
　Y　超辐射发光二极管

超辐射激光二极管
　Y　超辐射发光二极管

超高频传播
　Y　厘米波传播

超高频电子管
　Y　微波电子管

超高频管
　Y　微波管

超高频三极管
　Y　微波三极管

超高频射频识别
UHF radio frequency identification
TP391
　D　UHF RFID
　S　射频识别
　Z　自动识别*

超高频信号发生器
　Y　高频信号发生器

超高频振荡器
UHF oscillator
TN752
　S　振荡器*

超高清电视
ultra high definition television
TN941
　D　4K 电视
　　　UHDTV
　　　超高清数字电视
　S　数字电视
　Z　电视*

超高清数字电视
　Y　超高清电视

超高速电路
　Y　超高速集成电路

超高速光电倍增管
ultra high speed photomultiplier
TN15
　D　快速光电倍增管
　S　门控光电倍增管
　L　电子束管**

超高速缓冲存储器
　Y　高速缓冲存储器

超高速缓存
　Y　高速缓冲存储器

超高速集成电路
ultra high speed integrated circuit
TN47
　D　VHSIC
　　　超高速电路
　S　高速集成电路
　Z　集成电路*

超高速集成电路硬件描述语言
　Y　VHDL 语言

超高速计算机
　Y　超级计算机

超高速模数转换器
　Y　高速模数转换器

超高速数据采集
　Y　高速数据采集

超高速数字电路
　　Y 高速数字电路

超高速硬件描述语言
　　Y VHDL 语言

超高温电缆
　　Y 高温电缆

超高真空化学气相沉积
　　Y 超高真空化学气相淀积

超高真空化学气相淀积
Ultra high vacuum chemical vapor deposition
TN305
　　D UHVCVD
　　　超高真空化学气相沉积
　　S 化学气相沉积
　　L 半导体淀积工艺**

超混沌电路
hyper-chaotic circuit
TN710
　　S 混沌电路
　　Z 电子电路*

超级电脑
　　Y 超级计算机

超级电容器
super capacitor
TM531
　　S 电容器*
　　C 蓄电池

超级服务器
super server
TP368
　　S 服务器*
　　C 超级计算机

超级计算机
supercomputer
TP33
　　D 亿次机
　　　巨型机
　　　巨型计算机
　　　数据分析超级计算机
　　　超大型计算机
　　　超级电脑
　　　超级计算机系统
　　　超高速计算机
　　S 电子数字计算机**
　　C 超级服务器
　　　超级终端
　　　高性能微处理器
　　　高性能计算
　　　高性能计算机

超级计算机系统
　　Y 超级计算机

超级介质
　　Y 超媒体

超级媒体
　　Y 超媒体

超级文本置标语言
　　Y 超文本标记语言

超级终端
super terminal
TP33
　　S 终端设备*
　　C 超级计算机

超晶格半导体
superlattice semiconductor
TN304
　　D 超晶格材料
　　　超晶格结构半导体
　　S 半导体材料*

超晶格材料
　　Y 超晶格半导体

超晶格结构半导体
　　Y 超晶格半导体

超快激光
　　Y 超短脉冲激光

超快激光技术
　　Y 超短脉冲激光

超宽带 SAR
　　Y 超宽带合成孔径雷达

超宽带冲激无线电
　　Y 超宽带无线通信

超宽带穿墙雷达
ultra wideband through-the-wall radar
TN958
　　D UWB 穿墙雷达
　　S 超宽带雷达
　　Z 雷达*

超宽带低噪声放大器
ultra wideband low-noise amplifier
TN72
　　S 宽带低噪声放大器
　　　超宽带放大器
　　Z 放大器*

超宽带放大器
ultra wideband amplifier
TN72
　　S 宽带放大器
　　· 超宽带低噪声放大器
　　· 超宽带光纤放大器
　　C 超宽带信号
　　Z 放大器*

超宽带光纤放大器
ultra wideband fiber amplifier
TN72
　　S 光纤放大器
　　　超宽带放大器
　　L 光放大器**
　　　光纤器件**

超宽带合成孔径雷达
UWB synthetic aperture radar
TN958
　　D UWB SAR
　　　低频超宽带合成孔径雷达
　　　超宽带 SAR
　　S 合成孔径雷达
　　　超宽带雷达
　　Z 雷达*

超宽带雷达
ultra wideband radar
TN958
　　S 宽带雷达
　　· 超宽带穿墙雷达
　　· 超宽带合成孔径雷达
　　· 超宽带探地雷达
　　C 超宽带信号
　　　超宽带天线
　　Z 雷达*

超宽带雷达信号
　　Y 宽带雷达信号

超宽带滤波器
　　Y 宽带滤波器

超宽带脉冲无线电
　　Y 脉冲无线电

超宽带探地雷达
UWB ground penetrating radar
TN958
　　S 超宽带雷达
　　Z 雷达*

超宽带天线
ultra wideband antenna
TN82
　　S 宽带天线
　　· Vivaldi 天线
　　C 超宽带雷达
　　Z 天线*

超宽带通信
　　Y 超宽带无线通信

超宽带通信技术
　　Y 超宽带无线通信

超宽带无线电
　　Y 超宽带无线通信

超宽带无线电技术
　　Y 超宽带无线通信

超宽带无线技术
　　Y 超宽带无线通信

超宽带无线通信
ultra wideband wireless
communication
TN92
　　D UWB 通信
　　　　冲激无线电
　　　　超宽带冲激无线电
　　　　超宽带无线技术
　　　　超宽带无线电
　　　　超宽带无线电技术
　　　　超宽带无线通信技术
　　　　超宽带通信
　　　　超宽带通信技术
　　　　超宽频无线技术
　　S 无线通信**
　　C 冲激信号
　　　　脉冲噪声

超宽带无线通信技术
　　Y 超宽带无线通信

超宽带信号
ultra wideband signal
TN92
　　D UWB 信号
　　S 宽带信号
　　C 超宽带放大器
　　　　超宽带雷达
　　Z 信号*

超宽频无线技术
　　Y 超宽带无线通信

超链分析
　　Y 链接分析

超媒体
ultra media
TP393.09　TP37
　　D UMedia
　　　　超媒体技术
　　　　超媒体系统
　　　　超媒质
　　　　超级介质
　　　　超级媒体
　　S 多媒体*

　　• 自适应超媒体

超媒体技术
　　Y 超媒体

超媒体系统
　　Y 超媒体

超媒质
　　Y 超媒体

超扭曲向列型液晶显示器
super twisted nematic liquid
crystal display
TN87　TN27
　　D STN-LCD
　　　　扭曲向列型液晶显示器
　　S 液晶显示器
　　Z 显示设备*

超浅结
ultra shallow junction
TN303
　　S 半导体结*

超强超短激光
　　Y 超短超强激光

超强超短激光器
　　Y 超短超强激光

超强激光
ultra intense laser
TN241
　　S 激光*
　　• 超短超强激光

超群链路
supergroup link
TN915
　　D 超主群链路
　　S 链路*

超人工智能
super artificial intelligence
TP18
　　S 人工智能*

超瑞利效应
　　Y 瑞利散射

超深亚微米工艺
　　Y 深亚微米工艺

超深亚微米集成电路
　　Y 深亚微米集成电路

超声波测距传感器
ultrasonic ranging sensor
TP212
　　S 测距传感器
　　　　超声波传感器
　　L 测量传感器**
　　　　物理传感器**

超声波传感器
ultrasonic sensor
TP212.42
　　D 超声传感器
　　S 声学传感器
　　• 超声波测距传感器
　　• 超声波流量传感器
　　L 物理传感器**

超声波电机
ultrasonic motor
TM38
　　D 压电马达
　　　　超声电机
　　　　超声马达
　　S 微型电动机
　　Z 微特电机*

超声波换能器
　　Y 超声换能器

超声波雷达
ultrasonic radar
TN958
　　D 超声雷达
　　S 雷达*
　　C 倒车雷达
　　　　汽车防撞雷达

超声波流量传感器
ultrasonic flow sensor
TP212
　　D 超声流量传感器
　　S 流量传感器
　　　　超声波传感器
　　L 物理传感器**

超声传感器
　　Y 超声波传感器

超声电机
　　Y 超声波电机

超声跟踪
ultrasound tracking
TN6
　　S 声跟踪*
　　C 声光器件

超声换能器
ultrasonic transducer
TN712
　　D 超声波换能器
　　S 电声换能器
　　• 电磁超声换能器
　　• 聚焦超声换能器

• 压电超声换能器
C 超声键合
Z 换能器*

超声键合
ultrasonic bonding
TN305
    S 键合工艺
    • 超声引线键合
    • 热超声键合
    C 超声换能器
    Z 半导体工艺*

超声雷达
    Y 超声波雷达

超声流量传感器
    Y 超声波流量传感器

超声马达
    Y 超声波电机

超声图像分割
ultrasonic image segmentation
TP391
    S 图像分割
    L 图像处理**

超声引线键合
ultrasonic wire bonding
TN305
    S 引线键合
        超声键合
    Z 半导体工艺*

超视距传播
trans-horizon propagation
TN92　TN011
    S 对流层电波传播
    C 超视距雷达
    Z 电波传播*

超视距雷达
over-the-horizon radar
TN958
    D 超地平线雷达
    S 雷达*
    • 地波超视距雷达
    • 天波雷达
    C 超视距传播

超突变结
hyperabrupt junction
TN303
    S 半导体结*

超椭圆曲线密码
    Y 椭圆曲线密码

超椭圆曲线密码体制
    Y 椭圆曲线密码体制

超外差接收机
superheterodyne receiver
TN92　TN85
    D 超外差式接收机
        超外差收信机
    S 接收设备*

超外差式接收机
    Y 超外差接收机

超外差式收音机
superheterodyne radio set
TN85
    D 超外差收音机
    S 收音机*

超外差收信机
    Y 超外差接收机

超外差收音机
    Y 超外差式收音机

超文本标记语言
hyper text markup language
TP312　TP393.09
    D DHTML
        DHTML 技术
        DHTML 语言
        HTML
        HTML 语言
        动态 HTML
        超文本标志语言
        超文本标注语言
        超文本标识语言
        超文本置标语言
        超文本语言
        超文本链接标识语言
        超级文本置标语言
    S 标记语言
    • HTML 画布元素
    C HTML 解析器
    Z 计算机语言*

超文本标识语言
    Y 超文本标记语言

超文本标志语言
    Y 超文本标记语言

超文本标注语言
    Y 超文本标记语言

超文本传输安全协议
    Y 安全超文本传输协议

超文本传输协议
hypertext transfer protocol
TP393.0
    D HTTP
        HTTP 协议
        超文本传送协议
    S 传输协议
        应用层协议
    • 安全超文本传输协议
    C HTTP 服务器
        分块编码
    L 网络协议**

超文本传输协议服务器
    Y HTTP 服务器

超文本传送协议
    Y 超文本传输协议

超文本分类
hypertext classification
TP391.1
    S 文本分类
    L 文本处理**

超文本链接标识语言
    Y 超文本标记语言

超文本语言
    Y 超文本标记语言

超文本预处理器
hypertext preprocessor
TP312
    D PHP 技术
        PHP 编程语言
        PHP 语言
    S 脚本语言
    Z 计算机语言*

超文本置标语言
    Y 超文本标记语言

超五类网线
    Y 超五类线

超五类线
CAT5e cable
TM248
    D 超五类线缆
        超五类网线
    S 双绞线
    Z 电线电缆*

超五类线缆
    Y 超五类线

超小孔径终端
    Y 甚小天线地球站

超小型封装
very small out-line package
TN05
    D VSOP
    S 小尺寸封装
    L 半导体封装**

超音频变压器
supersonic transformer
TM42
　　S 电子变压器**

超余割平方波束
　　Y 余割平方波束

超再生接收机
super regenerative receiver
TN85
　　S 接收设备*

超正析像管
　　Y 析像管

超主群链路
　　Y 超群链路

车比雪夫滤波器
　　Y 切比雪夫滤波器

车标识别
vehicle-logo recognition
TP391
　　D 车标识别系统
　　S 车辆识别
　　Z 自动识别*
　　　信息识别*

车标识别系统
　　Y 车标识别

车道识别
　　Y 车道线识别

车道线识别
lane identification
TP391
　　D 车道线识别系统
　　　车道识别
　　S 道路识别
　　Z 自动识别*
　　　信息识别*

车道线识别系统
　　Y 车道线识别

车号识别
　　Y 车牌识别

车号自动识别
　　Y 车牌识别

车号自动识别系统
　　Y 车牌识别

车际网
inter-vehicle network
TP2　TN92
　　D 车外网
　　S 车联网*

车联网*
internet of vehicles
TP2　TN92
　　D 车联网技术
　　　车辆物联网
　　• 车际网
　　• 车载网络
　　•• 车内局域网
　　••• 车身网络
　　••• 车载以太网
　　•• 车载通信网络
　　••• 车载自组织网络
　　• 汽车电子网络
　　• 车载移动互联网
　　C 智能交通
　　　物联网
　　　车辆识别

车联网技术
　　Y 车联网

车辆导航系统
　　Y 车载导航系统

车辆定位系统
vehicle positioning system
TN966
　　D 自动车辆定位 AVL 系统
　　S 导航定位系统
　　C 定位跟踪
　　　车载导航系统
　　　车辆跟踪
　　Z 导航系统*

车辆跟踪
vehicle tracking
TN971
　　S 机动目标跟踪
　　C 车载导航系统
　　　车辆定位系统
　　Z 目标跟踪*

车辆识别
automatic vehicle identification
TP391
　　D 车辆自动识别
　　S 信息识别*
　　　自动识别*
　　• 车标识别
　　• 车牌识别
　　• 车型识别
　　C 卷积神经网络
　　　特征提取
　　　车联网

车辆物联网
　　Y 车联网

车辆自动识别
　　Y 车辆识别

车辆总线
　　Y 列车总线

车轮速度传感器
　　Y 轮速传感器

车内局域网
in-vehicle local area network
TP2　TP393
　　D 车载局域网
　　S 车载网络
　　• 车身网络
　　• 车载以太网
　　Z 车联网*

车牌号识别
　　Y 车牌识别

车牌识别
license plate recognition
TP391.4
　　D 汽车牌照识别
　　　牌照定位
　　　牌照提取
　　　牌照识别
　　　车号自动识别
　　　车号自动识别系统
　　　车号识别
　　　车牌号识别
　　　车牌字符识别
　　　车牌自动识别系统
　　　车牌识别技术
　　　车牌识别算法
　　　车牌识别系统
　　S 车辆识别
　　C 字符分割
　　　字符识别
　　　车牌提取
　　Z 自动识别*
　　　信息识别*

车牌识别技术
　　Y 车牌识别

车牌识别算法
　　Y 车牌识别

车牌识别系统
　　Y 车牌识别

车牌提取
license plate extraction
TP31
　　S 信息抽取**
　　C 车牌识别

车牌自动识别系统
　　Y 车牌识别

车牌字符分割
license plate character segmentation
TP391
　　S 图像分割
　　　　字符分割
　　L 图像处理**

车牌字符识别
　　Y 车牌识别

车身电子稳定系统
vehicle electronic stability program
TP318
　　D 汽车电子稳定程序
　　　　汽车电子稳定程序控制系统
　　S 汽车电子控制系统
　　Z 汽车电子系统*
　　　　控制系统*

车身网络
vehicle body network
TP393.0　TN915
　　S 车内局域网
　　Z 车联网*

车外网
　　Y 车际网

车型识别
vehicle type recognition
TP31
　　D 自动车型识别
　　S 车辆识别
　　Z 自动识别*
　　　　信息识别*

车用自组织网络
　　Y 车载自组织网络

车载导航
vehicle navigation
TN965
　　S 导航*
　　• 车载语音导航
　　C 角速度传感器
　　　　车载导航系统
　　　　车载电台

车载导航系统
vehicle navigation system
TN966
　　D 汽车导航系统
　　　　车辆导航系统
　　S 导航系统*
　　　　汽车电子系统*
　　• 车载组合导航系统
　　C 地图匹配
　　　　车载导航
　　　　车辆定位系统
　　　　车辆跟踪

车载导航终端
vehicle navigation terminal
TN965
　　S 导航终端
　　　　车载终端
　　Z 终端设备*

车载地面站
vehicle satellite earth station
TN927
　　D 车载卫星地面站
　　　　车载卫星通信地球站
　　　　车载地球站
　　　　车载式地球站
　　　　车载式地面站
　　S 移动地球站
　　Z 地面站*

车载地球站
　　Y 车载地面站

车载电脑
　　Y 车载计算机

车载电视
vehicular TV
TN94
　　D 车载移动数字电视
　　　　车载移动电视
　　S 移动电视
　　C 车载移动终端
　　Z 电视*

车载电台
vehicle station
TN924
　　D 车载台
　　S 移动电台
　　C 车载导航
　　Z 无线电台*

车载激光雷达
vehicle-borne lidar
TN958
　　S 激光雷达
　　　　车载雷达
　　C 地面三维激光扫描
　　Z 雷达*

车载计算机
on-board computer
TP39　TP33
　　D 车装电子计算机
　　　　车载电脑
　　S 专用计算机
　　C 车载终端
　　Z 计算机*

车载局域网
　　Y 车内局域网

车载雷达
vehicle-borne radar
TN958
　　D 汽车雷达
　　S 机动雷达
　　• 车载激光雷达
　　• 倒车雷达
　　• 汽车防撞雷达
　　C 车载雷达天线
　　Z 雷达*

车载雷达天线
vehicle-borne radar antenna
TN82
　　S 车载天线
　　　　雷达天线
　　C 车载雷达
　　Z 天线*

车载逆变电源
vehicle inverter
TN86
　　D 车载逆变器
　　S 逆变电源
　　Z 电源*

车载逆变器
　　Y 车载逆变电源

车载式地面站
　　Y 车载地面站

车载式地球站
　　Y 车载地面站

车载随意移动网络
　　Y 车载自组织网络

车载台
　　Y 车载电台

车载天线
vehicle-borne antenna
TN82
　　D 汽车天线
　　　　车载天线系统
　　S 天线*
　　• 车载雷达天线
　　• 车载卫星天线
　　C 车载移动终端

车载天线系统
　　Y 车载天线

车载通信网络
vehicular communication network
TN92　TP393
　　S 车载网络
　　　　通信网络*
　　• 车载自组织网络
　　Z 车联网*

车载网
　　Y 车载网络

车载网关
in-vehicle gateway
TN915
　　S 网关
　　C 车载网络
　　L 网络互连设备**

车载网络
in-vehicle network
TP393　TP2
　　D 车载网
　　　　车载网络系统
　　S 车联网*
　　· 车内局域网
　　· 车载通信网络
　　· 汽车电子网络
　　C 车载网关

车载网络系统
　　Y 车载网络

车载卫星地面站
　　Y 车载地面站

车载卫星天线
vehicle-borne satellite antenna
TN82
　　S 卫星通信天线
　　　　车载天线
　　L 卫星天线**
　　　　通信天线**

车载卫星通信地球站
　　Y 车载地面站

车载信息系统
in-vehicle information system
TP391
　　D 汽车信息系统
　　　　车载信息娱乐系统
　　S 信息系统*
　　C 车载信息终端

车载信息娱乐系统
　　Y 车载信息系统

车载信息终端
vehicle information terminal
TP334.1
　　S 信息终端
　　　　车载终端
　　C 车载信息系统
　　　　车载移动终端
　　Z 终端设备*

车载移动电视
　　Y 车载电视

车载移动互联网
in-vehicle mobile internet
TN92　TP393
　　S 车联网*

车载移动数字电视
　　Y 车载电视

车载移动终端
vehicle mobile terminal
TN929.5
　　S 移动终端
　　　　车载终端
　　C 车载信息终端
　　　　车载天线
　　　　车载电视
　　L 通信终端**

车载以太网
in-vehicle Ethernet
TP393　TP2
　　D 汽车以太网
　　S 车内局域网
　　Z 车联网*

车载影音系统
car video system
TN912
　　S 汽车电子系统*

车载语音导航
vehicle voice navigation
TN96
　　S 车载导航
　　Z 导航*

车载智能终端
vehicle intelligent terminal
TN87　TN92
　　D 智能车载终端
　　S 智能移动终端
　　　　车载终端
　　L 通信终端**

车载终端
vehicle terminal
TP334.1
　　D 车载终端系统
　　S 终端设备*
　　· 车载导航终端
　　· 车载信息终端
　　· 车载移动终端
　　· 车载智能终端
　　C 车载计算机

车载终端系统
　　Y 车载终端

车载自组网
　　Y 车载自组织网络

车载自组织网
　　Y 车载自组织网络

车载自组织网络
vehicular Adhoc network
TN92
　　D VANET
　　　　车用自组织网络
　　　　车载自组织网
　　　　车载自组网
　　　　车载随意移动网络
　　S 自组织网络
　　　　车载通信网络
　　Z 车联网*
　　　　无线网络*
　　　　通信网络*

车载组合导航系统
vehicle integrated navigation system
TN966
　　S 组合导航系统
　　　　车载导航系统
　　Z 导航系统*
　　　　汽车电子系统*

车装电子计算机
　　Y 车载计算机

沉浸式虚拟现实
immersive virtual reality
TP391.9
　　S 虚拟现实
　　Z 虚拟技术*

衬底
　　Y 半导体衬底

衬底半导体
　　Y 半导体衬底

衬底材料
substrate material
TN304
　　D 基底材料
　　S 电子材料*

称重传感器
weighing sensor
TP212
　　S 测量传感器**

成簇算法
clustering algorithm
TP2　TN92
　　S 分簇算法
　　Z 算法*

成绩查询系统
score inquery system
TP311

S 信息查询系统
　　Z 信息系统*

成象雷达
　　Y 成像雷达

成像处理
imaging processing
TN95
　　D 成像处理器
　　S 图像处理**
　　• 实时成像处理
　　C 成像声呐
　　　成像探测器
　　　成像算法

成像处理器
　　Y 成像处理

成像仿真
imaging simulation
TP391.9
　　S 仿真*
　　• 红外成像仿真
　　C 成像探测器
　　　成像算法

成像跟踪
　　Y 图像跟踪

成像激光雷达
　　Y 激光成像雷达

成像雷达
imaging radar
TN958
　　D 成象雷达
　　S 雷达*
　　• 侧视雷达
　　• 地形成像雷达
　　• 地形跟踪雷达
　　• 激光成像雷达
　　C 成像声呐

成像声呐
imaging sonar
U666
　　S 声呐*
　　• 合成孔径声呐
　　C 成像处理
　　　成像雷达

成像算法
imaging algorithm
TP391
　　S 图像算法
　　• CS成像算法
　　• 波数域算法
　　• 极坐标格式算法
　　• 距离多普勒算法
　　C 成像仿真

　　　成像处理
　　Z 算法*

成像探测器
imaging detector
TN2
　　S 探测器*
　　C 成像仿真
　　　成像处理

成组多播
　　Y 组播

承载网
bearer network
TN916　TN915
　　D 承载网络
　　　支撑网
　　S 通信网络*
　　• IP承载网
　　• 逻辑承载网
　　• 数据承载网
　　• 一体化承载网络
　　C 分组传送网
　　　可控组播

承载网络
　　Y 承载网

城市仿真
urban simulation
TP391.9
　　S 环境仿真
　　C 城市信息系统
　　Z 仿真*

城市规划信息化
　　Y 城市信息化

城市信息化
urban informatization
TP391
　　D 城市规划信息化
　　S 信息化*
　　C 智慧城市

城市信息系统
urban information system
TP391
　　S 信息应用系统**
　　C 城市仿真

城市一卡通
　　Y 城市一卡通系统

城市一卡通系统
urban smart card system
TP391　TP311
　　D 城市一卡通
　　S 一卡通系统
　　Z 电子系统*

城域传送网
metropolitan transport network
TN92　TN915
　　S 传送网
　　　城域网
　　• 城域光传送网
　　Z 计算机网络*
　　　通信网络*

城域骨干网
metropolitan backbone network
TN915
　　S 城域网
　　　骨干网
　　Z 计算机网络*
　　　通信网络*

城域光传输网
　　Y 城域光传送网

城域光传送网
metropolitan optical transport network
TN929.1
　　D 城域光传输网
　　S 光传送网
　　　城域传送网
　　　城域光网络
　　L 光通信网络**

城域光网
　　Y 城域光网络

城域光网络
metropolitan optical network
TP393.1　TN929.1　TN915
　　D 光城域网
　　　光纤城域网
　　　城域光纤网络
　　　城域光网
　　S 光网络*
　　　城域网
　　• 城域光传送网
　　• 城域宽带网
　　Z 计算机网络*

城域光纤网络
　　Y 城域光网络

城域接入网
metropolitan access network
TN916
　　S 城域网
　　　接入网
　　Z 计算机网络*
　　　通信网络*

城域宽带网
metropolitan broadband network
TN92　TN94　TN915
　　S 城域光网络
　　　宽带网**

· 128 ·

城域网
metropolitan area network
TN915
　　D 市域网
　　S 计算机网络*
　　· 城域传送网
　　· 城域骨干网
　　· 城域光网络
　　· 城域接入网
　　· 城域以太网
　　· 广电城域网
　　· 教育城域网
　　· 无线城域网
　　C 弹性分组数据环
　　　电信级以太网

城域以太网
metropolitan Ethernet
TN916　TP393.1
　　S 以太网
　　　城域网
　　L 局域网**

乘法型 D/A 转换器
　　Y 乘法型数模转换器

乘法型数模转换器
multiplying digital-to-analog
converter
TP792
　　D 乘法型 D/A 转换器
　　S 数模转换器
　　Z 转换器*
　　　集成电路*

乘积检波器
product detector
TN763
　　S 检波器*

乘数寄存器
multiplier register
TP33
　　S 计算寄存器
　　Z 寄存器*

乘性噪声
　　Y 倍增噪声

程控变换机
　　Y 程控交换机

程控电话
stored program control telephone
TN916
　　D 自动电话
　　S 电话通信
　　C 程控交换机
　　Z 通信*

程控电话交换机
　　Y 程控交换机

程控电流源
programable current source
TN86
　　S 电流源
　　　程控电源
　　Z 电源*

程控电压源
programmable voltage source
TN86
　　S 电压源
　　　程控电源
　　Z 电源*

程控电源
programmable power supply
TN86
　　D 可程控电源
　　　可编程序电源
　　　可编程电源
　　　程序电源
　　S 电源*
　　· 程控电流源
　　· 程控电压源
　　· 程控直流电源

程控放大器
program controlled amplifier
TN72
　　D 程序增益放大器
　　S 放大器*
　　· 步进程控放大器
　　· 程控增益放大器

程控交换
program controlled exchange
TN916　TN915
　　D 程控交换技术
　　S 电话交换
　　· 数字程控交换
　　C 通信软件
　　L 通信交换**

程控交换机
stored program controlled
exchange
TN915　TN916
　　D 存储程序控制交换机
　　　电话程控交换机
　　　程序交换机
　　　程控交换设备
　　　程控变换机
　　　程控电话交换机
　　S 电子交换机
　　· 程控数字交换机
　　· 程控用户交换机
　　· 调度程控交换机
　　C 程控电话
　　L 交换设备**
　　　电话设备**

程控交换技术
　　Y 程控交换

程控交换设备
　　Y 程控交换机

程控数字交换
　　Y 数字程控交换

程控数字交换机
SPC digital switch
TN916
　　S 数字交换机
　　　程控交换机
　　· 数字程控用户交换机
　　C 数字程控交换
　　L 交换设备**
　　　电话设备**

程控数字用户交换机
　　Y 数字程控用户交换机

程控用户交换机
SPC user exchange
TN916
　　D 用户程控交换机
　　S 用户交换机
　　　程控交换机
　　· 数字程控用户交换机
　　L 交换设备**
　　　电话设备**

程控增益放大器
programmable gain amplifier
TN72
　　S 增益放大器
　　　程控放大器
　　Z 放大器*

程控直流电源
programmable DC power supply
TN86
　　S 直流电源
　　　程控电源
　　Z 电源*

程序包
　　Y 软件包

程序编码
　　Y 软件编程

程序编写
　　Y 软件编程

程序编制
　　Y 软件编程

程序存储器
program memory

TP333
　　S 存储器*
　　C 单片微型计算机

程序电源
　　Y 程控电源

程序仿真
　　Y 软件仿真

程序分频器
　　Y 可编程分频器

程序改进
program optimization
TP311
　　D 程序修改
　　S 软件编程**
　　C 代码优化

程序管理器
　　Y 软件管理器

程序规约
　　Y 软件标准

程序寄存器
program register
TP33
　　S 寄存器*

程序加密
　　Y 软件加密

程序交换机
　　Y 程控交换机

程序接口
　　Y 软件接口

程序界面设计
　　Y 软件界面设计

程序开发软件
　　Y 编程软件

程序漏洞
　　Y 软件漏洞

程序模拟
　　Y 软件仿真

程序设计软件
　　Y 编程软件

程序设计语言
　　Y 计算机语言

程序设计自动化
　　Y 软件自动化

程序调试
　　Y 软件调试

程序修改
　　Y 程序改进

程序语言
　　Y 计算机语言

程序增益放大器
　　Y 程控放大器

程序状态字寄存器
　　Y 标志寄存器

程序自动化
　　Y 软件自动化

程序自动生成
　　Y 软件自动生成

驰豫振荡器
relaxation oscillator
TN752
　　S 振荡器*

迟延均衡器
　　Y 时延均衡器

迟滞比较器
hysteresis comparator
TN710
　　S 比较器
　　Z 电子电路*

持久存储
persistent storage
TP311
　　D 持久化存储
　　S 信息存储*

持久化存储
　　Y 持久存储

持续数据保护
continuous data protection
TP31
　　S 数据保护
　　Z 信息安全防护*

尺度不变特征变换
scale-invariant feature transform
TP39
　　D SIFT
　　　 尺度不变特征变换算法
　　　 尺度不变特征转换
　　S 图像变换
　　C 机器视觉
　　L 图像处理**

尺度不变特征变换算法
　　Y 尺度不变特征变换

尺度不变特征转换
　　Y 尺度不变特征变换

冲淡干扰
dilution jamming
TN972
　　D 冲淡式干扰
　　　 稀释干扰
　　S 雷达干扰
　　L 电子对抗**

冲淡式干扰
　　Y 冲淡干扰

冲击脉冲雷达
　　Y 冲激雷达

冲激雷达
impulse radar
TN958
　　D 冲击脉冲雷达
　　　 极窄脉冲雷达
　　S 脉冲雷达
　　C 冲激信号
　　Z 雷达*

冲激无线电
　　Y 超宽带无线通信

冲激信号
impulse signal
TN911
　　D 单位冲激信号
　　S 信号*
　　C 冲激雷达
　　　 超宽带无线通信

冲模 CAD
　　Y 冲模计算机辅助设计

冲模计算机辅助设计
die CAD
TP391.7
　　D 冲模 CAD
　　S 计算机辅助设计
　　Z 计算机辅助技术*

充电电池
　　Y 蓄电池

充电扼流圈
charging choke
TM556
　　S 扼流圈
　　Z 电感器*

国家工业信息安全发展研究中心 主编

充电纽扣电池
rechargable button cell
TM912
　　D 镍氢纽扣电池
　　S 纽扣电池
　　C 镍氢电池
　　Z 电池*

充气电容器
gas filled capacitor
TM53
　　S 气体介质电容器
　　Z 电容器*

充气电子管
　　Y 离子管

充气二极管
　　Y 离子二极管

充气管
　　Y 离子管

充气光电管
gas photocell
TN11　TN15
　　D 离子光电管
　　S 光电发射管
　　　离子管**
　　L 电子束管**
　　　离子管**

充氢二极管
　　Y 氢二极管

虫洞攻击
wormhole attack
TP393.08
　　S 网络攻击**
　　C 虫洞路由

虫洞路由
wormhole routing
TN915　TP393.1
　　D 虫孔寻径
　　　虫孔路由
　　　虫蚀寻径
　　S 路由*
　　C 虫洞攻击

虫孔路由
　　Y 虫洞路由

虫孔寻径
　　Y 虫洞路由

虫蚀寻径
　　Y 虫洞路由

重播攻击
　　Y 重放攻击

重传
retransmission
TN919
　　D 重发
　　S 网络传输
　　· 自动重传
　　C 重放攻击
　　Z 信息传输*

重传攻击
　　Y 重放攻击

重叠滤波
overlapping filtering
TN713
　　S 滤波*

重叠网
overlay network
TN915
　　D 叠加网
　　　叠加网络
　　　重叠网络
　　S 网络*
　　C 对等网络

重叠网络
　　Y 重叠网

重定向攻击
redirection attack
TP309　TP393
　　S 网络攻击**

重发
　　Y 重传

重发攻击
　　Y 重放攻击

重放攻击
replay attack
TP393　TP309
　　D 重传攻击
　　　重发攻击
　　　重播攻击
　　　重试攻击
　　S 主动攻击
　　C 重传
　　L 网络攻击**

重复控制器
repetitive controller
TM57　TP2
　　S 控制器*
　　C 复合控制算法

重复数据
repeating data
TP392
　　S 数据*

重构算法
　　Y 重建算法

重构信号
　　Y 复位信号

重加密
re-encryption
TN918　TP309
　　S 加密**

重建算法
reconstruction algorithm
TN911　TP301
　　D 重构算法
　　S 算法*
　　· 超分辨率重建算法
　　· 迭代重建算法
　　· 三维重建算法

重路由
rerouting
TP393　TN915
　　D 快速重路由
　　S 路由*

重试攻击
　　Y 重放攻击

重新参数化
reparameterization
TP391
　　S 参数化
　　Z 信息处理*

抽取算法
extraction algorithm
TP391　TP301
　　S 算法*

抽象机
abstract machine
TP311　TP312
　　D 抽象状态机
　　S 自动机*
　　· 层次抽象机
　　· 化学抽象机

抽象状态机
　　Y 抽象机

畴尖存储器
　　Y 磁泡存储器

· 131 ·

初晶硅
primary silicon
TN304
　　D 初生硅
　　S 硅材料
　　L 元素半导体**

初生硅
　　Y 初晶硅

初始化程序
initializer
TP311
　　S 系统软件
　　L 工具软件**

初始化图形交换规范
　　Y 初始图形交换规范

初始数据结构
primary data structure
TP311
　　S 数据结构*

初始图形交换规范
initial graphics exchange specification
TP391
　　D IGES
　　　　初始化图形交换规范
　　S 信息交换标准
　　　　图形标准
　　Z 信息产业标准*

储存管
　　Y 存储管

储存卡
　　Y 存储卡

储存设备
　　Y 存储器

处理器
　　Y 微处理器

处理器系统
　　Y 微处理器

处理器阵列
　　Y 阵列处理器

处理转发器
processing transponder
TN927
　　S 卫星转发器
　　L 无线通信设备**

触发电路
　　Y 触发器

触发二极管
trigger diode
TN31
　　S 半导体二极管
　　L 半导体分立器件**

触发管
trigger tube
TN13
　　D 触发火花隙
　　S 离子管**
　　· 冷阴极触发管
　　· 真空触发管
　　C 触发信号
　　　　触发器

触发火花隙
　　Y 触发管

触发控制电路
trigger circuit
TN710
　　S 控制电路
　　Z 电子电路*

触发器
trigger
TN79　TP33
　　D 触发电路
　　S 数字电路**
　　· D 触发器
　　· JK 触发器
　　· RS 触发器
　　· 边沿触发器
　　· 单稳态触发器
　　· 电平触发器
　　· 二层触发器
　　· 过零触发器
　　· 集成触发器
　　· 晶闸管触发器
　　· 脉冲触发器
　　· 三值触发器
　　· 施密特触发器
　　· 数字触发器
　　· 双稳态触发器
　　· 同步触发器
　　· 维持阻塞触发器
　　· 移相触发器
　　· 主从触发器
　　C 时序逻辑电路
　　　　晶闸管
　　　　触发信号
　　　　触发管

触发信号
trigger signal
TN79
　　S 信号*
　　C 触发器
　　　　触发管

触发总线
trigger bus

TP2
　　S 总线*

触觉传感器
tactile sensor
TP212
　　S 传感器*
　　· 机器人触觉传感器
　　· 柔性触觉传感器
　　C 触觉交互

触觉交互
haptic interaction
TP391
　　S 交互*
　　C 触觉传感器

触觉显示器
　　Y 触摸屏

触控板
touch pad
TP334.2
　　D 触摸板
　　　　触摸面板
　　S 输入输出设备
　　C 触控笔
　　　　触摸屏
　　　　触摸键盘
　　Z 外部设备*

触控笔
stylus
TP334.2
　　S 输入笔
　　C 触控板
　　Z 外部设备*

触控面板
　　Y 触摸屏

触控屏
　　Y 触摸屏

触控式屏幕
　　Y 触摸屏

触摸板
　　Y 触控板

触摸键盘
touch keyboard
TP334.2
　　S 键盘
　　C 触控板
　　Z 外部设备*

触摸面板
　　Y 触控板

触摸屏
touch panel
TN873　TP334.1
　　D 触屏
　　　　触控屏
　　　　触控式屏幕
　　　　触控面板
　　　　触摸屏显示器
　　　　触摸式显示屏
　　　　触摸显示器
　　　　触摸显示屏
　　　　触觉显示器
　　S 显示设备*
　　· 电容式触摸屏
　　· 电阻式触摸屏
　　· 液晶触摸屏
　　C 书写显示屏
　　　　手机显示屏
　　　　触屏手机
　　　　触控板

触摸屏显示器
　　Y 触摸屏

触摸式显示屏
　　Y 触摸屏

触摸显示屏
　　Y 触摸屏

触摸显示器
　　Y 触摸屏

触屏
　　Y 触摸屏

触屏手机
touch screen mobile phone
TN92
　　S 手机
　　C 触摸屏
　　L 无线通信设备**

穿戴计算机
　　Y 可穿戴计算机

穿戴式电脑
　　Y 可穿戴计算机

穿戴式计算机
　　Y 可穿戴计算机

穿孔纸带读出机
　　Y 纸带输入机

穿通二极管
　　Y 势越二极管

穿通型 IGBT
　　Y 穿通型绝缘栅双极晶体管

穿通型绝缘栅双极晶体管
punch through-insulated gate
bipolar transistor
TN32
　　D PT-IGBT
　　　　穿通型 IGBT
　　S 绝缘栅双极晶体管
　　L 半导体分立器件**
　　　　双极器件**
　　　　电力半导体器件**

穿越 NAT
　　Y NAT 穿越

穿越防火墙
　　Y 防火墙穿透

传感器*
sensor
TP212
　　D 传感器系统
　　　　传感器芯片
　　　　传感芯片
　　· 半导体传感器
　　· · 半导体气体传感器
　　· · 半导体温度传感器
　　· · · 热电阻传感器
　　· · 半导体压力传感器
　　· 薄膜传感器
　　· · 薄膜温度传感器
　　· · 压电薄膜传感器
　　· 测量传感器**
　　· 触觉传感器
　　· · 机器人触觉传感器
　　· · 柔性触觉传感器
　　· 导航传感器
　　· 电涡流传感器
　　· · 电涡流位移传感器
　　· 电子传感器
　　· 电流传感器
　　· 电容传感器
　　· · 电容式压力传感器
　　· 容栅传感器
　　· 电压传感器
　　· 电阻式传感器
　　· · 磁阻传感器
　　S · · 各向异性磁阻传感器
　　　　· · 巨磁电阻传感器
　　· · 电阻应变式传感器
　　· 多功能传感器
　　· 分布式传感器
　　· 感应式传感器
　　· 惯性传感器
　　· · 惯性测量单元
　　· 加速度传感器
　　· · MEMS 加速传感器
　　· · 三轴加速度传感器
　　· · 压电式加速度传感器
　　· 角速度传感器
　　· · MEMS 角速度传感器
　　· 重力传感器
　　· 化学传感器
　　· · 电化学传感器

· · · 电化学生物传感器
· · · · 电化学免疫传感器
· · · 分子印迹电化学传感器
· · 光纤化学传感器
· · 荧光化学传感器
· 机器人传感器
· · 机器人触觉传感器
· · 机器人腕力传感器
· 集成传感器
· · 集成温度传感器
· · 集成压力传感器
· 接近传感器
· 可穿戴传感器
· 雷达传感器
· 碰撞传感器
· 气体传感器
· · 半导体气体传感器
· · 光纤气体传感器
· 气象传感器
· · 风速传感器
· · 气压传感器
· · 雨量传感器
· 汽车传感器
· · 进气温度传感器
· · 轮速传感器
· · 胎压传感器
· 柔性传感器
· · 柔性触觉传感器
· 二维传感器
· 声表面波传感器
· · 声表面波压力传感器
· 生物传感器
· · 电化学生物传感器
· · 电化学免疫传感器
· · · 分子印迹电化学传感器
· · 免疫传感器
· · · 电化学免疫传感器
· · · 压电免疫传感器
· · 纳米生物传感器
· · 葡萄糖传感器
· · 微生物传感器
· · 指纹传感器
· 视觉传感器
· · 激光视觉传感器
· · 立体视觉传感器
· · 全方位视觉传感器
· 数字传感器
· · 数字温度传感器
· · 数字压力传感器
· 水下传感器
· · 水声传感器
· 图像传感器
· · CCD 图像传感器
· · CMOS 图像传感器
· · 影像传感器
· 微型传感器
· · MEMS 传感器
· · · MEMS 加速度传感器
· · · MEMS 角速度传感器
· · 分子传感器
· · 纳米传感器
· · · 纳米生物传感器
· · 无线传感器
· · 毫米波传感器

电子信息技术叙词表

　　··　微波传感器
　　··　无线智能传感器
　　·　物理传感器**
　　·　医用传感器
　　··　心率传感器
　　··　血氧饱和度传感器
　　·　智能传感器
　　··　网络化智能传感器
　　··　无线智能传感器
　　·　姿态传感器
　　C　传感信号
　　　　传感器接口
　　　　传感器网络
　　　　工业物联网

传感器仿真
sensor simulation
TP391.9
　　S　硬件仿真
　　Z　仿真*

传感器接口
sensor interface
TP212
　　S　接口*
　　C　传感信号
　　　　传感器

传感器网
　　Y　传感器网络

传感器网路
　　Y　传感器网络

传感器网络
sensor network
TP2　TN92
　　D　传感器网
　　　　传感器网络技术
　　　　传感器网路
　　　　传感网
　　　　传感网络
　　S　物联网**
　　·　多传感器网络
　　·　多媒体传感器网络
　　·　分布式传感器网络
　　·　光纤传感网络
　　·　混合传感器网络
　　·　无线传感器网络
　　·　异构传感器网络
　　C　传感器
　　　　对偶密钥
　　　　网络协调器
　　　　网络断层扫描

传感器网络技术
　　Y　传感器网络

传感器系统
　　Y　传感器

传感器芯片
　　Y　传感器

传感网
　　Y　传感器网络

传感网络
　　Y　传感器网络

传感芯片
　　Y　传感器

传感信号
sensing signal
TP212
　　S　信号*
　　C　传感器
　　　　传感器接口

传呼机
　　Y　寻呼机

传能光纤
power delivery fiber
TN252
　　S　光纤*

传输标准
transmission standard
TN948
　　D　地面传输标准
　　S　通信行业标准
　　C　传输分析仪
　　　　传输接口
　　Z　信息产业标准*

传输层安全
　　Y　传输层安全协议

传输层安全协议
transport layer security protocol
TP393.0　TN918
　　D　TLS协议
　　　　传输层安全
　　　　安全传输层协议
　　S　传输层协议
　　　　网络安全协议
　　·　安全套接层/传输层安全协议
　　·　无线传输层安全协议
　　L　网络协议**

传输层协议
transport layer protocol
TP393.0
　　D　转送层协议
　　　　运输层协议
　　S　传输协议
　　·　传输层安全协议
　　·　传输控制协议
　　·　用户数据报协议
　　C　数字视频

　　L　网络协议**

传输电缆
transmission cable
TN81　TM24
　　S　通信电缆
　　C　传输接口
　　Z　电线电缆*

传输电路
transmission circuit
TN710
　　S　电子电路*
　　C　传输失真

传输分析仪
transmission analyser
TN915
　　S　通信测试仪**
　　C　传输协议
　　　　传输标准

传输骨干网
　　Y　骨干传输网

传输规约
　　Y　传输协议

传输加密
　　Y　加密传输

传输接口
transmission interface
TP334.7
　　S　接口*
　　·　红外接口
　　·　射频接口
　　·　数据传输接口
　　C　传输标准
　　　　传输电缆
　　　　传输链路

传输控制协议
transmission control protocol
TN915　TP393.0
　　D　TCP协议
　　　　传送控制协议
　　S　TCP/IP协议
　　　　传输层协议
　　·　滑动窗口协议
　　·　流控制传输协议
　　·　实时传输控制协议
　　·　资源预留协议
　　L　网络协议**

传输控制协议/网际协议
　　Y　TCP/IP协议

传输链路
transmission link
TN915

S 链路*
C 传输接口

传输失真
transmission distortion
TN911
　　S 失真*
　　• 端到端失真
　　C 传输电路

传输数据
　　Y 数据传输

传输网
transmission network
TN915　TN913.6
　　D 传输网络
　　　电信传输网
　　　通信传输网
　　S 通信网络*
　　• 本地传输网
　　• 骨干传输网
　　• 宽带传输网
　　• 数据传输网
　　• 数字传输网
　　• 有线传输网
　　C 传输协议
　　　传输网络管理
　　　通信终端

传输网管
　　Y 传输网络管理

传输网络
　　Y 传输网

传输网络管理
transmission network management
TN915　TP393
　　D 传输网管
　　S 电信网络管理
　　C 传输网
　　Z 网络管理*

传输线谐振器
transmission line resonator
TN62
　　S 谐振器*

传输协议
transport protocol
TP393.0
　　D 传输规约
　　　传送协议
　　　网络传输协议
　　S 网络协议**
　　• 不经意传输协议
　　• 超文本传输协议
　　• 传输层协议
　　• 简单邮件传输协议
　　• 实时传输协议/实时传输控制协议
　　• 数据传输协议

　　• 文件传输协议
　　• 消息队列遥测传输协议
　　• 信令传输协议
　　• 自动重传请求协议
　　C 传输分析仪
　　　传输网
　　　网络传输

传输信道
　　Y 信道

传送 MPLS
　　Y 传送多协议标签交换

传送多协议标记交换
　　Y 传送多协议标签交换

传送多协议标签交换
transfer multi-protocol label exchange
TP393.0　TN915
　　D T-MPLS
　　　传送 MPLS
　　　传送多协议标记交换
　　　移动 MPLS
　　S 多协议标签交换
　　Z 信息交换*

传送控制协议
　　Y 传输控制协议

传送数据
　　Y 数据传输

传送网
transport network
TN915
　　D 传送网络
　　S 通信网络*
　　• 城域传送网
　　• 分组传送网
　　• 光传送网

传送网络
　　Y 传送网

传送协议
　　Y 传输协议

传统密码体制
　　Y 私钥密码体制

传像光纤
image transmitting optical fiber
TN252
　　S 光纤*

传真
　　Y 传真通信

传真服务
　　Y 传真通信

传真服务器
fax server
TP368
　　S 通信服务器
　　C 传真机
　　　传真网关
　　Z 服务器*

传真机
fax machine
TN917
　　S 通信设备*
　　C 传真接收机
　　　传真服务器
　　　传真通信

传真技术
　　Y 传真通信

传真接收机
facsimile receiver
TN85
　　S 接收设备*
　　C 传真机
　　　传真通信

传真通信
facsimile communication
TN917
　　D 传真
　　　传真技术
　　　传真服务
　　　传真通信业务
　　S 图像通信
　　• 高速传真
　　• 图片传真
　　• 网络传真
　　• 无线传真
　　C 传真接收机
　　　传真机
　　Z 通信*

传真通信业务
　　Y 传真通信

传真网关
fax gateway
TN917
　　S 通信网关
　　C 传真服务器
　　L 网络互连设备**

船岸通信
ship-shore communication
TN914
　　S 船舶通信
　　Z 通信*

电子信息技术叙词表

船舶导航
ship navigation
TN96
    D 舰船定位
       船舶通信导航
    S 航海导航
    C 舰载通信装备
       船用导航雷达
       船舶通信
    Z 导航*

船舶电台
    Y 船载电台

船舶天线
    Y 船载天线

船舶通信
ship communication
TN914
    D 舰船通信
    S 通信*
    • 船岸通信
    C 海上通信
       船舶导航
       船载电台

船舶通信导航
    Y 船舶导航

船上通信电台
    Y 船载电台

船拖曳声呐
ship towed sonar
U666
    D 舰艇拖曳声呐
       船拖曳声纳
    S 拖曳阵声呐
       舰艇声呐
    Z 声呐*

船拖曳声纳
    Y 船拖曳声呐

船用导航雷达
shipborne navigation radar
TN958
    D 海上航行雷达
       航海雷达
    S 导航雷达
       船用雷达
    C 船舶导航
    Z 雷达*

船用计算机
shipborne computer
TP338
    D 舰载计算机
    S 专用计算机
    C 舰载指挥控制系统

    Z 计算机*

船用雷达
shipborne radar
TN958
    D 船用雷达
    S 雷达*
    • 船用导航雷达
    • 海用雷达
    • 舰载雷达

船用天线
    Y 船载天线

船载地球站
shipborne earth station
TN927
    D 舰载式卫星地面站
       舰载式卫星通信地球站
       舰载式卫星通信地面站
       船载卫星通信地球站
       船载式卫星地面站
       船载式卫星通信地球站
    S 移动地球站
    C 船载卫星天线
    Z 地面站*

船载电台
shipborne station
TN924 U675.7
    D 舰用电台
       舰船电台
       舰艇电台
       舰载电台
       船上通信电台
       船舶电台
    S 移动电台
    C 舰载雷达
       船舶通信
       船载天线
    Z 无线电台*

船载雷达
    Y 船用雷达

船载式卫星地面站
    Y 船载地球站

船载式卫星通信地球站
    Y 船载地球站

船载天线
shipborne antenna
TN82
    D 船用天线
       船舶天线
    S 天线*
    • 船载卫星天线
    • 舰载天线
    C 海用雷达
       船载电台

船载卫星天线
shipborne satellite antenna
TN82
    S 卫星通信天线
       船载天线
    C 船载地球站
    L 卫星天线**
       通信天线**

船载卫星通信地球站
    Y 船载地球站

串并行转换器
    Y 并串行转换器

串并转换器
    Y 并串行转换器

串行 ADC
    Y 串行模数转换器

串行 ATA
    Y SATA 接口

串行 ATA 接口
    Y SATA 接口

串行 ATA 硬盘
    Y SATA 硬盘

串行 DAC
    Y 串行数模转换器

串行 E2PROM
    Y 串行 EEPROM

串行 EEPROM
serial EEPROM
TP333 TN43
    D 串行 E2PROM
    S 串行存储器
       电可擦可编程只读存储器
    L 非易失性存储器**

串行 Flash
    Y 串行闪速存储器

串行 Flash 存储器
    Y 串行闪速存储器

串行程序
    Y 串行通信程序

串行处理
serial processing
TP301
    S 信息处理*

串行传输
serial transmission

TP334　TN919
　　D 串口传输
　　　 串行传送
　　　 串行数据传输
　　　 串行数据传送
　　S 信息传输*
　　C 串行存储器
　　　 串行收发器

串行传送
　　Y 串行传输

串行存储器
serial memory
TP333
　　D 串行存取存储器
　　　 顺序存取存储器
　　S 存储器*
　　· 串行 EEPROM
　　· 串行闪速存储器
　　C 串行传输
　　　 串行接口

串行存取存储器
　　Y 串行存储器

串行端口
　　Y 串行接口

串行端口通信
　　Y 串行通信

串行分类器
serial classifier
TN92　TN4
　　S 分类器*

串行高级技术附件
　　Y SATA 接口

串行计算
serial computation
TP301
　　S 计算*
　　C 串行通信

串行接口
serial interface
TP334.7
　　D COM 接口
　　　 串口
　　　 串口接口
　　　 串口通信接口
　　　 串行口
　　　 串行总线接口
　　　 串行接口芯片
　　　 串行数据接口
　　　 串行端口
　　　 串行通信口
　　　 串行通信接口
　　S 输入输出接口

　　· I2C 接口
　　· RS232 接口
　　· SATA 接口
　　· USB 接口
　　· 串行外设接口
　　· 多串行口
　　· 多通道缓冲串口
　　· 同步串行接口
　　· 异步串行接口
　　C 串口驱动程序
　　　 串行信号
　　　 串行存储器
　　　 串行总线
　　　 串行通信控制器
　　Z 接口*

串行接口芯片
　　Y 串行接口

串行口
　　Y 串行接口

串行口通信
　　Y 串行通信

串行口通讯
　　Y 串行通信

串行链路
serial link
TN915
　　S 链路*
　　C 串行通信

串行模数转换器
serial analog-to-digital converter
TN792
　　D 串行 ADC
　　S 模数转换器
　　C 串行数模转换器
　　Z 转换器*
　　　 集成电路*

串行闪存
　　Y 串行闪速存储器

串行闪速存储器
serial flash memory
TP333　TN43
　　D 串行 Flash
　　　 串行 Flash 存储器
　　　 串行闪存
　　S 串行存储器
　　　 闪速存储器
　　L 非易失性存储器**

串行时钟芯片
serial clock chip
TN4
　　S 时钟芯片

　　Z 芯片*

串行实时通信协议接口
　　Y SERCOS 接口

串行实时通信协议总线
　　Y SERCOS 总线

串行收发器
serial transceiver
TN83　TN85
　　S 收发器*
　　· 高速串行收发器
　　· 异步串行收发器
　　C 串行传输

串行数据传输
　　Y 串行传输

串行数据传送
　　Y 串行传输

串行数据接口
　　Y 串行接口

串行数据通信
serial data communication
TP2　TP368
　　D 串行数据通讯
　　S 串行通信
　　Z 通信*

串行数据通讯
　　Y 串行数据通信

串行数据总线
　　Y 串行总线

串行数模转换器
serial digital-to-analog converter
TN792
　　D 串行 DAC
　　S 数模转换器
　　C 串行模数转换器
　　Z 转换器*
　　　 集成电路*

串行数字接口
　　Y 数字分量串行接口

串行通信
serial communication
TN91　TP27
　　D 串口通信
　　　 串口通信技术
　　　 串口通讯
　　　 串行口通信
　　　 串行口通讯
　　　 串行端口通信
　　　 串行通信技术

电子信息技术叙词表

  串行通讯
  S 通信*
  · USB 通信
  · 串行数据通信
  · 多串口通信
  · 同步串行通信
  · 异步串行通信
  C Modbus 协议
   串口驱动程序
   串行信号
   串行计算
   串行通信程序
   串行链路
   双串口单片机

串行通信程序
serial communication program
TP311 TP2
  D 串行程序
   串行通讯程序
  S 工具软件**
  C 串口通信协议
   串行通信

串行通信技术
  Y 串行通信

串行通信接口
  Y 串行接口

串行通信控制器
serial communication controller
TP334.7
  S 通信控制器
  C 串行接口
  Z 通信设备*
   控制器*

串行通信口
  Y 串行接口

串行通信网络
serial communication network
TP31
  S 通信网络*
  C 串口通信协议

串行通信协议
  Y 串口通信协议

串行通讯
  Y 串行通信

串行通讯程序
  Y 串行通信程序

串行外设接口
serial peripheral interface
TN4
  D SPI
   SPI 串行接口

   SPI 接口
   串行外围接口
  S 串行接口
   单片机接口
  C SPI 总线
   SPI 通信
   串行外设接口协议
  L 计算机接口**

串行外设接口协议
serial peripheral interface
protocol
TP334
  D SPI 协议
  S 串口通信协议
  C SPI 通信
   串行外设接口
  Z 通信协议*

串行外设接口总线
  Y SPI 总线

串行外围接口
  Y 串行外设接口

串行显示
serial display
TP39
  S 显示*

串行协议
  Y 串口通信协议

串行信号
serial signal
TP2 TN91
  S 信号*
  C 串行总线
   串行接口
   串行通信

串行异步通信
  Y 异步串行通信

串行总线
serial bus
TP336
  D 串行数据总线
  S 总线*
  · I2C 总线
  · RS485 总线
  · SPI 总线
  · 高速串行总线
  · 通用串行总线
  C 串行信号
   串行接口

串行总线接口
  Y 串行接口

串空间模型
strand space model
TP393.08
  S 网络模型*
  C 信息安全认证

串口
  Y 串行接口

串口编程
serial port programming
TP311
  S 软件编程**

串口传输
  Y 串行传输

串口服务器
serial port server
TP368
  S 服务器*
  · 串口联网服务器
  C 局域网

串口接口
  Y 串行接口

串口联网服务器
serial port networking server
TP368
  D 串口设备联网服务器
  S 串口服务器
   网络服务器
  Z 服务器*

串口路由器
serial port router
TN915 TP393.4
  S 路由器
  L 网络互连设备**

串口驱动程序
serial port driver
TP311
  S 驱动程序
  C 串行接口
   串行通信
  L 工具软件**

串口设备联网服务器
  Y 串口联网服务器

串口通信
  Y 串行通信

串口通信技术
  Y 串行通信

串口通信接口
  Y 串行接口

串口通信协议
serial port communication protocol
TN915
　　D 串口协议
　　　　串行协议
　　　　串行通信协议
　　S 接口协议
　　• 串行外设接口协议
　　• 通用串行接口协议
　　C 串行通信程序
　　　　串行通信网络
　　　　多串口通信
　　Z 通信协议*

串口通讯
　　Y 串行通信

串口协议
　　Y 串口通信协议

串联式稳压电路
　　Y 串联型稳压电路

串联稳压电路
　　Y 串联型稳压电路

串联稳压电源
　　Y 串联型稳压电源

串联谐振变换器
series-resonant converter
TN86
　　S 谐振变换器
　　Z 变换器*

串联型逆变器
series inverter
TN86
　　S 逆变电源
　　Z 电源*

串联型稳压电路
serial voltage regulation circuit
TN710　TM13
　　D 串联式稳压电路
　　　　串联稳压电路
　　S 稳压电路
　　C 串联型稳压电源
　　Z 电子电路*

串联型稳压电源
tandem type constance voltage power supply
TN86
　　D 串联稳压电源
　　S 稳压电源
　　C 串联型稳压电路
　　Z 电源*

串匹配
　　Y 字符串匹配

串匹配算法
　　Y 字符串匹配

串扰分析
cross-talk analysis
TN911
　　S 信号分析*
　　C 串扰噪声

串扰噪声
cross-talk noise
TN911
　　S 信号噪声*
　　C 串扰分析

串音
Cross-talk
TN911.4
　　S 信号干扰
　　Z 电磁干扰*

窗口比较器
window comparator
TN710
　　D 双限比较器
　　S 比较器
　　Z 电子电路*

窗口材料
window material
TN24
　　S 电子材料*
　　• 红外窗口材料

窗口程序
window program
TP311
　　D 窗口软件
　　　　视窗软件
　　S 系统软件
　　C 窗口管理器
　　L 工具软件**

窗口管理器
window manager
TP316
　　S 软件管理器
　　C 窗体设计
　　　　窗口程序
　　L 工具软件**

窗口句柄
window handel
TP311
　　S 句柄*

窗口软件
　　Y 窗口程序

窗口设计
　　Y 窗体设计

窗口显示
　　Y 多窗口显示

窗体设计
windows design
TP311
　　D 窗口设计
　　S 软件设计
　　C 窗口管理器
　　Z 软件工程*

垂直共振腔面射型激光
　　Y 垂直腔面发射激光器

垂直互连
vertical interconnection
TN405
　　S 电路互连
　　Z 半导体工艺*

垂直极化
vertical polarization
TN82
　　S 线极化
　　C 垂直极化天线
　　Z 电磁波极化*

垂直极化天线
vertical polarized antenna
TN82
　　S 极化天线
　　C 垂直极化
　　Z 天线*

垂直检索
　　Y 垂直搜索

垂直腔半导体光放大器
vertical-cavity semiconductor optical amplifier
TN72
　　S 半导体光放大器
　　L 光放大器**
　　　　半导体光电器件**

垂直腔表面发射激光器
　　Y 垂直腔面发射激光器

垂直腔面发射半导体激光器
　　Y 垂直腔面发射激光器

垂直腔面发射激光器
vertical-cavity surface-emitting laser
TN248
　　D VCSEL
　　　　垂直共振腔面射型激光
　　　　垂直腔表面发射激光器

电子信息技术叙词表

　　　垂直腔面发射半导体激光器
　　S 面发射激光器
　・垂直外腔面发射激光器
　　L 固体激光器**

垂直双扩散 MOS 场效应晶体管
vertical double diffusion MOSFET
TN32
　D VDMOSFET
　　垂直双扩散金属氧化物半导体场
效应晶体管
　S MOS 场效应晶体管
　C 垂直双扩散 MOS 工艺
　L MOS 器件**
　　半导体分立器件**

垂直双扩散 MOS 工艺
vertical double diffusion metal-
oxide semiconductor
TN305
　D VDMOS
　　VDMOS 工艺
　　垂直双扩散金属氧化物半导体
　S MOS 工艺
　C 垂直双扩散 MOS 场效应晶体管
　Z 半导体工艺*

垂直双扩散金属氧化物半导体
　Y 垂直双扩散 MOS 工艺

**垂直双扩散金属氧化物半导体场效
应晶体管**
　Y 垂直双扩散 MOS 场效应晶体管

垂直搜索
vertical search
TP391
　D 垂直检索
　S 信息检索
　C 垂直搜索引擎
　Z 信息处理*

垂直搜索引擎
vertical search engine
TP391　TP393
　D 专业搜索引擎
　　专题搜索引擎
　S 搜索引擎
　C 垂直搜索
　　文本挖掘
　L 工具软件**

垂直外腔面发射激光器
vertical external cavity surface-
emitting laser
TN248
　D VECSEL
　S 垂直腔面发射激光器
　　外腔半导体激光器
　L 固体激光器**

纯 XML 数据库
　Y XML 数据库

纯方位跟踪
bearing-only tracking
TN95
　D 方位跟踪
　S 跟踪*
　C 扩展卡尔曼滤波

纯函数式语言
pure functional language
TP312
　S 函数式语言
　Z 计算机语言*

纯平显示器
flat display monitor
TN873　TN27
　S 显示器
　Z 显示设备*

词法分析
lexical analysis
TP391.1
　S 软件分析
　C 词法分析器
　Z 软件工程*

词法分析程序
　Y 词法分析器

词法分析器
lexical analyzer
TP314　TP311
　D 词法分析程序
　S 分析器
　C 词法分析
　L 工具软件**

词汇识别
word recognition
TP31
　S 语言识别
　・关键词识别
　・术语识别
　・新词识别
　・专有名词识别
　Z 信息识别*

词计算
word computing
TP301　TP391
　D 词语计算
　S 计算*
　C 模糊有限自动机

词聚类
word clustering
TP391
　D 词语聚类

　S 聚类*

词库管理
thesaurus management
TP391
　S 信息内容管理
　Z 信息管理*

词频统计
word frequency statistics
TP391
　S 文本处理**

词义排歧
　Y 词义消歧

词义消歧
word sense disambiguation
TP391
　D 词义排歧
　S 中文信息处理
　Z 信息处理*

词语计算
　Y 词计算

词语聚类
　Y 词聚类

瓷介电容器
　Y 陶瓷电容器

瓷介微调电容器
ceramic trimmer capacitor
TM531
　S 微调电容器
　C 陶瓷电容器
　Z 电容器*

瓷盘可调电阻
　Y 瓷盘可调电阻器

瓷盘可调电阻器
porcelain disk adjustable resistor
TM546
　D 瓷盘可调电阻
　S 可变电阻器
　Z 电阻器*

瓷片电容器
　Y 陶瓷电容器

磁保持继电器
magnetic latching relay
TM58
　S 保持继电器
　Z 继电器*

磁编码器
magnetic encoder

TN91
  D 磁性编码器
  S 编码器*
  · 磁旋转编码器

磁表面存储器
magnetic surface memory
TP333
  D 磁表面存贮器
    磁记录型存储器
    磁记录型存贮器
    磁记录存储器
    磁面存储器
  S 磁存储器**
  · 磁带存储器
  · 磁鼓存储器
  · 磁盘存储器

磁表面存贮器
  Y 磁表面存储器

磁场传感器
magnetic field sensor
TP212.13
  S 磁性传感器
  L 物理传感器**

磁场天线
  Y 磁性天线

磁传感器
  Y 磁性传感器

磁存储
magnetic storage
TP333.3
  D 磁存储技术
    磁存贮技术
  S 信息存储*
  · 磁带存储
  · 磁光存储
  C 磁压缩
    磁头
    磁存储器

磁存储技术
  Y 磁存储

磁存储器**
magnetic storage device
TP333
  D 磁存储设备
    磁存贮器
    磁性存储器
    磁电存储器
    磁贮存器
  S 存储器*
  · 磁表面存储器
  · · 磁带存储器
  · · · 磁带
  · · · · 标准磁带
  · · · · 盒式磁带

  · · · · 录像磁带
  · · · · 录音磁带
  · · 磁鼓存储器
  · · 磁盘存储器
  · · · 本地磁盘
  · · · · 本地硬盘
  · · · 软盘
  · · · 网络磁盘
  · · · · 网络硬盘
  · · · · 智能网络磁盘
  · · · 硬盘
  · · · · IDE 硬盘
  · · · · SATA 硬盘
  · · · · 本地硬盘
  · · · · 笔记本硬盘
  · · · · 大容量硬盘
  · · · · 服务器硬盘
  · · · · 高密度硬盘
  · · · · 高速硬盘
  · · · · 固态硬盘
  · · · · 逻辑硬盘
  · · · · 数字硬盘
  · · · · 双硬盘
  · · · · 网络硬盘
  · · · · 微硬盘
  · · · · 系统硬盘
  · · · · 虚拟硬盘
  · · · · 移动硬盘
  · · · 自安全磁盘
  · 磁光存储器
  · 磁光盘
  · 磁卡
  · 磁膜存储器
  · 磁泡存储器
  · 磁芯存储器
  C 磁头
    磁存储

磁存储设备
  Y 磁存储器

磁存贮技术
  Y 磁存储

磁存贮器
  Y 磁存储器

磁带
magnetic tape
TN94 TN87
  S 磁带存储器
  · 标准磁带
  · 盒式磁带
  · 录像磁带
  · 录音磁带
  L 磁存储器**

磁带存储
magnetic tape storage
TP33
  D 磁带记录
  S 磁存储

  C 磁带存储器
    磁带录像机
    磁带机
  Z 信息存储*

磁带存储器
magnetic tape storage device
TP333
  D 磁带存储设备
    磁带存贮器
  S 磁表面存储器
  · 磁带
  C 磁带存储
    磁带机
  L 磁存储器**

磁带存储设备
  Y 磁带存储器

磁带存贮器
  Y 磁带存储器

磁带机
magnetic tape driver
TP333.3
  D 磁带设备
    磁带驱动器
    磁带驱动机
  S 输入输出设备
  C 磁带存储
    磁带存储器
  Z 外部设备*

磁带记录
  Y 磁带存储

磁带录象机
  Y 磁带录像机

磁带录像
  Y 磁带录像机

磁带录像机
video tape recorder
TN946
  D 盒式录像机
    盒式磁带录像机
    磁带录像
    磁带录象机
  S 录像机
  C 盒式磁带
    磁带存储
  Z 电视设备*

磁带驱动机
  Y 磁带机

磁带驱动器
  Y 磁带机

磁带设备
　　Y 磁带机

磁电存储器
　　Y 磁存储器

磁电换能器
magnetoelectric transducer
TN712
　　D 电磁换能器
　　S 换能器*

磁电阻传感器
　　Y 磁阻传感器

磁碟机
　　Y 磁盘驱动器

磁放大器
magnetic amplifier
TN72
　　D 超磁放大器
　　S 放大器*

磁感应传感器
　　Y 磁性传感器

磁鼓
　　Y 磁鼓存储器

磁鼓存储器
drum memory
TP333
　　D 磁鼓
　　　 磁鼓存贮器
　　　 磁鼓组件
　　S 磁表面存储器
　　L 磁存储器**

磁鼓存贮器
　　Y 磁鼓存储器

磁鼓组件
　　Y 磁鼓存储器

磁光存储
magneto-optical storage
TP333.3
　　D 磁光存贮
　　　 磁光盘存储
　　　 磁光盘存储技术
　　S 磁存储
　　C 磁光存储器
　　Z 信息存储*

磁光存储器
magneto-optical memory
TP333
　　D 磁光存贮器
　　S 磁存储器**

・ 磁光盘
　　C 磁光存储
　　　 磁光驱动器

磁光存贮
　　Y 磁光存储

磁光存贮器
　　Y 磁光存储器

磁光碟
　　Y 磁光盘

磁光隔离器
magneto-optical isolator
TN62
　　D 光单向器
　　　 单向导光器
　　S 光隔离器
　　L 光无源器件**

磁光盘
magneto-optical disk
TP333
　　D 光磁盘
　　　 磁光碟
　　S 光盘
　　　 磁光存储器
　　L 光存储器**
　　　 外存储器**
　　　 磁存储器**

磁光盘存储
　　Y 磁光存储

磁光盘存储技术
　　Y 磁光存储

磁光盘机
　　Y 磁光驱动器

磁光盘驱动器
　　Y 磁光驱动器

磁光驱
　　Y 磁光驱动器

磁光驱动器
magneto-optical driver
TP334.5
　　D 磁光盘机
　　　 磁光盘驱动器
　　　 磁光驱
　　S 输入输出设备
　　C 磁光存储器
　　Z 外部设备*

磁光调制器
magneto-optical modulator
TN761　TN24
　　D Farady 调制器
　　　 法拉第调制器
　　S 光调制器
　　Z 调制器*
　　　 光器件*

磁记录存储器
　　Y 磁表面存储器

磁记录型存储器
　　Y 磁表面存储器

磁记录型存贮器
　　Y 磁表面存储器

磁卡
magnetic card
TP333　TP391　TP333
　　D 磁卡片
　　　 磁条卡
　　S 信息卡
　　　 磁存储器**
　　L 存储卡**
　　　 磁存储器**

磁卡读写器
magnetic card read-write device
TN871
　　D 磁卡机
　　　 磁卡片机
　　S 读写设备
　　Z 外部设备*

磁卡机
　　Y 磁卡读写器

磁卡片
　　Y 磁卡

磁卡片机
　　Y 磁卡读写器

磁开关
magnetic switch
TM56
　　D 磁性开关
　　S 开关*
　　C 脉冲电源

磁控反应溅射
　　Y 磁控溅射

磁控管
magnetron
TN12
　　D 多腔磁控管
　　S 正交场振荡管
　　・ 反同轴磁控管
　　・ 毫米波磁控管
　　・ 可调谐磁控管
　　・ 连续波磁控管
　　・ 脉冲磁控管

- 射频磁控管
- 同轴磁控管
- 相对论磁控管
C 磁控溅射
  磁控移相器
L 微波管**

磁控管溅射
Y 磁控溅射

磁控溅射
magnetron sputtering
TN305
D 磁控反应溅射
  磁控管溅射
S 溅射
- 射频磁控溅射
- 直流磁控溅射
C 磁控管
Z 半导体工艺*

磁控型放大管
Y 正交场放大管

磁控移相器
magnetic phase shifter
TN62
S 移相器*
C 磁控管

磁面存储器
Y 磁表面存储器

磁敏半导体
magnetic sensitive semiconductor
TN304
D 磁敏半导体材料
S 磁性半导体
C 磁敏电阻器
Z 半导体材料*

磁敏半导体材料
Y 磁敏半导体

磁敏传感器
Y 磁性传感器

磁敏电阻
Y 磁敏电阻器

磁敏电阻器
magnetic sensitive resistor
TM546
D 磁敏电阻
S 敏感电阻器
C 磁敏半导体
  磁敏器件
Z 电阻器*

磁敏晶体管
magnetic sensitive transistor
TN32
D 磁敏三极管
S 晶体管
- 硅磁敏晶体管
L 半导体分立器件**

磁敏器件
magneto sensitive device
TN37
D 磁敏元件
S 半导体敏感器件**
C 磁敏电阻器

磁敏三极管
Y 磁敏晶体管

磁敏元件
Y 磁敏器件

磁膜存储器
magnetic film memory
TP333
D 磁膜存贮器
S 磁存储器**
C 薄膜存储器

磁膜存贮器
Y 磁膜存储器

磁盘
Y 磁盘存储器

磁盘 Cache
Y 磁盘缓存

磁盘操作系统
Y DOS 操作系统

磁盘存储器
magnetic disk
TP333
D 磁性圆盘存储器
  磁盘
  磁盘存贮器
  计算机磁盘
S 外存储器**
  磁表面存储器
- 本地磁盘
- 软盘
- 网络磁盘
- 硬盘
- 自安全磁盘
C 磁盘缓存
  磁盘驱动器
  虚拟磁盘

磁盘存贮器
Y 磁盘存储器

磁盘高速缓存
Y 磁盘缓存

磁盘工具
disk tool
TP316
S 设备软件
- 磁盘管理器
- 磁盘清理程序
- 磁盘扫描程序
L 工具软件**

磁盘管理器
disk manager
TP316
S 磁盘工具
L 工具软件**

磁盘缓存
disk cache
TP333
D 磁盘 Cache
  磁盘高速缓存
S 缓冲存储器
C 磁盘存储器
Z 存储器*

磁盘机
Y 磁盘驱动器

磁盘加密
disk encryption
TP309
D 硬盘加密
S 加密**

磁盘清理程序
disk cleanup program
TP316
D 磁盘整理工具
  磁盘整理程序
  磁盘整理软件
  磁盘清理工具
S 磁盘工具
L 工具软件**

磁盘清理工具
Y 磁盘清理程序

磁盘驱动器
disk driver
TP333
D 直接存取存储设备
  磁盘机
  磁盘系统
  磁盘设备
  磁碟机
S 输入输出设备
- 软盘驱动器
- 硬盘驱动器
C 磁盘存储器
Z 外部设备*

磁盘冗余阵列
Y 独立冗余磁盘阵列

磁盘扫描程序
disk scanner program
TP316
　　S 磁盘工具
　　L 工具软件**

磁盘设备
　　Y 磁盘驱动器

磁盘系统
　　Y 磁盘驱动器

磁盘阵列
magnetic disk array
TP333
　　D 硬盘阵列
　　　　磁盘阵列系统
　　S 存储阵列
　　· 独立冗余磁盘阵列
　　· 网络磁盘阵列
　　L 外存储器**

磁盘阵列系统
　　Y 磁盘阵列

磁盘整理程序
　　Y 磁盘清理程序

磁盘整理工具
　　Y 磁盘清理程序

磁盘整理软件
　　Y 磁盘清理程序

磁泡存储器
magnetic bubble memory
TP333
　　D 畴尖存储器
　　　　磁泡存贮器
　　S 磁存储器**

磁泡存贮器
　　Y 磁泡存储器

磁随机存储器
magnetic random access memory
TP333　TN43
　　D MRAM
　　　　磁性随机存储器
　　　　磁随机访问存储器
　　S 非易失性随机存储器
　　L 非易失性存储器**

磁随机访问存储器
　　Y 磁随机存储器

磁隧穿结
　　Y 磁隧道结

磁隧道结
magnetic tunnel junction
TN303
　　D 磁性隧道结
　　　　磁隧穿结
　　S 隧道结
　　C 单电子晶体管
　　Z 半导体结*

磁天线
　　Y 磁性天线

磁条卡
　　Y 磁卡

磁头*
magnetic head
TP334
　　· GMR 磁头
　　· 半导体磁头
　　· 擦除头
　　· 读写磁头
　　· 还音磁头
　　· 录音磁头
　　· 铁氧体磁头
　　· 硬盘磁头
　　· 永磁消磁头
　　C 磁存储
　　　　磁存储器

磁心存储器
　　Y 磁芯存储器

磁芯存储器
magnetic core memory
TP333
　　D 磁心存储器
　　　　磁芯存贮器
　　　　铁氧体磁芯存储器
　　S 磁存储器**

磁芯存贮器
　　Y 磁芯存储器

磁性半导体
magnetic semiconductor
TN304
　　D 磁性半导体材料
　　S 半导体材料*
　　· 半磁半导体
　　· 磁敏半导体
　　· 铁磁半导体
　　· 稀磁半导体

磁性半导体材料
　　Y 磁性半导体

磁性编码器
　　Y 磁编码器

磁性传感器
magnetic sensor
TP212.13
　　D 磁传感器
　　　　磁感应传感器
　　　　磁敏传感器
　　S 物理传感器**
　　· 磁场传感器
　　· 磁阻传感器
　　· 地磁传感器
　　· 霍尔传感器

磁性存储器
　　Y 磁存储器

磁性开关
　　Y 磁开关

磁性随机存储器
　　Y 磁随机存储器

磁性隧道结
　　Y 磁隧道结

磁性天线
magnetic antenna
TN82
　　D 磁场天线
　　　　磁天线
　　S 天线*
　　· 铁氧体天线

磁性圆盘存储器
　　Y 磁盘存储器

磁旋转编码器
magnetic rotation coder
TN91
　　S 磁编码器
　　Z 编码器*

磁压缩
magnetic compression
TN24
　　S 信号压缩
　　C 磁存储
　　Z 信号处理*

磁致伸缩换能器
magnetostrictive transducer
TN712
　　D 超磁致伸缩换能器
　　S 换能器*
　　C 磁致伸缩驱动器

磁致伸缩滤波器
magnetostrictive filter
TN713
　　S 滤波器*

磁致伸缩驱动器
magnetostrictive actuator
TP21
    D 超磁致伸缩驱动器
    S 微驱动器
    C 磁致伸缩换能器
    Z MEMS 器件*

磁珠
magnetic bead
TM556
    S 扼流圈
    • 片式磁珠
    • 铁氧体磁珠
    C 衰减器
       高频扼流圈
    Z 电感器*

磁贮存器
    Y 磁存储器

磁阻传感器
magnetoresistive sensor
TP212.13
    D 磁电阻传感器
       磁阻效应传感器
    S 电阻式传感器
       磁性传感器
    • 各向异性磁阻传感器
    • 巨磁电阻传感器
    L 物理传感器**

磁阻效应传感器
    Y 磁阻传感器

次密钥
    Y 二级密钥

次声波传感器
infrasound sensor
TP212.42
    D 次声传感器
    S 声学传感器
    L 物理传感器**

次声传感器
    Y 次声波传感器

从明暗恢复形状
shape from shading
TP391
    S 图像复原
    C 计算机视觉
    L 图像处理**

粗暴式干扰
    Y 压制干扰

粗暴性干扰
    Y 压制干扰

粗波分复用
    Y 稀疏波分复用

粗波分复用器
    Y 稀疏波分复用器

粗糙聚类
rough clustering
TP391.3
    S 聚类*

粗跟踪
coarse tracking
TN2 TN929.1
    S 跟踪*

粗关系数据库
rough relation database
TP31 TP392
    S 关系型数据库
    C 粗匹配
       粗网格
    Z 数据库*

粗粒度并行遗传算法
coarse-grained parallel genetic algorithm
TP31
    S 并行遗传算法
    Z 算法*

粗匹配
rough matching
TP391
    S 图像匹配
    C 图像配准
       粗关系数据库
    L 图像处理**

粗网格
coarse grid
TP391
    S 网格*
    C 粗关系数据库

猝发传输
    Y 突发传输

猝发发射
    Y 突发传输

猝发通信
    Y 突发通信

簇头选举算法
cluster head election algorithm
TP393.0
    S 分簇算法
       选举算法
    Z 算法*

簇状网络
clustered network
TP2 TN92
    S 网络*

篡改检测
tamper detection
TP393.08
    D 检测篡改
    S 网络异常检测
    C 脆弱水印
    L 网络安全技术**
       网络防御**

脆弱数字水印
    Y 脆弱水印

脆弱水印
fragile watermark
TP309
    D 易损性水印
       易损水印
       易碎水印
       脆弱性数字水印
       脆弱性水印
       脆弱数字水印
    S 数字水印*
    C 图像认证
       完整性认证
       篡改检测

脆弱性数字水印
    Y 脆弱水印

脆弱性水印
    Y 脆弱水印

存储安全
storage security
TP393.08 TP309
    S 信息安全*
    • 网络存储安全
    • 信息存储安全
    C 存储保护
       存储区域网络

存储保护
storage protection
TP309 TP39 TP33
    D 存贮保护
    S 计算机保护
    • 内存保护
    C 信息存储
       存储安全
    Z 信息安全防护*

存储策略
    Y 信息存储

存储程序控制交换机
    Y 程控交换机

存储池
storage pool
TP333
　　S 存储阵列
　　C 内存池
　　　 计算机集群
　　L 外存储器**

存储电路
memory circuit
TN79
　　D 存储器电路
　　S 数字电路**
　　C 存储寄存器
　　　 存储芯片

存储堆栈
　　Y 堆栈

存储服务
　　Y 信息存储

存储服务器
storage server
TP368
　　S 服务器*
　　• 缓存服务器
　　• 企业存储服务器
　　• 网络存储服务器

存储共享
storage sharing
TP391　TP333
　　S 资源共享*
　　• 内存共享
　　C 信息存储

存储管
memory tube
TN14
　　D 储存管
　　　 记忆管
　　S 电子束管**
　　C 存储寄存器

存储管理系统
storage management system
TP33　TP318
　　D 存储管理子系统
　　S 系统软件
　　L 工具软件**

存储管理子系统
　　Y 存储管理系统

存储和转发交换
　　Y 存储转发交换

存储技术
　　Y 信息存储

存储寄存器
memory register
TP333
　　S 寄存器*
　　C 存储电路
　　　 存储管

存储接口
memory interface
TP334.7
　　D 存储器接口
　　S 接口*
　　• DMA 接口
　　• 外部存储器接口
　　C 存储器

存储局域网
　　Y 存储区域网络

存储局域网络
　　Y 存储区域网络

存储矩阵
　　Y 存储阵列

存储卡**
storage card
TP333
　　D 储存卡
　　　 存储器卡
　　　 记忆卡
　　S 存储器*
　　• 闪存卡
　　• • CF 卡
　　• • SD 卡
　　• • SM 卡
　　• • TF 卡
　　• 记忆棒
　　• 信息卡
　　• • IC 卡
　　• • • TM 卡
　　• • 非接触式 IC 卡
　　• • 接触式 IC 卡
　　• • • 接触式智能卡
　　• • • 逻辑加密卡
　　• • • 智能卡
　　• • • • 非接触式智能卡
　　• • • • 接触式智能卡
　　• • 磁卡

存储块
　　Y 存储模块

存储模块
memory module
TP333
　　D 存储块
　　S 存储器*
　　• 数据存储模块
　　• 双列直插式存储模块

存储模式
　　Y 信息存储

存储器*
storage device
TP333
　　D 储存设备
　　　 存储器件
　　　 存储器系统
　　　 存储子系统
　　　 存储装置
　　　 存贮器
　　　 存贮器系统
　　　 计算机存储设备
　　• 半导体存储器
　　• • MOS 存储器
　　• • 单电子存储器
　　• • 浮栅存储器
　　• • 片上存储器
　　• • 闪速存储器
　　• • • NAND 闪存
　　• • • 串行闪速存储器
　　• • • 浮栅型闪速存储器
　　• • • 闪存盘
　　• • 双极存储器
　　• • 薄膜存储器
　　• • 并行存储器
　　• • 波导存储器
　　• • 波形存储器
　　• • 超导存储器
　　• • 程序存储器
　　• • 串行存储器
　　• • • 串行 EEPROM
　　• • • 串行闪速存储器
　　• • 磁存储器**
　　• • 存储卡**
　　• • 存储模块
　　• • • 数据存储模块
　　• • • 双列直插式存储模块
　　• • 大容量存储器
　　• • 低速存储器
　　• • 读写存储器
　　• • 堆栈
　　• • • 标签堆栈
　　• • • 进程堆栈
　　• • 对象存储设备
　　• • 多端口存储器
　　• • 多值存储器
　　• • 非易失性存储器**
　　• • 分布式存储器
　　• • 分布式共享内存
　　• • 分布式缓存
　　• • 分子存储器
　　• • 附网存储设备
　　• • 共享存储器
　　• • • 共享缓存
　　• • • 共享内存
　　• • • • 分布式共享内存
　　• • 光存储器**
　　• • 缓冲存储器
　　• • • CPU 缓存
　　• • • • 多级缓存
　　• • • • • 二级缓存

···· 三级缓存	·· 网络磁盘阵列	TP393.1 TP333
··· 高速缓冲存储器	·· 相变存储器	D SAN 存储区域网
·· 数据缓存	·· 相联存储器	SAN 存储区域网络
·· 先进先出存储器	·· 虚拟存储器	SAN 网络
·· 指令缓存	·· 虚拟磁盘	存储区域网
· 磁盘缓存	··· 虚拟硬盘	存储区域网络技术
· 分布式缓存	·· 虚拟寄存器	存储区网络
· 共享缓存	·· 虚拟内存	存储域网
· 光缓存器	·· 移动存储设备	存储域网络
· 缓冲池	·· 闪存卡	存储局域网
· 缓冲区	··· CF 卡	存储局域网络
·· 动态缓冲区	··· SD 卡	存域网
·· 多缓冲区	··· SM 卡	S 存储网络
·· 键盘缓冲区	··· TF 卡	· IP 存储区域网
·· 视频缓冲区	·· 记忆棒	· 光纤通道存储区域网
·· 数据缓冲区	·· 闪存盘	C SAN 存储
· 帧缓冲存储器	·· 微硬盘	SCSI 协议
· 局部存储器	·· 移动硬盘	存储安全
· 纳米存储器	· 帧存储器	Z 计算机网络*
· 内存	·· 帧缓冲存储器	
·· 常规内存	· 指令存储器	**存储区域网络技术**
·· 共享内存	· 转置存储器	Y 存储区域网络
··· 分布式共享内存	C 存储器总线	
·· 计算机内存	存储接口	**存储示波器**
·· 扩展内存	存储芯片	storage oscilloscope
·· 内存池		TM935
·· 手机内存	**存储器电路**	D 记忆示波器
·· 双通道内存	Y 存储电路	S 示波器
·· 物理内存		Z 电子测量仪器*
·· 系统内存	**存储器件**	
·· 显示内存	Y 存储器	**存储数据**
·· 虚拟内存		Y 数据存储
· 主存储器	**存储器接口**	
· 内容可寻址存储器	Y 存储接口	**存储网格**
· 嵌入式存储器		storage grid
· 三级存储器	**存储器卡**	TP393 TP33
· 三维存储器	Y 存储卡	S 存储网络
· 视频存储器		Z 计算机网络*
· 数据存储器	**存储器系统**	
· 数字存储器	Y 存储器	**存储网络**
·· 数字射频存储器		storage network
· 双端口存储器	**存储器芯片**	TP333
·· 双端口随机存储器	Y 存储芯片	S 计算机网络*
··· 双端口静态随机存储器		· 存储区域网络
· 随机存取存储器	**存储器阵**	· 存储网格
·· 非易失性随机存储器	Y 存储阵列	· 反射内存网
·· DVD 随机存储器		· 广播内存网
·· 磁随机存储器	**存储器总线**	C 网络存储器
·· 铁电存储器	memory bus	
·· 易失性存储器	TP333	**存储芯片**
·· MOS 随机存取存储器	D 内存总线	memory chip
·· 动态随机存取存储器	S 总线*	TP33 TN4
··· 同步动态随机存取存储器	C 存储器	D 存储器芯片
·· 静态随机存储器		S 计算机芯片
··· 双端口静态随机存储器	**存储区网络**	C 存储器
·· 双端口随机存储器	Y 存储区域网络	存储电路
··· 双端口静态随机存储器		片选信号
· 图像存储器	**存储区域网**	Z 芯片*
· 图形存储器	Y 存储区域网络	
· 外存储器**		**存储域网**
· 网络存储器	**存储区域网络**	Y 存储区域网络
·· 网络磁盘	storage area network	
·· 网络硬盘		
··· 智能网络磁盘		

存储域网络
　　Y 存储区域网络

存储栈
　　Y 堆栈

存储阵列
memory array
TP33
　　D 存储器阵
　　　 存储矩阵
　　　 矩阵存储器
　　S 外存储器**
　　· 磁盘阵列
　　· 存储池
　　· 光盘库

存储转发交换
store and forward switching
TN915
　　D 存储和转发交换
　　　 存发交换
　　S 通信交换**

存储装置
　　Y 存储器

存储子系统
　　Y 存储器

存发交换
　　Y 存储转发交换

存取控制
　　Y 访问控制

存域网
　　Y 存储区域网络

存折打印机
bankbook printer
TP334.3
　　S 票据打印机
　　Z 外部设备*

存贮保护
　　Y 存储保护

存贮技术
　　Y 信息存储

存贮器
　　Y 存储器

存贮器系统
　　Y 存储器

错误定位
　　Y 软件调试

错误恢复
error recovery
TN919
　　D 差错恢复
　　S 信息恢复
　　Z 信息处理*

错误掩盖
　　Y 错误隐藏

错误隐藏
error concealment
TP391　TN919
　　D 差错掩盖
　　　 差错隐藏
　　　 错误掩盖
　　　 错误隐匿
　　　 错误隐藏技术
　　　 错误隐藏算法
　　S 容错*
　　C 视频传输

错误隐藏技术
　　Y 错误隐藏

错误隐藏算法
　　Y 错误隐藏

错误隐匿
　　Y 错误隐藏

错序执行
　　Y 乱序执行

达尔文流媒体服务器
　　Y 流媒体服务器

达林顿晶体管
Darlington transistor
TN32
　　S 晶体管
　　L 半导体分立器件**

打胶机
　　Y 灌胶机

打印程序
printing program
TP317　TP318
　　D 打印工具软件
　　　 打印服务程序
　　　 打印软件
　　S 系统软件
　　· 报表打印程序
　　· 打印驱动程序
　　· 虚拟打印机
　　C 打印机
　　L 工具软件**

打印端口
　　Y 打印机接口

打印服务程序
　　Y 打印程序

打印服务器
print server
TP368
　　S 功能服务器
　　C 打印共享
　　Z 服务器*

打印工具软件
　　Y 打印程序

打印共享
printer sharing
TN87
　　S 资源共享*
　　C 局域网
　　　 打印服务器
　　　 打印机
　　　 打印机接口

打印机
printer
TN87　TP334.3
　　D 打印装置
　　　 打印设备
　　　 打印输出设备
　　　 输出打印机
　　S 输出设备
　　· 3D打印机
　　· 便携式打印机
　　· 标签打印机
　　· 彩色打印机
　　· 大幅面打印机
　　· 单色打印机
　　· 点阵打印机
　　· 多功能打印机
　　· 高速打印机
　　· 激光打印机
　　· 家用打印机
　　· 菊花轮打印机
　　· 喷墨打印机
　　· 票据打印机
　　· 热敏打印机
　　· 竖式打印机
　　· 数码打印机
　　· 特种打印机
　　· 条码打印机
　　· 网络打印机
　　· 微型打印机
　　· 行打印机
　　· 照片打印机
　　· 针式打印机
　　· 中文打印机
　　C 打印共享
　　　 打印机接口
　　　 打印程序
　　Z 外部设备*

打印机端口
　　Y 打印机接口

打印机接口
printer interface
TP334.7
　　D 打印口
　　　打印接口
　　　打印机端口
　　　打印端口
　　S 外部接口
　　· 并行打印机接口
　　C 打印共享
　　　打印机
　　　打印语言
　　L 计算机接口**

打印机控制语言
printer control language
TP312
　　D PCL 语言
　　S 打印语言
　　Z 计算机语言*

打印机驱动程序
　　Y 打印驱动程序

打印接口
　　Y 打印机接口

打印口
　　Y 打印机接口

打印驱动程序
print driver
TP31
　　D 打印机驱动程序
　　　打印驱动软件
　　S 打印程序
　　　驱动程序
　　L 工具软件**

打印驱动软件
　　Y 打印驱动程序

打印软件
　　Y 打印程序

打印设备
　　Y 打印机

打印输出设备
　　Y 打印机

打印语言
print language
TN87　TP312
　　D PS 打印语言
　　S 计算机语言*
　　· 打印机控制语言
　　· 图形设备接口
　　· 页面描述语言
　　C 打印机接口

打印装置
　　Y 打印机

大尺寸显示器
　　Y 大屏幕显示器

大幅面打印机
large format printer
TP334.3
　　S 打印机
　　Z 外部设备*

大哥大
　　Y 手机

大功率半导体激光器
　　Y 高功率半导体激光器

大功率电源
high power supply
TN86
　　S 电源*
　　· 大功率开关电源

大功率电子管
　　Y 功率管

大功率发射机
　　Y 大功率发信机

大功率发信机
high power transmitter
TN83
　　D 大功率发射机
　　　高功率发射机
　　S 无线电发射机
　　C 高功率放大器
　　Z 发射机*

大功率放大器
　　Y 高功率放大器

大功率功放
　　Y 高功率放大器

大功率固体激光器
　　Y 高功率固体激光器

大功率行波管
　　Y 功率行波管

大功率激光
　　Y 高功率激光器

大功率激光二极管
high power laser diode
TN31
　　S 激光二极管
　　L 半导体发光器件**

大功率激光器
　　Y 高功率激光器

大功率晶体管
　　Y 功率晶体管

大功率晶闸管
high power thyristor
TN34
　　S 晶闸管
　　L 半导体分立器件**
　　　电力半导体器件**

大功率开关电源
high power switched power supply
TN86
　　D 高功率开关电源
　　S 大功率电源
　　　开关电源
　　Z 电源*

大功率速调管
high power klystron
TN12
　　S 速调管
　　C 功率管
　　L 微波管**

大规模 IC
　　Y 大规模集成电路

大规模并行处理
　　Y 并行处理

大规模并行机
　　Y 大规模并行计算机

大规模并行计算
massively parallel computing
TP301.4
　　S 并行计算
　　C 大规模并行计算机
　　Z 计算*

大规模并行计算机
massively parallel computer
TP33
　　D 大规模并行机
　　S 并行计算机
　　C 大规模并行计算
　　Z 计算机*

大规模电路
　　Y 大规模集成电路

大规模集成电路
large scale integrated circuit
TN47
　　D LSI
　　　大规模 IC
　　　大规模电路

电子信息技术叙词表

　　　大规模集成芯片
　　　　S 集成电路*
　　　　· 超大规模集成电路
　　　　· 高速大规模集成电路
　　　　· 甚大规模集成电路
　　　　C 中规模集成电路

大规模集成芯片
　　Y 大规模集成电路

大规模接入汇聚路由器
　　Y 接入路由器

大规模软件
　　Y 大型软件

大规模数据库
　　Y 大型数据库

大规模网络
　　Y 大型网络

大规模文本处理
　　Y 文本处理

大模场面积光纤
large mode area fiber
TN2
　　D 大模面积光纤
　　S 光纤*

大模面积光纤
　　Y 大模场面积光纤

大脑端口
　　Y 脑机接口

大屏幕彩色显像管
large screen color picture tube
TN14
　　S 彩色显像管
　　L 电子束管**

大屏幕显示
　　Y 大屏幕显示器

大屏幕显示屏
　　Y 大屏幕显示器

大屏幕显示器
large screen display
TN873　TP334.3
　　D 大型显示器
　　　大尺寸显示器
　　　大屏幕显示
　　　大屏幕显示屏
　　　大屏幕显示设备
　　S 显示器
　　· LED 大屏幕显示器
　　Z 显示设备*

大屏幕显示设备
　　Y 大屏幕显示器

大气波导传播
　　Y 对流层电波传播

大气光通信
atmospheric optical communication
TN929.1
　　D 大气激光通信
　　　激光大气通信
　　S 自由空间光通信
　　L 光通信**
　　　无线通信**

大气激光器
atmospheric laser
TN248
　　S 气体激光器**

大气激光通信
　　Y 大气光通信

大气散射
atmospheric scattering
TN011
　　S 电磁波散射*
　　C 瑞利散射

大气随机信道
atmospheric stochastic channel
TN929.1　TN911
　　S 随机信道
　　C 大气噪声
　　Z 信道*

大气无线电噪声
　　Y 大气噪声

大气噪声
atmospheric radio noise
TN01
　　D 大气无线电噪声
　　　天电
　　S 无线电噪声
　　C 大气随机信道
　　Z 信号噪声*

大容量存储
　　Y 海量存储

大容量存储器
mass memory
TP333
　　D 大容量存储设备
　　　海量存储器
　　　海量存储类设备
　　　海量存储系统
　　　海量存储设备
　　S 存储器*
　　C 大容量硬盘

　　　海量存储

大容量存储设备
　　Y 大容量存储器

大容量路由器
high capacity router
TP393
　　S 路由器
　　L 网络互连设备**

大容量数据采集
high capacity data acquisition
TP274
　　S 数据采集
　　C 海量存储
　　Z 信息采集*

大容量硬盘
high capacity hard disk
TP333
　　S 硬盘
　　C 大容量存储器
　　L 外存储器**
　　　磁存储器**

大时滞网络
large delay network
TP1　TP393.07
　　S 网络*

大束流离子注入机
large beam ion implanter
TN305
　　S 离子注入机
　　Z 半导体工艺设备*

大数据
big data
TP3
　　S 数据*
　　C 云计算
　　　公共数据
　　　大数据中心
　　　大数据平台
　　　大数据技术
　　　数据挖掘
　　　数据管控
　　　海量数据
　　　海量数据处理

大数据处理技术
　　Y 大数据技术

大数据技术
big data technology
TP391　TP393
　　D 大数据处理技术
　　S 信息技术*
　　C 大数据

· 150 ·

大数据量处理
　　Y 海量数据处理

大数据平台
big data platform
TP391
　　S 数据平台
　　C 大数据
　　　大数据中心
　　Z 信息平台*

大数据中心
big data center
TP393.07　TP333
　　S 数据中心
　　C 云计算
　　　大数据
　　　大数据平台
　　　智慧城市
　　Z 信息基础设施*

大型电子计算机
　　Y 大型计算机

大型机
　　Y 大型计算机

大型计算机
mainframe computer
TP338.4
　　D 大型机
　　　大型电子计算机
　　　大型计算机系统
　　S 电子数字计算机**
　　C 大型信息系统

大型计算机系统
　　Y 大型计算机

大型软件
large-scale software
TP31
　　D 大规模软件
　　S 软件*

大型数据库
large database
TP392
　　D 大型数据库系统
　　　大规模数据库
　　　海量数据库
　　S 数据库*

大型数据库系统
　　Y 大型数据库

大型天线
large-scale antenna
TN82
　　S 天线*

大型网络
large-scale network
TP2　TP393　TN915
　　D 大规模网络
　　S 网络*

大型显示器
　　Y 大屏幕显示器

大型信息系统
large information system
TP39
　　S 信息系统*
　　C 大型计算机

大直径硅晶片
　　Y 大直径硅片

大直径硅片
large diameter silicon wafer
TN304
　　D 大直径硅晶片
　　S 硅片
　　Z 半导体材料*

大众筹资
　　Y 众筹

代理程序
　　Y 代理软件

代理多签名
　　Y 代理多重签名

代理多重签名
proxy multi-signature
TP393.08　TP309
　　D 代理多签名
　　　多重代理签名
　　S 代埋签名
　　　多重签名
　　• 多重代理多重签名
　　• 盲代理多重签名
　　Z 数字签名*

代理服务器
proxy server
TP393.08　TP368
　　D 代理服务器技术
　　S 网络服务器
　　• SIP 服务器
　　• SOCKS 服务器
　　• 安全代理服务器
　　• 代理缓存服务器
　　• 反向代理服务器
　　• 移动代理服务器
　　• 用户代理服务器
　　C 网络代理
　　Z 服务器*

代理服务器技术
　　Y 代理服务器

代理环签名
proxy ring signature
TN918
　　S 代理签名
　　Z 数字签名*

代理缓存
proxy cache
TP333
　　D 缓存代理
　　S 缓冲存储
　　C 代理缓存服务器
　　Z 信息存储*

代理缓存服务器
proxy cache server
TP368
　　D 缓存代理服务器
　　S 代理服务器
　　　缓存服务器
　　C 代理缓存
　　Z 服务器*

代理盲签名
proxy blind signature
TN918　TP393.08　TP309
　　D 盲代理签名
　　S 代理签名
　　　盲签名
　　Z 数字签名*

代理签名
proxy signature
TP393.08　TP309　TN918
　　D 代理数字签名
　　　代理签名体制
　　　代理签名方案
　　S 数字签名*
　　• 代理多重签名
　　• 代理环签名
　　• 代理盲签名
　　• 多级代理签名
　　• 门限代理签名
　　• 匿名代理签名
　　• 强代理签名
　　C 不可伪造性
　　　前向安全
　　　无证书公钥密码体制

代理签名方案
　　Y 代理签名

代理签名体制
　　Y 代理签名

代理软件
agent software
TP318

电子信息技术叙词表

  D 代理程序
  S 网络工具
  L 工具软件**
    网络软件**

代理数字签名
  Y 代理签名

代理通信
agent communication
TN92 TP334.7
  S 通信*

代理网关
agent gateway
TP393.1
  S 网关
  L 网络互连设备**

代码安全
code security
TN92 TP309
  S 软件安全
  Z 信息安全*

代码解释器
code interpreter
TP314
  D 数控代码解释器
  S 解释器
  C 数控自动编程
  Z 软件*

代码签名
code signature
TN911
  D 代码数字签名
  S 数字签名*

代码生成程序
code generator
TP311
  D 代码生成器
  S 工具软件**
  C 代码自动生成

代码生成器
  Y 代码生成程序

代码数字签名
  Y 代码签名

代码压缩
  Y 编码压缩

代码优化
code optimization
TP391 TP311 TN91
  D 编码优化
    软件优化
  S 软件编程**

  C 代码重构
    程序改进

代码重构
code refactoring
TN911
  S 软件编程**
  C 代码优化

代码转换器
  Y 转换程序

代码自动生成
automatic code generation
TP311
  D 代码自动生成器
  S 自动程序设计
  C 代码生成程序
  Z 自动化*
    软件工程*

代码自动生成器
  Y 代码自动生成

代数攻击
algebraic attack
TN91
  S 网络攻击**

代数特征抽取
algebraic feature extraction
TP391
  S 特征提取
  L 信息抽取**

代数重建算法
  Y 迭代重建算法

代用电源
  Y 备用电源

带宽分配算法
bandwidth allocation algorithm
TN91
  S 分配算法
  • 动态带宽分配算法
  Z 算法*

带宽自适应
bandwidth adaptation
TN911
  S 自适应*

带内导频单边带调制
pilot tone-in-band single-
sideband modulation
TN76
  S 单边带调制
  Z 调制*

带内相位噪声
in-band phase noise
TN911
  S 相位噪声
  Z 信号噪声*

带内噪声
in-band noise
TN929.1
  S 信号噪声*

带通放大器
band pass amplifier
TN72
  S 放大器*
  C 带通信号

带通滤波
  Y 带通滤波器

带通滤波器
band pass filter
TN713
  D 带通滤波
  S 滤波器*
  • 宽带滤波器
  • 窄带滤波器
  C 带通信号
    陷波器

带通信号
band pass signal
TN91
  S 信号*
  C 带通放大器
    带通滤波器

带外抑制
out-band suppression
TN911
  S 干扰抑制*
  C 带外噪声

带外噪声
out-of-band noise
TN911
  S 信号噪声*
  C 带外抑制

带隙电压基准
  Y 带隙基准电压源

带隙电压基准源
  Y 带隙基准电压源

带隙基准
  Y 带隙基准电压源

带隙基准电路
  Y 带隙基准电压源

带隙基准电压源
band gap reference voltage source
TN43
　　D 带隙基准
　　　　带隙基准源
　　　　带隙基准电路
　　　　带隙电压基准
　　　　带隙电压基准源
　　S 基准电压源
　　Z 电子电路*

带隙基准源
　　Y 带隙基准电压源

带线隔离器
　　Y 微带隔离器

带线环行器
　　Y 微带环行器

带状电缆
ribbon cable
TM246
　　S 电气装备用电线电缆
　　C 带状电缆连接器
　　Z 电线电缆*

带状电缆连接器
ribbon cable connector
TN6
　　S 矩形连接器
　　C 印制电路板连接器
　　　　带状电缆
　　　　条形连接器
　　Z 电连接器*

带状光缆
ribbon optical cable
TM24　TN81
　　S 光缆*
　　C 带状光纤

带状光纤
ribbon fiber
TN25　TN81
　　D 光纤带
　　　　光纤带光缆
　　S 光纤*
　　C 带状光缆

带状线隔离器
　　Y 微带隔离器

带状线环行器
　　Y 微带环行器

带状线滤波器
stripline filter
TN713
　　S 微波滤波器
　　Z 滤波器*

带状注速调管
sheet beam klystron
TN12
　　S 速调管
　　L 微波管**

带阻滤波
　　Y 带阻滤波器

带阻滤波器
band stop filter
TN713
　　D 带阻滤波
　　S 滤波器*
　　· LC 带阻滤波器
　　· 腔体带阻滤波器
　　C 陷波器

戴维南等效电路
　　Y 戴维宁等效电路

戴维宁等效电路
Davidin equivalent circuit
TN710
　　D 戴维南等效电路
　　S 等效电路
　　Z 电子电路*

单板电脑
　　Y 单板微型计算机

单板机
　　Y 单板微型计算机

单板计算机
　　Y 单板微型计算机

单板微机
　　Y 单板微型计算机

单板微型机
　　Y 单板微型计算机

单板微型计算机
single board computer
TP33　TP368
　　D 单板微型机
　　　　单板微机
　　　　单板机
　　　　单板电脑
　　　　单板计算机
　　S 微型计算机
　　L 电子数字计算机**

单比特接收机
single bit receiver
TN85
　　S 接收设备*
　　C 低截获概率雷达

单边带
　　Y 单边带调制

单边带电台
single sideband radio
TN92
　　S 通信电台
　　· 短波单边带电台
　　C 单边带信号
　　　　单边带调制
　　　　单边带通信
　　Z 无线电台*

单边带发射机
single sideband transmitter
TN83
　　D 单边带发信机
　　S 无线电发射机
　　C 单边带接收机
　　　　单边带通信
　　Z 发射机*

单边带发信机
　　Y 单边带发射机

单边带接收机
single sideband receiver
TN83　TN85
　　S 无线电接收机
　　C 单边带发射机
　　Z 接收设备*

单边带调制
single sideband modulation
TN76
　　D SSB
　　　　单边带
　　S 调幅
　　· 带内导频单边带调制
　　C 单边带信号
　　　　单边带电台
　　Z 调制*

单边带通信
single sideband communication
TN92
　　S 无线通信**
　　C 单边带信号
　　　　单边带发射机
　　　　单边带电台

单边带相位噪声
single sideband phase noise
TN911
　　S 相位噪声
　　C 单边带信号
　　Z 信号噪声*

单边带信号
single sideband signal
TN911
　　S 通信信号

C 单边带电台
　单边带相位噪声
　单边带调制
　单边带通信
Z 信号*

单边通信
Y 单方通信

单播
unicast
TP393.1　TN92　TN91
S 网络通信**
C 单播路由
　单播路由算法

单播路由
unicast routing
TN915　TP393.2
S 路由*
· QoS 单播路由
C 单播
　单播路由算法

单播路由算法
unicast routing algorithm
TP393.0
S 路由算法
C 单播
　单播路由
Z 算法*

单层对称全反馈网络
Y Hopfield 神经网络

单处理机
Y 单处理器

单处理器
uniprocessor
TP338
D 单处理机
S 微处理器*

单次散射
single scattering
TN011
S 电磁波散射*

单道脉冲幅度分析器
single channel pulse amplitude analyzer
TN78　TM935
S 脉冲幅度分析器
Z 电子测量仪器*

单点登录系统
single sign-on system
TP311　TP393.08
S 登录系统
L 信息安全系统**

单电子存储器
single electron memory
TP333
S 半导体存储器
C 单电子晶体管
Z 存储器*

单电子晶体管
single electron transistor
TN32
S 晶体管
C 单电子存储器
　多值存储器
　磁隧道结
　谐振隧穿二极管
L 半导体分立器件**

单端反激式开关电源
Y 反激式开关电源

单端放大器
single ended amplifier
TN72
S 放大器*

单端输入式变压器
single input transformer
TM42
S 输入变压器
L 电子变压器**

单方通信
one-sided communication
TN911　TN92
D 单边通信
S 无线通信**
C 半双工通信
　短波单边带电台

单分类器
Y 单类分类器

单管彩色电视摄像机
Y 彩色摄像机

单管彩色摄像机
Y 彩色摄像机

单光子雪崩二极管
single photon avalanche diode
TN31
D SPAD
S 雪崩光电二极管
L 半导体光电器件**
　半导体敏感器件**

单机系统
single computer system
TP36
S 计算机系统*

单基地雷达
monostatic radar
TN958
S 雷达*

单极晶体管
Y 场效应晶体管

单极天线
monopole antenna
TN82
D 单极子天线
S 全向天线
　通信天线**
· 刀形天线
· 平面单极天线
· 套筒单极天线
· 印刷单极天线
C 偶极天线

单极型晶体管
Y 场效应晶体管

单极子天线
Y 单极天线

单结晶体管
unijunction transistor
TN32
S 体效应器件
　晶体管
L 半导体分立器件**

单晶硅
monocrystalline silicon
TN304
D 硅单晶
S 硅材料
· 区熔硅单晶
· 直拉硅单晶
C 单晶炉
　单晶硅太阳能电池
　单晶硅片
　抛光硅片
L 元素半导体**

单晶硅片
monocrystalline silicon wafer
TN304
D 硅单晶片
S 硅片
C 单晶硅
Z 半导体材料*

单晶硅太阳能电池
monocrystalline silicon photovoltaic cell
TM914
S 硅太阳能电池
C 单晶硅
Z 电池*

单晶炉
mono-crystal furnace
TN305
 D 拉晶炉
  晶体直拉炉
 S 半导体工艺设备*
 • 电子束单晶炉
 • 高压单晶炉
 • 直拉单晶炉
 C 单晶硅
  单晶锗
  碳化硅单晶

单晶碳化硅
 Y 碳化硅单晶

单晶体管
 Y 场效应晶体管

单晶锗
monocrystalline germanium
TN304
 D 锗单晶
 S 锗
 C 单晶炉
 L 元素半导体**

单块激光器
monolithic laser
TN248
 S 激光器*

单类分类器
one class classifier
TP391
 D 单分类器
 S 分类器*
 C 单类支持向量机

单类支持向量机
one class support vector machine
TP391
 S 支持向量机*
 C 单类分类器

单量子阱激光器
single quantum well laser
TN248
 S 量子阱激光器
 L 固体激光器**

单路邻频调制器
single channel adjacent frequency modulator
TN911　TN761
 S 调制器*

单脉冲二次监视雷达
 Y 单脉冲二次雷达

单脉冲二次雷达
monopulse secondary radar
TN958
 D 单脉冲二次监视雷达
 S 二次雷达
  单脉冲雷达
 Z 雷达*

单脉冲跟踪
monopulse tracking
TN95　TN911　TN8
 D 脉冲跟踪
 S 信号跟踪
 C 单脉冲跟踪雷达
 Z 信号处理*

单脉冲跟踪雷达
monopulse tracking radar
TN958
 S 单脉冲雷达
  跟踪雷达
 C 单脉冲跟踪
 Z 雷达*

单脉冲接收机
monopulse receiver
TN85
 S 接收设备*

单脉冲雷达
monopulse radar
TN958
 S 脉冲雷达
 • 比相单脉冲雷达
 • 单脉冲二次雷达
 • 单脉冲跟踪雷达
 • 圆锥单脉冲雷达
 C 单脉冲天线
  差波束
  防撞雷达
 Z 雷达*

单脉冲天线
monopulse antenna
TN82
 D 脉冲天线
 S 天线*
 C 单脉冲雷达
  脉冲信号

单密钥加密
 Y 对称加密

单面板
 Y 单面印制电路板

单面覆铜板
single sided copper clad laminate
TN7
 S 覆铜板
 C 单面印制电路板
 Z 电路基板*

单面线路板
 Y 单面印制电路板

单面印制板
 Y 单面印制电路板

单面印制电路板
single sided printed circuit board
TN41
 D 单面印制板
  单面板
  单面线路板
 S 印制电路板*
 C 单面覆铜板

单模半导体激光器
single mode semiconductor laser
TN248
 S 半导体激光器
 L 固体激光器**

单模光纤
single mode fiber
TN818　TN25
 D G652光纤
  G655光纤
 S 光纤*
 • 单模石英光纤
 C 单模光纤耦合器
  单模光纤连接器
  单模激光器

单模光纤连接器
single mode fiber connector
TN253
 D 单模连接器
 S 光纤连接器
 C 单模光纤
  单模光纤转换器
 L 光无源器件**
  光纤器件**

单模光纤耦合器
single mode fiber coupler
TN62
 S 光纤耦合器
 C 单模光纤
 L 光无源器件**
  光纤器件**

单模光纤转换器
single mode fiber adaptor
TN253
 S 光纤转换器
 C 单模光纤连接器
 L 光无源器件**
  光纤器件**

单模光学纤维
 Y 单模石英光纤

单模激光
   Y 单模激光器

单模激光器
single mode laser
TN248
   D 单模激光
   S 激光器*
   C 单模光纤

单模连接器
   Y 单模光纤连接器

单模石英光纤
single mode silica fiber
TN25
   D 单模光学纤维
   S 单模光纤
      石英光纤
   Z 光纤*

单模式匹配
single pattern matching
TP391
   D 单模式匹配算法
   S 模式匹配
   Z 信息处理*

单模式匹配算法
   Y 单模式匹配

单目标跟踪
single target tracking
TN95
   S 目标跟踪*

单片 IC
   Y 单片集成电路

单片 IC 放大器
   Y 单片放大器

单片处理机
   Y 单片微型计算机

单片单板机
   Y 单片微型计算机

单片电路
   Y 单片集成电路

单片多处理器
   Y 片上多核处理器

单片放大器
monolithic amplifier
TN72
   D 单片 IC 放大器
      单片功率放大器
      单片微波集成放大器
      单片集成放大器
   S 放大器*

单片功率放大器
   Y 单片放大器

单片机
   Y 单片微型计算机

单片机编程
MCU programming
TP368
   S 软件编程**
   C 单片机应用系统
      单片机软件

单片机程序
   Y 单片机软件

单片机仿真
MCU simulation
TP391
   S 硬件仿真
   C 单片微型计算机
      单片机通信
   Z 仿真*

单片机接口
single chip computer interface
TP334.7
   S 微型计算机接口
   • 串行外设接口
   C 单片微型计算机
   L 计算机接口**

单片机软件
single chip microcomputer software
TP317
   D 单片机程序
   S 专用软件
   C 单片微型计算机
      单片机编程
   L 应用软件**

单片机通信
single chip microcomputer communication
TP334.7
   S 通信*
   C 单片微型计算机
      单片机仿真

单片机系统
   Y 单片微型计算机

单片机应用系统
SCM application system
TP391
   S 计算机应用系统*
   C 单片机编程

单片集成
   Y 单片集成电路

单片集成电路
monolithic integrated circuit
TN43
   D 单片 IC
      单片微电路
      单片电路
      单片集成
   S 半导体集成电路
   • 微波单片集成电路
   • 圆片规模集成电路
   Z 集成电路*

单片集成放大器
   Y 单片放大器

单片计算机
   Y 单片微型计算机

单片计算机系统
   Y 单片微型计算机

单片晶体滤波器
monolithic crystal filter
TN713
   S 晶体滤波器
   Z 滤波器*

单片开关电源
monolithic switching power supply
TN86
   S 开关电源
   Z 电源*

单片射频收发器
monolithic RF transceiver
TN8　TN7
   D 单片无线收发器
      单片无线收发芯片
   S 射频收发器
   Z 收发器*

单片式计算机
   Y 单片微型计算机

单片微波集成电路
   Y 微波单片集成电路

单片微波集成放大器
   Y 单片放大器

单片微处理机
   Y 单片微型计算机

单片微处理器
   Y 单片微型计算机

单片微电路
　　Y 单片集成电路

单片微机
　　Y 单片微型计算机

单片微机系统
　　Y 单片微型计算机

单片微控制器
　　Y 单片微型计算机

单片微型机
　　Y 单片微型计算机

单片微型计算机
single chip microcomputer
TP368
　　D 单片单板机
　　　 单片处理机
　　　 单片式计算机
　　　 单片微型机
　　　 单片微处理器
　　　 单片微处理机
　　　 单片微控制器
　　　 单片微机
　　　 单片微机系统
　　　 单片机
　　　 单片机系统
　　　 单片计算机
　　　 单片计算机系统
　　　 单芯片计算机
　　　 芯片计算机
　　S 微型计算机
　　• SoC 单片机
　　• 低功耗单片机
　　• 高速单片机
　　• 闪速单片机
　　• 双串口单片机
　　• 双单片机
　　• 网络单片机
　　• 无线单片机
　　C 单片机仿真
　　　 单片机接口
　　　 单片机软件
　　　 单片机通信
　　　 多点接口
　　　 寄存器
　　　 微控制器
　　　 数字电位器
　　　 无线传输
　　　 片选信号
　　　 程序存储器
　　　 读写存储器
　　L 电子数字计算机**

单片无线收发器
　　Y 单片射频收发器

单片无线收发芯片
　　Y 单片射频收发器

单频光纤放大器
single frequency fiber amplifier
TN72
　　S 光纤放大器
　　C 单频光纤激光器
　　L 光放大器**
　　　 光纤器件**

单频光纤激光器
single frequency fiber laser
TN248
　　S 单频激光器
　　C 单频光纤放大器
　　Z 激光器*

单频激光
　　Y 单频激光器

单频激光器
single frequency laser
TN248
　　D 单纵模激光器
　　　 单色激光器
　　　 单频激光
　　S 激光器*
　　• 单频光纤激光器

单频网
single frequency network
TN948　TN93
　　D 单频网络
　　S 通信网络*
　　C 数字电视

单频网络
　　Y 单频网

单枪三束彩色显象管
　　Y 单枪三束彩色显像管

单枪三束彩色显像管
trinitron color picture tube
TN14
　　D 单枪三束彩色显象管
　　　 单枪三束管
　　S 彩色显像管
　　L 电子束管**

单枪三束管
　　Y 单枪三束彩色显像管

单亲进化遗传算法
　　Y 单亲遗传算法

单亲遗传算法
single parent genetic algorithm
TP301
　　D 单亲进化遗传算法
　　S 遗传算法
　　Z 算法*

单圈电位器
single turn potentiometer
TM547
　　S 旋转式电位器
　　Z 电阻器*

单圈绝对式编码器
single ring absolute encoder
TN76
　　S 编码器*

单色打印机
monochrome printer
TP334.3
　　D 单颜色打印机
　　　 黑白打印机
　　S 打印机
　　• 黑白激光打印机
　　Z 外部设备*

单色激光器
　　Y 单频激光器

单色显示器
monochrome display
TP334.3
　　S 显示器
　　C 黑白显像管
　　Z 显示设备*

单声道放大器
　　Y 单声道功率放大器

单声道功放
　　Y 单声道功率放大器

单声道功率放大器
single channel power amplifier
TN72
　　D 单声道功放
　　　 单声道后级放大器
　　　 单声道放大器
　　S 音频功率放大器
　　L 功率放大器**

单声道后级放大器
　　Y 单声道功率放大器

单输入多输出信道
single-input multiple-output channel
TN911
　　S 信道*

单调谐滤波器
single tuned filter
TN713
　　S 调谐滤波器
　　Z 滤波器*

单通道测向机
single channel direction finder
TN971
　　D 单信道测向机
　　S 测向机
　　C 单通道接收机
　　Z 电子战装备*

单通道接收机
single channel receiver
TN85
　　D 单信道接收机
　　S 接收设备*
　　C 单通道测向机

单位冲激信号
　　Y 冲激信号

单稳触发电路
　　Y 单稳态触发器

单稳触发器
　　Y 单稳态触发器

单稳电路
　　Y 单稳态触发器

单稳态触发电路
　　Y 单稳态触发器

单稳态触发器
monostable trigger
TP33　TN79
　　D 单稳态电路
　　　 单稳态触发电路
　　　 单稳电路
　　　 单稳触发器
　　　 单稳触发电路
　　S 触发器
　　L 数字电路**

单稳态电路
　　Y 单稳态触发器

单线总线
　　Y 单总线

单相半波整流电路
　　Y 半波整流电路

单向传输
unidirectional transmission
TN919
　　S 信息传输*
　　C 单向网络
　　　 单向链路

单向导光器
　　Y 磁光隔离器

单向晶闸管
unidirectional thyristor
TN34
　　D 单向可控硅
　　S 晶闸管
　　L 半导体分立器件**
　　　 电力半导体器件**

单向可控硅
　　Y 单向晶闸管

单向链路
unidirectional link
TN915
　　S 链路*
　　C 信息网络
　　　 单向传输

单向天线
　　Y 定向天线

单向通信
one-way communication
TN91
　　S 通信*

单向网络
unidirectional network
TN94　TN91
　　S 网络*
　　C 单向传输

单芯片多处理器
　　Y 片上多核处理器

单芯片封装
single-chip package
TN405
　　S 芯片封装
　　L 半导体封装**

单芯片计算机
　　Y 单片微型计算机

单信道测向机
　　Y 单通道测向机

单信道接收机
　　Y 单通道接收机

单颜色打印机
　　Y 单色打印机

单钥体制
　　Y 私钥密码体制

单异质结
single heterojunction
TN303
　　S 异质结

　　C 单异质结激光器
　　Z 半导体结*

单异质结激光器
single heterojunction laser
TN248
　　S 异质结激光器
　　C 单异质结
　　L 固体激光器**

单元测试
unit testing
TP311
　　S 软件测试
　　Z 软件工程*

单元电路
cell circuit
TN710
　　D 电路单元
　　S 电子电路*

单元控制器
unit controller
TP21
　　S 控制器*

单原子激光器
monoatomic laser
TN248
　　S 原子激光器
　　L 气体激光器**

单载波调制
single carrier modulation
TN76
　　S 载波调制
　　Z 调制*

单总线
1-wired bus
TP336
　　D 1-Wire 总线
　　　 一线总线
　　　 单线总线
　　S 总线*
　　C 单总线网络

单总线网络
1-wire bus network
TP393
　　D 1-Wire 技术
　　　 1-Wire 网络
　　S 总线网络
　　C 单总线
　　Z 自动化网络*

单纵模激光器
　　Y 单频激光器

胆功放
  Y 电子管功率放大器

胆机
  Y 电子管功率放大器

胆石功放
  Y 胆石混合功率放大器

胆石混合功放
  Y 胆石混合功率放大器

胆石混合功率放大器
vacuum tube and transistor mixing power amplifier
TN72
  D 胆石功放
    胆石混合功放
  S 音频功率放大器
  L 功率放大器**

弹道计算机
  Y 火控计算机

弹上天线
  Y 弹载天线

弹体天线
  Y 弹载天线

弹载计算机
  Y 导弹携载计算机

弹载雷达
missile-borne radar
TN958
  D 导弹载雷达
  S 航空雷达
  C 弹载天线
  Z 雷达*

弹载天线
missile-borne antenna
TN82
  D 导弹天线
    弹上天线
    弹体天线
  S 飞行器天线
  C 弹载雷达
  Z 天线*

弹着计算机
  Y 火控计算机

蛋白芯片
  Y 蛋白质芯片

蛋白质芯片
protein chip
TN4
  D 蛋白芯片
    蛋白质组芯片
  S 生物芯片
  Z 芯片*

蛋白质组芯片
  Y 蛋白质芯片

氮分子激光器
nitrogen molecular laser
TN248
  D 氮气激光器
    氮激光器
  S 准分子激光器
  L 气体激光器**

氮化镓
gallium nitride
TN304
  D GaN
    GaN 基材料
    GaN 材料
    氮化镓半导体
    氮化镓材料
  S 氮化物半导体
  C GaN 纳米线
    氮化镓器件
  L 化合物半导体**

氮化镓半导体
  Y 氮化镓

氮化镓材料
  Y 氮化镓

氮化镓高电子迁移率晶体管
gallium nitride high electron mobility transistor
TN32
  D GaN HEMT
  S 氮化镓器件
    高电子迁移率晶体管
  L 半导体分立器件**

氮化镓器件
gallium nitride device
TN32
  S 半导体器件*
  • 氮化镓高电子迁移率晶体管
  C 氮化镓

氮化铝基板
aluminum nitride substrate
TN7
  D 氮化铝基片
  S 电路基板*

氮化铝基片
  Y 氮化铝基板

氮化物半导体
nitride semiconductor
TN304
  S 化合物半导体**
  • Ⅲ族氮化物
  • 氮化铟
  • 氮化镓

氮化铟
indium nitride
TN304
  D InN
  S 氮化物半导体
  L 化合物半导体**

氮激光器
  Y 氮分子激光器

氮气激光器
  Y 氮分子激光器

氮氧化硅
silicon oxynitride
TN304
  D SiON
  S 化合物半导体**

档案管理系统
  Y 档案信息管理系统

档案管理信息化
archives management informatization
TP391
  D 档案信息化
  S 管理信息化
  C 档案信息管理系统
  Z 信息化*

档案信息管理系统
archives information management system
TP31
  D 档案信息系统
    档案管理系统
  S 管理信息系统
  C 档案管理信息化
  Z 信息系统*

档案信息化
  Y 档案管理信息化

档案信息系统
  Y 档案信息管理系统

刀片服务器
blade server
TP368
  D 刀片式服务器
  S 服务器*

刀片式服务器
 Y 刀片服务器

刀刃切片机
blade chipper
TN305
 S 切片机
 Z 半导体工艺设备*

刀形天线
blade antenna
TN82
 S 单极天线
 L 通信天线**

导弹告警
missile warning
TN97
 S 威胁告警
 L 电子对抗**

导弹计算机
 Y 导弹携载计算机

导弹天线
 Y 弹载天线

导弹携载计算机
missile-borne computer
TP33
 D 制导计算机
  导弹计算机
  弹载计算机
 S 军用计算机
 Z 计算机*

导弹载雷达
 Y 弹载雷达

导电胶
conductive adhesive
TM2　TN04
 S 电子材料*

导航*
navigation
TN96
 D 导航技术
  导航服务
  导航算法
  导航计算
 · 车载导航
 ·· 车载语音导航
 · 地磁导航
 · 地面导航
 · 地图导航
 · 电磁导航
 · 电子导航
 · 定位导航
 ·· 全源定位导航
 ·· 卫星定位导航

 ··· GPS 导航
 ··· 北斗卫星导航
 ·· 无线电定位
 · 动态导航
 · 非自主导航
 · 辅助导航
 ·· 地形辅助导航
 ··· 水下地形辅助导航
 ·· 重力辅助导航
 · 复合导航
 · 惯性导航
 ·· 捷联惯性导航
 · 航海导航
 · 船舶导航
 · 水下导航
 ·· 水声导航
 ·· 水下地形辅助导航
 · 航空导航
 · 航天导航
 · 机器人导航
 · 极地导航
 · 捷联导航
 ·· 捷联惯性导航
 · 雷达导航
 · 三维导航
 · 手机导航
 · 数字导航
 · 卫星导航
 ·· 同步卫星导航
 ·· 卫星定位导航
 ··· GPS 导航
 ··· 北斗卫星导航
 · 无线电导航
 · 多普勒导航
 · 罗兰导航
 · 双曲线导航
 · 肖兰导航
 · 智能导航
 · 自主导航
 · 组合导航
 C 导航天线
  导航对抗
  导航显示器
  导航系统
  导航计算机
  测向

导航传感器
navigation sensor
TP212
 S 传感器*
 C 全源定位导航

导航电脑
 Y 导航计算机

导航定位
 Y 定位导航

导航定位系统
navigation and positioning system
TN966
 D 定位导航系统

  S 导航系统*
 · 车辆定位系统
 · 无线定位系统
 C 定位导航
  广域增强系统
  激光定位
  跟踪

导航对抗
navigation countermeasure
TN96　TN97
 D 导航战
 S 电子对抗**
 · 导航干扰
 C 导航
  导航系统

导航服务
 Y 导航

导航干扰
navigation jamming
TN972
 S 导航对抗
  电子干扰
 · GPS 干扰
 C 导航雷达
 L 电子对抗**

导航计算
 Y 导航

导航计算机
navigation computer
TN965　TP338
 D 导航用计算机
  导航电脑
 S 专用计算机
 C 导航
  导航显示器
  导航系统
 Z 计算机*

导航技术
 Y 导航

导航接收机
 Y 卫星导航接收机

导航雷达
navigation radar
TN958
 S 雷达*
 · X 波段导航雷达
 · 船用导航雷达
 · 机载导航雷达
 C 导航天线
  导航干扰
  导航显示器
  导航系统
  雷达导航

导航算法
  Y 导航

导航天线
navigation antenna
TN82
  S 天线*
  • GPS 天线
  • 北斗天线
  • 罗盘天线
  C 导航
    导航雷达

导航系统*
navigation system
TN966
  • 泊位引导系统
  • 车载导航系统
  • • 车载组合导航系统
  • 导航定位系统
  • 车辆定位系统
  • 无线定位系统
  • 惯性导航系统
  • • 捷联惯性导航系统
  • • • 激光陀螺捷联惯导系统
  • • • 无陀螺捷联惯导系统
  • 航位推算系统
  • 无线电导航系统
  • 塔康导航系统
  • 卫星导航系统
  • • 区域卫星导航系统
  • • 全球卫星导航系统
  • • • 北斗卫星导航系统
  • • • 格洛纳斯卫星导航系统
  • • • 全球定位系统
  • • • • 差分全球定位系统
  • • • • 辅助全球定位系统
  • • • • 双星导航定位系统
  • • • 伽利略卫星导航系统
  • 增强导航系统
  • • 地基增强系统
  • • 广域增强系统
  • • 局域增强系统
  • • 星基增强系统
  • 智能导航系统
  • 组合导航系统
  • • 车载组合导航系统
  • • 塔康导航系统
  C 导航
    导航对抗
    导航显示器
    导航终端
    导航计算机
    导航雷达

导航显示器
navigation display
TN873　TN965
  S 显示器
  • 地图显示器
  C 导航
    导航系统
    导航计算机

    导航雷达
  Z 显示设备*

导航星全球定位系统
  Y 全球定位系统

导航用计算机
  Y 导航计算机

导航战
  Y 导航对抗

导航终端
navigation terminal
TN965　TN87
  S 终端设备*
  • GPS 手持机
  • 北斗终端
  • 车载导航终端
  C 导航系统

导频
  Y 导频信号

导频接收机
pilot receiver
TN85
  S 接收设备*
  C 导频信号

导频信道
pilot channel
TN911　TN929.1
  S 信道*
  C 导频信号

导频信号
pilot signal
TN911
  D 导频
  S 通信信号
  C 导频信道
    导频接收机
  Z 信号*

倒 F 天线
inverted F-shaped antenna
TN82
  S 印刷天线
  • 平面倒 F 天线
  Z 天线*

倒车防撞雷达
  Y 倒车雷达

倒车雷达
reversing radar
TN958
  D 倒车防撞雷达
    倒车雷达系统
    汽车倒车雷达

  S 车载雷达
  C 超声波雷达
  Z 雷达*

倒车雷达系统
  Y 倒车雷达

倒焊芯片
  Y 倒装芯片封装

倒计时系统
countdown system
TP399
  S 电子系统*

倒相电路
  Y 反相器电路

倒相器
  Y 反相器电路

倒装焊芯片
  Y 倒装芯片封装

倒装互连
flip chip interconnection
TN405
  S 电路互连
  Z 半导体工艺*

倒装键合
flip chip bonding
TN305
  S 键合工艺
  • 热超声倒装键合
  C 倒装键合机
  Z 半导体工艺*

倒装键合机
flip chip bonding machine
TN305
  D 倒装芯片键合机
    叩焊键合机
  S 键合设备
  C 倒装键合
  Z 半导体工艺设备*

倒装片
  Y 倒装芯片封装

倒装芯片
  Y 倒装芯片封装

倒装芯片封装
flip chip package
TN43
  D 倒焊芯片
    倒装焊芯片
    倒装片
    倒装芯片
    倒装芯片技术

电子信息技术叙词表

　　S 芯片封装
　　L 半导体封装**

倒装芯片技术
　　Y 倒装芯片封装

倒装芯片键合机
　　Y 倒装键合机

盗号
ID stealing
TP393.08　TN92
　　S 信息窃取
　　C 登录系统
　　　 登录认证
　　　 盗号木马
　　Z 信息安全风险*

盗号木马
trojan for ID stealing
TP393.08　TP309
　　S 木马程序
　　C 登录系统
　　　 登录认证
　　　 盗号
　　L 恶意软件**

盗密
　　Y 信息窃取

盗窃机密
　　Y 信息窃取

道路交通标志识别
　　Y 交通标志识别

道路识别
road identification
TP391.4
　　D 道路图像识别
　　S 信息识别*
　　　 自动识别*
　　· 车道线识别
　　· 交通标志识别
　　C 图像识别
　　　 智能汽车

道路图像识别
　　Y 道路识别

灯泵激光器
lamp pumped laser
TN248
　　S 泵浦激光器
　　Z 激光器*

灯丝变压器
filament transformer
TM42
　　S 电源变压器
　　L 电子变压器**

登录口令
　　Y 登录密码

登录密码
login password
TP309
　　D 登录口令
　　S 密码*

登录认证
login authentication
TP393.08
　　S 信息安全认证*
　　C 登录系统
　　　 盗号
　　　 盗号木马

登录系统
login system
TP311　TP316
　　S 计算机安全系统
　　· 单点登录系统
　　· 身份登录系统
　　C 登录认证
　　　 盗号
　　　 盗号木马
　　L 信息安全系统**

等长编码
fixed length coding
TP391
　　S 编码*

等方向性天线
　　Y 全向天线

等角螺线天线
　　Y 等角螺旋天线

等角螺旋天线
equiangular spiral antenna
TN82
　　D 等角螺线天线
　　S 螺旋天线
　　· 平面对数螺旋天线
　　· 圆锥对数螺旋天线
　　Z 天线*

等离子彩电
　　Y 等离子电视机

等离子彩色电视机
　　Y 等离子电视机

等离子电视
　　Y 等离子电视机

等离子电视机
plasma TV set
TN949
　　D PDP 电视

　　　 等离子体彩电
　　　 等离子体电视
　　　 等离子体电视机
　　　 等离子平板电视
　　　 等离子彩电
　　　 等离子彩色电视机
　　　 等离子电视
　　S 电视机
　　C 等离子显示器
　　Z 电视设备*

等离子腐蚀
　　Y 等离子体刻蚀

等离子管
　　Y 等离子体管

等离子刻蚀
　　Y 等离子体刻蚀

等离子刻蚀机
plasma etching machine
TN305
　　D 等离子体蚀刻机
　　S 蚀刻设备
　　C 等离子体刻蚀
　　Z 半导体工艺设备*

等离子平板电视
　　Y 等离子电视机

等离子平板显示屏
　　Y 等离子显示器

等离子平板显示器
　　Y 等离子显示器

等离子平面显示器
　　Y 等离子显示器

等离子屏
　　Y 等离子显示器

等离子蚀刻
　　Y 等离子体刻蚀

等离子体彩电
　　Y 等离子电视机

等离子体沉积
plasma deposition
TN305
　　S 气相沉积
　　L 半导体淀积工艺**

等离子体电视
　　Y 等离子电视机

等离子体电视机
　　Y 等离子电视机

等离子体动力学激光器
    Y 等离子体激光器

等离子体腐蚀
    Y 等离子体刻蚀

等离子体管
plasmatron
TN13
    D 等离子管
    S 离子管**
    C 等离子显示器

等离子体化学气相淀积
plasma chemical vapor deposition
TN305
    D 等离子体化学汽相淀积
    S 化学气相沉积
    • 等离子体增强化学气相淀积
    • 微波等离子体化学气相沉积
    L 半导体淀积工艺**

等离子体化学汽相淀积
    Y 等离子体化学气相淀积

等离子体激光器
plasma laser
TN248
    D 等离子体动力学激光器
    S 激光器*

等离子体刻蚀
plasma etching
TN305
    D 等离子体腐蚀
       等离子体蚀刻
       等离子刻蚀
       等离子腐蚀
       等离子蚀刻
    S 干法刻蚀
    • 感应耦合等离子体刻蚀
    C 等离子刻蚀机
    Z 半导体工艺*

等离子体平板显示器
    Y 等离子显示器

等离子体平面显示器
    Y 等离子显示器

等离子体蚀刻
    Y 等离子体刻蚀

等离子体蚀刻机
    Y 等离子刻蚀机

等离子体天线
plasma antenna
TN82
    D 等离子天线
    S 天线*

等离子体显示
    Y 等离子显示器

等离子体显示板
    Y 等离子显示器

等离子体显示屏
    Y 等离子显示器

等离子体显示器
    Y 等离子显示器

等离子体显示器件
    Y 等离子显示器

等离子体氧化
plasma oxidation
TN305
    S 半导体氧化工艺
    Z 半导体工艺*

等离子体增强化学气相淀积
plasma enhanced chemical vapor deposition
TN305
    D PECVD
       等离子体增强化学汽相淀积
    S 等离子体化学气相淀积
    • 甚高频等离子体增强化学气相沉积
    L 半导体淀积工艺**

等离子体增强化学汽相淀积
    Y 等离子体增强化学气相淀积

等离子天线
    Y 等离子体天线

等离子显示
    Y 等离子显示器

等离子显示屏
    Y 等离子显示器

等离子显示器
plasma display panel
TN87
    D PDP 显示器
       电浆显示器
       等离子体平板显示器
       等离子体平面显示器
       等离子体显示
       等离子体显示器
       等离子体显示器件
       等离子体显示屏
       等离子体显示板
       等离子屏
       等离子平板显示器
       等离子平板显示屏
       等离子平面显示器
       等离子显示
       等离子显示屏
    S 平板显示器
    • 彩色等离子体显示器
    • 交流等离子体显示器
    • 荫罩式等离子体显示器
    C 等离子体管
       等离子电视机
    Z 显示设备*

等时传递
    Y 同步传输

等时传输
    Y 同步传输

等时传送
    Y 同步传输

等效电路
equivalent circuit
TN710
    S 电子电路*
    • 部分元等效电路
    • 戴维宁等效电路
    • 微变等效电路
    • 微波等效电路
    • 小信号等效电路
    C 微波开关
       等效网络

等效天线
equivalent antenna
TN82
    S 天线*

等效网络
equivalent network
TN711　TN8
    S 电路网络*
    C 等效电路

低 K 材料
    Y 低介电常数材料

低 K 介质
    Y 低介电常数材料

低 K 介质材料
    Y 低介电常数材料

低电压差分信号
low voltage differential signal
TN40　TN7
    D LVDS
       低压差分信号
    S 差分信号
    Z 信号*

低分辨雷达
low resolution radar
TN958

	D 低分辨率雷达
	S 雷达*

低分辨率雷达
	Y 低分辨雷达

低副瓣天线
low sidelobe antenna
TN82
	D 低旁瓣天线
	  超低副瓣天线
	S 天线*

低功耗单片机
low power single chip microcomputer
TP368
	S 单片微型计算机
	L 电子数字计算机**

低功耗电路
low power circuit
TN710
	S 电子电路*
	C 低功耗运算放大器

低功耗运算放大器
low power operational amplifier
TN72
	S 运算放大器*
	C 低功耗电路
	Z 放大器*

低功耗自适应分簇算法
	Y LEACH 算法

低功耗自适应集簇分层型协议
low enenergy adaptive clustering hierarchy (LEACH)
TP393.0 TN92 TN915
	D LEACH 协议
	  LEACH 路由协议
	  低能量自适应聚类层次协议
	S 无线传感器网络路由协议
	C LEACH 算法
	L 网络协议**

低角跟踪
low angle tracking
TN951
	D 低仰角跟踪
	  低角雷达跟踪
	S 雷达跟踪*
	C 毫米波雷达

低角雷达跟踪
	Y 低角跟踪

低截获概率雷达
low probability interception radar

TN958
	D 低截获率雷达
	  隐身雷达
	S 雷达*
	C 单比特接收机

低截获率雷达
	Y 低截获概率雷达

低截止滤波器
	Y 高通滤波器

低介电常数材料
low dielectric constant material
TM21
	D 低K材料
	  低k介质
	  低k介质材料
	  低介电常数介质
	S 电子材料*

低介电常数介质
	Y 低介电常数材料

低空雷达
low altitude radar
TN958
	D 低空用雷达
	S 防空雷达
	Z 雷达*

低空用雷达
	Y 低空雷达

低密度奇偶校验编码
	Y 低密度奇偶校验码

低密度奇偶校验码
low density parity check code
TN918
	D LDPC
	  LDPC 码
	  LDPC 编码
	  低密度奇偶校验编码
	S 纠错编码
	Z 编码*

低能量自适应聚类层次协议
	Y 低功耗自适应集簇分层型协议

低旁瓣天线
	Y 低副瓣天线

低频变压器
low frequency transformer
TM43
	D 工频变压器
	S 电子变压器**
	• 电源变压器
	• 音频变压器

低频超宽带合成孔径雷达
	Y 超宽带合成孔径雷达

低频传播
	Y 长波传播

低频电波传播
	Y 长波传播

低频电连接器
	Y 低频连接器

低频电路
low frequency circuit
TN710
	S 电子电路*
	C 低频信号
	  工频电源

低频放大器
low frequency amplifier
TN72
	S 放大器*
	C 低频信号

低频雷达
	Y 长波雷达

低频连接器
low frequency connector
TN6
	D 低频电连接器
	S 电连接器*
	C 低频信号
	  高频连接器

低频陶瓷电容器
	Y 二类瓷介电容器

低频天线
	Y 长波天线

低频信号
low frequency signal
TN911
	S 信号*
	C 低频信号发生器
	  低频放大器
	  低频电路
	  低频连接器
	  长波天线

低频信号发生器
low frequency signal generator
TM93
	D 超低频信号发生器
	S 信号发生器**
	C 低频信号

低频噪声
low frequency noise
TN911
　　D 低频噪音
　　S 信号噪声*

低频噪音
　　Y 低频噪声

低频振荡器
low frequency oscillator
TN752
　　S 振荡器*

低速存储器
low speed memory
TP333
　　S 存储器*
　　C 低速链路

低速链路
low speed link
TN915
　　S 链路*
　　C 低速存储器

低速率语音编码
low rate speech coding
TN912
　　S 语音编码
　　L 音视频编码**

低损耗芯片
low loss chip
TN43
　　S 芯片*

低通滤波
　　Y 低通滤波器

低通滤波器
low pass filter
TN713
　　D 低通滤波
　　　 高频剪切滤波器
　　S 滤波器*
　　· 切比雪夫滤波器
　　· 有源低通滤波器

低维半导体
low dimensional semiconductor
TN304
　　D 低维半导体材料
　　S 半导体材料*

低维半导体材料
　　Y 低维半导体

低维热电材料
low dimensional thermoelectric material
TM24
　　S 热电材料
　　Z 电子材料*

低温沉积
low temperature deposition
TN305
　　S 半导体淀积工艺**

低温低噪声放大器
low temperature low noise amplifier
TN72
　　S 低噪声放大器
　　Z 放大器*

低温电缆
low temperature resistant cable
TM249
　　D 超低温电缆
　　S 特种电缆
　　C 高温电缆
　　Z 电线电缆*

低温电子学
　　Y 超导电子学

低温多晶硅
low temperature polysilicon
TN304
　　D LTPS
　　　 低温多晶硅技术
　　S 多晶硅
　　L 元素半导体**

低温多晶硅技术
　　Y 低温多晶硅

低温共烧陶瓷
　　Y 低温共烧陶瓷技术

低温共烧陶瓷基板
low temperature co-fired ceramic substrate
TN7
　　D LTCC 基板
　　　 LTCC 集成基板
　　S 陶瓷基板
　　C 低温共烧陶瓷技术
　　　 微组装工艺
　　Z 电路基板*

低温共烧陶瓷技术
low temperature co-fired ceramic
TM28
　　D LTCC
　　　 LTCC 技术
　　　 低温共烧陶瓷
　　S 电子技术*
　　C 低温共烧陶瓷基板
　　　 微组装工艺

低温键合
low temperature bonding
TN305
　　S 键合工艺
　　Z 半导体工艺*

低温外延
low temperature epitaxy
TN305
　　S 外延生长
　　Z 半导体工艺*

低温液晶显示器
　　Y 加固液晶显示器

低压 MOCVD
　　Y 低压金属有机化学气相沉积

低压差分信号
　　Y 低电压差分信号

低压电力线通信
　　Y 低压电力线载波通信

低压电力线载波通信
low-voltage power line carrier communication
TN91
　　D 低压电力线通信
　　S 电力线载波通信
　　Z 通信*

低压化学气相沉积
low-pressure chemical vapor deposition
TN305
　　D LPCVD
　　　 低压化学气相淀积
　　　 低压化学汽相淀积
　　S 化学气相沉积
　　L 半导体淀积工艺**

低压化学气相淀积
　　Y 低压化学气相沉积

低压化学汽相淀积
　　Y 低压化学气相沉积

低压金属有机化学气相沉积
low pressure metal organic chemical vapor deposition
TN305
　　D LP-MOCVD
　　　 LPMOCVD
　　　 低压 MOCVD
　　　 低压金属有机化学气相外延
　　　 低压金属组织化学气相沉积法
　　S 金属有机物化学气相淀积
　　L 半导体淀积工艺**

低压金属有机化学气相外延
　　Y 低压金属有机化学气相沉积

低压金属组织化学气相沉积法
　　Y 低压金属有机化学气相沉积

低仰角跟踪
　　Y 低角跟踪

低噪放大器
　　Y 低噪声放大器

低噪声放大器
low noise amplifier
TN72
　　D LNA
　　　低噪放大器
　　　低噪音放大器
　　S 放大器*
　　• 差分低噪声放大器
　　• 低温低噪声放大器
　　• 低噪声前置放大器
　　• 宽带低噪声放大器
　　C 低噪声接收机

低噪声行波管
low noise traveling wave tube
TN12
　　D 超低噪声行波管
　　S 行波管
　　L 微波管**

低噪声接收机
low noise receiver
TN85
　　D 低噪声收信机
　　S 接收设备*
　　C 低噪声放大器
　　　噪声抑制电路

低噪声前置放大器
low noise preamplifier
TN72
　　S 低噪声放大器
　　　前置放大器
　　Z 放大器*

低噪声收信机
　　Y 低噪声接收机

低噪声振荡器
low noise oscillator
TN752
　　S 振荡器*

低噪音放大器
　　Y 低噪声放大器

低照度电视
　　Y 微光电视

低中频接收机
low-IF receiver
TN85
　　D Low-IF 接收机
　　S 中频接收机
　　Z 接收设备*

低阻滤波器
　　Y 高通滤波器

滴胶机
　　Y 灌胶机

狄克斯特拉算法
Dijkstra algorithm
TN911　TP391　TP301
　　D Dijkstra 算法
　　　迪杰斯特拉算法
　　S 最短路径算法
　　Z 算法*

迪杰斯特拉算法
　　Y 狄克斯特拉算法

敌我识别
friend-or-foe identification
TN953
　　D 敌我识别系统
　　　识别敌我
　　S 目标识别
　　• 雷达敌我识别
　　Z 信息识别*

敌我识别系统
　　Y 敌我识别

敌我态势显示
　　Y 态势显示

涤纶电容器
　　Y 聚酯电容器

笛簧继电器
　　Y 舌簧继电器

底层控制网络
underlying control network
TP2
　　S 控制网络
　　Z 自动化网络*

底层网络
underlying network
TP393.1　TP2　TN91
　　S 通信网络*

底片扫描仪
　　Y 胶片扫描仪

地波超视距雷达
ground-wave over-the-horizon radar
TN958
　　S 地波雷达
　　　超视距雷达
　　Z 雷达*

地波传播
ground wave propagation
TN011
　　D 地下电波传播
　　　地层传播
　　S 电波传播*
　　C 地下通信
　　　地波雷达

地波雷达
ground wave radar
TN958
　　S 雷达*
　　• 地波超视距雷达
　　• 高频地波雷达
　　C 地波传播

地层传播
　　Y 地波传播

地磁传感器
geomagnetic sensor
TP212
　　S 磁性传感器
　　C 地磁匹配制导
　　　地磁导航
　　L 物理传感器**

地磁导航
earth-magnetism navigation
TN96
　　D 地磁匹配导航
　　S 导航*
　　C 地磁传感器
　　　地磁匹配制导

地磁匹配导航
　　Y 地磁导航

地磁匹配制导
geomagnetism matching guidance
TN96
　　S 制导*
　　C 地磁传感器
　　　地磁导航

地-电离层波导传播
earth-ionosphere waveguide propagation
TN011
　　S 波导传播
　　　电离层电波传播
　　Z 电波传播*

地对空通信
 Y 地空通信

地对空指挥通信网
 Y 地空指挥通信网

地基雷达
 Y 陆基雷达

地基增强系统
ground-based augmentation system
TN966
 S 增强导航系统
 Z 导航系统*

地空通信
ground-to-air communication
TN92
 D 地对空通信
  空地通信
  陆空通信
 S 航空通信
 C 地空指挥通信网
 Z 通信*

地空指挥通信网
ground-to-air command and communication network
TN915
 D 地对空指挥通信网
 S 军用网络
 C 地空通信
 Z 通信网络*

地理标记语言
geography markup language
TP391
 D GML
  地理标识语言
 S 标记语言
 C 地理信息系统
  地理信息编码
 Z 计算机语言*

地理标识语言
 Y 地理标记语言

地理空间信息网格
 Y 空间信息网格

地理能量感知路由协议
geographical and energy aware routing protocol
TN915
 D GEAR 协议
 S 无线传感器网络路由协议
 L 网络协议**

地理位置路由
 Y 位置路由

地理信息编码
geocoding
TP391
 S 信息编码**
 C 地理信息元数据
  地理标记语言

地理信息服务
geographic information service
TP391
 D 地理信息公共平台
  地理信息公共服务平台
  基础地理信息服务
 S 信息服务*
 C 地理信息管理

地理信息公共服务平台
 Y 地理信息服务

地理信息公共平台
 Y 地理信息服务

地理信息管理
geographic information management
TP391.3
 S 信息管理*
 C 地理信息服务

地理信息管理系统
 Y 地理信息系统

地理信息系统
geographic information system
TP391.3
 D GIS
  GIS 二次开发
  GIS 平台
  GIS 技术
  地理信息管理系统
  地理信息系统平台
 S 信息应用系统**
 • 地图信息系统
 • 分布式地理信息系统
 • 警用地理信息系统
 • 三维地理信息系统
 • 时态地理信息系统
 • 网格地理信息系统
 • 网络地理信息系统
 • 校园地理信息系统
 • 虚拟现实地理信息系统
 • 移动地理信息系统
 • 桌面地理信息系统
 • 组件式地理信息系统
 C 可视化表达
  地理信息元数据
  地理标记语言
  工程扫描仪
  扫描矢量化
  栅格计算
  网络资源管理

地理信息系统平台
 Y 地理信息系统

地理信息元数据
geographic information metadata
TP392
 S 元数据
 C 地理信息系统
  地理信息编码
 Z 数据*

地理虚拟建模语言
geographic virtual reality modeling language
TP312
 D GeoVRML
 S 虚拟现实建模语言
 Z 计算机语言*

地面传输
terrestrial transmission
TN91
 S 信息传输*
 • 电视地面传输
 C 地面导航

地面传输标准
 Y 传输标准

地面导航
ground navigation
TN96
 D 陆地导航
 S 导航*
 C 地面传输

地面电视
terrestrial television
TN94
 D 无线电视
 S 电视*
 • 地面数字电视
 C 无线电发射机

地面电子对抗
ground electronic countermeasure
TN97
 D 陆上电子对抗
  陆上电子战
 S 电子对抗**

地面动目标显示
ground moving target indication
TN953
 D GMTI
  地面动目标指示
  地面慢动目标指示
  地面运动目标指示
  地面运动目标显示
 S 动目标显示
 Z 显示*

地面动目标指示
  Y 地面动目标显示

地面广播
terrestrial broadcasting
TN93
  S 广播*
  • 地面数字广播
  • 地面无线广播

地面监视雷达
ground surveillance radar
TN958
  S 监视雷达
     陆基雷达
  Z 雷达*

地面接收
ground receiving
TN949
  S 接收*
  C 卫星信号
     卫星电视
     卫星电视广播
     卫星通信
     地面站

地面接收站
  Y 卫星地面接收站

地面警戒雷达
ground warning radar
TN958
  S 警戒雷达
     陆基雷达
  Z 雷达*

地面雷达
  Y 陆基雷达

地面慢动目标指示
  Y 地面动目标显示

地面三维激光扫描
ground 3D laser scanning
TP37
  D 地面三维激光扫描技术
  S 三维激光扫描
  C 车载激光雷达
  Z 三维技术*

地面三维激光扫描技术
  Y 地面三维激光扫描

地面数字电视
terrestrial digital television
TN949
  D 数字地面电视
     数字无线电视
     无线数字电视
  S 地面电视

     数字电视
  C 地面数字电视广播
     数字地面机顶盒
     移动电视
  Z 电视*

地面数字电视广播
terrestrial digital television broadcasting
TN94
  D 地面数字视频广播
     数字电视地面广播
  S 地面数字广播
     数字电视广播
  C 地面数字电视
  Z 广播*

地面数字多媒体广播
terrestrial digital multimedia broadcasting
TN94
  S 地面数字广播
     数字多媒体广播
  Z 广播*

地面数字广播
terrestrial digital broadcasting
TN934
  S 地面广播
     数字广播
  • 地面数字电视广播
  • 地面数字多媒体广播
  Z 广播*

地面数字视频广播
  Y 地面数字电视广播

地面无线广播
terrestrial radio broadcasting
TN934
  S 地面广播
     无线电广播
  C 无线通信
  Z 广播*

地面遥测站
  Y 遥测地面站

地面运动目标显示
  Y 地面动目标显示

地面运动目标指示
  Y 地面动目标显示

地面站*
satellite earth station
TN943 TN927
  D 地球站
     地球站设备
     地面站装置
     地面站设备

     陆地站
  • 卫星地面站
  • • 广播电视卫星地球站
  • • 甚小天线地球站
  • • 卫星地面接收站
  • • 卫星通信地面站
  • • • 固定地球站
  • • • 移动地球站
  • • • • 便携式地球站
  • • • • 车载地面站
  • • • • 船载地球站
  • • 遥感卫星地面站
  • 遥测地面站
  C 地面接收
     地面站天线

地面站设备
  Y 地面站

地面站天线
earth station antenna
TN82
  D 地球站天线
  S 卫星通信天线
  • 动中通天线
  • 格里高利天线
  • 环焦天线
  • 小口径天线
  C 地面站
     过顶跟踪
  L 卫星天线**
     通信天线**

地面站装置
  Y 地面站

地炮雷达
  Y 炮兵雷达

地球站
  Y 地面站

地球站设备
  Y 地面站

地球站天线
  Y 地面站天线

地图编辑器
map editor
TP319
  S 编辑器
  C 地图矢量化
  L 工具软件**

地图导航
map navigation
TN96
  S 导航*
  C 地图匹配

地图服务器
map server
TP368
　S 功能服务器
　C 地图显示器
　Z 服务器*

地图匹配
map matching
TN96
　S 图形匹配
　C 卫星导航
　　地图匹配算法
　　地图导航
　　组合导航
　　车载导航系统
　Z 信息处理*

地图匹配算法
map matching algorithm
TP301.6
　S 匹配算法
　C 地图匹配
　Z 算法*

地图矢量化
map vectorization
TP391
　S 图形矢量化
　C 地图编辑器
　Z 信息处理*

地图显示
　Y 地图显示器

地图显示器
map display
TN87
　D 地图显示
　　地图显示仪
　S 导航显示器
　C 地图信息系统
　　地图服务器
　Z 显示设备*

地图显示仪
　Y 地图显示器

地图信息系统
cartographic information system
TP391
　S 地理信息系统
　C 地图显示器
　L 信息应用系统**

地下电波传播
　Y 地波传播

地下光缆
underground optical cable
TN81
　S 光缆*
　· 管道光缆
　· 直埋光缆

地下探测雷达
　Y 探地雷达

地下通信
underground communication
TN929.1
　D 坑道通信
　S 通信*
　C 地波传播

地形测绘雷达
　Y 测绘雷达

地形成像雷达
terrain imaging radar
TN958
　S 成像雷达
　C 地形跟踪雷达
　　地形辅助导航
　Z 雷达*

地形导航
　Y 地形辅助导航

地形仿真
terrain simulation
TP391.9
　D 地形模拟
　S 环境仿真
　C 三维地质模拟
　　地形建模
　Z 仿真*

地形辅助导航
terrain aided navigation
TN96
　D 地形导航
　S 辅助导航
　· 水下地形辅助导航
　C 地形匹配制导
　　地形建模
　　地形成像雷达
　　地形跟踪雷达
　Z 导航*

地形跟踪回避雷达
　Y 地形跟踪雷达

地形跟踪雷达
terrain avoidance tracking radar
TN958
　D 地形回避跟踪雷达
　　地形回避雷达
　　地形跟踪回避雷达
　S 成像雷达
　C 地形匹配制导
　　地形成像雷达
　　地形辅助导航
　Z 雷达*

地形回避跟踪雷达
　Y 地形跟踪雷达

地形回避雷达
　Y 地形跟踪雷达

地形建模
terrain modeling
TP391.9
　S 模型构建*
　C 地形仿真
　　地形显示器
　　地形辅助导航

地形模拟
　Y 地形仿真

地形匹配制导
terrain contour matching guidance
TN96
　S 制导*
　C 地形跟踪雷达
　　地形辅助导航

地形图处理
topographic map processing
TP391.4
　S 图像处理**

地形显示
　Y 地形显示器

地形显示器
terrain display
TN873
　D 地形显示
　　地形显示仪
　S 显示器
　C 地形建模
　Z 显示设备*

地形显示仪
　Y 地形显示器

地域通信网
field communication network
TN915
　D 地域网
　S 军用网络
　· 后方通信网
　· 野战通信网
　Z 通信网络*

地域网
　Y 地域通信网

地震本底噪声
　Y 背景噪声

电子信息技术叙词表

地址绑定
address binding
TP392
　　S IP 地址管理
　　C 地址欺骗
　　　地址解析协议
　　Z 网络管理*

地址编码器
address encoder
TN919
　　S 编码器*

地址盗用
　　Y IP 地址盗用

地址翻译
　　Y 网络地址转换

地址分配
　　Y IP 地址分配

地址寄存器
address register
TP33
　　S 寄存器*
　　· 变址寄存器
　　· 基地址寄存器

地址解析
　　Y IP 地址解析

地址解析协议
address resolution protocol
TN915　TP393.0
　　D ARP 协议
　　　地址转换协议
　　S IP 协议
　　C ARP 欺骗
　　　IP 地址解析
　　　地址绑定
　　L 网络协议**

地址配置
　　Y IP 地址分配

地址欺骗
address spoofing
TP393.08
　　S 欺骗攻击
　　· ARP 欺骗
　　· IP 地址欺骗
　　· MAC 地址欺骗
　　C 地址绑定
　　L 网络攻击**

地址转换协议
　　Y 地址解析协议

地址自动配置
address auto configuration
TP393.07
　　D 无状态地址自动配置
　　S IP 地址分配
　　C IPv6 网络
　　　动态主机配置协议
　　Z 网络管理*

地址总线
address bus
TP336
　　S 总线*

递归程序
recursive routine
TP311
　　S 计算程序
　　L 应用软件**

递归分割
recursive segmentation
TP391.4
　　S 信息处理*

递归滤波
recursive filtering
TN713
　　S 滤波*
　　· 时域递归滤波

递归神经网络
recursive neural network
TP183
　　S 循环神经网络
　　· Hopfield 神经网络
　　· 动态递归神经网络
　　· 对角递归神经网络
　　Z 人工神经网络*

递归型数字滤波器
　　Y IIR 数字滤波器

递阶遗传算法
hierarchical genetic algorithm
TP3
　　D 混合递阶遗传算法
　　S 遗传算法
　　Z 算法*

递推非线性滤波
recursive nonlinear filtering
TN713
　　S 非线性滤波
　　Z 滤波*

第二层隧道协议
layer 2 tunneling protocol
TP393.0　TN915
　　D L2TP
　　　L2TP 协议
　　　二层隧道协议
　　S 隧道协议

　　L 网络协议**

第二代互联网
Web2.0
TP393.4
　　S 互联网
　　C IPv6 协议
　　Z 计算机网络*

第二代移动通信
2G mobile communication
TN929.5
　　D 2G 技术
　　　2G 移动通信
　　S 蜂窝移动通信
　　C 第二代移动通信网络
　　L 无线通信**

第二代移动通信网络
2G mobile communication network
TN929.5
　　D 2G 移动通信网络
　　　2G 网络
　　S 蜂窝网络
　　C 第二代移动通信
　　L 移动通信网络**

第六代计算机
　　Y 生物计算机

第三层交换
　　Y 三层交换

第三代互联网
Web3.0
TP393.4
　　S 互联网
　　Z 计算机网络*

第三代移动通信
3G mobile communication
TN929.5
　　D 3G 技术
　　　3G 移动通信
　　　第三代移动通信技术
　　S 蜂窝移动通信
　　C 第三代移动通信网络
　　L 无线通信**

第三代移动通信技术
　　Y 第三代移动通信

第三代移动通信网络
3G mobile communication network
TN929.5
　　D 3G 移动通信网络
　　　3G 网络
　　S 蜂窝网络
　　C 第三代移动通信
　　L 移动通信网络**

第三方插件
third-party plug-in
TP317
　　S 插件
　　C 第三方软件
　　Z 软件*

第三方软件
third-party software
TP317
　　S 软件*
　　C 第三方插件

第四代移动通信
4G mobile communication
TN929.5
　　D 4G 技术
　　　 4G 移动通信
　　　 4G 移动通信技术
　　　 第四代移动通信技术
　　S 蜂窝移动通信
　　C 第四代移动通信网络
　　L 无线通信**

第四代移动通信技术
　　Y 第四代移动通信

第四代移动通信网络
4G mobile communication network
TN929.5
　　D 4G 移动通信网络
　　　 4G 网络
　　S 蜂窝网络
　　C 第四代移动通信
　　L 移动通信网络**

第四代语言
fourth-generation language
TP312
　　D FORTH 语言
　　　 非过程化程序设计语言
　　　 非过程语言
　　S 高级语言
　　• Ada 语言
　　• Delphi 语言
　　• PowerBuilder 语言
　　• 结构化查询语言
　　• 可视化语言
　　• 面向对象程序设计语言
　　Z 计算机语言*

第五代电子计算机
　　Y 智能计算机

第五代计算机
　　Y 智能计算机

第五代移动通信
5G mobile communication
TN929.5
　　D 5G 技术
　　　 5G 移动通信

　　　 5G 移动通信技术
　　　 第五代移动通信技术
　　S 蜂窝移动通信
　　C 第五代移动通信网络
　　L 无线通信**

第五代移动通信技术
　　Y 第五代移动通信

第五代移动通信网络
5G mobile communication network
TN929.5
　　D 5G 移动通信网络
　　　 5G 网络
　　S 蜂窝网络
　　C 第五代移动通信
　　L 移动通信网络**

第一代互联网
Web1.0
TP393.4
　　S 互联网
　　Z 计算机网络*

碲镉汞
mercury cadmium telluride
TN304
　　D HgCdTe
　　S 三元化合物半导体
　　C 碲镉汞探测器
　　L 化合物半导体**

碲镉汞探测器
mercury telluride detector
TN36
　　D HgCdTe 探测器
　　　 SPRITE 探测器
　　S 红外光电探测器
　　C 碲镉汞
　　L 光学探测器**
　　　 红外器件**

碲化镉
cadmium telluride
TN304
　　S Ⅱ-Ⅵ族化合物半导体
　　L 化合物半导体**

碲化汞
mercury (Ⅱ) Telluride
TN304
　　D HgTe
　　S Ⅱ-Ⅵ族化合物半导体
　　L 化合物半导体**

碲化锌
zinc telluride
TN304
　　D ZnTe
　　S Ⅱ-Ⅵ族化合物半导体
　　L 化合物半导体**

碲锌镉
cadmium zinc telluride
TN304
　　D CdZnTe
　　S 三元化合物半导体
　　C 碲锌镉探测器
　　L 化合物半导体**

碲锌镉探测器
cadmium zinc telluride detector
TN36
　　D CdZnTe 探测器
　　S 探测器*
　　C 碲锌镉

点波束
spot beam
TN927
　　S 天线波束
　　C 卫星信号
　　　 卫星通信
　　Z 波束*

点播电视
on demand television
TN948
　　S 交互式电视
　　C 视频点播服务
　　Z 电视*

点到点传输协议
　　Y 点对点协议

点到点隧道协议
point to point tunneling protocol
TP393.0
　　D PPTP
　　　 PPTP 协议
　　　 点对点隧道协议
　　S 点对点协议
　　　 隧道协议
　　L 网络协议**

点到点网络
　　Y 对等网络

点到点协议
　　Y 点对点协议

点对点隧道协议
　　Y 点到点隧道协议

点对点通信
point to point communication
TN91
　　S 通信*

点对点网络
　　Y 对等网络

点对点系统
　　Y 对等网络

点对点协议
point-to-point protocol
TP393
　　D P2P 协议
　　　PPP 协议
　　　点到点传输协议
　　　点到点协议
　　S 数据链路层协议
　　· Chord 协议
　　· 点到点隧道协议
　　· 基于以太网的点对点协议
　　· 链路控制协议
　　C P2P 流媒体
　　　网关
　　L 网络协议**

点对多点通信
　　Y 广播通信

点多点通信
　　Y 广播通信

点胶机
　　Y 灌胶机

点模式匹配
point pattern matching
TP391
　　S 模式匹配
　　Z 信息处理*

点吸收激光器
point absorption laser
TN248
　　S 激光器*

点云滤波
point cloud filtering
TN713
　　S 滤波*
　　C 点云数据

点云数据
point cloud data
TP391
　　D 三维点云数据
　　S 三维数据
　　C 点云滤波
　　Z 数据*

点阵 LED
dot matrix LED
TN3
　　S 发光二极管
　　L 半导体发光器件**

点阵打印机
dot matrix printer
TP334
　　S 打印机
　　Z 外部设备*

点阵激光
fractional laser
TN241
　　D 像素激光
　　S 激光*
　　C 激光医疗

点阵式 LCD
　　Y 点阵式液晶显示器

点阵式液晶显示器
dot matrix liquid crystal display
TN27　TN87
　　D 点阵式 LCD
　　　点阵液晶显示器
　　S 液晶显示器
　　· 图形点阵液晶显示器
　　Z 显示设备*

点阵显示
dot matrix display
TN27　TN87
　　S 显示*
　　· 点阵液晶显示

点阵液晶显示
dot matrix liquid crystal display
TN14
　　S 液晶显示
　　　点阵显示
　　Z 显示*

点阵液晶显示器
　　Y 点阵式液晶显示器

碘激光器
iodine laser
TN248
　　D 化学碘激光器
　　S 化学激光器
　　· 光解离碘激光器
　　· 氧碘激光器
　　Z 激光器*

电报机
　　Y 电报设备

电报设备
telegraph equipment
TN917
　　D 电报机
　　　电报通信设备
　　S 通信设备*
　　· 电传机
　　· 无线电发报机
　　C 电报网

电报通信设备
　　Y 电报设备

电报通信网
　　Y 电报网

电报网
telegraph network
TN917
　　D 电报网络
　　　电报通信网
　　S 通信网络*
　　C 电报设备

电报网络
　　Y 电报网

电波传播*
radio wave propagation
TN011　TN92
　　D 无线电波传播
　　　电波传输
　　· 波导传播
　　· · 地-电离层波导传播
　　· 长波传播
　　· 超长波传播
　　· 地波传播
　　· 电波绕射
　　· 电波散射传播
　　· · 电离层散射
　　· · 对流层散射
　　· · 非相干散射
　　· · 目标散射
　　· · 瞬态电磁散射
　　· · 体散射
　　· · 天线散射
　　· 电离层电波传播
　　· · 地-电离层波导传播
　　· · 电离层散射
　　· 短波传播
　　· 对流层电波传播
　　· · 超视距传播
　　· · 对流层散射
　　· 多径传播
　　· 室内电波传播
　　· 视距传播
　　· 微波传播
　　· · 分米波传播
　　· · 毫米波传播
　　· · 厘米波传播
　　· 中波传播
　　· 自由空间传播

电波传输
　　Y 电波传播

电波极化
　　Y 电磁波极化

电波绕射
radio wave diffraction
TN011

S 电波传播*

电波散射传播
radio wave scattering propagation
TN92　TN011
　　S 电波传播*
　　　电磁波散射*
　　· 电离层散射
　　· 对流层散射
　　· 非相干散射
　　· 目标散射
　　· 瞬态电磁散射
　　· 体散射
　　· 天线散射

电场调制
electric field modulation
TN76
　　S 电调制
　　Z 调制*

电池*
battery
TM91
　　· 纽扣电池
　　· · 充电纽扣电池
　　· 扣式锂电池
　　· 燃料电池
　　· 氢燃料电池
　　· · 直接甲醇燃料电池
　　· · 质子交换膜燃料电池
　　· · 陶瓷膜燃料电池
　　· 太阳能电池
　　· · 薄膜太阳能电池
　　· · · 硅薄膜太阳能电池
　　· · · · 多晶硅薄膜太阳能电池
　　· · · · 非晶硅薄膜太阳能电池
　　· · · 有机薄膜太阳能电池
　　· · · · 聚合物太阳能电池
　　· · 硅太阳能电池
　　· · · 单晶硅太阳能电池
　　· · · 硅薄膜太阳能电池
　　· · · · 多晶硅薄膜太阳能电池
　　· · · · 非晶硅薄膜太阳能电池
　　· · 纳米晶太阳能电池
　　· · 染料敏化太阳能电池
　　· · 柔性太阳能电池
　　· 硒光电池
　　· 蓄电池
　　· · 动力电池
　　· · · 锂离子动力电池
　　· · 镍氢电池
　　· · 镍镉电池
　　· · 启动电池
　　· · 铅酸蓄电池
　　· · · 密封铅酸蓄电池
　　· · · · 阀控式密封铅酸蓄电池
　　· · · 免维护铅酸蓄电池
　　· · 锂离子电池
　　· · · 磷酸铁锂电池
　　· · · 锰酸锂电池
　　· · · 液态锂离子电池
　　· · · 钴酸锂电池
　　· · · 锂聚合物电池
　　· · · · 三元锂聚合物电池
　　· · · 镍钴铝酸锂电池
　　· · · 镍钴锰酸锂电池
　　· · 锂离子动力电池
　　· 原电池
　　· 镁锰电池
　　· 铜锌原电池
　　· 无汞电池
　　· 锌汞电池
　　· 锌空气电池
　　· 锌锰电池
　　· 锌银电池
　　· 锂原电池
　　· · 锂-碘电池
　　· · 锂-二硫化铁电池
　　· · 锂-二氧化硫电池
　　· · 锂-二氧化锰电池
　　· · 锂-氟化碳电池
　　· · 锂-亚硫酰氯电池
　　· · 锂-氧化铜电池
　　C 电池连接器

电池连接器
battery connector
TN6
　　S 电连接器*
　　C 电池

电传打字电报机
　　Y 电传机

电传打字机
　　Y 电传机

电传机
teletypewriter
TN917
　　D 电传打字机
　　　电传打字电报机
　　S 电报设备
　　Z 通信设备*

电磁波极化*
electromagnetic wave polarization
TN011　TN821
　　D 电波极化
　　· 交叉极化
　　· 天线极化
　　· 椭圆极化
　　· 线极化
　　· · 垂直极化
　　· · 水平极化
　　· 圆极化
　　· · 双圆极化
　　· · 右旋圆极化
　　· · 左旋圆极化
　　· 正交极化
　　C 电磁波信号

电磁波散射*
electromagnetic wave scattering
TN011
　　· 大气散射
　　· 单次散射
　　· 电磁散射传播
　　· · 电离层散射
　　· · 对流层散射
　　· · 非相干散射
　　· · 目标散射
　　· · 瞬态电磁散射
　　· · 体散射
　　· · 天线散射
　　· 光散射
　　· 激光散射
　　· 拉曼散射
　　· · 受激拉曼散射
　　· · · 表面增强拉曼散射
　　· · · 相干拉曼散射
　　· · · · 相干反斯托克斯拉曼散射
　　· · · 自发拉曼散射
　　· 前向散射
　　· 瑞利散射
　　· · 共振瑞利散射
　　· · 后向瑞利散射
　　· 受激散射
　　· · 受激布渊散射
　　· · 受激拉曼散射
　　· · · 表面增强拉曼散射
　　· · · 相干拉曼散射
　　· · · · 相干反斯托克斯拉曼散射
　　· 斯托克斯散射
　　· 海面散射
　　· 后向散射
　　· · 后向扩散散射
　　· · 后向瑞利散射
　　· 离子反向散射
　　C 图形电磁计算
　　　电磁波信号

电磁波信号
electromagnetic wave signal
TN011
　　S 信号*
　　· 无线电信号
　　· 相干信号
　　C 电磁波散射
　　　电磁波极化

电磁场仿真
　　Y 电磁仿真

电磁超声换能器
electromagnetic ultrasonic transducer
TN712
　　D 电磁声换能器
　　S 超声换能器
　　Z 换能器*

电磁传感器
electromagnetic sensor
TP212
　　D 电磁式传感器
　　S 物理传感器**

C 电磁导航

电磁导航
electromagnetic navigation
TN96
　　S 导航*
　　C 电磁仿真
　　　电磁传感器
　　　电磁计算

电磁仿真
electromagnetic simulation
TN713
　　D 电磁场仿真
　　　电磁环境仿真
　　S 仿真*
　　· 电磁暂态仿真
　　· 高频结构仿真
　　C 电磁导航

电磁干扰*
electromagnetic interference
TN014
　　D EMI
　　· 静电干扰
　　· 谐波干扰
　　· 信号干扰
　　· · 串音
　　· · 多址干扰
　　· · 互调干扰
　　· · 码间串扰
　　· · 射频干扰
　　· · 同信道干扰
　　· · 同址干扰
　　· · 信道间干扰
　　· · · 邻信道干扰
　　C 干扰仿真
　　　电磁兼容技术
　　　电磁干扰滤波器

电磁干扰滤波器
EMI filter
TN713
　　D EMI 滤波器
　　S 滤波器*
　　· 电源滤波器
　　C 电磁干扰

电磁环境仿真
　　Y 电磁仿真

电磁换能器
　　Y 磁电换能器

电磁计算
electromagnetic calculation
TN01
　　S 计算*
　　· 图形电磁计算
　　C 电磁导航

电磁继电器
electromagnetic relay
TM58
　　S 继电器*
　　· 感应式继电器
　　· 交流电磁继电器
　　· 拍合式继电器
　　· 平衡力继电器
　　· 舌簧继电器
　　· 微型电磁继电器
　　· 真空继电器
　　· 直流电磁继电器
　　C 机械继电器

电磁兼容
　　Y 电磁兼容技术

电磁兼容技术
electromagnetic compatibility
technology
TN014
　　D 电磁兼容
　　　电磁兼容性能
　　　电磁兼容设计
　　S 电子技术*
　　C 电子电路
　　　电磁干扰

电磁兼容设计
　　Y 电磁兼容技术

电磁兼容性能
　　Y 电磁兼容技术

电磁脉冲攻击
electromagnetic pulse attack
TN972
　　S 电子摧毁
　　L 电子对抗**

电磁偶极天线
electromagnetic dipole antenna
TN82
　　D 电磁偶极子天线
　　S 偶极天线
　　L 通信天线**

电磁偶极子天线
　　Y 电磁偶极天线

电磁屏蔽*
electromagnetic shielding
TN03
　　D 屏蔽电磁波
　　　防电磁辐射
　　· 电子设备屏蔽
　　· 射频屏蔽
　　· 信号屏蔽

电磁声换能器
　　Y 电磁超声换能器

电磁式传感器
　　Y 电磁传感器

电磁线
electromagnetic wire
TM245
　　D 漆包线
　　S 电线
　　C 微型电动机
　　　电子变压器
　　　线绕式可变电阻器
　　　线绕电位器
　　　线绕电阻器
　　Z 电线电缆*

电磁信息泄漏
electromagnetic information
leakage
TN97　TP309
　　D 电磁信息泄露
　　S 信息泄露
　　Z 信息安全风险*

电磁信息泄露
　　Y 电磁信息泄漏

电磁压制
　　Y 电子压制

电磁暂态仿真
electromagnetic transient
simulation
TP391.9
　　S 电磁仿真
　　Z 仿真*

电导率调制
　　Y 电导调制

电导调制
conductivity modulation
TN76
　　D 电导率调制
　　S 电调制
　　Z 调制*

电动电位器
motor potentiometer
TM547
　　D 电动式电位器
　　S 电位器
　　Z 电阻器*

电动式电位器
　　Y 电动电位器

电感耦合等离子体刻蚀
　　Y 感应耦合等离子体刻蚀

电感耦合电路
　　Y 电感耦合器

电感耦合器
inductive coupler
TN62
　　D 电感耦合电路
　　S 耦合器*

电感器*
inductor
TM55
　　D 电感线圈
　　• 薄膜电感器
　　• 扼流圈
　　• • 饱和扼流圈
　　• • 充电扼流圈
　　• • 磁珠
　　• • • 片式磁珠
　　• • • 铁氧体磁珠
　　• • 调幅扼流圈
　　• • 交流扼流圈
　　• • 高频扼流圈
　　• • 滤波扼流圈
　　• • 匹配线圈
　　• 可变电抗器
　　• 音频扼流圈
　　• 阴极输出扼流圈
　　• 高Q电感器
　　• 固定电感器
　　• 可变电感器
　　• 螺旋电感器
　　• 片式电感器
　　• 平面电感器
　　• 色码电感器
　　• 微调电感器
　　• 耦合电感器

电感线圈
　　Y 电感器

电共沉积
electro-code position
TN3
　　S 半导体淀积工艺**

电光调制
electro-optic modulation
TN76
　　S 光调制
　　• 电光相位调制
　　C 电光调制器
　　Z 调制*

电光调制器
electro-optic modulator
TN256　TN29　TN761
　　S 光调制器
　　C 电光调制
　　Z 调制器*
　　　光器件*

电光系统
　　Y 光电系统

电光显示
　　Y 光电显示

电光相位调制
electro-optical phase modulation
TN76
　　S 电光调制
　　　调相
　　Z 调制*

电荷泵
　　Y 电荷泵电路

电荷泵电路
charge pump circuit
TN710
　　D 开关电容式电压变换器
　　　电荷泵
　　S 电源电路
　　C 电荷泵锁相环
　　Z 电子电路*

电荷泵锁相环
charge pump phase-locked loop
TN710
　　D 电荷泵锁相环电路
　　S 锁相环
　　C 电荷泵电路
　　Z 电子电路*

电荷泵锁相环电路
　　Y 电荷泵锁相环

电荷放大器
charge amplifier
TN72
　　S 放大器*

电荷灵敏放大器
charge sensitive amplifier
TN72
　　S 灵敏放大器
　　• 电荷灵敏前置放大器
　　Z 放大器*

电荷灵敏前置放大器
charge sensitive preamplifier
TN72
　　S 前置放大器
　　　电荷灵敏放大器
　　Z 放大器*

电荷耦合器
　　Y 电荷耦合器件

电荷耦合器件
charge coupled device
TN36
　　D CCD
　　　CCD器件
　　　CCD技术
　　　CCD芯片
　　　电荷耦合元件
　　　电荷耦合器
　　　电荷耦合器件
　　S 电荷转移器件
　　• CCD图像传感器
　　• 电子倍增电荷耦合器件
　　• 红外电荷耦合器件
　　• 面阵电荷耦合器件
　　• 时间延时积分电荷耦合器件
　　• 线阵电荷耦合器件
　　• 增强电荷耦合器件
　　C CCD探测器
　　　CCD驱动器
　　Z 半导体器件*

电荷耦合器件传感器
　　Y CCD图像传感器

电荷耦合器件探测器
　　Y CCD探测器

电荷耦合元件
　　Y 电荷耦合器件

电荷耦合器件
　　Y 电荷耦合器件

电荷注入器件
charge injected device
TN3
　　S 电荷转移器件
　　Z 半导体器件*

电荷转移器件
charge transfer device
TN3
　　S 半导体器件*
　　• 电荷注入器件
　　• 电荷耦合器件

电化学传感器
electrochemical sensor
TP212.2
　　S 化学传感器
　　• 电化学生物传感器
　　Z 传感器*

电化学结型晶体管
　　Y 电化学晶体管

电化学晶体管
electrochemical transistor
TN32
　　D 电化学结型晶体管
　　S 晶体管
　　L 半导体分立器件**

电化学刻蚀
electrochemical etching
TN305

电子信息技术叙词表

  S 化学蚀刻
  Z 半导体工艺*

电化学免疫传感器
electrochemical immunosensor
TP212
  S 免疫传感器
   电化学生物传感器
  Z 传感器*

电化学生物传感器
electrochemical biosensor
TP212.3
  S 生物传感器
   电化学传感器
  · 电化学免疫传感器
  · 分子印迹电化学传感器
  Z 传感器*

电化学原子层外延
electrochemical atomic layer epitaxy
TN3
  S 原子层外延
  Z 半导体工艺*

电话
  Y 电话通信

电话程控交换机
  Y 程控交换机

电话服务器
telephony server
TP368
  S 通信服务器
  C 电话机
  Z 服务器*

电话机
telephone set
TN916
  D 电话终端
  S 电话设备**
  · IP电话机
  · 便携式电话机
  · 公用电话机
  · 可视电话机
  · 数字电话机
  C 电话服务器

电话计费器
telephone billing device
TN916
  D 电话计时计费装置
  S 电话设备**
  C 电话通信

电话计时计费装置
  Y 电话计费器

电话交换
telephone switching
TN916
  D 电话交换技术
  S 通信交换**
  · 程控交换
  · 电路交换

电话交换机
telephone exchange
TN916
  D 电话交换设备
  S 交换设备**
   电话设备**
  · 自动电话交换机

电话交换技术
  Y 电话交换

电话交换设备
  Y 电话交换机

电话交换网
  Y 电话网

电话接口
telephone interface
TN916
  S 通信接口
  C 电话网
   电话设备
   电话通信
  Z 接口*

电话录音
phone recording
TN916
  S 录音*
  C 语音应答设备

电话耦合器
telephone coupler
TN916
  S 电话设备**

电话软件
phone software
TP318
  S 通信软件
  C VoIP网关
   电话应用程序接口
   软件电话
  L 应用软件**

电话设备**
telephone equipment
TN916
  D 电话装置
   电话通信设备
  S 通信设备*
  · 拨号器

· 电话机
· · IP电话机
· · 便携式电话机
· · 公用电话机
· · 可视电话机
· · 数字电话机
· 电话计费器
· 电话交换机
· · 自动电话交换机
· · · 长途交换机
· · · 电子交换机
· · · · 程控交换机
· · · · · 程控数字交换机
· · · · · · 数字程控用户交换机
· · · · · 程控用户交换机
· · · · · · 数字程控用户交换机
· · · · 调度程控交换机
· · · 移动电话交换机
· · · 用户交换机
· · · · 程控用户交换机
· · · · · 数字程控用户交换机
· · · · 用户小交换机
· 电话耦合器
· 语音分离器
· 语音应答设备
C 电话接口

电话通信
telephony
TN92 TN916
  D 电话
   电话通讯
   话音信息通信
  S 语音通信
  · 程控电话
  · 固定电话
  · 可视电话
  · 宽带电话
  · 模拟电话
  · 数字电话
  · 网络电话
  · 无绳电话
  · 无线电话
  · 无线寻呼
  · 智能电话
  · 专用电话
  C 电话接口
   电话网
   电话计费器
   电话语音识别
   语音数据处理
  Z 通信*

电话通信设备
  Y 电话设备

电话通信网
  Y 电话网

电话通讯
  Y 电话通信

电话网
telephone network
TN916　TN915
　　D 电话交换网
　　　　电话网络
　　　　电话通信网
　　S 通信网络*
　　• VoIP 网络
　　• 本地电话网
　　• 公共交换电话网
　　• 公众移动通信网
　　• 固定电话网
　　• 专用电话网
　　C 电话接口
　　　　电话网关
　　　　电话通信

电话网关
phone gateway
TN916
　　S 通信网关
　　• VoIP 网关
　　C 电话网
　　L 网络互连设备**

电话网络
　　Y 电话网

电话应用程序接口
telephony application program interface
TN916　TP311
　　D TAPI
　　S 应用程序接口
　　C 电话软件
　　L 计算机接口**

电话语音识别
telephone speech recognition
TP391.4
　　S 语音识别
　　C 电话通信
　　L 语言信息处理**
　　　　音频处理**

电话终端
　　Y 电话机

电话装置
　　Y 电话设备

电机控制电路
motor control circuit
TN7
　　S 控制电路
　　C 微型电动机
　　Z 电子电路*

电机驱动电路
motor drive circuit
TN4
　　D 电机驱动模块

　　S 驱动电路**
　　C 微型电动机

电机驱动模块
　　Y 电机驱动电路

电激励氧碘激光器
　　Y 氧碘激光器

电极浆料
electrode paste
TM2
　　S 电子材料*

电加热炉
electric heating furnace
TN305
　　S 半导体工艺设备*

电浆显示器
　　Y 等离子显示器

电解电容器
electrolytic capacitor
TM535
　　S 电容器*
　　• 铝电解电容器
　　• 钛电解电容器
　　• 钽电解电容器
　　• 铌电解电容器

电抗管调频器
reactor frequency modulator
TN761
　　S 调频器
　　Z 调制器*

电抗器
　　Y 扼流圈

电可编程只读存储器
electrically programmable read-only memory
TP333　TN43
　　D EPROM
　　S 可编程只读存储器
　　• 电可擦可编程只读存储器
　　L 非易失性存储器**

电可编可擦只读存储器
　　Y 电可擦可编程只读存储器

电可擦除只读存储器
electrically erasable read-only memory
TP333　TN43
　　D EEROM
　　　　电可修改只读存储器
　　S 只读存储器
　　• 电可擦可编程只读存储器
　　L 非易失性存储器**

电可擦可编程只读存储器
electrically erasable programmable read-only memory
TP333　TN43
　　D E2PROM
　　　　E2PROM 存储器
　　　　E2PROM 芯片
　　　　EEPROM
　　　　EEPROM 器件
　　　　EEPROM 存储器
　　　　EEPROM 芯片
　　　　电可控可编程只读存储器
　　　　电可编可擦只读存储器
　　S 可擦除可编程只读存储器
　　　　电可擦除只读存储器
　　　　电可编程只读存储器
　　• 串行 EEPROM
　　L 非易失性存储器**

电可控可编程只读存储器
　　Y 电可擦可编程只读存储器

电可修改只读存储器
　　Y 电可擦除只读存储器

电缆传输
cable transmission
TN913.6
　　S 有线传输
　　• 双绞线传输
　　• 同轴电缆传输
　　C 电缆调制解调器
　　Z 信息传输*

电缆电视
　　Y 有线电视

电缆电视系统
　　Y 有线电视

电缆分配网
　　Y 同轴电缆分配网

电缆调制解调器
cable modem
TP393.4　TN919
　　D 线缆调制解调器
　　S 调制解调器
　　C 电缆传输
　　Z 通信设备*

电缆网
　　Y 电缆网络

电缆网络
cable network
TN943　TN91
　　D 电缆网
　　S 网络*
　　C 通信电缆

• 177 •

电离层传播
　　Y　电离层电波传播

电离层电波传播
ionospheric propagation
TN011
　　D　天波传播
　　　　电离层传播
　　S　电波传播*
　　·　地-电离层波导传播
　　·　电离层散射

电离层散射
ionospheric scattering
TN926
　　S　电波散射传播
　　　　电离层电波传播
　　Z　电波传播*
　　　　电磁波散射*

电离层探测器
ionospheric detector
TN953　TM93
　　D　电离层探测仪
　　　　电离层探测装置
　　　　电离层探测设备
　　S　探测器*

电离层探测设备
　　Y　电离层探测器

电离层探测仪
　　Y　电离层探测器

电离层探测装置
　　Y　电离层探测器

电力半导体
　　Y　电力半导体器件

电力半导体器件**
power semiconductor device
TN3
　　D　功率半导体
　　　　功率半导体器件
　　　　半导体功率器件
　　　　电力半导体
　　　　电力电子半导体器件
　　S　半导体器件*
　　·　功率 MOS 器件
　　· ·　功率 MOS 场效应晶体管
　　·　功率场效应晶体管
　　· ·　功率 MOS 场效应晶体管
　　·　功率二极管
　　·　功率晶体管
　　· ·　电力晶体管
　　· ·　射频功率晶体管
　　· ·　微波功率晶体管
　　·　晶闸管
　　· ·　MOS 控制晶闸管
　　· ·　大功率晶闸管
　　· ·　单向晶闸管

　　· ·　非对称晶闸管
　　· ·　高频晶闸管
　　· ·　光控晶闸管
　　· ·　静电感应晶闸管
　　· ·　可关断晶闸管
　　· ·　快速晶闸管
　　· ·　门极换流晶闸管
　　· · ·　集成门极换流晶闸管
　　· ·　逆导晶闸管
　　· ·　三相晶闸管
　　· ·　双向晶闸管
　　· ·　温敏晶闸管
　　·　绝缘栅晶体管
　　·　绝缘栅场效应晶体管
　　·　绝缘栅双极晶体管
　　· · ·　场截止型绝缘栅双极晶体管
　　· · ·　穿通型绝缘栅双极晶体管
　　· · ·　非穿通型绝缘栅双极晶体管
　　· · ·　压接型绝缘栅双极晶体管
　　·　射频功率器件
　　· ·　射频功率晶体管
　　C　功率模块
　　　　电力电子电路

电力变压器
power transformer
TM41
　　S　变压器*
　　·　干式变压器
　　·　油浸变压器

电力抄表系统
remote power meter reading system
TP2
　　S　电子系统*

电力电子半导体器件
　　Y　电力半导体器件

电力电子变换器
　　Y　电源变换器

电力电子电路
power electronic circuit
TN710
　　D　电力电子线路
　　S　电子电路*
　　C　功率模块
　　　　电力半导体器件

电力电子技术
　　Y　功率电子学

电力电子模块
　　Y　功率模块

电力电子线路
　　Y　电力电子电路

电力电子学
　　Y　功率电子学

电力二极管
　　Y　功率二极管

电力交换网
　　Y　电力通信网

电力晶体管
giant transistor
TN32
　　D　GTR
　　S　功率晶体管
　　L　半导体分立器件**
　　　　电力半导体器件**

电力通信
electric power communication
TN915
　　D　电力通信技术
　　　　电力通讯
　　S　专网通信
　　C　电力通信网
　　Z　通信*

电力通信技术
　　Y　电力通信

电力通信网
electric power communication network
TN915　TN919
　　D　电力专用通信网
　　　　电力交换网
　　　　电力系统通信网
　　　　电力通信专网
　　　　电力通信网络
　　S　专用通信网
　　C　电力系统自动化
　　　　电力通信
　　Z　通信网络*

电力通信网络
　　Y　电力通信网

电力通信专网
　　Y　电力通信网

电力通讯
　　Y　电力通信

电力系统通信网
　　Y　电力通信网

电力系统自动化
automation of electric system
TM7　TP27
　　D　电力系统综合自动化
　　　　配电综合自动化
　　S　自动化*
　　C　电力通信网

电力系统综合自动化
    Y 电力系统自动化

电力线宽带通信
broadband power line communication
TN915
    S 宽带通信
       电力线载波通信
    Z 通信*

电力线收发器
power line transceiver
TN915
    S 收发器*

电力线调制解调器
power line modem
TN919
    S 调制解调器
    C 电力线信道
       电力线载波机
    Z 通信设备*

电力线通信
    Y 电力线载波通信

电力线通信技术
    Y 电力线载波通信

电力线通信网络
power line communication network
TN915
    S 通信网络*
    C 电力线载波机
       计算机通信

电力线信道
power line channel
TN911　TN915
    S 信道*
    C 电力线调制解调器
       电力线载波通信

电力线载波机
power line carrier terminal
TN913.6
    D 电力载波机
    S 载波机
    C 电力线调制解调器
       电力线载波通信
       电力线通信网络
    Z 通信设备*

电力线载波通信
power line carrier communication
TN913.6
    D 电力线载波通信技术
       电力线载波通讯
       电力线通信
       电力线通信技术

       电力载波通信
    S 载波通信
    · 低压电力线载波通信
    · 电力线宽带通信
    · 配电网通信
    C 电力线信道
       电力线载波机
    Z 通信*

电力线载波通信技术
    Y 电力线载波通信

电力线载波通讯
    Y 电力线载波通信

电力信息系统
power information system
TP315
    S 信息应用系统**

电力载波机
    Y 电力线载波机

电力载波通信
    Y 电力线载波通信

电力专用通信网
    Y 电力通信网

电连接器*
electric connector
TN6
    D 接插件
    · 低频连接器
    · 电池连接器
    · 电源连接器
    · 高频连接器
    · 集成电路插座
    · 矩形连接器
    · · 带状电缆连接器
    · · 条形连接器
    · · 印制电路板连接器
    · 射频连接器
    · · 馈线连接器
    · · 射频同轴连接器
    · · · 毫米波同轴连接器
    · · 射频同轴转接器
    · 视频连接器
    · 特种电连接器
    · · 高温电连接器
    · · 光电混装连接器
    · · 滤波电连接器
    · · 密封电连接器
    · · 自动脱落分离电连接器
    · 圆形电连接器
    · · 卡口式圆形电连接器
    · · 螺纹连接圆形电连接器
    · · 同轴电连接器
    · · · 耳机插孔
    · · · 三同轴连接器
    · · · 射频同轴连接器
    · · · · 毫米波同轴连接器

    · · 推拉式圆形电连接器
    · 转接连接器
    · · 光电转接器
    · · 射频同轴转接器
    C 电线电缆

电流比较器
current comparator
TN710
    S 比较器
    Z 电子电路*

电流比率模拟相乘器
current ratio analog multiplier
TN763.3
    S 模拟鉴相器
    Z 检波器*

电流传感放大器
    Y 电流检测放大器

电流传感器
current sensor
TP212.43
    S 电子传感器
    C 电流检测放大器
    Z 传感器*

电流反馈放大器
current feedback amplifier
TN72
    S 反馈放大器
    Z 放大器*

电流反馈运算放大器
current feedback operational amplifier
TN72
    S 运算放大器
    Z 放大器*

电流放大器
current amplifier
TN72
    D 电流模式放大器
    S 放大器*
    · 电流检测放大器
    · 微电流放大器
    · 直流放大器

电流互感器
current transformer
TM42
    S 仪表变压器
    Z 变压器*

电流基准源
    Y 基准电流源

电流继电器
current relay

电流检测放大器
current sensing amplifier
TN72
　　D 电流传感放大器
　　S 检测放大器
　　　 电流放大器
　　C 电流传感器
　　Z 放大器*

TM58
　　S 控制继电器
　　• 过电流继电器
　　• 欠电流继电器
　　Z 继电器*

电流开关驱动器
current switch driver
TN72
　　S 驱动电路**

电流控制振荡器
current controlled oscillator
TN752
　　S 振荡器*

电流灵敏放大器
current sensitive amplifier
TN72
　　S 灵敏放大器
　　Z 放大器*

电流模电路
　　Y 电流模式电路

电流模逻辑
　　Y 电流型逻辑电路

电流模式电路
current mode circuit
TN7
　　D 电流模电路
　　S 电子电路*

电流模式放大器
　　Y 电流放大器

电流模式逻辑
　　Y 电流型逻辑电路

电流调制
current modulation
TN76
　　S 电调制
　　Z 调制*

电流稳定电源
　　Y 稳流电源

电流型 CMOS 电路
current mode CMOS circuit
TN4
　　S CMOS 集成电路
　　Z 集成电路*

电流型 PWM
　　Y 电流型脉宽调制

电流型变换器
　　Y 电流转换器

电流型逻辑电路
current mode logic circuit
TN791
　　D CML 逻辑电路
　　　 电流模式逻辑
　　　 电流模逻辑
　　S 逻辑电路
　　L 数字电路**

电流型脉宽调制
current mode power width modulation
TN86　TN76
　　D 电流型 PWM
　　S 脉冲宽度调制
　　Z 调制*

电流型运算放大器
　　Y 电流运算放大器

电流源
current source
TN86
　　D 理想电流源
　　S 电源*
　　• 程控电流源
　　• 恒流源
　　• 镜像电流源
　　• 压控电流源
　　• 直流电流源

电流运算放大器
current operational amplifier
TN72
　　D 电流型运算放大器
　　S 运算放大器
　　Z 放大器*

电流转换器
current converter
TM46
　　D 电流型变换器
　　S 转换器*

电路 CAD
　　Y 计算机辅助电路设计

电路板
　　Y 印制电路板

电路板布线
　　Y PCB 布线

电路板连接器
　　Y 印制电路板连接器

电路板设计
　　Y 印制电路板

电路板图
　　Y 电路版图

电路板在线测试仪
　　Y 在线测试仪

电路板组件
　　Y 印制电路板

电路版图
circuit layout
TN7
　　D 电路板图
　　S 电路图*
　　C 版图设计

电路版图设计
　　Y 版图设计

电路单元
　　Y 单元电路

电路方框图
　　Y 电路框图

电路仿真
circuit simulation
TP391.9
　　D PSpice 仿真
　　S 硬件仿真
　　C 电路仿真软件
　　Z 仿真*

电路仿真程序
　　Y 电路仿真软件

电路仿真工具
　　Y 电路仿真软件

电路仿真软件
circuit simulation software
TP318　TN7
　　D 电路仿真工具
　　　 电路仿真程序
　　　 电路模拟程序
　　　 电路模拟软件
　　S 电子仿真软件
　　C 电路仿真
　　L 应用软件**

电路分析软件
circuit analysis software
TP318　TN7
　　D PSpice 软件

S　分析软件
　　C　计算机辅助电路分析
　　L　工具软件**

电路互连
circuit interconnection
TN405
　　D　互连工艺
　　S　集成电路工艺
　　· 层间互连
　　· 垂直互连
　　· 倒装互连
　　· 多层互连
　　· 高密度互连
　　· 片上互连
　　· 铜互连
　　· 芯片互连
　　Z　半导体工艺*

电路基板*
circuit substrate
TN7　TN4
　　D　基板
　　　　电子基板
　　· 薄膜基板
　　· 层压基板
　　· · 积层多层板
　　· 氮化铝基板
　　· 封装基板
　　· 覆铜板
　　· · 单面覆铜板
　　· · 刚性覆铜板
　　· · 铝基覆铜板
　　· · 挠性覆铜板
　　· 金属基板
　　· 绝缘金属基板
　　· · 铝基板
　　· 柔性基板
　　· 陶瓷基板
　　· · 玻璃陶瓷基板
　　· · 低温共烧陶瓷基板
　　· · 多层陶瓷基板
　　· 印制电路基板

电路计算机辅助设计
　　Y　计算机辅助电路设计

电路交换
circuit switching
TN915
　　D　电路交换技术
　　　　电路接转
　　S　电话交换
　　· 空分交换
　　· 时分交换
　　C　电路交换数据
　　　　电路交换网
　　　　电路接口
　　L　通信交换**

电路交换技术
　　Y　电路交换

电路交换数据
circuit switching data
TN92
　　S　数据*
　　C　电路交换
　　　　电路交换网

电路交换网
circuit switching network
TN915　TN919
　　D　电路交换网络
　　S　交换网络
　　C　电路交换
　　　　电路交换数据
　　Z　通信网络*

电路交换网络
　　Y　电路交换网

电路接口
circuit interface
TN4
　　S　接口*
　　C　电路交换

电路接转
　　Y　电路交换

电路框图
circuit block diagram
TN7
　　D　电路原理图
　　　　电路方框图
　　S　电路图*

电路模块
　　Y　模块电路

电路模拟程序
　　Y　电路仿真软件

电路模拟软件
　　Y　电路仿真软件

电路设计
circuit design
TN7
　　D　电子电路设计
　　　　电子线路设计
　　S　电子设计*
　　· 版图设计
　　· 电路优化设计
　　C　电子电路
　　　　电路调试

电路调试
circuit debugging
TN7
　　S　调试*
　　· 片上调试
　　C　电路设计

电路图*
circuit diagram
TN7
　　D　电子线路图
　　　　电路图形
　　　　线路图
　　· 布线图
　　· · 多层布线图形
　　· · 印刷电路板图
　　· 电路版图
　　· 电路框图
　　· 电路组装图

电路图形
　　Y　电路图

电路网络*
circuit network
TN711
　　D　网络电路
　　· 并联谐振网络
　　· 补偿网络
　　· 等效网络
　　· 电容网络
　　· · 开关电容网络
　　· 电阻网络
　　· · 分流电阻网络
　　· · 梯形电阻网络
　　· 分频网络
　　· 感容网络
　　· 功分网络
　　· 集中参数网络
　　· 开关网络
　　· · 交叉开关网络
　　· · 开关电容网络
　　· 滤波网络
　　· 脉冲形成网络
　　· 匹配网络
　　· · 微波匹配网络
　　· · 阻抗匹配网络
　　· 片上网络
　　· 全通网络
　　· · 有源全通网络
　　· 时钟网络
　　· 衰减网络
　　· 双T网络
　　· 双端口网络
　　· 梯形网络
　　· 天线调配网络
　　· 微波网络
　　· · 和差网络
　　· · 微波匹配网络
　　· 无源网络
　　· 吸收网络
　　· 相移网络
　　· 选频网络
　　· 有源网络
　　· · 有源全通网络
　　· 振荡网络
　　· 阻容网络
　　· 耦合网络
　　C　电子电路

电路优化设计
circuit optimization design
TN7
　　S 电路设计
　　Z 电子设计*

电路原理图
　　Y 电路框图

电路在线测试仪
　　Y 在线测试仪

电路装配图
　　Y 电路组装图

电路组装图
circuit assembling diagram
TN7
　　D 电路装配图
　　S 电路图*

电脑
　　Y 计算机

电脑安全
　　Y 计算机安全

电脑病毒
　　Y 计算机病毒

电脑电源
　　Y 计算机电源

电脑仿真技术
　　Y 计算机仿真

电脑辅助设计
　　Y 计算机辅助设计

电脑光驱
　　Y 光盘驱动器

电脑绘画
　　Y 计算机绘图

电脑绘图
　　Y 计算机绘图

电脑绘制
　　Y 计算机绘图

电脑键盘
　　Y 计算机键盘

电脑接口
　　Y 计算机接口

电脑晶片
　　Y 计算机芯片

电脑模拟
　　Y 计算机仿真

电脑内存
　　Y 计算机内存

电脑设备
　　Y 计算机

电脑摄像头
　　Y 计算机摄像头

电脑视频
　　Y 计算机视频

电脑输入设备
　　Y 计算机输入设备

电脑外设
　　Y 外部设备

电脑网络
　　Y 计算机网络

电脑系统
　　Y 计算机系统

电脑显示屏
　　Y 计算机显示器

电脑显示器
　　Y 计算机显示器

电脑芯片
　　Y 计算机芯片

电脑眼
　　Y 摄像头

电脑硬盘
　　Y 硬盘

电脑游戏软件
　　Y 游戏软件

电脑制图
　　Y 计算机绘图

电钮
　　Y 按键开关

电平触发器
level trigger
TN79
　　S 触发器
　　L 数字电路**

电平图示仪
level tracer
TM935
　　S 图示仪
　　C 电平信号
　　Z 电子测量仪器*

电平信号
level signal
TN911
　　S 信号*
　　C 电平图示仪

电平转换电路
　　Y 电平转换器

电平转换器
level shifter
TN710
　　D 电平转换电路
　　S 信号转换电路
　　Z 转换器*

电气与电子工程师学会标准
　　Y IEEE 标准

电气装备用电线电缆
cable for electrical equipment
TM246
　　S 电线电缆*
　　· 扁平电缆
　　· 带状电缆
　　· 计算机电缆
　　· 特种电缆
　　· 信号电缆
　　· 仪表电缆

电热微驱动器
electro-thermal actuator
TN72　TN72
　　D 电热微执行器
　　S 微驱动器
　　C 光学双稳器件
　　Z MEMS 器件*

电热微执行器
　　Y 电热微驱动器

电容传感器
capacitive sensor
TP212.43
　　D 电容式传感器
　　S 电子传感器
　　· 电容式压力传感器
　　· 容栅传感器
　　C 电容式触摸屏
　　Z 传感器*

电容滤波
capacitor filtering
TN713
　　S 滤波*

电容耦合电路
capacitive coupled circuit
TN710
  S 电子电路*

电容器*
capacitor
TM53
• 并联电容器
• 补偿电容器
• 超级电容器
• 电解电容器
• • 铝电解电容器
• • • 片式铝电解电容器
• • • 无极性铝电解电容器
• • 钛电解电容器
• • 钽电解电容器
• • 铌电解电容器
• 调谐电容器
• 微调电容器
• • 薄膜微调电容器
• • 瓷介微调电容器
• 固定电容器
• 可变电容器
• • 固体介质可变电容器
• • 空气介质可变电容器
• 滤波电容器
• 片式电容器
• • 片式多层陶瓷电容器
• • 片式铝电解电容器
• 气体介质电容器
• • 充气电容器
• • 空气电容器
• • 真空电容器
• 无机介质电容器
• • 玻璃膜电容器
• • 玻璃釉电容器
• • 陶瓷电容器
• • • 半导体陶瓷电容器
• • • 多层陶瓷电容器
• • • • 片式多层陶瓷电容器
• • • 二类瓷介电容器
• • • 高压陶瓷电容器
• • • 三类瓷介电容器
• • • 一类瓷介电容器
• • 云母电容器
• 无极性电容器
• 小型电容器
• 有机介质电容器
• • 有机薄膜电容器
• • • 聚苯疏醚电容器
• • • 聚苯乙烯电容器
• • • 聚丙烯电容器
• • • 聚碳酸酯电容器
• • • 聚酯电容器
• • 纸介电容器
• 有极性电容器
• 智能电容器
• 耦合电容器

电容式触摸屏
capacitive touch screen
TP334.1 TN873
  S 触摸屏
  C 电容传感器
  Z 显示设备*

电容式传感器
  Y 电容传感器

电容式压力传感器
capacitive pressure sensor
TP212
  S 压力传感器
    电容传感器
  L 测量传感器**
    物理传感器**

电容网络
capacitance network
TN711
  S 电路网络*
  • 开关电容网络

电润湿电子纸
  Y 电润湿显示器

电润湿显示器
electrowetting display
TN27 TN87
  D 电润湿显示器件
    电润湿电子纸
  S 显示器
  C 液晶显示器
    电子纸
  Z 显示设备*

电润湿显示器件
  Y 电润湿显示器

电扫描天线
electronic scanning antenna
TN82
  D 电扫天线
  S 扫描天线
  Z 天线*

电扫天线
  Y 电扫描天线

电商
  Y 电子商务

电声换能器
electroacoustic transducer
TN712
  D 声换能器
    声电换能器
  S 换能器*
  • 超声换能器
  • 声频定向换能器
  • 水声换能器

电声技术
electroacoustic technology
TN912
  S 电子技术*

电视*
television
TN949
  D 电视技术
  • 3D 电视
  • • 全息电视
  • 闭路电视
  • 标准清晰度电视
  • 标准清晰度数字电视
  • 地面电视
  • • 地面数字电视
  • 付费电视
  • • 数字付费电视
  • 高清晰度电视
  • • 高清晰度数字电视
  • 共用天线电视
  • 激光电视
  • 全息电视
  • 交互式电视
  • • 点播电视
  • • 交互式数字电视
  • • 交互式网络电视
  • • 时移电视
  • 智能电视
  • 数字电视
  • • 标准清晰度数字电视
  • • 超高清电视
  • • 地面数字电视
  • • 高清晰度数字电视
  • • 交互式数字电视
  • • 数字付费电视
  • • 卫星数字电视
  • • 有线数字电视
  • 网络电视
  • • 交互式网络电视
  • 卫星电视
  • • 卫星数字电视
  • • 卫星直播电视
  • 移动电视
  • • 车载电视
  • • 手机电视
  • 应用电视
  • • 多媒体电视
  • • 工业电视
  • • 红外电视
  • • 监控电视
  • • 图文电视
  • • 微光电视
  • 有线电视
  • • 光纤有线电视
  • • 有线数字电视
  C 电视网络
    电视设备
    视频处理器

电视标准
television standard
TN941

D 电视技术标准
S 信息产业标准*
• 高清标准
• 数字电视地面广播标准
• 数字视频广播标准
C 电视传输
电视机

电视差转机
TV transposer
TN948
D 差转机
S 电视设备*
C 电视传输
电视转播设备

电视传输
television transmission
TN943
D 广播电视传输
电视信号传输
电视信号传送
S 信息传输*
• 电视地面传输
• 有线电视传输
C 电视信号
电视发射天线
电视差转机
电视标准

电视地面传输
television terrestrial transmission
TN94
S 地面传输
电视传输
Z 信息传输*

电视电话
Y 可视电话

电视电路
television circuit
TN710 TN94
D 电视机电路
S 电子电路*
C 电视机

电视多工广播
Y 电视广播

电视发射机
television transmitter
TN83
D 广播电视发射机
S 发射机*
• 全固态电视发射机
• 数字电视发射机

电视发射天线
TV transmitting antenna
TN82 TN948

S 发射天线
电视天线
• 蝙蝠翼形天线
C 电视传输
Z 天线*

电视跟踪
Y 电视制导

电视广播
television broadcasting
TN94 TN93
D 电视多工广播
S 广播*
• 数字电视广播
• 卫星电视广播
• 文字电视广播

电视广播网络
Y 广播电视网络

电视盒
Y 机顶盒

电视机
television set
TN949
D 电视接收器
电视接收机
电视接收设备
S 电视设备*
• 彩色电视机
• 等离子电视机
• 高清晰度电视机
• 黑白电视机
• 平板电视机
• 手持电视
• 数字电视接收机
• 投影电视
• 显像管电视
• 液晶电视机
C 机顶盒
电视信号
电视接收
电视标准
电视电路

电视机电路
Y 电视电路

电视机顶盒
Y 机顶盒

电视技术
Y 电视

电视技术标准
Y 电视标准

电视加密
television encryption

TN918
S 加密**
C 电视接收

电视接口
TV interface
TN94
S 接口*
C 电视设备

电视接收
TV signal reception
TN85 TN949
D 电视信号接收
S 接收*
• 条件接收
C 电视信号
电视加密
电视接收天线
电视机

电视接收盒
Y 机顶盒

电视接收机
Y 电视机

电视接收器
Y 电视机

电视接收设备
Y 电视机

电视接收天线
television receiving antenna
TN943
S 接收天线
电视天线
• 卫星电视接收天线
• 鱼骨形天线
C 电视信号
电视接收
Z 天线*

电视墙
TV wall
TN948
S 电视设备*
C 电视信号

电视设备*
television equipment
TN948
• 电视差转机
• 电视机
• • 彩色电视机
• • 等离子电视机
• • 高清晰度电视机
• • 黑白电视机
• • 平板电视机
• • 手持电视

- · · 数字电视接收机
- · · · 数字卫星电视接收机
- · · 投影电视
- · · · 背投影电视
- · · · 液晶投影电视
- · · 显像管电视
- · · 液晶电视机
- · 电视墙
- · 电视台设备
- · · 编辑机
- · · · 编辑控制器
- · · · 非线性编辑设备
- · · 电视演播室设备
- · · 电视转播设备
- · · 矩阵切换器
- · · 切换台
- · · · 视频切换台
- · · · 数字切换台
- · · 摄录编设备
- · · 台标机
- · · 字幕机
- · 电视遥控器
- · 放像机
- · 机顶盒
- · · 高清机顶盒
- · · · 高清数字电视机顶盒
- · · 交互式机顶盒
- · · 数字电视机顶盒
- · · · 高清数字电视机顶盒
- · · · 数字地面机顶盒
- · · · 数字卫星机顶盒
- · · · 数字有线电视机顶盒
- · · 网络电视机顶盒
- · · 智能机顶盒
- · 激光视盘机
- · · DVD 播放机
- · · VCD 影碟机
- · 加扰器
- · 解扰器
- · 摄录设备
- · · 录像机
- · · · 磁带录像机
- · · · 家用录像机
- · · · 数字录像机
- · · · · 光盘录像机
- · · · · 数字硬盘录像机
- · · · · 嵌入式硬盘录像机
- · · · · 网络硬盘录像机
- · · 摄录机
- · · 摄像机
- · · · 便携式摄像机
- · · · 彩色摄像机
- · · · 防爆摄像机
- · · · 高清摄像机
- · · · 高速摄像机
- · · · 红外摄像机
- · · · 家用摄像机
- · · · · 家用数码摄像机
- · · · 立体摄像机
- · · · 数字摄像机
- · · · · 光盘摄像机
- · · · · 家用数码摄像机
- · · · · 硬盘摄像机
- · · · 水下摄像机

- · · · 网络摄像机
- · · · 虚拟摄像机
- · · · 专业摄像机
- · · 数字电视设备
- · · 有线电视设备
- C 电视
- 电视接口

电视摄象管
  Y 电视摄像管

电视摄像管
TV camera tube
TN14
  D 电视摄象管
  S 摄像管
  L 电子束管**

电视摄像机
  Y 摄像机

电视摄像系统
  Y 摄像机

电视台设备
television station equipment
TN948
  S 电视设备*
  · 编辑机
  · 电视演播室设备
  · 电视转播设备
  · 矩阵切换器
  · 切换台
  · 摄录编设备
  · 台标机
  · 字幕机

电视天线
television antenna
TN82
  S 天线*
  · 电视发射天线
  · 电视接收天线
  · 共用天线

电视网
  Y 电视网络

电视网络
television network
TN94 TN915
  D 电视新闻网络
    电视网
    电视网络管理
  S 广播电视网络*
  · 闭路电视网络
  · 电视转播网
  · 会议电视网络
  · 数字电视网络
  · 有线电视网络
  · 制播网络
  C 电视

电视网络管理
  Y 电视网络

电视显像管
television picture tube
TN14
  S 显像管
  · 彩色显像管
  · 黑白显像管
  L 电子束管**

电视芯片
television chip
TN94 TN4
  S 芯片*
  · 机顶盒芯片
  · 数字电视芯片

电视新闻网络
  Y 电视网络

电视信号
TV signal
TN948
  S 广播电视信号
  · 全电视信号
  · 数字电视信号
  · 卫星电视信号
  · 有线电视信号
  C 电视传输
    电视信号发生器
    电视信号编码器
    电视墙
    电视接收
    电视接收天线
    电视机
  Z 信号*

电视信号编码器
television signal encoder
TN941
  S 编码器*
  C 电视信号

电视信号传输
  Y 电视传输

电视信号传送
  Y 电视传输

电视信号发生器
television signal generator
TN948 TM93
  S 信号发生器**
  · 彩条信号发生器
  · 同步信号发生器
  C 电视信号

电视信号接收
  Y 电视接收

电视演播设备
　　Y 电视演播室设备

电视演播室设备
TV studio equipment
TN948
　　D 电视演播设备
　　S 电视台设备
　　Z 电视设备*

电视遥控器
remote TV controller
TN949
　　S 电视设备*
　　C 红外遥控装置
　　　 遥控发射机
　　　 遥控电路

电视侦察
TV reconnaissance
TN971
　　D 电视侦收
　　S 电子侦察
　　C 电视制导
　　L 电子对抗**

电视侦收
　　Y 电视侦察

电视制导
television guidance
TN96
　　D 电视跟踪
　　S 制导*
　　C 电视侦察

电视转播机
　　Y 电视转播设备

电视转播设备
TV broadcasting equipment
TN948
　　D 电视转播机
　　S 电视台设备
　　C 电视差转机
　　　 电视转播网
　　Z 电视设备*

电视转播网
television transmission network
TN948
　　S 电视网络
　　C 电视转播设备
　　Z 广播电视网络*

电视字幕机
　　Y 字幕机

电台
　　Y 无线电台

电台个体识别
individual radio identification
TN94
　　S 信号识别
　　C 电台广播
　　Z 信号处理*

电台广播
radio broadcasting
TN934
　　S 无线电广播
　　C 无线电台
　　　 电台个体识别
　　Z 广播*

电调衰减器
electronic attenuator
TN715
　　S 可变衰减器
　　· 微波电调衰减器
　　Z 衰减器*

电调天线
electrical adjustment antenna
TN82
　　S 天线*
　　C 电调制

电调制
electrical modulation
TN76
　　S 调制*
　　· 电场调制
　　· 电导调制
　　· 电流调制
　　C 电调天线

电位器
potentiometer
TM547
　　S 电阻器*
　　· 步进式电位器
　　· 电动电位器
　　· 精密电位器
　　· 实心电位器
　　· 数字电位器
　　· 微调式电位器
　　· 线绕电位器
　　· 旋转式电位器
　　· 直滑式电位器
　　C 可变电阻器

电涡流传感器
eddy current transducer
TP212
　　D 涡流传感器
　　S 传感器*
　　· 电涡流位移传感器

电涡流位移传感器
eddy current displacement sensor
TP212
　　S 位移传感器
　　　 电涡流传感器
　　L 测量传感器**

电吸收调制器
electro absorption modulator
TN761　TN29
　　S 光调制器
　　Z 调制器*
　　　 光器件*

电线
electric wire
　　S 电线电缆*
　　· 电磁线
　　· 绝缘导线
　　· 裸导线

电线电缆*
wire cable
TM24
　　· 电气装备用电线电缆
　　· · 扁平电缆
　　· · 带状电缆
　　· · 计算机电缆
　　· · 特种电缆
　　· · · 超导电缆
　　· · · · 高温超导电缆
　　· · · 低温电缆
　　· · · 高温电缆
　　· · · 耐辐射电缆
　　· · 信号电缆
　　· · 仪表电缆
　　· 电线
　　· · 电磁线
　　· · 绝缘导线
　　· · 裸导线
　　· 通信电缆
　　· · 长途通信电缆
　　· · 传输电缆
　　· · 海底通信电缆
　　· · 射频电缆
　　· · · 同轴射频电缆
　　· · 市内通信电缆
　　· · 视频电缆
　　· · 数据电缆
　　· · 数字通信电缆
　　· · 同轴电缆
　　· · · 漏泄同轴电缆
　　· · · 三同轴电缆
　　· · · 同轴射频电缆
　　· 网络线缆
　　· · 双绞线
　　· · · 超五类线
　　· · · 非屏蔽双绞线
　　· · · 六类线
　　· · · 屏蔽双绞线
　　· · · 五类线
　　· 音频电缆
　　C 电连接器

电小天线
electrically small antenna

TN82
 D 小天线
 S 天线*

电信本地网
local network
TN915
 S 通信网络*
 • 本地传输网
 • 本地电话网

电信标准
 Y 通信行业标准

电信传输网
 Y 传输网

电信干扰
 Y 通信干扰

电信管理网
telecommunication management network
TN915
 D 电信管理网络
 S 通信网络*

电信管理网络
 Y 电信管理网

电信号
 Y 信号

电信基础设施
 Y 通信基础设施

电信级以太网
carrier Ethernet
TN915
 D 运营商级以太网
 S 以太网
   通信网络*
 C 城域网
 L 局域网**

电信交换技术
 Y 通信交换

电信设备
 Y 通信设备

电信数据网
 Y 数据交换网

电信网
 Y 通信网络

电信网管
 Y 电信网络管理

电信网管理
 Y 电信网络管理

电信网路管理
 Y 电信网络管理

电信网络
 Y 通信网络

电信网络管理
telecommunication management network
TN91 TP3
 D 电信网管
   电信网管理
   电信网路管理
   通信网管
   通信网管理
   通信网络管理
 S 网络管理*
 • 传输网络管理
 • 多媒体网络管理
 C 通信网络

电信业务网
telecommunication service network
TN915
 D 业务网
   业务网络
   电信业务网络
   综合业务网
   综合业务网络
 S 通信网络*
 • 多业务网络
 • 全业务网
 • 数据业务网
 • 综合业务接入网
 • 综合业务数字网
 C IP技术
   宽带通信

电信业务网络
 Y 电信业务网

电信终端
 Y 通信终端

电信终端设备
 Y 通信终端

电压比较器
voltage comparator
TM933
 S 比较器
 C 电压放大器
 Z 电子电路*

电压传感器
voltage sensor
TP212.43
 S 电子传感器
 C 电压互感器
 Z 传感器*

电压反馈放大器
voltage feedback amplifier
TN72
 S 反馈放大器
 Z 放大器*

电压放大电路
 Y 电压放大器

电压放大器
voltage amplifier
TN72
 D 电压放大电路
 S 放大器*
 C 电压比较器

电压跟随器
voltage follower
TN7
 S 电子电路*

电压互感器
potential transformer
TM42
 S 仪表变压器
 C 电压传感器
 Z 变压器*

电压基准
 Y 基准电压源

电压基准源
 Y 基准电压源

电压继电器
voltage relay
TM58
 S 控制继电器
 • 高压继电器
 • 过压继电器
 • 欠压继电器
 Z 继电器*

电压监控电路
voltage monitoring circuit
TN710
 S 监测电路
 Z 电子电路*

电压控制晶体振荡器
voltage controlled crystal oscillator
TN752
 D 压控晶振
 S 晶体振荡器
 Z 振荡器*
   压电器件*

电压敏电阻器
    Y 压敏电阻器

电压敏感电阻器
    Y 压敏电阻器

电压频率变换器
    Y 电压频率转换器

电压频率转换器
voltage frequency converter
TN710
    D VF 变换器
      VF 转换器
      电压-频率转换器
      电压频率变换器
    S 信号转换电路
    Z 转换器*

电压-频率转换器
    Y 电压频率转换器

电压源
voltage source
TN86　TM93
    D 理想电压源
    S 电源*
    · 程控电压源
    · 恒压源
    · 精密电压源

电影录音
movie recording
TN912
    D 电影录音技术
    S 录音*

电影录音技术
    Y 电影录音

电泳显示
    Y 电泳显示器

电泳显示器
electrophoretic display
TN87
    D 电泳显示
      电泳显示器件
    S 显示器
    C 电子纸
    Z 显示设备*

电泳显示器件
    Y 电泳显示器

电源*
power supply
TN86
    D 供电电源
      供电设备
      电源产品
      电源供应器
      电源供电器
      电源装置
      电源设备
    · 备用电源
    · · 后备式不间断电源
    · · 应急电源
    · · 自备电源
    · 标准电源
    · 不间断电源
    · · 后备式不间断电源
    · · 交流不间断电源
    · · 在线式不间断电源
    · · 直流不间断电源
    · · 智能不间断电源
    · 程控电源
    · · 程控电流源
    · · 程控电压源
    · · 程控直流电源
    · 大功率电源
    · · 大功率开关电源
    · 电流源
    · · 程控电流源
    · · 恒流源
    · · 镜像电流源
    · · 压控电流源
    · · 直流电流源
    · 电压源
    · · 程控电压源
    · · 恒压源
    · · 精密电压源
    · 电子电源
    · 固态电源
    · 集成电源
    · · 集成稳压电源
    · 模块电源
    · 多路电源
    · 二次电源
    · 分布式电源
    · 浮充电源
    · 高频电源
    · · 高频开关电源
    · · · 高频开关组合电源
    · · 高频逆变电源
    · 高压电源
    · · 高压开关电源
    · · 高压脉冲电源
    · · 高压逆变电源
    · · 高压直流电源
    · 净化电源
    · 隔离电源
    · · 隔离稳压电源
    · 工频电源
    · 激磁电源
    · 激光电源
    · · 半导体激光电源
    · · 脉冲激光电源
    · 计算机电源
    · 服务器电源
    · 主机电源
    · 交流电源
    · 变频电源
    · 交流稳压电源
    · · 三相交流电源
    · 交直流电源
    · 晶闸管电源
    · · 晶闸管整流电源
    · · 晶闸管中频电源
    · 开关电源
    · · 彩电开关电源
    · · 大功率开关电源
    · · 单片开关电源
    · · 反激式开关电源
    · · 辅助开关电源
    · · 高频开关电源
    · · · 高频开关组合电源
    · · 高压开关电源
    · · 开关稳压电源
    · · 软开关电源
    · · 通信开关电源
    · · 微型开关电源
    · · 智能开关电源
    · · 自激式开关电源
    · · 组合开关电源
    · 控制电源
    · 雷达电源
    · 脉冲电源
    · · 高压脉冲电源
    · · 功率脉冲电源
    · · 直流脉冲电源
    · 逆变电源
    · · 车载逆变电源
    · · 串联型逆变器
    · · 高频逆变电源
    · · 高压逆变电源
    · · 正弦波逆变器
    · 驱动电源
    · · LED 驱动电源
    · · 压电陶瓷驱动电源
    · 冗余电源
    · 射频电源
    · 数控电源
    · · 数控直流电源
    · 数字电源
    · 通信电源
    · · 通信开关电源
    · · 通信直流电源
    · · 移动通信电源
    · 稳定电源
    · 稳流电源
    · 稳频电源
    · 稳压电源
    · · 串联型稳压电源
    · · 隔离稳压电源
    · · 集成稳压电源
    · · 交流稳压电源
    · · 净化电源
    · · 开关稳压电源
    · · 线性稳压电源
    · · 直流稳压电源
    · 线性电源
    · · 线性稳压电源
    · 相控电源
    · 谐振式电源
    · 预燃电源
    · 整流电源
    · · 晶闸管整流电源
    · 直流电源

- ・ 程控直流电源
- ・ 高压直流电源
- ・ 可调直流电源
- ・ 数控直流电源
- ・ 通信直流电源
- ・ 直流脉冲电源
- ・ 直流稳压电源
- 智能电源
- 智能不间断电源
- 智能开关电源
- 中频电源
- ・ 晶闸管中频电源
- ・ 中频感应加热电源
- 主电源
- 专用电源
- 组合电源
- ・ 高频开关组合电源
- C 电源总线
  电源接口

电源 EMI 滤波器
- Y 电源滤波器

电源 IC
- Y 电源集成电路

电源变换器
power converter
TM46
- D 电力电子变换器
  电源转换器
- S 变换器*
- 反激式变换器
- 降压变换器
- 交流-交流变换器
- 交流-直流变换器
- 全桥变换器
- 升压变换器
- 正激式变换器
- 直流-交流变换器
- 直流-直流变换器

电源变压器
power transformer
TM42
- S 低频变压器
- R 型变压器
- 灯丝变压器
- 隔离变压器
- 恒流变压器
- 环形变压器
- 降压变压器
- 开关电源变压器
- 升压变压器
- 稳压变压器
- 限流变压器
- 整流变压器
- L 电子变压器**

电源产品
- Y 电源

电源电路
power supply circuit
TN710 TM13
- D 供电电路
- S 电子电路*
- 电荷泵电路
- 开关电源电路
- 稳压电路
- C 电源芯片

电源供电器
- Y 电源

电源供应器
- Y 电源

电源管理 IC
- Y 电源管理电路

电源管理电路
power supply management circuit
TN43
- D 电源管理 IC
  电源管理芯片
- S 电源集成电路
- Z 集成电路*

电源管理芯片
- Y 电源管理电路

电源集成电路
power supply integrated circuit
TN4
- D 电源 IC
- S 集成电路*
- 电源管理电路
- 电源控制电路
- 稳压集成电路

电源接口
power interface
TP334.7
- D 供电接口
- S 接口*
- C 电源
  电源总线

电源控制电路
power supply control circuit
TN43
- D 电源控制芯片
- S 电源集成电路
- Z 集成电路*

电源控制器
power supply controller
TN86 TN4
- D 供电控制器
- S 控制器*
- 开关电源控制器

电源控制芯片
- Y 电源控制电路

电源连接器
power supply connector
TM5
- S 电连接器*

电源滤波
- Y 电源滤波器

电源滤波器
power supply filter
TN713
- D EMI 电源滤波器
  电源 EMI 滤波器
  电源滤波
- S 电磁干扰滤波器
- 差模电源滤波器
- 共模电源滤波器
- Z 滤波器*

电源设备
- Y 电源

电源芯片
power supply chip
TN4
- S 芯片*
- C 电源电路

电源转换器
- Y 电源变换器

电源装置
- Y 电源

电源总线
power bus
TN43
- S 总线*
- C 电源
  电源接口

电站仿真
power plant simulation
TP391.9
- S 仿真*

电真空器件*
electronic vacuum device
TN11
- D 真空器件
  真空电子器件
- 电子倍增器
- ・ 气体电子倍增器
- ・ 通道电子倍增器
- 电子管**
- 电子束管**
- 离子管**
- 微波管**

• 真空微电子器件

电真空器件发射机
　　Y 电子管发射机

电致发光*
electroluminescence
TN27　043
　　D 场致发光
　　　电致荧光
　　• 薄膜电致发光
　　• 本征电致发光
　　• 交流电致发光
　　• 无机电致发光
　　• 有机电致发光
　　•• 白色有机电致发光
　　•• 聚合物电致发光
　　• 直流电致发光
　　C 电致发光显示器
　　　电致发光材料
　　　荧光材料

电致发光薄膜
　　Y 薄膜电致发光

电致发光材料
electroluminescent material
TN304
　　S 光电材料
　　C 电致发光
　　Z 电子材料*

电致发光显示
electroluminescence display
TN27
　　D 场发射显示
　　　场致发射显示
　　S 显示*
　　• 薄膜电致发光显示
　　• 有机电致发光显示
　　C 电致发光显示器

电致发光显示屏
　　Y 电致发光显示器

电致发光显示器
electroluminescent display
TN873
　　D FED 显示器
　　　场发射平板显示器
　　　场发射显示器
　　　场发射显示器件
　　　场致发光显示器
　　　场致发射显示器件
　　　场致发射显示板
　　　电致发光显示器件
　　　电致发光显示屏
　　S 平板显示器
　　• 无机电致发光显示器
　　• 有机电致发光显示器
　　C 电致发光
　　　电致发光显示

　　Z 显示设备*

电致发光显示器件
　　Y 电致发光显示器

电致荧光
　　Y 电致发光

电子白板
electronic whiteboard
TP334.1
　　S 显示设备*

电子倍增 CCD
　　Y 电子倍增电荷耦合器件

电子倍增电荷耦合器件
electron multiplier charge-coupled device
TN36
　　D EMCCD
　　　电子倍增 CCD
　　S 电荷耦合器件
　　Z 半导体器件*

电子倍增管
　　Y 电子倍增器

电子倍增器
electron multiplier
TN15
　　D 倍增管
　　　电子倍增管
　　S 电真空器件*
　　• 气体电子倍增器
　　• 通道电子倍增器

电子笔
electronic pen
TP33
　　S 输入笔
　　C 电子标签
　　Z 外部设备*

电子编码
electronic coding
TN911
　　D 产品电子编码
　　　电子产品编码
　　S 编码*

电子变压器**
electronic transformer
TM42
　　S 变压器*
　　• 超音频变压器
　　• 低频变压器
　　•• 电源变压器
　　••• R 型变压器
　　••• 灯丝变压器
　　••• 隔离变压器
　　••• 恒流变压器

　　••• 环形变压器
　　••• 降压变压器
　　••• 开关电源变压器
　　••• 升压变压器
　　••• 稳压变压器
　　••• 限流变压器
　　••• 整流变压器
　　• 音频变压器
　　•• 级间变压器
　　••• 音频输出变压器
　　• 高频变压器
　　• 脉冲变压器
　　• 射频变压器
　　• 输出变压器
　　•• 行输出变压器
　　•• 行推动变压器
　　•• 音频输出变压器
　　•• 阴极输出变压器
　　•• 帧输出变压器
　　• 阻抗匹配器
　　• 输入变压器
　　•• 单端输入式变压器
　　•• 推挽输入式变压器
　　• 特种变压器
　　• 通信变压器
　　• 压电变压器
　　• 中频变压器
　　C 电磁线

电子标签*
electronic label
TP391
　　D 电子标签技术
　　• 射频标签
　　•• 半有源标签
　　•• 无源标签
　　•• 有源标签
　　• 智能标签
　　C 电子导航
　　　电子笔

电子标签技术
　　Y 电子标签

电子标签芯片
　　Y 标签芯片

电子表格程序
　　Y 电子表格软件

电子表格处理软件
　　Y 电子表格软件

电子表格软件
electronic form software
TP317
　　D 制表软件
　　　电子表格处理软件
　　　电子表格程序
　　　表处理软件
　　　表格处理软件
　　S 办公软件**

- 报表系统
- C 表格处理

电子病历
- Y 电子病历系统

电子病历系统
electronic medical record system
TP391
- D 电子病历
- S 电子系统*

电子不停车收费系统
- Y 电子收费系统

电子材料*
electronic material
TN04 TM2
- PTC 材料
- 倍频材料
- 波导材料
- 掺杂剂
- 衬底材料
- 窗口材料
- · 红外窗口材料
- 导电胶
- 低介电常数材料
- 电极浆料
- 电子俘获材料
- 封装材料
- · 环氧塑封料
- · 模塑封材料
- · 塑封材料
- 负折射率材料
- 高介电常数材料
- 光电材料
- · Q 开关材料
- · 电致发光材料
- · 光电导材料
- · 光电发射材料
- · 光致发光材料
- · 红外窗口材料
- · 有机光电材料
- 光刻胶
- · 负性光刻胶
- · 正性光刻胶
- 焊接材料
- · 焊膏
- · · 免清洗焊膏
- · · 无铅焊膏
- · 焊球
- · 焊锡
- · · 焊锡粉
- · · 焊锡丝
- · 助焊剂
- · · 免清洗助焊剂
- · · 水溶性助焊剂
- 厚膜材料
- · 厚膜导体
- · 厚膜电子浆料
- · 厚膜电阻浆料
- · 金导体浆料
- 抗蚀剂

- 蓝光材料
- 纳米电子材料
- · · 纳米导电纤维
- · · 纳米硅薄膜
- 抛光浆料
- 热电材料
- · 半导体热电材料
- · 低维热电材料
- · 梯度热电材料
- · 氧化物热电材料
- · 赝三元热电材料
- 热光材料
- 蚀刻剂
- 贴片胶
- 退锡剂
- 微波吸收材料
- 微电子材料
- 显示材料
- 液晶材料
- 芯片材料
- 压电晶片
- 银浆
- 荧光材料
- · 卤磷酸钙荧光粉
- · 稀土荧光粉
- 载流子传输材料
- 栅极电介质材料
- 驻极体
- · 薄膜驻极体
- 阻焊剂

电子测量设备
- Y 电子测量仪器

电子测量仪器*
electronic measuring instrument
TM93
- D 电子测试设备
  电子测量设备
- 半导体测试设备
- · 半导体器件测试仪
- · · 晶体管测试仪
- · · 晶体管特性图示仪
- · 飞针测试机
- · 集成电路测试仪
- · · 数字集成电路测试仪
- · · 芯片测试仪
- · 四探针测试仪
- · 掩模检查设备
- 参数测试仪
- 场强仪
- 辐射计
- · 红外辐射计
- · 交流辐射计
- · 微波辐射计
- · 紫外辐射计
- 光电测量设备
- · 白平衡仪
- · 光电测距仪
- · · 红外测距仪
- · · 激光测距仪
- 频率特性测试仪
- 群时延测试仪

- 失真度测量仪
- 示波器
- · 存储示波器
- · 混合信号示波器
- · 模拟示波器
- · 取样示波器
- · 实时示波器
- · 数据域示波器
- · 数字示波器
- · · 数字存储示波器
- · 通用示波器
- · 虚拟示波器
- · 阴极射线示波器
- 视频分析仪
- 数据域测试仪器
- · 数据域示波器
- · 总线分析仪
- · · CAN 总线分析仪
- · 逻辑分析仪
- · · 嵌入式逻辑分析仪
- · · · 虚拟逻辑分析仪
- 探针台
- 通信测试仪**
- 图示仪
- · 电平图示仪
- · 晶体管特性图示仪
- 微波测量仪器
- 无线电综合测试仪
- 信号发生器**
- 信号分析仪
- · 波形分析仪
- · 动态信号分析仪
- · 抖晃仪
- · 功率谱分析仪
- · 脉冲分析器
- · · 脉冲幅度分析器
- · · · 单道脉冲幅度分析器
- · · · 多道脉冲幅度分析器
- · · 脉冲高度分析器
- · 频率特性分析仪
- · 频偏仪
- · 频谱分析仪
- · 矢量信号分析仪
- · 噪声测量仪
- 在线测试仪

电子测试设备
- Y 电子测量仪器

电子产品编码
- Y 电子编码

电子传感器
electronic sensor
TP212.43
- S 传感器*
- 电流传感器
- 电容传感器
- 电压传感器
- 电阻式传感器

电子摧毁
electronic destroying

TN972
- S 电子进攻
- · 电磁脉冲攻击
- · 反辐射摧毁
- L 电子对抗**

电子导航
electronic navigation
TP39
- S 导航*
- C 电子标签

电子电路*
electronic circuit
TN710
- · RLC 电路
- · 板级电路
- · 保峰电路
- · 保护电路
- · · ESD 保护电路
- · · 过流保护电路
- · · 过热保护电路
- · · 过压保护电路
- · · 过载保护电路
- · 倍压电路
- · 比较器
- · · 迟滞比较器
- · · 窗口比较器
- · · 电流比较器
- · · 电压比较器
- · · 动态比较器
- · · 高速比较器
- · · 关联比较器
- · · 模拟比较器
- · · 数字比较器
- · · 锁存比较器
- · · 相位比较器
- · 变送电路
- · 拨号电路
- · 采集电路
- · 采样电路
- · · 采样保持电路
- · · 相关双采样电路
- · 测试电路
- · 差分电路
- · 传输电路
- · 单元电路
- · 等效电路
- · · 部分元等效电路
- · · 戴维宁等效电路
- · · 微变等效电路
- · · 微波等效电路
- · · 小信号等效电路
- · 低功耗电路
- · 低频电路
- · 电力电子电路
- · 电流模式电路
- · 电容耦合电路
- · 电视电路
- · 电压跟随器
- · 电源电路
- · · 电荷泵电路
- · · 开关电源电路

- · · 稳压电路
- · · · 串联型稳压电路
- · · · 开关稳压电路
- · · · 稳压集成电路
- · 调节电路
- · 调谐电路
- · 调整电路
- · 定时电路
- · 读出电路
- · · 红外读出电路
- · · 信号读出电路
- · 对数域电路
- · 多值电路
- · 反馈电路
- · · 反馈控制电路
- · · 负反馈电路
- · · 共模反馈电路
- · 反相器电路
- · 仿真电路
- · 复位电路
- · 负载电路
- · 高频电路
- · 高速电路
- · · 高速比较器
- · · 高速数字电路
- · 告警电路
- · 功能电路
- · 勾边电路
- · 恒流电路
- · 环路
- · · 跟踪环路
- · · · 载波跟踪环
- · · 锁频环
- · · 锁相环
- · · · 电荷泵锁相环
- · · · 数字锁相环
- · 缓冲电路
- · 混合电路
- · · 薄膜电路
- · · 混合信号电路
- · 混沌电路
- · · 蔡氏电路
- · · 超混沌电路
- · 霍尔电路
- · 基带电路
- · 基准源
- · · 基准电流源
- · · 基准电压源
- · · · 带隙基准电压源
- · 机芯电路
- · 计数电路
- · 监测电路
- · · 电压监控电路
- · · 看门狗电路
- · 检测电路
- · · 功率检测电路
- · · 光电检测电路
- · · 自检电路
- · 接口电路
- · · 并行接口电路
- · · 硬件接口电路
- · · 用户线接口电路
- · 接收电路
- · 晶体管电路

- · 静噪电路
- · 矩阵电路
- · 绝对值电路
- · 绝热电路
- · · 绝热逻辑电路
- · 开关电路
- · · 开关电流电路
- · · 开关电容电路
- · · 开关电源电路
- · · 开关稳压电路
- · · 软开关电路
- · 抗干扰电路
- · 可逆电路
- · 控制电路
- · · 触发控制电路
- · · 电机控制电路
- · · 反馈控制电路
- · · 光强度控制电路
- · · 门控电路
- · · 声音控制电路
- · · 数字控制电路
- · · 温度控制电路
- · · 主控电路
- · · 自动控制电路
- · · · 自动电平控制电路
- · · · 自动频率控制电路
- · · · 自动增益控制电路
- · 扩展电路
- · 量子电路
- · 录放电路
- · 脉冲电路
- · · 锯齿波电路
- · · 脉冲成形器
- · 模块电路
- · 模拟电路
- · · 非线性模拟电路
- · · 模拟前端电路
- · · 线性模拟电路
- · · 在系统可编程模拟电路
- · 匹配电路
- · 偏置电路
- · 平衡电路
- · 平面电路
- · 启动电路
- · · 软启动电路
- · 前端电路
- · · 模拟前端电路
- · · 射频前端电路
- · 切换电路
- · 驱动电路**
- · 容差电路
- · 三电平电路
- · 扫描电路
- · · 场扫描电路
- · · 行扫描电路
- · 色度电路
- · 射频电路
- · · 射频前端电路
- · 升压电路
- · · 升压斩波电路
- · 时基电路
- · 时钟电路
- · · 时钟恢复电路
- · · 实时时钟电路

- 视频电路
- · 同步分离电路
- 手机电路
- 输出电路
- · 场输出电路
- · · 行输出电路
- 输入电路
- 数字电路**
- 探测电路
- 通信电路
- 图像处理电路
- 外围电路
- 微波电路
- · 微波平面电路
- · · 微带电路
- 微电路
- 温度补偿电路
- 系统电路
- 显示电路
- 限流电路
- 相变电路
- 削波电路
- 消磁电路
- 校正电路
- · 功率因数校正电路
- · 失真校正电路
- · 枕校电路
- 信号处理电路
- · 小信号处理电路
- · 信号调理电路
- 星形连结电路
- 选频电路
- 延时电路
- 遥控电路
- 译码电路
- · RS 译码器
- · 维特比译码器
- 音频电路
- · 伴音电路
- · 音响电路
- · 语音电路
- 预处理电路
- 噪声抑制电路
- 斩波电路
- · 降压斩波电路
- · 升压斩波电路
- 整流电路
- · 半波整流电路
- · 可控整流电路
- · 桥式电路
- · 全波整流电路
- 整形电路
- 钳位电路
- 中继电路
- 仲裁电路
- 子电路
- 自举电路
- 阻容电路
- C 电磁兼容技术
  电路网络
  电路设计
  集成电路

电子电路板
 Y 印制电路板

电子电路设计
 Y 电路设计

电子电源
electronic power supply
TN86
 D 电子式电源
 S 电源*
- 固态电源
- 集成电源
- 模块电源

电子对抗
electronic counter
TN97
 D 电子对抗技术
  电子对抗措施
  电子战
  电子战争
  电子战技术
 S 信息对抗*
- 导航对抗
- · 导航干扰
- · · GPS 干扰
- 地面电子对抗
- 电子防御
- · 电子反干扰
- · · 光电反干扰
- · · 雷达抗干扰
- · · · 旁瓣消隐
- · · · 频率捷变
- · · · 视频积累
- · · · 相关接收
- · · 水声反干扰
- · · 通信抗干扰
- · 反电子侦察
- · · 电子伪装
- · · · 光学伪装
- · · · 红外伪装
- · · · 雷达伪装
- · · 雷达反侦察
- · · 通信反侦察
- · · · 无线电静默
- · 防反辐射摧毁
- · 光电告警
- · 红外告警
- · · 红外侦察告警
- · 激光告警
- · · 激光侦察告警
- · 紫外告警
- · 威胁告警
- · · 导弹告警
- · · 雷达告警
- · 侦察告警
- · · 红外侦察告警
- · · 激光侦察告警
- · 电子进攻
- · · 电子摧毁
- · · · 电磁脉冲攻击
- · · · 反辐射摧毁
- · · 电子干扰
- · · · 导航干扰
- · · · · GPS 干扰
- · · · 电子压制
- · · · 定向干扰
- · · · 多目标干扰
- · · · 分布式干扰
- · · · 跟踪式干扰
- · · · 光电干扰
- · · · · 光电无源干扰
- · · · · 红外干扰
- · · · · · 红外有源干扰
- · · · · 激光干扰
- · · · · · 激光角度欺骗干扰
- · · · · · 激光有源干扰
- · · · 雷达干扰
- · · · · 冲淡干扰
- · · · · 复合干扰
- · · · · 雷达欺骗干扰
- · · · · · 交叉极化干扰
- · · · · · 交叉眼干扰
- · · · · · 距离波门欺骗干扰
- · · · · 旁瓣干扰
- · · · · 闪烁干扰
- · · · · 质心干扰
- · · · · 主瓣干扰
- · · · 灵巧干扰
- · · · 欺骗干扰
- · · · · 假目标干扰
- · · · · 角度欺骗干扰
- · · · · · 激光角度欺骗干扰
- · · · · · 交叉极化干扰
- · · · · · 交叉眼干扰
- · · · · 距离欺骗干扰
- · · · · · 距离波门欺骗干扰
- · · · · · 雷达欺骗干扰
- · · · · · · 交叉极化干扰
- · · · · · · 交叉眼干扰
- · · · · · · 距离波门欺骗干扰
- · · · · 速度欺骗干扰
- · · · · 通信欺骗
- · · · · 有源欺骗干扰
- · · · · 转发式干扰
- · · · 通信干扰
- · · · · 宽带噪声干扰
- · · · · 射频噪声干扰
- · · · · 噪声调制干扰
- · · · · · 噪声调幅干扰
- · · · · · 噪声调频干扰
- · · · · · 噪声调相干扰
- · · · 无源干扰
- · · · · 箔条干扰
- · · · · 反射器干扰
- · · · · 光电无源干扰
- · · · · 烟幕干扰
- · · · 有源干扰
- · · · · 调幅干扰
- · · · · · 噪声调幅干扰
- · · · · 调频干扰
- · · · · · 线性调频干扰
- · · · · · 噪声调频干扰
- · · · · 红外有源干扰
- · · · · 回答式干扰
- · · · · · 应答式干扰

- ····· 转发式干扰
- ····· 激光有源干扰
- ···· 脉冲干扰
- ···· 压制干扰
- ····· 宽带噪声干扰
- ····· 瞄准式干扰
- ···· 扫频干扰
- ···· 阻塞干扰
- ···· 有源欺骗干扰
- ··· 支援干扰
- ···· 随行干扰
- ···· 远距离支援干扰
- ··· 自适应干扰
- ··· 自卫干扰
- ··· 综合干扰
- · 电子侦察
- ·· 电视侦察
- ·· 光电侦察
- ··· 红外侦察
- ··· 激光侦察
- ··· 夜视侦察
- ··· 紫外侦察
- ·· 雷达侦察
- ·· 频率侦察
- ··· 瞬时测频
- ··· 搜索法测频
- ·· 水声侦察
- ·· 通信侦察
- ·· 无线电侦察
- ·· 信号侦察
- · 光电对抗
- ·· 光电干扰
- ··· 光电无源干扰
- ··· 红外干扰
- ···· 红外有源干扰
- ··· 激光干扰
- ···· 激光角度欺骗干扰
- ···· 激光有源干扰
- ·· 光电侦察
- ··· 红外侦察
- ··· 激光侦察
- ··· 夜视侦察
- ··· 紫外侦察
- ·· 光电制导
- · 红外对抗
- ·· 定向红外对抗
- ·· 红外干扰
- ··· 红外有源干扰
- ·· 红外告警
- ··· 红外侦察告警
- ·· 红外隐身
- ·· 主动红外对抗
- · 激光对抗
- ·· 激光干扰
- ··· 激光角度欺骗干扰
- ··· 激光有源干扰
- ·· 激光告警
- ··· 激光侦察告警
- · 紫外对抗
- ·· 紫外告警
- · 航空电子对抗
- · 舰船电子对抗
- · 空间电子对抗
- · 雷达对抗

- ·· 反辐射摧毁
- ·· 雷达反侦察
- ·· 雷达干扰
- ··· 冲淡干扰
- ··· 复合干扰
- ··· 雷达欺骗干扰
- ···· 交叉极化干扰
- ···· 交叉眼干扰
- ···· 距离波门欺骗干扰
- ··· 旁瓣干扰
- ··· 闪烁干扰
- ··· 质心干扰
- ··· 主瓣干扰
- ·· 雷达告警
- ·· 雷达抗干扰
- ··· 旁瓣消隐
- ··· 频率捷变
- ··· 视频积累
- ··· 相关接收
- ·· 雷达拦截
- ·· 雷达侦察
- · 认知电子战
- · 水声对抗
- ·· 水声反干扰
- ·· 水声侦察
- · 通信对抗
- ·· 通信反侦察
- ··· 无线电静默
- ·· 通信干扰
- ··· 宽带噪声干扰
- ··· 射频噪声干扰
- ··· 噪声调制干扰
- ···· 噪声调幅干扰
- ···· 噪声调频干扰
- ···· 噪声调相干扰
- ·· 通信抗干扰
- ·· 通信欺骗
- ·· 通信侦察
- · 综合电子对抗
- C 电子战仿真
- 电子战装备

电子对抗措施
 Y 电子对抗

电子对抗仿真
 Y 电子战仿真

电子对抗技术
 Y 电子对抗

电子对抗接收机
 Y 电子战接收机

电子对抗类装备
 Y 电子战装备

电子对抗模拟
 Y 电子战仿真

电子对抗器材
 Y 电子战装备

电子对抗设备
 Y 电子战装备

电子对抗侦察
 Y 电子侦察

电子对抗装备
 Y 电子战装备

电子二极管
electronic diode
TN11
 D 双阴极二极管
  真空二极管
 S 电子管**

电子反对抗
 Y 电子防御

电子反干扰
electronic anti-jamming
TN973
 D 反电子干扰
  抗电子干扰
 S 电子防御
 · 光电反干扰
 · 雷达抗干扰
 · 水声反干扰
 · 通信抗干扰
 C 电子干扰
 L 电子对抗**

电子反侦察
 Y 反电子侦察

电子防护
 Y 电子防御

电子防御
electronic defense
TN973
 D ECCM
  反电子对抗
  反电子对抗措施
  反电子措施
  反电磁措施
  电子反对抗
  电子防御技术
  电子防护
 S 电子对抗**
 · 电子反干扰
 · 反电子侦察
 · 防反辐射摧毁
 · 光电告警
 · 威胁告警
 · 侦察告警
 C 自适应天线阵列

电子防御技术
 Y 电子防御

电子仿真
electronic simulation
TP391.9
  D 电子模拟
  S 仿真*
  • EDA 仿真
  • 射频仿真
  C 电子仿真软件

电子仿真软件
electronic simulation software
TN710 TP39
  S 仿真软件
  • 电路仿真软件
  C 电子仿真
  L 应用软件**

电子封装
  Y 封装工艺

电子封装材料
  Y 封装材料

电子封装技术
  Y 封装工艺

电子俘获材料
electron trapping material
TN20
  S 电子材料*

电子付款系统
  Y 电子支付系统

电子干扰
electronic interference
TN972
  D 无线电干扰
  S 电子进攻
  • 导航干扰
  • 电子压制
  • 定向干扰
  • 多目标干扰
  • 分布式干扰
  • 跟踪式干扰
  • 光电干扰
  • 雷达干扰
  • 灵巧干扰
  • 欺骗干扰
  • 通信干扰
  • 无源干扰
  • 有源干扰
  • 支援干扰
  • 自适应干扰
  • 自卫干扰
  • 综合干扰
  C 干扰仿真
    电子反干扰
    电子干扰设备
  L 电子对抗**

电子干扰吊舱
  Y 干扰吊舱

电子干扰飞机
electronic jamming aircraft
TN97
  S 电子干扰设备**
    电子战飞机
  • 雷达干扰无人机
  • 通信干扰飞机

电子干扰机
  Y 干扰机

电子干扰设备**
electronic jamming equipment
TN972
  D 干扰器材
    干扰装置
    干扰设备
  S 电子战装备*
  • 电子干扰飞机
  • • 雷达干扰无人机
  • • 通信干扰飞机
  • 电子诱饵
  • • 红外诱饵
  • • • 面源型红外诱饵
  • • 激光诱饵
  • • 雷达假目标
  • • 声诱饵
  • • • 拖曳式声诱饵
  • • • 自航式声诱饵
  • • 投放式诱饵
  • • 拖曳式诱饵
  • • • 拖曳式声诱饵
  • • 有源诱饵
  • • 再入诱饵
  • 干扰弹
  • • 箔条干扰弹
  • • 红外干扰弹
  • • • 红外烟幕弹
  • 干扰机
  • • 红外干扰机
  • • 机载干扰机
  • • 激光干扰机
  • • 雷达干扰机
  • • 回答式干扰机
  • • • 应答式干扰机
  • • • 转发式干扰机
  • • • 引导式干扰机
  • • 声干扰器
  • • • 噪声干扰器
  • • 通信干扰机
  • • 投掷式干扰机
  • • 有源干扰机
  • 干扰投放器
  • • 箔条投放器
  • • 干扰吊舱
  • • 机载诱饵投放器
  • 光电干扰设备
  • • 红外干扰机
  • • 激光干扰机
  • 通信干扰设备

  • • 通信干扰飞机
  • • 通信干扰机
  • 无源干扰物
  • • 干扰用反射器
  • • • 范阿塔反射器
  • • • 角反射器
  • • • 龙伯透镜反射器
  • • 泡沫型干扰幕
  C 电子干扰

电子工程设计
electronic engineering design
TN02
  S 电子设计*

电子工艺*
electronic process
TN0
  • 表面贴装技术
  • 封装工艺
  • • MEMS 封装
  • • 灌封工艺
  • • 真空封装
  • 共烧工艺
  • • 多层共烧
  • 丝网印刷法
  • 通孔插装技术
  • 微组装工艺
  • 印制电路板工艺
  • • 加成法工艺
  • • • 半加成法
  • • • 全加成法

电子公文系统
electronic document system
TP311
  D 公文管理系统
  S 计算机应用系统*

电子攻击
  Y 电子进攻

电子管**
vacuum tube
TN11
  D 真空电子管
    真空管
  S 电真空器件*
  • 变频管
  • 电子二极管
  • 多极管
  • • 四极管
  • • 五极管
  • 放大管
  • • 功率放大管
  • • 正交场放大管
  • • • 返波放大管
  • • • 前向波放大管
  • 功率管
  • 检波管
  • 冷阴极电子管
  • 射频管

- 收信管
- 真空开关管
- 真空三极管
- •• 场发射三极管
- •• 双三极管
- •• 微波三极管
- •• 直热式三极管
- C 电子管倍频器

电子管倍频器
electron tube frequency multiplier
TN771
- S 倍频器*
- C 电子管

电子管发射机
vacuum tube transmitter
TN83
- D 电真空器件发射机
- S 发射机*
- • 行波管发射机
- C 电子管放大器

电子管放大器
electonic tube amplifier
TN912
- D 电子管式放大器
  真空管放大器
- S 放大器*
- • 电子管功率放大器
- • 微波管放大器
- C 电子管发射机

电子管功率放大器
vacuum tube power amplifier
TN72
- D 胆功放
  胆机
- S 电子管放大器
  音频功率放大器
- L 功率放大器**

电子管接收机
Y 电子管收音机

电子管式放大器
Y 电子管放大器

电子管收音机
vacuum tube radio set
TN83 TN85
- D 电子管接收机
- S 收音机*

电子光电管
Y 真空光电管

电子函件
Y 电子邮件

电子行业标准
Y 信息产业标准

电子化学习
Y 网络学习

电子化自动电话交换机
Y 电子交换机

电子回旋脉塞
electron cyclotron maser
TN11
- S 微波激射器*

电子会议系统
electronic conference system
TN948 TP39
- S 电子系统*

电子基板
Y 电路基板

电子计算机
Y 计算机

电子技术*
electronic technology
TN
- • 低温共烧陶瓷技术
- • 电磁兼容技术
- • 电声技术
- • 光机电技术
- • 极化技术
- • 集成技术
- • 模拟电子技术
- • 纳米电子技术
- • 射频技术
- • 微电子技术
- • 无线射频技术
- • 线性化技术
- •• 线性化处理
- •• 预失真
- ••• 基带预失真
- •••• 数字基带预失真
- ••• 模拟预失真
- ••• 射频预失真
- ••• 数字预失真
- •••• 数字基带预失真
- •••• 数字自适应预失真
- ••• 自适应预失真
- •••• 数字自适应预失真

电子交换机
electronic switch
TN916
- D 电子化自动电话交换机
- S 自动电话交换机
- • 程控交换机
- • 移动电话交换机
- • 用户交换机
- L 交换设备**
  电话设备**

电子进攻
electronic offense
TN972
- D 电子攻击
- S 电子对抗**
- • 电子摧毁
- • 电子干扰

电子均衡器
electronic equalizer
TN715
- S 均衡器*

电子滤波器
Y 滤波器

电子贸易
Y 电子商务

电子模块*
electronic module
TN7
- • 半导体模块
- •• PWM 模块
- •• 功率模块
- ••• IGBT 模块
- ••• 功率放大模块
- ••• 集成功率模块
- ••• 微波功率模块
- ••• 智能功率模块
- • 嵌入式模块

电子模拟
Y 电子仿真

电子模拟计算机
Y 模拟计算机

电子排版系统
electronic typesetting system
TP391
- S 计算机应用系统*

电子配线架
electronic distribution frame
TN916
- S 配线架
- Z 通信设备*

电子欺骗
Y 欺骗干扰

电子签名
electronic signature
TP309 TN918
- D 电子签名技术
- S 信息安全技术*
- C 数字签名
  电子商务安全
  电子认证

电子签名技术
　　Y 电子签名

电子签名认证
　　Y 签名认证

电子取证
　　Y 电子数据取证

电子认证
electronic authentication
TP309
　　D 电子认证服务
　　S 加密认证
　　C 电子数据取证
　　　 电子签名
　　Z 信息安全认证*

电子认证服务
　　Y 电子认证

电子扫描仪
electronic scanner
TP334.2
　　S 扫描仪
　　Z 外部设备*

电子商务
electronic commerce
TP391
　　D 电商
　　　 电子商务标准
　　　 电子贸易
　　S 互联网应用
　　· B2B 电子商务
　　· 动态电子商务
　　· 社区电子商务
　　· 网络购物
　　· 网络交易
　　· 网络营销
　　· 网上超市
　　· 网上银行
　　· 网上支付
　　· 校园电子商务
　　· 协同电子商务
　　· 移动电子商务
　　C Schnorr 签名
　　　 安全协议
　　　 实名认证
　　　 数字认证
　　　 服务器托管
　　　 电子商务协议
　　　 电子商务系统
　　Z 网络应用*

电子商务安全
e-commerce security
TP393.08
　　D 电子商务交易安全
　　　 电子商务系统安全
　　S 网络安全*
　　· 支付安全

　　C 电子商务协议
　　　 电子商务系统
　　　 电子签名

电子商务标准
　　Y 电子商务

电子商务交易安全
　　Y 电子商务安全

电子商务交易系统
　　Y 电子商务系统

电子商务平台
　　Y 电子商务系统

电子商务系统
e-commerce system
TP391　TP311
　　D 电子商务交易系统
　　　 电子商务平台
　　S 计算机应用系统*
　　C 电子商务
　　　 电子商务协议
　　　 电子商务安全

电子商务系统安全
　　Y 电子商务安全

电子商务协议
e-commerce protocol
TP393.0
　　S 网络协议**
　　· 安全电子交易协议
　　· 电子支付协议
　　· 公平交换协议
　　C 电子商务
　　　 电子商务安全
　　　 电子商务系统

电子设备描述语言
electronic device description language
TP312
　　D EDDL
　　S 描述语言
　　Z 计算机语言*

电子设备屏蔽
shielding of electronic equipment
TN03
　　S 电磁屏蔽*

电子设计*
electronic design
TN02
　　· VHDL 设计
　　· 电路设计
　　· · 版图设计
　　· · 版图电路提取
　　· · · 版图压缩

　　· · · 版图自动生成
　　· · · 布线设计
　　· · 电路优化设计
　　· 电子工程设计
　　· 嵌入式设计
　　· 人机界面设计
　　· 软硬件设计
　　· · 软硬件协同设计
　　· 时序逻辑设计
　　· 芯片设计
　　· 信号设计
　　· · 波形设计
　　C 电子设计自动化
　　　 电子设计自动化软件

电子设计自动化
electronic design automation
TP391.7
　　D EDA
　　　 EDA 技术
　　　 电子设计自动化技术
　　S 设计自动化
　　C EDA 仿真
　　　 电子设计
　　　 电子设计自动化软件
　　　 硬件描述语言
　　Z 自动化*

电子设计自动化工具
　　Y 电子设计自动化软件

电子设计自动化技术
　　Y 电子设计自动化

电子设计自动化软件
electronic design automation software
TP317
　　D EDA 工具
　　　 EDA 软件
　　　 电子设计自动化工具
　　S 计算机辅助设计软件
　　C EDA 仿真
　　　 电子设计
　　　 电子设计自动化
　　L 应用软件**

电子式电源
　　Y 电子电源

电子式时间继电器
electronic time relay
TM58
　　S 时间继电器
　　Z 继电器*

电子收费系统
electronic toll collection system
TN99
　　D ETC 系统
　　　 不停车收费系统
　　　 不停车电子收费系统

电子不停车收费系统
  S 电子系统*

电子束布线机
  Y 电子束曝光机

电子束沉积
electron beam deposition
TN305
  D 电子束蒸发
    电子束蒸发沉积
  S 半导体淀积工艺**
    电子束技术

电子束单晶炉
electron beam monocrystal oven
TN305
  S 单晶炉
  Z 半导体工艺设备*

电子束管**
electron beam tube
TN14
  D 电子束偏转管
    电子束器件
    电子注管
  S 电真空器件*
  · X射线管
  · 编码管
  · 存储管
  · 黑迹管
  · 示波管
  · · 高分辨率示波管
  · · 宽带示波管
  · · 微通道板示波管
  · 视放管
  · 显示管
  · · 彩色显示管
  · · 荧光显示管
  · 像管
  · · 变像管
  · · · 分幅变像管
  · · · 红外变像管
  · · · 扫描变像管
  · · · 条纹变像管
  · · 像增强器
  · · · X射线像增强器
  · · · 微光像增强器
  · · · 微通道板像增强器
  · · · 紫外像增强器
  · 像素管
  · 阴极射线管
  · · 彩色阴极射线管
  · · 彩色显示管
  · · 彩色显像管
  · · · 大屏幕彩色显像管
  · · · 单枪三束彩色显像管
  · · · 平面彩色显像管
  · · 投影管
  · · 显像管
  · · · 扁平显像管
  · · · 电视显像管
  · · · 彩色显像管

· · · · 大屏幕彩色显像管
· · · · 单枪三束彩色显像管
· · · · 平面彩色显像管
· · · · 黑白显像管
· · · 激光显像管
· 真空光电器件
· · 光电倍增管
· · · 多阳极光电倍增管
· · · 门控光电倍增管
· · · 超高速光电倍增管
· · · 微通道板光电倍增管
· · · 紫外光电倍增管
· · 光电发射管
· · · 充气光电管
· · · 真空光电管
· · · 铯光电管
· · · · 锑铯阴极光电管
· · · · 氧铯阴极光电管
· · 摄像管
· · · 彩色摄像管
· · · 电视摄像管
· · · 二次电子电导摄像管
· · · 光导摄像管
· · · 全静电摄像管
· · · 热释电摄像管
· · · 微光摄像管
· · · 析像管
· 荧光数码管
· 指示管
· · 调谐指示管
· · 雷达指示管
· 字标管
· 铯束管

电子束光刻
electron beam lithography
TN305
  D 电子束投影光刻
    电子束曝光
  S 光刻工艺**
    电子束技术

电子束激光器
electron beam laser
TN248
  S 激光器*

电子束技术
electron beam technique
TN305
  S 半导体工艺*
  · 电子束沉积
  · 电子束光刻
  · 电子束制版
  C 电子束加工设备

电子束加工设备
electron beam processing
equipment
TN305
  S 半导体工艺设备*
  · 电子束曝光机
  · 电子束制版机

  C 电子束技术

电子束刻蚀
electronic beam etching
TN305
  S 蚀刻工艺
  Z 半导体工艺*

电子束偏转管
  Y 电子束管

电子束曝光
  Y 电子束光刻

电子束曝光机
electron beam exposure machine
TN305
  D 电子束布线机
  S 光刻设备
    电子束加工设备
  · 电子束缩小投影曝光机
  · 矢量扫描电子束曝光机
  Z 半导体工艺设备*

电子束器件
  Y 电子束管

电子束缩小投影曝光机
electron beam reduced projection
exposure machine
TN305
  S 电子束曝光机
  Z 半导体工艺设备*

电子束投影光刻
  Y 电子束光刻

电子束蒸发
  Y 电子束沉积

电子束蒸发沉积
  Y 电子束沉积

电子束制版
electron beam mask-making
TN305
  S 电子束技术
  C 电子束制版机
  Z 半导体工艺

电子束制版机
electron beam lithography machine
TN305.6
  D 电子束制版系统
  S 电子束加工设备
  C 电子束制版
  Z 半导体工艺设备*

电子束制版系统
  Y 电子束制版机

电子数据交换
electronic data interchange
TP391　TP393　TN919
　　D　EDI 技术
　　　　电子数据交换技术
　　S　数据交换
　　Z　信息交换*

电子数据交换技术
　　Y　电子数据交换

电子数据取证
electronic data forensics
TP3
　　D　数字取证
　　　　电子取证
　　S　计算机取证
　　C　电子认证
　　Z　信息安全技术*

电子数字计算机**
digital computer
TP338
　　D　数字电子计算机
　　　　数字计算机
　　S　计算机*
　·　超级计算机
　·　大型计算机
　·　高性能计算机
　·　嵌入式计算机
　·　通用计算机
　·　微型计算机
　··　便携式计算机
　··· 笔记本计算机
　···· 商用笔记本计算机
　··· 可穿戴计算机
　··· 手持式计算机
　···· 平板电脑
　···· 手写电脑
　···· 掌上电脑
　··· 袖珍计算机
　·· 单板微型计算机
　·· 单片微型计算机
　··· SoC 单片机
　··· 低功耗单片机
　··· 高速单片机
　··· 闪速单片机
　··· 双串口单片机
　··· 双单片机
　··· 网络单片机
　··· 无线单片机
　· 个人计算机
　·· 笔记本计算机
　··· 商用笔记本计算机
　·· 多媒体计算机
　·· 家用计算机
　·· 商用个人计算机
　··· 商用笔记本计算机
　·· 台式计算机
　··· 商用台式计算机
　· 通用微机
　· 小型计算机
　· 中型计算机

电子水印
electronic watermark
TN918　TP393.08
　　S　数字水印*

电子税务
electronic tax
TP391
　　D　电子税务系统
　　S　互联网应用
　　Z　网络应用*

电子税务系统
　　Y　电子税务

电子探测器
electronic detector
TN99
　　S　探测器*

电子陶瓷*
electronic ceramics
TN04　TM28
　·　半导体陶瓷
　··　光敏陶瓷
　··　气敏陶瓷
　··　热敏陶瓷
　··　湿敏陶瓷
　··　压敏陶瓷
　···　二氧化钛压敏陶瓷
　···　氧化锌压敏陶瓷
　·　二氧化铪
　·　反铁电陶瓷
　·　微波介质陶瓷
　·　钛酸锶钡陶瓷
　　C　陶瓷激光器

电子调谐器
electronic tuner
TN911
　　S　调谐器*

电子通信
electronic communication
TN91
　　S　通信*

电子图档管理
electronic drawing file management
TP315
　　S　信息管理*

电子伪装
electronic camouflage
TN97
　　S　反电子侦察
　·　光学伪装
　·　红外伪装
　·　雷达伪装
　　C　电子侦察
　　L　电子对抗**

电子文档管理系统
　　Y　电子文件管理系统

电子文件管理系统
electronic file management system
TP315
　　D　电子文档管理系统
　　S　内容管理系统
　　C　文件管理器
　　Z　信息系统*

电子稳像
electronic image stabilization
TN941　TN99
　　D　电子稳像器
　　　　电子稳像技术
　　　　电子稳像算法
　　　　稳像算法
　　S　图像处理**
　·　视频稳像
　·　数字稳像
　　C　块匹配

电子稳像技术
　　Y　电子稳像

电子稳像器
　　Y　电子稳像

电子稳像算法
　　Y　电子稳像

电子系统*
electronic system
TN99
　·　倒计时系统
　·　电力抄表系统
　·　电子病历系统
　·　电子会议系统
　·　电子收费系统
　·　电子印章系统
　·　电子支付系统
　··　网上支付系统
　··　移动支付系统
　·　调频系统
　·　复杂电子系统
　·　光电系统
　·　混合信号系统
　·　解码系统
　·　馈源系统
　·　排队叫号系统
　·　嵌入式系统
　·　软硬件系统
　·　射频系统
　·　条形码系统
　·　无线抄表系统
　·　信号处理系统
　·　信号分析系统
　·　一卡通系统
　··　城市一卡通系统
　··　校园一卡通系统
　·　应急联动系统

· 199 ·

- 综合电子系统

电子系统设计自动化
electronic system design automation
TP391.7
- S 设计自动化
- C 自动系统设计
- Z 自动化*

电子显示技术
- Y 显示

电子显示屏
- Y 显示屏

电子显示器
- Y 显示器

电子现金系统
- Y 电子支付系统

电子线路设计
- Y 电路设计

电子线路图
- Y 电路图

电子芯片
- Y 芯片

电子信息系统
electronic information system
TP391
- S 信息系统*
- 军事电子信息系统
- 综合电子信息系统

电子信息战
- Y 信息对抗

电子信箱
- Y 电子邮件

电子学*
electronics
TN
- 半导体电子学
- 薄膜电子学
- 超导电子学
- 功率电子学
- 光电子学
- · 薄膜光电子学
- · 应用光学电子学
- 海洋电子学
- 混合微电子学
- 晶体电子学
- 量子电子学
- 气体电子学
- 微波电子学
- 无线电电子学

- 物理电子学
- 真空电子学
- · 真空微电子学
- 自旋电子学

电子压制
electronic suppression
TN972
- D 无线电电子压制
  电磁压制
- S 电子干扰
- C 阻塞干扰
- L 电子对抗**

电子眼
- Y 摄像头

电子印章系统
electronic seal system
TP309 TP393.08
- S 电子系统*
- C 数字签名

电子硬盘
- Y 固态硬盘

电子邮件
electronic mail
TP393.03
- D E-mail
  Email
  电子信箱
  电子函件
  电子邮箱
- S 互联网应用
- C 电子邮件软件
  邮件协议
  邮件病毒
- Z 网络应用*

电子邮件病毒
- Y 邮件病毒

电子邮件程序
- Y 电子邮件软件

电子邮件服务器
- Y 邮件服务器

电子邮件工具
- Y 电子邮件软件

电子邮件管理软件
- Y 电子邮件软件

电子邮件软件
E-mail software
TP318 TP393
- D 电子邮件工具
  电子邮件程序
  电子邮件管理软件

电子邮件系统
邮件处理工具
邮件处理程序
邮件处理软件
邮件程序
邮件软件
- S 网络应用程序
- 邮件服务器软件
- 邮件客户端软件
- C 电子邮件
  邮件协议
  邮件攻击
  邮件病毒
- L 应用软件**
  网络软件**

电子邮件系统
- Y 电子邮件软件

电子邮件炸弹
- Y 邮件病毒

电子邮箱
- Y 电子邮件

电子诱饵
electronic decoy
TN972
- S 电子干扰设备**
- 红外诱饵
- 激光诱饵
- 雷达假目标
- 声诱饵
- 投放式诱饵
- 拖曳式诱饵
- 有源诱饵
- 再入诱饵

电子阅读软件
- Y 阅读软件

电子战
- Y 电子对抗

电子战仿真
electronic warfare simulation
TP391.9
- D 电子对抗仿真
  电子对抗模拟
  电子战仿真技术
  电子战模拟
- S 作战仿真
- C 电子对抗
- Z 仿真*

电子战仿真技术
- Y 电子战仿真

电子战飞机
electronic warfare aircraft
TN97

S 电子战装备*
　　· 电子干扰飞机
　　· 反辐射无人机
　　· 侦察无人机

电子战技术
　　Y 电子对抗

电子战接收机
electronic warfare receiver
TN85
　　D 电子对抗接收机
　　S 接收设备*
　　　电子战装备*
　　· 告警接收机
　　· 压缩接收机
　　· 侦察接收机

电子战模拟
　　Y 电子战仿真

电子战器材
　　Y 电子战装备

电子战设备
　　Y 电子战装备

电子战侦察
　　Y 电子侦察

电子战争
　　Y 电子对抗

电子战装备*
electronic warfare equipment
TN97
　　D 电子对抗器材
　　　电子对抗类装备
　　　电子刘抗装备
　　　电子对抗设备
　　　电子战器材
　　　电子战设备
　　· 电子干扰设备**
　　· 电子战飞机
　　· · 电子干扰飞机
　　· · · 雷达干扰无人机
　　· · · 通信干扰飞机
　　· · 反辐射无人机
　　· · 侦察无人机
　　· 电子战接收机
　　· · 告警接收机
　　· · · 激光告警接收机
　　· · · 雷达告警接收机
　　· · 压缩接收机
　　· · 侦察接收机
　　· · · 监视侦察接收机
　　· · · 截获接收机
　　· · · 晶体视频接收机
　　· · · 雷达侦察接收机
　　· · · 数字侦察接收机
　　· · · 通信侦察接收机
　　· · 电子侦察设备

　　· · 测向机
　　· · · 测向接收机
　　· · · 单通道测向机
　　· · · 多普勒测向机
　　· · · 双通道测向机
　　· · 光电侦察设备
　　· · · 红外热像仪
　　· · · 红外夜视仪
　　· · · 微光夜视仪
　　· · 航空磁力探测仪
　　· · 监听设备
　　· · 雷达侦察设备
　　· · 通信侦察设备
　　· · 信道化接收机
　　· · · 数字信道化接收机
　　· · 侦察无人机
　　· 告警装备
　　· · 告警接收机
　　· · · 激光告警接收机
　　· · · 雷达告警接收机
　　· · 红外告警系统
　　· · 激光告警系统
　　· 光电对抗装备
　　· · 光电干扰设备
　　· · · 红外干扰机
　　· · · 激光干扰机
　　· · 红外对抗装备
　　· · · 红外干扰弹
　　· · · · 红外烟幕弹
　　· · · 红外干扰机
　　· · · 红外告警系统
　　· · · 红外热像仪
　　· · · 红外夜视仪
　　· · · 红外诱饵
　　· · · · 面源型红外诱饵
　　· · 激光告警系统
　　· 机载电子战设备
　　· · 干扰吊舱
　　· · 机载干扰机
　　· · 机载诱饵投放器
　　· 舰载电子战装备
　　· 雷达对抗装备
　　· · 反辐射无人机
　　· · 雷达干扰机
　　· · · 回答式干扰机
　　· · · 应答式干扰机
　　· · · 转发式干扰机
　　· · · 引导式干扰机
　　· · 雷达干扰无人机
　　· · 雷达假目标
　　· · 雷达侦察设备
　　· 水声对抗装备
　　· · 声诱饵
　　· · · 拖曳式声诱饵
　　· · · 自航式声诱饵
　　· · 声自导鱼雷
　　· · 水声侦察仪
　　· · 噪声干扰器
　　· 通信对抗装备
　　· · 通信干扰设备
　　· · · 通信干扰飞机
　　· · · 通信干扰机
　　· · 通信侦察设备
　　C 电子对抗

电子侦察
electronic reconnaissance
TN971
　　D 电子对抗侦察
　　　电子战侦察
　　S 电子对抗**
　　· 电视侦察
　　· 光电侦察
　　· 雷达侦察
　　· 频率侦察
　　· 水声侦察
　　· 通信侦察
　　· 无线电侦察
　　· 信号侦察
　　C 电子伪装
　　　电子侦察设备

电子侦察接收机
　　Y 侦察接收机

电子侦察设备
electronic reconnaissance equipment
TN971
　　S 电子战装备*
　　· 测向机
　　· 光电侦察设备
　　· 航空磁力探测仪
　　· 监听设备
　　· 雷达侦察设备
　　· 通信侦察设备
　　· 信道化接收机
　　· 侦察无人机
　　C 电子侦察

电子侦察无人机
　　Y 侦察无人机

电子证书
　　Y 数字证书

电子政务
e-government
TP393.09
　　D 政务信息化
　　　政务信息系统
　　　电子政务信息系统
　　　电子政务平台
　　　电子政务应用
　　　电子政务系统
　　S 互联网应用
　　· 网上申报
　　· 网上审批
　　C 办公自动化
　　　电子政务安全
　　Z 网络应用*

电子政务安全
e-government security
TP393.08
　　S 网络安全*
　　C 电子政务

电子政务平台
　　Y 电子政务

电子政务系统
　　Y 电子政务

电子政务信息系统
　　Y 电子政务

电子政务应用
　　Y 电子政务

电子支付系统
electronic payment system
TP391
　　D 电子付款系统
　　　 电子现金系统
　　S 电子系统*
　　・网上支付系统
　　・移动支付系统
　　C 电子支付协议

电子支付协议
electronic payment protocol
TN918 TP393.08
　　D 支付协议
　　S 电子商务协议
　　C 支付安全
　　　 电子支付系统
　　L 网络协议**

电子纸
electronic paper
TN27
　　D 数字纸
　　　 数码纸
　　　 电子纸张
　　　 电子纸显示器
　　　 电子纸显示屏
　　S 显示设备*
　　C 电泳显示器
　　　 电润湿显示器

电子纸显示屏
　　Y 电子纸

电子纸显示器
　　Y 电子纸

电子纸张
　　Y 电子纸

电子指纹
electronic fingerprint
TP391
　　S 信息指纹*

电子注管
　　Y 电子束管

电子组件*
electronic component
TN6
　　・本振混频组件
　　・多芯片组件
　　・・叠层多芯片组件
　　・・高速多芯片组件
　　・・光电多芯片组件
　　・・混合多芯片组件
　　・・三维多芯片组件
　　・・陶瓷多芯片组件
　　・・微波多芯片组件
　　・发射接收组件
　　・射频组件
　　・微波组件
　　・・波导组件
　　・・微波多芯片组件
　　・微模组件
　　・微型电子组件
　　・温差电组件

电阻触摸屏
　　Y 电阻式触摸屏

电阻传感器
　　Y 电阻式传感器

电阻电感电容电路
　　Y RLC 电路

电阻电感电容滤波器
　　Y RLC 滤波器

电阻器*
resistor
TM54
　　・电位器
　　・・步进式电位器
　　・・电动电位器
　　・・精密电位器
　　・・实心电位器
　　・・数字电位器
　　・・微调式电位器
　　・・线绕电位器
　　・・旋转式电位器
　　・・・单圈电位器
　　・・・多圈电位器
　　・・・角度电位器
　　・・直滑式电位器
　　・固定电阻器
　　・・玻璃釉电阻器
　　・・非线绕电阻器
　　・・薄膜电阻器
　　・・厚膜电阻器
　　・・金属膜电阻器
　　・・金属氧化膜电阻器
　　・・实心电阻器
　　・・・无机实心电阻器
　　・・・有机实心电阻器
　　・・碳膜电阻器
　　・线绕电阻器
　　・可变电阻器
　　・・瓷盘可调电阻器
　　・・精密可调电阻器
　　・・膜式可变电阻器
　　・・线绕式可变电阻器
　　・敏感电阻器
　　・・磁敏电阻器
　　・・光敏电阻器
　　・・・红外光敏电阻器
　　・・・紫外光敏电阻器
　　・・力敏电阻器
　　・・气敏电阻器
　　・・热敏电阻器
　　・・・NTC 热敏电阻器
　　・・・PTC 热敏电阻器
　　・・・铂热电阻
　　・・・片式热敏电阻器
　　・・湿敏电阻器
　　・・压敏电阻器
　　・・・多层压敏电阻器
　　・・・环形压敏电阻器
　　・・・片式压敏电阻器
　　・・・氧化锌压敏电阻器
　　・片式电阻器
　　・・片式热敏电阻器
　　・・片式压敏电阻器
　　・微调电阻器

电阻式触摸屏
resistive touch screen
TP334.1 TN873
　　D 电阻触摸屏
　　S 触摸屏
　　Z 显示设备*

电阻式传感器
resistance type transducer
TP212.43
　　D 电阻传感器
　　S 电子传感器
　　・磁阻传感器
　　・电阻应变式传感器
　　Z 传感器*

电阻网络
resistor network
TN711
　　S 电路网络*
　　・分流电阻网络
　　・梯形电阻网络

电阻应变传感器
　　Y 电阻应变式传感器

电阻应变式传感器
straingauge type transducer
TP212.1
　　D 电阻应变传感器
　　S 应变传感器
　　　 电阻式传感器
　　L 物理传感器**

电阻噪声
    Y 热噪声

钓鱼攻击
fishing attack
TP393.08
    D 网络钓鱼
    S 网络攻击**

调度程控交换机
dispatching SPC exchange
TN915
    S 程控交换机
    L 交换设备**
      电话设备**

调度程序
scheduler
TP315
    S 工具软件**

调度电话
scheduling telephony
TN916
    D 调度电话通信
    S 专用电话
      调度通信
    Z 通信*

调度电话通信
    Y 调度电话

调度电话总机
    Y 调度交换机

调度仿真
scheduling simulation
TP391.9
    S 仿真*
    C 调度通信

调度机
    Y 调度交换机

调度交换机
scheduling switch
TN915　TN916
    D 调度机
      调度电话总机
      调度通信总机
    S 交换设备**

调度交换网
scheduling switching network
TN915
    S 交换网络
    Z 通信网络*

调度数据网
scheduling data network
TN915

    D 调度网
      调度网络
    S 数据通信网
    Z 通信网络*

调度算法
scheduling algorithm
TP315　TP316
    S 算法*
    · 动态调度算法
    · 队列调度算法
    · 分布式调度算法
    · 分组调度算法
    · 公平调度算法
    · 静态调度算法
    · 启发式调度算法
    · 任务调度算法
    · 实时调度算法
    · 数据信道调度算法
    · 资源调度算法
    C 可调度性分析
      软件容错

调度台
dispatcher
TN91　TN92
    S 通信设备*

调度通信
scheduling communication
TN92
    S 专用通信
    · 调度电话
    C 调度仿真
    Z 通信*

调度通信总机
    Y 调度交换机

调度网
    Y 调度数据网

调度网络
    Y 调度数据网

迭代二叉树3代算法
    Y ID3算法

迭代接收
    Y 迭代接收机

迭代接收机
iterative receiver
TN919
    D 迭代接收
    S 接收设备*

迭代开发
iterative development
TP311
    D 迭代式开发

    S 软件开发
    C 增量式开发
    Z 软件工程*

迭代扩展卡尔曼滤波
iterative extended Kalman filtering
TN713
    S 扩展卡尔曼滤波
      迭代滤波
    L 卡尔曼滤波**

迭代滤波
iterative filtering
TN713
    S 滤波*
    · 迭代扩展卡尔曼滤波
    · 迭代维纳滤波
    · 迭代限幅滤波
    · 迭代中值滤波

迭代式开发
    Y 迭代开发

迭代维纳滤波
iterative Wiener filtering
TN713
    S 维纳滤波
      迭代滤波
    Z 滤波*

迭代限幅滤波
iterative limiting filtering
TN713
    S 迭代滤波
    Z 滤波*

迭代中值滤波
iterative median filtering
TN713
    S 中值滤波
      迭代滤波
    Z 滤波*

迭代重建算法
iterative reconstruction algorithm
TN911　TP301
    D 代数重建算法
    S 重建算法
    Z 算法*

叠层多芯片组件
multiple chip module-laminate
TN42
    D MCML
    S 多芯片组件
    Z 电子组件*

叠层封装
    Y 三维封装

叠加网
　　Y 重叠网

叠加网络
　　Y 重叠网

叠加自动机
　　Y 下推自动机

碟形天线
dish antenna
TN82
　　S 全向天线
　　Z 天线*

蝶形天线
bowtie antenna
TN82
　　D 领结天线
　　S 全向天线
　　Z 天线*

丁类放大器
　　Y D类功率放大器

顶点链编码
vertex chain coding
TP391
　　S 图像编码
　　Z 编码*

定点 DSP
　　Y 定点数字信号处理器

定点导航
　　Y 定位导航

定点仿真
fixed-point simulation
TP391.9
　　S 仿真*

定点数字信号处理器
fixed-point DSP
TP33　TN912
　　D 定点 DSP
　　S 数字信号处理器
　　C 模数转换器
　　Z 微处理器*

定点通信
　　Y 固定通信

定量建模
quantitative modeling
TP391.9
　　S 模型构建*

定时电路
timing circuit
TN710
　　D 定时器电路
　　　计时电路
　　S 电子电路*

定时链路
timing link
TN915
　　S 链路*

定时器电路
　　Y 定时电路

定位导航
location and navigation
TN961
　　D 定点导航
　　　导航定位
　　S 导航*
　　• 全源定位导航
　　• 卫星定位导航
　　• 无线电定位
　　C 定位信号
　　　定位算法
　　　导航定位系统

定位导航系统
　　Y 导航定位系统

定位服务
　　Y 位置服务

定位服务器
location server
TP368
　　S 服务器*
　　C 定位算法

定位跟踪
positioning tracking
TN953　TN96
　　S 位置跟踪
　　C 车辆定位系统
　　Z 跟踪*

定位算法
localization algorithm
TP391　TN92
　　S 算法*
　　• 三边定位算法
　　• 质心定位算法
　　C 定位导航
　　　定位服务器

定位信号
positioning signal
TN961
　　S 信号*
　　C 定位导航

定向干扰
directional jamming
TN972
　　S 电子干扰
　　L 电子对抗**

定向红外对抗
directional IR countermeasures
TN976
　　D DIRCM
　　S 红外对抗
　　L 电子对抗**

定向换能器
directional transducer
TN712
　　S 换能器*
　　• 声频定向换能器

定向滤波
directional filtering
TN713
　　S 滤波*

定向耦合器
directional coupler
TN62　TN929.1　TN25
　　D 方向耦合器
　　S 耦合器*
　　• 波导定向耦合器
　　• 非线性定向耦合器
　　• 平行定向耦合器
　　• 微带定向耦合器

定向天线
directional antenna
TN82
　　D 单向天线
　　　方向性天线
　　　锐波束天线
　　S 天线*
　　• 八木天线
　　• 板状天线
　　• 短背射天线
　　• 对数周期天线
　　• 缝隙天线
　　• 环形天线
　　• 面天线
　　• 平板天线
　　• 扇形天线
　　• 贴片天线
　　• 透镜天线
　　• 行波天线
　　C 线天线

定性仿真
qualitative simulation
TP391.9
　　S 仿真*
　　C 定性建模

定性建模
qualitative modeling
TP391.9
　　S 模型构建*
　　C 定性仿真

定域通信网
locality communication network
TN915
　　S 通信网络*

定制集成电路
　　Y 专用集成电路

定制接口
customized interface
TP311
　　S 软件接口
　　C 定制软件
　　L 计算机接口**

定制软件
customized software
TP318
　　S 软件*
　　C 定制接口

定制指令集处理器
application-specific instruction-set processor
TP33　TN43
　　S 微处理器*
　　C 计算机控制器

动画编程
animation programming
TP311
　　S 软件编程**
　　• FLASH 编程
　　C 动画制作软件

动画程序
　　Y 动画制作软件

动画处理
animation processing
TP391
　　S 视频处理**
　　C 动画制作软件

动画仿真
animation simulation
TP391.9
　　D 动画模拟
　　S 计算机仿真
　　• 三维动画仿真
　　C 动画显示
　　Z 仿真*

动画工具
　　Y 动画制作软件

动画模拟
　　Y 动画仿真

动画软件
　　Y 动画制作软件

动画显示
animation display
TP391
　　S 动态显示
　　C 动画仿真
　　Z 显示*

动画制作软件
animation software
TP317
　　D 动画工具
　　　动画程序
　　　动画软件
　　S 视频编辑软件
　　• 三维动画制作软件
　　C 动画处理
　　　动画编程
　　L 应用软件**

动力电池
power battery
TM912
　　S 蓄电池
　　• 锂离子动力电池
　　C 启动电池
　　Z 电池*

动力锂电池
　　Y 锂离子动力电池

动力锂离子电池
　　Y 锂离子动力电池

动目标跟踪
　　Y 机动目标跟踪

动目标检测雷达
moving target detection radar
TN958
　　D 活动目标检测雷达
　　S 动目标显示雷达
　　Z 雷达*

动目标显示
moving target indication
TN951
　　D 动目标指示
　　S 显示*
　　• 地面动目标显示
　　C 动目标显示器
　　　动目标显示雷达

动目标显示雷达
moving target indication radar
TN958
　　D 活动目标显示雷达
　　S 雷达*
　　• 动目标检测雷达
　　• 数字动目标显示雷达
　　C 动目标显示

动目标显示器
moving target indicator
TN957
　　D 活动目标指示器
　　　活动目标显示器
　　S 雷达显示器
　　C 动目标显示
　　Z 显示设备*

动目标指示
　　Y 动目标显示

动态 HTML
　　Y 超文本标记语言

动态 NAT
　　Y 动态地址转换

动态 RAM
　　Y 动态随机存储器

动态 SQL
　　Y 动态结构化查询语言

动态安全模型
dynamic security model
TP393.08
　　D 动态网络安全模型
　　S 网络安全模型
　　C 入侵检测
　　Z 网络模型*
　　　信息安全模型*

动态包过滤
dynamic packet filtering
TP393.08
　　S 数据包过滤
　　L 网络安全技术**

动态贝叶斯网络
dynamic Bayesian network
TP301
　　S 贝叶斯网络
　　Z 网络*

动态比较器
dynamic comparator
TN710
　　S 比较器
　　C 动态交换
　　Z 电子电路*

动态编程
dynamic programming
TP311

D 动态程序设计
S 软件编程**
C 动态数据仓库

动态编码
dynamic coding
TP391
S 编码*

动态测试
dynamic testing
TP311
S 软件测试
C 数据处理
　静态测试
Z 软件工程*

动态程序设计
Y 动态编程

动态传输
dynamic transmission
TN91
S 信息传输*

动态存储
dynamic storage
TP333
D 动态存贮
S 信息存储*
C 动态访问控制

动态存储器
Y 动态随机存储器

动态存贮
Y 动态存储

动态带宽分配算法
dynamic bandwidth allocation algorithm
TN92　TN915
S 带宽分配算法
Z 算法*

动态导航
dynamic navigation
TP391
S 导航*
C 动态交换

动态地址转换
dynamic network address translation
TP393
D 动态 NAT
S 网络地址转换
Z 网络技术*

动态递归神经网络
dynamic recursive neural network

TP183
S 递归神经网络
Z 人工神经网络*

动态电子商务
dynamic electronic commerce
TP393.09
S 电子商务
Z 网络应用*

动态调度算法
dynamic scheduling algorithm
TN911　TP301
S 调度算法
Z 算法*

动态多播路由
Y 动态组播路由

动态反跟踪
Y 反动态跟踪

动态防御
dynamic defense
TP393.08　TP309
S 网络防御**

动态仿真
dynamic simulation
TP391.9
D 动态仿真系统
S 仿真*
· 动态模拟仿真
· 动态系统仿真
C 动态仿真软件

动态仿真软件
dynamic simulation software
TP391　TP318
S 仿真软件
C 动态仿真
L 应用软件**

动态仿真系统
Y 动态仿真

动态访问控制
dynamic access control
TP3
S 访问控制
C 动态存储
Z 网络技术*

动态服务器页面
Y ASP 语言

动态负载均衡
dynamic load balancing
TP393.1
D 动态负载平衡
S 负载均衡

Z 网络技术*

动态负载平衡
Y 动态负载均衡

动态感知
dynamic perception
TP3　TP2　TN91
S 信息感知*

动态跟踪
dynamic tracking
TP391
S 跟踪*
C 仿真
　实时计算

动态缓冲区
dynamic buffer
TP311
S 缓冲区
Z 存储器*

动态加解密
dynamic encryption and decryption
TP309
S 加解密*
C 动态加密

动态加密
dynamic encryption
TP309
S 加密**
C 动态加解密

动态交换
dynamic exchange
TN915
S 信息交换*
· 动态数据交换
C 动态导航
　动态比较器

动态结构化查询语言
dynamic SQL
TP311　TP392
D 动态 SQL
S 结构化查询语言
Z 计算机语言*

动态矩阵控制
Y 动态矩阵预测控制

动态矩阵控制算法
Y 动态矩阵预测控制

动态矩阵预测控制
dynamic matrix predictive control
TP13
D DMC 算法
　动态矩阵控制

动态矩阵控制算法
S 预测控制
Z 自动控制*

动态聚类
dynamic clustering
TP391
S 聚类*
· 动态模糊聚类
C 动态聚类算法

动态聚类算法
dynamic clustering algorithm
TP301.6
S 聚类算法
C 动态聚类
Z 算法*

动态克隆选择算法
dynamic clonal selection algorithm
TP301.6
S 免疫克隆选择算法
C 入侵检测
Z 算法*

动态口令
dynamic password
TP309
D 一次性口令
  一次性密码
  动态密码
S 密码*
C 动态口令技术
  动态口令认证
  随机密码

动态口令技术
dynamic password technology
TP309
D 一次性口令技术
S 加解密*
C 动态口令
  动态口令认证
  身份认证

动态口令认证
dynamic password authentication
TN918 TP309 TP393.08
D 一次性口令认证
  动态密码认证
S 口令认证
C 动态口令
  动态口令技术
Z 信息安全认证*

动态路由
dynamic routing
TN92 TN915
D 动态选路
S 路由*
· 动态源路由

· 动态组播路由
C 动态路由协议
  动态路由算法

动态路由算法
dynamic routing algorithm
TN92 TN91
S 路由算法
C 动态路由
Z 算法*

动态路由协议
dynamic routing protocol
TN92 TP393.0 TN915
S IP路由协议
· 距离矢量路由协议
· 链路状态路由协议
C 动态路由
L 网络协议**

动态滤波
dynamic filtering
TN713
S 滤波*

动态秘密分享
Y 动态秘密共享

动态秘密共享
dynamic secret sharing
TN918
D 动态秘密分享
S 秘密共享*
C 动态密钥

动态密码
Y 动态口令

动态密码认证
Y 动态口令认证

动态密钥
dynamic key
TN918 TP309
S 密钥*
C 动态秘密共享

动态模糊聚类
dynamic fuzzy clustering
TP391
S 动态聚类
Z 聚类*

动态模糊逻辑程序设计语言
dynamic fuzzy logic programming language
TP312
S 动态语言
Z 计算机语言*

动态模拟仿真
dynamic simulative emulation
TP391.9
S 动态仿真
Z 仿真*

动态内存
Y 动态随机存储器

动态驱动电路
dynamic driving circuit
TN710
S 驱动电路**

动态取证
dynamic forensics
TP309 TP391.4
S 计算机取证
C 入侵检测
Z 信息安全技术*

动态群签名
dynamic group signature
TP393.08
S 群签名
Z 数字签名*

动态识别
dynamic identification
TP391.4
S 信息识别*
· 动态手势识别
· 动态系统辨识

动态手势识别
dynamic gesture recognition
TP391.4
S 动态识别
  手势识别
L 特征识别**

动态授权
dynamic authorization
TP393.08 TP309
S 网络安全授权
C 基于任务和角色的访问控制
L 网络安全管理**

动态数据
dynamic data
TP391
S 数据*
C 动态数据交换
  动态数据传输
  动态数据库
  动态数据挖掘

动态数据采集
dynamic data acquisition
TP27
S 数据采集

C 动态数据传输
　动态数据库
Z 信息采集*

动态数据仓库
dynamic data warehouse
TP392
　S 数据仓库
　C 动态编程
　Z 数据库*

动态数据传输
dynamic data transmission
TP391
　S 数据传输
　C 动态数据
　　动态数据交换
　　动态数据发布
　　动态数据库
　　动态数据采集
　Z 信息传输*

动态数据发布
dynamic data publishing
TP391
　S 数据发布
　C 动态信息发布
　　动态数据传输
　Z 信息处理*

动态数据管理
dynamic data management
TP391
　S 数据管理
　C 动态数据库
　　动态数据挖掘
　Z 信息管理*

动态数据交换
dynamic data exchange
TN915
　D DDE 技术
　　动态数据交换技术
　S 动态交换
　　数据交换
　C 动态数据
　　动态数据传输
　Z 信息交换*

动态数据交换技术
　Y 动态数据交换

动态数据库
dynamic database
TP392
　S 数据库*
　C 动态数据
　　动态数据传输
　　动态数据管理
　　动态数据采集

动态数据挖掘
dynamic data mining
TP391
　S 数据挖掘
　C 动态数据
　　动态数据管理
　L 信息挖掘**

动态随机存储器
dynamic random access memory
TP333　TN43
　D DRAM
　　动态 RAM
　　动态内存
　　动态存储器
　　动态随机存取存储器
　S 易失性存储器
　• 同步动态随机存储器
　Z 存储器*

动态随机存取存储器
　Y 动态随机存储器

动态调试
dynamic debugging
TP3　TP2
　S 调试*

动态图像处理
dynamic image processing
TP75
　S 图像处理**
　C 动态图像分析

动态图像分析
dynamic image analysis
TP391
　S 图像分析
　C 动态图像处理
　L 图像处理**

动态网关
dynamic gateway
TN915
　S 网关
　C 动态网络
　L 网络互连设备**

动态网络
dynamic network
TP393.1　TP393.08　TP1
　S 网络*
　• 复杂动态网络
　C 动态网关
　　遗传算法

动态网络安全模型
　Y 动态安全模型

动态网页技术
dynamic webpage technology
TP393.09
　S 网页技术
　• JSP 技术
　Z 网络技术*

动态系统辨识
dynamic system identification
TP391.4
　S 动态识别
　C 动态系统仿真
　Z 信息识别*

动态系统仿真
dynamic system simulation
TP391.9
　S 动态仿真
　　系统仿真
　C 动态系统辨识
　Z 仿真*

动态显示
dynamic display
TP37
　S 显示*
　• 动画显示
　• 滚动显示
　• 三维动态显示

动态信号分析
dynamic signal analysis
TN911
　S 信号分析*
　C 动态信号分析仪

动态信号分析仪
dynamic signal analyzer
TM935
　S 信号分析仪
　C 动态信号分析
　Z 电子测量仪器*

动态信息发布
dynamic information publishing
TP391
　D 信息动态发布
　S 信息发布
　C 动态信息系统
　　动态数据发布
　Z 信息处理*

动态信息系统
dynamic information system
TP391
　S 信息系统*
　C 动态信息发布

动态选路
　　Y 动态路由

动态语言
dynamic language
TP311
　　S 计算机语言*
　　· 动态模糊逻辑程序设计语言

动态域名服务
dynamic domain name service
TP393.07
　　S 域名服务
　　Z 网络服务*

动态域名解析
　　Y 域名解析

动态源路由
dynamic source routing
TN92
　　S 动态路由
　　　源路由
　　C 动态源路由协议
　　　备份路由
　　Z 路由*

动态源路由协议
dynamic source routing protocol
TP393.0　TN915
　　D DSR 协议
　　　DSR 路由协议
　　S 无线路由协议
　　C 动态源路由
　　L 网络协议**

动态增益均衡器
dynamic gain equalizer
TN715
　　S 增益均衡器
　　Z 均衡器*

动态主机分配协议
　　Y 动态主机配置协议

动态主机配置协议
dynamic host configuration protocol
TP393.4　TN915
　　D DHCP
　　　DHCP 协议
　　　动态主机分配协议
　　　动态主机设置协议
　　S IP 协议
　　C DHCP 服务
　　　地址自动配置
　　L 网络协议**

动态主机配置协议服务
　　Y DHCP 服务

动态主机设置协议
　　Y 动态主机配置协议

动态资源调度
dynamic resource scheduling
TP315
　　S 资源调度
　　C 动态资源管理
　　Z 资源管理*

动态资源管理
dynamic resource management
TP391
　　S 资源管理*
　　C 动态资源调度

动态自适应滤波
dynamic adaptive filtering
TN713
　　S 自适应滤波
　　Z 滤波*

动态组播
dynamical multicast
TN918　TP393.2
　　S 组播
　　C 动态组播路由
　　　蚁群算法
　　L 网络通信**

动态组播路由
dynamic multicast routing
TN92　TP393.03
　　D 动态多播路由
　　S 动态路由
　　　组播路由
　　C 动态组播
　　Z 路由*

动中通天线
antenna for satcom on the move
TN82
　　S 地面站天线
　　C 卫星移动通信
　　L 卫星天线**
　　　通信天线**

动作仿真
action simulation
TP391.9
　　S 仿真*

抖动调制
dithered modulation
TN76
　　S 调制*
　　C 抖动信号

抖动信号
dithering signal
TN91　TN7
　　S 信号*
　　C 抖动调制
　　　抖晃仪

抖晃仪
jitter meter
TM935
　　S 信号分析仪
　　C 抖动信号
　　Z 电子测量仪器*

独立成分分析算法
　　Y 独立分量分析算法

独立磁盘冗余阵列
　　Y 独立冗余磁盘阵列

独立导航
　　Y 自主导航

独立分量分析算法
independent component analysis algorithm
TN011　TP181
　　D FastICA 算法
　　　ICA 算法
　　　快速 ICA 算法
　　　独立成分分析算法
　　S 无监督学习算法
　　C 盲源分离
　　Z 算法*

独立加扰器
　　Y 加扰器

独立冗余磁盘阵列
redundant arrays of independent disks
TP333
　　D RAID
　　　RAID 技术
　　　冗余磁盘阵列
　　　廉价冗余磁盘阵列
　　　廉价磁盘冗余阵列
　　　独立磁盘冗余阵列
　　　磁盘冗余阵列
　　S 磁盘阵列
　　L 外存储器**

独立型数据集市
　　Y 数据集市

独石电容器
　　Y 多层陶瓷电容器

读出电路
readout circuit
TN710

电子信息技术叙词表

　　S 电子电路＊
　　· 红外读出电路
　　· 信号读出电路
　　C 读出器
　　　读出放大器
　　　读出集成电路

读出放大器
readout amplifier
TN72
　　D 读放大器
　　S 放大器＊
　　C 读出器
　　　读出电路

读出集成电路
readout integrated circuit
TN4
　　S 集成电路＊
　　C 读出电路

读出器
readout device
TN87　TP33
　　S 输出设备
　　C 读出放大器
　　　读出电路
　　Z 外部设备＊

读放大器
　　Y 读出放大器

读卡机
　　Y 读卡器

读卡器
card reader
TP333　TN87
　　D 读卡机
　　S 输入输出设备
　　· 多功能读卡器
　　· 射频读卡器
　　Z 外部设备＊

读书软件
　　Y 阅读软件

读写磁头
read-write head
TP334
　　D 读写头
　　　读写控制器
　　S 磁头＊
　　C 读写设备

读写存储器
read-write memory
TP333
　　S 存储器＊
　　C 单片微型计算机

读写控制器
　　Y 读写磁头

读写器
　　Y 读写设备

读写器天线
antenna of reader-writer
TN82
　　S 射频天线
　　C 射频识别读写器
　　Z 天线＊

读写设备
read-write equipment
TN4　TP334.2
　　D 读写器
　　　读写装置
　　S 输入输出设备
　　· IC卡读写器
　　· 磁卡读写器
　　· 射频识别读写器
　　· 手持式读写器
　　C 写保护
　　　双向认证协议
　　　读写磁头
　　Z 外部设备＊

读写数据
　　Y 数据读写

读写头
　　Y 读写磁头

读写装置
　　Y 读写设备

杜比数字放大器
Dobby digital amplifier
TN72
　　S 数字放大器
　　Z 放大器＊

度量软件
metric software
TP31
　　S 工具软件＊＊

端到端加密
end-to-end encryption
TN918　TP393.08
　　D 端对端加密
　　　端端加密
　　　终端局间加密
　　S 通信加密
　　C 端到端通信
　　L 加密＊＊

端到端失真
end-to-end distortion
TN911
　　S 传输失真
　　C 端到端通信
　　Z 失真＊

端到端通信
end-to-end communication
TN915　TP393
　　S 网络通信＊＊
　　C 用户数据报协议
　　　端到端加密
　　　端到端失真
　　　端到端网络

端到端网络
end-to-end network
TP393　TN915
　　S 通信网络＊
　　C 端到端通信

端端加密
　　Y 端到端加密

端对端加密
　　Y 端到端加密

端口地址转换
port address translation
TN915　TP393.08　TP393.4
　　D NAPT
　　S 网络地址转换
　　Z 网络技术＊

端口扫描
port scanning
TP30
　　S 网络攻击＊＊

端面泵浦固体激光器
　　Y 端面泵浦激光器

端面泵浦激光器
end-pumped solid state laser
TN248
　　D 端面抽运固体激光器
　　　端面抽运激光器
　　　端面泵浦固体激光器
　　S 固体激光器＊＊
　　　泵浦激光器

端面抽运固体激光器
　　Y 端面泵浦激光器

端面抽运激光器
　　Y 端面泵浦激光器

短背射天线
short backfire antenna
TN82
　　S 定向天线
　　Z 天线＊

短波测向
shortwave direction finding
TN925
　　S 无线电测向
　　C 短波传播
　　　　短波信号
　　　　短波雷达
　　Z 测向*

短波传播
shortwave propagation
TN011　TN925
　　D 高频传播
　　S 电波传播*
　　C 短波发射机
　　　　短波广播
　　　　短波测向
　　　　短波电台

短波单边带电台
shortwave single-sideband radio
TN924
　　S 单边带电台
　　　　短波电台
　　C 单方通信
　　Z 无线电台*

短波电台
shortwave radio
TN924
　　D 高频电台
　　S 通信电台
　　• 超短波电台
　　　　短波单边带电台
　　C 短波传播
　　　　短波信号
　　　　短波发射机
　　　　短波广播
　　Z 无线电台*

短波发射机
shortwave transmitter
TN83
　　S 无线电发射机
　　• 短波广播发射机
　　C 短波传播
　　　　短波发射天线
　　　　短波接收机
　　　　短波电台
　　　　短波通信
　　Z 发射机*

短波发射天线
shortwave transmitting antenna
TN82
　　S 发射天线
　　　　短波天线
　　C 短波发射机
　　Z 天线*

短波广播
shortwave broadcasting

TN934
　　S 无线电广播
　　C 短波传播
　　　　短波广播发射机
　　　　短波电台
　　Z 广播*

短波广播发射机
shortwave broadcasting transmitter
TN83
　　S 广播发射机
　　　　短波发射机
　　C 短波广播
　　Z 发射机*

短波接收机
shortwave receiver
TN85
　　S 无线电接收机
　　C 短波发射机
　　　　短波通信
　　Z 接收设备*

短波雷达
shortwave radar
TN958
　　S 雷达*
　　C 短波天线
　　　　短波测向

短波全景接收机
　　Y 全景接收机

短波数据通信
shortwave data communication
TN919　TN924
　　S 短波通信
　　L 无线通信**

短波数字化接收机
　　Y 短波数字接收机

短波数字接收机
shortwave digital receiver
TN85
　　D 短波数字化接收机
　　S 接收设备*
　　C 短波通信

短波天线
shortwave antenna
TN82
　　D 高频天线
　　S 天线*
　　• 超短波天线
　　• 短波发射天线
　　C 短波信号
　　　　短波雷达

短波调制解调器
shortwave modem
TN924　TN919
　　S 调制解调器
　　Z 通信设备*

短波跳频通信
shortwave frequency hopping communication
TN914　TN924
　　S 短波通信
　　　　跳频通信
　　L 无线通信**

短波通信
shortwave communication
TN924
　　D 短波通讯
　　　　高频通信
　　S 无线通信**
　　• 超短波通信
　　• 短波数据通信
　　• 短波跳频通信
　　C 短波信道
　　　　短波发射机
　　　　短波接收机
　　　　短波数字接收机

短波通讯
　　Y 短波通信

短波信道
shortwave channel
TN924　TN911
　　S 无线信道
　　C 短波通信
　　Z 信道*

短波信号
shortwave signal
TN973
　　S 无线电信号
　　C 短波天线
　　　　短波测向
　　　　短波电台
　　Z 信号*

短距离传输
short distance transmission
TN943
　　D 甚短距离传输
　　S 信息传输*
　　C 短距离无线通信
　　　　短距离无线通信网络

短距离通信
　　Y 短距离无线通信

短距离无线通信
short distance wireless communication
TN92

• 211 •

电子信息技术叙词表

　　D 短距离无线通信技术
　　　短距离无线通讯
　　　短距离通信
　　　近距离无线通信
　　S 无线通信**
　　· Wi-Fi通信
　　· 近场通信
　　· 蓝牙通信
　　· 紫蜂通信
　　C 短距离传输
　　　短距离无线通信网络

短距离无线通信技术
　　Y 短距离无线通信

短距离无线通信网络
short distance wireless communication network
TN92
　　S 无线通信网络**
　　· Wi-Fi网络
　　· 个人域网
　　· 蓝牙网络
　　· 紫蜂网络
　　C 短距离传输
　　　短距离无线通信

短距离无线通讯
　　Y 短距离无线通信

短脉冲激光
short pulse laser
TN248
　　S 脉冲激光
　　Z 激光*

短签名
short signature
TN918　TP309
　　S 数字签名*

短文本分类
short text classification
TP391.1
　　S 文本分类
　　L 文本处理**

短消息网关
　　Y 短信网关

短信过滤
short message filtering
TN92
　　D 垃圾短信过滤
　　S 信息过滤
　　C 短信网关
　　Z 信息安全技术*
　　　信息处理*

短信网关
short message gateway

TN929.1
　　D 互联网短信网关
　　　短信息网关
　　　短消息网关
　　S 通信网关
　　C 短信过滤
　　L 网络互连设备**

短信息网关
　　Y 短信网关

短语识别
phrase recognition
TP391.4
　　S 语言识别
　　Z 信息识别*

段寄存器
segment register
TP333
　　S 寄存器*
　　C 汇编语言

断点续传
breakpoint resume
TP393.09
　　S 网络传输
　　C 下载软件
　　Z 信息传输*

堆叠封装
　　Y 三维封装

堆栈
stack
TP333
　　D 存储堆栈
　　　存储栈
　　　栈
　　　栈存储器
　　S 存储器*
　　· 标签堆栈
　　· 进程堆栈

堆栈溢出
　　Y 缓冲区溢出漏洞

队列调度算法
queue scheduling algorithm
TP393.0
　　S 调度算法
　　Z 算法*

队列管理器
queue manager
TP311
　　S 软件管理器
　　C 主动队列管理算法
　　L 工具软件**

队列管理算法
　　Y 主动队列管理算法

对比度拉伸
　　Y 灰度拉伸

对比度增强
　　Y 反差增强

对称电路
　　Y 平衡电路

对称多处理机
　　Y 对称多处理器

对称多处理器
symmetric multi-processor
TP33
　　D 对称多处理机
　　　对称多处理系统
　　　对称式多处理机
　　S 多处理器系统
　　Z 计算机系统*

对称多处理系统
　　Y 对称多处理器

对称加密
symmetric encryption
TP309　TP393.08　TN918
　　D 单密钥加密
　　　对称加密技术
　　　对称式加密
　　　私钥加密
　　S 加密**
　　· AES加密
　　· DES加密
　　· 块加密
　　C 对称加密算法
　　　对称密钥
　　　私钥

对称加密技术
　　Y 对称加密

对称加密算法
symmetric encryption algorithm
TP301　TP309
　　D 对称密码算法
　　　对称密钥算法
　　　对称算法
　　S 加密算法
　　· AES算法
　　· DES算法
　　· IDEA算法
　　C 对称加密
　　　对称密码
　　　数字信封
　　　私钥密码体制
　　Z 算法*

对称加密体制
　　Y 私钥密码体制

对称密码
symmetric cryptography
TP309　TN918
　　S 密码*
　　C 对称加密算法

对称密码算法
　　Y 对称加密算法

对称密码体制
　　Y 私钥密码体制

对称密钥
symmetric key
TN918　TP309
　　D 对称密钥技术
　　S 密钥*
　　C 对称加密

对称密钥技术
　　Y 对称密钥

对称密钥密码体制
　　Y 私钥密码体制

对称密钥算法
　　Y 对称加密算法

对称式多处理机
　　Y 对称多处理器

对称式加密
　　Y 对称加密

对称式密码体制
　　Y 私钥密码体制

对称算法
　　Y 对称加密算法

对称振子天线
　　Y 偶极天线

对等覆盖网络
peer-to-peer overlay network
TP393.1
　　D P2P 覆盖网
　　　P2P 覆盖网络
　　S 对等网络
　　　覆盖网络
　　Z 计算机网络*

对等互联网
　　Y 对等网络

对等互联网络
　　Y 对等网络

对等计算
peer-to-peer computing
TP391　TP393.1
　　D P2P 计算
　　S 网络计算
　　C 对等网络
　　Z 计算*

对等联网
　　Y 对等网络

对等式网络
　　Y 对等网络

对等通信
peer-to-peer communication
TN915　TP393
　　D P2P 通信
　　S 计算机网络通信
　　C 互联网数据包交换协议
　　　对等网络
　　　对等网络模型
　　L 网络通信**

对等网
　　Y 对等网络

对等网络
Peer-to-peer network
TN915　TP393.1
　　D P2P 对等网
　　　P2P 系统
　　　P2P 网络
　　　Peer-to-Peer
　　　对等互联网
　　　对等互联网络
　　　对等式网络
　　　对等系统
　　　对等网
　　　对等网络技术
　　　对等联网
　　　点到点网络
　　　点对点系统
　　　点对点网络
　　　计算机对等网络
　　S 计算机网络*
　　• 对等覆盖网络
　　• 结构化对等网络
　　• 无结构对等网络
　　• 移动对等网络
　　C P2P 软件
　　　对等网络模型
　　　对等计算
　　　对等通信
　　　拓扑感知
　　　网络拓扑测量
　　　重叠网

对等网络技术
　　Y 对等网络

对等网络模型
peer-to-peer model
TP393.1　TN919
　　D P2P 模型
　　　P2P 网络模型
　　S 网络模型
　　C 对等网络
　　　对等通信

对等系统
　　Y 对等网络

对海超长波电台
　　Y 长波电台

对海警戒雷达
sea surveillance radar
TN958
　　D 对海搜索雷达
　　S 警戒雷达
　　• 海岸警戒雷达
　　Z 雷达*

对海搜索雷达
　　Y 对海警戒雷达

对话框控制语言
dialog control language
TP312
　　S 控制语言
　　Z 计算机语言*

对话式程序设计
　　Y 交互式程序设计

对讲机
interphone
TN924
　　D 手持对讲机
　　S 手持电台
　　• 半双工对讲机
　　• 模拟对讲机
　　• 数字对讲机
　　• 无线对讲机
　　C 集群通信
　　Z 无线电台*

对角递归神经网络
diagonal recursive neural network
TP183
　　S 递归神经网络
　　Z 人工神经网络*

对角回归神经网络
diagonal regression neural network
TP183
　　S 回归神经网络
　　Z 人工神经网络*

对抗仿真
countermeasure simulation
TP391.9
　D 对抗模拟
　S 军事仿真
　· 攻防对抗仿真
　· 系统对抗仿真
　Z 仿真*

对抗模拟
　Y 对抗仿真

对空电台
ground-to-air radio station
TN924
　D 对空指挥电台
　S 航空电台
　Z 无线电台*

对空警戒雷达
air defense warning radar
TN958
　S 防空雷达
　Z 雷达*

对空情报雷达
air defense surveillance radar
TN958
　D 对空搜索雷达
　S 侦察雷达
　　防空雷达
　C 监视雷达
　Z 雷达*

对空搜索雷达
　Y 对空情报雷达

对空指挥电台
　Y 对空电台

对块零树编码
biblock zero tree coding
TN911
　S 零树编码
　Z 编码*

对流层传播
　Y 对流层电波传播

对流层电波传播
electromagnetic wave propagation in troposphere
TN011　TN92
　D 大气波导传播
　　对流层传播
　S 电波传播*
　· 超视距传播
　· 对流层散射

对流层散射
tropospheric scattering
TN011
　S 对流层电波传播
　　电波散射传播
　C 对流层散射通信
　Z 电波传播*
　　电磁波散射*

对流层散射通信
tropospheric scatter communication
TN926
　S 散射通信
　C 对流层散射
　L 无线通信**

对密钥
　Y 密钥对

对内通信
　Y 内部通信

对偶密钥
pairwise key
TN918　TP309
　S 密钥*
　C 传感器网络
　　节点调度

对潜通信
submarine communication
TN92
　S 潜艇通信
　· 激光对潜通信
　Z 通信*

对数变换器
logarithmic converter
TN62
　S 变换器*

对数放大器
logarithmic amplifier
TN72
　D 对数运算放大器
　S 运算放大器
　· 对数中频放大器
　· 真对数放大器
　C 对数域电路
　Z 放大器*

对数接收机
logarithmic receiver
TN85
　S 接收设备*
　C 对数域电路

对数域电路
log-domain circuit
TN7
　S 电子电路*
　C 对数接收机
　　对数放大器

对数运算放大器
　Y 对数放大器

对数中频放大器
logarithmic IF amplifier
TN72
　S 中频放大器
　　对数放大器
　Z 放大器*

对数周期偶极天线
log periodic dipole antenna
TN82
　D LPDA
　　对数周期偶极子天线
　S 偶极天线
　　对数周期天线
　L 通信天线**

对数周期偶极子天线
　Y 对数周期偶极天线

对数周期天线
log periodic antenna
TN82
　S 定向天线
　· 对数周期偶极天线
　· 印刷对数周期天线
　Z 天线*

对象 Petri 网
object Petri net
TP301
　D 面向对象 Petri 网
　S Petri 网*

对象程序
　Y 目标程序

对象抽取
　Y 对象提取

对象存储
object storage
TP333
　D 基于对象存储
　S 信息存储*
　C 对象关系数据库
　　对象存储设备

对象存储设备
object storage device
TP333
　D 基于对象存储设备
　　对象存储系统
　S 存储器*
　C 对象存储

对象存储系统
    Y 对象存储设备

对象定义语言
object definition language
TP392
    S 计算机语言*

对象分割
object segmentation
TN919　TP391
    S 图像分割
    L 图像处理**

对象跟踪
    Y 目标跟踪

对象关系数据库
object-relational database
TP392
    D 对象-关系数据库
      对象关系型数据库
      对象关系数据库管理系统
      对象关系数据库系统
    S 关系型数据库
    C 对象存储
    Z 数据库*

对象-关系数据库
    Y 对象关系数据库

对象关系数据库管理系统
    Y 对象关系数据库

对象关系数据库系统
    Y 对象关系数据库

对象关系型数据库
    Y 对象关系数据库

对象建模
    Y 面向对象建模

对象识别
object recognition
TP391.4
    S 图像识别
    Z 信息识别*

对象式语言
    Y 面向对象程序设计语言

对象数据库
    Y 面向对象数据库

对象提取
object extraction
TP391　TP311
    D 对象抽取
    S 信息抽取**
    • 视频对象提取

对象约束语言
object constraint language
TP312
    S 计算机语言*

对象中间件
object-oriented middleware
TP317
    S 中间件
    Z 软件*

钝化
passivation
TN305
    D 自钝化
      钝化处理
    S 半导体工艺*
    • 表面钝化
    • 玻璃钝化
    • 硫钝化

钝化处理
    Y 钝化

多 Agent 仿真
    Y 多智能体仿真

多 CPU
    Y 多处理器系统

多 CPU 系统
    Y 多处理器系统

多包层光纤
multiclad fiber
TN818
    S 包层光纤
    Z 光纤*

多包接收
multipacket reception
TN919　TN92
    S 数据接收
      无线接收
    Z 接收*

多变量 PID 控制器
multivariable PID controller
TP2
    S 比例积分微分控制器
    C 多变量系统
    Z 控制器*

多变量系统
multivariable system
TN914　TP2
    D MIMO 系统
      多入多出系统
      多参数系统
      多输入多输出 MIMO 系统
      多输入多输出系统
    S 计算机控制系统
    C 多变量 PID 控制器
      天线选择算法
    Z 计算机应用系统*
      控制系统*

多表达式编程
multiexpression programming
TP311
    S 软件编程**

多波长光网络
multiwavelength optical network
TN92
    D 多波长全光网络
    S 光通信网络**

多波长光纤激光器
multiwavelength fiber laser
TN248
    S 光纤激光器**

多波长激光
    Y 多波长激光器

多波长激光器
multiwavelength laser
TN248
    D 多波长激光
      多色激光器
      多频激光器
    S 激光器*

多波长全光网络
    Y 多波长光网络

多波道接收机
    Y 多波段接收机

多波段接收机
multiband receiver
TN85
    D 多波道接收机
    S 接收设备*

多波束天线
multibeam antenna
TN82
    S 波束天线
    • 多波束智能天线
    • 数字多波束天线
    Z 天线*

多波束智能天线
multibeam smart antenna
TN82
    S 多波束天线
      智能天线
    Z 天线*

多播
　　Y 组播

多播服务器
　　Y 组播服务器

多播技术
　　Y 组播

多播路由
　　Y 组播路由

多播路由算法
　　Y 组播路由算法

多播路由协议
　　Y 组播路由协议

多播协议
　　Y 组播协议

多卜勒雷达
　　Y 多普勒雷达

多卜勒信号
　　Y 多普勒信号

多步加密
multistep encryption
TP309
　　S 加密**

多参数系统
　　Y 多变量系统

多策略机器翻译
multistrategy machine translation
TP391.2
　　S 机器翻译
　　Z 计算机辅助技术*

多层 PCB
　　Y 多层印制电路板

多层板
　　Y 层压基板

多层布线
　　Y 多层布线技术

多层布线基板
　　Y 层压基板

多层布线技术
multilayer wiring technique
TN405
　　D 双层布线
　　　　多层布线
　　S 布线工艺

　　C 多层布线图形
　　Z 半导体工艺*

多层布线图形
multilayer wiring diagram
TN41
　　S 布线图
　　C 多层布线技术
　　Z 电路图*

多层瓷介电容器
　　Y 多层陶瓷电容器

多层瓷介片式电容器
　　Y 片式多层陶瓷电容器

多层次数据库
　　Y 多层数据库

多层次网络
　　Y 多层网络

多层电路板
　　Y 多层印制电路板

多层分布式数据库
multilayer distributed database
TP392
　　S 分布式数据库
　　　　多层数据库
　　Z 数据库*

多层分类器
multilayer classifier
TP391
　　S 分类器*

多层感知器神经网络
multilayer perceptron neural network
TP183
　　D 多层感知器网络
　　S 多层前馈神经网络
　　　　感知器神经网络
　　Z 人工神经网络*

多层感知器网络
　　Y 多层感知器神经网络

多层共烧
multilayer co-firing
TN405
　　S 共烧工艺
　　Z 电子工艺*

多层光盘
multilayer disc
TP333
　　S 光盘
　　L 光存储器**
　　　　外存储器**

多层互连
multilayer interconnection
TN405
　　S 电路互连
　　Z 半导体工艺*

多层基板
　　Y 层压基板

多层前馈神经网络
multilayer feedforward neural network
TP183
　　D 前向多层神经网络
　　　　前馈多层神经网络
　　　　多层前向神经网络
　　　　多层前向网络
　　　　多层前馈网络
　　S 前馈神经网络
　　　　多层神经网络
　　• 多层感知器神经网络
　　Z 人工神经网络*

多层前馈网络
　　Y 多层前馈神经网络

多层前向神经网络
　　Y 多层前馈神经网络

多层前向网络
　　Y 多层前馈神经网络

多层神经网络
multilayer neural network
TP183
　　D 多层神经元网络
　　S 人工神经网络*
　　• ART 网络
　　• 多层前馈神经网络

多层神经元网络
　　Y 多层神经网络

多层数据库
multi-tier database
TP392
　　D 分层数据库
　　　　多层次数据库
　　S 数据库*
　　• 多层分布式数据库
　　C 分层存储

多层陶瓷电容器
multilayer ceramic capacitor
TM534
　　D MLCC
　　　　多层瓷介电容器
　　　　独石电容器
　　S 陶瓷电容器
　　• 片式多层陶瓷电容器
　　C 片式电容器

Z 电容器*

多层陶瓷基板
multilayer ceramic substrate
TN7
　　S 陶瓷基板
　　Z 电路基板*

多层网络
multilayer network
TN92　TP3
　　D 多层次网络
　　S 网络*
　　C 反向传播算法

多层微波集成电路
multilayer microwave integrated circuit
TN710
　　S 微波集成电路
　　Z 集成电路*

多层压敏电阻器
multilayer varistor
TM546
　　S 压敏电阻器
　　Z 电阻器*

多层印刷板
　　Y 多层印制电路板

多层印刷电路板
　　Y 多层印制电路板

多层印刷线路板
　　Y 多层印制电路板

多层印制板
　　Y 多层印制电路板

多层印制电路板
multilayer printed circuit board
TN41
　　D 多层PCB
　　　多层印制板
　　　多层印刷线路板
　　　多层印刷板
　　　多层印刷电路板
　　　多层印刷线路板
　　　多层电路板
　　S 印制电路板*

多层印制线路板
　　Y 多层印制电路板

多查询优化
multi-query optimization
TP392
　　S 查询优化
　　Z 信息处理*

多尺度边缘检测
multi-scale edge detection
TP391.7
　　S 边缘检测
　　L 图像处理**

多尺度建模
multi-scale modeling
TP391.9
　　S 模型构建*

多尺度滤波
multi-scale filtering
TN713
　　D 多尺度匹配滤波
　　S 匹配滤波
　　Z 滤波*

多尺度匹配滤波
　　Y 多尺度滤波

多重程序设计
　　Y 多道程序设计

多重代理多重签名
multi-proxy multi-signature
TP393.08
　　S 代理多重签名
　　Z 数字签名*

多重代理签名
　　Y 代理多重签名

多重加密
multiple encryption
TN918　TP309
　　S 加密**

多重盲签名
multiple blind signature
TN918
　　S 多重签名
　　　盲签名
　　Z 数字签名*

多重秘密共享
multiple secret sharing
TN918　TP309
　　S 秘密共享*

多重描述编码
　　Y 多描述编码

多重签名
multi-signature
TN918　TP309
　　D 多重数字签名
　　S 数字签名*
　　• 代理多重签名
　　• 多重盲签名
　　• 广播多重数字签名

　　• 有序多重数字签名
　　C 多重数字水印
　　　秘密共享

多重群体遗传算法
　　Y 多种群遗传算法

多重数字签名
　　Y 多重签名

多重数字水印
multiple digital watermark
TP309
　　S 数字水印*
　　C 多重签名

多重信号分类算法
multiple signal classification algorithm
TP301　TN911
　　D MMUSIC算法
　　　MUSIC算法
　　　修正MUSIC算法
　　　多信号分类算法
　　S 分类算法
　　C 雷达测向
　　Z 算法*

多出口网络
multi-outlet network
TP393.1
　　S 计算机网络*
　　C 负载均衡

多处理机
　　Y 多处理器系统

多处理器
　　Y 多处理器系统

多处理器片上系统
　　Y 片上多核处理器

多处理器平台
　　Y 多处理器系统

多处理器系统
multi processor system
TP338　TP34
　　D 多CPU
　　　多CPU系统
　　　多处理器
　　　多处理器平台
　　　多处理器芯片
　　　多处理机
　　　多微处理器
　　　多微处理器系统
　　S 计算机系统*
　　• 对称多处理器
　　• 实时多处理器系统
　　C 数据处理

多处理器芯片
　　Y 多处理器系统

多传感器跟踪
multi-sensor tracking
TP2　TN951
　　S 跟踪*
　　C 多传感器图像融合
　　　多传感器网络

多传感器数据融合
multi-sensor data fusion
TP212　TP391
　　S 数据融合
　　Z 信息处理*

多传感器图像融合
multi-sensor image fusion
TP391
　　S 图像融合
　　C 多传感器网络
　　　多传感器跟踪
　　L 图像处理**

多传感器网络
multi-sensor network
TP2
　　S 传感器网络
　　C 多传感器信息融合
　　　多传感器图像融合
　　　多传感器跟踪
　　L 物联网**

多传感器信息融合
multi-sensor information fusion
TP391
　　D 多传感器信息融合技术
　　S 信息融合
　　C 多传感器网络
　　Z 信息处理*

多传感器信息融合技术
　　Y 多传感器信息融合

多串行口
multi-serial port
TP334.7
　　D 多串口
　　S 串行接口
　　Z 接口*

多串口
　　Y 多串行口

多串口通信
multi-serial port communication
TP27
　　D 多串口通讯
　　S 串行通信
　　C 串口通信协议
　　Z 通信*

多串口通讯
　　Y 多串口通信

多窗口显示
multi-window display
TP391
　　D 窗口显示
　　S 显示*

多带正交频分复用
multi-band orthogonal frequency division multiplexing
TN91
　　D MBOFDM
　　　多频带正交频分复用
　　S 正交频分复用
　　Z 多路复用*

多单片机
　　Y 多单片机系统

多单片机系统
multiple single-chip computer system
TP368
　　D 多单片机
　　S 计算机系统*
　　C 多机群网格

多岛遗传算法
multi-island genetic algorithm
TP301
　　S 遗传算法
　　Z 算法*

多道程序设计
multi-programing
TP311
　　D 多重程序设计
　　S 软件设计
　　Z 软件工程*

多道脉冲幅度分析器
multi-channel pulse amplitude analyzer
TN78　TM935
　　D 数字多道脉冲幅度分析器
　　S 脉冲幅度分析器
　　Z 电子测量仪器*

多点传送
　　Y 组播

多点会议控制器
　　Y 多点控制单元

多点接口
multi-point interface
TP334.7
　　S 接口*
　　C 单片微型计算机

多点接口网络
　　Y 多点接口网络

多点接口网络
multi-point interface network
TP1　TP2
　　D MPI 网络
　　S 自动化网络*
　　C 多点接口

多点控制单元
multi-point control unit
TN919　TN948　TN949
　　D 多点会议控制器
　　　多点控制器
　　S 网络设备*
　　C 多点控制协议
　　　微控制器
　　　视频会议系统
　　　视频终端

多点控制器
　　Y 多点控制单元

多点控制协议
multi-point control protocol
TN929.1
　　S 控制协议
　　C 以太无源光网络
　　　吉比特无源光网络
　　　多点控制单元
　　　多点通信
　　Z 通信协议*

多点数据采集
　　Y 多通道数据采集

多点通信
multi-point communication
TP393　TN911
　　D 多对多通信
　　　多方通信
　　　多机通信
　　　多机通讯
　　　多点通讯
　　　多用户通信
　　　多路通信
　　S 通信*
　　C 多点控制协议

多点通讯
　　Y 多点通信

多电极石英谐振器
multi-electrode quartz resonator
TN75
　　S 石英晶体谐振器
　　Z 谐振器*
　　　压电器件*

多电平调制
multi-level modulation

TN76
    S 调制*

多电平正交幅度键控
    Y 多进制正交幅度调制

多端口存储器
multi-port memory
TP333
    D 多端口存贮器
       多进出口存储器
    S 存储器*

多端口存贮器
    Y 多端口存储器

多段式半导体激光器
multi-stage semiconductor laser
TN248
    S 半导体激光器
    L 固体激光器**

多对多通信
    Y 多点通信

多发射极晶体管
multiple emitter transistor
TN32
    S 晶体管
    L 半导体分立器件**

多方安全计算
    Y 安全多方计算

多方保密计算
    Y 安全多方计算

多方通信
    Y 多点通信

多分辨分析
    Y 多分辨率处理

多分辨率处理
multi-resolution processing
TP391
    D 多分辨分析
       多分辨率分析
       多分辨率分解
    S 信号处理*
    C 多分辨率建模
       小波算法

多分辨率分解
    Y 多分辨率处理

多分辨率分析
    Y 多分辨率处理

多分辨率建模
multi-resolution modeling
TP391.9
    S 模型构建*
    C 多分辨率处理

多分类器
multi-classifier
TP391
    S 分类器*
    C 分类器集成

多分类器集成
    Y 分类器集成

多分类器融合
    Y 分类器集成

多分类器组合
    Y 分类器集成

多分类支持向量机
    Y 多类支持向量机

多分量LFM信号
    Y 多分量线性调频信号

多分量线性调频信号
multi-component linear frequency modulated signal
TN911
    D 多分量LFM信号
    S 多分量信号
       线性调频信号
    Z 信号*

多分量信号
multi-component signal
TN911
    S 信号*
    • 多分量线性调频信号

多服务器
multi-server
TP368
    S 服务器*

多工器
    Y 复用器

多工作状态雷达
    Y 多功能雷达

多功能车辆总线
multi-function vehicle bus
TP336
    D MVB总线
    S 列车总线
    Z 总线*

多功能处理机
    Y 多功能处理器

多功能处理器
multi-function processor
TP332.3　TN43
    D 多功能处理机
    S 微处理器*
    C 多功能芯片

多功能传感器
multi-functional sensor
TP212
    S 传感器*

多功能打印机
multi-function printer
TP334.3
    D 多功能数码打印机
    S 打印机
    Z 外部设备*

多功能读卡器
multi-function card reader
TN87　TP333
    D 三合一读卡器
    S 读卡器
    Z 外部设备*

多功能国际邮件扩充协议
    Y 多用途网际邮件扩充协议

多功能火控雷达
    Y 综合火控雷达

多功能键盘
multi-function keyboard
TP334.2
    S 键盘
    Z 外部设备*

多功能接口
multi-function interface
TP334.7
    S 接口*

多功能雷达
Multi-function radar
TN958
    D 多工作状态雷达
    S 雷达*
    • 机载多功能雷达
    • 综合火控雷达

多功能滤波
multi-functional filtering
TN713
    S 滤波*

多功能数码打印机
    Y 多功能打印机

多功能显示器
multi-function display
TN87
　　D 多站信息显示器
　　S 显示器
　　Z 显示设备*

多功能芯片
multi-functional chip
TN4
　　S 芯片*
　　C 多功能处理器

多功能一体机
multi-function printer
TP334.3
　　D 数码复合机
　　　 数码多功能一体机
　　S 输入输出设备
　　• 彩色多功能一体机
　　• 激光多功能一体机
　　• 喷墨多功能一体机
　　Z 外部设备*

多功能终端
multi-functional terminal
TN87
　　S 终端设备*

多故障分类器
multi-fault classifier
TP391
　　S 分类器*

多轨录音
multi-track recording
TN912
　　S 录音*

多核CPU
　　Y 多核处理器

多核处理器
multicore processor
TP33
　　D 多内核处理器
　　　 多核CPU
　　　 多核心处理器
　　S 中央处理器
　　• 片上多核处理器
　　• 双核处理器
　　• 四核处理器
　　• 异构多核处理器
　　C 多芯片组件
　　Z 微处理器*

多核心处理器
　　Y 多核处理器

多画面处理器
multi-view processor

TN43　TP33
　　S 视频设备*
　　C 多画面分割器
　　　 多画面显示
　　　 画面处理

多画面分割器
multiple picture divider
TN949
　　S 视频设备*
　　C 多画面处理器
　　　 多画面显示
　　　 画面分割

多画面显示
multiple picture display
TN87　TN915
　　S 画面显示
　　C 多画面分割器
　　　 多画面处理器
　　Z 显示*

多缓冲区
multi-buffer
TP311
　　S 缓冲区
　　C 多级缓存
　　Z 存储器*

多机动目标跟踪
multiple maneuvering target tracking
TN951
　　D 机动多目标跟踪
　　S 多目标跟踪
　　　 机动目标跟踪
　　C 机动雷达
　　Z 目标跟踪*

多机群网格
multi-cluster grid
TP393.0
　　S 网格*
　　C 多单片机系统

多机通信
　　Y 多点通信

多机通讯
　　Y 多点通信

多机系统
　　Y 多计算机系统

多基地雷达
multistatic radar
TN958
　　S 雷达*
　　• 双基地雷达
　　C 多基地声呐

多基地声呐
multiple base sonar
TN971
　　S 声呐*
　　C 多基地雷达

多级安全策略
multi-level security strategy
TP309
　　S 网络安全策略
　　C 多级安全模型
　　Z 信息安全体系*

多级安全模型
multi-level security model
TP309
　　D 多级安全系统
　　S 信息安全模型*
　　C 入侵检测
　　　 多级安全策略
　　　 强制访问控制

多级安全数据库
multi-level security database
TP392
　　S 安全数据库
　　Z 数据库*

多级安全系统
　　Y 多级安全模型

多级编码
multi-level encoding
TN911
　　S 编码*

多级存储
multi-level storage
TP333
　　D 多级存储系统
　　S 信息存储*

多级存储系统
　　Y 多级存储

多级代理签名
multiple grade proxy signature
TP309　TP393.08
　　S 代理签名
　　Z 数字签名*

多级放大器
multistage amplifier
TN72
　　S 放大器*

多级分类器
multistage classifier
TN911　TP391　TP2
　　S 分类器*

多级缓存
multi-level cache
TP333
    S CPU 缓存
    • 二级缓存
    • 三级缓存
    C 多缓冲区
    Z 存储器*

多级嵌套维纳滤波
    Y 多级维纳滤波

多级树集合分裂编码
set partitioning in hierarchical trees coding
TN918   TN911
    D SPIHT 算法
        SPIHT 编码
        多级树集合分裂算法
    S 图像编码
    Z 编码*

多级树集合分裂算法
    Y 多级树集合分裂编码

多级维纳滤波
multistage Wiener filtering
TN911
    D 多级嵌套维纳滤波
    S 维纳滤波
    Z 滤波*

多级中值滤波
multistage median filtering
TN713
    S 中值滤波
    Z 滤波*

多极管
multi-polar tube
TN11
    S 电子管**
    • 四极管
    • 五极管

多极化合成孔径雷达
multi-polar synthetic aperture radar
TN958
    S 极化合成孔径雷达
    Z 雷达*

多计算机系统
multicomputer system
TP368
    D 多机系统
    S 计算机系统*
    • 多微机系统
    • 分布式多机系统
    • 计算机集群
    • 双机系统

多假目标干扰
    Y 假目标干扰

多介质数据库
    Y 多媒体数据库

多进出口存储器
    Y 多端口存储器

多进制频移键控
multiple frequency shift keying
TN76
    D MFSK
        MFSK 调制
    S 频移键控
    L 数字调制**

多进制数字相位调制
    Y 多进制相移键控

多进制相移键控
multiple phase shift keying
TN76
    D MPSK
        MPSK 信号
        多进制数字相位调制
        多进制相移键控信号
    S 相移键控
    L 数字调制**

多进制相移键控信号
    Y 多进制相移键控

多进制正交幅度调制
multiple quadrature amplitude modulation
TN76
    D MQAM
        MQAM 调制
        多电平正交幅度键控
    S 正交幅度调制
    Z 调制*

多晶硅
polycrystalline silicon
TN304
    D 多晶硅材料
        多晶硅锭
    S 硅材料
    • 半绝缘多晶硅
    • 低温多晶硅
    C 多晶硅薄膜
        激光晶化
    L 元素半导体**

多晶硅薄膜
polycrystalline silicon thin film
TN304
    D 多晶硅膜
    S 硅薄膜
    C 多晶硅
        多晶硅薄膜太阳能电池
        多晶硅薄膜晶体管
    L 元素半导体**

多晶硅薄膜电池
    Y 多晶硅薄膜太阳能电池

多晶硅薄膜晶体管
polycrystalline silicon thin film transistor
TN32
    D 多晶硅发射极晶体管
    S 薄膜晶体管
    C 多晶硅薄膜
    L 半导体分立器件**

多晶硅薄膜太阳电池
    Y 多晶硅薄膜太阳能电池

多晶硅薄膜太阳能电池
polycrystalline silicon thin film photovoltaic cell
TM914
    D 多晶硅太阳能电池
        多晶硅薄膜太阳电池
        多晶硅薄膜电池
    S 硅薄膜太阳能电池
    C 多晶硅薄膜
    Z 电池*

多晶硅材料
    Y 多晶硅

多晶硅锭
    Y 多晶硅

多晶硅发射极晶体管
    Y 多晶硅薄膜晶体管

多晶硅膜
    Y 多晶硅薄膜

多晶硅太阳能电池
    Y 多晶硅薄膜太阳能电池

多晶锗硅
    Y 锗化硅

多径传播
multipath propagation
TN011
    D 多径传输
        多路径传输
    S 电波传播*

多径传输
    Y 多径传播

多径路由
multipath routing

TN91　TP393
　　D 多路径路由
　　　多路路由
　　S 路由*
　　C 多径信号
　　　多径路由协议

多径路由协议
multipath routing protocol
TN915　TP393.0　TN911
　　S 路由协议
　　C 多径路由
　　L 网络协议**

多径衰落信道
multipath fading channel
TN919　TN911
　　S 多径信道
　　　衰落信道
　　Z 信道*

多径信道
multipath channel
TN911　TN916
　　D 多路径信道
　　S 无线信道
　　• 多径衰落信道
　　• 时变多径信道
　　C Rake 接收机
　　　多径信号
　　Z 信道*

多径信号
multipath signal
TN914　TN941
　　D 多路信号
　　S 无线电信号
　　C 多径信道
　　　多径路由
　　Z 信号*

多聚焦图像融合
multi-focus image fusion
TP391
　　S 图像融合
　　L 图像处理**

多孔光纤
holey fiber
TN25
　　S 光纤*

多孔硅
porous silicon
TN304
　　S 硅材料
　　• 氧化多孔硅
　　L 元素半导体**

多孔算法
a trous algorithm
TN911　TP301

　　S 算法*

多孔碳化硅
porous silicon carbide
TN304
　　S 碳化硅
　　L 化合物半导体**

多雷达数据融合
multi-radar data fusion
TN951
　　S 数据融合
　　C 雷达数据处理
　　Z 信息处理*

多类分类器
multi-class classifier
TP391
　　S 分类器*

多类支持向量机
multi-class support vector machine
TP391
　　D 多分类支持向量机
　　S 支持向量机*

多链路
multilink
TN915
　　S 链路*

多量子阱激光器
multiple quantum-well laser
TN248
　　D MQW 激光器
　　S 量子阱激光器
　　L 固体激光器**

多路传输
multichannel transmission
TN911
　　S 信息传输*
　　C 多路发射机

多路电源
multiple output power supply
TN86
　　D 多路输出电源
　　S 电源*

多路发射机
multichannel transmitter
TN83
　　S 发射机*
　　C 多路传输
　　　多路接收机

多路复用*
multiplexing
TN76

　　D 复接
　　　复用
　　　多路复用技术
　　• 分插复用
　　• • 光分插复用
　　• 光复用
　　• • 波分复用
　　• • • 密集波分复用
　　• • • 稀疏波分复用
　　• 副载波复用
　　• 光分插复用
　　• 光码分复用
　　• 光时分复用
　　• 偏振复用
　　• 解复用
　　• 空分复用
　　• 码分复用
　　• • 光码分复用
　　• 频分复用
　　• • 正交频分复用
　　• • • 编码正交频分复用
　　• • • 多带正交频分复用
　　• • • 多输入多输出正交频分复用
　　• • • 时域同步正交频分复用
　　• • • 自适应正交频分复用
　　• 时分复用
　　• • 光时分复用
　　• 统计复用
　　• 数字复接
　　• 同步复用
　　• 信道复用
　　• 信号复用
　　C 复用器
　　　复用接口

多路复用技术
　　Y 多路复用

多路复用接口
　　Y 复用接口

多路复用器
　　Y 复用器

多路接收机
multichannel receiver
TN85
　　S 接收设备*
　　C 多路发射机

多路径传输
　　Y 多径传播

多路径路由
　　Y 多径路由

多路径信道
　　Y 多径信道

多路路由
　　Y 多径路由

多路模拟开关
multichannel analogue switch
TP2
　　S 开关*

多路耦合器
multipath coupler
TN63
　　S 耦合器*
　　C 跳频

多路器
　　Y 复用器

多路输出电源
　　Y 多路电源

多路数据采集
　　Y 多通道数据采集

多路调制
multichannel modulation
TN76
　　D 多路调制器
　　S 调制*

多路调制器
　　Y 多路调制

多路通信
　　Y 多点通信

多路通信设备
multichannel communication equipment
TN915
　　S 通信设备*
　　· 复用/解复用器
　　· 复用器
　　· 解复用器
　　· 双工器

多路信号
　　Y 多径信号

多路由
multiple routing
TP393
　　S 路由*

多路转换器
　　Y 复用器

多码传输
multicode transmission
TN91
　　S 信息传输*

多脉冲激光
multipulse laser
TN248
　　S 脉冲激光
　　Z 激光*

多媒体*
multimedia
TP37　TP391
　　D 多媒体产品
　　　多媒体作品
　　　多媒体制品
　　· 超媒体
　　· · 自适应超媒体
　　· 分布式多媒体
　　· 富媒体
　　· 家庭多媒体
　　· 交互式多媒体
　　· 宽带多媒体
　　· 实时多媒体
　　· 数字多媒体
　　· 网络多媒体
　　· 移动多媒体
　　· 在线多媒体
　　C 多媒体仿真
　　　多媒体安全
　　　多媒体技术
　　　多媒体数据
　　　多媒体服务器
　　　多媒体电视
　　　多媒体系统
　　　多媒体软件

多媒体 CAI
　　Y 多媒体辅助教学

多媒体安全
multimedia security
TP309
　　D 多媒体信息安全
　　S 信息内容安全
　　C 多媒体
　　　多媒体认证
　　Z 信息安全*

多媒体查询系统
multimedia inquiry system
TP39
　　D 多媒体咨询系统
　　S 多媒体应用系统
　　C 多媒体信息系统
　　Z 计算机应用系统*

多媒体产品
　　Y 多媒体

多媒体程序
　　Y 多媒体软件

多媒体程序设计
　　Y 多媒体软件开发

多媒体处理器
multimedia processor
TP33
　　D 多媒体处理芯片
　　　媒体处理器
　　S 微处理器*
　　C 多媒体信息系统
　　　多媒体芯片
　　　多媒体计算机

多媒体处理芯片
　　Y 多媒体处理器

多媒体传感器网络
multimedia sensor network
TP393　TP212
　　S 传感器网络
　　　多媒体网络*
　　· 无线多媒体传感器网络
　　L 物联网**

多媒体传输
multimedia information transmission
TN941　TP393　TN919
　　D 多媒体信息传输
　　S 信息传输*
　　· 流式传输
　　· 无线多媒体传输
　　C 多媒体信息系统
　　　多媒体网络

多媒体创作工具
　　Y 多媒体工具

多媒体创作软件
　　Y 多媒体创作系统

多媒体创作系统
multimedia authoring system
TP391
　　D 多媒体创作软件
　　S 多媒体系统
　　C 多媒体工具
　　Z 计算机应用系统*

多媒体电脑
　　Y 多媒体计算机

多媒体电视
multimedia television
TN948
　　S 应用电视
　　C 多媒体
　　Z 电视*

多媒体仿真
multimedia simulation
TP391.9
　　S 计算机仿真
　　C 多媒体
　　　多媒体服务
　　Z 仿真*

多媒体服务
multimedia service
TP391　TN919
　　D 多媒体信息服务
　　S 信息服务*
　　C 多媒体仿真
　　　 多媒体信息处理
　　　 多媒体广播
　　　 多媒体服务器
　　　 多媒体系统
　　　 多媒体认证
　　　 无线会话协议

多媒体服务器
multimedia server
TP368
　　S 媒体服务器
　　C 多媒体
　　　 多媒体广播
　　　 多媒体服务
　　Z 服务器*

多媒体辅助教学
multimedia aided instruction
TP391.7
　　D 多媒体CAI
　　　 多媒体计算机辅助教学
　　S 计算机辅助教学
　　C 多媒体教学系统
　　　 多媒体教学软件
　　　 网络多媒体教学
　　Z 计算机辅助技术*

多媒体辅助教学软件
　　Y 多媒体教学软件

多媒体工具
multimedia tool
TP317.5　TP39
　　D 多媒体创作工具
　　　 多媒体制作工具
　　　 多媒体制作软件
　　　 多媒体开发工具
　　　 多媒体开发软件
　　　 多媒体著作工具
　　S 多媒体软件
　　　 工具软件**
　　C 多媒体创作系统

多媒体广播
multimedia broadcasting
TN93
　　D 多媒体广播系统
　　S 广播*
　　· 多媒体数据广播
　　· 数字多媒体广播
　　· 移动多媒体广播
　　C 多媒体服务
　　　 多媒体服务器

多媒体广播系统
　　Y 多媒体广播

多媒体会议系统
multimedia conference system
TN948　TN919
　　D 多媒体数据会议
　　　 多媒体视频会议系统
　　S 视频会议系统
　　C 多媒体视频
　　Z 计算机应用系统*

多媒体计算机
multimedia computer
TP37
　　D 多媒体微机
　　　 多媒体电脑
　　S 个人计算机
　　C 多媒体信息处理
　　　 多媒体处理器
　　　 多媒体系统
　　　 多媒体设备
　　　 多媒体软件
　　L 电子数字计算机**

多媒体计算机辅助教学
　　Y 多媒体辅助教学

多媒体计算机网
　　Y 多媒体计算机网络

多媒体计算机网络
multimedia computer network
TP393
　　D 多媒体计算机网
　　S 多媒体网络*
　　　 计算机网络*

多媒体技术
multimedia technology
TP391
　　S 信息技术*
　　C 多媒体
　　　 多媒体信息处理
　　　 多媒体软件

多媒体加密
multimedia encryption
TN918　TP309
　　D 多媒体信息加密
　　S 信息加密
　　L 加密**

多媒体家庭平台
　　Y 家庭多媒体

多媒体教学软件
multimedia teaching software
TP317
　　D 多媒体辅助教学软件
　　S 多媒体软件
　　　 计算机辅助教学软件
　　C 多媒体辅助教学
　　L 应用软件**

多媒体教学系统
multimedia teaching system
TP393.09
　　S 多媒体应用系统
　　C 多媒体辅助教学
　　　 网络多媒体
　　Z 计算机应用系统*

多媒体接口
multimedia interface
TP334.7
　　S 接口*
　　· 高清晰度多媒体接口
　　C 多媒体通信终端

多媒体开发工具
　　Y 多媒体工具

多媒体开发软件
　　Y 多媒体工具

多媒体可视电话
multimedia videophone
TN916
　　S 可视电话
　　Z 通信*

多媒体流
　　Y 流媒体

多媒体内容描述接口
　　Y MPEG-7标准

多媒体平台
　　Y 多媒体系统

多媒体认证
multimedia authentication
TN918　TP309
　　S 信息认证
　　· 视频认证
　　· 图像认证
　　C 多媒体安全
　　　 多媒体服务
　　　 多媒体通信
　　Z 信息安全认证*

多媒体软件
multimedia software
TP317
　　D 多媒体应用程序
　　　 多媒体应用软件
　　　 多媒体程序
　　S 应用软件**
　　· FLASH软件
　　· 播放软件
　　· 多媒体工具
　　· 多媒体教学软件
　　· 视频软件
　　· 图像处理软件

- 音频软件
- 字幕软件
C 多媒体
  多媒体技术
  多媒体计算机
  多媒体软件开发

多媒体软件开发
multimedia software development
TP311
  D 多媒体程序设计
  S 软件开发
  C 多媒体软件
  Z 软件工程*

多媒体设备
multimedia equipment
TP33
  S 外部设备*
  C 多媒体系统
    多媒体计算机

多媒体视频
multimedia video
TP391
  S 数字视频
  C 多媒体会议系统
    多媒体显示器
  Z 视频*

多媒体视频会议系统
  Y 多媒体会议系统

多媒体数据
multimedia data
TP391
  S 数据*
- 图像数据
- 图形数据
- 音频数据
- 音视频数据
  C 多媒体
    多媒体数据挖掘

多媒体数据管理系统
  Y 多媒体数据库

多媒体数据广播
multimedia data broadcasting
TN94
  S 多媒体广播
    数据广播*
  C 有线电视
    有线电视网络
  Z 广播*

多媒体数据会议
  Y 多媒体会议系统

多媒体数据库
multimedia database

TP392
  D 多介质数据库
    多媒体数据库管理系统
    多媒体数据库系统
    多媒体数据管理系统
  S 数据库*
- 可视化数据库
- 视频数据库
- 图文数据库
- 图像数据库
- 图形数据库
- 语音数据库
  C 多媒体数据挖掘

多媒体数据库管理系统
  Y 多媒体数据库

多媒体数据库系统
  Y 多媒体数据库

多媒体数据挖掘
multimedia data mining
TP392
  S 数据挖掘
- 视频数据挖掘
- 图像数据挖掘
  C 多媒体数据
    多媒体数据库
  L 信息挖掘**

多媒体通信
multimedia communication
TN919.8
  D 多媒体通信技术
    多媒体通讯
  S 数据通信
- 实时多媒体通信
- 无线多媒体通信
  C 多媒体认证
    多媒体通信网
  Z 通信*

多媒体通信技术
  Y 多媒体通信

多媒体通信网
multimedia communication network
TN919.8
  D 多媒体通信网络
  S 多媒体网络*
    通信网络*
  C 多媒体通信

多媒体通信网络
  Y 多媒体通信网

多媒体通信终端
multimedia communication terminal
TN87 TN919.8
  S 多媒体终端
    通信终端**
  C 多媒体接口

多媒体通讯
  Y 多媒体通信

多媒体网
  Y 多媒体网络

多媒体网关
multimedia gateway
TN919
  S 媒体网关
  C 多媒体网络
  L 网络互连设备**

多媒体网络*
multimedia network
TP393 TN915
  D 多媒体信息网
    多媒体信息网络
    多媒体网
- 多媒体传感器网络
- · 无线多媒体传感器网络
- 多媒体计算机网络
- 多媒体通信网
- 无线多媒体网络
- · 无线多媒体传感器网络
  C 多媒体传输
    多媒体系统
    多媒体网关
    多媒体网络管理

多媒体网络管理
multimedia network management
TP37
  S 电信网络管理
  C 多媒体网络
  Z 网络管理*

多媒体网络教学
  Y 网络多媒体教学

多媒体网络教学平台
  Y 网络多媒体教学

多媒体网络教育
  Y 网络多媒体教学

多媒体微机
  Y 多媒体计算机

多媒体系统
multimedia system
TP391 TN919
  D 多媒体子系统
    多媒体平台
  S 计算机应用系统*
- IP多媒体子系统
- 多媒体创作系统
- 多媒体应用系统
  C 多媒体
    多媒体服务
    多媒体网络

多媒体计算机
多媒体设备

多媒体显示
　　Y 多媒体显示器

多媒体显示器
multimedia display
TN873
　　D 多媒体显示
　　S 显示器
　　C 多媒体视频
　　Z 显示设备*

多媒体芯片
multimedia chip
TN43
　　S 芯片*
　　C 多媒体处理器

多媒体信息安全
　　Y 多媒体安全

多媒体信息处理
multimedia information processing
TP391
　　D 多媒体信息处理系统
　　S 信息处理*
　　C 多媒体技术
　　　多媒体服务
　　　多媒体计算机

多媒体信息处理系统
　　Y 多媒体信息处理

多媒体信息传输
　　Y 多媒体传输

多媒体信息服务
　　Y 多媒体服务

多媒体信息管理系统
　　Y 多媒体信息系统

多媒体信息加密
　　Y 多媒体加密

多媒体信息网
　　Y 多媒体网络

多媒体信息网络
　　Y 多媒体网络

多媒体信息系统
multimedia information system
TP39
　　D 多媒体信息管理系统
　　S 信息系统*
　　　多媒体应用系统
　　C 多媒体传输

多媒体处理器
多媒体查询系统
Z 计算机应用系统*

多媒体演示系统
multimedia demonstration system
TP39
　　D 多媒体展示系统
　　S 多媒体应用系统
　　Z 计算机应用系统*

多媒体应用程序
　　Y 多媒体软件

多媒体应用软件
　　Y 多媒体软件

多媒体应用系统
multimedia application system
TP39
　　S 多媒体系统
　　· 多媒体查询系统
　　· 多媒体教学系统
　　· 多媒体信息系统
　　· 多媒体演示系统
　　Z 计算机应用系统*

多媒体展示系统
　　Y 多媒体演示系统

多媒体制品
　　Y 多媒体

多媒体制作工具
　　Y 多媒体工具

多媒体制作软件
　　Y 多媒体工具

多媒体终端
multimedia terminal
TN87
　　S 终端设备*
　　· 多媒体通信终端

多媒体著作工具
　　Y 多媒体工具

多媒体咨询系统
　　Y 多媒体查询系统

多媒体子系统
　　Y 多媒体系统

多媒体作品
　　Y 多媒体

多密
multicrypt
TN948

　　D 多密技术
　　S 认证加密
　　L 加密**

多密技术
　　Y 多密

多描述编码
multiple description coding
TN911
　　D 多描述视频编码
　　　多重描述编码
　　S 视频编码
　　L 音视频编码**

多描述视频编码
　　Y 多描述编码

多模多馈天线
multimode multifeed antenna
TN82
　　S 天线*

多模干涉耦合器
multimode interference coupler
TN25
　　D 多模干涉型光耦合器
　　S 光波导耦合器
　　C 光开关
　　Z 耦合器*
　　　微波元件*
　　　光器件*

多模干涉型光耦合器
　　Y 多模干涉耦合器

多模光纤
multimode optical fiber
TN929.1　TN252
　　S 光纤*
　　· 半锥形多模光纤
　　C 多模光纤转换器
　　　多模光纤连接器

多模光纤连接器
multiple mode fiber connector
TN253
　　D 多模连接器
　　S 光纤连接器
　　C 多模光纤
　　　多模光纤转换器
　　L 光无源器件**
　　　光纤器件**

多模光纤转换器
multiple mode fiber adaptor
TN253
　　S 光纤转换器
　　C 多模光纤
　　　多模光纤连接器
　　L 光无源器件**

光纤器件**

多模激光器
multimode laser
TN248
　　D 多纵模激光器
　　S 激光器*

多模接收机
multimode receiver
TN85
　　S 接收设备*

多模连接器
　　Y 多模光纤连接器

多模式跟踪
multimode tracking
TN953
　　D 复合跟踪
　　S 跟踪*

多模式匹配
multiple pattern matching
TP391
　　D 多模式匹配算法
　　S 模式匹配
　　Z 信息处理*

多模式匹配算法
　　Y 多模式匹配

多模手机
multimode mobile phone
TN929.5
　　S 手机
　　L 无线通信设备**

多模算法
　　Y 多模型算法

多模网络
multimode network
TN95
　　S 网络*
　　C 微波传输

多模型算法
multimodel algorithm
TP301.6
　　D 多模算法
　　S 模型算法
　　• 变结构多模型算法
　　• 交互式多模型算法
　　C 机动目标跟踪
　　Z 算法*

多目标动态跟踪
　　Y 多目标跟踪

多目标分辨
　　Y 多目标识别

多目标干扰
multi-target jamming
TN972
　　S 电子干扰
　　L 电子对抗**

多目标跟踪
multi-object tracking
TN215　TN953　TN971
　　D 多目标动态跟踪
　　　 多目标跟踪算法
　　S 目标跟踪*
　　• 多机动目标跟踪
　　C 目标识别

多目标跟踪算法
　　Y 多目标跟踪

多目标广播
　　Y 组播

多目标进化算法
multi-objective evolutionary algorithm
TN911　TP301
　　D 多目标演化算法
　　S 进化算法
　　Z 算法*

多目标识别
multi-target recognition
TP391.4　TN953
　　D 多目标分辨
　　S 目标识别
　　C 多目标跟踪
　　Z 信息识别*

多目标演化算法
　　Y 多目标进化算法

多目标遗传算法
multi-objective genetic algorithm
TP301
　　S 遗传算法
　　• 非支配排序遗传算法
　　Z 算法*

多目标优化算法
multi-objective optimization algorithm
TP301
　　S 优化算法
　　Z 算法*

多内核处理器
　　Y 多核处理器

多片晶体滤波器
multicrystal filter
TN713
　　S 晶体滤波器
　　Z 滤波器*

多频带天线
　　Y 多频段天线

多频带正交频分复用
　　Y 多带正交频分复用

多频段天线
multi-band antenna
TN82
　　D 多频天线
　　　 多频带天线
　　　 多频率天线
　　S 天线*
　　• 三频天线
　　• 双频天线
　　C 多频信号

多频激光器
　　Y 多波长激光器

多频连续波雷达
multi-frequency continuous wave radar
TN958
　　S 连续波雷达
　　Z 雷达*

多频率天线
　　Y 多频段天线

多频天线
　　Y 多频段天线

多频信号
multiple-frequency signal
TN911
　　S 信号*
　　• 双音多频信号
　　C 多频段天线

多频振荡器
multivibrator
TN752
　　D 多谐振荡器
　　S 振荡器*

多屏幕显示
　　Y 多屏显示

多屏显示
multi-screen display
TP334.3
　　D 多屏幕显示
　　　 多屏显示技术
　　S 屏幕显示

Z 显示*

多屏显示技术
　　Y 多屏显示

多普勒测向
Doppler direction finding
TN971　TN953
　　S 无线电测向
　　C 多普勒测向机
　　Z 测向*

多普勒测向机
Doppler direction-finder
TN953　TN971
　　S 测向机
　　C 多普勒信号
　　　多普勒测向
　　Z 电子战装备*

多普勒导航
Doppler navigation
TN966
　　D 多普勒雷达导航
　　S 无线电导航
　　C 多普勒雷达
　　Z 导航*

多普勒伏尔
　　Y 多普勒甚高频全向信标

多普勒干扰
　　Y 速度欺骗干扰

多普勒跟踪
Doppler tracking
TN953
　　S 跟踪*
　　C 多普勒雷达
　　　跟踪雷达
　　　速度欺骗干扰

多普勒激光雷达
Doppler lidar
TN958
　　S 多普勒雷达
　　　激光雷达
　　Z 雷达*

多普勒雷达
Doppler radar
TN958
　　D 多卜勒雷达
　　　脉冲多普勒雷达
　　S 雷达*
　　• 多普勒激光雷达
　　• 多普勒天气雷达
　　• 机载脉冲多普勒雷达
　　C 多普勒导航
　　　多普勒跟踪

多普勒雷达导航
　　Y 多普勒导航

多普勒全向信标
Doppler omnidirectional beacon
TN965
　　S 全向信标
　　• 多普勒甚高频全向信标
　　Z 无线电信标*

多普勒甚高频全向信标
Doppler VHF omnidirectional beacon
TN965
　　D 多普勒伏尔
　　S 多普勒全向信标
　　　甚高频全向信标
　　Z 无线电信标*

多普勒天气雷达
Doppler weather radar
TN958
　　D 多普雷气象雷达
　　　脉冲多普勒天气雷达
　　S 多普勒雷达
　　　气象雷达
　　• 全相参多普勒天气雷达
　　Z 雷达*

多普勒调制
Doppler modulation
TN76
　　S 调制*
　　C 多普勒信号

多普勒信号
Doppler signal
TN911
　　D 多卜勒信号
　　S 信号*
　　C 多普勒测向机
　　　多普勒调制

多普雷气象雷达
　　Y 多普勒天气雷达

多腔磁控管
　　Y 磁控管

多腔速调管
multicavity klystron
TN12
　　S 速调管
　　L 微波管**

多圈编码器
multi-turn encoder
TN76
　　S 编码器*

多圈电位器
multi-turn potentiometer
TM547
　　S 旋转式电位器
　　Z 电阻器*

多任务操作系统
multi-task operating system
TP316
　　S 操作系统**
　　• 实时多任务操作系统

多任务实时操作系统
　　Y 实时多任务操作系统

多入多出系统
　　Y 多变量系统

多入多出正交频分复用
　　Y 多输入多输出正交频分复用

多色激光器
　　Y 多波长激光器

多色显示管
　　Y 彩色显示管

多生物特征识别
multiple biometric recognition
TP391.4
　　S 生物特征识别
　　L 特征识别**

多声道录音
multi-channel recording
TN912
　　D 多通道录音
　　S 录音*

多视点视频
multi-view video
TN919　TP391
　　S 视频*
　　C 多视点视频编码

多视点视频编码
multi-view video coding
TN919
　　S 视频编码
　　C 多视点视频
　　L 音视频编码**

多视图建模
multi-view modeling
TP391.9
　　S 模型构建*

多输入多输出MIMO系统
　　Y 多变量系统

多输入多输出雷达
multiple-input and multiple-output radar
TN958
 D MIMO 雷达
 S 雷达*

多输入多输出系统
 Y 多变量系统

多输入多输出信道
multiple-input and multiple-output channel
TN911
 D MIMO 信道
 S 信道*
 C 协作通信
  多输入多输出正交频分复用

多输入多输出正交频分复用
Multiple-input and multiple-output orthogonal frequency division multiplexing
TN919
 D MIMO-OFDM
  MIMO-OFDM 系统
  多入多出正交频分复用
  多输入输出正交频分复用
 S 正交频分复用
 C 多输入多输出信道
  脏纸编码
 Z 多路复用*

多输入输出正交频分复用
 Y 多输入多输出正交频分复用

多束速调管
 Y 多注速调管

多数据库
 Y 多数据库系统

多数据库系统
multi-database system
TP392
 D 多数据库
 S 数据库*

多数投票算法
Boyer-Moore algorithm
TP391 TP301
 D 投票算法
  摩尔投票算法
 S 算法*

多搜索引擎
 Y 元搜索引擎

多速率传输
multirate transmission
TN91

 S 信息传输*
 C 多速率信号处理
  多速率组播

多速率信号处理
multirate signal processing
TN911
 S 信号处理*
 C 多速率传输

多速率组播
multirate multicast
TP393.2
 S 组播
 C 多速率传输
 L 网络通信**

多台站同址干扰
 Y 同址干扰

多特征融合
multi-feature fusion
TP391
 S 特征融合
 Z 信息处理*

多天线
 Y 多天线系统

多天线技术
 Y 多天线系统

多天线系统
multi-antenna system
TN82
 D 多天线
  多天线技术
 S 天线*
 C 广播信道

多条耦合器
multistrip coupler
TN62
 S 耦合器*
 C 声表面波换能器
  声表面波滤波器

多跳蜂窝网络
multi-hop cellular network
TP393.1 TN92
 S 无线多跳网络
  蜂窝网络
 L 移动通信网络**

多跳路由
multi-hop routing
TP393.03
 S 无线路由
 C 多跳通信
  无线多跳网络
 Z 路由*

多跳通信
multi-hop communication
TN92
 S 通信*
 C 多跳路由
  无线多跳网络

多跳网
 Y 无线多跳网络

多跳网络
 Y 无线多跳网络

多跳无线网
 Y 无线多跳网络

多跳无线网络
 Y 无线多跳网络

多跳自组网
 Y 自组织网络

多通道 Gabor 滤波
 Y Gabor 滤波

多通道放大器
multichannel amplifier
TN72
 D 多通放大器
 S 放大器*

多通道缓冲串行接口
 Y 多通道缓冲串口

多通道缓冲串行口
 Y 多通道缓冲串口

多通道缓冲串口
multichannel buffered serial port
TN915 TP334.7
 D McBSP
  多通道缓冲串行口
  多通道缓冲串行接口
 S 串行接口
 C 数字信号处理器
 Z 接口*

多通道交互
multimodal interaction
TP391
 S 交互*

多通道接收机
 Y 多信道接收机

多通道录音
 Y 多声道录音

多通道数据采集
multichannel data acquisition

TP2
　　D 多点数据采集
　　　 多路数据采集
　　S 数据采集
　　C 多通道信息融合
　　Z 信息采集*

多通道通信
multichannel communication
TN91
　　S 通信*
　　C 多信道接收机

多通道信息融合
multichannel information fusion
TP391
　　S 信息融合
　　C 多通道数据采集
　　Z 信息处理*

多通放大器
　　Y 多通道放大器

多微处理器
　　Y 多处理器系统

多微处理器系统
　　Y 多处理器系统

多微机系统
multi-microcomputer system
TP2　TP368
　　S 多计算机系统
　　Z 计算机系统*

多维可视化
　　Y 多维数据可视化

多维力传感器
multi-dimensional force sensor
TP212.1
　　S 力传感器
　　L 测量传感器**
　　　 物理传感器**

多维数据仓库
multi-dimensional data warehouse
TP392
　　S 数据仓库
　　C 多维数据库
　　　 多维数据挖掘
　　Z 数据库*

多维数据分析
multi-dimensional data analysis
TP391
　　S 数据分析
　　C 多维数据挖掘
　　L 数据处理**

多维数据可视化
multi-dimensional data visualization
TP274
　　D 多维可视化
　　S 数据可视化
　　C 三维数据
　　　 三维数据压缩
　　　 三维数据融合
　　　 三维数据采集
　　Z 可视化*

多维数据库
multi-dimensional database
TP392
　　S 数据库*
　　C 多维数据仓库
　　　 多维数据挖掘

多维数据挖掘
multi-dimensional data mining
TP391
　　S 数据挖掘
　　C 多维数据仓库
　　　 多维数据分析
　　　 多维数据库
　　L 信息挖掘**

多维索引结构
multi-dimensional index structure
TP311　TP303
　　S 索引结构
　　Z 数据结构*

多维信号处理
multi-dimensional signal processing
TP39
　　S 信号处理*

多文档自动文摘
　　Y 自动文摘

多文档自动摘要
　　Y 自动文摘

多文种信息处理
multilingual information processing
TP391
　　S 信息处理*

多线程编程
multi-thread programming
TP311
　　D 多线程程序设计
　　S 软件编程**
　　C 多线程处理器

多线程程序设计
　　Y 多线程编程

多线程处理器
multi-thread processor
TP33
　　D 同时多线程处理器
　　S 微处理器*
　　C 多线程服务器
　　　 多线程编程

多线程服务器
multi-thread server
TP368
　　S 服务器*
　　C 多线程处理器

多相编码
multiphase coding
TN951
　　S 相位编码
　　Z 编码*

多相滤波
polyphase filtering
TN713　TN911
　　S 相位滤波
　　Z 滤波*

多相外延
　　Y 复相外延

多项滤波
　　Y 多项式滤波

多项式滤波
polynomial filtering
TN713
　　D 多项滤波
　　S 滤波*
　　· 多项式预测滤波

多项式相位信号
polynominal phase signal
TN911
　　S 信号*

多项式预测滤波
polynomial predictive filtering
TN713
　　S 多项式滤波
　　　 预测滤波
　　Z 滤波*

多协议标记交换
　　Y 多协议标签交换

多协议标记交换技术
　　Y 多协议标签交换

多协议标记交换虚拟专用网
multi-protocol label switching virtual private network
TN91　TP393.1

D MPLS VPN
　　　MPLSVPN
　　S 虚拟专用网络
　　C 多协议标签交换
　　Z 计算机网络*

多协议标签交换
multi-protocol label switching
TN91　TP3
　　D MPLS
　　　MPLS 技术
　　　多协议标签交换技术
　　　多协议标记交换
　　　多协议标记交换技术
　　S 标签交换
　　• 传送多协议标签交换
　　• 通用多协议标签交换
　　C MPLS 组播
　　　多协议标签交换网络
　　　多协议标记交换虚拟专用网
　　　标签交换路由器
　　　标签分发协议
　　　边界网关协议
　　　边缘路由器
　　　链路管理协议
　　Z 信息交换*

多协议标签交换技术
　　Y 多协议标签交换

多协议标签交换网络
multi-protocol label switching network
TP393　TN915
　　D MPLS 网
　　　MPLS 网络
　　S 交换网络
　　C 多协议标签交换
　　Z 通信网络*

多协议封装
multi-protocol encapsulation
TP312　TN911
　　S 协议处理
　　　网络封装
　　C 数字视频广播标准
　　　数据广播
　　Z 网络技术*

多协议路由器
multi-protocol router
TP393
　　S 路由器
　　C 多协议收发器
　　L 网络互连设备**

多协议收发器
multi-protocol transceiver
TN7　TN8
　　S 收发器*
　　C 多协议路由器

多协议网关
　　Y 协议网关

多谐振变换器
multi-resonant converter
TN86
　　S 谐振变换器
　　Z 变换器*

多谐振荡器
　　Y 多频振荡器

多芯片
　　Y 芯片组

多芯片封装
multi-chip package
TN405
　　S 芯片封装
　　C 多芯片组件
　　　微组装工艺
　　L 半导体封装**

多芯片模块
　　Y 多芯片组件

多芯片组件
multi-chip module
TN405
　　D 多芯片模块
　　　多芯片组件技术
　　S 电子组件*
　　• 叠层多芯片组件
　　• 高速多芯片组件
　　• 光电多芯片组件
　　• 混合多芯片组件
　　• 三维多芯片组件
　　• 陶瓷多芯片组件
　　• 微波多芯片组件
　　C 多核处理器
　　　多芯片封装
　　　芯片组
　　　阵列处理器

多芯片组件技术
　　Y 多芯片组件

多信道接收机
multichannel receiver
TN85
　　D 多通道接收机
　　S 接收设备*
　　C 多通道通信

多信号分类算法
　　Y 多重信号分类算法

多信息融合
multi-information fusion
TP2
　　S 信息融合

　　Z 信息处理*

多阳极光电倍增管
multi-anode photomultiplier tube
TN15
　　S 光电倍增管
　　L 电子束管**

多业务网络
multi-service network
TN915
　　S 电信业务网
　　Z 通信网络*

多用户操作系统
multi-user operating system
TP316
　　S 操作系统**
　　C 多用户共享

多用户共享
multi-user sharing
TN92　TP391
　　S 资源共享*
　　C 多用户信源编码
　　　多用户操作系统

多用户接收机
multi-user receiver
TN85
　　S 接收设备*

多用户通信
　　Y 多点通信

多用户信源编码
multi-user source coding
TN911
　　S 信源编码
　　C 多用户共享
　　L 通信编码**

多用途网际邮件扩充协议
multi-purpose internet mail extensions
TN915
　　D MIME
　　　多功能国际邮件扩充协议
　　S 邮件协议
　　L 网络协议**

多域光网络
multi-domain optical network
TN92
　　S 光通信网络**

多元红外探测器
multi-element infrared detector
TN953　TN215
　　D 多元探测器
　　S 红外探测器

L 光学探测器**
　　红外器件**

多元逻辑电路
multi-element logic circuit
TN791
　D 多值逻辑电路
　S 逻辑电路
　L 数字电路**

多元探测器
　Y 多元红外探测器

多源数据融合
multi-source data fusion
TP391
　S 数据融合
　Z 信息处理*

多约束路由
　Y 约束路由

多载波传输
multi-carrier transmission
TN914
　S 载波传输
　C 多载波扩频
　　多载波通信
　Z 信息传输*

多载波扩频
multi-carrier spread spectrum
TN918
　S 扩频*
　C 多载波传输
　　多载波通信

多载波调制
multi-carrier modulation
TN76
　D 多载波调制技术
　S 载波调制
　C 多载波信号
　　多载波通信
　　正交频分复用
　Z 调制*

多载波调制技术
　Y 多载波调制

多载波通信
multi-carrier communication
TN914
　S 载波通信
　C 多载波传输
　　多载波信号
　　多载波扩频
　　多载波调制
　Z 通信*

多载波信号
multi-carrier signal
TN911
　S 无线电信号
　C 多载波调制
　　多载波通信
　Z 信号*

多站同址干扰
　Y 同址干扰

多站信息显示器
　Y 多功能显示器

多值编码遗传算法
multi-value coded genetic algorithm
TN919
　D MVCGA
　S 遗传算法
　C 多值存储器
　　小波神经网络
　Z 算法*

多值存储器
multi-value memory
TP333
　S 存储器*
　C 单电子晶体管
　　多值编码遗传算法

多值电路
multi-value circuit
TN7　TN4
　S 电子电路*

多值逻辑电路
　Y 多元逻辑电路

多址干扰
multiple access interference
TN911.4
　S 信号干扰
　C 同信道干扰
　　邻信道干扰
　Z 电磁干扰*

多址广播
　Y 组播

多址规约
　Y 多址接入协议

多址接入协议
multiple access protocol
TN92
　D 多址协议
　　多址规约
　S 接入协议

C 多址通信
L 网络协议**

多址通信
multiple access communication
TN91　TN92
　D 任意选址无线电通信
　　多址通讯
　S 无线通信**
　• 码分多址通信
　• 跳频多址通信
　C 多址接入协议

多址通讯
　Y 多址通信

多址协议
　Y 多址接入协议

多智能体
　Y 多智能体系统

多智能体仿真
multi-agent simulation
TP391
　D 多 Agent 仿真
　　多主体仿真
　S 仿真*
　C 多智能体系统

多智能体技术
　Y 多智能体系统

多智能体网络
multi-agent network
TP2
　S 智能网络
　C 合同网协议
　　多智能体系统
　Z 网络*

多智能体系统
multi-agent system
TP31
　D 多智能体
　　多智能体技术
　S 分布式系统*
　　控制系统*
　C 多智能体仿真
　　多智能体网络
　　多智能体遗传算法

多智能体遗传算法
multi-agent genetic algorithm
TP301
　S 遗传算法
　C 多智能体系统
　Z 算法*

多种群遗传算法
multi-population genetic algorithm
TN911　TP301.6　TP183
　　D 多重群体遗传算法
　　S 遗传算法
　　Z 算法*

多主体仿真
　　Y 多智能体仿真

多注行波管
multi-injection traveling wave tube
TN12
　　S 行波管
　　L 微波管**

多注速调管
multi-beam klystron
TN12
　　D 多束速调管
　　S 速调管
　　L 微波管**

多总线
multi bus
TP336
　　D 多总线系统
　　S 总线*

多总线系统
　　Y 多总线

多纵模激光器
　　Y 多模激光器

多足仿生机器人
　　Y 多足机器人

多足机器人
multi-legged robot
TP242
　　D 多足仿生机器人
　　　 步行机器人
　　S 仿生机器人
　　　 移动机器人
　　• 六足机器人
　　• 双足机器人
　　• 四足机器人
　　Z 机器人*

惰性气体激光器
noble gas laser
TN248
　　S 原子激光器
　　• 氦氖激光器
　　• 氪氖激光器
　　L 气体激光器**

扼流圈
choke coil
TM556
　　D 电抗器
　　　 铁心电感器
　　　 铁芯电感器
　　　 阻流圈
　　S 电感器*
　　• 饱和扼流圈
　　• 充电扼流圈
　　• 磁珠
　　• 调幅扼流圈
　　• 交流扼流圈
　　• 可变电抗器
　　• 音频扼流圈
　　• 阴极输出扼流圈

恶意程序
　　Y 恶意软件

恶意代码
　　Y 恶意软件

恶意代码防御
malicious code defending
TP393.08
　　S 网络防御**
　　C 反调试
　　　 恶意软件

恶意攻击
malicious attack
TP309
　　S 网络攻击**
　　C 恶意软件

恶意软件**
malicious software
TP309　TP318
　　D 恶意代码
　　　 恶意程序
　　S 软件*
　　• 攻击工具
　　• 黑客程序
　　• 后门程序
　　• 间谍程序
　　• 计算机病毒
　　• U盘病毒
　　• 变种病毒
　　• 宏病毒
　　• 混合型病毒
　　• 木马程序
　　• • ASP木马
　　• • 盗号木马
　　• • 网页木马
　　• 蠕虫病毒
　　• • 受控蠕虫
　　• • 网络蠕虫
　　• • • P2P蠕虫
　　• • • 邮件蠕虫
　　• 网络病毒
　　• • ARP病毒
　　• • • 僵尸程序
　　• • • 脚本病毒
　　• • • 网络蠕虫
　　• • • • P2P蠕虫
　　• • • • 邮件蠕虫
　　• • 网页病毒
　　• • 邮件病毒
　　• 文件型病毒
　　• 引导型病毒
　　• 源码病毒
　　• 流氓软件
　　• 手机病毒
　　C 反调试
　　　 恶意代码防御
　　　 恶意攻击

耳机插孔
headphone jack
TN6
　　D 耳机插座
　　S 同轴电连接器
　　Z 电连接器*

耳机插座
　　Y 耳机插孔

耳机放大器
headphone amplifier
TN72
　　S 放大器*

铒玻璃激光器
erbium glass laser
TN248
　　S 玻璃激光器
　　　 铒激光器
　　L 固体激光器**

铒光纤放大器
　　Y 掺铒光纤放大器

铒激光器
erbium laser
TN248
　　S 固体激光器**
　　• 掺铒光纤激光器
　　• 铒玻璃激光器

铒镱共掺光纤
erbium-ytterbium-codoped fiber
TN25
　　D Er_3Yb_3共掺光纤
　　S 掺杂光纤
　　Z 光纤*

二层触发器
layer 2 trigger
TN79　TP33
　　S 触发器
　　L 数字电路**

二层交换
layer 2 switching
TP393.0　TN915
　D 二层交换技术
　S 网络交换
　Z 信息交换*

二层交换机
layer 2 switch
TP393　TN915
　S 网络交换机
　L 交换设备**

二层交换技术
　Y 二层交换

二层隧道协议
　Y 第二层隧道协议

二重结构编码
dual-structure coding
TN911
　S 编码*

二次变频接收机
secondary frequency conversion receiver
TN957
　S 接收设备*

二次电池
　Y 蓄电池

二次电源
secondary power supply
TN86
　D 二次电源系统
　S 电源*

二次电源系统
　Y 二次电源

二次电子电导摄像管
secondary electron conduction camera tube
TN14
　D SEC 摄像管
　S 摄像管
　L 电子束管**

二次监视雷达
　Y 二次雷达

二次开发
custom/tailor-made software development
TP311
　D UG 二次开发
　S 软件开发
　Z 软件工程*

二次雷达
secondary radar
TN958
　D 二次监视雷达
　　二次雷达系统
　S 监视雷达
　• 单脉冲二次雷达
　C 空中交通管制雷达
　　雷达敌我识别
　Z 雷达*

二次雷达系统
　Y 二次雷达

二次滤波
secondary filtering
TN713
　S 滤波*

二次调制
secondary modualtion
TN76
　S 调制*

二次显示
secondary display
TN27
　S 显示*

二代象增强器
　Y 微通道板像增强器

二端对网络
　Y 双端口网络

二端口网络
　Y 双端口网络

二端网络
　Y 双端口网络

二端振荡器
　Y 负阻振荡器

二分频
　Y 二分频器

二分频电路
　Y 二分频器

二分频器
two frequency divider
TN772
　D 二分频
　　二分频电路
　S 偶数分频器
　Z 分频器*

二级缓存
level 2 cache
TP333
　S 多级缓存
　Z 存储器*

二级密钥
secondary key
TN918　TP309
　D 次密钥
　S 密钥*
　C 数据库

二极管泵浦固体激光器
diode-pumped solid state laser
TN248
　D DPSSL
　　LD 抽运固体激光器
　　LD 泵浦固体激光器
　　LD 泵浦激光器
　　二极管抽运固体激光器
　　二极管泵浦全固体激光器
　　二极管泵浦激光器
　　激光二极管抽运固体激光器
　　激光二极管泵浦固体激光器
　S 泵浦激光器
　Z 激光器*

二极管泵浦激光器
　Y 二极管泵浦固体激光器

二极管泵浦全固体激光器
　Y 二极管泵浦固体激光器

二极管抽运固体激光器
　Y 二极管泵浦固体激光器

二极管负阻振荡器
diode negative resistance oscillator
TN752
　S 二极管振荡器
　　负阻振荡器
　Z 振荡器*
　　负阻器件*

二极管混频器
diode mixer
TN773
　D 二极管双平衡混频器
　S 无源混频器
　C 混频二极管
　Z 混频器*

二极管激光器
diode laser
TN248
　D 半导体二极管激光器
　S 半导体激光器
　• 光纤耦合激光二极管
　• 外腔二极管激光器
　C 激光二极管
　L 固体激光器**

二极管检波器
diode detector
TN763
  S 固态检波器
  • 平方律检波器
  • 隧道二极管检波器
  Z 检波器*

二极管平衡鉴相器
diode balanced phase detector
TN763.3
  S 模拟鉴相器
  Z 检波器*

二极管双平衡混频器
  Y 二极管混频器

二极管振荡器
diode oscillator
TN752
  S 振荡器*
  • 变容二极管振荡器
  • 二极管负阻振荡器
  • 隧道二极管振荡器
  • 体效应二极管振荡器
  • 雪崩二极管振荡器

二极管整流器
diode rectifier
TN35
  S 半导体整流器
  C 整流二极管
  L 半导体分立器件**

二阶段提交协议
  Y 两阶段提交协议

二阶高通滤波器
second-order high-pass filter
TN713
  S 高通滤波器
  Z 滤波器*

二阶扩展卡尔曼滤波
second-order extended Kalman filtering
TN713
  S 扩展卡尔曼滤波
  L 卡尔曼滤波**

二进制编码
binary coding
TP301
  D 二进制算术编码
  S 计算机编码
  • BCD 码
  • Booth 编码
  • 浮点数编码
  • 格雷编码
  • 哈夫曼编码
  C 二进制数据
  Z 编码*

二进制差分相移键控
binary differential phase shift keying
TN76
  D 2DPSK
  S 二进制相移键控
    差分相移键控
  L 数字调制**

二进制粒子群算法
binary particle swarm optimization algorithm
TP30 TP312
  D 二进制粒子群优化算法
  S 粒子群算法
  Z 算法*

二进制粒子群优化算法
  Y 二进制粒子群算法

二进制偏移载波调制
binary-offset-carrier modulation
TN3 TN76
  D BOC 调制
  S 载波调制
  Z 调制*

二进制频移键控
binary frequency shift keying
TN76
  S 频移键控
  L 数字调制**

二进制数据
binary data
TP315
  S 数据*
  C 二进制编码

二进制搜索算法
binary search algorithm
TP301 TN911
  S 搜索算法
  Z 算法*

二进制算术编码
  Y 二进制编码

二进制相移键控
binary phase shift keying
TN76
  D BPSK
    BPSK 调制
    二进制移相键控
    双相移相键控
  S 相移键控
  • 二进制差分相移键控
  • 直接序列扩频/二进制相移键控
  L 数字调制**

二进制移相键控
  Y 二进制相移键控

二聚物激光器
  Y 准分子激光器

二口网络
  Y 双端口网络

二类瓷介电容器
class 2 ceramic capacitor
TM534
  D 低频陶瓷电容器
  S 陶瓷电容器
  Z 电容器*

二-十进制编码
  Y BCD 码

二维仿真
two-dimensional simulation
TP391.9
  D 二维模拟
  S 仿真*

二维码
two dimensional bar code
TN911 TP391.4
  D 二维条形码
    二维条码
    二维码技术
  S 条形码
  • PDF417 条码
  • Vericode 条码
  • 汉信码
  • 快速反应码
  • 手机二维码
  C 二维数字水印
  Z 编码*

二维码技术
  Y 二维码

二维模拟
  Y 二维仿真

二维数字水印
two-dimensional digital watermark
TP309
  S 数字水印*
  C 二维码

二维条码
  Y 二维码

二维条形码
  Y 二维码

二维维纳滤波
two-dimensional Wiener filtering

TN713
　　S 维纳滤波
　　Z 滤波*

二维中值滤波
two-dimensional median filtering
TN713
　　S 中值滤波
　　Z 滤波*

二相编码
two-phase encoding
TN911
　　S 相位编码
　　C 二相编码信号
　　Z 编码*

二相编码信号
binary phase-coded signal
TN911　TN957
　　D 二相位编码信号
　　S 相位编码信号
　　C 二相编码
　　Z 信号*

二相位编码信号
　　Y 二相编码信号

二氧化铪
hafnium dioxide
TN304
　　D HfO_2
　　S 电子陶瓷*

二氧化钛压敏陶瓷
titanium dioxide varistor ceramic
TN3
　　D TiO_2压敏陶瓷
　　　 TiO_2基压敏陶瓷
　　S 压敏陶瓷
　　Z 电子陶瓷*
　　　 半导体材料*

二氧化碳激光
　　Y 二氧化碳激光器

二氧化碳激光器
carbon dioxide laser
TN248
　　D CO_2激光
　　　 CO_2激光器
　　　 二氧化碳激光
　　S 分子气体激光器
　　· TEA 二氧化碳激光器
　　· 波导二氧化碳激光器
　　· 高功率二氧化碳激光器
　　· 射频激励二氧化碳激光器
　　· 轴快流二氧化碳激光器
　　L 气体激光器**

二氧化锡薄膜
stannic dioxide thin film
TN304.2
　　D SnO_2薄膜
　　　 氧化锡薄膜
　　S 半导体薄膜
　　Z 半导体材料*

二氧化锗
germanium dioxide
TN304
　　D GeO_2
　　　 氧化锗
　　S 氧化物半导体
　　L 化合物半导体**

二元化合物半导体
binary compound semiconductor
TN304
　　D 赝二元半导体
　　S 化合物半导体**
　　· Ⅱ-Ⅵ族化合物半导体
　　· Ⅲ-Ⅴ族化合物半导体
　　· 锗化硅

二值水印
binary watermark
TP309　TN918
　　S 数字水印*

二总线
　　Y 双总线

二坐标雷达
two-coordinate radar
TN958
　　D 2D 雷达
　　S 雷达*

发报机
　　Y 无线电发报机

发布平台
　　Y 发布系统

发布系统
release system
TP391　TP393　TP311
　　D 发布平台
　　S 计算机应用系统*
　　· 新闻发布系统

发动机电控系统
　　Y 发动机电子控制系统

发动机电子控制系统
engine electronic control system
TP27
　　D 发动机电控系统
　　S 汽车电子控制系统
　　Z 汽车电子系统*
　　　 控制系统*

发光二极管
light emitting diode
TN383　TN31
　　D LED
　　　 LED 发光二极管
　　　 LED 器件
　　　 光发射二极管
　　　 半导体发光二极管
　　　 发光二极体
　　S 半导体发光器件**
　　· 白色发光二极管
　　· 彩色发光二极管
　　· 超辐射发光二极管
　　· 点阵 LED
　　· 发光二极管指示灯
　　· 高亮度发光二极管
　　· 功率型发光二极管
　　· 红色发光二极管
　　· 红外发光二极管
　　· 聚合物发光二极管
　　· 蓝光发光二极管
　　· 绿光发光二极管
　　· 贴片 LED
　　· 有机发光二极管
　　· 紫外发光二极管
　　C LED 显示器
　　　 LED 显示屏
　　　 LED 芯片
　　　 LED 驱动电路
　　　 半导体发光材料

发光二极管数码管
　　Y LED 数码管

发光二极管显示
　　Y LED 显示

发光二极管显示屏
　　Y LED 显示屏

发光二极管显示器
　　Y LED 显示器

发光二极管芯片
　　Y LED 芯片

发光二极管指示灯
LED indicator
TN383
　　D LED 信号灯
　　S 发光二极管
　　L 半导体发光器件**

发光二极体
　　Y 发光二极管

发夹谐振器
hairpin resonator
TN75
   S 微带谐振器
   Z 谐振器*
     微波元件*

发射机*
transmitter
TN83
   D 发送机
     发送设备
- 电视发射机
- · 全固态电视发射机
- · 数字电视发射机
- 电子管发射机
- 行波管发射机
- 调制发射机
- 调幅发射机
- · 调幅广播发射机
- · 数字调幅发射机
- 调频发射机
- · 调频广播发射机
- · 调频雷达发射机
- · 数字调频发射机
- 调相发射机
- 外调制发射机
- 多路发射机
- 功率发射机
- 光发射机
- 光纤 CATV 外调制发射机
- 激光发射机
- 广播发射机
- 调幅广播发射机
- 调频广播发射机
- 短波广播发射机
- 立体声发射机
- 数字广播发射机
- 中波广播发射机
- 雷达发射机
- 调频雷达发射机
- 固态雷达发射机
- 脉冲发射机
- 全固态发射机
- · 全固态电视发射机
- · 全固态中波发射机
- 数字发射机
- · 数字电视发射机
- · 数字调幅发射机
- · 数字调频发射机
- · 数字广播发射机
- · 数字中波发射机
- 通信发射机
- 寻呼发射机
- 移动通信发射机
- 图像发射机
- 微型发射机
- 无线电发射机
- 超短波发射机
- 大功率发信机
- 单边带发射机
- 短波发射机
- · 短波广播发射机
- · 分米波发射机
- 微波发射机
- 中波发射机
- · 全固态中波发射机
- · 数字中波发射机
- · 中波广播发射机
- 信道化发射机
- 信号发射机
- 遥测发射机
- 遥控发射机
- 主放式发射机
   C 接收设备

发射极耦合逻辑
   Y 发射极耦合逻辑电路

发射极耦合逻辑电路
emitter coupled logic circuit
   D ECL 电路
     发射极耦合逻辑
     射极耦合逻辑电路
     射极耦合逻辑门
   S 非饱和型逻辑电路
   L 逻辑集成电路**

发射接收组件
transmitting receiving module
TN92
   S 电子组件*

发射天线
transmitting antenna
TN82
   D 发送天线
   S 天线*
- 电视发射天线
- 调频发射天线
- 短波发射天线
- 广播发射天线
- 中波发射天线
   C 发射信号

发射信号
transmit signal
TN95
   S 信号*
   C 发射信号处理器
     发射天线

发射信号处理器
transmit signal processor
TP33 TN43
   S 信号处理器
   C 信号发射机
     发射信号
   Z 微处理器*

发送机
   Y 发射机

发送设备
   Y 发射机

发送天线
   Y 发射天线

发现算法
discovery algorithm
TP393.0
   S 算法*
- 服务发现算法
- 拓扑发现算法

发信机
   Y 通信发射机

阀控密封铅酸蓄电池
   Y 阀控式密封铅酸蓄电池

阀控密封式铅酸蓄电池
   Y 阀控式密封铅酸蓄电池

阀控式密封铅酸蓄电池
valve-regulated lead-acid battery
TM912
   D VRLA
     密封式阀控铅酸蓄电池
     阀控密封式铅酸蓄电池
     阀控密封铅酸蓄电池
     阀控式铅酸蓄电池
   S 密封铅酸蓄电池
   Z 电池*

阀控式铅酸蓄电池
   Y 阀控式密封铅酸蓄电池

法布里-珀罗激光器
Fabry-Parot laser
TN248
   D FP 激光器
   S 半导体激光器
   L 固体激光器**

法拉第调制器
   Y 磁光调制器

翻版机
   Y 掩模复印机

翻译程序
   Y 翻译软件

翻译程序包
   Y 翻译软件

翻译工具
   Y 翻译软件

翻译机
   Y 翻译软件

翻译器
   Y 翻译软件

翻译软件
translation software
TP391.2 TP18
　　D 翻译器
　　　翻译工具
　　　翻译机
　　　翻译程序
　　　翻译程序包
　　　翻译系统
　　S 办公软件**

翻译系统
　　Y 翻译软件

反病毒
　　Y 防病毒

反差调整
　　Y 反差增强

反差增强
contrast enhancement
TN91
　　D 反差调整
　　　图像对比度增强
　　　对比度增强
　　S 图像增强
　　L 图像处理**

反传学习
back propagation learning
TP181 TP391
　　S 机器学习*
　　C 神经计算

反电磁措施
　　Y 电子防御

反电子措施
　　Y 电子防御

反电子对抗
　　Y 电子防御

反电子对抗措施
　　Y 电子防御

反电子干扰
　　Y 电子反干扰

反电子侦察
anti-electronic reconnaissance
TN971
　　D 电子反侦察
　　S 电子防御
　　· 电子伪装
　　· 雷达反侦察
　　· 通信反侦察
　　L 电子对抗**

反动态跟踪
anti-dynamic tracking
TP309
　　D 动态反跟踪
　　　反动态跟踪技术
　　S 反跟踪
　　Z 信息安全防护*

反动态跟踪技术
　　Y 反动态跟踪

反辐射摧毁
anti-radiation destruction
TN974 TN972
　　S 电子摧毁
　　　雷达对抗
　　C 防反辐射摧毁
　　L 电子对抗**

反辐射无人机
anti-radiation UAV
TN97
　　D 反雷达无人机
　　S 电子战飞机
　　　雷达对抗装备
　　C 无人机数据链
　　　防反辐射摧毁
　　Z 电子战装备*

反概率接收机
inverse probability receiver
TN85
　　S 最佳接收机
　　Z 接收设备*

反跟踪
anti-tracking
TP309
　　D 反跟踪技术
　　S 信息安全防护*
　　· 反动态跟踪
　　C 加密
　　　跟踪
　　　软件保护

反跟踪技术
　　Y 反跟踪

反光电干扰
　　Y 光电反干扰

反汇编
disassembling
TP311
　　S 软件编程**

反激变换器
　　Y 反激式变换器

反激开关电源
　　Y 反激式开关电源

反激式变换器
flyback converter
TN710
　　D 反激变换器
　　　反激式转换器
　　S 电源变换器
　　Z 变换器*

反激式开关电源
flyback switching power supply
TN86
　　D 单端反激式开关电源
　　　反激开关电源
　　S 开关电源
　　Z 电源*

反激式转换器
　　Y 反激式变换器

反拒认
non-repudiation
TN918 TP393.08 TP309
　　D 抗抵赖
　　　防抵赖
　　S 信息安全防护*

反拷贝
　　Y 防拷贝

反拷贝技术
　　Y 防拷贝

反馈电路
feedback circuit
TN710 TN72
　　D 反馈回路
　　　反馈环路
　　S 电子电路*
　　· 反馈控制电路
　　· 负反馈电路
　　· 共模反馈电路
　　C 光纤环网
　　　反馈信号
　　　反馈放大器

反馈放大电路
　　Y 反馈放大器

反馈放大器
feedback amplifier
TN72
　　D 反馈放大电路
　　S 放大器*
　　· 电流反馈放大器
　　· 电压反馈放大器
　　· 负反馈放大器
　　C 反馈信号
　　　反馈电路

反馈环路
　　Y 反馈电路

反馈回路
　　Y 反馈电路

反馈均衡器
feedback equalizer
TN715
　　S 均衡器*
　　· 判决反馈均衡器

反馈控制电路
feedback control circuit
TN710
　　S 反馈电路
　　　　控制电路
　　Z 电子电路*

反馈神经网络
feedback neural network
TP183
　　D 反馈式神经网络
　　　　反馈网络
　　S 人工神经网络*
　　· Hopfield 神经网络
　　C 自联想神经网络

反馈式神经网络
　　Y 反馈神经网络

反馈算法
feedback algorithm
TP301　TP391
　　S 算法*

反馈网络
　　Y 反馈神经网络

反馈信道
feedback channel
TN919　TN911
　　S 信道*

反馈信号
feedback signal
TN911
　　S 信号*
　　C 反馈放大器
　　　　反馈电路

反馈移位寄存器
feedback shift register
TP33
　　S 移位寄存器
　　· 非线性反馈移位寄存器
　　· 线性反馈移位寄存器
　　Z 寄存器*

反馈振荡器
feedback oscillator
TN752
　　S 振荡器*

反垃圾邮件
　　Y 反垃圾邮件技术

反垃圾邮件技术
anti-spam technology
TP393.08
　　D 反垃圾邮件
　　S 信息安全技术*

反雷达干扰
　　Y 雷达抗干扰

反雷达无人机
　　Y 反辐射无人机

反量化
inverse quantization
TN919
　　S 信息量化
　　Z 信息处理*

反滤波
　　Y 逆滤波

反面选择算法
　　Y 否定选择算法

反碰撞算法
　　Y 碰撞算法

反取证
anti-forensics
TP391
　　D 反取证技术
　　S 计算机取证
　　C 数据加密
　　Z 信息安全技术*

反取证技术
　　Y 反取证

反熔丝 FPGA
antifuse FPGA
TN79+1
　　S 现场可编程门阵列
　　L 逻辑集成电路**

反入侵
　　Y 防入侵

反锐化掩模
unsharp masking
TP391.4
　　D 反锐化掩模法
　　S 图像掩模
　　L 图像处理**

反锐化掩模法
　　Y 反锐化掩模

反射面天线
　　Y 面天线

反射内存
　　Y 反射内存网

反射内存网
reflective memory network
TP393
　　D 反射内存
　　　　反射内存网络
　　S 存储网络
　　C 实时网络
　　Z 计算机网络*

反射内存网络
　　Y 反射内存网

反射器干扰
reflector jamming
TN972
　　S 无源干扰
　　C 干扰用反射器
　　L 电子对抗**

反射器天线
　　Y 面天线

反射式速调管
　　Y 反射速调管

反射式显示
　　Y 反射式液晶显示器

反射式显示器
　　Y 反射式液晶显示器

反射式液晶显示器
reflection liquid crystal display
TN87
　　D 反射型液晶显示器
　　　　反射式显示
　　　　反射式显示器
　　S 液晶显示器
　　Z 显示设备*

反射式中间件
　　Y 反射中间件

反射速调管
reflex klystron
TN12
　　D 反射式速调管
　　S 速调管
　　L 微波管**

反射体天线
　　Y 面天线

反射天线
　　Y 面天线

反射型液晶显示器
　　Y 反射式液晶显示器

反射型移相器
reflective phase shifter
TN76
　　S 移相器*

反射阵列天线
reflector array antenna
TN82
　　D 反射阵天线
　　　平面反射阵列天线
　　S 阵列天线
　　　面天线
　　Z 天线*

反射阵天线
　　Y 反射阵列天线

反射中间件
reflective middleware
TP317
　　D 反射式中间件
　　S 中间件
　　Z 软件*

反水声干扰
　　Y 水声反干扰

反弹服务器
bounce server
TP368
　　S 服务器*
　　C 分布式拒绝服务攻击

反调试
anti-debugging
TP3
　　S 软件保护
　　C 恶意代码防御
　　　恶意软件
　　Z 信息安全防护*

反调制
　　Y 解调

反铁电陶瓷
anti-ferroelectric ceramic
TM28
　　S 电子陶瓷*

反通信干扰
　　Y 通信抗干扰

反同轴磁控管
inverse coaxial magnetron
TN12
　　S 磁控管
　　L 微波管**

反相放大器
inverting amplifier
TN72
　　S 运算放大器
　　C 反相器电路
　　Z 放大器*

反相器
　　Y 反相器电路

反相器电路
inverter circuit
TN710
　　D 倒相器
　　　倒相电路
　　　反相器
　　S 电子电路*
　　C 反相放大器

反向传播神经网络
back propagation neural network
TP183
　　D BPNN
　　　BP 人工神经网络
　　　BP 神经网络
　　　BP 网络
　　S 前馈神经网络
　　C 反向传播算法
　　Z 人工神经网络*

反向传播神经网络算法
　　Y 反向传播算法

反向传播算法
back propagation algorithm
TP18
　　D BP 算法
　　　反向传播神经网络算法
　　　后向传播算法
　　　神经网络 BP 算法
　　S 人工神经网络算法
　　　监督学习算法
　　· LMBP 算法
　　· 误差反传算法
　　· 自适应反向传播算法
　　C 反向传播神经网络
　　　多层网络
　　　字符串匹配
　　　神经计算
　　Z 算法*

反向传输
reverse transmission
TN94
　　S 信息传输*
　　C 反向代理
　　　反向链路

反向代理
reverse proxy
TP393.08
　　D 反向代理技术
　　S 网络代理
　　C 反向代理服务器
　　　反向传输
　　Z 网络服务*

反向代理服务器
reverse proxy server
TP368
　　S 代理服务器
　　C 反向代理
　　Z 服务器*

反向代理技术
　　Y 反向代理

反向复用
　　Y 解复用

反向复用技术
　　Y 解复用

反向开关晶体管
reverse switching transistor
TN32
　　S 开关晶体管
　　L 半导体分立器件**

反向链路
reverse link
TN915
　　D 返向链路
　　　返回链路
　　S 链路*
　　C 反向传输

反向信道
reverse channel
TN914　TN911
　　D 返回信道
　　S 信道*
　　· 反向业务信道

反向选择算法
　　Y 否定选择算法

反向业务信道
reverse traffic channel
TN929.1　TN911
　　S 业务信道
　　　反向信道
　　Z 信道*

反向噪声
inverse noise
TN911
　　S 信号噪声*

· 240 ·

反向追踪
backward tracing
TP393.08
　　S 网络追踪
　　L 网络安全技术**

反演设计
backstepping design
TP13
　　D backstepping 设计
　　S 系统设计*

反演算法
backstepping algorithm
TP31
　　D backstepping 算法
　　S 智能算法
　　Z 算法*

反隐身雷达
anti-stealth radar
TN958
　　D 反隐形雷达
　　S 雷达*

反隐形雷达
　　Y 反隐身雷达

反应离子刻蚀
reaction ion etching
TN305
　　D 反应性离子刻蚀
　　　 反应离子束刻蚀
　　　 反应离子深刻蚀
　　　 反应离子蚀刻
　　　 深反应离子刻蚀
　　S 干法刻蚀
　　　 离子刻蚀
　　Z 半导体工艺*

反应离子深刻蚀
　　Y 反应离子刻蚀

反应离子蚀刻
　　Y 反应离子刻蚀

反应离子束刻蚀
　　Y 反应离子刻蚀

反应式步进电动机
variable reluctance stepping motor
TM35
　　D 反应式步进电机
　　S 旋转步进电动机
　　Z 微特电机*

反应式步进电机
　　Y 反应式步进电动机

反应式路由协议
　　Y 按需路由协议

反应性溅射蚀刻
　　Y 溅射刻蚀

反应性离子刻蚀
　　Y 反应离子刻蚀

返波放大管
backward wave amplifier
TN12
　　S 正交场放大管
　　C 返波管
　　L 微波管**
　　　 电子管**

返波管
backward wave tube
TN12
　　D 返波管振荡器
　　S 行波管
　　· 太赫兹返波管
　　· 相对论返波管
　　C 返波放大管
　　L 微波管**

返波管振荡器
　　Y 返波管

返回链路
　　Y 反向链路

返回信道
　　Y 反向信道

返向链路
　　Y 反向链路

泛播
　　Y 任意播

泛函网络
functional network
TP13
　　S 网络*

泛洪攻击
flooding attack
TP393.08
　　D Flooding 攻击
　　　 洪水攻击
　　　 洪流攻击
　　S 主动攻击
　　C 泛洪广播
　　　 泛洪算法
　　L 网络攻击**

泛洪广播
flooding broadcast
TP393.08
　　S 数据广播*
　　C 无线传感器网络
　　　 泛洪攻击
　　　 泛洪算法

泛洪算法
flooding algorithm
TN911　TP301
　　S 算法*
　　C 泛洪广播
　　　 泛洪攻击

泛型编程
generic programming
TP311
　　D 泛型程序设计
　　S 软件编程**

泛型程序设计
　　Y 泛型编程

泛在网*
ubiquitous network
TN915　TN92　TP2
　　D 无处不在网
　　　 泛在网络
　　· 无线泛在网络
　　· 物联网**
　　C 计算机网络
　　　 通信网络

泛在网络
　　Y 泛在网

范阿塔反射器
Van Atta reflector
TN972
　　D 范阿塔反射体
　　S 干扰用反射器
　　L 电子干扰设备**

范阿塔反射体
　　Y 范阿塔反射器

方波发生器
　　Y 矩形波发生器

方波调制
square wave modulation
TN76
　　S 调制*
　　C 方波信号

方波信号
square wave signal
TN78
　　S 信号*
　　C 方波调制

方块编码
block truncation coding
TN919.8
　　D 块截断编码
　　　　块截短编码
　　　　方块截断编码
　　S 静止图像编码
　　Z 编码*

方块截断编码
　　Y 方块编码

方面挖掘
aspect mining
TP391.3　TP392
　　D Aspect 挖掘
　　S 信息挖掘**

方位编码器
azimuth encoder
TN95
　　S 编码器*

方位测定技术
　　Y 测向

方位跟踪
　　Y 纯方位跟踪

方位压缩
azimuth compression
TN95
　　S 信号压缩
　　Z 信号处理*

方向编码
orientation coding
TP391
　　S 编码*

方向测量
　　Y 测向

方向滤波
directional filtering
TN713
　　D 方向性滤波
　　S 滤波*

方向耦合器
　　Y 定向耦合器

方向判别
　　Y 方向识别

方向识别
orientation recognition
TP391　TN24
　　D 方向判别
　　S 信息识别*

方向性滤波
　　Y 方向滤波

方向性天线
　　Y 定向天线

防爆摄像机
explosive-proof video camera
TN946
　　S 摄像机
　　Z 电视设备*

防病毒
virus prevention
TP309
　　D 反病毒
　　　　病毒处理
　　　　病毒防御
　　　　病毒防护
　　　　病毒防护体系
　　　　病毒防范
　　　　计算机病毒防护
　　　　计算机病毒防范
　　　　防病毒体系
　　　　防病毒技术
　　　　防病毒系统
　　S 信息安全防护*
　　• 病毒查杀
　　• 病毒预警
　　C 计算机病毒

防病毒技术
　　Y 防病毒

防病毒软件
　　Y 杀毒软件

防病毒体系
　　Y 防病毒

防病毒系统
　　Y 防病毒

防尘式继电器
　　Y 密封继电器

防冲突算法
　　Y 碰撞算法

防篡改
tamper-proofing
TP309　TP393.08
　　D 防篡改技术
　　S 信息安全防护*
　　• 网页防篡改
　　C 数字水印
　　　　数字签名

防篡改技术
　　Y 防篡改

防盗版
anti-piracy
TP309
　　D 防盗版技术
　　S 信息安全防护*
　　C 数字水印
　　　　注册机
　　　　防拷贝

防盗版技术
　　Y 防盗版

防抵赖
　　Y 反拒认

防电磁辐射
　　Y 电磁屏蔽

防反辐射摧毁
protection of anti-radiation destruction
TN973
　　D 抗反辐射摧毁
　　S 电子防御
　　C 反辐射摧毁
　　　　反辐射无人机
　　L 电子对抗**

防复制
　　Y 防拷贝

防复制技术
　　Y 防拷贝

防光学侦察伪装
　　Y 光学伪装

防黑
　　Y 防入侵

防火墙
　　Y 防火墙技术

防火墙策略
　　Y 防火墙技术

防火墙穿透
firewall penetration
TN91　TP393.08　TP309
　　D 穿越防火墙
　　　　防火墙穿越
　　S 网络风险
　　C 防火墙技术
　　Z 信息安全风险*

防火墙穿越
　　Y 防火墙穿透

防火墙技术
firewall technology

TP393.08　TP309
　　D　防火墙
　　　　防火墙策略
　　S　网络防御**
　　C　入侵检测系统
　　　　拒绝服务攻击
　　　　防火墙穿透

防拷贝
copy prevention
TP309
　　D　反拷贝
　　　　反拷贝技术
　　　　防复制
　　　　防复制技术
　　　　防拷贝技术
　　S　信息安全防护*
　　C　加密
　　　　数据安全
　　　　防盗版

防拷贝技术
　　Y　防拷贝

防空雷达
air defense radar
TN958
　　S　雷达*
　　· 低空雷达
　　· 对空警戒雷达
　　· 对空情报雷达
　　C　防空预警指挥系统

防空预警指挥系统
air defense warning and command system
TP39　TN91
　　S　指挥信息系统
　　C　防空雷达
　　Z　信息系统*

防雷达吸波材料
　　Y　微波吸收材料

防碰雷达
　　Y　防撞雷达

防碰撞算法
　　Y　碰撞算法

防欺骗
　　Y　防欺诈

防欺诈
fraud prevention
TP393.08
　　D　防欺骗
　　S　信息安全防护*
　　C　欺骗攻击
　　　　秘密共享

防入侵
anti-intrustion
TP393.08　TP309
　　D　反入侵
　　　　防黑
　　S　信息安全防护*
　　C　网络安全

防水键盘
waterproof keyboard
TP334.2
　　S　键盘
　　Z　外部设备*

防伪编码
anti-counterfeiting coding
TP391
　　D　防伪号码
　　　　防伪码
　　S　编码*
　　C　信息防伪
　　　　防伪条码

防伪号码
　　Y　防伪编码

防伪技术
　　Y　信息防伪

防伪码
　　Y　防伪编码

防伪条码
anti-fake barcode
TP391　TP309
　　S　条形码
　　C　防伪编码
　　Z　编码*

防撞雷达
anti-collision radar
TN958
　　D　避碰雷达
　　　　防碰雷达
　　S　雷达*
　　· 汽车防撞雷达
　　C　单脉冲雷达
　　　　避碰声呐

仿人机器人
humanoid robot
TP242
　　D　人形机器人
　　　　仿人形机器人
　　　　双足仿人机器人
　　S　仿生机器人
　　Z　机器人*

仿人形机器人
　　Y　仿人机器人

仿射密码
affine cipher
TP309　TN918
　　S　密码*

仿生机器人
bionic robot
TP242
　　D　仿真机器人
　　S　机器人*
　　· 多足机器人
　　· 仿人机器人
　　· 机器鱼
　　· 蛇形机器人
　　· 生物机器人

仿生机器鱼
　　Y　机器鱼

仿生六足机器人
　　Y　六足机器人

仿生四足机器人
　　Y　四足机器人

仿生算法
bionic algorithm
TP18
　　D　生态算法
　　S　算法*
　　· 粒子群算法
　　· 免疫算法
　　· 人工蜂群算法
　　· 人工鱼群算法
　　· 蚁群算法
　　C　生物计算机

仿真*
simulation
TP13　TP391.9
　　D　仿真技术
　　　　仿真模拟
　　　　仿真系统
　　　　模拟仿真
　　· 半实物仿真
　　· 包络仿真
　　· 并行仿真
　　· · 并行离散事件仿真
　　· 波浪模拟
　　· 波形仿真
　　· · 回波仿真
　　· 参数模拟
　　· 成像仿真
　　· · 红外成像仿真
　　· 电磁仿真
　　· · 电磁暂态仿真
　　· · 高频结构仿真
　　· 电站仿真
　　· 电子仿真
　　· · EDA仿真
　　· · 射频仿真
　　· 调度仿真

- 定点仿真
- 定性仿真
- 动态仿真
- · 动态模拟仿真
- · 动态系统仿真
- 动作仿真
- 多智能体仿真
- 二维仿真
- 飞行仿真
- 干扰仿真
- 工程仿真
- 工业仿真
- · 控制系统仿真
- · 数控仿真
- · 装配仿真
- · 工艺仿真
- · 光刻仿真
- · 加工仿真
- 功能仿真
- 构造仿真
- 故障仿真
- 光学仿真
- 轨迹仿真
- 航迹仿真
- 过程仿真
- 航海仿真
- 红外仿真
- · 红外场景仿真
- · 红外成像仿真
- 环境仿真
- · 城市仿真
- · 地形仿真
- · 景物模拟
- · · 场景仿真
- · · · 红外场景仿真
- · · 自然景物模拟
- 混合仿真
- · 数模混合仿真
- 火焰模拟
- 几何仿真
- 计算机仿真
- 动画仿真
- · · 三维动画仿真
- 多媒体仿真
- 分布式仿真
- · 分布式交互仿真
- · 分布式实时仿真
- · 先进分布仿真
- · 工作流仿真
- 交互仿真
- · 分布式交互仿真
- 可视化仿真
- · 三维可视化仿真
- 软件仿真
- · · MATLAB 仿真
- · · Multisim 仿真
- · · OPNET 仿真
- · · SIMULINK 仿真
- · · 高频结构仿真
- · · 面向对象仿真
- · 数据仿真
- · 指令集仿真
- 结构仿真
- 静态仿真

- 决策仿真
- 军事仿真
- · 对抗仿真
- · · 攻防对抗仿真
- · · 系统对抗仿真
- · 作战仿真
- · · 电子战仿真
- · · 联合作战模拟
- 快速仿真
- 雷达仿真
- · 雷达系统仿真
- · 雷达信号仿真
- 离散仿真
- · 离散事件仿真
- · · 并行离散事件仿真
- · · 离散事件系统仿真
- 理论模拟
- 力学仿真
- 流程仿真
- 流体仿真
- 逻辑模拟
- 模型仿真
- 目标模拟
- · 雷达目标模拟
- 逆向仿真
- 嵌入式仿真
- 热仿真
- 柔性仿真
- 三维仿真
- · 三维地质模拟
- · 三维动画仿真
- · 三维动态仿真
- · 三维可视化仿真
- · 三维实时仿真
- · 三维实体仿真
- · 三维数字仿真
- · 三维图形仿真
- · 三维虚拟仿真
- · 三维运动仿真
- 设备仿真
- 设计仿真
- · ADS 仿真
- · EDA 仿真
- 神经网络模拟
- 时序仿真
- 实时仿真
- · 分布式实时仿真
- · 三维实时仿真
- · 实时数字仿真
- 实体仿真
- 实验仿真
- 数值模拟
- · 蒙特卡罗仿真
- 数字仿真
- · 三维数字仿真
- · 实时数字仿真
- · 数字孪生
- 损伤模拟
- 特性仿真
- 天线仿真
- 通信仿真
- · 通信系统仿真
- · 信道仿真
- 图像仿真

- 图形仿真
- · 三维图形仿真
- 网格模拟
- 网络仿真
- · 局域网仿真
- · 远程仿真
- · 在线仿真
- 物理仿真
- · 半物理仿真
- · 全物理仿真
- 物流仿真
- 系统仿真
- · 动态系统仿真
- · 控制系统仿真
- · 雷达系统仿真
- · 离散事件系统仿真
- · 通信系统仿真
- 协同仿真
- 协议仿真
- 信号仿真
- · 雷达信号仿真
- 星图模拟
- 形态模拟
- 行为仿真
- 性能仿真
- 虚拟仿真
- · 三维虚拟仿真
- 训练仿真
- 一体化仿真
- 硬件仿真
- · FPGA 仿真
- · MEMS 模拟
- · 半导体器件模拟
- · 传感器仿真
- · 单片机仿真
- · 电路仿真
- · 器件模拟
- · 硬件在环仿真
- 预测仿真
- 运动仿真
- · 机构运动仿真
- · 三维运动仿真
- 杂波仿真
- 振动仿真
- 植物模拟
- 智能仿真
- 终端仿真
- 综合仿真
- 组合仿真
- C Petri 网
- 仿真数据
- 仿真算法
- 仿真网格
- 仿真设计
- 仿真软件
- 动态跟踪
- 精确跟踪
- 线性二次高斯控制器
- 闭环跟踪

仿真程序
 Y 仿真软件

仿真程序设计
    Y 仿真软件

仿真电路
simulation circuit
TN710
    D 假设参考电路
    S 电子电路*

仿真服务
simulation service
TP391
    S 信息服务*

仿真服务器
simulation server
TP368
    D 仿真配置服务器
    S 服务器*

仿真工具
    Y 仿真软件

仿真机器人
    Y 仿生机器人

仿真计算机
simulation computer
TP368
    S 计算机*
    C 仿真终端
        智能仿真
        计算机仿真

仿真技术
    Y 仿真

仿真建模
simulation modeling
TP391.9
    S 模型构建*
    C 仿真算法
        仿真网格

仿真模拟
    Y 仿真

仿真培训系统
    Y 训练仿真

仿真配置服务器
    Y 仿真服务器

仿真软件
simulation software
TP317 TP391 TP311
    D 仿真工具
        仿真程序
        仿真程序设计
        仿真软件包

        仿真软件平台
        模拟程序
        模拟软件
        计算机仿真软件
    S 应用软件**
    • MATLAB 软件
    • 电子仿真软件
    • 动态仿真软件
    • 仿真支撑软件
    • 网络仿真软件
    • 虚拟仿真软件
    C 仿真
        仿真算法
        仿真设计
        仿真调试器

仿真软件包
    Y 仿真软件

仿真软件平台
    Y 仿真软件

仿真设计
simulation design
TP391.9
    D 模拟设计
    S 计算机辅助设计
    C 仿真
        仿真软件
    Z 计算机辅助技术*

仿真实体
    Y 实体仿真

仿真试验系统
    Y 实验仿真

仿真数据
simulation data
TP391
    S 数据*
    C 仿真
        仿真数据库

仿真数据库
simulation database
TP392
    S 应用数据库
    C 仿真数据
    Z 数据库*

仿真算法
simulation algorithm
TP391
    S 算法*
    C 仿真
        仿真建模
        仿真软件

仿真调试器
simulation debugger

TP317
    S 调试器
    C 仿真软件
    Z 软件*

仿真网格
simulation grid
TP393.0 TP391
    D 分布式仿真网格
    S 网格*
    C 仿真
        仿真建模

仿真系统
    Y 仿真

仿真训练系统
    Y 训练仿真

仿真语言
simulation language
TP312
    S 计算机语言*
    • 通用系统仿真语言

仿真支撑平台
    Y 仿真支撑软件

仿真支撑软件
simulation support software
TP317 TP391
    D 仿真支撑平台
        仿真支撑系统
    S 仿真软件
        支撑软件
    L 工具软件**
        应用软件**

仿真支撑系统
    Y 仿真支撑软件

仿真终端
simulation terminal
TP391
    S 终端设备*
    C 仿真计算机

访问安全
access security
TP393.08
    S 网络安全*

访问表
    Y 访问控制列表

访问策略
    Y 访问控制策略

访问代理
access agent
TP393.08 TP311

电子信息技术叙词表

　　S 网络代理
　　Z 网络服务*

访问服务器
　　Y 接入服务器

访问管理
access management
TP39　TP393.08　TP311
　　D 访问权限管理
　　S 计算机安全管理
　　C 访问控制
　　　访问监控
　　Z 信息安全管理*

访问监控
access monitoring
TP393.08
　　S 网络安全监控
　　C 访问管理
　　L 网络安全技术**

访问控制
access control
TP393.08　TP309　TN91
　　D 存取控制
　　　访问控制系统
　　　访问权限控制
　　S 网络控制技术
　・安全访问控制
　・动态访问控制
　・分布式访问控制
　・工作流访问控制
　・基于角色的访问控制
　・基于任务的访问控制
　・基于任务和角色的访问控制
　・基于属性的访问控制
　・强制访问控制
　・上下文访问控制
　・授权访问控制
　・数据访问控制
　・网络访问控制
　・文件访问控制
　・细粒度访问控制
　・主机访问控制
　・资源访问控制
　・自主访问控制
　　C 授权策略
　　　授权管理基础设施
　　　数据库安全
　　　网络安全授权
　　　访问控制列表
　　　访问控制器
　　　访问控制模型
　　　访问控制策略
　　　访问管理
　　Z 网络技术*

访问控制表
　　Y 访问控制列表

访问控制策略
access control strategy

TP393.08
　　D 访问控制机制
　　　访问策略
　　S 网络安全策略
　　C 授权管理基础设施
　　　访问控制
　　　访问控制模型
　　　非授权访问
　　Z 信息安全体系*

访问控制机制
　　Y 访问控制策略

访问控制列表
access control list
TP393
　　D 访问列表
　　　访问控制表
　　　访问表
　　S 网络互联技术
　　C 访问控制
　　　访问控制模型
　　　路由器
　　　非授权访问
　　Z 网络技术*

访问控制模型
access control model
TP393.08
　　S 网络安全模型
　・BLP 模型
　　C 访问控制
　　　访问控制列表
　　　访问控制策略
　　Z 网络模型*
　　　信息安全模型*

访问控制器
access controller
TP393
　　S 控制器*
　　C 访问控制
　　　非授权访问

访问控制系统
　　Y 访问控制

访问控制协议
access control protocol
TN92　TN915
　　D 接入控制协议
　　S 接入协议
　　　控制协议
　・分布式协调功能协议
　・媒体接入控制协议
　　C 非授权访问
　　L 网络协议**

访问列表
　　Y 访问控制列表

访问权限管理
　　Y 访问管理

访问权限控制
　　Y 访问控制

访问网格
access grid
TP393
　　S 网格*

访问位置寄存器
visited location register
TP33
　　D 拜访位置寄存器
　　S 寄存器*

访问协议
　　Y 接入协议

放大电路
　　Y 放大器

放大管
amplifier tube
TN11
　　S 电子管**
　・功率放大管
　・正交场放大管
　　C 放大器

放大器*
amplifier
TN72
　　D 放大器电路
　　　放大器设计
　　　放大电路
　　　放大线路
　・半导体放大器
　・・CMOS 运算放大器
　・・晶体管放大器
　・・・晶体管功率放大器
　・・・微波晶体管放大器
　・倍频放大器
　・比例放大器
　・采样保持放大器
　・参量放大器
　・・光学参量放大器
　・・・光纤参量放大器
　・差分放大器
　・・差分低噪声放大器
　・・全差分放大器
　・・・全差分运算放大器
　・程控放大器
　・・步进程控放大器
　・・程控增益放大器
　・磁放大器
　・带通放大器
　・单端放大器
　・单片放大器
　・低频放大器
　・低噪声放大器

・246・

- ·· 差分低噪声放大器
- ·· 低温低噪声放大器
- ·· 低噪声前置放大器
- ·· 宽带低噪声放大器
- ··· 超宽带低噪声放大器
- · 电荷放大器
- · 电流放大器
- ·· 电流检测放大器
- ·· 微电流放大器
- · 直流放大器
- · 电压放大器
- · 电子管放大器
- ·· 电子管功率放大器
- · 微波管放大器
- ··· 速调管放大器
- ···· 回旋速调管放大器
- ···· 相对论速调管放大器
- ··· 行波管放大器
- ···· 回旋行波管放大器
- · 调谐放大器
- · 调制放大器
- ·· 脉宽调制放大器
- · 读出放大器
- · 多级放大器
- · 多通道放大器
- · 耳机放大器
- · 反馈放大器
- ·· 电流反馈放大器
- ·· 电压反馈放大器
- ·· 负反馈放大器
- · 非线性放大器
- ·· 非线性功率放大器
- · 分布式放大器
- · 分配放大器
- · 复合放大器
- · 干线放大器
- · 高功率放大器
- · 高精度放大器
- · 高频放大器
- ·· 高频功率放大器
- · 高速放大器
- ·· 高速运算放大器
- · 高压放大器
- ·· 高压运算放大器
- · 隔离放大器
- · 功率放大器**
- · 共集放大器
- · 共射放大器
- · 固态放大器
- · 光放大器**
- · 互阻放大器
- · 缓冲放大器
- · 混合放大器
- ·· 混合光纤放大器
- · 基本放大器
- · 积分放大器
- · 级联放大器
- · 检测放大器
- ·· 电流检测放大器
- · 精密放大器
- · 均衡放大器
- · 开关放大器
- · 可编程放大器
- · 跨阻放大器

- ·· 跨阻前置放大器
- ·· 运算跨阻放大器
- · 宽带放大器
- · 超宽带放大器
- ··· 超宽带低噪声放大器
- ··· 超宽带光纤放大器
- ·· 宽带低噪声放大器
- ··· 超宽带低噪声放大器
- ·· 宽带功率放大器
- · 量子放大器
- · 量子点半导体光放大器
- · 灵敏放大器
- ·· 电荷灵敏放大器
- ··· 电荷灵敏前置放大器
- ·· 电流灵敏放大器
- · 脉冲放大器
- ·· 彩色同步脉冲放大器
- ·· 脉冲功率放大器
- ·· 脉冲光纤放大器
- · 模拟放大器
- · 片状放大器
- ·· 阵列式片状放大器
- · 前馈放大器
- ·· 前馈功率放大器
- ··· 前馈线性功率放大器
- · 前置放大器
- ·· 低噪声前置放大器
- ·· 电荷灵敏前置放大器
- ·· 跨阻前置放大器
- ·· 前级功率放大器
- · 驱动放大器
- · 热电偶放大器
- · 射频放大器
- · 声表面波放大器
- · 视频放大器
- · 输出放大器
- · 数据放大器
- · 数字放大器
- ·· 杜比数字放大器
- ·· 全数字放大器
- ·· 数字锁相放大器
- · 双向放大器
- · 瞬时浮点放大器
- · 伺服放大器
- · 锁定放大器
- · 塔顶放大器
- · 天线放大器
- · 同相放大器
- · 图像放大器
- · 微波放大器
- ·· 毫米波放大器
- ·· 微波管放大器
- ··· 速调管放大器
- ···· 回旋速调管放大器
- ···· 相对论速调管放大器
- ··· 行波管放大器
- ···· 回旋行波管放大器
- ·· 微波晶体管放大器
- · 误差放大器
- · 限幅放大器
- · 线路放大器
- · 线性放大器
- ·· 线性功率放大器
- ··· 前馈线性功率放大器

- ·· 线性光放大器
- · 相敏放大器
- ·· 相敏光放大器
- · 谐振放大器
- · 心电放大器
- · 信号放大器
- · 选频放大器
- · 压控放大器
- · 仪表放大器
- · 有线电视放大器
- · 预放大器
- · 运算放大器
- ·· CMOS 运算放大器
- ·· 伴随运算放大器
- ·· 低功耗运算放大器
- ·· 电流反馈运算放大器
- ·· 电流运算放大器
- ·· 对数放大器
- ··· 对数中频放大器
- ··· 真对数放大器
- ·· 反相放大器
- ·· 高速运算放大器
- ·· 高压运算放大器
- ·· 功率运算放大器
- ·· 集成运算放大器
- ·· 跨导放大器
- ·· 宽带运算放大器
- ·· 理想运算放大器
- ·· 全差分运算放大器
- ·· 双极运算放大器
- ·· 双运算放大器
- ·· 运算跨阻放大器
- ·· 增益自举运算放大器
- · 增益放大器
- ·· 程控增益放大器
- ·· 固定增益放大器
- ·· 可编程增益放大器
- ·· 可变增益放大器
- ·· 增益自举运算放大器
- ·· 自动增益放大器
- · 斩波放大器
- · 指数放大器
- · 中继放大器
- · 中频放大器
- ·· 对数中频放大器
- · 主放大器
- · 组合放大器
- · 耦合放大器
- C 放大管
  饱和失真

放大器电路
Y 放大器

放大器设计
Y 放大器

放大线路
Y 放大器

放电管*
discharge tube
TN13　TN3

- 半导体放电管
- 气体放电管
  - 玻璃放电管
  - 辉光放电管
  - 脉冲放电管

放像机
video tape player
TN946
- S 电视设备*
- C 录像机
  视频播放器

飞蜂窝
- Y 家庭基站

飞机电台
- Y 机载电台

飞机天线
- Y 机载天线

飞机通信
- Y 机载通信

飞控计算机
- Y 飞行控制计算机

飞控软件
- Y 飞行控制软件

飞秒光
- Y 飞秒激光

飞秒光脉冲
- Y 飞秒激光

飞秒激光
femtosecond laser
TN248
- D 飞秒光
  飞秒光脉冲
  飞秒激光器
  飞秒激光技术
  飞秒脉冲激光器
- S 超短脉冲激光
- C 飞秒激光加工
  飞秒激光放大器
- Z 激光*

飞秒激光放大器
femtosecond laser amplifier
TN72
- S 激光放大器
- C 飞秒激光
- L 光放大器**

飞秒激光技术
- Y 飞秒激光

飞秒激光加工
femtosecond laser processing
TN24
- D 飞秒激光微加工
- S 激光加工**
- C 飞秒激光

飞秒激光器
- Y 飞秒激光

飞秒激光微加工
- Y 飞秒激光加工

飞秒脉冲激光器
- Y 飞秒激光

飞秒钛宝石激光器
- Y 钛宝石飞秒激光器

飞行仿真
flight simulation
TP391.9
- D 飞行模拟
  飞行视景仿真
- S 仿真*

飞行控制计算机
flight control computer
TP368 TP391
- D 控制飞行计算机
  飞控计算机
- S 机载计算机
- C 飞行控制软件
- Z 计算机*

飞行控制软件
flight control software
TP311 TP318
- D 飞控软件
- S 专用软件
- C 飞行控制计算机
- L 应用软件**

飞行模拟
- Y 飞行仿真

飞行器天线
airborne antenna
TN82
- S 天线*
- 弹载天线
- 高度表天线
- 航天器天线
- 机载天线

飞行视景仿真
- Y 飞行仿真

飞针测试机
flying probe tester
TN407
- D 飞针测试仪
- S 半导体测试设备
- C 印制电路板
  厚膜工艺
  厚膜集成电路
- Z 电子测量仪器*

飞针测试仪
- Y 飞针测试机

非白噪声
- Y 有色噪声

非饱和型逻辑电路
unsaturated logic circuit
TN492
- D 非饱和型逻辑集成电路
- S 逻辑集成电路**
- 发射极耦合逻辑电路
- 互补晶体管逻辑电路

非饱和型逻辑集成电路
- Y 非饱和型逻辑电路

非本征探测器
- Y 本征探测器

非编辑软件
- Y 非线性编辑软件

非编软件
- Y 非线性编辑软件

非编网
- Y 非线性编辑网络

非编网络
- Y 非线性编辑网络

非编系统网络
- Y 非线性编辑网络

非编制作网
- Y 非线性编辑网络

非编制作网络
- Y 非线性编辑网络

非初始数据结构
non-initial data structure
TP3
- S 数据结构*

非穿通型绝缘栅双极晶体管
non-punch through insulated gate bipolar transistor
TN32
- D NPT-IGBT
- S 绝缘栅双极晶体管
- L 半导体分立器件**

· 248 ·

双极器件**
电力半导体器件**

非递归型数字滤波器
　　Y FIR 数字滤波器

非定向天线
　　Y 全向天线

非对称加密
　　Y 公钥加密

非对称加密技术
　　Y 公钥加密

非对称加密算法
asymmetric encryption algorithm
TP309　TN918
　　D 公开密钥加密算法
　　　 公开密钥算法
　　　 公钥加密算法
　　　 公钥密码算法
　　　 公钥算法
　　　 非对称密码算法
　　　 非对称密钥加密算法
　　　 非对称密钥算法
　　S 加密算法
　　• RSA 算法
　　• 椭圆曲线加密算法
　　C 公钥加密
　　　 公钥密码
　　　 公钥密码体制
　　Z 算法*

非对称加密体制
　　Y 公钥密码体制

非对称晶闸管
asymmetric thyristor
TN34
　　D 非对称闸流晶体管
　　S 晶闸管
　　L 半导体分立器件**
　　　 电力半导体器件**

非对称链路
asymmetric link
TN915
　　D 非对称路径
　　S 链路*

非对称路径
　　Y 非对称链路

非对称密码
asymmetric cipher
TN918　TP309
　　S 密码*

非对称密码算法
　　Y 非对称加密算法

非对称密码体制
　　Y 公钥密码体制

非对称密钥
asymmetric key
TP309　TN918
　　S 密钥*

非对称密钥加密算法
　　Y 非对称加密算法

非对称密钥密码
　　Y 公钥密码

非对称密钥算法
　　Y 非对称加密算法

非对称密钥体制
　　Y 公钥密码体制

非对称数字水印
　　Y 非对称水印

非对称水印
asymmetric watermark
TP309
　　D 非对称数字水印
　　S 数字水印*

非对称网络
　　Y 不对称网络

非对称选择网
asymmetric choice net
TP301
　　S 网络*

非对称闸流晶体管
　　Y 非对称晶闸管

非法访问
　　Y 非授权访问

非法接入
illegal access
TP393.08
　　D 非法连接
　　S 网络入侵
　　C 非法外联
　　Z 信息对抗*
　　　 信息安全风险*

非法连接
　　Y 非法接入

非法外联
illegal external link
TP393.08
　　S 网络风险
　　C 非法接入

　　Z 信息安全风险*

非否认协议
non-repudiation protocol
TP393.08　TN915
　　D 不可否认协议
　　S 安全协议
　　C 不可否认签名
　　　 公平算法
　　Z 通信协议*

非刚体配准
　　Y 非刚性配准

非刚性配准
non-rigid registration
TP391
　　D 非刚体配准
　　S 图像配准
　　L 图像处理**

非高斯信号
non-Gaussian signal
TN911
　　S 信号*
　　C 非高斯噪声

非高斯噪声
non-Gaussian noise
TN911
　　S 信号噪声*
　　C 非高斯信号

非关系型数据库
not only SQL database
TP392
　　D NoSQL
　　　 NoSQL 数据库
　　S 数据库*
　　C SQL 数据库
　　　 关系型数据库

非过程化程序设计语言
　　Y 第四代语言

非过程语言
　　Y 第四代语言

非挥发存储器
　　Y 非易失性存储器

非挥发性存储器
　　Y 非易失性存储器

非挥发性内存
　　Y 非易失性存储器

非监督聚类
　　Y 无监督聚类

非监督学习
　　Y 无监督学习

非监督学习方法
　　Y 无监督学习

非接触 IC 卡
　　Y 非接触式 IC 卡

非接触式 IC 卡
non-contacted IC card
TN4　TP333
　　D 射频 IC 卡
　　　　射频集成电路卡
　　　　非接触 IC 卡
　　　　非接触型 IC 卡
　　　　非接触式卡
　　　　非接触式射频卡
　　S IC 卡
　　C 非接触式智能卡
　　L 存储卡**

非接触式卡
　　Y 非接触式 IC 卡

非接触式射频卡
　　Y 非接触式 IC 卡

非接触式智能 IC 卡
　　Y 非接触式智能卡

非接触式智能卡
non-contacted smart card
TP333　TN4
　　D 射频 CPU 卡
　　　　非接触式智能 IC 卡
　　　　非接触智能卡
　　S 智能卡
　　C 非接触式 IC 卡
　　L 存储卡**

非接触型 IC 卡
　　Y 非接触式 IC 卡

非接触智能卡
　　Y 非接触式智能卡

非结构化 P2P
　　Y 无结构对等网络

非结构化 P2P 网络
　　Y 无结构对等网络

非结构化对等网络
　　Y 无结构对等网络

非结构化数据
unstructured data
TP392　TP391
　　S 数据*

非晶半导体
amorphous semiconductor
TN304
　　D 无定型半导体
　　　　无定形半导体
　　　　无定形半导体材料
　　　　无序半导体
　　　　非晶半导体材料
　　　　非晶态半导体
　　S 半导体材料*
　　・玻璃半导体
　　・非晶硅
　　・液态半导体

非晶半导体材料
　　Y 非晶半导体

非晶硅
amorphous silicon
TN304
　　D 非晶硅材料
　　S 硅材料
　　　　非晶半导体
　　・氢化非晶硅
　　C 非晶硅薄膜
　　L 元素半导体**

非晶硅薄膜
amorphous silicon thin film
TN304
　　D 非晶硅膜
　　S 硅薄膜
　　C 非晶硅
　　　　非晶硅薄膜太阳能电池
　　　　非晶硅薄膜晶体管
　　L 元素半导体**

非晶硅薄膜晶体管
amorphous silicon thin film transistor
TN32
　　S 薄膜晶体管
　　C 非晶硅薄膜
　　L 半导体分立器件**

非晶硅薄膜太阳能电池
amorphous silicon thin film photovoltaic cell
TM914
　　D 非晶硅太阳电池
　　　　非晶硅太阳能电池
　　S 硅薄膜太阳能电池
　　C 非晶硅薄膜
　　Z 电池*

非晶硅材料
　　Y 非晶硅

非晶硅膜
　　Y 非晶硅薄膜

非晶硅太阳电池
　　Y 非晶硅薄膜太阳能电池

非晶硅太阳能电池
　　Y 非晶硅薄膜太阳能电池

非晶态半导体
　　Y 非晶半导体

非均匀采样信号
non-uniform sampling signal
TN911
　　S 采样信号
　　Z 信号*

非均匀量化
non-uniform quantization
TN911
　　S 信息量化
　　Z 信息处理*

非零色散光纤
　　Y 非零色散位移光纤

非零色散位移单模光纤
　　Y 非零色散位移光纤

非零色散位移光纤
non-zero dispersion shifted fiber
TN818　TN252
　　D 非零色散位移单模光纤
　　　　非零色散光纤
　　S 色散位移光纤
　　Z 光纤*

非门
NOT gate
TN791
　　D 非门电路
　　S 基本门电路
　　L 数字电路**

非门电路
　　Y 非门

非平稳随机信号
　　Y 非平稳信号

非平稳信号
non-stationary signal
TN911
　　D 非平稳随机信号
　　S 随机信号
　　C 非平稳信号分析
　　　　非平稳信号处理
　　　　非平稳噪声
　　Z 信号*

非平稳信号处理
non-stationary signal processing

TN911
  S 信号处理*
  C 非平稳信号
    非平稳信号分析

非平稳信号分析
non-stationary signal analysis
TN911
  S 信号分析*
  C 非平稳信号
    非平稳信号处理
    非平稳噪声

非平稳噪声
non-stationary noise
TN912
  S 信号噪声*
  C 非平稳信号
    非平稳信号分析

非屏蔽双绞线
unshielded twisted pair
TM248 TN915
  D UTP 线缆
  S 双绞线
  Z 电线电缆*

非实时交互
  Y 实时交互

非视距传播
  Y 非视距通信

非视距通信
non line-of-sight communication
TN92
  D NLOS 通信
    非视距传播
  S 无线通信**
  C 紫外光通信

非授权访问
unauthorized access
TP309 TP393.08
  D 越权访问
    非法访问
  S 网络风险
  C 访问控制列表
    访问控制协议
    访问控制器
    访问控制策略
  Z 信息安全风险*

非搜索法测频
  Y 瞬时测频

非搜索式接收机
non-search receiver
TN85
  S 接收设备*
  • 瞬时测频接收机

  • 信道化接收机

非特定人语音识别
speaker-independent speech
recognition
TP391.4
  S 语音识别
  L 语言信息处理**
    音频处理**

非同步传递
  Y 异步传输

非同步传输
  Y 异步传输

非同步传送
  Y 异步传输

非文献目录数据库
  Y 数字数据库

非稳腔激光器
unstable resonator laser
TN248
  S 激光器*

非线绕电阻器
non-wirewound resistor
TM54
  S 固定电阻器
  • 薄膜电阻器
  • 厚膜电阻器
  • 金属膜电阻器
  • 金属氧化膜电阻器
  • 实心电阻器
  • 碳膜电阻器
  Z 电阻器*

非线性 IC
  Y 非线性集成电路

非线性编播网
  Y 非线性编辑网络

非线性编辑机
  Y 非线性编辑设备

非线性编辑卡
  Y 非线性编辑设备

非线性编辑器
  Y 非线性编辑软件

非线性编辑软件
nonlinear editing software
TP317 TN948
  D 非线性编辑器
    非线性视频编辑软件
    非编软件

    非编辑软件
  S 视频编辑软件
  C 非线性编辑网络
  L 应用软件**

非线性编辑设备
nonlinear editor
TN948
  D 非线性编辑卡
    非线性编辑机
  S 编辑机
  Z 电视设备*

非线性编辑网
  Y 非线性编辑网络

非线性编辑网络
nonlinear editing network
TN948
  D 非线性制作网
    非线性制作网络
    非线性制作网络系统
    非线性制播网
    非线性后期制作网
    非线性编播网
    非线性编辑制作网
    非线性编辑网
    非线性视频制作网络
    非线性视频网络
    非编制作网
    非编制作网络
    非编系统网络
    非编网
    非编网络
  S 制播网络
  C 非线性编辑软件
  Z 广播电视网络*

非线性编辑制作网
  Y 非线性编辑网络

非线性编码
nonlinear coding
TN911
  S 编码*
  C 线性编码

非线性定向耦合器
nonlinear directional coupler
TN63
  S 定向耦合器
  Z 耦合器*

非线性反馈移位寄存器
nonlinear feedback shift register
TP333
  D NLFSR
    非线性移位寄存器
  S 反馈移位寄存器
  Z 寄存器*

非线性放大器
nonlinear amplifier
TN72
　　S 放大器*
　· 非线性功率放大器
　　C 线性放大器
　　　非线性集成电路

非线性分类器
nonlinear classifier
TP368
　　D 核非线性分类器
　　S 分类器*

非线性功率放大器
nonlinear power amplifier
TN72
　　S 功率放大器**
　　　非线性放大器

非线性光纤
nonlinear optical fiber
TN25
　　S 光纤*
　　C 非线性光纤耦合器

非线性光纤耦合器
nonlinear fiber coupler
TN25
　　S 光纤耦合器
　　C 非线性光纤
　　L 光无源器件**
　　　光纤器件**

非线性后期制作网
　　Y 非线性编辑网络

非线性畸变
　　Y 非线性失真

非线性集成电路
nonlinear integrated circuit
TN4
　　D 非线性IC
　　S 模拟集成电路
　　C 非线性放大器
　　　非线性模拟电路
　　Z 集成电路*

非线性卡尔曼滤波
nonlinear Kalman filtering
TN713
　　S 卡尔曼滤波**
　　　非线性滤波

非线性扩散滤波
nonlinear diffusion filtering
TN713
　　S 非线性滤波
　　Z 滤波*

非线性滤波
nonlinear filtering
TN713
　　S 滤波*
　· 递推非线性滤波
　· 非线性卡尔曼滤波
　· 非线性扩散滤波
　· 非线性随机滤波
　· 自适应非线性滤波

非线性模拟电路
nonlinear analog circuit
TN7
　　S 模拟电路
　　C 非线性集成电路
　　Z 电子电路*

非线性失真
nonlinear distortion
TN91
　　D 非线性畸变
　　S 信号失真**
　· 饱和失真
　· 互调失真
　· 交越失真
　· 瞬态失真
　· 削波失真
　· 谐波失真

非线性视频编辑软件
　　Y 非线性编辑软件

非线性视频网络
　　Y 非线性编辑网络

非线性视频制作网络
　　Y 非线性编辑网络

非线性数据结构
nonlinear data structure
TP39
　　S 数据结构*

非线性随机滤波
nonlinear stochastic filtering
TN713
　　S 非线性滤波
　　Z 滤波*

非线性调频
nonlinear frequency modulation
TN76
　　S 调频
　　　非线性调制
　　C 非线性调频信号
　　Z 调制*

非线性调频信号
nonlinear FM signal
TN95
　　S 调频信号

　　C 非线性调频
　　Z 信号*

非线性调制
nonlinear modulation
TN76
　　S 调制*
　· 非线性调频

非线性信道
nonlinear channel
TN919　TN911
　　S 信道*
　　C 非线性信号

非线性信号
nonlinear signal
TN911
　　S 信号*
　　C 非线性信号处理
　　　非线性信道

非线性信号处理
nonlinear signal processing
TN911　TP39
　　S 信号处理*
　　C 非线性信号

非线性移位寄存器
　　Y 非线性反馈移位寄存器

非线性制播网
　　Y 非线性编辑网络

非线性制作网
　　Y 非线性编辑网络

非线性制作网络
　　Y 非线性编辑网络

非线性制作网络系统
　　Y 非线性编辑网络

非线性自适应滤波
　　Y 自适应非线性滤波

非相参积累
　　Y 视频积累

非相参雷达
incoherent radar
TN958
　　S 雷达*

非相干检波
　　Y 非相干解调

非相干接收
incoherent reception
TN914

S 无线接收
　　C 非相干接收机
　　Z 接收*

非相干接收机
incoherent receiver
TN914　TN85
　　S 接收设备*
　　C 非相干接收

非相干解调
incoherent demodulation
TN76
　　D 不相干解调
　　　　包络检波
　　　　非相关解调
　　　　非相干检波
　　S 数字解调
　　C 包络检波器
　　　　频移键控
　　Z 解调*

非相干散射
incoherent scattering
TN95　TN24
　　S 电波散射传播
　　C 非相干散射雷达
　　Z 电磁波散射*
　　　　电波传播*

非相干散射雷达
incoherent scattering radar
TN958
　　S 雷达*
　　C 非相干散射

非相关解调
　　Y 非相干解调

非谐振天线
　　Y 行波天线

非一致性数据库
inconsistent database
TP392　TP31
　　S 数据库*

非异步传递
　　Y 同步传输

非异步传输
　　Y 同步传输

非异步传送
　　Y 同步传输

非易失存储器
　　Y 非易失性存储器

非易失性 RAM
　　Y 非易失性随机存储器

非易失性存储
　　Y 非易失性存储器

非易失性存储器**
nonvolatile memory
TN43　TP333
　　D 不挥发存储器
　　　　固定存储器
　　　　永久性存储器
　　　　永久性存贮器
　　　　非挥发存储器
　　　　非挥发性内存
　　　　非挥发性存储器
　　　　非易失存储器
　　　　非易失性存储
　　　　非易失性存贮器
　　S 存储器*
　　· 非易失性随机存储器
　　· · DVD 随机存储器
　　· · 磁随机存储器
　　· · 铁电存储器
　　· 闪速存储器
　　· · NAND 闪存
　　· · 串行闪速存储器
　　· · 浮栅型闪速存储器
　　· · 闪存盘
　　· 只读存储器
　　· · 电可擦除只读存储器
　　· · 电可擦可编程只读存储器
　　· · · 串行 EEPROM
　　· · 固定掩膜只读存储器
　　· · 紧凑可换只读存储器
　　· · 可编程只读存储器
　　· · · 电可编程只读存储器
　　· · · 电可擦可编程只读存储器
　　· · · · 串行 EEPROM
　　· · · 双极可编程只读存储器
　　· · · 可擦除可编程只读存储器
　　· · · 电可擦可编程只读存储器
　　· · · · 串行 EEPROM
　　· · 控制只读存储器
　　· · 只读光盘

非易失性存贮器
　　Y 非易失性存储器

非易失性随机存储器
nonvolatile random access memory
TN43　TP333
　　D NVRAM
　　　　非易失性 RAM
　　S 随机存取存储器
　　　　非易失性存储器**
　　· DVD 随机存储器
　　· 磁随机存储器
　　· 铁电存储器

非易失性铁电存储器
　　Y 铁电存储器

非永久性存储器
　　Y 易失性存储器

非永久性存贮器
　　Y 易失性存储器

非真实感渲染
nonphotorealistic rendering
TP391
　　D 非真实渲染
　　S 图像渲染
　　L 图像处理**

非真实渲染
　　Y 非真实感渲染

非支配排序遗传算法
non-dominated sorting genetic algorithm
TP2　TP3
　　D NSGA-Ⅱ
　　　　NSGA-Ⅱ算法
　　　　NSGA 算法
　　　　快速非支配排序遗传算法
　　S 多目标遗传算法
　　Z 算法*

非制冷红外焦平面探测器
　　Y 非制冷红外探测器

非制冷红外探测器
uncooled infrared detector
TN215　TN953
　　D 非制冷探测器
　　　　非制冷焦平面探测器
　　　　非制冷红外焦平面探测器
　　　　非致冷红外探测器
　　S 红外光电探测器
　　L 光学探测器**
　　　　红外器件**

非制冷焦平面探测器
　　Y 非制冷红外探测器

非制冷探测器
　　Y 非制冷红外探测器

非致冷红外探测器
　　Y 非制冷红外探测器

非自主导航
non-autonomous navigation
TN96
　　D 他备式导航
　　　　非自主式导航
　　S 导航*

非自主式导航
　　Y 非自主导航

非阻塞通信
non-blocking communication
TP311
　　S 通信*

费舍尔判别
　　Y 线性判别分析

费舍尔判别分析
　　Y 线性判别分析

费希尔判别
　　Y 线性判别分析

分辨力增强技术
　　Y 分辨率增强技术

分辨率增强
　　Y 分辨率增强技术

分辨率增强技术
resolution enhancement technique
TP391.7
　　D 分辨力增强技术
　　　分辨率增强
　　S 图像增强
　　L 图像处理**

分布布拉格反射激光器
distributed Bragg reflected laser
TN248
　　D 分布布喇格反射激光器
　　S 可调谐激光器
　　Z 激光器*

分布布喇格反射激光器
　　Y 分布布拉格反射激光器

分布参数滤波器
distributed parameter filter
TN713
　　S 微波滤波器
　　Z 滤波器*

分布处理
　　Y 分布式处理

分布存储
　　Y 分布式存储

分布队列双总线网
distributed queue dual bus network
TP2
　　D DQDB 网
　　S 计算机网络*
　　C 网桥

分布对象中间件
　　Y 分布式中间件

分布反馈半导体激光器
distributed feedback semiconductor laser
TN248
　　D DFBLD
　　　分布反馈式半导体激光器
　　S 分布反馈激光器
　　　半导体激光器
　　L 固体激光器**

分布反馈光纤激光器
distributed feedback fiber laser
TN248
　　D DFB 光纤激光器
　　　相移光纤分布反馈激光器
　　　相移分布反馈光纤激光器
　　S 光纤激光器**
　　　分布反馈激光器

分布反馈激光器
distributed feedback laser
TN248
　　D DFB 激光器
　　　分布反馈式激光器
　　　分布式反馈激光器
　　S 激光器*
　　· 分布反馈半导体激光器
　　· 分布反馈光纤激光器

分布反馈式半导体激光器
　　Y 分布反馈半导体激光器

分布反馈式激光器
　　Y 分布反馈激光器

分布仿真
　　Y 分布式仿真

分布仿真系统
　　Y 分布式仿真

分布放大器
　　Y 分布式放大器

分布共享存储
　　Y 分布式共享存储

分布共享存储器
　　Y 分布式共享内存

分布估计算法
estimation of distribution algorithm
TP393.0
　　S 估计算法
　　Z 算法*

分布计算机系统
　　Y 分布式计算机

分布交互
distributed interaction
TP391
　　D 分布式交互
　　S 交互*
　　C 分布式交互仿真

分布交互仿真
　　Y 分布式交互仿真

分布交互仿真技术
　　Y 分布式交互仿真

分布交互仿真系统
　　Y 分布式交互仿真

分布交互式仿真
　　Y 分布式交互仿真

分布认证
　　Y 分布式认证

分布软件
　　Y 分布式软件

分布实时系统
　　Y 分布式实时系统

分布式 GIS
　　Y 分布式地理信息系统

分布式 Kalman 滤波
　　Y 分布式卡尔曼滤波

分布式 WebGIS
distributed Web geographic information system
TP391.3
　　S 分布式地理信息系统
　　　网络地理信息系统
　　L 信息应用系统**

分布式 Web 服务器
distributed Web server
TP368
　　D 分布式 Web 服务器系统
　　S Web 服务器
　　　分布式服务器
　　Z 服务器*

分布式 Web 服务器系统
　　Y 分布式 Web 服务器

分布式编码
distributed encoding
TN919
　　S 编码*
　　· 分布式空时编码
　　· 分布式视频编码
　　· 分布式信源编码

分布式并行处理
distributed parallel processing
TP391
　　S 分布式处理

C 分布式并行服务器
　　Z 信息处理*

分布式并行服务器
distributed parallel server
TP368
　　S 分布式服务器
　　C 分布式并行处理
　　Z 服务器*

分布式采集
distributed acquisition
TP2
　　S 信息采集*

分布式操作系统
distributed operating system
TP316
　　D 分布式实时操作系统
　　S 分布式软件
　　　操作系统**
　　C 分布式信息系统

分布式查询处理
distributed query processing
TP392
　　S 分布式处理
　　　查询处理
　　C 分布式信息系统
　　　分布式查询优化
　　Z 信息处理*

分布式查询优化
distributed query optimization
TP392
　　S 查询优化
　　C 分布式查询处理
　　Z 信息处理*

分布式产品数据管理
distributed product data management
TP391
　　S 产品数据管理
　　Z 信息管理*

分布式程序
　　Y 分布式软件

分布式程序设计
　　Y 分布式软件

分布式处理
distributed processing
TP391　TP274
　　D 分布处理
　　　分布式信息处理
　　　分布式处理系统
　　S 信息处理*
　　· 分布式并行处理
　　· 分布式查询处理

　　C 云计算
　　　分布式实时仿真

分布式处理系统
　　Y 分布式处理

分布式传感器
distributed sensor
TP212
　　S 传感器*
　　C 分布式传感器网络

分布式传感器网络
distributed sensor network
TP212　TN92
　　S 传感器网络
　　· 分布式无线传感器网络
　　C 分布式传感器
　　L 物联网**

分布式存储
distributed storage
TP393.07　TP338
　　D 分布存储
　　　分布式数据存储
　　S 网络存储
　　· P2P 存储
　　· 分布式共享存储
　　C 分布式哈希表网络
　　　分布式存储器
　　　分布式访问控制
　　Z 信息存储*

分布式存储器
distributed memory
TP333
　　D 分布式存储系统
　　　分布式存贮器
　　S 存储器*
　　· 分布式共享内存
　　· 分布式缓存
　　C 分布式存储

分布式存储系统
　　Y 分布式存储器

分布式存贮器
　　Y 分布式存储器

分布式地理信息系统
distributed geographic information system
TP391.3
　　D 分布式 GIS
　　S 地理信息系统
　　· 分布式 WebGIS
　　L 信息应用系统**

分布式电源
distributed power supply
TN86

　　S 电源*

分布式调度算法
distributed scheduling algorithm
TP393.0
　　S 分布式算法
　　　调度算法
　　Z 算法*

分布式多机系统
distributed multi-microcomputer system
TP318
　　S 分布式系统*
　　　多计算机系统
　　Z 计算机系统*

分布式多媒体
distributed multimedia
TN919　TP393
　　D 分布式多媒体信息系统
　　　分布式多媒体系统
　　S 多媒体*

分布式多媒体系统
　　Y 分布式多媒体

分布式多媒体信息系统
　　Y 分布式多媒体

分布式反馈激光器
　　Y 分布反馈激光器

分布式仿真
distributed simulation
TP391.9
　　D 分布仿真
　　　分布仿真系统
　　　分布式仿真系统
　　S 计算机仿真
　　· 分布式交互仿真
　　· 分布式实时仿真
　　· 先进分布仿真
　　Z 仿真*

分布式仿真网格
　　Y 仿真网格

分布式仿真系统
　　Y 分布式仿真

分布式访问控制
distributed access control
TP393
　　S 访问控制
　　C 分布式存储
　　Z 网络技术*

分布式放大器
distributed amplifier
TN72

D 分布放大器
　　S 放大器*

分布式服务器
distributed server
TP368
　　D 分布式服务器系统
　　S 服务器*
　　• 分布式Web服务器
　　• 分布式并行服务器
　　• 分布式文件服务器

分布式服务器系统
　　Y 分布式服务器

分布式干扰
distributed jamming
TN972
　　D 散布式干扰
　　S 电子干扰
　　L 电子对抗**

分布式工作流管理系统
　　Y 工作流管理系统

分布式工作流系统
　　Y 工作流管理系统

分布式攻击
distributed attack
TP393
　　S 网络攻击**
　　• 分布式拒绝服务攻击

分布式共享存储
distributed shared storage
TP33　TP393　TP311
　　D 分布共享存储
　　　　分布式共享存储器系统
　　　　分布式共享存储系统
　　S 共享存储
　　　　分布式存储
　　C 分布式共享内存
　　Z 信息存储*

分布式共享存储器系统
　　Y 分布式共享存储

分布式共享存储系统
　　Y 分布式共享存储

分布式共享内存
distributed shared memory
TP333
　　D 分布共享存储器
　　S 共享内存
　　　　分布式存储器
　　C 分布式共享存储
　　Z 存储器*

分布式关联规则挖掘
distributed association rule mining
TP392
　　S 关联规则挖掘
　　L 信息挖掘**

分布式光纤传感器
distributed fiber sensor
TP212
　　S 光纤传感器
　　L 光纤器件**
　　　　物理传感器**

分布式光纤拉曼放大器
　　Y 分布式拉曼光纤放大器

分布式哈希表网络
distributed Hash table network
TP393.1
　　D DHT网络
　　S 计算机网络*
　　C 分布式存储

分布式合成孔径雷达
distributed synthetic aperture radar
TN958
　　S 分布式雷达
　　　　合成孔径雷达
　　• 分布式星载合成孔径雷达
　　Z 雷达*

分布式缓存
distributed cache
TP333
　　S 分布式存储器
　　　　缓冲存储器
　　Z 存储器*

分布式基站
distributed base station
TN927
　　S 基站*

分布式计算
distributed computation
TP301
　　D 分布式计算平台
　　　　分布式计算技术
　　S 网络计算
　　• 网格计算
　　• 雾计算
　　• 云计算
　　C 分布式计算模型
　　Z 计算*

分布式计算机
distributed computer
TP368
　　D 分布式计算机系统
　　　　分布计算机系统

　　S 计算机*
　　C 分布式计算模型

分布式计算机系统
　　Y 分布式计算机

分布式计算技术
　　Y 分布式计算

分布式计算模型
distributed computing model
TP393　TP311
　　S 网络模型*
　　C 分布式计算
　　　　分布式计算机

分布式计算平台
　　Y 分布式计算

分布式交互
　　Y 分布交互

分布式交互仿真
distributed interactive simulation
TP391.9
　　D 分布交互仿真
　　　　分布交互仿真技术
　　　　分布交互仿真系统
　　　　分布交互式仿真
　　　　分布式交互仿真技术
　　　　分布式交互仿真系统
　　S 交互仿真
　　　　分布式仿真
　　C 分布交互
　　Z 仿真*

分布式交互仿真技术
　　Y 分布式交互仿真

分布式交互仿真系统
　　Y 分布式交互仿真

分布式拒绝访问攻击
　　Y 分布式拒绝服务攻击

分布式拒绝服务
　　Y 分布式拒绝服务攻击

分布式拒绝服务攻击
distributed denial of service
TP393.08
　　D DDoS
　　　　DDoS攻击
　　　　分布式拒绝攻击
　　　　分布式拒绝服务
　　　　分布式拒绝访问攻击
　　S 分布式攻击
　　　　拒绝服务攻击
　　C 反弹服务器
　　L 网络攻击**

分布式拒绝攻击
　　Y 分布式拒绝服务攻击

分布式聚类
distributed clustering
TP392
　　S 聚类*

分布式决策支持系统
distributed decision support system
TP391
　　S 决策支持系统
　　Z 计算机应用系统*

分布式卡尔曼滤波
distributed Kalman filtering
TN713
　　D 分布式 Kalman 滤波
　　S 卡尔曼滤波**

分布式空时编码
distributed space-time coding
TN911
　　S 分布式编码
　　· 分布式空时分组码
　　Z 编码*

分布式空时分组码
distributed space-time block code
TN911
　　S 分布式空时编码
　　　 空时分组编码
　　L 通信编码**

分布式控制系统
distributed control system
TP2
　　S 分布式系统*
　　　 控制系统*

分布式拉曼放大器
　　Y 分布式拉曼光纤放大器

分布式拉曼光纤放大器
distributed Raman fiber amplifier
TN25
　　D 分布式光纤拉曼放大器
　　　 分布式喇曼光纤放大器
　　　 分布式拉曼放大器
　　S 拉曼光纤放大器
　　L 光放大器**
　　　 光纤器件**

分布式喇曼光纤放大器
　　Y 分布式拉曼光纤放大器

分布式雷达
distributed radar
TN958
　　S 雷达*

　　· 分布式合成孔径雷达

分布式粒子滤波
distributed particle filtering
TN713
　　S 粒子滤波
　　Z 滤波*

分布式路由
distributed routing
TP393.03
　　S 路由*
　　C 分布式路由协议
　　　 分布式路由器
　　　 分布式路由算法

分布式路由器
distributed router
TP393
　　S 路由器
　　C 分布式路由
　　　 分布式路由协议
　　L 网络互连设备**

分布式路由算法
distributed routing algorithm
TP393.0
　　S 分布式算法
　　　 路由算法
　　C 分布式路由
　　Z 算法*

分布式路由协议
distributed routing protocol
TP393.0
　　S 分布式协议
　　　 无线路由协议
　　C 分布式路由
　　　 分布式路由器
　　L 网络协议**

分布式密钥管理
distributed key management
TP393.08
　　S 密钥管理**

分布式密钥生成
　　Y 密钥生成

分布式目录服务
distributed directory service
TP393
　　S 目录服务
　　Z 网络服务*

分布式认证
distributed authentication
TP393　TN92
　　D 分布式认证系统
　　　 分布认证
　　S 信息安全认证*

分布式认证系统
　　Y 分布式认证

分布式入侵检测
distributed intrusion detection
TP393.08
　　D 分布式入侵检测模型
　　S 入侵检测
　　L 网络安全技术**
　　　 网络防御**

分布式入侵检测模型
　　Y 分布式入侵检测

分布式软件
distributed software
TP31
　　D 分布式程序
　　　 分布式程序设计
　　　 分布式软件系统
　　　 分布软件
　　S 软件*
　　· 分布式操作系统
　　· 分布式应用软件

分布式软件系统
　　Y 分布式软件

分布式实时操作系统
　　Y 分布式操作系统

分布式实时仿真
distributed real-time simulation
TP15　TP391.9
　　D 实时分布式仿真
　　S 分布式仿真
　　　 实时仿真
　　C 分布式处理
　　　 分布式实时系统
　　Z 仿真*

分布式实时数据库
distributed real-time database
TP392
　　D 分布式实时数据库系统
　　S 分布式数据库
　　　 实时数据库
　　C 分布式实时系统
　　Z 数据库*

分布式实时数据库系统
　　Y 分布式实时数据库

分布式实时系统
distributed real-time system
TP316　TP311
　　D 分布实时系统
　　S 分布式系统*
　　C 分布式实时仿真
　　　 分布式实时数据库

分布式视频编码
distributed video coding
TN919
　　S 分布式编码
　　　视频编码
　　L 音视频编码**

分布式授权
distributed authorization
TP393.08
　　S 网络安全授权
　　C 信任管理
　　L 网络安全管理**

分布式数据仓库
distributed data warehouse
TP392
　　S 数据仓库
　　C 分布式数据处理
　　　分布式数据系统
　　Z 数据库*

分布式数据处理
distributed data processing
TP391
　　D 分散式数据处理
　　S 数据处理**
　　C 分布式数据仓库
　　　分布式数据库
　　　分布式数据挖掘
　　　分布式数据管理

分布式数据存储
　　Y 分布式存储

分布式数据管理
distributed database management
TP393　TP391
　　D 数据分布管理
　　S 数据管理
　　C 分布式数据处理
　　Z 信息管理*

分布式数据库
distributed database
TP392
　　D 分布式数据库管理系统
　　　分布式数据库系统
　　　分布数据库*
　　S 数据库*
　　· 多层分布式数据库
　　· 分布式实时数据库
　　· 分布式异构数据库
　　· 联邦数据库
　　C 两阶段提交协议
　　　分布式数据处理
　　　分布式数据挖掘
　　　分布式数据系统

分布式数据库管理系统
　　Y 分布式数据库

分布式数据库系统
　　Y 分布式数据库

分布式数据挖掘
distributed data mining
TP392
　　D 分布式挖掘
　　　分布式数据挖掘系统
　　S 数据挖掘
　　C 分布式数据处理
　　　分布式数据库
　　L 信息挖掘**

分布式数据挖掘系统
　　Y 分布式数据挖掘

分布式数据系统
distributed data system
TP392
　　S 数据系统*
　　C 分布式数据仓库
　　　分布式数据库

分布式算法
distributed algorithm
TP393.0　TP301
　　D DA 算法
　　　分布算法
　　S 算法*
　　· 分布式调度算法
　　· 分布式路由算法
　　· 分布式遗传算法
　　C 并行算法
　　　无线传感器网络
　　　现场可编程门阵列

分布式天线
distributed antenna
TN82
　　D 分布天线
　　　分布天线系统
　　　分布式天线系统
　　S 天线*

分布式天线系统
　　Y 分布式天线

分布式通信
distributed communication
TP311　TP393
　　S 通信*

分布式挖掘
　　Y 分布式数据挖掘

分布式网管
　　Y 分布式网络管理

分布式网络
distributed network
TN92　TP2　TP393.1

　　D 分布型网络
　　　分布式网络系统
　　　分布网络
　　S 网络*
　　C 分布式网络管理

分布式网络管理
distributed network management
TP393
　　D 分布式网管
　　　分布式网络管理系统
　　S 网络管理*
　　C 分布式网络
　　　简单网络管理协议

分布式网络管理系统
　　Y 分布式网络管理

分布式网络系统
　　Y 分布式网络

分布式卫星 SAR
　　Y 分布式星载合成孔径雷达

分布式文件服务器
distributed file server
TP368
　　S 分布式服务器
　　　文件服务器
　　C 分布式文件系统
　　Z 服务器*

分布式文件系统
distributed file system
TP311
　　S 分布式系统*
　　C 分布式文件服务器

分布式无线传感器网络
distributed wireless sensor network
TN92　TP212
　　S 分布式传感器网络
　　　分布式无线网络
　　　无线传感器网络
　　L 物联网**

分布式无线网络
distributed wireless network
TN92
　　S 无线网络*
　　· 分布式无线传感器网络
　　· 分层分布式无线网络

分布式系统*
distributed system
TP311　TP27　TN91
　　D 分布系统
　　· 多智能体系统
　　· 分布式多机系统
　　· 分布式控制系统

- 分布式实时系统
- 分布式文件系统
- 分布式异构系统
- 分布式专家系统
C 网格

分布式小卫星 SAR
　　Y 分布式星载合成孔径雷达

分布式协调功能协议
distributed coordination function protocol
TP393
　　D DCF 协议
　　S 访问控制协议
　　L 网络协议**

分布式协同设计
distributed collaborative design
TP391.7
　　S 协同设计
　　Z 协同技术*

分布式协议
distributed protocol
TN915.04
　　S 通信协议*
- 分布式路由协议
- 精确时间协议
- 两段锁协议
- 两阶段提交协议
C 无线传感器网络

分布式信息处理
　　Y 分布式处理

分布式信息系统
distributed information system
TN02　TP393　TP391　TP311
　　D 分布信息系统
　　S 信息系统*
　　C 分布式操作系统
　　　分布式查询处理

分布式信源编码
distributed source coding
TN911
　　S 分布式编码
　　Z 编码*

分布式星载 SAR
　　Y 分布式星载合成孔径雷达

分布式星载合成孔径雷达
distributed satellite SAR
TN95
　　D 分布式卫星 SAR
　　　分布式小卫星 SAR
　　　分布式星载 SAR
　　S 分布式合成孔径雷达
　　　星载合成孔径雷达

　　Z 雷达*

分布式虚拟现实
distributed virtual reality
TP391.9
　　D 分布式虚拟现实系统
　　S 虚拟现实
　　Z 虚拟技术*

分布式虚拟现实系统
　　Y 分布式虚拟现实

分布式压缩
distributed compression
TN919
　　S 信息压缩**

分布式移相器
distributed phase shifter
TN76
　　S 移相器*

分布式遗传算法
distributed genetic algorithm
TP301　TP183
　　S 分布式算法
　　　遗传算法
　　Z 算法*

分布式异构数据库
distributed heterogeneous database
TP392
　　D 分布式异质数据库
　　　异构分布式数据库
　　S 分布式数据库
　　C 分布式异构系统
　　Z 数据库*

分布式异构系统
distributed heterogeneous system
TP311　TP393　TP391
　　D 分布式异构型计算机系统
　　　异构分布式系统
　　S 分布式系统*
　　　异构系统
　　C 分布式异构数据库
　　Z 计算机系统*

分布式异构型计算机系统
　　Y 分布式异构系统

分布式异质数据库
　　Y 分布式异构数据库

分布式应用程序
　　Y 分布式应用软件

分布式应用软件
distributed application software
TP311　TP393

　　D 分布式应用程序
　　S 分布式软件
　　Z 软件*

分布式语音识别
distributed speech recognition
TN912
　　S 语音识别
　　L 语言信息处理**
　　　音频处理**

分布式中间件
distributed middleware
TP311
　　D 分布对象中间件
　　S 中间件
　　Z 软件*

分布式专家系统
distributed expert software
TP182
　　S 专家系统
　　　分布式系统*
　　Z 计算机应用系统*

分布数据库
　　Y 分布式数据库

分布算法
　　Y 分布式算法

分布天线
　　Y 分布式天线

分布天线系统
　　Y 分布式天线

分布网络
　　Y 分布式网络

分布系统
　　Y 分布式系统

分布信息系统
　　Y 分布式信息系统

分布型网络
　　Y 分布式网络

分布作用腔速调管
　　Y 分布作用速调管

分布作用速调管
extended interaction klystron
TN12
　　D 分布作用振荡器
　　　分布作用腔速调管
　　S 速调管
　　L 微波管**

分布作用振荡器
　　Y 分布作用速调管

分步 Fourier 方法
　　Y 分步傅里叶算法

分步傅里叶变换法
　　Y 分步傅里叶算法

分步傅里叶法
　　Y 分步傅里叶算法

分步傅里叶方法
　　Y 分步傅里叶算法

分步傅里叶算法
split-step Fourier method
TN24　TN92
　　D 分步 Fourier 方法
　　　 分步傅立叶方法
　　　 分步傅立叶法
　　　 分步傅立叶算法
　　　 分步傅里叶变换法
　　　 分步傅里叶方法
　　　 分步傅里叶法
　　S 傅里叶算法
　　Z 算法*

分步傅立叶法
　　Y 分步傅里叶算法

分步傅立叶方法
　　Y 分步傅里叶算法

分步傅立叶算法
　　Y 分步傅里叶算法

分层编码
hierarchical coding
TN911　TN919.8
　　S 编码*
　　· 分层空时编码

分层传输
layered transmission
TN919
　　S 信息传输*
　　C 分层存储

分层存储
tiered storage
TP391　TP33
　　S 信息存储*
　　C 分层传输
　　　 多层数据库

分层多播
　　Y 分层组播

分层分布式无线网络
tiered distributed wireless network
TN92
　　S 分布式无线网络
　　Z 无线网络*

分层建模
layered modeling
TP391.9
　　S 模型构建*
　　C 层次聚类

分层聚类
　　Y 层次聚类

分层空时编码
layered space-time coding
TN911
　　S 分层编码
　　　 空时编码
　　L 通信编码**

分层路由
　　Y 层次路由

分层路由协议
hierarchical routing protocol
TN91　TN92
　　D 层次路由协议
　　S 分层协议
　　　 无线路由协议
　　C LEACH 算法
　　　 层次路由
　　L 网络协议**

分层数据库
　　Y 多层数据库

分层网络
hierarchical network
TN915　TN92　TP1　TP393.1
　　D 层次化网络
　　　 层次式网络
　　　 层次网络
　　S 网络*

分层显示
hierarchical display
TP391
　　S 显示*
　　C 可视化

分层协议
hierarchical protocol
TN911
　　S 网络协议**
　　· 分层路由协议
　　C 无线传感器网络

分层移动 IPv6
　　Y 层次移动 IPv6 协议

分层遗传算法
hierarchical genetic algorithm
TP301　TP183
　　S 遗传算法
　　Z 算法*

分层组播
layered multicasting
TP393
　　D 分层多播
　　S 组播
　　L 网络通信**

分叉复用器
　　Y 分插复用器

分插复用
add-drop multiplexing
TN76
　　S 多路复用*
　　· 光分插复用
　　C 分插复用器

分插复用器
add-drop multiplexer
TN915　TN76
　　D 分叉复用器
　　S 复用器
　　· 光分插复用器
　　C 分插复用
　　Z 通信设备*

分词
word segmentation
TP391.1
　　D 分词算法
　　S 自然语言处理
　　· 机械分词
　　· 中文分词
　　· 自动分词
　　C 文本挖掘
　　L 语言信息处理**

分词算法
　　Y 分词

分簇路由
clustering routing
TP2　TN92
　　S 无线路由
　　C 分簇路由协议
　　　 分簇路由算法
　　Z 路由*

分簇路由算法
clustering routing algorithm
TP393.0
　　S 分簇算法

路由算法
　C 分簇路由
　　分簇路由协议
　Z 算法*

分簇路由协议
clustering routing protocol
TN915　TN92　TP2
　D 分簇协议
　S 无线路由协议
　C 分簇路由
　　分簇路由算法
　L 网络协议**

分簇算法
clustering algorithm
TN92　TP2
　S 算法*
　• LEACH 算法
　• 成簇算法
　• 簇头选举算法
　• 分簇路由算法

分簇协议
　Y 分簇路由协议

分等级传输
　Y 分级传输

分段编码
segment coding
TP393.0
　S 编码*

分段录音
segment recording
TN912
　S 录音*

分段匹配滤波
segmented matched filtering
TN713
　S 匹配滤波
　Z 滤波*

分幅变像管
framing image tube
TN14
　S 变像管
　L 电子束管**

分割处理
　Y 图像分割

分割法
　Y 分割算法

分割方法
　Y 分割算法

分割攻击
divide-and-conquer attack
TN918
　S 网络攻击**

分割算法
segmentation algorithm
TP391
　D 分割方法
　　分割法
　　切分算法
　S 算法*

分光器
　Y 光分路器

分级传输
hierarchical transmission
TN919
　D 分等级传输
　S 信息传输*
　C 可分级编码

分级存储
hierarchical storage
TP391　TP338
　S 信息存储*
　C 数据迁移

分级视频编码
　Y 可分级视频编码

分级授权
hierarchical authorization
TP393.08
　S 网络安全授权
　L 网络安全管理**

分级网络
hierarchical network
TN92　TN91
　S 网络*

分级移动 IPv6
　Y 层次移动 IPv6 协议

分集接收
diversity reception
TN92
　D 分集接收技术
　S 无线接收
　C 分集接收机
　Z 接收*

分集接收机
diversity receiver
TN85
　S 无线电接收机
　C 分集接收
　Z 接收设备*

分集接收技术
　Y 分集接收

分集式天线
　Y 分集天线

分集天线
diversity antenna
TN82
　D 分集式天线
　S 通信天线**

分接波器
　Y 分接器

分接器
demux
TN915
　D 分接波器
　S 复用器
　Z 通信设备*

分卷压缩
multi-part archive
TP317
　S 信息压缩**

分块编码
block encoding
TP393.0
　D 分块传输编码
　S 网络编码
　C 块传输
　　超文本传输协议
　Z 编码*

分块处理
　Y 图像分块

分块传输
　Y 块传输

分块传输编码
　Y 分块编码

分块自适应量化
block adaptive quantization
TN95
　D 分块自适应矢量量化
　S 自适应量化
　Z 信息处理*

分块自适应矢量量化
　Y 分块自适应量化

分类编码
classification coding
TP391
　S 编码*

电子信息技术叙词表

分类规则挖掘
classification rule mining
TP391.3　TP392
　S 规则挖掘
　L 信息挖掘**

分类和回归算法
classification and regression algorithm
TP301　TN911
　D CART 算法
　S 决策树算法
　Z 算法*

分类机
　Y 分类器

分类器*
classifier
TP18　TP391
　D 分类器设计
　　分类机
　・K-最近邻分类器
　・・最近邻模糊分类器
　・包分类器
　・贝叶斯分类器
　・・贝叶斯网络分类器
　・・简单贝叶斯分类器
　・・朴素贝叶斯分类器
　・・・广义朴素贝叶斯分类器
　・・・树扩展朴素贝叶斯分类器
　・层次型分类器
　・层叠分类器
　・串行分类器
　・单类分类器
　・多层分类器
　・多分类器
　・多故障分类器
　・多级分类器
　・多类分类器
　・非线性分类器
　・高斯分类器
　・级联分类器
　・结构分类器
　・局部分类器
　・模糊分类器
　・・自适应模糊分类器
　・・最近邻模糊分类器
　・模式分类器
　・人工免疫分类器
　・弱分类器
　・神经网络分类器
　・树分类器
　・・决策树分类器
　・・树扩展朴素贝叶斯分类器
　・文本分类器
　・云分类器
　・主分量分类器
　・子空间分类器
　・综合分类器
　・最大熵分类器
　・最小距离分类器
　C 分类算法

支持向量机

分类器集成
classifier ensemble
TP391
　D 分类器组合
　　分类器融合
　　多分类器组合
　　多分类器融合
　　多分类器集成
　　集成学习
　S 机器学习*
　C 多分类器

分类器融合
　Y 分类器集成

分类器设计
　Y 分类器

分类器组合
　Y 分类器集成

分类算法
classification algorithm
TP39
　S 算法*
　・贝叶斯分类算法
　・多重信号分类算法
　・决策树分类算法
　C 分类器
　　分类挖掘

分类挖掘
classification mining
TP392
　S 信息挖掘**
　C 分类算法

分离多径接收机
　Y Rake 接收机

分离多径收信机
　Y Rake 接收机

分离算法
separation algorithm
TP391　TP18
　S 算法*
　・盲信号分离算法

分量视频
component video
TN94
　S 数字视频
　Z 视频*

分裂波束
split beam
TN014
　S 波束*

分流电阻网络
nonlinear resistance network
TN711
　S 电阻网络
　Z 电路网络*

分米波传播
decimeter wave propagation
TN011
　D 特高频传播
　S 微波传播
　C 分米波发射机
　Z 电波传播*

分米波发射机
decimeter wave transmitter
TN83
　S 无线电发射机
　C 分米波传播
　Z 发射机*

分配放大器
distribution amplifier
TN72
　S 放大器*

分配算法
allocation algorithm
TN919
　S 算法*
　・波长分配算法
　・带宽分配算法
　・功率分配算法
　C 分配网络

分配网
　Y 分配网络

分配网络
distribution network
TN94
　D 分配网
　S 通信网络*
　・同轴电缆分配网
　・资源分配网络
　C 分配算法

分频
　Y 分频器

分频电路
　Y 分频器

分频器*
frequency divider
TN772
　D 分频
　　分频电路
　　分频设计
　・可编程分频器
　・可变分频器

・262・

- 脉冲分频器
- 偶数分频器
  - 二分频器
  - 四分频器
- 奇数分频器
- 前置分频器
  - 双模前置分频器
- 双模分频器
  - 双模前置分频器

分频设计
   Y 分频器

分频锁相
phase locked frequency divider
TN911
   S 相位锁定
   Z 信号处理*

分频网络
crossover network
TN711
   S 电路网络*

分区备份
partition backup
TP31
   S 系统备份
   Z 备份*

分散化滤波
decentralized filtering
TN713
   S 滤波*

分散式数据处理
   Y 分布式数据处理

分散网
   Y 散射网

分时操作系统
time-sharing operating system
TP316
   D 分时系统
   S 操作系统**

分时复用
   Y 时分复用

分时系统
   Y 分时操作系统

分数间隔均衡器
fractional interval equalizer
TN715
   S 均衡器*
   - 分数间隔判决反馈均衡器

分数间隔判决反馈均衡器
fractional interval decision feedback equalizer
TN715
   S 分数间隔均衡器
     判决反馈均衡器
   Z 均衡器*

分水岭变换
watershed transform
TP391
   D 分水线变换
   S 图像变换
   C 分水岭算法
   L 图像处理**

分水岭分割
watershed segmentation
TP391
   S 图像分割
   C 分水岭算法
   L 图像处理**

分水岭分割算法
   Y 分水岭算法

分水岭算法
watershed algorithm
TN919　TP391
   D 分水岭分割算法
     改进分水岭算法
   S 图像算法
   C 分水岭分割
     分水岭变换
     区域合并
   Z 算法*

分水线变换
   Y 分水岭变换

分析程序
   Y 分析软件

分析器
analyzer
TP391　TP311
   S 分析软件
   - 查询分析器
   - 词法分析器
   - 句法分析器
   - 语法分析器
   L 工具软件**

分析软件
analysis software
TP311　TP317
   D 分析程序
     分析软件包
   S 工具软件**
   - 电路分析软件
   - 分析器
   - 信号分析软件
   - 有限元分析软件
   C 分析数据库
     计算机辅助分析

分析软件包
   Y 分析软件

分析数据库
analysis database
TP392
   S 应用数据库
   C 分析软件
   Z 数据库*

分形编码
fractal coding
TN911　TN919
   D 分形压缩编码
     分形图像编码
   S 图像编码
   C 分形图像压缩
   Z 编码*

分形插值算法
fractal interpolation algorithm
TP391
   S 插值算法
   Z 算法*

分形高斯噪声
fractal Gaussian noise
TN915
   S 高斯噪声
   C 分形算法
   Z 信号噪声*

分形滤波
fractal filtering
TN713
   S 滤波*
   C 分形算法

分形算法
fractal algorithm
TP391
   S 算法*
   C 分形滤波
     分形高斯噪声

分形天线
fractal antenna
TN82
   S 天线*
   - 分形阵列天线
   C 分形调制

分形天线阵
   Y 分形阵列天线

分形天线阵列
   Y 分形阵列天线

分形调制
fractal modulation
TN76
　　S 调制*
　　C 分形天线

分形图象压缩
　　Y 分形图像压缩

分形图像编码
　　Y 分形编码

分形图像压缩
fractal image compression
TN919
　　D 分形压缩
　　　分形图象压缩
　　S 图像压缩
　　C 分形编码
　　L 信息压缩**
　　　图像处理**

分形压缩
　　Y 分形图像压缩

分形压缩编码
　　Y 分形编码

分形噪声
fractal noise
TN911
　　S 信号噪声*

分形阵列天线
fractal array antenna
TN82
　　D 分形天线阵
　　　分形天线阵列
　　S 分形天线
　　　阵列天线
　　Z 天线*

分页显示
pagination display
TP311　TP393
　　S 信息显示
　　C Web 数据库
　　Z 显示*

分支定界法
　　Y 分支定界算法

分支定界算法
branch and bound algorithm
TP301　TP391
　　D 分支定界法
　　　分支定限法
　　　分支界定算法
　　　分支界限方法
　　　分支界限法
　　　分支限界法

　　　分支限界算法
　　　分枝定界
　　　分枝界限
　　　分枝界限方法
　　　分枝限界法
　　S 树形算法
　　Z 算法*

分支定限法
　　Y 分支定界算法

分支界定算法
　　Y 分支定界算法

分支界限法
　　Y 分支定界算法

分支界限方法
　　Y 分支定界算法

分支限界法
　　Y 分支定界算法

分支限界算法
　　Y 分支定界算法

分枝定界
　　Y 分支定界算法

分枝界限
　　Y 分支定界算法

分枝界限方法
　　Y 分支定界算法

分枝限界法
　　Y 分支定界算法

分子传感器
molecular sensor
TP212
　　S 微型传感器
　　C 分子集成电路
　　Z 传感器*

分子存储器
molecular memory
TP333
　　S 存储器*
　　C 分子集成电路

分子电路
　　Y 分子集成电路

分子机器人
　　Y 纳米机器人

分子集成电路
molecular integrated circuit
TN495

　　D 分子电路
　　S 集成电路*
　　C 分子传感器
　　　分子存储器
　　　分子数据库

分子计算
　　Y 生物计算机

分子计算机
　　Y 生物计算机

分子气体激光器
molecular gas laser
TN248
　　S 气体激光器**
　　· 二氧化碳激光器
　　· 一氧化碳激光器

分子散射
　　Y 瑞利散射

分子束外延
molecular beam epitaxy
TN305
　　D 分子束外延技术
　　　分子束外延生长
　　　化学分子束外延
　　S 外延生长
　　· 固源分子束外延
　　· 气态源分子束外延
　　C 分子束外延炉
　　Z 半导体工艺*

分子束外延技术
　　Y 分子束外延

分子束外延炉
molecular beam epitaxial furnace
TN305
　　S 外延设备
　　C 分子束外延
　　Z 半导体工艺设备*

分子束外延生长
　　Y 分子束外延

分子数据库
molecular database
TP392
　　S 应用数据库
　　C 分子集成电路
　　Z 数据库*

分子印迹电化学传感器
molecularly imprinted
electrochemical sensor
TP212
　　S 电化学生物传感器
　　Z 传感器*

分子自动机
  Y 元胞自动机

分组编码
block coding
TN919　TN911
  S 信道编码
  • 空频分组编码
  • 空时分组编码
  • 线性分组编码
  C 分组交换机
    分组密码
  L 通信编码**

分组传输
  Y 分组通信

分组传输网
  Y 分组传送网

分组传送
  Y 分组通信

分组传送网
packet transport network
TN915
  D PTN 技术
    分组传输网
  S 传送网
  C 承载网
  Z 通信网络*

分组调度算法
packet scheduling algorithm
TN915
  S 调度算法
  Z 算法*

分组核心网
packet core network
TN915
  D EPC 网络
  S 核心网*

分组加密
block encryption
TN918
  S 加密**
  C 分组加密算法

分组加密算法
block cipher algorithm
TN918　TP309
  D 分组密码算法
  S 加密算法
  C 分组加密
  Z 算法*

分组交换
packet switching
TN915

  D 分组交换技术
    包交换
    包交换技术
  S 通信交换**
  • 光分组交换
  • 快速分组交换
  • 虚电路交换
  C 分组交换机
    分组交换网
    分组通信

分组交换机
packet switch
TN919　TN915
  D 分组交换节点机
  S 交换设备**
  C 分组交换
    分组交换网
    分组编码

分组交换技术
  Y 分组交换

分组交换节点机
  Y 分组交换机

分组交换数据网
  Y 分组交换网

分组交换网
packet switched network
TN92　TN915
  D 分组交换数据网
    分组交换网络
    分组网络
    包交换公用数据网
    包交换数据网
    包交换网
    包交换网络
  S 交换网络
    数据通信网
  • 报文交换网络
  • 光分组交换网
  C 分组交换
    分组交换机
  Z 通信网络*

分组交换网络
  Y 分组交换网

分组交织器
packet interleaver
TN911
  D 规则交织器
  S 交织器*

分组密码
block cipher
TN918
  D 块密码
  S 密码*
  • 混沌分组密码

  C 分组编码

分组密码算法
  Y 分组加密算法

分组数据网络
data packet network
TN919
  D 数据分组网
  S 数据通信网
  Z 通信网络*

分组通信
packet communication
TN919
  D 分组传输
    分组传送
  S 通信*
  C 分组交换

分组网络
  Y 分组交换网

分组无线网
packet radio network
TN92　TN91
  D 分组无线网络
    无线分组数据网
    无线分组网
  S 无线通信网络**
  • 移动分组无线网

分组无线网络
  Y 分组无线网

粉红噪声
pink noise
TN912
  S 有色噪声
  Z 信号噪声*

粉末溅射
powder sputtering
TN305
  S 溅射
  Z 半导体工艺*

风廓线雷达
wind profile radar
TN958
  S 测风雷达
  Z 雷达*

风速传感器
wind speed sensor
TP212
  S 气象传感器
    速度传感器
  L 物理传感器**

封闭式继电器
　　Y 密封继电器

封装
　　Y 封装工艺

封装安全载荷协议
encapsulate security payload protocol
TP393.0
　　D ESP 协议
　　S IPSec 协议
　　L 网络协议**

封装材料
packaging materials
TM2　TN304
　　D 电子封装材料
　　S 电子材料*
　　· 环氧塑封料
　　· 模塑封材料
　　· 塑封材料
　　C 半导体封装设备
　　　封装基板
　　　封装工艺

封装方法
　　Y 封装工艺

封装方式
　　Y 封装工艺

封装工艺
packaging technology
TN305　TN05
　　D 封装
　　　封装形式
　　　封装技术
　　　封装方式
　　　封装方法
　　　封装类型
　　　封装设计
　　　电子封装
　　　电子封装技术
　　S 电子工艺*
　　· MEMS 封装
　　· 灌封工艺
　　· 真空封装
　　C 封装基板
　　　封装材料

封装基板
packaging substrate
TN7
　　S 电路基板*
　　C 封装工艺
　　　封装材料

封装技术
　　Y 封装工艺

封装类型
　　Y 封装工艺

封装器
wrapper
TP311
　　S 编程软件
　　Z 软件*

封装设备
　　Y 半导体封装设备

封装设计
　　Y 封装工艺

封装形式
　　Y 封装工艺

峰值保持电路
　　Y 保峰电路

峰值保持器
　　Y 保峰电路

峰值检波
peak detection
TN76
　　S 检波
　　Z 解调*

蜂群算法
　　Y 人工蜂群算法

蜂窝 IP
　　Y 移动 IP 协议

蜂窝电话
　　Y 手机

蜂窝基站
　　Y 基站

蜂窝式移动通信网
　　Y 蜂窝网络

蜂窝通信
　　Y 蜂窝移动通信

蜂窝通信网
　　Y 蜂窝网络

蜂窝通信网络
　　Y 蜂窝网络

蜂窝网
　　Y 蜂窝网络

蜂窝网络
cellular network
TN929.5
　　D 无线蜂窝网络
　　　蜂窝式移动通信网
　　　蜂窝无线网络
　　　蜂窝移动电话网
　　　蜂窝移动网络
　　　蜂窝移动通信网
　　　蜂窝移动通信网络
　　　蜂窝网
　　　蜂窝通信网
　　　蜂窝通信网络
　　S 移动通信网络**
　　· CDMA 网络
　　· GSM 网络
　　· 第二代移动通信网络
　　· 第三代移动通信网络
　　· 第四代移动通信网络
　　· 第五代移动通信网络
　　· 多跳蜂窝网络
　　· 中继蜂窝网络
　　C 窄带物联网
　　　蜂窝移动通信

蜂窝无线通信
　　Y 蜂窝移动通信

蜂窝无线网络
　　Y 蜂窝网络

蜂窝移动电话网
　　Y 蜂窝网络

蜂窝移动通信
cellular mobile communication
TN929.5
　　D 微蜂窝移动通信
　　　蜂窝无线通信
　　　蜂窝通信
　　S 移动通信
　　· GPRS 通信
　　· 第二代移动通信
　　· 第三代移动通信
　　· 第四代移动通信
　　· 第五代移动通信
　　· 码分多址通信
　　C 室内分布系统
　　　蜂窝网络
　　L 无线通信**

蜂窝移动通信网
　　Y 蜂窝网络

蜂窝移动通信网络
　　Y 蜂窝网络

蜂窝移动网络
　　Y 蜂窝网络

缝隙耦合器
slot coupler
TN62
　　S 耦合器*

缝隙天线
slot antenna
TN82
　　D 开槽天线
　　　 开缝天线
　　　 裂缝天线
　　　 隙缝天线
　　S 定向天线
　　　 微波天线**
　　· 波导缝隙天线
　　· 微带缝隙天线

缝隙天线阵
　　Y 缝隙阵列天线

缝隙微带天线
　　Y 微带缝隙天线

缝隙阵列天线
slot array antenna
TN82
　　D 缝隙天线阵
　　　 缝隙阵天线
　　　 裂缝阵
　　　 裂缝阵列天线
　　S 阵列天线
　　· 波导缝隙阵列天线
　　Z 天线*

缝隙阵天线
　　Y 缝隙阵列天线

否定选择算法
negative selection algorithm
TP391　TP393.0　TP312
　　D 反向选择算法
　　　 反面选择算法
　　　 阴性选择算法
　　S 选择算法
　　Z 算法*

肤色分割
skin color segmentation
TP391
　　S 颜色分割
　　C 肤色检测
　　L 图像处理**

肤色检测
skin color detection
TP391.7
　　S 图像检测
　　C 肤色分割
　　L 图像处理**

敷铜板
　　Y 覆铜板

弗里曼编码
　　Y 链编码

弗洛伊德算法
Floyd algorithm
TP301
　　D Floyd 算法
　　　 Floyed 算法
　　S 最短路径算法
　　Z 算法*

服务等级协定
　　Y 服务等级协议

服务等级协议
service level agreement
TP393
　　D 服务水平协议
　　　 服务等级协定
　　　 服务等级约定
　　　 服务级别协议
　　　 服务级协定
　　　 网络服务等级协议
　　S 网络协议**
　　C 云计算
　　　 负载均衡

服务等级约定
　　Y 服务等级协议

服务定位协议
service location protocol
TP393.07
　　D SLP 协议
　　S IP 协议
　　L 网络协议**

服务发现算法
service discovery algorithm
TP301
　　S 发现算法
　　C 服务发现协议
　　Z 算法*

服务发现协议
service discovery protocol
TN92　TP393.0
　　D SSDP
　　　 简单服务发现协议
　　S 应用层协议
　　C Web 服务发现
　　　 服务发现算法
　　L 网络协议**

服务共享
service sharing
TP391　TP393
　　S 资源共享*

服务机器人
service robot
TP242
　　S 机器人*

服务级别协议
　　Y 服务等级协议

服务级协定
　　Y 服务等级协议

服务计算
　　Y 面向服务计算

服务接口
service interface
TP311
　　S 软件接口
　　· 活动目录服务接口
　　L 计算机接口**

服务聚类
service clustering
TP311　TP393
　　S 聚类*

服务路由
service routing
TP393　TN92
　　S 路由*
　　· QoS 路由

服务描述语言
service description language
TP312
　　S 描述语言
　　· 网络服务描述语言
　　Z 计算机语言*

服务匹配
service matching
TP3
　　S 信息匹配
　　C Web 服务发现
　　Z 信息处理*

服务器*
server
TP368
　　D 服务器平台
　　　 服务器系统
　　· Linux 服务器
　　· PC 服务器
　　· 安全服务器
　　· · 安全策略服务器
　　· · 安全代理服务器
　　· · 密钥服务器
　　· 备用服务器
　　· 本地服务器
　　· · 本地文件服务器
　　· 本体服务器
　　· 边缘服务器
　　· 并发服务器
　　· 并行服务器
　　· · 并行视频服务器
　　· 播出服务器
　　· · 直播服务器

- 策略服务器
- ・ 安全策略服务器
- ・ 网络策略服务器
- 超级服务器
- 串口服务器
- ・ 串口联网服务器
- 存储服务器
- ・ 缓存服务器
- ・・ 代理缓存服务器
- ・ 企业存储服务器
- ・ 网络存储服务器
- 刀片服务器
- 定位服务器
- 多服务器
- 多线程服务器
- 反弹服务器
- 仿真服务器
- 分布式服务器
- ・ 分布式 Web 服务器
- ・ 分布式并行服务器
- ・ 分布式文件服务器
- 服务器集群
- ・ Web 服务器集群
- ・ 数据库集群服务器
- ・ 元数据服务器集群
- 高性能服务器
- 个人服务器
- 工作组服务器
- 功能服务器
- ・ 查询服务器
- ・ 打印服务器
- ・ 地图服务器
- ・ 镜像服务器
- ・ 目录服务器
- ・ 索引服务器
- ・ 文件服务器
- ・・ 本地文件服务器
- ・・ 分布式文件服务器
- 管理服务器
- 光盘服务器
- ・ 光盘镜像服务器
- 广播服务器
- 核心服务器
- 机架式服务器
- 家用服务器
- 流服务器
- ・ 工作流服务器
- ・ 流媒体服务器
- 媒体服务器
- ・ 多媒体服务器
- ・ 流媒体服务器
- 模型服务器
- 企业级服务器
- ・ 企业存储服务器
- 嵌入式服务器
- ・ 嵌入式 Web 服务器
- ・ 嵌入式视频服务器
- 区域集成服务器
- 认证服务器
- ・ AAA 服务器
- ・ 身份认证服务器
- 容错服务器
- 软件服务器
- ・ Samba 服务器
- ・ 应用程序服务器
- ・ 中间件服务器
- ・ 自动化服务器
- 时间服务器
- ・ 网络时间服务器
- 实时服务器
- 事务服务器
- 视频服务器
- ・ 并行视频服务器
- ・ 嵌入式视频服务器
- ・ 视频监控服务器
- ・ 数字视频服务器
- ・ 网络视频服务器
- 瘦服务器
- 数据服务器
- ・ 数据采集服务器
- ・ 数据库服务器
- ・・ 数据库集群服务器
- ・・ 远程数据库服务器
- ・ 元数据服务器
- 双服务器
- 塔式服务器
- 停靠站服务器
- 通信服务器
- ・ SIP 服务器
- ・ 传真服务器
- ・ 电话服务器
- ・ 通用服务器
- ・ 网络服务器
- ・ FTP 服务器
- ・ HTTP 服务器
- ・ Web 服务器
- ・・ Apache 服务器
- ・・ BOA 服务器
- ・・ WWW 服务器
- ・・ Web 服务器集群
- ・・ Web 应用服务器
- ・・ 分布式 Web 服务器
- ・・ 嵌入式 Web 服务器
- ・ 拨号网络服务器
- ・ 串口联网服务器
- ・ 代理服务器
- ・・ SIP 服务器
- ・・ SOCKS 服务器
- ・・ 安全代理服务器
- ・・ 代理缓存服务器
- ・・ 反向代理服务器
- ・・ 移动代理服务器
- ・・ 用户代理服务器
- ・ 接入服务器
- ・・ 宽带接入服务器
- ・・ 综合接入服务器
- ・ 局域网服务器
- ・ 路由服务器
- ・ 日志服务器
- ・ 网关服务器
- ・ 网络策略服务器
- ・ 网络存储服务器
- ・ 网络管理服务器
- ・ 网络时间服务器
- ・ 网络视频服务器
- ・ 网站服务器
- ・・ 消息服务器
- ・・ 新闻组服务器
- ・・ 邮件服务器
- ・・ 域名服务器
- ・・・ 根域名服务器
- ・ 云服务器
- ・ 位置服务器
- ・ 虚拟服务器
- ・ 应用服务器
- ・・ Web 应用服务器
- ・・ 应用程序服务器
- ・・ 中间应用服务器
- ・ 硬盘服务器
- ・ 元组服务器
- ・ 远程服务器
- ・・ 远程数据库服务器
- ・ 中间层服务器
- ・ 终端服务器
- ・ 主服务器
- ・ 组播服务器
- C B/S 架构
- 　C/S 架构
- 　数据中心
- 　服务器处理器
- 　服务器安全
- 　服务器托管
- 　服务器操作系统

服务器 CPU
　Y 服务器处理器

服务器安全
server security
TP393.08
　S 网络安全*
　C 服务器
　　服务器软件

服务器操作系统
server operating system
TP316
　S 服务器软件
　　网络操作系统
　C 服务器
　L 操作系统**
　　网络软件**

服务器程序
　Y 服务器软件

服务器处理器
server processor
TP33
　D 服务器 CPU
　S 中央处理器
　C 服务器
　Z 微处理器*

服务器电源
server power supply
TN86

S 计算机电源
　　Z 电源*

服务器端程序
　　Y 服务器软件

服务器端软件
　　Y 服务器软件

服务器集群
server cluster
TP368
　　D 服务器组
　　　　服务器集群技术
　　　　服务器集群系统
　　　　集群服务器
　　S 服务器*
　　· Web服务器集群
　　· 数据库集群服务器
　　· 元数据服务器集群

服务器集群技术
　　Y 服务器集群

服务器集群系统
　　Y 服务器集群

服务器平台
　　Y 服务器

服务器软件
server software
TP317　TP393.09
　　D 服务器程序
　　　　服务器端程序
　　　　服务器端软件
　　S 网络软件**
　　· 服务器操作系统
　　· 邮件服务器软件
　　C 服务器安全

服务器推送
　　Y 信息推送

服务器托管
server hosting
TP393
　　D 主机托管
　　S 互联网服务
　　C 互联网数据中心
　　　　服务器
　　　　电子商务
　　Z 网络服务*

服务器系统
　　Y 服务器

服务器虚拟化
server virtualization
TP391.9
　　D 服务器虚拟化技术

　　S 硬件虚拟化
　　C 虚拟服务器
　　Z 虚拟技术*

服务器虚拟化技术
　　Y 服务器虚拟化

服务器硬盘
server hard disk
TP333
　　S 硬盘
　　C 播出服务器
　　　　视频服务器
　　L 外存储器**
　　　　磁存储器**

服务器组
　　Y 服务器集群

服务水平协议
　　Y 服务等级协议

服务提供者接口
service provider interface
TP393
　　S 网络接口
　　Z 接口*

服务网格
service grid
TP393
　　S 网格*

服务网关
service gateway
TP393
　　S 网关
　　L 网络互连设备**

服务质量路由
　　Y QoS路由

服务质量路由算法
　　Y QoS路由算法

服务质量模型
quality of service model
TP393
　　D QoS模型
　　S 网络模型*
　　· 集成服务模型
　　· 区分服务模型
　　· 综合服务模型

服务智能体
service agent
TP391
　　S 智能体
　　Z 人工智能应用*

服务终端
service terminal
TN92
　　S 终端设备*

服务总线
service bus
TP336
　　S 总线*
　　· 企业服务总线

氟化氘激光器
deuterium fluoride laser
TN248
　　S 准分子激光器
　　L 气体激光器**

氟化氪激光器
krypton fluoride laser
TN248
　　D KrF激光
　　　　KrF激光器
　　　　氟化氪准分子激光器
　　S 准分子激光器
　　L 气体激光器**

氟化氪准分子激光器
　　Y 氟化氪激光器

氟化物光纤
fluoride fiber
TN818
　　S 光纤*

浮充电源
float charging power supply
TN86
　　S 电源*

浮点DSP
　　Y 浮点数字信号处理器

浮点处理器
floating point processor
TP338
　　D 浮点运算器
　　S 微处理器*
　　C 浮点数字信号处理器

浮点数编码
floating point encoding
TP301
　　S 二进制编码
　　C 浮点数据
　　　　浮点遗传算法
　　Z 编码*

浮点数编码遗传算法
　　Y 浮点遗传算法

浮点数据
floating point data
TP338
　D 浮点型数据
　S 数据*
　C 浮点数编码

浮点数字信号处理器
floating point digital signal processor
TN43　TP33
　D 浮点 DSP
　S 数字信号处理器
　C 浮点处理器
　Z 微处理器*

浮点型数据
　Y 浮点数据

浮点遗传算法
floating genetic algorithm
TP393.0　TP301　TP1
　D 浮点数编码遗传算法
　S 遗传算法
　C 浮点数编码
　Z 算法*

浮点运算器
　Y 浮点处理器

浮动栅雪崩注入型 MOS 晶体管
floating gate avalanche injection MOS transistor
TN43
　D FAMOS 晶体管
　S MOS 晶体管
　L MOS 器件**
　　半导体分立器件**

浮栅存储器
floating gate memory
TP333
　D 浮栅型单电子存储器
　S 半导体存储器
　C 浮栅型闪速存储器
　Z 存储器*

浮栅型 Flash 存储器
　Y 浮栅型闪速存储器

浮栅型单电子存储器
　Y 浮栅存储器

浮栅型闪速存储器
floating gate flash memory
TN43　TP333
　D 浮栅型 Flash 存储器
　S 闪速存储器
　C 浮栅存储器
　L 非易失性存储器**

符号编码
symbol coding
TN911
　S 信息编码**

幅度键控
　Y 振幅键控

幅度解调
amplitude demodulation
TN76
　S 解调*
　C 幅度失真
　　调幅

幅度均衡
　Y 幅度均衡器

幅度均衡器
amplitude equalizer
TN715
　D 幅度均衡
　S 均衡器*
　· 微波幅度均衡器

幅度量化
amplitude quantization
TN97　TN95
　S 信息量化
　Z 信息处理*

幅度失真
amplitude distortion
TN911　TN7
　S 线性失真
　C 幅度解调
　　调幅
　L 信号失真**

幅度调制
　Y 调幅

幅度调制器
　Y 调幅器

幅频变换器
amplitude frequency converter
TN62
　D 频幅变换器
　S 变换器*

幅移键控
　Y 振幅键控

辐射瓣
　Y 天线波瓣

辐射波瓣
　Y 天线波瓣

辐射计
radiometer
TN16　TM93
　S 电子测量仪器*
　· 红外辐射计
　· 交流辐射计
　· 微波辐射计
　· 紫外辐射计
　C 计数管
　　辐射计接收机

辐射计接收机
radiometer receiver
TN85
　S 测量接收机
　C 辐射计
　Z 接收设备*

辐射计数管
　Y 计数管

辐射热计
　Y 测辐射热计

辐射探测器
　Y 核辐射探测器

辐射源个体识别
　Y 辐射源识别

辐射源识别
emitter recognition
TN97　TN95
　D 辐射源个体识别
　S 信号识别
　· 雷达辐射源识别
　C 模糊匹配
　Z 信号处理*

辅助 GPS
　Y 辅助全球定位系统

辅助存储器
　Y 外存储器

辅助导航
aided navigation
TN964
　S 导航*
　· 地形辅助导航
　· 重力辅助导航

辅助翻译
　Y 机器翻译

辅助教学软件
　Y 计算机辅助教学软件

辅助教学系统
　Y 计算机辅助教学

辅助决策系统
　　Y 决策支持系统

辅助决策支持系统
　　Y 决策支持系统

辅助开关电源
auxiliary switching power supply
TN86
　　S 开关电源
　　Z 电源*

辅助粒子滤波
auxiliary particle filtering
TN713
　　S 粒子滤波
　　Z 滤波*

辅助路由
　　Y 迂回路由

辅助全球定位系统
auxiliary global positioning system
TN96
　　D AGPS
　　　 辅助 GPS
　　S 全球定位系统
　　Z 导航系统*

辅助软件
　　Y 计算机辅助软件

辅助设计软件
　　Y 计算机辅助设计软件

辅助设计系统
　　Y 计算机辅助设计软件

辅助天线
auxiliary antenna
TN95　TN82
　　D 副天线
　　S 天线*

腐蚀算法
erosion algorithm
TP391
　　S 图像算法
　　Z 算法*

付费电视
pay as you see television
TN949
　　D 收费电视
　　S 电视*
　　• 数字付费电视

负反馈电路
negative feedback circuit
TN710
　　D 负反馈回路
　　S 反馈电路
　　C 负反馈放大器
　　Z 电子电路*

负反馈放大电路
　　Y 负反馈放大器

负反馈放大器
negative feedback amplifier
TN72
　　D 负反馈放大电路
　　S 反馈放大器
　　C 负反馈电路
　　Z 放大器*

负反馈回路
　　Y 负反馈电路

负温度系数热敏电阻
　　Y NTC 热敏电阻器

负温度系数热敏电阻器
　　Y NTC 热敏电阻器

负性光刻胶
negative photoresist
TN04
　　D 光刻负胶
　　　 负性光致抗蚀剂
　　S 光刻胶
　　Z 电子材料*

负性光致抗蚀剂
　　Y 负性光刻胶

负载电路
load circuit
TN7
　　S 电子电路*

负载调度
load scheduling
TP393
　　S 网络负载技术
　　C 负载分配
　　Z 网络技术*

负载分担
　　Y 负载分配

负载分配
load distribution
TP393
　　D 负载分担
　　S 网络负载技术
　　C 负载共享
　　　 负载调度
　　Z 网络技术*

负载感知
load awareness
TN92　TP393
　　S 网络负载技术
　　C 自组织网络
　　　 负载预测
　　Z 网络技术*

负载共享
load sharing
TN81　TP3
　　S 资源共享*
　　C 负载分配
　　　 负载均衡

负载均衡
load balancing
TP393.08　TN92
　　D 网络负载均衡
　　　 网络负载平衡
　　　 负载均衡技术
　　　 负载均衡算法
　　　 负载平衡算法
　　S 网络负载技术
　　• 动态负载均衡
　　• 静态负载均衡
　　• 链路负载均衡
　　C 内容寻址网络
　　　 副本技术
　　　 多出口网络
　　　 服务等级协议
　　　 流量整形
　　　 网络并行计算
　　　 网络评估
　　　 负载共享
　　　 负载均衡器
　　　 链路聚合
　　　 集群计算
　　Z 网络技术*

负载均衡技术
　　Y 负载均衡

负载均衡器
load balancer
TN715
　　S 网络管理设备
　　C 负载均衡
　　Z 网络设备*

负载均衡算法
　　Y 负载均衡

负载平衡算法
　　Y 负载均衡

负载迁移
load migration
TP393
　　D 负载转移
　　S 网络负载技术
　　Z 网络技术*

负载调制
load modulation
TN76
　　S 调制*

负载预测
load prediction
TP393
　　S 网络负载技术
　　C 负载感知
　　Z 网络技术*

负载转移
　　Y 负载迁移

负折射率材料
negative refractive index material
TM2
　　S 电子材料*

负阻抗变换器
negative impedance converter
TN62
　　S 阻抗变换器
　　Z 微波元件*

负阻器件*
negative resistance device
TN3
　　• 负阻振荡器
　　•• 二极管负阻振荡器
　　•• 隧道二极管振荡器
　　•• 雪崩二极管振荡器
　　• 硅光电负阻器件

负阻振荡器
negative resistance oscillator
TN752
　　D 二端振荡器
　　S 振荡器*
　　　负阻器件*
　　• 二极管负阻振荡器
　　• 隧道二极管振荡器
　　• 雪崩二极管振荡器

附网存储
　　Y 网络附加存储

附网存储设备
network-attached storage device
TP333
　　S 存储器*
　　C 网络附加存储

复合 Web 服务
　　Y Web 服务组合

复合半导体材料
　　Y 半导体复合材料

复合编码
complex coding
TN912
　　S 编码*

复合衬底
composite substrate
TN303
　　S 半导体衬底*

复合传感器
　　Y 集成传感器

复合导航
composite navigation
TN96
　　S 导航*
　　C 复合攻击

复合放大器
composite amplifier
TN72
　　S 放大器*

复合干扰
hybrid jamming
TN972
　　D 复合型干扰
　　　复式干扰
　　S 雷达干扰
　　C 复合攻击
　　L 电子对抗**

复合跟踪
　　Y 多模式跟踪

复合攻击
composite attack
TP393.08
　　S 网络攻击**
　　C 复合导航
　　　复合干扰

复合加密
compound encryption
TP309
　　S 加密**

复合建模
　　Y 组合建模

复合控制
compound control
TP273
　　S 自动控制*
　　C 复合控制算法

复合控制算法
compound control algorithm
TP2
　　S 控制算法

　　C 复合控制
　　　重复控制器
　　Z 算法*

复合滤波
compound filtering
TN713
　　S 滤波*

复合式光电编码器
composite photoelectric encoder
TN76
　　S 光电编码器
　　Z 编码器*

复合式光碟机
　　Y 复合式光盘机

复合式光盘机
combo driver
TP334
　　D COMBO 光驱
　　　复合式光盘驱动器
　　　复合式光碟机
　　S 光盘驱动器
　　Z 外部设备*

复合式光盘驱动器
　　Y 复合式光盘机

复合视频信号
　　Y 全电视信号

复合探测器
combined detector
TN24　TN953　TP2
　　S 探测器*

复合调制
complex modulation
TN76
　　D 复合调制信号
　　　复调制
　　S 调制*

复合调制信号
　　Y 复合调制

复合网络
composite network
TP1
　　S 网络*

复合型病毒
　　Y 混合型病毒

复合型干扰
　　Y 复合干扰

复接
　　Y 多路复用

复接器
　　Y 复用器

复接设备
　　Y 复用器

复式干扰
　　Y 复合干扰

复数滤波
complex filtering
TN713
　　S 滤波*

复调制
　　Y 复合调制

复图像配准
complex image registration
TN95
　　S 图像配准
　　L 图像处理**

复位电路
reset circuit
TN710
　　D 复位芯片
　　S 电子电路*
　　C 复位信号

复位芯片
　　Y 复位电路

复位信号
reset signal
TN911
　　D 重构信号
　　S 信号*
　　C 复位电路

复位置位触发器
　　Y RS 触发器

复相外延
complex phase epitaxy
TN305
　　D 多相外延
　　S 外延生长
　　Z 半导体工艺*

复用
　　Y 多路复用

复用/解复用器
multiplexer/demultiplexer
TN915
　　S 多路通信设备
　　· 波分复用/解复用器
　　C 复用接口
　　Z 通信设备*

复用接口
multiplexing interface
TN919
　　D 多路复用接口
　　S 通信接口
　　C 复用/解复用器
　　　复用器
　　　多路复用
　　Z 接口*

复用器
multiplexer
TN91　TN76
　　D 复接器
　　　复接设备
　　　多工器
　　　多路器
　　　多路复用器
　　　多路转换器
　　S 多路通信设备
　　· ATM 复用器
　　· 分插复用器
　　· 分接器
　　· 光复用器
　　· 数据复用器
　　· 数字用户线接入复用器
　　C 复用接口
　　　多路复用
　　Z 通信设备*

复杂电子系统
complex electronic system
TN99
　　S 电子系统*

复杂动态网络
complex dynamic network
TP3
　　S 动态网络
　　　复杂网络
　　Z 网络*

复杂攻击
complex attack
TP393
　　S 网络攻击**

复杂结构数据
complex structured data
TP392　TP391
　　S 数据*

复杂可编程逻辑电路
　　Y 复杂可编程逻辑器件

复杂可编程逻辑控制器
　　Y 复杂可编程逻辑器件

复杂可编程逻辑器
　　Y 复杂可编程逻辑器件

复杂可编程逻辑器件
complex programmable logic device
TN43　TP33　TP2
　　D CPLD 可编程逻辑器件
　　　CPLD 器件
　　　CPLD 技术
　　　CPLD 芯片
　　　复杂可编程器件
　　　复杂可编程逻辑器
　　　复杂可编程逻辑控制器
　　　复杂可编程逻辑电路
　　　复杂可编程逻辑芯片
　　　复杂可编辑逻辑器件
　　S 可编程逻辑器件
　　L 逻辑集成电路**

复杂可编程逻辑芯片
　　Y 复杂可编程逻辑器件

复杂可编程器件
　　Y 复杂可编程逻辑器件

复杂可编辑逻辑器件
　　Y 复杂可编程逻辑器件

复杂片上系统
complex on-chip system
TN4
　　S 系统级芯片
　　Z 芯片*

复杂网络
complex network
TP2　TP301
　　D 复杂网络系统
　　S 网络*
　　· 复杂动态网络
　　· 随机网络
　　· 无尺度网络
　　· 小世界网络
　　· 自相似网络

复杂网络系统
　　Y 复杂网络

复杂信息系统
complex information system
TP391　TP311
　　S 信息系统*

复杂指令集
　　Y 复杂指令集运算

复杂指令集运算
complex instruction set computing
TP332
　　D CISC

CISC 指令集
复杂指令集
S 指令集架构*

复杂自适应
complex adaptation
TP391
S 自适应*

副瓣
Y 旁瓣

副瓣干扰
Y 旁瓣干扰

副瓣消隐
Y 旁瓣消隐

副瓣消隐技术
Y 旁瓣消隐

副瓣抑制
Y 旁瓣抑制

副本技术
replica technology
TP393
S 计算机网络技术
C 数据网格
负载均衡
Z 网络技术*

副天线
Y 辅助天线

副载波复接
Y 副载波复用

副载波复用
subcarrier multiplexing
TN929.1
D 光副载波复用
副载波复接
S 光复用
C 副载波调制
Z 多路复用*

副载波调制
subcarrier modulation
TN76
S 载波调制
C 副载波复用
副载波振荡器
Z 调制*

副载波振荡器
subcarrier oscillator
TN752
S 振荡器*

C 副载波调制

赋时 Petri 网
timed Petri net
TP301
S Petri 网*
• 赋时着色 Petri 网

赋时着色 Petri 网
timed colored Petri net
TP301
S 有色 Petri 网
赋时 Petri 网
Z Petri 网*

赋形波束
forming beam
TN82
S 天线波束
C 赋形波束天线
Z 波束*

赋形波束反射面天线
shaped beam reflector antenna
TN82
D 赋形反射面天线
S 面天线
Z 天线*

赋形波束天线
shaped beam antenna
TN82
D 余割平方天线
赋型波束天线
赋形天线
赋形射束天线
S 波束天线
C 赋形波束
Z 天线*

赋形反射面天线
Y 赋形波束反射面天线

赋形射束天线
Y 赋形波束天线

赋形天线
Y 赋形波束天线

赋型波束天线
Y 赋形波束天线

傅里叶变换算法
Y 傅里叶算法

傅里叶滤波
Fourier filtering
D 傅立叶滤波
S 滤波*
C 傅里叶算法

傅里叶算法
Fourier algorithm
TN91　TP301.6　TP391
D 傅立叶变换算法
傅里叶变换算法
S 算法*
• 分步傅里叶算法
• 快速傅里叶算法
• 全波傅里叶算法
C 傅里叶滤波

傅立叶变换算法
Y 傅里叶算法

傅立叶滤波
Y 傅里叶滤波

富硅二氧化硅
Y 富硅氧化硅

富硅氧化硅
silicon rich silicon oxide
TN304
D 富硅二氧化硅
S 氧化物半导体
L 化合物半导体**

富互联网应用
Y 富互联网应用程序

富互联网应用程序
rich internet application
TP317
D 富互联网应用
富因特网应用程序
S 网络应用程序
L 应用软件**
网络软件**

富媒体
rich media
TP311
S 多媒体*

富因特网应用程序
Y 富互联网应用程序

覆盖多播
Y 覆盖组播

覆盖聚类算法
covering clustering algorithm
TP301.6
S 聚类算法
Z 算法*

覆盖网络
overlay network
TP393
S 计算机网络*
• 对等覆盖网络

- 结构化覆盖网络
- 语义覆盖网络
C 链路预算

覆盖增强
coverage enhancement
TN92
    S 信号增强
    Z 信号处理*

覆盖组播
overlay multicast
TP393
    D 覆盖多播
    S 组播
    L 网络通信**

覆铜板
copper clad laminate
TN41
    D 敷铜板
       覆铜基板
       覆铜箔层压板
       覆铜箔板
    S 电路基板*
- 单面覆铜板
- 刚性覆铜板
- 铝基覆铜板
- 挠性覆铜板

覆铜箔板
    Y 覆铜板

覆铜箔层压板
    Y 覆铜板

覆铜基板
    Y 覆铜板

改进分水岭算法
    Y 分水岭算法

改进混合遗传算法
    Y 混合遗传算法

改进卡尔曼滤波
improved Kalman filtering
TN713
    D 改进型卡尔曼滤波
    S 卡尔曼滤波**

改进粒子群算法
improved particle swarm algorithm
TP301
    D 改进粒子群优化算法
    S 粒子群算法
    Z 算法*

改进粒子群优化算法
    Y 改进粒子群算法

改进量子遗传算法
    Y 量子遗传算法

改进免疫遗传算法
    Y 免疫遗传算法

改进模拟退火算法
    Y 模拟退火算法

改进人工鱼群算法
    Y 人工鱼群算法

改进小生境遗传算法
    Y 小生境遗传算法

改进型卡尔曼滤波
    Y 改进卡尔曼滤波

改进遗传算法
improved genetic algorithm
TP301   TP183
    S 遗传算法
    Z 算法*

改进蚁群算法
improved ant colony algorithm
TP301.6   TP183
    S 蚁群算法
    Z 算法*

改进自适应遗传算法
    Y 自适应遗传算法

盖革管
    Y 盖革计数管

盖革计数管
Geiger counter
TN13
    D G-M 计数管
       盖革-弥勒计数管
       盖革弥勒计数器
       盖革管
       盖革计数器
    S 计数管
    L 离子管**

盖革计数器
    Y 盖革计数管

盖革-弥勒计数管
    Y 盖革计数管

盖革弥勒计数器
    Y 盖革计数管

概率加密
probability encryption
TP309
    S 加密**

概率潜在语义分析
    Y 潜在语义分析

概率融合
probability fusion
TP391
    S 信息融合
    Z 信息处理*

概率神经网络
probabilistic neural network
TP183
    S 前馈神经网络
- 径向基概率神经网络
    Z 人工神经网络*

概率数据关联
probabilistic data association
TP391
    D 概率数据互联
       联合概率数据关联
    S 数据关联
    C 概率数据关联算法
       概率数据库
    L 数据处理**

概率数据关联算法
probabilistic data association algorithm
TP391
    D PDA 算法
       联合概率数据关联算法
    S 关联规则算法
    C 概率数据关联
    Z 算法*

概率数据互联
    Y 概率数据关联

概率数据库
probability database
TP392
    S 应用数据库
    C 概率数据关联
    Z 数据库*

概率网络
probabilistic network
TP391   TP1
    S 网络*
- 贝叶斯网络
    C 图论算法

概率有限自动机
probabilistic finite automaton
TP301
    S 有限自动机
    Z 自动机*

概率自动机
    Y 随机自动机

概念层次网络
hierarchical network of concept
TP391
　　S 语义网*

概念抽取
　　Y 术语抽取

概念建模
conceptual modeling
TP391.9
　　S 模型构建*

概念聚类
conceptual clustering
TP391
　　S 聚类*
　　C 概念描述

概念描述
concept description
TP391
　　S 信息描述
　　C 概念聚类
　　Z 信息处理*

概念匹配
　　Y 语义匹配

概念网
　　Y 概念语义网络

概念网络
　　Y 概念语义网络

概念语义网络
concept semantic network
TP391
　　D 概念网
　　　　概念网络
　　S 语义网*

概要结构
　　Y 概要数据结构

概要数据结构
synopsis data structure
TP392
　　D 概要结构
　　S 数据结构*

干法腐蚀
　　Y 干法刻蚀

干法刻蚀
dry etching
TN305
　　D 干刻
　　　　干刻蚀
　　　　干法腐蚀
　　　　干法蚀刻
　　　　干腐蚀
　　　　干蚀刻
　　S 蚀刻工艺
　　• 等离子体刻蚀
　　• 反应离子刻蚀
　　• 溅射刻蚀
　　Z 半导体工艺*

干法蚀刻
　　Y 干法刻蚀

干腐蚀
　　Y 干法刻蚀

干刻
　　Y 干法刻蚀

干刻蚀
　　Y 干法刻蚀

干扰弹
decoy
TN972
　　S 电子干扰设备**
　　• 箔条干扰弹
　　• 红外干扰弹

干扰吊舱
jamming pod
TN971
　　D 机载电子干扰吊舱
　　　　电子干扰吊舱
　　S 干扰投放器
　　　　机载电子战设备
　　L 电子干扰设备**

干扰发射机
　　Y 干扰机

干扰仿真
interference simulation
TP391.9
　　S 仿真*
　　C 电子干扰
　　　　电磁干扰

干扰附加器
　　Y 干扰机

干扰机
jammer
TN972
　　D 干扰发射机
　　　　干扰器
　　　　干扰附加器
　　　　电子干扰机
　　S 电子干扰设备**
　　• 红外干扰机
　　• 机载干扰机
　　• 激光干扰机
　　• 雷达干扰机
　　• 声干扰器
　　• 通信干扰机
　　• 投掷式干扰机
　　• 有源干扰机

干扰器
　　Y 干扰机

干扰器材
　　Y 电子干扰设备

干扰设备
　　Y 电子干扰设备

干扰识别
interference recognition
TN97
　　S 信号识别
　　Z 信号处理*

干扰投放器
decoy dispenser
TN971
　　D 干扰物投放器
　　S 电子干扰设备**
　　• 箔条投放器
　　• 干扰吊舱
　　• 机载诱饵投放器

干扰物投放器
　　Y 干扰投放器

干扰信号
interference signal
TN911
　　S 信号*
　　C 信号干扰
　　　　干涉仪测向
　　　　干涉解调

干扰抑制*
interference suppression
TN911　TN972
　　D 干扰抑制技术
　　　　抑制干扰
　　• 带外抑制
　　• 盲干扰抑制
　　• 旁瓣抑制
　　• 射频干扰抑制
　　• 杂波抑制
　　• • 背景杂波抑制
　　• • 海杂波抑制
　　• • 无源杂波抑制
　　• 杂散抑制
　　• 载波抑制
　　• 窄带干扰抑制
　　• 自适应干扰抑制

干扰抑制电路
　　Y 噪声抑制电路

干扰抑制技术
　　Y 干扰抑制

干扰用反射器
interference reflector
TN97
　　S 无源干扰物
　　• 范阿塔反射器
　　• 角反射器
　　• 龙伯透镜反射器
　　C 反射器干扰
　　L 电子干扰设备**

干扰装置
　　Y 电子干扰设备

干涉 SAR
　　Y 干涉合成孔径雷达

干涉法测向
　　Y 干涉仪测向

干涉光刻
interference lithography
TN305
　　D 全息光刻
　　　　全息光刻技术
　　　　干涉光刻技术
　　　　激光全息光刻
　　　　激光干涉光刻
　　S 激光光刻
　　L 光刻工艺**
　　　　激光加工**

干涉光刻技术
　　Y 干涉光刻

干涉合成孔径雷达
interferometric synthetic aperture radar
TN958
　　D 干涉 SAR
　　　　干涉雷达
　　S 合成孔径雷达
　　• 极化干涉合成孔径雷达
　　Z 雷达*

干涉解调
interferometric demodulation
TN76
　　S 解调*
　　C 干扰信号

干涉雷达
　　Y 干涉合成孔径雷达

干涉信号
interference signal
TN24
　　S 信号*

干涉仪测向
interferometer direction finding
TN971
　　D 干涉法测向
　　S 测向*
　　C 干扰信号

干涉仪雷达
　　Y 比相单脉冲雷达

干蚀刻
　　Y 干法刻蚀

甘氏二极管
　　Y 耿氏二极管

甘氏器件
　　Y 耿氏器件

感光器
　　Y 感光器件

感光器件
photosensitive device
TN2
　　D 感光器
　　S 光器件*

感容滤波器
　　Y LC 滤波器

感容网络
inductor-capacitor network
TN711
　　D LC 网络
　　S 电路网络*
　　C LC 滤波器
　　　　感容振荡器

感容振荡器
inductor-capacitor oscillator
TN752
　　S 振荡器*
　　C 感容网络

感兴趣区编码
　　Y 感兴趣区域编码

感兴趣区域编码
coding of region of interest
TN919
　　D ROI 编码
　　　　感兴趣区编码
　　S 图像编码
　　Z 编码*

感应耦合等离子刻蚀
　　Y 感应耦合等离子体刻蚀

感应耦合等离子体刻蚀
inductively-coupled plasma etching
TN305
　　D ICP 刻蚀
　　　　感应耦合等离子刻蚀
　　　　电感耦合等离子体刻蚀
　　S 等离子体刻蚀
　　Z 半导体工艺*

感应式传感器
induction transducer
TP212
　　S 传感器*
　　C 感应式继电器

感应式继电器
induction type relay
TM58
　　S 电磁继电器
　　C 感应式传感器
　　Z 继电器*

感应输出管
inductive output tube
TN12
　　D 速调四极管
　　S 速调管
　　L 微波管**

感知编码
perceptual coding
TN912
　　S 编码*
　　• 感知音频编码
　　C 信息感知

感知计算
perceptual computing
TP301
　　S 先进计算
　　C 信息感知
　　Z 计算*

感知技术
　　Y 信息感知

感知器神经网络
perceptron neural network
TP183
　　D 感知器网络
　　S 前馈神经网络
　　• 多层感知器神经网络
　　Z 人工神经网络*

感知器网络
　　Y 感知器神经网络

感知网
　　Y 认知网络

感知网络
　　Y 认知网络

感知无线电
　　Y 认知无线电

感知音频编码
perceptual audio coding
TN912
　　S 感知编码
　　　 音频编码
　　L 音视频编码**

干放
　　Y 干线放大器

干簧继电器
　　Y 舌簧继电器

干式变压器
dry type transformer
TM41
　　S 电力变压器
　　Z 变压器*

干线传输
trunk transmission
TN94
　　S 信息传输*
　　C 主干光缆
　　　 干线放大器

干线放大器
trunk amplifier
TN72
　　D 干放
　　S 放大器*
　　C 干线传输
　　　 骨干网

干线光缆
　　Y 主干光缆

干线网
　　Y 骨干网

刚挠板
　　Y 刚挠结合印制电路板

刚挠结合板
　　Y 刚挠结合印制电路板

刚挠结合印制板
　　Y 刚挠结合印制电路板

刚挠结合印制电路板
flex-rigid printed circuit board
TN41
　　D 刚挠印制板
　　　 刚挠性印制板

　　　 刚挠性印制电路板
　　　 刚挠板
　　　 刚挠结合印制板
　　　 刚挠结合板
　　S 印制电路板*

刚挠性印制板
　　Y 刚挠结合印制电路板

刚挠性印制电路板
　　Y 刚挠结合印制电路板

刚挠印制板
　　Y 刚挠结合印制电路板

刚性板
　　Y 刚性印制电路板

刚性覆铜板
rigid copper clad laminate
TN7
　　S 覆铜板
　　Z 电路基板*

刚性印制板
　　Y 刚性印制电路板

刚性印制电路板
rigid printed circuit
TN41
　　D 刚性印制板
　　　 刚性板
　　S 印制电路板*

港口电台
　　Y 海岸电台

港口雷达
harbor radar
TN958
　　D 码头雷达
　　S 陆基雷达
　　Z 雷达*

高K材料
　　Y 高介电常数材料

高Q电感器
high Q inductor
TM55
　　S 电感器*

高Q滤波器
high Q filter
TN713
　　D 高Q值滤波器
　　S 滤波器*

高Q值滤波器
　　Y 高Q滤波器

高保真度放大器
high fidelity amplifier
TN72
　　D 高保真功放
　　　 高保真放大器
　　S 音频功率放大器
　　L 功率放大器**

高保真放大器
　　Y 高保真度放大器

高保真功放
　　Y 高保真度放大器

高层协议
high layer protocol
TN915.04　TP393.0
　　D 高层协议栈
　　S 网络协议**

高层协议栈
　　Y 高层协议

高重复频率脉冲激光
　　Y 高重频激光

高重频激光
high repetition frequency laser
TN24
　　D 高重复频率脉冲激光
　　S 脉冲激光
　　Z 激光*

高纯度硅
　　Y 高纯硅

高纯硅
high purity silicon
TN304
　　D 高纯度硅
　　S 硅材料
　　L 元素半导体**

高纯锗
high purity germanium
TN304
　　S 锗
　　L 元素半导体**

高电子迁移率晶体管
high electron mobility transistor
TN32
　　D HEMT
　　　 高迁移率晶体管
　　S 晶体管
　　· 氮化镓高电子迁移率晶体管
　　· 赝配高电子迁移率晶体管
　　L 半导体分立器件**

高度表天线
altimeter antenna
TN82
　　D 无线电高度表天线
　　S 飞行器天线
　　C 测高雷达
　　　 高度显示器
　　Z 天线*

高度测量雷达
　　Y 测高雷达

高度显示器
height indicator
TN957
　　D 目标高度显示器
　　S 显示器
　　C 测高雷达
　　　 高度表天线
　　Z 显示设备*

高端处理器
　　Y 高性能微处理器

高端服务器
　　Y 高性能服务器

高端计算
　　Y 高性能计算

高端计算机
　　Y 高性能计算机

高端路由器
　　Y 高性能路由器

高放式接收机
high frequency amplification receiver
TN85
　　S 接收设备*

高分辨测向
　　Y 超分辨测向

高分辨度显示器
　　Y 高分辨率显示器

高分辨雷达
　　Y 高分辨率雷达

高分辨力电视摄像机
　　Y 高清摄像机

高分辨力雷达
　　Y 高分辨率雷达

高分辨率测向
　　Y 超分辨测向

高分辨率电视摄像机
　　Y 高清摄像机

高分辨率雷达
high resolution radar
TN958
　　D 高分辨力雷达
　　　 高分辨雷达
　　　 高距离分辨率雷达
　　　 高距离分辨雷达
　　S 雷达*

高分辨率摄像机
　　Y 高清摄像机

高分辨率示波管
high resolution oscilloscope
TN14
　　S 示波管
　　L 电子束管**

高分辨率显示
　　Y 高分辨率显示器

高分辨率显示器
high resolution display
TP334.1
　　D 高分辨度显示器
　　　 高分辨率显示
　　　 高清晰度显示器
　　S 显示器
　　Z 显示设备*

高分子 PTC 材料
　　Y PTC 材料

高分子锂电池
　　Y 锂聚合物电池

高功率 CO₂ 激光器
　　Y 高功率二氧化碳激光器

高功率半导体激光器
high power semiconductor laser
TN248
　　D 大功率半导体激光器
　　S 半导体激光器
　　　 高功率激光器
　　L 固体激光器**

高功率二氧化碳激光器
high power carbon dioxide laser
TN248
　　D 高功率 CO₂ 激光器
　　S 二氧化碳激光器
　　　 高功率激光器
　　L 气体激光器**

高功率发射机
　　Y 大功率发信机

高功率放大器
high power amplifier
TN72
　　D 大功率功放
　　　 大功率放大器
　　S 放大器*
　　C 大功率发信机
　　　 自适应预失真

高功率固体激光器
high power solid state laser
TN248
　　D 大功率固体激光器
　　S 固体激光器**
　　　 高功率激光器

高功率光纤激光器
high power fiber laser
TN248
　　S 光纤激光器**
　　　 高功率激光器

高功率激光
　　Y 高功率激光器

高功率激光器
high power laser
TN248
　　D 大功率激光
　　　 大功率激光器
　　　 强激光
　　　 强激光器
　　　 高功率激光
　　　 高能激光
　　　 高能激光器
　　　 高能量激光
　　S 激光器*
　　• 高功率半导体激光器
　　• 高功率二氧化碳激光器
　　• 高功率固体激光器
　　• 高功率光纤激光器
　　• 高平均功率激光器
　　• 拍瓦激光器
　　• 太瓦激光器
　　• 兆焦耳激光器

高功率开关电源
　　Y 大功率开关电源

高功率脉冲电源
　　Y 功率脉冲电源

高级 Petri 网
high-level Petri net
TP301
　　D 高级佩特里网
　　S Petri 网*
　　• 随机高级 Petri 网

高级编程语言
　　Y 高级语言

电子信息技术叙词表

高级程序设计语言
　　Y 高级语言

高级程序语言
　　Y 高级语言

高级高性能总线
　　Y AHB 总线

高级加密标准
advanced encryption standard
TN918　TP309
　　D 高级数据加密标准
　　S 加密标准
　　Z 信息产业标准*

高级加密标准加密
　　Y AES 加密

高级加密标准算法
　　Y AES 算法

高级加密算法
　　Y AES 算法

高级佩特里网
　　Y 高级 Petri 网

高级数据加密标准
　　Y 高级加密标准

高级数据链路控制规程
high-level data link control procedure
TN915　TP393
　　D HDLC 协议
　　　高级数据链路控制规约
　　S 控制协议
　　　数据链路层协议
　　C 现场可编程门阵列
　　L 网络协议**

高级数据链路控制规约
　　Y 高级数据链路控制规程

高级消息队列协议
advanced message queuing protocol
TN915.04
　　D AMQP
　　S 应用层协议
　　C 物联网
　　L 网络协议**

高级语言
high-level language
TP311　TP312
　　D 计算机高级语言
　　　高级程序设计语言
　　　高级程序语言
　　　高级编程语言
　　S 计算机语言*
　　· BASIC 语言
　　· CHILL 语言
　　· COBOL 语言
　　· Dbase 语言
　　· LISP 语言
　　· MAPLE 语言
　　· OCCAM 语言
　　· OpenGL 语言
　　· PASCAL 语言
　　· Perl 语言
　　· 并行语言
　　· 第四代语言
　　· 宏语言
　　· 面向过程语言
　　· 人工智能语言
　　· 易语言
　　· 坐标几何语言
　　C 高级语言程序设计

高级语言编程
　　Y 高级语言程序设计

高级语言程序设计
advanced language programming
TP311
　　D 高级语言编程
　　S 软件设计
　　· C 语言程序设计
　　· Delphi 程序设计
　　· Java 编程
　　· VB 程序设计
　　· VFP 程序设计
　　· 宏程序设计
　　· 汇编程序设计
　　C 高级语言
　　Z 软件工程*

高级着色器语言
high-level shader language
TP312
　　S 计算机语言*

高阶调制
high order modulation
TN76
　　S 调制*

高介电常数材料
high dielectric constant material
TM2
　　D 高 K 材料
　　S 电子材料*

高精度放大器
high precision amplifier
TN72
　　S 放大器*

高精度计算
high precision computation
TP3
　　S 计算*

高距离分辨雷达
　　Y 高分辨率雷达

高距离分辨率雷达
　　Y 高分辨率雷达

高可信软件
　　Y 可信软件

高空气象探测雷达
　　Y 气象雷达

高亮度 LED
　　Y 高亮度发光二极管

高亮度发光二极管
high brightness light emitting diode
TN31　TN383
　　D 高亮度 LED
　　S 发光二极管
　　C 高亮显示
　　L 半导体发光器件**

高亮度显示
　　Y 高亮显示

高亮显示
high brightness display
TP338
　　D 高亮度显示
　　S 显示*
　　C 高亮度发光二极管

高灵敏度接收机
　　Y 高灵敏接收机

高灵敏接收机
high sensitivity receiver
TN85
　　D 高灵敏度接收机
　　S 接收设备*

高密度存储
high density storage
TP333
　　S 信息存储*
　　· 高密度光存储
　　· 全息光存储

高密度封装
high density packing
TN05
　　D 高密度封装技术
　　S 半导体封装**

高密度封装技术
　　Y 高密度封装

· 280 ·

高密度光存储
high density optical storage
TP333
    S 光存储
       高密度存储
    Z 信息存储*

高密度光盘
high density compact disc
TP333
    D HD-CD
    S 光盘
    L 光存储器**
       外存储器**

高密度互连
high density interconnection
TN405
    D 高密度互联
       高密度互连技术
    S 电路互连
    Z 半导体工艺*

高密度互连技术
    Y 高密度互连

高密度互联
    Y 高密度互连

高密度可编程逻辑电路
    Y 高密度可编程逻辑器件

高密度可编程逻辑器件
high density programmable logic device
TN47
    D 高密度可编程逻辑电路
    S 可编程逻辑器件
    L 逻辑集成电路**

高密度全息存储
    Y 全息光存储

高密度硬盘
high-density hard disk
TP333
    S 硬盘
    L 外存储器**
       磁存储器**

高能激光
    Y 高功率激光器

高能激光器
    Y 高功率激光器

高能离子注入
high-energy ion implantation
TN305
    S 离子注入工艺
    C 高能离子注入机

    Z 半导体工艺*

高能离子注入机
high-energy ion implanter
TN305
    S 离子注入机
    C 高能离子注入
    Z 半导体工艺设备*

高能量激光
    Y 高功率激光器

高频变换器
high frequency converter
TN62
    S 变换器*
    C 高频电路

高频变压器
high frequency transformer
TM43
    S 电子变压器**
    C 高频逆变电源

高频传播
    Y 短波传播

高频地波雷达
high frequency ground wave radar
TN958
    S 地波雷达
       高频雷达
    Z 雷达*

高频电机
high frequency motor
TM38
    S 微型电动机
    Z 微特电机*

高频电路
high frequency circuit
TN7
    S 电子电路*
    C 高频变换器

高频电台
    Y 短波电台

高频电源
high frequency power supply
TN86
    S 电源*
    • 高频开关电源
    • 高频逆变电源

高频扼流圈
high frequency choke
TM556
    S 交流扼流圈
    C 磁珠

    Z 电感器*

高频放大器
high frequency amplifier
TN72
    S 放大器*
    • 高频功率放大器

高频功放
    Y 高频功率放大器

高频功率放大器
high frequency power amplifier
TN72
    D 高频功放
    S 功率放大器**
       高频放大器

高频继电器
high frequency relay
TM58
    S 继电器*
    • 射频继电器
    • 同轴继电器
    C 高频逆变电源

高频剪切滤波器
    Y 低通滤波器

高频结构仿真
high frequency structure simulation
TP31
    D HFSS 仿真
    S 电磁仿真
       软件仿真
    Z 仿真*

高频晶闸管
high frequency thyristor
TN34
    D 高频可控硅
    S 晶闸管
    L 半导体分立器件**
       电力半导体器件**

高频开关电源
high frequency switch power supply
TN86
    S 开关电源
       高频电源
    • 高频开关组合电源
    C 高频逆变电源
    Z 电源*

高频开关组合电源
combined high frequency switch mode power supply
TN86
    S 组合电源

高频开关电源
　　Z 电源*

高频可控硅
　　Y 高频晶闸管

高频雷达
high frequency radar
TN958
　　S 雷达*
　　· 高频地波雷达
　　C 高频信号
　　　高频雷达接收机

高频雷达接收机
high frequency radar receiver
TN85
　　S 雷达接收机
　　C 高频雷达
　　Z 接收设备*

高频连接器
high frequency connector
TN6
　　S 电连接器*
　　C 低频连接器

高频逆变电源
high frquency inverter power supply
TN86
　　S 逆变电源
　　　高频电源
　　C 高频变压器
　　　高频开关电源
　　　高频继电器
　　Z 电源*

高频强调滤波
high frequency emphasize filtering
TN713
　　S 图像滤波
　　L 图像处理**

高频陶瓷电容器
　　Y 一类瓷介电容器

高频天线
　　Y 短波天线

高频调制
high frequency modulation
TN76
　　S 调频
　　C 高频信号
　　Z 调制*

高频通信
　　Y 短波通信

高频信号
high frequency signal
TN911
　　S 信号*
　　C 高频信号发生器
　　　高频噪声
　　　高频调制
　　　高频雷达

高频信号发生器
high frequency signal generator
TM935
　　D 超高频信号发生器
　　S 信号发生器**
　　C 高频信号

高频噪声
high frequency noise
TN911
　　S 信号噪声*
　　C 高频信号

高频振荡器
high frequency oscillator
TN752
　　S 振荡器*

高平均功率激光器
high average power laser
TN248
　　S 高功率激光器
　　Z 激光器*

高迁移率晶体管
　　Y 高电子迁移率晶体管

高清 DVD
　　Y 高清光盘

高清标准
high definition standard
TN94
　　S 电视标准
　　C 高清显示
　　　高清晰度电视
　　　高清晰视频
　　　高清机顶盒
　　Z 信息产业标准*

高清电视
　　Y 高清晰度电视

高清电视机
　　Y 高清晰度电视机

高清多媒体接口
　　Y 高清晰度多媒体接口

高清光盘
high definition DVD
TN94
　　D HD DVD
　　　HD-DVD
　　　高清 DVD
　　S 数字多功能光盘
　　L 光存储器**
　　　外存储器**

高清机顶盒
high definition set-top box
TN948
　　D 高清晰度电视机顶盒
　　S 机顶盒
　　· 高清数字电视机顶盒
　　C 高清晰度电视
　　　高清晰度电视机
　　　高清晰视频
　　　高清标准
　　Z 电视设备*

高清摄录一体机
　　Y 高清摄像机

高清摄像机
high definition video camera
TN946
　　D 高分辨力电视摄像机
　　　高分辨率摄像机
　　　高分辨率电视摄像机
　　　高清摄录一体机
　　　高清晰度摄像机
　　　高清晰度电视摄像机
　　S 摄像机
　　C 高清晰度电视
　　　高清晰度电视机
　　Z 电视设备*

高清视频
　　Y 高清晰视频

高清视频会议系统
high definition video conference system
TN948
　　S 视频会议系统
　　C 高清晰度多媒体接口
　　　高清晰视频
　　Z 计算机应用系统*

高清数字电视
　　Y 高清晰度数字电视

高清数字电视机顶盒
high definition digital TV set-top box
TN948
　　S 数字电视机顶盒
　　　高清机顶盒
　　C 高清晰度数字电视
　　Z 电视设备*

高清晰彩电
　　Y 高清晰度电视机

高清晰电视机
    Y 高清晰度电视机

高清晰度彩电
    Y 高清晰度电视机

高清晰度电视
high definition television
TN941
    D 高清电视
    S 电视*
    • 高清晰度数字电视
    C 高清摄像机
       高清显示
       高清晰度多媒体接口
       高清晰度电视机
       高清晰视频
       高清机顶盒
       高清标准

高清晰度电视机
high definition TV set
TN949
    D 高清晰度彩电
       高清晰度数字彩电
       高清晰度电视接收器
       高清晰彩电
       高清晰电视机
       高清电视机
    S 电视机
    C 高清摄像机
       高清晰度电视
       高清机顶盒
    Z 电视设备*

高清晰度电视机顶盒
    Y 高清机顶盒

高清晰度电视接收器
    Y 高清晰度电视机

高清晰度电视摄像机
    Y 高清摄像机

高清晰度多媒体接口
high definition multimedia interface
TP334.7
    D HDMI
       HDMI 接口
       高清多媒体接口
       高清晰多媒体接口
    S 多媒体接口
    C 高清晰度电视
       高清视频会议系统
    Z 接口*

高清晰度摄像机
    Y 高清摄像机

高清晰度数字彩电
    Y 高清晰度电视机

高清晰度数字电视
high definition digital television
TN941
    D 数字 HDTV
       数字高清晰度电视
       数字高清电视
       高清数字电视
    S 数字电视
       高清晰度电视
    C 高清数字电视机顶盒
    Z 电视*

高清晰度显示
    Y 高清显示

高清晰度显示器
    Y 高分辨率显示器

高清晰多媒体接口
    Y 高清晰度多媒体接口

高清晰视频
high definition video
TN94
    D 高清视频
    S 视频*
    C 高清晰度电视
       高清机顶盒
       高清标准
       高清视频会议系统

高清显示
high definition display
TN94　TN27
    D 高清显示技术
       高清晰度显示
    S 显示*
    C 高清晰度电视
       高清标准

高清显示技术
    Y 高清显示

高双折射光纤
high birefringence optical fiber
TN818
    S 双折射光纤
    Z 光纤*

高斯白噪声
white Gaussian noise
TN911
    S 白噪声
       高斯噪声
    • 加性高斯白噪声
    Z 信号噪声*

高斯厄米特滤波
Gaussian Hermitian filtering
TN713
    D 高斯-厄米特滤波
    S 高斯滤波
    Z 滤波*

高斯-厄米特滤波
    Y 高斯厄米特滤波

高斯分类器
Gaussian classifier
TP391
    S 分类器*

高斯光束
    Y 高斯激光

高斯激光
Gaussian laser
TN24
    D 高斯光束
       高斯激光束
    S 激光*

高斯激光束
    Y 高斯激光

高斯加性白噪声信道
    Y 加性高斯白噪声信道

高斯粒子滤波
Gaussian particle filtering
TN713
    S 粒子滤波
       高斯滤波
    Z 滤波*

高斯滤波
Gaussian filtering
TN713
    S 滤波*
    • 高斯厄米特滤波
    • 高斯粒子滤波
    • 各向异性高斯滤波
    • 小尺度高斯滤波
    • 自适应高斯滤波

高斯色噪声
Guassian colored noise
TN911
    D 高斯有色噪声
    S 有色噪声
       高斯噪声
    Z 信号噪声*

高斯信道
Gaussian channel
TN911
    S 信道*
    • 加性高斯白噪声信道

C 高斯噪声

高斯有色噪声
　　Y 高斯色噪声

高斯噪声
Gaussian noise
TN911
　　S 信号噪声*
　　· 分形高斯噪声
　　· 高斯白噪声
　　· 高斯色噪声
　　C 高斯信道

高斯最小频移键控
Gaussian minimum shift keying
TN76
　　D GMSK
　　　 GMSK 调制
　　　 高斯最小移频键控
　　S 最小频移键控
　　L 数字调制**

高斯最小移频键控
　　Y 高斯最小频移键控

高速 A/D 转换器
　　Y 高速模数转换器

高速 ADC
　　Y 高速模数转换器

高速 AD 转换器
　　Y 高速模数转换器

高速 CPU
high speed central processing unit
TP33
　　S 中央处理器
　　C 高速单片机
　　　 高速电路
　　Z 微处理器*

高速 DSP
　　Y 高速数字信号处理器

高速 IC
　　Y 高速集成电路

高速 PCB
　　Y 高速印制电路板

高速半导体激光器
high speed semiconductor laser
TN248
　　S 半导体激光器
　　L 固体激光器**

高速比较器
high speed comparator
TN710
　　S 比较器
　　　 高速电路
　　Z 电子电路*

高速处理器
　　Y 高速微处理器

高速传输
high speed transmission
TN919　TN92　TP393
　　D 快速传输
　　　 高速传送
　　　 高速率传输
　　S 信息传输*
　　· 高速数据传输
　　· 突发传输
　　C 高速路由器
　　　 高速通信

高速传送
　　Y 高速传输

高速传真
high speed fax
TN917
　　S 传真通信
　　C 高速通信
　　Z 通信*

高速串行接口
　　Y 高速串行总线

高速串行收发器
high speed serial transceiver
TN85　TN83
　　S 串行收发器
　　C 高速串行总线
　　　 高速通信
　　Z 收发器*

高速串行总线
high speed serial bus
TP336
　　D 高速串行接口
　　S 串行总线
　　　 高速总线
　　C 高速串行收发器
　　　 高速通信
　　Z 总线*

高速存储
high speed storage
TP333
　　D 高速数据存储
　　S 信息存储*

高速打印机
high speed printer

TN917　TP338
　　S 打印机
　　Z 外部设备*

高速大规模集成电路
high speed large scale integrated circuit
TN47
　　S 大规模集成电路
　　　 高速集成电路
　　Z 集成电路*

高速单片机
high speed microprocessor
TP368
　　S 单片微型计算机
　　C 高速 CPU
　　　 高速微处理器
　　L 电子数字计算机**

高速电路
high speed circuit
TN7
　　D 高速电路设计
　　S 电子电路*
　　· 高速比较器
　　· 高速数字电路
　　C 高速 CPU
　　　 高速多芯片组件
　　　 高速微处理器
　　　 高速放大器
　　　 高速数字信号处理器
　　　 高速数模转换器
　　　 高速模数转换器
　　　 高速集成电路

高速电路板
　　Y 高速印制电路板

高速电路设计
　　Y 高速电路

高速多芯片组件
high speed multichip module
TN4
　　S 多芯片组件
　　C 高速微处理器
　　　 高速电路
　　Z 电子组件*

高速放大器
high speed amplifier
TN72
　　D 快速放大器
　　S 放大器*
　　· 高速运算放大器
　　C 高速电路

高速光通信
high speed optical communication
TN92
　　D 高速光通讯

· 284 ·

S 光通信**
　　高速通信
・高速光纤通信

高速光通讯
　Y 高速光通信

高速光网络
　Y 高速光纤网络

高速光纤通信
high speed optical fiber communication
TN929.1
　S 光纤通信
　　高速光通信
　C 高速光纤网络
　L 光通信**

高速光纤网络
high speed optical fiber network
TN92
　D 高速光网络
　S 光纤网络**
　C 高速光纤通信

高速互联网
high speed internet
TP393.6
　S 互联网
　　高速网络
　Z 计算机网络*

高速缓冲存储器
high speed cache memory
TP333
　D Cache 存储器
　　Cache 缓冲贮器
　　超高速缓冲存储器
　　超高速缓存
　　高速缓冲贮器
　　高速缓存
　　高速缓存器
　S CPU 缓存
　C 静态随机存储器
　Z 存储器*

高速缓冲存贮器
　Y 高速缓冲存储器

高速缓存
　Y 高速缓冲存储器

高速缓存器
　Y 高速缓冲存储器

高速激光打印机
high speed laser printer
TP334.3
　S 激光打印机
　Z 外部设备*

高速集成电路
high speed integrated circuit
TN4
　D 高速 IC
　S 集成电路*
　・超高速集成电路
　・高速大规模集成电路
　・高速数字集成电路
　C 高速电路

高速集成电路硬件描述语言
　Y VHDL 语言

高速集成硬件描述语言
　Y VHDL 语言

高速接口
high speed interface
TN915　TP334.7
　S 接口*
　C 高速信号
　　高速总线
　　高速硬盘
　　高速链路

高速局域网
high speed local area network
TP393.1
　S 局域网**
　　高速网络
　・高速无线局域网

高速可寻址远程传感器通信协议
　Y HART 协议

高速刻录机
high speed CD writer
TP333
　S 光盘刻录机
　Z 外部设备*

高速链路
high speed link
TN915
　S 链路*
　C 高速总线
　　高速接口
　　高速通信

高速路由器
high speed router
TN915
　S 路由器
　C 高速传输
　L 网络互连设备**

高速率传输
　Y 高速传输

高速模数转换器
high speed analog to digital converter
TN792　TN43
　D 超高速模数转换器
　　高速 A/D 转换器
　　高速 ADC
　　高速 AD 转换器
　S 模数转换器
　C 高速电路
　Z 转换器*
　　集成电路*

高速摄像机
high speed video camera
TN946
　S 摄像机
　C 高速图像处理
　Z 电视设备*

高速数传
　Y 高速数据传输

高速数据采集
high speed data acquisition
TP274
　D 超高速数据采集
　S 数据采集
　C 高速数据传输
　Z 信息采集*

高速数据采集系统
　Y 数据采集系统

高速数据传输
high speed data transmission
TN919
　D 高速数传
　S 数据传输
　　高速传输
　C 高速数据分析
　　高速数据通信
　　高速数据采集
　Z 信息传输*

高速数据存储
　Y 高速存储

高速数据分析
high speed data analysis
TP39
　S 数据分析
　C 高速数据传输
　L 数据处理**

高速数据通信
high speed data communication
TN919
　S 数据通信
　　高速通信
　C 高速数据传输
　Z 通信*

高速数模转换器
high speed digital to analog converter

TN792
　　S 数模转换器
　　C 高速电路
　　Z 转换器*
　　　集成电路*

高速数字 IC
　　Y 高速数字集成电路

高速数字电路
high speed digital circuit
TN79
　　D 超高速数字电路
　　　高速数字电路设计
　　S 数字电路**
　　　高速电路
　　C 高速数字集成电路

高速数字电路设计
　　Y 高速数字电路

高速数字集成电路
high speed digital integrated circuit
TN4
　　D 高速数字 IC
　　S 数字集成电路
　　　高速集成电路
　　C 高速数字电路
　　Z 集成电路*

高速数字信号
　　Y 高速信号

高速数字信号处理
high speed digital signal processing
TN91
　　S 数字信号处理
　　C 高速数字信号处理器
　　Z 信号处理*

高速数字信号处理器
high speed digital signal processor
TN79　TN91
　　D 高速 DSP
　　S 数字信号处理器
　　C 高速微控制器
　　　高速数字信号处理
　　　高速电路
　　Z 微处理器*

高速水声通信
high speed underwater acoustic communication
TN92
　　S 水声通信
　　　高速通信
　　Z 通信*

高速通信
high speed communication
TN911　TN919
　　D 快速通信
　　　高速通讯
　　S 通信*
　　· 高速光通信
　　· 高速数据通信
　　· 高速水声通信
　　· 突发通信
　　C 高速串行总线
　　　高速串行收发器
　　　高速传真
　　　高速传输
　　　高速信号
　　　高速链路

高速通讯
　　Y 高速通信

高速图像采集
high speed image acquisition
TP391　TP2
　　S 图像采集
　　C 高速图像处理
　　Z 信息采集*

高速图像处理
high speed image processing
TP391
　　S 图像处理**
　　C 高速图像采集
　　　高速摄像机

高速网
　　Y 高速网络

高速网络
high speed network
TP393
　　D 高速网
　　　高速网络技术
　　S 计算机网络*
　　· 高速互联网
　　· 高速局域网
　　· 高速以太网
　　C 高速网络接口

高速网络技术
　　Y 高速网络

高速网络接口
high speed network interface
TP393
　　S 网络接口
　　C 高速网络
　　Z 接口*

高速微处理器
high speed microprocessor
TP332.3
　　D 高速处理器
　　S 微处理器*
　　C 高速单片机
　　　高速多芯片组件
　　　高速电路

高速微控制器
high speed microcontroller
TP3
　　S 微控制器
　　C 高速数字信号处理器
　　Z 控制器*

高速无线局域网
high speed wireless local area network
TP393
　　S 无线局域网
　　　高速局域网
　　L 局域网**

高速信号
high speed signal
TN79　TN91
　　D 高速数字信号
　　S 信号*
　　C 高速信号处理器
　　　高速信号采集
　　　高速总线
　　　高速接口
　　　高速通信

高速信号采集
high speed signal acquisition
TN95　TP2
　　D 快速信号采集
　　S 信号采集
　　C 高速信号
　　　高速信号处理
　　　高速信号处理器
　　Z 信息采集*

高速信号处理
high speed signal processing
TN95　TN91
　　S 信号处理*
　　C 高速信号处理器
　　　高速信号采集

高速信号处理器
high speed signal processor
TP33　TN43
　　S 信号处理器
　　C 高速信号
　　　高速信号处理
　　　高速信号采集
　　Z 微处理器*

高速信息公路
　　Y 信息高速公路

高速以太网
high speed Ethernet

· 286 ·

TN919 TP393.1
 S 以太网
  高速网络
 • 交换式以太网
 • 快速以太网
 • 千兆以太网
 • 万兆以太网
 L 局域网**

高速印制电路板
high speed printed circuit board
TN41
 D 高速 PCB
  高速电路板
 S 印制电路板*

高速硬盘
high speed hard disk
TP333
 S 硬盘
 C 高速接口
 L 外存储器**
  磁存储器**

高速运算放大器
high speed operational amplifier
TN72
 S 运算放大器
  高速放大器
 Z 放大器*

高速字标管
 Y 字标管

高速总线
high speed bus
TP336
 S 总线*
 • 高速串行总线
 C 高速信号
  高速接口
  高速链路

高通滤波
high-pass filtering
TN713
 S 滤波*
 • 时域高通滤波
 • 增强高通滤波
 C 高通滤波器

高通滤波器
high-pass filter
TN713
 D 低截止滤波器
  低阻滤波器
 S 滤波器*
 • 二阶高通滤波器
 • 无源高通滤波器
 • 一阶高通滤波器

 • 有源高通滤波器
 C 高通滤波

高维聚类
high-dimensional clustering
TP392 TP301
 D 高维空间聚类
 S 聚类*
 C 高维数据

高维空间聚类
 Y 高维聚类

高维数据
high-dimensional data
TP392 TP391
 S 数据*
 C 高维聚类

高温超导电缆
high temperature superconducting cable
TM249
 S 超导电缆
 Z 电线电缆*

高温超导滤波器
 Y 超导滤波器

高温超导探测器
high temperature superconducting detector
TM93 TN953
 S 超导探测器
 C 超导红外探测器
 Z 探测器*

高温电缆
high temperature cable
TM249
 D 耐高温电缆
  超高温电缆
 S 特种电缆
 C 低温电缆
 Z 电线电缆*

高温电连接器
high temperature electric connector
TN6
 S 特种电连接器
 Z 电连接器*

高校管理信息系统
 Y 教育管理信息系统

高校信息化
 Y 校园信息化

高效计算
 Y 高性能计算

高效能计算
 Y 高性能计算

高性能 FORTRAN 语言
 Y FORTRAN 语言

高性能处理器
 Y 高性能微处理器

高性能服务器
high performance server
TP368
 D 高端服务器
 S 服务器*
 C 高性能微处理器
  高性能计算机

高性能计算
high performance computing
TP338 TP391 TP301
 D 高性能计算平台
  高性能计算技术
  高效能计算
  高效计算
  高端计算
 S 先进计算
 C 网格
  超级计算机
  高性能计算集群
 Z 计算*

高性能计算机
high performance computer
TP338
 D 高性能计算机系统
  高端计算机
 S 电子数字计算机**
 C 超级计算机
  高性能微处理器
  高性能服务器

高性能计算机系统
 Y 高性能计算机

高性能计算集群
high performance computing cluster
TP338
 S 计算机集群
 C 高性能计算
 Z 计算机系统*

高性能计算技术
 Y 高性能计算

高性能计算平台
 Y 高性能计算

高性能金属氧化物半导体电路
 Y HMOS 电路

高性能路由器
high performance router
TP393
 D 高端路由器
 S 路由器
 C 网络处理器
 L 网络互连设备**

高性能微处理器
high performance microprocessor
TP33
 D 高性能处理器
  高端处理器
 S 微处理器*
 C 超级计算机
  高性能服务器
  高性能计算机

高压 IC
 Y 高压集成电路

高压 LDMOS
 Y 横向扩散 MOS 器件

高压单晶炉
high pressure single crystal
grower
TN305
 S 单晶炉
 Z 半导体工艺设备*

高压电源
high voltage power supply
TN86
 S 电源*
 • 高压开关电源
 • 高压脉冲电源
 • 高压逆变电源
 • 高压直流电源
 • 净化电源
 C 速调管

高压二极管
high voltage diode
TN31
 S 半导体二极管
 L 半导体分立器件**

高压放大器
high voltage amplifier
TN72
 S 放大器*

 • 高压运算放大器

高压功率集成电路
high voltage power integrated
circuit
TN94 TN710
 S 功率集成电路
 Z 集成电路*

高压集成电路
high voltage integrated circuit
TN4
 D HVIC
  高压 IC
 S 集成电路*

高压继电器
high voltage relay
TM58
 S 电压继电器
 Z 继电器*

高压开关电源
high voltage switching power
supply
TN86
 S 开关电源
  高压电源
 Z 电源*

高压脉冲电源
high voltage pulse power supply
TN86
 D 脉冲高压电源
 S 脉冲电源
  高压电源
 Z 电源*

高压脉冲发生器
high voltage pulse generator
TM935
 S 脉冲发生器
 L 信号发生器**

高压逆变电源
high voltage inverter
TN86
 S 逆变电源
  高压电源
 Z 电源*

高压驱动电路
high voltage drive circuit
TN4 TN3
 D 高压驱动器
 S 驱动电路**

高压驱动器
 Y 高压驱动电路

高压陶瓷电容器
high voltage ceramic capacitor
TM534
 S 陶瓷电容器
 Z 电容器*

高压氧化
high pressure oxidation
TN305
 S 半导体氧化工艺
 Z 半导体工艺*

高压运算放大器
high voltage operational
amplifier
TN72
 S 运算放大器
  高压放大器
 Z 放大器*

高压直流电源
high voltage DC power supply
TN86
 D 直流高压电源
 S 直流电源
  高压电源
 Z 电源*

高阈逻辑
 Y 高阈值逻辑电路

高阈值逻辑电路
high threshold logic circuit
TN492
 D HTL 电路
  高阈值逻辑门
  高阈逻辑
 S 阈值逻辑电路
 L 逻辑集成电路**

高阈值逻辑门
 Y 高阈值逻辑电路

高增益天线
high gain antenna
TN82
 S 天线*

高真空镀膜机
 Y 真空镀膜机

告警电路
warning circuit
TN710
 D 告警信号电路

S 电子电路*

告警接收机
warning receiver
TN85
    S 告警装备
      电子战接收机
    • 激光告警接收机
    • 雷达告警接收机
    Z 电子战装备*
      接收设备*

告警信号
alerting signal
TN91　TN94
    D 告警信息
    S 信号*
    C 告警装备

告警信号电路
    Y 告警电路

告警信息
    Y 告警信号

告警装备
warning equipment
TN95　TN97
    D 告警装置
    S 电子战装备*
      告警接收机
    • 红外告警系统
    • 激光告警系统
    C 告警信号

告警装置
    Y 告警装备

格雷编码
Gray coding
TP31　TP301　TN911
    D Gray 编码
      格雷码
    S 二进制编码
    Z 编码*

格雷戈里反射面天线
    Y 格里高利天线

格雷戈里反射器天线
    Y 格里高利天线

格雷戈伦反射器天线
    Y 格里高利天线

格雷格伦天线
    Y 格里高利天线

格雷码
    Y 格雷编码

格里高利天线
Gregorian antenna
TN82
    D 格雷戈伦反射器天线
      格雷戈里反射器天线
      格雷戈里反射面天线
      格雷格伦天线
    S 双反射面天线
      地面站天线
    L 卫星天线**
      通信天线**

格伦布编码
Golomb coding
TN911
    D Golomb 编码
    S 压缩编码
    Z 编码*

格洛纳斯卫星导航系统
GLONASS satellite navigation system
TN966
    D GLONASS
    S 全球卫星导航系统
    Z 导航系统*

格式变换
    Y 格式转换

格式转化
    Y 格式转换

格式转换
format conversion
TP391.7
    D 文件格式转换
      格式变换
      格式转化
    S 信息转换
    • 视频文件转换
    • 数据格式转换
    • 音频格式转换
    C 格式转换器
    Z 信息处理*

格式转换器
format converter
TP318
    S 应用软件**
    C 格式转换

格型矢量量化
lattice vector quantization
TN91
    S 矢量量化
    Z 信息处理*

格状编码
    Y 网格编码

隔离变压器
isolated transformer
TM42
    S 电源变压器
    C 隔离电源
    L 电子变压器**

隔离电源
isolated power supply
TN86
    S 电源*
    • 隔离稳压电源
    C 隔离变压器

隔离放大电路
    Y 隔离放大器

隔离放大器
isolated amplifier
TN72
    D 隔离放大电路
    S 放大器*

隔离工艺
isolated process
TN305.95　TN40
    D 隔离技术
    S 半导体工艺*
    • PN 结隔离
    • 介质隔离
    • 深槽隔离
    • 外延隔离
    • 注氧隔离

隔离技术
    Y 隔离工艺

隔离稳压电源
isolated voltage stabilized power supply
TN86
    S 稳压电源
      隔离电源
    Z 电源*

隔频调制器
interval frequency modulator
TN761
    S 调制器*

个人电脑
    Y 个人计算机

个人电脑系统
    Y 个人计算机

个人电子计算机
    Y 个人计算机

个人服务器
personal server

TP368
　　S 服务器*

个人工作站
personal workstation
TP368
　　D PC 工作站
　　　 工作站
　　S 工作站
　　C 个人计算机
　　Z 计算机*

个人计算机
personal computer
TP368
　　D PC 兼容机
　　　 PC 平台
　　　 PC 微机
　　　 PC 机
　　　 PC 电脑
　　　 PC 计算机
　　　 个人微机
　　　 个人电子计算机
　　　 个人电脑
　　　 个人电脑系统
　　S 微型计算机
　　· 笔记本计算机
　　· 多媒体计算机
　　· 家用计算机
　　· 商用个人计算机
　　· 台式计算机
　　C PC 键盘
　　　 个人信息终端
　　　 个人工作站
　　　 个性化信息服务
　　L 电子数字计算机**

个人局域网
　　Y 个人域网

个人录像机
　　Y 家用录像机

个人区域网
　　Y 个人域网

个人身份认证
personal identity authentication
TP309　TN918
　　S 身份认证
　　Z 信息安全认证*

个人手持电话系统
　　Y 无线市话

个人数码助理
　　Y 掌上电脑

个人数字助理
　　Y 掌上电脑

个人数字助手
　　Y 掌上电脑

个人通信
personal communication
TN914　TN92
　　D 个人通信业务
　　　 个人通讯
　　S 通信*
　　C 个人通信网

个人通信网
personal communication network
TP393　TN915
　　D 个人用户网络
　　　 个人通信网络
　　S 通信网络*
　　· 个人域网
　　· 人体域网
　　C 个人通信

个人通信网络
　　Y 个人通信网

个人通信业务
　　Y 个人通信

个人通讯
　　Y 个人通信

个人微机
　　Y 个人计算机

个人信息安全
personal information security
TP309
　　D 私人信息安全
　　S 信息安全*
　　· 隐私安全
　　· 账号安全
　　C 隐私保护

个人信息保护
　　Y 隐私保护

个人信息终端
personal information terminal
TN92
　　D 个人终端
　　S 信息终端
　　C 个人计算机
　　　 个性化信息服务
　　Z 终端设备*

个人用户网络
　　Y 个人通信网

个人域网
personal area network
TP393.1　TN92
　　D 个人区域网

　　　 个人局域网
　　　 个域网
　　　 无线个人域网
　　　 无线个域网
　　S 个人通信网
　　　 无线局域网
　　　 短距离无线通信网络
　　C 局域网控制器
　　　 蓝牙通信
　　L 局域网**
　　　 无线通信网络**

个人知识管理
personal knowledge management
TP182　TP391
　　D 个人知识管理系统
　　S 知识管理
　　C 个性化推荐
　　　 个性化检索
　　Z 知识工程*
　　　 信息管理*

个人知识管理系统
　　Y 个人知识管理

个人终端
　　Y 个人信息终端

个性化检索
personalized search
TP391
　　D 个性化搜索
　　S 信息检索
　　C 个人知识管理
　　Z 信息处理*

个性化搜索
　　Y 个性化检索

个性化推荐
personalized recommendation
TP393
　　D 个性化信息推荐
　　　 个性化推荐算法
　　　 个性化推荐系统
　　S 信息推荐
　　C 个人知识管理
　　Z 信息服务*

个性化推荐算法
　　Y 个性化推荐

个性化推荐系统
　　Y 个性化推荐

个性化信息服务
personalized information service
TP393
　　D 个性化主动信息服务
　　S 信息服务*
　　· 个性化知识服务

C 个人信息终端
　　个人计算机

个性化信息推荐
　Y 个性化推荐

个性化知识服务
personalized knowledge service
TP391
　S 个性化信息服务
　Z 信息服务*

个性化主动信息服务
　Y 个性化信息服务

个域网
　Y 个人域网

各向同性腐蚀
　Y 各向同性刻蚀

各向同性刻蚀
isotropic etching
TN305
　D 各向同性腐蚀
　　各向同性蚀刻
　S 蚀刻工艺
　Z 半导体工艺*

各向同性蚀刻
　Y 各向同性刻蚀

各向异性磁阻传感器
anisotropic magnetoresistive sensor
TP212.13
　D AMR 传感器
　S 磁阻传感器
　L 物理传感器**

各向异性腐蚀
　Y 各向异性刻蚀

各向异性腐蚀技术
　Y 各向异性刻蚀

各向异性高斯滤波
anisotropic Gaussian filtering
TN713
　S 各向异性滤波
　　高斯滤波
　Z 滤波*

各向异性刻蚀
anisotropic etching
TN305
　D 各向异性腐蚀
　　各向异性腐蚀技术
　　各向异性蚀刻
　S 蚀刻工艺
　Z 半导体工艺*

各向异性扩散滤波
anisotropic diffusion filtering
TN713
　S 各向异性滤波
　Z 滤波*

各向异性滤波
anisotropic filtering
TN713
　S 滤波*
　• 各向异性高斯滤波
　• 各向异性扩散滤波

各向异性蚀刻
　Y 各向异性刻蚀

根服务器
　Y 根域名服务器

根集线器
root hub
TN915　TP393.4
　S 集线器
　L 网络互连设备**

根域名服务器
root DNS server
TP393
　D 域名根服务器
　　根服务器
　S 域名服务器
　Z 服务器*

跟踪*
tracking
TP311　TN96　TN953　TN94
　D 跟踪技术
　　追踪
　• 被动跟踪
　• 闭环跟踪
　• 边界跟踪
　• 步进跟踪
　• 差错跟踪
　• 纯方位跟踪
　• 粗跟踪
　• 动态跟踪
　• 多传感器跟踪
　• 多模式跟踪
　• 多普勒跟踪
　• 轨迹跟踪
　• 过顶跟踪
　• 角度跟踪
　• 精确跟踪
　• 距离跟踪
　• 快速跟踪
　• 连续跟踪
　• 扫描跟踪
　• 实时跟踪
　• 伺服跟踪
　• 天线跟踪
　• 位置跟踪
　•• 定位跟踪
　•• 形心跟踪
　• 相关跟踪
　• 运动跟踪
　•• 人体运动跟踪
　••• 手势跟踪
　••• 头部跟踪
　••• 眼动追踪
　•• 三维运动跟踪
　• 智能跟踪
　• 主动跟踪
　• 自动跟踪
　•• 半自动跟踪
　•• 自动目标跟踪
　• 自适应跟踪
　C 反跟踪
　　导航定位系统
　　目标识别
　　网络追踪
　　跟踪算法

跟踪程序
trace program
TP311
　D 跟踪控制程序
　S 软件*

跟踪干扰
　Y 跟踪式干扰

跟踪环
　Y 跟踪环路

跟踪环路
tracking loop
TN953　TN914
　D 跟踪环
　S 环路
　• 载波跟踪环
　Z 电子电路*

跟踪技术
　Y 跟踪

跟踪接收机
tracking receiver
TN85
　D 自跟踪接收机
　S 接收设备*
　C 跟踪天线
　　跟踪雷达

跟踪控制程序
　Y 跟踪程序

跟踪控制器
tracking controller
TM　TP2
　S 控制器*
　C 轨迹跟踪

跟踪雷达
tracking radar
TN958
　　S 雷达*
　　· 单脉冲跟踪雷达
　　· 精密跟踪雷达
　　· 圆锥扫描雷达
　　C 多普勒跟踪
　　　 捕获跟踪
　　　 火控雷达
　　　 跟踪接收机

跟踪滤波
tracking filtering
TN713　TN951
　　S 滤波*
　　· 强跟踪滤波
　　· 数字跟踪滤波

跟踪球
　　Y 轨迹球

跟踪式干扰
track jamming
TN972
　　D 跟踪干扰
　　S 电子干扰
　　L 电子对抗**

跟踪算法
tracking algorithm
TN911　TP301　TN95
　　D 追踪算法
　　S 算法*
　　· 均值漂移算法
　　· 匹配追踪算法
　　C 粒子滤波
　　　 跟踪

跟踪天线
tracking antenna
TN82
　　D 自动跟踪天线
　　S 天线*
　　C 跟踪信号
　　　 跟踪接收机

跟踪信号
tracking signal
TN911　TN97
　　S 信号*
　　C 跟踪天线

耿氏二极管
Gunn diode
TN31
　　D 甘氏二极管
　　　 耿氏效应二极管
　　S 体效应二极管
　　　 耿氏器件
　　L 半导体分立器件**

耿氏器件
Gunn device
TN387
　　D 甘氏器件
　　　 耿氏效应器件
　　S 体效应器件
　　· 耿氏二极管
　　Z 半导体器件*

耿氏效应二极管
　　Y 耿氏二极管

耿氏效应器件
　　Y 耿氏器件

工厂信息系统数据库
　　Y PI 数据库

工程仿真
engineering simulation
TP391.9
　　D 工程模拟
　　S 仿真*
　　C 工程软件

工程工作站
engineering workstation
TP391　TP368
　　S 专业工作站
　　C 工程软件
　　Z 计算机*

工程计算程序
　　Y 工程计算软件

工程计算软件
engineering calculation software
TP391　TP317
　　D 工程计算程序
　　S 工程软件
　　　 计算程序
　　C 计算机辅助工程
　　L 应用软件**

工程模拟
　　Y 工程仿真

工程软件
engineering software
TP317
　　D 工程应用软件
　　S 工业软件
　　· Fluent 软件
　　· 工程计算软件
　　· 工程项目管理软件
　　C 工业以太网
　　　 工程仿真
　　　 工程工作站
　　L 应用软件**

工程扫描仪
engineering scanner
TP334.2
　　S 扫描仪
　　C 地理信息系统
　　Z 外部设备*

工程数据
engineering data
TP391　TP392
　　S 数据*
　　C 工程数据库
　　　 工程数据管理

工程数据管理
engineering data management
TP392　TP391
　　D 工程数据管理系统
　　S 数据管理
　　C 工程数据
　　Z 信息管理*

工程数据管理系统
　　Y 工程数据管理

工程数据库
engineering database
TP311　TP392
　　D 工程数据库管理系统
　　　 工程数据库系统
　　S 应用数据库
　　· 波谱数据库
　　· 测控数据库
　　· 测量数据库
　　· 测试数据库
　　· 工艺数据库
　　· 质谱数据库
　　C 工程数据
　　Z 数据库*

工程数据库管理系统
　　Y 工程数据库

工程数据库系统
　　Y 工程数据库

工程图识别
engineering drawing recognition
TP391
　　D 工程图纸识别
　　S 图纸识别
　　Z 信息识别*

工程图纸识别
　　Y 工程图识别

工程项目管理软件
project management software
TP318
　　S 工程软件
　　　 计算机管理软件

C 项目数据库
　　　　项目管理信息系统
　　　L 应用软件∗∗

工程应用软件
　　Y 工程软件

工具程序
　　Y 工具软件

工具集
　　Y 软件工具包

工具软件∗∗
tool software
TP312
　　D 工具程序
　　　　计算机程序工具
　　　　软件工具
　　S 软件∗
· 报表生成器
· 备份软件
· 编辑器
· · 策略编辑器
· · · 系统策略编辑器
· · · 组策略编辑器
· · 地图编辑器
· · 公式编辑器
· · 可视化编辑器
· · 网页编辑器
· · 文本编辑器
· · 元数据编辑器
· · 在线编辑器
· · 智能编辑器
· · 注册表编辑器
· 采集软件
· 测试软件
· · 基准测试程序
· · 检测程序
· · 软件测试工具
· · 验证程序
· · 自动测试软件
· 查询器
· 串行通信程序
· 代码生成程序
· 调度程序
· 度量软件
· 多媒体工具
· 分析软件
· · 电路分析软件
· · 分析器
· · · 查询分析器
· · · 词法分析器
· · · 句法分析器
· · · 语法分析器
· · 信号分析软件
· · 有限元分析软件
· 钩子程序
· 黑客程序
· 后门程序
· 间谍程序
· 还原软件
· 记录软件

· 加密软件
· 建模工具
· · 可视化建模工具
· 接口程序
· 开发工具
· · 汇编器
· · 数据库开发工具
· · 专家系统工具
· 课件制作工具
· 类加载器
· 联锁软件
· 启动程序
· 软键盘
· 软件工具包
· 软件管理器
· · 布局管理器
· · 窗口管理器
· · 队列管理器
· · 会话管理器
· · 连接管理器
· · 逻辑卷管理器
· · 任务管理器
· · 设备管理器
· · 事务管理器
· · 数据源管理器
· · 虚拟机管理器
· · 应用管理器
· 设计器
· · 报表设计器
· · 表单设计器
· · · 数据报表设计器
· · 数据环境设计器
· 数据恢复软件
· 数据挖掘软件
· 搜索引擎
· · 垂直搜索引擎
· · 元搜索引擎
· · 智能搜索引擎
· 宿主程序
· 网络工具
· · 代理软件
· · 网络爬虫
· · · 聚焦爬虫
· · · 主题爬虫
· · 网页制作工具
· · 系统配置工具
· · 系统软件
· · 安装程序
· · 初始化程序
· · 窗口程序
· · 存储管理系统
· · 打印程序
· · · 报表打印程序
· · · 打印驱动程序
· · · 虚拟打印机
· · 屏幕保护程序
· · 系统管理软件
· · 设备软件
· · 磁盘工具
· · · 磁盘管理器
· · · 磁盘清理程序
· · · 磁盘扫描程序
· · · 刻录软件
· · · 驱动程序

· · · · 串口驱动程序
· · · · 打印驱动程序
· · · · 固件程序
· · · · 过滤驱动程序
· · · · 鼠标驱动程序
· · · · 图形驱动程序
· · · · 网络设备驱动程序
· · · · 虚拟设备驱动程序
· · · · 仪器驱动程序
· · · · 中间层驱动程序
· · · · 主板驱动程序
· · · 设备管理器
· · 事件查看器
· · 文件管理器
· · 引导程序
· · · 引导加载程序
· · · 主引导程序
· · 中断服务程序
· · 显示程序
· 协作工具
· 修改器
· 虚拟机监控器
· 虚拟软件
· · 虚拟打印机
· · 虚拟调制解调器
· · 虚拟仿真软件
· · 虚拟服务器
· · 虚拟光驱
· · 虚拟机
· · · Java 虚拟机
· · · 并行虚拟机
· · 虚拟交换机
· · 虚拟路由器
· · 虚拟摄像机
· · 虚拟显示器
· · 虚拟终端
· 压缩软件
· 邮件过滤器
· 诊断软件
· · 故障诊断软件
· 支撑软件
· · 仿真支撑软件
· 注册机
· 转换程序
· · 数据转换程序
· 自动编程系统
· 自动生成器
· 自检程序

工具软件包
　　Y 软件工具包

工具套件
　　Y 软件工具包

工具总线
tool bus
TP336
　　S 总线∗

工控机
　　Y 工业控制计算机

工控机系统
    Y 工业控制计算机

工控计算机
    Y 工业控制计算机

工控软件
industrial control software
TP318
    D 工业控制软件
    S 工业软件
       控制软件
    • PLC 程序
    • 工控组态软件
    • 控制系统软件
    • 数控软件
    C OPC 接口
       工业控制计算机
       工业数据处理
    L 应用软件**

工控组态软件
industrial control configuration software
TP318
    S 工控软件
       组态软件
    L 应用软件**

工频变压器
    Y 低频变压器

工频电源
industrial frequency power supply
TN86
    S 电源*
    C 低频电路

工业标准结构总线
    Y ISA 总线

工业测控网络
industrial measurement and control network
TP2
    S 测控网络
    Z 自动化网络*

工业电视
industrial television
TN94
    D 工业电视系统
    S 应用电视
    Z 电视*

工业电视系统
    Y 工业电视

工业仿真
industrial simulation
TP3
    S 仿真*
    • 控制系统仿真
    • 数控仿真
    • 装配仿真
    C 数字孪生

工业互联网
industrial internet
TP393.09
    S 互联网
       工业通信网络
    • 工业物联网
    C Handle 标准
       两化融合
       工业以太网
       数字孪生
    Z 计算机网络*
       通信网络*

工业机器人
industrial robot
TP242
    S 机器人*
    • 焊接机器人
    • 柔性机械臂
    • 巡检机器人
    • 直角坐标机器人
    C 工业物联网

工业计算机
    Y 工业控制计算机

工业局域网
industrial local area network
TP393.09
    S 局域网**
       工业通信网络
       自动化网络*
    C 可编程逻辑控制器
       工业以太网
       工业物联网
       工业自动化
       控制器局域网

工业控制机
    Y 工业控制计算机

工业控制计算机
industrial control computer
TP391.8
    D 工业控制机
       工业控制计算机系统
       工业计算机
       工控机
       工控机系统
       工控计算机
    S 控制计算机
    • 过程控制计算机
    C 工业以太网
       工业现场总线
       工控软件
    Z 计算机*

工业控制计算机系统
    Y 工业控制计算机

工业控制软件
    Y 工控软件

工业控制以太网络
    Y 工业以太网

工业控制总线
    Y 工业总线

工业软件
industrial software
TP318
    S 应用软件**
    • 工程软件
    • 工控软件
    • 计算机辅助工程软件
    • 计算机辅助制造软件
    • 制造执行系统
    • 组态软件
    C 两化融合
       计算机辅助工业设计
       计算机辅助设计软件

工业数据处理
industrial data processing
TP391
    S 数据处理**
    C 工业通信网络
       工控软件

工业通信网络
industrial communication network
TP393
    D 工业通讯网络
    S 通信网络*
    • 工业互联网
    • 工业局域网
    • 工业以太网
    C 工业数据处理

工业通讯网络
    Y 工业通信网络

工业无线网络
industrial wireless network
TP2 TN92
    D 无线工业网络
    S 自动化网络*

工业物联网
industrial internet of things
TP2 TN92
    D IIoT
       工业物联网技术
    S 工业互联网
       物联网**
    C 传感器
       工业局域网

工业机器人
　　工业现场总线
　　工业自动化
　　智能制造

工业物联网技术
　Y 工业物联网

工业显示器
industrial display
TN873
　S 显示器
　Z 显示设备*

工业现场总线
industrial field bus
TP336　TP2
　S 工业总线
　　现场总线**
　• ASi 总线
　• CC-Link 现场总线
　• DeviceNet 总线
　• FF 现场总线
　• HART 总线
　• INTERBUS 总线
　• LonWorks 总线
　• MIC 总线
　• Modbus 总线
　• SERCOS 总线
　• 过程现场总线
　C 工业控制计算机
　　工业物联网

工业以太网
industrial Ethernet
TP2
　D 工业控制以太网络
　S 以太网
　　工业通信网络
　　自动化网络*
　• 交换式工业以太网
　• 实时工业以太网
　C 工业互联网
　　工业以太网协议
　　工业局域网
　　工业控制计算机
　　工程软件
　L 局域网**

工业以太网协议
industrial Ethernet protocol
TN915.04
　S 以太网协议
　C 工业以太网
　L 网络协议**

工业自动化
industrial automation
TP29
　S 自动化*
　C 两化融合
　　工业局域网

　　工业总线
　　工业物联网
　　边缘计算

工业总线
industrial bus
TP336　TP2
　D 工业控制总线
　S 总线*
　• PC104 总线
　• STD 总线
　• 工业现场总线
　C 工业自动化

工艺仿真
process simulation
TP391.9
　D 工艺模拟
　S 仿真*
　• 光刻仿真
　• 加工仿真

工艺模拟
　Y 工艺仿真

工艺数据
process data
TP391
　S 数据*
　C 计算机辅助工艺设计

工艺数据管理
　Y 工艺信息管理

工艺数据库
process database
TP392
　S 工程数据库
　Z 数据库*

工艺信息管理
process information management
TP391
　D 工艺数据管理
　S 信息管理*

工作流 Petri 网
workflow Petri net
TP31
　S Petri 网*
　C 工作流仿真

工作流参考模型
workflow reference model
TP311
　S 工作流模型
　Z 网络模型*

工作流仿真
workflow simulation
TP391.9

　S 计算机仿真
　C 工作流 Petri 网
　　工作流服务器
　　工作流模型
　　工作流访问控制
　Z 仿真*

工作流访问控制
workflow access control
TP393
　S 访问控制
　C 工作流仿真
　Z 网络技术*

工作流服务器
workflow server
TP368
　S 流服务器
　C 工作流仿真
　Z 服务器*

工作流管理
　Y 工作流管理系统

工作流管理系统
workflow management system
TP315　TP311
　D WfMS
　　分布式工作流管理系统
　　分布式工作流系统
　　工作流平台
　　工作流管理
　　工作流系统
　S 管理信息系统
　• 事务处理系统
　C 工作流网
　　工作流软件
　Z 信息系统*

工作流过程定义语言
workflow process definition language
TP312
　S 过程语言
　Z 计算机语言*

工作流过程模型
　Y 工作流元模型

工作流过程元模型
　Y 工作流元模型

工作流机
　Y 工作流模型

工作流集成
workflow integration
TP311
　S 信息集成
　Z 信息处理*

工作流模型
workflow model
TP311
　　D 工作流机
　　S 网络模型*
　　• 工作流参考模型
　　• 工作流元模型
　　C 工作流仿真
　　　工作流网
　　　工作流软件
　　　时间 Petri 网

工作流平台
　　Y 工作流管理系统

工作流软件
workflow software
TP317
　　S 计算机管理软件
　　C 工作流模型
　　　工作流管理系统
　　L 应用软件**

工作流挖掘
workflow mining
TP3
　　S 信息挖掘**

工作流网
workflow net
TP301　TP311
　　S 网络*
　　C 工作流模型
　　　工作流管理系统

工作流系统
　　Y 工作流管理系统

工作流元模型
workflow metamodel
TP311
　　D 工作流过程元模型
　　　工作流过程模型
　　S 工作流模型
　　Z 网络模型*

工作流自动化
workflow automation
TP311
　　S 自动化*

工作密钥
　　Y 会话密钥

工作站
workstation
TP391　TP368
　　D 工作站平台
　　　工作站系统
　　　计算机工作站
　　S 计算机*

　　• 个人工作站
　　• 光工作站
　　• 网络工作站
　　• 无盘工作站
　　• 远程工作站
　　• 智能工作站
　　• 专业工作站
　　C 互联网数据包交换协议
　　　工作站机群
　　　数据处理

工作站机群
workstation cluster
TP368
　　D 工作站机群系统
　　　工作站群
　　　工作站群机
　　　工作站群机系统
　　　工作站群集
　　　工作站集群
　　S 计算机集群
　　C 工作站
　　　工作站网络
　　　并行计算
　　Z 计算机系统*

工作站机群系统
　　Y 工作站机群

工作站集群
　　Y 工作站机群

工作站平台
　　Y 工作站

工作站群
　　Y 工作站机群

工作站群机
　　Y 工作站机群

工作站群机系统
　　Y 工作站机群

工作站群集
　　Y 工作站机群

工作站网
　　Y 工作站网络

工作站网络
workstation network
TP393.1
　　D 工作站网
　　S 局域网**
　　C 工作站机群

工作站系统
　　Y 工作站

工作组服务器
workgroup server
TP368
　　S 服务器*

弓形光纤
　　Y 弯曲光纤

公安通信
public security communication
TN92
　　S 专网通信
　　C 公安信息系统
　　Z 通信*

公安信息系统
public security information system
TP318
　　D 公安综合信息系统
　　S 信息应用系统**
　　C 公安通信

公安综合信息系统
　　Y 公安信息系统

公共电话
　　Y 公用电话

公共电话交换网
　　Y 公共交换电话网

公共电话网
　　Y 公共交换电话网

公共电话网络
　　Y 公共交换电话网

公共对象请求代理体系标准
common object request broker architecture specification
TP311
　　D CORBA 标准
　　S 软件标准
　　Z 信息产业标准*

公共管理信息协议
common management information protocol
TP393.0
　　D CMIP
　　　CMIP 协议
　　S 网络协议**

公共广播
public broadcasting
TN93
　　S 广播*
　　C 公共信号

公共计算机
 Y 公用计算机

公共交换电话网
public switched telephone network
TN916 TN915
 D PSTN
  PSTN 网
  PSTN 网络
  公众交换电话网
  公众电话交换网
  公众电话网
  公共交换电话网络
  公共电话交换网
  公共电话网
  公共电话网络
  公用交换电话网
  公用电话交换网
  公用电话网络
 S 公用通信网
  电话网
 Z 通信网络*

公共交换电话网络
 Y 公共交换电话网

公共接口
 Y 通用接口

公共空中接口
 Y 空中接口

公共陆地移动网
 Y 公众移动通信网

公共陆地移动网络
 Y 公众移动通信网

公共密匙
 Y 公钥

公共密钥
 Y 公钥

公共密钥基础结构
 Y 公钥基础设施

公共密钥基础设施
 Y 公钥基础设施

公共密钥加密
 Y 公钥加密

公共数据
public data
TP311
 S 数据*
 C 公用数据网
  大数据

公共数据网
 Y 公用数据网

公共天线电视
 Y 共用天线电视

公共通信网
 Y 公用通信网

公共通信网络
 Y 公用通信网

公共网关
common gateway
TP393
 S 网关
 C 公共信号
 L 网络互连设备**

公共网关接口
 Y 通用网关接口

公共网络
 Y 公用通信网

公共无线局域网
public wireless local area network
TP3
 D PWLAN
  公用无线局域网
 S 无线局域网
 C 接入控制器
  简单网络管理协议
 L 局域网**

公共信道
public channel
TN911 TN94
 S 信道*
 C 公共信号

公共信号
common signal
TN94
 S 信号*
 C 公共信道
  公共广播
  公共网关

公共信息服务平台
public information service platform
TP393
 D 公共信息平台
 S 信息服务平台
 Z 信息平台*

公共信息平台
 Y 公共信息服务平台

公话
 Y 公用电话

公交查询系统
public traffic query system
TP391
 S 信息查询系统
 Z 信息系统*

公开可验证秘密分享
 Y 可验证秘密共享

公开密码体制
 Y 公钥密码体制

公开密匙
 Y 公钥

公开密钥
 Y 公钥

公开密钥机制
 Y 公钥密码体制

公开密钥基础结构
 Y 公钥基础设施

公开密钥基础设施
 Y 公钥基础设施

公开密钥加密
 Y 公钥加密

公开密钥加密算法
 Y 非对称加密算法

公开密钥加密体制
 Y 公钥密码体制

公开密钥密码
 Y 公钥密码

公开密钥密码体制
 Y 公钥密码体制

公开密钥密码系统
 Y 公钥密码体制

公开密钥算法
 Y 非对称加密算法

公开密钥体制
 Y 公钥密码体制

公开密钥系统
 Y 公钥密码体制

公开密钥证书
 Y 公钥证书

公开数字水印
　　Y 公开水印

公开水印
public watermark
TP309
　　D 公开数字水印
　　　　公开水印技术
　　　　公有水印
　　S 数字水印*

公开水印技术
　　Y 公开水印

公开钥
　　Y 公钥

公开钥密码
　　Y 公钥密码

公开钥密码体制
　　Y 公钥密码体制

公平调度算法
fair scheduling algorithm
TP301.6
　　S 公平算法
　　　　调度算法
　　Z 算法*

公平交换协议
fair exchange protocol
TP393.08　TN918
　　D 公平交易协议
　　S 交换协议
　　　　电子商务协议
　　C RSA 公钥密码体制
　　L 网络协议**

公平交易协议
　　Y 公平交换协议

公平盲签名
fair blind signature
TP309
　　D 公平盲签名技术
　　S 盲签名
　　Z 数字签名*

公平盲签名技术
　　Y 公平盲签名

公平算法
fairness algorithm
TN92　TP39　TN915
　　D 公平性算法
　　S 算法*
　　· 比例公平算法
　　· 公平调度算法
　　C 非否认协议

公平性算法
　　Y 公平算法

公式编辑器
formula editor
TP391　TP317
　　S 编辑器
　　L 工具软件**

公式变换语言
　　Y FORTRAN 语言

公式翻译程序语言
　　Y FORTRAN 语言

公式翻译语言
　　Y FORTRAN 语言

公式识别
formula recognition
TP391
　　S 信息识别*

公匙基础设施
　　Y 公钥基础设施

公网
　　Y 公用通信网

公文管理系统
　　Y 电子公文系统

公钥
public key
TP309　TP393.08　TN918
　　D 公共密匙
　　　　公共密钥
　　　　公开密匙
　　　　公开密钥
　　　　公开钥
　　　　公用密钥
　　S 密钥*
　　· RSA 公钥
　　· 自认证公钥
　　· 组合公钥
　　C 公钥基础设施
　　　　公钥认证
　　　　公钥证书

公钥构架
　　Y 公钥基础设施

公钥机制
　　Y 公钥密码体制

公钥基础结构
　　Y 公钥基础设施

公钥基础设施
public key infrastructure
TP3
　　D PKI 体系
　　　　PKI 公钥基础设施
　　　　PKI 技术
　　　　PKI 系统
　　　　公共密钥基础结构
　　　　公共密钥基础设施
　　　　公匙基础设施
　　　　公开密钥基础结构
　　　　公开密钥基础设施
　　　　公钥体系
　　　　公钥基础结构
　　　　公钥密码基础设施
　　　　公钥构架
　　S 网络基础设施
　　· 无线公钥基础设施
　　C 公钥
　　　　公钥加密标准
　　　　公钥密码
　　　　公钥密码体制
　　　　公钥认证
　　　　在线证书状态协议
　　　　数字证书管理
　　Z 信息基础设施*

公钥加密
public key encryption
TP309　TP393.08　TN918
　　D 公共密钥加密
　　　　公开密钥加密
　　　　公钥加密技术
　　　　非对称加密
　　　　非对称加密技术
　　S 加密**
　　C 公钥加密标准
　　　　公钥证书
　　　　数字信封
　　　　非对称加密算法

公钥加密标准
public key encryption standard
TP309
　　D PKCS
　　　　PKCS 标准
　　　　公钥密码加密标准
　　S 加密标准
　　C 公钥加密
　　　　公钥基础设施
　　Z 信息产业标准*

公钥加密技术
　　Y 公钥加密

公钥加密算法
　　Y 非对称加密算法

公钥加密体制
　　Y 公钥密码体制

公钥加密系统
　　Y 公钥密码体制

公钥密码
public key cipher
TN918　TP393.08
　　D 公开密钥密码
　　　　公开钥密码
　　　　公钥密码技术
　　　　非对称密钥密码
　　S 密码*
　　• RSA 公钥密码
　　• 背包公钥密码
　　• 椭圆曲线公钥密码
　　C 公钥基础设施
　　　　公钥密码体制
　　　　非对称加密算法

公钥密码机制
　　Y 公钥密码体制

公钥密码基础设施
　　Y 公钥基础设施

公钥密码技术
　　Y 公钥密码

公钥密码加密标准
　　Y 公钥加密标准

公钥密码算法
　　Y 非对称加密算法

公钥密码体制
public key cryptosystem
TP309　TP393.08　TN918
　　D 不对称密钥密码体制
　　　　公开密码体制
　　　　公开密钥体制
　　　　公开密钥加密体制
　　　　公开密钥密码体制
　　　　公开密钥密码系统
　　　　公开密钥机制
　　　　公开密钥系统
　　　　公开钥密码体制
　　　　公钥体制
　　　　公钥加密体制
　　　　公钥加密系统
　　　　公钥密码机制
　　　　公钥密码系统
　　　　公钥机制
　　　　公钥系统
　　　　非对称加密体制
　　　　非对称密码体制
　　　　非对称密钥体制
　　S 密码体制
　　• ElGamal 公钥体制
　　• RSA 公钥密码体制
　　• 椭圆曲线密码体制
　　• 无证书公钥密码体制
　　C 公钥基础设施
　　　　公钥密码
　　　　非对称加密算法
　　Z 信息安全体系*

公钥密码系统
　　Y 公钥密码体制

公钥认证
public key authentication
TP309　TP393　TN918
　　S 密钥认证
　　C 公钥
　　　　公钥基础设施
　　　　公钥证书
　　Z 信息安全认证*

公钥算法
　　Y 非对称加密算法

公钥体系
　　Y 公钥基础设施

公钥体制
　　Y 公钥密码体制

公钥替换攻击
public key substitute attack
TN918
　　S 密码攻击
　　L 网络攻击**

公钥系统
　　Y 公钥密码体制

公钥证书
public key certificate
TP309　TP393.08
　　D 公开密钥证书
　　S 密钥证书
　　C 公钥
　　　　公钥加密
　　　　公钥认证
　　Z 数字证书*

公用电话
public telephone
TN916
　　D 公共电话
　　　　公话
　　S 固定电话
　　• 无线公话
　　Z 通信*

公用电话机
public telephone set
TN916
　　S 电话机
　　L 电话设备**

公用电话交换网
　　Y 公共交换电话网

公用电话网络
　　Y 公共交换电话网

公用电脑
　　Y 公用计算机

公用电信网
　　Y 公用通信网

公用计算机
public computer
TP338
　　D 公共计算机
　　　　公用电脑
　　S 计算机*

公用交换电话网
　　Y 公共交换电话网

公用密钥
　　Y 公钥

公用数据网
public data network
TN915　TP393.1
　　D 公众交换数据网
　　　　公众数据网
　　　　公共数据网
　　S 公用通信网
　　　　数据通信网
　　C 公共数据
　　Z 通信网络*

公用通信网
public communication network
TP393.1　TN915
　　D 公众电信网
　　　　公众网
　　　　公众通信网
　　　　公共网络
　　　　公共通信网
　　　　公共通信网络
　　　　公用电信网
　　　　公用网
　　　　公用网络
　　　　公网
　　S 通信网络*
　　• 公共交换电话网
　　• 公用数据网
　　C 公众移动通信

公用网
　　Y 公用通信网

公用网关接口
　　Y 通用网关接口

公用网络
　　Y 公用通信网

公用无线局域网
　　Y 公共无线局域网

电子信息技术叙词表

公用移动通信
　Y 公众移动通信

公用移动通信网
　Y 公众移动通信网

公有水印
　Y 公开水印

公众电话交换网
　Y 公共交换电话网

公众电话网
　Y 公共交换电话网

公众电信网
　Y 公用通信网

公众交换电话网
　Y 公共交换电话网

公众交换数据网
　Y 公用数据网

公众陆地移动电话网
　Y 公众移动通信网

公众数据网
　Y 公用数据网

公众通信网
　Y 公用通信网

公众网
　Y 公用通信网

公众移动通信
public mobile communication
TN929.5
　D 公用移动通信
　S 移动通信
　C 公众移动通信网
　　公用通信网
　L 无线通信**

公众移动通信网
public mobile communication network
TN929.1
　D PLMN
　　公众陆地移动电话网
　　公共陆地移动网
　　公共陆地移动网络
　　公用移动通信网
　S 电话网
　　移动通信网络**
　C 公众移动通信

功放
　Y 功率放大器

功放 IC
　Y 功率放大集成电路

功放电路
　Y 功率放大器

功放放大器
　Y 功率放大器

功放管
　Y 功率放大管

功放集成电路
　Y 功率放大集成电路

功放模块
　Y 功率放大模块

功放器
　Y 功率放大器

功放系统
　Y 功率放大器

功放组件
　Y 功率放大器

功分器
　Y 功率分配器

功分网络
power division network
TN711
　D 功率分配网络
　S 电路网络*
　C 功率分配器

功耗分析攻击
power analysis attack
TP309　TN918
　D 功耗攻击
　S 密码攻击
　L 网络攻击**

功耗攻击
　Y 功耗分析攻击

功率 IC
　Y 功率集成电路

功率 IGBT 模块
　Y IGBT 模块

功率 LED
　Y 功率型发光二极管

功率 MOSFET
　Y 功率 MOS 场效应晶体管

功率 MOSFET 器件
　Y 功率 MOS 场效应晶体管

功率 MOS 场效应晶体管
power metal-oxide-semiconductor field effect transistor
TN3
　D 功率 MOSFET
　　功率 MOSFET 器件
　　功率金属氧化物半导体场效应晶体管
　S MOS 场效应晶体管
　　功率 MOS 器件
　　功率场效应晶体管
　L MOS 器件**
　　半导体分立器件**
　　电力半导体器件**

功率 MOS 器件
power metal-oxide-semiconductor device
TN386
　D MOS 功率器件
　　功率金属氧化物半导体器件
　S MOS 器件**
　　电力半导体器件**
　• 功率 MOS 场效应晶体管

功率半导体
　Y 电力半导体器件

功率半导体器件
　Y 电力半导体器件

功率变换电路
　Y 功率变换器

功率变换器
power converter
TN62
　D 功率变换电路
　　功率转换器
　　功率转换电路
　S 变换器*
　• 开关功率变换器

功率场效应管
　Y 功率场效应晶体管

功率场效应晶体管
power field effect transistor
TN386
　D 功率场效应管
　S 场效应晶体管
　　电力半导体器件**
　• 功率 MOS 场效应晶体管
　L 半导体分立器件**
　　电力半导体器件**

功率倒置算法
power inversion algorithm

· 300 ·

TN96
  S 算法*

功率电子管
  Y 功率管

功率电子学
power electronics
TN01
  D 电力电子学
    电力电子技术
  S 电子学*

功率二极管
power diode
TN31
  D 电力二极管
  S 半导体二极管
    电力半导体器件**
  L 半导体分立器件**
    电力半导体器件**

功率发射机
power transmitter
TN83
  S 发射机*

功率放大电路
  Y 功率放大器

功率放大管
power amplifier tube
TN11
  D 功放管
  S 放大管
  L 电子管**

功率放大机
  Y 功率放大器

功率放大集成电路
power amplifier integrated circuit
TN4
  D 功放 IC
    功放集成电路
  S 功率集成电路
  C 功率放大器
  Z 集成电路*

功率放大模块
power amplifier module
TN495
  D 功放模块
  S 功率模块
  C 功率放大器
  Z 电子模块*

功率放大器**
power amplifier
TN72

  D 功放
    功放器
    功放放大器
    功放电路
    功放系统
    功放组件
    功率放大机
    功率放大电路
  S 放大器*
  • AV 功率放大器
  • 非线性功率放大器
  • 高频功率放大器
  • 固态功率放大器
  • 集成功率放大器
  • 晶体管功率放大器
  • 开关功率放大器
  • 宽带功率放大器
  • 脉冲功率放大器
  • 末级功率放大器
  • 平衡放大器
  •   平衡桥式功率放大器
  •   推挽放大器
  •   前级功率放大器
  •   前馈功率放大器
  •   前馈线性功率放大器
  •   射频功率放大器
  •   数字功率放大器
  •   数字音频功率放大器
  •   微波功率放大器
  •   线性功率放大器
  •   前馈线性功率放大器
  •   音频功率放大器
  •   D 类功率放大器
  •   单声道功率放大器
  •   胆石混合功率放大器
  •   电子管功率放大器
  •   高保真度放大器
  •   合并式功率放大器
  •   后级功率放大器
  •   环绕声放大器
  •   甲类功率放大器
  •   立体声功率放大器
  •   数字音频功率放大器
  •   乙类功率放大器
  •   主振荡功率放大器
  C 交越失真
    功率放大模块
    功率放大集成电路
    集成功率模块

功率分配器
power divider
TN61 TN82 TN94
  D 功分器
  S 微波元件*
  • 波导功分器
  • 威尔金森功分器
  • 微带功率分配器
  C 光功率分配器
    功分网络
    功率分配算法
    合路器

功率分配算法
power allocation algorithm
TN919
  S 分配算法
  C 功率分配器
  Z 算法*

功率分配网络
  Y 功分网络

功率管
power electron tube
TN11
  D 功率电子管
    功率管强放管
    大功率电子管
  S 电子管**
  C 大功率速调管
    脉冲宽度调制

功率管强放管
  Y 功率管

功率集成电路
power integrated circuit
TN4
  D 功率 IC
  S 集成电路*
  • 高压功率集成电路
  • 功率放大集成电路
  • 智能功率集成电路

功率继电器
power relay
TM58
  S 继电器*

功率检测电路
power detecting circuit
TN710
  D 功率检测器
  S 检测电路
  Z 电子电路*

功率检测器
  Y 功率检测电路

功率金属氧化物半导体场效应晶体管
  Y 功率 MOS 场效应晶体管

功率金属氧化物半导体器件
  Y 功率 MOS 器件

功率晶体管
power transistor
TN32
  D 功率三极管
    大功率晶体管
  S 晶体管

电力半导体器件**
- 电力晶体管
- 射频功率晶体管
- 微波功率晶体管
L 半导体分立器件**
电力半导体器件**

功率均衡
Y 功率均衡器

功率均衡器
power equalizer
TN715
D 功率均衡
S 均衡器*

功率控制算法
power control algorithm
TN92
S 控制算法
Z 算法*

功率脉冲电源
pulsed power supply
TN86
D 高功率脉冲电源
S 脉冲电源
Z 电源*

功率模块
power module
TN495
D 电力电子模块
S 半导体模块
- IGBT 模块
- 功率放大模块
- 集成功率模块
- 微波功率模块
- 智能功率模块
C 电力半导体器件
电力电子电路
Z 电子模块*

功率谱测试仪
Y 功率谱分析仪

功率谱分析仪
power spectrum analyzer
TM935
D 功率谱测试仪
S 信号分析仪
Z 电子测量仪器*

功率三极管
Y 功率晶体管

功率行波管
power traveling wave tube
TN12
D 大功率行波管
S 行波管
L 微波管**

功率型发光二极管
power light emitting diode
TN31 TN383
D 功率 LED
S 发光二极管
L 半导体发光器件**

功率因数校正
Y 功率因数校正电路

功率因数校正电路
power factor correction circuit
TN710
D PFC 电路
功率因数校正
S 校正电路
Z 电子电路*

功率运算放大器
power operational amplifier
TN72
S 运算放大器
Z 放大器*

功率转换电路
Y 功率变换器

功率转换器
Y 功率变换器

功率自动控制
Y 自动功率控制

功能测试
Y 黑盒测试

功能电路
functional circuit
TN7 TN94
S 电子电路*

功能仿真
function simulation
TP391.9
D 功能模拟
S 仿真*
C 功能接口
功能描述
黑盒测试

功能服务器
functional server
TP368
D 专用服务器
S 服务器*
- 查询服务器
- 打印服务器
- 地图服务器
- 镜像服务器
- 目录服务器
- 索引服务器
- 文件服务器

功能规约语言
functional specification language
TP312
S 说明语言
Z 计算机语言*

功能机
Y 功能手机

功能接口
functional interface
TP311
S 软件接口
C 功能仿真
L 计算机接口**

功能描述
functional description
TP391 TP311
S 信息描述
C 功能仿真
Z 信息处理*

功能模拟
Y 功能仿真

功能手机
feature phone
TN92
D 功能机
S 手机
L 无线通信设备**

攻防对抗
Y 网络攻防

攻防对抗仿真
attack-defense countermeasure simulation
TP391.9
S 对抗仿真
Z 仿真*

攻击防范
Y 网络防御

攻击防御
Y 网络防御

攻击分析
attack analysis
TP393.08
S 网络安全分析
C 入侵检测
网络攻击
L 网络安全技术**

攻击工具
attack tool

TP393.08
 S 恶意软件**

攻击检测
attack detection
TP393.08
 D 攻击检测技术
  攻击检测系统
 S 网络安全检测
 C 攻击描述语言
  攻击源追踪
  攻击特征提取
 L 网络安全技术**

攻击检测技术
 Y 攻击检测

攻击检测系统
 Y 攻击检测

攻击描述语言
attack description language
TP312 TP393.08
 S 描述语言
 C 攻击检测
  攻击模型
 Z 计算机语言*

攻击模型
attack model
TP393.08
 S 网络安全模型
 · 攻击树模型
 · 攻击者模型
 C 入侵检测
  攻击声呐
  攻击描述语言
 Z 网络模型*
  信息安全模型*

攻击声呐
attack sonar
TN92 U666
 D 射击指挥声呐
 S 声呐*
 C 攻击模型

攻击树模型
attack tree model
TP393.08
 S 攻击模型
 Z 网络模型*
  信息安全模型*

攻击特征提取
attack feature extraction
TP393.08
 D 攻击特征自动提取
 S 网络取证
 C 攻击检测
 L 网络安全技术**

攻击特征自动提取
 Y 攻击特征提取

攻击源定位
 Y 攻击源追踪

攻击源追踪
attacker tracing
TP393.08
 D 攻击源定位
 S 网络追踪
 C 入侵检测
  攻击检测
  攻击者模型
 L 网络安全技术**

攻击者模型
attacker model
TN918 TP393.08
 S 攻击模型
 C 攻击源追踪
 Z 网络模型*
  信息安全模型*

共集放大电路
 Y 共集放大器

共集放大器
common collector amplifier
TN72
 D 共集放大电路
 S 放大器*

共晶键合
eutectic bonding
TN305
 S 键合工艺
 Z 半导体工艺*

共缆传输
co-cable transmission
TN94
 S 信息传输*
 C 频率共享

共路信令
common channel signaling
TN915
 D 共信道信令
  同信道信令
  同路信令
 S 信令*

共模电源滤波器
common mode power filter
TN713
 S 电源滤波器
 Z 滤波器*

共模反馈电路
common mode feedback circuit

TN72
 S 反馈电路
 Z 电子电路*

共模信号
common mode signal
TN72
 S 信号*
 C 共模噪声

共模噪声
common mode noise
TN713
 S 信号噪声*
 C 共模信号

共谋攻击
 Y 合谋攻击

共烧
 Y 共烧工艺

共烧工艺
co-fired process
TN405
 D 共烧
 S 电子工艺*
 · 多层共烧

共射放大电路
 Y 共射放大器

共射放大器
common emitter amplifier
TN72
 D 共射放大电路
 S 放大器*

共享 Cache
 Y 共享缓存

共享存储
shared storage
TP333
 D 共享存储技术
  共享存储系统
 S 信息存储*
 · 分布式共享存储
 C 共享存储器

共享存储技术
 Y 共享存储

共享存储器
shared memory
TP333
 D 共享存贮器
 S 存储器*
 · 共享缓存
 · 共享内存
 C 共享存储

共享存储系统
　　Y 共享存储

共享存贮器
　　Y 共享存储器

共享服务
shared service
TP393　TP391
　　S 信息服务*

共享缓存
shared cache
TP333
　　D 共享Cache
　　S 共享存储器
　　　 缓冲存储器
　　C 共享内存
　　Z 存储器*

共享内存
shared memory
TP333
　　S 共享存储器
　　　 内存
　　• 分布式共享内存
　　C 共享缓存
　　Z 存储器*

共享平台
　　Y 信息共享

共享器
shared device
TN915　TP338
　　S 外部设备*

共享软件
shared software
TP317
　　S 软件*
　　C 开源软件

共享数据平台
　　Y 信息共享

共信道干扰
　　Y 同信道干扰

共信道信令
　　Y 共路信令

共形天线
conformal antenna
TN82
　　D 保形天线
　　S 天线*
　　• 共形微带天线
　　• 共形阵列天线

共形天线阵
　　Y 共形阵列天线

共形微带天线
conformal microstrip antenna
TN82
　　D 微带共形天线
　　S 共形天线
　　　 微带天线
　　• 圆柱共形微带天线
　　L 微波天线**

共形相控阵天线
conformal phased array antenna
TN82
　　S 共形阵列天线
　　　 相控阵天线
　　Z 天线*

共形阵列天线
conformal array antenna
TN82
　　D 共形天线阵
　　　 共形阵天线
　　S 共形天线
　　　 阵列天线
　　• 共形相控阵天线
　　Z 天线*

共形阵天线
　　Y 共形阵列天线

共用天线
common antenna
TN948　TN82
　　D 共用天线系统
　　S 电视天线
　　C 共用天线电视
　　Z 天线*

共用天线电视
community antenna television
TN948
　　D 公共天线电视
　　S 电视*
　　C 共用天线
　　　 有线电视
　　　 用户终端

共用天线系统
　　Y 共用天线

共振器
　　Y 谐振器

共振瑞利散射
resonance Rayleigh scattering
TN20
　　S 瑞利散射
　　Z 电磁波散射*

共振隧穿二极管
　　Y 谐振隧穿二极管

共振隧穿晶体管
　　Y 谐振隧穿晶体管

共振隧穿器件
　　Y 谐振隧穿器件

共振隧道二极管
　　Y 谐振隧穿二极管

供电电路
　　Y 电源电路

供电电源
　　Y 电源

供电接口
　　Y 电源接口

供电控制器
　　Y 电源控制器

供电设备
　　Y 电源

勾边电路
crisping circuit
TN94
　　S 电子电路*

钩子程序
hook procedure
TP311
　　S 工具软件**

构架描述语言
　　Y 体系结构描述语言

构件编程
　　Y 基于组件开发

构件化软件
component software
TP317
　　D 基于构件的软件系统
　　　 构件软件
　　S 软件*
　　C 基于组件开发

构件库
component library
TP311
　　D 构件库管理系统
　　　 构件库系统
　　S 数据库*
　　C 构件元数据

构件库管理系统
 Y 构件库

构件库系统
 Y 构件库

构件软件
 Y 构件化软件

构件识别
component identification
TP311
 S 信息识别*

构件元数据
component metadata
TP311
 S 元数据
 C 构件库
 Z 数据*

构像分析
 Y 图像分析

构造仿真
constructed simulation
TP391.9
 S 仿真*

估计算法
estimation algorithm
TP309 TP391 TN911
 S 算法*
 • 分布估计算法
 • 频偏估计算法
 • 信道估计算法
 • 运动估计算法
 • 最大似然算法
 • 最大熵算法

孤立点挖掘
outlier mining
TP392
 D 异常挖掘
 S 信息挖掘**

孤立子激光器
 Y 孤子激光器

孤子传输
 Y 光孤子通信

孤子激光
 Y 孤子激光器

孤子激光器
soliton laser
TN248
 D 光纤孤子激光器
  孤子激光

  孤立子激光器
 S 光纤激光器**
 C 超短脉冲激光

孤子效应压缩
soliton effect compression
TN92
 S 信号压缩
 Z 信号处理*

箍缩反射离子二极管
pinch-reflex ion diode
TN13
 S 离子二极管
 L 离子管**

古典密码
 Y 经典密码

骨干传输网
backbone transmission network
TN915 TN92
 D 主干传输网
  传输骨干网
 S 传输网
  骨干网
 C 骨干路由器
 Z 通信网络*

骨干路由器
backbone router
TN915
 D 主干路由器
 S 路由器
 C 骨干传输网
 L 网络互连设备**

骨干通信网
 Y 骨干网

骨干网
backbone network
TP393.1 TN915
 D 主干网
  主干网络
  干线网
  骨干网络
  骨干通信网
 S 通信网络*
 • 城域骨干网
 • 骨干传输网
 • 互联网骨干网
 • 虚拟骨干网
 C 主干光缆
  光纤通信
  干线放大器

骨干网络
 Y 骨干网

骨架式光缆
grooved cable
TN81
 S 光缆*

骨架提取
 Y 骨架线提取

骨架线提取
skeleton line extraction
TP391
 D 骨架提取
 S 信息抽取**

钴酸锂电池
lithium-cobalt battery
TM912
 S 锂离子电池
 Z 电池*

固定波长变换器
fixed wavelength converter
TN710 TN4
 S 波长变换器
 Z 变换器*

固定存储器
 Y 非易失性存储器

固定地球站
fixed earth station
TN927
 D 固定式卫星地球站
  固定式卫星地面站
  固定式地球站
  固定式地面站
 S 卫星通信地面站
 Z 地面站*

固定电感器
fixed inductor
TM553
 D 固定线圈
 S 电感器*

固定电话
fixed telephone
TN916
 D 固话
 S 电话通信
 • 长途电话
 • 公用电话
 • 农村电话
 • 市内电话
 • 无线固话
 C 固定电话网
 Z 通信*

固定电话网
fixed telephone network
TN916 TN915

D 固定电话网络
　　S 电话网
　　C 固定电话
　　Z 通信网络*

固定电话网络
　　Y 固定电话网

固定电容器
fixed capacitor
TM532
　　S 电容器*

固定电台
fixed radio station
TN924
　　D 固定台
　　　固定无线电台
　　S 无线电台*

固定电信网
　　Y 固定通信网

固定电阻器
fixed resistor
TM541
　　S 电阻器*
　　• 玻璃釉电阻器
　　• 非线绕电阻器
　　• 线绕电阻器

固定模式噪声
fixed pattern noise
TN24
　　D 固定图形噪声
　　　固定图案噪声
　　S 图像噪声
　　Z 信号噪声*

固定频率调制器
fixed frequency modulator
TN761
　　S 调制器*

固定式地面站
　　Y 固定地球站

固定式地球站
　　Y 固定地球站

固定式卫星地面站
　　Y 固定地球站

固定式卫星地球站
　　Y 固定地球站

固定衰减器
fixed attenuator
TN715
　　S 衰减器*
　　C 可变衰减器

固定台
　　Y 固定电台

固定通信
fixed communication
TN915　TN92
　　D 定点通信
　　S 通信*
　　C 固定通信网

固定通信网
fixed communication network
TN915
　　D 固定电信网
　　　固定网
　　S 通信网络*
　　C 固定通信
　　　移动通信网络

固定图案噪声
　　Y 固定模式噪声

固定图形噪声
　　Y 固定模式噪声

固定网
　　Y 固定通信网

固定无线电台
　　Y 固定电台

固定线圈
　　Y 固定电感器

固定掩膜只读存储器
fixed mask ROM
TN43　TP333
　　S 只读存储器
　　L 非易失性存储器**

固定载频脉冲信号
fixed carrier frequency pulse signal
TN957
　　D 固载脉冲信号
　　S 脉冲信号
　　Z 信号*

固定增益放大器
fixed gain amplifier
TN72
　　S 增益放大器
　　Z 放大器*

固定智能网
fixed intelligent network
TN915
　　S 智能通信网
　　Z 通信网络*

固化程序
solidification program
TP368　TP30　TP2
　　D 固化软件
　　S 软件*
　　• 固件程序
　　• 基本输入输出系统

固化激光器
　　Y 固体激光器

固化软件
　　Y 固化程序

固话
　　Y 固定电话

固件
　　Y 固件程序

固件编程
firmware programming
TP311
　　S 软件编程**
　　C 固件程序

固件程序
firmware program
TP311
　　D 固件
　　S 固化程序
　　　驱动程序
　　C 固件编程
　　L 工具软件**

固态存储
　　Y 半导体存储器

固态存储器
　　Y 半导体存储器

固态电路
　　Y 半导体集成电路

固态电源
solid state power supply
TN86
　　D 全固态电源
　　S 电子电源
　　Z 电源*

固态发射机
　　Y 全固态发射机

固态放大器
solid state amplifier
TN72
　　D 固体放大器
　　S 放大器*

固态放电管
　　Y 半导体放电管

固态功放
　　Y 固态功率放大器

固态功率放大器
solid state power amplifier
TN72
　　D 固态功放
　　S 功率放大器**

固态激光
　　Y 固体激光器

固态激光器
　　Y 固体激光器

固态集成电路
　　Y 半导体集成电路

固态继电器
solid state relay
TM58
　　S 继电器*
　　C 光电耦合器

固态检波器
solid state detector
TN763
　　S 检波器*
　　• 二极管检波器
　　• 晶体管检波器

固态接收机
solid state receiver
TN85
　　D 集成电路接收机
　　S 接收设备*
　　C 全固态发射机

固态雷达发射机
solid state radar transmitter
TN83
　　S 雷达发射机
　　Z 发射机*

固态量子放大器
　　Y 量子放大器

固态盘
　　Y 固态硬盘

固态器件
　　Y 半导体器件

固态驱动器
　　Y 固态硬盘

固态染料激光器
　　Y 固体染料激光器

固态显示
　　Y 固体显示

固态影像传感器
　　Y 影像传感器

固态硬盘
solid state hard disk
TP333
　　D 固态盘
　　　 固态驱动器
　　　 电子硬盘
　　S 硬盘
　　L 外存储器**
　　　 磁存储器**

固态有源相控阵天线
　　Y 有源相控阵天线

固态源扩散
solid state source diffusion
TN305
　　S 半导体扩散工艺
　　Z 半导体工艺*

固体存储器
　　Y 半导体存储器

固体电路
　　Y 半导体集成电路

固体电子学
　　Y 半导体电子学

固体放大器
　　Y 固态放大器

固体放电管
　　Y 半导体放电管

固体化收音机
　　Y 半导体收音机

固体激光
　　Y 固体激光器

固体激光技术
　　Y 固体激光器

固体激光器**
solid state laser
TN248
　　D 固体激光
　　　 固体激光技术
　　　 固化激光器
　　　 固态激光
　　　 固态激光器

　　S 激光器*
　　• 板条激光器
　　• 半导体激光器
　　•• 半导体泵浦固体激光器
　　•• 半导体环形激光器
　　•• 半导体结激光器
　　••• 同质结激光器
　　••• 异质结激光器
　　•••• 单异质结激光器
　　•••• 双异质结激光器
　　•••• 隐埋异质结激光器
　　•• 单模半导体激光器
　　•• 多段式半导体激光器
　　•• 二极管激光器
　　••• 光纤耦合激光二极管
　　••• 外腔二极管激光器
　　•• 法布里-珀罗激光器
　　•• 分布反馈半导体激光器
　　•• 高功率半导体激光器
　　•• 高速半导体激光器
　　•• 光雪崩激光器
　　•• 可调谐半导体激光器
　　•• 量子点激光器
　　•• 量子阱激光器
　　••• 单量子阱激光器
　　••• 多量子阱激光器
　　••• 量子级联激光器
　　••• 应变量子阱激光器
　　•• 脉冲半导体激光器
　　•• 面发射激光器
　　••• 垂直腔面发射激光器
　　•••• 垂直外腔面发射激光器
　　••• 水平腔面发射激光器
　　•• 砷化镓激光器
　　•• 锁模半导体激光器
　　•• 外腔半导体激光器
　　••• 垂直外腔面发射激光器
　　••• 光栅外腔半导体激光器
　　•••• 光纤光栅外腔半导体激光器
　　••• 外腔二极管激光器
　　•• 微腔半导体激光器
　　•• 增益开关半导体激光器
　　• 注入式激光器
　　• 玻璃激光器
　　•• 钕玻璃激光器
　　•• 铒玻璃激光器
　　• 侧面泵浦激光器
　　• 端面泵浦激光器
　　• 高功率固体激光器
　　• 固体染料激光器
　　• 固体热容激光器
　　• 晶体激光器
　　•• 宝石激光器
　　••• 红宝石激光器
　　••• 绿宝石激光器
　　•••• 金绿宝石激光器
　　••• 微宝石激光器
　　••• 紫翠宝石激光器
　　••• 钛宝石激光器
　　•••• 钛宝石飞秒激光器
　　•• 光子晶体激光器
　　•• 过磷酸钕激光器
　　•• 晶体纤维激光器

- · · 铝酸钇激光器
- · · 微晶片激光器
- · · 钬激光器
- · · 钼激光器
- · 可调谐固体激光器
- · · 可调谐半导体激光器
- · 脉冲固体激光器
- · 镁橄榄石激光器
- · 盘形激光器
- · 全固态激光器
- · · 全固态绿光激光器
- · 稀土激光器
- · 钇铝石榴石激光器
- · · 掺钕钇铝石榴石激光器
- · · 掺镱钇铝石榴石激光器
- · 钕激光器
- · · 掺钕钒酸钆激光器
- · · 掺钕钒酸钇激光器
- · · 掺钕钇铝石榴石激光器
- · · 过磷酸钕激光器
- · · 钕玻璃激光器
- · 铒激光器
- · · 掺铒光纤激光器
- · · 铒玻璃激光器

固体介质可变电容器
solid dielectric variable capacitor
TM532
  S 可变电容器
  Z 电容器*

固体可调谐激光器
  Y 可调谐固体激光器

固体脉冲激光器
  Y 脉冲固体激光器

固体器件
  Y 半导体器件

固体染料激光器
solid state dye laser
TN248
  D 固态染料激光器
  S 固体激光器**
    染料激光器

固体热容激光器
solid state heat capacity laser
TN248
  S 固体激光器**

固体微声器件**
solid state microacoustic device
TN64 TN384
  S 半导体器件*
  · 声表面波器件
  · · 声表面波编码器
  · · 声表面波标签
  · · 声表面波抽头延迟线
  · · 声表面波传感器

- · · · 声表面波压力传感器
- · · 声表面波放大器
- · · 声表面波傅里叶变换器
- · · 声表面波换能器
- · · 声表面波卷积器
- · · 声表面波色散延迟线
- · · 声表面波谐振器
- · · 声表面波延迟线
- · · 声表面波译码器
- · 声光器件
- · · 声光调制器
- · · 声光移频器
- · · 声光振荡器
- · 声体波器件
- · · 声体波卷积器
- · · 声体波相关器
- · · 声体波谐振器

固体显示
solid state display
TN27
  D 固态显示
  S 显示*

固相外延
solid phase epitaxy
TN305
  D 固相外延生长
  S 外延生长
  Z 半导体工艺*

固相外延生长
  Y 固相外延

固有噪声
inherent noise
TN75
  D 固有噪音
  S 信号噪声*

固有噪音
  Y 固有噪声

固源分子束外延
solid source molecular beam epitaxy
TN305
  S 分子束外延
  Z 半导体工艺*

固载脉冲信号
  Y 固定载频脉冲信号

故障仿真
fault simulation
TP391.9
  D 故障模拟
  S 仿真*
  C 故障建模
    故障模式识别

故障建模
failure modeling
TP391.9
  S 模型构建*
  C 故障仿真

故障录波数据
fault recording data
TM7
  S 数据*

故障模拟
  Y 故障仿真

故障模式识别
fault pattern recognition
TP391.4
  S 模式识别
  C 故障仿真
    故障诊断专家系统
    故障诊断软件
  Z 信息识别*

故障诊断程序
  Y 故障诊断软件

故障诊断软件
fault diagnosis program
TP317
  D 故障诊断程序
  S 诊断软件
  C 故障模式识别
    故障诊断专家系统
  L 工具软件**

故障诊断专家系统
fault diagnosis expert system
TP182
  S 专家系统
  C 故障模式识别
    故障诊断软件
  Z 计算机应用系统*

关键词抽取
keyword extraction
TP391
  D 关键字提取
    关键词提取
  S 文本提取
  C 关键词识别
  L 信息抽取**
    文本处理**

关键词识别
keyword recognition
TP391.4
  S 词汇识别
  C 关键词抽取
  Z 信息识别*

关键词提取
　　Y 关键词抽取

关键点提取
key point extraction
TP391
　　S 特征提取
　　L 信息抽取**

关键路径法
　　Y 关键路径算法

关键路径算法
critical path algorithm
TP311　TP391
　　D 关键路径法
　　S 路径算法
　　Z 算法*

关键信息基础设施
critical information
infrastructure
TP391
　　S 信息基础设施*
　　C 国家信息基础设施

关键帧抽取
　　Y 关键帧提取

关键帧提取
key frame extraction
TP391
　　D 关键帧抽取
　　S 视频提取
　　L 信息抽取**

关键字提取
　　Y 关键词抽取

关节机器人
articulated robot
TP242
　　D 关节手臂机器人
　　　关节机械手臂
　　S 机械臂
　　Z 机器人*

关节机械手臂
　　Y 关节机器人

关节手臂机器人
　　Y 关节机器人

关联比较器
correlation comparator
TN710
　　S 比较器
　　Z 电子电路*

关联存储器
　　Y 相联存储器

关联规则发现
　　Y 关联规则挖掘

关联规则分析
　　Y 关联规则挖掘

关联规则算法
association rule algorithm
TN95　TP392　TP2
　　D 关联算法
　　S 数据挖掘算法
　　　机器学习算法
　　· 概率数据关联算法
　　　航迹关联算法
　　　频繁项集挖掘算法
　　C 关联规则挖掘
　　Z 算法*

关联规则提取
　　Y 关联规则挖掘

关联规则挖掘
association rule mining
TP311　TP392
　　D 关联挖掘
　　　关联规则分析
　　　关联规则发现
　　　关联规则挖掘技术
　　　关联规则挖掘算法
　　　关联规则提取
　　S 规则挖掘
　　· 分布式关联规则挖掘
　　C 关联推理
　　　关联网络
　　　关联规则算法
　　L 信息挖掘**

关联规则挖掘技术
　　Y 关联规则挖掘

关联规则挖掘算法
　　Y 关联规则挖掘

关联聚类
association clustering
TP301
　　S 聚类*

关联数据库
　　Y 关系型数据库

关联算法
　　Y 关联规则算法

关联推理
relevance reasoning
TP391
　　S 推理*
　　C 关联规则挖掘

关联挖掘
　　Y 关联规则挖掘

关联网络
relational network
TP31
　　S 网络*
　　C 人工神经网络
　　　关联规则挖掘
　　　计算机网络

关系抽取
relation extraction
TP391
　　D 关系获取
　　S 信息抽取**
　　C 关系识别

关系获取
　　Y 关系抽取

关系模型数据库
　　Y 关系型数据库

关系识别
relation identification
TP391
　　S 信息识别*
　　C 关系抽取

关系式数据库
　　Y 关系型数据库

关系数据
relational data
TP311　TP392
　　D 关系型数据
　　S 数据*
　　C 关系型数据库
　　　关系数据挖掘
　　　关系数据结构

关系数据结构
relational data structure
TP391
　　S 数据结构*
　　C 关系型数据库
　　　关系数据

关系数据库
　　Y 关系型数据库

关系数据库管理系统
　　Y 关系型数据库

关系数据库系统
　　Y 关系型数据库

关系数据挖掘
relational data mining
TP392
  D 关系挖掘
  S 数据挖掘
  C 关系型数据库
    关系数据
  L 信息挖掘**

关系挖掘
  Y 关系数据挖掘

关系型数据
  Y 关系数据

关系型数据库
relational database
TP392
  D RDBMS
    关系型数据库
    关系型数据库管理系统
    关系型数据库系统
    关系式数据库
    关系数据库
    关系数据库管理系统
    关系数据库系统
    关系模型数据库
    关联数据库
    相关数据库
  S 数据库*
  • Oracle 数据库
  • 粗关系数据库
  • 对象关系数据库
  • 后关系数据库
  • 模糊关系数据库
  • 嵌入式关系数据库
  C 关系数据
    关系数据挖掘
    关系数据结构
    密钥分存
    文档类型定义
    结构化数据库
    非关系型数据库
    面向属性归纳

关系型数据库管理系统
  Y 关系型数据库

关系型数据库系统
  Y 关系型数据库

关系学习
relational learning
TP391
  S 机器学习*

管道光缆
pipeline optical cable
TN81
  S 地下光缆
  C 管道通信
  Z 光缆*

管道机器人
pipeline robot
TP242
  D 管内机器人
  S 特种机器人
  • 管道检测机器人
  • 微型管道机器人
  Z 机器人*

管道检测机器人
pipeline inspection robot
TP242
  S 管道机器人
  Z 机器人*

管道滤波
pipeline filtering
TN713
  S 滤波*

管道通信
pipeline communication
TP316
  S 通信*
  C 管道光缆

管壳*
tube shell
TN103
  • 扁平管壳
  • 玻璃管壳
  • 金属管壳

管理服务器
management server
TP368
  S 服务器*

管理接口
management interface
TP311
  S 软件接口
  • 桌面管理接口
  L 计算机接口**

管理情报系统
  Y 管理信息系统

管理软件
  Y 计算机管理软件

管理套件
  Y 计算机管理软件

管理信息化
management informatization
TP391
  S 信息化*
  • 档案管理信息化
  • 企业管理信息化
  C 管理信息系统

管理自动化

管理信息系统
management information system
TP391　TP31
  D MIS 系统
    管理情报系统
  S 信息系统*
  • 档案信息管理系统
  • 工作流管理系统
  • 规划管理信息系统
  • 集成化管理信息系统
  • 教育管理信息系统
  • 客户关系管理信息系统
  • 企业管理信息系统
  • 人力资源管理信息系统
  • 设备管理信息系统
  • 实验室信息管理系统
  • 项目管理信息系统
  • 质量管理信息系统
  • 综合信息管理系统
  C 信息管理
    管理信息化
    计算机管理软件

管理性软件
  Y 计算机管理软件

管理应用程序
  Y 计算机管理软件

管理自动化
management automation
TP2
  S 自动化*
  C 管理信息化
    计算机辅助管理

管内机器人
  Y 管道机器人

惯导
  Y 惯性导航

惯导系统
  Y 惯性导航系统

惯性测量单元
inertial measurement unit
TP212
  S 惯性传感器
  Z 传感器*

惯性传感器
inertial sensor
TP212
  S 传感器*
  • 惯性测量单元
  • 加速度传感器
  • 角速度传感器
  • 重力传感器

C 惯性导航

惯性导航
inertial navigation
TN96
    D 惯导
       惯性导航技术
    S 导航*
    · 捷联惯性导航
    C 惯性传感器
       惯性制导
       惯性导航系统

惯性导航技术
    Y 惯性导航

惯性导航系统
inertial navigation system
TN966
    D 惯导系统
    S 导航系统*
    · 捷联惯性导航系统
    C 惯性导航

惯性继电器
inertial relay
TM58
    S 继电器*

惯性制导
inertial guidance
TN96
    S 制导*
    C 惯性导航

灌封工艺
embedding technology
TN05
    S 封装工艺
    Z 电子工艺*

灌胶机
glue filling machine
TN305
    D 打胶机
       涂胶机
       滴胶机
       点胶机
    S 半导体工艺设备*

光泵亚毫米波激光
optically pumped submillimeter wave laser
TN24
    S 亚毫米波激光器
       泵浦激光器
    Z 激光器*

光泵远红外激光
    Y 远红外激光

光笔
light pen
TP338   TP39
    D 光笔系统
    S 输入笔
    Z 外部设备*

光笔图形显示器
    Y 字符图形显示器

光笔系统
    Y 光笔

光编码器
    Y 光电编码器

光标记交换
optical label exchange
TN915
    D 光标记交换技术
    S 光交换
    L 通信交换**

光标记交换技术
    Y 光标记交换

光波导放大器
optical waveguide amplifier
TN72
    D 波导放大器
    S 光放大器**
       光波导器件

光波导开关
optical waveguide switch
TN252
    S 光开关
       光波导器件
    L 光无源器件**

光波导耦合器
optical waveguide coupler
TN25
    S 光波导器件
       波导耦合器
    · 多模干涉耦合器
    · 光栅耦合器
    Z 微波元件*
       光器件**
       耦合器*

光波导器件
optical waveguide device
TN81   TN25
    D 光波导元件
       平面光波导器件
    S 光有源器件
    · 光波导放大器
    · 光波导开关
    · 光波导耦合器
    · 模斑转换器

C 光导探测器
       光缆
       光隔离器
    Z 光器件*

光波导纤维
    Y 光纤

光波导元件
    Y 光波导器件

光波段雷达
    Y 光雷达

光波分复用
    Y 波分复用

光波分复用技术
    Y 波分复用

光波分复用器
    Y 波分复用器

光波复用
    Y 光复用

光波交换
    Y 光交换

光波通信
    Y 光通信

光参量放大器
    Y 光学参量放大器

光参量激光器
optical parametric laser
TN248
    S 激光器*

光参量振荡器
optical parametric oscillator
TN256   TN752
    S 光振荡器
    C 光学参量放大器
    Z 振荡器*

光参数放大器
    Y 光学参量放大器

光插分复用器
    Y 光分插复用器

光城域网
    Y 城域光网络

光储产品
    Y 光存储器

光处理机
　　Y 光学处理器

光触发晶闸管
　　Y 光控晶闸管

光传感器
　　Y 光学传感器

光传输
optical transmission
TN929
　　D 光传输技术
　　S 信息传输*
　　· 光电传输
　　· 红外传输
　　· 激光传输
　　C 光传送网
　　　光通信

光传输技术
　　Y 光传输

光传输网
　　Y 光传送网

光传输网络
　　Y 光传送网

光传送网
optical transport network
TN929.1
　　D OTN
　　　光传输网
　　　光传输网络
　　　光传送网技术
　　　光传送网络
　　　光纤传输网
　　　光纤传输网络
　　　光纤传送网
　　S 传送网
　　　光通信网络**
　　· 城域光传送网
　　· 光同步传送网
　　C 光传输

光传送网技术
　　Y 光传送网

光传送网络
　　Y 光传送网

光磁电探测器
　　Y 光磁电探测器件

光磁电探测器件
optical magnetoelectric detector
TN382
　　D 光磁电探测器
　　S 半导体光电探测器
　　L 光学探测器**

　　　半导体光电器件**

光磁盘
　　Y 磁光盘

光存储
optical storage
TP333
　　D 光存储技术
　　　光存贮
　　　光学数据存储
　　　光数据存储
　　S 信息存储*
　　· 高密度光存储
　　· 光盘存储
　　· 近场光存储
　　· 全息光存储
　　· 三维光存储
　　C 光存储器

光存储产品
　　Y 光存储器

光存储技术
　　Y 光存储

光存储器**
optical memory
TN24　TP333
　　D 光储产品
　　　光存储产品
　　　光存储设备
　　　光存贮器
　　　光学存储器
　　　光电存储器
　　　激光存储器
　　S 存储器*
　　· 光盘存储器
　　· · 光盘
　　· · · 磁光盘
　　· · · 多层光盘
　　· · · 高密度光盘
　　· · · 交互式光盘
　　· · · 可写光盘
　　· · · · 可重写光盘
　　· · · · · CD-RW 光盘
　　· · · · · DVD-RW 光盘
　　· · · · 一次性写入光盘
　　· · · · · CD-R 光盘
　　· · · · · DVD-R 光盘
　　· · · 全息光盘
　　· · · 视频光盘
　　· · · · 激光视盘
　　· · · · 数字视频光盘
　　· · · 数据光盘
　　· · · 数字多功能光盘
　　· · · · DVD-RW 光盘
　　· · · · DVD-R 光盘
　　· · · 高清光盘
　　· · · 蓝光光盘
　　· · · 微型光盘
　　· · · 相变光盘

　　· · · 只读光盘
　　· · 光盘库
　　· 全息存储器
　　C 光存储

光存储设备
　　Y 光存储器

光存贮
　　Y 光存储

光存贮器
　　Y 光存储器

光单向器
　　Y 磁光隔离器

光导管
　　Y 光敏电阻器

光导摄像管
plumbicon
TN14
　　D 光电导摄像管
　　　氧化铅光导摄像管
　　　氧化铅摄像管
　　　视像管
　　S 摄像管
　　C 光导探测器
　　L 电子束管**

光导探测器
optical waveguide detector
TN953　TN25
　　D 光导型探测器
　　　光电导探测器
　　S 光电探测器
　　C 光导摄像管
　　　光波导器件
　　L 光学探测器**

光导纤维
　　Y 光纤

光导纤维通信
　　Y 光纤通信

光导型探测器
　　Y 光导探测器

光电半导体
　　Y 半导体光电材料

光电倍增管
photomultiplier tube
TN15
　　S 真空光电器件
　　· 多阳极光电倍增管
　　· 门控光电倍增管
　　· 微通道板光电倍增管
　　· 紫外光电倍增管

L 电子束管**

光电编码器
photoelectric encoder
TN919　TN929.1
　　D 光学编码器
　　　　光编码器
　　S 编码器*
　　• 复合式光电编码器
　　• 激光编码器
　　C 光电接口

光电材料
photoelectric material
TM2　TN2
　　D 光电子材料
　　S 电子材料*
　　• Q开关材料
　　• 电致发光材料
　　• 光电导材料
　　• 光电发射材料
　　• 光致发光材料
　　• 红外窗口材料
　　• 有机光电材料
　　C 光电传感器
　　　　光电导开关
　　　　光电测量设备
　　　　光电继电器
　　　　半导体光电材料

光电测距仪
geodimeter
TM93　TN2
　　S 光电测量设备
　　• 红外测距仪
　　• 激光测距仪
　　Z 电子测量仪器*

光电测量设备
photoelectric measurement
equipment
TM93
　　D 光电检测设备
　　S 电子测量仪器*
　　• 白平衡仪
　　• 光电测距仪
　　C 光电材料
　　　　光电检测电路

光电池
　　Y 太阳能电池

光电传感器
photoelectric sensor
TP212.14
　　D 光敏传感器
　　S 光学传感器
　　• 红外传感器
　　• 环境光传感器
　　• 可见光传感器
　　• 荧光传感器

　　• 紫外传感器
　　C 光电材料
　　L 物理传感器**

光电传输
optoelectronic transmission
TN94
　　S 光传输
　　Z 信息传输*

光电存储器
　　Y 光存储器

光电导材料
photoconductive material
TM2
　　S 光电材料
　　Z 电子材料*

光电导开关
photoconductive switch
TN25　TN36
　　S 开关*
　　C 光电探测器
　　　　光电材料

光电导器件
　　Y 半导体光电器件

光电导摄像管
　　Y 光导摄像管

光电导探测器
　　Y 光导探测器

光电导天线
photoconductive antenna
TN82
　　D 太赫兹光电导天线
　　S 光学天线
　　Z 天线*

光电电子战
　　Y 光电对抗

光电电子战技术
　　Y 光电对抗

光电电子战侦察
　　Y 光电侦察

光电对抗
optoelectronic countermeasure
TN97
　　D 光学对抗
　　　　光电子战技术
　　　　光电对抗技术
　　　　光电对抗措施
　　　　光电电子战

　　　　光电电子战技术
　　S 电子对抗**
　　• 光电干扰
　　• 光电侦察
　　• 光电制导
　　• 红外对抗
　　• 激光对抗
　　• 紫外对抗
　　C 光电对抗装备

光电对抗措施
　　Y 光电对抗

光电对抗干扰
　　Y 光电干扰

光电对抗技术
　　Y 光电对抗

光电对抗设备
　　Y 光电对抗装备

光电对抗系统
　　Y 光电对抗装备

光电对抗侦察
　　Y 光电侦察

光电对抗装备
optoelectronic countermeasure
equipment
TN97
　　D 光电子战支援措施设备
　　　　光电对抗系统
　　　　光电对抗设备
　　S 电子战装备*
　　• 光电干扰设备
　　• 红外对抗装备
　　• 激光告警系统
　　C 光电对抗

光电多芯片组件
optoelectronic multichip module
TN4
　　D 光电子多芯片组件
　　S 多芯片组件
　　Z 电子组件*

光电二极管
photodiode
TN31
　　D 光敏二极管
　　　　半导体光电二极管
　　S 光敏器件
　　　　半导体光电器件**
　　• PIN光电二极管
　　• 硅光电二极管
　　• 雪崩光电二极管
　　C 光电二极管阵列探测器
　　　　光电晶体管

光电二极管阵列探测器
photodiode array detector
TN2　TN36
　　S　半导体光电探测器
　　C　光电二极管
　　L　光学探测器**
　　　　半导体光电器件**

光电发射材料
photoemissive material
TN2
　　D　光电发射体
　　S　光电材料
　　C　光电发射管
　　Z　电子材料*

光电发射管
photoemissive tube
TN15　TN11
　　D　光电发射器件
　　　　光电子管
　　　　光电管
　　S　真空光电器件
　　·　充气光电管
　　·　真空光电管
　　·　铯光电管
　　C　光电发射材料
　　L　电子束管**

光电发射器件
　　Y　光电发射管

光电发射体
　　Y　光电发射材料

光电反干扰
electro-optical anti-jamming
TN973
　　D　光电抗干扰
　　　　反光电干扰
　　S　电子反干扰
　　C　光电干扰
　　　　光电干扰设备
　　L　电子对抗**

光电放大器
photoelectric amplifier
TN72　TN2
　　S　光放大器**

光电负阻器件
　　Y　硅光电负阻器件

光电干扰
photoelectric jamming
TN972
　　D　光电对抗干扰
　　S　光电对抗
　　　　电子干扰
　　·　光电无源干扰
　　·　红外干扰
　　·　激光干扰

　　C　光电侦察
　　　　光电反干扰
　　　　光电干扰设备
　　L　电子对抗**

光电干扰器材
　　Y　光电干扰设备

光电干扰设备
photoelectric jamming equipment
TN972
　　D　光电干扰器材
　　S　光电对抗装备
　　　　电子干扰设备**
　　·　红外干扰机
　　·　激光干扰机
　　C　光电反干扰
　　　　光电干扰

光电告警
electro-optical warning
TN97
　　S　电子防御
　　·　红外告警
　　·　激光告警
　　·　紫外告警
　　C　光电侦察
　　L　电子对抗**

光电隔离器
　　Y　光电耦合器

光电跟踪
photoelectric tracking
TN24
　　S　光学跟踪*
　　C　光电雷达

光电管
　　Y　光电发射管

光电混合网
　　Y　光纤同轴电缆混合网

光电混合系统
　　Y　光电系统

光电混装连接器
photoelectric mixed connector
TN6
　　S　特种电连接器
　　Z　电连接器*

光电集成电路
　　Y　光学集成电路

光电集成回路
　　Y　光学集成电路

光电技术
　　Y　光电子学

光电继电器
photoelectric relay
TM58
　　D　光敏继电器
　　S　继电器*
　　C　光电材料

光电检测电路
photoelectric detection circuit
TN2
　　S　检测电路
　　C　光电测量设备
　　Z　电子电路*

光电检测设备
　　Y　光电测量设备

光电接口
photoelectric interface
TN24
　　S　光接口
　　C　光电编码器
　　Z　接口*

光电接收器
　　Y　光接收机

光电接收装置
　　Y　光接收机

光电晶体管
phototransistor
TN32　TN36
　　D　光子晶体管
　　　　光敏三极管
　　　　光敏晶体管
　　　　光晶体管
　　　　光电三极管
　　S　光敏器件
　　　　半导体光电器件**
　　·　光电双基区晶体管
　　·　异质结光电晶体管
　　C　光电二极管

光电抗干扰
　　Y　光电反干扰

光电雷达
photoelectric radar
TN958
　　S　雷达*
　　C　光电跟踪

光电路交换
electro-optical circuit switching
TN915
　　S　光交换
　　L　通信交换**

光电脉冲发生器
optoelectronic pulse generator

TM935
　　D 光脉冲发生器
　　S 脉冲发生器
　　L 信号发生器**

光电耦合器
optical coupler
TN25
　　D 光学耦合器
　　　光电隔离器
　　　光耦
　　　光耦合器
　　　光耦器件
　　S 半导体光电器件**
　　　耦合器*
　　C 固态继电器

光电三极管
　　Y 光电晶体管

光电摄像管
　　Y 摄像管

光电式鼠标
　　Y 光电鼠标

光电输入机
　　Y 光电输入设备

光电输入设备
optoelectronic input device
TP338
　　D 光电输入机
　　S 输入设备
　　Z 外部设备*

光电鼠
　　Y 光电鼠标

光电鼠标
optical mouse
TP334.2
　　D 光学鼠标
　　　光机械鼠标器
　　　光机鼠标
　　　光电式鼠标
　　　光电鼠
　　　光鼠标器
　　S 鼠标
　　Z 外部设备*

光电双基区晶体管
photoelectric double base transistor
TN32
　　S 光电晶体管
　　　双基区晶体管
　　L 半导体光电器件**
　　　半导体分立器件**
　　　半导体敏感器件**

光电探测器
photodetector
TN215
　　D 光子型探测器
　　　光子探测器
　　　光电探测器件
　　S 光学探测器**
　　• CCD 探测器
　　• 半导体光电探测器
　　• 光导探测器
　　• 光伏探测器
　　• 红外光电探测器
　　• 位置敏感探测器
　　• 紫外探测器
　　C 光电导开关
　　　波段外激光

光电探测器件
　　Y 光电探测器

光电图象变换管
　　Y 变像管

光电图像变换管
　　Y 变像管

光电位置敏感器件
　　Y 位置敏感探测器

光电位置敏感探测器
　　Y 位置敏感探测器

光电无源干扰
photoelectric passive jamming
TN972
　　D 光学无源干扰
　　S 光电干扰
　　　无源干扰
　　L 电子对抗**

光电系统
optoelectronic system
TN2
　　D 光电子系统
　　　光电混合系统
　　　电光系统
　　S 电子系统*

光电显示
optoelectronic display
TN27
　　D 电光显示
　　S 光学显示
　　Z 显示*

光电线缆
　　Y 光缆

光电信息技术
optoelectronic information technology

TN2
　　D 光信息技术
　　　光电子信息技术
　　S 信息技术*

光电学
　　Y 光电子学

光电侦察
photoelectric reconnaissance
TN971　TN973
　　D 光电侦察技术
　　　光电对抗侦察
　　　光电电子战侦察
　　S 光电对抗
　　　电子侦察
　　• 红外侦察
　　• 激光侦察
　　• 夜视侦察
　　• 紫外侦察
　　C 光电侦察设备
　　　光电告警
　　　光电干扰
　　L 电子对抗**

光电侦察技术
　　Y 光电侦察

光电侦察器材
　　Y 光电侦察设备

光电侦察设备
photoelectric reconnaissance equipment
TN971
　　D 光电侦察器材
　　S 电子侦察设备
　　• 红外热像仪
　　• 红外夜视仪
　　• 微光夜视仪
　　C 光电侦察
　　Z 电子战装备*

光电纸带输入机
　　Y 纸带输入机

光电制导
optoelectronic guidance
TN97
　　D 光学制导
　　S 光电对抗
　　　制导*
　　L 电子对抗**

光电转换器
photoelectric converter
TN25　TP2
　　D 光电转换器件
　　S 光收发器
　　　转换器*
　　C 光检波
　　L 光通信设备**

光电转换器件
　　Y 光电转换器

光电转接器
optoelectronic adaptor
TN29　TN253
　　S 光纤转换器
　　　 转接连接器
　　L 光无源器件**
　　　 光纤器件**

光电子材料
　　Y 光电材料

光电子多芯片组件
　　Y 光电多芯片组件

光电子封装
optoelectronic packaging
TN05
　　S 半导体封装**

光电子管
　　Y 光电发射管

光电子集成电路
　　Y 光学集成电路

光电子技术
　　Y 光电子学

光电子系统
　　Y 光电系统

光电子信息技术
　　Y 光电信息技术

光电子学
optoelectronics
TN2
　　D 光学电子学
　　　 光电子技术
　　　 光电学
　　　 光电技术
　　S 电子学*
　　• 薄膜光电子学
　　• 应用光学电子学
　　C 光学处理器
　　　 激光剥离

光电子战技术
　　Y 光电对抗

光电子战支援措施设备
　　Y 光电对抗装备

光电阻器
　　Y 光敏电阻器

光碟
　　Y 光盘

光碟刻录机
　　Y 光盘刻录机

光碟录像机
　　Y 光盘录像机

光碟片
　　Y 光盘

光端机
optical terminal
TN929.1
　　S 光通信设备**
　　　 通信终端**
　　• 视频光端机
　　• 数字光端机
　　C 光发射机

光发射二极管
　　Y 发光二极管

光发射机
optical transmitter
TN83　TN929.1
　　D 光发送机
　　S 发射机*
　　• 光纤CATV外调制发射机
　　• 激光发射机
　　C 光接收机
　　　 光端机

光发送机
　　Y 光发射机

光阀显示
light valve display
TN27
　　S 光学显示
　　Z 显示*

光放大器**
optical amplifier
TN72
　　D 光学放大器
　　S 光有源器件
　　　 放大器*
　　• 半导体光放大器
　　• • 垂直腔半导体光放大器
　　• • 量子点半导体光放大器
　　• 掺铒波导放大器
　　• 光波导放大器
　　• 光电放大器
　　• 光纤放大器
　　• 布里渊放大器
　　• 掺钕光纤放大器
　　• 掺铒光纤放大器
　　• 掺铥光纤放大器
　　• 掺镱光纤放大器
　　• • 超宽带光纤放大器
　　• • 单频光纤放大器
　　• • 光纤参量放大器
　　• • 混合光纤放大器
　　• • 聚合物光纤放大器
　　• • 拉曼光纤放大器
　　• • • 分布式拉曼光纤放大器
　　• • 脉冲光纤放大器
　　• • 双包层光纤放大器
　　• 光学参量放大器
　　• • 光纤参量放大器
　　• 激光放大器
　　• • 飞秒激光放大器
　　• • 染料激光放大器
　　• 再生放大器
　　• 前置光放大器
　　• 线性光放大器
　　• 相敏光放大器
　　Z 光器件*

光分叉复用
　　Y 光分插复用

光分插复用
optical add and drop multiplexing
TN24　TN929.1
　　D 光分叉复用
　　S 光复用
　　　 分插复用
　　C 光分插复用器
　　Z 多路复用*

光分插复用器
optical add and drop multiplexer
TN929.1
　　D OADM
　　　 光分插复用设备
　　　 光插分复用器
　　S 光复用器
　　　 分插复用器
　　• 可重构光分插复用器
　　C 光分插复用
　　　 稀疏波分复用
　　Z 通信设备*

光分插复用设备
　　Y 光分插复用器

光分路器
optical splitter
TN915　TN25
　　D 光纤分路器
　　　 分光器
　　S 光无源器件**
　　C 光功率分配器
　　　 光环行器

光分组交换
optical packet switching
TN92　TN915
　　D 光分组交换技术
　　S 光交换

分组交换
　　C 光分组交换网
　　L 通信交换**

光分组交换技术
　　Y 光分组交换

光分组交换网
optical packet switching network
TN929.1
　　D 光分组网
　　S 光交换网络
　　　　分组交换网
　　C 光分组交换
　　L 光通信网络**

光分组网
　　Y 光分组交换网

光伏电池
　　Y 太阳能电池

光伏探测器
photovoltaic detector
TN215
　　D 光伏型光电探测器
　　　　光伏型探测器
　　S 光电探测器
　　L 光学探测器**

光伏型光电探测器
　　Y 光伏探测器

光伏型探测器
　　Y 光伏探测器

光符识别
　　Y 光学字符识别

光幅度调制
　　Y 光强调制

光幅调制
　　Y 光强调制

光复合激光器
optical composite laser
TN248
　　S 激光器*

光复用
optical multiplexing
TN929.1
　　D 光复用技术
　　　　光波复用
　　　　光频复用
　　S 多路复用*
　　· 波分复用
　　· 副载波复用
　　· 光分插复用
　　· 光码分复用

　　· 光时分复用
　　· 偏振复用
　　C 光复用器

光复用技术
　　Y 光复用

光复用器
optical multiplexer
TN929.11　TN76
　　S 复用器
　　· 波分复用器
　　· 光分插复用器
　　· 光交错复用器
　　C 光复用
　　Z 通信设备*

光副载波复用
　　Y 副载波复用

光隔离器
optical isolator
TN62
　　D 光学隔离器
　　S 光无源器件**
　　· 磁光隔离器
　　C 光波导器件

光工作站
optical workstation
TP368　TN914
　　S 工作站
　　C 光计算机
　　Z 计算机*

光功分器
　　Y 光功率分配器

光功率分配器
optical power splitter
TN25
　　D 光功分器
　　S 光无源器件**
　　C 光分路器
　　　　功率分配器

光孤子传输
　　Y 光孤子通信

光孤子通信
optical soliton transmission
TN929.1　TN915
　　D 光孤子传输
　　　　光弧子通信
　　　　光纤孤子通信
　　　　孤子传输
　　S 全光通信
　　L 光通信**

光弧子通信
　　Y 光孤子通信

光互连网络
　　Y 光网络

光互联网
optical internet
TN929.11　TP393.4
　　D 光因特网
　　S 互联网
　　　　光网络*
　　C 光同步传送网
　　　　光突发交换
　　　　波分复用
　　Z 计算机网络*

光滑处理
　　Y 图像平滑

光滑支持向量机
smooth support vector machine
TP391
　　S 支持向量机*

光化学气相淀积
photo chemical vapor deposition
TN305
　　D 光化学汽相淀积
　　S 化学气相沉积
　　L 半导体淀积工艺**

光化学汽相淀积
　　Y 光化学气相淀积

光化学蚀刻
　　Y 光刻蚀

光环行器
optical circulator
TN62
　　D 光学环行器
　　　　光环形器
　　S 光无源器件**
　　C 光分路器

光环网
　　Y 光纤环网

光环形器
　　Y 光环行器

光缓存
　　Y 光缓存器

光缓存器
optical buffer
TP333
　　D 光缓存
　　　　全光缓存器
　　S 缓冲存储器
　　Z 存储器*

光机电
　　Y 光机电技术

光机电技术
optical-mechatronics technology
TN2
　　D 光机电
　　S 电子技术*

光机鼠标
　　Y 光电鼠标

光机械鼠标器
　　Y 光电鼠标

光激射器
　　Y 激光器

光集成电路
　　Y 光学集成电路

光集成回路
　　Y 光学集成电路

光计算机
optical computer
TP37　TP33
　　D 光学计算机
　　　光脑
　　S 计算机*
　　· 光子计算机
　　· 激光计算机
　　· 三值光计算机
　　C 光学信息处理
　　　光学处理器
　　　光工作站

光监控信道
optical supervision channel
TN92
　　S 光信道
　　Z 信道*

光检波
optical detection
TN76
　　D 光解调
　　　光频检波
　　S 检波
　　C 光电转换器
　　Z 解调*

光检测器
optical detector
TN25
　　S 光有源器件
　　Z 光器件*

光交叉复用器
　　Y 光交错复用器

光交叉连接器
optical cross connector
TN929.1
　　D OXC
　　　光交叉连接设备
　　S 光网络设备
　　C 光交错复用器
　　L 光通信设备**

光交叉连接设备
　　Y 光交叉连接器

光交错复用器
optical interleaver
TN929.11　TN915
　　D 交叉复用器
　　　交错复用器
　　　光交叉复用器
　　S 光复用器
　　C 光交叉连接器
　　Z 通信设备*

光交换
optical switching
TN915
　　D 光交换技术
　　　光波交换
　　S 通信交换**
　　· 波长交换
　　· 波带交换
　　· 波分交换
　　· 光标记交换
　　· 光电路交换
　　· 光分组交换
　　· 光路交换
　　· 光频转换
　　· 光突发交换
　　· 光纤交换
　　· 光子交换
　　· 全光包交换
　　C 光交换机
　　　光交换网络

光交换机
optical switch
TN929.1　TN915
　　D 光交换器
　　　光交换系统
　　　光交换设备
　　S 交换设备**
　　· 光纤交换机
　　C 光交换
　　　光交换网络

光交换技术
　　Y 光交换

光交换器
　　Y 光交换机

光交换设备
　　Y 光交换机

光交换网
　　Y 光交换网络

光交换网络
optical switching network
TN929.1　TN915
　　D 光交换网
　　S 交换网络
　　　光通信网络**
　　· 光分组交换网
　　· 光突发交换网络
　　· 自动交换光网络
　　C 光交换
　　　光交换机

光交换系统
　　Y 光交换机

光接口
optical interface
TN929.1
　　D 光学接口
　　S 接口*
　　· 光电接口
　　· 光纤接口
　　C 光学集成电路

光接入网
optical access network
TN929.1
　　D 光接入网技术
　　　光接入网络
　　　光纤接入系统
　　　光纤接入网
　　　光纤接入网络
　　　光纤用户接入网
　　　光纤用户环路
　　　光纤用户网
　　S 光通信网络**
　　　接入网
　　· 宽带光接入网
　　· 无源光接入网

光接入网技术
　　Y 光接入网

光接入网络
　　Y 光接入网

光接收
optical receiving
TN20
　　S 接收*
　　· 红外接收
　　C 光接收器件
　　　光接收机

光接收机
optical receiver
TN929.1　TN85
　　D 光接收器
　　　光电接收器

光电接收装置
　　S 接收设备*
　• 光量子接收机
　• 光外差接收机
　• 光纤接收机
　• 激光接收机
　• 紫外光接收机
　C 光发射机
　　光接收

光接收器
　Y 光接收机

光接收器件
optical receiver module
TN92
　D 光接收组件
　S 光有源器件
　C 光接收
　Z 光器件*

光接收组件
　Y 光接收器件

光解碘激光器
　Y 光解离碘激光器

光解离碘激光器
photodissociation iodine laser
TN248
　D 光解碘激光器
　S 碘激光器
　Z 激光器*

光解调
　Y 光检波

光晶体管
　Y 光电晶体管

光开关
optical switch
TN25
　S 光无源器件**
　• 光波导开关
　• 全光开关
　C 多模干涉耦合器

光可变衰减器
　Y 可变光衰减器

光刻法
　Y 光刻工艺

光刻仿真
lithography simulation
TP391.9　TN305
　D 光刻模拟
　S 工艺仿真
　C 光刻工艺
　　光刻胶

　　光刻设备
　Z 仿真*

光刻腐蚀
　Y 光刻蚀

光刻负胶
　Y 负性光刻胶

光刻工艺**
lithography process
TN305.7
　D 光刻技术
　　光刻术
　　光刻法
　　半导体光刻
　S 半导体工艺*
　• X 射线光刻
　•• LIGA 技术
　••• UV-LIGA 技术
　• 电子束光刻
　• 光学光刻
　•• 激光光刻
　••• 干涉光刻
　••• 激光直写
　••• 准分子激光光刻
　• 紫外光刻
　•• 极紫外光刻
　•• 深紫外光刻
　• 厚胶光刻
　• 接触式光刻
　• 接近式光刻
　• 浸没式光刻
　• 纳米光刻
　•• 纳米压印光刻
　• 软光刻
　• 三维光刻
　• 深度光刻
　• 同步辐射光刻
　• 投影光刻
　• 无掩模光刻
　• 压印光刻
　•• 纳米压印光刻
　• 亚微米光刻
　• 原子光刻
　C 光刻仿真
　　光刻胶
　　光刻蚀
　　光刻设备

光刻机
　Y 光刻设备

光刻技术
　Y 光刻工艺

光刻胶
photoresist
TN04
　D 光致抗蚀剂
　S 电子材料*
　• 负性光刻胶

　• 正性光刻胶
　C 光刻仿真
　　光刻工艺
　　光刻设备

光刻录机
　Y 光盘刻录机

光刻模拟
　Y 光刻仿真

光刻设备
lithography equipment
TN305
　D 光刻机
　　光刻系统
　S 半导体工艺设备*
　• X 射线光刻机
　• 步进光刻机
　• 电子束曝光机
　• 投影光刻机
　• 紫外光刻机
　C 光刻仿真
　　光刻工艺
　　光刻胶

光刻蚀
photoetching
TN305
　D 光刻腐蚀
　　光化学蚀刻
　　光蚀刻
　S 蚀刻工艺
　C 光刻工艺
　Z 半导体工艺*

光刻术
　Y 光刻工艺

光刻系统
　Y 光刻设备

光刻正胶
　Y 正性光刻胶

光空间通信
　Y 自由空间光通信

光控晶体闸流管
　Y 光控晶闸管

光控晶闸管
light triggered thyristor
TN34
　D 光控可控硅
　　光控晶体闸流管
　　光敏晶闸管
　　光触发晶闸管
　S 光敏器件
　　晶闸管
　L 半导体分立器件**

半导体敏感器件**
电力半导体器件**

光控可控硅
  Y 光控晶闸管

光控相控阵雷达
optical phased array radar
TN958
  S 相控阵雷达
  Z 雷达*

光缆*
optical cable
TN25 TM248
  D 光电线缆
    光纤光缆
    光纤电缆
    光纤缆
    光缆组件
    纤维光学传输线
    纤维光导传输线
    纤维光缆
    通信光缆
  · 层绞式光缆
  · 带状光缆
  · 地下光缆
  ·· 管道光缆
  ·· 直埋光缆
  · 骨架式光缆
  · 海底光缆
  · 架空光缆
  · 配线光缆
  · 软光缆
  · 室内光缆
  · 特种光缆
  · 微型光缆
  · 引入光缆
  · 主干光缆
  · 铠装光缆
  C 光波导器件
    宽带传输
    网络线缆

光缆传输
  Y 光纤传输

光缆交接箱
  Y 交接箱

光缆连接器
optical cable connector
TN25
  S 光连接器
  L 光无源器件**

光缆路由
optical cable routing
TN929.1
  S 路由*

光缆通信
  Y 光纤通信

光缆网
  Y 光纤网络

光缆网络
  Y 光纤网络

光缆尾纤
  Y 尾纤

光缆有线电视
  Y 光纤有线电视

光缆终端设备
  Y 光线路终端

光缆组件
  Y 光缆

光雷达
optical radar
TN958
  D 光学雷达
    光波段雷达
  S 雷达*
  · 红外雷达
  · 激光雷达
  C 光学跟踪

光连接器
optical connector
TN25
  S 光无源器件**
  · 光缆连接器
  · 光纤连接器

光联网
  Y 光网络

光链路
optical link
TN929.1
  S 链路*
  · 光纤链路
  · 空间光链路
  C 光网络
    光通信

光量子接收机
light quantum receiver
TN85
  S 光接收机
  Z 接收设备*

光路交换
optical circuit switching
TP393.4 TN929.1
  S 光交换

  L 通信交换**

光路由器
optical router
TP393.4 TN929.1
  D 光学路由器
  S 路由器
  L 网络互连设备**

光滤波器
optical filter
TN25
  D 光学滤波器
  S 光无源器件**

光码分复用
optical code division multiplexing
TN929.1
  D OCDM
    光码分复用技术
  S 光复用
    码分复用
  Z 多路复用*

光码分复用技术
  Y 光码分复用

光脉冲发生器
  Y 光电脉冲发生器

光敏半导体
  Y 光敏半导体材料

光敏半导体材料
photo sensitive semiconductor material
TN304
  D 光敏半导体
  S 半导体敏感材料
  Z 半导体材料*

光敏传感器
  Y 光电传感器

光敏电阻
  Y 光敏电阻器

光敏电阻器
photo sensitive resistor
TM546
  D 光导管
    光敏电阻
    光电阻器
  S 光敏器件
    敏感电阻器
  · 红外光敏电阻器
  · 紫外光敏电阻器
  L 半导体敏感器件**

光敏二极管
　　Y 光电二极管

光敏光纤
photo sensitive fiber
TN252
　　S 光纤*

光敏继电器
　　Y 光电继电器

光敏晶体管
　　Y 光电晶体管

光敏晶闸管
　　Y 光控晶闸管

光敏器件
photo sensitive device
TN37
　　D 光敏元件
　　S 光器件*
　　　半导体敏感器件**
　　· 光电二极管
　　· 光电晶体管
　　· 光控晶闸管
　　· 光敏电阻器
　　· 注入光敏器件

光敏三极管
　　Y 光电晶体管

光敏陶瓷
photo sensitive ceramic
TN304
　　S 半导体陶瓷
　　Z 电子陶瓷*
　　　半导体材料*

光敏元件
　　Y 光敏器件

光脑
　　Y 光计算机

光耦
　　Y 光电耦合器

光耦合器
　　Y 光电耦合器

光耦器件
　　Y 光电耦合器

光盘
optical disk
TN94　TP333　TN24
　　D 光盘媒体
　　　光盘片
　　　光盘盘片
　　　光盘系统
　　　光碟
　　　光碟片
　　　数字光盘
　　　激光光盘
　　　激光盘
　　S 光盘存储器
　　· 磁光盘
　　· 多层光盘
　　· 高密度光盘
　　· 交互式光盘
　　· 可写光盘
　　· 全息光盘
　　· 视频光盘
　　· 数据光盘
　　· 数字多功能光盘
　　· 微型光盘
　　· 相变光盘
　　· 只读光盘
　　C 光盘刻录机
　　　光盘加密
　　　光盘驱动器
　　L 光存储器**
　　　外存储器**

光盘储存
　　Y 光盘存储

光盘存储
optical disk storage
TP333
　　D 光盘储存
　　　光盘存储技术
　　S 光存储
　　C 光盘刻录机
　　　光盘加密
　　　光盘存储器
　　　光盘录像机
　　　虚拟光驱
　　Z 信息存储*

光盘存储技术
　　Y 光盘存储

光盘存储器
optical disk memory
TP333
　　D 光盘存储系统
　　　光盘存贮器
　　　光盘记录器
　　S 光存储器**
　　　外存储器**
　　· 光盘
　　· 光盘库
　　C 光盘存储
　　　光盘服务器

光盘存储系统
　　Y 光盘存储器

光盘存贮器
　　Y 光盘存储器

光盘服务器
CD-ROM server
TP368
　　S 服务器*
　　· 光盘镜像服务器
　　C 光盘存储器

光盘机
　　Y 光盘驱动器

光盘记录器
　　Y 光盘存储器

光盘加密
optical disk encryption
TP33　TP309
　　S 加密**
　　C 光盘
　　　光盘存储

光盘镜像服务器
CD mirror server
TP368
　　S 光盘服务器
　　Z 服务器*

光盘刻录机
CD recorder
TP334.3
　　D 光盘刻录器
　　　光盘刻录设备
　　　光碟刻录机
　　　刻录机
　　S 输入输出设备
　　· 高速刻录机
　　· 双层DVD刻录机
　　C 光盘
　　　光盘存储
　　　刻录软件
　　Z 外部设备*

光盘刻录器
　　Y 光盘刻录机

光盘刻录设备
　　Y 光盘刻录机

光盘库
CD-ROM jukebox
TP333
　　D 光盘塔
　　　光盘阵列
　　S 光盘存储器
　　　存储阵列
　　C 虚拟光驱
　　L 光存储器**
　　　外存储器**

光盘录象机
　　Y 光盘录像机

电子信息技术叙词表

光盘录像
   Y 光盘录像机

光盘录像机
CD video recorder
TN94
   D 光盘录像
      光盘录象机
      光碟录像机
   S 数字录像机
   C 光盘存储
      光盘摄像机
   Z 电视设备*

光盘媒体
   Y 光盘

光盘盘片
   Y 光盘

光盘片
   Y 光盘

光盘驱动器
optical disc driver
TP33
   D 光盘机
      光驱
      电脑光驱
   S 输入输出设备
   • 复合式光盘机
   • 虚拟光驱
   • 只读光盘驱动器
   C 光盘
   Z 外部设备*

光盘摄录机
   Y 光盘摄像机

光盘摄像机
CD video camera
TN946
   D 光盘摄录机
   S 数字摄像机
   C 光盘录像机
      激光视盘机
   Z 电视设备*

光盘塔
   Y 光盘库

光盘系统
   Y 光盘

光盘阵列
   Y 光盘库

光盘只读存储器
   Y 只读光盘

光频变换
   Y 光频转换

光频复用
   Y 光复用

光频检波
   Y 光检波

光频交换
   Y 光频转换

光频调制
   Y 光调制

光频通信
   Y 光通信

光频转换
optical frequency conversion
TN915
   D 光频交换
      光频变换
   S 光交换
   L 通信交换**

光谱滤波
spectral filtering
TN713
   S 光学滤波
   Z 滤波*

光谱识别
spectral discrimination
TN2
   S 光学识别
   Z 信息识别*

光器件*
optical device
TN25
   D 光子器件
      光学器件
   • 感光器件
   • 光敏器件
   • • 光电二极管
   • • • PIN光电二极管
   • • • 硅光电二极管
   • • • 雪崩光电二极管
   • • • • 单光子雪崩二极管
   • • 光电晶体管
   • • • 光电双基区晶体管
   • • • 异质结光电晶体管
   • • 光控晶闸管
   • • 光敏电阻器
   • • • 红外光敏电阻器
   • • • 紫外光敏电阻器
   • • 注入光敏器件
   • 光通信器件
   • 光无源器件**
   • 光纤器件**
   • 光学传感器
   • • 波前传感器
   • • 光电传感器
   • • • 红外传感器
   • • • 红外测距传感器
   • • • 红外温度传感器
   • • • 热释电传感器
   • • 环境光传感器
   • • 可见光传感器
   • • 荧光传感器
   • • • 荧光化学传感器
   • • 紫外传感器
   • 光纤传感器
   • • 分布式光纤传感器
   • • 光纤光栅传感器
   • • • 光纤布拉格光栅传感器
   • • • 光纤光栅温度传感器
   • • • 光纤光栅应变传感器
   • • 光纤化学传感器
   • • 光纤气体传感器
   • • 光纤位移传感器
   • • 光纤温度传感器
   • • • 光纤光栅温度传感器
   • • 光纤应变传感器
   • • • 光纤光栅应变传感器
   • 光栅传感器
   • 激光传感器
   • • 激光测距传感器
   • • 激光视觉传感器
   • • 激光位移传感器
   • 光学集成电路
   • 纳米光导集成电路
   • 光学双稳器件
   • 光有源器件
   • 半导体发光器件**
   • 红外器件**
   • 微光器件
   C 光学处理器

光前置放大器
   Y 前置光放大器

光强度控制电路
light intensity control circuit
TN7
   S 控制电路
   Z 电子电路*

光强度调制
   Y 光强调制

光强调制
light intensity modulation
TN76 TN20
   D 光幅度调制
      光幅调制
      光强度调制
   S 光调制
   Z 调制*

光驱
   Y 光盘驱动器

光散射
light scattering
TN20
　D 光致散射
　S 电磁波散射*
　• 激光散射
　• 拉曼散射
　• 前向散射
　• 瑞利散射
　• 受激散射
　• 斯托克斯散射

光声滤波器
opto-acoustic filter
TN713
　S 滤波器*

光时分复接
　Y 光时分复用

光时分复用
optical time division
multiplexing
TN929.1
　D OTDM
　　光时分复接
　　光时分复用技术
　S 光复用
　　时分复用
　Z 多路复用*

光时分复用技术
　Y 光时分复用

光时频反射仪
　Y 光时域反射仪

光时域反射计
　Y 光时域反射仪

光时域反射仪
optical time domain reflectometer
TM93　TN929.1
　D OTDR
　　光时域反射计
　　光时域计
　　光时频反射仪
　S 通信测试仪**
　• 布里渊光时域反射仪

光时域计
　Y 光时域反射仪

光识别
　Y 光学识别

光蚀刻
　Y 光刻蚀

光收发机
　Y 光收发器

光收发器
optical transceiver
TN92　TN8
　D 光学收发器
　　光收发信端机
　　光收发机
　　光收发设备
　S 光通信设备**
　　收发器*
　• 光电转换器
　• 光纤收发器
　• 红外收发器

光收发设备
　Y 光收发器

光收发信端机
　Y 光收发器

光鼠标器
　Y 光电鼠标

光数据处理
　Y 光学数据处理

光数据存储
　Y 光存储

光衰减片
optical attenuator plate
TN715　TN29
　D 衰减片型光衰减器
　S 光衰减器
　L 光无源器件**

光衰减器
optical attenuator
TN715　TN29　TN25
　D 光纤衰减器
　S 光无源器件**
　　衰减器*
　• 光衰减片
　• 可变光衰减器
　• 位移型光衰减器
　• 智能型光衰减器
　C 光通信

光双稳器件
　Y 光学双稳器件

光顺处理
　Y 图像平滑

光探测器
　Y 光学探测器

光天线
　Y 光学天线

光调制
optical modulation
TN20　TN76
　D 光调制技术
　　光频调制
　S 调制*
　• 电光调制
　• 光强调制
　• 光栅调制
　• 激光调制
　• 声光调制
　C 光调制器

光调制技术
　Y 光调制

光调制器
optical modulator
TN256　TN29　TN761
　D 光学调制器
　S 光有源器件
　　调制器*
　• 磁光调制器
　• 电光调制器
　• 电吸收调制器
　• 红外调制仪
　• 声光调制器
　C 光调制
　Z 光器件*

光通信**
optical communication
TN929.1
　D 光学通信
　　光学通讯
　　光波通信
　　光通信技术
　　光通讯
　　光频通信
　S 通信*
　• 高速光通信
　• • 高速光纤通信
　• 光纤通信
　• • 高速光纤通信
　• 全光通信
　• • 光孤子通信
　• • 数字光纤通信
　• 红外通信
　• 激光通信
　• • 机载激光通信
　• • 激光对潜通信
　• • 水下激光通信
　• 相干光通信
　• • 空间相干光通信
　• 自由空间光通信
　• • 大气光通信
　• • 空间相干光通信
　• 深空光通信
　• 卫星光通信
　• • • 星地光通信
　• • • 星间光通信
　• 声光通信
　• 水下光通信

- ·· 水下激光通信
- ·· 水下可见光通信
- · 无线光通信
- ·· 可见光通信
- ··· 室内可见光通信
- ··· 水下可见光通信
- ·· 室内无线光通信
- ··· 室内可见光通信
- ·· 自由空间光通信
- ··· 大气光通信
- ··· 空间相干光通信
- ··· 深空光通信
- ··· 卫星光通信
- ···· 星地光通信
- ···· 星间光通信
- · 紫外光通信
- C 光传输
- 　光信号
- 　光网络
- 　光衰减器
- 　光通信仪表
- 　光通信器件
- 　光通信设备
- 　光链路

光通信测试仪
　Y 光通信仪表

光通信技术
　Y 光通信

光通信器件
optical communication device
TN92　TN2
- D 光通讯器件
- S 光器件*
- C 光通信
- 　光通信设备

光通信设备**
optical communication equipment
TN929.1
- S 通信设备*
- · SDH 设备
- · 光端机
- ·· 视频光端机
- ·· 数字光端机
- · 光收发器
- ·· 光电转换器
- ·· 光纤收发器
- ·· 红外收发器
- · 光网络设备
- ·· 光交叉连接器
- ·· 光网络单元
- ·· 光网络终端
- · 光纤通信设备
- ·· 光纤传输设备
- ·· 光中继器
- C 光通信
- 　光通信仪表
- 　光通信器件
- 　光通信网络

光通信网
　Y 光通信网络

光通信网络**
optical communication network
TN929.1
- D 光纤通信网
- 　光纤通信网络
- 　光通信网
- S 光网络*
- 　通信网络*
- · 波分复用光网络
- ·· 波分复用无源光网络
- · 多波长光网络
- · 多域光网络
- · 光传送网
- ·· 城域光传送网
- ·· 光同步传送网
- · 光交换网络
- ·· 光分组交换网
- ·· 光突发交换网络
- ·· 自动交换光网络
- · 光接入网
- ·· 宽带光接入网
- ·· 无源光接入网
- · 可重构光网络
- · 透明光网络
- · 无源光网络
- ·· ATM 无源光网络
- ·· 波分复用无源光网络
- ·· 吉比特无源光网络
- ·· 宽带无源光网络
- ·· 无源光接入网
- ·· 以太无源光网络
- · 有源光网络
- · 自愈网
- ·· 自愈环网
- C 光通信仪表
- 　光通信设备

光通信仪表
optical communication measurement equipment
TN929.1
- D 光通信测试仪
- S 通信测试仪**
- C 光通信
- 　光通信网络
- 　光通信设备

光通讯
　Y 光通信

光通讯器件
　Y 光通信器件

光同步传输网
　Y 光同步传送网

光同步传送网
optical synchronous transport network
TN915
- D SDH 传输网
- 　SDH 传输网络
- 　SDH 环网
- 　SDH 网
- 　SDH 网络
- 　SONET
- 　光同步传输网
- 　光同步数字传输网
- 　光同步数字传输网络
- 　光同步
- 　同步光网络
- 　同步数字体系传输网
- S 光传送网
- 　同步网
- C 光互联网
- 　同步复用
- 　通用成帧规程
- L 光通信网络**

光同步数字传输网
　Y 光同步传送网

光同步数字传输网络
　Y 光同步传送网

光同步网
　Y 光同步传送网

光瞳滤波
pupil filtering
TN713
- S 光学滤波
- Z 滤波*

光突发交换
optical burst switching
TN92　TN915
- D 光突发交换技术
- S 光交换
- C 光互联网
- 　光突发交换网络
- L 通信交换**

光突发交换技术
　Y 光突发交换

光突发交换网络
optical burst switching network
TP3
- S 光交换网络
- C 光突发交换
- L 光通信网络**

光外差接收机
optical heterodyne receiver
TN85
- S 光接收机
- Z 接收设备*

国家工业信息安全发展研究中心 主编

光网
　Y 光网络

光网间互连
　Y 光网络

光网络*
optical network
TN915　TN929.1　TP393
　D 光互连网络
　　光网
　　光网间互连
　　光联网
　· 波长路由光网络
　· 城域光网络
　·· 城域光传送网
　·· 城域宽带网
　· 光互联网
　· 光通信网络**
　· 光纤网络**
　· 光虚拟专用网
　· 光子网格
　· 宽带光网络
　·· 光纤宽带网络
　·· 宽带光接入网
　·· 宽带无源光网络
　· 全光网络
　· 软件定义光网络
　· 无线光网络
　·· 卫星光网络
　C 光通信
　　光链路

光网络单元
optical network unit
TN929.1
　D ONU
　S 光网络设备
　L 光通信设备**

光网络设备
optical network equipment
TN929.1
　S 光通信设备**
　· 光交叉连接器
　· 光网络单元
　· 光网络终端

光网络终端
optical network terminal
TN929.1
　S 光网络设备
　L 光通信设备**

光微环谐振器
optical microring resonator
TN75
　S 谐振器*

光无线通信
　Y 无线光通信

光无源器件**
optical passive device
TN25
　D 光纤无源器件
　S 光器件*
　· 波分复用器
　·· 密集波分复用器
　·· 稀疏波分复用器
　· 光分路器
　· 光隔离器
　·· 磁光隔离器
　· 光功率分配器
　· 光环行器
　· 光开关
　·· 光波导开关
　·· 全光开关
　· 光连接器
　·· 光缆连接器
　·· 光纤连接器
　··· 单模光纤连接器
　··· 多模光纤连接器
　·· 光纤活动连接器
　·· 光纤转换器
　··· 单模光纤转换器
　··· 多模光纤转换器
　··· 光电转接器
　·· 尾纤
　· 光滤波器
　· 光衰减器
　·· 光衰减片
　·· 可变光衰减器
　·· 位移型光衰减器
　·· 智能型光衰减器
　· 光纤耦合器
　·· 保偏光纤耦合器
　·· 单模光纤耦合器
　·· 非线性光纤耦合器
　·· 光纤光栅耦合器
　·· 光纤活动耦合器
　·· 球状光纤耦合器
　·· 熔锥型光纤耦合器
　·· 三芯光纤耦合器
　C 无源光网络

光无源网
　Y 无源光网络

光无源网络
　Y 无源光网络

光纤*
optical fiber
TN252　TN818
　D 光学纤维
　　光导纤维
　　光波导纤维
　　光纤产品
　　光纤维
　· 包层光纤
　·· 多包层光纤
　·· 双包层光纤
　··· 双包层掺镱光纤
　· 保偏光纤

　·· 掺铒保偏光纤
　·· 匹配型保偏光纤
　· 边孔光纤
　· 变折射率光纤
　·· 渐变折射率光纤
　··· 渐变型聚合物光纤
　··· 渐变型塑料光纤
　·· 阶跃折射率光纤
　· 玻璃光纤
　· 布拉格光纤
　· 掺杂光纤
　·· 掺铒光纤
　··· 掺铒保偏光纤
　··· 铋基掺铒光纤
　·· 掺镱光纤
　··· 双包层掺镱光纤
　·· 铒镱共掺光纤
　· 传能光纤
　· 传像光纤
　· 大模场面积光纤
　· 带状光纤
　· 单模光纤
　·· 单模石英光纤
　· 多孔光纤
　· 多模光纤
　·· 半锥形多模光纤
　· 非线性光纤
　· 氟化物光纤
　· 光敏光纤
　· 光子带隙光纤
　· 光子晶体光纤
　·· 空芯光子晶体光纤
　·· 双芯光子晶体光纤
　· 红外光纤
　· 激光光纤
　· 极化光纤
　· 紧套光纤
　· 聚合物光纤
　·· 渐变型聚合物光纤
　·· 微结构聚合物光纤
　· 空芯光纤
　·· 空芯光子晶体光纤
　· 拉锥光纤
　· 蓝宝石光纤
　· 全波光纤
　· 色散光纤
　·· 零色散光纤
　·· 色散补偿光纤
　·· 色散管理光纤
　·· 色散缓变光纤
　·· 色散平坦光纤
　·· 色散位移光纤
　··· 非零色散位移光纤
　·· 梳状色散光纤
　· 石英光纤
　·· 单模石英光纤
　· 双模光纤
　· 双芯光纤
　·· 双芯光子晶体光纤
　· 双折射光纤
　·· 高双折射光纤
　· 塑料光纤
　·· 渐变型塑料光纤
　· 涂覆光纤

· 325 ·

- 弯曲光纤
- 微结构光纤
- ·微结构聚合物光纤
- 尾纤
- 稀土光纤
- 液芯光纤
- 锥形光纤
- 紫外光纤
- 耦合光纤
C 光纤器件
　光纤探测器
　光纤接口
　光纤网络

光纤 AM-CATV 外调制发射机
Y 光纤 CATV 外调制发射机

光纤 CATV
Y 光纤有线电视

光纤 CATV 外调制发射机
optical fiber CATV external modulation transmitter
TN83
D 光纤 AM-CATV 外调制发射机
S 光发射机
C 光纤有线电视
Z 发射机*

光纤布拉格光栅传感器
optical fiber Bragg grating sensor
TP212
S 光纤光栅传感器
L 光纤器件**
　物理传感器**

光纤参量放大器
optical fiber parametric amplifier
TN72
D FOPA
S 光学参量放大器
　光纤放大器
L 光放大器**
　光纤器件**

光纤产品
Y 光纤

光纤城域网
Y 城域光网络

光纤传感器
optical fiber sensor
TP212.44
D 光学纤维传感器
　纤维光学传感器
S 光学传感器
　光纤器件**
- 分布式光纤传感器
- 光纤光栅传感器

- 光纤化学传感器
- 光纤气体传感器
- 光纤位移传感器
- 光纤温度传感器
- 光纤应变传感器
C 光纤传感网络
　光纤探测器

光纤传感器网
Y 光纤传感网络

光纤传感网
Y 光纤传感网络

光纤传感网络
optical fiber sensor network
TP212
D 光纤传感器网
　光纤传感网
S 传感器网络
　光纤网络**
C 人工神经网络
　光纤传感器

光纤传输
optical fiber transmission
TN929
D 光纤传输技术
　光缆传输
S 激光传输
C 光纤传输设备
　光纤接口
　光纤放大器
　光纤通信
Z 信息传输*

光纤传输技术
Y 光纤传输

光纤传输设备
optical fiber transmission equipment
TN929.11
S 光纤通信设备
C 光纤传输
　光纤接口
　光纤链路
L 光通信设备**

光纤传输网
Y 光传送网

光纤传输网络
Y 光传送网

光纤传送网
Y 光传送网

光纤带
Y 带状光纤

光纤带光缆
Y 带状光纤

光纤电缆
Y 光缆

光纤电缆混合网
Y 光纤同轴电缆混合网

光纤电缆混合网络
Y 光纤同轴电缆混合网

光纤电缆网
Y 光纤同轴电缆混合网

光纤电视
Y 光纤有线电视

光纤方向耦合器
Y 光纤耦合器

光纤放大器
optical fiber amplifier
TN72
D 光学纤维放大器
　光纤维放大器
S 光放大器**
　光纤器件**
- 布里渊放大器
- 掺钕光纤放大器
- 掺铒光纤放大器
- 掺铥光纤放大器
- 掺镱光纤放大器
- 超宽带光纤放大器
- 单频光纤放大器
- 光纤参量放大器
- 混合光纤放大器
- 聚合物光纤放大器
- 拉曼光纤放大器
- 脉冲光纤放大器
- 双包层光纤放大器
C 光纤传输
　光纤接收机

光纤分布式数据接口
optical fiber distributed data interface
TN25　TN929.1
D FDDI
　光纤分布数据接口
S 光纤接口
　数据接口
C 光纤分布式数据接口网络
　光纤数据总线
Z 接口*

光纤分布式数据接口网络
optical fiber distributed data interface network
TP393　TN929.1
D FDDI 网

FDDI 网络
　　S 光纤网络**
　　　计算机网络*
　　C 光纤分布式数据接口

光纤分布数据接口
　　Y 光纤分布式数据接口

光纤分路器
　　Y 光分路器

光纤隔离器
　　Y 光纤耦合器

光纤孤子激光器
　　Y 孤子激光器

光纤孤子通信
　　Y 光孤子通信

光纤光缆
　　Y 光缆

光纤光栅传感器
optical fiber grating sensor
TP212.44
　　S 光纤传感器
　• 光纤布拉格光栅传感器
　　　光纤光栅温度传感器
　　　光纤光栅应变传感器
　　C 光栅传感器
　　　光纤光栅激光器
　　L 光纤器件**
　　　物理传感器**

光纤光栅激光器
optical fiber grating laser
TN248
　　S 光纤激光器**
　• 光纤光栅外腔半导体激光器
　　C 光纤光栅传感器

光纤光栅耦合器
optical fiber grating coupler
TN25
　　S 光栅耦合器
　　　光纤耦合器
　　L 光无源器件**
　　　光纤器件**

光纤光栅外腔半导体激光器
optical fiber grating external cavity semiconductor laser
TN248
　　S 光栅外腔半导体激光器
　　　光纤光栅激光器
　　L 光纤激光器**
　　　固体激光器**

光纤光栅温度传感器
optical fiber grating temperature sensor
TP212
　　S 光纤光栅传感器
　　　光纤温度传感器
　　L 光纤器件**
　　　物理传感器**

光纤光栅应变传感器
optical fiber grating strain sensor
TP212
　　S 光纤光栅传感器
　　　光纤应变传感器
　　L 光纤器件**
　　　物理传感器**

光纤化学传感器
optical fiber chemical sensor
TP212.2
　　S 光纤传感器
　　　化学传感器
　　L 光纤器件**
　　　物理传感器**

光纤环路
　　Y 光纤环网

光纤环网
optical fiber ring network
TN915　TN929.1
　　D 光环网
　　　光纤环路
　　S 光纤网络**
　• 自愈环网
　　C 反馈电路

光纤环形激光器
　　Y 环形腔激光器

光纤环形腔激光器
　　Y 环形腔激光器

光纤混合同轴网
　　Y 光纤同轴电缆混合网

光纤活动连接器
optical fiber connector
TN253
　　D 光纤快速连接器
　　　现场组装式光纤活动连接器
　　S 光纤连接器
　　L 光无源器件**
　　　光纤器件**

光纤活动耦合器
adjustable fiber coupler
TN25
　　S 光纤耦合器
　　L 光无源器件**

　　　光纤器件**

光纤激光
　　Y 光纤激光器

光纤激光器**
optical fiber laser
TN248
　　D 光纤激光
　　　全光纤激光器
　　　纤维激光器
　　　谐振式光纤激光器
　　S 激光器*
　• 半导体光纤环形激光器
　• 包层泵浦光纤激光器
　• 掺铒光纤激光器
　• 掺铥光纤激光器
　• 掺镱光纤激光器
　• • 掺镱双包层光纤激光器
　• 调 Q 光纤激光器
　• 多波长光纤激光器
　• 分布反馈光纤激光器
　• 高功率光纤激光器
　• 孤子激光器
　• 光纤光栅激光器
　• • 光纤光栅外腔半导体激光器
　• 光子晶体光纤激光器
　• 环形腔激光器
　• 可调谐光纤激光器
　• 拉曼光纤激光器
　• 脉冲光纤激光器
　• 双包层光纤激光器
　• • 掺镱双包层光纤激光器
　• 锁模光纤激光器
　• • 被动锁模光纤激光器
　• • 再生锁模光纤激光器
　• • 主动锁模光纤激光器

光纤交换
optical fiber switching
TN915
　　S 光交换
　　C 光纤交换机
　　L 通信交换**

光纤交换机
optical fiber switch
TN929.1
　　D 光纤通道交换机
　　S 光交换机
　　C 光纤交换
　　L 交换设备**

光纤接口
optical fiber interface
TN929.11　TN25
　　S 光接口
　　　通信接口
　• 光纤分布式数据接口
　　C 光纤
　　　光纤传输
　　　光纤传输设备

光纤网络
　　　光纤连接器
　　Z 接口*

光纤接入网
　　Y 光接入网

光纤接入网络
　　Y 光接入网

光纤接入系统
　　Y 光接入网

光纤接收机
optical fiber receiver
TN85　TN929.1
　　S 光接收机
　　C 光纤放大器
　　Z 接收设备*

光纤局域网
optical fiber LAN
TP393.1　TN929.1
　　S 光纤网络**
　　　局域网**
　　· 光纤以太网

光纤快速连接器
　　Y 光纤活动连接器

光纤宽带网
　　Y 光纤宽带网络

光纤宽带网络
optical fiber broadband network
TN915　TN929.1
　　D 光纤宽带网
　　S 光纤网络**
　　　宽带光网络

光纤拉曼放大器
　　Y 拉曼光纤放大器

光纤拉曼激光器
　　Y 拉曼光纤激光器

光纤喇曼放大器
　　Y 拉曼光纤放大器

光纤缆
　　Y 光缆

光纤连接器
optical fiber connector
TN253
　　S 光纤器件**
　　　光连接器
　　· 单模光纤连接器
　　· 多模光纤连接器
　　· 光纤活动连接器

　　· 光纤转换器
　　· 尾纤
　　C 光纤接口
　　　光纤链路
　　L 光无源器件**
　　　光纤器件**

光纤链
　　Y 光纤链路

光纤链路
optical fiber link
TN929.11
　　D 光纤链
　　S 光链路
　　C 光纤传输设备
　　　光纤连接器
　　Z 链路*

光纤滤波器
optical fiber filter
TN713
　　S 滤波器*

光纤耦合二极管
　　Y 光纤耦合激光二极管

光纤耦合激光二极管
optical fiber coupled laser diode
TN248
　　D 光纤耦合二极管
　　S 二极管激光器
　　L 固体激光器**

光纤耦合器
optical fiber coupler
TN25
　　D 光纤方向耦合器
　　　光纤隔离器
　　　全光纤耦合器
　　S 光无源器件**
　　　光纤器件**
　　　耦合器*
　　· 保偏光纤耦合器
　　· 单模光纤耦合器
　　· 非线性光纤耦合器
　　· 光纤光栅耦合器
　　· 光纤活动耦合器
　　· 球状光纤耦合器
　　· 熔锥型光纤耦合器
　　· 三芯光纤耦合器
　　C 耦合光纤

光纤配线架
optical fiber distribution frame
TN913
　　S 配线架
　　Z 通信设备*

光纤偏振器
optical fiber polarizer
TN25

　　S 光纤器件**
　　C 光纤消偏器

光纤气敏传感器
　　Y 光纤气体传感器

光纤气体传感器
optical fiber gas sensor
TP212
　　D 光纤气敏传感器
　　S 光纤传感器
　　　气体传感器
　　L 光纤器件**
　　　物理传感器**

光纤器件**
optical fiber device
TN25
　　S 光器件*
　　· 光纤传感器
　　· · 分布式光纤传感器
　　· · 光纤光栅传感器
　　· · · 光纤布拉格光栅传感器
　　· · · 光纤光栅温度传感器
　　· · · 光纤光栅应变传感器
　　· · 光纤化学传感器
　　· · 光纤气体传感器
　　· · 光纤位移传感器
　　· · 光纤温度传感器
　　· · · 光纤光栅温度传感器
　　· · 光纤应变传感器
　　· · · 光纤光栅应变传感器
　　· 光纤放大器
　　· · 布里渊放大器
　　· · 掺钕光纤放大器
　　· · 掺铒光纤放大器
　　· · 掺铥光纤放大器
　　· · 掺镱光纤放大器
　　· · 超宽带光纤放大器
　　· · 单频光纤放大器
　　· · 光纤参量放大器
　　· · 混合光纤放大器
　　· · 聚合物光纤放大器
　　· · 拉曼光纤放大器
　　· · · 分布式拉曼光纤放大器
　　· · 脉冲光纤放大器
　　· · 双包层光纤放大器
　　· 光纤连接器
　　· · 单模光纤连接器
　　· · 多模光纤连接器
　　· · 光纤活动连接器
　　· · 光纤转换器
　　· · · 单模光纤转换器
　　· · · 多模光纤转换器
　　· · · 光电转接器
　　· · 尾纤
　　· 光纤偏振器
　　· 光纤水听器
　　· 光纤消偏器
　　· 光纤耦合器
　　· · 保偏光纤耦合器
　　· · 单模光纤耦合器

- · · 非线性光纤耦合器
- · · 光纤光栅耦合器
- · · 光纤活动耦合器
- · · 球状光纤耦合器
- · · 熔锥型光纤耦合器
- · · 三芯光纤耦合器
- C 光纤

光纤色散补偿
　　Y 色散补偿光纤

光纤收发器
optical fiber transceiver
TN929.1
　　S 光收发器
　　L 光通信设备**

光纤数据总线
optical fiber data bus
TN929.11　TP336
　　S 光纤总线
　　　数据总线
　　C 光纤分布式数据接口
　　Z 总线*

光纤数字传输
　　Y 数字光纤传输

光纤数字通信
　　Y 数字光纤通信

光纤衰减器
　　Y 光衰减器

光纤水听器
optical fiber hydrophone
TN25
　　S 光纤器件**

光纤锁模激光器
　　Y 锁模光纤激光器

光纤探测器
optical fiber detector
TN215
　　S 光学探测器**
　　C 光纤
　　　光纤传感器

光纤调制解调器
optical fiber modem
TN929.1
　　S 调制解调器
　　Z 通信设备*

光纤通道存储区域网
optical fiber channel storage area network
TP393　TP393.07　TP333
　　D FCSAN

　　S 光纤网络**
　　　存储区域网络
　　C 光纤通道协议

光纤通道交换机
　　Y 光纤交换机

光纤通道协议
optical fiber channel protocol
TN929.1
　　D 通道协议
　　S 通信协议*
　　C 光纤通道存储区域网

光纤通信
optical fiber communication
TN929.1
　　D 光导纤维通信
　　　光纤通信技术
　　　光纤通讯
　　　光缆通信
　　S 光通信**
　　· 高速光纤通信
　　· 全光通信
　　· 数字光纤通信
　　C 光纤传输
　　　光纤信道
　　　光纤总线
　　　光纤网络
　　　光纤通信设备
　　　骨干网

光纤通信技术
　　Y 光纤通信

光纤通信设备
optical fiber communication equipment
TN929.1
　　S 光通信设备**
　　· 光纤传输设备
　　· 光中继器
　　C 光纤信号
　　　光纤通信

光纤通信网
　　Y 光通信网络

光纤通信网络
　　Y 光通信网络

光纤通讯
　　Y 光纤通信

光纤同轴电缆混合网
hybrid fiber-coaxial network
TN915　TN929.1　TN94
　　D HFC
　　　HFC 网
　　　HFC 网络
　　　光电混合网

　　　光纤同轴混合网
　　　光纤同轴混合网络
　　　光纤同轴电缆混合网络
　　　光纤同轴电缆网
　　　光纤同轴网
　　　光纤混合同轴网
　　　光纤电缆混合网
　　　光纤电缆混合网络
　　　光纤电缆网
　　　同轴光纤混合网
　　　混合光纤同轴电缆
　　　混合光纤同轴电缆网
　　　混合光纤同轴网
　　　混合光纤同轴网络
　　S 光纤网络**
　　　有线电视网络
　　· HFC 宽带网
　　· 双向 HFC 网络
　　C 边缘调制器

光纤同轴电缆混合网络
　　Y 光纤同轴电缆混合网

光纤同轴电缆网
　　Y 光纤同轴电缆混合网

光纤同轴混合网
　　Y 光纤同轴电缆混合网

光纤同轴混合网络
　　Y 光纤同轴电缆混合网

光纤同轴网
　　Y 光纤同轴电缆混合网

光纤网
　　Y 光纤网络

光纤网络
optical fiber network
TN929.1　TN915
　　D 光纤网
　　　光纤网络系统
　　　光缆网
　　　光缆网络
　　S 光网络*
　　· 高速光纤网络
　　· 光纤传感网络
　　· 光纤分布式数据接口网络
　　· 光纤环网
　　· · 自愈环网
　　· 光纤局域网
　　· 光纤以太网
　　· · 以太无源光网络
　　· 光纤宽带网络
　　· 光纤通道存储区域网
　　· 光纤同轴电缆混合网
　　· · HFC 宽带网
　　· · 双向 HFC 网络
　　C 光纤
　　　光纤接口
　　　光纤通信

光纤网络系统
　　Y 光纤网络

光纤维
　　Y 光纤

光纤维放大器
　　Y 光纤放大器

光纤尾纤
　　Y 尾纤

光纤位移传感器
optical fiber displacement sensor
TP212
　　S 位移传感器
　　　光纤传感器
　　L 光纤器件**
　　　测量传感器**
　　　物理传感器**

光纤温度传感器
optical fiber temperature sensor
TP212.44　TP212.11
　　S 光纤传感器
　　　温度传感器
　　· 光纤光栅温度传感器
　　L 光纤器件**
　　　物理传感器**

光纤无源器件
　　Y 光无源器件

光纤消偏器
optical fiber depolarizer
TN25
　　S 光纤器件**
　　C 光纤偏振器

光纤信道
optical fiber channel
TN929.1
　　S 光信道
　　C 光纤信号
　　　光纤通信
　　Z 信道*

光纤信号
optical fiber signal
TN915
　　S 光信号
　　C 光纤信道
　　　光纤总线
　　　光纤通信设备
　　Z 信号*

光纤压力传感器
optical fiber pressure sensor
TP212.1
　　S 压力传感器
　　L 测量传感器**

　　　物理传感器**

光纤以太网
optical fiber Ethernet
TN929.1　TN915
　　D 光以太网
　　S 以太网
　　　光纤局域网
　　· 以太无源光网络
　　L 光纤网络**
　　　局域网**

光纤应变传感器
optical fiber strain sensor
TP212
　　S 光纤传感器
　　　应变传感器
　　· 光纤光栅应变传感器
　　L 光纤器件**
　　　物理传感器**

光纤用户环路
　　Y 光接入网

光纤用户接入网
　　Y 光接入网

光纤用户网
　　Y 光接入网

光纤有线电视
optical fiber CATV
TN94
　　D 光纤CATV
　　　光纤电视
　　　光缆有线电视
　　S 有线电视
　　C 光纤CATV外调制发射机
　　Z 电视*

光纤转换器
optical fiber converter
TN253
　　S 光纤连接器
　　　转换器*
　　· 单模光纤转换器
　　· 多模光纤转换器
　　· 光电转接器
　　L 光无源器件**
　　　光纤器件**

光纤自愈环网
　　Y 自愈环网

光纤自愈网
　　Y 自愈网

光纤总线
optical fiber bus
TP336　TN929.1
　　D 光总线

　　S 总线*
　　· 光纤数据总线
　　C 光纤信号
　　　光纤通信

光显示
　　Y 光学显示

光线路终端
optical line terminal
TN929.1　TN929.1　TN87
　　D OLT
　　　OLT终端
　　　光缆终端设备
　　S 通信终端**
　　C 无源光网络

光芯片
　　Y 光学集成电路

光信道
optical channel
TN929.1
　　S 信道*
　　· 光监控信道
　　· 光纤信道
　　C 光信号

光信号
optical signal
TN24　TN929.1
　　D 光学信号
　　S 信号*
　　· 光纤信号
　　· 红外信号
　　C 光信道
　　　光学信号处理
　　　光学天线
　　　光学集成电路
　　　光通信

光信号处理
　　Y 光学信号处理

光信息处理
　　Y 光学信息处理

光信息技术
　　Y 光电信息技术

光虚拟专用网
optical virtual private network
TN91　TN92
　　D OVPN
　　S 光网络*
　　　虚拟专用网络
　　Z 计算机网络*

光学编码器
　　Y 光电编码器

光学标记识别
optical mark recognition
TP391.4
　　S 光学识别
　　Z 信息识别*

光学参量放大器
optical parametric amplifier
TN72
　　D 光参数放大器
　　　光参量放大器
　　　光学参数放大器
　　S 光放大器**
　　　参量放大器
　　• 光纤参量放大器
　　C 光参量振荡器

光学参数放大器
　　Y 光学参量放大器

光学测向
optical direction finding
TN215
　　S 测向*
　　• 红外测向
　　• 激光测向

光学处理器
optical processor
TN24　TP3
　　D 光处理机
　　　光学信息处理器
　　S 微处理器*
　　• 数字光处理器
　　C 光器件
　　　光电子学
　　　光计算机

光学传感器
optical sensor
TP212
　　D 光传感器
　　　光学感应器
　　S 光器件*
　　　物理传感器**
　　• 波前传感器
　　• 光电传感器
　　• 光纤传感器
　　• 光栅传感器
　　• 激光传感器

光学存储器
　　Y 光存储器

光学电子学
　　Y 光电子学

光学对抗
　　Y 光电对抗

光学仿真
optical simulation
TP391.9
　　D 光学模拟
　　S 仿真*

光学放大器
　　Y 光放大器

光学感应器
　　Y 光学传感器

光学隔离器
　　Y 光隔离器

光学跟踪*
optical tracking
TN953　TN971
　　• 光电跟踪
　　• 红外跟踪
　　• • 红外目标跟踪
　　• 激光跟踪
　　C 光雷达

光学光刻
optical lithography
TN305
　　D 光学光刻技术
　　S 光刻工艺**
　　• 激光光刻
　　• 紫外光刻

光学光刻技术
　　Y 光学光刻

光学环行器
　　Y 光环行器

光学集成电路
optical integrated circuit
TN491
　　D OEIC
　　　光子集成电路
　　　光电子集成电路
　　　光电集成回路
　　　光电集成电路
　　　光芯片
　　　光集成回路
　　　光集成电路
　　　半导体集成光路
　　　集成光学回路
　　　集成光路
　　S 光器件*
　　• 纳米光导集成电路
　　C 光信号
　　　光接口

光学计算机
　　Y 光计算机

光学接口
　　Y 光接口

光学雷达
　　Y 光雷达

光学路由器
　　Y 光路由器

光学滤波
optical filtering
TN713
　　S 滤波*
　　• 光谱滤波
　　• 光瞳滤波

光学滤波器
　　Y 光滤波器

光学模拟
　　Y 光学仿真

光学耦合器
　　Y 光电耦合器

光学器件
　　Y 光器件

光学识别
optical recognition
TP391.4
　　D 光学识别技术
　　　光识别
　　S 信息识别*
　　• 光谱识别
　　• 光学标记识别
　　• 光学图像识别
　　• 光学字符识别

光学识别技术
　　Y 光学识别

光学收发器
　　Y 光收发器

光学鼠标
　　Y 光电鼠标

光学数据处理
optical data processing
TP391
　　D 光数据处理
　　S 光学信息处理
　　　数据处理**

光学数据存储
　　Y 光存储

光学双稳器件
optical bistable device

TN25
   D 光双稳器件
     光学双稳态器件
   S 光器件*
   C 双稳激光器
     电热微驱动器

光学双稳态器件
   Y 光学双稳器件

光学速调管
optical klystron
TN12
   S 速调管
   L 微波管**

光学探测器**
optical detector
TN215
   D 光学探头
     光探测器
   S 光有源器件
     探测器*
   • 光电探测器
   • • CCD 探测器
   • • 半导体光电探测器
   • • • PIN 光电探测器
   • • • 光磁电探测器件
   • • • 光电二极管阵列探测器
   • • • 硅光电探测器
   • • • 纳米光电探测器
   • • • 内调制光电探测器
   • • • 谐振腔增强型光电探测器
   • • • 雪崩光电探测器
   • • 光导探测器
   • • 光伏探测器
   • • 红外光电探测器
   • • • 长波红外探测器
   • • • 非制冷红外探测器
   • • • 红外焦平面探测器
   • • • 量子点红外探测器
   • • • 量子阱红外探测器
   • • • 碲镉汞探测器
   • • 位置敏感探测器
   • • 四象限探测器
   • 紫外探测器
   • 光纤探测器
   • 红外探测器
   • • 超导红外探测器
   • • 多元红外探测器
   • • 红外光电探测器
   • • • 长波红外探测器
   • • • 非制冷红外探测器
   • • • 红外焦平面探测器
   • • • 量子点红外探测器
   • • • 量子阱红外探测器
   • • • 碲镉汞探测器
   • 热探测器
   • • 热电堆探测器
   • • 热释电探测器
   • • 室温红外探测器
   Z 光器件*

光学探头
   Y 光学探测器

光学天线
optical antenna
TN82
   D 光天线
   S 天线*
   • 光电导天线
   • 纳米光学天线
   C 光信号
     激光雷达

光学调制器
   Y 光调制器

光学通信
   Y 光通信

光学通讯
   Y 光通信

光学图像处理
optical image processing
TP391
   S 光学信息处理
     图像处理**
   C 光学图像加密
     光学图像识别

光学图像加密
optical image encryption
TP309
   S 图像加密
   C 光学图像处理
   L 加密**

光学图像识别
optical image recognition
TP391.4
   S 光学识别
     图像识别
   C 光学图像处理
   Z 信息识别*

光学伪装
optical camouflage
TN97
   D 防光学侦察伪装
   S 电子伪装
   L 电子对抗**

光学无源干扰
   Y 光电无源干扰

光学纤维
   Y 光纤

光学纤维传感器
   Y 光纤传感器

光学纤维放大器
   Y 光纤放大器

光学显示
optical display
TN1 TN2
   D 光显示
   S 显示*
   • 光电显示
   • 光阀显示
   • 激光显示

光学信号
   Y 光信号

光学信号处理
optical signal processing
TN911 TN2
   D 光信号处理
     全光信号处理
   S 信号处理*
   C 光信号
     数字光处理器

光学信息处理
optical information processing
TN2 TN911
   D 光信息处理
   S 信息处理*
   • 光学数据处理
   • 光学图像处理
   C 光计算机

光学信息处理器
   Y 光学处理器

光学制导
   Y 光电制导

光学字符识别
optical character recognition
TP391.4
   D OCR
     OCR 技术
     OCR 识别
     OCR 识别技术
     光字符识别
     光学字符识别技术
     光符识别
   S 光学识别
     字符识别
   Z 信息识别*

光学字符识别技术
   Y 光学字符识别

光雪崩激光器
optical avalanche laser
TN248
   S 半导体激光器
   L 固体激光器**

光移相器
optical phase shifter
TN76　TN24
　　S 移相器*

光以太网
　　Y 光纤以太网

光因特网
　　Y 光互联网

光有源器件
optical active device
TN25
　　D 有源光学器件
　　S 光器件*
　　· 半导体发光器件
　　· 半导体光电器件
　　· 光波导器件
　　· 光调制器
　　· 光放大器
　　· 光检测器
　　· 光接收器件
　　· 光学探测器
　　C 有源光网络

光噪声
optical noise
TN929.1
　　D 光子噪声
　　　　量子噪声
　　S 信号噪声*
　　· 激光噪声

光栅传感器
grating sensor
TP212
　　S 位移传感器
　　　　光学传感器
　　C 光纤光栅传感器
　　L 测量传感器**
　　　　物理传感器**

光栅耦合器
grating coupler
TN62
　　S 光波导耦合器
　　· 光纤光栅耦合器
　　Z 耦合器*
　　　　微波元件*
　　　　光器件*

光栅扫描式图形显示器
　　Y 光栅显示器

光栅扫描显示器
　　Y 光栅显示器

光栅调制
grating modulation
TN76　TN20

　　S 光调制
　　Z 调制*

光栅外腔半导体激光器
grating external cavity
semiconductor laser
TN248
　　S 外腔半导体激光器
　　· 光纤光栅外腔半导体激光器
　　L 固体激光器**

光栅显示
　　Y 光栅显示器

光栅显示器
raster display
TN873
　　D 光栅扫描式图形显示器
　　　　光栅扫描显示器
　　　　光栅显示
　　　　光栅显示装置
　　S 图形显示器
　　Z 显示设备*

光栅显示装置
　　Y 光栅显示器

光振荡器
optical oscillator
TN752　TN256
　　S 振荡器*
　　· 光参量振荡器
　　· 激光振荡器

光致发光材料
photoluminescence material
TN304
　　D 掺铒硅
　　S 光电材料
　　Z 电子材料*

光致抗蚀剂
　　Y 光刻胶

光致散射
　　Y 光散射

光中继器
optical repeater
TN929.11
　　S 中继器
　　　　光纤通信设备
　　L 光通信设备**

光柱显示
　　Y 光柱显示器

光柱显示器
bargraph display
TN27　TN873
　　D 光柱显示

光柱显示器件
　　S 显示器
　　· LED 光柱显示器
　　Z 显示设备*

光柱显示器件
　　Y 光柱显示器

光子带隙光纤
photonic bandgap fiber
TN252
　　D 光子带隙型光子晶体光纤
　　S 光纤*

光子带隙型光子晶体光纤
　　Y 光子带隙光纤

光子电脑
　　Y 光子计算机

光子集成电路
　　Y 光学集成电路

光子计算机
photon computer
TP38
　　D 光子电脑
　　S 光计算机
　　Z 计算机*

光子交换
photonic switching
TN915
　　S 光交换
　　L 通信交换**

光子晶体管
　　Y 光电晶体管

光子晶体光纤
photonic crystal fiber
TN25
　　S 光纤*
　　· 空芯光子晶体光纤
　　· 双芯光子晶体光纤
　　C 光子晶体光纤激光器

光子晶体光纤激光器
photonic crystal fiber laser
TN248
　　S 光纤激光器**
　　C 光子晶体光纤

光子晶体激光器
photonic crystal laser
TN248
　　S 晶体激光器
　　L 固体激光器**

光子器件
　　Y 光器件

电子信息技术叙词表

光子探测器
　　Y 光电探测器

光子网格
photonic grid
TN92
　　S 光网络*

光子型探测器
　　Y 光电探测器

光子噪声
　　Y 光噪声

光字符识别
　　Y 光学字符识别

光总线
　　Y 光纤总线

广播*
broadcasting
TN93　TN94　TN92
　　D 广播技术
　・地面广播
　・・地面数字广播
　・・・地面数字电视广播
　・・・地面数字多媒体广播
　・・地面无线广播
　・电视广播
　・・数字电视广播
　・・・地面数字电视广播
　・・・卫星数字电视广播
　・・卫星电视广播
　・・卫星数字电视广播
　・・文字电视广播
　・多媒体广播
　・・多媒体数据广播
　・・数字多媒体广播
　・・・地面数字多媒体广播
　・・・卫星数字多媒体广播
　・・移动多媒体广播
　・公共广播
　・国际广播
　・屏幕广播
　・实时广播
　・数字广播
　・・地面数字广播
　・・・地面数字电视广播
　・・・地面数字多媒体广播
　・・数字电视广播
　・・・地面数字电视广播
　・・・卫星数字电视广播
　・・数字调幅广播
　・・数字多媒体广播
　・・・地面数字多媒体广播
　・・・卫星数字多媒体广播
　・・数字视频广播
　・・数字无线广播
　・・数字音频广播
　・・卫星数字广播
　・・・卫星数字电视广播

　・・・卫星数字多媒体广播
　・网络广播
　・卫星广播
　・・卫星电视广播
　・・・卫星数字电视广播
　・・卫星数据广播
　・・卫星数字广播
　・・・卫星数字电视广播
　・・・卫星数字多媒体广播
　・无线电广播
　・・地面无线广播
　・・电台广播
　・・调幅广播
　・・・数字调幅广播
　・・调频广播
　・・・调频同步广播
　・・短波广播
　・・数字无线广播
　・・同步广播
　・・・调频同步广播
　・・・中波同步广播
　・・中波广播
　・・・中波同步广播
　・・中短波广播
　・有线广播
　　C 广播信号
　　　广播协议
　　　广播发射机
　　　广播网

广播标准
broadcasting standard
TN94
　　S 信息产业标准*
　・数字视频广播标准

广播电视传输
　　Y 电视传输

广播电视地球站
　　Y 广播电视卫星地球站

广播电视发射机
　　Y 电视发射机

广播电视监测网
radio and television monitoring network
TN94
　　S 广播电视网络*

广播电视网
　　Y 广播电视网络

广播电视网络*
radio and television network
TN915　TN948
　　D 广播电视网
　　　广电网
　　　广电网络
　　　电视广播网络
　・电视网络

　・・闭路电视网络
　・・电视转播网
　・・会议电视网络
　・・数字电视网络
　・・・有线数字电视网络
　・・有线电视网络
　・・・光纤同轴电缆混合网
　・・・・HFC 宽带网
　・・・・双向 HFC 网络
　・・・同轴电缆分配网
　・・・有线电视双向网络
　・・・・双向 HFC 网络
　・・・有线数字电视网络
　・制播网络
　・・非线性编辑网络
　・・新闻制播网络
　・广播电视监测网
　・广播网
　・广电城域网
　・广电宽带网
　・・HFC 宽带网
　・有线电视宽带网络
　・广电双向网络
　・・有线电视双向网络
　・・・双向 HFC 网络
　・视频网络
　・音频网络
　　C 编码复用
　　　融合网络

广播电视卫星地球站
radio and television satellite earth station
TN94
　　D 广播电视地球站
　　S 卫星地面站
　　Z 地面站*

广播电视信号
radio and television signal
TN941
　　S 信号*
　・电视信号
　・广播信号

广播多重签名
　　Y 广播多重数字签名

广播多重数字签名
broadcasting digital multi-signature
TN918
　　D 广播多重签名
　　S 多重签名
　　Z 数字签名*

广播发射机
broadcast transmitter
TN93　TN83
　　D 广播发射设备
　　　广播发送设备
　　　广播机

· 334 ·

S 发射机*
- 调幅广播发射机
- 调频广播发射机
- 短波广播发射机
- 立体声发射机
- 数字广播发射机
- 中波广播发射机
C 广播
 广播信号
 广播发射天线

广播发射设备
Y 广播发射机

广播发射天线
broadcast transmitting antenna
TN82
 S 发射天线
  广播天线
 C 广播发射机
 Z 天线*

广播发送设备
Y 广播发射机

广播风暴
broadcast storm
TP393.08
 D 网络风暴
 S 网络危机
 C 网络环路
  虚拟局域网
 Z 信息安全风险*

广播服务器
broadcast server
TP368
 S 服务器*

广播机
Y 广播发射机

广播技术
Y 广播

广播加密
broadcast encryption
TP393.08 TN918
 S 通信加密
 C 广播数据系统
  广播通信
 L 加密**

广播路由算法
broadcast routing algorithm
TP393.0
 S 广播算法
  路由算法
 Z 算法*

广播内存网
broadcast memory network
TP393
 S 存储网络
 Z 计算机网络*

广播认证
broadcast authentication
TN918 TN92 TP2
 S 网络认证
 C 广播通信
  无线传感器网络
 Z 信息安全认证*

广播式通信
Y 广播通信

广播数据系统
broadcast data system
TN93
 S 数据系统*
 C 广播加密
  数据广播

广播算法
broadcast algorithm
TP393.0
 S 算法*
- 广播路由算法

广播天线
broadcast antenna
TN93 TN82
 S 天线*
- 广播发射天线
 C 广播信号

广播通信
broadcast communication
TP393.2
 D 广播式通信
  点多点通信
  点对多点通信
 S 无线通信**
 C 广播加密
  广播协议
  广播认证

广播网
broadcast network
TP393 TN948
 D 广播网络
 S 广播电视网络*
 C 广播

广播网络
Y 广播网

广播协议
broadcasting protocol
TP393 TN94
 S 网络协议**
 C 广播
  广播通信
  无线传感器网络

广播信道
broadcasting channel
TN94
 S 信道*
 C 多天线系统
  广播信号

广播信号
broadcasting signal
TN94 TN93
 S 广播电视信号
 C 广播
  广播信道
  广播发射机
  广播天线
 Z 信号*

广播型图文
Y 图文电视

广电城域网
radio and television metropolitan area network
TN94 TP393
 S 城域网
  广播电视网络*
 Z 计算机网络*

广电宽带网
radio and television broadband network
TN94 TP393
 S 宽带网**
  广播电视网络*
- HFC 宽带网
- 有线电视宽带网络

广电双向网
Y 广电双向网络

广电双向网络
radio and television bi-directional network
TN948
 D 双向网
  双向网络
  广电双向网
 S 广播电视网络*
- 有线电视双向网络

广电网
Y 广播电视网络

广电网络
　　Y 广播电视网络

广度优先搜索算法
breadth-first search algorithm
TP391　TP301
　　D 宽度优先搜索算法
　　　 广度优先算法
　　S 搜索算法
　　Z 算法*

广度优先算法
　　Y 广度优先搜索算法

广义回归神经网络
generalized regression neural network
TP183
　　S 回归神经网络
　　Z 人工神经网络*

广义朴素贝叶斯分类器
generalized naive Bayesian classifier
TP368
　　S 朴素贝叶斯分类器
　　Z 分类器*

广义随机Petri网
generalized stochastic Petri net
TP391　TP301
　　D 广义随机佩特里网
　　S 随机Petri网
　　C 流程仿真
　　Z Petri网*

广义随机佩特里网
　　Y 广义随机Petri网

广义细胞自动机
generalized cellular automaton
TP1　TP301
　　S 元胞自动机
　　Z 自动机*

广义形态滤波
generalized morphological filtering
TN713
　　S 形态滤波
　　Z 滤波*

广义遗传算法
generalized genetic algorithm
TP3
　　S 遗传算法
　　Z 算法*

广义预测控制
generalized predictive control
TP273
　　D 广义预测控制算法
　　S 预测控制
　　Z 自动控制*

广义预测控制算法
　　Y 广义预测控制

广义指定验证者签名
　　Y 指定验证者签名

广义阻抗变换器
generalized impedance converter
TN4　TN710
　　S 阻抗变换器
　　Z 微波元件*

广域网
wide area network
TN919　TP393.2
　　D WAN
　　　 广域网技术
　　　 广域网系统
　　　 广域网络
　　　 广域网络系统
　　　 计算机广域网
　　　 计算机广域网络
　　S 计算机网络*
　　• 广域虚拟网
　　• 无线广域网
　　C 帧中继

广域网技术
　　Y 广域网

广域网络
　　Y 广域网

广域网络系统
　　Y 广域网

广域网系统
　　Y 广域网

广域虚拟网
wide area virtual network
TP393.2
　　S 广域网
　　　 虚拟网络
　　Z 计算机网络*

广域增强系统
wide area augmentation system
TN96
　　D WAAS
　　S 增强导航系统
　　C 导航定位系统
　　Z 导航系统*

归纳逻辑程序设计
inductive logic programming
TP392　TP311
　　S 逻辑程序设计
　　Z 软件工程*

归纳学习
inductive learning
TP181
　　S 机器学习*
　　C 归纳学习算法

归纳学习算法
inductive learning algorithm
TP181　TP311
　　S 机器学习算法
　　C 归纳学习
　　Z 算法*

归属寄存器
　　Y 归属位置寄存器

归属位置寄存器
home location register
TP333
　　D 归属寄存器
　　S 寄存器*
　　• 智能归属位置寄存器
　　C 移动通信

规范与描述语言
　　Y 规格描述语言

规范语言
specification language
TP312
　　S 计算机语言*
　　• 过程规范语言

规格描述语言
specification and description language
TP312
　　D SDL语言
　　　 规格说明语言
　　　 规范与描述语言
　　S 描述语言
　　Z 计算机语言*

规格说明语言
　　Y 规格描述语言

规划管理信息系统
planning management information system
TP391
　　S 管理信息系统
　　Z 信息系统*

规则交织器
　　Y 分组交织器

规则描述语言
rule description language
TP391
　　S 描述语言
　　C 自然语言处理
　　Z 计算机语言*

规则匹配
rule matching
TP393　TP391
　　S 信息匹配
　　C 入侵检测
　　Z 信息处理*

规则生成算法
rule generation algorithm
TP392
　　S 生成算法
　　Z 算法*

规则推理
rule-based reasoning
TP391.7
　　D 基于规则推理
　　S 推理*
　　C 规则挖掘

规则挖掘
rule mining
TP392
　　S 信息挖掘**
　　• 分类规则挖掘
　　• 关联规则挖掘
　　C 规则推理

硅半导体
　　Y 硅材料

硅半导体器件
　　Y 硅器件

硅薄膜
silicon thin film
TN304
　　D Si 薄膜
　　　 硅膜
　　S 半导体薄膜
　　　 硅材料
　　• 多晶硅薄膜
　　• 非晶硅薄膜
　　• 纳米硅薄膜
　　• 微晶硅薄膜
　　C 硅薄膜太阳能电池
　　L 元素半导体**

硅薄膜太阳能电池
silicon thin film photovoltaic cell
TM914
　　D 薄膜硅太阳能电池
　　S 硅太阳能电池
　　　 薄膜太阳能电池
　　• 多晶硅薄膜太阳能电池
　　• 非晶硅薄膜太阳能电池
　　C 硅薄膜
　　Z 电池*

硅材料
silicon material
TN304
　　D 半导体硅
　　　 半导体硅材料
　　　 硅半导体
　　　 硅基半导体
　　　 硅基半导体材料
　　　 硅基材料
　　　 硅晶体
　　S 元素半导体**
　　• 初晶硅
　　• 单晶硅
　　• 多晶硅
　　• 多孔硅
　　• 非晶硅
　　• 高纯硅
　　• 硅薄膜
　　• 绝缘体上硅
　　• 微晶硅
　　• 应变硅
　　• 锗化硅
　　• 重掺杂硅
　　C 硅器件
　　　 硅衬底

硅衬底
silicon substrate
TN303
　　D Si 衬底
　　　 硅基板
　　S 半导体衬底*
　　C 硅材料

硅穿孔技术
　　Y 硅通孔技术

硅磁敏晶体管
silicon magneto transistor
TN32
　　D 硅磁敏三极管
　　S 磁敏晶体管
　　L 半导体分立器件**

硅磁敏三极管
　　Y 硅磁敏晶体管

硅单晶
　　Y 单晶硅

硅单晶片
　　Y 单晶硅片

硅二极管
silicon diode
TN31
　　S 半导体二极管
　　　 硅器件
　　• 硅光电二极管
　　• 硅雪崩二极管
　　• 硅整流二极管
　　L 半导体分立器件**

硅工艺
　　Y 晶圆制造

硅光电池
　　Y 硅太阳能电池

硅光电二极管
silicon photodiode
TN31
　　D 硅光二极管
　　S 光电二极管
　　　 硅二极管
　　C 硅光电探测器
　　L 半导体光电器件**
　　　 半导体分立器件**
　　　 半导体敏感器件**

硅光电负阻器件
silicon photoelectronic negative resistance device
TN36
　　D 光电负阻器件
　　S 硅器件
　　　 负阻器件*
　　C 硅光电探测器
　　Z 半导体器件*

硅光电探测器
silicon photodetector
TN36　TN2
　　D Si 光电探测器
　　　 硅光探测器
　　　 硅基光电探测器
　　S 半导体光电探测器
　　C 硅光电二极管
　　　 硅光电负阻器件
　　L 光学探测器**
　　　 半导体光电器件**

硅光二极管
　　Y 硅光电二极管

硅光探测器
　　Y 硅光电探测器

硅硅键合
　　Y 硅片键合

硅硅直接键合
　　Y 硅片键合

硅基板
　　Y 硅衬底

硅基半导体
　　Y 硅材料

硅基半导体材料
　　Y 硅材料

硅基材料
　　Y 硅材料

硅基光电探测器
　　Y 硅光电探测器

硅基激光器
silicon-based laser
TN248
　　D Si 基激光器
　　　 硅激光器
　　S 激光器*

硅基片
　　Y 硅片

硅基液晶显示器
liquid crystal on silicon display
TN27　TN87
　　D 液晶附硅
　　　 硅基液晶显示器件
　　　 硅基液晶芯片
　　S 液晶显示器
　　Z 显示设备*

硅基液晶显示器件
　　Y 硅基液晶显示器

硅基液晶芯片
　　Y 硅基液晶显示器

硅激光器
　　Y 硅基激光器

硅集成电路
silicon integrated circuit
TN4
　　D 硅芯片
　　S 半导体集成电路
　　Z 集成电路*

硅技术
　　Y 晶圆制造

硅晶片
　　Y 硅片

硅晶体
　　Y 硅材料

硅晶体管
silicon transistor
TN32
　　S 晶体管

硅器件
　　• 硅双极晶体管
　　L 半导体分立器件**

硅晶圆
　　Y 硅片

硅可控器件
　　Y 晶闸管

硅刻蚀
silicon etching
TN305
　　D 硅深刻蚀
　　S 蚀刻工艺
　　Z 半导体工艺*

硅膜
　　Y 硅薄膜

硅纳米线
silicon nanowire
TN304
　　S 半导体纳米线
　　C 纳米硅薄膜
　　Z 半导体材料*

硅抛光片
　　Y 抛光硅片

硅片
silicon wafer
TN304
　　D 半导体硅片
　　　 硅圆片
　　　 硅基片
　　　 硅晶圆
　　　 硅晶片
　　　 硅片材料
　　S 半导体晶片
　　• 大直径硅片
　　• 单晶硅片
　　• 抛光硅片
　　C 晶圆制造
　　Z 半导体材料*

硅片材料
　　Y 硅片

硅片工艺
　　Y 晶圆制造

硅片加工
　　Y 晶圆制造

硅片键合
silicon wafer bonding
TN305
　　D 晶片直接键合
　　　 晶片键合
　　　 晶片键合技术

　　　 硅片直接键合
　　　 硅直接键合
　　　 硅硅直接键合
　　　 硅硅键合
　　S 键合工艺
　　Z 半导体工艺*

硅片台
silicon wafer stage
TN305
　　S 半导体工艺设备*
　　C 晶圆制造

硅片直接键合
　　Y 硅片键合

硅器件
silicon device
TN3
　　D 硅半导体器件
　　S 半导体器件*
　　• 硅二极管
　　• 硅光电负阻器件
　　• 硅晶体管
　　• 硅整流器
　　• 绝缘衬底上硅器件
　　• 扩散硅力敏器件
　　C 硅材料

硅上绝缘体
　　Y 绝缘体上硅

硅深刻蚀
　　Y 硅刻蚀

硅双极晶体管
silicon bipolar transistor
TN32
　　D 硅双极型晶体管
　　S 双极性晶体管
　　　 硅晶体管
　　L 半导体分立器件**
　　　 双极器件**

硅双极型晶体管
　　Y 硅双极晶体管

硅太阳能电池
silicon photovoltaic cell
TM914
　　D 晶体硅太阳能电池
　　　 硅光电池
　　S 太阳能电池
　　• 单晶硅太阳能电池
　　• 硅薄膜太阳能电池
　　Z 电池*

硅通孔
　　Y 硅通孔技术

硅通孔技术
through silicon via technology
TN305
　　D　TSV 技术
　　　　硅穿孔技术
　　　　硅通孔
　　S　半导体封装**

硅外延
silicon epitaxy
TN305
　　D　硅外延工艺
　　S　外延生长
　　Z　半导体工艺*

硅外延工艺
　　Y　硅外延

硅微电子技术
　　Y　晶圆制造

硅微加工
　　Y　晶圆制造

硅微细加工
　　Y　晶圆制造

硅芯片
　　Y　硅集成电路

硅芯片技术
silicon chip technology
TN405
　　S　芯片工艺
　　Z　半导体工艺*

硅雪崩二极管
silicon avalanche diode
TN31
　　S　硅二极管
　　　　雪崩二极管
　　L　半导体分立器件**

硅压力传感器
silicon pressure sensor
TP212.1
　　S　压力传感器
　　L　测量传感器**
　　　　物理传感器**

硅圆片
　　Y　硅片

硅栅 MOSIC
　　Y　硅栅 MOS 集成电路

硅栅 MOS 集成电路
silicon gate MOS integrated
circuit
TN43
　　D　硅栅 MOSIC
　　　　硅栅金属氧化物半导体集成电路
　　S　MOS 集成电路
　　Z　集成电路*

硅栅金属氧化物半导体集成电路
　　Y　硅栅 MOS 集成电路

硅栅自对准
　　Y　硅栅自对准工艺

硅栅自对准工艺
silicon gate self-alignment
process
TN305
　　D　硅栅自对准
　　S　自对准工艺
　　C　自对准硅化物
　　Z　半导体工艺*

硅锗
　　Y　锗化硅

硅锗半导体
　　Y　锗化硅

硅锗材料
　　Y　锗化硅

硅锗合金
　　Y　锗化硅

硅整流二极管
silicon rectifier diode
TN31
　　S　整流二极管
　　　　硅二极管
　　C　硅整流器
　　L　半导体分立器件**

硅整流器
silicon rectifier
TN35
　　D　整流硅堆
　　S　半导体整流器
　　　　硅器件
　　C　交流-直流变换器
　　　　整流电路
　　　　硅整流二极管
　　L　半导体分立器件**

硅直接键合
　　Y　硅片键合

轨迹仿真
trajectory simulation
TP391.9　TP2
　　D　轨迹模拟
　　S　仿真*
　　•　航迹仿真

　　C　轨迹提取
　　　　轨迹跟踪

轨迹跟踪
trajectory tracking
TN953　TN971
　　S　跟踪*
　　C　跟踪控制器
　　　　轨迹仿真
　　　　鲁棒控制器

轨迹模拟
　　Y　轨迹仿真

轨迹球
track ball
TP338
　　D　跟踪球
　　S　输入设备
　　Z　外部设备*

轨迹提取
trajectory extraction
TP391
　　S　特征提取
　　C　轨迹仿真
　　L　信息抽取**

滚动显示
scroll display
TN87　TP311
　　S　动态显示
　　Z　显示*

滚轮鼠标
wheel mouse
TP338
　　S　鼠标
　　Z　外部设备*

国产操作系统
domestic operating system
TP316
　　S　国产软件
　　　　操作系统**

国产软件
domestic software
TP31
　　S　软件*
　　•　国产操作系统
　　•　国产数据库
　　•　国产中间件

国产数据库
domestic database
TP392
　　S　国产软件
　　　　数据库*
　　Z　软件*

国产中间件
domestic middleware
TP311
　　S 中间件
　　　国产软件
　　Z 软件*

国际电脑网络
　　Y 互联网

国际广播
international broadcasting
TN934
　　S 广播*

国际互连网
　　Y 互联网

国际互连网络
　　Y 互联网

国际互联网
　　Y 互联网

国际互联网络
　　Y 互联网

国际计算机互联网
　　Y 互联网

国际数据加密算法
　　Y IDEA算法

国家信息安全
national information security
TP309
　　S 信息安全*
　　C 国家信息基础设施

国家信息基础设施
national information infrastructure
TP391
　　S 信息基础设施*
　　C 关键信息基础设施
　　　国家信息安全

国土资源数据库
　　Y 资源数据库

过程编程
　　Y 面向过程编程

过程程序设计
　　Y 面向过程编程

过程定义语言
process definition language
TP312
　　S 过程语言

　　Z 计算机语言*

过程仿真
process simulation
TP391.9
　　S 仿真*
　　C 过程可视化
　　　过程控制
　　　过程控制计算机

过程规范语言
process specification language
TP312
　　S 规范语言
　　　过程语言
　　Z 计算机语言*

过程计算机系统
　　Y 过程控制计算机

过程间通信
　　Y 进程通信

过程建模语言
process modeling language
TP312
　　S 建模语言
　　• 可视化过程建模语言
　　Z 计算机语言*

过程可视化
process visualization
TP391
　　S 可视化*
　　C 过程仿真

过程控制
process control
TP273
　　D 全过程控制
　　S 自动控制*
　　C 过程仿真
　　　过程控制计算机

过程控制机
　　Y 过程控制计算机

过程控制计算机
process control computer
TP338　TP391
　　D 过程控制机
　　　过程控制计算机系统
　　　过程计算机系统
　　S 工业控制计算机
　　C 过程仿真
　　　过程控制
　　Z 计算机*

过程控制计算机系统
　　Y 过程控制计算机

过程控制信息系统
　　Y 控制信息系统

过程控制语言
process control language
TP312
　　S 控制语言
　　　过程语言
　　Z 计算机语言*

过程描述语言
process description language
TP312
　　S 描述语言
　　　过程语言
　　Z 计算机语言*

过程式语言
　　Y 过程语言

过程挖掘
process mining
TP392
　　S 信息挖掘**

过程现场总线
process field bus
TP2　TP336
　　D PROFIBUS
　　　PROFIBUS 总线
　　S 工业现场总线
　　　开放式现场总线
　　• PROFIBUS-DP 总线
　　C PROFIBUS 协议
　　L 现场总线**

过程现场总线网络
process field bus network
TP2
　　D PROFIBUS 网
　　　PROFIBUS 网络
　　　ProfiBusDP 网络
　　S 现场总线网络
　　C PROFIBUS 协议
　　Z 自动化网络*

过程现场总线协议
　　Y PROFIBUS 协议

过程性语言
　　Y 过程语言

过程语言
process language
TP312　TP311
　　D 过程式语言
　　　过程性语言
　　S 计算机语言*
　　• 工作流过程定义语言
　　• 过程定义语言
　　• 过程规范语言

• 340 •

- 过程控制语言
- 过程描述语言

过电流继电器
overcurrent relay
TM58
　　D 过流继电器
　　S 电流继电器
　　C 过流保护电路
　　Z 继电器*

过顶跟踪
passing zenith tracing
TN82
　　S 跟踪*
　　C 地面站天线
　　　 天线跟踪

过渡调制差分信号
　　Y 最小化传输差分信号

过磷酸钕激光器
neodymium pentaphosphate laser
TN248
　　S 晶体激光器
　　　 钕激光器
　　L 固体激光器**

过零触发电路
　　Y 过零触发器

过零触发器
zero-cross trigger
TP33　TN79
　　D 过零触发电路
　　S 触发器
　　L 数字电路**

过零调制
zero-cross modulation
TN76
　　S 调制*

过流保护电路
overcurrent protection circuit
TN710
　　D 过流保护器
　　S 保护电路
　　C 过电流继电器
　　Z 电子电路*

过流保护器
　　Y 过流保护电路

过流继电器
　　Y 过电流继电器

过滤器驱动程序
　　Y 过滤驱动程序

过滤驱动
　　Y 过滤驱动程序

过滤驱动程序
filter driver
TP311　TP393
　　D 文件过滤驱动程序
　　　 过滤器驱动程序
　　　 过滤驱动
　　S 驱动程序
　　L 工具软件**

过热保护电路
overheat protective circuit
TN710
　　D 过温保护电路
　　S 保护电路
　　C 温度继电器
　　Z 电子电路*

过温保护电路
　　Y 过热保护电路

过压保护电路
overvoltage protective circuit
TN94
　　S 保护电路
　　C 过压继电器
　　Z 电子电路*

过压继电器
overvoltage relay
TM58
　　S 电压继电器
　　C 过压保护电路
　　Z 继电器*

过载保护电路
overload protecting circuit
TN86　TN710
　　S 保护电路
　　Z 电子电路*

哈夫曼编码
Huffman coding
TN919　TP301
　　D Huffman 编码
　　　 赫夫曼编码
　　　 霍夫曼编码
　　　 霍夫曼编码技术
　　S 二进制编码
　　　 无损编码
　　　 熵编码
　　L 信息编码**

哈希算法
　　Y 散列算法

海岸电台
coast radio station
TN924
　　D 港口电台
　　S 无线电台*
　　C 岸用声呐

海岸警戒雷达
coast guard radar
TN958
　　S 对海警戒雷达
　　　 岸基雷达
　　Z 雷达*

海岸雷达
　　Y 岸基雷达

海岸雷达站
　　Y 岸基雷达

海岸声呐
　　Y 岸用声呐

海底光缆
submarine optical cable
TN81
　　D 水底光缆
　　S 光缆*

海底回声测距声呐
submarine echo ranging sonar
U666
　　D 海底回声测距声纳
　　S 探测声呐
　　Z 声呐*

海底回声测距声纳
　　Y 海底回声测距声呐

海底声呐
　　Y 坐底声呐

海底通信电缆
submarine communication cable
TM248
　　S 通信电缆
　　Z 电线电缆*

海军声呐站
　　Y 岸用声呐

海军通信
naval communication
TN915
　　S 军事通信
　　· 舰艇通信
　　Z 通信*

海浪仿真
　　Y 波浪模拟

海浪模拟
　　Y 波浪模拟

海浪杂波抑制
　　Y 海杂波抑制

海量存储
mass storage
TP333
　　D 大容量存储
　　　海量信息存储
　　　海量存储技术
　　　海量数据存储
　　S 信息存储*
　　C 大容量存储器
　　　大容量数据采集
　　　海量数据

海量存储技术
　　Y 海量存储

海量存储类设备
　　Y 大容量存储器

海量存储器
　　Y 大容量存储器

海量存储设备
　　Y 大容量存储器

海量存储系统
　　Y 大容量存储器

海量空间数据
　　Y 海量数据

海量数据
mass data
TP301
　　D 海量信息
　　　海量空间数据
　　S 数据*
　　C 大数据
　　　海量存储
　　　海量数据处理

海量数据处理
mass data processing
TP391
　　D 大数据量处理
　　S 数据处理**
　　C 大数据
　　　海量数据

海量数据存储
　　Y 海量存储

海量数据库
　　Y 大型数据库

海量信息
　　Y 海量数据

海量信息存储
　　Y 海量存储

海面散射
ocean scattering
TN011
　　S 电磁波散射*
　　C 海上通信
　　　海洋电子学

海上航行雷达
　　Y 船用导航雷达

海上通信
maritime communication
TN929.3
　　D 海上通讯
　　　海事通信
　　S 通信*
　　• 海事卫星通信
　　C 海面散射
　　　船舶通信

海上通讯
　　Y 海上通信

海事通信
　　Y 海上通信

海事卫星通信
maritime satellite communication
TN927
　　S 卫星通信
　　　海上通信
　　L 无线通信**

海洋电子学
marine electronics
TN01
　　S 电子学*
　　C 海面散射

海用雷达
maritime radar
TN958
　　S 船用雷达
　　C 船载天线
　　Z 雷达*

海杂波抑制
sea clutter suppression
TN95
　　D 海浪杂波抑制
　　S 杂波抑制
　　Z 干扰抑制*

氦氖激光管
　　Y 氦氖激光器

氦氖激光器
helium-neon laser
TN248
　　D HeNe 激光器
　　　HeNe 激光管
　　　氦氖激光管
　　S 惰性气体激光器
　　• 稳频氦氖激光器
　　L 气体激光器**

氦氙激光器
helium xenon laser
TN248
　　S 惰性气体激光器
　　L 气体激光器**

函数波形发生器
　　Y 函数信号发生器

函数测向
function direction finding
TN971
　　D 函数测向法
　　S 无线电测向
　　Z 测向*

函数测向法
　　Y 函数测向

函数产生器
　　Y 函数信号发生器

函数发生器
　　Y 函数信号发生器

函数式编程语言
　　Y 函数式语言

函数式程序设计
functional programming
TP311
　　S 软件设计
　　C 函数式语言
　　Z 软件工程*

函数式程序设计语言
　　Y 函数式语言

函数式语言
functional language
TP312
　　D 函数式程序设计语言
　　　函数式编程语言
　　S 计算机语言*
　　• LISP 语言
　　• 纯函数式语言
　　C 函数式程序设计

函数挖掘
function mining
TP391.3　TP392
　　S 信息挖掘**

函数信号发生器
function signal generator
TM935
    D 函数产生器
       函数发生器
       函数波形发生器
    S 信号发生器**

汉化软件
    Y 中文软件

汉明编码
Haming coding
TN911
    S BCH 编码
    Z 编码*

汉信码
Hanxin code
TP391
    D 信码
    S 二维码
    Z 编码*

汉英翻译系统
    Y 汉英机器翻译

汉英机器翻译
Chinese-English machine translation
TP391.2
    D 汉英机器翻译系统
       汉英机译系统
       汉英翻译系统
    S 机器翻译
    Z 计算机辅助技术*

汉英机器翻译系统
    Y 汉英机器翻译

汉英机译系统
    Y 汉英机器翻译

汉语分词
    Y 中文分词

汉语连续语音识别
    Y 汉语语音识别

汉语言语识别
    Y 汉语语音识别

汉语语音识别
Chinese speech recognition
TN912   TP391.4
    D 汉语言语识别
       汉语连续语音识别
    S 语音识别
    L 语言信息处理**
       音频处理**

汉语自动分词
    Y 自动分词

汉字编码
Chinese character coding
TP391
    D 中文编码
    S 信息编码**
       汉字处理
    • 拼音编码
    • 字形编码

汉字操作系统
    Y 中文操作系统

汉字处理
Chinese character processing
TP391
    D 汉字处理系统
    S 中文信息处理
    • 汉字编码
    • 汉字识别
    • 字形合成
    Z 信息处理*

汉字处理系统
    Y 汉字处理

汉字打印机
    Y 中文打印机

汉字识别
Chinese character recognition
TP391.4
    D 中文识别
       汉字识别技术
       汉字识别方法
       汉字识别系统
    S 文字识别
       汉字处理
    • 手写体汉字识别
    • 印刷体汉字识别
    Z 信息识别*
       信息处理*

汉字识别方法
    Y 汉字识别

汉字识别技术
    Y 汉字识别

汉字识别系统
    Y 汉字识别

汉字输入法
    Y 中文输入法

汉字输入输出设备
Chinese character input and output device
TP33
    D 中文输入输出设备
    S 输入输出设备
    Z 外部设备*

汉字输入系统
    Y 中文输入系统

汉字显示
Chinese display
TP391   TN27
    D 汉字显示技术
       汉字显示方法
    S 信息显示
    C 中文信息处理
       中文终端
       中文输入法
    Z 显示*

汉字显示方法
    Y 汉字显示

汉字显示技术
    Y 汉字显示

汉字信息处理
    Y 中文信息处理

汉字信息处理技术
    Y 中文信息处理

汉字信息处理系统
    Y 中文信息处理

汉字终端
    Y 中文终端

汉字终端机
    Y 中文终端

焊膏
soldering paste
TM2
    D 焊锡膏
       锡膏
    S 焊接材料
    • 免清洗焊膏
    • 无铅焊膏
    Z 电子材料*

焊剂
    Y 助焊剂

焊接材料
welding material
TM2
    S 电子材料*
    • 焊膏
    • 焊球
    • 焊锡
    • 助焊剂

焊接机器人
welding robot
TP242
　　S 工业机器人
　　Z 机器人*

焊球
solder ball
TN6
　　S 焊接材料
　　Z 电子材料*

焊球阵列
　　Y 球栅阵列封装

焊球阵列封装
　　Y 球栅阵列封装

焊锡
tin solder
TM2
　　S 焊接材料
　　· 焊锡粉
　　· 焊锡丝
　　C 退锡剂
　　Z 电子材料*

焊锡粉
solder powder
TM2
　　S 焊锡
　　Z 电子材料*

焊锡膏
　　Y 焊膏

焊锡丝
solder wire
TM2
　　S 焊锡
　　Z 电子材料*

焊柱阵列封装
column grid array package
TN05
　　D 柱栅阵列封装
　　S 半导体封装**
　　· 陶瓷焊柱阵列封装

行打印机
line printer
TP33　TN87
　　D 宽行打印机
　　　　行式打印机
　　S 打印机
　　Z 外部设备*

行电路
　　Y 行扫描电路

行扫描电路
line-scanning circuit
TN94
　　D 行电路
　　S 扫描电路
　　Z 电子电路*

行式打印机
　　Y 行打印机

行输出变压器
horizontal output transformer
TM42
　　D 回扫变压器
　　S 输出变压器
　　C 行输出电路
　　L 电子变压器**

行输出电路
line output circuit
TN710　TN94
　　S 输出电路
　　C 行输出变压器
　　Z 电子电路*

行推动变压器
row excited transformer
TM42
　　D 激励变压器
　　S 输出变压器
　　L 电子变压器**

行业软件
industry software
TP318
　　S 软件*

航管雷达
　　Y 空中交通管制雷达

航海导航
marine navigation
TN966
　　S 导航*
　　· 船舶导航
　　· 水下导航
　　C 航海仿真

航海仿真
navigation simulation
TP391.9
　　S 仿真*
　　C 航海导航

航海雷达
　　Y 船用导航雷达

航迹仿真
track simulation
TP391.9
　　D 航迹模拟
　　S 轨迹仿真
　　C 航迹融合
　　Z 仿真*

航迹关联算法
track correlation algorithm
TP301　TN911
　　S 关联规则算法
　　Z 算法*

航迹模拟
　　Y 航迹仿真

航迹融合
track fusion
TP391　TN95
　　S 信息融合
　　C 航迹仿真
　　Z 信息处理*

航空磁力探测仪
aero magnetic detector
TN971
　　D 航空磁力探潜仪
　　　　航空磁探仪
　　S 电子侦察设备
　　Z 电子战装备*

航空磁力探潜仪
　　Y 航空磁力探测仪

航空磁探仪
　　Y 航空磁力探测仪

航空导航
aviation navigation
TN966
　　D 空中导航
　　　　空中领航
　　S 导航*
　　C 测控雷达

航空电台
aviation radio
TN924
　　S 无线电台*
　　· 对空电台
　　· 机场管理电台
　　· 机载电台

航空电子对抗
aviation electronic countermeasure
TN97
　　D 航空电子战
　　　　航空电子进攻
　　S 电子对抗**
　　C 机载电子战设备
　　　　机载雷达

航空电子对抗设备
    Y 机载电子战设备

航空电子进攻
    Y 航空电子对抗

航空电子战
    Y 航空电子对抗

航空管制雷达
    Y 空中交通管制雷达

航空计算机
    Y 机载计算机

航空雷达
aviation radar
TN958
    S 雷达*
    • 弹载雷达
    • 机载雷达
    • 空中交通管制雷达
    • 气球载雷达

航空声呐
airborne sonar
TN92　U666
    D 机载声呐
        机载声纳
        空中声呐
        航空声纳
    S 声呐*
    • 航空拖曳声呐
    C 机载雷达
        航空通信

航空声纳
    Y 航空声呐

航空通信
aviation communication
TN92　TN915
    S 通信*
    • 地空通信
    • 航空移动通信
    • 机载通信
    • 民航通信
    C 航空声呐
        航空总线
        航空拖曳声呐

航空拖曳声呐
airborne towed sonar
TN971　U666
    D 空中拖曳声呐
    S 拖曳阵声呐
        航空声呐
    C 航空通信
    Z 声呐*

航空移动通信
aviation mobile communication
TN92
    S 专用移动通信
        航空通信
    L 无线通信**

航空总线
aviation bus
TP336
    S 总线*
    C 航空通信

航路监视雷达
air route surveillance radar
TN958
    S 空中交通管制雷达
    Z 雷达*

航天测控雷达
    Y 测控雷达

航天导航
aerospace navigation
TN96
    D 空间导航
    S 导航*
    C 天基雷达
        宇宙通信
        红外地球敏感器

航天电子对抗
    Y 空间电子对抗

航天电子战
    Y 空间电子对抗

航天机器人
    Y 空间机器人

航天计算机
    Y 星载计算机

航天雷达
    Y 天基雷达

航天器计算机
    Y 星载计算机

航天器雷达
    Y 天基雷达

航天器天线
spacecraft antenna
TN82
    S 空间天线
        飞行器天线
    C 天基雷达
    Z 天线*

航天器载计算机
    Y 星载计算机

航天通信
    Y 宇宙通信

航位推算系统
dead reckoning system
TN966
    S 导航系统*

航向信标
localizer
TN96
    D 航向信标台
    S 无线电信标*

航向信标台
    Y 航向信标

毫米波传播
millimeter wave propagation
TN011
    D 极高频传播
    S 微波传播
    C 毫米波通信
        毫米波雷达
    Z 电波传播*

毫米波传感器
millimeter wave sensor
TP212
    S 无线传感器
    Z 传感器*

毫米波磁控管
millimeter wave magnetron
TN12
    S 毫米波管
        磁控管
    L 微波管**

毫米波单片集成电路
millimeter wave monolithic integrated circuit
TN710　TN94
    S 微波单片集成电路
    Z 集成电路*

毫米波单向器
    Y 毫米波隔离器

毫米波放大器
millimeter wave amplifier
TN72
    S 微波放大器
    Z 放大器*

毫米波隔离器
millimeter wave isolater
TN62

D 毫米波单向器
S 微波隔离器
Z 微波元件*

毫米波管
millimeter wave tube
TN12
D 毫米波真空电子器件
S 微波管**
· 毫米波磁控管
· 毫米波行波管
· 快波管
· 绕射辐射振荡器

毫米波环行器
millimeter wave circulator
TN62
S 微波环行器
Z 微波元件*

毫米波激光器
millimeter wave laser
TN248
S 激光器*
· 亚毫米波激光器

毫米波集成电路
millimeter wave integrated circuit
TN45
S 微波集成电路
Z 集成电路*

毫米波接收机
millimeter wave receiver
TN85
S 微波接收机
Z 接收设备*

毫米波开关
Y 微波开关

毫米波雷达
millimeter wave radar
TN958
S 微波雷达
C 低角跟踪
毫米波传播
毫米波天线
汽车防撞雷达
Z 雷达*

毫米波滤波器
millimeter wave filter
TN713
S 微波滤波器
Z 滤波器*

毫米波衰减器
millimeter wave attenuator
TN715

S 射频衰减器
Z 衰减器*

毫米波天线
millimeter wave antenna
TN82
S 微波天线**
C 毫米波通信
毫米波雷达

毫米波通信
millimeter wave communication
TN925
S 微波通信
C 毫米波传播
毫米波天线
片上天线
L 无线通信**

毫米波同轴连接器
millimeter wave coaxial connector
TN6
S 射频同轴连接器
Z 电连接器*

毫米波相移器
Y 毫米波移相器

毫米波行波管
millimeter wave traveling wave tube
TN12
S 毫米波管
行波管
L 微波管**

毫米波移相器
millimeter wave phase shifter
TN62
D 毫米波相移器
S 微波移相器
Z 移相器*

毫米波真空电子器件
Y 毫米波管

毫米波振荡器
millimeter wave oscillator
TN752 TN61
S 微波振荡器
Z 振荡器*

毫微米工艺
Y 纳米工艺

毫微瓦集成电路
Y 微功耗集成电路

毫微微小区
Y 家庭基站

号码识别
number recognition
TP391.4
S 信息识别*

合并功放
Y 合并式功率放大器

合并功率放大器
Y 合并式功率放大器

合并式放大器
Y 合并式功率放大器

合并式功放
Y 合并式功率放大器

合并式功率放大器
combined power amplifier
TN72
D 合并功放
合并功率放大器
合并式功放
合并式放大器
S 音频功率放大器
L 功率放大器**

合成孔径侧视雷达
synthetic aperture side look radar
TN958
S 侧视雷达
Z 雷达*

合成孔径激光成像雷达
Y 合成孔径激光雷达

合成孔径激光雷达
synthetic aperture lidar
TN958
D 合成孔径激光成像雷达
S 合成孔径雷达
激光雷达
Z 雷达*

合成孔径雷达
synthetic aperture radar
TN958
D SAR
SAR 雷达
孔径雷达
综合口径雷达
综合孔径雷达
综合脉冲孔径雷达
S 雷达*
· 超宽带合成孔径雷达
· 调频连续波合成孔径雷达
· 分布式合成孔径雷达
· 干涉合成孔径雷达
· 合成孔径激光雷达
· 机载合成孔径雷达

- 极化合成孔径雷达
- 聚束式合成孔径雷达
- 逆合成孔径雷达
- 双基地合成孔径雷达
- 条带合成孔径雷达
- 星载合成孔径雷达
C CS 成像算法
 SAR 图像压缩
 景象匹配
 聚焦算法
 转置存储器

合成孔径声呐
synthetic aperture sonar
TN965　U666
 D 合成孔径声纳
 S 成像声呐
 Z 声呐*

合成孔径声纳
 Y 合成孔径声呐

合成算法
compounded algorithm
TP301
 S 算法*

合金半导体
alloy semiconductor
TN304
 D 半导体合金
 S 半导体材料*

合金结晶体管
 Y 合金扩散晶体管

合金扩散晶体管
alloy diffusion transistor
TN32
 D 合金结晶体管
 S 晶体管
 C 台面晶体管
 L 半导体分立器件**

合路器
combiner
TN929.1
 S 无线通信设备**
 C 功率分配器
  混合路由

合谋攻击
collusion attack
TN918　TP393.08
 D 共谋攻击
 S 网络攻击**
 C 抗共谋
  门限签名

合同网协议
contract net procotol

TN915.04
 S 通信协议*
 C 多智能体网络

和差波束
sum and difference beam
TN82　TN951
 S 波束*
 C 相控阵雷达

和差网络
sum and difference network
TN711
 S 微波网络
 Z 电路网络*

和积算法
sum-product algorithm
TN911
 D 和积译码算法
 S 解码算法
 Z 算法*

和积译码算法
 Y 和积算法

核泵浦激光器
nuclear pumped laser
TN248
 D 核抽运激光器
 S 泵浦激光器
 Z 激光器*

核抽运激光器
 Y 核泵浦激光器

核非线性分类器
 Y 非线性分类器

核辐射计数器
 Y 计数管

核辐射探测器
nuclear radiation detector
TN99
 D 辐射探测器
 S 探测器*
 C 计数管

核激励 X 射线激光器
nuclear excited X-ray laser
TN248
 S X 射线激光器
 Z 激光器*

核聚类
kernel clustering
TP301
 D 核聚类算法
 S 聚类*
- 模糊核聚类

核聚类算法
 Y 核聚类

核心层交换机
core layer switch
TN915.05
 D 核心交换机
 S 网络交换机
 C 核心网
 L 交换设备**

核心处理器
core processor
TP33
 S 微处理器*

核心服务器
core server
TP368
 S 服务器*

核心交换机
 Y 核心层交换机

核心路由器
core router
TN915
 S 路由器
 C IP 路由查找
  中间系统到中间系统协议
  核心网
  边缘路由器
 L 网络互连设备**

核心数据
core data
TP3
 S 数据*
 C 核心算法

核心算法
core algorithm
TP301
 S 算法*
 C 核心数据

核心网*
core network
TN915　TN92
 D 核心网络
- IP 核心网
- 分组核心网
- 核心无状态网络
- 移动核心网
 C 核心层交换机
  核心路由器

核心网络
 Y 核心网

核心无状态网络
core stateless network
TP3
　　S 核心网*

核心协议
core protocol
TN91　TP301　TN92
　　S 通信协议*

盒式磁带
cassette tape
TN912
　　S 磁带
　　C 磁带录像机
　　L 磁存储器**

盒式磁带录像机
　　Y 磁带录像机

盒式录像机
　　Y 磁带录像机

赫夫曼编码
　　Y 哈夫曼编码

黑白打印机
　　Y 单色打印机

黑白电视
　　Y 黑白电视机

黑白电视机
monochrome TV set
TN949
　　D 黑白电视
　　S 电视机
　　C 黑白显像管
　　Z 电视设备*

黑白二值化
black/white binarization
TP3
　　S 信息量化
　　Z 信息处理*

黑白激光打印机
black and white laser printer
TP334.3
　　S 单色打印机
　　　激光打印机
　　Z 外部设备*

黑白显象管
　　Y 黑白显像管

黑白显像管
black and white kinescope
TN14
　　D 黑白显象管
　　S 电视显像管
　　C 单色显示器
　　　黑白电视机
　　L 电子束管**

黑盒测试
black-box testing
TP311
　　D 功能测试
　　　黑盒测试技术
　　S 软件测试
　　C 功能仿真
　　　灰盒测试
　　　白盒测试
　　Z 软件工程*

黑盒测试技术
　　Y 黑盒测试

黑盒追踪
black-box tracing
TN91　TN87
　　D 黑盒子追踪
　　S 软件测试
　　C SQLServer 数据库
　　Z 软件工程*

黑盒子追踪
　　Y 黑盒追踪

黑迹管
skiatron
TN14
　　D 暗迹管
　　S 电子束管**

黑客程序
hacker program
TP309　TP31
　　D 黑客工具
　　　黑客工具软件
　　　黑客软件
　　S 工具软件**
　　　恶意软件**
　　· 后门程序
　　· 间谍程序
　　C 黑客攻击
　　　黑客防御

黑客防范
　　Y 黑客防御

黑客防护
　　Y 黑客防御

黑客防御
hacker defense
TP309
　　D 黑客防护
　　　黑客防范
　　S 网络防御**
　　C 黑客攻击
　　　黑客程序
　　　黑客跟踪

黑客跟踪
hacker tracking
TP309
　　S 网络追踪
　　C 黑客防御
　　L 网络安全技术**

黑客工具
　　Y 黑客程序

黑客工具软件
　　Y 黑客程序

黑客攻击
hacker attack
TP309　TP393
　　D 黑客入侵
　　　黑客袭击
　　S 网络攻击**
　　C 黑客程序
　　　黑客防御

黑客入侵
　　Y 黑客攻击

黑客软件
　　Y 黑客程序

黑客袭击
　　Y 黑客攻击

恒参信道
constant-parameter channel
TN911
　　D 恒定参数信道
　　S 信道*

恒定参数信道
　　Y 恒参信道

恒定电源
　　Y 稳定电源

恒流变压器
constant current transformer
TM42
　　S 电源变压器
　　C 恒流电路
　　L 电子变压器**

恒流电路
constant current circuit
TN710
　　D 恒流源电路
　　S 电子电路*
　　C 恒流变压器
　　　恒流源

稳流电源

恒流电源
　　Y 稳流电源

恒流二极管
constant current diode
TN31
　　D 恒流源二极管
　　S 半导体二极管
　　L 半导体分立器件**

恒流驱动电路
constant current drive circuit
TN710　TN36
　　S 驱动电路**

恒流源
constant current source
TN86
　　S 电流源
　　C 恒流电路
　　Z 电源*

恒流源电路
　　Y 恒流电路

恒流源二极管
　　Y 恒流二极管

恒模算法
constant modulus algorithm
TP301　TN911
　　D CMA 算法
　　S 算法*
　　• 最小二乘恒模算法

恒温晶振
　　Y 恒温控制晶体振荡器

恒温控制晶体振荡器
oven controlled crystal oscillator
TN752
　　D OCXO
　　　恒温晶振
　　S 晶体振荡器
　　Z 振荡器*
　　　压电器件*

恒虚警接收机
constant false alarm receiver
TN85
　　D 恒虚警率接收机
　　　虚警率恒定接收机
　　S 接收设备*
　　C 抗干扰接收
　　　雷达抗干扰

恒虚警率接收机
　　Y 恒虚警接收机

恒压电源
　　Y 稳压电源

恒压源
constant voltage source
TN86
　　S 电压源
　　Z 电源*

桁架机器人
　　Y 直角坐标机器人

横模激光器
transversal-mode laser
TN248
　　S 激光器*

横向激励大气压二氧化碳激光器
　　Y TEA 二氧化碳激光器

横向扩散 MOS 场效应晶体管
laterally-diffused MOSFET
TN386
　　D LDMOSFET
　　S MOS 场效应晶体管
　　　横向扩散 MOS 器件
　　L MOS 器件**
　　　半导体分立器件**

横向扩散 MOS 工艺
laterally-diffused metal-oxide semiconductor
TN305
　　D LDMOS
　　　LDMOS 工艺
　　　横向扩散金属氧化物半导体
　　S MOS 工艺
　　C 横向扩散 MOS 器件
　　Z 半导体工艺*

横向扩散 MOS 器件
laterally-diffused metal-oxide semiconductor device
TN386
　　D LDMOS 器件
　　　横向扩散金属氧化物半导体器件
　　　高压 LDMOS
　　S MOS 器件**
　　• 横向扩散 MOS 场效应晶体管
　　C 横向扩散 MOS 工艺

横向扩散金属氧化物半导体
　　Y 横向扩散 MOS 工艺

横向扩散金属氧化物半导体器件
　　Y 横向扩散 MOS 器件

横向双极晶体管
transverse bipolar transistor
TN32
　　S 双极性晶体管

　　L 半导体分立器件**
　　　双极器件**

横向外延
　　Y 横向外延生长

横向外延生长
lateral epitaxial growth
TN305
　　D 横向外延
　　S 外延生长
　　Z 半导体工艺*

红宝石激光
　　Y 红宝石激光器

红宝石激光器
ruby laser
TN248
　　D 红宝石激光
　　S 宝石激光器
　　L 固体激光器**

红光二极管
　　Y 红色发光二极管

红光发光二极管
　　Y 红色发光二极管

红光激光
　　Y 红光激光器

红光激光器
red laser
TN248
　　D 红光激光
　　　红色激光
　　S 可见光激光器
　　Z 激光器*

红色发光二极管
red light emitting diode
TN31
　　D 红光二极管
　　　红光发光二极管
　　S 发光二极管
　　L 半导体发光器件**

红色激光
　　Y 红光激光器

红外 CCD
　　Y 红外电荷耦合器件

红外报警器
infrared alarm
TN216　TN215
　　S 红外装置*
　　C 红外传感器
　　　红外编码器

红外编码
infrared coding
TN21
　　S 编码*
　　C 红外编码器

红外编码器
infrared coder
TN76
　　S 编码器*
　　C 红外报警器
　　　红外摄像机
　　　红外编码

红外变象管
　　Y 红外变像管

红外变像管
infrared image converter tube
TN15　TN215
　　D 红外变象管
　　S 变像管
　　L 电子束管**

红外测距
infrared ranging
TN20
　　D 热辐射测距
　　S 红外应用*
　　C 红外定位仪
　　　红外测距仪
　　　红外测距传感器

红外测距传感器
infrared ranging sensor
TP212
　　S 测距传感器
　　　红外传感器
　　C 红外测距
　　L 测量传感器**
　　　物理传感器**
　　　红外器件**

红外测距仪
infrared distance measuring instrument
TM93
　　D 红外光电测距仪
　　S 光电测距仪
　　C 红外测距
　　Z 电子测量仪器*

红外测温
infrared temperature measurement
TN219
　　D 红外温度测量
　　　红外线测温
　　S 红外应用*
　　C 红外测温仪
　　　红外温度传感器

红外测温传感器
　　Y 红外温度传感器

红外测温仪
infrared temperature instrument
TN219
　　D 红外辐射温度计
　　S 红外装置*
　　C 红外测温
　　　红外温度传感器

红外测向
infrared direction finding
TN219　TN971
　　D 热辐射测向
　　S 光学测向
　　C 红外测向器
　　Z 测向*

红外测向器
infrared direction finder
TN219
　　D 红外方位仪
　　S 红外装置*
　　C 红外测向

红外场景产生器
infrared scene generator
TN216
　　D 红外场景发生器
　　S 红外装置*
　　C 红外场景仿真

红外场景发生器
　　Y 红外场景产生器

红外场景仿真
infrared scene simulation
TP391.9
　　D 红外场景模拟
　　　红外场景生成
　　S 场景仿真
　　　红外仿真
　　C 红外场景产生器
　　Z 仿真*

红外场景模拟
　　Y 红外场景仿真

红外场景生成
　　Y 红外场景仿真

红外成象
　　Y 红外成像

红外成像
infrared imaging
TN219
　　D 红外成像技术
　　　红外成像系统
　　　红外成象
　　S 红外应用*
　　· 红外热成像
　　C 红外成像仿真

红外成像仿真
infrared imaging simulation
TP391.9
　　S 成像仿真
　　　红外仿真
　　C 红外成像
　　　红外热像仪
　　Z 仿真*

红外成像技术
　　Y 红外成像

红外成像系统
　　Y 红外成像

红外成像仪
　　Y 红外热像仪

红外传感器
infrared sensor
TP212.14
　　D 红外线传感器
　　S 光电传感器
　　　红外器件**
　　· 红外测距传感器
　　· 红外温度传感器
　　· 热释电传感器
　　C 红外报警器
　　　红外热像仪
　　L 物理传感器**
　　　红外器件**

红外传输
infrared transmission
TN929.1　TN219
　　D 红外无线传输
　　　红外线传输
　　S 光传输
　　C 红外接口
　　　红外接收
　　　红外通信
　　Z 信息传输*

红外窗口材料
infrared window material
TM2
　　S 光电材料
　　　窗口材料
　　Z 电子材料*

红外地平仪
　　Y 红外地球敏感器

红外地球敏感器
infrared earth sensor
TN215
　　D 红外地平仪

S 红外装置*
　　C 红外定位仪
　　　航天导航

红外电荷耦合器件
infrared charge coupled device
TN36
　　D 红外CCD
　　S 电荷耦合器件
　　Z 半导体器件*

红外电视
infrared ray television
TN219　TN94
　　D 红外热电视
　　　红外线电视
　　S 应用电视
　　C 红外热像仪
　　Z 电视*

红外电视摄像机
　　Y 红外摄像机

红外电子对抗
　　Y 红外对抗

红外定位仪
infrared locator
TN219　TN965
　　S 红外装置*
　　C 红外地球敏感器
　　　红外测距

红外读出电路
infrared readout circuit
TN94　TN710
　　S 读出电路
　　Z 电子电路*

红外对抗
infrared countermeasure
TN976
　　D 红外对抗技术
　　　红外电子对抗
　　　红外线对抗
　　S 光电对抗
　　· 定向红外对抗
　　· 红外干扰
　　· 红外告警
　　· 红外隐身
　　· 主动红外对抗
　　C 红外对抗装备
　　L 电子对抗**

红外对抗技术
　　Y 红外对抗

红外对抗系统
　　Y 红外对抗装备

红外对抗装备
infrared countermeasure equipment
TN216　TN976
　　D 红外对抗系统
　　　红外对抗装置
　　S 光电对抗装备
　　· 红外干扰弹
　　· 红外干扰机
　　· 红外告警系统
　　· 红外热像仪
　　· 红外夜视仪
　　· 红外诱饵
　　C 红外对抗
　　Z 电子战装备*

红外对抗装置
　　Y 红外对抗装备

红外发光二极管
infrared light-emitting diode
TN383　TN31
　　D 近红外发光二极管
　　S 发光二极管
　　　红外器件**
　　C 红外发射器
　　L 半导体发光器件**
　　　红外器件**

红外发射器
infrared transmitter
TN83　TN214
　　D 红外线发射器
　　S 红外器件**
　　C 红外发光二极管

红外方位仪
　　Y 红外测向器

红外仿真
infrared simulation
TN20
　　S 仿真*
　　· 红外场景仿真
　　· 红外成像仿真
　　C 红外探测器
　　　红外辐射计

红外辐射计
infrared radiometer
TN16　TN219
　　D 红外辐射器
　　　红外辐射炬
　　S 辐射计
　　C 红外仿真
　　Z 电子测量仪器*

红外辐射炬
　　Y 红外辐射计

红外辐射器
　　Y 红外辐射计

红外辐射温度计
　　Y 红外测温仪

红外干扰
infrared jamming
TN972
　　S 光电干扰
　　　红外对抗
　　· 红外有源干扰
　　C 红外干扰机
　　　红外诱饵
　　L 电子对抗**

红外干扰弹
infrared decoy
TN972
　　S 干扰弹
　　　红外对抗装备
　　· 红外烟幕弹
　　L 电子干扰设备**

红外干扰机
infrared jammer
TN976
　　S 光电干扰设备
　　　干扰机
　　　红外对抗装备
　　C 红外干扰
　　　红外诱饵
　　L 电子干扰设备**

红外告警
infrared warning
TN976　TN21
　　D 红外警戒
　　　红外预警
　　S 光电告警
　　　红外对抗
　　· 红外侦察告警
　　C 红外告警系统
　　L 电子对抗**

红外告警系统
infrared warning system
TN976
　　S 告警装备
　　　红外对抗装备
　　C 红外告警
　　Z 电子战装备*

红外跟踪
infrared tracing
TN215　TN219　TN976
　　S 光学跟踪*
　　　红外应用*
　　· 红外目标跟踪
　　C 红外搜索

红外光电测距仪
　　Y 红外测距仪

红外光电探测器
infrared photodetector
TN215　TN953
　　D 红外光伏探测器
　　S 光电探测器
　　　 红外探测器
　　・ 长波红外探测器
　　・ 非制冷红外探测器
　　・ 红外焦平面探测器
　　・ 量子点红外探测器
　　・ 量子阱红外探测器
　　・ 碲镉汞探测器
　　L 光学探测器**
　　　 红外器件**

红外光伏探测器
　　Y 红外光电探测器

红外光敏电阻
　　Y 红外光敏电阻器

红外光敏电阻器
infrared photoresistor
TM546
　　D 红外光敏元件
　　　 红外光敏电阻
　　S 光敏电阻器
　　L 半导体敏感器件**

红外光敏元件
　　Y 红外光敏电阻器

红外光探测器
　　Y 红外探测器

红外光通信
　　Y 红外通信

红外光纤
infrared optical fiber
TN213　TN25
　　D 红外光学纤维
　　S 光纤*
　　C 红外激光

红外光学纤维
　　Y 红外光纤

红外激光
infrared laser
TN248
　　D 红外激光器
　　　 红外线激光器
　　S 激光*
　　・ 远红外激光
　　・ 中红外激光
　　C 红外光纤

红外激光器
　　Y 红外激光

红外技术
　　Y 红外应用

红外加热
infrared heating
TN219
　　D 红外加热器
　　　 远红外加热
　　S 红外应用*

红外加热器
　　Y 红外加热

红外假目标
　　Y 红外诱饵

红外检测
infrared detection
TN219
　　S 红外应用*
　　・ 红外热像检测
　　・ 红外无损检测
　　C 红外热像仪

红外焦平面探测器
infrared focal plane detector
TN215
　　D 红外焦平面阵列
　　S 红外光电探测器
　　L 光学探测器**
　　　 红外器件**

红外焦平面阵列
　　Y 红外焦平面探测器

红外接口
infrared interface
TP334.7
　　D 红外线接口
　　S 传输接口
　　C 红外传输
　　　 红外信号
　　　 红外接收
　　Z 接口*

红外接收
infrared receiving
TN219　TN929.1
　　D 红外线接收
　　S 光接收
　　C 红外传输
　　　 红外信号
　　　 红外接口
　　　 红外接收器
　　　 红外通信
　　Z 接收*

红外接收器
infrared receiver
TN216　TN949
　　D 红外接收头

　　　 红外线接收器
　　S 红外器件**
　　C 红外接收

红外接收头
　　Y 红外接收器

红外警戒
　　Y 红外告警

红外雷达
infrared radar
TN958
　　D 热雷达
　　S 光雷达
　　C 红外探测
　　Z 雷达*

红外瞄准具
infrared sight
TH74　TN219
　　S 红外装置*
　　C 红外目标跟踪

红外目标跟踪
infrared target tracking
TN219　TN971
　　S 目标跟踪*
　　　 红外跟踪
　　C 红外目标识别
　　　 红外瞄准具
　　Z 红外应用*
　　Z 光学跟踪*

红外目标识别
infrared identification
TP391.4
　　S 目标识别
　　C 红外目标跟踪
　　Z 信息识别*

红外器件**
infrared device
TN214
　　S 光器件*
　　・ 红外传感器
　　・・ 红外测距传感器
　　・・ 红外温度传感器
　　・・ 热释电传感器
　　・ 红外发光二极管
　　・ 红外发射器
　　・ 红外接收器
　　・ 红外收发器
　　・ 红外探测器
　　・・ 超导红外探测器
　　・・ 多元红外探测器
　　・・ 红外光电探测器
　　・・・ 长波红外探测器
　　・・・ 非制冷红外探测器
　　・・・ 红外焦平面探测器
　　・・・ 量子点红外探测器
　　・・・ 量子阱红外探测器

·　·　·　碲镉汞探测器
　　·　·　热探测器
　　·　·　·　热电堆探测器
　　·　·　·　热释电探测器
　　·　·　·　室温红外探测器

红外前视仪
infrared forward viewer
TN216
　　S 红外装置*
　　C 前视探地雷达

红外热成像
infrared thermal imaging
TN219
　　D 热成像
　　　　热成像技术
　　　　红外热成像技术
　　　　长波红外成像
　　S 红外成像
　　C 红外热像仪
　　Z 红外应用*

红外热成像技术
　　Y 红外热成像

红外热成像仪
　　Y 红外热像仪

红外热电视
　　Y 红外电视

红外热像检测
infrared thermal image detection
TN219
　　D 红外热像诊断
　　S 红外检测
　　Z 红外应用*

红外热像仪
infrared thermal camera
TN219　TN976　TN965
　　D 热像仪
　　　　热视仪
　　　　红外成像仪
　　　　红外热成像仪
　　S 光电侦察设备
　　　　红外对抗装备
　　　　红外装置*
　　C 红外传感器
　　　　红外侦察
　　　　红外成像仿真
　　　　红外检测
　　　　红外热成像
　　　　红外电视
　　Z 电子战装备*

红外热像诊断
　　Y 红外热像检测

红外设备
　　Y 红外装置

红外摄象机
　　Y 红外摄像机

红外摄像
infrared photography
TN219
　　S 红外应用*
　　C 红外摄像机

红外摄像机
infrared camera
TN948　TN219
　　D 红外摄象机
　　　　红外电视摄像机
　　　　红外线摄像机
　　S 摄像机
　　C 红外摄像
　　　　红外编码器
　　Z 电视设备*

红外收发器
infrared transceiver
TN8　TN219
　　D 红外收发器件
　　　　红外线收发器
　　S 光收发器
　　　　红外器件**
　　L 光通信设备**
　　　　红外器件**

红外收发器件
　　Y 红外收发器

红外搜索
infrared search
TN215　TN976
　　S 红外应用*
　　C 红外跟踪

红外探测
infrared detection
TN20
　　S 红外应用*
　　· 红外探雷
　　· 红外探伤
　　C 红外制导
　　　　红外探测器
　　　　红外隐身
　　　　红外雷达

红外探测器
infrared detector
TN215
　　D IR 探测器
　　　　红外光探测器
　　　　红外探头
　　　　红外探测仪
　　　　红外探测器件
　　　　红外线探测器

　　S 光学探测器**
　　　　红外器件**
　　· 超导红外探测器
　　· 多元红外探测器
　　· 红外光电探测器
　　· 热探测器
　　· 室温红外探测器
　　C 红外仿真
　　　　红外探测

红外探测器件
　　Y 红外探测器

红外探测仪
　　Y 红外探测器

红外探雷
infrared landmine detection
TN215
　　S 红外探测
　　C 探雷声呐
　　Z 红外应用*

红外探伤
infrared flaw inspection
TN219
　　S 红外探测
　　Z 红外应用*

红外探头
　　Y 红外探测器

红外调制仪
infrared modulator
TN216
　　S 光调制器
　　　　红外装置*
　　Z 光器件*
　　　　调制器*

红外通信
infrared communication
TN929.1　TN219
　　D 红外光通信
　　　　红外无线通信
　　　　红外线通信
　　　　红外通信技术
　　　　红外通讯
　　S 光通信**
　　C 红外传输
　　　　红外接收

红外通信技术
　　Y 红外通信

红外通讯
　　Y 红外通信

红外图像处理
infrared image processing
TN20　TP391

S 图像处理**
　　· 红外图像分割
　　· 红外图像去噪
　　· 红外图像预处理
　　· 红外图像增强
　　C 红外图像压缩
　　　红外图像滤波
　　　红外图像生成

红外图像分割
infared image separation
TN219
　　S 图像分割
　　　红外图像处理
　　L 图像处理**

红外图像滤波
infrared image filtering
TN713
　　S 图像滤波
　　C 红外图像处理
　　L 图像处理**

红外图像去噪
infrared image denoising
TN219
　　S 图像去噪
　　　红外图像处理
　　L 图像处理**

红外图像生成
infrared image generation
TP391
　　S 图像生成
　　C 红外图像处理
　　L 图像处理**

红外图像压缩
infrared image compression
TN219
　　S 图像压缩
　　C 红外图像处理
　　L 信息压缩**
　　　图像处理**

红外图像预处理
infrared image pre-processing
TN219
　　S 图像预处理
　　　红外图像处理
　　L 图像处理**

红外图像增强
infrared image enhancement
TN219
　　S 图像增强
　　　红外图像处理
　　L 图像处理**

红外伪装
infrared camouflage
TN976

　　D 热红外伪装
　　S 电子伪装
　　C 红外侦察
　　L 电子对抗**

红外温度测量
　　Y 红外测温

红外温度传感器
infrared temperature sensor
TP212
　　D 红外测温传感器
　　S 温度传感器
　　　红外传感器
　　C 红外测温
　　　红外测温仪
　　L 物理传感器**
　　　红外器件**

红外无损检测
infrared nondestructive testing
TN219
　　D 红外线无损检测
　　S 红外检测
　　Z 红外应用*

红外无线传输
　　Y 红外传输

红外无线通信
　　Y 红外通信

红外显示器
infrared display
TN219　TN873
　　S 显示器
　　Z 显示设备*

红外线测温
　　Y 红外测温

红外线传感器
　　Y 红外传感器

红外线传输
　　Y 红外传输

红外线电视
　　Y 红外电视

红外线对抗
　　Y 红外对抗

红外线发射器
　　Y 红外发射器

红外线光侦察
　　Y 红外侦察

红外线激光器
　　Y 红外激光

红外线技术
　　Y 红外应用

红外线接口
　　Y 红外接口

红外线接收
　　Y 红外接收

红外线接收器
　　Y 红外接收器

红外线摄像机
　　Y 红外摄像机

红外线收发器
　　Y 红外收发器

红外线探测器
　　Y 红外探测器

红外线通信
　　Y 红外通信

红外线无损检测
　　Y 红外无损检测

红外线信号
　　Y 红外信号

红外线助航仪
infrared navigation aid
TN96
　　S 红外装置*

红外信号
infrared signal
TN20
　　D 红外线信号
　　S 光信号
　　C 红外接口
　　　红外接收
　　Z 信号*

红外烟幕
　　Y 红外烟幕弹

红外烟幕弹
infrared smoke bomb
TN976
　　D 红外烟幕
　　　红外烟雾
　　S 红外干扰弹
　　C 烟幕干扰
　　L 电子干扰设备**

红外烟雾
　　Y 红外烟幕弹

红外遥感仪
infrared remote sensor
TP73　TN219
　　S 红外装置*

红外遥控装置
infrared remote control device
TP87
　　S 红外装置*
　　C 电视遥控器

红外夜视
　　Y 红外夜视仪

红外夜视技术
　　Y 红外夜视仪

红外夜视仪
infrared night vision device
TN971
　　D 红外夜视
　　　 红外夜视技术
　　S 光电侦察设备
　　　 红外对抗装备
　　C 夜视侦察
　　Z 电子战装备*

红外隐身
infrared stealth
TN973
　　D 红外隐形技术
　　　 红外隐身技术
　　S 红外对抗
　　C 红外侦察
　　　 红外探测
　　L 电子对抗**

红外隐身技术
　　Y 红外隐身

红外隐形技术
　　Y 红外隐身

红外应用*
infrared application
TN219
　　D 红外技术
　　　 红外线技术
　　· 红外测距
　　· 红外测温
　　· 红外成像
　　·· 红外热成像
　　· 红外跟踪
　　· 红外目标跟踪
　　· 红外加热
　　· 红外检测
　　·· 红外热像检测
　　·· 红外无损检测

　　· 红外摄像
　　· 红外搜索
　　· 红外探测
　　·· 红外探雷
　　·· 红外探伤

红外有源干扰
active infrared jamming
TN972
　　S 有源干扰
　　　 红外干扰
　　L 电子对抗**

红外诱饵
infrared decoy
TN976
　　D 热诱饵
　　　 红外假目标
　　　 红外诱饵剂
　　　 红外诱饵弹
　　S 电子诱饵
　　　 红外对抗装备
　　· 面源型红外诱饵
　　C 红外干扰
　　　 红外干扰机
　　L 电子干扰设备**

红外诱饵弹
　　Y 红外诱饵

红外诱饵剂
　　Y 红外诱饵

红外预警
　　Y 红外告警

红外侦察
infrared reconnaissance
TN971　TN976
　　D 红外线光侦察
　　S 光电侦察
　　C 红外伪装
　　　 红外侦察告警
　　　 红外热像仪
　　　 红外隐身
　　L 电子对抗**

红外侦察告警
infrared reconnaissance and warning
TN976　TN21
　　S 侦察告警
　　　 红外告警
　　C 红外侦察
　　L 电子对抗**

红外制导
infrared guidance
TN96
　　S 制导*
　　C 红外探测

红外专用芯片
special infrared chip
TN43
　　S 专用芯片
　　Z 芯片*

红外装置*
infrared equipment
TN216
　　D 红外设备
　　· 测辐射热计
　　· 红外报警器
　　· 红外测温仪
　　· 红外测向器
　　· 红外场景产生器
　　· 红外地球敏感器
　　· 红外调制仪
　　· 红外定位仪
　　· 红外瞄准具
　　· 红外前视仪
　　· 红外热像仪
　　· 红外线助航仪
　　· 红外遥感
　　· 红外遥控装置
　　· 机载红外装置

宏病毒
macro virus
TP309
　　S 计算机病毒
　　C 宏程序
　　　 宏程序设计
　　L 恶意软件**

宏程序
macro program
TP313
　　S 软件*
　　· 协议宏
　　C 宏病毒
　　　 宏程序设计
　　　 宏语言

宏程序设计
macro programming
TP311
　　S 高级语言程序设计
　　· VBA 编程
　　C 宏汇编语言
　　　 宏病毒
　　　 宏程序
　　Z 软件工程*

宏汇编
　　Y 宏汇编语言

宏汇编语言
macro assembly language
TP312
　　D 宏汇编
　　S 汇编语言
　　C 宏程序设计

Z 计算机语言*

宏基站
macro base station
TN927
　　S 基站*
　　C 射频拉远

宏模组件计算机
　　Y 积木式计算机

宏语言
macro language
TP312
　　S 高级语言
　　C 宏程序
　　Z 计算机语言*

虹膜检测
　　Y 虹膜识别

虹膜鉴别
　　Y 虹膜识别

虹膜识别
iris recognition
TP391.4
　　D 虹膜检测
　　　 虹膜识别技术
　　　 虹膜识别系统
　　　 虹膜鉴别
　　　 视网膜识别
　　S 人体识别
　　L 特征识别**

虹膜识别技术
　　Y 虹膜识别

虹膜识别系统
　　Y 虹膜识别

洪流攻击
　　Y 泛洪攻击

洪水攻击
　　Y 泛洪攻击

后瓣
backlobe
TN82
　　S 天线波瓣
　　Z 波束*

后备式UPS
　　Y 后备式不间断电源

后备式不间断电源
standby UPS
TN86
　　D 后备式UPS

　　S 不间断电源
　　　 备用电源
　　Z 电源*

后处理程序
post processing program
TP318
　　D 后处理软件
　　S 软件*
　　C 后关系数据库

后处理滤波
　　Y 后滤波

后处理器
　　Y 后置处理器

后处理软件
　　Y 后处理程序

后端处理机
　　Y 后置处理器

后方地域通信网
　　Y 后方通信网

后方区域通信网
　　Y 后方通信网

后方通信网
rear communication network
TN915
　　D 后方区域通信网
　　　 后方地域通信网
　　S 地域通信网
　　C 后关系数据库
　　Z 通信网络*

后关系数据库
post relational database
TP392
　　D 后关系型数据库
　　S 关系型数据库
　　C 后处理程序
　　　 后方通信网
　　Z 数据库*

后关系型数据库
　　Y 后关系数据库

后级放大器
　　Y 后级功率放大器

后级功放
　　Y 后级功率放大器

后级功率放大器
post power amplifier
TN72
　　D 后级功放

　　　 后级放大器
　　S 音频功率放大器
　　L 功率放大器**

后滤波
post filtering
TN713
　　D 后处理滤波
　　S 滤波*

后门病毒
　　Y 后门程序

后门程序
backdoor program
TP31　TP393.08
　　D 后门病毒
　　　 陷门
　　S 黑客程序
　　L 工具软件**
　　　 恶意软件**

后台程序
background program
TP317
　　S 软件*

后台数据库
background database
TP392
　　S 数据库*

后向安全
backward security
TN918
　　S 网络安全*

后向传播算法
　　Y 反向传播算法

后向扩散散射
backward diffusion scattering
TN011
　　S 后向散射
　　Z 电磁波散射*

后向瑞利散射
Rayleigh backscattering
TN011
　　S 后向散射
　　　 瑞利散射
　　Z 电磁波散射*

后向散射
back scattering
TN011
　　D 背向散射
　　　 背散射
　　S 电磁波散射*
　　· 后向扩散散射
　　· 后向瑞利散射

- 离子反向散射
- C 后向散射信号

后向散射信号
back scattering signal
TN915
- S 无线电信号
- C 后向散射
  回波信号
  激光雷达
- Z 信号*

后援程序
- Y 支撑软件

后置处理机
- Y 后置处理器

后置处理器
post processor
TP33 TP273
- D 后处理器
  后端处理机
  后置处理机
- S 微处理器*
- C 前端控制器

厚胶光刻
thick photoresist lithography
TN405 TN305
- S 光刻工艺**

厚膜
- Y 厚膜工艺

厚膜 IC
- Y 厚膜集成电路

厚膜材料
thick film material
TN304
- S 电子材料*
- 厚膜导体
- 厚膜电子浆料
- 厚膜电阻浆料
- C 厚膜工艺
  厚膜集成电路

厚膜导体
thick film conductor
TM24
- S 厚膜材料
- Z 电子材料*

厚膜电路
- Y 厚膜集成电路

厚膜电子浆料
thick film electronic paste
TN04
- D 厚膜浆料

- S 厚膜材料
- Z 电子材料*

厚膜电阻
- Y 厚膜电阻器

厚膜电阻浆料
thick film resistance paste
TN04
- S 厚膜材料
- Z 电子材料*

厚膜电阻器
thick film resistor
TM54
- D 厚膜电阻
- S 非线绕电阻器
- Z 电阻器*

厚膜工艺
thick film technology
TN305
- D 厚膜
- S 集成电路工艺
- C 厚膜材料
  厚膜集成电路
  飞针测试机
- Z 半导体工艺*

厚膜混合电路
- Y 厚膜集成电路

厚膜混合集成电路
- Y 厚膜集成电路

厚膜集成电路
thick film integrated circuit
TN44
- D 厚膜 IC
  厚膜混合电路
  厚膜混合集成电路
  厚膜电路
- S 混合集成电路
- C 厚膜工艺
  厚膜材料
  飞针测试机
- Z 集成电路*

厚膜浆料
- Y 厚膜电子浆料

呼机
- Y 寻呼机

呼叫接收机
calling receiver
TN914 TN872
- S 呼叫设备
- C 呼叫器
- Z 通信设备*

呼叫控制协议
call control protocol
TN915
- S 控制协议
- Z 通信协议*

呼叫路由
call routing
TN915
- S 路由*

呼叫器
pager
TN872
- S 呼叫设备
- C 呼叫接收机
- Z 通信设备*

呼叫设备
calling equipment
TN914 TN872
- D 呼叫装置
- S 通信设备*
- 呼叫接收机
- 呼叫器

呼叫装置
- Y 呼叫设备

呼救电台
- Y 救生电台

互补 MOS
- Y CMOS 工艺

互补 MOS 电路
- Y CMOS 集成电路

互补 MOS 工艺
- Y CMOS 工艺

互补 MOS 集成电路
- Y CMOS 集成电路

互补 MOS 型集成电路
- Y CMOS 集成电路

互补半导体
- Y 补偿半导体

互补金属氧化物半导体
- Y CMOS 工艺

互补金属氧化物半导体工艺
- Y CMOS 工艺

互补金属氧化物半导体集成电路
- Y CMOS 集成电路

互补金属氧化物半导体晶体管
　　Y CMOS 晶体管

互补金属氧化物半导体逻辑电路
　　Y CMOS 逻辑电路

互补金属氧化物半导体门电路
　　Y CMOS 逻辑电路

互补金属氧化物半导体器件
　　Y CMOS 器件

互补晶体管逻辑电路
complementary transistor logic circuit
TN492
　　D CTL 逻辑电路
　　S 非饱和型逻辑电路
　　L 逻辑集成电路**

互补双极工艺
complementary bipolar technology
TN305
　　S 双极工艺
　　Z 半导体工艺*

互补型金属氧化物半导体
　　Y CMOS 工艺

互动电视
　　Y 交互式电视

互动技术
　　Y 交互

互连工艺
　　Y 电路互连

互联控制
　　Y 网络控制技术

互联网
internet
TP393.4
　　D internet 网
　　　internet 网络
　　　万维网
　　　互联网平台
　　　互联网技术
　　　因特网
　　　因特网技术
　　　国际互联网
　　　国际互联网络
　　　国际互连网
　　　国际互连网络
　　　国际电脑网络
　　　国际计算机互联网
　　　英特网
　　S 计算机网络*
　　• TCP/IP 网络
　　• 第二代互联网
　　• 第三代互联网
　　• 第一代互联网
　　• 高速互联网
　　• 工业互联网
　　• 光互联网
　　• 宽带互联网
　　• 嵌入式互联网
　　• 无线互联网
　　• 云网络
　　• 战术互联网
　　C IPSec 协议
　　　互联网+
　　　互联网安全
　　　互联网控制器
　　　互联网数据中心
　　　互联网通信
　　　互联网骨干网

互联网+
internet plus
TP393
　　D 互联网加
　　S 互联网应用
　　C 互联网
　　Z 网络应用*

互联网安全
internet security
TP393.08
　　D internet 安全
　　　互联网安全技术
　　S 网络安全*
　　C 互联网
　　　互联网关
　　　互联网应用

互联网安全技术
　　Y 互联网安全

互联网安全协议
　　Y IPSec 协议

互联网电话
　　Y 网络电话

互联网电视
　　Y 网络电视

互联网短信网关
　　Y 短信网关

互联网服务
internet service
TP393.09 TN915
　　D internet 服务
　　S 网络服务*
　　• Web 服务
　　• 服务器托管
　　• 互联网信息服务
　　• 域名服务

互联网骨干网
internet backbone network
TP393.1 TN915
　　D 互联网骨干网络
　　S 骨干网
　　• IP 骨干网
　　C 互联网
　　Z 通信网络*

互联网骨干网络
　　Y 互联网骨干网

互联网关
interconnecting gateway
TP393
　　S 网关
　　C 互联网安全
　　　互联网通信
　　L 网络互连设备**

互联网管理
internet management
TP393
　　S 网络管理*
　　C 互联网控制器

互联网规约
　　Y IP 协议

互联网技术
　　Y 互联网

互联网加
　　Y 互联网+

互联网控制器
internet controller
TP393
　　S 网络控制器
　　C 互联网
　　　互联网管理
　　Z 网络设备*

互联网络协议
　　Y IP 协议

互联网内部对象请求代理协议
internet internal object request proxy protocol
TP393.0
　　D IIOP
　　　IIOP 协议
　　S 网络协议**

互联网平台
　　Y 互联网

互联网数据包交换协议
internet packet switching protocol
TN915 TP393.0

D　IPX 协议
　　S　网络协议**
　　C　对等通信
　　　　工作站

互联网数据中心
internet data center
TP333　TP393.07
　　S　数据中心
　　C　互联网
　　　　服务器托管
　　Z　信息基础设施*

互联网通信
internet communication
TN915　TP393
　　S　计算机网络通信
　　•　TCP/IP 通信
　　•　即时通信
　　C　互联网
　　　　互联网关
　　L　网络通信**

互联网协议
　　Y　IP 协议

互联网信息服务
internet information service
TP393.4
　　S　互联网服务
　　　　信息服务*
　　Z　网络服务*

互联网应用
internet application
TP311　TP393.09
　　D　internet 应用
　　S　网络应用*
　　•　电子商务
　　•　电子税务
　　•　电子邮件
　　•　电子政务
　　•　互联网+
　　•　社交网络服务
　　•　网上报名
　　•　网上查询
　　•　网上聊天
　　•　移动互联网应用
　　•　众包
　　•　众筹
　　C　互联网安全

互调
intermodulation
TN76
　　D　互相调制
　　　　交互调制
　　　　相互调制
　　S　调制*
　　•　三阶互调
　　•　无源互调
　　C　互调失真
　　　　互调干扰

互调干扰
intermodulation interference
TN911.4
　　S　信号干扰
　　C　互调
　　　　互调失真
　　Z　电磁干扰*

互调失真
intermodulation distortion
TN7　TN911
　　D　交调失真
　　S　非线性失真
　　•　三阶互调失真
　　•　瞬态互调失真
　　C　互调
　　　　互调干扰
　　　　线性化技术
　　L　信号失真**

互通网关
intercommunication gateway
TN916
　　S　通信网关
　　L　网络互连设备**

互相关算法
cross-correlation algorithm
TP301
　　S　相关算法
　　Z　算法*

互相调制
　　Y　互调

互阻放大器
mutual resistance amplifier
TN72
　　D　互阻抗放大器
　　S　放大器*

互阻抗放大器
　　Y　互阻放大器

护尾雷达
tailwarning radar
TN958
　　D　护尾器
　　S　机载雷达
　　Z　雷达*

护尾器
　　Y　护尾雷达

划片
scribing
TN305
　　S　半导体工艺*
　　C　划片机

划片机
scriber
TN305
　　D　砂轮划片机
　　S　半导体工艺设备*
　　C　划片

滑动窗口算法
sliding window algorithm
TP393.0
　　S　算法*

滑动窗口协议
sliding window protocol
TP393.0
　　S　传输控制协议
　　L　网络协议**

划分聚类
partition clustering
TP391
　　S　聚类*

化合物半导体**
compound semiconductor
TN304
　　D　化合物半导体材料
　　　　半导体化合物
　　S　半导体材料*
　　•　氮化物半导体
　　•　•　Ⅲ族氮化物
　　•　•　氮化铟
　　•　•　氮化镓
　　•　•　氮氧化硅
　　•　二元化合物半导体
　　•　•　Ⅱ-Ⅵ族化合物半导体
　　•　•　•　硫化锌
　　•　•　•　硫化镉
　　•　•　•　硒化锌
　　•　•　•　硒化镉
　　•　•　•　碲化汞
　　•　•　•　碲化锌
　　•　•　•　碲化镉
　　•　•　Ⅲ-Ⅴ族化合物半导体
　　•　•　•　磷化铟
　　•　•　•　磷化镓
　　•　•　•　砷化铟
　　•　•　•　砷化镓
　　•　•　•　锑化铟
　　•　•　•　锑化镓
　　•　锗化硅
　　•　金属硅化物
　　•　三元化合物半导体
　　•　•　铝镓氮
　　•　•　铝镓砷
　　•　•　碲锌镉
　　•　•　碲镉汞
　　•　•　铟镓砷
　　•　•　镓铟磷
　　•　四元化合物半导体
　　•　•　铝镓铟磷
　　•　•　钛酸锶铅
　　•　碳化硅

- ·· 多孔碳化硅
- ·· 碳化硅单晶
- · 氧化物半导体
- ·· 二氧化锗
- ·· 富硅氧化硅
- ·· 氧化多孔硅
- ·· 氧化镓
- · 有机半导体
- · 自对准硅化物

化合物半导体材料
　　Y 化合物半导体

化学抽象机
chemical abstract machine
TP311
　　S 抽象机
　　Z 自动机*

化学传感器
chemical sensor
TP212.2
　　S 传感器*
　　· 电化学传感器
　　· 光纤化学传感器
　　· 荧光化学传感器

化学碘激光器
　　Y 碘激光器

化学分子束外延
　　Y 分子束外延

化学机械抛光设备
chemical mechanical polishing equipment
TN305
　　D CMP 设备
　　S 半导体工艺设备*

化学激光
　　Y 化学激光器

化学激光器
chemical laser
TN248
　　D 化学激光
　　S 激光器*
　　· 碘激光器
　　· 连续波化学激光器
　　C 激光化学气相沉积

化学刻蚀
　　Y 化学蚀刻

化学气相沉淀
　　Y 化学气相沉积

化学气相沉积
chemical vapor deposition
TN305
　　D CVD
　　　CVD 技术
　　　CVD 法
　　　化学气相沉淀
　　　化学气相淀积
　　　化学气相淀积法
　　　化学汽相沉积
　　　化学汽相淀积
　　　化学汽相淀积法
　　S 气相沉积
　　· 常压化学气相沉积
　　· 超高真空化学气相沉积
　　· 等离子体化学气相沉积
　　· 低压化学气相沉积
　　· 光化学气相沉积
　　· 激光化学气相沉积
　　· 金属有机物化学气相淀积
　　· 热丝化学气相沉积
　　C 化学气相淀积设备
　　L 半导体淀积工艺**

化学气相淀积
　　Y 化学气相沉积

化学气相淀积法
　　Y 化学气相沉积

化学气相淀积设备
chemical vapor deposition equipment
TN305
　　D CVD 设备
　　S 半导体工艺设备*
　　· MOCVD 设备
　　C 化学气相沉积

化学汽相沉积
　　Y 化学气相沉积

化学汽相淀积
　　Y 化学气相沉积

化学汽相淀积法
　　Y 化学气相沉积

化学蚀刻
chemical etching
TN305
　　D 化学刻蚀
　　　化学蚀刻法
　　S 蚀刻工艺
　　· 电化学刻蚀
　　· 湿法刻蚀
　　Z 半导体工艺*

化学蚀刻法
　　Y 化学蚀刻

化学束外延
　　Y 气态源分子束外延

化学提纯
　　Y 化学提纯工艺

化学提纯工艺
chemical refining technology
TN305
　　D 化学提纯
　　S 半导体提纯工艺
　　Z 半导体工艺*

化学氧碘激光器
　　Y 氧碘激光器

画家算法
painter algorithm
TP391　TP301
　　S 图形算法
　　Z 算法*

画面处理
picture processing
TN941
　　S 视频处理**
　　· 画面分割
　　C 多画面处理器

画面分割
picture segmentation
TN941
　　S 图像分割
　　　画面处理
　　C 多画面分割器
　　L 图像处理**
　　　视频处理**

画面内编码
　　Y 帧内编码

画面显示
picture display
TP3　TN94
　　S 显示*
　　· 多画面显示

话筒拾音
microphone pickup
TN912
　　S 录音*

话音编码
　　Y 语音编码

话音传输
　　Y 语音传输

话音识别
　　Y 语音识别

话音数据系统
voice data system

TN919
　　S 数据系统*
　　C 语音数据处理

话音通信
　　Y 语音通信

话音信道
voice channel
TN914　TN911
　　S 信道*
　　C 语音传输

话音信号
　　Y 语音信号

话音信息通信
　　Y 电话通信

话者识别
　　Y 声纹识别

还音磁头
magnetic reproducing head
TN64
　　S 磁头*

还原软件
recovery software
TP318
　　D 还原系统
　　S 工具软件**
　　C 信息恢复

还原系统
　　Y 还原软件

环波导激光器
annular waveguide laser
TN248
　　S 波导激光器
　　Z 激光器*

环焦天线
ring-focus antenna
TN82
　　S 双反射面天线
　　　地面站天线
　　L 卫星天线**
　　　通信天线**

环境仿真
environment simulation
TP391.9
　　D 环境模拟
　　　环境模拟工程
　　S 仿真*
　　· 城市仿真
　　· 地形仿真
　　· 景物模拟
　　C 环境识别

环境光传感器
ambient light sensor
TP212.14
　　S 光电传感器
　　L 物理传感器**

环境模拟
　　Y 环境仿真

环境模拟工程
　　Y 环境仿真

环境识别
environment recognition
TP391.4
　　S 信息识别*
　　C 环境仿真

环路
loop
TN915
　　D 回路
　　S 电子电路*
　　· 跟踪环路
　　· 锁频环
　　· 锁相环
　　C 环路滤波

环路滤波
loop filter
TN713
　　S 滤波*
　　C 环路

环签密
ring signcryption
TP309
　　S 签密
　　C 环签名
　　Z 加解密*

环签名
ring signature
TP309
　　S 数字签名*
　　· 门限环签名
　　C 基于身份的密码体制
　　　环签密

环圈行波管
loop traveling wave tube
TN12
　　S 行波管
　　L 微波管**

环绕放大器
　　Y 环绕声放大器

环绕声放大器
surround amplifier
TN72
　　D 环绕放大器
　　S 音频功率放大器
　　C 环绕声接收机
　　L 功率放大器**

环绕声接收机
surround receiver
TN912
　　S 接收设备*
　　C 环绕声放大器

环视雷达
　　Y 搜索雷达

环视显示器
around view monitor
TN87
　　S 显示器
　　Z 显示设备*

环天线
　　Y 环形天线

环形变压器
toroidal transformer
TM42
　　S 电源变压器
　　L 电子变压器**

环形光纤激光器
　　Y 环形腔激光器

环形激光器
ring laser
TN248
　　S 激光器*
　　C 激光陀螺捷联惯导系统

环形腔光纤激光器
　　Y 环形腔激光器

环形腔激光器
ring cavity laser
TN248
　　D 光纤环形激光器
　　　光纤环形腔激光器
　　　环形光纤激光器
　　　环形腔光纤激光器
　　S 光纤激光器**

环形天线
loop antenna
TN82
　　D 环天线
　　S 定向天线
　　· 双环天线
　　· 小环天线
　　Z 天线*

环形调幅器
circular amplitude modulator

TN761
S 调幅器
Z 调制器*

环形网
Y 环形网络

环形网络
ring network
TN915　TP393.1　TN92
D 环型网
环型网络
环形网
环状网络
S 拓扑网络
Z 网络*

环形谐振器
ring resonator
TN75
S 谐振器*

环形压敏电阻器
ring varistor
TM546
S 压敏电阻器
Z 电阻器*

环形阵列天线
circular array antenna
TN82
S 阵列天线
Z 天线*

环形自愈网
Y 自愈环网

环型网
Y 环形网络

环型网络
Y 环形网络

环氧模塑料
Y 环氧塑封料

环氧塑封料
epoxy molding compound
TN04
D 环氧模塑料
S 封装材料
Z 电子材料*

环状网络
Y 环形网络

缓变基区晶体管
graded-base transistor
TN32
D 漂移晶体管
S 晶体管

L 半导体分立器件**

缓冲池
buffer pool
TP311　TP316
S 缓冲存储器
Z 存储器*

缓冲存储
buffer storage
TP333
D 缓冲存储技术
缓存技术
S 信息存储*
• 代理缓存
• 乒乓缓存
• 网络缓存
• 页面缓存
• 语义缓存
• 自适应缓存
C 缓冲区
缓冲存储器
缓存服务器

缓冲存储技术
Y 缓冲存储

缓冲存储器
buffer memory
TP333
D 缓存
缓存器
缓存系统
S 存储器*
• CPU 缓存
• 磁盘缓存
• 分布式缓存
• 共享缓存
• 光缓存器
• 缓冲池
• 缓冲区
• 帧缓冲存储器
C 缓冲存储
缓冲寄存器
缓存服务器

缓冲电路
buffer circuit
TN710
S 电子电路*
C 缓冲放大器

缓冲放大器
buffer amplifier
TN72
S 放大器*
C 缓冲电路

缓冲寄存器
buffer register
TP333
S 寄存器*

• 输出缓冲寄存器
• 输入缓冲寄存器
C 缓冲存储器
输入输出寄存器

缓冲区
Buffer zone
TP311
S 缓冲存储器
• 动态缓冲区
• 多缓冲区
• 键盘缓冲区
• 视频缓冲区
• 数据缓冲区
C 缓冲区溢出攻击
缓冲存储
Z 存储器*

缓冲区溢出
Y 缓冲区溢出漏洞

缓冲区溢出攻击
buffer overflow attack
TP309　TP393.08
D 溢出攻击
S 主动攻击
C 缓冲区
缓冲区溢出漏洞
L 网络攻击**

缓冲区溢出漏洞
buffer overflow Vulnerability
TP311　TP393.08　TP309
D 堆栈溢出
栈溢出
溢出漏洞
缓冲区溢出
缓冲溢出
缓冲溢出漏洞
S 软件漏洞
C 操作系统
操作系统安全
缓冲区溢出攻击
Z 信息安全风险*

缓冲溢出
Y 缓冲区溢出漏洞

缓冲溢出漏洞
Y 缓冲区溢出漏洞

缓存
Y 缓冲存储器

缓存代理
Y 代理缓存

缓存代理服务器
Y 代理缓存服务器

缓存服务器
cache server
TP368
　S 存储服务器
　· 代理缓存服务器
　C 内容分发网络
　　缓冲存储
　　缓冲存储器
　Z 服务器*

缓存技术
　Y 缓冲存储

缓存器
　Y 缓冲存储器

缓存替换算法
cache replace algorithm
TP301　TP31
　S 算法*

缓存系统
　Y 缓冲存储器

缓扩频
　Y 软扩频

换能器*
transducer
TN712
　· 叉指换能器
　· 磁电换能器
　· 磁致伸缩换能器
　· 电声换能器
　· · 超声换能器
　· · · 电磁超声换能器
　· · · 聚焦超声换能器
　· · · 压电超声换能器
　· 声频定向换能器
　· 水声换能器
　· 定向换能器
　· · 声频定向换能器
　· 宽带换能器
　· 稀土换能器
　· 压电换能器
　· · Cymbal 换能器
　· · 压电超声换能器
　· 压力换能器
　C 声呐接收机
　　转换器

黄光激光器
yellow laser
TN248
　S 可见光激光器
　Z 激光器*

灰度变换
gray level transformation
TN911
　S 图像变换
　　灰度处理

　· 灰度拉伸
　C 灰度水印
　L 图像处理**

灰度处理
gray processing
TP391
　S 图像处理**
　· 灰度变换
　· 灰度匹配

灰度拉伸
gray stretching
TP391
　D 对比度拉伸
　S 灰度变换
　L 图像处理**

灰度匹配
gray matching
TP391
　S 图像匹配
　　灰度处理
　L 图像处理**

灰度水印
gray level watermark
TP309　TP391
　S 图像水印
　C 灰度变换
　Z 数字水印*

灰度投影算法
gray projection algorithm
TP391
　S 投影算法
　Z 算法*

灰盒测试
grey box testing
TP311
　S 软件测试
　C 黑盒测试
　Z 软件工程*

灰色定权聚类
fixed-weight-grey-clustering
TP391
　S 聚类*

恢复程序
　Y 数据恢复软件

恢复程序块
　Y 数据恢复软件

恢复算法
recovery algorithm
TN911
　S 算法*

辉光放电管
glow-discharge tube
TN13
　D 辉光放电稳压管
　S 冷阴极充气管
　　气体放电管
　L 离子管**

辉光放电控制管
　Y 冷阴极闸流管

辉光放电稳压管
　Y 辉光放电管

回波仿真
echo simulation
TN95
　D 回波信号仿真
　　回波信号模拟
　　回波模拟
　S 波形仿真
　C 回波信号
　Z 仿真*

回波模拟
　Y 回波仿真

回波数据
　Y 回波信号

回波谐振器
echo resonator
TN62
　S 谐振器*

回波信号
echo signal
TN014
　D 回波信号数据
　　回波数据
　S 无线电信号
　· 雷达回波信号
　· 视频回波信号
　C 后向散射信号
　　回波仿真
　Z 信号*

回波信号仿真
　Y 回波仿真

回波信号模拟
　Y 回波仿真

回波信号数据
　Y 回波信号

回传信道
return channel
TN911
　S 信道*
　C 回传噪声

回传噪声
return noise
TN911
    S 信号噪声*
    C 回传信道

回答式干扰
repeater jamming
TN972
    S 有源干扰
    · 应答式干扰
    · 转发式干扰
    C 回答式干扰机
    L 电子对抗**

回答式干扰机
repeater jammer
TN972
    S 雷达干扰机
    · 应答式干扰机
    · 转发式干扰机
    C 回答式干扰
    L 电子干扰设备**

回归测试
regression testing
TP311
    S 软件测试
    Z 软件工程*

回归神经网络
regression neural network
TP183
    S 人工神经网络*
    · 对角回归神经网络
    · 广义回归神经网络

回归支持向量机
    Y 支持向量回归机

回路
    Y 环路

回扫变压器
    Y 行输出变压器

回声隐藏
echo hiding
TP391
    S 信息隐藏**
    C 水声对抗

回溯算法
backtracking algorithm
TP301
    S 算法*

回旋管
gyrotron
TN14
    S 快波管

    · 回旋速调管
    · 回旋行波管
    L 微波管**

回旋行波放大器
    Y 回旋行波管放大器

回旋行波管
gyrotron travelling tube
TN14
    S 回旋管
      行波管
    L 微波管**

回旋行波管放大器
gyrotron traveling wave amplifier
TN72
    D 回旋行波放大器
    S 行波管放大器
    Z 放大器*

回旋速调放大器
    Y 回旋速调管放大器

回旋速调管
gyro-klystron
TN14
    S 回旋管
      速调管
    C 输入耦合器
    L 微波管**

回旋速调管放大器
gyro-klystron amplifier
TN72
    D 回旋速调放大器
    S 速调管放大器
    Z 放大器*

汇编程序
assemble program
TP317 TP313
    D 汇编语言程序
      汇编软件
    S 语言程序
    C 汇编器
      汇编程序设计
    Z 软件*

汇编程序设计
assemble programming
TP313 TP317
    D 汇编语言程序设计
    S 高级语言程序设计
    C 汇编程序
      汇编语言
    Z 软件工程*

汇编器
assembler
TP313 TP317

    S 开发工具
    C 汇编程序
    L 工具软件**

汇编软件
    Y 汇编程序

汇编语言
assembly language
TP312
    D 面向机器语言
    S 计算机语言*
    · 宏汇编语言
    · 内嵌汇编语言
    C 段寄存器
      汇编程序设计

汇编语言程序
    Y 汇编程序

汇编语言程序设计
    Y 汇编程序设计

汇聚层交换机
aggregation layer switch
TN915.05
    S 网络交换机
    L 交换设备**

汇聚算法
assembly algorithm
TP393.0
    S 算法*

汇聚噪声
mass noise
TN94
    S 信号噪声*

会话边界控制器
session border controller
TP393
    D 会话边缘控制器
    S 通信控制器
    C VoIP 协议
      VoIP 网络
    Z 通信设备*
      控制器*

会话边缘控制器
    Y 会话边界控制器

会话初始协议
session initiation protocol
TP393.0 TN915
    S 应用层协议
    C SIP 服务器
      会话管理器
      网守
    L 网络协议**

会话管理
session management
TP393.07
　S 网络业务管理
　C 会话管理器
　　会话识别
　Z 网络管理*

会话管理器
session manager
TP315
　D 会话资源管理器
　S 软件管理器
　C 会话初始协议
　　会话管理
　　会话识别
　L 工具软件**

会话劫持
　Y 会话劫持攻击

会话劫持攻击
session hijacking attack
TP393.08
　D 会话劫持
　S 主动攻击
　L 网络攻击**

会话密钥
session key
TP309
　D 工作密钥
　　报文密钥
　　通信密钥
　S 密钥*
　C 双向认证
　　密钥协商

会话描述协议
session description protocol
TN915
　S 应用层协议
　L 网络协议**

会话识别
session identification
TP393
　S 信息识别*
　C 会话管理
　　会话管理器

会话式程序设计
　Y 交互式程序设计

会话终端
　Y 交互终端

会话资源管理器
　Y 会话管理器

会议电话
conference telephone
TN916
　D 会议电话通信
　S 专用电话
　Z 通信*

会议电话通信
　Y 会议电话

会议电视网络
conference television network
TN94
　S 电视网络
　C 视频会议终端
　Z 广播电视网络*

会议电视终端
　Y 视频会议终端

会议密钥
conference key
TP309
　S 密钥*

绘图程序
　Y 绘图软件

绘图处理器
　Y 图形处理器

绘图工具软件
　Y 绘图软件

绘图机
　Y 计算机绘图设备

绘图软件
drawing software
TP317
　D 制图软件
　　绘图工具软件
　　绘图程序
　　绘图软件包
　　自动绘图软件
　　计算机绘图软件
　　计算机辅助绘图软件
　S 图形处理软件
　C 图形输入板
　　计算机辅助设计
　L 应用软件**

绘图软件包
　Y 绘图软件

绘图输入板
　Y 图形输入板

绘制算法
mapping algorithm
TP391　TP301
　S 图形算法
　Z 算法*

浑沌编码
　Y 混沌编码

混波管
　Y 变频管

混迭失真
　Y 混叠失真

混叠失真
aliasing distortion
TN912
　D 混迭失真
　S 信号失真**

混沌保密通信
　Y 混沌通信

混沌编码
chaos coding
TN918
　D 浑沌编码
　S 保密编码
　C 混沌信号
　　混沌密码
　　混沌电路
　　混沌通信
　Z 编码*

混沌参数调制
chaotic parameter modulation
TN76
　S 参数调制
　　混沌调制
　Z 调制*

混沌产生器
　Y 混沌信号发生器

混沌电路
chaotic circuit
TP1　TN7
　S 电子电路*
　· 蔡氏电路
　· 超混沌电路
　C 混沌信号发生器
　　混沌编码

混沌发生器
　Y 混沌信号发生器

混沌分组密码
chaotic block cipher
TN918
　S 分组密码
　　混沌密码
　Z 密码*

混沌加密
chaotic encryption
TP393.08　TN918
　　D 混沌加密算法
　　S 加密**
　　C 混沌信号
　　　混沌置乱
　　　混沌通信

混沌加密算法
　　Y 混沌加密

混沌键控
chaos shift keying
TN76
　　S 键控调制
　　· 差分混沌键控
　　L 数字调制**

混沌交织器
chaotic interleaver
TN911
　　S 交织器*

混沌扩频
chaotic spread spectrum
TN918
　　S 扩频*

混沌粒子群算法
chaotic particle swarm algorithm
TP301　TN911
　　D 混沌粒子群优化算法
　　S 粒子群算法
　　Z 算法*

混沌粒子群优化算法
　　Y 混沌粒子群算法

混沌流密码
chaotic stream cipher
TN918
　　S 序列密码
　　　混沌密码
　　Z 密码*

混沌脉冲位置调制
chaotic pulse position modulation
TN76
　　S 混沌调制
　　　脉冲位置调制
　　Z 调制*

混沌密码
chaotic cipher
TP309　TN918
　　S 密码*
　　· 混沌分组密码
　　· 混沌流密码
　　C 混沌编码

混沌搜索算法
chaotic search algorithm
TN391　TP301
　　S 搜索算法
　　Z 算法*

混沌调制
chaotic modulation
TN76
　　S 调制*
　　· 混沌参数调制
　　· 混沌脉冲位置调制

混沌通信
chaotic communication
TN914
　　D 混沌保密通信
　　S 保密通信
　　C 混沌信号
　　　混沌加密
　　　混沌编码
　　Z 通信*

混沌信号
chaotic signal
TN911
　　S 信号*
　　C 混沌信号发生器
　　　混沌加密
　　　混沌编码
　　　混沌通信

混沌信号发生器
chaotic signal generator
TN918　TM935
　　D 混沌产生器
　　　混沌发生器
　　S 信号发生器**
　　C 混沌信号
　　　混沌电路

混沌置乱
chaotic scrambling
TP309
　　S 图像置乱
　　C 混沌加密
　　L 信息隐藏**

混合 IC
　　Y 混合集成电路

混合 Petri 网
hybrid Petri net
TP301
　　S Petri 网*

混合编程
hybrid programming
TP311
　　D 混合编程技术
　　　混合语言编程
　　S 软件编程**

混合编程技术
　　Y 混合编程

混合编码
hybrid coding
TN911
　　S 编码*
　　C 混合密码

混合传感器网络
hybrid sensor network
TN92　TP2
　　S 传感器网络
　　L 物联网**

混合传输
hybrid transmission
TN914
　　S 信息传输*

混合导航
　　Y 组合导航

混合递阶遗传算法
　　Y 递阶遗传算法

混合电路
hybrid circuit
TN710
　　S 电子电路*
　　· 薄膜电路
　　· 混合信号电路

混合多芯片组件
hybrid multi-chip component
TN4
　　S 多芯片组件
　　Z 电子组件*

混合仿真
hybrid simulation
TP391.9
　　S 仿真*
　　· 数模混合仿真

混合放大器
hybrid amplifier
TN72
　　D 混合式放大器
　　S 放大器*
　　· 混合光纤放大器

混合光放大器
　　Y 混合光纤放大器

混合光纤放大器
hybrid fiber amplifier
TN253
　　D 混合光放大器
　　S 光纤放大器
　　　混合放大器

L 光放大器**
　光纤器件**

混合光纤同轴电缆
　Y 光纤同轴电缆混合网

混合光纤同轴电缆网
　Y 光纤同轴电缆混合网

混合光纤同轴网
　Y 光纤同轴电缆混合网

混合光纤同轴网络
　Y 光纤同轴电缆混合网

混合集成电路
hybrid integrated circuit
TN45
　D 混合 IC
　　混合微型电路
　　混合微电路
　S 集成电路*
　· 薄膜集成电路
　· 厚膜集成电路
　· 混合信号集成电路
　· 微波混合集成电路

混合计算机
hybrid computer
TP35　TP33
　D 数字模拟计算机
　S 计算机*
　C 混合信号系统

混合继电器
hybrid relay
TM58
　D 混合式继电器
　S 继电器*

混合加密
hybrid encryption
TP309
　D 混合加密技术
　　混合加密算法
　S 加密**
　C 混合密码体制

混合加密技术
　Y 混合加密

混合加密算法
　Y 混合加密

混合加密体制
　Y 混合密码体制

混合建模
hybrid modeling
TP391.9
　D 混合建模方法

　S 模型构建*

混合建模方法
　Y 混合建模

混合聚类
hybrid clustering
TP391
　S 聚类*

混合扩频
hybird spread spectrum
TN918　TN929.1
　S 扩频*

混合粒子群算法
hybrid particle swarm algorithm
TP301
　D 混合粒子群优化算法
　S 混合算法
　　粒子群算法
　Z 算法*

混合粒子群优化算法
　Y 混合粒子群算法

混合路由
hybrid routing
TN92
　S 无线路由
　C 合路器
　Z 路由*

混合路由协议
hybrid routing protocol
TN92
　S 无线路由协议
　L 网络协议**

混合滤波
hybrid filtering
TN713
　S 滤波*

混合密码
hybrid password
TN918
　S 密码*
　C 混合密码体制
　　混合编码

混合密码体制
hybrid cryptosystem
TP393.08　TP309　TN918
　D 混合加密体制
　S 密码体制
　C 混合加密
　　混合密码
　Z 信息安全体系*

混合密钥
hybrid key
TN918　TP309
　S 密钥*

混合模式晶体管
hybrid mode transistor
TN32
　S 晶体管
　L 半导体分立器件**

混合模型
　Y 组合建模

混合启发式算法
hybrid heuristic algorithm
TN911　TP301
　S 混合算法
　Z 算法*

混合式步进电动机
hybrid stepping motor
TM35
　D 混合式步进电机
　S 旋转步进电动机
　Z 微特电机*

混合式步进电机
　Y 混合式步进电动机

混合式导航
　Y 组合导航

混合式放大器
　Y 混合放大器

混合式继电器
　Y 混合继电器

混合式遗传算法
　Y 混合遗传算法

混合数字滤波
hybrid digital filtering
TN713
　S 数字滤波
　Z 滤波*

混合算法
hybrid algorithm
TP301
　S 算法*
　· 混合粒子群算法
　· 混合启发式算法
　· 混合蛙跳算法
　· 混合学习算法
　· 混合遗传算法
　· 混合蚁群算法
　· 混合优化算法
　· 混合智能算法

混合调制收音机
hybrid modulation radio
TN85
  S 收音机*

混合蛙跳算法
shuffled frog leaping algorithm
TP301 TN911
  S 混合算法
    蛙跳算法
  Z 算法*

混合网
  Y 混合网络

混合网格
hybrid grid
TP301
  S 网格*

混合网络
hybrid network
TN913.6
  D 混合网
  S 网络*

混合微波集成电路
  Y 微波混合集成电路

混合微电路
  Y 混合集成电路

混合微电子学
hybrid microelectronics
TN4
  S 电子学*

混合微型电路
  Y 混合集成电路

混合现实
mixed reality
TP391.9
  D 混合现实技术
  S 虚拟现实
  C 增强现实
  Z 虚拟技术*

混合现实技术
  Y 混合现实

混合信号 IC
  Y 混合信号集成电路

混合信号处理器
mixed signal processors
TP33 TN43
  D 混合信号微处理器
  S 信号处理器
  C 混合信号系统

    混合信号集成电路
  Z 微处理器*

混合信号电路
hybrid signal circuit
TN710
  S 混合电路
  C 混合信号集成电路
  Z 电子电路*

混合信号集成电路
hybrid signal integrated circuit
TN4
  D 混合信号 IC
  S 混合集成电路
  · 模数混合集成电路
  · 数模混合集成电路
  C 信号处理电路
    信号处理芯片
    混合信号处理器
    混合信号电路
  Z 集成电路*

混合信号示波器
mixed signal oscilloscope
TM935
  S 示波器
  Z 电子测量仪器*

混合信号微处理器
  Y 混合信号处理器

混合信号系统
mixed signal system
TN91
  S 电子系统*
  C 混合信号处理器
    混合计算机

混合型病毒
hybrid virus
TP309
  D 复合型病毒
  S 计算机病毒
  L 恶意软件**

混合学习算法
hybrid learning algorithm
TP181
  S 机器学习算法
    混合算法
  Z 算法*

混合遗传模拟退火算法
hybrid genetic simulated annealing algorithm
TP301 TP1
  S 混合遗传算法
    遗传模拟退火算法
  Z 算法*

混合遗传算法
hybrid genetic algorithm
TP301 TP1
  D 改进混合遗传算法
    混合式遗传算法
    混合遗传优化算法
  S 混合算法
    遗传算法
  · 混合遗传模拟退火算法
  · 自适应混合遗传算法
  Z 算法*

混合遗传优化算法
  Y 混合遗传算法

混合蚁群算法
hybrid ant colony algorithm
TP301
  S 混合算法
    蚁群算法
  Z 算法*

混合优化算法
hybrid optimization algorithm
TP301
  S 优化算法
    混合算法
  Z 算法*

混合语言编程
  Y 混合编程

混合噪声
hybrid noise
TN911
  S 信号噪声*

混合智能算法
hybrid intelligent algorithm
TP301
  S 智能算法
    混合算法
  Z 算法*

混合自动机
hybrid automaton
TP301
  S 自动机*

混频
  Y 混频器

混频电路
  Y 混频器

混频二极管
mixer diode
TN31
  D 混频器二极管
  S 半导体二极管
  C 二极管混频器

L 半导体分立器件**

混频管
　　Y 变频管

混频集成电路
　　Y 集成混频器

混频器*
frequency mixer
TN773
　　D 混频
　　　　混频电路
　　• 上变频器
　　• • 数字上变频器
　　• 射频混频器
　　• 无源混频器
　　• • 参量混频器
　　• • 二极管混频器
　　• • 晶体管混频器
　　• • 镜像抑制混频器
　　• • 三平衡混频器
　　• 下变频器
　　• 有源混频器
　　• • CMOS 混频器
　　• • 集成混频器
　　C 变频管
　　　　射频前端电路

混频器二极管
　　Y 混频二极管

活动电台
　　Y 移动电台

活动路由器
active router
TP393.4　TN915
　　S 路由器
　　L 网络互连设备**

活动目标检测雷达
　　Y 动目标检测雷达

活动目标显示雷达
　　Y 动目标显示雷达

活动目标显示器
　　Y 动目标显示器

活动目标指示器
　　Y 动目标显示器

活动目录服务
active directory service
TP393.09　TP316
　　S 目录服务
　　Z 网络服务*

活动目录服务接口
active directory service
interface
TP316
　　S 服务接口
　　L 计算机接口**

活性离子刻蚀
active ion etching
TN305
　　S 离子刻蚀
　　Z 半导体工艺*

火控计算机
fire control computer
TP338
　　D 弹着计算机
　　　　弹道计算机
　　S 军用计算机
　　Z 计算机*

火控雷达
fire control radar
TN958
　　D 火力控制雷达
　　　　瞄准雷达
　　S 雷达*
　　• 机载火控雷达
　　• 目标指示雷达
　　• 炮兵雷达
　　• 综合火控雷达
　　C 火控指挥仪
　　　　跟踪雷达

火控指挥仪
fire control director
TP338
　　D 射击指挥仪
　　　　射击控制计算机
　　S 军用计算机
　　C 火控雷达
　　Z 计算机*

火力控制雷达
　　Y 火控雷达

火炮定位雷达
fire finder radar
TN958
　　S 侦察雷达
　　Z 雷达*

火焰仿真
　　Y 火焰模拟

火焰模拟
flame simulation
TP391.9
　　D 火焰仿真
　　S 仿真*

伙伴算法
partner algorithm
TP301　TN911
　　S 算法*

钬激光器
holmium laser
TN248
　　S 晶体激光器
　　L 固体激光器**

或非门
NOR gate
TN791
　　D 或非门电路
　　S 基本门电路
　　L 数字电路**

或非门电路
　　Y 或非门

或非门鉴相器
NOR gate phase detector
TN79　TN763.3
　　S 数字鉴相器
　　Z 检波器*

或门
OR gate
TN791
　　D 或门电路
　　S 基本门电路
　　L 数字电路**

或门电路
　　Y 或门

或门鉴相器
OR gate phase detector
TN763.3　TN79
　　S 数字鉴相器
　　Z 检波器*

霍尔传感器
Hall sensor
TP212.13
　　D 霍尔效应传感器
　　S 磁性传感器
　　　　霍尔器件
　　C 霍尔电路
　　L 物理传感器**

霍尔电路
Hall circuit
TN382
　　S 电子电路*
　　C 霍尔传感器
　　　　霍尔集成电路

霍尔发生器
Hall generator

TN382
　　D 霍耳发生器
　　S 霍尔器件
　　Z 半导体器件*

霍尔集成电路
Hall integrated circuit
TN4
　　S 集成电路*
　　C 霍尔器件
　　　霍尔电路

霍尔器件
Hall device
TN382
　　D Hall 器件
　　　霍尔元件
　　　霍尔效应器件
　　　霍耳元件
　　　霍耳器件
　　　霍耳效应器件
　　S 半导体器件*
　　• MOS 霍尔元件
　　• 霍尔传感器
　　• 霍尔发生器
　　• 十字型霍尔元件
　　C 霍尔集成电路

霍尔效应传感器
　　Y 霍尔传感器

霍尔效应器件
　　Y 霍尔器件

霍尔元件
　　Y 霍尔器件

霍耳发生器
　　Y 霍尔发生器

霍耳器件
　　Y 霍尔器件

霍耳效应器件
　　Y 霍尔器件

霍耳元件
　　Y 霍尔器件

霍夫曼编码
　　Y 哈夫曼编码

霍夫曼编码技术
　　Y 哈夫曼编码

霍普菲尔德网络
　　Y Hopfield 神经网络

击打式打印机
　　Y 针式打印机

机场场面监视雷达
　　Y 场面监视雷达

机场调度雷达
　　Y 机场监视雷达

机场管理电台
airport management station
TN83　TN924
　　D 塔台
　　　塔台电台
　　　机场指挥电台
　　　起飞线指挥电台
　　S 航空电台
　　C 机场监视雷达
　　Z 无线电台*

机场监视雷达
airport surveillance radar
TN958
　　D 机场调度雷达
　　S 监视雷达
　　　空中交通管制雷达
　　• 场面监视雷达
　　C 机场管理电台
　　Z 雷达*

机场指挥电台
　　Y 机场管理电台

机顶盒
set-top box
TN948
　　D 电视接收盒
　　　电视机顶盒
　　　电视盒
　　S 电视设备*
　　• 高清机顶盒
　　• 交互式机顶盒
　　• 数字电视机顶盒
　　• 网络电视机顶盒
　　• 智能机顶盒
　　C 机顶盒芯片
　　　电视机

机顶盒芯片
set-top box chip
TN4
　　S 电视芯片
　　C 机顶盒
　　Z 芯片*

机动电台
　　Y 移动电台

机动多目标跟踪
　　Y 多机动目标跟踪

机动雷达
mobile radar
TN958
　　D 可运输雷达
　　　机动式雷达
　　　移动式雷达
　　S 雷达*
　　• 便携式雷达
　　• 车载雷达
　　C 多机动目标跟踪

机动目标跟踪
maneuver target tracking
TN96　TN971　TN953
　　D 动目标跟踪
　　　运动目标跟踪
　　S 目标跟踪*
　　• 车辆跟踪
　　• 多机动目标跟踪
　　C 多模型算法

机动式雷达
　　Y 机动雷达

机辅测试
　　Y 计算机辅助测试

机辅制造
　　Y 计算机辅助制造

机构运动仿真
mechanism motion simulation
TP391.9
　　S 运动仿真
　　Z 仿真*

机架服务器
　　Y 机架式服务器

机架式服务器
rack-mounted server
TP368
　　D 机架服务器
　　S 服务器*

机开火控计算机
　　Y 机载火控计算机

机器翻译
machine translation
TP391.2　TP18
　　D 机器翻译系统
　　　机译系统
　　　自动翻译
　　　自动翻译系统
　　　计算机翻译
　　　计算机辅助翻译
　　　辅助翻译
　　S 计算机辅助技术*
　　• 多策略机器翻译
　　• 汉英机器翻译
　　• 基于实例的机器翻译
　　• 统计机器翻译
　　• 语法制导翻译

• 自动机器翻译
C 自然语言处理

机器翻译系统
  Y 机器翻译

机器辅助技术制造
  Y 计算机辅助制造

机器狗
  Y 四足机器人

机器人*
robot
TP242
• 仿生机器人
•• 多足机器人
••• 六足机器人
••• 双足机器人
••• 四足机器人
• 仿人机器人
• 机器鱼
• 蛇形机器人
• 生物机器人
• 服务机器人
• 工业机器人
• 焊接机器人
• 柔性机械臂
• 巡检机器人
• 直角坐标机器人
• 机械臂
•• 关节机械人
•• 空间机械臂
•• 柔性机械臂
• 教育机器人
• 农业机器人
• 特种机器人
•• 搬运机器人
•• 管道机器人
••• 管道检测机器人
••• 微型管道机器人
•• 军用机器人
••• 战场机器人
••• 侦察机器人
•• 空间机器人
•• 空中机器人
•• 码垛机器人
•• 排爆机器人
•• 清洁机器人
•• 水下机器人
•• 消防机器人
•• 医用机器人
••• 胶囊机器人
•• 康复机器人
••• 上肢康复机器人
•••• 上肢外骨骼康复机器人
••• 下肢康复机器人
•• 手术机器人
•• 助力机器人
•• 外骨骼机器人
••• 上肢外骨骼康复机器人
••• 下肢外骨骼机器人

• 微型机器人
•• 胶囊机器人
•• 微操作机器人
••• 纳米机器人
•• 生物机器人
•• 微型管道机器人
• 协作机器人
• 虚拟机器人
• 遥控机器人
• 移动机器人
• 搬运机器人
• 多足机器人
•• 六足机器人
•• 双足机器人
•• 四足机器人
• 机器鱼
• 履带机器人
• 轮式移动机器人
• 爬行机器人
•• 爬壁机器人
•• 蛇形机器人
• 云机器人
• 智能机器人
• 足球机器人
C 人工智能
  机器人传感器
  机器人导航
  机器人视觉

机器人操作系统
robot operating system
TP24
  S 智能操作系统
  L 操作系统**

机器人触觉传感器
robot tactile sensor
TP212
  S 机器人传感器
    触觉传感器
  Z 传感器*

机器人传感器
robot sensor
TP212
  S 传感器*
  • 机器人触觉传感器
  • 机器人腕力传感器
  C 机器人

机器人导航
robot navigation
TN966 TP242
  S 导航*
  C 机器人

机器人视觉
robot vision
TP18
  S 机器视觉*
  C 机器人

机器人腕力传感器
robot wrist force sensor
TP212
  S 机器人传感器
  Z 传感器*

机器识别
machine recognition
TP18 TP391
  S 自动识别*
  C 人工智能
    机器视觉

机器视觉*
machine vision
TP391
• 机器人视觉
• 计算机视觉
•• 计算机立体视觉
•• 计算机微视觉
• 结构光视觉
• 双目立体视觉
C 人工智能
  图像自动识别
  尺度不变特征变换
  机器识别

机器学习*
machine learning
TP181
• 贝叶斯学习
•• 贝叶斯网络结构学习
•• 稀疏贝叶斯学习
• 反传学习
• 分类器集成
• 关系学习
• 归纳学习
• 局部学习
• 类比学习
• 深度学习
• 统计学习
•• 半监督学习
•• 监督学习
•• 强化学习
•• 无监督学习
• 稀疏学习
•• 稀疏贝叶斯学习
• 协作学习
• 演绎学习
• 遗传学习
• 自动学习
• 自适应学习
• 自学习
• 组合学习
C 人工智能
  人工神经网络
  弹性网络
  支持向量机
  机器学习算法
  模式识别
  线性判别分析

机器学习算法
machine learning algorithm
TP181
  D 学习算法
    训练算法
  S 人工智能算法
 • 半监督学习算法
 • 关联规则算法
 • 归纳学习算法
 • 混合学习算法
 • 监督学习算法
 • 结构学习算法
 • 期望最大化算法
 • 随机森林算法
 • 无监督学习算法
 • 增量学习算法
  C 学习自动机
    机器学习
  Z 算法*

机器鱼
robot fish
TP242
  D 仿生机器鱼
  S 仿生机器人
    移动机器人
  Z 机器人*

机器语言
machine language
TP312
  D 命令语言
    指令语言
  S 计算机语言*

机器指纹
machine fingerprint
TP391
  S 计算机指纹
  C 软件加密
  Z 信息指纹*

机群操作系统
cluster operating system
TP316
  S 操作系统**
  C 计算机集群

机群计算
  Y 集群计算

机群系统
  Y 计算机集群

机械 CAD
  Y 计算机辅助机械设计

机械臂
mechanical arm
TP242
  D 机械手臂
  S 机器人*

 • 关节机器人
 • 空间机械臂
 • 柔性机械臂

机械分词
mechanical word segmentation
TP391.1
  D 基于字符串匹配的分词方法
    机械分词法
  S 分词
  L 语言信息处理**

机械分词法
  Y 机械分词

机械计算机辅助设计
  Y 计算机辅助机械设计

机械继电器
mechanical relay
TM58
  D 棘轮继电器
  S 继电器*
  C 电磁继电器

机械键盘
mechanical keyboard
TP334.2
  S 键盘
  Z 外部设备*

机械滤波器
mechanical filter
TN713
  S 滤波器*

机械扫描天线
mechanically scanned antenna
TN82
  S 扫描天线
  Z 天线*

机械式鼠标
  Y 机械鼠标

机械式鼠标器
  Y 机械鼠标

机械手臂
  Y 机械臂

机械鼠标
mechanical mouse
TP334.2
  D 机械式鼠标
    机械式鼠标器
  S 鼠标
  Z 外部设备*

机械调谐器
mechanical tuner

TN911
  S 调谐器*

机芯电路
machine core circuit
TN710
  S 电子电路*

机要通信
  Y 保密通信

机译系统
  Y 机器翻译

机载 PD 雷达
  Y 机载脉冲多普勒雷达

机载 SAR
  Y 机载合成孔径雷达

机载侧视雷达
  Y 侧视雷达

机载导航雷达
airborne navigation radar
TN958
  D 机载航行雷达
  S 导航雷达
    机载雷达
  Z 雷达*

机载电台
airborne radio
TN924
  D 飞机电台
  S 移动电台
    航空电台
  Z 无线电台*

机载电子对抗设备
  Y 机载电子战设备

机载电子干扰吊舱
  Y 干扰吊舱

机载电子战设备
airborne electronic warfare equipment
TN97
  D 机载电子对抗设备
    机载电子战支援措施设备
    机载电子战系统
    航空电子对抗设备
  S 电子战装备*
 • 干扰吊舱
 • 机载干扰机
 • 机载诱饵投放器
  C 航空电子对抗

机载电子战系统
  Y 机载电子战设备

机载电子战支援措施设备
　　Y 机载电子战设备

机载多功能雷达
airborne multifunction radar
TN958
　　D 机载多用途雷达
　　S 多功能雷达
　　　 机载雷达
　　Z 雷达*

机载多普勒雷达
　　Y 机载脉冲多普勒雷达

机载多用途雷达
　　Y 机载多功能雷达

机载干扰机
airborne jammer
TN972
　　S 干扰机
　　　 机载电子战设备
　　L 电子干扰设备**

机载航行雷达
　　Y 机载导航雷达

机载合成孔径雷达
airborne synthetic aperture radar
TN958
　　D 机载 SAR
　　S 合成孔径雷达
　　Z 雷达*

机载红外装置
airborne infrared device
TN976
　　S 红外装置*

机载火控计算机
airborne fire control computer
TP338
　　D 机开火控计算机
　　　 机载射击指挥计算机
　　　 机载火力控制计算机
　　S 军用计算机
　　　 机载计算机
　　Z 计算机*

机载火控雷达
airborne fire control radar
TN958
　　D 机载火力控制雷达
　　S 机载雷达
　　　 火控雷达
　　Z 雷达*

机载火力控制计算机
　　Y 机载火控计算机

机载火力控制雷达
　　Y 机载火控雷达

机载激光
　　Y 机载激光器

机载激光雷达
airborne lidar
TN958
　　S 机载雷达
　　　 激光雷达
　　Z 雷达*

机载激光器
airborne laser
TN248
　　D 机载激光
　　S 激光器*

机载激光通信
airborne laser communication
TN929.1
　　S 机载通信
　　　 激光通信
　　L 光通信**

机载计算机
airborne computer
TP338
　　D 航空计算机
　　S 专用计算机
　　• 飞行控制计算机
　　• 机载火控计算机
　　C 机载软件
　　Z 计算机*

机载计算机软件
　　Y 机载软件

机载截击雷达
　　Y 截击雷达

机载雷达
airborne radar
TN958
　　D 空用雷达
　　　 空载雷达
　　S 航空雷达
　　• 侧视雷达
　　• 护尾雷达
　　• 机载导航雷达
　　• 机载多功能雷达
　　• 机载火控雷达
　　• 机载激光雷达
　　• 机载脉冲多普勒雷达
　　• 机载气象雷达
　　• 机载相控阵雷达
　　• 机载预警雷达
　　• 截击雷达
　　C 航空声呐
　　　 航空电子对抗
　　Z 雷达*

机载脉冲多普勒雷达
airborne pulse Doppler radar
TN958
　　D 机载 PD 雷达
　　　 机载多普勒雷达
　　S 多普勒雷达
　　　 机载雷达
　　Z 雷达*

机载气象雷达
airborne weather radar
TN958
　　D 机载天气雷达
　　S 机载雷达
　　Z 雷达*

机载软件
airborne software
TP317
　　D 机载计算机软件
　　S 专用软件
　　C 机载计算机
　　L 应用软件**

机载射击指挥计算机
　　Y 机载火控计算机

机载声呐
　　Y 航空声呐

机载声纳
　　Y 航空声呐

机载天气雷达
　　Y 机载气象雷达

机载天线
airborne antenna
TN82
　　D 飞机天线
　　S 飞行器大线
　　Z 天线*

机载通信
airborne communication
TN92
　　D 飞机通信
　　S 航空通信
　　• 机载激光通信
　　• 机载卫星通信
　　Z 通信*

机载卫星通信
airborne satellite communication
TN927
　　S 卫星通信
　　　 机载通信
　　L 无线通信**

机载相控阵雷达
airborne phased array radar

TN958
　　S 机载雷达
　　　相控阵雷达
　　Z 雷达*

机载诱饵投放器
airborne decoy dispenser
TN97
　　D 机载诱饵投放系统
　　S 干扰投放器
　　　机载电子战设备
　　L 电子干扰设备**

机载诱饵投放系统
　　Y 机载诱饵投放器

机载预警雷达
airborne early warning radar
TN958
　　D AEW雷达
　　　预警机雷达
　　S 机载雷达
　　　预警雷达
　　Z 雷达*

机助诊断
　　Y 计算机辅助诊断

肌电假手
myoelectric artificial hand
TP24
　　D 肌电手
　　S 可穿戴设备*

肌电手
　　Y 肌电假手

积层板
　　Y 积层多层板

积层多层板
build-up multilayer PCB
TN7
　　D 积层板
　　　积层法多层板
　　S 层压基板
　　Z 电路基板*

积层法多层板
　　Y 积层多层板

积分放大器
integrating amplifier
TN72
　　S 放大器*

积分算法
integrating algorithm
TP301
　　S 数值算法
　　Z 算法*

积极干扰
　　Y 有源干扰

积木式程序
　　Y 模块化程序

积木式计算机
modularized computer
TP338
　　D 宏模组件计算机
　　S 计算机*

积体电路
　　Y 集成电路

基板
　　Y 电路基板

基本放大电路
　　Y 基本放大器

基本放大器
basic amplifier
TN72
　　D 基本放大电路
　　S 放大器*

基本寄存器
basic register
TP333
　　S 寄存器*
　　C 移位寄存器

基本门电路
logic gate circuit
TN791
　　D 简单逻辑门电路
　　S 逻辑电路
　　· 非门
　　· 或非门
　　· 或门
　　· 异或门
　　· 与非门
　　· 与门
　　L 数字电路**

基本密钥
　　Y 主密钥

基本输入输出系统
basic input output system
TP303
　　D BIOS
　　S 固化程序
　　C 操作系统
　　Z 软件*

基本数据库
　　Y 基础数据库

基本速率接口
basic rate interface
TN915
　　D 基群速率接口
　　S 通信接口
　　C 综合业务数字网
　　Z 接口*

基本遗传算法
basic genetic algorithm
TP301
　　S 遗传算法
　　Z 算法*

基础地理信息服务
　　Y 地理信息服务

基础软件
　　Y 系统软件

基础设施即服务
　　Y IaaS

基础数据
basic data
TP391
　　S 数据*
　　C 基础数据库

基础数据库
basis database
TP392
　　D 基本数据库
　　S 数据库*
　　C 基础数据

基础信息平台
basic information platform
TP391
　　D 基础信息系统
　　S 信息平台*

基础信息系统
　　Y 基础信息平台

基带处理
　　Y 基带处理器

基带处理器
baseband processor
TP33　TN43
　　D 基带处理
　　S 通信处理器
　　C 基带传输
　　　基带电路
　　Z 微处理器*

基带传输
baseband transmission
TN919
　　S 信息传输*

C 基带处理器
　　　基带调制

基带电路
baseband circuit
TN710　TN92
　　D 基带芯片
　　S 电子电路*
　　C 基带处理器

基带控制器
baseband controller
TN92
　　S 无线控制器
　　C 基带调制
　　Z 通信设备*
　　　控制器*

基带调制
baseband modulation
TN76
　　S 调制*
　　C 基带传输
　　　基带信号
　　　基带控制器

基带芯片
　　Y 基带电路

基带信号
baseband signal
TN948
　　S 信号*
　　· 数字基带信号
　　C 基带调制

基带预失真
baseband predistortion
TN92　TN72
　　S 预失真
　　· 数字基带预失真
　　Z 电子技术*

基底材料
　　Y 衬底材料

基地台天线
　　Y 基站天线

基地站
　　Y 基站

基地址寄存器
base address register
TP333
　　D 基址寄存器
　　S 地址寄存器
　　Z 寄存器*

基金会现场总线
　　Y FF 现场总线

基群速率接口
　　Y 基本速率接口

基台
　　Y 基站

基因编程
　　Y 遗传编程

基因表达式编程
gene expression programming
TP311
　　D 基因表达式程序设计
　　S 遗传编程
　　C 基因表达式编程算法
　　L 软件编程**

基因表达式编程算法
gene expression programming algorithm
TP183　TP301
　　D GEP 算法
　　S 遗传算法
　　C 基因表达式编程
　　Z 算法*

基因表达式程序设计
　　Y 基因表达式编程

基因计算
gene calculation
TP3
　　S 先进计算
　　Z 计算*

基因算法
　　Y 遗传算法

基因芯片
gene chip
TN4
　　D DNA 芯片
　　S 生物芯片
　　Z 芯片*

基因遗传算法
　　Y 遗传算法

基于 IPv6 的低功耗无线个域网标准
　　Y 6LoWPAN 标准

基于 Web 的网络管理
　　Y Web 网络管理

基于案例推理
　　Y 案例推理

基于策略的网络管理
　　Y 策略网络管理

基于策略网络管理
　　Y 策略网络管理

基于对象存储
　　Y 对象存储

基于对象存储设备
　　Y 对象存储设备

基于对象的视频编码
object-based video coding
TN911
　　S 视频编码
　　L 音视频编码**

基于构件的开发
　　Y 基于组件开发

基于构件的软件开发
　　Y 基于组件开发

基于构件的软件开发方法
　　Y 基于组件开发

基于构件的软件系统
　　Y 构件化软件

基于构件开发
　　Y 基于组件开发

基于构件软件开发
　　Y 基于组件开发

基于规则推理
　　Y 规则推理

基于角色的访问控制
role-based access control
TP309　TP393.08
　　D RBAC
　　　RBAC 模型
　　　基于角色访问控制
　　　角色存取控制
　　　角色访问控制
　　　角色访问控制技术
　　　角色访问控制模型
　　S 访问控制
　　C 静态授权
　　Z 网络技术*

基于角色访问控制
　　Y 基于角色的访问控制

基于内容的过滤
　　Y 内容过滤

基于内容的路由
　　Y 内容路由

基于内容的图像检索
content-based image retrieval
TP391
 D CBIR
 S 图像检索
 L 图像处理**

基于内容的自适应变长编码
 Y 上下文自适应变长编码

基于任务的访问控制
task-based access control
TP393.08 TP309
 D TBAC
  任务访问控制
  基于任务访问控制
 S 访问控制
 Z 网络技术*

基于任务访问控制
 Y 基于任务的访问控制

基于任务和角色的访问控制
task-role-based access control
TP393.08 TP309
 D TRBAC
  基于任务-角色的访问控制
 S 访问控制
 C 动态授权
 Z 网络技术*

基于任务-角色的访问控制
 Y 基于任务和角色的访问控制

基于上下文的自适应二进制算术编码
context adaptive binary arithmetic coding
TN911 TP30
 D CABAC
 S 自适应算术编码
 L 信息编码**

基于身份的加密
identity-based encryption
TP309
 D 基于身份加密
  基于身份加密技术
  身份加密
  身份加密算法
 S 信息加密
 C 基于身份的密码体制
  基于身份的签名
 L 加密**

基于身份的密码体制
identity-based cryptosystem
TP393.08 TN918
 D 基于身份密码体制
  身份密码体制
  身份密码系统

 S 密码体制
 C 基于身份的加密
  环签名
 Z 信息安全体系*

基于身份的签名
identity-based signature
TN918 TP393.08
 D 基于身份的数字签名
  基于身份签名
  基于身份签名技术
  身份签名
 S 数字签名*
 C 基于身份的加密
  身份签密
  身份认证

基于身份的数字签名
 Y 基于身份的签名

基于身份加密
 Y 基于身份的加密

基于身份加密技术
 Y 基于身份的加密

基于身份密码体制
 Y 基于身份的密码体制

基于身份签名
 Y 基于身份的签名

基于身份签名技术
 Y 基于身份的签名

基于实例的机器翻译
example-based machine translation
TP391.2
 D EBMT
 S 机器翻译
 C 案例推理
 Z 计算机辅助技术*

基于实例推理
 Y 案例推理

基于属性的访问控制
attribute-based access control
TP393.08
 D ABAC
  基于属性访问控制
 S 访问控制
 C Web 服务
 Z 网络技术*

基于属性访问控制
 Y 基于属性的访问控制

基于图像建模
 Y 图像建模

基于网络的入侵检测
 Y 入侵检测

基于位置的路由
 Y 位置路由

基于位置服务
 Y 位置服务

基于位置信息的路由
 Y 位置路由

基于以太网的点对点协议
point-to-point protocol over Ethernet
TN915
 D PPPoE
  PPPoE 协议
 S 点对点协议
 L 网络协议**

基于以太网的无源光网络
 Y 以太无源光网络

基于用户的安全模型
user-based security model
TP309
 S 网络安全模型
 Z 网络模型*
  信息安全模型*

基于约束的路由
 Y 约束路由

基于约束路由
 Y 约束路由

基于主机的入侵检测
 Y 主机入侵检测

基于字符串匹配的分词方法
 Y 机械分词

基于组件开发
component-based development
TP311
 D 基于构件开发
  基于构件的开发
  基于构件的软件开发
  基于构件的软件开发方法
  基于构件软件开发
  基于组件设计
  构件编程
  组件化开发
  组件开发
  组件式开发
  组件式软件开发
  组件编程
  部件编程
 S 软件开发
 C 构件化软件

Z 软件工程*

基于组件设计
  Y 基于组件开发

基站*
base station
TN927
  D 基台
    基地站
    射频基站
    移动通信基站
    蜂窝基站
    通信基站
  • 边际站
  • 分布式基站
  • 宏基站
  • 家庭基站
  • 软基站
  • 数字基站
  • 微基站
  • 无线基站
  • 小灵通基站
  • 直放站
  • 主基站
  C 基站天线
    基站接收机
    基站控制器
    室内分布系统
    空中接口
    频率复用

基站接收机
base station receiver
TN85
  S 通信接收机
  C 基站
  Z 接收设备*

基站控制器
base station controller
TN92
  S 无线控制器
  C 基站
  Z 通信设备*
    控制器*

基站天线
base station antenna
TN82
  D 基地台天线
  S 移动通信天线
  • 板状天线
  C 基站
  L 通信天线**

基址寄存器
  Y 基地址寄存器

基追踪
basis pursuit
TN911.4
  D 基追踪算法
  S 信号处理*
  C 压缩感知

基追踪算法
  Y 基追踪

基准测试程序
benchmark program
TP317 TP306
  D 基准测试软件
    基准程序
  S 测试软件
  L 工具软件**

基准测试软件
  Y 基准测试程序

基准程序
  Y 基准测试程序

基准电流源
current reference
TN43
  D 电流基准源
  S 基准源
  Z 电子电路*

基准电路
  Y 基准源

基准电压源
voltage reference
TN43
  D 电压基准
    电压基准源
  S 基准源
  • 带隙基准电压源
  Z 电子电路*

基准信号
reference signal
TN911
  S 信号*
  C 基准源

基准源
reference source
TN43
  D 基准电路
  S 电子电路*
  • 基准电流源
  • 基准电压源
  C 基准信号

畸变测量仪
  Y 失真度测量仪

激磁电源
excitation power supply
TN86
  S 电源*

激光*
laser
TN241
  D 激光光束
    激光束
    激射光
    莱塞
    镭射
    雷射
  • 波段内激光
  • 波段外激光
  • 超强激光
  • • 超短超强激光
  • 点阵激光
  • 调 Q 激光
  • 高斯激光
  • 红外激光
  • • 远红外激光
  • • 中红外激光
  • 脉冲激光
  • • 长脉冲激光
  • • 超短脉冲激光
  • • • 飞秒激光
  • • • 皮秒激光
  • • 短脉冲激光
  • • 多脉冲激光
  • • 高重频激光
  • • 巨脉冲激光
  • 线激光
  • 紫外激光
  • • 连续紫外激光
  • • 深紫外激光
  • • 远紫外激光
  C 激光光纤
    激光器
    激光应用

激光编码
laser coding
TN24 TN929.1
  S 编码
  • 激光脉冲编码
  C 激光编码器

激光编码器
laser coder
TN24
  S 光电编码器
  C 激光编码
  Z 编码器*

激光标记
  Y 激光打标

激光标刻
  Y 激光打标

激光剥离
laser stripping
TN305

S 激光应用*
　　C 光电子学

激光布线
laser wiring
TN405
　　S 激光应用*

激光材料加工
laser material processing
TN249
　　S 激光加工**

激光测风雷达
　　Y 测风激光雷达

激光测角
laser angle measurement
TN249
　　S 激光测量
　　Z 激光应用*

激光测距
laser ranging
TN249
　　D 激光测距技术
　　　 激射光测距
　　S 激光测量
　　• 激光连续波测距
　　• 激光脉冲测距
　　• 激光相位测距
　　C 激光测距仪
　　　 激光雷达
　　Z 激光应用*

激光测距传感器
laser range sensor
TP212
　　S 测距传感器
　　　 激光传感器
　　L 测量传感器**
　　　 物理传感器**

激光测距技术
　　Y 激光测距

激光测距器
　　Y 激光测距仪

激光测距仪
laser range finder
TM93
　　D 激光测距器
　　S 光电测距仪
　　C 激光测距
　　Z 电子测量仪器*

激光测量
laser measurement
TN249
　　S 激光应用*

　　• 激光测角
　　• 激光测距
　　• 激光测速
　　• 激光测向
　　• 激光测振
　　• 激光三角测量法
　　• 激光衍射测量

激光测速
measurement of velocity by laser
TN249
　　D 激光多普勒测速
　　S 激光测量
　　Z 激光应用*

激光测向
laser direction measurement
TN249
　　D 激射光测向
　　S 光学测向
　　　 激光测量
　　Z 测向*
　　　 激光应用*

激光测振
laser vibration measurement
TN249
　　S 激光测量
　　Z 激光应用*

激光掺杂
laser doping
TN249　TN305
　　S 激光应用*

激光沉积
laser deposition
TN305　TN249
　　D 激光淀积
　　S 半导体淀积工艺**
　　　 激光加工**
　　• 激光化学气相沉积
　　• 脉冲激光沉积

激光成孔
　　Y 激光钻孔

激光成像雷达
laser imaging radar
TN958
　　D 成像激光雷达
　　S 成像雷达
　　　 激光雷达
　　Z 雷达*

激光冲击成形
laser shock forming
TN24
　　D 激光冲压
　　S 激光加工**

激光冲击强化
laser shock processing
TN249
　　D 激光冲击强化处理
　　S 激光加工**

激光冲击强化处理
　　Y 激光冲击强化

激光冲压
　　Y 激光冲击成形

激光触发
laser trigger
TN249
　　S 激光应用*

激光穿孔
　　Y 激光钻孔

激光传感器
laser sensor
TP212
　　S 光学传感器
　　• 激光测距传感器
　　• 激光视觉传感器
　　• 激光位移传感器
　　L 物理传感器**

激光传输
laser transmission
TN929
　　S 光传输
　　• 光纤传输
　　• 激光大气传输
　　C 激光通信
　　Z 信息传输*

激光存储器
　　Y 光存储器

激光打标
laser marking
TN249
　　D 激光标刻
　　　 激光标记
　　S 激光加工**

激光打孔
　　Y 激光钻孔

激光打印机
laserjet printer
TP334.8
　　D 激光印字机
　　　 激光打印系统
　　S 图形输出设备
　　　 打印机
　　• 彩色激光打印机
　　• 高速激光打印机
　　• 黑白激光打印机

·激光多功能一体机
　　Z 外部设备*

激光打印系统
　　Y 激光打印机

激光大气传输
laser atmospheric transmission
TN011
　　S 激光传输
　　Z 信息传输*

激光大气通信
　　Y 大气光通信

激光电视
laser television
TN24　TN949
　　D 激光电视机
　　S 电视*
　　·全息电视
　　C 激光显示

激光电视机
　　Y 激光电视

激光电源
power supply for laser
TN86
　　D 激光器电源
　　S 电源*
　　·半导体激光电源
　　·脉冲激光电源

激光电子对抗
　　Y 激光对抗

激光淀积
　　Y 激光沉积

激光雕刻
laser engraving
TN249
　　D 激光刻线
　　　激光雕刻技术
　　S 激光加工**

激光雕刻技术
　　Y 激光雕刻

激光定位
laser positioning
TN249
　　D 激光定位技术
　　　激射光定位
　　S 激光应用*
　　C 导航定位系统

激光定位技术
　　Y 激光定位

激光对抗
laser countermeasure
TN249　TN977
　　D 激光电子对抗
　　S 光电对抗
　　·激光干扰
　　·激光告警
　　L 电子对抗**

激光对潜通信
submarine laser communication
TN929.1　TN24
　　D 蓝绿激光对潜通信
　　S 对潜通信
　　　激光通信
　　C 蓝绿激光器
　　L 光通信**

激光多功能一体机
multifunction laserjet printer
TP334.3
　　D 激光一体机
　　S 多功能一体机
　　　激光打印机
　　Z 外部设备*

激光多普勒测速
　　Y 激光测速

激光二极管
laser diode
TN31
　　D 半导体激光二极管
　　S 半导体发光器件**
　　·大功率激光二极管
　　·条形激光二极管
　　C 二极管激光器

激光二极管泵浦固体激光器
　　Y 二极管泵浦固体激光器

激光二极管抽运固体激光器
　　Y 二极管泵浦固体激光器

激光发射机
laser transmitter
TN24　TN929.1　TN83
　　D 激射光发射机
　　S 光发射机
　　C 激光接收机
　　　激光通信
　　Z 发射机*

激光放大器
laser amplifier
TN72
　　S 光放大器**
　　·飞秒激光放大器
　　·染料激光放大器
　　·再生放大器

激光非破坏性检测
　　Y 激光探测技术

激光非破坏性检验
　　Y 激光探测技术

激光干扰
laser jamming
TN972
　　S 光电干扰
　　　激光对抗
　　·激光角度欺骗干扰
　　·激光有源干扰
　　C 激光噪声
　　　激光干扰机
　　　激光诱饵
　　L 电子对抗**

激光干扰机
laser jammer
TN977　TN24
　　S 光电干扰设备
　　　干扰机
　　C 激光干扰
　　L 电子干扰设备**

激光干涉光刻
　　Y 干涉光刻

激光告警
laser warning
TN977　TN24
　　D 激光告警技术
　　S 光电告警
　　　激光对抗
　　·激光侦察告警
　　C 激光告警接收机
　　　激光告警系统
　　L 电子对抗**

激光告警技术
　　Y 激光告警

激光告警接收机
laser warning receiver
TN85
　　D 激光告警器
　　S 告警接收机
　　C 激光告警
　　Z 电子战装备*
　　　接收设备*

激光告警器
　　Y 激光告警接收机

激光告警系统
laser warning system
TN97
　　S 光电对抗装备
　　　告警装备
　　C 激光告警

· 379 ·

Z 电子战装备*

激光跟踪
laser tracking
TN249　TN953
　　D 激光跟踪测量
　　S 光学跟踪*
　　　激光应用*

激光跟踪测量
　　Y 激光跟踪

激光管
　　Y 激光器

激光光刻
laser lithography
TN305
　　D 激光曝光
　　S 光学光刻
　　　激光加工**
　　· 干涉光刻
　　· 激光直写
　　· 准分子激光光刻
　　L 光刻工艺**
　　　激光加工**

激光光盘
　　Y 光盘

激光光束
　　Y 激光

激光光纤
laser fiber
TN25　TN24
　　D 激光纤维
　　S 光纤*
　　C 激光

激光划片
laser scribing
TN305　TN249
　　S 激光加工**
　　C 半导体激光器

激光化学气相沉积
laser chemical vapor deposition
TN249　TN305
　　S 化学气相沉积
　　　激光沉积
　　C 化学激光器
　　L 半导体淀积工艺**
　　　激光加工**

激光计算机
laser computer
TP381
　　S 光计算机
　　C 激光应用
　　Z 计算机*

激光加工**
laser processing
TN249
　　D 激光加工技术
　　S 激光应用*
　　· 飞秒激光加工
　　· 激光材料加工
　　· 激光沉积
　　· 激光化学气相沉积
　　· 脉冲激光沉积
　　· 激光冲击成形
　　· 激光冲击强化
　　· 激光打标
　　· 激光雕刻
　　· 激光调阻
　　· 激光光刻
　　· 干涉光刻
　　· 激光直写
　　· 准分子激光光刻
　　· 激光划片
　　· 激光晶化
　　· 激光拉丝
　　· 激光密封
　　· 激光熔覆
　　· 激光微调
　　· 激光微加工
　　· 激光钻孔
　　C 激光切片机

激光加工技术
　　Y 激光加工

激光加热
laser heating
TN249
　　S 激光应用*

激光角度欺骗干扰
laser angle deception jamming
TN972
　　D 激光欺骗干扰
　　S 激光干扰
　　　角度欺骗干扰
　　L 电子对抗**

激光接收机
laser receiver
TN85
　　D 激光接收器
　　S 光接收机
　　C 激光发射机
　　Z 接收设备*

激光接收器
　　Y 激光接收机

激光晶化
laser crystallization
TN24
　　S 激光加工**
　　C 多晶硅

激光刻槽
　　Y 激光微调

激光刻线
　　Y 激光雕刻

激光控制器
laser controller
TN2
　　S 控制器*

激光拉曼散射
　　Y 受激拉曼散射

激光拉丝
laser drawing
TN249　TM93
　　S 激光加工**

激光雷达
laser radar
TN958
　　S 光雷达
　　· 半导体激光雷达
　　· 测风激光雷达
　　· 差分吸收激光雷达
　　· 车载激光雷达
　　· 多普勒激光雷达
　　· 合成孔径激光雷达
　　· 机载激光雷达
　　· 激光成像雷达
　　· 米散射激光雷达
　　· 三维激光雷达
　　· 微脉冲激光雷达
　　· 相干激光雷达
　　C 光学天线
　　　后向散射信号
　　　激光测距
　　Z 雷达*

激光连续波测距
laser continuous wave ranging
TN249
　　S 激光测距
　　Z 激光应用*

激光脉冲编码
laser pulse coding
TN911
　　S 激光编码
　　　脉冲编码
　　Z 编码*

激光脉冲测距
laser pulse ranging
TN249
　　S 激光测距
　　Z 激光应用*

激光密封
laser seal

TN249
　S 激光加工**

激光盘
　Y 光盘

激光曝光
　Y 激光光刻

激光欺骗干扰
　Y 激光角度欺骗干扰

激光器*
laser
TN248
　D 光激射器
　　激光管
　· X 射线激光器
　· · 核激励 X 射线激光器
　· · 软 X 射线激光器
　· 薄片激光器
　· 倍频激光器
　· 泵浦激光器
　· · 侧面泵浦激光器
　· · 灯泵激光器
　· · 端面泵浦激光器
　· · 二极管泵浦固体激光器
　· · 光泵亚毫米波激光
　· · 核泵浦激光器
　· · 太阳能泵浦激光器
　· 边发射激光器
　· 波导激光器
　· · 波导式气体激光器
　· · · 波导二氧化碳激光器
　· · 环波导激光器
　· · 脊形波导激光器
　· · 平面波导激光器
　· 长波长激光器
　· 单块激光器
　· 单模激光器
　· 单频激光器
　· · 单频光纤激光器
　· 等离子体激光器
　· 点吸收激光器
　· 电子束激光器
　· 调制激光器
　· · 调频激光器
　· 多波长激光器
　· 多模激光器
　· 非稳腔激光器
　· 分布反馈激光器
　· · 分布反馈半导体激光器
　· · 分布反馈光纤激光器
　· 高功率激光器
　· · 高功率半导体激光器
　· · 高功率二氧化碳激光器
　· · 高功率固体激光器
　· · 高功率光纤激光器
　· · 高平均功率激光器
　· · 拍瓦激光器
　· · 太瓦激光器
　· · 兆焦耳激光器
　· 固体激光器**

　· 光参量激光器
　· 光复合激光器
　· 光纤激光器**
　· 硅基激光器
　· 毫米波激光器
　· 亚毫米波激光器
　· · 光泵亚毫米波激光器
　· 横模激光器
　· 化学激光器
　· · 碘激光器
　· · · 光解离碘激光器
　· · · 氧碘激光器
　· · 连续波化学激光器
　· 环形激光器
　· 机载激光器
　· 极小孔激光器
　· 集成光学激光器
　· 精确波长激光器
　· 可调谐激光器
　· · 分布布拉格反射激光器
　· · 可调谐固体激光器
　· · 可调谐半导体激光器
　· · 可调谐光纤激光器
　· 色心激光器
　· 可见光激光器
　· · 红光激光器
　· · 黄光激光器
　· · 蓝光激光器
　· · 监绿激光器
　· · 绿光激光器
　· · · 全固态绿光激光器
　· 拉曼激光器
　· · 拉曼光纤激光器
　· · 自拉曼激光器
　· 连续波激光器
　· · 连续波化学激光器
　· 纳米激光器
　· 片状激光器
　· 气动激光器
　· 气体激光器**
　· 全息激光器
　· 热容激光器
　· 人眼安全激光器
　· 塞曼激光器
　· 三能级激光器
　· 扫描激光器
　· 上变频激光器
　· 声子激光器
　· 双波长激光器
　· 双光子激光器
　· 双频激光器
　· · 双频气体激光器
　· · 双折射双频激光器
　· 水下激光器
　· 四能级激光器
　· 塑料激光器
　· 随机激光器
　· 锁模激光器
　· · 被动锁模激光器
　· · · 被动锁模光纤激光器
　· · 锁模光纤激光器
　· · · 被动锁模光纤激光器
　· · · 再生锁模光纤激光器
　· · · 主动锁模光纤激光器

　· · 自锁模激光器
　· 台式激光器
　· 碳激光器
　· 陶瓷激光器
　· 微米激光器
　· 微片激光器
　· 微腔激光器
　· 微小孔径激光器
　· 微芯片激光器
　· 微型激光器
　· 稳频激光器
　· · 双稳激光器
　· · 稳频氦氖激光器
　· 无铝激光器
　· 无序激光器
　· 小型激光器
　· 星载激光器
　· 行波激光器
　· 液体激光器
　· · 无机液体激光器
　· · 有机液体激光器
　· · · 染料激光器
　· · · · 固体染料激光器
　· · · · 皮秒染料激光器
　· 有机激光器
　· · 有机液体激光器
　· · · 染料激光器
　· · · · 固体染料激光器
　· · · · 皮秒染料激光器
　· 窄带激光器
　· 战术激光器
　· 直调激光器
　· 自由电子激光器
　C 模斑转换器
　　激光
　　激光应用
　　激光探测器

激光器电源
　Y 激光电源

激光器驱动电路
　Y 激光驱动电路

激光切片机
laser slicer
TN305
　S 切片机
　C 激光加工
　Z 半导体工艺设备*

激光驱动电路
laser driver circuit
TN710
　D 激光器驱动电路
　S 驱动电路**

激光全息
　Y 激光全息术

激光全息光刻
　Y 干涉光刻

激光全息技术
　　Y 激光全息术

激光全息摄影
　　Y 激光全息术

激光全息术
laser holography
TN24
　　D 全息摄影技术
　　　 全息摄影术
　　　 全息照相
　　　 全息照相技术
　　　 全息照相术
　　　 激光全息
　　　 激光全息技术
　　　 激光全息摄影
　　S 全息术*
　　　 激光应用*

激光熔覆
laser cladding
TN24　TN05
　　D 激光熔覆技术
　　S 激光加工**

激光熔覆技术
　　Y 激光熔覆

激光三角测量法
laser triangulation method
TN249
　　D 激光三角法
　　S 激光测量
　　Z 激光应用*

激光三角法
　　Y 激光三角测量法

激光散射
laser scattering
TN20
　　S 光散射
　　Z 电磁波散射*

激光扫描技术
laser scanning technology
TP33　TN249
　　D 激光扫描加工
　　S 激光应用*

激光扫描加工
　　Y 激光扫描技术

激光扫描器
　　Y 激光扫描仪

激光扫描系统
　　Y 激光扫描仪

激光扫描仪
laser scanner
TP33　TN24
　　D 激光扫描器
　　　 激光扫描系统
　　　 激光扫描装置
　　S 扫描仪
　　· 三维激光扫描仪
　　C 数字化仪
　　Z 外部设备*

激光扫描装置
　　Y 激光扫描仪

激光视觉传感器
laser vision sensor
TP212
　　S 激光传感器
　　　 视觉传感器
　　L 物理传感器**

激光视盘
laser video disc
TN946
　　D 激光影碟
　　S 视频光盘
　　L 光存储器**
　　　 外存储器**

激光视盘播放机
　　Y 激光视盘机

激光视盘机
laser video disc player
TN946
　　D 影碟播放机
　　　 影碟机
　　　 激光影碟机
　　　 激光视盘播放机
　　　 视盘播放机
　　S 电视设备*
　　　 视频设备*
　　· DVD 播放机
　　· VCD 影碟机
　　C 光盘摄像机
　　　 数字视频光盘

激光鼠标
laser mouse
TP334.2
　　S 鼠标
　　C 激光应用
　　Z 外部设备*

激光束
　　Y 激光

激光束瞄准
laser beam aiming
TN249
　　S 激光应用*

激光束调制
　　Y 激光调制

激光探测技术
laser detection technology
TN29　TN24
　　D 激光非破坏性检测
　　　 激光非破坏性检验
　　　 激射光探测技术
　　S 激光应用*
　　C 激光探测器

激光探测器
laser detector
TN24　TN953
　　S 探测器*
　　C 激光器
　　　 激光探测技术

激光调制
laser modulation
TN76　TN24
　　D 激光束调制
　　　 激光调制技术
　　S 光调制
　　· 腔内调制
　　· 腔外调制
　　Z 调制*

激光调制技术
　　Y 激光调制

激光调阻
laser resistor trimming
TN249
　　S 激光加工**

激光通信
laser communication
TN929.1
　　D 激光通信技术
　　S 光通信**
　　· 机载激光通信
　　· 激光对潜通信
　　· 水下激光通信
　　· 相干光通信
　　· 自由空间光通信
　　C 激光传输
　　　 激光发射机

激光通信技术
　　Y 激光通信

激光陀螺捷联惯导系统
laser strapdown inertial navigation system
TN966
　　S 捷联惯性导航系统
　　C 环形激光器
　　Z 导航系统*

激光外差干涉
laser heterodyne interference
TN24
    D 激光外差干涉术
    S 激光应用*

激光外差干涉术
    Y 激光外差干涉

激光微波管
lasertron
TN12
    S 微波管**

激光微加工
laser micromachining
TN05　TN24
    D 激光微细加工
    S 激光加工**

激光微调
laser trimming
TN05　TN249
    D 激光刻槽
    S 激光加工**

激光微细加工
    Y 激光微加工

激光位移传感器
laser displacement sensor
TP212
    S 位移传感器
      激光传感器
    L 测量传感器**
      物理传感器**

激光纤维
    Y 激光光纤

激光显示
laser display
TN24　TN27
    D 激光显示技术
    S 光学显示
    C 激光电视
    Z 显示*

激光显示技术
    Y 激光显示

激光显示器
laser display
TN27
    S 显示器
    C 激光显像管
    Z 显示设备*

激光显微光谱分析
    Y 激光显微术

激光显微术
laser microscopy
TN24
    D 激光显微光谱分析
    S 激光应用*
    C 金属蒸气激光器

激光显像管
laser kinescope
TN14
    S 显像管
    C 激光显示器
    L 电子束管**

激光相位测距
laser phase ranging
TN249
    S 激光测距
    Z 激光应用*

激光消融
laser ablation
TN24
    S 激光应用*

激光星间链路
laser inter-satellite link
TN929.1
    D 星间光链路
      星间激光链路
    S 星间链路
      空间光链路
    Z 链路*

激光修补
    Y 激光修复

激光修复
laser repairing
TN24
    D 激光修补
    S 激光应用*

激光衍射测量
laser diffraction measurement
TN249
    S 激光测量
    Z 激光应用*

激光夜视
laser night vision
TN22
    S 夜视*

激光一体机
    Y 激光多功能一体机

激光医疗
laser medical
TN24
    S 激光应用*

    C 准分子激光器
      半导体激光器
      点阵激光
      钇铝石榴石激光器

激光印字机
    Y 激光打印机

激光影碟
    Y 激光视盘

激光影碟机
    Y 激光视盘机

激光应用*
laser application
TN249
    D 应用激光
      激光应用技术
    · 激光剥离
    · 激光布线
    · 激光测量
    · · 激光测角
    · · 激光测距
    · · · 激光连续波测距
    · · · 激光脉冲测距
    · · · 激光相位测距
    · 激光测速
    · · 激光测向
    · · 激光测振
    · · 激光三角测量法
    · · 激光衍射测量
    · 激光掺杂
    · 激光触发
    · 激光定位
    · 激光跟踪
    · 激光加工**
    · 激光加热
    · 激光全息术
    · 激光扫描技术
    · 激光束瞄准
    · 激光探测技术
    · 激光外差干涉
    · 激光显微术
    · 激光消融
    · 激光修复
    · 激光医疗
    · 激光诱导
    · 激光照明
    · 激光助视
    C 激光
      激光器
      激光计算机
      激光鼠标

激光应用技术
    Y 激光应用

激光有源干扰
laser active jamming
TN972
    S 有源干扰

激光干扰
　　L 电子对抗**

激光诱导
laser induction
TN249
　　S 激光应用*

激光诱饵
laser decoy
TN977
　　S 电子诱饵
　　C 激光干扰
　　L 电子干扰设备**

激光噪声
laser noise
TN24
　　S 光噪声
　　C 激光干扰
　　Z 信号噪声*

激光照明
laser illumination
TN24
　　S 激光应用*

激光侦察
laser reconnaissance
TN971
　　D 激光主动侦察
　　S 光电侦察
　　L 电子对抗**

激光侦察告警
laser reconnaissance and warning
TN24　TN977
　　S 侦察告警
　　　激光告警
　　L 电子对抗**

激光振荡器
laser oscillator
TN752　TN256
　　S 光振荡器
　　Z 振荡器*

激光直接写入
　　Y 激光直写

激光直写
laser direct writing
TN24
　　D 激光直写光刻
　　　激光直写技术
　　　激光直接写入
　　S 激光光刻
　　L 光刻工艺**
　　　激光加工**

激光直写光刻
　　Y 激光直写

激光直写技术
　　Y 激光直写

激光制导
laser guidance
TN96
　　S 制导*

激光主动侦察
　　Y 激光侦察

激光助视
laser assistant vision
TN22
　　S 激光应用*
　　C 微光电视

激光钻孔
laser drilling
TN24
　　D 激光成孔
　　　激光打孔
　　　激光穿孔
　　　激光钻孔技术
　　S 激光加工**

激光钻孔技术
　　Y 激光钻孔

激励变压器
　　Y 行推动变压器

激励电路
　　Y 驱动电路

激励天线
　　Y 有源天线

激励信号
excitation signal
TN912
　　S 信号*

激射共振器
　　Y 微波激射器

激射光
　　Y 激光

激射光测距
　　Y 激光测距

激射光测向
　　Y 激光测向

激射光定位
　　Y 激光定位

激射光发射机
　　Y 激光发射机

激射光探测技术
　　Y 激光探测技术

奇数分频器
odd divider
TN772
　　S 分频器*

吉比特无源光网络
gigabit passive optical network
TN915　TN929.1
　　D GPON
　　　GPON 技术
　　　千兆以太网无源光网络
　　　千兆无源光网络
　　　千兆比特无源光网络
　　S 无源光网络
　　C 多点控制协议
　　L 光通信网络**

吉比特以太网
　　Y 千兆以太网

吉位以太网
　　Y 千兆以太网

级间变压器
interstage transformer
TM42
　　S 音频变压器
　　L 电子变压器**

级联编码
concade coding
TN911
　　S 编码*

级联放大器
cascade amplifier
TN72
　　S 放大器*

级联分类器
cascade classifier
TP391
　　S 分类器*

极大似然算法
　　Y 最大似然算法

极地导航
polar navigation
TN961
　　D 极区导航
　　S 导航*

极短波传播
　　Y 厘米波传播

极高频传播
　　Y 毫米波传播

极化 SAR
　　Y 极化合成孔径雷达

极化电子学
　　Y 极化技术

极化干涉 SAR
　　Y 极化干涉合成孔径雷达

极化干涉合成孔径雷达
polarimetric interferometric synthetic aperture radar
TN958
　　D 极化干涉 SAR
　　S 干涉合成孔径雷达
　　　　极化合成孔径雷达
　　Z 雷达*

极化光纤
polarization optical fibor
TN818
　　S 光纤*

极化合成孔径雷达
polarimetric synthetic aperture radar
TN958
　　D 极化 SAR
　　S 合成孔径雷达
　　　　极化雷达
　　· 多极化合成孔径雷达
　　· 极化干涉合成孔径雷达
　　Z 雷达*

极化技术
polarization technology
TN951
　　D 极化电子学
　　S 电子技术*
　　C 极化天线
　　　　极化雷达

极化继电器
polarized relay
TM58
　　D 有极继电器
　　S 继电器*

极化雷达
polarimetric radar
TN958
　　S 雷达*
　　· 极化合成孔径雷达
　　· 全极化雷达
　　C 极化天线

极化技术
　　正交模转换器

极化滤波
polarimetric filtering
TN713
　　D 极化滤波技术
　　S 滤波*

极化滤波技术
　　Y 极化滤波

极化天线
polarized antenna
TN82
　　S 天线*
　　· 变极化天线
　　· 垂直极化天线
　　· 双极化天线
　　· 水平极化天线
　　· 椭圆极化天线
　　· 线极化天线
　　· 圆极化天线
　　C 极化技术
　　　　极化雷达

极区导航
　　Y 极地导航

极限编程
extreme programming
TP311
　　D 极限编程方法
　　S 软件编程**

极限编程方法
　　Y 极限编程

极小孔激光器
very small aperture laser
TN248
　　S 激光器*

极窄脉冲雷达
　　Y 冲激雷达

极轴天线
polar axis antenna
TN82
　　S 卫星电视接收天线
　　L 卫星天线**

极紫外光刻
extreme ultra-violet lithography
TN305
　　D EUV 光刻
　　　　极紫外光刻技术
　　　　极紫外投影光刻
　　S 紫外光刻
　　L 光刻工艺**

极紫外光刻技术
　　Y 极紫外光刻

极紫外投影光刻
　　Y 极紫外光刻

极坐标格式算法
polar format algorithm
TN951
　　S 成像算法
　　Z 算法*

即时编译器
just-in-time compiler
TP314
　　S 编译器
　　Z 软件*

即时通信
instant message communication
TP393
　　S 互联网通信
　　C 即时通信软件
　　L 网络通信**

即时通信工具
　　Y 即时通信软件

即时通信平台
　　Y 即时通信软件

即时通信软件
instant messaging software
TP318　TP317
　　D IM 软件
　　　　即时消息软件
　　　　即时通信工具
　　　　即时通信平台
　　　　即时通信系统
　　　　即时通讯工具
　　　　即时通讯系统
　　　　即时通讯软件
　　　　实时通信程序
　　　　实时通信软件
　　S 实时应用程序
　　　　网络通信软件
　　· 聊天软件
　　· 社交软件
　　C 即时通信
　　　　可扩展消息处理现场协议
　　L 应用软件**
　　　　网络软件**

即时通信系统
　　Y 即时通信软件

即时通讯工具
　　Y 即时通信软件

即时通讯软件
　　Y 即时通信软件

即时通讯系统
　　Y 即时通信软件

即时消息软件
　　Y 即时通信软件

棘轮继电器
　　Y 机械继电器

集成办公软件
　　Y 办公集成化软件

集成测试
integrated testing
TP311
　　D 组装测试
　　　 联合测试
　　S 软件测试
　　Z 软件工程*

集成触发电路
　　Y 集成触发器

集成触发器
integrated trigger
TP33　TN79
　　D 集成单元触发器
　　　 集成触发电路
　　　 集成触发芯片
　　S 触发器
　　L 数字电路**

集成触发芯片
　　Y 集成触发器

集成传感器
integrated sensor
TP212
　　D 复合传感器
　　　 组合传感器
　　S 传感器*
　　· 集成温度传感器
　　· 集成压力传感器

集成单元触发器
　　Y 集成触发器

集成电路*
integrated circuit
TN4
　　D IC
　　　 IC 器件
　　　 IC 设计
　　　 积体电路
　　　 芯片电路
　　　 集成器件
　　　 集成块
　　　 集成电路设计
　　· 半导体集成电路
　　· · MOS 集成电路
　　· · · CMOS 集成电路

· · · · CMOS 读出电路
· · · · CMOS 模拟电路
· · · · CMOS 组合电路
· · · 电流型 CMOS 电路
· · · 纳米 CMOS 电路
· · · HMOS 电路
· · · MOS 电阻电路
· · · MOS 读出电路
· · · MOS 逻辑电路
· · · · CMOS 逻辑电路
· · · MOS 电流模逻辑电路
· · N 沟道 MOS 集成电路
· · 硅栅 MOS 集成电路
· · 双扩散 MOS 集成电路
· 单片集成电路
· · 微波单片集成电路
· · · 毫米波单片集成电路
· · · 砷化镓微波单片集成电路
· 圆片规模集成电路
· 硅集成电路
· 绝缘体上硅电路
· 纳米集成电路
· · 纳米 CMOS 电路
· 大规模集成电路
· · 超大规模集成电路
· · 高速大规模集成电路
· · 甚大规模集成电路
· 电源集成电路
· · 电源管理电路
· · 电源控制电路
· · 稳压集成电路
· 读出集成电路
· 分子集成电路
· 高速集成电路
· · 超高速集成电路
· · 高速大规模集成电路
· · 高速数字集成电路
· 高压集成电路
· 功率集成电路
· · 高压功率集成电路
· · 功率放大集成电路
· · 智能功率集成电路
· 混合集成电路
· · 薄膜集成电路
· · 厚膜集成电路
· · 混合信号集成电路
· · · 模数混合集成电路
· · · · 模数转换器
· · · · · Σ-Δ 模数转换器
· · · · · 串行模数转换器
· · · · · 高速模数转换器
· · · · · 流水线模数转换器
· · · · · 闪烁型模数转换器
· · · · · 轴角-数字转换器
· · · · · 逐次逼近型模数转换器
· · · · · 自整角机数字转换器
· · · 数模混合集成电路
· · · · 数模转换器
· · · · · 乘法型数模转换器
· · · · · 串行数模转换器
· · · · · 高速数模转换器
· · 微波混合集成电路
· 霍尔集成电路
· 逻辑集成电路**

· 模拟集成电路
· · 非线性集成电路
· · 现场可编程模拟阵列
· · 线性集成电路
· · 驱动集成电路
· 三维集成电路
· · 三维微波集成电路
· 射频集成电路
· 时钟集成电路
· 数字集成电路
· · 高速数字集成电路
· 双极型集成电路
· · 双极运算放大器
· 塑封集成电路
· 微波集成电路
· · 多层微波集成电路
· · 毫米波集成电路
· · 三维微波集成电路
· · 微波混合集成电路
· 微功耗集成电路
· 小规模集成电路
· 亚微米集成电路
· · 深亚微米集成电路
· 中规模集成电路
· 专用集成电路
· 编解码集成电路
· · 编码集成电路
· · 解码集成电路
· 结构化专用集成电路
· 视频集成电路
· 通信集成电路
· 音频集成电路
· · 语音集成电路
C IC 卡芯片
　 印制电路板
　 电子电路
　 集成电路工艺
　 集成电路插座

集成电路测试仪
IC tester
TN407
　　S 半导体测试设备
　　· 数字集成电路测试仪
　　· 芯片测试仪
　　Z 电子测量仪器*

集成电路插座
integrated circuit socket
TN6
　　D IC 插座
　　S 电连接器*
　　C 集成电路

集成电路封装
integrated circuit package
TN405
　　D IC 封装
　　　 微电子封装
　　S 半导体封装**
　　· 系统级封装
　　· 芯片封装

集成电路工艺
integrated circuit technique
TN405
    D IC 工艺
        集成电路制造
        集成电路制造工艺
    S 半导体工艺*
    • BCD 工艺
    • CMOS 工艺
    • 布线工艺
    • 电路互连
    • 厚膜工艺
    • 芯片工艺
    • 制程技术
    C 集成电路

集成电路计算机辅助设计
    Y 计算机辅助电路设计

集成电路接收机
    Y 固态接收机

集成电路卡
    Y IC 卡

集成电路卡芯片
    Y IC 卡芯片

集成电路内置音频总线
    Y I2S 总线

集成电路设计
    Y 集成电路

集成电路芯片
    Y 芯片

集成电路制造
    Y 集成电路工艺

集成电路制造工艺
    Y 集成电路工艺

集成电源
integrated power supply
TN86
    D 全集成化电源
    S 电子电源
    • 集成稳压电源
    Z 电源*

集成电子学
    Y 微电子技术

集成放大器
    Y 集成运算放大器

集成服务模型
integrated service model
TP31
    S 服务质量模型
    Z 网络模型*

集成功放
    Y 集成功率放大器

集成功放电路
    Y 集成功率放大器

集成功率放大器
integrated power amplifier
TN72
    D 集成功放
        集成功放电路
    S 功率放大器**

集成功率模块
integrated power module
TN495
    S 功率模块
    C 功率放大器
    Z 电子模块*

集成光路
    Y 光学集成电路

集成光学回路
    Y 光学集成电路

集成光学激光器
integrated optical laser
TN248
    S 激光器*

集成化管理信息系统
integrated management information system
TP391
    S 管理信息系统
    Z 信息系统*

集成化设计
    Y 集成设计

集成化网络
    Y 集成网络

集成化稳压器
    Y 集成稳压电源

集成混频器
integrated mixer
TN43 TN773
    D 混频集成电路
    S 有源混频器
    Z 混频器*

集成技术
integration technology
TP2 TP3
    D 整合技术
    S 电子技术*
    C 信息整合

集成晶体滤波器
integrated crystal filter
TN713
    S 晶体滤波器
    Z 滤波器*

集成控制器
integrated controller
TP332.3 TM571
    S 控制器*

集成块
    Y 集成电路

集成逻辑电路
    Y 逻辑集成电路

集成逻辑门
    Y 逻辑集成电路

集成逻辑门电路
    Y 逻辑集成电路

集成门电路
    Y 逻辑集成电路

集成门极换流晶闸管
integrated gate commutator thyristor
TN34
    D IGCT
        集成门极换向型晶闸管
        集成门极换向晶闸管
    S 门极换流晶闸管
    L 半导体分立器件**
        电力半导体器件**

集成门极换向晶闸管
    Y 集成门极换流晶闸管

集成门极换向型晶闸管
    Y 集成门极换流晶闸管

集成门极驱动电路
    Y 门极驱动电路

集成器件
    Y 集成电路

集成驱动器
    Y 驱动集成电路

集成软件
integrated software
TP31
    D 集成软件包

S 软件*
C 软件集成

集成软件包
Y 集成软件

集成设备电路接口
Y IDE 接口

集成设计
integrated design
TP2　TP391
D 集成化设计
S 系统设计*

集成数字增强型网络
integrated digital enhanced network
TN92
D iDEN
S 数字通信网
Z 通信网络*

集成天线
integrated antenna
TN82
D 集成天线系统
S 天线*
• 有源集成天线

集成天线系统
Y 集成天线

集成铁电器件
integrated ferroelectric device
TN384　TN43
S 铁电器件
Z 半导体器件*

集成网络
integrated network
TP391　TN7
D 集成化网络
S 网络*

集成温度传感器
integrated temperature sensor
TP212.1
S 温度传感器
集成传感器
L 物理传感器**

集成温度控制器
Y 温度控制电路

集成稳压电路
Y 稳压集成电路

集成稳压电源
integrated voltage regulator
TN86

D 集成化稳压器
S 稳压电源
集成电源
Z 电源*

集成芯片
Y 芯片

集成学习
Y 分类器集成

集成学习算法
integrated learning algorithm
TP301.6　TP181
S 监督学习算法
• Bagging 算法
• 提升算法
Z 算法*

集成压力传感器
integrated pressure sensor
TP212
S 压力传感器
集成传感器
L 测量传感器**
物理传感器**

集成运放
Y 集成运算放大器

集成运放电路
Y 集成运算放大器

集成运算放大器
integrated operational amplifier
TN72
D 集成放大器
集成运放
集成运放电路
S 运算放大器
Z 放大器*

集成注入逻辑电路
integrated injection logic circuit
TN492
D I2L 逻辑
IIL 逻辑电路
集成注入逻辑集成电路
S 饱和型逻辑电路
L 逻辑集成电路**

集成注入逻辑集成电路
Y 集成注入逻辑电路

集电结
collector junction
TN3
S 半导体结*

集合通信
Y 聚合通信

集群 Web 服务器
Y Web 服务器集群

集群存储
cluster storage
TP333
S 信息存储*
C 系统容错

集群服务
cluster service
TP316
S 信息服务*

集群服务器
Y 服务器集群

集群计算
cluster computing
TP301
D 机群计算
S 先进计算
C 负载均衡
Z 计算*

集群计算机
Y 计算机集群

集群计算机系统
Y 计算机集群

集群计算系统
Y 计算机集群

集群路由器
cluster router
TP393.4　TN915
S 路由器
• 软件集群路由器
L 网络互连设备**

集群通信
cluster communication
TN92
D 无线集群通信
集群移动通信
集群移动通信系统
集群通信技术
集群通信系统
S 专用移动通信
• 数字集群通信
C 对讲机
集群通信网
L 无线通信**

集群通信技术
Y 集群通信

集群通信网
cluster communication network
TN915　TN92
　　D 集群网络
　　S 移动通信网络**
　　• 数字集群网
　　C 集群通信

集群通信系统
　　Y 集群通信

集群网络
　　Y 集群通信网

集群移动通信
　　Y 集群通信

集群移动通信系统
　　Y 集群通信

集散控制
distributed control
TP273
　　S 计算机自动控制
　　Z 自动控制*

集线器
hub
TP393.4　TN915
　　D HUB
　　　网络集线器
　　S 网络互连设备**
　　• USB 集线器
　　• 根集线器
　　• 交换式集线器
　　• 智能集线器
　　C 局域网

集中参数环行器
lumped parameter circulator
TN62
　　D 集中元件环行器
　　　集总元件环行器
　　　集总参数环行器
　　S 微波环行器
　　Z 微波元件*

集中参数滤波器
lumped parameter filter
TN713
　　D 集总参数滤波器
　　S 微波滤波器
　　Z 滤波器*

集中参数网络
lumped parameter network
TN711
　　D 集总参数网络
　　　集总网络
　　S 电路网络*

集中存储
centralized storage
TP392
　　S 信息存储*
　　C 集中式数据库

集中器
　　Y 数据集中器

集中式数据库
centralized database
TP392
　　S 数据库*
　　C 集中存储

集中式网络
centralized network
TP393.07　TP393.1　TN92
　　D 集中型网络
　　S 计算机网络*
　　C 集中式网络管理

集中式网络管理
centralized network management
TN915
　　D 集中网管
　　S 网络管理*
　　C 集中式网络

集中网管
　　Y 集中式网络管理

集中型网络
　　Y 集中式网络

集中元件环行器
　　Y 集中参数环行器

集总参数环行器
　　Y 集中参数环行器

集总参数滤波器
　　Y 集中参数滤波器

集总参数网络
　　Y 集中参数网络

集总网络
　　Y 集中参数网络

集总元件环行器
　　Y 集中参数环行器

几何编程接口
geometric programming interface
TP311
　　S 编程接口
　　L 计算机接口**

几何处理器
geometric processor
TN43　TP33
　　S 微处理器*

几何仿真
geometric simulation
TP391.9
　　S 仿真*
　　C 几何建模

几何攻击
geometric attack
TP309
　　S 网络攻击**
　　C 图像水印
　　　视频水印

几何畸变
　　Y 几何失真

几何建模
geometric modeling
TP391.9
　　S 模型构建*
　　C 几何仿真
　　　计算机辅助几何设计

几何描述语言
geometric description language
TP312
　　D GDL 语言
　　S 描述语言
　　Z 计算机语言*

几何失真
geometric distortion
TN942　TN24
　　D 几何畸变
　　S 图像失真
　　• 桶形失真
　　• 枕形失真
　　C 网格编码
　　Z 失真*

几何算法
geometric algorithm
TP3
　　S 算法*
　　• 凸包算法
　　• 辛几何算法

几何压缩
geometric compression
TP391
　　S 信息压缩**

脊线跟踪
ridge tracing
TP391.4
　　S 指纹识别

L 特征识别**

脊形波导激光器
ridged waveguide laser
TN248
 S 波导激光器
 Z 激光器*

计费程序
 Y 计费软件

计费管理软件
 Y 计费软件

计费器
 Y 计费终端

计费软件
billing software
TP318
 D 计费程序
  计费管理软件
 S 专用软件
 C 计费终端
 L 应用软件**

计费网关
billing gateway
TP393.4 TN915
 S 网关
 L 网络互连设备**

计费终端
billing terminal
TN92 TN87
 D 计费器
 S 终端设备*
 C 计费软件

计量软件
measurement software
TP318
 S 专用软件
 L 应用软件**

计时电路
 Y 定时电路

计数电路
counting circuit
TN710
 S 电子电路*

计数管
counter tube
TN13
 D 核辐射计数器
  辐射计数管
 S 离子管**
 • 盖革计数管
 • 冷阴极计数管

- 闪烁计数管
- 正比计数管
- 中子计数管
C 核辐射探测器
 辐射计

计算*
computing
TP2 TP301
 D 计算平台
  计算技术
 • 保密计算
 •• 安全多方计算
 •• 密码计算
 • 串行计算
 • 词计算
 • 电磁计算
 •• 图形电磁计算
 • 高精度计算
 • 计算机计算
 • 交互计算
 • 聚集计算
 • 可视化计算
 • 可信计算
 • 可重构计算
 • 离线计算
 • 链路计算
 • 免疫计算
 • 面向服务计算
 • 企业计算
 • 情感计算
 • 容错计算
 • 三维计算
 • 实时计算
 • 视差计算
 • 视觉计算
 • 特征计算
 • 透明计算
 • 图形计算
 •• 图形电磁计算
 • 先进计算
 • DNA 计算
 • 并行计算
 •• MPI 并行计算
 •• 大规模并行计算
 •• 量子并行计算
 •• 网络并行计算
 • 感知计算
 • 高性能计算
 • 基因计算
 • 集群计算
 • 可穿戴计算
 • 量子计算
 •• 量子并行计算
 •• 量子神经计算
 • 软计算
 •• 进化计算
 •• 模糊计算
 •• 神经计算
 ••• 卷积计算
 ••• 量子神经计算
 •• 智能计算
 ••• 类脑计算
 • 网络计算

- - Web 计算
- - 边缘计算
- - 对等计算
- - 分布式计算
- - - 网格计算
- - - 雾计算
- - - 云计算
- - - - IaaS
- - - - PaaS
- - - - SaaS
- - - - 移动云计算
- - - 路由计算
- - - 网络并行计算
- - - 移动计算
- - - - 移动云计算
- 效用计算
- 协同计算
- 虚拟计算
- 异构计算
- 优化计算
- 有限元计算
- 预测计算
- 远程计算
- 栅格计算
- 自然计算
- 自主计算
C 计算程序

计算程序
computation program
TP318
 D 计算软件
 S 应用软件**
 • 递归程序
 • 工程计算软件
 • 运算程序
 C 计算
  计算机

计算放大器
 Y 运算放大器

计算机*
computer
TP368
 D 电子计算机
  电脑
  电脑设备
  计算机平台
  计算机设备
 • 并行计算机
 •• 大规模并行计算机
 • 超导计算机
 • 电子数字计算机**
 • 仿真计算机
 • 分布式计算机
 • 工作站
 •• 个人工作站
 •• 光工作站
 •• 网络工作站
 •• 无盘工作站
 •• 远程工作站
 •• 智能工作站

- • • 专业工作站
- • • • 播出工作站
- • • • 工程工作站
- • • • 视频工作站
- • • • 数字音频工作站
- • • • 图形工作站
- • • • 音频工作站
- • 公用计算机
- • 光计算机
- • • 光子计算机
- • • 激光计算机
- • • 三值光计算机
- • 混合计算机
- • 积木式计算机
- • 兼容型计算机
- • 节点计算机
- • 可信计算机
- • 客户机
- • • 瘦客户机
- • 量子计算机
- • 流水线计算机
- • 模拟计算机
- • • 微分器
- • 纳米计算机
- • 三值计算机
- • 商用计算机
- • • 商用个人计算机
- • • 商用笔记本计算机
- • • 商用台式计算机
- • 涉密计算机
- • 生物计算机
- • • DNA 计算机
- • • 细胞计算机
- • 十进制计算机
- • 时序计算机
- • 数据流计算机
- • 宿主机
- • 网络计算机
- • 向量计算机
- • 星载计算机
- • 虚拟机
- • • Java 虚拟机
- • • 并行虚拟机
- • 移动计算机
- • 异步计算机
- • 远程计算机
- • 知识库计算机
- • 智能计算机
- • • 神经网络计算机
- • 专用计算机
- • • 车载计算机
- • • 船用计算机
- • • 导航计算机
- • • 机载计算机
- • • • 飞行控制计算机
- • • • 机载火控计算机
- • • 加固计算机
- • • 监控计算机
- • • 军用计算机
- • • • 导弹携载计算机
- • • • 火控计算机
- • • • 火控指挥仪
- • • • 机载火控计算机
- • • 控制计算机
- • • • 工业控制计算机
- • • • 过程控制计算机
- • • • 上位计算机
- • • • 下位计算机
- • • • 中央控制计算机
- • • 流体计算机
- • • 气象计算机
- • • 声呐计算机
- C 微处理器
   计算机操作系统
   计算机数据
   计算机系统
   计算机计算
   计算程序

计算机安全
computer security
TP393.08   TP309
   D 电脑安全
      计算机信息安全
      计算机安全体系
      计算机安全技术
      计算机安全防范
   S 信息安全*
   • 计算机系统安全
   • 软件安全
   • 线程安全
   C 计算机保护
      计算机安全系统

计算机安全防范
   Y 计算机安全

计算机安全管理
computer security management
TP309
   S 信息安全管理*
   • 备份管理
   • 访问管理
   • 漏洞管理

计算机安全技术
   Y 计算机安全

计算机安全体系
   Y 计算机安全

计算机安全系统
computer security system
TP3
   S 信息安全系统**
   • 登录系统
   • 硬盘保护系统
   C 计算机安全

计算机保护
computer protection
TP309
   D 计算机防护
   S 信息安全防护*
   • 存储保护
   • 软件保护
   • 写保护
   • 硬件保护
   C 计算机安全

计算机编程语言
   Y 计算机语言

计算机编码
computer code
TP31
   S 编码*
   • 二进制编码
   • 指令编码

计算机标图
computer plotting
TP391.7
   S 计算机辅助技术*

计算机病毒
computer virus
TP309   TP318
   D 电脑病毒
      病毒程序
      病毒软件
   S 恶意软件**
   • U 盘病毒
   • 变种病毒
   • 宏病毒
   • 混合型病毒
   • 木马程序
   • 蠕虫病毒
   • 网络病毒
   • 文件型病毒
   • 引导型病毒
   • 源码病毒
   C 写保护
      计算机免疫
      计算机病毒检测
      防病毒

计算机病毒传播
computer virus spreading
TP309
   S 信息安全风险*

计算机病毒防范
   Y 防病毒

计算机病毒防护
   Y 防病毒

计算机病毒检测
computer virus detection
TP309
   D 病毒扫描
      病毒检测技术
   S 信息安全检测
   C 计算机病毒
   Z 信息安全技术*

电子信息技术叙词表

计算机操作系统
computer operating system
TP316
    D 微机操作系统
    S 操作系统**
    • UNIX 操作系统
    • 虚拟操作系统
    • 桌面操作系统
    C 计算机

计算机成像
    Y 计算机成像技术

计算机成像技术
computer imaging
TP391
    D 直接成像
        计算机成像
        计算机成像系统
    S 计算机辅助技术*

计算机成像系统
    Y 计算机成像技术

计算机程序
    Y 软件

计算机程序安全
    Y 软件安全

计算机程序工具
    Y 工具软件

计算机程序加密
    Y 软件加密

计算机程序接口
    Y 软件接口

计算机程序设计语言
    Y 计算机语言

计算机处理器
    Y 微处理器

计算机处理系统
computer processing system
TP39
    D 微机处理系统
    S 计算机应用系统*
    C 信息处理

计算机磁盘
    Y 磁盘存储器

计算机存储
computer storage
TP333
    S 信息存储*

计算机存储设备
    Y 存储器

计算机电话集成
computer telephone integration
TN915   TP391
    D CTI
        CTI 技术
        计算机电信集成
        计算机电话一体化
        计算机电话集成技术
    S 计算机辅助技术*

计算机电话集成技术
    Y 计算机电话集成

计算机电话一体化
    Y 计算机电话集成

计算机电缆
computer cable
TP3   TM246
    S 电气装备用电线电缆
    Z 电线电缆*

计算机电信集成
    Y 计算机电话集成

计算机电源
computer power supply
TP303   TN86
    D PC 电源
        微机电源
        电脑电源
    S 电源*
    • 服务器电源
    • 主机电源

计算机动画技术
computer animation technology
TP391
    S 计算机辅助技术*

计算机对等网络
    Y 对等网络

计算机对抗
    Y 计算机网络对抗

计算机翻译
    Y 机器翻译

计算机犯罪
computer crime
TP309   TP393.08
    S 信息安全风险*
    C 计算机取证

计算机防护
    Y 计算机保护

计算机仿真
computer simulation
TP391.9   TP13
    D 电脑仿真技术
        电脑模拟
        计算机仿真技术
        计算机仿真系统
        计算机化仿真
        计算机化模拟
        计算机模拟
        计算机模拟仿真
    S 仿真*
    • 动画仿真
    • 多媒体仿真
    • 分布式仿真
    • 工作流仿真
    • 交互仿真
    • 可视化仿真
    • 软件仿真
    • 数据仿真
    • 指令集仿真
    C 仿真计算机
        声线跟踪

计算机仿真技术
    Y 计算机仿真

计算机仿真软件
    Y 仿真软件

计算机仿真系统
    Y 计算机仿真

计算机分析
    Y 计算机辅助分析

计算机辅助
    Y 计算机辅助技术

计算机辅助编码
computer aided coding
TP391.7
    S 计算机辅助技术*

计算机辅助测量
computer aided measurement
TP391.7
    S 计算机辅助技术*
    C 测量软件

计算机辅助测试
computer aided testing
TP391
    D 机辅测试
    S 计算机辅助技术*
    C 测试软件

计算机辅助创新
computer aided innovation
TP391.7
    D 计算机辅助创新技术

S 计算机辅助技术*

计算机辅助创新技术
　　Y 计算机辅助创新

计算机辅助电路分析
computer aided circuit analysis
TP391.7
　　S 计算机辅助分析
　　C 电路分析软件
　　Z 计算机辅助技术*

计算机辅助电路设计
computer aided circuit design
TP391.7
　　D 电路CAD
　　　 电路计算机辅助设计
　　　 集成电路计算机辅助设计
　　S 计算机辅助设计
　　Z 计算机辅助技术*

计算机辅助翻译
　　Y 机器翻译

计算机辅助分析
computer aided analysis
TP391.7
　　D CAIA
　　　 计算机分析
　　S 计算机辅助技术*
　　· 计算机辅助电路分析
　　· 计算机辅助工程分析
　　C 分析软件

计算机辅助概念设计
computer aided conceptual design
TP391.7
　　S 计算机辅助设计
　　Z 计算机辅助技术*

计算机辅助工程
computer aided engineering
TP391.7
　　D CAE
　　　 CAE技术
　　　 CAE系统
　　S 计算机辅助技术*
　　· 本体工程
　　· 计算机辅助软件工程
　　C 工程计算软件
　　　 计算机辅助工程软件

计算机辅助工程分析
computer aided engineering analysis
TP391.7
　　S 计算机辅助分析
　　Z 计算机辅助技术*

计算机辅助工程软件
computer aided engineering software
TP319
　　D CAE软件
　　S 工业软件
　　　 计算机辅助软件
　　C 计算机辅助工程
　　L 应用软件**

计算机辅助工业设计
computer aided industrial design
TP391.7
　　D CAID
　　S 计算机辅助设计
　　· 计算机辅助公差设计
　　· 计算机辅助机械设计
　　· 计算机辅助夹具设计
　　· 计算机辅助结构设计
　　C 工业软件
　　Z 计算机辅助技术*

计算机辅助工艺规程设计
　　Y 计算机辅助工艺设计

计算机辅助工艺规划
　　Y 计算机辅助工艺设计

计算机辅助工艺过程设计
　　Y 计算机辅助工艺设计

计算机辅助工艺设计
computer aided process planning
TP391.7
　　D CAPP
　　　 CAPP系统
　　　 计算机辅助工艺规划
　　　 计算机辅助工艺规程设计
　　　 计算机辅助工艺设计系统
　　　 计算机辅助工艺过程设计
　　S 计算机辅助设计
　　· 计算机辅助装配工艺设计
　　· 派生式计算机辅助工艺设计
　　C 工艺数据
　　Z 计算机辅助技术*

计算机辅助工艺设计系统
　　Y 计算机辅助工艺设计

计算机辅助公差设计
computer aided tolerance design
TP391.7
　　S 计算机辅助工业设计
　　Z 计算机辅助技术*

计算机辅助管理
computer aided management
TP391.7
　　D 自动化管理
　　S 计算机辅助技术*
　　· 计算机辅助质量管理
　　C 管理自动化

计算机辅助绘图
　　Y 计算机辅助设计

计算机辅助绘图软件
　　Y 绘图软件

计算机辅助机械设计
computer aided mechanical design
TP391.7
　　D 机械CAD
　　　 机械计算机辅助设计
　　S 计算机辅助工业设计
　　Z 计算机辅助技术*

计算机辅助几何设计
computer aided geometric design
TP391.7
　　S 计算机辅助设计
　　C 几何建模
　　Z 计算机辅助技术*

计算机辅助技术*
computer aided technology
TP391.7
　　D 计算机辅助
　　　 计算机辅助系统
　　· 机器翻译
　　· · 多策略机器翻译
　　· · 汉英机器翻译
　　· · 基于实例的机器翻译
　　· · 统计机器翻译
　　· · 语法制导翻译
　　· · 自动机器翻译
　　· 计算机标图
　　· 计算机成像技术
　　· 计算机电话集成
　　· 计算机动画技术
　　· 计算机辅助编码
　　· 计算机辅助测量
　　· 计算机辅助测试
　　· 计算机辅助创新
　　· 计算机辅助分析
　　· · 计算机辅助电路分析
　　· · 计算机辅助工程分析
　　· 计算机辅助工程
　　· · 本体工程
　　· · 计算机辅助软件工程
　　· 计算机辅助管理
　　· · 计算机辅助质量管理
　　· 计算机辅助检验
　　· 计算机辅助教学
　　· · 多媒体辅助教学
　　· · 智能计算机辅助教学
　　· 计算机辅助开发
　　· 计算机辅助排版
　　· 计算机辅助评价
　　· 计算机辅助人机工程
　　· 计算机辅助设计
　　· · 参数化设计
　　· · 冲模计算机辅助设计
　　· · 仿真设计
　　· · 计算机辅助电路设计
　　· · 计算机辅助概念设计

electronic信息技术叙词表

- · · 计算机辅助工业设计
- · · · 计算机辅助公差设计
- · · · 计算机辅助机械设计
- · · · 计算机辅助夹具设计
- · · · 计算机辅助结构设计
- · · 计算机辅助工艺设计
- · · · 计算机辅助装配工艺设计
- · · · 派生式计算机辅助工艺设计
- · · 计算机辅助几何设计
- · · 计算机辅助建筑设计
- · · 建筑信息模型
- · · 计算机辅助控制系统设计
- · · 计算机辅助优化设计
- · · 可视化设计
- · · 三维计算机辅助设计
- · · 网络计算机辅助设计
- · · 智能计算机辅助设计
- · 计算机辅助设计与制造
- · 计算机辅助识别
- · · 三维识别
- · · · 三维结构识别
- · · · 三维目标识别
- · · · 三维人脸识别
- · · · 三维特征识别
- · 计算机辅助试验
- · 计算机辅助手术
- · 计算机辅助写作
- · 计算机辅助训练
- · 计算机辅助诊断
- · 计算机辅助制造
- · 计算机辅助质量控制
- · 计算机辅助装调
- · 计算机绘图
- · 计算机集成制造
- C 计算机应用
  计算机计算

计算机辅助夹具设计
computer aided fixture design
TP391.7
 S 计算机辅助工业设计
 Z 计算机辅助技术*

计算机辅助检验
computer aided inspection
TP391
 S 计算机辅助技术*

计算机辅助建筑设计
computer aided architectural design
TP391.7
 D CAAD
  建筑 CAD
 S 计算机辅助设计
 · 建筑信息模型
 Z 计算机辅助技术*

计算机辅助教学
computer aided instruction
TP391.7
 D CAI 技术
  CAI 系统

  计算机辅助教学系统
  辅助教学系统
 S 计算机辅助技术*
 · 多媒体辅助教学
 · 智能计算机辅助教学
 C 教学信息化
  网络辅助教学
  计算机辅助教学软件

计算机辅助教学软件
computer aided instruction software
TP319
 D CAI 软件
  教学软件
  教学辅助软件
  辅助教学软件
 S 教育软件
  计算机辅助软件
 · 多媒体教学软件
 · 实验教学软件
 C 计算机辅助教学
 L 应用软件**

计算机辅助教学系统
 Y 计算机辅助教学

计算机辅助结构设计
computer aided structure design
TP391.7
 D 结构 CAD
 S 计算机辅助工业设计
 Z 计算机辅助技术*

计算机辅助开发
computer aided development
TP391.7
 S 计算机辅助技术*
 C 开发工具

计算机辅助控制系统设计
computer aided control system design
TP391.7
 S 计算机辅助设计
 C 系统设计
 Z 计算机辅助技术*

计算机辅助排版
computer aided typesetting
TP391.7
 D 计算机辅助照相排版
 S 计算机辅助技术*
 C 排版软件

计算机辅助评价
computer aided evaluation
TP391.7
 D 智能评价
  计算机评价
  计算机辅助系统评价
 S 计算机辅助技术*

计算机辅助人机工程
computer aided ergonomics
TP334.7
 S 计算机辅助技术*

计算机辅助软件
computer aided software
TP317
 D 辅助软件
 S 应用软件**
 · 计算机辅助工程软件
 · 计算机辅助教学软件
 · 计算机辅助设计软件
 · 计算机辅助制造软件

计算机辅助软件工程
computer aided software engineering
TP311
 S 计算机辅助工程
  软件工程*
 Z 计算机辅助技术*

计算机辅助设备
 Y 外部设备

计算机辅助设计
computer aided design
TP391.7
 D CAD 绘图
  CAD 设计
  电脑辅助设计
  计算机化设计
  计算机辅助制图
  计算机辅助绘图
  计算机辅助设计技术
 S 计算机辅助技术*
 · 参数化设计
 · 冲模计算机辅助设计
 · 仿真设计
 · 计算机辅助电路设计
 · 计算机辅助概念设计
 · 计算机辅助工业设计
 · 计算机辅助工艺设计
 · 计算机辅助几何设计
 · 计算机辅助建筑设计
 · 计算机辅助控制系统设计
 · 计算机辅助优化设计
 · 可视化设计
 · 三维计算机辅助设计
 · 网络计算机辅助设计
 · 智能计算机辅助设计
 C 系统软件包
  绘图软件
  计算机辅助设计软件
  设计自动化

计算机辅助设计技术
 Y 计算机辅助设计

计算机辅助设计软件
computer aided design software

TP391　TP319
　　D　CAD 系统
　　　　CAD 软件
　　　　计算机辅助设计系统
　　　　设计软件
　　　　辅助设计系统
　　　　辅助设计软件
　　S　计算机辅助软件
　　·　AutoCAD
　　·　电子设计自动化软件
　　·　结构分析程序
　　·　平面设计软件
　　·　三维设计软件
　　C　工业软件
　　　　计算机辅助设计
　　L　应用软件**

计算机辅助设计系统
　　Y　计算机辅助设计软件

计算机辅助设计与制造
computer aided design and
manufacturing
TP391.7
　　D　CAD/CAM
　　　　CAD/CAM 系统
　　　　CAD/CAM 集成
　　　　计算机辅助设计与制造系统
　　　　设计制造一体化系统
　　S　计算机辅助技术*

计算机辅助设计与制造系统
　　Y　计算机辅助设计与制造

计算机辅助识别
computer aided recognition
TP391.7
　　S　计算机辅助技术*
　　·　三维识别

计算机辅助试验
computer aided test
TP391.7
　　S　计算机辅助技术*

计算机辅助手术
computer aided surgery
TP391.4
　　S　计算机辅助技术*

计算机辅助系统
　　Y　计算机辅助技术

计算机辅助系统评价
　　Y　计算机辅助评价

计算机辅助写作
computer aided writing
TP391
　　S　计算机辅助技术*

计算机辅助训练
computer aided training
TP391.7
　　S　计算机辅助技术*

计算机辅助优化设计
computer aided optimization
design
TP391.7
　　D　计算机辅助最优化
　　S　计算机辅助设计
　　Z　计算机辅助技术*

计算机辅助照相排版
　　Y　计算机辅助排版

计算机辅助诊断
computer aided diagnosis
TP391.7
　　D　机助诊断
　　　　自动诊断
　　　　计算机辅助诊断系统
　　S　计算机辅助技术*

计算机辅助诊断系统
　　Y　计算机辅助诊断

计算机辅助制图
　　Y　计算机辅助设计

计算机辅助制造
computer aided manufacturing
TP391.7
　　D　CAM
　　　　CAM 系统
　　　　机器辅助技术制造
　　　　机辅制造
　　S　计算机辅助技术*
　　C　制造信息系统
　　　　制造资源共享
　　　　制造资源管理

计算机辅助制造软件
computer aided manufacturing
software
TP319
　　D　CAM 软件
　　S　工业软件
　　　　计算机辅助软件
　　L　应用软件**

计算机辅助质量管理
computer aided quality management
TP391.7
　　S　计算机辅助管理
　　C　质量管理信息系统
　　Z　计算机辅助技术*

计算机辅助质量控制
computer aided quality control
TP391.7
　　S　计算机辅助技术*

计算机辅助装配工艺设计
computer aided assembly process
design
TP391.7
　　S　计算机辅助工艺设计
　　Z　计算机辅助技术*

计算机辅助装调
computer aided assembling
TP391.7
　　S　计算机辅助技术*

计算机辅助最优化
　　Y　计算机辅助优化设计

计算机高级语言
　　Y　高级语言

计算机工作站
　　Y　工作站

计算机管理软件
computer management software
TP315　TP318
　　D　管理套件
　　　　管理应用程序
　　　　管理性软件
　　　　管理软件
　　S　应用软件**
　　·　工程项目管理软件
　　·　工作流软件
　　·　生产管理软件
　　·　需求管理工具
　　·　预算软件
　　C　管理信息系统

计算机广域网
　　Y　广域网

计算机广域网络
　　Y　广域网

计算机化仿真
　　Y　计算机仿真

计算机化模拟
　　Y　计算机仿真

计算机化设计
　　Y　计算机辅助设计

计算机化数据库
　　Y　数据库

计算机绘图
computer graphics
TP391.4
　　D　电脑制图

电脑绘制
电脑绘图
电脑绘画
计算机作图
计算机制图
计算机制图技术
计算机绘制
计算机绘图技术
  S 计算机辅助技术*
  C 计算机绘图设备

计算机绘图技术
  Y 计算机绘图

计算机绘图软件
  Y 绘图软件

计算机绘图设备
computer graphics equipment
TP33
  D 绘图机
  S 图形输出设备
  C 计算机绘图
  Z 外部设备*

计算机绘制
  Y 计算机绘图

计算机集成生产系统
  Y 计算机集成制造

计算机集成制造
computer integrated manufacturing
TP391.7
  D CIMS
    CIMS 技术
    CIM 系统
    计算机集成制造系统
    计算机集成生产系统
  S 计算机辅助技术*

计算机集成制造系统
  Y 计算机集成制造

计算机集群
computer cluster
TP338
  D 机群系统
    群机系统
    群集技术
    群集系统
    计算机集群系统
    计算集群
    集群计算机
    集群计算机系统
    集群计算系统
  S 多计算机系统
- PC 群集系统
- 高性能计算集群
- 工作站机群
- 实时集群系统
  C 存储池

    机群操作系统
  Z 计算机系统*

计算机集群系统
  Y 计算机集群

计算机计算
computer calculation
TP301
  S 计算*
  C 计算机
    计算机辅助技术

计算机键盘
computer keyboard
TP334.2
  D 电脑键盘
  S 键盘
  Z 外部设备*

计算机接口∗∗
computer interface
TP334.7
  D 电脑接口
  S 接口*
- 软件接口
- - Java 命名和目录接口
- - 本地接口
- - 编程接口
- - - 几何编程接口
- - - 通用可编程接口
- - - 外部编程接口
- - - 网络编程接口
- - 查询接口
- - 定制接口
- - 服务接口
- - - 活动目录服务接口
- - 功能接口
- - 管理接口
- - - 桌面管理接口
- - 接口定义语言接口
- - 开放接口
- - 可移植操作系统接口
- - 类接口
- - 流接口
- - 媒体控制接口
- - 数据访问接口
- - 套接口
- - 统一可扩展固件接口
- - 图形用户接口
- - 消息传递接口
- - 虚拟接口
- - 应用程序接口
- - - DirectX 接口
- - - JDBC 接口
- - - ODBC 接口
- - - 电话应用程序接口
- - - 图形设备接口
- - - 自然语言接口
- - - - 数据库自然语言接口
- - 远程接口
- - 组件接口
- 微型计算机接口

- - 单片机接口
- - - 串行外设接口
- - 外部接口
- - - GPIB 接口
- - - PCMCIA 接口
- - - 打印机接口
- - - - 并行打印机接口
- - - 外部存储器接口
- - 主板接口
- - - IDE 接口
- - - PS/2 接口
- - - SATA 接口
- - - SCSI 接口
- 硬盘接口
- 主机接口
- - 主机控制接口

计算机局域网
  Y 局域网

计算机局域网络
  Y 局域网

计算机决策支持系统
  Y 决策支持系统

计算机考试系统
computer examination system
TP391
  D 上机考试系统
  S 计算机应用系统*
- 在线考试系统
- 自动阅卷系统

计算机控制器
computer controller
TP332.3
  D 指令控制器
  S 控制器*
  C 定制指令集处理器

计算机控制系统
computer control system
TP13
  S 控制系统*
    计算机应用系统*
- PC 数控系统
- 多变量系统
- 计算机自动控制系统

计算机立体视觉
computer stereo vision
TP391
  D 立体视觉系统
  S 计算机视觉
  C 立体视觉传感器
  Z 机器视觉*

计算机联网
  Y 计算机网络

计算机免疫
computer immunity
TP309　TP393.08
　D　计算机免疫技术
　S　信息安全技术*
　C　免疫计算
　　　计算机病毒

计算机免疫技术
　Y　计算机免疫

计算机模糊控制
computer fuzzy control
TP2
　D　微机模糊控制
　S　计算机自动控制
　Z　自动控制*

计算机模拟
　Y　计算机仿真

计算机模拟仿真
　Y　计算机仿真

计算机模式识别
　Y　模式识别

计算机内存
computer memory
TP333
　D　内存条
　　　电脑内存
　S　内存
　Z　存储器*

计算机平台
　Y　计算机

计算机评价
　Y　计算机辅助评价

计算机屏幕
　Y　计算机显示器

计算机取证
computer forensics
TP309　TP391
　S　信息安全技术*
　·　电子数据取证
　·　动态取证
　·　反取证
　·　静态取证
　C　计算机犯罪

计算机软件
　Y　软件

计算机软件系统
　Y　软件

计算机三维动画
　Y　三维动画

计算机设备
　Y　计算机

计算机摄像头
computer camera
TP334.2
　D　PC摄像头
　　　电脑摄像头
　S　摄像头
　Z　外部设备*

计算机视觉
computer vision
TP391
　D　计算机视觉系统
　S　机器视觉*
　·　计算机立体视觉
　·　计算机微视觉
　C　从明暗恢复形状
　　　图像提取
　　　图像获取
　　　特征提取

计算机视觉系统
　Y　计算机视觉

计算机视频
computer video
TP391
　D　电脑视频
　S　视频*

计算机输入设备
computer input device
TP334.2
　D　电脑输入设备
　S　输入设备
　Z　外部设备*

计算机数据
computer data
TP391　TP311
　S　数据*
　C　计算机
　　　计算机数据处理

计算机数据处理
computer data processing
TP391
　S　数据处理**
　C　数据库
　　　计算机数据

计算机数据库
　Y　数据库

计算机调试
computer debugging
TP306
　S　调试*
　·　并行调试
　·　交叉调试
　·　软件调试
　C　计算机系统

计算机通信
computer communication
TP393　TN919
　D　计算机通信技术
　　　计算机通讯
　S　通信*
　·　编程口通信
　·　计算机网络通信
　·　进程通信
　·　联机通信
　·　微机通信
　C　电力线通信网络

计算机通信技术
　Y　计算机通信

计算机通信网
　Y　计算机网络

计算机通信网络
　Y　计算机网络

计算机通信协议
　Y　通信协议

计算机通讯
　Y　计算机通信

计算机图象处理
　Y　计算机图像处理

计算机图象技术
　Y　计算机图像处理

计算机图像处理
computer image processing
TP391
　D　计算机图像处理技术
　　　计算机图像技术
　　　计算机图象处理
　　　计算机图象技术
　S　图像处理**
　C　计算机图像生成

计算机图像处理技术
　Y　计算机图像处理

计算机图像技术
　Y　计算机图像处理

计算机图像生成
computer image generation
TP391
　S　图像生成

· 397 ·

C 计算机图像处理
　　L 图像处理**

计算机图像识别
　　Y 图像识别

计算机图像识别技术
　　Y 图像识别

计算机图形处理技术
　　Y 图形处理

计算机图形技术
　　Y 图形处理

计算机图形接口程序
　　Y CGI 程序

计算机图形显示
　　Y 图形显示

计算机外部设备
　　Y 外部设备

计算机外设
　　Y 外部设备

计算机外围设备
　　Y 外部设备

计算机网
　　Y 计算机网络

计算机网格
computer grid
TP393.0　TP391
　　S 网格*

计算机网络*
computer network
TP393
　　D 电脑网络
　　　计算机组网
　　　计算机网
　　　计算机网络系统
　　　计算机联网
　　　计算机通信网
　　　计算机通信网络
　· 本地网络
　· 城域网
　·· 城域传送网
　··· 城域光传送网
　·· 城域骨干网
　·· 城域光网络
　··· 城域光传送网
　·· 城域宽带网
　·· 城域接入网
　·· 城域以太网
　·· 广电城域网
　·· 教育城域网
　·· 无线城域网

　··· 移动城域网
　· 存储网络
　· 存储区域网络
　·· IP 存储区域网
　·· 光纤通道存储区域网
　· 存储网格
　· 反射内存网
　· 广播内存网
　· 对等网络
　· 对等覆盖网络
　· 结构化对等网络
　· 无结构对等网络
　· 移动对等网络
　· 多出口网络
　· 多媒体计算机网络
　· 分布队列双总线网
　· 分布式哈希表网络
　· 覆盖网络
　· 对等覆盖网络
　· 结构化覆盖网络
　· 语义覆盖网络
　· 高速网络
　· 高速互联网
　· 高速局域网
　·· 高速无线局域网
　· 高速以太网
　·· 交换式以太网
　·· 快速以太网
　·· 千兆以太网
　·· 万兆以太网
　· 光纤分布式数据接口网络
　· 广域网
　· 广域虚拟网
　· 无线广域网
　· 互联网
　· TCP/IP 网络
　· 第二代互联网
　· 第三代互联网
　· 第一代互联网
　· 高速互联网
　· 工业互联网
　·· 工业物联网
　· 光互联网
　· 宽带互联网
　· 嵌入式互联网
　· 无线互联网
　· 卫星互联网
　· 移动互联网
　· 云网络
　· 战术互联网
　· 集中式网络
　· 计算机无线网络
　· 无线局域网
　·· 高速无线局域网
　·· 个人域网
　·· 公共无线局域网
　·· 宽带无线局域网
　· 移动计算机网络
　· 僵尸网络
　· 局域网**
　· 可信网络
　· 令牌环网
　· 内部网
　· 内容寻址网络

　· 容错网络
　·· 容错以太网
　· 冗余网络
　·· 冗余以太网
　· 数据中心网络
　· 外部网
　· 微机网络
　· 无盘网络
　· 虚拟网络
　·· 广域虚拟网
　·· 虚拟骨干网
　·· 虚拟局域网
　··· 专用虚拟局域网
　·· 虚拟蜜网
　·· 虚拟网格
　·· 虚拟应用网络
　·· 虚拟专用网络
　··· IP 虚拟专用网
　··· 安全套接层虚拟专用网
　··· 多协议标记交换虚拟专用网
　··· 光虚拟专用网
　··· 专用虚拟局域网
　·· 虚拟子网
　· 隐形网络
　· 指挥自动化网络
　· 主动网络
　·· 应用层主动网络
　· 子网络
　·· 逻辑子网
　·· 屏蔽子网
　·· 通信子网
　·· 虚拟子网
　·· 资源子网
　· 自防御网络
　· 组播网络
　C 信息传输
　　信息网络
　　关联网络
　　泛在网
　　网络基础设施
　　网络安全
　　网络安全技术
　　网络技术
　　网络服务
　　网络管理
　　网络线缆
　　网络软件
　　网络风险
　　自学习
　　自适应学习
　　计算机网络对抗
　　通信协议
　　通信网络

计算机网络安全
　　Y 网络安全

计算机网络病毒
　　Y 网络病毒

计算机网络对抗
computer network countermeasure
TP393　TN972

D 计算机对抗
S 网络对抗
C 计算机网络
Z 信息对抗*

计算机网络防御
Y 网络防御

计算机网络攻击
Y 网络攻击

计算机网络管理
Y 网络管理

计算机网络技术
computer network technology
TP393
S 网络技术*
- Cookie 技术
- Web 技术
- Wiki 技术
- 副本技术
- 无限带宽技术
C 网络基础设施

计算机网络通信
computer network communication
TP393
D 计算机网络通信技术
S 网络通信**
  计算机通信
- IP 通信
- 对等通信
- 互联网通信
- 局域网通信
- 组网通信

计算机网络通信技术
Y 计算机网络通信

计算机网络系统
Y 计算机网络

计算机网络协议
Y 通信协议

计算机网络信息安全
Y 网络信息安全

计算机网络信息系统
Y 网络信息系统

计算机网络应用
Y 网络应用

计算机微视觉
computer micro-vision
TP391
S 计算机视觉
Z 机器视觉*

计算机无线网络
computer wireless network
TP393
S 无线网络*
  计算机网络*
- 无线局域网
- 移动计算机网络

计算机系统*
computer system
TP391 TP303
D 电脑系统
- 单机系统
- 多处理器系统
- · 对称多处理器
- · 实时多处理器系统
- 多单片机系统
- 多计算机系统
- 多微机系统
- 分布式多机系统
- 计算机集群
- · · PC 群集系统
- · · 高性能计算集群
- · · 工作站机群
- · · 实时集群系统
- · 双机系统
- 轮询系统
- 容错计算机系统
- 宿主系统
- 异构系统
- · 分布式异构系统
- · 异构机群系统
- · 异构信息系统
- 中断系统
C 微处理器
  系统设计
  计算机
  计算机应用系统
  计算机系统安全
  计算机调试

计算机系统安全
computer system security
TP309
S 计算机安全
C 计算机系统
Z 信息安全*

计算机系统漏洞
Y 系统漏洞

计算机显示器
computer display
TP334.1
D 电脑显示器
  电脑显示屏
  计算机屏幕
S 显示器
Z 显示设备*

计算机芯片
computer chip

TN4 TP33
D 电脑晶片
  电脑芯片
S 芯片*
- 北桥芯片
- 存储芯片
- 南桥芯片
- 声卡芯片
- 图形加速芯片
- 外围芯片
- 网卡芯片

计算机信息安全
Y 计算机安全

计算机信息处理
Y 信息处理

计算机信息管理
computer information management
TP391
S 信息管理*

计算机信息技术
computer information technology
TP3
S 信息技术*
C 计算机信息系统

计算机信息系统
computer information system
TP391
S 信息系统*
  计算机应用系统*
C 计算机信息技术

计算机信息系统集成
Y 信息系统集成

计算机虚拟
Y 虚拟技术

计算机应用
computer application
TP39
D 计算机应用技术
C 计算机应用系统
  计算机辅助技术

计算机应用程序
Y 应用软件

计算机应用技术
Y 计算机应用

计算机应用系统*
computer application system
TP39
- 办公自动化系统
- 单片机应用系统
- 电子公文系统

电子信息技术叙词表

- 电子排版系统
- 电子商务系统
- 多媒体系统
- · IP 多媒体子系统
- · 多媒体创作系统
- · 多媒体应用系统
- · · 多媒体查询系统
- · · 多媒体教学系统
- · · 多媒体信息系统
- · · 多媒体演示系统
- 发布系统
- · 新闻发布系统
- 计算机处理系统
- 计算机考试系统
- · 在线考试系统
- · 自动阅卷系统
- 计算机控制系统
- · PC 数控系统
- · 多变量系统
- · 计算机自动控制系统
- 计算机信息系统
- 交互式教学系统
- 决策支持系统
- · 分布式决策支持系统
- · 决策分析系统
- · 决策信息系统
- · 群体决策支持系统
- · 预测支持系统
- · 智能决策支持系统
- · 综合决策支持系统
- · 组织决策支持系统
- 开放式目录搜索系统
- 可视化系统
- 商务智能系统
- 事件驱动系统
- 视频会议系统
- · 多媒体会议系统
- · 高清视频会议系统
- · 网络视频会议系统
- 数据库应用系统
- 微机检测系统
- 在线系统
- 智能答疑系统
- 专家系统
- · 分布式专家系统
- · 故障诊断专家系统
- · 神经网络专家系统
- · 协同式专家系统
- · 专家决策系统
- 自动生成系统
- C 应用软件
  - 计算机应用
  - 计算机系统

计算机硬盘
   Y 硬盘

计算机语言*
computer languge
TP312
  D 程序设计语言
    程序语言
    编程语言

    计算机程序设计语言
    计算机编程语言
    软件语言
- ANSYS 参数化设计语言
- Avenue 语言
- GO 语言
- GRIP 语言
- Petri 网语言
- 标记语言
- · Petri 网标记语言
- · 安全声明标记语言
- · 标准通用标记语言
- · 超文本标记语言
- · · HTML 画布元素
- · 地理标记语言
- · 可扩展标记语言
- · · XML 查询语言
- · · XML 过程定义语言
- · · XML 架构定义语言
- · · XML 路径语言
- · 可扩展访问控制标记语言
- · 可缩放矢量图形语言
- · · 文档类型定义
- · 语音可扩展标记语言
- · 目录服务标记语言
- · 数学标记语言
- · 无线标记语言
- · 预言模型标记语言
- 并发语言
- · Erlang 语言
- 策略语言
- · 策略描述语言
- 测试语言
- 打印语言
- · 打印机控制语言
- · 图形设备接口
- · 页面描述语言
- 动态语言
- · 动态模糊逻辑程序设计语言
- 对象定义语言
- 对象约束语言
- 仿真语言
- · 通用系统仿真语言
- 高级语言
- BASIC 语言
- · F-BASIC 语言
- · Qbasic 语言
- · VB 语言
- · · VBA 语言
- · · VB 脚本语言
- · CHILL 语言
- · COBOL 语言
- · Dbase 语言
- · · Clipper 语言
- · LISP 语言
- · · AutoLISP
- · · Visual_LISP 语言
- · MAPLE 语言
- · OCCAM 语言
- · OpenGL 语言
- · PASCAL 语言
- · Perl 语言
- · 并行语言
- · · 数据并行语言

- · 第四代语言
- · · Ada 语言
- · · Delphi 语言
- · · PowerBuilder 语言
- · · 结构化查询语言
- · · · 动态结构化查询语言
- · · · 数据操纵语言
- · · · 数据查询语言
- · · · 数据定义语言
- · · · 数据控制语言
- · · 可视化语言
- · · VB 语言
- · · · VBA 语言
- · · · VB 脚本语言
- · · VC 语言
- · · VFP 语言
- · · Visual_LISP 语言
- · · 可视化建模语言
- · · · 可视化过程建模语言
- · · 面向对象程序设计语言
- · · · Eiffel 语言
- · · · Java 语言
- · · · Python 语言
- · · 宏语言
- · · 面向过程语言
- · · · C 语言
- · · · Handel-C 语言
- · · · VC 语言
- · · · 嵌入式 C 语言
- · · FORTRAN 语言
- · · LOGO 语言
- · · Prolog 语言
- · · 人工智能语言
- · · 易语言
- · · 坐标几何语言
- · 高级着色器语言
- 规范语言
- · 过程规范语言
- 过程语言
- · 工作流过程定义语言
- · 过程定义语言
- · 过程规范语言
- · 过程控制语言
- · 过程描述语言
- 函数式语言
- · LISP 语言
- · · AutoLISP
- · · Visual_LISP 语言
- · 纯函数式语言
- 汇编语言
- · 宏汇编语言
- · 内嵌汇编语言
- 机器语言
- 检索语言
- 建模语言
- · EXPRESS 语言
- · Modelica 语言
- · 过程建模语言
- · 可视化过程建模语言
- · 可视化建模语言
- · · 可视化过程建模语言
- · 统一建模语言
- · 系统建模语言
- · 虚拟现实建模语言

- • • 地理虚拟建模语言
- 交互式数据语言
- 脚本语言
  - • ASP 语言
  - • JavaScript 语言
  - • Lingo 语言
  - • OPS 语言
  - • VB 脚本语言
  - • 超文本预处理器
- 接口定义语言
- 解释性语言
- 可编程仪器标准命令语言
- 可扩展样式表语言
- 控制语言
  - • 对话框控制语言
  - • 过程控制语言
  - • 可扩展访问控制标记语言
  - • 数据控制语言
- 量子语言
- 逻辑语言
  - • 逻辑程序设计语言
  - • • Prolog 语言
  - • 时序逻辑语言
  - • • XYZ/E 语言
- 描述语言
  - • Web 本体语言
  - • • Web 服务本体语言
  - • 本体描述语言
  - • 策略描述语言
  - • 电子设备描述语言
  - • 服务描述语言
  - • • 网络服务描述语言
  - • • • Web 服务本体语言
  - • • • Web 服务编排描述语言
  - • • • Web 服务定义语言
  - • 攻击描述语言
  - • 规格描述语言
  - • 规则描述语言
  - • 过程描述语言
  - • 几何描述语言
  - • 接口描述语言
  - • 描述定义语言
  - • 模型描述语言
  - • 软件体系结构描述语言
  - • 数据定义语言
  - • 体系结构描述语言
  - • 形式描述语言
  - • 硬件描述语言
  - • • ABEL 语言
  - • • VHDL 语言
- 数据库语言
  - • 查询语言
  - • • 结构化查询语言
  - • • • 动态结构化查询语言
  - • • 数据操纵语言
  - • • 数据查询语言
  - • • 数据定义语言
  - • • 数据控制语言
- 数据并行语言
- 数据流语言
- 数据挖掘语言
- 宿主语言
- 说明语言
- 功能规约语言

- • 属性说明语言
- • • 需求规格说明语言
- 算法语言
- 梯形图语言
- 通信语言
  - • Agent 通信语言
- 同步多媒体集成语言
- 微程序设计语言
- 系统程序设计语言
- 形式语言
  - • 上下文无关语言
  - • 形式描述语言
- 虚拟现实语言
  - • 虚拟现实建模语言
  - • • 地理虚拟建模语言
  - • 虚拟现实造型语言
- 业务流程执行语言
- 易语言
- 硬件设计语言
- 语义语言
- 知识查询操作语言
- 中间语言
- C 软件接口

计算机支持的协同工作
Y 协同工作

计算机支持的协同学习
Y 协作学习

计算机支持协同工作
Y 协同工作

计算机支持协同工作系统
Y 协同工作

计算机指纹
computer fingerprint
TP391
  D 计算信息指纹
  S 信息指纹*
  • 操作系统指纹
  • 机器指纹
  C 指纹识别

计算机制图
Y 计算机绘图

计算机制图技术
Y 计算机绘图

计算机终端
computer terminal
TP334 TP338 TN87
  D 终端计算机
  S 终端设备*
  • 微机终端
  • 无盘终端
  • 虚拟终端

计算机子程序
Y 子程序

计算机自动控制
computer automatic control
TP391 TP273 TP13
  S 自动控制*
  • 集散控制
  • 计算机模糊控制
  • 数字控制
  C 计算机自动控制系统

计算机自动控制系统
computer automatic control system
TP13
  S 计算机控制系统
  C 计算机自动控制
  Z 计算机应用系统*
  控制系统*

计算机组网
Y 计算机网络

计算机作图
Y 计算机绘图

计算集群
Y 计算机集群

计算技术
Y 计算

计算寄存器
operation register
TP33
  D 操作数寄存器
  S 寄存器*
  • 被乘数寄存器
  • 乘数寄存器
  • 余数寄存器

计算可视化
Y 可视化计算

计算平台
Y 计算

计算软件
Y 计算程序

计算网格
computational grid
TP391 TP393.0
  S 网格*
  C 资源管理

计算信息指纹
Y 计算机指纹

• 401 •

计算资源共享
computational resource sharing
TP391
   S 资源共享*

记录程序
   Y 记录软件

记录软件
record software
TP318
   D 记录程序
   S 工具软件**

记忆棒
memory stick
TP333　TN946
   D 记忆棒 PRO
   S 闪存卡
   L 存储卡**

记忆棒 PRO
   Y 记忆棒

记忆管
   Y 存储管

记忆卡
   Y 存储卡

记忆示波器
   Y 存储示波器

继电器*
relay
TM58
- 保持继电器
- ・磁保持继电器
- ・自保持继电器
- 保护继电器
- 热过载继电器
- 数字式量度继电器
- 差动继电器
- 电磁继电器
- ・感应式继电器
- ・交流电磁继电器
- ・拍合式继电器
- ・平衡力继电器
- ・舌簧继电器
- ・微型电磁继电器
- ・真空继电器
- ・直流电磁继电器
- 高频继电器
- ・射频继电器
- ・同轴继电器
- 功率继电器
- 固态继电器
- 惯性继电器
- 光电继电器
- 混合继电器
- 机械继电器
- 极化继电器

- 静电继电器
- 距离继电器
- 可编程继电器
- 控制继电器
- ・电流继电器
- ・・过电流继电器
- ・・欠电流继电器
- ・电压继电器
- ・・高压继电器
- ・・过压继电器
- ・・欠压继电器
- ・时间继电器
- ・・电子式时间继电器
- ・・延时继电器
- ・温度继电器
- ・压力继电器
- 逻辑继电器
- 脉冲继电器
- 密封继电器
- 射流继电器
- 水银继电器
- 通用继电器
- 微型继电器
- ・微型电磁继电器
- 无触点继电器
- 无极继电器
- 小型继电器
- 谐振继电器
- 指示继电器

寄存器*
register
TP333
- 边界扫描寄存器
- 标志寄存器
- 并行寄存器
- 程序寄存器
- 存储寄存器
- 地址寄存器
- ・变址寄存器
- ・基地址寄存器
- 段寄存器
- 访问位置寄存器
- 归属位置寄存器
- ・智能归属位置寄存器
- 缓冲寄存器
- ・输出缓冲寄存器
- ・输入缓冲寄存器
- 基本寄存器
- 寄存器堆
- 计算寄存器
- ・被乘数寄存器
- ・乘数寄存器
- ・余数寄存器
- 静态寄存器
- 控制寄存器
- 指令寄存器
- 状态寄存器
- 扩展寄存器
- 内部寄存器
- 输入输出寄存器
- 数据寄存器
- 特殊功能寄存器
- 通用寄存器

- 虚拟寄存器
- 旋转寄存器
- 循环寄存器
- 移位寄存器
- ・反馈移位寄存器
- ・・非线性反馈移位寄存器
- ・・线性反馈移位寄存器
- ・进位反馈移位寄存器
- ・双向移位寄存器
- 映像寄存器
- 指针寄存器
   C 单片微型计算机
      微处理器

寄存器堆
register file
TP333　TN43
   S 寄存器*
   C 静态随机存储器

寄生晶体管
parasitic transistor
TN32
   S 晶体管
   L 半导体分立器件**

加成法
   Y 加成法工艺

加成法工艺
additive process
TN41
   D 加成法
   S 印制电路板工艺
- 半加成法
- 全加成法
   Z 电子工艺*

加工仿真
machining simulation
TP391.9
   D 加工仿真系统
      加工模拟
      加工过程仿真
      加工过程模拟
   S 工艺仿真
   Z 仿真*

加工仿真系统
   Y 加工仿真

加工过程仿真
   Y 加工仿真

加工过程模拟
   Y 加工仿真

加工模拟
   Y 加工仿真

国家工业信息安全发展研究中心　主编

加固机
　　Y 加固计算机

加固计算机
rugged computer
TP338
　　D 加固机
　　S 专用计算机
　　Z 计算机*

加固液晶屏
　　Y 加固液晶显示器

加固液晶显示器
rugged liquid crystal display
TN87
　　D 低温液晶显示器
　　　加固液晶屏
　　S 液晶显示器
　　Z 显示设备*

加解密*
encryption and decryption
TN918　TP309
　　D 加密解密
　　　加密解密技术
　　　加解密技术
　　　密码技术
　　· 动态加解密
　　· 动态口令技术
　　· 加密**
　　· 解密
　　·· 门限解密
　　·· 软件解密
　　·· 信息解密
　　··· 数据解密
　　··· 文件解密
　　· 密文反馈
　　· 签密
　　·· 坏签密
　　·· 身份签密
　　· 数字信封
　　· 数字摘要
　　· 透明加解密
　　C 加解密算法
　　　数字签名

加解密技术
　　Y 加解密

加解密算法
encryption and decryption algorithm
TP309
　　S 算法*
　　· 加密算法
　　· 解密算法
　　· 数字签名算法
　　· 水印算法
　　C 加解密

加密**
encryption technology
TN918　TP309
　　D 加密保护
　　　加密保护技术
　　　加密技术
　　S 加解密*
　　· 安全加密
　　· 部分加密
　　· 磁盘加密
　　· 电视加密
　　· 动态加密
　　· 对称加密
　　·· AES 加密
　　·· DES 加密
　　· 块加密
　　· 多步加密
　　· 多重加密
　　· 分组加密
　　· 复合加密
　　· 概率加密
　　· 公钥加密
　　· 光盘加密
　　· 混合加密
　　· 混沌加密
　　· 局部加密
　　· 可验证加密
　　· 量子加密
　　· 流加密
　　· 门限加密
　　· 认证加密
　　·· 多密
　　·· 同密
　　· 软件加密
　　·· 软加密
　　·· 硬加密
　　· 实时加密
　　· 视频加密
　　· 数字加密
　　· 双重加密
　　· 随机加密
　　· 通信加密
　　· 端到端加密
　　· 广播加密
　　· 有线等效加密
　　· 终端加密
　　· 同态加密
　　· 椭圆曲线加密
　　· 网格加密
　　· 网络加密
　　·· XML 加密
　　·· 节点加密
　　·· 链路加密
　　·· 邮件加密
　　· 向前加密
　　· 信息加密
　　· 多媒体加密
　　· 基于身份的加密
　　· 签名加密
　　· 生物特征加密
　　· 数据加密
　　· 数据库加密
　　· 图像加密
　　·· 彩色图像加密
　　··· 光学图像加密
　　··· 数字图像加密
　　·· 置乱加密
　　·· 文件加密
　　·· 透明加密
　　··· 文档加密
　　·· 消息加密
　　· 硬件加密
　　· 语音加密
　　· 重加密
　　· 组合加密
　　C 加密传输
　　　加密协议
　　　加密策略
　　　加密算法
　　　加密认证
　　　反跟踪
　　　完整性保护
　　　密码体制
　　　密钥
　　　密钥管理
　　　防拷贝

加密保存
　　Y 加密存储

加密保护
　　Y 加密

加密保护技术
　　Y 加密

加密标准
encryption standard
TP309　TP393　TN918
　　S 信息标准
　　· 高级加密标准
　　· 公钥加密标准
　　· 数据加密标准
　　C 加密数据库
　　　加密软件
　　Z 信息产业标准*

加密策略
encryption strategy
TN918　TP309
　　D 保密策略
　　　密文策略
　　S 信息安全策略
　　C 加密
　　Z 信息安全体系*

加密程序
　　Y 加密软件

加密传输
encryption transmission
TP309
　　D 传输加密
　　S 信息安全传输
　　C 加密
　　　加密协议

· 403 ·

Z 信息安全技术*
　信息传输*

加密存储
encryption storage
TP309
　D 加密保存
　S 信息存储*
　C 信息安全技术

加密工具
　Y 加密软件

加密工具软件
　Y 加密软件

加密机制
　Y 密码体制

加密技术
　Y 加密

加密解密
　Y 加解密

加密解密技术
　Y 加解密

加密密钥
encryption key
TP309　TP393　TN918
　S 密钥*
　C RSA算法
　　加密软件

加密认证
encryption authentication
TP309
　S 信息安全认证*
　· 电子认证
　· 交叉认证
　· 可否认认证
　· 口令认证
　· 密钥认证
　· 签名认证
　· 数字认证
　· 水印认证
　· 证书认证
　C 加密
　　加密软件
　　密码体制

加密软件
encryption software
TP318　TP309
　D 加密工具
　　加密工具软件
　　加密程序
　S 安全软件
　　工具软件**
　C 加密密钥

　加密标准
　加密算法
　加密认证
　软件加密

加密数据库
encryption database
TP392
　S 安全数据库
　C 加密标准
　Z 数据库*

加密算法
encryption algorithm
TN918　TP309
　D 密码算法
　　密钥算法
　S 加解密算法
　· RC4算法
　· 安全散列算法
　· 对称加密算法
　· 非对称加密算法
　· 分组加密算法
　· 流密码算法
　· 数据加密算法
　· 消息摘要算法
　C 加密
　　加密协议
　　加密软件
　　密钥
　　散列编码
　Z 算法*

加密体系
　Y 密码体制

加密体制
　Y 密码体制

加密通信
　Y 保密通信

加密系统
encryption system
TN918　TP393.08
　D 密码系统
　S 信息安全系统**

加密协议
encryption protocol
TP393.08　TN918
　· 密码协议
　· 数字水印协议
　· 有线等效保密协议
　C 加密
　　加密传输
　　加密算法

加密芯片
　Y 密码芯片

加权均值滤波
weighted mean filtering
TN713
　S 加权滤波
　　均值滤波
　· 模糊加权均值滤波
　· 自适应加权均值滤波
　Z 滤波*

加权滤波
weighted filtering
TN713
　S 滤波*
　· 加权均值滤波

加权支持向量机
weighted support vector machine
TP18　TP391
　S 支持向量机*
　· 加权最小二乘支持向量机

加权质心定位算法
weighted centroid location algorithm
TP301　TN911
　S 质心定位算法
　Z 算法*

加权质心算法
weighted centroid algorithm
TN911　TP301
　S 质心算法
　Z 算法*

加权中值滤波
weighted median filtering
TN713
　S 中值滤波
　Z 滤波*

加权最小二乘支持向量机
weighted least squares support vector machine
TP391　TP18
　S 加权支持向量机
　　最小二乘支持向量机
　Z 支持向量机*

加扰机
　Y 加扰器

加扰器
scrambler
TN948
　D 加扰机
　　加扰系统
　　独立加扰器
　S 电视设备*
　C 解扰器

加扰系统
　Y 加扰器

加速度传感器
acceleration sensor
TP212
　S 惯性传感器
　　速度传感器
　• MEMS 加速度传感器
　• 三轴加速度传感器
　• 压电式加速度传感器
　L 物理传感器**

加速遗传算法
accelerating genetic algorithm
TP301　TP18
　S 遗传算法
　Z 算法*

加性白高斯噪声
　Y 加性高斯白噪声

加性白噪声
additive white noise
TN911
　S 加性噪声
　　白噪声
　• 加性高斯白噪声
　Z 信号噪声*

加性高斯白噪声
additive Gaussian white noise
TN911
　D AWGN
　　加性白高斯噪声
　S 加性白噪声
　　高斯白噪声
　C 加性高斯白噪声信道
　Z 信号噪声*

加性高斯白噪声信道
additive Gaussian white noise channel
TN911
　D AWGN 信道
　　高斯加性白噪声信道
　S 高斯信道
　C 加性高斯白噪声
　Z 信道*

加性噪声
additive noise
TN911
　S 信号噪声*
　• 加性白噪声

伽利略导航系统
　Y 伽利略卫星导航系统

伽利略卫星导航系统
Galileo satellite navigation system
TN966
　D GALILEO 系统
　　Galileo 卫星导航系统
　　伽利略导航系统
　　伽利略系统
　S 全球卫星导航系统
　Z 导航系统*

伽利略系统
　Y 伽利略卫星导航系统

佳点集遗传算法
good point set genetic algorithm
TP391　TP18
　S 遗传算法
　Z 算法*

家居服务器
　Y 家用服务器

家庭电脑
　Y 家用计算机

家庭多媒体
domestic multimedia
TN949　TN946
　D 多媒体家庭平台
　S 多媒体*
　C 家庭网络

家庭服务器
　Y 家用服务器

家庭基站
home base station
TN927
　D 毫微微小区
　　飞蜂窝
　S 基站*
　C 家庭网络

家庭数字影院
　Y 家庭影院

家庭网
　Y 家庭网络

家庭网关
home gateway
TN915
　D 家用网关
　S 网关
　• 智能家庭网关
　C 家庭网络
　L 网络互连设备**

家庭网络
home network
TP393.1
　D 家庭网
　　家庭网络平台
　　家庭网络技术
　　家用网络
　C 家庭信息化
　　家庭基站
　　家庭多媒体
　　家庭网关

家庭网络技术
　Y 家庭网络

家庭网络平台
　Y 家庭网络

家庭信息化
home informatization
TP39
　S 信息化*
　C 家庭网络
　　智能家居

家庭影音系统
　Y 家庭影院

家庭影院
home theater
TN949　TN946
　D 家庭影院系统
　　家庭影院组合
　　家庭影院设备
　　家庭影音系统
　　家庭数字影院
　S 视频设备*

家庭影院设备
　Y 家庭影院

家庭影院系统
　Y 家庭影院

家庭影院组合
　Y 家庭影院

家用 PC
　Y 家用计算机

家用打印机
home printer
TP334.3
　S 打印机
　C 家用计算机
　Z 外部设备*

家用电脑
　Y 家用计算机

家用服务器
home server
TP368
　D 家居服务器
　　家庭服务器
　S 服务器*

家用计算机
home computer
TP368
　　D 家庭电脑
　　　　家用 PC
　　　　家用微机
　　　　家用电脑
　　S 个人计算机
　　C 家用打印机
　　L 电子数字计算机**

家用录象机
　　Y 家用录像机

家用录像机
home video recorder
TN946
　　D 个人录像机
　　　　家用录像系统
　　　　家用录象机
　　S 录像机
　　Z 电视设备*

家用录像系统
　　Y 家用录像机

家用摄录机
　　Y 家用摄像机

家用摄录一体机
　　Y 家用摄像机

家用摄象机
　　Y 家用摄像机

家用摄像机
home video camera
TN946
　　D 家用摄录一体机
　　　　家用摄录机
　　　　家用摄象机
　　S 摄像机
　　• 家用数码摄像机
　　Z 电视设备*

家用数码摄录机
　　Y 家用数码摄像机

家用数码摄像机
home digital video camera
TN946
　　D 家用数码摄录机
　　S 家用摄像机
　　　　数字摄像机
　　Z 电视设备*

家用网关
　　Y 家庭网关

家用网络
　　Y 家庭网络

家用微机
　　Y 家用计算机

镓铟磷
gallium indium phosphide
TN304
　　D GaInP
　　S 三元化合物半导体
　　L 化合物半导体**

甲类放大器
　　Y 甲类功率放大器

甲类功放
　　Y 甲类功率放大器

甲类功率放大器
class A power amplifier
TN72
　　D A类功率放大器
　　　　A类放大器
　　　　甲类功放
　　　　甲类放大器
　　S 音频功率放大器
　　L 功率放大器**

假单脉冲雷达
　　Y 圆锥单脉冲雷达

假冒攻击
impersonation attack
TP309
　　S 欺骗攻击
　　L 网络攻击**

假目标干扰
false target jamming
TN972
　　D 假目标欺骗干扰
　　　　多假目标干扰
　　S 欺骗干扰
　　L 电子对抗**

假目标欺骗干扰
　　Y 假目标干扰

假设参考电路
　　Y 仿真电路

驾驶仿真
　　Y 虚拟驾驶

驾驶模拟
　　Y 虚拟驾驶

架空光缆
aerial optical cable
TN81
　　S 光缆*

尖晶石上硅
silicon on spinel
TN304
　　D 尖晶石上硅薄膜
　　S 绝缘体上硅
　　L 元素半导体**

尖晶石上硅薄膜
　　Y 尖晶石上硅

监测程序
　　Y 监测软件

监测电路
monitoring circuit
TN710
　　D 监控电路
　　　　监视电路
　　S 电子电路*
　　• 电压监控电路
　　• 看门狗电路

监测接收机
monitoring receiver
TN85
　　S 接收设备*

监测软件
monitoring software
TP318
　　D 监测程序
　　S 专用软件
　　C 监测终端
　　L 应用软件**

监测数据库
monitoring database
TP392
　　S 应用数据库
　　C 监测终端
　　Z 数据库*

监测终端
monitoring terminal
TP1
　　S 终端设备*
　　C 监测数据库
　　　　监测软件

监督学习
supervised learning
TP18
　　D 有监督学习
　　S 统计学习
　　C 监督学习算法
　　Z 机器学习*

监督学习算法
supervised learning algorithm
TP181
　　D 逻辑回归算法

S 机器学习算法
　　• K-最近邻算法
　　• 反向传播算法
　　• 集成学习算法
　　• 决策树算法
　　• 朴素贝叶斯分类算法
　　• 支持向量机算法
　　C 监督学习
　　Z 算法*

监控电路
　　Y 监测电路

监控电视
monitor television
TN949　TN948
　　D 监视电视
　　S 应用电视
　　C 监控摄像头
　　　 监控视频
　　　 监控计算机
　　Z 电视*

监控工具
　　Y 监控软件

监控管理软件
　　Y 监控软件

监控计算机
monitor computer
TP27
　　S 专用计算机
　　C 监控电视
　　　 监控软件
　　Z 计算机*

监控软件
monitoring software
TP318
　　D 监控工具
　　　 监控管理软件
　　　 监控系统软件
　　　 监视软件
　　S 应用软件**
　　• 上位机软件
　　• 实时监控软件
　　• 远程监控软件
　　C 监控计算机

监控摄像头
surveillance camera
TP334.2
　　S 摄像头
　　C 监控电视
　　　 监控视频
　　Z 外部设备*

监控视频
surveillance video
TN948　TP391
　　S 视频*

　　C 监控摄像头
　　　 监控电视

监控系统软件
　　Y 监控软件

监控信号
monitoring signal
TN94
　　S 信号*

监视电路
　　Y 监测电路

监视电视
　　Y 监控电视

监视管
　　Y 显示管

监视接收机
　　Y 监视侦察接收机

监视雷达
surveillance radar
TN958
　　S 雷达*
　　• 地面监视雷达
　　• 二次雷达
　　• 机场监视雷达
　　• 空间目标监视雷达
　　• 一次雷达
　　C 对空情报雷达

监视软件
　　Y 监控软件

监视侦察接收机
surveillance and reconnaissance receiver
TN85
　　D 监视接收机
　　S 侦察接收机
　　Z 电子战装备*
　　　 接收设备*

监听接收机
　　Y 监听设备

监听器
　　Y 监听设备

监听设备
detectophone device
TN971　TN931
　　D 监听器
　　　 监听接收机
　　S 电子侦察设备
　　Z 电子战装备*

兼容机
　　Y 兼容型计算机

兼容计算机
　　Y 兼容型计算机

兼容型计算机
compatible computer
TP338
　　D 兼容机
　　　 兼容计算机
　　　 组装电脑
　　S 计算机*

检波
demodulation
TN76
　　S 解调*
　　• 峰值检波
　　• 光检波
　　• 数字检波
　　• 相敏检波
　　• 正交相干检波
　　C 检波器
　　　 检波管

检波电路
　　Y 检波器

检波管
detecting tube
TN11
　　S 电子管**
　　C 检波

检波器*
detector
TN763
　　D 检波电路
　　　 解调器
　　• 包络检波器
　　• 乘积检波器
　　• 固态检波器
　　• • 二极管检波器
　　• • • 平方律检波器
　　• • • 隧道二极管检波器
　　• • 晶体管检波器
　　• 鉴频器
　　• • 比例鉴频器
　　• • 晶体鉴频器
　　• • 脉冲鉴频器
　　• • 声表面波鉴频器
　　• • 陶瓷鉴频器
　　• • 微波鉴频器
　　• • 相位鉴频器
　　• • 斜率鉴频器
　　• 鉴相器
　　• • 脉冲鉴相器
　　• • 模拟鉴相器
　　• • • 电流比率模拟相乘器
　　• • • 二极管平衡鉴相器
　　• • • 双平衡差分模拟鉴相器

- ・・ 数字鉴相器
- ・・・ 或非门鉴相器
- ・・・ 或门鉴相器
- ・・・ 鉴频鉴相器
- ・・・ 异或非门鉴相器
- ・・・ 异或门鉴相器
- ・・・ 与非门鉴相器
- ・・ 微波鉴相器
- ・ 晶体检波器
- ・ 脉冲检波器
- ・ 射频检波器
- ・ 数字检波器
- ・ 微波检波器
- ・ 线性检波器
- ・ 相关检波器
- C 检波

检测程序
detection program
TP318
    D 检测软件
    S 测试软件
    L 工具软件**

检测篡改
    Y 篡改检测

检测电路
detection circuit
TN710
    S 电子电路*
- 功率检测电路
- 光电检测电路
- 自检电路

检测放大器
detector amplifier
TN72
    S 放大器*
- 电流检测放大器

检测前跟踪
track-before-detect
TN951
    S 目标跟踪*

检测软件
    Y 检测程序

检测算法
detection algorithm
TP301
    S 算法*
- 边缘检测算法
- 随机早期检测算法
- 序贯相似性检测算法
- 异常检测算法

检测网络
    Y 测试网络

检查程序
    Y 测试软件

检索工具
    Y 检索语言

检索算法
retrieval algorithm
TP301   TP391
    S 算法*
- 实例检索算法
- 信息检索算法

检索语言
retrieval language
TP312
    D 情报检索语言
       检索工具
    S 计算机语言*
    C 信息检索

检验算法
checking algorithm
TN911
    S 算法*

减法聚类法
    Y 减聚类算法

减法聚类算法
    Y 减聚类算法

减聚类算法
subtractive clustering method
TP391
    D 减法聚类法
       减法聚类算法
    S 聚类算法*
    Z 算法*

剪切攻击
shearing attack
TP309
    S 网络攻击**

剪枝算法
pruning algorithm
TP391   TP301
    S 决策树算法
    C 最小二乘支持向量回归机
       通用多协议标签交换
    Z 算法*

简并半导体
degenerated semiconductor
TN304
    D 简并半导体材料
    S 半导体材料*

简并半导体材料
    Y 简并半导体

简单贝叶斯分类器
simple Bayesian classifier
TP391
    S 贝叶斯分类器
    Z 分类器*

简单对象存取协议
    Y 简单对象访问协议

简单对象访问协议
simple object access protocol
TP393.0
    D SOAP
       SOAP 协议
       简单对象存取协议
    S 应用层协议
    L 网络协议**

简单服务发现协议
    Y 服务发现协议

简单逻辑门电路
    Y 基本门电路

简单网管协议
    Y 简单网络管理协议

简单网络管理协议
simple network management protocol
TP393.0   TN915
    D SNMP
       SNMP 协议
       简单网管协议
    S 应用层协议
    C SNMP 代理
       公共无线局域网
       分布式网络管理
       网络流量监测
       自动拓扑发现
    L 网络协议**

简单网络管理协议代理
    Y SNMP 代理

简单网络时间协议
simple network time protocol
TP393.0
    S 网络时间协议
    L 网络协议**

简单文件传输协议
trivial file transfer protocol
TP393.0
    D TFTP 协议
    S 文件传输协议
    L 网络协议**

简单遗传算法
simple genetic algorithm
TP391   TP18

S 遗传算法
　　Z 算法*

简单邮件传输协议
simple mail transfer protocol
TP393.0
　　D SMTP
　　　　SMTP 协议
　　　　邮件传输协议
　　S 传输协议
　　　　邮件协议
　　C POP3 协议
　　　　邮件传输
　　　　邮件传输代理
　　L 网络协议**

简易信息聚合
simple information syndication
TP391
　　D RSS 技术
　　S 信息聚合
　　Z 信息处理*

碱金属激光器
　　Y 碱金属蒸气激光器

碱金属蒸气激光器
alkali metal vapor laser
TN248
　　D 碱金属激光器
　　　　碱金属蒸汽激光器
　　S 金属蒸气激光器
　　L 气体激光器**

碱金属蒸汽激光器
　　Y 碱金属蒸气激光器

碱锰电池
　　Y 锌锰电池

碱性电池
　　Y 锌锰电池

碱性干电池
　　Y 锌锰电池

碱性锌锰电池
　　Y 锌锰电池

间谍程序
spyware
TP309　TP318
　　D 间谍软件
　　S 黑客程序
　　C 木马攻击
　　L 工具软件**
　　　　恶意软件**

间谍软件
　　Y 间谍程序

建模
　　Y 模型构建

建模工具
modeling tool
TP318　TP391
　　D 建模软件
　　S 工具软件**
　　· 可视化建模工具
　　C 建模语言
　　　　模型构建

建模软件
　　Y 建模工具

建模语言
modeling language
TP312
　　S 计算机语言*
　　· EXPRESS 语言
　　· Modelica 语言
　　· 过程建模语言
　　· 可视化建模语言
　　· 统一建模语言
　　· 系统建模语言
　　· 虚拟现实建模语言
　　C 建模工具
　　　　模型构建

建网
　　Y 组网技术

建网技术
　　Y 组网技术

建筑 CAD
　　Y 计算机辅助建筑设计

建筑信息模型
building information modeling
TP391.7
　　D BIM 技术
　　　　建筑信息模型技术
　　S 计算机辅助建筑设计
　　C 三维仿真
　　Z 计算机辅助技术*

建筑信息模型技术
　　Y 建筑信息模型

舰船电台
　　Y 船载电台

舰船电子对抗
shipborne electronic countermeasure
TN97
　　D 舰船电子战
　　S 电子对抗**
　　C 舰载电子战装备

舰船电子战
　　Y 舰船电子对抗

舰船定位
　　Y 船舶导航

舰船天线
　　Y 舰载天线

舰船通信
　　Y 船舶通信

舰艇电台
　　Y 船载电台

舰艇电子对抗设备
　　Y 舰载电子战装备

舰艇火控雷达
shipborne fire control radar
TN958
　　D 舰艇火炮控制雷达
　　S 舰载雷达
　　Z 雷达*

舰艇火炮控制雷达
　　Y 舰艇火控雷达

舰艇雷达
　　Y 舰载雷达

舰艇声呐
shipborne sonar
U666
　　D 舰用声呐
　　　　舰用声纳
　　　　舰载声呐
　　S 声呐*
　　· 变深声呐
　　· 侧视声呐
　　· 船拖曳声呐
　　· 前视声呐
　　· 潜艇声呐
　　C 舰艇通信
　　　　舰载天线
　　　　舰载雷达

舰艇通信
shipborne communication
TN915
　　S 海军通信
　　· 潜艇通信
　　C 舰艇声呐
　　　　舰载天线
　　　　舰载通信装备
　　Z 通信*

舰艇拖曳声呐
　　Y 船拖曳声呐

舰用电台
　　Y 船载电台

舰用电子对抗设备
　　Y 舰载电子战装备

舰用电子战设备
　　Y 舰载电子战装备

舰用雷达
　　Y 舰载雷达

舰用声呐
　　Y 舰艇声呐

舰用声纳
　　Y 舰艇声呐

舰载电台
　　Y 船载电台

舰载电子战设备
　　Y 舰载电子战装备

舰载电子战系统
　　Y 舰载电子战装备

舰载电子战装备
shipborne electronic warfare equipment
TN97
　　D 舰用电子对抗设备
　　　 舰用电子战设备
　　　 舰艇电子对抗设备
　　　 舰载电子战系统
　　　 舰载电子战设备
　　S 电子战装备*
　　C 舰船电子对抗
　　　 舰载雷达

舰载计算机
　　Y 船用计算机

舰载警戒雷达
shipborne warning radar
TN958
　　S 舰载雷达
　　　 警戒雷达
　　Z 雷达*

舰载雷达
shipborne radar
TN958
　　D 舰用雷达
　　　 舰艇雷达
　　　 舰载雷达系统
　　S 船用雷达
　　· 舰艇火控雷达
　　· 舰载警戒雷达
　　· 潜艇雷达

　　C 舰艇声呐
　　　 舰载电子战装备
　　　 船载电台
　　Z 雷达*

舰载雷达系统
　　Y 舰载雷达

舰载声呐
　　Y 舰艇声呐

舰载式卫星地面站
　　Y 船载地球站

舰载式卫星通信地面站
　　Y 船载地球站

舰载式卫星通信地球站
　　Y 船载地球站

舰载天线
shipborne antenna
TN82
　　D 舰船天线
　　S 船载天线
　　C 舰艇声呐
　　　 舰艇通信
　　　 舰载通信装备
　　Z 天线*

舰载通信装备
shipborne communication equipment
TN91
　　S 通信设备*
　　C 舰艇通信
　　　 舰载天线
　　　 舰载指挥控制系统
　　　 船舶导航

舰载指挥控制系统
shipborne command and control system
TP39　TN91
　　D 舰载作战指挥系统
　　S 指挥信息系统
　　C 舰载通信装备
　　　 船用计算机
　　Z 信息系统*

舰载作战指挥系统
　　Y 舰载指挥控制系统

渐变光纤
　　Y 渐变折射率光纤

渐变型光纤
　　Y 渐变折射率光纤

渐变型聚合物光纤
graded-index polymer optical fiber

TN25
　　S 渐变折射率光纤
　　　 聚合物光纤
　　Z 光纤*

渐变型塑料光纤
graded-index plastic optical fiber
TN25
　　D GIPOF
　　S 塑料光纤
　　　 渐变折射率光纤
　　Z 光纤*

渐变折射率光纤
graded-index fiber
TN818　TN24
　　D 梯度型光纤
　　　 梯度折射率光纤
　　　 渐变光纤
　　　 渐变型光纤
　　　 自聚焦光纤
　　S 变折射率光纤
　　· 渐变型聚合物光纤
　　· 渐变型塑料光纤
　　Z 光纤*

渐进传输
progressive transmission
TP391　TN919
　　S 信息传输*

溅射
sputtering
TN305
　　D 溅射技术
　　S 半导体工艺*
　　· 磁控溅射
　　· 粉末溅射
　　· 离子溅射
　　· 射频溅射
　　C 溅射设备

溅射技术
　　Y 溅射

溅射刻蚀
sputtering etching
TN305
　　D 反应性溅射蚀刻
　　S 干法刻蚀
　　Z 半导体工艺*

溅射设备
sputtering equipment
TN305
　　D 溅射台
　　　 溅射系统
　　S 半导体工艺设备*
　　· 射频溅射设备
　　C 溅射

溅射台
　　Y 溅射设备

溅射系统
　　Y 溅射设备

鉴别数据
　　Y 数据识别

鉴别协议
authentication protocol
TP393.08　TN918
　　D 身份鉴别协议
　　S 安全协议
　　C 安全鉴别
　　　 数据识别
　　Z 通信协议*

鉴频
frequency discrimination
TN76
　　D 频率解调
　　S 解调*
　　• 差分鉴频
　　• 数字鉴频

鉴频鉴相器
phase frequency detector
TN763.2　TN79　TN763.3
　　S 数字鉴相器
　　Z 检波器*

鉴频器
frequency detector
TN763.2
　　S 检波器*
　　• 比例鉴频器
　　• 晶体鉴频器
　　• 脉冲鉴频器
　　• 声表面波鉴频器
　　• 陶瓷鉴频器
　　• 微波鉴频器
　　• 相位鉴频器
　　• 斜率鉴频器

鉴相
phase discrimination
TN76
　　D 相位解调
　　　 相位鉴别
　　S 解调*
　　• 数字鉴相

鉴相电路
　　Y 鉴相器

鉴相器
phase detector
TN763.3
　　D 鉴相电路
　　S 检波器*

　　• 脉冲鉴相器
　　• 模拟鉴相器
　　• 数字鉴相器
　　• 微波鉴相器
　　C 锁相环

键合
　　Y 键合工艺

键合工艺
bonding technology
TN305
　　D 键合
　　S 半导体工艺*
　　• 超声键合
　　• 倒装键合
　　• 低温键合
　　• 共晶键合
　　• 硅片键合
　　• 静电键合
　　• 热键合
　　• 室温键合
　　• 芯片键合
　　• 阳极键合
　　• 引线键合
　　• 直接键合
　　C 键合设备

键合机
　　Y 键合设备

键合设备
bonding equipment
TN305
　　D 键合机
　　S 半导体工艺设备*
　　• 倒装键合机
　　• 引线键合机
　　C 键合工艺

键控
　　Y 键控调制

键控技术
　　Y 键控调制

键控调制
keying
TN76
　　D 键控
　　　 键控技术
　　S 数字调制**
　　• 补码键控
　　• 混沌键控
　　• 频移键控
　　• 相移键控
　　• 振幅键控

键盘
keyboard
TP334.2
　　D 键盘输入设备

　　S 输入设备
　　• PC 键盘
　　• 薄膜键盘
　　• 背光键盘
　　• 笔记本键盘
　　• 便携式键盘
　　• 标准键盘
　　• 超薄键盘
　　• 触摸键盘
　　• 多功能键盘
　　• 防水键盘
　　• 机械键盘
　　• 计算机键盘
　　• 矩阵键盘
　　• 手机键盘
　　• 数字键盘
　　• 无线键盘
　　• 小键盘
　　• 游戏键盘
　　• 主键盘
　　• 专用键盘
　　Z 外部设备*

键盘缓冲器
　　Y 键盘缓冲区

键盘缓冲区
keyboard buffer
TP311
　　D 键盘缓冲器
　　S 缓冲区
　　C 输入缓冲寄存器
　　Z 存储器*

键盘输入设备
　　Y 键盘

江畸二极管
　　Y 隧道二极管

江崎二极管
　　Y 隧道二极管

僵尸程序
bot process
TP317
　　S 网络病毒
　　C 僵尸网络
　　L 恶意软件**

僵尸网络
botnet
TP393.08
　　S 计算机网络*
　　C 信息窃取
　　　 僵尸程序
　　　 蜜罐技术

讲话者识别
　　Y 声纹识别

降落雷达
 Y 进场雷达

降维算法
descending dimension algorithm
TP391
 S 算法*

降压变换器
buck converter
TN712
 D Buck 变换器
  降压型变换器
  降压型转换器
  降压转换器
 S 电源变换器
 C 降压变压器
 Z 变换器*

降压变压器
buck transformer
TM42
 S 电源变压器
 C 降压变换器
 L 电子变压器**

降压型变换器
 Y 降压变换器

降压型转换器
 Y 降压变换器

降压斩波电路
buck chopper circuit
TN710
 S 斩波电路
 Z 电子电路*

降压转换器
 Y 降压变换器

降噪处理
de-noising processing
TN911
 D 去噪处理
 S 噪声处理
 Z 信号处理*

降噪算法
 Y 去噪算法

交叉变换器
cross converter
TM46
 S 变换器*

交叉场器件
 Y 正交场器件

交叉复用器
 Y 光交错复用器

交叉覆盖算法
alternative covering algorithm
TP301.6
 S 算法*
 C 前馈神经网络
  无线传感器网络

交叉极化
cross polarization
TN914 TN81
 S 电磁波极化*
 C 交叉偏振调制
  频率复用

交叉极化干扰
cross polarization jamming
TN972
 S 角度欺骗干扰
  雷达欺骗干扰
 L 电子对抗**

交叉开关网络
crossbar switch network
TN711
 S 开关网络
 Z 电路网络*

交叉偏振调制
cross polarization modulation
TN76
 S 交叉调制
 C 交叉极化
 Z 调制*

交叉认证
cross certification
TP309
 S 加密认证
 C 信任模型
 Z 信息安全认证*

交叉调试
cross debugging
TP306 TP311
 S 计算机调试
 C 交叉调试器
 Z 调试*

交叉调试器
cross debugger
TP317
 S 调试器
 C 交叉调试
 Z 软件*

交叉调制
cross modulation
TN76
 D 交调
  交调信号
 S 调制*
 • 交叉偏振调制
 • 交叉相位调制
 • 交叉增益调制
 • 交扰调制

交叉相位调制
cross-phase modulation
TN76
 S 交叉调制
  调相
 Z 调制*

交叉眼干扰
cross-eye jamming
TN972
 S 角度欺骗干扰
  雷达欺骗干扰
 L 电子对抗**

交叉增益调制
cross gain modulation
TN76
 S 交叉调制
 Z 调制*

交叉指型换能器
 Y 叉指换能器

交错复用器
 Y 光交错复用器

交互*
interaction technology
TP311 TP391 TN94
 D 互动技术
  交互平台
  交互式技术
 • 触觉交互
 • 多通道交互
 • 分布交互
 • 界面交互
 • 人机交互
 • 实时交互
 • 视频交互
 • 体感交互
 • 同步交互
 • 网络交互
 • 信息交互
 • • 场景交互
 • • 数据交互
 • • 特征交互
 • • 图形交互
 • 异步交互
 • 用户交互
 • 语音交互
 C 交互计算
  网络应用

交互编程
　　Y 交互式程序设计

交互程序
　　Y 交互式软件

交互程序设计
　　Y 交互式程序设计

交互电视
　　Y 交互式电视

交互多模型算法
　　Y 交互式多模型算法

交互仿真
interactive simulation
TP391
　　D 交互式仿真
　　　　交互式仿真系统
　　　　交互式模拟
　　S 计算机仿真
　　· 分布式交互仿真
　　Z 仿真*

交互计算
interactive computing
TP391
　　S 计算*
　　C 交互
　　　　虚拟现实

交互建模
interactive modeling
TP391.9
　　S 模型构建*
　　C 三维交互

交互接口
interactive interface
TP311　TP334.7
　　D 交互式接口
　　S 接口*
　　· 脑机接口
　　· 人机接口

交互平台
　　Y 交互

交互式程序设计
interactive program design
TP311
　　D 交互程序设计
　　　　交互编程
　　　　会话式程序设计
　　　　对话式程序设计
　　S 软件设计
　　C 交互式软件
　　　　交互通信
　　Z 软件工程*

交互式电视
interactive television
TN948
　　D 互动电视
　　　　交互型电视
　　　　交互性电视
　　　　交互电视
　　　　双向电视
　　S 电视*
　　· 点播电视
　　· 交互式数字电视
　　· 交互式网络电视
　　· 时移电视
　　· 智能电视
　　C 交互式机顶盒

交互式多媒体
interactive multimedia
TP391　TN94
　　D 交互式媒体
　　S 多媒体*
　　C MPEG-4 标准
　　　　交互式光盘

交互式多模型算法
interacting multiple model algorithm
TN911　TP301
　　D IMM 算法
　　　　交互多模型算法
　　S 多模型算法
　　C 卡尔曼滤波
　　Z 算法*

交互式仿真
　　Y 交互仿真

交互式仿真系统
　　Y 交互仿真

交互式光盘
interactive compact disc
TP333
　　D CD-I
　　S 光盘
　　C 交互式多媒体
　　L 光存储器**
　　　　外存储器**

交互式机顶盒
interactive set-top box
TN948
　　S 机顶盒
　　C 交互式电视
　　Z 电视设备*

交互式技术
　　Y 交互

交互式教学系统
interactive teaching system
TP391
　　S 计算机应用系统*

交互式接口
　　Y 交互接口

交互式媒体
　　Y 交互式多媒体

交互式模拟
　　Y 交互仿真

交互式软件
interactive software
TP31
　　D 交互式软件系统
　　　　交互程序
　　S 软件*
　　C 交互式程序设计

交互式软件系统
　　Y 交互式软件

交互式数据语言
interactive data language
TP312
　　D IDL 语言
　　S 计算机语言*

交互式数字电视
interactive digital television
TN948　TN941
　　D 交互数字电视
　　S 交互式电视
　　　　数字电视
　　Z 电视*

交互式图像分割
interactive image segmentation
TP391
　　S 图像分割
　　L 图像处理**

交互式网络
　　Y 交互网络

交互式网络电视
interactive network television
TN949
　　S 交互式电视
　　　　网络电视
　　Z 电视*

交互式系统
　　Y 人机交互

交互式遗传算法
interactive genetic algorithm
TP391　TP18
　　S 遗传算法
　　Z 算法*

交互式智能平板
interactive smart tablet
TN92
　　D 交互智能平板
　　S 智能终端
　　Z 终端设备*

交互式终端
　　Y 交互终端

交互数字电视
　　Y 交互式数字电视

交互调制
　　Y 互调

交互通信
interactive communication
TP311
　　S 通信*
　　C 交互式程序设计

交互网
　　Y 交互网络

交互网络
interactive network
TN94　TP393.09　TP391
　　D 交互式网络
　　　交互网
　　S 网络*

交互系统
　　Y 人机交互

交互协议
interaction protocol
TP393　TN915.04
　　S 通信协议*

交互型电视
　　Y 交互式电视

交互型系统
　　Y 人机交互

交互性电视
　　Y 交互式电视

交互邮件访问协议
　　Y IMAP 协议

交互智能平板
　　Y 交互式智能平板

交互终端
interactive terminal
TN87　TP273
　　D 交互式终端
　　　会话终端
　　S 外部设备*
　　　终端设备*

交换机
　　Y 交换设备

交换路由器
switching router
TN915
　　D 交换式路由器
　　S 路由器
　　· 千兆位交换路由器
　　L 网络互连设备**

交换设备**
switching equipment
TN915　TN916
　　D 交换机
　　　通信交换设备
　　S 通信设备*
　　· ATM 交换机
　　· Harris 交换机
　　· 本地交换机
　　· 电话交换机
　　·· 自动电话交换机
　　··· 长途交换机
　　··· 电子交换机
　　···· 程控交换机
　　····· 程控数字交换机
　　····· 数字程控用户交换机
　　····· 程控用户交换机
　　····· 数字程控用户交换机
　　····· 调度程控交换机
　　··· 移动电话交换机
　　··· 用户交换机
　　···· 程控用户交换机
　　···· 数字程控用户交换机
　　··· 用户小交换机
　　· 调度交换机
　　· 分组交换机
　　· 光交换机
　　· 光纤交换机
　　· 宽带交换机
　　· 软交换机
　　· 数字交换机
　　· 程控数字交换机
　　·· 数字程控用户交换机
　　· 网络交换机
　　· Web 交换机
　　· 二层交换机
　　· 核心层交换机
　　· 汇聚层交换机
　　· 接入层交换机
　　· 局域网交换机
　　·· 以太网交换机
　　· 路由交换机
　　· 三层交换机
　　· 网管交换机
　　· 主干交换机
　　· 虚拟交换机
　　· 移动交换机
　　· 移动电话交换机
　　· 智能交换机
　　· 自动交换机
　　C 交换芯片

交换式 Ethernet
　　Y 交换式以太网

交换式 LAN
　　Y 交换式局域网

交换式工业以太网
switched industrial Ethernet
TP27　TP393.1
　　S 工业以太网
　　L 局域网**

交换式集线器
switched hub
TN915.05
　　S 集线器
　　L 网络互连设备**

交换式局域网
switched local area network
TP393.1
　　D 交换式 LAN
　　S 局域网**

交换式快速以太网
　　Y 交换式以太网

交换式路由器
　　Y 交换路由器

交换式网络
　　Y 交换网络

交换式虚电路
　　Y 虚电路交换

交换式以太网
switched Ethernet
TP393.1
　　D 交换以太网
　　　交换式 Ethernet
　　　交换式快速以太网
　　S 高速以太网
　　L 局域网**

交换数据
　　Y 数据交换

交换网
　　Y 交换网络

交换网络
switching network
TN915
　　D 交换型网络
　　　交换式网络
　　　交换网

- S 通信网络*
- ATM 网络
- 标记交换网络
- 弹性分组数据环
- 电路交换网
- 调度交换网
- 多协议标签交换网络
- 分组交换网
- 光交换网络
- 软交换网络
- 数据交换网

交换协议
exchange protocol
TP393.0　TN915.04
- S 通信协议*
- 公平交换协议
- 密钥交换协议
- 数据交换协议

交换芯片
switch chip
TN492
- S 通信芯片
- C 交换设备
  以太网
- Z 芯片*

交换型网络
- Y 交换网络

交换以太网
- Y 交换式以太网

交接箱
cross-connecting box
TN913.6
- D 光缆交接箱
- S 通信设备*

交流不间断电源
AC UPS
TN86
- D 交流不停电电源
- S 不间断电源
- Z 电源*

交流不停电电源
- Y 交流不间断电源

交流测速电机
- Y 交流测速发电机

交流测速发电机
AC tachogenerator
TM35
- D 交流测速电机
- S 测速发电机
- Z 微特电机*

交流等离子体显示器
AC plasma display panel
TN87
- S 等离子显示器
- Z 显示设备*

交流电磁继电器
AC electromagnetic relay
TM58
- S 电磁继电器
- Z 继电器*

交流电源
AC power supply
TN86
- D AC 电源
- S 电源*
- 变频电源
- 交流稳压电源
- 三相交流电源

交流电致发光
alternating current electroluminescence
TN27
- S 电致发光*

交流扼流圈
AC choke coil
TM556
- S 扼流圈
- 高频扼流圈
- 滤波扼流圈
- 匹配线圈
- Z 电感器*

交流辐射计
AC radiomter
TM93
- S 辐射计
- Z 电子测量仪器*

交流-交流变换器
AC-AC converter
TM46
- D AC-AC 变换器
  AC/AC 变换器
- S 电源变换器
- Z 变换器*

交流收音机
main supply radio set
TN934　TN85
- S 收音机*

交流伺服电动机
AC servo motor
TM34　TM35
- D 交流伺服电机
- S 伺服电动机
- Z 微特电机*

交流伺服电机
- Y 交流伺服电动机

交流稳压电源
AC voltage regulation power supply
TN86
- S 交流电源
  稳压电源
- Z 电源*

交流噪声
AC noise
TN911
- S 信号噪声*

交流-直流变换器
AC-DC converter
TM46
- D AC/DC 变换器
  AC/DC 转换器
- S 电源变换器
- C 硅整流器
- Z 变换器*

交扰调制
cross modulation
TN76
- S 交叉调制
- Z 调制*

交替投影算法
alternating projection algorithm
TN911
- S 投影算法
- Z 算法*

交调
- Y 交叉调制

交调失真
- Y 互调失真

交调信号
- Y 交叉调制

交通标志识别
traffic sign recognition
TP391.4
- D 道路交通标志识别
- S 道路识别
- Z 自动识别*
  信息识别*

交通信息化
transportation informatization
TP391
- S 信息化*
- C 智能交通

交易中间件
transaction middleware
TP31
 S 中间件
 Z 软件*

交越失真
crossover distortion
TN72
 S 非线性失真
 C 功率放大器
  脉冲宽度调制
 L 信号失真**

交织编码
interleaved coding
TN911
 S 编码*
 C 交织器
  交织编码器

交织编码器
interleaving coder
TN911
 S 编码器*
 C 交织编码

交织器*
interleaver
TN911
 · 分组交织器
 · 混沌交织器
 · 解交织器
 · 卷积交织器
 · 随机交织器
 · 伪随机交织器
 C 交织编码

交直流电源
AC-DC power supply
TN86
 S 电源*

胶囊机器人
capsule robot
TP242
 D 胶囊微型机器人
 S 医用机器人
  微型机器人
 Z 机器人*

胶囊微型机器人
 Y 胶囊机器人

胶片扫描器
 Y 胶片扫描仪

胶片扫描仪
film scanner
TP334.2
 D 底片扫描仪
  胶片扫描器
 S 专用扫描仪
 Z 外部设备*

椒盐噪声
salt-and-pepper noise
TN911
 S 图像噪声
 Z 信号噪声*

焦平面探测器
focal plane detector
TN215
 S 探测器*

角点检测
corner detection
TP391.7
 D Harris角点检测
  角点提取
 S 图像检测
 C 特征匹配
  立体视觉匹配
  角点匹配
  角点聚类
 L 图像处理**

角点聚类
corner clustering
TP391.3
 S 聚类*
 C 角点匹配
  角点检测

角点匹配
corner matching
TP391
 S 图像匹配
 C 角点检测
  角点聚类
 L 图像处理**

角点提取
 Y 角点检测

角度编码
angle coding
TP13
 S 编码*
 C 角度编码器

角度编码器
angle encoder
TP24
 S 编码器*
 C 角度电位器
  角度编码

角度标定
angle amend
TP391
 S 信息标定
 Z 信息处理*

角度传感器
angle sensor
TP212.1
 S 物理传感器**
 · 角位移传感器
 · 倾角传感器

角度电位器
angle potentiometer
TM547
 S 旋转式电位器
 C 角度编码器
 Z 电阻器*

角度干扰
 Y 角度欺骗干扰

角度跟踪
angle tracking
TN953 TN97
 S 跟踪*

角度欺骗
 Y 角度欺骗干扰

角度欺骗干扰
angle deception jamming
TN972
 D 角度干扰
  角度欺骗
 S 欺骗干扰
 · 激光角度欺骗干扰
 · 交叉极化干扰
 · 交叉眼干扰
 L 电子对抗**

角度调制
angle modulation
TN76
 D 角调
  角调制
  调角
 S 调制*

角反射器
corner reflector
TN972
 D 角反射体
  角反射器阵列
  雷达反射器
 S 干扰用反射器
 C 雷达干扰
 L 电子干扰设备**

角反射器阵列
 Y 角反射器

角反射体
  Y 角反射器

角速度传感器
angular velocity sensor
TP212
  D 陀螺传感器
  S 惯性传感器
    速度传感器
  • MEMS 角速度传感器
  C 车载导航
  L 物理传感器**

角调
  Y 角度调制

角调制
  Y 角度调制

角位移传感器
angular displacement sensor
TP212
  S 位移传感器
    角度传感器
  L 测量传感器**
    物理传感器**

角锥喇叭天线
pyramid horn antenna
TN82
  D 角锥形喇叭天线
  S 喇叭天线
    锥形天线
  L 微波天线**

角锥形喇叭天线
  Y 角锥喇叭天线

脚本编程
script programming
TP311
  D 脚本编写
  S 网络编程
  C 脚本程序
  L 软件编程**

脚本编写
  Y 脚本编程

脚本病毒
script virus
TP309
  D 脚本类病毒
  S 网络病毒
    脚本程序
  C 脚本漏洞
    跨站脚本攻击
  L 恶意软件**

脚本程序
script program

TP31
  D 脚本代码
    脚本文件
  S 软件*
  • 测试脚本
  • 脚本病毒
  C 脚本编程

脚本代码
  Y 脚本程序

脚本类病毒
  Y 脚本病毒

脚本漏洞
script vulnerability
TP393.08 TP309
  S 软件漏洞
  C 脚本病毒
  Z 信息安全风险*

脚本文件
  Y 脚本程序

脚本语言
script language
TP312
  D Script 语言
  S 计算机语言*
  • ASP 语言
  • JavaScript 语言
  • Lingo 语言
  • OPS 语言
  • VB 脚本语言
  • 超文本预处理器

校色
  Y 色彩校准

校验程序
  Y 验证程序

校验算法
check algorithm
TN911 TP301
  D CRC 算法
  S 算法*

校正电路
correction circuit
TN710
  D 校准电路
    校正回路
  S 电子电路*
  • 功率因数校正电路
  • 失真校正电路
  • 枕校电路

校正回路
  Y 校正电路

校正算法
correction algorithm
TN2 TP391
  S 算法*

校正网络
corrective network
TP273 TN711
  S 网络*

校准程序
  Y 校准软件

校准电路
  Y 校正电路

校准接收机
calibration receiver
TN85
  S 接收设备*

校准软件
calibration software
TP318
  D 校准程序
  S 专用软件
  L 应用软件**

教务管理信息系统
  Y 教育管理信息系统

教学辅助软件
  Y 计算机辅助教学软件

教学管理信息系统
  Y 教育管理信息系统

教学软件
  Y 计算机辅助教学软件

教学信息化
teaching informatization
TP391
  S 教育信息化
  C 教育机器人
    教育软件
    计算机辅助教学
  Z 信息化*

教育城域网
educational metropolitan area network
TP393.1
  S 城域网
  Z 计算机网络*

教育管理信息系统
educational management information system
TP391

D 教务管理信息系统
　　教学管理信息系统
　　高校管理信息系统
S 管理信息系统
C 教育软件
Z 信息系统*

教育机器人
educational robot
TP242
　　S 机器人*
　　C 教学信息化
　　　智慧教育

教育软件
education software
TP318
　　S 应用软件**
　　・计算机辅助教学软件
　　・题库系统
　　・学习软件
　　・阅读软件
　　C 教学信息化
　　　教育管理信息系统

教育网格
education grid
TP393.0　TP391
　　S 网格*

教育信息化
education informatization
TP391
　　D 教育信息化技术标准
　　S 信息化*
　　・教学信息化
　　・校园信息化
　　C 智慧教育

教育信息化技术标准
　　Y 教育信息化

阶变折射率型纤维
　　Y 阶跃折射率光纤

阶梯阻抗变换器
stepped impedance transformer
TN710
　　S 阻抗变换器
　　Z 微波元件*

阶梯阻抗谐振器
　　Y 阶跃阻抗谐振器

阶跃二极管倍频器
step diode frequency multiplier
TN771
　　D 阶跃恢复二极管倍频器
　　S 倍频器*
　　C 阶跃恢复二极管

阶跃光纤
　　Y 阶跃折射率光纤

阶跃恢复二极管
step recovery diode
TN31
　　D 阶越恢复二极管
　　S 半导体二极管
　　C 阶跃二极管倍频器
　　L 半导体分立器件**

阶跃恢复二极管倍频器
　　Y 阶跃二极管倍频器

阶跃折射率光纤
step-index fiber
TN818
　　D 台阶折射率纤维
　　　突变光学纤维
　　　突变光纤
　　　突变型光纤
　　　阶变折射率型纤维
　　　阶跃光纤
　　S 变折射率光纤
　　Z 光纤*

阶跃阻抗谐振器
step impedance resonator
TN75
　　D 阶梯阻抗谐振器
　　S 谐振器*

阶越恢复二极管
　　Y 阶跃恢复二极管

接插件
　　Y 电连接器

接触式IC卡
contact IC card
TP333
　　D 接触式卡
　　　接触式集成电路卡
　　S IC卡
　　・接触式智能卡
　　L 存储卡**

接触式光刻
contact lithography
TN305
　　D 接触式曝光
　　S 光刻工艺**

接触式集成电路卡
　　Y 接触式IC卡

接触式卡
　　Y 接触式IC卡

接触式曝光
　　Y 接触式光刻

接触式智能卡
contact smart card
TP333　TN4
　　S 接触式IC卡
　　　智能卡
　　L 存储卡**

接近传感器
proximity sensor
TP212
　　S 传感器*

接近式光刻
proximity lithography
TN305
　　D 接近式曝光
　　S 光刻工艺**
　　C 图形失真

接近式曝光
　　Y 接近式光刻

接口*
interface
TP311　TP334.7
　　・安全接口
　　・标准接口
　　・测试接口
　　・・JTAG接口
　　・传感器接口
　　・传输接口
　　・红外接口
　　・射频接口
　　・数据传输接口
　　・存储接口
　　・・DMA接口
　　・外部存储器接口
　　・电路接口
　　・电视接口
　　・电源接口
　　・多点接口
　　・多功能接口
　　・多媒体接口
　　・・高清晰度多媒体接口
　　・高速接口
　　・光接口
　　・・光电接口
　　・・光纤接口
　　・・・光纤分布式数据接口
　　・计算机接口**
　　・交互接口
　　・・脑机接口
　　・・人机接口
　　・控制接口
　　・・OPC接口
　　・・SERCOS接口
　　・・主机控制接口
　　・逻辑接口
　　・模拟接口
　　・三线接口
　　・实时接口
　　・・SERCOS接口
　　・・实时应用接口

- 视频接口
- • DVI 接口
- • 数字分量串行接口
- 输入输出接口
- • 并行接口
- • • 并行打印机接口
- • • 增强型并行接口
- • 串行接口
- • • I2C 接口
- • • RS232 接口
- • • SATA 接口
- • • USB 接口
- • • 串行外设接口
- • • 多串行口
- • • 多通道缓冲串口
- • • 同步串行接口
- • • 异步串行接口
- • • • 通用异步串行接口
- 输出接口
- 输入接口
- 数据接口
- 光纤分布式数据接口
- 数据采集接口
- 数据传输接口
- 数据交换接口
- 数据链路提供者接口
- 数字接口
- 数字分量串行接口
- 数字显示接口
- 数字音频接口
- 数字中继接口
- 通信接口
- • E1 接口
- • V5 接口
- • 电话接口
- • 复用接口
- • 光纤接口
- • • 光纤分布式数据接口
- • 基本速率接口
- • 空中接口
- • 无线接口
- • 线路接口
- • 信令接口
- • 业务接口
- • 中继接口
- • • 数字中继接口
- 通用接口
- • USB 接口
- 通用可编程接口
- 通用图形接口
- 通用异步串行接口
- 同步接口
- 网络接口
- • 服务提供者接口
- • 高速网络接口
- • 局域网接口
- • 嵌入式网络接口
- • 数字网络接口
- • 网关接口
- • • 通用网关接口
- • 网络节点接口
- • 业务节点接口
- • 以太网接口
- • 用户网络接口

- 物理接口
- 系统接口
- 显示接口
- • DVI 接口
- • VGA 接口
- 信号接口
- 仪器接口
- 音频接口
- • 数字音频接口
- • 音频输出接口
- 硬件接口
- 用户接口
- • 图形用户接口
- • 用户网络接口
- 智能接口
- 专用接口
- 转换接口
- 总线接口
- • GPIB 接口
- • PCI 接口
- • USB 接口
- C 接口协议
- 接口描述语言
- 接口电路
- 接口程序
- 接口芯片
- 接口通信

接口编程
  Y 接口程序

接口程序
interface program
TP317
  D 接口程序开发
    接口编程
    接口软件
  S 工具软件**
  C 接口
    接口协议

接口程序开发
  Y 接口程序

接口电路
interface circuit
TN710
  D 输入输出接口电路
  S 电子电路*
  • 并行接口电路
  • 硬件接口电路
  • 用户线接口电路
  C 接口

接口定义语言
interface definition language
TP312
  S 计算机语言*
  C 接口定义语言接口

接口定义语言接口
interface definition language

interface
TP311
  D IDL 接口
  S 软件接口
  C 接口定义语言
  L 计算机接口**

接口规范
interface specification
TP301 TN915
  D 接口规约
  S 硬件标准
  • 网络驱动程序接口规范
  • 无线接口标准
  • 组件接口规范
  Z 信息产业标准*

接口规约
  Y 接口规范

接口控制电路
  Y 接口控制器

接口控制器
interface controller
TP334.7
  D 接口控制电路
    接口控制芯片
  S 控制器*
  • 网络接口控制器
  C 现场可编程门阵列

接口控制芯片
  Y 接口控制器

接口描述语言
interface description language
TP312
  S 描述语言
  C 接口
  Z 计算机语言*

接口软件
  Y 接口程序

接口设备
interface device
TP334.7
  D 接口装置
    界面设备
  S 外部设备*
  • 人机接口设备
  • 网卡
  C 接口通信

接口调试
interface debugging
TN915 TP311 TP393
  S 调试*

接口通信
interface communication
TP301　TN915　TP393
　D 接口通讯
　S 通信*
　C 接口
　　接口协议
　　接口设备

接口通信协议
　Y 接口协议

接口通讯
　Y 接口通信

接口协议
interface protocol
TP393　TN915.04　TP301
　D 接口通信协议
　S 通信协议*
　· SCSI 协议
　· 串通信协议
　· 空中接口协议
　C 接口
　　接口程序
　　接口通信

接口芯片
interface chip
TN43
　S 芯片*
　· USB 接口芯片
　· 可编程接口芯片
　· 网络接口芯片
　· 专用接口芯片
　C 接口

接口装置
　Y 接口设备

接口自动机
interface automaton
TP301.1
　D I/O 自动机
　S 自动机*

接力机
　Y 中继器

接力通信
　Y 中继通信

接纳控制算法
admission control algorithm
TN911　TN92
　D 接入允许控制算法
　S 控制算法
　Z 算法*

接入安全
access security
TP393.08　TN918
　D 网络接入安全
　S 网络通信安全
　C 接入服务器
　　接入认证
　　网络准入控制
　Z 网络安全*

接入层交换机
access layer switch
TN915.05
　D 接入交换机
　S 网络交换机
　L 交换设备**

接入点
　Y 无线接入点

接入服务器
access server
TP368
　D 网络接入服务器
　　访问服务器
　　远程接入服务器
　S 接入设备
　　网络服务器
　· 宽带接入服务器
　· 综合接入服务器
　C 接入安全
　　远程接口
　　远程访问服务
　Z 通信设备*
　　服务器*

接入规约
　Y 接入协议

接入汇聚路由器
　Y 接入路由器

接入交换机
　Y 接入层交换机

接入控制器
access controller
TP393　TN92
　S 接入设备
　　网络控制器
　C 公共无线局域网
　Z 通信设备*
　　网络设备*

接入控制协议
　Y 访问控制协议

接入路由器
access router
TN915
　D 大规模接入汇聚路由器
　　接入汇聚路由器
　S 接入设备
　　路由器
　C IPv6 协议
　　虚拟链路
　L 网络互连设备**

接入媒体网关
access media gateway
TN915
　S 媒体网关
　　接入网关
　L 网络互连设备**

接入认证
access authentication
TP309
　S 网络认证
　C 接入安全
　　无线局域网
　Z 信息安全认证*

接入设备
access device
TN915
　D 接入网设备
　S 通信设备*
　· 调制解调器
　· 接入服务器
　· 接入控制器
　· 接入路由器
　· 接入网关
　· 宽带接入设备
　· 综合接入设备
　C V5 接口
　　接入协议
　　接入网

接入网
access network
TN915
　D 接入网技术
　　接入网络
　S 通信网络*
　· ADSL 接入网
　· IP 接入网
　· 城域接入网
　· 光接入网
　· 宽带接入网
　· 全业务接入网
　· 用户接入网
　· 有线接入网
　· 综合业务接入网
　C V5 接口
　　引入光缆
　　接入协议
　　接入设备
　　本地交换机

接入网关
access gateway
TN915
　S 接入设备
　　通信网关

· 接入媒体网关
L 网络互连设备**

接入网技术
Y 接入网

接入网络
Y 接入网

接入网设备
Y 接入设备

接入协议
access protocol
TN915
D 接入规约
    访问协议
S 网络协议**
· 多址接入协议
· 访问控制协议
· 目录访问协议
· 信道接入协议
C 接入网
    接入设备
    无线接入点

接入信道
access channel
TN915
S 信道*
· 随机接入信道

接入允许控制算法
Y 接纳控制算法

接收*
receiving technology
TN85 TN911
D 接收技术
· 地面接收
· 电视接收
· · 条件接收
· 调频接收
· 光接收
· · 红外接收
· 抗干扰接收
· 立体声接收
· 数据接收
· · 多包接收
· 突发接收
· 无线接收
· · 多包接收
· · 非相干接收
· · 分集接收
· · 卫星接收
· · 相干接收
· · 移动接收
· 信号接收
· 信息接收
· 最佳接收
C 接收电路

接收电路
receiving circuit
TN710
D 接收机电路
S 电子电路*
C 接收
    接收天线
    接收芯片
    接收设备

接收机
Y 接收设备

接收机电路
Y 接收电路

接收机天线
Y 接收天线

接收技术
Y 接收

接收器
Y 接收设备

接收设备*
receiving equipment
TN85
D 信号接收器
    信号接收机
    接收器
    接收机
    接收终端
    收信机
· Turbo 接收机
· 半导体接收机
· 便携式接收机
· 测量接收机
· · 场强接收机
· · 辐射计接收机
· 平衡调谐接收机
· 测频接收机
· · 晶体视频接收机
· · 瞬时测频接收机
· · 压缩接收机
· 差分接收机
· 超外差接收机
· 超再生接收机
· 传真接收机
· 单比特接收机
· 单脉冲接收机
· 单通道接收机
· 导频接收机
· 低噪声接收机
· 电子战接收机
· 告警接收机
· · 激光告警接收机
· · 雷达告警接收机
· · 压缩接收机
· 侦察接收机
· · 监视侦察接收机
· · 截获接收机
· · · 晶体视频接收机
· · · 雷达侦察接收机
· · · 数字侦察接收机
· · · 通信侦察接收机
· 调谐接收机
· · YIG 单选调谐接收机
· · YIG 双选调谐接收机
· · 射频调谐接收机
· 调制接收机
· · 调幅接收机
· · 调频接收机
· · 调相接收机
· · 脉冲调制接收机
· 迭代接收机
· 短波数字接收机
· 对数接收机
· 多波段接收机
· 多路接收机
· 多模接收机
· 多信道接收机
· 多用户接收机
· 二次变频接收机
· 非搜索式接收机
· · 瞬时测频接收机
· · 信道化接收机
· · · 数字信道化接收机
· 非相干接收机
· 高放式接收机
· 高灵敏接收机
· 跟踪接收机
· 固态接收机
· 光接收机
· · 光量子接收机
· · 光外差接收机
· · 光纤接收机
· · 激光接收机
· · 紫外光接收机
· 恒虚警接收机
· 环绕声接收机
· 监测接收机
· 镜频抑制接收机
· 矩阵接收机
· 宽带接收机
· · 宽带数字接收机
· · 宽带微波接收机
· 宽开接收机
· 扩频接收机
· · 直接序列扩频接收机
· 雷达接收机
· · 调频雷达接收机
· · 高频雷达接收机
· 模拟接收机
· 匹配滤波接收机
· 频率引导接收机
· 软件接收机
· · GPS 软件接收机
· 射频接收机
· 声光接收机
· 声呐接收机
· 数据接收器
· 数字接收机
· · 宽带数字接收机
· · 数传接收机
· · 数字卫星接收机

电子信息技术叙词表

- ·· 数字信道化接收机
- ·· 数字有线接收机
- ·· 数字中频接收机
- · 双频接收机
- · 双信号接收机
- · 搜索接收机
- ·· 全景接收机
- ·· 压缩接收机
- · 锁相接收机
- · 通信接收机
- ·· 基站接收机
- ·· 码分多址接收机
- ··· Rake 接收机
- · 通用接收机
- · 同步接收机
- · 突发模式接收机
- · 图像接收机
- · 外差式接收机
- · 卫星接收机
- ·· 数字卫星接收机
- ·· 微型卫星接收机
- ·· 卫星导航接收机
- ··· GPS 接收机
- ···· GPS 软件接收机
- ·· 北斗导航接收机
- ·· 卫星电视接收机
- ··· 数字卫星电视接收机
- · 无线电接收机
- · 超短波接收机
- · 单边带接收机
- · 短波接收机
- · 分集接收机
- · 零差接收机
- · 甚低频接收机
- · 甚高频接收机
- · 微波接收机
- ·· 毫米波接收机
- ·· 宽带微波接收机
- · 信标接收机
- · 线性接收机
- · 相关接收机
- · 小型接收机
- · 校准接收机
- · 遥测接收机
- · 遥控接收机
- · 载波相位接收机
- · 再生式接收机
- · 正交解调接收机
- · 直接变频接收机
- · 指令接收机
- · 中频接收机
- ·· 低中频接收机
- ·· 零中频接收机
- ·· 数字中频接收机
- · 自适应接收机
- ·· 失真自适应接收机
- · 最佳接收机
- ·· 反概率接收机
- · 最小均方误差接收机
- C 发射机
  接收天线
  接收电路
  收信管

接收天线
receiving antenna
TN82
    D 接收机天线
       收信天线
    S 天线*
- 电视接收天线
- 卫星接收天线
    C 接收电路
      接收设备
      收信管

接收芯片
receiving chip
TN4
    S 芯片*
    C 接收电路

接收信道
receiving channel
TN911　TN85
    S 信道*

接收终端
    Y 接收设备

节点安全
node security
TP393.08　TN918
    S 网络通信安全
    C 节点操作系统
    Z 网络安全*

节点编码
node coding
TP393
    S 编码*

节点操作系统
node operating system
TP316
    S 操作系统**
    C 无线传感器网络
      节点安全
      节点计算机

节点插入
node insertion
TP311
    D 节点插入算法
    S 节点技术
    Z 网络技术*

节点插入算法
    Y 节点插入

节点机
    Y 节点计算机

节点计算机
node computer

TN914　TP274　TP387
    D 节点机
    S 计算机*
    C 节点操作系统

节点技术
node technology
TN92　TN91
    S 网络技术*
- 节点插入
- 节点调度
- 节点选择
    C 无线传感器网络

节点加密
node encryption
TN918
    S 网络加密
    C 节点密钥
    L 加密**

节点密钥
node key
TN918　TP393.08
    S 网络密钥
    C 节点加密
    Z 密钥*

节点调度
node scheduling
TP393
    S 节点技术
    C 对偶密钥
    Z 网络技术*

节点选择
node selection
TP393
    S 节点技术
    Z 网络技术*

节目传输
programme transmission
TN948　TN943
    D 节目传送
    S 信息传输*
    C 节目存储
      节目管理

节目传送
    Y 节目传输

节目存储
programme storage
TN948
    S 信息存储*
    C 节目传输
      节目管理

节目管理
programme management

TN948
  S 信息内容管理
  C 节目传输
    节目存储
  Z 信息管理*

节目制作网络
  Y 制播网络

节能路由
energy-efficient routing
TP393
  D 节约能量路由
  S 路由*

节约能量路由
  Y 节能路由

结对编程
pair programming
TP311
  S 软件编程**

结构 CAD
  Y 计算机辅助结构设计

结构测试
  Y 白盒测试

结构查询语言
  Y 结构化查询语言

结构程序
  Y 结构化程序设计

结构程序设计
  Y 结构化程序设计

结构仿真
structure simulation
TP391
  S 仿真*

结构分类器
structure classifier
TP391
  S 分类器*

结构分析程序
structural analysis program
TP318
  S 计算机辅助设计软件
  L 应用软件**

结构光视觉
structured light vision
TP13
  S 机器视觉*

结构化 ASIC
  Y 结构化专用集成电路

结构化 P2P
  Y 结构化对等网络

结构化 P2P 网络
  Y 结构化对等网络

结构化编程
  Y 结构化程序设计

结构化查询语言
structured query language
TP392 TP312
  D SQL
    SQL 结构化查询语言
    SQL 语言
    结构化询问语言
    结构查询语言
  S 查询语言
    第四代语言
  · 动态结构化查询语言
    数据操纵语言
    数据查询语言
    数据定义语言
    数据控制语言
  Z 计算机语言*

结构化查询语言数据库
  Y SQL 数据库

结构化程序
  Y 结构化程序设计

结构化程序设计
structured programming
TP311
  D 结构化程序
    结构化编程
    结构化设计
    结构化设计方法
    结构程序
    结构程序设计
  S 软件设计
  C 结构化覆盖网络
  Z 软件工程*

结构化存储
structured storage
TP392
  S 信息存储*
  C 结构化数据

结构化对等网络
structured P2P network
TP393.1
  D 结构化 P2P
    结构化 P2P 网络
  S 对等网络
  Z 计算机网络*

结构化覆盖网
  Y 结构化覆盖网络

结构化覆盖网络
structured overlay network
TP393.1
  D 结构化覆盖网
  S 结构化网络
    覆盖网络
  C 结构化程序设计
  Z 通信网络*
    计算机网络*

结构化设计
  Y 结构化程序设计

结构化设计方法
  Y 结构化程序设计

结构化数据
structured data
TP392
  S 数据*
  C 结构化存储

结构化数据库
structured database
TP392
  S 数据库*
  C 关系型数据库

结构化网络
structured network
TN91 TP393.1
  S 通信网络*
  · 结构化覆盖网络

结构化询问语言
  Y 结构化查询语言

结构化专用集成电路
structured ASIC
TN492
  D 结构化 ASIC
  S 专用集成电路
  Z 集成电路*

结构模式识别
  Y 句法模式识别

结构挖掘
structure mining
TP391
  S 信息挖掘**
  · 视频结构挖掘
  · 网络结构挖掘

结构学习算法
structure-learning algorithm
TP181
  S 机器学习算法

· 423 ·

Z 算法*

结果程序
　　Y 目标程序

结环行器
junction circulator
TN62
　　S 微波环行器
　　Z 微波元件*

结型场效晶体管
　　Y 结型场效应晶体管

结型场效应管
　　Y 结型场效应晶体管

结型场效应晶体管
junction field effect transistor
TN386
　　D 结型场效应管
　　　　结型场效晶体管
　　S 场效应晶体管
　　• 静电感应晶体管
　　• 隐栅管
　　C 结型探测器
　　L 半导体分立器件**

结型探测器
junction detector
TN953
　　S 半导体探测器
　　C 半导体结
　　　　结型场效应晶体管
　　Z 探测器*

结终端
　　Y 结终端技术

结终端技术
junction termination technique
TN3
　　D 结终端
　　S 半导体工艺*

捷变频雷达
　　Y 频率捷变雷达

捷变频率射频调制器
　　Y 捷变频率调制器

捷变频率调制器
agile frequency modulator
TN761
　　D 捷变频率射频调制器
　　S 调制器*
　　C 频率捷变雷达

捷联导航
strap down navigation
TN96

　　S 导航*
　　• 捷联惯性导航

捷联惯导系统
　　Y 捷联惯性导航系统

捷联惯性导航
strap down inertial navigation
TN96
　　D 捷联式惯性导航
　　S 惯性导航
　　　　捷联导航
　　C 捷联惯性导航系统
　　Z 导航*

捷联惯性导航系统
strap down inertial navigation system
TN966
　　D 捷联式惯性导航系统
　　　　捷联惯导系统
　　S 惯性导航系统
　　• 激光陀螺捷联惯导系统
　　• 无陀螺捷联惯导系统
　　C 捷联惯性导航
　　Z 导航系统*

捷联式惯性导航
　　Y 捷联惯性导航

捷联式惯性导航系统
　　Y 捷联惯性导航系统

截获接收机
interception receiver
TN85　TN97
　　S 侦察接收机
　　Z 电子战装备*
　　　　接收设备*

截击雷达
interception radar
TN958
　　D 机载截击雷达
　　S 机载雷达
　　Z 雷达*

截图
　　Y 图像截取

解复用
demultiplexing
TN911
　　D 反向复用
　　　　反向复用技术
　　　　逆复用
　　S 多路复用*
　　C 解复用器

解复用器
demultiplexer

TN915
　　S 多路通信设备
　　• 波分解复用器
　　• 全光解复用器
　　• 太赫兹光非对称解复用器
　　C 解复用
　　Z 通信设备*

解交织器
deinterleaver
TN911
　　S 交织器*

解扩解调
despread demodulation
TN76
　　S 解调*

解码*
decoding
TN918.3
　　D 解码技术
　　• 图像解码
　　• 音视频解码
　　• • 视频解码
　　• • 音频解码
　　C 编码
　　　　解码算法
　　　　解码系统
　　　　解码集成电路

解码 IC
　　Y 解码集成电路

解码电路
　　Y 译码电路

解码集成电路
decoding IC
TN492
　　D 解码 IC
　　　　解码芯片
　　S 编解码集成电路
　　C 解码
　　　　译码电路
　　Z 集成电路*

解码技术
　　Y 解码

解码算法
decoding algorithm
TN918　TP301　TP309　TP391
　　D 译码算法
　　S 编解码算法
　　• 和积算法
　　• 维特比算法
　　C 解码
　　　　解码系统
　　　　译码电路
　　Z 算法*

解码系统
decoding system
TN946
　　S　电子系统*
　　C　解码
　　　　解码算法
　　　　解码重构
　　　　译码电路

解码芯片
　　Y　解码集成电路

解码重构
decoding reconstruction
TN911
　　S　信号重构
　　C　解码系统
　　Z　信号处理*

解密
decryption
TN918　TP309
　　D　解密技术
　　S　加解密*
　　·　门限解密
　　·　软件解密
　　·　信息解密

解密技术
　　Y　解密

解密算法
decryption algorithm
TN918
　　S　加解密算法
　　Z　算法*

解扰器
descrambler
TN948
　　D　解扰系统
　　S　电视设备*
　　C　加扰器

解扰系统
　　Y　解扰器

解释程序
　　Y　解释器

解释攻击
interpretation attack
TP309
　　S　网络攻击**

解释器
interpreter
TP314
　　D　解释程序
　　S　编程软件
　　·　代码解释器

　　·　命令解释器
　　Z　软件*

解释性语言
interpreted language
TP312
　　D　解释语言
　　S　计算机语言*

解释语言
　　Y　解释性语言

解调*
demodulation
TN76
　　D　反调制
　　　　解调技术
　　·　I/Q解调
　　·　QAM解调
　　·　波长解调
　　·　差分解调
　　··　差分相干解调
　　··　频域差分解调
　　··　延时差分解调
　　·　幅度解调
　　·　干涉解调
　　·　检波
　　··　峰值检波
　　··　光检波
　　··　数字检波
　　···　数字相敏检波
　　··　相敏检波
　　···　数字相敏检波
　　··　正交相干检波
　　·　鉴频
　　··　差分鉴频
　　··　数字鉴频
　　·　鉴相
　　··　数字鉴相
　　·　解扩解调
　　·　零差解调
　　·　匹配解调
　　·　软解调
　　·　数字解调
　　··　非相干解调
　　··　全数字解调
　　··　数字同步解调
　　··　数字正交解调
　　··　相干解调
　　···　差分相干解调
　　··　移频键控解调
　　··　移相键控解调
　　···　四相移相键控解调
　　·　同步解调
　　·　图像解调
　　·　信号解调
　　·　延迟解调
　　·　正交解调
　　··　数字正交解调
　　·　中频解调
　　·　自适应解调
　　C　调制

解调技术
　　Y　解调

解调器
　　Y　检波器

解析器
parser
TP314
　　S　编程软件
　　·　HTML解析器
　　·　XML解析器
　　·　域名解析器
　　C　数据解析
　　Z　软件*

解线频调
　　Y　解线性调频

解线调
　　Y　解线性调频

解线调处理
　　Y　解线性调频

解线性调频
dechirping
TN76
　　D　解线调
　　　　解线调处理
　　　　解线频调
　　S　调频
　　Z　调制*

解压
　　Y　解压缩

解压缩
decompression
TN919　TP311　TP391
　　D　解压
　　　　解压缩技术
　　S　信息处理*
　　C　信息压缩
　　　　压缩软件

解压缩技术
　　Y　解压缩

介质棒天线
dielectric rod antenna
TN82
　　S　介质天线
　　L　微波天线**

介质访问控制协议
　　Y　媒体接入控制协议

介质访问协议
　　Y　媒体接入控制协议

介质隔离
dielectric isolation
TN305
　　S 隔离工艺
　　· 陶瓷隔离
　　· 氧化隔离
　　Z 半导体工艺*

介质滤波器
dieletric filter
TN713
　　S 微波滤波器
　　· 陶瓷滤波器
　　Z 滤波器*

介质天线
dielectric antenna
TN82
　　S 微波天线**
　　　行波天线
　　· 介质棒天线
　　· 介质谐振天线
　　C 波形失真

介质同轴谐振器
　　Y 同轴介质谐振器

介质谐振器
dielectric resonator
TN24　TN62　TN75
　　D 微波介质谐振器
　　S 微波谐振器
　　· 同轴介质谐振器
　　· 圆柱介质谐振器
　　Z 谐振器*
　　　微波元件*

介质谐振器天线
　　Y 介质谐振天线

介质谐振天线
dielectric resonator antenna
TN82
　　D 介质谐振器天线
　　S 介质天线
　　L 微波天线**

介质移相器
dielectric phase shifter
TN76
　　S 移相器*

介质转换器
media converter
TP33
　　S 转换器*

界面交互
interface alternation
TP311　TP391
　　S 交互*

界面开发
　　Y 界面设计

界面设备
　　Y 接口设备

界面设计
interface design
TP311
　　D UI 设计
　　　界面开发
　　S 软件设计
　　· 软件界面设计
　　· 图形界面设计
　　Z 软件工程*

界面显示
interface display
TP334.3
　　S 显示*

金半场效应管
　　Y 金属半导体场效应晶体管

金导体浆料
gold conductive paste
TN04
　　S 电子材料*

金刚石半导体
diamond semiconductor
TN304
　　D 半导体金刚石
　　　半导电金刚石
　　S 半导体材料*

金绿宝石激光器
alaxadrite laser
TN248
　　S 绿宝石激光器
　　L 固体激光器**

金属半导体场效应管
　　Y 金属半导体场效应晶体管

金属半导体场效应晶体管
metal semiconductor field effect transistor
TN386
　　D MESFET
　　　肖特基势垒场效应晶体管
　　　金半场效应管
　　　金属半导体场效应管
　　S 场效应晶体管
　　C 肖特基结
　　L 半导体分立器件**

金属半导体二极管
　　Y 肖特基二极管

金属半导体金属光探测器
　　Y MSM 光探测器

金属-半导体-金属光探测器
　　Y MSM 光探测器

金属玻璃釉电阻器
　　Y 玻璃釉电阻器

金属封装
metal package
TN305
　　S 半导体封装**

金属管壳
metal tube shell
TN103
　　S 管壳*

金属硅化物
metal silicide
TN304
　　S 化合物半导体**

金属基板
metal substrate
TN4
　　S 电路基板*
　　· 绝缘金属基板
　　· 铝基板

金属绝缘体半导体场效应晶体管
　　Y 绝缘栅场效应晶体管

金属绝缘体半导体器件
metal insulator semiconductor device
TN391
　　D MIS 器件
　　S 半导体器件*

金属离子注入
metal ion implantation
TN305
　　S 离子注入工艺
　　Z 半导体工艺*

金属膜电阻器
metal film resistor
TM544
　　D 金属皮膜电阻器
　　　金属膜固定电阻器
　　S 非线绕电阻器
　　Z 电阻器*

金属膜固定电阻器
　　Y 金属膜电阻器

金属皮膜电阻器
　　Y 金属膜电阻器

金属球栅阵列封装
metal ball grid array package
TN05
　　S 球栅阵列封装
　　L 半导体封装**

金属氧化膜电阻器
metal oxide film resistor
TM544
　　D 金属氧化膜固定电阻器
　　S 非线绕电阻器
　　Z 电阻器*

金属氧化膜固定电阻器
　　Y 金属氧化膜电阻器

金属氧化物半导体
　　Y MOS 工艺

金属氧化物半导体场效应管
　　Y MOS 场效应晶体管

金属氧化物半导体存储器
　　Y MOS 存储器

金属氧化物半导体工艺
　　Y MOS 工艺

金属氧化物半导体集成电路
　　Y MOS 集成电路

金属氧化物半导体晶体管
　　Y MOS 晶体管

金属氧化物半导体逻辑集成电路
　　Y MOS 逻辑电路

金属氧化物半导体逻辑门电路
　　Y MOS 逻辑电路

金属氧化物半导体器件
　　Y MOS 器件

金属氧化物半导体随机存取存储器
　　Y MOS 随机存取存储器

金属氧化物场效应管
　　Y MOS 场效应晶体管

金属氧化物场效应晶体管
　　Y MOS 场效应晶体管

金属氧化物晶体管
　　Y MOS 晶体管

金属有机化合物化学气相沉积
　　Y 金属有机物化学气相淀积

金属有机化合物化学气相淀积设备
　　Y MOCVD 设备

金属有机化合物化学汽相淀积生长
　　Y 金属有机物化学气相淀积

金属有机化合物气相沉积
　　Y 金属有机物化学气相淀积

金属有机化合物气相外延
　　Y 金属有机物气相外延

金属有机化合物汽相淀积
　　Y 金属有机物化学气相淀积

金属有机化学气相沉积
　　Y 金属有机物化学气相淀积

金属有机化学气相淀积
　　Y 金属有机物化学气相淀积

金属有机化学汽相沉积
　　Y 金属有机物化学气相淀积

金属有机气相外延
　　Y 金属有机物气相外延

金属有机汽相外延
　　Y 金属有机物气相外延

金属有机物化学气相淀积
metal organic chemical vapor deposition
TN305
　　D MOCVD
　　　MOCVD 工艺
　　　MOCVD 技术
　　　MOCVD 法
　　　MOCVD 生长
　　　金属有机化合物化学气相沉积
　　　金属有机化合物化学汽相淀积生长
　　　金属有机化合物气相沉积
　　　金属有机化合物汽相淀积
　　　金属有机化学气相沉积
　　　金属有机化学气相淀积
　　　金属有机化学汽相沉积
　　　金属有机物化学气相淀积法
　　S 化学气相沉积
　　· 低压金属有机化学气相沉积
　　C MOCVD 设备
　　L 半导体淀积工艺**

金属有机物化学气相淀积法
　　Y 金属有机物化学气相淀积

金属有机物气相外延
metal-organic vapor phase epitaxy
TN305
　　D MOVPE
　　　金属有机化合物气相外延
　　　金属有机气相外延
　　　金属有机汽相外延
　　S 气相外延
　　Z 半导体工艺*

金属蒸气激光
　　Y 金属蒸气激光器

金属蒸气激光器
metal vapor laser
TN248
　　D 金属蒸气激光
　　　金属蒸汽激光器
　　S 原子激光器
　　· 碱金属蒸气激光器
　　· 铜蒸气激光器
　　C 激光显微术
　　L 气体激光器**

金属蒸汽激光器
　　Y 金属蒸气激光器

金字塔数据结构
pyramid data structure
TP392　TP391
　　S 数据结构*

金字塔算法
pyramid algorithm
TP301
　　S 算法*

紧凑可换 ROM
　　Y 紧凑可换只读存储器

紧凑可换只读存储器
compact interchangeable ROM
TP333　TN43
　　D 紧凑可换 ROM
　　S 只读存储器
　　L 非易失性存储器**

紧凑型 PCI
　　Y CPCI 总线

紧凑型 PCI 总线
　　Y CPCI 总线

紧凑遗传算法
　　Y 紧致遗传算法

紧套光纤
tight-buffered optical fiber
TN25
　　S 光纤*

紧致遗传算法
compact genetic algorithm
TP301.6　TP18
　　D 紧凑遗传算法
　　S 遗传算法

电子信息技术叙词表

　　Z 算法*

进场雷达
approach radar
TN958
　　D 着陆雷达
　　　　精密进场雷达
　　　　降落雷达
　　S 空中交通管制雷达
　　Z 雷达*

进程保护
process protection
TP311
　　S 软件保护
　　C 进程隐藏
　　Z 信息安全防护*

进程堆栈
process stack
TP311
　　S 堆栈
　　Z 存储器*

进程间通信
　　Y 进程通信

进程间通讯
　　Y 进程通信

进程通信
process communication
TN914　TP311
　　D 过程间通信
　　　　进程通讯
　　　　进程间通信
　　　　进程间通讯
　　S 计算机通信
　　Z 通信*

进程通讯
　　Y 进程通信

进程隐藏
process hiding
TP311　TP309
　　S 信息隐藏**
　　C 进程保护

进化编程
evolutionary programming
TP311
　　S 软件编程**

进化规划算法
evolutionary programming algorithm
TP301
　　S 进化算法
　　Z 算法*

进化计算
evolutionary computation
TP183　TP301
　　D 演化计算
　　S 软计算
　　C 人工智能
　　　　进化算法
　　Z 计算*

进化算法
evolutionary algorithm
TP391　TP301
　　D 演化算法
　　S 算法*
　　· 差分进化算法
　　· 多目标进化算法
　　· 进化规划算法
　　· 粒子群算法
　　· 量子进化算法
　　· 免疫进化算法
　　· 思维进化算法
　　· 蛙跳算法
　　· 微分进化算法
　　· 文化算法
　　· 协同进化算法
　　· 遗传算法
　　C 进化计算

进化遗传算法
　　Y 遗传算法

进气温度传感器
intake air temperature sensor
TP212
　　S 汽车传感器
　　　　温度传感器
　　L 物理传感器**

进位反馈移位寄存器
feedback with carry shift register
TN43　TP333
　　D 进位移位寄存器
　　S 移位寄存器
　　Z 寄存器*

进位移位寄存器
　　Y 进位反馈移位寄存器

近场光存储
near field optical storage
TP333
　　D 近场光学存储
　　S 光存储
　　Z 信息存储*

近场光学存储
　　Y 近场光存储

近场声全息技术
　　Y 声全息术

近场声全息术
　　Y 声全息术

近场通信
near field communication
TN92
　　D NFC
　　　　NFC 技术
　　　　近场通信技术
　　　　近场通讯
　　　　近程通信
　　　　近距离通信
　　S 短距离无线通信
　　C 近场支付
　　　　远场信号
　　L 无线通信**

近场通信技术
　　Y 近场通信

近场通讯
　　Y 近场通信

近场支付
near field payment
TN92
　　D NFC 支付
　　S 移动支付
　　C 近场通信
　　Z 移动应用*

近程雷达
short range radar
TN958
　　S 警戒雷达
　　Z 雷达*

近程通信
　　Y 近场通信

近红外发光二极管
　　Y 红外发光二极管

近距导航
　　Y 肖兰导航

近距离通信
　　Y 近场通信

近距离无线通信
　　Y 短距离无线通信

近邻算法
　　Y K-最近邻算法

近线存储
near line storage
TP333
　　S 信息存储*

· 428 ·

国家工业信息安全发展研究中心　主编

浸没式光刻
immersion lithography
TN305
　　D 浸入式光刻
　　　 浸入式光刻技术
　　　 浸液式光刻
　　S 光刻工艺**

浸入式光刻
　　Y 浸没式光刻

浸入式光刻技术
　　Y 浸没式光刻

浸液式光刻
　　Y 浸没式光刻

禁忌搜索
　　Y 禁忌搜索算法

禁忌搜索算法
tabu search algorithm
TP301.6
　　D 禁忌搜索
　　　 禁忌算法
　　S 搜索算法
　　　 智能算法
　　Z 算法*

禁忌算法
　　Y 禁忌搜索算法

经典 Petri 网
classical Petri net
TP311　TP301
　　S Petri 网*

经典密码
classical cipher
TN918　TP309
　　D 古典密码
　　S 密码*
　　C 量子密码

经验模式分解
　　Y 经验模态分解

经验模态分解
empirical mode decomposition
TN911
　　D 经验模式分解
　　S 信息处理*

晶片
　　Y 半导体晶片

晶片材料
　　Y 半导体晶片

晶片测试
　　Y 晶圆测试

晶片规模集成电路
　　Y 圆片规模集成电路

晶片机
transputer
TN305
　　S 半导体工艺设备*

晶片级封装
　　Y 圆片级封装

晶片加工
　　Y 晶圆制造

晶片加工技术
　　Y 晶圆制造

晶片键合
　　Y 硅片键合

晶片键合技术
　　Y 硅片键合

晶片直接键合
　　Y 硅片键合

晶片制造
　　Y 晶圆制造

晶片制作
　　Y 晶圆制造

晶体电子学
electron crystallography
TN01
　　S 电子学*

晶体二极管
　　Y 半导体二极管

晶体管
transistor
TN32
　　D 半导体三极管
　　　 半导体晶体管
　　　 晶体三极管
　　S 半导体分立器件**
　　• MOS 晶体管
　　• 薄膜晶体管
　　• 崩越晶体管
　　• 场效应晶体管
　　• 磁敏晶体管
　　• 达林顿晶体管
　　• 单电子晶体管
　　• 单结晶体管
　　• 电化学晶体管
　　• 多发射极晶体管
　　• 高电子迁移率晶体管
　　• 功率晶体管
　　• 硅晶体管
　　• 合金扩散晶体管
　　• 缓变基区晶体管
　　• 混合模式晶体管
　　• 寄生晶体管
　　• 静态感应晶体管
　　• 绝缘栅晶体管
　　• 开关晶体管
　　• 扩散晶体管
　　• 联栅晶体管
　　• 双基区晶体管
　　• 双极性晶体管
　　• 台面晶体管
　　• 肖特基晶体管
　　• 谐振隧穿晶体管
　　• 雪崩晶体管
　　• 异质结晶体管
　　• 自旋晶体管
　　C TTL 电路
　　　 晶体管倍频器
　　　 晶体管开关
　　　 晶体管放大器
　　　 晶体管电路
　　　 饱和失真

晶体管倍频器
transistor frequency multiplier
TN771
　　S 倍频器*
　　C 晶体管

晶体管测试仪
transistor tester
TN307
　　D 晶体管特性测试仪
　　S 半导体器件测试仪
　　Z 电子测量仪器*

晶体管电路
transistor circuit
TN4
　　S 电子电路*
　　C 晶体管

晶体管放大器
transistor amplifier
TN72
　　S 半导体放大器
　　• 晶体管功率放大器
　　• 微波晶体管放大器
　　C 晶体管
　　Z 放大器*
　　　 半导体器件*

晶体管功放
　　Y 晶体管功率放大器

晶体管功率放大器
transistor power amplifier
TN72

• 429 •

电子信息技术叙词表

    D 晶体管功放
    S 功率放大器**
      晶体管放大器

晶体管混频器
transistor mixer
TN773
    S 无源混频器
    Z 混频器*

晶体管检波器
transistor detector
TN763
    D 三极管检波器
    S 固态检波器
    Z 检波器*

晶体管晶体管逻辑
    Y TTL 电路

晶体管晶体管逻辑电路
    Y TTL 电路

晶体管晶体管逻辑门电路
    Y TTL 电路

晶体管开关
transistor switch
TN3　TM56
    S 半导体开关
    C 晶体管
    Z 半导体器件*

晶体管逻辑
    Y 晶体管逻辑电路

晶体管逻辑电路
transistor logic circuit
TN791
    D 晶体管逻辑
    S 逻辑电路
    L 数字电路**

晶体管收音机
    Y 半导体收音机

晶体管特性测试仪
    Y 晶体管测试仪

晶体管特性图示仪
transistor curve tracer
TN307
    S 半导体器件测试仪
      图示仪
    Z 电子测量仪器*

晶体管调幅器
transistor amplitude modulator
TN761
    S 调幅器
    Z 调制器*

晶体管调频器
transistor frequency modulator
TN761
    S 调频器
    Z 调制器*

晶体管微波放大器
    Y 微波晶体管放大器

晶体管振荡器
transistor oscillator
TN752
    S 振荡器*
    · 微波晶体管振荡器

晶体管整流器
transistor rectifier
TN35
    S 半导体整流器
    L 半导体分立器件**

晶体硅太阳能电池
    Y 硅太阳能电池

晶体激光器
crystal laser
TN248
    S 固体激光器**
    · 宝石激光器
    · 光子晶体激光器
    · 过磷酸铷激光器
    · 晶体纤维激光器
    · 铝酸钇激光器
    · 微晶片激光器
    · 钬激光器
    · 钼激光器

晶体检波器
crystal detector
TN763
    S 检波器*
    C 晶体鉴频器

晶体鉴频器
crystal frequency discriminator
TN763.2
    S 鉴频器
    C 晶体振荡器
      晶体检波器
    Z 检波器*

晶体滤波器
crystal filter
TN713
    S 滤波器*
    · 单片晶体滤波器
    · 多片晶体滤波器
    · 集成晶体滤波器
    · 压控滤波器
    C 晶体振荡器

晶体三极管
    Y 晶体管

晶体视频接收机
crystal video receiver
TN85
    S 侦察接收机
      测频接收机
    C 雷达侦察设备
    Z 电子战装备*
      接收设备*

晶体纤维激光器
crystal fiber laser
TN248
    S 晶体激光器
    L 固体激光器**

晶体谐振器
    Y 石英晶体谐振器

晶体闸流管
    Y 晶闸管

晶体振荡器
crystal oscillator
TN752
    D 晶振
      石英晶体振荡器
    S 压电器件*
      振荡器*
    · 电压控制晶体振荡器
    · 恒温控制晶体振荡器
    · 数字化补偿晶体振荡器
    · 温度补偿晶体振荡器
    C 晶体滤波器
      晶体鉴频器

晶体直拉炉
    Y 单晶炉

晶圆
    Y 半导体晶片

晶圆测试
wafer testing
TN307
    D 晶片测试
    S 半导体测试
    Z 半导体工艺*

晶圆级封装
    Y 圆片级封装

晶圆级封装技术
    Y 圆片级封装

晶圆片
    Y 半导体晶片

晶圆片级封装
 Y 圆片级封装

晶圆制造
wafer fabrication
TN305
 D 晶片制作
  晶片制造
  晶片加工
  晶片加工技术
  硅工艺
  硅微加工
  硅微电子技术
  硅微细加工
  硅技术
  硅片加工
  硅片工艺
 S 半导体工艺*
 C 硅片
  硅片台

晶闸管
thyristor
TN34
 D 半导体闸流管
  可控硅
  可控硅元件
  可控硅器件
  可控硅整流器
  晶体闸流管
  硅可控器件
  闸流晶体管
 S 半导体分立器件**
  电力半导体器件**
 · MOS 控制晶闸管
 · 大功率晶闸管
 · 单向晶闸管
 · 非对称晶闸管
 · 高频晶闸管
 · 光控晶闸管
 · 静电感应晶闸管
 · 可关断晶闸管
 · 快速晶闸管
 · 门极换流晶闸管
 · 逆导晶闸管
 · 三相晶闸管
 · 双向晶闸管
 · 温敏晶闸管
 C 触发器
  闸流管

晶闸管触发电路
 Y 晶闸管触发器

晶闸管触发器
thyristor trigger
TP33 TN79
 D 可控硅触发器
  晶闸管触发电路
 S 触发器
 L 数字电路**

晶闸管电源
thyristor power supply
TN86
 D 可控硅电源
 S 电源*
 · 晶闸管整流电源
 · 晶闸管中频电源

晶闸管整流电源
thyristor rectifying power supply
TN86
 D 可控整流电源
  可控硅整流电源
 S 整流电源
  晶闸管电源
 Z 电源*

晶闸管中频电源
thyristor intermediate frequency power supply
TN86
 D 可控硅中频电源
 S 中频电源
  晶闸管电源
 Z 电源*

晶振
 Y 晶体振荡器

精跟踪
 Y 精确跟踪

精简指令集
 Y 精简指令集运算

精简指令集处理器
 Y RISC 处理器

精简指令集运算
reduced instruction set computing
TP331
 D RISC
  RISC-V
  RISC 指令集
  精简指令集
 S 指令集架构*
 C RISC 处理器

精密电位器
precision potentiometer
TM547
 D 精密可调电位器
 S 电位器
 Z 电阻器*

精密电压源
precision voltage source
TN86
 S 电压源
 Z 电源*

精密放大器
precision amplifier
TN72
 D 精密仪表放大器
 S 放大器*

精密伏尔
 Y 甚高频全向信标

精密跟踪
 Y 精确跟踪

精密跟踪雷达
precision tracking radar
TN958
 S 跟踪雷达
 Z 雷达*

精密进场雷达
 Y 进场雷达

精密可调电位器
 Y 精密电位器

精密可调电阻
 Y 精密可调电阻器

精密可调电阻器
precision adjustable resistor
TM546
 D 精密可调电阻
 S 可变电阻器
 Z 电阻器*

精密数据转换器
precision data converter
TN79
 S 数据转换器
 Z 转换器*

精密仪表放大器
 Y 精密放大器

精确波长激光器
precise wavelength laser
TN248
 S 激光器*

精确跟踪
precise tracking
TN953
 D 精密跟踪
  精跟踪
 S 跟踪*
 C 仿真
  卡尔曼滤波

精确时间同步协议
 Y 精确时间协议

精确时间协议
precision time protocol
TN915.04
    D 精确时钟协议
       精确时间同步协议
    S 分布式协议
    Z 通信协议*

精确时钟协议
    Y 精确时间协议

精细可分级编码
    Y 可分级编码

精细可扩展编码
fine granularity scalable coding
TN911
    D 精细粒度可扩展编码
    S 编码*

精细粒度可扩展编码
    Y 精细可扩展编码

景物模拟
object simulation
TP391.9
    S 环境仿真
    • 场景仿真
    • 自然景物模拟
    C 图像合成
    Z 仿真*

景象匹配
scene matching
TP391　TN961
    D 景像匹配
       物景匹配
       背景匹配
    S 图像匹配
    C 合成孔径雷达
    L 图像处理**

景像匹配
    Y 景象匹配

警戒接收机
    Y 侦察接收机

警戒雷达
warning radar
TN958
    S 雷达*
    • 地面警戒雷达
    • 对海警戒雷达
    • 舰载警戒雷达
    • 近程雷达
    • 预警雷达
    C 警戒声呐

警戒声呐
warning sonar
TN92　U666
    D 警戒声纳
       预警声呐
       预警声纳
    S 声呐*
    C 警戒雷达

警戒声纳
    Y 警戒声呐

警用 GIS
    Y 警用地理信息系统

警用地理信息系统
police geographic information system
TP391
    D 警用 GIS
    S 地理信息系统
    L 信息应用系统**

径向基概率神经网络
radial basis probabilistic neural network
TP183
    D RBPNN
    S 径向基函数神经网络
       概率神经网络
    Z 人工神经网络*

径向基函数神经网络
radial basis function neural network
TP183
    D RBFNN
       RBF 神经网络
       RBF 网络
       径向基函数网络
       径向基神经网络
    S 前馈神经网络
    • 径向基概率神经网络
    Z 人工神经网络*

径向基函数网络
    Y 径向基函数神经网络

径向基神经网络
    Y 径向基函数神经网络

净化电源
purifying power supply
TN86
    S 稳压电源
       高压电源
    Z 电源*

竞争神经网络
competitive neural network
TP183
    D 竞争型神经网络
       竞争网络
    S 人工神经网络*
    • 自组织竞争神经网络

竞争网络
    Y 竞争神经网络

竞争型神经网络
    Y 竞争神经网络

静电保护电路
    Y ESD 保护电路

静电感应晶体管
electrostatic induction transistor
TN386
    S 结型场效应晶体管
    L 半导体分立器件**

静电感应晶闸管
electrostatic induction transistor
TN34
    S 晶闸管
    L 半导体分立器件**
       电力半导体器件**

静电干扰
electrostatic interference
TN014
    S 电磁干扰*

静电继电器
electrostatic relay
TM58
    D 静电式继电器
    S 继电器*

静电键合
electrostatic bonding
TN305
    S 键合工艺
    Z 半导体工艺*

静电控制超高频管
    Y 栅控微波管

静电式继电器
    Y 静电继电器

静脉识别
vein recognition
TP391.4
    S 人体识别
    L 特征识别**

静态 RAM
    Y 静态随机存储器

静态测试
static testing
TP311
　　S 软件测试
　　C 动态测试
　　Z 软件工程*

静态存储
static storage
TP333
　　S 信息存储*

静态存储器
　　Y 静态随机存储器

静态仿真
static simulation
TP391.9
　　S 仿真*

静态负载均衡
static load balancing
TP393
　　D 静态负载平衡
　　S 负载均衡
　　Z 网络技术*

静态负载平衡
　　Y 静态负载均衡

静态感应晶体管
static induction transistor
TN32
　　S 晶体管
　　L 半导体分立器件**

静态寄存器
static register
TP333
　　S 寄存器*

静态建模
static modeling
TP391.9
　　S 模型构建*

静态路由
static routing
TP393
　　S 路由*

静态密码
static password
TN918　TP309
　　S 密码*
　　C 身份认证

静态取证
static forensics
TP309
　　S 计算机取证

　　Z 信息安全技术*

静态手势识别
static gesture recognition
TP391.4
　　S 手势识别
　　L 特征识别**

静态授权
static authorization
TP393.08
　　S 网络安全授权
　　C 基于角色的访问控制
　　L 网络安全管理**

静态数据
static data
TP391
　　S 数据*
　　C 静态数据库

静态数据库
static database
TP392
　　S 数据库*
　　C 静态数据

静态随机存储器
static random access memory
TP333　TN43
　　D SRAM
　　　 随机静态存储器
　　　 静态RAM
　　　 静态存储器
　　　 静态随机存取存储器
　　　 静态随机读写存储器
　　S 易失性存储器
　　· 双端口静态随机存储器
　　C 寄存器堆
　　　 高速缓冲存储器
　　Z 存储器*

静态随机存取存储器
　　Y 静态随机存储器

静态随机读写存储器
　　Y 静态随机存储器

静态调度算法
static scheduling algorithm
TP316　TP393.0
　　S 调度算法
　　Z 算法*

静态图像编码
　　Y 静止图像编码

静态图像压缩
　　Y 静止图像压缩

静态网络
static network
TP2　TN91
　　S 网络
　　C 无线传感器网络
　　　 遗传算法

静态显示
static display
TP334.3
　　S 显示*

静态小波分解
stationary wavelet decomposition
TN951　TP391
　　S 小波分解
　　Z 信号处理*

静噪电路
squelch circuit
TN710
　　S 电子电路*

静止图像编码
still image coding
TN911
　　D 静态图像编码
　　S 图像编码
　　· 分块编码
　　C 静止图像压缩
　　Z 编码*

静止图像压缩
still image compression
TP391
　　D 静态图像压缩
　　S 图像压缩
　　C 静止图像编码
　　L 信息压缩**
　　　 图像处理**

静止图像压缩标准
　　Y 图像压缩标准

静止卫星导航
　　Y 同步卫星导航

镜频抑制接收机
image basis frequency rejection receiver
TN85
　　S 接收设备*

镜头边界检测
shot boundary detection
TP391.7
　　D 镜头边界探测
　　　 镜头边缘检测
　　S 边缘检测
　　L 图像处理**

镜头边界探测
　　Y 镜头边界检测

镜头边缘检测
　　Y 镜头边界检测

镜头聚类
shot clustering
TP391
　　S 聚类*

镜像备份
image backup
TP309
　　S 备份*

镜像电流源
mirror current source
TN86
　　S 电流源
　　Z 电源*

镜像服务器
mirror server
TP368
　　S 功能服务器
　　Z 服务器*

镜像抑制混频器
image rejection mixer
TN773
　　S 无源混频器
　　Z 混频器*

纠错编码
error correction coding
TN911
　　S 编码*
　　• BCH 编码
　　• Turbo 编码
　　• 差错控制编码
　　• 低密度奇偶校验码
　　• 前向纠错编码
　　• 实时纠错编码

纠删编码
erasure coding
TN911
　　D 纠删码
　　S 编码*
　　C 数据保护

纠删码
　　Y 纠删编码

救生电台
rescue radio
TN924
　　D 呼救电台
　　S 移动电台
　　Z 无线电台*

局部编码
regional coding
TP311
　　S 编码*

局部操作网络
　　Y LonWorks 网络

局部存储器
local storage
TP333
　　D 便笺存储器
　　S 存储器*

局部二值化
local binarization
TP391
　　S 信息量化
　　Z 信息处理*

局部分类器
local classifier
TP391
　　S 分类器*

局部计算机网络
　　Y 局域网

局部加密
local encryption
TP309
　　S 加密**

局部区域网
　　Y 局域网

局部区域网络
　　Y 局域网

局部搜索算法
local searching algorithm
TP301
　　S 搜索算法
　　Z 算法*

局部特征识别
local feature recognition
TP391.4
　　S 特征识别**
　　C 局部特征提取

局部特征提取
local feature extraction
TP391.4
　　S 特征提取
　　C 局部特征识别
　　L 信息抽取**

局部网
　　Y 局域网

局部网络
　　Y 局域网

局部线性嵌入
local linear embedding
TP391
　　D 局部线性嵌套
　　S 图像处理**

局部线性嵌入算法
local linear embedding algorithm
TP301
　　S 线性算法
　　Z 算法*

局部线性嵌套
　　Y 局部线性嵌入

局部学习
local learning
TP18
　　S 机器学习*

局部优化算法
local optimization algorithm
TP18　TP301
　　S 优化算法
　　Z 算法*

局部自适应
local adaptation
TP391
　　S 自适应*

局部总线
local bus
TP336
　　D 本地总线
　　S 总线*
　　• PCI 总线
　　• PXI 总线

局内算法
online algorithm
TP301
　　S 算法*

局域互联网络总线
　　Y LIN 总线

局域网**
local area network
TP393.1
　　D LAN
　　　LAN 网络
　　　局域网技术
　　　局域网系统
　　　局域网络
　　　局域网络系统
　　　局部区域网
　　　局部区域网络
　　　局部网
　　　局部网络

局部计算机网络
　　计算机局域网
　　计算机局域网络
　　S 计算机网络*
· 高速局域网
· 高速无线局域网
· 工业局域网
· 工作站网络
· 光纤局域网
· 光纤以太网
· · 以太无源光网络
· 交换式局域网
· 宽带局域网
· 宽带无线局域网
· 无线局域网
· 高速无线局域网
· 个人域网
· 公共无线局域网
· 宽带无线局域网
· 小型局域网
· 校园网
· 虚拟局域网
· 专用虚拟局域网
· 以太网
· · IP 以太网
· · 城域以太网
· · 电信级以太网
· · 高速以太网
· · · 交换式以太网
· · · 快速以太网
· · · 千兆以太网
· · · 万兆以太网
· · · 工业以太网
· · · · 交换式工业以太网
· · · · 实时工业以太网
· · · 光纤以太网
· · · · 以太无源光网络
· · · 嵌入式以太网
· · · 容错以太网
· · · 冗余以太网
· · · 双以太网
· · · 无线以太网
· · · 以太环网
· 有线局域网
C 串口服务器
　　内部网
　　双绞线
　　域控制器
　　客户机
　　局域网交换机
　　局域网仿真
　　局域网接口
　　局域网网关
　　局域网通信
　　打印共享
　　集线器

局域网的仪器扩展总线
　　Y LXI 总线

局域网仿真
local area network emulation
TP393.1

　　D LAN 仿真
　　S 网络仿真
　　C 局域网
　　Z 仿真*

局域网服务器
local area network server
TP368
　　S 网络服务器
　　C 局域网交换机
　　Z 服务器*

局域网技术
　　Y 局域网

局域网交换机
local area network switch
TN915.05　TN915　TP393
　　S 网络交换机
· 以太网交换机
　　C 局域网
　　　局域网服务器
　　　局域网网关
　　L 交换设备**

局域网接口
local area network interface
TP393
　　D LAN 接口
　　S 网络接口
　　C 局域网
　　　局域网网关
　　　局域网通信
　　Z 接口*

局域网控制器
local area network controller
TP393.1
　　S 网络控制器
· CAN 控制器
· 以太网控制器
　　C 个人域网
　　Z 网络设备*

局域网络
　　Y 局域网

局域网络系统
　　Y 局域网

局域网通信
local area network communication
TP393.1
　　D 局域网通讯
　　S 计算机网络通信
· 以太网通信
　　C 局域网
　　　局域网接口
　　L 网络通信**

局域网通讯
　　Y 局域网通信

局域网网关
local area network gateway
TP393
　　S 网关
　　C 局域网
　　　局域网交换机
　　　局域网接口
　　L 网络互连设备**

局域网系统
　　Y 局域网

局域增强
　　Y 局域增强系统

局域增强系统
local area augmentation system
TN966
　　D LAAS
　　　局域增强
　　S 增强导航系统
　　Z 导航系统*

菊花瓣式打印机
　　Y 菊花轮打印机

菊花轮打印机
daisy wheel printer
TP334.3
　　D 菊花瓣式打印机
　　S 打印机
　　Z 外部设备*

矩心跟踪
　　Y 形心跟踪

矩形波导
rectangular waveguide
TN81
　　S 波导元件
　　Z 微波元件*

矩形波发生器
rectangular wave generator
TM935
　　D 方波发生器
　　S 波形发生器
　　L 信号发生器**

矩形连接器
rectangular connector
TN6
　　S 电连接器*
· 带状电缆连接器
· 条形连接器
· 印制电路板连接器

矩形贴片天线
　　Y 矩形微带贴片天线

矩形微带天线
rectangular microstrip antenna
TN82
　　S 微带天线
　　· 矩形微带贴片天线
　　L 微波天线**

矩形微带贴片天线
rectangular microstrip patch antenna
TN82
　　D 矩形贴片天线
　　S 矩形微带天线
　　　 贴片天线
　　L 微波天线**

矩形自动机
rectangular automaton
TP1　TP301
　　S 自动机*

矩阵编码
matrix coding
TP391　TN912
　　S 编码*

矩阵存储器
　　Y 存储阵列

矩阵电路
matrix circuit
TN710
　　S 电子电路*

矩阵符号码
　　Y Vericode 条码

矩阵键盘
matrix keyboard
TP334.2
　　D 矩阵式键盘
　　S 键盘
　　Z 外部设备*

矩阵接收机
matrix receiver
TN85
　　S 接收设备*

矩阵聚类
matrix clustering
TP391.3
　　S 聚类*

矩阵切换器
matrix converter
TN948
　　S 电视台设备

　　C 视频切换
　　　 视频切换台
　　Z 电视设备*

矩阵式键盘
　　Y 矩阵键盘

矩阵显示
matrix display
TN82
　　S 显示*
　　· 有源矩阵液晶显示

巨磁电阻传感器
giant magnetic resistor sensor
TP212.13
　　D GMR 传感器
　　　 巨磁阻传感器
　　S 磁阻传感器
　　L 物理传感器**

巨磁阻传感器
　　Y 巨磁电阻传感器

巨磁阻磁头
　　Y GMR 磁头

巨脉冲激光
giant pulse laser
TN248
　　S 脉冲激光
　　Z 激光*

巨型机
　　Y 超级计算机

巨型计算机
　　Y 超级计算机

句柄*
handle
TP311
　　· 窗口句柄
　　· 实体句柄

句法分析
parsing
TP391.1
　　S 自然语言处理
　　· 依存句法分析
　　· 组块分析
　　C 句法分析器
　　L 语言信息处理**

句法分析器
parser
TP391　TP318
　　S 分析器
　　C 句法分析
　　L 工具软件**

句法模式识别
syntactic pattern recognition
TP391.4
　　D 句法识别
　　　 结构模式识别
　　S 模式识别
　　Z 信息识别*

句法识别
　　Y 句法模式识别

句子聚类
sentence clustering
TP391
　　S 聚类*

拒绝服务
　　Y 拒绝服务攻击

拒绝服务攻击
denial of service attack
TP393.08
　　D DoS 攻击
　　　 拒绝式服务攻击
　　　 拒绝服务
　　　 拒绝服务型攻击
　　　 拒绝服务式攻击
　　　 阻断攻击
　　S 主动攻击
　　· 分布式拒绝服务攻击
　　C IP 追踪
　　　 防火墙技术
　　L 网络攻击**

拒绝服务式攻击
　　Y 拒绝服务攻击

拒绝服务型攻击
　　Y 拒绝服务攻击

拒绝式服务攻击
　　Y 拒绝服务攻击

距离波门欺骗
　　Y 距离波门欺骗干扰

距离波门欺骗干扰
range gate deception jamming
TN972　TN974
　　D 距离拖引干扰
　　　 距离波门拖引
　　　 距离波门拖引干扰
　　　 距离波门欺骗
　　　 距离门拖引
　　S 距离欺骗干扰
　　　 雷达欺骗干扰
　　L 电子对抗**

距离波门拖引
　　Y 距离波门欺骗干扰

· 436 ·

距离波门拖引干扰
　　Y 距离波门欺骗干扰

距离多普勒成像算法
　　Y 距离多普勒算法

距离多普勒算法
range Doppler algorithm
TN951　TP301　TN911
　　D RD 算法
　　　　距离-多普勒算法
　　　　距离多普勒成像算法
　　S 成像算法
　　Z 算法*

距离-多普勒算法
　　Y 距离多普勒算法

距离干扰
　　Y 距离欺骗干扰

距离跟踪
range tracking
TP391　TN951
　　S 跟踪*

距离继电器
distance relay
TM58
　　S 继电器*

距离门拖引
　　Y 距离波门欺骗干扰

距离欺骗
　　Y 距离欺骗干扰

距离欺骗干扰
range deception jamming
TN974　TN972
　　D 距离干扰
　　　　距离欺骗
　　S 欺骗干扰
　　• 距离波门欺骗干扰
　　L 电子对抗**

距离矢量路由协议
distance vector routing protocol
TN915　TP393.0　TN92
　　S 内部网关协议
　　　　动态路由协议
　　• 按需距离矢量路由协议
　　• 距离矢量组播路由协议
　　L 网络协议**

距离矢量组播路由协议
distance vector multicast routing protocol
TP393.0
　　D DVMRP
　　　　距离矢量组播路由选择协议
　　S 组播路由协议
　　　　距离矢量路由协议
　　• 按需距离矢量组播路由协议
　　L 网络协议**

距离矢量组播路由选择协议
　　Y 距离矢量组播路由协议

距离算法
distance algorithm
TP301
　　S 算法*
　　• 距离向量算法
　　• 距离徙动算法

距离拖引干扰
　　Y 距离波门欺骗干扰

距离徙动算法
range migration algorithm
TN951
　　S 距离算法
　　Z 算法*

距离向量路由算法
　　Y 距离向量算法

距离向量算法
distance vector algorithm
TP393.0
　　D 距离向量路由算法
　　S 距离算法
　　　　路由算法
　　Z 算法*

锯齿波电路
sawtooth wave circuit
TN78
　　D 锯齿波形成电路
　　S 脉冲电路
　　C 锯齿波发生器
　　Z 电子电路*

锯齿波发生器
sawtooth wave generator
TM93
　　S 波形发生器
　　C 锯齿波电路
　　L 信号发生器**

锯齿波调频
sawtooth frequency modulation
TN76
　　S 调频
　　Z 调制*

锯齿波形成电路
　　Y 锯齿波电路

锯齿形激光器
　　Y 盘形激光器

聚苯疏醚薄膜电容器
　　Y 聚苯疏醚电容器

聚苯疏醚电容器
PPS film capacitor
TM533
　　D 聚苯疏醚薄膜电容器
　　S 有机薄膜电容器
　　Z 电容器*

聚苯乙烯薄膜电容器
　　Y 聚苯乙烯电容器

聚苯乙烯电容器
polystyrene film capacitor
TM533
　　D 聚苯乙烯膜电容器
　　　　聚苯乙烯薄膜电容器
　　S 有机薄膜电容器
　　Z 电容器*

聚苯乙烯膜电容器
　　Y 聚苯乙烯电容器

聚丙烯薄膜电容器
　　Y 聚丙烯电容器

聚丙烯电容器
polypropylene film capacitor
TM533
　　D 聚丙烯膜电容器
　　　　聚丙烯薄膜电容器
　　S 有机薄膜电容器
　　Z 电容器*

聚丙烯膜电容器
　　Y 聚丙烯电容器

聚合签名
aggregate signature
TP309
　　D 聚集签名
　　S 数字签名*

聚合通信
collective communication
TP301
　　D 集合通信
　　S 通信*
　　C 聚合网络

聚合网络
converged network
TP31
　　S 网络*
　　C 中间件
　　　　聚合通信

聚合物半导体
polymer semiconductor
TN304

D 半导体聚合物
S 半导体材料*
C 聚合物发光二极管
聚合物场效应晶体管

聚合物场效应晶体管
polymer field effect transistor
TN386
S 场效应晶体管
C 聚合物半导体
L 半导体分立器件**

聚合物电致发光
polymer electroluminescence
TN383
S 有机电致发光
Z 电致发光*

聚合物发光二极管
polymer light emitting diode
TN31
S 发光二极管
C 聚合物半导体
L 半导体发光器件**

聚合物封装
polymer package
TN305
S 半导体封装**

聚合物光纤
polymer optical fiber
TN25
S 光纤*
• 渐变型聚合物光纤
• 微结构聚合物光纤
C 聚合物光纤放大器

聚合物光纤放大器
polymer optical fiber amplifier
TN72
S 光纤放大器
C 聚合物光纤
L 光放大器**
光纤器件**

聚合物锂电池
Y 锂聚合物电池

聚合物锂离子电池
Y 锂聚合物电池

聚合物太阳能电池
polymer solar cell
TM914
S 有机薄膜太阳能电池
Z 电池*

聚集计算
aggregation computation
TP31
S 计算*
C 数据仓库

聚集签名
Y 聚合签名

聚集算法
aggregation algorithm
TP391 TP301
S 算法*

聚焦超声换能器
focused ultrasonic transducer
TN712
S 超声换能器
Z 换能器*

聚焦爬虫
focused crawler
TP393 TP391
D 聚焦网络爬虫
S 网络爬虫
L 工具软件**
网络软件**

聚焦式合成孔径雷达
Y 聚束式合成孔径雷达

聚焦算法
focus algorithm
TP391 TP301 TN951
D 自动聚焦算法
自聚焦算法
S 图像算法
C 侧视雷达
合成孔径雷达
Z 算法*

聚焦天线
focusing antenna
TN82
S 天线*

聚焦网络爬虫
Y 聚焦爬虫

聚类*
clustering
TN911 TP391
D 群聚
聚类过程
• Web 聚类
• • Web 文本聚类
• • Web 用户聚类
• 半监督聚类
• 层次聚类
• 词聚类
• 粗糙聚类
• 动态聚类
• • 动态模糊聚类
• 分布式聚类
• 服务聚类
• 概念聚类
• 高维聚类
• 关联聚类
• 核聚类
• • 模糊核聚类
• 划分聚类
• 灰色定权聚类
• 混合聚类
• 角点聚类
• 镜头聚类
• 矩阵聚类
• 句子聚类
• 均值聚类
• C 均值聚类
• • 模糊 C 均值聚类
• K 均值聚类
• 模糊均值聚类
• • 模糊 C 均值聚类
• 属性均值聚类
• 客户聚类
• 空间聚类
• 快速聚类
• 路径聚类
• 密度聚类
• 模糊聚类
• GK 模糊聚类
• 模糊核聚类
• 模糊均值聚类
• • 模糊 C 均值聚类
• 最大模糊熵高斯聚类
• 模式聚类
• 模型聚类
• 凝聚聚类
• 谱聚类
• 区域聚类
• 任务聚类
• 色彩聚类
• 事务聚类
• 视频聚类
• 属性聚类
• 属性均值聚类
• 数据流聚类
• 说话人聚类
• 特征聚类
• 图聚类
• 图像聚类
• 网格聚类
• 网页聚类
• 文本聚类
• Web 文本聚类
• 中文文本聚类
• 无监督聚类
• 颜色聚类
• 样本聚类
• 蚁群聚类
• 用户聚类
• Web 用户聚类
• 语义聚类
• 约束聚类
• 在线聚类
• 增量聚类
• 支持向量聚类
• 主题聚类

- 子空间聚类
- 自动聚类
- 自适应聚类
- 自组织聚类
- • 自组织映射聚类
C 聚类分割
  聚类挖掘
  聚类算法

聚类分割
clustering segmentation
TP391
  S 图像分割
  C 聚类
  L 图像处理**

聚类分析算法
  Y 聚类算法

聚类过程
  Y 聚类

聚类识别
clustering recognition
TP391
  S 信息识别*

聚类数据
  Y 数据聚类

聚类数据挖掘
  Y 聚类挖掘

聚类算法
clustering algorithm
TP181　TP391
  D 聚类分析算法
  S 数据挖掘算法
    无监督学习算法
  • K均值聚类算法
  • 层次聚类算法
  • 动态聚类算法
  • 覆盖聚类算法
  • 减聚类算法
  • 遗传聚类算法
  C 聚类
    聚类挖掘
  Z 算法*

聚类挖掘
clustering mining
TP391
  D 聚类数据挖掘
  S 信息挖掘**
  C 聚类
    聚类算法

聚类遗传算法
  Y 遗传聚类算法

聚束 SAR
  Y 聚束式合成孔径雷达

聚束式 SAR
  Y 聚束式合成孔径雷达

聚束式合成孔径雷达
spotlight synthetic aperture radar
TN958
  D 聚束 SAR
    聚束式 SAR
    聚束照射 SAR
    聚焦式合成孔径雷达
  S 合成孔径雷达
  Z 雷达*

聚束照射 SAR
  Y 聚束式合成孔径雷达

聚碳酸酯薄膜电容器
  Y 聚碳酸酯电容器

聚碳酸酯电容器
polycarbonate capacitor
TM533
  D 聚碳酸酯膜电容器
    聚碳酸酯薄膜电容器
  S 有机薄膜电容器
  Z 电容器*

聚碳酸酯膜电容器
  Y 聚碳酸酯电容器

聚脂薄膜电容器
  Y 聚酯电容器

聚酯电容器
polyester capacitor
TM533
  D 涤纶电容器
    聚脂薄膜电容器
    聚酯膜电容器
  S 有机薄膜电容器
  Z 电容器*

聚酯膜电容器
  Y 聚酯电容器

卷管理器
  Y 逻辑卷管理器

卷积编码
convolution coding
TN911
  D 删除型卷积编码
  S 信道编码
  C 卷积交织器
  L 通信编码**

卷积编码器
  Y 卷积码编码器

卷积计算
convolution calculation
TN951　TP391
  S 神经计算
  C 卷积神经网络
    卷积算法
  Z 计算*

卷积交织器
convolution interleaver
TN911
  S 交织器*
  C 卷积码编码器
    卷积编码

卷积滤波
convolution filtering
TN713
  D 褶积滤波
  S 滤波*

卷积码编码器
convolutional coder
TN76　TN911
  D 卷积编码器
  S 编码器*
  C 卷积交织器

卷积神经网络
convolutional neural network
TP183
  S 前馈神经网络
  • 全卷积神经网络
  • 深度卷积神经网络
  C 卷积计算
    自动编码器
    车辆识别
  Z 人工神经网络*

卷积算法
convolution algorithm
TN911　TP301
  S 算法*
  C 卷积计算

角色存取控制
  Y 基于角色的访问控制

角色访问控制
  Y 基于角色的访问控制

角色访问控制技术
  Y 基于角色的访问控制

角色访问控制模型
  Y 基于角色的访问控制

角色权限管理
role rights management
TP393.08　TP392
　S 网络安全管理**

角色授权
role authorization
TP393.08
　S 网络安全授权
　L 网络安全管理**

觉察上下文
　Y 上下文感知

觉察上下文计算
　Y 上下文感知

决策仿真
decision simulation
TP391
　S 仿真*

决策分析系统
decision analysis system
TP391
　S 信息分析系统
　　决策支持系统
　Z 信息系统*
　　计算机应用系统*

决策服务系统
　Y 决策信息系统

决策管理系统
　Y 决策信息系统

决策级融合
decision-level fusion
TP391
　S 信息融合
　Z 信息处理*

决策软件
　Y 决策支持系统

决策树分类器
decision tree classifier
TP391
　S 树分类器
　C 决策树分类算法
　Z 分类器*

决策树分类算法
decision tree classification algorithm
TP391　TP301
　S 决策树算法
　　分类算法
　C 决策树分类器
　Z 算法*

决策树算法
decision tree algorithm
TP301　TP391
　S 树形算法
　　监督学习算法
　· ID3 算法
　· 分类和回归算法
　· 剪枝算法
　· 决策树分类算法
　Z 算法*

决策信息系统
decision-making information system
TP391
　D 决策服务系统
　　决策管理系统
　S 决策支持系统
　Z 计算机应用系统*

决策支撑系统
　Y 决策支持系统

决策支持工具
　Y 决策支持系统

决策支持技术
　Y 决策支持系统

决策支持软件
　Y 决策支持系统

决策支持系统
decision support system
TP391
　D 决策支持信息系统
　　决策支持工具
　　决策支持技术
　　决策支持软件
　　决策支援系统
　　决策支撑系统
　　决策软件
　　计算机决策支持系统
　　辅助决策支持系统
　　辅助决策系统
　S 计算机应用系统*
　· 分布式决策支持系统
　· 决策分析系统
　· 决策信息系统
　· 群体决策支持系统
　· 预测支持系统
　· 智能决策支持系统
　· 综合决策支持系统
　· 组织决策支持系统
　C 人工智能

决策支持信息系统
　Y 决策支持系统

决策支援系统
　Y 决策支持系统

绝对编码器
　Y 绝对式编码器

绝对式编码器
absolute encoder
TN91
　D 绝对编码器
　S 编码器*

绝对值电路
absolute value circuit
TN79
　S 电子电路*

绝热电路
adiabatic circuit
TN7
　S 电子电路*
　· 绝热逻辑电路

绝热孤子压缩
adiabatic soliton compression
TN25
　S 信号压缩
　Z 信号处理*

绝热逻辑电路
adiabatic logic circuit
TN791
　D CTGAL 电路
　　钟控传输门绝热逻辑电路
　S 绝热电路
　　逻辑电路
　L 数字电路**

绝缘层上硅
　Y 绝缘体上硅

绝缘层上硅技术
　Y 绝缘体上硅

绝缘衬底上硅器件
silicon on insulator device
TN305
　D SOI 器件
　S 硅器件
　C 绝缘体上硅
　Z 半导体器件*

绝缘导线
insulated conductor
TM245
　D 绝缘线
　S 电线
　C 裸导线
　Z 电线电缆*

绝缘金属基板
insulated metal substrate
TN7
　S 金属基板

    Z 电路基板*

绝缘门极晶体管
    Y 绝缘栅晶体管

绝缘体上的硅
    Y 绝缘体上硅

绝缘体上硅
silicon on insulator
TN304
    D SOI 技术
      SOI 材料
      硅上绝缘体
      绝缘体上的硅
      绝缘体上硅技术
      绝缘体上硅薄膜
      绝缘层上硅
      绝缘层上硅技术
      薄膜绝缘体上硅
    S 硅材料
    · 部分耗尽绝缘体上硅
    · 尖晶石上硅
    · 图形化绝缘体上硅
    C SOI 衬底
      绝缘体上硅电路
      绝缘衬底上硅器件
    L 元素半导体**

绝缘体上硅 MOSFET
    Y 绝缘体上硅 MOS 场效应晶体管

绝缘体上硅 MOS 场效应晶体管
SOI MOS field effect transistor
TN386
    D SOI_MOSFET
      绝缘体上硅 MOSFET
    S MOS 场效应晶体管
    L MOS 器件**
      半导体分立器件**

绝缘体上硅薄膜
    Y 绝缘体上硅

绝缘体上硅衬底
    Y SOI 衬底

绝缘体上硅电路
silicon on insulator circuit
TN43
    D SOI 电路
    S 半导体集成电路
    C 绝缘体上硅
    Z 集成电路*

绝缘体上硅技术
    Y 绝缘体上硅

绝缘线
    Y 绝缘导线

绝缘栅场效晶体管
    Y 绝缘栅场效应晶体管

绝缘栅场效应管
    Y 绝缘栅场效应晶体管

绝缘栅场效应晶体管
insulated gate field effect transistor
TN386
    D 绝缘栅场效应管
      绝缘栅场效晶体管
      表面场效应晶体管
      金属绝缘体半导体场效应晶体管
    S 场效应晶体管
      绝缘栅晶体管
    L 半导体分立器件**
      电力半导体器件**

绝缘栅极晶体管
    Y 绝缘栅晶体管

绝缘栅晶体管
insulated gate transistor
TN32
    D 绝缘栅极晶体管
      绝缘门极晶体管
    S 晶体管
      电力半导体器件**
    · 绝缘栅场效应晶体管
    · 绝缘栅双极晶体管
    L 半导体分立器件**
      电力半导体器件**

绝缘栅双极晶体管
insulated gate bipolar transistor
TN32
    D IGBT
      IGBT 技术
      绝缘栅双极型晶体管
      绝缘栅双极性晶体管
    S 双极性晶体管
      绝缘栅晶体管
    · 场截止型绝缘栅双极晶体管
    · 穿通型绝缘栅双极晶体管
    · 非穿通型绝缘栅双极晶体管
    · 压接型绝缘栅双极晶体管
    C IGBT 模块
    L 半导体分立器件**
      双极器件**
      电力半导体器件**

绝缘栅双极型晶体管
    Y 绝缘栅双极晶体管

绝缘栅双极型晶体管模块
    Y IGBT 模块

绝缘栅双极型晶体管驱动电路
    Y IGBT 驱动电路

绝缘栅双极性晶体管
    Y 绝缘栅双极晶体管

军事电子信息系统
military eletronic information system
TP391 TN97
    D 军事综合电子信息系统
    S 军事信息系统
      电子信息系统
    Z 信息系统*

军事仿真
military simulation
TP391.9
    D 军事仿真技术
    S 仿真*
    · 对抗仿真
    · 作战仿真
    C 军用软件

军事仿真技术
    Y 军事仿真

军事机器人
    Y 军用机器人

军事领域用计算机
    Y 军用计算机

军事软件
    Y 军用软件

军事通信
military communication
TN915
    D 军用通信
    S 通信*
    · 海军通信
    · 战场通信
    · 战略通信
    · 战术通信
    · 战役通信
    C 军用网络
      通信对抗

军事通信网
    Y 军用网络

军事通信网路
    Y 军用网络

军事网络
    Y 军用网络

军事信息系统
military information system
TN97 TN918 TP391
    S 信息系统*
    · 军事电子信息系统
    · 指挥信息系统

军事指挥信息系统
　　Y 指挥信息系统

军事综合电子信息系统
　　Y 军事电子信息系统

军用电台
military radio
TN924
　　S 无线电台*
　　· 便携式电台

军用机器人
military robot
TP242
　　D 军事机器人
　　S 特种机器人
　　· 战场机器人
　　· 侦察机器人
　　Z 机器人*

军用计算机
military computer
TP338
　　D 军事领域用计算机
　　　军用加固计算机
　　S 专用计算机
　　· 导弹携载计算机
　　· 火控计算机
　　· 火控指挥仪
　　· 机载火控计算机
　　C 军用软件
　　Z 计算机*

军用加固计算机
　　Y 军用计算机

军用软件
military software
TP31
　　D 军事软件
　　S 软件*
　　C 军事仿真
　　　军用计算机

军用通信
　　Y 军事通信

军用网络
military network
TN915　TP393
　　D 军事网络
　　　军事通信网
　　　军事通信网路
　　S 专用通信网
　　· 地空指挥通信网
　　· 地域通信网
　　· 战术通信网
　　C 军事通信
　　　网络对抗
　　Z 通信网络*

均衡处理
equalization processing
TP274　TN92　TP391　TN911
　　D 均衡化处理
　　S 信号处理*

均衡放大器
equalizing amplifier
TN72
　　S 放大器*
　　C 均衡器

均衡化处理
　　Y 均衡处理

均衡路由
balanced routing
TP393
　　S 路由*

均衡器*
equalizer
TN715
　　· 电子均衡器
　　· 反馈均衡器
　　· · 判决反馈均衡器
　　· · · 分数间隔判决反馈均衡器
　　· · · 自适应判决反馈均衡器
　　· 分数间隔均衡器
　　· · 分数间隔判决反馈均衡器
　　· 幅度均衡器
　　· · 微波幅度均衡器
　　· 功率均衡器
　　· 可变均衡器
　　· 盲均衡器
　　· · 自适应盲均衡器
　　· 频率均衡器
　　· 频域均衡器
　　· 时延均衡器
　　· · 群时延均衡器
　　· 时域均衡器
　　· 数字均衡器
　　· 衰减均衡器
　　· 图示均衡器
　　· 微波均衡器
　　· · 微波幅度均衡器
　　· · 微带均衡器
　　· 维纳均衡器
　　· 线性均衡器
　　· 相位均衡器
　　· 音频均衡器
　　· 增益均衡器
　　· · 动态增益均衡器
　　· · 可调增益均衡器
　　· 自适应均衡器
　　· · 自适应盲均衡器
　　· · 自适应判决反馈均衡器
　　C 均衡放大器

均衡网络
equalizing network
TN711

　　D 平衡网络
　　S 网络*

均匀编码
uniform coding
TN911
　　S 编码*

均匀量化
uniform quantization
TN914　TN911
　　S 信号处理*

均匀网格
uniform grid
TP391
　　S 网格*

均值聚类
mean clustering
TP391
　　S 聚类*
　　· C 均值聚类
　　· K 均值聚类
　　· 模糊均值聚类
　　· 属性均值聚类
　　C 均值滤波
　　　均值算法
　　　均值量化

均值量化
mean quantization
TP3
　　S 信息量化
　　C 均值聚类
　　Z 信息处理*

均值滤波
mean filtering
TN713
　　S 滤波*
　　· 加权均值滤波
　　· 旋转均值滤波
　　C 均值聚类

均值漂移跟踪算法
　　Y 均值漂移算法

均值漂移算法
mean-shift algorithm
TN911　TP391　TP301
　　D MeanShift算法
　　　均值漂移跟踪算法
　　S 均值算法
　　　跟踪算法
　　Z 算法*

均值算法
mean algorithm
TP3
　　S 算法*

- K 均值聚类算法
- 均值漂移算法
- C 均值聚类
   模糊聚类

卡尔曼滤波**
Kalman filtering
TN713
　　D Kalman 滤波
　　　Kalman 滤波算法
　　　Kalman 算法
　　　卡尔曼滤波技术
　　　卡尔曼滤波算法
　　　卡尔曼算法
　　S 滤波*
- 变维卡尔曼滤波
- 不敏卡尔曼滤波
- 非线性卡尔曼滤波
- 分布式卡尔曼滤波
- 改进卡尔曼滤波
- 卡尔曼逆滤波
- 扩展卡尔曼滤波
- ・ 并行扩展卡尔曼滤波
- ・ 迭代扩展卡尔曼滤波
- ・ 二阶扩展卡尔曼滤波
- ・ 修正增益扩展卡尔曼滤波
- ・ 自适应扩展卡尔曼滤波
- 联邦卡尔曼滤波
- 鲁棒卡尔曼滤波
- 模糊卡尔曼滤波
- 强跟踪卡尔曼滤波
- 伪线性卡尔曼滤波
- 无迹卡尔曼滤波
- 转换卡尔曼滤波
- 自适应卡尔曼滤波
- ・ 自适应扩展卡尔曼滤波
　　C 交互式多模型算法
　　　人体运动跟踪
　　　信道跟踪
　　　图像目标跟踪
　　　实时跟踪
　　　精确跟踪
　　　自适应跟踪
　　　连续跟踪
　　　雷达目标跟踪

卡尔曼滤波技术
　　Y 卡尔曼滤波

卡尔曼滤波算法
　　Y 卡尔曼滤波

卡尔曼逆滤波
Kalman inverse filtering
TN713
　　S 卡尔曼滤波**

卡尔曼算法
　　Y 卡尔曼滤波

卡口电连接器
　　Y 卡口式圆形电连接器

卡口式电连接器
　　Y 卡口式圆形电连接器

卡口式圆形电连接器
bayonet circular electrical connector
TN6
　　D 卡口式电连接器
　　　卡口电连接器
　　S 圆形电连接器
　　Z 电连接器*

卡片输入机
　　Y 卡片输入设备

卡片输入设备
card input device
TP334.2　TN87
　　D 卡片输入机
　　　卡片输入装置
　　S 输入设备
　　Z 外部设备*

卡片输入装置
　　Y 卡片输入设备

卡塞格仑天线
　　Y 卡塞格伦天线

卡塞格伦天线
Cassegrain antenna
TN82
　　D 卡塞格仑天线
　　S 双反射面天线
　　Z 天线*

开槽天线
　　Y 缝隙天线

开发工具
development tool
TP311
　　D 软件开发工具
　　S 工具软件**
- 汇编器
- 数据库开发工具
- 专家系统工具
　　C 计算机辅助开发

开放接口
open interface
TP311
　　S 软件接口
　　L 计算机接口**

开放式多媒体应用平台
open multimedia application platform
TP391
　　S 信息平台*

开放式目录搜索系统
open directory search system
TP393
　　D ODP 系统
　　S 计算机应用系统*

开放式数据库
open database
TP392
　　D 开放数据库
　　S 数据库*

开放式网络
　　Y 开放网络

开放式系统互连参考模型
　　Y 开放系统互连参考模型

开放式现场总线
open field bus
TP2　TP336
　　S 现场总线**
- CC-Link 现场总线
- 过程现场总线

开放式最短路径优先
　　Y 开放最短路径优先协议

开放式最短路径优先协议
　　Y 开放最短路径优先协议

开放数据库
　　Y 开放式数据库

开放网格服务基础设施
open grid service infrastructure
TP393.1
　　D OGSI
　　S 网络基础设施
　　Z 信息基础设施*

开放网络
open network
TP393.08
　　D 开放式网络
　　　开放系统网络
　　S 网络*

开放系统互连参考模型
open system interconnection reference model
TP393.0
　　D OSIRM
　　　OSIRM 参考模型
　　　OSI 七层模型
　　　OSI 参考模型
　　　OSI 模型
　　　开放式系统互连参考模型
　　　开放系统互联参考模型
　　　开放系统互联模型
　　S 网络模型*

开放系统互联参考模型
　　Y 开放系统互连参考模型

开放系统互联模型
　　Y 开放系统互连参考模型

开放系统网络
　　Y 开放网络

开放源代码软件
　　Y 开源软件

开放源码软件
　　Y 开源软件

开放源码数据库
　　Y 开源数据库

开放最短路径优先
　　Y 开放最短路径优先协议

开放最短路径优先协议
open shortest path first protocol
TN915　TP393.0
　　D OSPF
　　　OSPF 协议
　　　OSPF 路由协议
　　　开放式最短路径优先
　　　开放式最短路径优先协议
　　　开放最短路径优先
　　S 内部网关协议
　　C 边界路由器
　　L 网络协议**

开缝天线
　　Y 缝隙天线

开关*
switch
TN81
　　• MEMS 开关
　　•• MEMS 膜开关
　　•• 射频 MEMS 开关
　　• 按键开关
　　• 波段开关
　　• 磁开关
　　• 多路模拟开关
　　• 光电导开关
　　• 射频开关
　　•• 射频 MEMS 开关
　　•• 同轴开关

开关变换器
switching converter
TN710
　　D SMPS
　　S 变换器*
　　• 开关功率变换器
　　• 软开关变换器

开关电流电路
switching current circuit
TN710
　　S 开关电路
　　Z 电子电路*

开关电路
switching circuit
TN710
　　S 电子电路*
　　• 开关电流电路
　　• 开关电容电路
　　• 开关电源电路
　　• 开关稳压电路
　　• 软开关电路
　　C 开关晶体管
　　　开关网络

开关电容电路
switched-capacitor circuit
TN710
　　S 开关电路
　　C 开关电容网络
　　Z 电子电路*

开关电容式电压变换器
　　Y 电荷泵电路

开关电容网络
switched-capacitor network
TN711
　　S 开关网络
　　　电容网络
　　C 开关电容电路
　　Z 电路网络*

开关电源
switching power supply
TN86
　　D 开关型电源
　　　开关式电源
　　　开关模式电源
　　S 电源*
　　• 彩电开关电源
　　• 大功率开关电源
　　• 单片开关电源
　　• 反激式开关电源
　　• 辅助开关电源
　　• 高频开关电源
　　• 高压开关电源
　　• 开关稳压电源
　　• 软开关电源
　　• 通信开关电源
　　• 微型开关电源
　　• 智能开关电源
　　• 自激式开关电源
　　• 组合开关电源
　　C 开关电源控制器
　　　开关电源电路

开关电源 IC
　　Y 开关电源电路

开关电源变压器
switching power supply transformer
TM42
　　S 电源变压器
　　L 电子变压器**

开关电源电路
switching power supply circuit
TN710　TM13
　　D 开关电源 IC
　　S 开关电路
　　　电源电路
　　C 开关电源
　　　开关电源控制器
　　Z 电子电路*

开关电源控制器
switching power supply controller
TN86　TN4
　　S 电源控制器
　　C 开关电源
　　　开关电源电路
　　Z 控制器*

开关二极管
switching diode
TN31
　　D 半导体开关二极管
　　S 半导体二极管
　　L 半导体分立器件**

开关放大器
switching amplifier
TN72
　　S 放大器*

开关功放
　　Y 开关功率放大器

开关功率变换器
switching power converter
TN710
　　S 功率变换器
　　　开关变换器
　　Z 变换器*

开关功率放大器
switching power amplifier
TN72
　　D 开关功放
　　S 功率放大器**

开关晶体管
switching transistor
TN32
　　S 晶体管
　　• 反向开关晶体管
　　C 开关电路
　　L 半导体分立器件**

开关模式电源
　　Y 开关电源

开关式电源
　　Y 开关电源

开关式稳压电源
　　Y 开关稳压电源

开关网络
switching network
TN711
　　S 电路网络*
　　• 交叉开关网络
　　• 开关电容网络
　　C 开关电路

开关稳压电路
switching voltage-stabilizing circuit
TN710
　　S 开关电路
　　　 稳压电路
　　Z 电子电路*

开关稳压电源
switching voltage-stabilizing power supply
TN86
　　D 开关型稳压电源
　　　 开关式稳压电源
　　S 开关电源
　　　 稳压电源
　　Z 电源*

开关型电源
　　Y 开关电源

开关型稳压电源
　　Y 开关稳压电源

开关中值滤波
switching median filtering
TN713
　　S 中值滤波
　　• 自适应开关中值滤波
　　Z 滤波*

开环谐振器
open-loop resonator
TN75
　　S 谐振器*

开源操作系统
open source operating system
TP316
　　S 操作系统**
　　• Chrome 操作系统
　　• Linux 操作系统
　　• 安卓操作系统
　　C 开源软件

开源软件
open source software
TP317
　　D 开放源代码软件
　　　 开放源码软件
　　　 自由软件
　　S 软件*
　　C 共享软件
　　　 开源操作系统
　　　 开源数据库

开源数据库
open source database
TP315　TP392
　　D 开放源码数据库
　　S 数据库*
　　C 开源软件

铠装光缆
armored optical cable
TN81
　　S 光缆*

看门狗电路
watchdog circuit
TN710　TN94
　　S 监测电路
　　Z 电子电路*

康复机器人
rehabilitation robot
TP242
　　S 医用机器人
　　• 上肢康复机器人
　　• 下肢康复机器人
　　Z 机器人*

抗抵赖
　　Y 反拒认

抗电子干扰
　　Y 电子反干扰

抗反辐射摧毁
　　Y 防反辐射摧毁

抗干扰电路
anti-jamming circuit
TN710
　　S 电子电路*
　　C 抗干扰接收

抗干扰接收
anti-jamming receiving
TN911
　　S 接收*
　　C 信号干扰
　　　 恒虚警接收机
　　　 抗干扰电路
　　　 抗干扰通信

抗干扰通信
anti-jamming communication
TN91
　　S 通信*
　　C 抗干扰接收

抗共谋
collusion-resistance
TN918　TP309
　　D 抗合谋
　　S 信息安全防护*
　　C 叛逆者追踪
　　　 合谋攻击

抗合谋
　　Y 抗共谋

抗混叠滤波
anti-aliasing filtering
TN713
　　D 抗混滤波
　　S 滤波*

抗混滤波
　　Y 抗混叠滤波

抗蚀剂
resist
TN011
　　S 电子材料*

科学数据库
scientific database
TP392
　　S 应用数据库
　　Z 数据库*

科学数据网格
　　Y 数据网格

可编程处理器
programmable processor
TP368
　　S 微处理器*
　　C 可编程片上系统
　　　 可编程门阵列

可编程电源
　　Y 程控电源

可编程放大器
programmable amplifier
TN72
　　S 放大器*

可编程分频器
programmable frequency divider
TN772
　　D 程序分频器
　　S 分频器*

· 445 ·

电子信息技术叙词表

可编程继电器
programmable relay
TM58
    S 继电器*

可编程接口芯片
programmable interface chip
TN43
    S 接口芯片
    C 片选信号
    Z 芯片*

可编程控制
programmable control
TP273
    D 可编程控制技术
    S 自动控制*
    C 可编程逻辑控制器

可编程控制技术
    Y 可编程控制

可编程控制器
    Y 可编程逻辑控制器

可编程路由器
programmable router
TN915 TP393.4
    S 路由器
    L 网络互连设备**

可编程逻辑电路
    Y 可编程逻辑器件

可编程逻辑集成电路
    Y 可编程逻辑器件

可编程逻辑控制器
programmable logic controller
TP211
    D PLC
        可编程序控制器
        可编程控制器
    S 控制器*
    C PLC 编程
        可编程控制
        可编程逻辑器件
        可编程逻辑控制器网络
        工业局域网
        映像寄存器
        离线计算
        组态软件

可编程逻辑控制器网络
programmable logic controller network
TP27 TN79+1
    D PLC 网络
    S 控制网络
    C 可编程逻辑控制器
    Z 自动化网络*

可编程逻辑器
    Y 可编程逻辑器件

可编程逻辑器件
programmable logic device
TN79+1
    D PLD
        PLD 器件
        PLD 技术
        PLD 芯片
        可编程序逻辑器件
        可编程逻辑器
        可编程逻辑器件芯片
        可编程逻辑电路
        可编程逻辑芯片
        可编程逻辑集成电路
        可编辑逻辑器件
        可编逻辑器件
    S 逻辑集成电路**
    · 复杂可编程逻辑器件
    · 高密度可编程逻辑器件
    · 可编程门阵列
    · 可擦除可编辑逻辑器件
    · 通用阵列逻辑器件
    · 现场可编程逻辑器件
    · 在系统可编程逻辑器件
    C ABEL 语言
        可编程逻辑控制器

可编程逻辑器件芯片
    Y 可编程逻辑器件

可编程逻辑芯片
    Y 可编程逻辑器件

可编程逻辑阵列
    Y 可编程门阵列

可编程滤波器
programmable filter
TN713
    S 滤波器*

可编程门阵列
programmable gate array
TN79+1
    D 可编程序逻辑阵列
        可编程逻辑阵列
        可编程阵列逻辑
        可编程阵列逻辑电路
    S 可编程逻辑器件
        门阵列
    · 现场可编程门阵列
    C 可编程处理器
    L 逻辑集成电路**

可编程片上系统
system on programmable chip
TN79+1 TN43
    D PSoC
        SOPC
        SOPC 技术

        可编程系统芯片
        片上可编程系统
    S 系统级芯片
    C 可编程处理器
    Z 芯片*

可编程图形处理器
programmable GPU
TN43 TP33
    S 图形处理器
    Z 微处理器*

可编程网络
programmable network
TP27 TP393
    S 通信网络*
    C 编程口通信

可编程系统芯片
    Y 可编程片上系统

可编程序电源
    Y 程控电源

可编程序控制器
    Y 可编程逻辑控制器

可编程序逻辑器件
    Y 可编程逻辑器件

可编程序逻辑阵列
    Y 可编程门阵列

可编程序只读存储器
    Y 可编程只读存储器

可编程仪器标准命令语言
standard commands for programmable instrument language
TP312
    D SCPI 语言
    S 计算机语言*

可编程增益放大器
programmable gain amplifier
TN72
    D 增益可编程放大器
    S 增益放大器
    Z 放大器*

可编程阵列逻辑
    Y 可编程门阵列

可编程阵列逻辑电路
    Y 可编程门阵列

可编程只读存储器
programmable read only memory
TP333 TN43
    D PROM

可编程序只读存储器
　S 只读存储器
・电可编程只读存储器
・双极可编程只读存储器
　L 非易失性存储器**

可编辑逻辑器件
　Y 可编程逻辑器件

可编逻辑器件
　Y 可编程逻辑器件

可变比特率编码
variable bit rate encoding
TN91
　D VBR 编码
　　可变码率编码
　S 音视频编码**

可变长编码
　Y 变长编码

可变长度编码
　Y 变长编码

可变电感器
variable inductor
TM554
　S 电感器*

可变电抗器
variable reactor
TM556
　S 扼流圈
　Z 电感器*

可变电容二极管
　Y 变容二极管

可变电容器
variable capacitor
TM532
　S 电容器*
・固体介质可变电容器
・空气介质可变电容器
　C 微调电容器

可变电压处理器
variable voltage processor
TN43　TP33
　S 微处理器*

可变电阻器
variable resistor
TM546
　D 可调电阻
　　可调电阻器
　S 电阻器*
・瓷盘可调电阻器
・精密可调电阻器
・膜式可变电阻器

・线绕式可变电阻器
　C 敏感电阻器
　　电位器

可变分频器
variable frequency divider
TN772
　S 分频器*

可变光衰减器
variable optical attenuator
TN715　TN29
　D 光可变衰减器
　S 光衰减器
　　可变衰减器
　L 光无源器件**

可变均衡器
variable equalizer
TN715
　D 可调均衡器
　S 均衡器*

可变码率编码
　Y 可变比特率编码

可变码率视频
variable bit rate video
TP391　TN941
　D VBR 视频
　S 视频*

可变频率振荡器
variable frequency oscillator
TN752
　S 振荡器*

可变衰减器
variable attenuator
TN715
　S 衰减器*
・步进式衰减器
・电调衰减器
・可变光衰减器
・连续可变衰减器
・压控可调衰减器
　C 固定衰减器

可变天线阵列
　Y 智能天线阵列

可变阈值逻辑电路
variable threshold logic circuit
TN492
　D VTL 逻辑电路
　S 阈值逻辑电路
　L 逻辑集成电路**

可变增益放大器
variable gain amplifier
TN72

　D 变增益放大器
　　可控增益放大器
　S 增益放大器
　Z 放大器*

可擦除可编程只读存储器
erasable programmable read only memory
TN43　TP333
　D 可擦可编程只读存储器
　　可擦编程序只读存储器
　S 只读存储器
・电可擦可编程只读存储器
　L 非易失性存储器**

可擦除可编辑逻辑器件
erasable programmable logic device
TN79+1
　D EPLD
　S 可编程逻辑器件
　L 逻辑集成电路**

可擦可编程序只读存储器
　Y 可擦除可编程只读存储器

可擦可编程只读存储器
　Y 可擦除可编程只读存储器

可擦写光盘
　Y 可重写光盘

可程控电源
　Y 程控电源

可重复录写光盘
　Y CD-RW 光盘

可重构处理器
reconfigurable processor
TN43　TP33
　S 微处理器*
　C 可重构控制器
　　可重构计算

可重构光分插复用器
reconfigurable OADM
TN929.1
　D ROADM
　　可重构光分插复用设备
　S 光分插复用器
　Z 通信设备*

可重构光分插复用设备
　Y 可重构光分插复用器

可重构光网络
reconfigurable optical network
TN92
　S 光通信网络**
　C 可重构信息系统

可重构路由器

可重构计算
reconfigurable computing
TP301.4
　S 计算*
　C 可重构处理器
　　可重构控制器

可重构控制器
reconfigurable controller
TM57　TP273
　S 控制器*
　C 可重构处理器
　　可重构计算

可重构路由器
reconfigurable router
TN915　TP393.4
　S 路由器
　C 可重构光网络
　L 网络互连设备**

可重构天线
reconfigurable antenna
TN82
　S 阵列天线
　Z 天线*

可重构协处理器
reconfigurable coprocessor
TP33　TN43
　S 协处理器
　Z 微处理器*

可重构信息系统
reconfigurable information system
TP318
　S 信息系统*
　C 可重构光网络

可重写光盘
rewritable compact disc
TP333
　D 可擦写光盘
　S 可写光盘
　・ CD-RW 光盘
　・ DVD-RW 光盘
　L 光存储器**
　　外存储器**

可重写式 DVD
　Y DVD-RW 光盘

可穿戴传感器
wearable sensor
TP212
　S 传感器*
　　可穿戴设备*

可穿戴计算
wearable computing
TP399
　S 先进计算
　C 可穿戴设备
　Z 计算*

可穿戴计算机
wearable computer
TP368
　D 佩带式计算机
　　佩戴式计算机
　　穿戴式电脑
　　穿戴式计算机
　　穿戴计算机
　S 便携式计算机
　　可穿戴设备*
　L 电子数字计算机**

可穿戴技术
　Y 可穿戴设备

可穿戴设备*
wearable device
TN99
　D 可穿戴技术
　・ 肌电假手
　・ 可穿戴传感器
　・ 可穿戴计算机
　・ 可穿戴天线
　・ 可穿戴智能设备
　・ 外骨骼机器人
　・・ 上肢外骨骼康复机器人
　・・ 下肢外骨骼机器人
　・ 智能手表
　・ 智能手环
　・ 智能眼镜
　・ 数据手套
　・ 头戴式显示器
　・・ 3D 眼镜
　・ 头盔显示器
　・・ 透视式头盔显示器
　・・ 虚拟现实头盔
　・・ 虚拟现实头戴式显示器
　・・ 虚拟现实头盔
　・・ 虚拟现实眼镜
　・ 智能眼镜
　・ 智能服饰
　C 可穿戴计算

可穿戴天线
wearable antenna
TN82
　D 可穿戴天线系统
　S 可穿戴设备*
　　天线*
　C 人体域网

可穿戴天线系统
　Y 可穿戴天线

可穿戴智能设备
wearable smart device
TN99
　D 智能穿戴设备
　S 可穿戴设备*
　・ 外骨骼机器人
　・ 智能手表
　・ 智能手环
　・ 智能眼镜

可调度性分析
schedulability analysis
TP391
　S 数据分析
　C 调度算法
　L 数据处理**

可读水印
readable watermark
TP393.0
　S 数字水印*

可分级编码
scalable coding
TN919　TN911
　D 可伸缩性编码
　　可伸缩编码
　　精细可分级编码
　S 编码*
　・ 可分级视频编码
　・ 质量可分级编码
　C 分级传输

可分级视频编码
scalable video coding
TN919
　D 分级视频编码
　　可伸缩视频编码
　　视频可分级编码
　S 可分级编码
　　视频编码
　L 音视频编码**

可否认认证
deniable authentication
TP393.08　TN918
　S 加密认证
　C 中间人攻击
　Z 信息安全认证*

可关断晶闸管
gate turn-off thyristor
TN34
　D GTO
　　GTO 晶闸管
　　可关断可控硅
　　可关断闸流晶体管
　　门极关断晶闸管
　　门极可关断晶闸管
　S 晶闸管
　L 半导体分立器件**
　　电力半导体器件**

可关断可控硅
　　Y 可关断晶闸管

可关断闸流晶体管
　　Y 可关断晶闸管

可记录光盘
　　Y 可写光盘

可见光传感器
visible sensor
TP212.14
　　S 光电传感器
　　L 物理传感器**

可见光激光器
visible laser
TN248
　　S 激光器*
　　• 红光激光器
　　• 黄光激光器
　　• 蓝光激光器
　　• 蓝绿激光器
　　• 绿光激光器
　　C 可见光通信

可见光通信
visible light communication
TN929.1
　　S 无线光通信
　　• 室内可见光通信
　　• 水下可见光通信
　　C 可见光激光器
　　L 光通信**
　　　 无线通信**

可见数字水印
　　Y 可见水印

可见水印
visible watermark
TP393.08　TN918
　　D 可见数字水印
　　S 数字水印*

可靠多播
　　Y 可靠组播

可靠多播传输协议
　　Y 可靠组播协议

可靠路由
　　Y 可信路由

可靠组播
reliable multicast
TP393.2
　　D 可靠多播
　　S 组播
　　C 主动网络
　　　 可靠组播协议

　　L 网络通信**

可靠组播协议
reliable multicast protocol
TN915　TP393.0　TN911
　　D 可靠多播传输协议
　　S 组播协议
　　C 可靠组播
　　L 网络协议**

可控硅
　　Y 晶闸管

可控硅触发器
　　Y 晶闸管触发器

可控硅电源
　　Y 晶闸管电源

可控硅器件
　　Y 晶闸管

可控硅元件
　　Y 晶闸管

可控硅整流电源
　　Y 晶闸管整流电源

可控硅整流器
　　Y 晶闸管

可控硅中频电源
　　Y 晶闸管中频电源

可控增益放大器
　　Y 可变增益放大器

可控整流电路
controlled rectifier circuit
TN710
　　D 不可控整流电路
　　S 整流电路
　　Z 电子电路*

可控整流电源
　　Y 晶闸管整流电源

可控组播
controllable multicast
TN91
　　S 组播
　　C 以太无源光网络
　　　 承载网
　　L 网络通信**

可扩展标记语言
extensible markup language
TP312
　　D XML
　　　 XML 语言

　　S 标记语言
　　• XML 查询语言
　　• XML 过程定义语言
　　• XML 架构定义语言
　　• XML 路径语言
　　• 可扩展访问控制标记语言
　　• 可缩放矢量图形语言
　　• 文档类型定义
　　• 语音可扩展标记语言
　　C XML Web 服务
　　　 XML 加密
　　　 XML 存储
　　　 XML 解析器
　　　 可扩展标记语言安全
　　　 资源描述框架
　　Z 计算机语言*

可扩展标记语言安全
extensible markup language security
TP393.08
　　D XML 安全
　　S 网络信息安全
　　C XML 签名
　　　 可扩展标记语言
　　Z 网络安全*
　　　 信息安全*

可扩展标记语言数据库
　　Y XML 数据库

可扩展访问控制标记语言
extensible access control markup language
TP312
　　D XACML
　　S 可扩展标记语言
　　　 控制语言
　　Z 计算机语言*

可扩展路由器
extensible router
TN915　TP393.4
　　S 路由器
　　L 网络互连设备**

可扩展认证协议
extensible authentication protocol
TP309　TP393.0　TN915
　　D EAP 协议
　　　 扩展认证协议
　　S 网络安全协议
　　　 认证协议
　　C 无线局域网
　　L 网络协议**

可扩展消息处理现场协议
extensible messaging and presence protocol
TN915.04
　　D XMPP

XMPP 协议
　　S 通信协议*
　　C 即时通信软件

可扩展样式表语言
extensible stylesheet language
TP312
　　D 可扩展样式语言
　　　　扩展样式语言
　　S 计算机语言*

可扩展样式语言
　　Y 可扩展样式表语言

可逆变长编码
reversible variable-length coding
TN911
　　D 可逆变长码
　　S 变长编码
　　Z 编码*

可逆变长码
　　Y 可逆变长编码

可逆电路
reversible circuit
TN710
　　S 电子电路*

可逆逻辑电路
reversible logic circuit
TN791
　　S 逻辑电路
　　L 数字电路**

可逆数字水印
　　Y 可逆水印

可逆水印
reversible watermark
TP309
　　D 可逆数字水印
　　S 数字水印*
　　C 图像认证

可伸缩编码
　　Y 可分级编码

可伸缩视频编码
　　Y 可分级视频编码

可伸缩天线
　　Y 伸缩天线

可伸缩性编码
　　Y 可分级编码

可视电话
videophone
TN916

　　D 可视电话系统
　　　　可视电话通信
　　　　电视电话
　　　　视频电话
　　S 电话通信
　　• IP 可视电话
　　• 多媒体可视电话
　　C 可视终端
　　Z 通信*

可视电话机
picture-phone terminal
TN916
　　D 可视电话终端
　　S 电话机
　　L 电话设备**

可视电话通信
　　Y 可视电话

可视电话系统
　　Y 可视电话

可视电话终端
　　Y 可视电话机

可视化*
visualization
TP311　TP391　TP37
　　D 可视化技术
　　• 过程可视化
　　• 三维可视化
　　•• 三维动态可视化
　　• 实时可视化
　　• 数据可视化
　　•• 多维数据可视化
　　•• 空间数据可视化
　　• 算法可视化
　　• 体视化
　　• 图示化
　　• 信息可视化
　　C 分层显示
　　　　可视化仿真
　　　　可视化建模
　　　　可视化数据库
　　　　可视化表达
　　　　可视化设计

可视化 Basic 语言
　　Y VB 语言

可视化编程
visible programming
TP311
　　D 可视化程序设计
　　S 软件编程**
　　C 可视化仿真
　　　　可视化设计
　　　　可视化软件

可视化编程语言
　　Y 可视化语言

可视化编辑器
visual editor
TP317
　　S 编辑器
　　L 工具软件**

可视化表达
visual expression
TP391
　　S 信息表达
　　C 可视化
　　　　地理信息系统
　　Z 信息处理*

可视化程序设计
　　Y 可视化编程

可视化程序设计语言
　　Y 可视化语言

可视化仿真
visual simulation
TP391.9
　　D 可视化仿真技术
　　　　可视化模拟
　　S 计算机仿真
　　• 三维可视化仿真
　　C 可视化
　　　　可视化建模
　　　　可视化编程
　　Z 仿真*

可视化仿真技术
　　Y 可视化仿真

可视化过程建模语言
visual process modeling language
TP312
　　S 可视化建模语言
　　　　过程建模语言
　　Z 计算机语言*

可视化计算
visualization computing
TP301.4　TP391
　　D 计算可视化
　　S 计算*
　　C 虚拟现实

可视化技术
　　Y 可视化

可视化建模
visual modeling
TP391.9
　　D 视景建模
　　S 模型构建*
　　C 可视化
　　　　可视化仿真
　　　　可视化建模语言

可视化建模工具
visual modeling tool
TP311
　　S 建模工具
　　L 工具软件**

可视化建模语言
visual modeling language
TP312
　　S 可视化语言
　　　　建模语言
　　• 可视化过程建模语言
　　C 可视化建模
　　Z 计算机语言*

可视化模拟
　　Y 可视化仿真

可视化平台
　　Y 可视化系统

可视化软件
visual software
TP317
　　S 软件*
　　C 可视化编程

可视化设计
visualization design
TP391.7
　　S 计算机辅助设计
　　C 可视化
　　　　可视化显示
　　　　可视化编程
　　Z 计算机辅助技术*

可视化数据库
visual database
TP392
　　S 多媒体数据库
　　C 可视化
　　　　面向对象数据库
　　Z 数据库*

可视化数据挖掘
visual data mining
TP391
　　S 数据挖掘
　　L 信息挖掘**

可视化算法
visualization algorithm
TN911　TP301
　　S 算法*

可视化系统
visualized system
TP391
　　D 可视化平台
　　S 计算机应用系统*

可视化显示
visual display
TN27
　　D 视景显示
　　　　视觉显示
　　S 信息显示
　　C 可视化设计
　　Z 显示*

可视化语言
visual language
TP312
　　D G语言
　　　　可视化程序设计语言
　　　　可视化编程语言
　　　　图形化编程语言
　　　　图形化语言
　　S 第四代语言
　　• VB语言
　　• VC语言
　　• VFP语言
　　• Visual_LISP语言
　　• 可视化建模语言
　　C 图形化编程
　　Z 计算机语言*

可视密码
visual cipher
TN918　TP309
　　D 视觉密码
　　S 密码*

可视终端
visual terminal
TN916　TN87
　　S 显示终端
　　C 可视电话
　　Z 终端设备*

可缩放矢量图形语言
scalable vector graphics language
TP312
　　D SVG格式
　　S 可扩展标记语言
　　Z 计算机语言*

可调电容器
　　Y 调谐电容器

可调电阻
　　Y 可变电阻器

可调电阻器
　　Y 可变电阻器

可调激光器
　　Y 可调谐激光器

可调均衡器
　　Y 可变均衡器

可调滤波器
tunable filter
TN713
　　S 滤波器*

可调谐半导体激光器
tunable semiconductor laser
TN248
　　S 半导体激光器
　　　　可调谐固体激光器
　　L 固体激光器**

可调谐磁控管
tunable magnetron
TN12
　　D 旋转调谐磁控管
　　S 磁控管
　　L 微波管**

可调谐固体激光器
tunable solid state laser
TN248
　　D 固体可调谐激光器
　　S 可调谐激光器
　　　　固体激光器**
　　• 可调谐半导体激光器

可调谐光纤激光器
tunable fiber laser
TN248
　　S 光纤激光器**
　　　　可调谐激光器

可调谐激光
　　Y 可调谐激光器

可调谐激光器
tunable laser
TN248
　　D 可调激光器
　　　　可调谐激光
　　　　调谐激光器
　　S 激光器*
　　• 分布布拉格反射激光器
　　• 可调谐固体激光器
　　• 可调谐光纤激光器
　　• 色心激光器

可调压直流电源
　　Y 可调直流电源

可调增益均衡器
adjustable gain equalizer
TN715
　　S 增益均衡器
　　Z 均衡器*

可调直流电源
adjustable DC power supply
TN86
　　D 可调压直流电源

电子信息技术叙词表

　　S 直流电源
　　Z 电源*

可拓数据挖掘
extension data mining
TP391
　　S 数据挖掘
　　L 信息挖掘**

可携式计算机
　　Y 便携式计算机

可写光盘
recordable compact disc
TP333
　　D 刻录盘
　　　可记录光盘
　　S 光盘
　　· 可重写光盘
　　· 一次性写入光盘
　　L 光存储器**
　　　外存储器**

可信操作系统
　　Y 安全操作系统

可信计算
trusted computing
TP301.4
　　D 信任计算
　　　可信计算平台
　　　可信计算系统
　　S 计算*
　　C 信息安全
　　　匿名认证
　　　可信网络
　　　可信计算机
　　　可信软件
　　　完整性保护

可信计算机
trusted computer
TP338
　　S 计算机*
　　C 信息安全
　　　可信计算
　　　可信软件

可信计算平台
　　Y 可信计算

可信计算系统
　　Y 可信计算

可信路由
trusted routing
TN92　TP393　TN91
　　D 可靠路由
　　S 安全路由
　　Z 路由*

可信软件
trusted software
TP317　TP311
　　D 高可信软件
　　S 安全软件
　　C 可信计算
　　　可信计算机
　　Z 软件*

可信网络
trusted network
TP393.08
　　D 信任网络
　　S 计算机网络*
　　C 可信计算

可寻址远程传感器高速通道
　　Y HART总线

可验证加密
verifiable encryption
TN918　TP393.08
　　S 加密**
　　C 可验证加密签名

可验证加密签名
verifiable encrypted signature
TP393.08　TN918
　　S 数字签名*
　　C 可验证加密

可验证秘密分享
　　Y 可验证秘密共享

可验证秘密共享
verifiable secret sharing
TN918　TP309　TP393
　　D 公开可验证秘密分享
　　　可验证秘密分享
　　S 秘密共享*

可移动存储设备
　　Y 移动存储设备

可移植操作系统接口
portable operating system
interface
TP316
　　D POSIX
　　S 软件接口
　　L 计算机接口**

可运输雷达
　　Y 机动雷达

可展开天线
deployable antenna
TN82
　　D 可展天线
　　　展开天线
　　　展开式天线

　　S 天线*
　　· 空间可展开天线
　　· 伞状天线

可展天线
　　Y 可展开天线

可证安全
　　Y 可证明安全

可证安全性
　　Y 可证明安全

可证明安全
provable security
TP309
　　D 可证安全
　　　可证安全性
　　　可证明安全性
　　S 网络安全*

可证明安全性
　　Y 可证明安全

可执行程序
executable program
TP317
　　S 软件*

克隆算法
　　Y 免疫克隆选择算法

克隆选择算法
　　Y 免疫克隆选择算法

刻录机
　　Y 光盘刻录机

刻录盘
　　Y 可写光盘

刻录软件
burning software
TP317
　　S 设备软件
　　C 光盘刻录机
　　L 工具软件**

刻蚀
　　Y 蚀刻工艺

刻蚀工艺
　　Y 蚀刻工艺

客户程序
　　Y 客户端软件

客户端程序
　　Y 客户端软件

· 452 ·

客户端软件
client software
TP311　TP317
　　D 客户机程序
　　　 客户程序
　　　 客户端程序
　　S 网络软件**

客户关系管理
　　Y 客户关系管理系统

客户关系管理系统
customer relationship management system
TP391
　　D CRM 系统
　　　 客户关系管理
　　S 管理信息系统
　　Z 信息系统*

客户机
client computer
TP338
　　S 计算机*
　 · 瘦客户机
　　C 局域网

客户机/服务器架构
　　Y C/S 架构

客户机程序
　　Y 客户端软件

客户聚类
customer clustering
TP391.3
　　D 客户群体聚类
　　S 聚类*

客户群体聚类
　　Y 客户聚类

课件
courseware
TP391　TP317
　　C 课件制作工具

课件开发工具
　　Y 课件制作工具

课件制作工具
courseware making tool
TP311
　　D 课件开发工具
　　S 工具软件**
　　C 课件

氪激光器
　　Y 氪离子激光器

氪离子激光器
krypton ion laser
TN248
　　D 氪激光器
　　S 离子激光器
　　L 气体激光器**

坑道通信
　　Y 地下通信

空地通信
　　Y 地空通信

空分复接
　　Y 空分复用

空分复用
space division multiplexing
TN92　TN76
　　D 空分复接
　　　 空分复用技术
　　S 多路复用*
　　C 空分交换

空分复用技术
　　Y 空分复用

空分交换
space division switching
TN915
　　D 空分制交换
　　　 空分接转
　　　 空分转换
　　　 空分转接
　　S 电路交换
　　C 空分复用
　　L 通信交换**

空分接转
　　Y 空分交换

空分制交换
　　Y 空分交换

空分转换
　　Y 空分交换

空分转接
　　Y 空分交换

空管雷达
　　Y 空中交通管制雷达

空基通信
space-based communication
TN91
　　S 通信*

空间编码
spatial coding
TN911
　　S 编码*

空间导航
　　Y 航天导航

空间电子对抗
space electronic countermeasure
TN97
　　D 空间电子战
　　　 航天电子对抗
　　　 航天电子战
　　S 电子对抗**

空间电子战
　　Y 空间电子对抗

空间光链路
space optical link
TN929.11
　　S 光链路
　　　 空间链路
　 · 激光星间链路
　　Z 链路*

空间光通信
　　Y 自由空间光通信

空间行波管
space traveling wave tube
TN12
　　S 行波管
　　L 微波管**

空间航行雷达
　　Y 天基雷达

空间机器人
space robot
TP242
　　D 太空机器人
　　　 航天机器人
　　S 特种机器人
　　C 空间机械臂
　　Z 机器人*

空间机械臂
space manipulator
TP242
　　S 机械臂
　　C 空间机器人
　　Z 机器人*

空间激光通信
　　Y 自由空间光通信

空间计算机
　　Y 星载计算机

空间交会雷达
space rendezvous radar

TN958
　　S 天基雷达
　　Z 雷达*

空间聚类
spatial clustering
TP391.3
　　S 聚类*

空间可展开天线
space deployable antenna
TN82
　　S 可展开天线
　　　空间天线
　　Z 天线*

空间雷达
　　Y 天基雷达

空间链路
space link
TN92　TN915
　　S 链路*
　　· 空间光链路
　　· 卫星链路
　　C 空间信号

空间目标监视雷达
space target surveillance radar
TN958
　　S 监视雷达
　　Z 雷达*

空间目标识别
spatial target recognition
TP391.4
　　S 目标识别
　　Z 信息识别*

空间匹配滤波
spatial matched filtering
TN713
　　S 匹配滤波
　　Z 滤波*

空间谱估计测向
spatial spectrum estimation direction finding
TN971
　　D 矢量测向
　　S 无线电测向
　　Z 测向*

空间数据仓库
spatial data warehouse
TP392
　　S 数据仓库
　　C 空间数据集成
　　Z 数据库*

空间数据集成
spatial data integration
TP391
　　S 数据集成
　　C 空间数据仓库
　　　空间数据库
　　　空间数据挖掘
　　　空间数据结构
　　Z 信息处理*

空间数据结构
spatial data structure
TP391　TP392
　　S 数据结构*
　　C 空间数据集成

空间数据可视化
spatial data visualization
TP391
　　S 数据可视化
　　C 空间数据挖掘
　　Z 可视化*

空间数据库
spatial database
TP392
　　S 应用数据库
　　C 空间数据挖掘
　　　空间数据集成
　　Z 数据库*

空间数据挖掘
spatial data mining
TP391
　　S 数据挖掘
　　C 空间数据可视化
　　　空间数据库
　　　空间数据集成
　　L 信息挖掘**

空间索引结构
spatial index structure
TP311　TP303
　　S 索引结构
　　Z 数据结构*

空间态势感知
space situational awareness
TN92　TP2
　　S 态势感知
　　Z 信息感知*

空间天线
space antenna
TN82
　　S 天线*
　　· 航天器天线
　　· 空间可展开天线
　　C 宇宙通信

空间调制
spatial modulation

TN76
　　S 调制*

空间通信
　　Y 宇宙通信

空间网络
spatial network
TN92　TP391
　　S 网络*
　　C 空间网络数据库

空间网络数据库
spatial network database
TP392
　　S 网络数据库
　　C 空间网络
　　Z 数据库*

空间相干光通信
space coherent optical communication
TN927
　　S 相干光通信
　　　自由空间光通信
　　L 光通信**
　　　无线通信**

空间信号
spatial signal
TN911
　　S 信号*
　　C 空间链路

空间信息对抗
spatial information countermeasure
TP399　TN97
　　D 空间信息战
　　S 信息对抗*

空间信息共享
spatial information sharing
TP391
　　S 信息共享
　　C 空间信息管理
　　　空间信息网格
　　　网络地理信息系统
　　Z 资源共享*
　　　信息处理*

空间信息管理
spatial information management
TP391
　　S 信息管理*
　　C 空间信息共享
　　　空间信息网格

空间信息网
　　Y 空间信息网络

空间信息网格
spatial information grid
TP391
　　D 地理空间信息网格
　　　 空间信息栅格
　　S 信息网格
　　C 空间信息共享
　　　 空间信息管理
　　　 空间信息网络
　　Z 网格*

空间信息网络
spatial information network
TP393　TN915
　　D 天基网络
　　　 空间信息网
　　S 信息网络*
　　C 卫星通信
　　　 空间信息网格

空间信息栅格
　　Y 空间信息网格

空间信息战
　　Y 空间信息对抗

空频编码
space frequency coding
TN91
　　S 通信编码**
　　• 空频分组编码
　　C 空时频编码

空频分组编码
space frequency block coding
TN919
　　S 分组编码
　　　 空频编码
　　L 通信编码**

空气电容器
air capacitor
TM53
　　S 气体介质电容器
　　Z 电容器*

空气介质可变电容器
air dielectric variable capacitor
TM532
　　S 可变电容器
　　Z 电容器*

空气流量传感器
air flow sensor
TP212
　　S 流量传感器
　　L 物理传感器**

空腔谐振器
　　Y 谐振腔

空时编码
space-time coding
TN911　TN919
　　D 时空编码
　　S 通信编码**
　　• 差分空时编码
　　• 分层空时编码
　　• 空时分组编码
　　• 空时网格编码
　　C 空时频编码

空时处理
space-time processing
TN92　TN91
　　D 空时信号处理
　　S 信号处理*
　　• 空时二维处理
　　• 空时自适应处理

空时二维处理
two-dimensional space-time processing
TN91　TP391
　　D 空时二维信号处理
　　S 空时处理
　　• 空时二维自适应处理
　　Z 信号处理*

空时二维信号处理
　　Y 空时二维处理

空时二维自适应处理
two-dimensional space-time adaptive processing
TN911
　　S 空时二维处理
　　　 空时自适应处理
　　Z 信号处理*

空时分组编码
space-time block coding
TN919
　　D 空时块编码
　　S 分组编码
　　　 空时编码
　　• 差分空时分组编码
　　• 分布式空时分组编码
　　• 正交空时分组编码
　　L 通信编码**

空时格栅编码
　　Y 空时网格编码

空时块编码
　　Y 空时分组编码

空时频编码
space-time frequency coding
TN911
　　S 通信编码**
　　C 空时编码
　　　 空频编码

空时频移键控
space-time frequency-shift keying
TN76
　　D ST-FSK
　　S 频移键控
　　L 数字调制**

空时网格编码
space-time trellis coding
TN918
　　D 空时格栅编码
　　S 空时编码
　　　 网格编码
　　L 通信编码**

空时信号处理
　　Y 空时处理

空时自适应
　　Y 空时自适应处理

空时自适应处理
space-time adaptive processing
TN95
　　D 空时自适应
　　　 空时自适应信号处理
　　S 空时处理
　　　 自适应信号处理
　　• 空时二维自适应处理
　　Z 信号处理*

空时自适应信号处理
　　Y 空时自适应处理

空芯光纤
hollow-core fiber
TN25
　　S 光纤*
　　• 空芯光子晶体光纤

空芯光子晶体光纤
hollow-core photonic crystal fiber
TN25
　　S 光子晶体光纤
　　　 空芯光纤
　　Z 光纤*

空用雷达
　　Y 机载雷达

空域滤波
spatial filtering
TN713
　　S 滤波*
　　• 空域自适应滤波
　　C 空域算法

空域算法
spatial algorithm
TP301　TN911

• 455 •

电子信息技术叙词表

  S 算法*
  C 空域滤波

空域自适应滤波
spatial adaptive filtering
TN713
  S 空域滤波
    自适应滤波
  Z 滤波*

空载雷达
  Y 机载雷达

空中导航
  Y 航空导航

空中机器人
aerial robot
TP242
  S 特种机器人
  C 无人机数据链
  Z 机器人*

空中交通管制雷达
air traffic control radar
TN958
  D 空管雷达
    航空管制雷达
    航管雷达
  S 航空雷达
  · 航路监视雷达
  · 机场监视雷达
  · 进场雷达
  C 二次雷达
  Z 雷达*

空中教室
  Y 网络课堂

空中接口
air interface
TN92
  D Um 接口
    公共空中接口
  S 通信接口
  C 基站
    移动通信
  Z 接口*

空中接口协议
air interface protocol
TN915
  S 接口协议
  C 射频识别
  Z 通信协议*

空中领航
  Y 航空导航

空中声呐
  Y 航空声呐

空中拖曳声呐
  Y 航空拖曳声呐

孔径雷达
  Y 合成孔径雷达

控制 ROM
  Y 控制只读存储器

控制报文协议
  Y internet 控制报文协议

控制变压器
control transformer
TM42
  S 变压器*

控制程序
  Y 控制软件

控制电机
control motor
TM35
  S 特种电机
  · 步进电动机
  · 测速发电机
  · 伺服-测速机组
  · 伺服电动机
  · 旋转变压器
  · 自整角机
  Z 微特电机*

控制电路
control circuit
TN710
  D 伺服电路
  S 电子电路*
  · 触发控制电路
  · 电机控制电路
  · 反馈控制电路
  · 光强度控制电路
  · 门控电路
  · 声音控制电路
  · 数字控制电路
  · 温度控制电路
  · 主控电路
  · 自动控制电路

控制电源
control power supply
TN86
  S 电源*

控制放大器
  Y 伺服放大器

控制飞行计算机
  Y 飞行控制计算机

控制规约
  Y 控制协议

控制计算机
control computer
TP338
  S 专用计算机
  · 工业控制计算机
  · 上位计算机
  · 下位计算机
  · 中央控制计算机
  Z 计算机*

控制继电器
control relay
TM58
  S 继电器*
  · 电流继电器
  · 电压继电器
  · 时间继电器
  · 温度继电器
  · 压力继电器

控制寄存器
control register
TP33
  S 寄存器*
  · 指令寄存器
  · 状态寄存器

控制接口
control interface
TP334.7 TP2
  S 接口*
  · OPC 接口
  · SERCOS 接口
  · 主机控制接口

控制局域网
  Y 控制器局域网

控制局域网络
  Y 控制器局域网

控制局域网总线
  Y 控制器局域网总线

控制逻辑电路
control logic circuit
TN791
  D 逻辑控制电路
  S 逻辑电路
  L 数字电路**

控制器*
controller
TP332 TP273
  D 控制仪器
  · 比例积分微分控制器
  · · 多变量 PID 控制器
  · · 神经网络 PID 控制器
  · 并行控制器
  · 波束控制器
  · 步进电机控制器
  · 彩灯控制器

· 456 ·

- 策略控制器
- 测试控制器
- 单元控制器
- 电源控制器
- • 开关电源控制器
- 访问控制器
- 跟踪控制器
- 激光控制器
- 集成控制器
- 计算机控制器
- 接口控制器
- • 网络接口控制器
- 可编程逻辑控制器
- 可重构控制器
- 雷达控制器
- 零槽控制器
- 流量控制器
- 鲁棒控制器
- 脉宽调制控制器
- 模糊控制器
- 偏振控制器
- 前端控制器
- 嵌入式控制器
- • 嵌入式微控制器
- • 嵌入式运动控制器
- 冗余控制器
- 扫描控制器
- 时序控制器
- 时钟控制器
- 视频控制器
- 输出控制器
- 数字信号控制器
- 通信控制器
- • 串行通信控制器
- • 会话边界控制器
- • 宽带接入控制器
- • 链路控制器
- • 无线控制器
- • • 基带控制器
- • • 基站控制器
- • • 无线网络控制器
- 同步控制器
- 图像控制器
- 图形控制器
- 微控制器
- • ARM 微控制器
- • PIC 微控制器
- • 高速微控制器
- • 嵌入式微控制器
- • 网络型微控制器
- • 微程序控制器
- 系统控制器
- 显示控制器
- • LED 控制器
- 数字控制器
- • 液晶显示控制器
- 线性二次高斯控制器
- 延时控制器
- 远程控制器
- 运动控制器
- • 嵌入式运动控制器
- 中央控制器
- 重复控制器
- 主从控制器

- 主机控制器
- • USB 主机控制器
- 主令控制器
- 专用控制器
- 自动化控制器
- • 自寻优控制器
- • 自整定控制器
- 总线控制器
- • I2C 总线控制器
- • PCI 总线控制器
- • USB 控制器
- C 控制网络

控制器局部网
　Y 控制器局域网

控制器局域网
controller area network
TN915　TP393.1　TP27　TP13
　D CAN 总线网络
　　CAN 网
　　CAN 网络
　　CAN 通讯网络
　　控制器区域网络
　　控制器局域网络
　　控制器局部网
　　控制器网
　　控制局域网
　　控制局域网络
　S 现场总线网络
　C CAN 协议
　　CAN 收发器
　　协议转换
　　工业局域网
　Z 自动化网络*

控制器局域网络
　Y 控制器局域网

控制器局域网总线
controller area network bus
TP2　TP336
　D CANbus
　　CAN 总线
　　CAN 现场总线
　　控制局域网总线
　S 汽车总线
　　现场总线**
- 双 CAN 总线
　C CAN 总线分析仪

控制器局域网总线协议
　Y CAN 协议

控制器区域网络
　Y 控制器局域网

控制器网
　Y 控制器局域网

控制软件
control software

TP31
　D 控制程序
　S 软件*
- 工控软件
- 实时控制软件
- 系统控制软件
- 主控程序

控制数据
control data
TP391
　S 数据*

控制算法
control algorithm
TP13　TP301.6
　S 算法*
- 复合控制算法
- 功率控制算法
- 接纳控制算法
- 流量控制算法
- 码率控制算法
- 模糊控制算法
- 实时控制算法
- 拥塞控制算法

控制网络
control network
TP273
　S 自动化网络*
- 测控网络
- 底层控制网络
- 可编程逻辑控制器网络
- 数字控制网络
- 远程控制网络
- 总线网络
　C 以太网
　　控制信号
　　控制器

控制系统*
control system
TP393
- 多智能体系统
- 分布式控制系统
- 计算机控制系统
- • PC 数控系统
- 多变量系统
- • 计算机自动控制系统
- 汽车电子控制系统
- • 车身电子稳定系统
- • 发动机电子控制系统
- 网络化控制系统
　C 应用代理
　　现场总线
　　组态软件
　　网络应用
　　网络应用程序

控制系统仿真
control system simulation
TP391.9

电子信息技术叙词表

    S 工业仿真
       系统仿真
    Z 仿真*

控制系统软件
control system software
TP27
    S 工控软件
    L 应用软件**

控制协议
control protocol
TP13 TN915.04
    D 控制规约
       通信控制协议
    S 通信协议*
    • 并发控制协议
    • 多点控制协议
    • 访问控制协议
    • 高级数据链路控制规程
    • 呼叫控制协议
    • 控制信令协议
    • 链路控制协议
    • 媒体网关控制协议
    • 网络控制协议

控制芯片
control chip
TN43
    S 芯片*
    • 微流控芯片
    • 运动控制芯片
    • 主控芯片

控制信道
control channel
TN911
    S 逻辑信道
    C 控制信号
    Z 信道*

控制信号
control signal
TP20
    S 信号*
    C 控制信道
       控制网络

控制信令协议
control signaling protocol
TN915.04
    D 信令控制协议
    S 信令协议
       控制协议
    C 信令
    Z 通信协议*

控制信息系统
control information system
TP273
    D 过程控制信息系统
    S 信息系统*

控制雪崩渡越时间三极管
    Y 崩越晶体管

控制仪器
    Y 控制器

控制与通信链路系统总线
    Y CC-Link 现场总线

控制语言
control language
TP312
    D CL 语言
    S 计算机语言*
    • 对话框控制语言
    • 过程控制语言
    • 可扩展访问控制标记语言
    • 数据控制语言

控制只读存储器
control-read-only-memory
TP333 TN43
    D 控制 ROM
    S 只读存储器
    L 非易失性存储器**

控制终端
control terminal
TP338
    S 终端设备*

抠图技术
    Y 图像抠图

口径天线
    Y 面天线

口令
    Y 密码

口令保护
password protection
TP309
    S 信息安全防护*
    C 口令认证

口令攻击
password attack
TP393.08
    S 网络攻击**

口令鉴别
    Y 口令认证

口令认证
password authentication
TP309
    D 口令鉴别
       密码认证
    S 加密认证

    • 动态口令认证
    C 保密通信
       口令保护
       密码验证
    Z 信息安全认证*

口令认证密钥交换协议
    Y 认证密钥交换协议

叩焊键合机
    Y 倒装键合机

扣式电池
    Y 纽扣电池

扣式锂电池
lithium button cell
TM91
    S 纽扣电池
    Z 电池*

库结构
    Y 数据库

跨层路由
cross-layer routing
TN915
    S 路由*

跨层协议
cross-layer protocol
TP393 TN915.04
    S 网络协议**

跨层自适应
cross-layer adaptive
TN911
    S 自适应*

跨导放大器
transconductance amplifier
TN72
    D 跨导运算放大器
       运算跨导放大器
    S 运算放大器
    Z 放大器*

跨导运算放大器
    Y 跨导放大器

跨域认证
cross-domain authentication
TN918
    S 身份认证
    Z 信息安全认证*

跨站脚本攻击
cross-site script attack
TP393.08
    S 网络攻击**
    C 脚本病毒

跨周期调制
cross-cycle modulation
TN76
  S 调制*

跨阻放大器
transimpedance amplifier
TN72
  S 放大器*
  • 跨阻前置放大器
  • 运算跨阻放大器

跨阻前置放大器
transimpedance preamplifier
TN72
  D 前置跨阻放大器
  S 前置放大器
    跨阻放大器
  Z 放大器*

块传输
block transmission
TN918 TP393
  D 分块传输
  S 数据传输
  C 分块编码
  Z 信息传输*

块加密
block encryption
TN918
  S 对称加密
  L 加密**

块截短编码
  Y 方块编码

块截断编码
  Y 方块编码

块链式数据结构
  Y 区块链

块密码
  Y 分组密码

块匹配
block matching
TP391.4
  S 图像匹配
  C 块匹配算法
    搜索算法
    电子稳像
  L 图像处理**

块匹配法
  Y 块匹配算法

块匹配算法
block matching algorithm
TP391.4 TP301.6
  D 块匹配法
  S 匹配算法
  C 块匹配
  Z 算法*

快波管
fast wave tube
TN12
  D 快波器件
  S 毫米波管
  • 回旋管
  • 潘尼管
  L 微波管**

快波器件
  Y 快波管

快恢复二极管
fast recovery diode
TN31
  S 半导体二极管
  L 半导体分立器件**

快闪存储器
  Y 闪速存储器

快闪存贮器
  Y 闪速存储器

快衰落信道
fast fading channel
TN911
  S 衰落信道
  Z 信道*

快速 ICA 算法
  Y 独立分量分析算法

快速重路由
  Y 重路由

快速传输
  Y 高速传输

快速存储器
  Y 闪速存储器

快速反应码
quick response code
TN911
  D QR 码
  S 二维码
  C 智能手机
  Z 编码*

快速仿真
fast simulation
TP391.9
  D 快速模拟
  S 仿真*

快速放大器
  Y 高速放大器

快速非支配排序遗传算法
  Y 非支配排序遗传算法

快速分组交换
fast packet switching
TN915
  S 分组交换
  • 信元交换
  • 帧交换
  L 通信交换**

快速傅里叶变换处理器
fast Fourier transform processor
TP33 TN43
  D FFT 处理器
  S 微处理器*
  C 快速傅里叶算法

快速傅里叶算法
fast Fourier transform algorithm
TP301.6
  D FFT 算法
    快速傅立叶算法
  S 傅里叶算法
    快速算法
  C 快速傅里叶变换处理器
  Z 算法*

快速傅立叶算法
  Y 快速傅里叶算法

快速跟踪
fast tracking
TP3 TN911
  S 跟踪*

快速光电倍增管
  Y 超高速光电倍增管

快速建模
rapid modeling
TP391.9
  S 模型构建*

快速晶闸管
fast thyristor
TN34
  S 晶闸管
  L 半导体分立器件**
    电力半导体器件**

快速聚类
fast clustering
TP391.3
  S 聚类*

快速模拟
  Y 快速仿真

快速排序算法
quick sorting algorithm
TP391
　　S 快速算法
　　　 排序算法
　　Z 算法*

快速热氧化
rapid thermal oxidation
TN305
　　D RTO 工艺
　　S 热氧化工艺
　　Z 半导体工艺*

快速搜索算法
fast search algorithm
TP301　TP391
　　S 快速算法
　　　 搜索算法
　　Z 算法*

快速算法
fast algorithm
TN919
　　S 算法*
　　・快速傅里叶算法
　　・快速排序算法
　　・快速搜索算法

快速跳频
fast frequency hoping
TN918
　　S 跳频
　　Z 扩频*

快速通信
　　Y 高速通信

快速信号采集
　　Y 高速信号采集

快速移动 IPv6
　　Y 快速移动 IPv6 协议

快速移动 IPv6 协议
fast mobile IPv6 protocol
TN929.5
　　D FMIPv6
　　　 快速移动 IPv6
　　S 移动 IPv6 协议
　　L 网络协议**

快速以太网
fast Ethernet
TN919　TP393.1
　　D 百兆以太网
　　　 百兆网
　　S 高速以太网
　　L 局域网**

快速运动估计算法
　　Y 运动估计算法

快速中值滤波
fast median filtering
TN713
　　S 中值滤波
　　Z 滤波*

会计电算化软件
　　Y 会计软件

会计核算软件
　　Y 会计软件

会计软件
accounting software
TP317
　　D 会计核算软件
　　　 会计电算化软件
　　S 财务软件
　　L 办公软件**

会计信息化
　　Y 财务信息化

宽波段传输
　　Y 宽带传输

宽波段接收机
　　Y 宽带接收机

宽波段收信机
　　Y 宽带接收机

宽波段数据传输
　　Y 宽带传输

宽波段通信
　　Y 宽带通信

宽波段通信网
　　Y 宽带网

宽波束
wide beam
TN82
　　S 天线波束
　　C 宽波束天线
　　　 微带天线
　　Z 波束*

宽波束天线
wide beam antenna
TN82
　　S 波束天线
　　C 宽波束
　　Z 天线*

宽带 HFC 网络
　　Y HFC 宽带网

宽带 IP 城域网
broadband IP metropolitan area network
TP393
　　S IP 城域网
　　　 宽带 IP 网
　　L 宽带网**

宽带 IP 网
broadband IP network
TP393
　　D IP 宽带网
　　　 IP 宽带网络
　　　 宽带 IP 网络
　　S IP 网络
　　　 宽带网**
　　・宽带 IP 城域网

宽带 IP 网络
　　Y 宽带 IP 网

宽带 ISDN
　　Y 宽带综合业务数字网

宽带测向
　　Y 宽带信号测向

宽带城域网
broadband metropolitan area network
TP393.1
　　S 宽带网**

宽带传输
broadband transmission
TN911　TP393
　　D 宽波段传输
　　　 宽波段数据传输
　　　 宽频带传输
　　S 信息传输*
　　C 光缆
　　　 宽带传输网
　　　 宽带多媒体
　　　 宽带耦合器
　　　 宽带通信

宽带传输网
broadband transmission network
TP393
　　D 宽带传输网络
　　S 传输网
　　　 宽带网**
　　C 宽带传输

宽带传输网络
　　Y 宽带传输网

・460・

宽带带通滤波器
　　Y 宽带滤波器

宽带低噪声放大器
broadband low-noise amplifier
TN72
　　S 低噪声放大器
　　　 宽带放大器
　　• 超宽带低噪声放大器
　　Z 放大器*

宽带电话
broadband telephone
TN916　TP393
　　S 电话通信
　　Z 通信*

宽带多媒体
broadband multimedia
TP393
　　S 多媒体*
　　C 宽带传输

宽带放大器
broadband amplifier
TN72
　　D 宽频带放大器
　　S 放大器*
　　• 超宽带放大器
　　• 宽带低噪声放大器
　　• 宽带功率放大器

宽带功率放大器
broadband power amplifier
TN72
　　S 功率放大器**
　　　 宽带放大器

宽带光接入网
broadband optical access network
TN929.1
　　S 光接入网
　　　 宽带光网络
　　L 光通信网络**
　　　 宽带网**

宽带光网络
broadband optical network
TN915　TN929.1
　　S 光网络*
　　　 宽带网**
　　• 光纤宽带网络
　　• 宽带光接入网
　　• 宽带无源光网络

宽带互联网
broadband internet
TP393.1
　　S 互联网
　　Z 计算机网络*

宽带环行器
broadband circulator
TN6
　　S 微波环行器
　　Z 微波元件*

宽带换能器
broadband transducer
TN712
　　S 换能器*

宽带交换
broadband switching
TN915
　　S 通信交换**
　　C 宽带交换机

宽带交换机
broadband switch
TN915
　　S 交换设备**
　　C 宽带交换
　　　 宽带接入设备

宽带接入产品
　　Y 宽带接入设备

宽带接入服务器
broadband access server
TP368
　　S 宽带接入设备
　　　 接入服务器
　　C 宽带接入控制器
　　Z 通信设备*
　　　 服务器*

宽带接入控制器
broadband access controller
TN915
　　S 宽带接入设备
　　　 通信控制器
　　C 宽带接入服务器
　　Z 控制器*
　　　 通信设备*

宽带接入设备
broadband access equipment
TN915
　　D 宽带接入产品
　　S 接入设备
　　• 宽带调制解调器
　　• 宽带接入服务器
　　• 宽带接入控制器
　　C 宽带交换机
　　　 宽带接入网
　　Z 通信设备*

宽带接入网
broadband access network
TN915　TP393
　　S 宽带网**
　　　 接入网

　　• 宽带无线接入网
　　C 宽带接入设备

宽带接收机
broadband receiver
TN85
　　D 宽带收信机
　　　 宽波段接收机
　　　 宽波段收信机
　　　 宽频带接收机
　　　 宽频带收信机
　　S 接收设备*
　　• 宽带数字接收机
　　• 宽带微波接收机

宽带局域网
broadband LAN
TP393.1
　　D 宽带局域网技术
　　S 宽带网**
　　　 局域网**
　　• 宽带无线局域网

宽带局域网技术
　　Y 宽带局域网

宽带雷达
wideband radar
TN958
　　S 雷达*
　　• 超宽带雷达
　　• 宽带相控阵雷达
　　C 宽带雷达信号

宽带雷达信号
wideband radar signal
TN951
　　D 超宽带雷达信号
　　S 宽带信号
　　　 雷达信号
　　C 宽带雷达
　　Z 信号*

宽带流媒体
broadband streaming media
TN919　TP393
　　S 流媒体*

宽带路由器
broadband router
TN915.05　TP393
　　S 路由器
　　• 无线宽带路由器
　　L 网络互连设备**

宽带滤波
　　Y 宽带滤波器

宽带滤波器
broadband filter
TN713

D 宽带带通滤波器
　　宽带滤波
　　超宽带滤波器
S 带通滤波器
Z 滤波器*

宽带码分多址网络
Y WCDMA 网络

宽带耦合器
broadband coupler
TN63
S 耦合器*
C 宽带传输

宽带匹配网络
broadband matching network
TP393
S 宽带网**

宽带示波管
broadband oscillator tube
TN14
S 示波管
L 电子束管**

宽带收信机
Y 宽带接收机

宽带数据链
wideband data link
TN919
S 数据链路
Z 链路*
　通信网络*

宽带数据通信
Y 宽带通信

宽带数据网
broadband data network
TN919　TN915
D 宽带数据网络
S 宽带网**

宽带数据网络
Y 宽带数据网

宽带数字化接收机
Y 宽带数字接收机

宽带数字接收机
wideband digital receiver
TN85
D 宽带数字化接收机
S 宽带接收机
　数字接收机
Z 接收设备*

宽带天线
broadband antenna
TN82
D 宽频带天线
S 天线
・超宽带天线
・宽带微带天线
・笼形天线
C 宽带信号

宽带调频
broadband frequency modulation
TN76
S 调频
C 宽带线性调频信号
Z 调制*

宽带调制解调器
broadband modem
TN919
S 宽带接入设备
　调制解调器
Z 通信设备*

宽带通信
broadband communication
TN915
D 宽带数据通信
　宽带通信业务
　宽带通信技术
　宽带通讯
　宽波段通信
　宽频带通信
S 通信*
・电力线宽带通信
・宽带卫星通信
・无线宽带通信
C 宽带传输
　宽带网
　电信业务网

宽带通信技术
Y 宽带通信

宽带通信网
Y 宽带网

宽带通信网络
Y 宽带网

宽带通信业务
Y 宽带通信

宽带通讯
Y 宽带通信

宽带网**
broadband network
TN915
D 宽带网络
　宽带网络系统
　宽带通信网
　宽带通信网络
　宽波段通信网
　宽频带通信网
　宽频网络
S 通信网络*
・ATM 网络
・・ATM 局域网
・・ATM 无源光网络
・・无线 ATM 网络
・WCDMA 网络
・城域宽带网
・广电宽带网
・HFC 宽带网
・有线电视宽带网络
・宽带 IP 网
・・宽带 IP 城域网
・宽带城域网
・宽带传输网
・宽带光网络
・・光纤宽带网络
・・宽带光接入网
・・宽带无源光网络
・宽带接入网
・・宽带无线接入网
・宽带局域网
・・宽带无线局域网
・宽带匹配网络
・宽带数据网
・宽带卫星网络
・宽带无线网络
・宽带智能网
・宽带综合业务数字网
C 宽带网关
　宽带网络服务
　宽带通信

宽带网关
broadband gateway
TN915
S 网关
C 宽带网
L 网络互连设备**

宽带网络
Y 宽带网

宽带网络服务
broadband network service
TP393　TN915
S 网络服务*
C 宽带网

宽带网络系统
Y 宽带网

宽带微波接收机
broadband microwave receiver
TN85
S 宽带接收机
　微波接收机
Z 接收设备*

宽带微带天线
broadband microstrip antenna
TN82
　　S 宽带天线
　　　 微带天线
　　L 微波天线**

宽带卫星通信
broadband satellite communication
TN927
　　S 卫星通信
　　　 宽带通信
　　C 宽带卫星网络
　　L 无线通信**

宽带卫星网
　　Y 宽带卫星网络

宽带卫星网络
broadband satellite network
TN92
　　D 宽带卫星网
　　S 卫星通信网络
　　　 宽带网**
　　C 宽带卫星通信

宽带无线技术
　　Y 无线宽带通信

宽带无线接入网
broadband wireless access network
　　S 宽带接入网
　　　 无线接入网
　　L 宽带网**
　　　 无线通信网络**

宽带无线局域网
broadband wireless local area network
TP393.1
　　S 宽带局域网
　　　 无线局域网
　　L 宽带网**
　　　 局域网**

宽带无线通信
　　Y 无线宽带通信

宽带无线网络
broadband wireless network
TN92
　　D 无线宽带网络
　　S 宽带网**
　　　 无线网络*
　　C 无线宽带路由器
　　　 无线宽带通信

宽带无线移动通信
　　Y 宽带移动通信

宽带无源光网络
broadband passive optical network
TN915
　　S 宽带光网络
　　　 无源光网络
　　L 光通信网络**
　　　 宽带网**

宽带隙半导体
　　Y 宽禁带半导体

宽带线性调频信号
wideband linear frequency modulation signal
TN911
　　D WLFM信号
　　S 宽带信号
　　　 线性调频信号
　　C 宽带调频
　　Z 信号*

宽带相控阵雷达
wideband phased array radar
TN958
　　S 宽带雷达
　　　 相控阵雷达
　　Z 雷达*

宽带信号
broadband signal
TN911
　　D 宽频段信号
　　S 信号*
　　· 超宽带信号
　　· 宽带雷达信号
　　· 宽带线性调频信号
　　C 宽带天线

宽带信号测向
wideband direction finding
TN911
　　D 宽带测向
　　S 无线电测向
　　Z 测向*

宽带移动通信
broadband mobile communication
TN929.5
　　D 宽带无线移动通信
　　S 无线宽带通信
　　　 移动通信
　　L 无线通信**

宽带语音编码
wideband speech coding
TN919
　　S 语音编码
　　L 音视频编码**

宽带运算放大器
wideband operational amplifier
TN72
　　S 运算放大器
　　Z 放大器*

宽带噪声干扰
broadband noise jamming
TN972
　　S 压制干扰
　　　 通信干扰
　　L 电子对抗**

宽带智能网
broadband intelligent network
TN915
　　S 宽带网**
　　　 智能通信网

宽带综合服务数字网
　　Y 宽带综合业务数字网

宽带综合信息网
broadband integrated information network
TN948.3
　　D 宽带综合信息网络
　　S 综合信息网络
　　Z 信息网络*

宽带综合信息网络
　　Y 宽带综合信息网

宽带综合业务数字网
broadband integrated service digital network
TN915　TN919
　　D B-ISDN
　　　 BISDN
　　　 WISDN
　　　 宽带ISDN
　　　 宽带综合业务网
　　　 宽带综合服务数字网
　　S 宽带网**
　　　 综合业务数字网

宽带综合业务网
　　Y 宽带综合业务数字网

宽带阻塞式干扰
　　Y 阻塞干扰

宽度优先搜索算法
　　Y 广度优先搜索算法

宽行打印机
　　Y 行打印机

宽禁带半导体
wide bandgap semiconductor
TN304
　　D 宽带隙半导体
　　　 宽禁带半导体材料
　　S 半导体材料*

· 463 ·

宽禁带半导体材料
    Y 宽禁带半导体

宽开接收机
wide open receiver
TN85
    S 接收设备*

宽频带传输
    Y 宽带传输

宽频带放大器
    Y 宽带放大器

宽频带接收机
    Y 宽带接收机

宽频带收信机
    Y 宽带接收机

宽频带天线
    Y 宽带天线

宽频带通信
    Y 宽带通信

宽频带通信网
    Y 宽带网

宽频带振荡器
wideband oscillator
TN752
    S 振荡器*

宽频段信号
    Y 宽带信号

宽频网络
    Y 宽带网

宽屏液晶显示器
widescreen LCD monitor
TN873
    S 液晶显示器
    Z 显示设备*

矿井无线通信
mine wireless communication
TN92
    S 无线通信**

矿石收音机
crystal radio
TN85
    S 收音机*

馈线连接器
feeder connector
TN6
    S 射频连接器

    C 馈源系统
    Z 电连接器*

馈源系统
feeding source system
TN82
    S 电子系统*
    C 天线
       馈线连接器

扩充内存
    Y 扩展内存

扩频*
spread spectrum
TN911   TN918   TN929.1
    D 扩展频谱
       无线扩频
    • 多载波扩频
    • 混合扩频
    • 混沌扩频
    • 软扩频
    • 时域扩频
    • 跳频
    • • 差分跳频
    • • 快速跳频
    • • 脉间跳频
    • • 慢跳频
    • • 射频跳频
    • • 随机跳频
    • • 正交法跳频
    • • 自适应跳频
    • • 组间跳频
    • 跳时扩频
    • 正交扩频
    • 直接序列扩频
    • 自编码扩频
    C 扩频信号
       扩频水印
       扩频编码
       扩频通信
       通信抗干扰

扩频编码
spread coding
TN914
    S 通信编码**
    C 扩频
       扩频信号
       扩频调制
       扩频通信

扩频传输
    Y 扩频通信

扩频接收机
spread spectrum receiver
TN914   TN85
    S 接收设备*
    • 直接序列扩频接收机
    C 扩频通信
       载波跟踪

扩频水印
spread spectrum watermark
TN918   TP393.08
    S 数字水印*
    C 扩频

扩频调制
spread spectrum modulation
TN76
    D 扩展频谱调制
    S 数字调制**
    • 直接序列扩频调制
    C 扩频编码

扩频通信
spread spectrum communication
TN973   TN914
    D 扩展频谱通信
       扩谱通信
       扩频传输
       扩频通信技术
       扩频通讯
       无线扩频通信
    S 无线通信**
    • 脉冲无线电
    • 跳频通信
    • 直接序列扩频通信
    • 自编码扩频通信
    C 伪码跟踪
       扩频
       扩频接收机
       扩频编码

扩频通信技术
    Y 扩频通信

扩频通讯
    Y 扩频通信

扩频信号
spread spectrum signal
TN914   TN911
    S 无线电信号
    • 直接序列扩频信号
    C 扩频
       扩频编码
    Z 信号*

扩谱通信
    Y 扩频通信

扩散工艺
    Y 半导体扩散工艺

扩散硅力敏器件
diffusion silicon force sensor
TN37
    S 力敏器件
       硅器件
    L 半导体敏感器件**

扩散结型晶体管
　　Y 扩散晶体管

扩散晶体管
diffusion transistor
TN32
　　D 双扩散晶体管
　　　　扩散型晶体管
　　　　扩散结型晶体管
　　S 晶体管
　　L 半导体分立器件**

扩散炉
diffusion furnace
TN305
　　S 半导体工艺设备*
　　C 半导体扩散工艺

扩散型晶体管
　　Y 扩散晶体管

扩展 Dewey 编码
　　Y Dewey 编码

扩展 Kalman 滤波
　　Y 扩展卡尔曼滤波

扩展 Petri 网
extended Petri net
TP31
　　S Petri 网*

扩展电路
expanded circuit
TN7
　　S 电子电路*

扩展工业标准体系结构总线
　　Y EISA 总线

扩展供应协议
extensible provisioning protocol
TP393.0　TN915
　　D EPP 协议
　　S 通信协议*

扩展互作用放大器
　　Y 扩展互作用速调管

扩展互作用速调管
extended interaction klystron
TN12
　　D 扩展互作用振荡器
　　　　扩展互作用放大器
　　S 速调管
　　L 微波管**

扩展互作用振荡器
　　Y 扩展互作用速调管

扩展寄存器
extended register
TP33
　　S 寄存器*
　　C 扩展内存

扩展卡尔曼滤波
extended Kalman filtering
TN713
　　D 扩展 Kalman 滤波
　　　　扩展卡尔曼滤波算法
　　　　推广卡尔曼滤波
　　S 卡尔曼滤波**
　　• 并行扩展卡尔曼滤波
　　• 迭代扩展卡尔曼滤波
　　• 二阶扩展卡尔曼滤波
　　• 修正增益扩展卡尔曼滤波
　　• 自适应扩展卡尔曼滤波
　　C 纯方位跟踪

扩展卡尔曼滤波算法
　　Y 扩展卡尔曼滤波

扩展内存
extended memory
TP333
　　D 扩充内存
　　S 内存
　　C 扩展寄存器
　　Z 存储器*

扩展频谱
　　Y 扩频

扩展频谱调制
　　Y 扩频调制

扩展频谱通信
　　Y 扩频通信

扩展认证协议
　　Y 可扩展认证协议

扩展样式语言
　　Y 可扩展样式表语言

扩展有限状态机
extended finite state machine
TP301.1　TP13
　　S 有限状态机
　　Z 自动机*

垃圾短信
junk message
TP393.08
　　S 垃圾信息
　　Z 信息安全风险*

垃圾短信过滤
　　Y 短信过滤

垃圾信息
junk information
TP393.08
　　S 网络不良信息
　　• 垃圾短信
　　• 垃圾邮件
　　Z 信息安全风险*

垃圾邮件
junk email
TP393.08
　　S 垃圾信息
　　C 邮件安全
　　　　邮件过滤器
　　Z 信息安全风险*

垃圾邮件过滤器
　　Y 邮件过滤器

拉晶炉
　　Y 单晶炉

拉曼放大器
　　Y 拉曼光纤放大器

拉曼光放大器
　　Y 拉曼光纤放大器

拉曼光纤放大器
Raman optical fiber amplifier
TN25
　　D 光纤喇曼放大器
　　　　光纤拉曼放大器
　　　　喇曼光纤放大器
　　　　拉曼光放大器
　　　　拉曼光纤激光放大器
　　　　拉曼放大器
　　S 光放大器
　　• 分布式拉曼光纤放大器
　　C 拉曼光纤激光器
　　L 光放大器**
　　　　光纤器件**

拉曼光纤激光放大器
　　Y 拉曼光纤放大器

拉曼光纤激光器
Raman optical fiber laser
TN248
　　D 光纤拉曼激光器
　　　　喇曼光纤激光器
　　S 光纤激光器**
　　　　拉曼激光器
　　C 拉曼光纤放大器

拉曼激光器
Raman laser
TN248
　　D 喇曼激光器
　　S 激光器*
　　• 拉曼光纤激光器

电子信息技术叙词表

- 自拉曼激光器

拉曼散射
Raman scattering
TN24
D 喇曼散射
S 光散射
- 受激拉曼散射
- 自发拉曼散射
Z 电磁波散射*

拉锥光纤
tapered optical fiber
TN25　TN818
S 光纤*

喇叭反射器天线
Y 喇叭天线

喇叭抛物面天线
Y 喇叭天线

喇叭天线
horn antenna
TN82
D 喇叭反射器天线
喇叭抛物面天线
漏斗形天线
S 微波天线**
面天线
- 角锥喇叭天线
- 双脊喇叭天线
- 圆锥喇叭天线

喇曼光纤放大器
Y 拉曼光纤放大器

喇曼光纤激光器
Y 拉曼光纤激光器

喇曼激光器
Y 拉曼激光器

喇曼散射
Y 拉曼散射

来电显示
calling line presentation phone
TN916
D 主叫号码显示
S 显示*

莱达管
Y 绕射辐射振荡器

莱塞
Y 激光

莱斯衰落信道
Rician fading channel
TN911
D RICE 信道
RICIAN 信道
莱斯信道
S 衰落信道
Z 信道*

莱斯信道
Y 莱斯衰落信道

兰格耦合器
Lange coupler
TN62
S 耦合器*

拦阻式干扰
Y 阻塞干扰

蓝宝石光纤
sapphire optical fiber
TN25
S 光纤*

蓝光 DVD
Y 蓝光光盘

蓝光 LED
Y 蓝光发光二极管

蓝光材料
blue light material
TN24
S 电子材料*
C 蓝光发光二极管

蓝光碟
Y 蓝光光盘

蓝光二极管
Y 蓝光发光二极管

蓝光发光二极管
blue light emitting diode
TN31　TN383
D 蓝光 LED
蓝光二极管
蓝色 LED
蓝色发光二极管
S 发光二极管
C 蓝光材料
蓝光激光器
L 半导体发光器件**

蓝光光碟
Y 蓝光光盘

蓝光光盘
Blu-ray disc
TP333　TN946
D BD-ROM
蓝光 DVD
蓝光光碟
蓝光盘
蓝光碟
S 数字多功能光盘
L 光存储器**
外存储器**

蓝光激光器
blue light laser
TN248
D 深蓝激光器
蓝色激光器
S 可见光激光器
C 蓝光发光二极管
Z 激光器*

蓝光盘
Y 蓝光光盘

蓝绿光激光器
Y 蓝绿激光器

蓝绿激光
Y 蓝绿激光器

蓝绿激光对潜通信
Y 激光对潜通信

蓝绿激光器
blue-green laser
TN248
D 蓝绿光激光器
蓝绿激光
S 可见光激光器
C 激光对潜通信
Z 激光器*

蓝绿激光通信
Y 水下激光通信

蓝色 LED
Y 蓝光发光二极管

蓝色发光二极管
Y 蓝光发光二极管

蓝色激光器
Y 蓝光激光器

蓝牙
Y 蓝牙通信

蓝牙传输
bluetooth transmission
TN92
S 无线传输
C 蓝牙网络
Z 信息传输*

· 466 ·

蓝牙技术
    Y 蓝牙通信

蓝牙设备
bluetooth equipment
TN92
    S 无线通信设备**
    C 蓝牙通信

蓝牙收发器
bluetooth transceiver
TN8 TN92
    S 无线收发器
    C 蓝牙芯片
       蓝牙通信
    Z 收发器*

蓝牙通信
bluetooth communication
TN92
    D 蓝牙
       蓝牙技术
       蓝牙通信技术
       蓝牙通讯
    S 短距离无线通信
    C 个人域网
       蓝牙协议
       蓝牙收发器
       蓝牙网关
       蓝牙网络
       蓝牙设备
    L 无线通信**

蓝牙通信技术
    Y 蓝牙通信

蓝牙通讯
    Y 蓝牙通信

蓝牙网关
bluetooth gateway
TN92 TP393.4
    S 无线网关
    C 蓝牙协议
       蓝牙通信
    L 网络互连设备**

蓝牙网络
bluetooth network
TP393.1 TN92
    S 短距离无线通信网络
  • 散射网
  • 微微网
    C 蓝牙传输
       蓝牙协议
       蓝牙通信
    L 无线通信网络**

蓝牙协议
bluetooth protocol
TN915.04
    D 蓝牙协议栈

    S 无线通信协议
    C 蓝牙网关
       蓝牙网络
       蓝牙通信
    Z 通信协议*

蓝牙协议栈
    Y 蓝牙协议

蓝牙芯片
bluetooth chip
TN4
    S 通信芯片
    C 蓝牙收发器
    Z 芯片*

劳兰导航
    Y 罗兰导航

雷达*
radar
TN95
    D 雷达终端
       雷达装备
       雷达设备
  • L 波段雷达
  • X 波段雷达
  • 表层穿透雷达
  • 测控雷达
  • 测量雷达
  • • 测高雷达
  • • 测绘雷达
  • • 测距雷达
  • • 测速雷达
  • 差分吸收雷达
  • • 差分吸收激光雷达
  • 常规雷达
  • 长波雷达
  • 米波雷达
  • 超短波雷达
  • 超声波雷达
  • 超视距雷达
  • • 地波超视距雷达
  • 天波雷达
  • 成像雷达
  • 侧视雷达
  • • 合成孔径侧视雷达
  • • 相干机载侧视雷达
  • 地形成像雷达
  • 地形跟踪雷达
  • 激光成像雷达
  • 船用雷达
  • 船用导航雷达
  • 海用雷达
  • 舰载雷达
  • • 舰艇火控雷达
  • • 舰载警戒雷达
  • 潜艇雷达
  • 单基地雷达
  • 导航雷达
  • • X 波段导航雷达
  • • 船用导航雷达
  • • 机载导航雷达

  • 低分辨雷达
  • 低截获概率雷达
  • 地波雷达
  • • 地波超视距雷达
  • • 高频地波雷达
  • 调频雷达
  • • 调频步进雷达
  • • 调频连续波雷达
  • • • 调频连续波合成孔径雷达
  • • • 线性调频连续波雷达
  • • 线性调频雷达
  • • • 线性调频连续波雷达
  • • • 线性调频脉冲雷达
  • • • • 线性调频脉冲压缩雷达
  • 动目标显示雷达
  • • 动目标检测雷达
  • • 数字动目标显示雷达
  • 短波雷达
  • 多功能雷达
  • • 机载多功能雷达
  • • 综合火控雷达
  • 多基地雷达
  • • 双基地雷达
  • • • 双基地合成孔径雷达
  • • • 无源双基地雷达
  • 多普勒雷达
  • • 多普勒激光雷达
  • • 多普勒天气雷达
  • • • 全相参多普勒天气雷达
  • • 机载脉冲多普勒雷达
  • 多输入多输出雷达
  • 二坐标雷达
  • 反隐身雷达
  • 防空雷达
  • • 低空雷达
  • • 对空警戒雷达
  • • 对空情报雷达
  • 防撞雷达
  • • 汽车防撞雷达
  • 非相参雷达
  • 非相干散射雷达
  • 分布式雷达
  • • 分布式合成孔径雷达
  • • • 分布式星载合成孔径雷达
  • 高分辨率雷达
  • 高频雷达
  • • 高频地波雷达
  • 跟踪雷达
  • • 单脉冲跟踪雷达
  • • 精密跟踪雷达
  • • 圆锥扫描雷达
  • 光电雷达
  • 光雷达
  • 红外雷达
  • 激光雷达
  • • 半导体激光雷达
  • • 测风激光雷达
  • • 差分吸收激光雷达
  • • 车载激光雷达
  • • 多普勒激光雷达
  • • 合成孔径激光雷达
  • • 机载激光雷达
  • • 激光成像雷达
  • • • 米散射激光雷达

电子信息技术叙词表

- · · · 三维激光雷达
- · · · 微脉冲激光雷达
- · · · 相干激光雷达
- · 航空雷达
- · · 弹载雷达
- · · 机载雷达
- · · · 侧视雷达
- · · · · 合成孔径侧视雷达
- · · · · 相干机载侧视雷达
- · · · 护尾雷达
- · · · 机载导航雷达
- · · · 机载多功能雷达
- · · · 机载火控雷达
- · · · 机载激光雷达
- · · · 机载脉冲多普勒雷达
- · · · 机载气象雷达
- · · · 机载相控阵雷达
- · · · 机载预警雷达
- · · 截击雷达
- · 空中交通管制雷达
- · · 航路监视雷达
- · · 机场监视雷达
- · · · 场面监视雷达
- · · 进场雷达
- · 气球载雷达
- · 合成孔径雷达
- · · 超宽带合成孔径雷达
- · · 调频连续波合成孔径雷达
- · · 分布式合成孔径雷达
- · · · 分布式星载合成孔径雷达
- · · 干涉合成孔径雷达
- · · · 极化干涉合成孔径雷达
- · · 合成孔径激光雷达
- · · 机载合成孔径雷达
- · · 极化合成孔径雷达
- · · · 多极化合成孔径雷达
- · · · 极化干涉合成孔径雷达
- · · 聚束式合成孔径雷达
- · · 逆合成孔径雷达
- · · 双基地合成孔径雷达
- · · 条带合成孔径雷达
- · · 星载合成孔径雷达
- · · · 分布式星载合成孔径雷达
- · 火控雷达
- · · 机载火控雷达
- · · 目标指示雷达
- · · 炮兵雷达
- · · · 炮兵侦察校射雷达
- · · 综合火控雷达
- · 机动雷达
- · · 便携式雷达
- · · 车载雷达
- · · · 车载激光雷达
- · · · 倒车雷达
- · · · 汽车防撞雷达
- · 极化雷达
- · · 极化合成孔径雷达
- · · · 多极化合成孔径雷达
- · · · 极化干涉合成孔径雷达
- · · 全极化雷达
- · 监视雷达
- · · 地面监视雷达
- · · 二次雷达
- · · · 单脉冲二次雷达

- · · 机场监视雷达
- · · · 场面监视雷达
- · · 空间目标监视雷达
- · · 一次雷达
- · 警戒雷达
- · · 地面警戒雷达
- · · 对海警戒雷达
- · · 海岸警戒雷达
- · · 舰载警戒雷达
- · · 近程雷达
- · · 预警雷达
- · · · 机载预警雷达
- · · · 天基预警雷达
- · 宽带雷达
- · · 超宽带雷达
- · · · 超宽带穿墙雷达
- · · · 超宽带合成孔径雷达
- · · · 超宽带探地雷达
- · · 宽带相控阵雷达
- · 连续波雷达
- · · 调频连续波雷达
- · · · 调频连续波合成孔径雷达
- · · · 线性调频连续波雷达
- · · 多频连续波雷达
- · · 伪码调相连续波雷达
- · · 准连续波雷达
- · 流星雷达
- · 陆基雷达
- · · 岸基雷达
- · · · 岸基雷达链
- · · 海岸警戒雷达
- · · 地面监视雷达
- · · 地面警戒雷达
- · · 港口雷达
- · · 炮兵雷达
- · · · 炮兵侦察校射雷达
- · 脉冲雷达
- · · 冲激雷达
- · · 单脉冲雷达
- · · · 比相单脉冲雷达
- · · · 单脉冲二次雷达
- · · · 单脉冲跟踪雷达
- · · · 圆锥单脉冲雷达
- · · 脉冲压缩雷达
- · · · 线性调频脉冲压缩雷达
- · · · 相位编码脉冲压缩雷达
- · · 频率步进雷达
- · · · 调频步进雷达
- · · 频率捷变雷达
- · · 线性调频脉冲雷达
- · · · 线性调频脉冲压缩雷达
- · 气象雷达
- · · 测风雷达
- · · · 测风激光雷达
- · · · 风廓线雷达
- · · 测雨雷达
- · · · 星载测雨雷达
- · · 测云雷达
- · · 多普勒天气雷达
- · · · 全相参多普勒天气雷达
- · · 数字化天气雷达
- · 认知雷达
- · 软件雷达
- · 三坐标雷达

- · 数字化雷达
- · · 数字动目标显示雷达
- · · 数字化天气雷达
- · · 数字阵列雷达
- · 搜索雷达
- · 探地雷达
- · · 前视探地雷达
- · · 相控阵探地雷达
- · 天基雷达
- · · 空间交会雷达
- · · 天基预警雷达
- · · 星载雷达
- · · · 星载测雨雷达
- · · · 星载合成孔径雷达
- · · · · 分布式星载合成孔径雷达
- · 外辐射源雷达
- · 微波雷达
- · · 毫米波雷达
- · 无源雷达
- · · 无源双基地雷达
- · · 无源相控阵雷达
- · 相参雷达
- · 谐波雷达
- · 有源雷达
- · 噪声雷达
- · 侦察雷达
- · · 对空情报雷达
- · · 火炮定位雷达
- · · 战场侦察雷达
- · 阵列雷达
- · · 数字阵列雷达
- · · 相控阵雷达
- · · · 光控相控阵雷达
- · · · 机载相控阵雷达
- · · · 宽带相控阵雷达
- · · · 无源相控阵雷达
- · · · 相控阵探地雷达
- · · · 有源相控阵雷达
- · 制导雷达
- · · 末制导雷达
- · · 目标指示雷达
- · 自适应雷达
- · 组网雷达
- C 雷达仿真
  雷达发射机
  雷达天线
  雷达探测器
  雷达控制器
  雷达数据处理
  雷达波束
  雷达电源
  雷达跟踪

雷达报警
Y 雷达告警

雷达波束
radar beam
TN95
S 波束*
C 雷达
  雷达测向

雷达波束制导
　　Y 雷达制导

雷达测速仪
　　Y 测速雷达

雷达测向
radar direction finding
TN95
　　S 无线电测向
　　C 多重信号分类算法
　　　雷达波束
　　Z 测向*

雷达传感器
radar sensor
TP212
　　S 传感器*

雷达导航
radar navigation
TN96
　　D 雷达导航系统
　　　雷达领航
　　S 导航*
　　C 导航雷达
　　　雷达制导

雷达导航系统
　　Y 雷达导航

雷达敌我识别
radar friend-or-foe
identification
TN953
　　D 雷达敌我识别系统
　　S 敌我识别
　　C 二次雷达
　　Z 信息识别*

雷达敌我识别系统
　　Y 雷达敌我识别

雷达电源
power supply of radar
TN86
　　S 电源*
　　C 雷达

雷达电子对抗
　　Y 雷达对抗

雷达电子战
　　Y 雷达对抗

雷达电子战技术
　　Y 雷达对抗

雷达电子战设备
　　Y 雷达对抗装备

雷达电子战侦察
　　Y 雷达侦察

雷达电子战装备
　　Y 雷达对抗装备

雷达电子侦察
　　Y 雷达侦察

雷达对抗
radar countermeasure
TN974
　　D 雷达反对抗
　　　雷达对抗技术
　　　雷达电子对抗
　　　雷达电子战
　　　雷达电子战技术
　　S 电子对抗**
　　· 反辐射摧毁
　　· 雷达反侦察
　　· 雷达干扰
　　· 雷达告警
　　· 雷达抗干扰
　　· 雷达拦截
　　· 雷达侦察
　　C 雷达对抗装备

雷达对抗技术
　　Y 雷达对抗

雷达对抗设备
　　Y 雷达对抗装备

雷达对抗系统
　　Y 雷达对抗装备

雷达对抗侦察
　　Y 雷达反侦察

雷达对抗侦察设备
　　Y 雷达侦察设备

雷达对抗装备
radar countermeasure equipment
TN974
　　D 雷达对抗系统
　　　雷达对抗设备
　　　雷达电子战装备
　　　雷达电子战设备
　　S 电子战装备*
　　· 反辐射无人机
　　· 雷达干扰机
　　· 雷达干扰无人机
　　· 雷达假目标
　　· 雷达侦察设备
　　C 雷达对抗

雷达发射机
radar transmitter
TN957
　　S 发射机*

　　· 调频雷达发射机
　　· 固态雷达发射机
　　C 雷达
　　　雷达接收机

雷达反对抗
　　Y 雷达对抗

雷达反干扰
　　Y 雷达抗干扰

雷达反射器
　　Y 角反射器

雷达反侦察
radar anti-reconnaissance
TN974　TN971
　　D 雷达反侦察技术
　　　雷达对抗侦察
　　S 反电子侦察
　　　雷达对抗
　　L 电子对抗**

雷达反侦察技术
　　Y 雷达反侦察

雷达仿真
radar simulation
TP391.9　TN95
　　D 雷达模拟
　　S 仿真*
　　· 雷达系统仿真
　　· 雷达信号仿真
　　C 雷达

雷达辐射源识别
radar emitter recognition
TN974
　　D 雷达辐射源信号识别
　　S 辐射源识别
　　　雷达信号识别
　　C 雷达侦察设备
　　　雷达辐射源信号
　　Z 信号处理*

雷达辐射源信号
radar emitter signal
TN951
　　S 雷达信号
　　C 外辐射源雷达
　　　雷达侦察
　　　雷达辐射源识别
　　Z 信号*

雷达辐射源信号识别
　　Y 雷达辐射源识别

雷达干扰
radar jamming
TN972
　　S 电子干扰

雷达对抗
　　• 冲淡干扰
　　• 复合干扰
　　• 雷达欺骗干扰
　　• 旁瓣干扰
　　• 闪烁干扰
　　• 质心干扰
　　• 主瓣干扰
　　C 杂波信号
　　　角反射器
　　　雷达干扰机
　　　雷达抗干扰
　　L 电子对抗**

雷达干扰机
radar jammer
TN972
　　D 雷达干扰设备
　　S 干扰机
　　　雷达对抗装备
　　• 回答式干扰机
　　• 引导式干扰机
　　C 雷达干扰
　　L 电子干扰设备**

雷达干扰设备
　　Y 雷达干扰机

雷达干扰无人机
radar jamming UAV
TN97
　　S 电子干扰飞机
　　　雷达对抗装备
　　L 电子干扰设备**

雷达告警
radar warning
TN95　TN97
　　D 雷达报警
　　S 威胁告警
　　　雷达对抗
　　C 雷达告警接收机
　　L 电子对抗**

雷达告警接收机
radar warning receiver
TN85
　　D 雷达告警器
　　　雷达告警系统
　　　雷达告警设备
　　S 告警接收机
　　C 雷达告警
　　Z 电子战装备*
　　　接收设备*

雷达告警器
　　Y 雷达告警接收机

雷达告警设备
　　Y 雷达告警接收机

雷达告警系统
　　Y 雷达告警接收机

雷达跟踪*
radar tracking
TN953
　　• 波门跟踪
　　• 低角跟踪
　　• 雷达目标跟踪
　　• 偏轴跟踪
　　C 数据融合
　　　雷达
　　　雷达控制器

雷达回波反射信号
　　Y 雷达回波信号

雷达回波信号
radar echo signal
TN951
　　D 雷达回波反射信号
　　S 回波信号
　　　雷达信号
　　Z 信号*

雷达假目标
radar false target
TN95　TN97
　　S 电子诱饵
　　　雷达对抗装备
　　C 雷达欺骗干扰
　　L 电子干扰设备**

雷达接收机
radar receiver
TN957
　　S 接收设备*
　　• 调频雷达接收机
　　• 高频雷达接收机
　　C 雷达发射机

雷达截获
　　Y 雷达拦截

雷达抗干扰
radar anti-jamming
TN974
　　D 反雷达干扰
　　　雷达反干扰
　　S 电子反干扰
　　　雷达对抗
　　• 旁瓣消隐
　　• 频率捷变
　　• 视频积累
　　• 相关接收
　　C 恒虚警接收机
　　　雷达干扰
　　L 电子对抗**

雷达控制器
radar controller
TN95
　　S 控制器*
　　C 雷达
　　　雷达跟踪

雷达拦截
radar interception
TN97
　　D 雷达截获
　　S 雷达对抗
　　L 电子对抗**

雷达领航
　　Y 雷达导航

雷达脉冲
　　Y 雷达信号

雷达迷惑
　　Y 雷达欺骗干扰

雷达模拟
　　Y 雷达仿真

雷达目标跟踪
radar target tracking
TN951
　　S 目标跟踪*
　　　雷达跟踪*
　　C 卡尔曼滤波
　　　雷达目标识别

雷达目标模拟
radar target simulation
TN955
　　S 目标模拟
　　C 雷达目标识别
　　Z 仿真*

雷达目标识别
radar target recognition
TN951
　　S 目标识别
　　• 雷达自动目标识别
　　C 雷达目标模拟
　　　雷达目标跟踪
　　Z 信息识别*

雷达目标指示器
　　Y 雷达显示器

雷达屏
　　Y 雷达显示器

雷达欺骗
　　Y 雷达欺骗干扰

雷达欺骗干扰
radar deception
TN972
　　D 雷达欺骗
　　　雷达迷惑

S 欺骗干扰
　　　雷达干扰
　　• 交叉极化干扰
　　• 交叉眼干扰
　　• 距离波门欺骗干扰
　　C 雷达假目标
　　L 电子对抗**

雷达情报
　　Y 雷达数据

雷达设备
　　Y 雷达

雷达视频信号
radar video signal
TN951
　　S 雷达信号
　　• 视频回波信号
　　• 相干视频信号
　　Z 信号*

雷达数据
radar data
TN95
　　D 雷达信息
　　　雷达情报
　　S 数据*
　　C 雷达数据采集

雷达数据采集
radar data acquisition
TN95　TP391
　　S 数据采集
　　C 雷达数据
　　　雷达数据处理
　　Z 信息采集*

雷达数据处理
radar data processing
TN951　TP391
　　D 雷达信息处理
　　S 数据处理**
　　C 多雷达数据融合
　　　雷达
　　　雷达数据采集

雷达探测器
radar detector
TN957　TN953
　　D 雷达探测设备
　　S 探测器*
　　C 雷达

雷达探测设备
　　Y 雷达探测器

雷达天线
radar antenna
TN957
　　S 天线*

　　• 车载雷达天线
　　• 雷达阵列天线
　　• 探地雷达天线
　　C 雷达

雷达图象处理
　　Y 雷达图像处理

雷达图像处理
radar image processing
TN95　TP391
　　D 雷达图象处理
　　S 图像处理**
　　C 雷达显示器

雷达网
radar network
TN957
　　D 雷达网络
　　S 网络*
　　C 组网雷达

雷达网络
　　Y 雷达网

雷达伪装
radar camouflage
TN974
　　S 电子伪装
　　C 雷达侦察
　　L 电子对抗**

雷达吸波材料
　　Y 微波吸收材料

雷达吸收材料
　　Y 微波吸收材料

雷达系统仿真
radar system simulation
TP391.9　TN95
　　S 系统仿真
　　　雷达仿真
　　Z 仿真*

雷达显示
　　Y 雷达显示器

雷达显示器
radar display
TN957
　　D 雷达屏
　　　雷达指示设备
　　　雷达显示
　　　雷达显示设备
　　　雷达目标指示器
　　S 显示器
　　• 动目标显示器
　　• 平面位置显示器
　　C 雷达图像处理
　　Z 显示设备*

雷达显示设备
　　Y 雷达显示器

雷达信标
radar responder beacon
TN96　TN957
　　D 应答器信标
　　　雷达应答信标
　　　雷达应答器信标
　　S 无线电信标*
　　C 应答信号

雷达信号
radar signal
TN951
　　D 雷达脉冲
　　S 信号*
　　• 宽带雷达信号
　　• 雷达辐射源信号
　　• 雷达回波信号
　　• 雷达视频信号
　　• 雷达中频信号
　　C 杂波信号
　　　雷达信号仿真
　　　雷达信号识别

雷达信号处理
radar signal processing
TN95
　　S 信号处理*
　　• 雷达信号分选
　　• 雷达信号识别
　　C 视频积累
　　　雷达信号传输

雷达信号传输
radar signal transmission
TN91
　　S 信号传输
　　C 雷达信号处理
　　Z 信息传输*

雷达信号仿真
radar signal simulation
TN974
　　D 雷达信号模拟
　　S 信号仿真
　　　雷达仿真
　　C 雷达信号
　　Z 仿真*

雷达信号分选
radar signal sorting
TN971
　　S 信号分选
　　　雷达信号处理
　　C 雷达信号识别
　　Z 信号处理*

雷达信号模拟
　　Y 雷达信号仿真

雷达信号识别
radar signal recognition
TN971
　S 信号识别
　　雷达信号处理
　・雷达辐射源识别
　C 雷达信号
　　雷达信号分选
　Z 信号处理*

雷达信息
　Y 雷达数据

雷达信息处理
　Y 雷达数据处理

雷达寻的制导
　Y 雷达制导

雷达应答器信标
　Y 雷达信标

雷达应答信标
　Y 雷达信标

雷达侦察
radar reconnaissance
TN971　TN974
　D 雷达电子侦察
　　雷达电子战侦察
　S 电子侦察
　　雷达对抗
　C 雷达伪装
　　雷达侦察设备
　　雷达辐射源信号
　L 电子对抗**

雷达侦察机
　Y 雷达侦察接收机

雷达侦察接收机
radar reconnaissance receiver
TN974
　D 雷达侦察仪
　　雷达侦察机
　S 侦察接收机
　Z 电子战装备*
　　接收设备*

雷达侦察设备
radar reconnaissance equipment
TN971
　D 雷达侦察装备
　　雷达对抗侦察设备
　S 电子侦察设备
　　雷达对抗装备
　C 晶体视频接收机
　　雷达侦察
　　雷达辐射源识别
　Z 电子战装备*

雷达侦察仪
　Y 雷达侦察接收机

雷达侦察装备
　Y 雷达侦察设备

雷达阵列天线
radar array antenna
TN971　TN82
　S 阵列天线
　　雷达天线
　Z 天线*

雷达指示管
radar indicator tube
TN14
　S 指示管
　L 电子束管**

雷达指示设备
　Y 雷达显示器

雷达制导
radar guidance
TN96
　D 雷达寻的制导
　　雷达波束制导
　S 制导*
　C 雷达导航

雷达中频信号
radar IF signal
TN951
　S 中频信号
　　雷达信号
　Z 信号*

雷达终端
　Y 雷达

雷达装备
　Y 雷达

雷达自动目标识别
radar automatic target recognition
TP391.4
　S 自动目标识别
　　雷达目标识别
　Z 信息识别*
　　自动识别*

雷射
　Y 激光

镭射
　Y 激光

类比学习
learning by analogy
TP181
　S 机器学习*

类层次结构
class hierarchy structure
TP392
　S 数据结构*

类电磁机制算法
electromagnetism-like mechanism algorithm
TP301
　S 全局优化算法
　Z 算法*

类加载器
class loader
TP31
　D 类装载器
　S 工具软件**

类接口
class interface
TP311
　S 软件接口
　L 计算机接口**

类脑计算
brain-like computing
TP2
　S 智能计算
　C 人工智能
　　人工神经网络
　　神经网络芯片
　Z 计算*

类脑芯片
　Y 神经网络芯片

类神经网络
　Y 人工神经网络

类型识别
type recognition
TP391
　S 信息识别*

类装载器
　Y 类加载器

冷备份
cold backup
TP307
　S 备份*
　C 双机容错

冷阴极充气管
cold cathode gaseous tube
TN13
　S 离子管**
　・辉光放电管

- 冷阴极触发管
- 冷阴极计数管
- 冷阴极闸流管

冷阴极触发管
cold cathode trigger tube
TN13
 S 冷阴极充气管
  触发管
 L 离子管**

冷阴极电子管
cold cathode electron tube
TN11
 D 冷阴极管
 S 电子管**

冷阴极管
 Y 冷阴极电子管

冷阴极计数管
cold cathode counter
TN13
 S 冷阴极充气管
  计数管
 L 离子管**

冷阴极闸流管
cold cathode thyratron
TN13
 D 辉光放电控制管
 S 冷阴极充气管
  闸流管
 L 离子管**

厘米波传播
centimeter wave propagation
TN011
 D 极短波传播
  甚高频传播
  超短波传播
  超高频传播
 S 微波传播
 C 超短波发射机
  超短波电台
 Z 电波传播*

离群数据挖掘
outlier data mining
TP31
 D 离群挖掘
 S 数据挖掘
 L 信息挖掘**

离群挖掘
 Y 离群数据挖掘

离散Hopfield网络
 Y Hopfield神经网络

离散多频调制
 Y 离散多音频调制

离散多频音调制
 Y 离散多音频调制

离散多音频调制
discrete multi-tone modulation
TN76
 D DMT调制
  离散多音调制
  离散多音调制技术
  离散多频调制
  离散多频音调制
 S 音频调制
 Z 调制*

离散多音调制
 Y 离散多音频调制

离散多音调制技术
 Y 离散多音频调制

离散仿真
discrete simulation
TP391.9
 S 仿真*
- 离散事件仿真

离散霍普菲尔德网络
 Y Hopfield神经网络

离散粒子群算法
discrete particle swarm algorithm
TP301.6
 D 离散粒子群优化算法
 S 粒子群算法
 Z 算法*

离散粒子群优化算法
 Y 离散粒子群算法

离散时间信号
 Y 离散信号

离散事件仿真
discrete event simulation
TP15 TP391
 D 离散事件模拟
 S 离散仿真
- 并行离散事件仿真
- 离散事件系统仿真
 C 事件驱动系统
  事件驱动编程
 Z 仿真*

离散事件模拟
 Y 离散事件仿真

离散事件系统仿真
discrete event system simulation
TP391.9
 S 离散事件仿真
  系统仿真
 C 离散事件系统规范
 Z 仿真*

离散事件系统规范
discrete event system specification
TP391
 S 信息标准
 C 离散事件系统仿真
 Z 信息产业标准*

离散数据
 Y 散乱数据

离散无记忆信道
discrete memoryless channel
TN911
 S 离散信道
 Z 信道*

离散信道
discrete channel
TN911
 S 信道*
- 离散无记忆信道
 C 离散信号

离散信号
discrete signal
TN911
 D 离散时间信号
 S 信号*
 C 离散信道
  连续信号

离散余弦编码
 Y 离散余弦变换编码

离散余弦变换编码
discrete cosine transform coding
TN911
 D DCT编码
  离散余弦编码
 S 变换编码
 Z 编码*

离线编程
offline programming
TP31
 S 软件编程**

离线计算
offline computation
TP2
 S 计算*
 C 可编程逻辑控制器

现场可编程门阵列
离线浏览器

离线浏览器
offline browser
TP393
　D 离线浏览软件
　S 浏览器
　C 离线计算
　L 网络软件**

离线浏览软件
　Y 离线浏览器

离子镀膜机
　Y 离子镀膜设备

离子镀膜设备
ion coating equipment
TN305
　D 离子镀膜机
　S 半导体工艺设备*

离子二极管
ion diode
TN13
　D 充气二极管
　S 离子管**
　• 箍缩反射离子二极管
　• 氢二极管

离子反向散射
ion backscattering
TN011
　S 后向散射
　Z 电磁波散射*

离子管**
ionic tube
TN13
　D 充气电子管
　　充气管
　S 电真空器件*
　• 充气光电管
　• 触发管
　•• 冷阴极触发管
　•• 真空触发管
　• 等离子体管
　• 计数管
　•• 盖革计数管
　•• 冷阴极计数管
　•• 闪烁计数管
　•• 正比计数管
　•• 中子计数管
　• 冷阴极充气管
　• 辉光放电管
　• 冷阴极触发管
　• 冷阴极计数管
　• 冷阴极闸流管
　• 离子二极管
　• 箍缩反射离子二极管
　• 氢二极管

• 气体放电管
•• 玻璃放电管
•• 辉光放电管
•• 脉冲放电管
• 热离子管
• 闸流管
•• 冷阴极闸流管
•• 氢闸流管

离子光电管
　Y 充气光电管

离子激光器
ion laser
TN248
　S 气体激光器**
　• 氩离子激光器
　• 氪离子激光器

离子溅射
ion sputtering
TN305
　S 溅射
　Z 半导体工艺*

离子刻蚀
ion etching
TN305
　D 离子束刻蚀
　　离子束蚀刻
　　离子蚀刻
　S 离子束工艺
　　蚀刻工艺
　• 反应离子刻蚀
　• 活性离子刻蚀
　C 离子蚀刻机
　Z 半导体工艺*

离子敏场效应管
　Y 离子敏场效应晶体管

离子敏场效应晶体管
ion sensitive field effect transistor
TN386
　D 离子敏场效应管
　S 场效应晶体管
　L 半导体分立器件**

离子蚀刻
　Y 离子刻蚀

离子蚀刻机
ion etching machine
TN305
　D 离子束刻蚀机
　　离子束溅射蚀刻机
　　离子束蚀刻机
　S 蚀刻设备
　C 离子刻蚀
　Z 半导体工艺设备*

离子束淀积
ion beam deposition
TN305
　D 离子束增强沉积
　　离子束辅助淀积
　　离子源辅助沉积
　S 半导体淀积工艺**
　　离子束工艺

离子束辅助淀积
　Y 离子束淀积

离子束辅助蒸发
　Y 离子束蒸发

离子束工艺
ion beam technology
TN305
　D 离子束技术
　S 半导体工艺*
　• 离子刻蚀
　• 离子束淀积
　• 离子束合成
　• 离子束外延
　• 离子束蒸发

离子束合成
ion beam synthesis
TN305
　D 离子束合成法
　S 离子束工艺
　Z 半导体工艺*

离子束合成法
　Y 离子束合成

离子束技术
　Y 离子束工艺

离子束溅射蚀刻机
　Y 离子蚀刻机

离子束刻蚀
　Y 离子刻蚀

离子束刻蚀机
　Y 离子蚀刻机

离子束蚀刻
　Y 离子刻蚀

离子束蚀刻机
　Y 离子蚀刻机

离子束外延
ion beam epitaxy
TN305
　D 离子团束外延
　S 外延生长
　　离子束工艺
　Z 半导体工艺*

离子束增强沉积
　　Y 离子束淀积

离子束蒸发
ion beam evaporation
TN305
　　D 离子束辅助蒸发
　　S 离子束工艺
　　Z 半导体工艺*

离子团束外延
　　Y 离子束外延

离子源辅助沉积
　　Y 离子束淀积

离子注入
　　Y 离子注入工艺

离子注入掺杂工艺
　　Y 离子注入工艺

离子注入工艺
ion implantation technology
TN305　TN405
　　D 离子注入
　　　离子注入技术
　　　离子注入掺杂工艺
　　S 注入工艺
　　• 高能离子注入
　　• 金属离子注入
　　• 硼离子注入
　　C 离子注入机
　　Z 半导体工艺*

离子注入机
ion implanter
TN305
　　D 离子注入装置
　　S 半导体工艺设备*
　　• 大束流离子注入机
　　• 高能离子注入机
　　C 离子注入工艺

离子注入技术
　　Y 离子注入工艺

离子注入装置
　　Y 离子注入机

里德二极管
　　Y 雪崩二极管

里德-所罗门编码
　　Y RS 编码

里德-所罗门编码器
　　Y RS 编码器

里德-所罗门译码器
　　Y RS 译码器

里所码
　　Y RS 编码

理论模拟
theoretical simulation
TP391.9
　　S 仿真*

理想电流源
　　Y 电流源

理想电压源
　　Y 电压源

理想运算放大器
ideal operation amplifier
TN72
　　S 运算放大器
　　Z 放大器*

锂-碘电池
lithium-iodine battery
TM911
　　S 锂原电池
　　Z 电池*

锂动力电池
　　Y 锂离子动力电池

锂-二硫化铁电池
lithium ferrous disulfide battery
TM911
　　S 锂原电池
　　Z 电池*

锂-二氧化硫电池
lithium sulfur dioxide battery
TM911
　　S 锂原电池
　　Z 电池*

锂-二氧化锰电池
lithium manganese dioxide battery
TM911
　　S 锂原电池
　　Z 电池*

锂-氟化碳电池
lithium fluoride carbon battery
TM911
　　S 锂原电池
　　Z 电池*

锂聚合物电池
lithium polymer battery
TM912
　　D 聚合物锂电池
　　　聚合物锂离子电池
　　　高分子锂电池
　　S 锂离子电池
　　• 三元锂聚合物电池
　　C 液态锂离子电池
　　Z 电池*

锂离子电池
lithium ion battery
TM912
　　D 锂离子二次电池
　　S 蓄电池
　　• 磷酸铁锂电池
　　• 锰酸锂电池
　　• 液态锂离子电池
　　• 钴酸锂电池
　　• 锂聚合物电池
　　• 锂离子动力电池
　　C 镍氢电池
　　　镍镉电池
　　Z 电池*

锂离子动力电池
lithium ion power battery
TM912
　　D 动力锂电池
　　　动力锂离子电池
　　　锂动力电池
　　S 动力电池
　　　锂离子电池
　　Z 电池*

锂离子二次电池
　　Y 锂离子电池

锂锰电池
　　Y 锰酸锂电池

锂-亚硫酰氯电池
lithium thionyl chloride battery
TM911
　　S 锂原电池
　　Z 电池*

锂-氧化铜电池
lithium coppric oxide battery
TM911
　　S 锂原电池
　　Z 电池*

锂原电池
lithium primary battery
TM911
　　D 一次锂电池
　　S 原电池
　　• 锂-碘电池
　　• 锂-二硫化铁电池
　　• 锂-二氧化硫电池
　　• 锂-二氧化锰电池
　　• 锂-氟化碳电池
　　• 锂-亚硫酰氯电池
　　• 锂-氧化铜电池

Z 电池*

力传感器
force sensor
TP212.1
　　D 测力传感器
　　S 测量传感器**
　　　 物理传感器**
　　· 多维力传感器
　　· 力矩传感器
　　· 六维力传感器
　　· 扭矩传感器
　　· 压力传感器
　　· 应力传感器
　　C 力敏器件

力矩传感器
torque sensor
TP212.1
　　S 力传感器
　　L 测量传感器**
　　　 物理传感器**

力矩电动机
torque motor
TM35
　　D 力矩电机
　　　 力矩马达
　　S 特种电机
　　Z 微特电机*

力矩电机
　　Y 力矩电动机

力矩马达
　　Y 力矩电动机

力控组态软件
force control configuration software
TP318
　　S 组态软件
　　L 应用软件**

力敏电阻器
force sensitive resistor
TM546
　　S 敏感电阻器
　　C 力敏器件
　　Z 电阻器*

力敏器件
force sensitive device
TN37
　　S 半导体敏感器件**
　　· 扩散硅力敏器件
　　C 力传感器
　　　 力敏电阻器

力学仿真
mechanical simulation

TP391
　　S 仿真*

立体成像
　　Y 三维成像

立体电视
　　Y 3D 电视

立体电视摄像机
　　Y 立体摄像机

立体电视系统
　　Y 3D 电视

立体动画
　　Y 三维动画

立体集成电路
　　Y 三维集成电路

立体建模
　　Y 三维建模

立体匹配
　　Y 立体视觉匹配

立体匹配算法
stereo matching algorithm
TP301　TP391
　　S 匹配算法
　　C 立体视觉匹配
　　Z 算法*

立体摄像机
stereoscopic camera
TN948　TP391
　　D 立体电视摄像机
　　S 摄像机
　　C 三维显示
　　　 立体视频
　　Z 电视设备*

立体声编码器
stereo encoder
TN912
　　S 音频编码器
　　C 立体声发射机
　　　 立体声录音
　　Z 编码器*

立体声发射机
stereo transmitter
TN83
　　D 立体声调频发射机
　　S 广播发射机
　　C 立体声编码器
　　Z 发射机*

立体声放大器
　　Y 立体声功率放大器

立体声功放
　　Y 立体声功率放大器

立体声功率放大器
stereo power amplifier
TN72
　　D 立体声功放
　　　 立体声放大器
　　S 音频功率放大器
　　L 功率放大器**

立体声接收
stereo receiving
TN85
　　S 接收*
　　C 立体声收音机

立体声接收机
　　Y 立体声收音机

立体声录音
stereo recording
TN912
　　S 录音*
　　C 立体声编码器

立体声收音机
stereo radio
TN85
　　D 立体声接收机
　　S 收音机*
　　C 立体声接收

立体声调频发射机
　　Y 立体声发射机

立体视觉传感器
stereo visual sensor
TP212
　　S 视觉传感器
　　C 计算机立体视觉
　　Z 传感器*

立体视觉匹配
stereo vision matching
TP2　TP391
　　D 立体匹配
　　S 信息匹配
　　C 立体匹配算法
　　　 角点检测
　　Z 信息处理*

立体视觉系统
　　Y 计算机立体视觉

立体视频
stereoscopic video
TP39

S 视频*
　　C 立体摄像机
　　　立体视频编码

立体视频编码
stereo scopic video coding
TN919
　　S 视频编码
　　C 立体视频
　　L 音视频编码**

立体图像编码
stereo image coding
TP391
　　S 图像编码
　　C 立体图像压缩
　　Z 编码*

立体图像压缩
stereo image compression
TP391　TP274
　　S 图像压缩
　　C 三维图像分割
　　　三维图像处理
　　　立体图像编码
　　L 信息压缩**
　　　图像处理**

立体显示
　　Y 三维显示

立体显示技术
　　Y 三维显示

立体显示器
　　Y 3D 显示器

立体眼镜
　　Y 3D 眼镜

粒子滤波
particle filtering
TN713
　　D 粒子滤波算法
　　S 滤波*
　• 分布式粒子滤波
　• 辅助粒子滤波
　• 高斯粒子滤波
　• 无迹粒子滤波
　• 正则粒子滤波
　• 自适应粒子滤波
　　C 目标跟踪
　　　蒙特卡罗算法
　　　跟踪算法

粒子滤波算法
　　Y 粒子滤波

粒子群算法
particle swarm algorithm
TN911　TP301　TP312

　　D PSO 优化算法
　　　PSO 算法
　　　微粒群优化算法
　　　微粒群算法
　　　粒子群优化算法
　　S 仿生算法
　　　进化算法
　• 二进制粒子群算法
　• 改进粒子群算法
　• 混合粒子群算法
　• 混沌粒子群算法
　• 离散粒子群算法
　• 量子粒子群算法
　• 免疫粒子群算法
　• 随机粒子群算法
　• 文化粒子群算法
　• 遗传粒子群算法
　　Z 算法*

粒子群优化算法
　　Y 粒子群算法

连接管理器
connection manager
TP315
　　S 软件管理器
　　C 数据库
　　L 工具软件**

连接网络
　　Y 联网技术

连通网络
　　Y 联网技术

连续波磁控管
continuous-wave magnetron
TN12
　　S 磁控管
　　L 微波管**

连续波行波管
continuous-wave traveling wave tube
TN12
　　S 行波管
　　L 微波管**

连续波化学激光器
continuous-wave chemical laser
TN248
　　S 化学激光器
　　　连续波激光器
　　Z 激光器*

连续波激光
　　Y 连续波激光器

连续波激光器
continuous-wave laser
TN248

　　D 连续波激光
　　　连续激光
　　　连续激光器
　　S 激光器*
　• 连续波化学激光器

连续波雷达
continuous-wave radar
TN95
　　S 雷达*
　• 调频连续波雷达
　• 多频连续波雷达
　• 伪码调相连续波雷达
　• 准连续波雷达
　　C 连续波信号

连续波信号
continuous-wave signal
TN95　TN014
　　S 连续信号
　• 线性调频连续波信号
　　C 连续波雷达
　　Z 信号*

连续跟踪
continuous tracking
TN94　TN96　TN953　TP391
　　S 跟踪*
　　C 全球定位系统
　　　卡尔曼滤波

连续激光
　　Y 连续波激光器

连续激光器
　　Y 连续波激光器

连续可变式衰减器
　　Y 连续可变衰减器

连续可变衰减器
continuous variable attenuator
TN715
　　D 连续可变式衰减器
　　S 可变衰减器
　　Z 衰减器*

连续可变斜率增量调制
continuous variable slope delta modulation
TN76
　　S 增量调制
　　Z 调制*

连续时间信号
　　Y 连续信号

连续调相
continuous phase modulation
TN76
　　D 连续相位调制

S 调相
Z 调制*

连续调谐滤波器
continuously tuned filter
TN713
　　S 调谐滤波器
　　Z 滤波器*

连续相位频移键控
continuous phase frequency shift keying
TN76
　　D CPFSK
　　　CPFSK 调制
　　　连续相位移频键控
　　S 频移键控
　　L 数字调制**

连续相位调制
　　Y 连续调相

连续相位移频键控
　　Y 连续相位频移键控

连续信号
continuous signal
TN911
　　D 连续时间信号
　　S 信号*
　　• 连续波信号
　　C 离散信号

连续蚁群算法
continuous ant colony algorithm
TP301.6
　　S 蚁群算法
　　Z 算法*

连续语音识别
continuous speech recognition
TP391.4
　　S 语音识别
　　L 语言信息处理**
　　　音频处理**

连续紫外激光
continuous ultraviolet laser
TN248
　　D 连续紫外激光器
　　S 紫外激光
　　Z 激光*

连续紫外激光器
　　Y 连续紫外激光

联邦卡尔曼滤波
federated Kalman filtering
TN713
　　S 卡尔曼滤波**

联邦数据库
federated database
TP315　TP392
　　D 联合数据库
　　　联邦数据库系统
　　S 分布式数据库
　　Z 数据库*

联邦数据库系统
　　Y 联邦数据库

联编
　　Y 联合编程

联合编程
joint programming
TP313　TP311
　　D 联编
　　S 软件编程**
　　C 协同设计

联合编码
joint coding
TP39　TN919
　　S 编码*
　　• 联合信源信道编码

联合测试
　　Y 集成测试

联合概率数据关联
　　Y 概率数据关联

联合概率数据关联算法
　　Y 概率数据关联算法

联合攻击
joint attack
TP309
　　S 网络攻击**

联合树算法
joint tree algorithm
TP1
　　S 树形算法
　　Z 算法*

联合数据库
　　Y 联邦数据库

联合算法
joint algorithm
TN911
　　S 算法*

联合信源信道编码
joint source-channel coding
TN911
　　D 信源信道联合编码
　　S 信源编码

信道编码
联合编码
　　L 通信编码**

联合作战模拟
joint operations simulation
TP391.9
　　S 作战仿真
　　Z 仿真*

联机查询
　　Y 网上查询

联机分析挖掘
on-line analytical mining
TP392
　　S 信息挖掘**

联机计算机
　　Y 网络计算机

联机识别
on-line recognition
TP391.4
　　S 信息识别*
　　• 联机手写识别

联机手写汉字识别
　　Y 联机手写体汉字识别

联机手写识别
on-line handwritten recognition
TP391.4
　　S 手写识别
　　　联机识别
　　• 联机手写体汉字识别
　　Z 信息识别*

联机手写体汉字识别
on-line handwritten Chinese character recognition
TP391.4
　　D 联机手写汉字识别
　　S 手写体汉字识别
　　　联机手写识别
　　Z 信息识别*
　　　信息处理*

联机数据处理
　　Y 远程数据处理

联机调试
on-line debugging
TN0　TP306　TP2
　　S 调试*

联机通信
on-line communication
TP919
　　D 联机通讯
　　S 计算机通信

Z 通信*

联机通讯
  Y 联机通信

联机游戏
  Y 网络游戏

联锁软件
interlocking software
TP311
  S 工具软件**

联网
  Y 联网技术

联网规约
  Y 网络层协议

联网技术
networking technology
TP393　TN915
  D 联网
    连接网络
    连通网络
  S 网络技术*
  C 物联网标准
    联网控制

联网控制
networking control
TP391
  S 网络控制技术
  C 联网技术
  Z 网络技术*

联网通讯
  Y 网络通信

联网游戏
  Y 网络游戏

联想存储器
  Y 相联存储器

联想记忆神经网络
associative memory neural network
TP183
  S 人工神经网络*
  • 双向联想记忆神经网络
  • 自联想神经网络

联栅晶体管
gate associated transistor
TN32
  S 晶体管
  L 半导体分立器件**

廉价磁盘冗余阵列
  Y 独立冗余磁盘阵列

廉价冗余磁盘阵列
  Y 独立冗余磁盘阵列

脸部识别
  Y 人脸识别

链编码
chain coding
TP391
  D 弗里曼编码
    边界链码
    链式编码
    链编码技术
  S 编码*

链编码技术
  Y 链编码

链接分析
link analysis
TP393.09
  D 超链分析
  S 网络数据分析
  Z 网络技术*

链路*
link
TN915
  D 物理链路
    通信链路
    通讯链路
  • 超群链路
  • 传输链路
  • 串行链路
  • 单向链路
  • 低速链路
  • 定时链路
  • 多链路
  • 反向链路
  • 非对称链路
  • 高速链路
  • 光链路
  • 光纤链路
  • 空间光链路
  • • 激光星间链路
  • 空间链路
  • 空间光链路
  • • 激光星间链路
  • 卫星链路
  • 星地链路
  • 星间链路
  • • • 激光星间链路
  • 冗余链路
  • 上行链路
  • 数据库链路
  • 数据链路
  • 宽带数据链
  • 无人机数据链
  • 无线数据链路
  • 战术数据链
  • 数字链路
  • 同步链路
  • 网络链路
  • • 瓶颈链路
  • • 虚拟链路
  • 无线链路
  • • 射频链路
  • • 无线数据链路
  • 下行链路
  • 信令链路
  • 永久链路
  C 链路控制器
    链路测试仪

链路测试仪
link tester
TP393
  S 通信测试仪**
  C 链路

链路层协议
  Y 数据链路层协议

链路负载均衡
link load balance
TP393　TN915
  S 负载均衡
  C 链路共享
  Z 网络技术*

链路共享
link sharing
TN915　TN92　TP393
  S 资源共享*
  C 流量整形
    链路聚合
    链路负载均衡

链路管理协议
link management protocol
TN919　TN929.1
  S 数据链路层协议
  C 多协议标签交换
    自动交换光网络
  L 网络协议**

链路计算
link calculation
TN94　TN92
  S 网络技术*
    计算*
  C 链路预算

链路加密
link encryption
TP393.08　TP309
  S 网络加密
  L 加密**

链路聚合
link aggregation
TN915　TP393
  D 链路聚合技术
    链路聚集

S 网络技术*
　　C 生成树协议
　　　负载均衡
　　　链路共享

链路聚合技术
　　Y 链路聚合

链路聚集
　　Y 链路聚合

链路控制器
link controller
TN915　TP393
　　S 通信控制器
　　C 链路
　　Z 通信设备*
　　　控制器*

链路控制协议
link control protocol
TN915　TP393.0
　　S 控制协议
　　　点对点协议
　　L 网络协议**

链路协议
　　Y 数据链路层协议

链路预算
link budget
TN92
　　S 网络技术*
　　C 覆盖网络
　　　链路计算

链路状态路由协议
link state routing protocol
TP393.0　TN92　TN915
　　D 最短路径优先协议
　　S 内部网关协议
　　　动态路由协议
　　• 最优链路状态路由协议
　　C 最短路径算法
　　　链路状态数据库
　　L 网络协议**

链路状态数据库
link state database
TP392
　　S 数据库*
　　C 链路状态路由协议

链路自适应
link adaptation
TN92
　　S 网络技术*
　　　自适应*

链码跟踪
chain code tracking

TP3　TN911
　　S 码跟踪
　　C 边缘检测
　　Z 信号处理*

链式编码
　　Y 链编码

链式存储
linked storage
TP311
　　S 信息存储*

链式数据结构
linked data structure
TP391
　　S 数据结构*
　　• 区块链

两段锁
　　Y 两段锁协议

两段锁协议
two-phase locking protocol
TP311
　　D 两段锁
　　S 分布式协议
　　Z 通信协议*

两化融合
integration of informatization and industrialization
TP3　TP2
　　D 两化深度融合
　　C 企业信息化
　　　工业互联网
　　　工业自动化
　　　工业软件
　　　智能制造

两化深度融合
　　Y 两化融合

两阶段提交协议
two-phase commit protocol
TP311
　　D 二阶段提交协议
　　S 分布式协议
　　C 分布式数据库
　　Z 通信协议*

两总线
　　Y 双总线

亮度信号
luminance signal
TN948
　　S 视频信号
　　Z 信号*

亮色分离
luminance chrominance separation
TN94
　　S 视频信号处理
　　L 视频处理**

量化编码
quantization coding
TN919
　　S 编码*
　　• 矢量量化编码

量化脉冲调制
quantization pulse modulation
TN76
　　D 量化脉位调制
　　S 脉冲调制
　　Z 调制*

量化脉位调制
　　Y 量化脉冲调制

量化失真
quantization distortion
TN911
　　S 信号失真**
　　C 量化噪声

量化噪声
quantization noise
TN914
　　S 信号噪声*
　　C 量化失真

量子保密通信
　　Y 量子通信

量子编码
quantum coding
TN918
　　S 保密编码
　　• 量子密集编码
　　C 量子密码
　　　量子通信
　　Z 编码*

量子并行计算
quantum parallel computing
TP301.4
　　S 并行计算
　　　量子计算
　　Z 计算*

量子程序设计语言
　　Y 量子语言

量子点半导体光放大器
quantum dot semiconductor optical amplifier
TN72
　　S 半导体光放大器

国家工业信息安全发展研究中心　主编

量子放大器
量子点器件
C 量子点红外探测器
L 光放大器**
半导体光电器件**

量子点红外探测器
quantum dot infrared photodetector
TN215
S 红外光电探测器
量子点器件
C 量子点半导体光放大器
量子点激光器
L 光学探测器**
红外器件**

量子点激光器
quantum dot laser
TN248
S 半导体激光器
量子点器件
C 量子点红外探测器
L 固体激光器**

量子点器件
quantum dot device
TN2　TN3
S 量子器件*
· 量子点半导体光放大器
· 量子点红外探测器
· 量子点激光器

量子电路
quantum circuit
TN4
S 电子电路*

量子电脑
Y 量子计算机

量子电子学
quantum electronics
TN20
S 电子学*
C 量子计算机

量子放大器
quantum amplifier
TN72
D 固态量子放大器
S 放大器*
量子器件*
· 量子点半导体光放大器

量子级联激光器
quantum cascade laser
TN248
S 量子阱激光器
L 固体激光器**

量子计算
quantum computing
TP301.4
S 先进计算
· 量子并行计算
· 量子神经计算
C 量子信息技术
量子算法
量子计算机
量子语言
Z 计算*

量子计算机
quantum computer
TP338
D 量子电脑
S 计算机*
C 量子信息技术
量子电子学
量子算法
量子计算

量子计算语言
Y 量子语言

量子加密
quantum cryptography
TN918　TP309
S 加密**
C 量子密钥

量子进化算法
quantum evolutionary algorithm
TP391　TP301
D 量子演化算法
S 进化算法
量子算法
Z 算法*

量子阱半导体激光器
Y 量子阱激光器

量子阱红外光电探测器
Y 量子阱红外探测器

量子阱红外探测器
quantum well infrared photodetector
TN215
D 量子阱探测器
量子阱红外光电探测器
S 红外光电探测器
量子阱器件
C 量子阱激光器
L 光学探测器**
红外器件**

量子阱激光器
quantum well laser
TN248
D 量子阱半导体激光器
S 半导体激光器

量子阱器件
· 单量子阱激光器
· 多量子阱激光器
· 量子级联激光器
· 应变量子阱激光器
C 量子阱红外探测器
L 固体激光器**

量子阱器件
quantum well device
TN3　TN2
S 量子器件*
· 量子阱红外探测器
· 量子阱激光器

量子阱探测器
Y 量子阱红外探测器

量子粒子群算法
quantum particle swarm algorithm
TP301
D QPSO 算法
量子粒子群优化算法
S 粒子群算法
量子算法
Z 算法*

量子粒子群优化算法
Y 量子粒子群算法

量子秘密共享
quantum secret sharing
TN918
S 秘密共享*
C 量子身份认证

量子密集编码
quantum dense coding
TN918
S 密集编码
量子编码
Z 编码*

量子密码
quantum cipher
TN918
D 量子密码术
S 密码*
C 经典密码
量子密码协议
量子编码
量子身份认证
量子通信

量子密码术
Y 量子密码

量子密码通信
Y 量子通信

· 481 ·

量子密码协议
quantum cryptographic protocol
TN911　TN915
　　S 密码协议
　　C 量子密码
　　Z 通信网络*

量子密钥
quantum key
TN918　TP309
　　S 密钥*
　　C 量子加密
　　　量子密钥分配
　　　量子密钥分配协议

量子密钥分发
　　Y 量子密钥分配

量子密钥分发协议
　　Y 量子密钥分配协议

量子密钥分配
quantum key distribution
TN918
　　D 量子密钥分发
　　S 密钥分配
　　C 量子密钥
　　　量子密钥分配协议
　　　量子身份认证
　　L 密钥管理**

量子密钥分配协议
quantum key distribution protocol
TP393.08　TN918
　　D 量子密钥分发协议
　　S 密钥分配协议
　　C 量子密钥
　　　量子密钥分配
　　Z 通信网络*

量子器件*
quantum device
TN2　TN3
　　• 超导量子干涉器件
　　• 量子点器件
　　• • 量子点半导体光放大器
　　• • 量子点红外探测器
　　• • 量子点激光器
　　• 量子放大器
　　• • 量子点半导体光放大器
　　• 量子阱器件
　　• • 量子阱红外探测器
　　• • 量子阱激光器
　　• • • 单量子阱激光器
　　• • • 多量子阱激光器
　　• • • 量子级联激光器
　　• • • 应变量子阱激光器
　　• 谐振隧穿器件
　　• • 谐振隧穿二极管
　　• • 谐振隧穿晶体管

量子身份认证
quantum identity authentication
TP309
　　S 身份认证
　　C 量子密码
　　　量子密钥分配
　　　量子秘密共享
　　Z 信息安全认证*

量子神经计算
quantum neural computation
TP183
　　S 神经计算
　　　量子计算
　　Z 计算*

量子搜索算法
quantum search algorithm
TP301.6
　　D Grover 算法
　　　Grover 量子搜索算法
　　S 搜索算法
　　　量子算法
　　Z 算法*

量子算法
quantum algorithm
TP301.6
　　S 算法*
　　• 量子进化算法
　　• 量子粒子群算法
　　• 量子搜索算法
　　• 量子遗传算法
　　• 量子蚁群算法
　　C 量子计算
　　　量子计算机

量子态隐形传输
quantum teleportation
TN918
　　S 信息安全传输
　　Z 信息安全技术*
　　　信息传输*

量子通信
quantum communication
TN918
　　D 量子保密通信
　　　量子密码通信
　　　量子通信技术
　　S 保密通信
　　C 量子信息技术
　　　量子密码
　　　量子编码
　　Z 通信*

量子通信技术
　　Y 量子通信

量子细胞自动机
quantum cellular automaton
TP183　TP301.1

　　S 元胞自动机
　　Z 自动机*

量子线
　　Y 半导体纳米线

量子信号
quantum signal
TN918
　　S 信号*
　　C 量子信号处理

量子信号处理
quantum signal processing
TN911
　　S 信号处理*
　　C 量子信号

量子信息技术
quantum information technology
TP301
　　S 信息技术*
　　C 量子计算
　　　量子计算机
　　　量子语言
　　　量子通信

量子演化算法
　　Y 量子进化算法

量子遗传算法
quantum genetic algorithm
TP301　TN911
　　D 改进量子遗传算法
　　　遗传量子算法
　　S 遗传算法
　　　量子算法
　　Z 算法*

量子蚁群算法
quantum ant colony algorithm
TP301
　　S 蚁群算法
　　　量子算法
　　Z 算法*

量子语言
quantum language
TP312
　　D 量子程序设计语言
　　　量子计算语言
　　S 计算机语言*
　　C 量子信息技术
　　　量子计算

量子噪声
　　Y 光噪声

量子振荡器
quantum oscillator
TN752

S 振荡器*

聊天程序
Y 聊天软件

聊天工具
Y 聊天软件

聊天机器人
Y 虚拟机器人

聊天软件
chatting software
TP318
D 聊天工具
聊天程序
聊天系统
S 即时通信软件
L 应用软件**
网络软件**

聊天系统
Y 聊天软件

列车总线
train bus
TP336
D 车辆总线
S 总线*
• 多功能车辆总线

列文伯格-马夸尔特反向传播算法
Y LMBP 算法

列文伯格-马夸尔特算法
Y LM 算法

裂缝波导天线
Y 波导缝隙天线

裂缝天线
Y 缝隙天线

裂缝阵
Y 缝隙阵列天线

裂缝阵列天线
Y 缝隙阵列天线

邻道干扰
Y 邻信道干扰

邻近算法
Y K-最近邻算法

邻居发现协议
neighbor discovery protocol
TP393.0
D NDP 协议
S IPv6 协议

L 网络协议**

邻频传输
adjacent frequency transmission
TN94
D 邻频道传输
S 信息传输*
C 邻频调制器

邻频道传输
Y 邻频传输

邻频道干扰
Y 邻信道干扰

邻频干扰
Y 邻信道干扰

邻频调制器
adjacent frquency modulator
TN761
S 调制器*
C 邻频传输

邻信道干扰
adjacent channel interference
TN911.4
D 邻道干扰
邻频干扰
邻频道干扰
S 信道间干扰
C 多址干扰
Z 电磁干扰*

临近支持向量机
proximal support vector machine
TP391
S 支持向量机*

临时数据库
temporary database
TP392
S 数据库*

磷光粉
Y 荧光材料

磷光体
Y 荧光材料

磷化镓
gallium phosphide
TN304
D GaP
S III-V族化合物半导体
L 化合物半导体**

磷化铟
indium phosphide
TN304
D InP

InP 单晶
磷化铟单晶
S III-V族化合物半导体
L 化合物半导体**

磷化铟衬底
InP substrate
TN303
D InP 衬底
S 半导体衬底*

磷化铟单晶
Y 磷化铟

磷酸铁锂电池
lithium iron phosphate battery
TM912
D 磷酸铁锂蓄电池
S 锂离子电池
Z 电池*

磷酸铁锂蓄电池
Y 磷酸铁锂电池

灵境
Y 虚拟现实

灵境技术
Y 虚拟现实

灵敏放大器
sense amplifier
TN72
S 放大器*
• 电荷灵敏放大器
• 电流灵敏放大器

灵巧干扰
smart jamming
TN972
D 灵巧噪声干扰
S 电子干扰
L 电子对抗**

灵巧噪声干扰
Y 灵巧干扰

菱形天线
rhombic antenna
TN82
S 天线*

零槽控制器
slot controller
TP332.3
S 控制器*

零差接收机
homodyne receiver
TN85
S 无线电接收机

零差解调
homodyne demodulation
TN76
　　S 解调*

零禁带半导体
　　Y 窄禁带半导体

零色散光纤
zero dispersion fiber
TN25
　　S 色散光纤
　　Z 光纤*

零树编码
zerotree coding
TN919
　　S 编码*
　　• 对块零树编码
　　• 零树小波编码
　　• 嵌入式零树编码

零树量化
zerotree quantization
TN919
　　S 信息量化
　　Z 信息处理*

零树小波编码
zerotree wavelet encoding
TN911
　　D 小波零树编码
　　S 小波编码
　　　零树编码
　　• 嵌入式零树小波编码
　　Z 编码*

零水印
zero watermark
TP309
　　S 数字水印*

零水印算法
zero watermark algorithm
TP301　TN911
　　S 水印算法
　　Z 算法*

零知识证明
zero knowledge proof
TP309　TP393.08　TN918
　　S 安全验证
　　C 数字签名
　　　身份认证
　　Z 信息安全技术*

零中频接收机
zero IF receiver
TN85
　　　Z 接收设备*

　　S 中频接收机
　　Z 接收设备*

领结天线
　　Y 蝶形天线

领域建模
domain modeling
TP311
　　S 模型构建*

令牌环
token ring
TN915　TP393.1
　　C 令牌总线
　　　令牌桶
　　　令牌环网

令牌环网
token ring network
TP393.1
　　D 令牌网
　　S 计算机网络*
　　C 令牌环

令牌桶
token bucket
TP393　TP393.1
　　S 网络控制技术
　　C 令牌桶算法
　　　令牌环
　　　流量整形
　　Z 网络技术*

令牌桶算法
token bucket algorithm
TP393.6
　　S 流量控制算法
　　C 令牌桶
　　Z 算法*

令牌网
　　Y 令牌环网

令牌总线
token bus
TP336
　　D 令牌总线网
　　　权标总线网
　　S 总线*
　　C 令牌环

令牌总线网
　　Y 令牌总线

浏览工具
　　Y 浏览器

浏览器
Web browser
TP393
　　D Web 浏览器
　　　浏览工具
　　　浏览软件
　　　网络浏览器
　　　网页浏览器
　　S 网络软件**
　　• 离线浏览器
　　• 嵌入式浏览器
　　• 语音浏览器

浏览器/服务器架构
　　Y B/S 架构

浏览软件
　　Y 浏览器

流程仿真
process simulation
TP391
　　S 仿真*
　　C 广义随机 Petri 网

流程集成
process integration
TP391　TP311
　　D 流程整合
　　S 信息集成
　　C 流程自动化
　　Z 信息处理*

流程挖掘
process mining
TP392
　　S 信息挖掘**

流程整合
　　Y 流程集成

流程自动化
flow automation
TP391
　　S 自动化*
　　C 流程集成

流处理
　　Y 数据流处理

流处理器
stream processor
TP33　TN43
　　D Imagine 流处理器
　　S 微处理器*

流传输
　　Y 流式传输

流传输控制协议
　　Y 流控制传输协议

流服务器
stream server

TP368
　S 服务器*
　· 工作流服务器
　· 流媒体服务器

流加密
stream encryption
TN918　TP309
　S 加密**

流交换
stream switching
TN915
　S 网络交换
　Z 信息交换*

流接口
stream interface
TP311
　D 流式接口
　S 软件接口
　L 计算机接口**

流控传输协议
　Y 流控制传输协议

流控计算机
　Y 流体计算机

流控算法
　Y 流量控制算法

流控制传输协议
stream control transmission protocol
TN915
　D SCTP
　　SCTP 协议
　　流传输控制协议
　　流控传输协议
　S 传输控制协议
　　流媒体协议
　L 网络协议**

流量传感器
flow sensor
TP212
　S 物理传感器**
　· 超声波流量传感器
　· 空气流量传感器
　· 涡街流量传感器

流量过滤
traffic filter
TP393.08
　S 网络过滤
　C 流量控制算法
　L 网络安全技术**

流量控制器
flow controller

TP273
　S 控制器*

流量控制算法
flow control algorithm
TP393.6　TN92　TN911
　D 流控算法
　　限流算法
　S 控制算法
　· 令牌桶算法
　C 流量整形
　　流量过滤
　Z 算法*

流量异常检测
traffic anomaly detection
TP393.08
　D 异常流量检测
　S 网络异常检测
　L 网络安全技术**
　　网络防御**

流量整形
traffic shaping
TP393
　S 网络流量管理
　C 令牌桶
　　流量控制算法
　　负载均衡
　　链路共享
　Z 网络管理*

流氓软件
rogue software
TP309
　S 恶意软件**

流媒体*
streaming media
TP393.09　TP37　TN919
　D 多媒体流
　　媒体流
　　流媒体格式
　　流媒体系统
　　流式媒体
　· P2P 流媒体
　· 宽带流媒体
　· 实时流媒体
　· 网络流媒体
　· 无线流媒体
　· 移动流媒体
　C 实时传输协议
　　数字版权管理
　　流媒体协议
　　流媒体服务器
　　流媒体编码
　　流式传输
　　流视频

流媒体编码
streaming media encoding
TN911

　S 音视频编码**
　C 流媒体
　　流媒体服务器

流媒体服务器
streaming media server
TP368
　D 达尔文流媒体服务器
　S 媒体服务器
　　流服务器
　C 流媒体
　　流媒体编码
　Z 服务器*

流媒体格式
　Y 流媒体

流媒体系统
　Y 流媒体

流媒体协议
streaming media protocol
TP393　TN94　TN919
　D 流协议
　S 通信协议*
　· Gossip 协议
　· 流控制传输协议
　· 实时流协议
　C 流媒体
　　网络视频

流密码
　Y 序列密码

流密码算法
stream cipher algorithm
TN918　TP393.08
　S 加密算法
　C 序列密码
　Z 算法*

流式传输
stream transport
TP393.4　TN919
　D 流传输
　　流式传输技术
　S 多媒体传输
　· 实时流传输
　· 视频流传输
　C 流媒体
　　流视频
　Z 信息传输*

流式传输技术
　Y 流式传输

流式接口
　Y 流接口

流式媒体
　Y 流媒体

流式视频
    Y 流视频

流视频
video stream
TP393 TN94 TN919
    D 流式视频
    S 数字视频
    C 流媒体
      流式传输
    Z 视频*

流数据
stream data
TP393 TN919
    S 数据*

流水线 A/D 转换器
    Y 流水线模数转换器

流水线 ADC
    Y 流水线模数转换器

流水线计算机
pipeline computer
TP338
    S 计算机*
    C 向量计算机

流水线模数转换器
pipeline analog to digital converter
TN792
    D 流水线 A/D 转换器
      流水线 ADC
    S 模数转换器
    Z 转换器*
      集成电路*

流体仿真
fluid simulation
TP391.9
    D 流体模拟
    S 仿真*
    C 流体计算机

流体计算机
fluid computer
TP37 TP6 TP338
    D 气动计算机
      流体射流计算机
      流控计算机
      液压计算机
    S 专用计算机
    C 流体仿真
    Z 计算机*

流体模拟
    Y 流体仿真

流体射流计算机
    Y 流体计算机

流体随机 Petri 网
fluid stochastic Petri net
TP301
    S 随机 Petri 网
    Z Petri 网*

流协议
    Y 流媒体协议

流星雷达
meteor radar
TN958
    S 雷达*

流星突发通信
    Y 流星余迹通信

流星余迹传播
    Y 流星余迹通信

流星余迹通信
meteor trail communication
TN926
    D 流星余迹传播
      流星突发通信
      陨星余迹通信
    S 散射通信
    C 流星余迹信道
    L 无线通信**

流星余迹信道
meteoric trail channel
TN926
    D 陨星余迹信道
    S 无线信道
    C 流星余迹通信
    Z 信道*

硫钝化
sulfur passivation
TN305
    S 钝化
    Z 半导体工艺*

硫化镉
cadmium sulfide
TN304
    D CdS
    S Ⅱ-Ⅵ族化合物半导体
    L 化合物半导体**

硫化锌
zinc sulfide
TN304
    D ZnS
    S Ⅱ-Ⅵ族化合物半导体
    C 硫化锌薄膜
    L 化合物半导体**

硫化锌薄膜
zinc sulfide thin film
TN304
    S 半导体薄膜
    C 硫化锌
    Z 半导体材料*

六类网线
    Y 六类线

六类线
category 6 cable
TM248 TN81
    D 6 类电缆
      6 类线
      6 类线缆
      六类线缆
      六类网线
    S 双绞线
    Z 电线电缆*

六类线缆
    Y 六类线

六面体网格
hexahedral mesh
TP3
    S 网格*

六维力传感器
six-axis force sensor
TP212.1
    S 力传感器
    L 测量传感器**
      物理传感器**

六足步行机器人
    Y 六足机器人

六足仿生机器人
    Y 六足机器人

六足机器人
hexapod robot
TP242
    D 仿生六足机器人
      六足仿生机器人
      六足步行机器人
      蜘蛛机器人
    S 多足机器人
    Z 机器人*

龙伯透镜
    Y 龙伯透镜反射器

龙伯透镜反射器
Luneberg lens reflector
TN972 TN974
    D 龙伯透镜
    S 干扰用反射器
    L 电子干扰设备**

龙门式机器人
　　Y 直角坐标机器人

笼形天线
cage antenna
TN82
　　S 宽带天线
　　Z 天线*

漏波天线
　　Y 行波天线

漏洞补丁
　　Y 安全补丁

漏洞分析
vulnerability analysis
TP309　TP393.08
　　S 信息安全分析
　　C 安全漏洞
　　　 漏洞挖掘
　　　 漏洞检测
　　　 漏洞管理
　　Z 信息安全技术*

漏洞攻击
vulnerability attack
TP309
　　S 主动攻击
　　C 漏洞检测
　　L 网络攻击**

漏洞管理
vulnerability management
TP309
　　S 计算机安全管理
　　C 漏洞分析
　　Z 信息安全管理*

漏洞检测
vulnerability detection
TP309　TP393.08
　　S 信息安全检测
　　C 安全漏洞
　　　 漏洞分析
　　　 漏洞挖掘
　　　 漏洞攻击
　　Z 信息安全技术*

漏洞数据库
vulnerability database
TP392　TP309
　　S 应用数据库
　　Z 数据库*

漏洞挖掘
vulnerability mining
TP309　TP393.08
　　S 信息挖掘**
　　C 漏洞分析
　　　 漏洞检测

漏斗形天线
　　Y 喇叭天线

漏斗噪声
funneling effect noise
TN94
　　S 信号噪声*

漏泄电缆
　　Y 漏泄同轴电缆

漏泄同轴电缆
leaky coaxial cable
TM24　TN81
　　D 泄漏同轴电缆
　　　 泄漏感应电缆
　　　 泄漏电缆
　　　 漏泄电缆
　　S 同轴电缆
　　Z 电线电缆*

卤磷酸钙荧光粉
calcium halo phosphate fluorescent powder
TM2
　　S 荧光材料
　　Z 电子材料*

鲁棒卡尔曼滤波
robust Kalman filtering
TN713
　　S 卡尔曼滤波**
　　　 鲁棒滤波

鲁棒控制器
robust controller
TP21
　　S 控制器*
　　C 轨迹跟踪

鲁棒滤波
robust filtering
TN713
　　S 滤波*
　　· 鲁棒卡尔曼滤波

鲁棒水印
robust watermark
TN918　TP391　TP309
　　D 鲁棒性水印
　　S 数字水印*

鲁棒性水印
　　Y 鲁棒水印

鲁棒自适应波束形成算法
　　Y 自适应波束形成算法

鲁棒自适应控制
robust adaptive control
TP273

　　S 自适应控制
　　Z 自动控制*

陆地导航
　　Y 地面导航

陆地电台
land radio station
TN924
　　S 无线电台*
　　C 陆地移动通信

陆地移动通信
land mobile communication
TN929.1
　　D 陆上移动通信
　　S 移动通信
　　C 陆地电台
　　L 无线通信**

陆地站
　　Y 地面站

陆基雷达
ground radar
TN958
　　D 地基雷达
　　　 地面雷达
　　　 陆用雷达
　　S 雷达*
　　· 岸基雷达
　　· 地面监视雷达
　　· 地面警戒雷达
　　· 港口雷达
　　· 炮兵雷达

陆空通信
　　Y 地空通信

陆上电子对抗
　　Y 地面电子对抗

陆上电子战
　　Y 地面电子对抗

陆上移动通信
　　Y 陆地移动通信

陆用雷达
　　Y 陆基雷达

录放电路
recording and playback circuit
TN492　TN912
　　D 语音录放电路
　　S 电子电路*

录放象机
　　Y 录像机

录放像机
　　Y 录像机

录屏软件
　　Y 屏幕录像软件

录取设备
　　Y 录像机

录象带
　　Y 录像磁带

录象机
　　Y 录像机

录像磁带
video tape
TN946
　　D 录像带
　　　　录象带
　　S 磁带
　　L 磁存储器**

录像带
　　Y 录像磁带

录像机
video recorder
TN946
　　D 录像器材
　　　　录像设备
　　　　录取设备
　　　　录放像机
　　　　录放象机
　　　　录象机
　　S 摄录设备
　　· 磁带录像机
　　· 家用录像机
　　· 数字录像机
　　C 放像机
　　Z 电视设备*

录像器材
　　Y 录像机

录像设备
　　Y 录像机

录音*
audio recording
TN912　TN912
　　D 录音技术
　　· MD 录音
　　· 电话录音
　　· 电影录音
　　· 多轨录音
　　· 多声道录音
　　· 分段录音
　　· 话筒拾音
　　· 立体声录音
　　· 数字录音

　　· · 脉码调制录音
　　· 同期录音
　　· 现场录音
　　· 音乐录音
　　C 录音磁头
　　　　录音软件

录音磁带
audio tape
TN912
　　D 录音带
　　S 磁带
　　C 录音磁头
　　L 磁存储器**

录音磁头
magnetic audio recording head
TN912　TN64
　　D 录音头
　　S 磁头*
　　C 录音
　　　　录音磁带

录音带
　　Y 录音磁带

录音技术
　　Y 录音

录音软件
recording software
TP317
　　D 声音录制软件
　　　　音频录制软件
　　S 音频软件
　　C 录音
　　L 应用软件**

录音头
　　Y 录音磁头

路径聚类
path clustering
TP391.3
　　S 聚类*

路径算法
path algorithm
TP391
　　D 寻径算法
　　S 算法*
　　· A 星算法
　　· 关键路径算法
　　· 路径选择算法
　　· 最短路径算法

路径选择算法
path selecting algorithm
TP393.0
　　S 路径算法
　　　　选择算法

　　Z 算法*

路由*
routing
TN915　TP393
　　D 网络路由
　　　　通信路由
　　· IP 路由
　　· 安全路由
　　· · 可信路由
　　· · 容错路由
　　· 备份路由
　　· 边界路由
　　· 表驱动路由
　　· 波长路由
　　· 策略路由
　　· 查询路由
　　· 虫洞路由
　　· 单播路由
　　· QoS 单播路由
　　· 动态路由
　　· · 动态源路由
　　· · 动态组播路由
　　· 多径路由
　　· 多路由
　　· 分布式路由
　　· 服务路由
　　· QoS 路由
　　· · QoS 单播路由
　　· · QoS 组播路由
　　· 光缆路由
　　· 呼叫路由
　　· 节能路由
　　· 静态路由
　　· 均衡路由
　　· 跨层路由
　　· 内容路由
　　· · 消息路由
　　· · 语义路由
　　· 偏射路由
　　· 区域路由
　　· 软路由
　　· 三层路由
　　· 三角路由
　　· 双路由
　　· 无线路由
　　· · 按需路由
　　· · 层次路由
　　· · 多跳路由
　　· · 分簇路由
　　· · 混合路由
　　· · 位置路由
　　· · 移动路由
　　· 显式路由
　　· 信令路由
　　· 虚拟路由
　　· 选播路由
　　· 洋葱路由
　　· 迂回路由
　　· 域间路由
　　· · 无类别域间路由
　　· 域内路由
　　· 源路由
　　· · 动态源路由

- 约束路由
- 直接路由
- 智能路由
- 重路由
- 主动路由
- 主机路由
- 自适应路由
- 组播路由
- • QoS 组播路由
- • 动态组播路由
- 最短路由
- 最优路由
- C 网络链路
  路由交换机
  路由器
  路由安全
  路由控制器
  路由服务器
  路由计算

路由安全
routing security
TP309
  S 网络通信安全
  C 路由
    路由器
  Z 网络安全*

路由查找算法
routing lookup algorithm
TP393
  S 查找算法
    路由算法
  C 路由发现
  Z 算法*

路由发现
routing discovery
TP393.03
  S 网络管理*
  C 路由查找算法

路由服务器
routing sever
TP368
  S 网络服务器
  C 路由
    路由器
  Z 服务器*

路由攻击
routing attacks
TP393.08
  S 网络攻击**
  C 路由欺骗

路由缓存
routing cache
TP333
  S 网络缓存
  Z 信息存储*

路由计算
routing algorithm
TN915
  S 网络计算
  C 路由
    路由协议
    路由算法
  Z 计算*

路由交换
routing switching
TP393.03
  D 路由交换技术
  S 网络交换
  C 路由交换机
  Z 信息交换*

路由交换机
routing switch
TN915 TP393
  S 网络交换机
  C 路由
    路由交换
  L 交换设备**

路由交换技术
  Y 路由交换

路由聚合
routing aggregation
TN915 TP393.03
  S 网络技术*
  C 路由器

路由控制器
routing controller
TN915 TP393.4
  S 网络控制器
  C 路由
  Z 网络设备*

路由模型
routing model
TP393.0
  S 网络模型*
  C 路由算法

路由欺骗
routing spoofing
TP393.08
  S 欺骗攻击
  C 路由攻击
  L 网络攻击**

路由器
router
TP393 TN915.05
  D 路由器技术
    路由设备
    路由选择器
  S 网络互连设备**
- IP 路由器
- Linux 路由器
- SOHO 路由器
- 安全路由器
- 包过滤路由器
- 备份路由器
- 边界路由器
- 边缘路由器
- 标签交换路由器
- 波长路由器
- 串口路由器
- 大容量路由器
- 多协议路由器
- 分布式路由器
- 高速路由器
- 高性能路由器
- 骨干路由器
- 光路由器
- 核心路由器
- 活动路由器
- 集群路由器
- 交换路由器
- 接入路由器
- 可编程路由器
- 可扩展路由器
- 可重构路由器
- 宽带路由器
- 桥接路由器
- 软件路由器
- 太比特路由器
- 网格路由器
- 网桥路由器
- 无线路由器
- 消息路由器
- 业务路由器
- 移动路由器
- 硬件路由器
- 主动路由器
- 主控路由器
- 资源路由器
- C 访问控制列表
  路由
  路由安全
  路由服务器
  路由聚合

路由器技术
  Y 路由器

路由设备
  Y 路由器

路由算法
routing algorithm
TP393.0
  D 路由选择算法
  S 算法*
- QoS 路由算法
- 单播路由算法
- 动态路由算法
- 分布式路由算法
- 分簇路由算法
- 广播路由算法
- 距离向量算法

- 路由查找算法
- 自适应路由算法
- 组播路由算法
- 最短路由算法
C 延迟容忍网络
　直连网络
　紫蜂协议
　路由模型
　路由计算

路由协议
routing protocol
TN915.05　TP393
　D 路由选择协议
　S 网络协议**
- IP 路由协议
- 安全路由协议
- 按需路由协议
- 边界网关协议
- 多径路由协议
- 区域路由协议
- 无线路由协议
- 虚拟路由冗余协议
- 域间路由协议
　C 路由计算

路由芯片
routing chip
TN43
　S 通信芯片
　Z 芯片*

路由信息协议
routing information protocol
TP393.0
　D RIP 协议
　　RIP 路由协议
　S 内部网关协议
　L 网络协议**

路由选择器
　Y 路由器

路由选择算法
　Y 路由算法

路由选择协议
　Y 路由协议

乱序执行
out-of-order execution
TP33
　D 错序执行
　C 微处理器

轮廓编码
contour coding
TN91
　S 编码*

轮廓波变换
contourlet transform
TP391
　S 图像变换
　L 图像处理**

轮廓跟踪
contour tracking
TP391
　D 轮廓追踪
　S 图像跟踪
　C 轮廓提取
　　边缘检测
　Z 信息处理*

轮廓检测
contour detection
TP391.7
　S 图像检测
　C 轮廓匹配
　　轮廓识别
　L 图像处理**

轮廓匹配
contour matching
TP391
　S 图形匹配
　C 物体识别
　　轮廓检测
　Z 信息处理*

轮廓识别
contour recognition
TP391
　S 图像识别
　C 轮廓检测
　Z 信息识别*

轮廓提取
contour extraction
TP391
　S 图像提取
　C 轮廓增强
　　轮廓跟踪
　L 信息抽取**

轮廓增强
silhouette enhancement
TP391
　S 图像增强
　C 轮廓提取
　L 图像处理**

轮廓追踪
　Y 轮廓跟踪

轮式机器人
　Y 轮式移动机器人

轮式移动机器人
wheeled mobile robot
TP242
　D 轮式机器人
　S 移动机器人
　Z 机器人*

轮速传感器
wheel speed sensor
TP212
　D 车轮速度传感器
　S 汽车传感器
　　速度传感器
　L 物理传感器**

轮询机制
　Y 轮询协议

轮询系统
polling system
TN91
　S 计算机系统*
　C 轮询协议
　　门限服务

轮询协议
polling protocol
TP3　TN92
　D 轮询机制
　S 通信协议*
　C 轮询系统

罗兰导航
Loran navigation
TN96
　D 劳兰导航
　　远距导航
　S 无线电导航
　Z 导航*

罗盘天线
compass antenna
TN82
　S 导航天线
　Z 天线*

逻辑 IC
　Y 逻辑集成电路

逻辑备份
logical backup
TP309
　S 备份*
　C 数据库

逻辑编程
　Y 逻辑程序设计

逻辑编程语言
　Y Prolog 语言

逻辑编码
logic coding

TN911
　S 编码*
　C 逻辑信道

逻辑承载网
logical carrying network
TN915　TP393.1
　S 承载网
　Z 通信网络*

逻辑程序
logical program
TP31
　S 软件*
　C 逻辑程序设计

逻辑程序设计
logic programming
TP311
　D 逻辑式程序设计
　　逻辑编程
　S 软件设计
　· 归纳逻辑程序设计
　· 约束逻辑程序设计
　C 逻辑程序
　　逻辑程序设计语言
　Z 软件工程*

逻辑程序设计语言
logic programming language
TP312
　D 逻辑型程序设计语言
　S 逻辑语言
　· Prolog 语言
　C 逻辑程序设计
　Z 计算机语言*

逻辑磁盘
　Y 逻辑硬盘

逻辑单元
　Y 逻辑电路

逻辑电路
logic circuit
TN79+1
　D 逻辑功能块
　　逻辑单元
　　逻辑块
　　逻辑微型电路
　　逻辑模块
　　逻辑电路设计
　　逻辑门
　　逻辑门电路
　　门电路
　S 数字电路**
　· 电流型逻辑电路
　· 多元逻辑电路
　· 基本门电路
　· 晶体管逻辑电路
　· 绝热逻辑电路
　· 可逆逻辑电路

　· 控制逻辑电路
　· 时序逻辑电路
　· 数字逻辑电路
　· 锁相逻辑电路
　· 组合逻辑电路

逻辑电路设计
　Y 逻辑电路

逻辑仿真
　Y 逻辑模拟

逻辑分析仪
logic analyzer
TM93
　S 总线分析仪
　· 嵌入式逻辑分析仪
　· 虚拟逻辑分析仪
　L 通信测试仪**

逻辑隔离
logic insulation
TP309　TP393
　S 网络隔离
　L 网络防御**

逻辑功能块
　Y 逻辑电路

逻辑回归算法
　Y 监督学习算法

逻辑集成电路**
logic integrated circuit
TN79+1
　D 逻辑 IC
　　逻辑芯片
　　集成逻辑电路
　　集成逻辑门
　　集成逻辑门电路
　　集成门电路
　S 集成电路*
　· MOS 逻辑电路
　· · CMOS 逻辑电路
　· · MOS 电流模逻辑电路
　· 饱和型逻辑电路
　· · TTL 电路
　· 集成注入逻辑电路
　· 阈值逻辑电路
　· · 高阈值逻辑电路
　· · 可变阈值逻辑电路
　· · 通用阈值逻辑门
　· 非饱和型逻辑电路
　· 发射极耦合逻辑电路
　· 互补晶体管逻辑电路
　· 可编程逻辑器件
　· 复杂可编程逻辑器件
　· 高密度可编程逻辑器件
　· 可编程门阵列
　· · 现场可编程门阵列
　· · · 反熔丝 FPGA
　· · 可擦除可编程逻辑器件

　· · 通用阵列逻辑器件
　· · 现场可编程逻辑器件
　· · · 现场可编程门阵列
　· · · · 反熔丝 FPGA
　· · 在系统可编程逻辑器件
　· 门阵列
　· · 可编程门阵列
　· · · 现场可编程门阵列
　· · · · 反熔丝 FPGA

逻辑继电器
logic relay
TM58
　S 继电器*

逻辑加密 IC 卡
　Y 逻辑加密卡

逻辑加密存储卡
　Y 逻辑加密卡

逻辑加密卡
logic encryption card
TP333　TN4
　D 逻辑加密 IC 卡
　　逻辑加密存储卡
　S IC 卡
　L 存储卡**

逻辑接口
logical interface
TP393
　S 接口*

逻辑卷管理器
logical volume manager
TP316
　D 卷管理器
　S 软件管理器
　L 工具软件**

逻辑控制电路
　Y 控制逻辑电路

逻辑块
　Y 逻辑电路

逻辑门
　Y 逻辑电路

逻辑门电路
　Y 逻辑电路

逻辑门阵列
　Y 门阵列

逻辑模块
　Y 逻辑电路

电子信息技术叙词表

逻辑模拟
logic simulation
TP391.9
　　D 逻辑仿真
　　S 仿真*

逻辑盘
　　Y 逻辑硬盘

逻辑驱动测试
　　Y 白盒测试

逻辑式程序设计
　　Y 逻辑程序设计

逻辑网络
logical network
TP301
　　S 网络*

逻辑微型电路
　　Y 逻辑电路

逻辑芯片
　　Y 逻辑集成电路

逻辑信道
logical channel
TN919　TN393
　　S 物理信道
　　• 控制信道
　　• 业务信道
　　C 逻辑编码
　　Z 信道*

逻辑型程序设计语言
　　Y 逻辑程序设计语言

逻辑硬盘
logical hard disk
TP333
　　D 逻辑盘
　　　逻辑磁盘
　　S 硬盘
　　L 外存储器**
　　　磁存储器**

逻辑语言
logic language
TP312
　　S 计算机语言*
　　• 逻辑程序设计语言
　　• 时序逻辑语言

逻辑炸弹
logic bomb
TP309
　　S 网络风险
　　Z 信息安全风险*

逻辑阵列
　　Y 门阵列

逻辑子网
logical subnet
TP393
　　S 子网络
　　Z 计算机网络*

螺纹连接式圆形电连接器
　　Y 螺纹连接圆形电连接器

螺纹连接圆形电连接器
threaded circular electrical connector
TN6
　　D 螺纹连接式圆形电连接器
　　S 圆形电连接器
　　Z 电连接器*

螺旋电感器
spiral inductor
TM55
　　S 电感器*

螺旋天线
helical antenna
TN82
　　S 天线*
　　• 等角螺旋天线
　　• 平面螺旋天线
　　• 四臂螺旋天线
　　C 圆极化

螺旋线行波管
helix traveling wave tube
TN12
　　S 行波管
　　L 微波管**

螺旋谐振器
helical resonator
TN75
　　S 谐振器*

裸导线
bare conductor
TM244
　　D 裸线
　　S 电线
　　C 绝缘导线
　　Z 电线电缆*

裸线
　　Y 裸导线

裸芯片
bare chip
TN4
　　S 芯片*

裸眼 3D
　　Y 裸眼 3D 显示

裸眼 3D 显示
naked-eye 3D display
TN27　TP391.7
　　D 裸眼 3D
　　　裸眼三维显示
　　　裸眼立体显示
　　S 自由立体显示
　　C 三维图形处理
　　　裸眼 3D 显示器
　　Z 显示*
　　　三维技术*

裸眼 3D 显示器
naked-eye 3D displayer
TN27　TN87
　　D 裸眼立体显示器
　　S 自由立体显示器
　　C 裸眼 3D 显示
　　Z 显示设备*

裸眼立体显示
　　Y 裸眼 3D 显示

裸眼立体显示器
　　Y 裸眼 3D 显示器

裸眼三维显示
　　Y 裸眼 3D 显示

铝电解电容器
aluminum electrolytic capacitor
TM535
　　S 电解电容器
　　• 片式铝电解电容器
　　• 无极性铝电解电容器
　　Z 电容器*

铝基板
aluminum substrate
TN7
　　S 金属基板
　　C 铝基覆铜板
　　Z 电路基板*

铝基覆铜板
aluminum-based copper clad laminate
TN7
　　S 覆铜板
　　C 铝基板
　　Z 电路基板*

铝镓氮
aluminum gallium nitrogen
TN304
　　D AlGaN
　　S 三元化合物半导体
　　L 化合物半导体**

铝镓砷
aluminum gallium arsenic
TN304
　　D AlGaAs
　　　铝镓砷化合物
　　S 三元化合物半导体
　　L 化合物半导体**

铝镓砷化合物
　　Y 铝镓砷

铝镓铟磷
aluminum gallium indium phosphorus
TN304
　　D AlGaInP
　　S 四元化合物半导体
　　L 化合物半导体**

铝酸钇激光器
yttrium aluminate laser
TN248
　　S 晶体激光器
　　L 固体激光器**

履带机器人
tracked robot
TP242
　　D 履带式机器人
　　　履带式移动机器人
　　S 移动机器人
　　Z 机器人*

履带式机器人
　　Y 履带机器人

履带式移动机器人
　　Y 履带机器人

率失真
rate distortion
TN919
　　D 率失真性能
　　　率失真模型
　　S 失真*

率失真模型
　　Y 率失真

率失真性能
　　Y 率失真

绿宝石激光器
emerald laser
TN248
　　S 宝石激光器
　　· 金绿宝石激光器
　　L 固体激光器**

绿光发光二极管
green LED

TN36
　　D 绿色 LED
　　S 发光二极管
　　L 半导体发光器件**

绿光激光器
green laser
TN248
　　D 绿激光器
　　　绿色激光器
　　S 可见光激光器
　　· 全固态绿光激光器
　　Z 激光器*

绿激光器
　　Y 绿光激光器

绿色 LED
　　Y 绿光发光二极管

绿色激光器
　　Y 绿光激光器

绿色数据中心
green data center
TP393.07　TP333
　　S 数据中心
　　Z 信息基础设施*

氯化氙激光器
xenon chloride excimer laser
TN248
　　D XeCl 准分子激光器
　　　氯化氙准分子激光器
　　S 准分子激光器
　　L 气体激光器**

氯化氙准分子激光器
　　Y 氯化氙激光器

滤波*
filtering
TN713
　　D 滤波技术
　　　滤波算法
　　　滤波设计
　　· Gabor 滤波
　　· 包络滤波
　　· 贝叶斯滤波
　　· 边沿滤波
　　· 并行滤波
　　· · 并行扩展卡尔曼滤波
　　· 补偿滤波
　　· 彩色滤波
　　· 插值滤波
　　· 差分滤波
　　· · 中心差分滤波
　　· 常增益滤波
　　· 递归滤波
　　· · 时域递归滤波
　　· 点云滤波
　　· 电容滤波

　　· 迭代滤波
　　· · 迭代扩展卡尔曼滤波
　　· · 迭代维纳滤波
　　· · 迭代限幅滤波
　　· · 迭代中值滤波
　　· 定向滤波
　　· 动态滤波
　　· 多功能滤波
　　· 多项式滤波
　　· · 多项式预测滤波
　　· 二次滤波
　　· 方向滤波
　　· 非线性滤波
　　· · 递推非线性滤波
　　· · 非线性卡尔曼滤波
　　· · 非线性扩散滤波
　　· · 非线性随机滤波
　　· · 自适应非线性滤波
　　· 分散化滤波
　　· 分形滤波
　　· 复合滤波
　　· 复数滤波
　　· 傅里叶滤波
　　· 高斯滤波
　　· · 高斯厄米特滤波
　　· · 高斯粒子滤波
　　· · 各向异性高斯滤波
　　· · 小尺度高斯滤波
　　· · 自适应高斯滤波
　　· 高通滤波
　　· · 时域高通滤波
　　· · 增强高通滤波
　　· 各向异性滤波
　　· · 各向异性高斯滤波
　　· · 各向异性扩散滤波
　　· 跟踪滤波
　　· · 强跟踪滤波
　　· · · 强跟踪卡尔曼滤波
　　· · 数字跟踪滤波
　　· 管道滤波
　　· 光学滤波
　　· · 光谱滤波
　　· · 光瞳滤波
　　· 后滤波
　　· 环路滤波
　　· 混合滤波
　　· 极化滤波
　　· 加权滤波
　　· · 加权均值滤波
　　· · · 模糊加权均值滤波
　　· · · 自适应加权均值滤波
　　· 卷积滤波
　　· 均值滤波
　　· · 加权均值滤波
　　· · · 模糊加权均值滤波
　　· · · 自适应加权均值滤波
　　· · 旋转均值滤波
　　· 卡尔曼滤波**
　　· 抗混叠滤波
　　· 空域滤波
　　· · 空域自适应滤波
　　· 粒子滤波
　　· · 分布式粒子滤波
　　· · 辅助粒子滤波

- · 高斯粒子滤波
- · 无迹粒子滤波
- · 正则粒子滤波
- · 自适应粒子滤波
- 鲁棒滤波
- · 鲁棒卡尔曼滤波
- 门限滤波
- 模糊滤波
- · 模糊加权均值滤波
- · 模糊卡尔曼滤波
- · 模糊中值滤波
- · 模糊自适应滤波
- 模拟滤波
- 内插滤波
- 逆滤波
- 排序滤波
- 匹配滤波
- · 多尺度滤波
- · 分段匹配滤波
- · 空间匹配滤波
- · 数字匹配滤波
- · 自适应匹配滤波
- 频率滤波
- 频谱滤波
- 频域滤波
- · 频域自适应滤波
- 平方根滤波
- 平滑滤波
- · 数字平滑滤波
- · 自适应平滑滤波
- 前置滤波
- 去块滤波
- 软件滤波
- 上采样滤波
- 神经网络滤波
- 失配滤波
- 时间滤波
- 时频滤波
- 时域滤波
- · 时域递归滤波
- · 时域高通滤波
- · 运动补偿时域滤波
- · 自适应时域滤波
- 实时滤波
- 矢量滤波
- · 矢量中值滤波
- 数字滤波
- · 混合数字滤波
- · 数字抽取滤波
- · 数字匹配滤波
- · 数字平滑滤波
- · 整系数数字滤波
- 双边滤波
- 顺序滤波
- · 顺序形态滤波
- 随机滤波
- 梯度滤波
- 同态滤波
- 统计滤波
- 图像滤波
- · 彩色图像滤波
- · 高频强调滤波
- · 红外图像滤波
- · 图像自适应滤波

- 维纳滤波
- · 迭代维纳滤波
- · 多级维纳滤波
- · 二维维纳滤波
- · 小波域维纳滤波
- · 循环维纳滤波
- · 增量维纳滤波
- 稳健滤波
- 线性滤波
- · 最优线性滤波
- 相关滤波
- 相位滤波
- 多相滤波
- 向量滤波
- · 向量中值滤波
- 小波滤波
- · 小波包滤波
- · 小波阈值滤波
- 信号滤波
- 形态滤波
- · 广义形态滤波
- · 柔性形态滤波
- · 数学形态滤波
- · 顺序形态滤波
- · 自适应形态滤波
- 序贯滤波
- 序列蒙特卡罗滤波
- 样条函数滤波
- 预测滤波
- · 多项式预测滤波
- 预滤波
- 原子共振滤波
- 运动滤波
- · 运动补偿时域滤波
- 噪声滤波
- · 自适应噪声滤波
- 折叠滤波
- 帧间滤波
- 中值滤波
- · 迭代中值滤波
- · 多级中值滤波
- · 二维中值滤波
- · 加权中值滤波
- · 开关中值滤波
- · · 自适应开关中值滤波
- · 快速中值滤波
- · 模糊中值滤波
- · 矢量中值滤波
- · 向量中值滤波
- · 循环中值滤波
- · 自适应中值滤波
- · · 自适应开关中值滤波
- 重叠滤波
- 逐次滤波
- 主动滤波
- 子带滤波
- · 子带自适应滤波
- 自适应滤波
- · 动态自适应滤波
- · 空域自适应滤波
- · 模糊自适应滤波
- · 频域自适应滤波
- · 图像自适应滤波
- · 子带自适应滤波

- · 自适应非线性滤波
- · 自适应高斯滤波
- · 自适应加权均值滤波
- · 自适应卡尔曼滤波
- · · 自适应扩展卡尔曼滤波
- · 自适应空间滤波
- · 自适应粒子滤波
- · 自适应逆滤波
- · 自适应匹配滤波
- · 自适应平滑滤波
- · 自适应时域滤波
- · 自适应维纳滤波
- · 自适应形态滤波
- · 自适应噪声滤波
- · 自适应中值滤波
- · · 自适应开关中值滤波
- · 最小二乘自适应滤波
- · 最小均方自适应滤波
- 组合滤波
- 最小二乘滤波
- 阈值滤波
- · 小波阈值滤波
- C 滤波器
- 滤波扼流圈
- 滤波网络

滤波电连接器
filtered electronic connector
TN6
 S 特种电连接器
 C 滤波器
  滤波电容器
 Z 电连接器*

滤波电路
 Y 滤波器

滤波电容器
filter capacitor
TM531
 S 电容器*
 C 滤波器
  滤波电连接器

滤波多音调制
filtered multitune modulation
TN76
 S 音频调制
 Z 调制*

滤波扼流圈
filter choke
TM556
 S 交流扼流圈
 C 滤波
  滤波器
 Z 电感器*

滤波技术
 Y 滤波

滤波器*
filter
TN713
　　D 滤波器组
　　　滤波电路
　　　电子滤波器
　　· 超导滤波器
　　· 磁致伸缩滤波器
　　· 带通滤波器
　　· · 宽带滤波器
　　· · 窄带滤波器
　　· 带阻滤波器
　　· · LC 带阻滤波器
　　· · 腔体带阻滤波器
　　· 低通滤波器
　　· · 切比雪夫滤波器
　　· · 有源低通滤波器
　　· 电磁干扰滤波器
　　· 电源滤波器
　　· · 差模电源滤波器
　　· · 共模电源滤波器
　　· 高 Q 滤波器
　　· 高通滤波器
　　· · 二阶高通滤波器
　　· · 无源高通滤波器
　　· · 一阶高通滤波器
　　· · 有源高通滤波器
　　· 光声滤波器
　　· 光纤滤波器
　　· 机械滤波器
　　· 晶体滤波器
　　· · 单片晶体滤波器
　　· · 多片晶体滤波器
　　· · 集成晶体滤波器
　　· 压控滤波器
　　· 可编程滤波器
　　· 可调滤波器
　　· 射频滤波器
　　· 声表面波滤波器
　　· 声体波滤波器
　　· 梳状滤波器
　　· 数字滤波器
　　· · FIR 数字滤波器
　　· · IIR 数字滤波器
　　· 微波滤波器
　　· 巴特沃斯滤波器
　　· 波导滤波器
　　· 带状线滤波器
　　· 分布参数滤波器
　　· 毫米波滤波器
　　· 集中参数滤波器
　　· 介质滤波器
　　· · 陶瓷滤波器
　　· 切比雪夫滤波器
　　· 同轴滤波器
　　· 微带滤波器
　　· 无源滤波器
　　· · LC 滤波器
　　· · · LC 带阻滤波器
　　· · RLC 滤波器
　　· 调谐滤波器
　　· · 单调谐滤波器
　　· · 连续调谐滤波器
　　· · 双调谐滤波器

　　· · 无源高通滤波器
　　· · 阻容滤波器
　　· 陷波器
　　· · 数字陷波器
　　· · 自适应陷波器
　　· 音频滤波器
　　· 有源滤波器
　　· · 有源低通滤波器
　　· · 有源高通滤波器
　　· 中频滤波器
　　C 滤波
　　　滤波扼流圈
　　　滤波电容器
　　　滤波电连接器
　　　滤波网络

滤波器组
　　Y 滤波器

滤波设计
　　Y 滤波

滤波算法
　　Y 滤波

滤波网络
filtering network
TN711
　　S 电路网络*
　　C 滤波
　　　滤波器

码垛机器人
palletizing robot
TP242
　　S 特种机器人
　　Z 机器人*

码分多路复用
　　Y 码分复用

码分多址
　　Y 码分多址通信

码分多址接收机
code division multiple access receiver
TN929.5
　　D CDMA 接收机
　　S 通信接收机
　　· Rake 接收机
　　C 码分多址通信
　　Z 接收设备*

码分多址通信
code division multiple access communication
TN929.1
　　D CDMA 系统
　　　CDMA 通信
　　　码分多址

　　　码分多址移动通信
　　S 多址通信
　　　蜂窝移动通信
　　C CDMA 网络
　　　码分多址接收机
　　L 无线通信**

码分多址网络
　　Y CDMA 网络

码分多址移动通信
　　Y 码分多址通信

码分复用
code division multiplexing
TN76
　　D 码分复用技术
　　　码分多路复用
　　S 多路复用*
　　· 光码分复用

码分复用技术
　　Y 码分复用

码跟踪
code tracking
TP391　TN96　TN953　TN94
　　S 信号跟踪
　　· 链码跟踪
　　· 伪码跟踪
　　C 载波跟踪
　　Z 信号处理*

码激励线性预测编码
　　Y 线性预测编码

码间串扰
intersymbol interference
TN911.4
　　D 码间干扰
　　S 信号干扰
　　Z 电磁干扰*

码间干扰
　　Y 码间串扰

码流分析仪
code stream analyzer
TN941
　　S 通信测试仪**

码率控制算法
rate control algorithm
TN91
　　S 控制算法
　　Z 算法*

码同步器
code synchronizer
TN919　TN914
　　S 通信设备*

码头雷达
　　Y 港口雷达

码型发生器
pattern generator
TN91　TM93
　　S 信号发生器**

码元同步
　　Y 时钟提取

蚂蚁群算法
　　Y 蚁群算法

蚂蚁算法
　　Y 蚁群算法

脉冲半导体激光器
pulsed semiconductor laser
TN248
　　S 半导体激光器
　　L 固体激光器**

脉冲编码
pulse coding
TN911　TN914
　　S 编码*
　　· 激光脉冲编码
　　· 自适应差分脉冲编码
　　C 数字通信

脉冲编码调制
pulse code modulation
TN76
　　D PCM
　　　脉码调制
　　S 脉冲调制
　　· 差分脉码调制
　　C E1 接口
　　　PCM 编码
　　　数字复接
　　　脉码调制录音
　　Z 调制*

脉冲编码调制/差分相移键控
pulse code modulation/
differential phase shift keying
TN76
　　D PCM/DPSK
　　S 差分相移键控
　　L 数字调制**

脉冲编码调制编码
　　Y PCM 编码

脉冲编码调制设备
pulse code modulation equipment
TN87　TN929.1
　　D PCM 设备
　　S 数据通信设备
　　C PCM 编码

　　Z 通信设备*

脉冲变换器
pulse converter
TN62
　　S 变换器*

脉冲变压器
pulse transformer
TM42
　　S 电子变压器**

脉冲成形器
pulse former
TN78
　　D 脉冲形成器
　　S 脉冲电路
　　C 脉冲发生器
　　　脉冲形成网络
　　Z 电子电路*

脉冲持续时间调制
　　Y 脉冲时间调制

脉冲触发器
pulse trigger
TN79　TP33　TN79
　　S 触发器
　　L 数字电路**

脉冲磁控管
pulse magnetron
TN12
　　D 长脉冲磁控管
　　S 磁控管
　　L 微波管**

脉冲电动机
　　Y 步进电动机

脉冲电路
pulse circuit
TN710
　　S 电子电路*
　　· 锯齿波电路
　　· 脉冲成形器

脉冲电源
pulse power supply
TN86
　　D 脉冲激励电源
　　　脉动电源
　　S 电源*
　　· 高压脉冲电源
　　· 功率脉冲电源
　　· 直流脉冲电源
　　C 磁开关

脉冲对称相位调制
　　Y 脉冲位置调制

脉冲多普勒雷达
　　Y 多普勒雷达

脉冲多普勒天气雷达
　　Y 多普勒天气雷达

脉冲发射机
pulse transmitter
TN83
　　S 发射机*

脉冲发生器
pulse generator
TM935
　　D 脉冲信号发生器
　　　脉冲源
　　S 信号发生器**
　　· 高压脉冲发生器
　　· 光电脉冲发生器
　　· 脉冲序列发生器
　　C 脉冲分析器
　　　脉冲成形器

脉冲放大器
pulse amplifier
TN72
　　S 放大器*
　　· 彩色同步脉冲放大器
　　· 脉冲功率放大器
　　· 脉冲光纤放大器

脉冲放电管
pulse discharge tube
TN13
　　S 气体放电管
　　L 离子管**

脉冲分频器
pulse frequency divider
TN772
　　S 分频器*

脉冲分析器
pulse analyzer
TN78　TM935
　　S 信号分析仪
　　· 脉冲幅度分析器
　　· 脉冲高度分析器
　　C 脉冲发生器
　　Z 电子测量仪器*

脉冲幅度分析器
pulse amplitude analyzer
TM935　TN78
　　S 脉冲分析器
　　· 单道脉冲幅度分析器
　　· 多道脉冲幅度分析器
　　C 脉冲幅度调制
　　Z 电子测量仪器*

脉冲幅度调制
pulse amplitude modulation
TN76
 D 脉冲振幅调制
  脉幅调制
 S 脉冲调制
  调幅
 C 脉冲幅度分析器
 Z 调制*

脉冲干扰
pulse interference
TN911
 S 有源干扰
 C 脉冲噪声
 L 电子对抗**

脉冲高度分析器
pulse height analyzer
TM935
 S 脉冲分析器
 Z 电子测量仪器*

脉冲高压电源
 Y 高压脉冲电源

脉冲跟踪
 Y 单脉冲跟踪

脉冲功率放大器
pulse power amplifier
TN72
 S 功率放大器**
  脉冲放大器

脉冲固体激光器
pulsed solid laser
TN248
 D 固体脉冲激光器
 S 固体激光器**

脉冲光纤放大器
pulsed fiber amplifier
TN72
 S 光纤放大器
  脉冲放大器
 L 光放大器**
  光纤器件**

脉冲光纤激光器
pulsed fiber laser
TN248
 S 光纤激光器**

脉冲激光
pulsed laser
TN248
 D 脉冲激光器
 S 激光*
 • 长脉冲激光
 • 超短脉冲激光
 • 短脉冲激光
 • 多脉冲激光
 • 高重频激光
 • 巨脉冲激光
 C 脉冲激光沉积
  脉冲激光电源

脉冲激光沉积
pulsed laser deposition
TN249
 D 脉冲激光沉积技术
 S 激光沉积
 C 脉冲激光
 L 半导体淀积工艺**
  激光加工**

脉冲激光沉积技术
 Y 脉冲激光沉积

脉冲激光电源
pulse laser power supply
TN86
 S 激光电源
 C 脉冲激光
 Z 电源*

脉冲激光器
 Y 脉冲激光

脉冲激励电源
 Y 脉冲电源

脉冲继电器
pulse relay
TM58
 S 继电器*

脉冲检波器
pulse detector
TN763
 S 检波器*
 C 脉冲鉴相器
  脉冲鉴频器

脉冲间隔调制
pulse interval modulation
TN76
 S 脉冲调制
 Z 调制*

脉冲鉴频器
pulse discriminator
TN763.2
 S 鉴频器
 C 脉冲检波器
  脉冲鉴相器
 Z 检波器*

脉冲鉴相器
pulse phase detector
TN763.3
 S 鉴相器
 C 脉冲检波器
  脉冲鉴频器
 Z 检波器*

脉冲宽度调制
pulse width modulation
TN76
 D PWM
  脉宽调制
  脉宽调制技术
 S 脉冲调制
 • 电流型脉宽调制
 • 数字脉宽调制
 • 正弦脉宽调制
 C 交越失真
  功率管
 Z 调制*

脉冲雷达
pulse radar
TN95
 D 脉冲调宽雷达
 S 雷达*
 • 冲激雷达
 • 单脉冲雷达
 • 脉冲压缩雷达
 • 频率步进雷达
 • 频率捷变雷达
 • 线性调频脉冲雷达

脉冲频率调制
pulse frequency modulation
TN76
 D 脉冲重复频率调制
  脉频调制
 S 脉冲调制
  调频
 Z 调制*

脉冲时间调制
pulse time modulation
TN76
 D 脉冲持续时间调制
 S 脉冲调制
 Z 调制*

脉冲天线
 Y 单脉冲天线

脉冲调宽雷达
 Y 脉冲雷达

脉冲调制
pulse modulation
TN76
 S 调制*
 • 量化脉冲调制
 • 脉冲编码调制
 • 脉冲幅度调制
 • 脉冲间隔调制
 • 脉冲宽度调制

电子信息技术叙词表

- 脉冲频率调制
- 脉冲时间调制
- 脉冲位置调制
- 脉内调制
- 增量调制
  C 脉冲调制接收机

脉冲调制接收机
pulse modulation receiver
TN85
　　S 调制接收机
　　C 脉冲调制
　　Z 接收设备*

脉冲位置调制
pulse position modulation
TN76
　　D PPM 调制
　　　脉位调制
　　　脉冲对称相位调制
　　S 脉冲调制
- 混沌脉冲位置调制
- 跳时脉冲位置调制
　　Z 调制*

脉冲无线电
impulse radio
TN924
　　D 脉冲无线电技术
　　　超宽带脉冲无线电
　　S 扩频通信
　　L 无线通信**

脉冲无线电技术
　　Y 脉冲无线电

脉冲信号
pulse signal
TN915　TN911
　　S 信号*
- 固定载频脉冲信号
　　C 单脉冲天线

脉冲信号发生器
　　Y 脉冲发生器

脉冲形成器
　　Y 脉冲成形器

脉冲形成网络
pulse forming network
TN711
　　S 电路网络*
　　C 脉冲成形器

脉冲序列发生器
pulse sequence generator
TM935
　　S 脉冲发生器
　　L 信号发生器**

脉冲压缩雷达
pulse compression radar
TN958
　　S 脉冲雷达
- 线性调频脉冲压缩雷达
- 相位编码脉冲压缩雷达
　　Z 雷达*

脉冲源
　　Y 脉冲发生器

脉冲噪声
pulse noise
TN911
　　S 信号噪声*
　　C 脉冲干扰
　　　超宽带无线通信

脉冲振荡器
pulse oscillator
TN752
　　S 振荡器*

脉冲振幅调制
　　Y 脉冲幅度调制

脉冲重复频率调制
　　Y 脉冲频率调制

脉动电源
　　Y 脉冲电源

脉幅调制
　　Y 脉冲幅度调制

脉间跳频
frequency agile
TN95　TN918
　　S 跳频
　　Z 扩频*

脉宽调制
　　Y 脉冲宽度调制

脉宽调制放大器
pulse width modulation amplifier
TN72
　　D PWM 放大器
　　　PWM 脉宽调制放大器
　　S 调制放大器
　　Z 放大器*

脉宽调制技术
　　Y 脉冲宽度调制

脉宽调制控制器
pulse width modulation controller
TN78
　　D PWM 控制器
　　S 控制器*

脉宽调制模块
　　Y PWM 模块

脉宽压缩
pulse width compression
TP391
　　S 信息压缩**

脉码调制
　　Y 脉冲编码调制

脉码调制编码器
pulse code modulation encoder
TN76
　　D PCM 编码器
　　S 编码器*
　　C 现场可编程门阵列

脉码调制录音
pulse code modulation recording
TN912
　　S 数字录音
　　C 脉冲编码调制
　　Z 录音*

脉内调制
intra pulse modulation
TN76
　　S 脉冲调制
　　Z 调制*

脉频调制
　　Y 脉冲频率调制

脉塞
　　Y 微波激射器

脉位调制
　　Y 脉冲位置调制

脉组跳频
　　Y 组间跳频

蛮干攻击
　　Y 穷举攻击

曼彻斯特编码
Manchester encoding
TN911　TN919
　　D Manchester 编码
　　S 编码*

慢衰落信道
slow fading channel
TN911
　　S 衰落信道
　　Z 信道*

慢跳频
slow frequency hoping

· 498 ·

TN918
　　S 跳频
　　Z 扩频*

盲辨识
　　Y 盲识别

盲波束成形
　　Y 盲波束形成

盲波束形成
blind beamforming
TN82
　　D 盲波束成形
　　S 波束形成
　　　盲信号处理
　　C 盲波束形成算法
　　Z 信号处理*

盲波束形成算法
blind beamforming algorithm
TN911
　　S 盲算法
　　C 盲波束形成
　　Z 算法*

盲代理多重签名
blind proxy multi-signature
TP393.08
　　S 代理多重签名
　　Z 数字签名*

盲代理签名
　　Y 代理盲签名

盲分离
　　Y 盲源分离

盲分离算法
　　Y 盲信号分离算法

盲干扰抑制
blind interference rejection
TN914
　　S 干扰抑制*
　　C 盲信号处理

盲均衡
　　Y 盲均衡器

盲均衡器
blind equalizer
TN715
　　D 盲均衡
　　S 均衡器*
　　• 自适应盲均衡器
　　C 盲均衡算法

盲均衡算法
blind equalization algorithm
TN911
　　S 盲算法
　　C 盲均衡器
　　Z 算法*

盲签名
blind signature
TN918　TP309　TP393.08
　　D 盲数字签名
　　　盲签名方案
　　S 数字签名*
　　• 部分盲签名
　　• 代理盲签名
　　• 多重盲签名
　　• 公平盲签名
　　• 群盲签名
　　• 弱盲签名
　　• 限制性盲签名
　　C 不可伪造性
　　　椭圆曲线密码体制

盲签名方案
　　Y 盲签名

盲识别
blind recognition
TP391.4
　　D 盲辨识
　　S 信号识别
　　• 盲信道辨识
　　Z 信号处理*

盲数字签名
　　Y 盲签名

盲数字水印
　　Y 盲水印

盲水印
blind watermark
TP309　TP393.08　TN918
　　D 数字盲水印
　　　盲数字水印
　　S 数字水印*
　　C 盲水印算法

盲水印算法
blind watermark algorithm
TP301　TN911
　　3 水印算法
　　　盲算法
　　C 水印嵌入
　　　盲水印
　　Z 算法*

盲算法
blind algorithm
TN911
　　S 算法*
　　• 盲波束形成算法
　　• 盲均衡算法
　　• 盲水印算法
　　• 盲信号分离算法

盲图像复原
　　Y 图像盲复原

盲图像恢复
　　Y 图像盲复原

盲信道辨识
blind channel identification
TN911　TP391.4
　　D 信道盲辨识
　　　盲信道识别
　　S 信道辨识
　　　盲识别
　　Z 信号处理*

盲信道识别
　　Y 盲信道辨识

盲信号
blind signal
TN911
　　S 信号*
　　C 盲信号分离算法
　　　盲信号处理

盲信号处理
blind signal processing
TN911
　　S 信号处理*
　　• 盲波束形成
　　• 盲信号提取
　　• 盲源分离
　　C 盲信号
　　　盲干扰抑制

盲信号分离
　　Y 盲源分离

盲信号分离算法
blind signal separation algorithm
TN911
　　D 盲分离算法
　　S 分离算法
　　　盲算法
　　C 盲信号
　　　盲源分离
　　Z 算法*

盲信号提取
blind signal extraction
TN911
　　S 信号提取
　　　盲信号处理
　　C 盲源分离
　　L 信息抽取**

盲信源分离
　　Y 盲源分离

盲源分离
blind source separation

TN911
　　D 信号源盲分离
　　　信号盲分离
　　　信源盲分离
　　　盲信号分离
　　　盲信源分离
　　　盲分离
　　　盲源信号分离
　　S 信号分离
　　　盲信号处理
　　C 循环平稳信号
　　　独立分量分析算法
　　　盲信号分离算法
　　　盲信号提取
　　Z 信号处理*

盲源信号分离
　　Y 盲源分离

媒介接入控制规约
　　Y 媒体接入控制协议

媒体处理器
　　Y 多媒体处理器

媒体访问控制协议
　　Y 媒体接入控制协议

媒体服务器
media server
TP368
　　S 服务器*
　　• 多媒体服务器
　　• 流媒体服务器

媒体接入控制协议
media access control protocol
TN915.04
　　D MAC 协议
　　　MAC 层协议
　　　介质访问协议
　　　介质访问控制协议
　　　媒介接入控制规约
　　　媒体访问控制协议
　　　媒质接入控制协议
　　　媒质访问控制协议
　　S 访问控制协议
　　• 无线传感器网络 MAC 协议
　　C MAC 地址欺骗
　　　人体域网
　　L 网络协议**

媒体控制接口
media control interface
TP311
　　S 软件接口
　　L 计算机接口**

媒体流
　　Y 流媒体

媒体网关
media gateway
TN913.6
　　S 网关
　　• 多媒体网关
　　• 接入媒体网关
　　• 中继媒体网关
　　C 媒体网关控制协议
　　　媒体网关控制器
　　L 网络互连设备**

媒体网关控制器
media gateway controller
TN915.05
　　S 网关控制器
　　C 媒体网关
　　　媒体网关控制协议
　　Z 网络设备*

媒体网关控制协议
media gateway control protocol
TN915.04
　　D MGCP
　　S 控制协议
　　　网络协议**
　　C 媒体网关
　　　媒体网关控制器
　　　软交换

媒体转换器
media converter
TN915.05
　　S 转换器*

媒质访问控制协议
　　Y 媒体接入控制协议

媒质接入控制协议
　　Y 媒体接入控制协议

镁二氧化锰电池
　　Y 镁锰电池

镁橄榄石激光器
forsterite laser
TN248
　　S 固体激光器**

镁锰电池
magnesium manganese dioxide battery
TM911
　　D 镁二氧化锰电池
　　　镁锰干电池
　　S 原电池
　　Z 电池*

镁锰干电池
　　Y 镁锰电池

门电路
　　Y 逻辑电路

门极关断晶闸管
　　Y 可关断晶闸管

门极换流晶闸管
gate commutated thyristor
TN34
　　S 晶闸管
　　• 集成门极换流晶闸管
　　L 半导体分立器件**
　　　电力半导体器件**

门极可关断晶闸管
　　Y 可关断晶闸管

门极驱动电路
gate driving circuit
TN710　TN3
　　D 集成门极驱动电路
　　S 驱动电路**

门控电路
gate control circuit
TN710
　　D 闸门电路
　　S 控制电路
　　Z 电子电路*

门控光电倍增管
gated photomultiplier tube
TN15
　　D 栅控光电倍增管
　　S 光电倍增管
　　• 超高速光电倍增管
　　L 电子束管**

门限代理签名
threshold proxy signature
TN918　TP393.08
　　S 代理签名
　　　门限签名
　　Z 数字签名*

门限服务
gated service
TN915
　　S 信息服务*
　　C 轮询系统
　　　门限签名

门限环签名
threshold ring signature
TN918　TP393.08
　　S 环签名
　　　门限签名
　　Z 数字签名*

门限加密
threshold encryption

TN918　TP393.08
　　D　门限体制
　　　　门限密码体制
　　S　加密**
　　C　门限密码
　　　　门限解密

门限解密
threshold decryption
TP393.08　TN918
　　S　解密
　　C　门限加密
　　Z　加解密*

门限滤波
threshold filtering
TN713
　　S　滤波*

门限秘密共享
threshold secret sharing
TP309　TP393.08　TN918
　　S　秘密共享*

门限密码
threshold cipher
TN918
　　S　密码*
　　C　门限加密

门限密码体制
　　Y　门限加密

门限签名
threshold signature
TN918　TP309　TP393.08
　　D　门限数字签名
　　　　门限签名方案
　　S　数字签名*
　　·　门限代理签名
　　·　门限环签名
　　·　门限群签名
　　C　合谋攻击
　　　　秘密共享
　　　　门限服务

门限签名方案
　　Y　门限签名

门限群签名
threshold group signature
TP393.08　TN918
　　S　群签名
　　　　门限签名
　　Z　数字签名*

门限数字签名
　　Y　门限签名

门限体制
　　Y　门限加密

门阵列
gate array
TN492
　　D　逻辑门阵列
　　　　逻辑阵列
　　　　门阵列电路
　　S　逻辑集成电路**
　　·　可编程门阵列

门阵列电路
　　Y　门阵列

蒙特卡罗仿真
Monte Carlo simulation
TP391.9
　　D　Monte Carlo仿真
　　　　蒙特卡洛仿真
　　S　数值模拟
　　Z　仿真*

蒙特卡罗算法
Monte Carlo algorithm
TP301　TN911
　　D　Monte Carlo算法
　　　　蒙特卡洛算法
　　S　统计算法
　　C　序列蒙特卡罗滤波
　　　　粒子滤波
　　Z　算法*

蒙特卡洛仿真
　　Y　蒙特卡罗仿真

蒙特卡洛算法
　　Y　蒙特卡罗算法

锰酸锂电池
lithium manganate battery
TM912
　　D　锂锰电池
　　　　锰酸锂动力电池
　　S　锂离子电池
　　Z　电池*

锰酸锂动力电池
　　Y　锰酸锂电池

迷宫算法
maze algorithm
TN911　TP301
　　S　算法*

迷惑性干扰
　　Y　欺骗干扰

米波雷达
meter-wave radar
TN958
　　S　长波雷达
　　Z　雷达*

米波天线
　　Y　超短波天线

米散射激光雷达
Mie scattering lidar
TN958
　　D　米氏散射激光雷达
　　S　激光雷达
　　Z　雷达*

米氏散射激光雷达
　　Y　米散射激光雷达

秘密分割
　　Y　秘密共享

秘密分享
　　Y　秘密共享

秘密共享*
secret sharing
TP393.08　TN918
　　D　秘密共享体制
　　　　秘密分享
　　　　秘密分割
　　·　动态秘密共享
　　·　多重秘密共享
　　·　可验证秘密共享
　　·　量子秘密共享
　　·　门限秘密共享
　　·　密钥共享
　　·　矢量空间秘密共享
　　·　先应秘密共享
　　·　主动秘密共享
　　C　多重签名
　　　　门限签名
　　　　防欺诈

秘密共享体制
　　Y　秘密共享

秘密密钥
　　Y　密钥

秘密通信
　　Y　保密通信

密度聚类
density clustering
TP391.3
　　S　聚类*
　　C　爬山算法

密封变压器
sealed transformer
TM4
　　S　变压器*

密封电连接器
sealed electric connector
TN6

密封连接器
D 密封连接器
S 特种电连接器
Z 电连接器*

密封继电器
sealed relay
TM58
D 封闭式继电器
防尘式继电器
S 继电器*

密封连接器
Y 密封电连接器

密封铅酸蓄电池
sealed lead acid storage battery
TM912
D 密封铅蓄电池
S 铅酸蓄电池
• 阀控式密封铅酸蓄电池
Z 电池*

密封铅蓄电池
Y 密封铅酸蓄电池

密封式阀控铅酸蓄电池
Y 阀控式密封铅酸蓄电池

密集编码
dense coding
TN918
S 编码*
• 量子密集编码

密集波分复用
dense wavelength division multiplexing
TN929.1
D DWDM
密集型光波复用
密集波分复用技术
S 波分复用
C 密集波分复用器
Z 多路复用*

密集波分复用技术
Y 密集波分复用

密集波分复用器
dense wavelength division multiplexer
TN929.11
S 波分复用器
C 密集波分复用
L 光无源器件**

密集模式独立组播协议
dense mode independent multicast protocol
TP393.0
D PIM-DM

PIM-DM 协议
S 组播路由协议
L 网络协议**

密集型光波复用
Y 密集波分复用

密勒电路
Y 扫描电路

密码*
password
TP309 TN918
D 口令
• 登录密码
• 动态口令
• 对称密码
• 仿射密码
• 非对称密码
• 分组密码
• 混沌分组密码
• 公钥密码
• RSA 公钥密码
• 背包公钥密码
• 椭圆曲线公钥密码
• 混合密码
• 混沌密码
• 混沌分组密码
• 混沌流密码
• 经典密码
• 静态密码
• 可视密码
• 量子密码
• 门限密码
• 普通密码
• 商用密码
• 私钥密码
• 图形密码
• 椭圆曲线密码
• 椭圆曲线公钥密码
• 网络密码
• 希尔密码
• 序列密码
• 混沌流密码
• 随机密码
• 移位密码
• 用户密码
• 专用密码

密码参数
Y 密码数据

密码处理
cipher processing
TN918 TP309
S 信息处理*
C 密码分析
密码协处理器
密码计算

密码处理器
cryptographic processor

TN918
S 微处理器*
• 密码协处理器
C RSA 公钥密码体制
密码芯片

密码反馈
Y 密文反馈

密码分析
cryptanalysis
TN918 TP309
D 密码学分析
S 信息安全分析
• 差分密码分析
• 线性密码分析
C 密码体制
密码处理
弱密钥
知识签名
Z 信息安全技术*

密码攻击
cryptographic attack
TP309 TN918
S 网络攻击**
• square 攻击
• 侧信道攻击
• 功耗分析攻击
• 公钥替换攻击
• 唯密文攻击
• 选择密文攻击
• 选择明文攻击
• 已知明文攻击

密码管理
cipher management
TP393.08 TP309 TN918
S 信息安全管理*
• 密码设置
• 密码验证
C 密码协处理器

密码规程
Y 密码协议

密码机制
Y 密码体制

密码计算
cryptographic computation
TN918 TP301
S 保密计算
C 密码处理
Z 计算*

密码技术
Y 加解密

密码认证
Y 口令认证

密码设置
password setting
TP309
　D 密码设置技术
　S 密码管理
　C 密码数据
　Z 信息安全管理*

密码设置技术
　Y 密码设置

密码识别
password identification
TN918　TP309
　S 信息识别*
　C 密码数据

密码数据
cryptographic data
TP309　TN918
　D 密码参数
　S 数据*
　C 密码设置
　　密码识别

密码算法
　Y 加密算法

密码体制
cipher system
TN918　TP309　TP393.08
　D 加密体制
　　加密体系
　　加密机制
　　密码机制
　S 信息安全机制
　· 公钥密码体制
　· 混合密码体制
　· 基于身份的密码体制
　· 私钥密码体制
　C 加密
　　加密认证
　　密码分析
　　密码协议
　　数字签名
　Z 信息安全体系*

密码通报
　Y 保密通信

密码通信
　Y 保密通信

密码系统
　Y 加密系统

密码协处理器
cryptographic coprocessor
TP332　TN918
　S 安全协处理器
　　密码处理器

　C 密码处理
　　密码管理
　Z 微处理器*

密码协议
crytographic protocol
TN918　TP915.04
　D 密码规程
　S 加密协议
　· 量子密码协议
　· 密钥协议
　C 安全路由协议
　　密码体制
　Z 通信网络*

密码芯片
cryptographic chip
TN4
　D 加密芯片
　S 芯片*
　C 密码处理器

密码学分析
　Y 密码分析

密码验证
password authentication
TP309　TP393　TN918
　S 安全验证
　　密码管理
　C 口令认证
　Z 信息安全技术*
　　信息安全管理*

密匙
　Y 密钥

密匙分配
　Y 密钥分配

密文策略
　Y 加密策略

密文反馈
ciphertext feedback
TN918　TP309
　D 密码反馈
　S 加解密*
　C 密文数据库

密文数据库
ciphertext database
TP392　TP309
　S 安全数据库
　C 密文反馈
　Z 数据库*

密钥*
secret key
TN918　TP309　TP393.08
　D 保密密钥

　　安全密钥
　　密匙
　　密钥技术
　　秘密密钥
　· 动态密钥
　· 对称密钥
　· 对偶密钥
　· 二级密钥
　· 非对称密钥
　· 公钥
　· · RSA公钥
　· · 自认证公钥
　· · 组合公钥
　· 会话密钥
　· 会议密钥
　· 混合密钥
　· 加密密钥
　· 量子密钥
　· 密钥对
　· 平凡密钥
　· 弱密钥
　· 私钥
　· 随机密钥
　· 网络密钥
　· · 节点密钥
　· 用户密钥
　· 预共享密钥
　· 主密钥
　· 子密钥
　· 组播密钥
　· 组密钥
　C 加密
　　加密算法
　　密钥协议
　　密钥服务器
　　密钥泄露
　　密钥管理
　　密钥认证
　　密钥证书

密钥保护
key protection
TP393.08　TN918
　S 密钥管理**
　C 密钥备份
　　密钥泄露

密钥备份
key backup
TP393.08　TN918
　S 密钥管理**
　C 密钥保护
　　密钥存储
　　密钥恢复
　　数据库加密

密钥撤销
key revocation
TP309　TN918
　D 密钥销毁
　S 密钥管理**
　C 密钥建立

密钥传输
key transmission
TP393.08　TN918
　S 密钥管理**

密钥存储
key storage
TN918　TP393.08
　S 密钥管理**
　• 密钥分存
　C 密钥备份

密钥对
key pair
TP309　TN918
　D 对密钥
　S 密钥*

密钥发生器
　Y 密钥流生成器

密钥分存
key separate-management
TP3
　S 密钥存储
　C 关系型数据库
　L 密钥管理**

密钥分发
　Y 密钥分配

密钥分配
key distribution
TN918　TP309　TP393.08
　D 密匙分配
　　密钥分发
　S 密钥管理**
　• 量子密钥分配
　• 密钥预分配
　C 密钥分配协议

密钥分配协议
key distribution protocol
TN915.04　TP393.08
　S 密钥协议
　• 量子密钥分配协议
　C 密钥分配
　Z 通信网络*

密钥分享
　Y 密钥共享

密钥服务器
key server
TP368
　S 安全服务器
　C 密钥
　　密钥流生成器
　Z 服务器*

密钥更新
key update
TN918　TP393.08　TP309
　S 密钥管理**
　• 批量密钥更新
　• 组密钥更新
　C 前向安全

密钥共享
key sharing
TP393　TP309　TN918
　D 密钥共享体制
　　密钥分享
　S 密钥管理**
　　秘密共享*

密钥共享体制
　Y 密钥共享

密钥管理
key management
TN918　TP309　TP393.08
　S 信息安全管理*
　• 分布式密钥管理
　• 密钥保护
　• 密钥备份
　• 密钥撤销
　• 密钥传输
　• 密钥存储
　•• 密钥分存
　• 密钥分配
　•• 量子密钥分配
　•• 密钥预分配
　• 密钥更新
　•• 批量密钥更新
　•• 组密钥更新
　• 密钥共享
　• 密钥恢复
　• 密钥建立
　• 密钥交换
　• 密钥扩展
　• 密钥生成
　• 密钥托管
　• 密钥协商
　•• 认证密钥协商
　•• 组密钥协商
　• 组播密钥管理
　• 组密钥管理
　•• 组密钥更新
　•• 组密钥协商
　C 信任服务
　　加密
　　安全组播
　　密钥
　　密钥管理协议
　　数字签名

密钥管理协议
key management protocol
TP309　TN918
　D 组密钥管理协议
　S 密钥协议
　C 密钥管理

Z 通信网络*

密钥恢复
key recovery
TP309　TN918
　S 密钥管理**
　C 密钥备份

密钥技术
　Y 密钥

密钥建立
key establishment
TP309　TN918
　S 密钥管理**
　C 密钥建立协议
　　密钥撤销
　　密钥生成

密钥建立协议
key establishment protocol
TP309　TN918
　S 密钥协议
　C 密钥建立
　Z 通信网络*

密钥交换
key exchange
TN915
　S 密钥管理**
　C 中间人攻击
　　安全路由协议
　　密钥交换协议

密钥交换协议
key exchange protocol
TN918　TP309
　S 交换协议
　　密钥协议
　• internet 密钥交换协议
　• 认证密钥交换协议
　C 密钥交换
　Z 通信协议*
　　通信网络*

密钥扩展
key expansion
TN918　TP309
　S 密钥管理**

密钥流发生器
　Y 密钥流生成器

密钥流生成器
key stream generator
TN918
　D 密钥发生器
　　密钥序列发生器
　　密钥流发生器
　S 序列发生器
　C 密钥服务器

L 信号发生器**

密钥认证
key authentication
TN918 TP309 TP393
　S 加密认证
　• 公钥认证
　• 预共享密钥认证
　C 密钥
　Z 信息安全认证*

密钥生成
key generation
TP309 TN918
　D 分布式密钥生成
　S 密钥管理**
　C RSA 算法
　　密钥建立

密钥算法
　Y 加密算法

密钥托管
key escrow
TN918 TP309 TP393.08
　S 密钥管理**
　C ElGamal 公钥体制

密钥销毁
　Y 密钥撤销

密钥协定
　Y 密钥协商

密钥协商
key agreement
TN918 TP309
　D 密钥协定
　S 密钥管理**
　• 认证密钥协商
　• 组密钥协商
　C 会话密钥
　　密钥协商协议

密钥协商协议
key agreement protocol
TN911 TP393.08 TN918
　S 协商协议
　　密钥协议
　• 认证密钥协商协议
　• 组密钥协商协议
　C 密钥协商
　Z 通信协议*
　　通信网络*

密钥协议
key protocol
TP3
　S 密码协议
　• 密钥分配协议
　• 密钥管理协议

　• 密钥建立协议
　• 密钥交换协议
　• 密钥协商协议
　C 密钥
　Z 通信网络*

密钥泄漏
　Y 密钥泄露

密钥泄露
key leakage
TP3
　D 密钥泄漏
　S 信息泄露
　C 密钥
　　密钥保护
　Z 信息安全风险*

密钥序列发生器
　Y 密钥流生成器

密钥预分配
key pre-distribution
TP309 TN918
　S 密钥分配
　C 网络密钥
　L 密钥管理**

密钥证书
key certificate
TP393.08
　S 数字证书*
　• X.509 证书
　• 公钥证书
　C 密钥

密语通信
　Y 保密通信

蜜罐
　Y 蜜罐技术

蜜罐技术
honeypot technology
TP393.08
　D honeypot
　　蜜罐
　S 网络安全技术**
　C 僵尸网络

蜜网
　Y 蜜网技术

蜜网技术
honeynet technology
TP393.08
　D 蜜网
　S 网络安全技术**
　C 虚拟蜜网

免费软件
freeware
TP317
　S 软件*

免清洗焊膏
no-clean solder paste
TN04
　S 焊膏
　C 免清洗助焊剂
　Z 电子材料*

免清洗助焊剂
no-clean flux
TM2
　S 助焊剂
　C 免清洗焊膏
　Z 电子材料*

免维护铅酸蓄电池
maintanance-free lead acid storage battery
TM912
　S 铅酸蓄电池
　Z 电池*

免疫传感器
immunosensor
TP212
　S 生物传感器
　• 电化学免疫传感器
　• 压电免疫传感器
　Z 传感器*

免疫计算
immune computation
TP183
　S 计算*
　C 免疫算法
　　自然计算
　　计算机免疫

免疫进化算法
immune evolutionary algorithm
TP301.6 TP183
　S 免疫算法
　　进化算法
　Z 算法*

免疫克隆算法
　Y 免疫克隆选择算法

免疫克隆选择算法
immune clonal selection algorithm
TP301 TP18
　D 克隆算法
　　克隆选择算法
　　免疫克隆算法
　S 免疫算法
　　选择算法
　• 动态克隆选择算法
　Z 算法*

免疫粒子群算法
immune particle swarm algorithm
TP301.6　TP183
　　D 免疫粒子群优化算法
　　S 免疫算法
　　　粒子群算法
　　Z 算法*

免疫粒子群优化算法
　　Y 免疫粒子群算法

免疫算法
immune algorithm
TP183　TP301.6
　　D 人工免疫算法
　　S 仿生算法
　　• 免疫进化算法
　　• 免疫克隆选择算法
　　• 免疫粒子群算法
　　• 免疫遗传算法
　　• 免疫优化算法
　　• 自适应免疫算法
　　C 免疫网络
　　　免疫计算
　　　自然计算
　　Z 算法*

免疫网络
immune network
TP183
　　D 人工免疫网络
　　S 网络*
　　C 免疫算法

免疫遗传算法
immune genetic algorithm
TP301.6　TP183
　　D 改进免疫遗传算法
　　S 免疫算法
　　　遗传算法
　　• 自适应免疫遗传算法
　　Z 算法*

免疫优化算法
immune optimization algorithm
TP183　TP301.6
　　S 免疫算法
　　Z 算法*

免疫智能体
immune agent
TP183
　　S 智能体
　　Z 人工智能应用*

面波器件
　　Y 声表面波器件

面部表情识别
　　Y 表情识别

面部识别
　　Y 人脸识别

面部特征提取
　　Y 人脸特征提取

面发射半导体激光器
　　Y 面发射激光器

面发射激光器
surface emitting laser
TN248
　　D 表面发射激光器
　　　面发射半导体激光器
　　S 半导体激光器
　　• 垂直腔面发射激光器
　　• 水平腔面发射激光器
　　L 固体激光器**

面天线
reflector antenna
TN82
　　D 反射体天线
　　　反射器天线
　　　反射天线
　　　反射面天线
　　　口径天线
　　S 定向天线
　　• 反射阵列天线
　　• 赋形波束反射面天线
　　• 喇叭天线
　　• 抛物面天线
　　• 双反射面天线
　　Z 天线*

面向 Agent 程序设计
agent-oriented programming
TP311
　　S 软件设计
　　C 智能体
　　Z 软件工程*

面向对象 Petri 网
　　Y 对象 Petri 网

面向对象程序
　　Y 面向对象程序设计

面向对象程序设计
object-oriented programming
TP311
　　D 面向对象程序
　　　面向对象软件
　　S 软件设计
　　C 面向对象数据库
　　　面向对象程序设计语言
　　Z 软件工程*

面向对象程序设计语言
object-oriented programming language
TP312
　　D OOP 语言
　　　对象式语言
　　　面向对象的程序设计语言
　　　面向对象语言
　　　面向目标语言
　　　面向问题语言
　　S 第四代语言
　　• Eiffel 语言
　　• Java 语言
　　• Python 语言
　　C 面向对象程序设计
　　Z 计算机语言*

面向对象的程序设计语言
　　Y 面向对象程序设计语言

面向对象仿真
object-oriented simulation
TP391.9
　　S 软件仿真
　　Z 仿真*

面向对象建模
object-oriented modeling
TP311　TP391.9
　　D 对象建模
　　　面向对象建模技术
　　S 软件建模
　　Z 模型构建*

面向对象建模技术
　　Y 面向对象建模

面向对象软件
　　Y 面向对象程序设计

面向对象数据库
object-oriented database
TP315　TP392
　　D OODB
　　　对象数据库
　　　目标数据库
　　　面向对象数据库技术
　　　面向对象数据库系统
　　　面向目标数据库
　　S 数据库*
　　C 可视化数据库
　　　面向对象程序设计

面向对象数据库技术
　　Y 面向对象数据库

面向对象数据库系统
　　Y 面向对象数据库

面向对象语言
　　Y 面向对象程序设计语言

面向方面编程
aspect-oriented programming

TP311
　　D 面向切面编程
　　　 面向方面的编程
　　　 面向方面程序设计
　　　 面向方面软件开发
　　S 软件编程**

面向方面程序设计
　　Y 面向方面编程

面向方面的编程
　　Y 面向方面编程

面向方面建模
aspect-oriented modeling
TP391.9
　　S 软件建模
　　Z 模型构建*

面向方面软件开发
　　Y 面向方面编程

面向服务的计算
　　Y 面向服务计算

面向服务计算
service-oriented computing
TP311　TP393
　　D 服务计算
　　　 面向服务的计算
　　S 计算*

面向过程编程
procedure-oriented programming
TP311
　　D 过程程序设计
　　　 过程编程
　　S 软件编程**
　　C 面向过程语言

面向过程语言
process-oriented language
TP312
　　S 高级语言
　　· C 语言
　　· FORTRAN 语言
　　· LOGO 语言
　　· Prolog 语言
　　C 面向过程编程
　　Z 计算机语言*

面向机器语言
　　Y 汇编语言

面向目标数据库
　　Y 面向对象数据库

面向目标语言
　　Y 面向对象程序设计语言

面向切面编程
　　Y 面向方面编程

面向属性的归纳
　　Y 面向属性归纳

面向属性归纳
attribute-oriented induction
TP391
　　D 面向属性的归纳
　　S 数据处理**
　　C 关系型数据库
　　　 知识挖掘

面向问题语言
　　Y 面向对象程序设计语言

面向消息的中间件
　　Y 消息中间件

面向仪器系统的 PCI 扩展总线
　　Y PXI 总线

面像识别
　　Y 人脸识别

面源红外诱饵
　　Y 面源型红外诱饵

面源型红外诱饵
surface-type infrared decoy
TN976
　　D 面源红外诱饵
　　S 红外诱饵
　　L 电子干扰设备**

面阵 CCD
　　Y 面阵电荷耦合器件

面阵电荷耦合器件
matrix charge-coupled device
TN36
　　D 面阵 CCD
　　S 电荷耦合器件
　　C 面阵探测器
　　Z 半导体器件*

面阵探测器
area array detector
TN36　TN215
　　S 探测器*
　　C 面阵电荷耦合器件

描述定义语言
description definition language
TP312
　　S 描述语言
　　C MPEG-7 标准
　　Z 计算机语言*

描述语言
descriptional language
TP312
　　S 计算机语言*
　　· Web 本体语言
　　· 本体描述语言
　　· 策略描述语言
　　· 电子设备描述语言
　　· 服务描述语言
　　· 攻击描述语言
　　· 规格描述语言
　　· 规则描述语言
　　· 过程描述语言
　　· 几何描述语言
　　· 接口描述语言
　　· 描述定义语言
　　· 模型描述语言
　　· 软件体系结构描述语言
　　· 数据定义语言
　　· 体系结构描述语言
　　· 形式描述语言
　　· 硬件描述语言

瞄准干扰
　　Y 瞄准式干扰

瞄准雷达
　　Y 火控雷达

瞄准式干扰
spot jamming
TN972
　　D 瞄准干扰
　　S 压制干扰
　　L 电子对抗**

灭火机器人
　　Y 消防机器人

民航通信
civil aviation communication
TN915　TN92
　　S 航空通信
　　Z 通信*

民用密码
　　Y 商用密码

敏感电阻器
sensitive resistor
TM546
　　S 电阻器*
　　· 磁敏电阻器
　　· 光敏电阻器
　　· 力敏电阻器
　　· 气敏电阻器
　　· 热敏电阻器
　　· 湿敏电阻器
　　· 压敏电阻器
　　C 可变电阻器

敏感器件
　　Y 半导体敏感器件

敏感数据
sensitive data
TP391　TP392
　　S 数据*

敏捷建模
agile modeling
TP391.9
　　S 模型构建*
　　C 敏捷软件开发

敏捷开发
　　Y 敏捷软件开发

敏捷软件开发
agile software development
TP311
　　D 敏捷开发
　　S 软件开发
　　C 敏捷建模
　　Z 软件工程*

名址服务
　　Y 信息名址

命令解释器
command interpreter
TP314
　　S 解释器
　　Z 软件*

命令语言
　　Y 机器语言

命名服务
naming service
TP393.09
　　S 信息服务*

命名实体识别
named entity recognition
TP391.4
　　D 实体识别
　　S 语言识别
　　Z 信息识别*

模斑转换器
spot size converter
TN710
　　S 光波导器件
　　　　转换器*
　　C 激光器
　　Z 光器件*

模糊 C 均值聚类
fuzzy C-means clustering
TP391.3
　　D FCM 算法

　　　FCM 聚类
　　　FCM 聚类算法
　　　模糊 C 均值算法
　　　模糊 C 均值聚类算法
　　S C 均值聚类
　　　模糊均值聚类
　　Z 聚类*

模糊 C 均值聚类算法
　　Y 模糊 C 均值聚类

模糊 C 均值算法
　　Y 模糊 C 均值聚类

模糊 PID
　　Y 模糊 PID 控制

模糊 PID 控制
fuzzy PID control
TP13
　　D FuzzyPID
　　　FuzzyPID 复合控制
　　　FuzzyPID 控制
　　　FuzzyPID 混合控制
　　　FuzzyPID 混和控制
　　　PID 模糊控制
　　　模糊 PID
　　S 模糊控制
　　Z 自动控制*

模糊 PID 算法
fuzzy PID algorithm
TP301.6　TP13
　　D FuzzyPID 算法
　　S 模糊控制算法
　　Z 算法*

模糊贝叶斯网络
fuzzy Bayesian network
TP301　TP393
　　S 贝叶斯网络
　　Z 网络*

模糊边缘检测
fuzzy edge detection
TP391
　　S 边缘检测
　　L 图像处理**

模糊分类器
fuzzy classifier
TP391.1
　　S 分类器*
　　• 自适应模糊分类器
　　• 最近邻模糊分类器

模糊关系数据库
fuzzy relational database
TP392
　　S 关系型数据库
　　Z 数据库*

模糊核聚类
fuzzy kernel clustering
TP391.3
　　S 核聚类
　　　模糊聚类
　　Z 聚类*

模糊计算
fuzzy calculation
TP301
　　S 软计算
　　C 模糊增强
　　　模糊算法
　　Z 计算*

模糊加权均值滤波
fuzzy weighted average filtering
TN713
　　S 加权均值滤波
　　　模糊滤波
　　Z 滤波*

模糊解耦
fuzzy decoupling
TP13　TP18
　　D 模糊解耦控制
　　S 模糊信息处理
　　Z 信息处理*

模糊解耦控制
　　Y 模糊解耦

模糊聚类
fuzzy clustering
TP391
　　D 模糊聚类算法
　　S 聚类*
　　• GK 模糊聚类
　　• 模糊核聚类
　　• 模糊均值聚类
　　• 最大模糊熵高斯聚类
　　C 均值算法

模糊聚类算法
　　Y 模糊聚类

模糊均值聚类
fuzzy means clustering
TP391.3
　　S 均值聚类
　　　模糊聚类
　　• 模糊 C 均值聚类
　　Z 聚类*

模糊卡尔曼滤波
fuzzy Kalman filtering
TN713
　　S 卡尔曼滤波**
　　　模糊滤波

模糊控制
fuzzy control

TP31
  S 自动控制*
- 模糊PID控制
- 模糊逻辑控制
- 模糊预测控制
- 自适应模糊控制
  C 模糊控制器
    模糊控制算法

模糊控制器
fuzzy controller
TP273
  S 控制器*
  C 模糊控制

模糊控制算法
fuzzy control algorithm
TN911 TP301
  S 控制算法
    模糊算法
- 模糊PID算法
  C 模糊控制
  Z 算法*

模糊逻辑控制
fuzzy logic control
TP273
  S 模糊控制
  Z 自动控制*

模糊滤波
fuzzy filtering
TN713
  S 滤波*
- 模糊加权均值滤波
- 模糊卡尔曼滤波
- 模糊中值滤波
- 模糊自适应滤波

模糊模式识别
fuzzy pattern recognition
TP391.4
  S 模式识别
    模糊识别
  Z 信息识别*

模糊模型辨识
fuzzy model identification
TP391.4
  D 模糊模型识别
  S 模型识别
    模糊识别
  Z 信息识别*

模糊模型识别
  Y 模糊模型辨识

模糊目标信息系统
fuzzy objective information system
TP391
  S 模糊信息系统

  Z 信息系统*

模糊判别
  Y 模糊识别

模糊判定
fuzzy judgement
TP18
  D 模糊判据
  S 模糊信息处理
  Z 信息处理*

模糊判据
  Y 模糊判定

模糊匹配
fuzzy matching
TP18 TP391
  S 信息匹配
  C 中文信息处理
    辐射源识别
  Z 信息处理*

模糊前馈
fuzzy feedforward
TP18
  S 模糊信息处理
  Z 信息处理*

模糊神经网络
fuzzy neural network
TP183
  S 人工神经网络*
- 自适应模糊神经网络

模糊时间Petri网
fuzzy time Petri net
TP13
  S 时间Petri网
  Z Petri网*

模糊识别
fuzzy recognition
TP391.4
  D 模糊判别
  S 信息识别*
- 模糊模式识别
- 模糊模型辨识
  C 模糊调节

模糊数据关联
fuzzy data association
TP391
  S 数据关联
  C 模糊数据挖掘
  L 数据处理**

模糊数据库
fuzzy database
TP392
  S 数据库*

  C 模糊数据挖掘

模糊数据挖掘
fuzzy data mining
TP391
  S 数据挖掘
  C 模糊数据关联
    模糊数据库
  L 信息挖掘**

模糊算法
fuzzy algorithm
TN911 TP301
  S 算法*
- 模糊控制算法
- 模糊遗传算法
  C 模糊计算

模糊调节
fuzzy tuning
TP272
  S 模糊信息处理
  C 模糊识别
  Z 信息处理*

模糊图像恢复
fuzzy image restoration
TP391
  S 图像复原
  L 图像处理**

模糊推理
fuzzy inference
TP391.7
  D 模糊推理技术
  S 推理*

模糊推理技术
  Y 模糊推理

模糊信息处理
fuzzy information processing
TP391 TP18
  S 信息处理*
- 模糊调节
- 模糊解耦
- 模糊判定
- 模糊前馈
  C 模糊信息系统
    模糊信息融合

模糊信息融合
fuzzy information fusion
TP18 TP391
  S 信息融合
  C 模糊信息处理
  Z 信息处理*

模糊信息系统
fuzzy information system
TP391 TP18

S 信息系统*
　　· 模糊目标信息系统
　　C 模糊信息处理

模糊遗传算法
fuzzy genetic algorithm
TP301.6　TP183
　　S 模糊算法
　　　　遗传算法
　　Z 算法*

模糊有限自动机
fuzzy finite automaton
TP301.1
　　D Fuzzy 有限自动机
　　S 有限自动机
　　　　模糊自动机
　　C 词计算
　　Z 自动机*

模糊预测控制
fuzzy predictive control
TP273
　　S 模糊控制
　　　　预测控制
　　Z 自动控制*

模糊增强
fuzzy enhancement
TP391
　　S 信号增强
　　C 模糊计算
　　Z 信号处理*

模糊中值滤波
fuzzy median filtering
TN713
　　S 中值滤波
　　　　模糊滤波
　　Z 滤波*

模糊自动机
fuzzy automaton
TP301.1
　　D Fuzzy 自动机
　　S 自动机*
　　· 模糊有限自动机

模糊自适应控制
　　Y 自适应模糊控制

模糊自适应滤波
fuzzy adaptive filtering
TN713
　　S 模糊滤波
　　　　自适应滤波
　　Z 滤波*

模糊最小二乘支持向量机
fuzzy least-squares support vector machine

TP391
　　S 最小二乘支持向量机
　　Z 支持向量机*

模块电路
module circuit
TN710
　　D 电路模块
　　S 电子电路*
　　C 模块电源

模块电源
module-level power supply
TN86
　　D 模块化电源
　　　　模块式电源
　　S 电子电源
　　C 模块电路
　　Z 电源*

模块化编程
modular programming
TP311
　　D 模块化程序设计
　　S 软件编程**
　　C 模块化程序

模块化程序
modularized program
TP31
　　D 积木式程序
　　S 软件*
　　C 模块化编程

模块化程序设计
　　Y 模块化编程

模块化电源
　　Y 模块电源

模块化建模
modular modeling
TP391.9
　　S 模型构建*

模块式电源
　　Y 模块电源

模幂算法
powering algorithm
TP301　TN911
　　S 算法*

模拟 IC
　　Y 模拟集成电路

模拟比较器
analog comparator
TN710
　　S 比较器
　　Z 电子电路*

模拟程序
　　Y 仿真软件

模拟电话
analog telephone
TN916
　　S 电话通信
　　C 数字电话
　　　　模拟通信
　　Z 通信*

模拟电路
analog circuit
TN7
　　D 模拟电子电路
　　S 电子电路*
　　· 非线性模拟电路
　　· 模拟前端电路
　　· 线性模拟电路
　　· 在系统可编程模拟电路
　　C 模拟电子技术
　　　　模拟计算机
　　　　模拟鉴相器

模拟电子电路
　　Y 模拟电路

模拟电子计算机
　　Y 模拟计算机

模拟电子技术
analog electronic technology
TN01
　　S 电子技术*
　　C 模拟交换
　　　　模拟电路
　　　　模拟计算机

模拟对讲机
analog interphone
TN924
　　S 对讲机
　　C 模拟放大器
　　　　模拟通信
　　Z 无线电台*

模拟仿真
　　Y 仿真

模拟放大器
analog amplifier
TN72
　　S 放大器*
　　C 模拟对讲机

模拟集成电路
analog integrated circuit
TN4
　　D 模拟 IC
　　S 集成电路*
　　· 非线性集成电路

- 现场可编程模拟阵列
- 线性集成电路

模拟计算机
analog computer
TP391　TP34
　D 模拟电子计算机
　　电子模拟计算机
　S 计算机*
- 微分器
　C 模拟电子技术
　　模拟电路

模拟鉴相器
analog phase detector
TN763.3
　S 鉴相器
- 电流比率模拟相乘器
- 二极管平衡鉴相器
- 双平衡差分模拟鉴相器
　C 模拟电路
　Z 检波器*

模拟交换
analog switching
TN915
　S 通信交换**
　C 模拟电子技术
　　模拟通信

模拟接口
analog interface
TP334.7
　S 接口*
　C 模拟信号

模拟接收机
analog receiver
TN85
　S 接收设备*
　C 数字接收机

模拟进化算法
simulated evolutionary algorithm
TN911　TP301
　S 模拟算法
　Z 算法*

模拟滤波
analog filtering
TN713
　S 滤波*

模拟前端
　Y 模拟前端电路

模拟前端电路
analog front-end circuit
TN710
　D 模拟前端
　S 前端电路

模拟电路
Z 电子电路*

模拟软件
　Y 仿真软件

模拟设计
　Y 仿真设计

模拟实验系统
　Y 实验仿真

模拟示波器
analog oscilloscope
TM935
　S 示波器
　Z 电子测量仪器*

模拟数字混合模拟
　Y 数模混合仿真

模拟数字转换器
　Y 模数转换器

模拟算法
simulation algorithm
TP301　TN911
　S 算法*
- 模拟进化算法
- 模拟退火算法
- 模拟植物生长算法
　C 并行仿真

模拟调制
analog modulation
TN76
　D 模拟调制技术
　S 调制*
　C 模拟调制信号
　　模拟调制器

模拟调制技术
　Y 模拟调制

模拟调制器
analog modulator
TN761
　S 调制器*
　C 数字调制器
　　模拟调制

模拟调制信号
analog modulation signal
TN911
　S 调制信号
　C 模拟调制
　Z 信号*

模拟通信
analog communication
TN914　TN915

　S 通信*
　C 模拟交换
　　模拟对讲机
　　模拟电话

模拟退火算法
simulated annealing algorithm
TN911　TP301
　D SA算法
　　改进模拟退火算法
　　退火算法
　S 优化算法
　　智能算法
　　模拟算法
- 遗传模拟退火算法
- 自适应模拟退火算法
　Z 算法*

模拟退火遗传算法
　Y 遗传模拟退火算法

模拟网络
analog network
TP2　TP3　TN92
　S 网络*

模拟信号
analog signal
TN911
　S 信号*
　C 模拟信号处理
　　模拟接口

模拟信号处理
analog signal processing
TN911
　S 信号处理*
　C 模拟信号

模拟训练系统
　Y 训练仿真

模拟预失真
analog predistortion
TN72　TN911
　S 预失真
　Z 电子技术*

模拟植物生长算法
plant growth simulation algorithm
TP301
　S 智能优化算法
　　模拟算法
　　生长算法
　Z 算法*

模式变换器
　Y 模式转换器

模式辨识
　Y 模式识别

模式抽取
pattern extraction
TP391
　　S 信息抽取**

模式分类器
pattern classifier
TP391
　　S 分类器*

模式聚类
pattern clustering
TP391.3
　　S 聚类*

模式匹配
pattern matching
TP391
　　S 信息匹配
　　• 单模式匹配
　　• 点模式匹配
　　• 多模式匹配
　　C 有限自动机
　　　　模式匹配算法
　　　　特征提取
　　Z 信息处理*

模式匹配算法
pattern matching algorithm
TP301　TN911
　　S 匹配算法
　　C 模式匹配
　　Z 算法*

模式识别
pattern recognition
TP391.4
　　D 模式识别系统
　　　　模式辨识
　　　　计算机模式识别
　　S 信息识别*
　　• 故障模式识别
　　• 句法模式识别
　　• 模糊模式识别
　　• 视觉模式识别
　　• 顺序模式识别
　　• 统计模式识别
　　• 图像模式识别
　　• 协同模式识别
　　C 机器学习

模式识别系统
　　Y 模式识别

模式搜索算法
pattern search algorithm
TP301　TN911
　　S 搜索算法
　　Z 算法*

模式挖掘
pattern mining

TP391
　　S 信息挖掘**
　　• 频繁模式挖掘
　　• 序列模式挖掘

模式转换器
mode converter
TN710
　　D 模式变换器
　　S 转换器*

模数混合电路
　　Y 模数混合集成电路

模数混合集成电路
analog-digital hybrid integrated circuit
TN94　TN710
　　D 模数混合电路
　　S 混合信号集成电路
　　• 模数转换器
　　Z 集成电路*

模数转换器
analog-digital converter
TN79+2
　　D A/D 转换器
　　　　A/D 转换电路
　　　　AD 转换器
　　　　AD 转换芯片
　　　　模拟数字转换器
　　　　模数转换芯片
　　S 模数混合集成电路
　　　　转换器*
　　• Σ-Δ 模数转换器
　　• 串行模数转换器
　　• 高速模数转换器
　　• 流水线模数转换器
　　• 闪烁型模数转换器
　　• 轴角-数字转换器
　　• 逐次逼近型模数转换器
　　• 自整角机数字转换器
　　C 定点数字信号处理器
　　Z 集成电路*

模数转换芯片
　　Y 模数转换器

模塑封材料
molded sealing material
TM2　TN304
　　S 封装材料
　　Z 电子材料*

模型仿真
model simulation
TP391.9
　　S 仿真*

模型分解
model decomposition
TP391

　　S 信息处理*
　　C 模型构建

模型服务器
model server
TP368
　　S 服务器*

模型构建*
modeling
TP391.9
　　D 建模
　　　　模型建立
　　　　模型构造
　　• 背景建模
　　• 参数化建模
　　• 层次建模
　　• 场景建模
　　• • 三维场景建模
　　• 地形建模
　　• 定量建模
　　• 定性建模
　　• 多尺度建模
　　• 多分辨率建模
　　• 多视图建模
　　• 仿真建模
　　• 分层建模
　　• 概念建模
　　• 故障建模
　　• 混合建模
　　• 几何建模
　　• 交互建模
　　• 静态建模
　　• 可视化建模
　　• 快速建模
　　• 领域建模
　　• 敏捷建模
　　• 模块化建模
　　• 逆向建模
　　• 柔性建模
　　• 软件建模
　　• • CAD 建模
　　• • Simulink 建模
　　• • 面向对象建模
　　• • 面向方面建模
　　• • 软件过程建模
　　• 三维建模
　　• • 三维场景建模
　　• • 三维地形建模
　　• • 三维人脸建模
　　• • 三维人体建模
　　• • 三维实体建模
　　• 数字建模
　　• 特征建模
　　• 图像建模
　　• 图形建模
　　• 网络建模
　　• 物理建模
　　• 系统建模
　　• 协同建模
　　• 信道建模
　　• 形式化建模
　　• 虚拟建模

• 512 •

- 语言建模
- 语义建模
- 元建模
- 约束建模
- 运动建模
- 智能建模
- 自动建模
- 综合建模
- 组合建模
  C 建模工具
  建模语言
  模型分解

模型构造
  Y 模型构建

模型基编码
model-based coding
TN911 TP391
  D 知识基编码
  S 图像编码
  Z 编码*

模型建立
  Y 模型构建

模型聚类
model clustering
TP391.3
  S 聚类*

模型描述语言
model description language
TP312
  S 描述语言
  Z 计算机语言*

模型识别
model identification
TP391.4
  S 信息识别*
- 模糊模型辨识

模型数据
model data
TP392 TP391
  S 数据*
  C 模型数据库

模型数据库
model database
TP311
  S 应用数据库
  C 模型数据
  Z 数据库*

模型算法
model algorithm
TP301.6
  S 算法*
- 多模型算法

  C 目标跟踪

模型预测控制
model predictive control
TP273
  D 模型预测控制算法
  S 预测控制
  Z 自动控制*

模型预测控制算法
  Y 模型预测控制

膜式电阻器
  Y 薄膜电阻器

膜式可变电阻器
film variable resistor
TM546
  S 可变电阻器
  Z 电阻器*

摩尔投票算法
  Y 多数投票算法

抹音磁头
  Y 擦除头

末级功放
  Y 末级功率放大器

末级功率放大器
last stage power amplifier
TN72
  D 末级功放
  S 功率放大器**

末制导雷达
terminal guidance radar
TN958
  S 制导雷达
  Z 雷达*

模板匹配
template matching
TP18 TP24 TP391
  D 模板匹配法
  S 信息匹配
  C 人脸跟踪
    图像处理
    特征提取
    相关跟踪
  Z 信息处理*

模板匹配法
  Y 模板匹配

木马病毒
  Y 木马程序

木马程序
Trojan horse program
TP318 TP393.08
  D 木马病毒
    特洛伊木马
    特洛伊木马型病毒
    特洛伊木马病毒
    特洛伊木马程序
    特洛伊木马软件
    特洛依木马
    特洛依木马病毒
    特洛依木马程序
  S 计算机病毒
- ASP 木马
- 盗号木马
- 网页木马
  C 木马攻击
  L 恶意软件**

木马攻击
Trojan horse attack
TP393.08
  S 病毒攻击
  C 木马程序
    间谍程序
  L 网络攻击**

目标辨识
  Y 目标识别

目标程序
object program
TP31
  D 对象程序
    目的程序
    结果程序
  S 软件*
  C 元程序

目标高度显示器
  Y 高度显示器

目标跟踪*
target tracking
TN953 TN971
  D 对象跟踪
    物体跟踪
- 单目标跟踪
- 多目标跟踪
- • 多机动目标跟踪
- 红外目标跟踪
- 机动目标跟踪
- • 车辆跟踪
- 多机动目标跟踪
- 检测前跟踪
- 雷达目标跟踪
- 视觉目标跟踪
- 水下目标跟踪
- 图像目标跟踪
- 自动目标跟踪
  C 数据关联
    模型算法

目标信号
　　相关跟踪
　　粒子滤波
　　自适应跟踪
　　运动跟踪

目标鉴别
　Y 目标识别

目标模拟
target simulation
TP391　TN951
　S 仿真*
　• 雷达目标模拟

目标判定
　Y 目标识别

目标散射
object scattering
TN951
　S 电波散射传播
　Z 电磁波散射*
　　电波传播*

目标识别
target recognition
TP391.4
　D 目标判定
　　目标识别算法
　　目标辨识
　　目标鉴别
　S 信息识别*
　• 敌我识别
　• 多目标识别
　• 红外目标识别
　• 空间目标识别
　• 雷达目标识别
　• 目标综合识别
　• 三维目标识别
　• 声目标识别
　• 水下目标识别
　• 图像目标识别
　• 物体识别
　• 运动目标识别
　• 自动目标识别
　C 特征匹配
　　目标信号
　　目标提取
　　跟踪

目标识别算法
　Y 目标识别

目标数据库
　Y 面向对象数据库

目标提取
object extraction
TP391　TP311
　S 信息抽取**
　• 运动目标提取

C 目标信号
　目标识别

目标信号
target signal
TN911
　S 信号*
　C 目标提取
　　目标识别
　　目标跟踪

目标增强
target enhancing
TP391
　S 信号增强
　Z 信号处理*

目标指示雷达
target indicating radar
TN958
　S 制导雷达
　　火控雷达
　Z 雷达*

目标综合识别
target synthetic identification
TP391.4
　S 目标识别
　Z 信息识别*

目的程序
　Y 目标程序

目的序列距离矢量路由协议
destination-sequenced distance vector routing protocol
TP393　TN915.04
　D DSDV
　　DSDV 路由协议
　S 无线路由协议
　L 网络协议**

目录访问协议
directory access protocol
TN915.04
　S 接入协议
　• 轻量级目录访问协议
　C 目录服务
　L 网络协议**

目录服务
directory service
TP391
　S 网络服务*
　• 分布式目录服务
　• 活动目录服务
　C 目录服务器
　　目录服务系统
　　目录访问协议

目录服务标记语言
directory service markup language
TP312
　S 标记语言
　Z 计算机语言*

目录服务器
directory server
TP368
　S 功能服务器
　C 目录服务
　Z 服务器*

目录服务系统
directory service system
TP391
　S 信息服务系统
　C 目录服务
　Z 信息系统*

钼激光器
molybdenum laser
TN248
　S 晶体激光器
　L 固体激光器**

纳机电系统
nano electromechanical system
TN4
　D NEMS
　S 微纳机电系统
　C 纳米工艺
　　纳米电子技术
　Z 微系统*

纳米 CMOS 电路
nano-CMOS circuit
TN710
　D 纳米级 CMOS 电路
　S CMOS 集成电路
　　纳米集成电路
　C 纳米 CMOS 器件
　Z 集成电路*

纳米 CMOS 器件
nano-CMOS device
TN386
　S CMOS 器件
　C 纳米 CMOS 电路
　L MOS 器件**

纳米半导体
　Y 半导体纳米材料

纳米半导体材料
　Y 半导体纳米材料

纳米传感器
nanosensor
TP212
　S 微型传感器

• 纳米生物传感器
C 纳米工艺
   纳米电子技术
Z 传感器*

纳米存储器
nanomemory
TP333
D 纳米晶存储器
S 存储器*
C 纳米工艺
   纳米电子技术
   纳米计算机

纳米导电纤维
nanoconductive fiber
TM24 TN99
S 纳米电子材料
Z 电子材料*

纳米电子材料
nano-electronic material
TN04
S 电子材料*
• 纳米导电纤维
• 纳米硅薄膜
C 纳米电子技术

纳米电子技术
nano-electronic technology
TN01
S 电子技术*
C 纳机电系统
   纳米传感器
   纳米存储器
   纳米电子材料
   纳米计算机

纳米工艺
nanometer technology
TN305
D 毫微米工艺
   纳米技术
S 半导体工艺*
• 纳米光刻
C 半导体纳米材料
   纳机电系统
   纳米传感器
   纳米存储器
   纳米计算机

纳米光导集成电路
nanometer photoconductive integrated circuit
TN491
S 光学集成电路
C 纳米光电探测器
Z 光器件*

纳米光电探测器
nanometer photodetector
TN215 TN36

S 半导体光电探测器
C 纳米光导集成电路
L 光学探测器**
   半导体光电器件**

纳米光刻
nanometer lithography
TN305
D 纳米光刻技术
S 光刻工艺**
   纳米工艺
• 纳米压印光刻

纳米光刻技术
Y 纳米光刻

纳米光学天线
nano-optical antenna
TN82
S 光学天线
   纳米天线
Z 天线*

纳米硅薄膜
nano-crystalline silicon thin film
TN304
S 硅薄膜
   纳米电子材料
C 硅纳米线
L 元素半导体**

纳米机器人
nanorobot
TP242
D 分子机器人
S 微操作机器人
Z 机器人*

纳米激光器
nanolaser
TN248
S 激光器*

纳米级 CMOS 电路
Y 纳米 CMOS 电路

纳米级集成电路
Y 纳米集成电路

纳米集成电路
nanometer integrated circuit
TN710 TN94
D 纳米级集成电路
S 半导体集成电路
• 纳米 CMOS 电路
Z 集成电路*

纳米计算机
nanometer computer
TP338

S 计算机*
C 纳米存储器
   纳米工艺
   纳米电子技术

纳米技术
Y 纳米工艺

纳米晶存储器
Y 纳米存储器

纳米晶化学太阳能电池
Y 纳米晶太阳能电池

纳米晶太阳能电池
nanocrystal solar cell
TM914
D 纳米晶化学太阳能电池
S 太阳能电池
Z 电池*

纳米生物传感器
nanometer biosensor
TP212
S 生物传感器
   纳米传感器
Z 传感器*

纳米天线
nano-antenna
TN82
S 天线*
• 纳米光学天线

纳米线
Y 半导体纳米线

纳米压印光刻
nanoimprint lithography
TN305
S 压印光刻
   纳米光刻
L 光刻工艺**

纳瓦 IC
Y 微功耗集成电路

耐辐射电缆
radiation resistance cable
TM249
S 特种电缆
Z 电线电缆*

耐高温电缆
Y 高温电缆

南桥芯片
south bridge chip
TN492
S 芯片组
   计算机芯片

Z 芯片*

挠性覆铜板
flexible copper clad laminate
TN41
　　S 覆铜板
　　C 挠性印制电路板
　　Z 电路基板*

挠性印刷电路
　　Y 挠性印制电路板

挠性印刷电路板
　　Y 挠性印制电路板

挠性印制板
　　Y 挠性印制电路板

挠性印制电路
　　Y 挠性印制电路板

挠性印制电路板
flexible printed circuit board
TN41
　　D FPCB
　　　　挠性印制板
　　　　挠性印制电路
　　　　挠性印刷电路
　　　　挠性印刷电路板
　　　　柔性印刷电路
　　　　柔性电路
　　　　柔性线路板
　　　　软性印制电路
　　S 印制电路板*
　　C 挠性覆铜板
　　　　柔性基板

脑机接口
brain-computer interface
TP334.7
　　D 大脑端口
　　S 交互接口
　　Z 接口*

内部操作寄存器
　　Y 内部寄存器

内部攻击
insider attack
TP393.08
　　S 网络攻击**

内部寄存器
internal register
TP33
　　D 内部操作寄存器
　　S 寄存器*
　　C 内存

内部路由协议
　　Y 内部网关协议

内部通信
inner communication
TN91
　　D 对内通信
　　S 通信*
　　C 内部网关协议

内部网
intranet
TP393
　　D Intranet 网
　　　　企业内联网
　　　　内网
　　　　内联网平台
　　　　内部网络
　　S 计算机网络*
　　C 内网安全
　　　　外部网
　　　　局域网

内部网关路由协议
internal gateway routing protocol
TP393.0
　　D IGRP
　　　　网关间选径协议
　　S 内部网关协议
　　• 增强型网关内部路由协议
　　L 网络协议**

内部网关协议
internal gateway protocol
TP393.0
　　D IGP
　　　　内部路由协议
　　S IP 路由协议
　　• 距离矢量路由协议
　　• 开放最短路径优先协议
　　• 链路状态路由协议
　　• 路由信息协议
　　• 内部网关路由协议
　　• 中间系统到中间系统协议
　　C 内部通信
　　L 网络协议**

内部网络
　　Y 内部网

内部网络安全
　　Y 内网安全

内部噪声
internal noise
TN911
　　S 信号噪声*

内插编码
interpolation coding
TN911
　　S 编码*
　　C 内插算法

内插滤波
interpolation filtering
TN713
　　S 滤波*
　　C 内插算法

内插算法
interpolation algorithm
TP301　TN911
　　S 插值算法
　　C 内插滤波
　　　　内插编码
　　Z 算法*

内存
internal memory
TP333
　　D 中央存储器
　　　　内存储器
　　　　内存贮器
　　　　按字节编址存储器
　　S 存储器*
　　• 常规内存
　　• 共享内存
　　• 计算机内存
　　• 扩展内存
　　• 内存池
　　• 手机内存
　　• 双通道内存
　　• 物理内存
　　• 系统内存
　　• 显示内存
　　• 虚拟内存
　　• 主存储器
　　C 内存保护
　　　　内存共享
　　　　内存数据库
　　　　内部寄存器
　　　　外存储器
　　　　片选信号

内存保护
memory protection
TP309
　　S 存储保护
　　　　硬件保护
　　C 内存
　　Z 信息安全防护*

内存池
memory pool
TP333
　　S 内存
　　C 存储池
　　Z 存储器*

内存储器
　　Y 内存

内存共享
memory sharing
TP333　TP391

S 存储共享
　　C 内存
　　Z 资源共享*

内存数据库
main memory database
TP33　TP392
　　D 主存数据库
　　S 数据库*
　　• 嵌入式内存数据库
　　• 实时内存数据库
　　C 内存

内存条
　　Y 计算机内存

内存泄漏
memory leak
TP309
　　D 内存泄露
　　S 信息泄露
　　Z 信息安全风险*

内存泄露
　　Y 内存泄漏

内存贮器
　　Y 内存

内存驻留程序
memory resident program
TP311
　　D 常驻内存程序
　　　常驻程序
　　　驻存程序
　　　驻留内存程序
　　　驻留程序
　　S 应用软件**

内存总线
　　Y 存储器总线

内联网平台
　　Y 内部网

内嵌编码
embedded coding
TN918
　　S 编码*

内嵌汇编语言
embedded assembly language
TP312
　　S 汇编语言
　　Z 计算机语言*

内腔调制
　　Y 腔内调制

内容安全
　　Y 信息内容安全

内容保护
content protection
TN92　TN94　TN915
　　S 信息安全防护*
　　• 数据保护
　　• 数字内容保护
　　• 图像保护
　　• 完整性保护
　　• 网页保护
　　• 文件保护
　　C 信息内容管理
　　　内容审计
　　　写保护

内容分发
content distribution
TN919　TP393.1
　　D P2P 内容分发
　　S 信息分发
　　C 内容分发网络
　　　比特流协议
　　Z 信息处理*

内容分发网络
content delivery network
TP393.1　TN919
　　S 通信网络*
　　C 内容分发
　　　缓存服务器

内容管理
　　Y 信息内容管理

内容管理系统
content management system
TP393.07
　　S 信息系统*
　　• 电子文件管理系统
　　• 网站内容管理系统
　　C 信息内容管理

内容过滤
content filtering
TP309　TP391
　　D 基于内容的过滤
　　S 信息过滤
　　• 文本过滤
　　• 主题过滤
　　Z 信息安全技术*
　　　信息处理*

内容可寻址存储器
content addressable memory
TP333
　　D TCAM
　　　三态内容可寻址存储器
　　　三态内容寻址存储器
　　　内容寻址存储器
　　　内容选址存储器
　　　内容选址贮存器
　　S 存储器*
　　C 内容寻址存储

内容路由
content routing
TN915　TP393.2　TN92
　　D 基于内容的路由
　　S 路由*
　　• 消息路由
　　• 语义路由

内容认证
content authentication
TP309
　　S 信息认证
　　• 图像内容认证
　　C 半脆弱水印
　　　文本水印
　　Z 信息安全认证*

内容审计
content audit
TP393.08
　　D 信息内容审计
　　S 信息审计
　　C 信息内容管理
　　　内容保护
　　Z 信息安全技术*

内容挖掘
content mining
TP392　TP391.3
　　S 信息挖掘**
　　• 网络内容挖掘
　　• 文本挖掘

内容选址存储器
　　Y 内容可寻址存储器

内容选址存贮器
　　Y 内容可寻址存储器

内容寻址存储
content addressed storage
TP30
　　S 信息存储*
　　C 内容可寻址存储器
　　　内容寻址网络

内容寻址存储器
　　Y 内容可寻址存储器

内容寻址网络
content addressable network
TP393.1
　　S 计算机网络*
　　C 内容寻址存储
　　　负载均衡

内调制光电探测器
intra-modulated photodetector
TN36
　　S 半导体光电探测器
　　L 光学探测器**

半导体光电器件**

内网
Y 内部网

内网安全
intranet security
TP393.08
D 内部网络安全
S 网络安全*
C 内部网

内圆切割机
Y 内圆切片机

内圆切片机
inner circle slicer
TN305
D 内圆切割机
S 切片机
Z 半导体工艺设备*

能力成熟度模型*
capability maturity model
TP399
• 能力成熟度模型集成
•• 软件能力成熟度模型集成
• 软件能力成熟度模型
• 数据管理能力成熟度模型
• 研发运营一体化能力成熟度模型
• 智能制造能力成熟度模型

能力成熟度模型集成
capability maturity model integration
TP399
S 能力成熟度模型*
• 软件能力成熟度模型集成

能量感知
energy awareness
TP2
S 信息感知*
C 无线传感器网络

铌电解电容器
niobium electrolytic capacitor
TM535
S 电解电容器
Z 电容器*

逆变电源
inverter power supply
TN86
D 逆变器
S 电源*
• 车载逆变电源
• 串联型逆变器
• 高频逆变电源
• 高压逆变电源
• 正弦波逆变器

逆变器
Y 逆变电源

逆导晶闸管
reverse-conducting thyristor
TN34
D 逆导可控硅
S 晶闸管
L 半导体分立器件**
电力半导体器件**

逆导可控硅
Y 逆导晶闸管

逆复用
Y 解复用

逆合成孔径雷达
inverse synthetic aperture radar
TN958
D ISAR
S 合成孔径雷达
Z 雷达*

逆滤波
inverse filtering
TN713
D 反滤波
S 滤波*
C 图像复原

逆向仿真
inverse simulation
TP391.9
S 仿真*
C 逆向建模

逆向建模
inverse modeling
TP391.9
S 模型构建*
C 逆向仿真

匿名代理签名
anonymous proxy signature
TP393.08
S 代理签名
Z 数字签名*

匿名认证
anonymous authentication
TP393.08
D 直接匿名认证
S 信息安全认证*
C 可信计算

匿名通信
anonymous communication
TP918
S 保密通信
Z 通信*

鸟声信号
Y 线性调频信号

镍镉电池
nickel-cadmium battery
TM912
S 蓄电池
C 锂离子电池
镍氢电池
Z 电池*

镍钴铝酸锂电池
LiNiCoAlO$_2$ battery
TM912
S 三元锂聚合物电池
Z 电池*

镍钴锰酸锂电池
LiNiMnCoO$_2$ battery
TM912
S 三元锂聚合物电池
Z 电池*

镍氢电池
nickel metal hydride battery
TM912
S 蓄电池
C 充电纽扣电池
锂离子电池
镍镉电池
Z 电池*

镍氢纽扣电池
Y 充电纽扣电池

凝聚层次聚类算法
Y 层次聚类算法

凝聚聚类
agglomerate clustering
TP391.3
S 聚类*

扭矩传感器
torque transducer
TP212.1
S 力传感器
L 测量传感器**
物理传感器**

扭曲向列型液晶显示器
Y 超扭曲向列型液晶显示器

纽扣电池
button cell
TM91
D 扣式电池
S 电池*
• 充电纽扣电池
• 扣式锂电池

钮子开关
　　Y 按键开关

农村电话
rural telephone
TN916
　　D 农话
　　S 固定电话
　　Z 通信*

农村通信
rural communication
TP916
　　S 通信*

农话
　　Y 农村电话

农业机器人
agricultural robot
TP242
　　S 机器人*

农业物联网
agricultural internet of things
TP2　TN92
　　D 农业物联网技术
　　S 物联网**
　　C 智慧农业

农业物联网技术
　　Y 农业物联网

农业信息化
agricultural informatization
TP391
　　S 信息化*
　　C 智慧农业

女巫攻击
sybil attack
TP393.08
　　D Sybil 攻击
　　S 网络攻击**

钕玻璃激光器
neodymium glass laser
TN248
　　S 玻璃激光器
　　　钕激光器
　　L 固体激光器**

钕激光器
neodymium laser
TN248
　　S 固体激光器**
　　· 掺钕钒酸钆激光器
　　· 掺钕钒酸钇激光器
　　· 掺钕钇铝石榴石激光器
　　· 过磷酸钕激光器
　　· 钕玻璃激光器

偶极天线
dipole antenna
TN82
　　D 偶极子天线
　　　双极天线
　　　对称振子天线
　　　振子天线
　　S 全向天线
　　　通信天线**
　　· 半波偶极天线
　　· 电磁偶极天线
　　· 对数周期偶极天线
　　· 印刷偶极天线
　　C 单极天线

偶极子天线
　　Y 偶极天线

偶数分频器
even divider
TN772
　　S 分频器*
　　· 二分频器
　　· 四分频器

耦合电感器
coupling inductor
TM55
　　S 电感器*

耦合电路
　　Y 耦合器

耦合电容器
coupling capacitor
TM531
　　S 电容器*

耦合放大器
coupling amplifier
TN72
　　D 阻容耦合放大器
　　S 放大器*

耦合光纤
coupling fiber
TN25
　　D 耦合光学纤维
　　S 光纤*
　　C 光纤耦合器

耦合光学纤维
　　Y 耦合光纤

耦合器*
coupler
TN81　TN62
　　D 耦合电路
　　· 波导耦合器
　　· · 波导定向耦合器
　　· · 光波导耦合器
　　· · · 多模干涉耦合器
　　· · 光栅耦合器
　　· · · 光纤光栅耦合器
　　· 电感耦合器
　　· 定向耦合器
　　· · 波导定向耦合器
　　· · 非线性定向耦合器
　　· · 平行定向耦合器
　　· · 微带定向耦合器
　　· 多路耦合器
　　· 多条耦合器
　　· 缝隙耦合器
　　· 光电耦合器
　　· 光纤耦合器
　　· · 保偏光纤耦合器
　　· · 单模光纤耦合器
　　· · 非线性光纤耦合器
　　· · 光纤光栅耦合器
　　· · 光纤活动耦合器
　　· · 球状光纤耦合器
　　· · 熔锥型光纤耦合器
　　· · 三芯光纤耦合器
　　· 宽带耦合器
　　· 兰格耦合器
　　· 输入耦合器
　　· 双向耦合器
　　· 天线耦合器
　　· 星型耦合器
　　· 正交模耦合器
　　· 总线耦合器

耦合器波导
　　Y 波导耦合器

耦合腔行波管
coupled cavity traveling wave tube
TN12
　　S 行波管
　　L 微波管**

耦合网络
coupling network
TN711
　　S 电路网络*

耦合谐振器
coupled resonator
TN75
　　S 谐振器*

爬壁机器人
wall climbing robot
TP242
　　D 壁面爬行机器人
　　　壁面移动机器人
　　S 爬行机器人
　　Z 机器人*

爬行机器人
crawling robot
TP242

电子信息技术叙词表

　　S 移动机器人
　　· 爬壁机器人
　　· 蛇形机器人
　　Z 机器人*

爬行算法
crawling algorithm
TP301
　　S 算法*

爬山法
　　Y 爬山算法

爬山搜索算法
　　Y 爬山算法

爬山算法
hill-climbing algorithm
TP301
　　D 爬山搜索算法
　　　 爬山法
　　S 算法*
　　C 密度聚类

拍合式电磁继电器
　　Y 拍合式继电器

拍合式继电器
clapper type relay
TM58
　　D 拍合式电磁继电器
　　S 电磁继电器
　　Z 继电器*

拍频噪声
　　Y 差拍噪声

拍瓦激光器
peta-watt laser
TN248
　　S 高功率激光器
　　Z 激光器*

排版程序
　　Y 排版软件

排版软件
typesetting software
TP317
　　D 排版程序
　　S 办公软件**
　　C 计算机辅助排版

排爆机器人
explosive ordnance disposal robot
TP242
　　S 特种机器人
　　Z 机器人*

排队叫号系统
queuing and calling system

TP39
　　S 电子系统*

排队网络
queuing network
TP301
　　S 网络*

排列算法
　　Y 排序算法

排名算法
　　Y 排序算法

排序滤波
sorting filtering
TN713
　　S 滤波*

排序算法
sorting algorithm
TP391　TP301
　　D 排列算法
　　　 排名算法
　　S 算法*
　　· 快速排序算法
　　· 拓扑排序算法
　　· 网页排序算法

排样算法
nesting algorithm
TP39　TP301
　　S 算法*

牌照定位
　　Y 车牌识别

牌照识别
　　Y 车牌识别

牌照提取
　　Y 车牌识别

派生式CAPP
　　Y 派生式计算机辅助工艺设计

派生式计算机辅助工艺设计
derivative computer aided process planning
TP391.7
　　D 派生式CAPP
　　S 计算机辅助工艺设计
　　Z 计算机辅助技术*

潘尼管
peniotron
TN11
　　S 快波管
　　L 微波管**

盘形激光器
disk laser
TN248
　　D 锯齿形激光器
　　S 固体激光器**

盘锥天线
discone antenna
TN82
　　D 盘锥形天线
　　S 锥形天线
　　Z 天线*

盘锥形天线
　　Y 盘锥天线

判决反馈均衡
　　Y 判决反馈均衡器

判决反馈均衡器
decision feedback equalizer
TN715
　　D 判决反馈均衡
　　S 反馈均衡器
　　· 分数间隔判决反馈均衡器
　　· 自适应判决反馈均衡器
　　Z 均衡器*

叛逆跟踪
　　Y 叛逆者追踪

叛逆者追踪
traitor tracking
TP309　TN918
　　D 叛徒追踪
　　　 叛逆跟踪
　　　 叛逆追踪
　　S 网络追踪
　　C 抗共谋
　　L 网络安全技术**

叛逆追踪
　　Y 叛逆者追踪

叛徒追踪
　　Y 叛逆者追踪

旁瓣
sidelobe
TN95　TN82
　　D 副瓣
　　　 天线副瓣
　　　 天线旁瓣
　　S 天线波瓣
　　C 旁瓣干扰
　　　 旁瓣抑制
　　Z 波束*

旁瓣干扰
sidelobe jamming
TN972

D 副瓣干扰
　　S 雷达干扰
　　C 旁瓣
　　L 电子对抗**

旁瓣控制
　　Y 旁瓣抑制

旁瓣匿影
　　Y 旁瓣消隐

旁瓣消隐
sidelobe blanking
TN974
　　D 副瓣消隐
　　　 副瓣消隐技术
　　　 旁瓣匿影
　　　 旁瓣消隐技术
　　S 雷达抗干扰
　　C 旁瓣抑制
　　L 电子对抗**

旁瓣消隐技术
　　Y 旁瓣消隐

旁瓣抑制
sidelobe suppression
TN974　TN951　TN82
　　D 副瓣抑制
　　　 旁瓣控制
　　S 干扰抑制*
　　C 旁瓣
　　　 旁瓣消隐

旁路攻击
side channel attack
TN918　TP393.08
　　S 网络攻击**

旁视雷达
　　Y 侧视雷达

旁视声呐
　　Y 侧视声呐

旁视声纳
　　Y 侧视声呐

抛光硅片
polished silicon wafer
TN304
　　D 硅抛光片
　　S 硅片
　　C 单晶硅
　　Z 半导体材料*

抛光浆料
polishing slurry
TN04
　　D 抛光液
　　S 电子材料*

　　　 抛光液
　　　　 Y 抛光浆料

抛物面反射器天线
　　Y 抛物面天线

抛物面天线
parabolic antenna
TN82
　　D 抛物天线
　　　 抛物面反射器天线
　　S 微波天线**
　　　 面天线
　　• 偏置抛物面天线
　　• 旋转抛物面天线

抛物天线
　　Y 抛物面天线

泡沫型干扰幕
foam screen
TN97
　　S 无源干扰物
　　L 电子干扰设备**

炮兵雷达
artillery radar
TN958
　　D 地炮雷达
　　　 炮位雷达
　　　 炮瞄雷达
　　S 火控雷达
　　　 陆基雷达
　　• 炮兵侦察校射雷达
　　C 炮兵指挥系统
　　Z 雷达*

炮兵系统
　　Y 炮兵指挥系统

炮兵侦察校射雷达
artillery reconnaissance and adjustment radar
TN958
　　D 侦察校射雷达
　　　 炮位侦察校射雷达
　　　 炮位侦察雷达
　　　 炮位侦校雷达
　　　 炮兵侦校定位雷达
　　S 炮兵雷达
　　Z 雷达*

炮兵侦校定位雷达
　　Y 炮兵侦察校射雷达

炮兵指挥系统
artillery command system
TP39　TN914
　　D 炮兵系统
　　S 指挥信息系统
　　C 炮兵雷达

　　Z 信息系统*

炮瞄雷达
　　Y 炮兵雷达

炮位雷达
　　Y 炮兵雷达

炮位侦察雷达
　　Y 炮兵侦察校射雷达

炮位侦察校射雷达
　　Y 炮兵侦察校射雷达

炮位侦校雷达
　　Y 炮兵侦察校射雷达

佩带式计算机
　　Y 可穿戴计算机

佩戴式计算机
　　Y 可穿戴计算机

佩特里网
　　Y Petri 网

佩特里网论
　　Y Petri 网

配电网通信
distribution network communication
TN913.6
　　D 配电线载波通信
　　S 电力线载波通信
　　Z 通信*

配电线载波通信
　　Y 配电网通信

配电综合自动化
　　Y 电力系统自动化

配线光缆
wiring fiber cable
TN81
　　S 光缆*

配线架
distribution frame
TN913
　　S 通信设备*
　　• 电子配线架
　　• 光纤配线架
　　• 总配线架

配置管理工具
　　Y 系统配置工具

配置软件
　　Y　系统配置工具

喷码打印机
　　Y　喷码机

喷码机
inkjet printer
TN87
　　D　喷码打印机
　　S　喷墨打印机
　　Z　外部设备＊

喷墨打印机
inkjet printer
TP334.8
　　D　喷印机
　　　　喷墨式打印机
　　S　图形输出设备
　　　　打印机
　　·　彩色喷墨打印机
　　·　喷码机
　　·　喷墨多功能一体机
　　C　照片打印机
　　Z　外部设备＊

喷墨多功能一体机
all-in-one inkjet printer
TP334.8
　　D　喷墨一体机
　　S　喷墨打印机
　　　　多功能一体机
　　Z　外部设备＊

喷墨式打印机
　　Y　喷墨打印机

喷墨一体机
　　Y　喷墨多功能一体机

喷印机
　　Y　喷墨打印机

硼扩散
boron diffusion
TN305
　　S　半导体扩散工艺
　　Z　半导体工艺＊

硼离子注入
boron ion implantation
TN305
　　S　离子注入工艺
　　Z　半导体工艺＊

膨胀算法
expansion algorithm
TP301
　　S　图像算法
　　Z　算法＊

碰撞传感器
crash sensor
TP212
　　S　传感器＊

碰撞电离雪崩渡越时间二极管
　　Y　碰撞雪崩渡越时间二极管

碰撞攻击
collision attack
TP309
　　S　网络攻击＊＊

碰撞算法
collision algorithm
TP301.6
　　D　反碰撞算法
　　　　防冲突算法
　　　　防碰撞算法
　　S　算法＊
　　C　射频识别

碰撞雪崩渡越时间二极管
impact avalanche transit time diode
TN31
　　D　IMPATT 二极管
　　　　崩越二极管
　　　　碰撞电离雪崩渡越时间二极管
　　S　微波二极管
　　　　雪崩二极管
　　C　崩越晶体管
　　L　半导体分立器件＊＊

批处理
batch
TP391
　　D　批处理脚本
　　S　信息处理＊

批处理程序
batch program
TP316
　　S　软件＊

批处理脚本
　　Y　批处理

批量传输
bulk transfer
TP31
　　D　批量数据传输
　　S　信息传输＊

批量密钥更新
batch rekeying
TP309
　　S　密钥更新
　　L　密钥管理＊＊

批量数据传输
　　Y　批量传输

皮秒激光
picosecond laser
TN248
　　D　皮秒激光器
　　　　皮秒脉冲激光
　　S　超短脉冲激光
　　Z　激光＊

皮秒激光器
　　Y　皮秒激光

皮秒脉冲激光
　　Y　皮秒激光

皮秒染料激光器
picosecond dye laser
TN248
　　S　染料激光器
　　Z　激光器＊

皮特里网
　　Y　Petri 网

匹克网
　　Y　微微网

匹配电路
matching circuit
TN7
　　S　电子电路＊

匹配负载
matching load
TN61
　　S　匹配器
　　Z　微波元件＊

匹配跟踪算法
　　Y　匹配追踪算法

匹配解调
matching demodulation
TN76
　　S　解调＊

匹配滤波
matched filtering
TN713
　　S　滤波＊
　　·　多尺度滤波
　　·　分段匹配滤波
　　·　空间匹配滤波
　　·　数字匹配滤波
　　·　自适应匹配滤波

匹配滤波接收机
matched filter receiver

TN957　TN85
　　D 匹配滤波器接收机
　　S 接收设备*

匹配滤波器接收机
　　Y 匹配滤波接收机

匹配器
matcher
TN61
　　S 微波元件*
　　• 匹配负载
　　• 阻抗匹配器

匹配树
　　Y 匹配算法

匹配算法
matching algorithm
TP18　TP391　TP301
　　D 匹配树
　　　 匹配算子
　　　 匹配运算
　　S 算法*
　　• 地图匹配算法
　　• 块匹配算法
　　• 立体匹配算法
　　• 模式匹配算法
　　• 匹配追踪算法
　　• 相关匹配算法
　　• 最大匹配算法

匹配算子
　　Y 匹配算法

匹配网络
matching network
TN711
　　S 电路网络*
　　• 微波匹配网络
　　• 阻抗匹配网络

匹配线圈
matched coil
TM556
　　D 巴伦线圈
　　　 平衡-不平衡变压器
　　S 交流扼流圈
　　Z 电感器*

匹配型保偏光纤
matched polarization maintaining fiber
TN818
　　S 保偏光纤
　　Z 光纤*

匹配运算
　　Y 匹配算法

匹配追踪
matching pursuit
TN911
　　S 信号处理*
　　C 匹配追踪算法
　　　 压缩感知

匹配追踪算法
matching tracing algorithm
TP301　TN911
　　D MP 算法
　　　 匹配跟踪算法
　　S 匹配算法
　　　 跟踪算法
　　C 匹配追踪
　　　 时频信号处理
　　Z 算法*

偏射路由
deflection routing
TN929.1
　　S 路由*

偏移四相相移键控
　　Y 偏移四相移相键控

偏移四相移相键控
offset quadrature phase shift keying
TN76
　　D OQPSK
　　　 偏移四相相移键控
　　　 偏移正交相移键控
　　　 偏置正交相移键控
　　S 四相移相键控
　　L 数字调制**

偏移正交相移键控
　　Y 偏移四相移相键控

偏振保持光纤
　　Y 保偏光纤

偏振复用
polarization multiplexing
TN929.1
　　S 光复用
　　C 偏振调制
　　Z 多路复用*

偏振控制器
polarization controller
TN25
　　S 控制器*

偏振调制
polarization modulation
TN20　TN76
　　S 调制*
　　C 偏振复用

偏振噪声
polarization noise
TN20
　　S 信号噪声*

偏置电路
bias circuit
TN710
　　S 电子电路*

偏置抛物面反射器天线
　　Y 偏置抛物面天线

偏置抛物面天线
offset parabolic antenna
TN82
　　D 偏置抛物面反射器天线
　　S 抛物面天线
　　L 微波天线**

偏置正交相移键控
　　Y 偏移四相移相键控

偏轴跟踪
bias axis tracking
TN951
　　S 雷达跟踪*

片内操作系统
　　Y 智能卡操作系统

片上存储器
on-chip memory
TP333
　　S 半导体存储器
　　C 片上总线
　　　 片上网络
　　Z 存储器*

片上多处理器
　　Y 片上多核处理器

片上多核处理器
chip multi-core processor
TP33
　　D 单片多处理器
　　　 单芯片多处理器
　　　 多处理器片上系统
　　　 片上多处理器
　　S 多核处理器
　　C 片上网络
　　　 系统级芯片
　　Z 微处理器*

片上互连
on-chip interconnection
TN405
　　S 电路互连
　　C 片上网络
　　Z 半导体工艺*

电子信息技术叙词表

片上可编程系统
　　Y 可编程片上系统

片上天线
antenna in package
TN82
　　S 天线*
　　C 毫米波通信
　　　片上总线
　　　系统级芯片
　　　贴片天线

片上调试
on-chip debugging
TN4
　　S 电路调试
　　C 片上网络
　　　系统级芯片
　　Z 调试*

片上网络
on-chip network
TN711
　　S 电路网络*
　　C 片上互连
　　　片上多核处理器
　　　片上存储器
　　　片上调试

片上系统
　　Y 系统级芯片

片上总线
on-chip bus
TN40
　　S 总线*
　　• AHB 总线
　　• AMBA 总线
　　• Avalon 总线
　　• Wishbone 总线
　　C 片上天线
　　　片上存储器

片式 PTCR
　　Y 片式热敏电阻器

片式磁珠
chip bead
TM556
　　S 磁珠
　　　表面贴装元器件*
　　Z 电感器*

片式电感
　　Y 片式电感器

片式电感器
chip inductor
TM55
　　D 片式电感
　　　表面贴装电感器

　　　贴片电感
　　S 电感器*
　　　表面贴装元器件*
　　C 薄膜电感器

片式电容
　　Y 片式电容器

片式电容器
chip capacitor
TM53
　　D 片式电容
　　　表面贴装电容器
　　　贴片电容
　　S 电容器*
　　　表面贴装元器件*
　　• 片式多层陶瓷电容器
　　• 片式铝电解电容器
　　C 多层陶瓷电容器

片式电阻
　　Y 片式电阻器

片式电阻器
chip resistor
TM546
　　D 片式电阻
　　　贴片电阻
　　S 电阻器*
　　　表面贴装元器件*
　　• 片式热敏电阻器
　　• 片式压敏电阻器

片式叠层陶瓷电容器
　　Y 片式多层陶瓷电容器

片式多层瓷介电容器
　　Y 片式多层陶瓷电容器

片式多层陶瓷电容器
chip multilayer ceramic capacitor
TM534
　　D 多层瓷介片式电容器
　　　片式叠层陶瓷电容器
　　　片式多层瓷介电容器
　　S 多层陶瓷电容器
　　　片式电容器
　　Z 电容器*
　　　表面贴装元器件*

片式铝电解电容器
chip aluminum electrolytic capacitor
TM535
　　D 贴片式铝电解电容器
　　S 片式电容器
　　　铝电解电容器
　　Z 电容器*
　　　表面贴装元器件*

片式热敏电阻器
chip thermistor
TM546
　　D 片式 PTCR
　　S 热敏电阻器
　　　片式电阻器
　　Z 电阻器*
　　　表面贴装元器件*

片式压敏电阻器
chip varistor
TM546
　　S 压敏电阻器
　　　片式电阻器
　　Z 电阻器*
　　　表面贴装元器件*

片式元器件
　　Y 表面贴装元器件

片外总线
　　Y 系统总线

片选信号
chip select signal
TN40
　　S 信号*
　　C 内存
　　　单片微型计算机
　　　可编程接口芯片
　　　存储芯片

片状放大器
slab amplifier
TN72
　　S 放大器*
　　• 阵列式片状放大器

片状激光器
slab laser
TN248
　　S 激光器*

漂移晶体管
　　Y 缓变基区晶体管

票单打印机
　　Y 票据打印机

票据打印机
receipt printer
TP334.3
　　D 票单打印机
　　S 打印机
　　• 存折打印机
　　• 税票打印机
　　Z 外部设备*

拼接屏
splicing screen
TN873

• 524 •

S 显示屏
Z 显示设备*

拼接显示墙
　　Y 显示墙

拼音编码
pinyin coding
TN391
　　S 汉字编码
　　L 信息编码**

频带传输
band transmission
TN91
　　S 信息传输*
　　C 频谱展宽

频带拓展
　　Y 频谱展宽

频带展宽
　　Y 频谱展宽

频繁模式挖掘
frequent pattern mining
TP31
　　S 模式挖掘
　　L 信息挖掘**

频繁模式增长算法
frequent pattern growth algorithm
TP301
　　D FP-Growth 算法
　　S 频繁项集挖掘算法
　　Z 算法*

频繁项集挖掘
frequent item set mining
TP31
　　D 频集挖掘
　　S 信息挖掘**
　　C 频繁项集挖掘算法

频繁项集挖掘算法
frequent item set mining algorithm
TP31
　　S 关联规则算法
　　• Apriori 算法
　　• 频繁模式增长算法
　　C 频繁项集挖掘
　　Z 算法*

频分多路复用
　　Y 频分复用

频分复接
　　Y 频分复用

频分复用
frequency division multiplexing
TN914
　　D 频分复接
　　　频分复用技术
　　　频分多路复用
　　S 多路复用*
　　• 正交频分复用
　　C 子信道

频分复用技术
　　Y 频分复用

频分双工
frequency division duplex
TN911
　　S 双工通信
　　Z 通信*

频幅变换器
　　Y 幅频变换器

频集挖掘
　　Y 频繁项集挖掘

频率编码
frequency coding
TN95
　　S 编码*
　　C 频率编码信号

频率编码信号
frequency coded signal
TN911
　　S 编码信号
　　C 频率编码
　　Z 信号*

频率辨识
　　Y 频率识别

频率步进雷达
stepped-frequency radar
TN958
　　D 步进频率雷达
　　S 脉冲雷达
　　• 调频步进雷达
　　Z 雷达*

频率重复利用
　　Y 频率复用

频率电压转换器
frequency voltage converter
TN710
　　D FV 变换器
　　　FV 转换器
　　S 信号转换电路
　　Z 转换器*

频率复用*
frequency reuse
TN92
　　D 频率再用
　　　频率复用技术
　　　频率重复利用
　　　频谱复用
　　• 部分频率复用
　　• 软频率复用
　　C 交叉极化
　　　基站
　　　移动通信

频率复用技术
　　Y 频率复用

频率跟踪
frequency tracking
TN911
　　D 自动频率跟踪
　　　频率自动跟踪
　　S 信号跟踪
　　C 压电换能器
　　Z 信号处理*

频率共享
frequency sharing
TN911　TN92
　　D 频率共用
　　S 资源共享*
　　C 共缆传输

频率共用
　　Y 频率共享

频率畸变
　　Y 频率失真

频率捷变
frequency agility
TN974
　　D 频率捷变技术
　　S 雷达抗干扰
　　C 频率捷变雷达
　　L 电子对抗**

频率捷变技术
　　Y 频率捷变

频率捷变雷达
frequency-agile radar
TN958
　　D 捷变频雷达
　　S 脉冲雷达
　　C 捷变频率调制器
　　　频率捷变
　　Z 雷达*

频率解调
　　Y 鉴频

频率均衡器
frequency equalizer
TN715
　　S 均衡器*

频率扩展信道
frequency spreading channel
TN911
　　S 信道*

频率滤波
frequency filtering
TN713
　　S 滤波*

频率扫描干扰
　　Y 扫频干扰

频率扫描天线
frequency scan antenna
TN82
　　D 频率扫描天线阵
　　S 扫描天线
　　C 扫频信号
　　Z 天线*

频率扫描天线阵
　　Y 频率扫描天线

频率失真
frequency distortion
TN911
　　D 频率畸变
　　S 线性失真
　　C 频率特性分析仪
　　　频谱失真
　　L 信号失真**

频率识别
frequency recognition
TP391.4
　　D 频率辨识
　　S 信号识别
　　· 频谱识别
　　· 音频识别
　　Z 信号处理*

频率特性测试仪
frequency characteristic tester
TN915　TM935
　　D 扫频仪
　　S 电子测量仪器*
　　C 扫频干扰

频率特性分析仪
frequency response analyzer
TM935
　　S 信号分析仪
　　C 频率失真
　　Z 电子测量仪器*

频率调制
　　Y 调频

频率跳变
　　Y 跳频

频率稳定电源
　　Y 稳频电源

频率选择信道
　　Y 频率选择性信道

频率选择性衰落信道
frequency selective fading channel
TN911
　　D 频选衰落信道
　　S 衰落信道
　　　频率选择性信道
　　Z 信道*

频率选择性信道
frequency selective channel
TN911
　　D 频率选择信道
　　S 信道*
　　· 频率选择性衰落信道

频率引导接收机
frequency guided receiver
TN97　TN85
　　S 接收设备*

频率域滤波
　　Y 频域滤波

频率再用
　　Y 频率复用

频率侦察
frequency reconnaissance
TN971
　　S 电子侦察
　　· 瞬时测频
　　· 搜索法测频
　　L 电子对抗**

频率自动跟踪
　　Y 频率跟踪

频率自适应
frequency self-adaptive
TN911
　　S 自适应*

频敏继电器
　　Y 谐振继电器

频偏表
　　Y 频偏仪

频偏估计算法
frequency offset estimation algorithm
TN911
　　S 估计算法
　　Z 算法*

频偏仪
frequency deviation meter
TM935
　　D 频偏表
　　S 信号分析仪
　　Z 电子测量仪器*

频谱编码
frequency spectrum coding
TN911
　　S 编码*
　　C 频谱分析仪

频谱分析器
　　Y 频谱分析仪

频谱分析仪
spectrum analyzer
TM935
　　D 频谱仪
　　　频谱分析器
　　S 信号分析仪
　　C 频谱失真
　　　频谱编码
　　Z 电子测量仪器*

频谱复用
　　Y 频率复用

频谱感知
spectrum sensing
TN92
　　S 信息感知*

频谱共享
spectrum sharing
TN919
　　S 资源共享*

频谱扩展技术
　　Y 频谱展宽

频谱滤波
spectrum filtering
TN710
　　S 滤波*

频谱失真
spectral distortion
TN911
　　S 信号失真**
　　C 频率失真
　　　频谱分析仪

频谱识别
spectrum identification
TN911
    S 频率识别
    Z 信号处理*

频谱压缩
spectrum compression
TN911
    S 信号压缩
    Z 信号处理*

频谱仪
    Y 频谱分析仪

频谱展宽
spectrum spread
TN911
    D 频带展宽
       频带拓展
       频谱扩展技术
    C 频带传输

频跳多址通信
    Y 跳频多址通信

频选衰落信道
    Y 频率选择性衰落信道

频移键控
frequency shift keying
TN76
    D FSK
       FSK 信号
       FSK 调制
       移频键控
       频移键控信号
    S 键控调制
    · 多进制频移键控
    · 二进制频移键控
    · 空时频移键控
    · 连续相位频移键控
    · 声频移键控
    · 最小频移键控
    C 非相干解调
    L 数字调制**

频移键控信号
    Y 频移键控

频域编码
frequency domain coding
TN911
    S 编码*

频域差分解调
frequency domain differential demodulation
TN76
    S 差分解调
    Z 解调*

频域均衡
    Y 频域均衡器

频域均衡器
frequency domain equalizer
TN715
    D 频域均衡
    S 均衡器*

频域滤波
frequency domain filtering
TN713
    D 频率域滤波
    S 滤波*
    · 频域自适应滤波

频域自适应滤波
frequency domain adaptive filtering
TN713
    S 自适应滤波
       频域滤波
    Z 滤波*

乒乓缓存
ping-pong cache
TP333
    S 缓冲存储
    Z 信息存储*

平板电脑
tablet personal computer
TP368
    D 平板计算机
    S 手持式计算机
    C 平板显示
    L 电子数字计算机**

平板电视
    Y 平板电视机

平板电视机
flat panel TV set
TN949
    D 平板显示电视接收机
       平板电视
       平面彩电
       平面电视
       扁平电视机
    S 电视机
    Z 电视设备*

平板计算机
    Y 平板电脑

平板扫描仪
    Y 平板式扫描仪

平板式扫描仪
flat-bed scanner
TP334.2
    D 平台式扫描仪
       平台式扫描机
       平板扫描仪
       平面式扫描机
       桌面扫描仪
    S 扫描仪
    Z 外部设备*

平板天线
panel antenna
TN82
    S 卫星电视接收天线
       定向天线
    L 卫星天线**

平板显示
flat panel display
TN949 TN27
    D 平板显示技术
       平面显示
       平面显示技术
    S 显示*
    C 平板电脑

平板显示电视接收机
    Y 平板电视机

平板显示技术
    Y 平板显示

平板显示屏
    Y 平板显示器

平板显示器
flat panel display
TN27 TN873
    D 平板显示器件
       平板显示屏
       平面显示器
       平面显示器件
       平面显示板
    S 显示器
    · 表面传导电子发射显示器
    · 等离子显示器
    · 电致发光显示器
    C LED 显示器
       薄膜晶体管液晶显示器
    Z 显示设备*

平板显示器件
    Y 平板显示器

平淡卡尔曼滤波
    Y 无迹卡尔曼滤波

平凡密钥
invalid key
TN918 TP309
    S 密钥*
    C 视频加密

平方根滤波
square root filting
TN713
　S 滤波*

平方律检波
　Y 平方律检波器

平方律检波器
square-law detector
TN763
　D 平方律检波
　S 二极管检波器
　Z 检波器*

平衡不平衡变换器
　Y 平衡不平衡转换器

平衡-不平衡变压器
　Y 匹配线圈

平衡不平衡转换器
balanced-unbalanced converter
TN62　TM46
　D 巴伦转换器
　　 平衡不平衡变换器
　S 转换器*

平衡传输
balance transmission
TN81
　D 平衡传输方式
　S 信息传输*

平衡传输方式
　Y 平衡传输

平衡电路
balanced circuit
TN710
　D 对称电路
　S 电子电路*

平衡放大器
balanced amplifier
TN72
　D 平衡式放大器
　S 功率放大器**
　· 平衡桥式功率放大器
　· 推挽放大器

平衡力继电器
balanced force relay
TM58
　S 电磁继电器
　C 中继电路
　Z 继电器*

平衡桥式功放电路
　Y 平衡桥式功率放大器

平衡桥式功率放大器
balanced bridge power amplifier
TN72
　D BTL 电路
　　 平衡桥式功放电路
　S 平衡放大器
　L 功率放大器**

平衡式放大器
　Y 平衡放大器

平衡调谐接收机
balanced tunable receiver
TN85
　S 测量接收机
　Z 接收设备*

平衡网络
　Y 均衡网络

平滑处理
smoothing processing
TN911　TP391
　S 信息处理*
　· 数据平滑
　· 图像平滑

平滑滤波
smoothing filtering
TN713
　S 滤波*
　· 数字平滑滤波
　· 自适应平滑滤波

平滑算法
smoothing algorithm
TP391　TN911
　S 算法*

平流层平台
　Y 平流层通信

平流层通信
stratospheric communication
TN926
　D 平流层信息平台
　　 平流层平台
　S 通信*
　C 散射通信

平流层信息平台
　Y 平流层通信

平面编码器
planar encoder
TN919.8
　S 编码器*

平面波导激光器
planar waveguide laser
TN248
　S 波导激光器
　Z 激光器*

平面彩电
　Y 平板电视机

平面彩色显像管
planar color picture tube
TN14
　S 彩色显像管
　L 电子束管**

平面单极天线
planar monopole antenna
TN82
　D 平面单极子天线
　S 单极天线
　L 通信天线**

平面单极子天线
　Y 平面单极天线

平面倒 F 天线
planar inverted F-shaped antenna
TN82
　S 倒 F 天线
　Z 天线*

平面等角螺旋天线
　Y 平面对数螺旋天线

平面电感器
planar inductor
TM55
　S 电感器*

平面电路
planar circuit
TN7
　S 电子电路*

平面电视
　Y 平板电视机

平面对数螺旋天线
planar logarithmic spiral antenna
TN82
　D 平面等角螺旋天线
　S 平面螺旋天线
　　 等角螺旋天线
　Z 天线*

平面二极管
planar diode
TN31
　D 平面型二极管
　S 半导体二极管
　L 半导体分立器件**

平面反射阵列天线
　Y 反射阵列天线

平面光波导器件
　　Y 光波导器件

平面极化
　　Y 线极化

平面结
planar junction
TN305
　　S 半导体结*

平面螺旋天线
planar spiral antenna
TN82
　　S 螺旋天线
　·　阿基米德螺旋天线
　·　平面对数螺旋天线
　　Z 天线*

平面扫描算法
　　Y 扫描算法

平面设计软件
graphic design software
TP318
　　D 平面设计自动化
　　S 计算机辅助设计软件
　　L 应用软件**

平面设计自动化
　　Y 平面设计软件

平面式扫描机
　　Y 平板式扫描仪

平面探测器
planar detector
TN2
　　S 探测器*

平面天线
　　Y 平面阵天线

平面天线阵
　　Y 平面阵天线

平面位置显示器
planar position indicator
TN957　TN87
　　D P型显示器
　　S 雷达显示器
　　Z 显示设备*

平面显示
　　Y 平板显示

平面显示板
　　Y 平板显示器

平面显示技术
　　Y 平板显示

平面显示器
　　Y 平板显示器

平面显示器件
　　Y 平板显示器

平面型二极管
　　Y 平面二极管

平面阵列天线
　　Y 平面阵天线

平面阵天线
planar array antenna
TN82
　　D 平面天线
　　　　平面天线阵
　　　　平面阵列天线
　　S 阵列天线
　　Z 天线*

平视显示
　　Y 平视显示器

平视显示器
head-up display
TN87　TN27
　　D HUD
　　　　平显
　　　　平显系统
　　　　平视显示
　　S 显示器
　　Z 显示设备*

平台即服务
　　Y PaaS

平台式扫描机
　　Y 平板式扫描仪

平台式扫描仪
　　Y 平板式扫描仪

平坦瑞利衰落信道
　　Y 瑞利衰落信道

平坦衰落信道
　　Y 瑞利衰落信道

平显
　　Y 平视显示器

平显系统
　　Y 平视显示器

平行定向耦合器
parallel coupled line directional coupler
TN63
　　D 平行耦合线定向耦合器
　　S 定向耦合器
　　Z 耦合器*

平行耦合线定向耦合器
　　Y 平行定向耦合器

评价算法
evaluation algorithm
TP301
　　S 算法*

苹果操作系统
　　Y Mac操作系统

屏保程序
　　Y 屏幕保护程序

屏蔽电磁波
　　Y 电磁屏蔽

屏蔽双绞线
shielded twisted pair
TN913.6　TM248　TP3
　　D STP电缆
　　S 双绞线
　　Z 电线电缆*

屏蔽子网
screened subnet
TP393.08
　　S 子网络
　　Z 计算机网络*

屏极调制
plate modulation
TN76
　　D 板极调制
　　S 调制*

屏幕保护程序
screen saver
TP316
　　D 屏保程序
　　　　屏幕保护软件
　　S 系统软件
　　L 工具软件**

屏幕保护软件
　　Y 屏幕保护程序

屏幕共享
screen sharing
TP393　TN919
　　S 资源共享*

屏幕广播
screen broadcasting
TP318
　　S 广播*

屏幕录像软件
screen recording software
TP318
　　D 屏幕录制软件
　　　 录屏软件
　　S 视频软件
　　L 应用软件**

屏幕录制软件
　　Y 屏幕录像软件

屏幕显示
screen display
TN27　TN94
　　S 显示*
　　• 多屏显示
　　• 双屏显示
　　• 在屏显示

屏幕抓图工具
　　Y 抓图软件

屏幕抓图软件
　　Y 抓图软件

瓶颈链路
bottleneck link
TP393　TN915
　　S 网络链路
　　Z 链路*

迫零算法
zero-forcing algorithm
TN911
　　S 算法*

葡萄糖传感器
glucose sensor
TP212
　　D 葡萄糖生物传感器
　　S 生物传感器
　　Z 传感器*

葡萄糖生物传感器
　　Y 葡萄糖传感器

朴素贝叶斯分类模型
　　Y 朴素贝叶斯分类算法

朴素贝叶斯分类器
naive Bayesian classifier
TP391.1
　　S 贝叶斯分类器
　　• 广义朴素贝叶斯分类器
　　• 树扩展朴素贝叶斯分类器
　　C 朴素贝叶斯分类算法

　　Z 分类器*

朴素贝叶斯分类算法
naive Bayesian classification algorithm
TP301.6
　　D 朴素贝叶斯分类模型
　　　 朴素贝叶斯算法
　　S 监督学习算法
　　　 贝叶斯分类算法
　　C 文本分类
　　　 朴素贝叶斯分类器
　　Z 算法*

朴素贝叶斯算法
　　Y 朴素贝叶斯分类算法

朴素贝叶斯网络
naive Bayesian network
TP391.1
　　S 贝叶斯网络
　　Z 网络*

普密
　　Y 普通密码

普通密码
common password
TP309　TN918
　　D 普密
　　S 密码*

谱聚类
spectral clustering
TP391
　　S 聚类*

谱系聚类
　　Y 层次聚类

七号公共信令
　　Y 七号信令

七号信令
No.7 signaling
TN915
　　D 7号信令
　　　 No7 信令
　　　 No7 号信令
　　　 七号信令系统
　　　 七号公共信令
　　S 信令*
　　C 七号信令网
　　　 信令路由

七号信令网
No.7 signaling network
TN915
　　D 7号信令网
　　S 信令网
　　C 七号信令

Z 通信网络*

七号信令系统
　　Y 七号信令

期望最大化算法
expectation-maximization algorithm
TN911　TP301
　　D EM 算法
　　　 最大期望算法
　　S 最大似然算法
　　　 机器学习算法
　　Z 算法*

欺骗干扰
deception jamming
TN972
　　D 欺骗式干扰
　　　 欺骗性干扰
　　　 欺骗性电子干扰
　　　 电子欺骗
　　　 迷惑性干扰
　　S 电子干扰
　　• 假目标干扰
　　• 角度欺骗干扰
　　• 距离欺骗干扰
　　• 雷达欺骗干扰
　　• 速度欺骗干扰
　　• 通信欺骗
　　• 有源欺骗干扰
　　• 转发式干扰
　　L 电子对抗**

欺骗攻击
spoofing attack
TP393
　　S 主动攻击
　　• DNS 欺骗
　　• Web 欺骗
　　• 地址欺骗
　　• 假冒攻击
　　• 路由欺骗
　　• 协议欺骗
　　C 防欺诈
　　L 网络攻击**

欺骗技术
　　Y 网络欺骗

欺骗式干扰
　　Y 欺骗干扰

欺骗性电子干扰
　　Y 欺骗干扰

欺骗性干扰
　　Y 欺骗干扰

漆包线
　　Y 电磁线

齐纳二极管
　　Y 稳压二极管

奇异信号
singular signal
TN911
　　S 信号*

奇异值分解算法
singular value decomposition algorithm
TP181
　　S 无监督学习算法
　　Z 算法*

企业存储服务器
enterprise storage server
TP368
　　D 企业级存储服务器
　　S 企业级服务器
　　　 存储服务器
　　Z 服务器*

企业服务器
　　Y 企业级服务器

企业服务总线
enterprise service bus
TP336
　　D 企业服务总线技术
　　S 服务总线
　　C 企业应用集成
　　　 消息路由
　　Z 总线*

企业服务总线技术
　　Y 企业服务总线

企业管理信息化
enterprise management informatization
TP391
　　S 企业信息化
　　　 管理信息化
　　C 企业管理信息系统
　　Z 信息化*

企业管理信息系统
enterprise management information system
TP391　TP31
　　D 企业信息管理系统
　　　 企业信息系统
　　S 管理信息系统
　　C 企业管理信息化
　　Z 信息系统*

企业级存储服务器
　　Y 企业存储服务器

企业级服务器
enterprise server
TP368
　　D 企业服务器
　　S 服务器*
　　· 企业存储服务器

企业计算
enterprise computing
TP301
　　S 计算*
　　C 企业信息化

企业内联网
　　Y 内部网

企业数据仓库
enterprise data warehouse
TP392
　　S 数据仓库
　　C 企业信息化
　　Z 数据库*

企业数据库
enterprise database
TP31　TP392
　　S 应用数据库
　　· PI 数据库
　　Z 数据库*

企业网格
enterprise grid
TP393.0
　　S 网格*
　　C 企业信息化

企业信息管理系统
　　Y 企业管理信息系统

企业信息化
enterprise informatization
TP391
　　S 信息化*
　　· 企业管理信息化
　　· 中小企业信息化
　　C 两化融合
　　　 企业信息集成
　　　 企业数据仓库
　　　 企业网格
　　　 企业计算

企业信息集成
enterprise information integration
TP391
　　S 信息集成
　　C 企业信息化
　　　 企业信息平台
　　Z 信息处理*

企业信息平台
enterprise information platform
TP31
　　S 信息平台*
　　C 企业信息集成

企业信息系统
　　Y 企业管理信息系统

企业应用集成
enterprise application integration
TP391
　　D 企业应用整合
　　　 企业应用系统集成
　　S 信息系统集成
　　C 企业服务总线
　　Z 信息服务*

企业应用系统集成
　　Y 企业应用集成

企业应用整合
　　Y 企业应用集成

企业知识管理
enterprise knowledge management
TP391
　　D 企业知识管理系统
　　S 知识管理
　　Z 知识工程*
　　　 信息管理*

企业知识管理系统
　　Y 企业知识管理

企业资源计划系统
enterprise resources planning system
TP391　TP311
　　D ERP 系统
　　S 信息应用系统**
　　C 制造执行系统

启动程序
self-booting program
TP316
　　3 工具软件**

启动电池
starting battery
TM912
　　S 蓄电池
　　C 动力电池
　　Z 电池*

启动电路
starting circuit
TN7
　　S 电子电路*
　　· 软启动电路

启发式搜索算法
heuristic search algorithm
TP301
　　S 启发式算法
　　　搜索算法
　　Z 算法*

启发式算法
heuristic algorithm
TP18
　　D 启发性算法
　　　启发算法
　　　试探算法
　　S 人工智能算法
　　· 启发式调度算法
　　· 启发式搜索算法
　　· 启发式遗传算法
　　· 启发式优化算法
　　· 启发式约简算法
　　· 元启发式算法
　　C 遗传算法
　　Z 算法*

启发式调度算法
heuristic scheduling algorithm
TP301
　　S 启发式算法
　　　调度算法
　　Z 算法*

启发式遗传算法
heuristic genetic algorithm
TP18
　　S 启发式算法
　　　遗传算法
　　Z 算法*

启发式优化算法
heuristic optimization algorithm
TP18
　　S 启发式算法
　　Z 算法*

启发式约简算法
heuristic reduction algorithm
TP301
　　S 启发式算法
　　　约简算法
　　Z 算法*

启发算法
　　Y 启发式算法

启发性算法
　　Y 启发式算法

起飞线指挥电台
　　Y 机场管理电台

起伏噪声
　　Y 散弹噪声

气动激光器
pneumatic laser
TN248
　　D 气体动力学激光器
　　S 激光器*

气动计算机
　　Y 流体计算机

气敏半导体
　　Y 半导体气敏材料

气敏传感器
　　Y 气体传感器

气敏电阻
　　Y 气敏电阻器

气敏电阻器
gas sensing resistor
TM546
　　D 气敏电阻
　　S 敏感电阻器
　　C 气敏器件
　　Z 电阻器*

气敏器件
gas sensitive device
TN37
　　D 半导体气敏元件
　　　气敏元件
　　　气敏元器件
　　S 半导体敏感器件**
　　· 半导体气体传感器
　　C 气敏电阻器

气敏陶瓷
gas sensitive ceramic
TN304
　　S 半导体陶瓷
　　Z 电子陶瓷*
　　　半导体材料*

气敏元件
　　Y 气敏器件

气敏元器件
　　Y 气敏器件

气球载雷达
aerostat-borne radar
TN958
　　D 球载雷达
　　S 航空雷达
　　Z 雷达*

气态源分子束外延
gas source molecular beam epitaxy
TN305
　　D GSMBE
　　　化学束外延

　　S 分子束外延
　　Z 半导体工艺*

气体传感器
gas sensor
TP212
　　D 气敏传感器
　　S 传感器*
　　· 半导体气体传感器
　　· 光纤气体传感器

气体电子倍增器
gas electron multiplier
TN15
　　S 电子倍增器
　　Z 电真空器件*

气体电子学
gaseous electronics
TN01
　　S 电子学*

气体动力学激光器
　　Y 气动激光器

气体放电管
gas discharge tube
TN13
　　D 气体放电器件
　　S 放电管*
　　　离子管**
　　· 玻璃放电管
　　· 辉光放电管
　　· 脉冲放电管
　　C 半导体放电管

气体放电器件
　　Y 气体放电管

气体激光
　　Y 气体激光器

气体激光器**
gas laser
TN248
　　D 气体激光
　　S 激光器*
　　· 波导式气体激光器
　　·· 波导二氧化碳激光器
　　· 大气激光器
　　· 分子气体激光器
　　·· 二氧化碳激光器
　　··· TEA 二氧化碳激光器
　　··· 波导二氧化碳激光器
　　··· 高功率二氧化碳激光器
　　··· 射频激励二氧化碳激光器
　　··· 轴快流二氧化碳激光器
　　·· 一氧化碳激光器
　　· 离子激光器
　　·· 氩离子激光器
　　·· 氪离子激光器
　　· 双频气体激光器

- 氧碘激光器
- 原子激光器
- • 单原子激光器
- • 惰性气体激光器
- • • 氦氖激光器
- • • • 稳频氦氖激光器
- • • 氦氙激光器
- • 金属蒸气激光器
- • • 碱金属蒸气激光器
- • • 铜蒸气激光器
- • 准分子激光器
- • 氮分子激光器
- • 氟化氘激光器
- • 氟化氪激光器
- • 氯化氙激光器
- • 氙激光器

气体介质电容器
gas dielectric capacitor
TM53
    S 电容器*
    • 充气电容器
    • 空气电容器
    • 真空电容器

气体闸流管
    Y 闸流管

气相掺杂
gas phase doping
TN305
    S 半导体掺杂
    Z 半导体工艺*

气相沉积
vapor phase deposit
TN305
    D 气相淀积
       汽相沉积
    S 半导体淀积工艺**
    • 等离子体沉积
    • 化学气相沉积
    • 物理气相沉积

气相淀积
    Y 气相沉积

气相外延
vapor phase epitaxy
TN305
    D 气相外延生长
       汽相外延
    S 外延生长
    • 金属有机物气相外延
    • 氢化物气相外延
    C 气相外延炉
    Z 半导体工艺*

气相外延炉
vapor phase epitaxial furnace
TN305
    S 外延设备

    C 气相外延
    Z 半导体工艺设备*

气相外延生长
    Y 气相外延

气象传感器
meteorological sensor
TP212
    S 传感器*
    • 风速传感器
    • 气压传感器
    • 雨量传感器

气象计算机
weather computer
TP338
    S 专用计算机
    C 气象信息处理
    Z 计算机*

气象雷达
weather radar
TN958
    D 天气监视雷达
       天气雷达
       气象探测雷达
       高空气象探测雷达
    S 雷达*
    • 测风雷达
    • 测雨雷达
    • 测云雷达
    • 多普勒天气雷达
    • 数字化天气雷达

气象探测雷达
    Y 气象雷达

气象信息处理
meteorological information processing
TP391
    D 气象资料处理
    S 信息处理*
    C 气象计算机

气象资料处理
    Y 气象信息处理

气压传感器
baroceptor
TP212.1
    S 压力传感器
       气象传感器
    L 测量传感器**
       物理传感器**

汽车传感器
automobile sensor
TP212
    S 传感器*

    • 进气温度传感器
    • 轮速传感器
    • 胎压传感器

汽车导航系统
    Y 车载导航系统

汽车倒车雷达
    Y 倒车雷达

汽车电控系统
    Y 汽车电子控制系统

汽车电子控制技术
    Y 汽车电子控制系统

汽车电子控制系统
automotive electronic control system
TP27
    D 汽车电子控制技术
       汽车电控系统
    S 控制系统*
       汽车电子系统*
    • 车身电子稳定系统
    • 发动机电子控制系统

汽车电子网络
automotive electronic network
TP27   TP393
    S 车载网络
    C 汽车电子系统
    Z 车联网*

汽车电子稳定程序
    Y 车身电子稳定系统

汽车电子稳定程序控制系统
    Y 车身电子稳定系统

汽车电子系统*
automotive electronic system
TN99
    • 车载导航系统
    • • 车载组合导航系统
    • 车载影音系统
    • 汽车电子控制系统
    • • 车身电子稳定系统
    • • 发动机电子控制系统
    C 汽车电子网络

汽车防撞雷达
vehicle anticollision radar
TN958
    S 车载雷达
       防撞雷达
    C 毫米波雷达
       超声波雷达
    Z 雷达*

汽车雷达
　　Y 车载雷达

汽车牌照识别
　　Y 车牌识别

汽车天线
　　Y 车载天线

汽车信息系统
　　Y 车载信息系统

汽车以太网
　　Y 车载以太网

汽车总线
automotive bus
TP39
　　S 总线*
　　• CAN/LIN 总线
　　• FlexRay 总线
　　• LIN 总线
　　• 控制器局域网总线

汽相沉积
　　Y 气相沉积

汽相外延
　　Y 气相外延

契比雪夫滤波器
　　Y 切比雪夫滤波器

器件仿真
　　Y 器件模拟

器件模拟
device simulation
TP391.9
　　D 器件仿真
　　S 硬件仿真
　　Z 仿真*

千兆比特无源光网络
　　Y 吉比特无源光网络

千兆比特以太网
　　Y 千兆以太网

千兆比以太网
　　Y 千兆以太网

千兆网
　　Y 千兆以太网

千兆网络
　　Y 千兆以太网

千兆位交换路由器
gigabit switch router
TN915
　　S 交换路由器
　　L 网络互连设备**

千兆位以太网
　　Y 千兆以太网

千兆无源光网络
　　Y 吉比特无源光网络

千兆以太网
gigabit Ethernet
TP393.2　TP393.1　TN915
　　D GigabitEthernet
　　　Gigabit 以太网
　　　Gigabit 网络
　　　千兆位以太网
　　　千兆比以太网
　　　千兆比特以太网
　　　千兆网
　　　千兆网络
　　　吉位以太网
　　　吉比特以太网
　　S 高速以太网
　　C 弹性分组数据环
　　L 局域网**

千兆以太网无源光网络
　　Y 吉比特无源光网络

铅酸电池
　　Y 铅酸蓄电池

铅酸蓄电池
lead acid storage battery
TM912
　　D 铅酸电池
　　S 蓄电池
　　• 密封铅酸蓄电池
　　• 免维护铅酸蓄电池
　　Z 电池*

签密
signcryption
TP393　TP309　TN918
　　D 签密技术
　　　签密方案
　　S 加解密*
　　• 环签密
　　• 身份签密
　　C 不可伪造性

签密方案
　　Y 签密

签密技术
　　Y 签密

签名加密
signature encryption
TP393.08　TP309　TN918
　　S 信息加密
　　L 加密**

签名加密算法
　　Y 数字签名算法

签名鉴别
　　Y 签名识别

签名鉴定
　　Y 签名识别

签名认证
signature verification
TP309
　　D 电子签名认证
　　　签名验证
　　S 加密认证
　　• 手写签名认证
　　• 在线签名认证
　　C 数字签名算法
　　　签名识别
　　Z 信息安全认证*

签名识别
signature recognition
TP391.4
　　D 签名鉴别
　　　签名鉴定
　　S 身份识别
　　C 签名认证
　　Z 信息识别*

签名算法
　　Y 数字签名算法

签名验证
　　Y 签名认证

前处理程序
　　Y 预处理器

前处理器
front processor
TN43　TP33
　　S 微处理器*

前端处理机
　　Y 前端处理器

前端处理器
front-end processor
TN43　TP33
　　D 前端处理机
　　　前置处理器
　　　前置处理机
　　S 微处理器*
　　C 前端控制器

前端电路

前端电路
front-end circuit
TN710
  D 前置电路
  S 电子电路*
  • 模拟前端电路
  • 射频前端电路
  C 前端处理器

前端放大器
  Y 前置放大器

前端控制器
front-end controller
TP311 TN94
  S 控制器*
  C 前端处理器
     后置处理器

前级放大器
  Y 前置放大器

前级功放
  Y 前级功率放大器

前级功率放大器
power preamplifier
TN72
  D 前级功放
  S 前置放大器
     功率放大器**

前馈多层神经网络
  Y 多层前馈神经网络

前馈放大器
feedforward amplifier
TN72
  S 放大器*
  • 前馈功率放大器

前馈功率放大器
feedforward power amplifier
TN72
  S 前馈放大器
     功率放大器**
  • 前馈线性功率放大器

前馈神经网络
feedforward neural network
TP183
  D 前向神经网络
     前向网络
     前馈型神经网络
     前馈网络
  S 人工神经网络*
  • 多层前馈神经网络
  • 反向传播神经网络
  • 概率神经网络

  • 感知器神经网络
  • 径向基函数神经网络
  • 卷积神经网络
  C 交叉覆盖算法

前馈网络
  Y 前馈神经网络

前馈线性功率放大器
feedforward linear power amplifier
TN72
  S 前馈功率放大器
     线性功率放大器
  L 功率放大器**

前馈型神经网络
  Y 前馈神经网络

前视声呐
forward looking sonar
TN971
  S 舰艇声呐
  Z 声呐*

前视探地雷达
forward looking ground penetrating radar
TN958
  S 探地雷达
  C 红外前视仪
  Z 雷达*

前向安全
forward security
TP393.08
  S 网络安全*
  C Schnorr 签名
     代理签名
     密钥更新

前向波放大管
forward wave amplifier
TN12
  S 正交场放大管
  L 微波管**
     电子管**

前向多层神经网络
  Y 多层前馈神经网络

前向纠错编码
forward error correction coding
TN911
  S 纠错编码
  Z 编码*

前向链路
  Y 下行链路

前向散射
forward scattering
TN011
  D 前向散射传播
     正向散射
  S 光散射
  Z 电磁波散射*

前向散射传播
  Y 前向散射

前向神经网络
  Y 前馈神经网络

前向网络
  Y 前馈神经网络

前向业务信道
forward traffic channel
TN911 TN929.1
  S 业务信道
  Z 信道*

前置处理机
  Y 前端处理器

前置处理器
  Y 前端处理器

前置电路
  Y 前端电路

前置放大电路
  Y 前置放大器

前置放大器
preamplifier
TN72
  D 前端放大器
     前级放大器
     前置放大电路
  S 放大器*
  • 低噪声前置放大器
  • 电荷灵敏前置放大器
  • 跨阻前置放大器
  • 前级功率放大器

前置分频器
prescaler
TN772
  D 预分频器
  S 分频器*
  • 双模前置分频器

前置光放大器
optical preamplifier
TN72
  D 光前置放大器
  S 光放大器**

前置跨阻放大器
    Y 跨阻前置放大器

前置滤波
prefiltering
TN713
    S 滤波*

前缀编码
prefix coding
TN911
    S 编码*

钳位电路
clamping circuit
TN7
    D 嵌位电路
    S 整形电路
    Z 电子电路*

潜水艇雷达
    Y 潜艇雷达

潜艇雷达
submarine radar
TN958
    D 潜水艇雷达
    S 舰载雷达
    C 潜艇声呐
    Z 雷达*

潜艇声呐
submarine sonar
TN971 U666
    D 潜用声呐
        潜艇声纳
    S 舰艇声呐
    C 潜艇通信
        潜艇雷达
    Z 声呐*

潜艇声纳
    Y 潜艇声呐

潜艇通信
submarine communication
TN915
    S 舰艇通信
    • 对潜通信
    C 潜艇声呐
    Z 通信*

潜信道
    Y 阈下信道

潜用声呐
    Y 潜艇声呐

潜在语义分析
latent semantic analysis
TP391.1
    D 概率潜在语义分析
    S 语义分析
    L 语言信息处理**

欠采样噪声
aliasing noise
TN911
    S 信号噪声*

欠电流继电器
undercurrent relay
TM58
    S 电流继电器
    Z 继电器*

欠压继电器
undervoltage relay
TM58
    S 电压继电器
    Z 继电器*

嵌入编码
    Y 嵌入式编码

嵌入零树小波编码
    Y 嵌入式零树小波编码

嵌入式 CPU
embedded CPU
TP332.3
    S 中央处理器
        嵌入式微处理器
    Z 微处理器*

嵌入式 C 语言
embedded C language
TP312
    S C 语言
    C 嵌入式编码
    Z 计算机语言*

嵌入式 internet
    Y 嵌入式互联网

嵌入式 Linux 系统
embedded Linux operating system
TP316
    S Linux 操作系统
        嵌入式操作系统
    L 操作系统**

嵌入式 MCU
    Y 嵌入式微控制器

嵌入式 Modem
    Y 嵌入式调制解调器

嵌入式 Web 服务器
embedded Web server
TP368
    D 嵌入式网络服务器
    S Web 服务器
        嵌入式服务器
    Z 服务器*

嵌入式编程
embedded programming
TP311
    S 软件编程**
    C 嵌入式中间件
        嵌入式数据库
        嵌入式模块
        嵌入式软件

嵌入式编码
embedded coding
TN919 TN911
    D 嵌入编码
    S 编码*
    • 嵌入式零树编码
    • 嵌入式图像编码
    C 嵌入式 C 语言

嵌入式操作系统
embedded operating system
TP316
    S 嵌入式软件
        操作系统**
    • 嵌入式 Linux 系统
    • 嵌入式实时操作系统
    C 嵌入式系统

嵌入式处理器
    Y 嵌入式微处理器

嵌入式存储器
embedded memory
TP333
    S 存储器*
    C 嵌入式服务器

嵌入式单片机
    Y 嵌入式微控制器

嵌入式仿真
embedded simulation
TP391.9
    S 仿真*
    C 嵌入式软件

嵌入式服务器
embedded server
TP368
    S 服务器*
    • 嵌入式 Web 服务器
    • 嵌入式视频服务器
    C 嵌入式存储器

嵌入式关系数据库
embedded relational database
TP392 TP315
    S 关系型数据库

嵌入式数据库
　　Z 数据库*

嵌入式互联网
embedded internet
TP393
　　D 嵌入式 internet
　　　嵌入式互联网技术
　　　嵌入式因特网
　　S 互联网
　　Z 计算机网络*

嵌入式互联网技术
　　Y 嵌入式互联网

嵌入式计算机
embedded computer
TP368
　　D 嵌入式微型计算机
　　　嵌入式计算机系统
　　S 电子数字计算机**
　　C 嵌入式内存数据库

嵌入式计算机系统
　　Y 嵌入式计算机

嵌入式控制器
embedded controller
TP273
　　S 控制器*
　　· 嵌入式微控制器
　　· 嵌入式运动控制器
　　C ARM 微处理器

嵌入式零树编码
embedded zerotree coding
TN919
　　S 嵌入式编码
　　　零树编码
　　· 嵌入式零树小波编码
　　Z 编码*

嵌入式零树小波编码
embedded zerotree wavelet coding
TN911　TN919
　　D 嵌入式小波零树编码
　　　嵌入零树小波编码
　　S 嵌入式零树编码
　　　零树小波编码
　　Z 编码*

嵌入式浏览器
embedded browser
TP316
　　S 嵌入式软件
　　　浏览器
　　L 网络软件**

嵌入式逻辑分析仪
embedded logic analyzer
TM93

　　S 逻辑分析仪
　　L 通信测试仪**

嵌入式模块
embedded module
TN495　TN7
　　S 电子模块*
　　C 嵌入式编程

嵌入式内存数据库
embedded main memory database
TP392　TP315
　　S 内存数据库
　　　嵌入式数据库
　　C 嵌入式计算机
　　Z 数据库*

嵌入式软件
embedded software
TP311
　　S 软件*
　　· 嵌入式操作系统
　　· 嵌入式实时软件
　　· 嵌入式系统软件
　　· 嵌入式浏览器
　　C 嵌入式仿真
　　　嵌入式编程

嵌入式设计
embedded design
TP302
　　S 电子设计*

嵌入式实时操作系统
embedded real-time operating system
TP316
　　D 实时嵌入式操作系统
　　S 实时操作系统
　　　嵌入式操作系统
　　L 操作系统**

嵌入式实时软件
embedded real-time software
TP317
　　D 实时嵌入式软件
　　S 实时软件
　　　嵌入式软件
　　Z 软件*

嵌入式实时数据库
embedded real-time database
TP31　TP392
　　S 实时数据库
　　　嵌入式数据库
　　Z 数据库*

嵌入式视频服务器
embedded video server
TP368
　　S 嵌入式服务器
　　　视频服务器

　　Z 服务器*

嵌入式数据库
embedded database
TP31　TP392
　　S 数据库
　　· 嵌入式关系数据库
　　· 嵌入式内存数据库
　　· 嵌入式实时数据库
　　· 嵌入式移动数据库
　　C 嵌入式系统
　　　嵌入式编程

嵌入式调制解调器
embedded modem
TN919
　　D 嵌入式 Modem
　　S 调制解调器
　　Z 通信设备*

嵌入式图像编码
embedded image coding
TN919
　　S 图像编码
　　　嵌入式编码
　　Z 编码*

嵌入式网关
embedded gateway
TN915　TP393.4
　　S 网关
　　L 网络互连设备**

嵌入式网络服务器
　　Y 嵌入式 Web 服务器

嵌入式网络技术
embedded network technology
TP2　TP393
　　S 网络技术*

嵌入式网络接口
embedded network interface
TP334.7
　　S 网络接口
　　Z 接口*

嵌入式微处理器
embedded microprocessor
TN43　TP33
　　D 嵌入式处理器
　　S 微处理器*
　　· 嵌入式 CPU

嵌入式微控制器
embedded microcontroller
TN43　TP33
　　D 嵌入式 MCU
　　　嵌入式单片机
　　S 嵌入式控制器
　　　微控制器

Z 控制器*

嵌入式微型计算机
　　Y 嵌入式计算机

嵌入式系统
embedded system
TP27
　　D 嵌入式系统平台
　　　 嵌入式系统设计
　　S 电子系统*
　　C 嵌入式操作系统
　　　 嵌入式数据库

嵌入式系统平台
　　Y 嵌入式系统

嵌入式系统软件
embedded system software
TP317
　　S 嵌入式软件
　　Z 软件*

嵌入式系统设计
　　Y 嵌入式系统

嵌入式小波零树编码
　　Y 嵌入式零树小波编码

嵌入式芯片
embedded chip
TN43
　　S 芯片*

嵌入式移动数据库
embedded mobile database
TP392　TP31
　　S 嵌入式数据库
　　　 移动数据库
　　Z 数据库*

嵌入式以太网
embedded Ethernet
TP393.1
　　S 以太网
　　L 局域网**

嵌入式因特网
　　Y 嵌入式互联网

嵌入式硬盘录像机
embedded digital video recorder
TN948
　　S 数字硬盘录像机
　　Z 视频设备*
　　　 电视设备*

嵌入式运动控制器
embedded motion controller
TP273
　　S 嵌入式控制器

　　　 运动控制器
　　Z 控制器*

嵌入式智能网桥
embedded intelligent network-bridge
TP393.2
　　S 智能网桥
　　L 网络互连设备**

嵌入式中间件
embedded middleware
TP311
　　S 中间件
　　· 数字电视中间件
　　C 嵌入式编程
　　Z 软件*

嵌入式终端
embedded terminal
TN87
　　S 终端设备*

嵌套移动网络
nested mobile network
TN92
　　S 移动通信网络**

嵌位电路
　　Y 钳位电路

腔内倍频激光器
　　Y 倍频激光器

腔内调制
intracavity modulation
TN76　TN24
　　D 内腔调制
　　S 激光调制
　　C 腔外调制
　　Z 调制*

腔体带阻滤波器
cavity bandstop filter
TN713
　　S 带阻滤波器
　　Z 滤波器*

腔外调制
external cavity modulation
TN76　TN24
　　D 外腔调制
　　S 激光调制
　　C 腔内调制
　　Z 调制*

强代理签名
strong proxy signature
TN918
　　S 代理签名
　　Z 数字签名*

强干扰阻塞
　　Y 阻塞干扰

强跟踪卡尔曼滤波
strong tracking Kalman filtering
TN713
　　S 卡尔曼滤波**
　　　 强跟踪滤波

强跟踪滤波
strong tracking filtering
TN713　TN951
　　S 跟踪滤波
　　· 强跟踪卡尔曼滤波
　　Z 滤波*

强化学习
reinforcement learning
TP181
　　S 统计学习
　　C K均值聚类算法
　　Z 机器学习*

强激光
　　Y 高功率激光器

强激光器
　　Y 高功率激光器

强人工智能
strong artificial intelligence
TP18
　　S 人工智能*

强噪声
heavy noise
TN911
　　S 信号噪声*

强制存取控制
　　Y 强制访问控制

强制访问控制
mandatory access control
TP393.08　TP309　TP301
　　D 强制存取控制
　　S 访问控制
　　C BLP模型
　　　 多级安全模型
　　Z 网络技术*

桥接路由器
brouter
TN915
　　S 路由器
　　L 网络互连设备**

桥接器
　　Y 网桥

国家工业信息安全发展研究中心 主编

桥式电路
bridge rectifying circuit
TN710
　　D 三相桥式整流电路
　　　 三相桥式电路
　　S 整流电路
　　Z 电子电路*

切比雪夫滤波器
Chebyshev filter
TN713
　　D C 型滤波器
　　　 切比雪夫型滤波器
　　　 契比雪夫滤波器
　　　 车比雪夫滤波器
　　S 低通滤波器
　　　 微波滤波器
　　Z 滤波器*

切比雪夫型滤波器
　　Y 切比雪夫滤波器

切比雪夫阻抗变换器
Chebyshev impedance converter
TM46
　　S 阻抗变换器
　　Z 微波元件*

切分算法
　　Y 分割算法

切换电路
switching circuit
TP3
　　S 电子电路*

切换算法
switching algorithm
TN911　TP301
　　S 算法*

切换台
switching desk
TN948
　　S 电视台设备
　　• 视频切换台
　　• 数字切换台
　　C 视频服务器
　　Z 电视设备*

切片机
slicing machine
TN305
　　S 半导体工艺设备*
　　• 刀刃切片机
　　• 激光切片机
　　• 内圆切片机

窃密
　　Y 信息窃取

琴键开关
　　Y 按键开关

轻便雷达
　　Y 便携式雷达

轻量级目录访问协议
lightweight directory access protocol
TN911　TP393.0　TN915
　　D LDAP
　　　 LDAP 协议
　　　 轻型目录访问协议
　　　 轻权目录访问协议
　　　 轻量目录访问协议
　　S 应用层协议
　　　 目录访问协议
　　C 统一身份认证
　　L 网络协议**

轻量目录访问协议
　　Y 轻量级目录访问协议

轻权目录访问协议
　　Y 轻量级目录访问协议

轻型目录访问协议
　　Y 轻量级目录访问协议

氢二极管
hydrogen diode
TN13
　　D 充氢二极管
　　S 离子二极管
　　C 氢闸流管
　　L 离子管**

氢化非晶硅
hydrogenated amorphous silicon
TN304
　　D a-SiH
　　S 非晶硅
　　L 元素半导体**

氢化物气相外延
hydride vapor phase epitaxy
TN305
　　S 气相外延
　　Z 半导体工艺*

氢燃料电池
hydrogen fuel cell
TM911
　　S 燃料电池
　　• 直接甲醇燃料电池
　　• 质子交换膜燃料电池
　　Z 电池*

氢微波激射放大器
　　Y 氢微波激射器

氢微波激射器
hydrogen maser
TN24
　　D 氢微波激射放大器
　　S 微波激射器*

氢闸流管
hydrogen thyratron
TN13
　　S 闸流管
　　C 氢二极管
　　L 离子管**

倾角传感器
tilt sensor
TP212.1
　　S 角度传感器
　　L 物理传感器**

倾向性分析
　　Y 文本情感分析

清除磁头
　　Y 擦除头

清洁机器人
robot cleaner
TP242
　　S 特种机器人
　　Z 机器人*

情报处理系统
　　Y 信息处理

情报检索语言
　　Y 检索语言

情报雷达
　　Y 侦察雷达

情感分析
　　Y 文本情感分析

情感计算
affection computing
TP391
　　S 自然语言处理
　　　 计算*
　　C 人机交互
　　　 情感识别
　　　 文本情感分析
　　　 表情识别
　　L 语言信息处理**

情感识别
affective recognition
TN912
　　S 信息识别*
　　• 语音情感识别
　　C 情感计算
　　　 文本情感分析

• 539 •

情景感知
　　Y 情境感知

情境感知
context awareness
TP391
　　D 情境感知计算
　　　　情境觉知
　　　　情景感知
　　S 自然语言处理
　　L 语言信息处理**

情境感知计算
　　Y 情境感知

情境觉知
　　Y 情境感知

情况显示器
　　Y 态势显示器

穷尽攻击
　　Y 穷举攻击

穷尽蛮干攻击
　　Y 穷举攻击

穷举攻击
exhaustive attack
TN918　TP309
　　D 穷尽攻击
　　　　穷尽蛮干攻击
　　　　蛮干攻击
　　S 唯密文攻击
　　L 网络攻击**

球载雷达
　　Y 气球载雷达

球栅阵列
　　Y 球栅阵列封装

球栅阵列封装
ball gate array package
TN305
　　D BGA
　　　　BGA 封装
　　　　焊球阵列
　　　　焊球阵列封装
　　　　球栅阵列
　　S 半导体封装**
　　· 金属球栅阵列封装
　　· 塑料球栅阵列封装
　　· 陶瓷焊球阵列封装
　　· 微球形格栅阵列封装
　　· 载带型焊球阵列封装

球状光纤耦合器
spherical fiber coupler
TN25
　　S 光纤耦合器

　　L 光无源器件**
　　　光纤器件**

区分服务模型
differentiated service model
TP393.1
　　D DiffServ
　　　　DiffServ 体系结构
　　　　DiffServ 机制
　　　　DiffServ 模型
　　S 服务质量模型
　　Z 网络模型*

区间通信
partition communication
TN914
　　S 通信*

区块链
blockchain
TP391
　　D 块链式数据结构
　　S 链式数据结构
　　C 区块链技术
　　　同态加密
　　Z 数据结构*

区块链技术
blockchain technology
TP393
　　S 网络技术*
　　C 人工智能
　　　区块链
　　　物联网

区熔硅单晶
float zone silicon crystal
TN304
　　S 单晶硅
　　L 元素半导体**

区域边界路由器
　　Y 边界路由器

区域标定
region labeling
TN911
　　S 信息标定
　　Z 信息处理*

区域导航系统
　　Y 区域卫星导航系统

区域分割
　　Y 图像区域分割

区域分裂合并
　　Y 区域合并

区域合并
region combining
TN911
　　D 区域分裂合并
　　S 图像拼接
　　C 分水岭算法
　　L 图像处理**

区域集成服务器
zone integration server
TP368
　　S 服务器*

区域精制
　　Y 区域提纯工艺

区域聚类
region clustering
TN911
　　S 聚类*

区域路由
zone routing
TN915　TP393.2
　　S 路由*

区域路由协议
zone routing protocol
TN915　TP393.0　TN911
　　S 路由协议
　　L 网络协议**

区域匹配
area matching
TP391
　　S 信息匹配
　　Z 信息处理*

区域生长算法
regional growing algorithm
TP301
　　S 图像算法
　　　生长算法
　　Z 算法*

区域提纯
　　Y 区域提纯工艺

区域提纯工艺
zone refining process
TN305
　　D 区域提纯
　　　区域精制
　　S 半导体提纯工艺
　　Z 半导体工艺*

区域填充算法
area filling algorithm
TP391
　　S 填充算法
　　Z 算法*

区域卫星导航系统
regional satellite navigation system
TN966
    D 区域导航系统
    S 卫星导航系统
    Z 导航系统*

驱动程序
device driver
TP334   TP318
    D 硬件驱动程序
       设备驱动器
       设备驱动程序
       设备驱动软件
       驱动程序开发
       驱动程序设计
       驱动软件
    S 设备软件
    • 串口驱动程序
    • 打印驱动程序
    • 固件程序
    • 过滤驱动程序
    • 鼠标驱动程序
    • 图形驱动程序
    • 网络设备驱动程序
    • 虚拟设备驱动程序
    • 仪器驱动程序
    • 中间层驱动程序
    • 主板驱动程序
    L 工具软件**

驱动程序开发
    Y 驱动程序

驱动程序设计
    Y 驱动程序

驱动电路**
driving circuit
TN710
    D 激励电路
       驱动控制电路
       驱动模块
    S 电子电路*
    • CCD 驱动器
    • IGBT 驱动电路
    • LED 驱动电路
    • • LED 驱动电源电路
    • • LED 显示驱动器
    • MOSFET 驱动电路
    • 电机驱动电路
    • 电流开关驱动器
    • 动态驱动电路
    • 高压驱动电路
    • 恒流驱动电路
    • 激光驱动电路
    • 门极驱动电路
    • 驱动集成电路
    • 扫描驱动电路
    • 时钟驱动器
    • 输出驱动器
    • 显示驱动器
    • • LED 显示驱动器
    • • 像素驱动电路
    • • 液晶显示驱动器
    • 线路驱动器
    • 线性驱动器
    • 栅极驱动电路

驱动电源
driving power supply
TN86
    S 电源*
    • LED 驱动电源
    • 压电陶瓷驱动电源

驱动放大器
driving amplifier
TN72
    S 放大器*

驱动集成电路
driving integrated circuit
TN72   TN710
    D 集成驱动器
       驱动芯片
    S 集成电路*
       驱动电路**

驱动控制电路
    Y 驱动电路

驱动模块
    Y 驱动电路

驱动软件
    Y 驱动程序

驱动时序发生器
    Y 时序发生器

驱动芯片
    Y 驱动集成电路

驱动信号
driving signal
TN911
    S 信号*

取样保持电路
    Y 采样保持电路

取样电路
    Y 采样电路

取样示波器
sampling oscilloscope
TM935
    D 采样示波器
    S 示波器
    Z 电子测量仪器*

取样数据系统
sampled data system
TN911
    S 数据系统*

取样信号
    Y 采样信号

去方块滤波
    Y 去块滤波

去块滤波
deblocking filtering
TN713
    D 去块效应滤波
       去方块滤波
    S 滤波*

去块效应滤波
    Y 去块滤波

去同步攻击
desynchronization attack
TP393.08   TN918
    S 网络攻击**

去相关检波器
    Y 相关检波器

去噪处理
    Y 降噪处理

去噪算法
de-noising algorithm
TN911
    D 降噪算法
    S 算法*

权标总线网
    Y 令牌总线

权限管理基础设施
    Y 授权管理基础设施

权限管理系统
privilege management system
TP316   TP391
    D 权限系统
    S 信息安全系统**

权限系统
    Y 权限管理系统

全 IP 网络
all-IP network
TP393
    S IP 网络
    Z 通信网络*

全波段收音机
all-band radio
TN93
　S 收音机*

全波傅里叶算法
full wave Fourier algorithm
TP301
　S 傅里叶算法
　C 全波整流电路
　Z 算法*

全波光纤
all-wave fiber
TN818　TN252
　S 光纤*

全波整流电路
full wave rectifier circuit
TN710
　S 整流电路
　C 全波傅里叶算法
　Z 电子电路*

全差动放大器
　Y 全差分放大器

全差分放大器
fully-differential amplifier
TN72
　D 全差动放大器
　S 差分放大器
　• 全差分运算放大器
　Z 放大器*

全差分运算放大器
fully-differential operational amplifier
TN72
　D 差分运算放大器
　S 全差分放大器
　　运算放大器
　Z 放大器*

全电视信号
composite video signal
TN919
　D 复合视频信号
　　彩色全电视信号
　S 电视信号
　C 全电视信号编码
　Z 信号*

全电视信号编码
all TV signal coding
TN934　TN948
　S 信号编码
　C 全电视信号
　Z 编码*
　　信号处理*

全方位视觉传感器
omni-directional vision sensor
TP212
　S 视觉传感器
　Z 传感器*

全固化激光器
　Y 全固态激光器

全固态电视发射机
all-solid-state TV transmitter
TN83
　S 全固态发射机
　　电视发射机
　Z 发射机*

全固态电源
　Y 固态电源

全固态发射机
all-solid-state transmitter
TN83
　D 固态发射机
　S 发射机*
　• 全固态电视发射机
　• 全固态中波发射机
　C 固态接收机

全固态激光器
all-solid-state laser
TN248
　D 全固体激光器
　　全固化激光器
　S 固体激光器**
　• 全固态绿光激光器

全固态绿光激光器
all-solid-state green laser
TN248
　S 全固态激光器
　　绿光激光器
　L 固体激光器**

全固态中波发射机
all-solid-state medium wave transmitter
TN83
　D 中波固态发射机
　S 中波发射机
　　全固态发射机
　Z 发射机*

全固体激光器
　Y 全固态激光器

全光包交换
all-optical packet switching
TN929.1
　S 光交换
　L 通信交换**

全光波长变换器
　Y 全光波长转换器

全光波长转换器
all-optical wavelength converter
TN25
　D 全光波长变换器
　S 波长变换器
　Z 变换器*

全光缓存器
　Y 光缓存器

全光解复用器
all-optical demultiplexer
TN929.11　TN915
　S 解复用器
　Z 通信设备*

全光开关
all-optical switch
TN25
　S 光开关
　L 光无源器件**

全光通信
all-optical communication
TN929.1
　S 光纤通信
　• 光孤子通信
　C 全光网络
　L 光通信**

全光通信网
　Y 全光网络

全光网
　Y 全光网络

全光网络
all-optical network
TN915　TN929.1
　D 全光网
　　全光通信网
　S 光网络*
　C 全光通信

全光纤激光器
　Y 光纤激光器

全光纤耦合器
　Y 光纤耦合器

全光信号处理
　Y 光学信号处理

全过程控制
　Y 过程控制

全极化雷达
fully polarimetric radar
TN958
 S 极化雷达
 Z 雷达*

全集成化电源
 Y 集成电源

全加成法
full additive process
TN41
 S 加成法工艺
 Z 电子工艺*

全景接收机
panoramic receiver
TN85
 D 全景搜索接收机
  短波全景接收机
 S 搜索接收机
 Z 接收设备*

全景搜索接收机
 Y 全景接收机

全景显示器
panoramic display
TN873
 S 显示器
 Z 显示设备*

全静电摄像管
all-electrostatic camera tube
TN14
 S 摄像管
 L 电子束管**

全局数据库
global database
TP392
 S 数据库*

全局优化算法
global optimization algorithm
TP301
 D 全局最优化算法
 S 优化算法
 • 类电磁机制算法
 Z 算法*

全局最优化算法
 Y 全局优化算法

全卷积神经网络
total convolutional neural network
TP183
 S 卷积神经网络
 Z 人工神经网络*

全桥变换器
full-bridge converter
TN710 TN4
 D 移相全桥变换器
 S 电源变换器
 Z 变换器*

全球导航卫星系统
 Y 全球卫星导航系统

全球定位系统
global positioning system
TN966
 D GPS
  GPS 导航系统
  GPS 技术
  GPS 系统
  全球卫星导航定位系统
  导航星全球定位系统
 S 全球卫星导航系统
 • 差分全球定位系统
 • 辅助全球定位系统
 C GPS 天线
  GPS 导航
  GPS 干扰
  GPS 手持机
  GPS 接收机
  天线跟踪
  连续跟踪
 Z 导航系统*

全球定位系统导航
 Y GPS 导航

全球定位系统干扰
 Y GPS 干扰

全球定位系统接收机
 Y GPS 接收机

全球通信
global communication
TN91
 S 通信*

全球卫星导航定位系统
 Y 全球定位系统

全球卫星导航系统
global navigation satellite system
TN966
 D GNSS
  全球卫星定位系统
  全球导航卫星系统
 S 卫星导航系统
 • 北斗卫星导航系统
 • 格洛纳斯卫星导航系统
 • 全球定位系统
 • 双星导航定位系统
 • 伽利略卫星导航系统
 Z 导航系统*

全球卫星定位系统
 Y 全球卫星导航系统

全球信息基础设施
global information infrastructure
TP391
 D GII
 S 信息基础设施*

全球信息网格
global information grid
TP393.09
 S 信息网格
 Z 网格*

全球移动通信系统
 Y GSM 网络

全石英光纤
 Y 石英光纤

全数字放大器
full digital amplifier
TN72
 S 数字放大器
 Z 放大器*

全数字鉴频
 Y 数字鉴频

全数字接收机
 Y 数字接收机

全数字解调
all digital demodulation
TN76
 S 数字解调
 Z 解调*

全数字锁相环
 Y 数字锁相环

全双工
 Y 全双工通信

全双工传输
 Y 全双工通信

全双工通信
full duplex communication
TN916
 D 全双工
  全双工传输
  双向同时通信
 S 双工通信
 Z 通信*

全搜索算法
full-search algorithm
TN919

S 搜索算法
　　Z 算法*

全通网络
all-pass network
TN711
　　S 电路网络*
　　• 有源全通网络

全同态加密
　　Y 同态加密

全文检索
full-text retrieval
TP391
　　D 全文信息检索
　　　全文信息检索系统
　　S 信息检索
　　C 元搜索引擎
　　　全文数据库
　　Z 信息处理*

全文数据库
full-text database
TP392
　　S 应用数据库
　　C 全文检索
　　Z 数据库*

全文信息检索
　　Y 全文检索

全文信息检索系统
　　Y 全文检索

全物理仿真
full physical simulation
TP391.9
　　S 物理仿真
　　Z 仿真*

全息存储
　　Y 全息光存储

全息存储器
holographic memory
TP333　TN24
　　D 体全息存储器
　　　全息照像存储器
　　　全息照相存储器
　　S 光存储器**

全息电视
holographic television
TN949
　　S 3D电视
　　　激光电视
　　Z 电视*

全息干涉计量术
　　Y 全息干涉术

全息干涉术
holographic interferometry
TN24
　　D 全息干涉计量术
　　S 全息术*
　　• 数字全息干涉术

全息光存储
holographic optical storage
TN24　TP333
　　D 全息信息储存
　　　全息信息存储
　　　全息存储
　　　全息摄影存储
　　　全息照相存储
　　　高密度全息存储
　　S 光存储
　　　高密度存储
　　C 全息光盘
　　　全息术
　　Z 信息存储*

全息光刻
　　Y 干涉光刻

全息光刻技术
　　Y 干涉光刻

全息光盘
holographic optical disk
TP333
　　D 全息可记录光盘
　　　全息通用光盘
　　S 光盘
　　C 全息光存储
　　L 光存储器**
　　　外存储器**

全息激光器
holographic laser
TN248
　　S 激光器*

全息技术
　　Y 全息术

全息可记录光盘
　　Y 全息光盘

全息摄影存储
　　Y 全息光存储

全息摄影技术
　　Y 激光全息术

全息摄影术
　　Y 激光全息术

全息术*
holography
TN24
　　D 全息技术
　　　彩虹全息术
　　　激光全息术
　　　全息干涉术
　　　• 数字全息干涉术
　　　声全息术
　　　数字全息术
　　　• 数字全息干涉术
　　　• 数字全息显微术
　　C 全息光存储

全息天线
holographic antenna
TN82
　　S 天线*

全息通用光盘
　　Y 全息光盘

全息信息储存
　　Y 全息光存储

全息信息存储
　　Y 全息光存储

全息照相
　　Y 激光全息术

全息照相存储
　　Y 全息光存储

全息照相存储器
　　Y 全息存储器

全息照相技术
　　Y 激光全息术

全息照相术
　　Y 激光全息术

全息照像存储器
　　Y 全息存储器

全向辐射天线
　　Y 全向天线

全向天线
omni-directional antenna
TN82
　　D 全向辐射天线
　　　无方向性天线
　　　等方向性天线
　　　非定向天线
　　S 天线*
　　• 鞭状天线
　　• 单极天线
　　• 碟形天线
　　• 蝶形天线
　　• 偶极天线
　　C 水平极化

全向信标
omni-directional beacon
TN96
　　D 全向信标台
　　S 无线电信标*
　　• 多普勒全向信标
　　• 甚高频全向信标

全向信标台
　　Y 全向信标

全相参多普勒天气雷达
full coherent Doppler weather radar
TN958
　　S 多普勒天气雷达
　　Z 雷达*

全业务接入网
full services access network
TN915
　　S 全业务网
　　　接入网
　　Z 通信网络*

全业务网
full services network
TN915
　　S 电信业务网
　　• 全业务接入网
　　Z 通信网络*

全源定位导航
all sources position and navigation
TN966
　　S 定位导航
　　C 导航传感器
　　Z 导航*

全自动引线键合机
　　Y 引线键合机

缺损数据
imperfect data
TP3
　　D 不完备数据
　　　不完整数据
　　　残缺数据
　　S 数据*

缺陷跟踪
　　Y 软件缺陷跟踪

确定型有穷自动机
　　Y 确定有限自动机

确定有限自动机
deterministic finite automaton
TP301
　　D 确定型有穷自动机

　　　S 有限自动机
　　　Z 自动机*

群机系统
　　Y 计算机集群

群集技术
　　Y 计算机集群

群集系统
　　Y 计算机集群

群件
　　Y 群组软件

群聚
　　Y 聚类

群决策支持系统
　　Y 群体决策支持系统

群盲签名
group blind signature
TP393.08
　　S 盲签名
　　　群签名
　　Z 数字签名*

群密钥协商
　　Y 组密钥协商

群签名
group signature
TP309　TP393.08
　　S 数字签名*
　　• 动态群签名
　　• 门限群签名
　　• 群盲签名

群时延测试仪
group delay tester
TM935
　　S 电子测量仪器*
　　C 网络测量
　　　群时延失真

群时延均衡
　　Y 群时延均衡器

群时延均衡器
group delay equalizer
TN715
　　D 群时延均衡
　　S 时延均衡器
　　Z 均衡器*

群时延失真
group delay distortion
TN911　TN934　TN948
　　D 群延时失真

　　S 信号失真**
　　C 群时延测试仪

群体感知
　　Y 移动群体感知

群体决策支持系统
group decision support system
TP318
　　D GDSS
　　　群决策支持系统
　　S 决策支持系统
　　Z 计算机应用系统*

群体通信
　　Y 组通信

群通信
　　Y 组通信

群延时失真
　　Y 群时延失真

群智能算法
swarm intelligence algorithm
TP301.6
　　S 智能算法
　　Z 算法*

群组密钥管理
　　Y 组密钥管理

群组密钥协商协议
　　Y 组密钥协商协议

群组软件
group software
TP317
　　D 群件
　　S 软件*
　　C 群组通信

群组通信
group communication
TN911
　　S 通信*
　　• 安全群组通信
　　C 群组软件

燃料电池
fuel battery
TM911
　　S 电池*
　　• 氢燃料电池
　　• 陶瓷膜燃料电池

染料激光
　　Y 染料激光器

染料激光放大器
dye laser amplifier
TN72
　　S 激光放大器
　　C 染料激光器
　　L 光放大器**

染料激光器
dye laser
TN248
　　D 染料激光
　　S 有机液体激光器
　　· 固体染料激光器
　　· 皮秒染料激光器
　　C 染料激光放大器
　　Z 激光器*

染料敏化太阳能电池
dye sensitized solar cell
TM914
　　S 太阳能电池
　　Z 电池*

扰码器
scrambler
TN911
　　S 编码器*

绕射辐射振荡器
oscillator with open cavity and reflecting grating
TN12
　　D 奥罗管
　　　莱达管
　　S 毫米波管
　　L 微波管**

热备
　　Y 热备份

热备份
hot backup
TP309
　　D 热备
　　S 备份*
　　· 双机热备份

热壁外延
hot wall epitaxy
TN305
　　S 外延生长
　　Z 半导体工艺*

热超声倒装键合
thermosonic flip chip bonding
TN305
　　S 倒装键合
　　　热超声键合
　　Z 半导体工艺*

热超声键合
thermosonic bonding
TN305
　　S 超声键合
　　· 热超声倒装键合
　　Z 半导体工艺*

热成像
　　Y 红外热成像

热成像技术
　　Y 红外热成像

热电半导体材料
　　Y 半导体热电材料

热电材料
thermoelectric material
TM2
　　S 电子材料*
　　· 半导体热电材料
　　· 低维热电材料
　　· 梯度热电材料
　　· 氧化物热电材料
　　· 赝三元热电材料

热电堆红外探测器
　　Y 热电堆探测器

热电堆探测器
thermopile detector
TN215
　　D 热电堆红外探测器
　　S 热探测器
　　L 光学探测器**
　　　红外器件**

热电偶传感器
thermocouple sensor
TP212.11
　　S 温度传感器
　　L 物理传感器**

热电偶放大器
thermocouple amplifier
TN72
　　S 放大器*

热电器件
　　Y 半导体热电器件

热电探测器
　　Y 热探测器

热电元件
　　Y 半导体热电器件

热电制冷器
　　Y 半导体制冷器

热电阻传感器
thermistor sensor
TP212.11
　　D 热敏电阻温度传感器
　　　铂电阻温度传感器
　　S 半导体温度传感器
　　C 铂热电阻
　　L 半导体敏感器件**
　　　物理传感器**

热仿真
thermal simulation
TP391.9
　　S 仿真*

热辐射测距
　　Y 红外测距

热辐射测向
　　Y 红外测向

热光材料
thermo-optical material
TM2
　　S 电子材料*

热过载继电器
thermal overload relay
TM58
　　D 热继电器
　　S 保护继电器
　　Z 继电器*

热红外伪装
　　Y 红外伪装

热继电器
　　Y 热过载继电器

热键合
thermal bonding
TN305
　　D 热压键合
　　S 键合工艺
　　Z 半导体工艺*

热雷达
　　Y 红外雷达

热离子管
thermionic tube
TN13
　　S 离子管**

热敏打印机
thermal printer
TP338
　　S 打印机
　　Z 外部设备*

热敏电阻
　　Y 热敏电阻器

热敏电阻器
thermistor
TN546
　　D 热敏电阻
　　S 敏感电阻器
　　· NTC 热敏电阻器
　　· PTC 热敏电阻器
　　· 铂热电阻
　　· 片式热敏电阻器
　　C 热敏器件
　　Z 电阻器*

热敏电阻温度传感器
　　Y 热电阻传感器

热敏器件
thermal sensitive device
TN37
　　D 温敏器件
　　　 热敏元件
　　S 半导体敏感器件**
　　· 半导体温度传感器
　　· 温敏二极管
　　· 温敏晶闸管
　　C 热敏电阻器

热敏探测器
　　Y 热探测器

热敏陶瓷
thermal sensitive ceramic
TN304
　　S 半导体陶瓷
　　Z 电子陶瓷*
　　　 半导体材料*

热敏元件
　　Y 热敏器件

热容激光器
heat capacity laser
TN248
　　D 热容型激光器
　　S 激光器*

热容型激光器
　　Y 热容激光器

热视仪
　　Y 红外热像仪

热释电传感器
pyroelectric sensor
TP212.14
　　D 人体红外传感器
　　　 热释电红外传感器
　　S 红外传感器
　　C 热释电探测器

　　L 物理传感器**
　　　 红外器件**

热释电红外传感器
　　Y 热释电传感器

热释电红外探测器
　　Y 热释电探测器

热释电摄像管
pyroelectric camera tube
TN14
　　S 摄像管
　　L 电子束管**

热释电探测器
pyroelectric detector
TN215
　　D 热释电型探测器
　　　 热释电红外探测器
　　S 热探测器
　　C 热释电传感器
　　L 光学探测器**
　　　 红外器件**

热释电型探测器
　　Y 热释电探测器

热丝 CVD
　　Y 热丝化学气相淀积

热丝化学气相沉积
　　Y 热丝化学气相淀积

热丝化学气相淀积
hot filament chemical vapor deposition
TN405　TN305
　　D 热丝 CVD
　　　 热丝化学气相沉积
　　　 热丝化学气相淀积
　　S 化学气相沉积
　　L 半导体淀积工艺**

热丝化学气相淀积
　　Y 热丝化学气相淀积

热探测器
thermal detector
TN215
　　D 热敏探测器
　　　 热电探测器
　　S 红外探测器
　　· 热电堆探测器
　　· 热释电探测器
　　L 光学探测器**
　　　 红外器件**

热像仪
　　Y 红外热像仪

热压键合
　　Y 热键合

热氧化工艺
thermal oxidation process
TN305
　　S 半导体氧化工艺
　　· 快速热氧化
　　Z 半导体工艺*

热诱饵
　　Y 红外诱饵

热载流子二极管
　　Y 肖特基二极管

热噪声
thermal noise
TN01
　　D 电阻噪声
　　S 信号噪声*

人工蜂群算法
artificial swarm algorithm
TP301.6　TP183
　　D 蜂群算法
　　S 仿生算法
　　Z 算法*

人工免疫分类器
artificial immune classifier
TP18
　　D 人工免疫网络记忆分类器
　　　 人工免疫记忆分类器
　　S 分类器*

人工免疫记忆分类器
　　Y 人工免疫分类器

人工免疫算法
　　Y 免疫算法

人工免疫网络
　　Y 免疫网络

人工免疫网络记忆分类器
　　Y 人工免疫分类器

人工神经网络*
artificial neural network
TP183
　　D ANN
　　　 神经元网络
　　　 神经网络
　　　 类神经网络
　　· 多层神经网络
　　· · ART 网络
　　· 多层前馈神经网络
　　· · · 多层感知器神经网络
　　· 反馈神经网络
　　· · Hopfield 神经网络

电子信息技术叙词表

- 回归神经网络
- · 对角回归神经网络
- · 广义回归神经网络
- 竞争神经网络
- · 自组织竞争神经网络
- 联想记忆神经网络
- · 双向联想记忆神经网络
- · 自联想神经网络
- 模糊神经网络
- · 自适应模糊神经网络
- 前馈神经网络
- · 多层前馈神经网络
- · · 多层感知器神经网络
- · 反向传播神经网络
- · 概率神经网络
- · · 径向基概率神经网络
- · 感知器神经网络
- · · 多层感知器神经网络
- · 径向基函数神经网络
- · · 径向基概率神经网络
- · 卷积神经网络
- · · 全卷积神经网络
- · · 深度卷积神经网络
- · 深度神经网络
- · · 深度卷积神经网络
- · 深度信念网络
- · 线性神经网络
- · 小波神经网络
- · 循环神经网络
- · · 递归神经网络
- · · · Hopfield 神经网络
- · · · 动态递归神经网络
- · · · 对角递归神经网络
- · 自适应神经网络
- · · ART 网络
- · · 自适应模糊神经网络
- · 自组织神经网络
- · · 自组织竞争神经网络
- · · 自组织特征映射神经网络
- C 人工智能
  - 人工神经网络算法
  - 光纤传感网络
  - 关联网络
  - 实时网络
  - 智能网络
  - 机器学习
  - 神经网络专家系统
  - 神经网络分类器
  - 神经网络芯片
  - 类脑计算
  - 自动识别
  - 融合网络
  - 遗传算法

人工神经网络计算机
  Y 神经网络计算机

人工神经网络算法
artificial neural network algorithm
TP18
  D 神经元算法
   神经元网络算法

  神经网络算法
  S 人工智能算法
- 反向传播算法
  C 人工神经网络
  Z 算法*

人工鱼群算法
artificial fish-swarm algorithm
TP3
  D 改进人工鱼群算法
   鱼群算法
  S 仿生算法
  Z 算法*

人工智能*
artificial intelligence
TP18
  D AI
   人工智能技术
- 超人工智能
- 强人工智能
- 弱人工智能
- 通用人工智能
  C 专家系统
   人工智能应用
   人工智能算法
   人工智能语言
   人工神经网络
   决策支持系统
   区块链技术
   图像理解
   数字孪生
   智能感知
   智能控制
   智能搜索引擎
   智能检索
   智能芯片
   智能软件
   机器人
   机器学习
   机器视觉
   机器识别
   知识工程
   类脑计算
   自动程序设计
   自然语言处理
   认知无线电
   认知无线电网络
   认知电子战
   进化计算
   遗传编程

人工智能+物联网
  Y 人工智能物联网

人工智能赋能
  Y 人工智能应用

人工智能技术
  Y 人工智能

人工智能软件
artificial intelligence software
TP31
  S 智能软件
  Z 软件*

人工智能算法
artificial intelligence algorithm
TP18
  S 智能算法
- 机器学习算法
- 启发式算法
- 人工神经网络算法
  C 人工智能
   人工智能应用
  Z 算法*

人工智能物联网
artificial intelligence & internet of things
TP2　TP18　TN92
  D AIoT
   人工智能+物联网
   智能物联网
  S 物联网**

人工智能芯片
  Y 智能芯片

人工智能应用*
artificial intelligence application
TP391　TP18
  D AI+
   AI 应用
   人工智能赋能
   智慧应用
- 智慧城市
- 智慧教育
- 智慧旅游
- 智慧农业
- 智慧社区
- 智慧物流
- 智慧校园
- 智慧医疗
- 智能导航
- 智能仿真
- 智能服饰
- 智能跟踪
- 智能机器人
- 智能计算机辅助教学
- 智能计算机辅助设计
- 智能家居
- 智能交通
- 智能汽车
- 智能软件工程
- 智能体
- · 服务智能体
- · 免疫智能体
- · 软件智能体
- · 虚拟智能体
- · 移动智能体
- · 作战智能体

· 548 ·

- 智能制造
- C 人工智能
    人工智能算法
    物联网

人工智能语言
AI language
TP312
- S 高级语言
- C 人工智能
- Z 计算机语言*

人机对话
- Y 人机交互

人机互动
- Y 人机交互

人机交互
human-computer interaction
TP2 TP311 TP11
- D 交互型系统
    交互式系统
    交互系统
    人机互动
    人机交互技术
    人机交互系统
    人机交流
    人机对话
    人机系统
- S 交互*
- C 人机接口
    人机接口设备
    位置跟踪
    情感计算

人机交互技术
- Y 人机交互

人机交互接口
- Y 人机接口

人机交互系统
- Y 人机交互

人机交流
- Y 人机交互

人机接口
human-machine interface
TP311 TP334.7
- D 人机交互接口
    人机界面
- S 交互接口
- C 人机交互
    人机接口设备
    数据库自然语言接口
- Z 接口*

人机接口设备
human-machine interface device
TP334
- D HID 设备
    人机联系设备
- S 接口设备
- C 人机交互
    人机接口
- Z 外部设备*

人机界面
- Y 人机接口

人机界面设计
human-machine interface design
TP391.7 TP311 TP2
- D 用户界面设计
- S 电子设计*

人机联系设备
- Y 人机接口设备

人机系统
- Y 人机交互

人力资源管理信息系统
human resource management information system
TP391
- D 人力资源信息管理系统
- S 管理信息系统
- Z 信息系统*

人力资源信息管理系统
- Y 人力资源管理信息系统

人脸表情识别
- Y 表情识别

人脸跟踪
face tracking
TP391
- S 信息跟踪
- C 模板匹配
- Z 信息处理*

人脸合成
face synthesis
TP391
- S 图像合成
- L 图像处理**

人脸检测
- Y 人脸识别

人脸检测技术
- Y 人脸识别

人脸认证
face authentication
TP391
- S 生物特征认证
- C 人脸特征提取

人脸识别
- Z 信息安全认证*

人脸识别
face recognition
TP391.4
- D 人像识别
    人脸检测
    人脸检测技术
    人脸自动识别
    人脸识别技术
    人脸识别算法
    人脸识别系统
    脸部识别
    面像识别
    面部识别
- S 人体识别
- 表情识别
- 三维人脸识别
- C 人脸特征提取
    人脸认证
- L 特征识别**

人脸识别技术
- Y 人脸识别

人脸识别算法
- Y 人脸识别

人脸识别系统
- Y 人脸识别

人脸特征点提取
- Y 人脸特征提取

人脸特征提取
face feature extraction
TP391
- D 人脸特征点提取
    表情特征提取
    面部特征提取
- S 特征提取
- C 人脸认证
    人脸识别
- L 信息抽取**

人脸自动识别
- Y 人脸识别

人体跟踪
- Y 人体运动跟踪

人体红外传感器
- Y 热释电传感器

人体识别
body recognition
TP391.4
- S 生物特征识别
- 步态识别
- 虹膜识别

- 静脉识别
- 人脸识别
- 手势识别
- 手形识别
- 掌纹识别
- 指纹识别
C 三维人体建模
L 特征识别**

人体域网
body area network
TP2　TN92
　D WBAN
　　体域网
　　无线体域网
　　身体感测网络
　S 个人通信网
　　无线通信网络**
　C 可穿戴天线
　　媒体接入控制协议
　　远程医疗服务

人体运动跟踪
human motion tracking
TP391
　D 人体跟踪
　S 运动跟踪
　- 手势跟踪
　- 头部跟踪
　- 眼动追踪
　C 卡尔曼滤波
　Z 跟踪*

人像识别
　Y 人脸识别

人形机器人
　Y 仿人机器人

人眼安全激光器
eye-safe laser
TN248
　S 激光器*

人眼跟踪
　Y 眼动追踪

认证服务器
authentication server
TP368
　S 服务器*
　- AAA 服务器
　- 身份认证服务器

认证加密
authenticated encryption
TP309　TP393.08
　D 认证加密方案
　S 加密**
　- 多密
　- 同密
　C 证书认证

认证加密方案
　Y 认证加密

认证密钥交换
　Y 认证密钥交换协议

认证密钥交换协议
authenticated key exchange protocol
TN918　TP393.0
　D 口令认证密钥交换协议
　　认证密钥交换
　S 密钥交换协议
　Z 通信协议*
　　通信网络*

认证密钥协商
authenticated key agreement
TN918　TP309
　S 密钥协商
　L 密钥管理**

认证密钥协商协议
authenticated key agreement protocol
TN915　TP393.08　TN918
　S 密钥协商协议
　Z 通信协议*
　　通信网络*

认证授权
authentication and authorization
TP393.08　TN918
　S 网络安全授权
　- 统一认证授权
　- 证书授权
　L 网络安全管理**

认证授权计费协议
　Y AAA 协议

认证水印
authentication watermark
TN918　TP393.08
　S 数字水印*

认证算法
authentication algorithm
TP301
　S 算法*

认证头协议
authentication header protocol
TN915.04
　D AH 协议
　S IPSec 协议
　L 网络协议**

认证协议
authentication protocol
TN915.04　TP393.08

　D 安全认证协议
　S 安全协议
　- 可扩展认证协议
　- 身份认证协议
　- 双向认证协议
　C 信息安全认证
　Z 通信协议*

认知电子战
cognitive electronic warfare
TN97
　D 认知电子战系统
　S 电子对抗**
　C 人工智能
　　认知雷达

认知电子战系统
　Y 认知电子战

认知雷达
cognitive radar
TN95
　S 雷达*
　C 智能信息处理
　　认知电子战

认知网络
cognitive network
TP18　TN915
　D 感知网
　　感知网络
　S 智能网络
　- 认知无线电网络
　Z 网络*

认知无线电
cognitive radio
TP18　TN92
　D 感知无线电
　　智能无线电
　　认知无线电技术
　S 无线通信**
　C 人工智能
　　智能感知
　　认知无线电网络

认知无线电技术
　Y 认知无线电

认知无线电网络
cognitive radio network
TN92　TP18
　D 无线认知网络
　　认知无线电网络
　S 无线通信网络**
　　认知网络
　C 人工智能
　　认知无线电

认知无线网络
　Y 认知无线电网络

任务调度算法
task scheduling algorithm
TP301
　S 调度算法
　· 网格任务调度算法
　Z 算法*

任务访问控制
　Y 基于任务的访问控制

任务管理器
task manager
TP316
　S 软件管理器
　L 工具软件**

任务聚类
task clustering
TP391.3
　S 聚类*

任意波形产生器
　Y 任意波形发生器

任意波形发生器
arbitrary waveform generator
TM93
　D 任意信号发生器
　　任意波形产生器
　　任意波形信号发生器
　S 波形发生器
　L 信号发生器**

任意波形信号发生器
　Y 任意波形发生器

任意播
anycast
TP393.1
　D 泛播
　　选播
　S 网络通信**

任意时间算法
arbitrary time algorithm
TP301
　S 时间算法
　Z 算法*

任意信号发生器
　Y 任意波形发生器

任意选址无线电通信
　Y 多址通信

任意源组播
any source multicast
TP393
　S 组播
　C 稀疏模式独立组播协议
　L 网络通信**

日历时钟芯片
calendar clock chip
TN43
　D 时钟日历芯片
　S 时钟芯片
　Z 芯片*

日志服务器
log server
TP368
　D 安全日志服务器
　S 网络服务器
　Z 服务器*

日志审计
log audit
TP393.08
　S 信息审计
　Z 信息安全技术*

日志挖掘
log mining
TP391
　S 信息挖掘**
　· Web 日志挖掘

容差电路
tolerance circuit
TN710
　S 电子电路*

容迟/容断网络
　Y 容迟容断网络

容迟容断网络
delay and disruption tolerant network
TP393　TN915
　D DTN 网络
　　容迟/容断网络
　S 网络*
　· 延迟容忍网络
　C 卫星通信网络
　　战场通信
　　深空通信

容迟网络
　Y 延迟容忍网络

容错*
fault tolerance
TP309
　D 容错处理
　　容错技术
　　容错机制
　· 拜占庭容错
　· 错误隐藏
　· 软件容错
　· 实时容错
　· 数据容错
　· 双机容错
　· 网络容错

　· 系统容错
　· 硬件容错
　C 备份
　　容错策略
　　容错网络
　　循环平稳信号

容错编码
error-resilient coding
TN919
　S 编码*

容错策略
fault-tolerant strategy
TP309
　S 信息安全策略
　C 容错
　　容错软件
　Z 信息安全体系*

容错处理
　Y 容错

容错服务器
fault-tolerant server
TP368
　S 服务器*
　C 冗余电源

容错机制
　Y 容错

容错计算
fault-tolerant computing
TP301
　S 计算*
　C 容错软件

容错计算机
　Y 容错计算机系统

容错计算机系统
fault-tolerant computer system
TP338
　D 容错系统
　　容错计算机
　　容错计算系统
　S 计算机系统*

容错计算系统
　Y 容错计算机系统

容错技术
　Y 容错

容错路由
fault-tolerant routing
TP393
　S 安全路由
　C 冗余链路
　Z 路由*

容错软件
fault-tolerant software
TP317
　　S 软件*
　　C 容错策略
　　　 容错算法
　　　 容错计算

容错算法
fault-tolerant algorithm
TP301
　　S 算法*
　　C 容错网络
　　　 容错软件

容错网络
fault-tolerant network
TP393
　　S 计算机网络*
　　· 容错以太网
　　C 容错
　　　 容错算法

容错系统
　　Y 容错计算机系统

容错以太网
fault-tolerant Ethernet
TP393
　　S 以太网
　　　 容错网络
　　L 局域网**

容侵
　　Y 入侵容忍

容侵技术
　　Y 入侵容忍

容忍入侵
　　Y 入侵容忍

容忍延迟移动传感器网络
　　Y 延迟容忍移动传感器网络

容延迟移动传感器网络
　　Y 延迟容忍移动传感器网络

容灾
disaster tolerance
TP309
　　D 容灾技术
　　　 容灾系统
　　S 信息安全技术*
　　· 数据容灾
　　· 网络容灾
　　· 系统容灾
　　· 异地容灾
　　· 灾难恢复
　　C 容灾备份

容灾备份
anti-disaster backup
TP309
　　D 容灾备份系统
　　　 灾难备份系统
　　S 备份*
　　C 容灾

容灾备份系统
　　Y 容灾备份

容灾技术
　　Y 容灾

容灾系统
　　Y 容灾

容栅传感器
capacitive grid sensor
TP212.43
　　S 位移传感器
　　　 电容传感器
　　L 测量传感器**

熔锥型光纤耦合器
fused tapered fiber coupler
TN25
　　S 光纤耦合器
　　L 光无源器件**
　　　 光纤器件**

融合方法
　　Y 融合算法

融合算法
fusion algorithm
TP301
　　D 融合方法
　　S 算法*

融合通信
converged communication
TN91
　　S 通信*

融合网络
convergence network
TP301
　　S 网络*
　　C 人工神经网络
　　　 广播电视网络
　　　 深度学习
　　　 移动通信网络
　　　 网络融合

冗余备份
redundant backup
TP309
　　S 备份*

冗余编码
redundant coding
TN911
　　D 冗余码
　　S 编码*

冗余策略
redundant strategy
TP309
　　S 信息安全策略
　　Z 信息安全体系*

冗余磁盘阵列
　　Y 独立冗余磁盘阵列

冗余电源
redundant power supply
TN86
　　S 电源*
　　C 容错服务器

冗余控制器
redundant controller
TP2　TM57
　　S 控制器*

冗余链路
redundant link
TN915
　　S 链路*
　　C 容错路由

冗余码
　　Y 冗余编码

冗余数据
redundant data
TP391　TP392
　　S 数据*

冗余网络
redundant network
TN915　TP393
　　S 计算机网络*
　　· 冗余以太网

冗余以太网
redundant Ethernet
TP393.1
　　S 以太网
　　　 冗余网络
　　L 局域网**

柔性臂
　　Y 柔性机械臂

柔性编码
flexible coding
TP31
　　S 编码*

柔性衬底
flexible substrate
TN303
 S 半导体衬底*

柔性触觉传感器
flexible tactile sensor
TP212
 S 柔性传感器
  触觉传感器
 Z 传感器*

柔性传感器
flexible sensor
TP212
 S 传感器*
 • 柔性触觉传感器

柔性电路
 Y 挠性印制电路板

柔性仿真
flexible simulation
TP391.9
 S 仿真*

柔性机械臂
flexible manipulator
TP242
 D 柔性臂
 S 工业机器人
  机械臂
 Z 机器人*

柔性基板
flexible substrate
TN41
 D 软性基材
 S 电路基板*
 C 挠性印制电路板

柔性建模
flexible modeling
TP391.9
 S 模型构建*

柔性软件
flexible software
TP317
 D 柔性软件系统
 S 软件*

柔性软件系统
 Y 柔性软件

柔性太阳能电池
flexible solar cell
TM914
 S 太阳能电池
 Z 电池*

柔性显示
flexible display
TN8
 D 柔性显示器
 S 显示*
 C 有机发光二极管

柔性显示器
 Y 柔性显示

柔性线路板
 Y 挠性印制电路板

柔性形态滤波
soft morphological filtering
TN713
 S 形态滤波
 Z 滤波*

柔性印刷电路
 Y 挠性印制电路板

蠕虫病毒
worm virus
TP309 TP393.08
 S 计算机病毒
 • 受控蠕虫
 • 网络蠕虫
 C 蠕虫攻击
 L 恶意软件**

蠕虫攻击
worm attack
TP393.08
 S 病毒攻击
 C 蠕虫病毒
 L 网络攻击**

入侵防护
 Y 入侵防御

入侵防护系统
 Y 入侵防御系统

入侵防御
intrusion prevention
TP393.08 TP309
 D 入侵管理
  入侵防护
 S 入侵响应
  网络防御**
 C 入侵攻击
  入侵防御系统
 L 网络安全技术**
  网络防御**

入侵防御系统
intrusion prevention system
TP309
 D 主机入侵防御系统
  入侵检测与预防系统
  入侵防护系统
 S 网络安全系统
 C 主机入侵检测
  入侵防御
 L 信息安全系统**

入侵攻击
intrusion attack
TP393.08
 S 主动攻击
 C 入侵检测
  入侵防御
 L 网络攻击**

入侵管理
 Y 入侵防御

入侵监测
 Y 入侵检测

入侵监测系统
 Y 入侵检测系统

入侵检测
intrusion detection
TP393.08
 D 入侵检测技术
  入侵监测
  基于网络的入侵检测
  网络入侵检测
  网络入侵检测技术
 S 入侵响应
  网络安全检测
  网络防御**
 • 分布式入侵检测
 • 实时入侵检测
 • 数据库入侵检测
 • 误用入侵检测
 • 异常入侵检测
 • 智能入侵检测
 • 主机入侵检测
 C 入侵取证
  入侵攻击
  入侵检测模型
  入侵检测系统
  动态克隆选择算法
  动态取证
  动态安全模型
  协议分析
  多级安全模型
  攻击分析
  攻击模型
  攻击源追踪
  数据包捕获
  网络扫描
  自防御网络
  规则匹配
 L 网络安全技术**
  网络防御**

入侵检测技术
 Y 入侵检测

入侵检测模型
intrusion detection model
TP393.08
　　S 网络安全模型
　　C 入侵检测
　　Z 网络模型*
　　　信息安全模型*

入侵检测系统
intrusion detection system
TN918　TP393.08
　　D 入侵监测系统
　　S 网络安全系统
　　C 入侵检测
　　　防火墙技术
　　L 信息安全系统**

入侵检测与预防系统
　　Y 入侵防御系统

入侵取证
intrusion forensics
TP393.08
　　S 入侵响应
　　　网络取证
　　　网络防御**
　　C 入侵检测
　　L 网络安全技术**
　　　网络防御**

入侵容忍
intrusion tolerance
TP309　TP393.08
　　D 入侵容忍技术
　　　容侵
　　　容侵技术
　　　容忍入侵
　　S 网络安全技术**
　　C 数据库安全
　　　网络入侵

入侵容忍技术
　　Y 入侵容忍

入侵识别
intrusion recognition
TP391.4
　　S 入侵响应
　　　网络防御**
　　C 嗅探器
　　L 网络安全技术**
　　　网络防御**

入侵响应
intrusion response
TP393.08　TP309
　　D 自动入侵响应
　　S 网络安全技术**
　　· 入侵防御
　　· 入侵检测
　　· 入侵取证
　　· 入侵识别

　　· 入侵诱骗
　　C 主动防御
　　　网络入侵

入侵诱骗
intrusion deception
TP393.08
　　D 入侵诱骗技术
　　S 入侵响应
　　L 网络安全技术**

入侵诱骗技术
　　Y 入侵诱骗

软X光激光
　　Y 软X射线激光器

软X射线激光
　　Y 软X射线激光器

软X射线激光器
soft X-ray laser
TN248
　　D 软X光激光
　　　软X射线激光
　　S X射线激光器
　　Z 激光器*

软插件
soft plug-in
TP31
　　S 插件
　　Z 软件*

软处理器
　　Y 软核处理器

软磁盘
　　Y 软盘

软磁盘存储器
　　Y 软盘

软磁盘机
　　Y 软盘驱动器

软磁盘驱动器
　　Y 软盘驱动器

软磁盘组
　　Y 软盘

软电话
　　Y 软件电话

软光刻
soft lithography
TN305
　　D 软微影技术
　　　软蚀刻

软蚀刻技术
　　S 光刻工艺**

软光缆
soft optical fiber cable
TN81
　　S 光缆*

软核处理器
soft-core processor
TP338
　　D 软处理器
　　S 微处理器*
　　C 系统级芯片

软基站
soft base station
TN927
　　S 基站*

软计算
soft computing
TP301
　　S 先进计算
　　· 进化计算
　　· 模糊计算
　　· 神经计算
　　· 智能计算
　　C 数据挖掘
　　Z 计算*

软加密
soft encryption
TP309
　　S 软件加密
　　L 加密**

软件*
software
TP31
　　D 计算机程序
　　　计算机软件
　　　计算机软件系统
　　　软件系统
　　· ASP程序
　　· CGI程序
　　· 安全软件
　　· · 补丁程序
　　· · · 安全补丁
　　· · · 系统补丁
　　· · 加密软件
　　· · 可信软件
　　· · 杀毒软件
　　· 办公软件**
　　· 编程软件
　　· · 编译器
　　· · · C编译器
　　· · · 并行编译器
　　· · · 即时编译器
　　· · · 预编译器
　　· · 菜单生成器
　　· · 调试器

- · · 仿真调试器
- · · 交叉调试器
- · · 封装器
- · · 解释器
- · · · 代码解释器
- · · · 命令解释器
- · · 解析器
- · · · HTML 解析器
- · · · XML 解析器
- · · · 域名解析器
- · · 软件开发包
- · 并行程序
- · 操作系统**
- · 插件
- · · 第三方插件
- · · 软插件
- · 大型软件
- · 第三方软件
- · 定制软件
- · 恶意软件**
- · 分布式软件
- · · 分布式操作系统
- · · 分布式应用软件
- · 跟踪程序
- · 工具软件**
- · 共享软件
- · 构件化软件
- · 固化程序
- · · 固件程序
- · · 基本输入输出系统
- · 国产软件
- · · 国产操作系统
- · · 国产数据库
- · · 国产中间件
- · 宏程序
- · · 协议宏
- · 后处理程序
- · 后台程序
- · 集成软件
- · 交互式软件
- · 脚本程序
- · · 测试脚本
- · · 脚本病毒
- · 军用软件
- · 开源软件
- · 可视化软件
- · 可执行程序
- · 控制软件
- · · 工控软件
- · · · PLC 程序
- · · · · 梯形图程序
- · · · 工控组态软件
- · · · 控制系统软件
- · · · 数控软件
- · · · · 数控编程软件
- · · · · 数控仿真软件
- · · · · 数控系统软件
- · · 实时控制软件
- · · 系统控制软件
- · · 主控程序
- · 逻辑程序
- · 免费软件
- · 模块化程序
- · 目标程序

- · 批处理程序
- · 嵌入式软件
- · · 嵌入式操作系统
- · · · 嵌入式 Linux 系统
- · · · 嵌入式实时操作系统
- · · 嵌入式实时软件
- · · 嵌入式系统软件
- · · 嵌入式浏览器
- · 群组软件
- · 容错软件
- · 柔性软件
- · 软件包
- · · 板级支持包
- · · 软件工具包
- · · 软件开发包
- · · 系统软件包
- · 商业软件
- · 时钟程序
- · 实时软件
- · · 嵌入式实时软件
- · · 实时操作系统
- · · · 嵌入式实时操作系统
- · · · 实时多任务操作系统
- · · 实时应用程序
- · · 即时通信软件
- · · · 聊天软件
- · · · 社交软件
- · · · · 手机社交软件
- · · 实时测控软件
- · · 实时监控软件
- · · 实时控制软件
- · 手机软件
- · · 手机操作系统
- · · · 智能手机操作系统
- · · · · iOS 操作系统
- · · · · 安卓操作系统
- · · · · 塞班系统
- · · 手机应用软件
- · · · 手机社交软件
- · · · 手机游戏
- · · · · 手机网络游戏
- · · 微程序
- · 随机软件
- · 通用程序
- · 同步软件
- · 网络化软件
- · 网络软件**
- · 行业软件
- · 循环程序
- · 演示程序
- · 应用软件**
- · 游戏软件
- · 语言程序
- · · BASIC 程序
- · · VB 程序
- · · C 语言程序
- · · Java 程序
- · · Python 程序
- · · 汇编程序
- · 预处理器
- · 元程序
- · 源程序
- · 智能软件
- · · 人工智能软件

- · · 商业智能软件
- · 中间件
- · · RFID 中间件
- · · 安全中间件
- · · 对象中间件
- · · 反射中间件
- · · 分布式中间件
- · · 国产中间件
- · · 交易中间件
- · · 嵌入式中间件
- · · · 数字电视中间件
- · · 实时中间件
- · · 数据访问中间件
- · · 数据库中间件
- · · 通信中间件
- · · 网格中间件
- · · 网络中间件
- · · 消息中间件
- · · 移动中间件
- · · 自适应中间件
- · 中文软件
- · 终端软件
- · 主程序
- · 子程序
- · 自编程序
- · 自动运行程序
- · 自适应软件
- · 组合软件
C 软件备份
  软件安全
  软件总线
  软件服务器
  软件编程
  软件缺陷

软件 GPS 接收机
  Y GPS 软件接收机

软件安全
software security
TP31　TP309
  D 计算机程序安全
  S 计算机安全
  · 操作系统安全
  · 代码安全
  C 软件
    软件测试
    软件缺陷
  Z 信息安全*

软件安全漏洞
  Y 软件漏洞

软件包
software package
TP317
  D 程序包
  S 软件*
  · 板级支持包
  · 软件工具包
  · 软件开发包
  · 系统软件包

软件保护
software protection
TP309　TP31
　　D　软件保障
　　S　计算机保护
　　·　反调试
　　·　进程保护
　　C　反跟踪
　　　　软件水印
　　Z　信息安全防护*

软件保障
　　Y　软件保护

软件备份
software backup
TP309
　　S　备份*
　　C　软件

软件编程**
software programming
TP311
　　D　程序编写
　　　　程序编制
　　　　程序编码
　　　　编程
　　　　软件编制
　　　　软件编码
　　S　软件工程*
　　·　ASP 编程
　　·　PLC 编程
　　·　Windows 编程
　　·　程序改进
　　·　串口编程
　　·　代码优化
　　·　代码重构
　　·　单片机编程
　　·　动画编程
　　·　·　FLASH 编程
　　·　动态编程
　　·　多表达式编程
　　·　多线程编程
　　·　反汇编
　　·　泛型编程
　　·　固件编程
　　·　混合编程
　　·　极限编程
　　·　结对编程
　　·　进化编程
　　·　可视化编程
　　·　离线编程
　　·　联合编程
　　·　面向方面编程
　　·　面向过程编程
　　·　模块化编程
　　·　嵌入式编程
　　·　声卡编程
　　·　实时编程
　　·　事件驱动编程
　　·　手机编程
　　·　数据库编程
　　·　数控加工编程

　　·　数控自动编程
　　·　套接字编程
　　·　通信编程
　　·　图像编程
　　·　图形化编程
　　·　·　三维图形编程
　　·　·　梯形图编程
　　·　·　图形自动编程
　　·　网络编程
　　·　·　脚本编程
　　·　·　网页编程
　　·　线性汇编
　　·　遗传编程
　　·　·　基因表达式编程
　　·　在系统编程
　　·　在线编程
　　·　在应用编程
　　·　自编程
　　C　软件
　　　　软件开发
　　　　软件开发平台
　　　　软件测试

软件编码
　　Y　软件编程

软件编码器
software encoder
TN76
　　S　编码器*

软件编制
　　Y　软件编程

软件标准
software standard
TP31
　　D　程序规约
　　　　编程规范
　　S　信息标准
　　·　J2EE 标准
　　·　公共对象请求代理体系标准
　　·　中间件标准
　　Z　信息产业标准*

软件补丁
　　Y　补丁程序

软件测试
software testing
TP311
　　D　软件测试技术
　　S　软件工程*
　　·　白盒测试
　　·　单元测试
　　·　动态测试
　　·　黑盒测试
　　·　黑盒追踪
　　·　灰盒测试
　　·　回归测试
　　·　集成测试
　　·　静态测试

　　·　自动化测试
　　C　测试用例
　　　　测试软件
　　　　软件安全
　　　　软件开发
　　　　软件编程

软件测试工具
software testing tool
TP311
　　S　测试软件
　　L　工具软件**

软件测试技术
　　Y　软件测试

软件测试用例
　　Y　测试用例

软件电话
softphone
TP31
　　D　IP 软件电话
　　　　虚拟电话
　　　　软电话
　　S　网络电话
　　C　电话软件
　　Z　通信*

软件定义安全
software defined security
TP31
　　S　网络安全技术**
　　　　软件定义技术*

软件定义存储
software defined storage
TP31
　　S　网络存储
　　　　软件定义技术*
　　C　软件定义数据中心
　　Z　信息存储*

软件定义的无线电
　　Y　软件定义无线电

软件定义电台
　　Y　软件无线电台

软件定义光网络
software defined optical network
TP31
　　S　光网络*
　　　　软件定义网络
　　Z　软件定义技术*

软件定义技术*
software defined technology
TP31
　　D　软件定义一切
　　　　软件定义世界

国家工业信息安全发展研究中心　主编

- 软件定义安全
- 软件定义存储
- 软件定义数据中心
- 软件定义网络
- • 软件定义光网络
- • 软件定义物联网
- 软件定义无线电
- C 虚拟软件

软件定义雷达
　　Y 软件雷达

软件定义世界
　　Y 软件定义技术

软件定义数据中心
software defined data center
TP31
　　S 数据中心
　　　软件定义技术*
　　C 软件定义存储
　　　软件定义网络
　　Z 信息基础设施*

软件定义网络
software defined network
TP31
　　S 软件定义技术*
- 软件定义光网络
- 软件定义物联网
　　C 软件定义数据中心

软件定义无线电
software defined radio
TN92
　　D 软件定义的无线电
　　　软件无线电
　　　软件无线电技术
　　S 无线通信**
　　　软件定义技术*
　　C 数字上变频器
　　　数字信号处理器
　　　智能天线阵列
　　　现场可编程门阵列
　　　软件无线电台
　　　软件雷达

软件定义无线电台
　　Y 软件无线电台

软件定义物联网
software defined IoT
TP31
　　S 物联网**
　　　软件定义网络

软件定义一切
　　Y 软件定义技术

软件定制开发平台
　　Y 软件开发平台

软件仿真
software simulation
TP31　TP391.9
　　D 程序仿真
　　　程序模拟
　　　软件模拟
　　S 计算机仿真
- MATLAB 仿真
- Multisim 仿真
- OPNET 仿真
- SIMULINK 仿真
- 高频结构仿真
- 面向对象仿真
　　C 虚拟软件
　　Z 仿真*

软件分析
software analysis
TP311
　　S 软件工程*
- 词法分析
- 语法分析
　　C 软件开发

软件服务
software service
TP311
　　S 信息服务*
- Windows 服务
- 软件升级
- 组件服务

软件服务器
software server
TP317
　　S 服务器*
- Samba 服务器
- 应用程序服务器
- 中间件服务器
- 自动化服务器
　　C 软件
　　　软件接口

软件工程*
software engineering
TP311
- 计算机辅助软件工程
- 软件编程**
- 软件测试
- • 白盒测试
- • 单元测试
- • 动态测试
- • 黑盒测试
- • 黑盒追踪
- • 灰盒测试
- • 回归测试
- • 集成测试
- • 静态测试
- • 自动化测试
- 软件调试
- 软件分析
- • 词法分析
- • 语法分析

- 软件管理
- • 软件配置管理
- • 软件项目管理
- • 软件质量管理
- • • 软件缺陷管理
- • • • 软件缺陷跟踪
- • • • 软件缺陷预测
- 软件集成
- 软件开发
- • Web 应用开发
- • 迭代开发
- • 多媒体软件开发
- • 二次开发
- • 基于组件开发
- • 敏捷软件开发
- • 增量式开发
- 软件开发平台
- 软件设计
- • Web 程序设计
- • 表单设计
- • 并行程序设计
- • • MPI 并行程序设计
- • 菜单设计
- • 层次设计
- • 窗体设计
- • 多道程序设计
- • 高级语言程序设计
- • • C 语言程序设计
- • • VC 程序设计
- • • Delphi 程序设计
- • • Java 编程
- • • VB 程序设计
- • • VFP 程序设计
- • • 宏程序设计
- • • VBA 编程
- • • 汇编程序设计
- • 函数式程序设计
- • 交互式程序设计
- • 结构化程序设计
- • 界面设计
- • • 软件界面设计
- • • 图形界面设计
- • 逻辑程序设计
- • • 归纳逻辑程序设计
- • • 约束逻辑程序设计
- • 面向 Agent 程序设计
- • 面向对象程序设计
- • 数据流程序设计
- • 顺序程序设计
- • 系统软件设计
- • 页面设计
- • 自底向上法
- • 自顶向下法
- • 自动程序设计
- • • 代码自动生成
- • • 软件自动生成
- • • 数控自动编程
- 软件自动化
- • 自动程序设计
- • • 代码自动生成
- • • 软件自动生成
- • • 数控自动编程
- • 自动化测试
- 智能软件工程

软件工具
　　Y 工具软件

软件工具包
software toolkit
TP317
　　D 工具套件
　　　工具软件包
　　　工具集
　　　软件工具箱
　　S 工具软件**
　　　软件包

软件工具箱
　　Y 软件工具包

软件管理
software management
TP311
　　S 软件工程*
　　· 软件配置管理
　　· 软件项目管理
　　· 软件质量管理

软件管理工具
　　Y 软件管理器

软件管理器
software manager
TP311　TP316
　　D 程序管理器
　　　软件管理工具
　　S 工具软件**
　　· 布局管理器
　　· 窗口管理器
　　· 队列管理器
　　· 会话管理器
　　· 连接管理器
　　· 逻辑卷管理器
　　· 任务管理器
　　· 设备管理器
　　· 事务管理器
　　· 数据源管理器
　　· 虚拟机管理器
　　· 应用管理器

软件过程建模
software process modeling
TP31
　　S 软件建模
　　Z 模型构建*

软件化雷达
　　Y 软件雷达

软件即服务
　　Y SaaS

软件集成
software integration
TP311

　　D 软件整合
　　　软件集成技术
　　　软件集成系统
　　S 软件工程*
　　C 集成软件

软件集成技术
　　Y 软件集成

软件集成系统
　　Y 软件集成

软件集群路由器
software cluster router
TN915　TP393.4
　　S 软件路由器
　　　集群路由器
　　L 网络互连设备**

软件加密
software encryption
TP309　TP311
　　D 程序加密
　　　计算机程序加密
　　S 加密**
　　· 软加密
　　· 硬加密
　　C 加密软件
　　　机器指纹

软件建构管理
　　Y 软件配置管理

软件建模
software modeling
TP311　TP391.9
　　S 模型构建*
　　· CAD 建模
　　· Simulink 建模
　　· 面向对象建模
　　· 面向方面建模
　　· 软件过程建模

软件接口
software interface
TP311
　　D 程序接口
　　　计算机程序接口
　　　软接口
　　S 计算机接口**
　　· Java 命名和目录接口
　　· 本地接口
　　· 编程接口
　　· 查询接口
　　· 定制接口
　　· 服务接口
　　· 功能接口
　　· 管理接口
　　· 接口定义语言接口
　　· 开放接口
　　· 可移植操作系统接口
　　· 类接口

　　· 流接口
　　· 媒体控制接口
　　· 数据访问接口
　　· 套接口
　　· 统一可扩展固件接口
　　· 图形用户接口
　　· 消息传递接口
　　· 虚拟接口
　　· 应用程序接口
　　· 远程接口
　　· 组件接口
　　C 计算机语言
　　　软件服务器

软件接收机
software receiver
TN85　TN96
　　S 接收设备*
　　· GPS 软件接收机

软件解密
software decryption
TP31
　　S 解密
　　Z 加解密*

软件解调
　　Y 软解调

软件界面设计
software interface design
TP311
　　D 程序界面设计
　　S 界面设计
　　Z 软件工程*

软件开发
software development
TP311　程序开发
　　D 软件系统开发
　　　软件项目开发
　　S 软件工程*
　　· Web 应用开发
　　· 迭代开发
　　· 多媒体软件开发
　　· 二次开发
　　· 基于组件开发
　　· 敏捷软件开发
　　· 增量式开发
　　C 软件分析
　　　软件测试
　　　软件编程
　　　软件设计

软件开发包
software development toolkit
TP31
　　S 编程软件
　　　软件包
　　Z 软件*

软件开发工具
　　Y 开发工具

软件开发平台
software development platform
TP311
　　D 软件定制开发平台
　　　　软件平台
　　S 软件工程*
　　C 软件编程

软件可靠性预测
　　Y 软件缺陷预测

软件雷达
software radar
TN958
　　D 软件化雷达
　　　　软件定义雷达
　　S 雷达*
　　C 软件定义无线电

软件漏洞
software vulnerability
TP311
　　D 程序漏洞
　　　　软件安全漏洞
　　S 安全漏洞
　　　　软件缺陷
　　· 缓冲区溢出漏洞
　　· 脚本漏洞
　　· 系统漏洞
　　C 补丁程序
　　Z 信息安全风险*

软件路由器
software router
TP319　TP393.4
　　D 软路由器
　　S 路由器
　　· 软件集群路由器
　　· 虚拟路由器
　　L 网络互连设备**

软件滤波
software filtering
TN713
　　S 滤波*

软件模拟
　　Y 软件仿真

软件能力成熟度模型
capability maturity model for software
TP311
　　S 能力成熟度模型*

软件能力成熟度模型集成
capability maturity model integration for software

TP311
　　S 能力成熟度模型集成
　　Z 能力成熟度模型*

软件配置管理
software configuration management
TP311
　　D 软件建构管理
　　　　软件形态管理
　　　　软件形管
　　S 软件管理
　　Z 软件工程*

软件平台
　　Y 软件开发平台

软件缺陷
software defect
TP31
　　S 信息安全风险*
　　· 软件漏洞
　　C 软件
　　　　软件安全
　　　　软件缺陷预测

软件缺陷跟踪
software defect tracking
TP311
　　D 缺陷跟踪
　　S 软件缺陷管理
　　Z 软件工程*

软件缺陷管理
software defect management
TP311
　　S 软件质量管理
　　· 软件缺陷跟踪
　　· 软件缺陷预测
　　Z 软件工程*

软件缺陷预测
software defect prediction
TP311
　　D 软件可靠性预测
　　S 软件缺陷管理
　　C 软件缺陷
　　Z 软件工程*

软件容错
software fault tolerance
TP31　TP309
　　D 软件容错技术
　　S 容错*
　　C 调度算法

软件容错技术
　　Y 软件容错

软件设计
software design
TP311　程序设计　编程设计

　　S 软件工程*
　　· Web 程序设计
　　· 表单设计
　　· 并行程序设计
　　· 菜单设计
　　· 层次设计
　　· 窗体设计
　　· 多道程序设计
　　· 高级语言程序设计
　　· 函数式程序设计
　　· 交互式程序设计
　　· 结构化程序设计
　　· 界面设计
　　· 逻辑程序设计
　　· 面向 Agent 程序设计
　　· 面向对象程序设计
　　· 数据流程序设计
　　· 顺序程序设计
　　· 系统软件设计
　　· 页面设计
　　· 自底向上法
　　· 自顶向下法
　　· 自动程序设计
　　C 软件开发

软件升级
software update
TP31
　　D 软件升级服务
　　S 软件服务
　　Z 信息服务*

软件升级服务
　　Y 软件升级

软件水印
software watermark
TP309　TP393.08　TP31
　　S 数字水印*
　　C 软件保护

软件算法
software algorithm
TP301
　　D 编程算法
　　S 算法*

软件体系结构描述语言
software architecture description language
TP312
　　S 描述语言
　　Z 计算机语言*

软件调试
software debugging
TP311
　　D 程序调试
　　　　错误定位
　　S 计算机调试
　　　　软件工程*
　　Z 调试*

电子信息技术叙词表

软件无线电
　　Y 软件定义无线电

软件无线电技术
　　Y 软件定义无线电

软件无线电平台
　　Y 软件无线电台

软件无线电台
software radio station
TN924　TP311
　　D 软件定义无线电台
　　　 软件定义电台
　　　 软件无线电平台
　　S 无线电台*
　　C 虚拟无线电
　　　 软件定义无线电

软件系统
　　Y 软件

软件系统开发
　　Y 软件开发

软件项目管理
software project management
TP311
　　S 软件管理
　　Z 软件工程*

软件项目开发
　　Y 软件开发

软件形管
　　Y 软件配置管理

软件形态管理
　　Y 软件配置管理

软件优化
　　Y 代码优化

软件语言
　　Y 计算机语言

软件整合
　　Y 软件集成

软件质量管理
software quality management
TP311
　　S 软件管理
　　· 软件缺陷管理
　　Z 软件工程*

软件智能体
software agent
TP391
　　S 智能体

　　C 智能软件工程
　　Z 人工智能应用*

软件中间件
　　Y 中间件

软件自动化
software automation
TP31
　　D 程序自动化
　　　 程序设计自动化
　　　 软件自动化方法
　　S 自动化*
　　　 软件工程*
　　· 自动程序设计
　　· 自动化测试

软件自动化测试
　　Y 自动化测试

软件自动化方法
　　Y 软件自动化

软件自动生成
software automatic generation
TP311
　　D 程序自动生成
　　　 自动程序生成
　　S 自动程序设计
　　Z 自动化*
　　　 软件工程*

软件总线
software bus
TP31
　　D 软件总线技术
　　　 软总线
　　S 总线*
　　C 软件

软件总线技术
　　Y 软件总线

软键盘
soft keyboard
TP391　TP318
　　S 工具软件**

软交换
soft switching
TN915
　　D 软交换技术
　　S 通信交换**
　　· 移动软交换
　　C 中继媒体网关
　　　 媒体网关控制协议
　　　 网守
　　　 软交换网络

软交换机
softswitch

TN915　TN92
　　S 交换设备**
　　C 软交换网络

软交换技术
　　Y 软交换

软交换网
　　Y 软交换网络

软交换网络
soft switching network
TN92　TN915
　　D 软交换网
　　S 交换网络
　　C 软交换
　　　 软交换机
　　Z 通信网络*

软接口
　　Y 软件接口

软解调
soft demodulation
TN76
　　D 软件解调
　　S 解调*

软开关变换器
soft switching converter
TN62　TN710　TN4
　　D 软切换变换器
　　S 开关变换器
　　Z 变换器*

软开关电路
soft switching circuit
TN710
　　S 开关电路
　　Z 电子电路*

软开关电源
soft switching power supply
TN86
　　S 开关电源
　　Z 电源*

软扩频
soft spread spectrum
TN918
　　D 缓扩频
　　　 软扩频技术
　　S 扩频*

软扩频技术
　　Y 软扩频

软路由
soft routing
TP31
　　S 路由*

· 560 ·

软路由器
　　Y 软件路由器

软盘
floppy disk
TP333
　　D 软磁盘
　　　　软磁盘存储器
　　　　软磁盘组
　　S 磁盘存储器
　　C 软盘驱动器
　　L 外存储器**
　　　　磁存储器**

软盘机
　　Y 软盘驱动器

软盘驱动器
floppy disk driver
TP333
　　D 软盘机
　　　　软磁盘机
　　　　软磁盘驱动器
　　　　软驱
　　S 磁盘驱动器
　　C 软盘
　　Z 外部设备*

软频率复用
soft frequency reuse
TN92
　　D 软频率复用技术
　　S 频率复用*

软频率复用技术
　　Y 软频率复用

软启动电路
soft start circuit
TN710
　　S 启动电路
　　Z 电子电路*

软切换变换器
　　Y 软开关变换器

软驱
　　Y 软盘驱动器

软蚀刻
　　Y 软光刻

软蚀刻技术
　　Y 软光刻

软网关
soft gateway
TP393
　　S 网关
　　L 网络互连设备**

软微影技术
　　Y 软光刻

软性基材
　　Y 柔性基板

软性印制电路
　　Y 挠性印制电路板

软硬件设计
software and hardware design
TP302
　　S 电子设计*
　　• 软硬件协同设计
　　C 软硬件系统

软硬件系统
software and hardware system
TP3
　　S 电子系统*
　　C 软硬件设计

软硬件协同仿真
　　Y 协同仿真

软硬件协同设计
hardware software co-design
TP302
　　S 协同设计
　　　　软硬件设计
　　Z 协同技术*
　　　　电子设计*

软硬件协同验证
hardware software co-verification
TP306
　　S 协同验证
　　Z 协同技术*

软总线
　　Y 软件总线

锐波束天线
　　Y 定向天线

瑞利散射
Rayleigh scattering
TN20
　　D 分子散射
　　　　超瑞利效应
　　S 光散射
　　• 共振瑞利散射
　　• 后向瑞利散射
　　C 大气散射
　　Z 电磁波散射*

瑞利衰落信道
Rayleigh fading channel
TN92　TN911
　　D Rayleigh 信道
　　　　Rayleigh 衰落信道
　　　　平坦瑞利衰落信道
　　　　平坦衰落信道
　　　　瑞利信道
　　S 衰落信道
　　Z 信道*

瑞利信道
　　Y 瑞利衰落信道

弱分类器
weak classifier
TP391
　　S 分类器*

弱盲签名
weak blind signature
TP309　TN918
　　S 盲签名
　　Z 数字签名*

弱密钥
weak key
TN918　TP309
　　S 密钥*
　　C RSA 公钥密码体制
　　　　RSA 算法
　　　　密码分析

弱人工智能
weak artificial intelligence
TP18
　　S 人工智能*

弱信号提取
weak signal extraction
TN911
　　S 信号提取
　　L 信息抽取**

塞班系统
Symbian operating system
TN92
　　S 智能手机操作系统
　　L 操作系统**

塞曼激光器
Zeeman laser
TN248
　　D 赛曼激光器
　　S 激光器*

赛博安全
　　Y 网络空间安全

赛博空间安全
　　Y 网络空间安全

赛曼激光器
　　Y 塞曼激光器

三边定位算法
three-sided positioning algorithm
TN911　TP301
　　S 定位算法
　　Z 算法*

三步搜索算法
three-step search algorithm
TP301
　　S 搜索算法
　　C 图像通信
　　Z 算法*

三层交换
three layer switching
TN915　TP393
　　D 三层交换技术
　　　 第三层交换
　　S 网络交换
　　Z 信息交换*

三层交换机
three layer switch
TN915　TP393.4
　　S 网络交换机
　　C 三层路由
　　L 交换设备**

三层交换技术
　　Y 三层交换

三层路由
three layer routing
TP393.03
　　S 路由*
　　C 三层交换机

三层网络
three layer network
TP393　TP393.08　TP393.1
　　S 网络*
　　C 三层网络模型

三层网络模型
three layer network model
TP393
　　S 网络模型*
　　C 三层网络

三层应用程序
three layer application program
TP317
　　S 应用软件**

三电平电路
three level circuit
TN710
　　S 电子电路*

三合一读卡器
　　Y 多功能读卡器

三基色荧光粉
　　Y 稀土荧光粉

三级存储
tertiary storage
TP333
　　S 信息存储*

三级存储器
tertiary memory
TP333
　　S 存储器*
　　C 三级缓存

三级缓存
three level cache
TP333
　　S 多级缓存
　　C 三级存储器
　　Z 存储器*

三极电子管
　　Y 真空三极管

三极管检波器
　　Y 晶体管检波器

三极管微波振荡器
　　Y 微波晶体管振荡器

三角波发生器
triangular wave generator
TM935
　　S 波形发生器
　　L 信号发生器**

三角波调制
triangular wave modulation
TN76
　　S 调制*

三角路由
triangle routing
TP393.03
　　S 路由*

三角网生长算法
triangulation network growth algorithm
TP301.6
　　S 生长算法
　　Z 算法*

三角形算法
triangle algorithm
TP301.6
　　S 算法*

三阶高密度双极性码
high density bipolar of third order
TN911
　　D HDB3
　　　 HDB3 码
　　　 HDB3 编码
　　S 信号编码
　　Z 编码*
　　　 信号处理*

三阶互调
third order intermodulation
TN76
　　S 互调
　　Z 调制*

三阶互调失真
third order intermodulation distortion
TN7
　　S 互调失真
　　L 信号失真**

三阱工艺
triple-well process
TN305
　　S 半导体工艺*

三类瓷介电容器
class 3 ceramic capacitor
TM534
　　S 陶瓷电容器
　　Z 电容器*

三能级激光器
three level laser
TN248
　　S 激光器*

三频带天线
　　Y 三频天线

三频天线
triple band antenna
TN82
　　D 三频带天线
　　S 多频段天线
　　Z 天线*

三平衡混频器
triple balanced mixer
TN773
　　S 无源混频器
　　Z 混频器*

三态内容可寻址存储器
　　Y 内容可寻址存储器

三态内容寻址存储器
　　Y 内容可寻址存储器

三态总线
tristate bus
TP336
　　S 总线*

三同轴电缆
triaxial cable
TM24　TN81
　　S 同轴电缆
　　C 三同轴连接器
　　Z 电线电缆*

三同轴连接器
triaxial connector
TN6
　　S 同轴连接器
　　C 三同轴电缆
　　Z 电连接器*

三维 CAD
　　Y 三维计算机辅助设计

三维 CAD 技术
　　Y 三维计算机辅助设计

三维 CAD 软件
3D CAD software
TP319
　　D 三维 CAD 系统
　　S 三维设计软件
　　L 应用软件**

三维 CAD 设计
　　Y 三维计算机辅助设计

三维 CAD 系统
　　Y 三维 CAD 软件

三维 GIS
　　Y 三维地理信息系统

三维 GIS 技术
　　Y 三维地理信息系统

三维 IC
　　Y 三维集成电路

三维 Morphing
　　Y 三维变形

三维变形
3D deformation
TP39
　　D 三维 Morphing
　　S 三维技术*

三维表面重构
　　Y 三维表面重建

三维表面重建
3D surface reconstruction
TP391.9
　　D 三维表面重构
　　S 三维重建
　　Z 三维技术*
　　　信息处理*

三维测量
3D measurement
TN2　TP391
　　D 3D 测量
　　S 三维技术*
　　· 三维轮廓测量
　　· 三维形貌测量
　　C 三维检测

三维场景建模
3D scene modeling
TP391.9
　　D 三维景观建模
　　　三维视景建模
　　S 三维建模
　　　场景建模
　　Z 三维技术*
　　　模型构建*

三维场景重建
3D scene reconstruction
TP391.9
　　S 三维重建
　　Z 三维技术*
　　　信息处理*

三维成像
3D imaging
TP391　TN27
　　D 立体成像
　　S 三维技术*
　　C 步进跟踪

三维处理
three-dimensional processing
TP391
　　S 三维技术*
　　　信息处理*
　　· 三维空时自适应处理
　　· 三维图像处理
　　· 二维图形处理

三维传感器
three-dimensional sensor
TP212
　　S 传感器*

三维存储
three-dimensional storage
TP333
　　S 信息存储*
　　· 三维光存储
　　C 三维技术

三维存储器
three-dimensional memory
TP333
　　S 存储器*
　　C 三维集成电路

三维打印
　　Y 3D 打印

三维打印机
　　Y 3D 打印机

三维导航
3D navigation
TN96
　　S 三维技术*
　　　导航*

三维地理信息系统
three-dimensional geographical information system
TP391
　　D 三维 GIS
　　　三维 GIS 技术
　　S 地理信息系统
　　C 三维制图
　　L 信息应用系统**

三维地形建模
3D terrain modeling
TP391.9
　　S 三维建模
　　Z 模型构建*
　　　三维技术*

三维地形模拟
　　Y 三维地质模拟

三维地质模拟
3D geological simulation
TP391.9
　　D 三维地形模拟
　　S 三维仿真
　　C 地形仿真
　　Z 仿真*
　　　三维技术*

三维点云数据
　　Y 点云数据

三维电视
　　Y 3D 电视

三维动画
3D animation
TN27　TP391
　　D 3D 动画
　　　3D 动画设计
　　　三维动画技术
　　　三维动画设计
　　　数字三维动画

电子信息技术叙词表

　　　立体动画
　　　计算机三维动画
　　S 三维技术*
　　C 三维动画仿真
　　　三维动画制作软件

三维动画仿真
3D animation simulation
TP391.9
　　S 三维仿真
　　　动画仿真
　　C 三维动画
　　　三维动画制作软件
　　Z 三维技术*
　　　仿真*

三维动画技术
　　Y 三维动画

三维动画软件
　　Y 三维动画制作软件

三维动画设计
　　Y 三维动画

三维动画制作软件
3D animation production software
TP317
　　D 3D 动画软件
　　　三维动画软件
　　S 三维制作软件
　　　动画制作软件
　　C 三维动画
　　　三维动画仿真
　　L 应用软件**

三维动态仿真
3D dynamic simulation
TN27　TP391.9
　　D 三维动态模拟
　　S 三维仿真
　　C 三维动态可视化
　　Z 仿真*
　　　三维技术*

三维动态可视化
3D dynamic visualization
TP391.9
　　S 三维可视化
　　C 三维动态仿真
　　Z 可视化*
　　　三维技术*

三维动态模拟
　　Y 三维动态仿真

三维动态显示
3D dynamic display
TP391.7　TN27
　　S 三维显示
　　　动态显示

　　Z 三维技术*
　　　显示*

三维多芯片组件
3D multi-chip module
TN4
　　S 多芯片组件
　　Z 电子组件*

三维仿真
3D simulation technology
TP391　TP37
　　D 三维仿真技术
　　　三维模拟
　　S 三维技术*
　　　仿真*
　　· 三维地质模拟
　　· 三维动画仿真
　　· 三维动态仿真
　　· 三维可视化仿真
　　· 三维实时仿真
　　· 三维实体仿真
　　· 三维数字仿真
　　· 三维图形仿真
　　· 三维虚拟仿真
　　· 三维运动仿真
　　C 建筑信息模型

三维仿真技术
　　Y 三维仿真

三维封装
3D packaging
TN305
　　D 3D 封装
　　　三维封装技术
　　　叠层封装
　　　堆叠封装
　　S 半导体封装**

三维封装技术
　　Y 三维封装

三维工厂设计
3D factory design
TP391.9
　　S 三维设计
　　Z 三维技术*

三维光存储
3D optical storage
TP333
　　D 三维光学信息存储
　　S 三维存储
　　　光存储
　　Z 信息存储*

三维光刻
3D lithography
TN305
　　S 光刻工艺**

三维光学信息存储
　　Y 三维光存储

三维绘图
　　Y 三维制图

三维绘制
　　Y 三维制图

三维机械设计
3D mechanical design
TP391.7
　　S 三维设计
　　Z 三维技术*

三维激光雷达
3D laser radar
TN958
　　S 激光雷达
　　Z 雷达*

三维激光扫描
3D laser scanning
TN24
　　D 三维激光扫描技术
　　S 三维扫描
　　· 地面三维激光扫描
　　Z 三维技术*

三维激光扫描技术
　　Y 三维激光扫描

三维激光扫描仪
3D laser scanner
TP334.2
　　S 三维扫描仪
　　　激光扫描仪
　　Z 外部设备*

三维集成电路
3D integrated circuit
TN4
　　D 三维 IC
　　　立体集成电路
　　S 集成电路*
　　· 三维微波集成电路
　　C 三维存储器

三维计算
3D computation
TP301
　　S 三维技术*
　　　计算*

三维计算机辅助设计
3D computer aided design
TP391.7
　　D 3D CAD
　　　三维 CAD
　　　三维 CAD 技术
　　　三维 CAD 设计

· 564 ·

S 三维设计
　　　计算机辅助设计
　　Z 三维技术*
　　　计算机辅助技术*

三维技术*
3D technology
TP39　TP311　TN27
　D 3D 技术
　• 3D 打印
　• 三维变形
　• 三维测量
　• • 三维轮廓测量
　• • 三维形貌测量
　• 三维成像
　• 三维处理
　• • 三维空时自适应处理
　• • 三维图像处理
　• • 三维图形处理
　• 三维导航
　• 三维动画
　• 三维仿真
　• • 三维地质模拟
　• • 三维动画仿真
　• • 三维动态仿真
　• • 三维可视化仿真
　• • 三维实时仿真
　• • 三维头体仿真
　• • 三维数字仿真
　• • 三维图形仿真
　• • 三维虚拟仿真
　• • 三维运动仿真
　• 三维计算
　• 三维检测
　• • 三维视觉检测
　• 三维建模
　• • 三维场景建模
　• • 三维地形建模
　• • 三维人脸建模
　• • 三维人体建模
　• • 三维实体建模
　• 三维交互
　• 三维可视化
　• • 三维动态可视化
　• 三维全景
　• 三维扫描
　• • 三维激光扫描
　• • • 地面三维激光扫描
　• • 三维人体扫描
　• 三维设计
　• • 三维工厂设计
　• • 三维机械设计
　• • 三维计算机辅助设计
　• • 三维结构设计
　• • 三维零件设计
　• • 三维实体设计
　• • 三维数字化设计
　• • 三维协同设计
　• 三维识别
　• • 三维结构识别
　• • 三维目标识别
　• • 三维人脸识别
　• • 三维特征识别
　• 三维显示

　• • 三维动态显示
　• • 体三维显示
　• • 真三维立体显示
　• • 自由立体显示
　• • • 裸眼 3D 显示
　• 三维信息获取
　• • 三维数据采集
　• 三维虚拟
　• 三维制图
　• 三维重建
　• • 三维表面重建
　• • 三维场景重建
　• • 三维模型重建
　• • 三维人脸重建
　• • 三维图像重建
　• 三维注册
　• 三维装配
　• 网络三维技术
　C 三维存储
　　物联网

三维检测
3D detection
TP39
　S 三维技术*
　• 三维视觉检测
　C 三维测量

三维建模
3D modeling
TP391.9
　D 3D 建模
　　三维建模技术
　　三维物体建模
　　立体建模
　S 三维技术*
　　模型构建*
　• 三维场景建模
　• 三维地形建模
　• 三维人脸建模
　• 三维人体建模
　• 三维实体建模
　C 三维建模软件
　　三维重建

三维建模技术
　Y 三维建模

三维建模软件
3D modeling software
TP319
　D 3D 建模软件
　S 三维设计软件
　C 三维建模
　L 应用软件**

三维交互
3D interaction
TP391
　D 三维交互技术
　S 三维技术*
　C 交互建模

三维交互技术
　Y 三维交互

三维结构设计
3D structure design
TP391.7
　S 三维设计
　C 三维结构识别
　Z 三维技术*

三维结构识别
3D structure recognition
TN27
　S 三维识别
　C 三维结构设计
　Z 信息识别*
　　三维技术*
　　计算机辅助技术*

三维景观建模
　Y 三维场景建模

三维可视化
3D visualization
TP391.9
　D 三维可视化技术
　S 三维技术*
　　可视化*
　• 三维动态可视化
　C 三维可视化仿真
　　三维可视化软件

三维可视化仿真
3D visual simulation
TP391.9
　D 三维可视化仿真技术
　S 三维仿真
　　可视化仿真
　C 三维可视化
　Z 三维技术*
　　仿真*

三维可视化仿真技术
　Y 三维可视化仿真

三维可视化技术
　Y 三维可视化

三维可视化软件
3D visualization software
TP317
　S 三维软件
　C 三维可视化
　L 应用软件**

三维空时自适应处理
3D space time adaptive processing
TP273
　S 三维处理
　Z 信息处理*
　　三维技术*

三维离散数据
3D discrete data
TM93
　　S 三维数据
　　Z 数据*

三维立体打印机
　　Y 3D 打印机

三维立体显示器
　　Y 3D 显示器

三维零件设计
3D part design
TP391.7
　　S 三维设计
　　Z 三维技术*

三维轮廓测量
3D profile measurement
TP391.7
　　D 三维轮廓术
　　S 三维测量
　　Z 三维技术*

三维轮廓术
　　Y 三维轮廓测量

三维码
3D code
TN27　TP391
　　D 三维条码
　　S 条形码
　　Z 编码*

三维面形测量
　　Y 三维形貌测量

三维模拟
　　Y 三维仿真

三维模型重构
　　Y 三维模型重建

三维模型重建
3D model reconstruction
TP391.9
　　D 三维模型重构
　　S 三维重建
　　Z 三维技术*
　　　信息处理*

三维目标识别
3D object recognition
TP391.4
　　D 三维物体识别
　　S 三维识别
　　　目标识别
　　Z 三维技术*
　　　计算机辅助技术*
　　　信息识别*

三维全景
3D panorama
TN27
　　D 三维全景技术
　　S 三维技术*

三维全景技术
　　Y 三维全景

三维人脸建模
3D face modeling
TP391.9
　　D 三维人脸模型
　　S 三维建模
　　C 三维人脸识别
　　Z 模型构建*
　　　三维技术*

三维人脸模型
　　Y 三维人脸建模

三维人脸识别
3D face recognition
TP391.4
　　S 三维识别
　　　人脸识别
　　C 三维人脸建模
　　　三维人脸重建
　　L 特征识别**

三维人脸重建
3D face reconstruction
TP391.9
　　S 三维重建
　　C 三维人脸识别
　　Z 三维技术*
　　　信息处理*

三维人体建模
3D human body modeling
TP391.9
　　S 三维建模
　　C 人体识别
　　Z 模型构建*
　　　三维技术*

三维人体扫描
3D body scanning
TP37
　　S 三维扫描
　　Z 三维技术*

三维软件
3D software
TP317
　　S 应用软件**
　　· 三维可视化软件
　　· 三维设计软件
　　· 三维制作软件
　　· 渲染软件

三维扫描
3D scanning
TP37
　　D 3D 扫描
　　S 三维技术*
　　· 三维激光扫描
　　· 三维人体扫描
　　C 三维扫描仪

三维扫描仪
3D scanner
TP334.2
　　S 扫描仪
　　· 三维激光扫描仪
　　C 三维扫描
　　Z 外部设备*

三维设计
3D design
TP391.7
　　D 3D 设计
　　S 三维技术*
　　· 三维工厂设计
　　· 三维机械设计
　　· 三维计算机辅助设计
　　· 三维结构设计
　　· 三维零件设计
　　· 三维实体设计
　　· 三维数字化设计
　　· 三维协同设计

三维设计软件
3D design software
TP319
　　D 3D 设计软件
　　S 三维软件
　　　计算机辅助设计软件
　　· 三维 CAD 软件
　　· 三维建模软件
　　L 应用软件**

三维识别
3D recognition
TP391.4
　　S 三维技术*
　　　信息识别*
　　　计算机辅助识别
　　· 三维结构识别
　　· 三维目标识别
　　· 三维人脸识别
　　· 三维特征识别
　　Z 计算机辅助技术*

三维实时仿真
3D real-time simulation
TP391.9
　　S 三维仿真
　　　实时仿真
　　Z 三维技术*
　　　仿真*

三维实体仿真
3D entity simulation
TP391.9
　S 三维仿真
　C 三维实体建模
　　三维实体设计
　Z 仿真*
　　三维技术*

三维实体建模
3D entity modeling
TN27
　S 三维建模
　C 三维实体仿真
　　三维实体设计
　Z 模型构建*
　　三维技术*

三维实体设计
3D entity design
TP391.7
　S 三维设计
　C 三维实体仿真
　　三维实体建模
　Z 三维技术*

三维视觉检测
3D vision inspection
TN27
　S 三维检测
　Z 三维技术*

三维视景仿真
　Y 三维虚拟仿真

三维视景建模
　Y 三维场景建模

三维输入设备
3D input device
TP334.2
　S 输入设备
　Z 外部设备*

三维鼠标
3D mouse
TP334.2
　S 鼠标
　Z 外部设备*

三维数据
3D data
TP274
　S 数据*
　• 点云数据
　• 三维离散数据
　• 三维体数据
　• 三维图形数据
　C 三维数据融合
　　三维数据采集
　　多维数据可视化

三维数据采集
3D data acquisition
TP274
　D 三维数据获取
　S 三维信息获取
　　数据采集
　C 三维数据
　　三维数据压缩
　　三维数据融合
　　多维数据可视化
　Z 三维技术*
　　信息采集*

三维数据获取
　Y 三维数据采集

三维数据融合
3D data fusion
TP274
　S 数据融合
　C 三维数据
　　三维数据压缩
　　三维数据采集
　　多维数据可视化
　Z 信息处理*

三维数据压缩
3D data compression
TP274
　S 数据压缩
　C 三维数据融合
　　三维数据采集
　　多维数据可视化
　L 信息压缩**

三维数字仿真
3D digital simulation
TP391.9
　S 三维仿真
　　数字仿真
　C 三维数字化设计
　Z 三维技术*
　　仿真*

三维数字化设计
3D digital design
TP391.7
　S 三维设计
　C 三维数字仿真
　Z 三维技术*

三维数字化仪
　Y 数字化仪

三维水印
3D watermark
TN918　TP393.08
　S 数字水印*

三维特征识别
3D feature recognition
TP391.4
　S 三维识别
　　特征识别**

三维体数据
three-dimensional volume data
TP274
　S 三维数据
　Z 数据*

三维条码
　Y 三维码

三维图像处理
three-dimensional image processing
TP391　TP274
　S 三维处理
　　图像处理**
　C 立体图像压缩

三维图像分割
3D image segmentation
TP391　TP274
　S 图像分割
　C 立体图像压缩
　L 图像处理**

三维图像显示
　Y 三维显示

三维图像重建
3D image reconstruction
TP391.9
　S 三维重建
　　图像重建
　L 图像处理**

三维图形编程
3D graph programming
TP317
　S 图形化编程
　L 软件编程**

三维图形处理
three-dimension graph processing
TN27
　S 三维处理
　C 裸眼3D显示
　Z 信息处理*
　　三维技术*

三维图形仿真
three-dimensional graph simulation
TN27
　S 三维仿真
　　图形仿真
　Z 三维技术*
　　仿真*

电子信息技术叙词表

三维图形数据
3D graphic data
TN27
　　S 三维数据
　　　图形数据
　　Z 数据*

三维网格
3D mesh
TP391
　　S 网格*
　　· 三维有限元网格

三维网格压缩
3D grid compression
TP391
　　S 信息压缩**

三维微波集成电路
3D microwave integrated circuit
TN45
　　S 三维集成电路
　　　微波集成电路
　　Z 集成电路*

三维物体建模
　　Y 三维建模

三维物体识别
　　Y 三维目标识别

三维物体重建
　　Y 三维重建

三维显示
3D display
TP391.7　TN27
　　D 三维图像显示
　　　三维显示技术
　　　立体显示
　　　立体显示技术
　　S 三维技术*
　　　显示*
　　· 三维动态显示
　　· 体三维显示
　　· 真三维立体显示
　　· 自由立体显示
　　C 3D显示器
　　　立体摄像机

三维显示技术
　　Y 三维显示

三维显示器
　　Y 3D显示器

三维协同设计
three-dimensional collaborative design
TP391.7
　　S 三维设计

协同设计
　　Z 三维技术*
　　　协同技术*

三维芯片
three-dimensional chip
TN4
　　D 3D芯片
　　S 芯片*

三维信息获取
3D information acquisition
TP391
　　S 三维技术*
　　　信息采集
　　· 三维数据采集
　　C 三维信息提取

三维信息提取
3D information extracting
TP391
　　S 信息抽取**
　　C 三维信息获取

三维形貌测量
3D shape measurement
TM93
　　D 三维面形测量
　　S 三维测量
　　Z 三维技术*

三维虚拟
3D virtualization
TN27
　　D 三维虚拟技术
　　S 三维技术*
　　　虚拟技术*
　　C 三维虚拟仿真

三维虚拟仿真
3D virtual simulation
TP391.9
　　D 三维视景仿真
　　S 三维仿真
　　　虚拟仿真
　　C 三维虚拟
　　Z 三维技术*
　　　仿真*
　　　虚拟技术*

三维虚拟技术
　　Y 三维虚拟

三维有限元网格
3D finite element mesh
TP391
　　S 三维网格
　　　有限元网格
　　Z 网格*

三维运动仿真
3D motion simulation
TP391.9
　　S 三维仿真
　　　运动仿真
　　C 三维运动跟踪
　　Z 三维技术*
　　　仿真*

三维运动跟踪
3D motion tracking
TP3　TP15
　　S 运动跟踪
　　C 三维运动仿真
　　Z 跟踪*

三维造型软件
　　Y 三维制作软件

三维制图
3D drawing
TN27
　　D 三维绘制
　　　三维绘图
　　S 三维技术*
　　C 三维地理信息系统

三维制图软件
three-dimensional drafting software
TP317
　　S 三维制作软件
　　L 应用软件**

三维制作软件
three-dimensional production software
TP317
　　D 三维造型软件
　　S 三维软件
　　· 三维动画制作软件
　　· 三维制图软件
　　L 应用软件**

三维重构
　　Y 三维重建

三维重建
3D reconstruction
TP391
　　D 3D重建
　　　3D重构
　　　三维物体重建
　　　三维重构
　　　三维重现
　　S 三维技术*
　　　信息重建
　　· 三维表面重建
　　· 三维场景重建
　　· 三维模型重建
　　· 三维人脸重建
　　· 三维图像重建

C 三维建模
    三维重建算法
  Z 信息处理*

三维重建算法
3D reconstruction algorithm
TP3
  S 重建算法
  • 移动立方体算法
  C 三维重建
  Z 算法*

三维重现
  Y 三维重建

三维注册
3D registration
TP31
  D 三维注册技术
  S 三维技术*

三维注册技术
  Y 三维注册

三维装配
3D assembling
TN05
  D 三维装配工艺
  S 三维技术*

三维装配工艺
  Y 三维装配

三线接口
3-wire interface
TP334.7
  S 接口*

三线通信
3-wire communication
TN91
  S 通信*

三相步进电动机
three-phase stepping motor
TM35
  D 三相步进电机
  3 旋转步进电动机
  Z 微特电机*

三相步进电机
  Y 三相步进电动机

三相交流电源
three-phase AC power supply
TN86
  S 交流电源
  Z 电源*

三相晶闸管
three-phase thyristor

TN34
  D 三相可控硅
  S 晶闸管
  L 半导体分立器件**
    电力半导体器件**

三相可控硅
  Y 三相晶闸管

三相桥式电路
  Y 桥式电路

三相桥式整流电路
  Y 桥式电路

三芯光纤耦合器
tri-core fiber coupler
TN62
  S 光纤耦合器
  L 光无源器件**
    光纤器件**

三氧化二镓
  Y 氧化镓

三元半导体
  Y 三元化合物半导体

三元固溶体半导体
  Y 三元化合物半导体

三元化合物半导体
ternary compound semiconductor
TN304
  D 三元半导体
    三元固溶体半导体
    赝三元半导体
  S 化合物半导体**
  • 铝镓氮
  • 铝镓砷
  • 碲锌镉
  • 碲镉汞
  • 铟镓砷
  • 镓铟磷

三元锂电池
  Y 三元锂聚合物电池

三元锂聚合物电池
ternary lithium polymer battery
TM912
  D 三元锂电池
  S 锂聚合物电池
  • 镍钴铝酸锂电池
  • 镍钴锰酸锂电池
  Z 电池*

三值触发器
ternary trigger
TN79
  S 触发器

  L 数字电路**

三值光计算机
ternary optical computer
TP37
  D 三值光学计算机
  S 光计算机
  Z 计算机*

三值光学计算机
  Y 三值光计算机

三值计算机
ternary computer
TP338
  S 计算机*

三重 DES
  Y 三重数据加密标准

三重数据加密标准
three data encryption standard
TN918 TP309
  D 3DES
    三重 DES
  S 数据加密标准
  Z 信息产业标准*

三轴加速度传感器
three-axis acceleration sensor
TP212
  S 加速度传感器
  L 物理传感器**

三坐标雷达
three coordinate radar
TN958
  D 三座标雷达
  S 雷达*

三座标雷达
  Y 三坐标雷达

伞形天线
  Y 伞状天线

伞状天线
umbrella antenna
TN82
  D 伞形天线
  S 可展开天线
  Z 天线*

散斑噪声
speckle noise
TN951 TM937
  D 散点噪声
    斑点噪声
    斑纹噪声
  S 图像噪声
  Z 信号噪声*

散弹噪声
shot noise
TM937　TN911
　　D 散粒噪声
　　　 起伏噪声
　　S 信号噪声*

散点噪声
　　Y 散斑噪声

散粒噪声
　　Y 散弹噪声

散列编码
hash coding
TN911
　　D Hash 编码
　　　 散列编码法
　　S 编码*
　　C 加密算法
　　　 散列算法

散列编码法
　　Y 散列编码

散列算法
hash algorithm
TP301　TN911
　　D Hash 算法
　　　 哈希算法
　　S 算法*
　　• 安全散列算法
　　• 一致性哈希算法
　　C 散列编码
　　　 数字指纹

散乱点数据
　　Y 散乱数据

散乱数据
scattered data
TP391　TP301
　　D 散乱点数据
　　　 离散数据
　　S 数据*

散射通信
scatter communication
TN926　TN914
　　S 无线通信**
　　• 对流层散射通信
　　• 流星余迹通信
　　C 平流层通信

散射网
scatter network
TP3　TN92
　　D 分散网
　　S 蓝牙网络
　　C 微微网
　　L 无线通信网络**

散射噪声
scatter noise
TN911
　　D 散射噪音
　　S 信号噪声*

散射噪音
　　Y 散射噪声

散布式干扰
　　Y 分布式干扰

扫描变像管
streak image tube
TN14
　　S 变像管
　　L 电子束管**

扫描电路
scanning circuit
TN710
　　D 密勒电路
　　S 电子电路*
　　• 场扫描电路
　　• 行扫描电路

扫描干扰
　　Y 扫频干扰

扫描跟踪
scanning and tracking
TP212　TN95
　　S 跟踪*

扫描攻击
scanning attack
TN27
　　S 网络攻击**

扫描机
　　Y 扫描仪

扫描激光器
scanning laser
TN248
　　S 激光器*

扫描接收机
　　Y 搜索接收机

扫描控制器
scan controller
TP2
　　S 控制器*

扫描率转换器
scan rate converter
TN62
　　S 转换器*

扫描驱动电路
scan driver circuit
TN710
　　D 扫描驱动器
　　S 驱动电路**

扫描驱动器
　　Y 扫描驱动电路

扫描设备
　　Y 扫描仪

扫描声呐
　　Y 扫描式声呐

扫描矢量化
scanning vectorization
TP334.2
　　S 矢量化
　　C 地理信息系统
　　　 扫描仪
　　Z 信息处理*

扫描式声呐
scanning sonar
U666
　　D 扫描声呐
　　S 声呐*

扫描输入器
　　Y 扫描仪

扫描数字化仪
　　Y 扫描仪

扫描算法
scanning algorithm
TP301
　　D 平面扫描法
　　S 算法*

扫描天线
scanning antenna
TN82
　　S 天线*
　　• 电扫描天线
　　• 机械扫描天线
　　• 频率扫描天线
　　C 扫描信号

扫描线算法
scan line algorithm
TN911　TP301
　　D 扫描线填充算法
　　　 扫描线种子填充算法
　　S 填充算法
　　Z 算法*

扫描线填充算法
　　Y 扫描线算法

扫描线种子填充算法
　　Y 扫描线算法

扫描信号
scanning signal
TN27
　　S 信号*
　　• 扫频信号
　　C 扫描天线

扫描仪
scanner
TP334.2　TP391　TN87
　　D 扫描数字化仪
　　　　扫描机
　　　　扫描设备
　　　　扫描输入器
　　S 图形输入设备
　　• 彩色扫描仪
　　• 电子扫描仪
　　• 工程扫描仪
　　• 激光扫描仪
　　• 平板式扫描仪
　　• 三维扫描仪
　　• 手持式扫描仪
　　• 条码扫描仪
　　• 图像扫描仪
　　• 专用扫描仪
　　C 扫描矢量化
　　Z 外部设备*

扫频干扰
sweep jamming
TN972
　　D 扫描干扰
　　　　频率扫描干扰
　　S 压制干扰
　　C 扫频信号
　　　　频率特性测试仪
　　L 电子对抗**

扫频信号
sweep signal
TN27
　　S 扫描信号
　　C 扫频信号发生器
　　　　扫频干扰
　　　　频率扫描天线
　　Z 信号*

扫频信号发生器
sweep signal generator
TM93
　　S 信号发生器**
　　C 扫频信号

扫频仪
　　Y 频率特性测试仪

色标传感器
　　Y 颜色传感器

色彩传感器
　　Y 颜色传感器

色彩分割
　　Y 颜色分割

色彩恢复
color restoration
TN941
　　S 信息恢复
　　Z 信息处理*

色彩聚类
color-based clustering
TN941
　　S 聚类*

色彩量化
　　Y 颜色量化

色彩描述
color description
TN941
　　S 信息描述
　　Z 信息处理*

色彩失真
　　Y 颜色失真

色彩提取
color extraction
TN941
　　D 主色提取
　　S 图像提取
　　L 信息抽取**

色彩显示
　　Y 彩色显示

色彩校正
　　Y 色彩校准

色彩校准
color correction
TN941
　　D 彩色校正
　　　　校色
　　　　色修正
　　　　色彩修正
　　　　色彩校正
　　　　颜色校正
　　S 彩色图像处理
　　L 图像处理**

色彩修正
　　Y 色彩校准

色彩增强
color enhancement
TN941
　　D 色彩增强度
　　S 图像增强
　　L 图像处理**

色彩增强度
　　Y 色彩增强

色差信号
color difference signal
TN941
　　S 视频信号
　　Z 信号*

色度处理
chrominance treatment
TN941
　　S 彩色图像处理
　　L 图像处理**

色度处理电路
　　Y 色度电路

色度电路
chrominance circuit
TN710
　　D 色度处理电路
　　S 电子电路*

色度失真
　　Y 颜色失真

色度信号
chrominance signal
TN941
　　S 视频信号
　　Z 信号*

色化噪声
　　Y 有色噪声

色环电感
　　Y 色码电感器

色环电感器
　　Y 色码电感器

色码电感
　　Y 色码电感器

色码电感器
color code inductor
TM556
　　D 色环电感
　　　　色环电感器
　　　　色码电感
　　S 电感器*

色敏传感器
　　Y 颜色传感器

色敏器件
color sensitive device
TN37
　　D 色敏元件
　　S 半导体敏感器件**
　　C 颜色传感器

色敏元件
　　Y 色敏器件

色散补偿光纤
dispersion compensating fiber
TN818　TN252
　　D 光纤色散补偿
　　S 色散光纤
　　Z 光纤*

色散递减光纤
　　Y 色散缓变光纤

色散管理光纤
dispersion managed fiber
TM291　TN252
　　S 色散光纤
　　Z 光纤*

色散光纤
dispersion fiber
TN818　TN25
　　S 光纤*
　　• 零色散光纤
　　• 色散补偿光纤
　　• 色散管理光纤
　　• 色散缓变光纤
　　• 色散平坦光纤
　　• 色散位移光纤
　　• 梳状色散光纤

色散缓变光纤
dispersion decreasing fiber
TN252　TN818
　　D 色散平坦渐减光纤
　　　色散渐减光纤
　　　色散渐变光纤
　　　色散递减光纤
　　　色散阶变光纤
　　S 色散光纤
　　Z 光纤*

色散渐变光纤
　　Y 色散缓变光纤

色散渐减光纤
　　Y 色散缓变光纤

色散阶变光纤
　　Y 色散缓变光纤

色散平坦光纤
dispersion flattened fiber
TN818　TN252
　　S 色散光纤
　　Z 光纤*

色散平坦渐减光纤
　　Y 色散缓变光纤

色散位移光纤
dispersion shifted fiber
TN818　TN252
　　D 色散移位光纤
　　　色散移动光纤
　　S 色散光纤
　　• 非零色散位移光纤
　　Z 光纤*

色散信道
dispersive channel
TN911
　　S 信道*
　　• 时变色散信道

色散移动光纤
　　Y 色散位移光纤

色散移位光纤
　　Y 色散位移光纤

色同步信号
color synchronizing signal
TN941
　　S 同步信号
　　　视频信号
　　Z 信号*

色心激光器
color center laser
TN248
　　D A 心激光器
　　　F 心激光器
　　　M 心激光器
　　S 可调谐激光器
　　Z 激光器*

色修正
　　Y 色彩校准

色噪声
　　Y 有色噪声

铯光电管
cesium photo tube
TN15
　　S 光电发射管
　　• 锑铯阴极光电管
　　• 氧铯阴极光电管
　　L 电子束管**

铯束管
cesium beam tube
TN14
　　S 电子束管**

杀毒
　　Y 病毒查杀

杀毒技术
　　Y 病毒查杀

杀毒软件
anti-virus software
TP311
　　D 防病毒软件
　　S 安全软件
　　Z 软件*

砂轮划片机
　　Y 划片机

筛选算法
sieving algorithm
TN911
　　S 算法*

删除型卷积编码
　　Y 卷积编码

栅瓣
grating lobe
TN82
　　S 天线波瓣
　　Z 波束*

栅电介质材料
　　Y 栅极电介质材料

栅格计算
grid calculation
TP3
　　S 计算*
　　C 地理信息系统

栅极电介质材料
grid dielectric material
TM21
　　D 栅介质材料
　　　栅电介质材料
　　S 电子材料*

栅极接地 NMOS 管
　　Y 栅极接地 NMOS 晶体管

栅极接地 NMOS 晶体管
grounded-grid N-channel MOS transistor
TN386
　　D GGNMOS
　　　栅极接地 NMOS 管
　　S NMOS 晶体管
　　C N 沟道 MOS 工艺
　　L MOS 器件**
　　　半导体分立器件**

栅极驱动电路
gate drive circuit
TN710
 D 栅极驱动器
 S 驱动电路**

栅极驱动器
 Y 栅极驱动电路

栅介质材料
 Y 栅极电介质材料

栅控二极管
gated diode
TN31
 S 半导体二极管
 L 半导体分立器件**

栅控光电倍增管
 Y 门控光电倍增管

栅控行波管
gated traveling wave tube
TN12
 S 行波管
 C 栅控微波管
  栅控速调管
 L 微波管**

栅控速调管
gated klystron
TN12
 S 速调管
 C 栅控行波管
 L 微波管**

栅控微波管
gate controlled microwave tube
TN12
 D 静电控制超高频管
 S 微波电子管
 • 微波三极管
 C 栅控行波管
 L 微波管**

闪存
 Y 闪速存储器

闪存存储器
 Y 闪速存储器

闪存卡
flash card
TP333
 D Flash 卡
  移动存储卡
 S 存储卡**
  移动存储设备
 • CF 卡
 • SD 卡
 • SM 卡

 • TF 卡
 • 记忆棒
 C 闪速存储器

闪存盘
USB flash disk
TP333
 D USB 闪存
  U 盘
  优盘
  闪盘
  闪速固态盘
 S 外存储器**
  移动存储设备
  闪速存储器
 C USB 控制器
  USB 通信
  通用串行总线

闪存器
 Y 闪速存储器

闪存器件
 Y 闪速存储器

闪存驱动器
 Y 闪速存储器

闪存设备
 Y 闪速存储器

闪存芯片
 Y 闪速存储器

闪联标准
intelligent grouping and resource sharing standard
TN915
 D IGRS 标准
 S 网络标准
 Z 信息产业标准*

闪盘
 Y 闪存盘

闪烁存储器
 Y 闪速存储器

闪烁干扰
scintillation jamming
TN972
 S 雷达干扰
 C 闪烁噪声
 L 电子对抗**

闪烁计数管
flash flaring counter
TN13
 D 闪烁计数器
 S 计数管
 L 离子管**

闪烁计数器
 Y 闪烁计数管

闪烁型模数转换器
flash analog-to-digital converter
TN792
 S 模数转换器
 Z 转换器*
  集成电路*

闪烁噪声
flicker noise
TN911
 S 随机噪声
 C 闪烁干扰
 Z 信号噪声*

闪速存储器
flash memory
TP333 TN43
 D Flash 存储器
  快速存储器
  快闪存储器
  快闪存贮器
  闪存
  闪存器
  闪存器件
  闪存存储器
  闪存芯片
  闪存设备
  闪存驱动器
  闪烁存储器
 S 半导体存储器
  非易失性存储器**
 • NAND 闪存
 • 串行闪速存储器
 • 浮栅型闪速存储器
  闪存盘
 C 微硬盘
  闪存卡
  闪速单片机

闪速单片机
flash single-chip microcomputer
TP368
 S 单片微型计算机
 C 闪速存储器
 L 电子数字计算机**

闪速固态盘
 Y 闪存盘

扇区天线
 Y 扇形天线

扇束
 Y 扇形波束

扇形波束
fan beam
TN82
 D 扇形扫描波束

扇束
    S 波束*
    C 扇形天线

扇形扫描波束
    Y 扇形波束

扇形天线
sector antenna
TN82
    D 扇区天线
    S 定向天线
    C 扇形波束
    Z 天线*

商品条码
    Y 商品条形码

商品条形码
commodity barcode
TP391.4　TN911
    D 商品条码
    S 条形码
    · 通用产品代码
    Z 编码*

商务笔记本电脑
    Y 商用笔记本计算机

商务电脑
    Y 商用计算机

商务型笔记本电脑
    Y 商用笔记本计算机

商务智能系统
business intelligence system
TP391
    D 商业智能平台
    S 计算机应用系统*

商业化软件
    Y 商业软件

商业流程执行语言
    Y 业务流程执行语言

商业软件
business software
TP318
    D 商业化软件
       商用软件
    S 软件*
    C 商用个人计算机

商业数据处理
business data processing
TP391
    S 数据处理**

商业信息化
business informatization
TP391
    S 信息化*

商业智能平台
    Y 商务智能系统

商业智能软件
business intelligence software
TP319
    S 智能软件
    Z 软件*

商用PC
    Y 商用个人计算机

商用笔记本电脑
    Y 商用笔记本计算机

商用笔记本计算机
commercial notebook computer
TP368
    D 商务型笔记本电脑
       商务笔记本电脑
       商用笔记本电脑
    S 商用个人计算机
       笔记本计算机
    L 电子数字计算机**

商用电脑
    Y 商用计算机

商用个人电脑
    Y 商用个人计算机

商用个人计算机
commercial personal computer
TP368
    D 商用PC
       商用个人电脑
    S 个人计算机
       商用计算机
    · 商用笔记本计算机
    C 商业软件
    L 电子数字计算机**

商用机
    Y 商用计算机

商用计算机
commercial computer
TP368
    D 事务用计算机
       事务计算机
       办公用计算机
       办公电脑
       办公计算机
       商务电脑
       商用机
       商用电脑

    S 计算机*
    · 商用个人计算机
    · 商用台式计算机

商用密码
commercial cipher
TN918
    D 民用密码
    S 密码*

商用软件
    Y 商业软件

商用台式电脑
    Y 商用台式计算机

商用台式机
    Y 商用台式计算机

商用台式计算机
commercial desktop computer
TP368
    D 商用台式机
       商用台式电脑
    S 台式计算机
       商用计算机
    L 电子数字计算机**

熵编码
entropy coding
TN912
    S 信息编码**
    · 哈夫曼编码
    · 算术编码

上变频
    Y 上变频器

上变频激光器
up conversion laser
TN248
    S 激光器*

上变频器
up converter
TN773
    D 上变频
    S 混频器*
    · 数字上变频器

上采样滤波
up-sampling filtering
TN713
    S 滤波*

上层协议
upper protocol
TP393.0　TN915.04
    S 网络协议**

上机考试系统
　　Y 计算机考试系统

上网查询
　　Y 网上查询

上网电视
　　Y 网络电视

上网行为分析
　　Y 网络行为分析

上网行为管理
　　Y 网络行为管理

上位机
　　Y 上位计算机

上位机监控软件
　　Y 上位机软件

上位机软件
upper computer software
TP318
　　D 上位机监控软件
　　3 监控软件
　　• 组态软件
　　C 上位计算机
　　L 应用软件**

上位机系统
　　Y 上位计算机

上位计算机
upper computer
TP391
　　D 上位机
　　　上位机系统
　　　主控机
　　　主控计算机
　　S 控制计算机
　　C 上位机软件
　　　主控程序
　　Z 计算机*

上下文访问控制
context access control
TP393.08
　　S 访问控制
　　Z 网络技术*

上下文服务
context service
TP391
　　S 信息服务*

上下文感知
context awareness
TP391
　　D 上下文感知计算

觉察上下文
　　觉察上下文计算
　　S 信息感知*

上下文感知计算
　　Y 上下文感知

上下文量化
context quantization
TP391
　　S 信息量化
　　Z 信息处理*

上下文无关语言
context-free language
TP312　TP301
　　D 2型语言
　　S 形式语言
　　Z 计算机语言*

上下文自适应变长编码
context adaptive variable length coding
TN911
　　D CAVLC
　　　基于内容的自适应变长编码
　　S 变长编码
　　　自适应编码
　　Z 编码*

上行传输
upward transmission
TN911
　　S 信息传输*
　　C 上行信号
　　　上行链路

上行链路
uplink
TN929.5
　　D 上行线路
　　S 链路*
　　C 上行传输
　　　上行信号

上行线路
　　Y 上行链路

上行信道
upstream channel
TN927
　　S 卫星信道
　　C 上行信道噪声
　　Z 信道*

上行信道噪声
upstream channel noise
TN911
　　S 信道噪声
　　C 上行信道
　　Z 信号噪声*

上行信号
upstream signal
TN911
　　S 信号*
　　C 上行传输
　　　上行链路

上肢康复机器人
upper limb rehabilitation robot
TP242
　　S 康复机器人
　　• 上肢外骨骼康复机器人
　　Z 机器人*

上肢外骨骼康复机器人
upper limb exoskeleton rehabilitation robot
TP242
　　D 外骨骼上肢康复机器人
　　S 上肢康复机器人
　　　外骨骼机器人
　　Z 机器人*
　　　可穿戴设备*

舌簧继电器
reed relay
TM58
　　D 干簧继电器
　　　笛簧继电器
　　S 电磁继电器
　　Z 继电器*

蛇形机器人
snake robot
TP242
　　S 仿生机器人
　　　爬行机器人
　　Z 机器人*

设备仿真
equipment emulation
TP391.9
　　S 仿真*

设备管理程序
　　Y 设备管理器

设备管理器
equipment manager
TP318
　　D 设备管理程序
　　　设备管理软件
　　S 设备软件
　　　软件管理器
　　C 设备数据库
　　　设备管理信息系统
　　L 工具软件**

设备管理软件
　　Y 设备管理器

设备管理系统
　　Y 设备管理信息系统

设备管理信息系统
equipment management information system
TP391
　　D 设备信息管理
　　　 设备管理系统
　　S 管理信息系统
　　C 设备数据库
　　　 设备管理器
　　Z 信息系统*

设备驱动程序
　　Y 驱动程序

设备驱动器
　　Y 驱动程序

设备驱动软件
　　Y 驱动程序

设备软件
device software
TP318
　　D 硬件软件
　　S 系统管理软件
　　• 磁盘工具
　　• 刻录软件
　　• 驱动程序
　　• 设备管理器
　　L 工具软件**

设备数据库
device database
TP392
　　S 应用数据库
　　C 设备管理信息系统
　　　 设备管理器
　　Z 数据库*

设备信息管理
　　Y 设备管理信息系统

设计仿真
design simulation
TP391.9
　　S 仿真*
　　• ADS 仿真
　　• EDA 仿真

设计器
designer
TP317
　　S 工具软件**
　　• 报表设计器
　　• 数据环境设计器

设计软件
　　Y 计算机辅助设计软件

设计数据库
design database
TP392
　　S 应用数据库
　　Z 数据库*

设计知识管理
design knowledge management
TP391.7
　　S 知识管理
　　Z 知识工程*
　　　 信息管理*

设计制造一体化系统
　　Y 计算机辅助设计与制造

设计自动化
design automation
TP391.7
　　S 自动化*
　　• 电子设计自动化
　　• 电子系统设计自动化
　　C 计算机辅助设计

社会性网络服务
　　Y 社交网络服务

社交软件
social software
TP317
　　S 即时通信软件
　　• 手机社交软件
　　L 应用软件**
　　　 网络软件**

社交网络
　　Y 社交网络服务

社交网络服务
social network service
TP393
　　D 社交网站
　　　 社交网络
　　　 社会性网络服务
　　S 互联网应用
　　Z 网络应用*

社交网站
　　Y 社交网络服务

社区电子商务
community e-commence
TP393
　　D 社区型电子商务
　　S 电子商务
　　Z 网络应用*

社区挖掘
community mining
TP393
　　S 信息挖掘**

社区型电子商务
　　Y 社区电子商务

射电天线
antenna for radiotelescope
TN82
　　S 天线*

射击控制计算机
　　Y 火控指挥仪

射击指挥声呐
　　Y 攻击声呐

射击指挥仪
　　Y 火控指挥仪

射极耦合触发器
　　Y 施密特触发器

射极耦合逻辑电路
　　Y 发射极耦合逻辑电路

射极耦合逻辑门
　　Y 发射极耦合逻辑电路

射流继电器
fluidic relay
TM58
　　S 继电器*

射频 CMOS 开关
RF CMOS switch
TN386
　　S 半导体开关
　　C 射频 CMOS 收发器
　　Z 半导体器件*

射频 CMOS 收发器
RF CMOS transceiver
TN43
　　S 射频收发器
　　C 射频 CMOS 开关
　　Z 收发器*

射频 CPU 卡
　　Y 非接触式智能卡

射频 IC 卡
　　Y 非接触式 IC 卡

射频 MEMS 开关
RF MEMS switch
TN4
　　D RFMEMS 开关
　　S MEMS 开关
　　　 射频开关
　　Z 开关*

射频 MEMS 器件
RF MEMS device

· 576 ·

TP212
　　D RF MEMS 器件
　　S MEMS 器件*
　　C 射频微机电系统

射频变换器
radio frequency converter
TN62
　　S 变换器*
　　C 射频开关
　　　 射频电路

射频变压器
RF transformer
TM43
　　S 电子变压器**

射频标签
RF tag
TP391　TN99
　　D RFID 标签
　　　 RFID 电子标签
　　　 射频标识
　　S 电子标签*
　　• 半有源标签
　　• 无源标签
　　• 有源标签
　　C RFID 中间件
　　　 射频接口
　　　 射频识别
　　　 射频识别读写器
　　　 数字射频存储
　　　 数字射频存储器

射频标识
　　Y 射频标签

射频处理电路
　　Y 射频电路

射频传输
RF transmission
TN014
　　S 信息传输*
　　C 射频电缆
　　　 射频电路
　　　 射频系统

射频磁控反应溅射法
　　Y 射频磁控溅射

射频磁控管
RF magnetron
TN12
　　S 磁控管
　　C 射频管
　　L 微波管**

射频磁控管溅射
　　Y 射频磁控溅射

射频磁控溅射
RF magnetron sputtering
TN305
　　D 射频磁控反应溅射法
　　　 射频磁控管溅射
　　S 磁控溅射
　　Z 半导体工艺*

射频电缆
RF cable
TM248　TN91
　　D RF 电缆
　　　 射频线
　　S 通信电缆
　　• 同轴射频电缆
　　C 同轴电缆
　　　 射频传输
　　　 射频信号
　　　 射频开关
　　　 射频连接器
　　　 射频通信
　　Z 电线电缆*

射频电路
RF circuit
TN710
　　D RF 电路
　　　 射频处理电路
　　　 射频模块
　　S 电子电路*
　　• 射频前端电路
　　C ADS 仿真
　　　 射频传输
　　　 射频变换器
　　　 射频接收机
　　　 射频放大器
　　　 射频系统
　　　 射频通信
　　　 射频集成电路
　　　 数字射频存储

射频电源
RF power supply
TN86
　　S 电源*

射频读卡器
RF card reader
TP333　TN87
　　S 读卡器
　　C 射频识别读写器
　　　 数字射频存储
　　Z 外部设备*

射频读写器
　　Y 射频识别读写器

射频反应溅射法
　　Y 射频溅射

射频仿真
RF simulation
TP15
　　D 射频仿真系统
　　　 射频模拟
　　S 电子仿真
　　Z 仿真*

射频仿真系统
　　Y 射频仿真

射频放大器
RF amplifier
TN72
　　S 放大器*
　　C 射频接收机
　　　 射频电路
　　　 射频集成电路

射频干扰
RF interference
TN014
　　S 信号干扰
　　C 射频干扰抑制
　　Z 电磁干扰*

射频干扰滤波器
　　Y 射频滤波器

射频干扰抑制
RF interference suppression
TN911
　　S 干扰抑制*
　　C 射频干扰
　　　 射频系统

射频功放
　　Y 射频功率放大器

射频功放模块
　　Y 射频功率放大器

射频功率放大器
RF power amplifier
TN72
　　D RF 功率放大器
　　　 射频功放
　　　 射频功放模块
　　S 功率放大器**
　　C 射频预失真

射频功率晶体管
RF power transistor
TN32
　　S 功率晶体管
　　　 射频功率器件
　　L 半导体分立器件**
　　　 电力半导体器件**

射频功率器件
RF power device
TN3
　　S 电力半导体器件**

电子信息技术叙词表

- 射频功率晶体管

射频管
RF electron tube
TN11
　　S 电子管**
　　C 射频磁控管

射频混频器
RF mixer
TN773
　　D RF 混频器
　　S 混频器*

射频基站
　　Y 基站

射频激励 CO₂ 激光器
　　Y 射频激励二氧化碳激光器

射频激励二氧化碳激光器
RF excited carbon dioxide laser
TN248
　　D 射频激励 CO₂ 激光器
　　S 二氧化碳激光器
　　L 气体激光器**

射频激射器
　　Y 微波激射器

射频集成电路
RF integrated circuit
TN4
　　D RF 集成电路
　　　射频集成电路芯片
　　S 集成电路*
　　C 射频放大器
　　　射频电路

射频集成电路卡
　　Y 非接触式 IC 卡

射频集成电路芯片
　　Y 射频集成电路

射频技术
radio frequency technique
TN
　　S 电子技术*
　　C 射频跳频

射频继电器
radio frequency relay
TM58
　　S 高频继电器
　　Z 继电器*

射频检波器
RF detector
TN763
　　S 检波器*

射频溅射
RF sputtering
TN305
　　D 射频反应溅射法
　　　射频溅射法
　　S 溅射
　　C 射频溅射设备
　　Z 半导体工艺*

射频溅射法
　　Y 射频溅射

射频溅射设备
RF sputtering equipment
TN305
　　S 溅射设备
　　C 射频溅射
　　Z 半导体工艺设备*

射频接口
RF interface
TP334.7　TN87
　　D RF 接口
　　　无线电射频接口
　　S 传输接口
　　C 射频天线
　　　射频标签
　　　射频识别
　　　射频链路
　　Z 接口*

射频接收机
RF receiver
TN85
　　D 射频接收器
　　　射频接收系统
　　S 接收设备*
　　C 射频收发器
　　　射频放大器
　　　射频电路

射频接收器
　　Y 射频接收机

射频接收系统
　　Y 射频接收机

射频卡读写器
　　Y 射频识别读写器

射频开关
RF switch
TM56
　　S 开关*
　　- 射频 MEMS 开关
　　- 同轴开关
　　C 射频变换器
　　　射频电缆
　　　射频调制

射频拉远
radio frequency remote

TN927
　　D 射频拉远技术
　　C 宏基站
　　　直放站

射频拉远技术
　　Y 射频拉远

射频连接器
RF connector
TN6
　　D RF 连接器
　　S 电连接器*
　　- 馈线连接器
　　- 射频同轴连接器
　　- 射频同轴转接器
　　C 射频电缆

射频链路
RF link
TN92
　　S 无线链路
　　C 射频天线
　　　射频接口
　　Z 链路*

射频滤波
　　Y 射频滤波器

射频滤波器
RF filter
TN713
　　D 射频干扰滤波器
　　　射频滤波
　　S 滤波器*

射频模块
　　Y 射频电路

射频模拟
　　Y 射频仿真

射频屏蔽
radio frequency shielding
TN03
　　S 电磁屏蔽*

射频前端
　　Y 射频前端电路

射频前端电路
RF front-end circuit
TN710
　　D 射频前端
　　S 前端电路
　　　射频电路
　　C 射频识别
　　　混频器
　　Z 电子电路*

· 578 ·

射频身份识别
 Y 射频识别

射频识别
radio frequency identification
TN92 TP391.4
 D RFID
  RFID 技术
  RFID 系统
  射频识别技术
  射频识别系统
  射频身份识别
  无线射频识别
  无线电频率识别
 S 自动识别*
 • 标签识别
 • 超高频射频识别
 • 有源射频识别
 C RFID 中间件
  双向认证协议
  射频前端电路
  射频接口
  射频标签
  物联网
  碰撞算法
  空中接口协议

射频识别标签天线
 Y 标签天线

射频识别读写器
RFID read-write device
TN87
 D RFID 读写器
  射频卡读写器
  射频读写器
 S 读写设备
 C 射频标签
  射频读卡器
  读写器天线
 Z 外部设备*

射频识别技术
 Y 射频识别

射频识别系统
 Y 射频识别

射频识别芯片
 Y 标签芯片

射频识别中间件
 Y RFID 中间件

射频收发模块
 Y 射频收发器

射频收发器
RF transceiver
TN8
 D RF 收发器

  射频收发信机
  射频收发模块
  无线射频收发器
 S 无线收发器
 • 单片射频收发器
 • 射频 CMOS 收发器
 C 射频接收机
 Z 收发器*

射频收发信机
 Y 射频收发器

射频衰减器
RF attenuator
TN715
 D RF 衰减器
 S 衰减器*
 • 波导衰减器
 • 毫米波衰减器
 • 天线衰减器
 • 同轴衰减器
 • 微波衰减器

射频天线
RF antenna
TN82
 S 天线*
 • 标签天线
 • 读写器天线
 • 阅读器天线
 C 射频接口
  射频链路

射频调谐接收机
RF tuned receiver
TN85
 S 调谐接收机
 Z 接收设备*

射频调制
RF modulation
TN76
 S 调制*
 C 射频信号
  射频开关
  射频调制器

射频调制器
RF modulator
TN761
 S 调制器*
 C 射频调制

射频跳频
RF frequency-hopping spread spectrum
TN918
 S 跳频
 C 射频技术
 Z 扩频*

射频通信
radio frequency communication
TN914
 S 通信*
 C 射频信道
  射频电缆
  射频电路
  射频系统

射频同轴继电器
 Y 同轴继电器

射频同轴连接器
RF coaxial connector
TN6
 D RF 同轴连接器
 S 同轴电连接器
  射频连接器
 • 毫米波同轴连接器
 Z 电连接器*

射频同轴转接器
RF coaxial adaptor
TN6
 D 射频转接连接器
 S 射频连接器
  转接连接器
 Z 电连接器*

射频网络分析仪
RF network analyzer
TM93 TN915
 S 网络分析仪
 L 通信测试仪**

射频微电子机械系统
 Y 射频微机电系统

射频微机电系统
RF micro-electromechanical system
TN4
 D RF MEMS
  RF-MEMS
  射频微电子机械系统
 S 微机电系统
 C 射频 MEMS 器件
 Z 微系统*

射频系统
RF system
TN914
 S 电子系统*
 C 射频传输
  射频干扰抑制
  射频电路
  射频通信

射频线
 Y 射频电缆

射频芯片
RF chip
TN43
　　D 射频芯片组
　　　　无线射频芯片
　　S 芯片*
　　· 标签芯片

射频芯片组
　　Y 射频芯片

射频信道
RF channel
TN92
　　S 无线信道
　　C 射频通信
　　Z 信道*

射频信号
RF signal
TN911　TN925
　　D RF 信号
　　S 无线电信号
　　C 射频信号发生器
　　　　射频指纹
　　　　射频电缆
　　　　射频调制
　　Z 信号*

射频信号发生器
RF signal generator
TM935
　　S 信号发生器**
　　C 射频信号

射频移相器
RF phase shifter
TN62
　　S 移相器*

射频预失真
RF predistortion
TN92　TN911
　　S 预失真
　　C 射频功率放大器
　　Z 电子技术*

射频噪声干扰
RF noise jamming
TN972
　　S 通信干扰
　　C 侧视雷达
　　L 电子对抗**

射频振荡器
RF oscillator
TN752　TN61
　　S 振荡器*

射频直放机
　　Y 直放站

射频直放站
　　Y 直放站

射频指纹
RF fingerprint
TN918　TN92
　　D 无线电指纹
　　S 信息指纹*
　　C 射频信号

射频转接连接器
　　Y 射频同轴转接器

射频组件
RF module
TN42
　　S 电子组件*

射影重构
　　Y 投影重建

射影重建
　　Y 投影重建

涉密计算机
secrecy-involved computer
TP338　TP309
　　D 保密计算机
　　S 计算机*
　　C 保密终端
　　　　保密计算
　　　　信息安全
　　　　涉密信息系统

涉密文档
　　Y 涉密信息系统

涉密信息
　　Y 涉密信息系统

涉密信息系统
secrecy-involved information system
TP309
　　D 涉密信息
　　　　涉密文档
　　S 信息系统*
　　C 涉密计算机

摄录编播设备
　　Y 摄录编设备

摄录编设备
camcorder and editor equipment
TN948
　　D 摄录编播设备
　　S 电视台设备
　　Z 电视设备*

摄录放一体机
　　Y 摄录设备

摄录机
camcorder
TN946
　　D 摄录一体机
　　　　摄录两用机
　　　　摄录像机
　　　　数码摄录机
　　S 摄录设备
　　C 摄像管
　　Z 电视设备*

摄录两用机
　　Y 摄录机

摄录设备
recording and camera equipment
TN946
　　D 摄录像设备
　　　　摄录放一体机
　　S 电视设备*
　　· 录像机
　　· 摄录机
　　· 摄像机

摄录像机
　　Y 摄录机

摄录像设备
　　Y 摄录设备

摄录一体机
　　Y 摄录机

摄象管
　　Y 摄像管

摄象机
　　Y 摄像机

摄像管
camera tube
TN14
　　D 光电摄像管
　　　　摄像器
　　　　摄象管
　　S 真空光电器件
　　· 彩色摄像管
　　· 电视摄像管
　　· 二次电子电导摄像管
　　· 光导摄像管
　　· 全静电摄像管
　　· 热释电摄像管
　　· 微光摄像管
　　· 析像管
　　C 摄像机
　　　　摄录机
　　L 电子束管**

摄像机
video camera
TN948
　　D 摄像器材
　　　　摄像系统
　　　　摄像装置
　　　　摄像设备
　　　　摄象机
　　　　电视摄像机
　　　　电视摄像系统
　　S 摄录设备
　• 便携式摄像机
　• 彩色摄像机
　• 防爆摄像机
　• 高清摄像机
　• 高速摄像机
　• 红外摄像机
　• 家用摄像机
　• 立体摄像机
　• 数字摄像机
　• 水下摄像机
　• 网络摄像机
　• 虚拟摄像机
　• 专业摄像机
　　C 摄像头
　　　　摄像管
　　Z 电视设备*

摄像器
　　Y 摄像管

摄像器材
　　Y 摄像机

摄像设备
　　Y 摄像机

摄像输入设备
　　Y 摄像头

摄像头
pick-up head
TP334.2
　　D 摄像输入设备
　　　　电子眼
　　　　电脑眼
　　　　视频摄像头
　　S 输入设备
　• CMOS 摄像头
　• 彩色摄像头
　• 计算机摄像头
　• 监控摄像头
　• 手机摄像头
　• 数字摄像头
　• 网络摄像头
　　C 图像传感器
　　　　摄像机
　　Z 外部设备*

摄像系统
　　Y 摄像机

摄像芯片
　　Y 视频采集芯片

摄像装置
　　Y 摄像机

伸缩天线
telescopic antenna
TN82
　　D 可伸缩天线
　　S 天线*

身份保护
　　Y 隐私保护

身份登录系统
identity login system
TP391
　　S 登录系统
　　C 身份认证
　　　　身份识别
　　L 信息安全系统**

身份加密
　　Y 基于身份的加密

身份加密算法
　　Y 基于身份的加密

身份鉴别
　　Y 身份识别

身份鉴别协议
　　Y 鉴别协议

身份密码体制
　　Y 基于身份的密码体制

身份密码系统
　　Y 基于身份的密码体制

身份签密
identity signcryption
TP393.08　TP309
　　S 签密
　　C 基于身份的签名
　　Z 加解密*

身份签名
　　Y 基于身份的签名

身份认证
identity authentication
TN918　TP393.08
　　D 身份认证技术
　　　　身份认证机制
　　　　身份验证
　　S 信息认证
　• 个人身份认证
　• 跨域认证
　• 量子身份认证
　• 生物特征认证
　• 双向身份认证
　• 双因素身份认证
　• 统一身份认证
　• 网络身份认证
　• 用户身份认证
　　C 中间人攻击
　　　　动态口令技术
　　　　基于身份的签名
　　　　身份登录系统
　　　　身份认证协议
　　　　身份认证系统
　　　　身份识别
　　　　零知识证明
　　　　静态密码
　　Z 信息安全认证*

身份认证服务器
identity authentication server
TP368　TP393.08
　　S 认证服务器
　　Z 服务器*

身份认证机制
　　Y 身份认证

身份认证技术
　　Y 身份认证

身份认证系统
identity authentication system
TP391.4
　　D 身份验证系统
　　S 信息安全系统**
　　C 身份认证
　　　　身份认证协议

身份认证协议
identity authentication protocol
TP393.08
　　D 身份验证协议
　　S 网络安全协议
　　　　认证协议
　　C 身份认证
　　　　身份认证系统
　　L 网络协议**

身份识别
identity recognition
TN918　TP309
　　D 身份识别技术
　　　　身份鉴别
　　S 信息识别*
　• 签名识别
　• 身份证识别
　　C 身份登录系统
　　　　身份认证

身份识别技术
　　Y 身份识别

身份验证
   Y 身份认证

身份验证系统
   Y 身份认证系统

身份验证协议
   Y 身份认证协议

身份证识别
ID card recognition
TP391.4
   S 身份识别
   Z 信息识别*

身体感测网络
   Y 人体域网

砷化镓
gallium arsenide
TN304
   D GaAs
      GaAs 晶体
      GaAs 材料
      半绝缘砷化镓
      砷化镓半导体
      砷化镓基材料
      砷化镓晶体
      砷化镓材料
   S Ⅲ-Ⅴ族化合物半导体
   C 砷化镓器件
      砷化镓激光器
      砷化镓衬底
   L 化合物半导体**

砷化镓半导体
   Y 砷化镓

砷化镓材料
   Y 砷化镓

砷化镓场效应管
   Y 砷化镓场效应晶体管

砷化镓场效应晶体管
gallium arsenide field effect transistor
TN386
   D GaAs FET
      GaAs 场效应管
      砷化镓场效应管
   S 场效应晶体管
      砷化镓器件
   L 半导体分立器件**

砷化镓衬底
GaAs substrate
TN303
   S 半导体衬底*
   C 砷化镓

砷化镓基材料
   Y 砷化镓

砷化镓激光器
gallium arsenide laser
TN248
   S 半导体激光器
   C 砷化镓
   L 固体激光器**

砷化镓晶体
   Y 砷化镓

砷化镓器件
gallium arsenide device
TN3
   S 半导体器件*
   • 砷化镓场效应晶体管
   • 砷化镓微波单片集成电路
   • 砷化镓异质结双极晶体管
   C 砷化镓

砷化镓微波单片集成电路
gallium arsenide microwave monolithic integrated circuit
TN43
   S 微波单片集成电路
      砷化镓器件
   Z 半导体器件*
      集成电路*

砷化镓异质结双极晶体管
gallium arsenide heterojunction bipolar transistor
TN32
   D GaAs HBT
   S 异质结双极性晶体管
      砷化镓器件
   L 半导体分立器件**
      双极器件**

砷化铟
indium arsenide
TN304
   D InAs
   S Ⅲ-Ⅴ族化合物半导体
   L 化合物半导体**

砷间隙扩散
arsenic intestitial diffusion
TN305
   S 半导体扩散工艺
   Z 半导体工艺*

深槽隔离
deep trench isolation
TN305
   S 隔离工艺
   Z 半导体工艺*

深槽刻蚀
   Y 深刻蚀

深层防御
defense in depth
TP393.08
   S 网络防御**

深度包过滤
deep packet filtering
TP317
   S 数据包过滤
   L 网络安全技术**

深度光刻
deep lithography
TN305
   S 光刻工艺**

深度卷积神经网络
deep convolutional neural network
TP183
   S 卷积神经网络
      深度神经网络
   Z 人工神经网络*

深度神经网络
deep neural network
TP183
   S 人工神经网络*
   • 深度卷积神经网络
   • 深度信念网络
   C 深度学习

深度信念网络
deep belief network
TP183
   D 深度置信网络
   S 深度神经网络
   Z 人工神经网络*

深度学习
deep learning
TP391
   S 机器学习*
   C 深度神经网络
      自动编码器
      融合网络

深度优先搜索算法
depth-first search algorithm
TP301
   D 深度优先算法
   S 搜索算法
   Z 算法*

深度优先算法
   Y 深度优先搜索算法

深度置信网络
   Y 深度信念网络

深反应离子刻蚀
　　Y 反应离子刻蚀

深刻蚀
deep etching
TN305
　　D 深槽刻蚀
　　S 蚀刻工艺
　　Z 半导体工艺*

深空光通信
deep space optical communication
TN929.1
　　S 深空通信
　　　自由空间光通信
　　L 光通信**
　　　无线通信**

深空通信
deep space communication
TN927
　　S 宇宙通信
　　• 深空光通信
　　C 容迟容断网络
　　L 无线通信**

深蓝激光器
　　Y 蓝光激光器

深亚微米 PMOS 器件
deep submicron PMOS device
TN3
　　S PMOS 器件
　　　深亚微米器件
　　L MOS 器件**

深亚微米工艺
deep submicron process
TN305
　　D 深亚微米技术
　　　超深亚微米工艺
　　S 亚微米工艺
　　C 深亚微米器件
　　Z 半导体工艺*

深亚微米集成电路
deep submicron integrated circuit
TN43
　　D 超深亚微米集成电路
　　S 亚微米集成电路
　　　深亚微米器件
　　Z 半导体器件*
　　　集成电路*

深亚微米技术
　　Y 深亚微米工艺

深亚微米器件
deep submicron device
TN3
　　S 亚微米器件

　　• 深亚微米 PMOS 器件
　　• 深亚微米集成电路
　　C 深亚微米工艺
　　Z 半导体器件*

深紫外光刻
deep ultra violet lithography
TN305
　　D DUV 光刻
　　S 紫外光刻
　　L 光刻工艺**

深紫外激光
deep ultraviolet laser
TN248
　　D 深紫外准分子激光
　　　深紫外激光器
　　S 紫外激光
　　Z 激光*

深紫外激光器
　　Y 深紫外激光

深紫外准分子激光
　　Y 深紫外激光

神经 MOS 管
　　Y 神经 MOS 晶体管

神经 MOS 晶体管
neuron MOS transistor
TN34
　　D 神经 MOS 管
　　S MOS 晶体管
　　L MOS 器件**
　　　半导体分立器件**

神经 PID 控制器
　　Y 神经网络 PID 控制器

神经计算
neural computing
TP183
　　S 软计算
　　• 卷积计算
　　• 量子神经计算
　　C LM 算法
　　　反传学习
　　　反向传播算法
　　　神经网络计算机
　　Z 计算*

神经计算机
　　Y 神经网络计算机

神经网络
　　Y 人工神经网络

神经网络 BP 算法
　　Y 反向传播算法

神经网络 PID 控制器
neural network PID controller
TP391.8　TP27
　　D 神经 PID 控制器
　　S 比例积分微分控制器
　　Z 控制器*

神经网络分类器
neural network classifier
TP391　TP18
　　S 分类器*
　　C 人工神经网络

神经网络计算机
neural network computer
TP389.1
　　D 人工神经网络计算机
　　　神经元计算机
　　　神经计算机
　　S 智能计算机
　　C 神经计算
　　Z 计算机*

神经网络滤波
neural network filtering
TN183　TN713
　　D 神经网络滤波器
　　S 滤波*

神经网络滤波器
　　Y 神经网络滤波

神经网络模拟
neural network simulation
TP183
　　S 仿真*

神经网络算法
　　Y 人工神经网络算法

神经网络芯片
neural network chip
TN492
　　D 神经元芯片
　　　神经芯片
　　　类脑芯片
　　S 智能芯片
　　C 人工神经网络
　　　类脑计算
　　Z 芯片*

神经网络专家系统
neural network expert system
TP182
　　S 专家系统
　　C 人工神经网络
　　Z 计算机应用系统*

神经芯片
　　Y 神经网络芯片

神经元计算机
　　Y 神经网络计算机

神经元算法
　　Y 人工神经网络算法

神经元网络
　　Y 人工神经网络

神经元网络算法
　　Y 人工神经网络算法

神经元芯片
　　Y 神经网络芯片

审计跟踪
audit trail
TP309
　　D 审计追踪
　　S 网络追踪
　　L 网络安全技术**

审计追踪
　　Y 审计跟踪

甚长波电台
　　Y 长波电台

甚大规模集成电路
very large scale integrated
circuits
TN47
　　D ULSI
　　　 特大规模集成电路
　　S 大规模集成电路
　　Z 集成电路*

甚低频传播
　　Y 超长波传播

甚低频接收机
very low frequency receiver
TN85
　　S 无线电接收机
　　C 超长波传播
　　　 长波电台
　　Z 接收设备*

甚低频天线
very low frequency antenna
TN82
　　D VLF 天线
　　S 天线*

甚低频振荡器
very low frequency oscillator
TN752
　　S 振荡器*

甚短距离传输
　　Y 短距离传输

甚高频传播
　　Y 厘米波传播

甚高频等离子体增强化学气相沉积
VHF plasma enhanced chemical
vapor deposition
TN305
　　D VHF-PECVD
　　S 等离子体增强化学气相淀积
　　L 半导体淀积工艺**

甚高频电台
　　Y 超短波电台

甚高频发信机
　　Y 超短波发射机

甚高频接收机
VHF receiver
TN83　TN85
　　S 无线电接收机
　　Z 接收设备*

甚高频雷达
　　Y 超短波雷达

甚高频全向信标
VHF omnidirectional beacon
TN965
　　D 精密伏尔
　　S 全向信标
　　· 多普勒甚高频全向信标
　　Z 无线电信标*

甚高频天线
　　Y 超短波天线

甚高频通信
　　Y 超短波通信

甚高频无线电台
　　Y 超短波电台

甚小孔径终端
　　Y 甚小天线地球站

甚小口径终端
　　Y 甚小天线地球站

甚小天线地面站
　　Y 甚小天线地球站

甚小天线地球站
very small aperture earth station
TN927
　　D VSAT
　　　 小口径天线地球站
　　　 小型卫星地面站
　　　 微型地球站
　　　 甚小口径终端
　　　 甚小天线地面站
　　　 甚小孔径终端
　　　 超小孔径终端
　　S 卫星地面站
　　C 小口径天线
　　　 微型卫星接收机
　　　 微型发射机
　　Z 地面站*

升压变换器
boost convertor
TN6　TM46
　　D Boost 变换器
　　　 升压式变换器
　　　 升压转换器
　　S 电源变换器
　　C 升压电路
　　Z 变换器*

升压变压器
boost transformer
TM42
　　S 电源变压器
　　L 电子变压器**

升压电路
boost circuit
TM13　TN710
　　S 电子电路*
　　· 升压斩波电路
　　C 升压变换器

升压式变换器
　　Y 升压变换器

升压斩波电路
boost chopper circuit
TN710
　　S 升压电路
　　　 斩波电路
　　Z 电子电路*

升压转换器
　　Y 升压变换器

生产管理软件
production management software
TP318
　　S 计算机管理软件
　　L 应用软件**

生产过程信息管理
　　Y 生产信息管理

生产数据采集
production data collection
TP274　TP391
　　S 数据采集

Z 信息采集*

生产信息管理
production information management
TP391
 D 生产信息管理系统
  生产过程信息管理
 S 信息管理*

生产信息管理系统
 Y 生产信息管理

生成树协议
spanning tree protocol
TN915.04
 D STP 协议
 S 数据链路层协议
 C 拓扑发现
  链路聚合
 L 网络协议**

生成算法
generation algorithm
TP301.6
 S 算法*
 • 测试生成算法
 • 规则生成算法
 • 逐点生成算法
 • 自动生成算法

生日攻击
birthday attack
TP393.08 TN918
 S 网络攻击**

生态算法
 Y 仿生算法

生物传感器
biosensor
TP212.3
 S 传感器*
 • 电化学生物传感器
 • 免疫传感器
 • 纳米生物传感器
 • 葡萄糖传感器
 • 微生物传感器
 • 指纹传感器

生物电脑
 Y 生物计算机

生物电子计算机
 Y 生物计算机

生物机器人
bio-robot
TP242
 S 仿生机器人
  微操作机器人
 Z 机器人*

生物计算机
biological computer
TP37
 D 分子计算
  分子计算机
  生物电子计算机
  生物电脑
  第六代计算机
 S 计算机*
 • DNA 计算机
 • 细胞计算机
 C 仿生算法
  生物芯片

生物刻蚀
biological etching
TN305
 S 蚀刻工艺
 Z 半导体工艺*

生物认证
 Y 生物特征认证

生物识别
 Y 生物特征识别

生物识别技术
 Y 生物特征识别

生物识别系统
 Y 生物特征识别

生物特征加密
biometric encryption
TP309
 S 信息加密
 L 加密**

生物特征认证
biometric authentication
TP309 TP391.7
 D 生物认证
 S 身份认证
 • 人脸认证
 • 指纹认证
 C 特征提取
  生物特征识别
 Z 信息安全认证*

生物特征识别
biometric identification
TP391.4 TP309
 D 生物特征识别技术
  生物识别
  生物识别技术
  生物识别系统
 S 特征识别**
 • 多生物特征识别
 • 人体识别
 • 姿态识别
 C 生物特征认证

生物特征识别技术
 Y 生物特征识别

生物网络
biological network
TP183
 S 网络*

生物微机电系统
biological microelectromechanical system
TP338 TN4
 S 微机电系统
 C 生物芯片
 Z 微系统*

生物芯片
biochip
TN4
 S 芯片*
 • 蛋白质芯片
 • 基因芯片
 C 生物微机电系统
  生物芯片扫描仪
  生物计算机

生物芯片扫描仪
biochip scanner
TP334.2
 S 专用扫描仪
 C 生物芯片
 Z 外部设备*

生物信息处理
biological information processing
TP391
 S 信息处理*

生物医学传感器
 Y 医用传感器

生长算法
growth algorithm
TP301
 S 算法*
 • 模拟植物生长算法
 • 区域生长算法
 • 三角网生长算法

声表面波编码器
surface acoustic wave encoder
TN384 TN911
 S 声表面波器件
 C 声表面波译码器
 L 固体微声器件**

声表面波标签
surface acoustic wave tag
TN384
 S 声表面波器件
 L 固体微声器件**

声表面波抽头延迟线
SAW tapped delay line
TN384
  S 声表面波器件
  L 固体微声器件**

声表面波传感器
surface acoustic wave sensor
TP212
  S 传感器*
    声表面波器件
  • 声表面波压力传感器
  L 固体微声器件**

声表面波放大器
surface acoustic wave amplifier
TN384 TN72
  S 声表面波器件
    放大器*
  L 固体微声器件**

声表面波傅里叶变换器
surface acoustic wave Fourier
converter
TN384
  D 声表面波富里埃变换器
  S 声表面波器件
  L 固体微声器件**

声表面波富里埃变换器
  Y 声表面波傅里叶变换器

声表面波换能器
surface acoustic wave transducer
TN384 TN712
  S 声表面波器件
  C 多条耦合器
  L 固体微声器件**

声表面波鉴频器
SAW frequency discriminator
TN763.2
  S 鉴频器
  Z 检波器*

声表面波卷积器
surface acoustic wave convolutor
TN384
  S 声表面波器件
  L 固体微声器件**

声表面波滤波器
surface acoustic wave filter
TN713
  D SAW 滤波器
  S 滤波器*
  C 多条耦合器

声表面波器件
surface acoustic wave device
TN384
  D SAW 器件
    表面声波器件
    面波器件
  S 固体微声器件**
  • 声表面波编码器
  • 声表面波标签
  • 声表面波抽头延迟线
  • 声表面波传感器
  • 声表面波放大器
  • 声表面波傅里叶变换器
  • 声表面波换能器
  • 声表面波卷积器
  • 声表面波色散延迟线
  • 声表面波谐振器
  • 声表面波延迟线
  • 声表面波译码器

声表面波色散延迟线
surface acoustic wave dispersion
delay line
TN81 TN384
  S 声表面波器件
  L 固体微声器件**

声表面波谐振器
surface acoustic wave resonator
TN384 TN62
  S 声表面波器件
    谐振器*
  L 固体微声器件**

声表面波压力传感器
surface acoustic wave pressure
sensor
TP212 TN384
  S 压力传感器
    声表面波传感器
  L 固体微声器件**
    测量传感器**
    物理传感器**

声表面波延迟线
surface acoustic wave delay line
TN384
  S 声表面波器件
  L 固体微声器件**

声表面波译码器
surface acoustic wave decoder
TN76 TN384
  S 声表面波器件
  C 声表面波编码器
  L 固体微声器件**

声表面波振荡器
SAW oscillator
TN752
  S 振荡器*

声波传感器
  Y 声学传感器

声波信号
  Y 声信号

声电换能器
  Y 电声换能器

声调识别
tone recognition
TN912
  S 声音识别
  Z 信息识别*

声干扰机
  Y 声干扰器

声干扰器
acoustic jammer
TN97
  D 声干扰机
  S 干扰机
  • 噪声干扰器
  L 电子干扰设备**

声跟踪*
acoustic tracking
TN929.3
  • 超声跟踪
  • 声线跟踪
  C 声目标识别

声光接收机
acousto-optic receiver
TN65 TN85
  D 布喇格器件接收机
    布拉格元件接收机
  S 接收设备*
  C 声光通信

声光器件
acousto-optic device
TN65
  D 布喇格器件
  S 固体微声器件**
  • 声光调制器
  • 声光移频器
  • 声光振荡器
  C 超声跟踪

声光调制
acousto-optic modulation
TN76
  S 光调制
  C 声光调制器
  Z 调制*

声光调制器
acousto-optic modulator
TN761 TN65
  S 光调制器
    声光器件
  C 声光调制

L 固体微声器件**

声光通信
acousto-optic communication
TN929.1
　　S 光通信**
　　C 声光接收机

声光移频器
acousto-optic frequency shifter
TN65　TN77
　　S 声光器件
　　L 固体微声器件**

声光振荡器
acousto-optic oscillator
TN65　TN752
　　S 声光器件
　　　 振荡器*
　　L 固体微声器件**

声换能器
　　Y 电声换能器

声卡编程
sound card programming
TN87
　　S 软件编程**

声卡芯片
sound card chip
TN492
　　S 计算机芯片
　　Z 芯片*

声控电路
　　Y 声音控制电路

声码器
vocoder
TN919
　　S 数据通信设备
　　C 语音编码器
　　Z 通信设备*

声敏半导体材料
acoustic semiconductor material
TN304
　　S 半导体敏感材料
　　Z 半导体材料*

声目标识别
acoustic target recognition
TP391.4
　　D 被动声呐目标识别
　　S 目标识别
　　C 声跟踪
　　Z 信息识别*

声呐*
sonar

TN96　TN971　U666
　　D 声纳
　•　岸用声呐
　•　避碰声呐
　•　便携声呐
　•　成像声呐
　••　合成孔径声呐
　•　多基地声呐
　•　攻击声呐
　•　航空声呐
　••　航空拖曳声呐
　•　舰艇声呐
　••　变深声呐
　•　侧视声呐
　•　船拖曳声呐
　•　前视声呐
　•　潜艇声呐
　•　警戒声呐
　•　扫描式声呐
　•　声呐基阵
　•　拖曳阵声呐
　••　船拖曳声呐
　••　航空拖曳声呐
　•　双基地声呐
　•　探测声呐
　••　海底回声测距声呐
　•　探雷声呐
　•　通信声呐
　•　主动声呐
　•　坐底声呐
　　C 声呐传感器
　　　 声呐信号处理
　　　 声呐信标
　　　 声呐计算机

声呐传感器
sonar sensor
TP212
　　D 声纳换能器
　　S 声学传感器
　　C 声呐
　　　 声呐接收机
　　　 水声侦察仪
　　　 水声信号
　　　 水声导航
　　L 物理传感器**

声呐基阵
sonar array
TN971　U000
　　D 声纳基阵
　　　 水声换能器基阵
　　S 声呐*
　•　拖曳阵声呐

声呐计算机
sonar computer
TP37
　　D 声纳计算机
　　S 专用计算机
　　C 声呐
　　　 声呐信号处理
　　Z 计算机*

声呐假目标
　　Y 声诱饵

声呐接收机
sonar receiver
TN85
　　D 声纳接收机
　　　 声纳浮标接收机
　　S 接收设备*
　　C 声呐传感器
　　　 换能器

声呐识别
sonar recognition
TP391.4　TN929.3
　　D 声纳识别
　　S 信息识别*

声呐图像识别
sonar image recognition
TN971
　　D 声纳图像识别
　　S 图像识别
　　Z 信息识别*

声呐信标
sonar beacon
TN965
　　D 声纳信标
　　　 水声信标
　　S 无线电信标*
　　C 声呐

声呐信号处理
sonar signal processing
TN911.7
　　D 声纳信号处理
　　S 信号处理*
　　C 声呐
　　　 声呐信号处理器
　　　 声呐计算机
　　　 水下通信

声呐信号处理器
sonar signal processor
TN911.7
　　D 声纳信号处理器
　　S 信号处理器
　　C 声呐信号处理
　　Z 微处理器*

声呐诱饵
　　Y 声诱饵

声呐侦察
　　Y 水声侦察

声纳
　　Y 声呐

声纳对抗
　　Y 水声对抗

声纳浮标接收机
　　Y 声呐接收机

声纳换能器
　　Y 声呐传感器

声纳基阵
　　Y 声呐基阵

声纳计算机
　　Y 声呐计算机

声纳接收机
　　Y 声呐接收机

声纳识别
　　Y 声呐识别

声纳探雷器
　　Y 探雷声呐

声纳图像识别
　　Y 声呐图像识别

声纳信标
　　Y 声呐信标

声纳信号处理
　　Y 声呐信号处理

声纳信号处理器
　　Y 声呐信号处理器

声纳诱饵
　　Y 声诱饵

声纳侦察
　　Y 水声侦察

声频编码
　　Y 音频编码

声频定向换能器
audio directional transducer
TN712
　　S 定向换能器
　　　　电声换能器
　　Z 换能器*

声频功率放大器
　　Y 音频功率放大器

声频信号
　　Y 声信号

声频信号发生器
　　Y 音频信号发生器

声频移键控
audio frequency shift keying
TN76
　　D 声频移频调制
　　S 频移键控
　　L 数字调制**

声频移频调制
　　Y 声频移键控

声全息术
acoustic holography
TN24
　　D 近场声全息技术
　　　　近场声全息术
　　S 全息术*

声全息显示器
acoustic holographic display
TN24　TN873
　　S 显示器
　　Z 显示设备*

声体波卷积器
acoustic bulk wave convolutor
TN384
　　S 声体波器件
　　L 固体微声器件**

声体波滤波器
bulk acoustic wave filter
TN713
　　S 滤波器*

声体波器件
bulk acoustic wave device
TN387
　　D 体声波器件
　　S 固体微声器件**
　　· 声体波卷积器
　　· 声体波相关器
　　· 声体波谐振器

声体波相关器
bulk acoustic wave correlator
TN384
　　S 声体波器件
　　L 固体微声器件**

声体波谐振器
bulk acoustic wave resonator
TN384　TN75
　　D 体声波谐振器
　　S 声体波器件
　　　　谐振器*
　　L 固体微声器件**

声体波振荡器
bulk acoustic wave oscillator
TN752
　　S 振荡器*

声纹识别
voiceprint recognition
TP391.4
　　D 声纹识别技术
　　　　讲话者识别
　　　　话者识别
　　　　说话人确认
　　　　说话人识别
　　　　说话人识别技术
　　　　说话人辨认
　　　　说话人辨识
　　S 声音识别
　　Z 信息识别*

声纹识别技术
　　Y 声纹识别

声线跟踪
ray tracing
TN971
　　D 声线跟踪法
　　　　声线追踪
　　S 声跟踪*
　　C 计算机仿真

声线跟踪法
　　Y 声线跟踪

声线追踪
　　Y 声线跟踪

声像变换器
　　Y 声像转换器

声像设备
　　Y 音视频设备

声像转换器
acoustic-image converter
TN971
　　D 声像变换器
　　S 转换器*

声效芯片
sound effect chip
TN492
　　S 音频芯片
　　Z 芯片*

声信号
acoustic signal
TN912
　　D 声波信号
　　　　声音信号
　　　　声频信号
　　S 信号*

- 水声信号
- 噪声信号

声学传感器
acoustic sensor
TP212
    D 声波传感器
    S 物理传感器**
- 超声波传感器
- 次声波传感器
- 声呐传感器
- 水声传感器

声学导航
    Y 水声导航

声寻的制导
    Y 声制导

声音编辑器
    Y 音频编辑软件

声音编辑软件
    Y 音频编辑软件

声音编码
    Y 音频编码

声音波形编辑器
    Y 音频编辑软件

声音采集
    Y 音频采集

声音处理器
sound processor
TN912
    D 声音处理芯片
    S 音频处理器
    C 音频采集
    Z 微处理器*

声音处理软件
    Y 音频编辑软件

声音处理芯片
    Y 声音处理器

声音控制电路
sound control circuit
TN710
    D 声控电路
    S 控制电路
    Z 电子电路*

声音录制软件
    Y 录音软件

声音识别
sound recognition

TP391.4
    S 信息识别*
- 声调识别
- 声纹识别
- 音节识别
- 语音识别
- 元音识别

声音芯片
    Y 音频芯片

声音信号
    Y 声信号

声音信号发生器
    Y 音频信号发生器

声诱饵
acoustic decoy
TN972
    D 声呐假目标
       声呐诱饵
       声纳诱饵
       水声假目标
       水声诱饵
    S 水声对抗装备
       电子诱饵
- 拖曳式声诱饵
- 自航式声诱饵
    L 电子干扰设备**

声制导
acoustic guidance
TN96
    D 声寻的制导
    S 制导*
    C 水声导航

声子激光器
phonon laser
TN248
    S 激光器*

声子散射
    Y 受激布里渊散射

声自导鱼雷
acoustic homing torpedo
TN973
    S 水声对抗装备
    Z 电子战装备*

剩余调频
residual frequency modulation
TN76
    D 残余调频
    S 调频
    Z 调制*

失配滤波
mismatched filtering

TN713
    S 滤波*

失真*
distortion
TN911
- 传输失真
- - 端到端失真
- 率失真
- 图像失真
- - 边界失真
- - 几何失真
- - - 桶形失真
- - - 枕形失真
- - 颜色失真
- 图形失真
- 信道失真
- 信号失真**

失真度测量仪
distortion meansurement instrument
TM936 TM935
    D 失真度测试仪
       畸变测量仪
    S 电子测量仪器*

失真度测试仪
    Y 失真度测量仪

失真校正电路
distortion correction circuit
TN710
    S 校正电路
    Z 电子电路*

失真自适应
distortion adaptation
TN92
    S 自适应*
    C 失真自适应接收机

失真自适应接收机
distortion adaptive receiver
TN85
    S 自适应接收机
    C 失真自适应
    Z 接收设备*

施密特触发器
Schmidt trigger
TP33 TN79
    D Schmitt 触发器
       射极耦合触发器
    S 触发器
    L 数字电路**

施主掺杂
donor doping
TN305
    D 双施主掺杂
    S 半导体掺杂

电子信息技术叙词表

  Z 半导体工艺*

湿氮氧化
  Y 湿法氧化

湿度传感器
humidity sensor
TP212.1
  D 湿敏传感器
  S 物理传感器**
  · 温湿度传感器
  C 湿敏半导体材料

湿法刻蚀
wet etching
TN305
  D 湿法蚀刻
    湿蚀刻
  S 化学蚀刻
  Z 半导体工艺*

湿法蚀刻
  Y 湿法刻蚀

湿法氧化
wet oxidation
TN305
  D 湿氮氧化
  S 半导体氧化工艺
  Z 半导体工艺*

湿敏半导体材料
humidity sensitive semiconductor material
TN304
  S 半导体敏感材料
  C 湿度传感器
    湿敏器件
  Z 半导体材料*

湿敏传感器
  Y 湿度传感器

湿敏电阻
  Y 湿敏电阻器

湿敏电阻器
humidity sensitive resistor
TM546
  D 湿敏电阻
  S 敏感电阻器
  C 湿敏器件
  Z 电阻器*

湿敏器件
humidity sensitive device
TN37
  D 半导体湿敏器件
    湿敏元件
    湿敏元器件
  S 半导体敏感器件**

  C 湿敏半导体材料
    湿敏电阻器

湿敏陶瓷
humidity sensitive ceramic
TN304
  S 半导体陶瓷
  Z 电子陶瓷*
    半导体材料*

湿敏元件
  Y 湿敏器件

湿敏元器件
  Y 湿敏器件

湿蚀刻
  Y 湿法刻蚀

十进制计算机
decimal computer
TP33
  S 计算机*
  C BCD 码

十字型霍尔元件
cross Hall element
TN382
  S 霍尔器件
  Z 半导体器件*

石英玻璃光纤
  Y 石英光纤

石英光纤
silica optical fiber
TN25 TN818
  D 全石英光纤
    石英玻璃光纤
  S 光纤*
  · 单模石英光纤

石英晶体谐振器
quartz crystal resonator
TN75
  D 晶体谐振器
    石英谐振器
  S 压电谐振器
  · 多电极石英谐振器
  · 微型石英谐振器
  · 音叉谐振器
  Z 谐振器*
    压电器件*

石英晶体振荡器
  Y 晶体振荡器

石英谐振器
  Y 石英晶体谐振器

时变多径信道
time-varying multi-path channel
TN911
  S 多径信道
    时变信道
  Z 信道*

时变色散信道
time-varying dispersion channel
TN911
  S 时变信道
    色散信道
  Z 信道*

时变网络
time-varying network
TP393 TP183
  S 网络*
  C 时变信道

时变信道
time-varying channel
TN911
  S 信道*
  · 时变多径信道
  · 时变色散信道
  C 信道跟踪
    时变信号
    时变网络

时变信号
time-varying signal
TN91
  S 信号*
  C 时变信道

时差测向
time difference direction finding
TN935
  S 无线电测向
  Z 测向*

时分多路复用
  Y 时分复用

时分复接
  Y 时分复用

时分复用
time-division multiplexing
TN76
  D 分时复用
    时分复接
    时分复用技术
    时分多路复用
    时间分割多路复用
  S 多路复用*
  · 光时分复用
  · 统计复用

时分复用技术
    Y 时分复用

时分交换
time-division switching
TN916
    S 电路交换
    C 时分双工
    L 通信交换**

时分双工
time-division duplexing
TN92   TN914
    S 双工通信
    C 时分交换
    Z 通信*

时基电路
time base circuit
TN710
    D 555 时基电路
        时基集成电路
    S 电子电路*

时基集成电路
    Y 时基电路

时基信号
time base signal
TN94
    S 信号*

时间 Petri 网
time Petri net
TP301
    D 时间佩特里网
    S Petri 网*
    • 模糊时间 Petri 网
    • 时间约束 Petri 网
    C 工作流模型

时间程序
    Y 时钟程序

时间戳服务
digital timestamp service
TP393.08
    D 数字时间戳服务
    S 网络安全服务
    Z 网络服务*

时间分割多路复用
    Y 时分复用

时间服务器
time server
TP368
    S 服务器*
    • 网络时间服务器

时间幅度变换器
    Y 时间-幅度变换器

时间-幅度变换器
time-amplitude converter
TN62
    D 时间幅度变换器
    S 变换器*

时间攻击
timing attack
TP393.08   TN918
    S 网络攻击**

时间继电器
time relay
TM58
    S 控制继电器
    • 电子式时间继电器
    • 延时继电器
    Z 继电器*

时间滤波
time filtering
TN713
    D 时间域滤波
    S 滤波*

时间佩特里网
    Y 时间 Petri 网

时间数字转换器
time-to-digital converter
TN710
    S 信号转换电路
    Z 转换器*

时间算法
time algorithm
TP301
    S 算法*
    • 任意时间算法
    • 时间同步算法
    • 时序算法
    • 逃逸时间算法

时间逃逸算法
    Y 逃逸时间算法

时间调制
time modulation
TN76
    D 时间调制器
    S 调制*

时间调制器
    Y 时间调制

时间同步算法
time synchronization algorithm
TP301
    S 时间算法
    C 时间同步网
    Z 算法*

时间同步网
time synchronization network
TN915
    S 同步网
    C 时间同步算法
    Z 通信网络*

时间序列数据
time series data
TP392
    D 时序数据
    S 数据*
    C 时序算法
        时间序列数据库
        时间序列数据挖掘

时间序列数据库
time series database
TP392
    D 时序数据库
    S 数据库*
    C 时间序列数据
        时间序列数据挖掘

时间序列数据挖掘
time series data mining
TP391
    D 时序数据挖掘
    S 数据挖掘
    C 时间序列数据
        时间序列数据库
    L 信息挖掘**

时间选择性衰落信道
time selective fading channel
TN911
    S 衰落信道
    Z 信道*

时间延时积分电荷耦合器件
time delayed and integration charge coupled device
TN3
    D TDI CCD
    S 电荷耦合器件
    Z 半导体器件*

时间域滤波
    Y 时间滤波

时间约束 Petri 网
time constraint Petri net
TP301
    S 时间 Petri 网
    Z Petri 网*

时间自动机
timed automata
TP301
  D 时控自动机
  S 自动机*
  C 协议验证

时空编码
  Y 空时编码

时空数据仓库
spatio-temporal data warehouse
TP392
  S 数据仓库
  C 时空信息集成
    时空数据库
    时空数据挖掘
  Z 数据库*

时空数据库
spatio-temporal database
TP392
  S 数据库*
  C 时空信息集成
    时空数据仓库
    时空数据挖掘

时空数据挖掘
spatio-temporal data mining
TP391
  S 数据挖掘
  C 时空信息集成
    时空数据仓库
    时空数据库
  L 信息挖掘**

时空信道
spatio-temporal channel
TN911
  S 信道*

时空信息集成
spatio-temporal information integration
TP391
  S 信息集成
  C 时空数据仓库
    时空数据库
    时空数据挖掘
  Z 信息处理*

时控自动机
  Y 时间自动机

时频编码
time-frequency coding
TN911
  S 通信编码**
  C 时频调制
    跳频信号

时频滤波
time-frequency filtering
TN713
  D 时频域滤波
  S 滤波*
  C 时频信号处理

时频调制
time-frequency modulation
TN76
  S 数字调制**
  C 时频编码
    跳频信号

时频信号处理
time-frequency signal processing
TP391
  S 信号处理*
  C 匹配追踪算法
    时频滤波

时频域滤波
  Y 时频滤波

时态地理信息系统
temporal geographic information system
TP391.3
  D TGIS
  S 地理信息系统
  L 信息应用系统**

时态数据
temporal data
TP301
  S 数据*
  C 时态数据挖掘

时态数据仓库
temporal data warehouse
TP392
  S 数据仓库
  C 时态数据库
  Z 数据库*

时态数据库
temporal database
TP392
  D 双时态数据库
  S 数据库*
  C 时态数据仓库
    时态数据挖掘

时态数据挖掘
temporal data mining
TP391
  S 数据挖掘
  C 时态数据
    时态数据库
  L 信息挖掘**

时隙交换
time slot switching
TN915
  S 通信交换**

时序 Petri 网
temporal Petri net
TP31
  S Petri 网*

时序安排算法
  Y 时序算法

时序产生器
  Y 时序发生器

时序电路
  Y 时序逻辑电路

时序发生器
sequence generator
TN79
  D 时序产生器
    驱动时序发生器
  S 数字电路**

时序仿真
timing simulation
TP15
  D 时序模拟
  S 仿真*

时序机
  Y 有限自动机

时序计算机
sequential computer
TP37
  D 顺序计算机
  S 计算机*
  C 时序控制器
    时序状态机

时序控制器
sequential controller
TP273 TN710
  S 控制器*
  C 时序计算机
    现场可编程门阵列

时序逻辑电路
sequential logic circuit
TN791
  D 时序电路
  S 逻辑电路
  • 同步时序电路
  • 异步时序电路
  C 触发器
  L 数字电路**

时序逻辑设计
sequential logic design
TN02
    D 时序设计
    S 电子设计*

时序逻辑语言
temporal logic language
TP312
    S 逻辑语言
    • XYZ/E 语言
    Z 计算机语言*

时序模拟
    Y 时序仿真

时序设计
    Y 时序逻辑设计

时序数据
    Y 时间序列数据

时序数据库
    Y 时间序列数据库

时序数据挖掘
    Y 时间序列数据挖掘

时序算法
timing algorithm
TP301
    D 时序安排算法
    S 时间算法
    C 时间序列数据
    Z 算法*

时序信号
timing signal
TN79
    S 信号*

时序有限自动机
    Y 有限自动机

时序状态机
sequence state machine
TP301
    S 状态机
    C 时序计算机
    Z 自动机*

时延 Petri 网
timed Petri net
TP31
    S Petri 网*

时延编码
time delay coding
TN92
    S 编码*

时延分析
    Y 延时分析

时延继电器
    Y 延时继电器

时延均衡
    Y 时延均衡器

时延均衡器
time delay equalizer
TN715
    D 延迟均衡器
        时延均衡
        迟延均衡器
    S 均衡器*
    • 群时延均衡器

时延容忍网络
    Y 延迟容忍网络

时移电视
time shifted TV
TN949
    S 交互式电视
    Z 电视*

时域递归滤波
temporal recursive filtering
TN713
    S 时域滤波
        递归滤波
    Z 滤波*

时域高通滤波
temporal high-pass filtering
TN713
    S 时域滤波
        高通滤波
    Z 滤波*

时域均衡
    Y 时域均衡器

时域均衡器
time domain equalizer
TN715
    D 时域均衡
    S 均衡器*

时域扩频
time domain spread spectrum
TN918
    S 扩频*
    C 时域信号

时域滤波
time domain filtering
TN713
    S 滤波*
    • 时域递归滤波
    • 时域高通滤波
    • 运动补偿时域滤波
    • 自适应时域滤波

时域天线
time domain antenna
TN82
    S 天线*
    C 时域信号

时域同步正交频分复用
time domain synchronous orthogonal frequency-division multiplexing
TN91   TN94
    D TDS-OFDM
    S 正交频分复用
    Z 多路复用*

时域信号
time domain signal
TN911
    S 信号*
    C 时域天线
        时域扩频

时域自适应滤波
    Y 自适应时域滤波

时钟 IC
    Y 时钟集成电路

时钟产生电路
    Y 时钟电路

时钟产生器
    Y 时钟电路

时钟程序
clock program
TP318
    D 时钟软件
        时间程序
    S 软件*

时钟电路
clock circuit
TN710
    D 时钟产生器
        时钟产生电路
        时钟发生器
        时钟发生电路
    S 电子电路*
    • 时钟恢复电路
    • 实时时钟电路
    C 时钟集成电路

时钟发生电路
    Y 时钟电路

时钟发生器
  Y 时钟电路

时钟恢复
  Y 时钟提取

时钟恢复电路
clock recovery circuit
TN710
  S 时钟电路
  Z 电子电路*

时钟集成电路
clock integrated circuit
TN492
  D 时钟 IC
  S 集成电路*
  C 时钟控制器
    时钟电路

时钟控制器
clock controller
TN7
  S 控制器*
  C 数字信号处理器
    时钟集成电路

时钟驱动电路
  Y 时钟驱动器

时钟驱动器
clock driver
TN710
  D 时钟驱动电路
  S 驱动电路**

时钟日历芯片
  Y 日历时钟芯片

时钟软件
  Y 时钟程序

时钟收音机
clock radio
TN85
  S 收音机*

时钟提取
clock extraction
TN911
  D 时钟恢复
    码元同步
  S 信号处理*

时钟网络
clock network
TN711
  S 电路网络*

时钟芯片
clock chip
TN710
  S 芯片*
  · 串行时钟芯片
  · 日历时钟芯片
  · 实时时钟芯片

时钟信号
clock signal
TN7
  S 信号*
  C 时钟信号发生器

时钟信号发生器
clock signal generator
TM935
  S 信号发生器**
  C 时钟信号

识别敌我
  Y 敌我识别

识别系统
  Y 信息识别

实例检索算法
case retrieval algorithm
TP301
  S 检索算法
  Z 算法*

实例推理
  Y 案例推理

实名认证
real-time authentication
TP309 TN918
  S 信息安全认证*
  C 电子商务
    网络实名制

实时备份
real-time backup
TP309
  S 备份*
  C 实时容错

实时编程
real-time programming
TP311
  D 实时软件设计
  S 软件编程**

实时编码
real-time coding
TN911
  S 编码*
  · 实时纠错编码

实时编码器
real-time coder
TN76
  S 编码器*

实时操作系统
real-time operating system
TP316
  D RTOS
  S 实时软件
    操作系统**
  · 嵌入式实时操作系统
  · 实时多任务操作系统

实时测控软件
real-time measurement and control software
TP318
  S 实时应用程序
    测控软件
  L 应用软件**

实时成像处理
real-time imaging processing
TP391
  D 实时成像处理器
  S 成像处理
  L 图像处理**

实时成像处理器
  Y 实时成像处理

实时程序
  Y 实时软件

实时传输
real-time transmission
TN919
  D 实时传送
  S 信息传输*
  · 实时流传输
  · 实时视频传输
  · 实时数据传输
  · 实时语音传输
  C 实时传输协议
    实时广播

实时传输控制协议
real-time transport control protocol
TN915.04
  D RTCP
    RTCP 协议
  S 传输控制协议
    实时传输协议/实时传输控制协议
  L 网络协议**

实时传输协议
real-time transport protocol
TN915

S 实时传输协议/实时传输控制协议
C 实时传输
　　流媒体
L 网络协议**

实时传输协议/实时传输控制协议
real-time transport protocol /
real-time transport control
protocol
TN919　TN915
　　D RTP/RTCP
　　　RTP/RTCP 协议
　　S 传输协议
　　　实时通信协议
　　• 实时传输控制协议
　　• 实时传输协议
　　L 网络协议**

实时传送
　　Y 实时传输

实时串行通信
real-time serial communication
TN911
　　S 实时通信
　　Z 通信*

实时调度算法
real-time scheduling algorithm
TP301　TN911
　　S 实时算法
　　　调度算法
　　Z 算法*

实时多处理器系统
real-time multi-processor system
TP391
　　S 多处理器系统
　　Z 计算机系统*

实时多媒体
real-time multimedia
TP37
　　D 实时多媒体流
　　　实时多媒体系统
　　S 多媒体*
　　C 实时多媒体通信

实时多媒体流
　　Y 实时多媒体

实时多媒体通信
real-time multimedia
communication
TN919.8
　　S 多媒体通信
　　C 实时多媒体
　　Z 通信*

实时多媒体系统
　　Y 实时多媒体

实时多任务操作系统
real-time multitask operating
system
TP316
　　D 多任务实时操作系统
　　　实时多任务系统
　　S 多任务操作系统
　　　实时操作系统
　　L 操作系统**

实时多任务系统
　　Y 实时多任务操作系统

实时仿真
real-time simulation
TP15
　　D 实时仿真系统
　　　实时模拟
　　S 仿真*
　　• 分布式实时仿真
　　• 三维实时仿真
　　• 实时数字仿真

实时仿真系统
　　Y 实时仿真

实时分布式仿真
　　Y 分布式实时仿真

实时服务器
real-time server
TP368
　　S 服务器*

实时跟踪
real-time tracking
TN953
　　S 跟踪*
　　C 卡尔曼滤波

实时工业以太网
real-time industrial Ethernet
TP393.1　TP2
　　D 实时以太网
　　S 工业以太网
　　L 局域网**

实时管理信息系统
　　Y 实时信息管理系统

实时广播
real-time broadcasting
TN948
　　S 广播*
　　C 实时传输
　　　实时信息管理系统

实时集群计算机
　　Y 实时集群系统

实时集群计算机系统
　　Y 实时集群系统

实时集群系统
real-time cluster system
TP338
　　D 实时集群计算机
　　　实时集群计算机系统
　　S 计算机集群
　　Z 计算机系统*

实时计算
real-time computing
TP301
　　S 计算*
　　C 动态跟踪

实时加密
real-time encryption
TP309　TN918
　　S 加密**

实时监控软件
real-time monitoring software
TP318
　　S 实时应用程序
　　　监控软件
　　C 实时监控信息系统
　　L 应用软件**

实时监控信息系统
real-time supervisory information
system
TP274
　　S 实时信息系统
　　C 实时监控软件
　　Z 信息系统*

实时交互
real-time interaction
TP391
　　D 非实时交互
　　S 交互*

实时接口
real-time interface
TP334.7
　　S 接口*
　　• SERCOS 接口
　　• 实时应用接口

实时纠错编码
real-time error correction coding
TN911
　　S 实时编码
　　　纠错编码
　　Z 编码*

实时可视化
real-time visualization
TP391

电子信息技术叙词表

　　S 可视化*

实时控制程序
　　Y 实时控制软件

实时控制软件
real-time control software
TP27
　　D 实时控制程序
　　S 实时应用程序
　　　 控制软件
　　C 实时控制算法
　　L 应用软件**

实时控制算法
real-time control algorithm
TP301
　　S 实时算法
　　　 控制算法
　　C 实时控制软件
　　Z 算法*

实时联机挖掘
　　Y 实时数据挖掘

实时流传输
real-time streaming transmission
TP37
　　D 实时流式传输
　　S 实时传输
　　　 流式传输
　　C 实时流协议
　　　 实时流媒体
　　Z 信息传输*

实时流传输协议
　　Y 实时流协议

实时流媒体
real-time streaming media
TP37
　　S 流媒体*
　　C 实时流传输

实时流式传输
　　Y 实时流传输

实时流协议
real-time streaming protocol
TN94　TN915.04
　　D RTSP
　　　 RTSP 协议
　　　 实时流传输协议
　　S 实时通信协议
　　　 流媒体协议
　　C 实时流传输
　　　 组播
　　　 视频传输
　　Z 通信协议*

实时滤波
real-time filtering
TN713
　　S 滤波*

实时模拟
　　Y 实时仿真

实时内存数据库
real-time main memory database
TP392　TP31
　　S 内存数据库
　　　 实时数据库
　　Z 数据库*

实时嵌入式操作系统
　　Y 嵌入式实时操作系统

实时嵌入式软件
　　Y 嵌入式实时软件

实时容错
real-time fault tolerance
TP309
　　S 容错*
　　C 实时备份

实时入侵检测
real-time intrusion detection
TP393.08
　　D 实时入侵检测技术
　　S 入侵检测
　　L 网络安全技术**
　　　 网络防御**

实时入侵检测技术
　　Y 实时入侵检测

实时软件
real-time software
TP318
　　D 实时程序
　　S 软件*
　　· 嵌入式实时软件
　　· 实时操作系统
　　· 实时应用程序

实时软件设计
　　Y 实时编程

实时时钟电路
real-time clock circuit
TN710
　　D 实时时钟器件
　　S 时钟电路
　　C 实时时钟芯片
　　Z 电子电路*

实时时钟器件
　　Y 实时时钟电路

实时时钟芯片
real-time clock chip
TN4
　　S 时钟芯片
　　C 实时时钟电路
　　Z 芯片*

实时识别
real-time recognition
TP391.4
　　S 信息识别*

实时示波器
real-time oscilloscope
TM935
　　S 示波器
　　Z 电子测量仪器*

实时事件服务
real-time event service
TP391
　　S 信息服务*

实时视频传输
real-time video transmission
TN91
　　S 实时传输
　　　 视频传输
　　C 实时数据传输
　　　 实时视频通信
　　Z 信息传输*

实时视频通信
real-time video communication
TN91
　　S 实时通信
　　　 视频通信
　　C 实时视频传输
　　Z 通信*

实时数据采集
real-time data acquisition
TP274
　　D 数据实时采集
　　S 数据采集
　　C 实时数据处理
　　Z 信息采集*

实时数据仓库
real-time data warehouse
TP392
　　D 实时主动数据仓库
　　S 数据仓库
　　Z 数据库*

实时数据处理
real-time data processing
TP391
　　D 数据实时处理
　　S 数据处理**
　　· 实时数据集成
　　· 实时数据挖掘

· 596 ·

• 实时数据压缩
C 实时数据交换
  实时数据采集

实时数据传输
real-time data transmission
TN919
S 实时传输
  数据传输
C 实时数据交换
  实时数据通信
  实时视频传输
Z 信息传输*

实时数据发布
real-time data publishing
TP274
S 数据发布
C 实时数据管理
Z 信息处理*

实时数据管理
real-time data management
TP391
S 数据管理
C 实时数据发布
Z 信息管理*

实时数据集成
real-time data integration
TP391
S 实时数据处理
  数据集成
L 数据处理**

实时数据交换
real-time data exchange
TN915
S 数据交换
C 实时数据传输
  实时数据处理
  实时数据库
  综合数据平台
Z 信息交换*

实时数据库
real-time database
TP392
D 实时数据库管理系统
  实时数据库系统
S 数据库*
• 安全实时数据库
• 并行实时数据库
• 分布式实时数据库
• 嵌入式实时数据库
• 实时内存数据库
• 移动实时数据库
• 主动实时数据库
C 实时数据交换
  实时数据压缩
  实时数据挖掘
  综合数据平台

实时数据库管理系统
Y 实时数据库

实时数据库系统
Y 实时数据库

实时数据通信
real-time data communication
TN919
S 实时通信
  数据通信
C 实时数据传输
Z 通信*

实时数据挖掘
real-time data mining
TP391
D 实时联机挖掘
S 实时数据处理
  数据挖掘
C 实时数据库
L 信息挖掘**
  数据处理**

实时数据压缩
real-time data compression
TP391
S 实时数据处理
  数据压缩
C 实时数据库
L 信息压缩**
  数据处理**

实时数字仿真
real-time digital simulation
TP15
S 实时仿真
  数字仿真
Z 仿真*

实时数字图像处理
real-time digital image processing
TP391
S 实时图像处理
  数字图像处理
C 实时数字信号处理
L 图像处理**

实时数字信号处理
real-time digital signal processing
TP391
S 数字信号处理
C 实时数字图像处理
Z 信号处理*

实时算法
real-time algorithm
TP301
S 算法*
• 实时调度算法
• 实时控制算法

实时通信
real-time communication
TN914
S 通信*
• 实时串行通信
• 实时视频通信
• 实时数据通信

实时通信程序
Y 即时通信软件

实时通信软件
Y 即时通信软件

实时通信协议
real-time communication protocol
TN91   TP393.0
S 通信协议*
• 实时传输协议/实时传输控制协议
• 实时流协议

实时图象处理
Y 实时图像处理

实时图像采集
real-time image acquisition
TN27
S 图像采集
C 实时图像传输
  实时图像处理
Z 信息采集*

实时图像处理
real-time image processing
TP391   TN911
D 实时图像处理系统
  实时图象处理
S 图像处理**
• 实时数字图像处理
• 实时图像增强
C 实时图像传输
  实时图像采集

实时图像处理系统
Y 实时图像处理

实时图像传输
real-time image transmission
TN27
S 图像传输
C 实时图像处理
  实时图像采集
Z 信息传输*

实时图像增强
real-time image enhancement
TN27
S 图像增强
  实时图像处理

L 图像处理**

实时网
　　Y 实时网络

实时网络
real-time network
TP2　TP393
　　D 实时网
　　S 网络*
　　C 人工神经网络
　　　反射内存网
　　　实时网络通信
　　　无线传感器网络

实时网络通信
real-time network communication
TP393
　　D 网络实时通信
　　S 网络通信**
　　C 实时网络

实时协同设计
real-time collaborative design
TP391
　　S 协同设计
　　Z 协同技术*

实时信号
real-time signal
TN911
　　S 信号*

实时信号处理
real-time signal processing
TN911
　　S 信号处理*

实时信息处理
real-time information processing
TP391
　　S 信息处理*
　　C 实时信息交换
　　　实时信息推送
　　　实时信息系统

实时信息管理系统
real-time information management system
TP391
　　D 实时管理信息系统
　　S 实时信息系统
　　C 实时广播
　　Z 信息系统*

实时信息交换
real-time information exchange
TN915
　　S 信息交换*
　　C 实时信息处理
　　　实时信息系统

实时信息推送
real-time information sending
TP391
　　S 信息推送
　　C 实时信息处理
　　Z 信息服务*
　　　信息技术*

实时信息系统
real-time information system
TP391
　　S 信息系统*
　　• 实时监控信息系统
　　• 实时信息管理系统
　　C 实时信息交换
　　　实时信息处理

实时以太网
　　Y 实时工业以太网

实时应用程序
real-time application program
TP318
　　D 实时应用软件
　　S 实时软件
　　　应用软件**
　　• 即时通信软件
　　• 实时测控软件
　　• 实时监控软件
　　• 实时控制软件
　　C 实时应用接口

实时应用接口
real-time application interface
TP334.7
　　S 实时接口
　　C 实时应用程序
　　Z 接口*

实时应用软件
　　Y 实时应用程序

实时语音传输
real-time voice transmission
TN919
　　S 实时传输
　　　语音传输
　　C 语音处理
　　　语音采集
　　Z 信息传输*

实时语音通信
real-time voice communication
TN916
　　S 语音通信
　　Z 通信*

实时中间件
real-time middleware
TP33
　　S 中间件
　　Z 软件*

实时主动数据仓库
　　Y 实时数据仓库

实数编码遗传算法
real-code genetic algorithm
TP183　TP301
　　D 实值编码遗传算法
　　　实值遗传算法
　　　实数遗传算法
　　S 遗传算法
　　Z 算法*

实数遗传算法
　　Y 实数编码遗传算法

实体仿真
entity simulation
TP15
　　D 仿真实体
　　S 仿真*

实体句柄
entity handle
TP311
　　S 句柄*

实体识别
　　Y 命名实体识别

实心电位器
solid potentiometer
TM547
　　S 电位器
　　Z 电阻器*

实心电阻器
solid resistor
TM544
　　D 实芯电阻器
　　S 非线绕电阻器
　　• 无机实心电阻器
　　• 有机实心电阻器
　　Z 电阻器*

实芯电阻器
　　Y 实心电阻器

实验仿真
experimental simulation
TP15
　　D 仿真试验系统
　　　模拟实验系统
　　S 仿真*

实验教学软件
experimental teaching software
TP318
　　D 实验软件
　　S 计算机辅助教学软件
　　L 应用软件**

实验软件
　　Y 实验教学软件

实验室信息管理
　　Y 实验室信息管理系统

实验室信息管理系统
laboratory information management system
TP391
　　D 实验室信息管理
　　S 管理信息系统
　　Z 信息系统*

实值编码遗传算法
　　Y 实数编码遗传算法

实值遗传算法
　　Y 实数编码遗传算法

拾取算法
picking algorithm
TP301
　　S 算法*

蚀剂
　　Y 蚀刻工艺

蚀刻法
　　Y 蚀刻工艺

蚀刻工艺
etching
TN305
　　D 刻蚀
　　　　刻蚀工艺
　　　　半导体蚀刻
　　　　蚀刻
　　　　蚀刻法
　　S 半导体工艺*
　　· 表面刻蚀
　　· 电子束刻蚀
　　· 干法刻蚀
　　· 各向同性刻蚀
　　· 各向异性刻蚀
　　· 光刻蚀
　　· 硅刻蚀
　　· 化学蚀刻
　　· 离子刻蚀
　　· 深刻蚀
　　· 生物刻蚀
　　· 台面刻蚀
　　C 蚀刻剂
　　　　蚀刻设备

蚀刻机
　　Y 蚀刻设备

蚀刻剂
etchant
TN04
　　S 电子材料*
　　C 蚀刻工艺

蚀刻设备
etching equipment
TN305
　　D 蚀刻机
　　　　蚀刻装置
　　S 半导体工艺设备*
　　· 等离子刻蚀机
　　· 离子蚀刻机
　　C 蚀刻工艺

蚀刻装置
　　Y 蚀刻设备

矢量编码
vector coding
TN911
　　D 向量编码
　　S 编码*
　　· 矢量量化编码

矢量测向
　　Y 空间谱估计测向

矢量产生器
　　Y 矢量信号发生器

矢量处理器
　　Y 向量处理器

矢量发生器
　　Y 矢量信号发生器

矢量化
vectorization
TP391
　　D 矢量化算法
　　S 信息处理*
　　· 扫描矢量化
　　· 图像矢量化
　　· 图形矢量化
　　C 矢量量化

矢量化算法
　　Y 矢量化

矢量计算机
　　Y 向量计算机

矢量空间秘密共享
vector space secret sharing
TN918　TP309
　　S 秘密共享*

矢量量化
vector quantization
TN911　TP391
　　D 向量量化
　　　　矢量量化算法
　　S 信息量化
　　· 格型矢量量化
　　· 学习矢量量化
　　C 数据压缩
　　　　矢量化
　　　　矢量量化编码
　　Z 信息处理*

矢量量化编码
vector quantization coding
TN911
　　S 矢量编码
　　　　量化编码
　　C 矢量量化
　　Z 编码*

矢量量化算法
　　Y 矢量量化

矢量滤波
vector filtering
TN713
　　S 滤波*
　　· 矢量中值滤波
　　C 矢量信道

矢量扫描电子束曝光机
vector scan electron beam exposure equipment
TN305
　　S 电子束曝光机
　　Z 半导体工艺设备*

矢量天线
vector antenna
TN82
　　S 天线*
　　C 矢量信号

矢量网络分析仪
vector network analyzer
TM93
　　S 网络分析仪
　　L 通信测试仪**

矢量信道
vector channel
TN911
　　S 信道*
　　C 矢量信号
　　　　矢量信号发生器
　　　　矢量滤波

矢量信号
vector signal
TM935
　　S 信号*
　　C 矢量信号分析
　　　　矢量信号分析仪
　　　　矢量信号发生器
　　　　矢量信道
　　　　矢量天线

矢量信号发生器
vector signal generator
TN915　TM935
　　D 矢量产生器
　　　矢量发生器
　　S 信号发生器**
　　C 矢量信号
　　　矢量信号分析
　　　矢量信号分析仪
　　　矢量信道

矢量信号分析
vector signal analysis
TM935
　　S 信号分析*
　　C 矢量信号
　　　矢量信号分析仪
　　　矢量信号发生器

矢量信号分析仪
vector signal analyzer
TM935
　　S 信号分析仪
　　C 矢量信号
　　　矢量信号分析
　　　矢量信号发生器
　　Z 电子测量仪器*

矢量压缩
vector compression
TP391.4
　　D 向量压缩
　　S 信息压缩**

矢量中值滤波
vector median filtering
TN713
　　S 中值滤波
　　　矢量滤波
　　Z 滤波*

示波管
oscilloscope tube
TN14
　　D 示波器管
　　S 电子束管**
　　· 高分辨率示波管
　　· 宽带示波管
　　· 微通道板示波管
　　C 示波器

示波器
oscilloscope
TM935
　　S 电子测量仪器*
　　· 存储示波器
　　· 混合信号示波器
　　· 模拟示波器
　　· 取样示波器
　　· 实时示波器
　　· 数据域示波器
　　· 数字示波器

　　· 通用示波器
　　· 虚拟示波器
　　· 阴极射线示波器
　　C 示波管

示波器管
　　Y 示波管

市话
　　Y 市内电话

市话通信网
　　Y 本地电话网

市话网
　　Y 本地电话网

市内电话
local telephone
TN916
　　D 市内电话通信
　　　市域电话
　　　市话
　　　本地电话
　　S 固定电话
　　· 无线市话
　　C 本地电话网
　　Z 通信*

市内电话通信
　　Y 市内电话

市内电话通信网
　　Y 本地电话网

市内电话网
　　Y 本地电话网

市内通信电缆
local communication cable
TM248
　　S 通信电缆
　　C 本地电话网
　　Z 电线电缆*

市域电话
　　Y 市内电话

市域网
　　Y 城域网

势垒注入渡越时间二极管
　　Y 势越二极管

势越二极管
barrier injection and transit time diode
TN31
　　D BARITT 二极管
　　　势垒注入渡越时间二极管

　　　穿通二极管
　　S 半导体二极管
　　L 半导体分立器件**

事件查看器
event viewer
TP31
　　S 系统管理软件
　　C 事件过滤
　　L 工具软件**

事件抽取
event information extraction
TP391　TP31
　　D 事件信息抽取
　　　事件提取
　　S 信息抽取**
　　C 事件推理

事件过滤
event filtering
TP391
　　S 信息过滤
　　C 事件查看器
　　Z 信息安全技术*
　　　信息处理*

事件驱动编程
event-driven programming
TP31
　　S 软件编程**
　　C 事件驱动系统
　　　离散事件仿真

事件驱动架构
　　Y 事件驱动系统

事件驱动系统
event-driven system
TP27
　　D 事件驱动架构
　　S 计算机应用系统*
　　C 事件推理
　　　事件驱动编程
　　　离散事件仿真

事件提取
　　Y 事件抽取

事件推理
event reasoning
TP391
　　S 推理*
　　C 事件抽取
　　　事件驱动系统

事件信息抽取
　　Y 事件抽取

事实库
　　Y 事实型数据库

· 600 ·

事实数据库
  Y 事实型数据库

事实型数据库
fact database
TP392
  D 事实库
    事实数据库
  S 数据库*

事务处理服务器
  Y 事务服务器

事务处理系统
transaction processing system
TP311 TP315
  S 工作流管理系统
  C 事务服务器
    事务管理器
  Z 信息系统*

事务服务器
transaction server
TP368
  D 事务处理服务器
    组件事务服务器
  S 服务器*
  C 事务处理系统

事务管理器
transaction manager
TP315 TP39
  S 软件管理器
  C 事务处理系统
  L 工具软件**

事务计算机
  Y 商用计算机

事务聚类
transaction clustering
TP391.3
  S 聚类*
  C 事务识别

事务识别
transaction identification
TP391.4
  S 信息识别*
  C 事务聚类

事务数据库
transaction database
TP31 TP392
  S 数据库*

事务用计算机
  Y 商用计算机

试探算法
  Y 启发式算法

视差计算
parallax calculation
TP391
  S 计算*

视窗操作系统
windows operating system
TP316
  S 桌面操作系统
  • Mac 操作系统
  • Windows 操作系统
  L 操作系统**

视窗软件
  Y 窗口程序

视放管
video amplifier tube
TN14
  S 电子束管**

视觉处理
  Y 视觉信息处理

视觉处理器
  Y 图形处理器

视觉传感器
vision sensor
TP212
  S 传感器*
  • 激光视觉传感器
  • 立体视觉传感器
  • 全方位视觉传感器
  C 视觉感知
    视觉目标跟踪

视觉感知
visual perception
TN91 TP3 TP2
  S 信息感知*
  C 图像质量评价
    视觉传感器
    视觉目标跟踪
    视觉计算

视觉计算
visual computing
TP391 TP2
  S 计算*
  C 视觉信息处理
    视觉感知
    视觉模式识别

视觉密码
  Y 可视密码

视觉模式识别
visual pattern recognition
TP391.4
  S 模式识别*

  C 视觉计算
  Z 信息识别*

视觉目标跟踪
visual target tracking
TN953
  S 目标跟踪*
  C 视觉传感器
    视觉感知

视觉显示
  Y 可视化显示

视觉信息处理
visual information processing
TP391
  D 视觉处理
  S 信息处理*
  C 视觉计算

视觉掩蔽
visual masking
TP3
  D 视觉掩盖
    视觉掩蔽值
  S 信息处理*
  C 图像水印
    稳健水印

视觉掩蔽值
  Y 视觉掩蔽

视觉掩盖
  Y 视觉掩蔽

视景仿真
  Y 虚拟现实

视景仿真软件
  Y 虚拟仿真软件

视景建模
  Y 可视化建模

视景数据库
scene database
TP392
  S 应用数据库
  Z 数据库*

视景显示
  Y 可视化显示

视距传播
line-of-sight propagation
TN011 TN92
  S 电波传播*
  C 视距传输

电子信息技术叙词表

视距传输
line-of-sight transmission
TN91
 S 信息传输*
 C 视距传播
  视距通信

视距通信
line-of-sight communications
TN925
 S 无线通信**
 C 视距传输

视盘播放机
 Y 激光视盘机

视频*
video
TN94 TN27
 D 视频技术
  视频数据
 · 彩色视频
 · 多视点视频
 · 高清晰视频
 · 计算机视频
 · 监控视频
 · 可变码率视频
 · 立体视频
 · 数字视频
 ·· MPEG 视频
 ·· 变位率视频
 ·· 多媒体视频
 ·· 分量视频
 ·· 流视频
 · 网络视频
 · 新闻视频
 · 移动视频
 · 远程视频
 C 视频共享
  视频分割
  视频组播
  视频聚类

视频 IC
 Y 视频集成电路

视频编辑程序
 Y 视频编辑软件

视频编辑工具
 Y 视频编辑软件

视频编辑器
 Y 视频编辑软件

视频编辑软件
video editing software
TP317
 D 视频编辑器
  视频编辑工具
  视频编辑程序
 S 编辑软件

  视频软件
 · 动画制作软件
 · 非线性编辑软件
 L 应用软件**

视频编解码
video coding and decoding
TN948
 D 视频编解码器
  视频编解码技术
 S 视频处理**
 C 视频编码
  视频解码

视频编解码技术
 Y 视频编解码

视频编解码器
 Y 视频编解码

视频编码
video coding
TN948 TN919.8
 D 视频压缩编码
  视频编码技术
 S 音视频编码**
 · 多描述编码
 · 多视点视频编码
 · 分布式视频编码
 · 基于对象的视频编码
 · 可分级视频编码
 · 立体视频编码
 · 数字视频编码
 · 小波视频编码
 · 帧间编码
 · 帧内编码
 C MPEG 标准
  视频压缩
  视频播放器
  视频编码器
  视频编码标准
  视频编解码
  视频解码

视频编码标准
video coding standard
TN941
 D 视频压缩标准
 S 音视频编码标准
 C 视频存储
  视频播放器
  视频文件转换
  视频编码
  视频编码器
  视频解码
 Z 信息产业标准*

视频编码技术
 Y 视频编码

视频编码器
video coder

TN94
 S 编码器*
 C 视频编码
  视频编码标准

视频播放器
video player
TP391 TP31
 D 视频播放软件
 S 播放软件
  视频软件
 C 放像机
  视频文件转换
  视频编码
  视频编码标准
  视频解码
 L 应用软件**

视频播放软件
 Y 视频播放器

视频捕捉程序
 Y 视频捕捉软件

视频捕捉软件
video capture software
TP317
 D 视频捕捉程序
 S 视频软件
 C 视频采集
 L 应用软件**

视频采集
video capture
TP2 TP391 TN919
 D 视频信号采集
  视频获取
 S 信息采集*
 · 视频数据采集
 C 视频捕捉软件
  视频识别
  视频输入处理器
  视频采集芯片

视频采集芯片
video capture chip
TN4
 D 摄像芯片
 S 视频芯片
 C 视频采集
 Z 芯片*

视频程序
 Y 视频软件

视频处理**
video processing
TN948
 D 数字视频处理
  数字视频技术
  视频图像处理
 S 音视频处理*

· 602 ·

- 动画处理
- 画面处理
- • 画面分割
- 视频编解码
- 视频叠加
- • 字幕叠加
- 视频分割
- • 视频对象分割
- • 视频文字分割
- 视频合成
- 视频控制
- 视频内容分析
- • 视频语义分析
- 视频切换
- 视频数据处理
- 视频稳像
- 视频信号处理
- • 亮色分离
- 视频压缩
- • • 帧间压缩
- • • 帧内压缩
- • 同步分离
- 视频增强
- 视频质量评价
- C 在屏显示
- 视频共享
- 视频处理器
- 视频工作站
- 视频聚类

视频处理电路
 Y 视频电路

视频处理器
video processor
TN87
 S 微处理器*
  视频设备*
 • 视频输入处理器
 • 视频信号处理器
 C 电视
  视频处理
  视频处理芯片
  视频工作站

视频处理芯片
video processing chip
TN4
 S 视频芯片
 C 视频处理器
  视频工作站
  视频电路
 Z 芯片*

视频传输
video transmission
TN943 TN919
 D 视频信号传输
 S 音视频传输
 • 实时视频传输
 • 视频流传输
 • 数字视频传输
 • 无线视频传输

 C IP 组播
  图像传输
  实时流协议
  视频接口
  视频点播服务
  视频网络
  视频通信
  错误隐藏
 Z 信息传输*

视频篡改
video tampering
TN918 TP393.08
 S 信息篡改
 C 图像篡改
 Z 信息安全风险*

视频存储
video storage
TN946
 D 视频存储技术
 S 信息存储*
 C 视频存储器
  视频编码标准

视频存储技术
 Y 视频存储

视频存储器
video memory
TP333
 S 存储器*
 C 视频光盘
  视频存储

视频点播
 Y 视频点播服务

视频点播服务
video on demand service
TN948
 D 视频点播
 S 信息服务*
 C 点播电视
  视频交互
  视频传输
  视频检索
  边缘调制器

视频电话
 Y 可视电话

视频电缆
video cable
TM24 TN81
 D 视频同轴电缆
  视频线
 S 通信电缆
 Z 电线电缆*

视频电路
video circuit
TN710

 D 视频处理电路
 S 电子电路*
 • 同步分离电路
 C 视频信号处理器
  视频处理芯片

视频叠加
video overlap
TN943
 S 视频处理**
 • 字幕叠加
 C 视频合成

视频对象分割
video object segmentation
TP391
 S 视频分割
 C 视频对象提取
 L 视频处理**

视频对象提取
video object extraction
TP391
 S 对象提取
  视频提取
 C 视频对象分割
 L 信息抽取**

视频放大电路
 Y 视频放大器

视频放大器
video amplifier
TN72
 D 视频放大电路
 S 放大器*

视频分割
video segmentation
TN941
 D 视频图像分割
 S 视频处理**
 • 视频对象分割
 • 视频文字分割
 C 视频

视频分配器
video distributor
TN948
 D 视频信号分配器
  视频切换器
 S 视频设备*
 C 视频切换

视频分析仪
video analyzer
TN948
 S 电子测量仪器*

视频服务器
video server

TP368
　　D　视讯服务器
　　　　视音频服务器
　　S　服务器*
　　•　并行视频服务器
　　•　嵌入式视频服务器
　　•　视频监控服务器
　　•　数字视频服务器
　　•　网络视频服务器
　　C　切换台
　　　　服务器硬盘
　　　　硬盘服务器
　　　　视频网络

视频格式转换芯片
video format conversion chip
TN43
　　S　视频芯片
　　C　视频文件转换
　　Z　芯片*

视频跟踪
video tracking
TN943　TN953
　　D　视频图像跟踪
　　S　图像跟踪
　　Z　信息处理*

视频工作站
video workstation
TN948
　　S　专业工作站
　　C　视频处理
　　　　视频处理器
　　　　视频处理芯片
　　Z　计算机*

视频共享
video sharing
TP393
　　S　信息共享
　　C　视频
　　　　视频处理
　　Z　资源共享*
　　　　信息处理*

视频光端机
video optical transceiver
TN929.1
　　S　光端机
　　L　光通信设备**
　　　　通信终端**

视频光盘
video compact disc
TN946
　　S　光盘
　　•　激光视盘
　　•　数字视频光盘
　　C　视频存储器
　　L　光存储器**
　　　　外存储器**

视频合成
video synthesis
TP391
　　D　影像合成
　　　　数字视频合成
　　S　视频处理**
　　C　视频叠加
　　　　视频混合器

视频缓冲区
video buffer
TN943
　　S　缓冲区
　　Z　存储器*

视频回波信号
video echo signal
TN95
　　S　回波信号
　　　　雷达视频信号
　　C　视频信号发生器
　　Z　信号*

视频会商系统
　　Y　视频会议系统

视频会议系统
video conference system
TN948　TP318
　　D　视频会商系统
　　S　计算机应用系统*
　　•　多媒体会议系统
　　•　高清视频会议系统
　　•　网络视频会议系统
　　C　多点控制单元
　　　　视频会议终端

视频会议终端
video conference terminal
TN948
　　D　会议电视终端
　　S　视频终端
　　C　会议电视网络
　　　　视频会议系统
　　Z　终端设备*

视频混合器
video mixer
TN912
　　S　视频设备*
　　C　视频合成

视频获取
　　Y　视频采集

视频积累
video integration
TN974
　　D　非相参积累
　　S　雷达抗干扰
　　C　雷达信号处理
　　L　电子对抗**

视频集成电路
video integrated circuit
TN492
　　D　视频IC
　　S　专用集成电路
　　Z　集成电路*

视频技术
　　Y　视频

视频加密
video encryption
TP393.08
　　S　加密**
　　C　平凡密钥
　　　　视频指纹

视频监控服务器
video monitoring server
TP368
　　S　视频服务器
　　Z　服务器*

视频检索
video retrieval
TP391
　　D　视频检索技术
　　　　视频检索系统
　　S　信息检索
　　C　视频点播服务
　　Z　信息处理*

视频检索技术
　　Y　视频检索

视频检索系统
　　Y　视频检索

视频交互
video interaction
TN948
　　S　交互*
　　C　视频点播服务
　　　　视频聊天

视频接口
video interface
TN943
　　D　视频信号接口
　　S　接口*
　　•　DVI接口
　　•　数字分量串行接口
　　C　最小化传输差分信号
　　　　视频传输
　　　　视频显示器
　　　　视频设备
　　　　视频连接器

视频结构挖掘
video structure mining
TP391

S 结构挖掘
　　L 信息挖掘**

视频解码
video decoding
TN94
　　S 音视频解码
　　C 视频播放器
　　　视频编码
　　　视频编码标准
　　　视频编解码
　　Z 音视频处理*
　　　解码*

视频矩阵控制器
　　Y 视频控制器

视频聚类
video clustering
TP391.3
　　S 聚类*
　　C 视频
　　　视频处理

视频可分级编码
　　Y 可分级视频编码

视频控制
video control
TN943
　　S 视频处理**
　　C 视频控制器

视频控制器
video controller
TN943　TP33
　　D 视频矩阵控制器
　　S 控制器*
　　C 现场可编程门阵列
　　　视频控制

视频连接器
video connector
TN912
　　S 电连接器*
　　C 视频接口
　　　视频设备

视频聊天
video chating
TN943
　　S 网上聊天
　　C 视频交互
　　Z 网络应用*

视频流传输
video stream transmission
TN919
　　S 流式传输
　　　视频传输
　　Z 信息传输*

视频内容分析
video content analysis
TP391
　　S 视频处理**
　　· 视频语义分析
　　C 视频识别

视频判读
　　Y 视频识别

视频器材
　　Y 视频设备

视频切换
video switch
TN948
　　S 视频处理**
　　C 矩阵切换器
　　　视频分配器
　　　视频切换台

视频切换器
　　Y 视频分配器

视频切换台
video switcher
TN948
　　S 切换台
　　C 矩阵切换器
　　　视频切换
　　Z 电视设备*

视频认证
video authentication
TN918　TP309
　　S 多媒体认证
　　Z 信息安全认证*

视频软件
video software
TP318
　　D 视频程序
　　S 多媒体软件
　　· 屏幕录像软件
　　· 视频编辑软件
　　· 视频播放器
　　· 视频捕捉软件
　　C 视频设备
　　L 应用软件**

视频设备*
video equipment
TN948　TN87
　　D 视频器材
　　　视频装置
　　· 多画面处理器
　　· 多画面分割器
　　· 激光视盘机
　　· · DVD 播放机
　　· · VCD 影碟机
　　· 家庭影院
　　· 视频处理器

　　· · 视频输入处理器
　　· · 视频信号处理器
　　· 视频分配器
　　· 视频混合器
　　· 数字视频设备
　　· · 数字视频服务器
　　· · 数字硬盘录像机
　　· · · 嵌入式硬盘录像机
　　· · · 网络硬盘录像机
　　· 帧同步器
　　C 视频信号
　　　视频接口
　　　视频软件
　　　视频连接器

视频摄像头
　　Y 摄像头

视频识别
video identification
TN941
　　D 视频判读
　　　视频图像识别
　　S 信息识别*
　　C 视频内容分析
　　　视频采集

视频输入处理器
video input processor
TN43　TP33
　　S 视频处理器
　　C 视频采集
　　Z 视频设备*
　　　微处理器*

视频数据
　　Y 视频

视频数据采集
video data acquisition
TP274
　　S 数据采集
　　　视频采集
　　C 视频数据处理
　　Z 信息采集*

视频数据处理
video data processing
TP391　TP274
　　S 数据处理**
　　　视频处理**
　　C 视频数据挖掘
　　　视频数据采集

视频数据传输
　　Y 数字视频传输

视频数据库
video database
TP392
　　S 多媒体数据库
　　C 视频数据挖掘

Z 数据库*

视频数据挖掘
video data mining
TP391　TP274
　　D 视频挖掘
　　S 多媒体数据挖掘
　　C 视频数据处理
　　　视频数据库
　　L 信息挖掘**

视频数据转换器
video data converter
TP274
　　S 数据转换器
　　Z 转换器*

视频数字编码
　　Y 数字视频编码

视频数字水印
　　Y 视频水印

视频水印
video watermark
TN918　TN943　TP309
　　D 数字视频水印
　　　视频数字水印
　　S 数字水印*
　　C 几何攻击
　　　视频水印算法

视频水印算法
video watermark algorithm
TP301
　　S 水印算法
　　C 视频水印
　　Z 算法*

视频提取
video extraction
TN941
　　S 信息抽取**
　　· 关键帧提取
　　· 视频对象提取
　　· 字幕提取

视频通信
visual communication
TN911
　　S 图像通信
　　· 实时视频通信
　　C 视频传输
　　　视频网络
　　Z 通信*

视频同轴电缆
　　Y 视频电缆

视频图像处理
　　Y 视频处理

视频图像分割
　　Y 视频分割

视频图像跟踪
　　Y 视频跟踪

视频图像识别
　　Y 视频识别

视频图像信号
　　Y 视频信号

视频图像增强
　　Y 视频增强

视频图形阵列接口
　　Y VGA 接口

视频挖掘
　　Y 视频数据挖掘

视频网络
video network
TN948
　　D 视频网络系统
　　S 广播电视网络*
　　C 视频传输
　　　视频服务器
　　　视频通信

视频网络服务器
　　Y 网络视频服务器

视频网络系统
　　Y 视频网络

视频文件转换
video conversion
TP391.7
　　S 格式转换
　　C 视频播放器
　　　视频格式转换芯片
　　　视频编码标准
　　Z 信息处理*

视频文字分割
video text segmentation
TP391
　　S 视频分割
　　L 视频处理**

视频稳像
video image stabilization
TN941
　　S 电子稳像
　　　视频处理**
　　L 图像处理**
　　　视频处理**

视频显示
　　Y 视频显示器

视频显示器
video display
TN87
　　D 视频显示
　　S 显示器
　　C 视频接口
　　　视频显示终端
　　Z 显示设备*

视频显示终端
video display terminal
TN948
　　S 视频终端
　　C 视频显示器
　　Z 终端设备*

视频线
　　Y 视频电缆

视频芯片
video chip
TN4
　　S 芯片*
　　· 视频采集芯片
　　· 视频处理芯片
　　· 视频格式转换芯片

视频信号
video signal
TN948
　　D 视频图像信号
　　S 视音频信号
　　· 彩条信号
　　· 亮度信号
　　· 色差信号
　　· 色度信号
　　· 色同步信号
　　· 数字视频信号
　　C 视频信号发生器
　　　视频设备
　　Z 信号*

视频信号采集
　　Y 视频采集

视频信号处理
video signal processing
TN911
　　S 信号处理*
　　　视频处理**
　　· 亮色分离
　　· 视频压缩
　　· 同步分离
　　C 视频信号处理器

视频信号处理电路
　　Y 视频信号处理器

视频信号处理器
video signal processor
TP33　TN43
　　D 视频信号处理电路

S 信号处理器
　　　视频处理器
　　C 视频信号处理
　　　视频电路
　　Z 微处理器*
　　　视频设备*

视频信号传输
　　Y 视频传输

视频信号发生器
video signal generator
TN943
　　S 信号发生器**
　　C 视频信号
　　　视频回波信号

视频信号分配器
　　Y 视频分配器

视频信号接口
　　Y 视频接口

视频压缩
video compression
TN912
　　D 数字视频压缩
　　　视频压缩技术
　　　视频压缩算法
　　S 视频信号处理
　　　音视频压缩
　　• 帧间压缩
　　• 帧内压缩
　　C 视频编码
　　L 信息压缩**
　　　视频处理**

视频压缩编码
　　Y 视频编码

视频压缩标准
　　Y 视频编码标准

视频压缩技术
　　Y 视频压缩

视频压缩算法
　　Y 视频压缩

视频音频切换器
　　Y 视音频切换器

视频语义分析
video semantic analysis
TP391.1
　　S 视频内容分析
　　　语义分析
　　L 视频处理**
　　　语言信息处理**

视频增强
video enhancement
TN943
　　D 视频图像增强
　　S 信息处理*
　　　视频处理**

视频指纹
video fingerprint
TN918　TN94
　　S 信息指纹*
　　C 视频加密

视频质量评价
video quality evaluation
TN941
　　D 影像质量评价
　　S 视频处理**

视频终端
video terminal
TN948
　　D 视频终端设备
　　S 显示终端
　　• 视频会议终端
　　• 视频显示终端
　　C 多点控制单元
　　Z 终端设备*

视频终端设备
　　Y 视频终端

视频装置
　　Y 视频设备

视频字符叠加
　　Y 字幕叠加

视频组播
video multicast
TN91
　　S 组播
　　C 视频
　　L 网络通信**

视听设备
　　Y 音视频设备

视图变换
　　Y 视图转换

视图变形
view morphing
TP391
　　S 视图技术
　　L 图像处理**

视图分割
view segmentation
TP391
　　S 视图技术
　　L 图像处理**

视图合成
view synthesis
TP391
　　S 视图技术
　　L 图像处理**

视图技术
view technology
TP301
　　S 图像处理**
　　• 视图变形
　　• 视图分割
　　• 视图合成
　　• 视图识别
　　• 视图转换

视图识别
view recognition
TP391.4
　　S 信息识别*
　　　视图技术
　　L 图像处理**

视图转换
view conversion
TP391.7
　　D 视图变换
　　S 视图技术
　　L 图像处理**

视网膜识别
　　Y 虹膜识别

视线跟踪
　　Y 眼动追踪

视线追踪
　　Y 眼动追踪

视像管
　　Y 光导摄像管

视讯服务器
　　Y 视频服务器

视音频处理
　　Y 音视频处理

视音频服务器
　　Y 视频服务器

视音频切换器
audio video routing switcher
TN62
　　D 视频音频切换器
　　S 变换器*

视音频信号
audio and video signal
TN941　TN911

D 音视频信号
　　S 信号*
　　• SDI 信号
　　• 视频信号
　　• 音频信号
　　C 音视频处理
　　　 音视频数据

视音频压缩
　　Y 音视频压缩

适当规模 IC
　　Y 中规模集成电路

适当规模集成电路
　　Y 中规模集成电路

适应性查询处理
adaptive query processing
TP391
　　S 查询处理
　　Z 信息处理*

适应性滤波
　　Y 自适应滤波

室内电波传播
indoor radio propagation
TN011
　　D 室内无线传播
　　S 电波传播*
　　C 室内无线通信

室内分布系统
indoor distributed system
TN927
　　D 室内信号分布系统
　　C 基站
　　　 蜂窝移动通信

室内光缆
indoor optical cable
TN81
　　S 光缆*
　　C 室内通信

室内可见光通信
indoor visible light communication
TN929.1
　　S 可见光通信
　　　 室内无线光通信
　　L 光通信**
　　　 无线通信**

室内通信
indoor communication
TN911
　　S 通信*
　　• 室内无线通信
　　C 室内光缆

室内无线传播
　　Y 室内电波传播

室内无线光通信
indoor wireless optical communication
TN929.1
　　S 室内无线通信
　　　 无线光通信
　　• 室内可见光通信
　　C 室内信道
　　L 光通信**
　　　 无线通信**

室内无线通信
indoor wireless communication
TN92
　　S 室内通信
　　　 无线通信**
　　• 室内无线光通信
　　C 室内电波传播

室内信道
indoor channel
TN911
　　S 信道*
　　C 室内无线光通信

室内信号分布系统
　　Y 室内分布系统

室外 LED 显示屏
outdoor LED display screen
TN873
　　S LED 显示屏
　　Z 显示设备*

室温红外探测器
room temperature infrared detector
TN215
　　S 红外探测器
　　L 光学探测器**
　　　 红外器件**

室温键合
room temperature bonding
TN305
　　S 键合工艺
　　Z 半导体工艺*

收发管
　　Y 收发开关管

收发机
　　Y 收发器

收发开关管
T/R switch tube
TN13
　　D 天线开关管
　　　 收发管
　　S 微波电子管
　　C 收发天线
　　L 微波管**

收发两用机
　　Y 收发器

收发器*
transceiver
TN8
　　D 收发两用机
　　　 收发信机
　　　 收发机
　　　 收发芯片
　　　 收发设备
　　• CAN 收发器
　　• DTMF 收发器
　　• 并口收发器
　　• 串行收发器
　　• • 高速串行收发器
　　• • 异步串行收发器
　　• • • 通用异步收发器
　　• 电力线收发器
　　• 多协议收发器
　　• 光收发器
　　• • 光电转换器
　　• • 光纤收发器
　　• 红外收发器
　　• 数据收发器
　　• 无线收发器
　　• • 蓝牙收发器
　　• • 射频收发器
　　• • • 单片射频收发器
　　• • • 射频 CMOS 收发器
　　• • 微波收发信机
　　• 信号收发器
　　• 异步收发器
　　• • 异步串行收发器
　　• • • 通用异步收发器
　　• 帧同步收发器
　　• 智能收发器
　　• 总线收发器

收发设备
　　Y 收发器

收发天线
transceiver antenna
TN82
　　S 天线*
　　C 收发开关管

收发芯片
　　Y 收发器

收发信机
　　Y 收发器

收费电视
　　Y 付费电视

收缩算法
shrinkage algorithm
TN911
　　S 算法*

收信放大管
　　Y 收信管

收信管
receiving tube
TN11
　　D 收信放大管
　　　 收讯管
　　S 电子管**
　　C 接收天线
　　　 接收设备

收信机
　　Y 接收设备

收信天线
　　Y 接收天线

收讯管
　　Y 收信管

收音机*
radio
TN85
　　D 无线广播接收机
　　• 半导体收音机
　　• 便携式收音机
　　• 超外差式收音机
　　• 电子管收音机
　　• 调幅收音机
　　• 调频收音机
　　• 混合调制收音机
　　• 交流收音机
　　• 矿石收音机
　　• 立体声收音机
　　• 全波段收音机
　　• 时钟收音机
　　• 数字收音机
　　• 台式收音机
　　• 微型收音机
　　• 袖珍收音机
　　• 钟控收音机

手持 PC
　　Y 手持式计算机

手持电话
　　Y 手机

手持电脑
　　Y 手持式计算机

手持电视
handheld TV set
TN949
　　D 手持式电视

　　　 掌上电视
　　　 掌中电视
　　S 电视机
　　C 掌上电脑
　　Z 电视设备*

手持电台
handheld radio
TN924
　　D 手持台
　　S 移动电台
　　• 对讲机
　　Z 无线电台*

手持读写器
　　Y 手持式读写器

手持对讲机
　　Y 对讲机

手持机
　　Y 手持终端

手持计算机
　　Y 手持式计算机

手持扫描仪
　　Y 手持式扫描仪

手持式电脑
　　Y 手持式计算机

手持式电视
　　Y 手持电视

手持式读写器
handheld reader
TN87
　　D 手持读写器
　　S 读写设备
　　Z 外部设备*

手持式计算机
handheld computer
TP368
　　D 手持 PC
　　　 手持式电脑
　　　 手持电脑
　　　 手持计算机
　　　 手提式电脑
　　　 手提电脑
　　S 便携式计算机
　　• 平板电脑
　　• 手写电脑
　　• 掌上电脑
　　L 电子数字计算机**

手持式扫描器
　　Y 手持式扫描仪

手持式扫描仪
handheld scanner
TP334.2
　　D 手持式扫描器
　　　 手持扫描仪
　　S 扫描仪
　　Z 外部设备*

手持数据终端
handheld data terminal
TN87
　　S 手持终端
　　C 手持信息终端
　　　 无线通信协议
　　Z 终端设备*

手持台
　　Y 手持电台

手持信息终端
handheld information terminal
TN87
　　S 信息终端
　　　 手持终端
　　C 手持数据终端
　　Z 终端设备*

手持型终端机
　　Y 手持终端

手持移动终端
handheld mobile terminal
TN92
　　D 手持移动终端设备
　　S 手持终端
　　　 移动终端
　　• GPS 手持机
　　• 卫星电话
　　L 通信终端**

手持移动终端设备
　　Y 手持移动终端

手持智能终端
　　Y 智能手持终端

手持终端
handhold torminal
TN87
　　D 手持型终端机
　　　 手持机
　　　 手持终端设备
　　S 终端设备*
　　• 手持数据终端
　　• 手持信息终端
　　• 手持移动终端
　　• 智能手持终端

手持终端设备
　　Y 手持终端

手绘草图识别
    Y 草图识别

手机
mobile phone
TN929.5
    D 大哥大
        手持电话
        手提电话
        手机终端
        移动电话
        移动电话机
        移动电话通信设备
        蜂窝电话
        行动电话
    S 移动通信设备
    • GSM 手机
    • 触屏手机
    • 多模手机
    • 功能手机
    • 双模手机
    • 双频手机
    • 智能手机
    C 手机信号
        手机天线
        手机应用
        手机摄像头
        手机测试仪
        手机病毒
        手机芯片
        手机软件
        手机键盘
    L 无线通信设备**

手机 App
    Y 手机应用软件

手机编程
mobile programming
TP311
    S 手机应用
        软件编程**

手机病毒
mobile virus
TN911
    S 恶意软件**
    C 手机
        手机软件

手机操作系统
mobile operating system
TN92
    D 移动操作系统
    S 手机软件
        操作系统**
    • 智能手机操作系统
    C 手机导航

手机测试仪
mobile phone tester
TN92
    S 通信测试仪**
    C 手机

手机程序
    Y 手机软件

手机导航
mobile navigation
TN96
    D 移动导航
    S 导航*
        手机应用
    C 手机地图
        手机操作系统
    Z 移动应用*

手机地图
mobile map
TP318
    D 移动地图
    S 手机应用
    C 手机导航
    Z 移动应用*

手机电路
mobile phone circuit
TN710
    S 电子电路*
    C 手机芯片

手机电视
mobile phone television
TN948
    S 手机应用
        移动电视
    Z 移动应用*
        电视*

手机二维码
two-dimensional bar code for
mobile phone
TN911
    D 手机二维码技术
    S 二维码
    • Ultracode 条码
    C 智能手机
    Z 编码*

手机二维码技术
    Y 手机二维码

手机互联网
    Y 移动互联网

手机键盘
mobile keyboard
TN92
    S 键盘
    C 手机
    Z 外部设备*

手机卡*
cell phone card
TN92
    • SIM 卡
    • • STK 卡
    • UIM 卡
    C 手机内存

手机媒体
mobile media
TN92
    D 移动媒体
    S 手机应用
    Z 移动应用*

手机内存
mobile phone memory
TN92
    S 内存
    C 手机卡
    Z 存储器*

手机屏蔽器
    Y 手机信号屏蔽器

手机屏幕
    Y 手机显示屏

手机软件
mobile software
TP318
    D 手机程序
        智能手机软件
    S 软件*
    • 手机操作系统
    • 手机应用软件
    C 手机
        手机病毒

手机社交软件
mobile social software
TP317
    S 手机应用软件
        社交软件
    L 应用软件**
        网络软件**

手机摄像头
mobile phone camera
TN929.5
    S 摄像头
    C 手机
    Z 外部设备*

手机视频
    Y 移动视频

手机天线
mobile phone antenna
TN82
    D 移动电话天线

S 天线*
　　C 手机

手机网络游戏
online game of mobile phone
TP393.09
　　D 手机网游
　　S 手机游戏
　　　网络游戏
　　Z 移动应用*
　　　网络应用*
　　　软件*

手机网游
　　Y 手机网络游戏

手机显示屏
mobile phone screen
TN873
　　D 手机屏幕
　　S 显示屏
　　C 触摸屏
　　Z 显示设备*

手机芯片
mobile phone chip
TN4
　　S 通信芯片
　　C 手机
　　　手机电路
　　　移动通信
　　Z 芯片*

手机信号
mobile phone signal
TN92
　　S 通信信号
　　C 手机
　　　移动通信
　　Z 信号*

手机信号干扰器
　　Y 手机信号屏蔽器

手机信号屏蔽器
signal shielding equipment for mobile phone
TN92
　　D 手机信号干扰器
　　　手机屏蔽器

手机移动学习
phone mobile learning
TN929.5
　　S 手机应用
　　　移动学习
　　Z 移动应用*

手机应用
mobile application
TN92

　　S 移动应用*
　· 手机编程
　· 手机导航
　· 手机地图
　· 手机电视
　· 手机媒体
　· 手机移动学习
　· 手机游戏
　· 手机支付
　　C 手机

手机应用程序
　　Y 手机应用软件

手机应用软件
mobile phone application
TP318
　　D 手机 App
　　　手机应用程序
　　S 手机软件
　· 手机社交软件
　· 手机游戏
　· 微程序
　　Z 软件*

手机游戏
mobile game
TN92
　　S 手机应用
　　　手机应用软件
　· 手机网络游戏
　　Z 移动应用*
　　　软件*

手机支付
mobile payment
TN92
　　S 手机应用
　　　移动支付
　　Z 移动应用*

手机终端
　　Y 手机

手势跟踪
gesture tracking
TP391.4
　　S 人体运动跟踪
　　C 手势识别
　　Z 跟踪*

手势识别
gesture recognition
TP391.4
　　S 人体识别
　· 动态手势识别
　· 静态手势识别
　· 手语识别
　　C 手势跟踪
　　　手形识别
　　L 特征识别**

手术机器人
surgical robot
TP242
　　S 医用机器人
　　Z 机器人*

手提电话
　　Y 手机

手提电脑
　　Y 手持式计算机

手提式电脑
　　Y 手持式计算机

手提式声呐
　　Y 便携声呐

手提式声纳
　　Y 便携声呐

手写板
handwriting pad
TP334.2
　　S 手写输入设备
　　C 手写笔
　　Z 外部设备*

手写板电脑
　　Y 手写电脑

手写笔
handwriting pen
TP334.2
　　S 手写输入设备
　　C 手写板
　　Z 外部设备*

手写电脑
handwriting computer
TP368
　　D 手写板电脑
　　S 手持式计算机
　　C 手写识别
　　　手写输入设备
　　L 电子数字计算机**

手写汉字识别
　　Y 手写体汉字识别

手写签名鉴别
　　Y 手写签名认证

手写签名认证
handwriting signature verification
TP391
　　D 手写签名鉴别
　　　手写签名验证
　　S 签名认证

电子信息技术叙词表

　　Z 信息安全认证*

手写签名验证
　　Y 手写签名认证

手写识别
handwriting recognition
TP391.4
　　D 手写体识别
　　　手写识别技术
　　　手写识别系统
　　S 信息识别*
　　• 联机手写识别
　　• 手写字符识别
　　C 手写电脑
　　　手写输入设备

手写识别技术
　　Y 手写识别

手写识别系统
　　Y 手写识别

手写输入设备
handwriting input device
TP334.2
　　D 手写系统
　　　手写输入系统
　　S 输入设备
　　• 手写板
　　• 手写笔
　　C 手写电脑
　　　手写识别
　　Z 外部设备*

手写输入系统
　　Y 手写输入设备

手写数字识别
handwritting numeral recognition
TP391.4
　　D 手写体数字识别
　　S 手写字符识别
　　　数字识别
　　Z 信息识别*

手写体汉字识别
handwritting Chinese character recognition
TP391.4
　　D 手写汉字识别
　　S 手写字符识别
　　　汉字识别
　　• 联机手写体汉字识别
　　• 脱机手写体汉字识别
　　Z 信息识别*
　　　信息处理*

手写体识别
　　Y 手写识别

手写体数字识别
　　Y 手写数字识别

手写体字符识别
　　Y 手写字符识别

手写文字识别
　　Y 手写字符识别

手写系统
　　Y 手写输入设备

手写字符识别
handwriting character recognition
TP391.4
　　D 手写体字符识别
　　　手写文字识别
　　S 字符识别
　　　手写识别
　　• 手写数字识别
　　• 手写体汉字识别
　　Z 信息识别*

手形识别
hand shape recognition
TP391.4
　　S 人体识别
　　C 手势识别
　　L 特征识别**

手语识别
sign language recognition
TP391.4
　　S 手势识别
　　　语言识别
　　L 特征识别**

受激布里渊散射
stimulated Brillouin scattering
TN24
　　D 受激曼德尔斯坦布里渊散射
　　　声子散射
　　S 受激散射
　　C 掺铒光纤激光器
　　Z 电磁波散射*

受激辐射微波放大器
　　Y 微波激射器

受激光散射
　　Y 受激散射

受激拉曼散射
stimulated Raman scattering
TN24
　　D 受激喇曼散射
　　　激光拉曼散射
　　S 受激散射
　　　拉曼散射
　　• 表面增强拉曼散射
　　• 相干拉曼散射

　　Z 电磁波散射*

受激喇曼散射
　　Y 受激拉曼散射

受激曼德尔斯坦布里渊散射
　　Y 受激布里渊散射

受激散射
stimulated scattering
TN24
　　D 受激光散射
　　　受激组合散射
　　S 光散射
　　• 受激布里渊散射
　　• 受激拉曼散射
　　Z 电磁波散射*

受激组合散射
　　Y 受激散射

受控访问系统
controlled access system
TP309　TP393
　　S 网络安全系统
　　L 信息安全系统**

受控蠕虫
controlled worm
TP309
　　S 蠕虫病毒
　　L 恶意软件**

受限盲签名
　　Y 限制性盲签名

受限应用协议
constrained application protocol
TN915.04
　　D CoAP 协议
　　S 物联网协议
　　L 网络协议**

授权策略
authorization policy
TP311　TP393.08
　　S 网络安全策略
　　C 访问控制
　　Z 信息安全体系*

授权访问控制
authorized access control
TP309
　　S 访问控制
　　Z 网络技术*

授权管理基础设施
privilege management infrastructure
TP393.08　TP309
　　D 权限管理基础设施

特权管理基础设施
 S 网络基础设施
 C 属性证书
  访问控制
  访问控制策略
 Z 信息基础设施*

授权数据
authorization data
TP391
 S 数据*

瘦服务器
thin server
TP368
 S 服务器*

瘦客户机
thin client computer
TP368
 S 客户机
 Z 计算机*

书签管理
bookmark management
TP391
 S 信息内容管理
 Z 信息管理*

书写显示屏
writing-display panel
TP334.1
 S 显示屏
 C 触摸屏
 Z 显示设备*

梳齿驱动器
comb-drive actuator
TN710 TH7
 D 梳状驱动器
 S 微驱动器
 Z MEMS 器件*

梳状波发生器
comb generator
TM935
 S 波形发生器
 C 梳状滤波器
  梳状谐振器
 L 信号发生器**

梳状滤波
 Y 梳状滤波器

梳状滤波器
comb filter
TN713
 D 梳状滤波
 S 滤波器*
 C 梳状波发生器

梳状驱动器
 Y 梳齿驱动器

梳状色散光纤
comb dispersive fiber
TN25
 S 色散光纤
 Z 光纤*

梳状谐振器
comb resonator
TN75
 S 谐振器*
 C 梳状波发生器

输出变压器
output transformer
TM42
 S 电子变压器**
 • 行输出变压器
 • 行推动变压器
 • 音频输出变压器
 • 阴极输出变压器
 • 帧输出变压器
 • 阻抗匹配器
 C 输出电路

输出打印机
 Y 打印机

输出单元
 Y 输出设备

输出电路
output circuit
TN710
 S 电子电路*
 • 场输出电路
 • 行输出电路
 C 输出变压器
  输出放大器
  输出驱动器

输出放大器
output amplifier
TN72
 S 放大器*
 C 输出电路

输出缓冲寄存器
output buffer register
TP333
 D 输出缓冲区
 S 缓冲寄存器
 Z 寄存器*

输出缓冲区
 Y 输出缓冲寄存器

输出接口
output interface
TP334.7
 D 输出口
 S 输入输出接口
 C 输入接口
  输出信号
  输出设备
 Z 接口*

输出控制器
output controller
TP334.4
 S 控制器*

输出口
 Y 输出接口

输出驱动器
output driver
TN4
 S 驱动电路**
 C 输出电路

输出设备
output device
TP334.3
 D 输出单元
  输出装置
  输出设备机
 S 输入输出设备
 • 打印机
 • 读出器
 • 图形输出设备
 • 系统输出设备
 • 字符发生器
 C 输出接口
 Z 外部设备*

输出设备机
 Y 输出设备

输出信号
output signal
TN7
 S 信号*
 C 输出接口

输出噪声
output noise
TN911
 S 信号噪声*

输出装置
 Y 输出设备

输入/输出接口
 Y 输入输出接口

输入笔
input pen
TP334.2
 S 输入设备

- 触控笔
- 电子笔
- 光笔

Z 外部设备*

输入变压器
input transformer
TM42
    D 推动变压器
    S 电子变压器**
- 单端输入式变压器
- 推挽输入式变压器

输入单元
    Y 输入设备

输入电路
input circuit
TN710
    S 电子电路*
    C 输入信号
       输入接口

输入缓冲寄存器
input buffer register
TP333
    D 输入缓冲区
      输入缓冲器
      输入缓存
    S 缓冲寄存器
    C 输入接口
      输入设备
      键盘缓冲区
    Z 寄存器*

输入缓冲器
    Y 输入缓冲寄存器

输入缓冲区
    Y 输入缓冲寄存器

输入缓存
    Y 输入缓冲寄存器

输入机
    Y 输入设备

输入接口
input port
TP334.7
    D 输入口
    S 输入输出接口
    C 输入信号
      输入电路
      输入缓冲寄存器
      输出接口
    Z 接口*

输入口
    Y 输入接口

输入耦合器
input coupler
TN62
    S 耦合器*
    C 回旋速调管
      输入设备

输入设备
input device
TP338   TN919
    D 输入单元
      输入机
      输入装置
    S 输入输出设备
- 光电输入设备
- 轨迹球
- 计算机输入设备
- 键盘
- 卡片输入设备
- 三维输入设备
- 摄像头
- 手写输入设备
- 输入笔
- 鼠标
- 图形输入设备
- 远程输入装置
- 纸带输入机

    C 输入缓冲寄存器
      输入耦合器
    Z 外部设备*

输入输出处理机
    Y 输入输出处理器

输入输出处理器
input-output processor
TP27
    D 输入输出处理机
    S 微处理器*
    C 输入输出设备

输入输出寄存器
input-output register
TP33
    S 寄存器*
    C 缓冲寄存器
      输入输出接口

输入输出接口
input-output interface
TP334.7
    D I/O 口
      I/O 接口
      I/O 端口
      输入/输出接口
      输入输出设备接口
    S 接口*
- 并行接口
- 串行接口
- 输出接口
- 输入接口

    C 输入输出寄存器
      输入输出总线
      输入输出设备

输入输出接口电路
    Y 接口电路

输入输出控制器
    Y I/O 控制器

输入输出设备
input-output equipment
TP334   TN87
    D 输入输出装置
    S 外部设备*
- I/O 控制器
- 触控板
- 磁带机
- 磁光驱动器
- 磁盘驱动器
- 读卡器
- 读写设备
- 多功能一体机
- 光盘刻录机
- 光盘驱动器
- 汉字输入输出设备
- 输出设备
- 输入设备

    C 输入输出处理器
      输入输出总线
      输入输出接口

输入输出设备接口
    Y 输入输出接口

输入输出装置
    Y 输入输出设备

输入输出总线
input-output bus
TP336
    D I/O 总线
    S 总线*
- EISA 总线
- ISA 总线
- RS485 总线
- SCSI 总线

    C 输入输出接口
      输入输出设备

输入信号
input signal
TN7
    S 信号*
    C 输入接口
      输入电路

输入噪声
input noise
TN911
    S 信号噪声*

输入装置
　　Y 输入设备

属性抽取
attribute extraction
TP391
　　S 信息抽取**
　　C 属性相关分析
　　　 属性聚类
　　　 属性说明语言

属性聚类
attribute clustering
TP39
　　S 聚类*
　　• 属性均值聚类
　　C 属性抽取

属性均值聚类
attribute mean clustering
TP39
　　S 均值聚类
　　　 属性聚类
　　Z 聚类*

属性说明语言
property specification language
TP312
　　S 说明语言
　　C 属性抽取
　　Z 计算机语言*

属性相关分析
attribute correlation analysis
TP392
　　S 数据分析
　　C 属性抽取
　　L 数据处理**

属性证书
attribute certificate
TP393
　　S 数字证书*
　　C 授权管理基础设施

鼠标
mouse
TP334　TN87
　　D 鼠标器
　　S 输入设备
　　• 笔记本鼠标
　　• 光电鼠标
　　• 滚轮鼠标
　　• 机械鼠标
　　• 激光鼠标
　　• 三维鼠标
　　• 无线鼠标
　　• 游戏鼠标
　　C 鼠标驱动程序
　　Z 外部设备*

鼠标器
　　Y 鼠标

鼠标驱动程序
mouse drive program
TP317
　　S 驱动程序
　　C 鼠标
　　L 工具软件**

术语抽取
term extraction
TP391
　　D 概念抽取
　　S 知识抽取
　　C 术语数据库
　　　 术语识别
　　L 信息抽取**

术语识别
term recognition
TP391.4
　　S 词汇识别
　　C 术语抽取
　　Z 信息识别*

术语数据库
term database
TP392
　　S 应用数据库
　　C 术语抽取
　　Z 数据库*

束流调制
e-beam modulation
TN76
　　S 调制*

束射四极管
　　Y 四极管

树编码
　　Y 树型编码

树分类器
tree classifier
TP33　TP273
　　D 树状分类器
　　S 分类器*
　　• 决策树分类器
　　• 树扩展朴素贝叶斯分类器

树扩展朴素贝叶斯分类器
tree extended naive Bayesian classifier
TP391
　　D 树增强朴素贝叶斯分类器
　　S 朴素贝叶斯分类器
　　　 树分类器
　　Z 分类器*

树搜索算法
tree search algorithm
TP301
　　S 搜索算法
　　　 树形算法
　　Z 算法*

树算法
　　Y 树形算法

树形算法
tree algorithm
TP301
　　D 树算法
　　　 树枝状算法
　　　 树算法
　　S 算法*
　　• 分支定界算法
　　• 决策树算法
　　• 联合树算法
　　• 树搜索算法
　　• 最小生成树算法
　　C 树型数据

树形网
　　Y 树型网络

树形网格
　　Y 树型网格

树形网络
　　Y 树型网络

树型编码
tree encoding
TP392　TN911
　　D 树编码
　　S 编码*
　　• 四叉树编码

树型数据
tree data
TP391
　　S 数据*
　　C 树形算法

树型算法
　　Y 树形算法

树型网
　　Y 树型网络

树型网格
tree grid
TP393　TP392
　　D 树形网格
　　S 网格*
　　C 树型网络

树型网络
tree network

电子信息技术叙词表

TP393.1　TP311
　　D　树型网
　　　　树形网
　　　　树形网络
　　　　树状网
　　S　拓扑网络
　　C　树型网格
　　Z　网络*

树增强朴素贝叶斯分类器
　　Y　树扩展朴素贝叶斯分类器

树枝状算法
　　Y　树形算法

树状分类器
　　Y　树分类器

树状网
　　Y　树型网络

树状小波分解
tree-structured wavelet
decomposition
TN911.7
　　S　小波分解
　　Z　信号处理*

树状自动机
　　Y　树自动机

树自动机
tree automaton
TP301
　　D　树状自动机
　　S　自动机*

竖式打印机
column printer
TP334.3
　　S　打印机
　　Z　外部设备*

数采
　　Y　数据采集

数传
　　Y　数据传输

数传电台
data radio station
TN924
　　S　数据传输终端
　　　　通信电台
　　·　数据链路电台
　　C　数传接收机
　　L　通信终端**

数传机
　　Y　数据传输设备

数传接收机
digital receiver
TN85
　　S　数字接收机
　　C　数传电台
　　Z　接收设备*

数传设备
　　Y　数据传输设备

数传终端
　　Y　数据传输终端

数话兼容
　　Y　数话同传

数话同传
data and voice synchronous transmission
TN911
　　D　数话兼容
　　　　数话综合
　　S　同步传输
　　Z　信息传输*

数话综合
　　Y　数话同传

数据*
data
TP391　TP3
　　D　数据信息
　·　XML 数据
　·　半结构化数据
　·　不规则数据
　·　测控数据
　·　测试数据
　·　大数据
　·　电路交换数据
　·　动态数据
　·　多媒体数据
　·　图像数据
　·　图形数据
　··　三维图形数据
　·　音频数据
　·　音视频数据
　·　二进制数据
　·　仿真数据
　·　非结构化数据
　·　浮点数据
　·　复杂结构数据
　·　高维数据
　·　工程数据
　·　工艺数据
　·　公共数据
　·　故障录波数据
　·　关系数据
　·　海量数据
　·　核心数据
　·　基础数据
　·　计算机数据
　·　结构化数据

　·　静态数据
　·　控制数据
　·　雷达数据
　·　流数据
　·　密码数据
　·　敏感数据
　·　模型数据
　·　缺损数据
　·　冗余数据
　·　三维数据
　··　点云数据
　··　三维离散数据
　··　三维体数据
　··　三维图形数据
　·　散乱数据
　·　时间序列数据
　·　时态数据
　·　授权数据
　·　树型数据
　·　私有数据
　·　突发数据
　·　图文数据
　·　网格数据
　·　网络数据
　··　Web 数据
　·　微阵列数据
　·　位置数据
　·　信息数据
　·　序列数据
　·　遥感数据
　·　异常数据
　·　异构数据
　·　元数据
　··　地理信息元数据
　··　构件元数据
　··　学习对象元数据
　··　语义元数据
　·　脏数据
　·　噪声数据
　·　重复数据
　·　专用数据
　·　状态数据
　·　字符数据
　·　字模数据
　C　数据保护
　　　数据分割
　　　数据可视化
　　　数据备份
　　　数据安全
　　　数据嵌入
　　　数据平台
　　　数据抽取
　　　数据服务
　　　数据标准
　　　数据格式转换
　　　数据电缆
　　　数据过滤
　　　数据采集

数据安全
data security
TN918　TP309
　　D　数据信息安全
　　　　数据安全技术

S 信息安全*
　・网络数据安全
　　C 信息泄露
　　　数据
　　　数据加密标准
　　　数据备份
　　　数据安全传输
　　　数据安全管理
　　　数据容错
　　　数据服务
　　　数据过滤
　　　灾难恢复
　　　防拷贝

数据安全保护
　　Y 数据保护

数据安全传输
secure transmission of data
TP393
　　D 数据加密传输
　　S 信息安全传输
　　　数据传输
　　C 数据保护
　　　数据安全
　　Z 信息传输*
　　　信息安全技术*

数据安全管理
data security management
TP39
　　S 信息安全管理*
　　C 数据安全
　　　数据过滤

数据安全技术
　　Y 数据安全

数据包捕获
data packet capturing
TN92　TP393.08　TN911
　　D 包捕获
　　　抓包
　　　捕包
　　　数据包截取
　　　数据包截获
　　　网络捕包
　　　网络数据包捕获
　　S 数据采集
　　　网络捕获
　　C 入侵检测
　　　数据包传输
　　　数据包分析
　　　数据包过滤
　　　数据捕获
　　　网络安全审计
　　　网络监听
　　Z 信息采集*
　　　网络技术*

数据包传输
data packet transmission

TN919
　　S 数据传输
　　C 数据包丢失
　　　数据包捕获
　　Z 信息传输*

数据包丢失
data packet loss
TP393.08
　　D 数据丢包
　　S 信息丢失
　　C 数据丢失
　　　数据包传输
　　　数据通信
　　Z 信息安全风险*

数据包分类
data packet classification
TN915　TP393
　　S 数据分类
　　C 数据包分析
　　L 数据处理**

数据包分析
data packet analysis
TP393
　　S 网络数据分析
　　C 数据包分类
　　　数据包捕获
　　Z 网络技术*

数据包过滤
data packet filtering
TP393.08　TP309
　　D 包过滤
　　　包过滤技术
　　S 网络过滤
　・IP 包过滤
　・动态包过滤
　・深度包过滤
　　C 包过滤路由器
　　　数据包捕获
　　　透明代理
　　L 网络安全技术**

数据包截获
　　Y 数据包捕获

数据包截取
　　Y 数据包捕获

数据保存
　　Y 数据存储

数据保护
data protection
TP309　TN918
　　D 数据保护技术
　　　数据安全保护
　　S 内容保护
　・持续数据保护
　　C 数据

　　　数据安全传输
　　　纠删编码
　　Z 信息安全防护*

数据保护技术
　　Y 数据保护

数据报表设计器
data report designer
TP317
　　S 报表设计器
　　C 数据环境设计器
　　L 工具软件**

数据备份
data backup
TP309　TN918
　　D 数据备份系统
　　S 信息备份
　　C 数据
　　　数据存储
　　　数据安全
　　　数据容灾
　　　数据容错
　　　数据库
　　Z 备份*

数据备份系统
　　Y 数据备份

数据编码
data encoding
TN911
　　S 信息编码**
　　C 数据标准

数据变换
　　Y 数据转换

数据标准
data standard
TP391　TP309
　　D 数据规范
　　S 信息标准
　・数据存储标准
　・数据加密标准
　・数据交换标准
　・有线电缆数据服务接口规范
　・元数据标准
　　C 数据
　　　数据编码
　　Z 信息产业标准*

数据表示
data representation
TP391
　　S 信息表示
　　Z 信息处理*

数据并行语言
data parallel language

电子信息技术叙词表

TP312
    S 并行语言
      数据库语言
    Z 计算机语言*

数据捕获
data capturing
TP391 TP393
    D 数据截取
      数据获取
    S 数据采集
    C 捕获算法
      数据包捕获
      波形截取
    Z 信息采集*

数据采集
data acquisition
TP391 TP274
    D 数据抓取
      数据收集
      数据采样
      数据采集技术
      数采
    S 信息采集*
    • 并行数据采集
    • 大容量数据采集
    • 动态数据采集
    • 多通道数据采集
    • 高速数据采集
    • 雷达数据采集
    • 三维数据采集
    • 生产数据采集
    • 实时数据采集
    • 视频数据采集
    • 数据包捕获
    • 数据捕获
    • 数据自动采集
    • 同步数据采集
    • 网络数据采集
    • 无线数据采集
    • 现场数据采集
    • 音频数据采集
    • 智能数据采集
    C USB 控制器
      数据
      数据存储模块
      数据收集协议
      数据采集分析
      数据采集接口
      数据采集系统
      无线传输

数据采集分析
data acquisition and analysis
TP274
    S 数据分析
    C 数据采集
    L 数据处理**

数据采集服务器
data acquisition server
TP368

    S 数据服务器
    C 数据采集接口
    Z 服务器*

数据采集技术
    Y 数据采集

数据采集接口
data acquisition interface
TP2
    S 数据接口
    C 数据采集
      数据采集服务器
      数据采集系统
    Z 接口*

数据采集系统
data acquisition system
TP274
    D 数据收集系统
      高速数据采集系统
    S 数据系统*
    C 数据收集协议
      数据采集
      数据采集接口

数据采集与监视控制系统
    Y SCADA 软件

数据采掘
    Y 数据挖掘

数据采样
    Y 数据采集

数据仓储
    Y 数据仓库

数据仓库
data warehouse
TP317 TP392
    D 数据仓储
      数据仓库技术
      数据仓库管理
      数据仓库系统
    S 数据库*
    • Web 数据仓库
    • 动态数据仓库
    • 多维数据仓库
    • 分布式数据仓库
    • 空间数据仓库
    • 企业数据仓库
    • 时空数据仓库
    • 时态数据仓库
    • 实时数据仓库
    • 数据集市
    • 虚拟数据仓库
    C 数据仓库安全
      聚集计算

数据仓库安全
data warehouse security
TP392 TP309
    S 数据库安全
    C 数据仓库
    Z 信息安全*

数据仓库管理
    Y 数据仓库

数据仓库技术
    Y 数据仓库

数据仓库系统
    Y 数据仓库

数据操纵语言
data manipulation language
TP312
    D DML
      数据操作语言
    S 结构化查询语言
    Z 计算机语言*

数据操作语言
    Y 数据操纵语言

数据测试
data test
TP306
    S 数据处理**
    • 数据域测试

数据查寻语言
    Y 数据查询语言

数据查询系统
data query system
TP39
    S 数据系统*
    C 数据查询语言

数据查询语言
data query language
TP392 TP312
    D 数据查寻语言
    S 结构化查询语言
    C 数据查询系统
    Z 计算机语言*

数据承载网
data carrying network
TN915
    S 承载网
      数据通信网
    Z 通信网络*

数据重构
    Y 数据重建

数据重建
data reconstruction
TP31
　　D 数据重构
　　S 数据处理**

数据抽取
data extraction
TP392　TP391
　　D 数据提取
　　　 数据析取
　　S 信息抽取**
　 • Web 数据抽取
　　C 数据

数据抽象
data abstraction
TP312　TP311　TP273
　　S 数据处理**

数据储存
　　Y 数据存储

数据处理**
data processing
TP274　TP392　TN911
　　D 数据信息处理
　　　 数据处理技术
　　　 数据整理
　　S 信息处理*
　 • 分布式数据处理
　 • 工业数据处理
　 • 光学数据处理
　 • 海量数据处理
　 • 计算机数据处理
　 • 雷达数据处理
　 • 面向属性归纳
　 • 商业数据处理
　 • 实时数据处理
　 • 　实时数据集成
　 • 　实时数据挖掘
　 • 　实时数据压缩
　 • 视频数据处理
　 • 数据测试
　 • 　数据域测试
　 • 数据抽象
　 • 数据读写
　 • 数据分割
　 • 数据分类
　 • 　数据包分类
　 • 　数据流分类
　 • 数据分析
　 • 　多维数据分析
　 • 　高速数据分析
　 • 　可调度性分析
　 • 　属性相关分析
　 • 　数据采集分析
　 • 　数据流分析
　 • 数据封装
　 • 数据关联
　 • 　概率数据关联
　 • 　模糊数据关联
　 • 数据合并

　 • 数据合成
　 • 数据回放
　 • 数据检索
　 • 数据交互
　 • 数据解析
　 • 数据精简
　 • 数据纠错
　 • 数据聚合
　 • 数据聚类
　 • 数据离散化
　 • 数据流处理
　 • 　数据流分类
　 • 　数据流分析
　 • 　数据流管理
　 • 　数据流聚类
　 • 数据浓缩
　 • 数据排序
　 • 数据平滑
　 • 数据迁移
　 • 数据清洗
　 • 数据推理
　 • 数据修复
　 • 数据域描述
　 • 数据预处理
　 • 数据重建
　 • 数据转换
　 • 通用数据处理
　 • 图像数据处理
　 • 图形数据处理
　 • 序列化
　 • 语音数据处理
　 • 远程数据处理
　 • 综合数据处理
　 • 组帧
　　C 动态测试
　　　 多处理器系统
　　　 工作站
　　　 数据中心
　　　 数据处理器
　　　 数据处理系统
　　　 数据处理软件
　　　 数据存储模块

数据处理程序
　　Y 数据处理软件

数据处理机
　　Y 数据处理器

数据处理技术
　　Y 数据处理

数据处理平台
　　Y 数据处理系统

数据处理器
data processor
TP273
　　D 数据处理机
　　S 微处理器*
　　C 数据处理
　　　 数据处理系统

数据处理软件
data processing software
TP315　TP317　TP391　TP392
　　D 数据处理程序
　　S 应用软件**
　 • 数据管理软件
　 • 数据挖掘软件
　 • 数据转换程序
　　C 数据处理
　　　 数据处理系统

数据处理系统
data processing system
TP274　TP391　TP317
　　D 数据处理平台
　　S 数据系统*
　　C 数据处理
　　　 数据处理器
　　　 数据处理软件

数据传递
　　Y 数据传输

数据传输
data transmission
TP393　TN919
　　D 传输数据
　　　 传送数据
　　　 数传
　　　 数据传输技术
　　　 数据传送
　　　 数据传递
　　S 信息传输*
　 • 保密数据传输
　 • 并行数据传输
　 • 动态数据传输
　 • 高速数据传输
　 • 块传输
　 • 实时数据传输
　 • 数据安全传输
　 • 数据包传输
　 • 图像数据传输
　 • 网络数据传输
　 • 卫星数据传输
　 • 无线数据传输
　 • 异步数据传输
　 • 远程数据传输
　　C 数据传输协议
　　　 数据传输网
　　　 数据传输设备
　　　 数据电缆

数据传输单元
data transfer unit
TN919
　　D DTU
　　S 数据传输终端
　　　 无线数据终端
　　L 通信终端**

数据传输机
　　Y 数据传输设备

数据传输技术
　　Y 数据传输

数据传输接口
data transmission interface
TP334.7
　　S 传输接口
　　　　数据接口
　　C 数据传输协议
　　　　数据传输设备
　　Z 接口*

数据传输设备
data transmission equipment
TN919
　　D 数传机
　　　　数传设备
　　　　数据传输机
　　S 数据通信设备
　　• 数据传输终端
　　C 数据传输
　　　　数据传输接口
　　　　数据传输网
　　Z 通信设备*

数据传输网
data transmission network
TN919
　　D 数据传输网络
　　S 传输网
　　　　数据通信网
　　C 数据传输
　　　　数据传输协议
　　　　数据传输设备
　　Z 通信网络*

数据传输网络
　　Y 数据传输网

数据传输协议
data transmission protocol
TN919
　　D 数据传送协议
　　S 传输协议
　　C 数据传输
　　　　数据传输接口
　　　　数据传输网
　　L 网络协议**

数据传输终端
data transmission terminal
TN919
　　D 数传终端
　　　　数据传输终端设备
　　S 数据传输设备
　　　　数据终端设备
　　• 数传电台
　　• 数据传输单元
　　L 通信终端**

数据传输终端设备
　　Y 数据传输终端

数据传送
　　Y 数据传输

数据传送协议
　　Y 数据传输协议

数据篡改
data tampering
TP309
　　S 信息篡改
　　Z 信息安全风险*

数据存储
data storage
TP333　TP392　TP391.3
　　D 存储数据
　　　　数据保存
　　　　数据储存
　　　　数据存储系统
　　　　数据存贮
　　S 信息存储*
　　C 数据备份
　　　　数据存储标准

数据存储标准
data storage standard
TP309
　　S 数据标准
　　C 数据存储
　　Z 信息产业标准*

数据存储模块
data memory module
TP333
　　S 存储模块
　　C 数据处理
　　　　数据存储器
　　　　数据采集
　　Z 存储器*

数据存储器
data memory
TP333
　　D DMX
　　　　数据存储设备
　　　　数据存贮器
　　S 存储器*
　　C 数据存储模块
　　　　数据寄存器
　　　　数据缓存

数据存储设备
　　Y 数据存储器

数据存储系统
　　Y 数据存储

数据存贮
　　Y 数据存储

数据存贮器
　　Y 数据存储器

数据电缆
data cable
TN81　TM24
　　S 通信电缆
　　C 数据
　　　　数据传输
　　Z 电线电缆*

数据电路终接设备
data circuit terminating equipment
TN919
　　S 数据通信设备
　　Z 通信设备*

数据定义语言
data description language
TP312
　　D DDL
　　　　数据描述语言
　　S 描述语言
　　　　结构化查询语言
　　Z 计算机语言*

数据丢包
　　Y 数据包丢失

数据丢失
data loss
TP309　TN919
　　S 信息丢失
　　C 数据包丢失
　　Z 信息安全风险*

数据读写
data read-write
TP391
　　D 读写数据
　　S 数据处理**
　　C 写保护

数据发布
data publishing
TN919　TP393
　　S 信息发布
　　• 动态数据发布
　　• 实时数据发布
　　Z 信息处理*

数据发掘
　　Y 数据挖掘

数据仿真
data simulation
TP391
　　S 计算机仿真
　　Z 仿真*

· 620 ·

数据访问服务中间件
  Y 数据访问中间件

数据访问接口
data access interface
TP311
  S 软件接口
  C 数据访问控制
  L 计算机接口**

数据访问控制
data access control
TP393.08
  S 访问控制
  C 数据访问中间件
    数据访问接口
  Z 网络技术*

数据访问中间件
data access middleware
TP311
  D 数据访问服务中间件
  S 中间件
  C 数据访问控制
  Z 软件*

数据放大器
data amplifier
TN72
  S 放大器*

数据分布管理
  Y 分布式数据管理

数据分发
data distribution
TP393.1
  D 数据分发服务
    数据分发管理
    数据分配
  S 信息分发
  Z 信息处理*

数据分发服务
  Y 数据分发

数据分发管理
  Y 数据分发

数据分割
data segmentation
TP274
  D 数据划分
  S 数据处理**
  C 数据
    组帧

数据分类
data classification
TP274 TP392
  S 数据处理**

  • 数据包分类
  • 数据流分类

数据分配
  Y 数据分发

数据分析
data analysis
TP391
  D 数据分析技术
  S 数据处理**
  • 多维数据分析
  • 高速数据分析
  • 可调度性分析
  • 属性相关分析
  • 数据采集分析
  • 数据流分析
  C 数据可视化

数据分析超级计算机
  Y 超级计算机

数据分析技术
  Y 数据分析

数据分组网
  Y 分组数据网络

数据封装
data encapsulation
TP312
  S 数据处理**
  C 组帧
    资源封装

数据服务
data service
TP391
  D 数据业务
  S 信息服务*
  • 网格数据服务
  • 远程数据服务
  C 数据
    数据安全
    数据服务器

数据服务器
data server
TP368
  S 服务器*
  • 数据采集服务器
  • 数据库服务器
  • 元数据服务器
  C 数据服务
    数据通信

数据复用器
data multiplexer
TN919
  D 数据复用设备
  S 复用器*

  Z 通信设备*

数据复用设备
  Y 数据复用器

数据格式转换
data format conversion
TP391.7
  S 格式转换
  C 数据
  Z 信息处理*

数据孤岛
data island
TP391
  S 信息孤岛*

数据关联
data association
TP391
  D 数据互联
    数据关联算法
  S 信息关联
    数据处理**
  • 概率数据关联
  • 模糊数据关联
  C 数据挖掘
    数据融合
    目标跟踪

数据关联算法
  Y 数据关联

数据管控
data management and control
TP392
  D 数据集中管控
  S 数据管理
  C 大数据
  Z 信息管理*

数据管理
data management
TP391 TP392 TP311
  D 数据信息管理
    数据管理系统
  S 信息管理*
  • 产品数据管理
  • 动态数据管理
  • 分布式数据管理
  • 工程数据管理
  • 实时数据管理
  • 数据管控
  • 数据规划
  • 数据流管理
  • 数据质量管理
  • 元数据管理
  C 数据管理软件

数据管理程序
  Y 数据管理软件

数据管理能力成熟度模型
capability maturity model for data management
TP311
    S 能力成熟度模型*

数据管理平台
    Y 数据管理软件

数据管理软件
data management software
TP316　TP318
    D 数据管理平台
       数据管理程序
    S 数据处理软件
    C 数据管理
    L 应用软件**

数据管理系统
    Y 数据管理

数据光盘
data disc
TP333
    S 光盘
    L 光存储器**
       外存储器**

数据广播*
data broadcasting
TN934
    · 多媒体数据广播
    · 泛洪广播
    · 数据轮播
    · 卫星数据广播
    C 多协议封装
       广播数据系统
       数字电视
       数字视频广播标准
       移动数据库
       移动计算

数据规范
    Y 数据标准

数据规划
data planning
TP391　TN919
    S 数据管理
    Z 信息管理*

数据过滤
data filtering
TP391
    S 信息过滤
    C 数据
       数据安全
       数据安全管理
       数据清洗
    Z 信息安全技术*
       信息处理*

数据合并
data merging
TP391　TP392
    S 数据处理**
    C 数据合成

数据合成
data synthesis
TP391
    S 数据处理**
    C 数据合并

数据互联
    Y 数据关联

数据划分
    Y 数据分割

数据环境设计器
data environment designer
TP317
    S 设计器
    C 数据报表设计器
    L 工具软件**

数据缓冲区
data buffer
TP311
    S 缓冲区
    C 数据缓存
    Z 存储器*

数据缓存
data cache
TP333
    D D-Cache
    S CPU 缓存
    C 数据存储器
       数据缓冲区
    Z 存储器*

数据恢复工具
    Y 数据恢复软件

数据恢复软件
data recovery software
TP317
    D 恢复程序
       恢复程序块
       数据恢复工具
    S 工具软件**
    C 数据修复
       系统恢复

数据回放
data playback
TP391　TP392
    S 数据处理**

数据获取
    Y 数据捕获

数据集成
data integration
TP391　TP392
    D 数据整合
       数据综合
       数据集成技术
    S 信息集成
    · Web 数据集成
    · 空间数据集成
    · 实时数据集成
    · 无缝集成
    · 异构数据集成
    C 中间件
       数据聚合
       数据集中器
       数据集成系统
    Z 信息处理*

数据集成技术
    Y 数据集成

数据集成平台
    Y 数据集成系统

数据集成系统
data integration system
TN915　TP393.1　TP391
    D 数据集成平台
    S 数据系统*
    C 数据集成

数据集市
data mart
TP392
    D 数据市场
       独立型数据集市
    S 数据仓库
    Z 数据库*

数据集中管控
    Y 数据管控

数据集中器
data concentrator
TN919
    D 数据集中设备
       集中器
    S 数据通信设备
    C 数据集成
    Z 通信设备*

数据集中设备
    Y 数据集中器

数据寄存器
data register
TP333
    S 寄存器*
    C 数据存储器

数据加密
data encryption
TN918
    D 数据加密技术
    S 信息加密
    C 反取证
        数据加密标准
        数据加密算法
        数据加密系统
        数据签名
    L 加密**

数据加密标准
data encryption standard
TP309　TN918
    D DES
    S 加密标准
        数据标准
    · 三重数据加密标准
    C DES算法
        数据加密
        数据加密算法
        数据加密系统
        数据安全
    Z 信息产业标准*

数据加密标准加密
    Y DES加密

数据加密标准算法
    Y DES算法

数据加密传输
    Y 数据安全传输

数据加密技术
    Y 数据加密

数据加密算法
data encryption algorithm
TN918　TP393.08
    S 加密算法
    C 数据加密
        数据加密标准
    Z 算法*

数据加密系统
data encryption system
TN918
    S 数据系统*
    C DES算法
        数据加密
        数据加密标准
        数据解密

数据检索
data retrieval
TP391　TP274
    D 数值检索
    S 数据处理**
    C 数据银行

数据简化
    Y 数据精简

数据鉴别
    Y 数据识别

数据交互
data interaction
TP391　TN919
    S 信息交互
        数据处理**

数据交换
data exchange
TN919　TP391　TP311
    D 交换数据
        数据交换平台
        数据交换技术
    S 信息交换*
    · 产品数据交换
    · 电子数据交换
    · 动态数据交换
    · 实时数据交换
    · 图形数据交换
    · 异构数据交换
    C 数据交换协议
        数据交换接口
        数据交换标准
        数据交换网
        数据接收器

数据交换标准
data exchange standard
TP311　TP392　TP391
    S 信息交换标准
        数据标准
    · 产品模型数据交换标准
    C 数据交换
        数据交换协议
        数据交换接口
        数据交换网
    Z 信息产业标准*

数据交换技术
    Y 数据交换

数据交换接口
data exchange interface
TP2
    S 数据接口
    C 数据交换
        数据交换协议
        数据交换标准
        数据交换网
    Z 接口*

数据交换平台
    Y 数据交换

数据交换网
data exchange network
TN919

    D 数据交换网络
        电信数据网
    S 交换网络
        数据通信网
    C 数据交换
        数据交换接口
        数据交换标准
    Z 通信网络*

数据交换网络
    Y 数据交换网

数据交换协议
data exchange protocol
TN915.04
    S 交换协议
        数据通信协议
    C 数据交换
        数据交换接口
        数据交换标准
    Z 通信协议*

数据接口
data interface
TP334.7
    S 接口*
    · 光纤分布式数据接口
    · 数据采集接口
    · 数据传输接口
    · 数据交换接口
    · 数据链路提供者接口

数据接收
data reception
TN919
    S 接收*
    · 多包接收
    C 数据接收器

数据接收机
    Y 数据接收器

数据接收器
data receiver
TN919
    D 数据宿
        数据接收机
    S 接收设备*
    C 数据交换
        数据接收
        数据收发器

数据结构*
data structure
TP391　TP392　TP311
    · 半边数据结构
    · 表格结构
    · 初始数据结构
    · 非初始数据结构
    · 非线性数据结构
    · 概要数据结构
    · 关系数据结构

· 623 ·

- 金字塔数据结构
- 空间数据结构
- 类层次结构
- 链式数据结构
- • 区块链
- 数据立方
- 数据流结构
- 数据元结构
- 数据帧结构
- 顺序数据结构
- 索引结构
- • 多维索引结构
- • 空间索引结构
- 通用数据结构
- 图形数据结构
- 线性数据结构

C 数据库

数据截取
Y 数据捕获

数据解密
data decryption
TP309　TP391
S 信息解密
C 数据加密系统
Z 加解密*

数据解析
data parsing
TN919　TP391
S 数据处理**
C 解析器

数据精简
data reduction
TP274　TP392
D 数据简化
S 数据处理**

数据净化
Y 数据清洗

数据纠错
data error correction
TP306
S 数据处理**
C 数据清洗
误码掩盖

数据聚合
data aggregation
TP391
S 信息聚合
数据处理**
C 数据集成

数据聚类
data clustering
TP18
D 数据群聚
聚类数据

S 数据处理**

数据开采
Y 数据挖掘

数据可视化
data visualization
TP392　TP311
D 数据可视化技术
S 可视化*
- 多维数据可视化
- 空间数据可视化
C 数据
数据分析

数据可视化技术
Y 数据可视化

数据控制语言
data control language
TP312
D DCL 语言
S 控制语言
结构化查询语言
Z 计算机语言*

数据库*
database
TP392
D 库结构
数据库程序
数据库管理系统
数据库系统
数据库结构
计算机化数据库
计算机数据库
- Access 数据库
- FoxPro 数据库
- • VFP 数据库
- SQL 数据库
- • MySQL 数据库
- • SQLServer 数据库
- Sybase 数据库
- 安全数据库
- • 安全策略数据库
- • 安全关联数据库
- • 安全实时数据库
- • 多级安全数据库
- 加密数据库
- 密文数据库
- 备份数据库
- 本地数据库
- 并行数据库
- • 并行实时数据库
- 大型数据库
- 动态数据库
- 多层数据库
- • 多层分布式数据库
- 多媒体数据库
- • 可视化数据库
- 视频数据库
- • 图文数据库

- 图像数据库
- • • 遥感影像数据库
- • • 医学图像数据库
- 图形数据库
- 语音数据库
- 多数据库系统
- 多维数据库
- 非关系型数据库
- 非一致性数据库
- 分布式数据库
- • 多层分布式数据库
- • 分布式实时数据库
- • 分布式异构数据库
- 联邦数据库
- 构件库
- 关系型数据库
- • Oracle 数据库
- • 粗关系数据库
- • 对象关系数据库
- • 后关系数据库
- • 模糊关系数据库
- • 嵌入式关系数据库
- 国产数据库
- 后台数据库
- 基础数据库
- 集中式数据库
- 结构化数据库
- 静态数据库
- 开放式数据库
- 开源数据库
- 链路状态数据库
- 临时数据库
- 面向对象数据库
- 模糊数据库
- 内存数据库
- • 嵌入式内存数据库
- • 实时内存数据库
- 嵌入式数据库
- • 嵌入式关系数据库
- • 嵌入式内存数据库
- • 嵌入式实时数据库
- • 嵌入式移动数据库
- 全局数据库
- 时间序列数据库
- 时空数据库
- 时态数据库
- 实时数据库
- • 安全实时数据库
- • 并行实时数据库
- • 分布式实时数据库
- • 嵌入式实时数据库
- • 实时内存数据库
- • 移动实时数据库
- • 主动实时数据库
- 事实型数据库
- 事务数据库
- 数据仓库
- • Web 数据仓库
- • 动态数据仓库
- • 多维数据仓库
- • 分布式数据仓库
- • 空间数据仓库
- • 企业数据仓库
- • 时空数据仓库

- 时态数据仓库
- 实时数据仓库
- 数据集市
- 虚拟数据仓库
- 数值数据库
- 数字数据库
- 通用数据库
- 外部数据库
- 网络数据库
  - Web 数据库
  - XML 数据库
  - 空间网络数据库
  - 网格数据库
  - 网站数据库
  - 云数据库
- 文本数据库
- 文档数据库
- 系统数据库
- 小型数据库
- 协同数据库
- 信息数据库
- 虚拟数据库
- 演绎数据库
- 移动数据库
  - 嵌入式移动数据库
  - 移动对象数据库
  - 移动实时数据库
- 异构数据库
- 应用数据库
  - 波形数据库
  - 产品数据库
  - 场景数据库
  - 仿真数据库
  - 分析数据库
  - 分子数据库
  - 概率数据库
  - 工程数据库
    - 波谱数据库
    - 测控数据库
    - 测量数据库
    - 测试数据库
    - 工艺数据库
    - 质谱数据库
  - 监测数据库
  - 科学数据库
  - 空间数据库
  - 漏洞数据库
  - 模型数据库
  - 企业数据库
    - PI 数据库
  - 全义数据库
  - 设备数据库
  - 设计数据库
  - 视景数据库
  - 术语数据库
  - 索引数据库
  - 统计数据库
  - 项目数据库
  - 指纹数据库
  - 主题数据库
  - 资源数据库
  - 用户数据库
- 元数据库
- 远程数据库

- 在线数据库
- 知识库
- 智能数据库
- 中间数据库
- 中央数据库
- 主动数据库
- 综合数据库
C 二级密钥
　数据备份
　数据库中间件
　数据库入侵检测
　数据库存储
　数据库安全
　数据库审计
　数据库开发工具
　数据库服务器
　数据库水印
　数据库编程
　数据库自然语言接口
　数据库语言
　数据库转换
　数据库链路
　数据结构
　计算机数据处理
　连接管理器
　逻辑备份

数据库安全
database security
TP309　TP392
　D 数据库安全技术
　　数据库安全管理
　　数据库系统安全
　S 信息安全*
- 数据仓库安全
- 网络数据库安全
　C 入侵容忍
　　数据库
　　数据库入侵检测
　　数据库加密
　　数据库审计
　　数据库水印
　　访问控制

数据库安全管理
　Y 数据库安全

数据库安全技术
　Y 数据库安全

数据库编程
database programming
TP311
　D 数据库编程技术
　S 软件编程**
　C 数据库

数据库编程技术
　Y 数据库编程

数据库程序
　Y 数据库

数据库存储
database storage
TP30
　S 信息存储*
　C 数据库

数据库访问中间件
　Y 数据库中间件

数据库服务器
database server
TP368
　S 数据服务器
- 数据库集群服务器
- 远程数据库服务器
　C 中间层服务器
　　数据库
　Z 服务器*

数据库管理系统
　Y 数据库

数据库集群服务器
database cluster server
TP368
　S 数据库服务器
　　服务器集群
　Z 服务器*

数据库加密
database encryption
TP392
　D 数据库加密技术
　S 信息加密
　C 密钥备份
　　数据库安全
　L 加密**

数据库加密技术
　Y 数据库加密

数据库结构
　Y 数据库

数据库开发工具
database development tool
TP311
　S 开发工具
　C 数据库
　L 工具软件**

数据库链路
database link
TN915
　S 链路*
　C 数据库

数据库入侵检测
database intrusion detection
TP392　TP309
　S 入侵检测

C 数据库
　　　　数据库安全
　　L 网络安全技术**
　　　　网络防御**

数据库审计
database audit
TP392
　　S 信息审计
　　C 数据库
　　　　数据库安全
　　Z 信息安全技术*

数据库水印
database watermark
TP309　TP392
　　S 数字水印*
　　C 数据库
　　　　数据库安全

数据库网格
　　Y 网格数据库

数据库系统
　　Y 数据库

数据库系统安全
　　Y 数据库安全

数据库应用程序
database application program
TP318　TP392
　　S 应用软件**
　　C JDBC 接口
　　　　数据库中间件
　　　　数据库应用系统

数据库应用系统
detabase application system
TP315
　　S 计算机应用系统*
　　C 数据库应用程序

数据库语言
database language
TP392　TP312
　　S 计算机语言*
　　· 查询语言
　　· 数据并行语言
　　· 数据流语言
　　· 数据挖掘语言
　　· 宿主语言
　　C 数据库

数据库知识发现
　　Y 知识发现

数据库中间件
database middleware
TP392　TP311
　　D 数据库访问中间件
　　S 中间件
　　C 数据库

　　　　数据库应用程序
　　Z 软件*

数据库中知识发现
　　Y 知识发现

数据库转换
database conversion
TP315
　　S 信息转换
　　C 数据库
　　　　数据类型转换
　　Z 信息处理*

数据库自然语言接口
natural language interface to database
TP392　TP311
　　S 自然语言接口
　　C 人机接口
　　　　数据库
　　　　自然语言理解
　　L 计算机接口**

数据类型转换
data type conversion
TP391
　　S 信息转换
　　C 数据库转换
　　Z 信息处理*

数据离散化
data discretization
TP1
　　S 数据处理**

数据立方
data cube
TP391.3
　　S 数据结构*

数据链
　　Y 数据链路

数据链路
data link
TN915　TN919
　　D 数据通信链路
　　　　数据链
　　　　数据链系统
　　　　数据链路系统
　　S 数据通信网
　　　　链路*
　　· 宽带数据链
　　· 无人机数据链
　　· 无线数据链路
　　· 战术数据链
　　C 数据链路提供者接口
　　　　数据链路电台
　　　　数据链通信
　　Z 通信网络*

数据链路层协议
data link layer protocol
TP393.0　TN915
　　D DLC 协议
　　　　OSI 互连参考模型第二层协议
　　　　数据链路协议
　　　　数据链路控制协议
　　　　链路协议
　　　　链路层协议
　　S 网络协议**
　　· ALOHA 协议
　　· 点对点协议
　　· 高级数据链路控制规程
　　· 链路管理协议
　　· 生成树协议
　　· 无线链路协议
　　· 帧中继协议
　　C 数据链路电台

数据链路电台
data link radio station
TP274
　　S 数传电台
　　C 数据链路
　　　　数据链路层协议
　　L 通信终端**

数据链路控制协议
　　Y 数据链路层协议

数据链路提供者接口
data link provider interface
TP393
　　D DLPI
　　S 数据接口
　　C 数据通信
　　　　数据链路
　　Z 接口*

数据链路系统
　　Y 数据链路

数据链路协议
　　Y 数据链路层协议

数据链通信
data link communication
TP393　TN919
　　S 数据通信
　　C 数据链路
　　Z 通信*

数据链系统
　　Y 数据链路

数据流程序设计
data flow programming
TP311
　　S 软件设计
　　C 数据流系统
　　　　数据流结构
　　　　数据流计算机

Z 软件工程*

数据流处理
data stream processing
TP391
　　D 流处理
　　S 数据处理**
　　• 数据流分类
　　• 数据流分析
　　• 数据流管理
　　• 数据流聚类
　　C 数据流挖掘

数据流分类
data stream classification
TP919　TP391
　　S 数据分类
　　　数据流处理
　　C 数据流分析
　　　数据流结构
　　L 数据处理**

数据流分析
data flow analysis
TN919
　　S 数据分析
　　　数据流处理
　　C 数据流分类
　　　数据流结构
　　L 数据处理**

数据流管理
data flow management
TP391
　　S 数据流处理
　　　数据管理
　　C 数据流系统
　　　数据流计算机
　　L 数据处理**

数据流计算机
data stream computer
TP338
　　S 计算机*
　　C 数据流程序设计
　　　数据流管理
　　　数据流系统

数据流结构
data flow structure
TN919
　　S 数据结构*
　　C 数据流分析
　　　数据流分类
　　　数据流程序设计
　　　数据流系统

数据流聚类
data flow clustering
TP391.3
　　S 数据流处理
　　　聚类*

　　C 数据流系统
　　L 数据处理**

数据流挖掘
data stream mining
TP391
　　D 数据流挖掘技术
　　S 数据挖掘
　　C 数据流处理
　　　数据流系统
　　L 信息挖掘**

数据流挖掘技术
　　Y 数据流挖掘

数据流系统
data stream system
TN919
　　S 数据系统*
　　C 数据流挖掘
　　　数据流程序设计
　　　数据流管理
　　　数据流结构
　　　数据流聚类
　　　数据流计算机

数据流语言
data flow language
TP312
　　S 数据库语言
　　Z 计算机语言*

数据轮播
data carousel
TN919
　　S 数据广播*

数据描述
data description
TP391　TP392
　　S 信息描述
　　Z 信息处理*

数据描述语言
　　Y 数据定义语言

数据母线
　　Y 数据总线

数据浓缩
data enrichment
TP274　TP391
　　S 数据处理**

数据排序
data sequencing
TP391
　　S 数据处理**

数据平滑
data smoothing

TP391　TP274
　　D 数据平滑处理
　　S 平滑处理
　　　数据处理**

数据平滑处理
　　Y 数据平滑

数据平台
data platform
TP391
　　S 信息平台*
　　• 大数据平台
　　• 综合数据平台
　　C 数据

数据迁移
data migrating
TP391　TP392
　　D 数据移植
　　S 数据处理**
　　C 分级存储

数据签名
data signature
TP309
　　S 数字签名*
　　C 数据加密

数据嵌入
data embedding
TP391
　　S 信息嵌入
　　C 数据
　　Z 信息处理*

数据清理
　　Y 数据清洗

数据清洗
data cleaning
TP391.3　TP392
　　D 数据净化
　　　数据清理
　　S 数据处理**
　　C 噪声数据
　　　数据纠错
　　　数据过滤
　　　脏数据

数据群聚
　　Y 数据聚类

数据认证
data authentication
TN918　TP309　TP391
　　S 信息认证
　　Z 信息安全认证*

数据容错
data fault tolerance

TP306
　　S 容错*
　　C 数据备份
　　　 数据安全

数据容灾
data disaster recovery
TP309
　　S 容灾
　　C 数据备份
　　Z 信息安全技术*

数据融合
data fusion
TP391　TP392
　　S 信息融合
　　• 多传感器数据融合
　　• 多雷达数据融合
　　• 多源数据融合
　　• 三维数据融合
　　C 数据关联
　　　 雷达跟踪
　　Z 信息处理*

数据识别
data identification
TP309　TP391.4　TN918
　　D 数据鉴别
　　　 鉴别数据
　　S 信息识别*
　　C 鉴别协议

数据实时采集
　　Y 实时数据采集

数据实时处理
　　Y 实时数据处理

数据市场
　　Y 数据集市

数据收发器
data transceiver
TP274
　　S 收发器*
　　C 数据接收器

数据收集
　　Y 数据采集

数据收集系统
　　Y 数据采集系统

数据收集协议
data collection protocol
TP393.0
　　S 数据通信协议
　　C 数据采集
　　　 数据采集系统
　　　 无线传感器网络
　　Z 通信协议*

数据手套
data glove
TP399
　　S 可穿戴设备*

数据提取
　　Y 数据抽取

数据调制解调器
data modem
TN919
　　S 调制解调器
　　Z 通信设备*

数据通信
data communication
TN919　TP393
　　D 数据通信技术
　　　 数据通信服务
　　　 数据通讯
　　S 通信*
　　• 多媒体通信
　　• 高速数据通信
　　• 实时数据通信
　　• 数据链通信
　　• 双向数据通信
　　• 图像通信
　　• 移动数据通信
　　• 远程数据通信
　　C 数据包丢失
　　　 数据服务器
　　　 数据通信协议
　　　 数据通信测试仪
　　　 数据通信网
　　　 数据通信设备
　　　 数据通信软件
　　　 数据链路提供者接口

数据通信测试仪
data communication tester
TN919
　　S 通信测试仪**
　　C 数据通信

数据通信服务
　　Y 数据通信

数据通信技术
　　Y 数据通信

数据通信链路
　　Y 数据链路

数据通信软件
data communication software
TP318
　　S 通信软件
　　C 数据通信
　　　 数据通信网
　　L 应用软件**

数据通信设备
data communication equipment
TN919
　　D 数据通信网设备
　　S 通信设备*
　　• 脉冲编码调制设备
　　• 声码器
　　• 数据传输设备
　　• 数据电路终接设备
　　• 数据集中器
　　• 数据终端设备
　　C 数据通信

数据通信网
data communication network
TN919　TN915
　　D 数据网
　　　 数据网络
　　　 数据通信网络
　　S 通信网络*
　　• IP 数据网
　　• 弹性分组数据环
　　• 调度数据网
　　• 分组交换网
　　• 分组数据网络
　　• 公用数据网
　　• 数据承载网
　　• 数据传输网
　　• 数据交换网
　　• 数据链路
　　• 数据业务网
　　• 数字数据网
　　• 无线数据网络
　　• 专用数据网
　　C 数据网格
　　　 数据网络分析仪
　　　 数据通信
　　　 数据通信协议
　　　 数据通信软件

数据通信网络
　　Y 数据通信网

数据通信网设备
　　Y 数据通信设备

数据通信协议
data communication protocol
TN915
　　S 通信协议*
　　• 数据交换协议
　　• 数据收集协议
　　C 数据通信
　　　 数据通信网

数据通讯
　　Y 数据通信

数据推理
data reasoning
TP181
　　S 数据处理**

C 数据挖掘

数据挖掘
data mining
TP391.7
　　D 数据发掘
　　　数据开采
　　　数据挖掘技术
　　　数据挖掘方法
　　　数据采掘
　　S 信息挖掘**
- 动态数据挖掘
- 多媒体数据挖掘
- 多维数据挖掘
- 分布式数据挖掘
- 关系数据挖掘
- 可视化数据挖掘
- 可拓数据挖掘
- 空间数据挖掘
- 离群数据挖掘
- 模糊数据挖掘
- 时间序列数据挖掘
- 时空数据挖掘
- 时态数据挖掘
- 实时数据挖掘
- 数据流挖掘
- 主动式数据挖掘
　　C 信息发现
　　　增量更新算法
　　　大数据
　　　层次聚类
　　　数据关联
　　　数据挖掘算法
　　　数据挖掘语言
　　　数据挖掘软件
　　　数据推理
　　　知识网格
　　　贝叶斯算法
　　　贝叶斯网络
　　　软计算
　　　遗传算法

数据挖掘方法
　　Y 数据挖掘

数据挖掘技术
　　Y 数据挖掘

数据挖掘软件
data mining software
TP317　TP318　TP391.3
　　D 数据挖掘系统
　　S 工具软件**
　　　数据处理软件
　　C 数据挖掘
　　　数据挖掘算法
　　　数据挖掘语言

数据挖掘算法
data mining algorithm
TP301　TP391
　　D 挖掘算法

　　S 算法*
- 关联规则算法
- 聚类算法
　　C 数据挖掘
　　　数据挖掘语言
　　　数据挖掘软件

数据挖掘系统
　　Y 数据挖掘软件

数据挖掘语言
data mining language
TP312
　　S 数据库语言
　　C 数据挖掘
　　　数据挖掘算法
　　　数据挖掘软件
　　Z 计算机语言*

数据完整性保护
　　Y 完整性保护

数据网
　　Y 数据通信网

数据网格
data grid
TP391　TP392　TP393
　　D 数据网格技术
　　　科学数据网格
　　S 网格*
　　C 元数据
　　　副本技术
　　　数据通信网

数据网格技术
　　Y 数据网格

数据网关
data gateway
TN915　TP393
　　S 网关
　　L 网络互连设备**

数据网络
　　Y 数据通信网

数据网络分析仪
data network analyzer
TN919
　　S 网络分析仪
　　C 数据通信网
　　L 通信测试仪**

数据无损压缩
　　Y 无损数据压缩

数据析取
　　Y 数据抽取

数据系统*
data system
TP317　TP391　TP274
- 分布式数据系统
- 广播数据系统
- 话音数据系统
- 取样数据系统
- 数据采集系统
- 数据查询系统
- 数据处理系统
- 数据集成系统
- 数据加密系统
- 数据流系统
- 战术数据系统

数据信道
data channel
TN919
　　S 信道*

数据信道调度算法
data channel scheduling algorithm
TN911
　　S 调度算法
　　Z 算法*

数据信息
　　Y 数据

数据信息安全
　　Y 数据安全

数据信息处理
　　Y 数据处理

数据信息管理
　　Y 数据管理

数据修复
data recovery
TP309
　　D 数据修复技术
　　S 数据处理**
　　C 数据恢复软件

数据修复技术
　　Y 数据修复

数据宿
　　Y 数据接收器

数据序列化
　　Y 序列化

数据压缩
data compression
TP274　TP391
　　D 数据压缩技术
　　　数据压缩算法
　　　数据压缩编码
　　S 信息压缩**

- 三维数据压缩
- 实时数据压缩
- 无损数据压缩
- 原始数据压缩
C 矢量量化

数据压缩编码
Y 数据压缩

数据压缩技术
Y 数据压缩

数据压缩算法
Y 数据压缩

数据业务
Y 数据服务

数据业务网
data service network
TN919　TP915
D 数据业务网络
S 数据通信网
　 电信业务网
Z 通信网络*

数据业务网络
Y 数据业务网

数据移植
Y 数据迁移

数据银行
data bank
TP333　TP393.07
D 信息银行
S 数据中心
C 数据检索
Z 信息基础设施*

数据隐藏
data hiding
TP309　TN918
D 数据隐藏技术
S 信息隐藏**
- 无损数据隐藏

数据隐藏技术
Y 数据隐藏

数据优化
Y 数据预处理

数据预处理
data preprocessing
TP311　TP391　TP392
D 数据优化
S 数据处理**
C 预处理器
　 预处理算法

数据域测试
data domain test
TP216　TM936
S 数据测试
C 数据域描述
　 数据域测试仪器
L 数据处理**

数据域测试仪器
data domain testing instrument
TM93
S 电子测量仪器*
- 数据域示波器
- 总线分析仪
C 数据域测试

数据域描述
data domain discription
TP301
S 数据处理**
C 数据域测试

数据域示波器
data domain oscilloscope
TM935
S 数据域测试仪器
　 示波器
Z 电子测量仪器*

数据元
Y 元数据

数据元结构
data element structure
TN919
S 数据结构*

数据源管理器
data source manager
TP315
S 软件管理器
L 工具软件**

数据远程传输
Y 远程数据传输

数据远距离传输
Y 远程数据传输

数据帧结构
data frame structure
TN919
S 数据结构*

数据整合
Y 数据集成

数据整理
Y 数据处理

数据质量管理
data quality management
TP392
S 数据管理
Z 信息管理*

数据中心
data center
TP333　TP393.07
S 信息基础设施*
- 大数据中心
- 互联网数据中心
- 绿色数据中心
- 软件定义数据中心
- 数据银行
- 云数据中心
C 数据中心网络
　 数据处理
　 服务器

数据中心网络
data center network
TP393
S 计算机网络*
C 数据中心

数据终端
Y 数据终端设备

数据终端单元
Y 数据终端设备

数据终端机
Y 数据终端设备

数据终端设备
data terminal equipment
TN919　TN87
D DTE
　 数据终端
　 数据终端单元
　 数据终端机
S 数据通信设备
　 通信终端**
- 数据传输终端
- 无线数据终端

数据抓取
Y 数据采集

数据转化
Y 数据转换

数据转换
data conversion
TN919　TP391　TP311
D 数据变换
　 数据转化
　 数据转换服务
S 数据处理**
C 信息转换

· 630 ·

数据转换程序
data conversion program
TP317
　　D 数据转换软件
　　S 数据处理软件
　　　转换程序
　　C 数据转换器
　　L 工具软件**
　　　应用软件**

数据转换服务
　　Y 数据转换

数据转换器
data converter
TP33
　　D 数据转换装置
　　S 转换器*
　　· 精密数据转换器
　　· 视频数据转换器
　　C 数据转换程序

数据转换软件
　　Y 数据转换程序

数据转换装置
　　Y 数据转换器

数据自动采集
data auto-acquisition
TP2　TP391
　　S 数据采集
　　Z 信息采集*

数据综合
　　Y 数据集成

数据总线
data bus
TP336
　　D 数据母线
　　S 总线*
　　· ARINC429 总线
　　· I2S 总线
　　· 光纤数据总线

数控
　　Y 数字控制

数控编程软件
numerical control programming software
TP318
　　S 数控软件
　　L 应用软件**

数控代码解释器
　　Y 代码解释器

数控电源
numerical control power supply
TN86
　　S 电源*
　　· 数控直流电源

数控仿真
numerical control simulation
TP391.9
　　D 数控仿真系统
　　　数控加工仿真
　　S 工业仿真
　　C 数控仿真软件
　　Z 仿真*

数控仿真软件
numerical control simulation software
TP318
　　D 数控加工仿真软件
　　S 数控软件
　　C 数控仿真
　　L 应用软件**

数控仿真系统
　　Y 数控仿真

数控技术
　　Y 数字控制

数控加工编程
numerical control machining programming
TP31　TP391
　　S 软件编程**
　　C 数控软件

数控加工仿真
　　Y 数控仿真

数控加工仿真软件
　　Y 数控仿真软件

数控软件
CNC software
TP318
　　S 工控软件
　　· 数控编程软件
　　· 数控仿真软件
　　· 数控系统软件
　　C 数字控制
　　　数控加工编程
　　　数控自动编程
　　L 应用软件**

数控网络
　　Y 数字控制网络

数控系统软件
CNC system software
TP31
　　S 数控软件
　　L 应用软件**

数控移相器
　　Y 数字移相器

数控直流电源
numerical control DC power supply
TN86
　　S 数控电源
　　　直流电源
　　Z 电源*

数控自动编程
CNC automatic programming
TP391　TP2
　　S 自动程序设计
　　　软件编程**
　　C 代码解释器
　　　数控软件
　　　自动编程系统

数码传输
　　Y 数字传输

数码打印机
digital printer
TP334.3
　　S 打印机
　　Z 外部设备*

数码电视
　　Y 数字电视

数码多功能一体机
　　Y 多功能一体机

数码放大器
　　Y 数字放大器

数码复合机
　　Y 多功能一体机

数码功放
　　Y 数字功率放大器

数码管显示
digital tube display
TN36
　　S 数字显示
　　Z 显示*

数码接口
　　Y 数字接口

数码录像机
　　Y 数字录像机

数码录音
　　Y 数字录音

数码摄录机
　　Y 摄录机

数码摄像机
　　Y 数字摄像机

数码摄像头
　　Y 数字摄像头

数码摄影
　　Y 数码相机

数码摄影机
　　Y 数字摄像机

数码视频
　　Y 数字视频

数码收音机
　　Y 数字收音机

数码显示
　　Y 数字显示

数码显示器
　　Y 数字显示器

数码相机
digital camera
TN92　TP3
　　D 数码摄影
　　　　数码照相机
　　C 影像传感器

数码影像产品
　　Y 数字视频

数码硬盘
　　Y 数字硬盘

数码语音识别
　　Y 数字语音识别

数码语音芯片
digital voice chip
TN43
　　S 语音芯片
　　C 数字语音识别
　　Z 芯片*

数码照片打印机
　　Y 照片打印机

数码照相机
　　Y 数码相机

数码纸
　　Y 电子纸

数模变换器
　　Y 数模转换器

数模混合电路
　　Y 数模混合集成电路

数模混合仿真
digital-analog hybrid simulation
TP34
　　D 模拟数字混合模拟
　　S 混合仿真
　　Z 仿真*

数模混合集成电路
digital-analog hybrid integrated circuit
TN710　TN94
　　D 数模混合电路
　　S 混合信号集成电路
　　· 数模转换器
　　Z 集成电路*

数模转换电路
　　Y 数模转换器

数模转换器
digital to analog converter
TN79+2
　　D D/A 转换器
　　　　D/A 转换电路
　　　　D/A 转换芯片
　　　　DAC
　　　　数字模拟转换器
　　　　数模变换器
　　　　数模转换器芯片
　　　　数模转换电路
　　　　数模转换芯片
　　S 数模混合集成电路
　　　　转换器*
　　· 乘法型数模转换器
　　· 串行数模转换器
　　· 高速数模转换器
　　Z 集成电路*

数模转换器芯片
　　Y 数模转换器

数模转换芯片
　　Y 数模转换器

数位电视
　　Y 数字电视

数显技术
　　Y 数字显示

数学标记语言
mathematical markup language
TP312
　　S 标记语言
　　Z 计算机语言*

数学形态滤波
mathematical morphological filtering
TN713
　　S 形态滤波
　　Z 滤波*

数值比较器
　　Y 数字比较器

数值仿真
　　Y 数值模拟

数值化模拟
　　Y 数值模拟

数值检索
　　Y 数据检索

数值滤波
　　Y 数字滤波

数值模拟
numerical simulation
TP391
　　D 数值仿真
　　　　数值化模拟
　　S 仿真*
　　· 蒙特卡罗仿真

数值数据库
numerical database
TP392
　　D 数值型数据库
　　S 数据库*

数值算法
numerical algorithm
TP391
　　S 算法*
　　· 插值算法
　　· 积分算法
　　· 水平集算法

数值型数据库
　　Y 数值数据库

数字 AM 广播
　　Y 数字调幅广播

数字 HDTV
　　Y 高清晰度数字电视

数字 IC
　　Y 数字集成电路

数字 PWM
　　Y 数字脉宽调制

数字版权管理
digital rights management
TP309 TN94
　　S 信息安全管理*
　　　 信息管理*
　　C 流媒体

数字保护继电器
　　Y 数字式量度继电器

数字保密通信
digital secure communication
TN918
　　S 保密通信
　　　 数字通信
　　Z 通信*

数字比较器
digital comparator
TN710
　　D 数值比较器
　　S 比较器
　　Z 电子电路*

数字编码
digital coding
TN919
　　D 数字编码技术
　　S 编码*
　　· 数字视频编码
　　· 数字图像编码
　　· 数字信号编码
　　· 数字压缩编码
　　C 数字编码器

数字编码技术
　　Y 数字编码

数字编码器
digital coder
TN76
　　S 编码器*
　　C 数字编码

数字变换器
　　Y 数字转换器

数字波束成形
　　Y 数字波束形成

数字波束形成
digital beamforming
TN82
　　D 数字波束成形
　　S 数字信号处理
　　　 波束形成
　　Z 信号处理*

数字程控交换
digital program-controlled exchange
TN916
　　D 程控数字交换
　　S 数字交换
　　　 程控交换
　　C 程控数字交换机
　　L 通信交换**

数字程控用户交换机
digital SPC user exchange
TN916
　　D 程控数字用户交换机
　　S 程控数字交换机
　　　 程控用户交换机
　　L 交换设备**
　　　 电话设备**

数字抽取滤波
digital extraction filtering
TN713
　　S 数字滤波
　　Z 滤波*

数字处理电路
　　Y 数字电路

数字处理器
digital processor
TN912
　　D 数字处理芯片
　　S 微处理器*
　　· 数字光处理器
　　· 数字媒体处理器
　　· 数字信号处理器
　　· 数字音频处理器

数字处理芯片
　　Y 数字处理器

数字触发电路
　　Y 数字触发器

数字触发器
digital trigger
TN79 TP33
　　D 数字触发电路
　　S 触发器
　　L 数字电路**

数字传感器
digital sensor
TP212
　　S 传感器*
　　· 数字温度传感器
　　· 数字压力传感器

数字传输
digital transmission
TN911 TN919
　　D 数字传送
　　　 数字化传输
　　　 数码传输
　　S 信息传输*
　　· 数字光纤传输
　　· 数字视频传输
　　· 数字微波传输
　　· 数字信号传输
　　· 同步数字传输
　　C 数字传输网
　　　 数字发射机
　　　 数字接收机

数字传输网
digital transmission network
TN94 TN915
　　D 数字传输网络
　　S 传输网
　　　 数字通信网
　　C 数字传输
　　Z 通信网络*

数字传输网络
　　Y 数字传输网

数字传送
　　Y 数字传输

数字存储器
digital memory
TP333
　　S 存储器*
　　· 数字射频存储器
　　C 数字多功能光盘
　　　 数字硬盘
　　　 数字视频光盘

数字存储示波器
digital storage oscilloscope
TM935
　　S 数字示波器
　　Z 电子测量仪器*

数字导航
digital navigation
TN96
　　D 数字式导航
　　S 导航*

数字地面电视
　　Y 地面数字电视

数字地面机顶盒
digital terrestrial TV set-top box
TN948
　　D DVB-T 机顶盒
　　S 数字电视机顶盒
　　C 地面数字电视
　　Z 电视设备*

数字电话
digital telephone
TN916

电子信息技术叙词表

　　D 数字电话通信
　　S 电话通信
　　C 数字通信
　　　模拟电话
　　Z 通信*

数字电话机
digital telephone set
TN916
　　D 数字话机
　　S 电话机
　　L 电话设备**

数字电话通信
　　Y 数字电话

数字电路**
digital circuit
TN79
　　D 数字处理电路
　　　数字电路设计
　　S 电子电路*
• 触发器
• • D 触发器
• • JK 触发器
• • RS 触发器
• • 边沿触发器
• • 单稳态触发器
• • 电平触发器
• • 二层触发器
• • 过零触发器
• • 集成触发器
• • 晶闸管触发器
• • 脉冲触发器
• • 三值触发器
• • 施密特触发器
• • 数字触发器
• • 双稳态触发器
• • 同步触发器
• • 维持阻塞触发器
• • 移相触发器
• • 主从触发器
• 存储电路
• 高速数字电路
• 逻辑电路
• • 电流型逻辑电路
• • 多元逻辑电路
• • 基本门电路
• • • 非门
• • • 或非门
• • • 或门
• • • 异或门
• • • 与非门
• • • 与门
• • 晶体管逻辑电路
• • 绝热逻辑电路
• • 可逆逻辑电路
• • 控制逻辑电路
• • 时序逻辑电路
• • • 同步时序电路
• • • 异步时序电路
• • 数字逻辑电路
• • 锁相逻辑电路

• • 组合逻辑电路
• 时序发生器
• 虚拟电路
　　C 数字集成电路

数字电路设计
　　Y 数字电路

数字电视
digital television
TN941
　　D 数位电视
　　　数字化电视
　　　数字电视平台
　　　数字电视技术
　　　数码电视
　　S 电视*
• 标准清晰度数字电视
• 超高清电视
• 地面数字电视
• 高清晰度数字电视
• 交互式数字电视
• 数字付费电视
• 卫星数字电视
• 有线数字电视
　　C 单频网
　　　数字发射机
　　　数字摄像机
　　　数字电视信号
　　　数字电视广播
　　　数字电视机顶盒
　　　数字电视网络
　　　数字电视设备
　　　数字视频广播标准
　　　数据广播

数字电视地面广播
　　Y 地面数字电视广播

数字电视地面广播标准
digital television terrestrial broadcasting standard
TN941
　　D DTMB
　　　DTMB 标准
　　S 电视标准
　　Z 信息产业标准*

数字电视发射机
digital television transmitter
TN83
　　S 数字发射机
　　　电视发射机
　　C 数字电视接收机
　　Z 发射机*

数字电视广播
digital television broadcasting
TN948
　　D 数字广播电视
　　S 数字广播
　　　电视广播

• 地面数字电视广播
• 卫星数字电视广播
　　C 数字电视
　　　数字电视机顶盒
　　Z 广播*

数字电视机
　　Y 数字电视接收机

数字电视机顶盒
digital TV set-top box
TN948
　　S 机顶盒
• 高清数字电视机顶盒
• 数字地面机顶盒
• 数字卫星机顶盒
• 数字有线电视机顶盒
　　C 数字接收机
　　　数字电视
　　　数字电视广播
　　　数字电视接收机
　　　数字电视网络
　　Z 电视设备*

数字电视技术
　　Y 数字电视

数字电视接收机
digital TV receiver
TN949
　　D 数字电视机
　　S 电视机
• 数字卫星电视接收机
　　C 数字电视发射机
　　　数字电视机顶盒
　　　数字电视设备
　　Z 电视设备*

数字电视平台
　　Y 数字电视

数字电视设备
digital TV equipment
TN948
　　S 电视设备*
　　C 数字摄像机
　　　数字电视
　　　数字电视信号
　　　数字电视接收机

数字电视网
　　Y 数字电视网络

数字电视网络
digital television network
TN94
　　D 数字电视网
　　S 电视网络
• 有线数字电视网络
　　C 数字电视
　　　数字电视中间件
　　　数字电视信号

数字电视机顶盒
　　Z 广播电视网络*

数字电视芯片
digital television chip
TN492　TN94
　　S 数字芯片
　　　 电视芯片
　　Z 芯片*

数字电视信号
digital TV signal
TN943
　　S 数字信号
　　　 电视信号
　　C 数字电视
　　　 数字电视网络
　　　 数字电视设备
　　Z 信号*

数字电视中间件
digital television middleware
TP317
　　S 嵌入式中间件
　　C 数字电视网络
　　Z 软件*

数字电台
digital broadcasting station
TN924
　　D 数字无线电
　　S 无线电台*
　　C 数字对讲机

数字电位器
digital potentiometer
TM547
　　S 电位器
　　C 单片微型计算机
　　Z 电阻器*

数字电源
digital power supply
TN86
　　S 电源*

数字电子计算机
　　Y 电子数字计算机

数字动目标显示雷达
digital moving target indication radar
TN958
　　D 数字活动目标显示雷达
　　S 动目标显示雷达
　　　 数字化雷达
　　Z 雷达*

数字对讲机
digital interphone
TN92
　　S 对讲机
　　C 数字发射机
　　　 数字电台
　　Z 无线电台*

数字多波束天线
digital multi-beam antenna
TN82
　　S 多波束天线
　　Z 天线*

数字多道脉冲幅度分析器
　　Y 多道脉冲幅度分析器

数字多功能光盘
digital versatile disc
TP333
　　D DVD
　　　 数字多用光盘
　　　 数字多用途光盘
　　　 数字通用光盘
　　S 光盘
　　• DVD-RW 光盘
　　• DVD-R 光盘
　　• 高清光盘
　　• 蓝光光盘
　　C 数字存储器
　　L 光存储器**
　　　 外存储器**

数字多媒体
digital multimedia
TP37
　　D 数字多媒体技术
　　S 多媒体*
　　C 数字多媒体广播

数字多媒体广播
digital multimedia broadcasting
TN93
　　D DMB
　　S 多媒体广播
　　　 数字广播
　　• 地面数字多媒体广播
　　• 卫星数字多媒体广播
　　C 数字多媒体
　　Z 广播*

数字多媒体技术
　　Y 数字多媒体

数字多用光盘
　　Y 数字多功能光盘

数字多用途光盘
　　Y 数字多功能光盘

数字发射机
digital transmitter
TN83
　　S 发射机*
　　• 数字电视发射机
　　• 数字调幅发射机
　　• 数字调频发射机
　　• 数字广播发射机
　　• 数字中波发射机
　　C 数字传输
　　　 数字对讲机
　　　 数字接收机
　　　 数字电视
　　　 数字通信

数字防伪
　　Y 信息防伪

数字仿真
digital simulation
TP391.9
　　D 数字化仿真
　　S 仿真*
　　• 三维数字仿真
　　• 实时数字仿真
　　• 数字孪生

数字放大器
digital amplifier
TN72
　　D 数字式放大器
　　　 数码放大器
　　S 放大器*
　　• 杜比数字放大器
　　• 全数字放大器
　　• 数字锁相放大器

数字分量串行接口
serial digital interface
TN943
　　D SDI 接口
　　　 串行数字接口
　　S 数字接口
　　　 视频接口
　　C SDI 信号
　　Z 接口*

数字分量串行接口信号
　　Y SDI 信号

数字蜂窝区网络
　　Y 数字蜂窝网络

数字蜂窝网
　　Y 数字蜂窝网络

数字蜂窝网络
digital cellular network
TN929.1　TN915
　　D 数字蜂窝区网络
　　　 数字蜂窝网
　　S 数字通信网
　　Z 通信网络*

数字付费电视
digital pay television
TN94
   S 付费电视
      数字电视
   Z 电视*

数字复接
digital multiplexing
TN915
   D 数字复接器
      数字复接技术
   S 多路复用*
   C 数字通信
      脉冲编码调制

数字复接技术
   Y 数字复接

数字复接器
   Y 数字复接

数字高清电视
   Y 高清晰度数字电视

数字高清晰度电视
   Y 高清晰度数字电视

数字跟踪滤波
digital tracking filtering
TN713 TN951
   S 跟踪滤波
   Z 滤波*

数字功放
   Y 数字功率放大器

数字功率放大器
digital power amplifier
TN912.27
   D 数字功放
      数码功放
   S 功率放大器**
   · 数字音频功率放大器

数字光处理器
digital optical processor
TN94
   D 数字光路处理器
   S 光学处理器
      数字处理器
   C 光学信号处理
   Z 微处理器*

数字光端机
digital optical terminal
TN929.11
   S 光端机
   L 光通信设备**
      通信终端**

数字光路处理器
   Y 数字光处理器

数字光盘
   Y 光盘

数字光纤传输
digital optical fiber transmission
TN929.1 TN94
   D 光纤数字传输
   S 数字传输
   C 数字光纤通信
   Z 信息传输*

数字光纤通信
digital optical fiber communication
TN929.1
   D 光纤数字通信
   S 光纤通信
      数字通信
   C 数字光纤传输
   L 光通信**

数字广播
digital broadcasting
TN934
   S 广播*
   · 地面数字广播
   · 数字电视广播
   · 数字调幅广播
   · 数字多媒体广播
   · 数字视频广播
   · 数字无线广播
   · 数字音频广播
   · 卫星数字广播
   C 数字广播发射机

数字广播电视
   Y 数字电视广播

数字广播发射机
digital broadcasting transmitter
TN83
   S 广播发射机
      数字发射机
   C 数字广播
      数字收音机
   Z 发射机*

数字化补偿晶体振荡器
digital compensation crystal oscillator
TN752
   S 晶体振荡器
   Z 振荡器*
      压电器件*

数字化处理
digital processing
TP391
   S 信息处理*

数字化传输
   Y 数字传输

数字化电视
   Y 数字电视

数字化仿真
   Y 数字仿真

数字化建模
   Y 数字建模

数字化接收机
   Y 数字接收机

数字化解调
   Y 数字解调

数字化雷达
digital radar
TN958
   S 雷达*
   · 数字动目标显示雷达
   · 数字化天气雷达
   · 数字阵列雷达

数字化签名
   Y 数字签名

数字化天气雷达
digital weather radar
TN958
   S 数字化雷达
      气象雷达
   Z 雷达*

数字化通信
   Y 数字通信

数字化显示
   Y 数字显示

数字化信息系统
digital information system
TP393
   S 信息系统*
   C 数字通信
      数字通信网

数字化学习
   Y 网络学习

数字化仪
digitizer
TP334.2 TN87
   D 三维数字化仪
   S 图形输入设备
   C 数字化终端

激光扫描仪
　　Z 外部设备*

数字化中频接收机
　　Y 数字中频接收机

数字化终端
digital terminal
TN915　TN87
　　D 数字终端
　　S 终端设备*
　　C 数字化仪

数字化转换器
　　Y 数字转换器

数字话机
　　Y 数字电话机

数字活动目标显示雷达
　　Y 数字动目标显示雷达

数字基带信号
digital baseband signal
TN914
　　S 基带信号
　　　　数字信号
　　C 振幅键控
　　　　数字基带预失真
　　Z 信号*

数字基带预失真
digital baseband predistortion
TN916　TN92　TN72
　　S 基带预失真
　　　　数字预失真
　　C 数字基带信号
　　Z 电子技术*

数字基站
digital base station
TN927
　　S 基站*

数字激光视盘
　　Y 数字视频光盘

数字集成电路
digital integrated circuit
TN4
　　D 数字IC
　　S 集成电路*
　　· 高速数字集成电路
　　C 数字电路
　　　　数字集成电路测试仪

数字集成电路测试仪
digital IC tester
TN407
　　S 集成电路测试仪
　　C 数字集成电路

　　Z 电子测量仪器*

数字集群通信
digital trunking communication
TN92
　　D 数字集群无线通信
　　　　数字集群移动通信
　　S 数字通信
　　　　集群通信
　　C 数字集群网
　　L 无线通信**

数字集群通信网
　　Y 数字集群网

数字集群网
digital trunking network
TN92　TN915
　　D 数字集群网络
　　　　数字集群通信网
　　S 集群通信网
　　C 数字集群通信
　　L 移动通信网络**

数字集群网络
　　Y 数字集群网

数字集群无线通信
　　Y 数字集群通信

数字集群移动通信
　　Y 数字集群通信

数字几何处理
digital geometry processing
TP391.41
　　S 信息处理*

数字计算机
　　Y 电子数字计算机

数字继电器
　　Y 数字式量度继电器

数字加密
digital encryption
TN918　TN911
　　S 加密**

数字检波
digital detection
TN76
　　S 检波
　　· 数字相敏检波
　　C 数字检波器
　　　　数字鉴频
　　Z 解调*

数字检波器
digital detector
TN79　TN763

　　S 检波器*
　　C 数字检波
　　　　数字鉴相器

数字建模
digital modeling
TP391.9
　　D 数字化建模
　　S 模型构建*

数字鉴频
digital frequency discrimination
TN76
　　D 全数字鉴频
　　S 鉴频
　　C 数字检波
　　　　数字鉴相
　　Z 解调*

数字鉴相
digital phase discrimination
TN76
　　S 鉴相
　　C 数字鉴相器
　　　　数字鉴频
　　　　数字链路
　　Z 解调*

数字鉴相器
digital phase detector
TN763.3　TN79
　　S 鉴相器
　　· 或非门鉴相器
　　· 或门鉴相器
　　· 鉴频鉴相器
　　· 异或非门鉴相器
　　· 异或门鉴相器
　　· 与非门鉴相器
　　C 数字检波器
　　　　数字鉴相
　　Z 检波器*

数字键盘
digital keyboard
TP334.2
　　S 键盘
　　Z 外部设备*

数字交换
digital switching
TN915
　　D 数字交换技术
　　　　数字转接
　　S 通信交换**
　　· 数字程控交换
　　C 数字交换机
　　　　数字切换台

数字交换机
digital switch
TN915　TN914
　　S 交换设备**

电子信息技术叙词表

　　• 程控数字交换机
　　C 数字交换
　　　数字交换网络

数字交换技术
　　Y 数字交换

数字交换网络
digital switching network
TN916
　　S 数字通信网
　　C 数字交换机
　　Z 通信网络*

数字接口
digital interface
TP334.7
　　D 数码接口
　　S 接口*
　　• 数字分量串行接口
　　• 数字显示接口
　　• 数字音频接口
　　• 数字中继接口

数字接收
　　Y 数字接收机

数字接收机
digital receiver
TN85
　　D 全数字接收机
　　　数字化接收机
　　　数字式接收机
　　　数字接收
　　S 接收设备*
　　• 宽带数字接收机
　　• 数传接收机
　　• 数字卫星接收机
　　• 数字信道化接收机
　　• 数字有线接收机
　　• 数字中频接收机
　　C 数字传输
　　　数字发射机
　　　数字电视机顶盒
　　　数字通信
　　　模拟接收机

数字解调
digital demodulation
TN76
　　D 数字化解调
　　S 解调*
　　• 非相干解调
　　• 全数字解调
　　• 数字同步解调
　　• 数字正交解调
　　• 相干解调
　　• 移频键控解调
　　• 移相键控解调
　　C 数字调制
　　　数字调制解调器

数字均衡器
digital equalizer
TN715
　　S 均衡器*

数字控制
digital control
TP273
　　D 数字控制技术
　　　数控
　　　数控技术
　　S 计算机自动控制
　　• 网络数控
　　C 数字控制器
　　　数字控制电路
　　　数字控制网络
　　　数控软件
　　Z 自动控制*

数字控制电路
digital control circuit
TN710
　　S 控制电路
　　C 数字控制
　　　数字控制器
　　Z 电子电路*

数字控制技术
　　Y 数字控制

数字控制器
digital controller
TP273　TP332
　　S 显示控制器
　　C 数字控制
　　　数字控制电路
　　Z 控制器*

数字控制摄像机
　　Y 数字摄像机

数字控制网络
digital control network
TP2
　　D 数控网络
　　S 控制网络
　　C 数字控制
　　Z 自动化网络*

数字链路
digital link
TN915
　　S 链路*
　　C 数字鉴相

数字录象机
　　Y 数字录像机

数字录像机
digital video recorder
TN946

　　D 数字录像设备
　　　数字录象机
　　　数码录像机
　　S 录像机
　　• 光盘录像机
　　• 数字硬盘录像机
　　Z 电视设备*

数字录像设备
　　Y 数字录像机

数字录音
digital recording
TN912
　　D 数码录音
　　S 录音*
　　• 脉码调制录音
　　C 数字音频编码

数字孪生
digital twin
TP391.9
　　S 数字仿真
　　C 人工智能
　　　工业互联网
　　　工业仿真
　　　虚拟样机技术
　　Z 仿真*

数字逻辑电路
digital logic circuit
TN79
　　D 数字逻辑设计
　　S 逻辑电路
　　L 数字电路**

数字逻辑设计
　　Y 数字逻辑电路

数字滤波
digital filtering
TN713
　　D 数值滤波
　　　数字滤波方法
　　　数字滤波法
　　　数字滤波算法
　　S 滤波*
　　• 混合数字滤波
　　• 数字抽取滤波
　　• 数字匹配滤波
　　• 数字平滑滤波
　　• 整系数数字滤波
　　C 数字滤波器

数字滤波法
　　Y 数字滤波

数字滤波方法
　　Y 数字滤波

• 638 •

数字滤波器
digital filter
TN713
　S 滤波器*
　· FIR 数字滤波器
　· IIR 数字滤波器
　C 数字滤波

数字滤波算法
　Y 数字滤波

数字脉冲压缩
digital pulse compression
TN95
　D 数字脉压
　S 数字信号压缩
　Z 信号处理*

数字脉宽调制
digital pulse width modulation
TN76
　D 数字 PWM
　S 脉冲宽度调制
　Z 调制*

数字脉压
　Y 数字脉冲压缩

数字盲水印
　Y 盲水印

数字媒体处理器
digital media processor
TP33
　S 数字处理器
　Z 微处理器*

数字模拟计算机
　Y 混合计算机

数字模拟转换器
　Y 数模转换器

数字内容保护
digital content protection
TP393.08
　S 内容保护
　Z 信息安全防护*

数字匹配滤波
digital matched filtering
TN713
　S 匹配滤波
　　数字滤波
　Z 滤波*

数字平滑滤波
digital smoothing filtering
TN713
　S 平滑滤波
　　数字滤波

　Z 滤波*

数字凭证
　Y 数字证书

数字签名*
digital signature
TP309　TP393.08　TN918
　D 数字化签名
　　数字签名技术
　　数字签名方案
　　数字签字
　　数字署名
　· ElGamal 签名
　· RSA 数字签名
　· Schnorr 签名
　· XML 签名
　· 不可否认签名
　· 代理签名
　· · 代理多重签名
　· · · 多重代理多重签名
　· · · 盲代理多重签名
　· · 代理环签名
　· · 代理盲签名
　· · 多级代理签名
　· · 门限代理签名
　· · 匿名代理签名
　· · 强代理签名
　· 代码签名
　· 短签名
　· 多重签名
　· · 代理多重签名
　· · · 多重代理多重签名
　· · · 盲代理多重签名
　· · 多重盲签名
　· · 广播多重数字签名
　· · 有序多重数字签名
　· 环签名
　· · 门限环签名
　· 基于身份的签名
　· 聚合签名
　· 可验证加密签名
　· 盲签名
　· · 部分盲签名
　· · 代理盲签名
　· · 多重盲签名
　· · 公平盲签名
　· · 群盲签名
　· · 弱盲签名
　· · 限制性盲签名
　· 门限签名
　· · 门限代理签名
　· · 门限环签名
　· · 门限群签名
　· 群签名
　· · 动态群签名
　· · 门限群签名
　· · 群盲签名
　· 数据签名
　· 双重签名
　· 椭圆曲线数字签名
　· 无证书签名
　· 一次性签名

　· 证实数字签名
　· 知识签名
　· 指定验证者签名
　· 组签名
　C 中间人攻击
　　伪造攻击
　　伪造签名
　　加解密
　　在线签名认证
　　密码体制
　　密钥管理
　　数字签名算法
　　数字证书
　　电子印章系统
　　电子签名
　　防篡改
　　零知识证明
　　验证机制

数字签名方案
　Y 数字签名

数字签名技术
　Y 数字签名

数字签名算法
digital signature algorithm
TN911　TP393.0　TP301
　D 签名加密算法
　　签名算法
　S 加解密算法
　· 椭圆曲线数字签名算法
　C 数字签名
　　签名认证
　Z 算法*

数字签字
　Y 数字签名

数字切换台
digital switcher
TN948
　S 切换台
　C 数字交换
　　数字转换器
　Z 电视设备*

数字取证
　Y 电子数据取证

数字全息
　Y 数字全息术

数字全息干涉术
digital holographic interferometry
TN24
　S 全息干涉术
　　数字全息术
　Z 全息术*

数字全息技术
　　Y 数字全息术

数字全息术
digital holography
TN24
　　D 数字全息
　　　　数字全息技术
　　S 全息术*
　　· 数字全息干涉术
　　· 数字全息显微术

数字全息显微术
digital holographic microscopy
TN24
　　S 数字全息术
　　Z 全息术*

数字认证
digital authentication
TP39
　　S 加密认证
　　C 数字证书
　　　　电子商务
　　Z 信息安全认证*

数字三维动画
　　Y 三维动画

数字上变频
　　Y 数字上变频器

数字上变频器
digital up converter
TN773
　　D 数字上变频
　　S 上变频器
　　C 软件定义无线电
　　Z 混频器*

数字射频存储
digital radio frequency storage
TN973
　　S 信息存储*
　　C 射频标签
　　　　射频电路
　　　　射频读卡器
　　　　数字射频存储器

数字射频存储器
digital RF memory
TP333
　　S 数字存储器
　　C 射频标签
　　　　数字射频存储
　　Z 存储器*

数字摄录机
　　Y 数字摄像机

数字摄录设备
　　Y 数字摄像机

数字摄象机
　　Y 数字摄像机

数字摄像机
digital video camera
TN948　TN946
　　D 数字式摄像机
　　　　数字控制摄像机
　　　　数字摄录机
　　　　数字摄录设备
　　　　数字摄象机
　　　　数码摄像机
　　　　数码摄影机
　　S 摄像机
　　· 光盘摄像机
　　· 家用数码摄像机
　　· 硬盘摄像机
　　C 数字电视
　　　　数字电视设备
　　Z 电视设备*

数字摄像头
digital camera
TP334.2
　　D 数码摄像头
　　S 摄像头
　　Z 外部设备*

数字时间戳服务
　　Y 时间戳服务

数字识别
digital recognition
TP391.4
　　S 信息识别*
　　· 手写数字识别
　　· 数字调制识别
　　· 数字图像识别
　　· 印刷体数字识别

数字示波器
digital oscilloscope
TM935
　　S 示波器
　　· 数字存储示波器
　　Z 电子测量仪器*

数字式导航
　　Y 数字导航

数字式放大器
　　Y 数字放大器

数字式接收机
　　Y 数字接收机

数字式量度继电器
digital measure relay
TM58
　　D 数字保护继电器
　　　　数字继电器
　　S 保护继电器
　　Z 继电器*

数字式摄像机
　　Y 数字摄像机

数字式移相器
　　Y 数字移相器

数字视盘
　　Y 数字视频光盘

数字视频
digital video
TP391　TN94
　　D 数字视听产品
　　　　数字视频产品
　　　　数码影像产品
　　　　数码视频
　　S 视频*
　　· MPEG 视频
　　· 变位率视频
　　· 多媒体视频
　　· 分量视频
　　· 流视频
　　C DVD 播放机
　　　　传输层协议

数字视频编码
digital video coding
TN919
　　D 视频数字编码
　　S 数字编码
　　　　视频编码
　　C DVI 接口
　　　　数字视频光盘
　　L 音视频编码**

数字视频产品
　　Y 数字视频

数字视频处理
　　Y 视频处理

数字视频传输
digital video transmission
TP274　TP39
　　D 视频数据传输
　　S 数字传输
　　　　视频传输
　　Z 信息传输*

数字视频端口
　　Y DVI 接口

数字视频服务器
digital video server
TP368.5

S 数字视频设备
　视频服务器
Z 视频设备*
　服务器*

数字视频光盘
digital video disc
TN946
　D 数字激光视盘
　　数字视盘
　S 视频光盘
　C 数字存储器
　　数字视频编码
　　激光视盘机
　L 光存储器**
　　外存储器**

数字视频广播
digital video broadcasting
TN93
　D DVB
　S 数字广播
　Z 广播*

数字视频广播标准
digital video broadcasting standard
TN94
　D DVB 标准
　S 广播标准
　　电视标准
　C 多协议封装
　　数字电视
　　数据广播
　Z 信息产业标准*

数字视频合成
　Y 视频合成

数字视频技术
　Y 视频处理

数字视频接口
　Y DVI 接口

数字视频录像机
　Y 数字硬盘录像机

数字视频设备
digital video equipment
TN948
　S 视频设备*
　· 数字视频服务器
　· 数字硬盘录像机
　C DVI 接口
　　数字视频信号

数字视频水印
　Y 视频水印

数字视频信号
digital video signal
TN919
　S 视频信号
　C DVI 接口
　　数字视频设备
　Z 信号*

数字视频压缩
　Y 视频压缩

数字视听产品
　Y 数字视频

数字收音机
digital radio
TN912　TN85
　D 数字调谐收音机
　　数码收音机
　S 收音机*
　C 数字广播发射机

数字署名
　Y 数字签名

数字数据库
digital database
TP392
　D 源数据库
　　非文献目录数据库
　S 数据库*

数字数据网
digital data network
TN915
　D DDN
　　DDN 网
　　DDN 网络
　S 数字通信网
　　数据通信网
　Z 通信网络*

数字水印*
digital watermark
TP309
　· 半脆弱水印
　· 不可见水印
　· 彩色数字水印
　· 差分能量水印
　· 脆弱水印
　· 电子水印
　· 多重数字水印
　· 二维数字水印
　· 二值水印
　· 非对称水印
　· 公开水印
　· 可读水印
　· 可见水印
　· 可逆水印
　· 扩频水印
　· 零水印
　· 鲁棒水印
　· 盲水印
　· 认证水印
　· 软件水印
　· 三维水印
　· 视频水印
　· 数据库水印
　· 双水印
　· 图像水印
　· · 灰度水印
　· · 数字图像水印
　· 网格水印
　· 文本水印
　· 稳健水印
　· 无损水印
　· 音频水印
　· 有意义水印
　· 主动水印
　· 自嵌入水印
　· 自适应水印
　C 伪造攻击
　　信息篡改
　　数字水印协议
　　数字水印技术
　　防盗版
　　防篡改

数字水印技术
digital watermark technology
TP309
　S 信息隐藏**
　· 水印检测
　· 水印嵌入
　· 水印提取
　C 数字水印

数字水印算法
digital watermark algorithm
TP301　TN911
　S 水印算法
　Z 算法*

数字水印协议
digital watermark protocol
TP393.08
　S 加密协议
　C 数字水印
　Z 通信网络*

数字水印信道
　Y 水印信道

数字锁相
digital phase-locked
TN911
　S 相位锁定
　C 数字锁相放大器
　Z 信号处理*

数字锁相放大器
digital lock-in amplifier
TN72
　S 数字放大器

C 数字锁相
Z 放大器*

数字锁相环
digital phase-locked loop
TN710
D 全数字锁相环
S 锁相环
Z 电子电路*

数字调幅
digital amplitude modulation
TN76
S 调幅
Z 调制*

数字调幅发射机
digital AM transmitter
TN83
S 数字发射机
  调幅发射机
C 数字调幅广播
Z 发射机*

数字调幅广播
digital AM broadcasting
TN93
D 数字 AM 广播
S 数字广播
  调幅广播
C 数字调幅发射机
Z 广播*

数字调频
digital FM
TN76
S 调频
Z 调制*

数字调频发射机
digital FM transmitter
TN83
S 数字发射机
  调频发射机
Z 发射机*

数字调相
digital phase modulation
TN76
D 数字相位调制
  数字调相信号
S 调相
Z 调制*

数字调相信号
Y 数字调相

数字调谐收音机
Y 数字收音机

数字调制**
digital modulation

TN76
D 数字调制技术
  数字调制方式
S 调制*
• 键控调制
•• 补码键控
•• 混沌键控
••• 差分混沌键控
•••• 调频差分混沌键控
•• 频移键控
••• 多进制频移键控
••• 二进制频移键控
••• 空时频移键控
••• 连续相位频移键控
••• 声频移键控
••• 最小频移键控
•••• 高斯最小频移键控
•• 相移键控
••• 差分相移键控
•••• 差分四相移相键控
••••• π/4 差分四相移相键控
•••• 二进制差分相移键控
•••• 脉冲编码调制/差分相移键控
••• 多进制相移键控
••• 二进制相移键控
•••• 二进制差分相移键控
•••• 直接序列扩频/二进制相移键控
••• 四相相移键控
•••• 差分四相相移键控
••••• π/4 差分四相移相键控
•••• 偏移四相相移键控
•• 振幅键控
•• 通断键控
• 扩频调制
•• 直接序列扩频调制
• 时频调制
• 数字正交调制
C 数字解调
  数字调制信号
  数字调制器
  数字调制解调器

数字调制方式
Y 数字调制

数字调制技术
Y 数字调制

数字调制解调器
digital modem
TN919
S 调制解调器
C 数字解调
  数字调制
Z 通信设备*

数字调制器
digital modulator
TN761
S 调制器*
C 数字调制
  模拟调制器

数字调制识别
digital modulation recognition
TN911
S 数字识别
Z 信息识别*

数字调制信号
digital modulation signal
TN911
S 调制信号
C 数字调制
Z 信号*

数字通信
digital communication
TN919
D 数字化通信
  数字通信技术
  数字通讯
S 通信*
• 数字保密通信
• 数字光纤通信
• 数字集群通信
• 数字载波通信
• 无线数字通信
C 数字化信息系统
  数字发射机
  数字复接
  数字接收机
  数字电话
  数字通信网
  脉冲编码

数字通信电缆
digital communication cable
TM248
S 通信电缆
Z 电线电缆*

数字通信技术
Y 数字通信

数字通信网
digital communication network
TN915
D 数字通信网络
S 通信网络*
• 集成数字增强型网络
• 数字传输网
• 数字蜂窝网络
• 数字交换网络
• 数字数据网
• 数字同步网
• 数字微波网
• 数字移动通信网
• 窄带综合业务数字网
C 数字化信息系统
  数字网络技术
  数字通信

数字通信网络
 Y 数字通信网

数字通信信号
digital communication signal
TN911
 S 数字信号
  通信信号
 Z 信号*

数字通讯
 Y 数字通信

数字通用光盘
 Y 数字多功能光盘

数字同步解调
digital synchronous demodulation
TN76
 S 数字解调
 Z 解调*

数字同步网
digital synchronization network
TN915
 S 同步网
  数字通信网
 Z 通信网络*

数字图象处理
 Y 数字图像处理

数字图像编码
digital image coding
TP391
 S 图像编码
  数字编码
 C 数字图像压缩
 Z 编码*

数字图像采集
digital image acquisition
TP391
 S 图像采集
 Z 信息采集*

数字图像处理
digital image processing
TP391
 D 图像数字处理
  图象数字化处理
  数字图像处理技术
  数字图象处理
 S 图像处理**
 · 实时数字图像处理
 · 数字图像压缩
 · 数字图像置乱
 · 数字稳像

数字图像处理技术
 Y 数字图像处理

数字图像分析
digital image analysis
TP391
 S 图像分析
 C 数字图像加密
  数字图像识别
 L 图像处理**

数字图像加密
digital image encrypting
TN918
 S 图像加密
 C 数字图像分析
  数字图像水印
 L 加密**

数字图像识别
digital image recognition
TP391.4
 S 图像识别
  数字识别
 C 数字图像分析
  数字图像水印
 Z 信息识别*

数字图像水印
digital image watermark
TN918 TP309 TP393.08
 D 图像数字水印
 S 图像水印
 C 数字图像加密
  数字图像识别
 Z 数字水印*

数字图像镶嵌
 Y 图像镶嵌

数字图像信号
digital image signal
TN911
 S 图像信号
  数字信号
 Z 信号*

数字图像压缩
digital image compression
TP391
 S 图像压缩
  数字压缩
  数字图像处理
 C 数字图像编码
 L 信息压缩**
  图像处理**

数字图像隐藏
digital image hiding
TN918 TP393.08 TP309
 S 图像隐藏
 C 数字图像置乱
 L 信息隐藏**

数字图像置乱
digital image scrambling
TP393.08
 S 图像置乱
  数字图像处理
 C 数字图像隐藏
 L 信息隐藏**
  图像处理**

数字网络技术
digital network technology
TN94 TP393 TN915
 S 网络技术*
 C 数字通信网

数字网络接口
digital network interface
TN915 TP393
 S 网络接口
 Z 接口*

数字微波传输
digital microwave transmission
TN943
 S 数字传输
 Z 信息传输*

数字微波通信
digital microwave communications
TN925
 S 微波通信
  无线数字通信
 C 数字微波网
 L 无线通信**

数字微波网
digital microwave network
TN925 TN915
 D 数字微波网络
 S 微波通信网
  数字通信网
 C 数字微波通信
 L 无线通信网络**

数字微波网络
 Y 数字微波网

数字微镜器件
digital micromirror device
TN253
 S MEMS 执行器
 C 投影显示
 Z MEMS 器件*

数字微流控芯片
digital microfluidic chip
TN4
 S 微流控芯片
  数字芯片
 Z 芯片*

数字卫星电视
　　Y　卫星数字电视

数字卫星电视接收机
digital satellite TV receiver
TN949
　　S　卫星电视接收机
　　　　数字电视接收机
　　C　卫星数字电视
　　Z　接收设备*
　　　　电视设备*

数字卫星机顶盒
digital satellite TV set-top box
TN948
　　D　DVB-S 机顶盒
　　　　卫星电视机顶盒
　　S　数字电视机顶盒
　　C　卫星数字电视
　　　　卫星数字电视广播
　　Z　电视设备*

数字卫星接收机
digital satellite receiver
TN85
　　D　卫星数字接收机
　　S　卫星接收机
　　　　数字接收机
　　Z　接收设备*

数字温度传感器
digital temperature sensor
TP212.11
　　S　数字传感器
　　　　温度传感器
　　L　物理传感器**

数字稳像
digital image stabilization
TP391
　　S　数字图像处理
　　　　电子稳像
　　L　图像处理**

数字无绳电话
　　Y　无绳电话

数字无绳电话系统
　　Y　无绳电话

数字无绳通信
digital cordless telecommunication
TN929.5
　　D　DECT
　　S　移动通信
　　C　无绳电话
　　L　无线通信**

数字无线电
　　Y　数字电台

数字无线电视
　　Y　地面数字电视

数字无线广播
digital radio broadcasting
TN934
　　S　数字广播
　　　　无线电广播
　　Z　广播*

数字系统设计
digital system design
TP27　TP391
　　S　系统设计*

数字显示
digital display
TN27　TN91
　　D　数字化显示
　　　　数显技术
　　　　数码显示
　　S　显示*
　　・数码管显示

数字显示接口
digital visual interface
TP334.7
　　S　数字接口
　　C　数字显示器
　　Z　接口*

数字显示器
digital display
TN87
　　D　数字显示仪
　　　　数码显示器
　　S　显示器
　　C　数字显示接口
　　Z　显示设备*

数字显示仪
　　Y　数字显示器

数字陷波滤波器
　　Y　数字陷波器

数字陷波器
digital notch filter
TN713
　　D　数字陷波滤波器
　　S　陷波器
　　Z　滤波器*

数字相敏检波
digital phase sensitive detection
TN76
　　D　数字相敏解调
　　S　数字检波
　　　　相敏检波
　　Z　解调*

数字相敏解调
　　Y　数字相敏检波

数字相位调制
　　Y　数字调相

数字芯片
digital chip
TN4
　　S　芯片*
　　・数字电视芯片
　　・数字微流控芯片
　　・直接数字频率合成芯片

数字信道
digital channel
TN919
　　S　信道*
　　C　数字信号
　　　　数字信道化接收机

数字信道化接收机
digital channelized receiver
TN85
　　S　信道化接收机
　　　　数字接收机
　　C　数字信道
　　Z　电子战装备*
　　　　接收设备*

数字信封
digital envelope
TP393.08　TN918
　　D　数字信封技术
　　S　加解密*
　　C　公钥加密
　　　　双重签名
　　　　对称加密算法
　　　　私钥密码体制

数字信封技术
　　Y　数字信封

数字信号
digital signal
TN911　TN79
　　S　信号*
　　・数字电视信号
　　・数字基带信号
　　・数字通信信号
　　・数字图像信号
　　・数字音频信号
　　C　数字信号分析
　　　　数字信号发生器
　　　　数字信号编码
　　　　数字信道

数字信号编码
digital signal coding
TN911
　　S　信号编码
　　　　数字编码

国家工业信息安全发展研究中心　主编

　　C 数字信号
　　　数字信号分析
　　Z 信号处理*
　　　编码*

数字信号采集
digital signal acquisition
TP274　TP391
　　S 信号采集
　　Z 信息采集*

数字信号处理
digital signal processing
TN911
　　D 数字信号处理技术
　　　数字信号处理算法
　　S 信号处理*
　　· 高速数字信号处理
　　· 实时数字信号处理
　　· 数字波束形成
　　C 形心跟踪
　　　数字信号传输
　　　数字信号分析
　　　数字信号处理器
　　　数字信息显示
　　　系统控制器

数字信号处理技术
　　Y 数字信号处理

数字信号处理器
digital signal processor
TN79
　　D DSP 芯片
　　　数字信号处理芯片
　　S 信号处理器
　　　数字处理器
　　· 定点数字信号处理器
　　· 浮点数字信号处理器
　　· 高速数字信号处理器
　　· 通用数字信号处理器
　　C 多通道缓冲串口
　　　数字信号处理
　　　数字信号控制器
　　　时钟控制器
　　　软件定义无线电
　　Z 微处理器*

数字信号处理算法
　　Y 数字信号处理

数字信号处理系统
　　Y 信号处理系统

数字信号处理芯片
　　Y 数字信号处理器

数字信号传输
digital signal transmission
TN919
　　S 信号传输
　　　数字传输

　　C 数字信号压缩
　　　数字信号处理
　　Z 信息传输*

数字信号发生器
digital signal generator
TM93
　　S 信号发生器**
　　C 数字信号

数字信号分析
digital signal analysis
TN911
　　S 信号分析*
　　C 数字信号
　　　数字信号处理
　　　数字信号编码

数字信号控制器
digital signal controller
TP2
　　S 控制器*
　　C 数字信号压缩
　　　数字信号处理器

数字信号压缩
digital signal compression
TN919
　　S 信号压缩
　　· 数字脉冲压缩
　　C 数字信号传输
　　　数字信号控制器
　　Z 信号处理*

数字信令
digital signaling
TN915
　　S 信令*

数字信息显示
digital information display
TN27
　　S 信息显示
　　C 数字信号处理
　　Z 显示*

数字压力传感器
digital pressure transducer
TP212
　　S 数字传感器
　　Z 传感器*

数字压缩
digital compression
TN911　TN941　TP274
　　D 数字压缩技术
　　S 信息压缩**
　　· 数字图像压缩

数字压缩编码
digital compression coding

TN911
　　S 压缩编码
　　　数字编码
　　Z 编码*

数字压缩技术
　　Y 数字压缩

数字移动电视
　　Y 移动电视

数字移动通信
digital mobile communication
TN929.1
　　S 移动通信
　　C 数字移动通信网
　　L 无线通信**

数字移动通信网
digital mobile communication network
TN915　TN92
　　D 数字移动网络
　　S 数字通信网
　　C 数字移动通信
　　Z 通信网络*

数字移动网络
　　Y 数字移动通信网

数字移相
digital phase shift
TN61
　　S 信号处理*
　　C 数字移相器

数字移相器
digital phase shifter
TN76　TN62
　　D 数字式移相器
　　　数控移相器
　　S 移相器*
　　C 数字移相

数字音频编码
digital audio coding
TN912
　　S 音频编码
　　C 数字录音
　　　数字音频接口
　　L 音视频编码**

数字音频处理
digital audio processing
TP391　TN912
　　D 数字音频处理技术
　　S 音频处理**
　　C 数字音频处理器
　　　数字音频工作站

· 645 ·

数字音频处理技术
　　Y 数字音频处理

数字音频处理器
digital audio processor
TN912
　　S 数字处理器
　　C 数字音频处理
　　Z 微处理器*

数字音频放大器
　　Y 数字音频功率放大器

数字音频工作站
digital audio workstation
TN934　TP368
　　S 专业工作站
　　C 数字音频处理
　　Z 计算机*

数字音频功率放大器
digital audio power amplifier
TN72
　　D 数字音频放大器
　　S 数字功率放大器
　　　音频功率放大器
　　L 功率放大器**

数字音频广播
digital audio broadcasting
TN934
　　S 数字广播
　　Z 广播*

数字音频接口
digital audio interface
TN912
　　D 乐器数字接口
　　S 数字接口
　　　音频接口
　　C 数字音频信号
　　　数字音频编码
　　Z 接口*

数字音频水印
　　Y 音频水印

数字音频网络
　　Y 音频网络

数字音频信号
digital audio signal
TN912
　　S 数字信号
　　　音频信号
　　C 数字音频接口
　　Z 信号*

数字音频压缩
　　Y 音频压缩

数字音视频编解码标准
　　Y AVS 标准

数字音视频编解码技术标准
　　Y AVS 标准

数字隐写
digital steganography
TP309
　　S 隐写术
　　L 信息隐藏**

数字影碟机
　　Y DVD 播放机

数字硬盘
digital hard disk
TP333
　　D 数码硬盘
　　S 硬盘
　　C 数字存储器
　　L 外存储器**
　　　磁存储器**

数字硬盘录像机
digital video recorder
TN948
　　D 数字视频录像机
　　　硬盘录像机
　　S 数字录像机
　　　数字视频设备
　　· 嵌入式硬盘录像机
　　· 网络硬盘录像机
　　C 硬盘摄像机
　　Z 视频设备*
　　　电视设备*

数字用户线接入复用器
DSL access multiplexer
TN915
　　D 数字用户线接入复用设备
　　S 复用器
　　Z 通信设备*

数字用户线接入复用设备
　　Y 数字用户线接入复用器

数字有线电视
　　Y 有线数字电视

数字有线电视机顶盒
digital cable TV set-top box
TN948
　　D DVB-C 机顶盒
　　　有线电视机顶盒
　　S 数字电视机顶盒
　　C 有线数字电视
　　　有线数字电视网络
　　Z 电视设备*

数字有线接收机
digital wired receiver
TN85
　　S 数字接收机
　　Z 接收设备*

数字语音处理
　　Y 语音处理

数字语音识别
digital speech recognition
TN912
　　D 数码语音识别
　　S 语音识别
　　C 数码语音芯片
　　L 语言信息处理**
　　　音频处理**

数字预失真
digital predistortion
TN72
　　D 数字预失真技术
　　S 预失真
　　· 数字基带预失真
　　· 数字自适应预失真
　　C 现场可编程门阵列
　　Z 电子技术*

数字预失真技术
　　Y 数字预失真

数字载波通信
digital carrier communication
TN914
　　S 数字通信
　　　载波通信
　　Z 通信*

数字噪声
digital noise
TN911
　　S 信号噪声*

数字摘要
digital digest
TP309　TP391
　　D 报文摘要
　　　消息摘要
　　S 加解密*
　　C 消息摘要算法

数字侦察接收机
digital reconnaissance receiver
TN85　TN971
　　S 侦察接收机
　　Z 电子战装备*
　　　接收设备*

数字阵列雷达
digital array radar
TN958

S 数字化雷达
　　　阵列雷达
　　Z 雷达*

数字正交检波
　　Y 数字正交解调

数字正交解调
digital orthogonal demodulation
TN76
　　D 数字正交检波
　　S 数字解调
　　　正交解调
　　Z 解调*

数字正交调制
digital quadrature modulation
TN76
　　S 数字调制**
　　　正交调制

数字证书*
digital certificate
TP393.08　TP309
　　D 数字凭证
　　　数字证书技术
　　　电子证书
　　· CA 证书
　　· 密钥证书
　　· · X.509 证书
　　· · 公钥证书
　　· 属性证书
　　· 信任证书
　　· 隐藏证书
　　C 信息安全
　　　数字签名
　　　数字认证
　　　数字证书管理
　　　证书认证

数字证书管理
digital certificate management
TP393.08
　　S 网络安全管理**
　　· 证书撤销
　　· 证书路径构造
　　C 公钥基础设施
　　　数字证书

数字证书技术
　　Y 数字证书

数字纸
　　Y 电子纸

数字指纹
digital fingerprinting
TP309
　　D 数字指纹技术
　　S 信息指纹*
　　　信息隐藏**
　　C 散列算法

数字指纹技术
　　Y 数字指纹

数字中波发射机
digital medium wave transmitter
TN83
　　S 中波发射机
　　　数字发射机
　　C 数字中频接收机
　　Z 发射机*

数字中继接口
digital trunk interface
TN915
　　S 中继接口
　　　数字接口
　　Z 接口*

数字中频接收机
digital intermediate frequency receiver
TN85
　　D 中频数字化接收机
　　　中频数字接收机
　　　数字化中频接收机
　　S 中频接收机
　　　数字接收机
　　C 数字中波发射机
　　Z 接收设备*

数字终端
　　Y 数字化终端

数字转换器
digital converter
TN792　TP33
　　D 数字化转换器
　　　数字变换器
　　S 转换器*
　　C 数字切换台

数字转接
　　Y 数字交换

数字自适应预失真
digital adaptive predistortion
TN911　TN72
　　D 自适应数字预失真
　　S 数字预失真
　　　自适应预失真
　　Z 电子技术*

衰耗均衡器
　　Y 衰减均衡器

衰减均衡器
attenuation equalizer
TN715
　　D 衰耗均衡器
　　S 均衡器*

衰减片型光衰减器
　　Y 光衰减片

衰减器*
attenuator
TN715
　　· 固定衰减器
　　· 光衰减器
　　· · 光衰减片
　　· · 可变光衰减器
　　· · 位移型光衰减器
　　· · 智能型光衰减器
　　· 可变衰减器
　　· · 步进式衰减器
　　· · 电调衰减器
　　· · · 微波电调衰减器
　　· · 可变光衰减器
　　· · 连续可变衰减器
　　· · 压控可调衰减器
　　· 射频衰减器
　　· 波导衰减器
　　· 毫米波衰减器
　　· 天线衰减器
　　· 同轴衰减器
　　· 微波衰减器
　　· · · 微波电调衰减器
　　· 无源衰减器
　　· 音频衰减器
　　· 有源衰减器
　　· 中频衰减器
　　C 磁珠

衰减网络
attenuation network
TN711
　　S 电路网络*

衰减信道
　　Y 衰落信道

衰落信道
fading channel
TN911
　　D 衰减信道
　　S 信道*
　　· Nakagami 衰落信道
　　· 多径衰落信道
　　· 快衰落信道
　　· 莱斯衰落信道
　　· 慢衰落信道
　　· 频率选择性衰落信道
　　· 瑞利衰落信道
　　· 时间选择性衰落信道
　　· 无线衰落信道
　　· 相关衰落信道
　　· 移动衰落信道

双/多基地合成孔径雷达
　　Y 双基地合成孔径雷达

双 CAN 总线
dual CAN bus

TP2　TP336
　　S 双总线
　　　 控制器局域网总线
　　L 现场总线**

双 CPU
　　Y 双处理器

双 CPU 系统
　　Y 双处理器

双 IP 协议栈
　　Y 双协议栈

双 T 网络
twin-T network
TN711
　　D 双 T 形网络
　　　 并联 T 形网络
　　S 电路网络*

双 T 形网络
　　Y 双 T 网络

双包层掺镱光纤
double-clad erbium-doped fiber
TN252
　　D 掺 Yb 3 双包层光纤
　　　 掺 Yb 双包层光纤
　　　 掺镱双包层光纤
　　S 双包层光纤
　　　 掺镱光纤
　　C 掺镱双包层光纤激光器
　　Z 光纤*

双包层光纤
double-clad fiber
TN252
　　S 包层光纤
　　• 双包层掺镱光纤
　　C 双包层光纤放大器
　　　 双包层光纤激光器
　　Z 光纤*

双包层光纤放大器
double-clad fiber amplifier
TN72
　　S 光纤放大器
　　C 双包层光纤
　　L 光放大器**
　　　 光纤器件**

双包层光纤激光器
double-clad fiber laser
TN248
　　S 光纤激光器**
　　• 掺镱双包层光纤激光器
　　C 双包层光纤

双倍速率同步动态随机存储器
　　Y 同步动态随机存储器

双边带
　　Y 双边带调制

双边带调制
double sideband modulation
TN76
　　D 双边带
　　S 调幅
　　Z 调制*

双边滤波
bilateral filtering
TN713
　　S 滤波*

双波长激光
　　Y 双频激光器

双波长激光器
dual-wavelength laser
TN248
　　S 激光器*

双波段电台
dual-band radio station
TN924
　　D 双频段电台
　　S 无线电台*

双波束天线
dual-beam antenna
TN82
　　S 波束天线
　　Z 天线*

双层 DVD 刻录
　　Y 双层 DVD 刻录机

双层 DVD 刻录机
bilayer DVD recorder
TP334.3
　　D 双层 DVD 刻录
　　S 光盘刻录机
　　Z 外部设备*

双层布线
　　Y 多层布线技术

双层印制电路板
double layer printed circuit
TN41
　　S 印制电路板*

双尺度自动机
dual-scale automaton
TP301
　　S 自动机*

双重加密
double encryption
TN918　TP309
　　S 加密**

双重签名
dual signature
TN918　TP393.08
　　D 双重数字签名
　　S 数字签名*
　　C 安全套接层协议
　　　 安全电子交易协议
　　　 数字信封

双重数字签名
　　Y 双重签名

双处理机
　　Y 双处理器

双处理器
dual processor
TP33
　　D 双 CPU
　　　 双 CPU 系统
　　　 双处理器系统
　　　 双处理机
　　S 微处理器*

双处理器系统
　　Y 双处理器

双串口单片机
double serial port single-chip
microcomputer
TP368
　　S 单片微型计算机
　　C 串行通信
　　L 电子数字计算机**

双单片机
double single-chip microcomputer
TP368
　　D 双单片机系统
　　S 单片微型计算机
　　L 电子数字计算机**

双单片机系统
　　Y 双单片机

双端 RAM
　　Y 双端口随机存储器

双端口 RAM
　　Y 双端口随机存储器

双端口存储器
dual-port memory
TP333
　　D 双口存储器
　　　 双端口存贮器
　　S 存储器*
　　• 双端口随机存储器

双端口存贮器
　Y 双端口存储器

双端口静态随机存储器
dual-port SRAM
TN43　TP333
　S 双端口随机存储器
　　静态随机存储器
　Z 存储器*

双端口随机存储器
dual-port RAM
TP333　TN43
　D DPRAM
　　双口 RAM
　　双端 RAM
　　双端口 RAM
　　双端口随机存取存储器
　S 双端口存储器
　　易失性存储器
　• 双端口静态随机存储器
　Z 存储器*

双端口随机存取存储器
　Y 双端口随机存储器

双端口网络
dual-port network
TN711
　D 二口网络
　　二端口网络
　　二端对网络
　　二端网络
　　双口网络
　　双端网络
　S 电路网络*

双端网络
　Y 双端口网络

双反射面天线
dual reflector antenna
TN82
　D 双反射器天线
　S 面天线
　• 格里高利天线
　• 环焦天线
　• 卡塞格伦天线
　• 双弯曲反射面天线
　Z 天线*

双反射器天线
　Y 双反射面天线

双服务器
dual server
TP368
　S 服务器*

双工
　Y 双工通信

双工传输
　Y 双工通信

双工器
diplexer
TN929.1
　S 多路通信设备
　C 双工通信
　Z 通信设备*

双工通信
duplex communication
TN914
　D 双工
　　双工传输
　S 双向通信
　• 半双工通信
　• 频分双工
　• 全双工通信
　• 时分双工
　C 双工器
　Z 通信*

双光子激光器
two-photon laser
TN248
　S 激光器*

双核 CPU
　Y 双核处理器

双核处理器
dual-core processor
TP33
　D 双核 CPU
　　双核心处理器
　S 多核处理器
　Z 微处理器*

双核心处理器
　Y 双核处理器

双环掺铒光纤激光器
　Y 掺铒光纤激光器

双环天线
dual-loop antenna
TN82
　S 环形天线
　Z 天线*

双环网
　Y 双环网络

双环网络
dual-loop network
TP393.0
　D 双环网
　S 网络*

双机备份
double backup
TN919　TP39
　S 备份*
　• 双机热备份
　C 双机系统

双机热备
　Y 双机热备份

双机热备份
dual system hot backup
TP309
　D 双机热备
　　双机热备系统
　S 双机备份
　　热备份
　Z 备份*

双机热备系统
　Y 双机热备份

双机容错
dual fault tolerance
TP393.08
　D 双机容错系统
　S 容错*
　C 冷备份

双机容错系统
　Y 双机容错

双机通信
two-machine communication
TP368.1　TN919
　S 通信*

双机系统
dual system
TP309　TN919
　S 多计算机系统
　C 双机备份
　Z 计算机系统*

双基 SAR
　Y 双基地合成孔径雷达

双基地 SAR
　Y 双基地合成孔径雷达

双基地合成孔径雷达
bistatic synthetic aperture radar
TN958
　D 双/多基地合成孔径雷达
　　双基 SAR
　　双基地 SAR
　　双站 SAR
　　双站合成孔径雷达
　S 双基地雷达
　　合成孔径雷达
　Z 雷达*

双基地雷达
bistatic radar
TN958
　　D 双基雷达
　　S 多基地雷达
　　· 双基地合成孔径雷达
　　· 无源双基地雷达
　　C 双基地声呐
　　Z 雷达*

双基地声呐
dual-base sonar
U666
　　S 声呐*
　　C 双基地雷达

双基雷达
　　Y 双基地雷达

双基区晶体管
double base transistor
TN32
　　S 晶体管
　　· 光电双基区晶体管
　　L 半导体分立器件**

双极 CMOS
　　Y BiCMOS 工艺

双极-CMOS-DMOS 工艺
　　Y BCD 工艺

双极 CMOS 工艺
　　Y BiCMOS 工艺

双极 CMOS 器件
　　Y BiCMOS 器件

双极 IC
　　Y 双极型集成电路

双极 MOS 工艺
　　Y BiMOS 工艺

双极 PROM
　　Y 双极可编程只读存储器

双极存储单元
　　Y 双极存储器

双极存储器
bipolar memory
TP333
　　D 双极存储单元
　　　双极存贮器
　　　双极性存储器
　　S 半导体存储器
　　Z 存储器*

双极存贮器
　　Y 双极存储器

双极电路
　　Y 双极型集成电路

双极工艺
bipolar process
TN305
　　D 双极技术
　　S 半导体工艺*
　　· BiCMOS 工艺
　　· BiMOS 工艺
　　· 互补双极工艺

双极互补 MOS 技术
　　Y BiCMOS 工艺

双极互补金属氧化物半导体
　　Y BiCMOS 工艺

双极互补金属氧化物半导体器件
　　Y BiCMOS 器件

双极化天线
dual polarization antenna
TN82
　　S 极化天线
　　· 双极化微带天线
　　Z 天线*

双极化微带天线
dual polarization microstrip antenna
TN82
　　S 双极化天线
　　　微带天线
　　L 微波天线**

双极集成电路
　　Y 双极型集成电路

双极技术
　　Y 双极工艺

双极结型晶体管
bipolar junction transistor
TN32
　　S 双极性晶体管
　　L 半导体分立器件**
　　　双极器件**

双极晶体管
　　Y 双极性晶体管

双极可编程只读存储器
bipolar PROM
TP33　TN43
　　D 双极 PROM
　　S 可编程只读存储器

　　L 非易失性存储器**

双极器件*
bipolar device
TN3
　　S 半导体器件*
　　· 双极型集成电路
　　· · 双极运算放大器
　　· 双极性晶体管
　　· · NPN 晶体管
　　· · PNP 晶体管
　　· · 硅双极晶体管
　　· · 横向双极晶体管
　　· · 绝缘栅双极晶体管
　　· · · 场截止型绝缘栅双极晶体管
　　· · · 穿通型绝缘栅双极晶体管
　　· · · 非穿通型绝缘栅双极晶体管
　　· · · 压接型绝缘栅双极晶体管
　　· · 双极结型晶体管
　　· · 异质结双极性晶体管
　　· · · 砷化镓异质结双极晶体管
　　· · · 锗硅异质结双极晶体管

双极天线
　　Y 偶极天线

双极型电路
　　Y 双极型集成电路

双极型集成电路
bipolar integrated circuit
TN43
　　D 双极 IC
　　　双极型电路
　　　双极电路
　　　双极集成电路
　　S 双极器件**
　　　集成电路*
　　· 双极运算放大器

双极型晶体管
　　Y 双极性晶体管

双极型运算放大器
　　Y 双极运算放大器

双极性存储器
　　Y 双极存储器

双极性晶体管
bipolar transistor
TN32
　　D 双极型晶体管
　　　双极晶体管
　　S 双极器件**
　　　晶体管
　　· NPN 晶体管
　　· PNP 晶体管
　　· 硅双极晶体管
　　· 横向双极晶体管
　　· 绝缘栅双极晶体管
　　· 双极结型晶体管

- 异质结双极性晶体管
L 半导体分立器件**
双极器件**

双极运算放大器
bipolar operational amplifier
TN72
D 双极型运算放大器
S 双极型集成电路
运算放大器
L 双极器件**

双脊喇叭天线
double-ridged horn antenna
TN82
S 喇叭天线
L 微波天线**

双绞铜线
Y 双绞线

双绞线
twisted pair cable
TM246 TM248
D 双绞线电缆
双绞铜线
S 网络线缆
- 超五类线
- 非屏蔽双绞线
- 六类线
- 屏蔽双绞线
- 五类线
C 双绞线传输
局域网
Z 电线电缆*

双绞线传输
twisted pair transmission
TN915 TP393
S 电缆传输
C 双绞线
Z 信息传输*

双绞线电缆
Y 双绞线

双口 RAM
Y 双端口随机存储器

双口存储器
Y 双端口存储器

双口网络
Y 双端口网络

双扩散 MOS 集成电路
double diffused MOS integrated
circuit
TN43
D DMOS 集成电路
双扩散型 MOS 集成电路

双扩散金属氧化物半导体集成
电路
S MOS 集成电路
Z 集成电路*

双扩散金属氧化物半导体集成电路
Y 双扩散 MOS 集成电路

双扩散晶体管
Y 扩散晶体管

双扩散型 MOS 集成电路
Y 双扩散 MOS 集成电路

双列直插式存储模块
dual inline memory module
TP33
D DIMM
S 存储模块
Z 存储器*

双列直插式封装
dual inline package
TN05
D DIP 封装
S 半导体封装**
- 陶瓷双列直插式封装

双路由
dual routing
TN915 TP393.2
S 路由*

双面 PCB
Y 双面印制电路板

双面印刷电路板
Y 双面印制电路板

双面印制电路板
dual-sided printed circuit board
TN41
D 双面 PCB
双面印刷电路板
S 印制电路板*

双模分频器
dual-mode frequency divider
TN772
S 分频器*
- 双模前置分频器

双模光纤
dual-mode fiber
TN252 TN818
S 光纤*

双模激光
Y 双频激光器

双模激光器
Y 双频激光器

双模前置分频器
dual-mode prescaler
TN772
D 双模预分频器
S 前置分频器
双模分频器
Z 分频器*

双模手机
dual-mode mobile phone
TN92
D 双模终端
S 手机
L 无线通信设备**

双模谐振器
dual-mode resonator
TN75
S 谐振器*

双模移相器
dual-mode phase shifter
TN76
S 移相器*

双模预分频器
Y 双模前置分频器

双模终端
Y 双模手机

双目立体视觉
binocular stereo vision
TP391 TP18
S 机器视觉*

双频段电台
Y 双波段电台

双频段天线
Y 双频天线

双频激光
Y 双频激光器

双频激光器
dual frequency laser
TN248
D 双模激光
双模激光器
双波长激光
双频激光
S 激光器*
- 双频气体激光器
- 双折射双频激光器

双频接收机
dual frequency receiver
TN85
　　S 接收设备*
　　C 双频网

双频气体激光器
dual frequency gas laser
TN248
　　S 双频激光器
　　　气体激光器**

双频手机
dual band mobile phone
TN929.5
　　S 手机
　　C 双频信号
　　　双频微带天线
　　L 无线通信设备**

双频天线
dual band antenna
TN82
　　D 双频段天线
　　S 多频段天线
　　• 双频微带天线
　　C 双频信号
　　Z 天线*

双频网
dual band network
TN92
　　D 双频网络
　　S GSM 网络
　　C 双频接收机
　　L 移动通信网络**

双频网络
　　Y 双频网

双频微带天线
dual band microstrip antenna
TN82
　　S 双频天线
　　　微带天线
　　C 双频手机
　　L 微波天线**

双频信号
dual frequency signal
TN911
　　S 信号*
　　C 双频天线
　　　双频手机

双平衡差分模拟鉴相器
double balance differential analog phase detector
TN763.3
　　S 模拟鉴相器
　　Z 检波器*

双屏幕显示
　　Y 双屏显示

双屏显示
dual display
TP334.3
　　D 双屏幕显示
　　S 屏幕显示
　　Z 显示*

双曲线导航
hyperbolic navigation
TN96
　　S 无线电导航
　　Z 导航*

双三极管
dual triode
TN11
　　S 真空三极管
　　L 电子管**

双色探测器
two-color detector
TN953　TN215
　　S 探测器*

双施主掺杂
　　Y 施主掺杂

双时态数据库
　　Y 时态数据库

双水印
dual watermark
TP309
　　S 数字水印*

双随机相位编码
　　Y 随机相位编码

双随机相位加密
　　Y 随机加密

双天线
double antenna
TN82
　　S 天线*

双调谐滤波器
double tuned filter
TN713
　　S 调谐滤波器
　　Z 滤波器*

双通道测向机
dual channel direction finder
TN971
　　D 双信道测向机
　　S 测向机

　　Z 电子战装备*

双通道内存
dual channel memory
TP333
　　S 内存
　　Z 存储器*

双弯曲反射面天线
double curved reflector antenna
TN82
　　S 双反射面天线
　　Z 天线*

双稳触发器
　　Y 双稳态触发器

双稳激光器
bistable laser
TN248
　　D 双稳态激光器
　　S 稳频激光器
　　C 光学双稳器件
　　Z 激光器*

双稳态触发器
bistable flip flop
TP33　TN79
　　D 双稳态电路
　　　双稳触发器
　　S 触发器
　　L 数字电路**

双稳态电路
　　Y 双稳态触发器

双稳态激光器
　　Y 双稳激光器

双限比较器
　　Y 窗口比较器

双相移相键控
　　Y 二进制相移键控

双向 DC/DC 变换器
　　Y 双向直流变换器

双向 DC-DC 变换器
　　Y 双向直流变换器

双向 HFC 网
　　Y 双向 HFC 网络

双向 HFC 网络
bidirectional HFC network
TN915　TN94
　　D HFC 双向网
　　　HFC 双向网络
　　　双向 HFC 网

· 652 ·

S 光纤同轴电缆混合网
　　　有线电视双向网络
　　L 光纤网络**

双向触发二极管
　　Y 双向二极管

双向传输
　　Y 双向通信

双向电视
　　Y 交互式电视

双向二极管
bidirectional diode
TN31
　　D 双向触发二极管
　　S 半导体二极管
　　L 半导体分立器件**

双向放大器
bidirectional amplifier
TN72
　　S 放大器*

双向交替通信
　　Y 半双工通信

双向晶闸管
bidirectional thyristor
TN34
　　D 双向可控硅
　　　双向闸流晶体管
　　S 晶闸管
　　L 半导体分立器件**
　　　电力半导体器件**

双向可控硅
　　Y 双向晶闸管

双向联想记忆神经网络
bidirectional associative memory neural network
TP183
　　S 联想记忆神经网络
　　Z 人工神经网络*

双向耦合器
bidirectional coupler
TN929.1　TN62
　　S 耦合器*

双向认证
mutual authentication
TP393.08　TN918
　　S 信息安全认证*
　　C 会话密钥
　　　双向认证协议

双向认证协议
mutual authentication protocol
TN918　TP393.08
　　S 认证协议
　　C 双向认证
　　　射频识别
　　　读写设备
　　Z 通信协议*

双向身份认证
mutual identity authentication
TP309
　　S 身份认证
　　Z 信息安全认证*

双向数据传输
　　Y 双向数据通信

双向数据通信
two-way data communication
TP393　TN919
　　D 双向数据传输
　　S 双向通信
　　　数据通信
　　Z 通信*

双向天线
bidirectional antenna
TN82
　　S 天线*

双向通信
two-way communication
TN914
　　D 双向传输
　　　双向通讯
　　S 通信*
　　· 双工通信
　　· 双向数据通信

双向通讯
　　Y 双向通信

双向同时通信
　　Y 全双工通信

双向网
　　Y 广电双向网络

双向网络
　　Y 广电双向网络

双向寻呼
　　Y 无线寻呼

双向寻呼机
　　Y 寻呼机

双向移位寄存器
bidirectional shift register
TP33
　　S 移位寄存器
　　Z 寄存器*

双向闸流晶体管
　　Y 双向晶闸管

双向直流变换器
bidirectional DC converter
TM46
　　D 双向 DC-DC 变换器
　　　双向 DC/DC 变换器
　　S 直流-直流变换器
　　Z 变换器*

双协议栈
dual protocol stack
TP393　TN915
　　D 双 IP 协议栈
　　S 协议栈
　　C 网络地址转换-协议转换
　　Z 通信协议*

双芯光纤
twin-core fiber
TN818
　　S 光纤*
　　· 双芯光子晶体光纤

双芯光子晶体光纤
dual-core photonic crystal fiber
TN25
　　S 光子晶体光纤
　　　双芯光纤
　　Z 光纤*

双信道测向机
　　Y 双通道测向机

双信号接收机
dual signal receiver
TN85
　　S 接收设备*

双星导航定位系统
dual star navigation position system
TN966
　　D 双星定位系统
　　S 全球卫星导航系统
　　Z 导航系统*

双星定位系统
　　Y 双星导航定位系统

双选信道
　　Y 双选择性信道

双选择性信道
double selective channel
TN911
　　D 双选信道
　　S 信道*

双以太网
double Ethernet
TP393.1
　　S 以太网
　　L 局域网**

双异质结
double heterojunction
TN305
　　S 异质结
　　C 双异质结激光器
　　Z 半导体结*

双异质结激光器
double heterojunction laser
TN248
　　S 异质结激光器
　　C 双异质结
　　L 固体激光器**

双异质结晶体管
double heterojunction transistor
TN32
　　S 异质结晶体管
　　L 半导体分立器件**

双因素认证
　　Y 双因素身份认证

双因素身份认证
two-factor authentication
TP309
　　D 双因子认证
　　　双因素认证
　　S 身份认证
　　Z 信息安全认证*

双因子认证
　　Y 双因素身份认证

双阴极二极管
　　Y 电子二极管

双音多频信号
dual-tone multifrequency signal
TN911　TN916
　　D DTMF 信号
　　　双音频信号
　　S 多频信号
　　　通信信号
　　C DTMF 收发器
　　Z 信号*

双音频信号
　　Y 双音多频信号

双硬盘
dual hard disk
TP333
　　S 硬盘
　　L 外存储器**

　　　磁存储器**

双圆极化
dual circular polarization
TN82
　　S 圆极化
　　Z 电磁波极化*

双圆锥天线
　　Y 双锥天线

双运算放大器
double operational amplifier
TN72
　　S 运算放大器
　　Z 放大器*

双栅 MOSFET
　　Y 双栅 MOS 场效应晶体管

双栅 MOS 场效应晶体管
double gate MOSFET
TN386
　　D 双栅 MOSFET
　　S MOS 场效应晶体管
　　L MOS 器件**
　　　半导体分立器件**

双站 SAR
　　Y 双基地合成孔径雷达

双站合成孔径雷达
　　Y 双基地合成孔径雷达

双折射光纤
birefringence fiber
TN25
　　S 光纤*
　　• 高双折射光纤

双折射双频激光器
birefringence dual frequency laser
TN248
　　S 双频激光器
　　Z 激光器*

双种群遗传算法
dual population genetic algorithm
TP183
　　S 遗传算法
　　Z 算法*

双锥天线
biconical antenna
TN82
　　D 双圆锥天线
　　S 锥形天线
　　Z 天线*

双总线
dual bus
TP336
　　D 两总线
　　　二总线
　　S 总线*
　　• 双 CAN 总线

双足步行机器人
　　Y 双足机器人

双足仿人机器人
　　Y 仿人机器人

双足机器人
bipedal robot
TP242
　　D 双足步行机器人
　　S 多足机器人
　　Z 机器人*

水底光缆
　　Y 海底光缆

水雷回避声呐
　　Y 探雷声呐

水雷回避声纳
　　Y 探雷声呐

水利通信专网
water resource communication private network
TN915
　　D 水利专用通信网
　　S 专用通信网
　　Z 通信网络*

水利专用通信网
　　Y 水利通信专网

水平极化
horizontal polarization
TN82
　　S 线极化
　　C 全向天线
　　　水平极化天线
　　Z 电磁波极化*

水平极化天线
horizontal polarization antenna
TN82
　　S 极化天线
　　• 蝙蝠翼形天线
　　C 水平极化
　　Z 天线*

水平集算法
level set algorithm
TP391
　　S 数值算法

Z 算法*

水平腔面发射激光器
horizontal cavity surface
emitting laser
TN248
　　D HCSEL
　　S 面发射激光器
　　L 固体激光器**

水溶性助焊剂
water-soluble flux
TN04
　　S 助焊剂
　　Z 电子材料*

水声传感器
underwater acoustic sensor
TP212
　　D 水下声学传感器
　　S 声学传感器
　　　水下传感器
　　C 水声导航
　　L 物理传感器**

水声传感器网络
　　Y 水下传感器网络

水声导航
underwater acoustic navigation
TN96
　　D 声学导航
　　S 水下导航
　　C 声制导
　　　声呐传感器
　　　水声传感器
　　Z 导航*

水声对抗
underwater acoustic warfare
TN97
　　D 声纳对抗
　　　水声对抗技术
　　　水声战
　　S 电子对抗**
　　• 水声反干扰
　　• 水声侦察
　　C 回声隐藏
　　　水声对抗装备

水声对抗技术
　　Y 水声对抗

水声对抗器材
　　Y 水声对抗装备

水声对抗装备
hydroacoustic countermeasure
equipment
TN97
　　D 水声对抗器材

　　　S 电子战装备*
　　• 声诱饵
　　• 声自导鱼雷
　　• 水声侦察仪
　　• 噪声干扰器
　　C 水声对抗

水声反干扰
hydroacoustic anti-jamming
TN973
　　D 反水声干扰
　　　水声抗干扰
　　S 水声对抗
　　　电子反干扰
　　L 电子对抗**

水声换能器
underwater acoustic transducer
TN712
　　S 电声换能器
　　Z 换能器*

水声换能器基阵
　　Y 声呐基阵

水声假目标
　　Y 声诱饵

水声抗干扰
　　Y 水声反干扰

水声通信
underwater acoustic communication
TN92
　　D 水音通信
　　S 水下通信
　　• 高速水声通信
　　• 水声语音通信
　　• 远程水声通信
　　C 水声信号
　　　水声信号分析
　　　水声信道
　　　水声通信网
　　　通信声呐
　　Z 通信*

水声通信机
　　Y 通信声呐

水声通信网
underwater acoustic communication
network
TN915
　　S 无线通信网络**
　　C 水声通信

水声通信信号
　　Y 水声信号

水声通信装置
　　Y 通信声呐

水声信标
　　Y 声呐信标

水声信道
underwater acoustic channel
TN911
　　S 无线信道
　　C 水声信号分析
　　　水声通信
　　Z 信道*

水声信号
underwater acoustic signal
TN911
　　D 水下声信号
　　　水声通信信号
　　S 声信号
　　C 声呐传感器
　　　水声侦察仪
　　　水声信号分析
　　　水声通信
　　　通信声呐
　　Z 信号*

水声信号分析
unerwater acoustic signal
analysis
TN911
　　S 信号分析*
　　C 水声信号
　　　水声信道
　　　水声通信

水声诱饵
　　Y 声诱饵

水声语音通信
underwater acoustic voice
communication
TN92
　　S 水声通信
　　　语音通信
　　Z 通信*

水声远程通信
　　Y 远程水声通信

水声战
　　Y 水声对抗

水声侦察
hydroacoustic reconnaissance
TN971
　　D 声呐侦察
　　　声纳侦察
　　　水声侦察技术
　　S 水声对抗
　　　电子侦察
　　C 水声侦察仪
　　L 电子对抗**

水声侦察机
  Y 水声侦察仪

水声侦察技术
  Y 水声侦察

水声侦察仪
hydroacoustic reconnaissance instrument
TN971
  D 侦察声呐
    水声侦察机
  S 水声对抗装备
  C 声呐传感器
    水声侦察
    水声信号
  Z 电子战装备*

水下测向
underwater direction finding
TN215
  D 水下方向探测
  S 测向*

水下传感器
underwater sensor
TP212
  S 传感器*
  • 水声传感器
  C 水下传感器网络
    水下目标跟踪

水下传感器网络
underwater sensor network
TP212 TN92
  D 水下无线传感器网络
    水声传感器网络
  S 无线传感器网络
  C 水下传感器
    水下目标跟踪
  L 物联网**

水下导航
underwater navigation
TN96
  S 航海导航
  • 水声导航
  • 水下地形辅助导航
  Z 导航*

水下地形辅助导航
underwater terrain assisted navigation
TN966
  S 地形辅助导航
    水下导航
  Z 导航*

水下电视摄像机
  Y 水下摄像机

水下方向探测
  Y 水下测向

水下跟踪
  Y 水下目标跟踪

水下光通信
underwater optical communication
TN929.1
  S 光通信**
    水下通信
  • 水下激光通信
  • 水下可见光通信

水下机器人
underwater robot
TP242
  S 特种机器人
  Z 机器人*

水下激光器
underwater laser
TN248
  S 激光器*
  C 水下激光通信

水下激光通信
underwater laser communication
TN929.1
  D 蓝绿激光通信
  S 水下光通信
    激光通信
  C 水下激光器
  L 光通信**

水下可见光通信
underwater visible light communication
TN929.1
  S 可见光通信
    水下光通信
  L 光通信**
    无线通信**

水下目标跟踪
underwater target tracking
TN971
  D 水下跟踪
  S 目标跟踪*
  C 水下传感器
    水下传感器网络
    水下目标识别

水下目标识别
underwater target recognition
TN971
  S 目标识别
  C 水下目标跟踪
  Z 信息识别*

水下摄像机
underwater video camera
TN948
  D 水下电视摄像机
  S 摄像机
  Z 电视设备*

水下声信号
  Y 水声信号

水下声学传感器
  Y 水声传感器

水下通信
underwater communication
TN92
  S 通信*
  • 水声通信
  • 水下光通信
  C 声呐信号处理

水下无线传感器网络
  Y 水下传感器网络

水音通信
  Y 水声通信

水银继电器
mercury relay
TM58
  S 继电器*

水印编码
watermark coding
TP393.08
  S 保密编码
  C 水印信道
  Z 编码*

水印攻击
watermark attack
TP393.08 TN918
  S 网络攻击**
  C 水印检测

水印检测
watermark detection
TP393.08 TN918
  S 信息隐藏检测
    数字水印技术
  C 水印攻击
  L 信息隐藏**

水印嵌入
watermark embedding
TP309 TN918
  S 数字水印技术
  C 盲水印算法
  L 信息隐藏**

水印认证
watermark authentication
TP309
　　D 水印验证
　　S 加密认证
　　Z 信息安全认证*

水印算法
watermark algorithm
TP301
　　S 加解密算法
　　• 零水印算法
　　• 盲水印算法
　　• 视频水印算法
　　• 数字水印算法
　　C 水印信道
　　Z 算法*

水印提取
watermark extraction
TP391
　　S 信息抽取**
　　　数字水印技术

水印信道
watermark channel
TN911　TP309
　　D 数字水印信道
　　S 安全信道
　　C 水印算法
　　　水印编码
　　Z 信道*

水印验证
　　Y 水印认证

税控打印机
　　Y 税票打印机

税票打印机
tax receipt printer
TP334.3
　　D 税控打印机
　　S 票据打印机
　　Z 外部设备*

顺序程序
　　Y 顺序程序设计

顺序程序设计
sequential programming
TP311
　　D 顺序程序
　　S 软件设计
　　Z 软件工程*

顺序存储
sequential storage
TP30
　　S 信息存储*

顺序存取存储器
　　Y 串行存储器

顺序计算机
　　Y 时序计算机

顺序滤波
sequential filtering
TN713
　　S 滤波*
　　• 顺序形态滤波

顺序模式识别
sequential pattern recognition
TP391.4
　　D 序列模式识别
　　S 模式识别
　　C 序列模式挖掘
　　Z 信息识别*

顺序数据结构
sequential data structure
TP391
　　S 数据结构*

顺序形态滤波
order morphology filtering
TN713
　　S 形态滤波
　　　顺序滤波
　　Z 滤波*

瞬变电压抑制器
　　Y 瞬态电压抑制二极管

瞬变信号
　　Y 瞬态信号

瞬间测频接收机
　　Y 瞬时测频接收机

瞬间通信
　　Y 突发通信

瞬时测频
instantaneous frequency measurement
TN971
　　D 非搜索法测频
　　S 频率侦察
　　C 瞬时测频接收机
　　L 电子对抗**

瞬时测频接收机
instantaneous frequency measuring receiver
TN971　TN85
　　D 瞬时频率指示接收机
　　　瞬间测频接收机
　　S 测频接收机
　　　非搜索式接收机

　　C 瞬时测频
　　Z 接收设备*

瞬时测向
instantaneous direction finding
TN971
　　S 测向*

瞬时传输
　　Y 突发传输

瞬时浮点放大器
instantaneous floating point amplifier
TN72
　　S 放大器*

瞬时攻击
zero-day attack
TP393.08
　　S 网络攻击**

瞬时频率指示接收机
　　Y 瞬时测频接收机

瞬时信号
　　Y 瞬态信号

瞬态电磁散射
transient electromagnetic scattering
TN011
　　S 电波散射传播
　　Z 电磁波散射*
　　　电波传播*

瞬态电压抑制二极管
transient voltage suppressor
TN313
　　D TVS 管
　　　瞬变电压抑制器
　　　瞬态电压抑制器
　　S 半导体二极管
　　L 半导体分立器件**

瞬态电压抑制器
　　Y 瞬态电压抑制二极管

瞬态互调失真
transient intermodulation distortion
TN7
　　D TIM 失真
　　S 互调失真
　　　瞬态失真
　　L 信号失真**

瞬态失真
transient distortion
TN91
　　S 非线性失真

电子信息技术叙词表

• 瞬态互调失真
L 信号失真**

瞬态信号
transient signal
TN911
D 瞬变信号
  瞬时信号
S 信号*

说话人辨认
Y 声纹识别

说话人辨识
Y 声纹识别

说话人聚类
speaker clustering
TP391.3
S 聚类*

说话人确认
Y 声纹识别

说话人识别
Y 声纹识别

说话人识别技术
Y 声纹识别

说明语言
specification language
TP312
D 语言规格说明
S 计算机语言*
• 功能规约语言
• 属性说明语言
• 需求规格说明语言

丝网漏印
Y 丝网印刷法

丝网印刷法
silk screen print method
TN05
D 丝网漏印
S 电子工艺*

私人密钥
Y 私钥

私人数据
Y 私有数据

私人信息安全
Y 个人信息安全

私钥
private key
TN918 TP309
D 私人密钥
  私有密钥
S 密钥*
C 不可伪造性
  对称加密
  私钥密码
  私钥密码体制

私钥加密
Y 对称加密

私钥密码
private key cipher
TN918
S 密码*
C 私钥

私钥密码体制
private key cryptosystem
TP309 TP393.08 TN918
D 传统密码体制
  单钥体制
  对称加密体制
  对称密码体制
  对称密钥密码体制
  对称式密码体制
  私钥体制
  私钥密码系统
S 密码体制
C 对称加密算法
  数字信封
  私钥
Z 信息安全体系*

私钥密码系统
Y 私钥密码体制

私钥体制
Y 私钥密码体制

私有密钥
Y 私钥

私有数据
private data
TP391
D 私人数据
S 数据*

思维进化算法
mind evolutionary algorithm
TP18 TP301
S 进化算法
Z 算法*

斯托克斯散射
Stokes scattering
TN011
S 光散射
Z 电磁波散射*

四臂螺旋天线
quadrifilar helix antenna
TN82
S 螺旋天线
Z 天线*

四叉树编码
quadtree encoding
TP391 TN919
S 树型编码
Z 编码*

四方扁平封装
quadflat package
TN05
D QFP
  四面扁平封装
S 扁平封装
L 半导体封装**

四分频
Y 四分频器

四分频电路
Y 四分频器

四分频器
four frequency divider
TN772
D 四分频
  四分频电路
S 偶数分频器
Z 分频器*

四核处理器
quad-core processor
TP33
S 多核处理器
Z 微处理器*

四极管
tetrode
TN11
D 束射四极管
S 多极管
L 电子管**

四面扁平封装
Y 四方扁平封装

四面体网格
tetrahedral mesh
TP391
S 网格*

四能级激光器
four-level laser
TN248
S 激光器*

• 658 •

四探针测试技术
four-probe testing technique
TM93
　　D 四探针技术
　　S 半导体测试
　　Z 半导体工艺*

四探针测试仪
four-probe tester
TN305
　　S 半导体测试设备
　　C 半导体材料
　　Z 电子测量仪器*

四探针技术
　　Y 四探针测试技术

四相编码
quadri-phase coding
TN95
　　S 相位编码
　　C 四相编码信号
　　Z 编码*

四相编码信号
quadri-phase coding signal
TN911
　　S 相位编码信号
　　C 四相编码
　　Z 信号*

四相差分相移键控
　　Y 差分四相移相键控

四相移相键控
quadrature phase shift keying
TN76
　　D QPSK
　　　　QPSK 调制
　　　　正交相移键控
　　S 正交调制
　　　　相移键控
　　• 差分四相移相键控
　　• 偏移四相移相键控
　　C 四相移相键控解调
　　L 数字调制**

四相移相键控解调
quadrature phase shift keying demodulation
TN76
　　D QPSK 解调
　　S 移相键控解调
　　C 四相移相键控
　　Z 解调*

四象限光电探测器
　　Y 四象限探测器

四象限探测器
quadrant photodetector

TN36　TN2
　　D 四象限光电探测器
　　S 位置敏感探测器
　　L 光学探测器**
　　　　半导体敏感器件**

四一七条码
　　Y PDF417 条码

四元半导体
　　Y 四元化合物半导体

四元固溶体半导体
　　Y 四元化合物半导体

四元化合物半导体
quaternary compound semiconductor
TN304
　　D 四元半导体
　　　　四元固溶体半导体
　　S 化合物半导体**
　　• 铝镓铟磷
　　• 钛酸锶铅

四足步行机器人
　　Y 四足机器人

四足仿生机器人
　　Y 四足机器人

四足机器人
quadruped robot
TP242
　　D 仿生四足机器人
　　　　四足仿生机器人
　　　　四足步行机器人
　　　　机器狗
　　S 多足机器人
　　Z 机器人*

伺服-测速机组
servo-tachogenerator set
TM35
　　S 控制电机
　　Z 微特电机*

伺服电动机
servo motor
TM35
　　D 伺服电机
　　　　执行电机
　　S 控制电机
　　• 交流伺服电动机
　　• 直流伺服电动机
　　Z 微特电机*

伺服电机
　　Y 伺服电动机

伺服电路
　　Y 控制电路

伺服放大器
servo amplifier
TN72
　　D 控制放大器
　　　　转矩放大器
　　S 放大器*

伺服跟踪
servo tracking
TN92　TP33　TP2
　　S 跟踪*

搜索测频法
　　Y 搜索法测频

搜索测向法
　　Y 搜索法测向

搜索法测频
scanning frequency measurement
TN971
　　D 搜索测频法
　　S 频率侦察
　　C 搜索接收机
　　L 电子对抗**

搜索法测向
search method direction finding
TN971　TN953
　　D 搜索测向法
　　　　窄波束测向
　　S 无线电测向
　　Z 测向*

搜索工具
　　Y 搜索引擎

搜索接收机
search receiver
TN85　TN971
　　D 扫描接收机
　　　　搜索式接收机
　　S 接收设备*
　　• 全景接收机
　　• 压缩接收机
　　C 搜索法测频

搜索雷达
acquisition radar
TN958
　　D 环视雷达
　　S 雷达*

搜索软件
　　Y 搜索引擎

搜索式接收机
　　Y 搜索接收机

搜索算法
search algorithm

TP301
  S 算法*
  • 二进制搜索算法
  • 广度优先搜索算法
  • 混沌搜索算法
  • 禁忌搜索算法
  • 局部搜索算法
  • 快速搜索算法
  • 量子搜索算法
  • 模式搜索算法
  • 启发式搜索算法
  • 全搜索算法
  • 三步搜索算法
  • 深度优先搜索算法
  • 树搜索算法
  • 资源搜索算法
  C 块匹配
    无结构对等网络

搜索天线
search antenna
TN82
  S 天线*

搜索引擎
search engine
TP391 TP393
  D 搜索工具
    搜索引擎技术
    搜索软件
  S 工具软件**
  • 垂直搜索引擎
  • 元搜索引擎
  • 智能搜索引擎
  C 信息检索
    网络爬虫

搜索引擎技术
  Y 搜索引擎

搜索引擎优化
  Y 搜索优化

搜索优化
searching optimization
TP391
  D 搜索引擎优化
  S 信息优化
  Z 信息处理*

速度传感器
speed sensor
TP212
  S 物理传感器**
  • 风速传感器
  • 加速度传感器
  • 角速度传感器
  • 轮速传感器

速度干扰
  Y 速度欺骗干扰

速度欺骗
  Y 速度欺骗干扰

速度欺骗干扰
velocity deception jamming
TN972
  D 多普勒干扰
    速度干扰
    速度欺骗
  S 欺骗干扰
  C 多普勒跟踪
  L 电子对抗**

速度调制管
  Y 速调管

速度显示器
velocity display
TN87
  D 速度指示器
  S 显示器
  Z 显示设备*

速度指示器
  Y 速度显示器

速率适配
  Y 速率自适应

速率自适应
rate adaptation
TN92 TN916
  D 速率适配
  S 自适应*

速调放大器
  Y 速调管放大器

速调管
klystron
TN12
  D 速度调制管
  S 微波电子管
  • 大功率速调管
  • 带状注速调管
  • 多腔速调管
  • 多注速调管
  • 反射速调管
  • 分布作用速调管
  • 感应输出管
  • 光学速调管
  • 回旋速调管
  • 扩展互作用速调管
  • 相对论速调管
  • 行波速调管
  • 栅控速调管
  C 高压电源
  L 微波管**

速调管放大器
klystron amplifier
TN72
  D 速调放大器
  S 微波管放大器
  • 回旋速调管放大器
  • 相对论速调管放大器
  Z 放大器*

速调四极管
  Y 感应输出管

塑封
  Y 塑料封装

塑封材料
plastic sealed material
TM2 TN304
  S 封装材料
  C 塑封集成电路
    塑料封装
  Z 电子材料*

塑封集成电路
plastic sealed integrated circuit
TN4
  D 塑封微电路
    塑料集成电路
  S 集成电路*
  C 塑封材料

塑封技术
  Y 塑料封装

塑封微电路
  Y 塑封集成电路

塑料封装
plastic package
TN05
  D 塑封
    塑封技术
  S 半导体封装**
  C 塑封材料
    塑料激光器

塑料光纤
plastic optical fiber
TN25
  D POF
    塑料光学纤维
  S 光纤*
  • 渐变型塑料光纤
  C 塑料激光器

塑料光学纤维
  Y 塑料光纤

塑料激光器
plastic laser
TN248
  S 激光器*
  C 塑料光纤

塑料封装

塑料集成电路
　　Y 塑封集成电路

塑料球栅阵列
　　Y 塑料球栅阵列封装

塑料球栅阵列封装
plastic ball gate array package
TN305
　　D PBGA
　　　　PBGA 封装
　　　　塑料球栅阵列
　　S 球栅阵列封装
　　L 半导体封装**

塑料太阳能电池
　　Y 有机薄膜太阳能电池

宿主程序
host program
TP311　TP309
　　S 工具软件**
　　C 宿主机
　　　　宿主系统

宿主机
host machine
TP338
　　S 计算机*
　　C 宿主程序
　　　　宿主系统

宿主系统
host-based system
TP338　TP311
　　S 计算机系统*
　　C 宿主机
　　　　宿主程序

宿主型数据操纵语言
　　Y 宿主语言

宿主语言
host language
TP392　TP312
　　D 宿主型数据操纵语言
　　S 数据库语言
　　Z 计算机语言*

算法*
algorithm
TP301
- 安全算法
- 逼近算法
- 编解码算法
- · 编码算法
- · · 语音编码算法
- · · 预编码算法
- · 解码算法

- · · 和积算法
- · · 维特比算法
- 变换算法
- 辨识算法
- 标量乘算法
- 并行算法
- · 并行遗传算法
- · · 粗粒度并行遗传算法
- · · 伪并行遗传算法
- 捕获算法
- 布局算法
- 布线算法
- 测向算法
- 层次算法
- 查询算法
- 查找算法
- · 路由查找算法
- 常数模算法
- 抽取算法
- 调度算法
- · 动态调度算法
- · 队列调度算法
- · 分布式调度算法
- · 分组调度算法
- · 公平调度算法
- · 静态调度算法
- · 启发式调度算法
- · 任务调度算法
- · · 网格任务调度算法
- · 实时调度算法
- · 数据信道调度算法
- · 资源调度算法
- 定位算法
- · 三边定位算法
- · 质心定位算法
- · · 加权质心定位算法
- 多孔算法
- 多数投票算法
- 发现算法
- · 服务发现算法
- · 拓扑发现算法
- 反馈算法
- 泛洪算法
- 仿生算法
- 粒子群算法
- · 二进制粒子群算法
- · 改进粒子群算法
- · 混合粒子群算法
- · 混沌粒子群算法
- · 离散粒子群算法
- · 量子粒子群算法
- · 免疫粒子群算法
- · 随机粒子群算法
- · 文化粒子群算法
- · 遗传粒子群算法
- 免疫算法
- · 免疫进化算法
- · 免疫克隆选择算法
- · · 动态克隆选择算法
- · 免疫粒子群算法
- · 免疫遗传算法
- · · 自适应免疫遗传算法
- · 免疫优化算法
- · 自适应免疫算法

- · · · 自适应免疫遗传算法
- · 人工蜂群算法
- · 人工鱼群算法
- · 蚁群算法
- · · 改进蚁群算法
- · · 混合蚁群算法
- · · 连续蚁群算法
- · · 量子蚁群算法
- · · 蚁群系统算法
- · · 蚁群遗传算法
- · · 自适应蚁群算法
- 仿真算法
- 分布式算法
- · 分布式调度算法
- · 分布式路由算法
- · 分布式遗传算法
- 分簇算法
- · LEACH 算法
- · 成簇算法
- · 簇头选举算法
- · 分簇路由算法
- 分割算法
- 分类算法
- · 贝叶斯分类算法
- · · 朴素贝叶斯分类算法
- · 多重信号分类算法
- · 决策树分类算法
- 分离算法
- · 盲信号分离算法
- 分配算法
- · 波长分配算法
- · 带宽分配算法
- · · 动态带宽分配算法
- · 功率分配算法
- 分形算法
- 傅里叶算法
- · 分步傅里叶算法
- · 快速傅里叶算法
- · 全波傅里叶算法
- 跟踪算法
- · 均值漂移算法
- · 匹配追踪算法
- 功率倒置算法
- 公平算法
- · 比例公平算法
- · 公平调度算法
- 估计算法
- · 分布估计算法
- · 频偏估计算法
- · 信道估计算法
- · 运动估计算法
- · 最大似然算法
- · · 期望最大化算法
- · 最大熵算法
- 广播算法
- · 广播路由算法
- 核心算法
- 合成算法
- 恒模算法
- · 最小二乘恒模算法
- 滑动窗口算法
- 缓存替换算法
- 恢复算法
- 回溯算法

- 汇聚算法
- 混合算法
  - 混合粒子群算法
  - 混合启发式算法
  - 混合蛙跳算法
  - 混合学习算法
  - 混合遗传算法
    - 混合遗传模拟退火算法
    - 自适应混合遗传算法
  - 混合蚁群算法
  - 混合优化算法
  - 混合智能算法
- 伙伴算法
- 几何算法
  - 凸包算法
  - 辛几何算法
- 加解密算法
  - 加密算法
    - RC4 算法
    - 安全散列算法
    - 对称加密算法
      - AES 算法
      - DES 算法
      - IDEA 算法
    - 非对称加密算法
      - RSA 算法
      - 椭圆曲线加密算法
        - 椭圆曲线数字签名算法
    - 分组加密算法
    - 流密码算法
    - 数据加密算法
    - 消息摘要算法
  - 解密算法
  - 数字签名算法
    - 椭圆曲线数字签名算法
  - 水印算法
    - 零水印算法
    - 盲水印算法
    - 视频水印算法
    - 数字水印算法
- 检测算法
  - 边缘检测算法
  - 随机早期检测算法
  - 序贯相似性检测算法
  - 异常检测算法
- 检索算法
  - 实例检索算法
  - 信息检索算法
- 检验算法
- 降维算法
- 交叉覆盖算法
- 金字塔算法
- 进化算法
  - 差分进化算法
  - 多目标进化算法
  - 进化规划算法
  - 粒子群算法
    - 二进制粒子群算法
    - 改进粒子群算法
    - 混合粒子群算法
    - 混沌粒子群算法
    - 离散粒子群算法
    - 量子粒子群算法
    - 免疫粒子群算法
    - 随机粒子群算法
    - 文化粒子群算法
    - 遗传粒子群算法
  - 量子进化算法
  - 免疫进化算法
  - 思维进化算法
  - 蛙跳算法
    - 混合蛙跳算法
  - 微分进化算法
  - 文化算法
    - 文化基因算法
    - 文化粒子群算法
  - 协同进化算法
    - 协同进化遗传算法
  - 遗传算法
    - 标准遗传算法
    - 病毒进化遗传算法
    - 并行遗传算法
      - 粗粒度并行遗传算法
      - 伪并行遗传算法
    - 单亲遗传算法
    - 递阶遗传算法
    - 多岛遗传算法
    - 多目标遗传算法
      - 非支配排序遗传算法
    - 多值编码遗传算法
    - 多智能体遗传算法
    - 多种群遗传算法
    - 分布式遗传算法
    - 分层遗传算法
    - 浮点遗传算法
    - 改进遗传算法
    - 广义遗传算法
    - 混合遗传算法
      - 混合遗传模拟退火算法
      - 自适应混合遗传算法
    - 基本遗传算法
    - 基因表达式编程算法
    - 佳点集遗传算法
    - 加速遗传算法
    - 简单遗传算法
    - 交互式遗传算法
    - 紧致遗传算法
    - 量子遗传算法
    - 免疫遗传算法
      - 自适应免疫遗传算法
    - 模糊遗传算法
    - 启发式遗传算法
    - 实数编码遗传算法
    - 双种群遗传算法
    - 贪心遗传算法
    - 微种群遗传算法
    - 文化基因算法
    - 小生境遗传算法
    - 协同进化遗传算法
    - 序列比对算法
    - 遗传聚类算法
    - 遗传模拟退火算法
      - 混合遗传模拟退火算法
      - 自适应模拟退火遗传算法
    - 蚁群遗传算法
    - 正交遗传算法
    - 自适应遗传算法
      - 自适应混合遗传算法
      - 自适应免疫遗传算法
      - 自适应模拟退火遗传算法
- 局内算法
- 聚集算法
- 距离算法
  - 距离向量算法
  - 距离徙动算法
- 卷积算法
- 均值算法
  - K 均值聚类算法
  - 均值漂移算法
- 可视化算法
- 空域算法
- 控制算法
  - 复合控制算法
  - 功率控制算法
  - 接纳控制算法
  - 流量控制算法
    - 令牌桶算法
  - 码率控制算法
  - 模糊控制算法
    - 模糊 PID 算法
  - 实时控制算法
  - 拥塞控制算法
    - 主动队列管理算法
- 快速算法
  - 快速傅里叶算法
  - 快速排序算法
  - 快速搜索算法
- 联合算法
- 量子算法
  - 量子进化算法
  - 量子粒子群算法
  - 量子搜索算法
  - 量子遗传算法
  - 量子蚁群算法
- 路径算法
  - A 星算法
  - 关键路径算法
  - 路径选择算法
  - 最短路径算法
    - 狄克斯特拉算法
    - 弗洛伊德算法
- 路由算法
  - QoS 路由算法
  - 单播路由算法
  - 动态路由算法
  - 分布式路由算法
  - 分簇路由算法
  - 广播路由算法
  - 距离向量算法
  - 路由查找算法
  - 自适应路由算法
  - 组播路由算法
  - 最短路由算法
- 盲算法
  - 盲波束形成算法
  - 盲均衡算法
  - 盲水印算法
  - 盲信号分离算法
- 迷宫算法
- 模糊算法
  - 模糊控制算法
    - 模糊 PID 算法

- · · 模糊遗传算法
- 模幂算法
- 模拟算法
- · 模拟进化算法
- · 模拟退火算法
- · · 遗传模拟退火算法
- · · · 混合遗传模拟退火算法
- · · · 自适应模拟退火算法
- · · · 自适应模拟退火遗传算法
- · 模拟植物生长算法
- 模型算法
- · 多模型算法
- · · 变结构多模型算法
- · · 交互式多模型算法
- 爬山算法
- 爬行算法
- 排序算法
- · 快速排序算法
- · 拓扑排序算法
- · 网页排序算法
- 排样算法
- 碰撞算法
- 匹配算法
- · 地图匹配算法
- · 块匹配算法
- · 立体匹配算法
- · 模式匹配算法
- · 匹配追踪算法
- · 相关匹配算法
- · 最大匹配算法
- 平滑算法
- 评价算法
- 追零算法
- 切换算法
- 去噪算法
- 认证算法
- 融合算法
- 容错算法
- 软件算法
- 三角形算法
- 散列算法
- · 安全散列算法
- · 一致性哈希算法
- 扫描算法
- 筛选算法
- 生长算法
- · 模拟植物生长算法
- · 区域生长算法
- · 三角网生长算法
- 生成算法
- · 测试生成算法
- · 规则生成算法
- · 逐点生成算法
- · 自动生成算法
- 拾取算法
- 时间算法
- · 任意时间算法
- · 时间同步算法
- · 时序算法
- · 逃逸时间算法
- 实时算法
- · 实时调度算法
- · 实时控制算法

- 收缩算法
- 树形算法
- 分支定界算法
- 决策树算法
- · · ID3 算法
- · 分类和回归算法
- · 剪枝算法
- · 决策树分类算法
- 联合树算法
- 树搜索算法
- 最小生成树算法
- 数据挖掘算法
- 关联规则算法
- · 概率数据关联算法
- · 航迹关联算法
- · 频繁项集挖掘算法
- · · Apriori 算法
- · · 频繁模式增长算法
- 聚类算法
- · K 均值聚类算法
- · 层次聚类算法
- · 动态聚类算法
- · 覆盖聚类算法
- · 减聚类算法
- · 遗传聚类算法
- 数值算法
- 插值算法
- · 分形插值算法
- · · 内插算法
- 积分算法
- 水平集算法
- 搜索算法
- 二进制搜索算法
- 广度优先搜索算法
- 混沌搜索算法
- 禁忌搜索算法
- 局部搜索算法
- 快速搜索算法
- 量子搜索算法
- 模式搜索算法
- 启发式搜索算法
- 全搜索算法
- 三步搜索算法
- 深度优先搜索算法
- 树搜索算法
- 资源搜索算法
- 随机算法
- 随机抽样一致性算法
- 随机粒子群算法
- 随机森林算法
- 随机梯度算法
- · · 随机并行梯度下降算法
- 随机早期检测算法
- 索引算法
- 贪心算法
- 梯度算法
- 随机梯度算法
- · · 随机并行梯度下降算法
- 梯度下降算法
- · · 随机并行梯度下降算法
- 自然梯度算法
- 提取算法
- 统计算法
- · 贝叶斯算法

- · · 贝叶斯分类算法
- · · · 朴素贝叶斯分类算法
- · · 贝叶斯网络推理算法
- · · 贝叶斯优化算法
- · 蒙特卡罗算法
- 投影算法
- · 灰度投影算法
- · 交替投影算法
- 图论算法
- · 遍历算法
- · 着色算法
- · 最小生成树算法
- 图像算法
- · 边缘检测算法
- · 超分辨率重建算法
- · 成像算法
- · · CS 成像算法
- · · 波数域算法
- · · 极坐标格式算法
- · · 距离多普勒算法
- · 分水岭算法
- · 腐蚀算法
- · 聚焦算法
- · 膨胀算法
- · 区域生长算法
- · 序贯相似性检测算法
- · 亚像素算法
- · 置乱算法
- 图形算法
- · 裁剪算法
- · 画家算法
- · 绘制算法
- · 填充算法
- · · 区域填充算法
- · · 扫描线算法
- · 消隐算法
- · 退避算法
- 拓扑算法
- · 拓扑发现算法
- · 拓扑排序算法
- 网格算法
- · 网格简化算法
- · 网格任务调度算法
- 网络流算法
- 洗出算法
- 线性算法
- · 局部线性嵌入算法
- 相关算法
- · 互相关算法
- · 相关匹配算法
- · 自相关算法
- 相似度算法
- 相位展开算法
- 相移算法
- 消息传递算法
- · 置信传播算法
- 小波算法
- · 小波包算法
- · 小波分解算法
- · 小波提升算法
- 校验算法
- 校正算法
- 协调算法
- 协同过滤算法

- 协同算法
- 选举算法
- · 簇头选举算法
- 选择算法
- · 否定选择算法
- · 路径选择算法
- · 免疫克隆选择算法
- · · 动态克隆选择算法
- · 天线选择算法
- 压缩算法
- 验证算法
- 一致性算法
- · 随机抽样一致性算法
- · 一致性哈希算法
- 阴影算法
- 银行家算法
- 隐藏算法
- · 置乱算法
- · 最低有效位算法
- 隐式算法
- 映射算法
- · 自组织映射算法
- 优化算法
- · 背包算法
- · 贝叶斯优化算法
- · 多目标优化算法
- · 混合优化算法
- · 局部优化算法
- · 模拟退火算法
- · · 遗传模拟退火算法
- · · · 混合遗传模拟退火算法
- · · · 自适应模拟退火遗传算法
- · · 自适应模拟退火算法
- · · · 自适应模拟退火遗传算法
- · 全局优化算法
- · · 类电磁机制算法
- · 序列最小优化算法
- · 智能优化算法
- · · 模拟植物生长算法
- · 组合优化算法
- · 最大流算法
- · 最小二乘算法
- · · LM 算法
- · · 最小二乘恒模算法
- · 最优化算法
- 预测算法
- 预处理算法
- 约简算法
- · 启发式约简算法
- 增量算法
- · 增量更新算法
- · 增量学习算法
- 诊断算法
- 直线插补算法
- 置换算法
- 智能算法
- · 反演算法
- · 混合智能算法
- · 禁忌搜索算法
- · 模拟退火算法
- · · 遗传模拟退火算法
- · · · 混合遗传模拟退火算法
- · · · 自适应模拟退火遗传算法
- · · 自适应模拟退火算法
- · · · 自适应模拟退火遗传算法
- · 群智能算法
- · 人工智能算法
- · 机器学习算法
- · · 半监督学习算法
- · · · 标签传播算法
- · · 关联规则算法
- · · · 概率数据关联算法
- · · · 航迹关联算法
- · · · 频繁项集挖掘算法
- · · · · Apriori 算法
- · · · · 频繁模式增长算法
- · · 归纳学习算法
- · · 混合学习算法
- · · 监督学习算法
- · · · K-最近邻算法
- · · · 反向传播算法
- · · · · LMBP 算法
- · · · · 误差反传算法
- · · · · 自适应反向传播算法
- · · · 集成学习算法
- · · · · Bagging 算法
- · · · · 提升算法
- · · · · · Adaboost 算法
- · · · 决策树算法
- · · · · ID3 算法
- · · · · 分类和回归算法
- · · · · 剪枝算法
- · · · · 决策树分类算法
- · · · 朴素贝叶斯分类算法
- · · · 支持向量机算法
- · · 结构学习算法
- · · 期望最大化算法
- · · 随机森林算法
- · · 无监督学习算法
- · · · 独立分量分析算法
- · · · 聚类算法
- · · · · K 均值聚类算法
- · · · · 层次聚类算法
- · · · · 动态聚类算法
- · · · · 覆盖聚类算法
- · · · · 减聚类算法
- · · · · 遗传聚类算法
- · · · 奇异值分解算法
- · · · 主成分分析算法
- · · 增量学习算法
- · 启发式算法
- · · 启发式调度算法
- · · 启发式搜索算法
- · · 启发式遗传算法
- · · 启发式优化算法
- · · 启发式约简算法
- · · 元启发式算法
- · 人工神经网络算法
- · · 反向传播算法
- · · · LMBP 算法
- · · · 误差反传算法
- · · · 自适应反向传播算法
- · 智能优化算法
- · · 模拟植物生长算法
- · 质心算法
- · · 加权质心算法
- · · 质心定位算法
- · · · 加权质心定位算法
- 重建算法
- · · 超分辨率重建算法
- · · 迭代重建算法
- · · 三维重建算法
- · · · 移动立方体算法
- 仲裁算法
- 注水算法
- 转换算法
- 子空间算法
- 自适应算法
- · LEACH 算法
- · 自适应波束形成算法
- · 自适应迭代算法
- · 自适应反向传播算法
- · 自适应路由算法
- · 自适应免疫算法
- · · 自适应免疫遗传算法
- · 自适应模拟退火算法
- · · 自适应模拟退火遗传算法
- · 自适应遗传算法
- · · 自适应混合遗传算法
- · · 自适应免疫遗传算法
- · · 自适应模拟退火遗传算法
- · 自适应蚁群算法
- · 自适应阈值算法
- 自组织算法
- · 自组织映射算法
- 最长公共子序列算法
- 最小和算法
- 坐标旋转数字计算机算法
- 阈值算法
- · · 自适应阈值算法
- C 有限自动机
- 算法可视化

算法可视化
algorithm visualization
TP391
S 可视化*
C 算法

算法描述语言
Y 算法语言

算法语言
algorithmic language
TP312
D ALGOL 语言
算法描述语言
S 计算机语言*

算术编码
arithmetic coding
TN919 TP39
D 算术码
S 熵编码
· MQ 算术编码
· 自适应算术编码
L 信息编码**

算术编码器
arithmetic coder

TN919
  S 编码器*

算术码
  Y 算术编码

随队干扰
  Y 随行干扰

随行干扰
accompanying jamming
TN972
  D 伴随干扰
    编队内支援干扰
    随队干扰
  S 支援干扰
  L 电子对抗**

随机 Petri 网
stochastic Petri net
TP393
  S Petri 网*
  • 广义随机 Petri 网
  • 流体随机 Petri 网
  • 随机高级 Petri 网

随机编码
random coding
TN911 TP309
  S 编码*
  • 随机网络编码
  • 随机相位编码
  • 伪随机编码
  C 随机交织器
    随机信号
    随机信道
    随机密码

随机并行梯度下降算法
stochastic parallel gradient descent algorithm
TP3
  S 梯度下降算法
    随机梯度算法
  Z 算法*

随机采样一致性算法
  Y 随机抽样一致性算法

随机抽样一致性算法
random sample consensus algorithm
TN911 TP301
  D 随机采样一致性算法
  S 一致性算法
    随机算法
  Z 算法*

随机存储器
  Y 随机存取存储器

随机存取存储器
random access memory
TP333
  D RAM
    RAM 存储器
    随机存储器
    随机存取内存
  S 存储器*
  • 非易失性随机存储器
  • 易失性存储器
  C 主存储器

随机存取内存
  Y 随机存取存储器

随机高级 Petri 网
advanced stochastic Petri net
TP3
  S 随机 Petri 网
    高级 Petri 网
  Z Petri 网*

随机激光
  Y 随机激光器

随机激光器
random laser
TN248
  D 随机激光
  S 激光器*

随机加密
random encryption
TN918 TP309
  D 双随机相位加密
  S 加密**
  C 随机算法

随机交织器
random interleaver
TN911
  S 交织器*
  C 随机编码

随机接入信道
random access channel
TN911 TN929.1
  S 接入信道
    随机信道
  Z 信道*

随机静态存储器
  Y 静态随机存储器

随机粒子群算法
random particle swarm algorithm
TN911 TN301
  D 随机微粒群算法
  S 粒子群算法
    随机算法
  Z 算法*

随机滤波
stochastic filtering
TN713
  S 滤波*

随机密码
random password
TP309 TN918
  S 序列密码
  C 动态口令
    随机编码
  Z 密码*

随机密钥
random key
TN918 TP309
  S 密钥*
  C 无线传感器网络

随机软件
random software
TP338
  S 软件*

随机扫描显示器
random scan display
TN957
  S 显示器
  Z 显示设备*

随机森林算法
random forest algorithm
TP301 TN911
  S 机器学习算法
    随机算法
  Z 算法*

随机数产生器
  Y 随机数发生器

随机数发生器
random number generator
TP309 TN918
  D 随机序列发生器
    随机数产生器
    随机数生成器
  S 序列发生器
  • 伪随机数发生器
  • 真随机数发生器
  L 信号发生器**

随机数生成器
  Y 随机数发生器

随机算法
stochastic algorithm
TP301
  S 算法*
  • 随机抽样一致性算法
  • 随机粒子群算法
  • 随机森林算法

- 随机梯度算法
- 随机早期检测算法
C 随机加密

随机梯度算法
stochastic gradient algorithm
TP301 TN911
　　S 梯度算法
　　　 随机算法
- 随机并行梯度下降算法
　　Z 算法*

随机跳频
randomly frequency hoping spread spectrum
TN95 TN918
　　S 跳频
　　Z 扩频*

随机网络
stochastic network
TP393.1
　　S 复杂网络
　　Z 网络*

随机网络编码
random network coding
TP393 TN91
　　S 网络编码
　　　 随机编码
　　Z 编码*

随机微粒群算法
　　Y 随机粒子群算法

随机相位编码
random phase coding
TN911
　　D 双随机相位编码
　　S 相位编码
　　　 随机编码
　　Z 编码*

随机信道
random channel
TN92 TN911
　　S 信道*
- 大气随机信道
- 随机接入信道
　　C 随机信号
　　　 随机信号分析
　　　 随机信号处理
　　　 随机编码

随机信号
random signal
TN911
　　S 信号*
- 非平稳信号
- 循环平稳信号
　　C 随机信号分析
　　　 随机信道

　　　 随机编码

随机信号处理
random signal processing
TN911
　　S 信号处理*
　　C 随机信号分析
　　　 随机信道

随机信号分析
random signal analysis
TN911
　　S 信号分析*
　　C 随机信号
　　　 随机信号处理
　　　 随机信道

随机信号雷达
　　Y 噪声雷达

随机序列发生器
　　Y 随机数发生器

随机早期检测算法
random early detection algorithm
TN911 TP301
　　D RED算法
　　S 检测算法
　　　 随机算法
　　Z 算法*

随机噪声
random noise
TN911
　　S 信号噪声*
- 爆裂噪声
- 闪烁噪声
- 伪随机噪声

随机自动机
random automaton
TP301 TP2
　　D 概率自动机
　　S 自动机*

随机自适应控制
stochastic adaptive control
TP273
　　S 自适应控制
　　Z 自动控制*

随路信令
channel associated signaling
TN911
　　S 信令*

隧穿结
　　Y 隧道结

隧道代理
tunnel proxy

TP393
　　S 网络代理
　　　 隧道技术
　　Z 网络服务*
　　　 网络技术*

隧道二极管
tunnel diode
TN31
　　D 江崎二极管
　　　 江畸二极管
　　S 半导体二极管
- 谐振隧穿二极管
　　C 隧道二极管振荡器
　　　 隧道二极管检波器
　　L 半导体分立器件**

隧道二极管检波器
tunnel diode detector
TN763
　　S 二极管检波器
　　C 隧道二极管
　　Z 检波器*

隧道二极管振荡器
tunnel diode oscillator
TN752
　　D 隧道振荡器
　　S 二极管振荡器
　　　 负阻振荡器
　　C 隧道二极管
　　Z 振荡器*
　　　 负阻器件*

隧道放大器
　　Y 参量放大器

隧道封装
tunnel encapsulation
TN05
　　S 网络封装
　　　 隧道技术
　　Z 网络技术*

隧道管振荡器
　　Y 隧道二极管振荡器

隧道技术
tunneling technique
TP393.03
　　D 网络隧道
　　S 网络技术*
- HTTP隧道
- IP隧道
- 隧道代理
- 隧道封装
　　C 虚拟专用网络
　　　 隧道协议

隧道结
tunnel junction
TN303

D 隧穿结
S 半导体结*
- 超导隧道结
- 磁隧道结

隧道协议
tunneling protocol
TP393.0 TN915
S 网络协议**
- 第二层隧道协议
- 点到点隧道协议
C 虚拟专用网络
  隧道技术

损耗调制
loss modulation
TN76
S 调制*

损伤模拟
damage simulation
TP3
S 仿真*

索引服务
index service
TP391
S 信息服务*
C 索引数据库

索引服务器
index server
TP368
S 功能服务器
Z 服务器*

索引结构
index structure
TP392 TP391
S 数据结构*
- 多维索引结构
- 空间索引结构

索引数据库
index database
TP392
S 应用数据库
C 索引服务
Z 数据库*

索引算法
index algorithm
TP301
S 算法*

索引优化
index optimization
TP391
S 信息优化
Z 信息处理*

锁存比较器
latch comparator
TN710
S 比较器
Z 电子电路*

锁定放大电路
Y 锁定放大器

锁定放大器
lock-in amplifier
TN72
D 锁定放大电路
S 放大器*

锁模*
mode locking
TN241
- 被动锁模
- 同步泵浦锁模
- 主动锁模
C 锁模激光器

锁模半导体激光器
mode-locked semiconductor laser
TN248
S 半导体激光器
L 固体激光器**

锁模光纤激光器
mode-locked fiber laser
TN248
D 光纤锁模激光器
S 光纤激光器**
  锁模激光器
- 被动锁模光纤激光器
- 再生锁模光纤激光器
- 主动锁模光纤激光器

锁模激光
Y 锁模激光器

锁模激光器
mode-locked laser
TN248
D 锁模激光
S 激光器*
- 被动锁模激光器
- 锁模光纤激光器
- 自锁模激光器
C 锁模

锁频环
frequency locked loop
TN7
S 环路
Z 电子电路*

锁相
Y 相位锁定

锁相倍频器
phase locked frequency multiplier
TN771
S 倍频器*
C 锁相环

锁相环
phase locked loop
TN710
D 锁相回路
  锁相环电路
  锁相环芯片
  锁相环路
S 环路
- 电荷泵锁相环
- 数字锁相环
C 相位锁定
  鉴相器
  锁相倍频器
Z 电子电路*

锁相环电路
Y 锁相环

锁相环路
Y 锁相环

锁相环芯片
Y 锁相环

锁相回路
Y 锁相环

锁相技术
Y 相位锁定

锁相接收机
phase locked receiver
TN85
S 接收设备*
C 相位锁定

锁相控制
phase locked control
TN911
D 锁相控制技术
S 相位锁定
Z 信号处理*

锁相控制技术
Y 锁相控制

锁相逻辑电路
phase locked logic circuit
TN791
S 逻辑电路
L 数字电路**

锁相调频
PLL frequency modulation
TN76

S 调频
　　Z 调制*

他备式导航
　　Y 非自主导航

塔顶放大器
tower amplifier
TN72　TN92
　　D 塔放
　　S 放大器*

塔放
　　Y 塔顶放大器

塔康导航系统
Tacan navigation system
TN966
　　D 塔康系统
　　　　战术空中导航系统
　　S 无线电导航系统
　　　　组合导航系统
　　C 塔康信标
　　Z 导航系统*

塔康系统
　　Y 塔康导航系统

塔康信标
Tacan beacon
TN965
　　S 无线电信标*
　　C 塔康导航系统

塔式服务器
tower server
TP368
　　S 服务器*

塔台
　　Y 机场管理电台

塔台电台
　　Y 机场管理电台

胎压传感器
tire pressure sensor
TP212
　　S 汽车传感器
　　Z 传感器*

台标发生器
　　Y 台标机

台标机
television lable generator
TN948
　　D 台标发生器
　　S 电视台设备
　　Z 电视设备*

台阶折射率纤维
　　Y 阶跃折射率光纤

台面二极管
mesa diode
TN31
　　D 台面型二极管
　　S 半导体二极管
　　L 半导体分立器件**

台面晶体管
mesa transistor
TN32
　　D 台面型晶体管
　　S 晶体管
　　C 合金扩散晶体管
　　L 半导体分立器件**

台面刻蚀
mesa etching
TN305
　　S 蚀刻工艺
　　Z 半导体工艺*

台面型二极管
　　Y 台面二极管

台面型晶体管
　　Y 台面晶体管

台式PC
　　Y 台式计算机

台式PC机
　　Y 台式计算机

台式电脑
　　Y 台式计算机

台式个人电脑
　　Y 台式计算机

台式机
　　Y 台式计算机

台式激光器
tabletop laser
TN248
　　S 激光器*

台式计算机
desktop computer
TP368
　　D 台式PC
　　　　台式PC机
　　　　台式个人电脑
　　　　台式机
　　　　台式电脑
　　S 个人计算机
　　· 商用台式计算机

　　L 电子数字计算机**

台式收音机
table model radio
TN85
　　S 收音机*

太比特路由器
terabit router
TN915　TP393.4
　　S 路由器
　　L 网络互连设备**

太赫兹返波管
terahertz backward wave oscillator
TN12
　　D 太赫兹返波管振荡器
　　S 返波管
　　L 微波管**

太赫兹返波管振荡器
　　Y 太赫兹返波管

太赫兹光电导天线
　　Y 光电导天线

太赫兹光非对称解复用器
terahertz optical asymmetric demultiplexer
TN929.11
　　S 解复用器
　　Z 通信设备*

太空机器人
　　Y 空间机器人

太瓦激光器
terawatt laser
TN248
　　S 高功率激光器
　　Z 激光器*

太阳电池
　　Y 太阳能电池

太阳能泵浦激光器
solar-pumped laser
TN248
　　S 泵浦激光器
　　Z 激光器*

太阳能电池
solar cell
TM914
　　D 光伏电池
　　　　光电池
　　　　太阳电池
　　S 电池*
　　· 薄膜太阳能电池
　　· 硅太阳能电池

- 纳米晶太阳能电池
- 染料敏化太阳能电池
- 柔性太阳能电池
- 硒光电池

态势感知
situation awareness
TP391
    D 安全态势感知
    S 信息感知*
    · 空间态势感知
    · 网络安全态势感知
    · 战场态势感知

态势显示
situation display
TP391
    D 敌我态势显示
    S 显示*

态势显示器
situation display
TN87 TN27
    D 形势显示器
       情况显示器
    S 显示器
    Z 显示设备↓

钛宝石飞秒激光器
titanium-gem femtosecond laser
TN248
    D 飞秒钛宝石激光器
    S 钛宝石激光器
    L 固体激光器**

钛宝石激光
    Y 钛宝石激光器

钛宝石激光器
titanium-doped sapphire laser
TN248
    D 掺钛宝石激光器
       掺钛蓝宝石激光器
       钛宝石激光
       钛蓝宝石激光器
    S 宝石激光器
    · 钛宝石飞秒激光器
    L 固体激光器**

钛电解电容器
titanium electrolytic capacitor
TM535
    S 电解电容器
    Z 电容器*

钛蓝宝石激光器
    Y 钛宝石激光器

钛酸锶钡陶瓷
barium strontium titanate ceramics

TM28
    S 电子陶瓷*

钛酸锶铅
strontium lead titanate
TN304
    D $PbSrTiO_3$
    S 四元化合物半导体
    L 化合物半导体**

贪婪法
    Y 贪心算法

贪婪算法
    Y 贪心算法

贪婪遗传算法
    Y 贪心遗传算法

贪心法
    Y 贪心算法

贪心方法
    Y 贪心算法

贪心算法
greedy algorithm
TP301 TP391
    D 贪婪法
       贪婪算法
       贪心方法
       贪心法
    S 算法*

贪心遗传算法
greedy genetic algorithm
TP183 TP301
    D 贪婪遗传算法
    S 遗传算法
    Z 算法*

弹性分组环
    Y 弹性分组数据环

弹性分组数据环
resilient packet ring
TN915
    D 弹性分组环
    S 交换网络
       数据通信网
    C 千兆以太网
       城域网
    Z 通信网络*

弹性网格
elastic grid
TP3
    S 网格*

弹性网络
elastic network

TP31
    S 网络*
    C 机器学习

坦克电台
tank station
TN924
    D 坦克无线电台
    S 移动电台
    Z 无线电台*

坦克无线电台
    Y 坦克电台

钽电解电容器
tantalum electrolytic capacitor
TM535
    S 电解电容器
    Z 电容器*

探测电路
detection circuit
TN2 TN710
    S 电子电路*

探测器*
detector
TN99 TN29
    · 半导体探测器
    · · MSM 光探测器
    · · 半导体光电探测器
    · · · PIN 光电探测器
    · · 光磁电探测器件
    · · 光电二极管阵列探测器
    · · 硅光电探测器
    · · 纳米光电探测器
    · · 内调制光电探测器
    · · 谐振腔增强型光电探测器
    · · 雪崩光电探测器
    · 结型探测器
    · 本征探测器
    · 超导探测器
    · · 超导红外探测器
    · · 高温超导探测器
    · 成像探测器
    · 电离层探测器
    · 电子探测器
    · 复合探测器
    · 光学探测器**
    · 核辐射探测器
    · 激光探测器
    · 焦平面探测器
    · 雷达探测器
    · 面阵探测器
    · 平面探测器
    · 双色探测器
    · 线列探测器
    · 碲锌镉探测器

探测声呐
detecting sonar
U666

S 声呐*
• 海底回声测距声呐
• 探雷声呐

探地雷达
ground penetrating radar
TN958
　D 地下探测雷达
　　 测地雷达
　S 雷达*
　• 前视探地雷达
　• 相控阵探地雷达
　C 表层穿透雷达

探地雷达天线
ground penetrating radar antenna
TN82
　S 雷达天线
　Z 天线*

探雷声呐
mine detection sonar
U666
　D 声纳探雷器
　　 探雷声纳
　　 水雷回避声呐
　　 水雷回避声纳
　S 探测声呐
　C 红外探雷
　Z 声呐*

探雷声纳
　Y 探雷声呐

探针测试台
　Y 探针台

探针台
probe station
TN40
　D 探针测试台
　S 电子测量仪器*

探针天线
probe antenna
TN82
　S 微波天线**

碳化硅
silicon carbide
TN304
　D 4H-SiC
　　 4H 碳化硅
　　 SiC
　　 碳化硅材料
　S 化合物半导体**
　• 多孔碳化硅
　• 碳化硅单晶
　C 碳化硅器件
　　 碳化硅衬底

碳化硅薄膜
silicon carbide thin film
TN304
　D SiC 薄膜
　S 半导体薄膜
　Z 半导体材料*

碳化硅材料
　Y 碳化硅

碳化硅衬底
SiC substrate
TN303
　S 半导体衬底*
　C 碳化硅

碳化硅单晶
silicon carbide single crystal
TN304
　D SiC 单晶
　　 单晶碳化硅
　S 碳化硅
　C 单晶炉
　L 化合物半导体**

碳化硅器件
silicon carbide device
TN3
　S 半导体器件*
　C 碳化硅

碳激光器
carbon laser
TN248
　S 激光器*

碳膜电阻
　Y 碳膜电阻器

碳膜电阻器
carbon film resistor
TM544
　D 碳膜电阻
　S 非线绕电阻器
　Z 电阻器*

碳纳米管显示器
carbon nanotube display
TN27　TN87
　S 显示器
　Z 显示设备*

逃逸时间算法
escape time algorithm
TP301　TP391
　D 时间逃逸算法
　S 时间算法
　Z 算法*

陶瓷半导体
　Y 半导体陶瓷

陶瓷变压器
ceramic transformer
TM42
　S 变压器*

陶瓷电容器
ceramic capacitor
TM534
　D 瓷介电容器
　　 瓷片电容器
　　 陶瓷介质电容器
　S 无机介质电容器
　• 半导体陶瓷电容器
　• 多层陶瓷电容器
　• 二类瓷介电容器
　• 高压陶瓷电容器
　• 三类瓷介电容器
　• 一类瓷介电容器
　C 瓷介微调电容器
　Z 电容器*

陶瓷多芯片组件
ceramic multichip assembly
TN42
　S 多芯片组件
　Z 电子组件*

陶瓷封装
ceramic packaging
TN05
　S 半导体封装**
　• 陶瓷焊球阵列封装
　• 陶瓷焊柱阵列封装
　• 陶瓷双列直插式封装

陶瓷隔离
ceramic isolation
TN305
　S 介质隔离
　Z 半导体工艺*

陶瓷焊球阵列封装
ceramic ball array package
TN05
　D CBGA
　S 球栅阵列封装
　　 陶瓷封装
　L 半导体封装**

陶瓷焊柱阵列封装
ceramic column grid array package
TN05
　D CCGA
　　 柱栅阵列陶瓷封装
　　 陶瓷柱栅阵列封装
　S 焊柱阵列封装
　　 陶瓷封装
　L 半导体封装**

陶瓷基板
ceramic substrate
TN04

S 电路基板*
- 玻璃陶瓷基板
- 低温共烧陶瓷基板
- 多层陶瓷基板

陶瓷激光器
ceramic laser
TN248
　　S 激光器*
　　C 电子陶瓷

陶瓷鉴频器
ceramic discriminator
TN763.2
　　S 鉴频器
　　Z 检波器*

陶瓷介质电容器
　　Y 陶瓷电容器

陶瓷介质滤波器
　　Y 陶瓷滤波器

陶瓷介质谐振器
　　Y 陶瓷谐振器

陶瓷滤波器
ceramic filter
TN713+.3
　　D 陶瓷介质滤波器
　　S 介质滤波器
　　Z 滤波器*

陶瓷膜燃料电池
ceramic membrane fuel cell
TM911
　　S 燃料电池
　　Z 电池*

陶瓷双列直插式封装
ceramic dual in-line package
TN05
　　D CDIP
　　S 双列直插式封装
　　　陶瓷封装
　　L 半导体封装**

陶瓷谐振器
ceramic resonator
TN75
　　D 压电陶瓷谐振器
　　　陶瓷介质谐振器
　　S 压电谐振器
　　Z 谐振器*
　　　压电器件*

陶瓷柱栅阵列封装
　　Y 陶瓷焊柱阵列封装

套层纤维
　　Y 包层光纤

套管天线
　　Y 套筒天线

套接口
socket interface
TP311
　　D Socket 接口
　　S 软件接口
　　L 计算机接口**

套接字编程
socket programming
TP311
　　D socket 编程
　　　套接字技术
　　S 软件编程**

套接字技术
　　Y 套接字编程

套筒单极天线
sleeve monopole antenna
TN82
　　D 套筒单极子天线
　　S 单极天线
　　　套筒天线
　　L 通信天线**

套筒单极子天线
　　Y 套筒单极天线

套筒天线
sleeve antenna
TN82
　　D 套管天线
　　S 天线*
- 套筒单极天线

特大磁电阻磁头
　　Y GMR 磁头

特大规模集成电路
　　Y 甚大规模集成电路

特定用途集成电路
　　Y 专用集成电路

特定源组播
source-specific multicast
TP393.2
　　D 源特定组播
　　S 组播
　　C 卫星 IP 网络
　　L 网络通信**

特高频传播
　　Y 分米波传播

特高频天线
ultra high frequency antenna
TN82
　　D UHF 天线
　　S 微波天线**

特高频通信
ultra high frequency communication
TN925
　　D UHF 通信
　　S 微波通信
　　L 无线通信**

特洛伊木马
　　Y 木马程序

特洛伊木马病毒
　　Y 木马程序

特洛伊木马程序
　　Y 木马程序

特洛伊木马软件
　　Y 木马程序

特洛伊木马型病毒
　　Y 木马程序

特洛依木马
　　Y 木马程序

特洛依木马病毒
　　Y 木马程序

特洛依木马程序
　　Y 木马程序

特权管理基础设施
　　Y 授权管理基础设施

特殊功能寄存器
special function register
TP33
　　D 特殊寄存器
　　S 寄存器*

特殊寄存器
　　Y 特殊功能寄存器

特效处理
special effect processing
TP391
　　S 图像处理**

特性仿真
characteristic simulation
TP391.9
　　D 特性模拟
　　S 仿真*

特性模拟
　　Y 特性仿真

特征编码
feature coding
TP39　TN911
　　S 编码*

特征表达
feature expression
TP391
　　D 特征表示
　　S 信息表达
　　Z 信息处理*

特征表示
　　Y 特征表达

特征参数化
feature parameterization
TP391
　　S 参数化
　　Z 信息处理*

特征参数提取
　　Y 特征值提取

特征抽出
　　Y 特征提取

特征抽取
　　Y 特征提取

特征抽提
　　Y 特征提取

特征萃取
　　Y 特征提取

特征点跟踪
　　Y 特征跟踪

特征点检测
　　Y 特征检测

特征点匹配
　　Y 特征匹配

特征点提取
feature point extraction
TP391
　　S 图像特征提取
　　L 信息抽取**

特征跟踪
feature tracking
TP391
　　D 特征点跟踪
　　S 信息跟踪
　　Z 信息处理*

特征计算
feature calculation
TP391
　　S 计算*
　　C 特征识别

特征检测
feature detection
TP391
　　D 特征点检测
　　S 图像检测
　　C 特征识别
　　L 图像处理**

特征建模
feature modeling
TP391.9
　　D 特征建模技术
　　S 模型构建*

特征建模技术
　　Y 特征建模

特征交互
feature interaction
TP391
　　S 信息交互
　　Z 交互*

特征聚类
feature clustering
TP391
　　S 聚类*

特征量化
characteristic quantification
TP391
　　S 信息量化
　　Z 信息处理*

特征描述
feature description
TP391
　　S 信息描述
　　Z 信息处理*

特征匹配
feature matching
TP391
　　D 特征点匹配
　　S 图像匹配
　　C 信息指纹
　　　 指纹识别
　　　 特征提取
　　　 特征识别
　　　 目标识别
　　　 角点检测
　　L 图像处理**

特征融合
feature fusion

TP391
　　S 信息融合
　　· 多特征融合
　　Z 信息处理*

特征入侵检测
　　Y 误用入侵检测

特征识别**
feature recognition
TP391.4
　　D 特征识别技术
　　S 信息识别*
　　· 局部特征识别
　　· 三维特征识别
　　· 生物特征识别
　　· · 多生物特征识别
　　· · 人体识别
　　· · 步态识别
　　· · 虹膜识别
　　· · 静脉识别
　　· · 人脸识别
　　· · · 表情识别
　　· · · 三维人脸识别
　　· · 手势识别
　　· · · 动态手势识别
　　· · · 静态手势识别
　　· · 手语识别
　　· · 手形识别
　　· · 掌纹识别
　　· · 指纹识别
　　· · · 脊线跟踪
　　· · · 指纹自动识别
　　· · 姿态识别
　　· 自动特征识别
　　C 图形匹配
　　　 特征匹配
　　　 特征检测
　　　 特征计算

特征识别技术
　　Y 特征识别

特征提取
feature extraction
TP391
　　D 特征抽出
　　　 特征抽取
　　　 特征抽提
　　　 特征提取算法
　　　 特征萃取
　　S 信息抽取**
　　· 标记提取
　　· 代数特征抽取
　　· 关键点提取
　　· 轨迹提取
　　· 局部特征提取
　　· 人脸特征提取
　　· 特征值提取
　　· 图像特征提取
　　· 语音特征提取
　　· 组合特征抽取
　　C 图像自动识别

模式匹配
模板匹配
特征匹配
生物特征认证
计算机视觉
车辆识别
边界跟踪

特征提取算法
　Y 特征提取

特征压缩
feature compression
TN911　TP391　TN951
　S 信息压缩**

特征增强
feature enhancement
TP391　TN951
　S 信号增强
　Z 信号处理*

特征值提取
feature value extraction
TP391
　D 特征参数提取
　S 特征提取
　L 信息抽取**

特种变压器
special transformer
TM42
　S 电子变压器**

特种打印机
special printer
TP33
　S 打印机
　Z 外部设备*

特种电机
special motor
TM35
　S 微特电机*
　• 控制电机
　• 力矩电动机
　• 微型电源电机

特种电缆
special cable
TM246
　S 电气装备用电线电缆
　• 超导电缆
　• 低温电缆
　• 高温电缆
　• 耐辐射电缆
　Z 电线电缆*

特种电连接器
special electric connector
TN6
　S 电连接器*
　• 高温电连接器
　• 光电混装连接器
　• 滤波电连接器
　• 密封电连接器
　• 自动脱落分离电连接器

特种光缆
special fiber cable
TN81
　S 光缆*

特种机器人
special robot
TP242
　D 专用机器人
　S 机器人*
　• 搬运机器人
　• 管道机器人
　• 军用机器人
　• 空间机器人
　• 空中机器人
　• 码垛机器人
　• 排爆机器人
　• 清洁机器人
　• 水下机器人
　• 消防机器人
　• 医用机器人
　• 助力机器人

特种密码
　Y 专用密码

梯度滤波
gradient filtering
TN713
　S 滤波*

梯度热电材料
gradient thermoelectric material
TM2
　S 热电材料
　Z 电子材料*

梯度锐化
gradient sharpening
TP391
　S 图像锐化
　L 图像处理**

梯度算法
gradient algorithm
TP301
　S 算法*
　• 随机梯度算法
　• 梯度下降算法
　• 自然梯度算法

梯度下降算法
gradient descent algorithm
TP301
　S 梯度算法
　• 随机并行梯度下降算法
　Z 算法*

梯度型光纤
　Y 渐变折射率光纤

梯度折射率光纤
　Y 渐变折射率光纤

梯形电阻网络
ladder resistance network
TN711
　S 电阻网络
　Z 电路网络*

梯形图编程
ladder programming
TP31
　S 图形化编程
　C 梯形图程序
　L 软件编程**

梯形图程序
ladder program
TP31
　S PLC 程序
　C 梯形图编程
　L 应用软件**

梯形图语言
ladder diagram
TP1　TP312
　S 计算机语言*

梯形网络
ladder network
TN711
　S 电路网络*

锑化镓
gallium antimonide
TN304
　D GaSb
　S Ⅲ-Ⅴ族化合物半导体
　L 化合物半导体**

锑化铟
indium antimonide
TN304
　D InSb
　S Ⅲ-Ⅴ族化合物半导体
　L 化合物半导体**

锑钾钠铯阴极光电管
　Y 锑铯阴极光电管

锑铯阴极光电管
cesium antimony cathode phototube
TN15
　D 锑钾钠铯阴极光电管
　S 铯光电管

电子信息技术叙词表

　　L 电子束管**

提取攻击
extracting attack
TP309
　　S 网络攻击**

提取算法
extraction algorithm
TP301　TP391
　　S 算法*

提升算法
lifting algorithm
TP181
　　D Boosting 算法
　　S 集成学习算法
　　• Adaboost 算法
　　Z 算法*

提升小波算法
　　Y 小波提升算法

题库管理软件
　　Y 题库系统

题库管理系统
　　Y 题库系统

题库系统
item bank system
TP318　TP392
　　D 题库管理系统
　　　题库管理软件
　　S 教育软件
　　L 应用软件**

体感交互
somatosensory interaction
TP391
　　D 体感交互技术
　　S 交互*

体感交互技术
　　Y 体感交互

体硅
　　Y 体硅工艺

体硅工艺
bulk silicon process
TN305
　　D 体硅
　　　体硅技术
　　S 半导体工艺*

体硅技术
　　Y 体硅工艺

体可视化
　　Y 体视化

体全息存储器
　　Y 全息存储器

体三维立体显示
　　Y 体三维显示

体三维显示
volumetric 3D display
TN27　TP391.7
　　D 体三维显示技术
　　　体三维立体显示
　　　体显示
　　S 三维显示
　　Z 显示*
　　　三维技术*

体三维显示技术
　　Y 体三维显示

体散射
volume scattering
TN011
　　S 电波散射传播
　　Z 电磁波散射*
　　　电波传播*

体声波器件
　　Y 声体波器件

体声波谐振器
　　Y 声体波谐振器

体视化
volume visualization
TP391　TP37
　　D 体可视化
　　　体视化技术
　　S 可视化*

体视化技术
　　Y 体视化

体系结构描述语言
architecture description language
TP312
　　D 构架描述语言
　　S 描述语言
　　Z 计算机语言*

体显示
　　Y 体三维显示

体效应二极管
bulk effect diode
TN31
　　S 体效应器件
　　　微波二极管
　　• 耿氏二极管
　　C 体效应二极管振荡器
　　L 半导体分立器件**

体效应二极管振荡器
bulk effect diode oscillator
TN752
　　S 二极管振荡器
　　　微波振荡器
　　C 体效应二极管
　　Z 振荡器*

体效应管
　　Y 体效应器件

体效应器件
bulk effect device
TN387
　　D 体效应管
　　S 半导体器件*
　　• 单结晶体管
　　• 耿氏器件
　　• 体效应二极管

体域网
　　Y 人体域网

天波超视距雷达
　　Y 天波雷达

天波传播
　　Y 电离层电波传播

天波雷达
skywave radar
TN958
　　D 天波超视距雷达
　　S 超视距雷达
　　Z 雷达*

天地一体化网络
　　Y 天地一体化信息网络

天地一体化信息网络
space-earth integration network
TN915　TP393
　　D 天地一体化网络
　　S 信息网络*

天电
　　Y 大气噪声

天基雷达
space based radar
TN958
　　D 空间航行雷达
　　　空间雷达
　　　航天器雷达
　　　航天雷达
　　S 雷达*
　　• 空间交会雷达

- 天基预警雷达
- 星载雷达
  C 测控雷达
    航天器天线
    航天导航

天基网络
  Y 空间信息网络

天基预警雷达
space based early-warning radar
TN958
  S 天基雷达
    预警雷达
  Z 雷达*

天气监视雷达
  Y 气象雷达

天气雷达
  Y 气象雷达

天调网络
  Y 天线调配网络

天线*
antenna
TN82
  D 天线技术
    天线系统
    天线设备
    无线电天线
- 半波天线
- - 半波偶极天线
- 背腔天线
- 标准天线
- 玻璃钢天线
- 波导天线
- - 波导缝隙天线
- - - 波导缝隙阵列天线
- 波束天线
- - 波束切换天线
- - 多波束天线
- - - 多波束智能天线
- - - 数字多波束天线
- - 赋形波束天线
- - 宽波束天线
- - 双波束天线
- - 窄波束天线
- 测控天线
- 测向天线
- 长波天线
- 超导天线
- 车载天线
- - 车载雷达天线
- - 车载卫星天线
- 船载天线
- - 船载卫星天线
- - 舰载天线
- 磁性天线
- - 铁氧体天线
- 大型天线

- 单脉冲天线
- 导航天线
- - GPS 天线
- - 北斗天线
- - 罗盘天线
- 等离子体天线
- 等效天线
- 低副瓣天线
- 电调天线
- 电视天线
- - 电视发射天线
- - - 蝙蝠翼形天线
- - 电视接收天线
- - - 卫星电视接收天线
- - - - 极轴天线
- - - - 平板天线
- - - - 鱼骨形天线
- 共用天线
- 电小天线
- 调零天线
- - 自适应调零天线
- 调频天线
- - 调频发射天线
- 定向天线
- - 八木天线
- - 板状天线
- - 短背射天线
- - 对数周期天线
- - - 对数周期偶极天线
- - - 印刷对数周期天线
- - 缝隙天线
- - - 波导缝隙天线
- - - - 波导缝隙阵列天线
- - - 微带缝隙天线
- - - Vivaldi 天线
- - 环形天线
- - - 双环天线
- - - 小环天线
- - 面天线
- - - 反射阵列天线
- - - 赋形波束反射面天线
- - - 喇叭天线
- - - - 角锥喇叭天线
- - - - 双脊喇叭天线
- - - - 圆锥喇叭天线
- - - 抛物面天线
- - - - 偏置抛物面天线
- - - - 旋转抛物面天线
- - - 双反射面天线
- - - - 格里高利天线
- - - - 环焦天线
- - - - 卡塞格伦天线
- - - - 双弯曲反射面天线
- - - 平板天线
- - - 扇形天线
- - - 贴片天线
- - - - 矩形微带贴片天线
- - - 透镜天线
- - 行波天线
- - 介质天线
- - - 介质棒天线
- - - 介质谐振天线
- - - 微带漏波天线
- 短波天线

- - 超短波天线
- - 短波发射天线
- 多模多馈天线
- 多频段天线
- - 三频天线
- - 双频天线
- - - 双频微带天线
- 多天线系统
- 发射天线
- - 电视发射天线
- - - 蝙蝠翼形天线
- - 调频发射天线
- - 短波发射天线
- - 广播发射天线
- - 中波发射天线
- 飞行器天线
- - 弹载天线
- - 高度表天线
- - 航天器天线
- - 机载天线
- 分布式天线
- 分形天线
- - 分形阵列天线
- 辅助天线
- 高增益天线
- 跟踪天线
- 共形天线
- - 共形微带天线
- - - 圆柱共形微带天线
- - 共形阵列天线
- - - 共形相控阵天线
- 光学天线
- - 光电导天线
- - 纳米光学天线
- 广播天线
- - 广播发射天线
- 极化天线
- - 变极化天线
- - 垂直极化天线
- - 双极化天线
- - - 双极化微带天线
- - 水平极化天线
- - - 蝙蝠翼形天线
- - 椭圆极化天线
- - 线极化天线
- - 圆极化天线
- 集成天线
- - 有源集成天线
- 接收天线
- - 电视接收天线
- - - 卫星电视接收天线
- - - - 极轴天线
- - - - 平板天线
- - - - 鱼骨形天线
- - 卫星接收天线
- - - 卫星电视接收天线
- - - - 极轴天线
- - - - 平板天线
- 聚焦天线
- 可穿戴天线
- 可展开天线
- - 空间可展开天线
- 伞状天线
- 空间天线

- · 航天器天线
- · 空间可展开天线
- 宽带天线
- · 超宽带天线
- · · Vivaldi 天线
- 宽带微带天线
- · 笼形天线
- 雷达天线
- · 车载雷达天线
- · 雷达阵列天线
- · 探地雷达天线
- 菱形天线
- 螺旋天线
- · 等角螺旋天线
- · · 平面对数螺旋天线
- · · 圆锥对数螺旋天线
- · 平面螺旋天线
- · · 阿基米德螺旋天线
- · · 平面对数螺旋天线
- · 四臂螺旋天线
- 纳米天线
- · 纳米光学天线
- 片上天线
- 全息天线
- 全向天线
- 鞭状天线
- · 单极天线
- · · 刀形天线
- · · 平面单极天线
- · · 套筒单极天线
- · · 印刷单极天线
- 碟形天线
- 蝶形天线
- 偶极天线
- · · 半波偶极天线
- · · 电磁偶极天线
- · · 对数周期偶极天线
- · · 印刷偶极天线
- 扫描天线
- · 电扫描天线
- · 机械扫描天线
- · 频率扫描天线
- 射电天线
- 射频天线
- 标签天线
- · 读写器天线
- · 阅读器天线
- 伸缩天线
- 甚低频天线
- 时域天线
- 矢量天线
- 收发天线
- 手机天线
- 双天线
- 双向天线
- 搜索天线
- 套筒天线
- · 套筒单极天线
- 铁塔天线
- 通信天线**
- 同轴天线
- 拖曳天线
- 微波天线**
- 桅杆天线

- 卫星天线**
- 无源天线
- 线天线
- 旋转天线
- · 旋转抛物面天线
- 遥测天线
- 引信天线
- 印刷天线
- · 倒 F 天线
- · · 平面倒 F 天线
- · 印刷单极天线
- · 印刷对数周期天线
- · 印刷偶极天线
- 有源天线
- · 有源集成天线
- · 有源相控阵天线
- 折叠天线
- 侦察天线
- 阵列天线
- · 反射阵列天线
- · 分形阵列天线
- · 缝隙阵列天线
- · · 波导缝隙阵列天线
- · 共形阵列天线
- · · 共形相控阵天线
- · 环形阵列天线
- · 可重构天线
- · 雷达阵列天线
- · 平面阵列天线
- · 微带阵列天线
- · 线性阵列天线
- · 相控阵天线
- · · 共形相控阵天线
- · · 有源相控阵天线
- · 智能天线阵列
- · 自适应天线阵列
- 整流天线
- 智能天线
- · 多波束智能天线
- · 星载智能天线
- · 智能天线阵列
- · 自适应天线阵列
- · 自适应天线
- · 自适应调零天线
- · 自适应天线阵列
- 中波天线
- · 中波发射天线
- 驻波天线
- 锥形天线
- · 角锥喇叭天线
- · 盘锥天线
- · 双锥天线
- · 圆锥喇叭天线
- C 天线噪声
  天线极化
  馈源系统

天线瓣
  Y 天线波瓣

天线波瓣
antenna lobe
TN82 TN957

  D 天线瓣
    辐射波瓣
    辐射瓣
  S 天线波束
  · 后瓣
  · 旁瓣
  · 栅瓣
  · 主瓣
  Z 波束*

天线波束
antenna beam
TN82
  S 波束*
  · 点波束
  · 赋形波束
  · 宽波束
  · 天线波瓣
  · 余割平方波束

天线仿真
antenna simulation
TN82
  S 仿真*
  C 天线噪声

天线放大器
antenna amplifier
TN72
  S 放大器*

天线副瓣
  Y 旁瓣

天线跟踪
antenna tracking
TN82
  S 跟踪*
  C 全球定位系统
    过顶跟踪

天线极化
antenna polarization
TN82
  S 电磁波极化*
  C 天线

天线技术
  Y 天线

天线开关
antenna switch
TN82
  D 天线收发开关
    天线收发转换器
    天线收发转换开关
  S 微波开关
  Z 微波元件*

天线开关管
  Y 收发开关管

天线耦合器
antenna coupler
TN62
　　S 耦合器*

天线旁瓣
　　Y 旁瓣

天线散射
antenna scattering
TN82
　　S 电波散射传播
　　Z 电磁波散射*
　　　电波传播*

天线设备
　　Y 天线

天线收发开关
　　Y 天线开关

天线收发转换开关
　　Y 天线开关

天线收发转换器
　　Y 天线开关

天线衰减器
antenna attenuator
TN715
　　S 射频衰减器
　　Z 衰减器*

天线调配网络
antenna tuning network
TN711
　　D 天调网络
　　　调配网络
　　S 电路网络*

天线系统
　　Y 天线

天线选择算法
antenna selection algorithm
TN82
　　S 选择算法
　　C 多变量系统
　　Z 算法*

天线噪声
antenna noise
TN82
　　S 无线电噪声
　　C 天线
　　　天线仿真
　　Z 信号噪声*

天线阵
　　Y 阵列天线

天线阵列
　　Y 阵列天线

填充算法
filling algorithm
TP391　TP301
　　S 图形算法
　　• 区域填充算法
　　• 扫描线算法
　　Z 算法*

条带 SAR
　　Y 条带合成孔径雷达

条带合成孔径雷达
strip synthetic aperture radar
TN958
　　D 条带 SAR
　　S 合成孔径雷达
　　Z 雷达*

条件接入
　　Y 条件接收

条件接收
conditional access
TN94
　　D 有条件接收
　　　条件接入
　　　条件接收技术
　　S 电视接收
　　Z 接收*

条件接收技术
　　Y 条件接收

条件码寄存器
　　Y 状态寄存器

条码
　　Y 条形码

条码标签打印机
　　Y 条码打印机

条码标准
barcode standard
TP391
　　S 信息标准
　　Z 信息产业标准*

条码打印机
barcode printer
TP334.3
　　D 条形码打印机
　　　条码标签打印机
　　S 打印机
　　Z 外部设备*

条码技术
　　Y 条形码

条码扫描仪
barcode scanner
TP334.2
　　D 条形码扫描仪
　　S 扫描仪
　　C 条形码
　　Z 外部设备*

条码识别
　　Y 条形码识别

条纹变像管
streak tube
TN14
　　S 变像管
　　L 电子束管**

条形激光二极管
stripe laser diode
TN31
　　S 激光二极管
　　L 半导体发光器件**

条形连接器
bar connector
TN6
　　S 矩形连接器
　　C 带状电缆连接器
　　Z 电连接器*

条形码
barcode
TN911　TP391.4
　　D 形码
　　　条形码技术
　　　条码
　　　条码技术
　　S 编码*
　　• 二维码
　　• 防伪条码
　　• 三维码
　　• 商品条形码
　　• 一维码
　　C 条形码系统
　　　条形码识别
　　　条码扫描仪

条形码打印机
　　Y 条码打印机

条形码管理系统
　　Y 条形码系统

条形码技术
　　Y 条形码

条形码扫描仪
　　Y 条码扫描仪

• 677 •

条形码识别
barcode recognition
TP391.4
　　D 条码识别
　　S 信息识别*
　　　自动识别*
　　C 条形码

条形码系统
barcode system
TP391
　　D 条形码管理系统
　　S 电子系统*
　　C 条形码

调Q光纤激光器
Q-switched fiber laser
TN248
　　S 光纤激光器**

调Q激光
Q-switched laser
TN241
　　D Q开关激光
　　　调Q激光器
　　S 激光*

调Q激光器
　　Y 调Q激光

调幅
amplitude modulation
TN76
　　D 幅度调制
　　　振幅调制
　　　调幅信号
　　S 调制*
　　· 残留边带调制
　　· 单边带调制
　　· 脉冲幅度调制
　　· 数字调幅
　　· 双边带调制
　　· 阳极调幅
　　· 正交幅度调制
　　C 幅度失真
　　　幅度解调
　　　调幅器
　　　调幅干扰

调幅变压器
AM transformer
TM42
　　S 变压器*

调幅扼流圈
FM choke
TM556
　　S 扼流圈
　　Z 电感器*

调幅发射机
amplitude modulated transmitter
TN83
　　S 调制发射机
　　· 调幅广播发射机
　　· 数字调幅发射机
　　C 调幅接收机
　　Z 发射机*

调幅干扰
AM interference
TN972
　　S 有源干扰
　　· 噪声调幅干扰
　　C 调幅
　　L 电子对抗**

调幅广播
amplitude modulated broadcasting
TN934
　　S 无线电广播
　　· 数字调幅广播
　　C 调幅广播发射机
　　Z 广播*

调幅广播发射机
amplitude modulated broadcast transmitter
TN83
　　S 广播发射机
　　　调幅发射机
　　C 调幅广播
　　Z 发射机*

调幅接收机
amplitude modulated receiver
TN85
　　S 调制接收机
　　C 调幅发射机
　　Z 接收设备*

调幅器
amplitude modulator
TN761
　　D 幅度调制器
　　S 调制器*
　　· 差分对调幅器
　　· 环形调幅器
　　· 晶体管调幅器
　　C 调幅

调幅收音机
amplitude modulation radio
TN85
　　D AM收音机
　　S 收音机*

调幅信号
　　Y 调幅

调角
　　Y 角度调制

调节电路
regulating circuit
TN710
　　S 电子电路*

调理电路
　　Y 信号调理电路

调零天线
nulling antenna
TN82
　　S 天线*
　　· 自适应调零天线

调配网络
　　Y 天线调配网络

调频
frequency modulation
TN76
　　D 调频技术
　　　调频方式
　　　频率调制
　　S 调制*
　　· 非线性调频
　　· 高频调制
　　· 解线性调频
　　· 锯齿波调频
　　· 宽带调频
　　· 脉冲频率调制
　　· 剩余调频
　　· 数字调频
　　· 锁相调频
　　· 线性调频
　　· 正弦调频
　　C 调频信号
　　　调频器
　　　调频天线
　　　调频干扰

调频步进雷达
frequency modulated stepping radar
TN958
　　S 调频雷达
　　　频率步进雷达
　　Z 雷达*

调频步进信号
FM stepping signal
TN951
　　S 调频信号
　　· 线性调频步进信号
　　Z 信号*

调频差分混沌键控
FM differential chaos shift keying
TN76
　　D FM-DCSK
　　S 差分混沌键控
　　L 数字调制**

调频电台
FM radio station
TN924
　　S 无线电台*

调频发射机
frequency modulated transmitter
TN83
　　D 调频发射器
　　S 调制发射机
　　· 调频广播发射机
　　· 调频雷达发射机
　　· 数字调频发射机
　　Z 发射机*

调频发射器
　　Y 调频发射机

调频发射天线
FM transimitting antenna
TN82
　　S 发射天线
　　　 调频天线
　　Z 天线*

调频方式
　　Y 调频

调频干扰
FM interference
TN972
　　S 有源干扰
　　· 线性调频干扰
　　· 噪声调频干扰
　　C 调频
　　　 调频信号
　　　 调频天线
　　L 电子对抗**

调频广播
frequency modulated broadcasting
TN936　TN934
　　D 调频广播网
　　S 无线电广播
　　· 调频同步广播
　　C 调频广播发射机
　　　 调频收音机
　　Z 广播*

调频广播发射机
FM broadcasting transmitter
TN83
　　S 广播发射机
　　　 调频发射机
　　C 调频广播
　　Z 发射机*

调频广播网
　　Y 调频广播

调频激光器
frequency modulated laser
TN248
　　S 调制激光器
　　Z 激光器*

调频技术
　　Y 调频

调频接收
FM receiving
TN85　TN935
　　S 接收*

调频接收机
frequency modulated receiver
TN85
　　D 调频接收器
　　S 调制接收机
　　Z 接收设备*

调频接收器
　　Y 调频接收机

调频雷达
frequency modulated radar
TN958
　　S 雷达*
　　· 调频步进雷达
　　· 调频连续波雷达
　　· 线性调频雷达
　　C 调频雷达发射机
　　　 调频雷达接收机

调频雷达发射机
frequency modulated radar transmitter
TN83
　　S 调频发射机
　　　 雷达发射机
　　C 调频雷达
　　　 调频雷达接收机
　　Z 发射机*

调频雷达接收机
frequency modulated radar receiver
TN85
　　S 雷达接收机
　　C 调频雷达
　　　 调频雷达发射机
　　Z 接收设备*

调频连续波合成孔径雷达
frequency modulated continuous wave SAR
TN958
　　S 合成孔径雷达
　　　 调频连续波雷达
　　Z 雷达*

调频连续波雷达
frequency modulated continuous wave radar
TN958
　　D FMCW 雷达
　　S 调频雷达
　　　 连续波雷达
　　· 调频连续波合成孔径雷达
　　· 线性调频连续波雷达
　　Z 雷达*

调频器
frequency modulator
TN761
　　S 调制器*
　　· 变容二极管调频器
　　· 电抗管调频器
　　· 晶体管调频器
　　C 调频

调频收音机
FM radio
TN85
　　D FM 收音机
　　　 FM 调频收音机
　　S 收音机*
　　C 调频广播

调频天线
FM antenna
TN82
　　D FM 天线
　　S 天线*
　　· 调频发射天线
　　C 调频
　　　 调频信号
　　　 调频干扰

调频同步广播
FM synchronous broadcasting
TN934
　　S 同步广播
　　　 调频广播
　　Z 广播*

调频系统
frequency modulated system
TN941　TN76
　　S 电子系统*

调频信号
FM signal
TN91　TN95　TN7
　　S 调制信号
　　· 调频步进信号
　　· 非线性调频信号
　　· 线性调频信号
　　C 调频
　　　 调频天线
　　　 调频干扰
　　Z 信号*

调频信号发生器
FM signal generator
TM93
　　S 信号发生器**

调频振荡器
FM oscillator
TN752
　　S 振荡器*

调试*
debugging
TP311　TP306
　　D 调试技术
　　· 电路调试
　　· · 片上调试
　　· 动态调试
　　· 计算机调试
　　· · 并行调试
　　· · 交叉调试
　　· · 软件调试
　　· 接口调试
　　· 联机调试
　　· 网络调试
　　· 线路调试
　　· 硬件调试
　　· 远程调试
　　· 在线调试
　　· 自动调试

调试程序
　　Y 调试器

调试工具
　　Y 调试器

调试技术
　　Y 调试

调试器
debugger
TP311
　　D 编程调试器
　　　　调试工具
　　　　调试程序
　　　　调试软件
　　S 编程软件
　　· 仿真调试器
　　· 交叉调试器
　　Z 软件*

调试软件
　　Y 调试器

调相
phase modulation
TN76
　　D 位相调制
　　　　相位调制
　　　　调相信号
　　S 调制*
　　· 电光相位调制

· 交叉相位调制
· 连续调相
· 数字调相
· 伪码调相
· 自相位调制
C 调相器

调相电路
　　Y 相变电路

调相发射机
phase-modulated transmitter
TN83
　　S 调制发射机
　　C 调相接收机
　　Z 发射机*

调相接收机
phase-modulated receiver
TN85
　　S 调制接收机
　　C 调相发射机
　　Z 接收设备*

调相器
phase modulator
TN761
　　D 相位调制器
　　S 调制器*
　　C 调相

调相信号
　　Y 调相

调谐电路
tuned circuit
TN710
　　S 电子电路*

调谐电容器
tuned capacitor
TM531
　　D 可调电容器
　　S 电容器*
　　· 微调电容器

调谐放大电路
　　Y 调谐放大器

调谐放大器
tuned amplifier
TN72
　　D 调谐放大电路
　　S 放大器*

调谐激光器
　　Y 可调谐激光器

调谐接收机
tuned receiver
TN85

　　S 接收设备*
　　· YIG 单选调谐接收机
　　· YIG 双选调谐接收机
　　· 射频调谐接收机

调谐滤波器
tuned filter
TN713
　　S 无源滤波器
　　· 单调谐滤波器
　　· 连续调谐滤波器
　　· 双调谐滤波器
　　Z 滤波器*

调谐器*
tuner
TN911
　　· 电子调谐器
　　· 机械调谐器

调谐天线
　　Y 驻波天线

调谐指示管
tuned indicator
TN14
　　S 指示管
　　L 电子束管**

调整电路
regulator circuit
TN710　TN949
　　S 电子电路*

调制*
modulation
TN76
　　D 调制体制
　　　　调制技术
　　　　调制方式
　　　　调制样式
　　　　调制模式
　　· 变频调制
　　· 波长调制
　　· 参数调制
　　· · 混沌参数调制
　　· 差分调制
　　· · 差分空时调制
　　· · · 差分酉空时调制
　　· 电调制
　　· · 电场调制
　　· · 电导调制
　　· · 电流调制
　　· 调幅
　　· · 残留边带调制
　　· · 单边带调制
　　· · · 带内导频单边带调制
　　· · 脉冲幅度调制
　　· · 数字调幅
　　· · 双边带调制
　　· · 阳极调幅
　　· · 正交幅度调制

· 680 ·

- · · 多进制正交幅度调制
- 调频
- · · 非线性调频
- · · 高频调制
- · · 解线性调频
- · · 锯齿波调频
- · · 宽带调频
- · · 脉冲频率调制
- · · 剩余调频
- · · 数字调频
- · · 锁相调频
- · · 线性调频
- · · 正弦调频
- 调相
- · · 电光相位调制
- · · 交叉相位调制
- · · 连续调相
- · · 数字调相
- · · 伪码调相
- · · 自相位调制
- · 抖动调制
- · 多电平调制
- · 多路调制
- · 多普勒调制
- · 二次调制
- · 方波调制
- · 非线性调制
- · · 非线性调频
- · 分形调制
- · 复合调制
- · 负载调制
- · 高阶调制
- · 光调制
- · · 电光调制
- · · · 电光相位调制
- · · 光强调制
- · · 光栅调制
- · · 激光调制
- · · · 腔内调制
- · · · 腔外调制
- · · 声光调制
- · 过零调制
- · 互调
- · · 三阶互调
- · · 无源互调
- · 混沌调制
- · 混沌参数调制
- · 混沌脉冲位置调制
- · 基带调制
- · 交叉调制
- · · 交叉偏振调制
- · · 交叉相位调制
- · · 交叉增益调制
- · 交扰调制
- · 角度调制
- · 空间调制
- · 跨周期调制
- · 脉冲调制
- · · 量化脉冲调制
- · · 脉冲编码调制
- · · · 差分脉码调制
- · · · 自适应差分脉冲编码调制
- · · 脉冲幅度调制
- · · 脉冲间隔调制
- · · 脉冲宽度调制
- · · · 电流型脉宽调制
- · · · 数字脉宽调制
- · · · 正弦脉宽调制
- · · 脉冲频率调制
- · · 脉冲时间调制
- · · 脉冲位置调制
- · · · 混沌脉冲位置调制
- · · · 跳时脉冲位置调制
- · · 脉内调制
- · · 增量调制
- · · · 连续可变斜率增量调制
- · · · 自适应增量调制
- · 模拟调制
- · 偏振调制
- · 屏极调制
- · 三角波调制
- · 射频调制
- · 时间调制
- · 束流调制
- · 数字调制**
- · 损耗调制
- · 线性调制
- · 小波包调制
- · 信号调制
- · 音频调制
- · · 离散多音频调制
- · · 滤波多音调制
- · 酉空时调制
- · · 差分酉空时调制
- · 余弦调制
- · 载波调制
- · · 单载波调制
- · · 多载波调制
- · · 二进制偏移载波调制
- · · 副载波调制
- · 噪声调制
- · 正交调制
- · · 数字正交调制
- · · 四相移相键控
- · · · 差分四相移相键控
- · · · · π/4差分四相移相键控
- · · · 偏移四相移相键控
- · · 正交幅度调制
- · · · 多进制正交幅度调制
- · 正弦调制
- · · 正弦调频
- · 指数调制
- · 自调制
- · 自适应调制
- · · 自适应差分脉冲编码调制
- · · 自适应增量调制
- · 阻抗调制
- C 解调
- 调制信号
- 调制器
- 调制编码

调制编码
modulation and coding
TN911 TN92
  S 编码*
- PCM 编码
- 自适应调制编码

C 调制
调制信号

调制掺杂
modulation doping
TN305
  S 半导体掺杂
  Z 半导体工艺*

调制掺杂场效应晶体管
modulation doped field effect transistor
TN386
  S 场效应晶体管
  L 半导体分立器件**

调制电路
  Y 调制器

调制度测量仪
modulation meter
TM935
  S 通信测试仪**

调制发射机
modulation transmitter
TN83
  S 发射机*
- 调幅发射机
- 调频发射机
- 调相发射机
- 外调制发射机
C 调制接收机

调制方式
  Y 调制

调制方式识别
  Y 调制识别

调制放大器
modulation amplifier
TN72
  S 放大器*
- 脉宽调制放大器

调制激光器
modulation laser
TN248
  S 激光器*
- 调频激光器

调制技术
  Y 调制

调制接收机
modulation receiver
TN85
  S 接收设备*
- 调幅接收机
- 调频接收机

电子信息技术叙词表

· 调相接收机
· 脉冲调制接收机
C 调制发射机

调制解调器
modem
TN919
  D 调制解调器技术
  S 接入设备
  · ADSL 调制解调器
  · GSM 调制解调器
  · 电缆调制解调器
  · 电力线调制解调器
  · 短波调制解调器
  · 光纤调制解调器
  · 宽带调制解调器
  · 嵌入式调制解调器
  · 数据调制解调器
  · 数字调制解调器
  · 无线调制解调器
  · 虚拟调制解调器
  Z 通信设备*

调制解调器技术
  Y 调制解调器

调制解调器芯片
  Y 调制解调芯片

调制解调芯片
modem chip
TN43
  D 调制解调器芯片
  S 通信芯片
  Z 芯片*

调制类型识别
  Y 调制识别

调制模式
  Y 调制

调制模式识别
  Y 调制识别

调制器*
modulator
TN761
  D 调制电路
  · 边缘调制器
  · 单路邻频调制器
  · 调幅器
  · · 差分对调幅器
  · · 环形调幅器
  · · 晶体管调幅器
  · 调频器
  · · 变容二极管调频器
  · · 电抗管调频器
  · · 晶体管调频器
  · 调相器
  · 隔频调制器
  · 固定频率调制器

· 光调制器
· · 磁光调制器
· · 电光调制器
· · 电吸收调制器
· · 红外调制仪
· · 声光调制器
· 捷变频率调制器
· 邻频调制器
· 模拟调制器
· 射频调制器
· 数字调制器
· 中频调制器
C 调制
  调制信号

调制识别
modulation recognition
TN911
  D 自动调制识别
    调制体制识别
    调制信号识别
    调制方式识别
    调制样式识别
    调制模式识别
    调制类型识别
    调制自动识别
  S 信号识别
  Z 信号处理*

调制体制
  Y 调制

调制体制识别
  Y 调制识别

调制信号
modulated signal
TN911
  S 信号*
  · 调频信号
  · 模拟调制信号
  · 数字调制信号
  C 调制
    调制器
    调制编码

调制信号识别
  Y 调制识别

调制样式
  Y 调制

调制样式识别
  Y 调制识别

调制自动识别
  Y 调制识别

跳频
frequency hopping
TN918

  D FHSS
    跳频扩频
    跳频技术
    频率跳变
  S 扩频*
  · 差分跳频
  · 快速跳频
  · 脉间跳频
  · 慢跳频
  · 射频跳频
  · 随机跳频
  · 正交法跳频
  · 自适应跳频
  · 组间跳频
  C 多路耦合器
    跳频信道
    跳频通信

跳频编码
frequency hopping coding
TN914 TN92
  S 通信编码**
  C 跳频信号
    跳频信道
    跳频电台
    跳频通信

跳频电台
frequency hopping radio
TN914 TN92
  S 无线电台*
  C 跳频多址通信
    跳频编码

跳频多址
  Y 跳频多址通信

跳频多址通信
frequency hopping multiple access communication
TN92 TN914
  D FHMA
    跳频多址
    频跳多址通信
  S 多址通信
    跳频通信
  C 跳频电台
  L 无线通信**

跳频技术
  Y 跳频

跳频扩频
  Y 跳频

跳频通信
frequency hopping communication
TN914 TN92
  D 跳频系统
    跳频通信技术
    跳频通信系统
    跳频通讯

· 682 ·

S 扩频通信
　・短波跳频通信
　・跳频多址通信
　　C 跳频
　　　跳频信号
　　　跳频编码
　　L 无线通信∗∗

跳频通信技术
　　Y 跳频通信

跳频通信系统
　　Y 跳频通信

跳频通讯
　　Y 跳频通信

跳频系统
　　Y 跳频通信

跳频信道
frequency hopping channel
TN92　TN914
　　S 无线信道
　　C 跳频
　　　跳频编码
　　Z 信道∗

跳频信号
frequency hopping signal
TN014
　　S 无线电信号
　　C 时频编码
　　　时频调制
　　　跳频编码
　　　跳频通信
　　Z 信号∗

跳时扩频
time hopping spread spectrum
TN918　TN92
　　S 扩频∗

跳时脉冲位置调制
time hopping pulse position modulation
TN76
　　D 跳时脉位调制
　　S 脉冲位置调制
　　Z 调制∗

跳时脉位调制
　　Y 跳时脉冲位置调制

贴片LED
surface mounted LED
TN383
　　D SMD LED
　　　贴片式LED
　　S 发光二极管
　　　表面贴装元器件∗

　　L 半导体发光器件∗∗

贴片电感
　　Y 片式电感器

贴片电容
　　Y 片式电容器

贴片电阻
　　Y 片式电阻器

贴片工艺
　　Y 表面贴装技术

贴片技术
　　Y 表面贴装技术

贴片胶
surface mounted adhesive
TN05
　　S 电子材料∗

贴片式LED
　　Y 贴片LED

贴片式铝电解电容器
　　Y 片式铝电解电容器

贴片天线
patch antenna
TN82
　　D 微带贴片天线
　　S 定向天线
　　　微带天线
　・矩形微带贴片天线
　　C 片上天线
　　L 微波天线∗∗

贴片谐振器
patch resonator
TN75
　　D 表面安装谐振器
　　S 表面贴装元器件∗
　　　谐振器∗

贴装
　　Y 表面贴装技术

贴装工艺
　　Y 表面贴装技术

贴装技术
　　Y 表面贴装技术

铁磁半导体
ferromagentic semiconductor
TN304
　　S 磁性半导体
　　Z 半导体材料∗

铁道通信
　　Y 铁路通信

铁电半导体
ferroelectric semiconductor
TN304
　　D 铁电半导体材料
　　S 半导体材料∗
　　C 铁电器件

铁电半导体材料
　　Y 铁电半导体

铁电场效晶体管
　　Y 铁电场效应晶体管

铁电场效应晶体管
ferroelectric field effect transistor
TN386
　　D 铁电场效晶体管
　　S 场效应晶体管
　　　铁电器件
　　L 半导体分立器件∗∗

铁电存储器
ferroelectric memory
TP333　TN43
　　D FRAM
　　　铁电存贮器
　　　铁电随机存储器
　　　铁电随机存取存储器
　　　非易失性铁电存储器
　　S 非易失性随机存储器
　　C 薄膜存储器
　　L 非易失性存储器∗∗

铁电存贮器
　　Y 铁电存储器

铁电器件
ferroelectric device
TN384
　　S 半导体器件∗
　・集成铁电器件
　・铁电场效应晶体管
　　C 铁电半导体

铁电随机存储器
　　Y 铁电存储器

铁电随机存取存储器
　　Y 铁电存储器

铁电液晶显示器
ferroelectric liquid crystal display
TN87　TN27
　　D FLCD
　　S 液晶显示器
　　Z 显示设备∗

铁路通信
railway communication
TN915
　　D 铁道通信
　　S 专网通信
　　C 铁路通信网
　　Z 通信*

铁路通信网
railway communication network
TN915
　　D 铁路专用通信网
　　　 铁路通信网络
　　S 专用通信网
　　C 铁路通信
　　Z 通信网络*

铁路通信网络
　　Y 铁路通信网

铁路专用通信网
　　Y 铁路通信网

铁塔天线
tower antenna
TN82
　　S 天线*

铁心电感器
　　Y 扼流圈

铁芯电感器
　　Y 扼流圈

铁氧体倍频器
ferrite frequency multiplier
TN771
　　S 倍频器*

铁氧体磁头
ferrite magnetic head
TP334
　　D 铁氧体头
　　S 磁头*
　　C 铁氧体环行器

铁氧体磁芯存储器
　　Y 磁芯存储器

铁氧体磁珠
ferrite bead
TM556
　　S 磁珠
　　Z 电感器*

铁氧体隔离器
ferrite isolator
TN61　TN62
　　S 微波铁氧体器件
　　　 微波隔离器
　　Z 微波元件*

铁氧体环行器
ferrite circulator
TN62
　　S 微波环行器
　　　 微波铁氧体器件
　　C 铁氧体磁头
　　Z 微波元件*

铁氧体开关
ferrite switch
TN61　TN62
　　S 微波开关
　　　 微波铁氧体器件
　　Z 微波元件*

铁氧体天线
ferrite antenna
TN82
　　S 磁性天线
　　Z 天线*

铁氧体头
　　Y 铁氧体磁头

铁氧体相移器
　　Y 铁氧体移相器

铁氧体移相器
ferrite phase shifter
TN62
　　D 铁氧体相移器
　　S 移相器*

停靠站服务器
anchorage server
TP368
　　S 服务器*

通道电子倍增管
　　Y 通道电子倍增器

通道电子倍增器
channel electron multiplier
TN15
　　D 通道电子倍增管
　　S 电子倍增器
　　Z 电真空器件*

通道光电倍增管
　　Y 微通道板光电倍增管

通道协议
　　Y 光纤通道协议

通断键控
on-off keying
TN76
　　D OOK
　　S 振幅键控
　　L 数字调制**

通孔安装
　　Y 通孔插装技术

通孔安装技术
　　Y 通孔插装技术

通孔插装
　　Y 通孔插装技术

通孔插装技术
through hole technology
TN41
　　D 通孔安装
　　　 通孔安装技术
　　　 通孔插装
　　S 电子工艺*

通信*
communication
TN91
　　D 通信传输
　　　 通信技术
　　　 通讯
　　• SPI 通信
　　• Socket 通信
　　• 保密通信
　　•• 混沌通信
　　•• 量子通信
　　•• 匿名通信
　　•• 数字保密通信
　　•• 图像保密通信
　　•• 隐蔽通信
　　•• 语音保密通信
　　• 并行通信
　　• 长途通信
　　• 船舶通信
　　• 船岸通信
　　• 串行通信
　　• USB 通信
　　• 串行数据通信
　　• 多串口通信
　　• 同步串行通信
　　• 异步串行通信
　　• 代理通信
　　• 单片机通信
　　• 单向通信
　　• 地下通信
　　• 点对点通信
　　• 电子通信
　　• 多点通信
　　• 多跳通信
　　• 多通道通信
　　• 非阻塞通信
　　• 分布式通信
　　• 分组通信
　　• 高速通信
　　• 高速光通信
　　•• 高速光纤通信
　　• 高速数据通信
　　• 高速水声通信
　　• 突发通信
　　• 个人通信
　　• 固定通信

- 管道通信
- 光通信**
- 海上通信
- ・海事卫星通信
- 航空通信
- ・地空通信
- ・航空移动通信
- ・机载通信
- ・・机载激光通信
- ・・机载卫星通信
- ・民航通信
- 计算机通信
- ・编程口通信
- ・计算机网络通信
- ・・IP通信
- ・・・IP语音通信
- ・・对等通信
- ・・互联网通信
- ・・・TCP/IP通信
- ・・即时通信
- ・・局域网通信
- ・・・以太网通信
- ・・组网通信
- ・进程通信
- ・联机通信
- ・微机通信
- ・交互通信
- ・接口通信
- ・聚合通信
- ・军事通信
- ・海军通信
- ・・舰艇通信
- ・・・潜艇通信
- ・・・・对潜通信
- ・・・・・激光对潜通信
- ・・战场通信
- ・・战略通信
- ・・战术通信
- ・・战役通信
- ・抗干扰通信
- ・空基通信
- ・宽带通信
- ・・电力线宽带通信
- ・・宽带卫星通信
- ・・无线宽带通信
- ・・宽带移动通信
- ・・卫星宽带通信
- ・模拟通信
- ・内部通信
- ・农村通信
- ・平流层通信
- ・区间通信
- ・全球通信
- ・群组通信
- ・・安全群组通信
- ・融合通信
- ・三线通信
- ・射频通信
- ・实时通信
- ・・实时串行通信
- ・・实时视频通信
- ・・实时数据通信
- ・室内通信
- ・・室内无线通信

- ・・・室内无线光通信
- ・・・・室内可见光通信
- ・数据通信
- ・・多媒体通信
- ・・・实时多媒体通信
- ・・・无线多媒体通信
- ・・・・移动多媒体通信
- ・・高速数据通信
- ・・实时数据通信
- ・・数据链通信
- ・・双向数据通信
- ・・图像通信
- ・・・传真通信
- ・・・・高速传真
- ・・・・图片传真
- ・・・・网络传真
- ・・・・无线传真
- ・・・视频通信
- ・・・・实时视频通信
- ・・移动数据通信
- ・・远程数据通信
- ・数字通信
- ・・数字保密通信
- ・・数字光纤通信
- ・・数字集群通信
- ・・数字载波通信
- ・・无线数字通信
- ・・・数字微波通信
- ・双机通信
- ・双向通信
- ・双工通信
- ・・半双工通信
- ・・频分双工
- ・・全双工通信
- ・・时分双工
- ・双向数据通信
- ・水下通信
- ・・水声通信
- ・・・高速水声通信
- ・・・水声语音通信
- ・・・远程水声通信
- ・・水下光通信
- ・・・水下激光通信
- ・・・水下可见光通信
- ・同步通信
- ・网络通信**
- ・无线通信**
- ・系统通信
- ・消息通信
- ・协作通信
- ・异步通信
- ・・异步消息通信
- ・应急通信
- ・・应急卫星通信
- ・有线通信
- ・语音通信
- ・・IP语音通信
- ・・电话通信
- ・・・程控电话
- ・・・固定电话
- ・・・・长途电话
- ・・・・公用电话
- ・・・・・无线公话
- ・・・・农村电话

- ・・・・市内电话
- ・・・・无线市话
- ・・・・无线固话
- ・・・・・无线公话
- ・・・可视电话
- ・・・・IP可视电话
- ・・・・多媒体可视电话
- ・・・宽带电话
- ・・・模拟电话
- ・・・数字电话
- ・・・网络电话
- ・・・・IP可视电话
- ・・・・SIP电话
- ・・・软件电话
- ・・・无绳电话
- ・・・无线电话
- ・・・・无线固话
- ・・・・・无线公话
- ・・・・无线市话
- ・・・无线寻呼
- ・・・智能电话
- ・・・专用电话
- ・・・・调度电话
- ・・・・会议电话
- ・・・・信息电话
- ・・实时语音通信
- ・・水声语音通信
- ・载波通信
- ・・电力线载波通信
- ・・・低压电力线载波通信
- ・・・电力线宽带通信
- ・・・配电网通信
- ・・多载波通信
- ・・数字载波通信
- ・窄带通信
- ・指挥通信
- ・智能通信
- ・中继通信
- ・・微波中继通信
- ・・无线电接力通信
- ・主从通信
- ・专用通信
- ・・调度通信
- ・・・调度电话
- ・・专网通信
- ・・・电力通信
- ・・・公安通信
- ・・・铁路通信
- ・・专用短程通信
- ・・自适应通信
- ・・自由口通信
- ・综合通信
- ・总线通信
- ・组通信
- C 信息通信技术
- 通信仿真
- 通信发射机
- 通信终端
- 通信网关
- 通信网络

通信编程
communication programming
TP311

D 通信程序设计
　　　 通讯程序设计
　　　 通讯编程
　　S 软件编程**
　　C 通信中间件

通信编码**
communication coding
TN92　TN91
　　D 通信代码
　　S 编码*
　• 空频编码
　•• 空频分组编码
　• 空时编码
　•• 差分空时编码
　••• 差分空时分组编码
　•• 分层空时编码
　•• 空时分组编码
　••• 差分空时分组编码
　••• 分布式空时分组编码
　••• 正交空时分组编码
　•• 空时网格编码
　• 空时频编码
　• 扩频编码
　• 时频编码
　• 跳频编码
　• 信道编码
　• Turbo 编码
　• 分组编码
　•• 空频分组编码
　•• 空时分组编码
　••• 差分空时分组编码
　••• 分布式空时分组编码
　••• 正交空时分组编码
　•• 线性分组编码
　• 卷积编码
　• 联合信源信道编码
　• 子带编码
　• 信令点编码
　• 信源编码
　•• 多用户信源编码
　•• 联合信源信道编码
　•• 信源压缩编码
　　C 通信接口

通信变压器
communication transformer
TM42
　　S 电子变压器**

通信标准
　　Y 通信行业标准

通信测试仪**
communication testing instrument
TM93　TN91
　　S 电子测量仪器*
　• 传输分析仪
　• 调制度测量仪
　• 光时域反射仪
　•• 布里渊光时域反射仪
　• 光通信仪表
　• 链路测试仪
　• 码流分析仪
　• 手机测试仪
　• 数据通信测试仪
　• 通信线路测试仪
　• 网络分析仪
　•• 标量网络分析仪
　•• 射频网络分析仪
　•• 矢量网络分析仪
　•• 数据网络分析仪
　•• 微波网络分析仪
　• 协议分析仪
　• 微波通信测试仪
　• 误码测试仪
　• 信令测试仪
　• 总线分析仪
　•• CAN 总线分析仪
　• 逻辑分析仪
　•• 嵌入式逻辑分析仪
　•• 虚拟逻辑分析仪
　　C 信号发生器
　　　 测试信号
　　　 通信设备

通信测向
communication direction finding
TN971
　　D 无线电通信测向
　　S 无线电测向
　　Z 测向*

通信程序
　　Y 通信软件

通信程序设计
　　Y 通信编程

通信处理机
　　Y 通信处理器

通信处理器
communication processor
TN915　TP33
　　D 通信处理机
　　　 通信微处理器
　　S 微处理器*
　• 基带处理器
　• 协议处理器
　　C 通信终端

通信传输
　　Y 通信

通信传输网
　　Y 传输网

通信代码
　　Y 通信编码

通信电缆
communication cable
TM248
　　S 电线电缆*
　• 长途通信电缆
　• 传输电缆
　• 海底通信电缆
　• 射频电缆
　• 市内通信电缆
　• 视频电缆
　• 数据电缆
　• 数字通信电缆
　• 同轴电缆
　• 网络线缆
　• 音频电缆
　　C 电缆网络
　　　 通信终端

通信电路
communication circuit
TN710
　　D 通信电子电路
　　　 通讯电路
　　S 电子电路*

通信电台
communication radio station
TN92
　　S 无线电台*
　• 长波电台
　• 单边带电台
　• 短波电台
　• 数传电台
　　C 通信发射机

通信电源
communication power supply
TN86
　　D 通信电源设备
　　　 通讯电源
　　S 电源*
　• 通信开关电源
　• 通信直流电源
　• 移动通信电源

通信电源设备
　　Y 通信电源

通信电子电路
　　Y 通信电路

通信电子对抗
　　Y 通信对抗

通信电子战
　　Y 通信对抗

通信电子战技术
　　Y 通信对抗

通信电子战设备
　　Y 通信对抗装备

通信端口
 Y 通信接口

通信对抗
communication countermeasure
TN975
 D 无线电通信对抗
  通信对抗技术
  通信电子对抗
  通信电子战
  通信电子战技术
 S 电子对抗**
 • 通信反侦察
 • 通信干扰
 • 通信抗干扰
 • 通信欺骗
 • 通信侦察
 C 军事通信
  通信对抗装备
  通信终端

通信对抗技术
 Y 通信对抗

通信对抗设备
 Y 通信对抗装备

通信对抗系统
 Y 通信对抗装备

通信对抗侦察设备
 Y 通信侦察设备

通信对抗装备
communication countermeasure equipment
TN975
 D 通信对抗系统
  通信对抗设备
  通信电子战设备
 S 电子战装备*
 • 通信干扰设备
 • 通信侦察设备
 C 通信对抗

通信发射机
communication transmitter
TN83
 D 发信机
 S 发射机*
 • 寻呼发射机
 • 移动通信发射机
 C 通信
  通信接收机
  通信电台

通信反干扰
 Y 通信抗干扰

通信反侦察
communication anti-reconnaissance
TN971
 S 反电子侦察
  通信对抗
 • 无线电静默
 C 通信侦察
  通信侦察设备
 L 电子对抗**

通信仿真
communication simulation
TN91
 S 仿真*
 • 通信系统仿真
 • 信道仿真
 C 通信

通信服务器
communication server
TP393 TP368
 D 通讯服务器
 S 服务器*
 • SIP 服务器
 • 传真服务器
 • 电话服务器

通信干扰
communication jamming
TN978 TN911.4
 D 电信干扰
 S 电子干扰
  通信对抗
 • 宽带噪声干扰
 • 射频噪声干扰
 • 噪声调制干扰
 C 信号干扰
  通信干扰设备
  通信抗干扰
 L 电子对抗**

通信干扰方舱
 Y 通信干扰设备

通信干扰飞机
communication jamming aircraft
TN97
 D 无线电通信干扰飞机
 S 电子干扰飞机
  通信干扰设备
 L 电子干扰设备**

通信干扰机
communication jammer
TN975
 D 无线电通信干扰机
 S 干扰机
  通信干扰设备
 L 电子干扰设备**

通信干扰设备
communication jamming equipment
TN975
 D 无线电通信干扰方舱
  无线电通信干扰设备
  通信干扰方舱
 S 电子干扰设备**
  通信对抗装备
 • 通信干扰飞机
 • 通信干扰机
 C 通信干扰

通信光缆
 Y 光缆

通信规程
 Y 通信协议

通信规范
 Y 通信协议

通信规约
 Y 通信协议

通信行业标准
communication industry standard
TN948
 D 电信标准
  通信标准
 S 信息产业标准*
 • ITU 标准
 • 传输标准
 • 通信系统标准
 • 移动通信标准

通信机
 Y 通信设备

通信基础设施
communication infrastructure
TN92 TN915
 D 电信基础设施
 S 信息基础设施*

通信基站
 Y 基站

通信集成电路
communication ASIC
TN492
 D 通信专用集成电路
 S 专用集成电路
 Z 集成电路*

通信技术
 Y 通信

通信加密
communication encryption
TN918
 S 加密**
 • 端到端加密
 • 广播加密
 • 有线等效加密
 • 终端加密

通信交换**
communication exchange
TN915
 D 电信交换技术
 S 信息交换*
 • ATM 交换
 • 存储转发交换
 • 电话交换
 • • 程控交换
 • • • 数字程控交换
 • • 电路交换
 • • • 空分交换
 • • • 时分交换
 • 分组交换
 • • 光分组交换
 • • 快速分组交换
 • • 信元交换
 • • 帧交换
 • 虚电路交换
 • 光交换
 • • 波长交换
 • • 波带交换
 • • 波分交换
 • • 光标记交换
 • • 光电路交换
 • • 光分组交换
 • • 光路交换
 • • 光频转换
 • • 光突发交换
 • • 光纤交换
 • • 光子交换
 • • 全光包交换
 • 宽带交换
 • 模拟交换
 • 软交换
 • • 移动软交换
 • 时隙交换
 • 数字交换
 • • 数字程控交换
 • 信号交换
 • 星上交换

通信交换设备
 Y 交换设备

通信接口
communication interface
TN915
 D 通信端口
  通讯口
  通讯接口
 S 接口*
 • E1 接口
 • V5 接口
 • 电话接口
 • 复用接口
 • 光纤接口
 • 基本速率接口
 • 空中接口
 • 无线接口
 • 线路接口
 • 信令接口
 • 业务接口
 • 中继接口
 C 通信编码
  通信设备

通信接收机
communication receiver
TN914 TN929.5
 S 接收设备*
 • 基站接收机
 • 码分多址接收机
 C 通信发射机

通信开关电源
switching power supply for communication equipment
TN86
 S 开关电源
  通信电源
 Z 电源*

通信抗干扰
communication anti-jamming
TN973
 D 反通信干扰
  通信反干扰
 S 电子反干扰
  通信对抗
 C 扩频
  通信干扰
 L 电子对抗**

通信控制机
 Y 通信控制器

通信控制器
communication controller
TN915
 D 通信控制机
  通信控制设备
  通讯控制器
 S 控制器*
  通信设备*
 • 串行通信控制器
 • 会话边界控制器
 • 宽带接入控制器
 • 链路控制器
 • 无线控制器

通信控制设备
 Y 通信控制器

通信控制协议
 Y 控制协议

通信链路
 Y 链路

通信路由
 Y 路由

通信密钥
 Y 会话密钥

通信欺骗
communication deception
TN973
 D 无线电欺骗
  无线电迷惑
 S 欺骗干扰
  通信对抗
 L 电子对抗**

通信器材
 Y 通信设备

通信软件
communication software
TN92 TN91
 D 通信程序
 S 应用软件**
 • 电话软件
 • 数据通信软件
 • 网络通信软件
 C 程控交换

通信设备*
communication equipment
TN915 TN92
 D 电信设备
  通信器材
  通信机
  通讯器材
  通讯设备
 • 传真机
 • 电报设备
 • • 电传机
 • • 无线电发报机
 • 电话设备**
 • 调度台
 • 多路通信设备
 • 复用/解复用器
 • • 波分复用/解复用器
 • • 复用器
 • • • ATM 复用器
 • • • 分插复用器
 • • • • 光分插复用器
 • • • • 可重构光分插复用器
 • • • 分接器
 • • • 光复用器
 • • • • 波分复用器
 • • • • • 密集波分复用器
 • • • • • 稀疏波分复用器
 • • • • 光分插复用器
 • • • • • 可重构光分插复用器
 • • • • 光交错复用器
 • • • 数据复用器
 • • • 数字用户线接入复用器
 • • 解复用器
 • • • 波分解复用器
 • • • 全光解复用器
 • • • 太赫兹光非对称解复用器
 • • 双工器
 • 光通信设备**

- 呼叫设备
- • 呼叫接收机
- • 呼叫器
- 舰载通信装备
- 交换设备**
- • 交接箱
- 接入设备
- • 调制解调器
- • • ADSL 调制解调器
- • • GSM 调制解调器
- • • 电缆调制解调器
- • • 电力线调制解调器
- • • 短波调制解调器
- • • 光纤调制解调器
- • • 宽带调制解调器
- • • 嵌入式调制解调器
- • • 数据调制解调器
- • • 数字调制解调器
- • • 无线调制解调器
- • • 虚拟调制解调器
- • 接入服务器
- • • 宽带接入服务器
- • • 综合接入服务器
- • 接入控制器
- • 接入路由器
- • 接入网关
- • • 接入媒体网关
- • 宽带接入设备
- • • 宽带调制解调器
- • • 宽带接入服务器
- • • 宽带接入控制器
- • 综合接入设备
- • • 综合接入服务器
- • 码同步器
- • 配线架
- • 电子配线架
- • 光纤配线架
- • 总配线架
- 数据通信设备
- • 脉冲编码调制设备
- • 声码器
- • 数据传输设备
- • • 数据传输终端
- • • • 数传电台
- • • • • 数据链路电台
- • • • 数据传输单元
- • • 数据电路终接设备
- • • 数据集中器
- • • 数据终端设备
- • • • 数据传输终端
- • • • • 数传电台
- • • • • • 数据链路电台
- • • • • 数据传输单元
- • • • 无线数据终端
- • • • • 数据传输单元
- 通信控制器
- • 串行通信控制器
- • 会话边界控制器
- • 宽带接入控制器
- • 链路控制器
- • 无线控制器
- • • 基带控制器
- • • 基站控制器
- • • 无线网络控制器

- 通信终端**
- 无线通信设备**
- 信道估计器
- 载波机
- • 电力线载波机
- • 载波终端机
- 中继器
- • 光中继器
- • 微波接力机
- • 增音机
- • 直放站
- • 转发器
- • • 同频转发器
- • • 卫星转发器
- • • • 处理转发器
- • • • 透明转发器
- C 通信天线
- 通信接口
- 通信测试仪

通信声呐
communication sonar
U666 TN92
    D 水声通信机
       水声通信装置
       通信声纳
    S 声呐*
    C 水声信号
       水声通信

通信声纳
    Y 通信声呐

通信天线**
communication antenna
TN82
    D 通讯天线
    S 天线*
- 单极天线
- • 刀形天线
- • 平面单极天线
- • 套筒单极天线
- • 印刷单极天线
- 分集天线
- 偶极天线
- • 半波偶极天线
- • 电磁偶极天线
- • 对数周期偶极天线
- • 印刷偶极天线
- 卫星通信天线
- • 车载卫星天线
- • 船载卫星天线
- • 地面站天线
- • • 动中通天线
- • 格里高利天线
- • 环焦天线
- • 小口径天线
- 移动通信天线
- • 基站天线
- • • 板状天线
- • 移动台天线
    C 通信信号
       通信设备

通信网
    Y 通信网络

通信网分析仪
    Y 网络分析仪

通信网关
communication gateway
TN91
    S 网关
- 传真网关
- 电话网关
- 短信网关
- 互通网关
- 接入网关
- 无线网关
- 信令网关
- 语音网关
    C 通信
    L 网络互连设备**

通信网管
    Y 电信网络管理

通信网管理
    Y 电信网络管理

通信网络*
communication network
TN915
    D 电信网
       电信网络
       通信网
       通信网络技术
       通讯网
       通讯网络
- IP 网络
- • IPv4 网络
- • IPv6 网络
- • IP 城域网
- • • 宽带 IP 城域网
- • IP 承载网
- • IP 电信网
- • IP 骨干网
- • IP 核心网
- • IP 接入网
- • IP 数据网
- • IP 虚拟专用网
- • IP 语音网络
- • IP 子网
- • 宽带 IP 网
- • • 宽带 IP 城域网
- • 全 IP 网络
- • 卫星 IP 网络
- • 移动 IP 网络
- 拨号网络
- 波分复用网络
- • WDM 网状网
- • 波分复用光网络
- • • 波分复用无源光网络
- 车载通信网络
- • 车载自组织网络

- 承载网
  - · IP 承载网
  - · 逻辑承载网
  - · 数据承载网
  - · 一体化承载网络
- 传输网
  - · 本地传输网
  - · 骨干传输网
  - · 宽带传输网
  - · 数据传输网
  - · 数字传输网
  - · 有线传输网
- 传送网
  - · 城域传送网
  - · · 城域光传送网
  - · 分组传送网
  - · 光传送网
  - · · 城域光传送网
  - · · 光同步传送网
- 串行通信网络
- 单频网
- 底层网络
- 电报网
- 电话网
  - · VoIP 网络
  - · 本地电话网
  - · 公共交换电话网
  - · 公众移动通信网
  - · 固定电话网
  - · 专用电话网
- 电力线通信网络
- 电信本地网
  - · 本地传输网
  - · 本地电话网
- 电信管理网
- 电信级以太网
- 电信业务网
  - · 多业务网络
  - · 全业务网
  - · · 全业务接入网
  - · 数据业务网
  - · 综合业务接入网
  - · 综合业务数字网
  - · · 宽带综合业务数字网
  - · · 窄带综合业务数字网
- 定域通信网
- 端到端网络
- 多媒体通信网
- 分配网络
  - · 同轴电缆分配网
  - · 资源分配网络
- 个人通信网
  - · 个人域网
  - · 人体域网
- 工业通信网络
  - · 工业互联网
  - · · 工业物联网
  - · 工业局域网
  - · 工业以太网
  - · · 交换式工业以太网
  - · · 实时工业以太网
- 公用通信网
  - · 公共交换电话网
  - · 公用数据网
- 骨干网
  - · 城域骨干网
  - · 骨干传输网
  - · 互联网骨干网
  - · · IP 骨干网
  - · 虚拟骨干网
- 固定通信网
- 光通信网络**
- 交换网络
  - · ATM 网络
  - · · ATM 局域网
  - · · ATM 无源光网络
  - · · 无线 ATM 网络
  - · 标记交换网络
  - · 弹性分组数据环
  - · 电路交换网络
  - · 调度交换网
  - · 多协议标签交换网络
  - · 分组交换网
  - · · 报文交换网络
  - · · 光分组交换网
  - · 光交换网络
  - · · 光分组交换网
  - · · 光突发交换网络
  - · · 自动交换光网络
  - · 软交换网络
  - · 数据交换网
- 接入网
  - · ADSL 接入网
  - · IP 接入网
  - · 城域接入网
  - · 光接入网
  - · · 宽带光接入网
  - · · 无源光接入网
  - · 宽带接入网
  - · · 宽带无线接入网
  - · 全业务接入网
  - · 用户接入网
  - · 有线接入网
  - · 综合业务接入网
- 结构化网络
  - · 结构化覆盖网络
- 可编程网络
- 宽带网**
- 内容分发网络
- 数据通信网
  - · IP 数据网
  - · 弹性分组数据环
  - · 调度数据网
  - · 分组交换网
  - · · 报文交换网络
  - · · 光分组交换网
  - · 分组数据网络
  - · 公用数据网
  - · 数据承载网
  - · 数据传输网
  - · 数据交换网
  - · 数据链路
  - · · 宽带数据链
  - · · 无人机数据链
  - · · 无线数据链路
  - · · 战术数据链
  - · 数据业务网
  - · 数字数据网

- · 无线数据网络
- · 专用数据网
- 数字通信网
  - · 集成数字增强型网络
  - · 数字传输网
  - · 数字蜂窝网络
  - · 数字交换网络
  - · 数字数据网
  - · 数字同步网
  - · 数字微波网
  - · 数字移动通信网
  - · 窄带综合业务数字网
- 同步网
  - · 光同步传送网
  - · 时间同步网
  - · 数字同步网
- 无线通信网络**
- 信令网
  - · 七号信令网
- 移动通信网络**
- 有线网络
  - · 有线传输网
- 增值网
- 帧中继网络
- 智能通信网
  - · 固定智能网
  - · 宽带智能网
  - · 无线智能网
  - · 移动智能网
  - · 综合智能网
- 驻地网
  - · 用户驻地网
- 专用通信网
  - · 电力通信网
  - · 军用网络
  - · · 地空指挥通信网
  - · · 地域通信网
  - · · · 后方通信网
  - · · · 野战通信网
  - · · 战术通信网
  - · 水利通信专网
  - · 铁路通信网
  - · 移动虚拟专用网
  - · 应急通信网
  - · 专用电话网
- C 信息传输
  信息网络
  泛在网
  电信网络管理
  计算机网络
  通信

通信网络管理
  Y 电信网络管理

通信网络技术
  Y 通信网络

通信网络协议
  Y 通信协议

通信微处理器
  Y 通信处理器

国家工业信息安全发展研究中心 主编

通信卫星转发器
　　Y 卫星转发器

通信系统标准
communication system standard
TN92　TN911
　　S 通信行业标准
　　Z 信息产业标准*

通信系统仿真
communication system simulation
TN914
　　S 系统仿真
　　　通信仿真
　　Z 仿真*

通信线路测试仪
communication line tester
TN914
　　D 通信线路故障测试仪
　　S 通信测试仪**

通信线路故障测试仪
　　Y 通信线路测试仪

通信协议*
communication protocol
TP393.0　TN915.04
　　D 协议族
　　　网络通信协议
　　　计算机网络协议
　　　计算机通信协议
　　　通信网络协议
　　　通信规程
　　　通信规约
　　　通信规范
　　　通讯协议
　　　通讯规程
　　· 安全协议
　　·· 不经意传输协议
　　·· 非否认协议
　　·· 鉴别协议
　　·· 认证协议
　　··· 可扩展认证协议
　　··· 身份认证协议
　　··· 双向认证协议
　　·· 网络安全协议
　　··· AAA 协议
　　··· IPSec 协议
　　···· internet 密钥交换协议
　　··· 安全超文本传输协议
　　··· 安全外壳协议
　　··· 封装安全载荷协议
　　··· 认证头协议
　　··· 安全套接层协议
　　···· 安全套接层/传输层安全协议
　　···· 传输层安全协议
　　····· 安全套接层/传输层安全协议
　　····· 无线传输层安全协议
　　··· 可扩展认证协议
　　··· 身份认证协议
　　·· 握手协议

　　· 在线证书状态协议
　　· 分布式协议
　　·· 分布式路由协议
　　· 精确时间协议
　　· 两段锁协议
　　· 两阶段提交协议
　　· 光纤通道协议
　　· 核心协议
　　· 合同网协议
　　· 交互协议
　　· 交换协议
　　· 公平交换协议
　　· 密钥交换协议
　　·· internet 密钥交换协议
　　·· 认证密钥交换协议
　　· 数据交换协议
　　· 接口协议
　　· SCSI 协议
　　· iSCSI 协议
　　· 串口通信协议
　　· 串行外设接口协议
　　· 通用串行接口协议
　　· 空中接口协议
　　· 可扩展消息处理现场协议
　　· 控制协议
　　· 并发控制协议
　　· 多点控制协议
　　· 访问控制协议
　　· 分布式协调功能协议
　　· 媒体接入控制协议
　　·· 无线传感器网络 MAC 协议
　　· 高级数据链路控制规程
　　· 呼叫控制协议
　　· 控制信令协议
　　· 链路控制协议
　　· 媒体网关控制协议
　　· 网络控制协议
　　· 扩展供应协议
　　· 流媒体协议
　　· Gossip 协议
　　· 流控制传输协议
　　· 实时流协议
　　· 轮询协议
　　· 实时通信协议
　　· 实时传输协议/实时传输控制协议
　　·· 实时传输控制协议
　　·· 实时传输协议
　　· 实时流协议
　　· 数据通信协议
　　· 数据交换协议
　　· 数据收集协议
　　· 通用协议
　　· USB 协议
　　· 通用成帧规程
　　· 通用串行接口协议
　　· 通用开放策略服务协议
　　· 网络协议**
　　· 无线通信协议
　　· HART 协议
　　· 蓝牙协议
　　· 无线应用协议
　　· 无线传输层安全协议
　　· 无线会话协议
　　· 紫蜂协议

　　· 协商协议
　　· 密钥协商协议
　　·· 认证密钥协商协议
　　··· 组密钥协商协议
　　· 协议栈
　　· 双协议栈
　　· 信令协议
　　· 控制信令协议
　　· 信令传输协议
　　· 一致性协议
　　· 应用协议
　　· 无线应用协议
　　·· 无线传输层安全协议
　　·· 无线会话协议
　　· 智能网应用协议
　　· 优先级继承协议
　　· 自定义协议
　　· 总线协议
　　· USB 协议
　　· 现场总线协议
　　·· CAN 协议
　　·· DeviceNet 协议
　　·· Modbus 协议
　　·· PROFIBUS 协议
　　C 协议处理
　　　协议处理器
　　　协议安全
　　　协议模型
　　　协议规范
　　　协议软件
　　　网络协议分析
　　　网络通信
　　　计算机网络

通信协议栈
　　Y 协议栈

通信芯片
communication chip
TN492
　　S 芯片*
　　· 调制解调芯片
　　· 交换芯片
　　· 蓝牙芯片
　　· 路由芯片
　　· 手机芯片

通信信道
　　Y 信道

通信信号
communication signal
TN911
　　D 通讯信号
　　S 信号*
　　· 单边带信号
　　· 导频信号
　　· 手机信号
　　· 数字通信信号
　　· 双音多频信号
　　· 位同步信号
　　· 帧同步信号
　　C 通信天线

· 691 ·

通信信号处理
communication signal processing
TN911
　　S 信号处理*

通信有限状态机
communication finite state machine
TP1
　　S 有限状态机
　　Z 自动机*

通信语言
communication language
TP393.09
　　D 通讯语言
　　S 计算机语言*
　　• Agent 通信语言

通信侦察
communication reconnaissance
TN971
　　S 电子侦察
　　　通信对抗
　　C 通信侦察接收机
　　　通信侦察设备
　　　通信反侦察
　　L 电子对抗**

通信侦察接收机
communication reconnaissance receiver
TN85　TN971
　　D 通信侦察收信机
　　S 侦察接收机
　　C 通信侦察
　　　通信侦察设备
　　Z 电子战装备*
　　　接收设备*

通信侦察设备
communication reconnaissance equipment
TN971　TN975
　　D 通信侦察系统
　　　通信对抗侦察设备
　　S 电子侦察设备
　　　通信对抗装备
　　C 通信侦察
　　　通信侦察接收机
　　　通信反侦察
　　Z 电子战装备*

通信侦察收信机
　　Y 通信侦察接收机

通信侦察系统
　　Y 通信侦察设备

通信直流电源
communication DC power supply
TN86
　　S 直流电源
　　　通信电源
　　Z 电源*

通信指挥控制与情报系统
　　Y C3I 系统

通信中间件
communication middleware
TP318
　　S 中间件
　　C 通信编程
　　Z 软件*

通信终端**
communication terminal
TN87　TN915.05
　　D 电信终端
　　　电信终端设备
　　　通信终端设备
　　S 终端设备*
　　　通信设备*
　　• 多媒体通信终端
　　• 光端机
　　• • 视频光端机
　　• • 数字光端机
　　• 光线路终端
　　• 数据终端设备
　　• 数据传输终端
　　• • 数传电台
　　• • • 数据链路电台
　　• • 数据传输单元
　　• • 无线数据终端
　　• • 数据传输单元
　　• 卫星通信终端
　　• • 卫星电话
　　• 无线终端
　　• • 无线数据终端
　　• • 数据传输单元
　　• 移动终端
　　• • 车载移动终端
　　• • 手持移动终端
　　• • • GPS 手持机
　　• • • 卫星电话
　　• • 智能移动终端
　　• • • 车载智能终端
　　• • • 智能手机
　　• 载波终端机
　　C 传输网
　　　通信
　　　通信处理器
　　　通信对抗
　　　通信电缆

通信终端设备
　　Y 通信终端

通信专网
　　Y 专用通信网

通信专用集成电路
　　Y 通信集成电路

通信子网
communication subnet
TP273　TP393　TN915
　　S 子网络
　　Z 计算机网络*

通信总线
　　Y 总线

通讯
　　Y 通信

通讯编程
　　Y 通信编程

通讯程序
　　Y 网络通信软件

通讯程序设计
　　Y 通信编程

通讯电路
　　Y 通信电路

通讯电源
　　Y 通信电源

通讯服务器
　　Y 通信服务器

通讯规程
　　Y 通信协议

通讯接口
　　Y 通信接口

通讯控制器
　　Y 通信控制器

通讯口
　　Y 通信接口

通讯链路
　　Y 链路

通讯器材
　　Y 通信设备

通讯软件
　　Y 网络通信软件

通讯设备
　　Y 通信设备

通讯天线
　　Y 通信天线

通讯网
　　Y 通信网络

通讯网络
　Y 通信网络

通讯协议
　Y 通信协议

通讯信号
　Y 通信信号

通讯语言
　Y 通信语言

通用 DSP
　Y 通用数字信号处理器

通用 PC
　Y 通用微机

通用产品代码
universal product code
TN91　TP391
　D UPC 条码
　S 商品条形码
　Z 编码*

通用成帧规程
generic framing procedure
TN915
　D GFP 协议
　　通用成帧协议
　S 通用协议
　C 光同步传送网
　Z 通信协议*

通用成帧协议
　Y 通用成帧规程

通用程序
general program
TP31
　D 通用软件
　S 软件*

通用处理器
　Y 通用微处理器

通用串行接口
　Y USB 接口

通用串行接口协议
universal serial interface
protocol
TP393.0
　D USS 协议
　S 串口通信协议
　　通用协议
　Z 通信协议*

通用串行接口总线
　Y 通用串行总线

通用串行总线
universal serial bus
TP336
　D USB
　　USB 总线
　　通用串口总线
　　通用串行接口总线
　S 串行总线
　· EZ-USB
　· 无线 USB
　C USB 接口
　　闪存盘
　Z 总线*

通用串行总线接口
　Y USB 接口

通用串行总线协议
　Y USB 协议

通用串口总线
　Y 通用串行总线

通用多协议标签交换
general multi-protocol label
switching
TN915　TN929.1
　D GMPLS
　S 多协议标签交换
　C 剪枝算法
　Z 信息交换*

通用服务器
universal server
TP368
　S 服务器*

通用计算机
general purpose computer
TP338
　S 电子数字计算机**
　C 通用微处理器

通用继电器
universal relay
TM58
　S 继电器*

通用寄存器
general purpose register
TP33
　S 寄存器*

通用建模语言
　Y 统一建模语言

通用接口
common interface
TP334.7
　D 公共接口
　S 接口*

· USB 接口
· 通用可编程接口
· 通用图形接口
· 通用异步串行接口

通用接口总线
general purpose interface bus
TP336
　D GPIB
　　GPIB 总线
　S 总线*
　C GPIB 接口

通用接口总线接口
　Y GPIB 接口

通用接入服务器
　Y 综合接入服务器

通用接收机
universal receiver
TN85
　S 接收设备*

通用开放策略服务协议
common open policy service
protocol
TN915.04
　D COPS 协议
　S 通用协议
　C QoS 技术
　Z 通信协议*

通用可编程接口
general programmable interface
TP311
　D GPIF
　S 编程接口
　　通用接口
　L 计算机接口**

通用路由封装
generic routing encapsulation
TN915
　S 网络封装
　C 虚拟专用网络
　Z 网络技术*

通用逻辑阵列
　Y 通用阵列逻辑器件

通用人工智能
general artificial intelligence
TP18
　S 人工智能*

通用软件
　Y 通用程序

通用商业语言
　Y COBOL 语言

通用示波器
general purpose oscilloscope
TM935
  S 示波器
  Z 电子测量仪器*

通用数据处理
general data processing
TP391
  S 数据处理**
  C 通用图形处理器
    通用数据库
    通用数据结构

通用数据结构
general data structure
TP392
  S 数据结构*
  C 通用数据处理
    通用数据库

通用数据库
general database
TP392
  S 数据库*
  C 通用数据处理
    通用数据结构

通用数字信号处理器
general purpose digital signal processor
TN43 TP33
  D 通用 DSP
  S 数字信号处理器
  Z 微处理器*

通用图形处理器
general purpose GPU
TP39 TP368
  D GPGPU
  S 图形处理器
  C 通用数据处理
  Z 微处理器*

通用图形接口
general graphics interface
TP334.7
  D GGI
  S 通用接口
  Z 接口*

通用网关接口
common gateway interface
TP393
  D 公共网关接口
    公用网关接口
  S 网关接口
  Z 接口*

通用微处理器
general purpose microprocessor
TP332.3

  D 通用处理器
  S 微处理器*
  C 通用微机
    通用计算机

通用微机
general microcomputer
TP368
  D 通用 PC
  S 微型计算机
  C 通用微处理器
  L 电子数字计算机**

通用系统仿真语言
general system simulation language
TP312 TP311
  D GPSS
    GPSS 语言
  S 仿真语言
  Z 计算机语言*

通用协议
general protocol
TN911
  S 通信协议*
  • USB 协议
  • 通用成帧规程
  • 通用串行接口协议
  • 通用开放策略服务协议

通用异步串行接口
universal asynchronous receiver transmitter interface
TP334.7
  D UART 串口
    UART 接口
  S 异步串行接口
    通用接口
  Z 接口*

通用异步接收发送器
  Y 通用异步收发器

通用异步收发传输器
  Y 通用异步收发器

通用异步收发器
universal asynchronous transceiver
TP336
  D UART
    通用异步接收发送器
    通用异步收发传输器
  S 异步串行收发器
  Z 收发器*

通用阈值逻辑门
generic threshold logic gate
TN79+1
  S 阈值逻辑电路
  L 逻辑集成电路**

通用阵列逻辑
  Y 通用阵列逻辑器件

通用阵列逻辑电路
  Y 通用阵列逻辑器件

通用阵列逻辑器件
general array logic device
TN492 TN79
  D GAL 器件
    通用逻辑阵列
    通用阵列逻辑
    通用阵列逻辑电路
  S 可编程逻辑器件
  L 逻辑集成电路**

通知服务
notification service
TP311 TP393
  S 信息服务*

同步 DRAM
  Y 同步动态随机存储器

同步备份
synchronous backup
TP309
  S 备份*

同步泵浦锁模
synchronous pumping mode locking
TN241
  S 锁模*

同步触发电路
  Y 同步触发器

同步触发器
synchronous trigger
TP33 TN79
  D 同步触发电路
  S 触发器
  L 数字电路**

同步传递
  Y 同步传输

同步传输
synchronous transmission
TN919
  D 同步传送
    同步传递
    同步数据传输
    等时传输
    等时传送
    等时传递
    非异步传输
    非异步传送
    非异步传递
  S 信息传输*
  • 数话同传

· 694 ·

- 同步数字传输
C 同步网
  同步软件

同步传送
  Y 同步传输

同步串行接口
synchronous serial interface
TP334.7
  D 同步串口
    同步串行口
    同步串行总线
  S 串行接口
  Z 接口*

同步串行口
  Y 同步串行接口

同步串行通信
synchronous serial communication
TP33
  D 同步串行通讯
  S 串行通信
  C 异步串行通信
  Z 通信*

同步串行通讯
  Y 同步串行通信

同步串行总线
  Y 同步串行接口

同步串口
  Y 同步串行接口

同步电路
  Y 同步时序电路

同步动态存储器
  Y 同步动态随机存储器

同步动态随机存储器
synchronous dynamic random access memory
TP333 TN43
  D DDR SDRAM
    SDRAM
    双倍速率同步动态随机存储器
    同步 DRAM
    同步动态存储器
    同步动态随机存取存储器
  S 动态随机存储器
  Z 存储器*

同步动态随机存取存储器
  Y 同步动态随机存储器

同步多媒体合成语言
  Y 同步多媒体集成语言

同步多媒体集成语言
synchronous multimedia integration language
TP312
  D SMIL
    SMIL 语言
    同步多媒体合成语言
    同步多媒体综合语言
  S 计算机语言*

同步多媒体综合语言
  Y 同步多媒体集成语言

同步分解器
  Y 旋转变压器

同步分离
synchronous separation
TN949
  S 视频信号处理
  L 视频处理**

同步分离电路
synchronous separation circuit
TN710
  S 视频电路
  Z 电子电路*

同步辐射光刻
synchronous radiation lithography
TN305
  S 光刻工艺**

同步复用
synchronous multiplexing
TN76
  S 多路复用*
  C 光同步传送网

同步攻击
synchronization attack
TP309
  S 网络攻击**

同步光网络
  Y 光同步传送网

同步广播
synchronous broadcasting
TN934
  S 无线电广播
  • 调频同步广播
  • 中波同步广播
  Z 广播*

同步检波
  Y 相干解调

同步交互
synchronous interaction
TP3

  S 交互*

同步接口
synchronous interface
TP334.7
  S 接口*

同步接收机
synchronous receiver
TN85
  S 接收设备*

同步解调
sychronous demodulation
TN76
  S 解调*

同步控制器
synchronizing controller
TM571
  S 控制器*

同步链路
synchronization link
TN915
  S 链路*
  C 同步信号

同步录音
  Y 同期录音

同步软件
synchronization software
TP311
  S 软件*
  C 同步传输

同步时序电路
synchronous sequential logic circuit
TN79
  D 同步时序逻辑电路
    同步电路
  S 时序逻辑电路
  L 数字电路**

同步时序逻辑电路
  Y 同步时序电路

同步数据采集
synchronous data acquisition
TP274
  D 同步数据采集系统
  S 数据采集
  Z 信息采集*

同步数据采集系统
  Y 同步数据采集

同步数据传输
  Y 同步传输

同步数字传输
synchronous digital transmission
TN91
　　S 同步传输
　　　数字传输
　　Z 信息传输*

同步数字体系传输网
　　Y 光同步传送网

同步锁相
genlock
TN911
　　S 相位锁定
　　Z 信号处理*

同步提取
simultaneous extraction
TN911　TN710
　　S 信息抽取**

同步通信
synchronous communication
TN919
　　S 通信*
　　C 同步信道
　　　同步卫星导航
　　　同步网

同步通信网
　　Y 同步网

同步网
synchronization network
TN915
　　D 同步通信网
　　S 通信网络*
　　· 光同步传送网
　　· 时间同步网
　　· 数字同步网
　　C 同步传输
　　　同步通信

同步卫星导航
synchronous satellite navigation
TN96
　　D 静止卫星导航
　　S 卫星导航
　　C 同步通信
　　Z 导航*

同步显示
synchronous display
TP391　TN912
　　S 显示*

同步协同设计
synchronous cooperative design
TP391.7
　　S 协同设计
　　Z 协同技术*

同步信道
synchronous channel
TN911
　　S 信道*
　　C 同步通信

同步信号
synchronous signal
TN948
　　S 信号*
　　· 色同步信号
　　· 位同步信号
　　· 帧同步信号
　　C 同步信号发生器
　　　同步链路

同步信号发生器
synchronous signal generator
TM93
　　S 电视信号发生器
　　C 同步信号
　　L 信号发生器**

同道干扰
　　Y 同信道干扰

同路信令
　　Y 共路信令

同密
simulcrypt technology
TN948
　　D 同密技术
　　S 认证加密
　　L 加密**

同密技术
　　Y 同密

同频道干扰
　　Y 同信道干扰

同频干扰
　　Y 同信道干扰

同频转发器
same frequency repeater
TN92
　　S 转发器
　　Z 通信设备*

同期录音
simultaneous sound recording
TN946　TN912
　　D 同步录音
　　S 录音*

同时多线程处理器
　　Y 多线程处理器

同态加密
homomorphic encryption
TP309
　　D 全同态加密
　　　同态加密机制
　　　同态加密算法
　　S 加密**
　　C 区块链

同态加密机制
　　Y 同态加密

同态加密算法
　　Y 同态加密

同态滤波
homomorphic filtering
TN713
　　S 滤波*
　　C 同态信号处理

同态信号处理
homomorphic signal processing
TN911
　　S 信号处理*
　　C 同态滤波

同相放大器
non-inverting amplifier
TN72
　　S 放大器*

同相正交解调
　　Y I/Q 解调

同心式电缆
　　Y 同轴电缆

同信道干扰
cochannel interference
　　D 共信道干扰
　　　同道干扰
　　　同频干扰
　　　同频道干扰
　　S 信号干扰
　　C 多址干扰
　　Z 电磁干扰*

同信道信令
　　Y 共路信令

同址干扰
cosite interference
TN911.4
　　D 多台站同址干扰
　　　多站同址干扰
　　S 信号干扰
　　Z 电磁干扰*

同质结
homojunction

TN301
　　S　半导体结*
　　C　同质结激光器

同质结激光器
homojunction laser
TN248
　　S　半导体结激光器
　　C　同质结
　　L　固体激光器**

同质外延
homoepitaxy
TN305
　　D　同质外延生长
　　S　外延生长
　　Z　半导体工艺*

同质外延生长
　　Y　同质外延

同轴磁控管
coaxial magnetron
TN12
　　S　磁控管
　　L　微波管**

同轴电缆
coaxial cable
TM248　TN813
　　D　同心式电缆
　　　　同轴线
　　S　通信电缆
　　•　漏泄同轴电缆
　　•　三同轴电缆
　　•　同轴射频电缆
　　C　同轴天线
　　　　同轴开关
　　　　同轴电缆传输
　　　　同轴电连接器
　　　　射频电缆
　　Z　电线电缆*

同轴电缆传输
coaxial cable transmission
TN813
　　D　同轴线传输
　　S　电缆传输
　　C　同轴电缆
　　Z　信息传输*

同轴电缆分配网
coaxial cable distribution network
TN943　TN91
　　D　电缆分配网
　　S　分配网络
　　　　有线电视网络
　　Z　通信网络*
　　　　广播电视网络*

同轴电连接器
coaxial electric connector
TN6
　　D　同轴线缆连接器
　　S　圆形电连接器
　　•　耳机插孔
　　•　三同轴连接器
　　•　射频同轴连接器
　　C　同轴电缆
　　Z　电连接器*

同轴隔离器
coaxial isolator
TN62
　　S　微波隔离器
　　Z　微波元件*

同轴共振腔
　　Y　同轴谐振腔

同轴光纤混合网
　　Y　光纤同轴电缆混合网

同轴环行器
coaxial circulator
TN62
　　S　微波环行器
　　Z　微波元件*

同轴换向开关
　　Y　同轴开关

同轴继电器
coaxial relay
TM58
　　D　射频同轴继电器
　　S　高频继电器
　　Z　继电器*

同轴介质谐振器
coaxial dielectric resonator
TN75
　　D　介质同轴谐振器
　　S　介质谐振器
　　　　同轴谐振器
　　Z　谐振器*
　　　　微波元件*

同轴开关
coaxial switch
TN948
　　D　同轴换向开关
　　S　射频开关
　　C　同轴电缆
　　Z　开关*

同轴滤波器
coaxial filter
TN713
　　D　同轴线滤波器
　　S　微波滤波器
　　Z　滤波器*

同轴腔体谐振器
　　Y　同轴谐振腔

同轴射频电缆
coaxial radio frequency cable
TM24　TN81
　　S　同轴电缆
　　　　射频电缆
　　Z　电线电缆*

同轴衰减器
coaxial attenuator
TN715
　　S　射频衰减器
　　Z　衰减器*

同轴天线
coaxial antenna
TN82
　　S　天线*
　　C　同轴电缆

同轴线
　　Y　同轴电缆

同轴线传输
　　Y　同轴电缆传输

同轴线缆连接器
　　Y　同轴电连接器

同轴线滤波器
　　Y　同轴滤波器

同轴谐振器
coaxial resonator
TN62
　　S　微波谐振器
　　•　同轴介质谐振器
　　•　同轴谐振腔
　　Z　谐振器*
　　　　微波元件*

同轴谐振腔
coaxial resonant tank
TN02
　　D　同轴共振腔
　　　　同轴腔体谐振器
　　S　同轴谐振器
　　　　谐振腔
　　Z　谐振器*
　　　　微波元件*

铜布线
　　Y　铜布线工艺

铜布线工艺
copper wiring technology
TN405

D 铜布线
　　铜布线技术
S 布线工艺
Z 半导体工艺*

铜布线技术
Y 铜布线工艺

铜互连
copper interconnection
TN405
D Cu 互连
　　铜互连技术
S 电路互连
Z 半导体工艺*

铜互连技术
Y 铜互连

铜激光
Y 铜蒸气激光器

铜锌电池
Y 铜锌原电池

铜锌原电池
copper-zinc battery
TM911
D 铜锌电池
S 原电池
Z 电池*

铜蒸气激光
Y 铜蒸气激光器

铜蒸气激光器
copper vapor laser
TN248
D 铜激光
　　铜蒸气激光
　　铜蒸汽激光器
S 金属蒸气激光器
L 气体激光器**

铜蒸汽激光器
Y 铜蒸气激光器

统计多路复用
Y 统计复用

统计分析软件
statistical analysis software
TP317
D 统计分析软件包
S 统计软件
L 办公软件**

统计分析软件包
Y 统计分析软件

统计复用
statistic multiplexing
TN91
D 异步时分多路复用
　　统计多路复用
　　统计时分复用
　　统计时分多路复用
S 时分复用
Z 多路复用*

统计机器翻译
statistical machine translation
TP391.2
S 机器翻译
C 统计学习
Z 计算机辅助技术*

统计机器学习
Y 统计学习

统计接收
Y 最佳接收

统计滤波
statistical filtering
TN713
S 滤波*

统计模式识别
statistical pattern recognition
TP391.4
D 统计识别
S 模式识别
C 统计信号处理
Z 信息识别*

统计软件
statistic software
TP317
S 办公软件**
・统计分析软件

统计时分多路复用
Y 统计复用

统计时分复用
Y 统计复用

统计识别
Y 统计模式识别

统计数据库
statistical database
TP392
S 应用数据库
Z 数据库*

统计算法
statistical algorithm
TP301
S 算法*
・贝叶斯算法
・蒙特卡罗算法

统计信号处理
statistical signal processing
TN911
S 信号处理*
C 统计模式识别

统计学习
statistical learning
TP391
D 统计机器学习
S 机器学习*
・半监督学习
・监督学习
・强化学习
・无监督学习
C 统计机器翻译

统一存储
unified storage
TP333
D 统一存储网
　　网络统一存储
S 网络存储
Z 信息存储*

统一存储网
Y 统一存储

统一管理平台
unified management platform
TP391
S 信息平台*

统一建模语言
unified modeling language
TP312
D UML 语言
　　标准建模语言
　　统一模型语言
　　通用建模语言
S 建模语言
Z 计算机语言*

统一可扩展固件接口
unified extensible firmware interface
TP311
D UEFI
S 软件接口
L 计算机接口**

统一描述发现和集成服务
unified description discovery and integration service
TP393.09
D UDDI
　　UDDI 协议
　　UDDI 技术
　　统一描述发现和集成服务协议

S Web 服务
　　Z 网络应用*
　　　网络服务*

统一描述发现和集成服务协议
　　Y 统一描述发现和集成服务

统一模型语言
　　Y 统一建模语言

统一认证
　　Y 统一身份认证

统一认证授权
unified authentication and authorization
TP393.08
　　S 统一授权
　　　认证授权
　　L 网络安全管理**

统一身份认证
uniform identity authentication
TP309
　　D 统一认证
　　　统一身份认证平台
　　　统一身份认证系统
　　S 身份认证
　　C 轻量级目录访问协议
　　Z 信息安全认证*

统一身份认证平台
　　Y 统一身份认证

统一身份认证系统
　　Y 统一身份认证

统一授权
unified authorization
TP393.08
　　S 网络安全授权
　　• 统一认证授权
　　L 网络安全管理**

统一威胁管理
unified threat management
TP393.08
　　S 网络安全管理**
　　C 主动防御

统一消息服务
unified messaging service
TP393
　　D 统一消息系统
　　S 消息服务
　　Z 信息服务*

统一消息系统
　　Y 统一消息服务

桶形失真
barrel distortion
TN942　TN24
　　S 几何失真
　　Z 失真*

偷窃机密
　　Y 信息窃取

头标压缩
header compression
TP393　TN92
　　D 头部压缩
　　S 信息压缩**

头部跟踪
head tracking
TP391
　　S 人体运动跟踪
　　Z 跟踪*

头部压缩
　　Y 头标压缩

头戴式显示器
head mounted display
TN873
　　D 头戴式显示设备
　　　头戴显示器
　　　头显
　　S 可穿戴设备*
　　　显示器
　　• 3D 眼镜
　　• 头盔显示器
　　• 虚拟现实头戴式显示器
　　• 智能眼镜
　　Z 显示设备*

头戴式显示设备
　　Y 头戴式显示器

头戴显示器
　　Y 头戴式显示器

头盔式显示器
　　Y 头盔显示器

头盔式虚拟现实显示器
　　Y 虚拟现实头盔

头盔显示器
helmet-mounted display
TN873
　　D 头盔式显示器
　　S 头戴式显示器
　　• 透视式头盔显示器
　　• 虚拟现实头盔
　　Z 可穿戴设备*
　　　显示设备*

头显
　　Y 头戴式显示器

投放式诱饵
drop bait
TN972
　　D 投掷式诱饵
　　S 电子诱饵
　　C 投掷式干扰机
　　L 电子干扰设备**

投票算法
　　Y 多数投票算法

投射式虚拟现实
projective virtual reality
TP391.9
　　S 虚拟现实
　　Z 虚拟技术*

投影 CRT
　　Y 投影管

投影变换
projection transformation
TP391
　　S 图像变换
　　　图形变换
　　C 投影算法
　　L 图像处理**

投影重建
projective reconstruction
TP391　TB8
　　D 射影重建
　　　射影重构
　　S 图像重建
　　L 图像处理**

投影电视
projection television
TN949
　　D 投影电视机
　　S 电视机
　　• 背投影电视
　　• 液晶投影电视
　　C 投影显示器
　　Z 电视设备*

投影电视机
　　Y 投影电视

投影管
projection tube
TN14
　　D 投影 CRT
　　　投影式显像管
　　　投影显像管
　　S 阴极射线管
　　L 电子束管**

投影光刻
projection lithography
TN305
  D 投影曝光
  S 光刻工艺**
  C 投影光刻机

投影光刻机
projection lithography machine
TN305
  D 投影式光刻机
  S 光刻设备
  C 投影光刻
  Z 半导体工艺设备*

投影机
  Y 投影仪

投影屏
  Y 投影显示器

投影曝光
  Y 投影光刻

投影式光刻机
  Y 投影光刻机

投影式显像管
  Y 投影管

投影算法
projection algorithm
TP301
  S 算法*
  · 灰度投影算法
  · 交替投影算法
  C 投影变换

投影显示
projection display
TN27　TN949
  D 投影型显示
    投影显示技术
  S 显示*
  C 投影显示设备
    数字微镜器件

投影显示技术
  Y 投影显示

投影显示屏
  Y 投影显示器

投影显示器
projection display
TN873
  D 投影屏
    投影显示屏
  S 投影显示设备
    显示器
  C 投影仪

投影电视
  Z 显示设备*

投影显示设备
projection display equipment
TN873
  S 显示设备*
  · 投影显示器
  · 投影仪
  C 投影显示

投影显像管
  Y 投影管

投影型显示
  Y 投影显示

投影仪
projector
TN873
  D 投影机
  S 投影显示设备
  C 投影显示器
  Z 显示设备*

投掷式干扰机
expendable jammer
TN972
  D 一次使用干扰机
  S 干扰机
  C 投放式诱饵
  L 电子干扰设备**

投掷式诱饵
  Y 投放式诱饵

透镜天线
lens antenna
TN82
  S 定向天线
    微波天线**

透明传输
transparent transmission
TP393　TN92　TN919
  S 信息传输*
  C 透明光网络
    透明网关
    透明网桥

透明代理
transparent proxy
TP393.08
  S 网络代理
  C 数据包过滤
    网络地址转换
  Z 网络服务*

透明光网络
transparent optical network
TN915　TN929.1

  S 光通信网络**
  C 透明传输
    透明网关
    透明网桥

透明盒测试
  Y 白盒测试

透明计算
transparent computing
TP391
  S 计算*

透明加解密
transparent encryption and decryption
TP309
  D 透明加解密技术
  S 加解密*
  C 透明加密

透明加解密技术
  Y 透明加解密

透明加密
transparent encryption
TP309
  D 透明加密技术
  S 文件加密
  C 透明加解密
  L 加密**

透明加密技术
  Y 透明加密

透明网关
transparent gateway
TP393
  S 网关
  C 透明传输
    透明光网络
  L 网络互连设备**

透明网桥
transparent bridge
TP393.2
  S 网桥
  C 透明传输
    透明光网络
  L 网络互连设备**

透明转发器
transparent repeater
TN927
  S 卫星转发器
  L 无线通信设备**

透视变换
perspective transformation
TP391
  S 图形变换

Z 信息处理*

透视式头盔显示器
see-through helmet-mounted display
TN873
　　S 头盔显示器
　　Z 可穿戴设备*
　　　显示设备*

凸包算法
convex hull algorithm
TP391　TP301
　　D 凸壳算法
　　S 几何算法
　　Z 算法*

凸壳算法
　　Y 凸包算法

突变光纤
　　Y 阶跃折射率光纤

突变光学纤维
　　Y 阶跃折射率光纤

突变型光纤
　　Y 阶跃折射率光纤

突发传输
burst transmission
TN914　TN911
　　D 猝发传输
　　　猝发发射
　　　瞬时传输
　　S 高速传输
　　C 突发接收
　　　突发模式接收机
　　　突发通信
　　Z 信息传输*

突发接收
burst receiving
TN929.11
　　S 接收*
　　C 突发传输
　　　突发模式接收机

突发接收机
　　Y 突发模式接收机

突发模式接收机
burst mode receiver
TN85
　　D 突发接收机
　　S 接收设备*
　　C 突发传输
　　　突发接收
　　　突发通信

突发数据
burst data
TN919　TN929.1
　　S 数据*

突发通信
burst communication
TN911　TN919
　　D 猝发通信
　　　瞬间通信
　　S 无线数据通信
　　　高速通信
　　C 突发传输
　　　突发模式接收机
　　L 无线通信**

图表处理
chart processing
TP391
　　S 信息处理*
　　C 图表工具

图表处理软件
　　Y 图表工具

图表工具
graph tool
TP317
　　D 图表处理软件
　　S 办公软件**
　　C 图表处理

图表示
　　Y 图像表示

图分割
　　Y 图像分割

图割
　　Y 图像分割

图划分
　　Y 图像分割

图计算
　　Y 图形计算

图解法
　　Y 图解分析

图解分析
graphic analysis
TP391
　　D 图示学
　　　图解法
　　S 图像分析
　　L 图像处理**

图聚类
graph clustering

TP391.3
　　S 聚类*

图库管理
map library management
TP391
　　S 信息管理*
　　· 图片管理
　　· 图像管理
　　· 图形管理

图林机
　　Y 图灵机

图灵机
Turing machine
TP301
　　D Turing 机
　　　图林机
　　S 自动机*
　　C DNA 计算

图论算法
graph-theoretical algorithm
TP391　TP301
　　S 算法*
　　· 遍历算法
　　· 着色算法
　　· 最小生成树算法
　　C 概率网络

图匹配
　　Y 图形匹配

图片编辑器
　　Y 图像处理软件

图片编辑软件
　　Y 图像处理软件

图片储存
　　Y 图像存储

图片处理
　　Y 图像处理

图片处理软件
　　Y 图像处理软件

图片传输
　　Y 图像数据传输

图片传真
picture facsimile
TN917
　　S 传真通信
　　Z 通信*

图片存储
　　Y 图像存储

图片管理
picture management
TP391
 S 图库管理
 Z 信息管理*

图片截取
 Y 图像提取

图片拼接
 Y 图像拼接

图片软件
 Y 图像处理软件

图片缩放
 Y 图像缩放

图片提取
 Y 图像提取

图片显示
 Y 图像显示

图片压缩
 Y 图像压缩

图片抓取
 Y 图像提取

图片转换
 Y 图像转换

图嵌入
graph embedding
TP391
 S 信息嵌入
 Z 信息处理*

图切分
 Y 图像分割

图切割
 Y 图像分割

图示化
graphicalization
TP311 TP391
 S 可视化*

图示均衡器
graphic equalizer
TN715
 D 图形均衡器
 S 均衡器*

图示学
 Y 图解分析

图示仪
graphic instrument
TM93
 S 电子测量仪器*
 • 电平图示仪
 • 晶体管特性图示仪

图书馆移动服务
 Y 移动图书馆服务

图书馆知识管理
library knowledge management
TP391 TP182
 D 图书馆知识管理系统
 S 知识管理
 Z 知识工程*
  信息管理*

图书馆知识管理系统
 Y 图书馆知识管理

图数据库
 Y 图形数据库

图数据挖掘
 Y 图挖掘

图挖掘
graph mining
TP391
 D 图数据挖掘
 S 信息挖掘**

图文电视
teletext
TN911 TN915
 D 广播型图文
 S 应用电视
 Z 电视*

图文数据
graphics-text data
TN941 TP391
 S 数据*
 C 图文数据库

图文数据库
graphics-text database
TP392
 S 多媒体数据库
 C 图文数据
 Z 数据库*

图文显示
 Y 图文显示屏

图文显示屏
graphic display screen
TN87
 D 图文显示
 S 显示屏

 • LED 图文显示屏
 Z 显示设备*

图象编程
 Y 图像编程

图象编码
 Y 图像编码

图象变形
 Y 图像失真

图象表示
 Y 图像表示

图象捕获
 Y 图像提取

图象捕捉
 Y 图像提取

图象采集
 Y 图像采集

图象重构
 Y 图像重建

图象重建
 Y 图像重建

图象处理
 Y 图像处理

图象处理工具
 Y 图像处理软件

图象处理技术
 Y 图像处理

图象处理器
 Y 图像处理器

图象处理软件
 Y 图像处理软件

图象传输
 Y 图像传输

图象存储
 Y 图像存储

图象二值化
 Y 图像二值化

图象放大器
 Y 图像放大器

图象分段
 Y 图像分割

图象分割
  Y 图像分割

图象分解
  Y 图像分解

图象分离
  Y 图像分离

图象分析
  Y 图像分析

图象分析系统
  Y 图像分析系统

图象复原
  Y 图像复原

图象跟踪
  Y 图像跟踪

图象管理
  Y 图像管理

图象合成
  Y 图像合成

图象合成技术
  Y 图像合成

图象恢复
  Y 图像复原

图象畸变
  Y 图像失真

图象技术
  Y 图像处理

图象加密
  Y 图像加密

图象检测
  Y 图像检测

图象降噪
  Y 图像去噪

图象截取
  Y 图像提取

图象理解
  Y 图像理解

图象滤波
  Y 图像滤波

图象描述
  Y 图像描述

图象匹配
  Y 图像匹配

图象拼接
  Y 图像拼接

图象平滑
  Y 图像平滑

图象去噪
  Y 图像去噪

图象锐化
  Y 图像锐化

图象扫描器
  Y 图像扫描仪

图象生成
  Y 图像生成

图象失真
  Y 图像失真

图象识别
  Y 图像识别

图象识别技术
  Y 图像识别

图象数据
  Y 图像数据

图象数据处理
  Y 图像数据处理

图象数据库
  Y 图像数据库

图象数据压缩
  Y 图像压缩

图象数字化处理
  Y 数字图像处理

图象水印
  Y 图像水印

图象算法
  Y 图像算法

图象缩放
  Y 图像缩放

图象提取
  Y 图像提取

图象通信
  Y 图像通信

图象细化
  Y 图像细化

图象显示
  Y 图像显示

图象镶嵌
  Y 图像镶嵌

图象信号
  Y 图像信号

图象信号处理
  Y 图像信号处理

图象信息处理
  Y 图像处理

图象修复
  Y 图像复原

图象压缩
  Y 图像压缩

图象压缩编码
  Y 图像编码

图象压缩标准
  Y 图像压缩标准

图象压缩技术
  Y 图像压缩

图象隐藏
  Y 图像隐藏

图象预处理
  Y 图像预处理

图象运算
  Y 图像运算

图象噪声
  Y 图像噪声

图象增强
  Y 图像增强

图象增强器
  Y 像增强器

图象质量评价
　　Y 图像质量评价

图象置乱
　　Y 图像置乱

图象转换
　　Y 图像转换

图像保存
　　Y 图像存储

图像保护
image protection
TN92　TN915
　　S 内容保护
　　C 图像置乱
　　　 图像过滤
　　Z 信息安全防护*

图像保密通信
image secure communication
TN918
　　S 保密通信
　　C 图像置乱
　　Z 通信*

图像比对
image comparison
TP391
　　D 图像比较
　　S 图像处理**

图像比较
　　Y 图像比对

图像边缘检测
　　Y 边缘检测

图像边缘提取
　　Y 边缘提取

图像编程
image programming
TP311
　　D 图象编程
　　S 软件编程**

图像编辑
　　Y 图像处理

图像编辑程序
　　Y 图像处理软件

图像编辑工具
　　Y 图像处理软件

图像编辑器
　　Y 图像处理软件

图像编辑软件
　　Y 图像处理软件

图像编码
image coding
TP391　TN911
　　D 图像压缩编码
　　　 图像编码技术
　　　 图形编码
　　　 图象压缩编码
　　　 图象编码
　　S 编码*
　　· JPEG 编码
　　· 彩色图像编码
　　· 顶点链编码
　　· 多级树集合分裂编码
　　· 分形编码
　　· 感兴趣区域编码
　　· 静止图像编码
　　· 立体图像编码
　　· 模型基编码
　　· 嵌入式图像编码
　　· 数字图像编码
　　· 伪彩色编码
　　· 纹理编码
　　· 小波图像编码
　　· 遥感图像编码
　　· 语义基编码
　　C 图像信号
　　　 图像压缩
　　　 图像编码器
　　　 图像解码
　　　 图像通信

图像编码标准
　　Y 图像压缩标准

图像编码技术
　　Y 图像编码

图像编码器
image coder
TP368
　　S 编码器*
　　C 图像压缩
　　　 图像编码

图像变换
image transformation
TN919　TP391
　　S 图像处理**
　　· KL 变换
　　· 彩色空间变换
　　· 尺度不变特征变换
　　· 分水岭变换
　　· 灰度变换
　　· 轮廓波变换
　　· 投影变换

图像变形
image deformation
TP391
　　S 图像处理**

图像辨识
　　Y 图像识别

图像表达
　　Y 图像表示

图像表示
image representation
TP391
　　D 图像表达
　　　 图表示
　　　 图象表示
　　S 信息表示
　　C 图像算法
　　Z 信息处理*

图像并行处理
image parallel processing
TN911
　　S 图像处理**
　　　 并行处理

图像捕获
　　Y 图像获取

图像捕捉
　　Y 图像获取

图像采集
image acquisition
TP391.7　TN911
　　D 图像采集技术
　　　 图像采集系统
　　　 图象采集
　　S 信息采集*
　　· 高速图像采集
　　· 实时图像采集
　　· 数字图像采集
　　C 图像提取
　　　 图像获取
　　　 眼动追踪

图像采集技术
　　Y 图像采集

图像采集系统
　　Y 图像采集

图像程序
　　Y 图像处理软件

图像重构
　　Y 图像重建

图像重构算法
　　Y 图像重建

图像重建
image reconstruction
TP391
　　D 图像再现
　　　图像重建算法
　　　图像重构
　　　图像重构算法
　　　图像重现
　　　图象重建
　　　图象重构
　　S 信息重建
　　　图像处理**
- 三维图像重建
- 投影重建
　　C 图像复原
　　　图像镶嵌
　　　波形重构

图像重建算法
　　Y 图像重建

图像重现

　　Y 图像重建

图像除噪
　　Y 图像去噪

图像处理**
image processing
TN941　TP391　TN911
　　D 图像信息处理
　　　图像处理技术
　　　图像处理方法
　　　图像处理算法
　　　图像技术
　　　图像编辑
　　　图片处理
　　　图象信息处理
　　　图象处理
　　　图象处理技术
　　　图象技术
　　　影像处理
　　S 信息处理*
- 彩色图像处理
- - 色彩校准
- - 色度处理
- 成像处理
- - 实时成像处理
- 地形图处理
- 电子稳像
- - 视频稳像
- - 数字稳像
- 动态图像处理
- 高速图像处理
- 光学图像处理
- 红外图像处理
- - 红外图像分割
- - 红外图像去噪
- - 红外图像预处理
- - 红外图像增强
- 灰度处理

- - 灰度变换
- - - 灰度拉伸
- - 灰度匹配
- 计算机图像处理
- 局部线性嵌入
- 雷达图像处理
- 三维图像处理
- 实时图像处理
- - 实时数字图像处理
- - 实时图像增强
- 视图技术
- - 视图变形
- - 视图分割
- - 视图合成
- - 视图识别
- - 视图转换
- 数字图像处理
- - 实时数字图像处理
- - 数字图像压缩
- - 数字图像置乱
- - 数字稳像
- 特效处理
- 图像比对
- 图像变换
- - KL 变换
- - 彩色空间变换
- - 尺度不变特征变换
- - 分水岭变换
- - 灰度变换
- - - 灰度拉伸
- - 轮廓波变换
- - 投影变换
- 图像变形
- 图像并行处理
- 图像调整
- 图像叠加
- 图像分层
- 图像分存
- 图像分割
- - 边缘分割
- - 彩色图像分割
- - 超声图像分割
- - 车牌字符分割
- - 对象分割
- - 分水岭分割
- - 红外图像分割
- - 画面分割
- - 交互式图像分割
- - 聚类分割
- - 三维图像分割
- - 图像区域分割
- - 图像语义分割
- - 图像自动分割
- - 纹理分割
- - 颜色分割
- - - 肤色分割
- - 医学图像分割
- - 运动分割
- - 自适应分割
- - - 自适应阈值分割
- - 阈值分割
- - - 自适应阈值分割
- 图像分块
- 图像分离

- 图像分析
- - 动态图像分析
- - 数字图像分析
- - 图解分析
- - 图像分解
- - 图像序列分析
- - 纹理分析
- 图像复原
- - 超分辨率复原
- - 从明暗恢复形状
- - 模糊图像恢复
- - 图像盲复原
- 图像归一化
- 图像合成
- - 人脸合成
- - 纹理合成
- 图像获取
- 图像检测
- - 边缘检测
- - - Canny 边缘检测
- - - 多尺度边缘检测
- - - 镜头边界检测
- - - 模糊边缘检测
- - 肤色检测
- - 角点检测
- - 轮廓检测
- - 特征检测
- 图像检索
- - 基于内容的图像检索
- 图像截取
- 图像抠图
- 图像理解
- 图像量化
- 图像滤波
- - 彩色图像滤波
- - 高频强调滤波
- - 红外图像滤波
- - 图像自适应滤波
- 图像描述
- 图像模糊
- 图像配准
- - 非刚性配准
- - 复图像配准
- - 图像对齐
- - 图像自动配准
- - 医学图像配准
- 图像匹配
- - 边缘匹配
- - 粗匹配
- - 灰度匹配
- - 角点匹配
- - 景象匹配
- - 块匹配
- - 特征匹配
- - 像素匹配
- - 最小二乘影像匹配
- 图像拼接
- - 区域合并
- - 自动拼接
- 图像平滑
- 图像去噪
- - 红外图像去噪
- 图像融合
- - 多传感器图像融合

- · · 多聚焦图像融合
- · 医学图像融合
- · 图像锐化
- · · 梯度锐化
- · 图像生成
- · · 红外图像生成
- · · 计算机图像生成
- · 图像矢量化
- · 图像数据处理
- · 图像缩放
- · 图像细化
- · 图像相减
- · 图像镶嵌
- · 图像校正
- · 图像信号处理
- · 图像序列处理
- · 图像旋转
- · 图像压缩
- · · JPEG 压缩
- · · SAR 图像压缩
- · · 彩色图像压缩
- · · 分形图像压缩
- · · 红外图像压缩
- · · 静止图像压缩
- · · 立体图像压缩
- · · 数字图像压缩
- · · 无损图像压缩
- · · 遥感图像压缩
- · · 医学图像压缩
- · · 指纹图像压缩
- · 图像掩模
- · · 反锐化掩模
- · 图像预处理
- · · 红外图像预处理
- · · 指纹图像预处理
- · 图像运算
- · 图像增强
- · · 边缘增强
- · · 彩色图像增强
- · · 反差增强
- · · 分辨率增强技术
- · · 红外图像增强
- · · 轮廓增强
- · · 色彩增强
- · · 实时图像增强
- · · 伪彩色增强
- · · 纹理增强
- · · 指纹图像增强
- · 图像质量评价
- · 图像重建
- · · 三维图像重建
- · · 投影重建
- · 图像转换
- · 图像渲染
- · · 非真实感渲染
- · · 真实感渲染
- · 误码掩盖
- · 显微图像处理
- · 医学图像处理
- · · 医学图像分割
- · · 医学图像配准
- · · 医学图像融合
- · · 医学图像压缩
- · 照片处理

- · 直方图规定化
- · 直方图均衡化
- · 直方图修正
- C 图像处理器
  图像处理电路
  图像处理软件
  图像模式识别
  图像算法
  模板匹配
  自动识别

图像处理程序
 Y 图像处理软件

图像处理电路
image processing circuit
TN949　TN710
 S 电子电路*
 C 图像处理
  图像处理器

图像处理方法
 Y 图像处理

图像处理工具
 Y 图像处理软件

图像处理技术
 Y 图像处理

图像处理平台
 Y 图像处理软件

图像处理器
image processor
TN911
 D 图象处理器
 S 微处理器*
 · 图形处理器
 C 图像处理
  图像处理电路
  图像处理软件

图像处理软件
image processing software
TP317
 D 图像处理工具
  图像处理平台
  图像处理程序
  图像处理系统
  图像工具
  图像程序
  图像编辑器
  图像编辑工具
  图像编辑程序
  图像编辑软件
  图像软件
  图片处理软件
  图片编辑器
  图片编辑软件
  图片软件
  图象处理工具

  图象处理软件
 S 多媒体软件
 · 图形处理软件
 · 抓图软件
 C 图像处理
  图像处理器
 L 应用软件**

图像处理算法
 Y 图像处理

图像处理系统
 Y 图像处理软件

图像传感器
image sensor
TP212
 S 传感器*
 · CCD 图像传感器
 · CMOS 图像传感器
 · 影像传感器
 C 摄像头

图像传输
image transmission
TN919
 D 图像传送
  图象传输
  影像传输
 S 信息传输*
 · 实时图像传输
 · 图像数据传输
 · 无线图像传输
 · 远程图像传输
 · 自动图像传输
 C 图像分块
  图像隐写
  视频传输

图像传送
 Y 图像传输

图像篡改
image tampering
TP393.08
 S 信息篡改
 C 视频篡改
 Z 信息安全风险*

图像存储
image storage
TP333
 D 图像保存
  图像存贮
  图片储存
  图片存储
  图象存储
 S 信息存储*
 C 图像存储器

图像存储器
image memory

TP333
S 存储器*
C 图像存储

图像存贮
Y 图像存储

图像叠加
image addition
TP391
S 图像处理**

图像对比度增强
Y 反差增强

图像对齐
image alignment
TP391
D 图像对准
S 图像配准
L 图像处理**

图像对准
Y 图像对齐

图像二值化
image binarization
TP391
D 图象二值化
S 信息量化
Z 信息处理*

图像发射机
image transmitter
TN83   TN919
S 发射机*
C 图像接收机

图像仿真
image simulation
TP391.9
S 仿真*

图像放大器
image amplifier
TN72
D 图像增强器
    图象放大器
S 放大器*

图像放缩
Y 图像缩放

图像分层
image hierarchy
TP391
S 图像处理**

图像分存
image sharing
TP309   TP391
S 图像处理**

图像分段
Y 图像分割

图像分割
image segmentation
TP391   TN27
D 分割处理
    图像分割算法
    图像分区
    图像分段
    图像切割
    图分割
    图切分
    图切割
    图划分
    图割
    图象分割
    图象分段
S 图像处理**
· 边缘分割
· 彩色图像分割
· 超声图像分割
· 车牌字符分割
· 对象分割
· 分水岭分割
· 红外图像分割
· 画面分割
· 交互式图像分割
· 聚类分割
· 三维图像分割
· 图像区域分割
· 图像语义分割
· 图像自动分割
· 纹理分割
· 颜色分割
· 医学图像分割
· 运动分割
· 自适应分割
· 阈值分割
C 图像分解

图像分割算法
Y 图像分割

图像分解
image decomposition
TN911   TN919
D 图像分解力
    图象分解
S 图像分析
C 图像分割
L 图像处理**

图像分解力
Y 图像分解

图像分块
image blocking
TP391
D 分块处理
    自适应分块
S 图像处理**
C 图像传输
    图像通信

图像分离
image separation
TN911
D 图象分离
S 图像处理**

图像分区
Y 图像分割

图像分析
image analysis
TN919   TP391
D 图像分析仪
    图像解析
    图象分析
    构像分析
S 图像处理**
· 动态图像分析
· 数字图像分析
· 图解分析
· 图像分解
· 图像序列分析
· 纹理分析
C 图像分析系统

图像分析系统
image analysis system
TP391
D 图象分析系统
S 信息分析系统
C 图像分析
Z 信息系统*

图像分析仪
Y 图像分析

图像缝合
Y 图像拼接

图像复原
image restoration
TP391   TN941   TN919
D 图像修复
    图像修补
    图像复原算法
    图像恢复
    图像还原
    图象修复
    图象复原
    图象恢复
    影像恢复
S 图像处理**
· 超分辨率复原
· 从明暗恢复形状
· 模糊图像恢复
· 图像盲复原
C 图像重建

逆滤波

图像复原算法
 Y 图像复原

图像格式转换
 Y 图像转换

图像跟踪
image tracking
TP391
 D 图象跟踪
  成像跟踪
 S 信息跟踪
 • 轮廓跟踪
 • 视频跟踪
 • 图像目标跟踪
 Z 信息处理*

图像工具
 Y 图像处理软件

图像管理
image management
TP391
 D 图象管理
 S 图库管理
 Z 信息管理*

图像归一化
image normalization
TP391 TP309
 S 图像处理**
 C 图像水印

图像过滤
image filtering
TP391
 S 信息过滤
 C 图像保护
 Z 信息安全技术*
  信息处理*

图像合并
 Y 图像拼接

图像合成
image synthesis
TN919 TN941 TP391
 D 图象合成
  图象合成技术
 S 图像处理**
 • 人脸合成
 • 纹理合成
 C 景物模拟

图像还原
 Y 图像复原

图像恢复
 Y 图像复原

图像汇聚
 Y 图像融合

图像获取
image acquisition
TP391
 D 图像捕捉
  图像捕获
 S 图像处理**
 C 图像采集
  计算机视觉

图像畸变
 Y 图像失真

图像技术
 Y 图像处理

图像加密
image encryption
TN918
 D 图像加密算法
  图象加密
 S 信息加密
 • 彩色图像加密
 • 光学图像加密
 • 数字图像加密
 • 置乱加密
 C 图像隐藏
 L 加密**

图像加密算法
 Y 图像加密

图像检测
image detection
TP391 TN911
 D 图像检测技术
  图象检测
 S 图像处理**
 • 边缘检测
 • 肤色检测
 • 角点检测
 • 轮廓检测
 • 特征检测

图像检测技术
 Y 图像检测

图像检索
image retrieval
TP391
 D 图像信息检索系统
  图像检索技术
  图像检索系统
 S 信息检索
  图像处理**
 • 基于内容的图像检索
 C MPEG-7 标准
  图像聚类

图像检索技术
 Y 图像检索

图像检索系统
 Y 图像检索

图像建模
image-based modeling
TP391.9
 D 基于图像建模
 S 模型构建*

图像鉴别
 Y 图像识别

图像降噪
 Y 图像去噪

图像矫正
 Y 图像校正

图像校正
image correction
TP391 TN919
 D 图像校准
  图像矫正
 S 图像处理**
 C 图像失真

图像校准
 Y 图像校正

图像接收机
image receiver
TN85
 S 接收设备*
 C 图像发射机

图像截取
image interception
TP391
 D 截图
  抓图
 S 图像处理**
 C 抓图软件
  波形截取

图像解码
image decoding
TN918.3
 S 解码*
 C 图像编码

图像解调
image demodulation
TN76
 D 图像解调技术
 S 解调*

图像解调技术
 Y 图像解调

图像解析
 Y 图像分析

图像聚类
image clustering
TP391
 S 聚类*
 C 图像检索

图像控制器
image controller
TN91 TN94
 S 控制器*
 C 现场可编程门阵列

图像抠图
natural image matting
TP391
 D 抠图技术
  自然图像抠图
 S 图像处理**

图像理解
image understanding
TP391 TN911
 D 图象理解
 S 图像处理**
 C 人工智能

图像量化
image quantization
TP391
 S 信息量化
  图像处理**

图像滤波
image filtering
TN911 TP391
 D 图象滤波
 S 图像处理**
  滤波*
 • 彩色图像滤波
 • 高频强调滤波
 • 红外图像滤波
 • 图像自适应滤波

图像盲复原
blind image restoration
TN911
 D 盲图像复原
  盲图像恢复
 S 图像复原
 L 图像处理**

图像描述
image description
TP391
 D 图象描述

 S 图像处理**

图像模糊
image blurring
TN919 TN949 TP391
 S 图像处理**

图像模式识别
image pattern identification
TP391.4
 S 模式识别
 C 图像处理
 Z 信息识别*

图像目标跟踪
image object tracking
TP391
 S 图像跟踪
  目标跟踪*
 C 卡尔曼滤波
  图像匹配
  图像目标识别
 Z 信息处理*

图像目标识别
image target recognition
TP391.4
 S 图像识别
  目标识别
 C 图像目标跟踪
 Z 信息识别*

图像内容认证
image content authentication
TP391 TP309
 S 内容认证
  图像认证
 Z 信息安全认证*

图像配准
image registration
TP391
 S 图像处理**
 • 非刚性配准
 • 复图像配准
 • 图像对齐
 • 图像自动配准
 • 医学图像配准
 C 图像拼接
  图像镶嵌
  粗匹配

图像匹配
image matching
TP391
 D 图像匹配算法
  图像相关匹配
  图象匹配
  影像匹配
 S 信息匹配
  图像处理**
 • 边缘匹配

 • 粗匹配
 • 灰度匹配
 • 角点匹配
 • 景象匹配
 • 块匹配
 • 特征匹配
 • 像素匹配
 • 最小二乘影像匹配
 C 图像提取
  图像目标跟踪

图像匹配算法
 Y 图像匹配

图像拼合
 Y 图像拼接

图像拼接
image stitching
TP391
 D 图像合并
  图像拼合
  图像拼接技术
  图像拼接算法
  图像缝合
  图片拼接
  图象拼接
 S 图像处理**
 • 区域合并
 • 自动拼接
 C 图像融合
  图像配准
  图像镶嵌

图像拼接技术
 Y 图像拼接

图像拼接算法
 Y 图像拼接

图像平滑
image smoothing
TN911 TP391
 D 光滑处理
  光顺处理
  图像平滑处理
  图象平滑
 S 图像处理**
  平滑处理

图像平滑处理
 Y 图像平滑

图像嵌入
image embedding
TP309
 S 信息隐藏**
 • 图像自嵌入

图像切割
 Y 图像分割

图像区域分割
image region segmentation
TP391　TN911
　D 区域分割
　S 图像分割
　L 图像处理**

图像去噪
image denoising
TN911
　D 图像消噪
　　图像降噪
　　图像除噪
　　图象去噪
　　图象降噪
　S 图像处理**
　• 红外图像去噪

图像认证
image authentication
TP309　TP391
　S 多媒体认证
　• 图像内容认证
　C 半脆弱水印
　　可逆水印
　　脆弱水印
　Z 信息安全认证*

图像融合
image fusion
TN27　TP391
　D 图像信息融合
　　图像整合
　　图像汇聚
　　图像融合算法
　S 信息融合
　　图像处理**
　• 多传感器图像融合
　• 多聚焦图像融合
　• 医学图像融合
　C 图像拼接
　　图像镶嵌

图像融合算法
　Y 图像融合

图像软件
　Y 图像处理软件

图像锐化
image sharpening
TP391.4
　D 图象锐化
　S 图像处理**
　• 梯度锐化

图像扫描器
　Y 图像扫描仪

图像扫描仪
image scanner
TP33

　D 图像扫描器
　　图象扫描器
　　影像扫描仪
　S 扫描仪
　Z 外部设备*

图像生成
image generation
TP391.4
　D 图象生成
　S 图像处理**
　• 红外图像生成
　• 计算机图像生成

图像失真
image distortion
TN27
　D 图像畸变
　　图象变形
　　图象失真
　　图象畸变
　S 失真*
　• 边界失真
　• 几何失真
　• 颜色失真
　C 图像校正
　　图形失真

图像识别
image recognition
TP391.4
　D 图像识别技术
　　图像识别算法
　　图像识别系统
　　图像辨识
　　图像鉴别
　　图象识别
　　图象识别技术
　　计算机图像识别
　　计算机图像识别技术
　S 信息识别*
　• 边缘识别
　• 对象识别
　• 光学图像识别
　• 轮廓识别
　• 声呐图像识别
　• 数字图像识别
　• 图像目标识别
　• 图像自动识别
　• 图纸识别
　• 纹理识别
　C 图形识别
　　道路识别

图像识别技术
　Y 图像识别

图像识别算法
　Y 图像识别

图像识别系统
　Y 图像识别

图像拾取
　Y 图像提取

图像矢量化
image vectorization
TP391
　S 图像处理**
　　矢量化
　C 图形矢量化

图像输出设备
　Y 图形输出设备

图像数据
image data
TP391
　D 图象数据
　　影像数据
　S 多媒体数据
　C 图像数据传输
　　图像数据处理
　　图像数据挖掘
　Z 数据*

图像数据处理
image data processing
TN911
　D 图象数据处理
　S 图像处理**
　　数据处理**
　C 图像数据
　　图像数据传输
　　图像数据库
　　图像数据挖掘

图像数据传输
image data transmission
TN919　TP393
　D 图片传输
　S 图像传输
　　数据传输
　C 图像数据
　　图像数据处理
　　图像数据库
　Z 信息传输*

图像数据库
image database
TP392
　D 图像数据库系统
　　图象数据库
　S 多媒体数据库
　• 遥感影像数据库
　• 医学图像数据库
　C 图像数据传输
　　图像数据处理
　　图像数据挖掘
　Z 数据库*

图像数据库系统
　Y 图像数据库

图像数据挖掘
image data mining
TP391
  D 图像挖掘
  S 多媒体数据挖掘
  C 图像数据
    图像数据处理
    图像数据库
  L 信息挖掘**

图像数据压缩
  Y 图像压缩

图像数字处理
  Y 数字图像处理

图像数字水印
  Y 数字图像水印

图像水印
image watermark
TN918 TP309 TP391
  D 图象水印
  S 数字水印*
  · 灰度水印
  · 数字图像水印
  C 几何攻击
    图像归一化
    视觉掩蔽

图像算法
image algorithm
TN919 TP391
  D 图象算法
  S 算法*
  · 边缘检测算法
  · 超分辨率重建算法
  · 成像算法
  · 分水岭算法
  · 腐蚀算法
  · 聚焦算法
  · 膨胀算法
  · 区域生长算法
  · 序贯相似性检测算法
  · 亚像素算法
  · 置乱算法
  C 图像处理
    图像表示

图像缩放
image scaling
TP391
  D 图像放缩
    图片缩放
    图象缩放
  S 图像处理**
  C 图形缩放

图像特征提取
image feature extraction
TP391
  S 图像提取
    特征提取
  · 特征点提取
  · 纹理特征提取
  · 细节特征提取
  L 信息抽取**

图像提取
image extraction
TP391
  D 图像抓取
    图像拾取
    图片截取
    图片抓取
    图片提取
    图象截取
    图象捕捉
    图象捕获
    图象提取
  S 信息抽取**
  · 背景提取
  · 边缘提取
  · 轮廓提取
  · 色彩提取
  · 图像特征提取
  C 图像匹配
    图像采集
    波形截取
    计算机视觉

图像调整
image adjusting
TP391
  S 图像处理**

图像通信
image communication
TN919.8
  D 图像通信技术
    图象通信
  S 数据通信
  · 传真通信
  · 视频通信
  C 三步搜索算法
    图像信号
    图像分块
    图像编码
    误码掩盖
  Z 通信*

图像通信技术
  Y 图像通信

图像挖掘
  Y 图像数据挖掘

图像无损压缩
  Y 无损图像压缩

图像细化
image refining
TP391
  D 图象细化
  S 图像处理**

图像显示
image display
TN334.3 TN87
  D 图像显示技术
    图片显示
    图象显示
  S 信息显示
  Z 显示*

图像显示技术
  Y 图像显示

图像相关匹配
  Y 图像匹配

图像相减
image subtraction
TP391
  S 图像处理**

图像镶嵌
image mosaicing
TP391
  D 图象镶嵌
    数字图像镶嵌
  S 图像处理**
  C 图像拼接
    图像融合
    图像配准
    图像重建

图像消噪
  Y 图像去噪

图像信号
image signal
TN911
  D 图象信号
  S 信号*
  · 数字图像信号
  C 图像信号处理
    图像编码
    图像通信

图像信号处理
image signal processing
TN911
  D 图象信号处理
  S 信号处理*
    图像处理**
  C 图像信号

图像信息处理
  Y 图像处理

图像信息检索系统
  Y 图像检索

图像信息融合
 Y 图像融合

图像信息隐藏
image information hiding
TP391
 S 图像隐藏
 L 信息隐藏**

图像修补
 Y 图像复原

图像修复
 Y 图像复原

图像序列处理
image sequence processing
TP391
 S 图像处理**
 C 图像序列分析

图像序列分析
image sequence analysis
TP391
 S 图像分析
 C 图像序列处理
 L 图像处理**

图像旋转
image rotation
TP391
 S 图像处理**

图像渲染
image rendering
TP391
 S 图像处理**
 • 非真实感渲染
 • 真实感渲染

图像压缩
image compression
TP391 TN919
 D 图像压缩处理
  图像压缩技术
  图像压缩算法
  图像数据压缩
  图片压缩
  图象压缩
  图象压缩技术
  图象数据压缩
  影像压缩
 S 信息压缩**
  图像处理**
 • JPEG 压缩
 • SAR 图像压缩
 • 彩色图像压缩
 • 分形图像压缩
 • 红外图像压缩
 • 静止图像压缩
 • 立体图像压缩
 • 数字图像压缩

 • 无损图像压缩
 • 遥感图像压缩
 • 医学图像压缩
 • 指纹图像压缩
 C MPEG 标准
  MQ 编码器
  图像压缩标准
  图像编码
  图像编码器
  图形压缩

图像压缩编码
 Y 图像编码

图像压缩标准
image compression standard
TN919
 D 图像编码标准
  图象压缩标准
  静止图像压缩标准
 S 压缩编码标准
 C 图像压缩
 Z 信息产业标准*

图像压缩处理
 Y 图像压缩

图像压缩技术
 Y 图像压缩

图像压缩算法
 Y 图像压缩

图像掩模
image masking
TP391.4
 S 图像处理**
 • 反锐化掩模

图像隐藏
image hiding
TP391 TP309 TN918
 D 图像隐藏算法
  图象隐藏
 S 信息隐藏**
 • 数字图像隐藏
 • 图像信息隐藏
 C 图像加密

图像隐藏算法
 Y 图像隐藏

图像隐写
image steganography
TP391 TP309 TN918
 S 隐写术
 C 图像传输
 L 信息隐藏**

图像语义分割
image semantic segmentation

TP391
 S 图像分割
  语义分割
 L 图像处理**
  语言信息处理**

图像预处理
image pre-processing
TP391.4
 D 图象预处理
 S 图像处理**
 • 红外图像预处理
 • 指纹图像预处理

图像阈值分割
 Y 阈值分割

图像运算
image operation
TN919
 D 图象运算
 S 图像处理**

图像再现
 Y 图像重建

图像噪声
image noise
TN911
 D 图象噪声
 S 信号噪声*
 • 固定模式噪声
 • 椒盐噪声
 • 散斑噪声

图像增强
image enhancement
TP391.7
 D 图像增强处理
  图像增强技术
  图像增强算法
  图象增强
  增强处理
 S 图像处理**
 • 边缘增强
 • 彩色图像增强
 • 反差增强
 • 分辨率增强技术
 • 红外图像增强
 • 轮廓增强
 • 色彩增强
 • 实时图像增强
 • 伪彩色增强
 • 纹理增强
 • 指纹图像增强
 C 像增强器

图像增强处理
 Y 图像增强

图像增强技术
 Y 图像增强

图像增强器
  Y 图像放大器

图像增强算法
  Y 图像增强

图像整合
  Y 图像融合

图像质量客观评价
  Y 图像质量评价

图像质量评价
image quality evaluation
TP391　TN919
  D 图像质量客观评价
     图象质量评价
  S 图像处理**
  C 视觉感知

图像智能识别
  Y 图像自动识别

图像置乱
image scrambling
TN918　TP391
  D 图象置乱
     置乱
     置乱变换
     置乱处理
     置乱技术
  S 信息隐藏**
  • Arnold 置乱
  • 混沌置乱
  • 数字图像置乱
  • 像素置乱
  C 图像保密通信
     图像保护
     置乱加密
     置乱算法

图像抓取
  Y 图像提取

图像转换
image conversion
TP391.7
  D 图像格式转换
     图片转换
     图象转换
  S 图像处理**

图像自动分割
image automatic segmentation
TP391
  S 图像分割
  C 图像自动识别
     图像自动配准
  L 图像处理**

图像自动配准
image automatic registration
TP391
  S 图像配准
  C 图像自动分割
  L 图像处理**

图像自动识别
image automatic recognition
TP391.4
  D 图像智能识别
  S 图像识别
     自动识别*
  C 图像自动分割
     机器视觉
     特征提取
  Z 信息识别*

图像自嵌入
image self-embedding
TP309
  S 图像嵌入
     自嵌入
  L 信息隐藏**

图像自适应滤波
image adaptive filtering
TN713
  S 图像滤波
     自适应滤波
  L 图像处理**

图形编程
  Y 图形化编程

图形编辑
graphic edition
TP391.7
  D 图形编辑功能
  S 图形处理
  C 图形编辑器
  Z 信息处理*

图形编辑程序
  Y 图形编辑器

图形编辑工具
  Y 图形编辑器

图形编辑功能
  Y 图形编辑

图形编辑器
graphic edittor
TP391　TP317
  D 图形编辑工具
     图形编辑程序
     图形编辑系统
  S 图形处理软件
  C 图形编辑
  L 应用软件**

图形编辑系统
  Y 图形编辑器

图形编码
  Y 图像编码

图形变换
graphic transformation
TP391　TN919
  S 图形处理
  • 投影变换
  • 透视变换
  Z 信息处理*

图形辨识
  Y 图形识别

图形标准
graphic standard
TP391
  S 信息标准
  • 初始图形交换规范
  Z 信息产业标准*

图形表达
graphic presentation
TP391
  D 图形表示
  S 信息表达
  Z 信息处理*

图形表示
  Y 图形表达

图形裁剪
graphic clipping
TP391　TN919
  S 图形处理
  Z 信息处理*

图形参数化
graphic parameterization
TP391
  S 参数化
  Z 信息处理*

图形插入
graphic insertion
TP391
  S 图形处理
  Z 信息处理*

图形衬底
patterned substrate
TN303
  S 半导体衬底*

图形程序
  Y 图形处理软件

图形程序包
　　Y 图形处理软件

图形程序设计
　　Y 图形化编程

图形处理
graphic processing
TP391.7
　　D 图形处理技术
　　　　图形技术
　　　　计算机图形处理技术
　　　　计算机图形技术
　　S 信息处理*
　　• 图形编辑
　　• 图形变换
　　• 图形裁剪
　　• 图形插入
　　• 图形分析
　　• 图形生成
　　• 图形矢量化
　　• 图形数据处理
　　• 图形缩放
　　• 图形填充
　　• 图形消隐
　　• 图形转换
　　• 图形转移
　　C 图形处理器
　　　　图形处理软件
　　　　图形工作站

图形处理程序
　　Y 图形处理软件

图形处理单元
　　Y 图形处理器

图形处理工具
　　Y 图形处理软件

图形处理机
　　Y 图形处理器

图形处理技术
　　Y 图形处理

图形处理器
graphic processing unit
TP33　TN4
　　D GPU
　　　　图形处理单元
　　　　图形处理机
　　　　图形处理芯片
　　　　显示核心
　　　　绘图处理器
　　　　视觉处理器
　　S 图像处理器
　　• 可编程图形处理器
　　• 通用图形处理器
　　C 图形加速芯片
　　　　图形处理
　　　　图形处理软件

图形工作站
图形计算
显示芯片
智能芯片
　　Z 微处理器*

图形处理软件
graphic processing software
TP391　TP317
　　D 图形处理工具
　　　　图形处理程序
　　　　图形处理系统
　　　　图形工具
　　　　图形工具包
　　　　图形工具软件
　　　　图形程序
　　　　图形程序包
　　　　图形软件
　　　　图形软件包
　　S 图像处理软件
　　• 绘图软件
　　• 图形编辑器
　　C 图形化编程
　　　　图形处理
　　　　图形处理器
　　L 应用软件**

图形处理系统
　　Y 图形处理软件

图形处理芯片
　　Y 图形处理器

图形存储
graphic storage
TP391　TP311
　　S 信息存储*
　　C 图形存储器

图形存储器
graphic memory
TP333
　　S 存储器*
　　C 图形存储

图形点阵LCD
　　Y 图形点阵液晶显示器

图形点阵液晶显示器
graphic dot matrix liquid crystal display
TN873　TN27
　　D 图形点阵LCD
　　S 图形液晶显示器
　　　　点阵式液晶显示器
　　Z 显示设备*

图形电磁计算
graphical electromagnetic computation
TN951　TP3
　　S 图形计算

电磁计算
　　C 电磁波散射
　　Z 计算*

图形仿真
graphic simulation
TP391.9
　　D 图形模拟
　　S 仿真*
　　• 三维图形仿真

图形分析
graphic analysis
TP391
　　S 图形处理
　　Z 信息处理*

图形工具
　　Y 图形处理软件

图形工具包
　　Y 图形处理软件

图形工具软件
　　Y 图形处理软件

图形工作站
graphic workstation
TP368
　　S 专业工作站
　　C 图形处理
　　　　图形处理器
　　Z 计算机*

图形管理
graphic management
TP391
　　S 图库管理
　　Z 信息管理*

图形化SOI
　　Y 图形化绝缘体上硅

图形化编程
graphical programming
TP311
　　D 图形程序设计
　　　　图形编程
　　S 软件编程**
　　• 三维图形编程
　　• 梯形图编程
　　• 图形自动编程
　　C 可视化语言
　　　　图形处理软件

图形化编程语言
　　Y 可视化语言

图形化建模
　　Y 图形建模

图形化绝缘体上硅
patterned silicon-on-insulator
TN303
　　D 图形化 SOI
　　S 绝缘体上硅
　　L 元素半导体**

图形化显示
　　Y 图形显示

图形化语言
　　Y 可视化语言

图形计算
graphic computing
TP3
　　D 图计算
　　S 计算*
　　• 图形电磁计算
　　C 图形处理器
　　　图形数据库

图形技术
　　Y 图形处理

图形加速芯片
graphic acceleration chip
TN4
　　S 计算机芯片
　　C 图形处理器
　　Z 芯片*

图形建模
graphic modeling
TP391.9
　　D 图形化建模
　　S 模型构建*

图形交互
graphic interaction
TP311　TP391
　　D 图形交互系统
　　S 信息交互
　　Z 交互*

图形交互系统
　　Y 图形交互

图形接口
　　Y 图形设备接口

图形界面开发
　　Y 图形界面设计

图形界面设计
graphical interface development
TP311
　　D 图形界面开发
　　S 界面设计
　　Z 软件工程*

图形均衡器
　　Y 图示均衡器

图形控制器
graphic controller
TP334.7　TP2
　　D 图形显示控制器
　　S 控制器*

图形库
　　Y 图形数据库

图形密码
graphical password
TN918
　　S 密码*

图形描述
graphic description
TP391
　　S 信息描述
　　Z 信息处理*

图形模拟
　　Y 图形仿真

图形匹配
pattern matching
TP391
　　D 图匹配
　　S 信息匹配
　　• 地图匹配
　　• 轮廓匹配
　　C 特征识别
　　　纹理分析
　　Z 信息处理*

图形驱动程序
graphic driver
TP311
　　S 驱动程序
　　L 工具软件**

图形软件
　　Y 图形处理软件

图形软件包
　　Y 图形处理软件

图形设备接口
graphic device interface
TP311
　　D GDI
　　　GDI 技术
　　　图形接口
　　　图形设备界面
　　S 应用程序接口
　　　打印语言
　　C 图形显示器
　　L 计算机接口**

图形设备界面
　　Y 图形设备接口

图形生成
pattern formation
TP391
　　D 图形生成技术
　　　图形生成系统
　　S 图形处理
　　• 图形自动生成
　　Z 信息处理*

图形生成技术
　　Y 图形生成

图形生成系统
　　Y 图形生成

图形失真
pattern distortion
TN911
　　S 失真*
　　C 图像失真
　　　接近式光刻
　　　紫外光刻

图形识别
pattern recognition
TP391.4
　　D 图形辨识
　　S 信息识别*
　　C 图像识别

图形矢量化
graphic vectorization
TP391
　　S 图形处理
　　　矢量化
　　• 地图矢量化
　　C 图像矢量化
　　Z 信息处理*

图形输出设备
graphic output device
TP334.3
　　D 图像输出设备
　　S 输出设备
　　• 激光打印机
　　• 计算机绘图设备
　　• 喷墨打印机
　　• 照片打印机
　　Z 外部设备*

图形输入板
graphic tablet
TN87
　　D 绘图输入板
　　S 图形输入设备
　　C 绘图软件
　　Z 外部设备*

图形输入设备
graphic input device
TP33
　　D 图形输入装置
　　S 输入设备
　　· 扫描仪
　　· 数字化仪
　　· 图形输入板
　　Z 外部设备*

图形输入装置
　　Y 图形输入设备

图形数据
graphic data
TP391
　　S 多媒体数据
　　· 三维图形数据
　　C 图形数据交换
　　　图形数据结构
　　Z 数据*

图形数据处理
graphic data processing
TP391.7
　　S 图形处理
　　　数据处理**

图形数据交换
graphic data exchange
TN915
　　S 数据交换
　　C 图形数据
　　　图形数据库
　　　图形数据结构
　　Z 信息交换*

图形数据结构
graphic data structure
TP391
　　S 数据结构*
　　C 图形数据
　　　图形数据交换
　　　图形数据库

图形数据库
graph database
TP311　TP392
　　D 图形库
　　　图数据库
　　S 多媒体数据库
　　C 图形数据交换
　　　图形数据结构
　　　图形计算
　　Z 数据库*

图形算法
graphic algorithm
TP391　TP301
　　S 算法*
　　· 裁剪算法
　　· 画家算法

　　· 绘制算法
　　· 填充算法
　　· 消隐算法

图形缩放
graphic zooming
TP391
　　S 图形处理
　　C 图像缩放
　　Z 信息处理*

图形填充
graphic filling
TP391
　　S 图形处理
　　Z 信息处理*

图形系统
graphic system
TP391
　　D 图形子系统
　　S 信息系统*

图形显示
graphic display
TN27　TP391　TP334.3
　　D 图形化显示
　　　图形显示技术
　　　计算机图形显示
　　S 信息显示
　　C 图形显示器
　　Z 显示*

图形显示技术
　　Y 图形显示

图形显示控制器
　　Y 图形控制器

图形显示器
graphic display
TN873
　　D 图形显示设备
　　　图形显示输出机
　　S 显示器
　　· 光栅显示器
　　· 图形液晶显示器
　　· 字符图形显示器
　　C 图形显示
　　　图形终端
　　　图形设备接口
　　Z 显示设备*

图形显示设备
　　Y 图形显示器

图形显示输出机
　　Y 图形显示器

图形消隐
graphic blanking

TP391
　　S 图形处理
　　C 消隐算法
　　Z 信息处理*

图形压缩
graphic compression
TP391
　　S 信息压缩**
　　C 图像压缩

图形液晶显示器
graphic liquid crystal display
TN873　TN27
　　D LCD 图形显示器
　　S 图形显示器
　　　液晶显示器
　　· 图形点阵液晶显示器
　　Z 显示设备*

图形用户接口
graphic user interface
TP311
　　D GUI
　　　图形用户界面
　　S 用户接口
　　　软件接口
　　L 计算机接口**

图形用户界面
　　Y 图形用户接口

图形终端
graphic terminal
TN87
　　S 信息终端
　　C 图形显示器
　　Z 终端设备*

图形转换
graphic transformation
TP391.7
　　S 图形处理
　　Z 信息处理*

图形转移
pattern transfer
TN305
　　S 图形处理
　　Z 信息处理*

图形子系统
　　Y 图形系统

图形自动编程
automatic graphic programming
TP311
　　S 图形化编程
　　C 自动编程系统
　　L 软件编程**

图形自动生成
automatic pattern generation
TP391
    D 自动测试图形生成
    S 图形生成
    C 自动测试软件
    Z 信息处理*

图形字符显示器
    Y 字符图形显示器

图元识别
graphic primitive recognition
TP391.4
    S 信息识别*

图纸识别
drawing recognition
TP391.4
    S 图像识别
    · 草图识别
    · 工程图识别
    Z 信息识别*

涂覆光纤
coating optical fiber
TN818
    S 光纤*

涂胶机
    Y 灌胶机

推动变压器
    Y 输入变压器

推广卡尔曼滤波
    Y 扩展卡尔曼滤波

推拉电连接器
    Y 推拉式圆形电连接器

推拉技术
push-pull technology
TP391.7
    D 信息推拉技术
    S 信息技术*
    · 信息推送
    · 智能信息推拉技术

推拉式圆形电连接器
push-pull circular electric connector
TN6
    D 推拉电连接器
    S 圆形电连接器
    Z 电连接器*

推理*
reasoning
TP391.7
    D 推理技术

    推理算法
    · 案例推理
    · 贝叶斯推理
    · 关联推理
    · 规则推理
    · 模糊推理
    · 事件推理
    · 拓扑推断
    · 约束推理
    · 知识推理
    · 自动推理
    · 组合推理

推理技术
    Y 推理

推理算法
    Y 推理

推挽电路
    Y 推挽放大器

推挽放大器
push-pull amplifier
TN72
    D 推挽功放
        推挽电路
    S 平衡放大器
    L 功率放大器**

推挽功放
    Y 推挽放大器

推挽式 DC/DC 变换器
    Y 推挽式直流变换器

推挽式直流变换器
push-pull DC converter
TM46
    D 推挽式 DC/DC 变换器
        推挽直流变换器
    S 直流-直流变换器
    C 推挽输入式变压器
    Z 变换器*

推挽输入式变压器
push-pull input transformer
TM42
    S 输入变压器
    C 推挽式直流变换器
    L 电子变压器**

推挽直流变换器
    Y 推挽式直流变换器

退避算法
backoff algorithm
TN92 TP391
    S 算法*

退火算法
    Y 模拟退火算法

退火遗传算法
    Y 遗传模拟退火算法

退锡剂
tin-lead stripper
TN04
    S 电子材料*
    C 焊锡

拖曳声诱饵
    Y 拖曳式声诱饵

拖曳式列阵声纳
    Y 拖曳阵声呐

拖曳式声诱饵
towed acoustic decoy
TN972
    D 拖曳声诱饵
        鱼雷诱饵
    S 声诱饵
        拖曳式诱饵
    L 电子干扰设备**

拖曳式线列阵声纳
    Y 拖曳阵声呐

拖曳式诱饵
towed decoy
TN972
    S 电子诱饵
    · 拖曳式声诱饵
    L 电子干扰设备**

拖曳天线
trailing antenna
TN82
    D 下垂天线
    S 天线*

拖曳阵声呐
towed sonar array
U666
    D 拖曳式列阵声纳
        拖曳式线列阵声纳
    S 声呐基阵
    · 船拖曳声呐
    · 航空拖曳声呐
    C 线列探测器
    Z 声呐*

脱机设备
off-line equipment
TP334
    D 脱机系统
    S 外部设备*

脱机识别
off-line recognition
TP391.4
    S 信息识别*

脱机手写汉字识别
    Y 脱机手写体汉字识别

脱机手写体汉字识别
off-line handwritten form Chinese character recognition
TP391.4
    D 脱机手写汉字识别
    S 手写体汉字识别
    Z 信息识别*
      信息处理*

脱机系统
    Y 脱机设备

陀螺传感器
    Y 角速度传感器

椭圆极化
elliptic polarization
TN82 TN011
    S 电磁波极化*
    C 椭圆极化天线

椭圆极化天线
elliptically polarized antenna
TN82
    S 极化天线
    C 椭圆极化
    Z 天线*

椭圆曲线公钥密码
elliptic curve public key cryptography
TN918 TP309
    S 公钥密码
      椭圆曲线密码
    C 椭圆曲线密码体制
    Z 密码*

椭圆曲线公钥密码体制
    Y 椭圆曲线密码体制

椭圆曲线加密
elliptic curve encryption
TN918
    S 加密**
    C 椭圆曲线加密算法
      椭圆曲线数字签名

椭圆曲线加密算法
elliptic curve encryption algorithm
TN918 TP309
    D ECC算法
      椭圆曲线密码算法

      椭圆曲线算法
    S 非对称加密算法
    • 椭圆曲线数字签名算法
    C 椭圆曲线加密
    Z 算法*

椭圆曲线加密系统
    Y 椭圆曲线密码体制

椭圆曲线密码
elliptic curve cryptography
TN918 TP309
    D 超椭圆曲线密码
    S 密码*
    • 椭圆曲线公钥密码

椭圆曲线密码算法
    Y 椭圆曲线加密算法

椭圆曲线密码体制
elliptic curve cryptosystem
TP393.08 TN918
    D 椭圆曲线公钥密码体制
      椭圆曲线加密系统
      椭圆曲线密码系统
      超椭圆曲线密码体制
    S 公钥密码体制
    C 椭圆曲线公钥密码
      椭圆曲线数字签名
      椭圆曲线数字签名算法
      盲签名
      预测计算
    Z 信息安全体系*

椭圆曲线密码系统
    Y 椭圆曲线密码体制

椭圆曲线数字签名
elliptic curve digital signature
TP309
    S 数字签名*
    C 椭圆曲线加密
      椭圆曲线密码体制
      椭圆曲线数字签名算法

椭圆曲线数字签名算法
elliptic curve digital signature algorithm
TN918 TP393.08
    D ECDSA
    S 数字签名算法
      椭圆曲线加密算法
    C 椭圆曲线密码体制
      椭圆曲线数字签名
    Z 算法*

椭圆曲线算法
    Y 椭圆曲线加密算法

拓扑测量
    Y 网络拓扑测量

拓扑发现
topology discovery
TP393 TN915
    S 网络管理*
    • 网络拓扑发现
    • 物理拓扑发现
    • 自动拓扑发现
    C 拓扑发现算法
      拓扑感知
      生成树协议

拓扑发现算法
topology discovery algorithm
TP393.0
    S 发现算法
      拓扑算法
    C 拓扑发现
    Z 算法*

拓扑感知
topology awareness
TP393
    S 信息感知*
    C 对等网络
      拓扑发现

拓扑排序算法
topological sorting algorithm
TP391 TP301
    S 拓扑算法
      排序算法
    Z 算法*

拓扑算法
topology algorithm
TP393.0
    S 算法*
    • 拓扑发现算法
    • 拓扑排序算法

拓扑推断
topology inference
TP393 TP391
    D 拓扑推理
    S 推理*

拓扑推理
    Y 拓扑推断

拓扑网络
topological network
TP393.0 TP2 TP301
    S 网络*
    • 环形网络
    • 树型网络
    • 星型网络
    C 无线传感器网络
      网络拓扑测量

拓扑自动发现
    Y 自动拓扑发现

挖掘算法
　　Y 数据挖掘算法

蛙跳算法
leapfrog algorithm
TP312
　　S 进化算法
　· 混合蛙跳算法
　　Z 算法*

瓦特森瓦特测向
　　Y 比幅比相测向

外部编程接口
external programming interface
TP311
　　S 编程接口
　　L 计算机接口**

外部存储器
　　Y 外存储器

外部存储器接口
external memory interface
TP334.7
　　D 外存储设备接口
　　S 外部接口
　　　存储接口
　　C 外存储器
　　L 计算机接口**

外部接口
peripheral interface
TP334.7
　　D 外围接口
　　　外围设备接口
　　　外设接口
　　　外部设备接口
　　S 微型计算机接口
　· GPIB 接口
　· PCMCIA 接口
　· 打印机接口
　· 外部存储器接口
　　C 外部设备
　　L 计算机接口**

外部设备*
peripheral equipment
TP33　TP391.7　TP334
　　D 外围设备
　　　外设
　　　电脑外设
　　　计算机外围设备
　　　计算机外设
　　　计算机外部设备
　　　计算机辅助设备
　· SCSI 设备
　· 多媒体设备
　· 共享器
　· 交互终端
　· 接口设备
　· · 人机接口设备

· · 网卡
· · · 无线网卡
· · · 以太网卡
· 输入输出设备
· · I/O 控制器
· · 触控板
· · 磁带机
· · 磁光驱动器
· · 磁盘驱动器
· · · 软盘驱动器
· · · 硬盘驱动器
· · 读卡器
· · · 多功能读卡器
· · · 射频读卡器
· · 读写设备
· · · IC 卡读写器
· · · 磁卡读写器
· · · 射频识别读写器
· · · 手持式读写器
· · 多功能一体机
· · · 彩色多功能一体机
· · · 激光多功能一体机
· · · 喷墨多功能一体机
· · 光盘刻录机
· · · 高速刻录机
· · · 双层 DVD 刻录机
· · 光盘驱动器
· · · 复合式光盘机
· · · 虚拟光驱
· · · 只读光盘驱动器
· · 汉字输入输出设备
· · 输出设备
· · · 打印机
· · · · 3D 打印机
· · · · 便携式打印机
· · · · 标签打印机
· · · · 彩色打印机
· · · · · 彩色多功能一体机
· · · · · 彩色激光打印机
· · · · · 彩色喷墨打印机
· · · · 大幅面打印机
· · · · 单色打印机
· · · · 黑白激光打印机
· · · · 点阵打印机
· · · · 多功能打印机
· · · · 高速打印机
· · · · 激光打印机
· · · · · 彩色激光打印机
· · · · · 高速激光打印机
· · · · · 黑白激光打印机
· · · · · 激光多功能一体机
· · · · 家用打印机
· · · · 菊花轮打印机
· · · · 喷墨打印机
· · · · · 彩色喷墨打印机
· · · · 喷码机
· · · · 喷墨多功能一体机
· · · · 票据打印机
· · · · 存折打印机
· · · · 税票打印机
· · · · 热敏打印机
· · · · 竖式打印机
· · · · 数码打印机
· · · · 特种打印机

· · · · 条码打印机
· · · · 网络打印机
· · · · 微型打印机
· · · · 行打印机
· · · · 照片打印机
· · · · 针式打印机
· · · · 中文打印机
· · · 读出器
· · · 图形输出设备
· · · · 激光打印机
· · · · · 彩色激光打印机
· · · · · 高速激光打印机
· · · · · 黑白激光打印机
· · · · · 激光多功能一体机
· · · · 计算机绘图设备
· · · · 喷墨打印机
· · · · · 彩色喷墨打印机
· · · · · 喷码机
· · · · · 喷墨多功能一体机
· · · · 照片打印机
· · · 系统输出设备
· · · 字符发生器
· · 输入设备
· · · 光电输入设备
· · · 轨迹球
· · · 计算机输入设备
· · · 键盘
· · · · PC 键盘
· · · · 薄膜键盘
· · · · 背光键盘
· · · · 笔记本键盘
· · · · 便携式键盘
· · · · 标准键盘
· · · · 超薄键盘
· · · · 触摸键盘
· · · · 多功能键盘
· · · · 防水键盘
· · · · 机械键盘
· · · · 计算机键盘
· · · · 矩阵键盘
· · · · 手机键盘
· · · · 数字键盘
· · · · 无线键盘
· · · · 小键盘
· · · · 游戏键盘
· · · · 主键盘
· · · · 专用键盘
· · · 卡片输入设备
· · · 三维输入设备
· · · 摄像头
· · · · CMOS 摄像头
· · · · 彩色摄像头
· · · · 计算机摄像头
· · · · 监控摄像头
· · · · 手机摄像头
· · · · 数字摄像头
· · · · 网络摄像头
· · · 手写输入设备
· · · · 手写板
· · · · 手写笔
· · · · 输入笔
· · · · 触控笔
· · · · 电子笔
· · · · 光笔

· · · 鼠标
· · · · 笔记本鼠标
· · · · 光电鼠标
· · · · 滚轮鼠标
· · · · 机械鼠标
· · · · 激光鼠标
· · · · 三维鼠标
· · · · 无线鼠标
· · · · 游戏鼠标
· · · 图形输入设备
· · · · 扫描仪
· · · · · 彩色扫描仪
· · · · · 电子扫描仪
· · · · · 工程扫描仪
· · · · · 激光扫描仪
· · · · · · 三维激光扫描仪
· · · · · 平板式扫描仪
· · · · · 三维扫描仪
· · · · · · 三维激光扫描仪
· · · · · 手持式扫描仪
· · · · · 条码扫描仪
· · · · · 图像扫描仪
· · · · · 专用扫描仪
· · · · · · 胶片扫描仪
· · · · · · 生物芯片扫描仪
· · · · 数字化仪
· · · · 图形输入板
· · · 远程输入装置
· · · 纸带输入机
· 脱机设备
· 游戏外设
C 外部接口

外部设备接口
Y 外部接口

外部数据库
outside database
TP392
S 数据库*

外部网
extranet
TP393
D 外网
外联网
外部网络
S 计算机网络*
C 内部网
外网安全

外部网络
Y 外部网

外部网络安全
Y 外网安全

外部总线
Y 系统总线

外差接收机
Y 外差式接收机

外差式接收机
heterodyne receiver
TN85
D 外差接收机
S 接收设备*

外存储器**
external memory
TP333
D 外存贮器
外部存储器
辅助存储器
S 存储器*
· 磁盘存储器
· · 本地磁盘
· · 本地硬盘
· · 软盘
· · 网络磁盘
· · 网络硬盘
· · 智能网络磁盘
· · 硬盘
· · · IDE 硬盘
· · · SATA 硬盘
· · · 本地硬盘
· · · 笔记本硬盘
· · · 大容量硬盘
· · · 服务器硬盘
· · · 高密度硬盘
· · · 高速硬盘
· · · 固态硬盘
· · · 逻辑硬盘
· · · 数字硬盘
· · · 双硬盘
· · · 网络硬盘
· · · 微硬盘
· · · 系统硬盘
· · · 虚拟硬盘
· · · 移动硬盘
· · 自安全磁盘
· 存储阵列
· · 磁盘阵列
· · · 独立冗余磁盘阵列
· · · 网络磁盘阵列
· 存储池
· 光盘库
· 光盘存储器
· · 光盘
· · · 磁光盘
· · · 多层光盘
· · · 高密度光盘
· · · 交互式光盘
· · · 可写光盘
· · · 可重写光盘
· · · · CD-RW 光盘
· · · · DVD-RW 光盘
· · · 一次性写入光盘
· · · · CD-R 光盘
· · · · DVD-R 光盘
· · · 全息光盘
· · · 视频光盘
· · · 激光视盘
· · · 数字视频光盘
· · · 数据光盘
· · · 数字多功能光盘
· · · · DVD-RW 光盘
· · · · DVD-R 光盘
· · · 高清光盘
· · · 蓝光光盘
· · · 微型光盘
· · · 相变光盘
· · · 只读光盘
· · 光盘库
· 闪存盘
C 内存
外部存储器接口

外存储设备接口
Y 外部存储器接口

外存贮器
Y 外存储器

外辐射源雷达
passive radar
TN958
S 雷达*
C 雷达辐射源信号

外骨骼机器人
exoskeleton robot
TP242
S 助力机器人
可穿戴智能设备
· 上肢外骨骼康复机器人
· 下肢外骨骼机器人
Z 可穿戴设备*
机器人*

外骨骼上肢康复机器人
Y 上肢外骨骼康复机器人

外联网
Y 外部网

外腔半导体激光器
external cavity semiconductor laser
TN248
D ECSL
外腔式半导体激光器
外腔式激光器
外腔激光器
S 半导体激光器
· 垂直外腔面发射激光器
· 光栅外腔半导体激光器
· 外腔二极管激光器
L 固体激光器**

外腔二极管激光器
external cavity diode laser
TN248
S 二极管激光器
外腔半导体激光器
L 固体激光器**

外腔激光器
　　Y 外腔半导体激光器

外腔式半导体激光器
　　Y 外腔半导体激光器

外腔式激光器
　　Y 外腔半导体激光器

外腔调制
　　Y 腔外调制

外设
　　Y 外部设备

外设接口
　　Y 外部接口

外调制发射机
externally modulated transmitter
TN83
　　S 调制发射机
　　Z 发射机*

外网
　　Y 外部网

外网安全
extranet security
TP393.08
　　D 外部网络安全
　　S 网络安全*
　　C 外部网

外围部件互连总线
　　Y PCI总线

外围电路
peripheral circuit
TN710
　　S 电子电路*
　　C 外围芯片

外围接口
　　Y 外部接口

外围设备
　　Y 外部设备

外围设备接口
　　Y 外部接口

外围芯片
peripheral chip
TN43
　　S 计算机芯片
　　C 外围电路
　　Z 芯片*

外延薄膜生长
　　Y 外延生长

外延薄膜生长法
　　Y 外延生长

外延法
　　Y 外延生长

外延反应炉
　　Y 外延设备

外延隔离
epitaxial isolation
TN305
　　S 隔离工艺
　　Z 半导体工艺*

外延工艺
　　Y 外延生长

外延硅片
　　Y 外延片

外延技术
　　Y 外延生长

外延炉
　　Y 外延设备

外延片
epitaxial wafer
TN304
　　D 外延硅片
　　S 半导体晶片
　　C 外延设备
　　Z 半导体材料*

外延设备
epitaxial equipment
TN305
　　D 外延反应炉
　　　外延炉
　　S 半导体工艺设备*
　　• 分子束外延炉
　　• 气相外延炉
　　C 外延片
　　　外延生长

外延生长
epitaxial growth
TN305
　　D 外延工艺
　　　外延技术
　　　外延法
　　　外延生长工艺
　　　外延薄膜生长
　　　外延薄膜生长法
　　S 半导体工艺*
　　• 侧向外延
　　• 低温外延

　　• 分子束外延
　　• 复相外延
　　• 固相外延
　　• 硅外延
　　• 横向外延生长
　　• 离子束外延
　　• 气相外延
　　• 热壁外延
　　• 同质外延
　　• 选择外延生长
　　• 液相外延
　　• 异质外延生长
　　• 原子层外延
　　C 外延设备

外延生长工艺
　　Y 外延生长

弯波导
　　Y 波导弯头

弯曲光纤
curved fiber
TN818　TN25
　　D 弓形光纤
　　S 光纤*

完整性保护
integrity protection
TP393.08　TP309　TN92
　　D 数据完整性保护
　　S 内容保护
　　C 加密
　　　可信计算
　　Z 信息安全防护*

完整性认证
integrity authentication
TP393.08　TN918
　　S 信息认证
　　C 脆弱水印
　　Z 信息安全认证*

万维网
　　Y 互联网

万兆网
　　Y 万兆以太网

万兆网络
　　Y 万兆以太网

万兆位以太网
　　Y 万兆以太网

万兆以太网
gigabit Ethernet
TP393.1
　　D 万兆位以太网
　　　万兆网
　　　万兆网络

S 高速以太网
　　L 局域网**

网格*
grid
TP393　TP301
　　D 网格平台
　　　 网格技术
　　　 网格系统
　　· 采样网格
　　· 粗网格
　　· 弹性网格
　　· 多机群网格
　　· 仿真网格
　　· 访问网格
　　· 服务网格
　　· 混合网格
　　· 计算机网格
　　· 计算网格
　　· 教育网格
　　· 均匀网格
　　· 六面体网格
　　· 企业网格
　　· 三维网格
　　·· 三维有限元网格
　　· 树型网格
　　· 数据网格
　　· 四面体网格
　　· 无结构网格
　　· 细分网格
　　· 校园网格
　　· 信息网格
　　·· 空间信息网格
　　·· 全球信息网格
　　· 虚拟网格
　　· 移动网格
　　· 有限元网格
　　·· 三维有限元网格
　　· 语义网格
　　· 知识网格
　　· 制造网格
　　· 自适应网格
　　C 分布式系统
　　　 协同计算
　　　 网格中间件
　　　 网格安全
　　　 网格安全基础设施
　　　 网格授权
　　　 网格数据库
　　　 网格服务
　　　 网格算法
　　　 网格聚类
　　　 高性能计算

网格安全
grid security
TP393.08
　　S 网络安全*
　　C 网格
　　　 网格加密
　　　 网格安全基础设施
　　　 网格授权
　　　 网格操作系统

　　　 网格服务
　　　 网格水印

网格安全基础设施
grid security infrastructure
TP393.08
　　S 网络基础设施
　　C 网格
　　　 网格安全
　　Z 信息基础设施*

网格编码
trellis coding
TN911　TN92
　　D 格状编码
　　S 编码*
　　· 空时网格编码
　　C 几何失真

网格操作系统
grid operating system
TP316　TP393.09
　　S 操作系统**
　　C 网格地理信息系统
　　　 网格安全

网格地理信息系统
grid geographic information system
TP391
　　S 地理信息系统
　　C 网格操作系统
　　L 信息应用系统**

网格服务
grid service
TP393
　　S 网格应用
　　　 网络服务*
　　· 网格数据服务
　　· 网格信息服务
　　C 网格
　　　 网格安全
　　　 网格模型
　　Z 网络应用*

网格计算
grid computation
TP301
　　D 网格计算技术
　　S 分布式计算
　　　 网格应用
　　Z 网络应用*
　　　 计算*

网格计算技术
　　Y 网格计算

网格技术
　　Y 网格

网格加密
grid encryption
TP393.08
　　S 加密**
　　C 网格安全
　　　 网格水印
　　　 网格认证

网格简化算法
grid simplification algorithm
TP393
　　S 网格算法
　　Z 算法*

网格聚类
grid clustering
TP393
　　S 网格应用
　　　 聚类*
　　C 网格
　　　 网格模型
　　Z 网络应用*

网格路由器
grid router
TN915　TP393.4
　　S 路由器
　　L 网络互连设备**

网格模拟
grid simulation
TP391.9
　　S 仿真*

网格模型
mesh model
TP393
　　S 网络模型*
　　C 网格服务
　　　 网格网
　　　 网格聚类

网格平台
　　Y 网格

网格认证
grid authentication
TP393.08
　　S 信息安全认证*
　　C 网格加密

网格任务调度算法
grid task scheduling algorithm
TP393
　　S 任务调度算法
　　　 网格算法
　　Z 算法*

网格授权
grid authorization
TP393.08

S 网络安全授权
　　C 网格
　　　网格安全
　　L 网络安全管理**

网格数据
grid data
TP301
　　S 数据*
　　C 网格数据服务

网格数据服务
grid data service
TP393
　　S 数据服务
　　　网格服务
　　C 网格数据
　　　网格数据库
　　Z 信息服务*
　　　网络服务*
　　　网络应用*

网格数据库
grid database
TP392
　　D 数据库网格
　　S 网络数据库
　　C 网格
　　　网格数据服务
　　Z 数据库*

网格水印
mesh watermark
TP391　TP309　TN918
　　S 数字水印*
　　C 网格加密
　　　网格安全

网格算法
grid algorithm
TP393
　　S 算法*
　　• 网格简化算法
　　• 网格任务调度算法
　　C 网格

网格网
grid network
TP393
　　D 网格网络
　　S 网络*
　　C 网格模型

网格网络
　　Y 网格网

网格文件传输协议
grid file transfer protocol
TP393.0
　　D GridFTP
　　　GridFTP 协议
　　S 文件传输协议

　　L 网络协议**

网格系统
　　Y 网格

网格信息服务
grid information service
TP393
　　S 网格服务
　　Z 网络服务*
　　　网络应用*

网格应用
grid application
TP393
　　S 网络应用*
　　• 网格服务
　　• 网格计算
　　• 网格聚类

网格中间件
grid middleware
TP317
　　S 中间件
　　C 网格
　　Z 软件*

网格资源调度
grid resource scheduling
TP393
　　S 资源调度
　　Z 资源管理*

网构软件
internetware
TP317
　　D 网构软件系统
　　S 网络软件**

网构软件系统
　　Y 网构软件

网购
　　Y 网络购物

网关
gateway
TP393.4　TN919
　　D 协议转换器
　　　网关设备
　　　网间接口
　　　网间连接器
　　S 网络互连设备**
　　• Parlay 网关
　　• VPN 网关
　　• 车载网关
　　• 代理网关
　　• 动态网关
　　• 服务网关
　　• 公共网关
　　• 互联网关

　　• 计费网关
　　• 家庭网关
　　• 局域网网关
　　• 宽带网关
　　• 媒体网关
　　• 嵌入式网关
　　• 软网关
　　• 数据网关
　　• 通信网关
　　• 透明网关
　　• 协议网关
　　• 信息网关
　　• 业务选择网关
　　• 音频网关
　　• 应用层网关
　　• 邮件网关
　　• 支付网关
　　• 智能网关
　　• 转换网关
　　C 点对点协议
　　　网关代理
　　　网关接口
　　　网关控制器
　　　网关服务器

网关代理
gateway agent
TP393.1
　　S 网络代理
　　C 网关
　　Z 网络服务*

网关服务器
gateway server
TP368
　　S 网络服务器
　　C 网关
　　Z 服务器*

网关间选径协议
　　Y 内部网关路由协议

网关接口
gateway interface
TP393
　　S 网络接口
　　• 通用网关接口
　　C 网关
　　Z 接口*

网关控制器
gateway controller
TP33
　　S 网络控制器
　　• 媒体网关控制器
　　C 网关
　　Z 网络设备*

网关设备
　　Y 网关

网管
　　Y 网络管理

电子信息技术叙词表

网管交换机
network management switch
TN915　TP393
 D 网管型交换机
 S 网络交换机
 C 网络管理协议
 L 交换设备**

网管软件
 Y 网络管理软件

网管协议
 Y 网络管理协议

网管型交换机
 Y 网管交换机

网际协议
 Y IP 协议

网间接口
 Y 网关

网间连接器
 Y 网关

网卡
network card
TP334.7
 D 网络接口卡
  网络适配器
 S 接口设备
 • 无线网卡
 • 以太网卡
 C 网卡芯片
 Z 外部设备*

网卡芯片
network card chip
TN43
 S 计算机芯片
 C 网卡
 Z 芯片*

网控
 Y 网络控制技术

网路标准
 Y 网络标准

网络*
network
TP301
 • Torus 网络
 • 伴随网络
 • 边际网
 • 边缘网络
 • 并行网络
 • 波束形成网络
 • 不对称网络
 • 测试网络

• 簇状网络
• 大时滞网络
• 大型网络
• 单向网络
• 弹性网络
• 电缆网络
• 动态网络
• • 复杂动态网络
• 多层网络
• 多模网络
• 泛函网络
• 非对称选择网
• 分布式网络
• 分层网络
• 分级网络
• 复合网络
• 复杂网络
• • 复杂动态网络
• 随机网络
• 无尺度网络
• 小世界网络
• 自相似网络
• 概率网络
• 贝叶斯网络
• • 动态贝叶斯网络
• • 模糊贝叶斯网络
• • 朴素贝叶斯网络
• 工作流网
• 关联网络
• 混合网络
• 集成网络
• 交互网络
• 静态网络
• 聚合网络
• 均衡网络
• 开放网络
• 空间网络
• 雷达网
• 逻辑网络
• 免疫网络
• 模拟网络
• 排队网络
• 融合网络
• 容迟容断网络
• • 延迟容忍网络
• • • 延迟容忍移动传感器网络
• 三层网络
• 生物网络
• 时变网络
• 实时网络
• 双环网络
• 拓扑网络
• • 环形网络
• • 树型网络
• • 星型网络
• 网格网
• 无缝网络
• 无中心网络
• 稀疏网络
• 校正网络
• 异构网络
• • 异构传感器网络
• • • 异构无线传感器网络
• • 异构无线网络

• • • 异构分层无线网络
• • • 异构无线传感器网络
• 远程网络
• 直连网络
• 智能网络
• • 多智能体网络
• • 认知网络
• • • 认知无线电网络
• 终端网络
• 重叠网
• 自适应网络
 C 网络流媒体
  网络测量

网络 CAD
 Y 网络计算机辅助设计

网络 CAI
 Y 网络辅助教学

网络 GIS
 Y 网络地理信息系统

网络 U 盘
 Y 网络硬盘

网络安全*
network security
TP393
 D 计算机网络安全
• IP 安全
• Web 安全
• • Web 服务安全
• • Web 应用安全
• 电子商务安全
• 支付安全
• 电子政务安全
• 访问安全
• 服务器安全
• 后向安全
• 互联网安全
• 可证明安全
• 内网安全
• 前向安全
• 外网安全
• 网格安全
• 网络层安全
• 网络存储安全
• 网络管理安全
• 网络通信安全
• 接入安全
• 节点安全
• 路由安全
• 网络传输安全
• 协议安全
• 组播安全
• 网络系统安全
• 网络信息安全
• 可扩展标记语言安全
• 网络内容安全
• 网络数据安全
• 网络数据库安全

- ·· 邮件安全
- · 网站安全
- · 信息网络安全
- · 云安全
- · 主机安全
- C 网络安全体系
  网络安全扫描
  网络安全技术
  网络安全服务
  网络安全模型
  网络安全策略
  网络安全评估
  网络对抗
  网络空间安全
  网络风险
  计算机网络
  防入侵

网络安全保障
Y 网络防御

网络安全策略
network security strategy
TP393.08
- D 网络安全机制
- S 信息安全策略
- · IP 安全策略
- · 多级安全策略
- · 访问控制策略
- · 授权策略
- · 网络实名制
- · 信任策略
- · 主动防御策略
- C 网络安全
  网络安全管理
  网络安全防护体系
  网络防御
  网络风险
- Z 信息安全体系*

网络安全措施
Y 网络安全技术

网络安全防范
Y 网络防御

网络安全防范体系
Y 网络安全防护体系

网络安全防护
Y 网络防御

网络安全防护体系
network security protection system
TP393.08
- D 网络安全防护体系
  网络安全防范体系
  网络防御体系
- S 网络安全体系
- C 网络安全策略
  网络防御

- Z 信息安全体系*

网络安全防御
Y 网络防御

网络安全防御体系
Y 网络安全防护体系

网络安全分析
network security analysis
TP393.08
- S 网络安全技术**
- · 安全协议分析
- · 攻击分析
- · 网络脆弱性分析
- C 网络安全管理
  网络风险

网络安全风险
Y 网络风险

网络安全风险评估
network security risk assessment
TP393.08
- S 网络安全评估
- C 网络风险
- L 网络安全管理**

网络安全服务
network security service
TP393.08
- S 网络服务*
- · 时间戳服务
- · 信任服务
- C 网络安全
  网络安全管理

网络安全管理**
network security management
TP393.08
- D 网络安全管理平台
  网络安全管理系统
- S 信息安全管理*
  网络管理*
- · 角色权限管理
- · 数字证书管理
- ·· 证书撤销
- ·· 证书路径构造
- · 统一威胁管理
- · 网络安全评估
- ·· 网络安全风险评估
- ·· 网络安全态势评估
- · 网络安全授权
- ·· 动态授权
- ·· 分布式授权
- ·· 分级授权
- ·· 角色授权
- ·· 静态授权
- ·· 认证授权
- ··· 统一认证授权
- ··· 证书授权
- ·· 统一授权

- ··· 统一认证授权
- ·· 网格授权
- ·· 用户授权
- · 信任管理
- ·· 信任传递
- ·· 信任评估
- ·· 信任协商
- ··· 自动信任协商
- · 主动队列管理
- C 网络安全分析
  网络安全协处理器
  网络安全扫描
  网络安全服务
  网络安全模型
  网络安全策略

网络安全管理平台
Y 网络安全管理

网络安全管理系统
Y 网络安全管理

网络安全机制
Y 网络安全策略

网络安全技术**
network security technology
TP393.08
- D 网络信息安全技术
  网络安全措施
- S 信息安全技术*
- · 蜜罐技术
- · 蜜网技术
- · 入侵容忍
- · 入侵响应
- ·· 入侵防御
- ·· 入侵检测
- ··· 分布式入侵检测
- ··· 实时入侵检测
- ··· 数据库入侵检测
- ··· 误用入侵检测
- ··· 异常入侵检测
- ··· 智能入侵检测
- ··· 主机入侵检测
- · 入侵取证
- · 入侵识别
- · 入侵诱骗
- · 软件定义安全
- · 网络安全分析
- · 安全协议分析
- · 攻击分析
- · 网络脆弱性分析
- · 网络安全监控
- ·· 访问监控
- · 网络安全检测
- ·· 攻击检测
- ·· 入侵检测
- ··· 分布式入侵检测
- ··· 实时入侵检测
- ··· 数据库入侵检测
- ··· 误用入侵检测
- ··· 异常入侵检测
- ··· 智能入侵检测

- · · 主机入侵检测
- · · 网络异常检测
- · · 策略冲突检测
- · · 篡改检测
- · · 流量异常检测
- · 网络安全控制
- · · 网络准入控制
- · · 拥塞控制
- · 网络安全审计
- · · 网络信息审计
- · 网络安全态势感知
- · 网络电磁防护
- · 网络防御
- · · 被动防御
- · · 边界防护
- · · 动态防御
- · · 恶意代码防御
- · · 防火墙技术
- · · 黑客防御
- · · 入侵防御
- · · 入侵检测
- · · · 分布式入侵检测
- · · · 实时入侵检测
- · · · 数据库入侵检测
- · · · 误用入侵检测
- · · · 异常入侵检测
- · · · 智能入侵检测
- · · · 主机入侵检测
- · · 入侵取证
- · · 入侵识别
- · · 深层防御
- · · 网络告警
- · · · 网络预警
- · · 网络隔离
- · · · 逻辑隔离
- · · · 物理隔离
- · · · 协议隔离
- · · 网络异常检测
- · · 策略冲突检测
- · · 篡改检测
- · · 流量异常检测
- · · 主动防御
- · · 主机防护
- · 网络过滤
- · · 流量过滤
- · · 数据包过滤
- · · · IP 包过滤
- · · · 动态包过滤
- · · · 深度包过滤
- · · 网络信息过滤
- · · · 不良信息过滤
- · · · 网页过滤
- · 网络监听
- · · 载波监听
- · · 主动监听
- · 网络取证
- · · 攻击特征提取
- · · 入侵取证
- · 网络容错
- · 网络容灾
- · 网络嗅探
- · 网络追踪
- · · IP 追踪
- · · 反向追踪
- · · 攻击源追踪
- · · 黑客跟踪
- · · 叛逆者追踪
- · · 审计跟踪
- C 网络安全
  网络安全体系
  网络安全协处理器
  网络空间安全
  计算机网络

网络安全监控
network security monitoring
TP393.08　TN918
　　S 网络安全技术**
　　· 访问监控
　　C 网络维护
　　　网络风险

网络安全检测
network security detection
TP393.08
　　S 网络安全技术**
　　· 攻击检测
　　· 入侵检测
　　· 网络异常检测
　　C 网络维护
　　　网络风险

网络安全控制
network security control
TP393.08
　　S 网络安全技术**
　　· 网络准入控制
　　· 拥塞控制

网络安全漏洞
　　Y 网络漏洞

网络安全模型
network security model
TP393.08
　　S 信息安全模型*
　　　网络模型*
　　· 动态安全模型
　　· 访问控制模型
　　· 攻击模型
　　· 基于用户的安全模型
　　· 入侵检测模型
　　· 信任模型
　　· 信誉度模型
　　· 异常检测模型
　　C 网络安全
　　　网络安全管理

网络安全平台
　　Y 网络安全系统

网络安全评估
network security assessment
TP393.08
　　D 网络安全评价
　　S 信息安全评估

　　网络安全管理**
　　网络评估
　　· 网络安全风险评估
　　· 网络安全态势评估
　　C 网络安全

网络安全评价
　　Y 网络安全评估

网络安全认证
　　Y 网络认证

网络安全扫描
network security scanning
TP393.08
　　D 网络安全扫描技术
　　S 安全扫描
　　　网络扫描
　　C 网络安全
　　　网络安全管理
　　Z 信息安全技术*
　　　网络技术*

网络安全扫描技术
　　Y 网络安全扫描

网络安全审计
network security audit
TP393.08
　　D 网络审计
　　S 信息审计
　　　网络安全技术**
　　· 网络信息审计
　　C 数据包捕获

网络安全授权
network security authorization
TP393.08
　　S 网络安全管理**
　　· 动态授权
　　· 分布式授权
　　· 分级授权
　　· 角色授权
　　· 静态授权
　　· 认证授权
　　· 统一授权
　　· 网格授权
　　· 用户授权
　　C 访问控制

网络安全态势感知
network security situation awareness
TP393.08
　　D 网络态势感知
　　S 态势感知
　　　网络安全技术**
　　C 网络安全态势评估

网络安全态势评估
network security situation assessment

TP393.08
 S 网络安全评估
 C 网络安全态势感知
 L 网络安全管理**

网络安全体系
network security system
TP393.08
 S 信息安全体系*
 • 网络安全防护体系
 • 信任体系
 C 网络安全
  网络安全技术

网络安全威胁
 Y 网络风险

网络安全系统
network security system
TP393.08
 D 网络安全平台
 S 信息安全系统**
 • 入侵防御系统
 • 入侵检测系统
 • 受控访问系统

网络安全协处理器
network security coprocessor
TP332 TN43
 S 安全协处理器
 C 网络安全技术
  网络安全管理
 Z 微处理器*

网络安全协议
network security protocol
TP393.0
 S 安全协议
  网络协议**
 • AAA 协议
 • IPSec 协议
 • 安全套接层协议
 • 传输层安全协议
 • 可扩展认证协议
 • 身份认证协议
 • 握手协议

网络安全隐患
 Y 网络风险

网络办公
network office
TP391 TP393.09
 D 在线办公
  网上办公
  网络办公平台
  网络办公系统
  网络化办公
 S 网络应用*

网络办公平台
 Y 网络办公

网络办公系统
 Y 网络办公

网络报名
 Y 网上报名

网络备份
network backup
TP309 TP393.08
 D 网络备份系统
 S 备份*
 C 在线存储
  网络存储

网络备份系统
 Y 网络备份

网络本体语言
 Y Web 本体语言

网络编程
network programming
TP393.09 TP311
 D 网络程序设计
  网络编程技术
 S 软件编程**
 • 脚本编程
 • 网页编程

网络编程技术
 Y 网络编程

网络编程接口
network programming interface
TP393 TP311
 S 编程接口
 L 计算机接口**

网络编码
network coding
TP393.09
 S 编码*
 • 分块编码
 • 随机网络编码
 • 线性网络编码

网络标准
network standard
TN915 TP393
 D 网络规范
  网路标准
 S 信息产业标准*
 • Web 标准
 • XML 密钥管理规范
 • 闪联标准
 • 网络驱动程序接口规范
 • 物联网标准
 • 协议规范

网络并行计算
network parallel computing

TP393
 S 并行计算
  网络计算
 C 负载均衡
 Z 计算*

网络病毒
network virus
TP393.08 TP319
 D 网络型病毒
  计算机网络病毒
 S 计算机病毒
 • ARP 病毒
 • 僵尸程序
 • 脚本病毒
 • 网络蠕虫
 • 网页病毒
 • 邮件病毒
 L 恶意软件**

网络捕包
 Y 数据包捕获

网络捕获
network capturing
TP393
 S 网络技术*
 • 报文捕获
 • 数据包捕获

网络不良信息
bad network information
TP393
 S 网络风险
 • 垃圾信息
 • 有害信息
 C 信息过滤
 Z 信息安全风险*

网络财务软件
network financial software
TP317
 S 网络应用程序
  财务软件
 L 办公软件**
  应用软件**
  网络软件**

网络参考模型
network reference model
TN92 TP393.08
 S 网络模型*

网络操作系统
network operating system
TP316
 S 操作系统**
  网络软件**
 • 服务器操作系统
 • 物联网操作系统
 • 云操作系统
 C 网络漏洞

网络测量
network measurement
TP393.6
　D　网络测量技术
　S　网络性能管理
　·　网络拓扑测量
　C　网络
　　　群时延测试仪
　Z　网络管理*

网络测量技术
　Y　网络测量

网络策略服务器
network policy server
TP368
　S　策略服务器
　　　网络服务器
　Z　服务器*

网络层安全
network layer security
TP393.08
　S　网络安全*
　C　网络层协议

网络层协议
network layer protocol
TP393.0
　D　OSI 互连参考模型第三层协议
　　　联网规约
　S　网络协议**
　·　IP 协议
　·　internet 控制报文协议
　·　internet 组管理协议
　C　网络层安全

网络查询
　Y　网上查询

网络超市
　Y　网上超市

网络程序
　Y　网络软件

网络程序设计
　Y　网络编程

网络处理器
network processor
TP33
　S　微处理器*
　C　网络信息管理
　　　高性能路由器

网络传输
network transmission
TN915　TP393
　D　网络传输技术
　　　网络传送

　S　信息传输*
　·　FTP 传输
　·　断点续传
　·　无线网络传输
　·　重传
　C　传输协议
　　　网络传输安全

网络传输安全
network transmission security
TP393.08
　S　网络通信安全
　C　网络传输
　Z　网络安全*

网络传输技术
　Y　网络传输

网络传输协议
　Y　传输协议

网络传送
　Y　网络传输

网络传真
network facsimile
TN916　TP393
　S　传真通信
　Z　通信*

网络磁盘
network disk
TP333
　S　磁盘存储器
　　　网络存储器
　·　网络硬盘
　·　智能网络磁盘
　L　外存储器**
　　　磁存储器**

网络磁盘阵列
network disk array
TP333
　S　磁盘阵列
　　　网络存储器
　L　外存储器**

网络脆弱性分析
network vulnerability analysis
TP393.08
　S　网络安全分析
　L　网络安全技术**

网络存储
network storage
TP333　TP393.07
　D　网络存储技术
　　　网络存储管理
　S　信息存储*
　·　IP 存储
　·　SAN 存储

　·　分布式存储
　·　软件定义存储
　·　统一存储
　·　网络附加存储
　·　网络缓存
　·　云存储
　C　iSCSI 协议
　　　网络备份
　　　网络存储器
　　　网络存储安全

网络存储安全
network storage security
TP393.08
　S　存储安全
　　　网络安全*
　C　网络存储
　Z　信息安全*

网络存储服务器
network storage server
TP368
　S　存储服务器
　　　网络服务器
　Z　服务器*

网络存储管理
　Y　网络存储

网络存储技术
　Y　网络存储

网络存储器
network storage device
TP333
　D　网络存储系统
　S　存储器*
　·　网络磁盘
　·　网络磁盘阵列
　C　存储网络
　　　网络存储

网络存储系统
　Y　网络存储器

网络答疑
online answering
TP393
　D　在线答疑
　　　网上答疑
　　　网上答疑系统
　S　网络教育
　C　网络考试
　Z　网络应用*

网络打印机
network printer
TP334.3
　S　打印机
　Z　外部设备*

网络代理
network agent
TP393
　　D 网络代理服务
　　S 网络服务*
　　· SNMP 代理
　　· 策略代理
　　· 反向代理
　　· 访问代理
　　· 隧道代理
　　· 透明代理
　　· 网关代理
　　· 网络管理代理
　　· 应用代理
　　· 邮件传输代理
　　· 主机代理
　　· 组播代理
　　C 代理服务器

网络代理服务
　　Y 网络代理

网络单片机
network single-chip computer
TP368
　　S 单片微型计算机
　　C 网络计算
　　L 电子数字计算机**

网络导航
network navigation
TP393.07
　　S 网络技术*
　　C 网页技术

网络地理信息系统
network geographic information system
TP391.3　TP393
　　D Web GIS
　　　　WebGIS
　　　　Web 地理信息系统
　　　　网络 GIS
　　S 地理信息系统
　　· 分布式 WebGIS
　　C 空间信息共享
　　L 信息应用系统**

网络地址翻译
　　Y 网络地址转换

网络地址翻译器
network address translator
TP314
　　D 网络地址转换器
　　S 网络管理设备
　　C 网络地址转换
　　Z 网络设备*

网络地址转换
network address translation
TP393.4

　　D NAT 技术
　　　　地址翻译
　　　　网络地址翻译
　　　　网络地址转换技术
　　S 网络互联技术
　　· NAT 穿越
　　· 动态地址转换
　　· 端口地址转换
　　· 网络地址转换-协议转换
　　C IP 协议
　　　　IP 地址解析
　　　　网络地址翻译器
　　　　透明代理
　　Z 网络技术*

网络地址转换技术
　　Y 网络地址转换

网络地址转换器
　　Y 网络地址翻译器

网络地址转换-协议转换
network address translation-
protocol translation
TP393.4
　　D NAT-PT
　　S 网络地址转换
　　C 双协议栈
　　Z 网络技术*

网络电磁防护
network electromagnetic protection
TP393.08
　　D 网络防雷
　　S 网络安全技术**

网络电话
voice on IP phone
TN916
　　D IP 电话
　　　　IP 网络电话
　　　　VoIP 电话
　　　　VoIP 网络电话
　　　　Web 电话
　　　　互联网电话
　　S 电话通信
　　· IP 可视电话
　　· SIP 电话
　　· 软件电话
　　C IP 电话机
　　　　VoIP 协议
　　　　网守
　　Z 通信*

网络电缆
　　Y 网络线缆

网络电路
　　Y 电路网络

网络电脑
　　Y 网络计算机

网络电视
internet protocol television
TP393　TN948
　　D IPTV
　　　　上网电视
　　　　互联网电视
　　　　网上电视
　　S 电视*
　　· 交互式网络电视

网络电视机顶盒
network TV set-top box
TN94　TP393
　　D IPTV 机顶盒
　　　　IP 机顶盒
　　　　网络机顶盒
　　S 机顶盒
　　Z 电视设备*

网络电台
internet radio station
TN924
　　D 网上电台
　　　　网络广播电台
　　S 网络应用*

网络钓鱼
　　Y 钓鱼攻击

网络端接装置
　　Y 网络终端

网络断层扫描
network tomography
TP393.1
　　S 网络扫描
　　C 传感器网络
　　Z 网络技术*

网络对抗
network countermeasure
TP393.08　TN972
　　S 信息对抗*
　　· 计算机网络对抗
　　· 网络攻防
　　· 网络入侵
　　· 网络中心战
　　C 军用网络
　　　　网络安全
　　　　网络空间安全

网络多播
　　Y 组播

网络多媒体
network multimedia
TP391
　　S 多媒体*

C　多媒体教学系统

网络多媒体教学
network multimedia instruction
TP393
　　D　多媒体网络教学
　　　　多媒体网络教学平台
　　　　多媒体网络教育
　　S　网络辅助教学
　　C　多媒体辅助教学
　　Z　网络应用*

网络发布
network publishing
TP391　TP393.09
　　D　网上发布
　　S　网络应用*
・Web 发布
・网页发布

网络翻译
　　Y　在线翻译

网络犯罪
network crime
TP393.08
　　S　网络危机
　　C　网络取证
　　Z　信息安全风险*

网络防护
　　Y　网络防御

网络防雷
　　Y　网络电磁防护

网络防御**
network defense
TP393.08
　　D　攻击防御
　　　　攻击防范
　　　　网络安全保障
　　　　网络安全防御
　　　　网络安全防护
　　　　网络安全防范
　　　　网络防护
　　　　计算机网络防御
　　S　网络安全技术**
　　　　网络攻防
・被动防御
・边界防护
・动态防御
・恶意代码防御
・防火墙技术
・黑客防御
・入侵防御
・入侵检测
・・分布式入侵检测
・・实时入侵检测
・・数据库入侵检测
・・误用入侵检测
・・异常入侵检测

・・智能入侵检测
・・主机入侵检测
・入侵取证
・入侵识别
・深层防御
・网络告警
・・网络预警
・网络隔离
・・逻辑隔离
・・物理隔离
・・协议隔离
・网络异常检测
・・策略冲突检测
・・篡改检测
・・流量异常检测
・主动防御
・主机防护
　　C　网络安全策略
　　　　网络安全防护体系
　　　　网络攻击

网络防御体系
　　Y　网络安全防护体系

网络仿冒
network phishing
TP393.08
　　S　网络欺骗
　　Z　信息安全风险*

网络仿真
network simulation
TP393.0
　　D　网络仿真技术
　　　　网络模拟
　　S　仿真*
・局域网仿真
・远程仿真
・在线仿真
　　C　网络仿真软件
　　　　网络建模

网络仿真技术
　　Y　网络仿真

网络仿真软件
network simulation software
TP318　TP317
　　D　网络模拟软件
　　S　仿真软件
　　　　网络软件**
・OPNET 软件
　　C　网络仿真
　　L　应用软件**
　　　　网络软件**

网络访问控制
network access control
TP393.08
　　S　访问控制
　　Z　网络技术*

网络分割
network partition
TP311
　　S　网络技术*

网络分析
network analysis
TN92　TN915
　　D　网络分析技术
　　S　网络技术*
・网络数据分析
・网络协议分析
・网络行为分析
・网络性能分析
・网络舆情分析
　　C　网络管理

网络分析技术
　　Y　网络分析

网络分析器
　　Y　网络分析仪

网络分析仪
network analyzer
TN915　TM93
　　D　网络分析器
　　　　通信网分析仪
　　S　通信测试仪**
・标量网络分析仪
・射频网络分析仪
・矢量网络分析仪
・数据网络分析仪
・微波网络分析仪
・协议分析仪

网络风暴
　　Y　广播风暴

网络风险
network risk
TP393.08　TN918
　　D　网络威胁
　　　　网络安全威胁
　　　　网络安全隐患
　　　　网络安全风险
　　S　信息安全风险*
・防火墙穿透
・非法外联
・非授权访问
・逻辑炸弹
・网络不良信息
・网络攻击
・网络漏洞
・网络欺骗
・网络窃听
・网络入侵
・网络危机
・网络泄密
・网页篡改
　　C　网络安全
　　　　网络安全分析

网络安全检测
　　网络安全监控
　　网络安全策略
　　网络安全风险评估
　　计算机网络

网络封包
network packet
TP393.0　TN919
　　S 网络封装
　　C 网络驱动程序接口规范
　　Z 网络技术*

网络封装
network encapsulation
TN91
　　D IP 封装
　　S 网络技术*
　　• 多协议封装
　　• 隧道封装
　　• 通用路由封装
　　• 网络封包

网络服务*
network service
TP393
　　D 网络服务平台
　　　网络服务系统
　　• DHCP 服务
　　• IP 服务
　　• 互联网服务
　　• • Web 服务
　　• • • XMLWeb 服务
　　• • • 统一描述发现和集成服务
　　• • • 语义 Web 服务
　　• • 服务器托管
　　• • 互联网信息服务
　　• • 域名服务
　　• • • 动态域名服务
　　• • • 域名解析
　　• • • 域名注册
　　• 宽带网络服务
　　• 目录服务
　　• • 分布式目录服务
　　• • 活动目录服务
　　• 网格服务
　　• • 网格数据服务
　　• • 网格信息服务
　　• 网络安全服务
　　• 时间戳服务
　　• 信任服务
　　• 网络代理
　　• • SNMP 代理
　　• • 策略代理
　　• • 反向代理
　　• • 访问代理
　　• • 隧道代理
　　• • 透明代理
　　• • 网关代理
　　• • 网络管理代理
　　• • 应用代理
　　• • 邮件传输代理
　　• • 主机代理

　　• • 组播代理
　　• 远程服务
　　• • FTP 服务
　　• • 远程访问服务
　　• • 远程启动服务
　　• • 远程数据服务
　　• • 远程医疗服务
　　• 云服务
　　• 在线服务
　　C 网络服务管理
　　　计算机网络

网络服务等级协议
　　Y 服务等级协议

网络服务管理
Web service management
TP393
　　S 网络管理*
　　C 网络服务

网络服务描述语言
Web service description language
TP312
　　S 服务描述语言
　　• Web 服务本体语言
　　• Web 服务编排描述语言
　　• Web 服务定义语言
　　Z 计算机语言*

网络服务平台
　　Y 网络服务

网络服务器
network server
TP368　TP393
　　S 服务器*
　　• FTP 服务器
　　• HTTP 服务器
　　• Web 服务器
　　• 拨号网络服务器
　　• 串口联网服务器
　　• 代理服务器
　　• 接入服务器
　　• 局域网服务器
　　• 路由服务器
　　• 日志服务器
　　• 网关服务器
　　• 网络策略服务器
　　• 网络存储服务器
　　• 网络管理服务器
　　• 网络时间服务器
　　• 网络视频服务器
　　• 网站服务器
　　• 消息服务器
　　• 新闻组服务器
　　• 邮件服务器
　　• 域名服务器
　　• 云服务器

网络服务系统
　　Y 网络服务

网络辅助工具
　　Y 网络工具

网络辅助教学
network aided instruction
TP393
　　D 网络 CAI
　　S 网络教学
　　• 网络多媒体教学
　　C 计算机辅助教学
　　Z 网络应用*

网络负载技术
network load technology
TN915　TN92　TP393
　　S 网络技术*
　　• 负载调度
　　• 负载分配
　　• 负载感知
　　• 负载均衡
　　• 负载迁移
　　• 负载预测

网络负载均衡
　　Y 负载均衡

网络负载平衡
　　Y 负载均衡

网络附加储存
　　Y 网络附加存储

网络附加存储
network-attached storage
TP393.07　TP333
　　D 网络连接存储
　　　网络附加储存
　　　网络附加存储技术
　　　网络附属存储
　　　附网存储
　　S 网络存储
　　C 附网存储设备
　　Z 信息存储*

网络附加存储技术
　　Y 网络附加存储

网络附属存储
　　Y 网络附加存储

网络告警
network alarm
TP393.08
　　S 网络防御**
　　• 网络预警

网络隔离
network isolation
TP393.08
　　D 网络隔离技术
　　S 网络防御**

- 逻辑隔离
- 物理隔离
- 协议隔离

网络隔离技术
  Y 网络隔离

网络工具
network tool
TP318
  D 网络辅助工具
  S 工具软件**
    网络软件**
  - 代理软件
  - 网络爬虫
  - 网页制作工具

网络工作站
network workstation
TP368
  S 工作站
  C 网络计算
    网络计算机辅助设计
  Z 计算机*

网络功能虚拟化
network function virtualization
TP391.9
  D NFV 技术
  S 网络虚拟化
  Z 虚拟技术*

网络攻防
network attack and defense
TP393.08
  D 攻防对抗
    网络攻防技术
  S 网络对抗
  - 网络防御
  - 网络攻击
  Z 信息对抗*

网络攻防技术
  Y 网络攻防

网络攻击**
network attack
TP309
  D Web 攻击
    网络攻击技术
    计算机网络攻击
  S 网络攻防
    网络风险
  - 被动攻击
  - 虫洞攻击
  - 代数攻击
  - 钓鱼攻击
  - 端口扫描
  - 恶意攻击
  - 分布式攻击
  - - 分布式拒绝服务攻击
  - 分割攻击

- 复合攻击
- 复杂攻击
- 合谋攻击
- 黑客攻击
- 几何攻击
- 剪切攻击
- 解释攻击
- 口令攻击
- 跨站脚本攻击
- 联合攻击
- 路由攻击
- 密码攻击
- square 攻击
- 侧信道攻击
- 功耗分析攻击
- 公钥替换攻击
- 唯密文攻击
- - 穷举攻击
- 选择密文攻击
- 选择明文攻击
- - 差分攻击
- 已知明文攻击
- 内部攻击
- 女巫攻击
- 旁路攻击
- 碰撞攻击
- 去同步攻击
- 扫描攻击
- 生日攻击
- 时间攻击
- 水印攻击
- 瞬时攻击
- 提取攻击
- 同步攻击
- 系统攻击
- 小数攻击
- 协同攻击
- 协议攻击
- 隐蔽攻击
- 邮件攻击
- 中间人攻击
- 重定向攻击
- 主动攻击
- 病毒攻击
- - 木马攻击
- - 蠕虫攻击
- 泛洪攻击
- 缓冲区溢出攻击
- 会话劫持攻击
- 拒绝服务攻击
- - 分布式拒绝服务攻击
- 漏洞攻击
- 欺骗攻击
- - DNS 欺骗
- - Web 欺骗
- - 地址欺骗
- - - ARP 欺骗
- - - IP 地址欺骗
- - - Mac 地址欺骗
- - 假冒攻击
- - 路由欺骗
- - 协议欺骗
- - 入侵攻击
- - 伪造攻击

- - 重放攻击
- 注入攻击
- - SQL 注入攻击
- 自动攻击
- 字典攻击
- 组合攻击
  C 攻击分析
    网络防御
  Z 信息安全风险*
    信息对抗*

网络攻击技术
  Y 网络攻击

网络共享
network sharing
TP393
  D 网络资源共享
  S 网络资源管理
    资源共享*
  C 网络资源优化
  Z 网络管理*

网络购物
network shopping
TP393.09
  D 网上商城
    网上购物
    网上购物系统
    网络商城
    网络购物系统
    网购
  S 电子商务
  Z 网络应用*

网络购物系统
  Y 网络购物

网络故障定位
network fault localization
TP393.08
  S 网络故障管理
  Z 网络管理*

网络故障分析
network fault analysis
TP393.08
  S 网络故障管理
  Z 网络管理*

网络故障管理
network fault management
TP393.08
  S 网络管理*
  - 网络故障定位
  - 网络故障分析
  - 网络故障检测
  - 网络故障排除
  - 网络故障诊断

网络故障检测
network fault detection

TP393.08
　　S 网络故障管理
　　Z 网络管理*

网络故障排除
network fault shooting
TP393.08
　　S 网络故障管理
　　Z 网络管理*

网络故障诊断
network fault diagnosis
TP393.08
　　D 网络诊断
　　S 网络故障管理
　　C 专家系统
　　　支持向量机
　　　贝叶斯网络
　　Z 网络管理*

网络关键物理基础设施
network critical physical infrastructure
TP393.1　TP308
　　D NCPI
　　S 网络基础设施
　　Z 信息基础设施*

网络管理*
network management
TP393.07　TN915
　　D 信息网络管理
　　　网管
　　　网络管理平台
　　　网络管理技术
　　　计算机网络管理
　・Web 网络管理
　・策略网络管理
　・电信网络管理
　・・传输网络管理
　・・多媒体网络管理
　・分布式网络管理
　・互联网管理
　・集中式网络管理
　・路由发现
　・拓扑发现
　・・网络拓扑发现
　・・物理拓扑发现
　・・自动拓扑发现
　・网络安全管理**
　・网络服务管理
　・网络故障管理
　・・网络故障定位
　・・网络故障分析
　・・网络故障检测
　・・网络故障排除
　・・网络故障诊断
　・网络计费管理
　・网络配置管理
　・网络拓扑管理
　・・网络拓扑测量
　・・网络拓扑发现
　・・网络拓扑优化

　・网络资源管理
　・・IP 地址管理
　・・・IP 地址分配
　・・・・地址自动配置
　・・・IP 地址解析
　・・・地址绑定
　・・・子网编址
　・・・子网划分
　・・网络共享
　・・网络资源分配
　・・网络资源优化
　・・域名管理
　・网络评估
　・・网络安全评估
　・・・网络安全风险评估
　・・・网络安全态势评估
　・・网络性能评估
　・・网站评估
　・网络设备管理
　・网络维护
　・・网络调试
　・・网络运行维护
　・・网站维护
　・网络系统管理
　・网络信息管理
　・网络舆情管理
　・・网络舆情分析
　・・网络舆情监测
　・网站内容管理
　・・网页管理
　・・・网页保护
　・・・・网页防篡改
　・・・网页分块
　・・・网页分类
　・・・网页分析
　・・・网页过滤
　・・・网页净化
　・・・网页聚类
　・・・网页去重
　・・・网页推荐
　・・・网页优化
　・网络性能管理
　・・网络测量
　・・・网络拓扑测量
　・・・网络流量管理
　・・・・流量整形
　・・・・网络流量分类
　・・・・网络流量分析
　・・・・网络流量监测
　・・・・网络流量控制
　・・・・网络流量预测
　・・网络性能分析
　・・网络性能监测
　・・网络性能评估
　・・网络性能优化
　・拥塞管理
　・网络业务管理
　・・会话管理
　・・组播管理
　・网络用户管理
　・・网络行为管理
　・・用户身份管理
　・网络运行管理
　・・网络监测

　・・・网络流量监测
　・・・网络性能监测
　・・・网络舆情监测
　・・网络监管
　・・网络监控
　・网元管理
　・网站管理**
　・校园网管理
　・远程网络管理
　・云管理
　・智能网络管理
　・主动网络管理
　・综合网络管理
　C 网络分析
　　网络管理协议
　　网络管理安全
　　网络管理模型
　　网络管理软件
　　计算机网络

网络管理安全
network management security
TP393.08
　　S 网络安全*
　　C 网络管理
　　　网络管理协议

网络管理代理
network management agent
TN915　TP3
　　S 网络代理
　　Z 网络服务*

网络管理服务器
network management server
TP368
　　S 网络服务器
　　Z 服务器*

网络管理技术
　　Y 网络管理

网络管理模型
network management model
TP393.0
　　S 网络模型*
　　C 网络管理
　　　网络管理软件

网络管理平台
　　Y 网络管理

网络管理器
　　Y 网络管理软件

网络管理软件
network management software
TP318　TP393
　　D 网管软件
　　　网络管理器
　　S 网络软件**
　　C 网络管理

网络管理模型

网络管理设备
network management facility
TN915.05
　　S 网络设备*
　　· 负载均衡器
　　· 网络地址翻译器
　　· 网络监视器
　　· 网守
　　· 嗅探器

网络管理协议
network management protocol
TN915.04
　　D 网管协议
　　S 网络协议**
　　C 网管交换机
　　　网络管理
　　　网络管理安全

网络广播
network broadcasting
TP393.09
　　D IP 广播
　　　网上广播
　　S 广播*
　　　网络应用*

网络广播电台
　　Y 网络电台

网络规范
　　Y 网络标准

网络过滤
network filtering
TP393.08
　　S 网络安全技术**
　　· 流量过滤
　　· 数据包过滤
　　· 网络信息过滤
　　C 信息过滤

网络互动
　　Y 网络交流

网络互连技术
　　Y 网络互联技术

网络互连设备**
network interconnection device
TN915.05　TP393
　　D 网络互联设备
　　　网络连接设备
　　S 网络设备*
　　· 集线器
　　· · USB 集线器
　　· · 根集线器
　　· · 交换式集线器
　　· · 智能集线器

· 路由器
· · IP 路由器
· · · IPv6 路由器
· · Linux 路由器
· · SOHO 路由器
· · 安全路由器
· · 包过滤路由器
· · 备份路由器
· · 边界路由器
· · 边缘路由器
· · 标签交换路由器
· · 波长路由器
· · · 波长光栅路由器
· · · 波长转换路由器
· · 串口路由器
· · 大容量路由器
· · 多协议路由器
· · 分布式路由器
· · 高速路由器
· · 高性能路由器
· · 骨干路由器
· · 光路由器
· · 核心路由器
· · 活动路由器
· · 集群路由器
· · · 软件集群路由器
· · 交换路由器
· · · 千兆位交换路由器
· · 接入路由器
· · 可编程路由器
· · 可扩展路由器
· · 可重构路由器
· · 宽带路由器
· · · 无线宽带路由器
· · 桥接路由器
· · 软件路由器
· · · 软件集群路由器
· · 虚拟路由器
· · 太比特路由器
· · 网格路由器
· · 网桥路由器
· · 无线路由器
· · · 无线宽带路由器
· · 消息路由器
· · 业务路由器
· · 移动路由器
· · 硬件路由器
· · 主动路由器
· · 主控路由器
· · 资源路由器
· 网关
· · Parlay 网关
· · VPN 网关
· · 车载网关
· · 代理网关
· · 动态网关
· · 服务网关
· · 公共网关
· · 互联网关
· · 计费网关
· · 家庭网关
· · · 智能家庭网关
· · 局域网网关
· · 宽带网关

· · 媒体网关
· · · 多媒体网关
· · · 接入媒体网关
· · · 中继媒体网关
· · 嵌入式网关
· · 软网关
· · 数据网关
· · 通信网关
· · · 传真网关
· · · 电话网关
· · · · VoIP 网关
· · · 短信网关
· · 互通网关
· · 接入网关
· · · 接入媒体网关
· · 无线网关
· · · WAP 网关
· · · 蓝牙网关
· · 信令网关
· · 语音网关
· · 透明网关
· · 协议网关
· · · IP 网关
· · · · VoIP 网关
· · 信息网关
· · 业务选择网关
· · 音频网关
· · 应用层网关
· · 邮件网关
· · 支付网关
· · 智能网关
· · · 智能家庭网关
· · 转换网关
· 网络中继器
· 网桥
· · 透明网桥
· · 无线网桥
· · 智能网桥
· · · 嵌入式智能网桥

网络互联技术
network interconnection technology
TP393.2
　　D 网络互连技术
　　S 网络技术*
　　· 访问控制列表
　　· 网络地址转换
　　· 帧中继

网络互联设备
　　Y 网络互联设备

网络化办公
　　Y 网络办公

网络化测控系统
　　Y 测控网络

网络化测试
networked testing
TP393　TP27

D 网络化测试平台
　　　网络化测试系统
　　S 网络应用*

网络化测试平台
　　Y 网络化测试

网络化测试系统
　　Y 网络化测试

网络化管理
networked management
TP391　TP311
　　D 网络化管理系统
　　S 网络应用*

网络化管理系统
　　Y 网络化管理

网络化考试
　　Y 网络考试

网络化控制系统
networked control system
TP27　TP393.09
　　S 控制系统*

网络化软件
networked software
TP317
　　S 软件*
　　C 网络化设计

网络化设计
networked design
TP391
　　S 网络应用*
　　C 网络化软件

网络化学习
　　Y 网络学习

网络化制造
networked manufacturing
TP393
　　D 网络制造
　　　网络制造技术
　　S 网络应用*

网络化智能传感器
networked intelligent sensor
TP212
　　S 智能传感器
　　Z 传感器*

网络环路
network loop
TP393.08
　　S 网络危机
　　C 广播风暴
　　Z 信息安全风险*

网络缓存
network cache
TP333
　　S 缓冲存储
　　　网络存储
　　· Web 缓存
　　· 路由缓存
　　Z 信息存储*

网络会议
netmeeting
TN94　TP393
　　S 网络交流
　　· 网络视频会议
　　· 桌面视频会议
　　Z 网络应用*

网络机顶盒
　　Y 网络电视机顶盒

网络机器人
　　Y 网络爬虫

网络基础设施
network infrastructure
TP393
　　D 网络设施
　　S 信息基础设施*
　　· 公钥基础设施
　　· 开放网格服务基础设施
　　· 授权管理基础设施
　　· 网格安全基础设施
　　· 网络关键物理基础设施
　　C 网络应用
　　　计算机网络
　　　计算机网络技术

网络集成
network integration
TP393　TN91
　　D 网络一体化
　　　网络整合
　　S 网络技术*
　　C 网络中间件

网络集线器
　　Y 集线器

网络计费
　　Y 网络计费管理

网络计费管理
network accounting management
TP393.07
　　D 网络计费
　　S 网络管理*

网络计算
network computing
TP393.1
　　D 网络计算平台
　　　网络计算技术
　　S 先进计算
　　· Web 计算
　　· 边缘计算
　　· 对等计算
　　· 分布式计算
　　· 路由计算
　　· 网络并行计算
　　· 移动计算
　　C 网络中间件
　　　网络单片机
　　　网络工作站
　　　网络计算机
　　Z 计算*

网络计算机
network computer
TP393　TP387　TP368
　　D 网络电脑
　　　联机计算机
　　S 计算机*
　　C 网络中间件
　　　网络计算

网络计算机辅助设计
network computer aided design
TP393
　　D 网络 CAD
　　S 计算机辅助设计
　　C 网络工作站
　　Z 计算机辅助技术*

网络计算技术
　　Y 网络计算

网络计算平台
　　Y 网络计算

网络技术*
network technology
TN915　TP393
　　D 网络科技
　　· IP 技术
　　· · IP 传输
　　· · IP 传真
　　· · IP 交换
　　· · IP 路由查找
　　· · 虚拟 IP 技术
　　· QoS 技术
　　· 计算机网络技术
　　· Cookie 技术
　　· Web 技术
　　· · Web 测试
　　· · Web 服务技术
　　· · · Web 服务发现
　　· · · Web 服务组合
　　· · Web 集成
　　· · Web 预取
　　· Wiki 技术
　　· 副本技术
　　· 无限带宽技术
　　· 节点技术

- · · 节点插入
- · · 节点调度
- · · 节点选择
- · 联网技术
- · 链路计算
- · 链路聚合
- · 链路预算
- · 链路自适应
- · 路由聚合
- · 嵌入式网络技术
- · 区块链技术
- · 数字网络技术
- · 隧道技术
- · · HTTP 隧道
- · · IP 隧道
- · · 隧道代理
- · · 隧道封装
- · 网络捕获
- · · 报文捕获
- · · 数据包捕获
- · 网络导航
- · 网络分割
- · 网络分析
- · · 网络数据分析
- · · · 链接分析
- · · · 数据包分析
- · · 网络协议分析
- · · · 安全协议分析
- · · 网络行为分析
- · · 网络性能分析
- · · 网络舆情分析
- · 网络封装
- · · 多协议封装
- · · 隧道封装
- · · 通用路由封装
- · · 网络封包
- · 网络负载技术
- · · 负载调度
- · · 负载分配
- · · 负载感知
- · · 负载均衡
- · · · 动态负载均衡
- · · · 静态负载均衡
- · · · 链路负载均衡
- · · 负载迁移
- · · 负载预测
- · 网络互联技术
- · · 访问控制列表
- · · 网络地址转换
- · · · NAT 穿越
- · · · 动态地址转换
- · · · 端口地址转换
- · · · 网络地址转换-协议转换
- · · 帧中继
- · · 网络集成
- · · 网络交互
- · · 网络控制技术
- · · · 访问控制
- · · · · 安全访问控制
- · · · · 动态访问控制
- · · · · 分布式访问控制
- · · · · 工作流访问控制
- · · · · 基于角色的访问控制
- · · · · 基于任务的访问控制

- · · · · 基于任务和角色的访问控制
- · · · · 基于属性的访问控制
- · · · · 强制访问控制
- · · · · 上下文访问控制
- · · · · 授权访问控制
- · · · · 数据访问控制
- · · · · 网络访问控制
- · · · · 文件访问控制
- · · · · 细粒度访问控制
- · · · · 主机访问控制
- · · · · 资源访问控制
- · · · · 自主访问控制
- · · · 联网控制
- · · · 令牌桶
- · · 网络嵌入
- · · 网络融合
- · · 网络扫描
- · · · 网络安全扫描
- · · · 网络断层扫描
- · · 网络虚拟技术
- · · · 网络虚拟环境
- · · · 网络虚拟现实
- · · 网络优化
- · · · 网络加速
- · · · 网络结构优化
- · · · 网络拓扑优化
- · · · 网络性能优化
- · · · 网络资源优化
- · · · 无线网络优化
- · · 网页技术
- · · · 动态网页技术
- · · · · JSP 技术
- · · · 网页设计
- · · · 网页信息抽取
- · · · 网页制作
- · · 协议处理
- · · · 多协议封装
- · · · 协议测试
- · · · 协议分析
- · · · 协议描述
- · · · 协议实现
- · · · 协议识别
- · · · 协议适配
- · · · 协议验证
- · · · 协议映射
- · · · 协议转换
- · · 云技术
- · · 组网技术
- C 网络应用
  网络软件
  计算机网络

网络技术应用
  Y 网络应用

网络加密
network encryption
TP393.08 TN911
  D 网络加密技术
  S 加密**
  · XML 加密
  · 节点加密
  · 链路加密

  · 邮件加密
  C 网络密钥

网络加密技术
  Y 网络加密

网络加速
network acceleration
TP393
  S 网络优化
  Z 网络技术*

网络监测
network monitoring
TP393.07
  D 网络监测系统
  S 网络运行管理
  · 网络流量监测
  · 网络性能监测
  · 网络舆情监测
  C 网络监控
    网络监管
  Z 网络管理*

网络监测系统
  Y 网络监测

网络监管
network supervision
TP393
  S 网络运行管理
  C 网络监测
  Z 网络管理*

网络监控
network supervisory control
TP393
  S 网络运行管理
  C 网络监测
  Z 网络管理*

网络监视器
network monitor
TN4 TN92
  S 网络管理设备
  Z 网络设备*

网络监听
network monitoring
TP393.08
  D 网络侦听
    网络监听技术
  S 网络安全技术**
  · 载波监听
  · 主动监听
  C 协议分析
    嗅探器
    数据包捕获
    网络欺骗
    网络窃听

网络监听技术
　　Y 网络监听

网络建模
network modeling
TP391.9　TP393
　　S 模型构建*
　　C 网络仿真
　　　网络模型

网络交互
network interaction
TP393.09
　　S 交互*
　　　网络技术*

网络交换
network exchange
TN915
　　S 信息交换*
　　• IP 交换
　　• 标签交换
　　• 二层交换
　　• 流交换
　　• 路由交换
　　• 三层交换
　　• 以太网交换技术

网络交换机
network switch
TN915　TN915.05
　　D 网络交换器
　　S 交换设备**
　　　网络设备*
　　• Web 交换机
　　• 二层交换机
　　• 核心层交换机
　　• 汇聚层交换机
　　• 接入层交换机
　　• 局域网交换机
　　• 路由交换机
　　• 三层交换机
　　• 网管交换机
　　• 主干交换机

网络交换器
　　Y 网络交换机

网络交流
network communication
TP393.09
　　D 在线交流
　　　网上交流
　　　网络互动
　　S 网络应用*
　　• 网络会议
　　• 网络交友
　　• 网上聊天

网络交易
online trading
TP393
　　D 网上交易
　　S 电子商务
　　Z 网络应用*

网络交友
internet dating
TP393
　　S 网络交流
　　Z 网络应用*

网络教室
　　Y 网络课堂

网络教学
network instruction
TP393
　　D 在线教学
　　　网络教学平台
　　　远程教学
　　S 网络教育
　　• 网络辅助教学
　　• 网络课程
　　• 网络课堂
　　C 网络考试
　　Z 网络应用*

网络教学平台
　　Y 网络教学

网络教育
network education
TP393
　　D 在线教育
　　　网上教育
　　　远程教育
　　S 网络应用*
　　• 网络答疑
　　• 网络教学
　　• 网络考试
　　• 网络实验
　　• 网络学习
　　• 网络作业
　　• 网上选课
　　• 网上阅卷
　　• 网上招生

网络接口
network interface
TN915　TP393
　　S 接口*
　　• 服务提供者接口
　　• 高速网络接口
　　• 局域网接口
　　• 嵌入式网络接口
　　• 数字网络接口
　　• 网关接口
　　• 网络节点接口
　　• 业务节点接口
　　• 以太网接口
　　• 用户网络接口

网络接口卡
　　Y 网卡

网络接口控制器
network interface controller
TP33
　　S 接口控制器
　　Z 控制器*

网络接口芯片
network interface chip
TN43
　　S 接口芯片
　　Z 芯片*

网络接入安全
　　Y 接入安全

网络接入服务器
　　Y 接入服务器

网络节点接口
network node interface
TP393
　　D 网络结点接口
　　S 网络接口
　　Z 接口*

网络结点接口
　　Y 网络节点接口

网络结构挖掘
network structure mining
TP393
　　S 结构挖掘
　　　网络挖掘
　　• Web 结构挖掘
　　L 信息挖掘**

网络结构优化
network architecture optimization
TP393.0
　　S 网络优化
　　Z 网络技术*

网络考试
network examination
TP393
　　D 网上考试
　　　网上考试系统
　　　网络化考试
　　　网络考试系统
　　S 网络教育
　　C 网络教学
　　　网络答疑
　　Z 网络应用*

网络考试系统
　　Y 网络考试

网络科技
　　Y 网络技术

网络课程
network course
TP393
　　S 网络教学
　　Z 网络应用*

网络课堂
network class
TP393.09
　　D 空中教室
　　　 网络教室
　　S 网络教学
　　Z 网络应用*

网络空间安全
cyberspace security
TP393.08
　　D 赛博安全
　　　 赛博空间安全
　　C 信息安全
　　　 网络安全
　　　 网络安全技术
　　　 网络对抗

网络控制
　　Y 网络控制技术

网络控制程序
　　Y 网络软件

网络控制技术
network control technology
TP391　TP2　TN915
　　D 互联控制
　　　 网控
　　　 网络控制
　　S 网络技术*
　　· 访问控制
　　· 联网控制
　　· 令牌桶
　　C 网络控制协议
　　　 网络控制器

网络控制器
network controller
TP393.4
　　S 网络设备*
　　· 互联网控制器
　　· 接入控制器
　　· 局域网控制器
　　· 路由控制器
　　· 网关控制器
　　· 域控制器
　　C 网络控制协议
　　　 网络控制技术

网络控制协议
network control protocol
TN915　TP393.0

　　D NCP 协议
　　S 控制协议
　　　 网络协议**
　　C 网络控制器
　　　 网络控制技术

网络连接存储
　　Y 网络附加存储

网络连接设备
　　Y 网络互连设备

网络连接线
　　Y 网络线缆

网络链路
network link
TP393
　　S 链路*
　　· 瓶颈链路
　　· 虚拟链路
　　C 无线传感器网络
　　　 路由

网络聊天
　　Y 网上聊天

网络浏览器
　　Y 浏览器

网络流测量
　　Y 网络流量监测

网络流量测量
　　Y 网络流量监测

网络流量分类
network traffic classification
TP393.07
　　S 网络流量管理
　　Z 网络管理*

网络流量分析
network traffic analysis
TP393.07
　　S 网络流量管理
　　Z 网络管理*

网络流量管理
network traffic management
TP393.07
　　S 网络性能管理
　　· 流量整形
　　· 网络流量分类
　　· 网络流量分析
　　· 网络流量监测
　　· 网络流量控制
　　· 网络流量预测
　　Z 网络管理*

网络流量监测
network traffic monitoring
TP393.07
　　D 网络流测量
　　　 网络流量异常监测
　　　 网络流量测量
　　S 网络流量管理
　　　 网络监测
　　C 简单网络管理协议
　　　 网络流量控制
　　Z 网络管理*

网络流量控制
network traffic control
TP393.07　TN919
　　S 网络流量管理
　　C 网络流量监测
　　Z 网络管理*

网络流量异常监测
　　Y 网络流量监测

网络流量预测
network traffic prediction
TP393
　　S 网络流量管理
　　Z 网络管理*

网络流媒体
network streaming media
TN919　TP393
　　S 流媒体*
　　C 网媒

网络流算法
network flow algorithm
TP393.0
　　S 算法*

网络漏洞
network vulnerability
TP393.08
　　D 网络安全漏洞
　　S 安全漏洞
　　　 网络风险
　　C 网络操作系统
　　Z 信息安全风险*

网络路由
　　Y 路由

网络密码
network password
TN918
　　S 密码*

网络密钥
network key
TP393.08　TN918
　　S 密钥*
　　· 节点密钥

  C 密钥预分配
    无线传感器网络
    网络加密

网络模拟
  Y 网络仿真

网络模拟软件
  Y 网络仿真软件

网络模型*
network model
TP393
- B/S 架构
- C/S 架构
- 串空间模型
- 对等网络模型
- 分布式计算模型
- 服务质量模型
- • 集成服务模型
- • 区分服务模型
- • 综合服务模型
- 工作流模型
- • 工作流参考模型
- • 工作流元模型
- 开放系统互连参考模型
- 路由模型
- 三层网络模型
- 网格模型
- 网络安全模型
- • 动态安全模型
- • 访问控制模型
- • • BLP 模型
- • 攻击模型
- • • 攻击树模型
- • • 攻击者模型
- • 基于用户的安全模型
- • 入侵检测模型
- • 信任模型
- • 信誉度模型
- • 异常检测模型
- 网络参考模型
- 网络管理模型
- 微服务架构
- 消息传递模型
- 小世界网络模型
- 协议模型
- • TCP/IP 分层模型
- • 协议参考模型
- 云模型
- 资源描述框架

  C 网络建模

网络内容安全
network content security
TP393.08
  S 网络信息安全
  C 网站内容管理
  Z 网络安全*
    信息安全*

网络内容挖掘
web content mining
TP393
  S 内容挖掘
    网络挖掘
- Web 内容挖掘
- Web 文本挖掘

  C 网站内容管理
  L 信息挖掘**

网络爬虫
Web crawler
TP319
  D 网络机器人
    网络蜘蛛
    网页蜘蛛
  S 网络工具
- 聚焦爬虫
- 主题爬虫

  C 搜索引擎
    网页分析
    网页抓取
  L 工具软件**
    网络软件**

网络配置管理
network configuration management
TP393.07
  S 网络管理*
- 网络拓扑管理
- 网络资源管理

网络评估
network evaluation
TP393.0
  S 网络管理*
- 网络安全评估
- 网络性能评估
- 网站评估

  C 负载均衡

网络欺骗
network cheating
TP393.08 TN915
  D 欺骗技术
  S 网络风险
- 网络仿冒
- 网络诱骗
- 网络诈骗

  C 网络监听
  Z 信息安全风险*

网络欺诈
  Y 网络诈骗

网络嵌入
network embedding
TP393 TP2 TN92
  S 网络技术*
  C 无线传感器网络

网络窃听
network eavesdropping
TP393.08
  S 网络风险
  C 网络嗅探
    网络监听
  Z 信息安全风险*

网络驱动程序接口规范
network driver interface specification
TP393.0
  D NDIS
    网络驱动接口规范
  S 接口规范
    网络标准
  C 网络封包
    网络设备驱动程序
  Z 信息产业标准*

网络驱动接口规范
  Y 网络驱动程序接口规范

网络取证
network forensics
TP393.08
  S 网络安全技术**
- 攻击特征提取
- 入侵取证

  C 网络犯罪

网络认证
network authentication
TP393.08
  D 网络安全认证
  S 信息安全认证*
- 广播认证
- 接入认证
- 网络身份认证

网络容错
network fault tolerance
TP393.08
  S 容错*
    网络安全技术**

网络容灾
network disaster tolerance
TP393.08
  S 容灾
    网络安全技术**

网络融合
network convergence
TP393 TN915
  D 网络融合技术
  S 网络技术*
  C 融合网络

网络融合技术
  Y 网络融合

电子信息技术叙词表

网络蠕虫
network worm
TP309　TP393.08
　D　网络蠕虫病毒
　S　网络病毒
　　　蠕虫病毒
　·　P2P 蠕虫
　·　邮件蠕虫
　L　恶意软件**

网络蠕虫病毒
　Y　网络蠕虫

网络入侵
network intrusion
TP393.08
　S　网络对抗
　　　网络风险
　·　非法接入
　·　网络渗透
　C　入侵响应
　　　入侵容忍
　Z　信息对抗*
　　　信息安全风险*

网络入侵检测
　Y　入侵检测

网络入侵检测技术
　Y　入侵检测

网络软件**
network software
TP393.09　TP319
　D　网络控制程序
　　　网络程序
　S　软件*
　·　P2P 软件
　·　Web 软件
　·・Web 应用程序
　·　服务器软件
　·・服务器操作系统
　·・邮件服务器软件
　·　客户端软件
　·　网构软件
　·　网络操作系统
　·・服务器操作系统
　·・物联网操作系统
　·・云操作系统
　·　网络仿真软件
　·・OPNET 软件
　·　网络工具
　·・代理软件
　·・网络爬虫
　·・・聚焦爬虫
　·・・主题爬虫
　·・网页制作工具
　·　网络管理软件
　·　网络应用程序
　·・Web 应用程序
　·・电子邮件软件
　·・・邮件服务器软件

　·・・邮件客户端软件
　·・富互联网应用程序
　·・网络财务软件
　·・网络通信软件
　·・・即时通信软件
　·・・・聊天软件
　·・・・社交软件
　·・・・・手机社交软件
　·・下载软件
　·・协议软件
　·・浏览器
　·・离线浏览器
　·・嵌入式浏览器
　·・语音浏览器
　C　网络技术
　　　计算机网络

网络三维
　Y　网络三维技术

网络三维技术
Web 3D technology
TP311
　D　Web3D
　　　Web3D 技术
　　　网络三维
　S　三维技术*

网络扫描
network scanning
TP393
　S　网络技术*
　·　网络安全扫描
　·　网络断层扫描
　C　入侵检测

网络商城
　Y　网络购物

网络设备*
network equipment
TP393.4　TN915.05
　D　网络装置
　　　网络通信设备
　·　边缘调制器
　·　多点控制单元
　·　网络管理设备
　·　负载均衡器
　·　网络地址翻译器
　·　网络监视器
　·　网守
　·　嗅探器
　·　网络互连设备**
　·　网络交换机
　·・Web 交换机
　·・二层交换机
　·・核心层交换机
　·・汇聚层交换机
　·・接入层交换机
　·・局域网交换机
　·・以太网交换机
　·・路由交换机

　·・三层交换机
　·・网管交换机
　·・主干交换机
　·　网络控制器
　·・互联网控制器
　·・接入控制器
　·・局域网控制器
　·・CAN 控制器
　·・以太网控制器
　·・路由控制器
　·・网关控制器
　·・媒体网关控制器
　·・域控制器
　·　网元设备
　·　无线网络设备
　·・网络协调器
　·・无线接入点
　·・无线网桥
　·　移动互联网设备
　C　网络设备管理
　　　网络设备驱动程序

网络设备管理
network equipment management
TP393.07
　S　网络管理*
　C　网络设备

网络设备驱动程序
network device driver
TP317
　S　驱动程序
　C　网络设备
　　　网络驱动程序接口规范
　L　工具软件**

网络设施
　Y　网络基础设施

网络摄象机
　Y　网络摄像机

网络摄像机
video camera for network
TN948
　D　IP 网络摄像机
　　　网络摄象机
　S　摄像机
　C　网络摄像头
　　　网络视频
　Z　电视设备*

网络摄像头
network camera
TP334.2
　S　摄像头
　C　网络摄像机
　Z　外部设备*

网络身份认证
network identity certification
TP393.08

S 网络认证
　身份认证
Z 信息安全认证*

网络审计
Y 网络安全审计

网络审批
Y 网上审批

网络渗透
network penetration
TP393.08
S 网络入侵
Z 信息对抗*
　信息安全风险*

网络生态危机
internet ecological crisis
TP393.08
S 网络危机
Z 信息安全风险*

网络时间服务器
network time server
TP368
S 时间服务器
　网络服务器
Z 服务器*

网络时间协议
network time protocol
TP393.0
D NTP 协议
S 网络协议**
· 简单网络时间协议

网络实名制
network real-name system
TN918　TP393.08
S 网络安全策略
C 实名认证
Z 信息安全体系*

网络实时通信
Y 实时网络通信

网络实验
network experiment
TP393
D 在线实验
　网上实验
　网络实验平台
　远程实验
S 网络教育
· 网络虚拟实验
Z 网络应用*

网络实验平台
Y 网络实验

网络使用挖掘
Y Web 使用挖掘

网络视频
nertwork video
TP393.09
D 在线视频
　网上视频
　网络视频技术
S 视频*
C 流媒体协议
　网络摄像机
　网络直播

网络视频服务器
network video server
TP368
D 视频网络服务器
S 网络服务器
　视频服务器
Z 服务器*

网络视频会议
IP video conference
TN94
D IP 视讯会议
S 网络会议
C IP 可视电话
　网络视频会议系统
Z 网络应用*

网络视频会议系统
network video conference system
TP318　TP393
D 远程视频会议系统
S 视频会议系统
C 网络视频会议
Z 计算机应用系统*

网络视频技术
Y 网络视频

网络视频监控
network video surveillance
TP393
S 网络应用*

网络视频直播
Y 网络直播

网络适配器
Y 网卡

网络数据
network data
TP393
S 数据*
· Web 数据
C 网络数据传输
　网络数据安全

网络数据安全
network data security
TP393.08
S 数据安全
　网络信息安全
C 网络数据
　网络数据传输
　网络数据库
　网络数据库安全
Z 信息安全*
　网络安全*

网络数据包捕获
Y 数据包捕获

网络数据采集
network data acquisition
TP393.08
S 数据采集
C 网络数据传输
Z 信息采集*

网络数据传输
network data transmission
TP393　TN919
S 数据传输
C 网络数据
　网络数据安全
　网络数据库
　网络数据采集
Z 信息传输*

网络数据分析
network data analysis
TP393
S 网络分析
· 链接分析
· 数据包分析
Z 网络技术*

网络数据库
network database
TP392　TP393.09
D 网络数据库技术
　网络数据库系统
S 数据库*
· Web 数据库
· XML 数据库
· 空间网络数据库
· 网格数据库
· 网站数据库
· 云数据库
C 网络数据传输
　网络数据安全
　网络数据库安全

网络数据库安全
network database security
TP392　TP309
S 数据库安全
　网络信息安全
C 网络数据安全

电子信息技术叙词表

  网络数据库
 Z 信息安全*
  网络安全*

网络数据库技术
 Y 网络数据库

网络数据库系统
 Y 网络数据库

网络数据挖掘
 Y Web 数据挖掘

网络数控
network numerical control
TP2
 D 网络数控技术
 S 数字控制
  网络应用*
 Z 自动控制*

网络数控技术
 Y 网络数控

网络隧道
 Y 隧道技术

网络态势感知
 Y 网络安全态势感知

网络调试
network debugging
TP393 TN915
 D 网络调整
 S 网络维护
  调试*
 Z 网络管理*

网络调整
 Y 网络调试

网络通信**
network communication
TP393 TN919
 D 网络通讯
  联网通讯
 S 通信*
 · CAN 通信
 · 单播
 · 端到端通信
 · 计算机网络通信
 ·· IP 通信
 ··· IP 语音通信
 · 对等通信
 · 互联网通信
 ··· TCP/IP 通信
 · 即时通信
 · 局域网通信
 ··· 以太网通信
 · 组网通信
 · 任意播

 · 实时网络通信
 · 用户层通信
 · 组播
 ·· IP 组播
 ·· MPLS 组播
 ·· QoS 组播
 · 安全组播
 · 动态组播
 · 多速率组播
 · 分层组播
 · 覆盖组播
 · 可靠组播
 · 可控组播
 · 任意源组播
 · 视频组播
 · 特定源组播
 · 移动组播
 · 应用层组播
 · 域间组播
 C 网络通信安全
  网络通信软件
  通信协议

网络通信安全
network communication security
TN915 TP393.08
 S 网络安全*
 · 接入安全
 · 节点安全
 · 路由安全
 · 网络传输安全
 · 协议安全
 · 组播安全
 C 网络通信

网络通信软件
network communication software
TP318 TP393
 D 通讯程序
  通讯软件
 S 网络应用程序
  通信软件
 · 即时通信软件
 C 网络通信
 L 应用软件**
  网络软件**

网络通信设备
 Y 网络设备

网络通信协议
 Y 通信协议

网络通讯
 Y 网络通信

网络统一存储
 Y 统一存储

网络拓扑测量
network topology measurement
TP393

 D 拓扑测量
 S 网络拓扑管理
  网络测量
 C 对等网络
  拓扑网络
 Z 网络管理*

网络拓扑发现
network topology discovery
TP3
 S 拓扑发现
  网络拓扑管理
 Z 网络管理*

网络拓扑管理
network topology management
TN92 TP393
 S 网络配置管理
 · 网络拓扑测量
 · 网络拓扑发现
 · 网络拓扑优化
 Z 网络管理*

网络拓扑优化
network topology optimization
TP393.0
 S 网络优化
  网络拓扑管理
 Z 网络技术*
  网络管理*

网络挖掘
network mining
TP393.09
 D 网络信息挖掘
 S 信息挖掘**
 · Web 挖掘
 · 网络结构挖掘
 · 网络内容挖掘
 C 网络信息管理

网络危机
network crisis
TN918 TN92 TP393.08
 S 网络风险
 · 广播风暴
 · 网络犯罪
 · 网络环路
 · 网络生态危机
 · 网络陷阱
 · 网络舆情危机
 Z 信息安全风险*

网络威胁
 Y 网络风险

网络维护
network maintenance
TN915 TP393
 D 网络维护管理
 S 网络管理*
 · 网络调试

· 742 ·

- 网络运行维护
- 网站维护
C 网络安全检测
  网络安全监控

网络维护管理
  Y 网络维护

网络系统安全
network system security
TP393.08
  S 网络安全*
  C 网络系统管理

网络系统管理
network system management
TP393.07
  S 网络管理*
  C 网络系统安全

网络线缆
network cable
TM248
  D 网线
    网络电缆
    网络连接线
  S 通信电缆
  · 双绞线
  C 光缆
    计算机网络
  Z 电线电缆*

网络陷阱
network trap
TP393.08
  D 陷阱网络
  S 网络危机
  Z 信息安全风险*

网络协调器
network coordinator
TN915.05
  S 无线网络设备
  C 传感器网络
  Z 网络设备*

网络协同
  Y 网络协作

网络协议*
network protocol
TP393.0
  S 通信协议*
  · TCP/IP 协议
  ·· 传输控制协议
  ··· 滑动窗口协议
  ··· 流控制传输协议
  ··· 实时传输控制协议
  ··· 资源预留协议
  · VoIP 协议
  · 传输协议
  ·· 不经意传输协议

- · · 超文本传输协议
- · · · 安全超文本传输协议
- · · 传输层协议
- · · · 传输层安全协议
- · · · · 安全套接层/传输层安全协议
- · · · · 无线传输层安全协议
- · · · 传输控制协议
- · · · · 滑动窗口协议
- · · · 流控制传输协议
- · · · 实时传输控制协议
- · · · 资源预留协议
- · · · 用户数据报协议
- · · 简单邮件传输协议
- · · 实时传输协议/实时传输控制协议
- · · · 实时传输控制协议
- · · · 实时传输协议
- · · 数据传输协议
- · · 文件传输协议
- · · · 比特流协议
- · · · 简单文件传输协议
- · · · 网格文件传输协议
- · · 消息队列遥测传输协议
- · · 信令传输协议
- · · 自动重传请求协议
- · 电子商务协议
- · · 安全电子交易协议
- · · 电子支付协议
- · · 公平交换协议
- · 分层协议
- · · 分层路由协议
- · 服务等级协议
- · 高层协议
- · 公共管理信息协议
- · 广播协议
- · 互联网内部对象请求代理协议
- · 互联网数据包交换协议
- · 接入协议
- · · 多址接入协议
- · · 访问控制协议
- · · · 分布式协调功能协议
- · · · 媒体接入控制协议
- · · · · 无线传感器网络 MAC 协议
- · · 目录访问协议
- · · · 轻量级目录访问协议
- · · 信道接入协议
- · 跨层协议
- · 路由协议
- · · IP 路由协议
- · · 动态路由协议
- · · · 距离矢量路由协议
- · · · · 按需距离矢量路由协议
- · · · · · 按需距离矢量组播路由协议
- · · · · 距离矢量组播路由协议
- · · · · · 按需距离矢量组播路由协议
- · · · 链路状态路由协议
- · · · · 最优链路状态路由协议
- · · · 内部网关协议
- · · · 距离矢量路由协议
- · · · · 按需距离矢量路由协议

- · · · · · 按需距离矢量组播路由协议
- · · · · 距离矢量组播路由协议
- · · · · · 按需距离矢量组播路由协议
- · · · 开放最短路径优先协议
- · · · 链路状态路由协议
- · · · · 最优链路状态路由协议
- · · · 路由信息协议
- · · · 内部网关路由协议
- · · · · 增强型网关内部路由协议
- · · · 中间系统到中间系统协议
- · · · 组播路由协议
- · · · · 按需组播路由协议
- · · · · 距离矢量组播路由协议
- · · · · · 按需距离矢量组播路由协议
- · · · · 密集模式独立组播协议
- · · · · 稀疏模式独立组播协议
- · · · · 组播源发现协议
- · · 安全路由协议
- · · 按需路由协议
- · · · 按需距离矢量路由协议
- · · · · 按需距离矢量组播路由协议
- · · · 按需组播路由协议
- · · 边界网关协议
- · · 多径路由协议
- · · 区域路由协议
- · · 无线路由协议
- · · · 按需距离矢量路由协议
- · · · · 按需距离矢量组播路由协议
- · · · 动态源路由协议
- · · · 分布式路由协议
- · · · 分层路由协议
- · · · 分簇路由协议
- · · · 混合路由协议
- · · · 目的序列距离矢量路由协议
- · · · 无线传感器网络路由协议
- · · · · 低功耗自适应集簇分层型协议
- · · · · 地理能量感知路由协议
- · · 虚拟路由冗余协议
- · · 域间路由协议
- · 媒体网关控制协议
- · 上层协议
- · 数据链路层协议
- · · ALOHA 协议
- · · 点对点协议
- · · · Chord 协议
- · · 点到点隧道协议
- · · 基于以太网的点对点协议
- · · 链路控制协议
- · · 高级数据链路控制规程
- · · 链路管理协议
- · · 生成树协议
- · · 无线链路协议
- · · 帧中继协议
- · 隧道协议
- · · 第二层隧道协议
- · · 点到点隧道协议
- · 网络安全协议

电子信息技术叙词表

- ·· AAA 协议
- ·· IPSec 协议
- ··· internet 密钥交换协议
- ··· 安全超文本传输协议
- ··· 安全外壳协议
- ··· 封装安全载荷协议
- ··· 认证头协议
- ·· 安全套接层协议
- ··· 安全套接层/传输层安全协议
- ·· 传输层安全协议
- ··· 安全套接层/传输层安全协议
- ··· 无线传输层安全协议
- ·· 可扩展认证协议
- ·· 身份认证协议
- ·· 握手协议
- · 网络层协议
- ·· IP 协议
- ··· IPv4 协议
- ···· 移动 IPv4 协议
- ··· IPv6 协议
- ···· 邻居发现协议
- ···· 移动 IPv6 协议
- ····· 层次移动 IPv6 协议
- ····· 快速移动 IPv6 协议
- ·· IP 路由协议
- ··· 动态路由协议
- ···· 距离矢量路由协议
- ····· 按需距离矢量路由协议
- ····· 按需距离矢量组播路由协议
- ····· 距离矢量组播路由协议
- ······ 按需距离矢量组播路由协议
- ···· 链路状态路由协议
- ····· 最优链路状态路由协议
- ···· 内部网关协议
- ····· 距离矢量路由协议
- ······ 按需距离矢量路由协议
- ······· 按需距离矢量组播路由协议
- ······ 距离矢量组播路由协议
- ······· 按需距离矢量组播路由协议
- ····· 开放最短路径优先协议
- ····· 链路状态路由协议
- ······ 最优链路状态路由协议
- ····· 路由信息协议
- ····· 内部网关路由协议
- ······ 增强型网关内部路由协议
- ····· 中间系统到中间系统协议
- ···· 组播路由协议
- ····· 按需组播路由协议
- ····· 距离矢量组播路由协议
- ····· 按需距离矢量组播路由协议
- ····· 密集模式独立组播协议
- ····· 稀疏模式独立组播协议
- ···· 组播源发现协议
- ·· 标签分发协议
- ·· 地址解析协议
- ·· 动态主机配置协议
- ·· 服务定位协议
- ·· 移动 IP 协议
- ··· 移动 IPv4 协议
- ··· 移动 IPv6 协议
- ···· 层次移动 IPv6 协议
- ···· 快速移动 IPv6 协议
- ·· internet 控制报文协议
- ·· internet 组管理协议
- · 网络管理协议
- · 网络控制协议
- · 网络时间协议
- · 简单网络时间协议
- · 物联网协议
- · 受限应用协议
- · 消息队列遥测传输协议
- · 以太网协议
- · 工业以太网协议
- · 应用层协议
- · 超文本传输协议
- ·· 安全超文本传输协议
- · 服务发现协议
- · 高级消息队列协议
- · 会话初始协议
- · 会话描述协议
- · 简单对象访问协议
- · 简单网络管理协议
- · 轻量级目录访问协议
- · 文件传输协议
- ·· 比特流协议
- ·· 简单文件传输协议
- ·· 网格文件传输协议
- · 邮件协议
- ·· IMAP 协议
- ·· 多用途网际邮件扩充协议
- ·· 简单邮件传输协议
- ·· 邮局协议
- ··· POP3 协议
- · 域名服务协议
- · 远程登录协议
- · 主机标识协议
- · 组播协议
- ·· internet 组管理协议
- ·· 可靠组播协议
- ·· 组播路由协议
- ··· 按需组播路由协议
- ··· 距离矢量组播路由协议
- ···· 按需距离矢量组播路由协议
- ··· 密集模式独立组播协议
- ··· 稀疏模式独立组播协议
- ·· 组播源发现协议
- · 组网协议

网络协议安全
 Y 协议安全

网络协议分析
network protocol analysis
TP393.0 TN915
 S 网络分析
 · 安全协议分析
 C 通信协议
 Z 网络技术*

网络协议分析器
 Y 嗅探器

网络协议分析仪
 Y 协议分析仪

网络协议规范
 Y 协议规范

网络协议栈
 Y 协议栈

网络协作
network collaboration
TP391 TP393
 D 网络协同
 S 网络应用*
 C 协作工具
  网络协作学习

网络协作学习
network collaborative learning
TP393
 S 网络学习
 C 网络协作
 Z 网络应用*

网络泄密
network leak
TP393.08
 S 信息泄露
  网络风险
 Z 信息安全风险*

网络信任体系
 Y 信任体系

网络信息安全
network infomation security
TP393.08
 D 计算机网络信息安全
 S 信息安全*
  网络安全*
 · 可扩展标记语言安全
 · 网络内容安全
 · 网络数据安全
 · 网络数据库安全
 · 邮件安全
 C 网络信息审计
  网络信息管理

网络信息安全技术
 Y 网络安全技术

网络信息采集
network information collection
TP393
　S 信息采集*
　C Web 信息发布
　　 Web 信息集成

网络信息管理
network information management
TP393.07
　S 网络管理*
　· 网络舆情管理
　· 网站内容管理
　C 网络信息安全
　　 网络信息审计
　　 网络处理器
　　 网络挖掘

网络信息过滤
network information filtering
TP393.08
　S 信息过滤
　　 网络过滤
　· 不良信息过滤
　· 网页过滤
　C 网络信息技术
　L 网络安全技术**

网络信息集成
network information integration
TP391　TP393
　S 信息集成
　C PI 数据库
　　 网络信息技术
　　 网络信息系统
　Z 信息处理*

网络信息技术
network information technology
TP393
　S 信息技术*
　C 网络信息过滤
　　 网络信息集成

网络信息平台
　Y 网络信息系统

网络信息审计
network information audit
TP393.08
　S 网络安全审计
　C 网络信息安全
　　 网络信息管理
　L 网络安全技术**

网络信息挖掘
　Y 网络挖掘

网络信息系统
network information system
TP393
　D Web 信息系统
　　 信息网络平台
　　 网络信息平台
　　 计算机网络信息系统
　S 信息系统*
　C 网络信息集成

网络信息战
　Y 网络中心战

网络型病毒
　Y 网络病毒

网络型微控制器
networked microcontroller
TP33
　S 微控制器
　Z 控制器*

网络行为分析
network behavior analysis
TP393.07
　D 上网行为分析
　S 网络分析
　C 网络行为管理
　Z 网络技术*

网络行为管理
network behavior management
TP393.07
　D 上网行为管理
　S 网络用户管理
　C 网络行为分析
　　 行为审计
　Z 网络管理*

网络性能测量
　Y 网络性能监测

网络性能分析
network performance analysis
TP393
　S 网络分析
　　 网络性能管理
　Z 网络技术*
　　 网络管理*

网络性能管理
network performance management
TP393
　S 网络管理*
　· 网络测量
　· 网络流量管理
　· 网络性能分析
　· 网络性能监测
　· 网络性能评估
　· 网络性能优化
　· 拥塞管理

网络性能监测
network performance monitoring
TN915　TP393.07
　D 网络性能测量
　S 网络性能管理
　　 网络监测
　Z 网络管理*

网络性能评估
network performance evaluation
TP393
　S 网络性能管理
　　 网络评估
　Z 网络管理*

网络性能优化
network performance optimization
TP393.07
　S 网络优化
　　 网络性能管理
　Z 网络技术*
　　 网络管理*

网络嗅探
network sniffing
TP393.08　TP309
　D 嗅探
　　 嗅探技术
　S 网络安全技术**
　C 协议分析
　　 嗅探器
　　 网络窃听
　　 被动攻击

网络嗅探器
　Y 嗅探器

网络虚拟
　Y 网络虚拟技术

网络虚拟化
network virtualization
TP391.9
　D 网络虚拟化技术
　S 虚拟化技术
　· 网络功能虚拟化
　C 虚拟专用网络
　Z 虚拟技术*

网络虚拟化技术
　Y 网络虚拟化

网络虚拟环境
network virtual environment
TP393
　S 网络虚拟技术
　C 虚拟机器人
　Z 网络技术*

网络虚拟技术
network virtual technology
TP391　TP393
　D 网络虚拟
　S 网络技术*

- 网络虚拟环境
- 网络虚拟现实

网络虚拟教室
  Y 虚拟教室

网络虚拟实验
network virtual experiment
TP393
  D 网络虚拟实验系统
  S 网络实验
  Z 网络应用*

网络虚拟实验系统
  Y 网络虚拟实验

网络虚拟现实
network virtual reality
TP393
  S 网络虚拟技术
   虚拟现实
  Z 网络技术*
   虚拟技术*

网络选课
  Y 网上选课

网络学习
network learning
TP393
  D E-Learning
   在线学习
   数字化学习
   电子化学习
   网上学习
   网络化学习
   网络学习平台
  S 网络教育
- 网络协作学习
- 网络自主学习
  C 网络阅读
  Z 网络应用*

网络学习平台
  Y 网络学习

网络业务管理
network business management
TN94
  S 网络管理*
- 会话管理
- 组播管理

网络一体化
  Y 网络集成

网络异常检测
network anomaly detection
TP393.08
  S 网络安全检测
   网络防御**
- 策略冲突检测
- 篡改检测
- 流量异常检测
  L 网络安全技术**
   网络防御**

网络音频处理器
network audio processor
TP33　TN43
  S 音频处理器
  C 音频网络
  Z 微处理器*

网络银行
  Y 网上银行

网络隐私保护
online privacy protection
TP393.08
  S 隐私保护
  Z 信息安全防护*

网络营销
network marketing
TP393
  D 网上营销
  S 电子商务
  C 网站推广
  Z 网络应用*

网络应用*
network application
TP393
  D 网上应用
   网络应用技术
   网络应用服务
   网络应用系统
   网络技术应用
   计算机网络应用
- Web 应用
- - Web 发布
- - Web 服务
- - - XMLWeb 服务
- - - 统一描述发现和集成服务
- - - 语义 Web 服务
- 互联网应用
- 电子商务
- - B2B 电子商务
- - 动态电子商务
- - 社区电子商务
- - 网络购物
- - 网络交易
- - 网络营销
- - 网上超市
- - 网上银行
- - 网上支付
- - - 微支付
- - 校园电子商务
- - 协同电子商务
- - 移动电子商务
- - 电子税务
- - 电子邮件
- - 电子政务
- - - 网上申报
- - - 网上审批
- 互联网+
- 社交网络服务
- 网上报名
- 网上查询
- 网上聊天
- - 视频聊天
- - 语音聊天
- 移动互联网应用
- 众包
- 众筹
- 网格应用
- 网格服务
- - 网格数据服务
- - 网格信息服务
- 网格计算
- 网格聚类
- 网络办公
- 网络电台
- 网络发布
- - Web 发布
- - 网页发布
- 网络广播
- 网络化测试
- 网络化管理
- 网络化设计
- 网络化制造
- 网络交流
- 网络会议
- - 网络视频会议
- - 桌面视频会议
- 网络交友
- 网上聊天
- - 视频聊天
- - 语音聊天
- 网络教育
- 网络答疑
- 网络教学
- - 网络辅助教学
- - - 网络多媒体教学
- 网络课程
- 网络课堂
- 网络考试
- 网络实验
- - 网络虚拟实验
- 网络学习
- - 网络协作学习
- - 网络自主学习
- 网络作业
- 网上选课
- 网上阅卷
- 网上招生
- 网络视频监控
- 网络数控
- 网络协作
- 网络娱乐
- 网络游戏
- - 手机网络游戏
- - 网页游戏
- 网络阅读
- 网络直播
- 在线翻译

C 交互
　　　应用代理
　　　控制系统
　　　网络基础设施
　　　网络应用程序
　　　网络技术

网络应用程序
Web application
TP393
　　S 应用软件**
　　　网络软件**
　　· Web 应用程序
　　· 电子邮件软件
　　· 富互联网应用程序
　　· 网络财务软件
　　· 网络通信软件
　　· 下载软件
　　C 控制系统
　　　网络应用
　　　网络游戏

网络应用服务
　　Y 网络应用

网络应用技术
　　Y 网络应用

网络应用系统
　　Y 网络应用

网络硬盘
network hard disk
TP333　TP393
　　D 网盘
　　　网络U盘
　　S 硬盘
　　　网络磁盘
　　L 外存储器**
　　　磁存储器**

网络硬盘录像机
network digital video recorder
TN948
　　S 数字硬盘录像机
　　Z 视频设备*
　　　电视设备*

网络拥塞控制
　　Y 拥塞控制

网络用户管理
network user management
TN915　TP393.07　TN94
　　D 用户管理
　　S 网络管理*
　　· 网络行为管理
　　· 用户身份管理

网络优化
network optimization

TP393.07　TN915
　　D 网络优化技术
　　S 网络技术*
　　· 网络加速
　　· 网络结构优化
　　· 网络拓扑优化
　　· 网络性能优化
　　· 网络资源优化
　　· 无线网络优化
　　C 遗传算法

网络优化技术
　　Y 网络优化

网络游戏
network game
TP393.09
　　D 在线游戏
　　　线上游戏
　　　联机游戏
　　　联网游戏
　　S 网络娱乐
　　· 手机网络游戏
　　· 网页游戏
　　C 网络应用程序
　　Z 网络应用*

网络诱骗
network deception
TP393.08
　　S 网络欺骗
　　Z 信息安全风险*

网络娱乐
network entertainment
TP393
　　D 网上娱乐
　　S 网络应用*
　　· 网络游戏

网络舆情分析
network public opinion analysis
TP393
　　S 网络分析
　　　网络舆情管理
　　C 网络舆情危机
　　Z 网络技术*
　　　网络管理*

网络舆情管理
network public opinion management
TP393.07
　　S 网络信息管理
　　· 网络舆情分析
　　· 网络舆情监测
　　Z 网络管理*

网络舆情监测
network public opinion monitoring
TP393.07
　　S 网络监测
　　　网络舆情管理

　　Z 网络管理*

网络舆情危机
network public opinion crisis
TP393
　　S 网络危机
　　C 网络舆情分析
　　Z 信息安全风险*

网络预警
network early warning
TP393.08
　　S 网络告警
　　L 网络防御**

网络元素
　　Y 网元设备

网络阅读
online reading
TP393
　　D 在线阅读
　　　网上阅读
　　S 网络应用*
　　C 网络学习

网络运行管理
network operation management
TP393.07
　　S 网络管理*
　　· 网络监测
　　· 网络监管
　　· 网络监控
　　C 网络运行维护

网络运行维护
network operation maintenance
TP393.06
　　D 网络运维
　　S 网络维护
　　C 网络运行管理
　　Z 网络管理*

网络运维
　　Y 网络运行维护

网络诈骗
internet fraud
TP393.08
　　D 网络欺诈
　　S 网络欺骗
　　Z 信息安全风险*

网络战
　　Y 网络中心战

网络侦听
　　Y 网络监听

网络诊断
　　Y 网络故障诊断

网络整合
　Y 网络集成

网络支付
　Y 网上支付

网络支付平台
　Y 网上支付系统

网络蜘蛛
　Y 网络爬虫

网络直播
Webcast
TP393
　D 在线直播
　　网上直播
　　网络视频直播
　S 网络应用*
　C 网络视频

网络制造
　Y 网络化制造

网络制造技术
　Y 网络化制造

网络中继器
network relay
TN915
　S 网络互连设备**

网络中间件
network middleware
TP317
　S 中间件
　C 网络计算
　　网络计算机
　　网络集成
　Z 软件*

网络中心行动
　Y 网络中心战

网络中心战
network-centric warfare
TP393.08　TN972
　D 网络中心行动
　　网络信息战
　　网络战
　S 网络对抗
　C 战术数据链
　Z 信息对抗*

网络终端
network terminal
TP393　TN915
　D 网络端接装置
　　网络终端装置
　S 终端设备*

网络终端装置
　Y 网络终端

网络众筹
　Y 众筹

网络装置
　Y 网络设备

网络追踪
network tracking
TP393.08
　S 网络安全技术**
　· IP追踪
　· 反向追踪
　· 攻击源追踪
　· 黑客跟踪
　· 叛逆者追踪
　· 审计跟踪
　C 跟踪

网络准入控制
network admission control
TP393.08
　S 网络安全控制
　C 接入安全
　　自防御网络
　L 网络安全技术**

网络资源分配
network resource allocation
TP393
　S 网络资源管理
　Z 网络管理*

网络资源共享
　Y 网络共享

网络资源管理
network resource management
TP393.07
　S 网络配置管理
　· IP地址管理
　· 网络共享
　· 网络资源分配
　· 网络资源优化
　· 域名管理
　C 地理信息系统
　Z 网络管理*

网络资源优化
network resource optimization
TN92　TP393.1　TN915
　S 网络优化
　　网络资源管理
　C 网络共享
　Z 网络技术*
　　网络管理*

网络自主学习
network autonomous learning
TP393
　S 网络学习
　Z 网络应用*

网络组建
　Y 组网技术

网络作业
online homework
TP393
　S 网络教育
　Z 网络应用*

网盘
　Y 网络硬盘

网桥
network bridge
TN915　TP393
　D 桥接器
　S 网络互连设备**
　· 透明网桥
　· 无线网桥
　· 智能网桥
　C 分布队列双总线网
　　无线局域网

网桥路由器
brouter
TP393　TN915.05
　S 路由器
　L 网络互连设备**

网上办公
　Y 网络办公

网上报名
online registration
TP393
　D 网络报名
　S 互联网应用
　Z 网络应用*

网上查询
online enquiry
TP393
　D 上网查询
　　网络查询
　　联机查询
　S 互联网应用
　Z 网络应用*

网上超市
network supermarket
TP393
　D 网络超市
　S 电子商务
　Z 网络应用*

网上答疑
　Y 网络答疑

网上答疑系统
　　Y　网络答疑

网上电视
　　Y　网络电视

网上电台
　　Y　网络电台

网上发布
　　Y　网络发布

网上购物
　　Y　网络购物

网上购物系统
　　Y　网络购物

网上广播
　　Y　网络广播

网上交流
　　Y　网络交流

网上交易
　　Y　网络交易

网上教育
　　Y　网络教育

网上考试
　　Y　网络考试

网上考试系统
　　Y　网络考试

网上聊天
network chatting
TP393.09
　　D　网络聊天
　　S　互联网应用
　　　　网络交流
　　·　视频聊天
　　·　语音聊天
　　Z　网络应用*

网上商城
　　Y　网络购物

网上申报
online declaration
TP393
　　S　电子政务
　　Z　网络应用*

网上审批
online approving
TP393
　　D　网络审批
　　S　电子政务

　　Z　网络应用*

网上实验
　　Y　网络实验

网上视频
　　Y　网络视频

网上选课
online course selection
TP393.09
　　D　网络选课
　　S　网络教育
　　Z　网络应用*

网上学习
　　Y　网络学习

网上银行
online banking
TP393
　　D　网络银行
　　S　电子商务
　　Z　网络应用*

网上营销
　　Y　网络营销

网上应用
　　Y　网络应用

网上娱乐
　　Y　网络娱乐

网上阅读
　　Y　网络阅读

网上阅卷
online marking
TP393
　　S　网络教育
　　C　自动阅卷系统
　　Z　网络应用*

网上招生
online enrollment
TP393
　　S　网络教育
　　Z　网络应用*

网上支付
online payment
TP393.09
　　D　在线支付
　　　　网络支付
　　S　电子商务
　　·　微支付
　　C　安全电子交易协议
　　　　支付安全
　　　　网上支付系统
　　Z　网络应用*

网上支付平台
　　Y　网上支付系统

网上支付系统
online payment system
TN99
　　D　网上支付平台
　　　　网络支付平台
　　S　电子支付系统
　　C　网上支付
　　Z　电子系统*

网上直播
　　Y　网络直播

网守
gatekeeper
TN916　TP393
　　S　网络管理设备
　　C　会话初始协议
　　　　网络电话
　　　　软交换
　　Z　网络设备*

网线
　　Y　网络线缆

网形网
　　Y　无线网状网

网形网络
　　Y　无线网状网

网型网
　　Y　无线网状网

网页保护
Web page protection
TP393.08
　　S　内容保护
　　　　网页管理
　　·　网页防篡改
　　C　网页木马
　　L　网站管理**

网页编程
Web page programming
TP311
　　D　网页开发
　　　　网页开发技术
　　S　网络编程
　　C　网页技术
　　L　软件编程**

网页编辑器
Web page editor
TP317
　　S　编辑器
　　C　网页优化
　　　　页面设计
　　L　工具软件**

网页病毒
Web page virus
TP393.08　TP318
　　S　网络病毒
　　L　恶意软件**

网页篡改
Website tampering
TP393.08
　　S　信息篡改
　　　　网络风险
　　C　网页防篡改
　　Z　信息安全风险*

网页发布
Web page publishing
TP393
　　S　网络发布
　　Z　网络应用*

网页防篡改
Web page tamper proof
TP393.08
　　S　网页保护
　　　　防篡改
　　C　网页篡改
　　L　网站管理**

网页分块
Web page segmentation
TP393
　　S　网页管理
　　L　网站管理**

网页分类
Web page classification
TP391　TP393
　　D　页面分类
　　S　信息分类
　　　　网页管理
　　C　支持向量机
　　L　网站管理**

网页分析
Web page analysis
TP393
　　S　网页管理
　　C　信息抽取
　　　　网络爬虫
　　L　网站管理**

网页管理
Web page management
TP393
　　S　网站内容管理
　　·　网页保护
　　·　网页分块
　　·　网页分类
　　·　网页分析
　　·　网页过滤
　　·　网页净化
　　·　网页聚类
　　·　网页去重
　　·　网页推荐
　　·　网页优化
　　L　网站管理**

网页过滤
Web page filtering
TP393
　　S　网络信息过滤
　　　　网页管理
　　C　网页技术
　　　　网页聚类
　　L　网站管理**
　　　　网络安全技术**

网页缓存
　　Y　Web缓存

网页技术
Web page technique
TP393.09
　　S　网络技术*
　　·　动态网页技术
　　·　网页设计
　　·　网页信息抽取
　　·　网页制作
　　C　网络导航
　　　　网页编程
　　　　网页过滤

网页净化
Web page purification
TP393
　　S　网页管理
　　L　网站管理**

网页聚类
Web page clustering
TP391.3
　　D　Web页面聚类
　　　　页面聚类
　　S　网页管理
　　　　聚类*
　　C　网页过滤
　　L　网站管理**

网页开发
　　Y　网页编程

网页开发技术
　　Y　网页编程

网页浏览器
　　Y　浏览器

网页木马
Web page Trojan
TP393.08　TP318
　　S　木马程序
　　C　网页保护
　　L　恶意软件**

网页爬取
　　Y　网页抓取

网页排序
　　Y　网页排序算法

网页排序算法
Web page ranking algorithm
TP301　TN911
　　D　PageRank算法
　　　　网页排序
　　S　排序算法
　　Z　算法*

网页去重
duplicated Web page removal
TP393
　　D　网页消重
　　S　网页管理
　　L　网站管理**

网页设计
Web page design
TP393.09
　　S　网页技术
　　C　网页制作
　　Z　网络技术*

网页推荐
Web page recommendation
TP393
　　S　信息推荐
　　　　网页管理
　　L　网站管理**

网页消重
　　Y　网页去重

网页信息抽取
Web page information extraction
TP391　TP393.09
　　S　Web信息抽取
　　　　网页技术
　　L　信息抽取**

网页优化
Web page optimization
TP393
　　S　信息优化
　　　　网页管理
　　C　网页制作工具
　　　　网页编辑器
　　L　网站管理**

网页游戏
Web game
TP393.09
　　S　网络游戏
　　Z　网络应用*

网页蜘蛛
　　Y 网络爬虫

网页制作
Web page production
TP393.09
　　D 网页制作技术
　　S 网页技术
　　C 网页制作工具
　　　 网页设计
　　Z 网络技术*

网页制作工具
Web page creation tool
TP318
　　D Frontpage软件
　　S 网络工具
　　C 网页优化
　　　 网页制作
　　L 工具软件**
　　　 网络软件**

网页制作技术
　　Y 网页制作

网页抓取
Web crawling
TP393
　　D 网页爬取
　　S 信息采集*
　　C 网络爬虫

网元
　　Y 网元设备

网元管理
network element management
TP393　TN915
　　S 网络管理*
　　C 网元设备

网元设备
network element equipment
TP393　TP333　TN915
　　D 网元
　　　 网络元素
　　S 网络设备*
　　C 网元管理

网站安全
Website security
TP393
　　S 网络安全*
　　C 网站优化

网站发布
Website publishing
TP393.0
　　S 网站管理**

网站服务器
Website server
TP368
　　S 网络服务器
　　Z 服务器*

网站更新
Website update
TP393.0
　　S 网站管理**

网站管理**
Website management
TP393.0
　　S 网络管理*
　　· 网站发布
　　· 网站更新
　　· 网站内容管理
　　· · 网页管理
　　· · · 网页保护
　　· · · · 网页防篡改
　　· · · 网页分块
　　· · · 网页分类
　　· · · 网页分析
　　· · · 网页过滤
　　· · · 网页净化
　　· · · 网页聚类
　　· · · 网页去重
　　· · · 网页推荐
　　· · · 网页优化
　　· 网站评估
　　· 网站推广
　　· 网站维护
　　· 网站优化
　　· · 网站结构优化

网站结构优化
Website structure optimization
TP393.0
　　S 网站优化
　　L 网站管理**

网站内容管理
network content management
TP393.09
　　S 网站管理**
　　　 网络信息管理
　　· 网页管理
　　C 网络内容安全
　　　 网络内容挖掘

网站内容管理系统
Website content management system
TP393.07
　　S 内容管理系统
　　Z 信息系统*

网站评估
Website evaluation
TP393.0
　　S 网站管理**
　　　 网络评估

　　C 网站优化

网站数据库
Website database
TP392
　　S 网络数据库
　　C 网站维护
　　Z 数据库*

网站推广
Website promotion
TP393
　　D 网站营销
　　S 网站管理**
　　C 网站优化
　　　 网络营销

网站维护
Website maintenance
TP393.0
　　S 网站管理**
　　　 网络维护
　　C 网站数据库

网站营销
　　Y 网站推广

网站优化
Website optimization
TP393.0
　　S 网站管理**
　　· 网站结构优化
　　C 网站安全
　　　 网站推广
　　　 网站评估

网状网
　　Y 无线网状网

网状网络
　　Y 无线网状网

危险告警
　　Y 威胁告警

威尔金森功分器
Wilkinson power divider
TN62
　　D Wilkinson功分器
　　S 功率分配器
　　C 微波电路
　　Z 微波元件*

威胁告警
threat warning
TN971
　　D 危险告警
　　S 电子防御
　　· 导弹告警
　　· 雷达告警
　　L 电子对抗**

威胁识别
threat recognition
TP309　TP393.08
　S 信息识别*

微/纳机电系统
　Y 微纳机电系统

微宝石激光器
spathic microlaser
TN248
　S 宝石激光器
　L 固体激光器**

微编程语言
　Y 微程序设计语言

微变等效电路
microchange equivalent circuit
TN710
　S 等效电路
　Z 电子电路*

微波半导体器件
microwave semiconductor device
TN385
　D 半导体微波器件
　S 半导体器件*
　· 微波二极管
　· 微波功率放大器
　· 微波晶体管
　· 微波晶体管放大器

微波倍频器
microwave frequency multiplier
TN771
　S 倍频器*

微波测量线
　Y 微波测量仪器

微波测量仪器
microwave measuring instrument
TM931
　D 微波测量仪器
　S 电子测量仪器*

微波场效应管
　Y 微波场效应晶体管

微波场效应晶体管
microwave field effect transistor
TN386
　D 微波场效应管
　S 场效应晶体管
　　微波晶体管
　L 半导体分立器件**

微波传播
microwave propagation
TN011
　S 电波传播*
　· 分米波传播
　· 毫米波传播
　· 厘米波传播

微波传感器
microwave sensor
TP212
　S 无线传感器
　Z 传感器*

微波传输
microwave transmission
TN925
　S 信息传输*
　C 多模网络
　　微波信道

微波单片集成电路
monolithic microwave integrated circuit
TN4
　D MMIC
　　单片微波集成电路
　S 单片集成电路
　· 毫米波单片集成电路
　· 砷化镓微波单片集成电路
　Z 集成电路*

微波等离子体化学气相沉积
microwave plasma chemical vapor deposition
TN305
　D MPCVD
　S 等离子体化学气相淀积
　L 半导体淀积工艺**

微波等效电路
microwave equivalent circuit
TN710
　S 等效电路
　Z 电子电路*

微波电控移相器
microwave electronic phase shifter
TN62
　S 微波移相器
　Z 移相器*

微波电路
microwave circuit
TN710
　S 电子电路*
　· 微波平面电路
　· 微带电路
　C ADS 仿真
　　威尔金森功分器
　　微波放大器
　　微波网络
　　微波集成电路

微波电调衰减器
microwave electronic attenuator
TN715
　S 微波衰减器
　　电调衰减器
　C PIN 二极管
　Z 衰减器*

微波电子管
microwave tube
TN12
　D 超高频电子管
　S 微波管**
　· 本机振荡管
　· 收发开关管
　· 速调管
　· 行波管
　· 栅控微波管
　· 正交场器件

微波电子学
microwave electronics
TN015
　S 电子学*

微波多芯片组件
microwave multi-chip module
TN61
　S 多芯片组件
　　微波组件
　Z 电子组件*

微波二极管
microwave diode
TN31
　S 半导体二极管
　　微波半导体器件
　· 变容二极管
　· 碰撞雪崩渡越时间二极管
　· 体效应二极管
　C 微波检波器
　L 半导体分立器件**

微波发射机
microwave transmitter
TN83
　S 无线电发射机
　C 微波接收机
　　微波收发信机
　Z 发射机*

微波放大器
microwave amplifier
TN72
　S 放大器*
　· 毫米波放大器
　· 微波管放大器
　· 微波晶体管放大器
　C 微波电路

微波封装
microwave packaging

TN05
  S 半导体封装**

微波幅度均衡器
microwave amplitude equalizer
TN715
  S 幅度均衡器
    微波均衡器
  Z 均衡器*

微波辐射计
microwave radiometer
TM931
  S 辐射计
  Z 电子测量仪器*

微波隔离器
microwave isolator
TN62
  S 微波元件*
  · 波导隔离器
  · 毫米波隔离器
  · 铁氧体隔离器
  · 同轴隔离器
  · 微带隔离器
  C 微波通信
    掺铒光纤放大器

微波功率放大器
microwave power amplifier
TN72
  S 功率放大器**
    微波半导体器件

微波功率晶体管
microwave power transistor
TN32
  S 功率晶体管
    微波晶体管
  L 半导体分立器件**
    电力半导体器件**

微波功率模块
microwave power module
TN495
  D 微波功率组件
  S 功率模块
  Z 电子模块*

微波功率组件
  Y 微波功率模块

微波管**
microwave tube
TN12
  D 微波真空电子器件
    超高频管
  S 电真空器件*
  · 毫米波管
  · · 毫米波磁控管
  · · 毫米波行波管
  · · 快波管

· · · 回旋管
· · · · 回旋速调管
· · · · 回旋行波管
· · · 潘尼管
· · 绕射辐射振荡器
· 激光微波管
· 微波电子管
· 本机振荡管
· 收发开关管
· 速调管
· · 大功率速调管
· · 带状注速调管
· · 多腔速调管
· · 多注速调管
· · 反射速调管
· · 分布作用速调管
· · 感应输出管
· · 光学速调管
· · 回旋速调管
· · 扩展互作用速调管
· · 相对论速调管
· · 行波速调管
· · 栅控速调管
· 行波管
· · 低噪声行波管
· · 多注行波管
· · 返波管
· · · 太赫兹返波管
· · · 相对论返波管
· · 功率行波管
· · 毫米波行波管
· · 环圈行波管
· · 回旋行波管
· · 空间行波管
· · 连续波行波管
· · 螺旋线行波管
· · 卫星行波管
· · 相对论行波管
· · 栅控行波管
· · 折叠波导行波管
· · 耦合腔行波管
· 栅控微波管
· 微波三极管
· 正交场器件
· · 正交场放大管
· · · 返波放大管
· · · 前向波放大管
· · 正交场振荡管
· · · 磁控管
· · · · 反同轴磁控管
· · · · 毫米波磁控管
· · · · 可调谐磁控管
· · · · 连续波磁控管
· · · · 脉冲磁控管
· · · · 射频磁控管
· · · · 同轴磁控管
· · · · 相对论磁控管

微波管放大器
microwave tube amplifier
TN72
  S 微波放大器
    电子管放大器
  · 速调管放大器

  · 行波管放大器
  Z 放大器*

微波环行器
microwave circulator
TN62 TN81
  S 微波元件*
  · 薄膜环行器
  · 波导环行器
  · 毫米波环行器
  · 集中参数环行器
  · 结环行器
  · 宽带环行器
  · 铁氧体环行器
  · 同轴环行器
  · 微带环行器

微波混合IC
  Y 微波混合集成电路

微波混合集成电路
hybrid microwave integrated circuit
TN45
  D 微波混合IC
    混合微波集成电路
  S 微波集成电路
    混合集成电路
  Z 集成电路*

微波激射
  Y 微波激射器

微波激射器*
maser
TN72 TN61
  D 受激辐射微波放大器
    射频激射器
    微波激射
    激射共振器
    脉塞
  · 电子回旋脉塞
  · 氢微波激射器
  · 自由电子脉塞

微波集成电路
microwave integrated circuit
TN45
  S 集成电路*
  · 多层微波集成电路
  · 毫米波集成电路
  · 三维微波集成电路
  · 微波混合集成电路
  C 微波电路

微波检波器
microwave detector
TN763
  S 检波器*
  C 微波二极管
    微波鉴相器
    微波鉴频器

微波鉴频器
microwave frequency discriminator
TN763.2
　　S 鉴频器
　　C 微波检波器
　　　微波鉴相器
　　Z 检波器*

微波鉴相器
microwave phase detector
TN763.3
　　S 鉴相器
　　C 微波检波器
　　　微波鉴频器
　　Z 检波器*

微波接力机
microwave repeater
TN83　TN925
　　D 微波中继机
　　S 中继器
　　C 微波信号
　　Z 通信设备*

微波接力通信
　　Y 微波中继通信

微波接力通信网
　　Y 微波中继通信网

微波接收机
microwave receiver
TN85
　　D 微波收信机
　　S 无线电接收机
　　・毫米波接收机
　　・宽带微波接收机
　　C 微波发射机
　　　微波收发信机
　　Z 接收设备*

微波介质陶瓷
microwave dielectric ceramic
TN04
　　S 电子陶瓷*

微波介质谐振器
　　Y 介质谐振器

微波晶体管
microwave transistor
TN32
　　S 微波半导体器件
　　・微波场效应晶体管
　　・微波功率晶体管
　　C 微波晶体管振荡器
　　　微波晶体管放大器
　　Z 半导体器件*

微波晶体管放大器
microwave transistor amplifier

TN72
　　D 晶体管微波放大器
　　S 微波半导体器件
　　　微波放大器
　　　晶体管放大器
　　C 微波晶体管
　　Z 放大器*
　　　半导体器件*

微波晶体管振荡器
microwave transistor oscillator
TN752
　　D 三极管微波振荡器
　　S 微波振荡器
　　　晶体管振荡器
　　C 微波晶体管
　　Z 振荡器*

微波均衡器
microwave equalizer
TN715
　　S 均衡器*
　　・微波幅度均衡器
　　・微带均衡器

微波开关
microwave switch
TN61
　　D 毫米波开关
　　S 微波元件*
　　・波导开关
　　・天线开关
　　・铁氧体开关
　　C 等效电路

微波雷达
microwave radar
TN958
　　S 雷达*
　　・毫米波雷达

微波连接器
microwave connector
TN61
　　S 微波元件*

微波滤波器
microwave filter
TN713
　　S 滤波器*
　　・巴特沃斯滤波器
　　・波导滤波器
　　・带状线滤波器
　　・分布参数滤波器
　　・毫米波滤波器
　　・集中参数滤波器
　　・介质滤波器
　　・切比雪夫滤波器
　　・同轴滤波器
　　・微带滤波器

微波匹配网络
microwave matching network
TN711
　　S 匹配网络
　　　微波网络
　　Z 电路网络*

微波平面电路
microwave planar circuit
TN710
　　S 微波电路
　　Z 电子电路*

微波三极管
microwave triode
TN12
　　D 超高频三极管
　　S 栅控微波管
　　　真空三极管
　　L 微波管**
　　　电子管**

微波收发信机
microwave transceiver
TN8
　　S 无线收发器
　　C 微波发射机
　　　微波接收机
　　Z 收发器*

微波收信机
　　Y 微波接收机

微波衰减器
microwave attenuator
TN715
　　S 射频衰减器
　　・微波电调衰减器
　　Z 衰减器*

微波天线**
microwave antenna
TN82
　　S 天线*
　　・缝隙天线
　　・・波导缝隙天线
　　・・・波导缝隙阵列天线
　　・・微带缝隙天线
　　・・・Vivaldi 天线
　　・毫米波天线
　　・介质天线
　　・・介质棒天线
　　・・介质谐振天线
　　・喇叭天线
　　・・角锥喇叭天线
　　・・双脊喇叭天线
　　・・圆锥喇叭天线
　　・抛物面天线
　　・・偏置抛物面天线
　　・・旋转抛物面天线
　　・探针天线
　　・特高频天线

- 透镜天线
- 微带天线
- • 共形微带天线
- • • 圆柱共形微带天线
- • 矩形微带天线
- • • 矩形微带贴片天线
- • 宽带微带天线
- • 双极化微带天线
- • 双频微带天线
- • 贴片天线
- • • 矩形微带贴片天线
- • 微带缝隙天线
- • • Vivaldi天线
- • 微带漏波天线
- • 微带阵列天线
- C 微波信号

微波铁氧体器件
gyromagnetic device
TN61
- S 微波元件*
- • 铁氧体隔离器
- • 铁氧体环行器
- • 铁氧体开关

微波通信
microwave communication
TN925
- S 无线通信**
- • 毫米波通信
- • 数字微波通信
- • 特高频通信
- • 微波中继通信
- C 微波通信网
  微波隔离器

微波通信测试仪
microwave communication tester
TN925 TM93
- D 微波通信测试仪表
- S 通信测试仪**

微波通信测试仪表
- Y 微波通信测试仪

微波通信设备
microwave communication equipment
TN925
- 3 无线通信设备**

微波通信网
microwave communication network
TN915
- S 无线通信网络**
- • 数字微波网
- • 微波中继通信网
- C 微波通信

微波网
- Y 微波网络

微波网络
microwave network
TN711
- D 微波网
- S 电路网络*
- • 和差网络
- • 微波匹配网络
- C 微波电路

微波网络分析仪
microwave network analyzer
TM931
- S 网络分析仪
- L 通信测试仪**

微波吸收材料
microwave absorbing material
TN974
- D 防雷达吸波材料
  雷达吸收材料
  雷达吸波材料
- S 电子材料*

微波谐振器
microwave resonator
TN75 TN62
- S 微波元件*
  谐振器*
- • 介质谐振器
- • 同轴谐振器
- • 微带谐振器
- • 谐振腔

微波信道
microwave channel
TN925
- S 无线信道
- C 微波传输
- Z 信道*

微波信号
microwave signal
TN925
- S 无线电信号
- C 微波信号发生器
  微波天线
  微波接力机
- Z 信号*

微波信号发生器
microwave signal generator
TM935
- S 信号发生器**
- C 微波信号

微波移相器
microwave phase shifter
TN62
- S 移相器*
- • 毫米波移相器
- • 微波电控移相器

微波元件*
microwave component
TN61
- • 波导元件
- • 波导窗
- • 波导调节器
- • 波导辐射器
- • 波导隔离器
- • 波导环行器
- • 波导接头
- • 波导开关
- • 波导弯头
- • 波导旋转关节
- • 波导耦合器
- • • 波导定向耦合器
- • • 光波导耦合器
- • • • 多模干涉耦合器
- • • • 光栅耦合器
- • • • • 光纤光栅耦合器
- • 矩形波导
- • 圆波导
- • 功率分配器
- • 波导功分器
- • 威尔金森功分器
- • 微带功率分配器
- • 匹配器
- • 匹配负载
- • • 阻抗匹配器
- • 微波隔离器
- • 波导隔离器
- • 毫米波隔离器
- • 铁氧体隔离器
- • 同轴隔离器
- • 微带隔离器
- • 微波环行器
- • 薄膜环行器
- • 波导环行器
- • 毫米波环行器
- • 集中参数环行器
- • 结环行器
- • 宽带环行器
- • 铁氧体环行器
- • 同轴环行器
- • 微带环行器
- • 微波开关
- • 波导开关
- • 天线开关
- • 铁氧体开关
- • 微波连接器
- • 微波铁氧体器件
- • 铁氧体隔离器
- • 铁氧体环行器
- • 铁氧体开关
- • 微波谐振器
- • 介质谐振器
- • • 同轴介质谐振器
- • • 圆柱介质谐振器
- • 同轴谐振器
- • • 同轴介质谐振器
- • • 同轴谐振腔
- • 微带谐振器
- • 发夹谐振器
- • • 微带环缝谐振器
- • • 谐振腔

- ··· 同轴谐振腔
- · 微带元件
- ·· 微带隔离器
- ·· 微带功率分配器
- ·· 微带环行器
- ·· 微带线
- ·· 微带谐振器
- ··· 发夹谐振器
- ··· 微带环缝谐振器
- · 阻抗变换器
- ·· 负阻抗变换器
- ·· 广义阻抗变换器
- ·· 阶梯阻抗变换器
- ·· 切比雪夫阻抗变换器
- ·· 线性阻抗变换器
- C 微波组件

微波真空电子器件
  Y 微波管

微波振荡器
microwave oscillator
TN752
  S 振荡器*
- 毫米波振荡器
- 体效应二极管振荡器
- 微波晶体管振荡器

微波中继机
  Y 微波接力机

微波中继通信
microwave relay communication
TN925
  D 微波中继系统
   微波接力通信
  S 中继通信
   微波通信
  C 微波中继通信网
  L 无线通信**

微波中继通信网
microwave relay communication network
TN915
  D 微波接力通信网
  S 微波通信网
  C 微波中继通信
  L 无线通信网络**

微波中继系统
  Y 微波中继通信

微波组件
microwave module
TN61
  S 电子组件*
- 波导组件
- 微波多芯片组件
- C 微波元件

微操作机器人
micromanipulation robot
TP242
  D 微操作机器人系统
  S 微型机器人
- 纳米机器人
- 生物机器人
  Z 机器人*

微操作机器人系统
  Y 微操作机器人

微程序
microprogram
TP31
  D 小程序
   微程序设计
  S 手机应用软件
  Z 软件*

微程序控制器
microprogrammed controller
TP332
  S 微控制器
  Z 控制器*

微程序设计
  Y 微程序

微程序设计语言
microprogramming language
TP312
  D 微编程语言
  S 计算机语言*

微处理机
  Y 微处理器

微处理器*
microprocessor unit
TN43 TP33
  D MPU
   处理器
   处理器系统
   微型处理机
   微处理器模块
   微处理器系统
   微处理器芯片
   微处理机
   计算机处理器
- ARM 微处理器
- RISC 处理器
- X86 处理器
- 安全处理器
- 并行处理器
- 超标量处理器
- 单处理器
- 定制指令集处理器
- 多功能处理器
- 多媒体处理器
- 多线程处理器
- 浮点处理器
- 高速微处理器
- 高性能微处理器
- 光学处理器
- · 数字光处理器
- 核心处理器
- 后置处理器
- 几何处理器
- 可编程处理器
- 可变电压处理器
- 可重构处理器
- 快速傅里叶变换处理器
- 流处理器
- 密码处理器
- · 密码协处理器
- 前处理器
- 前端处理器
- 嵌入式微处理器
- · 嵌入式 CPU
- 软核处理器
- 视频处理器
- · 视频输入处理器
- · 视频信号处理器
- 输入输出处理器
- 数据处理器
- 数字处理器
- · 数字光处理器
- · 数字媒体处理器
- · 数字信号处理器
- ·· 定点数字信号处理器
- ·· 浮点数字信号处理器
- ·· 高速数字信号处理器
- ·· 通用数字信号处理器
- · 数字音频处理器
- 双处理器
- 通信处理器
- · 基带处理器
- · 协议处理器
- 通用微处理器
- 图像处理器
- · 图形处理器
- ·· 可编程图形处理器
- ·· 通用图形处理器
- 网络处理器
- 显示处理器
- 向量处理器
- 协处理器
- · 安全协处理器
- ·· 密码协处理器
- ·· 网络安全协处理器
- · 可重构协处理器
- 信号处理器
- · 发射信号处理器
- · 高速信号处理器
- · 混合信号处理器
- · 声呐信号处理器
- · 视频信号处理器
- · 数字信号处理器
- ·· 定点数字信号处理器
- ·· 浮点数字信号处理器
- ·· 高速数字信号处理器
- ·· 通用数字信号处理器
- 虚拟处理器
- 异步微处理器
- 音频处理器

·· 声音处理器
　　·· 网络音频处理器
　　· 语音处理器
　　· 应用处理器
　　· 阵列处理器
　　· 中央处理器
　　·· 多核处理器
　　··· 片上多核处理器
　　··· 双核处理器
　　··· 四核处理器
　　··· 异构多核处理器
　　·· 服务器处理器
　　·· 高速 CPU
　　·· 嵌入式 CPU
　　· 主处理器
　　· 主从处理器
　　· 专用处理器
　　C 乱序执行
　　　寄存器
　　　指令集架构
　　　芯片
　　　计算机
　　　计算机系统

微处理器模块
　　Y 微处理器

微处理器系统
　　Y 微处理器

微处理器芯片
　　Y 微处理器

微传感器
　　Y 微型传感器

微带电路
microstrip circuit
TN710
　　S 微波电路
　　C 微带均衡器
　　Z 电子电路*

微带定向耦合器
microstrip directional coupler
TN62
　　D 微带线定向耦合器
　　S 定向耦合器
　　C 微带线
　　Z 耦合器*

微带缝隙天线
microstrip slot antenna
TN82
　　D 缝隙微带天线
　　S 微带天线
　　　缝隙天线
　　· Vivaldi 天线
　　L 微波天线**

微带隔离器
microstrip isolator

　　TN384　TN62
　　D 带状线隔离器
　　　带线隔离器
　　S 微带元件
　　　微波隔离器
　　Z 微波元件*

微带功率分配器
microstrip power distributor
TN62
　　S 功率分配器
　　　微带元件
　　C 微带线
　　Z 微波元件*

微带共形天线
　　Y 共形微带天线

微带环缝谐振器
microstrip split-ring resonator
TN75
　　S 微带谐振器
　　Z 谐振器*
　　　微波元件*

微带环行器
microstrip circulator
TN62
　　D 带状线环行器
　　　带线环行器
　　S 微带元件
　　　微波环行器
　　Z 微波元件*

微带均衡器
microstrip equalizer
TN715
　　S 微波均衡器
　　C 微带电路
　　Z 均衡器*

微带漏波天线
microstrip leaky wave antenna
TN82
　　S 微带天线
　　　行波天线
　　L 微波天线**

微带滤波器
microstrip filter
TN713
　　S 微波滤波器
　　Z 滤波器*

微带天线
microstrip antenna
TN82
　　S 微带天线**
　　· 共形微带天线
　　· 矩形微带天线
　　· 宽带微带天线
　　· 双极化微带天线

　　· 双频微带天线
　　· 贴片天线
　　· 微带缝隙天线
　　· 微带漏波天线
　　· 微带阵列天线
　　C 宽波束

微带天线阵
　　Y 微带阵列天线

微带天线阵列
　　Y 微带阵列天线

微带贴片天线
　　Y 贴片天线

微带线
microstrip line
TN81
　　S 微带元件
　　C 微带功率分配器
　　　微带定向耦合器
　　Z 微波元件*

微带线定向耦合器
　　Y 微带定向耦合器

微带谐振器
microstrip resonator
TN75
　　S 微带元件
　　　微波谐振器
　　· 发夹谐振器
　　· 微带环缝谐振器
　　Z 微波元件*
　　　谐振器*

微带元件
microstrip element
TN61
　　S 微波元件*
　　· 微带隔离器
　　· 微带功率分配器
　　· 微带环行器
　　· 微带线
　　· 微带谐振器

微带阵列天线
microstrip array antenna
TN82
　　D 微带天线阵
　　　微带天线阵列
　　S 微带天线
　　　阵列天线
　　L 微波天线**

微电磁驱动器
　　Y 微型电磁驱动器

微电磁执行器
　　Y 微型电磁驱动器

微电机
　　Y 微型电动机

微电机械系统
　　Y 微机电系统

微电流放大器
microcurrent amplifier
TN72
　　S 电流放大器
　　Z 放大器*

微电路
microcircuit
TN710
　　S 电子电路*
　　C 微模组件

微电路卡
　　Y IC卡

微电脑
　　Y 微型计算机

微电子材料
microelectronic material
TM2
　　S 电子材料*
　　C 半导体材料
　　　微电子技术

微电子封装
　　Y 集成电路封装

微电子机械系统
　　Y 微机电系统

微电子技术
microelectronic technology
TN4
　　D 微电子学
　　　集成电子学
　　S 电子技术*
　　C 微电子材料

微电子学
　　Y 微电子技术

微碟激光器
　　Y 微片激光器

微分分析器
　　Y 微分器

微分进化算法
differential evolution algorithm
TN911　TP301
　　D 微分演化算法
　　S 进化算法
　　Z 算法*

微分器
differentiator
TP332
　　D 微分分析器
　　S 模拟计算机
　　Z 计算机*

微分演化算法
　　Y 微分进化算法

微封装
　　Y 微型封装

微蜂窝移动通信
　　Y 蜂窝移动通信

微服务架构
microservice architecture
TP393
　　S 网络模型*

微功耗集成电路
micro-power integrated circuit
TN4
　　D 毫微瓦集成电路
　　　纳瓦IC
　　S 集成电路*

微光电机械系统
　　Y 微光机电系统

微光电视
low light level television
TN948
　　D 低照度电视
　　S 应用电视
　　C 激光助视
　　Z 电视*

微光管
　　Y 微光像增强器

微光机电系统
micro-opto-electro-mechanical
system
TN4
　　D MOEMS
　　　微光电机械系统
　　　微型光机电系统
　　S 微机电系统
　　Z 微系统*

微光器件
micro-optic device
TN24
　　S 光器件*
　　C 微光像增强器
　　　微光夜视

微光摄像管
low light level camera tube
TN14
　　D 夜视电视管
　　S 摄像管
　　C 夜视侦察
　　　微光夜视仪
　　L 电子束管**

微光像增强器
low light level image intensifier
TN24　TN14
　　D 微光管
　　S 像增强器
　　C 夜视侦察
　　　微光器件
　　　微光夜视仪
　　L 电子束管**

微光夜视
low light level night vision
TN22
　　D 微光夜视技术
　　S 夜视*
　　C 微光器件

微光夜视技术
　　Y 微光夜视

微光夜视仪
low light level night vision
device
TN971
　　S 光电侦察设备
　　C 夜视侦察
　　　微光像增强器
　　　微光摄像管
　　Z 电子战装备*

微环谐振器
microloop resonator
TN75
　　S 谐振器*

微机
　　Y 微型计算机

微机操作系统
　　Y 计算机操作系统

微机处理系统
　　Y 计算机处理系统

微机电系统
micro-electro-mechanical system
TN99
　　D MEMS
　　　MEMS设计
　　　微型机电系统
　　　微机械
　　　微机械系统
　　　微机电系统技术
　　　微机电系统设计

国家工业信息安全发展研究中心　主编

　　微电子机械系统
　　微电机机械系统
　S 微纳机电系统
　• 射频微机电系统
　• 生物微机电系统
　• 微光机电系统
　C MEMS 器件
　　MEMS 开关
　　微型电子组件
　Z 微系统*

微机电系统传感器
　Y MEMS 传感器

微机电系统封装
　Y MEMS 封装

微机电系统技术
　Y 微机电系统

微机电系统加速度传感器
　Y MEMS 加速度传感器

微机电系统角速度传感器
　Y MEMS 角速度传感器

微机电系统麦克风
　Y MEMS 麦克风

微机电系统器件
　Y MEMS 器件

微机电系统设计
　Y 微机电系统

微机电系统执行器
　Y MEMS 执行器

微机电源
　Y 计算机电源

微机检测系统
microcomputer detection system
TP391
　S 计算机应用系统*

微机接口
　Y 微型计算机接口

微机接口技术
　Y 微型计算机接口

微机模糊控制
　Y 计算机模糊控制

微机通信
microcomputer communication
TN919
　S 计算机通信
　C 微型计算机

　Z 通信*

微机网络
microcomputer network
TP393
　S 计算机网络*

微机系统
　Y 微型计算机

微机械
　Y 微机电系统

微机械陀螺仪
　Y MEMS 角速度传感器

微机械系统
　Y 微机电系统

微机械谐振器
　Y MEMS 谐振器

微机终端
microcomputer terninal
TP334
　S 计算机终端
　Z 终端设备*

微基站
micro base station
TN927
　S 基站*

微激光器
　Y 微型激光器

微计算机
　Y 微型计算机

微继电器
　Y 微型继电器

微结构光纤
microstructure fiber
TN25　TN929.1
　S 光纤*
　• 微结构聚合物光纤

微结构聚合物光纤
microstructure polymer fiber
TN25
　S 微结构光纤
　　聚合物光纤
　Z 光纤*

微晶硅
microcrystalline silicon
TN304
　S 硅材料
　L 元素半导体**

微晶硅薄膜
microcrystalline silicon thin film
TN304
　S 硅薄膜
　L 元素半导体**

微晶片激光器
microchip laser
TN248
　S 晶体激光器
　L 固体激光器**

微控器
　Y 微控制器

微控制器
micro-controller
TP33　TN47
　D MCU
　　微型控制器
　　微型控制机
　　微控器
　S 控制器*
　• ARM 微控制器
　• PIC 微控制器
　• 高速微控制器
　• 嵌入式微控制器
　• 网络型微控制器
　• 微程序控制器
　C 单片微型计算机
　　多点控制单元

微粒群算法
　Y 粒子群算法

微粒群优化算法
　Y 粒子群算法

微流控分析芯片
microfluidic analysis chip
TN43
　S 微流控芯片
　Z 芯片*

微流控芯片
microfluidic chip
TH7
　D 微流体芯片
　S 控制芯片
　• 数字微流控芯片
　• 微流控分析芯片
　Z 芯片*

微流体芯片
　Y 微流控芯片

微脉冲激光雷达
micropulse lidar
TN958
　S 激光雷达

Z 雷达*

微米激光器
micron laser
TN248
    S 激光器*

微模组件
micromodule
TN42
    D 微型组件
       微组件
    S 电子组件*
    C 微型电子组件
       微电路

微膜集成电路
    Y 薄膜集成电路

微纳机电系统
micronano electromechanical system
TN99
    D 微/纳机电系统
    S 微系统*
    · 纳机电系统
    · 微机电系统

微内核
microkernel
TP316
    S 操作系统内核*
    C 微内核操作系统

微内核操作系统
microkernel operating system
TP316
    S 操作系统**
    C 微内核

微盘激光器
    Y 微片激光器

微片激光器
microchip laser
TN248
    D 微盘激光器
       微碟激光器
    S 激光器*

微腔半导体激光器
microcavity semiconductor laser
TN248
    D 半导体微腔激光器
    S 半导体激光器
    L 固体激光器**

微腔激光器
microcavity laser
TN248
    S 激光器*

微球形格栅阵列封装
microspherical grating array package
TN305
    D mBGA
       mBGA 封装
    S 球栅阵列封装
    L 半导体封装**

微驱动器
micro actuator
TN3 TP2
    D 微小驱动器
       微执行器
    S MEMS 执行器
    · 磁致伸缩驱动器
    · 电热微驱动器
    · 梳齿驱动器
    · 微型电磁驱动器
    · 压电陶瓷驱动器
    Z MEMS 器件*

微全分析系统
micro total analysis system
TN99
    D 芯片实验室
    S 微系统*

微弱信号处理
weak signal processing
TN911
    S 信号处理*

微扫接收机
    Y 压缩接收机

微生物传感器
microbial sensor
TP212
    S 生物传感器
    Z 传感器*

微特电机*
small and special motor
TM38 TM35
    · 特种电机
    · · 控制电机
    · · · 步进电动机
    · · · · 旋转步进电动机
    · · · · · 反应式步进电动机
    · · · · · 混合式步进电动机
    · · · · · 三相步进电动机
    · · · · · 永磁步进电动机
    · · · · 直线步进电动机
    · · · 测速发电机
    · · · · 交流测速发电机
    · · · · 直流测速发电机
    · · · 伺服-测速机组
    · · · 伺服电动机
    · · · · 交流伺服电动机
    · · · · 直流伺服电动机
    · · · 旋转变压器
    · · · 自整角机
    · · 力矩电动机
    · · 微型电源电机
    · 微型电动机
    · · 超声波电机
    · · 高频电机
    · · 微型减速电机
    · · 微型交流电动机
    · · · 微型同步电动机
    · · · · 永磁同步电动机
    · · · · · 永磁直线同步电动机
    · · · 微型异步电动机
    · · 微型直流电动机
    · · · 无刷直流电动机
    · · · · 永磁无刷直流电动机
    · · · 永磁直流电动机
    · · · · 永磁无刷直流电动机
    · 音圈电动机
    · · 音圈旋转电动机
    · · 音圈直线电动机
    · 振动电机
    · 直线电动机
    · · 音圈直线电动机
    · · 永磁直线同步电动机
    · · 直线步进电动机

微调电感器
trimmer inductor
TM554
    S 电感器*

微调电容器
trimmer capacitor
TM531
    S 调谐电容器
    · 薄膜微调电容器
    · 瓷介微调电容器
    C 可变电容器
       补偿电容器
    Z 电容器*

微调电位器
    Y 微调式电位器

微调电阻
    Y 微调电阻器

微调电阻器
trimmer resistor
TM54
    D 微调电阻
    S 电阻器*

微调式电位器
trimmer potentiometer
TM547
    D 微调电位器
    S 电位器
    Z 电阻器*

微通道板光电倍增管
microchannel plate photomultiplier tube

TN15
    D 通道光电倍增管
    S 光电倍增管
    L 电子束管**

微通道板示波管
microchannel plate oscilloscope
TN14
    S 示波管
    L 电子束管**

微通道板象增强器
    Y 微通道板像增强器

微通道板像增强器
microchannel plate image intensifier
TN14
    D 二代象增强器
       微通道板象增强器
    S 像增强器
    L 电子束管**

微微网
piconet
TN926
    D 匹克网
    S 蓝牙网络
    C 散射网
    L 无线通信网络**

微系统*
microsystem
TP311
    D 微型系统
       微系统技术
    • 微纳机电系统
    • • 纳机电系统
    • • 微机电系统
    • • • 射频微机电系统
    • • • 生物微机电系统
    • • • 微光机电系统
    • 微全分析系统

微系统技术
    Y 微系统

微系统芯片
    Y 系统级芯片

微显示器
    Y 微型显示器

微小孔径激光器
very-small-aperture laser
TN248
    S 激光器*

微小驱动器
    Y 微驱动器

微小型计算机
    Y 微型计算机

微小型继电器
    Y 小型继电器

微谐振器
    Y MEMS 谐振器

微芯片
    Y 芯片

微芯片激光器
microchip laser
TN248
    S 激光器*

微芯片卡
    Y IC 卡

微信支付
    Y 微支付

微型步进电机
    Y 步进电动机

微型处理机
    Y 微处理器

微型传感器
microsensor
TP212
    D 微传感器
    S 传感器*
    • MEMS 传感器
    • 分子传感器
    • 纳米传感器
    C 微型电子组件

微型打印机
microprinter
TP334.3
    S 打印机
    Z 外部设备*

微型地球站
    Y 甚小天线地球站

微型电磁继电器
miniature electromagnetic relay
TM58
    S 微型继电器
       电磁继电器
    Z 继电器*

微型电磁驱动器
micro electromagnetic actuator
TN72
    D 微电磁执行器
       微电磁驱动器
    S 微驱动器
    Z MEMS 器件*

微型电动机
micromotor
TM38
    D 微型马达
       微电机
    S 微特电机*
    • 超声波电机
    • 高频电机
    • 微型减速电机
    • 微型交流电动机
    • 微型直流电动机
    • 音圈电动机
    • 振动电机
    • 直线电动机
    C 电机控制电路
       电机驱动电路
       电磁线

微型电源电机
micro power motor
TM35
    S 特种电机
    Z 微特电机*

微型电子计算机
    Y 微型计算机

微型电子组件
micromodule
TN4
    S 电子组件*
    C 微型传感器
       微机电系统
       微模组件

微型发射机
microtransmitter
TN83
    D 便携式发射机
    S 发射机*
    C 便携式电台
       微型收音机
       甚小天线地球站

微型封装
micropackaging
TN05
    D 微封装
    S 半导体封装**

微型管道机器人
miniature pipeline robot
TP242
    S 微型机器人
       管道机器人
    Z 机器人*

微型光机电系统
    Y 微光机电系统

微型光缆
miniature optical cable
TN81
　　S 光缆*

微型光盘
micro CD
TP333
　　S 光盘
　　L 光存储器**
　　　外存储器**

微型机
　　Y 微型计算机

微型机电系统
　　Y 微机电系统

微型机器人
micro robot
TP242
　　S 机器人*
　　· 胶囊机器人
　　· 微操作机器人
　　· 微型管道机器人

微型机系统
　　Y 微型计算机

微型激光器
microlaser
TN248
　　D 微激光器
　　S 激光器*

微型计算机
microcomputer
TP368
　　D PC系统
　　　微型机
　　　微型机系统
　　　微型电子计算机
　　　微型计算机系统
　　　微小型计算机
　　　微机
　　　微机系统
　　　微电脑
　　　微计算机
　　S 电子数字计算机**
　　· 便携式计算机
　　· 单板微型计算机
　　· 单片微型计算机
　　· 个人计算机
　　· 通用微机
　　C 微机通信

微型计算机接口
microcomputer interface
TP334.7
　　D PC接口
　　　微机接口
　　　微机接口技术

　　S 计算机接口**
　　· 单片机接口
　　· 外部接口
　　· 主板接口
　　C PC总线

微型计算机系统
　　Y 微型计算机

微型继电器
microrelay
TM58
　　D 微继电器
　　S 继电器*
　　· 微型电磁继电器

微型减速电机
miniature gear motor
TM38
　　S 微型电动机
　　Z 微特电机*

微型交流电动机
miniature AC motor
TM34　TM38
　　D 微型交流电机
　　S 微型电动机
　　· 微型同步电动机
　　· 微型异步电动机
　　Z 微特电机*

微型交流电机
　　Y 微型交流电动机

微型开关电源
miniature switching power supply
TN86
　　S 开关电源
　　Z 电源*

微型控制机
　　Y 微控制器

微型控制器
　　Y 微控制器

微型马达
　　Y 微型电动机

微型石英谐振器
miniature quartz resonator
TN75
　　S 石英晶体谐振器
　　Z 谐振器*
　　　压电器件*

微型收音机
microradio
TN85
　　S 收音机*
　　C 微型发射机

微型同步电动机
microsynchronous motor
TM38　TM34
　　S 微型交流电动机
　　· 永磁同步电动机
　　Z 微特电机*

微型卫星接收机
microsatellite receiver
TN85
　　S 卫星接收机
　　C 甚小天线地球站
　　Z 接收设备*

微型系统
　　Y 微系统

微型显示器
microdisplay
TN87
　　D 微显示器
　　S 显示器
　　Z 显示设备*

微型异步电动机
micriasynchronous motor
TM34　TM38
　　S 微型交流电动机
　　Z 微特电机*

微型硬盘
　　Y 微硬盘

微型硬盘驱动器
　　Y 微硬盘

微型直流电动机
miniature DC motor
TM38　TM33
　　D 微型直流电机
　　S 微型电动机
　　· 无刷直流电动机
　　· 永磁直流电动机
　　Z 微特电机*

微型直流电机
　　Y 微型直流电动机

微型组件
　　Y 微模组件

微压力传感器
micro pressure sensor
TP212
　　S 压力传感器
　　L 测量传感器**
　　　物理传感器**

微遗传算法
　　Y 微种群遗传算法

微硬盘
micro hard disk
TP333
　　D 微型硬盘
　　　 微型硬盘驱动器
　　S 硬盘
　　　 移动存储设备
　　C 闪速存储器
　　L 外存储器**
　　　 磁存储器**

微阵列数据
microarray data
TP392　TP391
　　S 数据*

微支付
micropayment
TP393.09
　　D 微信支付
　　S 网上支付
　　C 移动支付
　　Z 网络应用*

微执行器
　　Y 微驱动器

微指令寄存器
　　Y 指令寄存器

微种群遗传算法
microgenetic algorithm
TP301　TN911
　　D 微遗传算法
　　S 遗传算法
　　Z 算法*

微组件
　　Y 微模组件

微组装
　　Y 微组装工艺

微组装工艺
microassembly process
TN05
　　D 微组装
　　　 微组装技术
　　S 电子工艺*
　　C 低温共烧陶瓷基板
　　　 低温共烧陶瓷技术
　　　 多芯片封装

微组装技术
　　Y 微组装工艺

桅杆式天线
　　Y 桅杆天线

桅杆天线
mast antenna
TN82
　　D 桅杆式天线
　　S 天线*

唯读存储器
　　Y 只读存储器

唯读存贮器
　　Y 只读存储器

唯密文攻击
ciphertext-only attack
TP309　TN918
　　D 惟密文攻击
　　S 密码攻击
　　• 穷举攻击
　　L 网络攻击**

惟密文攻击
　　Y 唯密文攻击

维持阻塞触发器
holding-blocking flip flop
TN79　TP33
　　S 触发器
　　L 数字电路**

维基技术
　　Y Wiki 技术

维纳均衡器
Wiener equalizer
TN715
　　S 均衡器*

维纳滤波
Wiener filtering
TN713
　　D Wiener 滤波
　　　 最小均方滤波
　　　 魏纳滤波
　　S 滤波*
　　• 迭代维纳滤波
　　• 多级维纳滤波
　　• 二维维纳滤波
　　• 小波域维纳滤波
　　• 循环维纳滤波
　　• 增量维纳滤波

维特比解码器
　　Y 维特比译码器

维特比算法
Viterbi algorithm
TN911
　　D Viterbi 算法
　　S 解码算法
　　C 差分跳频
　　Z 算法*

维特比译码器
Viterbi decoder
TN76
　　D Viterbi 解码器
　　　 Viterbi 译码器
　　　 维特比解码器
　　S 译码电路
　　Z 电子电路*

维瓦尔第天线
　　Y Vivaldi 天线

伪并行遗传算法
pseudo parallel genetic algorithm
TP31
　　S 并行遗传算法
　　Z 算法*

伪彩色编码
pseudo-color coding
TN911
　　S 图像编码
　　Z 编码*

伪彩色增强
pseudo-color enhancement
TP391　TN919.8
　　S 图像增强
　　L 图像处理**

伪码产生器
　　Y 伪随机数发生器

伪码发生器
　　Y 伪随机数发生器

伪码跟踪
PN code tracking
TN961　TN911
　　S 码跟踪
　　C 扩频通信
　　Z 信号处理*

伪码调相
pseudo random coded phase modulation
TN76
　　S 调相
　　Z 调制*

伪码调相连续波雷达
pseudo-code phase-modulated CW radar
TN958
　　S 连续波雷达
　　Z 雷达*

伪随机编码
pseudo random coding
TN911
　　S 随机编码

C 伪随机数发生器
Z 编码*

伪随机交织器
pseudo random interleaver
TN911
 S 交织器*

伪随机码发生器
 Y 伪随机数发生器

伪随机数发生器
pseudo random number generator
TN918
 D 伪码产生器
  伪码发生器
  伪随机序列发生器
  伪随机数生成器
  伪随机码发生器
 S 随机数发生器
 C 伪随机编码
 L 信号发生器**

伪随机数生成器
 Y 伪随机数发生器

伪随机序列发生器
 Y 伪随机数发生器

伪随机噪声
pseudo random noise
TN911
 S 随机噪声
 Z 信号噪声*

伪线性卡尔曼滤波
pseudo-linear Kalman filtering
TN713
 S 卡尔曼滤波**

伪信号
 Y 杂散信号

伪造攻击
forgery attack
TP309 TN918
 S 主动攻击
 C 伪造签名
  数字水印
  数字签名
 L 网络攻击**

伪造签名
forged signature
TN918 TP309
 S 信息窃取
 C 伪造攻击
  在线签名认证
  数字签名
 Z 信息安全风险*

尾巴光纤
 Y 尾纤

尾光纤
 Y 尾纤

尾纤
tail fiber
TN253 TN81
 D 光纤尾纤
  光缆尾纤
  尾光纤
  尾巴光纤
  猪尾纤
 S 光纤*
  光纤连接器
 L 光无源器件**
  光纤器件**

卫星 IP 网络
satellite IP network
TP393 TN927
 S IP 网络
  卫星通信网络
 C 特定源组播
 L 无线通信网络**

卫星传输
satellite transmission
TN943 TN927
 S 无线传输
 C 卫星导航
 Z 信息传输*

卫星导航
satellite navigation
TN966
 D 卫星导航技术
 S 导航*
 • 同步卫星导航
 • 卫星定位导航
 C 卫星传输
  卫星导航接收机
  卫星导航系统
  地图匹配

卫星导航技术
 Y 卫星导航

卫星导航接收机
satellite navigation receiver
TN85 TN96
 D 卫星跟踪接收机
  导航接收机
 S 卫星接收机
 • GPS 接收机
 • 北斗导航接收机
 C 卫星导航
 Z 接收设备*

卫星导航系统
satellite navigation system
TN966
 D 卫星定位系统
 S 无线电导航系统
 • 区域卫星导航系统
 • 全球卫星导航系统
 C 卫星导航
 Z 导航系统*

卫星地面接收站
satellite ground receiving station
TN927
 D 卫星电视地面接收站
  地面接收站
 S 卫星地面站
 Z 地面站*

卫星地面站
satellite ground station
TN927 TN943
 D 卫星地球站
 S 地面站*
 • 广播电视卫星地球站
 • 甚小天线地球站
 • 卫星地面接收站
 • 卫星通信地面站
 • 遥感卫星地面站
 C 卫星终端

卫星地球站
 Y 卫星地面站

卫星电话
satellite phone
TN916 TN927
 D 卫星中继通话器
 S 卫星通信终端
  手持移动终端
 L 无线通信设备**
  通信终端**

卫星电视
satellite television
TN94
 D 卫星广播电视
 S 电视*
 • 卫星数字电视
 • 卫星直播电视
 C 地面接收

卫星电视地面接收站
 Y 卫星地面接收站

卫星电视广播
satellite television broadcasting
TN94 TN938
 S 卫星广播
  电视广播
 • 卫星数字电视广播
 C 地面接收
 Z 广播*

卫星电视机顶盒
　Y 数字卫星机顶盒

卫星电视接收机
satellite TV receiver
TN85　TN949
　D 卫星电视接收系统
　S 卫星接收机
　• 数字卫星电视接收机
　Z 接收设备*

卫星电视接收天线
satellite TV receiving antenna
TN82
　S 卫星接收天线
　　电视接收天线
　• 极轴天线
　• 平板天线
　C 卫星电视信号
　L 卫星天线**

卫星电视接收系统
　Y 卫星电视接收机

卫星电视信号
satellite TV Signal
TN94
　S 卫星信号
　　电视信号
　C 卫星电视接收天线
　Z 信号*

卫星定位导航
satellite positioning navigation
TN966
　S 卫星导航
　　定位导航
　• GPS 导航
　• 北斗卫星导航
　Z 导航*

卫星定位系统
　Y 卫星导航系统

卫星跟踪接收机
　Y 卫星导航接收机

卫星光通信
satellite optical communication
TN927　TN929.13
　D 卫星激光通信
　S 卫星通信
　　自由空间光通信
　• 星地光通信
　• 星间光通信
　C 卫星光网络
　L 光通信**
　　无线通信**

卫星光网络
satellite optical network

TN92
　S 卫星通信网络
　　无线光网络
　C 卫星光通信
　L 无线通信网络**

卫星广播
satellite broadcasting
TN938
　S 广播*
　• 卫星电视广播
　• 卫星数据广播
　• 卫星数字广播

卫星广播电视
　Y 卫星电视

卫星行波管
satellite traveling wave tube
TN12
　S 行波管
　L 微波管**

卫星互联网
satellite internet
TP393.4　TN927
　S 无线互联网
　Z 计算机网络*

卫星激光通信
　Y 卫星光通信

卫星间光通信
　Y 星间光通信

卫星接收
satellite receiving
TN927
　D 卫星接收技术
　S 无线接收
　C 卫星接收天线
　Z 接收*

卫星接收机
satellite receiver
TN85
　S 接收设备*
　• 数字卫星接收机
　• 微型卫星接收机
　• 卫星导航接收机
　• 卫星电视接收机
　C 卫星终端

卫星接收技术
　Y 卫星接收

卫星接收天线
satellite receiving antenna
TN82
　S 卫星天线**
　　接收天线

　• 卫星电视接收天线
　C 卫星接收

卫星宽带通信
satellite broadband communication
TN927
　S 无线宽带通信
　L 无线通信**

卫星链路
satellite link
TN927
　D 卫星中继系统
　　卫星通信链路
　S 空间链路
　• 星地链路
　• 星间链路
　C 卫星天线
　　卫星通信
　Z 链路*

卫星数据传输
satellite data transmission
TN919
　S 数据传输
　C 卫星数据广播
　Z 信息传输*

卫星数据广播
satellite data broadcasting
TN93
　S 卫星广播
　　数据广播*
　C 卫星数据传输
　Z 广播*

卫星数字电视
satellite digital television
TN94
　D 数字卫星电视
　S 卫星电视
　　数字电视
　C 数字卫星机顶盒
　　数字卫星电视接收机
　Z 电视*

卫星数字电视广播
satellite digital television broadcasting
TN938
　D 卫星数字视频广播
　S 卫星数字广播
　　卫星电视广播
　　数字电视广播
　C 数字卫星机顶盒
　Z 广播*

卫星数字多媒体广播
satellite digital multimedia broadcasting
TN938
　D 卫星数字多媒体广播技术

电子信息技术叙词表

  S 卫星数字广播
   数字多媒体广播
  Z 广播*

卫星数字多媒体广播技术
  Y 卫星数字多媒体广播

卫星数字广播
satellite digital broadcasting
TN938
  S 卫星广播
   数字广播
  • 卫星数字电视广播
  • 卫星数字多媒体广播
  Z 广播*

卫星数字接收机
  Y 数字卫星接收机

卫星数字视频广播
  Y 卫星数字电视广播

卫星天线**
satellite antenna
TN82
  D 星载天线
  S 天线*
  • 卫星接收天线
  •• 卫星电视接收天线
  ••• 极轴天线
  ••• 平板天线
  • 卫星通信天线
  • 车载卫星天线
  • 船载卫星天线
  • 地面站天线
  ••• 动中通天线
  ••• 格里高利天线
  ••• 环焦天线
  ••• 小口径天线
  • 星载智能天线
  C 卫星信号
   卫星信道
   卫星链路

卫星通信
satellite communication
TN927
  D SATCOM
  S 宇宙通信
  • 海事卫星通信
  • 机载卫星通信
  • 宽带卫星通信
  • 卫星光通信
  • 卫星移动通信
  • 星际通信
  • 应急卫星通信
  C 卫星信号
   卫星信道
   卫星转发器
   卫星通信地面站
   卫星通信终端
   卫星通信网络

   卫星链路
   地面接收
   点波束
   空间信息网络
  L 无线通信**

卫星通信地面站
satellite communication ground station
TN927
  D 卫星通信地球站
   卫星通信站
  S 卫星地面站
  • 固定地球站
  • 移动地球站
  C 卫星通信
   卫星通信终端
  Z 地面站*

卫星通信地球站
  Y 卫星通信地面站

卫星通信链路
  Y 卫星链路

卫星通信设备
satellite communication equipment
TN927
  S 无线通信设备**
  • 卫星通信终端
  • 卫星转发器
  C 卫星通信天线
   卫星通信网络

卫星通信天线
satellite communication antenna
TN82
  S 卫星天线**
   通信天线**
  • 车载卫星天线
  • 船载卫星天线
  • 地面站天线
  C 卫星通信设备

卫星通信网
  Y 卫星通信网络

卫星通信网络
satellite communication network
TN927
  D 卫星通信网
  S 无线通信网络**
  • 宽带卫星网络
  • 卫星IP网络
  • 卫星光网络
  • 卫星移动通信网
  C 卫星通信
   卫星通信设备
   容迟容断网络

卫星通信站
  Y 卫星通信地面站

卫星通信终端
satellite communication terminal
TN927
  S 卫星终端
   卫星通信设备
   通信终端**
  • 卫星电话
  C 卫星通信
   卫星通信地面站
  L 无线通信设备**
   通信终端**

卫星信道
satellite channel
TN927
  S 无线信道
  • 上行信道
  • 卫星移动信道
  • 下行信道
  C 卫星天线
   卫星通信
  Z 信道*

卫星信号
satellite signal
TN943 TN927
  S 信号*
  • 卫星电视信号
  C 卫星天线
   卫星通信
   地面接收
   点波束

卫星移动通信
satellite mobile communication
TN927
  D 卫星移动通信系统
   移动卫星通信
   移动卫星通信系统
  S 卫星通信
   移动通信
  C 动中通天线
   卫星移动通信网
  L 无线通信**

卫星移动通信网
satellite mobile communication network
TN927
  D 卫星移动网络
  S 卫星通信网络
   移动通信网络**
  C 卫星移动信道
   卫星移动通信
  L 无线通信网络**
   移动通信网络**

卫星移动通信系统
  Y 卫星移动通信

卫星移动通信系统终端地球站
  Y 移动地球站

卫星移动网络
　　Y 卫星移动通信网

卫星移动信道
satellite mobile channel
TN927
　　S 卫星信道
　　　　移动信道
　　C 卫星移动通信网
　　Z 信道*

卫星直播电视
satellite live television
TN943
　　S 卫星电视
　　Z 电视*

卫星中继通话器
　　Y 卫星电话

卫星中继系统
　　Y 卫星链路

卫星终端
satellite terminal
TN927
　　S 终端设备*
　　• GPS 手持机
　　• 北斗终端
　　• 卫星通信终端
　　C 卫星地面站
　　　　卫星接收机

卫星转发器
satellite transponder
TN927
　　D 通信卫星转发器
　　S 卫星通信设备
　　　　转发器
　　• 处理转发器
　　• 透明转发器
　　C 卫星通信
　　L 无线通信设备**

位敏探测器
　　Y 位置敏感探测器

位平面编码
bit plane coding
TN919　TP391
　　S 编码*

位同步信号
bit synchronization signal
TN911
　　S 同步信号
　　　　通信信号
　　Z 信号*

位相调制
　　Y 调相

位移传感器
displacement sensor
TP212.1
　　S 测量传感器**
　　• 电涡流位移传感器
　　• 光纤位移传感器
　　• 光栅传感器
　　• 激光位移传感器
　　• 角位移传感器
　　• 容栅传感器

位移信号
displacement signal
TN7　TP212
　　S 信号*

位移型光衰减器
displacement optical attenuator
TN715　TN29
　　S 光衰减器
　　L 光无源器件**

位置编码
position coding
TN911
　　S 编码*

位置传感器
position sensor
TP212
　　S 测量传感器**

位置服务
location-based service
TP391
　　D 位置信息服务
　　　　基于位置服务
　　　　定位服务
　　S 信息服务*
　　• 移动位置服务
　　C 位置跟踪
　　　　位置隐私保护

位置服务器
location server
TP368
　　S 服务器*
　　C 位置路由

位置感知
location awareness
TP3
　　D 位置感知计算
　　S 信息感知*
　　C 位置隐私保护

位置感知计算
　　Y 位置感知

位置跟踪
position tracking

TN82
　　S 跟踪*
　　• 定位跟踪
　　• 形心跟踪
　　C 人机交互
　　　　位置服务
　　　　虚拟现实

位置路由
location routing
TN92　TP393
　　D 地理位置路由
　　　　基于位置信息的路由
　　　　基于位置的路由
　　S 无线路由
　　C 位置服务器
　　Z 路由*

位置敏感探测器
position sensitive detector
TP212
　　D PSD 器件
　　　　位敏探测器
　　　　位置探测器
　　　　光电位置敏感器件
　　　　光电位置敏感探测器
　　S 光电探测器
　　　　半导体敏感器件**
　　• 四象限探测器
　　L 光学探测器**
　　　　半导体敏感器件**

位置数据
position data
TN919　TP391　TN92
　　S 数据*
　　C 位置隐私保护

位置探测器
　　Y 位置敏感探测器

位置信息服务
　　Y 位置服务

位置隐私保护
location privacy protection
TN918　TP393.08
　　S 隐私保护
　　C 位置感知
　　　　位置数据
　　　　位置服务
　　Z 信息安全防护*

魏纳滤波
　　Y 维纳滤波

温备份
warm backup
TP309
　　S 备份*

温补电路
　Y 温度补偿电路

温补晶振
　Y 温度补偿晶体振荡器

温差电材料
　Y 半导体热电材料

温差电器件
　Y 半导体热电器件

温差电组件
thermoelectric module
TN37
　S 电子组件*
　C 半导体热电材料

温度补偿电路
temperature compensation circuit
TN710
　D 温补电路
　S 电子电路*

温度补偿晶体振荡器
temperature compensation crystal oscillator
TN752
　D 温补晶振
　S 晶体振荡器
　Z 振荡器*
　　 压电器件*

温度传感器
temperature sensor
TP212.11
　S 物理传感器**
　・半导体温度传感器
　・薄膜温度传感器
　・光纤温度传感器
　・红外温度传感器
　・集成温度传感器
　・进气温度传感器
　・热电偶传感器
　・数字温度传感器
　・温湿度传感器
　C 温敏晶闸管

温度继电器
temperature relay
TM58
　S 控制继电器
　C 过热保护电路
　Z 继电器*

温度控制电路
thermal control circuit
TN710
　D 温控电路
　　 集成温度控制器
　S 控制电路

　Z 电子电路*

温控电路
　Y 温度控制电路

温敏二极管
temperature sensitive diode
TN31
　S 半导体二极管
　　 热敏器件
　C 温敏晶闸管
　L 半导体分立器件**
　　 半导体敏感器件**

温敏晶闸管
temperature sensitive thyristor
TN34
　D 温敏闸流晶体管
　S 晶闸管
　　 热敏器件
　C 温度传感器
　　 温敏二极管
　L 半导体分立器件**
　　 半导体敏感器件**
　　 电力半导体器件**

温敏器件
　Y 热敏器件

温敏闸流晶体管
　Y 温敏晶闸管

温湿度传感器
temperature and humidity sensor
TP212.1
　S 温度传感器
　　 湿度传感器
　L 物理传感器**

文本编辑程序
　Y 文本编辑器

文本编辑器
text editor
TP317
　D 文本编辑程序
　S 编辑器
　　 编辑软件
　L 工具软件**
　　 应用软件**

文本处理**
text processing
TP391.1
　D 大规模文本处理
　S 信息处理*
　・词频统计
　・文本分割
　・文本分类
　・・Web 文本分类
　・・超文本分类

　・・短文本分类
　・・文本自动分类
　・・中文文本分类
　・文本过滤
　・文本聚类
　・・Web 文本聚类
　・・中文文本聚类
　・文本提取
　・・关键词抽取
　・・文本特征抽取
　・・文字提取
　・・主题词提取
　・・主题提取
　・・字符提取
　・文本挖掘
　・・Web 文本挖掘
　・文本压缩
　・文本转换
　C 相似度计算

文本分割
text segmentation
TP391
　S 文本处理**
　C 文本提取

文本分类
text classification
TP391.1
　S 信息分类
　　 文本处理**
　・Web 文本分类
　・超文本分类
　・短文本分类
　・文本自动分类
　・中文文本分类
　C 文本分类器
　　 文本挖掘
　　 文本聚类
　　 朴素贝叶斯分类算法

文本分类器
text classifier
TP368
　S 分类器*
　C 文本分类

文本过滤
text filtering
TP391.1
　S 内容过滤
　　 文本处理**
　C 文本聚类

文本聚类
text clustering
TP391
　D 文本聚类算法
　　 文档聚类
　S 文本处理**
　　 聚类*
　・Web 文本聚类

- 中文文本聚类
C 文本分类
  文本过滤

文本聚类算法
  Y 文本聚类

文本情感分析
text sentiment analysis
TP391.1
  D 倾向性分析
    情感分析
    意见挖掘
  S 自然语言处理
  C 情感计算
    情感识别
  L 语言信息处理**

文本识别
  Y 文字识别

文本数据库
text database
TP392
  D 文本型数据库
  S 数据库*

文本数据挖掘
  Y 文本挖掘

文本数字水印
  Y 文本水印

文本水印
text watermark
TN918 TP309
  D 文本数字水印
  S 数字水印*
  C 内容认证

文本特征抽取
text feature extraction
TP391
  S 文本提取
  L 信息抽取**
    文本处理**

文本提取
text extraction
TP391
  D 文本信息抽取
  S 信息抽取**
    文本处理**
  - 关键词抽取
  - 文本特征抽取
  - 文字提取
  - 主题词提取
  - 主题提取
  - 字符提取
  C 文本分割
    文本挖掘

文本挖掘
text mining
TP391
  D 文本数据挖掘
  S 内容挖掘
    文本处理**
  - Web 文本挖掘
  C 分词
    垂直搜索引擎
    文本分类
    文本提取
  L 信息挖掘**
    文本处理**

文本信息抽取
  Y 文本提取

文本型数据库
  Y 文本数据库

文本压缩
text compression
TP391.1
  S 信息压缩**
    文本处理**

文本语音转换
text to speech
TP391 TN912
  D TTS 技术
    文字转发音
    文语转换
    文语转换技术
  S 信息转换
  Z 信息处理*

文本转换
text transformation
TP391
  S 信息转换
    文本处理**

文本自动分类
text automatic categorization
TP391.1
  D 自动文本分类
  S 文本分类
    自动分类
  L 文本处理**

文档保护
  Y 文件保护

文档加密
document encryption
TP309
  S 文件加密
  L 加密**

文档聚类
  Y 文本聚类

文档类型定义
document type definition
TP312
  D DTD
  S 可扩展标记语言
  C 关系型数据库
  Z 计算机语言*

文档数据库
file database
TP392
  D 文档型数据库
  S 数据库*
  C 文件保护

文档型数据库
  Y 文档数据库

文档转换
document conversion
TP391
  S 信息转换
  Z 信息处理*

文化基因算法
memetic algorithm
TP183 TP301
  D Memetic 算法
  S 文化算法
    遗传算法
  Z 算法*

文化粒子群算法
cultural particle swarm algorithm
TP301 TP391
  S 文化算法
    粒子群算法
  Z 算法*

文化算法
cultural algorithm
TP301
  S 进化算法
  - 文化基因算法
  - 文化粒子群算法
  Z 算法*

文件安全
file security
TP309
  S 信息内容安全
  C 文件保护
    文件加密
    文件备份
    文件解密
  Z 信息安全*

文件保护
file protection
TP31 TP309
  D 文档保护
  S 内容保护

· 769 ·

电子信息技术叙词表

  C 文件加密
   文件安全
   文件解密
   文档数据库
  Z 信息安全防护*

文件备份
file backup
TP309
  D 文件备份系统
  S 信息备份
  C 文件安全
  Z 备份*

文件备份系统
  Y 文件备份

文件病毒
  Y 文件型病毒

文件传输
file transfer
TP393.09 TN919
  D 文件传送
  S 信息传输*
  C 文件传输协议

文件传输协议
file transfer protocol
TP393.0
  D FTP 协议
   文件传送协议
  S 传输协议
   应用层协议
  · 比特流协议
  · 简单文件传输协议
  · 网格文件传输协议
  C FTP 传输
   FTP 服务
   FTP 服务器
   文件传输
  L 网络协议**

文件传输协议服务器
  Y FTP 服务器

文件传送
  Y 文件传输

文件传送协议
  Y 文件传输协议

文件访问控制
file access control
TP3
  S 访问控制
  Z 网络技术*

文件服务器
file server
TP368

  S 功能服务器
  · 本地文件服务器
  · 分布式文件服务器
  Z 服务器*

文件格式转换
  Y 格式转换

文件管理程序
  Y 文件管理器

文件管理器
file manager
TP316
  D 文件管理程序
   文件管理系统
   文件系统
  S 系统管理软件
  C 电子文件管理系统
  L 工具软件**

文件管理系统
  Y 文件管理器

文件过滤驱动程序
  Y 过滤驱动程序

文件加密
file encryption
TP309
  S 信息加密
  · 透明加密
  · 文档加密
  C 文件保护
   文件安全
   文件解密
  L 加密**

文件解密
file decryption
TP309
  S 信息解密
  C 文件保护
   文件加密
   文件安全
  Z 加解密*

文件识别
file identification
TP391.4
  S 信息识别*

文件系统
  Y 文件管理器

文件型病毒
file infector virus
TP309
  D 文件病毒
  S 计算机病毒
  L 恶意软件**

文件压缩工具
  Y 压缩软件

文语转换
  Y 文本语音转换

文语转换技术
  Y 文本语音转换

文字编辑软件
word editting software
TP317
  S 字处理软件
   编辑软件
  L 办公软件**
   应用软件**

文字处理
  Y 字处理

文字处理程序
  Y 字处理软件

文字处理软件
  Y 字处理软件

文字处理软件系统
  Y 字处理软件

文字处理系统
  Y 字处理软件

文字电视广播
teletext
TN933
  S 电视广播
  C 字处理
  Z 广播*

文字识别
character recognition
TP391.4
  D 文本识别
  S 信息识别*
  · 汉字识别
  · 字母识别
  · 字体识别

文字提取
text extraction
TP391
  S 文本提取
  C 字符识别
  L 信息抽取**
   文本处理**

文字显示
  Y 字符显示

文字转发音
  Y 文本语音转换

纹理编码
texture coding
TN918　TP391
　　S 图像编码
　　Z 编码*

纹理分割
texture segmentation
TP391.4
　　D 纹理图像分割
　　S 图像分割
　　L 图像处理**

纹理分析
texture analysis
TP391.4　TP391
　　S 图像分析
　　C 图形匹配
　　L 图像处理**

纹理合成
texture synthesis
TP391
　　S 图像合成
　　L 图像处理**

纹理识别
texture recognition
TP391.4
　　S 图像识别
　　Z 信息识别*

纹理特征提取
texture feature extraction
TP391.4
　　D 纹理提取
　　S 图像特征提取
　　L 信息抽取**

纹理提取
　　Y 纹理特征提取

纹理图像分割
　　Y 纹理分割

纹理增强
texture enhancement
TP391.4
　　S 图像增强
　　L 图像处理**

稳定电源
stabilized power supply
TN86
　　D 恒定电源
　　S 电源*
　　· 稳流电源
　　· 稳频电源
　　· 稳压电源

稳健滤波
robust filtering
TN713
　　S 滤波*

稳健水印
robust watermark
TP309
　　S 数字水印*
　　C 视觉掩蔽

稳流电源
constant current power supply
TN86
　　D 恒流电源
　　　电流稳定电源
　　S 稳定电源
　　C 恒流电路
　　Z 电源*

稳频电源
constant frequency power supply
TN86
　　D 频率稳定电源
　　S 稳定电源
　　Z 电源*

稳频氦氖激光器
frequency stabilized He-Ne laser
TN248
　　S 氦氖激光器
　　　稳频激光器
　　L 气体激光器**

稳频激光器
frequency stabilized laser
TN248
　　S 激光器*
　　· 双稳激光器
　　· 稳频氦氖激光器

稳像算法
　　Y 电子稳像

稳压变压器
constant voltage transformer
TM42
　　S 电源变压器
　　L 电子变压器**

稳压电路
voltage regulator circuit
TN86
　　S 电源电路
　　· 串联型稳压电路
　　· 开关稳压电路
　　· 稳压集成电路
　　C 稳压二极管
　　　稳压电源
　　Z 电子电路*

稳压电源
voltage regulator power supply
TN86
　　D 恒压电源
　　S 稳定电源
　　· 串联型稳压电源
　　· 隔离稳压电源
　　· 集成稳压电源
　　· 交流稳压电源
　　· 净化电源
　　· 开关稳压电源
　　· 线性稳压电源
　　· 直流稳压电源
　　C 稳压电路
　　Z 电源*

稳压二极管
zener diode
TN31
　　D 参考二极管
　　　齐纳二极管
　　S 半导体二极管
　　C 稳压电路
　　L 半导体分立器件**

稳压集成电路
voltage regulator integrated circuit
TN710
　　D 稳压芯片
　　　集成稳压电路
　　S 电源集成电路
　　　稳压电路
　　Z 集成电路*
　　　电子电路*

稳压芯片
　　Y 稳压集成电路

涡街流量传感器
vortex flow sensor
TP212
　　S 流量传感器
　　L 物理传感器**

涡流传感器
　　Y 电涡流传感器

握手协议
handshake protocol
TP393
　　S 网络安全协议
　　L 网络协议**

无标度网络
　　Y 无尺度网络

无箔二极管
foil free diode
TN31
　　S 半导体二极管
　　L 半导体分立器件**

无尺度网络
scale-free network
TP301
　　D 无标度网络
　　S 复杂网络
　　C 无中心网络
　　Z 网络*

无处不在网
　　Y 泛在网

无触点继电器
contactless relay
TM58
　　S 继电器*
　　C 半导体器件

无定形半导体
　　Y 非晶半导体

无定形半导体材料
　　Y 非晶半导体

无定型半导体
　　Y 非晶半导体

无方向信标
nondirectional beacon
TN96
　　D 无方向信标台
　　　无方向性信标
　　S 无线电信标*

无方向信标台
　　Y 无方向信标

无方向性天线
　　Y 全向天线

无方向性信标
　　Y 无方向信标

无缝集成
seamless integration
TP391
　　S 数据集成
　　Z 信息处理*

无缝网络
seamless network
TP2　TN92
　　S 网络*

无汞电池
mercury-free battery
TM911
　　S 原电池
　　Z 电池*

无轨迹卡尔曼滤波
　　Y 无迹卡尔曼滤波

无机 EL 显示器
　　Y 无机电致发光显示器

无机电致发光
inorganic electroluminescence
TN383
　　S 电致发光*
　　C 无机电致发光显示器

无机电致发光显示屏
　　Y 无机电致发光显示器

无机电致发光显示器
inorganic electroluminescence display
TN87　TN27
　　D 无机 EL 显示器
　　　无机电致发光显示屏
　　S 电致发光显示器
　　C 无机电致发光
　　Z 显示设备*

无机介质电容器
inorganic dielectric capacitor
TM534
　　S 电容器*
　　· 玻璃膜电容器
　　· 玻璃釉电容器
　　· 陶瓷电容器
　　· 云母电容器

无机实心电阻器
inorganic solid resistor
TM544
　　S 实心电阻器
　　Z 电阻器*

无机液体激光器
inorganic liquid laser
TN248
　　S 液体激光器
　　Z 激光器*

无极继电器
nonpolarized relay
TM58
　　D 无极性继电器
　　S 继电器*

无极性电容器
non-polarity capacitor
TM53
　　S 电容器*
　　C 有极性电容器

无极性继电器
　　Y 无极继电器

无极性铝电解电容器
non-polarity aluminum electrolytic capacitor
TM535
　　S 铝电解电容器
　　Z 电容器*

无迹卡尔曼滤波
unscented Kalman filtering
TN713
　　D U-卡尔曼滤波
　　　unscented 卡尔曼滤波
　　　平淡卡尔曼滤波
　　　无味卡尔曼滤波
　　　无损卡尔曼滤波
　　　无轨迹卡尔曼滤波
　　S 卡尔曼滤波**

无迹粒子滤波
unscented particle filtering
TN713
　　S 粒子滤波
　　Z 滤波*

无监督聚类
unsupervised clustering
TP391.3
　　D 非监督聚类
　　S 聚类*
　　C 无监督学习

无监督学习
unsupervised learning
TP18
　　D 非监督学习
　　　非监督学习方法
　　S 统计学习
　　C 无监督学习算法
　　　无监督聚类
　　Z 机器学习*

无监督学习算法
unsupervised learning algorithm
TP181
　　S 机器学习算法
　　· 独立分量分析算法
　　· 聚类算法
　　· 奇异值分解算法
　　· 主成分分析算法
　　C 无监督学习
　　Z 算法*

无结构 P2P 网络
　　Y 无结构对等网络

无结构对等网络
unstructured P2P network
TP393.1
　　D Gnutella 网络
　　　无结构 P2P 网络
　　　非结构化 P2P
　　　非结构化 P2P 网络

非结构化对等网络
　　S 对等网络
　　C 搜索算法
　　　蚁群算法
　　Z 计算机网络*

无结构三角形网格
　　Y 无结构网格

无结构网格
unstructured grid
TP393.1　TV1
　　D 无结构三角形网格
　　S 网格*

无类别域间路由
classless inter-domain routing
TP393.4
　　D CIDR
　　　无类型域间选路
　　　无类域间路由
　　S 域间路由
　　Z 路由*

无类型域间选路
　　Y 无类别域间路由

无类域间路由
　　Y 无类别域间路由

无铝激光器
aluminium-free laser
TN248
　　S 激光器*

无模型自适应控制
model-free adaptive control
TP273
　　S 自适应控制
　　Z 自动控制*

无盘工作站
diskless workstation
TP368
　　S 工作站
　　C 无盘终端
　　　无盘网络
　　Z 计算机*

无盘网
　　Y 无盘网络

无盘网络
diskless network
TP393.1
　　D 无盘网
　　S 计算机网络*
　　C 无盘工作站
　　　无盘终端

无盘终端
diskless terminal
TN87
　　S 计算机终端
　　C 无盘工作站
　　　无盘网络
　　Z 终端设备*

无铅焊膏
lead-free solder paste
TN04
　　S 焊膏
　　Z 电子材料*

无人机数据链
UAV data link
TN97　TN919　TN915
　　S 数据链路
　　C 反辐射无人机
　　　空中机器人
　　Z 链路*
　　　通信网络*

无人驾驶汽车
　　Y 智能汽车

无绳 PABX
　　Y 无绳电话

无绳电话
cordless telephone
TN916
　　D 数字无绳电话
　　　数字无绳电话系统
　　　无绳 PABX
　　　无绳电话机
　　　无绳电话系统
　　S 电话通信
　　C 数字无绳通信
　　Z 通信*

无绳电话机
　　Y 无绳电话

无绳电话系统
　　Y 无绳电话

无失真编码
　　Y 无损编码

无失真图像压缩
　　Y 无损图像压缩

无失真压缩
　　Y 无损压缩

无刷电机
　　Y 无刷直流电动机

无刷直流电动机
brushless DC motor
TM38
　　D 无刷电机
　　　无刷直流电机
　　　直流无刷电机
　　S 微型直流电动机
　　· 永磁无刷直流电动机
　　Z 微特电机*

无刷直流电机
　　Y 无刷直流电动机

无损编码
lossless coding
TN91
　　D 无失真编码
　　S 编码*
　　· 哈夫曼编码
　　· 行程编码

无损卡尔曼滤波
　　Y 无迹卡尔曼滤波

无损数据压缩
lossless data compression
TP391
　　D 数据无损压缩
　　S 数据压缩
　　　无损压缩
　　C 无损图像压缩
　　　无损数据隐藏
　　L 信息压缩**

无损数据隐藏
lossless data hiding
TN918　TP309
　　S 数据隐藏
　　　无损信息隐藏
　　C 无损数据压缩
　　L 信息隐藏**

无损水印
lossless watermark
TP393.08　TN918
　　S 数字水印*

无损图象压缩
　　Y 无损图像压缩

无损图像压缩
lossless image compression
TP391　TN919
　　D 图像无损压缩
　　　无失真图像压缩
　　　无损图象压缩
　　S 图像压缩
　　　无损压缩
　　C 无损数据压缩
　　L 信息压缩**
　　　图像处理**

无损信息隐藏
lossless information hiding
TN918　TP309
　　D 无损信息隐藏技术
　　S 信息隐藏**
　　• 无损数据隐藏

无损信息隐藏技术
　　Y 无损信息隐藏

无损压缩
lossless compression
TP391　TN919
　　D 无失真压缩
　　　无损压缩技术
　　S 信息压缩**
　　• 无损数据压缩
　　• 无损图像压缩
　　• 无损音频压缩

无损压缩技术
　　Y 无损压缩

无损音频压缩
lossless audio compression
TN912
　　S 无损压缩
　　　音频压缩
　　L 信息压缩**
　　　音频处理**

无陀螺捷联惯导系统
gyro-free strapdown inertial navigation system
TN966
　　S 捷联惯性导航系统
　　Z 导航系统*

无味卡尔曼滤波
　　Y 无迹卡尔曼滤波

无限冲激响应数字滤波器
　　Y IIR 数字滤波器

无限带宽技术
infinite band technology
TP393.2
　　D InfiniBand
　　　InfiniBand 技术
　　S 计算机网络技术
　　Z 网络技术*

无线 AdHoc 网络
　　Y 自组织网络

无线 AP
　　Y 无线接入点

无线 ATM 网
　　Y 无线 ATM 网络

无线 ATM 网络
wireless ATM network
TN915
　　D 无线 ATM 网
　　S ATM 网络
　　L 宽带网**

无线 internet
　　Y 无线互联网

无线 Mesh
　　Y 无线网状网

无线 Mesh 网
　　Y 无线网状网

无线 Mesh 网络
　　Y 无线网状网

无线 Modem
　　Y 无线调制解调器

无线 USB
wireless USB
TP336　TN92
　　D WUSB
　　　WirelessUSB
　　S 通用串行总线
　　Z 总线*

无线标记语言
wireless markup language
TP312
　　S 标记语言
　　Z 计算机语言*

无线抄表系统
wireless meter reading system
TP391　TP27　TN92
　　S 电子系统*

无线城域网
wireless metropolitan area network
TP393.1　TN92
　　D WMAN
　　S 城域网
　　• 移动城域网
　　C 无线通信
　　Z 计算机网络*

无线传感反应网络
　　Y 无线传感器和执行器网络

无线传感器
wireless sensor
TP212
　　S 传感器*
　　• 毫米波传感器
　　• 微波传感器
　　• 无线智能传感器

无线传感器/执行器网络
　　Y 无线传感器和执行器网络

无线传感器反应网络
　　Y 无线传感器和执行器网络

无线传感器和执行器网络
wireless sensor and actor network
TN92　TP212
　　D WSAN
　　　无线传感反应网络
　　　无线传感器/执行器网络
　　　无线传感器与执行器网络
　　　无线传感器反应网络
　　　无线传感器执行器网络
　　　无线传感执行网络
　　S 无线传感器网络
　　L 物联网**

无线传感器网
　　Y 无线传感器网络

无线传感器网络
wireless sensor network
TN92　TP212
　　D 无线传感器网
　　　无线传感网
　　　无线传感网络
　　　无线感知网络
　　S 传感器网络
　　　无线多跳网络
　　• 分布式无线传感器网络
　　• 水下传感器网络
　　• 无线传感器和执行器网络
　　• 无线多媒体传感器网络
　　• 无线自组传感器网络
　　• 移动传感器网络
　　• 异构无线传感器网络
　　• 有向传感器网络
　　C 主密钥
　　　交叉覆盖算法
　　　分层协议
　　　分布式协议
　　　分布式算法
　　　实时网络
　　　广播协议
　　　广播认证
　　　拓扑网络
　　　数据收集协议
　　　无线传感器网络 Mac 协议
　　　无线传感器网络路由协议
　　　泛洪广播
　　　网络密钥
　　　网络嵌入
　　　网络链路
　　　能量感知
　　　节点技术
　　　节点操作系统
　　　质心算法
　　　随机密钥
　　　静态网络
　　L 物联网**

无线传感器网络Mac协议
Mac protocol for wireless sensor
network
TN915.04 TP2 TN92
　　D S-MAC协议
　　　SMAC协议
　　S 媒体接入控制协议
　　C 无线传感器网络
　　L 网络协议**

无线传感器网络路由协议
routing protocol for wireless
sensor network
TN915.04 TN92 TP212
　　D WSN路由协议
　　S 无线路由协议
　　· 低功耗自适应集簇分层型协议
　　· 地理能量感知路由协议
　　C 无线传感器网络
　　L 网络协议**

无线传感器与执行器网络
　　Y 无线传感器和执行器网络

无线传感器执行器网络
　　Y 无线传感器和执行器网络

无线传感网
　　Y 无线传感器网络

无线传感网络
　　Y 无线传感器网络

无线传感执行网络
　　Y 无线传感器和执行器网络

无线传输
wireless transmission
TN919 TN92
　　D 无线传输技术
　　　无线信号传输
　　　无线电传输
　　S 信息传输*
　　· 蓝牙传输
　　· 卫星传输
　　· 无线多媒体传输
　　· 无线视频传输
　　· 无线数据传输
　　· 无线图像传输
　　C 单片微型计算机
　　　数据采集
　　　无线电发射机

无线传输层安全
　　Y 无线传输层安全协议

无线传输层安全协议
wireless transport layer security
protocol
TP3 TN918
　　D WTLS协议

　　　无线传输层安全
　　S 传输层安全协议
　　　无线应用协议
　　L 网络协议**

无线传输技术
　　Y 无线传输

无线传真
wireless facsimile
TN917 TN92
　　S 传真通信
　　Z 通信*

无线单片机
wireless single-chip
microcomputer
TP2 TN92
　　S 单片微型计算机
　　L 电子数字计算机**

无线电波传播
　　Y 电波传播

无线电波接收
　　Y 无线接收

无线电波信号
　　Y 无线电信号

无线电测向
radio direction finding
TN971
　　S 测向*
　　· 比幅比相测向
　　· 短波测向
　　· 多普勒测向
　　· 函数测向
　　· 空间谱估计测向
　　· 宽带信号测向
　　· 雷达测向
　　· 时差测向
　　· 搜索法测向
　　· 通信测向
　　· 最小信号法测向
　　C 无线电广播

无线电测向机
　　Y 测向机

无线电传输
　　Y 无线传输

无线电导航
radio navigation
TN966
　　D 无线电领航
　　　无线电频率导航
　　S 导航*
　　· 多普勒导航
　　· 罗兰导航

　　· 双曲线导航
　　· 肖兰导航
　　C 无线电定位
　　　无线电导航系统
　　　无线电广播

无线电导航系统
radio navigation system
TN966
　　S 导航系统*
　　· 塔康导航系统
　　· 卫星导航系统
　　C 无线电导航

无线电电子学
radio electronics
TN01
　　D 无线电技术
　　S 电子学*

无线电电子压制
　　Y 电子压制

无线电定位
radio location
TN92
　　S 定位导航
　　C 无线电导航
　　　无线电广播
　　　无线电静默
　　Z 导航*

无线电对讲机
　　Y 无线对讲机

无线电发报机
telegraph transmitter
TN917
　　D 发报机
　　S 电报设备
　　Z 通信设备*

无线电发射机
radio transmitter
TN83
　　D 无线发射器
　　　无线发射机
　　　无线电发信机
　　　无线电发射器
　　　无线电发射设备
　　S 发射机*
　　· 超短波发射机
　　· 大功率发射机
　　· 单边带发射机
　　· 短波发射机
　　· 分米波发射机
　　· 微波发射机
　　· 中波发射机
　　C 地面电视
　　　无线传输
　　　无线电台
　　　无线电接收机

无线通信

无线电发射器
　　Y 无线电发射机

无线电发射设备
　　Y 无线电发射机

无线电发信机
　　Y 无线电发射机

无线电干扰
　　Y 电子干扰

无线电高度表天线
　　Y 高度表天线

无线电广播
radio broadcasting
TN934
　　D 无线广播
　　S 广播*
　　· 地面无线广播
　　· 电台广播
　　· 调幅广播
　　· 调频广播
　　· 短波广播
　　· 数字无线广播
　　· 同步广播
　　· 中波广播
　　· 中短波广播
　　C 无线电定位
　　　无线电导航
　　　无线电测向

无线电话
wireless telephone
TN92　TN916
　　S 无线通信**
　　　电话通信
　　· 无线固话
　　· 无线市话

无线电技术
　　Y 无线电电子学

无线电技术侦察
　　Y 无线电侦察

无线电接力通信
radio relay communication
TN925
　　D 无线电中继通信
　　S 中继通信
　　C 无线衰落信道
　　Z 通信*

无线电接收
　　Y 无线接收

无线电接收机
radio receiver
TN85
　　D 无线接收机
　　　无线电接收设备
　　　无线电收信机
　　S 接收设备*
　　· 超短波接收机
　　· 单边带接收机
　　· 短波接收机
　　· 分集接收机
　　· 零差接收机
　　· 甚低频接收机
　　· 甚高频接收机
　　· 微波接收机
　　· 信标接收机
　　C 无线收发器
　　　无线电发射机

无线电接收设备
　　Y 无线电接收机

无线电静默
radio silence
TN975
　　S 通信反侦察
　　C 无线电信号
　　　无线电定位
　　L 电子对抗**

无线电链路
　　Y 无线链路

无线电领航
　　Y 无线电导航

无线电迷惑
　　Y 通信欺骗

无线电频率导航
　　Y 无线电导航

无线电频率识别
　　Y 射频识别

无线电欺骗
　　Y 通信欺骗

无线电射频接口
　　Y 射频接口

无线电视
　　Y 地面电视

无线电收发两用机
　　Y 无线收发器

无线电收信机
　　Y 无线电接收机

无线电台*
radio station
TN924
　　D 电台
　　· 调频电台
　　· 固定电台
　　· 海岸电台
　　· 航空电台
　　· · 对空电台
　　· · 机场管理电台
　　· · 机载电台
　　· 军用电台
　　· · 便携式电台
　　· 陆地电台
　　· 软件无线电台
　　· 数字电台
　　· 双波段电台
　　· 跳频电台
　　· 通信电台
　　· · 长波电台
　　· · 单边带电台
　　· · · 短波单边带电台
　　· · 短波电台
　　· · 超短波电台
　　· · · 短波单边带电台
　　· · 数传电台
　　· · · 数据链路电台
　　· 移动电台
　　· · 便携式电台
　　· · 车载电台
　　· · 船载电台
　　· · 机载电台
　　· · 救生电台
　　· · 手持电台
　　· · · 对讲机
　　· · · · 半双工对讲机
　　· · · · 模拟对讲机
　　· · · · 数字对讲机
　　· · · · 无线对讲机
　　· 坦克电台
　　· 中波电台
　　C 无线接收
　　　无线电发射机
　　　电台广播

无线电天线
　　Y 天线

无线电通信
　　Y 无线通信

无线电通信测向
　　Y 通信测向

无线电通信对抗
　　Y 通信对抗

无线电通信干扰方舱
　　Y 通信干扰设备

无线电通信干扰飞机
　　Y 通信干扰飞机

无线电通信干扰机
 Y 通信干扰机

无线电通信干扰设备
 Y 通信干扰设备

无线电通信设备
 Y 无线通信设备

无线电通讯
 Y 无线通信

无线电信标*
radio beacon
TN96
 D 无线电信标台
  无线电信标机
 • 航向信标
 • 雷达信标
 • 全向信标
 •• 多普勒全向信标
 ••• 多普勒甚高频全向信标
 •• 甚高频全向信标
 ••• 多普勒甚高频全向信标
 • 声呐信标
 • 塔康信标
 • 无方向信标
 C 信标接收机

无线电信标机
 Y 无线电信标

无线电信标台
 Y 无线电信标

无线电信号
radio signal
TN011
 D 无线信号
  无线电波信号
 S 电磁波信号
 • 短波信号
 • 多径信号
 • 多载波信号
 • 后向散射信号
 • 回波信号
 • 扩频信号
 • 射频信号
 • 跳频信号
 • 微波信号
 • 谐波信号
 • 应答信号
 • 远场信号
 • 杂波信号
 • 杂散信号
 • 窄带信号
 • 直达信号
 C 无线电侦察
  无线电静默
 Z 信号*

无线电寻呼
 Y 无线寻呼

无线电寻呼电话
 Y 无线寻呼

无线电噪声
radio noise
TN01
 S 信号噪声*
 • 边带噪声
 • 大气噪声
 • 天线噪声
 • 载波噪声

无线电侦察
radio reconnaissance
TN971
 D 无线电技术侦察
 S 电子侦察
 C 无线电信号
 L 电子对抗**

无线电指纹
 Y 射频指纹

无线电制导
radio guidance
TN96
 S 制导*

无线电中继通信
 Y 无线电接力通信

无线电综合测试仪
radio synthesis tester
TM93 TN014
 S 电子测量仪器*

无线定位系统
wireless location system
TN92
 S 导航定位系统
 Z 导航系统*

无线对讲机
wireless interspeaker
TN929.1
 D 无线电对讲机
 S 对讲机
 Z 无线电台*

无线多媒体传感器网络
wireless multimedia sensor network
TN92 TP212
 S 多媒体传感器网络
  无线传感器网络
  无线多媒体网络
 L 物联网**

无线多媒体传输
wireless multimedia transmission
TN91
 S 多媒体传输
  无线传输
 Z 信息传输*

无线多媒体通信
wireless multimedia communication
TN919 TN92
 S 多媒体通信
  无线通信**
 • 移动多媒体通信

无线多媒体网络
wireless multimedia network
TN915 TP393
 S 多媒体网络*
  无线网络*
 • 无线多媒体传感器网络

无线多跳网
 Y 无线多跳网络

无线多跳网络
wireless multi-hop network
TN92 TP393.1
 D 多跳无线网
  多跳无线网络
  多跳网
  多跳网络
  无线多跳网
 S 无线网络*
 • 多跳蜂窝网络
 • 无线传感器网络
 • 无线网状网
 • 自组织网络
 C 多跳路由
  多跳通信

无线发射机
 Y 无线电发射机

无线发射器
 Y 无线电发射机

无线泛在网络
wireless ubiquitous network
TN92 TP2
 S 泛在网*

无线访问接入点
 Y 无线接入点

无线访问节点
 Y 无线接入点

无线分组数据网
 Y 分组无线网

电子信息技术叙词表

无线分组网
　　Y 分组无线网

无线蜂窝网络
　　Y 蜂窝网络

无线感知网络
　　Y 无线传感器网络

无线个人域网
　　Y 个人域网

无线个域网
　　Y 个人域网

无线工业网络
　　Y 工业无线网络

无线公话
wireless public phone
TN92　TN916
　　S 公用电话
　　　 无线固话
　　L 无线通信**

无线公开密钥体系
　　Y 无线公钥基础设施

无线公钥基础设施
wireless public key infrastructute
TN918　TP393.08
　　D WPKI
　　　 无线公开密钥体系
　　S 公钥基础设施
　　C X.509 证书
　　　 无线应用协议
　　Z 信息基础设施*

无线固话
wireless fixed telephone
TN92　TN916
　　S 固定电话
　　　 无线电话
　　・无线公话
　　L 无线通信**

无线光通信
wireless optical communication
TN92
　　D 光无线通信
　　S 光通信**
　　　 无线通信**
　　・可见光通信
　　・室内无线光通信
　　・自由空间光通信

无线光网络
wireless optical network
TN929.1
　　S 光网络*

　　　 无线网络*
　　・卫星光网络

无线广播
　　Y 无线电广播

无线广播接收机
　　Y 收音机

无线广域网
wireless wide area network
TN92　TP393.2
　　D WWAN
　　S 广域网
　　C 无线网络
　　Z 计算机网络*

无线互联网
wireless internet
TP393.4　TN92
　　D 无线 internet
　　　 无线因特网
　　S 互联网
　　・卫星互联网
　　・移动互联网
　　C 移动 IP 协议
　　Z 计算机网络*

无线会话协议
wireless session protocol
TN92　TN915
　　D 无线会晤协议
　　S 无线应用协议
　　C 多媒体服务
　　Z 通信协议*

无线会晤协议
　　Y 无线会话协议

无线基站
wireless base station
TN927
　　S 基站*

无线激光通信
　　Y 自由空间光通信

无线集群通信
　　Y 集群通信

无线键盘
wireless keyboard
TP334.2
　　S 键盘
　　Z 外部设备*

无线接口
wireless interface
TN925
　　S 通信接口
　　C 无线接收

　　　 无线网络
　　Z 接口*

无线接口标准
wireless interface standard
TP311　TN915
　　S 接口规范
　　Z 信息产业标准*

无线接入点
wireless access point
TP393.6　TN92
　　D 接入点
　　　 无线 AP
　　　 无线访问接入点
　　　 无线访问节点
　　S 无线网络设备
　　C 接入协议
　　　 无线局域网
　　　 无线移动网络
　　Z 网络设备*

无线接入网
wireless access network
TN92
　　D 无线接入网络
　　S 无线通信网络**
　　・宽带无线接入网

无线接入网络
　　Y 无线接入网

无线接收
wireless reception
TN92
　　D 无线电接收
　　　 无线电波接收
　　S 接收*
　　・多包接收
　　・非相干接收
　　・分集接收
　　・卫星接收
　　・相干接收
　　・移动接收
　　C 无线接口
　　　 无线电台
　　　 无线链路

无线接收机
　　Y 无线电接收机

无线局域网
wireless local area network
TN92　TP393.1
　　D WLAN
　　　 WLAN 技术
　　　 无线区域网络
　　　 无线局域网技术
　　　 无线局域网标准
　　　 无线局域网络
　　S 局域网**
　　　 计算机无线网络

・778・

- 高速无线局域网
- 个人域网
- 公共无线局域网
- 宽带无线局域网
- C 可扩展认证协议
  接入认证
  无线接入点
  无线网卡
  有线等效保密协议
  网桥

无线局域网标准
  Y 无线局域网

无线局域网技术
  Y 无线局域网

无线局域网络
  Y 无线局域网

无线控制器
wireless controller
TN92
  S 通信控制器
- 基带控制器
- 基站控制器
- 无线网络控制器
  Z 通信设备*
  控制器*

无线宽带路由器
wireless broadband router
TN915
  S 宽带路由器
  无线路由器
  C 宽带无线网络
  无线宽带通信
  L 网络互连设备**

无线宽带通信
wireless wideband communication
TN929.5
  D 宽带无线技术
  宽带无线通信
  S 宽带通信
  无线通信**
- 宽带移动通信
- 卫星宽带通信
  C 宽带无线网络
  无线宽带路由器

无线宽带网络
  Y 宽带无线网络

无线扩频
  Y 扩频

无线扩频通信
  Y 扩频通信

无线链路
wireless link
TN92 TN915
  D 无线电链路
  S 链路*
- 射频链路
- 无线数据链路
  C 无线接收
  无线路由

无线链路控制协议
  Y 无线链路协议

无线链路协议
wireless link protocol
TN915 TN92
  D 无线链路控制协议
  S 数据链路层协议
  L 网络协议**

无线流媒体
wireless streaming media
TP37
  S 流媒体*

无线路由
wireless routing
TP393.2 TN92
  S 路由*
- 按需路由
- 层次路由
- 多跳路由
- 分簇路由
- 混合路由
- 位置路由
- 移动路由
  C 无线链路

无线路由器
wireless router
TN92 TN915
  S 路由器
- 无线宽带路由器
  C 无线网卡
  无线路由器
  无线路由协议
  L 网络互连设备**

无线路由协议
wireless routing protocol
TN92 TN915
  S 路由协议
- 按需距离矢量路由协议
- 动态源路由协议
- 分布式路由协议
- 分层路由协议
- 分簇路由协议
- 混合路由协议
- 目的序列距离矢量路由协议
- 无线传感器网络路由协议
  C 无线路由器
  无线通信
  L 网络协议**

无线片上系统
wireless system on-chip
TN92
  S 系统级芯片
  Z 芯片*

无线区域网络
  Y 无线局域网

无线认知网络
  Y 认知无线电网络

无线射频技术
radio frequency technology
TN014
  S 电子技术*

无线射频识别
  Y 射频识别

无线射频收发器
  Y 射频收发器

无线射频芯片
  Y 射频芯片

无线市话
wireless local call
TN916 TN92
  D PHS
  个人手持电话系统
  小灵通
  S 市内电话
  无线电话
  C PHS 网络
  小灵通基站
  L 无线通信**

无线市话网络
  Y PHS 网络

无线视频传输
wireless video transmission
TN919 TN92
  S 无线传输
  视频传输
  C 无线视频通信
  Z 信息传输*

无线视频通信
wireless video communication
TN92 TN919
  S 无线通信**
  C 无线视频传输

无线收发机
  Y 无线收发器

无线收发器
wireless transceiver
TN8
    D 无线收发信机
       无线收发机
       无线收发芯片
       无线电收发两用机
    S 收发器*
    • 蓝牙收发器
    • 射频收发器
    • 微波收发信机
    C 无线电接收机

无线收发芯片
    Y 无线收发器

无线收发信机
    Y 无线收发器

无线鼠标
wireless mouse
TP334.2
    S 鼠标
    Z 外部设备*

无线数传
    Y 无线数据传输

无线数据采集
wireless data acquisition
TP274
    S 数据采集
    C 无线数据传输
    Z 信息采集*

无线数据传输
wireless data transmission
TN919 TN92
    D 无线数传
       无线数字传输
       无线数据传送
    S 数据传输
       无线传输
    C 无线数据网络
       无线数据通信
       无线数据采集
       无线通信协议
    Z 信息传输*

无线数据传输网络
    Y 无线数据网络

无线数据传送
    Y 无线数据传输

无线数据链路
wireless data link
TN92 TN919
    S 数据链路
       无线链路
    Z 通信网络*

       链路*

无线数据通信
wireless data communication
TP393 TN92 TN919
    D 无线数据通信系统
       无线数据通讯
    S 无线通信**
    • 突发通信
    C 无线数据传输
       无线数据网络

无线数据通信网
    Y 无线数据网络

无线数据通信系统
    Y 无线数据通信

无线数据通讯
    Y 无线数据通信

无线数据网
    Y 无线数据网络

无线数据网络
wireless data network
TN919 TN92 TP393
    D 无线数据传输网络
       无线数据网
       无线数据通信网
    S 数据通信网
       无线通信网络**
    C 无线数据传输
       无线数据通信

无线数据终端
wireless data terminal
TN87 TN919
    S 数据终端设备
       无线终端
    • 数据传输单元
    L 通信终端**

无线数字传输
    Y 无线数据传输

无线数字电视
    Y 地面数字电视

无线数字通信
wireless digital communication
TN929.5
    S 数字通信
       无线通信**
    • 数字微波通信

无线衰落信道
wireless fading channel
TN911 TN92
    S 无线信道
       衰落信道

    C 无线电接力通信
    Z 信道*

无线体域网
    Y 人体域网

无线调制解调器
wireless modem
TN919 TN92
    D 无线modem
    S 调制解调器
    Z 通信设备*

无线通信**
wireless communication
TN92
    D 无线电通信
       无线电通讯
       无线通讯
    S 通信*
    • 超低频通信
    • 超宽带无线通信
    • 单边带通信
    • 单方通信
    • 短波通信
    • • 超短波通信
    • • 短波数据通信
    • • 短波跳频通信
    • 短距离无线通信
    • Wi-Fi通信
    • 近场通信
    • 蓝牙通信
    • 紫蜂通信
    • 多址通信
    • • 码分多址通信
    • • 跳频多址通信
    • 非视距通信
    • 广播通信
    • 矿井无线通信
    • 扩频通信
    • 脉冲无线电
    • 跳频通信
    • • 短波跳频通信
    • • 跳频多址通信
    • 直接序列扩频通信
    • 自编码扩频通信
    • 认知无线电
    • 软件定义无线电
    • 散射通信
    • 对流层散射通信
    • 流星余迹通信
    • 室内无线通信
    • 室内无线光通信
    • • 室内可见光通信
    • 视距通信
    • 微波通信
    • 毫米波通信
    • 数字微波通信
    • 特高频通信
    • 微波中继通信
    • 无线电话
    • 无线固话
    • • 无线公话

- · 无线市话
- 无线多媒体通信
- · 移动多媒体通信
- 无线光通信
- · 可见光通信
- · · 室内可见光通信
- · · 水下可见光通信
- 室内无线光通信
- · · 室内可见光通信
- · 自由空间光通信
- · · 大气光通信
- · · 空间相干光通信
- · 深空光通信
- · 卫星光通信
- · · · 星地光通信
- · · · 星间光通信
- 无线宽带通信
- · 宽带移动通信
- · 卫星宽带通信
- 无线视频通信
- 无线数据通信
- · 突发通信
- 无线数字通信
- · 数字微波通信
- 无线网络通信
- · 虚拟无线电
- 移动通信
- · 蜂窝移动通信
- · · GPRS通信
- · · 第二代移动通信
- · · 第三代移动通信
- · · 第四代移动通信
- · · 第五代移动通信
- · · 码分多址通信
- · 公众移动通信
- · 宽带移动通信
- · 陆地移动通信
- · 数字无绳通信
- · 数字移动通信
- · 卫星移动通信
- · 移动多媒体通信
- · 专用移动通信
- · · 航空移动通信
- · · 集群通信
- · · · 数字集群通信
- 宇宙通信
- · 深空通信
- · · 深空光通信
- · 卫星通信
- · · 海事卫星通信
- · · 机载卫星通信
- · · 宽带卫星通信
- · · 卫星光通信
- · · · 星地光通信
- · · · 星间光通信
- · · 卫星移动通信
- · · 星际通信
- · · · 星间光通信
- · · 应急卫星通信
- · 专用无线通信
- C 地面无线广播
  无线城域网
  无线电发射机
  无线网络

  无线路由协议
  无线通信协议

无线通信设备**
wireless communication equipment
TN92
 D 无线电通信设备
 S 通信设备*
- 合路器
- 蓝牙设备
- 微波通信设备
- 卫星通信设备
- · 卫星通信终端
- · · 卫星电话
- · 卫星转发器
- · · 处理转发器
- · · 透明转发器
- 无线寻呼设备
- · 寻呼发射机
- · 寻呼机
- 移动通信设备
- · 手机
- · · GSM手机
- · · 触屏手机
- · · 多模手机
- · · 功能手机
- · · 双模手机
- · · 双频手机
- · · 智能手机

无线通信网
 Y 无线通信网络

无线通信网络**
wireless communication network
TP2
 D 无线通信网
  无线通讯网
 S 无线网络*
  通信网络*
- PHS网络
- 短距离无线通信网络
- · Wi-Fi网络
- · 个人域网
- · 蓝牙网络
- · · 散射网
- · · 微微网
- · 紫蜂网络
- 分组无线网
- · 移动分组无线网
- 人体域网
- 认知无线电网络
- 水声通信网
- 微波通信网
- · 数字微波网
- · 微波中继通信网
- 卫星通信网络
- · 宽带卫星网络
- · 卫星IP网络
- · 卫星光网络
- · 卫星移动通信网
- 无线接入网
- · 宽带无线接入网

- 无线数据网络
- 无线移动网络
- 无线智能网络
- 无线中继网络
- · 中继蜂窝网络
- 寻呼网络

无线通信协议
wireless communication protocol
TN915 TN92
 D 无线协议
  无线通讯协议
 S 通信协议*
- HART协议
- 蓝牙协议
- 无线应用协议
- 紫蜂协议
 C 手持数据终端
  无线数据传输
  无线网络
  无线通信

无线通讯
 Y 无线通信

无线通讯网
 Y 无线通信网络

无线通讯协议
 Y 无线通信协议

无线图像传输
wireless image transmission
TN92 TN919
 S 图像传输
  无线传输
 Z 信息传输*

无线网
 Y 无线网络

无线网格网
 Y 无线网状网

无线网关
wireless gateway
TP393.4 TN915
 S 通信网关
- WAP网关
- 蓝牙网关
 L 网络互连设备**

无线网卡
wireless network card
TP334.7
 D 无线网络适配器
 S 网卡
 C 无线局域网
  无线路由器
 Z 外部设备*

无线网络*
wireless network
TP393 TP2 TN92
　　D 无线网
　　　无线网络技术
　　　无线网络系统
　　· 分布式无线网络
　　· · 分布式无线传感器网络
　　· · 分层分布式无线网络
　　· 计算机无线网络
　　· 无线局域网
　　· · 高速无线局域网
　　· · 个人域网
　　· · 公共无线局域网
　　· · 宽带无线局域网
　　· 移动计算机网络
　　· 宽带无线网络
　　· 无线多媒体网络
　　· 无线多媒体传感器网络
　　· 无线多跳网络
　　· · 多跳蜂窝网络
　　· 无线传感器网络
　　· · 分布式无线传感器网络
　　· · 水下传感器网络
　　· · 无线传感器和执行器网络
　　· · 无线多媒体传感器网络
　　· · 无线自组传感器网络
　　· · 移动传感器网络
　　· · · 延迟容忍移动传感器网络
　　· · 异构无线传感器网络
　　· · 有向传感器网络
　　· 无线网状网
　　· 自组织网络
　　· · 车载自组织网络
　　· · 无线自组传感器网络
　　· 无线光网络
　　· 卫星光网络
　　· 无线通信网络**
　　· 异构无线网络
　　· 异构分层无线网络
　　· 异构无线传感器网络
　　C 无中心网络
　　　无线广域网
　　　无线接口
　　　无线网络优化
　　　无线网络设备
　　　无线路由器
　　　无线通信
　　　无线通信协议

无线网络传输
wireless network transmission
TN92 TN919
　　S 网络传输
　　C 无线网络设备
　　Z 信息传输*

无线网络技术
　　Y 无线网络

无线网络控制器
wireless network controller
TN92

　　S 无线控制器
　　Z 通信设备*
　　　控制器*

无线网络设备
wireless network equipment
TN915.05 TN92
　　S 网络设备*
　　· 网络协调器
　　· 无线接入点
　　· 无线网桥
　　· 移动互联网设备
　　C 无线网络
　　　无线网络传输
　　　无线网络通信

无线网络适配器
　　Y 无线网卡

无线网络通信
wireless network communication
TN915 TN929.5
　　D 无线网络通讯技术
　　S 无线通信**
　　C 无线网络设备

无线网络通讯技术
　　Y 无线网络通信

无线网络系统
　　Y 无线网络

无线网络优化
wireless network optimization
TN92
　　S 网络优化
　　C 无线网络
　　Z 网络技术*

无线网桥
wireless bridge
TN92 TN915
　　S 无线网络设备
　　　网桥
　　L 网络互连设备**

无线网状网
wireless mesh network
TN92
　　D Mesh 网络
　　　无线 mesh
　　　无线 mesh 网
　　　无线 mesh 网络
　　　无线网格网
　　　无线网状网络
　　　网型网
　　　网形网
　　　网形网络
　　　网状网
　　　网状网络
　　S 无线多跳网络
　　C 紫蜂协议

　　Z 无线网络*

无线网状网络
　　Y 无线网状网

无线现场总线
wireless field bus
TN92 TP336
　　S 现场总线**

无线协议
　　Y 无线通信协议

无线信道
wireless channel
TN92
　　S 信道*
　　· 短波信道
　　· 多径信道
　　· 流星余迹信道
　　· 射频信道
　　· 水声信道
　　· 跳频信道
　　· 微波信道
　　· 卫星信道
　　· 无线衰落信道
　　· 寻呼信道
　　· 移动信道

无线信号
　　Y 无线电信号

无线信号传输
　　Y 无线传输

无线寻呼
wireless paging
TN929.5
　　D 双向寻呼
　　　寻呼
　　　寻呼电话
　　　无线电寻呼
　　　无线电寻呼电话
　　S 电话通信
　　C 寻呼网络
　　　无线寻呼设备
　　Z 通信*

无线寻呼发射机
　　Y 寻呼发射机

无线寻呼机
　　Y 寻呼机

无线寻呼设备
wireless paging equipment
TN929.5
　　D 寻呼系统
　　　寻呼设备
　　S 无线通信设备**
　　· 寻呼发射机

无线寻呼机
  C 无线寻呼

无线寻呼网
  Y 寻呼网络

无线寻呼网络
  Y 寻呼网络

无线移动传感器网络
  Y 移动传感器网络

无线移动通信
  Y 移动通信

无线移动网络
wireless mobile network
TN92
  D 移动无线网络
  S 无线通信网络**
  C 无线接入点

无线移动自组网
  Y 自组织网络

无线移动自组织网络
  Y 自组织网络

无线以太网
wireless Ethernet
TP393.1 TN92
  S 以太网
  L 局域网**

无线异构网络
  Y 异构无线网络

无线因特网
  Y 无线互联网

无线应用协议
wireless application protocol
TN915 TP393
  D WAP 协议
  S 应用协议
    无线通信协议
  • 无线传输层安全协议
  • 无线会话协议
  C WAP 网关
    无线公钥基础设施
  Z 通信协议*

无线智能传感器
wireless intelligent sensor
TP212
  S 无线传感器
    智能传感器
  Z 传感器*

无线智能网
wireless intelligent network
TN915 TN92
  S 无线通信网络**
    智能通信网

无线中继网络
wireless relay network
TN92 TP393
  S 无线通信网络**
  • 中继蜂窝网络

无线终端
wireless terminal
TN87 TN92
  D 无线终端设备
  S 通信终端**
  • 无线数据终端
  • 移动终端

无线终端设备
  Y 无线终端

无线资源调度
wireless resource scheduling
TN92
  S 资源调度
  Z 资源管理*

无线自组传感器网络
wireless Ad Hoc sensor network
TN92 TP212
  S 无线传感器网络
    自组织网络
  L 物联网**

无线自组网
  Y 自组织网络

无线自组网按需平面距离矢量路由协议
  Y 按需距离矢量路由协议

无线自组网络
  Y 自组织网络

无线自组织网
  Y 自组织网络

无线自组织网络
  Y 自组织网络

无序半导体
  Y 非晶半导体

无序激光器
disordered laser
TN248
  S 激光器*

无掩模光刻
maskless lithography
TN305
  S 光刻工艺**

无源标签
passive label
TN99
  D 无源电子标签
    被动式标签
  S 射频标签
  Z 电子标签*

无源电子标签
  Y 无源标签

无源对抗
  Y 无源干扰

无源干扰
passive jamming
TN972
  D 无源对抗
    无源干扰技术
    消极干扰
    被动干扰
  S 电子干扰
  • 箔条干扰
  • 反射器干扰
  • 光电无源干扰
  • 烟幕干扰
  C 无源干扰物
  L 电子对抗**

无源干扰技术
  Y 无源干扰

无源干扰物
passive jamming material
TN972
  S 电子干扰设备**
  • 干扰用反射器
  • 泡沫型干扰幕
  C 无源干扰

无源高通滤波器
passive high-pass filter
TN713
  S 无源滤波器
    高通滤波器
  Z 滤波器*

无源跟踪
  Y 被动跟踪

无源光接入网
passive optical access network
TN929.1
  S 光接入网
    无源光网络
  L 光通信网络**

无源光网
　　Y 无源光网络

无源光网络
passive optical network
TN915　TN929.1
　　D PON 技术
　　　光无源网
　　　光无源网络
　　　无源光纤网
　　　无源光纤网络
　　　无源光网
　　　无源光网络技术
　　S 光通信网络**
　　・ATM 无源光网络
　　・波分复用无源光网络
　　・吉比特无源光网络
　　・宽带无源光网络
　　・无源光接入网
　　・以太无源光网络
　　C 光无源器件
　　　光线路终端

无源光网络技术
　　Y 无源光网络

无源光纤网
　　Y 无源光网络

无源光纤网络
　　Y 无源光网络

无源互调
passive intermodulation
TN76
　　S 互调
　　Z 调制*

无源混频器
passive mixer
TN773
　　S 混频器*
　　・参量混频器
　　・二极管混频器
　　・晶体管混频器
　　・镜像抑制混频器
　　・三平衡混频器

无源雷达
passive radar
TN958
　　D 被动雷达
　　S 雷达*
　　・无源双基地雷达
　　・无源相控阵雷达
　　C 被动跟踪

无源滤波
　　Y 无源滤波器

无源滤波器
passive filter
TN713
　　D 无源滤波
　　S 滤波器*
　　・LC 滤波器
　　・RLC 滤波器
　　・调谐滤波器
　　・无源高通滤波器
　　・阻容滤波器

无源衰减器
passive attenuator
TN715
　　S 衰减器*
　　C 有源衰减器

无源双基地雷达
passive bistatic radar
TN958
　　S 双基地雷达
　　　无源雷达
　　Z 雷达*

无源天线
passive antenna
TN82
　　S 天线*

无源网络
passive network
TN711
　　S 电路网络*
　　C 有源网络

无源相控阵雷达
passive phased array radar
TN958
　　S 无源雷达
　　　相控阵雷达
　　Z 雷达*

无源杂波抑制
passive clutter suppression
TN951
　　S 杂波抑制
　　Z 干扰抑制*

无证书的公钥体制
　　Y 无证书公钥密码体制

无证书公钥密码体制
certificateless public key cryptography
TN918　TP393.08
　　D 无证书密码体制
　　　无证书的公钥体制
　　S 公钥密码体制
　　C 代理签名
　　Z 信息安全体系*

无证书密码体制
　　Y 无证书公钥密码体制

无证书签名
certificateless signature
TP393.08
　　S 数字签名*

无中继传输
repeaterless transmission
TN91
　　S 信息传输*

无中心网络
acentric network
TN92
　　S 网络*
　　C 无尺度网络
　　　无线网络

无状态地址自动配置
　　Y 地址自动配置

五极电子管
　　Y 五极管

五极管
pentode
TN11
　　D 五极电子管
　　S 多极管
　　L 电子管**

五类双绞线
　　Y 五类线

五类网线
　　Y 五类线

五类线
catagory 5 cable
TM248　TN81
　　D 五类双绞线
　　　五类线缆
　　　五类网线
　　S 双绞线
　　Z 电线电缆*

五类线缆
　　Y 五类线

物景匹配
　　Y 景象匹配

物理安全
physical security
TP309　TP393.08　TN918
　　D 系统物理安全
　　S 信息安全*
　　C 硬件保护

物理备份
physical backup
TP309
    S 备份*

物理传感器**
physical sensor
TP212.1
    S 传感器*
- 磁性传感器
- · 磁场传感器
- · 磁阻传感器
- · · 各向异性磁阻传感器
- · · 巨磁电阻传感器
- · 地磁传感器
- · 霍尔传感器
- · 电磁传感器
- 光学传感器
- · 波前传感器
- · 光电传感器
- · · 红外传感器
- · · · 红外测距传感器
- · · · 红外温度传感器
- · · · 热释电传感器
- · · 环境光传感器
- · · 可见光传感器
- · · 荧光传感器
- · · · 荧光化学传感器
- · · 紫外传感器
- · 光纤传感器
- · · 分布式光纤传感器
- · · 光纤光栅传感器
- · · · 光纤布拉格光栅传感器
- · · · 光纤光栅温度传感器
- · · · 光纤光栅应变传感器
- · · 光纤化学传感器
- · · 光纤气体传感器
- · · 光纤位移传感器
- · · 光纤温度传感器
- · · · 光纤光栅温度传感器
- · · 光纤应变传感器
- · · · 光纤光栅应变传感器
- · 光栅传感器
- · 激光传感器
- · · 激光测距传感器
- · · 激光视觉传感器
- · · 激光位移传感器
- 角度传感器
- · 角位移传感器
- · 倾角传感器
- 力传感器
- · 多维力传感器
- · 力矩传感器
- · 六维力传感器
- · 扭矩传感器
- 压力传感器
- · 差压传感器
- · 电容式压力传感器
- · 光纤压力传感器
- · 硅压力传感器
- · 集成压力传感器
- · 气压传感器
- · 声表面波压力传感器
- · · 微压力传感器
- · · 压阻式压力传感器
- · 应力传感器
- 流量传感器
- · 超声波流量传感器
- · 空气流量传感器
- · 涡街流量传感器
- 声学传感器
- · 超声波传感器
- · · 超声波测距传感器
- · · 超声波流量传感器
- · 次声波传感器
- · 声呐传感器
- · 水声传感器
- 湿度传感器
- · 温湿度传感器
- 速度传感器
- · 风速传感器
- · 加速度传感器
- · · MEMS 加速度传感器
- · · 三轴加速度传感器
- · · 压电式加速度传感器
- · 角速度传感器
- · · MEMS 角速度传感器
- · 轮速传感器
- 温度传感器
- · 半导体温度传感器
- · · 热电阻传感器
- · 薄膜温度传感器
- · 光纤温度传感器
- · · 光纤光栅温度传感器
- · 红外温度传感器
- · 集成温度传感器
- · 进气温度传感器
- · 热电偶传感器
- · 数字温度传感器
- · 温湿度传感器
- 压电传感器
- · 压电薄膜传感器
- · 压电免疫传感器
- · 压电式加速度传感器
- · 压电陶瓷传感器
- 颜色传感器
- 应变传感器
- · 电阻应变式传感器
- · 光纤应变传感器
- · · 光纤光栅应变传感器
- · 应力传感器
- 振动传感器

物理电子学
physical electronics
TN01
    S 电子学*

物理仿真
physical simulation
TP391.9
    D 物理仿真系统
    S 仿真*
- 半物理仿真
- 全物理仿真

物理仿真系统
    Y 物理仿真

物理隔离
physical isolation
TP393.08   TP309
    D 物理隔离技术
    S 网络隔离
    L 网络防御**

物理隔离技术
    Y 物理隔离

物理建模
physical modeling
TP273   TP391.9
    S 模型构建*
    C 物理信道
    物理接口

物理接口
physical interface
TP393
    S 接口*
    C 物理建模

物理链路
    Y 链路

物理内存
physical memory
TP333
    S 内存
    Z 存储器*

物理气相沉积法
    Y 物理气相淀积

物理气相淀积
physical vapor deposition
TN305
    D PVD
    物理气相沉积法
    物理汽相沉积
    S 气相沉积
    L 半导体淀积工艺**

物理汽相沉积
    Y 物理气相淀积

物理提纯
    Y 物理提纯工艺

物理提纯工艺
physical purification process
TN305
    D 物理提纯
    S 半导体提纯工艺
    Z 半导体工艺*

物理拓扑发现
physical topology discovery
TP393.1
 S 拓扑发现
 Z 网络管理*

物理信道
physical channel
TN92　TN911
 S 信道*
 • 逻辑信道
 C 物理建模

物联网**
internet of things
TP2　TN92
 D IoT
  物联网技术
 S 泛在网*
 • 传感器网络
 •• 多传感器网络
 •• 多媒体传感器网络
 ••• 无线多媒体传感器网络
 •• 分布式传感器网络
 ••• 分布式无线传感器网络
 •• 光纤传感器网络
 •• 混合传感器网络
 •• 无线传感器网络
 ••• 分布式无线传感器网络
 •• 水下传感器网络
 •• 无线传感器和执行器网络
 •• 无线多媒体传感器网络
 •• 无线自组传感器网络
 •• 移动传感器网络
 ••• 延迟容忍移动传感器网络
 •• 异构无线传感器网络
 •• 有向传感器网络
 • 异构传感器网络
 •• 异构无线传感器网络
 • 工业物联网
 • 农业物联网
 • 人工智能物联网
 • 软件定义物联网
 • 窄带物联网
 C RFID 中间件
  三维技术
  云计算
  人工智能应用
  信息感知
  区块链技术
  射频识别
  物联网协议
  物联网标准
  车联网
  雾计算
  高级消息队列协议

物联网标准
IoT standard
TN92　TP2
 S 网络标准
 • 6LoWPAN 标准
 • Handle 标准

 C 物联网
  物联网协议
  紫蜂协议
  联网技术
 Z 信息产业标准*

物联网操作系统
IoT operating system
TP2　TP316
 S 网络操作系统
 L 操作系统**
  网络软件**

物联网技术
 Y 物联网

物联网协议
IoT protocol
TN92　TN915.04
 S 网络协议**
 • 受限应用协议
 • 消息队列遥测传输协议
 C 物联网
  物联网标准

物流仿真
logistics simulation
TP391
 D 物流系统仿真
 S 仿真*

物流管理信息化
 Y 物流信息化

物流系统仿真
 Y 物流仿真

物流信息管理系统
 Y 物流信息系统

物流信息化
logistics informatization
TP391
 D 物流管理信息化
 S 信息化*
 C 智慧物流
  物流信息系统

物流信息系统
logistics information system
TP391
 D 物流信息管理系统
 S 信息应用系统**
 C 智慧物流
  物流信息化

物体跟踪
 Y 目标跟踪

物体识别
object recognition

TP391.4
 S 目标识别
 C 轮廓匹配
 Z 信息识别*

误差反传算法
error backpropagation algorithm
TP18
 D 误差反向传播算法
 S 反向传播算法
 Z 算法*

误差反向传播算法
 Y 误差反传算法

误差放大器
error amplifier
TN72
 S 放大器*

误差信号
error signal
TN911
 S 信号*

误码测试仪
bit error tester
TN919　TN915
 D 误码仪
  误码率测试仪
 S 通信测试仪**

误码率测试仪
 Y 误码测试仪

误码掩盖
error concealment
TN919
 D 误码掩盖技术
 S 图像处理**
 C 图像通信
  数据纠错

误码掩盖技术
 Y 误码掩盖

误码仪
 Y 误码测试仪

误用入侵检测
misuse intrusion detection
TP393.08
 D 特征入侵检测
 S 入侵检测
 L 网络安全技术**
  网络防御**

雾计算
fog computing
TP393.1
 S 分布式计算

C 云计算
　　　物联网
　　　边缘计算
　　Z 计算*

吸收网络
absorb network
TN711
　　S 电路网络*

吸杂
　　Y 半导体吸杂工艺

希尔密码
Hill cipher
TN918
　　S 密码*

析像管
image dissector
TN14
　　D 超正析像管
　　S 摄像管
　　L 电子束管**

硒光电池
selenium cell
TM914
　　S 太阳能电池
　　Z 电池*

硒化镉
cadmium selenide
TN304
　　D CdSe
　　S Ⅱ-Ⅵ族化合物半导体
　　L 化合物半导体**

硒化锌
zinc selenide
TN304
　　D ZnSe
　　S Ⅱ-Ⅵ族化合物半导体
　　L 化合物半导体**

稀磁半导体
dilute magnetic semiconductor
TN304
　　D DMS 半导体
　　　稀磁性半导体
　　　稀释磁半导体
　　S 磁性半导体
　　Z 半导体材料*

稀磁性半导体
　　Y 稀磁半导体

稀释磁半导体
　　Y 稀磁半导体

稀释干扰
　　Y 冲淡干扰

稀疏贝叶斯学习
sparse Bayesian learning
TP181
　　S 稀疏学习
　　　贝叶斯学习
　　Z 机器学习*

稀疏编码
sparse coding
TN911
　　S 智能编码
　　Z 编码*

稀疏波分复用
coarse wavelength division multiplexing
TN929.1
　　D CWDM
　　　粗波分复用
　　S 波分复用
　　C 光分插复用器
　　　稀疏波分复用器
　　Z 多路复用*

稀疏波分复用器
coarse wavelength division multiplexer
TN929.11
　　D 粗波分复用器
　　S 波分复用器
　　C 稀疏波分复用
　　L 光无源器件**

稀疏采样
　　Y 压缩感知

稀疏模式独立组播协议
protocol independent multicast-sparse mode
TP393.0
　　D PIMSM
　　　PIMSM 协议
　　S 组播路由协议
　　C 任意源组播
　　　域间组播
　　L 网络协议**

稀疏网络
sparse network
TN91　TP393　TP2
　　S 网络*
　　C 稀疏学习

稀疏信道
sparse channel
TN919　TN911
　　S 信道*

稀疏学习
sparse learning
TP181
　　S 机器学习*
　　· 稀疏贝叶斯学习
　　C 稀疏网络

稀土光纤
rare earth doped fiber
TN818
　　D 稀土元素掺杂光纤
　　S 光纤*
　　C 稀土激光器

稀土换能器
rare earth transducer
TN712
　　S 换能器*

稀土激光器
rare earth laser
TN248
　　S 固体激光器**
　　C 稀土光纤

稀土三基色荧光粉
　　Y 稀土荧光粉

稀土荧光粉
rare earth phosphor
TM2
　　D 三基色荧光粉
　　　稀土三基色荧光粉
　　S 荧光材料
　　Z 电子材料*

稀土元素掺杂光纤
　　Y 稀土光纤

锡膏
　　Y 焊膏

洗出算法
washout algorithm
TP301　TN911
　　S 算法*

系统安全漏洞
　　Y 系统漏洞

系统备份
system backup
TP309
　　S 备份*
　　· Ghost 备份
　　· 分区备份
　　C 系统数据库

系统编码
system coding
TN911

电子信息技术叙词表

S 编码*

系统补丁
system patch
TP309 TP316
　　S 补丁程序
　　Z 软件*

系统策略编辑器
system policy editor
TP317
　　S 策略编辑器
　　L 工具软件**

系统程序
　　Y 系统软件

系统程序设计
　　Y 系统软件设计

系统程序设计语言
system programming language
TP312
　　D 系统语言
　　S 计算机语言*

系统单芯片
　　Y 系统级芯片

系统电路
system circuit
TN94
　　S 电子电路*

系统对抗仿真
systematic countermeasure simulation
TP391.9
　　S 对抗仿真
　　Z 仿真*

系统方案设计
system scheme design
TN9 TP391
　　S 系统设计*

系统仿真
system simulation
TP391.9
　　D 系统仿真技术
　　　系统模拟
　　　系统级仿真
　　　系统级模拟
　　S 仿真*
　　· 动态系统仿真
　　· 控制系统仿真
　　· 雷达系统仿真
　　· 离散事件系统仿真
　　· 通信系统仿真

系统仿真技术
　　Y 系统仿真

系统封装
　　Y 系统级封装

系统工具
　　Y 系统管理软件

系统工具软件
　　Y 系统管理软件

系统功能设计
system function design
TP391.7
　　S 系统设计*

系统攻击
system attack
TP309 TP393.08
　　S 网络攻击**

系统孤岛
system island
TP391
　　S 信息孤岛*

系统管理工具
　　Y 系统管理软件

系统管理软件
system management software
TP315
　　D 系统工具
　　　系统工具软件
　　　系统管理工具
　　S 系统软件
　　· 设备软件
　　· 事件查看器
　　· 文件管理器
　　L 工具软件**

系统管理总线
system management bus
TP2 TP336
　　D SMBus 总线
　　S 系统总线
　　Z 总线*

系统还原
　　Y 系统恢复

系统恢复
system recovery
TP309 TP316
　　D 系统修复
　　　系统还原
　　S 灾难恢复
　　C 数据恢复软件
　　Z 信息安全技术*

系统级仿真
　　Y 系统仿真

系统级封装
system in a package
TN41
　　D SiP 封装
　　　系统封装
　　S 集成电路封装
　　C 系统级芯片
　　L 半导体封装**

系统级集成电路
　　Y 系统级芯片

系统级模拟
　　Y 系统仿真

系统级设计
system-level design
TP3 TN4
　　S 系统设计*

系统级芯片
system-on-chip
TN43
　　D SoC
　　　SoC 技术
　　　SoC 芯片
　　　SoC 芯片设计
　　　SoC 设计
　　　微系统芯片
　　　片上系统
　　　系统单芯片
　　　系统级集成电路
　　　系统芯片
　　　系统芯片组
　　　系统集成芯片
　　　芯片上系统
　　　芯片系统
　　　芯片级系统
　　S 芯片*
　　· 复杂片上系统
　　· 可编程片上系统
　　· 无线片上系统
　　C SoC 单片机
　　　片上多核处理器
　　　片上天线
　　　片上调试
　　　系统级封装
　　　软核处理器

系统集成
　　Y 信息系统集成

系统集成芯片
　　Y 系统级芯片

系统建模
system modeling
TP391.9
　　S 模型构建*

· 788 ·

C 系统建模语言

系统建模语言
system modeling language
TP312
　　S 建模语言
　　C 系统建模
　　Z 计算机语言*

系统接口
system interface
TP334.7　TP27
　　S 接口*

系统结构设计
system architecture design
TP301
　　S 系统设计*

系统聚类
　　Y 层次聚类

系统控制器
system controller
TP338
　　S 控制器*
　　C 数字信号处理

系统控制软件
system control software
TP31
　　S 控制软件
　　Z 软件*

系统漏洞
system vulnerability
TP316　TP309
　　D 操作系统漏洞
　　　 系统安全漏洞
　　　 计算机系统漏洞
　　S 软件漏洞
　　C 操作系统
　　　 操作系统安全
　　Z 信息安全风险*

系统模拟
　　Y 系统仿真

系统内存
system memory
TP333
　　S 内存
　　Z 存储器*

系统内核
　　Y 操作系统内核

系统内噪声
　　Y 系统噪声

系统配置程序
　　Y 系统配置工具

系统配置工具
system configuration tool
TP314
　　D 系统配置程序
　　　 配置管理工具
　　　 配置软件
　　S 工具软件**

系统认证
system certification
TN918
　　S 信息安全认证*

系统容错
system fault tolerance
TP309
　　S 容错*
　　C 集群存储

系统容灾
system disaster tolerance
TP309
　　S 容灾
　　Z 信息安全技术*

系统软件
system software
TP316
　　D 基础软件
　　　 系统程序
　　S 工具软件**
　　• 安装程序
　　• 初始化程序
　　• 窗口程序
　　• 存储管理系统
　　• 打印程序
　　• 屏幕保护程序
　　• 系统管理软件
　　• 引导程序
　　• 中断服务程序
　　C 系统软件设计

系统软件包
system software package
TP317
　　S 软件包
　　C 计算机辅助设计
　　Z 软件*

系统软件设计
system software design
TP311
　　D 系统程序设计
　　S 软件设计
　　C 系统软件
　　Z 软件工程*

系统设计*
system design

TP27　TP391
　　• 反演设计
　　• 集成设计
　　• 数字系统设计
　　• 系统方案设计
　　• 系统功能设计
　　• 系统级设计
　　• 系统结构设计
　　• 系统优化设计
　　• 系统总体设计
　　• 自动系统设计
　　• 自适应设计
　　C 计算机系统
　　　 计算机辅助控制系统设计

系统输出设备
system output device
TP334.3
　　D 系统输出装置
　　S 输出设备
　　Z 外部设备*

系统输出装置
　　Y 系统输出设备

系统数据库
system database
TP392
　　S 数据库*
　　C 系统备份

系统通信
system communication
TN92　TN914
　　S 通信*

系统物理安全
　　Y 物理安全

系统芯片
　　Y 系统级芯片

系统芯片组
　　Y 系统级芯片

系统修复
　　Y 系统恢复

系统硬盘
system hard disk
TP333
　　S 硬盘
　　L 外存储器**
　　　 磁存储器**

系统优化设计
system optimization design
TP311　TP316
　　S 系统设计*

系统语言
  Y 系统程序设计语言

系统噪声
system noise
TN911
  D 系统内噪声
  S 信号噪声*

系统整合
  Y 信息系统集成

系统终端
system terminal
TN92
  S 终端设备*

系统总体设计
system total design
TP311 TP391
  S 系统设计*

系统总线
system bus
TP336
  D 外部总线
    片外总线
  S 总线*
  • EISA总线
  • ISA总线
  • PCI总线
  • 系统管理总线

系统总线控制器
  Y 总线控制器

细胞计算机
cell computer
TP37
  S 生物计算机
  Z 计算机*

细胞自动机
  Y 元胞自动机

细分网格
subdivision mesh
TP391
  S 网格*

细节匹配
minutia matching
TP391
  S 信息匹配
  C 指纹识别
  Z 信息处理*

细节特征提取
minutia extraction
TP391
  D 细节提取

  S 图像特征提取
  C 指纹识别
  L 信息抽取**

细节提取
  Y 细节特征提取

细粒度访问控制
fine-grain access control
TP393.08 TP31
  S 访问控制
  Z 网络技术*

隙缝天线
  Y 缝隙天线

下变频
  Y 下变频器

下变频器
down converter
TN773
  D 下变频
  S 混频器*

下垂天线
  Y 拖曳天线

下行链路
down link
TN929.5
  D 下行线路
    前向链路
  S 链路*

下行线路
  Y 下行链路

下行信道
downstream channel
TN927
  S 卫星信道
  Z 信道*

下视显示器
head down display
TN873
  S 显示器
  Z 显示设备*

下推自动机
pushdown automata
TP301
  D 叠加自动机
  S 自动机*

下位机
  Y 下位计算机

下位机系统
  Y 下位计算机

下位计算机
inferior computer
TP391
  D 下位机
    下位机系统
  S 控制计算机
  Z 计算机*

下载程序
  Y 下载软件

下载工具
  Y 下载软件

下载工具软件
  Y 下载软件

下载软件
download software
TP318
  D 下载工具
    下载工具软件
    下载程序
  S 网络应用程序
  C 断点续传
  L 应用软件**
    网络软件**

下肢康复机器人
lower limb rehabilitation robot
TP242
  S 康复机器人
  Z 机器人*

下肢外骨骼机器人
lower extremity exoskeleton robot
TP242
  S 外骨骼机器人
  Z 可穿戴设备*
    机器人*

先进分布仿真
advanced distributed simulation
TP391.9
  D 先进分布仿真技术
  S 分布式仿真
  Z 仿真*

先进分布仿真技术
  Y 先进分布仿真

先进计算
advanced computing
TP301
  D 先进计算技术
  S 计算*
  • DNA计算
  • 并行计算
  • 感知计算
  • 高性能计算
  • 基因计算

- 集群计算
- 可穿戴计算
- 量子计算
- 软计算
- 网络计算

先进计算技术
 Y 先进计算

先进精简指令集处理器
 Y RISC 处理器

先进设计系统仿真
 Y ADS 仿真

先进微控制器总线体系结构
 Y AMBA 总线

先进先出存储器
first in first out memory
TP333
 D FIFO 存储器
  先入先出存储器
  先进先出存贮器
 S CPU 缓存
 Z 存储器*

先进先出存贮器
 Y 先进先出存储器

先进音频编码
advanced audio coding
TN912
 S 音频编码
 L 音视频编码**

先入先出存储器
 Y 先进先出存储器

先应秘密共享
proactive secret sharing
TP309
 D 先应式秘密共享
 S 秘密共享*

先应式秘密共享
 Y 先应秘密共享

纤维光导传输线
 Y 光缆

纤维光缆
 Y 光缆

纤维光学传感器
 Y 光纤传感器

纤维光学传输线
 Y 光缆

纤维激光器
 Y 光纤激光器

氙激光器
xenon laser
TN248
 S 准分子激光器
 L 气体激光器**

显存
 Y 显示内存

显卡芯片
 Y 显示芯片

显示*
display
TN27
 D 显示技术
  电子显示技术
 - LED 显示
 - 波形显示
 - 彩色显示
 - 串行显示
 - 点阵显示
  - 点阵液晶显示
 - 电致发光显示
  - 薄膜电致发光显示
  - 有机电致发光显示
 - 动目标显示
  - 地面动目标显示
 - 动态显示
  - 动画显示
  - 滚动显示
  - 三维动态显示
 - 多窗口显示
 - 二次显示
 - 分层显示
 - 高亮显示
 - 高清显示
 - 固体显示
 - 光学显示
  - 光电显示
  - 光阀显示
  - 激光显示
 - 画面显示
  - 多画面显示
 - 界面显示
 - 静态显示
 - 矩阵显示
  - 有源矩阵液晶显示
 - 来电显示
 - 平板显示
 - 屏幕显示
  - 多屏显示
  - 双屏显示
  - 在屏显示
 - 柔性显示
 - 三维显示
  - 三维动态显示
  - 体三维显示
  - 真三维立体显示
  - 自由立体显示
   - 裸眼 3D 显示
 - 数字显示
  - 数码管显示
 - 态势显示
 - 同步显示
 - 投影显示
 - 信息显示
  - 分页显示
  - 汉字显示
  - 可视化显示
  - 数字信息显示
  - 图像显示
  - 图形显示
  - 字符显示
 - 虚拟显示
 - 循环显示
 - 液晶显示
  - 点阵液晶显示
  - 有源矩阵液晶显示
 - 远程显示
 - 在线显示
 - 真实感显示
 - 终端显示
 C 显示器
  显示处理器
  显示终端

显示板
 Y 显示屏

显示材料
display material
TN104
 S 电子材料*
 - 液晶材料

显示程序
display program
TP317
 S 工具软件**

显示处理机
 Y 显示处理器

显示处理器
display processor
TP33
 D 显示处理机
 S 微处理器*
 C 显示
  显示接口
  显示电路

显示存储器
 Y 显示内存

显示电路
display circuit
TN492
 S 电子电路*
 C 显示处理器
  显示设备

电子信息技术叙词表

显示管
display tube
TN14
　　D 监视管
　　S 电子束管**
　　· 彩色显示管
　　· 荧光显示管

显示核心
　　Y 图形处理器

显示缓存
　　Y 显示内存

显示技术
　　Y 显示

显示接口
display interface
TP334.7　TN949
　　S 接口*
　　· DVI 接口
　　· VGA 接口
　　C 显示处理器
　　　 显示设备

显示控制器
display controller
TP3　TN87
　　S 控制器*
　　· LED 控制器
　　· 数字控制器
　　· 液晶显示控制器
　　C 现场可编程门阵列

显示面板
display panel
TN873
　　S 显示设备*
　　· 液晶显示面板

显示内存
display memory
TP333
　　D 显存
　　　 显示存储器
　　　 显示缓存
　　S 内存
　　C 帧缓冲存储器
　　Z 存储器*

显示屏
display screen
TP334.1　TN873
　　D 显示屏幕
　　　 显示板
　　　 电子显示屏
　　S 显示设备*
　　· LED 显示屏
　　· 拼接屏
　　· 手机显示屏
　　· 书写显示屏
　　· 图文显示屏

显示屏幕
　　Y 显示屏

显示器
display
TP334.1　TN873
　　D 显示器产品
　　　 显示器技术
　　　 电子显示器
　　S 显示设备*
　　· 3D 显示器
　　· LED 显示器
　　· 波形显示器
　　· 彩色显示器
　　· 纯平显示器
　　· 大屏幕显示器
　　· 单色显示器
　　· 导航显示器
　　· 地形显示器
　　· 电润湿显示器
　　· 电泳显示器
　　· 多功能显示器
　　· 多媒体显示器
　　· 高度显示器
　　· 高分辨率显示器
　　· 工业显示器
　　· 光柱显示器
　　· 红外显示器
　　· 环视显示器
　　· 激光显示器
　　· 计算机显示器
　　· 雷达显示器
　　· 平板显示器
　　· 平视显示器
　　· 全景显示器
　　· 声全息显示器
　　· 视频显示器
　　· 数字显示器
　　· 速度显示器
　　· 随机扫描显示器
　　· 态势显示器
　　· 碳纳米管显示器
　　· 投影显示器
　　· 头戴式显示器
　　· 图形显示器
　　· 微型显示器
　　· 下视显示器
　　· 虚拟显示器
　　· 液晶显示器
　　· 阴极射线管显示器
　　· 真空荧光显示器
　　· 智能显示器
　　· 终端显示器
　　· 主飞行显示器
　　· 字符显示器
　　· 综合显示器
　　C 显示
　　　 显示终端

显示器产品
　　Y 显示器

显示器技术
　　Y 显示器

显示墙
display wall
TN94　TN873
　　D 拼接显示墙
　　S 显示设备*

显示驱动电路
　　Y 显示驱动器

显示驱动器
display driver
TN710
　　D 显示驱动电路
　　　 显示驱动芯片
　　S 驱动电路**
　　· LED 显示驱动器
　　· 像素驱动电路
　　· 液晶显示驱动器

显示驱动芯片
　　Y 显示驱动器

显示设备*
display equipment
TN87
　　D 信息显示设备
　　　 显示装置
　　· 触摸屏
　　· · 电容式触摸屏
　　· · 电阻式触摸屏
　　· · 液晶触摸屏
　　· 电子白板
　　· 电子纸
　　· 投影显示设备
　　· · 投影显示器
　　· · 投影仪
　　· 显示面板
　　· · 液晶显示面板
　　· 显示屏
　　· · LED 显示屏
　　· · · LED 点阵显示屏
　　· · · LED 图文显示屏
　　· · · 室外 LED 显示屏
　　· · 拼接屏
　　· · 手机显示屏
　　· · 书写显示屏
　　· · 图文显示屏
　　· · · LED 图文显示屏
　　· 显示器
　　· · 3D 显示器
　　· · · 3D 眼镜
　　· · · 自由立体显示器
　　· · · · 裸眼 3D 显示器
　　· · LED 显示器
　　· · · LED 大屏幕显示器
　　· · · LED 光柱显示器
　　· · 波形显示器
　　· · 彩色显示器
　　· · · 彩色等离子体显示器

····彩色液晶显示器
··纯平显示器
··大屏幕显示器
···LED 大屏幕显示器
··单色显示器
··导航显示器
···地图显示器
··地形显示器
··电润湿显示器
··电泳显示器
··多功能显示器
··多媒体显示器
··高度显示器
··高分辨率显示器
··工业显示器
··光柱显示器
···LED 光柱显示器
··红外显示器
··环视显示器
··激光显示器
··计算机显示器
··雷达显示器
···动目标显示器
···平面位置显示器
··平板显示器
···表面传导电子发射显示器
··等离子显示器
···彩色等离子体显示器
···交流等离子体显示器
···荫罩式等离子体显示器
··电致发光显示器
···无机电致发光显示器
···有机电致发光显示器
····有源矩阵有机发光显示器
··平视显示器
··全景显示器
··声全息显示器
··视频显示器
··数字显示器
··速度显示器
··随机扫描显示器
··态势显示器
··碳纳米管显示器
··投影显示器
··头戴式显示器
···3D 眼镜
···头盔显示器
····透视式头盔显示器
···虚拟现实头盔
···虚拟现实头戴式显示器
····虚拟现实头盔
····虚拟现实眼镜
···智能眼镜
··图形显示器
···光栅显示器
···图形液晶显示器
····图形点阵液晶显示器
···字符图形显示器
··微型显示器
··下视显示器
··虚拟显示器
··液晶显示器
···薄膜晶体管液晶显示器

····彩色液晶显示器
···超扭曲向列型液晶显示器
···点阵式液晶显示器
····图形点阵液晶显示器
···反射式液晶显示器
···硅基液晶显示器
···加固液晶显示器
···宽屏液晶显示器
···铁电液晶显示器
···图形液晶显示器
····图形点阵液晶显示器
···有源矩阵液晶显示器
··阴极射线管显示器
··真空荧光显示器
··智能显示器
··终端显示器
··主飞行显示器
··字符显示器
··综合显示器
·显示墙
C 显示接口
  显示电路

显示芯片
display chip
TN492
  D 显卡芯片
  S 芯片*
  C 图形处理器

显示终端
display terminal
TP338 TN87
  S 终端设备*
  · 可视终端
  · 视频终端
  C 显示
    显示器

显示装置
  Y 显示设备

显式路由
explicit routing
TN91 TP393.03
  S 路由*

显微图像处理
microscope image processing
TP391
  S 图像处理**

显象管
  Y 显像管

显像管
kinescope
TN14
  D 显象管
  S 阴极射线管
  · 扁平显像管
  · 电视显像管

· 激光显像管
C 显像管电视
L 电子束管**

显像管电视
CRT TV set
TN949
  S 电视机
  C 显像管
  Z 电视设备*

现场可编程逻辑门阵列
  Y 现场可编程门阵列

现场可编程逻辑器件
field programmable logic device
TN79+1
  D FPLD
    现场可编程器件
  S 可编程逻辑器件
  · 现场可编程门阵列
  L 逻辑集成电路**

现场可编程逻辑阵列
  Y 现场可编程门阵列

现场可编程门电路
  Y 现场可编程门阵列

现场可编程门阵列
filed programmable gate array
TN79+1
  D FPGA
    FPGA 设计
    现场可编程逻辑门阵列
    现场可编程逻辑阵列
    现场可编程门电路
  S 可编程门阵列
    现场可编程逻辑器件
  · 反熔丝 FPGA
  C E1 接口
    FPGA 仿真
    Handel-C 语言
    I2C 总线控制器
    PCI 总线控制器
    分布式算法
    图像控制器
    接口控制器
    数字预失真
    时序控制器
    显示控制器
    最小和算法
    状态机
    硬件描述语言
    离线计算
    脉码调制编码器
    视频控制器
    软件定义无线电
    高级数据链路控制规程
  L 逻辑集成电路**

现场可编程模拟阵列
field programmable analog array

TN79+1
　　D　FPAA
　　S　模拟集成电路
　　Z　集成电路*

现场可编程器件
　　Y　现场可编程逻辑器件

现场控制网络
　　Y　现场总线网络

现场控制总线
　　Y　现场总线

现场录音
live recording
TN912
　　S　录音*

现场数据采集
on-site data acquisition
TP274
　　S　数据采集
　　Z　信息采集*

现场网络
　　Y　现场总线网络

现场总线**
field bus
TP2　TP336
　　D　现场总线技术
　　　　现场总线系统
　　　　现场控制总线
　　S　总线*
　　・　工业现场总线
　　・・　ASi 总线
　　・・　CC-Link 现场总线
　　・・　DeviceNet 总线
　　・・　FF 现场总线
　　・・　HART 总线
　　・・　INTERBUS 总线
　　・・　LonWorks 总线
　　・・　MIC 总线
　　・・　Modbus 总线
　　・・　SERCOS 总线
　　・・　过程现场总线
　　・・・　PROFIBUS-DP 总线
　　・　开放式现场总线
　　・・　CC-Link 现场总线
　　・・　过程现场总线
　　・・・　PROFIBUS-DP 总线
　　・　控制器局域网总线
　　・・　双 CAN 总线
　　・　无线现场总线
　　C　控制系统
　　　　现场总线协议
　　　　现场总线网络

现场总线技术
　　Y　现场总线

现场总线网络
field bus network
TP2　TN919
　　D　现场控制网络
　　　　现场网络
　　S　总线网络
　　・　LonWorks 网络
　　・　过程现场总线网络
　　・　控制器局域网
　　C　HART 协议
　　　　总线控制器
　　　　现场总线
　　　　现场总线协议
　　Z　自动化网络*

现场总线系统
　　Y　现场总线

现场总线协议
field bus protocol
TN915　TP393
　　S　总线协议
　　・　CAN 协议
　　・　DeviceNet 协议
　　・　Modbus 协议
　　・　PROFIBUS 协议
　　C　现场总线
　　　　现场总线网络
　　Z　通信协议*

现场组装式光纤活动连接器
　　Y　光纤活动连接器

限幅放大器
clipping amplifier
TN72
　　D　削波放大器
　　S　放大器*
　　C　削波电路

限流变压器
current limiting transformer
TM42
　　S　电源变压器
　　L　电子变压器**

限流电路
current limiting circuit
TN918
　　S　电子电路*

限流算法
　　Y　流量控制算法

限制性盲签名
restrictive blind signature
TP309　TP39
　　D　受限盲签名
　　S　盲签名
　　Z　数字签名*

线程安全
thread safety
TP309
　　S　计算机安全
　　Z　信息安全*

线段编码
line coding
TN911
　　S　编码*

线段提取
line segment extraction
TP391
　　S　信息抽取**

线激光
line laser
TP391　TN24
　　D　线激光器
　　S　激光*

线激光器
　　Y　线激光

线极化
linear polarization
TN81　TN92
　　D　平面极化
　　　　线性极化
　　S　电磁波极化*
　　・　垂直极化
　　・　水平极化

线极化天线
linear polarization antenna
TN82
　　S　极化天线
　　Z　天线*

线间变压器
　　Y　音频输出变压器

线宽压缩
linewidth compression
TN24
　　S　信息压缩**

线缆调制解调器
　　Y　电缆调制解调器

线列探测器
line array detector
TN215
　　D　线阵探测器
　　S　探测器*
　　C　拖曳阵声呐
　　　　线阵电荷耦合器件

线路编码
line encoding

TN914
    S 编码*
    C 线路接口

线路传输
    Y 有线传输

线路放大器
line amplifier
TN72
    S 放大器*

线路接口
line interface
TN915
    S 通信接口
    C 线路编码
    Z 接口*

线路驱动器
line driver
TN4
    S 驱动电路**

线路调试
line debugging
TP2
    S 调试*

线路图
    Y 电路图

线绕电位器
wound potentiometer
TM547+.1
    S 电位器
    C 电磁线
      线绕式可变电阻器
      线绕电阻器
    Z 电阻器*

线绕电阻器
wound resistor
TM545
    S 固定电阻器
    C 电磁线
      线绕电位器
    Z 电阻器*

线绕可变电阻器
    Y 线绕式可变电阻器

线绕可调电阻
    Y 线绕式可变电阻器

线绕可调电阻器
    Y 线绕式可变电阻器

线绕式可变电阻器
wound variable resistor
TM546
    D 线绕可变电阻器
      线绕可调电阻
      线绕可调电阻器
    S 可变电阻器
    C 电磁线
      线绕电位器
    Z 电阻器*

线上游戏
    Y 网络游戏

线天线
wire antenna
TN82
    D 线天线阵
    S 天线*
    C 定向天线

线天线阵
    Y 线天线

线调脉冲信号
    Y 线性调频信号

线性IC
    Y 线性集成电路

线性编码
linear encoding
TN911
    S 编码*
    · 线性网络编码
    · 线性预测编码
    C 非线性编码

线性掺杂
linear doping
TN305.3
    S 半导体掺杂
    Z 半导体工艺*

线性电机
    Y 直线电动机

线性电源
linear power supply
TN86
    S 电源*
    · 线性稳压电源

线性二次高斯控制器
linear-quadratic-Gaussian controller
TP23
    D LQG控制器
    S 控制器*
    C 仿真

线性反馈移位寄存器
linear feedback shift register
TP33
    D LFSR
      线性移位寄存器
    S 反馈移位寄存器
    Z 寄存器*

线性放大器
linear amplifier
TN72
    S 放大器*
    · 线性功率放大器
    · 线性光放大器
    C 非线性放大器

线性分组编码
linear block coding
TN911
    D 线性分组码
    S 分组编码
    L 通信编码**

线性分组码
    Y 线性分组编码

线性功放
    Y 线性功率放大器

线性功率放大器
linear power amplifier
TN72
    D 线性功放
    S 功率放大器**
      线性放大器
    · 前馈线性功率放大器

线性光放大器
linear optical amplifier
TN72
    S 光放大器**
      线性放大器

线性化处理
linearization
TN7
    S 线性化技术
    Z 电子技术*

线性化技术
linearization technique
TP13
    S 电子技术*
    · 线性化处理
    · 预失真
    C 互调失真

线性汇编
linear assembly
TP312
    S 软件编程**

线性极化
    Y 线极化

线性集成电路
linear integrated circuit
TN431.1
　　D 线性IC
　　S 模拟集成电路
　　C 线性模拟电路
　　Z 集成电路*

线性检波
　　Y 线性检波器

线性检波器
linear detector
TN763
　　D 线性检波
　　S 检波器*

线性接收机
linear receiver
TN85
　　S 接收设备*
　　C 中频放大器

线性均衡
　　Y 线性均衡器

线性均衡器
linear equalizer
TN715
　　D 线性均衡
　　S 均衡器*

线性滤波
linear filtering
TN713
　　S 滤波*
　　· 最优线性滤波

线性马达
　　Y 直线电动机

线性密码分析
linear cryptanalysis
TN918
　　S 密码分析
　　Z 信息安全技术*

线性模拟电路
linear analog circuit
TN710
　　S 模拟电路
　　C 线性集成电路
　　　线性驱动器
　　Z 电子电路*

线性判别分析
linear discriminant analysis
TP391.4
　　D Fisher判别
　　　Fisher判别分析
　　　Fisher判别法

Fisher线性判别
费希尔判别
费舍尔判别
费舍尔判别分析
　　S 信息处理*
　　C 机器学习

线性驱动器
linear driver
TN916
　　S 驱动电路**
　　C 线性模拟电路

线性神经网络
linear neural network
TP183
　　S 人工神经网络*

线性失真
linearization distortion
TN911
　　S 信号失真**
　　· 幅度失真
　　· 频率失真
　　· 相位失真
　　C 谐波失真

线性数据结构
linear data structure
TP39
　　S 数据结构*

线性算法
linear algorithm
TP301
　　S 算法*
　　· 局部线性嵌入算法

线性调频
linear frequency modulation
TN76
　　D 啁啾技术
　　S 调频
　　C 线性调频信号
　　　线性调频干扰
　　Z 调制*

线性调频步进信号
linear stepping FM signal
TN951
　　S 线性调频信号
　　　调频步进信号
　　Z 信号*

线性调频干扰
linear FM interference
TN972
　　S 调频干扰
　　C 线性调频
　　　线性调频信号
　　L 电子对抗**

线性调频雷达
linear frequency modulated radar
TN958
　　S 调频雷达
　　· 线性调频连续波雷达
　　· 线性调频脉冲雷达
　　Z 雷达*

线性调频连续波雷达
linear frequency modulated
continuous wave radar
TN958
　　D LFMCW雷达
　　S 线性调频雷达
　　　调频连续波雷达
　　C 线性调频连续波信号
　　Z 雷达*

线性调频连续波信号
linear frequency modulated
continuous wave signal
TN95
　　S 线性调频信号
　　　连续波信号
　　C 线性调频连续波雷达
　　Z 信号*

线性调频脉冲雷达
linear frequency modulated pulse
radar
TN958
　　S 线性调频雷达
　　　脉冲雷达
　　· 线性调频脉冲压缩雷达
　　Z 雷达*

线性调频脉冲信号
　　Y 线性调频信号

线性调频脉冲压缩雷达
linear frequency modulated pulse
compression radar
TN958
　　S 线性调频脉冲雷达
　　　脉冲压缩雷达
　　Z 雷达*

线性调频信号
linear frequency modulated signal
TN911
　　D Chirp信号
　　　LFM信号
　　　线性调频脉冲信号
　　　线调脉冲信号
　　　鸟声信号
　　S 调频信号
　　· 多分量线性调频信号
　　· 宽带线性调频信号
　　· 线性调频步进信号
　　· 线性调频连续波信号
　　C 线性调频
　　　线性调频干扰

· 796 ·

Z 信号*

线性调制
linear modulation
TN76
　　D 线性调制器
　　S 调制*

线性调制器
　　Y 线性调制

线性网络编码
linear network coding
TN911
　　S 线性编码
　　　网络编码
　　Z 编码*

线性稳压电源
linear stabilized voltage power supply
TN86
　　S 稳压电源
　　　线性电源
　　Z 电源*

线性移位寄存器
　　Y 线性反馈移位寄存器

线性有界自动机
　　Y 线性有限自动机

线性有限自动机
linear finite automaton
TP301
　　D 线性有界自动机
　　S 有限自动机
　　Z 自动机*

线性预编码
　　Y 线性预测编码

线性预测编码
linear predictive coding
TN911
　　D 码激励线性预测编码
　　　线性预编码
　　S 线性编码
　　　预测编码
　　Z 编码*

线性阵列天线
linear array antenna
TN82
　　D 线阵列天线
　　　线阵天线
　　S 阵列天线
　　Z 天线*

线性支持向量机
linear support vector machine

TP391
　　S 支持向量机*

线性自动机
linear automaton
TP301
　　S 自动机*

线性阻抗变换器
linear impedance transformer
TM46
　　S 阻抗变换器
　　Z 微波元件*

线阵 CCD
　　Y 线阵电荷耦合器件

线阵电荷耦合器件
linear array charge-coupled device
TN36
　　D 线阵 CCD
　　S 电荷耦合器件
　　C 线列探测器
　　Z 半导体器件*

线阵列天线
　　Y 线性阵列天线

线阵探测器
　　Y 线列探测器

线阵天线
　　Y 线性阵列天线

陷波
　　Y 陷波器

陷波电路
　　Y 陷波器

陷波滤波
　　Y 陷波器

陷波滤波器
　　Y 陷波器

陷波器
notch filter
TN713
　　D 陷波
　　　陷波滤波
　　　陷波滤波器
　　　陷波电路
　　S 滤波器*
　　· 数字陷波器
　　· 自适应陷波器
　　C 带通滤波器
　　　带阻滤波器

陷阱网络
　　Y 网络陷阱

陷门
　　Y 后门程序

相变存储器
phase changing memory
TP333
　　S 存储器*
　　C 相变光盘

相变电路
phase transformation circuit
TN710　TN76
　　D 调相电路
　　S 电子电路*

相变光盘
phase change disc
TP333
　　S 光盘
　　C 相变存储器
　　L 光存储器**
　　　外存储器**

相参接收机
　　Y 相关接收机

相参雷达
coherent radar
TN958
　　D 相干雷达
　　S 雷达*
　　C 相干视频信号

相对论磁控管
relativistic magnetron
TN12
　　S 磁控管
　　L 微波管**

相对论返波管
relativistic backward-wave oscillator
TN12
　　D RBWO
　　　相对论返波振荡器
　　　相对论返波管振荡器
　　S 返波管
　　C 相对论行波管
　　L 微波管**

相对论返波管振荡器
　　Y 相对论返波管

相对论返波振荡器
　　Y 相对论返波管

相对论行波管
relativistic travelling wave tube

TN12
　　S 行波管
　　C 相对论返波管
　　L 微波管**

相对论速调管
relativistic klystron
TN12
　　S 速调管
　　L 微波管**

相对论速调管放大器
relativistic klystron amplifier
TN72
　　S 速调管放大器
　　Z 放大器*

相干处理
coherent processing
TN91
　　S 信号处理*
　　C 相关算法
　　　相干视频信号

相干反斯托克斯拉曼散射
coherent anti-stokes Raman scattering
TN24
　　D 相干反斯托克喇曼散射
　　S 相干拉曼散射
　　Z 电磁波散射*

相干反斯托克喇曼散射
　　Y 相干反斯托克斯拉曼散射

相干光通信
coherent optical communication
TN929.1
　　D 相关光通信
　　　相干通信
　　S 激光通信
　　· 空间相干光通信
　　L 光通信**

相干机载侧视雷达
coherent side-looking airborne radar
TN958
　　S 侧视雷达
　　C 转置存储器
　　Z 雷达*

相干激光雷达
coherent laser radar
TN958
　　S 激光雷达
　　Z 雷达*

相干检波
　　Y 相干解调

相干接收
coherent reception
TN92
　　S 无线接收
　　C 相干解调
　　Z 接收*

相干接收机
　　Y 相关接收机

相干解调
coherent demodulation
TN76
　　D 同步检波
　　　相关解调
　　　相干检波
　　S 数字解调
　　· 差分相干解调
　　C 相干接收
　　Z 解调*

相干拉曼散射
coherent Raman scattering
TN24
　　D 相干喇曼散射
　　S 受激拉曼散射
　　· 相干反斯托克斯拉曼散射
　　Z 电磁波散射*

相干喇曼散射
　　Y 相干拉曼散射

相干雷达
　　Y 相参雷达

相干视频信号
coherent video signal
TN951
　　S 雷达视频信号
　　C 相参雷达
　　　相干处理
　　Z 信号*

相干通信
　　Y 相干光通信

相干信号
coherent signal
TN911
　　S 电磁波信号
　　Z 信号*

相关度计算
correlation calculation
TP391
　　D 相关性计算
　　S 信息处理*
　　C 主题爬虫

相关跟踪
correlation tracking
TN953　TN215
　　S 跟踪*
　　C 模板匹配
　　　目标跟踪

相关光通信
　　Y 相干光通信

相关检波器
correlation detector
TN763
　　D 去相关检波器
　　S 检波器*

相关接收
correlation receiving
TN951　TN974
　　S 雷达抗干扰
　　L 电子对抗**

相关接收机
correlation receiver
TN85
　　D 相参接收机
　　　相干接收机
　　S 接收设备*

相关解调
　　Y 相干解调

相关滤波
correlation filtering
TN713
　　S 滤波*

相关密钥攻击
　　Y 选择密文攻击

相关匹配法
　　Y 相关匹配算法

相关匹配算法
correlation matching algorithm
TP391　TP301
　　D 相关匹配法
　　S 匹配算法
　　　相关算法
　　Z 算法*

相关数据库
　　Y 关系型数据库

相关衰落信道
correlated fading channel
TN911
　　S 衰落信道
　　Z 信道*

相关双采样电路
correlated double sampling circuit

TN7
 D 相关双取样电路
 S 采样电路
 Z 电子电路*

相关双取样电路
 Y 相关双采样电路

相关算法
correlation algorithm
TN91 TP391 TP392
 S 算法*
 • 互相关算法
 • 相关匹配算法
 • 自相关算法
 C 相干处理

相关性计算
 Y 相关度计算

相互调制
 Y 互调

相控电源
phase controlled power supply
TN86
 S 电源*

相控天线阵
 Y 相控阵天线

相控阵雷达
phased array radar
TN958
 D 相位控制电子扫描阵列雷达
 S 阵列雷达
 • 光控相控阵雷达
 • 机载相控阵雷达
 • 宽带相控阵雷达
 • 无源相控阵雷达
 • 相控阵探地雷达
 • 有源相控阵雷达
 C 和差波束
 Z 雷达*

相控阵列天线
 Y 相控阵天线

相控阵探地雷达
phased array ground radar
TN958
 S 探地雷达
  相控阵雷达
 Z 雷达*

相控阵天线
phased array antenna
TN82
 D 相控天线阵
  相控阵列天线
  相阵天线

  S 阵列天线
 • 共形相控阵天线
 • 有源相控阵天线
 C 差波束
 Z 天线*

相联存储器
associative memory
TP333
 D 关联存储器
  相联存贮器
  联想存储器
 S 存储器*

相联存贮器
 Y 相联存储器

相敏放大器
phase-sensitive amplifier
TN72
 D 相位敏感放大器
 S 放大器*
 • 相敏光放大器

相敏光放大器
phase-sensitive optical amplifier
TN72
 S 光放大器**
  相敏放大器

相敏检波
phase-sensitive detection
TN76
 D 相敏解调
 S 检波
 • 数字相敏检波
 Z 解调*

相敏解调
 Y 相敏检波

相似度计算
similarity computing
TP391
 S 信息处理*
 C 文本处理
  相似度算法
  语义处理

相似度算法
similarity algorithm
TN911 TP301
 S 算法*
 C 相似度计算

相似性挖掘
similarity mining
TP391.3 TP392
 S 信息挖掘**

相位比较电路
 Y 相位比较器

相位比较器
phase comparator
TN710
 D 相位比较电路
 S 比较器
 C 相位变换器
 Z 电子电路*

相位编码
phase encoding
TN919
 S 编码*
 • 多相编码
 • 二相编码
 • 四相编码
 • 随机相位编码
 • 迂回相位编码
 C 相位编码信号

相位编码脉冲压缩雷达
phase-coded pulse compression radar
TN958
 S 脉冲压缩雷达
 Z 雷达*

相位编码信号
phase-coded signal
TN95 TN97
 S 编码信号
 • 二相编码信号
 • 四相编码信号
 C 相位编码
 Z 信号*

相位变换器
phase converter
TM46
 S 变换器*
 C 相位比较器

相位处理
phase processing
TN911
 S 信号处理*
 • 相位跟踪
 • 相位量化
 • 相位锁定
 • 相位提取
 • 相位修正

相位跟踪
phase tracking
TN911
 S 信号跟踪
  相位处理
 Z 信号处理*

相位畸变
　Y　相位失真

相位鉴别
　Y　鉴相

相位鉴频器
phase-shift discriminator
TN763.2
　S　鉴频器
　Z　检波器*

相位解调
　Y　鉴相

相位均衡
　Y　相位均衡器

相位均衡器
phase equalizer
TN715
　D　相位均衡
　　　相位平衡器
　S　均衡器*

相位控制电子扫描阵列雷达
　Y　相控阵雷达

相位量化
phase quantization
TN911
　S　相位处理
　Z　信号处理*

相位滤波
phase filtering
TN713
　S　滤波*
　•　多相滤波

相位敏感放大器
　Y　相敏放大器

相位平衡器
　Y　相位均衡器

相位失真
phase distortion
TN911
　D　相位畸变
　S　线性失真
　L　信号失真**

相位锁定
phase locking
TN911
　D　相位锁定技术
　　　锁相
　　　锁相技术
　S　相位处理

•　分频锁相
•　数字锁相
•　锁相控制
•　同步锁相
•　主动锁相
•　注频锁相
•　注入锁相
　C　锁相接收机
　　　锁相环
　Z　信号处理*

相位锁定技术
　Y　相位锁定

相位提取
phase extraction
TN911
　S　相位处理
　Z　信号处理*

相位调制
　Y　调相

相位调制器
　Y　调相器

相位修正
phase correction
TN911
　S　相位处理
　Z　信号处理*

相位噪声
phase noise
TN01
　D　相噪
　　　相噪声
　S　信号噪声*
•　带内相位噪声
•　单边带相位噪声

相位展开算法
phase unwrapping algorithm
TN95
　S　算法*

相移分布反馈光纤激光器
　Y　分布反馈光纤激光器

相移光纤分布反馈激光器
　Y　分布反馈光纤激光器

相移键控
phase shift keying
TN76
　D　PSK
　　　PSK调制
　　　相移键控信号
　　　移相键控
　S　键控调制
•　差分相移键控

•　多进制相移键控
•　二进制相移键控
•　四相移相键控
　C　移相键控解调
　L　数字调制**

相移键控信号
　Y　相移键控

相移器
　Y　移相器

相移算法
phase shift algorithm
TN2
　S　算法*

相移网络
phase shift network
TN711
　D　移相网络
　S　电路网络*

相噪
　Y　相位噪声

相噪声
　Y　相位噪声

相阵天线
　Y　相控阵天线

向量编码
　Y　矢量编码

向量处理机
　Y　向量处理器

向量处理器
vector processor
TP33
　D　向量处理机
　　　矢量处理器
　S　微处理器*
　C　向量计算机

向量计算机
vector computer
TP338
　D　矢量计算机
　S　计算机*
　C　向量处理器
　　　流水线计算机

向量量化
　Y　矢量量化

向量滤波
vector filtering
TN713

· 800 ·

S 滤波*
- 向量中值滤波

向量压缩
Y 矢量压缩

向量中值滤波
vector median filtering
TN713
S 中值滤波
  向量滤波
Z 滤波*

向前加密
forward encryption
TP309
S 加密**

项目管理信息系统
project management information system
TP317 TP391
D PMIS
  项目信息管理系统
  项目信息系统
S 管理信息系统
C 工程项目管理软件
Z 信息系统*

项目数据库
project database
TP392
S 应用数据库
C 工程项目管理软件
Z 数据库*

项目信息管理系统
Y 项目管理信息系统

项目信息系统
Y 项目管理信息系统

象管
Y 像管

象素管
Y 像素管

象增强管
Y 像增强器

象增强器
Y 像增强器

像管
image tube
TN14
D 移像管
  象管
S 电子束管**
- 变像管

- 像增强器

像素电路
Y 像素驱动电路

像素管
pixel tube
TN11
D 像元管
  象素管
S 电子束管**

像素激光
Y 点阵激光

像素匹配
pixel matching
TP391
S 图像匹配
L 图像处理**

像素驱动电路
pixel driving circuit
TN710
D 像素电路
S 显示驱动器
L 驱动电路**

像素置乱
pixel scrambling
TN918
S 图像置乱
L 信息隐藏**

像元管
Y 像素管

像增强管
Y 像增强器

像增强器
image intensifier
TN14
D 像增强管
  图象增强器
  象增强器
  象增强管
S 像管
- X射线像增强器
- 微光像增强器
- 微通道板像增强器
- 紫外像增强器
C 图像增强
L 电子束管**

肖兰导航
short range navigation
TN966
D 近距导航
S 无线电导航
Z 导航*

肖特基二极管
Schottky barrier diode
TN31
D Schottky 二极管
  热载流子二极管
  肖特基势垒二极管
  肖特基势迭二极管
  表面势垒二极管
  金属半导体二极管
S 半导体二极管
C 肖特基晶体管
  肖特基结
L 半导体分立器件**

肖特基结
Schottky junction
TN301
D Schottky 结
S 半导体结*
C 肖特基二极管
  肖特基晶体管
  金属半导体场效应晶体管

肖特基晶体管
Schottky transistor
TN32
D 肖特基箝位晶体管
  表面势垒晶体管
S 晶体管
C 肖特基二极管
  肖特基结
L 半导体分立器件**

肖特基箝位晶体管
Y 肖特基晶体管

肖特基势迭二极管
Y 肖特基二极管

肖特基势垒场效应晶体管
Y 金属半导体场效应晶体管

肖特基势垒二极管
Y 肖特基二极管

消磁电路
degaussing circuit
TN94
S 电子电路*

消磁头
Y 擦除头

消防机器人
fire-fighting robot
TP242
D 灭火机器人
S 特种机器人
Z 机器人*

消费电子总线
consumer electronics bus
TP336
    D CEBus
       消费总线
    S 总线*

消费总线
    Y 消费电子总线

消极干扰
    Y 无源干扰

消息处理
message processing
TP393
    S 信息处理*
    C 消息交换
       消息通信

消息传递接口
message passing interface
TP311
    D 消息传递接口标准
    S 软件接口
    C 消息路由
    L 计算机接口**

消息传递接口标准
    Y 消息传递接口

消息传递模型
message passing model
TP311
    S 网络模型*
    C 消息传递算法

消息传递算法
message passing algorithm
TN911　TP301
    S 算法*
    • 置信传播算法
    C 消息传递模型

消息传输
message transmission
TP311　TP393
    D 消息传送
    S 信息传输*
    C 消息中间件
       消息交换

消息传送
    Y 消息传输

消息队列遥测传输协议
message queuing telemetry transport protocol
TP393.0　TN915.04
    D MQTT 协议
    S 传输协议

       物联网协议
    L 网络协议**

消息队列中间件
    Y 消息中间件

消息服务
message service
TN92　TP311
    S 信息服务*
    • Java 消息服务
    • 统一消息服务
    C 消息中间件

消息服务器
message server
TP311
    S 网络服务器
    Z 服务器*

消息恢复
message recovery
TN918
    S 信息恢复
    Z 信息处理*

消息加密
message encryption
TP393.08　TN918
    D 报文加密
    S 信息加密
    L 加密**

消息交换
message exchange
TN919
    S 信息交换*
    C 消息传输
       消息处理

消息路由
message routing
TP391　TP311
    S 内容路由
    C 企业服务总线
       消息传递接口
    Z 路由*

消息路由器
message router
TP393.4　TN915
    S 路由器
    L 网络互连设备**

消息认证
message authentication
TP393　TN918
    S 信息认证
    Z 信息安全认证*

消息通信
message communication

TP311　TN92
    D 消息通讯
    S 通信*
    C 消息处理

消息通讯
    Y 消息通信

消息推送
message push
TP393.2
    D 消息推送技术
    S 信息推送
    Z 信息服务*
       信息技术*

消息推送技术
    Y 消息推送

消息摘要
    Y 数字摘要

消息摘要算法
message digest algorithm
TP393.08
    D MD5
       MD5 算法
       信息摘要算法第五版
    S 加密算法
    C 数字摘要
    Z 算法*

消息中间件
message middleware
TP311　TP317
    D 消息队列中间件
       面向消息的中间件
    S 中间件
    C 消息传输
       消息服务
    Z 软件*

消息总线
message bus
TP336
    S 总线*

消隐算法
hidden algorithm
TP391　TP309
    S 图形算法
    C 图形消隐
    Z 算法*

削波电路
clipping circuit
TN710
    D 削波器
    S 电子电路*
    C 限幅放大器

削波放大器
　　Y 限幅放大器

削波器
　　Y 削波电路

削波失真
clipping distortion
TN911
　　S 非线性失真
　　L 信号失真**

小波包滤波
wavelet packet filtering
TN713
　　S 小波滤波
　　C 小波包算法
　　Z 滤波*

小波包算法
wavelet packet algorithm
TP301　TN911
　　S 小波算法
　　C 小波包滤波
　　Z 算法*

小波包调制
wavelet packet modulation
TN76
　　S 调制*

小波编码
wavelet coding
TN911
　　D 子波编码
　　S 编码*
　　• 零树小波编码
　　• 小波变换编码
　　• 小波视频编码
　　• 小波图像编码

小波变换编码
wavelet transform coding
TN911
　　S 变换编码
　　　 小波编码
　　Z 编码*

小波变换算法
　　Y 小波算法

小波分解
wavelet decomposition
TN911
　　D 子波分解
　　S 信号分解
　　• 静态小波分解
　　• 树状小波分解
　　C 小波分解算法
　　Z 信号处理*

小波分解算法
wavelet decomposition algorithm
TN911　TP301
　　S 小波算法
　　C 小波分解
　　Z 算法*

小波零树编码
　　Y 零树小波编码

小波滤波
wavelet filtering
TN713
　　S 滤波*
　　• 小波包滤波
　　• 小波阈值滤波
　　C 小波去噪
　　　 小波算法

小波去噪
wavelet domain denoising
TN911.7
　　D 小波消噪
　　S 噪声处理
　　C 小波滤波
　　　 小波算法
　　Z 信号处理*

小波神经网络
wavelet neural network
TP183
　　D 子波神经网络
　　　 小波网络
　　S 人工神经网络*
　　C 多值编码遗传算法

小波视频编码
wavelet video coding
TN911
　　S 小波编码
　　　 视频编码
　　L 音视频编码**

小波算法
wavelet algorithm
TN911　TP301
　　D 小波变换算法
　　S 算法*
　　• 小波包算法
　　• 小波分解算法
　　• 小波提升算法
　　C 多分辨率处理
　　　 小波压缩
　　　 小波去噪
　　　 小波滤波

小波提升算法
wavelet lifting algorithm
TN911　TP301
　　D 提升小波算法
　　S 小波算法
　　Z 算法*

小波图象编码
　　Y 小波图像编码

小波图像编码
wavelet image coding
TN911
　　D 小波图象编码
　　S 图像编码
　　　 小波编码
　　Z 编码*

小波网络
　　Y 小波神经网络

小波消噪
　　Y 小波去噪

小波压缩
wavelet compression
TN911　TN919
　　D 子波压缩
　　S 信号压缩
　　C 小波算法
　　Z 信号处理*

小波域维纳滤波
wavelet-domain Wiener filtering
TN713
　　S 维纳滤波
　　Z 滤波*

小波阈值滤波
wavelet threshold filtering
TN713
　　S 小波滤波
　　　 阈值滤波
　　Z 滤波*

小波重构
wavelet reconstruction
TN911
　　S 信号重构
　　Z 信号处理*

小程序
　　Y 微程序

小尺寸封装
small out-line package
TN05
　　D SOP 封装
　　　 小封装
　　S 半导体封装**
　　• 薄型小尺寸封装
　　• 超小型封装

小尺度高斯滤波
small scale Gaussian filtering
TN713
　　S 高斯滤波
　　Z 滤波*

小封装
　　Y 小尺寸封装

小规模 IC
　　Y 小规模集成电路

小规模集成电路
small scale integrated circuit
TN79　TN4
　　D 小规模 IC
　　S 集成电路*

小环天线
small loop antenna
TN82
　　D 小环形天线
　　S 环形天线
　　Z 天线*

小环形天线
　　Y 小环天线

小键盘
small keyboard
TP334.2
　　S 键盘
　　Z 外部设备*

小交换机
　　Y 用户小交换机

小口径天线
small aperture antenna
TN82
　　D VSAT 天线
　　S 地面站天线
　　C 甚小天线地球站
　　L 卫星天线**
　　　 通信天线**

小口径天线地球站
　　Y 甚小天线地球站

小灵通
　　Y 无线市话

小灵通基站
PHS base station
TN927
　　S 基站*
　　C PHS 网络
　　　 无线市话

小灵通网络
　　Y PHS 网络

小生境遗传算法
niche genetic algorithm
TP1　TP301
　　D 改进小生境遗传算法

　　S 遗传算法
　　Z 算法*

小世界
　　Y 小世界网络

小世界模型
　　Y 小世界网络模型

小世界网络
small-world network
TP301
　　D 小世界
　　S 复杂网络
　　C 小世界网络模型
　　Z 网络*

小世界网络模型
small-world network model
TP301
　　D 小世界模型
　　S 网络模型*
　　C 小世界网络

小数攻击
decimal attack
TP309
　　S 网络攻击**

小天线
　　Y 电小天线

小信号处理电路
small signal processing circuit
TN94
　　S 信号处理电路
　　C 小信号分析
　　Z 电子电路*

小信号等效电路
small signal equivalent circuit
TN7
　　S 等效电路
　　Z 电子电路*

小信号分析
small signal analysis
TN911
　　S 信号分析*
　　C 小信号处理电路

小型办公路由器
　　Y SOHO 路由器

小型电容器
small capacitor
TM532
　　S 电容器*

小型电子计算机
　　Y 小型计算机

小型机
　　Y 小型计算机

小型机系统
　　Y 小型计算机

小型激光器
miniature laser
TN248
　　S 激光器*

小型计算机
minicomputer
TP338
　　D 小型机
　　　 小型机系统
　　　 小型电子计算机
　　　 小型计算机系统
　　S 电子数字计算机**

小型计算机系统
　　Y 小型计算机

小型计算机系统接口
　　Y SCSI 接口

小型计算机系统接口协议
　　Y SCSI 协议

小型继电器
miniature relay
TM58
　　D 微小型继电器
　　S 继电器*

小型接收机
miniature receiver
TN85
　　S 接收设备*

小型局域网
small-scale LAN
TP393.1
　　S 局域网**
　　C 小型数据库

小型数据库
minitype database
TP392
　　S 数据库*
　　C 小型局域网

小型卫星地面站
　　Y 甚小天线地球站

小音点测向
　　Y 最小信号法测向

校园 GIS
　　Y 校园地理信息系统

校园地理信息系统
campus geographic information system
TP391
  D 校园 GIS
  S 地理信息系统
  C 校园信息系统
  L 信息应用系统**

校园电子商务
campus e-commerce
TP391
  S 电子商务
  Z 网络应用*

校园计算网格
  Y 校园网格

校园局域网
  Y 校园网

校园卡系统
  Y 校园一卡通系统

校园网
campus network
TP393.1
  D 校园局域网
  S 局域网**
  C 校园一卡通系统
    校园网格
    校园网管理

校园网格
campus grid
TP393
  D 校园计算网格
  S 网格*
  C 校园网

校园网管理
campus network management
TP393
  D 校园网络管理
  S 网络管理*
  C 校园信息化
    校园网

校园网络管理
  Y 校园网管理

校园信息化
campus informatization
TP391
  D 学校信息化
    高校信息化
  S 教育信息化
  C 智慧校园
    校园一卡通系统
    校园信息系统
    校园网管理
  Z 信息化*

校园信息系统
campus information system
TP311 TP391
  S 信息应用系统**
  C 智慧校园
    校园一卡通系统
    校园信息化
    校园地理信息系统

校园一卡通
  Y 校园一卡通系统

校园一卡通系统
campus all-purpose card system
TP391 TP311
  D 校园一卡通
    校园卡系统
  S 一卡通系统
  C 校园信息化
    校园信息系统
    校园网
  Z 电子系统*

效用计算
utility computing
TP301
  S 计算*

协处理器
coprocessor
TN43 TP33
  S 微处理器*
  • 安全协处理器
  • 可重构协处理器

协商协议
negotiation protocol
TN915
  S 通信协议*
  • 密钥协商协议
  C 自动信任协商

协调算法
coordination algorithm
TP301 TN911
  S 算法*

协同办公
cooperative office
TP318
  D 协同办公平台
    协同办公系统
  S 协同技术*
  C 协同建模

协同办公平台
  Y 协同办公

协同办公系统
  Y 协同办公

协同编辑
collaborative editing
TP391
  D 协同编著
  S 协同技术*
  C 编辑软件

协同编著
  Y 协同编辑

协同产品开发
collaborative product development
TP391.7
  S 协同开发
  C 协同产品商务
    协同工艺设计
    协同电子商务
  Z 协同技术*

协同产品商务
collaborative product commerce
TP391
  S 协同商务
  C 协同产品开发
  Z 协同技术*

协同处理
coprocessing
TP391
  S 协同技术*
  C 在线编辑器

协同电子商务
collaborative electronic business
TP391 TP318
  S 协同商务
    电子商务
  C 协同产品开发
  Z 协同技术*
    网络应用*

协同定位
cooperative localization
TN92
  D 协同定位技术
  S 协同技术*

协同定位技术
  Y 协同定位

协同仿真
collaborative simulation
TP391.9
  D 协同模拟
    软硬件协同仿真
  S 仿真*

协同感知
collaborative awareness
TN92　TP391
　　D　协作感知
　　　　协同感知技术
　　S　信息感知*
　　　　协同技术*

协同感知技术
　　Y　协同感知

协同工艺设计
collaborative process planning
TP391.7
　　S　协同设计
　　C　协同产品开发
　　Z　协同技术*

协同工作
cooperative work
TP391　TP393　TP311
　　D　CSCW系统
　　　　协同工作平台
　　　　协同工作系统
　　　　计算机支持协同工作
　　　　计算机支持协同工作系统
　　　　计算机支持的协同工作
　　S　协同技术*

协同工作平台
　　Y　协同工作

协同工作系统
　　Y　协同工作

协同攻击
cooperative attack
TP393.08
　　D　协同入侵
　　S　网络攻击**

协同管理
collaborative management
TP391　TP311
　　S　协同技术*

协同过滤算法
collaborative filtering algorithm
TP301.6
　　D　协同过滤推荐算法
　　S　算法*

协同过滤推荐算法
　　Y　协同过滤算法

协同计算
cooperative computing
TP391　TP316
　　D　协作计算
　　S　计算*
　　C　协同技术

网格
资源共享

协同技术*
collaborative technology
TP391　TP311
　　D　协作技术
　　・协同办公
　　・协同编辑
　　・协同处理
　　・协同定位
　　・协同感知
　　・协同工作
　　・协同管理
　　・协同检测
　　・协同开发
　　・・协同产品开发
　　・协同商务
　　・・协同产品商务
　　・・协同电子商务
　　・协同设计
　　・・分布式协同设计
　　・・软硬件协同设计
　　・・三维协同设计
　　・・实时协同设计
　　・・同步协同设计
　　・・协同工艺设计
　　・・异地协同设计
　　・协同验证
　　・・软硬件协同验证
　　C　协作信息系统
　　　　协作工具
　　　　协同模式识别
　　　　协同计算

协同检测
cooperative detection
TP391.7
　　S　协同技术*

协同建模
collaborative modeling
TP391.9
　　S　模型构建*
　　C　协同办公

协同进化算法
co-evolutionary algorithm
TP391　TP301
　　D　协同演化算法
　　S　进化算法
　　・协同进化遗传算法
　　Z　算法*

协同进化遗传算法
co-evolutionary genetic algorithm
TP301　TP183
　　S　协同进化算法
　　　　遗传算法
　　Z　算法*

协同开发
collaborative development

TP311
　　S　协同技术*
　　・协同产品开发

协同模拟
　　Y　协同仿真

协同模式识别
synergetic pattern recognition
TP391.4
　　S　模式识别
　　C　协同技术
　　Z　信息识别*

协同入侵
　　Y　协同攻击

协同商务
collaborative commerce
TP391
　　D　协同商务平台
　　S　协同技术*
　　・协同产品商务
　　・协同电子商务

协同商务平台
　　Y　协同商务

协同设计
collaborative design
TP391.7
　　D　协同设计技术
　　　　协同设计系统
　　S　协同技术*
　　・分布式协同设计
　　・软硬件协同设计
　　・三维协同设计
　　・实时协同设计
　　・同步协同设计
　　・协同工艺设计
　　・异地协同设计
　　C　联合编程

协同设计技术
　　Y　协同设计

协同设计系统
　　Y　协同设计

协同式专家系统
cooperative expert system
TP182
　　S　专家系统
　　Z　计算机应用系统*

协同数据库
cooperative database
TP392
　　S　数据库*

协同算法
collaborative algorithm
TP316　TP391　TP301
　　S　算法*

协同通信
　　Y　协作通信

协同学习
　　Y　协作学习

协同演化算法
　　Y　协同进化算法

协同验证
co-verification
TN402
　　S　协同技术*
　　• 软硬件协同验证

协议安全
protocol security
TP393.08　TN918
　　D　网络协议安全
　　S　网络通信安全
　　C　通信协议
　　Z　网络安全*

协议参考模型
protocol reference model
TN915　TP393
　　S　协议模型
　　Z　网络模型*

协议测试
protocol testing
TP393　TN915
　　S　协议处理
　　Z　网络技术*

协议测试仪
　　Y　协议分析仪

协议处理
protocol processing
TN915　TP393
　　S　网络技术*
　　• 多协议封装
　　• 协议测试
　　• 协议分析
　　• 协议描述
　　• 协议实现
　　• 协议识别
　　• 协议适配
　　• 协议验证
　　• 协议映射
　　• 协议转换
　　C　协议处理器
　　　　协议软件
　　　　通信协议

协议处理器
protocol processor
TN916
　　S　通信处理器
　　C　协议处理
　　　　通信协议
　　Z　微处理器*

协议堆叠
　　Y　协议栈

协议仿真
protocol simulation
TN92　TP391　TP393
　　S　仿真*

协议分析
protocol analysis
TN911　TP393
　　S　协议处理
　　C　入侵检测
　　　　协议模型
　　　　网络嗅探
　　　　网络监听
　　Z　网络技术*

协议分析器
　　Y　嗅探器

协议分析仪
protocol analyzer
TP393　TN915
　　D　协议测试仪
　　　　网络协议分析仪
　　S　网络分析仪
　　L　通信测试仪**

协议隔离
protocol isolation
TP393　TP309
　　S　网络隔离
　　L　网络防御**

协议攻击
protocol attack
TP393.08　TN915
　　S　网络攻击**

协议规范
protocol criterion
TP393　TN919
　　D　网络协议规范
　　S　网络标准
　　C　通信协议
　　Z　信息产业标准*

协议宏
protocol macro
TP2
　　S　宏程序
　　Z　软件*

协议描述
protocol description
TP393　TN911
　　S　协议处理
　　Z　网络技术*

协议模型
protocol model
TN911
　　S　网络模型*
　　• TCP/IP 分层模型
　　• 协议参考模型
　　C　协议分析
　　　　通信协议

协议欺骗
protocol spoofing
TP393
　　S　欺骗攻击
　　L　网络攻击**

协议软件
protocol software
TP319
　　S　网络软件**
　　C　协议处理
　　　　通信协议

协议识别
protocol identification
TP393　TN911
　　S　协议处理
　　Z　网络技术*

协议实现
protocol implementation
TP393　TN91
　　S　协议处理
　　Z　网络技术*

协议适配
protocol adaptation
TP393　TN911
　　S　协议处理
　　Z　网络技术*

协议网关
protocol gateway
TP393.4　TN915
　　D　多协议网关
　　S　网关
　　• IP 网关
　　L　网络互连设备**

协议验证
protocol verification
TP393
　　S　协议处理
　　C　时间自动机
　　Z　网络技术*

协议映射
protocol mapping
TN919
　　S 协议处理
　　Z 网络技术*

协议栈
protocol stack
TN915.04
　　D 协议堆叠
　　　网络协议栈
　　　通信协议栈
　　S 通信协议*
　　· 双协议栈

协议转换
protocol conversion
TN919　TN915
　　D 协议转换技术
　　S 协议处理
　　C 以太网
　　　控制器局域网
　　　转换网关
　　Z 网络技术*

协议转换技术
　　Y 协议转换

协议转换器
　　Y 网关

协议状态机
protocol state machine
TP301　TP1
　　S 状态机
　　Z 自动机*

协议族
　　Y 通信协议

协作感知
　　Y 协同感知

协作工具
collaborative tool
TP391　TP393
　　S 工具软件**
　　C 协同技术
　　　网络协作

协作机器人
collaborative robot
TP242
　　D 协作式机器人
　　S 机器人*

协作计算
　　Y 协同计算

协作技术
　　Y 协同技术

协作式机器人
　　Y 协作机器人

协作通信
cooperative communication
TN92　TN911
　　D 协同通信
　　S 通信*
　　C 协作信息系统
　　　多输入多输出信道

协作信息系统
cooperative information system
TP391
　　S 信息应用系统**
　　C 协作通信
　　　协同技术

协作学习
collaborative learning
TP391
　　D 协同学习
　　　计算机支持的协同学习
　　S 机器学习*
　　C Wiki 技术

斜波发生器
ramp generator
TM935
　　S 波形发生器
　　L 信号发生器**

斜率鉴频器
slope discriminator
TN763.2
　　S 鉴频器
　　Z 检波器*

谐波发生器
harmonic generator
TM93
　　S 信号发生器**

谐波干扰
harmonic interference
TN911.4
　　S 电磁干扰*

谐波雷达
harmonic radar
TN958
　　S 雷达*

谐波失真
harmonic distortion
TN911
　　D 总谐波失真
　　S 非线性失真
　　C 线性失真
　　　谐波信号
　　L 信号失真**

谐波信号
harmonic signal
TN7　TN011
　　S 无线电信号
　　C 谐波失真
　　Z 信号*

谐波振荡器
harmonic oscillator
TN752
　　S 振荡器*

谐振变换器
resonant converter
TN62
　　S 变换器*
　　· 并联谐振变换器
　　· 串联谐振变换器
　　· 多谐振变换器

谐振电路
　　Y 谐振器

谐振放大器
resonant amplifier
TN72
　　D 谐振功率放大器
　　S 放大器*

谐振功率放大器
　　Y 谐振放大器

谐振回路
　　Y 谐振器

谐振继电器
resonant relay
TM58
　　D 频敏继电器
　　S 继电器*

谐振器*
resonator
TN75
　　D 共振器
　　　谐振回路
　　　谐振电路
　　· MEMS 谐振器
　　· 并联谐振器
　　· 超导谐振器
　　· 传输线谐振器
　　· 光微环谐振器
　　· 环形谐振器
　　· 回波谐振器
　　· 阶跃阻抗谐振器
　　· 开环谐振器
　　· 螺旋谐振器
　　· 声表面波谐振器
　　· 声体波谐振器
　　· 梳状谐振器
　　· 双模谐振器
　　· 贴片谐振器

- 微波谐振器
- · 介质谐振器
- · · 同轴介质谐振器
- · · 圆柱介质谐振器
- · · 同轴谐振器
- · · · 同轴介质谐振器
- · · · 同轴谐振腔
- · · 微带谐振器
- · · · 发夹谐振器
- · · · 微带环缝谐振器
- · · 谐振腔
- · · · 同轴谐振腔
- · 微环谐振器
- · 压电谐振器
- · · 石英晶体谐振器
- · · · 多电极石英谐振器
- · · · 微型石英谐振器
- · · · 音叉谐振器
- · 陶瓷谐振器
- · 耦合谐振器
- C 选频放大器
  选频电路
  选频网络

谐振腔
resonant tank
TN62 TN75
    D 空腔谐振器
    S 微波谐振器
    · 同轴谐振腔
    Z 谐振器*
      微波元件*

谐振腔增强型光电探测器
resonant cavity enhanced photodetector
TN215 TN36
    D RCE 光电探测器
    S 半导体光电探测器
    L 光学探测器**
      半导体光电器件**

谐振式电源
resonant power supply
TN86
    D 谐振型电源
    S 电源*

谐振式光纤激光器
    Y 光纤激光器

谐振隧穿二极管
resonant tunneling diode
TN31
    D 共振隧穿二极管
      共振隧道二极管
      谐振隧道二极管
    S 谐振隧穿器件
      隧道二极管
    C 单电子晶体管
    L 半导体分立器件**

谐振隧穿晶体管
resonant tunneling transistor
TN32
    D 共振隧穿晶体管
    S 晶体管
      谐振隧穿器件
    L 半导体分立器件**

谐振隧穿器件
resonant tunneling device
TN3
    D 共振隧穿器件
    S 半导体器件*
      量子器件*
    · 谐振隧穿二极管
    · 谐振隧穿晶体管

谐振隧道二极管
    Y 谐振隧穿二极管

谐振型电源
    Y 谐振式电源

携带式摄像机
    Y 便携式摄像机

写保护
write protection
TP33 TP309
    D 写入保护
    S 计算机保护
    · 硬盘写保护
    C 内容保护
      数据读写
      计算机病毒
      读写设备
    Z 信息安全防护*

写入保护
    Y 写保护

泄漏电缆
    Y 漏泄同轴电缆

泄漏感应电缆
    Y 漏泄同轴电缆

泄漏同轴电缆
    Y 漏泄同轴电缆

泄漏信号
leakage signal
TN914
    S 信号*

心电放大器
electric cardiogram amplifier
TN72
    S 放大器*

心率传感器
heart rate sensor
TP212.3
    S 医用传感器
    Z 传感器*

芯片*
chip
TN4
    D IC 芯片
      半导体芯片
      微芯片
      电子芯片
      芯片集
      集成电路芯片
      集成芯片
    · ARM 芯片
    · IC 卡芯片
    · LED 芯片
    · 安全芯片
    · 低损耗芯片
    · 电视芯片
    · · 机顶盒芯片
    · · 数字电视芯片
    · 电源芯片
    · 多功能芯片
    · 多媒体芯片
    · 计算机芯片
    · · 北桥芯片
    · · 存储芯片
    · · 南桥芯片
    · · 声卡芯片
    · · 图形加速芯片
    · · 外围芯片
    · · 网卡芯片
    · 接口芯片
    · · USB 接口芯片
    · · 可编程接口芯片
    · · 网络接口芯片
    · · 专用接口芯片
    · 接收芯片
    · 控制芯片
    · · 微流控芯片
    · · · 数字微流控芯片
    · · · 微流控分析芯片
    · · 运动控制芯片
    · · 主控芯片
    · 裸芯片
    · 密码芯片
    · 嵌入式芯片
    · 三维芯片
    · 射频芯片
    · 标签芯片
    · 生物芯片
    · · 蛋白质芯片
    · · 基因芯片
    · 时钟芯片
    · · 串行时钟芯片
    · · 日历时钟芯片
    · · 实时时钟芯片
    · 视频芯片
    · · 视频采集芯片
    · · 视频处理芯片

电子信息技术叙词表

　··视频格式转换芯片
　·数字芯片
　··数字电视芯片
　··数字微流控芯片
　··直接数字频率合成芯片
　·通信芯片
　··调制解调芯片
　··交换芯片
　··蓝牙芯片
　··路由芯片
　··手机芯片
　·系统级芯片
　··复杂片上系统
　··可编程片上系统
　··无线片上系统
　·显示芯片
　·芯片组
　··北桥芯片
　··南桥芯片
　··整合型芯片组
　··主控芯片
　·信号处理芯片
　··专用信号处理芯片
　·音频芯片
　··声效芯片
　··音乐芯片
　··语音芯片
　···数码语音芯片
　···语音合成芯片
　···语音录放芯片
　···语音识别芯片
　·智能芯片
　··神经网络芯片
　·专用芯片
　··红外专用芯片
　··专用接口芯片
　··专用信号处理芯片
　C 微处理器
　　芯片工艺
　　芯片材料
　　芯片设计

芯片材料
chip material
TN304
　S 电子材料*
　C 芯片
　　芯片封装
　　芯片工艺

芯片操作系统
　Y 智能卡操作系统

芯片测试仪
chip tester
TN407
　S 集成电路测试仪
　Z 电子测量仪器*

芯片尺寸封装
　Y 芯片级封装

芯片电路
　Y 集成电路

芯片封装
chip package
TN405
　D 芯片封装技术
　S 集成电路封装
　·单芯片封装
　·倒装芯片封装
　·多芯片封装
　·芯片级封装
　C 芯片工艺
　　芯片材料
　L 半导体封装**

芯片封装技术
　Y 芯片封装

芯片工艺
chip technology
TN405
　D 芯片制造工艺
　　芯片制造技术
　　芯片技术
　　芯片生产工艺
　S 集成电路工艺
　·板上芯片技术
　·硅芯片技术
　·芯片键合
　C 芯片
　　芯片封装
　　芯片材料
　　芯片设计
　Z 半导体工艺*

芯片规模封装
　Y 芯片级封装

芯片互连
chip interconnection
TN405
　S 电路互连
　Z 半导体工艺*

芯片级封装
chip scale package
TN405
　D 芯片尺寸封装
　　芯片级封装技术
　　芯片规模封装
　S 芯片封装
　L 半导体封装**

芯片级封装技术
　Y 芯片级封装

芯片级系统
　Y 系统级芯片

芯片集
　Y 芯片

芯片计算机
　Y 单片微型计算机

芯片技术
　Y 芯片工艺

芯片键合
chip bonding
TN305
　D 芯片键合机
　S 芯片工艺
　　键合工艺
　Z 半导体工艺*

芯片键合机
　Y 芯片键合

芯片卡
　Y IC卡

芯片上系统
　Y 系统级芯片

芯片设计
chip design
TN402
　S 电子设计*
　C 芯片
　　芯片工艺

芯片生产工艺
　Y 芯片工艺

芯片实验室
　Y 微全分析系统

芯片系统
　Y 系统级芯片

芯片制造工艺
　Y 芯片工艺

芯片制造技术
　Y 芯片工艺

芯片组
chip set
TP33　TN4
　D 多芯片
　S 芯片*
　·北桥芯片
　·南桥芯片
　·整合型芯片组
　·主控芯片
　C 多芯片组件

· 810 ·

辛几何算法
symplectic algorithm
TP301
　　S 几何算法
　　Z 算法*

锌汞电池
zinc-mecury battery
TM911
　　S 原电池
　　Z 电池*

锌空气电池
zinc-air battery
TM911
　　S 原电池
　　Z 电池*

锌扩散
zinc diffusion
TN305
　　D Zn扩散
　　S 半导体扩散工艺
　　Z 半导体工艺*

锌锰电池
zinc manganese dioxide battery
TM911
　　D 碱性干电池
　　　 碱性电池
　　　 碱性锌锰电池
　　　 碱锰电池
　　S 原电池
　　Z 电池*

锌氧化银电池
　　Y 锌银电池

锌银电池
zinc silver oxide battery
TM911
　　D 氧化银电池
　　　 银锌电池
　　　 锌氧化银电池
　　S 原电池
　　Z 电池*

新词识别
new word recognition
TP391.4
　　D 新词语自动识别
　　S 词汇识别
　　Z 信息识别*

新词语自动识别
　　Y 新词识别

新闻发布系统
news release system
TP391
　　S 发布系统

　　Z 计算机应用系统*

新闻服务器
　　Y 新闻组服务器

新闻聚合
news aggregation
TP391
　　S 信息聚合
　　Z 信息处理*

新闻视频
news video
TP391
　　S 视频*

新闻制播网络
news production and broadcasting network
TN94
　　S 制播网络
　　Z 广播电视网络*

新闻组服务器
Newsgroup server
TP393　TP338
　　D 新闻服务器
　　S 网络服务器
　　Z 服务器*

信标接收机
beacon receiver
TN85
　　S 无线电接收机
　　C 无线电信标
　　Z 接收设备*

信道*
channel
TN911
　　D 传输信道
　　　 波道
　　　 通信信道
　　• 安全信道
　　•• 水印信道
　　•• 隐蔽信道
　　••• 阈下信道
　　• 单输入多输出信道
　　• 导频信道
　　• 电力线信道
　　• 多输入多输出信道
　　• 反馈信道
　　• 反向信道
　　•• 反向业务信道
　　• 非线性信道
　　• 高斯信道
　　•• 加性高斯白噪声信道
　　• 公共信道
　　• 光信道
　　•• 光监控信道
　　•• 光纤信道
　　• 广播信道

　　• 恒参信道
　　• 话音信道
　　• 回传信道
　　• 接入信道
　　•• 随机接入信道
　　• 接收信道
　　• 离散信道
　　•• 离散无记忆信道
　　• 频率扩展信道
　　• 频率选择性信道
　　•• 频率选择性衰落信道
　　• 色散信道
　　•• 时变色散信道
　　• 时变信道
　　•• 时变多径信道
　　•• 时变色散信道
　　• 时空信道
　　• 矢量信道
　　• 室内信道
　　• 数据信道
　　• 数字信道
　　• 衰落信道
　　•• Nakagami衰落信道
　　•• 多径衰落信道
　　•• 快衰落信道
　　•• 莱斯衰落信道
　　•• 慢衰落信道
　　•• 频率选择性衰落信道
　　•• 瑞利衰落信道
　　•• 时间选择性衰落信道
　　•• 无线衰落信道
　　•• 相关衰落信道
　　•• 移动衰落信道
　　• 双选择性信道
　　• 随机信道
　　•• 大气随机信道
　　•• 随机接入信道
　　• 同步信道
　　• 无线信道
　　•• 短波信道
　　•• 多径信道
　　••• 多径衰落信道
　　••• 时变多径信道
　　•• 流星余迹信道
　　•• 射频信道
　　•• 水声信道
　　•• 跳频信道
　　•• 微波信道
　　•• 卫星信道
　　••• 上行信道
　　••• 卫星移动信道
　　••• 下行信道
　　•• 无线衰落信道
　　•• 寻呼信道
　　•• 移动信道
　　••• 卫星移动信道
　　• 物理信道
　　• 逻辑信道
　　•• 控制信道
　　•• 业务信道
　　••• 反向业务信道
　　••• 前向业务信道
　　• 稀疏信道
　　• 信令信道

- 虚拟信道
- 中继信道
- 子信道
- C 信道共享

 信道建模

信道编码
channel coding
TN911　TN919
- D 信道编码技术
- S 通信编码**
- Turbo 编码
- 分组编码
- 卷积编码
- 联合信源信道编码
- 子带编码
- C 信道复用

 编码复用

信道编码技术
- Y 信道编码

信道辨识
channel identification
TN911
- S 信道处理
- 盲信道辨识
- Z 信号处理*

信道处理
channel processing
TN92　TN91
- S 信号处理*
- 信道辨识
- 信道跟踪
- 信道共享
- 信道自适应
- C 信道仿真

 信道传输

信道传输
channel transmission
TN911
- S 信息传输*
- C 信道处理

信道仿真
channel simulation
TN92
- D 信道模拟
- S 通信仿真
- C 信道处理
- Z 仿真*

信道复用
channel multiplexing
TN76
- S 多路复用*
- C 信道化接收机

 信道编码

信道跟踪
channel tracking
TN911
- S 信道处理
- C 卡尔曼滤波

 时变信道
- Z 信号处理*

信道共享
channel sharing
TN92
- S 信道处理

 资源共享*
- C 信道
- Z 信号处理*

信道估计器
channel estimator
TN919
- S 通信设备*

信道估计算法
channel estimation algorithm
TN911
- S 估计算法
- Z 算法*

信道化发射机
channelized transmitter
TN83
- S 发射机*
- C 信道化接收机

信道化接收机
channelized receiver
TN85
- D 信道式接收机

 信道接收机
- S 电子侦察设备

 非搜索式接收机
- 数字信道化接收机
- C 信道化发射机

 信道复用
- Z 电子战装备*

 接收设备*

信道间干扰
interchannel interference
TN911.4
- S 信号干扰
- 邻信道干扰
- Z 电磁干扰*

信道建模
channel modeling
TN92　TP391.9
- S 模型构建*
- C 信道

信道接入协议
channel access protocol
TN92

- S 接入协议
- L 网络协议**

信道接收机
- Y 信道化接收机

信道盲辨识
- Y 盲信道辨识

信道模拟
- Y 信道仿真

信道失真
channel distortion
TN911
- S 失真*

信道式接收机
- Y 信道化接收机

信道噪声
channel noise
TN911
- S 信号噪声*
- 上行信道噪声

信道自适应
adapting to the channel
TN911
- S 信道处理

 自适应*
- Z 信号处理*

信号*
signal
TN7　TN911.7
- D 电信号
- 编码信号
- 　频率编码信号
- 　相位编码信号
- 　　二相编码信号
- 　　四相编码信号
- 采样信号
- 　非均匀采样信号
- 参考信号
- 测试信号
- 差分信号
- 　低电压差分信号
- 　最小化传输差分信号
- 差模信号
- 超低频信号
- 冲激信号
- 触发信号
- 传感信号
- 串行信号
- 带通信号
- 低频信号
- 电磁波信号
- 　无线电信号
- 　　短波信号
- 　　多径信号
- 　　多载波信号

国家工业信息安全发展研究中心 主编

- · · · 后向散射信号
- · · · 回波信号
- · · · · 雷达回波信号
- · · · · 视频回波信号
- · · · 扩频信号
- · · · · 直接序列扩频信号
- · · · 射频信号
- · · · 跳频信号
- · · · 微波信号
- · · · 谐波信号
- · · · 应答信号
- · · · 远场信号
- · · · 杂波信号
- · · · 杂散信号
- · · · 窄带信号
- · · · 直达信号
- · · 相干信号
- · · 电平信号
- · · 调制信号
- · · 调频信号
- · · · 调频步进信号
- · · · 线性调频步进信号
- · · · 非线性调频信号
- · · · 线性调频信号
- · · · · 多分量线性调频信号
- · · · · 宽带线性调频信号
- · · · · 线性调频步进信号
- · · · · 线性调频连续波信号
- · · 模拟调制信号
- · · 数字调制信号
- · · 定位信号
- · · 抖动信号
- · · 多分量信号
- · · · 多分量线性调频信号
- · · 多频信号
- · · · 双音多频信号
- · · 多普勒信号
- · · 多项式相位信号
- · · 发射信号
- · · 反馈信号
- · · 方波信号
- · · 非高斯信号
- · · 非线性信号
- · · 复位信号
- · · 干扰信号
- · · 干涉信号
- · · 高频信号
- · · 高速信号
- · · 告警信号
- · · 跟踪信号
- · · 公共信号
- · · 共模信号
- · · 光信号
- · · · 光纤信号
- · · · 红外信号
- · · 广播电视信号
- · · 电视信号
- · · · 全电视信号
- · · · 数字电视信号
- · · · 卫星电视信号
- · · · 有线电视信号
- · · 广播信号
- · · 混沌信号
- · · 基带信号
- · · 数字基带信号
- · · 基准信号
- · · 激励信号
- · · 监控信号
- · · 空间信号
- · · 控制信号
- · · 宽带信号
- · · · 超宽带信号
- · · · 宽带雷达信号
- · · · 宽带线性调频信号
- · · 雷达信号
- · · · 宽带雷达信号
- · · · 雷达辐射源信号
- · · · 雷达回波信号
- · · · 雷达视频信号
- · · · · 视频回波信号
- · · · · 相干视频信号
- · · · 雷达中频信号
- · · 离散信号
- · · 连续信号
- · · · 连续波信号
- · · · · 线性调频连续波信号
- · · 量子信号
- · · 脉冲信号
- · · · 固定载频脉冲信号
- · · 盲信号
- · · 模拟信号
- · · 目标信号
- · · 片选信号
- · · 奇异信号
- · · 驱动信号
- · · 扫描信号
- · · · 扫频信号
- · · 上行信号
- · · 声信号
- · · · 水声信号
- · · · 噪声信号
- · · 时变信号
- · · 时基信号
- · · 时序信号
- · · 时域信号
- · · 时钟信号
- · · 实时信号
- · · 矢量信号
- · · 视音频信号
- · · SDI 信号
- · · 视频信号
- · · · 彩条信号
- · · · 亮度信号
- · · · 色差信号
- · · · 色度信号
- · · · 色同步信号
- · · · 数字视频信号
- · · 音频信号
- · · · 数字音频信号
- · · · 语音信号
- · · 输出信号
- · · 输入信号
- · · 数字信号
- · · · 数字电视信号
- · · · 数字基带信号
- · · · 数字通信信号
- · · · 数字图像信号
- · · · 数字音频信号
- · · 双频信号
- · · 瞬态信号
- · · 随机信号
- · · 非平稳信号
- · · 循环平稳信号
- · · 通信信号
- · · 单边带信号
- · · 导频信号
- · · 手机信号
- · · 数字通信信号
- · · 双音多频信号
- · · 位同步信号
- · · 帧同步信号
- · · 同步信号
- · · 色同步信号
- · · 位同步信号
- · · 帧同步信号
- · · 图像信号
- · · 数字图像信号
- · · 位移信号
- · · 卫星信号
- · · 卫星电视信号
- · · 误差信号
- · · 泄漏信号
- · · 异步信号
- · · 正交信号
- · · 中频信号
- · · · 雷达中频信号
- C 信号复用
- 　信号接口

信号编码
signal coding
TN911　TN919
S　信号处理*
　　编码*
- Costas 编码
- PCM 编码
- 波形编码
- 全电视信号编码
- 三阶高密度双极性码
- 数字信号编码
- 正则有符号数编码
C　信号分解
　　信号压缩
　　编码信号

信号变换
Y　信号转换

信号变换器
signal converter
TP2
S　变换器*

信号采集
signal acquisition
TN911　TP274
S　信息采集*
- 高速信号采集
- 数字信号采集
C　信号存储

· 813 ·

信号测试仪
　　Y 信号分析仪

信号产生器
　　Y 信号发生器

信号处理*
signal processing
TN911　TN95
　　D 信号分析处理
　　　信号加工
　　　信号处理技术
　　　信号处理算法
　　· 白化处理
　　· 变换域处理
　　· 并行信号处理
　　· 波前处理
　　· 波束形成
　　· · 盲波束形成
　　· · 数字波束形成
　　· · 自适应波束形成
　　· 波形处理
　　· · 波形比较
　　· · 波形产生
　　· · 波形恢复
　　· · 波形截取
　　· · 波形输出
　　· · 波形综合
　　· 采样保持
　　· 多分辨率处理
　　· 多速率信号处理
　　· 多维信号处理
　　· 非平稳信号处理
　　· 非线性信号处理
　　· 高速信号处理
　　· 光学信号处理
　　· 基追踪
　　· 均衡处理
　　· 均匀量化
　　· 空时处理
　　· · 空时二维处理
　　· · · 空时二维自适应处理
　　· · 空时自适应处理
　　· · · 空时二维自适应处理
　　· 雷达信号处理
　　· · 雷达信号分选
　　· · 雷达信号识别
　　· · · 雷达辐射源识别
　　· 量子信号处理
　　· 盲信号处理
　　· · 盲波束形成
　　· · 盲信号提取
　　· · 盲源分离
　　· 模拟信号处理
　　· 匹配追踪
　　· 声呐信号处理
　　· 时频信号处理
　　· 时钟提取
　　· 实时信号处理
　　· 视频信号处理
　　· · 亮色分离
　　· · 视频压缩
　　· · · 帧间压缩
　　· · · 帧内压缩
　　· · 同步分离
　　· 数字信号处理
　　· · 高速数字信号处理
　　· · 实时数字信号处理
　　· · 数字波束形成
　　· 数字移相
　　· 随机信号处理
　　· 通信信号处理
　　· 同态信号处理
　　· 统计信号处理
　　· 图像信号处理
　　· 微弱信号处理
　　· 相干处理
　　· 相位处理
　　· · 相位跟踪
　　· · 相位量化
　　· · 相位锁定
　　· · · 分频锁相
　　· · · 数字锁相
　　· · · 锁相控制
　　· · · 同步锁相
　　· · · 主动锁相
　　· · · 注频锁相
　　· · · 注入锁相
　　· · 相位提取
　　· · 相位修正
　　· 信道处理
　　· · 信道辨识
　　· · · 盲信道辨识
　　· · 信道跟踪
　　· · 信道共享
　　· · 信道自适应
　　· 信号编码
　　· · Costas 编码
　　· · PCM 编码
　　· · 波形编码
　　· · 全电视信号编码
　　· · 三阶高密度双极性码
　　· · 数字信号编码
　　· · 正则有符号数编码
　　· 信号调理
　　· 信号发生
　　· 信号分解
　　· · 小波分解
　　· · · 静态小波分解
　　· · · 树状小波分解
　　· · 自适应信号分解
　　· 信号分离
　　· · 盲源分离
　　· · 信噪分离
　　· 信号分选
　　· · 雷达信号分选
　　· 信号跟踪
　　· · 波形跟踪
　　· · 捕获跟踪
　　· · 单脉冲跟踪
　　· · 码跟踪
　　· · · 链码跟踪
　　· · · 伪码跟踪
　　· · 频率跟踪
　　· · 相位跟踪
　　· · 信令跟踪
　　· · 杂波跟踪
　　· · 载波跟踪
　　· 信号合成
　　· 信号混合
　　· 信号拾取
　　· 信号识别
　　· · 电台个体识别
　　· · 调制识别
　　· · 辐射源识别
　　· · · 雷达辐射源识别
　　· · 干扰识别
　　· · 雷达信号识别
　　· · · 雷达辐射源识别
　　· · 盲识别
　　· · · 盲信道辨识
　　· · 频率识别
　　· · · 频谱识别
　　· · · 音频识别
　　· 信号同步
　　· 信号压缩
　　· · 磁压缩
　　· · 方位压缩
　　· · 孤子效应压缩
　　· · 绝热孤子压缩
　　· · 频谱压缩
　　· · 数字信号压缩
　　· · · 数字脉冲压缩
　　· · 小波压缩
　　· · 信令压缩
　　· · 增益压缩
　　· 信号预处理
　　· 信号增强
　　· · 覆盖增强
　　· · 模糊增强
　　· · 目标增强
　　· · 特征增强
　　· · 选择性增强
　　· · 增益增强
　　· · 自适应增强
　　· 信号重构
　　· · 波形重构
　　· · 解码重构
　　· · 小波重构
　　· 信号转换
　　· 压缩感知
　　· 音频信号处理
　　· · 音频压缩
　　· · · 无损音频压缩
　　· · · 语音压缩
　　· 噪声处理
　　· · 降噪处理
　　· · 小波去噪
　　· · 噪声分离
　　· 阵列信号处理
　　· 中频信号处理
　　· 自适应信号处理
　　· · 空时自适应处理
　　· · · 空时二维自适应处理
　　· · 自适应波束形成
　　· · 自适应抽样
　　· · 自适应信号分解
　　· 自相关处理
　　C 信号交换
　　　信号处理电路
　　　信号处理系统

信号存储
常数模算法

信号处理电路
signal processing circuit
TN4 TN710
S 电子电路*
- 小信号处理电路
- 信号调理电路
C 信号处理
信号处理器
信号处理系统
混合信号集成电路

信号处理机
Y 信号处理器

信号处理技术
Y 信号处理

信号处理器
signal processor
TN919 TN95
D 信号处理机
S 微处理器*
- 发射信号处理器
- 高速信号处理器
- 混合信号处理器
- 声呐信号处理器
- 视频信号处理器
- 数字信号处理器
C 信号处理电路
信号处理系统
信号处理芯片

信号处理算法
Y 信号处理

信号处理系统
signal processing system
TP391
D 数字信号处理系统
S 电子系统*
C 信号处理
信号处理器
信号处理电路
信号处理芯片

信号处理芯片
signal processing chip
TN4
S 芯片*
- 专用信号处理芯片
C 信号处理器
信号处理系统
混合信号集成电路

信号传播
Y 信号传输

信号传输
signal transmission
TN91
D 信号传播
信号传送
S 信息传输*
- 雷达信号传输
- 数字信号传输
- 信令传输
- 音频信号传输
C 信号分解

信号传送
Y 信号传输

信号存储
signal storage
TN94
S 信息存储*
C 信号处理
信号采集

信号电缆
signal cable
TM248
D 信号控制电缆
S 电气装备用电线电缆
Z 电线电缆*

信号读出电路
signal readout circuit
TN710
S 读出电路
Z 电子电路*

信号发射机
signal transmitter
TN83
S 发射机*
C 信号收发器
发射信号处理器

信号发生
signal generating
TP2
S 信号处理*

信号发生器**
signal generator
TM935 TN919 TN75
D 信号产生器
S 电子测量仪器*
- 白噪声发生器
- 波特率发生器
- 波形发生器
- - 矩形波发生器
- - 锯齿波发生器
- - 任意波形发生器
- - 三角波发生器
- - 梳状波发生器
- - 斜波发生器
- 测试信号发生器
- 低频信号发生器
- 电视信号发生器
- - 彩条信号发生器
- - 同步信号发生器
- 调频信号发生器
- 高频信号发生器
- 函数信号发生器
- 混沌信号发生器
- 码型发生器
- 脉冲发生器
- - 高压脉冲发生器
- - 光电脉冲发生器
- - 脉冲序列发生器
- 扫频信号发生器
- 射频信号发生器
- 时钟信号发生器
- 矢量信号发生器
- 视频信号发生器
- 数字信号发生器
- 微波信号发生器
- 谐波发生器
- 虚拟信号发生器
- 序列发生器
- - 密钥流生成器
- - 随机数发生器
- - - 伪随机数发生器
- - - 真随机数发生器
- 音频信号发生器
- 正弦信号发生器
C 通信测试仪

信号仿真
signal simulation
TN95 TN911
D 信号模拟
S 仿真*
- 雷达信号仿真

信号放大电路
Y 信号放大器

信号放大器
signal amplifier
TN72
D 信号放大电路
S 放大器*

信号分解
signal decomposition
TN911
S 信号处理*
- 小波分解
- 自适应信号分解
C 信号传输
信号合成
信号编码

信号分离
signal separation
TN911
S 信号处理*
- 盲源分离

- 信噪分离

信号分析*
signal analysis
TN911
- 串扰分析
- 动态信号分析
- 非平稳信号分析
- 矢量信号分析
- 数字信号分析
- 水声信号分析
- 随机信号分析
- 小信号分析
- 信号特征分析
- 信号完整性分析
- 延时分析
- C 信号分析仪
  信号分析软件

信号分析测量仪
　　Y 信号分析仪

信号分析处理
　　Y 信号处理

信号分析器
　　Y 信号分析仪

信号分析软件
signal analysis software
TP311
　　S 分析软件
　　C 信号分析
　　　信号分析系统
　　L 工具软件**

信号分析系统
signal analysis system
TN911
　　S 电子系统*
　　C 信号分析软件

信号分析仪
signal analyzer
TM935　TN911
　　D 信号分析器
　　　信号分析测量仪
　　　信号测试仪
　　S 电子测量仪器*
- 波形分析仪
- 动态信号分析仪
- 抖晃仪
- 功率谱分析仪
- 脉冲分析器
- 频率特性分析仪
- 频偏仪
- 频谱分析仪
- 矢量信号分析仪
- 噪声测量仪
　　C 信号分析

信号分选
signal sorting
TN911
　　D 信号筛选
　　S 信号处理*
- 雷达信号分选

信号复用
signal multiplexing
TN8　TN94
　　S 多路复用*
　　C 信号

信号复原
　　Y 信号重构

信号干扰
signal interference
TN911.4　TN014
　　S 电磁干扰*
- 串音
- 多址干扰
- 互调干扰
- 码间串扰
- 射频干扰
- 同信道干扰
- 同址干扰
- 信道间干扰
　　C 干扰信号
　　　抗干扰接收
　　　通信干扰

信号跟踪
signal tracking
TN911
　　S 信号处理*
- 波形跟踪
- 捕获跟踪
- 单脉冲跟踪
- 码跟踪
- 频率跟踪
- 相位跟踪
- 信令跟踪
- 杂波跟踪
- 载波跟踪

信号合成
signal synthesis
TN911
　　S 信号处理*
　　C 信号分解

信号恢复
　　Y 信号重构

信号混合
signal mixing
TN919
　　S 信号处理*

信号畸变
　　Y 信号失真

信号加工
　　Y 信号处理

信号鉴别
　　Y 信号识别

信号交换
signal exchange
TN915
　　S 通信交换**
　　C 信号处理

信号接口
signal interface
TP334.7　TP2
　　S 接口*
　　C 信号

信号接收
signal reception
TN971
　　S 接收*

信号接收机
　　Y 接收设备

信号接收器
　　Y 接收设备

信号解调
signal demodulation
TN76
　　S 解调*
　　C 信号调制

信号控制电缆
　　Y 信号电缆

信号链路
　　Y 信令链路

信号滤波
signal filtering
TN713
　　S 滤波*

信号盲分离
　　Y 盲源分离

信号模拟
　　Y 信号仿真

信号屏蔽
signal shielding
TN92
　　S 电磁屏蔽*

信号筛选
　　Y 信号分选

信号设计
signal design
TN02
  S 电子设计*
  • 波形设计
  C 信号指纹

信号失真**
signal distortion
TN911
  D 信号畸变
  S 失真*
  • 波形失真
  • 非线性失真
  • • 饱和失真
  • • 互调失真
  • • • 三阶互调失真
  • • • 瞬态互调失真
  • • 交越失真
  • • 瞬态失真
  • • • 瞬态互调失真
  • • 削波失真
  • • 谐波失真
  • 混叠失真
  • 量化失真
  • 频谱失真
  • 群时延失真
  • 线性失真
  • • 幅度失真
  • • 频率失真
  • • 相位失真

信号识别
signal recognition
TN911 TN965 TP391.4
  D 信号识别技术
    信号鉴别
  S 信号处理*
  • 电台个体识别
  • 调制识别
  • 辐射源识别
  • 干扰识别
  • 雷达信号识别
  • 盲识别
  • 频率识别
  C 信号指纹

信号识别技术
  Y 信号识别

信号拾取
signal pickup
TP274
  S 信号处理*

信号收发器
signal transceiver
TN87
  S 收发器*
  C 信号发射机

信号特性分析
  Y 信号特征分析

信号特征分析
signature analysis
TN971
  D 信号特性分析
  S 信号分析*

信号提取
signal extraction
TN911
  S 信息抽取**
  • 盲信号提取
  • 弱信号提取

信号调理
signal conditioning
TP2
  S 信号处理*
  C 信号调理电路

信号调理电路
signal conditioning circuit
TN710
  D 调理电路
  S 信号处理电路
  C 信号调理
  Z 电子电路*

信号调制
signal modulation
TN76
  S 调制*
  C 信号解调

信号同步
signal synchronization
TP2
  S 信号处理*

信号完整性分析
signal integrity analysis
TN911
  S 信号分析*

信号压缩
signal compression
TN911
  S 信号处理*
  • 磁压缩
  • 方位压缩
  • 孤子效应压缩
  • 绝热孤子压缩
  • 频谱压缩
  • 数字信号压缩
  • 小波压缩
  • 信令压缩
  • 增益压缩
  C 信号编码

信号预处理
signal preprocessing
TP3 TP273
  S 信号处理*

信号源盲分离
  Y 盲源分离

信号噪声*
signal noise
TN911
  • 白噪声
  • • 高斯白噪声
  • • • 加性高斯白噪声
  • • 加性白噪声
  • • • 加性高斯白噪声
  • 背景噪声
  • 倍增噪声
  • 差模噪声
  • 差拍噪声
  • 串扰噪声
  • 带内噪声
  • 带外噪声
  • 低频噪声
  • 反向噪声
  • 非高斯噪声
  • 非平稳噪声
  • 分形噪声
  • 高频噪声
  • 高斯噪声
  • • 分形高斯噪声
  • • 高斯白噪声
  • • • 加性高斯白噪声
  • • 高斯色噪声
  • 共模噪声
  • 固有噪声
  • 光噪声
  • • 激光噪声
  • 回传噪声
  • 汇聚噪声
  • 混合噪声
  • 加性噪声
  • • 加性白噪声
  • • • 加性高斯白噪声
  • 交流噪声
  • 量化噪声
  • 漏斗噪声
  • 脉冲噪声
  • 内部噪声
  • 偏振噪声
  • 欠采样噪声
  • 强噪声
  • 热噪声
  • 散弹噪声
  • 散射噪声
  • 输出噪声
  • 输入噪声
  • 数字噪声
  • 随机噪声
  • • 爆裂噪声
  • • 闪烁噪声
  • • 伪随机噪声
  • 图像噪声

·· 固定模式噪声
  ·· 椒盐噪声
  ·· 散斑噪声
  · 无线电噪声
  · 边带噪声
  ·· 大气噪声
  ·· 天线噪声
  ·· 载波噪声
  · 系统噪声
  · 相位噪声
  ·· 带内相位噪声
  ·· 单边带相位噪声
  · 信道噪声
  ·· 上行信道噪声
  · 有色噪声
  ·· 粉红噪声
  ·· 高斯色噪声
  · 窄带噪声
  · 周期性噪声
 C 噪声抑制电路

信号增强
signal enhancement
TN911
 S 信号处理*
  · 覆盖增强
  · 模糊增强
  · 目标增强
  · 特征增强
  · 选择性增强
  · 增益增强
  · 自适应增强

信号侦察
signal reconnaissance
TN95
 S 电子侦察
 L 电子对抗**

信号指纹
signal fingerprint
TN91 TN92
 S 信息指纹*
 C 信号设计
  信号识别

信号重构
signal reconstruction
TN911
 D 信号复原
  信号恢复
  信号重建
 S 信号处理*
  · 波形重构
  · 解码重构
  · 小波重构

信号重建
 Y 信号重构

信号转换
signal conversion

TP24
 D 信号变换
 S 信号处理*
 C 信号转换电路

信号转换电路
signal converting circuit
TP274 TN919
 S 转换器*
  · 电平转换器
  · 电压频率转换器
  · 频率电压转换器
  · 时间数字转换器
 C 信号转换

信令*
signaling
TN915
  · QoS 信令
  · Q 信令
  · 共路信令
  · 七号信令
  · 数字信令
  · 随路信令
 C 信令传输
  信令信道
  信令接口
  控制信令协议

信令测试仪
signaling tester
TM93 TN915
 D 信令分析仪
 S 通信测试仪**
 C 信令接口

信令传输
signaling transmission
TN919
 D 信令传送
 S 信号传输
 C 信令
  信令传输协议
  信令接口
 Z 信息传输*

信令传输协议
signaling transport protocol
TN915
 D SIGTRAN 协议
  Sigtran
 S 传输协议
  信令协议
 C 信令传输
 L 网络协议**

信令传送
 Y 信令传输

信令点编码
signaling point coding
TN915

 S 通信编码**

信令分析仪
 Y 信令测试仪

信令跟踪
signaling tracing
TN911
 D 信令追踪
 S 信号跟踪
 Z 信号处理*

信令接口
signaling interface
TN919
 S 通信接口
 C 信令
  信令传输
  信令协议
  信令测试仪
  信令链路
 Z 接口*

信令控制协议
 Y 控制信令协议

信令链路
signaling link
TN915
 D 信令数据链路
  信号链路
 S 链路*
 C 信令接口
  信令路由

信令路由
signaling routing
TN915
 S 路由*
 C 七号信令
  信令链路

信令数据链路
 Y 信令链路

信令网
signaling network
TN915
 D 信令网络
 S 通信网络*
  · 七号信令网

信令网关
signaling gateway
TN915
 S 通信网关
 L 网络互连设备**

信令网络
 Y 信令网

信令协议
signaling protocol
TN915
　S 通信协议*
　· 控制信令协议
　· 信令传输协议
　C VoIP 网关
　　信令接口

信令信道
signaling channel
TN915　TN911
　S 信道*
　C 信令

信令压缩
signaling compression
TN911
　S 信号压缩
　Z 信号处理*

信令追踪
　Y 信令跟踪

信码
　Y 汉信码

信任策略
trust policy
TP393.08
　S 网络安全策略
　C 信任体系
　　信任模型
　　信任管理
　Z 信息安全体系*

信任传递
trust transitivity
TP393.08
　S 信任管理
　L 网络安全管理**

信任度评估
　Y 信任评估

信任服务
trust service
TP303.08
　S 网络安全服务
　C 信任管理
　　密钥管理
　Z 网络服务*

信任管理
trust management
TP393.08
　D 信任管理机制
　　信任管理模型
　　信任管理系统
　S 网络安全管理**
　· 信任传递

　· 信任评估
　· 信任协商
　C 信任体系
　　信任服务
　　信任策略
　　信任证书
　　分布式授权

信任管理机制
　Y 信任管理

信任管理模型
　Y 信任管理

信任管理系统
　Y 信任管理

信任计算
　Y 可信计算

信任模型
trust model
TP393
　S 网络安全模型
　C 交叉认证
　　信任体系
　　信任策略
　　信任评估
　Z 网络模型*
　　信息安全模型*

信任评估
trust evaluation
TP393.08
　D 信任度评估
　　信任评价
　　信任评估模型
　S 信任管理
　C 信任模型
　L 网络安全管理**

信任评估模型
　Y 信任评估

信任评价
　Y 信任评估

信任凭证
　Y 信任证书

信任体系
trust system
TP393.08
　D 信任系统
　　网络信任体系
　S 网络安全体系
　C 信任模型
　　信任策略
　　信任管理
　Z 信息安全体系*

信任网络
　Y 可信网络

信任系统
　Y 信任体系

信任协商
trust negotiation
TP393.08
　S 信任管理
　· 自动信任协商
　L 网络安全管理**

信任证书
trust certificate
TP393.08
　D 信任凭证
　　信任状
　S 数字证书*
　C 信任管理

信任状
　Y 信任证书

信息安全*
information security
TN918　TP309
　· 存储安全
　· · 网络存储安全
　· · 信息存储安全
　· 个人信息安全
　· · 隐私安全
　· · 账号安全
　· 国家信息安全
　· 计算机安全
　· · 计算机系统安全
　· 软件安全
　· · 操作系统安全
　· · · 代码安全
　· · · 线程安全
　· 数据安全
　· · 网络数据安全
　· 数据库安全
　· · 数据仓库安全
　· · 网络数据库安全
　· 网络信息安全
　· · 可扩展标记语言安全
　· · 网络内容安全
　· · 网络数据安全
　· · 网络数据库安全
　· · 邮件安全
　· 物理安全
　· 信息传输安全
　· 信息内容安全
　· · 多媒体安全
　· · 文件安全
　· · 选择密文安全
　· · 语义安全
　· 信息系统安全
　C 信息备份
　　信息安全体系
　　信息安全技术

电子信息技术叙词表

　　信息安全服务
　　信息安全模型
　　信息安全防护
　　信息安全风险
　　信息对抗
　　可信计算
　　可信计算机
　　安全协议
　　数字证书
　　涉密计算机
　　网络空间安全

信息安全保护
　　Y 信息安全防护

信息安全保障
　　Y 信息安全防护

信息安全保障体系
information security assurance system
TP309　TP393.08
　　D 信息安全保障系统
　　S 信息安全体系*
　　C 信息安全标准体系
　　　信息安全防护

信息安全保障系统
　　Y 信息安全保障体系

信息安全标准体系
information security standard system
TP309　TP393.08
　　S 信息安全体系*
　　C 信息安全保障体系
　　　信息安全策略
　　　信息安全防护

信息安全策略
information security policy
TN918
　　S 信息安全体系*
　• 加密策略
　• 容错策略
　• 冗余策略
　• 网络安全策略
　　C 信息安全标准体系

信息安全传输
information security transmission
TN918
　　S 信息传输*
　　　信息安全技术*
　• 加密传输
　• 量子态隐形传输
　• 数据安全传输
　• 隐秘传输
　　C 保密通信

信息安全等级保护
information security level protection

TP309
　　S 信息安全防护*

信息安全防护*
information security protection
TP393.08　TP309　TN918
　　D 信息保护技术
　　　信息安全保护
　　　信息安全保障
　• 反跟踪
　• • 反动态跟踪
　• 反拒认
　• 防病毒
　• • 病毒查杀
　• • 病毒预警
　• 防篡改
　• • 网页防篡改
　• 防盗版
　• 防拷贝
　• 防欺诈
　• 防入侵
　• 计算机保护
　• 存储保护
　• • 内存保护
　• 软件保护
　• • 反调试
　• • 进程保护
　• 写保护
　• • 硬盘写保护
　• 硬件保护
　• • 内存保护
　• • 硬盘保护
　• • • 硬盘写保护
　• 抗共谋
　• 口令保护
　• 内容保护
　• 数据保护
　• • 持续数据保护
　• 数字内容保护
　• 图像保护
　• 完整性保护
　• 网页保护
　• • 网页防篡改
　• 文件保护
　• 信息安全等级保护
　• 隐私保护
　• • 网络隐私保护
　• • 位置隐私保护
　　C 信息备份
　　　信息安全
　　　信息安全保障体系
　　　信息安全技术
　　　信息安全标准体系
　　　信息安全风险
　　　信息维护

信息安全分析
information security analysis
TP309　TP393.08
　　S 信息安全技术*
　• 漏洞分析
　• 密码分析
　• 信息隐藏分析

信息安全风险*
information security risk
TP309　TP393.08
　　D 信息安全威胁
　　　信息安全问题
　　　信息安全隐患
　• 安全漏洞
　• • 软件漏洞
　• • • 缓冲区溢出漏洞
　• • • 脚本漏洞
　• • • 系统漏洞
　• • 网络漏洞
　• 计算机病毒传播
　• 计算机犯罪
　• 软件缺陷
　• • 软件漏洞
　• • • 缓冲区溢出漏洞
　• • • 脚本漏洞
　• • • 系统漏洞
　• 网络风险
　• • 防火墙穿透
　• • 非法外联
　• • 非授权访问
　• • 逻辑炸弹
　• • 网络不良信息
　• • • 垃圾信息
　• • • • 垃圾短信
　• • • • 垃圾邮件
　• • • 有害信息
　• • 网络攻击**
　• 信息篡改
　• • 视频篡改
　• • 数据篡改
　• • 图像篡改
　• • 网页篡改
　• 信息丢失
　• • 报文丢失
　• • 数据包丢失
　• • 数据丢失
　• 信息窃取
　• • IP地址盗用
　• • 盗号
　• • 伪造签名
　• 信息泄露
　• • 电磁信息泄漏
　• • 密钥泄露
　• • 内存泄漏
　• • 网络泄密
　　C 信息安全
　　　信息安全技术
　　　信息安全模型
　　　信息安全防护
　　　信息安全风险评估

信息安全风险评估
information security risk assessment
TP309
　　D 信息系统安全风险评估
　　S 信息安全评估
　　C 信息安全风险
　　Z 信息安全管理*

• 820 •

信息安全服务
information security service
TP309
　　S 信息服务*
　　C 信息安全
　　　信息安全技术
　　　信息安全系统
　　　信息维护

信息安全管理*
information security management
TP309
　　D 信息安全管理体系
　　　信息安全管理平台
　　　信息安全管理系统
　• 计算机安全管理
　•• 备份管理
　•• 访问管理
　•• 漏洞管理
　• 密码管理
　•• 密码设置
　•• 密码验证
　• 密钥管理**
　• 数据安全管理
　• 数字版权管理
　• 网络安全管理**
　• 信息安全评估
　•• 网络安全评估
　••• 网络安全风险评估
　••• 网络安全态势评估
　•• 信息安全风险评估
　　C 信息安全体系
　　　信息安全技术
　　　信息维护

信息安全管理平台
　　Y 信息安全管理

信息安全管理体系
　　Y 信息安全管理

信息安全管理系统
　　Y 信息安全管理

信息安全机制
information security mechanism
TN918
　　S 信息安全体系*
　• 安全认证机制
　• 密码体制
　• 信息保密机制
　• 验证机制

信息安全技术*
information security technology
TP393.08　TP309　TN918
　• 安全关联
　• 安全鉴别
　•• 报文鉴别
　• 安全扫描
　•• 网络安全扫描
　• 安全验证

　• 零知识证明
　• 密码验证
　• 安全域划分
　• 电子签名
　• 反垃圾邮件技术
　• 计算机免疫
　• 计算机取证
　•• 电子数据取证
　•• 动态取证
　•• 反取证
　•• 静态取证
　• 容灾
　•• 数据容灾
　•• 网络容灾
　•• 系统容灾
　•• 异地容灾
　• 灾难恢复
　•• 备份恢复
　•• 系统恢复
　•• 硬盘恢复
　• 网络安全技术**
　• 信息安全传输
　•• 加密传输
　•• 量子态隐形传输
　•• 数据安全传输
　•• 隐秘传输
　• 信息安全分析
　•• 漏洞分析
　•• 密码分析
　••• 差分密码分析
　••• 线性密码分析
　•• 信息隐藏分析
　••• 隐写分析
　• 信息安全检测
　•• 计算机病毒检测
　•• 漏洞检测
　•• 信息隐藏检测
　••• 水印检测
　••• 隐写检测
　• 信息防伪
　• 信息过滤
　•• 短信过滤
　•• 内容过滤
　••• 文本过滤
　••• 主题过滤
　•• 事件过滤
　•• 数据过滤
　•• 图像过滤
　•• 网络信息过滤
　••• 不良信息过滤
　••• 网页过滤
　• 信息审计
　•• 内容审计
　•• 日志审计
　•• 数据库审计
　•• 网络安全审计
　••• 网络信息审计
　•• 行为审计
　• 信息隐藏**
　　C 信息安全
　　　信息安全体系
　　　信息安全服务
　　　信息安全模型
　　　信息安全管理

　　　信息安全防护
　　　信息安全风险
　　　信息对抗
　　　加密存储
　　　安全中间件

信息安全检测
information security detection
TP309　TP393.08
　　S 信息安全技术*
　• 计算机病毒检测
　• 漏洞检测
　• 信息隐藏检测
　　C 信息安全评估
　　　信息维护

信息安全模型*
information security model
TP393.08　TP309
　• 安全策略模型
　• 多级安全模型
　• 网络安全模型
　•• 动态安全模型
　•• 访问控制模型
　••• BLP 模型
　• 攻击模型
　•• 攻击树模型
　•• 攻击者模型
　• 基于用户的安全模型
　• 入侵检测模型
　• 信任模型
　• 信誉度模型
　• 异常检测模型
　　C 信息安全
　　　信息安全技术
　　　信息安全评估
　　　信息安全风险

信息安全平台
　　Y 信息安全系统

信息安全评估
information security evaluation
TP309　TP393.08
　　S 信息安全管理*
　• 网络安全评估
　• 信息安全风险评估
　　C 信息安全检测
　　　信息安全模型

信息安全认证*
information security authentication
TP393.08　TP309
　• 被动认证
　• 登录认证
　• 分布式认证
　• 加密认证
　•• 电子认证
　•• 交叉认证
　•• 可否认认证
　•• 口令认证

- · · · 动态口令认证
- · · 密钥认证
- · · · 公钥认证
- · · · 预共享密钥认证
- · · 签名认证
- · · · 手写签名认证
- · · · 在线签名认证
- · · 数字认证
- · · 水印认证
- · · 证书认证
- · 匿名认证
- · 实名认证
- · 双向认证
- · 网格认证
- · 网络认证
- · · 广播认证
- · · 接入认证
- · · 网络身份认证
- · 系统认证
- · 信息认证
- · · 多媒体认证
- · · · 视频认证
- · · · 图像认证
- · · · · 图像内容认证
- · · 内容认证
- · · · 图像内容认证
- · · 身份认证
- · · · 个人身份认证
- · · · 跨域认证
- · · · 量子身份认证
- · · · 生物特征认证
- · · · · 人脸认证
- · · · · 指纹认证
- · · · 双向身份认证
- · · · 双因素身份认证
- · · · 统一身份认证
- · · · 网络身份认证
- · · · 用户身份认证
- · 数据认证
- · 完整性认证
- · 消息认证
- · 用户认证
- · 主动认证
- C 串空间模型
      安全认证机制
      安全验证
      认证协议

信息安全审计
    Y 信息审计

信息安全体系*
information security system
TP309　TP393.08
- 网络安全体系
- · 网络安全防护体系
- · 信任体系
- · 信息安全保障体系
- · 信息安全标准体系
- · 信息安全策略
- · · 加密策略
- · · 容错策略
- · · 冗余策略

- · · 网络安全策略
- · · IP 安全策略
- · · 多级安全策略
- · · 访问控制策略
- · · 授权策略
- · · 网络实名制
- · · 信任策略
- · · 主动防御策略
- · 信息安全机制
- · · 安全认证机制
- · · 密码体制
- · · · 公钥密码体制
- · · · · ElGamal 公钥体制
- · · · · RSA 公钥密码体制
- · · · · 椭圆曲线密码体制
- · · · · 无证书公钥密码体制
- · · · 混合密码体制
- · · · 基于身份的密码体制
- · · · 私钥密码体制
- · · 信息保密机制
- · · 验证机制
- · 信息系统安全体系
- C 信息安全
      信息安全技术
      信息安全管理
      信息安全系统
      信息对抗

信息安全威胁
    Y 信息安全风险

信息安全问题
    Y 信息安全风险

信息安全系统**
information security system
TP309
    D 信息安全平台
    S 信息系统*
- 计算机安全系统
- · 登录系统
- · · 单点登录系统
- · · 身份登录系统
- · 硬盘保护系统
- · 加密系统
- · 权限管理系统
- · 身份认证系统
- · 网络安全系统
- · · 入侵防御系统
- · · 入侵检测系统
- · · 受控访问系统
- C 信息安全体系
      信息安全服务

信息安全芯片
    Y 安全芯片

信息安全隐患
    Y 信息安全风险

信息保护技术
    Y 信息安全防护

信息保密机制
information privacy mechanism
TN918
    S 信息安全机制
    Z 信息安全体系*

信息备份
information backup
TP309　TN918
    S 备份*
- 数据备份
- 文件备份
    C 信息存储
      信息安全
      信息安全防护

信息编码**
information coding
TN911　TP391
    D 信息分类编码
      信息编码技术
    S 编码*
- 藏文编码
- 地理信息编码
- 符号编码
- 汉字编码
- · 拼音编码
- · 字形编码
- 数据编码
- 形状编码
- 语义编码
- 字符编码
- · Unicode 编码
- · 字母编码
- 熵编码
- · 哈夫曼编码
- · 算术编码
- · · MQ 算术编码
- · · 自适应算术编码
- · · · 基于上下文的自适应二进制算术编码
    C 信息标准

信息编码技术
    Y 信息编码

信息标定
information labeling
TP391
    S 信息处理*
- 参数标定
- 角度标定
- 区域标定
- 阈值标定

信息标准
information standard
TP391　TP309
    S 信息产业标准*
- 编解码标准
- 加密标准
- 离散事件系统规范

- 软件标准
- 数据标准
- 条码标准
- 图形标准
- 信息交换标准
- C 信息编码

信息表达
information expression
TP391
- S 信息处理*
- 可视化表达
- 特征表达
- 图形表达

信息表示
information representation
TP391
- S 信息处理*
- 数据表示
- 图像表示

信息采集*
information collection
TP274 TP391 TN911
- D 信息抓取
  - 信息收集
  - 信息收集系统
  - 信息获取
  - 信息采集平台
  - 信息采集技术
  - 信息采集系统
- 分布式采集
- 三维信息获取
- · 三维数据采集
- 视频采集
- · 视频数据采集
- 数据采集
- · 并行数据采集
- · 大容量数据采集
- · 动态数据采集
- · 多通道数据采集
- · 高速数据采集
- · 雷达数据采集
- · 三维数据采集
- · 生产数据采集
- · 实时数据采集
- · 视频数据采集
- · 数据包捕获
- · 数据捕获
- · 数据自动采集
- · 同步数据采集
- · 网络数据采集
- · 无线数据采集
- · 现场数据采集
- · 音频数据采集
- · 智能数据采集
- 图像采集
- · 高速图像采集
- · 实时图像采集
- · 数字图像采集
- 网络信息采集
- 网页抓取

- 信号采集
- · 高速信号采集
- · 数字信号采集
- 音频采集
- · 音频数据采集
- 语音采集
- 远程采集
- 指纹采集
- 主题采集

信息采集技术
Y 信息采集

信息采集平台
Y 信息采集

信息采集系统
Y 信息采集

信息查询系统
information inquiry system
TP391
- D 查询系统
  - 询问系统
- S 信息系统*
- 成绩查询系统
- 公文查询系统
- C 信息检索

信息产业标准*
information industry standard
TN91 TP3
- D 电子行业标准
- DICOM 标准
- IEEE 标准
- 布线标准
- 电视标准
- · 高清标准
- · 数字电视地面广播标准
- · 数字视频广播标准
- 广播标准
- · 数字视频广播标准
- 通信行业标准
- · ITU 标准
- · 传输标准
- · 通信系统标准
- · 移动通信标准
- 网络标准
- · Web 标准
- · XML 密钥管理规范
- · 闪联标准
- · 网络驱动程序接口规范
- · 物联网标准
- · · 6LoWPAN 标准
- · · Handle 标准
- · 协议规范
- 信息标准
- · 编解码标准
- · 编码标准
- · · 信源编码标准
- · · 压缩编码标准
- · · · MPEG 标准

- · · · · · MPEG-4 标准
- · · · · · MPEG-7 标准
- · · · · 图像压缩标准
- · · · 音视频编码标准
- · · · · AVS 标准
- · · · · 视频编码标准
- · · · 语音编码标准
- · · 加密标准
- · · · 高级加密标准
- · · · 公钥加密标准
- · · · 数据加密标准
- · · · · 三重数据加密标准
- · · 离散事件系统规范
- · · 软件标准
- · · · J2EE 标准
- · · · 公共对象请求代理体系标准
- · · · 中间件标准
- · · 数据标准
- · · · 数据存储标准
- · · · 数据加密标准
- · · · · 三重数据加密标准
- · · · 数据交换标准
- · · · · 产品模型数据交换标准
- · · · 有线电缆数据服务接口规范
- · · · 元数据标准
- · · 条码标准
- · · 图形标准
- · · · 初始图形交换规范
- · · 信息交换标准
- · · · 初始图形交换规范
- · · · 数据交换标准
- · · · · 产品模型数据交换标准
- · 硬件标准
- · 接口规范
- · · 网络驱动程序接口规范
- · · 无线接口标准
- · · 组件接口规范
- · 总线标准

信息抽取**
information extraction
TP391
- D 信息提取
- S 信息处理*
- Web 信息抽取
- · Web 数据抽取
- · 网页信息抽取
- 参数提取
- 车牌提取
- 对象提取
- · 视频对象提取
- 骨架线提取
- 关系抽取
- 模式抽取
- 目标提取
- · 运动目标提取
- 三维信息提取
- 事件抽取
- 视频提取
- · 关键帧提取
- · 视频对象提取
- · 字幕提取
- 属性抽取
- 数据抽取

电子信息技术叙词表

·· Web 数据抽取	·· 报文还原	·· 图形矢量化
· 水印提取	·· 报文转发	··· 地图矢量化
· 特征提取	· 表格处理	·· 图形数据处理
·· 标记提取	· 并发处理	·· 图形缩放
·· 代数特征抽取	· 并行处理	·· 图形填充
·· 关键点提取	·· 并行预处理	·· 图形消隐
·· 轨迹提取	·· 图像并行处理	·· 图形转换
·· 局部特征提取	· 藏文信息处理	·· 图形转移
·· 人脸特征提取	· 查询处理	· 文本处理**
·· 特征值提取	·· 分布式查询处理	· 线性判别分析
·· 图像特征提取	·· 适应性查询处理	· 相关度计算
··· 特征点提取	· 串行处理	· 相似度计算
··· 纹理特征提取	· 递归分割	· 消息处理
··· 细节特征提取	· 多媒体信息处理	· 信息标定
·· 语音特征提取	· 多文种信息处理	·· 参数标定
·· 组合特征抽取	· 分布式处理	·· 角度标定
· 同步提取	·· 分布式并行处理	·· 区域标定
· 图像提取	·· 分布式查询处理	·· 阈值标定
·· 背景提取	· 光学信息处理	· 信息表达
·· 边缘提取	·· 光学数据处理	·· 可视化表达
·· 轮廓提取	·· 光学图像处理	·· 特征表达
·· 色彩提取	· 解压缩	·· 图形表达
·· 图像特征提取	· 经验模态分解	· 信息表示
··· 特征点提取	· 密码处理	·· 数据表示
··· 纹理特征提取	· 模糊信息处理	·· 图像表示
··· 细节特征提取	·· 模糊调节	· 信息抽取**
· 文本提取	·· 模糊解耦	· 信息度量
·· 关键词抽取	·· 模糊判定	· 信息发布
·· 文本特征抽取	·· 模糊前馈	·· Web 信息发布
·· 文字提取	· 模型分解	·· 动态信息发布
·· 主题词提取	· 批处理	·· 数据发布
·· 主题提取	· 平滑处理	··· 动态数据发布
·· 字符提取	·· 数据平滑	··· 实时数据发布
· 线段提取	·· 图像平滑	·· 自动发布
· 信号提取	· 气象信息处理	· 信息发现
·· 盲信号提取	· 三维处理	·· 知识发现
·· 弱信号提取	·· 三维空时自适应处理	·· 主题发现
· 要素提取	·· 三维图像处理	·· 资源发现
· 知识抽取	·· 三维图形处理	· 信息分发
·· 术语抽取	· 生物信息处理	·· 内容分发
·· 语义提取	· 实时信息处理	·· 数据分发
· 直线提取	· 矢量化	· 信息分类
· 自动提取	·· 扫描矢量化	·· 网页分类
· 字模提取	·· 图像矢量化	·· 文本分类
C 网页分析	·· 图形矢量化	··· Web 文本分类
	··· 地图矢量化	··· 超文本分类
信息储存	· 视觉信息处理	··· 短文本分类
Y 信息存储	· 视觉掩蔽	··· 文本自动分类
	· 视频增强	··· 中文文本分类
信息处理*	· 数据处理**	·· 自动分类
information processing	· 数字化处理	··· 文本自动分类
TP391	· 数字几何处理	· 信息跟踪
D 信息加工	· 图表处理	·· 人脸跟踪
信息化处理	· 图像处理**	·· 特征跟踪
信息处理平台	· 图形处理	·· 图像跟踪
信息处理技术	·· 图形编辑	··· 轮廓跟踪
信息处理系统	·· 图形变换	·· 视频跟踪
情报处理系统	··· 投影变换	·· 图像目标跟踪
计算机信息处理	··· 透视变换	·· 主题追踪
· 版面分析	·· 图形裁剪	· 信息更新
· 报文处理	·· 图形插入	·· 信息素更新
·· 报文抽样	·· 图形分析	· 信息共享
·· 报文分类	·· 图形生成	·· 空间信息共享
	··· 图形自动生成	·· 视频共享

· 824 ·

- · · 主动信息共享
- · 信息关联
- · · 数据关联
- · · · 概率数据关联
- · · · 模糊数据关联
- · 信息过滤
- · · 短信过滤
- · · 内容过滤
- · · · 文本过滤
- · · · 主题过滤
- · · 事件过滤
- · · 数据过滤
- · · 图像过滤
- · · 网络信息过滤
- · · · 不良信息过滤
- · · · 网页过滤
- · 信息恢复
- · · 包丢失恢复
- · · 背景恢复
- · · 错误恢复
- · · 色彩恢复
- · · 消息恢复
- · 信息集成
- · · CAD/CAE 集成
- · · CAD/CAPP/CAM 集成
- · · Web 信息集成
- · · 工作流集成
- · · 流程集成
- · · 企业信息集成
- · · 时空信息集成
- · · 数据集成
- · · · Web 数据集成
- · · · 空间数据集成
- · · · 实时数据集成
- · · · 无缝集成
- · · · 异构数据集成
- · · 网络信息集成
- · · 异构信息集成
- · · 知识集成
- · 信息检索
- · · 垂直搜索
- · · 个性化检索
- · · 全文检索
- · · 视频检索
- · · 图像检索
- · · · 基于内容的图像检索
- · · 元搜索
- · · 智能检索
- · 信息聚合
- · · 简易信息聚合
- · · 数据聚合
- · · 新闻聚合
- · 信息量化
- · · 标量量化
- · · 参数化
- · · · 特征参数化
- · · · 图形参数化
- · · · 重新参数化
- · · 反量化
- · · 非均匀量化
- · · 幅度量化
- · · 黑白二值化
- · · 局部二值化
- · · 均值量化

- · · 零树量化
- · · 上下文量化
- · · 矢量量化
- · · · 格型矢量量化
- · · · 学习矢量量化
- · · 特征量化
- · · 图像二值化
- · · 图像量化
- · · 颜色量化
- · · 自适应量化
- · · · 分块自适应量化
- · · 最佳量化
- · 信息描述
- · · 概念描述
- · · 功能描述
- · · 色彩描述
- · · 数据描述
- · · 特征描述
- · · 图形描述
- · · 形状描述
- · · 语义描述
- · · 资源描述
- · 信息匹配
- · · 服务匹配
- · · 规则匹配
- · · 立体视觉匹配
- · · 模板匹配
- · · 模糊匹配
- · · 模式匹配
- · · · 单模式匹配
- · · · 点模式匹配
- · · · 多模式匹配
- · · 区域匹配
- · · 图像匹配
- · · · 边缘匹配
- · · · 粗匹配
- · · · 灰度匹配
- · · · 角点匹配
- · · · 景象匹配
- · · · 块匹配
- · · · 特征匹配
- · · · 像素匹配
- · · · 最小二乘影像匹配
- · · 图形匹配
- · · · 地图匹配
- · · · 轮廓匹配
- · · · 细节匹配
- · · · 形状匹配
- · · · 语义匹配
- · · · 指纹匹配
- · · 字符串匹配
- · · 最长前缀匹配
- · 信息屏蔽
- · 信息嵌入
- · · 数据嵌入
- · · 图嵌入
- · · 约束边嵌入
- · 信息融合
- · · 报警信息融合
- · · 多传感器信息融合
- · · 多通道信息融合
- · · 多信息融合
- · · 概率融合
- · · 航迹融合

- · · 决策级融合
- · · 模糊信息融合
- · · 数据融合
- · · · 多传感器数据融合
- · · · 多雷达数据融合
- · · · 多源数据融合
- · · · 三维数据融合
- · · 特征融合
- · · · 多特征融合
- · · 图像融合
- · · · 多传感器图像融合
- · · · 多聚焦图像融合
- · · · 医学图像融合
- · · 自适应融合
- · 信息收发
- · 信息挖掘**
- · 信息压缩**
- · 信息优化
- · · 查询优化
- · · · 并行查询优化
- · · · 多查询优化
- · · · 分布式查询优化
- · · 搜索优化
- · · 索引优化
- · · 网页优化
- · · 页面优化
- · 信息整合
- · 信息重建
- · · 三维重建
- · · · 三维表面重建
- · · · 三维场景重建
- · · · 三维模型重建
- · · · 三维人脸重建
- · · · 三维图像重建
- · · 图像重建
- · · · 三维图像重建
- · · · 投影重建
- · 信息转换
- · · 格式转换
- · · · 视频文件转换
- · · · 数据格式转换
- · · · 音频格式转换
- · · 数据库转换
- · · 数据类型转换
- · · 文本语音转换
- · · 文本转换
- · · 文档转换
- · · 语义转换
- · · 字符转换
- · · 字体转换
- · 询问处理
- · 有限元后处理
- · 有限元前处理
- · 语言信息处理**
- · 远程信息处理
- · 知识处理
- · · 知识表示
- · · 知识抽取
- · · · 术语抽取
- · · · 语义提取
- · · 知识复用
- · · 知识获取
- · · 知识集成
- · · 知识描述

电子信息技术叙词表

- ·· 知识熔接
- ·· 知识图谱分析
- ·· 知识推送
- ·· 知识挖掘
- ·· 知识约简
- · 智能信息处理
- · 中文信息处理
- ·· 词义消歧
- ·· 汉字处理
- ··· 汉字编码
- ···· 拼音编码
- ···· 字形编码
- ··· 汉字识别
- ···· 手写体汉字识别
- ····· 联机手写体汉字识别
- ····· 脱机手写体汉字识别
- ···· 印刷体汉字识别
- ··· 字形合成
- ·· 中文文本分类
- ·· 中文文本聚类
- ·· 自动校对
- · 字处理
- · 字符处理
- ·· 字符分割
- ··· 车牌字符分割
- ·· 字符提取
- ·· 字符转换
- · 阈值化
- C 计算机处理系统

信息处理技术
  Y 信息处理

信息处理平台
  Y 信息处理

信息处理系统
  Y 信息处理

信息传递
  Y 信息传输

信息传输*
information transmission
TN919
  D 信息传输技术
    信息传送
    信息传递
    信息发送
- · 报表传输
- · 报文传输
- · 闭环传输
- · 编码传输
- · 并行传输
- ·· 并行数据传输
- · 波导传输
- · 串行传输
- · 单向传输
- · 地面传输
- ·· 电视地面传输
- · 电视传输
- ·· 电视地面传输

- ·· 有线电视传输
- · 动态传输
- · 短距离传输
- · 多路传输
- · 多码传输
- · 多媒体传输
- · 流式传输
- ·· 实时流传输
- ·· 视频流传输
- · 无线多媒体传输
- · 多速率传输
- · 反向传输
- · 分层传输
- · 分级传输
- · 干线传输
- · 高速传输
- ·· 高速数据传输
- · 突发传输
- · 共缆传输
- · 光传输
- · 光电传输
- · 红外传输
- · 激光传输
- ·· 光纤传输
- ·· 激光大气传输
- · 混合传输
- · 基带传输
- · 渐进传输
- · 节目传输
- · 宽带传输
- · 邻频传输
- · 批量传输
- · 频带传输
- · 平衡传输
- · 上行传输
- · 射频传输
- · 实时传输
- ·· 实时流传输
- ·· 实时视频传输
- ·· 实时数据传输
- ·· 实时语音传输
- · 视距传输
- · 数据传输
- ·· 保密数据传输
- ·· 并行数据传输
- ·· 动态数据传输
- ·· 高速数据传输
- ·· 块传输
- ·· 实时数据传输
- ·· 数据安全传输
- ·· 数据包传输
- ·· 图像数据传输
- ·· 网络数据传输
- ·· 卫星数据传输
- ·· 无线数据传输
- ·· 异步数据传输
- ·· 远程数据传输
- · 数字传输
- ·· 数字光纤传输
- ·· 数字视频传输
- ·· 数字微波传输
- ·· 数字信号传输
- ·· 同步数字传输
- · 同步传输

- ·· 数话同传
- ·· 同步数字传输
- · 透明传输
- · 图像传输
- ·· 实时图像传输
- ·· 图像数据传输
- ·· 无线图像传输
- ·· 远程图像传输
- ·· 自动图像传输
- · 网络传输
- ·· FTP 传输
- ·· 断点续传
- ·· 无线网络传输
- · 重传
- ·· 自动重传
- · 微波传输
- · 文件传输
- · 无线传输
- ·· 蓝牙传输
- ·· 卫星传输
- ·· 无线多媒体传输
- ·· 无线视频传输
- ·· 无线数据传输
- ·· 无线图像传输
- · 无中继传输
- · 消息传输
- · 信道传输
- · 信号传输
- ·· 雷达信号传输
- ·· 数字信号传输
- ·· 信令传输
- ·· 音频信号传输
- · 信息安全传输
- ·· 加密传输
- ·· 量子态隐形传输
- ·· 数据安全传输
- ·· 隐秘传输
- · 异步传输
- · 音视频传输
- · 视频传输
- ·· 实时视频传输
- ·· 视频流传输
- ·· 数字视频传输
- ·· 无线视频传输
- · 音频传输
- ·· 音频信号传输
- ·· 语音传输
- ··· 实时语音传输
- · 邮件传输
- · 有线传输
- ·· 电缆传输
- ··· 双绞线传输
- ··· 同轴电缆传输
- · 远程传输
- ·· 超长距离传输
- ·· 远程数据传输
- · 载波传输
- ·· 多载波传输
- · 增量传输
- · 中继传输
- · 自适应传输
- · 综合传输
- · 总线传输
- C 信息传输安全

信息通信技术
计算机网络
通信网络

信息传输安全
information transmission security
TN918
　　S 信息安全*
　　C 信息传输

信息传输技术
　　Y 信息传输

信息传送
　　Y 信息传输

信息篡改
information tampering
TP393.08　TN918
　　S 信息安全风险*
　　· 视频篡改
　　· 数据篡改
　　· 图像篡改
　　· 网页篡改
　　C 数字水印

信息存储*
information storage
TP333
　　D 信息储存
　　　信息存储技术
　　　存储技术
　　　存储服务
　　　存储模式
　　　存储策略
　　　存贮技术
　　· XML 存储
　　· 并行存储
　　· 波形存储
　　· 持久存储
　　· 磁存储
　　· · 磁带存储
　　· · 磁光存储
　　· 动态存储
　　· 对象存储
　　· 多级存储
　　· 分层存储
　　· 分级存储
　　· 高密度存储
　　· · 高密度光存储
　　· · 全息光存储
　　· 高速存储
　　· 共享存储
　　· · 分布式共享存储
　　· 光存储
　　· · 高密度光存储
　　· · 光盘存储
　　· · 近场光存储
　　· · 全息光存储
　　· · 三维光存储
　　· 海量存储
　　· 缓冲存储

· · 代理缓存
· · 乒乓缓存
· · 网络缓存
· · · Web 缓存
· · · 路由缓存
· · 页面缓存
· · 语义缓存
· · 自适应缓存
· 集群存储
· 集中存储
· 计算机存储
· 加密存储
· 节目存储
· 结构化存储
· 近线存储
· 静态存储
· 链式存储
· 内容寻址存储
· 三级存储
· 三维存储
· · 三维光存储
· 视频存储
· 数据存储
· 数据库存储
· 数字射频存储
· 顺序存储
· 图像存储
· 图形存储
· 网络存储
· · IP 存储
· · SAN 存储
· · 分布式存储
· · · P2P 存储
· · · 分布式共享存储
· · 软件定义存储
· · 统一存储
· · 网络附加存储
· · 网络缓存
· · · Web 缓存
· · · 路由缓存
· · 云存储
· 信号存储
· 虚拟存储
· 压缩存储
· 移动存储
· 在线存储
· 帧存储
· 直接附加存储
· 直接连接存储
· 自动存储
　　C 信息压缩
　　　信息备份
　　　信息存储安全
　　　存储保护
　　　存储共享

信息存储安全
information storage security
TP309　TP333
　　S 存储安全
　　C 信息存储
　　Z 信息安全*

信息存储技术
　　Y 信息存储

信息电话
information telephone
TN916
　　D 信息电话机
　　　信息电话通信
　　S 专用电话
　　Z 通信*

信息电话机
　　Y 信息电话

信息电话通信
　　Y 信息电话

信息丢失
information loss
TN918　TP391
　　S 信息安全风险*
　　· 报文丢失
　　· 数据包丢失
　　· 数据丢失
　　C 信息恢复

信息动态发布
　　Y 动态信息发布

信息度量
information measurement
TP301
　　S 信息处理*

信息对抗*
information countermeasure
TP393　TN97
　　D 信息对抗技术
　　　信息战
　　　信息战技术
　　　电子信息战
　　· 电子对抗**
　　· 空间信息对抗
　　· 网络对抗
　　· · 计算机网络对抗
　　· · 网络攻防
　　· · · 网络防御**
　　· · 网络入侵
　　· · · 非法接入
　　· · · 网络渗透
　　· · 网络中心战
　　C C3I 系统
　　　信息安全
　　　信息安全体系
　　　信息安全技术

信息对抗技术
　　Y 信息对抗

信息发布
information release

TP391
  D 信息发布平台
    信息发布系统
  S 信息处理*
  • Web 信息发布
  • 动态信息发布
  • 数据发布
  • 自动发布
  C 信息分发

信息发布平台
  Y 信息发布

信息发布系统
  Y 信息发布

信息发送
  Y 信息传输

信息发现
information discovery
TP391 TP393
  S 信息处理*
  • 知识发现
  • 主题发现
  • 资源发现
  C 数据挖掘

信息防伪
information forgeryproof
TP391
  D 数字防伪
    防伪技术
  S 信息安全技术*
  C 防伪编码

信息分发
information distribution
TP393
  S 信息处理*
  • 内容分发
  • 数据分发
  C 信息分发管理
    信息发布

信息分发管理
information dissemination management
TN911
  S 信息资源管理
  C 信息分发
  Z 信息管理*

信息分类
information classification
TP391.1
  S 信息处理*
  • 网页分类
  • 文本分类
  • 自动分类

信息分类编码
  Y 信息编码

信息分析系统
information analysis system
TP391
  S 信息系统*
  • 决策分析系统
  • 图像分析系统

信息服务*
information service
TP391
  • 地理信息服务
  • 多媒体服务
  • 仿真服务
  • 个性化信息服务
  • • 个性化知识服务
  • 共享服务
  • 互联网信息服务
  • 集群服务
  • 门限服务
  • 命名服务
  • 软件服务
  • • Windows 服务
  • • 软件升级
  • • 组件服务
  • 上下文服务
  • 实时事件服务
  • 视频点播服务
  • 数据服务
  • • 网格数据服务
  • • 远程数据服务
  • 索引服务
  • 通知服务
  • 位置服务
  • 移动位置服务
  • 消息服务
  • • Java 消息服务
  • • 统一消息服务
  • 信息安全服务
  • 信息技术服务
  • 信息推荐
  • • 个性化推荐
  • • 网页推荐
  • 信息推送
  • • 实时信息推送
  • • 消息推送
  • • 知识推送
  • 信息系统集成
  • • 企业应用集成
  • • 异构系统集成
  • 信息浏览服务
  • 虚拟服务
  • 移动信息服务
  • • 移动图书馆服务
  • • 移动位置服务
  • • 移动阅读服务
  • 证书服务
  • 主动信息服务
  C 信息服务平台
    信息服务系统

信息服务块服务器
  Y Samba 服务器

信息服务平台
information service platform
TP391 TN94
  D 信息化服务平台
  S 信息平台*
  • 公共信息服务平台
  • 综合信息服务平台
  C 信息服务
    信息服务系统

信息服务系统
information service system
TP391
  S 信息系统*
  • 目录服务系统
  • 应用服务系统
  C 信息服务
    信息服务平台

信息感知*
information perception
TN92 TP2
  D 信息感知技术
    感知技术
  • 动态感知
  • 能量感知
  • 频谱感知
  • 上下文感知
  • 视觉感知
  • 态势感知
  • • 空间态势感知
  • • 网络安全态势感知
  • • 战场态势感知
  • 拓扑感知
  • 位置感知
  • 协同感知
  • 移动群体感知
  • 智能感知
  C 感知编码
    感知计算
    物联网

信息感知技术
  Y 信息感知

信息港
information port
TP393
  D 信息港工程
  S 信息基础设施*

信息港工程
  Y 信息港

信息高速公路
information highway
TP391
  D 信息国道
    信息高速路

高速信息公路
　　S 信息基础设施*

信息高速路
　　Y 信息高速公路

信息跟踪
information tracking
TP391
　　D 信息追踪
　　S 信息处理*
　　· 人脸跟踪
　　· 特征跟踪
　　· 图像跟踪
　　· 主题追踪
　　C 信息维护

信息更新
information updating
TP393　TP391
　　S 信息处理*
　　· 信息素更新
　　C 信息维护

信息共享
information sharing
TP393.09　TP391
　　D 信息共享平台
　　　信息共享技术
　　　信息共享系统
　　　信息资源共享
　　　共享平台
　　　共享数据平台
　　S 信息处理*
　　　资源共享*
　　· 空间信息共享
　　· 视频共享
　　· 主动信息共享
　　C 信息交换
　　　信息孤岛
　　　信息网格

信息共享技术
　　Y 信息共享

信息共享平台
　　Y 信息共享

信息共享系统
　　Y 信息共享

信息孤岛*
information island
TP391
　　· 数据孤岛
　　· 系统孤岛
　　C 信息共享
　　　信息网格

信息关联
informational correlation

TP39　TP391
　　D 信息联系
　　S 信息处理*
　　· 数据关联
　　C 信息融合

信息管理*
information management
TP391
　　D 信息管理技术
　　· 地理信息管理
　　· 电子图档管理
　　· 工艺信息管理
　　· 计算机信息管理
　　· 空间信息管理
　　· 生产信息管理
　　· 数据管理
　　· · 产品数据管理
　　· · · 分布式产品数据管理
　　· · 动态数据管理
　　· · 分布式数据管理
　　· · 工程数据管理
　　· · 实时数据管理
　　· · 数据管控
　　· · 数据规划
　　· · 数据流管理
　　· · 数据质量管理
　　· · 元数据管理
　　· 数字版权管理
　　· 图库管理
　　· 图片管理
　　· 图像管理
　　· 图形管理
　　· 信息权限管理
　　· 信息维护
　　· 信息资源管理
　　· 信息分发管理
　　· 信息内容管理
　　· · 报表管理
　　· · 词库管理
　　· · 节目管理
　　· · 书签管理
　　· 信息资源规划
　　· 兴趣管理
　　· 帐号管理
　　· 知识管理
　　· · 个人知识管理
　　· · 企业知识管理
　　· · 设计知识管理
　　· · 图书馆知识管理
　　· · 知识库管理
　　C 管理信息系统

信息管理技术
　　Y 信息管理

信息国道
　　Y 信息高速公路

信息过滤
information filtering
TP393.08　TP391
　　D 信息过滤技术

　　　信息过滤系统
　　S 信息处理*
　　　信息安全技术*
　　· 短信过滤
　　· 内容过滤
　　· 事件过滤
　　· 数据过滤
　　· 图像过滤
　　· 网络信息过滤
　　C 信息内容安全
　　　网络不良信息
　　　网络过滤

信息过滤技术
　　Y 信息过滤

信息过滤系统
　　Y 信息过滤

信息还原
　　Y 信息恢复

信息化*
informatization
TP391
　　· 财务信息化
　　· 城市信息化
　　· 管理信息化
　　· · 档案管理信息化
　　· · 企业管理信息化
　　· 家庭信息化
　　· 交通信息化
　　· 教育信息化
　　· 教学信息化
　　· 校园信息化
　　· 农业信息化
　　· 企业信息化
　　· · 企业管理信息化
　　· · 中小企业信息化
　　· 商业信息化
　　· 物流信息化
　　· 医院信息化
　　· 制造业信息化
　　C 信息平台
　　　信息技术服务

信息化处理
　　Y 信息处理

信息化服务平台
　　Y 信息服务平台

信息化平台
　　Y 信息平台

信息化系统
　　Y 信息平台

信息恢复
information recovery
TP391

D 信息还原
　　S 信息处理*
　・包丢失恢复
　・背景恢复
　・错误恢复
　・色彩恢复
　・消息恢复
　　C 信息丢失
　　　信息维护
　　　还原软件

信息获取
　　Y 信息采集

信息机
　　Y 信息终端

信息基础设施*
information infrastructure
TP393　TN915
　　D IT 基础设施
　　　信息技术基础设施
　・关键信息基础设施
　・国家信息基础设施
　・全球信息基础设施
　・数据中心
　・・大数据中心
　・・互联网数据中心
　・・绿色数据中心
　・・软件定义数据中心
　・・数据银行
　・・云数据中心
　・通信基础设施
　・网络基础设施
　・公钥基础设施
　・・无线公钥基础设施
　・开放网格服务基础设施
　・授权管理基础设施
　・网格安全基础设施
　・网络关键物理基础设施
　・信息港
　・信息高速公路

信息集成
information integration
TP391
　　D 信息集成技术
　　S 信息处理*
　・CAD/CAE 集成
　・CAD/CAPP/CAM 集成
　・Web 信息集成
　・工作流集成
　・流程集成
　・企业信息集成
　・时空信息集成
　・数据集成
　・网络信息集成
　・异构信息集成
　・知识集成
　　C 信息集成系统

信息集成技术
　　Y 信息集成

信息集成平台
　　Y 信息集成系统

信息集成系统
information integration system
TP391
　　D 信息集成平台
　　S 信息系统*
　　C 信息集成

信息技术*
information technology
TP3　TP2
　　D IT 技术
　・大数据技术
　・多媒体技术
　・光电信息技术
　・计算机信息技术
　・量子信息技术
　・推拉技术
　・信息推送
　・・实时信息推送
　・・消息推送
　・・知识推送
　・智能信息推拉技术
　・网络信息技术
　・信息名址
　・智能信息技术
　・・智能信息处理
　・・智能信息推拉技术
　　C 信息技术服务
　　　信息通信技术

信息技术服务
information technology service
TP391
　　S 信息服务*
　　C 信息化
　　　信息技术

信息技术基础设施
　　Y 信息基础设施

信息技术系统
　　Y 信息系统

信息加工
　　Y 信息处理

信息加密
information encryption
TP393.08　TP309
　　D 信息加密技术
　　S 加密**
　・多媒体加密
　・基于身份的加密
　・签名加密
　・生物特征加密
　・数据加密
　・数据库加密
　・图像加密
　・文件加密
　・消息加密
　　C 信息解密

信息加密技术
　　Y 信息加密

信息检索
information retrieval
TP391
　　D 信息搜索
　　　信息检索系统
　　S 信息处理*
　・垂直搜索
　・个性化检索
　・全文检索
　・视频检索
　・图像检索
　・元搜索
　・智能检索
　　C 信息查询系统
　　　信息检索算法
　　　信息浏览服务
　　　搜索引擎
　　　检索语言

信息检索算法
information retrieval algorithm
TP391　TP301
　　S 检索算法
　　C 信息检索
　　Z 算法*

信息检索系统
　　Y 信息检索

信息鉴别
　　Y 信息识别

信息交互
information interaction
TP311　TP391
　　D 信息交互平台
　　　信息交互技术
　　S 交互*
　・场景交互
　・数据交互
　・特征交互
　・图形交互

信息交互技术
　　Y 信息交互

信息交互平台
　　Y 信息交互

信息交换*
information exchange
TP391　TN919

D 信息交换平台
　　　信息交换技术
　　　信息接转
　・动态交换
　・・动态数据交换
　・实时信息交换
　・数据交换
　・・产品数据交换
　・・电子数据交换
　・・动态数据交换
　・・实时数据交换
　・・图形数据交换
　・・异构数据交换
　・通信交换**
　・网络交换
　・・IP 交换
　・・标签交换
　・・・多协议标签交换
　・・・・传送多协议标签交换
　・・・・通用多协议标签交换
　・・二层交换
　・・流交换
　・・路由交换
　・・三层交换
　・以太网交换技术
　・消息交换
　　C 信息交换标准
　　　信息共享

信息交换标准
information exchange standard
TP391
　　S 信息标准
　・初始图形交换规范
　・数据交换标准
　　C 信息交换
　　Z 信息产业标准*

信息交换技术
　　Y 信息交换

信息交换平台
　　Y 信息交换

信息接收
information receiving
TP391
　　S 接收*

信息接转
　　Y 信息交换

信息解密
information decryption
TP309　TN918
　　S 解密
　・数据解密
　・文件解密
　　C 信息加密
　　Z 加解密*

信息聚合
information syndication
TP391
　　D 信息聚合技术
　　S 信息处理*
　・简易信息聚合
　・数据聚合
　・新闻聚合

信息聚合技术
　　Y 信息聚合

信息卡
information card
TP391　TP333
　　S 存储卡**
　・IC 卡
　・磁卡

信息可视化
information visualization
TP391
　　D 信息可视化技术
　　S 可视化*

信息可视化技术
　　Y 信息可视化

信息联系
　　Y 信息关联

信息量化
information quantization
TP391
　　S 信息处理*
　・标量量化
　・参数化
　・反量化
　・非均匀量化
　・幅度量化
　・黑白二值化
　・局部二值化
　・均值量化
　・零树量化
　・上下文量化
　・矢量量化
　・特征量化
　・图像二值化
　・图像量化
　・颜色量化
　・自适应量化
　・最佳量化

信息浏览服务
information browsing service
TP391
　　S 信息服务*
　　C 信息检索

信息描述
information description
TP391

　　S 信息处理*
　・概念描述
　・功能描述
　・色彩描述
　・数据描述
　・特征描述
　・图形描述
　・形状描述
　・语义描述
　・资源描述
　　C 信息识别

信息名址
information name and address
TN911
　　D 信息名址技术
　　　信息名址服务
　　　名址服务
　　S 信息技术*
　　C IP 地址解析
　　　移动互联网

信息名址服务
　　Y 信息名址

信息名址技术
　　Y 信息名址

信息内容安全
information content security
TP309
　　D 内容安全
　　S 信息安全*
　・多媒体安全
　・文件安全
　・选择密文安全
　・语义安全
　　C 信息过滤

信息内容管理
information content management
TP391
　　D 内容管理
　　S 信息资源管理
　・报表管理
　・词库管理
　・节目管理
　・书签管理
　　C 信息识别
　　　内容保护
　　　内容审计
　　　内容管理系统
　　Z 信息管理*

信息内容审计
　　Y 内容审计

信息匹配
information matching
TP391
　　S 信息处理*
　・服务匹配

- 规则匹配
- 立体视觉匹配
- 模板匹配
- 模糊匹配
- 模式匹配
- 区域匹配
- 图像匹配
- 图形匹配
- 细节匹配
- 形状匹配
- 语义匹配
- 指纹匹配
- 字符串匹配
- 最长前缀匹配

C 信息识别

信息平台*
information platform
TP311 TP391
    D 信息化平台
       信息化系统
- 基础信息平台
- 开放式多媒体应用平台
- 企业信息平台
- 数据平台
- • 大数据平台
- • 综合数据平台
- 统一管理平台
- 信息服务平台
- • 公共信息服务平台
- • 综合信息服务平台
- 信息资源平台

C 信息化

信息屏蔽
information shielding
TP309 TP393.08
    S 信息处理*

信息嵌入
information embedding
TP391
    S 信息处理*
- 数据嵌入
- 图嵌入
- 约束边嵌入

信息窃取
information stealing
TP393 TP309
    D 偷窃机密
       盗密
       盗窃机密
       窃密
    S 信息安全风险*
- IP 地址盗用
- 盗号
- 伪造签名

C 信息隐藏
    僵尸网络

信息权限管理
information rights management
TP39
    S 信息管理*
    C 信息审计
       信息认证

信息认证
information authentication
TP393.08 TP309
    S 信息安全认证*
- 多媒体认证
- 内容认证
- 身份认证
- 数据认证
- 完整性认证
- 消息认证
- 用户认证

C 信息权限管理

信息融合
information fusion
TP391
    D 信息融合技术
       信息融合算法
    S 信息处理*
- 报警信息融合
- 多传感器信息融合
- 多通道信息融合
- 多信息融合
- 概率融合
- 航迹融合
- 决策级融合
- 模糊信息融合
- 数据融合
- 特征融合
- 图像融合
- 自适应融合

C 信息关联
    智能汽车
    贝叶斯网络

信息融合技术
    Y 信息融合

信息融合算法
    Y 信息融合

信息栅格
    Y 信息网格

信息审计
information audit
TP393.08
    D 信息安全审计
    S 信息安全技术*
- 内容审计
- 日志审计
- 数据库审计
- 网络安全审计
- 行为审计

C 信息权限管理

信息识别*
information recognition
TP391.4
    D 信息识别技术
       信息鉴别
       识别系统
       辨识技术
       辨识系统
- 编码识别
- 标记识别
- 表格识别
- 材质识别
- 车辆识别
- • 车标识别
- • 车牌识别
- • 车型识别
- 道路识别
- • 车道线识别
- • 交通标志识别
- 动态识别
- • 动态手势识别
- • 动态系统辨识
- 方向识别
- 公式识别
- 构件识别
- 关系识别
- 光学识别
- 光谱识别
- • 光学标记识别
- • 光学图像识别
- • 光学字符识别
- 号码识别
- 环境识别
- 会话识别
- 聚类识别
- 类型识别
- 联机识别
- • 联机手写识别
- • • 联机手写体汉字识别
- 密码识别
- 模糊识别
- • 模糊模式识别
- • 模糊模型辨识
- 模式识别
- • 故障模式识别
- • 句法模式识别
- • 模糊模式识别
- • 视觉模式识别
- • 顺序模式识别
- • 统计模式识别
- • 图像模式识别
- • 协同模式识别
- 模型识别
- • 模糊模型辨识
- 目标识别
- • 敌我识别
- • • 雷达敌我识别
- • 多目标识别
- • 红外目标识别
- • 空间目标识别
- • 雷达目标识别
- • • 雷达自动目标识别
- • 目标综合识别
- • • 三维目标识别

- • 声目标识别
- • 水下目标识别
- • 图像目标识别
- • 物体识别
- • 运动目标识别
- • 自动目标识别
- • • 雷达自动目标识别
- 情感识别
- • 语音情感识别
- 三维识别
- • 三维结构识别
- • 三维目标识别
- • 三维人脸识别
- • 三维特征识别
- 身份识别
- • 签名识别
- • 身份证识别
- 声呐识别
- 声音识别
- • 声调识别
- • 声纹识别
- • 音节识别
- • 语音识别
- • • 电话语音识别
- • • 非特定人语音识别
- • • 分布式语音识别
- • • 汉语语音识别
- • • 连续语音识别
- • • 数字语音识别
- • • 音素识别
- • • 语音情感识别
- • • 自动语音识别
- • 元音识别
- 实时识别
- 事务识别
- 视频识别
- 视图识别
- 手写识别
- • 联机手写识别
- • • 联机手写体汉字识别
- • 手写字符识别
- • 手写数字识别
- • 手写体汉字识别
- • • 联机手写体汉字识别
- • • 脱机手写体汉字识别
- 数据识别
- 数字识别
- • 手写数字识别
- • 数字调制识别
- • 数字图像识别
- • 印刷体数字识别
- 特征识别**
- 条形码识别
- 图像识别
- • 边缘识别
- • 对象识别
- • 光学图像识别
- • 轮廓识别
- • 声呐图像识别
- • 数字图像识别
- • 图像目标识别
- • 图像自动识别
- • 图纸识别
- • • 草图识别

- • 工程图识别
- • 纹理识别
- 图形识别
- 图元识别
- 脱机识别
- 威胁识别
- 文件识别
- 文字识别
- • 汉字识别
- • • 手写体汉字识别
- • • • 联机手写体汉字识别
- • • • 脱机手写体汉字识别
- • • 印刷体汉字识别
- • 字母识别
- • 字体识别
- 形状识别
- 行为识别
- 颜色识别
- 用户识别
- 语言识别
- • 词汇识别
- • • 关键词识别
- • • 术语识别
- • • 新词识别
- • • 专有名词识别
- • 短语识别
- • 命名实体识别
- • 手语识别
- • 隐喻识别
- • 语义识别
- • 语种识别
- • 主题识别
- • 自动语言辨识
- 在线识别
- 整体识别
- 智能识别
- 字符识别
- • 光学字符识别
- • 手写字符识别
- • • 手写数字识别
- • • 手写体汉字识别
- • • • 联机手写体汉字识别
- • • • 脱机手写体汉字识别
- C 信息内容管理
- 信息匹配
- 信息描述

信息识别技术
Y 信息识别

信息收发
message sending and receiving
TP391
S 信息处理*

信息收集
Y 信息采集

信息收集系统
Y 信息采集

信息数据
information data
TP391　TP393
D 信息文件
S 数据*

信息数据库
information database
TP392
S 数据库*

信息搜索
Y 信息检索

信息素更新
pheromone updating
TP301
S 信息更新
C 蚁群算法
Z 信息处理*

信息提取
Y 信息抽取

信息通信
Y 信息通信技术

信息通信技术
information and communication technology
TN91　TP3
D ICT
　ICT 技术
　信息与通信技术
　信息通信
C 信息传输
　信息技术
　通信

信息通信指挥攻击系统
Y C4ISR 系统

信息推荐
information recommendation
TP391　TP393
S 信息服务*
- 个性化推荐
- 网页推荐

信息推拉技术
Y 推拉技术

信息推送
information push
TP393.2
D Push 技术
　信息推送技术
　服务器推送
S 信息服务*
　推拉技术
- 实时信息推送
- 消息推送
- 知识推送

电子信息技术叙词表

　　Z 信息技术*

信息推送技术
　　Y 信息推送

信息挖掘**
information mining
TP393.09　TP392
　　S 信息处理*
　　• 并行挖掘
　　• 方面挖掘
　　• 分类挖掘
　　• 工作流挖掘
　　• 孤立点挖掘
　　• 规则挖掘
　　• • 分类规则挖掘
　　• • 关联规则挖掘
　　• • • 分布式关联规则挖掘
　　• 过程挖掘
　　• 函数挖掘
　　• 结构挖掘
　　• • 视频结构挖掘
　　• • 网络结构挖掘
　　• • • Web 结构挖掘
　　• 聚类挖掘
　　• 联机分析挖掘
　　• 流程挖掘
　　• 漏洞挖掘
　　• 模式挖掘
　　• • 频繁模式挖掘
　　• • 序列模式挖掘
　　• 内容挖掘
　　• • 网络内容挖掘
　　• • • Web 内容挖掘
　　• • • Web 文本挖掘
　　• • 文本挖掘
　　• • • Web 文本挖掘
　　• 频繁项集挖掘
　　• 日志挖掘
　　• • Web 日志挖掘
　　• 社区挖掘
　　• 数据挖掘
　　• • 动态数据挖掘
　　• • 多媒体数据挖掘
　　• • • 视频数据挖掘
　　• • • 图像数据挖掘
　　• • 多维数据挖掘
　　• • 分布式数据挖掘
　　• • 关系数据挖掘
　　• • 可视化数据挖掘
　　• • 可拓数据挖掘
　　• • 空间数据挖掘
　　• • 离群数据挖掘
　　• • 模糊数据挖掘
　　• • 时间序列数据挖掘
　　• • 时空数据挖掘
　　• • 时态数据挖掘
　　• • 实时数据挖掘
　　• • 数据流挖掘
　　• • 主动式数据挖掘
　　• 图挖掘
　　• 网络挖掘
　　• • Web 挖掘

　　• • • Web 访问信息挖掘
　　• • • Web 结构挖掘
　　• • • Web 内容挖掘
　　• • • Web 日志挖掘
　　• • • Web 使用挖掘
　　• • • Web 数据挖掘
　　• • • Web 文本挖掘
　　• • 网络结构挖掘
　　• • • Web 结构挖掘
　　• • 网络内容挖掘
　　• • • Web 内容挖掘
　　• • • Web 文本挖掘
　　• 相似性挖掘
　　• 序列挖掘
　　• • 序列模式挖掘
　　• 增量挖掘
　　• 知识挖掘

信息网格
information grid
TP391　TP393
　　D 信息栅格
　　S 网格*
　　• 空间信息网格
　　• 全球信息网格
　　C 信息共享
　　　信息孤岛
　　　信息网络

信息网关
information gateway
TP393
　　S 网关
　　L 网络互连设备**

信息网络*
information network
TN915　TN948.3　TP393
　　• 空间信息网络
　　• 天地一体化信息网络
　　• 综合信息网络
　　• • 宽带综合信息网
　　• • 有线电视综合信息网
　　C 信息网格
　　　信息网络安全
　　　单向链路
　　　计算机网络
　　　通信网络

信息网络安全
information network security
TN915　TN948.3　TP393
　　D 信息网络安全技术
　　S 网络安全*
　　C 信息网络

信息网络安全技术
　　Y 信息网络安全

信息网络管理
　　Y 网络管理

信息网络平台
　　Y 网络信息系统

信息维护
information maintenance
TP311
　　S 信息管理*
　　C 信息安全服务
　　　信息安全检测
　　　信息安全管理
　　　信息安全防护
　　　信息恢复
　　　信息更新
　　　信息跟踪

信息伪装
information camouflage
TP309　TP393.08　TN918
　　D 信息伪装技术
　　S 信息隐藏**

信息伪装技术
　　Y 信息伪装

信息文件
　　Y 信息数据

信息系统*
information system
TP391
　　D IT 系统
　　　信息技术系统
　　　信息系统平台
　　• 安全信息系统
　　• 车载信息系统
　　• 大型信息系统
　　• 电子信息系统
　　• • 军事电子信息系统
　　• • 综合电子信息系统
　　• 动态信息系统
　　• 多媒体信息系统
　　• 分布式信息系统
　　• 复杂信息系统
　　• 管理信息系统
　　• • 档案信息管理系统
　　• • 工作流管理系统
　　• • • 事务处理系统
　　• • 规划管理信息系统
　　• • 集成化管理信息系统
　　• • 教育管理信息系统
　　• • 客户关系管理系统
　　• • 企业管理信息系统
　　• • 人力资源管理信息系统
　　• • 设备管理信息系统
　　• • 实验室信息管理系统
　　• • 项目管理信息系统
　　• • 质量管理信息系统
　　• • 综合信息管理系统
　　• 计算机信息系统
　　• 军事信息系统
　　• • 军事电子信息系统
　　• • 指挥信息系统

- • • C3I 系统
- • • C4ISR 系统
- • • 编队作战指挥系统
- • • 防空预警指挥系统
- • • 舰载指挥控制系统
- • • 炮兵指挥系统
- • • 应急指挥系统
- • • 战场指挥系统
- • • 指挥调度系统
- • 可重构信息系统
- • 控制信息系统
- • 模糊信息系统
- • • 模糊目标信息系统
- • 内容管理系统
- • • 电子文件管理系统
- • • 网站内容管理系统
- • 涉密信息系统
- • 实时信息系统
- • • 实时监控信息系统
- • • 实时信息管理系统
- • 数字化信息系统
- • 图形系统
- • 网络信息系统
- • 信息安全系统**
- • 信息查询系统
- • • 成绩查询系统
- • • 公交查询系统
- • 信息分析系统
- • • 决策分析系统
- • • 图像分析系统
- • 信息服务系统
- • • 目录服务系统
- • • 应用服务系统
- • 信息集成系统
- • 信息应用系统**
- • 异构信息系统
- • 主动信息系统
- • 综合信息系统
- C 信息系统安全
  信息系统软件

信息系统安全
information system security
TP309
　　S 信息安全*
　　C 信息系统
　　　信息系统安全体系

信息系统安全风险评估
　　Y 信息安全风险评估

信息系统安全体系
information system security system
TP309　TP393.08
　　S 信息安全体系*
　　C 信息系统安全

信息系统集成
information system integration
TP311　TP391
　　D 信息系统整合
　　　系统整合

　　　系统集成
　　　计算机信息系统集成
　　S 信息服务*
- 企业应用集成
- 异构系统集成
　　C 信息系统软件

信息系统平台
　　Y 信息系统

信息系统软件
information system software
TP311
　　S 应用软件**
　　C 信息系统
　　　信息系统集成

信息系统整合
　　Y 信息系统集成

信息显示
information display
TN27　TP391　TN87
　　D 信息显示技术
　　S 显示*
- 分页显示
- 汉字显示
- 可视化显示
- 数字信息显示
- 图像显示
- 图形显示
- 字符显示

信息显示技术
　　Y 信息显示

信息显示设备
　　Y 显示设备

信息泄漏
　　Y 信息泄露

信息泄露
information leakage
TP309　TN918
　　D 信息泄密
　　　信息泄漏
　　S 信息安全风险*
- 电磁信息泄漏
- 密钥泄露
- 内存泄漏
- 网络泄密
　　C 数据安全

信息泄密
　　Y 信息泄露

信息压缩**
information compression
TN919　TP391
　　D 信息压缩技术

　　　压缩技术
　　S 信息处理*
- 报头压缩
- 编码压缩
- 分布式压缩
- 分卷压缩
- 几何压缩
- 脉宽压缩
- 三维网格压缩
- 矢量压缩
- 数据压缩
- • 三维数据压缩
- • 实时数据压缩
- • 无损数据压缩
- • 原始数据压缩
- 数字压缩
- • 数字图像压缩
- 特征压缩
- 头标压缩
- 图像压缩
- • JPEG 压缩
- • SAR 图像压缩
- • 彩色图像压缩
- • 分形图像压缩
- • 红外图像压缩
- • 静止图像压缩
- • 立体图像压缩
- • 数字图像压缩
- • 无损图像压缩
- • 遥感图像压缩
- • 医学图像压缩
- • 指纹图像压缩
- 图形压缩
- 文本压缩
- 无损压缩
- • 无损数据压缩
- • 无损图像压缩
- • 无损音频压缩
- 线宽压缩
- 音视频压缩
- • 视频压缩
- • • 帧间压缩
- • • 帧内压缩
- • 音频压缩
- • • 无损音频压缩
- • • 语音压缩
- 硬件压缩
- 有损压缩
- 字典压缩
　　C 信息存储
　　　压缩算法
　　　压缩编码标准
　　　解压缩

信息压缩技术
　　Y 信息压缩

信息一体化
　　Y 信息整合

信息银行
　　Y 数据银行

信息隐藏**
information hiding
TN918　TP393.08　TP309
　　D 信息隐匿
　　　 信息隐含
　　　 信息隐藏技术
　　S 信息安全技术*
　• 回声隐藏
　• 进程隐藏
　• 数据隐藏
　• • 无损数据隐藏
　• 数字水印技术
　• • 水印检测
　• • 水印嵌入
　• • 水印提取
　• 数字指纹
　• 图像嵌入
　• • 图像自嵌入
　• 图像隐藏
　• • 数字图像隐藏
　• • 图像信息隐藏
　• 图像置乱
　• • Arnold 置乱
　• • 混沌置乱
　• • 数字图像置乱
　• • 像素置乱
　• 无损信息隐藏
　• • 无损数据隐藏
　• 信息伪装
　• 隐蔽信道
　• • 阈下信道
　• 隐写术
　• • 数字隐写
　• • 图像隐写
　• 自嵌入
　• • 图像自嵌入
　　C 信息窃取
　　　 信息隐藏分析
　　　 信息隐藏检测
　　　 隐秘传输
　　　 隐藏算法

信息隐藏分析
information hiding analysis
TN918　TP309
　　D 信息隐藏分析技术
　　S 信息安全分析
　• 隐写分析
　　C 信息隐藏
　　　 信息隐藏检测
　　　 隐藏算法
　　Z 信息安全技术*

信息隐藏分析技术
　　Y 信息隐藏分析

信息隐藏技术
　　Y 信息隐藏

信息隐藏检测
information hiding detection
TP393.08　TP391
　　S 信息安全检测

　• 水印检测
　• 隐写检测
　　C 信息隐藏
　　　 信息隐藏分析
　　　 隐藏算法
　　Z 信息安全技术*

信息隐藏算法
　　Y 隐藏算法

信息隐含
　　Y 信息隐藏

信息隐匿
　　Y 信息隐藏

信息应用系统**
information application system
TP391
　　S 信息系统*
　• 办公信息系统
　• 产品生命周期管理系统
　• 城市信息系统
　• 地理信息系统
　• • 地图信息系统
　• • 分布式地理信息系统
　• • • 分布式 WebGIS
　• • 警用地理信息系统
　• • 三维地理信息系统
　• • 时态地理信息系统
　• • 网格地理信息系统
　• • 网络地理信息系统
　• • • 分布式 WebGIS
　• • 校园地理信息系统
　• • 虚拟现实地理信息系统
　• • 移动地理信息系统
　• • 桌面地理信息系统
　• • 组件式地理信息系统
　• 电力信息系统
　• 公安信息系统
　• 企业资源计划系统
　• 物流信息系统
　• 校园信息系统
　• 协作信息系统
　• 学习管理系统
　• 医疗保险信息系统
　• 医院信息系统
　• 制造信息系统

信息优化
information optimization
TP391
　　S 信息处理*
　• 查询优化
　• 搜索优化
　• 索引优化
　• 网页优化
　• 页面优化

信息与通信技术
　　Y 信息通信技术

信息摘要算法第五版
　　Y 消息摘要算法

信息战
　　Y 信息对抗

信息战技术
　　Y 信息对抗

信息整合
information integration
TP391
　　D 信息一体化
　　　 信息综合
　　S 信息处理*
　　C 资源整合
　　　 集成技术

信息指纹*
information fingerprint
TP391
　• 电子指纹
　• 计算机指纹
　• • 操作系统指纹
　• • 机器指纹
　• 射频指纹
　• 视频指纹
　• 数字指纹
　• 信号指纹
　　C 指纹匹配
　　　 指纹数据库
　　　 指纹认证
　　　 特征匹配

信息终端
information terminal
TN91　TP391　TP334
　　D 信息机
　　S 终端设备*
　• 车载信息终端
　• 个人信息终端
　• 手持信息终端
　• 图形终端
　• 中文终端
　• 字符终端

信息重建
information reconstruction
TP391
　　S 信息处理*
　• 三维重建
　• 图像重建

信息抓取
　　Y 信息采集

信息转换
information conversion
TP391
　　S 信息处理*
　• 格式转换
　• 数据库转换

- 数据类型转换
- 文本语音转换
- 文本转换
- 文档转换
- 语义转换
- 字符转换
- 字体转换
- C 数据转换

信息追踪
    Y 信息跟踪

信息资源共享
    Y 信息共享

信息资源共享平台
    Y 信息资源平台

信息资源管理
information resource management
TP391
    S 信息管理*
- 信息分发管理
- 信息内容管理
- 信息资源规划

信息资源规划
information resource planning
TP391
    S 信息资源管理
    Z 信息管理*

信息资源平台
information resource platform
TP391
    D 信息资源共享平台
    S 信息平台*

信息综合
    Y 信息整合

信誉度模型
reputation model
TP393.08
    D 信誉模型
    S 网络安全模型
    Z 网络模型*
       信息安全模型*

信誉模型
    Y 信誉度模型

信元交换
cell switching
TN915
    S 快速分组交换
    C 信元总线
    L 通信交换**

信元总线
cell bus
TN919   TP336
    S 总线*
    C 信元交换

信源编码
source coding
TN911
    D 信源编码技术
    S 通信编码**
- 多用户信源编码
- 联合信源信道编码
- 信源压缩编码
    C 信源编码标准

信源编码标准
source coding standard
TN91
    S 编码标准
    C 信源编码
    Z 信息产业标准*

信源编码技术
    Y 信源编码

信源盲分离
    Y 盲源分离

信源信道联合编码
    Y 联合信源信道编码

信源压缩编码
source compression coding
TN911
    S 信源编码
       压缩编码
    L 通信编码**

信噪分离
signal-noise separation
TN911
    S 信号分离
    Z 信号处理*

星地光通信
satellite-to-ground optical communication
TN92
    D 星地激光通信
    S 卫星光通信
    C 星地链路
    L 光通信**
       无线通信**

星地激光通信
    Y 星地光通信

星地链路
satellite-to-ground link
TN92
    S 卫星链路
    C 星地光通信
    Z 链路*

星环网
    Y 星型网络

星基增强系统
satellite-based augmentation system
TN96
    S 增强导航系统
    Z 导航系统*

星际光通信
    Y 星间光通信

星际激光通信
    Y 星间光通信

星际链路
    Y 星间链路

星际通信
inter-satellite communication
TN927
    D 星间通信
    S 卫星通信
- 星间光通信
    L 无线通信**

星间光链路
    Y 激光星间链路

星间光通信
inter-satellite optical communication
TN927
    D 卫星间光通信
       星间激光通信
       星际光通信
       星际激光通信
    S 卫星光通信
       星际通信
    L 光通信**
       无线通信**

星间激光链路
    Y 激光星间链路

星间激光通信
    Y 星间光通信

星间链路
inter-satellite link
TN92
    D 星际链路
    S 卫星链路
- 激光星间链路
    C 边界路由
    Z 链路*

星间通信
　Y 星际通信

星空模拟
　Y 星图模拟

星上交换
satellite switching
TN915
　S 通信交换**

星图仿真
　Y 星图模拟

星图模拟
star-map simulation
TP391.9
　D 星图仿真
　　星空模拟
　S 仿真*

星网
　Y 星型网络

星形互连网络
　Y 星型网络

星形连接电路
　Y 星形连结电路

星形连结电路
star connected circuit
TN710
　D 星形连接电路
　S 电子电路*

星形耦合器
　Y 星型耦合器

星形网
　Y 星型网络

星形网络
　Y 星型网络

星型耦合器
star coupler
TN62
　D 星形耦合器
　S 耦合器*

星型网
　Y 星型网络

星型网络
star network
TN92
　D Y型网络
　　星型网
　　星形互连网络

星形网
星形网络
星状网
星状网络
星环网
星网
　S 拓扑网络
　Z 网络*

星载 SAR
　Y 星载合成孔径雷达

星载测雨雷达
spaceborne rain radar
TN958
　S 星载雷达
　　测雨雷达
　Z 雷达*

星载合成孔径雷达
spaceborne synthetic aperture radar
TN958
　D 星载 SAR
　S 合成孔径雷达
　　星载雷达
　• 分布式星载合成孔径雷达
　Z 雷达*

星载激光器
spaceborne laser
TN248
　S 激光器*

星载计算机
on-board computer
TP33
　D 星载嵌入式计算机
　　星载计算机系统
　　空间计算机
　　航天器计算机
　　航天器载计算机
　　航天计算机
　S 计算机*

星载计算机系统
　Y 星载计算机

星载雷达
satellite-borne radar
TN958
　S 天基雷达
　• 星载测雨雷达
　• 星载合成孔径雷达
　Z 雷达*

星载嵌入式计算机
　Y 星载计算机

星载软件
on-board software

TP31
　S 专用软件
　L 应用软件**

星载天线
　Y 卫星天线

星载智能天线
spaceborne smart antenna
TN82
　S 卫星天线**
　　智能天线

星状网
　Y 星型网络

星状网络
　Y 星型网络

行波放大器
　Y 行波管放大器

行波管
traveling wave tube
TN12
　D TWT
　S 微波电子管
　• 低噪声行波管
　• 多注行波管
　• 返波管
　• 功率行波管
　• 毫米波行波管
　• 环圈行波管
　• 回旋行波管
　• 空间行波管
　• 连续波行波管
　• 螺旋线行波管
　• 卫星行波管
　• 相对论行波管
　• 栅控行波管
　• 折叠波导行波管
　• 耦合腔行波管
　C 行波天线
　　行波管发射机
　　行波管放大器
　　行波速调管
　L 微波管**

行波管发射机
traveling wave tube transmitter
TN83
　S 电子管发射机
　C 行波管
　　行波管放大器
　Z 发射机*

行波管放大器
traveling wave tube amplifier
TN72
　D 行波放大器
　S 微波管放大器
　• 回旋行波管放大器

行波管
  C 行波管
   行波管发射机
  Z 放大器*

行波激光器
traveling wave laser
TN248
  S 激光器*

行波速调管
traveling wave klystron
TN12
  S 速调管
  C 行波管
  L 微波管**

行波天线
traveling wave antenna
TN82
  D 漏波天线
   行前进波天线
   非谐振天线
  S 定向天线
  · 介质天线
  · 微带漏波天线
  C 行波管
  Z 天线*

行程编码
run-length coding
TN911
  D 变动长度编码
   游程编码
   游程长度编码
   行程码
   行程长度编码
  S 无损编码
  Z 编码*

行程长度编码
  Y 行程编码

行程码
  Y 行程编码

行动电话
  Y 手机

行前进波天线
  Y 行波天线

行为仿真
behavior simulation
TP391.9
  D 行为模拟
  S 仿真*
  C 行为审计

行为模拟
  Y 行为仿真

行为审计
behavior audit
TP393.08
  S 信息审计
  C 网络行为管理
   行为仿真
   行为识别
  Z 信息安全技术*

行为识别
behavior recognition
TP391.4
  S 信息识别*
  C 行为审计

形码
  Y 条形码

形式化建模
formalized modeling
TP391.9
  S 模型构建*

形式化描述语言
  Y 形式描述语言

形式化语言
  Y 形式语言

形式描述语言
formal description language
TP312
  D 形式化描述语言
  S 形式语言
   描述语言
  Z 计算机语言*

形式语言
formal language
TP312
  D 形式化语言
  S 计算机语言*
  · 上下文无关语言
  · 形式描述语言

形势显示器
  Y 态势显示器

形态滤波
morphology filtering
TN713
  D 形态学滤波
  S 滤波*
  · 广义形态滤波
  · 柔性形态滤波
  · 数学形态滤波
  · 顺序形态滤波
  · 自适应形态滤波

形态模拟
morphology simulation
TP391.9
  S 仿真*

形态学滤波
  Y 形态滤波

形心跟踪
centroid tracking
TN953 TP391
  D 矩心跟踪
   质心跟踪
  S 位置跟踪
  C 数字信号处理
  Z 跟踪*

形状编码
shape coding
TN91
  S 信息编码**

形状编码器
shape coder
TN76
  S 编码器*

形状描述
shape description
TP391
  S 信息描述
  C 形状匹配
   形状识别
  Z 信息处理*

形状匹配
shape matching
TP391
  D 形状调整
  S 信息匹配
  C 形状描述
   步态识别
  Z 信息处理*

形状识别
shape recognition
TP391.4
  S 信息识别*
  C 形状描述

形状调整
  Y 形状匹配

兴趣管理
interest management
TP391
  S 信息管理*

性能测试工具
  Y 测试软件

性能仿真
performance simulation

TP391.9
　　S 仿真*

修改程序
　　Y 修改器

修改工具
　　Y 修改器

修改器
modifier
TP311
　　D 修改工具
　　　　修改程序
　　S 工具软件**

修正 MUSIC 算法
　　Y 多重信号分类算法

修正增益扩展 Kalman 滤波
　　Y 修正增益扩展卡尔曼滤波

修正增益扩展卡尔曼滤波
modified gain extended Kalman filtering
TN713
　　D 修正增益扩展 Kalman 滤波
　　S 扩展卡尔曼滤波
　　L 卡尔曼滤波**

袖珍计算机
pocket computer
TP368
　　S 便携式计算机
　　L 电子数字计算机**

袖珍收音机
pocket radio set
TN85
　　S 收音机*

嗅探
　　Y 网络嗅探

嗅探技术
　　Y 网络嗅探

嗅探器
sniffer
TP393.08　TP393.07
　　D 协议分析器
　　　　网络协议分析器
　　　　网络嗅探器
　　S 网络管理设备
　　C 入侵识别
　　　　网络嗅探
　　　　网络监听
　　Z 网络设备*

虚处理机
　　Y 虚拟处理器

虚存
　　Y 虚拟存储器

虚电路
　　Y 虚电路交换

虚电路交换
virtual circuit exchange
TN915
　　D 交换式虚电路
　　　　虚电路
　　　　虚连接
　　　　虚通道
　　S 分组交换
　　L 通信交换**

虚警率恒定接收机
　　Y 恒虚警接收机

虚连接
　　Y 虚电路交换

虚链路
　　Y 虚拟链路

虚拟 I2C 总线
virtual I2C bus
TP336
　　S I2C 总线
　　Z 总线*

虚拟 IP
　　Y 虚拟 IP 技术

虚拟 IP 技术
virtual IP technology
TP393.2
　　D 虚拟 IP
　　S IP 技术
　　　　虚拟技术*
　　Z 网络技术*

虚拟编码器
virtual encoder
TN76
　　S 编码器*

虚拟操作系统
virtual operating system
TP316
　　S 计算机操作系统
　　L 操作系统**

虚拟产品开发
　　Y 虚拟样机技术

虚拟产品设计
　　Y 虚拟样机技术

虚拟城市
virtual city
TP391
　　S 虚拟实景空间
　　Z 虚拟技术*

虚拟处理机
　　Y 虚拟处理器

虚拟处理器
virtual processor
TP317
　　D 虚处理机
　　　　虚拟处理机
　　S 微处理器*
　　C 虚拟平台
　　　　虚拟机

虚拟磁盘
virtual disc
TP317　TP333
　　S 虚拟存储器
　　· 虚拟硬盘
　　C 磁盘存储器
　　Z 存储器*

虚拟存储
virtual storage
TP338
　　D 虚拟化存储
　　　　虚拟存贮
　　S 信息存储*
　　C 置换算法
　　　　虚拟存储器

虚拟存储器
virtual memory
TP311　TP333
　　D 虚存
　　　　虚拟存储系统
　　　　虚拟存贮器
　　S 存储器*
　　· 虚拟磁盘
　　· 虚拟寄存器
　　· 虚拟内存
　　C 虚拟存储
　　　　虚拟软件

虚拟存储系统
　　Y 虚拟存储器

虚拟存贮
　　Y 虚拟存储

虚拟存贮器
　　Y 虚拟存储器

虚拟打印机
virtual printer
TP318
　　S 打印程序
　　　　虚拟软件
　　L 工具软件**

· 840 ·

虚拟电话
　　Y 软件电话

虚拟电路
virtual electric circuit
TN79
　　S 数字电路**

虚拟仿真
virtual simulation
TP391.9
　　D 虚拟仿真技术
　　　　虚拟仿真系统
　　S 仿真*
　　　　虚拟技术*
　　• 三维虚拟仿真
　　C 虚拟仿真平台
　　　　虚拟仿真软件
　　　　虚拟机器人
　　　　虚拟现实

虚拟仿真技术
　　Y 虚拟仿真

虚拟仿真平台
virtual simulation platform
TP310
　　S 虚拟平台
　　C 虚拟仿真
　　Z 虚拟技术*

虚拟仿真软件
virtual simulation software
TP319
　　D 视景仿真软件
　　S 仿真软件
　　　　虚拟软件
　　C 虚拟仿真
　　L 工具软件**
　　　　应用软件**

虚拟仿真系统
　　Y 虚拟仿真

虚拟服务
virtual service
TP391
　　S 信息服务*

虚拟服务器
virtual server
TP393　TP391
　　S 服务器*
　　　　虚拟软件
　　C 服务器虚拟化
　　L 工具软件**

虚拟个人网络
　　Y 虚拟专用网络

虚拟共享内存
　　Y 虚拟内存

虚拟骨干网
virtual backbone
TN92
　　S 虚拟网络
　　　　骨干网
　　Z 计算机网络*
　　　　通信网络*

虚拟光盘
　　Y 虚拟光驱

虚拟光驱
virtual optical disk driver
TP338
　　D 虚拟光盘
　　S 光盘驱动器
　　　　虚拟软件
　　C 光盘存储
　　　　光盘库
　　L 工具软件**

虚拟化
　　Y 虚拟化技术

虚拟化存储
　　Y 虚拟存储

虚拟化技术
virtualization technology
TP391.9
　　D 虚拟化
　　S 虚拟技术*
　　• 网络虚拟化
　　• 硬件虚拟化
　　• 桌面虚拟化
　　C 云计算
　　　　虚拟软件

虚拟化平台
　　Y 虚拟平台

虚拟化软件
　　Y 虚拟软件

虚拟化现实
　　Y 虚拟现实

虚拟机
virtual machine
TP391　TP317
　　D 虚拟机技术
　　　　虚拟机软件
　　　　虚拟计算机
　　S 虚拟软件
　　　　计算机*
　　• Java 虚拟机
　　• 并行虚拟机
　　C 虚拟处理器

　　　　虚拟机管理器
　　　　虚拟网络
　　　　虚拟计算
　　L 工具软件**

虚拟机管理器
virtual machine manager
TP338　TP311
　　S 软件管理器
　　C 虚拟机
　　　　虚拟机监控器
　　L 工具软件**

虚拟机技术
　　Y 虚拟机

虚拟机监控器
virtual machine monitor
TP317
　　S 工具软件**
　　C 虚拟机管理器

虚拟机器人
virtual robot
TP242　TP391
　　D 聊天机器人
　　S 机器人*
　　C 网络虚拟环境
　　　　自然语言处理
　　　　虚拟仿真

虚拟机软件
　　Y 虚拟机

虚拟计算
virtual computing
TP391
　　S 计算*
　　C 虚拟机

虚拟计算机
　　Y 虚拟机

虚拟技术*
virtualization
TP391.9
　　D 计算机虚拟
　　• 三维虚拟
　　• 虚拟 IP 技术
　　• 虚拟仿真
　　• • 三维虚拟仿真
　　• 虚拟化技术
　　• • 网络虚拟化
　　• • • 网络功能虚拟化
　　• • 硬件虚拟化
　　• • • 服务器虚拟化
　　• • • 硬件辅助虚拟化
　　• • 桌面虚拟化
　　• 虚拟平台
　　• • 虚拟仿真平台
　　• • 虚拟实验平台
　　• 虚拟软件

• 841 •

电子信息技术叙词表

　·　·虚拟打印机
　·　·虚拟调制解调器
　·　·虚拟仿真软件
　·　·虚拟服务器
　·　·虚拟光驱
　·　·虚拟机
　·　·　·Java 虚拟机
　·　·　·并行虚拟机
　·　·虚拟交换机
　·　·虚拟路由器
　·　·虚拟摄像机
　·　·虚拟显示器
　·　·虚拟终端
　·虚拟设备
　·虚拟设计
　·虚拟无线电
　·虚拟现实
　·　·沉浸式虚拟现实
　·　·分布式虚拟现实
　·　·混合现实
　·　·投射式虚拟现实
　·　·网络虚拟现实
　·　·虚拟实景空间
　·　·　·虚拟城市
　·　·　·虚拟驾驶
　·　·　·虚拟教室
　·　·　·虚拟实验室
　·　·　·虚拟校园
　·　·　·虚拟演播室
　·　·　·虚拟医院
　·　·　·虚拟战场
　·　·增强现实
　·　·桌面虚拟现实
　·虚拟样机技术
　·虚拟仪器
　·　·虚拟示波器
　·　·虚拟信号发生器
　C 虚拟信道

虚拟寄存器
virtual register
TN92　TN4
　S 寄存器*
　　虚拟存储器
　Z 存储器*

虚拟驾驶
virtual driving
TP391.9
　D 驾驶仿真
　　驾驶模拟
　S 虚拟实景空间
　Z 虚拟技术*

虚拟建模
virtual modeling
TP391.9
　S 模型构建*
　C 虚拟现实建模语言

虚拟交换机
virtual switch
TN915　TP393

　S 交换设备**
　　虚拟软件
　C 虚拟接口

虚拟教室
virtual classroom
TP391.9
　D 网络虚拟教室
　S 虚拟实景空间
　Z 虚拟技术*

虚拟接口
virtual interface
TP311
　S 软件接口
　C 虚拟交换机
　L 计算机接口**

虚拟局域网
virtual local area network
TP393.1
　D VLAN
　　VLAN 技术
　　虚拟局域网技术
　S 局域网**
　　虚拟网络
　·专用虚拟局域网
　C 广播风暴

虚拟局域网技术
　Y 虚拟局域网

虚拟链路
virtual link
TP393
　D 虚链路
　S 网络链路
　C 接入路由器
　Z 链路*

虚拟路由
virtual routing
TP393
　S 路由*
　C 虚拟信道

虚拟路由器
virtual router
TP31
　S 虚拟软件
　　软件路由器
　C 虚拟路由冗余协议
　L 工具软件**
　　网络互连设备**

虚拟路由器冗余协议
　Y 虚拟路由冗余协议

虚拟路由冗余协议
virtual routing redundancy protocol

TN915.04
　D VRRP
　　虚拟路由器冗余协议
　S 路由协议
　C 虚拟路由器
　L 网络协议**

虚拟逻辑分析仪
virtual logic analyzer
TM935
　S 逻辑分析仪
　L 通信测试仪**

虚拟蜜网
virtual honeynet
TP393.08
　S 虚拟网络
　C 蜜网技术
　Z 计算机网络*

虚拟内存
virtual memory
TP311　TP333
　D 虚拟共享内存
　　虚拟内存技术
　S 内存
　　虚拟存储器
　Z 存储器*

虚拟内存技术
　Y 虚拟内存

虚拟盘
　Y 虚拟硬盘

虚拟平台
virtual platform
TP318
　D 虚拟化平台
　S 虚拟技术*
　·虚拟仿真平台
　·虚拟实验平台
　C 虚拟处理器
　　虚拟软件

虚拟软件
virtual software
TP31
　D 虚拟化软件
　S 工具软件**
　　虚拟技术*
　·虚拟打印机
　·虚拟调制解调器
　·虚拟仿真软件
　·虚拟服务器
　·虚拟光驱
　·虚拟机
　·虚拟交换机
　·虚拟路由器
　·虚拟摄像机
　·虚拟显示器
　·虚拟终端

C 虚拟仪器
　　　虚拟化技术
　　　虚拟存储器
　　　虚拟平台
　　　虚拟设备
　　　软件仿真
　　　软件定义技术

虚拟设备
virtual device
TP318　TP334
　　S 虚拟技术*
　　C 硬件虚拟化
　　　虚拟设备驱动程序
　　　虚拟软件

虚拟设备驱动程序
virtual device driver
TP317
　　D VxD
　　S 驱动程序
　　C 虚拟设备
　　L 工具软件**

虚拟设计
virtual design
TP391.7　TP391.9
　　D 虚拟设计技术
　　S 虚拟技术*
　　C 虚拟样机技术

虚拟设计技术
　　Y 虚拟设计

虚拟摄像机
virtual video camera
TN946
　　D 虚拟摄像头
　　S 摄像机
　　　虚拟软件
　　C 虚拟演播室
　　L 工具软件**

虚拟摄像头
　　Y 虚拟摄像机

虚拟实景
　　Y 虚拟实景空间

虚拟实景空间
image-based virtual space
TN911　TP391.9
　　D 虚拟实景
　　S 虚拟现实
　　• 虚拟城市
　　• 虚拟驾驶
　　• 虚拟教室
　　• 虚拟实验室
　　• 虚拟校园
　　• 虚拟演播室
　　• 虚拟医院
　　• 虚拟战场

　　Z 虚拟技术*

虚拟实验
　　Y 虚拟实验室

虚拟实验技术
　　Y 虚拟实验室

虚拟实验教学平台
　　Y 虚拟实验平台

虚拟实验教学系统
　　Y 虚拟实验室

虚拟实验平台
virtual experiment platform
TP318
　　D 虚拟实验教学平台
　　　虚拟实验系统
　　S 虚拟平台
　　C 虚拟仪器
　　　虚拟实验室
　　Z 虚拟技术*

虚拟实验室
virtual laboratory
TN92　TP391
　　D 虚拟实验
　　　虚拟实验技术
　　　虚拟实验教学系统
　　S 虚拟实景空间
　　C 虚拟仪器
　　　虚拟实验平台
　　Z 虚拟技术*

虚拟实验系统
　　Y 虚拟实验平台

虚拟示波器
virtual oscilloscope
TP391.9　TM935
　　D 虚拟数字示波器
　　S 示波器
　　　虚拟仪器
　　Z 电子测量仪器*
　　　虚拟技术*

虚拟数据仓库
virtual data warehouse
TP392
　　S 数据仓库
　　Z 数据库*

虚拟数据库
virtual database
TP392
　　D 虚拟数据库技术
　　　虚拟数据库系统
　　S 数据库*

虚拟数据库技术
　　Y 虚拟数据库

虚拟数据库系统
　　Y 虚拟数据库

虚拟数字示波器
　　Y 虚拟示波器

虚拟私人网络
　　Y 虚拟专用网络

虚拟私网
　　Y 虚拟专用网络

虚拟私用网络
　　Y 虚拟专用网络

虚拟私有网
　　Y 虚拟专用网络

虚拟私有网络
　　Y 虚拟专用网络

虚拟调制解调器
virtual modem
TN92　TP31
　　S 虚拟软件
　　　调制解调器
　　C 虚拟信号发生器
　　L 工具软件**

虚拟网
　　Y 虚拟网络

虚拟网格
virtual grid
TP393
　　S 网格*
　　　虚拟网络
　　Z 计算机网络*

虚拟网技术
　　Y 虚拟网络

虚拟网络
virtual network
TP393　TP391　TN915
　　D 虚拟网
　　　虚拟网技术
　　　虚拟网络技术
　　　虚网
　　S 计算机网络*
　　• 广域虚拟网
　　• 虚拟骨干网
　　• 虚拟局域网
　　• 虚拟蜜网
　　• 虚拟网格
　　• 虚拟应用网络
　　• 虚拟专用网络

电子信息技术叙词表

- 虚拟子网
C 虚拟无线电
  虚拟机

虚拟网络技术
Y 虚拟网络

虚拟无线电
virtual radio
TN92
D 虚拟无线电技术
S 无线通信**
  虚拟技术*
C 虚拟信号发生器
  虚拟网络
  软件无线电台

虚拟无线电技术
Y 虚拟无线电

虚拟显示
virtual display
TP391
S 显示*

虚拟显示器
virtual display
TN87
S 显示器
  虚拟软件
L 工具软件**

虚拟现实
virtual reality
TP391.9
D VR 技术
  灵境
  灵境技术
  虚拟化现实
  虚拟现实仿真
  虚拟现实技术
  虚拟现实系统
  虚拟真实
  视景仿真
S 虚拟技术*
- 沉浸式虚拟现实
- 分布式虚拟现实
- 混合现实
- 投射式虚拟现实
- 网络虚拟现实
- 虚拟实景空间
- 增强现实
- 桌面虚拟现实
C 交互计算
  位置跟踪
  可视化计算
  虚拟仿真
  虚拟现实地理信息系统
  虚拟现实头盔

虚拟现实地理信息系统
virtual reality geographic information system
TP391
D VRGIS
S 地理信息系统
C 虚拟现实
L 信息应用系统**

虚拟现实仿真
Y 虚拟现实

虚拟现实技术
Y 虚拟现实

虚拟现实建模语言
virtual reality modeling language
TP312
D VRML
  VRML 技术
  VRML 语言
  虚拟现实模型语言
S 建模语言
  虚拟现实语言
- 地理虚拟建模语言
C 虚拟建模
Z 计算机语言*

虚拟现实模型语言
Y 虚拟现实建模语言

虚拟现实头戴式显示器
virtual reality head-mounted display
TN873
D AR 头显
  VR 头显
S 头戴式显示器
- 虚拟现实头盔
- 虚拟现实眼镜
Z 可穿戴设备*
  显示设备*

虚拟现实头盔
virtual reality helmet-mounted display
TN873
D AR 头盔
  VR 头盔
  头盔式虚拟现实显示器
S 头盔显示器
  虚拟现实头戴式显示器
C 虚拟现实
Z 显示设备*
  可穿戴设备*

虚拟现实系统
Y 虚拟现实

虚拟现实眼镜
virtual reality glasses
TN99
D AR 眼镜
  VR 眼镜
S 虚拟现实头戴式显示器
Z 可穿戴设备*
  显示设备*

虚拟现实语言
virtual reality language
TP391 TP312
S 计算机语言*
- 虚拟现实建模语言
- 虚拟现实造型语言

虚拟现实造型语言
virtual reality modeling language
TP312 TP391
S 虚拟现实语言
Z 计算机语言*

虚拟校园
virtual campus
TP391
D 虚拟校园场景
S 虚拟实景空间
Z 虚拟技术*

虚拟校园场景
Y 虚拟校园

虚拟信道
virtual channel
TN911
D 虚信道
S 信道*
C 虚拟技术
  虚拟路由

虚拟信号发生器
virtual signal generator
TM935
S 信号发生器**
  虚拟仪器
C 虚拟无线电
  虚拟调制解调器

虚拟演播室
virtual studio
TP391.9
D 虚拟演播室技术
  虚拟演播室系统
S 虚拟实景空间
C 虚拟摄像机
Z 虚拟技术*

虚拟演播室技术
Y 虚拟演播室

虚拟演播室系统
Y 虚拟演播室

虚拟样机
　　Y 虚拟样机技术

虚拟样机工程
　　Y 虚拟样机技术

虚拟样机技术
virtual prototype technology
TP391.7
　　D 虚拟产品开发
　　　　虚拟产品设计
　　　　虚拟样机
　　　　虚拟样机工程
　　S 虚拟技术*
　　C 数字孪生
　　　　虚拟设计

虚拟医院
virtual hospital
TP391.9
　　S 虚拟实景空间
　　Z 虚拟技术*

虚拟仪器
virtual instrument
TP391.9
　　D 虚拟仪器平台
　　　　虚拟仪器技术
　　　　虚拟仪器系统
　　S 虚拟技术*
　　• 虚拟示波器
　　• 虚拟信号发生器
　　C 自动测试软件
　　　　虚拟实验室
　　　　虚拟实验平台
　　　　虚拟软件

虚拟仪器技术
　　Y 虚拟仪器

虚拟仪器平台
　　Y 虚拟仪器

虚拟仪器系统
　　Y 虚拟仪器

虚拟应用网络
virtual application network
TP393
　　S 虚拟网络
　　Z 计算机网络*

虚拟硬盘
virtual hard disk
TP333　TP316
　　D 虚拟盘
　　S 硬盘
　　　　虚拟磁盘
　　L 外存储器**
　　　　磁存储器**

虚拟战场
virtual battlefield
TP399
　　D 虚拟战场环境
　　S 虚拟实景空间
　　Z 虚拟技术*

虚拟战场环境
　　Y 虚拟战场

虚拟真实
　　Y 虚拟现实

虚拟智能体
virtual agent
TP399　TP183
　　S 智能体
　　Z 人工智能应用*

虚拟终端
virtual terminal
TP331
　　S 虚拟软件
　　　　计算机终端
　　L 工具软件**

虚拟专网
　　Y 虚拟专用网络

虚拟专网技术
　　Y 虚拟专用网络

虚拟专用局域网
　　Y 虚拟专用网络

虚拟专用网
　　Y 虚拟专用网络

虚拟专用网关
　　Y VPN网关

虚拟专用网技术
　　Y 虚拟专用网络

虚拟专用网络
virtual private network
TP393.1
　　D VPN
　　　　VPN技术
　　　　VPN网络
　　　　专用虚拟网
　　　　虚拟专用局域网
　　　　虚拟专用网
　　　　虚拟专用网技术
　　　　虚拟专用网络技术
　　　　虚拟专网
　　　　虚拟专网技术
　　　　虚拟个人网络
　　　　虚拟私人网络
　　　　虚拟私有网
　　　　虚拟私有网络
　　　　虚拟私用网络
　　　　虚拟私网
　　S 虚拟网络
　　• IP虚拟专用网
　　• 安全套接层虚拟专用网
　　• 多协议标记交换虚拟专用网
　　• 光虚拟专用网
　　• 专用虚拟局域网
　　C VPN网关
　　　　网络虚拟化
　　　　边界网关协议
　　　　通用路由封装
　　　　隧道协议
　　　　隧道技术
　　Z 计算机网络*

虚拟专用网络技术
　　Y 虚拟专用网络

虚拟桌面
　　Y 桌面虚拟化

虚拟子网
virtual subnet
TP393.1
　　S 子网络
　　　　虚拟网络
　　Z 计算机网络*

虚通道
　　Y 虚电路交换

虚网
　　Y 虚拟网络

虚信道
　　Y 虚拟信道

需求管理工具
requirement management tool
TP311
　　S 计算机管理软件
　　L 应用软件**

需求规格说明语言
requirement specification language
TP312　TP311
　　S 说明语言
　　Z 计算机语言*

序贯滤波
sequential filtering
TN713
　　S 滤波*

序贯相似性检测算法
sequential similarity detection algorithm
TN911　TP301　TP391
　　D SSDA算法

序贯相似性算法
 S 图像算法
  检测算法
 Z 算法*

序贯相似性算法
 Y 序贯相似性检测算法

序列比对算法
sequence alignment algorithm
TP301
 S 遗传算法
 Z 算法*

序列发生器
sequence generator
TN918
 D 序列信号发生器
 S 信号发生器**
 · 密钥流生成器
 · 随机数发生器
 C 序列密码

序列化
serialization
TP391 TP311
 D 数据序列化
 S 数据处理**
 C 序列挖掘

序列蒙特卡罗滤波
sequential Monte Carlo filtering
TN713
 S 滤波*
 C 蒙特卡罗算法

序列密码
sequence cipher
TP309 TN918
 D 流密码
 S 密码*
 · 混沌流密码
 · 随机密码
 C 序列发生器
  流密码算法

序列模式识别
 Y 顺序模式识别

序列模式挖掘
sequence pattern mining
TP392
 D 序列模式挖掘算法
 S 序列挖掘算法
  模式挖掘
 C 顺序模式识别
 L 信息挖掘**

序列模式挖掘算法
 Y 序列模式挖掘

序列数据
sequential data
TP392
 S 数据*
 C 序列挖掘

序列数据挖掘
 Y 序列挖掘

序列挖掘
sequence mining
TP392
 D 序列数据挖掘
 S 信息挖掘**
 · 序列模式挖掘
 C 序列化
  序列数据

序列信号发生器
 Y 序列发生器

序列最小优化算法
sequential minimal optimization algorithm
TP391
 D SMO 算法
  序列最小最优化算法
 S 优化算法
 Z 算法*

序列最小最优化算法
 Y 序列最小优化算法

续流二极管
flyback diode
TN31
 S 半导体二极管
 L 半导体分立器件**

蓄电池
storage battery
TM912
 D 二次电池
  充电电池
 S 电池*
 · 动力电池
 · 镍氢电池
 · 镍镉电池
 · 启动电池
 · 铅酸蓄电池
 · 锂离子电池
 C 原电池
  超级电容器

旋转变压器
resolver
TM35
 D 同步分解器
 S 控制电机
 Z 微特电机*

旋转步进电动机
rotary stepping motor
TM35
 D 旋转步进电机
 S 步进电动机
 · 反应式步进电动机
 · 混合式步进电动机
 · 三相步进电动机
 · 永磁式步进电动机
 Z 微特电机*

旋转步进电机
 Y 旋转步进电动机

旋转电位器
 Y 旋转式电位器

旋转关节
 Y 波导旋转关节

旋转寄存器
rotary register
TP333
 S 寄存器*

旋转均值滤波
rotary mean filtering
TN713
 S 均值滤波
 Z 滤波*

旋转抛物面天线
rotating parabolic antenna
TN82
 S 抛物面天线
  旋转天线
 L 微波天线**

旋转式电位器
rotary potentiometer
TM547
 D 旋转电位器
 S 电位器
 · 单圈电位器
 · 多圈电位器
 · 角度电位器
 C 直滑式电位器
 Z 电阻器*

旋转天线
rotating antenna
TN82
 S 天线*
 · 旋转抛物面天线

旋转调谐磁控管
 Y 可调谐磁控管

选播
 Y 任意播

选播路由
anycast routing
TP393
　　D　Anycast 路由
　　S　路由*

选举算法
election algorithm
TP393.0
　　S　算法*
　　•　簇头选举算法

选频电路
frequency selective circuit
TN710
　　S　电子电路*
　　C　谐振器
　　　　选频放大器
　　　　选频网络

选频放大器
frequency selective amplifier
TN72
　　S　放大器*
　　C　谐振器
　　　　选频电路

选频网络
frequency selective network
TN711
　　S　电路网络*
　　C　谐振器
　　　　选频电路

选择密文安全
chosen ciphertext security
TP309
　　S　信息内容安全
　　Z　信息安全*

选择密文攻击
chosen ciphertext attack
TN918　TP309
　　D　相关密钥攻击
　　　　选择密钥攻击
　　S　密码攻击
　　L　网络攻击**

选择密钥攻击
Y　选择密文攻击

选择明文攻击
chosen plaintext attack
TN918　TP309
　　S　密码攻击
　　•　差分攻击
　　L　网络攻击**

选择算法
selection algorithm
TP393.0

　　D　选择性算法
　　S　算法*
　　•　否定选择算法
　　•　路径选择算法
　　•　免疫克隆选择算法
　　•　天线选择算法

选择外延生长
selective epitaxial growth
TN305
　　D　选择性外延生长
　　　　选择性生长
　　S　外延生长
　　Z　半导体工艺*

选择性生长
Y　选择外延生长

选择性算法
Y　选择算法

选择性外延生长
Y　选择外延生长

选择性增强
selective enhancement
TN91
　　S　信号增强
　　Z　信号处理*

渲染器
Y　渲染软件

渲染软件
rendering software
TP318　TP391
　　D　渲染器
　　S　三维软件
　　L　应用软件**

学习对象元数据
learning object metadata
TP391
　　S　元数据
　　Z　数据*

学习管理平台
Y　学习管理系统

学习管理系统
learning management system
TP391
　　D　学习管理平台
　　S　信息应用系统**

学习软件
learning software
TP318
　　S　教育软件
　　L　应用软件**

学习矢量量化
learning vector quantization
TP391
　　D　学习向量量化
　　S　矢量量化
　　C　学习自动机
　　Z　信息处理*

学习算法
　　Y　机器学习算法

学习向量量化
　　Y　学习矢量量化

学习自动机
learning automaton
TP301
　　S　自动机*
　　C　学习矢量量化
　　　　机器学习算法

学校信息化
　　Y　校园信息化

雪崩二极管
avalanche diode
TN31
　　D　里德二极管
　　S　半导体二极管
　　•　硅雪崩二极管
　　•　碰撞雪崩渡越时间二极管
　　C　雪崩二极管振荡器
　　　　雪崩晶体管
　　L　半导体分立器件**

雪崩二极管振荡器
avalanche diode oscillator
TN752
　　D　雪崩管振荡器
　　S　二极管振荡器
　　　　负阻振荡器
　　C　雪崩二极管
　　Z　振荡器*
　　　　负阻器件*

雪崩管振荡器
　　Y　雪崩二极管振荡器

雪崩光电二极管
avalanche photodiode
TN31
　　D　半导体雪崩光电二极管
　　S　光电二极管
　　•　单光子雪崩二极管
　　C　雪崩光电探测器
　　L　半导体光电器件**
　　　　半导体敏感器件**

雪崩光电探测器
avalanche photodetector
TN36　TN215

  S 半导体光电探测器
  C 雪崩光电二极管
    雪崩晶体管
  L 光学探测器**
    半导体光电器件**

雪崩晶体管
avalanche transistor
TN32
  D 雪崩三极管
  S 晶体管
  C 雪崩二极管
    雪崩光电探测器
  L 半导体分立器件**

雪崩三极管
  Y 雪崩晶体管

血氧饱和度传感器
oxygen saturation sensor
TP212.3
  S 医用传感器
  Z 传感器*

寻呼
  Y 无线寻呼

寻呼电话
  Y 无线寻呼

寻呼发射机
paging transmitter
TN83
  D 无线寻呼发射机
  S 无线寻呼设备
    通信发射机
  L 无线通信设备**

寻呼机
pager
TN929.5
  D BB机
    BP机
    传呼机
    双向寻呼机
    呼机
    无线寻呼机
  S 无线寻呼设备
  C 寻呼信道
  L 无线通信设备**

寻呼设备
  Y 无线寻呼设备

寻呼网络
paging network
TN92
  D 无线寻呼网
    无线寻呼网络
  S 无线通信网络**
  C 无线寻呼

寻呼系统
  Y 无线寻呼设备

寻呼信道
paging channel
TN929.1
  S 无线信道
  C 寻呼机
  Z 信道*

寻径算法
  Y 路径算法

巡检机器人
patrol robot
TP242
  S 工业机器人
  Z 机器人*

询问处理
inquiry processing
TP391
  S 信息处理*

询问系统
  Y 信息查询系统

循环程序
cycle program
TP31
  S 软件*

循环寄存器
circulating register
TP333
  S 寄存器*

循环平稳信号
cyclostationary signal
TN911
  D 周期平稳信号
  S 随机信号
  C 容错
    盲源分离
  Z 信号*

循环神经网络
recurrent neural network
TP183
  D RNN
    循环网络
  S 人工神经网络*
  · 递归神经网络

循环网络
  Y 循环神经网络

循环维纳滤波
cyclic Wiener filtering
TN713
  S 维纳滤波

  Z 滤波*

循环显示
circle display
TN27
  S 显示*

循环中值滤波
cyclic median filtering
TN713
  S 中值滤波
  Z 滤波*

训练仿真
training simulation
TP391.9
  D 仿真培训系统
    仿真训练系统
    模拟训练系统
  S 仿真*

训练算法
  Y 机器学习算法

压电半导体
piezoelectric semiconductor
TN304
  D 压电半导体材料
  S 半导体材料*

压电半导体材料
  Y 压电半导体

压电薄膜传感器
piezoelectric thin film sensor
TP212
  S 压电传感器
    薄膜传感器
  L 物理传感器**

压电变压器
piezoelectric transformer
TM42
  S 电子变压器**

压电超声换能器
piezoelectric ultrasonic
transducer
TN712
  S 压电换能器
    超声换能器
  Z 压电器件*
    换能器*

压电传感器
piezoelectric sensor
TP212
  S 压电器件*
    物理传感器**
  · 压电薄膜传感器
  · 压电免疫传感器

- 压电式加速度传感器
- 压电陶瓷传感器

压电换能器
piezoelectric transducer
TN712
    S 压电器件*
       换能器*
- Cymbal 换能器
- 压电超声换能器
    C 频率跟踪

压电加速度传感器
    Y 压电式加速度传感器

压电加速度计
    Y 压电式加速度传感器

压电晶片
piezoelectric wafer
TN304
    S 电子材料*
    C 压电器件

压电马达
    Y 超声波电机

压电免疫传感器
piezoelectric immunosensor
TP212
    S 免疫传感器
       压电传感器
    L 物理传感器**

压电器件*
piezoelectric device
TN384
- 晶体振荡器
- - 电压控制晶体振荡器
- - 恒温控制晶体振荡器
- - 数字化补偿晶体振荡器
- - 温度补偿晶体振荡器
- 压电传感器
- - 压电薄膜传感器
- - 压电免疫传感器
- - 压电式加速度传感器
- - 压电陶瓷传感器
- - 压电换能器
- - Cymbal 换能器
- - 压电超声换能器
- - 压电陶瓷驱动器
- - 压电谐振器
- - 石英晶体谐振器
- - - 多电极石英谐振器
- - - 微型石英谐振器
- - - 音叉谐振器
- - 陶瓷谐振器
    C 压电晶片

压电式加速度传感器
piezoelectric acceleration sensor
TP212

    D 压电加速度传感器
       压电加速度计
    S 加速度传感器
       压电传感器
    L 物理传感器**

压电陶瓷传感器
piezoelectric ceramic sensor
TP212
    S 压电传感器
    C 压敏陶瓷
       压电陶瓷驱动器
    L 物理传感器**

压电陶瓷片
    Y 压敏陶瓷

压电陶瓷驱动电源
piezoelectric ceramic driving power supply
TN86
    S 驱动电源
    Z 电源*

压电陶瓷驱动器
piezoelectric ceramic actuator
TN6 TP2
    D PZT 驱动器
       压电陶瓷执行器
    S 压电器件*
       微驱动器
    C 压电陶瓷传感器
    Z MEMS 器件*

压电陶瓷谐振器
    Y 陶瓷谐振器

压电陶瓷执行器
    Y 压电陶瓷驱动器

压电谐振器
piezoelectric resonator
TN75
    S 压电器件*
       谐振器*
- 石英晶体谐振器
- 陶瓷谐振器

压接式 IGBT
    Y 压接型绝缘栅双极晶体管

压接型 IGBT
    Y 压接型绝缘栅双极晶体管

压接型绝缘栅双极晶体管
press-pack IGBT
TN32
    D 压接型 IGBT
       压接式 IGBT
    S 绝缘栅双极晶体管
    L 半导体分立器件**

       双极器件**
       电力半导体器件**

压控电流源
voltage controlled current source
TN86
    D 压控恒流源
    S 电流源
    Z 电源*

压控放大器
voltage controlled amplifier
TN72
    S 放大器*

压控恒流源
    Y 压控电流源

压控晶振
    Y 电压控制晶体振荡器

压控可调衰减器
voltage controlled adjustable attenuator
TN715
    S 可变衰减器
    Z 衰减器*

压控滤波器
voltage controlled filter
TN713
    S 晶体滤波器
    Z 滤波器*

压力差继电器
    Y 压力继电器

压力传感器
pressure sensor
TP212.1
    S 力传感器
- 差压传感器
- 电容式压力传感器
- 光纤压力传感器
- 硅压力传感器
- 集成压力传感器
- 气压传感器
- 声表面波压力传感器
- 微压力传感器
- 压阻式压力传感器
    L 测量传感器**
       物理传感器**

压力换能器
pressure transducer
TN712
    S 换能器*

压力继电器
pressure relay
TM58

    D 压力差继电器
    S 控制继电器
    Z 继电器*

压敏变阻器
    Y 压敏电阻器

压敏电阻
    Y 压敏电阻器

压敏电阻器
varistor
TM546
    D 压敏变阻器
      压敏电阻
      电压敏感电阻器
      电压敏电阻器
    S 敏感电阻器
    · 多层压敏电阻器
    · 环形压敏电阻器
    · 片式压敏电阻器
    · 氧化锌压敏电阻器
    Z 电阻器*

压敏陶瓷
varistor ceramic
TM282
    D 压敏陶瓷材料
      压电陶瓷片
    S 半导体陶瓷
    · 二氧化钛压敏陶瓷
    · 氧化锌压敏陶瓷
    C 压电陶瓷传感器
    Z 电子陶瓷*
      半导体材料*

压敏陶瓷材料
    Y 压敏陶瓷

压缩编码
compression coding
TN919 TP391
    D 压缩编码技术
    S 编码*
    · 格伦布编码
    · 数字压缩编码
    · 信源压缩编码

压缩编码标准
compressed coding standard
TN941
    S 编码标准
    · MPEG 标准
    · 图像压缩标准
    C 信息压缩
      压缩存储
      压缩软件
    Z 信息产业标准*

压缩编码技术
    Y 压缩编码

压缩采样
    Y 压缩感知

压缩存储
compression storage
TP31
    S 信息存储*
    C 压缩算法
      压缩编码标准

压缩感知
compressed sensing
TN95 TN91
    D 压缩采样
      稀疏采样
    S 信号处理*
    C 匹配追踪
      基追踪

压缩工具
    Y 压缩软件

压缩技术
    Y 信息压缩

压缩接收机
compressive receiver
TN85
    D 微扫接收机
    S 搜索接收机
      测频接收机
      电子战接收机
    Z 接收设备*
      电子战装备*

压缩软件
compression software
TP317
    D 压缩工具
      文件压缩工具
    S 工具软件**
    C 压缩编码标准
      编码压缩
      解压缩

压缩算法
compression algorithm
TP301 TN91
    S 算法*
    C 信息压缩
      压缩存储

压印光刻
imprint lithography
TN305
    S 光刻工艺**
    · 纳米压印光刻

压制干扰
blanketing jamming
TN972
    D 压制式干扰
      压制性干扰
      有源压制性干扰
      粗暴式干扰
      粗暴性干扰
      遮盖性干扰
      遮蔽式干扰
    S 有源干扰
    · 宽带噪声干扰
    · 瞄准式干扰
    · 扫频干扰
    · 阻塞干扰
    L 电子对抗**

压制式干扰
    Y 压制干扰

压制性干扰
    Y 压制干扰

压阻式压力传感器
piezoresistive pressure sensor
TP212.1
    S 压力传感器
    L 测量传感器**
      物理传感器**

亚毫米波激光器
submillimeter wave laser
TN248
    S 毫米波激光器
    · 光泵亚毫米波激光
    Z 激光器*

亚微米工艺
submicron process
TN305
    S 半导体工艺*
    · 深亚微米工艺
    C 亚微米器件

亚微米光刻
submicron lithography
TN305
    S 光刻工艺**

亚微米集成电路
submicron integrated circuit
TN43
    S 亚微米器件
      集成电路*
    · 深亚微米集成电路
    Z 半导体器件*

亚微米器件
submicron device
TN3
    S 半导体器件*
    · 深亚微米器件
    · 亚微米集成电路
    C 亚微米工艺

亚像素算法
subpixel algorithm
TN911　TP301
　S 图像算法
　Z 算法*

氩激光器
　Y 氩离子激光器

氩离子激光器
argon ion laser
TN248
　D 氩激光器
　S 离子激光器
　L 气体激光器**

烟幕干扰
smoke screen jamming
TN972
　S 无源干扰
　C 红外烟幕弹
　L 电子对抗**

延迟触发器
　Y D触发器

延迟电路
　Y 延时电路

延迟解调
delay demodulation
TN76
　S 解调*

延迟均衡器
　Y 时延均衡器

延迟容忍网络
delay tolerant network
TN919　TP393.1
　D 容迟网络
　　时延容忍网络
　S 容迟容断网络
　• 延迟容忍移动传感器网络
　C 路由算法
　Z 网络*

延迟容忍移动传感器网络
delay tolerant mobile sensor network
TN915　TP212
　D 容延迟移动传感器网络
　　容忍延迟移动传感器网络
　S 延迟容忍网络
　　移动传感器网络
　L 物联网**

延时差分解调
delay differential modulation
TN76
　S 差分解调

　Z 解调*

延时电路
time delay circuit
TN710
　D 延迟电路
　S 电子电路*

延时分析
time delay analysis
TN911
　D 时延分析
　S 信号分析*
　C 延时控制器

延时继电器
time delay relay
TM58
　D 时延继电器
　S 时间继电器
　C 延时控制器
　Z 继电器*

延时控制器
time-prolonging controller
TM571
　S 控制器*
　C 延时分析
　　延时继电器

言语合成
　Y 语音合成

言语识别
　Y 语音识别

研发运营一体化能力成熟度模型
DevOps capability maturity model
TP399
　S 能力成熟度模型*

颜色传感器
color sensor
TP212
　D 色彩传感器
　　色敏传感器
　　色标传感器
　S 物理传感器**
　C 色敏器件

颜色分割
color segmentation
TN941
　D 色彩分割
　S 图像分割
　• 肤色分割
　L 图像处理**

颜色聚类
color clustering
TP391

　S 聚类*

颜色量化
color quantization
TN941
　D 色彩量化
　S 信息量化
　Z 信息处理*

颜色失真
color distortion
TN911　TN941
　D 色度失真
　　色彩失真
　S 图像失真
　Z 失真*

颜色识别
color recognition
TN2
　S 信息识别*

颜色校正
　Y 色彩校准

掩模复印机
mask copying printer
TN305　TN40
　D 翻版机
　S 半导体工艺设备*

掩模检查设备
mask inspection device
TN305
　D 掩模缺陷检查仪
　S 半导体测试设备
　Z 电子测量仪器*

掩模缺陷检查仪
　Y 掩模检查设备

眼动追踪
eye tracking
TP391.4
　D 人眼跟踪
　　眼动追踪技术
　　眼球追踪
　　眼睛跟踪
　　视线跟踪
　　视线追踪
　S 人体运动跟踪
　C 图像采集
　Z 跟踪*

眼动追踪技术
　Y 眼动追踪

眼睛跟踪
　Y 眼动追踪

电子信息技术叙词表

眼球追踪
 Y 眼动追踪

演化计算
 Y 进化计算

演化算法
 Y 进化算法

演示程序
demonstration program
TP317
 D 演示软件
 S 软件*

演示软件
 Y 演示程序

演绎数据库
deductive database
TP392
 S 数据库*
 C 演绎学习

演绎学习
deductive learning
TP18
 S 机器学习*
 C 演绎数据库

验证程序
verification program
TP317
 D 校验程序
   验证工具
 S 测试软件
 C 验证机制
   验证算法
 L 工具软件**

验证工具
 Y 验证程序

验证机制
verification mechanism
TP309 TP393.08
 S 信息安全机制
 C 数字签名
   验证程序
   验证算法
 Z 信息安全体系*

验证算法
verification algorithm
TP391 TP312
 S 算法*
 C 验证机制
   验证程序

赝二元半导体
 Y 二元化合物半导体

赝配高电子迁移率晶体管
pseudomorphic high electron mobility transistor
TN32
 D PHEMT
 S 高电子迁移率晶体管
 L 半导体分立器件**

赝三元半导体
 Y 三元化合物半导体

赝三元热电材料
pseudoternary thermoelectric material
TM2
 S 热电材料
 Z 电子材料*

阳极键合
anodic bonding
TN305
 S 键合工艺
 Z 半导体工艺*

阳极调幅
anode amplitude modulation
TN76
 S 调幅
 Z 调制*

洋葱路由
onion routing
TP393.03
 D 洋葱路由技术
 S 路由*

洋葱路由技术
 Y 洋葱路由

氧沉淀
oxygen precipitation
TN305
 S 半导体淀积工艺**

氧碘化学激光器
 Y 氧碘激光器

氧碘激光器
oxygen iodine laser
TN248
 D 化学氧碘激光器
   氧碘化学激光器
   电激励氧碘激光器
 S 气体激光器**
   碘激光器

氧化多孔硅
oxidized porous silicon
TN304
 S 多孔硅
   氧化物半导体
   L 元素半导体**
   化合物半导体**

氧化隔离
oxidation isolation
TN305
 S 介质隔离
 Z 半导体工艺*

氧化工艺
 Y 半导体氧化工艺

氧化镓
gallium oxide
TN304
 D Ga_2O_3
   三氧化二镓
 S 氧化物半导体
 L 化合物半导体**

氧化铅光导摄像管
 Y 光导摄像管

氧化铅摄像管
 Y 光导摄像管

氧化物半导体
oxide semiconductor
TN304
 D 氧化物半导体材料
 S 化合物半导体**
 • 二氧化锗
 • 富硅氧化硅
 • 氧化多孔硅
 • 氧化镓

氧化物半导体材料
 Y 氧化物半导体

氧化物热电材料
oxide thermoelectric material
TM2
 S 热电材料
 Z 电子材料*

氧化锡薄膜
 Y 二氧化锡薄膜

氧化锌纳米线
zinc oxide nanowire
TN3
 D ZnO 纳米线
 S 半导体纳米线
 Z 半导体材料*

氧化锌压敏电阻
 Y 氧化锌压敏电阻器

氧化锌压敏电阻器
zinc oxide varistor
TM546

D ZnO 压敏电阻
　　　氧化锌压敏电阻
　　S 压敏电阻器
　　Z 电阻器*

氧化锌压敏陶瓷
zinc oxide varistor ceramic
TN04
　　S 压敏陶瓷
　　Z 电子陶瓷*
　　　半导体材料*

氧化铟锡薄膜
indium tin oxide thin film
TN304
　　D ITO 薄膜
　　S 半导体薄膜
　　Z 半导体材料*

氧化银电池
　　Y 锌银电池

氧化锗
　　Y 二氧化锗

氧铯阴极光电管
oxygen-caesium cathode phototube
TN15
　　D 银氧铯阴极光电管
　　S 铯光电管
　　L 电子束管**

氧注入分离
　　Y 注氧隔离

氧注入隔离
　　Y 注氧隔离

样本聚类
sample clustering
TP391.3
　　S 聚类*

样条函数滤波
spline function filtering
TN713
　　D SPL 滤波
　　S 滤波*

遥操作机器人
　　Y 遥控机器人

遥测编码
telemetry coding
TN911
　　S 编码*

遥测地面站
telemetry ground station
TN927
　　D 地面遥测站

　　S 地面站*

遥测发射机
telemetry transmitter
TN83
　　S 发射机*
　　C 遥感数据
　　　遥测接收机
　　　遥测终端

遥测接收机
telemetry receiver
TN85
　　S 接收设备*
　　C 遥测发射机

遥测软件
telemetry software
TP31
　　S 专用软件
　　C 遥感数据
　　　遥测终端
　　L 应用软件**

遥测数据
　　Y 遥感数据

遥测天线
telemetry antenna
TN82
　　S 天线*

遥测终端
telemetry terminal
TP87
　　S 终端设备*
　　C 遥测发射机
　　　遥测软件

遥感光谱段
　　Y 遥感数据

遥感数据
remote sense data
TP8　TP7
　　D 遥感光谱段
　　　遥测数据
　　S 数据*
　　C 遥感影像数据库
　　　遥测发射机
　　　遥测软件

遥感图像编码
remote sensing image coding
TN911
　　S 图像编码
　　C 遥感图像压缩
　　Z 编码*

遥感图像压缩
remote sensing image compression

TP391
　　S 图像压缩
　　C 遥感图像编码
　　L 信息压缩**
　　　图像处理**

遥感卫星地面站
remote sensing satellite ground station
TN927
　　S 卫星地面站
　　Z 地面站*

遥感影像数据库
remote sensing image database
TP392　TP315
　　S 图像数据库
　　C 遥感数据
　　Z 数据库*

遥控编码
remote control coding
TN911
　　S 编码*

遥控电路
remote control circuit
TN710
　　S 电子电路*
　　C 电视遥控器
　　　遥控发射机

遥控发射机
remote control transmitter
TN83
　　D 遥控发射器
　　S 发射机*
　　C 电视遥控器
　　　遥控接收机
　　　遥控电路

遥控发射器
　　Y 遥控发射机

遥控机器人
telerobot
TP242　TP393
　　D 远程操作机器人
　　　遥操作机器人
　　S 机器人*

遥控接收机
remote control receiver
TN83
　　S 接收设备*
　　C 遥控发射机

要素提取
element extraction
TP391
　　S 信息抽取**

野战地域通信网
　　Y 野战通信网

野战通信网
tactical communication network
TN915
　　D 野战地域通信网
　　S 地域通信网
　　Z 通信网络*

业务接口
service interface
TN913.6
　　S 通信接口
　　Z 接口*

业务节点接口
service node interface
TP393
　　S 网络接口
　　Z 接口*

业务流程执行语言
business process execution language
TP312
　　D BPEL
　　　　Web 服务业务流程执行语言
　　　　商业流程执行语言
　　S 计算机语言*

业务路由器
service router
TN913.6
　　S 路由器
　　L 网络互连设备**

业务网
　　Y 电信业务网

业务网关
　　Y 业务选择网关

业务网络
　　Y 电信业务网

业务信道
service channel
TN92　TN911
　　S 逻辑信道
　　· 反向业务信道
　　· 前向业务信道
　　Z 信道*

业务选择网关
service selection gateway
TN915　TP393.4
　　D 业务网关
　　S 网关
　　L 网络互连设备**

页面分类
　　Y 网页分类

页面缓存
page cache
TP333
　　S 缓冲存储
　　Z 信息存储*

页面聚类
　　Y 网页聚类

页面描述语言
page description language
TP312
　　S 打印语言
　　Z 计算机语言*

页面设计
Web page design
TP31　TP393
　　S 软件设计
　　C 网页编辑器
　　　　页面优化
　　Z 软件工程*

页面优化
page optimization
TP393.09　TP391
　　S 信息优化
　　C 页面设计
　　Z 信息处理*

夜视*
night vision
TN22
　　D 夜视技术
　　· 彩色夜视
　　· 激光夜视
　　· 微光夜视

夜视电视管
　　Y 微光摄像管

夜视技术
　　Y 夜视

夜视侦察
night vision reconnaissance
TN971
　　S 光电侦察
　　C 微光像增强器
　　　　微光夜视仪
　　　　微光摄像管
　　　　红外夜视仪
　　L 电子对抗**

液晶材料
liquid crystal material
TM2
　　S 显示材料

　　C 液晶显示
　　Z 电子材料*

液晶触摸屏
LCD touch screen
TP334.1　TN873
　　S 触摸屏
　　C 液晶显示器
　　Z 显示设备*

液晶电视
　　Y 液晶电视机

液晶电视机
LCD TV set
TN949
　　D 液晶电视
　　S 电视机
　　C 液晶显示器
　　Z 电视设备*

液晶附硅
　　Y 硅基液晶显示器

液晶控制器
　　Y 液晶显示控制器

液晶面板
　　Y 液晶显示面板

液晶屏
　　Y 液晶显示器

液晶屏幕
　　Y 液晶显示器

液晶驱动电路
　　Y 液晶显示驱动器

液晶驱动芯片
　　Y 液晶显示驱动器

液晶投影电视
LCD projection television
TN949
　　S 投影电视
　　Z 电视设备*

液晶显示
liquid crystal display
TN87　TN27
　　D LCD 显示
　　　　液晶显示技术
　　S 显示*
　　· 点阵液晶显示
　　· 有源矩阵液晶显示
　　C 液晶显示器
　　　　液晶显示控制器
　　　　液晶材料

· 854 ·

液晶显示技术
　　Y 液晶显示

液晶显示控制器
liquid crystal display controller
TN27　TN87
　　D LCD 控制器
　　　液晶控制器
　　S 显示控制器
　　C 液晶显示
　　　液晶显示驱动器
　　Z 控制器*

液晶显示面板
LCD panel
TN87
　　D 液晶面板
　　S 显示面板
　　Z 显示设备*

液晶显示屏
　　Y 液晶显示器

液晶显示器
liquid crystal display
TN87　TN27
　　D LCD 屏
　　　液晶屏
　　　液晶屏幕
　　　液晶显示屏
　　S 显示器
　　• 薄膜晶体管液晶显示器
　　• 彩色液晶显示器
　　• 超扭曲向列型液晶显示器
　　• 点阵式液晶显示器
　　• 反射式液晶显示器
　　• 硅基液晶显示器
　　• 加固液晶显示器
　　• 宽屏液晶显示器
　　• 铁电液晶显示器
　　• 图形液晶显示器
　　• 有源矩阵液晶显示器
　　C 液晶显示
　　　液晶电视机
　　　液晶触摸屏
　　　电润湿显示器
　　　阴极射线管
　　Z 显示设备*

液晶显示驱动电路
　　Y 液晶显示驱动器

液晶显示驱动器
liquid crystal display driver
TN27　TN710
　　D LCD 驱动器
　　　LCD 驱动电路
　　　LCD 驱动芯片
　　　液晶显示驱动电路
　　　液晶驱动电路
　　　液晶驱动芯片
　　S 显示驱动器

　　C 液晶显示控制器
　　L 驱动电路**

液态半导体
liquid semiconductor
TN304
　　D 液体半导体
　　　液态半导体材料
　　S 非晶半导体
　　Z 半导体材料*

液态半导体材料
　　Y 液态半导体

液态锂离子电池
liquid lithium ion battery
TM912
　　D 液态锂离子动力电池
　　S 锂离子电池
　　C 锂聚合物电池
　　Z 电池*

液态锂离子动力电池
　　Y 液态锂离子电池

液体半导体
　　Y 液态半导体

液体激光器
liquid laser
TN248
　　S 激光器*
　　• 无机液体激光器
　　• 有机液体激光器

液相掺杂
liquid phase doping
TN305
　　S 半导体掺杂
　　Z 半导体工艺*

液相外延
liquid phase epitaxy
TN305
　　D 液相外延生长
　　S 外延生长
　　Z 半导体工艺*

液相外延生长
　　Y 液相外延

液芯光纤
liquid-core optical fiber
TN818
　　D 液芯光学纤维
　　　液芯纤维
　　S 光纤*

液芯光学纤维
　　Y 液芯光纤

液芯纤维
　　Y 液芯光纤

液压计算机
　　Y 流体计算机

一次电池
　　Y 原电池

一次刻录盘
　　Y 一次性写入光盘

一次雷达
primary surveillance radar
TN958
　　S 监视雷达
　　Z 雷达*

一次锂电池
　　Y 锂原电池

一次签名
　　Y 一次性签名

一次使用干扰机
　　Y 投掷式干扰机

一次写入光盘
　　Y 一次性写入光盘

一次写入式 DVD
　　Y DVD-R 光盘

一次性口令
　　Y 动态口令

一次性口令技术
　　Y 动态口令技术

一次性口令认证
　　Y 动态口令认证

一次性密码
　　Y 动态口令

一次性签名
one-time signature
TP309　TP393.08
　　D 一次签名
　　S 数字签名*

一次性写入 CD
　　Y CD-R 光盘

一次性写入光盘
write-once optical disk
TP333　TN24
　　D 一次写入光盘
　　　一次刻录盘

电子信息技术叙词表

　　S 可写光盘
　　· CD-R 光盘
　　· DVD-R 光盘
　　L 光存储器**
　　　外存储器**

一阶高通滤波器
first-order high-pass filter
TN713
　　S 高通滤波器
　　Z 滤波器*

一卡通系统
all-purpose card system
TP391　TP311
　　S 电子系统*
　　· 城市一卡通系统
　　· 校园一卡通系统
　　C IC 卡

一类瓷介电容器
class 1 ceramic capacitor
TM534
　　D 高频陶瓷电容器
　　S 陶瓷电容器
　　Z 电容器*

一体化承载网络
integrated load-bearing network
TP3
　　S 承载网
　　Z 通信网络*

一体化仿真
integrative simulation
TP391.9
　　S 仿真*

一维码
one-dimensional bar code
TN911　TP391.4
　　D 一维条形码
　　　一维条码
　　S 条形码
　　Z 编码*

一维条码
　　Y 一维码

一维条形码
　　Y 一维码

一线总线
　　Y 单总线

一氧化碳激光器
carbon monoxide laser
TN248
　　D CO 激光器
　　S 分子气体激光器
　　L 气体激光器**

一致性哈希算法
consistent Hashing algorithm
TP301　TN911
　　S 一致性算法
　　　散列算法
　　Z 算法*

一致性算法
consistency algorithm
TP301　TN911
　　S 算法*
　　· 随机抽样一致性算法
　　· 一致性哈希算法
　　C 一致性协议

一致性协议
consistency protocol
TN911　TP393.0　TN915
　　D Cache 一致性协议
　　S 通信协议*
　　C 一致性算法

医保信息系统
　　Y 医疗保险信息系统

医疗保险信息系统
medical insurance information system
TP391
　　D 医保信息系统
　　S 信息应用系统**

医疗信息化
　　Y 医院信息化

医学传感器
　　Y 医用传感器

医学数字成像和通信标准
　　Y DICOM 标准

医学图象处理
　　Y 医学图像处理

医学图像处理
medical image processing
TP391.4
　　D 医学图象处理
　　S 图像处理**
　　· 医学图像分割
　　· 医学图像配准
　　· 医学图像融合
　　· 医学图像压缩
　　C 医学图像数据库

医学图像分割
medical image segmentation
TP391.4
　　D MR 图像分割
　　S 医学图像处理
　　　图像分割

　　C 医学图像压缩
　　L 图像处理**

医学图像配准
medical image registration
TP391.4
　　S 医学图像处理
　　　图像配准
　　C 医学图像融合
　　L 图像处理**

医学图像融合
medical image fusion
TP391.4
　　S 医学图像处理
　　　图像融合
　　C 医学图像压缩
　　　医学图像配准
　　L 图像处理**

医学图像数据库
medical image database
TP392
　　S 图像数据库
　　C 医学图像处理
　　Z 数据库*

医学图像压缩
medical image compression
TP391.4
　　S 医学图像处理
　　　图像压缩
　　C 医学图像分割
　　　医学图像融合
　　L 信息压缩**
　　　图像处理**

医用传感器
medical sensor
TP212.3
　　D 医学传感器
　　　生物医学传感器
　　S 传感器*
　　· 心率传感器
　　· 血氧饱和度传感器

医用机器人
medical robot
TP242
　　S 特种机器人
　　· 胶囊机器人
　　· 康复机器人
　　· 手术机器人
　　Z 机器人*

医院信息管理系统
　　Y 医院信息系统

医院信息化
hospital informatization
TP391
　　D 医疗信息化

· 856 ·

S 信息化*
　　C 医院信息系统
　　　智慧医疗

医院信息系统
hospital information system
TP31
　　D 医院信息管理系统
　　S 信息应用系统**
　　C 医院信息化

依存句法分析
dependency grammar analysis
TP391.1
　　S 句法分析
　　L 语言信息处理**

仪表变压器
instrument transformer
TM42
　　D 仪用变压器
　　　仪表用变压器
　　S 变压器*
　　• 电流互感器
　　• 电压互感器

仪表电缆
instrument cable
TM246
　　S 电气装备用电线电缆
　　Z 电线电缆*

仪表放大器
instrument amplifier
TN72
　　D 仪器放大器
　　　仪用放大器
　　　测量放大器
　　S 放大器*
　　C 测量接收机

仪表用变压器
　　Y 仪表变压器

仪器放大器
　　Y 仪表放大器

仪器接口
instrument interface
TP334.7
　　S 接口*

仪器驱动程序
instrument driver
TP315
　　S 驱动程序
　　L 工具软件**

仪用变压器
　　Y 仪表变压器

仪用放大器
　　Y 仪表放大器

移动 Ad Hoc 网络
　　Y 自组织网络

移动 AdHoc 网络
　　Y 自组织网络

移动 GIS
　　Y 移动地理信息系统

移动 internet
　　Y 移动互联网

移动 IPv4
　　Y 移动 IPv4 协议

移动 IPv4 协议
mobile IPv4 protocol
TP393.6　TN915.04
　　D MIPv4
　　　移动 IPv4
　　S IPv4 协议
　　　移动 IP 协议
　　L 网络协议**

移动 IPv6
　　Y 移动 IPv6 协议

移动 IPv6 协议
mobile IPv6 protocol
TP393.6　TN915.04
　　D MIPv6
　　　移动 IPv6
　　S IPv6 协议
　　　移动 IP 协议
　　• 层次移动 IPv6 协议
　　• 快速移动 IPv6 协议
　　L 网络协议**

移动 IP 网络
mobile IP network
TP393.6　TN929.5
　　S IP 网络
　　Z 通信网络*

移动 IP 协议
mobile internet protocol
TP393.6　TN915.04
　　D 蜂窝 IP
　　S IP 协议
　　• 移动 IPv4 协议
　　• 移动 IPv6 协议
　　C 无线互联网
　　　移动组播
　　　移动计算机网络
　　L 网络协议**

移动 MPLS
　　Y 传送多协议标签交换

移动 P2P
　　Y 移动对等网络

移动 P2P 网络
　　Y 移动对等网络

移动办公
mobile officing
TN929.5
　　D 移动办公平台
　　　移动办公系统
　　S 移动应用*

移动办公平台
　　Y 移动办公

移动办公系统
　　Y 移动办公

移动操作系统
　　Y 手机操作系统

移动城域网
mobile metropolitan area network
TP393.1
　　S 无线城域网
　　　移动通信网络**

移动传感器网络
mobile sensor network
TN92　TP212
　　D 无线移动传感器网络
　　　移动无线传感器网络
　　S 无线传感器网络
　　• 延迟容忍移动传感器网络
　　L 物联网**

移动存储
mobile storage
TP333
　　S 信息存储*
　　C 移动电视

移动存储卡
　　Y 闪存卡

移动存储器
　　Y 移动存储设备

移动存储设备
portable storage device
TP333
　　D 便携式存储器
　　　可移动存储设备
　　　移动存储器
　　S 存储器*
　　• 闪存卡
　　• 闪存盘
　　• 微硬盘
　　• 移动硬盘

电子信息技术叙词表

移动代理服务器
mobile proxy server
TP368
　　S 代理服务器
　　Z 服务器*

移动导航
　　Y 手机导航

移动地理信息系统
mobile geographic information system
TP391.3
　　D 移动GIS
　　S 地理信息系统
　　L 信息应用系统**

移动地球站
mobile satellite earth station
TN927
　　D 卫星移动通信系统终端地球站
　　　 移动式卫星地球站
　　　 移动式卫星地面站
　　S 卫星通信地面站
　　· 便携式地球站
　　· 车载地面站
　　· 船载地球站
　　Z 地面站*

移动地图
　　Y 手机地图

移动电话
　　Y 手机

移动电话机
　　Y 手机

移动电话交换机
mobile telephone switching system
TN916　TN92
　　S 电子交换机
　　　 移动交换机
　　L 交换设备**
　　　 电话设备**

移动电话天线
　　Y 手机天线

移动电话通信设备
　　Y 手机

移动电视
mobile television
TN94
　　D 数字移动电视
　　　 移动数字电视
　　S 电视*
　　· 车载电视
　　· 手机电视
　　C 地面数字电视

移动存储
移动接收
移动视频

移动电台
mobile radio station
TN924
　　D 搬运式电台
　　　 机动电台
　　　 活动电台
　　　 移动台
　　　 移动无线电台
　　S 无线电台*
　　· 便携式电台
　　· 车载电台
　　· 船载电台
　　· 机载电台
　　· 救生电台
　　· 手持电台
　　· 坦克电台

移动电子商务
mobile electronic commerce
TN92
　　S 电子商务
　　　 移动应用*
　　C 移动支付
　　Z 网络应用*

移动对等网络
mobile peer-to-peer network
TN92
　　D 移动P2P
　　　 移动P2P网络
　　S 对等网络
　　　 移动通信网络**

移动对象数据库
moving object database
TP392
　　D 移动对象数据库系统
　　　 移动目标数据库
　　S 移动数据库
　　Z 数据库*

移动对象数据库系统
　　Y 移动对象数据库

移动多媒体
mobile multimedia
TN92
　　S 多媒体*
　　C 移动视频

移动多媒体广播
mobile multimedia broadcasting
TN91　TN94
　　S 多媒体广播
　　C 移动视频
　　Z 广播*

移动多媒体通信
mobile multimedia communication
TN91
　　S 无线多媒体通信
　　　 移动通信
　　L 无线通信**

移动分组无线网
mobile packet radio network
TP3
　　S 分组无线网
　　C ALOHA协议
　　L 无线通信网络**

移动核心网
mobile core network
TN92
　　D 移动核心网络
　　S 核心网*
　　　 移动通信网络**

移动核心网络
　　Y 移动核心网

移动互联网
mobile internet
TP393.6　TN929.5
　　D 手机互联网
　　　 移动internet
　　　 移动互联网平台
　　　 移动互联网络
　　　 移动因特网
　　　 移动无线互联网
　　S 无线互联网
　　C 信息名址
　　　 移动互联网应用
　　　 移动互联网设备
　　　 移动终端
　　　 移动通信
　　Z 计算机网络*

移动互联网络
　　Y 移动互联网

移动互联网平台
　　Y 移动互联网

移动互联网设备
mobile internet device
TP393.4　TN92
　　S 无线网络设备
　　C 移动互联网
　　Z 网络设备*

移动互联网应用
mobile internet application
TN929.5　TP393.09
　　S 互联网应用
　　C 移动互联网
　　Z 网络应用*

· 858 ·

移动机器人
mobile robot
TP242
　　S 机器人*
　　· 搬运机器人
　　· 多足机器人
　　· 机器鱼
　　· 履带机器人
　　· 轮式移动机器人
　　· 爬行机器人
　　C 自主导航

移动计算
mobile computing
TN92　TP3
　　D 移动计算平台
　　　 移动计算技术
　　S 网络计算
　　· 移动云计算
　　C 便携式计算机
　　　 数据广播
　　　 移动中间件
　　　 移动计算机
　　Z 计算*

移动计算机
mobile computer
TP338
　　D 移动式计算机
　　S 计算机*
　　C 移动中间件
　　　 移动计算

移动计算机网络
mobile computer network
TP393.1　TN92
　　S 计算机无线网络
　　C 便携式计算机
　　　 移动 IP 协议
　　Z 计算机网络*
　　　 无线网络*

移动计算技术
　　Y 移动计算

移动计算平台
　　Y 移动计算

移动交换机
mobile switch
TN929.1　TN915
　　D 移动通信网交换机
　　S 交换设备**
　　· 移动电话交换机

移动接收
mobile reception
TN929.1
　　S 无线接收
　　C 移动电视
　　Z 接收*

移动立方体算法
marching cubes algorithm
TP301　TN911
　　D MC 算法
　　　 Marching Cubes 算法
　　S 三维重建算法
　　Z 算法*

移动流媒体
mobile streaming media
TN92
　　S 流媒体*

移动路由
mobile routing
TP393.2　TN92
　　S 无线路由
　　Z 路由*

移动路由器
mobile router
TP393.4　TN915
　　S 路由器
　　L 网络互连设备**

移动媒体
　　Y 手机媒体

移动目标数据库
　　Y 移动对象数据库

移动群体感知
mobile crowd sensing
TN91　TP2　TP3
　　D 移动群体感知技术
　　　 群体感知
　　S 信息感知*

移动群体感知技术
　　Y 移动群体感知

移动软交换
mobile soft switch
TN915
　　S 软交换
　　L 通信交换**

移动商务
mobile commerce
TP39　TN925
　　S 移动应用*

移动实时数据库
mobile real-time database
TP392
　　D 移动实时数据库系统
　　S 实时数据库
　　　 移动数据库
　　Z 数据库*

移动实时数据库系统
　　Y 移动实时数据库

移动式计算机
　　Y 移动计算机

移动式雷达
　　Y 机动雷达

移动式卫星地面站
　　Y 移动地球站

移动式卫星地球站
　　Y 移动地球站

移动视频
mobile video
TN92
　　D 手机视频
　　S 视频*
　　C 移动多媒体
　　　 移动多媒体广播
　　　 移动电视

移动数据库
mobile database
TP392
　　S 数据库*
　　· 嵌入式移动数据库
　　· 移动对象数据库
　　· 移动实时数据库
　　C 数据广播

移动数据通信
mobile data communication
TN92
　　S 数据通信
　　Z 通信*

移动数据网
　　Y 移动数据网络

移动数据网络
mobile data network
TN92
　　D 移动数据网
　　S 移动通信网络**

移动数字电视
　　Y 移动电视

移动衰落信道
mobile fading channel
TN911
　　S 衰落信道
　　Z 信道*

移动台
　　Y 移动电台

移动台天线
mobile station antenna
TN929.1
　　D　移动天线
　　S　移动通信天线
　　L　通信天线**

移动天线
　　Y　移动台天线

移动通信
mobile communication
TN929.5
　　D　无线移动通信
　　　　移动通信技术
　　　　移动通讯
　　　　运动通信
　　S　无线通信**
　·　蜂窝移动通信
　·　公众移动通信
　·　宽带移动通信
　·　陆地移动通信
　·　数字无绳通信
　·　数字移动通信
　·　卫星移动通信
　·　移动多媒体通信
　·　专用移动通信
　　C　归属位置寄存器
　　　　手机信号
　　　　手机芯片
　　　　智能天线阵列
　　　　移动互联网
　　　　移动通信设备
　　　　空中接口
　　　　频率复用

移动通信标准
mobile communication standard
TN948
　　D　长期演进技术
　　S　通信行业标准
　　Z　信息产业标准*

移动通信电源
mobile communication power supply
TN86
　　S　通信电源
　　C　移动通信设备
　　Z　电源*

移动通信发射机
mobile communication transmitter
TN83
　　S　通信发射机
　　Z　发射机*

移动通信基站
　　Y　基站

移动通信技术
　　Y　移动通信

移动通信设备
mobile communication equipment
TN929.1
　　S　无线通信设备**
　·　手机
　　C　移动通信
　　　　移动通信天线
　　　　移动通信电源
　　　　移动通信网络

移动通信天线
mobile communication antenna
TN82
　　S　通信天线**
　·　基站天线
　·　移动台天线
　　C　移动通信设备

移动通信网
　　Y　移动通信网络

移动通信网交换机
　　Y　移动交换机

移动通信网络**
mobile communication network
TN929.5
　　D　移动通信系统
　　　　移动通信网
　　　　移动通讯网络
　　S　通信网络*
　·　GPRS 网络
　·　蜂窝网络
　··　CDMA 网络
　···　WCDMA 网络
　·　GSM 网络
　··　双频网
　·　第二代移动通信网络
　·　第三代移动通信网络
　·　第四代移动通信网络
　·　第五代移动通信网络
　·　多跳蜂窝网络
　·　中继蜂窝网络
　·　公众移动通信网
　·　集群通信网
　·　数字集群网
　·　嵌套移动网络
　·　卫星移动通信网
　·　移动城域网
　·　移动对等网络
　·　移动核心网
　·　移动数据网络
　·　移动智能网
　　C　固定通信网
　　　　移动通信设备
　　　　融合网络

移动通信系统
　　Y　移动通信网络

移动通信信道
　　Y　移动信道

移动通信终端
　　Y　移动终端

移动通讯
　　Y　移动通信

移动通讯网络
　　Y　移动通信网络

移动图书馆服务
mobile library service
TP391　TN92
　　D　图书馆移动服务
　　S　移动信息服务
　　Z　信息服务*

移动网格
mobile grid
TP393
　　S　网格*

移动卫星通信
　　Y　卫星移动通信

移动卫星通信系统
　　Y　卫星移动通信

移动位置服务
mobile location service
TN92
　　S　位置服务
　　　　移动信息服务
　　Z　信息服务*

移动无线传感器网络
　　Y　移动传感器网络

移动无线电台
　　Y　移动电台

移动无线多跳网络
　　Y　自组织网络

移动无线互联网
　　Y　移动互联网

移动无线网络
　　Y　无线移动网络

移动信道
mobile communication channel
TN927
　　D　移动通信信道
　　S　无线信道
　·　卫星移动信道
　　Z　信道*

移动信息服务
mobile information service
TN92　TP391

S 信息服务*
　　• 移动图书馆服务
　　• 移动位置服务
　　• 移动阅读服务

移动虚拟专用网
mobile virtual private network
TN929.1
　　S 专用通信网
　　Z 通信网络*

移动学习
mobile learning
TN929.5
　　D 移动学习平台
　　　 移动学习系统
　　S 移动应用*
　　• 手机移动学习
　　• 移动阅读
　　• 移动终端学习

移动学习平台
　　Y 移动学习

移动学习系统
　　Y 移动学习

移动医疗
mobile health care
TN929.5
　　S 移动应用*

移动因特网
　　Y 移动互联网

移动应用*
mobile application
TN929.5
　　D 移动应用技术
　　• 手机应用
　　• • 手机编程
　　• • 手机导航
　　• • 手机地图
　　• • 手机电视
　　• • 手机媒体
　　• • 手机移动学习
　　• • 手机游戏
　　• • • 手机网络游戏
　　• • 手机支付
　　• 移动办公
　　• 移动电子商务
　　• 移动商务
　　• 移动学习
　　• • 手机移动学习
　　• • 移动阅读
　　• • 移动终端学习
　　• 移动医疗
　　• 移动游戏
　　• 移动支付
　　• • 近场支付
　　• • 手机支付

移动应用技术
　　Y 移动应用

移动硬盘
mobile hard disk
TP333
　　S 硬盘
　　　 移动存储设备
　　L 外存储器**
　　　 磁存储器**

移动游戏
mobile game
TP39
　　S 移动应用*

移动阅读
mobile reading
TN929.5
　　S 移动学习
　　Z 移动应用*

移动阅读服务
mobile reading service
TP391　TN92
　　S 移动信息服务
　　Z 信息服务*

移动云计算
mobile cloud computing
TP393.1
　　D 移动云平台
　　S 云计算
　　　 移动计算
　　Z 计算*

移动云平台
　　Y 移动云计算

移动支付
mobile payment
TP39
　　S 移动应用*
　　• 近场支付
　　• 手机支付
　　C 微支付
　　　 移动支付系统
　　　 移动电子商务

移动支付平台
　　Y 移动支付系统

移动支付系统
mobile payment system
TN92　TP391
　　D 移动支付平台
　　S 电子支付系统
　　C 移动支付
　　Z 电子系统*

移动智能体
mobile agent
TP24
　　S 智能体
　　Z 人工智能应用*

移动智能网
mobile intelligent network
TN929.1
　　S 智能通信网
　　　 移动通信网络**

移动智能终端
　　Y 智能移动终端

移动中间件
mobile middleware
TP317
　　S 中间件
　　C 移动计算
　　　 移动计算机
　　Z 软件*

移动终端
mobile terminal
TN87　TN87　TN92　TN92
　　D 移动终端设备
　　　 移动通信终端
　　S 无线终端
　　• 车载移动终端
　　• 手持移动终端
　　• 智能移动终端
　　C 移动互联网
　　L 通信终端**

移动终端设备
　　Y 移动终端

移动终端学习
mobile terminal learning
TN929.5
　　S 移动学习
　　Z 移动应用*

移动自组网
　　Y 自组织网络

移动自组网络
　　Y 自组织网络

移动自组织网
　　Y 自组织网络

移动自组织网络
　　Y 自组织网络

移动组播
mobile multicast
TP3
　　S 组播
　　C 移动IP协议

电子信息技术叙词表

L 网络通信**

移幅键控
 Y 振幅键控

移频键控
 Y 频移键控

移频键控解调
frequency shift keying demodulation
TN76
 D FSK 解调
 S 数字解调
 Z 解调*

移位寄存器
shift register
TP33
 D 移位寄存器单元
  移位寄存器存储器
 S 寄存器*
 · 反馈移位寄存器
 · 进位反馈移位寄存器
 · 双向移位寄存器
 C 基本寄存器

移位寄存器存储器
 Y 移位寄存器

移位寄存器单元
 Y 移位寄存器

移位密码
shift cipher
TN918
 D 易位密码
 S 密码*

移相触发电路
 Y 移相触发器

移相触发器
phase shift trigger
TP33 TN79
 D 移相触发电路
 S 触发器
 C 移相器
 L 数字电路**

移相电路
 Y 移相器

移相电容器
 Y 并联电容器

移相键控
 Y 相移键控

移相键控解调
phase shift keying demodulation
TN76
 D PSK 解调
 S 数字解调
 · 四相移相键控解调
 C 相移键控
 Z 解调*

移相器*
phase shifter
TN62
 D 相移器
  移相电路
 · 磁控移相器
 · 反射型移相器
 · 分布式移相器
 · 光移相器
 · 介质移相器
 · 射频移相器
 · 数字移相器
 · 双模移相器
 · 铁氧体移相器
 · 微波移相器
 · · 毫米波移相器
 · · 微波电控移相器
 C 移相触发器

移相全桥变换器
 Y 全桥变换器

移相网络
 Y 相移网络

移像管
 Y 像管

遗传编程
genetic programming
TP311
 D 基因编程
  遗传程序设计
  遗传编程算法
 S 软件编程**
 · 基因表达式编程
 C 人工智能

遗传编程算法
 Y 遗传编程

遗传编码
genetic coding
TP18
 S 智能编码
 Z 编码*

遗传程序设计
 Y 遗传编程

遗传聚类算法
genetic clustering algorithm
TP183 TP301
 D 聚类遗传算法
 S 聚类算法
  遗传算法
 Z 算法*

遗传粒子群算法
genetic particle swarm algorithm
TP301 TP183
 S 粒子群算法
 Z 算法*

遗传量子算法
 Y 量子遗传算法

遗传模拟退火算法
genetic simulated annealing algorithm
TP391 TP301 TP312 TN911
 D 模拟退火遗传算法
  退火遗传算法
  遗传退火算法
  遗传退火进化算法
 S 模拟退火算法
  遗传算法
 · 混合遗传模拟退火算法
 · 自适应模拟退火遗传算法
 Z 算法*

遗传算法
genetic algorithm
TP183 TP301 TP391
 D 基因算法
  基因遗传算法
  进化遗传算法
 S 进化算法
 · 标准遗传算法
 · 病毒进化遗传算法
 · 并行遗传算法
 · 单亲遗传算法
 · 递阶遗传算法
 · 多岛遗传算法
 · 多目标遗传算法
 · 多值编码遗传算法
 · 多智能体遗传算法
 · 多种群遗传算法
 · 分布式遗传算法
 · 分层遗传算法
 · 浮点遗传算法
 · 改进遗传算法
 · 广义遗传算法
 · 混合遗传算法
 · 基本遗传算法
 · 基因表达式编码算法
 · 佳点集遗传算法
 · 加速遗传算法
 · 简单遗传算法
 · 交互式遗传算法
 · 紧致遗传算法
 · 量子遗传算法
 · 免疫遗传算法
 · 模糊遗传算法
 · 启发式遗传算法

- 实数编码遗传算法
- 双种群遗传算法
- 贪心遗传算法
- 微种群遗传算法
- 文化基因算法
- 小生境遗传算法
- 协同进化遗传算法
- 序列比对算法
- 遗传聚类算法
- 遗传模拟退火算法
- 蚁群遗传算法
- 正交遗传算法
- 自适应遗传算法
- C 人工神经网络
  动态网络
  启发式算法
  数据挖掘
  网络优化
  遗传学习
  静态网络
 Z 算法*

遗传退火进化算法
 Y 遗传模拟退火算法

遗传退火算法
 Y 遗传模拟退火算法

遗传学习
genetic learning
TP181
 S 机器学习*
 C 遗传算法

遗传蚁群融合法
 Y 蚁群遗传算法

遗传蚁群算法
 Y 蚁群遗传算法

乙类放大器
 Y 乙类功率放大器

乙类功率放大器
class B power amplifier
TN72
 D B类放大器
  乙类放大器
 S 音频功率放大器
 L 功率放大器**

已知明文攻击
known-plaintext attack
TP309
 S 密码攻击
 L 网络攻击**

以太环网
Ethernet ring network
TP393.1
 S 以太网

 L 局域网**

以太网
Ethernet
TP393.1
 D Ethernet 网
  以太网技术
 S 局域网**
- IP 以太网
- 城域以太网
- 电信级以太网
- 高速以太网
- 工业以太网
- 光纤以太网
- 嵌入式以太网
- 容错以太网
- 冗余以太网
- 双以太网
- 无线以太网
- 以太环网
 C TCP/IP 协议
  交换芯片
  以太网交换技术
  以太网交换机
  以太网卡
  以太网接口
  以太网控制器
  以太网通信
  协议转换
  控制网络

以太网技术
 Y 以太网

以太网交换机
Ethernet switch
TN915 TP393.1
 S 局域网交换机
 C 以太网
  以太网接口
 L 交换设备**

以太网交换技术
Ethernet switching technology
TP393.1
 S 网络交换
 C 以太网
  以太网通信
 Z 信息交换*

以太网接口
Ethernet interface
TP393
 D 以太网口
 S 网络接口
 C 以太网
  以太网交换机
  以太网协议
  以太网通信
 Z 接口*

以太网卡
Ethernet network adapter
TP334.7
 S 网卡
 C 以太网
 Z 外部设备*

以太网控制器
Ethernet controller
TP391 TP33
 S 局域网控制器
 C 以太网
  以太网协议
  以太网通信
 Z 网络设备*

以太网口
 Y 以太网接口

以太网通信
Ethernet communication
TN91
 D 以太网通讯
 S 局域网通信
 C 以太网
  以太网交换技术
  以太网接口
  以太网控制器
 L 网络通信**

以太网通讯
 Y 以太网通信

以太网无源光网络
 Y 以太无源光网络

以太网协议
Ethernet protocol
TN915 TP393.0
 S 网络协议**
- 工业以太网协议
 C 以太网接口
  以太网控制器

以太无源光网
 Y 以太无源光网络

以太无源光网络
Ethernet passive optical network
TN915 TN929.1
 D EPON
  EPON 技术
  以太无源光网
  以太网无源光网络
  基于以太网的无源光网络
 S 光纤以太网
  无源光网络
 C 可控组播
  多点控制协议
 L 光纤网络**
  光通信网络**
  局域网**

钇铝石激光器
　　Y 钇铝石榴石激光器

钇铝石榴石激光器
yttrium aluminum garnet laser
TN248
　　D YAG 器件
　　　YAG 激光器
　　　钇铝石激光器
　　S 固体激光器**
　　• 掺钕钇铝石榴石激光器
　　• 掺镱钇铝石榴石激光器
　　C 激光医疗

蚁群聚类
ant colony clustering
TP391.3
　　D 蚁群聚类算法
　　S 聚类*

蚁群聚类算法
　　Y 蚁群聚类

蚁群算法
ant colony algorithm
TP301.6　TP183
　　D 蚁群优化算法
　　　蚂蚁算法
　　　蚂蚁群算法
　　S 仿生算法
　　• 改进蚁群算法
　　• 混合蚁群算法
　　• 连续蚁群算法
　　• 量子蚁群算法
　　• 蚁群系统算法
　　• 蚁群遗传算法
　　• 自适应蚁群算法
　　C 信息素更新
　　　动态组播
　　　无结构对等网络
　　Z 算法*

蚁群系统算法
ant colony system algorithm
TP301.6　TP183
　　S 蚁群算法
　　Z 算法*

蚁群遗传算法
ant colony genetic algorithm
TP301.6　TP18
　　D 遗传蚁群算法
　　　遗传蚁群融合算法
　　S 蚁群算法
　　　遗传算法
　　Z 算法*

蚁群优化算法
　　Y 蚁群算法

亿次机
　　Y 超级计算机

异步传递
　　Y 异步传输

异步传递模式网
　　Y ATM 网络

异步传输
asynchronous transmission
TN915
　　D 异步传输模式
　　　异步传送
　　　异步传递
　　　非同步传输
　　　非同步传送
　　　非同步传递
　　S 信息传输*
　　C ATM 交换
　　　ATM 网络
　　　异步收发器
　　　异步通信

异步传输方式网
　　Y ATM 网络

异步传输模式
　　Y 异步传输

异步传输模式交换
　　Y ATM 交换

异步传输模式网
　　Y ATM 网络

异步传输模式无源光网络
　　Y ATM 无源光网络

异步传送
　　Y 异步传输

异步传送方式网
　　Y ATM 网络

异步传送模式局域网
　　Y ATM 局域网

异步串行接口
asynchronous serial interface
TP334.7
　　D 异步串口
　　　异步串行口
　　S 串行接口
　　• 通用异步串行接口
　　Z 接口*

异步串行口
　　Y 异步串行接口

异步串行收发器
asynchronous serial transceiver
TN8　TN7
　　S 串行收发器
　　　异步收发器
　　• 通用异步收发器
　　C 异步串行通信
　　Z 收发器*

异步串行通信
asynchronous serial communication
TN915　TN911
　　D 串行异步通信
　　　异步串行通讯
　　S 串行通信
　　C 同步串行通信
　　　异步串行收发器
　　Z 通信*

异步串行通讯
　　Y 异步串行通信

异步串口
　　Y 异步串行接口

异步电路
　　Y 异步时序电路

异步计算机
asynchronous computer
TP338
　　S 计算机*
　　C 异步微处理器
　　　异步通信

异步交互
asynchronous interaction
TP3
　　S 交互*

异步接收发送器
　　Y 异步收发器

异步时分多路复用
　　Y 统计复用

异步时序电路
asynchronous sequential circuit
TN79
　　D 异步时序逻辑电路
　　　异步电路
　　S 时序逻辑电路
　　C 异步微处理器
　　L 数字电路**

异步时序逻辑电路
　　Y 异步时序电路

异步收发器
asynchronous transceiver
TN8　TN7
　　D 异步接收发送器
　　S 收发器*
　　• 异步串行收发器

C 异步传输

异步数据传输
asynchronous data transmission
TN919
　　S 数据传输
　　C ATM 网络
　　　　异步通信
　　Z 信息传输*

异步通信
asynchronous communication
TN915　TP393
　　D 异步通讯
　　S 通信*
　　· 异步消息通信
　　C 异步传输
　　　　异步数据传输
　　　　异步计算机

异步通信网
　　Y ATM 网络

异步通讯
　　Y 异步通信

异步网
　　Y ATM 网络

异步微处理器
asynchronous microprocessor
TP332.3　TN43
　　S 微处理器*
　　C 异步时序电路
　　　　异步计算机

异步消息通信
asynchronous message communication
TN911
　　S 异步通信
　　Z 通信*

异步信号
asynchronous signal
TN911
　　S 信号*

异步转移模式交换
　　Y ATM 交换

异步转移模式无源光网络
　　Y ATM 无源光网络

异步状态机
asynchronous state machine
TP1　TP301
　　S 状态机
　　Z 自动机*

异步总线
asynchronous bus
TP336
　　S 总线*

异常检测模型
anomaly detection model
TP393.08
　　S 网络安全模型
　　C 异常检测算法
　　Z 网络模型*
　　　　信息安全模型*

异常检测算法
anomaly detection algorithm
TP301
　　S 检测算法
　　C 异常数据
　　　　异常检测模型
　　Z 算法*

异常流量检测
　　Y 流量异常检测

异常入侵检测
anomaly intrusion detection
TP393.08
　　S 入侵检测
　　L 网络安全技术**
　　　　网络防御**

异常数据
abnormal data
TP391
　　S 数据*
　　C 异常检测算法

异常挖掘
　　Y 孤立点挖掘

异地容灾
remote disaster recovery
TP393.08
　　D 异地容灾系统
　　　　远程容灾
　　　　远程容灾系统
　　S 容灾
　　Z 信息安全技术*

异地容灾系统
　　Y 异地容灾

异地协同设计
distributed collaborative design
TP393
　　S 协同设计
　　Z 协同技术*

异构传感器网络
heterogeneous sensor network
TP2　TN92
　　S 传感器网络
　　　　异构网络
　　· 异构无线传感器网络
　　L 物联网**

异构多核处理器
heterogeneous multi-core processor
TP33　TN43
　　S 多核处理器
　　C 异构系统
　　Z 微处理器*

异构分布式数据库
　　Y 分布式异构数据库

异构分布式系统
　　Y 分布式异构系统

异构分层无线网络
heterogeneous hierarchical wireless network
TN92
　　S 异构无线网络
　　Z 无线网络*
　　　　网络*

异构机群系统
heterogeneous cluster system
TP318
　　S 异构系统
　　C 异构计算
　　Z 计算机系统*

异构计算
heterogeneous computing
TP301　TP393.0
　　S 计算*
　　C 异构数据
　　　　异构机群系统

异构数据
heterogeneous data
TP301
　　S 数据*
　　C 异构数据交换
　　　　异构数据库
　　　　异构数据集成
　　　　异构计算

异构数据集成
heterogeneous data integration
TP311　TP391
　　D 异构数据源集成
　　S 数据集成
　　C 异构数据
　　　　异构数据库
　　Z 信息处理*

异构数据交换
heterogeneous data exchange

电子信息技术叙词表

TP393.0　TN915
　　S 数据交换
　　C 异构数据
　　　异构数据库
　　Z 信息交换*

异构数据库
heterogeneous database
TP392
　　D 异构型数据库
　　　异种数据库
　　S 数据库*
　　C 异构数据
　　　异构数据交换
　　　异构数据集成

异构数据源集成
　　Y 异构数据集成

异构网
　　Y 异构网络

异构网络
heterogeneous network
TN915　TN92　TP393
　　D 异构型网络
　　　异构网
　　　异构网络系统
　　S 网络*
　　· 异构传感器网络
　　· 异构无线网络

异构网络系统
　　Y 异构网络

异构无线传感器网络
heterogeneous wireless sensor network
TN92　TP212
　　S 异构传感器网络
　　　异构无线网络
　　　无线传感器网络
　　L 物联网**

异构无线网络
heterogeneous wireless network
TN92
　　D 无线异构网络
　　S 异构网络
　　　无线网络*
　　· 异构分层无线网络
　　· 异构无线传感器网络
　　Z 网络*

异构系统
heterogeneous system
TP338
　　S 计算机系统*
　　· 分布式异构系统
　　· 异构机群系统
　　· 异构信息系统
　　C 异构多核处理器

　　　异构系统集成

异构系统集成
heterogeneous system integration
TP311
　　S 信息系统集成
　　C 异构信息集成
　　　异构系统
　　Z 信息服务*

异构信息集成
heterogeneous information integration
TP391
　　S 信息集成
　　C 异构信息系统
　　　异构系统集成
　　Z 信息处理*

异构信息系统
heterogeneous information system
TP391
　　S 信息系统*
　　　异构系统
　　C 异构信息集成
　　Z 计算机系统*

异构型数据库
　　Y 异构数据库

异构型网络
　　Y 异构网络

异或电路
　　Y 异或门

异或非门鉴相器
XNOR phase detector
TN79　TN763.3
　　S 数字鉴相器
　　Z 检波器*

异或门
exclusive-OR gate
TN79+1
　　D 异或电路
　　　异或门电路
　　S 基本门电路
　　L 数字电路**

异或门电路
　　Y 异或门

异或门鉴相器
XOR phase detector
TN79　TN763.3
　　S 数字鉴相器
　　Z 检波器*

异质结
heterojunction

TN303
　　S 半导体结*
　　· 单异质结
　　· 双异质结
　　C 异质结二极管
　　　异质结晶体管
　　　异质结激光器

异质结场效应管
　　Y 异质结场效应晶体管

异质结场效应晶体管
heterojunction field effect transistor
TN386
　　D HFET
　　　异质结场效应管
　　S 场效应晶体管
　　L 半导体分立器件**

异质结二极管
heterojunction diode
TN31
　　S 半导体二极管
　　C 异质结
　　　异质结晶体管
　　L 半导体分立器件**

异质结光电晶体管
heterojunction phototransistor
TN32
　　D 异质结光晶体管
　　S 光电晶体管
　　　异质结晶体管
　　C 异质结激光器
　　L 半导体光电器件**
　　　半导体分立器件**
　　　半导体敏感器件**

异质结光晶体管
　　Y 异质结光电晶体管

异质结激光器
heterojunction laser
TN248
　　S 半导体结激光器
　　· 单异质结激光器
　　· 双异质结激光器
　　· 隐埋异质结激光器
　　C 异质结
　　　异质结光电晶体管
　　L 固体激光器**

异质结晶体管
heterojunction transistor
TN32
　　S 晶体管
　　· 双异质结晶体管
　　· 异质结光电晶体管
　　· 异质结双极性晶体管
　　C 异质结
　　　异质结二极管

L 半导体分立器件**

异质结双极型晶体管
 Y 异质结双极性晶体管

异质结双极性晶体管
heterojunction bipolar transistor
TN32
 D HBT
  异质双极晶体管
  异质结双极型晶体管
 S 双极性晶体管
  异质结晶体管
 • 砷化镓异质结双极晶体管
 • 锗硅异质结双极晶体管
 L 半导体分立器件**
  双极器件**

异质结外延
 Y 异质外延生长

异质双极晶体管
 Y 异质结双极性晶体管

异质外延
 Y 异质外延生长

异质外延生长
Heteroepitaxial growth
TN305
 D 异质外延
  异质结外延
 S 外延生长
 Z 半导体工艺*

异种数据库
 Y 异构数据库

抑制干扰
 Y 干扰抑制

抑制载波
 Y 载波抑制

译码电路
decoding circuit
TN76 TN791 TN710
 D 解码电路
  译码器
 S 电子电路*
 • RS 译码器
 • 维特比译码器
 C 编码器
  解码算法
  解码系统
  解码集成电路

译码器
 Y 译码电路

译码算法
 Y 解码算法

易失性存储器
volatile memory
TP333
 D 易失性存贮器
  非永久性存储器
  非永久性存贮器
 S 随机存取存储器
 • MOS 随机存取存储器
 • 动态随机存储器
 • 静态随机存储器
 • 双端口随机存储器
 Z 存储器*

易失性存贮器
 Y 易失性存储器

易碎水印
 Y 脆弱水印

易损水印
 Y 脆弱水印

易损性水印
 Y 脆弱水印

易位密码
 Y 移位密码

易语言
easy programming language
TP312
 D E 语言
 S 计算机语言*
  高级语言
 C 中文软件

意见挖掘
 Y 文本情感分析

溢出攻击
 Y 缓冲区溢出攻击

溢出漏洞
 Y 缓冲区溢出漏洞

镱掺杂光纤激光器
 Y 掺镱光纤激光器

因特网
 Y 互联网

因特网技术
 Y 互联网

因特网密钥交换
 Y internet 密钥交换协议

因特网密钥交换协议
 Y internet 密钥交换协议

阴极射线管
cathode ray tube
TN14
 D CRT
 S 电子束管**
 • 彩色阴极射线管
 • 投影管
 • 显像管
 C 液晶显示器
  阴极射线示波器
  阴极射线管显示器

阴极射线管显示
 Y 阴极射线管显示器

阴极射线管显示器
cathode ray tube display
TN14 TN87
 D CRT 显示
  CRT 显示器
  阴极射线管显示
 S 显示器
 C 阴极射线管
 Z 显示设备*

阴极射线示波器
cathode ray oscilloscope
TM935
 S 示波器
 C 阴极射线管
 Z 电子测量仪器*

阴极输出变压器
cathode follower transformer
TM42
 S 输出变压器
 L 电子变压器**

阴极输出扼流圈
cathode output choke
TM556
 S 扼流圈
 Z 电感器*

阴性选算法
 Y 否定选择算法

阴影算法
shadow algorithm
TP312
 S 算法*

荫罩式 PDP
 Y 荫罩式等离子体显示器

荫罩式等离子体平板显示器
 Y 荫罩式等离子体显示器

荫罩式等离子体显示板
　　Y 荫罩式等离子体显示器

荫罩式等离子体显示屏
　　Y 荫罩式等离子体显示器

荫罩式等离子体显示器
shadow mask type plasma display panel
TN87
　　D SMPDP
　　　荫罩式 PDP
　　　荫罩式等离子体平板显示器
　　　荫罩式等离子体显示屏
　　　荫罩式等离子体显示板
　　　荫罩式等离子显示器
　　S 等离子显示器
　　Z 显示设备*

荫罩式等离子显示器
　　Y 荫罩式等离子体显示器

音叉谐振器
tuning fork resonator
TN75
　　D 音片谐振器
　　S 石英晶体谐振器
　　Z 谐振器*
　　　压电器件*

音叉振荡器
tuning fork oscillator
TN752
　　S 振荡器*

音节识别
syllable recognition
TN912
　　S 声音识别
　　Z 信息识别*

音乐播放器
　　Y 音频播放器

音乐录音
music recording
TN912
　　S 录音*

音乐软件
　　Y 音频软件

音乐芯片
music chip
TN43
　　S 音频芯片
　　Z 芯片*

音片谐振器
　　Y 音叉谐振器

音频编辑器
　　Y 音频编辑软件

音频编辑软件
audio editing software
TP317　TN912
　　D 声音处理软件
　　　声音波形编辑器
　　　声音编辑器
　　　声音编辑软件
　　　音频制作软件
　　　音频处理软件
　　　音频编辑器
　　S 编辑软件
　　　音频软件
　　C 音频处理
　　　音频处理器
　　　音频工作站
　　L 应用软件**

音频编解码
audio coding and decoding
TN912
　　D 音频编解码器
　　　音频编解码技术
　　S 音频处理**
　　C 音频编码
　　　音频解码

音频编解码技术
　　Y 音频编解码

音频编解码器
　　Y 音频编解码

音频编码
audio coding
TN919　TN912
　　D 声音编码
　　　声频编码
　　　音频压缩编码
　　S 音视频编码**
　　· MP3 编码
　　· 参数音频编码
　　· 感知音频编码
　　· 数字音频编码
　　· 先进音频编码
　　· 音形结合编码
　　· 语音编码
　　C 音频压缩
　　　音频编解码
　　　音频解码

音频编码器
audio coder
TN91
　　S 编码器*
　　· 立体声编码器
　　· 语音编码器

音频变压器
audio frequency transformer
TM43
　　S 低频变压器
　　· 级间变压器
　　· 音频输出变压器
　　L 电子变压器**

音频播放器
music player
TP318
　　D 音乐播放器
　　　音频播放软件
　　S 播放软件
　　　音频软件
　　L 应用软件**

音频播放软件
　　Y 音频播放器

音频采集
audio acquisition
TP391
　　D 声音采集
　　S 信息采集*
　　· 音频数据采集
　　· 语音采集
　　C 声音处理器

音频处理**
audio processing
TP391
　　D 音频处理技术
　　S 音视频处理*
　　· 数字音频处理
　　· 音频编解码
　　· 音频信号处理
　　· · 音频压缩
　　· · · 无损音频压缩
　　· · · 语音压缩
　　· 音频制作
　　· 音效处理
　　· 语音处理
　　· · 语音分离
　　· · 语音合成
　　· · 语音信息处理
　　· · 语音加密
　　· · 语音识别
　　· · · 电话语音识别
　　· · · 非特定人语音识别
　　· · · 分布式语音识别
　　· · · 汉语语音识别
　　· · · 连续语音识别
　　· · · 数字语音识别
　　· · · 音素识别
　　· · · 语音情感识别
　　· · · 自动语音识别
　　· · · 语音数据处理
　　· · 语音压缩
　　· · 语音增强
　　C 音频传输
　　　音频处理器
　　　音频电路
　　　音频编辑软件

音频处理电路
 Y 音频电路

音频处理技术
 Y 音频处理

音频处理器
audio processor
TN912
 D 音频处理芯片
 S 微处理器*
 • 声音处理器
 • 网络音频处理器
 • 语音处理器
 C 音频处理
  音频工作站
  音频编辑软件

音频处理软件
 Y 音频编辑软件

音频处理芯片
 Y 音频处理器

音频传输
audio transmission
TN91
 S 音视频传输
 • 音频信号传输
 • 语音传输
 C 音频处理
 Z 信息传输*

音频电缆
audio cable
TN81 TM24
 S 通信电缆
 C 音频信号传输
 Z 电线电缆*

音频电路
audio circuit
TN710
 D 音频处理电路
 S 电子电路*
 • 伴音电路
 • 音响电路
 • 语音电路
 C 音频处理
  音频集成电路

音频扼流圈
audio frequency choke
TM556
 S 扼流圈
 Z 电感器*

音频放大器
 Y 音频功率放大器

音频格式转换
audio format conversion

TP391.7
 S 格式转换
 Z 信息处理*

音频工作站
audio workstation
TP368
 S 专业工作站
 C 音频信号处理
  音频处理器
  音频编辑软件
 Z 计算机*

音频功放
 Y 音频功率放大器

音频功率放大器
audio power amplifier
TN72
 D 声频功率放大器
  音频功放
  音频放大器
 S 功率放大器**
 • D类功率放大器
 • 单声道功率放大器
 • 胆石混合功率放大器
 • 电子管功率放大器
 • 高保真度放大器
 • 合并式功率放大器
 • 后级功率放大器
 • 环绕声放大器
 • 甲类功率放大器
 • 立体声功率放大器
 • 数字音频功率放大器
 • 乙类功率放大器
 C 音频集成电路

音频集成电路
audio integrated circuit
TN4
 S 专用集成电路
 • 语音集成电路
 C 音频功率放大器
  音频电路
 Z 集成电路*

音频接口
audio interface
TN912
 S 接口*
 • 数字音频接口
 • 音频输出接口

音频解码
audio decoding
TN94
 S 音视频解码
 C 音频编码
  音频编解码
 Z 音视频处理*
  解码*

音频均衡器
audio equalizer
TN715
 S 均衡器*

音频录制软件
 Y 录音软件

音频滤波器
audio filter
TN713
 S 滤波器*

音频软件
audio software
TP318
 D 音乐软件
 S 多媒体软件
 • 录音软件
 • 音频编辑软件
 • 音频播放器
 • 音序软件
 • 语音软件
 L 应用软件**

音频识别
audio identification
TP391.4
 S 频率识别
 Z 信号处理*

音频输出变压器
audio output transformer
TM42 TM43
 D 线间变压器
 S 输出变压器
  音频变压器
 L 电子变压器**

音频输出接口
audio output interface
TN912
 S 音频接口
 Z 接口*

音频数据
audio data
TN912
 S 多媒体数据
 Z 数据*

音频数据采集
audio data acquisition
TP391
 S 数据采集
  音频采集
 Z 信息采集*

音频数字水印
 Y 音频水印

音频衰减器
audio attenuator
TN912　TN715
　　S 衰减器*

音频水印
audio watermark
TP309　TN918
　　D 数字音频水印
　　　音频数字水印
　　S 数字水印*

音频调制
audio modulation
TN76
　　S 调制*
　　• 离散多音频调制
　　• 滤波多音调制

音频网关
audio gateway
TP393
　　S 网关
　　L 网络互连设备**

音频网络
audio network
TN912　TN94　TN93
　　D 数字音频网络
　　S 广播电视网络*
　　C 网络音频处理器

音频芯片
audio chip
TN4
　　D 声音芯片
　　S 芯片*
　　• 声效芯片
　　• 音乐芯片
　　• 语音芯片
　　C 语音处理器

音频信号
audio signal
TN912
　　S 视音频信号
　　• 数字音频信号
　　• 语音信号
　　C 音频信号发生器
　　Z 信号*

音频信号处理
audio signal processing
TN912
　　S 信号处理*
　　　音频处理**
　　• 音频压缩
　　C 音频工作站

音频信号传输
audio signal transmission
TN912

　　S 信号传输
　　　音频传输
　　C 音频电缆
　　Z 信息传输*

音频信号发生器
audio signal generator
TM935
　　D 声音信号发生器
　　　声频信号发生器
　　S 信号发生器**
　　C 音频信号

音频压缩
audio compression
TP391　TN912
　　D 数字音频压缩
　　　音频压缩技术
　　S 音视频压缩
　　　音频信号处理
　　• 无损音频压缩
　　• 语音压缩
　　C 音频编码
　　L 信息压缩**
　　　音频处理**

音频压缩编码
　　Y 音频编码

音频压缩技术
　　Y 音频压缩

音频振荡器
audio oscillator
TN752
　　S 振荡器*

音频制作
audio production
TN948
　　S 音频处理**

音频制作软件
　　Y 音频编辑软件

音频终端
audio terminal
TN87
　　S 终端设备*
　　• 语音终端

音频转换器
audio converter
TN912
　　S 转换器*

音圈电动机
voice coil motor
TM38
　　D 音圈电机
　　S 微型电动机

　　• 音圈旋转电动机
　　• 音圈直线电动机
　　Z 微特电机*

音圈电机
　　Y 音圈电动机

音圈旋转电动机
voice coil rotary motor
TM38
　　D 音圈旋转电机
　　S 音圈电动机
　　Z 微特电机*

音圈旋转电机
　　Y 音圈旋转电动机

音圈直线电动机
voice coil linear motor
TM38
　　D 音圈直线电机
　　S 直线电动机
　　　音圈电动机
　　Z 微特电机*

音圈直线电机
　　Y 音圈直线电动机

音视频编码**
audio and video coding
TN919　TN941
　　S 编码*
　　　音视频处理*
　　• 可变比特率编码
　　• 流媒体编码
　　• 视频编码
　　• • 多描述编码
　　• • 多视点视频编码
　　• • 分布式视频编码
　　• • 基于对象的视频编码
　　• • 可分级视频编码
　　• • 立体视频编码
　　• • 数字视频编码
　　• • 小波视频编码
　　• • 帧间编码
　　• • • 帧间预测编码
　　• • 帧内编码
　　• • 帧内预测编码
　　• 音频编码
　　• • MP3 编码
　　• 参数音频编码
　　• 感知音频编码
　　• 数字音频编码
　　• 先进音频编码
　　• 音形结合编码
　　• 语音编码
　　• • 低速率语音编码
　　• • 宽带语音编码
　　C 音视频解码
　　　音视频设备

音视频编码标准
audio and video coding standard
TN941
　　S 编码标准
　　· AVS 标准
　　· 视频编码标准
　　C 音视频传输
　　　音视频处理
　　Z 信息产业标准*

音视频处理*
audio and video processing
TN941
　　D 视音频处理
　　· 视频处理**
　　· 音频处理**
　　· 音视频编码**
　　· 音视频解码
　　· · 视频解码
　　· · 音频解码
　　· 音视频压缩
　　· · 视频压缩
　　· · · 帧间压缩
　　· · · 帧内压缩
　　· · 音频压缩
　　· · · 无损音频压缩
　　· · · 语音压缩
　　C 视音频信号
　　　音视频传输
　　　音视频编码标准

音视频传输
audio and video transmission
TN919
　　S 信息传输*
　　· 视频传输
　　· 音频传输
　　C 音视频处理
　　　音视频编码标准

音视频解码
audio and video decoding
TN941
　　S 解码*
　　　音视频处理*
　　· 视频解码
　　· 音频解码
　　C 音视频编码

音视频设备
audio and video equipment
TN946
　　D AV 器材
　　　AV 设备
　　　声像设备
　　　影音器材
　　　视听设备
　　　音像设备
　　C 音视频数据
　　　音视频编码

音视频数据
audiovisual data
TN948
　　S 多媒体数据
　　C 视音频信号
　　　音视频设备
　　Z 数据*

音视频信号
　　Y 视音频信号

音视频压缩
audio and video signal
compression technology
TN912
　　D 视音频压缩
　　S 信息压缩**
　　　音视频处理*
　　· 视频压缩
　　· 音频压缩

音素识别
phoneme recognition
TN912
　　S 语音识别
　　L 语言信息处理**
　　　音频处理**

音响电路
sounder circuit
TN912
　　S 音频电路
　　Z 电子电路*

音像设备
　　Y 音视频设备

音效处理
sound effect processing
TP391
　　S 音频处理**

音形结合编码
phonological and calligraphical
synthesize coding
TP391
　　S 音频编码
　　L 音视频编码**

音序软件
sequencer software
TP318
　　S 音频软件
　　L 应用软件**

铟镓砷
indium gallium arsenic
TN304
　　D InGaAs
　　S 三元化合物半导体
　　L 化合物半导体**

银行家算法
banker's algorithm
TP301　TN911
　　S 算法*

银浆
silver paste
TN04
　　S 电子材料*

银锌电池
　　Y 锌银电池

银氧铯阴极光电管
　　Y 氧铯阴极光电管

引导程序
bootstrap program
TP317
　　S 系统软件
　　· 引导加载程序
　　· 主引导程序
　　C 引导型病毒
　　L 工具软件**

引导加载程序
boot load program
TP316
　　D 引导装载程序
　　S 引导程序
　　L 工具软件**

引导式干扰机
directing jammer
TN97
　　S 雷达干扰机
　　L 电子干扰设备**

引导型病毒
boot virus
TP319　TP309
　　S 计算机病毒
　　C 引导程序
　　L 恶意软件**

引导装载程序
　　Y 引导加载程序

引入光缆
access optical cable
TN81
　　S 光缆*
　　C 接入网

引线键合
wire bonding
TN305
　　S 键合工艺
　　· 超声引线键合
　　C 引线键合机
　　Z 半导体工艺*

引线键合机
wire bonding machine
TN305
    D 全自动引线键合机
    S 键合设备
    C 引线键合
    Z 半导体工艺设备*

引线设计
    Y 布线设计

引向天线
    Y 八木天线

引信天线
fuze antenna
TN82
    S 天线*

隐蔽攻击
concealed attack
TP393.08
    S 网络攻击**

隐蔽通信
covert communication
TN918
    D 隐秘通信
    S 保密通信
    C 隐写术
        隐秘传输
    Z 通信*

隐蔽信道
convert channel
TP309 TN918
    D 隐信道
    S 信息隐藏**
        安全信道
    • 阈下信道

隐藏算法
hiding algorithm
TP309 TN918
    D 信息隐藏算法
    S 算法*
    • 置乱算法
    • 最低有效位算法
    C 信息隐藏
        信息隐藏分析
        信息隐藏检测

隐藏证书
hidden credential
TP393.08
    S 数字证书*
    C 不经意传输协议
        自动信任协商

隐藏终端
hidden terminal
TN924 TP391
    D 隐终端
    S 终端设备*

隐埋异质结激光器
buried heterostructure laser
TN248
    S 异质结激光器
    L 固体激光器**

隐秘传输
covert transmission
TP393 TN918
    D 保密传输
    S 信息安全传输
    C 信息隐藏
        隐蔽通信
    Z 信息安全技术*
        信息传输*

隐秘通信
    Y 隐蔽通信

隐栅管
gridistor
TN386
    S 结型场效应晶体管
    L 半导体分立器件**

隐身雷达
    Y 低截获概率雷达

隐式算法
implicit algorithm
TP301
    S 算法*

隐私安全
privacy security
TP393.08 TP309
    S 个人信息安全
    Z 信息安全*

隐私保持
    Y 隐私保护

隐私保护
privacy protection
TP393.08 TP309
    D 个人信息保护
        保持隐私
        身份保护
        隐私保持
    S 信息安全防护*
    • 网络隐私保护
    • 位置隐私保护
    C 个人信息安全

隐写
    Y 隐写术

隐写分析
steganalysis
TP309 TN918
    D 隐写分析技术
    S 信息隐藏分析
    C 隐写术
        隐写检测
    Z 信息安全技术*

隐写分析技术
    Y 隐写分析

隐写技术
    Y 隐写术

隐写检测
steganography detection
TP309 TN918
    S 信息隐藏检测
    C 隐写分析
        隐写术
    Z 信息安全技术*

隐写术
steganography
TN918 TP309
    D 隐写
        隐写技术
    S 信息隐藏**
    • 数字隐写
    • 图像隐写
    C 隐写分析
        隐写检测
        隐蔽通信

隐信道
    Y 隐蔽信道

隐形网络
invisible Web
TP915
    D 暗网
    S 计算机网络*

隐喻识别
metaphor recognition
TP391.4
    S 语言识别
    Z 信息识别*

隐终端
    Y 隐藏终端

印板图
    Y 印刷电路板图

印刷板
    Y 印制电路板

印刷板电路
    Y 印制电路板

印刷板工艺
 Y 印制电路板工艺

印刷单极天线
printed monopole antenna
TN82
 D 印刷单极子天线
 S 单极天线
   印刷天线
 L 通信天线**

印刷单极子天线
 Y 印刷单极天线

印刷电路
 Y 印制电路板

印刷电路板
 Y 印制电路板

印刷电路板图
PCB diagram
TN41
 D PCB 图
   PCB 板图
   印制电路板图
   印板图
 S 布线图
 C 印制电路基板
   印制电路板
 Z 电路图*

印刷电路板组件
 Y 印制电路板

印刷电路天线
 Y 印刷天线

印刷对数周期天线
printed log periodic antenna
TN82
 S 印刷天线
   对数周期天线
 Z 天线*

印刷偶极天线
printed dipole antenna
TN82
 D 印刷偶极子天线
   印刷振子天线
 S 偶极天线
   印刷天线
 L 通信天线**

印刷偶极子天线
 Y 印刷偶极天线

印刷体汉字识别
printed Chinese character recognition
TP391.4

 S 汉字识别
 Z 信息识别*
   信息处理*

印刷体数字识别
printed number recognition
TP391.4
 S 数字识别
 Z 信息识别*

印刷天线
printed antenna
TN82
 D PCB 天线
   印刷电路天线
 S 天线*
 · 倒 F 天线
 · 印刷单极天线
 · 印刷对数周期天线
 · 印刷偶极天线

印刷线路板
 Y 印制电路板

印刷线路板连接器
 Y 印制电路板连接器

印刷振子天线
 Y 印刷偶极天线

印制板
 Y 印制电路板

印制板布线
 Y PCB 布线

印制板电路
 Y 印制电路板

印制板连接器
 Y 印制电路板连接器

印制板设计
 Y 印制电路板

印制板组件
 Y 印制电路板

印制版
 Y 印制电路板

印制电路
 Y 印制电路板

印制电路板*
printed circuit board
TN41
 D PCB
   PCB 板
   PCB 电路板

   PCB 设计
   印制板
   印制板电路
   印制板组件
   印制板设计
   印制版
   印制电路
   印制电路板组件
   印制线路
   印制线路板
   印刷板
   印刷板电路
   印刷电路
   印刷电路板
   印刷电路板组件
   印刷线路板
   电子电路板
   电路板
   电路板组件
   电路板设计
 · 表面贴装电路板
 · 单面印制电路板
 · 多层印制电路板
 · 刚挠结合印制电路板
 · 刚性印制电路板
 · 高速印制电路板
 · 挠性印制电路板
 · 双层印制电路板
 · 双面印制电路板
 C 印制电路基板
   印制电路板连接器
   印刷电路板图
   在线测试仪
   集成电路
   飞针测试机

印制电路板工艺
printed circuit board technology
TN41
 D PCB 技术
   印制电路技术
   印刷板工艺
 S 电子工艺*
 · 加成法工艺
 C 印制电路基板

印制电路板连接器
PCB connector
TN6
 D PCB 连接器
   印制板连接器
   印刷线路板连接器
   电路板连接器
 S 矩形连接器
 C 印制电路板
   带状电缆连接器
 Z 电连接器*

印制电路板图
 Y 印刷电路板图

印制电路板组件
 Y 印制电路板

印制电路基板
printed circuit substrate
TN41
　　D　PCB 基板
　　　　PCB 基板材料
　　　　印制电路基材
　　S　电路基板*
　　C　印制电路板
　　　　印制电路板工艺
　　　　印刷电路板图

印制电路基材
　　Y　印制电路基板

印制电路技术
　　Y　印制电路板工艺

印制线路
　　Y　印制电路板

印制线路板
　　Y　印制电路板

英特尔架构服务器
　　Y　PC 服务器

英特网
　　Y　互联网

荧光材料
fluorescent material
TM2
　　D　磷光体
　　　　磷光粉
　　　　荧光粉
　　S　电子材料*
　　·　卤磷酸钙荧光粉
　　·　稀土荧光粉
　　C　电致发光

荧光传感器
fluorescence sensor
TP212.14
　　S　光电传感器
　　·　荧光化学传感器
　　L　物理传感器**

荧光粉
　　Y　荧光材料

荧光化学传感器
fluorescent chemical sensor
TP212.2
　　S　化学传感器
　　　　荧光传感器
　　L　物理传感器**

荧光数码管
fluorescent nixie tube
TN15
　　S　真空光电器件

　　L　电子束管**

荧光显示管
fluorescent display tube
TN14
　　D　真空荧光显示管
　　　　真空荧光管
　　S　显示管
　　C　真空荧光显示器
　　L　电子束管**

荧光显示器
　　Y　真空荧光显示器

影碟播放机
　　Y　激光视盘机

影碟机
　　Y　激光视盘机

影像处理
　　Y　图像处理

影像传感器
solid state image sensor
TP212
　　D　固态影像传感器
　　S　图像传感器
　　C　数码相机
　　Z　传感器*

影像传输
　　Y　图像传输

影像合成
　　Y　视频合成

影像恢复
　　Y　图像复原

影像匹配
　　Y　图像匹配

影像扫描仪
　　Y　图像扫描仪

影像数据
　　Y　图像数据

影像压缩
　　Y　图像压缩

影像质量评价
　　Y　视频质量评价

影音放大器
　　Y　AV 功率放大器

影音器材
　　Y　音视频设备

应变传感器
strain sensor
TP212.1
　　D　应变式传感器
　　S　物理传感器**
　　·　电阻应变式传感器
　　·　光纤应变传感器
　　·　应力传感器

应变硅
strain silicon
TN304
　　S　硅材料
　　L　元素半导体**

应变量子阱激光器
strain quantum well laser
TN248
　　S　量子阱激光器
　　L　固体激光器**

应变式测力传感器
　　Y　应力传感器

应变式传感器
　　Y　应变传感器

应答器信标
　　Y　雷达信标

应答式干扰
transponder jamming
TN972
　　D　应答式欺骗干扰
　　S　回答式干扰
　　C　应答式干扰机
　　L　电子对抗**

应答式干扰机
transponder jammer
TN972
　　S　回答式干扰机
　　C　应答式干扰
　　L　电子干扰设备**

应答式欺骗干扰
　　Y　应答式干扰

应答信号
answer signal
TN915
　　S　无线电信号
　　C　语音应答设备
　　　　雷达信标
　　Z　信号*

应急备份
emergency backup
TP309
　　S　备份*

应急电源
emergency power supply
TN86
　　S 备用电源
　　Z 电源*

应急联动系统
emergency linkage system
TP317
　　S 电子系统*
　　C 应急指挥系统

应急通信
emergency communication
TN92　TN91
　　S 通信*
　　• 应急卫星通信
　　C 应急通信网

应急通信网
emergency communication network
TN915
　　D 应急通信网络
　　S 专用通信网
　　C 应急通信
　　Z 通信网络*

应急通信网络
　　Y 应急通信网

应急卫星通信
emergency satellite communication
TN927
　　S 卫星通信
　　　应急通信
　　L 无线通信**

应急指挥系统
emergency response system
TP39
　　S 指挥信息系统
　　C 应急联动系统
　　Z 信息系统*

应力传感器
stress sensor
TP212.1
　　D 应变式测力传感器
　　S 力传感器
　　　应变传感器
　　L 测量传感器**
　　　物理传感器**

应用编程接口
　　Y 应用程序接口

应用层多播
　　Y 应用层组播

应用层防火墙
　　Y 应用层网关

应用层网关
application layer gateway
TP393
　　D 应用层防火墙
　　　应用级网关
　　　应用网关
　　S 网关
　　C IP 地址分配
　　　应用层组播
　　L 网络互连设备**

应用层协议
application layer protocol
TP393.0
　　D OSI 互连参考模型第七层协议
　　S 网络协议**
　　• 超文本传输协议
　　• 服务发现协议
　　• 高级消息队列协议
　　• 会话初始协议
　　• 会话描述协议
　　• 简单对象访问协议
　　• 简单网络管理协议
　　• 轻量级目录访问协议
　　• 文件传输协议
　　• 邮件协议
　　• 域名服务协议
　　• 远程登录协议
　　C 应用层主动网络
　　　应用层组播

应用层主动网络
application layer active network
TP393.1
　　S 主动网络
　　C 应用层协议
　　Z 计算机网络*

应用层组播
Application layer multicast
TP393.2
　　D 应用层多播
　　S 组播
　　C 应用层协议
　　　应用层网关
　　L 网络通信**

应用程序
　　Y 应用软件

应用程序包
　　Y 应用软件

应用程序编程接口
　　Y 应用程序接口

应用程序服务器
application program server
TP368　TP311
　　S 应用服务器
　　　软件服务器
　　C Java 语言

　　　中间层服务器
　　　应用程序接口
　　Z 服务器*

应用程序接口
application program interface
TP311
　　D API 接口
　　　应用程序开发接口
　　　应用程序编程接口
　　　应用程序设计接口
　　　应用编程接口
　　S 软件接口
　　• DirectX 接口
　　• JDBC 接口
　　• ODBC 接口
　　• 电话应用程序接口
　　• 图形设备接口
　　• 自然语言接口
　　C 应用程序服务器
　　L 计算机接口**

应用程序开发接口
　　Y 应用程序接口

应用程序设计接口
　　Y 应用程序接口

应用处理器
application processor
TP33
　　S 微处理器*

应用代理
application agent
TP393.0　TP311
　　S 网络代理
　　C 控制系统
　　　网络应用
　　Z 网络服务*

应用电视
applied television
TN948
　　S 电视*
　　• 多媒体电视
　　• 工业电视
　　• 红外电视
　　• 监控电视
　　• 图文电视
　　• 微光电视

应用服务平台
　　Y 应用服务系统

应用服务器
application server
TP368
　　S 服务器*
　　• Web 应用服务器
　　• 应用程序服务器
　　• 中间应用服务器

应用服务系统
application service system
TP391
　　D 应用服务平台
　　S 信息服务系统
　　Z 信息系统*

应用管理器
application manager
TN94　TP391
　　S 软件管理器
　　L 工具软件**

应用光学电子学
applied optoelectronics
TN01
　　S 光电子学
　　Z 电子学*

应用激光
　　Y 激光应用

应用级网关
　　Y 应用层网关

应用软件**
application software
TP391　TP318
　　D 应用程序
　　　应用程序包
　　　应用软件包
　　　应用软件系统
　　　计算机应用程序
　　S 软件*
　・编辑软件
　・・视频编辑软件
　・・・动画制作软件
　・・・三维动画制作软件
　・・非线性编辑软件
　・・文本编辑器
　・・文字编辑软件
　・・音频编辑软件
　・多媒体软件
　・・FLASH 软件
　・播放软件
　・・视频播放器
　・・音频播放器
　・多媒体工具
　・・多媒体教学软件
　・视频软件
　・・屏幕录像软件
　・・视频编辑软件
　・・・动画制作软件
　・・・・三维动画制作软件
　・・・非线性编辑软件
　・・视频播放器
　・・视频捕捉软件
　・图像处理软件
　・・图形处理软件
　・・・绘图软件
　・・・・图形编辑器
　・・・抓图软件

・音频软件
・・录音软件
・・音频编辑软件
・・音频播放器
・・音序软件
・・语音软件
・・・语音处理软件
・・・・语音分析软件
・字幕软件
・仿真软件
・・MATLAB 软件
・・电子仿真软件
・・・电路仿真软件
・・动态仿真软件
・・仿真支撑软件
・・网络仿真软件
・・・OPNET 软件
・・虚拟仿真软件
・格式转换器
・工业软件
・工程软件
・・Fluent 软件
・・工程计算软件
・・工程项目管理软件
・工控软件
・・PLC 程序
・・・梯形图程序
・・工控组态软件
・・控制系统软件
・・数控软件
・・・数控编程软件
・・・数控仿真软件
・・・数控系统软件
・・计算机辅助工程软件
・・计算机辅助制造软件
・・制造执行系统
・・组态软件
・・・SCADA 软件
・・・工控组态软件
・・・力控组态软件
・计算程序
・・递归程序
・・工程计算软件
・・运算程序
・计算机辅助软件
・・计算机辅助工程软件
・・计算机辅助教学软件
・・・多媒体教学软件
・・・实验教学软件
・・计算机辅助设计软件
・・・AutoCAD
・・・电子设计自动化软件
・・・结构分析程序
・・・平面设计软件
・・・三维设计软件
・・・・三维 CAD 软件
・・・・三维建模软件
・・计算机辅助制造软件
・计算机管理软件
・・工程项目管理软件
・・工作流软件
・・生产管理软件
・・需求管理工具
・・预算软件

・监控软件
・・上位机软件
・・・组态软件
・・・・SCADA 软件
・・・・工控组态软件
・・・・力控组态软件
・・实时监控软件
・・远程监控软件
・教育软件
・・计算机辅助教学软件
・・・多媒体教学软件
・・・实验教学软件
・・题库系统
・・学习软件
・・阅读软件
・内存驻留程序
・三层应用程序
・三维软件
・・三维可视化软件
・・三维设计软件
・・・三维 CAD 软件
・・・三维建模软件
・・三维制作软件
・・・三维动画制作软件
・・三维制图软件
・渲染软件
・实时应用程序
・即时通信软件
・・聊天软件
・・社交软件
・・・手机社交软件
・实时测控软件
・实时监控软件
・实时控制软件
・数据处理软件
・数据管理软件
・数据挖掘软件
・数据转换程序
・数据库应用程序
・通信软件
・・电话软件
・・数据通信软件
・・网络通信软件
・・・即时通信软件
・・・・聊天软件
・・・・社交软件
・・・・・手机社交软件
・网络应用程序
・・Web 应用程序
・・电子邮件软件
・・・邮件服务器软件
・・・邮件客户端软件
・・富互联网应用程序
・・网络财务软件
・・网络通信软件
・・・即时通信软件
・・・・聊天软件
・・・・社交软件
・・・・・手机社交软件
・・下载软件
・信息系统软件
・用户程序
・专用软件
・・测控软件

- ··· 实时测控软件
- · 测量软件
- · 查表程序
- · 单片机软件
- · 飞行控制软件
- · 机载软件
- · 计费软件
- · 计量软件
- · 监测软件
- · 校准软件
- · 星载软件
- · 遥测软件
- · 预报软件
- 桌面应用程序
- C 计算机应用系统

应用软件包
  Y 应用软件

应用软件系统
  Y 应用软件

应用数据库
application database
TP392
  S 数据库*
- 波形数据库
- 产品数据库
- 场景数据库
- 仿真数据库
- 分析数据库
- 分子数据库
- 概率数据库
- 工程数据库
- 监测数据库
- 科学数据库
- 空间数据库
- 漏洞数据库
- 模型数据库
- 企业数据库
- 全文数据库
- 设备数据库
- 设计数据库
- 视景数据库
- 术语数据库
- 索引数据库
- 统计数据库
- 项目数据库
- 指纹数据库
- 主题数据库
- 资源数据库

应用网关
  Y 应用层网关

应用协议
application protocol
TN915.04
  S 通信协议*
- 无线应用协议
- 智能网应用协议

映射算法
mapping algorithm
TN911
  S 算法*
- 自组织映射算法

映像寄存器
image register
TP33
  S 寄存器*
  C 可编程逻辑控制器

硬磁盘
  Y 硬盘

硬磁盘存储器
  Y 硬盘

硬磁盘机
  Y 硬盘驱动器

硬磁盘驱动器
  Y 硬盘驱动器

硬加密
hard encryption
TP309
  S 软件加密
  L 加密**

硬件保护
hardware protection
TP309
  D 硬件保护系统
  S 计算机保护
- 内存保护
- 硬盘保护
  C 物理安全
  Z 信息安全防护*

硬件保护系统
  Y 硬件保护

硬件标准
hardware standard
TP334
  D 硬件规范
  S 信息产业标准*
- 接口规范
- 总线标准

硬件仿真
hardware emulation
TN79
  S 仿真*
- FPGA 仿真
- MEMS 模拟
- 半导体器件模拟
- 传感器仿真
- 单片机仿真
- 电路仿真

- 器件模拟
- 硬件在环仿真

硬件辅助虚拟化
hardware-assisted virtualization
TP391.9
  S 硬件虚拟化
  Z 虚拟技术*

硬件规范
  Y 硬件标准

硬件加密
hardware encryption
TN918 TP33 TP309
  S 加密**

硬件接口
hardware interface
TP334.7
  S 接口*

硬件接口电路
hardware interface circuit
TN710
  S 接口电路
  Z 电子电路*

硬件路由器
hardware router
TP393
  S 路由器
  L 网络互连设备**

硬件描述语言
hardware description language
TP312
  S 描述语言
- ABEL 语言
- VHDL 语言
  C 现场可编程门阵列
    电子设计自动化
  Z 计算机语言*

硬件驱动程序
  Y 驱动程序

硬件容错
hardware fault tolerance
TP309
  S 容错*

硬件软件
  Y 设备软件

硬件设计语言
hardware design language
TP312
  S 计算机语言*

硬件调试
hardware debugging
TP3　TN91　TP2　TN7
　　S 调试*

硬件虚拟化
hardware virtualization
TP391.9
　　D 硬件虚拟化技术
　　S 虚拟化技术
　　• 服务器虚拟化
　　• 硬件辅助虚拟化
　　C 虚拟设备
　　Z 虚拟技术*

硬件虚拟化技术
　　Y 硬件虚拟化

硬件压缩
hardware compression
TP31
　　D 硬件压缩技术
　　S 信息压缩**

硬件压缩技术
　　Y 硬件压缩

硬件在环仿真
hardware-in-loop simulation
TP391.9
　　D 硬件在回路仿真
　　S 硬件仿真
　　Z 仿真*

硬件在回路仿真
　　Y 硬件在环仿真

硬盘
hard disk
TP333
　　D HDD
　　　电脑硬盘
　　　硬磁盘
　　　硬磁盘存储器
　　　计算机硬盘
　　S 磁盘存储器
　　• IDE 硬盘
　　• SATA 硬盘
　　• 本地硬盘
　　• 笔记本硬盘
　　• 大容量硬盘
　　• 服务器硬盘
　　• 高密度硬盘
　　• 高速硬盘
　　• 固态硬盘
　　• 逻辑硬盘
　　• 数字硬盘
　　• 双硬盘
　　• 网络硬盘
　　• 微硬盘
　　• 系统硬盘
　　• 虚拟硬盘

　　• 移动硬盘
　　C 硬盘接口
　　　硬盘磁头
　　　硬盘驱动器
　　L 外存储器**
　　　磁存储器**

硬盘保护
hard disk protection
TP309
　　S 硬件保护
　　• 硬盘写保护
　　Z 信息安全防护*

硬盘保护系统
hard disk protection system
TP309
　　S 计算机安全系统
　　L 信息安全系统**

硬盘磁头
magnetic head of hard disk
TP334
　　S 磁头*
　　C 硬盘
　　　硬盘驱动器

硬盘服务器
hard disk server
TP368
　　S 服务器*
　　C 播出服务器
　　　视频服务器

硬盘恢复
hard disk recovery
TP306
　　S 灾难恢复
　　Z 信息安全技术*

硬盘机
　　Y 硬盘驱动器

硬盘加密
　　Y 磁盘加密

硬盘接口
hard disk interface
TP334.7
　　S 计算机接口**
　　C 硬盘

硬盘录像机
　　Y 数字硬盘录像机

硬盘驱动器
hard disk driver
TP33
　　D 硬盘机
　　　硬盘系统
　　　硬磁盘机

　　　硬磁盘驱动器
　　S 磁盘驱动器
　　C 硬盘
　　　硬盘磁头
　　Z 外部设备*

硬盘摄像机
hard disk video camera
TN946
　　S 数字摄像机
　　C 数字硬盘录像机
　　Z 电视设备*

硬盘系统
　　Y 硬盘驱动器

硬盘写保护
hard disk writing protection
TP309.2
　　S 写保护
　　　硬盘保护
　　Z 信息安全防护*

硬盘阵列
　　Y 磁盘阵列

拥塞避免
　　Y 拥塞控制

拥塞管理
congestion management
TP393
　　S 网络性能管理
　　C 拥塞控制
　　Z 网络管理*

拥塞控制
congestion control
TP393.07
　　D 拥塞避免
　　　网络拥塞控制
　　S 网络安全控制
　　C 拥塞控制算法
　　　拥塞管理
　　L 网络安全技术**

拥塞控制算法
congestion control algorithm
TP312
　　S 控制算法
　　• 主动队列管理算法
　　C 拥塞控制
　　Z 算法*

永磁步进电机
　　Y 永磁式步进电动机

永磁式步进电动机
permanent magnet stepping motor
TM35
　　D 永磁步进电机

S 旋转步进电动机
Z 微特电机*

永磁同步电动机
permanent magnet synchronous motor
TM351
　　D 永磁同步电机
　　S 微型同步电动机
　　• 永磁直线同步电动机
　　Z 微特电机*

永磁同步电机
　　Y 永磁同步电动机

永磁无刷电机
　　Y 永磁无刷直流电动机

永磁无刷直流电动机
permanent magnet brushless DC motor
TM351
　　D 永磁无刷电机
　　　永磁无刷直流电机
　　S 无刷直流电动机
　　　永磁直流电动机
　　Z 微特电机*

永磁无刷直流电机
　　Y 永磁无刷直流电动机

永磁消磁头
permanent magnet erasing head
TP334
　　S 磁头*

永磁直流电动机
permanent magnet DC motor
TM351　TM33
　　D 永磁直流电机
　　S 微型直流电动机
　　• 永磁无刷直流电动机
　　Z 微特电机*

永磁直流电机
　　Y 永磁直流电动机

永磁直线同步电动机
permanent magnet synchronous linear motor
TM351
　　D 永磁直线同步电机
　　S 永磁同步电动机
　　　直线电动机
　　Z 微特电机*

永磁直线同步电机
　　Y 永磁直线同步电动机

永电体
　　Y 驻极体

永久链路
permanent link
TN915
　　S 链路*

永久性存储器
　　Y 非易失性存储器

永久性存贮器
　　Y 非易失性存储器

用户层通信
user layer communication
TP393
　　S 网络通信**
　　C 用户数据库

用户程控交换机
　　Y 程控用户交换机

用户程序
user program
TP317
　　S 应用软件**

用户代理服务器
user agent server
TP368
　　S 代理服务器
　　Z 服务器*

用户电话交换机
　　Y 用户交换机

用户电话小交换机
　　Y 用户小交换机

用户放大器
　　Y 有线电视放大器

用户管理
　　Y 网络用户管理

用户级交换机
　　Y 用户交换机

用户鉴别
　　Y 用户识别

用户交互
user interaction
TP39
　　S 交互*

用户交换机
private exchange
TN916
　　D 用户电话交换机
　　　用户级交换机
　　S 电子交换机
　　• 程控用户交换机
　　• 用户小交换机
　　L 交换设备**
　　　电话设备**

用户接口
user interface
TP2　TP334.7
　　D 用户界面
　　S 接口*
　　• 图形用户接口
　　• 用户网络接口

用户接口电路
　　Y 用户线接口电路

用户接入网
user access network
TN915
　　S 接入网
　　Z 通信网络*

用户界面
　　Y 用户接口

用户界面设计
　　Y 人机界面设计

用户聚类
user clustering
TP391
　　S 聚类*
　　• Web用户聚类

用户密码
user password
TN918
　　S 密码*

用户密钥
user key
TP309　TN918
　　S 密钥*

用户认证
user authentication
TP309　TN918
　　S 信息认证
　　Z 信息安全认证*

用户身份管理
user identity management
TN91　TP393
　　S 网络用户管理
　　C 用户识别
　　　用户身份认证
　　Z 网络管理*

用户身份鉴别
　　Y 用户识别

用户身份认证
user identity authentication
TP309　TN918
　　S 身份认证
　　C 用户身份管理
　　Z 信息安全认证*

用户识别
user identification
TP391.4　TP309　TN918
　　D UID
　　　用户身份鉴别
　　　用户鉴别
　　S 信息识别*
　　C 用户身份管理

用户识别模块
　　Y UIM 卡

用户授权
user authorization
TN91　TP3　TN94　TN92
　　S 网络安全授权
　　L 网络安全管理**

用户数据包协议
　　Y 用户数据报协议

用户数据报协议
user datagram protocol
TP393.0　TN915
　　D UDP
　　　UDP 协议
　　　用户数据包协议
　　S 传输层协议
　　C 端到端通信
　　L 网络协议**

用户数据库
user database
TP392
　　S 数据库*
　　C 用户层通信

用户网络接口
user network interface
TP393
　　S 用户接口
　　　网络接口
　　Z 接口*

用户线接口电路
subscriber line interface circuit
TN710
　　D 用户接口电路
　　S 接口电路
　　Z 电子电路*

用户小交换机
private branch exchange
TN916
　　D 小交换机
　　　用户电话小交换机
　　S 用户交换机
　　L 交换设备**
　　　电话设备**

用户终端
user terminal
TN915　TP39　TP393
　　D 用户终端设备
　　S 终端设备*
　　C 共用天线电视
　　　有线电视

用户终端设备
　　Y 用户终端

用户驻地网
customer premises network
TN915
　　S 驻地网
　　Z 通信网络*

优化计算
optimization calculation
TP39　TP2
　　S 计算*

优化算法
optimization algorithm
TP312
　　S 算法*
　　· 背包算法
　　· 贝叶斯优化算法
　　· 多目标优化算法
　　· 混合优化算法
　　· 局部优化算法
　　· 模拟退火算法
　　· 全局优化算法
　　· 序列最小优化算法
　　· 智能优化算法
　　· 组合优化算法
　　· 最大流算法
　　· 最小二乘算法
　　· 最优化算法

优盘
　　Y 闪存盘

优先编码器
priority encoder
TN91
　　S 编码器*

优先级继承协议
priority inheritance protocol
TP393.0　TN915　TN911
　　S 通信协议*

幽灵病毒
　　Y 变种病毒

由顶向下法
　　Y 自顶向下法

邮件安全
mail security
TP393.08
　　S 网络信息安全
　　C 垃圾邮件
　　　邮件加密
　　　邮件协议
　　　邮件病毒
　　　邮件蠕虫
　　Z 网络安全*
　　　信息安全*

邮件病毒
e-mail virus
TP393.08
　　D 电子邮件炸弹
　　　电子邮件病毒
　　S 网络病毒
　　C 电子邮件
　　　电子邮件软件
　　　邮件安全
　　　邮件攻击
　　　邮件蠕虫
　　L 恶意软件**

邮件程序
　　Y 电子邮件软件

邮件处理程序
　　Y 电子邮件软件

邮件处理工具
　　Y 电子邮件软件

邮件处理软件
　　Y 电子邮件软件

邮件传递
　　Y 邮件传输

邮件传输
mail transmission
TP393　TP391
　　D 邮件传递
　　S 信息传输*
　　C 简单邮件传输协议
　　　邮件传输代理

邮件传输代理
mail transfer agent
TP393.09
　　S 网络代理
　　C 简单邮件传输协议
　　　邮件传输
　　Z 网络服务*

邮件传输协议
　　Y 简单邮件传输协议

邮件服务器
mail server
TP368　TP393
　　D 电子邮件服务器
　　S 网络服务器
　　Z 服务器*

邮件服务器软件
mail server software
TP393　TP39　TP311
　　S 服务器软件
　　　电子邮件软件
　　L 应用软件**
　　　网络软件**

邮件攻击
mail attack
TP393.08
　　D 邮件炸弹攻击
　　S 网络攻击**
　　C 电子邮件软件
　　　邮件病毒
　　　邮件蠕虫

邮件过滤器
mail filter
TP31
　　D 垃圾邮件过滤器
　　S 工具软件**
　　C 垃圾邮件

邮件加密
mail encryption
TP393
　　S 网络加密
　　C 邮件安全
　　L 加密**

邮件客户端软件
mail client software
TP317
　　S 电子邮件软件
　　L 应用软件**
　　　网络软件**

邮件蠕虫
worm mail
TP317　TP309
　　S 网络蠕虫
　　C 邮件安全
　　　邮件攻击
　　　邮件病毒
　　L 恶意软件**

邮件软件
　　Y 电子邮件软件

邮件网关
mail gateway
TP393
　　S 网关
　　L 网络互连设备**

邮件协议
mail protocol
TP393.09
　　S 应用层协议
　　• IMAP 协议
　　• 多用途网际邮件扩充协议
　　• 简单邮件传输协议
　　• 邮局协议
　　C 电子邮件
　　　电子邮件软件
　　　邮件安全
　　L 网络协议**

邮件炸弹攻击
　　Y 邮件攻击

邮局协议
post office protocol
TP393.0
　　D POP 协议
　　S 邮件协议
　　• POP3 协议
　　L 网络协议**

油浸变压器
oil-immersed transformer
TM41
　　S 电力变压器
　　Z 变压器*

游程编码
　　Y 行程编码

游程长度编码
　　Y 行程编码

游戏程序
　　Y 游戏软件

游戏键盘
game pad
TP334.2
　　S 键盘
　　Z 外部设备*

游戏软件
game software
TP318
　　D 游戏程序
　　　电脑游戏软件
　　S 软件*

游戏鼠标
gaming mouse
TP334.2
　　S 鼠标
　　Z 外部设备*

游戏外设
gaming peripheral
TP33

　　S 外部设备*

有害信息
harmful information
TP393.08
　　S 网络不良信息
　　Z 信息安全风险*

有机 EL 显示器
　　Y 有机电致发光显示器

有机 LED
　　Y 有机发光二极管

有机半导体
organic semiconductor
TN304
　　D 有机半导体材料
　　S 化合物半导体**
　　C 有机场效应晶体管
　　　有机薄膜晶体管

有机半导体材料
　　Y 有机半导体

有机薄膜场效应晶体管
　　Y 有机场效应晶体管

有机薄膜电容器
organic thin film capacitor
TM533
　　D 薄膜电容器
　　S 有机介质电容器
　　• 聚苯硫醚电容器
　　• 聚苯乙烯电容器
　　• 聚丙烯电容器
　　• 聚碳酸酯电容器
　　• 聚酯电容器
　　Z 电容器*

有机薄膜电致发光
　　Y 有机电致发光

有机薄膜晶体管
organic thin film transistor
TN32
　　D OTFT
　　　有机晶体管
　　S 薄膜晶体管
　　C 有机半导体
　　L 半导体分立器件**

有机薄膜太阳能电池
organic thin film solar cell
TM914
　　D 塑料太阳能电池
　　　有机太阳能电池
　　S 薄膜太阳能电池
　　• 聚合物太阳能电池
　　Z 电池*

有机场效应晶体管
organic field effect transistor
TN386
　　D 有机薄膜场效应晶体管
　　S 场效应晶体管
　　C 有机半导体
　　L 半导体分立器件**

有机电致发光
organic electroluminescence
TN14
　　D 有机薄膜电致发光
　　S 电致发光*
　　• 白色有机电致发光
　　• 聚合物电致发光
　　C 有机光电材料

有机电致发光二极管
　　Y 有机发光二极管

有机电致发光器件
　　Y 有机发光二极管

有机电致发光显示
organic electroluminescent
display
TN14
　　D 有机发光显示
　　　有机发光显示技术
　　S 电致发光显示
　　C 有机光电材料
　　　有机电致发光显示器
　　Z 显示*

有机电致发光显示器
organic electroluminescent
display
TN87　TN27
　　D OLED 显示器
　　　OLED 显示屏
　　　有机 EL 显示器
　　　有机发光二极管显示器
　　　有机发光显示器
　　　有机发光显示屏
　　　有机电致发光显示器件
　　S 电致发光显示器
　　• 有源矩阵有机发光显示器
　　C 有机电致发光显示
　　Z 显示设备*

有机电致发光显示器件
　　Y 有机电致发光显示器

有机发光二极管
organic light-emitting diode
TN31　TN383
　　D OLED
　　　有机 LED
　　　有机电致发光二极管
　　　有机电致发光器件
　　S 发光二极管
　　• 白光有机发光二极管

　　• 有源矩阵有机发光二极管
　　C 有机光电材料
　　　柔性显示
　　L 半导体发光器件**

有机发光二极管显示器
　　Y 有机电致发光显示器

有机发光显示
　　Y 有机电致发光显示

有机发光显示技术
　　Y 有机电致发光显示

有机发光显示屏
　　Y 有机电致发光显示器

有机发光显示器
　　Y 有机电致发光显示器

有机光电材料
organic optoelectronic material
TN2
　　D 有机光电子材料
　　　有机光电导材料
　　S 光电材料
　　C 有机发光二极管
　　　有机电致发光
　　　有机电致发光显示
　　Z 电子材料*

有机光电导材料
　　Y 有机光电材料

有机光电子材料
　　Y 有机光电材料

有机激光器
organic laser
TN248
　　S 激光器*
　　• 有机液体激光器

有机介质电容器
organic dielectric capacitor
TM533
　　S 电容器*
　　• 有机薄膜电容器
　　• 纸介电容器

有机晶体管
　　Y 有机薄膜晶体管

有机实心电阻器
organic solid resistor
TM544
　　S 实心电阻器
　　Z 电阻器*

有机太阳能电池
　　Y 有机薄膜太阳能电池

有机液体激光器
organic liquid laser
TN248
　　S 有机激光器
　　　液体激光器
　　• 染料激光器
　　Z 激光器*

有极继电器
　　Y 极化继电器

有极性电容器
polarity capacitor
TM53
　　S 电容器*
　　C 无极性电容器

有监督学习
　　Y 监督学习

有穷自动机
　　Y 有限自动机

有色 Petri 网
colored Petri net
TP31
　　D 着色 Petri 网
　　S Petri 网*
　　• 赋时着色 Petri 网

有色噪声
colored noise
TN911
　　D 色化噪声
　　　色噪声
　　　非白噪声
　　S 信号噪声*
　　• 粉红噪声
　　• 高斯色噪声

有损压缩
loss compression
TN912　TN919　TP391
　　S 信息压缩**

有条件接收
　　Y 条件接收

有限冲激响应滤波
　　Y FIR 数字滤波器

有限冲激响应数字滤波器
　　Y FIR 数字滤波器

有限元分析软件
finite element analysis software
TP317

S 分析软件
　　C 有限元计算
　　L 工具软件**

有限元后处理
finite element postprocessing
TP391
　　S 信息处理*
　　C 有限元计算

有限元计算
finite element calculation
TP391
　　D 元计算
　　　　有限元算法
　　S 计算*
　　C 有限元分析软件
　　　　有限元前处理
　　　　有限元后处理
　　　　有限元网格

有限元前处理
finite element preprocessing
TP391
　　S 信息处理*
　　C 有限元计算

有限元算法
　　Y 有限元计算

有限元网格
finite element mesh
TP391
　　S 网格*
　　• 三维有限元网格
　　C 有限元计算

有限状态机
finite state machine
TP301
　　S 有限自动机
　　　　状态机
　　• 扩展有限状态机
　　• 通信有限状态机
　　Z 自动机*

有限自动机
finite automaton
TP301
　　D 时序有限自动机
　　　　时序机
　　　　有穷自动机
　　S 自动机*
　　• 概率有限自动机
　　• 模糊有限自动机
　　• 确定有限自动机
　　• 线性有限自动机
　　• 有限状态机
　　C 模式匹配
　　　　算法

有线传输
wired transmission
TN94
　　D 线路传输
　　S 信息传输*
　　• 电缆传输
　　C 有线传输网
　　　　有线局域网

有线传输网
wired transmission network
TN943
　　S 传输网
　　　　有线网络
　　C 有线传输
　　Z 通信网络*

有线等效保密协议
wired equivalent privacy protocol
TN915.04　TP393.08
　　D WEP 协议
　　S 加密协议
　　C 无线局域网
　　　　有线等效加密
　　Z 通信网络*

有线等效加密
wired equivalent privacy
TP393.08
　　D WEP 加密
　　S 通信加密
　　C 有线等效保密协议
　　L 加密**

有线电缆数据服务接口规范
data over cable service interface specification
TN91
　　D DOCSIS
　　　　DOCSIS 标准
　　S 数据标准
　　Z 信息产业标准*

有线电视
cable television
TN949
　　D CATV
　　　　有线电视系统
　　　　电缆电视
　　　　电缆电视系统
　　S 电视*
　　• 光纤有线电视
　　• 有线数字电视
　　C 共用天线电视
　　　　多媒体数据广播
　　　　有线电视传输
　　　　有线电视信号
　　　　有线电视放大器
　　　　有线电视网络
　　　　有线电视设备
　　　　用户终端

有线电视传输
cable television transmission
TN943
　　S 电视传输
　　C 有线电视
　　Z 信息传输*

有线电视放大器
cable television amplifier
TN72　TN94
　　D 用户放大器
　　S 放大器*
　　C 有线电视
　　　　有线电视设备

有线电视机顶盒
　　Y 数字有线电视机顶盒

有线电视宽带网络
cable television broadband network
TN94
　　S 广电宽带网
　　L 宽带网**

有线电视设备
cable television equipment
TN948
　　S 电视设备*
　　C 有线电视
　　　　有线电视信号
　　　　有线电视放大器
　　　　有线电视网络

有线电视双向网
　　Y 有线电视双向网络

有线电视双向网络
bi-directional cable television network
TN948
　　D 有线电视双向网
　　S 广电双向网络
　　　　有线电视网络
　　• 双向 HFC 网络
　　Z 广播电视网络*

有线电视网
　　Y 有线电视网络

有线电视网络
cable television network
TN94
　　D CATV 网
　　　　CATV 网络
　　　　有线广播电视网络
　　　　有线电视网
　　S 电视网络
　　• 光纤同轴电缆混合网
　　• 同轴电缆分配网
　　• 有线电视双向网络
　　• 有线数字电视网络

C 多媒体数据广播
　有线电视
　有线电视设备
Z 广播电视网络*

有线电视系统
　Y 有线电视

有线电视信号
cable television signal
TN941
　S 电视信号
　C 有线电视
　　有线电视设备
　Z 信号*

有线电视综合信息网
CATV integrated information network
TN948.3
　D 有线电视综合信息网络
　S 综合信息网络
　Z 信息网络*

有线电视综合信息网络
　Y 有线电视综合信息网

有线电通信
　Y 有线通信

有线广播
wired broadcasting
TN933
　S 广播*
　C 有线通信

有线广播电视网络
　Y 有线电视网络

有线接入网
wired access network
TN915
　S 接入网
　Z 通信网络*

有线局域网
wired local area network
TP393.1
　S 局域网**
　C 有线传输
　　有线网络
　　有线通信

有线数字电视
cable digital television
TN948
　D 数字有线电视
　S 数字电视
　　有线电视
　C 数字有线电视机顶盒
　　有线数字电视网络

Z 电视*

有线数字电视网络
cable digital television network
TN94
　S 数字电视网络
　　有线电视网络
　C 数字有线电视机顶盒
　　有线数字电视
　Z 广播电视网络*

有线通信
wired communication
TN913.6
　D 有线电通信
　　有线通讯
　S 通信*
　C 有线局域网
　　有线广播
　　有线网络

有线通信网
　Y 有线网络

有线通讯
　Y 有线通信

有线网
　Y 有线网络

有线网络
wired network
TN915　TN94
　D 有线网
　　有线通信网
　S 通信网络*
　• 有线传输网
　C 有线局域网
　　有线通信

有线制导
wired guidance
TN96
　S 制导*

有向传感器网络
directional sensor network
TP212
　S 无线传感器网络
　L 物联网**

有序多重签名
　Y 有序多重数字签名

有序多重数字签名
sequential digital multi-signature
TP309
　D 有序多重签名
　S 多重签名
　Z 数字签名*

有意义水印
meaningful watermark
TN918　TP309
　S 数字水印*

有源 OLED
　Y 有源矩阵有机发光二极管

有源 RFID
　Y 有源射频识别

有源标签
active label
TN99
　D 主动式标签
　　有源电子标签
　S 射频标签
　Z 电子标签*

有源低通滤波器
active low-pass filter
TN713
　S 低通滤波器
　　有源滤波器
　Z 滤波器*

有源电子标签
　Y 有源标签

有源干扰
active jamming
TN972
　D 主动干扰
　　积极干扰
　S 电子干扰
　• 调幅干扰
　• 调频干扰
　• 红外有源干扰
　• 回答式干扰
　• 激光有源干扰
　• 脉冲干扰
　• 压制干扰
　• 有源欺骗干扰
　C 有源干扰机
　　有源雷达
　L 电子对抗**

有源干扰机
active jammer
TN972
　S 干扰机
　C 有源干扰
　L 电子干扰设备**

有源高通滤波器
active high-pass filter
TN713
　S 有源滤波器
　　高通滤波器
　Z 滤波器*

有源光网络
active optical network
TN929.1
　　S 光通信网络**
　　C 光有源器件

有源光学器件
　　Y 光有源器件

有源混频器
active mixer
TN773
　　S 混频器*
　　· CMOS 混频器
　　· 集成混频器

有源集成天线
active integrated antenna
TN82
　　S 有源天线
　　　集成天线
　　Z 天线*

有源矩阵式有机发光显示器
　　Y 有源矩阵有机发光显示器

有源矩阵液晶显示
active matrix liquid crystal display
TN27
　　S 液晶显示
　　　矩阵显示
　　Z 显示*

有源矩阵液晶显示器
active matrix liquid crystal display
TN87
　　D AMLCD
　　　有源液晶显示器
　　S 液晶显示器
　　Z 显示设备*

有源矩阵有机发光二极管
active matrix organic light-emitting diode
TN3
　　D AMOLED
　　　有源 OLED
　　S 有机发光二极管
　　L 半导体发光器件**

有源矩阵有机发光显示器
active organic light-emitting display
TN87
　　D AMOLED 显示器
　　　AMOLED 显示屏
　　　有源矩阵式有机发光显示器
　　S 有机电致发光显示器
　　Z 显示设备*

有源雷达
active radar
TN958
　　S 雷达*
　　C 主动声呐
　　　有源干扰

有源滤波
　　Y 有源滤波器

有源滤波器
active filter
TN713
　　D 有源滤波
　　S 滤波器*
　　· 有源低通滤波器
　　· 有源高通滤波器

有源欺骗
　　Y 有源欺骗干扰

有源欺骗干扰
active deception jamming
TN951
　　D 有源欺骗
　　　有源欺骗式干扰
　　S 有源干扰
　　　欺骗干扰
　　C 有源诱饵
　　L 电子对抗**

有源欺骗式干扰
　　Y 有源欺骗干扰

有源全通网络
active all-pass network
TN711
　　S 全通网络
　　　有源网络
　　Z 电路网络*

有源射频识别
active radio frequency identification
TN92　TP391.4
　　D 有源 RFID
　　S 射频识别
　　Z 自动识别*

有源声纳
　　Y 主动声呐

有源衰减器
active attenuator
TN715
　　S 衰减器*
　　C 无源衰减器

有源天线
active antenna
TN82
　　D 激励天线
　　S 天线*
　　· 有源集成天线
　　· 有源相控阵天线

有源网络
active network
TN711
　　S 电路网络*
　　· 有源全通网络
　　C 无源网络

有源相控阵雷达
active phased array radar
TN958
　　S 相控阵雷达
　　Z 雷达*

有源相控阵天线
active phased array antenna
TN82
　　D 固态有源相控阵天线
　　S 有源天线
　　　相控阵天线
　　Z 天线*

有源压制性干扰
　　Y 压制干扰

有源液晶显示器
　　Y 有源矩阵液晶显示器

有源诱饵
active decoy
TN972
　　S 电子诱饵
　　C 有源欺骗干扰
　　L 电子干扰设备**

酉空时调制
unitary space time modulation
TN76
　　S 调制*
　　· 差分酉空时调制

右旋圆极化
right-handed circular polarization
TN82
　　S 圆极化
　　Z 电磁波极化*

迂回路由
alternative routing
TP393
　　D 辅助路由
　　S 路由*

迂回相位编码
detour phase encoding
TN911

S 相位编码
Z 编码*

余割平方波束
cosecant-squared beam
TN95
    D 超余割平方波束
    S 天线波束
    Z 波束*

余割平方天线
    Y 赋形波束天线

余数寄存器
remainder register
TN43 TP333
    S 计算寄存器
    Z 寄存器*

余弦调制
cosine modulation
TN76
    S 调制*

鱼骨天线
    Y 鱼骨形天线

鱼骨形天线
fishbone antenna
TN82
    D 边射天线
        鱼骨天线
    S 电视接收天线
    Z 天线*

鱼雷诱饵
    Y 拖曳式声诱饵

鱼群算法
    Y 人工鱼群算法

与非电路
    Y 与非门

与非门
NAND gate
TN791
    D 与非电路
        与非门电路
    S 基本门电路
    L 数字电路**

与非门电路
    Y 与非门

与非门鉴相器
NAND gate phase detector
TN763.3 TN79
    S 数字鉴相器
    Z 检波器*

与门
AND gate
TN791
    D 与门电路
    S 基本门电路
    L 数字电路**

与门电路
    Y 与门

宇宙通信
cosmological communication
TN927
    D 宇宙无线电通信
        空间通信
        航天通信
    S 无线通信**
    • 深空通信
    • 卫星通信
    C 空间天线
        航天导航

宇宙无线电通信
    Y 宇宙通信

雨量传感器
rainfall sensor
TP212
    S 气象传感器
    Z 传感器*

语法分析
grammar analysis
TP391
    S 软件分析
    C 语法分析器
    Z 软件工程*

语法分析程序
    Y 语法分析器

语法分析器
syntax analyzer
TP311 TP31
    D 语法分析程序
    S 分析器
    C 语法分析
    L 工具软件**

语法制导翻译
syntax-directed translation
TP391.2
    S 机器翻译
    Z 计算机辅助技术*

语声保密
    Y 语音加密

语声编码
    Y 语音编码

语声合成
    Y 语音合成

语声加密
    Y 语音加密

语声识别
    Y 语音识别

语声信号处理
    Y 语音处理

语言编码
    Y 语音编码

语言辨识
    Y 语言识别

语言程序
language program
TP312
    S 软件*
    • BASIC 程序
    • C 语言程序
    • Java 程序
    • Python 程序
    • 汇编程序

语言传输
    Y 语音传输

语言规格说明
    Y 说明语言

语言合成
    Y 语音合成

语言建模
language modeling
TP391.9
    S 模型构建*

语言识别
language recognition
TN912
    D 自然语言识别
        语言识别系统
        语言辨识
    S 信息识别*
    • 词汇识别
    • 短语识别
    • 命名实体识别
    • 手语识别
    • 隐喻识别
    • 语义识别
    • 语种识别
    • 主题识别
    • 自动语言辨识

语言识别系统
  Y 语言识别

语言信号
  Y 语音信号

语言信息处理**
language information processing
TN912
  S 信息处理*
  • 语音信息处理
  • • 语音加密
  • • 语音识别
  • • • 电话语音识别
  • • • 非特定人语音识别
  • • • 分布式语音识别
  • • • 汉语语音识别
  • • • 连续语音识别
  • • • 数字语音识别
  • • • 音素识别
  • • • 语音情感识别
  • • • 自动语音识别
  • • 语音数据处理
  • 自动语言处理
  • 自然语言处理
  • • 分词
  • • • 机械分词
  • • • 中文分词
  • • • 自动分词
  • • 句法分析
  • • • 依存句法分析
  • • • 组块分析
  • 情感计算
  • 情境感知
  • 文本情感分析
  • 语义处理
  • • 语义分割
  • • • 图像语义分割
  • • 语义分析
  • • • 潜在语义分析
  • • • 视频语义分析
  • • 语义互操作
  • • 语义集成
  • • 语义描述
  • • 语义匹配
  • • 语义识别
  • • 语义提取
  • • 语义推理
  • • 自动文摘
  • • 自然语言理解
  • • 自然语言生成

语言压缩
  Y 语音压缩

语义 Web
  Y 语义网

语义 Web 服务
semantic Web service
TP391
  S Web 服务

  C 语义网
  Z 网络应用*
    网络服务*

语义 Web 技术
  Y 语义网

语义安全
semantic security
TP309
  S 信息内容安全
  Z 信息安全*

语义编码
semantic coding
TP391
  S 信息编码**
  C 语义处理

语义抽取
  Y 语义提取

语义处理
semantic processing
TP391.1
  S 自然语言处理
  • 语义分割
  • 语义分析
  • 语义互操作
  • 语义集成
  • 语义描述
  • 语义匹配
  • 语义识别
  • 语义提取
  • 语义推理
  C 相似度计算
    语义编码
    语义转换
  L 语言信息处理**

语义分割
semantic segmentation
TP391
  S 语义处理
  • 图像语义分割
  L 语言信息处理**

语义分析
semantic analysis
TP391.1
  S 语义处理
  • 潜在语义分析
  • 视频语义分析
  L 语言信息处理**

语义覆盖网
  Y 语义覆盖网络

语义覆盖网络
semantic overlay network
TP393 TP391.1

  D 语义覆盖网
  S 覆盖网络
    语义网*
  Z 计算机网络*

语义互操作
semantic interoperability
TP391.1 TP31
  D 语义互操作性
  S 语义处理
  C 语义匹配
  L 语言信息处理**

语义互操作性
  Y 语义互操作

语义互联网
  Y 语义网

语义缓存
semantic cache
TP333
  S 缓冲存储
  Z 信息存储*

语义基编码
semantic-based coding
TP391
  S 图像编码
  Z 编码*

语义集成
semantic integration
TP391.1
  S 语义处理
  C 语义网
    语义网格
  L 语言信息处理**

语义建模
semantic modeling
TP391.9
  S 模型构建*

语义聚类
semantic clustering
TP391.1
  S 聚类*

语义路由
semantic routing
TN915 TP393.2
  S 内容路由
  Z 路由*

语义描述
semantic description
TP391.1
  S 信息描述
    语义处理
  C 语义匹配

L 语言信息处理∗∗

语义匹配
semantic matching
TP391.1
　　D 概念匹配
　　S 信息匹配
　　　 语义处理
　　C 语义互操作
　　　 语义描述
　　　 语义网
　　　 语义网格
　　L 语言信息处理∗∗

语义识别
semantic recognition
TP391.1
　　S 语义处理
　　　 语言识别
　　L 语言信息处理∗∗

语义提取
semantic extraction
TP391.1
　　D 语义抽取
　　S 知识抽取
　　　 语义处理
　　L 信息抽取∗∗
　　　 语言信息处理∗∗

语义推理
sematic inference
TP391.1　TP181
　　S 语义处理
　　L 语言信息处理∗∗

语义网∗
semantic Web
TP393
　　D 语义 Web
　　　 语义 Web 技术
　　　 语义互联网
　　　 语义网络
　• 概念层次网络
　• 概念语义网络
　• 语义覆盖网络
　　C 知识网格
　　　 语义 Web 服务
　　　 语义匹配
　　　 语义网格
　　　 语义集成

语义网格
semantic grid
TP391
　　S 网格∗
　　C 语义匹配
　　　 语义网
　　　 语义集成

语义网络
　　Y 语义网

语义语言
semantic language
TP391　TP312
　　S 计算机语言∗

语义元数据
semantic metadata
TP391　TP392
　　S 元数据
　　Z 数据∗

语义转换
semantic translation
TP391.1
　　S 信息转换
　　C 语义处理
　　Z 信息处理∗

语音 IC
　　Y 语音集成电路

语音保密
　　Y 语音加密

语音保密通信
speech secure communication
TN918
　　S 保密通信
　　C 语音加密
　　Z 通信∗

语音编码
speech coding
TN912　TN912
　　D 话音编码
　　　 语声编码
　　　 语言编码
　　　 语音压缩编码
　　　 语音编码技术
　　S 音频编码
　• 低速率语音编码
　• 宽带语音编码
　　C 语音信号
　　　 语音压缩
　　　 语音编码器
　　　 语音编码标准
　　　 语音编码算法
　　L 音视频编码∗∗

语音编码标准
speech coding standard
TN912
　　S 编码标准
　　C 语音编码
　　　 语音编码器
　　Z 信息产业标准∗

语音编码技术
　　Y 语音编码

语音编码器
speech coder
TN912
　　S 音频编码器
　　C 声码器
　　　 语音压缩
　　　 语音编码
　　　 语音编码标准
　　　 语音编码算法
　　Z 编码器∗

语音编码算法
speech coding algorithm
TN912
　　S 编码算法
　　C 语音编码
　　　 语音编码器
　　Z 算法∗

语音辨识
　　Y 语音识别

语音采集
voice acquisition
TN912
　　S 音频采集
　　C 实时语音传输
　　Z 信息采集∗

语音处理
speech processing
TN912
　　D 数字语音处理
　　　 语声信号处理
　　　 语音信号处理
　　　 语音信号处理技术
　　S 音频处理∗∗
　• 语音分离
　• 语音合成
　• 语音信息处理
　• 语音压缩
　• 语音增强
　　C 实时语音传输
　　　 语音处理器
　　　 语音处理软件
　　　 语音特征提取
　　　 语音电路
　　　 语音芯片

语音处理器
speech processor
TN43　TP33
　　D 语音处理芯片
　　S 音频处理器
　　C 语音处理
　　　 语音电路
　　　 音频芯片
　　Z 微处理器∗

语音处理软件
speech processing software
TP317

S 语音软件
C 语音处理
L 应用软件**

语音处理芯片
Y 语音处理器

语音传输
voice transmission
TP24 TN916 TN912
D 话音传输
  语言传输
S 音频传输
• 实时语音传输
C 话音信道
Z 信息传输*

语音电路
voice circuit
TN710
S 音频电路
C 语音处理
  语音处理器
  语音集成电路
Z 电子电路*

语音分离
voice separation
TN912
S 语音处理
C 语音合成
L 音频处理**

语音分离器
voice separator
TN916 TN919
S 电话设备**

语音分析软件
speech analysis software
TP317
S 语音软件
L 应用软件**

语音合成
speech synthesis
TN912 TP391
D 言语合成
  语声合成
  语言合成
  语音合成器
  语音合成技术
  语音综合
S 语音处理
C 语音分离
  语音合成芯片
  语音识别
L 音频处理**

语音合成技术
Y 语音合成

语音合成器
Y 语音合成

语音合成芯片
speech synthesis chip
TN43
S 语音芯片
C 语音合成
Z 芯片*

语音集成电路
speech integrated circuit
TN4
D 语音IC
S 音频集成电路
C 语音电路
Z 集成电路*

语音加密
voice encryption
TN918
D 语声保密
  语声加密
  语音保密
S 加密**
  语音信息处理
C 语音保密通信

语音交互
voice interaction
TP391
D 语音交互技术
  语音交互系统
S 交互*

语音交互技术
Y 语音交互

语音交互系统
Y 语音交互

语音可扩展标记语言
voice extensible markup language
TP312
S 可扩展标记语言
Z 计算机语言*

语音聊天
voice chat
TP393.09
S 网上聊天
Z 网络应用*

语音浏览器
voice browser
TP393.09
S 浏览器
L 网络软件**

语音录放电路
Y 录放电路

语音录放芯片
voice recording and playback chip
TN43
S 语音芯片
Z 芯片*

语音情感识别
speech emotional recognition
TP391.4
S 情感识别
  语音识别
L 语言信息处理**
  音频处理**

语音软件
voice software
TP317
S 音频软件
• 语音处理软件
• 语音分析软件
L 应用软件**

语音识别
voice recognition
TN912
D 言语识别
  话音识别
  语声识别
  语音识别技术
  语音识别系统
  语音辨识
S 声音识别
  语音信息处理
• 电话语音识别
• 非特定人语音识别
• 分布式语音识别
• 汉语语音识别
• 连续语音识别
• 数字语音识别
• 音素识别
• 语音情感识别
• 自动语音识别
C 语音合成
  语音识别芯片
L 语言信息处理**
  音频处理**

语音识别技术
Y 语音识别

语音识别系统
Y 语音识别

语音识别芯片
speech recognition chip
TN43
S 语音芯片
C 语音识别
Z 芯片*

语音数据处理
voice data processing

TN912
　　S 数据处理**
　　　语音信息处理
　　C 电话通信
　　　话音数据系统

语音数据库
speech database
TP31　TP392
　　S 多媒体数据库
　　Z 数据库*

语音特征提取
speech feature extraction
TP391
　　S 特征提取
　　C 语音处理
　　L 信息抽取**

语音通话
　　Y 语音通信

语音通信
voice communication
TN916
　　D 话音通信
　　　语音通讯
　　　语音通话
　　S 通信*
　• IP 语音通信
　• 电话通信
　• 实时语音通信
　• 水声语音通信

语音通讯
　　Y 语音通信

语音网关
voice gateway
TN915　TP393.4
　　S 通信网关
　　L 网络互连设备**

语音芯片
speech chip
TN43
　　S 音频芯片
　• 数码语音芯片
　• 语音合成芯片
　• 语音录放芯片
　• 语音识别芯片
　　C 语音处理
　　Z 芯片*

语音信号
voice signal
TN912
　　D 话音信号
　　　语言信号
　　S 音频信号
　　C 语音编码
　　Z 信号*

语音信号处理
　　Y 语音处理

语音信号处理技术
　　Y 语音处理

语音信息处理
speech information processing
TN912
　　S 语言信息处理**
　　　语音处理
　• 语音加密
　• 语音识别
　• 语音数据处理

语音压缩
speech compression
TN912　TP39
　　D 语言压缩
　　　语音压缩技术
　　　语音压缩算法
　　S 语音处理
　　　音频压缩
　　C 语音编码
　　　语音编码器
　　L 信息压缩**
　　　音频处理**

语音压缩编码
　　Y 语音编码

语音压缩技术
　　Y 语音压缩

语音压缩算法
　　Y 语音压缩

语音应答设备
voice answering device
TN916
　　S 电话设备**
　　C 应答信号
　　　电话录音

语音增强
speech enhancement
TN912
　　S 语音处理
　　L 音频处理**

语音终端
voice terminal
TN87
　　S 音频终端
　　Z 终端设备*

语音综合
　　Y 语音合成

语种辨识
　　Y 语种识别

语种识别
language identification
TP391.4
　　D 语种辨识
　　S 语言识别
　　Z 信息识别*

玉米花噪声
　　Y 爆裂噪声

预白化
　　Y 白化处理

预白化处理
　　Y 白化处理

预报软件
forecast software
TP318
　　S 专用软件
　　L 应用软件**

预编码
　　Y 预测编码

预编码算法
precoding algorithm
TN911
　　S 编码算法
　　Z 算法*

预编译程序
　　Y 预编译器

预编译器
precompiler
TP314
　　D 预编译程序
　　S 编译器
　　Z 软件*

预测编码
predictive coding
TP314　TN911
　　D 预编码
　　S 编码*
　• 线性预测编码
　• 帧间预测编码
　• 帧内预测编码

预测仿真
forecast simulation
TP391.9
　　S 仿真*

预测计算
prediction calculation
TP391
　　S 计算*
　　C 椭圆曲线密码体制

预测控制
predictive control
TP273
　　D 预测控制算法
　　S 自动控制*
　　· 动态矩阵预测控制
　　· 广义预测控制
　　· 模糊预测控制
　　· 模型预测控制

预测控制算法
　　Y 预测控制

预测滤波
predictive filtering
TN713
　　S 滤波*
　　· 多项式预测滤波

预测算法
prediction algorithm
TP24　TP312
　　D 预估算法
　　S 算法*
　　C 预测支持系统

预测支持系统
porecasting support system
TP391
　　S 决策支持系统
　　C 预测算法
　　Z 计算机应用系统*

预处理程序
　　Y 预处理器

预处理电路
preprocessing circuit
TN710
　　S 电子电路*
　　C 预处理器

预处理器
preprocessor
TP312
　　D 前处理程序
　　　预处理程序
　　S 软件*
　　C 数据预处理
　　　预处理电路
　　　预处理算法

预处理算法
preprocessing algorithm
TP312
　　S 算法*
　　C 数据预处理
　　　预处理器

预放大器
preamplifier
TN72
　　S 放大器*

预分频器
　　Y 前置分频器

预共享密钥
preshared key
TP393.08　TN918
　　S 密钥*
　　C Internet 密钥交换协议
　　　预共享密钥认证

预共享密钥认证
preshared key authentication
TN918　TP393　TP309
　　S 密钥认证
　　C internet 密钥交换协议
　　　预共享密钥
　　Z 信息安全认证*

预估算法
　　Y 预测算法

预警机雷达
　　Y 机载预警雷达

预警雷达
early-warning radar
TN958
　　S 警戒雷达
　　· 机载预警雷达
　　· 天基预警雷达
　　Z 雷达*

预警声呐
　　Y 警戒声呐

预警声纳
　　Y 警戒声呐

预滤波
prefiltering
TN713
　　S 滤波*

预燃电源
preignition power supply
TN86
　　S 电源*

预失真
predistortion
TN92　TN72
　　D 预失真技术
　　　预失真线性化技术
　　S 线性化技术
　　· 基带预失真
　　· 模拟预失真
　　· 射频预失真
　　· 数字预失真
　　· 自适应预失真
　　Z 电子技术*

预失真技术
　　Y 预失真

预失真线性化技术
　　Y 预失真

预算软件
budget software
TP311
　　S 计算机管理软件
　　L 应用软件**

预言模型标记语言
predictive model markup language
TP312
　　D PMML
　　S 标记语言
　　Z 计算机语言*

域服务器
　　Y 域名服务器

域间路由
inter-domain routing
TP393
　　S 路由*
　　· 无类别域间路由

域间路由协议
inter-domain routing protocol
TP393.0
　　S 路由协议
　　L 网络协议**

域间组播
inter-domain multicast
TP391
　　S 组播
　　C 稀疏模式独立组播协议
　　　组播源发现协议
　　L 网络通信**

域控制器
domain controller
TP393
　　D 主域控制器
　　S 网络控制器
　　C 局域网
　　Z 网络设备*

域名服务
domain name service
TP393
　　S 互联网服务
　　· 动态域名服务
　　· 域名解析
　　· 域名注册
　　C 域名服务协议

域名服务器
域名管理
Z 网络服务*

域名服务器
domain name server
TP393 TP368
  D DNS 服务器
    域名解析服务器
    域服务器
  S 网络服务器
  • 根域名服务器
  C 域名服务
    域名服务协议
  Z 服务器*

域名服务协议
domain name service protocol
TN915.04
  D DNS 协议
  S 应用层协议
  C 域名服务
    域名服务器
  L 网络协议**

域名根服务器
  Y 根域名服务器

域名管理
domain name management
TP393.07
  S 网络资源管理
  C 域名服务
  Z 网络管理*

域名劫持
  Y DNS 欺骗

域名解析
domain name resolution
TP393.09
  D 动态域名解析
    域名解析服务
  S 域名服务
  C 域名解析器
  Z 网络服务*

域名解析服务
  Y 域名解析

域名解析服务器
  Y 域名服务器

域名解析器
domain name resolver
TP393.0
  S 解析器
  C 域名解析
  Z 软件*

域名注册
domain name registration
TP393.09
  D 注册域名
  S 域名服务
  Z 网络服务*

域内路由
intra-domain routing
TP393
  S 路由*

阈逻辑电路
  Y 阈值逻辑电路

阈下信道
subliminal channel
TN918 TP309
  D 潜信道
  S 隐蔽信道
  C 阈值编码器
  L 信息隐藏**

阈值编码器
threshold encoder
TN91
  S 编码器*
  C 阈下信道

阈值标定
threshold calibration
TP391
  S 信息标定
  Z 信息处理*

阈值分割
threshold segmentation
TP391
  D 图像阈值分割
    阈值分割算法
  S 图像分割
  • 自适应阈值分割
  L 图像处理**

阈值分割算法
  Y 阈值分割

阈值化
thresholding
TP391
  S 信息处理*

阈值逻辑电路
threshold logic circuit
TN4
  D 阈值逻辑门
    阈逻辑电路
  S 饱和型逻辑电路
  • 高阈值逻辑电路
  • 可变阈值逻辑电路
  • 通用阈值逻辑门

  L 逻辑集成电路**

阈值逻辑门
  Y 阈值逻辑电路

阈值滤波
threshold filtering
TN713
  S 滤波*
  • 小波阈值滤波

阈值算法
threshold algorithm
TP301
  S 算法*
  • 自适应阈值算法

元胞自动机
cellular automaton
TP301
  D 分子自动机
    细胞自动机
  S 自动机*
  • 广义细胞自动机
  • 量子细胞自动机

元程序
meta program
TP31
  S 软件*
  C 目标程序

元计算
  Y 有限元计算

元建模
meta modeling
TP391.9
  S 模型构建*

元启发式算法
meta heuristic algorithm
TP312
  S 启发式算法
  Z 算法*

元数据
metadata
TP392 TP391
  D 数据元
  S 数据*
  • 地理信息元数据
  • 构件元数据
  • 学习对象元数据
  • 语义元数据
  C 元数据标准
    元数据管理
    元数据编辑器
    数据网格

元数据编辑器
metadata editor
TP317
　　S 编辑器
　　C 元数据
　　　元数据库
　　　元数据管理
　　L 工具软件**

元数据标准
metadata standard
TP309
　　S 数据标准
　　C 元数据
　　Z 信息产业标准*

元数据服务器
metadata server
TP368
　　S 数据服务器
　　C 元数据服务器集群
　　Z 服务器*

元数据服务器集群
metadata server cluster
TP368
　　S 服务器集群
　　C 元数据服务器
　　Z 服务器*

元数据管理
metadata management
TP391
　　D 元数据管理系统
　　S 数据管理
　　C 元数据
　　　元数据编辑器
　　Z 信息管理*

元数据管理系统
　　Y 元数据管理

元数据库
metadata database
TP392
　　S 数据库*
　　C 元数据编辑器

元搜索
meta-search
TP391
　　D 元搜索技术
　　S 信息检索
　　C 元搜索引擎
　　Z 信息处理*

元搜索技术
　　Y 元搜索

元搜索引擎
meta-search engine

TP393　TP391
　　D 多搜索引擎
　　S 搜索引擎
　　C 元搜索
　　　全文检索
　　L 工具软件**

元素半导体**
elemental semiconductor
TN304
　　D 元素半导体材料
　　S 半导体材料*
　　• 硅材料
　　•• 初晶硅
　　•• 单晶硅
　　••• 区熔硅单晶
　　••• 直拉硅单晶
　　•• 多晶硅
　　••• 半绝缘多晶硅
　　••• 低温多晶硅
　　•• 多孔硅
　　••• 氧化多孔硅
　　•• 非晶硅
　　••• 氢化非晶硅
　　•• 高纯硅
　　•• 硅薄膜
　　••• 多晶硅薄膜
　　••• 非晶硅薄膜
　　••• 纳米硅薄膜
　　••• 微晶硅薄膜
　　•• 绝缘体上硅
　　••• 部分耗尽绝缘体上硅
　　••• 尖晶石上硅
　　••• 图形化绝缘体上硅
　　•• 微晶硅
　　•• 应变硅
　　•• 锗化硅
　　•• 重掺杂硅
　　• 锗
　　•• 单晶锗
　　•• 高纯锗

元素半导体材料
　　Y 元素半导体

元音识别
vowel recognition
TP391
　　S 声音识别
　　Z 信息识别*

元组服务器
tuple server
TP368
　　S 服务器*

原电池
primary battery
TM911
　　D 一次电池
　　S 电池*
　　• 镁锰电池

　　• 铜锌原电池
　　• 无汞电池
　　• 锌汞电池
　　• 锌空气电池
　　• 锌锰电池
　　• 锌银电池
　　• 锂原电池
　　C 蓄电池

原始密钥
　　Y 主密钥

原始数据压缩
raw data compression
TP391
　　S 数据压缩
　　L 信息压缩**

原子层沉积
atomic layer deposition
TN305
　　S 半导体淀积工艺**
　　C 原子层外延

原子层外延
atomic layer epitaxy
TN305
　　S 外延生长
　　• 电化学原子层外延
　　C 原子层沉积
　　Z 半导体工艺*

原子共振滤波
atomic resonance filtering
TN713
　　S 滤波*

原子光刻
atom lithography
TN305
　　S 光刻工艺**

原子激光器
atomic laser
TN248
　　S 气体激光器**
　　• 单原子激光器
　　• 惰性气体激光器
　　• 金属蒸气激光器

圆波导
circular waveguide
TN81
　　S 波导元件
　　Z 微波元件*

圆极化
circular polarization
TN82
　　S 电磁波极化*
　　• 双圆极化

- 右旋圆极化
- 左旋圆极化
C 圆极化天线
　螺旋天线
　超导天线

圆极化天线
circularly polarized antenna
TN82
　S 极化天线
　C 圆极化
　Z 天线*

圆盘激光器
　Y 板条激光器

圆片规模集成电路
wafer scale integrated circuit
TN43
　D 晶片规模集成电路
　S 单片集成电路
　Z 集成电路*

圆片级封装
wafer level packaging
TN05
　D 晶圆片级封装
　　晶圆级封装
　　晶圆级封装技术
　　晶片级封装
　S 半导体封装**

圆形电连接器
circular electrical connector
TN6
　S 电连接器*
- 卡口式圆形电连接器
- 螺纹连接圆形电连接器
- 同轴电连接器
- 推拉式圆形电连接器

圆柱共形微带天线
cylindrically conformal microstrip antenna
TN82
　D 柱面共形微带天线
　S 共形微带天线
　L 微波天线**

圆柱介质谐振器
cylindrical dielectric resonator
TN75
　S 介质谐振器
　Z 谐振器*
　　微波元件*

圆锥单脉冲雷达
conical monopulse radar
TN958
　D 假单脉冲雷达
　S 单脉冲雷达
　Z 雷达*

圆锥等角螺旋天线
　Y 圆锥对数螺旋天线

圆锥对数螺旋天线
conical logarithmic spiral antenna
TN82
　D 圆锥等角螺旋天线
　S 等角螺旋天线
　Z 天线*

圆锥喇叭天线
conical horn antenna
TN82
　D 圆锥形喇叭天线
　S 喇叭天线
　　锥形天线
　L 微波天线**

圆锥扫描雷达
conical scanning radar
TN958
　S 跟踪雷达
　Z 雷达*

圆锥天线
　Y 锥形天线

圆锥形喇叭天线
　Y 圆锥喇叭天线

源编码
source coding
TN912
　S 编码*

源程序
source program
TP311
　D 源程序库
　S 软件*
　C 源码病毒

源程序库
　Y 源程序

源路由
source routing
TN915　TP393.2
　S 路由*
- 动态源路由

源码病毒
source code virus
TP311
　S 计算机病毒
　C 源程序
　L 恶意软件**

源数据库
　Y 数字数据库

源特定组播
　Y 特定源组播

远场信号
far-field signal
TN911
　S 无线电信号
　C 近场通信
　Z 信号*

远程采集
remote acquisition
TP274
　S 信息采集*

远程操作机器人
　Y 遥控机器人

远程传输
remote transmission
TN91
　D 远程传送
　　远距离传输
　　长线传输
　　长距离传输
　　长途传输
　S 信息传输*
- 超长距离传输
- 远程数据传输

远程传送
　Y 远程传输

远程登录协议
telnet protocol
TP393.0
　D Telnet 协议
　S 应用层协议
　L 网络协议**

远程仿真
remote simulation
TP391.9
　S 网络仿真
　Z 仿真*

远程访问服务
remote access service
TP393
　S 远程服务
　C 接入服务器
　　远程接口
　　远程计算机
　Z 网络服务*

远程服务
remote service
TP393
　S 网络服务*
- FTP 服务
- 远程访问服务

- 远程启动服务
- 远程数据服务
- 远程医疗服务
- C 远程工作站

远程服务器
remote server
TP368
   S 服务器*
- 远程数据库服务器

远程工作站
remote workstation
TP393
   S 工作站
   C 远程数据处理
     远程服务
     远程计算
   Z 计算机*

远程计算
remote computing
TP393
   D 远距离计算
   S 计算*
   C 远程工作站
     远程网络
     远程计算机

远程计算机
remote computer
TP368
   S 计算机*
   C 远程终端
     远程计算
     远程访问服务

远程监控软件
remote monitoring software
TP318
   S 监控软件
   L 应用软件**

远程教学
   Y 网络教学

远程教育
   Y 网络教育

远程接口
remote interface
TP393
   S 软件接口
   C 接入服务器
     远程访问服务
   L 计算机接口**

远程接入服务器
   Y 接入服务器

远程控制器
remote controller
TP2 TN91
   S 控制器*

远程控制网络
remote control network
TP391 TP2
   S 控制网络
   Z 自动化网络*

远程启动服务
remote initial program load service
TP316
   D RPL 服务
   S 远程服务
   Z 网络服务*

远程容灾
   Y 异地容灾

远程容灾系统
   Y 异地容灾

远程实验
   Y 网络实验

远程视频
remote video
TP393
   S 视频*
   C 远程图像传输

远程视频会议系统
   Y 网络视频会议系统

远程输入装置
remote input device
TP338
   S 输入设备
   Z 外部设备*

远程数据处理
teledata processing
TP2 TP391
   D 联机数据处理
     远距离数据处理
   S 数据处理**
   C 远程工作站
     远程数据传输
     远程数据服务
     远程数据通信

远程数据传输
remote data transmission
TP393 TN919
   D 数据远程传输
     数据远距离传输
     远距离数据传输
   S 数据传输

     远程传输
   C 远程数据处理
     远程数据库
     远程数据通信
   Z 信息传输*

远程数据服务
remote data service
TP393
   S 数据服务
     远程服务
   C 远程数据处理
     远程数据通信
   Z 信息服务*
     网络服务*

远程数据库
remote database
TP392
   S 数据库*
   C 远程数据传输

远程数据库服务器
remote database server
TP368
   S 数据库服务器
     远程服务器
   Z 服务器*

远程数据通信
remote data communication
TN91
   S 数据通信
   C 远程数据传输
     远程数据处理
     远程数据服务
   Z 通信*

远程水声通信
long-range acoustic communication
TN92
   D 水声远程通信
   S 水声通信
   Z 通信*

远程调试
remote debugging
TP3 TP2
   S 调试*

远程通信
   Y 长途通信

远程图像传递
   Y 远程图像传输

远程图像传输
remote image transmission
TN919
   D 远程图像传送
     远程图像传递

电子信息技术叙词表

　　S 图像传输
　　C 远程视频
　　Z 信息传输*

远程图像传送
　　Y 远程图像传输

远程网
　　Y 远程网络

远程网络
remote network
TP2　TP393
　　D 远程网
　　S 网络*
　　C 远程网络管理
　　　远程计算

远程网络管理
remote network management
TP393.07
　　S 网络管理*
　　C 远程网络

远程显示
remote display
TN87
　　S 显示*

远程信息处理
remote message processing
TN911
　　S 信息处理*

远程医疗服务
telemedicine service
TP393
　　S 远程服务
　　C 人体域网
　　Z 网络服务*

远程终端
remote terminal
TP24　TP33
　　D 远程终端单元
　　　远距离终端
　　S 终端设备*
　　C 远程计算机

远程终端单元
　　Y 远程终端

远红外激光
far infrared laser
TN248
　　D 光泵远红外激光
　　　远红外激光器
　　S 红外激光*
　　Z 激光*

远红外激光器
　　Y 远红外激光

远红外加热
　　Y 红外加热

远距导航
　　Y 罗兰导航

远距离传输
　　Y 远程传输

远距离计算
　　Y 远程计算

远距离数据处理
　　Y 远程数据处理

远距离数据传输
　　Y 远程数据传输

远距离通信
　　Y 长途通信

远距离支援干扰
long distance standoff jamming
TN972
　　S 支援干扰
　　L 电子对抗**

远距离终端
　　Y 远程终端

远紫外激光
far ultraviolet laser
TN248
　　D 远紫外激光器
　　S 紫外激光
　　Z 激光*

远紫外激光器
　　Y 远紫外激光

乐器数字接口
　　Y 数字音频接口

约简算法
reduction algorithm
TP301
　　S 算法*
　　· 启发式约简算法

约瑟夫森结
　　Y 超导隧道结

约瑟夫逊结
　　Y 超导隧道结

约束边嵌入
constraint edge embedding
TP391
　　S 信息嵌入
　　Z 信息处理*

约束建模
constraint modeling
TP391.9
　　S 模型构建*
　　C 约束聚类

约束聚类
constraint clustering
TP391.3
　　S 聚类*
　　C 约束建模

约束路由
constraint-based routing
TP393.2　TN92　TN915
　　D 基于约束的路由
　　　基于约束路由
　　　多约束路由
　　S 路由*

约束逻辑程序设计
constraint logic programming
TP311
　　S 逻辑程序设计
　　Z 软件工程*

约束推理
constraint reasoning
TP18
　　S 推理*

阅读器
　　Y 阅读软件

阅读器天线
reader antenna
TN82
　　S 射频天线
　　Z 天线*

阅读软件
reading software
TP318
　　D 电子阅读软件
　　　读书软件
　　　阅读器
　　S 教育软件
　　L 应用软件**

越权访问
　　Y 非授权访问

云 OS
　　Y 云操作系统

云安全
cloud security
TP309
　　S 网络安全*
　　C 云存储
　　　云服务
　　　云网络
　　　云计算

云操作系统
cloud operating system
TP393　TP316
　　D 云 OS
　　　云计算操作系统
　　S 网络操作系统
　　C 云服务器
　　　云计算
　　L 操作系统**
　　　网络软件**

云存储
cloud storage
TP393
　　S 网络存储
　　C 云安全
　　　云服务器
　　　云计算
　　Z 信息存储*

云电脑
　　Y 桌面虚拟化

云分类器
cloud classifier
TP391
　　S 分类器*

云服务
cloud service
TP393.1
　　D 云计算服务
　　S 网络服务*
　　C 云安全
　　　云数据中心
　　　云模型
　　　云网络
　　　云计算

云服务器
cloud server
TP368　TP393
　　S 网络服务器
　　C 云存储
　　　云操作系统
　　　云计算
　　Z 服务器*

云管理
cloud management
TP393
　　D 云管理平台
　　S 网络管理*

云管理平台
　　Y 云管理

云机器人
cloud robot
TP242　TP393
　　S 机器人*

云计算
cloud computing
TP393.1
　　D 云平台
　　　云计算平台
　　　云计算技术
　　S 分布式计算
　　・IaaS
　　・PaaS
　　・SaaS
　　・移动云计算
　　C 云存储
　　　云安全
　　　云操作系统
　　　云数据中心
　　　云数据库
　　　云服务
　　　云服务器
　　　云模型
　　　云网络
　　　分布式处理
　　　大数据
　　　大数据中心
　　　智慧城市
　　　服务等级协议
　　　物联网
　　　虚拟化技术
　　　边缘计算
　　　雾计算
　　Z 计算*

云计算操作系统
　　Y 云操作系统

云计算服务
　　Y 云服务

云计算技术
　　Y 云计算

云计算平台
　　Y 云计算

云计算数据中心
　　Y 云数据中心

云计算中心
　　Y 云数据中心

云技术
cloud technology
TP393　TN915
　　S 网络技术*

云模型
cloud model
TP393
　　S 网络模型*
　　C 云服务
　　　云计算

云母电容器
mica capacitor
TM534
　　S 无机介质电容器
　　Z 电容器*

云平台
　　Y 云计算

云数据库
cloud database
TP392　TP393
　　S 网络数据库
　　C 云数据中心
　　　云计算
　　Z 数据库*

云数据中心
cloud data center
TP393.07　TP333
　　D 云计算中心
　　　云计算数据中心
　　S 数据中心
　　C 云数据库
　　　云服务
　　　云计算
　　Z 信息基础设施*

云网络
cloud network
TP393
　　S 互联网
　　C 云安全
　　　云服务
　　　云计算
　　Z 计算机网络*

云终端
　　Y 桌面虚拟化

云桌面
　　Y 桌面虚拟化

陨星余迹通信
　　Y 流星余迹通信

陨星余迹信道
　　Y 流星余迹信道

运动补偿时间滤波
　　Y 运动补偿时域滤波

运动补偿时域滤波
motion compensated temporal filtering

TN713　TP301
　D 运动补偿时间滤波
　S 时域滤波
　　运动滤波
　Z 滤波*

运动对象分割
　Y 运动分割

运动仿真
motion simulation
TP391.9
　S 仿真*
　• 机构运动仿真
　• 三维运动仿真

运动分割
motion segmentation
TP391
　D 运动对象分割
　　运动目标分割
　S 图像分割
　C 运动跟踪
　L 图像处理**

运动跟踪
motion tracking
TN971
　S 跟踪*
　• 人体运动跟踪
　• 三维运动跟踪
　C 目标跟踪
　　运动估计算法
　　运动分割

运动估计算法
motion estimation algorithm
TN919　TP301.6
　D 快速运动估计算法
　S 估计算法
　C 运动跟踪
　Z 算法*

运动建模
motion modeling
TP391.9
　S 模型构建*

运动控制器
motion controller
TP23
　S 控制器*
　• 嵌入式运动控制器

运动控制芯片
sport control chip
TN43
　S 控制芯片
　Z 芯片*

运动滤波
sport filtering

TN713
　S 滤波*
　• 运动补偿时域滤波

运动目标分割
　Y 运动分割

运动目标跟踪
　Y 机动目标跟踪

运动目标识别
moving object recognition
TP391.4
　S 目标识别
　Z 信息识别*

运动目标提取
moving object extraction
TP391.4
　S 目标提取
　L 信息抽取**

运动通信
　Y 移动通信

运动图像压缩编码标准
　Y MPEG 标准

运放电路
　Y 运算放大器

运输层协议
　Y 传输层协议

运算程序
operation program
TP317
　S 计算程序
　L 应用软件**

运算放大电路
　Y 运算放大器

运算放大器
operational amplifier
TN72
　D 计算放大器
　　运放电路
　　运算放大器电路
　　运算放大电路
　S 放大器*
　• CMOS 运算放大器
　• 伴随运算放大器
　• 低功耗运算放大器
　• 电流反馈运算放大器
　• 电流运算放大器
　• 对数放大器
　• 反相放大器
　• 高速运算放大器
　• 高压运算放大器
　• 功率运算放大器

　• 集成运算放大器
　• 跨导放大器
　• 宽带运算放大器
　• 理想运算放大器
　• 全差分运算放大器
　• 双极运算放大器
　• 双运算放大器
　• 运算跨阻放大器
　• 增益自举运算放大器

运算放大器电路
　Y 运算放大器

运算跨导放大器
　Y 跨导放大器

运算跨阻放大器
operational transresistance amplifier
TN72
　S 跨阻放大器
　　运算放大器
　Z 放大器*

运营商级以太网
　Y 电信级以太网

杂波仿真
clutter simulation
TN95
　D 杂波模拟
　S 仿真*
　C 杂波跟踪

杂波跟踪
clutter tracking
TN95
　S 信号跟踪
　C 杂波仿真
　Z 信号处理*

杂波模拟
　Y 杂波仿真

杂波信号
clutter signal
TN95
　S 无线电信号
　C 杂波抑制
　　雷达信号
　　雷达干扰
　Z 信号*

杂波抑制
clutter suppression
TN911
　D 杂乱回波抑制
　S 干扰抑制*
　• 背景杂波抑制
　• 海杂波抑制
　• 无源杂波抑制

C 杂波信号

杂乱回波抑制
Y 杂波抑制

杂散信号
spurious signal
TN7
D 伪信号
S 无线电信号
C 杂散抑制
Z 信号*

杂散抑制
spurious suppression
TN91
S 干扰抑制*
C 杂散信号

杂质半导体
Y 掺杂半导体

杂质扩散
impurity diffusion
TN305
D 杂质扩散工艺
S 半导体扩散工艺
Z 半导体工艺*

杂质扩散工艺
Y 杂质扩散

灾备
Y 灾难备份

灾难备份
disaster backup
TP309
D 灾备
  灾难备份技术
S 备份*
C 灾难恢复

灾难备份技术
Y 灾难备份

灾难备份系统
Y 容灾备份

灾难恢复
disaster recovery
TP309
S 容灾
• 备份恢复
• 系统恢复
• 硬盘恢复
C 数据安全
  灾难备份
Z 信息安全技术*

载波传输
carrier transmission
TN914
S 信息传输*
• 多载波传输
C 载波通信

载波跟踪
carrier tracking
TN911
S 信号跟踪
C 扩频接收机
  码跟踪
  载波跟踪环
Z 信号处理*

载波跟踪环
carrier tracking loop
TN962 TN710
D 载波跟踪环路
S 跟踪环路
C GPS软件接收机
  载波跟踪
Z 电子电路*

载波跟踪环路
Y 载波跟踪环

载波机
carrier machine
TN913.6
S 通信设备*
• 电力线载波机
• 载波终端机
C 载波调制

载波监听
carrier sensing
TN92 TP273
D 载波侦听
S 网络监听
L 网络安全技术**

载波调制
carrier modulation
TN76
S 调制*
• 单载波调制
• 多载波调制
• 二进制偏移载波调制
• 副载波调制
C 载波机

载波通信
carrier communication
TN913.6
S 通信*
• 电力线载波通信
• 多载波通信
• 数字载波通信
C 载波传输
  载波噪声

载波抑制

载波相位接收机
carrier phase receiver
TN85
S 接收设备*

载波抑制
carrier suppression
TN92
D 抑制载波
S 干扰抑制*
C 载波噪声
  载波通信

载波噪声
carrier noise
TN911
S 无线电噪声
C 载波抑制
  载波通信
Z 信号噪声*

载波侦听
Y 载波监听

载波终端机
carrier terminal machine
TN913.6
S 载波机
  通信终端**

载带型焊球阵列封装
carrier type ball array package
TN05
D TBGA
S 球栅阵列封装
L 半导体封装**

载流子传输材料
carriers transport material
TM2
S 电子材料*

再入假目标
Y 再入诱饵

再入诱饵
reentry decoy
TN972
D 再入假目标
S 电子诱饵
L 电子干扰设备**

再生放大器
regenerative amplifier
TN72
D 再生式放大器
S 激光放大器
L 光放大器**

电子信息技术叙词表

再生接收机
    Y 再生式接收机

再生式放大器
    Y 再生放大器

再生式接收机
regenerative receiver
TN85
    D 再生接收机
    S 接收设备*

再生锁模光纤激光器
regenerative mode-locked fiber laser
TN248
    S 锁模光纤激光器
    L 光纤激光器**

在屏显示
on screen display
TN87
    S 屏幕显示
    C 视频处理
    Z 显示*

在系统编程
in system programming
TN710   TP311
    D 在系统中编程
        在系统可编程
        在系统可编程技术
        在系统编程技术
    S 软件编程**
    C 在应用编程
        在系统可编程模拟电路
        在系统可编程逻辑器件

在系统编程技术
    Y 在系统编程

在系统可编程
    Y 在系统编程

在系统可编程技术
    Y 在系统编程

在系统可编程逻辑器件
in system programmable PLD
TN4
    D ISP-PLD
        ispLSI 器件
        ispPLD
    S 可编程逻辑器件
    C 在系统可编程模拟电路
        在系统编程
    L 逻辑集成电路**

在系统可编程模拟电路
in system programmable analog circuit

TN710
    D ispPAC
        在系统可编程模拟器件
    S 模拟电路
    C 在系统可编程逻辑器件
        在系统编程
    Z 电子电路*

在系统可编程模拟器件
    Y 在系统可编程模拟电路

在系统中编程
    Y 在系统编程

在线 UPS
    Y 在线式不间断电源

在线办公
    Y 网络办公

在线备份
online backup
TP393
    S 备份*
    C 在线存储

在线编程
online programming
TP24   TP311
    S 软件编程**
    C 在线编辑器

在线编辑器
online compiler
TP317
    S 编辑器
    C 协同处理
        在线编程
    L 工具软件**

在线辨识
    Y 在线识别

在线测试仪
online tester
TM93
    D 电路在线测试仪
        电路板在线测试仪
    S 电子测量仪器*
    C 印制电路板

在线存储
online storage
TP393.07
    S 信息存储*
    C 在线备份
        在线数据库
        网络备份

在线答疑
    Y 网络答疑

在线多媒体
online multimedia
TP393
    S 多媒体*
    C 在线服务

在线翻译
online translation
TP393
    D 网络翻译
    S 网络应用*

在线仿真
online simulation
TP391.9
    D 在线模拟
    S 网络仿真
    Z 仿真*

在线服务
online service
TP393
    S 网络服务*
    C 在线多媒体
        在线数据库

在线交流
    Y 网络交流

在线教学
    Y 网络教学

在线教育
    Y 网络教育

在线聚类
online clustering
TP391.3
    S 聚类*

在线考试
    Y 在线考试系统

在线考试系统
online examination system
TP391
    D 在线考试
    S 计算机考试系统
    Z 计算机应用系统*

在线模拟
    Y 在线仿真

在线签名认证
online signature authentication
TP309
    S 签名认证
    C 伪造签名
        数字签名
    Z 信息安全认证*

在线识别
online identification
TP391
 D 在线辨识
 S 信息识别*

在线实验
 Y 网络实验

在线式 UPS
 Y 在线式不间断电源

在线式不间断电源
online UPS
TN86
 D 在线 UPS
  在线式 UPS
 S 不间断电源
 Z 电源*

在线视频
 Y 网络视频

在线数据库
online database
TP31 TP392
 S 数据库*
 C 在线存储
  在线服务

在线调试
online debugging
TP3 TP2
 S 调试*

在线系统
online system
TP393
 S 计算机应用系统*

在线显示
online display
TP277
 S 显示*

在线学习
 Y 网络学习

在线游戏
 Y 网络游戏

在线阅读
 Y 网络阅读

在线证书状态协议
online certificate status protocol
TP309
 D OCSP
 S 安全协议

 C 公钥基础设施
 Z 通信协议*

在线支付
 Y 网上支付

在线直播
 Y 网络直播

在应用编程
in-application programming
TP311
 D 在应用可编程
 S 软件编程**
 C 在系统编程

在应用可编程
 Y 在应用编程

脏数据
dirty data
TP391 TP392
 S 数据*
 C 噪声数据
  数据清洗

脏纸编码
dirty paper coding
TN911
 S 编码*
 C 多输入多输出正交频分复用

藏文编码
Tibetan coding
TP391
 S 信息编码**
 C 藏文信息处理

藏文信息处理
Tibetan information processing
TP391
 S 信息处理*
 C 藏文编码

造字程序
character-making program
TP317
 D 造字软件
 S 中文输入系统
 L 办公软件**

造字软件
 Y 造字程序

噪声测量仪
noise tester
TN914
 D 噪声测试仪
 S 信号分析仪
 Z 电子测量仪器*

噪声测试仪
 Y 噪声测量仪

噪声处理
noise processing
TN911
 S 信号处理*
 • 降噪处理
 • 小波去噪
 • 噪声分离

噪声分离
noise separation
TN911
 S 噪声处理
 Z 信号处理*

噪声干扰机
 Y 噪声干扰器

噪声干扰器
noise jammer
TN972
 D 噪声干扰机
 S 声干扰器
  水声对抗装备
 L 电子干扰设备**

噪声雷达
noise radar
TN958
 D 随机信号雷达
 S 雷达*

噪声滤波
noise filtering
TN713
 S 滤波*
 • 自适应噪声滤波

噪声数据
noise data
TP391
 S 数据*
 C 数据清洗
  脏数据

噪声调幅干扰
noise AM jamming
TN972
 S 噪声调制干扰
  调幅干扰
 L 电子对抗**

噪声调频干扰
noise FM jamming
TN974
 S 噪声调制干扰
  调频干扰
 L 电子对抗**

噪声调相干扰
noise phase modulation jamming
TN972
　　S 噪声调制干扰
　　L 电子对抗**

噪声调制
noise modulation
TN76
　　S 调制*
　　C 噪声调制干扰

噪声调制干扰
noise modulation jamming
TN972
　　S 通信干扰
　　· 噪声调幅干扰
　　· 噪声调频干扰
　　· 噪声调相干扰
　　C 噪声信号
　　　噪声调制
　　L 电子对抗**

噪声信号
noise signal
TN912　TN7
　　S 声信号
　　C 噪声调制干扰
　　Z 信号*

噪声抑制电路
noise suppression circuit
TN710
　　D 干扰抑制电路
　　S 电子电路*
　　C 低噪声接收机
　　　信号噪声

增材制造
　　Y 3D打印

增量备份
incremental backup
TP309
　　S 备份*

增量编码器
　　Y 增量式编码器

增量传输
incremental transmission
TN91
　　S 信息传输*
　　C 增量式编码器

增量更新算法
incremental updating algorithm
TP301
　　D 增量式更新算法
　　S 增量算法
　　C 数据挖掘

　　Z 算法*

增量聚类
incremental clustering
TP392　TP301
　　D 增量式聚类
　　S 聚类*

增量开发
　　Y 增量式开发

增量脉码调制
　　Y 增量调制

增量式编码器
incremental encoder
TN762
　　D 增量编码器
　　S 编码器*
　　C 增量传输

增量式更新算法
　　Y 增量更新算法

增量式聚类
　　Y 增量聚类

增量式开发
incremental development
TP311
　　D 增量开发
　　S 软件开发
　　C 迭代开发
　　Z 软件工程*

增量式数据挖掘
　　Y 增量挖掘

增量式算法
　　Y 增量算法

增量式挖掘
　　Y 增量挖掘

增量算法
incremental algorithm
TP301
　　D 增量式算法
　　S 算法*
　　· 增量更新算法
　　· 增量学习算法

增量调制
delta modulation
TN76
　　D ΔM
　　　增量脉码调制
　　S 脉冲调制
　　· 连续可变斜率增量调制
　　· 自适应增量调制
　　Z 调制*

增量挖掘
incremental mining
TP391
　　D 增量式挖掘
　　　增量式数据挖掘
　　S 信息挖掘**

增量维纳滤波
incremental Wiener filtering
TN713
　　S 维纳滤波
　　Z 滤波*

增量学习算法
incremental learning algorithm
TP181　TP301
　　S 增量算法
　　　机器学习算法
　　Z 算法*

增量支持向量机
incremental support vector machine
TP391
　　S 支持向量机*

增强并口
　　Y 增强型并行接口

增强并行接口
　　Y 增强型并行接口

增强并行口
　　Y 增强型并行接口

增强并行口模式
　　Y 增强型并行接口

增强处理
　　Y 图像增强

增强导航系统
enhanced navigation system
TN966
　　S 导航系统*
　　· 地基增强系统
　　· 广域增强系统
　　· 局域增强系统
　　· 星基增强系统

增强电荷耦合器件
intensified charge coupled device
TN36
　　D ICCD
　　S 电荷耦合器件
　　Z 半导体器件*

增强高通滤波
enhanced high-pass filtering
TN713
　　S 高通滤波

Z 滤波*

增强现实
augmented reality
TP37
　　D AR 技术
　　　增强现实技术
　　　增强现实系统
　　S 虚拟现实
　　C 混合现实
　　Z 虚拟技术*

增强现实技术
　　Y 增强现实

增强现实系统
　　Y 增强现实

增强型并行端口
　　Y 增强型并行接口

增强型并行接口
enhanced parallel interface
TP334.7
　　D EPP 并口
　　　EPP 接口
　　　增强型并行口
　　　增强型并行端口
　　　增强并口
　　　增强并行口
　　　增强并行口模式
　　　增强并行接口
　　S 并行接口
　　Z 接口*

增强型并行口
　　Y 增强型并行接口

增强型网关内部路由协议
enhanced interior gateway routing protocol
TP393.0
　　D EIGRP
　　S 内部网关路由协议
　　L 网络协议**

增益放大器
gain amplifier
TN72
　　S 放大器*
　　· 程控增益放大器
　　· 固定增益放大器
　　· 可编程增益放大器
　　· 可变增益放大器
　　· 增益自举运算放大器
　　· 自动增益放大器

增益均衡
　　Y 增益均衡器

增益均衡器
gain equalizer
TN715
　　D 增益均衡
　　S 均衡器*
　　· 动态增益均衡器
　　· 可调增益均衡器

增益开关半导体激光器
gain-switched semiconductor laser
TN248
　　D 增益开关激光器
　　S 半导体激光器
　　L 固体激光器**

增益开关激光器
　　Y 增益开关半导体激光器

增益可编程放大器
　　Y 可编程增益放大器

增益压缩
gain compression
TN911
　　S 信号压缩
　　C 增益增强
　　Z 信号处理*

增益增强
gain enhancement
TN911
　　S 信号增强
　　C 增益压缩
　　Z 信号处理*

增益自举运算放大器
gain-boosted operational amplifier
TN72
　　S 增益放大器
　　　运算放大器
　　Z 放大器*

增音机
repeater
TN916
　　S 中继器
　　Z 通信设备*

增值网
value added network
TP391　TN919
　　D 增值网络
　　S 通信网络*

增值网络
　　Y 增值网

闸流管
thyratron
TN13
　　D 气体闸流管
　　S 离子管**
　　· 冷阴极闸流管
　　· 氢闸流管
　　C 晶闸管

闸流晶体管
　　Y 晶闸管

闸门电路
　　Y 门控电路

窄波束测向
　　Y 搜索法测向

窄波束天线
narrow beam antenna
TN82
　　S 波束天线
　　Z 天线*

窄带半导体
　　Y 窄禁带半导体

窄带干扰抑制
narrow band interference suppression
TN911
　　S 干扰抑制*
　　C 窄带噪声

窄带激光器
narrow band laser
TN248
　　S 激光器*

窄带滤波
　　Y 窄带滤波器

窄带滤波器
narrow band filter
TN713
　　D 窄带滤波
　　S 带通滤波器
　　Z 滤波器*

窄带通信
narrow band communication
TN91
　　S 通信*
　　C 窄带噪声
　　　窄带综合业务数字网

窄带物联网
narrow band internet of things
TN92　TP2
　　D NB-IoT
　　S 物联网**
　　C 蜂窝网络

电子信息技术叙词表

窄带隙半导体
  Y 窄禁带半导体

窄带信号
narrow band signal
TN911
  S 无线电信号
  Z 信号*

窄带噪声
narrow band noise
TN911
  S 信号噪声*
  C 窄带干扰抑制
    窄带通信

窄带综合服务数字网
  Y 窄带综合业务数字网

窄带综合业务数字网
narrow band integrated service digital network
TN915
  D 窄带综合服务数字网
  S 数字通信网
    综合业务数字网
  C 窄带通信
  Z 通信网络*

窄禁带半导体
narrow bandgap semiconductor
TN304
  D 窄带半导体
    窄带隙半导体
    窄禁带半导体材料
    零禁带半导体
  S 半导体材料*

窄禁带半导体材料
  Y 窄禁带半导体

斩波电路
chopper circuit
TN710
  D 直流斩波电路
  S 电子电路*
  • 降压斩波电路
  • 升压斩波电路
  C 斩波放大器
    直流-直流变换器

斩波放大器
chopper amplifier
TN72
  D 斩波稳定放大器
    斩波调制放大器
  S 放大器*
  C 斩波电路

斩波调制放大器
  Y 斩波放大器

斩波稳定放大器
  Y 斩波放大器

展开式天线
  Y 可展开天线

展开天线
  Y 可展开天线

栈
  Y 堆栈

栈存储器
  Y 堆栈

栈溢出
  Y 缓冲区溢出漏洞

战场机器人
battlefield robot
TP242
  S 军用机器人
  Z 机器人*

战场态势感知
battlefield situation awareness
TP971
  S 态势感知
  Z 信息感知*

战场通信
battlefield communication
TN92 TN91
  S 军事通信
  C 容迟容断网络
  Z 通信*

战场侦察雷达
battlefield reconnaissance radar
TN958
  S 侦察雷达
  Z 雷达*

战场指挥系统
battlefield command system
TP39
  S 指挥信息系统
  Z 信息系统*

战略通信
strategic communication
TN915
  D 战略通信系统
  S 军事通信
  Z 通信*

战略通信系统
  Y 战略通信

战术仿真
  Y 作战仿真

战术互联网
tactical internet
TP391.6 TN92
  S 互联网
  C 战术数据链
    战术通信
    战术通信网
  Z 计算机网络*

战术激光器
tactical laser
TN248
  S 激光器*

战术空中导航系统
  Y 塔康导航系统

战术数据链
tactical data link
TN919 TP393 TN915
  D 战术数据链系统
    战术数据链路
  S 数据链路
  C 战术互联网
    战术数据系统
    战术通信网
    网络中心战
  Z 链路*
    通信网络*

战术数据链路
  Y 战术数据链

战术数据链系统
  Y 战术数据链

战术数据系统
tactical data system
TP274
  S 数据系统*
  C 战术数据链
    战术通信网

战术通信
tactical communication
TN91 TN92
  S 军事通信
  C 战术互联网
    战术通信网
  Z 通信*

战术通信网
tactical communication network
TN915
  D 战术网
    战术网络
    战术通信网络
  S 军用网络

C 战术互联网
　战术数据系统
　战术数据链
　战术通信
Z 通信网络*

战术通信网络
Y 战术通信网

战术网
Y 战术通信网

战术网络
Y 战术通信网

战役通信
campaign communication
TN915
　S 军事通信
　Z 通信*

掌上电脑
palmtop computer
TP368
　D PDA 终端
　　PDA 设备
　　个人数字助手
　　个人数字助理
　　个人数码助理
　　掌上型电脑
　　掌上型计算机
　　掌上计算机
　S 手持式计算机
　C 手持电视
　L 电子数字计算机**

掌上电视
Y 手持电视

掌上计算机
Y 掌上电脑

掌上型电脑
Y 掌上电脑

掌上型计算机
Y 掌上电脑

掌纹识别
palmprint recognition
TP391.4
　D 掌纹识别技术
　S 人体识别
　L 特征识别**

掌纹识别技术
Y 掌纹识别

掌中电视
Y 手持电视

帐号管理
account number management
TP311
　D 账号管理
　S 信息管理*
　C 账号安全

帐户安全
Y 账号安全

账号安全
account security
TP309
　D 帐户安全
　S 个人信息安全
　C 帐号管理
　Z 信息安全*

账号管理
Y 帐号管理

兆焦耳激光器
megajoule laser
TN248
　S 高功率激光器
　Z 激光器*

照片处理
photo processing
TP391
　S 图像处理**

照片打印机
photo printer
TP334.3
　D 数码照片打印机
　S 图形输出设备
　　打印机
　C 喷墨打印机
　Z 外部设备*

遮蔽式干扰
Y 压制干扰

遮盖性干扰
Y 压制干扰

折叠波导行波管
folded-waveguide travelling wave tube
TN12
　S 行波管
　L 微波管**

折叠滤波
folded filtering
TN712
　D 折叠式滤波
　S 滤波*

折叠式滤波
Y 折叠滤波

折叠式天线
Y 折叠天线

折叠天线
folded antenna
TN82
　D 折叠式天线
　S 天线*

锗
germanium
TN304
　S 元素半导体**
　· 单晶锗
　· 高纯锗

锗单晶
Y 单晶锗

锗硅异质结双极晶体管
germanium-silicon heterojunction bipolar transistor
TN32
　D SiGe HBT
　　SiGe 异质结双极晶体管
　S 异质结双极性晶体管
　C 锗化硅
　L 半导体分立器件**
　　双极器件**

锗化硅
silicon germanium
TN304
　D SiGe 材料
　　多晶锗硅
　　硅锗
　　硅锗半导体
　　硅锗合金
　　硅锗材料
　S 二元化合物半导体
　　硅材料
　C 锗硅异质结双极晶体管
　L 元素半导体**
　　化合物半导体**

褶积滤波
Y 卷积滤波

针打式打印机
Y 针式打印机

针极打印机
Y 针式打印机

针式打印机
stylus printer
TP334.3　TN87
　D 击打式打印机

         针式控制台打印机
         针式控制台打字机
         针打式打印机
         针极打印机
      S 打印机
      Z 外部设备*

针式控制台打印机
   Y 针式打印机

针式控制台打字机
   Y 针式打印机

针栅阵列封装
pin gate array package
TN05
   D PGA 封装
   S 半导体封装**

侦察告警
reconnaissance and warning
TN971
   D 侦察告警技术
   S 电子防御
      • 红外侦察告警
      • 激光侦察告警
   C 侦察天线
      侦察雷达
   L 电子对抗**

侦察告警技术
   Y 侦察告警

侦察机器人
reconnaissance robot
TP242
   S 军用机器人
   Z 机器人*

侦察接收机
reconnaissance receiver
TN85
   D 电子侦察接收机
      警戒接收机
   S 电子战接收机
      • 监视侦察接收机
      • 截获接收机
      • 晶体视频接收机
      • 雷达侦察接收机
      • 数字侦察接收机
      • 通信侦察接收机
   Z 电子战装备*
      接收设备*

侦察雷达
reconnaissance radar
TN958
   D 情报雷达
   S 雷达*
      • 对空情报雷达
      • 火炮定位雷达
      • 战场侦察雷达

   C 侦察告警

侦察声呐
   Y 水声侦察仪

侦察天线
reconnaissance antenna
TN82
   S 天线*
   C 侦察告警

侦察无人机
reconnaissance unmanned aerial vehicle
TN971
   D 电子侦察无人机
   S 电子侦察设备
      电子战飞机
   Z 电子战装备*

侦察校射雷达
   Y 炮兵侦察校射雷达

帧存储
frame storage
TN919.8
   S 信息存储*

帧存储器
frame memory
TP333
   S 存储器*
      • 帧缓冲存储器

帧缓冲存储器
frame buffer
TP333
   D 帧缓存
      帧缓存器
   S 帧存储器
      缓冲存储器
   C 显示内存
   Z 存储器*

帧缓存
   Y 帧缓冲存储器

帧缓存器
   Y 帧缓冲存储器

帧间编码
interframe coding
TN919
   S 视频编码
      • 帧间预测编码
   L 音视频编码**

帧间滤波
interframe filtering
TN919.8
   S 滤波*

帧间压缩
interframe compression
TN919.8
   S 视频压缩
   L 信息压缩**
      视频处理**

帧间预测编码
interframe predictive coding
TN911
   S 帧间编码
      预测编码
   L 音视频编码**

帧交换
frame switching
TN915 TP393.0
   S 快速分组交换
   L 通信交换**

帧内编码
intraframe coding
TN934
   D 画面内编码
   S 视频编码
      • 帧内预测编码
   L 音视频编码**

帧内压缩
intraframe compression
TN919
   S 视频压缩
   L 信息压缩**
      视频处理**

帧内预测编码
intraframe prediction coding
TN919
   S 帧内编码
      预测编码
   L 音视频编码**

帧输出变压器
frame output transformer
TM42
   S 输出变压器
   L 电子变压器**

帧同步机
   Y 帧同步器

帧同步器
frame synchronizer
TN91 TN941
   D 帧同步机
   S 视频设备*
   C 帧同步信号

帧同步收发器
frame synchronization transceiver
TN8 TN7

S 收发器*

帧同步信号
frame synchronous signal
TN948
　　S 同步信号
　　　　通信信号
　　C 帧同步器
　　Z 信号*

帧中继
frame relay
TN914
　　D 帧中继技术
　　S 网络互联技术
　　C 帧中继协议
　　　　帧中继网络
　　　　广域网
　　Z 网络技术*

帧中继技术
　　Y 帧中继

帧中继网
　　Y 帧中继网络

帧中继网络
frame relay network
TN915
　　D 帧中继网
　　S 通信网络*
　　C 帧中继
　　　　帧中继协议

帧中继协议
frame relay protocol
TN915.04　TP393
　　S 数据链路层协议
　　C 帧中继
　　　　帧中继网络
　　L 网络协议**

真对数放大器
true logarithmic amplifier
TN72
　　S 对数放大器
　　Z 放大器*

真空半导体器件
　　Y 真空微电子器件

真空场发射三极管
　　Y 场发射三极管

真空沉积
　　Y 真空淀积

真空触发管
vacuum trigger tube
TN13
　　S 触发管

　　L 离子管**

真空电容器
vacuum capacitor
TM53
　　S 气体介质电容器
　　Z 电容器*

真空电子管
　　Y 电子管

真空电子技术
　　Y 真空电子学

真空电子器件
　　Y 电真空器件

真空电子学
vacuum electronics
TN1
　　D 真空电子技术
　　S 电子学*
　　· 真空微电子学
　　C 真空继电器

真空淀积
vacuum deposition
TN305
　　D 真空弧沉积
　　　　真空沉积
　　S 半导体淀积工艺**

真空镀膜机
vacuum coating machine
TN305
　　D 真空镀膜设备
　　　　蒸发台
　　　　高真空镀膜机
　　S 半导体工艺设备↑

真空镀膜设备
　　Y 真空镀膜机

真空二极管
　　Y 电子二极管

真空封装
vacuum package
TN05
　　S 封装工艺
　　Z 电子工艺*

真空管
　　Y 电子管

真空管放大器
　　Y 电子管放大器

真空光电管
vacuum phototube

TN15
　　D 电子光电管
　　S 光电发射管
　　L 电子束管**

真空光电器件
vacuum photovoltaic device
TN15
　　S 电子束管**
　　· 光电倍增管
　　· 光电发射管
　　· 摄像管
　　· 荧光数码管

真空弧沉积
　　Y 真空淀积

真空继电器
vacuum relay
TM58
　　S 电磁继电器
　　C 真空电子学
　　Z 继电器*

真空开关管
vacuum switching tube
TN11
　　S 电子管**

真空器件
　　Y 电真空器件

真空三极管
vacuum triode
TN11
　　D 三极电子管
　　S 电子管**
　　· 场发射三极管
　　· 双三极管
　　· 微波三极管
　　· 直热式三极管

真空微电子
　　Y 真空微电子学

真空微电子技术
　　Y 真空微电子学

真空微电子器件
vacuum microelectronic device
TN11
　　D 真空半导体器件
　　S 电真空器件*

真空微电子学
vacuum microelectronics
TN4　TN1
　　D 真空微电子
　　　　真空微电子技术
　　S 真空电子学
　　Z 电子学*

真空荧光管
　　Y 荧光显示管

真空荧光显示
　　Y 真空荧光显示器

真空荧光显示管
　　Y 荧光显示管

真空荧光显示屏
　　Y 真空荧光显示器

真空荧光显示器
vacuum fluorescent display
TN15　TN27
　　D VFD
　　　真空荧光显示
　　　真空荧光显示器件
　　　真空荧光显示屏
　　　荧光显示器
　　S 显示器
　　C 荧光显示管
　　Z 显示设备*

真空荧光显示器件
　　Y 真空荧光显示器

真三维立体显示
true 3D volumetric display
TP334.3　TN27
　　D 真三维显示
　　　真三维显示技术
　　　真三维立体显示技术
　　S 三维显示
　　Z 显示*
　　　三维技术*

真三维立体显示技术
　　Y 真三维立体显示

真三维显示
　　Y 真三维立体显示

真三维显示技术
　　Y 真三维立体显示

真实感显示
reality display
TP37
　　S 显示*

真实感渲染
realism rendering
TP391
　　S 图像渲染
　　L 图像处理**

真随机数产生器
　　Y 真随机数发生器

真随机数发生器
true random number generator
TN918
　　D 真随机数产生器
　　S 随机数发生器
　　L 信号发生器**

诊断程序
　　Y 诊断软件

诊断软件
diagnosis software
TP306　TP31
　　D 诊断程序
　　S 工具软件**
　　· 故障诊断软件
　　C 测试生成算法
　　　诊断算法

诊断算法
diagnosis algorithm
TP2　TP301
　　S 算法*
　　C 诊断软件

枕校电路
pincushion correction circuit
TN710
　　D 枕形校正电路
　　S 校正电路
　　Z 电子电路*

枕形畸变
　　Y 枕形失真

枕形校正电路
　　Y 枕校电路

枕形失真
pincushion distortion
TN942　TN24
　　D 枕形畸变
　　S 几何失真
　　Z 失真*

阵列处理
　　Y 阵列信号处理

阵列处理机
　　Y 阵列处理器

阵列处理器
array processor
TP33　TP33
　　D 处理器阵列
　　　阵列处理机
　　S 微处理器*
　　C 多芯片组件
　　　超大规模集成电路

阵列雷达
array radar
TN958
　　S 雷达*
　　· 数字阵列雷达
　　· 相控阵雷达

阵列式片状放大器
array multi-segment amplifier
TN72
　　S 片状放大器
　　Z 放大器*

阵列天线
array antenna
TN82
　　D 天线阵
　　　天线阵列
　　　阵天线
　　S 天线*
　　· 反射阵列天线
　　· 分形阵列天线
　　· 缝隙阵列天线
　　· 共形阵列天线
　　· 环形阵列天线
　　· 可重构天线
　　· 雷达阵列天线
　　· 平面阵天线
　　· 微带阵列天线
　　· 线性阵列天线
　　· 相控阵天线
　　· 智能天线阵列

阵列信号处理
array signal processing
TN911
　　D 阵列处理
　　S 信号处理*

阵天线
　　Y 阵列天线

振荡技术
　　Y 振荡器

振荡器*
oscillator
TN752
　　D 振荡技术
　　· 本机振荡器
　　· 超高频振荡器
　　· 驰豫振荡器
　　· 低频振荡器
　　· 低噪声振荡器
　　· 电流控制振荡器
　　· 调频振荡器
　　· 多频振荡器
　　· 二极管振荡器
　　· · 变容二极管振荡器
　　· · · 变容二极管调频振荡器
　　· · · 变容二极管压控振荡器
　　· · 二极管负阻振荡器

国家工业信息安全发展研究中心 主编

- ·· 隧道二极管振荡器
- ·· 体效应二极管振荡器
- ·· 雪崩二极管振荡器
- · 反馈振荡器
- · 副载波振荡器
- · 负阻振荡器
- ·· 二极管负阻振荡器
- ·· 隧道二极管振荡器
- ·· 雪崩二极管振荡器
- · 感容振荡器
- · 高频振荡器
- · 光振荡器
- ·· 光参量振荡器
- ·· 激光振荡器
- · 晶体管振荡器
- ·· 微波晶体管振荡器
- · 晶体振荡器
- ·· 电压控制晶体振荡器
- ·· 恒温控制晶体振荡器
- ·· 数字化补偿晶体振荡器
- ·· 温度补偿晶体振荡器
- · 可变频率振荡器
- · 宽频带振荡器
- · 量子振荡器
- · 脉冲振荡器
- · 射频振荡器
- · 甚低频振荡器
- · 声表面波振荡器
- · 声光振荡器
- · 声体波振荡器
- · 微波振荡器
- ·· 毫米波振荡器
- ·· 体效应二极管振荡器
- ·· 微波晶体管振荡器
- · 谐波振荡器
- · 音叉振荡器
- · 音频振荡器
- · 阻容振荡器

振荡网络
oscillation network
TN711
   S 电路网络*

振动传感器
vibration sensor
TP212.1
   S 物理传感器**

振动电机
vibration motor
TM38
   D 振动马达
   S 微型电动机
   Z 微特电机*

振动仿真
vibration simulation
TP391.9
   S 仿真*

振动马达
   Y 振动电机

振幅键控
amplitude shift keying
TN76 TN911 TN929.1
   D 幅度键控
      幅移键控
      移幅键控
   S 键控调制
  · 通断键控
   C 数字基带信号
   L 数字调制**

振幅调制
   Y 调幅

振子天线
   Y 偶极天线

蒸发台
   Y 真空镀膜机

整合技术
   Y 集成技术

整合芯片
   Y 整合型芯片组

整合芯片组
   Y 整合型芯片组

整合型芯片组
integrated chipset
TN4
   D 整合芯片
      整合芯片组
   S 芯片组
   Z 芯片*

整流变压器
rectifier transformer
TM42
   S 电源变压器
   L 电子变压器**

整流电路
rectifier circuit
TN710
   S 电子电路*
  · 半波整流电路
  · 可控整流电路
  · 桥式电路
  · 全波整流电路
   C 硅整流器

整流电源
rectifier power supply
TN86
   S 电源*
  · 晶闸管整流电源

整流二极管
rectifier diode

TN35 TN31
   D 半导体整流二极管
   S 半导体二极管
  · 硅整流二极管
   C 二极管整流器
   L 半导体分立器件**

整流硅堆
   Y 硅整流器

整流天线
rectenna
TN82
   S 天线*

整体识别
global recognition
TP391.4
   S 信息识别*

整系数数字滤波
integral coefficient digital filtering
TN713
   S 数字滤波
   Z 滤波*

整形电路
shaping circuit
TN710
   S 电子电路*
  · 钳位电路

正比计数管
proportional counter
TN13
   D 正比计数器
   S 计数管
   L 离子管**

正比计数器
   Y 正比计数管

正激变换器
   Y 正激式变换器

正激式变换器
forward converter
TN4 TN710
   D 正激变换器
   S 电源变换器
   Z 变换器*

正交编码
quadrature encoding
TN914 TN92
   S 编码*
  · 正交空时分组编码

正交场放大管
crossed-field amplifier

TN12
　　D 磁控型放大管
　　S 放大管
　　　　正交场器件
　　• 返波放大管
　　• 前向波放大管
　　L 微波管**
　　　　电子管**

正交场器件
crossed-field device
TN12
　　D M型器件
　　　　交叉场器件
　　S 微波电子管
　　• 正交场放大管
　　• 正交场振荡管
　　L 微波管**

正交场振荡管
crossed-field oscillating tube
TN12
　　S 正交场器件
　　• 磁控管
　　L 微波管**

正交多载波调制
　　Y 正交频分复用

正交法跳频
orthogonal frequency hopping
spread spectrum
TN973
　　S 跳频
　　C 正交信号
　　Z 扩频*

正交幅度调制
quadrature amplitude modulation
TN76
　　D QAM
　　　　QAM调制
　　　　正交振幅调制
　　　　正交调幅
　　S 正交调制
　　　　调幅
　　• 多进制正交幅度调制
　　C QAM解调
　　Z 调制*

正交幅度调制解调
　　Y QAM解调

正交极化
orthogonal polarization
TN82
　　S 电磁波极化*
　　C 正交信号

正交检波
　　Y 正交解调

正交解调
quadrature demodulation
TN76
　　D 正交检波
　　S 解调*
　　• 数字正交解调
　　C 正交信号

正交解调接收机
orthogonal demodulation receiver
TN85
　　S 接收设备*

正交空时分组编码
orthogonal space time block
coding
TN911　TN92
　　D 准正交空时分组码
　　　　正交空时分组码
　　S 正交编码
　　　　空时分组编码
　　L 通信编码**

正交空时分组码
　　Y 正交空时分组编码

正交扩频
orthogonal spread spectrum
TN918
　　S 扩频*

正交模变换器
　　Y 正交模转换器

正交模耦合器
orthomode coupler
TN62　TN63
　　D 正交耦合器
　　S 耦合器*
　　C 正交模转换器

正交模转换器
orthomode converter
TN957
　　D 正交模变换器
　　S 转换器*
　　C 极化雷达
　　　　正交模耦合器

正交耦合器
　　Y 正交模耦合器

正交频分多路复用
　　Y 正交频分复用

正交频分多路复用技术
　　Y 正交频分复用

正交频分复接
　　Y 正交频分复用

正交频分复用
orthogonal frequency division
multiplexing
TN91
　　D OFDM
　　　　OFDM多载波技术
　　　　OFDM技术
　　　　OFDM调制
　　　　OFDM调制技术
　　　　正交多载波调制
　　　　正交频分复接
　　　　正交频分复用多址接入
　　　　正交频分复用技术
　　　　正交频分多路复用
　　　　正交频分多路复用技术
　　S 频分复用
　　• 编码正交频分复用
　　• 多带正交频分复用
　　• 多输入多输出正交频分复用
　　• 时域同步正交频分复用
　　• 自适应正交频分复用
　　C 多载波调制
　　　　部分频率复用
　　Z 多路复用*

正交频分复用多址接入
　　Y 正交频分复用

正交频分复用技术
　　Y 正交频分复用

正交调幅
　　Y 正交幅度调制

正交调制
quadrature modulation
TN76
　　S 调制*
　　• 数字正交调制
　　• 四相移相键控
　　• 正交幅度调制

正交相干检波
quadrature coherent detection
TN763
　　S 检波
　　Z 解调*

正交相移键控
　　Y 四相移相键控

正交信号
quadrature signal
TN75　TN911
　　S 信号*
　　C 正交极化
　　　　正交法跳频
　　　　正交解调

正交遗传算法
orthogonal genetic algorithm
TP183　TP301

· 910 ·

  S 遗传算法
  Z 算法*

正交振幅调制
  Y 正交幅度调制

正温度系数材料
  Y PTC 材料

正温度系数热敏电阻器
  Y PTC 热敏电阻器

正弦波发生器
  Y 正弦信号发生器

正弦波逆变器
sine wave inverter
TN86
  S 逆变电源
  Z 电源*

正弦波信号发生器
  Y 正弦信号发生器

正弦脉宽调制
sinusoidal pulse width modulation
TN76
  D SPWM
  S 脉冲宽度调制
  Z 调制*

正弦调频
sinusoidal frequency modulation
TN76
  S 正弦调制
    调频
  Z 调制*

正弦调制
sinusoidal modulation
TN76
  S 调制*
  • 正弦调频

正弦信号发生器
sinusoidal signal generator
TM934
  D 正弦波信号发生器
    正弦波发生器
  S 信号发生器**

正向散射
  Y 前向散射

正性光刻胶
positive photoresist
TN04
  D 光刻正胶
    正性光致抗蚀剂
  S 光刻胶
  Z 电子材料*

正性光致抗蚀剂
  Y 正性光刻胶

正则粒子滤波
regularized particle filtering
TN713
  S 粒子滤波
  Z 滤波*

正则有符号数编码
canonic signed digit encoding
TN91
  D CSD 编码
  S 信号编码
  Z 编码*
    信号处理*

证实数字签名
confirmer digital signature
TP393
  S 数字签名*

证书撤消
  Y 证书撤销

证书撤销
certificate revocation
TN918 TP393.08
  D 证书吊销
    证书撤消
  S 数字证书管理
  C 证书授权
  L 网络安全管理**

证书吊销
  Y 证书撤销

证书服务
certificate service
TP39
  S 信息服务*
  C 证书授权
    证书认证

证书鉴别
  Y 证书认证

证书路径构建
  Y 证书路径构造

证书路径构造
certificate path construction
TP39
  D 证书路径构建
  S 数字证书管理
  L 网络安全管理**

证书认证
certificate authentication
TP309 TN918
  D CA 认证
    证书鉴别
  S 加密认证
  C 数字证书
    认证加密
    证书授权
    证书服务
  Z 信息安全认证*

证书授权
certificate authority
TN918 TN92 TP393.08
  S 认证授权
  C 证书撤销
    证书服务
    证书认证
  L 网络安全管理**

政务信息化
  Y 电子政务

政务信息系统
  Y 电子政务

支撑软件
support software
TP318
  D 后援程序
    支持程序
    支持软件
    支援程序
    支援软件
  S 工具软件**
  • 仿真支撑软件

支撑矢量机
  Y 支持向量机

支撑网
  Y 承载网

支撑向量机
  Y 支持向量机

支持程序
  Y 支撑软件

支持软件
  Y 支撑软件

支持矢量机
  Y 支持向量机

支持向量回归机
support vector regression machine
TP18
  D 回归支持向量机
  S 支持向量机*
  • 最小二乘支持向量回归机

支持向量机*
support vector machine

TP391 TP1
  D SVM
    支持矢量机
    支撑向量机
    支撑矢量机
- 并行支持向量机
- 单类支持向量机
- 多类支持向量机
- 光滑支持向量机
- 加权支持向量机
- · 加权最小二乘支持向量机
- 临近支持向量机
- 线性支持向量机
- 增量支持向量机
- 支持向量回归机
- · 最小二乘支持向量回归机
- 直推式支持向量机
- 最小二乘支持向量机
- · 加权最小二乘支持向量机
- · 模糊最小二乘支持向量机
- · 最小二乘隐空间支持向量机
- · 最小二乘支持向量回归机
  C 分类器
    支持向量机算法
    机器学习
    网络故障诊断
    网页分类

支持向量机算法
support vector machine algorithm
TP31
  D SVM 算法
  S 监督学习算法
  C 支持向量机
  Z 算法*

支持向量聚类
support vector clustering
TP391.3
  S 聚类*

支付安全
payment security
TP393.08
  S 电子商务安全
  C 电子支付协议
    网上支付
  Z 网络安全*

支付网关
payment gateway
TP393.08
  S 网关
  L 网络互连设备**

支付协议
  Y 电子支付协议

支援程序
  Y 支撑软件

支援干扰
standoff jamming
TN972
  S 电子干扰
- 随行干扰
- 远距离支援干扰
  L 电子对抗**

支援软件
  Y 支撑软件

只读存储器
read only memory
TN43 TP333
  D ROM
    不可擦存储器
    不可擦除存储器
    只读存贮器
    唯读存储器
    唯读存贮器
  S 非易失性存储器**
- 电可擦除只读存储器
- 固定掩膜只读存储器
- 紧凑可换只读存储器
- 可编程只读存储器
- 可擦除可编程只读存储器
- 控制只读存储器
- 只读光盘

只读存贮器
  Y 只读存储器

只读光盘
read only compact disc
TP333
  D CD-ROM
    光盘只读存储器
    只读式光盘
  S 光盘
    只读存储器
  C 只读光盘驱动器
  L 光存储器**
    外存储器**
    非易失性存储器**

只读光盘驱动器
CD-ROM driver
TP333
  D CDROM 光盘驱动器
    CDROM 光驱
    CDROM 驱动器
  S 光盘驱动器
  C 只读光盘
  Z 外部设备*

只读式光盘
  Y 只读光盘

知识表达
  Y 知识表示

知识表示
knowledge representation
TP391
  D 知识表达
  S 知识处理
  C 知识抽取
  Z 知识工程*
    信息处理*

知识查询操纵语言
  Y 知识查询操作语言

知识查询操作语言
knowledge query manipulation language
TP312 TP391
  D KQML
    KQML 语言
    知识查询与操作语言
    知识查询与操纵语言
    知识查询操纵语言
  S 计算机语言*

知识查询与操纵语言
  Y 知识查询操作语言

知识查询与操作语言
  Y 知识查询操作语言

知识产权核
  Y IP 核

知识产权内核
  Y IP 核

知识抽取
knowledge extraction
TP18 TP393
  D 知识提取
  S 信息抽取**
    知识处理
- 术语抽取
- 语义提取
  C 知识描述
    知识表示

知识处理
knowledge processing
TP391
  S 信息处理*
    知识工程*
- 知识表示
- 知识抽取
- 知识复用
- 知识获取
- 知识集成
- 知识描述
- 知识熔接
- 知识图谱分析
- 知识推送
- 知识挖掘
- 知识约简

知识发掘
  Y 知识挖掘

知识发现
knowledge discovery
TP391
　　D KDD
　　　数据库中知识发现
　　　数据库知识发现
　　　知识发现系统
　　S 信息发现
　　　知识工程*
　　C 知识图谱
　　Z 信息处理*

知识发现系统
　　Y 知识发现

知识复用
knowledge reuse
TP391
　　S 知识处理
　　Z 知识工程*
　　　信息处理*

知识工程*
knowledge engineering
TP182　TP391
　• 知识处理
　•• 知识表示
　•• 知识抽取
　••• 术语抽取
　••• 语义提取
　• 知识复用
　• 知识获取
　• 知识集成
　• 知识描述
　• 知识熔接
　• 知识图谱分析
　• 知识推送
　• 知识挖掘
　• 知识约简
　• 知识发现
　• 知识管理
　• 个人知识管理
　• 企业知识管理
　• 设计知识管理
　• 图书馆知识管理
　• 知识库管理
　• 知识库
　• 知识图谱
　• 知识推理
　• 知识网络
　C 专家系统
　　人工智能

知识管理
knowledge management
TP391
　　D 知识管理平台
　　　知识管理系统
　　S 信息管理*
　　　知识工程*
　• 个人知识管理
　• 企业知识管理
　• 设计知识管理

　• 图书馆知识管理
　• 知识库管理
　C Wiki 技术
　　知识网格
　　知识集成

知识管理平台
　　Y 知识管理

知识管理系统
　　Y 知识管理

知识获取
knowledge acquisition
TP182　TP391
　　S 知识处理
　　Z 知识工程*
　　　信息处理*

知识基编码
　　Y 模型基编码

知识集成
knowledge integration
TP391
　　S 信息集成
　　　知识处理
　　C 知识挖掘
　　　知识管理
　　Z 信息处理*
　　　知识工程*

知识库
knowledge base
TP391　TP182
　　D 知识库系统
　　S 数据库*
　　　知识工程*
　　C 智能答疑系统

知识库管理
knowledge base management
TP391　TP182
　　D 知识库管理系统
　　S 知识管理
　　Z 知识工程*
　　　信息管理*

知识库管理系统
　　Y 知识库管理

知识库机
　　Y 知识库计算机

知识库计算机
knowledge base computer
TP36
　　D 知识库机
　　S 计算机*

知识库系统
　　Y 知识库

知识描述
knowledge discription
TP391　TP182
　　S 知识处理
　　C 知识抽取
　　Z 知识工程*
　　　信息处理*

知识签名
signature of knowledge
TP182　TP391
　　S 数字签名*
　　C 密码分析

知识熔接
knowledge fusion
TP182　TP391
　　S 知识处理
　　Z 知识工程*
　　　信息处理*

知识提取
　　Y 知识抽取

知识图谱
knowledge graph
TP182　TP391
　　S 知识工程*
　　C 知识发现
　　　知识图谱分析

知识图谱分析
knowledge graph analysis
TP391
　　S 知识处理
　　C 知识图谱
　　Z 知识工程*
　　　信息处理*

知识推理
knowledge reasoning
TP182　TP391
　　D 知识推理技术
　　S 推理*
　　　知识工程*

知识推理技术
　　Y 知识推理

知识推送
knowledge push
TP182　TP391
　　S 信息推送
　　　知识处理
　　Z 信息服务*
　　　信息处理*
　　　信息技术*
　　　知识工程*

知识挖掘
knowledge mining

• 913 •

TP182　TP391
　　D 知识发掘
　　S 信息挖掘**
　　　知识处理
　　C 知识网格
　　　知识集成
　　　面向属性归纳

知识网格
knowledge grid
TP391　TP182
　　S 网格*
　　C 数据挖掘
　　　知识挖掘
　　　知识管理
　　　语义网

知识网络
knowledge network
TP391　TP182
　　S 知识工程*

知识约简
knowledge reduction
TP391　TP182
　　S 知识处理
　　Z 知识工程*
　　　信息处理*

蜘蛛机器人
　　Y 六足机器人

执行电机
　　Y 伺服电动机

执行器-传感器-接口总线
　　Y ASi 总线

直播服务器
cast server
TP368
　　S 播出服务器
　　Z 服务器*

直达波信号
　　Y 直达信号

直达信号
direct-path signal
TN011
　　D 直达波信号
　　S 无线电信号
　　Z 信号*

直方图规定化
histogram specification
TP391.7
　　D 直方图匹配
　　S 图像处理**

直方图均衡
　　Y 直方图均衡化

直方图均衡化
histogram equalization
TP391.7
　　D 直方图均衡
　　S 图像处理**

直方图匹配
　　Y 直方图规定化

直方图修正
histogram adjustment
TP391
　　S 图像处理**

直放站
repeater station
TN92　TN927
　　D 射频直放机
　　　射频直放站
　　S 中继器
　　　基站*
　　C 射频拉远
　　Z 通信设备*

直滑电位器
　　Y 直滑式电位器

直滑式电位器
straight slide potentiometer
TM547
　　D 直滑电位器
　　S 电位器
　　C 旋转式电位器
　　Z 电阻器*

直交流变换器
　　Y 直流-交流变换器

直角坐标机器人
cartesian robot
TP242
　　D 桁架机器人
　　　龙门式机器人
　　S 工业机器人
　　Z 机器人*

直接编码
direct encoding
TP314
　　S 编码*

直接变频接收机
direct conversion receiver
TN85
　　D 直接变频式接收机
　　S 接收设备*

直接变频式接收机
　　Y 直接变频接收机

直接成像
　　Y 计算机成像技术

直接存储器访问接口
　　Y DMA 接口

直接存取存储设备
　　Y 磁盘驱动器

直接带隙半导体
direct bandgap semiconductor
TN304
　　D 直接禁带半导体
　　S 半导体材料*

直接附加存储
direct attached storage
TP333
　　S 信息存储*

直接甲醇燃料电池
direct methanol fuel cell
TM914
　　S 氢燃料电池
　　C 质子交换膜燃料电池
　　Z 电池*

直接键合
direct bonding
TN305
　　S 键合工艺
　　Z 半导体工艺*

直接禁带半导体
　　Y 直接带隙半导体

直接扩频
　　Y 直接序列扩频

直接扩频序列信号
　　Y 直接序列扩频信号

直接连接存储
direct attached storage
TP333
　　S 信息存储*

直接路由
direct routing
TN92　TP393　TN91
　　S 路由*

直接匿名认证
　　Y 匿名认证

直接数字频率合成芯片
direct digital frequency
synthesis chip
TN43
    D DDS 芯片
    S 数字芯片
    Z 芯片*

直接序列扩频
direct sequence spread spectrum
TN918 TN914
    D 直序列扩频
      直序扩频
      直接序列扩展频谱
      直接序列扩谱
      直接扩频
    S 扩频*
    C 直接序列扩频信号
      直接序列扩频接收机
      直接序列扩频调制
      直接序列扩频通信

直接序列扩频/二进制相移键控
direct sequence/binary phase
shift keying
TN76
    D DS-BPSK
      DS/BPSK
    S 二进制相移键控
    L 数字调制**

直接序列扩频接收机
direct sequence spread spectrum
receiver
TN914
    D 直扩接收机
    S 扩频接收机
    C 直接序列扩频
      直接序列扩频通信
    Z 接收设备*

直接序列扩频调制
direct sequence spread spectrum
modulation
TN76
    D 直接序列扩谱调制
    S 扩频调制
    C 直接序列扩频
      直接序列扩频信号
    L 数字调制**

直接序列扩频通信
direct sequence spread spectrum
communication
TN914
    D 直序扩频通信
      直扩通信
    S 扩频通信
    C 直接序列扩频
      直接序列扩频信号
      直接序列扩频接收机
    L 无线通信**

直接序列扩频信号
direct sequence spread spectrum
signal
TN913.6
    D DSSS 信号
      直序扩频信号
      直扩信号
      直接扩频序列信号
    S 扩频信号
    C 直接序列扩频
      直接序列扩频调制
      直接序列扩频通信
    Z 信号*

直接序列扩谱
    Y 直接序列扩频

直接序列扩谱调制
    Y 直接序列扩频调制

直接序列扩展频谱
    Y 直接序列扩频

直扩接收机
    Y 直接序列扩频接收机

直扩通信
    Y 直接序列扩频通信

直扩信号
    Y 直接序列扩频信号

直拉单晶硅
    Y 直拉硅单晶

直拉单晶炉
czochralski crystal grower
TN305
    S 单晶炉
    Z 半导体工艺设备*

直拉硅
    Y 直拉硅单晶

直拉硅单晶
czochralski silicon single
crystal
TN304
    D CZ-Si
      直拉单晶硅
      直拉硅
    S 单晶硅
    L 元素半导体**

直连网络
direct interconnection network
TN915
    S 网络*
    C 路由算法

直流变换器
    Y 直流-直流变换器

直流不间断电源
DC UPS
TN86
    S 不间断电源
    Z 电源*

直流测速电机
    Y 直流测速发电机

直流测速发电机
DC tachogenerator
TM35
    D 直流测速电机
    S 测速发电机
    Z 微特电机*

直流磁控反应溅射
    Y 直流磁控溅射

直流磁控溅射
direct current magnetron
sputtering
TN305
    D 直流反应磁控溅射
      直流磁控反应溅射
    S 磁控溅射
    Z 半导体工艺*

直流电磁继电器
direct current electromagnetic
relay
TM58
    S 电磁继电器
    C 直流-直流变换器
    Z 继电器*

直流电流源
DC current source
TN86
    S 电流源
    Z 电源*

直流电源
DC power supply
TN86
    S 电源*
    • 程控直流电源
    • 高压直流电源
    • 可调直流电源
    • 数控直流电源
    • 通信直流电源
    • 直流脉冲电源
    • 直流稳压电源

直流电致发光
direct current
electroluminescence
TN201

S 电致发光*

直流反应磁控溅射
　　Y 直流磁控溅射

直流放大电路
　　Y 直流放大器

直流放大器
direct current amplifier
TN72
　　D 直流放大电路
　　S 电流放大器
　　Z 放大器*

直流高压电源
　　Y 高压直流电源

直流-交流变换器
DC-AC converter
TM46
　　D DC/AC 变换器
　　　　直交流变换器
　　S 电源变换器
　　Z 变换器*

直流脉冲电源
DC pulse power supply
TN86
　　S 直流电源
　　　　脉冲电源
　　Z 电源*

直流伺服电动机
DC servo motor
TM33　TM35
　　D 直流伺服电机
　　S 伺服电动机
　　Z 微特电机*

直流伺服电机
　　Y 直流伺服电动机

直流稳压电源
DC voltage stabilized power supply
TN86
　　S 直流电源
　　　　稳压电源
　　Z 电源*

直流无刷电机
　　Y 无刷直流电动机

直流斩波电路
　　Y 斩波电路

直流-直流变换器
DC converter
TM46
　　D DC-DC 变换器
　　　　DC/DC 变换器
　　　　DC/DC 转换器
　　　　直流变换器
　　S 电源变换器
　　· 双向直流变换器
　　· 推挽式直流变换器
　　C 斩波电路
　　　　直流电磁继电器
　　Z 变换器*

直埋光缆
direct burial fiber cable
TN81
　　S 地下光缆
　　Z 光缆*

直热式三极电子管
　　Y 直热式三极管

直热式三极管
direct heated triode
TN11
　　D 直热式三极电子管
　　S 真空三极管
　　L 电子管**

直调激光器
directly modulated laser
TN248
　　S 激光器*

直推式支持向量机
transductive support vector machine
TP391
　　S 支持向量机*

直线编码
straight-line coding
TP311
　　S 编码*

直线步进电动机
linear stepping motor
TM38
　　D 直线步进电机
　　S 步进电动机
　　　　直线电动机
　　Z 微特电机*

直线步进电机
　　Y 直线步进电动机

直线插补算法
linear interpolation algorithm
TP312
　　S 算法*

直线电动机
linear motor
TM38
　　D 直线电机
　　　　线性电机
　　　　线性马达
　　S 微型电动机
　　· 音圈直线电动机
　　· 永磁直线同步电动机
　　· 直线步进电动机
　　Z 微特电机*

直线电机
　　Y 直线电动机

直线提取
line extraction
TP391
　　D 直线提取算法
　　S 信息抽取**

直线提取算法
　　Y 直线提取

直序扩频
　　Y 直接序列扩频

直序扩频通信
　　Y 直接序列扩频通信

直序扩频信号
　　Y 直接序列扩频信号

直序列扩频
　　Y 直接序列扩频

植物模拟
plant simulation
TP391.9
　　S 仿真*

纸带输入机
paper tape input machine
TP334.2
　　D 光电纸带输入机
　　　　穿孔纸带读出机
　　　　纸带输入器
　　　　纸带输入装置
　　　　纸带输入设备
　　S 输入设备
　　Z 外部设备*

纸带输入器
　　Y 纸带输入机

纸带输入设备
　　Y 纸带输入机

纸带输入装置
　　Y 纸带输入机

纸介电容器
paper dielectric capacitor

TM533
 S 有机介质电容器
 Z 电容器*

指定验证人签名
 Y 指定验证者签名

指定验证者签名
designated verifier signature
TP393.08 TN918
 D 广义指定验证者签名
  指定验证人签名
 S 数字签名*

指挥控制通信计算机情报及监视与侦察系统
 Y C4ISR 系统

指挥控制通信与情报系统
 Y C3I 系统

指挥调度系统
command and dispatch system
TP39
 S 指挥信息系统
 Z 信息系统*

指挥通信
commanding communication
TN915
 S 通信*
 C C3I 系统
  指挥自动化网络

指挥信息系统
command information system
TN91 TN97
 D 军事指挥信息系统
 S 军事信息系统
 • C3I 系统
 • C4ISR 系统
 • 编队作战指挥系统
 • 防空预警指挥系统
 • 舰载指挥控制系统
 • 炮兵指挥系统
 • 应急指挥系统
 • 战场指挥系统
 • 指挥调度系统
 Z 信息系统*

指挥自动化技术系统
 Y C3I 系统

指挥自动化网
 Y 指挥自动化网络

指挥自动化网络
command automatic network
TN915
 D 指挥自动化网
  自动化指挥网

 S 计算机网络*
 C C3I 系统
  指挥通信

指令 Cache
 Y 指令缓存

指令编码
instruction coding
TP301
 S 计算机编码
 Z 编码*

指令存储器
instruction memory
TP333
 S 存储器*
 C 指令寄存器

指令缓存
instruction cache
TP333
 D I-Cache
  指令 Cache
 S CPU 缓存
 Z 存储器*

指令集仿真
instruction set simulation
TP391.9
 S 计算机仿真
 Z 仿真*

指令集架构*
instruction set architecture
TP331
 D ISA 架构
 • 复杂指令集运算
 • 精简指令集运算
 C 微处理器

指令寄存器
instruction register
TP33
 D 微指令寄存器
 S 控制寄存器
 C 指令存储器
 Z 寄存器*

指令接收机
command receiver
TN85
 S 接收设备*

指令控制器
 Y 计算机控制器

指令语言
 Y 机器语言

指示管
indicator tube
TN14
 S 电子束管**
 • 调谐指示管
 • 雷达指示管

指示继电器
indicating relay
TM58
 S 继电器*

指数放大器
exponential amplifier
TN72
 S 放大器*

指数调制
exponential modulation
TN76
 S 调制*

指纹采集
fingerprint acquisition
TP391
 S 信息采集*
 C 指纹传感器
  指纹识别

指纹传感器
fingerprint sensor
TP212.3
 D 指纹传感芯片
 S 生物传感器
 C 指纹匹配
  指纹认证
  指纹识别
  指纹采集
 Z 传感器*

指纹传感芯片
 Y 指纹传感器

指纹鉴别
 Y 指纹识别

指纹鉴定
 Y 指纹识别

指纹匹配
fingerprint matching
TP391
 S 信息匹配
 C 信息指纹
  指纹传感器
  指纹识别
 Z 信息处理*

指纹认证
fingerprint authentication
TP391

电子信息技术叙词表

　　S 生物特征认证
　　C 信息指纹
　　　　指纹传感器
　　　　指纹数据库
　　　　指纹识别
　　Z 信息安全认证*

指纹识别
fingerprint identification
TP391.4
　　D 指纹识别技术
　　　　指纹识别算法
　　　　指纹识别系统
　　　　指纹鉴别
　　　　指纹鉴定
　　S 人体识别
　　· 脊线跟踪
　　· 指纹自动识别
　　C 指纹传感器
　　　　指纹匹配
　　　　指纹数据库
　　　　指纹认证
　　　　指纹采集
　　　　特征匹配
　　　　细节匹配
　　　　细节特征提取
　　　　计算机指纹
　　L 特征识别**

指纹识别技术
　　Y 指纹识别

指纹识别算法
　　Y 指纹识别

指纹识别系统
　　Y 指纹识别

指纹数据库
fingerprint database
TP392
　　S 应用数据库
　　C 信息指纹
　　　　指纹认证
　　　　指纹识别
　　Z 数据库*

指纹图像压缩
fingerprint image compression
TP391
　　S 图像压缩
　　C 指纹图像增强
　　　　指纹图像预处理
　　L 信息压缩**
　　　　图像处理**

指纹图像预处理
fingerprint image preprocessing
TP391
　　D 指纹预处理
　　S 图像预处理
　　C 指纹图像压缩

　　　　指纹图像增强
　　L 图像处理**

指纹图像增强
fingerprint image enhancement
TP391
　　D 指纹增强
　　S 图像增强
　　C 指纹图像压缩
　　　　指纹图像预处理
　　L 图像处理**

指纹预处理
　　Y 指纹图像预处理

指纹增强
　　Y 指纹图像增强

指纹自动识别
automatic fingerprint
identification
TP391.4
　　D 指纹自动识别技术
　　　　指纹自动识别系统
　　　　自动指纹识别
　　　　自动指纹识别系统
　　S 指纹识别
　　　　自动识别*
　　L 特征识别**

指纹自动识别技术
　　Y 指纹自动识别

指纹自动识别系统
　　Y 指纹自动识别

指针寄存器
pointer register
TP333
　　S 寄存器*
　　C 中央处理器

制表软件
　　Y 电子表格软件

制播网络
production and broadcasting network
TN94
　　D 编播网络
　　　　节目制作网络
　　S 电视网络
　　· 非线性编辑网络
　　· 新闻制播网络
　　Z 广播电视网络*

制程技术
process technology
TN405
　　S 集成电路工艺
　　Z 半导体工艺*

制导*
guidance
TN96
　　· 地磁匹配制导
　　· 地形匹配制导
　　· 电视制导
　　· 惯性制导
　　· 光电制导
　　· 红外制导
　　· 激光制导
　　· 雷达制导
　　· 声制导
　　· 无线电制导
　　· 有线制导

制导计算机
　　Y 导弹携载计算机

制导雷达
guidance radar
TN958
　　S 雷达*
　　· 末制导雷达
　　· 目标指示雷达

制图软件
　　Y 绘图软件

制造网格
manufacturing grid
TP393
　　S 网格*
　　C 制造业信息化
　　　　制造信息系统
　　　　智能制造

制造信息系统
manufacturing information system
TN915　TP391
　　S 信息应用系统**
　　C 制造网格
　　　　制造资源共享
　　　　计算机辅助制造

制造业信息化
manufacturing informatization
TP391
　　S 信息化*
　　C 制造网格
　　　　制造资源共享
　　　　智能制造

制造执行系统
manufacturing execution system
TP318
　　D MES系统
　　S 工业软件
　　C 企业资源计划系统
　　L 应用软件**

制造资源共享
manufacturing resource sharing

TP391
  S 资源共享*
  C 制造业信息化
    制造信息系统
    计算机辅助制造

制造资源管理
manufacturing resource management
TP391
  S 资源管理*
  C 计算机辅助制造

质量管理信息系统
quality management information system
TP391
  D 质量信息管理系统
    质量信息系统
  S 管理信息系统
  C 计算机辅助质量管理
  Z 信息系统*

质量可分级编码
quality scalable coding
TN919.8
  S 可分级编码
  Z 编码*

质量信息管理系统
  Y 质量管理信息系统

质量信息系统
  Y 质量管理信息系统

质谱数据库
mass spectral database
TP392
  S 工程数据库
  Z 数据库*

质心定位算法
centroid positioning algorithm
TN911 TP301
  S 定位算法
    质心算法
  • 加权质心定位算法
  Z 算法*

质心干扰
centroid jamming
TN972
  S 雷达干扰
  L 电子对抗**

质心跟踪
  Y 形心跟踪

质心算法
centroid algorithm
TN911 TP301
  D 重心算法

  S 算法*
  • 加权质心算法
  • 质心定位算法
  C 无线传感器网络

质子交换膜燃料电池
proton exchange membrane fuel cell
TM911
  S 氢燃料电池
  C 直接甲醇燃料电池
  Z 电池*

质子注入
proton implantation
TN305
  S 注入工艺
  Z 半导体工艺*

智慧城市
smart city
TP393
  S 人工智能应用*
  C 云计算
    城市信息化
    大数据中心
    智慧社区

智慧家居
  Y 智能家居

智慧家庭
  Y 智能家居

智慧交通
  Y 智能交通

智慧教育
intelligent education
TP18
  D 智能教育
  S 人工智能应用*
  C 教育信息化
    教育机器人

智慧旅游
intelligent tourism
TP18
  D 智能旅游
  S 人工智能应用*

智慧农村
  Y 智慧农业

智慧农业
intelligent agriculture
TP18
  D 智慧农村
  S 人工智能应用*
  C 农业信息化
    农业物联网

智慧社区
intelligent community
TP18
  D 智慧小区
    智能社区
  S 人工智能应用*
  C 智慧城市

智慧物流
intelligent logistics
TP18
  D 智慧物流系统
    智能物流
  S 人工智能应用*
  C 物流信息化
    物流信息系统

智慧物流系统
  Y 智慧物流

智慧小区
  Y 智慧社区

智慧校园
intelligent campus
TP18
  S 人工智能应用*
  C 校园信息化
    校园信息系统

智慧医疗
smart healthcare
TP18
  D 智能医疗
  S 人工智能应用*
  C 医院信息化

智慧应用
  Y 人工智能应用

智慧制造
  Y 智能制造

智能CAD
  Y 智能计算机辅助设计

智能CAD系统
  Y 智能计算机辅助设计

智能IC卡
  Y 智能卡

智能UPS
  Y 智能不间断电源

智能编辑器
smart editor
TP317
  S 编辑器
  L 工具软件**

智能编码
intelligent encoding
TP24
　S 编码*
　• 稀疏编码
　• 遗传编码

智能标签
smart tag
TP39
　S 电子标签*
　C 智能识别

智能不间断电源
smart UPS
TN86
　D 智能UPS
　S 不间断电源
　　智能电源
　Z 电源*

智能操作系统
intelligent operating system
TP316
　S 操作系统**
　• 机器人操作系统
　• 智能手机操作系统

智能车
　Y 智能汽车

智能车辆
　Y 智能汽车

智能车载终端
　Y 车载智能终端

智能穿戴设备
　Y 可穿戴智能设备

智能传感器
intelligent sensor
TP212.6
　D 智能化传感器
　S 传感器*
　• 网络化智能传感器
　• 无线智能传感器
　C 智能家居
　　智能感知
　　智能机器人
　　智能汽车

智能答疑系统
intelligent answering system
TP39
　S 计算机应用系统*
　C 智能数据库
　　知识库

智能导航
intelligent navigation
TN964
　S 人工智能应用*
　　导航*
　C 智能交通
　　智能数据库
　　智能汽车

智能导航系统
intelligent navigation system
TN966
　S 导航系统*

智能电话
intelligent telephone
TN916
　D 智能公话
　S 电话通信
　Z 通信*

智能电容器
intelligent capacitor
TM531
　S 电容器*

智能电视
smart TV
TN949
　S 交互式电视
　C 智能机顶盒
　Z 电视*

智能电视盒
　Y 智能机顶盒

智能电源
intelligent power supply
TN86
　D 智能化电源
　S 电源*
　• 智能不间断电源
　• 智能开关电源

智能仿真
intelligent simulation
TP18
　D 智能模拟
　S 人工智能应用*
　　仿真*
　C 仿真计算机
　　智能建模

智能服饰
smart garment
TN99
　D 智能服装
　　智能首饰
　S 人工智能应用*
　　可穿戴设备*

智能服装
　Y 智能服饰

智能感知
intellisense
TP2　TP3　TN91
　S 信息感知*
　C 人工智能
　　智能传感器
　　认知无线电

智能跟踪
intelligent tracking
TP391　TP18
　S 人工智能应用*
　　跟踪*
　C 智能体
　　智能汽车

智能工厂
　Y 智能制造

智能工作站
intelligent workstation
TP368.5
　S 工作站
　Z 计算机*

智能公话
　Y 智能电话

智能功率集成电路
intelligent power integrated circuit
TN47
　S 功率集成电路
　C 智能功率模块
　Z 集成电路*

智能功率模块
intelligent power module
TN495
　S 功率模块
　C 智能功率集成电路
　Z 电子模块*

智能光网
　Y 自动交换光网络

智能光网络
　Y 自动交换光网络

智能归属位置寄存器
smart home location register
TP333
　D SHLR
　　综合智能归属位置寄存器
　S 归属位置寄存器
　Z 寄存器*

智能化传感器
　Y 智能传感器

智能化电源
　　Y 智能电源

智能化光衰减器
　　Y 智能型光衰减器

智能化光网络
　　Y 自动交换光网络

智能化入侵检测
　　Y 智能入侵检测

智能化数据库
　　Y 智能数据库

智能化终端
　　Y 智能终端

智能机
　　Y 智能手机

智能机顶盒
smart set-top box
TN948
　　D 智能电视盒
　　S 机顶盒
　　C 智能电视
　　Z 电视设备*

智能机器人
intelligent robot
TP242
　　D 智能机器人技术
　　S 人工智能应用*
　　　 机器人*
　　C 智能传感器

智能机器人技术
　　Y 智能机器人

智能集线器
smart hub
TN915.05
　　S 集线器
　　C 智能数据库
　　L 网络互连设备**

智能计算
intelligent computing
TP18
　　S 软计算
　　• 类脑计算
　　Z 计算*

智能计算机
intelligent computer
TP387
　　D 第五代电子计算机
　　　 第五代计算机
　　S 计算机*

　　• 神经网络计算机

智能计算机辅助教学
intelligent computer-assisted instruction
TP391
　　D ICAI
　　　 智能计算机辅助教学系统
　　S 人工智能应用*
　　　 计算机辅助教学
　　Z 计算机辅助技术*

智能计算机辅助教学系统
　　Y 智能计算机辅助教学

智能计算机辅助设计
intelligent CAD
TP391.7
　　D ICAD
　　　 智能CAD
　　　 智能CAD系统
　　S 人工智能应用*
　　　 计算机辅助设计
　　Z 计算机辅助技术*

智能家居
smart home
TP18
　　D 智慧家居
　　　 智慧家庭
　　　 智能家居系统
　　S 人工智能应用*
　　C 家庭信息化
　　　 智能传感器

智能家居系统
　　Y 智能家居

智能家庭网关
intelligent home gateway
TP393.4　TN915
　　S 家庭网关
　　　 智能网关
　　L 网络互连设备**

智能检索
intelligent retrieval
TP391
　　D 智能搜索
　　　 智能检索技术
　　S 信息检索
　　C 人工智能
　　　 智能搜索引擎
　　Z 信息处理*

智能检索技术
　　Y 智能检索

智能建模
intelligent modeling
TP391.9

　　S 模型构建*
　　C 智能仿真
　　　 智能移动终端

智能交换机
smart switch
TN915　TP393
　　S 交换设备**

智能交通
intelligent traffic
TP18
　　D 智慧交通
　　　 智能交通系统
　　S 人工智能应用*
　　C 交通信息化
　　　 智能导航
　　　 车联网

智能交通系统
　　Y 智能交通

智能教育
　　Y 智慧教育

智能接口
intelligent interface
TP334.7
　　D 智能设备接口
　　S 接口*

智能决策支持系统
intelligent decision support system
TP391.7
　　D IDSS
　　S 决策支持系统
　　Z 计算机应用系统*

智能卡
smart card
TN4　TP333
　　D CPU卡
　　　 IC智能卡
　　　 智能IC卡
　　S IC卡
　　• 非接触式智能卡
　　• 接触式智能卡
　　L 存储卡**

智能卡操作系统
smart card operating system
TP316
　　D 片内操作系统
　　　 芯片操作系统
　　S 操作系统**

智能开关电源
intelligent switch power supply
TN86
　　S 开关电源

智能电源
　　Z 电源*

智能控制
intelligent control
TP273
　　S 自动控制*
　　C 人工智能

智能路由
intelligent routing
TP393
　　S 路由*

智能旅游
　　Y 智慧旅游

智能模拟
　　Y 智能仿真

智能评价
　　Y 计算机辅助评价

智能汽车
intelligent vehicle
TP18
　　D 无人驾驶汽车
　　　 智能车
　　　 智能车辆
　　　 自动驾驶汽车
　　S 人工智能应用*
　　C 信息融合
　　　 智能传感器
　　　 智能导航
　　　 智能跟踪
　　　 道路识别

智能入侵检测
intelligent intrusion detection
TP393.08
　　D 智能化入侵检测
　　S 入侵检测
　　L 网络安全技术**
　　　 网络防御**

智能软件
intelligent software
TP31
　　D 智能软件系统
　　S 软件*
　　• 人工智能软件
　　• 商业智能软件
　　C 人工智能
　　　 智能信息技术
　　　 智能软件工程

智能软件工程
intelligent software engineering
TP311
　　S 人工智能应用*
　　　 软件工程*

　　C 智能软件
　　　 软件智能体

智能软件系统
　　Y 智能软件

智能设备接口
　　Y 智能接口

智能社区
　　Y 智慧社区

智能识别
intelligent identification
TP18
　　S 信息识别*
　　C 智能标签

智能收发器
smart transceiver
TN8　TN7
　　S 收发器*

智能手表
smart watch
TN99
　　S 可穿戴智能设备
　　　 智能终端
　　Z 可穿戴设备*
　　　 终端设备*

智能手持设备
　　Y 智能手持终端

智能手持终端
intelligent handheld terminal
TN915　TN92
　　D 手持智能终端
　　　 智能手持设备
　　S 手持终端
　　　 智能终端
　　Z 终端设备*

智能手环
smart bracelet
TN99
　　S 可穿戴智能设备
　　　 智能终端
　　Z 可穿戴设备*
　　　 终端设备*

智能手机
smart phone
TN929.5
　　D 智能型手机
　　　 智能机
　　S 手机
　　　 智能移动终端
　　C 快速反应码
　　　 手机二维码
　　　 智能手机操作系统

　　L 无线通信设备**
　　　 通信终端**

智能手机操作系统
smart phone operating system
TN92
　　S 手机操作系统
　　　 智能操作系统
　　• iOS操作系统
　　• 安卓操作系统
　　• 塞班系统
　　C 智能手机
　　L 操作系统**

智能手机软件
　　Y 手机软件

智能首饰
　　Y 智能服饰

智能数据采集
intelligent data acquisition
TP274
　　D 自动化采集数据
　　　 自动数据采集
　　S 数据采集
　　C 智能数据库
　　Z 信息采集*

智能数据库
intelligent database
TP392
　　D 智能化数据库
　　S 数据库*
　　C 智能导航
　　　 智能数据采集
　　　 智能答疑系统
　　　 智能集线器

智能搜索
　　Y 智能检索

智能搜索引擎
intelligent search engine
TP391　TP393
　　S 搜索引擎
　　C 人工智能
　　　 智能检索
　　L 工具软件**

智能算法
intelligent algorithm
TP18　TP301
　　S 算法*
　　• 反演算法
　　• 混合智能算法
　　• 禁忌搜索算法
　　• 模拟退火算法
　　• 群智能算法
　　• 人工智能算法
　　• 智能优化算法
　　C 智能天线阵列

智能体
agent
TP391
  D 智能体技术
  S 人工智能应用*
  • 服务智能体
  • 免疫智能体
  • 软件智能体
  • 虚拟智能体
  • 移动智能体
  • 作战智能体
  C 智能跟踪
    面向Agent程序设计

智能体技术
  Y 智能体

智能体通信语言
  Y Agent通信语言

智能天线
smart antenna
TN82
  D 智能天线技术
    智能天线系统
  S 天线*
  • 多波束智能天线
  • 星载智能天线
  • 智能天线阵列
  • 自适应天线

智能天线技术
  Y 智能天线

智能天线系统
  Y 智能天线

智能天线阵
  Y 智能天线阵列

智能天线阵列
smart antenna array
TN82
  D 可变天线阵列
    智能天线阵
  S 智能天线
    阵列天线
  • 自适应天线阵列
  C 智能算法
    移动通信
    软件定义无线电
  Z 天线*

智能通信
intelligent communication
TN916
  S 通信*
  C 智能通信网

智能通信网
intelligent communication network

TN92 TN915
  D 智能业务
    智能网业务
  S 通信网络*
  • 固定智能网
  • 宽带智能网
  • 无线智能网
  • 移动智能网
  • 综合智能网
  C 智能网络
    智能通信

智能网
  Y 智能网络

智能网关
intelligent gateway
TP393.4 TN915
  S 网关
  • 智能家庭网关
  L 网络互连设备**

智能网管
  Y 智能网络管理

智能网络
intelligent network
TP18
  D 智能网
  S 网络*
  • 多智能体网络
  • 认知网络
  C 人工神经网络
    智能网络管理
    智能通信网

智能网络磁盘
intelligent network disk
TP333
  S 网络磁盘
  L 外存储器**
    磁存储器**

智能网络管理
intelligent network management
TP393
  D 智能网管
  S 网络管理*
  C 专家系统
    智能网络

智能网桥
intelligent bridge
TP393.2
  S 网桥
  • 嵌入式智能网桥
  L 网络互连设备**

智能网业务
  Y 智能通信网

智能网应用协议
intelligent network application protocol
TN915
  D INAP
  S 应用协议
  Z 通信协议*

智能无线电
  Y 认知无线电

智能物联网
  Y 人工智能物联网

智能物流
  Y 智慧物流

智能显示屏
  Y 智能显示器

智能显示器
intelligent display
TN87 TP334.1
  D 智能显示屏
  S 显示器
  Z 显示设备*

智能芯片
intelligent chip
TN492
  D AI芯片
    人工智能芯片
  S 芯片*
  • 神经网络芯片
  C 人工智能
    图形处理器

智能信息处理
intelligent information processing
TP391
  S 信息处理*
    智能信息技术
  C 认知雷达
  Z 信息技术*

智能信息技术
intelligent information technology
TP391
  S 信息技术*
  • 智能信息处理
  • 智能信息推拉技术
  C 智能软件

智能信息推拉
  Y 智能信息推拉技术

智能信息推拉技术
intelligent information push-pull technology

电子信息技术叙词表

TP391.7
　D 智能信息推拉
　S 推拉技术
　　智能信息技术
　Z 信息技术*

智能型光衰减器
intelligent optical attenuator
TN715
　D 智能化光衰减器
　S 光衰减器
　L 光无源器件**

智能型手机
　Y 智能手机

智能眼镜
smart glasses
TN873
　S 可穿戴智能设备
　　头戴式显示器
　　智能终端
　Z 终端设备*
　　可穿戴设备*
　　显示设备*

智能业务
　Y 智能通信网

智能医疗
　Y 智慧医疗

智能移动终端
smart mobile terminal
TN929.5　TN92　TN87
　D 移动智能终端
　S 智能终端
　　移动终端
　• 车载智能终端
　• 智能手机
　C 智能建模
　L 通信终端**

智能优化算法
intelligent optimization algorithm
TP301　TP18
　S 优化算法
　　智能算法
　• 模拟植物生长算法
　Z 算法*

智能制造
intelligent manufacturing
TP18
　D 智慧制造
　　智能工厂
　S 人工智能应用*
　C 两化融合
　　制造业信息化
　　制造网格
　　工业物联网

智能制造能力成熟度模型

智能制造能力成熟度模型
capability maturity model for intelligent manufacturing
TP399
　S 能力成熟度模型*
　C 智能制造

智能终端
intelligent terminal
TP391　TN87
　D 智能化终端
　　智能终端设备
　S 终端设备*
　• 交互式智能平板
　• 智能手表
　• 智能手持终端
　• 智能手环
　• 智能眼镜
　• 智能移动终端

智能终端设备
　Y 智能终端

智能转换器
intelligent converter
TN710
　S 转换器*

智能自动机
intelligent automaton
TP18　TP301
　S 自动机*

置0置1触发器
　Y RS触发器

置标语言
　Y 标记语言

置换生成算法
　Y 置换算法

置换算法
replacement algorithm
TP309　TP301
　D 置换生成算法
　S 算法*
　C 虚拟存储

置乱
　Y 图像置乱

置乱变换
　Y 图像置乱

置乱处理
　Y 图像置乱

置乱技术
　Y 图像置乱

置乱加密
scrambling encryption
TP309
　S 图像加密
　C 图像置乱
　　置乱算法
　L 加密**

置乱算法
scrambling algorithm
TP309
　S 图像算法
　　隐藏算法
　C 图像置乱
　　置乱加密
　Z 算法*

置信传播算法
belief propagation algorithm
TN911
　S 消息传递算法
　Z 算法*

中波传播
medium wave propagation
TN011
　D 中频传播
　S 电波传播*
　C 中频接收机

中波电台
medium wave radio station
TN924　TN931
　D 中波发射台
　　中波台
　S 无线电台*
　C 中波发射机
　　中频接收机

中波发射机
medium wave transmitter
TN83
　S 无线电发射机
　• 全固态中波发射机
　• 数字中波发射机
　• 中波广播发射机
　C 中波电台
　　中频接收机
　Z 发射机*

中波发射台
　Y 中波电台

中波发射天线
medium wave radiating antenna
TN82
　D 中波广播发射天线
　S 中波天线
　　发射天线

Z 天线*

中波固态发射机
 Y 全固态中波发射机

中波广播
medium wave broadcasting
TN934
 S 无线电广播
 • 中波同步广播
 C 中波广播发射机
  中频接收机
 Z 广播*

中波广播发射机
medium wave broadcast transmitter
TN83
 S 中波发射机
  广播发射机
 C 中波广播
 Z 发射机*

中波广播发射天线
 Y 中波发射天线

中波台
 Y 中波电台

中波天线
medium wave antenna
TN82
 S 天线*
 • 中波发射天线

中波同步广播
medium wave synchronous broadcasting
TN934
 S 中波广播
  同步广播
 Z 广播*

中短波广播
medium and short wave broadcasting
TN934
 S 无线电广播
 Z 广播*

中断程序
 Y 中断系统

中断处理
interrupt processing
TP316
 C 中断服务程序
  操作系统

中断处理程序
 Y 中断服务程序

中断服务程序
interrupt service routine
TP338 TP317
 D 中断处理程序
 S 系统软件
 C 中断处理
 L 工具软件**

中断系统
interrupt system
TP368 TP316
 D 中断程序
 S 计算机系统*

中放电路
 Y 中频放大器

中规模 IC
 Y 中规模集成电路

中规模集成电路
medium scale integrated circuit
TN46
 D 中规模 IC
  适当规模 IC
  适当规模集成电路
 S 集成电路*
 C 大规模集成电路

中红外激光
mid-infrared laser
TN248
 D 中红外激光器
 S 红外激光
 Z 激光*

中红外激光器
 Y 中红外激光

中级语言
 Y 中间语言

中继传输
relay transmission
TN914
 S 信息传输*
 C 中继电路
  中继蜂窝网络
  中继通信

中继电路
relay circuit
TN710
 S 电子电路*
 C 中继传输
  中继放大器
  平衡力继电器

中继放大器
relay amplifier
TN72

 S 放大器*
 C 中继电路

中继蜂窝网络
relay cellular network
TN92
 S 无线中继网络
  蜂窝网络
 C IP 网关
  中继传输
 L 无线通信网络**
  移动通信网络**

中继机
 Y 中继器

中继接口
relay interface
TN916
 S 通信接口
 • 数字中继接口
 C 中继信道
  中继器
 Z 接口*

中继媒体网关
trunk media gateway
TN915
 S 媒体网关
 C IP 技术
  软交换
 L 网络互连设备**

中继器
relay equipment
TN92 TN914
 D 中继机
  中继设备
  接力机
 S 通信设备*
 • 光中继器
 • 微波接力机
 • 增音机
 • 直放站
 • 转发器
 C 中继接口
  中继通信

中继设备
 Y 中继器

中继通信
relay communication
TN911 TN925
 D 接力通信
 S 通信*
 • 微波中继通信
 • 无线电接力通信
 C 中继传输
  中继信道
  中继器

中继信道
relay channel
TN92　TN911
　　S 信道*
　　C 中继接口
　　　 中继通信

中间层服务器
middle tier server
TP368
　　S 服务器*
　　C 应用程序服务器
　　　 数据库服务器

中间层驱动程序
middle tier driver
TP311
　　D 中间驱动程序
　　S 驱动程序
　　L 工具软件**

中间件
middleware
TP311
　　D 中间件系统
　　　 中间件软件
　　　 中间软件
　　　 软件中间件
　　S 软件*
　　· RFID 中间件
　　· 安全中间件
　　· 对象中间件
　　· 反射中间件
　　· 分布式中间件
　　· 国产中间件
　　· 交易中间件
　　· 嵌入式中间件
　　· 实时中间件
　　· 数据访问中间件
　　· 数据库中间件
　　· 通信中间件
　　· 网格中间件
　　· 网络中间件
　　· 消息中间件
　　· 移动中间件
　　· 自适应中间件
　　C 中间件标准
　　　 数据集成
　　　 聚合网络

中间件标准
middleware standard
TP311
　　S 软件标准
　　C 中间件
　　Z 信息产业标准*

中间件服务器
middleware server
TP368　TP31
　　S 软件服务器
　　C 中间应用服务器

　　Z 服务器*

中间件软件
　　Y 中间件

中间件系统
　　Y 中间件

中间驱动程序
　　Y 中间层驱动程序

中间人攻击
man-in-the-middle attack
TP393
　　S 网络攻击**
　　C IP 地址解析
　　　 可否认认证
　　　 密钥交换
　　　 数字签名
　　　 身份认证

中间软件
　　Y 中间件

中间数据库
intermediate database
TP392　TP31
　　S 数据库*

中间系统到中间系统协议
intermediate system to
intermediate system protocol
TP393.0
　　D IS-IS 协议
　　　 ISIS 协议
　　S 内部网关协议
　　C 核心路由器
　　L 网络协议**

中间应用服务器
intermediate application server
TP368
　　S 应用服务器
　　C 中间件服务器
　　Z 服务器*

中间语言
intermediate language
TP312
　　D 中级语言
　　S 计算机语言*

中频变压器
IF transformer
TM43
　　S 电子变压器**

中频传播
　　Y 中波传播

中频电源
IF power supply
TN86
　　S 电源*
　　· 晶闸管中频电源
　　· 中频感应加热电源

中频放大电路
　　Y 中频放大器

中频放大器
intermediate frequency amplifier
TN72
　　D 中放电路
　　　 中频放大电路
　　S 放大器*
　　· 对数中频放大器
　　C 中频信号
　　　 中频接收机
　　　 线性接收机

中频感应加热电源
IF induction heating power supply
TN86
　　S 中频电源
　　Z 电源*

中频接收机
intermediate frequency receiver
TN85
　　S 接收设备*
　　· 低中频接收机
　　· 零中频接收机
　　· 数字中频接收机
　　C 中波传播
　　　 中波发射机
　　　 中波广播
　　　 中波电台
　　　 中频信号处理
　　　 中频放大器

中频解调
IF demodulation
TN76
　　S 解调*

中频滤波器
IF filter
TN713
　　S 滤波器*

中频数字化接收机
　　Y 数字中频接收机

中频数字接收机
　　Y 数字中频接收机

中频衰减器
IF attenuator
TN715
　　S 衰减器*

中频调制
　　Y 中频调制器

中频调制器
IF modulator
TN761
　　D 中频调制
　　S 调制器*

中频信号
intermediate frequency signal
TN94
　　S 信号*
　　· 雷达中频信号
　　C 中频放大器

中频信号处理
intermediate frequency signal processing
TN911
　　S 信号处理*
　　C 中频接收机

中文编码
　　Y 汉字编码

中文操作系统
Chinese operating system
TP316
　　D 汉字操作系统
　　S 操作系统**
　　C 中文输入系统

中文打印机
Chinese printer
TP338
　　D 汉字打印机
　　S 打印机
　　Z 外部设备*

中文分词
Chinese word segmentation
TP391.1
　　D 汉语分词
　　S 分词
　　L 语言信息处理**

中文软件
Chinese software
TP31
　　D 汉化软件
　　S 软件*
　　C 易语言

中文识别
　　Y 汉字识别

中文输入法
Chinese input method
TP318
　　D 汉字输入法

　　S 中文输入系统
　　C 汉字显示
　　L 办公软件**

中文输入输出设备
　　Y 汉字输入输出设备

中文输入系统
Chinese input system
TP318
　　D 汉字输入系统
　　S 字处理软件
　　· 造字程序
　　· 中文输入法
　　C 中文信息处理
　　　中文操作系统
　　L 办公软件**

中文文本分类
Chinese text classification
TP391
　　S 中文信息处理
　　　文本分类
　　L 文本处理**

中文文本聚类
Chinese text clustering
TP391.3
　　S 中文信息处理
　　　文本聚类
　　L 文本处理**

中文信息处理
Chinese information processing
TP391
　　D 中文信息处理技术
　　　中文信息处理系统
　　　中文信息技术
　　　汉字信息处理
　　　汉字信息处理技术
　　　汉字信息处理系统
　　S 信息处理*
　　· 词义消歧
　　· 汉字处理
　　· 中文文本分类
　　· 中文文本聚类
　　· 自动校对
　　C 中文输入系统
　　　主题追踪
　　　字符串匹配
　　　模糊匹配
　　　汉字显示
　　　自然语言处理

中文信息处理技术
　　Y 中文信息处理

中文信息处理系统
　　Y 中文信息处理

中文信息技术
　　Y 中文信息处理

中文终端
Chinese terminal
TN87　TP338
　　D 汉字终端
　　　汉字终端机
　　S 信息终端
　　C 汉字显示
　　Z 终端设备*

中文自动分词
　　Y 自动分词

中小企业信息化
small and medium-sized enterprise informatization
TP39
　　S 企业信息化
　　Z 信息化*

中心差分滤波
central difference filtering
TN713
　　S 差分滤波
　　Z 滤波*

中心控制器
　　Y 中央控制器

中心数据库
　　Y 中央数据库

中型机
　　Y 中型计算机

中型计算机
medium-scale computer
TP338.3
　　D 中型机
　　S 电子数字计算机**

中央处理单元
　　Y 中央处理器

中央处理机
　　Y 中央处理器

中央处理器
central processing unit
TP33
　　D CPU
　　　CPU 芯片
　　　中央处理单元
　　　中央处理机
　　　中央处理系统
　　　中央微处理器
　　S 微处理器*
　　· 多核处理器
　　· 服务器处理器
　　· 高速 CPU
　　· 嵌入式 CPU
　　C Avalon 总线

· 927 ·

指针寄存器

中央处理系统
　Y 中央处理器

中央存储器
　Y 内存

中央控制计算机
central control computer
TP387
　S 控制计算机
　Z 计算机*

中央控制器
center controller
TN916　TP33　TP2
　D 中心控制器
　S 控制器*
　C 中央数据库

中央数据库
center database
TP392
　D 中心数据库
　S 数据库*
　C 中央控制器

中央微处理器
　Y 中央处理器

中值滤波
median filtering
TN713
　D 中值滤波算法
　S 滤波*
　· 迭代中值滤波
　· 多级中值滤波
　· 二维中值滤波
　· 加权中值滤波
　· 开关中值滤波
　· 快速中值滤波
　· 模糊中值滤波
　· 矢量中值滤波
　· 向量中值滤波
　· 循环中值滤波
　· 自适应中值滤波

中值滤波算法
　Y 中值滤波

中子计数管
neutron counter
TN13
　S 计数管
　L 离子管**

终端
　Y 终端设备

终端仿真
terminal emulation
TP391
　S 仿真*

终端服务器
terminal server
TP368
　S 服务器*

终端机
　Y 终端设备

终端计算机
　Y 计算机终端

终端技术
　Y 终端设备

终端加密
terminal encryption
TN918
　S 通信加密
　L 加密**

终端局间加密
　Y 端到端加密

终端软件
terminal software
TP31
　S 软件*

终端设备*
terminal equipment
TP338　TN87
　D 终端
　　终端技术
　　终端机
　· 保密终端
　· 超级终端
　· 车载终端
　· · 车载导航终端
　· · 车载信息终端
　· · 车载移动终端
　· · 车载智能终端
　· 导航终端
　· · GPS 手持机
　· · 北斗终端
　· · 车载导航终端
　· 多功能终端
　· 多媒体终端
　· · 多媒体通信终端
　· 仿真终端
　· 服务终端
　· 计费终端
　· 计算机终端
　· · 微机终端
　· 无盘终端
　· 虚拟终端
　· 监测终端
　· 交互终端

　· 控制终端
　· 嵌入式终端
　· 手持终端
　· · 手持数据终端
　· · 手持信息终端
　· · 手持移动终端
　· · · GPS 手持机
　· · · 卫星电话
　· · 智能手持终端
　· 数字化终端
　· 通信终端**
　· 网络终端
　· 卫星终端
　· · GPS 手持机
　· · 北斗终端
　· · 卫星通信终端
　· · · 卫星电话
　· 系统终端
　· 显示终端
　· · 可视终端
　· · 视频终端
　· · · 视频会议终端
　· · · 视频显示终端
　· 信息终端
　· · 车载信息终端
　· · 个人信息终端
　· · 手持信息终端
　· 图形终端
　· 中文终端
　· 字符终端
　· 遥测终端
　· 音频终端
　· · 语音终端
　· 隐藏终端
　· 用户终端
　· 远程终端
　· 智能终端
　· · 交互式智能平板
　· · 智能手表
　· · 智能手持终端
　· · 智能手环
　· · 智能眼镜
　· · 智能移动终端
　· · · 车载智能终端
　· · · 智能手机
　· 自助终端

终端网络
terminal network
TN7　TN92
　S 网络*

终端显示
terminal display
TN87
　S 显示*

终端显示器
terminal display
TP334.1　TN873
　S 显示器
　Z 显示设备*

钟控传输门绝热逻辑电路
　　Y 绝热逻辑电路

钟控收音机
clock controlled radio
TN85
　　S 收音机*

仲裁电路
arbitration circuit
TN710
　　S 电子电路*
　　C 仲裁环
　　　仲裁算法

仲裁环
arbitrated loop
TN929.1
　　C 仲裁电路
　　　仲裁算法

仲裁算法
arbitration algorithm
TP301
　　S 算法*
　　C 仲裁环
　　　仲裁电路

众包
crowd sourcing
TP393
　　D 众包平台
　　　众包模式
　　S 互联网应用
　　Z 网络应用*

众包模式
　　Y 众包

众包平台
　　Y 众包

众筹
crowd funding
TP393
　　D 众筹平台
　　　众筹网
　　　众筹网站
　　　大众筹资
　　　网络众筹
　　S 互联网应用
　　Z 网络应用*

众筹平台
　　Y 众筹

众筹网
　　Y 众筹

众筹网站
　　Y 众筹

重掺硅
　　Y 重掺杂硅

重掺杂硅
heavily-doped silicon
TN304
　　D 重掺硅
　　S 硅材料
　　L 元素半导体**

重力传感器
gravity sensor
TP212
　　S 惯性传感器
　　Z 传感器*

重力辅助导航
gravity assisted navigation
TN966
　　S 辅助导航
　　Z 导航*

重心算法
　　Y 质心算法

周期平稳信号
　　Y 循环平稳信号

周期性噪声
periodic noise
TN911
　　D 周期噪声
　　S 信号噪声*

周期噪声
　　Y 周期性噪声

啁啾技术
　　Y 线性调频

轴角编码器
shaft angle encoder
TN91　TN24
　　S 编码器*
　　C 轴角-数字转换器

轴角数字转换器
　　Y 轴角-数字转换器

轴角-数字转换器
angle-to-digital converter
TN792
　　D 轴角数字转换器
　　　轴角转换器
　　S 模数转换器
　　C 轴角编码器
　　Z 转换器*
　　　集成电路*

轴角转换器
　　Y 轴角-数字转换器

轴快流 CO_2 激光器
　　Y 轴快流二氧化碳激光器

轴快流二氧化碳激光器
axial fast-flow carbon dioxide laser
TN248
　　D 轴快流 CO_2 激光器
　　S 二氧化碳激光器
　　L 气体激光器**

猪尾纤
　　Y 尾纤

逐次逼近模数转换器
　　Y 逐次逼近型模数转换器

逐次逼近式模数转换器
　　Y 逐次逼近型模数转换器

逐次逼近型 AD 转换器
　　Y 逐次逼近型模数转换器

逐次逼近型模数转换器
successive approximation mode analog-to-digital converter
TN792
　　D 逐次逼近型 AD 转换器
　　　逐次逼近式模数转换器
　　　逐次逼近模数转换器
　　S 模数转换器
　　Z 转换器*
　　　集成电路*

逐次滤波
successive filtering
TN713
　　S 滤波*

逐点生成
　　Y 逐点生成算法

逐点生成算法
point-by-point generating algorithm
TP391
　　D 逐点生成
　　S 生成算法
　　Z 算法*

主板接口
mainboard interface
TP334.7
　　S 微型计算机接口
　　· IDE 接口
　　· PS/2 接口
　　· SATA 接口
　　· SCSI 接口
　　L 计算机接口**

主板驱动程序
mainboard driver
TP315
　　S 驱动程序
　　L 工具软件**

主瓣
main lobe
TN82
　　D 主波瓣
　　S 天线波瓣
　　C 主瓣干扰
　　Z 波束*

主瓣干扰
main lobe jamming
TN972
　　S 雷达干扰
　　C 主瓣
　　L 电子对抗**

主波瓣
　　Y 主瓣

主成分分析算法
principal component analysis algorithm
TP301
　　D PCA 算法
　　S 无监督学习算法
　　Z 算法*

主程序
main program
TP31
　　D 主函数
　　S 软件*

主处理器
host processor
TP33
　　S 微处理器*

主从 JK 触发器
　　Y JK 触发器

主从处理器
master-slave processor
TP33　TN43
　　D 主从式双处理器
　　S 微处理器*

主从触发器
master-slave trigger
TN79　TP33
　　S 触发器
　　L 数字电路**

主从控制器
master-slave controller
TP2
　　S 控制器*

主从式双处理器
　　Y 主从处理器

主从式通信
　　Y 主从通信

主从通信
master-slave communication
TN911
　　D 主从式通信
　　S 通信*

主存
　　Y 主存储器

主存储器
main memory
TP333
　　D 主内存储器
　　　　主存
　　S 内存
　　C 随机存取存储器
　　Z 存储器*

主存数据库
　　Y 内存数据库

主电源
main power supply
TN86
　　S 电源*

主动队列管理
active queue management
TN915　TP393.07
　　D 主动式队列管理
　　S 网络安全管理**

主动队列管理算法
active queue management algorithm
TP393.0
　　D 队列管理算法
　　S 拥塞控制算法
　　C 队列管理器
　　Z 算法*

主动防范
　　Y 主动防御

主动防护
　　Y 主动防御

主动防御
active defense
TP393.08
　　D 主动式防御
　　　　主动式防护
　　　　主动防护
　　　　主动防范
　　S 网络防御**
　　C 入侵响应
　　　　统一威胁管理

主动防御策略
active defense strategy
TP393.08
　　S 网络安全策略
　　Z 信息安全体系*

主动干扰
　　Y 有源干扰

主动跟踪
active tracking
TP3　TN95
　　D 主动追踪
　　S 跟踪*

主动攻击
active attack
TP309
　　D 主动性攻击
　　S 网络攻击**
　　· 病毒攻击
　　· 泛洪攻击
　　· 缓冲区溢出攻击
　　· 会话劫持攻击
　　· 拒绝服务攻击
　　· 漏洞攻击
　　· 欺骗攻击
　　· 入侵攻击
　　· 伪造攻击
　　· 重放攻击

主动红外对抗
active IR countermeasure
TN976
　　S 红外对抗
　　L 电子对抗**

主动监听
active sniffing
TP393.08
　　S 网络监听
　　L 网络安全技术**

主动路由
active routing
TP393.03
　　S 路由*

主动路由器
active router
TN915.05
　　S 路由器
　　L 网络互连设备**

主动滤波
active filtering
TN713

S 滤波*

主动秘密共享
active secret sharing
TP393.08
　　S 秘密共享*

主动认证
active authentication
TP393.08
　　S 信息安全认证*

主动声呐
active sonar
TN92
　　D 主动声纳
　　　有源声纳
　　S 声呐*
　　C 有源雷达

主动声纳
　　Y 主动声呐

主动实时数据库
active real-time database
TP392
　　S 实时数据库
　　Z 数据库*

主动式标签
　　Y 有源标签

主动式队列管理
　　Y 主动队列管理

主动式防护
　　Y 主动防御

主动式防御
　　Y 主动防御

主动式数据挖掘
active data mining
TP391
　　S 数据挖掘
　　L 信息挖掘**

主动式网络
　　Y 主动网络

主动数据库
active database
TP392
　　D 主动数据库系统
　　S 数据库*

主动数据库系统
　　Y 主动数据库

主动水印
active watermark
TP393.08
　　S 数字水印*

主动锁模
active mode locking
TN241
　　S 锁模*
　　C 主动锁模光纤激光器

主动锁模光纤激光器
actively mode-locked fiber laser
TN248
　　S 锁模光纤激光器
　　C 主动锁模
　　L 光纤激光器**

主动锁相
active phase locking
TN911
　　S 相位锁定
　　Z 信号处理*

主动网
　　Y 主动网络

主动网管
　　Y 主动网络管理

主动网络
active network
TP393.08　TP393.07　TN915
　　D 主动式网络
　　　主动网
　　　主动网络技术
　　S 计算机网络*
　　• 应用层主动网络
　　C 主动网络管理
　　　可靠组播

主动网络管理
active network management
TP393.07　TN91
　　D 主动网管
　　S 网络管理*
　　C 主动网络

主动网络技术
　　Y 主动网络

主动信息服务
active information service
TP391
　　S 信息服务*
　　C 主动信息共享
　　　主动信息系统

主动信息共享
active information sharing
TP391
　　S 信息共享
　　C 主动信息服务
　　　主动信息系统
　　Z 资源共享*
　　　信息处理*

主动信息系统
active information system
TP391
　　S 信息系统*
　　C 主动信息共享
　　　主动信息服务

主动性攻击
　　Y 主动攻击

主动追踪
　　Y 主动跟踪

主放大器
main amplifier
TN72
　　S 放大器*

主放式发射机
master oscillator amplifier transmitter
TN83
　　D 主振放大式发射机
　　S 发射机*
　　C 主振荡功率放大器

主飞行显示器
primary flight display
TN27　TN873
　　S 显示器
　　Z 显示设备*

主分量分类器
principal component classifier
TP33
　　S 分类器*

主服务器
master server
TP368
　　S 服务器*
　　C 备用服务器

主干传输网
　　Y 骨干传输网

主干光缆
trunk optical cable
TN81
　　D 干线光缆
　　S 光缆*
　　C 干线传输
　　　骨干网

主干交换机
trunk switch
TN915　TP393
　　S 网络交换机
　　L 交换设备**

主干路由器
　　Y 骨干路由器

主干网
　　Y 骨干网

主干网络
　　Y 骨干网

主函数
　　Y 主程序

主机安全
host security
TP393.08
　　S 网络安全*
　　C 主机入侵检测

主机标识协议
host identification protocol
TN915.04　TP393
　　D HIP 协议
　　　主机标志协议
　　　主机身份协议
　　S 网络协议**

主机标志协议
　　Y 主机标识协议

主机代理
host agent
TP393.07
　　S 网络代理
　　Z 网络服务*

主机电源
host power supply
TN86
　　S 计算机电源
　　Z 电源*

主机防护
host protection
TP309　TP393.08
　　S 网络防御**

主机访问控制
host access control
TP393.08
　　S 访问控制
　　C 主机入侵检测
　　Z 网络技术*

主机接口
host interface
TP334.7
　　D HPI 接口
　　　主机口
　　S 计算机接口**
　　· 主机控制接口

主机控制接口
host controller interface
TP334.7
　　D 主机控制器接口
　　S 主机接口
　　　控制接口
　　L 计算机接口**

主机控制器
host controller
TP2　TP334　TN92
　　S 控制器*
　　· USB 主机控制器

主机控制器接口
　　Y 主机控制接口

主机口
　　Y 主机接口

主机路由
host routing
TP393.03
　　S 路由*

主机入侵防御系统
　　Y 入侵防御系统

主机入侵检测
host intrusion detection
TP309
　　D 基于主机的入侵检测
　　S 入侵检测
　　C 主机安全
　　　主机访问控制
　　　入侵防御系统
　　L 网络安全技术**
　　　网络防御**

主机身份协议
　　Y 主机标识协议

主机托管
　　Y 服务器托管

主基站
main base station
TN927
　　S 基站*

主键盘
main keyboard
TP334.2

　　S 键盘
　　Z 外部设备*

主叫号码显示
　　Y 来电显示

主控程序
master control program
TP31
　　D 主控软件
　　S 控制软件
　　C 上位计算机
　　　主控芯片
　　Z 软件*

主控电路
main control circuit
TN7
　　S 控制电路
　　C 主令控制器
　　　主控芯片
　　Z 电子电路*

主控机
　　Y 上位计算机

主控计算机
　　Y 上位计算机

主控路由器
master router
TN915
　　S 路由器
　　L 网络互连设备**

主控软件
　　Y 主控程序

主控芯片
main control chip
TN4
　　D 主芯片
　　S 控制芯片
　　　芯片组
　　C 主控电路
　　　主控程序
　　Z 芯片*

主令控制器
master controller
TP23
　　S 控制器*
　　C 主控电路

主密钥
terminal master key
TN918　TP309
　　D 原始密钥
　　　基本密钥
　　S 密钥*
　　C 无线传感器网络

主内存储器
　　Y 主存储器

主色提取
　　Y 色彩提取

主题采集
subject acquisition
TP391
　　D 主题信息采集
　　S 信息采集*
　　C 主题发现

主题抽取
　　Y 主题提取

主题词提取
topical word extraction
TP391
　　S 文本提取
　　L 信息抽取**
　　　文本处理**

主题发现
topic discovery
TP391
　　S 信息发现
　　C 主题提取
　　　主题聚类
　　　主题识别
　　　主题采集
　　Z 信息处理*

主题过滤
topic filtering
TP391.1
　　S 内容过滤
　　C 主题聚类
　　Z 信息安全技术*
　　　信息处理*

主题聚类
topic clustering
TP391.1
　　S 聚类*
　　C 主题发现
　　　主题过滤

主题内容抽取
　　Y 主题提取

主题爬虫
topical crawler
TP317
　　D 主题网络爬虫
　　S 网络爬虫
　　C 相关度计算
　　L 工具软件**
　　　网络软件**

主题识别
topic identification
TP391.4
　　S 语言识别
　　C 主题发现
　　　主题提取
　　　主题数据库
　　Z 信息识别*

主题数据库
subject database
TP392
　　D 专题数据库
　　S 应用数据库
　　C 主题识别
　　Z 数据库*

主题提取
topic extraction
TP391
　　D 主题内容抽取
　　　主题抽取
　　S 文本提取
　　C 主题发现
　　　主题识别
　　L 信息抽取**
　　　文本处理**

主题网络爬虫
　　Y 主题爬虫

主题信息采集
　　Y 主题采集

主题追踪
topic tracking
TP391
　　S 信息跟踪
　　C 中文信息处理
　　Z 信息处理*

主体通信语言
　　Y Agent 通信语言

主芯片
　　Y 主控芯片

主引导程序
main booting program
TP309
　　S 引导程序
　　L 工具软件**

主域控制器
　　Y 域控制器

主振荡功率放大器
main oscillating power amplifier
TN72
　　D 主振功率放大器
　　S 功率放大器**

　　C 主放式发射机

主振放大式发射机
　　Y 主放式发射机

主振功率放大器
　　Y 主振荡功率放大器

助焊剂
flux
TM2　TN04
　　D 焊剂
　　S 焊接材料
　　• 免清洗助焊剂
　　• 水溶性助焊剂
　　Z 电子材料*

助力机器人
power-assisted robot
TP242
　　S 特种机器人
　　• 外骨骼机器人
　　Z 机器人*

注册表编辑器
regedit
TP316
　　S 编辑器
　　L 工具软件**

注册服务器
　　Y SIP 服务器

注册机
register code generator
TP311
　　S 工具软件**
　　C 防盗版

注册域名
　　Y 域名注册

注频锁相
injection-locking
TN911
　　S 相位锁定
　　Z 信号处理*

注入工艺
implantation technique
TN305
　　S 半导体工艺*
　　• 离子注入工艺
　　• 质子注入

注入攻击
injection attack
TP393
　　D 注入式攻击
　　S 网络攻击**
　　• SQL 注入攻击

注入光敏器件
injection photodetector
TN36
　　S 光敏器件
　　L 半导体敏感器件**

注入式攻击
　　Y 注入攻击

注入式激光器
injection laser
TN248
　　S 半导体激光器
　　L 固体激光器**

注入锁相
injection phase locking
TN911
　　S 相位锁定
　　Z 信号处理*

注水算法
water-filling algorithm
TN911
　　S 算法*

注氧隔离
separation by implantation of oxygen
TN305
　　D SIMOX
　　　氧注入分离
　　　氧注入隔离
　　S 隔离工艺
　　Z 半导体工艺*

驻波天线
standing-wave antenna
TN82
　　D 调谐天线
　　S 天线*

驻存程序
　　Y 内存驻留程序

驻地网
customer premises network
TN915
　　S 通信网络*
　　• 用户驻地网

驻极体
electret
TN64
　　D 永电体
　　S 电子材料*
　　• 薄膜驻极体

驻留程序
　　Y 内存驻留程序

驻留内存程序
　　Y 内存驻留程序

柱面共形微带天线
　　Y 圆柱共形微带天线

柱栅阵列封装
　　Y 焊柱阵列封装

柱栅阵列陶瓷封装
　　Y 陶瓷焊柱阵列封装

抓包
　　Y 数据包捕获

抓图
　　Y 图像截取

抓图工具
　　Y 抓图软件

抓图软件
screenshot software
TP317　TP318
　　D 屏幕抓图工具
　　　屏幕抓图软件
　　　抓图工具
　　S 图像处理软件
　　C 图像截取
　　L 应用软件**

专家决策系统
expert decision system
TP182
　　D 专家决策支持系统
　　S 专家系统
　　Z 计算机应用系统*

专家决策支持系统
　　Y 专家决策系统

专家系统
expert system
TP182
　　D 专家信息系统
　　S 计算机应用系统*
　　• 分布式专家系统
　　• 故障诊断专家系统
　　• 神经网络专家系统
　　• 协同式专家系统
　　• 专家决策系统
　　C 人工智能
　　　智能网络管理
　　　知识工程
　　　网络故障诊断

专家系统工具
expert system tool
TP182
　　D 专家系统开发工具
　　S 开发工具

　　L 工具软件**

专家系统开发工具
　　Y 专家系统工具

专家信息系统
　　Y 专家系统

专题数据库
　　Y 主题数据库

专题搜索引擎
　　Y 垂直搜索引擎

专网
　　Y 专用通信网

专网通信
private network communication
TN915
　　S 专用通信
　　• 电力通信
　　• 公安通信
　　• 铁路通信
　　Z 通信*

专业工作站
professional workstation
TP368
　　S 工作站
　　• 播出工作站
　　• 工程工作站
　　• 视频工作站
　　• 数字音频工作站
　　• 图形工作站
　　• 音频工作站
　　C 专业摄像机
　　　专用芯片
　　　专用计算机
　　　专用软件
　　Z 计算机*

专业软件
　　Y 专用软件

专业摄像机
professional video camera
TN94
　　S 摄像机
　　C 专业工作站
　　Z 电视设备*

专业搜索引擎
　　Y 垂直搜索引擎

专业通信
　　Y 专用通信

专业应用软件
　　Y 专用软件

专用 IC
 Y 专用集成电路

专用程序
 Y 专用软件

专用处理机
 Y 专用处理器

专用处理器
special processor
TP33
 D 专用处理机
  专用微处理器
  专用指令集处理器
 S 微处理器*
 C 专用芯片
  专用计算机

专用电话
private telephone
TN916
 D 专用电话通信
 S 电话通信
 • 调度电话
 • 会议电话
 • 信息电话
 C 专用电话网
 Z 通信*

专用电话通信
 Y 专用电话

专用电话通信网
 Y 专用电话网

专用电话网
private telephone network
TN915
 D 专用电话通信网
 S 专用通信网
  电话网
 C 专用电话
 Z 通信网络*

专用电脑
 Y 专用计算机

专用电信网
 Y 专用通信网

专用电源
specific power supply
TN86
 S 电源*
 C 专用接口

专用电子计算机
 Y 专用计算机

专用短程通信
dedicated short-range communication
TN915
 D DSRC
  专用短程通信系统
 S 专用通信
 Z 通信*

专用短程通信系统
 Y 专用短程通信

专用服务器
 Y 功能服务器

专用机器人
 Y 特种机器人

专用集成电路
application specific integrated circuit
TN492
 D ASIC
  ASIC 器件
  ASIC 电路
  ASIC 芯片
  专用 IC
  专用集成电路芯片
  专用集成电路设计
  定制集成电路
  特定用途集成电路
 S 集成电路*
 • 编解码集成电路
 • 结构化专用集成电路
 • 视频集成电路
 • 通信集成电路
 • 音频集成电路
 C Handel-C 语言

专用集成电路设计
 Y 专用集成电路

专用集成电路芯片
 Y 专用集成电路

专用计算机
special-purpose computer
TP33 TP368
 D 专用电子计算机
  专用电脑
  专用计算机系统
 S 计算机*
 • 车载计算机
 • 船用计算机
 • 导航计算机
 • 机载计算机
 • 加固计算机
 • 监控计算机
 • 军用计算机
 • 控制计算机
 • 流体计算机
 • 气象计算机

 • 声呐计算机
 C 专业工作站
  专用处理器
  专用控制器
  专用软件

专用计算机系统
 Y 专用计算机

专用键盘
special keyboard
TP334.2
 S 键盘
 Z 外部设备*

专用接口
special interface
TP334.7
 S 接口*
 C 专用电源

专用接口芯片
special interface chip
TN4
 S 专用芯片
  接口芯片
 Z 芯片*

专用控制器
special controller
TP2 TP332.3
 S 控制器*
 C 专用计算机

专用密码
specific password
TN918
 D 特种密码
 S 密码*

专用软件
special software
TP311 TP317
 D 专业应用软件
  专业软件
  专用程序
 S 应用软件**
 • 测控软件
 • 测量软件
 • 查表程序
 • 单片机软件
 • 飞行控制软件
 • 机载软件
 • 计费软件
 • 计量软件
 • 监测软件
 • 校准软件
 • 星载软件
 • 遥测软件
 • 预报软件
 C 专业工作站
  专用计算机

专用扫描仪
dedicated scanner
TP334.2
　S 扫描仪
　· 胶片扫描仪
　· 生物芯片扫描仪
　Z 外部设备*

专用数据
private data
TP3
　S 数据*
　C 专用数据网

专用数据网
private data network
TN919　TN915
　S 数据通信网
　C 专用数据
　Z 通信网络*

专用通信
special communications
TN915
　D 专业通信
　S 通信*
　· 调度通信
　· 专网通信
　· 专用短程通信
　C 专用移动通信
　　专用通信网

专用通信网
private communication network
TN915
　D 专用电信网
　　专用网
　　专用网络
　　专用通信网络
　　专网
　　通信专网
　S 通信网络*
　· 电力通信网
　· 军用网络
　· 水利通信专网
　· 铁路通信网
　· 移动虚拟专用网
　· 应急通信网
　· 专用电话网
　C 专用通信

专用通信网络
　Y 专用通信网

专用网
　Y 专用通信网

专用网络
　Y 专用通信网

专用微处理器
　Y 专用处理器

专用无线通信
private wireless communication
TN92
　S 无线通信**
　C 专用移动通信

专用芯片
special chip
TN43
　D 专用芯片设计
　S 芯片*
　· 红外专用芯片
　· 专用接口芯片
　· 专用信号处理芯片
　C 专业工作站
　　专用处理器

专用芯片设计
　Y 专用芯片

专用信号处理芯片
special signal processing chip
TN43
　S 专用芯片
　　信号处理芯片
　Z 芯片*

专用虚拟局域网
private virtual LAN
TP393.1
　D PVLAN
　S 虚拟专用网络
　　虚拟局域网
　L 局域网**

专用虚拟网
　Y 虚拟专用网络

专用移动通信
private mobile communication
TN92
　S 移动通信
　· 航空移动通信
　· 集群通信
　C 专用无线通信
　　专用通信
　L 无线通信**

专用指令集处理器
　Y 专用处理器

专有名词识别
proper noun recognition
TP391.4
　S 词汇识别
　Z 信息识别*

转发器
transponder
TN915
　S 中继器
　· 同频转发器
　· 卫星转发器
　Z 通信设备*

转发式干扰
transmitted jamming
TN972
　D 转发式欺骗干扰
　S 回答式干扰
　　欺骗干扰
　C 转发式干扰机
　L 电子对抗**

转发式干扰机
transmitted jammer
TN972
　S 回答式干扰机
　C 转发式干扰
　L 电子干扰设备**

转发式欺骗干扰
　Y 转发式干扰

转换编码
　Y 变换编码

转换程序
conversion program
TP317　TP391
　D 代码转换器
　　转换工具
　S 工具软件**
　· 数据转换程序

转换电路
　Y 转换器

转换工具
　Y 转换程序

转换接口
conversion interface
TP334.7
　S 接口*

转换卡尔曼滤波
converted measurement Kalman filtering
TN713
　S 卡尔曼滤波**

转换器*
converter
TP33　TN7
　D 转换器件
　　转换器芯片
　　转换电路
　　转换芯片
　· 并串行转换器
　· 电流转换器
　· 光电转换器

- 光纤转换器
- - 单模光纤转换器
- - 多模光纤转换器
- - 光电转接器
- 介质转换器
- 媒体转换器
- 模斑转换器
- 模式转换器
- 模数转换器
- - Σ-Δ 模数转换器
- - 串行模数转换器
- - 高速模数转换器
- - 流水线模数转换器
- - 闪烁型模数转换器
- - 轴角-数字转换器
- - 逐次逼近型模数转换器
- - 自整角机数字转换器
- 平衡不平衡转换器
- 扫描率转换器
- 声像转换器
- 数据转换器
- - 精密数据转换器
- - 视频数据转换器
- 数模转换器
- - 乘法型数模转换器
- - 串行数模转换器
- - 高速数模转换器
- 数字转换器
- 信号转换电路
- - 电平转换器
- - 电压频率转换器
- - 频率电压转换器
- - 时间数字转换器
- 音频转换器
- 正交模转换器
- 智能转换器
- 总线转换器
- 坐标转换器
- C 换能器

转换器件
　　Y 转换器

转换器芯片
　　Y 转换器

转换算法
conversion algorithm
TP391
　　S 算法*

转换网关
conversion gateway
TP393
　　S 网关
　　C 协议转换
　　L 网络互连设备**

转换芯片
　　Y 转换器

转接连接器
adaptor connector
TM5
　　S 电连接器*
- 光电转接器
- 射频同轴转接器

转矩放大器
　　Y 伺服放大器

转码器
transcoder
TN919
　　S 编码器*

转送层协议
　　Y 传输层协议

转置存储器
corner turn memory
TP333
　　S 存储器*
　　C 合成孔径雷达
　　　相干机载侧视雷达

装配仿真
assembly simulation
TP391.9
　　D 装配过程仿真
　　S 工业仿真
　　Z 仿真*

装配过程仿真
　　Y 装配仿真

状态编码
state encoding
TN911
　　S 编码*

状态机
state machine
TP311　TP391
　　D 状态自动机
　　S 自动机*
- MEALY 状态机
- 时序状态机
- 协议状态机
- 异步状态机
- 有限状态机
　　C 现场可编程门阵列

状态寄存器
status register
TP33
　　D 条件码寄存器
　　　状态字寄存器
　　S 控制寄存器
　　Z 寄存器*

状态数据
state data
TP311
　　S 数据*

状态自动机
　　Y 状态机

状态字寄存器
　　Y 状态寄存器

追踪
　　Y 跟踪

追踪算法
　　Y 跟踪算法

锥形光纤
tapered fiber
TN24
　　S 光纤*

锥形天线
conical antenna
TN82
　　D 圆锥天线
　　S 天线*
- 角锥喇叭天线
- 盘锥天线
- 双锥天线
- 圆锥喇叭天线

准八木天线
　　Y 八木天线

准分子激光
　　Y 准分子激光器

准分子激光光刻
excimer laser lithography
TN305
　　S 激光光刻
　　C 准分子激光器
　　L 光刻工艺**
　　　激光加工**

准分子激光器
excimer laser
TN248
　　D 二聚物激光器
　　　准分子激光
　　S 气体激光器**
- 氮分子激光器
- 氟化氪激光器
- 氟化氙激光器
- 氯化氙激光器
- 氙激光器
　　C 准分子激光光刻
　　　激光医疗

准连续波雷达
quasi continuous wave radar
TN958
　　S 连续波雷达
　　Z 雷达*

准谐振变换器
quasi resonant converter
TN62
　　S 变换器*

准正交空时分组码
　　Y 正交空时分组编码

桌面操作系统
desktop operating system
TP316
　　S 计算机操作系统
　　　• DOS 操作系统
　　　• 视窗操作系统
　　C 桌面应用程序
　　L 操作系统**

桌面地理信息系统
desktop geographic information system
TP391
　　S 地理信息系统
　　C 桌面应用程序
　　　桌面虚拟现实
　　L 信息应用系统**

桌面管理接口
desktop management interface
TP317
　　D DMI 接口
　　S 管理接口
　　L 计算机接口**

桌面扫描仪
　　Y 平板式扫描仪

桌面视频会议
desktop video conference
TN919　TN948
　　D 桌面视频会议系统
　　S 网络会议
　　Z 网络应用*

桌面视频会议系统
　　Y 桌面视频会议

桌面虚拟化
desktop virtualization
TP391.9
　　D 云桌面
　　　云电脑
　　　云终端
　　　桌面云
　　　桌面虚拟化技术
　　　虚拟桌面

　　S 虚拟化技术
　　Z 虚拟技术*

桌面虚拟化技术
　　Y 桌面虚拟化

桌面虚拟现实
desktop virtual reality
TP391.9
　　S 虚拟现实
　　C 桌面地理信息系统
　　Z 虚拟技术*

桌面应用程序
desktop application
TP317
　　S 应用软件**
　　C 桌面地理信息系统
　　　桌面操作系统

桌面云
　　Y 桌面虚拟化

着陆雷达
　　Y 进场雷达

着色 Petri 网
　　Y 有色 Petri 网

着色算法
coloring algorithm
TP301　TN911
　　S 图论算法
　　Z 算法*

姿态传感器
attitude sensor
TP212
　　S 传感器*
　　C 姿态识别

姿态识别
posture recognition
TP391
　　S 生物特征识别
　　C 姿态传感器
　　L 特征识别**

资源发现
resource discovery
TP3　TN91
　　S 信息发现
　　C 资源检索
　　Z 信息处理*

资源访问控制
resource access control
TN91　TP3
　　S 访问控制
　　C 资源分配网络
　　Z 网络技术*

资源分配网络
resource allocation network
TN92　TP393
　　D 最小资源分配网络
　　S 分配网络
　　C 资源访问控制
　　Z 通信网络*

资源分享
　　Y 资源共享

资源封装
resource encapsulation
TP3　TP2
　　S 资源管理*
　　C 数据封装

资源共享*
resource sharing
TP391
　　D 资源分享
　　　• 存储共享
　　　• • 内存共享
　　　• 打印共享
　　　• 多用户共享
　　　• 服务共享
　　　• 负载共享
　　　• 计算资源共享
　　　• 链路共享
　　　• 频率共享
　　　• 频谱共享
　　　• 屏幕共享
　　　• 网络共享
　　　• 信道共享
　　　• 信息共享
　　　• • 空间信息共享
　　　• • 视频共享
　　　• • 主动信息共享
　　　• 制造资源共享
　　C 协同计算
　　　资源数据库
　　　资源管理

资源管理*
resource management
TP391　TN91
　　• 动态资源管理
　　• 制造资源管理
　　• 资源调度
　　• • 动态资源调度
　　• • 网格资源调度
　　• • 无线资源调度
　　• 资源封装
　　• 资源集成
　　• 资源监控
　　• 资源检索
　　• 资源竞争
　　• 资源聚合
　　• 资源选择
　　• 资源优化
　　• 资源占用
　　• 资源整合
　　C 计算网格

资源共享

资源集成
resource integration
TP3
　　S 资源管理*

资源监控
resource monitoring
TP3
　　S 资源管理*

资源检索
resource retrieval
TP3
　　S 资源管理*
　　C 资源发现

资源竞争
resource competition
TN915
　　S 资源管理*

资源聚合
resource aggregation
TP3
　　S 资源管理*

资源路由器
resource router
TN915　TP393.4
　　S 路由器
　　L 网络互连设备**

资源描述
resource description
TP39
　　S 信息描述
　　Z 信息处理*

资源描述框架
resource description framework
TP393
　　D RDF
　　S 网络模型*
　　C Web 本体语言
　　　可扩展标记语言

资源数据库
resource database
TP392
　　D 国土资源数据库
　　S 应用数据库
　　C 资源共享
　　Z 数据库*

资源搜索算法
resource search algorithm
TN911
　　S 搜索算法
　　Z 算法*

资源调度
resource scheduling
TP3
　　S 资源管理*
　　· 动态资源调度
　　· 网格资源调度
　　· 无线资源调度

资源调度算法
resource scheduling algorithm
TP301
　　S 调度算法
　　Z 算法*

资源选择
resource selection
TP3
　　S 资源管理*

资源优化
resource optimization
TP391
　　S 资源管理*

资源预订协议
　　Y 资源预留协议

资源预留协议
resource reservation protocol
TN915　TP393.0
　　D RSVP
　　　RSVP 协议
　　　资源预约协议
　　　资源预订协议
　　S 传输控制协议
　　L 网络协议**

资源预约协议
　　Y 资源预留协议

资源占用
resource occupancy
TP391
　　S 资源管理*

资源整合
resource integration
TP391
　　S 资源管理*
　　C 信息整合

资源子网
resource subnet
TP393
　　S 子网络
　　Z 计算机网络*

子波编码
　　Y 小波编码

子波分解
　　Y 小波分解

子波神经网络
　　Y 小波神经网络

子波压缩
　　Y 小波压缩

子程序
subroutine
TP311
　　D 计算机子程序
　　S 软件*

子带编码
subband coding
TN911
　　D 子频带编码
　　S 信道编码
　　L 通信编码**

子带编码器
subband encoder
TN911
　　S 编码器*

子带滤波
subband filtering
TN713
　　S 滤波*
　　· 子带自适应滤波

子带自适应滤波
subband adaptive filtering
TN713
　　S 子带滤波
　　　自适应滤波
　　Z 滤波*

子电路
subcircuit
TN710
　　D 子电路模型
　　S 电子电路*

子电路模型
　　Y 子电路

子空间分类器
subspace classifier
TP391
　　S 分类器*
　　C 子空间算法
　　　子空间聚类

子空间聚类
subspace clustering
TP391.3
　　S 聚类*
　　C 子空间分类器

电子信息技术叙词表

子空间算法

子空间算法
subspace algorithm
TN911
 S 算法*
 C 子空间分类器
   子空间聚类

子密钥
subkey
TN918 TP309
 S 密钥*

子频带编码
 Y 子带编码

子网
 Y 子网络

子网编址
subnet addressing
TP393
 S IP 地址管理
 C 子网络
 Z 网络管理*

子网划分
subnetting
TP393
 S IP 地址管理
 C 子网络
 Z 网络管理*

子网络
subnetwork
TP393 TP273 TN915
 D 子网
 S 计算机网络*
  · 逻辑子网
  · 屏蔽子网
  · 通信子网
  · 虚拟子网
  · 资源子网
 C 子网划分
   子网编址

子信道
subchannel
TN911
 S 信道*
 C 频分复用

紫翠宝石激光器
alexandrite laser
TN248
 S 宝石激光器
 L 固体激光器**

紫蜂技术
 Y 紫蜂通信

紫蜂通信
ZigBee communication
TN92
 D ZigBee 技术
   紫蜂技术
 S 短距离无线通信
 L 无线通信**

紫蜂网络
ZigBee network
TP2 TN92
 D ZigBee 网络
 S 短距离无线通信网络
 L 无线通信网络**

紫蜂协议
ZigBee protocol
TN915
 D ZigBee 协议
 S 无线通信协议
 C 无线网状网
   物联网标准
   路由算法
 Z 通信协议*

紫外 LIGA 技术
 Y UV-LIGA 技术

紫外传感器
ultraviolet sensor
TP212.14
 D 紫外光传感器
   紫外线传感器
 S 光电传感器
 C 紫外探测器
 L 物理传感器**

紫外对抗
UV countermeasure
TN97
 S 光电对抗
  · 紫外告警
 L 电子对抗**

紫外发光二极管
ultraviolet light-emitting diode
TN31
 S 发光二极管
 L 半导体发光器件**

紫外辐射计
ultraviolet radiometer
TN23 TN16
 S 辐射计
 Z 电子测量仪器*

紫外告警
ultraviolet warning
TN23 TN97
 S 光电告警
   紫外对抗
 L 电子对抗**

紫外光传感器
 Y 紫外传感器

紫外光电倍增管
ultraviolet photomultiplier
TN15
 S 光电倍增管
 C 紫外探测器
 L 电子束管**

紫外光电探测器
 Y 紫外探测器

紫外光接收机
ultraviolet receiver
TN85
 D 紫外接收机
 S 光接收机
 C 紫外光通信
 Z 接收设备*

紫外光刻
ultraviolet lithography
TN305
 S 光学光刻
  · 极紫外光刻
  · 深紫外光刻
 C 图形失真
 L 光刻工艺**

紫外光刻机
ultraviolet lithography machine
TN305
 S 光刻设备
 Z 半导体工艺设备*

紫外光敏电阻器
ultraviolet photoresistor
TM546
 S 光敏电阻器
 L 半导体敏感器件**

紫外光探测器
 Y 紫外探测器

紫外光通信
ultraviolet communication
TN929.1
 D 紫外光通讯
   紫外线通信
   紫外通信
 S 光通信**
 C 紫外光接收机
   紫外光纤
   非视距通信

紫外光通讯
 Y 紫外光通信

紫外光纤
ultraviolet optical fiber

· 940 ·

TN818
  S 光纤*
  C 紫外光通信
    紫外激光

紫外激光
ultraviolet laser
TN248
  D 紫外激光器
    紫外线激光器
  S 激光*
  · 连续紫外激光
  · 深紫外激光
  · 远紫外激光
  C 紫外光纤

紫外激光器
  Y 紫外激光

紫外接收机
  Y 紫外光接收机

紫外探测器
ultraviolet detector
TN953 TN23
  D 紫外光探测器
    紫外光电探测器
    紫外线探测器
  S 光电探测器
  C 紫外传感器
    紫外光电倍增管
  L 光学探测器**

紫外通信
  Y 紫外光通信

紫外线传感器
  Y 紫外传感器

紫外线激光器
  Y 紫外激光

紫外线探测器
  Y 紫外探测器

紫外线通信
  Y 紫外光通信

紫外像增强器
ultraviolet image intensifier
TN14
  S 像增强器
  L 电子束管**

紫外侦察
ultraviolet reconnaissance
TN23 TN971
  S 光电侦察
  L 电子对抗**

自安全磁盘
self-security disc
TP333
  S 磁盘存储器
  L 外存储器**
    磁存储器**

自保持继电器
lock-up relay
TM58
  S 保持继电器
  Z 继电器*

自备电源
self-contained power supply
TN86
  S 备用电源
  Z 电源*

自备式导航
  Y 自主导航

自编程
self-programming
TP311 TP368
  S 软件编程**
  C 自动编程系统
    自编程序

自编程序
self-compiled program
TP318
  S 软件*
  C 自动编程系统
    自编程

自编码
  Y 自动编码

自编码扩频
self encoded spread spectrum
TN918
  S 扩频*
  C 自编码扩频通信

自编码扩频通信
self-coded spread spectrum communication
TN91
  S 扩频通信
  C 自编码扩频
  L 无线通信**

自编码器
  Y 自动编码器

自掺杂
self-doping
TN305
  S 半导体掺杂
  Z 半导体工艺*

自底向上法
bottom-up method
TP31
  D 自底向上设计
  S 软件设计
  Z 软件工程*

自底向上设计
  Y 自底向上法

自顶向下法
top-down method
TP311
  D 由顶向下法
    自顶向下设计
  S 软件设计
  Z 软件工程*

自顶向下设计
  Y 自顶向下法

自定义协议
user-defined protocol
TP2 TP393.0
  S 通信协议*

自动备份
auto backup
TP309
  S 备份*

自动编程工具
  Y 自动编程系统

自动编程系统
automatic programming system
TP314
  D 自动编程工具
  S 工具软件**
  C 图形自动编程
    数控自动编程
    自编程
    自编程序

自动编码
auto encoding
TP274 TP391
  D 自编码
  S 编码*
  C 自动编码器

自动编码器
auto encoder
TN91
  D 自编码器
  S 编码器*
  C 卷积神经网络
    深度学习
    自动编码

· 941 ·

自动辨识
　　Y 自动识别

自动泊车系统
　　Y 泊位引导系统

自动测试工具
　　Y 自动测试软件

自动测试软件
automatic test software
TP318
　　D 自动化测试工具
　　　　自动测试工具
　　S 测试软件
　　C 图形自动生成
　　　　测试自动化
　　　　虚拟仪器
　　L 工具软件**

自动测试图形生成
　　Y 图形自动生成

自动车辆定位AVL系统
　　Y 车辆定位系统

自动车型识别
　　Y 车型识别

自动程序
　　Y 自动运行程序

自动程序设计
automatic programming
TP311　TP18
　　D 自动化程序设计
　　　　自动化编程
　　　　自动生成程序
　　　　自动生成软件
　　S 软件自动化
　　　　软件设计
　　· 代码自动生成
　　· 软件自动生成
　　· 数控自动编程
　　C 人工智能
　　Z 自动化*
　　　　软件工程*

自动程序生成
　　Y 软件自动生成

自动重传
automatic retransmission
TN92
　　S 重传
　　C 自动重传请求协议
　　Z 信息传输*

自动重传请求协议
automatic repeat request protocol
TN92　TN915
　　D ARQ协议
　　S 传输协议
　　C 自动重传
　　L 网络协议**

自动抽取
　　Y 自动提取

自动存储
automatic storage
TP274
　　S 信息存储*

自动导航
　　Y 自主导航

自动地址识别
automatic address recognition
TP391.4
　　S 自动识别*

自动电话
　　Y 程控电话

自动电话交换机
automatic telephone exchange
TN916
　　S 电话交换机
　　· 长途交换机
　　· 电子交换机
　　L 交换设备**
　　　　电话设备**

自动电平控制电路
automatic level control circuit
TN710
　　D ALC电路
　　S 自动控制电路
　　Z 电子电路*

自动发布
automatic publishing
TP391
　　S 信息发布
　　Z 信息处理*

自动翻译
　　Y 机器翻译

自动翻译系统
　　Y 机器翻译

自动分词
automatic word segmentation
TP391.1
　　D 中文自动分词
　　　　汉语自动分词
　　S 分词
　　C 自动分词系统
　　L 语言信息处理**

自动分词系统
auto-segmentation system
TP317
　　S 字处理软件
　　C 自动分词
　　L 办公软件**

自动分类
automatic classification
TP391.1
　　S 信息分类
　　· 文本自动分类
　　Z 信息处理*

自动跟踪
automatic tracking
TN95　TN92
　　D 自动追踪
　　　　自跟踪
　　S 跟踪*
　　· 半自动跟踪
　　· 自动目标跟踪
　　C 自动跟踪识别

自动跟踪识别
automatic tracing recognition
TP274
　　S 自动识别*
　　C 自动跟踪

自动跟踪天线
　　Y 跟踪天线

自动功率控制
automatic power control
TP273
　　D 功率自动控制
　　S 自动控制*

自动攻击
automated attack
TP29
　　S 网络攻击**

自动化*
automation
TP29
　　· 办公自动化
　　· 测量自动化
　　· 测试自动化
　　· 电力系统自动化
　　· 工业自动化
　　· 工作流自动化
　　· 管理自动化
　　· 流程自动化
　　· 软件自动化
　　· · 自动程序设计
　　· · · 代码自动生成
　　· · · 软件自动生成
　　· · · 数控自动编程
　　· · 自动化测试
　　· 设计自动化

・・ 电子设计自动化
　　・・ 电子系统设计自动化
　　C 自动化控制器
　　　 自动化网络

自动化办公系统
　　Y 办公自动化系统

自动化编程
　　Y 自动程序设计

自动化采集数据
　　Y 智能数据采集

自动化测试
automation testing
TP311
　　D 自动化测试技术
　　　 自动化软件测试
　　　 软件自动化测试
　　S 软件测试
　　　 软件自动化
　　Z 软件工程*
　　　 自动化*

自动化测试工具
　　Y 自动测试软件

自动化测试技术
　　Y 自动化测试

自动化程序设计
　　Y 自动程序设计

自动化服务器
automation sever
TP368
　　S 软件服务器
　　Z 服务器*

自动化管理
　　Y 计算机辅助管理

自动化建模
　　Y 自动建模

自动化控制器
automatic controller
TP273
　　S 控制器*
　　・ 自寻优控制器
　　・ 自整定控制器
　　C 自动化

自动化软件测试
　　Y 自动化测试

自动化网络*
automation network
TP2

　　D 自动化网络系统
　　　 多点接口网络
　　・ 工业局域网
　　・ 工业无线网络
　　・ 工业以太网
　　　・ 交换式工业以太网
　　　・ 实时工业以太网
　　・ 控制网络
　　・・ 测控网络
　　・・・ 测量网络
　　・・・ 工业测控网络
　　・・ 底层控制网络
　　・・ 可编程逻辑控制器网络
　　・・ 数字控制网络
　　・・ 远程控制网络
　　・ 总线网络
　　・・ 单总线网络
　　・・ 现场总线网络
　　・・・ LonWorks 网络
　　・・・ 过程现场总线网络
　　・・・ 控制器局域网
　　C 自动化

自动化网络系统
　　Y 自动化网络

自动化指挥网
　　Y 指挥自动化网络

自动绘图软件
　　Y 绘图软件

自动机*
automaton
TP2　TP301
　　・ 抽象机
　　・・ 层次抽象机
　　・・ 化学抽象机
　　・ 混合自动机
　　・ 接口自动机
　　・ 矩形自动机
　　・ 模糊自动机
　　・・ 模糊有限自动机
　　・ 时间自动机
　　・ 树自动机
　　・ 双尺度自动机
　　・ 随机自动机
　　・ 图灵机
　　・ 下推自动机
　　・ 线性自动机
　　・ 学习自动机
　　・ 有限自动机
　　・・ 概率有限自动机
　　・・ 模糊有限自动机
　　・・ 确定有限自动机
　　・・ 线性有限自动机
　　・・ 有限状态机
　　・・・ 扩展有限状态机
　　・・・ 通信有限状态机
　　・ 元胞自动机
　　・・ 广义细胞自动机
　　・・ 量子细胞自动机
　　・ 智能自动机

　　・ 状态机
　　・・ MEALY 状态机
　　・・ 时序状态机
　　・・ 协议状态机
　　・・ 异步状态机
　　・・ 有限状态机
　　・・・ 扩展有限状态机
　　・・・ 通信有限状态机

自动机器翻译
automatic machine translation
TP391.2
　　S 机器翻译
　　Z 计算机辅助技术*

自动机器学习
　　Y 自动学习

自动驾驶汽车
　　Y 智能汽车

自动建模
automatic modeling
TP391.9
　　D 自动化建模
　　S 模型构建*

自动鉴别
　　Y 自动识别

自动交换光网
　　Y 自动交换光网络

自动交换光网络
automatic switched optical network
TN929.1　TN915
　　D ASON 网络
　　　 智能光网
　　　 智能光网络
　　　 智能化光网络
　　　 自动交换光网
　　S 光交换网络
　　C 链路管理协议
　　L 光通信网络**

自动交换机
automatic switch
TN915
　　S 交换设备**

自动校对
automatic proofreading
TP311　TP391
　　S 中文信息处理
　　Z 信息处理*

自动聚焦算法
　　Y 聚焦算法

自动聚类
automatic clustering
TP391.1
　S 聚类*

自动控制*
automatic control
TP273
　· 复合控制
　· 过程控制
　· 计算机自动控制
　· · 集散控制
　· · 计算机模糊控制
　· 数字控制
　· · 网络数控
　· 可编程控制
　· 模糊控制
　· · 模糊 PID 控制
　· · 模糊逻辑控制
　· · 模糊预测控制
　· · 自适应模糊控制
　· 预测控制
　· · 动态矩阵预测控制
　· · 广义预测控制
　· · 模糊预测控制
　· · 模型预测控制
　· 智能控制
　· 自动功率控制
　· 自动频率控制
　· 自适应控制
　· · 鲁棒自适应控制
　· · 随机自适应控制
　· · 无模型自适应控制
　· · 自适应模糊控制
　· 最佳控制
　C 自动控制电路

自动控制电路
automatic control circuit
TN710
　D 自控电路
　S 控制电路
　· 自动电平控制电路
　· 自动频率控制电路
　· 自动增益控制电路
　C 自动控制
　Z 电子电路*

自动立体显示
　Y 自由立体显示

自动目标跟踪
automatic target tracking
TN953
　S 目标跟踪*
　　自动跟踪
　Z 跟踪*

自动目标识别
automatic target recognition
TP391.4
　D 自动目标识别系统

　S 目标识别
　　自动识别*
　· 雷达自动目标识别
　Z 信息识别*

自动目标识别系统
　Y 自动目标识别

自动判别
　Y 自动识别

自动判断
　Y 自动识别

自动拼接
automatic mosaic
TP391
　S 图像拼接
　L 图像处理**

自动频率跟踪
　Y 频率跟踪

自动频率控制
automatic frequency control
TP273　TN710
　S 自动控制*
　C 自动频率控制电路

自动频率控制电路
automatic frequency control circuit
TN710
　S 自动控制电路
　C 自动频率控制
　Z 电子电路*

自动启动程序
　Y 自动运行程序

自动切换电路
　Y 自动切换器

自动切换器
automatic switcher
TN62
　D 自动切换电路
　S 变换器*

自动入侵响应
　Y 入侵响应

自动生成程序
　Y 自动程序设计

自动生成工具
　Y 自动生成器

自动生成器
automatic generator

TP311　TP391
　D 自动生成工具
　S 工具软件**
　C 自动生成算法
　　自动生成系统

自动生成软件
　Y 自动程序设计

自动生成算法
automatic generation algorithm
TP311　TP391
　S 生成算法
　C 自动生成器
　　自动生成系统
　Z 算法*

自动生成系统
automatic generation system
TP311　TP391
　S 计算机应用系统*
　C 自动生成器
　　自动生成算法

自动识别*
automatic identification
TP391.4
　D 自动判别
　　自动判断
　　自动识别技术
　　自动识别系统
　　自动辨识
　　自动鉴别
　· 车辆识别
　· · 车标识别
　· · 车牌识别
　· · 车型识别
　· 道路识别
　· · 车道线识别
　· · 交通标志识别
　· 机器识别
　· 射频识别
　· · 标签识别
　· · 超高频射频识别
　· · 有源射频识别
　· 条形码识别
　· 图像自动识别
　· 指纹自动识别
　· 自动地址识别
　· 自动跟踪识别
　· 自动目标识别
　· · 雷达自动目标识别
　· 自动语言辨识
　C 人工神经网络
　　图像处理

自动识别技术
　Y 自动识别

自动识别系统
　Y 自动识别

国家工业信息安全发展研究中心　主编

自动数据采集
　　Y 智能数据采集

自动特征识别
automatic feature recognition
TP391.4
　　S 特征识别**

自动提取
automatic extraction
TP391
　　D 自动抽取
　　　 自动提取算法
　　S 信息抽取**

自动提取算法
　　Y 自动提取

自动调试
automatic debugging
TN94　TP27
　　S 调试*

自动调制识别
　　Y 调制识别

自动图象传输
　　Y 自动图像传输

自动图像传输
automatic image transmission
TN919
　　D 自动图像传送
　　　 自动图象传输
　　S 图像传输
　　Z 信息传输*

自动图像传送
　　Y 自动图像传输

自动推理
automated reasoning
TP391
　　S 推理*

自动脱落分离电连接器
automatic dropout disconnected electric connector
TN6
　　S 特种电连接器
　　Z 电连接器*

自动拓扑发现
automatic topology discovery
TP393.1　TN915
　　D 拓扑自动发现
　　S 拓扑发现
　　C 简单网络管理协议
　　Z 网络管理*

自动文本分类
　　Y 文本自动分类

自动文本摘要
　　Y 自动文摘

自动文摘
automatic abstracting
TP391.1
　　D 多文档自动摘要
　　　 多文档自动文摘
　　　 自动摘要
　　　 自动文摘系统
　　　 自动文本摘要
　　S 自然语言处理
　　L 语言信息处理**

自动文摘系统
　　Y 自动文摘

自动系统设计
automatic system design
TP27
　　S 系统设计*
　　C 电子系统设计自动化

自动信任协商
automatic trust negotiation
TP393.08
　　S 信任协商
　　C 协商协议
　　　 隐藏证书
　　L 网络安全管理**

自动学习
automatic learning
TP18
　　D AutoML
　　　 自动机器学习
　　S 机器学习*

自动语言辨识
automatic language recognition
TP391
　　S 自动识别*
　　　 语言识别
　　C 自动语言处理
　　Z 信息识别*

自动语言处理
automatic language processing
TP391
　　S 语言信息处理**
　　C 自动语言辨识

自动语音识别
automatic speech recognition
TP391.4
　　S 语音识别
　　L 语言信息处理**
　　　 音频处理**

自动阅卷系统
automatic marking system
TP391
　　S 计算机考试系统
　　C 网上阅卷
　　Z 计算机应用系统*

自动运行程序
automatic running program
TP31
　　D 自动启动程序
　　　 自动程序
　　S 软件*

自动增益电路
　　Y 自动增益控制电路

自动增益放大器
automatic gain amplifier
TN72
　　S 增益放大器
　　Z 放大器*

自动增益控制电路
automatic gain control circuit
TN710
　　D AGC 电路
　　　 自动增益电路
　　S 自动控制电路
　　Z 电子电路*

自动摘要
　　Y 自动文摘

自动诊断
　　Y 计算机辅助诊断

自动指纹识别
　　Y 指纹自动识别

自动指纹识别系统
　　Y 指纹自动识别

自动追踪
　　Y 自动跟踪

自动字处理
　　Y 字处理

自对准
　　Y 自对准工艺

自对准工艺
self-aligned technology
TN305
　　D 自对准
　　　 自对准技术
　　S 半导体工艺*
　　• 硅栅自对准工艺

• 945 •

自对准硅化物
self-aligned silicide
TN304
　　S 化合物半导体**
　　C 硅栅自对准工艺

自对准技术
　　Y 自对准工艺

自钝化
　　Y 钝化

自发拉曼散射
spontaneous Raman scattering
TN011　TN24
　　D 自发喇曼散射
　　S 拉曼散射
　　Z 电磁波散射*

自发喇曼散射
　　Y 自发拉曼散射

自防御网络
self-defending network
TP393.08
　　S 计算机网络*
　　C 入侵检测
　　　 网络准入控制

自跟踪
　　Y 自动跟踪

自跟踪接收机
　　Y 跟踪接收机

自航式声诱饵
mobile acoustic decoy
TN972
　　S 声诱饵
　　L 电子干扰设备**

自激式开关电源
self-excited switching power supply
TN86
　　S 开关电源
　　Z 电源*

自检程序
self-checking program
TP315
　　S 工具软件**

自检电路
self-checking circuit
TN710
　　S 检测电路
　　Z 电子电路*

自举电路
bootstrap circuit
TN710
　　D 自举式电路
　　S 电子电路*

自举式电路
　　Y 自举电路

自聚焦光纤
　　Y 渐变折射率光纤

自聚焦算法
　　Y 聚焦算法

自控电路
　　Y 自动控制电路

自拉曼激光器
self-Raman laser
TN248
　　S 拉曼激光器
　　Z 激光器*

自联想记忆
　　Y 自联想神经网络

自联想神经网络
auto-associative neural network
TP183
　　D AANN
　　　 自联想记忆
　　S 联想记忆神经网络
　　C 反馈神经网络
　　Z 人工神经网络*

自耦变压器
autotransformer
TM42
　　S 变压器*

自嵌入
self-embedding
TP309
　　D 自嵌入技术
　　S 信息隐藏**
　　• 图像自嵌入
　　C 自嵌入水印

自嵌入技术
　　Y 自嵌入

自嵌入水印
self-embedding watermark
TP309
　　S 数字水印*
　　C 自嵌入

自然计算
natural computation
TP3
　　S 计算*
　　C 免疫算法
　　　 免疫计算

自然景物模拟
natural scenery simulation
TP391.9
　　S 景物模拟
　　Z 仿真*

自然梯度算法
natural gradient algorithm
TN911
　　S 梯度算法
　　Z 算法*

自然图像抠图
　　Y 图像抠图

自然语言处理
natural language processing
TP391
　　D 自然语言信息处理
　　　 自然语言处理系统
　　S 语言信息处理**
　　• 分词
　　• 句法分析
　　• 情感计算
　　• 情境感知
　　• 文本情感分析
　　• 语义处理
　　• 自动文摘
　　• 自然语言理解
　　• 自然语言生成
　　C 中文信息处理
　　　 人工智能
　　　 机器翻译
　　　 虚拟机器人
　　　 规则描述语言

自然语言处理系统
　　Y 自然语言处理

自然语言接口
natural language interface
TP311
　　S 应用程序接口
　　• 数据库自然语言接口
　　L 计算机接口**

自然语言理解
natural language understanding
TP391
　　S 自然语言处理
　　C 数据库自然语言接口
　　L 语言信息处理**

自然语言生成
natural language generation
TP391
　　S 自然语言处理

L 语言信息处理**

自然语言识别
 Y 语言识别

自然语言信息处理
 Y 自然语言处理

自认证公钥
self-certified public key
TP393.08 TN918
 S 公钥
 Z 密钥*

自适应*
self adaptation
TP2
 D 自适应技术
 • 带宽自适应
 • 复杂自适应
 • 局部自适应
 • 跨层自适应
 • 链路自适应
 • 频率自适应
 • 失真自适应
 • 速率自适应
 • 信道自适应
 C 自主计算
  自适应中间件
  自适应信号处理
  自适应学习
  自适应接收机
  自适应水印
  自适应算法
  自适应网络
  自适应跟踪

自适应 BP 算法
 Y 自适应反向传播算法

自适应 Kalman 滤波
 Y 自适应卡尔曼滤波

自适应 OFDM
 Y 自适应正交频分复用

自适应编码
adaptive coding
TN911
 S 编码*
 • 上下文自适应变长编码
 • 自适应差分脉冲编码
 • 自适应调制编码
 • 自适应算术编码

自适应波束
adaptive beam
TN953
 S 波束*

自适应波束成形
 Y 自适应波束形成

自适应波束形成
adaptive beamforming
TN82
 D 自适应波束成形
 S 波束形成
  自适应信号处理
 C 自适应天线阵列
 Z 信号处理*

自适应波束形成算法
adaptive beamforming algorithm
TN911
 D 鲁棒自适应波束形成算法
 S 自适应算法
 Z 算法*

自适应差分脉冲编码
adaptive differential pulse code
TN911
 S 脉冲编码
  自适应编码
 Z 编码*

自适应差分脉冲编码调制
adaptive differential pulse code modulation
TN76
 D ADPCM
  自适应差分脉码调制
 S 差分脉码调制
  自适应调制
 Z 调制*

自适应差分脉码调制
 Y 自适应差分脉冲编码调制

自适应超媒体
adaptive hypermedia
TP393
 S 超媒体
 Z 多媒体*

自适应抽样
adaptive sampling
TP391
 S 自适应信号处理
 Z 信号处理*

自适应处理
 Y 自适应信号处理

自适应传输
adaptive transmission
TN919
 S 信息传输*

自适应迭代算法
adaptive iterative algorithm
TN911
 S 自适应算法
 Z 算法*

自适应反向传播算法
adaptive back propagation algorithm
TP18
 D 自适应 BP 算法
 S 反向传播算法
  自适应算法
 Z 算法*

自适应非线性滤波
adaptive nonlinear filtering
TN713
 D 非线性自适应滤波
 S 自适应滤波
  非线性滤波
 Z 滤波*

自适应分割
adaptive segmentation
TP391
 S 图像分割
 • 自适应阈值分割
 L 图像处理**

自适应分块
 Y 图像分块

自适应干扰
adaptive jamming
TN972
 S 电子干扰
 C 自适应干扰抑制
 L 电子对抗**

自适应干扰抑制
adaptive interference suppression
TN914
 S 干扰抑制*
 C 自适应干扰

自适应高斯滤波
adaptive Gaussian filtering
TN713
 S 自适应滤波
  高斯滤波
 Z 滤波*

自适应跟踪
adaptive tracking
TP391.4
 D 自适应跟踪算法
 S 跟踪*
 C 卡尔曼滤波
  目标跟踪
  自适应

自适应跟踪算法
　　Y 自适应跟踪

自适应共振理论网络
　　Y ART 网络

自适应缓存
adaptive caching
TP333
　　S 缓冲存储
　　Z 信息存储*

自适应混合遗传算法
adaptive hybrid genetic algorithm
TP301　TP18
　　S 混合遗传算法
　　　 自适应遗传算法
　　Z 算法*

自适应技术
　　Y 自适应

自适应加权均值滤波
adaptive weighted mean filtering
TN713
　　S 加权均值滤波
　　　 自适应滤波
　　Z 滤波*

自适应接收机
adaptive receiver
TN914
　　S 接收设备*
　・失真自适应接收机
　　C 自适应

自适应解调
adaptive demodulation
TN76
　　S 解调*

自适应聚类
adaptive clustering
TP391
　　S 聚类*

自适应均衡器
adaptive equalizer
TN715
　　S 均衡器*
　・自适应盲均衡器
　・自适应判决反馈均衡器

自适应卡尔曼滤波
adaptive Kalman filtering
TN713
　　D 自适应 Kalman 滤波
　　　 自适应卡尔曼滤波算法
　　S 卡尔曼滤波**
　　　 自适应滤波
　・自适应扩展卡尔曼滤波

自适应卡尔曼滤波算法
　　Y 自适应卡尔曼滤波

自适应开关中值滤波
adaptive switching median filtering
TN713
　　S 开关中值滤波
　　　 自适应中值滤波
　　Z 滤波*

自适应空间滤波
adaptive spatial filtering
TN713
　　S 自适应滤波
　　Z 滤波*

自适应控制
adaptive control
TP273
　　S 自动控制*
　・鲁棒自适应控制
　・随机自适应控制
　・无模型自适应控制
　・自适应模糊控制
　　C 自适应雷达

自适应扩展卡尔曼滤波
adaptive extended Kalman filtering
TN713
　　S 扩展卡尔曼滤波
　　　 自适应卡尔曼滤波
　　L 卡尔曼滤波**

自适应雷达
adaptive radar
TN958
　　S 雷达*
　　C 自适应控制

自适应粒子滤波
adaptive particle filtering
TN713
　　S 粒子滤波
　　　 自适应滤波
　　Z 滤波*

自适应量化
adaptive quantification
TN914　TN911
　　S 信息量化
　・分块自适应量化
　　Z 信息处理*

自适应零位天线
　　Y 自适应调零天线

自适应路由
adaptive routing
TP393

　　S 路由*

自适应路由算法
adaptive routing algorithm
TP393.0
　　S 自适应算法
　　　 路由算法
　　Z 算法*

自适应滤波
adaptive filtering
TN713
　　D 自适应滤波算法
　　　 适应性滤波
　　S 滤波*
　・动态自适应滤波
　・空域自适应滤波
　・模糊自适应滤波
　・频域自适应滤波
　・图像自适应滤波
　・子带自适应滤波
　・自适应非线性滤波
　・自适应高斯滤波
　・自适应加权均值滤波
　・自适应卡尔曼滤波
　・自适应空间滤波
　・自适应粒子滤波
　・自适应逆滤波
　・自适应匹配滤波
　・自适应平滑滤波
　・自适应时域滤波
　・自适应维纳滤波
　・自适应形态滤波
　・自适应噪声滤波
　・自适应中值滤波
　・最小二乘自适应滤波
　・最小均方自适应滤波

自适应滤波算法
　　Y 自适应滤波

自适应盲均衡器
adaptive blind equalizer
TN715
　　S 盲均衡器
　　　 自适应均衡器
　　Z 均衡器*

自适应免疫算法
adaptive immune algorithm
TP301　TP18
　　S 免疫算法
　　　 自适应算法
　・自适应免疫遗传算法
　　Z 算法*

自适应免疫遗传算法
adaptive immune genetic algorithm
TP301　TP18
　　S 免疫遗传算法
　　　 自适应免疫算法
　　　 自适应遗传算法

· 948 ·

国家工业信息安全发展研究中心　主编

　　Z 算法*

自适应模糊分类器
adaptive fuzzy classifier
TP391
　　S 模糊分类器
　　Z 分类器*

自适应模糊控制
adaptive fuzzy control
TP273
　　D 模糊自适应控制
　　S 模糊控制
　　　自适应控制
　　Z 自动控制*

自适应模糊神经网络
adaptive fuzzy neural network
TP183
　　S 模糊神经网络
　　　自适应神经网络
　　Z 人工神经网络*

自适应模拟退火算法
adaptive simulated annealing algorithm
TN911　TP301
　　S 模拟退火算法
　　　自适应算法
　　• 自适应模拟退火遗传算法
　　Z 算法*

自适应模拟退火遗传算法
adaptive simulated annealing genetic algorithm
TP301　TP18
　　D 自适应退火遗传算法
　　S 自适应模拟退火算法
　　　自适应遗传算法
　　　遗传模拟退火算法
　　Z 算法*

自适应逆滤波
adaptive inverse filtering
TN713
　　S 自适应滤波
　　Z 滤波*

自适应判决反馈均衡器
adaptive decision feedback equalizer
TN715
　　S 判决反馈均衡器
　　　自适应均衡器
　　Z 均衡器*

自适应匹配滤波
adaptive matching filtering
TN713
　　S 匹配滤波
　　　自适应滤波
　　Z 滤波*

自适应平滑滤波
adaptive smooth filtering
TN713
　　S 平滑滤波
　　　自适应滤波
　　Z 滤波*

自适应谱线增强
　　Y 自适应增强

自适应融合
adaptive fusion
TP391　TN951
　　S 信息融合
　　Z 信息处理*

自适应软件
adaptive software
TP311
　　D 自适应软件开发
　　S 软件*

自适应软件开发
　　Y 自适应软件

自适应设计
adaptive design
TP391.7
　　S 系统设计*
　　C 自适应算法

自适应神经网络
adaptive neural network
TP183
　　S 人工神经网络*
　　• ART 网络
　　• 自适应模糊神经网络

自适应时域滤波
adaptive time domain filtering
TN713
　　D 时域自适应滤波
　　S 时域滤波
　　　自适应滤波
　　Z 滤波*

自适应数字水印
　　Y 自适应水印

自适应数字预失真
　　Y 数字自适应预失真

自适应水印
adaptive watermarking
TP309
　　D 自适应数字水印
　　S 数字水印*
　　C 自适应

自适应算法
adaptive algorithm
TN911　TP301
　　S 算法*
　　• LEACH 算法
　　• 自适应波束形成算法
　　• 自适应迭代算法
　　• 自适应反向传播算法
　　• 自适应路由算法
　　• 自适应免疫算法
　　• 自适应模拟退火算法
　　• 自适应遗传算法
　　• 自适应蚁群算法
　　• 自适应阈值算法
　　C 自适应
　　　自适应信号处理
　　　自适应网络
　　　自适应设计

自适应算术编码
adaptive arithmetic coding
TN919
　　S 算术编码
　　　自适应编码
　　• 基于上下文的自适应二进制算术编码
　　L 信息编码**

自适应天线
adaptive antenna
TN82
　　D 自适应天线系统
　　S 智能天线
　　• 自适应调零天线
　　• 自适应天线阵列
　　Z 天线*

自适应天线系统
　　Y 自适应天线

自适应天线阵
　　Y 自适应天线阵列

自适应天线阵列
adaptive antenna array
TN82
　　D 自适应天线阵
　　　自适应阵列天线
　　　自适应阵天线
　　S 智能天线阵列
　　　自适应天线
　　C 电子防御
　　　自适应波束形成
　　Z 天线*

自适应调零天线
　　D 自适应零位天线
　　S 自适应天线
　　　调零天线
　　Z 天线*

自适应调制
adaptive modulation
TN76

• 949 •

D 自适应调制技术
　　S 调制*
　　· 自适应差分脉冲编码调制
　　· 自适应增量调制
　　C 自适应调制编码

自适应调制编码
adaptive modulation and coding
TN911
　　S 自适应编码
　　　调制编码
　　C 自适应调制
　　Z 编码*

自适应调制技术
　　Y 自适应调制

自适应跳频
adaptive frequency hoping spread spectrum
TN913.6
　　S 跳频
　　Z 扩频*

自适应通信
adaptive communication
TN911
　　S 通信*

自适应退火遗传算法
　　Y 自适应模拟退火遗传算法

自适应网格
adaptive mesh
TP393
　　S 网格*

自适应网络
adaptive network
TN91　TP2　TP393
　　S 网络*
　　C 自适应
　　　自适应算法

自适应维纳滤波
adaptive Wiener filtering
TN713
　　S 自适应滤波
　　Z 滤波*

自适应陷波
　　Y 自适应陷波器

自适应陷波滤波器
　　Y 自适应陷波器

自适应陷波器
adaptive notch filter
TN713
　　D 自适应陷波
　　　自适应陷波滤波器

　　　S 陷波器
　　　Z 滤波器*

自适应信号处理
adaptive signal processing
TN911　TP39
　　D 自适应处理
　　S 信号处理*
　　· 空时自适应处理
　　· 自适应波束形成
　　· 自适应抽样
　　· 自适应信号分解
　　C 自适应
　　　自适应算法

自适应信号分解
adaptive signal decomposition
TN911
　　S 信号分解
　　　自适应信号处理
　　Z 信号处理*

自适应形态滤波
adaptive morphological filtering
TN713
　　S 形态滤波
　　　自适应滤波
　　Z 滤波*

自适应学习
adaptive learning
TP181
　　D 自适应学习系统
　　S 机器学习*
　　C 自适应
　　　计算机网络

自适应学习系统
　　Y 自适应学习

自适应遗传算法
adaptive genetic algorithm
TP301　TP391
　　D 改进自适应遗传算法
　　S 自适应算法
　　　遗传算法
　　· 自适应混合遗传算法
　　· 自适应免疫遗传算法
　　· 自适应模拟退火遗传算法
　　Z 算法*

自适应蚁群算法
adaptive ant colony algorithm
TP301　TN911
　　S 自适应算法
　　　蚁群算法
　　Z 算法*

自适应预失真
adaptive predistortion
TN72　TN92
　　S 预失真

　　· 数字自适应预失真
　　C 高功率放大器
　　Z 电子技术*

自适应阈值分割
adaptive threshold segmentation
TP391
　　S 自适应分割
　　　阈值分割
　　C 自适应阈值算法
　　L 图像处理**

自适应阈值算法
adaptive threshold algorithm
TP301
　　S 自适应算法
　　　阈值算法
　　C 自适应阈值分割
　　Z 算法*

自适应噪声滤波
adaptive noise filtering
TN713
　　S 噪声滤波
　　　自适应滤波
　　Z 滤波*

自适应增量调制
adaptive delta modulation
TN76
　　S 增量调制
　　　自适应调制
　　Z 调制*

自适应增强
adaptive enhancement
TN911
　　D 自适应谱线增强
　　S 信号增强
　　Z 信号处理*

自适应阵列天线
　　Y 自适应天线阵列

自适应阵天线
　　Y 自适应天线阵列

自适应正交频分复用
adaptive orthogonal frequency-division multiplexing
TN91
　　D 自适应 OFDM
　　S 正交频分复用
　　Z 多路复用*

自适应中间件
adaptive middleware
TP317
　　S 中间件
　　C 自适应
　　Z 软件*

· 950 ·

自适应中值滤波
adaptive median filtering
TN713
　　S 中值滤波
　　　 自适应滤波
　　• 自适应开关中值滤波
　　Z 滤波*

自锁模激光器
self mode-locked laser
TN248
　　S 锁模激光器
　　Z 激光器*

自调制
self-modulation
TN76
　　S 调制*

自卫干扰
self-screening jamming
TN972
　　D 自卫式干扰
　　S 电子干扰
　　L 电子对抗**

自卫式干扰
　　Y 自卫干扰

自相关处理
autocorrelation processing
TN951
　　S 信号处理*
　　C 自相关算法

自相关算法
autocorrelation algorithm
TP391
　　S 相关算法
　　C 自相关处理
　　Z 算法*

自相似网络
self-similar network
TP3
　　S 复杂网络
　　Z 网络*

自相位调制
self-phase modulation
TN76
　　S 调相
　　Z 调制*

自旋电子晶体管
　　Y 自旋晶体管

自旋电子学
spintronics
TN01
　　S 电子学*

自旋晶体管
spin transistor
TN32
　　D 自旋电子晶体管
　　S 晶体管
　　L 半导体分立器件**

自学习
self-learning
TP18
　　D 自学习算法
　　　 自学习系统
　　S 机器学习*
　　C 计算机网络

自学习算法
　　Y 自学习

自学习系统
　　Y 自学习

自寻优控制器
self-optimizing controller
TP2
　　S 自动化控制器
　　Z 控制器*

自由3D显示器
　　Y 自由立体显示器

自由电子激光
　　Y 自由电子激光器

自由电子激光器
free electron laser
TN248
　　D 自由电子激光
　　S 激光器*
　　C 自由电子脉塞

自由电子脉塞
free electron maser
TN61
　　S 微波激射器*
　　C 自由电子激光器

自由空间传播
free space propagation
TN20
　　S 电波传播*

自由空间光通信
free space optical communication
TN929.1
　　D 光空间通信
　　　 无线激光通信
　　　 空间光通信
　　　 空间激光通信
　　　 自由空间激光通信
　　S 无线光通信
　　　 激光通信
　　• 大气光通信
　　• 空间相干光通信
　　• 深空光通信
　　• 卫星光通信
　　L 光通信**
　　　 无线通信**

自由空间激光通信
　　Y 自由空间光通信

自由口通信
free port communication
TN911
　　S 通信*

自由立体显示
auto-stereo display
TN87　TN27
　　D 自动立体显示
　　S 三维显示
　　• 裸眼3D显示
　　C 自由立体显示器
　　Z 显示*
　　　 三维技术*

自由立体显示器
autostereoscopic display
TN87
　　D 自由3D显示器
　　S 3D显示器
　　• 裸眼3D显示器
　　C 自由立体显示
　　Z 显示设备*

自由软件
　　Y 开源软件

自愈环
　　Y 自愈环网

自愈环网
self-healing ring network
TN914
　　D 光纤自愈环网
　　　 环形自愈网
　　　 自愈环
　　S 光纤环网
　　　 自愈网
　　L 光纤网络**
　　　 光通信网络**

自愈网
self-healing network
TN915
　　D 光纤自愈网
　　S 光通信网络**
　　• 自愈环网

自整定控制器
self-tuning controller
TP2

S 自动化控制器
Z 控制器*

自整角机
selsyn
TM35
　　S 控制电机
　　Z 微特电机*

自整角机数字转换器
synchro-digital converter
TN792
　　S 模数转换器
　　Z 转换器*
　　　集成电路*

自主存取控制
　　Y 自主访问控制

自主导航
autonomous navigation
TN96
　　D 独立导航
　　　自主式导航
　　　自动导航
　　　自备式导航
　　　自足式导航
　　S 导航*
　　C 移动机器人
　　　自主计算

自主访问控制
discretionary access control
TP301　TP309
　　D 自主存取控制
　　S 访问控制
　　Z 网络技术*

自主计算
autonomic computing
TP3
　　S 计算*
　　C 自主导航
　　　自适应

自主式导航
　　Y 自主导航

自助终端
self-service terminal
TN87
　　S 终端设备*

自足式导航
　　Y 自主导航

自组网
　　Y 自组织网络

自组网络
　　Y 自组织网络

自组织竞争神经网络
self-organizing competitive neural network
TP183
　　D 自组织竞争网络
　　S 竞争神经网络
　　　自组织神经网络
　　Z 人工神经网络*

自组织竞争网络
　　Y 自组织竞争神经网络

自组织聚类
self-organizing clustering
TP391.3
　　S 聚类*
　　• 自组织映射聚类
　　C 自组织算法
　　　自组织网络

自组织神经网络
self-organizing neural network
TP183
　　D 自组织神经网络算法
　　S 人工神经网络*
　　• 自组织竞争神经网络
　　• 自组织特征映射神经网络

自组织神经网络算法
　　Y 自组织神经网络

自组织算法
self-organizing algorithm
TP312
　　S 算法*
　　• 自组织映射算法
　　C 自组织网络
　　　自组织聚类

自组织特征映射神经网络
self-organizing feature mapping
TP183
　　D SOFM 神经网络
　　　自组织映射神经网络
　　　自组织特征映射算法
　　　自组织特征映射网
　　　自组织特征映射网络
　　S 自组织神经网络
　　C 自组织映射聚类
　　Z 人工神经网络*

自组织特征映射算法
　　Y 自组织特征映射神经网络

自组织特征映射网
　　Y 自组织特征映射神经网络

自组织特征映射网络
　　Y 自组织特征映射神经网络

自组织网
　　Y 自组织网络

自组织网络
self-organizing network
TP393　TN92　TN915
　　D Ad Hoc
　　　AdHoc
　　　Ad_Hoc 网络
　　　Adhoc 网
　　　Adhoc 网络
　　　MANET
　　　MANET 网络
　　　多跳自组网
　　　无线 AdHoc 网络
　　　无线移动自组织网络
　　　无线移动自组网
　　　无线自组织网
　　　无线自组织网络
　　　无线自组网
　　　无线自组网络
　　　移动 Ad Hoc 网络
　　　移动 AdHoc 网络
　　　移动无线多跳网络
　　　移动自组织网
　　　移动自组织网络
　　　移动自组网
　　　移动自组网络
　　　自组织无线网络
　　　自组织网
　　　自组网
　　　自组网络
　　S 无线多跳网络
　　• 车载自组织网络
　　• 无线自组传感器网络
　　C 组网通信
　　　自组织算法
　　　自组织聚类
　　　负载感知
　　Z 无线网络*

自组织无线网络
　　Y 自组织网络

自组织映射聚类
self-organizing mapping clustering
TP391.3
　　D SOM 聚类
　　S 自组织聚类
　　C 自组织特征映射神经网络
　　Z 聚类*

自组织映射神经网络
　　Y 自组织特征映射神经网络

自组织映射算法
self-organizing mapping algorithm
TP301
　　D SOM 算法
　　S 映射算法
　　　自组织算法

Z 算法*

字标管
word marker tube
TN14
 D 高速字标管
 S 电子束管**

字处理
word processing
TP391
 D 文字处理
  自动字处理
 S 信息处理*
 C 字处理软件
  字符处理
  文字电视广播

字处理程序
 Y 字处理软件

字处理软件
word processing software
TP317
 D 字处理程序
  字处理系统
  文字处理程序
  文字处理系统
  文字处理软件
  文字处理软件系统
 S 办公软件**
 • 文字编辑软件
 • 中文输入系统
 • 自动分词系统
 C 字处理

字处理系统
 Y 字处理软件

字典攻击
dictionary attack
TP393
 S 网络攻击**

字典压缩
dictionary compression
TP39
 S 信息压缩**

字符编码
character encoding
TP391
 D 字集码
 S 信息编码**
 • Unicode 编码
 • 字母编码

字符编码器
character encoder
TN91
 S 编码器*

字符处理
character processing
TP391
 D 字符串处理
  字符处理机
 S 信息处理*
 • 字符分割
 • 字符提取
 • 字符转换
 C 字处理
  字符串匹配

字符处理机
 Y 字符处理

字符串处理
 Y 字符处理

字符串匹配
string matching
TP391 TP301
 D 串匹配
  串匹配算法
  字符串匹配算法
 S 信息匹配
 C 中文信息处理
  反向传播算法
  字符处理
 Z 信息处理*

字符串匹配算法
 Y 字符串匹配

字符发生器
character generator
TN948 TP33 TN929.1
 S 输出设备
 C 字幕叠加
  字符显示
 Z 外部设备*

字符分割
character segmentation
TP39
 S 字符处理
 • 车牌字符分割
 C 车牌识别
 Z 信息处理*

字符识别
character recognition
TP391.4
 S 信息识别*
 • 光学字符识别
 • 手写字符识别
 C 字符提取
  文字提取
  车牌识别

字符数据
character data
TP39
 S 数据*

字符提取
character extraction
TP391
 S 字符处理
  文本提取
 C 字符识别
 L 信息抽取**
  文本处理**

字符图形显示器
character graphic display
TN27 TN873
 D 光笔图形显示器
  图形字符显示器
 S 图形显示器
 Z 显示设备*

字符显示
character display
TN27 TN87
 D 字体显示
  字母数字显示
  文字显示
 S 信息显示
 C 字幕叠加
  字符发生器
  字符终端
 Z 显示*

字符显示器
character display
TP334.3
 D 字母数字显示器
  字母数字显示装置
  字符显示设备
 S 显示器
 Z 显示设备*

字符显示设备
 Y 字符显示器

字符终端
character terminal
TP368
 S 信息终端
 C 字符显示
 Z 终端设备*

字符转换
character conversion
TP391
 S 信息转换
  字符处理
 Z 信息处理*

字集码
 Y 字符编码

字模数据
character mode data

TP391
　S 数据*
　C 字模提取

字模提取
dot-matrix abstraction
TP391
　S 信息抽取**
　C 字模数据

字母编码
alphabetic coding
TP391
　D 字母码
　　字母表编码
　S 字符编码
　L 信息编码**

字母表编码
　Y 字母编码

字母码
　Y 字母编码

字母识别
grapheme recognition
TP391.4
　S 文字识别
　Z 信息识别*

字母数字显示
　Y 字符显示

字母数字显示器
　Y 字符显示器

字母数字显示装置
　Y 字符显示器

字幕叠加
subtitle-overlapping
TN941
　D 视频字符叠加
　S 视频叠加
　C 字幕软件
　　字符发生器
　　字符显示
　L 视频处理**

字幕机
captioning machine
TN948
　D 电视字幕机
　S 电视台设备
　C 字幕软件
　Z 电视设备*

字幕软件
subtitle software
TP317
　D 字幕制作软件

　　S 多媒体软件
　C 字幕叠加
　　字幕提取
　　字幕机
　L 应用软件**

字幕提取
caption extraction
TP391
　S 视频提取
　C 字幕软件
　L 信息抽取**

字幕制作软件
　Y 字幕软件

字体识别
font recognition
TP391.4
　S 文字识别
　Z 信息识别*

字体显示
　Y 字符显示

字体转换
font conversion
TP391.7
　S 信息转换
　Z 信息处理*

字形编码
ideographic encoding
TP391
　D 字形码
　S 汉字编码
　L 信息编码**

字形合成
font composition
TP391
　S 汉字处理
　Z 信息处理*

字形码
　Y 字形编码

综合传输
comprehensive transmission
TN915
　S 信息传输*

综合导航
　Y 组合导航

综合导航系统
　Y 组合导航系统

综合电子对抗
integrated electronic countermeasure

TN97
　D 综合电子对抗系统
　　综合电子战
　S 电子对抗**

综合电子对抗系统
　Y 综合电子对抗

综合电子系统
integrated electronic system
TP391　TN915
　S 电子系统*

综合电子信息系统
integrated electronic information system
TP391
　S 电子信息系统
　Z 信息系统*

综合电子战
　Y 综合电子对抗

综合仿真
synthesis simulation
TP391.9
　S 仿真*

综合分类器
integrated classifier
TP391
　S 分类器*

综合服务模型
integrated service model
TP31
　S 服务质量模型
　Z 网络模型*

综合干扰
integrated interference
TN972
　S 电子干扰
　L 电子对抗**

综合管理信息系统
　Y 综合信息管理系统

综合火控雷达
integrated fire control radar
TN958
　D 多功能火控雷达
　S 多功能雷达
　　火控雷达
　Z 雷达*

综合建模
integrated modeling
TP391.9
　S 模型构建*

国家工业信息安全发展研究中心　主编

综合接入服务器
universal access server
TP368
　　D　通用接入服务器
　　S　接入服务器
　　　　综合接入设备
　　Z　通信设备*
　　　　服务器*

综合接入设备
integrated access device
TN915
　　S　接入设备
　　·　综合接入服务器
　　Z　通信设备*

综合接入网
　　Y　综合业务接入网

综合决策支持系统
comprehensive decision support system
TP317
　　S　决策支持系统
　　Z　计算机应用系统*

综合孔径雷达
　　Y　合成孔径雷达

综合口径雷达
　　Y　合成孔径雷达

综合脉冲孔径雷达
　　Y　合成孔径雷达

综合数据处理
integrated data processing
TP311　TP391
　　S　数据处理**
　　C　综合数据库

综合数据库
integrated database
TP392
　　S　数据库*
　　C　综合数据处理

综合数据平台
integrated data platform
TP391
　　S　数据平台
　　C　实时数据交换
　　　　实时数据库
　　Z　信息平台*

综合通信
integrated communication
TN915
　　S　通信*

综合网管
　　Y　综合网络管理

综合网管平台
　　Y　综合网络管理

综合网络管理
integrated network management
TP393.07　TN915
　　D　综合网管
　　　　综合网管平台
　　S　网络管理*

综合显示
　　Y　综合显示器

综合显示器
integrated display
TN873
　　D　综合显示
　　S　显示器
　　Z　显示设备*

综合信息服务平台
integrated information service platform
TP391
　　S　信息服务平台
　　C　综合信息管理系统
　　　　综合信息系统
　　Z　信息平台*

综合信息管理平台
　　Y　综合信息管理系统

综合信息管理系统
comprehensive information management system
TN915　TP391
　　D　综合信息管理平台
　　　　综合管理信息系统
　　S　管理信息系统
　　C　综合信息服务平台
　　　　综合信息系统
　　Z　信息系统*

综合信息平台
　　Y　综合信息系统

综合信息网
　　Y　综合信息网络

综合信息网络
integrated information network
TN915　TP393
　　D　综合信息网
　　S　信息网络*
　　·　宽带综合信息网
　　·　有线电视综合信息网

综合信息系统
integrated information system
TP39
　　D　综合信息平台
　　S　信息系统*
　　C　综合信息服务平台
　　　　综合信息管理系统

综合业务接入网
integrated access network
TN915
　　D　MSAN
　　　　综合接入网
　　S　接入网
　　　　电信业务网
　　Z　通信网络*

综合业务数字网
integrated service digital network
TN915
　　D　ISDN
　　S　电信业务网
　　·　宽带综合业务数字网
　　·　窄带综合业务数字网
　　C　基本速率接口
　　　　本地交换机
　　Z　通信网络*

综合业务网
　　Y　电信业务网

综合业务网络
　　Y　电信业务网

综合智能归属位置寄存器
　　Y　智能归属位置寄存器

综合智能网
integrated intelligent network
TN914
　　S　智能通信网
　　Z　通信网络*

总配线架
main distributed frame
TN913
　　S　配线架
　　Z　通信设备*

总线*
bus
TP336
　　D　总线技术
　　　　总线系统
　　　　通信总线
　　·　PC 总线
　　··　PC104 总线
　　··　VME 总线
　　·　并行总线
　　·　测控总线
　　·　测试总线

· 955 ·

- · LXI 总线
- · PXI 总线
- · VXI 总线
- 触发总线
- 串行总线
- · I2C 总线
- · · 虚拟 I2C 总线
- · RS485 总线
- · SPI 总线
- · 高速串行总线
- · 通用串行总线
- · · EZ-USB
- · · 无线 USB
- 存储器总线
- 单总线
- 地址总线
- 电源总线
- 多总线
- 服务总线
- · 企业服务总线
- 高速总线
- · 高速串行总线
- 工具总线
- 工业总线
- · PC104 总线
- · STD 总线
- 工业现场总线
- · · ASi 总线
- · · CC-Link 现场总线
- · · DeviceNet 总线
- · · FF 现场总线
- · · HART 总线
- · · INTERBUS 总线
- · · LonWorks 总线
- · · MIC 总线
- · · Modbus 总线
- · · SERCOS 总线
- · 过程现场总线
- · · PROFIBUS-DP 总线
- 光纤总线
- · 光纤数据总线
- 航空总线
- 局部总线
- · PCI 总线
- · · CPCI 总线
- · · PCIE 总线
- · · PCIX 总线
- · PXI 总线
- 列车总线
- · 多功能车辆总线
- 令牌总线
- 片上总线
- · AHB 总线
- · AMBA 总线
- · Avalon 总线
- · Wishbone 总线
- 汽车总线
- · CAN/LIN 总线
- · FlexRay 总线
- · LIN 总线
- · 控制器局域网总线
- · · 双 CAN 总线
- 软件总线
- 三态总线

- · 输入输出总线
- · EISA 总线
- · ISA 总线
- · RS485 总线
- · SCSI 总线
- · 数据总线
- · ARINC429 总线
- · I2S 总线
- · 光纤数据总线
- · 双总线
- · 双 CAN 总线
- · 通用接口总线
- · 系统总线
- · EISA 总线
- · ISA 总线
- · PCI 总线
- · · CPCI 总线
- · · PCIE 总线
- · · PCIX 总线
- · 系统管理总线
- · 现场总线**
- · 消费电子总线
- · 消息总线
- · 信元总线
- · 异步总线
- C 总线协议
   总线接口
   总线控制器
   总线收发器
   总线编码
   总线耦合器

总线编码
bus coding
TN911
   S 编码*
   C 总线

总线标准
bus standard
TP334.7
   S 硬件标准
   Z 信息产业标准*

总线测试仪
   Y 总线分析仪

总线传输
bus transmission
TP334.7
   S 信息传输*

总线分析仪
bus analyzer
TM93
   D 总线测试仪
   S 数据域测试仪器
      通信测试仪**
· CAN 总线分析仪
· 逻辑分析仪
   C 总线接口

总线技术
   Y 总线

总线接口
bus interface
TP334.7
   S 接口*
· GPIB 接口
· PCI 接口
· USB 接口
   C 总线
      总线分析仪
      总线耦合器

总线控制器
bus controller
TP334.7
   D 系统总线控制器
   S 控制器*
· I2C 总线控制器
· PCI 总线控制器
· USB 控制器
   C 总线
      总线收发器
      总线通信
      现场总线网络

总线控制网络
   Y 总线网络

总线耦合器
bus coupler
TN63
   S 耦合器*
   C 总线
      总线接口

总线式网络
   Y 总线网络

总线收发器
bus transceiver
TP334.7
   S 收发器*
   C 总线
      总线控制器
      总线网络
      总线通信

总线通信
bus communication
TP334.7
   D 总线通讯
   S 通信*
   C 总线协议
      总线控制器
      总线收发器
      总线网络

总线通讯
   Y 总线通信

总线网
 Y 总线网络

总线网络
bus network
TP334.7 TP393
 D 总线型网络
   总线式网络
   总线控制网络
   总线网
 S 控制网络
 • 单总线网络
 • 现场总线网络
 C 总线收发器
   总线通信
 Z 自动化网络*

总线系统
 Y 总线

总线协议
bus protocol
TP393 TN915.04 TP334.7
 S 通信协议*
 • USB 协议
 • 现场总线协议
 C 总线
   总线转换器
   总线通信

总线型网络
 Y 总线网络

总线转换器
bus converter
TP33 TN710
 S 转换器*
 C 总线协议

总谐波失真
 Y 谐波失真

足球机器人
soccer robot
TP242
 S 机器人*

阻断攻击
 Y 拒绝服务攻击

阻焊剂
solder resist
TN05
 S 电子材料*

阻抗变换器
impedance converter
TN62
 D 阻抗转换器
 S 微波元件*
 • 负阻抗变换器

 • 广义阻抗变换器
 • 阶梯阻抗变换器
 • 切比雪夫阻抗变换器
 • 线性阻抗变换器
 C 阻抗匹配器

阻抗匹配器
impedance matcher
TN62 TM42
 S 匹配器
   输出变压器
 C 阻抗匹配网络
   阻抗变换器
 L 电子变压器**

阻抗匹配网络
impedance matching network
TN711
 S 匹配网络
 C 阻抗匹配器
 Z 电路网络*

阻抗调制
impedance modulation
TN76
 S 调制*

阻抗转换器
 Y 阻抗变换器

阻流圈
 Y 扼流圈

阻尼二极管
damping diode
TN31
 D 阻尼管
 S 半导体二极管
 L 半导体分立器件**

阻尼管
 Y 阻尼二极管

阻容电路
resistor-capacitor circuit
TN710
 D RC 电路
 S 电子电路*

阻容滤波
 Y 阻容滤波器

阻容滤波器
RC filter
TN713
 D RC 滤波器
   阻容滤波
 S 无源滤波器
 Z 滤波器*

阻容耦合放大器
 Y 耦合放大器

阻容网络
resistance-capacitance network
TN711
 D RC 网络
 S 电路网络*

阻容振荡器
resistor-capacitor oscillator
TN752
 S 振荡器*

阻塞干扰
barrage jamming
TN972
 D 宽带阻塞式干扰
   强干扰阻塞
   拦阻式干扰
   部分频带干扰
   阻塞式干扰
 S 压制干扰
 C 电子压制
 L 电子对抗**

阻塞式干扰
 Y 阻塞干扰

组播
multicast
TN919 TP393.03
 D 多址广播
   多播
   多播技术
   多点传送
   多目标广播
   成组多播
   组播传输
   组播技术
   网络多播
 S 网络通信**
 • IP 组播
 • MPLS 组播
 • QoS 组播
 • 安全组播
 • 动态组播
 • 多速率组播
 • 分层组播
 • 覆盖组播
 • 可靠组播
 • 可控组播
 • 任意源组播
 • 视频组播
 • 特定源组播
 • 移动组播
 • 应用层组播
 • 域间组播
 C 实时流协议
   组播代理
   组播协议
   组播安全

组播密钥
组播管理
组播网络
组播路由算法

组播安全
multicast security
TP393.08
　S 网络通信安全
　C 组播
　　组播密钥
　　组播网络
　Z 网络安全*

组播传输
　Y 组播

组播代理
multicast agent
TP393.0
　S 网络代理
　C 组播
　Z 网络服务*

组播服务器
multicast server
TP368　TP393
　D 多播服务器
　S 服务器*

组播管理
multicast management
TP393
　S 网络业务管理
　C 组播
　　组播协议
　Z 网络管理*

组播技术
　Y 组播

组播路由
multicast routing
TP393.1　TN92
　D 多播路由
　S 路由*
　・ QoS 组播路由
　・ 动态组播路由
　C 组播网络

组播路由算法
multicast routing algorithm
TP393.0
　D 多播路由算法
　S 路由算法
　C 组播
　　组播路由协议
　Z 算法*

组播路由协议
multicast routing protocol

TP393.0　TP915.04
　D 多播路由协议
　S IP 路由协议
　　组播协议
　・ 按需组播路由协议
　・ 距离矢量组播路由协议
　・ 密集模式独立组播协议
　・ 稀疏模式独立组播协议
　・ 组播源发现协议
　C 组播路由算法
　L 网络协议**

组播密钥
multicast key
TP393.08　TN918
　S 密钥*
　C 组播
　　组播安全
　　组播密钥管理

组播密钥管理
multicast key management
TP393
　S 密钥管理**
　C 组播密钥

组播网
　Y 组播网络

组播网络
multicast network
TP393
　D 组播网
　S 计算机网络*
　C 组播
　　组播协议
　　组播安全
　　组播路由

组播协议
multicast protocol
TP393.0
　D 多播协议
　S 网络协议**
　・ Internet 组管理协议
　・ 可靠组播协议
　・ 组播路由协议
　C 组播
　　组播管理
　　组播网络

组播源发现协议
multicast source discovery protocol
TP393.0
　D MSDP
　S 组播路由协议
　C 域间组播
　L 网络协议**

组策略编辑器
group policy editor

TP33
　S 策略编辑器
　L 工具软件**

组合 Web 服务
　Y Web 服务组合

组合编码
combinated coding
TN911
　S 编码*

组合传感器
　Y 集成传感器

组合导航
integrated navigation
TN96
　D 混合导航
　　混合式导航
　　组合导航算法
　　组合式导航
　　综合导航
　S 导航*
　C 地图匹配
　　组合导航系统

组合导航算法
　Y 组合导航

组合导航系统
integrated navigation system
TN966
　D 综合导航系统
　S 导航系统*
　・ 车载组合导航系统
　・ 塔康导航系统
　C 组合导航

组合电路
　Y 组合逻辑电路

组合电源
combined power supply
TN86
　D 组合电源装置
　S 电源*
　・ 高频开关组合电源

组合电源装置
　Y 组合电源

组合仿真
combining simulation
TP15
　S 仿真*

组合放大电路
　Y 组合放大器

组合放大器
combination amplifier
TN72
　　D 组合放大电路
　　S 放大器*

组合公钥
combined public key
TP309　TN918
　　S 公钥
　　Z 密钥*

组合攻击
composite attack
TP309
　　S 网络攻击**

组合加密
combination encryption
TN918　TP309
　　S 加密**

组合建模
combined modeling
TP391.9
　　D 复合建模
　　　混合模型
　　S 模型构建*

组合开关电源
combined switching power supply
TN86
　　S 开关电源
　　Z 电源*

组合逻辑电路
combinational logic circuit
TN791
　　D 组合电路
　　　组合逻辑设计
　　S 逻辑电路
　　L 数字电路**

组合逻辑设计
　　Y 组合逻辑电路

组合滤波
combination filtering
TN713
　　S 滤波*

组合密钥
　　Y 组密钥

组合软件
combined software
TP311
　　S 软件*

组合式导航
　　Y 组合导航

组合特征抽取
combined feature extraction
TP3
　　S 特征提取
　　L 信息抽取**

组合推理
combinatorial reasoning
TP181
　　S 推理*

组合学习
combinatorial learning
TP181
　　S 机器学习*

组合优化算法
combinatorial optimization algorithm
TP301
　　S 优化算法
　　Z 算法*

组间跳频
frequency hopping between pulse trains
TN973
　　D 脉组跳频
　　S 跳频
　　Z 扩频*

组件编程
　　Y 基于组件开发

组件服务
component service
TP311
　　S 软件服务
　　Z 信息服务*

组件化开发
　　Y 基于组件开发

组件接口
component interface
TP311
　　S 软件接口
　　L 计算机接口**

组件接口规范
component interface specification
TP311　TP915
　　S 接口规范
　　Z 信息产业标准*

组件开发
　　Y 基于组件开发

组件式GIS
　　Y 组件式地理信息系统

组件式GIS技术
　　Y 组件式地理信息系统

组件式地理信息系统
component geographic information system
TP391.3
　　D COMGIS
　　　GIS组件
　　　组件式GIS
　　　组件式GIS技术
　　S 地理信息系统
　　L 信息应用系统**

组件式开发
　　Y 基于组件开发

组件式软件开发
　　Y 基于组件开发

组件事务服务器
　　Y 事务服务器

组建网络
　　Y 组网技术

组块分析
chunk analysis
TP391.4
　　D 组块识别
　　S 句法分析
　　L 语言信息处理**

组块识别
　　Y 组块分析

组密钥
group key
TN918　TP309　83AE21G
　　D 组合密钥
　　S 密钥*
　　C 组密钥管理

组密钥更新
group key updating
TN918　TP393
　　S 密钥更新
　　　组密钥管理
　　L 密钥管理**

组密钥管理
group key management
TP393.08　TN918
　　D 群组密钥管理
　　S 密钥管理**
　　· 组密钥更新
　　· 组密钥协商
　　C 组密钥

组密钥管理协议
　　Y 密钥管理协议

组密钥协商
group key agreement
TP393　TN918
　　D　群密钥协商
　　S　密钥协商
　　　　组密钥管理
　　L　密钥管理**

组密钥协商协议
group key agreement protocol
TN915　TP393.08　TN918　TP393.0
TN911
　　D　群组密钥协商协议
　　S　密钥协商协议
　　Z　通信协议*
　　　　通信网络*

组签名
group signature
TN918　TP309　TP393
　　S　数字签名*

组态工具
　　Y　组态软件

组态技术
　　Y　组态软件

组态监控系统软件
　　Y　组态软件

组态软件
configuration software
TP318　TP27
　　D　组态工具
　　　　组态式监控软件
　　　　组态技术
　　　　组态监控系统软件
　　S　上位机软件
　　　　工业软件
　　•　SCADA 软件
　　•　工控组态软件
　　•　力控组态软件
　　C　可编程逻辑控制器
　　　　控制系统
　　L　应用软件**

组态式监控软件
　　Y　组态软件

组通信
group communication
TN914　TP393
　　D　组通讯
　　　　群体通信
　　　　群通信
　　S　通信*

组通讯
　　Y　组通信

组网
　　Y　组网技术

组网技术
networking technology
TN915　TP393.2
　　D　建网
　　　　建网技术
　　　　组建网络
　　　　组网
　　　　网络组建
　　S　网络技术*
　　C　组网协议
　　　　组网通信
　　　　组网雷达

组网雷达
networking radar
TN958
　　S　雷达*
　　C　组网技术
　　　　雷达网

组网通信
networking communication
TN915
　　S　计算机网络通信
　　C　组网协议
　　　　组网技术
　　　　自组织网络
　　L　网络通信**

组网协议
networking protocol
TN915　TP393.0
　　S　网络协议**
　　C　组网技术
　　　　组网通信

组帧
framing
TN92
　　S　数据处理**
　　C　数据分割
　　　　数据封装

组织决策支持系统
organizational decision support system
TP391.7
　　S　决策支持系统
　　Z　计算机应用系统*

组装测试
　　Y　集成测试

组装电脑
　　Y　兼容型计算机

最大流量演算法
　　Y　最大流算法

最大流算法
maximum flow algorithm
TP393.0　TN911
　　D　最大流量演算法
　　S　优化算法
　　Z　算法*

最大模糊熵高斯聚类
maximum fuzzy entropy Gaussian clustering
TN911
　　S　模糊聚类
　　C　最大熵算法
　　Z　聚类*

最大匹配法
　　Y　最大匹配算法

最大匹配算法
maximum matching algorithm
TP391
　　D　最大匹配法
　　S　匹配算法
　　Z　算法*

最大平坦滤波器
　　Y　巴特沃斯滤波器

最大期望算法
　　Y　期望最大化算法

最大熵分类器
maximum entropy classifier
TP391
　　S　分类器*
　　C　最大熵算法

最大熵算法
maximum entropy algorithm
TP391
　　S　估计算法
　　C　最大模糊熵高斯聚类
　　　　最大熵分类器
　　Z　算法*

最大似然估计算法
　　Y　最大似然算法

最大似然算法
maximum likelihood algorithm
TN911
　　D　最大似然估计算法
　　　　极大似然算法
　　S　估计算法
　　•　期望最大化算法
　　Z　算法*

最低有效位算法
least significant bit algorithm
TP309　TP301　TN911
　　D　LSB 算法

S 隐藏算法
　　Z 算法*

最短路径路由
　　Y 最短路由

最短路径算法
shortest path algorithm
TP393.0
　　D 最短路算法
　　S 路径算法
　　· 狄克斯特拉算法
　　· 弗洛伊德算法
　　C 最短路由算法
　　　链路状态路由协议
　　Z 算法*

最短路径优先协议
　　Y 链路状态路由协议

最短路算法
　　Y 最短路径算法

最短路由
shortest routing
TP393
　　D 最短路径路由
　　S 路由*
　　C 最短路由算法

最短路由算法
shortest routing algorithm
TN911
　　S 路由算法
　　C 最短路径算法
　　　最短路由
　　Z 算法*

最佳编码
　　Y 最优编码

最佳接收
best reception
TN919　TN911
　　D 最优接收
　　　统计接收
　　S 接收*

最佳接收机
optimum receiver
TN85
　　D 最优接收机
　　S 接收设备*
　　· 反概率接收机

最佳控制
optimal control
TP273
　　D 最优控制
　　S 自动控制*

最佳量化
best quantization
TN911
　　S 信息量化
　　Z 信息处理*

最近距离分类器
　　Y 最小距离分类器

最近邻分类器
　　Y K-最近邻分类器

最近邻模糊分类器
nearest neighbor fuzzy classifier
TP391
　　S K-最近邻分类器
　　　模糊分类器
　　Z 分类器*

最邻近算法
　　Y K-最近邻算法

最小二乘恒模算法
least squares constant modulus algorithm
TN92　TN911
　　S 恒模算法
　　　最小二乘算法
　　Z 算法*

最小二乘滤波
least squares filtering
TN713
　　S 滤波*
　　C 最小二乘算法

最小二乘匹配
　　Y 最小二乘影像匹配

最小二乘算法
least squares algorithm
TN911　TP1
　　D 最小平方算法
　　S 优化算法
　　· LM算法
　　· 最小二乘恒模算法
　　C 最小二乘支持向量机
　　　最小二乘滤波
　　Z 算法*

最小二乘隐空间支持向量机
least squares implicit space support vector machine
TP1
　　S 最小二乘支持向量机
　　Z 支持向量机*

最小二乘影像匹配
least squares image matching
TP391
　　D 最小二乘匹配

　　S 图像匹配
　　L 图像处理**

最小二乘支持向量回归机
least squares support vector regression machine
TP391
　　S 支持向量回归机
　　　最小二乘支持向量机
　　C 剪枝算法
　　Z 支持向量机*

最小二乘支持向量机
least square support vector machine
TP391
　　D LSSVM
　　S 支持向量机*
　　· 加权最小二乘支持向量机
　　· 模糊最小二乘支持向量机
　　· 最小二乘隐空间支持向量机
　　· 最小二乘支持向量回归机
　　C 最小二乘算法

最小二乘自适应滤波
least square adaptive filtering
TN713
　　S 自适应滤波
　　Z 滤波*

最小和算法
minimum sum algorithm
TN911
　　S 算法*
　　C 现场可编程门阵列

最小化传输差分信号
transition minimized differential signaling
TN40　TN7
　　D 过渡调制差分信号
　　S 差分信号
　　C 最小频移键控
　　　视频接口
　　Z 信号*

最小距离分类器
minimum distance classifier
TP391
　　D 最近距离分类器
　　S 分类器*

最小均方滤波
　　Y 维纳滤波

最小均方误差接收机
minimum mean square error receiver
TN85
　　D MMSE接收机
　　S 接收设备*

最小均方自适应滤波
least means square adaptive filtering
TN713
　　D LMS 自适应滤波
　　　　最小均方自适应滤波算法
　　S 自适应滤波
　　Z 滤波*

最小均方自适应滤波算法
　　Y 最小均方自适应滤波

最小频移键控
minimum shift keying
TN76
　　D MSK 调制
　　　　最小相位频移键控
　　　　最小移频键控
　　S 频移键控
　　· 高斯最小频移键控
　　C 最小化传输差分信号
　　L 数字调制**

最小平方算法
　　Y 最小二乘算法

最小生成树算法
minimum spanning tree algorithm
TP301.6
　　S 图论算法
　　　　树形算法
　　Z 算法*

最小相位频移键控
　　Y 最小频移键控

最小信号法测向
minimum signal direction finding
TN971　TN953
　　D 小音点测向
　　S 无线电测向
　　Z 测向*

最小移频键控
　　Y 最小频移键控

最小资源分配网络
　　Y 资源分配网络

最优编码
optimum coding
TN919
　　D 最佳编码
　　S 编码*

最优化算法
optimization algorithm
TP301　TP18
　　S 优化算法
　　Z 算法*

最优接收
　　Y 最佳接收

最优接收机
　　Y 最佳接收机

最优控制
　　Y 最佳控制

最优链路状态路由协议
optimized link state routing protocol
TP393　TN915.04
　　D OLSR
　　　　OLSR 协议
　　S 链路状态路由协议
　　L 网络协议**

最优路由
optimal routing
TP393　TN92　TN91
　　S 路由*

最优线性滤波
optimal linear filtering
TN713
　　S 线性滤波
　　Z 滤波*

最长公共子序列算法
longest common subsequence algorithm
TP391　TP301
　　D LCS 算法
　　S 算法*

最长匹配
　　Y 最长前缀匹配

最长前缀匹配
longest prefix match
TP391.1
　　D 最长匹配
　　S 信息匹配
　　Z 信息处理*

左旋圆极化
left-handed circular polarization
TN82
　　S 圆极化
　　Z 电磁波极化*

作战单元智能体
　　Y 作战智能体

作战仿真
fighting simulation
TP391.9
　　D 作战模拟
　　　　战术仿真
　　S 军事仿真
　　· 电子战仿真
　　· 联合作战模拟
　　C 作战智能体
　　Z 仿真*

作战模拟
　　Y 作战仿真

作战智能体
fight agent
TP18
　　D 作战单元智能体
　　S 智能体
　　C 作战仿真
　　Z 人工智能应用*

坐标几何语言
coordinate geometry language
TP312
　　D COGO 语言
　　S 高级语言
　　Z 计算机语言*

坐标刻图机
coordinate engraving machine
TP3
　　D 座标刻图机
　　S 半导体工艺设备*

坐标旋转数字计算机
　　Y 坐标旋转数字计算机算法

坐标旋转数字计算机算法
coordinate rotation digital computer algorithm
TP301.06
　　D CORDIC
　　　　Cordic 算法
　　　　坐标旋转数字计算机
　　　　坐标旋转数字计算算法
　　S 算法*

坐标旋转数字计算算法
　　Y 坐标旋转数字计算机算法

坐标转换器
coordinate converter
TP3
　　S 转换器*

坐底声呐
bottom mounted sonar
TN92
　　D 座底声呐
　　　　座底声纳
　　　　海底声呐
　　S 声呐*

座标刻图机
　　Y 坐标刻图机

座底声呐
　　Y 坐底声呐

座底声纳
　　Y 坐底声呐

分类详表

TN 无线电电子学、电信技术

TN-9 电子工业经济
TN0 一般性问题
TN01 基础理论
TN011 电波传播、传播机理
TN011.2 电离层传播
TN011.3 对流层传播
TN011.4 表面波传播
TN011.5 地下传播
TN011.6 水下传播
TN011.7 外层空间传播（宇宙传播）
TN011.8 超低频电波传播
TN011.91 城市电波传播
TN011.92 建筑物内电波传播
TN012 光波传播
TN014 无线电技术
TN015 微波与超高频技术
TN02 设计、制图
TN03 结构
TN04 材料
TN05 制造工艺及设备
TN06 测试技术及设备
TN07 无线电产品的维修、保养
TN08 无线电工厂
TN081 生产过程自动化
TN082 技术安全及卫生措施
TN1 真空电子技术
TN10 一般性问题
TN101 基础理论
TN102 设计和计算
TN103 结构和元部件
TN104 电真空器件材料
TN104.1 金属材料
TN104.2 绝缘材料
TN104.3 显示材料
TN104.7 气体
TN104.8 吸气剂及其他吸气材料
TN105 电真空器件制造工艺
TN105.1 部件制备
TN105.2 管子制造
TN105.3 管子处理
TN105.4 真空工艺卫生
TN105.5 工艺设备
TN107 电真空测试技术与设备
TN108 电真空排气系统
TN108.1 设计原理
TN108.3 结构
TN108.4 操作及自动控制
TN108.5 清洁过滤装置

TN108.6 漏气及引入大气
TN108.7 电路
TN11/15 各种电真空器件
TN11 电子管
TN111 二极管
TN112 三极管
TN113 四极管
TN114 五极管、多极管
TN115 变频管、混频管
TN116 复合管
TN117 超小型管
TN118 收讯放大管
TN12 微波电子管
TN121 超高频三极、四极管（栅控微波管）
TN121+.1 金属陶瓷管
TN121+.2 小型抗振管
TN121+.3 铅笔管
TN121+.4 叠层管
TN121+.5 灯塔管
TN121+.6 磁聚焦三极、四极管
TN122 速调管
TN122+.1 反射速调管
TN122+.2 多腔速调管
TN122+.3 倍频速调管
TN122+.4 漂移速调管
TN122+.5 多电子束速调管
TN122+.6 静电聚焦速调管
TN122+.7 分布作用速调管
TN123 磁控管
TN123+.1 脉冲磁控管
TN123+.2 连续振荡磁控管
TN123+.3 同轴磁控管
TN123+.4 反同轴磁控管
TN123+.5 电压调谐磁控管
TN123+.6 耦腔磁控管
TN124 行波管
TN124+.1 低噪声行波管
TN124+.2 功率行波管
TN124+.3 "M"型行波管
TN124+.4 倍频与变频行波管
TN124+.5 光电行波管
TN125 返波管
TN125+.1 "O"型返波管
TN125+.2 "M"型返波管
TN125+.3 磁铁返波管
TN126 天线开关管（谐振放电管）
TN127 正交场放大管
TN128 相对论电子束微波管

TN129 其他超高频、特高频器件
TN13 气体放电器件、离子管
TN131 辉光放电管
TN131+.1 辉光放电稳压管
TN131+.2 触发管
TN131+.3 计数管
TN131+.4 数字管
TN131+.5 指示管
TN131+.6 黑迹管
TN132 冷阴极气体放电管
TN133 弧光放电管、低压充气二极管
TN134 闸流管
TN134+.1 充气闸流管
TN134+.2 脉冲闸流管
TN134+.3 冷阴极闸流管
TN134+.4 辉光放电闸流管
TN134+.5 整流闸流管
TN135 脉冲放电管
TN135+.1 火花放电管
TN135+.2 电晕放电管
TN135+.3 高频放电管
TN136 等离子体器件
TN14 电子束器件、X射线管、阴极射线管
TN141 显示器件
TN141.1 示波管
TN141.1+1 低压示波管
TN141.1+2 高压示波管
TN141.1+3 单束示波管
TN141.1+4 双束与多束示波管
TN141.1+5 非坐标示波管
TN141.1+6 超高频示波管
TN141.1+7 静电印刷示波管
TN141.1+8 微光点示波管
TN141.2 定位管
TN141.2+1 单色定位管
TN141.2+2 多色定位管
TN141.3 电视显像管
TN141.3+1 投影式显像管
TN141.3+2 彩色显像管
TN141.3+3 黑白显像管
TN141.3+6 飞点扫描管
TN141.3+9 特殊显像管
TN141.4 校对管
TN141.5 等离子体显示器件
TN141.6 数码管
TN141.7 符号显示管
TN141.8 光阀投影管
TN141.9 液晶显示器件
TN142 电视摄像管
TN142.2 超正析像管
TN142.3 声电摄像管
TN142.4 电像管
TN142.5 视像管

TN143 变像管
TN144 像增强器
TN144+.1 X射线像增强器
TN144+.2 串联式像增强器
TN144+.3 可拆式像增强器
TN144+.4 照相式像增强器
TN145 贮存管
TN145+.1 阻挡栅式贮存管
TN145+.2 积累式贮存管
TN145+.3 直观式贮存管
TN145+.4 信号转换管
TN145+.5 记忆电子束管
TN146 特种电子束器件
TN146+.1 电子束换能管
TN146+.2 电子注管
TN146+.3 脉冲形成管
TN146+.4 编码管与字码管
TN146+.5 电子换接器
TN15 光电器件、光电管
TN151 光电管
TN151+.1 真空光电管
TN151+.2 充气光电管
TN152 光电倍增管
TN152+.1 能谱分析光电倍增管
TN152+.2 闪烁计数光电倍增管
TN152+.3 时间分辨光电倍增管
TN152+.4 光电测量光电倍增管
TN16 电子光学仪器
TN2 光电子技术、激光技术
TN20 一般性问题
TN201 基础理论
TN202 设计
TN203 结构
TN204 材料和工作物质
TN205 制造工艺及设备
TN206 测试、调整及其设备
TN207 维修、保养
TN208 工厂（车间）
TN209 应用
TN21/27 各种光电子技术及仪器
TN21 红外技术及仪器
TN211 理论
TN212 光源
TN213 红外光学材料
TN214 红外光学器件
TN215 红外探测、红外探测器
TN216 红外系统装置
TN219 红外技术的应用
TN22 夜视技术、夜视仪
TN221 有源夜视
TN222 无源夜视
TN223 微光技术、微光夜视仪
TN23 紫外技术及仪器

TN24 激光技术、微波激射技术
TN241 激光物理和基本理论
TN242 激光器设计
TN243 激光器结构
TN244 激光材料及工作物质
TN245 能源、光泵（浦）
TN247 光检测技术
TN248 激光器
TN248.1 固体激光器
TN248.1+1 红宝石激光器
TN248.1+2 玻璃激光器
TN248.1+3 钇铝石榴石激光器
TN248.1+4 塑料激光器
TN248.1+5 色心激光器
TN248.2 气体激光器
TN248.2+1 原子气体激光器
TN248.2+2 分子气体激光器
TN248.2+5 离子气体激光器
TN248.3 液体激光器
TN248.3+2 无机液体激光器
TN248.3+3 有机染料激光器
TN248.3+4 调Q激光器
TN248.3+5 锁模激光器
TN248.3+6 腔倒空激光器
TN248.4 半导体激光器
TN248.5 化学激光器
TN248.6 自由电子激光器
TN249 激光的应用
TN25 波导光学与集成光学
TN252 光波导
TN253 光纤元件
TN256 集成光学器件
TN27 显示技术
TN29 光电子技术的应用
TN3 半导体技术
TN30 一般性问题
TN301 基础理论
TN302 设计与计算
TN303 结构、器件
TN304 材料
TN304.0 一般性问题
TN304.01 理论
TN304.02 计算
TN304.05 制取方法与设备
TN304.051 物理制取、物理提纯
TN304.052 化学制取、化学提纯
TN304.053 单晶拉制
TN304.054 外延生长
TN304.055 半导体薄膜技术
TN304.057 废料中半导体材料的回收
TN304.07 参数测试与检验
TN304.1/.99 各种半导体材料
TN304.1 元素半导体
TN304.1+1 锗
TN304.1+2 硅

TN304.1+3 硒
TN304.1+4 碲
TN304.1+5 灰锡
TN304.1+6 硼
TN304.1+7 磷
TN304.1+8 碳、金刚石
TN304.2 化合物半导体
TN304.2+1 氧化物半导体
TN304.2+2 Ⅱ-Ⅴ族化合物半导体
TN304.2+3 Ⅲ-Ⅴ族化合物半导体
TN304.2+4 Ⅳ-Ⅵ族化合物半导体
TN304.2+5 Ⅱ-Ⅵ族化合物半导体
TN304.2+6 三元系化合物半导体
TN304.3 稀土半导体
TN304.5 有机半导体
TN304.51 简单有机半导体
TN304.52 聚合物有机半导体
TN304.53 分子络合物半导体
TN304.54 生物半导体
TN304.6 离子晶体
TN304.7 磁性半导体、磁阻半导体
TN304.8 非晶态半导体
TN304.81 玻璃半导体
TN304.82 陶瓷半导体
TN304.83 液态半导体
TN304.84 无定型半导体
TN304.9 其他半导体材料
TN304.91 光敏半导体
TN304.92 气敏半导体
TN304.93 压敏半导体
TN304.94 声敏半导体
TN305 半导体器件制造工艺及设备
TN305.1 晶体机械加工
TN305.2 表面处理
TN305.3 掺杂
TN305.4 扩散
TN305.5 氧化层生长
TN305.6 制版
TN305.7 光刻、掩膜
TN305.8 真空镀膜
TN305.92 溅射
TN305.93 装架
TN305.94 封装及散热问题
TN305.95 隔离技术
TN305.96 引线技术
TN305.97 洁净技术
TN305.99 其他
TN306 可靠性及例行试验
TN307 测量和检验
TN31/387 各种半导体器件
TN31 半导体二极管
TN311/315 各种二极管
TN311 二极管：按工艺分
TN311+.1 面接触二极管
TN311+.2 合金二极管

TN311+.3　扩散二极管
TN311+.4　电化学二极管
TN311+.5　薄膜二极管
TN311+.6　互补二极管
TN311+.7　热载流子二极管
TN311+.8　金属-半导体二极管
TN312　二极管：按结构和性能分
TN312+.1　变容二极管
TN312+.2　隧道二极管
TN312+.3　反向二极管
TN312+.4　PIN 二极管
TN312+.5　磁性二极管
TN312+.6　双基极二极管
TN312+.7　雪崩二极管
TN312+.8　发光二极管
TN313　二极管：按作用分
TN313+.1　高压二极管
TN313+.2　负阻二极管
TN313+.3　稳压二极管
TN313+.4　功率二极管
TN313+.5　整流二极管
TN313+.6　开关二极管
TN313+.7　电荷贮存二极管（阶跃恢复二极管）
TN313+.8　微波混频及检波二极管
TN314　二极管：按形式分
TN314+.1　台面型二极管
TN314+.2　平面型二极管
TN314+.3　外延式二极管
TN315　二极管：按材料分
TN315+.1　锗二极管
TN315+.2　硅二极管
TN315+.3　砷化镓二极管
TN32　半导体三极管（晶体管）
TN321/325　各种三极管
TN321　晶体管：按工艺分
TN321+.1　面接触晶体管
TN321+.2　合金晶体管
TN321+.3　扩散晶体管
TN321+.4　电化学晶体管
TN321+.5　薄膜晶体管
TN321+.6　互补晶体管
TN322　晶体管：按性能分
TN322+.1　本征势垒晶体管
TN322+.2　漂移晶体管
TN322+.3　复合晶体管
TN322+.4　负荷晶体管、电荷晶体管
TN322+.5　磁性晶体管
TN322+.6　低噪声晶体管
TN322+.7　微功耗晶体管
TN322+.8　双极性晶体管
TN323　晶体管：按作用分
TN323+.1　低频晶体管
TN323+.2　高频晶体管
TN323+.4　功率晶体管
TN323+.6　开关晶体管

TN323+.7　模拟晶体管
TN323+.8　高反压晶体管
TN324　晶体管：按形式分
TN324+.1　台面型晶体管
TN324+.2　平面型晶体管
TN324+.3　外延型晶体管
TN324+.4　覆盖式晶体管、梳状（网状）晶体管
TN325　晶体管：按材料分
TN325+.1　锗晶体管
TN325+.2　硅晶体管
TN325+.3　化合物晶体管、砷化镓晶体管
TN335　PNPN 四层结构器件
TN34　晶闸管（可控硅）
TN341　可控硅原理和设计
TN342　可控硅器件
TN342+.2　单向可控硅
TN342+.3　双向可控硅
TN342+.4　可关断可控硅
TN342+.5　雪崩型可控硅
TN342+.6　高速可控硅
TN342+.7　光控可控硅
TN344　控制线路
TN345　参数及测量
TN345+.1　额定正向平均电流及其测量
TN345+.2　正向阻断峰值电压及其测量
TN345+.3　反向阻断峰值电压及其测量
TN345+.4　控制极触发电压及其测量
TN345+.5　控制极触发电流及其测量
TN349　可控硅的应用
TN35　半导体整流器
TN351　氧化亚铜整流器
TN352　硒整流器
TN353　锗整流器
TN354　砷化镓整流器
TN355　氧化物整流器
TN356　硫化物整流器
TN357　光控整流器
TN358　电导调制整流器
TN359.1　相敏整流器
TN359.2　整流堆
TN36　半导体光电器件
TN361　光敏电阻
TN362　红外线探测器件
TN364　半导体光电管
TN364+.1　硅光电管
TN364+.2　半导体光电二极管
TN364+.3　光电晶体管
TN364+.4　微分半导体光电管
TN365　半导体激光器件
TN366　光转换器
TN37　半导体热电器件、热敏电阻
TN371　通用热敏电阻
TN372　高温、低温热敏电阻
TN373　正温度系数热敏电阻
TN374　高频、低频热敏电阻

TN375 玻璃态热敏电阻
TN376 热敏电阻热辐射探测器
TN377 温差电器件
TN379 敏感器件
TN382 霍尔器件、光磁电探测器件
TN382+.1 霍尔回旋器
TN382+.2 霍尔阻隔器
TN382+.3 霍尔环形器
TN383 发光器件
TN383+.1 场致发光器件、电致发光器件
TN383+.2 光致发光器件
TN383+.3 高能粒子辐射发光器件
TN383+.4 阴极发光器件
TN383+.5 热致发光器件
TN384 铁电及压电器件
TN385 微波半导体器件
TN386 场效应器件
TN386.1 金属-氧化物-半导体（MOS）器件
TN386.2 绝缘栅场效应器件
TN386.3 肖特基势垒栅场效应器件
TN386.4 硅栅器件
TN386.5 电荷耦合器件
TN386.6 结型场效应晶体管
TN386.7 静电感应场效应晶体管
TN387 体效应器件
TN387.1 甘氏效应器件、甘氏二极管
TN387.2 限垒二极管
TN387.3 撞雪崩渡越时间器件
TN387.4 奥氏器件、玻璃半导体器件
TN387.5 混合模式器件
TN389 其他器件
TN4 微电子学、集成电路（IC）
TN40 一般性问题
TN401 理论
TN402 设计
TN403 结构
TN405 制造工艺
TN405.95 隔离技术
TN405.96 引线技术
TN405.97 互连及多层布线技术
TN405.98 干法腐蚀工艺
TN405.98+1 离子洗削
TN405.98+2 等离子刻蚀
TN405.98+3 反应离子刻蚀
TN405.98+4 分子束外延
TN405.98+5 离子束曝光
TN405.98+6 金属氢化物化学金相淀积
TN406 可靠性及例行试验
TN407 测试和检验
TN409 应用
TN41/495 各种集成电路
TN41 印刷电路
TN42 微模组件
TN43 半导体集成电路（固体电路）
TN431 双极型

TN431.1 线性集成电路、模拟集成电路
TN431.2 数字集成电路、逻辑集成电路
TN432 场效应型
TN433 BICMOS（双极-MOS 混合）集成电路
TN44 膜集成电路
TN45 混合集成电路
TN451 薄膜混合集成电路（薄膜电路）
TN452 厚膜混合集成电路（厚膜电路）
TN453 半导体混合集成电路
TN454 微波混合集成电路（微波集成电路）
TN455 微带电路
TN46 中规模集成电路
TN47 大规模集成电路、超大规模集成电路
TN48 真空集成电路
TN491 光学集成电路（集成光路）
TN492 专用集成电路
TN495 功能块（分子电路）
TN6 电子元件、组件
TN60 一般性问题
TN601 理论
TN602 设计、计算
TN603 结构
TN603.5 小型化、微型化
TN604 材料
TN605 制造工艺及设备
TN606 测试、调整及设备
TN607 维修、保养
TN609 应用
TN61/65 各种电子元件、器件
TN61 微波元件、微波铁氧体元件
TN62 微波传输控制元件
TN621 环行器、环流器
TN622 耦合器、定向耦合器
TN622+.1 同轴定向耦合器
TN622+.2 波导定向耦合器
TN622+.3 阻抗匹配用定向耦合器
TN622+.4 串联耦合器
TN623 移相器、铁氧体移相器
TN624 变换器
TN624+.1 阻抗变换器
TN624+.2 短路式变换器
TN624+.3 匹配器
TN625 短路器
TN626 功率分配器
TN627 铁氧体隔离器
TN628 扼制接头及旋转接头
TN629.1 空腔谐振器
TN63 微波过渡元件
TN63+1 换向开关
TN63+1.1 同轴换向开关
TN63+1.2 波导换向开关
TN63+2 密封窗
TN64 电声器件
TN641 传声器（微音器）
TN641+.1 变阻式传声器

TN641+.2 电容式传声器
TN641+.8 立体声传声器
TN642 受话器
TN642+.1 电磁受话器
TN642+.2 电动受话器
TN642+.3 静电受话器
TN642+.8 立体声受话器
TN643 扬声器
TN643+.1 电磁扬声器
TN643+.2 电动扬声器
TN643+.3 无源扬声器
TN643+.4 半导体扬声器
TN643+.5 离子扬声器
TN643+.6 组合扬声器
TN643+.8 立体声扬声器
TN644 拾声器（电唱头）
TN644+.2 电动拾声器
TN644+.3 压电拾声器
TN644+.4 磁致伸缩拾声器
TN644+.5 瓷拾声器
TN644+.8 立体声拾声器
TN646 录音磁头
TN65 声光器件

TN7 基本电子电路
TN70 一般性问题
TN701 理论
TN702 设计、分析、计算
TN703 结构
TN704 材料
TN705 制造工艺及设备
TN707 测试、检验
TN709 应用
TN710/79 各种电子电路
TN710 电子电路
TN710.1 电子管电路
TN710.2 晶体管电路
TN711 网络
TN711.1 网络分析和网络综合
TN711.2 有源网络
TN711.3 无源网络
TN711.4 非线性网络
TN711.5 数字网络
TN711.6 网络图论
TN712 变能器
TN712+.1 电磁变能器
TN712+.2 磁致伸缩变能器
TN712+.3 电容式变能器
TN712+.4 静电式变能器
TN712+.5 压电式变能器
TN713 滤波技术、滤波器
TN713+.1 各形滤波器
TN713+.2 谐振体
TN713+.3 瓷滤波器
TN713+.4 低通、高通滤波器
TN713+.5 带通、带阻滤波器

TN713+.6 匹配滤波器
TN713+.7 数字滤波器
TN713+.8 有源滤波器
TN713+.91 晶体滤波器
TN713+.92 开关电容滤波器
TN715 均衡器、衰减器（衰耗器）
TN715+.1 衰耗补偿器
TN715+.2 相位补偿器
TN715+.3 回转器
TN715+.4 固定均衡器
TN715+.5 余弦均衡器
TN715+.6 时延均衡器
TN715+.7 可变均衡器
TN72 放大技术、放大器
TN721 放大技术
TN721.1 增益放大
TN721.2 反馈（回授）、反馈电路
TN721.3 输入及输出回路
TN721.4 屏蔽与去耦电路
TN721.5 放大整形电路
TN722 放大器
TN722.1/.77 各种放大器
TN722.1 放大器：按频率分
TN722.1+1 低频放大器
TN722.1+2 视频放大器
TN722.1+3 中频放大器（频带放大器）
TN722.1+4 高频放大器（调谐放大器）
TN722.1+5 超高频放大器
TN722.1+6 微波放大器
TN722.3 低噪声放大器
TN722.3+1 参量放大器
TN722.3+2 量子放大器
TN722.3+3 固态放大器
TN722.3+4 隧道二极管放大器
TN722.5 放大器：按工作原理分
TN722.5+1 机械式放大器
TN722.5+2 介质放大器
TN722.5+3 流体放大器
TN722.5+4 磁放大器
TN722.5+5 反馈放大器
TN722.5+6 交叉场放大器
TN722.5+7 差动放大器
TN722.5+8 对数放大器
TN722.5+91 微分放大器、积分放大器
TN722.7 放大器：按作用分
TN722.7+1 前置放大器
TN722.7+2 直流放大器
TN722.7+3 电流放大器
TN722.7+4 电压放大器
TN722.7+5 功率放大器
TN722.7+6 缓冲放大器
TN722.7+7 运算放大器（计算放大器）
TN73 功率合成器
TN74 频率合成技术、频率合成器
TN741 直接法

TN742 间接法（环路法）
TN742.1 数字式
TN742.2 脉冲鉴相式
TN743 混合法
TN75 振荡技术、振荡器
TN751 振荡技术
TN751.1 耦合、耦合电路
TN751.1+1 非共振耦合（非周期）
TN751.1+2 利用谐振线路的耦合
TN751.1+3 反馈耦合
TN751.1+4 寄生耦合
TN751.2 谐振
TN751.2+1 集中参数
TN751.2+2 分布参数
TN751.2+3 串联谐振
TN751.2+4 并联谐振
TN751.3 振荡现象
TN751.3+1 线性振荡
TN751.3+2 非线性振荡
TN751.3+3 自由振荡
TN751.3+4 自激振荡
TN751.3+5 强迫振荡
TN751.3+6 寄生振荡
TN751.3+7 间歇振荡
TN752 振荡器
TN752.1 低频振荡器
TN752.2 高频振荡器
TN752.3 超高频振荡器
TN752.4 多频振荡器
TN752.5 微波振荡器
TN752.6 超声波振荡器
TN752.7 毫米波振荡器
TN752.8 机械振荡器
TN753.1 火花振荡器、电弧振荡器
TN753.2 光振荡器
TN753.4 磁振荡器
TN753.5 反馈振荡器
TN753.7 扫描振荡器（扫频振荡器）
TN753.8 张弛振荡器
TN753.9 低噪声振荡器
TN753.91 参量振荡器
TN753.92 量子振荡器
TN753.94 隧道二极管振荡器
TN753.95 热离子振荡器
TN76 调制技术与调制器、解调技术与解调器
TN761 调制技术与调制器
TN761.1 调幅、调幅器
TN761.2 调频、调频器
TN761.3 调相、调相器
TN761.4 板极调制
TN761.5 栅极调制
TN761.6 单边带调制
TN761.7 抑制载波双边带调制
TN761.8 键控调制
TN761.92 混合调制

TN761.93 脉冲与数字调制
TN762 编码器
TN763 解调技术与解调器
TN763.1 检波、检波器
TN763.2 鉴频、鉴频器
TN763.3 鉴相、鉴相器
TN764 解码器
TN77 倍频器、分频器、变频器
TN771 倍频器
TN772 分频器
TN773 变频器、混频器
TN773.1 晶体变频器
TN773.2 二极管变频器
TN773.3 多极管变频器
TN773.4 微波变频器
TN78 脉冲技术、脉冲电路
TN781 脉冲波形的频谱分析
TN782 脉冲的产生、脉冲发生器
TN782+.1 单稳态多谐振荡器
TN782+.2 双稳态多谐振荡器
TN782+.3 自激式多谐振荡器
TN782+.4 间歇振荡器
TN782+.5 幻象电路
TN783 触发器
TN784 脉冲形成、脉冲形成电路
TN784+.1 窄脉冲形成电路
TN784+.2 断续正弦波形成电路
TN784+.3 锯齿波形成电路
TN786 脉冲变换、脉冲变换电路
TN786+.1 脉冲倍频与分频
TN786+.2 脉冲延迟
TN786+.3 脉冲选择
TN786+.4 脉冲限幅
TN787 脉冲调制、解调，脉冲调制器
TN787+.1 脉冲幅度调制
TN787+.2 脉冲宽度调制
TN787+.3 脉冲相位调制
TN788 脉冲辐射
TN789.1 超高速脉冲电路
TN79 数字电路
TN79+1 逻辑电路
TN79+2 数模、模数转换电路
TN8 无线电设备、电信设备
TN80 一般性问题
TN801 理论
TN802 设计与计算
TN803 结构
TN803.5 小型化、微型化
TN804 材料
TN805 制造工艺、自动生产线
TN806 测试、调整及设备
TN807 维修、保养
TN81/819.1 各种馈线设备
TN81 馈线设备（传输线和波导）
TN811 传输线、长线

TN811+.1　单线传输线、多线传输线
TN811+.2　带状传输线
TN811+.3　耦合传输线
TN811+.4　均匀、非均匀传输线
TN811+.5　损耗、非损耗传输线
TN811+.6　表面波传输线
TN811+.7　毫米波传输线
TN812　延迟线、仿真线
TN812+.1　固态延迟线
TN812+.2　液态延迟线
TN812+.3　磁致伸缩延迟线
TN813　同轴线
TN814　波导、波导管、波导传输线
TN814+.2　软波导
TN814+.3　射束波导
TN814+.4　均匀波导
TN814+.5　介质波导、金属介质波导
TN814+.6　光波导
TN814+.7　各种结构形式的波导
TN816　慢波系统、慢波结构
TN817　微带、微带传输线
TN818　光纤传输线、光缆
TN819.1　馈电网络
TN82　天线
TN820　一般性问题
TN820.1　信号发送、辐射系统
TN820.1+1　极化及圆极化技术
TN820.1+2　方向性、方向图、方向性系数
TN820.1+3　旁瓣抑制
TN820.1+4　天线泄漏、屏蔽、馈电
TN820.1+5　天线阵与天线组合
TN820.1+6　天线共用
TN820.1+7　天线工作条件、参数
TN820.2　扫描、扫描方式
TN820.2+1　机械扫描
TN820.2+2　机电扫描
TN820.2+3　电子扫描
TN820.3　伺服、伺服系统
TN820.3+2　机电式
TN820.3+3　液压式
TN820.3+4　气动式
TN820.3+8　混合式
TN820.3+9　数字式
TN820.4　跟踪、自动跟踪
TN820.5　测距、测角、测速
TN820.8　天线辅助设备
TN820.8+1　天线罩
TN820.8+2　天线底座
TN820.8+3　天线开关
TN820.8+4　反射器、辐射器、引向器
TN820.8+5　天线调谐器
TN820.8+8　天线支架、天线塔
TN821/828　各种天线
TN821　天线：按工作原理分
TN821+.1　极化天线

TN821+.2　磁性天线
TN821+.3　单极天线
TN821+.4　振子天线、对称天线、偶极天线
TN821+.5　透镜天线
TN821+.6　对数周期天线
TN821+.7　低噪声天线
TN821+.8　相控阵天线
TN821+.91　智能天线
TN822　天线：按波段和波的传播方式分
TN822+.1　长波天线、极长波天线
TN822+.2　中波天线
TN822+.3　短波天线
TN822+.4　超短波及微波天线
TN822+.5　表面波天线
TN822+.6　泄漏波天线
TN822+.7　返波天线
TN822+.8　宽频带和超宽频带天线
TN823　天线：按各种结构形式分
TN823+.11　顶负载天线
TN823+.12　铁塔天线（桅杆式天线）
TN823+.13　长线天线
TN823+.14　笼形、鞭形、菱形天线
TN823+.15　环形、盘形、锥形天线
TN823+.16　鱼骨形、角形、三角形天线
TN823+.17　刀形天线、八木天线
TN823+.18　套筒天线、套管天线
TN823+.21　张线天线
TN823+.22　尾帽天线、尾帽探针天线
TN823+.23　短棒天线
TN823+.24　开槽天线，裂缝天线
TN823+.25　圆柱形天线
TN823+.26　可伸缩天线
TN823+.27　面天线
TN823+.28　卡塞格伦天线
TN823+.31　螺旋天线
TN823+.32　球天线
TN823+.33　蝙蝠天线
TN823+.34　充气天线
TN823+.35　漂浮天线
TN826　天线：按材料分
TN827　天线：按作用分
TN827+.1　发射天线
TN827+.2　接收天线
TN827+.3　扫描天线、搜索天线
TN827+.4　定向天线、调谐天线
TN827+.5　聚焦天线
TN827+.6　测距天线
TN827+.7　信标天线、航标天线
TN827+.8　接地天线、埋地天线
TN827+.9　等离子区及各向异性介质中的天线
TN828　天线：按用途分
TN828.1　广播天线
TN828.3　电台天线
TN828.4　微波通信天线
TN828.5　卫星通信天线

TN828.6 移动通信天线
TN83 发送设备、发射机
TN830 一般性问题
TN830.1 自动化
TN830.2 变频
TN830.3 幅度、频率、相位稳定
TN830.4 发射功率、波形
TN830.5 冷却问题、寄生振荡
TN830.6 失真及其消除
TN830.7 激励及激励器
TN830.8 闭锁
TN832/839 各种发射机
TN832 调制发射机
TN832+.1 调幅、调频、调相发射机
TN832+.2 单边带调制发射机
TN832+.3 双边带调制发射机
TN832+.4 脉冲调制发射机
TN832+.8 混合调制发射机
TN834 晶体管、固态发射机
TN835 激光发射机、红外发射机
TN836 小型、微型发射机
TN837 各种功率的发射机
TN838 各种频率的发射机
TN839 其他
TN85 接收设备、无线电收音机
TN850 一般性问题
TN850.1 灵敏度、稳定度、保真度
TN850.2 选择性
TN850.3 自动增益控制
TN850.4 自动频率、自动相位控制
TN850.5 自动噪声控制
TN850.6 自动跟踪
TN850.7 高灵敏度接收
TN850.8 低噪声接收技术
TN850.9 分集接收
TN851/859 各种接收设备
TN851 接收机：按形式分
TN851.1 简单收音机
TN851.2 高放式收音机
TN851.3 再生式收音机
TN851.4 超外差式收音机
TN851.5 分集式收音机
TN851.6 多用机
TN852 调制收音机
TN852+.1 调幅、调频、调相收音机
TN852+.2 单边带调制收音机
TN852+.3 对数收音机、多卜勒收音机
TN852+.4 脉冲调制收音机
TN852+.8 混合调制收音机
TN853 信标收音机
TN853+.1 动目标选择收音机
TN853+.2 低频连续波信标收音机
TN853+.3 脉冲信标收音机
TN854 晶体管、固态收音机
TN855 激光、红外收音机

TN856 小型、微型收音机，集成收音机
TN857 低噪声收音机
TN858 各种频率收音机
TN859 其他
TN86 电源
TN87 终端设备
TN871 输入和输出设备
TN872 呼叫设备
TN873 显示设备、显示器
TN873+.1 一、二坐标显示器
TN873+.2 直角坐标显示器、三坐标显示器
TN873+.3 电致发光显示器
TN873+.4 环视显示器、运动目标显示器
TN873+.5 数字显示器
TN873+.6 固体显示器
TN873+.7 全息显示器
TN873+.8 综合显示器
TN873+.91 平面显示器
TN873+.92 大屏幕显示器
TN873+.93 液晶显示器
TN873+.94 等离子体显示器
TN873+.95 均发射显示器
TN874 指示设备
TN874+.1 时间测量系统指示设备
TN874+.2 频率测量系统指示设备
TN874+.3 相位测量系统指示设备
TN874+.4 幅度测量系统指示设备
TN874+.5 时差测量系统指示设备
TN875 指针和音响设备
TN876 控制和调整设备
TN876.1 调整设备
TN876.2 导频调整设备
TN876.3 控制设备
TN876.3+1 抑制装置
TN876.3+2 记数装置、计费装置
TN876.3+3 限制通话装置
TN876.3+4 告警装置
TN876.3+5 监听设备
TN876.4 整步装置、同步装置
TN876.5 传送装置
TN876.7 辅助设备
TN91 通信
TN911 通信理论
TN911.1 电信数学
TN911.2 信息论
TN911.21 信源编码理论
TN911.22 信道编码理论
TN911.23 信号检测与估计
TN911.25 信号接收及选择性与灵敏度
TN911.25+1 选择性
TN911.25+2 灵敏度
TN911.25+3 信号接收方式
TN911.25+4 传输质量
TN911.3 调制理论
TN911.4 噪声与干扰

TN911.5　信道均衡
TN911.6　信号分析
TN911.7　信号处理
TN911.71　模拟信号处理
TN911.72　数字信号处理
TN911.73　图像信号处理
TN911.74　光学信号处理
TN911.8　相位锁定、锁相技术
TN912　电声技术和语音信号处理
TN912.1　电声学
TN912.11　传输系统
TN912.12　录音和重放
TN912.13　电话声学
TN912.14　广播声学
TN912.15　电影声学
TN912.16　信号声学
TN912.2　电声技术与设备
TN912.20　一般性问题
TN912.201　原理
TN912.202　设计
TN912.203　结构
TN912.203.1　电路
TN912.205　制造工艺
TN912.206　测试、调整及其设备
TN912.207　维修、保养
TN912.21/.27　各种电声技术与设备
TN912.21　扩音机、电唱机
TN912.22　录音机
TN912.22+1　磁性录音机
TN912.22+2　光学录音机
TN912.23　放音机
TN912.23+1　光学放音机
TN912.23+2　同步磁性放音机
TN912.23+3　同步光磁两用放音机
TN912.24　转录机
TN912.25　涂磁机
TN912.26　音箱
TN912.27　立体声和多声道系统技术与设备
TN912.271　组合音响
TN912.3　语音信号处理
TN912.31　语音波形编码
TN912.32　语音参数编码
TN912.33　语音合成
TN912.34　语音识别与设备
TN912.35　语音增强
TN913　有线通信、通信线路工程
TN913.1　线路勘测和设计
TN913.1+1　路由的选择勘测
TN913.1+2　线路形式的采用
TN913.3　通信线路
TN913.31　架空线路
TN913.31+1　通信架空裸线线路
TN913.31+2　通信架空电缆线路
TN913.31+3　通信线和高压线混合架空线路
TN913.31+4　架空光缆线路

TN913.32　通信电缆线路
TN913.32+1　地下通信电缆线路
TN913.32+2　水底通信电缆线路
TN913.32+3　充油通信电缆线路
TN913.32+4　充气通信电缆线路
TN913.32+5　同轴通信电缆线路
TN913.32+6　空心通信电缆线路
TN913.33　通信光缆线路
TN913.331　地下光缆线路
TN913.332　水底光缆线路
TN913.36　微波中继线路
TN913.37　散射线路
TN913.6　载波通信
TN913.8　电缆数字通信
TN914　通信系统（传输系统）
TN914.1　模拟调制通信系统
TN914.2　脉冲调制通信系统
TN914.3　数字通信系统
TN914.31　脉码调制通信
TN914.32　增量调制通信
TN914.33　数字复接
TN914.331　准同步数字系列(PDH)
TN914.332　同步数字系列（SDH）
TN914.4　跳频与扩展频谱通信系统
TN914.41　跳频通信
TN914.42　扩频通信
TN914.43　跳扩频通信
TN914.5　多址通信系统
TN914.51　频分多址（FDMA）通信
TN914.52　时分多址（TDMA）通信
TN914.53　码分多址（CDMA）通信
TN915　通信网
TN915.0　一般性问题
TN915.01　通信网理论
TN915.02　通信网结构与设计
TN915.04　通信规程、通信协议
TN915.05　通信网设备
TN915.06　测试、运行
TN915.07　网络管理
TN915.08　网络安全
TN915.1　数字通信网
TN915.11　数字传输网
TN915.14　综合业务数字网（ISDN）
TN915.141　窄带综合业务数字网（N-ISDN）
TN915.142　宽带综合业务数字网（B-ISDN）
TN915.18　模拟通信网
TN915.19　模拟-数字通信网
TN915.2　ATM（异步传输方式）网
TN915.5　智能网
TN915.6　接入网
TN915.61　铜线接入系统
TN915.62　光纤电缆混合接入网（HFC）
TN915.63　光缆接入网
TN915.81　公用通信网
TN915.85　专用通信网

TN915.851 军用通信网
TN915.853 电力通信网
TN915.9 其他通信网
TN916 电话
TN916.1 电话传输理论
TN916.2 电话线路、电话网
TN916.3 电话机及设备
TN916.31 人工电话机
TN916.32 自动电话机
TN916.33 保密电话机
TN916.34 数字电话机
TN916.35 投币电话机
TN916.36 磁卡电话机
TN916.37 录音电话机
TN916.38 电话设备的维护及测试
TN916.4 电话交换、电话交换机
TN916.41 人工电话交换、人工电话交换机
TN916.41+1 磁石交换机
TN916.41+2 共电交换机
TN916.41+3 复式塞孔交换机
TN916.41+4 无塞绳交换机
TN916.42 自动电话交换、自动电话交换机
TN916.421 自动交换机的结构
TN916.422 步进制自动电话交换机
TN916.423 旋转制自动电话交换机
TN916.424 继电器自动电话交换机
TN916.425 纵横制自动电话交换机
TN916.426 机械-电子自动电话交换机、半电子交换机
TN916.427 电子自动交换机
TN916.428 数字程控交换机
TN916.43 专用交换机
TN916.5 长途电话、载波电话
TN916.51 长途通信机械、长途通信机械室
TN916.8 电话局
TN916.8+1 电话局的设施
TN916.8+2 服务台
TN916.8+3 监察台
TN916.8+4 业务联络台
TN916.8+5 长途台
TN916.9 无线电话
TN916.9+1 单路无线电话
TN916.9+2 多路无线电话
TN917 电报、传真
TN917.1 电报传输理论、电报网络
TN917.11 电报传输理论
TN917.11+1 频率分配
TN917.11+2 传输速度和带宽
TN917.11+3 信号畸变
TN917.11+4 信号的同步
TN917.12 电报通信网
TN917.2 电报电码制度
TN917.2+1 电报电码波形
TN917.2+2 电报编码制式
TN917.3 电报传输回路
TN917.31 直流电路线路

TN917.32 实线
TN917.33 幻线
TN917.4 电报机的结构
TN917.6 电报中继及交换
TN917.61 中继器
TN917.62 电报交换系统
TN917.63 人工转接系统
TN917.64 自动转接系统
TN917.65 电子式转接系统
TN917.66 专用交换系统
TN917.67 载波电报及直流电报的转接
TN917.7 各种电报制式、电报机
TN917.71 人工电报、人工电报机、莫尔斯电报机
TN917.72 自动电报、高速电报、自动电报机
TN917.73 印字电报、电传电报
TN917.74 载波电报、载波电报电路、载波电报机
TN917.75 单工电报
TN917.76 半双工电报
TN917.77 双工电报
TN917.8 传真、传真机
TN917.81 传真传送理论
TN917.82 传真扫描机构
TN917.83 传真记录方式
TN917.83+1 照相式
TN917.83+2 电势记录式
TN917.83+3 磁电打印式
TN917.83+4 波纹式
TN917.83+5 电解记录式
TN917.83+6 电热记录式
TN917.83+7 静电记录式
TN917.84 各种传真
TN917.841 简易传真
TN917.842 真迹传真
TN917.843 像片传真
TN917.844 模写传真
TN917.845 彩色传真
TN917.846 市内传真
TN917.847 干线传真
TN917.85 传真通信网
TN917.91 各种用途的电报
TN917.92 电报局
TN917.95 无线电报
TN917.95+1 无线印字电报
TN917.95+2 无线传真电报
TN917.95+3 多路无线电报
TN918 通信保密与通信安全
TN918.1 理论
TN918.2 密码、密码机
TN918.3 密码的编码与译码
TN918.4 密码的加密与解密
TN918.6 保密通信:按结构原理分
TN918.6+1 调制式保密通信
TN918.6+2 频分式保密通信
TN918.6+3 时分式保密通信
TN918.6+4 伪装式保密通信

TN918.6+5 组合式保密通信
TN918.6+6 声码加密式保密通信
TN918.7 保密通信:按通信方式分
TN918.7+1 电报保密通信
TN918.7+2 传真保密通信
TN918.7+4 电视保密通信
TN918.8 保密通信:按传输线路分
TN918.8+1 有线保密通信
TN918.8+2 无线保密通信
TN918.91 通信安全技术
TN919 数据通信
TN919.1 数据传输理论
TN919.2 数据通信网
TN919.21 分组交换（包交换）
TN919.22 帧中继
TN919.23 电子数据交换（EDI）
TN919.25 数字数据网（DDN）
TN919.26 分组交换数据网（PSPDN）
TN919.3 数据传输技术
TN919.3+1 编码
TN919.3+2 译码
TN919.3+3 差错检校
TN919.3+4 同步
TN919.4 传输抗干扰系统
TN919.5 数据处理系统及设备
TN919.6 各种数据传输系统
TN919.6+1 振幅键控制系统
TN919.6+2 频率键控制系统
TN919.6+3 相位键控制系统
TN919.6+4 数字数据传输系统
TN919.6+5 数据交换系统
TN919.7 按传输线路分的数据通信
TN919.71 有线数据通信
TN919.72 无线数据通信
TN919.8 图像通信、多媒体通信
TN919.81 图像编码
TN919.82 图像终端、多媒体终端
TN919.85 图像通信网、多媒体通信网
TN92 无线通信
TN923 无线电和有线电通信联接系统
TN924 无线电台
TN924+.1 固定式无线电台
TN924+.2 移动式无线电台
TN924+.3 便携式、背负式电台
TN924+.6 话音无线电台
TN925 无线电中继通信、微波通信
TN925+.1 无线电中继通信设备、终端设备
TN925+.2 无线电中继通信终端站
TN925+.3 无线电中继通信中继站、无人维护中继站
TN925+.6 频率分割制微波中继通信
TN925+.7 脉冲制微波中继通信
TN925+.8 时间分割制微波中继通信
TN925+.91 数字微波通信
TN925+.92 点对多点微波通信
TN925+.93 无线用户环路（无线接入网）

TN926 散射通信
TN926+.2 电离层散射通信
TN926+.3 平流层散射通信
TN926+.4 对流层散射通信
TN926+.5 流星余迹通信
TN926+.6 人造反射物通信
TN927 卫星通信和宇宙通信
TN927+.2 卫星通信
TN927+.21 卫星通信地面站
TN927+.22 卫星转发器
TN927+.23 卫星移动通信
TN927+.3 星际通信
TN928 波导通信、毫米波通信
TN929.1 光波通信、激光通信
TN929.11 光纤通信
TN929.12 大气光通信
TN929.13 星际光通信
TN929.3 水下通信（声纳通信）
TN929.4 地下通信、岩层通信
TN929.5 移动通信
TN929.51 无线寻呼系统(BP机)
TN929.52 集群移动通信系统
TN929.53 蜂窝式移动通信系统（大哥大、移动电话手机）
TN929.531 频分多址（FDMA）移动通信
TN929.532 时分多址（TDMA）移动通信
TN929.533 码分多址（CDMA）移动通信
TN929.54 无绳电话系统
TN929.6 中微子束通信
TN93 广播
TN931 广播中心、广播电台
TN931.1 节目制作技术与设备
TN931.2 播控技术与设备
TN931.3 监听、监测系统
TN931.6 声音节目质量评价
TN932 广播站
TN933 有线广播
TN933.1 技术体制和传输方式
TN933.2 有线广播网
TN933.3 对讲系统
TN934 无线广播
TN934.1 调幅广播系统
TN934.2 调频广播系统
TN934.3 数字广播系统
TN934.4 紧急广播系统
TN934.8 各类广播站
TN934.81 发射台
TN934.82 调频台
TN934.83 收音台
TN934.84 转播台
TN934.85 检测台
TN935 立体声广播
TN935.1 调幅立体声广播系统
TN935.2 调频立体声广播系统
TN937 超短波广播
TN938 卫星广播

TN939.1 节目传送与分配
TN939.11 有线传递
TN939.12 无线传递
TN939.13 卫星传递
TN94 电视
TN941 电视信号理论
TN941.1 电视信号处理
TN941.2 视频信道、伴音及校正处理
TN941.2+1 噪声分析及预放器的设计
TN941.2+2 行、场孔阑校正
TN941.2+3 余辉校正
TN941.2+4 彩色校正
TN941.2+5 r校正
TN941.2+6 箝位与切割
TN941.2+7 调整型寄生信号补偿
TN941.2+8 干扰背景上目标信号的拾取
TN941.3 电视数字技术
TN941.4 调制及解调
TN941.5 电视制式及各项标准
TN942 电视光学
TN942.1 色度学
TN942.2 摄像光学系统
TN942.2+1 变焦距镜头
TN942.2+2 分光棱镜
TN942.2+3 滤色镜
TN942.2+4 双管摄像机用彩色滤光栅
TN942.2+5 分色镜
TN943 电视信号的传输
TN943.1 电视信号的电缆传输
TN943.2 电视信号的微波中继传输
TN943.3 电视信号的人造卫星传输
TN943.4 电视信号的红外线传输系统
TN943.5 电视信号的光波传送系统、光放大器传输系统
TN943.6 闭路电视系统（有线电视网）
TN944 电视扫描系统
TN944+.1 线性扫描系统
TN944+.2 非线性扫描系统
TN944+.3 行扫描系统
TN944+.4 帧扫描系统
TN944+.5 飞点扫描系统
TN944+.6 镜扫描系统
TN944+.8 数字式扫描系统
TN945 电视同步系统
TN945+.3 行同步系统
TN945+.4 帧同步系统
TN945+.5 同步分离
TN945+.6 惯性AFC、APC同步系统
TN945+.7 多节目源电视系统的同步
TN946 录像系统、放像系统
TN946.1 屏幕录像系统
TN946.2 磁记录系统
TN946.2+1 磁带录像机
TN946.2+2 磁带放像机
TN946.3 热塑记录系统
TN946.4 电子束录像系统

TN946.5 激光录像系统
TN946.7 多功能录像、放像系统
TN946.9 其他
TN947 电视偏转和聚焦系统
TN948 电视中心、电视设备
TN948.1 电视中心
TN948.11 总体布置与系统设计
TN948.12 演播室与控制室
TN948.13 电视节目制作技术
TN948.14 电视节目传输
TN948.2 电视汽车
TN948.3 电视网
TN948.4 电视节目制作设备
TN948.41 摄像机
TN948.42 同步机
TN948.43 监视器
TN948.44 信道设备
TN948.45 电影电视设备
TN948.46 飞点设备、幻灯设备
TN948.47 图像调整设备
TN948.48 混合切换设备、编辑设备
TN948.49 其他
TN948.5 电视发射、接收设备
TN948.52 电视天线
TN948.53 发射设备
TN948.55 接收设备
TN948.57 显示设备
TN948.6 电视中心管理系统
TN948.61 信息管理系统
TN948.63 电视会议系统
TN948.64 视频点播系统
TN948.7 电视系统技术质量的自动检测及设备运转自动化
TN949.1/.299 各种电视
TN949.1 电视：按体制分
TN949.11 黑白电视
TN949.12 彩色电视
TN949.13 立体电视
TN949.14 微光电视
TN949.15 激光电视
TN949.16 大屏幕及平板电视、宽屏幕电视
TN949.17 高分辨率（高清晰度）电视
TN949.18 多屏幕电视
TN949.191 投影电视
TN949.192 液晶电视
TN949.193 程序控制电视
TN949.194 电缆电视
TN949.197 数字电视
TN949.198 多媒体电视
TN949.199 其他
TN949.2 电视：按功能、用途分
TN949.21 工业电视
TN949.22 水下、井下电视
TN949.23 会议电视
TN949.24 军用电视
TN949.26 采访电视（便携电视）

TN949.27 图文电视
TN949.28 电视电话（可视电话）
TN949.291 交互式电视
TN949.292 电脑电视
TN949.299 其他
TN949.5 制式交换与国际节目交换
TN949.6 电视测量及测量仪器
TN949.6+1 电视质量的主观评价
TN949.6+2 灵敏度测量
TN949.6+3 噪声测量
TN949.6+4 扫描非线性测量
TN949.6+5 几何畸形测量
TN949.6+6 重合精度测量
TN949.6+7 会聚精度测量
TN949.6+8 信道质量（微分增益、微分相位）测量
TN949.6+91 电视播出质量（效果）监测
TN949.7 电视接收机的维修
TN949.8 电视传真

TN95 雷达
TN951 雷达原理
TN952 雷达电子电路装置
TN953 雷达跟踪系统
TN953+.1 雷达测速装置
TN953+.2 雷达测距装置、测高仪
TN953+.3 雷达定向系统
TN953+.4 雷达极坐标系统、双曲线系统
TN953+.5 雷达测角与角跟踪
TN953+.6 边扫描边跟踪系统
TN953+.7 多基地定位系统
TN954 雷达监控与保护系统
TN954+.1 对辐射的防护与隔离
TN954+.2 控制线路、控制装置
TN955 雷达系统模拟
TN955+.1 系统模拟系统
TN955+.2 目标模拟系统
TN955+.3 干扰模拟系统
TN956 雷达的可靠性
TN957 雷达设备、雷达站
TN957.2 雷达天线
TN957.3 雷达发射设备
TN957.5 雷达接收设备
TN957.51 雷达信号检测处理
TN957.51+1 高频、中频、视频积累
TN957.51+2 相关接收
TN957.51+3 匹配滤波
TN957.52 数据、图像处理及录取
TN957.52+1 编码、译码
TN957.52+2 数据录取、图像录取
TN957.52+3 数字式信号的自动检测
TN957.52+4 综合分析、参数处理
TN957.52+5 信息采用
TN957.52+9 电子计算机的应用
TN957.53 数据、图像的传递
TN957.54 噪声干扰
TN957.7 雷达显示设备

TN957.8 雷达设备的机械结构
TN957.8+1 传动机构
TN957.8+2 防震机构、屏蔽网
TN957.8+3 机柜和框架
TN957.8+4 散射与加温设备
TN958/959.74 各种雷达
TN958 雷达：按体制分
TN958.1 脉冲调幅雷达
TN958.2 脉冲多普勒制雷达
TN958.3 脉冲压缩及脉冲编码雷达
TN958.4 单脉冲雷达
TN958.5 频率分集雷达
TN958.6 变频制雷达、频率捷变雷达
TN958.7 圆锥扫描雷达
TN958.8 三坐标雷达
TN958.91 多参数测量雷达
TN958.92 相控阵雷达
TN958.93 超视距雷达
TN958.94 连续波雷达、等幅连续波雷达
TN958.95 连续波多普勒雷达
TN958.96 二次雷达
TN958.97 无源雷达
TN958.98 光学定位雷达、激光雷达
TN959 雷达：按用途分
TN959.1 侦测雷达
TN959.1+1 警戒雷达（搜索雷达）
TN959.1+2 侦察雷达
TN959.1+3 测炮位雷达
TN959.1+5 射击瞄准雷达
TN959.1+6 敌我识别雷达
TN959.1+7 目标识别雷达
TN959.2 指挥及引导雷达
TN959.2+1 导弹制导雷达
TN959.2+2 引导测高雷达
TN959.3 测绘雷达
TN959.4 农业雷达、气象雷达
TN959.5 工业雷达
TN959.6 精密跟踪雷达及精密测量雷达
TN959.7 雷达：按使用地点分
TN959.71 陆用雷达
TN959.72 海用雷达
TN959.73 空用雷达、机载雷达
TN959.74 外层空间雷达

TN96 无线电导航
TN961 无线电导航原理
TN962 导航电子电路装置
TN964 导航的伺服系统和控制系统
TN964.1 连续无线电导航数据测量伺服系统
TN964.2 信标场形转速稳定伺服系统
TN964.3 控制和传动系统
TN965 导航设备、导航台
TN965.2 天线和馈线设备
TN965.3 发送设备和定时器
TN965.5 接收设备
TN965.6 数据指示设备

TN965.7 数据传递和变换装置
TN965.7+1 交通管制和着陆命令数据传递系统和构件
TN965.7+2 导航台识别系统和构件
TN965.7+3 交通管制着陆跟踪设备及构件
TN965.7+4 数据储备装置及构件
TN965.8 导航计算机
TN966 各种体制的导航系统
TN966.1 幅度无线电导航系统
TN966.2 相位无线电导航系统
TN966.3 频率无线电导航系统
TN966.4 时间无线电导航系统
TN966.5 多普勒雷达导航系统
TN966.6 红外线导航系统、激光导航系统
TN966.7 射电天文导航系统
TN967.1 卫星导航系统
TN967.2 复合导航系统
TN967.3 他备式无线电导航系统
TN967.4 盲目着陆导航系统
TN97 电子对抗（干扰及抗干扰）
TN971 侦察问题
TN971.+1 信号的接收与分析
TN971.+2 全景显示
TN971.+3 记录定向
TN971.+4 侦察的特殊问题
TN971.+5 侦察方法及设备的运用
TN972 干扰
TN972+.1 有源干扰
TN972+.2 发射型干扰
TN972+.22 瞄准式
TN972+.23 阻塞式

TN972+.3 欺骗型干扰
TN972+.31 假目标干扰
TN972+.32 回答式干扰
TN972+.4 无源干扰
TN972+.41 金属条干扰
TN972+.42 诱惑飞行器干扰
TN972+.43 伪装干扰
TN972+.44 吸收材料干扰
TN973 反侦察、反干扰
TN973.1 目标信号与干扰信号特性综合统计分析
TN973.2 抗侦察、抗干扰体制
TN973.2+1 抑制干扰体制
TN973.2+2 测定干扰体制
TN973.2+3 反侦察体制
TN973.3 抗干扰技术
TN973.3+1 空间选择特性
TN973.3+2 频率选择特性
TN973.3+3 时间选择特性
TN973.4 抗干扰电路装置
TN974 雷达电子对抗
TN975 通信电子对抗
TN976 红外电子对抗
TN977 激光电子对抗
TN978 通信干扰设备
TN978+.1 短波干扰附加激励器
TN978+.2 短波专用干扰台
TN978+.3 超短波干扰台
TN978+.4 投掷式一次用干扰机
TN99 无线电电子学的应用

TP 自动化技术、计算机技术

TP1 自动化基础理论
TP11 自动化系统理论
TP13 自动控制理论
TP14 自动信息理论
TP15 自动模拟理论（自动仿真理论）
TP17 开关电路理论
TP18 人工智能理论
TP181 自动推理、机器学习
TP182 专家系统、知识工程
TP183 人工神经网络与计算
TP2 自动化技术及设备
TP20 一般性问题
TP202 设计、性能分析与综合
TP202+.1 可靠性、稳定性、寿命
TP202+.2 精确性、误差
TP202+.3 灵敏度
TP202+.4 随机过程、随机信号
TP202+.5 过渡过程
TP202+.7 最佳化、自适应性

TP203 结构、构造
TP204 材料
TP205 制造、装配、改装
TP206 调整、测试
TP206+.1 试验、测试技术与方法
TP206+.3 故障预测、诊断与排除
TP207 检修、维护
TP21/27 各种自动化元件、部件、装置、系统
TP21 自动化元件、部件
TP211 一般自动化元件、部件
TP211+.1 无触点元件、部件
TP211+.2 机械元件、部件
TP211+.3 流体元件、部件
TP211+.31 液压元件、部件
TP211+.32 气压元件、部件
TP211+.4 机电元件、部件
TP211+.5 电子元件、部件
TP211+.51 半导体元件、部件
TP211+.53 磁性元件、部件

电子信息技术叙词表

TP211+.6 光电元件、部件
TP211+.7 射线元件、部件
TP212/217 各种自动化器件、自动化仪表
TP212 发送器（变换器）、传感器
TP212.1 物理传感器
TP212.11 温度传感器
TP212.12 机械量传感器
TP212.13 磁性传感器
TP212.14 光传感器
TP212.2 化学传感器
TP212.3 生物传感器、医学传感器
TP212.6 智能化传感器
TP212.9 传感器的应用
TP213 分配器、配电器
TP214 调节器、调节阀
TP214+.1 线性调节器
TP214+.2 非线性调节器
TP214+.3 比例调节器（有差调节器）
TP214+.4 积分调节器（无差调节器）
TP214+.5 比例积分调节器
TP214+.6 比例微分调节器
TP214+.7 程序调节器
TP214+.8 最佳调节器
TP214+.9 极值调节器
TP215 传动装置（执行机构）
TP216 自动检测仪器、仪表
TP216+.1 自动测量仪表
TP216+.2 自动记录和指示仪表
TP216+.3 自动分析器
TP216+.4 计算仪器
TP217 校正元件、校正装置
TP217+.1 无源校正元件
TP217+.2 交流校正元件
TP217+.3 有源校正元件
TP23 自动化装置与设备
TP24 机器人技术
TP241 机械手
TP241.2 工业机械手
TP241.3 专用机械手
TP242 机器人
TP242.2 工业机器人
TP242.3 专用机器人
TP242.6 智能机器人
TP242.6+1 机器人触觉
TP242.6+2 机器人视觉
TP242.6+3 机器人听觉
TP242.6+4 机器人嗅觉
TP249 应用
TP27 自动化系统
TP271 一般自动化系统
TP271+.1 无触点系统
TP271+.2 机械系统
TP271+.3 流体系统

TP271+.31 液压系统
TP271+.32 气压系统
TP271+.4 机电系统
TP271+.5 电子系统
TP271+.6 连续系统
TP271+.61 连续线性系统
TP271+.62 连续非线性系统
TP271+.7 变参数系统
TP271+.71 线性变参数系统
TP271+.72 非线性变参数系统
TP271+.73 断续变参数系统
TP271+.74 随机变参数系统
TP271+.8 不连续（离散、断续）系统
TP271+.81 采样（脉冲）系统
TP271+.82 数字和程序系统
TP271+.83 继电器系统
TP271+.9 反馈系统
TP272/278 各种自动化系统
TP272 自动调节、自动调节系统
TP273 自动控制、自动控制系统
TP273+.1 最佳控制、最佳控制系统
TP273+.2 自适应（自整定）控制、自适应控制（自整定）系统
TP273+.21 特性自适应控制系统
TP273+.22 学习控制系统、自行组织系统
TP273+.23 极值系统（自寻最佳系统）
TP273+.24 自整定系统
TP273+.3 复合控制、复合控制系统
TP273+.4 模糊控制、模糊控制系统
TP273+.5 计算机控制、计算机控制系统
TP274 数据处理、数据处理系统
TP274+.1 自动记录和指示系统
TP274+.2 数据收集和处理系统
TP274+.3 自动分类与质量检查系统
TP274+.4 集中检测与巡回检测系统
TP274+.5 采用各种新技术的自动检测系统
TP274+.51 放射线检测及其设备
TP274+.52 红外线检测及其设备
TP274+.53 超声波检测及其设备
TP275 自动随动、自动随动系统
TP276 自动拖动、自动拖动系统
TP277 监视、报警、故障诊断系统
TP278 自动生产作业线
TP29 自动化技术在各方面的应用
TP3 计算技术、计算机技术
TP3-0 计算机理论与方法
TP3-05 计算机与其他学科的关系
TP30 一般性问题
TP301 理论、方法
TP301.1 自动机理论
TP301.2 形式语言理论
TP301.4 可计算性理论
TP301.5 计算复杂性理论
TP301.6 算法理论

· 978 ·

TP302 设计与性能分析
TP302.1 总体设计、系统设计
TP302.2 逻辑设计
TP302.4 制图
TP302.7 性能分析、功能分析
TP302.8 容错技术
TP303 总体结构、系统结构
TP303+.1 元件
TP303+.2 插件、机架
TP303+.3 电源系统
TP304 材料
TP305 制造、装配、改装
TP305+.1 微小型化工艺
TP305+.2 防潮、防霉、防腐工艺
TP306 调整、测试、校验
TP306+.2 调整、测试方法
TP306+.3 故障诊断与排除
TP307 检修、维护
TP308 机房
TP309 安全保密
TP309.1 计算机设备安全
TP309.2 数据安全
TP309.3 数据备份与恢复
TP309.5 计算机病毒与防治
TP309.7 加密与解密
TP31 计算机软件
TP311 程序设计、软件工程
TP311.1 程序设计
TP311.11 程序设计方法
TP311.12 数据结构
TP311.13 数据库理论与系统
TP311.131 数据库理论
TP311.132 数据库系统：按类型分
TP311.132.1 层次数据库
TP311.132.2 网状数据库
TP311.132.3 关系数据库
TP311.132.4 面向对象的数据库
TP311.133.1 分布式数据库
TP311.133.2 并行数据库
TP311.134.1 模糊数据库
TP311.134.3 多媒体数据库
TP311.135.1 文献型数据库
TP311.135.3 事实型数据库
TP311.135.4 超文本数据库
TP311.138 数据库系统：按系统名称分
TP311.5 软件工程
TP311.51 程序设计自动化
TP311.52 软件开发
TP311.53 软件维护
TP311.54 软件移植
TP311.56 软件工具、工具软件
TP312 程序语言、算法语言
TP313 汇编程序

TP314 编译程序、解释程序
TP315 管理程序、管理系统
TP316 操作系统
TP316.1/.5 操作系统：按类型分
TP316.1 分时操作系统
TP316.2 实时操作系统
TP316.3 批处理
TP316.4 分布式操作系统、并行式操作系统
TP316.5 多媒体操作系统
TP316.6/.8 操作系统：按名称分
TP316.6 DOS 操作系统
TP316.7 Windows 操作系统
TP316.8 网络操作系统
TP316.81 UNIX 操作系统
TP316.82 XENIX 操作系统
TP316.83 NOVELL 操作系统
TP316.84 OS/2 操作系统
TP316.86 Windows NT 操作系统
TP316.89 其他
TP316.9 中文操作系统
TP317 程序包（应用软件）
TP317.1 办公自动化系统
TP317.2 文字处理软件
TP317.3 表处理软件
TP317.4 图像处理软件
TP319 专用应用软件
TP32 一般计算器和计算机
TP321 非电子计算机
TP321+.1 求积仪、曲线仪
TP321+.2 积分器
TP321+.21 机械积分器
TP321+.22 液压积分器
TP321+.23 气压积分器
TP321+.24 电气、机电积分器
TP321+.3 手动计算机
TP321+.5 电动计算机
TP322 分析计算机（穿孔卡片计算机）
TP322+.1 穿孔机
TP322+.2 验孔机
TP322+.3 分类机
TP322+.5 制表机
TP323 电子计算器
TP323+.1 台式计算器
TP323+.2 袖珍计算器
TP33/38 各种电子计算机
TP33 电子数字计算机（不连续作用电子计算机）
TP331 基本电路
TP331.1 逻辑电路
TP331.1+1 集成化逻辑电路
TP331.1+3 金属-氧化物-半导体管逻辑电路
TP331.2 数字电路
TP332 运算器和控制器(CPU)
TP332.1 逻辑部件

TP332.1+1 寄存器
TP332.1+2 计数器
TP332.2 运算器
TP332.2+1 加、减法器
TP332.2+2 乘、除法器
TP332.3 控制器、控制台
TP333 存贮器
TP333.1 内存贮器（主存贮器）总论
TP333.2 外存贮器（辅助存贮器）总论
TP333.3 磁存贮器及其驱动器
TP333.3+1 磁芯存贮器
TP333.3+11 单孔磁芯存贮器
TP333.3+12 多孔磁芯存贮器
TP333.3+2 磁薄膜存贮器
TP333.3+21 平面磁薄膜存贮器
TP333.3+3 磁泡存贮器
TP333.3+4 磁鼓存贮器
TP333.3+5 磁盘存贮器
TP333.3+6 磁带存贮器
TP333.3+7 电磁继电器存贮器
TP333.4 光存贮器及其驱动器
TP333.4+1 磁光存贮器
TP333.4+2 全息存贮器
TP333.4+3 激光存贮器
TP333.5 半导体集成电路存贮器
TP333.5+1 双极性型半导体存贮器
TP333.5+2 金属-氧化物-半导体(MOS)存贮器
TP333.5+3 电荷耦合型存贮器
TP333.6 超导体存贮器
TP333.7 只读(ROM)存贮器
TP333.8 随机存取存贮器
TP333.93 交换器
TP333.95 延迟线存贮器
TP333.95+1 水银柱延迟线存贮器
TP333.95+3 石英晶体延迟线存贮器
TP333.95+5 磁滞伸缩延迟线存贮器
TP333.96 虚拟存贮器
TP334 外部设备
TP334.1/.4 各种外部设备
TP334.1 终端设备
TP334.2 输入设备
TP334.2+1 图形输入设备
TP334.2+2 图像输入设备
TP334.2+3 文字与数字输入设备
TP334.2+4 语音输入设备
TP334.3 输出设备
TP334.4 输入输出控制器
TP334.7 接口装置、插件
TP334.8 打印装置
TP334.8+1 针式打印机
TP334.8+2 热敏打印机
TP334.8+3 喷墨打印机
TP334.8+4 激光打印机

TP334.8+8 各种用途打印机
TP334.9 其他
TP335 信息转换及其设备
TP335+.1 模拟-数字转换设备
TP335+.2 文字-代码转换设备
TP335+.3 图形-代码转换设备
TP335+.4 数字-模拟转换设备
TP336 总线、通道
TP337 仿真器
TP338 各种电子数字计算机
TP338.2 小型计算机
TP338.3 中型计算机
TP338.4 大型、巨型计算机
TP338.6 并行计算机
TP338.7 阵列式计算机
TP338.8 分布式计算机
TP34 电子模拟计算机(连续作用电子计算机)
TP342 运算放大器和控制器
TP342+.1 运算放大器
TP342+.2 运算器
TP342+.21 加、减法器
TP342+.22 乘、除法器
TP342+.23 平方器、开方器
TP342+.25 积分器、微分器
TP342+.3 控制器
TP343 存贮器
TP344 输入器、输出器
TP346 函数发生器
TP347 延时器
TP348 各种电子模拟计算机
TP348+.1 微分分析器与增量计算机
TP348+.2 直流电子模拟计算机
TP348+.3 交流电子模拟计算机
TP35 混合电子计算机
TP352 数字-模拟计算机
TP352+.1 数字微分分析器
TP353 模拟-数字计算机
TP36 微型计算机
TP368 各种微型计算机
TP368.1 微处理机
TP368.2 单板微型计算机
TP368.3 个人计算机
TP368.32 笔记本计算机
TP368.33 超微型计算机
TP368.5 服务器、工作站
TP368.6 网络计算机(NC)
TP37 多媒体技术与多媒体计算机
TP38 其他计算机
TP381 激光计算机
TP382 射流计算机
TP383 超导计算机
TP384 分子计算机
TP387 第五代计算机

TP389.1 人工神经网络计算机
TP39 计算机的应用
TP391 信息处理(信息加工)
TP391.1 文字信息处理
TP391.12 汉字处理系统
TP391.13 表格处理系统
TP391.14 文字录入技术
TP391.2 翻译机
TP391.3 检索机
TP391.4 模式识别与装置
TP391.41 图像识别及其装置
TP391.43 文字识别及其装置
TP391.44 光模式识别及其装置
TP391.5 诊断机
TP391.6 教学机、学习机
TP391.7 机器辅助技术
TP391.72 机器辅助设计（CAD）、辅助制图
TP391.73 机器辅助技术制造(CAM)
TP391.75 机器辅助计算(CAC)
TP391.76 机器辅助测试(CAT)
TP391.77 机器辅助分析(CAA)
TP391.8 控制机
TP391.9 计算机仿真
TP392 各种专用数据库
TP393 计算机网络
TP393.0 一般性问题
TP393.01 计算机网络理论
TP393.02 计算机网络结构与设计
TP393.03 网络互连技术
TP393.06 计算机网络测试、运行
TP393.07 计算机网络管理
TP393.08 计算机网络安全
TP393.09 计算机网络应用程序
TP393.092 网络浏览器
TP393.093 文件传送程序(FTP)
TP393.094 远程登录(Telnet)
TP393.098 电子邮件(E-mail)
TP393.1/.4 各种计算机网
TP393.1 局域网（LAN）、城域网（MAN）
TP393.11 以太网
TP393.12 令牌网
TP393.13 DQDB 网（分布队列双总线网络）
TP393.14 FDDI 网（高速光纤环网）
TP393.15 ATM 局域网
TP393.18 校园网、企业网（Intranet）
TP393.2 广域网（WAN）
TP393.4 国际互联网
TP399 在其他方面的应用
TP6 射流技术（流控技术）
TP60 一般性问题
TP601 理论、研究
TP602 设计及性能分析
TP602+.1 静态特性

TP602+.2 动态特性
TP603 结构、构造
TP604 材料
TP605 制造、装配
TP606 调整、测试
TP606+.1 静态测试
TP606+.2 动态测试
TP607 检修、维护
TP61/67 各种射流装置
TP61 射流元件
TP61+1 有源射流元件
TP61+2 无源射流元件
TP61+3 数字射流元件（逻辑元件）
TP61+3.1 附壁式射流元件
TP61+3.2 紊流式射流元件（紊流放大器）
TP61+3.3 动量交换式元件
TP61+4 比例射流元件（模拟元件）
TP61+4.1 对冲元件
TP61+4.3 涡流元件
TP61+5 液压式射流元件
TP62 射流附件
TP62+1 升压器
TP62+2 转换器
TP62+3 延时器
TP62+4 抽负器
TP63 检测发信装置
TP64 执行机构
TP65 动力源
TP65+1 气源净化系统
TP65+2 气源附件
TP65+2.1 过滤器
TP65+2.2 减压阀
TP65+2.3 定值器
TP66 射流控制线路
TP67 射流自动控制系统
TP69 射流技术的应用
TP7 遥感技术
TP70 一般性问题
TP701 理论
TP702 设计和性能分析
TP703 结构
TP704 材料
TP705 制造、装配
TP706 调整、测试
TP707 检修、维护
TP72/75 各种遥感及装置
TP72 遥感方式
TP721 依传感器接受信号的来源分
TP721.1 被动式遥感
TP721.2 主动式遥感
TP722 依探测的波长范围分
TP722.3 紫外遥感
TP722.4 可见光遥感

TP722.5 红外遥感
TP722.6 微波遥感
TP73 探测仪器及系统
TP731 多光谱扫描仪
TP732 遥感传感器
TP732.1 微波遥感传感器
TP732.2 红外遥感传感器
TP733 反束光导管摄像机
TP75 遥感图像的解译、识别与处理
TP751 图像处理方法
TP751.1 数字处理
TP751.2 光学处理
TP752 图像处理设备
TP752.1 数字处理设备
TP752.2 光学处理设备
TP753 图像解释、判读
TP79 遥感技术的应用

TP8 远动技术
TP80 一般性问题
TP801 理论、研究
TP802 设计和性能分析
TP802+.1 可靠性、稳定性、寿命
TP802+.2 精确性、误差
TP802+.3 灵敏度
TP802+.4 远动信号、信号发射、接收及转换
TP802+.5 作用距离
TP802+.6 干扰（噪声）、抗干扰
TP802+.7 最佳化、自适应性
TP802+.8 信道划分
TP803 结构
TP804 材料
TP805 制造、装配

TP806 调整、测试
TP806+.1 试验、测试技术与方法
TP806+.3 故障预测、诊断与排除
TP807 检修、维护
TP81/87 各种远动装置及系统
TP83 远动化装置
TP84 远程信道
TP84+1 有线信道
TP84+2 无线电中继信道
TP87 远动化系统
TP871 远距离调节、远距离调节系统
TP872 远距离控制和信号、远距离控制和信号系统
TP872+.1 近作用的遥控系统
TP872+.2 断续遥控系统
TP872+.21 频率制
TP872+.22 时间制
TP872+.3 连续遥控系统
TP872+.31 频率制
TP872+.32 时间制
TP872+.33 脉码制
TP873 远距离测量、远距离测量系统
TP873+.1 单路遥测系统
TP873+.11 频率制
TP873+.12 时间制
TP873+.13 脉码制
TP873+.14 增量制
TP873+.2 多路遥测系统
TP873+.21 频率划分制
TP873+.22 时间划分制
TP873+.23 脉码划分制
TP89 远动技术在各方面的应用

TM 电工技术

TM2 电工材料
TM21 绝缘材料、电介质及其制品
TM22 强性介质和压电介质
TM24 导电材料及其制品
TM245 电磁线、绝缘导线
TM245+.1 漆包线
TM245+.2 纤维绕包电磁线
TM245+.3 无机绝缘电磁线
TM245+.4 耐高温漆包线
TM245+.5 特种电磁线
TM246 电气装备用电线电缆
TM246+.1 通用电线电缆
TM246+.2 电工设备和仪器仪表用电线电缆
TM246+.5 控制电缆
TM246+.9 其他专用电线电缆
TM248 通信电缆

TM248+.1 电话电缆
TM248+.2 对称通信电缆
TM248+.3 同轴电缆
TM248+.4 电话设备用电线电缆
TM248+.5 电报电缆
TM248+.6 脉码电缆
TM248+.7 野战通信电缆
TM248+.9 其他通信电缆
TM249 特种电缆
TM249.3 高温、超高温电缆
TM249.4 低温、超低温电缆
TM249.5 耐辐射电缆
TM249.6 仿真电缆
TM249.7 超导体电缆
TM249.9 其他
TM25 微波吸收材料

TM27　磁性材料、铁氧体
TM271　磁性材料、铁磁材料
TM273　永磁材料、永久磁铁
TM274　磁性合金、金属铁磁体
TM276　磁介质、坡莫合金
TM277　铁氧体、氧化物磁性材料
TM278　驻极体、驻极体材料
TM28　电工陶瓷材料
TM282　压电陶瓷材料
TM283　半导体陶瓷材料
TM35　特殊电机
TM351　永磁电机
TM38　微电机
TM381　直流微电机
TM382　交流微电机
TM383　控制用微电机
TM383.1　自整角机
TM383.2　旋转变压器
TM383.3　测速电机
TM383.4　伺服电机
TM383.4+1　直流伺服电机
TM383.4+2　交流伺服电机
TM383.4+3　脉冲伺服电机
TM383.4+4　气动伺服电机
TM383.4+5　液动伺服电机
TM383.4+6　混合式伺服电机
TM383.5　伺服-测速机组
TM383.6　步进式微电机
TM384　驱动用微电机（分马力电机）
TM385　印刷电机
TM386　霍尔效应电机
TM387　电源用微电机
TM4　变压器、变流器及电抗器
TM41　电力变压器
TM42　变压器：按作用性能分
TM43　变压器：按频率分
TM431　音频变压器、成音变压器
TM432　中频变压器
TM433　高频变压器
TM45　互感器
TM451　电压互感器
TM452　电流互感器
TM47　电抗器
TM5　电器
TM50　一般性问题
TM53　电容器
TM531　电容器：按作用分
TM531.3　耦合电容器、旁路电容器
TM531.4　补偿电容器
TM531.5　整流、滤波电容器
TM531.6　电容分压器
TM531.8　微调电容器
TM532　电容器：按结构分

TM532.1　卷式电容器
TM532.2　双盘式电容器
TM532.3　固定式电容器
TM532.4　移动式电容器
TM532.5　可变电容器
TM533　有机介质电容器
TM533+.1　箔式电容器
TM533+.2　漆膜电容器
TM533+.3　金属化电容器
TM533+.4　金属化纸介电容器
TM534　无机介质电容器
TM534+.1　陶瓷介质电容器
TM534+.2　玻璃介质电容器
TM534+.3　云母电容器、云母被银电容器
TM535　电解电容器
TM535+.1　固体电解电容器
TM535+.2　液体电解电容器
TM536　氧化膜介质电容器（无电解质电容器）
TM54　电阻器、电位器
TM541　固定电阻器
TM542　非线绕电阻器
TM543　实芯电阻器
TM544　薄膜电阻器
TM544+.1　碳膜电阻器
TM544+.2　硼碳膜电阻器
TM544+.3　漆膜电阻器
TM544+.4　金属膜电阻器
TM544+.5　金属氧化膜电阻器
TM545　线绕电阻器
TM546　可变电阻器
TM546.1　励磁变阻器
TM546.2　旋臂滑线式变阻器
TM546.3　频敏变阻器
TM546.4　起动变阻器、起动调速变阻器
TM547　电位器
TM547+.1　线绕型电位器
TM547+.2　非线绕型电位器
TM547+.5　直线式电位器
TM547+.6　函数式电位器
TM547+.7　微调电位器
TM55　电感器、线圈、扼流圈
TM551　空芯电感线圈
TM552　磁芯电感线圈
TM553　固定电感线圈
TM554　可变电感线圈
TM556　扼流圈
TM56　开关电器、断路器
TM563　熔断器、保险丝装置
TM564　各种开关
TM564.4　旋转和滑动开关
TM564.5　按钮和钮子开关
TM564.6　微动开关
TM564.7　接近开关

TM564.8 自动开关
TM57 控制器、接触器、起动器、电磁铁
TM571 控制器
TM58 继电器
TM581 电继电器
TM581.1 静电继电器
TM581.3 电磁继电器
TM581.4 直流继电器
TM581.5 交流继电器
TM581.6 感应继电器
TM581.7 无触头磁继电器
TM581.8 无触点式继电器、电子继电器、离子继电器
TM582 热继电器
TM582+.1 热丝继电器
TM582+.2 双金属继电器
TM582+.3 熔动继电器
TM583 光电继电器
TM584 声学继电器
TM585 机械继电器、压力继电器
TM585.1 作用力式继电器、位移式继电器
TM585.2 速度式继电器、加速度式继电器
TM585.3 线簧继电器
TM585.4 舌簧继电器（笛簧继电器）
TM585.5 振动继电器
TM585.6 流量继电器
TM585.7 气动继电器
TM585.8 液压继电器
TM586 气体继电器、瓦斯继电器
TM587 控制继电器
TM587.1 灵敏继电器
TM587.2 时间继电器
TM587.3 延时继电器
TM587.4 程序控制继电器
TM587.5 讯号继电器
TM587.6 频率继电器
TM587.7 辅助继电器
TM588 保护继电器
TM76 电力系统的自动化
TM91 独立电源技术（直接发电）
TM910 一般性问题
TM910.6 充电方式、充电设备
TM911 化学电源、电池、燃料电池
TM911.1 原电池、干电池
TM911.11 含氧化物电池
TM911.12 氯氧化汞、汞电池
TM911.13 氧化亚铜电池
TM911.14 碱性电池
TM911.15 碳性电池、含碳电池
TM911.16 激活电池
TM911.17 空气去极电池
TM911.18 再生电池
TM911.21 迭层电池
TM911.22 安瓿式电池

TM911.23 杯形电池
TM911.24 密封式电池
TM911.3 电解质电池
TM911.4 燃料电池
TM911.41 金属-空气电池
TM911.42 氢氧燃料电池
TM911.43 肼-氢燃料电池
TM911.44 天然气燃料电池、碳化气体燃料电池
TM911.45 生物化学燃料电池、微生物燃料电池
TM911.46 低温燃料电池
TM911.47 高温燃料电池
TM911.48 离子交换膜燃料电池
TM911.49 再生燃料电池
TM912 蓄电池
TM912.1 酸性蓄电池
TM912.2 碱性蓄电池
TM912.3 激活蓄电池
TM912.4 密封式蓄电池
TM912.5 铠甲式蓄电池
TM912.6 轻便式蓄电池
TM912.7 管式蓄电池
TM912.8 牵引式蓄电池
TM912.9 各种材料蓄电池
TM913 温差电池、温差发电器
TM914 光电池
TM914.1 硒光电池
TM914.2 硫化铊光电池
TM914.3 硫化银光电池
TM914.4 太阳能电池
TM914.4+1 硅太阳能电池
TM914.4+2 薄膜太阳能电池
TM914.4+3 太阳能电池方阵
TM93 电气测量技术及仪器
TM930 一般性问题
TM931 微波测量及仪表
TM932 数字式测量及仪表
TM933 电数量的测量及仪器
TM933.1 电流测量及仪表
TM933.2 电压测量及仪表
TM933.3 功率测量及仪表
TM933.4 电能测量、电度表
TM934 集中参数、分布参数的测量及仪表
TM934.1 电阻测量及仪器
TM934.2 电容测量及仪器
TM934.3 绝缘（介质）测量及仪表
TM934.4 电感测量及仪表
TM934.5 品质因数的测量及仪表
TM934.6 电平、衰减量的测量及仪器
TM934.7 驻波、阻抗的测量及仪器
TM935 频率、波形参数的测量及仪表
TM935.1 波长、频率（时间）的测量及仪表
TM935.11 频率标准
TM935.12 频率稳定度的测量及仪器

TM935.13 频率计
TM935.14 选频表
TM935.15 时间测量仪（电子毫秒表）、时间间隔测量仪器
TM935.2 波形参数测量及仪器
TM935.21 频谱分析测量及仪器
TM935.22 暂态特性测量及仪器
TM935.23 频率特性测量及仪器
TM935.24 失真、畸变测量及仪器
TM935.25 调制波和调幅度测量及仪器
TM935.26 调频指数和频偏测量及仪器
TM935.27 群延迟相位的测量及仪器
TM935.28 频率响应自动记录仪
TM935.3 示波器
TM935.31 低频、宽带示波器
TM935.32 脉冲示波器（同步示波器）
TM935.33 毫微秒示波器、频闪示波器
TM935.34 高压示波器
TM935.35 单次示波器
TM935.36 笔绘示波器
TM935.37 数字示波器
TM935.38 取样示波器
TM935.39 其他示波器
TM935.4 脉冲波参数测量及仪器

TM935.41 脉冲宽度测量
TM935.42 脉冲前沿测量
TM935.43 脉冲幅度测量
TM935.44 脉冲重复频率测量
TM935.45 脉冲延时测量、脉冲到达时间测量
TM935.46 脉冲专用测量仪器
TM936 磁数量测量及仪器
TM936.1 磁势和磁场强度测量及仪器
TM936.2 磁通与磁通密度的测量及仪器
TM936.3 磁滞回线、磁化曲线测量及仪器
TM936.4 导磁率、磁化率测量及仪器
TM936.5 铁损耗测量及仪器
TM936.6 磁阻测量及仪器
TM936.7 脉冲磁化测量及仪器
TM936.8 永久磁铁测量及仪器
TM936.9 复用测磁仪器
TM937 电磁场强度（信号强度）测量及仪表
TM937.1 场强测量、场强计
TM937.2 场型测量及仪器
TM937.3 干扰测量、干扰仪
TM937.4 噪声测量、噪声仪
TM937.5 测试专用接收机及天线
TM938 复用、较量、记录和模拟测试装置

其他

O482.31 发光学
TB552 超声换能器
TB565 水声仪器与设备
TB565+.1 水声换能器、水听器

TH-39 机电一体化
TH703.8 微动装置
U666 导航设备、水声设备